Les avantages de Dalloz Connect

✓ **Accès simple et pratique**
Je sélectionne le ou les Codes avec lesquels je souhaite travailler

✓ **Recherches plus rapides**
Je saisis directement dans Word© les termes que je recherche

✓ **Mise à jour hebdomadaire**
Je travaille avec la version la plus à jour de mon Code

2. Je télécharge gratuitement Dalloz Connect sur www.dalloz.fr
3. Je me connecte depuis Word© grâce à mes identifiants.

12e édition

CODE DU SPORT

Annoté & commenté

Coordination éditoriale par

SUZANNE SPRUNGARD

Rédactrice aux Éditions Dalloz

Papier & numérique

DALLOZ

12e édition

CODE DU SPORT

Commentaires et annotations rédigés par

Nicolas BLANCHARD
Nathalie BOURZAT-ALAPHILIPPE
Jean-Christophe BREILLAT
Charles DUDOGNON
Jean-Pierre KARAQUILLO
Franck LAGARDE
Julien MONDOU
Florence PEYER
Centre de droit et d'économie du sport
(Université de Limoges)

Avec la collaboration de

Jean-Philippe DUBEY
Conseiller auprès du TAS

Hubert MARQUE
Responsable de la conciliation du CNOSF

DALLOZ

ÉDITIONS DALLOZ
31-35, rue Froidevaux, 75685 Paris Cedex 14

ISBN 978-2-247-16835-4

Avant-Propos

En 1997, il y a déjà vingt ans, les destinataires des publications des Éditions Dalloz découvraient l'existence d'un Code du sport. Les acteurs du secteur des activités sportives et leurs partenaires s'enorgueillissaient quant à eux que le sport soit accueilli au sein de la prestigieuse collection des Codes Dalloz.

Réédité tous les ans, depuis 2010, « le Code du sport Dalloz » est ainsi devenu un classique. Ce qui est sûr en effet, c'est qu'il est visible auprès des institutions sportives privées, des institutions sportives publiques, des usagers du sport et des prestataires de services qui y sont liés.

C'est dire que la création du Code du sport Dalloz et le tracé qu'en ont eu les concepteurs impliquaient une témérité visionnaire des responsables de « la Maison Dalloz ». Aussi est-il légitime et profitable de ne pas oublier (V. déjà l'avant-propos du « Code du sport Dalloz » 2016, 11e édition) qu'une telle audace était dans la continuité de la jurisprudence de droit du sport inaugurée par André DUNES (puis perpétuée par Jean LAHILLE et Pierre SEYDOUX), dès 1979, à une époque où les liens entre l'activité sportive et le droit n'attiraient guère l'attention des revues ou recueils juridiques. Pour autant demeurait la gageure de « produire » un code du sport alors que n'existait alors aucun code officiel. C'est pourquoi il fallait faire œuvre utile et à cet égard ne pas ignorer, ou ne pas minimiser, que le sport baigne dans le pluralisme juridique en étant inondé de règles issues de berceaux différents, publics ou privés. C'est, avec l'appui de François BARATON, rédacteur en chef des codes Dalloz, qu'a, dans cet esprit, été imaginé le Code du sport Dalloz par quatre collaborateurs du Centre de droit et d'économie du sport (de la Faculté de droit et des sciences économiques de l'université de Limoges) (1) auxquels sont venus s'ajouter dans les éditions postérieures plusieurs autres membres de cette institution. La publication par ordonnance du 23 mai 2006 de la partie législative du code « officiel » du sport a naturellement conduit à une nouvelle présentation du Code du sport Dalloz à partir de l'édition de 2009 (4e édition) sans pour cela que soient remis en cause les principes qui ont à l'origine imprégné son élaboration.

Il s'agissait de donner une vision réaliste du droit du sport et d'en affiner la compréhension. A cet effet, la régularité et la vigueur de la production législative et réglementaire française ont toujours commandé, en premier lieu, de reproduire les textes officiels, de les analyser, assortis des références aux plus récentes réflexions doctrinales sur les thèmes les plus sensibles. L'étendue des contentieux relatifs aux activités sportives et la portée des décisions des juridictions administratives, judiciaires et de l'Union européenne ne pouvaient, tout aussi évidemment, pas échapper à des classifications et à des commentaires. Au demeurant, les litiges tels ceux rattachés aux actes – disciplinaires ou autres – des fédérations sportives, aux agents sportifs, aux droits des organisateurs de manifestations sportives, aux relations contractuelles de travail, à la responsabilité civile et pénale, ont impliqué depuis la 6e édition du code, et nécessitent

---

(1) Jean-Christophe BREILLAT, Ghilaine JEANNOT-PAGÈS, Jean-Pierre KARAQUILLO, Franck LAGARDE.

aujourd'hui, davantage encore, un traitement particulier en raison de leur densité croissante.

Parallèlement, il paraissait indispensable de mettre en lumière l'importance que, dans leur mission d'interprétation, les juges accordent, désormais, à la convention collective nationale étendue du sport et aux accords sectoriels négociés dans les secteurs professionnels de plusieurs disciplines sportives.

Dans cette approche, il aurait été inconcevable d'oublier le droit venu du mouvement sportif qui, d'ailleurs, inspire de plus en plus fréquemment le législateur français ou y fait, parfois, allusion. Aussi était-il essentiel que la Charte olympique figure dans ce code. Il était également opportun d'exposer en les décortiquant les fécondes sentences du Tribunal arbitral du sport (TAS) et les non moins fertiles propositions de conciliation de la Conférence des conciliateurs du Comité national olympique et sportif français, ainsi que les quelques décisions de la Chambre arbitrale du sport du CNOSF, grâce aux contributions de Jean-Philippe DUBEY (conseiller auprès du TAS) et de Hubert MARQUE (directeur du service de la conciliation du CNOSF).

Cette 12e édition ne porte certes pas, à la différence de la 11e édition de 2016, la griffe d'un tournant dans l'évolution d'un droit du sport soucieux d'éviter les conflits de souveraineté entre les ordres juridiques d'État et les ordres juridiques du sport. Mais elle insère des textes réglementaires précisant les dispositifs législatifs de 2015, sur la protection du sportif de haut niveau et professionnel ainsi que le dopage, qui le conforte. Il en est ainsi également de l'annonce d'une proposition de loi présentée devant le Parlement préservant l'éthique, la régulation et la transparence dans le sport professionnel.

Et puis l'édition 2017 du Code du sport Dalloz est une nouvelle preuve de la confiance qui alimente avec continuité les relations entre les éditions Dalloz, son directeur éditorial, Guilhem CROS, sa rédactrice pour le code du sport, Suzanne SPRUNGARD, et les collaborateurs du CDES (de l'Université de Limoges) (2).

Jean-Pierre KARAQUILLO

Agrégé des Facultés de droit
Professeur des universités
Avocat, Cofondateur du Centre de droit
et d'économie du sport (Faculté de droit et des
sciences économiques de l'Université de Limoges)

---

(2) Ont été rédacteurs de cette 12e édition du Code du sport Dalloz, coordonnée comme la précédente par Jean-Christophe BREILLAT, outre ce dernier : Nicolas BLANCHARD, Nathalie BOURZAT-ALAPHILIPPE, Charles DUDOGNON, Jean-Pierre KARAQUILLO, Franck LAGARDE, Julien MONDOU et Florence PEYER. Ghilaine JEANNOT-PAGÈS a apporté sa contribution à la 1re édition (1997), Grégory DURAND de la 6e à la 9e édition (2011 à 2014), Antoine Marcelaud de la 6e à la 11e édition (2011 à 2016) et Prune ROCIPON de la 4e à la 11e édition (2009 à 2016).

Liste des abréviations

Hyperlien vers la décision intégrale accessible sur les portails et sur les applications mobiles Dalloz

Hyperlien vers l'article de revue accessible sur les portails et sur les applications mobiles Dalloz

Hyperlien vers un texte complémentaire accessible sur les portails et sur les applications mobiles Dalloz

ACNO Association des comités nationaux olympiques
aff. Affaire
AFLD Agence française de lutte contre le dopage
AGS Action en garantie de créance de salaire
AIO Académie internationale olympique
AJDA Actualité juridique Droit administratif (Dalloz)
AIOWF Association of International Olympic Winter Sports Federations (Association des fédérations internationales des sports olympiques d'hiver)
al. Alinéa
ALD Actualité législative Dalloz (années 1983-1995)
AMA Agence mondiale antidopage
AMF Association des maires de France
App. Appendice
APS Activités physiques et sportives
AQA Attestation de qualification et d'aptitude
ARJEL Autorité de régulation des jeux en ligne
ARPP Autorité de régulation professionnelle de la publicité
Arr. Arrêté
Art. Article
Assoc. Association
Ass. plén. Assemblée plénière de la Cour de cassation
ASOIF Association des fédérations internationales des sports olympiques d'été
AUT Autorisation d'usage

BAPAAT Brevet d'aptitude professionnelle d'assistant-animateur technicien
BEES Brevet d'État d'éducateur sportif
BEESAN Brevet d'État d'éducateur sportif des activités de la natation
BIBL. Bibliographie
BIBL. GÉN. Bibliographie générale
BPJEPS Brevet professionnel de la jeunesse, de l'éducation populaire et du sport
BNPS Brevet national des premiers secours
BNSSA Brevet national de sécurité et de sauvetage aquatique

BOCC Bulletin officiel de la concurrence, de la consommation et de la répression des fraudes
BOJS Bulletin officiel de la jeunesse, des sports et de la vie associative
BS Lefebvre Bulletin social Francis Lefebvre
Bull. civ. Bulletin des arrêts des chambres civiles de la Cour de cassation
Bull. crim. Bulletin des arrêts de la chambre criminelle de la Cour de cassation

---

C. Code
c/ Contre
CAA Cour administrative d'appel
C. adm. Code administratif Dalloz
Cah. CSSM Cahiers du Conseil supérieur des sports de montagne
CDE Cahiers de droit européen
CAPEPS Certificat d'aptitude au professorat d'éducation physique et sportive
CAS Chambre arbitrale du sport
CASF Code de l'action sociale et des familles Dalloz
C. assur. Code des assurances Dalloz
CCH Code de la construction et de l'habitation Dalloz
C. civ. Code civil Dalloz
CCE Communication Commerce électronique
CCNS Convention collective nationale du sport
C. com. Code de commerce Dalloz
C. consom. Code de la consommation Dalloz
C. déb. boiss. Code des débits de boissons et des mesures contre l'alcoolisme
CDOS Comité départemental olympique et sportif
CE Conseil d'État
C. éduc. Code de l'éducation Dalloz
CEE Communauté économique européenne
CESEDA Code de l'entrée et du séjour des étrangers et du droit d'asile
C. eur. pers. Code européen des personnes Dalloz
C. for. Code forestier
CFDT Confédération française démocratique du travail
CFE Confédération française de l'encadrement
CFTC Confédération française des travailleurs chrétiens
CGC Confédération générale des cadres
CGCT Code général des collectivités territoriales Dalloz
CGI Code général des impôts Dalloz
Chap. Chapitre
Chron. Chronique
CIAS Conseil international de l'arbitrage en matière de sport
CIO Comité international olympique
Circ. Circulaire
Civ. Chambre civile de la Cour de cassation
CJA Code de justice administrative

CJUE Cour de justice de l'Union européenne (à partir de déc. 2009)
CNDS Centre national pour le développement du sport
Cne Commune
CNAJEP Comité pour les relations nationales et internationales des associations de jeunesse et d'éducation populaire
CNEA Conseil national des employeurs associatifs
CNEAPS Commission nationale de l'enseignement des activités physiques et sportives
CNES Confédération nationale des éducateurs sportifs et salariés du sport
CNFPT Centre national de la fonction publique territoriale
CNO Comité national olympique
CNOSF Comité national olympique et sportif français
CNSHN Commission nationale du sport de haut niveau
COJO Comité d'organisation des jeux olympiques
Coll. Collection
Com. Chambre commerciale de la Cour de cassation
Comm. Commentaire
Comp. Comparer
concl. Conclusions
Cons. conc. Conseil de la concurrence
conf. Solution conforme
Contra Solution contraire
COSMOS Conseil social du mouvement sportif
C. pén. Code pénal Dalloz
C. pr. pén. Code de procédure pénale Dalloz
CPI Code de la propriété intellectuelle Dalloz
CPSF Comité paralympique et sportif français
CQC Certificat de qualification complémentaire
CREPS Centre régional d'éducation populaire et de sport
Crim. Chambre criminelle de la Cour de cassation
CROS Comité régional olympique et sportif
C. route Code de la route Dalloz
CRPA Code des relations entre le public et l'administration
C. rur. Code rural et de la pêche maritime Dalloz
CSA Conseil supérieur de l'audiovisuel
CSI Code de la sécurité intérieure
CSP Code de la santé publique Dalloz
CSS Code de la sécurité sociale Dalloz
C. transp. Code des transports Dalloz
C. trav. Code du travail Dalloz
Cts Consorts
C. urb. Code de l'urbanisme Dalloz

D. Recueil Dalloz
Décis. Décision
Décr. Décret
Délib. Délibération
DEJEPS Diplôme d'État de la jeunesse, de l'éducation populaire et du sport

DESJEPS	Diplôme d'État supérieur de la jeunesse, de l'éducation populaire et du sport
Dict. perm. dr. sport	Dictionnaire permanent droit du sport
Dir.	Directive
Doctr.	Doctrine
Dr. adm.	Droit administratif
Dr. envir.	Droit de l'environnement (Annales de la voirie et de l'environnement)
DU	Déclaration d'usage
Éd.	Édition
EEE	Espace économique européen
ENSA	École nationale de ski et d'alpinisme
ENV	École nationale de voile
Esp.	Espèce
EUSRL	Entreprise unipersonnelle sportive à responsabilité limitée
Fasc.	Fascicule
Féd. fr.	Fédération française
FI	Fédérations internationales
FIFAS	Fédération des industries françaises d'articles de sport
FNASS	Fédération nationale des associations et syndicats de sportifs
Gaz. cnes	La Gazette des Communes
Gaz. Pal.	La Gazette du Palais
ibid.	Au même endroit
INSEP	Institut national du sport et de l'éducation physique
IPC	Comité international paralympique
IR	Informations rapides (du Recueil Dalloz)
J.	Jurisprudence
J.-Cl.	Juris-Classeur
JCP	Juris-Classeur périodique (Semaine juridique), édition générale
JCP Adm.	Juris-Classeur périodique, édition Administration et collectivités territoriales
JO	Journal officiel
JOCE	Journal officiel des Communautés européennes
JONC	Journal officiel, numéro complémentaire
JOUE	Journal officiel de l'Union européenne
JS	Jurisport, anciennement Revue juridique et économique du sport *(RJ éco. sport) (Dalloz)*
JTDE	Journal des tribunaux de droit européen (Larcier)
L.	Loi
LDIP	Loi fédérale (suisse) sur le droit international privé
Lebon	Recueil des arrêts du Conseil d'État (Dalloz)
Lit.	Lettre, du latin *littera*

LPA	Les petites affiches
Min.	Ministre ou ministère
MNS	Maître-nageur sauveteur
Mod.	Modifié
n°	Numéro
Nouv.	Nouveau
obs.	Observations
Ord.	Ordonnance
P	Arrêt publié au bulletin civil ou au bulletin criminel de la Cour de cassation
p.	Page
Pan.	Panorama
PI	Propriété intellectuelle
préc.	Précité
PRNSH	Pôle ressource nationale sport et handicaps
PUAM	Presses universitaires d'Aix-Marseille
PUS	Presse universitaire du sport
QPC	Question prioritaire de constitutionnalité
Quot. jur.	Le Quotidien juridique
Rappr.	Rapprocher
RCA	Responsabilité civile et assurances
RD publ.	Revue de droit public et de la science politique en France et à l'étranger
RD rur.	Revue de droit rural
Rec. CJCE	Recueil des arrêts de la Cour de justice et du tribunal de première instance des Communautés européennes
Rec. TAS	Recueil du tribunal arbitral du sport
Rect.	Rectificatif
réf.	Référé
Règl.	Règlement
RÉP. CIV.	Répertoire de droit civil Dalloz
Rép. min.	Réponse ministérielle
RÉP. PÉN.	Répertoire de droit pénal et de procédure pénale Dalloz
Req.	Chambre des requêtes de la Cour de cassation
Rev. aff. eur.	Revue des affaires européennes
Rev. arb.	Revue de l'arbitrage
Rev. conc. consom.	Revue de la concurrence et de la consommation
RMUE	Revue du Marché unique européen
RFAP	Revue française d'administration publique
RFDA	Revue française de droit administratif (Dalloz)
RJ éco. sport	Revue juridique et économique du sport (jusqu'au 31 déc. 2009)
RJ envir.	Revue juridique de l'environnement
RJS	Revue de jurisprudence sociale

RSC Revue de science criminelle et de droit pénal comparé (Dalloz)
RTD civ. Revue trimestrielle de droit civil (Dalloz)

---

s. Et suivants
SAOS Société anonyme à objet sportif
SASP Société anonyme sportive professionnelle
Sect. Section
SEMC Pôle ressource nationale, sport, éducation, mixités et citoyenneté
SEMSL Société d'économie mixte sportive locale
Sem. soc. Lamy Semaine sociale Lamy
SNAECSO Syndicat national des associations d'employeurs de personnels des centres sociaux et socio-culturels
Somm. Sommaires
Sport, fin. et mark. Sport, finances et marketing
ss. Sous
Sté Société
Synd. Syndicat

TA Tribunal administratif
TAS Tribunal arbitral du sport
TASS Tribunal des affaires de sécurité sociale
T. com. Tribunal de commerce
T. confl. Tribunal des conflits
T. corr. Tribunal, chambre correctionnelle
TFUE Traité sur le fonctionnement de l'Union européenne
TGI Tribunal de grande instance
TUE Traité sur l'Union européenne

UE Union européenne
UNSA Union nationale des syndicats autonomes
UNSS Union nationale du sport scolaire
USEP Union sportive de l'enseignement du premier degré

V. Voir
v° ou v^{is} Mot ou mots
Vol. Volume
Vve Veuve

TABLE DES MATIÈRES

CODE DU SPORT

LIVRE PREMIER

ORGANISATION DES ACTIVITÉS PHYSIQUES ET SPORTIVES

L. 100-1 – L. 141-5
R. 112-1 – D. 142-47
A. 112-0 – A. 142-49

LIVRE DEUXIÈME

ACTEURS DU SPORT

LIVRE TROISIÈME
PRATIQUE SPORTIVE

APPENDICE

Bibliographie générale

Généralités sur le droit du sport : F. Alaphilippe, Légitimité et légalité des structures internationales du sport, *RJ éco. sport 1993, n° 26, p. 3* ; Sport et droit, *ibid., 1987, n° 1, p. 1* ; Pour une nouvelle approche de la déontologie du sport, *RJ éco. sport 2000, n° 54, p. 7* ; Normes sportives et droit de l'Union européenne de la concurrence, *RJ éco. sport 2006, n° 80, p. 7*. – F. Alaphilippe et E. Bournazel (dir.), Le dirigeant sportif bénévole, *Dalloz, Droit et Économie du Sport, 1984*. – F. Alaphilippe et J.-P. Karaquillo (dir.), *Dalloz, Dictionnaire juridique, 1990*, v° *Sport ; L'activité sportive dans les balances de la justice (t. 1), Dalloz, Droit et Économie du Sport, 1985*. – M. Baddeley, L'association sportive face au droit, *Genève, Helbing et Lichtenhahn, 1994*. – P.-J. Baralle, Les prérogatives de puissance sportive, *LPA 22 juill. 1994*. – R. Barrull (dir.), Lexique du cadre institutionnel et réglementaire des activités physiques et sportives, *INSEP, 1998, 3e éd.* ; Le concept d'activité physique et sportive a-t-il une pertinence juridique ?, *RJ éco. sport 1998, n° 46, p. 5*. – J. Barthélémy, Réflexions sur le statut du sportif, *JS 2011, n° 114, p. 37*. – J. Brèthe de la Gressaye et A. Légal, Le pouvoir disciplinaire dans les institutions privées, *Sirey, 1938*. – F. Buy, Droit du sport et mondialisation, *R. Lamy Dr. civ. 2008, n° 47, p. 57*. – F. Buy, J.-M. Marmayou, D. Poracchia et F. Rizzo, Droit du sport, 4e éd, Manuel, *Paris, LGDJ, 2015*. – E. Bournazel, Sport et citoyenneté, *Méditerranées, 1996, n° 8, p. 85*. – E. Bournazel (dir.), Guide de l'association sportive, *Lamy, 1995*. – E. Bournazel et Ch. Dudognon, Institutions et droit du sport *in Le sport en France, La documentation française, 2008, p. 23*. – C. Bouquin et M. Taupier, *Gaz. Pal. 1994. 1. Doctr. 235* (réflexions sur les rapports entre sport et droit). – J.-P Callede, Les politiques sportives en France, *Economica, 2000*. – G. Cavalier, Le sport en France et en Europe : vers un droit fiscal spécifique, *Cah. dr. sport 2011, n° 24, p. 20*. – L. Chabaud, Ch. Dudognon et D. Primault (dir. E. Bournazel et J.-P. Karaquillo), Le sportif et la Communauté européenne, *Dalloz Service, 1993*. – C. Chaussard, Les voies de règlements des litiges sportifs. Essai sur la co-existence des différentes formes de justice, *Université de Bourgogne, 2006*. – L. Chevé, La justice sportive, *Paris, Gualino, 2012*. – J.-R. Cognard, Contrats de travail dans le sport professionnel, *JS, Hors-série, 2011*. – P. Collomb (dir.), Sport et décentralisation, *Economica, 1988* ; Sport, droit et relations internationales, *Economica, 1988*. – S. Depre (dir.), Le sport dopé par l'État – Vers un droit public du sport, *Centre d'études constitutionnelles et administratives, n° 28, Bruxelles, Bruylant, 2006*. – R. Drago, La gestion administrative du sport, *Rev. adm. 1998. 581*. – Ch. Dudognon, Les sources du droit du sport, *Thèse, Limoges, 2007, dact.* – Ch. Dudognon, D. Musso et J. Pécout, Organisation et promotion du sport en France, *CNFPT, 1993*. – Ch. Dudognon, B. Foucher, J.-P. Karaquillo et A. Lacabarats, Règlements des litiges au sein du mouvement sportif, *Paris, Dalloz, coll. Juriexpert, 2012*. – Ch. Dudognon, J.-P. Karaquillo (coord.), Dictionnaire juridique du sport, Dalloz, *Juriséditions, 2013*. – Ch. Dudognon, B. Foucher, E. Honorat, J.-P. Karaquillo et A. Lacabarats (dir.), Intégrité des compétitions sportives, *Dalloz, Juris éditions, 2014*. – Ch. Dudognon, B. Foucher et E. Honorat, Le préalable obligatoire de conciliation, *Dalloz, Juris éditions, 2016*. – M. Fonteneau, Le livre blanc européen sur le sport : l'amorce d'une politique européenne du sport, *RJ éco. sport 2007, n° 84, p. 7*. – B. Faucher, La santé du sportif professionnel salarié, *PUAM, 2015*. – B. Foucher, Les litiges sportifs et le juge administratif, *in* Juger l'administration, administrer la justice, *Mélanges Labetoulle, Dalloz 2007, pp. 361-386*. – J.-M. Garrigou-Lagrange, Recherche sur les rapports des associations avec les pouvoirs publics, *LGDJ, 1970*. – J. Gatsi, Le droit du sport, *PUF, 2007*. – S. Giummarra, Les droits fondamentaux et le sport : contribution à l'étude de la constitutionnalisation du droit du sport, *PUAM, 2012*. – L. Grard, Le sport dans le droit de l'Union européenne : exception, dérogations, spécificités et droit commun, *Rev. aff. eur. 2002, n° 3, p. 288*. – M. Gros et P.-Y. Verkindt, L'autonomie du droit du sport : fiction ou réalité ?, *AJDA 1985. 699*. – J. Guillaume, L'autonomie de la nationalité sportive, *JDI 2011. 2*. – M. Hecquart-Théron, Déontologie et sport, *RJ éco. sport 1994, n° 33, p. 5*. – A. Husting, L'Union européenne et le sport, *Juris Service, 1998* ; L'Union européenne, un cadre réglementaire pour l'activité sportive, *in* Sport et Union européenne, sous la dir. de J.-M. de Waele et A. Husting, *éd. Université de Bruxelles 2001*. – M. Hourcade, Le sport, l'État et le droit, *RJ éco. sport 1995, n° 36, p. 5*. – P. Issert, Aspects de la présence française dans les institutions sportives internationales, *RJ éco. sport 2007, n° 83, p. 7*. – G. Jeannot-Pagès, L'image du sportif en droit français, *Thèse, Limoges, 1996, dact.* – P. Jestaz, Réflexions sur la nature de la règle sportive, *RJ éco. sport 1990, n° 13, p. 3*. – S. Karaa, Les juges de l'activité professionnelle sportive, *LGDJ, 2016*. – J.-P. Karaquillo, Le droit du sport, *Dalloz, Connaissance du droit, 2011* ; Les normes des communautés sportives et le droit étatique, *D. 1990. Chron. 83* ; Les associations sportives et le droit de la sécurité sociale, *Dalloz, Droit et Économie du Sport, 1987* ; Droit international du sport,

Recueil des cours, *Académie de droit international de La Haye, T 309, Leiden, Martinus Nijhoff Publishers, 2006* ; La prise en compte par le droit de la spécificité de l'organisation et (ou) de la pratique des activités sportives, *RJ éco. sport 2004, n° 71, p. 7* ; Les principes fondamentaux propres à la *lex sportiva, JS 2013, n° 127, p. 35*. – J.-P. Karaquillo (dir.), L'activité sportive dans les balances de la justice *(t.2), Dalloz, Droit et Économie du Sport, 1991*. – A. Lacabarats, L'urgence dans les activités sportives, l'intervention du juge judiciaire des référés dans le domaine du sport, *RJ éco. sport 1999, n° 52, p. 7* ; L'universalité du sport, *JS 2012, n° 122, p. 36*. – J.-C. Lapouble, Droit du sport, *LGDJ, 1999* ; Contrôle des activités physiques et sportives, *J.-Cl. Adm. 1995, Fasc. 268* ; Fédérations et compétitions sportives, *ibid., 1996, Fasc. 269*. – J.-C. Lapouble et C. Miège, Sport et organisations internationales, *Paris, Economica, 2004*. – F. Latty, La lex sportiva – Recherche sur le droit transnational, *Université Paris X-Nanterre, 2005, Études de droit international, Leiden, Martinus Nijhoff Publishers, 2007* ; (dir.) Sport et droit international, *PUAM ; 2016*. – F. Lemaire, La définition juridique du sport, *JCP Adm. et Coll. terr., 2008, n° 30, p. 2181*. – D. Lévy, Les libertés publiques et le droit du sport, *J. Robert, 1998, p. 151*. – M. Maisonneuve, Droit et olympisme : contribution à l'étude juridique d'un phénomène transnational, *PUAM, 2015*. – F. Mandin, La soumission de la norme sportive au droit de l'Union européenne, *D. 1998. Chron. 32*. – S. Marcilloux-Giummarra, L'encadrement constitutionnel du sport, *JS 2010, n° 97, p. 14*. – J.-P. Marguénaud, Sport et Convention européenne des droits de l'homme : les garanties substantielles, *RJ éco. sport 2003, n° 66, p. 9*. – J.-M. Marmayou, Définir le sport, *GP 2008, n° 295* ; Contrats de sponsoring sportif, *Lamy, 2010*. – T. Massy, Sport, liberté d'expression et droits de la personnalité, *Gaz. Pal. 2002, n° 167, p. 8*. – C. Miège, L'Union européenne et le sport, *RJ éco. sport 2001, n° 58, p. 103* ; Sport et droits de l'homme dans l'environnement européen, *RJ éco. sport 2005, n° 76, p. 7*. – J. Morange, Sport et droits de l'homme, *RJ éco. sport 1992, n° 22, p. 3*. – J. Morange (dir.), Sport et collectivités locales, *Sirey, Bibliothèque des collectivités locales 1984*. – J. Mouly et Ch. Dudognon, v° *Sports, Rép. civ., Dalloz 2012*. – N. Paillou, Les trois enjeux du sport français, *Dalloz, Droit et Économie du Sport, 1986*. – M. Pautot, Le sport et l'Europe, *Voiron, Territorial éd., 2009*. – M. Pautot, Sport et nationalités : quelles places pour les joueurs étrangers, *L'Harmattan, 2014*. – D. Primault, Quel avenir pour le modèle européen du sport ?, *RJ éco. sport 2000, n° 55, p. 57*. – R. Prouvèze, Quand les prolongations se jouent devant le Conseil d'État (quelques réflexions à propos de l'intervention croissante du juge administratif dans le monde du football), *LPA, n° 253, déc. 2007*. – F. Rangeon, Gouvernance du sport : quelle place pour l'Europe, *JS 2011, n° 110, p. 38*. – G. Rasquin, Incidences du droit de l'Union européenne sur le sport, *Cahiers de l'INSEP, 1994, n° 7*. – D. Rémy, Les droits du sport, *Gaz. Pal. 1993. 1. Doctr. 790* ; Le sport et son droit, *Romillat,1991* ; Droit du sport : et si on reprenait tout à zéro ?, *JS 2013, n° 129, p. 37*. – J. Saurel, le sport face à la fiscalité, *Economica, 2011*. – L. Silance, Les sports et le droit, *éd. De Boeck Université, Bruxelles, 1998*. – L. Silance (dir.), 1992 et le sport, *Bruxelles, L. Silance (éd.), 1991*. – G. Simon, Puissance sportive et ordre juridique étatique, *LGDJ, 1990* ; Existe-t-il un ordre juridique sportif ?, *Droits. Revue française de théorie, de philosophie et de culture juridiques 2001, n° 33, p. 97*. – (dir.), Les contrats des sportifs, *PUF, 2003*. – Droit du sport, Paris, *PUF, coll. Thémis, 2012*. – Le stade et le droit, *Dalloz, 2008*. – (dir.) Sport et Nationalité, *Lexis Nexis, 2014*. – E. Tessier, Le stade en droit public : recherche sur le régime juridique des enceintes sportives, *L'Harmattan, 2015*. – J.-P. Théron (dir.), Sport et collectivités locales, *Dalloz, Droit et Économie du sport, 1993*. – G. Ubertazzi, *RTD eur. 1976. 635* (assujettissement du sport au droit de l'Union européenne). – J.-P. Vial, Le risque pénal dans le sport, *Lamy, 2012*. – P. Yolka, Escalade et Droit, *PUG, 2015*.

▸ Centre de droit et d'économie du sport de Limoges, Le spectacle sportif, *PUF, 1981*. – Centre d'études administratives de Nice, Le sportif et le groupement sportif, *Economica, 1981*. – Centre de droit du sport de Nice, *Economica, 1984* (responsabilité et assurance en matière sportive). – Centre international d'étude du sport, Droit et sport, *éd. Staempfli, Berne, 1997*. – Conseil de l'Europe, Justice d'État et résolution des litiges par les institutions sportives, *Actes du séminaire sur le sport et le droit (Paris, 25-26 oct. 1995), Strasbourg, 1996* ; Le sport et le droit, *Actes du 18e colloque de droit européen (Maastricht, 12-14 oct. 1988), Strasbourg, 1989*, V. notamment, J. Berméjo-Véra, Présentation générale des problèmes, *p. 12*. – Fondation internationale d'athlétisme, Le sport et la loi, *Actes du symposium international (Monaco, 31 janv.-2 févr. 1991)*. – Tribunal arbitral du sport, Droit et sport, *Actes de la conférence internationale (Lausanne, 13-14 sept. 1993)*.

▸ Dictionnaire permanent ; Droit du sport, *Éd. législatives* ; L'administration du sport, *RFAP, n° spéc. 2001, n° 97*. – Le sport, *Pouvoirs, PUF, 1992, n° 61* ; *RJ éco. sport 1987, n° 1* ; *JS 2010, n° 94* ; La loi du 6 juillet 2000, *RJ éco. sport 2000, n° spéc. n° 57*. – Centenaire de la loi 1901, *RJ éco. sport 2001, n° spéc., n° 61* ; *RMUE 1996, n° spéc., n° 1* (sport et Union européenne).

CODE DU SPORT

PREMIÈRE PARTIE : LÉGISLATIVE

(Ord. n° 2006-596 du 23 mai 2006)

V. aussi Instr. n° 06-099 JS du 31 mai 2006 relative au code du sport. – Effet de la publication de l'ordonnance n° 2006-596 du 23 mai 2006 (BOJS n° 9 du 31 mai).

BIBL. GÉN. ▶ J.-C. Breillat, Code du sport, *in Dict. jur. du sport, Dalloz, Juriséditions, 2013, p. 68.* – A. Lo Ré, L'ordonnance n° 2006-596 du 23 mai 2006 relative à la partie législative du code du sport, *Lamy droit du sport, Éclairage, n° 35, 21 juin 2006, p. 1.* – I. De Silva, L'adoption du code du sport, consécration pour le droit du sport ?, *AJDA, Dossier Actualité du droit du sport, 2007, p. 1623.*

COMMENTAIRE

Les développements ci-dessous n'ont pas pour objet de commenter par le détail l'ensemble des dispositions législatives intéressant les activités physiques et sportives, mais de porter sur elles un aperçu historique, peu après que (consécration ou appropriation ?) l'État a procédé à la codification de la matière, plus de soixante ans après avoir légiféré pour la première fois sur la question.

Le sport fait donc l'objet, depuis la publication de l'ordonnance du 23 mai 2006, d'un code « officiel » que le lecteur retrouvera naturellement dans la présente édition (la 5e après celles de 1997, 2001, 2005 et 2008) du code du sport « d'éditeur » des éditions Dalloz.

La codification ayant été faite « à droit constant », le fond de la matière reprend, pour l'essentiel, les dispositions issues de la loi n° 84-610 du 16 juillet 1984 relative à l'organisation et à la promotion des activités physiques et sportives *(JO 17 juill.)*, dite loi Avice, du nom de la ministre déléguée au temps libre, à la jeunesse et aux sports de l'époque, mais également celles provenant de législations « spéciales » telles que la loi n° 2006-405 du 5 avril 2006 relative à la lutte contre le dopage et à la protection de la santé des sportifs *(JO 6 avr.)*. Les lignes qui suivent se proposent donc de rappeler les différentes législations générales sur les activités physiques et sportives (APS) qui ont précédé la loi du 16 juillet 1984 (I), puis les multiples modifications qui lui ont depuis été apportées (II), avant enfin d'évoquer les conditions dans lesquelles la codification a été opérée (III).

I. DISPOSITIONS LÉGISLATIVES ANTÉRIEURES À LA LOI DU 16 JUILLET 1984

Si l'on met à part l'épisode malheureux, liberticide à bien des égards, de la Charte des sports du 20 décembre 1940 *(JOEF 8 avr. 1941)* du Gouvernement de Vichy, l'État a réellement commencé à légiférer en matière d'APS à la Libération, tout d'abord par l'ordonnance du 2 octobre 1943 du Comité français de la libération nationale d'Alger portant statut provisoire des groupements sportifs et de jeunesse *(JO 7 oct.)* puis, et surtout, avec l'ordonnance n° 45-1922 du 28 août 1945 relative à l'activité des associations, ligues, fédérations et groupements sportifs *(JO 29 août)*. L'ordonnance de 1945, très succincte (6 articles seulement, à comparer aux 51 articles de la loi du 16 juillet 1984… dans sa version d'origine), a mis en place le premier véritable régime de police administrative de l'État sur les APS en instituant un mécanisme permettant au ministre de l'éducation nationale de déléguer aux fédérations (ou à un ou plusieurs groupements) le pouvoir d'autoriser la tenue des compétitions sportives « ayant pour objet de désigner une association, une équipe, un joueur ou un athlète comme vainqueur national ou régional ou comme représentant de la France ou d'une région dans les épreuves internationales ». Cette ordonnance assujettissait également les composantes du mouvement sportif à des règles statutaires obligatoires. Ce texte a servi de cadre législatif aux activités physiques et sportives pendant trente ans.

Puis la loi Mazeaud du 29 octobre 1975 relative au développement de l'éducation physique et du sport *(JO 30 oct.)* s'est substituée aux ordonnances de 1943 (s'agissant des groupements sportifs) et de 1945. Le concept de « délégation de l'autorisation d'organiser » au profit des fédérations sportives a été abandonné pour celui, finalement très voisin, « d'habilitation à organiser ». Mais surtout, la loi de 1975 a étendu son champ d'intervention (24 articles, signe de l'inflation constante du contenu des textes, notamment législatifs) en abordant d'autres sujets relatifs aux activités physiques et sportives tels que l'éducation physique et sportive, la surveillance médicale des pratiquants, le Comité national olympique et sportif français, les sportifs de haut niveau ou encore les équipements sportifs. Cette loi n'aura connu qu'une petite dizaine d'années d'existence avant d'être abrogée et remplacée par la loi du 16 juillet 1984.

II. MODIFICATIONS SUCCESSIVES DE LA LOI DU 16 JUILLET 1984

La loi Avice a connu pas moins de vingt-trois modifications depuis son adoption, soit en moyenne une par an, la tendance en ce domaine étant plutôt à l'inflation ces dernières années, notamment il est vrai en raison du processus général de codification auquel n'échappe pas le sport.

L. n° 85-10 du 3 janv. 1985 (JO 4 janv.), L. n° 87-979 du 7 déc. 1987 (JO 8 déc.), L. n° 92-652 du 13 juill. 1992 (JO 16 juill.), L. n° 92-1336 du 16 déc. 1992 (JO 23 déc.), L. n° 93-1282 du 6 déc. 1993 (JO 7 déc.), L. n° 94-679 du 8 août 1994 (JO 10 août), L. n° 95-73 du 21 janv. 1995 (JO 24 janv.), L. n° 98-146 du 6 mars 1998 (JO 10 mars), L. n° 99-223 du 23 mars 1999 (JO 24 mars), L. n° 99-493 du 15 juin 1999 (JO 16 juin), L. n° 99-1124 du 28 déc. 1999 (JO 29 déc.), Ord. n° 2000-549 du 15 juin 2000 (JO 22 juin), L. n° 2000-597 du 30 juin 2000 (JO 1er juill.), L. n° 2000-627 du 6 juill. 2000 (JO 8 juill.), Ord. n° 2000-916 du 19 sept. 2000 (JO 22 sept.), L. n° 2001-624 du 17 juill. 2001 (JO 18 juill.), L. n° 2002-1578 du 30 déc. 2002 (JO 31 déc.), L. n° 2003-239 du 18 mars 2003 (JO 19 mars), L. n° 2003-708 du 1er août 2003 (JO 2 août), L. n° 2004-575 du 21 juin 2004 (JO 22 juin), L. n° 2004-1343 du 9 déc. 2004 (JO 10 déc.), L. n° 2004-1366 du 15 déc. 2004 (JO 16 déc.) et L. n° 2006-64 du 23 janv. 2006 (JO 24 janv.).

Toutes ces modifications ne sont pas d'égale importance. Il est schématiquement possible de les classer en trois grandes catégories : les modifications d'envergure (A), les modifications ponctuelles (B) et les modifications techniques (C).

A. LES MODIFICATIONS D'ENVERGURE

Trois modifications d'envergure et de fond de la loi Avice ont eu lieu, du fait de trois lois des 13 juillet 1992 loi Bredin, 6 juillet 2000 loi Buffet et 1er août 2003 loi Lamour.

La loi du 13 juillet 1992 avait pour objectif, huit ans après, de prendre en compte les évolutions du sport et de son environnement. Au travers de ses 40 articles, il s'agissait alors, soit de mettre en place des règles totalement nouvelles (mécanisme de déclaration préalable de l'activité des intermédiaires du sport, règlement disciplinaire type imposé aux fédérations sportives agréées, procédure de conciliation obligatoire devant le CNOSF avant tout recours contentieux, procédure de déféré ministériel des actes des fédérations sportives, règles relatives aux relations entre le sport et les médias, rôle des collectivités locales, sécurité des équipements et des manifestations sportives suite à la catastrophe du stade de Furiani, intervenue au cours de la discussion parlementaire), soit d'aménager les règles existantes en certaines matières (statut des clubs professionnels et relations avec l'association-support, protection pénale des appellations et des titres délivrés par les fédérations délégataires, rôle de la Commission nationale du sport de haut niveau, contrats collectifs en matière d'assurance individuelle, enseignement contre rémunération des activités physiques et sportives).

La loi du 6 juillet 2000, second volet de l'action de la ministre Marie-George Buffet après la loi sur la protection de la santé des sportifs et la lutte contre le dopage du 23 mars 1999, ambitionnait de revisiter le texte dans sa globalité (61 articles au final...). La plupart des thèmes abordés par la loi de 1984 ont donc été amendés à cette occasion. Les modifications les plus significatives apportées par la loi Buffet furent sans conteste le passage à un mécanisme d'autorisation préalable de l'activité d'agent sportif, la redéfinition des missions et règles d'encadrement des fédérations sportives, le rétablissement, sous conditions, des possibilités de soutien des collectivités locales aux clubs professionnels, et surtout, le basculement dans le droit commun de la formation professionnelle des conditions d'accès à la profession d'éducateur sportif.

La loi Buffet a connu un certain nombre de difficultés d'application et suite aux États généraux du sport de décembre 2002, la loi Lamour du 1er août 2003 a opéré la dernière réforme de fond d'envergure à ce jour du texte issu de la loi de 1984 afin de procéder aux ajustements nécessaires. Trois volets sont concernés par la loi Lamour qui, si elle est beaucoup moins dense que les lois Bredin et Buffet (12 articles), aborde des sujets fondamentaux : le sport professionnel en ce qui concerne, d'une part, les relations entre l'association-support et la société professionnelle et, d'autre part, la question de la propriété et de la commercialisation des droits audiovisuels ; l'encadrement des fédérations sportives avec l'abandon du concept de statuts types et la possibilité offerte aux fédérations de compter des membres non associatifs ; l'enseignement des activités physiques et sportives contre rémunération avec un certain assouplissement des règles issues de la loi Buffet et l'instauration d'une période transitoire qui faisait défaut dans celle-ci.

B. LES MODIFICATIONS PONCTUELLES

Au-delà des modifications globales ou qui, à tout le moins, concernaient plusieurs aspects de la loi sur le sport, de nombreuses modifications ont eu ponctuellement lieu pour résoudre des problèmes particuliers ou en réaction à des événements d'actualité.

Dans cet état d'esprit, la loi Bergelin du 7 décembre 1987 a été exclusivement consacrée à la définition des formes juridiques des clubs sportifs professionnels, celle du 6 décembre 1993, dite Alliot-Marie, a mis en place, suite à de nombreux incidents lors de rencontres de football, un régime pénal répressif à l'encontre des hooligans, tandis que les lois Pasqua des 8 août 1994 (loi DDOEF) et 21 janvier 1995 (loi d'orientation et de programmation sur la sécurité) se sont uniquement préoccupées du sport sous l'angle respectivement des subventions des collectivités locales aux clubs professionnels et du report de la date limite d'homologation des enceintes sportives. Outre un nouveau report de la date précitée, la loi du 6 mars 1998 a eu pour objet de régler certains problèmes comme l'accès des journalistes dans les enceintes sportives ou encore les conditions d'exercice en France, à titre occasionnel, par des ressortissants communautaires de la profession d'éducateur sportif. Celle du 23 mars 1999 (loi Buffet), principalement consacrée à la protection de la santé des sportifs et à la lutte contre le dopage, a apporté de légers ajustements au régime de déclaration des compétitions ou manifestations sportives se déroulant hors du cadre des fédérations agréées. Les problèmes liés à la délivrance des dans et grades dans les disciplines relevant des arts martiaux ont été appréhendés par la loi Leroy du 15 juin 1999, tandis que celle du 28 décembre 1999 dite loi Ayrault, retouchait une nouvelle fois le statut des clubs professionnels et s'attachait à réglementer pour la première fois les centres de formation des jeunes sportifs. La loi du 30 juin 2000 relative au référé devant les juridictions administratives a modifié en conséquence les dispositions de l'article 17-1 de la loi de 1984 sur le déféré ministériel à propos des actes des fédérations sportives, tandis que celle du 17 juillet 2001 portant diverses dispositions d'ordre social, éducatif et culturel, a servi de support à une petite modification concernant le délai de mise en conformité des clubs professionnels avec les dispositions issues de la loi du 28 décembre 1999. La loi Murat du 30 décembre 2002 a, quant à elle, permis de régler en urgence les risques liés à l'absence de période transitoire dans la loi du 6 juillet 2000 s'agissant de la mise en place du nouveau régime de l'enseignement contre rémunération des activités physiques et sportives, puis la loi sur la sécurité intérieure du 18 mars 2003, dite loi Sarkozy, a opéré quelques retouches mineures concernant les dispositions sur la sécurité des manifestations sportives. La loi du 21 juin 2004 pour la confiance dans l'économie numérique a permis d'étendre à internet les dispositions des articles 18-2, 18-3 et 18-4 relatives aux rapports entre le sport et les médias. Celle du 9 décembre 2004 de simplification du droit a retouché les articles relatifs aux sports de nature. La loi du 15 décembre 2004 portant diverses dispositions relatives au sport professionnel a en particulier instauré le mécanisme de la rémunération du « droit à l'image collective » et a tenté de sécuriser la situation des sportifs professionnels en équipe nationale. Enfin, la loi du 23 janvier 2006 relative à la lutte contre le terrorisme et portant dispositions diverses relatives à la sécurité et aux contrôles frontaliers a servi de support à l'introduction, dans le droit français, de la notion d'interdiction administrative de stade à titre préventif.

C. LES MODIFICATIONS TECHNIQUES

Régulièrement, la loi du 16 juillet 1984 a subi des modifications purement techniques. Il en va ainsi de la première retouche, issue de la loi du 3 janvier 1985 (renumérotation d'une référence à un article du code du travail à l'article 20 de la loi). La loi Avice a également été modifiée par le biais de mesures générales modificatrices figurant dans la loi du 16 décembre 1992 (suppression de tous les minima des sanctions pénales suite à l'entrée en vigueur du nouveau code pénal) ou dans l'ordonnance du 19 septembre 2000 (adaptation en euros des montants exprimés en francs). Enfin, pas moins de vingt-deux articles de la loi de 1984 ont été abrogés, totalement ou partiellement, et codifiés au code de l'éducation par l'ordonnance du 15 juin 2000. Cette dernière opération s'étant déroulée concomitamment au vote de la loi du 6 juillet 2000 et cette dernière ayant modifié des articles qui venaient d'être codifiés, la loi de ratification du 14 avril 2003 a dû incorporer dans le code de l'éducation les modifications issues de la loi du 6 juillet 2000.

III. CODIFICATION DE LA LOI DU 16 JUILLET 1984 ET MODIFICATIONS POSTÉRIEURES

NB : les développements qui suivent sont, pour l'essentiel, tirés de la thèse de doctorat d'un des auteurs du présent ouvrage, M. Ch. Dudognon, intitulée « Les sources du droit du sport » et soutenue le 24 novembre 2007 à la Faculté de droit et des sciences économiques de l'Université de Limoges.

Volonté politique générale dépassant le simple cadre des activités sportives, les travaux de codification ont véritablement débuté avec l'adoption de la loi n° 2004-1343 du 9 décembre 2004 de simplification du droit *(JO 10 déc.)*, laquelle a habilité le Gouvernement à procéder par ordonnance pour notamment adopter la partie législative du code du sport (art. 84). Signalons que la loi d'habilitation a prévu, classiquement, l'obligation pour le Gouvernement de déposer un projet de loi de ratification dans les trois mois suivant la promulgation de l'ordonnance (art. 92). Ceci fut fait le 26 juillet 2006 *(Doc AN n° 3273, XIIe lég.)*. Obligation de déposer ne signifiant pas obligation d'adopter, le projet est toujours à l'état de... projet, ce qui peut sembler regrettable dans la mesure où il s'agit là de l'occasion de rectifier les quelques « coquilles » inévitables occasionnées par l'opération. Surtout, une ordonnance non ratifiée n'ayant qu'une valeur réglementaire (même s'agissant d'une codification « à droit constant »), cette lacune persistante des pouvoirs publics privent les justiciables de la voie de la question prioritaire de constitutionnalité lorsque des dispositions « législatives » du code du sport sont en jeu (V. note, *infra*). Il serait intéressant de connaître la position à ce sujet de la CEDH face à ce qui s'apparente à un certain manquement dans le droit d'accès à la justice...

La codification avait pour objectif affiché de « faciliter l'accès au droit et de simplifier le droit applicable » (V. Rapport au président de la République relatif à l'ordonnance n° 2006-596 du 23 mai 2006, *JO 26 mai*). Si l'on ne peut nier que certains éléments de la simplification apparaissent pertinents, il reste que pour le praticien, l'adaptation à la nouvelle nomenclature normative n'est pas des plus aisées s'agissant de « l'accès au droit ». Là où tout un chacun identifiait instantanément en « l'article 17 » ou « l'article 43 » les dispositions législatives sur les fédérations délégataires ou celles sur l'enseignement contre rémunération des activités physiques et sportives, ce même individu se retrouve fort circonspect lorsque qu'on évoque les articles L. 131-14 et suivants ou L. 212-1 et suivants du code du sport. La force de l'habitude a ses raisons que la codification ignore...

La codification a été menée à un rythme relativement soutenu puisqu'au final, il n'a fallu attendre qu'un an et demi avant que la partie législative ne voie le jour (Ord. n° 2006-596 du 23 mai 2006, *JO 26 mai*), puis une nouvelle année pour voir publiée la partie réglementaire (Décr. n°s 2007-1132 et 2007-1133 du 24 juill. 2007, *JO 25 juill.*), et enfin presque un an de plus pour la partie arrêtés (Arr. du 18 févr. 2008, *JO 29 avr.*). Cette efficacité résulte probablement de la méthode juridique retenue (codification « à droit constant »). Sur le fond, c'est la façon dont la technique de la codification « à droit constant » a été mise en œuvre à propos du code du sport qui suscite la curiosité. En effet, aux termes de la loi d'habilitation (art. 84-II), « les dispositions codifiées [...] sont celles en vigueur au moment de la publication des ordonnances, sous la seule réserve de modifications qui seraient rendues nécessaires pour assurer le respect de la hiérarchie des normes, la cohérence rédactionnelle des textes ainsi rassemblés, harmoniser l'état du droit, remédier aux éventuelles erreurs et abroger les dispositions, codifiées ou non, devenues sans objet ». Force est de constater qu'il a été fait usage de ces possibilité de déroger au principe posé.

Tout d'abord – et c'est heureux – cela a été l'occasion de revenir sur certaines notions prêtant le flanc à l'ambiguïté ou étant dépourvues d'intérêt juridique. C'est ainsi, d'une part, que la notion de « groupement sportif », historiquement présente dans la législation française sur le sport depuis les origines (V. Ord. 2 oct. 1943 portant statut provisoire des groupements sportifs et de jeunesse, *JO 7 oct.*), n'avait jamais été clairement définie, que ce soit par le législateur ou la jurisprudence. Du fait de l'abandon de cette notion lors de la codification, il n'y a désormais plus de « groupements sportifs ». Il n'y a que des « associations sportives », des « sociétés sportives » et des « fédérations sportives », autant de notions aisément identifiables et délimitables. C'est aussi, d'autre part, ce qui a présidé à l'abandon, dans le corpus à valeur législative, de la distinction entre fédérations unisport, multisports et affinitaires. Si, sur le terrain, cette distinction a un sens (ainsi, à titre d'exemple, la Fédération française de tennis est une fédération unisport, alors que la Fédération française handisport est une fédération multisports et la Fédération sportive et gymnique du travail une fédération affinitaire, et multisports par ailleurs), elle n'entraîne pas en soi de conséquences juridiques, sa suppression apparaît donc cohérente au plan normatif.

Par ailleurs – et il est inutile d'insister outre mesure sur ce point – le processus de codification a conduit à des modifications d'ordre purement rédactionnel, touchant essentiellement aux multiples renvois internes au code lui-même.

Ensuite, l'habilitation à procéder, en tant que de besoin, à une « harmonisation de l'état du droit » (art. 84-II de la loi d'habilitation) a engendré quelques ajustements. Ainsi, par exemple, l'article 19-1 A de la loi du 16 juillet 1984 prévoyait la soumission à la législation de lutte contre le dopage humain des compétitions organisées par une commission spécialisée du CNOSF en cas d'absence de fédération délégataire mais ne prévoyait rien de tel s'agissant de la lutte contre le dopage des animaux. Désormais, la combinaison des articles L. 131-19 (mise en place d'une commission spécialisée en cas d'absence de fédération délégataire), L. 232-9 (soumission des compétitions organisées par une commission spécialisée du CNOSF à la législation sur le dopage humain) et L. 241-2 (soumission des compétitions organisées par une commission spécialisée du CNOSF à la législation sur le dopage des animaux) corrige cette anomalie.

Enfin, l'adoption du code du sport a donné lieu à une vague de déclassement de dispositions législatives dont l'appartenance au domaine législatif est apparue douteuse aux concepteurs dudit code. Il n'entre pas dans le présent propos de disserter sur les zones de compétence respectives de la loi et du règlement dans la Constitution de 1958 ni, surtout, de la pratique du Parlement et du Gouvernement en la matière mais il est indiscutable que bon nombre de dispositions de la loi de 1984 étaient de nature parfaitement réglementaire, entre autres mauvaises habitudes parlementaires. Simplement, alors qu'une application stricte des principes découlant de la hiérarchie des normes et de la répartition des compétences entre l'exécutif et le législatif aurait entraîné un véritable assèchement de la norme législative, le processus de déclassement n'a, finalement, conduit qu'à des ajustements mineurs. On relèvera notamment le déclassement des dispositions régissant certaines instances purement consultatives, à l'image du Conseil national des activités physiques et sportives, ou celles constituant des mesures d'application (selon la nomenclature dressée par le Rapport au président de la République sur l'ordonnance : publication du calendrier des compétitions par les fédérations délégataires, délai de présentation des demandes d'organisation d'une manifestation sportive ou modalités d'homologation des enceintes sportives...). D'autres déclassements, certainement justifiés au plan juridique, interpellent toutefois sur le terrain plus politique des rapports de force entre État et mouvement sportif. Ainsi, s'agissant du CNOSF, la loi prévoyait, en son article 19, alinéa 5, qu'il « mène des activités d'intérêt commun au nom des fédérations ou avec elles, dans le respect des prérogatives reconnues à chacune d'elles par la présente loi » et, à l'alinéa 4, qu'il « a compétence exclusive pour constituer, organiser et diriger la délégation française aux Jeux olympiques et aux compétitions multisports patronnées par le Comité International Olympique ». Dans la mesure où, en toute hypothèse, ces compétences et prérogatives sont inhérentes à ce qu'est le CNOSF et à son insertion au sein du Mouvement sportif et olympique et que leur « consécration » législative a plus une valeur symbolique qu'une véritable efficacité normative, on voit mal ce qui justifie le caractère « vexatoire » du déclassement de ces dispositions au niveau réglementaire. De la même façon, comment ne pas voir un affaiblissement potentiel de la procédure de conciliation devant le CNOSF lorsqu'on constate que son caractère obligatoire a été rétrogradé à l'article R. 141-5 ? Une fois de plus, le caractère réglementaire de cette disposition ne prête pas à discussion si l'on applique strictement les principes découlant des articles 34 et 37 de la Constitution. Il demeure encore de nombreuses dispositions en principe de valeur réglementaire dans la partie législative du code du sport et que l'on peut légitimement s'inquiéter sur le devenir d'une procédure qui a fait ses preuves mais qui compte certains détracteurs, au sein même du Mouvement sportif et olympique, et dont désormais un simple décret peut supprimer le caractère obligatoire…

Au demeurant, toutes les dispositions ayant fait l'objet d'un déclassement n'ont pas été reprises lors de la promulgation de la partie réglementaire. Sans rentrer dans un inventaire exhaustif, signalons la suppression pure et simple de la Commission nationale de l'enseignement des APS (CNEAPS), autrefois instituée par l'article 48-1 de la loi du 16 juillet 1984 modifiée, ladite suppression étant notamment motivée par le fait qu'elle ne se réunissait quasiment jamais, ce qui, au passage, illustre les limites de la comitologie « à la française », en particulier dans le sport.

Postérieurement à la publication de la partie législative du code du sport, celle-ci a subi pas moins de quarante modifications, d'importance inégale, par la loi n° 2006-784 du 5 juillet 2006 relative à la prévention des violences lors des manifestations sportives *(JO 6 juill.)*, la loi n° 2006-1294 du 23 octobre 2006 portant diverses dispositions relatives aux arbitres *(JO 24 oct.)*, la loi n° 2006-1770 du 30 décembre 2006 pour le développement de la participation et de l'actionnariat salarié *(JO 31 déc.)* qui a servi de support à l'autorisation, pour les clubs professionnels, de faire appel public à l'épargne, l'ordonnance n° 2007-1389 du 27 septembre 2007 relative aux contrôles, au constat des infractions et aux sanctions en matière de lutte contre le dopage et de protection de la santé des sportifs en Nouvelle-Calédonie *(JO 28 sept.)*, la loi n° 2008-650 du 3 juillet 2008 relative à la lutte contre le trafic de produits dopants *(JO 4 juill.)*, la loi n° 2008-1425 du 27 décembre 2008 de finances pour 2009 *(JO 28 déc.)* s'agissant du droit à l'image collective, l'ordonnance n° 2009-80 du 22 janvier 2009 relative à l'appel public à l'épargne et portant diverses dispositions en matière financière *(JO 23 janv.)*, la loi n° 2009-258 du 5 mars 2009 relative à la communication audiovisuelle et au nouveau service public de la télévision *(JO 7 mars)*, la loi n° 2009-526 du 12 mai 2009 de simplification et de la clarification du droit et d'allègement des procédures *(JO 13 mai)* à propos de diverses dispositions d'ordre pénal, la loi n° 2009-888 du 22 juillet 2009 de développement et de modernisation des services touristiques *(JO 24 juill.)* à propos d'équipements sportifs considérés comme d'intérêt général et la loi n° 2009-1646 du 24 décembre 2009 de financement de la sécurité sociale pour 2010 *(JO 27 déc.)* concernant la suppression anticipée du mécanisme du droit à l'image collective, la loi n° 2010-201 du 2 mars 2010 renforçant la lutte contre les violences de groupes et la protection des personnes chargées d'une mission de service public *(JO 3 mars)*, l'ordonnance n° 2010-379 du 14 avril 2010 relative à la santé des sportifs et à la mise en conformité du code du sport avec les principes du code mondial antidopage *(JO 16 avr.)*, la loi n° 2010-476 du 12 mai 2010 relative à l'ouverture à la concurrence et à la régulation du secteur des jeux d'argent et de hasard en ligne *(JO 13 mai)*, la loi n° 2010-626 du 9 juin 2010 encadrant la profession d'agent sportif *(JO 10 juin)* la loi n° 2010-1657 du 29 décembre 2010 de finances pour 2011 *(JO 30 déc.)*, la loi n° 2011-267 du 14 mars 2011 d'orientation et de programmation pour la performance de la sécurité intérieure *(JO 15 mars)*, la loi n° 2011-331 du 28 mars 2011 de modernisation des professions judiciaires ou juridiques et certaines professions réglementées *(JO 29 mars)*, la loi n° 2011-525 du 17 mai 2011 de simplification et d'amélioration de la qualité du droit *(JO 18 mai)*, l'ordonnance n° 2011-827 du 8 juillet 2011 relative à la répression du dopage en Nouvelle-Calédonie *(JO 9 juill.)*, la loi n° 2012-158 du 1er février 2012 *(JO 2 févr.)* visant à renforcer l'éthique du sport et les droits des sportifs *(JO 2 févr.)*, la loi n° 2012-348 du 12 mars 2012 tendant à faciliter l'organisation des manifestations sportives et culturelles *(JO 13 mars)*, la loi n° 2012-954 du 6 août 2012 relative au harcèlement sexuel *(JO 7 août)*, la loi n° 2014-344 du 17 mars 2014 relative à la consommation *(JO 18 mars)*, la loi n° 2014-873 du 4 août 2014 pour l'égalité réelle entre les femmes et les hommes *(JO 5 août)*, l'ordonnance n° 2014-1543 du 19 décembre 2014 portant diverses mesures relatives à la création de la métropole de Lyon *(JO 20 déc.)*, la loi n° 2014-1545 du 20 décembre 2014 relative à la simplification de la vie des entreprises *(JO 21 déc.)*, la loi n° 2015-177 du 16 février 2015 relative à la modernisation et à la simplification du droit et des procédures dans les domaines de la justice et des affaires intérieures *(JO 17 févr.)*, l'ordonnance n° 2015-904 du 23 juillet 2015 portant simplification du régime des associations et des fondations *(JO 24 juill.)*, l'ordonnance n° 2015-948 du 31 juillet 2015 relative à l'égal accès des femmes et des hommes au sein des autorités administratives indépendantes et des autorités publiques indépendantes *(JO 2 août)*, la loi n° 2015-991 du 7 août 2015 portant nouvelle organisation territoriale de la République *(JO 8 août)*, l'ordonnance n° 2015-1174 du 23 septembre 2015 relative à la partie législative du livre Ier du code de l'urbanisme *(JO 24 sept.)*, l'ordonnance n° 2015-1207 du 30 septembre 2015 relative aux mesures relevant du domaine de la loi nécessaires pour assurer le respect des principes du code mondial antidopage *(JO 1er oct.)*, la loi n° 2015-1541 du 27 novembre 2015 visant à protéger les sportifs de haut niveau et professionnels et à sécuriser leur situation juridique et sociale *(JO 28 nov.)*, l'ordonnance n° 2015-1682 du 17 décembre 2015 portant simplification de certains régimes d'autorisation préalable et de déclaration des entreprises et des professionnels *(JO 18 déc.)*, la loi n° 2016-41 du 26 janvier 2016 de modernisation de notre système de santé *(JO 27 janv.)*, l'ordonnance n° 2016-131 du 10 février 2016 portant réforme du droit des contrats, du régime général et de la preuve des obligations *(JO 11 févr.)*, la loi n° 2016-457 du 14 avril 2016 relative à l'information de l'administration par l'autorité judiciaire et à la protection des mineurs *(JO 15 avr.)*, la loi n° 2016-564 du 10 mai 2016 renforçant le dialogue avec les supporters et la lutte contre le hooliganisme *(JO 11 mai)* et la loi n° 2016-731 du 3 juin 2016 renforçant la lutte contre le crime organisé, le terrorisme et leur financement, et améliorant l'efficacité et les garanties de la procédure pénale *(JO 4 juin)*. ❑

Faute de ratification par le législateur, l'ord. du 23 mai 2006 qui a procédé à la codification de la partie législative du code du sport ne présente qu'un caractère législative et, en conséquence, ne peut faire l'objet d'une question prioritaire de constitutionnalité • Crim. 7 août 2013, *pourvois nos 13-90.016, 13-90.017, 13-90.018 et 13-90.19 : JS 2013, n° 135, p. 8, obs. J.S.* ; *Dict. perm. dr. sport 2013, Bull. n° 204, p. 1, obs. D. Rémy.* V. déjà : • Crim. 8 janv. 2013 : *pourvoi n° 12-86.837.* – V. également • CE 13 juill. 2016, *Synd. national des entreprises des loisirs marchands et autres*, n° 396170 : *Lebon, AJDA 2016. 1484* ; *ibid. 2016. 2153, chron. Dutheillet de Lamothe et Odinet* ; *Dict. perm. dr. sport 2016, Bull. n° 238, p. 8, obs. Rémy.*

Rapport au président de la République,

Relatif à l'ordonnance n° 2006-596 du 23 mai 2006 relative à la partie législative du code du sport.

[...]

L'article 84 de la loi n° 2004-1343 du 9 décembre 2004 de simplification du droit a autorisé le Gouvernement à adopter par voie d'ordonnance la partie législative du code du sport. Le texte soumis à votre signature est pris pour l'application de cet article. Il porte publication de ladite partie législative, jointe en annexe.

Le projet de code du sport est le résultat d'un travail collectif organisé autour de trois groupes d'intervenants : un groupe de travail interne à l'administration centrale du ministère de la jeunesse, des sports et de la vie associative ; un "comité d'usagers", mis en place pour confronter le projet aux attentes des futurs utilisateurs du code, constitué de juristes, de représentants du monde sportif et d'agents des services déconcentrés ; enfin, l'ensemble des administrations intervenant dans les différents domaines juridiques concernés par le code du sport. Ce projet a été soumis à l'examen de la Commission supérieure de codification, qui en a approuvé la partie législative lors de sa séance du 28 juin 2005.

*

* *

La codification du droit du sport intervient après une forte croissance de l'activité normative en la matière, qu'il s'agisse de textes relatifs aux seules pratiques sportives ou intervenant dans d'autres domaines du droit (concurrence, communication, construction, environnement, sécurité...).

I. — Le droit du sport, un droit en expansion

Le domaine du sport est longtemps resté en marge de la production normative, à l'exception des "règles du jeu". Aussi, les bases de l'organisation actuelle du sport en France ont-elles été véritablement fixées par la loi du 29 octobre 1975, abrogée et revue par celle du 16 juillet 1984.

Les activités physiques et sportives ont connu un essor important et occupent désormais une place essentielle aux plans social, économique et culturel. Cet essor s'est accompagné d'un renforcement de l'environnement juridique de la pratique sportive et, par suite, d'un accroissement des normes de droit. C'est ainsi que depuis 1984 une vingtaine de textes de loi ont modifié le droit du sport, sans que l'ensemble ainsi constitué ne fasse l'objet d'une codification.

II. — Le code du sport facilitera l'accès au droit

Le code du sport réunit dans un même document l'ensemble des dispositions les plus directement liées à la pratique des activités physiques et sportives. Il regroupe, principalement autour des dispositions de la loi n° 84-610 du 16 juillet 1984 relative à l'organisation et à la promotion des activités physiques et sportives, des textes précédemment codifiés dans le code de la santé publique et dans le code de l'éducation.

Du code de la santé publique, sont transférées les dispositions en matière de protection de la santé des sportifs et de lutte contre le dopage ; du code de l'éducation, celles relatives à l'enseignement contre rémunération et aux établissements dans lesquels sont pratiquées des activités sportives. Les codes de la santé publique et de l'éducation renverront désormais aux dispositions intégrées dans le code du sport.

D'autres dispositions applicables à la pratique sportive ont été maintenues dans des codes autres que celui du sport, dès lors qu'elles dépassaient le seul cadre sportif. Lorsqu'il a paru nécessaire d'établir un lien entre le code du sport et la disposition considérée, le recours au renvoi aux textes codifiés par ailleurs a été privilégié au détriment de la codification en "suiveur", conformément à l'avis adopté par la Commission supérieure de codification le 3 mars 2006. Il a en effet paru préférable d'inviter le lecteur à consulter les articles auxquels renvoie le code du sport dans leur environnement juridique souvent nécessaire à la bonne interprétation du texte. La mise à jour du code en sera par ailleurs facilitée.

Cela étant, la technique du code suiveur a été retenue exceptionnellement, lorsque l'affichage du texte, codifié par ailleurs, a paru nécessaire à la compréhension du dispositif.

III. — Le code du sport simplifie le droit applicable

1° Les notions insuffisamment claires ou sans incidence juridique ont été écartées :

La notion de "groupement sportif" a été supprimée du projet de code. Cette notion, inscrite dans l'article 7 de la loi n° 84-610 du 16 juillet 1984, n'est pas définie par la loi. Seul un arrêt de la Cour de cassation en a donné une interprétation, qui fait prévaloir un critère organique (ministère de tutelle) sur tout élément fonctionnel. N'ont été retenues dans le code que des notions parfaitement définies. C'est le cas de celles "d'association sportive" et de "société sportive" (cf. le titre II du livre Ier).

De même, la loi de 1984 distingue, d'une part, les associations et fédérations unisports des associations et fédérations multisports ou affinitaires et, d'autre part, les associations et fédérations sportives scolaires et universitaires.

Si cette dernière catégorie a une existence juridique propre (cf. article L. 121-2), la distinction entre structures unisports, multisports ou affinitaires n'a pas, en l'état du droit, de conséquence juridique. Cette distinction a donc été supprimée.

2° Les adaptations formelles nécessitées par la réunion des textes codifiés consistent, conformément à la loi d'habilitation, en une mise en cohérence rédactionnelle de leurs dispositions : modification des références internes et harmonisation de termes ou de notions.

3° Le rapprochement des textes a fait apparaître la nécessité de procéder, dans un certain nombre de domaines, à une harmonisation de l'état du droit. Ces modifications apportées aux textes en vigueur restent dans les limites posées par la loi d'habilitation et sont au demeurant peu nombreuses.

En premier lieu, un complément a été apporté à l'actuel article 19-1 A de la loi de 1984. Cet article prévoit la possibilité pour le Comité national olympique et sportif français

(CNOSF), en l'absence de fédération sportive délégataire dans une discipline, de mettre en place une commission exerçant les compétences d'une telle fédération. Le deuxième alinéa de cet article précise que "les compétitions organisées par ladite commission entrent dans le champ de la loi du 23 mars 1999 relative à la protection de la santé des sportifs et à la lutte contre le dopage". En revanche, les compétitions entrant dans le champ de la loi du 28 juin 1989 relative à la répression du dopage des animaux participant à des manifestations et compétitions sportives en étaient donc exclues. Cette situation a été corrigée (cf. article L. 241-2).

En second lieu, les articles comprenant un grand nombre d'alinéas ont été scindés pour constituer des articles plus courts et centrés sur une seule idée. La codification de l'article 42-1 de la loi de 1984 illustre cette démarche. Constitué à l'origine de quatorze alinéas, cet article a été scindé en six articles (L. 312-5 à L. 312-10), après déclassement de trois alinéas de portée réglementaire et abrogation d'un alinéa de portée temporaire.

Tel est également le cas de dispositions pénales, pour lesquelles l'option a été prise de rapprocher la sanction de l'infraction. Cette situation est illustrée par l'article L. 463-7 du code de l'éducation, comprenant six alinéas, codifiés dans cinq articles (L. 212-8, L. 212-10, L. 212-2 et L. 212-14 pour ce qui concerne les infractions aux dispositions relatives à l'enseignement contre rémunération, et L. 322-4 pour ce qui concerne les infractions aux dispositions relatives à la création et à l'exploitation des établissements où sont pratiquées les activités physiques et sportives).

Enfin, la codification a permis le déclassement de dispositions ayant un caractère réglementaire en tant qu'elles créent des instances consultatives (cas du Conseil national des activités physiques et sportives [CNAPS], de la commission consultative des arts martiaux ou des commissions départementales des espaces, sites et itinéraires relatifs aux sports de nature), concernent des procédures non pénales (procédure de conciliation devant le CNOSF), ou constituent des mesures d'application (publication du calendrier des compétitions par les fédérations délégataires, délai de présentation des demandes d'organisation d'une manifestation sportive ou modalités d'homologation des enceintes sportives...).

IV. — Le code du sport comprend quatre livres

Le livre Ier, relatif à "l'organisation des activités physiques et sportives", présente les différents intervenants dans ce domaine, à l'exception des entreprises commerciales de droit commun (producteurs d'articles sportifs, entreprises de spectacles ou d'information). Il est constitué de quatre titres.

Le titre Ier est consacré aux intervenants de droit public : État, collectivités territoriales et groupements d'intérêt public.

Le titre II traite des associations et sociétés sportives.

Le titre III définit les structures fédératives : fédérations sportives et ligues professionnelles.

Le titre IV regroupe les organismes de consultation ou conciliation (principalement le CNOSF et le CNAPS), hors les organismes à objet essentiellement disciplinaire (Agence française de lutte contre le dopage notamment), qui sont traités dans les parties propres à leurs domaines d'intervention (notamment : lutte contre le dopage et enseignement contre rémunération).

Le livre II s'intéresse principalement au statut des personnes, sportifs et autres "acteurs du sport", cette dernière notion comprenant les autres intervenants du jeu sportif (arbitres, juges et entraîneurs), mais aussi l'encadrement des clubs et les enseignants (hors éducation nationale).

Le titre Ier concerne la formation des sportifs et l'enseignement, contre rémunération, des activités physiques et sportives. L'enseignement physique et sportif (EPS) dans le cadre scolaire et universitaire en est exclu. En est également exclu tout enseignant intervenant en sa qualité de fonctionnaire ou militaire dans le cadre de ses activités professionnelles.

Le titre II traite du statut des "acteurs du sport". Le statut du sportif de haut niveau et celui de l'agent sportif, notamment, y sont abordés.

Le titre III porte sur la santé des sportifs et la lutte contre le dopage.

Le titre IV concerne le dopage des animaux.

Le livre III traite de la "pratique sportive".

Son titre Ier porte sur les lieux de pratique, qu'il s'agisse des sports de pleine nature ou des sports pratiqués dans des enceintes. Il examine les conditions d'aménagement et de construction de ces lieux.

Son titre II concerne l'activité elle-même, qu'il s'agisse des obligations d'assurance ou des conditions d'hygiène et de sécurité qui s'imposent à tous.

Enfin, son titre III concerne l'organisation et l'exploitation des "manifestations sportives".

Le livre IV porte sur deux sujets transversaux : le financement du sport et l'application du code aux collectivités d'outre-mer. Chacun de ces sujets est l'objet d'un titre spécifique.

*

* *

Le projet d'ordonnance, auquel est annexé le projet de code, comprend onze articles.

L'article 1er a pour effet de créer un code du sport établi à droit constant, en donnant valeur législative aux dispositions regroupées au sein de l'annexe.

L'article 2 permet la modification automatique des dispositions d'autres codes, reproduites dans le code du sport à titre de code "suiveur", lorsque ces dispositions viendront à être modifiées.

L'article 3 substitue les références aux articles du code aux références à des lois abrogées et reprises dans le code du sport qui sont contenues dans d'autres codes ou lois ; cet article est traditionnellement inséré dans les ordonnances de codification.

Les articles 4 et 5 ont pour objet d'adapter les codes de l'éducation et de la santé publique, plus profondément modifiés que les textes mentionnés à l'article 3.

L'article 6 complète l'article 48 de la loi n° 86-1067 du 30 septembre 1986 relative à la liberté de communication, en y intégrant un dispositif propre au cahier des charges des sociétés nationales de programme. Il a en effet été considéré que ce texte, qui crée des obligations à la charge des sociétés concernées, devait être placé dans le texte instituant le régime applicable aux professionnels intéressés.

L'article 7 porte abrogation des dispositions législatives qui sont proposées à la présente codification, ainsi que de celles qui, ayant été implicitement abrogées ou n'ayant plus d'objet, ne sont pas reprises dans le code du sport.

L'article 8 concerne les dispositions qui, contenues dans des lois mentionnées dans l'article précédent, sont de nature réglementaire au regard de la Constitution ; l'abrogation de ces dispositions ne prendra effet qu'à compter de l'entrée en vigueur de la partie réglementaire du code du sport, qui en reprendra la substance.

L'article 9 reprend un dispositif transitoire relatif à l'enseignement et à l'encadrement professionnels des activités physiques et sportives. Ce texte est applicable jusqu'en août 2007, et n'a donc pas été codifié.

L'article 10 reporte la date d'entrée en vigueur du dispositif relatif au dopage, afin qu'elle coïncide avec celle prévue, en la matière, par la loi n° 2006-405 du 5 avril 2006 relative à la lutte contre le dopage et à la protection de la santé des sportifs.

L'article 11 a pour effet de rendre l'ordonnance applicable dans les collectivités d'outre-mer, à l'exception des abrogations énumérées à l'article 8 portant sur des dispositions qui relèvent de la compétence de ces collectivités.

L'article 12 est l'article d'exécution. — *[...]*

Ordonnance n° 2006-596 du 23 mai 2006,

Relative à la partie législative du code du sport.

Art. 1er Les dispositions annexées à la présente ordonnance constituent la partie législative du code du sport.

Art. 2 Les dispositions de la partie législative du code du sport qui citent en les reproduisant des articles d'autres codes ou d'autres textes législatifs sont de plein droit modifiées par l'effet des modifications ultérieures de ces articles.

Art. 3 I. — Les références aux dispositions législatives abrogées par la présente ordonnance sont remplacées par les références aux dispositions correspondantes du code du sport.

II. — En application de la règle définie au I, il est notamment procédé aux modifications suivantes :

1° Au 3° de l'article L. 2336-1 du code de la défense, les mots : "l'article 17 de la loi n° 84-610 du 16 juillet 1984 relative à l'organisation et à la promotion des activités physiques et sportives" sont remplacés par les mots : "l'article L. 131-14 du code du sport" ;

2° Au premier alinéa de l'article L. 364-1 du code de l'environnement, les mots : "l'article 19-II de la loi n° 84-610 du 16 juillet 1984 modifiée relative à l'organisation et la promotion des activités physiques et sportives ci-après partiellement reproduit" sont remplacés par les mots : "l'article L. 311-10 du code du sport ci-après reproduit" ;

3° Au deuxième alinéa de l'article L. 380-1 du code forestier et au dixième alinéa de l'article L. 142-2 du code de l'urbanisme, les mots : "à l'article 50-2 de la loi n° 84-610 du 16 juillet 1984 relative à l'organisation et à la promotion des activités physiques et sportives" sont remplacés par les mots : "au livre III du code du sport" ;

4° Au 2° de l'article L. 1525-1 du code général des collectivités territoriales, les mots : "constituées en application des articles 11 à 14 de la loi n° 84-610 du 16 juillet 1984 relative à l'organisation et à la promotion des activités physiques et sportives" sont remplacés par les mots : "mentionnées à l'article L. 122-12 du code du sport" ;

5° La deuxième phrase du huitième alinéa du 1 de l'article 200 du code général des impôts est remplacée par la phrase suivante : "Ces dispositions s'appliquent aux frais engagés à compter du 9 juillet 2000" ;

6° Au deuxième alinéa de l'article 302 *bis* ZE du code général des impôts, les mots : "aux articles 7, 11, 16 ou 18 de la loi n° 84-610 du 16 juillet 1984 relative à l'organisation et à la promotion des activités physiques et sportives" sont remplacés par les mots : "aux articles L. 121-1, L. 122-2, L. 122-12, L. 131-1 ou L. 331-5 du code du sport" ;

7° Au 3° du *a* de l'article 1561 du code général des impôts, les mots : "l'article 11 de la loi n° 84-610 du 16 juillet 1984 modifié relative à l'organisation et à la promotion des activités physiques et sportives" sont remplacés par les mots : "l'article L. 122-1 du code du sport" ;

8° Au 5° de l'article 1562 du code général des impôts, les mots : "par les groupements sportifs et les sociétés sportives visés par l'article 11 de la loi n° 84-610 du 16 juillet 1984 modifié relative à l'organisation et à la promotion des activités physiques et sportives" sont remplacés par les mots : "les associations sportives et les sociétés sportives mentionnées à l'article L. 122-1 du code du sport" ;

9° L'article L. 554-8 du code de justice administrative est ainsi rédigé :

Art. L. 554-8 **La décision de suspension des actes pris en vertu de la délégation mentionnée à l'article L. 131-14 du code du sport obéit aux règles définies à l'article L. 131-22** *[0]* **du même code ci-après reproduit :**

Art. L. 131-22 [0] **Lorsque le ministre chargé des sports défère à la juridiction administrative les actes pris en vertu de la délégation mentionnée à l'article L. 131-14** *[6]* **qu'il estime contraires à la légalité, il peut assortir son recours d'une demande de suspension.**

Il est fait droit à cette demande si l'un des moyens invoqués paraît, en l'état de l'instruction, propre à créer un doute sérieux quant à la légalité de l'acte attaqué.

Il est statué sur cette demande dans un délai d'un mois.

10° Le 8° de l'article L. 311-4 du code de justice administrative est ainsi rédigé :

"8° Des articles L. 232-24 et L. 241-8 du code du sport."

11° Au deuxième alinéa de l'article L. 310-2 et au quatrième alinéa de l'article L. 312-1 du code du travail, les mots : "l'article 15-2 de la loi n° 84-610 du 16 juillet 1984 relative à l'organisation et à la promotion des activités physiques et sportives" sont remplacés par les mots : "l'article L. 222-6 du code du sport" ;

12° Au deuxième alinéa de l'article L. 130-5 du code de l'urbanisme, les mots : "du titre III de la loi n° 84-610 du 16 juillet 1984 relative à l'organisation et à la promotion des activités physiques et sportives" sont remplacés par les mots : "du titre Ier du livre III du code du sport" ;

13° Au dixième alinéa de l'article L. 142-2 du code de l'urbanisme, les mots : "l'article 50-2 de la loi n° 84-610 du 16 juillet 1984 relative à l'organisation et à la promotion des activités physiques et sportives" sont remplacés par les mots : "au livre III du code du sport ".

Art. 4 Le code de l'éducation est modifié comme suit :

1° La deuxième phrase de l'article L. 312-1 est abrogée ;

2° L'article L. 363-1 est remplacé par les dispositions suivantes :

Art. L. 363-1 **Les règles relatives aux conditions d'enseignement, d'animation ou d'encadrement des activités physiques et sportives sont définies au titre Ier du livre II du code du sport.**

3° Les articles L. 363-1-1 à L. 363-4 sont abrogés ;

4° L'article L. 463-1 est remplacé par les dispositions suivantes :

Art. L. 463-1 Les règles relatives aux établissements de formation aux professions des activités physiques et sportives sont définies au chapitre Ier du titre Ier du livre II et au chapitre II du titre II du livre III du code du sport.

5° Les articles L. 463-2 à L. 463-7 sont abrogés ;

6° A l'article L. 552-4, les mots : "sont régies par la loi n° 84-610 du 16 juillet 1984 relative à l'organisation et à la promotion des activités physiques et sportives" sont remplacés par : "sont soumises aux dispositions du code du sport" ;

7° Il est inséré un article L. 632-1-1 ainsi rédigé :

Art. L. 632-1-1 Ainsi qu'il est prévu à l'article L. 231-1 du code du sport, le deuxième cycle des études médicales contient une formation initiale nécessaire à la pratique des examens médico-sportifs.

8° A l'article L. 841-4, les mots : "sont régies par les dispositions de la loi n° 84-610 du 16 juillet 1984 relative à l'organisation et à la promotion des activités physiques et sportives" sont remplacés par : "sont soumises aux dispositions du code du sport".

Art. 5 La troisième partie du code de la santé publique est ainsi modifiée :

1° Sous réserve des dispositions de l'article 8, sont abrogés à compter de la date définie au I de l'article 25 de la loi du 5 avril 2006 susvisée :

a) Le livre VI ;

b) Au livre VIII, les chapitres VII du titre Ier et IV du titre II ;

2° A l'antépénultième alinéa de l'article L. 3335-4, les mots : "groupements sportifs agréés dans les conditions prévues par la loi n° 84-610 du 16 juillet 1984 précitée" sont remplacés par les mots : "associations sportives agréées conformément à l'article L. 121-4 du code du sport ", et les mots : "pour chacun desdits groupements" sont remplacés par les mots : "pour chacune desdites associations " ;

3° Le livre V est ainsi intitulé : "Lutte contre le tabagisme et lutte contre le dopage" ;

4° Le titre unique du livre V devient le titre Ier et est intitulé : "Lutte contre le tabagisme" ;

5° Il est inséré au livre V un titre II ainsi rédigé :

"TITRE II

"LUTTE CONTRE LE DOPAGE

"Chapitre unique

Art. L. 3525-1 Les dispositions relatives à la lutte contre le dopage, prises dans l'intérêt de la santé des sportifs, figurent au titre III du livre II du code du sport." ;

6° A l'article L. 3816-1, les mots : "titre unique" sont remplacés par les mots : "titre Ier".

Art. 6 Les dispositions suivantes sont insérées après la première phrase de l'article 48 de la loi du 30 septembre 1986 susvisée :

"Ce cahier des charges prévoit des dispositions pour la promotion de la protection de la santé des sportifs et de la lutte contre le dopage."

Art. 7 Sont abrogés, sous réserve des dispositions de l'article 8 :

1° Le chapitre V du titre VIII du livre VII du code du travail ;

2° Le deuxième alinéa de l'article 5 du décret-loi du 9 janvier 1852 sur l'exercice de la pêche maritime ;

3° La loi n° 84-610 du 6 juillet 1984 relative à l'organisation et à la promotion des activités physiques et sportives ;

4° Le I de l'article 34 de la loi n° 92-652 du 13 juillet 1992 modifiant la loi n° 84-610 du 16 juillet 1984 relative à l'organisation et à la promotion des activités physiques et sportives et portant diverses dispositions relatives à ces activités ;

5° L'article 21-1 de la loi n° 95-115 du 4 février 1995 d'orientation pour l'aménagement et le développement du territoire ;

6° L'article 29 de la loi n° 99-223 du 23 mars 1999 relative à la protection de la santé des sportifs et à la lutte contre le dopage ;

7° L'article 26 de la loi n° 2000-627 du 6 juillet 2000 modifiant la loi n° 84-610 du 6 juillet 1984 relative à l'organisation et à la promotion des activités physiques et sportives ;

8° Les articles 10 et 11 de la loi n° 2003-708 du 1er août 2003 relative à l'organisation et à la promotion des activités physiques et sportives.

Art. 8 Sont abrogés à compter de l'entrée en vigueur de la partie réglementaire du code du sport les textes énumérés ci-après :

I. — Le deuxième alinéa de l'article L. 3611-1 et les deux premières phrases de l'article L. 3612-2-1 du code de la santé publique.

II. — La deuxième phrase du premier alinéa, les deuxième à sixième alinéas et le huitième alinéa de l'article L. 3612-3 du code de la santé publique.

III. — Le II de l'article L. 463-2 du code de l'éducation.

IV. — Dans la loi n° 84-610 du 16 juillet 1984 précitée :

1° La quatrième phrase du premier alinéa de l'article 15-2 ;

2° Le neuvième alinéa de l'article 16 ;

3° Le cinquième alinéa de l'article 17 ;

4° Le troisième alinéa de l'article 17-1 ;

5° Le quatrième alinéa de l'article 17-2 ;

6° Le deuxième alinéa et la deuxième phrase du troisième alinéa de l'article 18 ;

7° Les quatrième à septième, douzième à seizième et dix-huitième alinéas de l'article 19 ;

8° Le deuxième alinéa de l'article 31 ;

9° L'article 33 ;

10° Les premier à huitième alinéas et la deuxième phrase du onzième alinéa de l'article 42-1, ainsi que les dispositions du neuvième alinéa du même article en tant qu'elles fixent le délai au terme duquel l'autorisation d'ouverture au public peut prendre effet ;

11° Les deuxième à huitième alinéas de l'article 50-2.

V. — Le sixième alinéa de l'article 21-1 de la loi n° 95-115 du 4 février 1995.

Art. 9 Pour l'application de l'article L. 212-1 du code du sport, et dans la période qui précède l'inscription des diplômes, titres à finalité professionnelle ou certificats de qualification sur la liste mentionnée au III dudit article, qui ne peut excéder le 30 août 2007, restent en vigueur les dispositions résultant des trois premiers alinéas de l'article 43 de la loi n° 84-610 du 16 juillet 1984 relative à l'organisation et à la promotion des activités physiques et sportives, dans leur rédaction issue de l'article 24 de la loi n° 92-652 du 13 juillet 1992 modifiant la loi n° 84-610 du 16 juillet 1984 relative à l'organisation et à la promotion des activités physiques et sportives et portant diverses dispositions relatives à ces activités, rappelées ci-dessous :

"Nul ne peut enseigner, encadrer ou animer contre rémunération une activité physique ou sportive, à titre d'occupation principale ou secondaire, de façon régulière, saisonnière ou occasionnelle, ni prendre le titre de professeur, moniteur, éducateur, entraîneur ou tout autre titre similaire, s'il n'est titulaire d'un diplôme inscrit, en fonction du niveau de formation auquel il correspond et des professions auxquelles il donne accès, sur une liste d'homologation des diplômes des activités physiques et sportives.

"L'inscription sur cette liste des diplômes délivrés par l'État et des diplômes français ou étrangers admis en équivalence est de droit.

"Un décret en Conseil d'État fixe les conditions d'inscription sur la liste d'homologation des diplômes délivrés, notamment par les fédérations sportives, à l'issue de formations reconnues par l'État après avis d'une commission comprenant des représentants de l'administration, du mouvement sportif et des professions intéressées. Seuls peuvent être homologués les diplômes correspondant à une qualification professionnelle qui n'est pas couverte par un diplôme d'État."

Art. 10 La présente ordonnance est applicable à Mayotte, à Saint-Pierre-et-Miquelon, dans les îles Wallis-et-Futuna, en Polynésie française et en Nouvelle-Calédonie, à l'exception des abrogations énumérées aux articles 3, 4, 5, 7 et 8 portant sur des dispositions qui relèvent de la compétence de ces collectivités à la date de publication de la présente ordonnance.

Art. 11 Les dispositions des titres III et IV du livre II de la partie législative du code du sport annexée à la présente ordonnance entrent en vigueur à la date définie au I de l'article 25 de la loi du 5 avril 2006 susvisée.

Art. 12 Le Premier ministre, le ministre de l'outre-mer et le ministre de la jeunesse, des sports et de la vie associative sont responsables, chacun en ce qui le concerne, de l'application de la présente ordonnance, qui sera publiée au *Journal officiel* de la République française.

LIVRE PREMIER ORGANISATION DES ACTIVITÉS PHYSIQUES ET SPORTIVES

TITRE PRÉLIMINAIRE PRINCIPES GÉNÉRAUX

Art. L. 100-1 **Les activités physiques et sportives constituent un élément important de l'éducation, de la culture, de l'intégration et de la vie sociale.**

Elles contribuent notamment à la lutte contre l'échec scolaire et à la réduction des inégalités sociales et culturelles, ainsi qu'à la santé.

La promotion et le développement des activités physiques et sportives pour tous, notamment pour les personnes handicapées, sont d'intérêt général.

(L. nº 2017-86 du 27 janv. 2017, art. 202-1º) **« L'égal accès des hommes et des femmes aux activités sportives, sous toutes leurs formes, est d'intérêt général. »** — *[L. nº 84-610 du 16 juill. 1984, art. 1er, al. 1er, et art. 20, al. 5.]*

BIBL. ▶ F. Alaphilippe et E. Bournazel (dir.), Le dirigeant sportif bénévole, *Dalloz, Droit et Économie du Sport, 1984.* - P. Collomb, Le libre exercice du sport, *in* Le sportif et le groupement sportif, *Economica 1981, p. 141.* - C. Dudognon, B. Foucher, E. Honorat, J.-P. Karaquillo et A. Lacabarats (dir.), Intégrité des compétitions sportives, *Dalloz, Juris éditions, 2014.* - P. Gaborit, Le ministère de la jeunesse et des sports, *Pouvoirs 1992, nº 61, p. 57.* - J.-P. Karaquillo, *RJ éco. sport 1989, nº 9, p. 25* (sportifs et libre circulation communautaire). - J.-F. Lachaume, La notion de service public dans la loi du 16 juillet 1984, *ALD 1984, nº spéc., p. 5* ; Les missions de service public liées aux activités physiques et sportives, *in* Droit du sport : la loi nº 92-652 du 13 juillet 1992, *D. 1994. 5.* - K. Roudier, La constitutionnalisation du droit du sport freinée par le Conseil d'État, *JS 2012, nº 125, p. 39* .

▶ Sur le rôle des collectivités territoriales : V. C. sport, art. L. 113-3.

COMMENTAIRE

Les dispositions premières du code du sport présentent une dimension politique marquée. Les activités physiques et sportives sont appréhendées comme l'une des composantes essentielles de la vie sociale *lato sensu*. Est mise en valeur la contribution des activités physiques et sportives en faveur de la lutte contre certains maux touchant la société et sont qualifiés d'intérêt général leur promotion et leur développement.

L'article premier de la loi nº 84-610 du 16 juillet 1984, dont est issu l'article L. 100-1 du code du sport, prévoyait dans sa version initiale que la pratique des activités physiques et sportives constituait un droit pour chacun quels que soient son sexe, son âge, ses capacités ou sa condition sociale. Si l'article L. 100-1 – version qui découle de la loi nº 2000-627 du 6 juillet 2000 *(JO 8 juill.)* – réaffirme, la place centrale occupée par les activités physiques et sportives dans la société, les dispositions consacrant le droit à la pratique sportive sont supprimées. Est-ce à dire que le législateur de 2000 a voulu revenir sur ce droit ? Une réponse par la négative s'impose.

La pratique sportive, au départ manifestation de l'exercice de la liberté individuelle de chacun, est garantie – au moins partiellement – par le principe de libre accès aux activités physiques et sportives. Ce principe a été élevé au rang de principe général du droit. Il a été dégagé par le Conseil d'État, dans un arrêt du 16 mars 1984 (*Broadie et a.*, V. note 1) rendu sous l'empire de la loi nº 75-988 du 29 octobre 1975 *(JO 30 oct.)*. Selon la Haute juridiction administrative, ce principe général de droit résultait de l'article 1er de la loi. Nul doute que les dispositions actuelles du code du sport, dont la teneur s'inscrit dans le droit fil des textes antérieurs, ne viennent pas le remettre en cause. En tout état de cause, l'existence des principes généraux du droit est indépendante du droit écrit, bien que celui-ci en constitue bien évidemment une source d'inspiration. Ce principe, dont on peut estimer qu'il est de « valeur législative », en ce qu'il découle de la loi, subsiste et, partant, doit être respecté par les autorités (publiques et privées) titulaires du pouvoir réglementaire, au premier rang desquelles les fédérations sportives ayant reçu délégation du ministre chargé des sports. Il en résulte que les actes administratifs unilatéraux doivent respecter le principe du libre accès, sous peine de censure par le juge administratif. Cependant, des atteintes au principe du libre accès aux APS sont admises dès lors qu'elles ne sont pas excessives au regard des objectifs d'intérêt général poursuivis.

Principe général du droit, le libre accès aux APS et, plus précisément, le droit de pratiquer un sport et celui de participer à des compétitions sportives ne constituent pas néanmoins, selon le juge administratif, des libertés fondamentales au sens de l'article L. 521-2 du code de la justice administrative dont les dispositions régissent la procédure d'urgence du « référé-liberté » (CE 22 oct. 2001, *Caillat* : *V.* note 2).

D'autres textes, de faible valeur normative ou dénués de force contraignante, envisagent la question de l'accès, du libre et/ou égal accès aux activités physiques et sportives.

Ainsi, au plan national, la loi n° 98-657 du 29 juillet 1998, loi d'orientation relative à la lutte contre les exclusions *(JO 31 juill.)*, déclare, dans son article 140, l'égal accès de tous notamment à la pratique sportive « objectif national ». Cet objectif est présenté comme une condition de l'exercice effectif de la citoyenneté.

De même, au niveau européen, la Déclaration dite de Nice, annexée aux conclusions de la Présidence du Conseil européen des 7, 8 et 9 décembre 2000, considère que l'activité sportive doit être accessible à toutes et à tous dans la diversité des pratiques sportives. Des dispositions semblables figurent dans la Charte européenne du sport (art. 1er et 4) adoptée par le Comité des ministres du Conseil de l'Europe, pour sa dernière version, le 24 septembre 1992, et révisée le 16 mai 2001. En outre, le Livre blanc sur le sport de la Commission européenne (11 juill. 2007, COM(2007) 391 final) fait mention, à plusieurs reprises, de l'accès de divers publics aux activités sportives.

En outre, sur un plan universel, la Charte internationale de l'éducation physique et du sport, adoptée par la Conférence générale de l'UNESCO le 21 novembre 1978, proclame, à son article 1er, que « tout être humain a le droit fondamental d'accéder à l'éducation physique et au sport, qui sont indispensables à l'épanouissement de sa personnalité ».

Outre les principes généraux qui régissent l'organisation sportive et qui sont des déclinaisons des principes de liberté et d'égalité dans le domaine du sport, il convient de souligner l'existence de principes plus spécifiques qui président notamment à l'organisation des activités sportives compétitives. Parmi ces principes figurent le principe de continuité des compétitions sportives et celui d'équité des rencontres sportives. Ces principes sont au fondement même de la compétition sportive et relèvent de l'éthique sportive dont les exigences sont de plus en plus souvent prises en compte à la fois par le législateur et par le juge. ❑

Plan des annotations

I. PRINCIPE DU LIBRE ACCÈS AUX ACTIVITÉS SPORTIVES

A. PRINCIPE

1. Les fédérations sportives ayant reçu délégation du ministre chargé des sports ne peuvent, dans l'exercice du pouvoir qui leur est ainsi conféré, porter atteinte au principe du libre accès aux activités sportives pour tous et à tous les niveaux et au principe d'égalité, que dans la mesure où ces atteintes ne sont pas excessives au regard des objectifs poursuivis. • CE, sect., 16 mars 1984, *Broadie et a. : Lebon 118 ; D. 1984. 317, concl. Genevois ; D. 1984. IR 185, obs. F. Alaphilippe ; AJDA 1984. 531, chron. Azibert et Boisdeffre ; JCP 1985. II. 20429, note Collomb.*

2. En dépit du caractère d'intérêt général reconnu par la L. du 16 juill. 1984 aux activités physiques et sportives et, en particulier, au développement du sport de haut niveau, ni le droit de pratiquer un sport ni celui de participer à des compétitions sportives ne constituent des libertés fondamentales au sens de l'art. L. 521-2 CJA. • CE, réf., 22 oct. 2001, *Caillat et a. : D. 2002. Somm. 2709, obs. Lachaume.*

3. Pour l'élaboration de règles techniques par les fédérations sportives, V. note 3 ss. art. L. 131-16.

B. APPLICATIONS

4. Atteintes excessives. Portent une atteinte excessive au principe du libre accès aux activités sportives : la disposition du règlement administratif de la Fédération française de cyclisme limitant la délivrance des licences professionnelles pour la participation aux épreuves sur route aux seuls sportifs qui justifient d'un contrat de travail conclu avec une équipe, cette restriction, exclusive de toute référence aux performances réalisées lors des compétitions, n'étant pas de nature à permettre d'atteindre l'objectif consistant à faire émerger une élite sportive. • TA Lyon, 22 déc. 1994, *Pichon : Lebon 715.*

5. ... Le refus, par une fédération sportive, d'homologuer des records féminins dans une discipline en se fondant sur le manque d'intérêt constaté des licenciées amateurs féminines pour cette épreuve et sur l'absence d'homologation internationale d'un record mondial féminin dans ladite discipline. • CE 4 févr. 1994, *Raguenau : D. 1995. Somm. 65, obs. Lachaume.*

6. ... Les mesures prises par la Fédération française de natation limitant les transferts de sportifs d'une association à une autre dans des conditions trop restrictives au regard de la nécessité d'assurer le perfectionnement des joueurs. • CE 14 mai 1990, *Lille Université Club : Lebon T. 1007 ; D. 1991. Somm. 396, obs. Lachaume.*

7. ... La disposition du règlement général de la Fédération française des sports de glace interdisant aux personnes de sexe féminin de participer à toutes les compétitions officielles de hockey sur glace, dès lors que le motif tiré de l'impossibilité pratique d'organiser un championnat de France féminin en raison du faible nombre d'équipes féminines n'est pas de nature à justifier une telle interdiction de principe. • CE 27 juin 1986, *Épx Lezzerio : Lebon T. 734 ; RJ éco. sport 1987, n° 1, p. 87, obs. Morange.*

8. Atteintes non excessives. Ne portent pas une atteinte excessive au principe de libre accès aux activités sportives : les règlements généraux d'une fédération sportive qui prévoient la possibilité pour un joueur retenu en équipe nationale de ne pas répondre favorablement à cette sollicitation, dès lors seulement qu'il peut justifier d'un intérêt sérieux et légitime. • TA Paris, 7 nov. 1995, *Sonko : req. n° 9417393/6.*

9. ... La disposition du règlement administratif de la Ligue nationale de football prévoyant, en cas de dépôt de bilan, la rétrogradation du club dans la division inférieure, dès lors qu'une telle disposition est justifiée par le risque que peut comporter, pour le déroulement régulier des compétitions nationales, la situation financière des clubs qui y participent. • CE, sect., 15 mai 1991, *Assoc. « Girondins de Bordeaux Football Club » : Lebon 179 ; RJ éco. sport 1991, n° spéc. ; AJDA 1991. 724, concl. Pochard ; D. 1992. 4, note Lachaume.*

10. ... Le refus, par la Fédération française de natation, de sélectionner des athlètes en équipe nationale. • CE 22 févr. 1991, *Bensimon, Guyot et Kamoun : Lebon 61 ; D. 1991. Somm. 392, obs. Ch. Dudognon ; AJDA 1991. 481, obs. Hécquard-Théron.*

11. ... La disposition du règlement général de la Fédération française des sports de glace interdisant la participation d'équipes mixtes à des matches de hockey sur glace, les fédérations sportives pouvant, en application de l'art. 17, fixer les règles de composition des équipes autorisées à se rencontrer en match officiel ou amical. • CE 27 juin 1986, *Épx Lezzerio : préc. note 5.*

12. ... Les dispositions du règlement sportif des clubs de hockey sur glace masculin de la Fédération française des sports de glace n'acceptant l'engagement que d'un seul club par patinoire pour les compétitions officielles de hockey sur glace, la participation des clubs à de telles compétitions exige une disposition optimale des possibilités locales d'entraînement et d'utilisation des installations sportives ainsi que la réunion au niveau local des sportifs du meilleur niveau. La restriction posée ne constitue pas par elle-même une restriction illégale au libre accès aux activités sportives excédant par son importance celles qui peuvent être justifiées par la bonne organisation des compétitions et ne méconnaît pas le principe d'égalité entre les clubs ou entre les participants. • CAA Nancy, 10 déc. 2007, *FFSG : req. n° 05NC01225.*

13. ... Les dispositions du règlement de la Fédération française, de boxe française, savate et disciplines associées exigeant certaines garanties relatives à la santé des compétiteurs. • TA Marseille, 24 sept. 2002, *Racine : req. n° 0003274.*

14. ... Les dispositions du règlement intérieur de la Fédération française de savate boxe française et disciplines associées (FFSBFDA) faisant obligation aux licenciés participant aux compétitions organisées par cette dernière de solliciter une autorisation préalable avant de concourir pour un titre dans une autre forme de boxe pieds-poings, la FFSBFDA avait compétence pour édicter les dispositions litigieuses en vertu de l'art. L. 231-5 C. sport qui impose aux fédérations sportives de veiller à la santé de leurs licenciés et de prendre à cet effet les dispositions nécessaires. Les atteintes portées au principe de libre accès aux activités sportives pour tous sont justifiées par l'objectif d'intérêt général tenant à la prise en compte de l'impératif de la protection de la santé des licenciés et au bon déroulement des compétitions que la fédération est chargée d'organiser. • CAA Versailles, 22 sept. 2016, n° 14VE02476 : *JS 2016, n° 169, p. 8, obs. Lagarde*.

15. Ne comporte pas une discrimination illégale entre les athlètes masculins et féminins, la délibération d'un conseil municipal autorisant, à l'occasion d'un marathon international organisé par la commune, le versement de primes en nombre et de montants différents selon le sexe des participants. • TA Châlons-en-Champagne, 28 janv. 1999, *Valensi : Dr. adm. 1999. Comm. 195, obs. Lemaire.* ♦ ... Ou prévoyant des primes de place de montants différents selon que les participants sont ou non titulaires d'une licence délivrée par la Fédération française d'athlétisme, une telle discrimination se justifiant par un motif d'intérêt général, à savoir favoriser le développement du marathon en France, notamment au plus haut niveau. • Même jugement.

16. Absence d'atteinte. Les dispositions du règlement sportif des clubs de hockey sur glace masculin qui prévoient que tout club sportif qui renonce à s'engager dans un championnat où il a été qualifié est rétrogradé dans la première des divisions inférieures ayant une place disponible et ne peut prétendre participer aux play-off durant la saison en cours ni rejoindre la division supérieure lors de la saison sportive suivante ne portent pas atteinte au principe de libre accès aux activités sportives. • CE 11 mai 2005, *Assoc. Hockey club de Brest Les albatros : req. n° 229356.*

17. Nationalité. Sont contraires aux termes de l'art. 80 du code de la nationalité [devenu art. 22 C. civ.] les dispositions du règlement sportif de la Fédération française de basket-ball qui limitent à deux par rencontre les joueurs inscrits sur la feuille de match qui sont soit de nationalité étrangère, soit de nationalité française lorsqu'elle a été acquise depuis moins de trois ans. • CE, ass., 23 juin 1989, *Bunoz : Lebon 144 ; Gaz. Pal. 1989. 2. 878, note Houver ; D. 1990. Somm. 276, obs. Bonichot*. ♦ ... La circonstance que ce règlement utilise un critère retenu par le règlement de la Fédération internationale de basket association et qu'il a pour but de permettre l'entraînement, dans les compétitions nationales, des joueurs remplissant les conditions exigées pour faire partie de l'équipe de France n'étant pas de nature à lui donner une base légale. • CE, ass., 23 juin 1989 : *préc.* ♦ V. *contra,* la sentence du Tribunal arbitral du sport estimant qu'il convient de distinguer « nationalité légale » et « nationalité sportive » et que le règlement de la Fédération internationale de basket association qui prévoit un délai d'attente de trois ans en cas de changement de nationalité sportive n'est ni arbitraire ni manifestement disproportionné : • TAS 25 mars 1993, 92/80, *B. c/ FIBA : Rec. TAS 12.* ♦ V. encore, sur la question des joueurs de basket-ball naturalisés : • CE, sect., 16 mars 1984, *Broadie et a. : préc. note 1* • Paris, 11 janv. 1989 : *RJ éco. sport 1989, n° 8, p. 65, obs. F. Alaphilippe.*

18. Les dispositions réglementaires de la Ligue nationale de volley (LNV) qui prévoient que les clubs de Ligue A féminine doivent inscrire sur leurs feuilles de match un minimum de joueuses issues de la « formation française » sont illégales mais seulement en tant qu'elles concernent les joueuses naturalisées avant le 30 juin 2010, en ce qu'elles créent entre les joueuses susceptibles de participer aux compétitions organisées par la LNV une discrimination directement fondée sur la nationalité, discrimination qui n'est justifiée par aucune considération d'intérêt général et notamment pas par les besoins de formation. • CE, 8 mars 2012, *Assoc. Racing Club de Cannes Volley,* req. n° 343273 : *JS 2012, n° 124, p. 17, concl. D. Botteghi ; ibid. p. 24, comm. P. Collomb.* ♦ V. aussi note 23. ♦ V. aussi note 4 ss. art. L. 131-16.

19. Est illégale la disposition du règlement sportif du hockey sur glace qui prévoit que les joueurs naturalisés après le 30 avr. 1981 seront automatiquement dotés, pour une période d'au moins trois ans, d'une licence limitant leur droit de participation aux compétitions du championnat de France. • CE 20 janv. 1988, *Hass : Lebon 34.* ♦ En revanche, est légale, dès lors qu'elle est justifiée par la nature de la compétition, la disposition du même règlement qui énonce que le joueur naturalisé en cours de saison est considéré comme étranger jusqu'à la fin de la saison en cours. • Même arrêt.

20. En imposant dans le règlement général de taekwondo la condition de nationalité française pour autoriser la participation aux championnats de France de taekwondo sans prévoir de dérogation pour les étrangers séjournant régulièrement en France depuis une durée raisonnable, les autorités de la Fédération française de karaté et arts martiaux affinitaires ont méconnu le principe de libre accès de chacun au sport de haut niveau. • TA Paris, 10 déc. 1996, *Maradas : req. n° 9516680/6.*

21. Sont illégales les dispositions d'une délibération d'un conseil municipal prévoyant, à l'occasion d'un marathon international organisé par la commune, des primes de place réservées à des participants devant non seulement être licenciés en France mais devant en outre posséder la nationalité française. • TA Châlons-en-Champagne, 28 janv. 1999 : *préc. note 15.*

22. V. note 35 ss. C. trav., art. L. 1242-2, App., v° *Travail*, et notes 1 s. ss. Traité de Lisbonne, art. 49, App., v° *droit de l'Union européenne.*

23. Joueurs formés localement. Les dispositions réglementaires de la Ligue nationale de volley (LNV) qui prévoient que les clubs de Ligue A féminine doivent inscrire sur leurs feuilles de match un minimum de joueuses issues de la « formation française » sont légales, en tant qu'elles concernent les autres catégories de joueuses issues de la formation française (première licence en France, au moins trois années dans un centre de formation d'un club professionnel ou licenciées au moins pendant cinq saisons avant celle au cours de laquelle elles ont atteint la catégorie d'âge « espoirs ». Ces dispositions sont indistinctement applicables aux joueuses, quelle que soit leur nationalité, et n'introduisent donc aucune discrimination directement fondée sur la nationalité. Les objectifs de formation et de promotion des jeunes joueuses poursuivis par les dispositions contestées constituent des raisons impérieuses d'intérêt général. Le seuil minimal de joueuses issues de la formation française est nécessaire et proportionné aux objectifs poursuivis compte tenu de la possibilité pour un club d'inscrire sur la feuille de match jusqu'à sept joueuses non issues de la formation française. Il en résulte que les dispositions réglementaires ne méconnaissent pas le principe d'égalité, le principe de libre accès aux activités sportives ainsi que le principe de libre circulation des travailleurs. • CE, 8 mars 2012, *Assoc. Racing Club de Cannes Volley*, req. n° 343273 : *préc. note 18.*

24. Compétitivité de l'équipe de France. Des dispositions figurant dans l'annexe 1 de la convention conclue entre la Fédération française de rugby et la Ligue nationale de rugby déterminent les conditions dans lesquelles les joueurs sont mis à disposition de la fédération lorsqu'ils sont sélectionnés en équipe de France. Il est notamment prévu que la fédération établit, pour chaque saison, une liste de trente joueurs susceptibles d'être sélectionnés en équipe de France et édicte les « dispositions particulières » qui s'appliquent à la « gestion de leur saison afin de favoriser la compétitivité de l'équipe de France », au nombre desquelles figure une limitation du nombre de rencontres (en principe trente) susceptibles d'être disputées au cours d'une saison. Les atteintes ainsi portées au principe du libre accès aux activités sportives pour tous sont justifiées par l'objectif d'intérêt général tenant à la compétitivité de l'équipe de France de rugby et la prise en compte de l'impératif tenant à la protection de la santé des joueurs. Les limitations du nombre de rencontres susceptibles d'être disputées qui conduisent, au demeurant, à ce que les joueurs de l'équipe de France disputent chaque année un nombre de rencontres comparable au nombre de rencontres disputées par les joueurs sélectionnés dans les équipes nationales d'autres pays ne sont pas excessives au regard des objectifs poursuivis et ne portent, par suite, pas d'atteinte illégale au principe du libre accès aux activités sportives pour tous. En tout état de cause, les limitations, déterminées par avance par la convention, ne sont pas susceptibles d'altérer l'équité ou le bon déroulement des compétitions à venir. • CE 17 avr. 2015, *SASP Stade toulousain Rugby*, n° 375685 : *JS 2015, n° 154, p. 10, obs. Mondou ; Dict. perm. dr. sport 2015 ; Bull. n° 223, p. 4, obs. Renard ; Cah. dr. sport 2015, n° 40, p. 51, obs. Colin.*

25. Pouvoirs de police. Eu égard aux exigences de fluidité et de sécurité du trafic aérien dans le secteur considéré situé à proximité des aéroports parisiens, où le trafic est particulièrement dense, la décision en cause, par laquelle le ministre de l'équipement, des transports et du logement a interdit la pratique du parachutisme au-dessus d'un aéroport sans autorisation du contrôle aérien au-delà de 2500 mètres d'altitude, ne porte pas une atteinte excessive au libre exercice des activités sportives ni à la liberté de circulation dans l'espace aérien. • CE 28 déc. 2001, *Centre-école régional de parachutisme de Picardie : req. n° 221140.* ♦ En application des dispositions du code de l'aviation civile, le ministre de l'équipement, des transports et du logement pouvait légalement soumettre l'établissement d'une plate-forme occasionnelle de décollage et d'atterrissage des aérostats non dirigeables à la formalité préalable d'une déclaration au maire de la commune intéressée ; en effet, cette formalité, qui ne porte pas une atteinte excessive à la liberté d'aller et de venir ni au libre exercice d'un sport autorisé, est nécessaire pour permettre au maire de la commune d'exercer son pouvoir de police. • CE 20 janv. 1989, *Féd. fr. d'aérostation : Lebon T. 953.*

II. PRINCIPE D'ÉGALITÉ

A. PRINCIPE

26. V. note 1.

27. Selon le Conseil constitutionnel, le principe d'égalité ne s'oppose pas à ce que le législateur règle de façon différente des situations différentes, ni à ce qu'il déroge à l'égalité pour des raisons d'intérêt général à la condition que la différence de traitement en résultant soit en rapport direct avec l'objet de la loi qui l'établit. • Cons. const., 9 déc. 2004, *Loi portant diverses dispositions relatives au sport professionnel*, n° 2004-57 DC : *Rec. 219.*

B. APPLICATIONS

28. Il appartient au juge administratif d'exercer son contrôle sur le respect des principes et des règles qui s'imposent aux auteurs de tout acte accompli dans l'exercice d'une mission de service public. Ainsi lui appartient-il notamment de contrôler le respect du principe d'égalité de traitement dont doivent bénéficier les concurrents en ce qui concerne le droit de participer à la compétition. • CE 16 mars 1998, *Féd. fr. de sport* *automobile : Lebon 90* . ♦ V. aussi • TA Marseille, 25 mai 1999, *Football club de Salon : req. n° 954281.*

29. Ne constitue pas une discrimination irrégulière la disposition du règlement administratif de la Ligue nationale de football, inspirée par les nécessités du déroulement normal de la compétition entre clubs, subordonnant la mutation en cours de saison d'un joueur pour remplacer un titulaire blessé à la condition que le premier n'appartienne pas à un club ayant déjà bénéficié d'une telle mutation en application de cette même disposition. • CE 28 juill. 1989, *Assoc. « Olympique de Marseille » : Lebon 168.*– V. également, s'agissant de règlements fédéraux : note 12.

30. Joueurs formés localement. V. note 22.

31. Compétitivité de l'équipe de France. La convention signée entre la Fédération française de rugby et la Ligue nationale de rugby a vocation, en vertu des dispositions du code du sport, à régir les conditions dans lesquelles des joueurs exerçant leur activité dans un club participant aux championnats organisés par la Ligue sont susceptibles d'être sélectionnés en équipe de France. Eu égard à l'objet et à la portée de la convention, les joueurs visés ne sont pas dans la même situation que les joueurs exerçant leur activité dans un club à l'étranger ou que ceux qui jouent en France tout en étant susceptibles d'être sélectionnés dans l'équipe nationale d'un autre pays. Ainsi, par suite, le moyen tiré de la méconnaissance du principe d'égalité ne peut qu'être écarté. • CE 17 avr. 2015, *SASP Stade toulousain Rugby,* n° 375685 : *préc. note 24.* ♦ V. aussi note 25.

32. Sportifs constituant le groupe cible. Les sportifs inscrits sur la liste des sportifs de haut niveau et sur celle des sportifs « Espoir » ainsi que les sportifs ayant fait l'objet d'une sanction disciplinaire pour dopage lors des trois dernières années ne sont pas dans la même situation que les autres sportifs. Partant, le Conseil d'État valide, au regard du principe d'égalité, les dispositions de l'article L. 231-15 du code du sport qui déterminent les différentes catégories de sportifs constituant le groupe dit cible et dont les membres sont soumis à une obligation de localisation. • CE 19 mai 2013 et 18 déc. 2013, *Mme B.,* n° 364839 QPC : *Lebon à paraître ; D. 2014. 396, obs. Centre de droit et d'économie du sport, Université de Limoges, JS 2014, n° 139, p. 33* .

III. AUTRES PRINCIPES

33. Principe de sincérité. En donnant la possibilité à une même personne de détenir des participations minoritaires dans plus d'une société sportive d'une même discipline, sans pouvoir pour autant contrôler plus d'une de ces sociétés, le législateur, qui a pris des précautions suffisantes pour garantir la sincérité des résultats des compétitions sportives, a respecté le principe d'égalité. • Cons. const. 9 déc. 2004, n° 2004-57 DC : *V. note 27.*

34. Principes de régularité, de continuité, de sécurité juridique et d'équité. V. notes 3 s. ss. art. L. 131-15 et notes ss. art. L. 132-2.

Loi n° 98-657 du 29 juillet 1998,

D'orientation relative à la lutte contre les exclusions.

Art. 140 L'égal accès de tous, tout au long de la vie, à la culture, à la pratique sportive, aux vacances et aux loisirs constitue un objectif national. Il permet de garantir l'exercice effectif de la citoyenneté.

La réalisation de cet objectif passe notamment par le développement, en priorité dans les zones défavorisées, des activités artistiques, culturelles et sportives, la promotion de la formation dans le secteur de l'animation et des activités périscolaires ainsi que des actions de sensibilisation des jeunes fréquentant les structures de vacances et de loisirs collectifs. Elle passe également par le développement des structures touristiques à caractère social et familial *(L. n° 2017-86 du 27 janv. 2017, art. 223-1°)* « , par l'organisation du départ en vacances des personnes en situation d'exclusion et par leur accès aux pratiques artistique et sportive et à l'offre culturelle locale ».

L'État, les collectivités territoriales, les organismes de protection sociale, les entreprises et les associations contribuent à la réalisation de cet objectif.

Ils peuvent mettre en œuvre des programmes d'action concertés pour l'accès aux pratiques artistiques *(L. n° 2017-86 du 27 janv. 2017, art. 223-2°)* « , sportives et culturelles, pour les besoins desquelles ils mettent en place des actions spécifiques pour les personnes en situation d'exclusion ».

Au titre de leur mission de service public, les établissement *[établissements]* culturels financés par l'État s'engagent à lutter contre les exclusions.

Art. L. 100-2 **L'État, les collectivités territoriales et leurs groupements, les associations, les fédérations sportives, les entreprises et leurs institutions sociales contribuent à la promotion et au développement des activités physiques et sportives.**

(L. nº 2017-86 du 27 janv. 2017, art. 202-2º) **« Ils veillent à assurer un égal accès aux pratiques sportives sur l'ensemble du territoire. »**

L'État et les associations et fédérations sportives assurent le développement du sport de haut niveau, avec le concours des collectivités territoriales, de leurs groupements et des entreprises intéressées. – *[L. nº 84-610 du 16 juill. 1984, art. 1er, al. 2 et 3.]*

COMMENTAIRE

La promotion et le développement des activités physiques et sportives sont des missions « partagées » entre les personnes privées et les personnes publiques. Si le rôle des instances sportives et notamment des associations et fédérations sportives est, à l'évidence, premier en matière d'organisation des activités physiques et sportives, d'autres personnes privées mais également les personnes publiques ont des responsabilités en matière de développement et de promotion de celles-ci. ❑

Art. L. 100-3 **L'organisation et le développement des activités physiques et sportives dans les établissements spécialisés et les entreprises accueillant des personnes handicapées font l'objet d'adaptations à la situation de ces personnes.** – *[L. nº 84-610 du 16 juill. 1984, art. 21, al. 1er.]*

Sur la notion de handicap, V. CASF, art. L. 114 issu de l'art. 2 de la loi nº 2005-102 du 11 févr. 2005 pour l'égalité des chances, la participation et la citoyenneté des personnes handicapées.

Sur la prise en compte des handicaps dans le cadre de l'enseignement des activités physiques et sportives, V. C. sport, art. L. 624-2, A. 212-17, A. 212-44 et A. 212-45 (BPJEPS), A. 212-122, A. 212-132, A. 212-145, A. 212-154, A. 212-158 (BEES) ; C. éduc., art. L. 312-4.

BIBL. ▶ L. Cohen, Faciliter l'accès aux personnes handicapées : un challenge citoyen, *JS 2016, nº 166, p. 40*. – Handicap et sport *in Dict. perm. dr. sport, (mise à jour périodique)*. – M.-A. Ngo, Les clés d'une expansion du sport pour les personnes handicapées, *JS 2012, nº 124, p. 39* ; La loi du 11 février 2015 et les pratiques sportives des personnes en situation de handicap : création d'un espace sportif commun ou simple contrainte ?, *Cah. dr. sport 2015, nº 41, p. 50.*

COMMENTAIRE

Depuis la première rencontre sportive pour paraplégiques à Stocke Mandeville (Grande-Bretagne) en 1948, la pratique sportive des personnes handicapées n'a cessé de se développer.

Tous les quatre ans, les Jeux paralympiques se tiennent dans la ville des Jeux olympiques ou, à défaut, dans le pays organisateur. Ils constituent aujourd'hui un événement sportif mondial à part entière (plus de 4 200 athlètes de 150 nations ont participé aux Jeux paralympiques de Pékin en 2008 ; 4 200 athlètes de 164 nationalités évoluant dans 20 sports aux Jeux de Londres en 2012).

Les fédérations handisport ont joué un rôle essentiel dans ce développement. Sous leur impulsion, l'État a progressivement accentué ses efforts en faveur du handisport et mène aujourd'hui une politique spécifique en direction des sportifs handicapés physiques ou mentaux.

Parallèlement, de gros efforts ont été accomplis pour la prise en compte des handicaps dans le cadre de l'enseignement des activités physiques et sportives.

I. LA PRATIQUE SPORTIVE DES PERSONNES HANDICAPÉES : ACTION CONJUGUÉE DE L'ÉTAT ET DES FÉDÉRATIONS HANDISPORT

Deux fédérations, affiliées au CNOSF, ont reçu l'agrément du ministère des Sports : la Fédération française handisport et la Fédération française du sport adapté.

La Fédération française handisport a reçu délégation du ministère des Sports pour toutes disciplines pratiquées par des personnes handicapées physiques et/ou visuelles et/ou sourdes et/ou malentendantes *(Arr. 31 déc. 2012, JO 3 janv. 2013)*. Elle a été reconnue d'utilité publique en 1983. Elle compte 35 000 licenciés et plus de

60 000 pratiquants et permet la pratique de nombreux sports (en fauteuil roulant, debout ou avec un matériel spécifique selon la nature et le degré du handicap) comme l'athlétisme, le basket-ball, l'escrime, le tir sportif, l'haltérophilie, la natation, le judo, l'équitation, le cyclisme, le ski alpin et nordique, le tennis, le tennis de table ou le tir à l'arc. Le classement parmi les meilleurs au monde des sportifs handisports français a conduit le ministère des sports à ouvrir, en 1994, la liste des sportifs de haut niveau aux athlètes participant aux Jeux paralympiques. Ils reçoivent ainsi une aide financière au même titre que les autres sportifs de haut niveau.

La Fédération française du sport adapté, reconnue elle aussi d'utilité publique, a délégation du ministère des Sports pour toutes disciplines adaptées en référence au public particulier des personnes en situation de handicap mental ou psychique *(Arr. 31 déc. 2012, JO 3 janv. 2013)*. Plus de cinquante disciplines, avec des formes diverses de pratiques suivant le degré du handicap (sport loisir, sport de compétition, sport unifié...), peuvent être pratiquées par les sportifs relevant de cette fédération. Elle compte 55 000 licenciés.

Fondée en 1918, la Fédération sportive des sourds de France a été la première fédération sportive omnisports pour personnes handicapées du monde. Son rôle consistait essentiellement à organiser, superviser et préparer les rencontres sportives pour les sourds et malentendants au niveau interrégional, national, européen et international. Elle a été dissoute en 2008, les personnes licenciées à cette fédération intégrant alors la Fédération française handisport.

La Fédération française handisport et la Fédération française du sport adapté sont les deux membres actifs fondateurs du Comité paralympique et sportif français (CPSF), qui a notamment pour objet de promouvoir le mouvement sportif handicapé et de constituer, d'organiser et de diriger la délégation française aux Jeux paralympiques et aux compétitions multisports patronnées par le Comité international paralympique (IPC) dont il est membre. Il convient de souligner que les fédérations sportives françaises « valides » dont le sport est inscrit au programme paralympique et géré par une fédération internationale « affiliée » à l'IPC peuvent être des membres actifs issus du collège paralympique (art. 3 des statuts du CPSF).

Pour soutenir l'action de ces fédérations et, plus largement, celle menée par les nombreuses structures œuvrant en faveur de la pratique sportive pour les personnes handicapées, l'État conduit aujourd'hui une politique sportive spécifique en direction de ces personnes.

Ainsi, la pratique sportive handisport fait partie intégrante de la politique menée par le ministère chargé des sports en matière de haut niveau. On notera, par exemple, la participation de la Fédération française handisport à chaque réunion de la Commission nationale du sport de haut niveau ou bien encore la revalorisation des primes reçues par les athlètes médaillés aux Jeux paralympiques.

On relèvera également l'aide accrue du ministère des sports, en subventions et en personnel, aux fédérations regroupant des sportifs handicapés et à leurs structures déconcentrées. D'une manière générale, diverses aides peuvent être attribuées aux associations sportives agréées « qui promeuvent et organisent des activités physiques et sportives à l'intention des personnes handicapées », considérées à ce titre comme participant à une mission de service public (V. art. L. 121-3). Le ministère intervient notamment en apportant son concours au financement des travaux visant à une meilleure accessibilité des équipements sportifs aux personnes handicapées.

Enfin, le ministère des Sports concourt à la formation du personnel chargé de l'encadrement des activités physiques et sportives des personnes handicapées. Dans le cadre du processus de rénovation des diplômes, outre le brevet d'État d'éducateur sportif option « handicapés », voué à disparaître, il a été créé le DEJEPS et le DESJEPS option « handisport » (Arr. du 12 juill. 2007, *JO 8 sept.*) ainsi qu'un certificat de spécialisation « accompagnement et intégration des personnes en situation de handicap » associé au brevet professionnel de la jeunesse, de l'éducation populaire et du sport (Arr. du 12 juill. 2007, *JO 7 sept.*).

II. LA PRISE EN COMPTE DES HANDICAPS DANS LE CADRE DE L'ENSEIGNEMENT DES ACTIVITÉS PHYSIQUES ET SPORTIVES

La promotion et le développement des activités physiques et sportives étant reconnus d'intérêt général, (V. art. L. 100-1), l'éducation physique et sportive est considérée comme une discipline à part entière, *a priori* obligatoire pour tous les élèves, y compris les handicapés. Ainsi, un certain nombre de dispositions, intégrées désormais dans le code de l'éducation, visent à améliorer et faciliter l'accès des jeunes handicapés aux cours d'éducation physique et sportive dispensés dans les établissements d'enseignement et de formation professionnelle et dans les établissements spécialisés (V. C. éduc., art. L. 312-4 et L. 624-2, App., v° *Enseignement des APS, I. Éducation physique et sportive*).

Une classification en fonction de la nature et du degré de handicap permet de proposer à l'élève des niveaux de pratique compatibles avec ses capacités. On distingue les handicapés moteurs ou les personnes atteintes d'une maladie organique grave, les déficients visuels et les handicapés mentaux.

S'agissant de l'enseignement de l'éducation physique et sportive, des formations spécifiques sont dispensées aux enseignants et aux éducateurs sportifs au cours de leurs formations initiale et continue. ❑

Art. L. 100-4 Les sportifs exerçant une activité professionnelle salariée bénéficient des dispositions de l'article L. 3122-28 du code du travail, ci-après reproduit :

Art. L. 3122-28 Tout salarié peut, compte tenu des possibilités de l'entreprise, bénéficier d'aménagements de son horaire de travail pour la pratique régulière et contrôlée d'un sport.

TITRE PREMIER **PERSONNES PUBLIQUES**

CHAPITRE PREMIER **ÉTAT**

BIBL. GÉN. ► J.-M. DELVERT, Direction départementale de la Cohésion sociale (DDCS ou DDCSPP), *in Dict. jur. du sport, Dalloz, Juriséditions, 2013, p. 134* ; Direction régionale de la Jeunesse, des Sports et de la Cohésion sociale (DRJSCS), *ibid, p. 136*. – CH. DUDOGNON, Les sources du droit du sport, *Thèse, Limoges, 2007, dact* ; Réglementation sportive, *in Dict. jur. du sport, Dalloz, Juriséditions, 2013, p. 272*. – Le sport, *Pouvoirs, PUF, 1992, n° 61*. – G. JOHANNET, Ministère chargé des sports, *in Dict. jur. du sport, Dalloz, Juriséditions, 2013, p. 234*.

COMMENTAIRE

Le premier département ministériel officiellement chargé des questions relatives au sport fut celui de Léo Lagrange, sous-secrétaire d'État à l'organisation des loisirs et des sports en 1936. Longtemps rattaché à un ministère de tutelle (généralement celui de l'éducation nationale), le ministère chargé des sports est sans discontinuer un ministère de plein exercice depuis 1991. Tantôt ministère de la Jeunesse et des Sports, récemment ministère de la Santé, de la Jeunesse et des Sports, il est dénommé, depuis le décret du 26 août 2014 *(JO 27 août)*, ministère de la Ville, de la Jeunesse et des Sports. Ses attributions sont fixées par le décret n° 2014-409 du 16 avril 2014 *(JO 18 avr.)*, modifié par le décret n° 2014-1030 du 1er septembre 2014 *(JO 12 sept.)*.

Il prépare et met en œuvre la politique du Gouvernement relative à la promotion et à l'organisation des activités physiques et sportives. Il exerce la tutelle du Centre national pour le développement du sport, de l'Institut national du sport, de l'expertise et de la performance, sur le Musée national du sport ainsi que sur les établissements publics relevant de ses attributions. Il a autorité sur le délégué interministériel aux grands événements sportifs.

Un secrétaire d'État chargé des sports lui est rattaché (Décr. du 9 avr. 2014, *JO 10 avr.*), lequel connaît de toutes les affaires que lui confie le ministre en matière de sports. A ce titre, il participe à la définition et à la mise en œuvre des politiques relatives à la promotion et à l'organisation des activités physiques et sportives et accomplit toute autre mission que le ministre de la Ville, de la Jeunesse et des Sports lui confie (Décr. n° 2014-439 du 29 avr. 2014, *JO 30 avr.* ; mod. par Décr. n° 2016-259 du 3 mars 2016, *JO 4 mars*).

Il est enfin à noter qu'il n'est plus, depuis 1981, en charge de l'éducation physique et sportive qui est rattachée au ministère de l'Éducation nationale. ❑

Art. L. 111-1 I. – L'État assure ou contrôle, en liaison avec toutes les parties intéressées, l'organisation des formations conduisant aux différentes professions des activités physiques et sportives et la délivrance des diplômes correspondants.

Il concourt à la formation des cadres sportifs spécialisés dans l'encadrement des activités physiques et sportives des personnes handicapées.

II. – L'État exerce la tutelle des fédérations sportives.

Il veille au respect des lois et règlements en vigueur par les fédérations sportives.

III. – Il peut conclure avec les collectivités territoriales des conventions portant sur des concours particuliers dans le domaine des activités physiques et sportives, dans les conditions définies à l'article 7 de la loi n° 92-125 du 6 février 1992 relative à l'administration territoriale de la République. – *[L. n° 84-610 du 16 juill. 1984, art. 16, al. 9, art. 8, al. 1er, art. 19-1, al. 1er, et art. 21 ; C. éduc., art. L. 312-1, 2e phrase.]*

COMMENTAIRE

La tutelle exercée sur les fédérations sportives évoquée par l'article L. 111-1 est à mettre en regard des dispositions de l'article L. 131-1 qui dispose qu'elles « exercent leur activité en toute indépendance ». Elle est également à nuancer du fait des prérogatives des fédérations internationales, auxquelles les fédérations françaises sont rattachées, celles-ci étant généralement farouchement opposées à l'interventionnisme étatique dans le fonctionnement interne des fédérations nationales et disposant de moyens particulièrement dissuasifs (tels que la suspension de la fédération nationale concernée, la privant de toute activité internationale) pour faire respecter cette vue des choses. ❑

1. Aucune disposition législative ne donne au ministre le pouvoir d'annuler une décision d'une fédération sportive. • CE, sect., 16 mars 1984, *Broadie : Lebon 118 ; D. 1984. 317, concl. Genevois ; D. 1984. IR 185, obs. F. Alaphilippe ; AJDA 1984. 531, chron. Azibert et de Boisdeffre ; JCP 1985. II. 20429, note Collomb* • CE 12 mai 1989, *Dufournier : Lebon T. 954.* ♦ Sur l'absence de pouvoir du ministre pour modifier une décision de sélection d'athlètes en équipe nationale : • CE 22 févr. 1991, *Bensimon, Guyot et Kamoun : Lebon 61 ; D. 1991. Somm. 392, obs. Ch. Dudognon ; AJDA 1991. 481, obs. Hécquard-Théron* • CE 24 nov. 2006, *M. A. : req. n° 287871.*

2. Sur l'absence de pouvoir du ministre pour annuler une décision d'une fédération sportive de non-renouvellement d'une licence d'agent sportif : • TA Pau, 6 janv. 2009, *Agueb : RJ éco. sport 2009, n° 90, p. 33*. ♦ V. aussi : • CE 7 août 2007, *Féd. fr. de rugby*, req. n° 300479 : *Dict. perm. dr. sport 2008, Bull. n° 142, p. 6091 ; RJ éco. sport 2007, n° 85, p. 82, obs. J.-F. Lachaume ; D. 2009. Pan. 519*. ♦ ... Pour annuler une décision d'une fédération sportive notifiant l'ajournement à l'examen d'agent sportif d'un candidat : • CAA Paris, 7 juin 2012, *M. A. : req. n° 11PA02301.*

3. Le ministre de tutelle n'est pas compétent pour prendre des mesures réglementaires en vue de créer une fédération sportive, en l'espèce la Fédération unifiée de boxe américaine. • CE 19 juin 1991, *Féd. fr. de boxe américaine et disciplines assimilées : Lebon 244 ; D. 1993. Somm. 332, 2e esp., obs. Lachaume.*

Décret n° 2005-1795 du 30 décembre 2005,

Portant organisation de l'administration centrale du ministère chargé de la jeunesse, des sports et de la vie associative (Décr. n° 2008-907 du 8 sept. 2008, art. 2).

Art. 1er L'administration centrale du *(Décr. n° 2008-907 du 8 sept. 2008, art. 3-1°)* « ministère chargé de la jeunesse, des sports et de la vie associative » comprend :

— la direction des sports ;

— *(Décr. n° 2008-907 du 8 sept. 2008, art. 3-2°)* « la direction de la jeunesse, de l'éducation populaire et de la vie associative » ;

(Abrogé par Décr. n° 2008-907 du 8 sept. 2008, art. 3-3°) « *— la direction de la vie associative, de l'emploi et des formations ;* »

(Abrogé par Décr. n° 2009-639 du 8 juin 2009, art. 6) « *— la direction des ressources humaines, de l'administration et de la coordination générale.* »

L'inspection générale de la jeunesse et des sports, *(Abrogé par Décr. n° 2011-630 du 3 juin 2011, art. 4-II)* « *le service à compétence nationale Préparation olympique et paralympique,* » le haut fonctionnaire de défense, *(Décr. n° 2015-710 du 22 juin 2015, art. 2)* « la division des cabinets prévue à l'article 1er du décret n° 2012-442 du 2 avril 2012 modifié portant création d'une division des cabinets auprès des ministres chargés du travail, de l'emploi, de la santé, de la sécurité sociale, des solidarités, de la cohésion sociale et de la ville » et le bureau de la communication sont directement rattachés au ministre.

Art. 2 Direction des sports.

La direction des sports a compétence en matière de sport civil national et international et, en liaison avec *(Décr. n° 2008-907 du 8 sept. 2008, art. 4-1°)* « les ministères chargés de l'éducation et de l'enseignement supérieur », en matière de sport scolaire et universitaire.

Elle élabore et met en œuvre la politique des activités physiques et sportives, tant en ce qui concerne le sport de haut niveau que le sport pour tous.

(Décr. n° 2008-907 du 8 sept. 2008, art. 4-2°) « En liaison avec l'inspection générale, elle participe à l'évaluation de cette politique. »

Elle élabore les règles d'encadrement, au sein des fédérations sportives, de la pratique sportive professionnelle.

Elle contribue au développement des relations sportives internationales. Elle favorise l'accueil par la France de grands événements sportifs internationaux.

Elle met en œuvre des actions visant à favoriser l'accès de tous les publics aux activités physiques et sportives et à assurer la sécurité de ces activités. Elle soutient les actions qui mettent en valeur les fonctions sociale et éducative du sport.

Elle veille au développement des sports de nature.

Elle assure la tutelle des fédérations sportives et veille au respect de leur mission de service public.

Elle anime et coordonne les actions des services déconcentrés en matière sportive. Elle définit les orientations dans lesquelles s'inscrivent les actions conduites dans le domaine sportif par les établissements publics placés sous la tutelle du ministre.

(Décr. n° 2006-1417 du 20 nov. 2006) « Elle élabore, en liaison notamment avec les services du ministre chargé de la santé, la politique de santé en matière sportive ; elle engage et coordonne les actions de prévention, de surveillance médicale, de recherche et d'éducation pour assurer la protection de la santé des sportifs et lutter contre le dopage ; elle est chargée des relations avec l'Agence française de lutte contre le dopage ; elle participe aux activités internationales dans le domaine de la lutte contre le dopage. »

Elle élabore les textes législatifs et réglementaires relatifs aux activités physiques et sportives et veille à leur mise en œuvre.

(Décr. n° 2008-907 du 8 sept. 2008, art. 4-4°) « La direction des sports a également compétence en matière d'emploi et de formations. Elle élabore et met en œuvre, en liaison avec la direction de la jeunesse, de l'éducation populaire et de la vie associative, les politiques qui, dans le domaine de l'animation, du sport et de la vie associative, concourent à la promotion des filières économiques, à l'aménagement du territoire, au développement durable et favorisent le développement de l'emploi et de la vie associative.

« Elle anime et coordonne les actions en faveur de l'emploi et des formations conduites sous son impulsion par les services déconcentrés et par les établissements publics placés sous la tutelle du ministre.

« En liaison avec la direction de la jeunesse, de l'éducation populaire et de la vie associative, elle analyse les compétences et les *(Décr. n° 2010-1058 du 3 sept. 2010, art. 1er)* « qualifications à visée professionnelle qui » sont nécessaires au développement de la pratique dans les champs de l'animation et du sport. Elle détermine les orientations applicables dans ce domaine au plan national.

« Dans les champs du sport, de l'animation et de la vie associative, et en liaison avec la direction de la jeunesse, de l'éducation populaire et de la vie associative, elle élabore la réglementation relative aux diplômes et aux *(Décr. n° 2010-1058 du 3 sept. 2010, art. 1er)* « formations à visée professionnelle ainsi » que celle relative à la validation des acquis *(Décr. n° 2010-1058 du 3 sept. 2010, art. 1er)* « de l'expérience ». Elle veille à leur application.

« Elle anime et coordonne, au plan national, l'organisation des examens et la mise en œuvre des procédures de validation des acquis de l'expérience.

« Elle reconnaît les qualifications attestées par les diplômes, titres à finalité professionnelle ou certificats de qualification autres que ceux qui ont été délivrés en application des réglementations dont elle a la charge.

« Elle établit les équivalences des titres et diplômes étrangers.

« La direction des sports exerce la tutelle sur les établissements publics qui relèvent du ministre, à l'exception de l'Institut national de la jeunesse et de l'éducation populaire, et élabore les textes organiques les concernant.

« Dans les matières relevant de sa compétence, la direction des sports assure une fonction juridique de conseil et d'expertise auprès des services centraux et déconcentrés ainsi que des établissements publics placés sous la tutelle du ministre.

« Elle représente, dans son champ de compétence, le ministre auprès des juridictions.

« Elle exerce des fonctions budgétaires et financières pour les crédits du programme budgétaire dont elle est responsable. Elle assure une fonction de conseil technique et de programmation budgétaire en matière d'équipements sportifs. »

Art. 3 *(Décr. n° 2008-907 du 8 sept. 2008, art. 5-1° à 3°)* « La direction de la jeunesse, de l'éducation populaire et de la vie associative.

« La direction de la jeunesse, de l'éducation populaire et de la vie associative élabore, coordonne et évalue les politiques en faveur de la jeunesse, de l'éducation populaire et de la vie associative.

« Elle contribue à la coordination des actions interministérielles concernant la jeunesse et la vie associative. »

Elle anime et coordonne les actions des services déconcentrés en matière de jeunesse et d'éducation populaire. Elle définit les orientations dans lesquelles s'inscrivent les actions conduites dans ces domaines par les établissements publics placés sous la tutelle du ministre.

(Décr. n° 2008-907 du 8 sept. 2008, art. 5-4°) « Elle concourt à l'élaboration et à la mise en œuvre de la politique de développement de la vie associative. »

Elle soutient les actions d'intérêt général des associations de jeunesse et d'éducation populaire. *(Décr. n° 2008-907 du 8 sept. 2008, art. 5-6°)* « Elle assure le secrétariat permanent *(Décr. n° 2016-1377 du 12 oct. 2016, art. 16)* « du Conseil d'orientation des politiques de jeunesse ». »

Elle contribue à assurer la protection des mineurs pendant leur temps de vacances et de loisirs. A cette fin, elle élabore la réglementation concernant leur accueil hors du domicile parental et veille à son application. Elle soutient les actions visant à mettre en valeur les fonctions éducatives de cet accueil.

Elle assure le suivi des actions d'information destinées aux jeunes, relatives à leur vie quotidienne et à leurs droits et devoirs. Elle favorise l'expression des jeunes et soutient les structures de participation et de dialogue qui leur sont ouvertes. Elle soutient la prise d'initiatives et l'engagement des jeunes.

(Décr. n° 2010-1058 du 3 sept. 2010, art. 1er-2°-a et b) « Elle analyse, en liaison avec la direction des sports, les compétences et les qualifications nécessaires à l'encadrement des mineurs qui y sont accueillis. Elle détermine les orientations applicables dans ce domaine au plan national. Elle élabore la réglementation relative aux diplômes et aux formations à visée non professionnelle, dans le champ de l'animation. Elle veille à son application. »

« Elle définit les conditions d'encadrement et de pratique des activités physiques dans les accueils collectifs de mineurs conformément aux dispositions du code de l'action sociale et des familles.

(Décr. n° 2009-639 du 8 juin 2009, art. 6) « Elle assure l'animation générale du fonds d'expérimentation pour la jeunesse créé par l'article 25 de la loi n° 2008-1249 du 1er décembre 2008 généralisant le revenu de solidarité active et réformant les politiques d'insertion. Elle assure le secrétariat du conseil scientifique et du conseil de gestion de ce fonds. »

Elle concourt à la mise en œuvre des politiques visant à prévenir les comportements qui entraînent des risques pour la santé et soutient les actions en faveur de l'insertion sociale et professionnelle.

Elle contribue au développement des programmes d'action européens et internationaux en matière de jeunesse et d'éducation populaire.

(Décr. n° 2008-907 du 8 sept. 2008, art. 5-7°) « Elle assure une veille juridique et technique sur la réglementation des formations aux métiers de l'animation et de la vie associative, en liaison avec la direction des sports.

« En matière de vie associative, elle élabore, coordonne et évalue les politiques en faveur de la vie associative.

« Elle assure le suivi et la gestion du Conseil du développement de la vie associative.

« Elle assure la promotion et le développement de toutes les formes d'engagement associatif (bénévolat, volontariat, mécénat de compétences). Elle promeut la parité entre hommes et femmes au sein des instances dirigeantes des associations.

« Elle participe à l'élaboration de la réglementation liée à la vie associative.

« Elle exerce une fonction d'expertise de la vie associative auprès des autres administrations et coordonne les actions interministérielles conduites dans ce domaine.

« Elle anime et coordonne l'action des services déconcentrés en matière de vie associative.

« Elle assure le secrétariat du Conseil national de la vie associative.

« La direction de la jeunesse, de l'éducation populaire et de la vie associative conduit les études et détermine les procédures d'observation, de collecte de données et d'informations statistiques permettant de prendre en compte les données actuelles et les évolutions en matière de vie associative, de jeunesse, d'éducation populaire et de sport, notamment en termes d'impact sur l'économie. A ce titre, elle est responsable des bases de données et d'informations statistiques relatives à la vie associative, ainsi qu'aux filières de l'animation et du sport. »

(Abrogé par Décr. n° 2015-1763 du 24 déc. 2015, art. 7, à compter du 1er janv. 2016) « *Elle exerce la tutelle sur l'Institut national de la jeunesse et de l'éducation populaire.* »

Art. 4 *Abrogé par Décr. n° 2008-907 du 8 sept. 2008, art. 6.*

Art. 5 *Abrogé par Décr. n° 2009-639 du 8 juin 2009, art. 6.*

Art. 6 I. — Le décret n° 99-828 du 21 septembre 1999 portant organisation de l'administration centrale du ministère de la jeunesse et des sports est abrogé.

Décret n° 2015-1771 du 24 décembre 2015,

Portant création d'un service à compétence nationale dénommé « Institut national de la jeunesse et de l'éducation populaire ».

TITRE Ier. LE SERVICE À COMPÉTENCE NATIONALE « INSTITUT NATIONAL DE LA JEUNESSE ET DE L'ÉDUCATION POPULAIRE »

Art. 1er Il est créé, au sein du ministère chargé de la jeunesse, des sports et de la vie associative, sous la forme d'un service à compétence nationale, un observatoire de la jeunesse, de l'éducation populaire et de la vie associative dénommé "Institut national de la jeunesse et de l'éducation populaire".

Ce service est rattaché au directeur de la jeunesse, de l'éducation populaire et de la vie associative.

Art. 2 I. — L'Institut national de la jeunesse et de l'éducation populaire est chargé d'observer et d'analyser la situation des jeunes et les politiques qui leur sont destinées à tous les niveaux territoriaux, du niveau local au niveau européen. Il produit également des travaux statistiques pour la direction des sports. A ces titres :

— il élabore des analyses à travers la conduite de recherches, d'études et d'évaluations, et produit des données statistiques en lien avec le service statistique public, dans les domaines de la jeunesse, de l'éducation populaire et de la vie associative ainsi que du sport ;

— il étudie également les évolutions du système d'acteurs de l'éducation populaire et de leurs démarches ;

— il réalise ou contribue à la réalisation, à la demande du Premier ministre, de travaux d'études ou d'évaluation liés à la politique interministérielle de jeunesse ;

— il réalise, à la demande du ministre chargé de la jeunesse, seul ou en partenariat avec toute personne morale de droit public ou de droit privé, des activités spécifiques d'observation ou d'expertise d'actions publiques en faveur des jeunes ;

— il assure l'animation du fonds d'expérimentation pour la jeunesse, créé par l'article 25 de la loi du 1er décembre 2008 susvisée, et ayant pour objet de financer et d'évaluer des programmes expérimentaux destinés à développer la mobilisation des jeunes au service de causes d'intérêt général et d'améliorer l'insertion sociale et professionnelle des jeunes.

II. — Il constitue également un pôle de ressources et d'expertise pour les acteurs de jeunesse, de l'éducation populaire et de la vie associative, pour les assemblées parlementaires et les instances de représentation de la société civile.

A ce titre, sa mission est de rassembler, synthétiser, diffuser et valoriser les connaissances sur les jeunes, sur les démarches d'éducation populaire et sur la vie associative ainsi que sur les politiques publiques à travers des produits documentaires, des publications et des événements.

Ces missions sont assurées en lien avec les services centraux et déconcentrés du ministère chargé de la jeunesse ainsi qu'avec les autres services de l'État intervenant dans les domaines de la jeunesse, de l'éducation populaire et de la vie associative.

Les objectifs du service sont fixés de façon pluriannuelle dans le cadre d'un contrat de service.

Art. 3 Afin de mettre en œuvre ses missions, l'Institut national de la jeunesse et de l'éducation populaire comprend :

— une mission chargée des études, de l'observation et des statistiques ;
— une mission chargée de l'observation et de l'évaluation ;
— une mission chargée de la valorisation et de la diffusion ;
— une mission chargée de la documentation et de la gestion d'un centre de ressources ;
— une mission chargée de l'animation du fonds d'expérimentation pour la jeunesse.

I. — La mission "des études, de l'observation et des statistiques" est le service statistique du ministère chargé de la jeunesse et des sports au sens de la loi du 7 juin 1951 susvisée. Cette mission produit également des travaux statistiques pour la direction des sports. Elle produit et diffuse des statistiques publiques en matière de jeunesse, d'éducation populaire, de vie associative et de sport. Elle produit et diffuse des études statistiques dans ces domaines. Elle réalise ses travaux en respectant un principe d'indépendance professionnelle dans la conception, la production et la diffusion de statistiques publiques, ainsi que les principes d'objectivité, d'impartialité, de pertinence et de qualité des données produites qui s'appliquent à la statistique publique.

La mission conçoit et coordonne, en relation avec l'Institut national de la statistique et des études économiques, les actions ayant pour objet l'information statistique en matière de jeunesse, d'éducation populaire, de vie associative et de sport. Elle collecte les données nationales et exploite les bases de données disponibles dans ces domaines.

II. — La mission "Observation et évaluation" conduit des activités d'études, de recherche, d'évaluation et de prospective sur les attentes, les pratiques et les comportements des jeunes, la situation socio-économique des jeunes et les politiques qui leur sont dédiées à tous les échelons territoriaux, sur l'éducation populaire ainsi que la vie associative. Au-delà de la production de connaissances et de synthèses, la mission accompagne les services de l'État, les acteurs associatifs et les collectivités territoriales par la réalisation d'expertises, sur la base de conventions de partenariat. Elle contribue au débat public sur les enjeux sociétaux et d'action publique dans les domaines cités à travers l'animation d'échanges et de rencontres.

Les activités de production de connaissances peuvent être développées en réponse à des commandes, à travers l'association à des partenaires académiques ou associatifs, ou encore par la réponse à des appels d'offres.

III. — La mission "Documentation — Centre de ressources "assure la veille documentaire et gère le centre de ressources destiné aux acteurs de la jeunesse, de l'éducation populaire et de la vie associative et aux chercheurs.

A ce titre :

— elle intervient en amont et en aval des activités de production de connaissances de la mission "Observation et évaluation", de la mission "Animation du fonds d'expérimentation pour la jeunesse" et de la mission "des études, de l'observation et des statistiques" ;

— elle assure les services d'une bibliothèque ouverte aux acteurs de la jeunesse, de l'éducation populaire et de la vie associative ;

— elle réalise et diffuse des produits documentaires à partir de son activité de veille.

IV. — La mission "Animation du fonds d'expérimentation pour la jeunesse" a pour objet de financer et d'évaluer des programmes menés dans le cadre du fonds d'appui aux expérimentations en faveur des jeunes.

A ce titre :

— elle lance des appels à projets pour susciter des programmes expérimentaux visant à améliorer l'insertion sociale et professionnelle des jeunes ;

— elle accompagne les projets sélectionnés, les évalue et publie les enseignements retirés et les résultats obtenus*[,]* qu'elle soumet au débat ;

— elle soutient le déploiement des dispositifs dont les résultats sont probants ;

— elle assure le secrétariat du conseil de gestion de ce fonds.

V. — La mission "Valorisation et diffusion" intervient en appui et en expertise auprès de la mission "Observation et évaluation" et de la mission "Animation du fonds d'expérimentation pour la jeunesse" pour valoriser et diffuser leurs travaux.

Ses activités s'organisent autour :

— de l'expertise éditoriale sur les publications, papier et web ;
— du pilotage opérationnel des sites internet et intranet ;
— de la coordination et du suivi éditorial des publications papier ;

— de la prise en charge de la communication ;
— de la gestion des ventes des publications.

En tant que de besoin, et dans le respect de l'indépendance professionnelle pour la diffusion de statistiques publiques, elle intervient également en appui de la mission "des études, de l'observation et des statistiques".

Art. 4 Le directeur de l'Institut national de la jeunesse et de l'éducation populaire est habilité à négocier et à passer des contrats et des marchés dans les domaines de compétences du service.

Il a qualité d'ordonnateur secondaire des crédits qui lui sont délégués en matière d'études et de travaux statistiques.

Il exerce son autorité sur l'ensemble des personnels du service et organise le dialogue social de proximité.

Art. 5L'Institut national de la jeunesse et de l'éducation populaire est doté d'un conseil scientifique et d'orientation, composé de deux collèges.

Le collège partenarial propose des orientations et débat de toutes les missions et activités du service. Il est composé de représentants des administrations, de représentants du personnel et de personnalités qualifiées issues du milieu associatif ainsi que de représentants des collectivités territoriales.

Le collège scientifique examine les questions relatives aux objectifs des activités de recherche, d'étude, d'évaluation, et de prospective, à leur méthodologie, ainsi qu'à leur publication et à la diffusion de leurs résultats. Il définit en particulier les modalités d'évaluation des différents programmes expérimentaux financés par le fonds d'expérimentation pour la jeunesse, émet des recommandations méthodologiques concernant les dispositifs expérimentés et des avis sur les modalités d'évaluation proposées. Il apporte également son expertise à la capitalisation des enseignements tirés des expérimentations. Il formule des propositions en matière de coopération avec d'autres instances scientifiques. Il peut en outre être consulté sur toute question d'ordre scientifique. Il est garant du respect de la charte de déontologie du service et à ce titre, il joue un rôle de médiation en cas de différend entre les personnels et la direction liés à l'autonomie scientifique. Il est composé de personnalités qualifiées issu es du milieu de la recherche.

La composition et les règles de fonctionnement du conseil scientifique et d'orientation sont fixées par arrêté du ministère chargé de la jeunesse.

TITRE II. DISPOSITIONS DIVERSES, TRANSITOIRES ET FINALES

Art. 6 à 8 *Modification de textes*

Art. 9 L'Établissement public national dénommé "Institut national de la jeunesse et de l'éducation populaire" est dissous à compter du 31 décembre 2015.

Le décret n° 2010-98 du 26 janvier 2010 relatif aux missions et à l'organisation de l'Établissement public national dénommé "Institut national de la jeunesse et de l'éducation populaire" est abrogé à compter de la même date.

Les biens, droits et obligations de cet établissement, y compris à l'égard de son personnel, sont transférés à l'État pour ce qui relève des missions d'observation et d'évaluation, de valorisation et de diffusion ainsi que des missions de documentation et de centre de ressources de cet établissement. Les biens, droits et obligations de cet établissement résultant de ses autres activités sont transférés au GIP "Agence du service civique".

Le compte financier de l'Établissement public national dénommé "Institut national de la jeunesse et de l'éducation populaire" pour l'année 2015 est établi par l'agent comptable en fonctions à la date de la dissolution de cet établissement.

Le compte financier est arrêté et approuvé par les ministres chargés de la jeunesse et du budget, par dérogation aux articles 212 et 213 du décret du 7 novembre 2012 susvisé.

Il comporte en annexe la répartition de l'actif et du passif dévolu entre l' État et le GIP "Agence du service civique" afin d'en permettre le transfert comptable.

Le solde de liquidation est réparti dans les conditions suivantes : le solde résultant des activités d'observation et d'évaluation, de valorisation et de diffusion ainsi que des missions de documentation et de centre de ressources de cet établissement est reversé au budget général de l'État ; le solde résultant de ses autres activités est transféré au GIP "Agence du service civique".

Art. 10 A l'exception de l'article 9, le présent décret prend effet le 1er janvier 2016.

Décret n° 2015-1867 du 30 décembre 2015,

Relatif à l'organisation et aux compétences des services déconcentrés régionaux de la jeunesse, des sports et de la cohésion sociale.

CHAPITRE PREMIER. *LES DIRECTIONS RÉGIONALES ET DÉPARTEMENTALES DE LA JEUNESSE, DES SPORTS ET DE LA COHÉSION SOCIALE*

Art. 1er Dans chacune des régions énumérées en annexe, la direction régionale et départementale de la jeunesse, des sports et de la cohésion sociale exerce les compétences mentionnées aux articles 2 à 4 du présent décret. Elle relève alors des ministres chargés des affaires sociales, du sport, de la jeunesse, de la vie associative et de l'éducation populaire, de la ville, des droits des femmes et est mise à disposition en tant que de besoin des ministres chargés du logement, de l'égalité des territoires, de la lutte contre la précarité et l'exclusion, de l'immigration, de l'intégration et de la santé. Sauf pour les missions décrites au troisième alinéa du 3° du II de l'article 2 et au II de l'article 3, elle est placée sous l'autorité du préfet de région.

La direction régionale et départementale de la jeunesse, des sports et de la cohésion sociale exerce en outre, dans chacun des départements précisés en annexe, les compétences mentionnées à l'article 4 du décret du 3 décembre 2009 susvisé. Elle relève alors du Premier ministre. Pour l'exercice de ces compétences, elle est placée sous l'autorité fonctionnelle du préfet de département. Elle peut exercer des missions dans plusieurs départements, dans les conditions de l'article 14 du décret du 7 mai 2015 susvisé.

Art. 2 I. — La direction régionale et départementale de la jeunesse, des sports et de la cohésion sociale assure l'animation et la coordination des politiques publiques de la cohésion sociale, du sport, de la jeunesse, de la vie associative et de l'éducation populaire, ainsi que, dans ce champ de compétence, des politiques relatives à l'égalité et à la citoyenneté, et au développement de l'emploi, en liaison, si besoin, avec la direction régionale des entreprises, de la concurrence, de la consommation, du travail et de l'emploi.

A cet effet, sous l'autorité du préfet de région, elle est notamment chargée du secrétariat des instances régionales de concertation ou de pilotage dans les domaines de la cohésion sociale, des sports, de la jeunesse, de l'éducation populaire et de la vie associative.

Elle pilote le développement du service civique dans la région.

Elle participe à l'animation régionale de la politique de la ville, notamment au titre de son volet social.

II. — La direction régionale et départementale de la jeunesse, des sports et de la cohésion sociale est chargée de la mise en œuvre de certaines activités relatives aux politiques publiques mentionnées au I. A ce titre :

1° Elle contribue à l'insertion sociale et professionnelle de la jeunesse et des personnes vulnérables, ainsi qu'à l'accès au logement de ces dernières personnes en articulation avec la direction régionale de l'environnement, de l'aménagement et du logement et dans le cadre du comité régional de l'habitat et de l'hébergement ;

2° Elle élabore le plan régional d'inspection et de contrôle pour l'ensemble des activités relatives aux politiques publiques dont elle a la charge tant en tant que pilote que maitre *[maître]* d'œuvre et participe en tant que de besoin, sous l'autorité des préfets de département, à des actions d'inspection et de contrôle départementales et interdépartementales ;

3° Dans le domaine du sport, elle met en œuvre la politique nationale du sport de haut niveau et du sport professionnel ; elle apporte son concours au préfet de région, délégué territorial du Centre national pour le développement du sport, pour la mise en œuvre des missions de cet établissement dans la région et assure le secrétariat de la commission territoriale mentionnée à l'article R. 411-13 du code du sport ;

Elle élabore le schéma de développement du sport en région en concertation avec l'ensemble des acteurs intervenant dans le domaine du sport et organise les travaux de la commission régionale de lutte contre les trafics de substances et méthodes dopantes mentionnée à l'article D. 232-99 du code du sport ;

Elle met en place, en application du 2e alinéa du II de l'article L. 232-5 du code du sport, les contrôles antidopage sous l'autorité de l'Agence française de lutte contre le dopage ;

4° En matière de politiques de la jeunesse, elle anime le dialogue permanent avec les associations et institutions partenaires des politiques publiques en faveur de la jeunesse ; impulse le développement du réseau information jeunesse au niveau régional et assure un accompagnement de ses membres ; elle promeut le développement de la mobilité internationale des jeunes ;

5° En matière de soutien à la vie associative, elle assure la gestion à l'échelon déconcentré du Fonds pour le développement de la vie associative dans les conditions prévues par le décret du 30 décembre 2011 susvisé et assure le secrétariat de sa commission régionale consultative ;

6° En matière de politique de la ville, la direction régionale et départementale de la jeunesse, des sports et de la cohésion sociale :

a) Met en œuvre les actions d'accompagnement des adultes relais et autres actions de formation professionnelle ou d'information spécifiques ;

b) Met en œuvre un programme de contrôle ou d'audit des financements accordés en la matière et participe à l'évaluation des dispositifs qui en relèvent ;

c) Coordonne à l'échelon régional les actions de lutte contre les discriminations et de promotion de l'égalité des chances qui figurent dans les contrats de ville ;

d) Apporte son expertise en matière d'ingénierie sociale aux directions départementales et aux acteurs locaux de la politique de la ville et peut s'appuyer à cette fin sur les centres de ressources régionaux de la politique de la ville.

III. — La direction régionale et départementale de la jeunesse, des sports et de la cohésion sociale est chargée de la planification, de la programmation, du financement, du suivi et de l'évaluation des actions mises en œuvre dans la région, notamment par les préfets de département, au titre des politiques publiques mentionnées au I.

Elle est chargée en outre de l'observation des politiques dans les champs de la cohésion sociale, de la jeunesse, de l'éducation populaire, des sports et de la vie associative. A ce titre, elle contribue notamment à l'observation et à l'analyse des besoins sociaux des populations défavorisées, en particulier dans les domaines de l'hébergement et du logement social.

(Décr. n° 2016-152 du 11 févr. 2016, art. 3-II, en vigueur le 1er mars 2016) « IV. — Le préfet de région ou, par délégation, le directeur régional et départemental de la jeunesse, des sports et de la cohésion sociale contrôle la légalité des actes des centres de ressources, d'expertise et de performance sportive transmis en application du II de l'article R. 114-13 du code du sport.

« Le directeur régional et départemental de la jeunesse, des sports et de la cohésion sociale assure le contrôle budgétaire des actes des centres de ressources, d'expertise et de performance sportive transmis en application des articles R. 114-17 et R. 114-18, du dernier alinéa de l'article R. 114-22 et de l'article R. 114-37 du code du sport. »

Art. 3 I. — La direction régionale et départementale de la jeunesse, des sports et de la cohésion sociale est chargée de la mise en œuvre des politiques de l'État en matière de formation initiale et continue dans ses champs de compétence. Elle contribue à l'observation des emplois et des métiers et analyse les besoins régionaux en personnels qualifiés. Elle apporte son concours, en tant que de besoin, à d'autres services de l'État, à des collectivités territoriales ou à des établissements publics.

II. — Sous l'autorité des ministres chargés de la jeunesse, des sports et de la vie associative, le directeur régional et départemental de la jeunesse, des sports et de la cohésion sociale recense les besoins de formation, délivre les diplômes pour lesquels il reçoit délégation de ces ministres, désigne et organise les jurys relatifs à ces diplômes, contrôle et évalue les organismes de formation. Il contribue, par ailleurs et en coordination avec le réseau des établissements publics placés sous la tutelle des ministres concernés, à la mise en œuvre de l'offre publique de formation.

Pour l'exercice de ces compétences, le directeur régional et départemental de la jeunesse, des sports et de la cohésion sociale peut donner délégation de signature aux agents placés sous son autorité dans les matières relevant de ses attributions.

III. — Sous réserve des compétences exercées par d'autres autorités administratives au nom de l'État, pour les diplômes relevant du titre V du livre IV du code de l'action sociale et des familles, le préfet de région ou, par délégation, le directeur régional et départemental de la jeunesse, des sports et de la cohésion sociale instruit les demandes d'enregistrement des établissements de formation qui relèvent du travail social. Il exerce le contrôle sur ces établissements et évalue la qualité des enseignements. Il organise les examens, préside les jurys et délivre les diplômes de travail social et des formations de santé non médicales.

IV. — Le préfet de région et, le cas échéant, par délégation, le directeur régional et départemental de la jeunesse, des sports et de la cohésion sociale apporte, en tant que de besoin, le concours et l'expertise des services compétents au président du conseil régional pour l'élaboration du plan régional de développement des formations professionnelles dans le champ social, de l'animation, de la jeunesse, de l'éducation populaire, de la vie associative et des sports.

V. — Pour les compétences prévues au présent article, le directeur régional et départemental de la jeunesse, des sports et de la cohésion sociale peut solliciter le concours des personnels et des moyens des établissements publics placés sous la tutelle des ministres concernés. Il peut également solliciter, en accord avec les préfets des départements concernés, le concours des personnels et des moyens des directions départementales de la cohésion sociale ou des directions départementales de la cohésion sociale et de la protection des populations de la région.

Art. 4 Dans les conditions prévues par l'article 24 du décret du 29 avril 2004 susvisé, la direction régionale et départementale de la jeunesse, des sports et de la cohésion sociale peut être chargée, par arrêté des ministres chargés des affaires sociales, de la ville, de la jeunesse, des sports et de la vie associative, de missions dans plusieurs régions, dans les domaines mentionnés au I de l'article 2.

Art. 5 La direction régionale et départementale de la jeunesse, des sports et de la cohésion sociale comprend :

1° Des services régionaux, chargés des compétences définies aux articles 2 à 4 ;

2° Une direction déléguée, chargée des compétences départementales mentionnées au second alinéa de l'article 1er ;

3° Un ou plusieurs services communs.

Art. 6 I. — Les directeurs régionaux et départementaux de la jeunesse*[,]* des sports et de la cohésion sociale, les directeurs régionaux adjoints, les directeurs départementaux délégués et leurs adjoints sont respectivement assimilés, sous réserve des dispositions du présent article, aux directeurs régionaux, aux directeurs régionaux adjoints, aux directeurs départementaux et aux directeurs départementaux adjoints, au sens du décret du 31 mars 2009 susvisé.

II. — Pour l'exercice des compétences régionales, le directeur régional et départemental est assisté par un ou plusieurs directeurs régionaux adjoints.

III. — Pour l'exercice des compétences départementales, le directeur régional et départemental est assisté par un adjoint, directeur départemental délégué auquel les dispositions de l'article 7 du décret du 31 mars 2009 susvisé ne sont pas applicables. Celui-ci dirige les services de la direction régionale et départementale chargés des compétences mentionnées au second alinéa de l'article 1er. Il exerce, en propre, les compétences relatives aux fonctions sociales du logement mentionnées au 1° du I et au III de l'article 4 du décret du 3 décembre 2009 susvisé.

Pour l'application de l'article 12 du décret du 31 mars 2009 susvisé, le préfet de département territorialement compétent, sous l'autorité duquel le directeur départemental délégué a vocation à être placé, est le préfet du département mentionné en annexe.

Le directeur départemental délégué participe au collège des chefs de service mentionné à l'article 40 du décret du 29 avril 2004 susvisé.

IV. — Le directeur départemental délégué est lui-même assisté d'un ou plusieurs adjoints nommés dans l'emploi de directeur départemental adjoint. Pour l'application du 5e alinéa de l'article 12 du décret du 31 mars 2009 susvisé, le préfet chargé de donner son avis est le préfet du département mentionné en annexe.

V. — Le directeur départemental délégué et son ou ses adjoints sont soumis, vis-à-vis du préfet de département, aux dispositions prévues pour les chefs de service déconcentrés, et, le cas échéant, pour leurs adjoints, aux dispositions des I et III de l'article 30 et à celles de l'article 31 du décret du 29 avril 2004 susvisé.

Art. 7 Le préfet de chacun des départements mentionnés en annexe peut donner délégation de signature, pour les matières relevant de ses attributions, au directeur régional et départemental de la jeunesse, des sports et de la cohésion sociale.

Le directeur départemental délégué met en œuvre directement sous l'autorité du préfet de département les politiques publiques relatives aux fonctions sociales du logement mentionnées au 1° du I et au III de l'article 4 du décret du 3 décembre 2009 susvisé. A cet effet, il peut recevoir délégation de signature de ce préfet.

Art. 8 I. — Par dérogation à l'article 6 du décret du 15 février 2011 susvisé un comité technique de proximité est créé auprès de chaque directeur régional et départemental de la jeunesse, des sports et de la cohésion sociale, par arrêté du préfet de région.

II. — Par dérogation à l'article 34 du décret du 28 mai 1982 susvisé, un comité d'hygiène, de sécurité et des conditions de travail de proximité est créé par arrêté du préfet de région auprès de chaque comité technique institué conformément au I.

III. — Le comité technique des directions départementales interministérielles, institué auprès du Premier ministre en application du III de l'article 11 du décret du 3 décembre 2009 susvisé*[,]* est compétent pour examiner les questions intéressant les directions déléguées mentionnées au 2° de l'article 5.

Les voix des agents exerçant leurs fonctions au sein de ces directions déléguées, obtenues par chaque organisation syndicale lors de la désignation des représentants du personnel au sein des comités techniques des directions régionales et départementales de la jeunesse, des sports et de la cohésion sociale sont prises en compte pour la composition du comité technique des directions départementales interministérielles prévue au deuxième alinéa du III de l'article 11 du décret du 3 décembre 2009 susvisé.

IV. — Le comité d'hygiène, de sécurité et des conditions de travail des directions départementales interministérielles institué auprès du directeur des services administratifs et financiers du Premier ministre est compétent pour examiner les questions intéressant les directions déléguées mentionnées au 2° de l'article 5.

Art. 9 L'article 2 du décret du 3 décembre 2009 susvisé est complété par un III ainsi rédigé :

"III. — Par dérogation au I, dans les départements mentionnés en annexe du décret n° 2015-1867 du 30 décembre 2015 relatif à l'organisation et aux compétences des services déconcentrés régionaux de la jeunesse, des sports et de la cohésion sociale, il n'est pas créé de direction départementale de la cohésion sociale. Les compétences prévues par le présent décret pour cette direction sont exercées, au sein de la direction régionale et départementale de la jeunesse, des sports et de la cohésion sociale, par la direction déléguée mentionnée au 2° de l'article 5 du décret n° 2015-1867 du 30 décembre 2015".

CHAPITRE II. *LES DIRECTIONS RÉGIONALES DE LA JEUNESSE, DES SPORTS ET DE LA COHÉSION SOCIALE*

Art. 10 Dans chacune des régions métropolitaines autres que celles énumérées en annexe, la direction régionale de la jeunesse, des sports et de la cohésion sociale exerce les compétences décrites aux articles 2 et 3 du présent décret. Elle relève des ministres chargés des affaires sociales, du sport, de la jeunesse, de la vie associative et de l'éducation populaire, de la ville, des droits des femmes et est mise à disposition en tant que de besoin des ministres chargés du logement, de l'égalité des territoires, de la lutte contre la précarité et l'exclusion, de l'immigration, de l'intégration et de la santé. Sauf pour les missions décrites au dernier alinéa du 3° du II de l'article 2 et au II de l'article 3, elle est placée sous l'autorité du préfet de région.

Les dispositions de l'article 4 lui sont également applicables.

Art. 11 Le directeur régional de la jeunesse, des sports et de la cohésion sociale est nommé dans l'emploi de directeur régional de l'administration territoriale de l'État dans les conditions fixées par le décret du 31 mars 2009 susvisé.

Il est assisté par un ou plusieurs directeurs régionaux adjoints nommés dans l'emploi de directeur régional adjoint de l'administration territoriale de l'État dans les conditions fixées par le même décret.

Art. 12 Entre la direction régionale de la jeunesse, des sports et de la cohésion sociale et la direction départementale de la cohésion sociale ou, le cas échéant, la direction départementale de la cohésion sociale et de la protection des populations du département où est situé le siège de la direction régionale, peuvent être constitués, par arrêté des préfets concernés, un ou plusieurs services partagés, notamment un secrétariat général commun.

CHAPITRE III. *DISPOSITIONS PARTICULIÈRES À L'OUTRE-MER*

Art. 13 Dans les départements et régions d'outre-mer, en Guyane, en Martinique et à Mayotte, il est créé une direction de la jeunesse, des sports et de la cohésion sociale.

Les articles 10 et 11 du présent décret sont applicables à cette direction.

Pour leur application dans ces collectivités, les références à la direction régionale de la jeunesse, des sports et de la cohésion sociale et au directeur régional de la jeunesse, des sports et de la cohésion sociale sont respectivement remplacées par les références à la direction de la jeunesse*[,]* des sports et de la cohésion sociale et au directeur de la jeunesse, des sports et de la cohésion sociale.

Art. 14 La direction de la jeunesse, des sports et de la cohésion sociale exerce, sous l'autorité du préfet, les compétences définies à l'article 4 du décret du 3 décembre 2009 susvisé.

CHAPITRE IV. *DISPOSITIONS DIVERSES, TRANSITOIRES ET FINALES*

Art. 15 I. — Dans les régions énumérées en annexe, la direction régionale et départementale de la jeunesse, des sports et de la cohésion sociale est créée par fusion de la ou des directions régionales de la jeunesse, des sports et de la cohésion sociale existant au 31 décembre 2015 dans la circonscription régionale applicable au 1er janvier 2016, et de la direction départementale de la cohésion sociale du département mentionné en annexe.

II. — A titre transitoire et jusqu'à la modification de son organisation par le préfet de région, la direction régionale et départementale de la jeunesse, des sports et de la cohésion sociale est constituée de la façon suivante :

1° Les services et unités de la ou des directions régionales de la jeunesse, des sports et de la cohésion sociale mentionnées au I constituent les services régionaux mentionnés au 1° de l'article 5 du présent décret ;

2° Les services et unités de la direction départementale de la cohésion sociale mentionnée au I constituent la direction déléguée mentionnée au 2° de l'article 5 du présent décret.

Art. 16 Dans les régions énumérées en annexe, les emplois de directeur départemental et de directeur départemental adjoint de la direction départementale de la cohésion sociale mentionnée au I de l'article 15 deviennent respectivement des emplois de directeur départemental délégué et de directeur adjoint au directeur départemental délégué de la direction régionale et départementale de la jeunesse, des sports et de la cohésion sociale.

Les fonctionnaires en fonctions, au 31 décembre 2015, dans les emplois de directeur départemental et directeur départemental adjoint de la direction départementale de la cohésion sociale mentionnée au I de l'article 15 sont maintenus, à compter du 1er janvier 2016, dans les emplois de directeur départemental délégué et de directeur adjoint au directeur départemental délégué sans qu'il soit besoin de recourir à la procédure prévue à l'article 12 du décret du 31 mars 2009 susvisé.

Les services accomplis jusqu'au 31 décembre 2015 dans l'emploi de directeur départemental et directeur départemental adjoint de la direction départementale de la cohésion sociale mentionnée au 1er alinéa sont pris en compte pour le calcul de la durée totale d'occupation des emplois de directeur départemental délégué et directeur adjoint au directeur départemental délégué prévue à l'article 16 du décret du 31 mars 2009 susvisé.

Art. 17 Dans les régions constituées par regroupement de plusieurs régions en application de la loi du 16 janvier 2015 susvisée, autres que les régions figurant en annexe :

1° La direction régionale de la jeunesse, des sports et de la cohésion sociale est créée par fusion des directions régionales de la jeunesse, des sports et de la cohésion sociale existant au 31 décembre 2015 dans la circonscription régionale applicable au 1er janvier 2016 ;

2° A titre transitoire et jusqu'à la modification de son organisation par le préfet de région, la direction régionale de la jeunesse, des sports et de la cohésion sociale est constituée des services et unités qui composent, au 31 décembre 2015, les directions régionales devant fusionner en vertu du 1°.

Art. 18 Les fonctionnaires affectés ou en fonctions au 31 décembre 2015 dans les services déconcentrés devant fusionner en vertu de l'article 16 ou de l'article 17 du présent décret sont respectivement affectés ou en fonctions au 1er janvier 2016 dans le nouveau service déconcentré issu de cette fusion.

Les agents contractuels de droit public ou de droit privé affectés ou en fonctions au 31 décembre 2015 dans les services déconcentrés devant fusionner en vertu de l'article 16 ou de l'article 17 du présent décret sont respectivement affectés ou en fonctions au 1er janvier 2016 dans le nouveau service déconcentré issu de cette fusion.

Art. 19 Jusqu'au prochain renouvellement général des comités techniques, il est fait application des dispositions du troisième alinéa de l'article 11 du décret du 15 février 2011 susvisé.

Jusqu'au prochain renouvellement général des comités d'hygiène et de sécurité et des conditions de travail, il est fait application des dispositions du troisième alinéa de l'article 41 du décret du 28 mai 1982 susvisé.

Art. 20 Dans tous les textes réglementaires et actes individuels qui les mentionnent, ainsi que dans les contrats et conventions conclus par l'État, les références aux services déconcentrés devant fusionner en vertu de l'article 16 ou de l'article 17 du présent décret sont remplacées, à compter du 1er janvier 2016, par les références aux nouveaux services déconcentrés issus de cette fusion.

Pour l'exécution des actes mentionnés au premier alinéa, la responsabilité du chef du nouveau service déconcentré se substitue à celle des chefs des services déconcentrés qui fusionnent.

Art. 21 Sont applicables aux personnels affectés dans les services auxquels s'appliqueront les opérations de réorganisation définies aux articles 12, 15 et 17 :

1° Nonobstant les dispositions de l'article 7 du décret du 20 août 2015 susvisé, les dispositions de l'article 8 du même décret ;

2° Nonobstant les dispositions du premier alinéa de l'article 1er du décret du 4 septembre 2015 susvisé, les articles 1er à 9 du même décret.

Art. 22 Le décret n° 2009-1540 du 10 décembre 2009 relatif à l'organisation et aux missions des directions régionales de la jeunesse, des sports et de la cohésion sociale est abrogé.

A l'article 3 du décret n° 2010-687 du 24 juin 2010, la référence au décret n° 2009-1540 du 10 décembre 2009 ci-dessus mentionné est remplacée par la référence au présent décret.

A l'annexe du décret du 31 mars 2009 susvisé, la référence au décret n° 2009-1540 du 10 décembre 2009 ci-dessus mentionné est remplacée par la référence au présent décret.

Art. 23 Les dispositions du présent décret et son annexe peuvent être modifiées par décret, à l'exception des articles 4, 6, 8, 9, du deuxième alinéa de l'article 10 et des articles 11, 13 et 14.

Art. 24 Le présent décret entre en vigueur le 1er janvier 2016.

ANNEXE

Régions dotées d'une direction régionale et départementale de la jeunesse, des sports et de la cohésion sociale (DRDJSCS), et départements pour lesquels les DRDJSCS ont compétence départementale.

RÉGION	DÉPARTEMENT
Alsace-Champagne-Ardenne-Lorraine	Bas-Rhin
Aquitaine-Limousin-Poitou-Charentes	Gironde
Auvergne-Rhône-Alpes	Rhône
Bourgogne-Franche-Comté	Côte d'Or
Centre-Val de Loire	Loiret
Normandie	Seine-Maritime
Pays de la Loire	Loire-Atlantique
Provence-Alpes-Côte d'Azur	Bouches-du-Rhône

Art. L. 111-2 Le schéma de services collectifs du sport, élaboré conformément aux articles 2 et 10 de la loi n° 95-115 du 4 février 1995 d'orientation pour l'aménagement et le développement du territoire, définit les objectifs de l'État pour développer l'accès aux services, aux équipements, aux espaces, sites et itinéraires relatifs aux pratiques sportives sur l'ensemble du territoire national, en cohérence avec le schéma de services collectifs des espaces naturels et ruraux, et favoriser l'intégration sociale des citoyens.

A cette fin, il identifie des territoires d'intervention prioritaire et évalue l'ensemble des moyens nécessaires en prenant en compte l'évolution des pratiques et les besoins en formation.

Il coordonne l'implantation des pôles sportifs à vocation nationale et internationale et guide la mise en place des services et équipements structurants. Il offre un cadre de référence pour une meilleure utilisation des moyens publics et des équipements sportifs.

Il favorise la coordination des différents services publics impliqués dans le développement des pratiques sportives en relation avec les politiques de développement local, économique, touristique et culturel.

Il assure l'information du public sur les services, les équipements et les pratiques sportives en s'appuyant sur les réseaux existants et l'usage des nouvelles technologies de l'information et de la communication.

Les contrats passés entre l'État, les collectivités territoriales intéressées et les associations sportives qui bénéficient de subventions de l'État tiennent compte des objectifs du schéma. – *[L. nº 95-115 du 4 févr. 1995, art. 21-1.]*

Sur le schéma de services collectifs du sport, V. aussi art. D. 312-1 et Décr. nº 2002-560 du 18 avr. 2002, notamment Annexe VIII (JO 24 avr.).

V. aussi art. L. 311-5 sur le rôle du CNOSF au regard des schémas de services collectifs et art. L. 311-1 sur les sports de nature.

Arrêté du 30 décembre 2005,

Portant organisation des directions et sous-directions de l'administration centrale du ministère chargé de la jeunesse, des sports et de la vie associative (Arr. du 8 sept. 2008).

Art. 1er La direction des sports comprend :

— la sous-direction de la vie fédérale et du sport de haut niveau ;

(Arr. du 13 févr. 2013) « — la sous-direction de l'action territoriale, du développement des pratiques sportives et de l'éthique du sport ; »

(Arr. du 8 sept. 2008) « — la sous-direction de l'emploi et des formations ; »

(Arr. du 30 avr. 2012) « — un service à compétence nationale dénommé Centre de gestion opérationnelle des cadres techniques sportifs. »

(Arr. du 13 févr. 2013) « Elle comprend, en outre, la mission des affaires juridiques et contentieuses, la mission de synthèse financière et la mission des affaires générales.

« Le directeur est assisté d'un adjoint, chef de service auquel sont rattachées les missions mentionnées à l'alinéa précédent. »

Art. 2 La sous-direction de la vie fédérale et du sport de haut niveau assure les relations avec les *(Arr. du 30 avr. 2012)* « fédérations » *(Arr. du 13 févr. 2013)* « unisport » et suit les questions relatives au sport de haut niveau, au sport professionnel *(Arr. du 13 févr. 2013)* « , à l'économie du sport » et aux relations internationales.

A ce titre :

— elle assure la tutelle des *(Arr. du 30 avr. 2012)* « fédérations » *(Arr. du 13 févr. 2013)* « unisport », gère l'aide de l'État à ces fédérations ainsi qu'aux organismes sportifs nationaux assimilés et en contrôle l'utilisation. Elle évalue les actions conduites dans le cadre des conventions d'objectifs conclues avec les fédérations ;

(Arr. du 13 févr. 2013) « — elle définit avec les fédérations concernées les objectifs sportifs pour le haut niveau. Elle contribue à la mise en œuvre de cette politique par la mobilisation de moyens financiers et humains, en contrôle l'utilisation et en assure l'évaluation. Elle s'assure, en liaison avec la sous-direction de l'action territoriale, du développement des pratiques sportives et de l'éthique du sport, que la recherche de l'atteinte de ces objectifs s'effectue dans le respect de l'intégrité physique et morale des sportifs qui y sont engagés. Elle concourt, en mobilisant notamment les établissements publics placés sous sa responsabilité, à ce que chaque sportif s'inscrivant dans un projet de performance bénéficie d'un projet de formation ou d'insertion professionnelle adapté à ses moyens et ses ambitions ; »

— elle veille à la solidarité entre le secteur amateur et le secteur professionnel ; elle favorise, en liaison avec les ministères concernés, le règlement des problèmes liés à la pratique sportive professionnelle ; elle organise le suivi de l'évolution de l'environnement économique du sport professionnel sur le plan national et international et conduit les actions requises ;

(Arr. du 30 avr. 2012) « — elle assure la tutelle stratégique, administrative et financière des établissements publics exerçant leur activité dans le domaine du sport. Elle prépare les contrats d'objectifs et de performance passés avec ces établissements ; »

(Arr. du 30 avr. 2012) « — elle participe dans le domaine du sport à la définition de la position française lors de l'examen des questions de sport au sein des instances européennes

et internationales et au développement des échanges bilatéraux et des programmes de coopération multilatérale. »

— elle contribue à la défense et à la valorisation de la langue française au sein des instances internationales sportives. A ce titre, elle est, notamment, chargée du secrétariat de la commission spécialisée de terminologie et de néologie, en liaison avec la délégation générale à la langue française et aux langues de France.

Art. 3 La sous-direction de la vie fédérale et du sport de haut niveau comprend :

(Arr. du 13 févr. 2013) « — le bureau du sport de haut niveau et des fédérations unisport » ;

— *(Arr. du 21 oct. 2011)* « le bureau des établissements publics » *(Abrogé par Arr. du 30 avr. 2012)* *« et des cadres du sport »* ;

(Arr. du 13 févr. 2013) « — le bureau des affaires européennes, des relations internationales et des grands événements sportifs internationaux ;

« — le bureau du sport professionnel et de l'économie du sport. »

Art. 4 *(Arr. du 13 févr. 2013)* « La sous-direction de l'action territoriale, du développement des pratiques sportives et de l'éthique du sport assure les relations avec les fédérations sportives multisports et affinitaires, promeut le développement des pratiques sportives et veille à la préservation des valeurs et de l'éthique du sport » ; elle participe à l'évolution et suit la mise en œuvre déconcentrée des réglementations relatives aux pratiques physiques et sportives et à la protection de l'usager, aux politiques visant à promouvoir l'animation sportive territoriale, aux fonctions sociale et éducative du sport et aux équipements, sites et itinéraires sportifs.

A ce titre :

(Arr. du 13 févr. 2013) « — elle assure le secrétariat et le fonctionnement de la commission consultative placée auprès du ministre chargé des sports et créée afin d'associer les acteurs de la politique du sport à sa gouvernance ;

« — elle assure la tutelle des fédérations multisports et affinitaires, gère l'aide de l'État à ces fédérations ainsi qu'aux organismes sportifs nationaux assimilés et en contrôle l'utilisation. Elle évalue les actions conduites dans le cadre des conventions d'objectifs conclues avec ces fédérations ; »

— *(Abrogé par Arr. du 30 avr. 2012)* *« elle assure la tutelle des fédérations multisports »*. Elle promeut le développement du sport pour tous et définit la politique destinée à permettre l'accès de tous les publics aux pratiques sportives. Elle soutient les actions permettant l'accès des femmes aux pratiques sportives et aux fonctions de responsabilité dans le domaine du sport. Elle favorise l'accès au sport des personnes handicapées. Elle met en œuvre une démarche de prévention et de lutte contre les incivilités et la violence dans le sport et favorise les actions visant l'intégration par le sport ;

— *(Arr. du 8 sept. 2008)* « elle veille » au développement territorial harmonieux des pratiques sportives et elle met en œuvre des actions visant à *(Arr. du 13 févr. 2013)* « favoriser le développement des sports de nature » ;

— *(Arr. du 8 sept. 2008)* « elle répartit, entre les services déconcentrés, les crédits d'intervention » dans les domaines spécifiques relatifs aux actions sportives de proximité *(Arr. du 20 nov. 2006)* « en cohérence avec les interventions du Centre national pour le développement du sport » ; elle contribue au développement des associations sportives ;

(Arr. du 13 févr. 2013) « — elle assure la tutelle stratégique, administrative et financière du Centre national pour le développement du sport et prépare le contrat d'objectifs et de performance passé avec cet établissement ; »

— *(Arr. du 20 nov. 2006)* « elle assure une fonction de contrôle et d'expertise dans le domaine des équipements sportifs et réalise ou fait réaliser les études correspondantes. Elle participe aux travaux du Centre national pour le développement du sport en ce domaine. Elle pilote, avec le concours de la *(Arr. du 13 févr. 2013)* « direction des affaires financières, informatiques, immobilières et des services », le recensement national des équipements sportifs, espaces et sites de pratiques et s'appuie sur ces résultats. Elle apporte tous conseils techniques sur les espaces et les équipements spécifiques du domaine du sport. Elle programme l'affectation des crédits d'investissement inscrits au budget de l'État. Elle valide le volet sportif des projets d'équipement des établissements publics placés sous la tutelle du ministre ; »

(Abrogé par Arr. du 30 avr. 2012) *« — elle soutient et coordonne des actions de recherche et de développement entreprises dans le domaine du sport ; »*

(Arr. du 13 févr. 2013) « — elle promeut la prise en compte des enjeux du développement durable et de la transition écologique par l'ensemble des acteurs de la politique du sport ; »

— elle constitue un centre de ressources pour les services déconcentrés en matière d'application de la réglementation relative aux pratiques sportives, de protection du public et de mise en œuvre des contrôles correspondants ;

— *(Arr. du 20 nov. 2006)* « elle veille à la mise en œuvre des dispositions nécessaires à la protection de la santé des sportifs et à celle des usagers. Elle élabore les textes législatifs et réglementaires relatifs à la protection de la santé des sportifs et à celle des usagers ainsi qu'à la lutte contre le dopage et veille à leur application ;

« — elle assure les relations avec l'Agence française de lutte contre le dopage et suit ses travaux ;

« — elle participe aux activités internationales dans le domaine de la lutte contre le dopage ;

« — elle engage et coordonne la politique de prévention et de santé en matière sportive et pour lutter contre le dopage. Elle favorise les actions permettant de préserver la santé du public par la pratique sportive ;

« — elle engage, soutient et coordonne les actions de recherche en matière médicale dans le domaine du sport.*[;]* »

(Arr. du 13 févr. 2013) « — elle veille à l'intégrité des résultats sportifs et participe à ce titre à l'élaboration et la mise en œuvre des dispositions législatives et réglementaires relatives à la régulation des paris sportifs et à la lutte contre le trucage des matchs. Elle assure les relations avec l'Autorité de régulation des jeux en ligne et suit ses travaux. »

Art. 5 *(Arr. du 13 févr. 2013)* « La sous-direction de l'action territoriale, du développement des pratiques sportives et de l'éthique du sport comprend :

« — le bureau du développement des pratiques sportives, de l'éthique sportive et des relations avec les fédérations multisports et affinitaires ; »

— *(Arr. du 20 nov. 2006)* « le bureau de la protection du public, de la promotion de la santé et de la prévention du dopage. *[;]* »

— le bureau des équipements sportifs. *[;]*

(Arr. du 13 févr. 2013) « — le bureau de l'animation territoriale et des relations avec les collectivités territoriales*[;]*

« — la mission sport et développement durable. »

Art. 5-1 *(Arr. du 8 sept. 2008)* La sous-direction de l'emploi et des formations prépare et coordonne les actions du ministère en faveur de l'emploi et de la qualification.

A ce titre :

— elle conçoit et favorise les politiques de l'emploi dans le champ de l'animation et du sport et participe, en relation avec la direction de la jeunesse, de l'éducation populaire et de la vie associative — mission des études, de l'observation et des statistiques — à l'évaluation de leur impact ;

— elle coordonne la mise en œuvre de ces politiques par les services déconcentrés et les établissements publics placés sous la tutelle du ministre ;

— elle élabore, en liaison avec la direction de la jeunesse, de l'éducation populaire et de la vie associative, dans les champs du sport et de l'animation, la réglementation relative aux diplômes et aux *(Arr. du 11 oct. 2010)* « formations à visée professionnelle ainsi qu'à la validation » des acquis de l'expérience et veille à son application ;

— elle assure le secrétariat général de la commission professionnelle consultative des métiers du sport et de l'animation ;

— elle met en œuvre et suit l'application des directives européennes relatives à la reconnaissance des qualifications dans le champ de compétence de la sous-direction ;

— elle est chargée des relations avec les instances, notamment interministérielles et professionnelles, compétentes en matière d'emploi, d'économie, d'aménagement du territoire, de qualifications et de formations ;

— elle coordonne la répartition territoriale des examens et le service public de formation sur le territoire national et en évalue la pertinence ;

— elle met en œuvre, en liaison avec la direction de la jeunesse, de l'éducation populaire et de la vie associative, la politique ministérielle en direction des associations, des entreprises et des collectivités territoriales, pour le développement des filières économiques de l'animation et du sport et la participation de ces secteurs à l'aménagement du territoire et au développement durable.

Art. 5-2 *(Arr. du 8 sept. 2008)* La sous-direction de l'emploi et des formations comprend :

— le bureau de métiers, des diplômes et de la réglementation ;

— le bureau de la coordination des certifications et du service public de formation ;

— le bureau de l'emploi et des branches professionnelles.

(Abrogé par Arr. du 21 oct. 2011) « *En outre, le secrétariat général de l'Observatoire des métiers de l'animation et du sport est placé auprès de cette sous-direction.* »

Art. 6 *(Arr. du 8 sept. 2008)* En liaison avec la sous-direction de la vie fédérale et du sport de haut niveau, la sous-direction de l'action territoriale et la sous-direction des emplois et des formations, la mission des affaires juridiques et du contentieux élabore les textes législatifs et réglementaires concernant la direction des sports et assure la cohérence juridique de ses interventions.

A ce titre :

— elle remplit une fonction de conseil et d'expertise auprès des services de la direction des sports, ainsi que des services déconcentrés et des établissements publics placés sous la tutelle du ministre dans les différents domaines du droit ; elle a la responsabilité du contentieux dans le champ de compétence de la direction des sports ;

— elle est chargée de l'élaboration et de l'actualisation du code du sport.

Art. 7 La mission de synthèse financière coordonne les affaires financières relevant du domaine de compétence de la direction des sports et assure la cohérence financière de ses interventions.

(Abrogé par Arr. du 20 nov. 2006) « *Elle assure la gestion du Fonds national pour le développement du sport.* »

A ce titre :

— *(Arr. du 8 sept. 2008)* « elle procède à la préparation budgétaire et à l'exécution financière du "programme sport" en cohérence avec les interventions du Centre national pour le développement du sport.*[;]* »

— elle remplit, en matière financière et dans le domaine de compétence de la direction des sports, des fonctions de veille, de conseil et de prospective ;

— elle expertise tous documents, projets de contrats ou de marchés ayant une portée financière ;

— elle est chargée des relations avec la direction des ressources humaines, de l'administration et de la coordination générale pour les affaires budgétaires et comptables ;

Dernier al. abrogé par Arr. du 20 nov. 2006.

Art. 7-1 *(Abrogé par Arr. du 13 févr. 2013)* (Arr. du 30 avr. 2012) *La mission d'observation du sport assure un rôle de synthèse.*

A ce titre :

— elle assure la programmation des études statistiques et des projets informatiques ;

— elle coordonne le développement de bases de données à l'initiative de la direction des sports ;

— elle exploite toutes données à des fins d'analyse de l'offre et la demande de pratique sportive et de l'économie du sport ;

— elle coordonne, en liaison avec le bureau de la communication, les actions de communication spécifiques de la direction.

Art. 8 La mission des affaires générales coordonne les affaires générales relevant du domaine de compétence de la direction des sports et assure la cohérence de ses interventions.

A ce titre :

— elle gère les questions relatives à l'organisation et au fonctionnement de la direction ;

— elle assure le suivi de la gestion des agents de la direction en relation avec la direction des ressources humaines, de l'administration et de la coordination générale, notamment en ce qui concerne la formation initiale et continue des personnels ;

(Abrogé par Arr. du 30 avr. 2012) « *— elle coordonne et participe à l'élaboration des documents d'intérêt stratégique de la direction ;* »

— elle coordonne, en liaison avec le bureau de la communication, les actions de communication spécifiques de la direction ;

(Abrogé par Arr. du 30 avr. 2012) « *— en liaison avec la sous-direction de la vie fédérale et du sport de haut niveau, elle suit les travaux de la commission spécialisée de terminologie et de néologie ;* »

(Arr. du 21 oct. 2011) « — elle participe à la programmation des études statistiques et des projets informatiques. »

Art. 9 *(Arr. du 24 déc. 2015, art. 2)* La direction de la jeunesse, de l'éducation populaire et de la vie associative comprend :

— la sous-direction des politiques interministérielles de jeunesse et de vie associative ;

— la sous-direction de l'éducation populaire.

Un service à compétence nationale dénommé "Institut national de la jeunesse et de l'éducation populaire" est rattaché au directeur de la jeunesse, de l'éducation populaire et de la vie associative.

La direction de la jeunesse, de l'éducation populaire et de la vie associative comprend, en outre, la division des ressources humaines, des finances et de la logistique et la division des systèmes d'information.

Le directeur est assisté d'un adjoint, chef de service, auquel sont rattachées les deux divisions mentionnées à l'alinéa précédent.

Art. 10 *(Arr. du 24 déc. 2015, art. 3)* La sous-direction des politiques interministérielles de jeunesse et de vie associative assure, conformément à la mission confiée au ministre et par délégation au directeur de la jeunesse, de l'éducation populaire et de la vie associative dans ses fonctions de délégué interministériel à la jeunesse, le pilotage des actions menées dans le domaine de la jeunesse lorsqu'elles relèvent de plusieurs départements ministériels. Elle assure la coordination des actions en faveur de la vie associative, de la mobilité européenne et internationale des jeunes, du volontariat et de l'engagement associatif bénévole.

A ce titre :

— elle anime au nom du ministre le comité interministériel de la jeunesse et les politiques interministérielles en faveur de la jeunesse. Elle anime à cet effet le réseau des correspondants Jeunesse au sein de chaque ministère ;

— elle coordonne la préparation du document de politique transversale "politiques en faveur de la jeunesse" associé au projet de loi de finances ;

— elle anime le réseau des structures de consultation et de participation des jeunes aux décisions qui les concernent ;

— elle favorise le développement du "réseau information jeunesse" ;

— elle soutient l'engagement et les initiatives des jeunes en coordonnant pour l'ensemble du ministère et des établissements relevant de celui-ci l'ensemble des actions exécutées dans ce domaine ;

— elle participe à la mise en œuvre des politiques de prévention dans le domaine de la jeunesse ;

— elle élabore, en coordination avec les autres administrations, la réglementation relative à la vie associative et à l'engagement bénévole et volontaire ;

— elle assure le fonctionnement du fonds pour le développement de la vie associative placé auprès du ministre chargé de la vie associative et le secrétariat de son comité consultatif ;

— elle coordonne et anime les réseaux de correspondants à la vie associative au sein de chaque ministère, les délégués à la vie associative et les points d'appui à la vie associative ;

— elle constitue un centre d'expertise et de ressources sur la vie associative et l'engagement associatif pour les administrations et soutient les projets de développement de la vie associative ;

— elle exerce la tutelle stratégique de l'Agence chargée du service civique et prépare le contrat d'objectifs et de performance passé avec celle-ci. Elle assure dans ce cadre une mission de conseil et d'expertise dans la mise en œuvre du service civique ;

— elle assure le rôle d'autorité nationale pour la mise en œuvre du volet "Jeunesse" du programme européen "Erasmus +" confié à l'Agence "Erasmus + France Jeunesse & Sport" ;

— elle participe dans les domaines de la jeunesse et de la vie associative à la définition de la position française lors de l'examen des questions de jeunesse et de vie associative au sein des instances européennes et internationales et au développement des échanges bilatéraux et des programmes de coopération multilatérale ;

— elle assure le suivi des offices bigouvernementaux pour la jeunesse et participe à la définition et à la mise en œuvre des politiques de coopération dans les domaines de la jeunesse.

Art. 11 *(Arr. du 24 déc. 2015, art. 4)* La sous-direction des politiques interministérielles de jeunesse et de vie associative comprend :

— le bureau des politiques de jeunesse ;

— le bureau du développement de la vie associative ;

— le bureau des relations internationales.

Art. 12 *(Arr. du 24 déc. 2015, art. 5)* La sous-direction de l'éducation populaire assure une mission de promotion, de veille et de valorisation des démarches d'éducation populaire. Elle contribue au développement des pratiques éducatives et participe à l'élaboration et à la mise en œuvre des politiques relatives à la protection des mineurs. Elle coordonne l'animation du réseau des services déconcentrés dans les domaines de la jeunesse, de l'éducation populaire et de la vie associative.

A ce titre :

— elle élabore la réglementation relative aux accueils de mineurs hors du domicile parental pendant leur temps de vacances et de loisirs et s'assure de son application en concertation avec les différents partenaires. Elle veille à la mise en œuvre du contrôle de ces accueils ;

— elle accompagne le développement des pratiques éducatives, culturelles et sociales organisées au plan territorial ;

— elle définit les conditions d'encadrement et de pratique des activités physiques dans les accueils collectifs de mineurs conformément aux dispositions du code de l'action sociale et des familles ;

— elle élabore la réglementation relative aux qualifications et aux formations à visée non professionnelle dans le champ de l'animation et veille à son application. Elle propose au ministre la liste des organismes de formation susceptibles de bénéficier d'une habilitation conformément aux dispositions du code de l'action sociale et des familles ;

— elle participe, en liaison avec la direction des sports, à la définition des actions du ministère en faveur de l'emploi et de la qualification dans le domaine de la jeunesse et de l'éducation populaire. Elle veille à la validation des acquis de l'expérience et au développement des filières économiques de l'animation ;

— elle anime les relations avec les fédérations et associations nationales de jeunesse et d'éducation populaire ainsi que les réseaux de correspondants en services déconcentrés ;

— elle propose au ministre la liste des associations nationales susceptibles de bénéficier d'un agrément de jeunesse et d'éducation populaire ;

— elle pilote, négocie et évalue les partenariats et les conventions d'objectifs avec les fédérations et associations nationales de jeunesse et d'éducation populaire ;

— elle participe à la gouvernance du fonds de coopération de la jeunesse et de l'éducation populaire et gère les conventions de subvention avec les fédérations et associations nationales agréées ;

— elle assure le secrétariat du Conseil national de l'éducation populaire et de la jeunesse ;

— elle anime le réseau des services déconcentrés dans les domaines de la jeunesse, de l'éducation populaire et de la vie associative, en liaison avec les bureaux métiers de la direction, et leur apporte un appui dans le pilotage et l'animation des actions dans ces domaines. Dans ce cadre, elle assure un lien avec les centres de ressources, d'expertise et de performance sportive ;

— elle organise l'information, descendante et ascendante, avec les services déconcentrés en liaison avec les bureaux métiers de la direction. Elle capitalise, mutualise et diffuse l'information sur les enjeux territoriaux prioritaires des politiques de la jeunesse, de l'éducation populaire et de la vie associative. A cette fin, elle met notamment en place les conditions de veille et d'expertise sur ces sujets ;

— elle organise les relations avec les représentants des collectivités territoriales au niveau national sur les champs de compétences de la direction ;

— elle contribue à la formation initiale et continue des agents des services déconcentrés, en liaison avec la division des ressources humaines, des finances et de la logistique de la direction.

Art. 13 *(Arr. du 24 déc. 2015, art. 6)* La sous-direction de l'éducation populaire comprend :

— le bureau de la protection des mineurs en accueils collectifs et des politiques éducatives locales ;

— le bureau du partenariat associatif jeunesse et éducation populaire ;

— le bureau de l'animation territoriale.

Art. 14 *(Arr. du 24 déc. 2015, art. 7)* La division des ressources humaines, des finances et de la logistique veille à fournir les moyens nécessaires au bon fonctionnement de la direction.

A ce titre, elle assure pour le programme "jeunesse et vie associative" :

— la préparation et la présentation du programme dans le cadre de l'élaboration de la loi de finances ;

— la répartition des crédits et le dialogue de gestion financier avec les services centraux et déconcentrés ;

— la tutelle administrative et financière des opérateurs du programme ;

— l'exécution des dépenses du budget opérationnel de programme de la direction.

Elle apporte une expertise sur tous les documents, projets de contrats ou de marchés, ayant une portée financière.

Elle suit le plafond d'emplois et les effectifs de la direction. Elle assure la gestion de proximité des agents de la direction en relation avec la direction des ressources humaines des ministères sociaux, notamment en ce qui concerne la formation initiale et continue des personnels. Elle veille à la sécurité et à la santé au travail des personnels de la direction. Elle assure le secrétariat des instances de dialogue social.

Elle gère les moyens et les questions logistiques relatives au bon fonctionnement de la direction.

Art. 15 *(Arr. du 24 déc. 2015, art. 8)* La division des systèmes d'information assure, en liaison avec la direction des systèmes d'information des ministères sociaux, le pilotage stratégique des systèmes d'information au niveau de la direction de la jeunesse, de l'éducation populaire et de la vie associative, la cohérence et la transversalité des projets ainsi que l'harmonisation des processus métier et la mutualisation d'outils de gestion de ces projets.

A ce titre :

— elle assure, avec les bureaux et missions de la direction, les travaux de maîtrise d'ouvrage relatifs aux projets applicatifs de la direction ainsi que ceux relatifs à l'élaboration de ses sites internet ;

— elle assure la cohérence des sites et applications internet de la direction ;

— elle anime et assiste au sein de la direction les utilisateurs des outils proposés par la direction des systèmes d'information ;

— elle apporte, en tant que de besoin, une expertise sur les projets de l'Agence du service civique en matière de systèmes d'information ;

— elle assure la gouvernance, en liaison avec les bureaux concernés de la direction, des travaux interministériels relatifs aux systèmes d'information dans les domaines de compétences de la direction.

Art. 16 à 19 *Abrogés par Arr. du 8 sept. 2008.*

Art. 20 (Abrogé par Arr. du 24 déc. 2015, art. 9) (Arr. du 8 sept. 2008) *La mission des études, de l'observation et des statistiques conçoit et coordonne, en liaison avec la direction des ressources humaines, de l'administration et de la coordination générale et la direction des sports et en relation avec l'Institut national de la statistique et des études économiques, les actions ayant pour objet l'information statistique du ministère.*

Art. 21 *Abrogé par Arr. du 8 sept. 2008.*

Art. 22 à 28 *bis* *Abrogés par Arr. du 8 juin 2009, art. 8.*

Art. 29 I. — L'arrêté du 21 septembre 1999 portant organisation des directions de l'administration centrale du ministère de la jeunesse et des sports et l'arrêté du 21 septembre 1999 portant organisation des sous-directions du ministère de la jeunesse et des sports sont abrogés.

II. — Les articles 1er et 2 de l'arrêté du 7 avril 2003 susvisé portant organisation de l'administration centrale du ministère de la jeunesse, de l'éducation nationale et de la recherche sont abrogés.

III. — L'article 2 de l'arrêté du 7 avril 2003 susvisé portant organisation des sous-directions de l'administration centrale du ministère de la jeunesse, de l'éducation nationale et de la recherche est abrogé.

Art. L. 111-3 **Outre les officiers et agents de police judiciaire agissant conformément aux dispositions du code de procédure pénale, les fonctionnaires relevant du ministre chargé des sports habilités à cet effet par le même ministre et assermentés dans des conditions fixées par décret en Conseil d'État peuvent rechercher et constater par procès-verbal les infractions prévues par les dispositions du présent code à l'exception de celles mentionnées aux articles L. 232-11, L. 241-5 et L. 322-8.**

Les fonctionnaires relevant du ministre chargé des sports mentionnés au premier alinéa peuvent accéder aux établissements mentionnés à l'article L. 322-2 en vue de rechercher et de constater les infractions, demander la communication de tout docu-

ment professionnel et en prendre copie, recueillir, sur convocation ou sur place, les renseignements et justifications. Les fonctionnaires ne peuvent accéder à ces établissements que pendant leurs heures d'ouverture au public et, s'ils ne sont pas ouverts au public, qu'entre 8 heures et 20 heures. Ils ne peuvent accéder aux locaux qui servent pour partie de domicile aux intéressés.

Le procureur de la République est préalablement informé par les fonctionnaires mentionnés au deuxième alinéa des opérations envisagées en vue de la recherche des infractions.

Les procès-verbaux font foi jusqu'à preuve contraire et sont transmis au procureur de la République dans les cinq jours suivant leur établissement. Une copie en est également remise à l'intéressé.

Le fait de s'opposer, de quelque façon que ce soit, à l'exercice des fonctions dont sont chargés les agents mentionnés au présent article est puni de 7 500 euros d'amende et d'un an d'emprisonnement. – *[L. n° 84-610 du 16 juill. 1984, art. 49-1.]*

Décret n° 93-710 du 27 mars 1993,

Concernant les contrôles prévus par la loi n° 84-610 du 16 juillet 1984 relative à l'organisation et à la promotion des activités physiques et sportives et par la loi n° 89-432 du 28 juin 1989 relative à la prévention et à la répression de l'usage de produits dopants à l'occasion des compétitions et manifestations sportives.

Art. 1er Les fonctionnaires du ministère chargé des sports mentionnés à l'article 49-1 de la loi du 16 juillet 1984 susvisée sont habilités par arrêté du ministre chargé des sports parmi les agents, en poste à l'administration centrale ou dans les services extérieurs du ministère chargé des sports. – *V. Arr. du 4 févr. 2009 (BOJS du 15 mars 2009, n° 5), mod. par Arr. du 26 mai 2009 (BOJS du 31 mai 2009, n° 10), Arr. du 31 janv. 2011 (BOJS du 28 févr. 2011, n° 2) et Arr. du 19 janv. 2012 (BOJS du 31 janv. 2012, n° 1).*

Art. 2 La décision d'habilitation prend effet après que les fonctionnaires habilités ont prêté serment devant le tribunal de grande instance de leur résidence de remplir avec honneur, conscience et probité les missions qui leur sont confiées en application de la loi du 16 juillet 1984 susvisée.

Art. 3 Les fonctionnaires habilités relatent dans des procès-verbaux les opérations d'enquête auxquelles ils ont procédé en application de l'article 49-1 de la loi du 16 juillet 1984 susvisée.

Les justifications éventuellement produites par l'intéressé sont jointes au procès-verbal.

Art. 4 *(Modifications de texte).*

CHAPITRE II ÉTABLISSEMENTS PUBLICS NATIONAUX

Le présent chapitre ne comprend pas de dispositions législatives.

CHAPITRE III COLLECTIVITÉS TERRITORIALES

BIBL. GÉN. ► P. Arnaud, Genèse des politiques sportives publiques : le cas français, *RFAP 2001, n° 97, p. 29*. – B. Astier, Le rôle des régions, *RJ éco. sport 1992, n° 21, p. 3*. – P. Bayeux, Le sport et les collectivités territoriales, Que sais-je ?, *3e éd., Paris, PUF, 2006* ; Les relations entre collectivités locales et clubs sportifs, *PUF, 2006*. – F. Belot, Les aides apportées par les collectivités territoriales aux clubs sportifs : le cas de l'aide aux clubs de football, *Gaz. Pal. 2005, n° 37 à 39, p. 6*. – P. Chaix, Sport professionnel et aides publiques – L'exemple des conseils généraux, *RJ éco. sport 2009, n° 93, p. 103*. – P. Collomb (dir.), Sport et décentralisation, *Economica, 1988*. – Cour des comptes, Les collectivités territoriales et les clubs sportifs professionnels, *Rapport public thématique, déc. 2009*. – B. Halba, Financement public du sport en France et en Europe. Justification et éléments de comparaison, *RFAP 2001, n° 97, p. 67*. – C. Delahaye-Marzin, Collectivités territoriales (politiques sportives) et Collectivités territoriales (sport professionnel), *in Dict. jur. du sport, Dalloz, Juriséditions, 2013, p. 71 et 77*. – Ch. Dudognon, Les relations entre les clubs sportifs professionnels et les collectivités territoriales, *RJ éco. sport 2009, n° 93, p. 7*. – M. Geneteaud, M. P. Prat et A. Serre, Politique sportive : le sport sous le contrôle du juge financier, *Dossier, JS 2011, n° 112, p. 15*. – M. Honta, Politique et administration du sport : le rôle des régions (1982-1997), *RJ éco. sport 2001, n° 58, p. 88*. – J.-F.

Lachaume, *in* Droit du sport : la loi du 13 juillet 1992, *Dalloz 1994, p. 67* (gestion des équipements sportifs) ; Les incidences de la loi du 6 juillet 2000 sur l'intervention des collectivités territoriales dans le domaine des activités physiques et sportives, *RJ éco. sport 2000, n° 57, p. 52*. – P.-J. Quillien, Relations financières entre les collectivités territoriales et les clubs sportifs, *JCP Adm. 2003, n° 5, p. 111*. – F. Lagarde, Indispensables subventions (dossier coord.), *JS 2016, n° 166, p. 17*. – C. Lapeyre, Les collectivités locales et le sport après les lois de décentralisation, *RD publ. 1987. 1602*. – J. Morange (dir.), Sport et collectivités locales, *Sirey, Bibliothèque des collectivités locales 1984*. – A. Sauviat, Intercommunalité, *in Dict. jur. du sport, Dalloz, Juriséditions, 2013, p. 204*. – J.-P. Théron, Sport et collectivités territoriales, *J.-Cl. Coll. territoriales, 1994, Fasc. 680* ; Sport et décentralisation, *RJ éco. sport 1989, n° 8, p. 3*. – A. Sauviat, La compétence sport des EPCI : entre réalisme et ambition, *JS 2011, n° 105, p. 37*. – A. Sauviat, « Intercommunalité », *in Dict. jur. du sport, Dalloz, Juriséditions, 2013, p. 204*. – J.-P. Théron (dir.), Sport et collectivités locales, *Dalloz, Droit et Économie du Sport, 1993*. – F. Thiriez, Les collectivités locales sont des partenaires incontournables du football professionnel, *JCP Adm. 2004, n° 24, p. 777*. – D. Vailleau, Réforme des collectivités territoriales, *JS 2010, n° 94, p. 38*. – Fonctionnaires territoriaux des APS, *in Dict. perm. dr. sport (mise à jour périodique)*. – Politiques sportives locales, *ibid.*

COMMENTAIRE

Est reproduit ci-dessus l'essentiel de l'ancien chapitre III *bis* (relatif au rôle des collectivités territoriales) de la loi n° 84-610 du 16 juillet 1984 modifiée. En fait, le rôle dont il s'agit ici est celui des collectivités en matière de financement des clubs sportifs (essentiellement professionnels).

L'article L. 113-1 est issu des lois n° 92-652 du 13 juillet 1992 et n° 2000-627 du 6 juillet 2000. L'article L. 113-2, ancien article 19-3 de la loi de 1984 modifiée, a été introduit par la loi n° 94-679 du 8 août 1994 pour légaliser (alors jusqu'au 31 déc. 1999) les subventions accordées aux clubs professionnels. Son origine réside dans une réponse du ministre de l'Intérieur (Charles Pasqua) à une question parlementaire qui assimilait lesdites subventions à des aides économiques et donc préconisait de leur appliquer le régime juridique de ces dernières. Cet article a été modifié par la loi n° 99-1124 du 28 décembre 1999 pour maintenir (et encadrer notamment en en limitant le montant) les subventions aux clubs concernés (pour leurs missions d'intérêt général, V. art. R. 113-2). Enfin, l'article L. 113-3, ancien article 19-4 de la loi de 1984 modifiée, a été inséré par la loi n° 2000-627 du 6 juillet 2000 pour encadrer (et là aussi en limiter leur montant) les contrats de prestation de services rendus par les sociétés anonymes sportives au profit des collectivités territoriales ou de leurs groupements (V. art. D. 113-6). Les prestations des services consistent, pour l'essentiel, en des opérations de sponsoring public et des achats de places.

Durant l'année 2014, à la suite du rapport de la mission d'information du Sénat sur le sport professionnel et les collectivités territoriales (rapport d'information n° 484, 2013-2014, mission présidée par M. Savin et dont S. Mazars était le rapporteur), une proposition de loi a été déposée au Sénat le 9 juillet 2014 (texte n° 711 – 2013/2014). Cette proposition de loi vise à rénover les rapports entre les collectivités territoriales et les clubs professionnels et à moderniser le modèle économique du sport professionnel *(JS 2014, n° 147, p. 6)*.

Dans le cadre d'une proposition de loi, enregistrée le 12 septembre 2016 au Sénat, visant à préserver l'éthique du sport, à renforcer la régulation et la transparence du sport professionnel et à améliorer la compétitivité des clubs, le Sénat a, en première lecture, enrichi le texte d'un certain nombre de dispositions ayant trait aux relations entre les collectivités territoriales et les clubs sportifs en matière de financement des équipements sportifs. Il est prévu que les collectivités territoriales et leurs groupements, d'une part, ne pourraient, à compter du 1er juin 2017, financer plus de 50 % des dépenses de construction d'une nouvelle enceinte sportive dès lors que cette dernière est destinée à être utilisée majoritairement par une association ayant créé une société sportive (nouvel art. L. 113-4) et, d'autre part, pourraient (de nouveau), sous conditions, accorder leur garantie aux emprunts contractés par les associations ou sociétés sportives en vue de l'acquisition, la réalisation ou la rénovation d'équipements sportifs (ajout à l'art. L. 113-1). V. texte Sénat n° 6 – 2016-2017, 26 oct. 2016 *(JS 2016, n° 169, p. 7)*.

V. également, la L. n° 2011-617 du 1er juin 2011 relative à l'organisation du championnat d'Europe de football de l'UEFA en 2016, ss. art. L. 1511-1 CGCT, v° *Collectivités territoriales*. ❑

Art. L. 113-1 **Les collectivités territoriales ou leurs groupements ne peuvent accorder de garanties d'emprunt ni leur cautionnement aux associations sportives et aux sociétés** *(L. n° 2012-158 du 1er févr. 2012, art. 10-5°)* **« sportives » mentionnées aux articles L. 121-1 et L. 122-2.**

Toutefois, les collectivités territoriales ou leurs groupements peuvent accorder leur garantie aux emprunts contractés en vue de l'acquisition de matériels ou de la réalisation d'équipements sportifs par des associations sportives dont le montant annuel des recettes n'excède pas 75 000 euros. — *[L. n° 84-610 du 16 juill. 1984, art. 19-2.]*

Un conseil municipal méconnaît les dispositions de l'art. 19-2 [art. L. 113-1 C. sport] en accordant à une association sportive affiliée à la Fédération française de pétanque et jeu provençal une garantie pour l'emprunt qu'elle a contracté en vue de la construction d'un boulodrome, les dispositions susvisées concernant toutes les associations sportives et non pas seulement les clubs « professionnels ». • CE 10 mai 1996, *Cne de Saint-Louis : Lebon 167 ; AJDA 1996. 951, note Chouvel*.

Art. L. 113-2 **Pour des missions d'intérêt général, les associations sportives ou les sociétés sportives peuvent recevoir des subventions publiques. Ces subventions font l'objet de conventions passées, d'une part, entre les collectivités territoriales, leurs groupements ainsi que les établissements publics de coopération intercommunale et, d'autre part, les associations sportives ou les sociétés qu'elles constituent.**

Un décret en Conseil d'État détermine les conditions dans lesquelles sont versées ces subventions et fixe le montant maximum de celles-ci. — *[L. n° 84-610 du 16 juill. 1984, art. 19-3.]*

V. art. R. 113-1 s. — V. aussi App., v° droit de l'Union européenne, la jurisprudence rapportée ss. l'art. 108 du Traité de Lisbonne. — V. aussi la décision de la Commission européenne autorisant le versement des aides publiques pour la construction et la rénovation des stades prévus pour l'accueil de l'EUFA Euro 2016 (Commission européenne - IP/13/1288, 18 déc. 2013).

Art. L. 113-3 **Les sommes versées par les collectivités territoriales ou leurs groupements aux sociétés sportives en exécution de contrats de prestation de services, ou de toute convention dont l'objet n'entre pas dans le cadre des missions d'intérêt général visées à l'article L. 113-2, ne peuvent excéder un montant fixé par décret.** — *[L. n° 84-610 du 16 juill. 1984, art. 19-4.]*

S'agissant du respect des règles de la commande publique, • CAA Lyon, 15 déc. 2011, *Assoc. des contribuables actifs du Lyonnais*, req. nos 11LY00242, 11LY00578 et 10LY02299 : *AJCT 2012. 316, obs. E. Royer ; JS 2012, n° 126, p. 35, comm. A.-S. Juilles ; JCP Adm. 2012, 2087, obs. F. Linditch*, arrêt de la cour d'appel de Lyon censuré par le Conseil d'État : selon le Conseil d'État, il résulte des dispositions du code du sport que l'acquisition de places pour assister à des rencontres sportives professionnelles afin de promouvoir l'activité sportive auprès du jeune public du département, notamment des collégiens et des jeunes en difficulté, et d'encourager l'encadrement bénévole de cette activité, répond à une mission d'intérêt général dont le département à la charge. • CE 28 janv. 2013, *Département du Rhône, n° 356670 : JS 2013, n° 136, p. 34, comm. A.-S. Juilles*.

CHAPITRE IV RÉPARTITION DES MISSIONS ET DES COMPÉTENCES ENTRE L'ÉTAT ET LES RÉGIONS DANS L'ORGANISATION ET LE FONCTIONNEMENT DES CENTRES DE RESSOURCES, D'EXPERTISE ET DE PERFORMANCE SPORTIVE

(L. n° 2015-991 du 7 août 2015, art. 28-I, en vigueur le 1er janv. 2016)

Les conseils d'administration, comités techniques et comités d'hygiène, de sécurité et des conditions de travail, en place au sein des centres de ressources, d'expertise et de performance sportive avant le 1er janv. 2016 demeurent compétents et exercent les attributions fixées par les textes qui les ont institués, jusqu'à l'installation des nouvelles instances prévues par le décret en Conseil d'État mentionné à l'art. L. 114-17. Durant cette même période, le mandat de leurs membres est maintenu (L. n° 2015-991 du 7 août 2015, art. 28-V).

V. Décr. n° 2016-1055 du 1er août 2016 relatif à la date et aux modalités de transfert définitif des services ou parties de services des centres de ressources, d'expertise et de performance sportive qui participent à l'exercice des compétences transférées aux régions par la L. n° 2015-991 du 7 août 2015 portant nouvelle organisation de la République.

COMMENTAIRE

La loi du 7 août 2015 portant nouvelle organisation territoriale de la République (NOTRe) a transféré la gestion des centres de ressources, d'expertise et de performance sportives (CREPS) aux régions. Ils sont qualifiés d'établissements locaux de formation dans les domaines du sport, de la jeunesse et de l'éducation populaire (art. L. 114-1). Le patrimoine immobilier ainsi que les missions ayant trait à l'entretien, à l'accueil, à l'hébergement et à la restauration sont transférés aux régions. Outre les missions « nationales », les CREPS pourront assurer des missions à l'initiative des régions (activités en faveur du sport et de la jeunesse, formation, accompagnement des sportifs de niveau régional...). ❑

SECTION PREMIÈRE **RÉPARTITION DES MISSIONS ET DES COMPÉTENCES ENTRE L'ÉTAT ET LES RÉGIONS**

Art. L. 114-1 **Les centres de ressources, d'expertise et de performance sportive sont des établissements publics locaux de formation dans les domaines du sport, de la jeunesse et de l'éducation populaire. Sous réserve de la section 2 du présent chapitre, les dispositions relatives au contrôle administratif prévues au titre IV du livre Ier de la quatrième partie du code général des collectivités territoriales leur sont applicables.**

Ces établissements sont créés ou fermés par arrêté du ministre chargé des sports sur proposition de la région, chaque région métropolitaine ayant vocation à accueillir au moins un de ces établissements sur son territoire.

V. note ss. le présent chapitre.

Art. L. 114-2 **Les centres de ressources, d'expertise et de performance sportive exercent, au nom de l'État, les missions suivantes :**

1° Assurer, en liaison avec les fédérations sportives, la formation et la préparation des sportifs figurant sur les listes mentionnées à l'article L. 221-2 ;

2° Participer au réseau national du sport de haut niveau et assurer le fonctionnement des pôles nationaux de ressources et d'expertise dans les domaines du sport, de la jeunesse et de l'éducation populaire ;

3° Mettre en œuvre des formations initiales et continues dans les domaines des activités physiques ou sportives, en application de l'article L. 211-1, et dans les domaines de la jeunesse et de l'éducation populaire, conformément aux objectifs nationaux et en lien avec le schéma régional des formations de la région concernée ;

4° Assurer la formation initiale et continue des agents de l'État exerçant leurs missions dans les domaines du sport, de la jeunesse et de l'éducation populaire.

V. note ss. le présent chapitre.

Art. L. 114-3 **Les centres de ressources, d'expertise et de performance sportive peuvent, au nom de la région, exercer les missions suivantes :**

1° Assurer l'accueil et l'accompagnement de sportifs régionaux, le cas échéant par le biais de conventions entre régions fixant les modalités de leur prise en charge ;

2° Promouvoir des actions en faveur du sport au service de la santé et du sport pour tous ;

3° Développer des activités en faveur de la jeunesse et de l'éducation populaire ;

4° Mettre en œuvre des offres de formation aux métiers du sport et de l'animation, conformément aux besoins identifiés par le schéma régional des formations.

V. note ss. le présent chapitre.

Art. L. 114-4 **L'État a la charge :**

1° De la rémunération des agents de l'État exerçant dans les centres de ressources, d'expertise et de performance sportive, sous réserve de l'article L. 114-6 ;

2° Des missions d'encadrement et de surveillance des sportifs et des stagiaires et des dépenses de fonctionnement directement liées à la pédagogie, à la recherche et au

transfert d'expériences et de pratiques dans les domaines du sport, de la jeunesse et de l'éducation populaire ;

3° De l'acquisition et de la maintenance des matériels informatiques et des logiciels prévus pour leur mise en service et pour l'exercice des missions exercées au nom de l'État mentionnées à l'article L. 114-2.

Le financement de ces dépenses est assuré par les crédits prévus à cet effet par le budget de l'État et par les ressources propres de chaque établissement.

V. note ss. le présent chapitre.

Art. L. 114-5 La région a la charge :

1° De la construction, de la reconstruction, de l'extension et des grosses réparations des locaux et des infrastructures des centres de ressources, d'expertise et de performance sportive ;

2° De l'entretien général et technique et du fonctionnement des centres de ressources, d'expertise et de performance sportive, à l'exception des dépenses de fonctionnement mentionnées au 2° de l'article L. 114-4 ;

3° De l'acquisition et de la maintenance des équipements des centres de ressources, d'expertise et de performance sportive, à l'exception des matériels et logiciels mentionnés au 3° du même article L. 114-4 ;

4° De l'accueil, de la restauration et de l'hébergement au sein des centres de ressources, d'expertise et de performance sportive, à l'exception des missions d'encadrement et de surveillance des sportifs et des stagiaires mentionnées au 2° dudit article L. 114-4.

La région bénéficie du fonds de compensation pour la taxe sur la valeur ajoutée au titre des dépenses d'investissement prévues au 1° du présent article.

V. note ss. le présent chapitre.

Art. L. 114-6 La région assure le recrutement, la gestion et la rémunération des personnels des centres de ressources, d'expertise et de performance sportive exerçant les compétences mentionnées aux 1° à 4° de l'article L. 114-5. Ces personnels exercent leurs missions dans les conditions définies à l'article L. 114-16.

V. note ss. le présent chapitre.

Art. L. 114-7 I. – La région est propriétaire des locaux dont elle assure la construction et la reconstruction.

II. – Les biens immobiliers des centres de ressources, d'expertise et de performance sportive appartenant à l'État à la date de publication de la loi n° 2015-991 du 7 août 2015 portant nouvelle organisation territoriale de la République sont transférés en pleine propriété, à titre gratuit, à la région. Celle-ci est substituée à l'État dans les droits et obligations liés aux biens transférés. Ce transfert ne donne lieu au versement d'aucuns droits ou honoraires, ni d'aucune indemnité ou taxe, ni de la contribution prévue à l'article 879 du code général des impôts. Dans le cas où l'État a délégué à une personne privée l'exécution de tout ou partie des compétences liées au fonctionnement et à l'équipement des centres, la région peut résilier ces contrats et elle supporte les charges financières résultant de cette résiliation anticipée.

III. – Les biens immobiliers des centres de ressources, d'expertise et de performance sportive appartenant à un département, à une commune ou à un groupement de communes peuvent être transférés en pleine propriété à la région, à titre gratuit et sous réserve de l'accord des parties. Lorsque la région effectue sur ces biens des travaux de construction, de reconstruction ou d'extension, ce transfert est de droit, à sa demande, et ne donne lieu au versement d'aucuns droits ou honoraires, ni d'aucune indemnité ou taxe, ni de la contribution prévue à l'article 879 du même code.

V. note ss. le présent chapitre.

Art. L. 114-8 Les articles L. 1321-1 à L. 1321-6 du code général des collectivités territoriales s'appliquent aux constructions existantes transférées en application de l'article L. 114-7 du présent code.

V. note ss. le présent chapitre.

Art. L. 114-9 Les conditions dans lesquelles le maintien des concessions de logement et des prestations accessoires est assuré à certaines catégories de personnel de l'État dans les établissements relevant de la compétence des régions sont fixées par décret en Conseil d'État.

V. note ss. le présent chapitre.

SECTION II ORGANISATION DES CENTRES DE RESSOURCES, D'EXPERTISE ET DE PERFORMANCE SPORTIVE

SOUS-SECTION 1 ORGANISATION ADMINISTRATIVE

Art. L. 114-10 Les centres de ressources, d'expertise et de performance sportive sont administrés par un conseil d'administration composé, selon l'importance ou la spécificité de l'établissement, de vingt ou de vingt-cinq membres.

Le conseil d'administration est présidé par l'une des personnalités qualifiées désignées par le président du conseil régional mentionnées au 3°.

Le conseil d'administration comprend, selon que l'effectif du conseil d'administration est de vingt ou de vingt-cinq membres :

1° Six ou sept représentants de la région et d'autres collectivités territoriales, désignés par les organes délibérants des collectivités concernées ;

2° Trois ou quatre représentants du mouvement sportif, d'associations de jeunesse et d'éducation populaire ou d'organismes partenaires du centre, nommés par arrêté du ministre chargé des sports ;

3° Deux ou trois personnalités qualifiées, désignées par le président du conseil régional ;

4° Cinq ou six représentants du personnel, des sportifs et des stagiaires, élus à cette fin ;

5° Quatre ou cinq représentants de l'État, nommés par arrêté du ministre chargé des sports.

V. note ss. le présent chapitre.

Art. L. 114-11 Les centres de ressources, d'expertise et de performance sportive sont dirigés par un directeur.

Le directeur et ses adjoints sont nommés par arrêté du ministre chargé des sports. La nomination du directeur est soumise pour avis préalable au président de la région concernée.

Le directeur représente l'État au sein de l'établissement.

En cas de difficultés graves dans le fonctionnement du centre de ressources, d'expertise et de performance sportive, le directeur peut prendre toutes dispositions nécessaires pour assurer le bon fonctionnement du service public. Le directeur expose, dans les meilleurs délais, au conseil d'administration les décisions prises et en rend compte au ministre chargé des sports et au président du conseil régional.

V. note ss. le présent chapitre.

Art. L. 114-12 Les centres de ressources, d'expertise et de performance sportive disposent, pour l'accomplissement de leurs missions, des équipements, des personnels et des crédits qui leur sont attribués par l'État et la région. Ils peuvent disposer des ressources provenant notamment de la vente des biens, des legs, des rémunérations de services, des droits d'inscription, de l'hébergement, de la restauration et de subventions diverses ainsi que de toutes autres recettes autorisées par les lois et règlements.

V. note ss. le présent chapitre.

SOUS-SECTION 2 ORGANISATION FINANCIÈRE

Art. L. 114-13 Les actes des centres de ressources, d'expertise et de performance sportive relatifs au budget et à ses modifications sont préparés, adoptés et deviennent exécutoires dans les conditions définies aux articles L. 421-11, à l'exception du second alinéa du *a*, et L. 421-12 du code de l'éducation. Ces actes ainsi que le compte financier sont soumis au contrôle budgétaire dans les conditions définies à l'article L. 421-13 du même code.

Pour l'application du premier alinéa du présent article, les dépenses pédagogiques mentionnées au second alinéa du *e* de l'article L. 421-11 et au I de l'article L. 421-13 du code de l'éducation correspondent à celles définies au 2° de l'article L. 114-4 du présent code et les termes : "autorité académique" mentionnés aux premier et second alinéas du *d*, au premier alinéa du *e* et au *f* de l'article L. 421-11 et au second alinéa du II de l'article L. 421-13 du code de l'éducation désignent le directeur régional de la jeunesse, des sports et de la cohésion sociale.

V. note ss. le présent chapitre.

Art. L. 114-14 I. – Les actes de l'établissement donnant lieu à délibération du conseil d'administration et correspondant aux missions définies à l'article L. 114-2 du présent code sont transmis au ministre chargé des sports. Ils deviennent exécutoires quinze jours après leur transmission. Dans ce délai, le ministre chargé des sports peut prononcer le retrait de ces actes lorsqu'ils sont contraires aux lois et règlements ou de nature à porter atteinte au fonctionnement du service public du sport. La décision motivée est communiquée sans délai à l'auteur de l'acte.

II. – Sous réserve des dispositions particulières applicables au budget et aux décisions le modifiant, les actes de l'établissement relatifs à la passation des conventions, notamment des marchés, et les actes relatifs au fonctionnement de l'établissement, correspondant aux compétences dévolues à la région, peuvent, dans les conditions prévues à l'article L. 4142-1 du code général des collectivités territoriales, être déférés au tribunal administratif par le représentant de l'État dans la région.

Un décret en Conseil d'État fixe la liste des actes mentionnés au premier alinéa du présent II qui sont transmis au représentant de l'État dans la région. Il précise ceux qui sont exécutoires dès leur transmission et ceux qui sont exécutoires quinze jours après leur transmission.

V. note ss. le présent chapitre.

SOUS-SECTION 3 DISPOSITIONS APPLICABLES AU PATRIMOINE MOBILIER

Art. L. 114-15 Les articles L. 421-17 et L. 421-19 du code de l'éducation sont applicables aux centres de ressources, d'expertise et de performance sportive.

V. note ss. le présent chapitre.

SOUS-SECTION 4 DISPOSITIONS DIVERSES

Art. L. 114-16 I. – Par dérogation à la loi n° 83-634 du 13 juillet 1983 portant droits et obligations des fonctionnaires, à la loi n° 84-16 du 11 janvier 1984 portant dispositions statutaires relatives à la fonction publique de l'État et à la loi n° 84-53 du 26 janvier 1984 portant dispositions statutaires relatives à la fonction publique territoriale, les agents de l'État ou de la région affectés dans un centre de ressources, d'expertise et de performance sportive conservent leur statut, sont administrés par la personne publique dont ils relèvent et sont placés sous l'autorité du directeur de l'établissement. Ils sont représentés au sein des instances relatives au dialogue social et aux conditions de travail de l'établissement.

II. – Pour l'exercice des missions et des compétences relevant de l'État, le ministre chargé des sports assigne au directeur du centre de ressources, d'expertise et de performance sportive des objectifs nationaux. Ceux-ci et les indicateurs associés sont définis dans un contrat pluriannuel de performance.

III. – Pour l'exercice des missions et des compétences incombant à la région, le président du conseil régional s'adresse directement au directeur du centre de ressources, d'expertise et de performance sportive.

Il lui fait connaître les objectifs fixés par la région et les moyens que celle-ci alloue à cet effet à l'établissement. Le directeur du centre de ressources, d'expertise et de performance sportive est chargé de mettre en œuvre ces objectifs et de rendre compte de l'utilisation de ces moyens.

Le directeur du centre de ressources, d'expertise et de performance sportive encadre et organise le travail des personnels désignés à l'article L. 114-6 du présent code placés sous son autorité.

Une convention passée entre le centre de ressources, d'expertise et de performance sportive et le conseil régional précise les modalités d'exercice de leurs compétences respectives.

V. note ss. le présent chapitre.

Art. L. 114-17 Un décret en Conseil d'État définit les conditions d'application du présent chapitre.

Il précise notamment le régime financier et comptable de ces établissements.

Il détermine le régime de droit public applicable à leurs comités techniques et à leurs comités d'hygiène, de sécurité et des conditions de travail.

V. note ss. le présent chapitre.

CHAPITRE V DISPOSITIONS PARTICULIÈRES RELATIVES À CERTAINES STRUCTURES DE GESTION DE SERVICES PUBLICS DU SPORT

(L. n° 2015-991 du 7 août 2015, art. 29-I)

Art. L. 115-1 I. – Sous réserve du maintien de leur affectation au service public du sport et de l'élaboration par les collectivités bénéficiaires d'un projet d'établissement, sont transférés en pleine propriété :

1° Les biens immobiliers de l'État mis à la disposition du syndicat mixte "Centre du sport et de la jeunesse de Corse" à la collectivité territoriale de Corse ;

2° Les biens immobiliers de l'État mis à la disposition de l'association "Centre sportif de Normandie" à la région Basse-Normandie ;

3° Les biens immobiliers de l'État mis à la disposition du groupement d'intérêt public "Campus de l'excellence sportive de Bretagne" à la région Bretagne.

Les biens transférés sont identifiés par arrêté conjoint des ministres chargés des sports et du domaine. L'arrêté indique la valeur des immeubles domaniaux estimée par l'administration chargée des domaines.

Le transfert de propriété se réalise au jour de la signature de l'acte authentique constatant le transfert. La collectivité bénéficiaire du transfert est substituée à l'État pour les droits et obligations liés aux biens qu'elle reçoit en l'état.

II. – Ces transferts de propriété sont gratuits et ne donnent lieu au versement d'aucuns droits ou honoraires, ni d'aucune indemnité ou taxe, ni de la contribution prévue à l'article 879 du code général des impôts au profit d'agents de l'État.

III. – En cas de désaffectation des biens transférés au service public du sport avant l'expiration du délai de vingt ans à compter du transfert, l'État peut convenir avec la collectivité du retour du bien dans le patrimoine de l'État. A défaut, la collectivité verse à l'État la somme correspondant à la valeur vénale des biens fixée par l'administration chargée des domaines.

Si la désaffectation des biens est justifiée par la création d'une autre structure dédiée exclusivement au service public du sport d'une dimension au moins équivalente, se substituant aux biens transférés, le premier alinéa du présent III ne s'applique pas. Dans ce cas, l'affectation de la nouvelle structure au service public du sport est maintenue jusqu'au terme du délai de vingt ans mentionné au même premier alinéa. A défaut, la collectivité verse à l'État la somme correspondant à la valeur vénale des biens fixée par l'administration chargée des domaines.

TITRE DEUXIÈME ASSOCIATIONS ET SOCIÉTÉS SPORTIVES

CHAPITRE PREMIER ASSOCIATIONS SPORTIVES

BIBL. GÉN. ▶ *RJ éco. sport 2001, n° spéc. (61)*, Centenaire de la loi de 1901. – F. Alaphilippe, Les groupements privés, *in* Sport et collectivités locales, *Dalloz 1993, p. 13.* – E. Bournazel (dir.), Guide de l'association sportive, *Lamy, 1995.* – R. Brichet, L'association sportive, *RJ éco. sport 1988, n° 7, p. 3.* – J.-P. Karaquillo, Le pouvoir disciplinaire dans l'association sportive, *D. 1980. Chron. 115.* – J.-F. Lachaume, Agrément, *in Dict. jur. du sport, Dalloz, Juriséditions, 2013, p. 24.* – S. Marcilloux-Giummarra, L'encadrement constitutionnel du sport, *JS 2010, n° 97, p. 34* ✎. – C. Meaux, Dirigeant sportif bénévole, *in Dict. jur. du sport, Dalloz, Juriséditions, 2013, p. 138.* – N. Morelli, Association sportive et société sportive, *LPA, n° 5, janv. 2008.* – F. Peyer, Association sportive, *in Dict. jur. du sport, Dalloz, Juriséditions, 2013, p. 36.* – Association sportive : création et fonctionnement, *in Dict. perm. dr. sport (mise à jour périodique)*. – Association sportive : fiscalité, *ibid.* – Bénévolat et volontariat sportif, *ibid.*

COMMENTAIRE

Le régime juridique des associations sportives est, pour l'essentiel, celui découlant de la loi du 1er juillet 1901 relative au contrat d'association (V. App., v° *Associations*). D'ailleurs, le mouvement sportif passe généralement pour le secteur qui est le plus structuré sous la forme associative (environ 150 000 à 180 000 associations sportives selon les enquêtes). En ce sens, les associations sportives sont soumises aux mêmes règles que l'ensemble des associations. Pourtant, la législation sur les activités physiques et sportives leur a toujours consacré des dispositions particulières, sans toutefois remettre en cause (à l'exception de la législation de Vichy) le caractère fondamental de la liberté d'association.

La législation sur le sport reste cependant succincte sur le sujet, comparativement aux développements consacrés aux associations sportives particulières que sont les fédérations sportives et les ligues professionnelles (V. art. L. 131-1 s.) ou aux clubs professionnels (V. art. L. 122-1 s.). Elle pose essentiellement le principe d'un agrément administratif pour pouvoir prétendre à bénéficier d'aides de l'État.

Elle réserve par ailleurs quelques prescriptions particulières, désormais codifiées au code de l'éducation, aux associations sportives scolaires et universitaires (V. App., v° *Enseignement des APS*). ❑

SECTION PREMIÈRE **DISPOSITIONS GÉNÉRALES**

Art. L. 121-1 Les associations sportives sont constituées conformément aux dispositions de la loi du 1er juillet 1901 relative au contrat d'association ou, lorsqu'elles ont leur siège dans les départements du Bas-Rhin, du Haut-Rhin et de la Moselle, conformément au code civil local. – *[L. n° 84-610 du 16 juill. 1984, art. 7, al. 1er.]*

Art. L. 121-2 Les associations sportives scolaires et universitaires sont soumises aux dispositions du présent code ainsi qu'aux livres V et VIII du code de l'éducation. – *[L. n° 84-610 du 16 juill. 1984, art. 7, al. 2.]*

V. C. éduc., art. L. 552-2 s. et L. 841-2, App., v° Enseignement des APS, I. Éducation physique et sportive.

Art. L. 121-3 Les associations sportives qui promeuvent et organisent des activités physiques et sportives à l'intention des personnes handicapées peuvent bénéficier, sous réserve de l'agrément mentionné à l'article L. 121-4, d'aides des pouvoirs publics, notamment en matière de pratique sportive, d'accès aux équipements sportifs, d'organisation des compétitions, de formation des éducateurs sportifs et d'adaptation des transports.

Les associations sportives, notamment scolaires, universitaires et d'entreprise sont ouvertes aux personnes handicapées. – *[L. n° 84-610 du 16 juill. 1984, art. 21, al. 2 et 3.]*

Art. L. 121-4 Les associations sportives ne peuvent bénéficier de l'aide de l'État qu'à la condition d'avoir été agréées.

L'agrément est notamment fondé sur l'existence de dispositions statutaires garantissant le fonctionnement démocratique de l'association, la transparence de sa gestion et l'égal accès des femmes et des hommes à ses instances dirigeantes.

(Ord. n° 2015-904 du 23 juill. 2015, art. 11-I-1°) **« L'affiliation d'une association sportive à une fédération sportive agréée par l'État en application de l'article L. 131-8 vaut agrément. »**

L'autorité administrative peut prononcer le retrait de l'agrément *(Ord. n° 2015-904 du 23 juill. 2015, art. 11-I-2°)* **« accordé à une association sportive ou résultant de l'affiliation prévue au troisième alinéa » si elle emploie des personnes ne satisfaisant pas aux obligations des articles L. 212-1, L. 212-2 et L. 212-9 ou si elle méconnaît les obligations des articles L. 322-1 et L. 322-2.**

Les conditions de l'agrément et du retrait de l'agrément *(Ord. n° 2015-904 du 23 juill. 2015, art. 11-I-3°)* **« accordé à une association ou résultant de l'affiliation prévue au troisième alinéa » sont déterminées par décret en Conseil d'État.** – *[L. n° 84-610 du 16 juill. 1984, art. 8 ; C. éduc., art. L. 463-5, al. 4.]*

Les arrêtés d'agrément, en vigueur à la date de la publication de l'Ord. n° 2015-904 du 23 juill. 2015, des associations sportives affiliées délivrés sur le fondement de l'art. L. 121-4 sont abrogés à compter du lendemain de la publication de cette même Ord. (Ord. préc., art. 11-II).

V. art. R. 121-1 s. ; Circ. NOR : INT B/02/00026/C du 29 janv. 2002 relative aux concours financiers des collectivités territoriales aux clubs sportifs ; V. aussi Circ. NOR : PRMX1001610C du 18 janv. 2010 relative aux relations entre les pouvoirs publics et les associations : conventions d'objectifs et simplification des démarches relatives aux procédures d'agrément (JO 20 janv.).

COMMENTAIRE

L'exigence d'un agrément du ministère chargé des sports pour bénéficier des aides de l'État est constante depuis l'ordonnance du Comité français de la libération nationale du 2 octobre 1943 portant statut provisoire des groupements sportifs et de jeunesse *(JO 7 oct.)*. Il ne doit pas être confondu avec les éventuels autres agréments étatiques dont peuvent bénéficier certaines associations sportives à d'autres titres (agriculture, environnement, ...).

Le bénéfice de l'agrément ne confère pas un droit à bénéficier d'aides de l'État mais constitue un préalable indispensable à leur octroi. Ces aides, qui peuvent être financières ou en personnel, se traduisent généralement par le versement de subventions issues de crédits déconcentrés ou du Centre national pour le développement du sport (CNDS) (V. App., v° *Paris sportifs*).

Il est à signaler que la loi ne fait pas de l'agrément « Jeunesse et Sports » une condition *sine qua non* pour postuler au bénéfice de subventions des collectivités locales même si rien n'interdit à celles-ci – et c'est souvent le cas – de l'exiger dans le cadre de la liberté dont elles disposent en la matière.

Depuis l'intervention de l'ordonnance du 23 juillet 2015, les conditions d'agrément des associations sportives ont été singulièrement assouplies puisqu'il leur « suffit » désormais d'être affiliées à une fédération elle-même agréée pour bénéficier de ce sésame. ❑

Il ressort des dispositions de la loi du 16 juill. 1984, et notamment de l'art. 8 [art. L. 121-4 C. sport], que l'agrément d'une association sportive n'est obligatoire que pour lui permettre de bénéficier d'une aide de l'État. • CAA Paris, 30 juin 2005, *Assoc. de taekwondo de Vauréal : RJ éco. sport 2005, n° 76, p. 49, obs. J.-P. Boucheron et F. Lagarde*.

Art. L. 121-5 Les dirigeants d'une association sportive, titulaires d'une licence délivrée par une fédération agréée, qui, à titre bénévole, remplissent des fonctions de gestion et d'encadrement au sein de leur fédération ou d'une association qui lui est affiliée peuvent bénéficier de congés, dans les conditions fixées aux articles *(Ord. n° 2007-329 du 12 mars 2007, art. 3)* **« L. 6322-1 à L. 6322-3 » du code du travail, afin de suivre la formation liée à leur fonction de bénévoles.** – *[L. n° 84-610 du 16 juill. 1984, art. 45-1.]*

Loi n° 2000-627 du 6 juillet 2000,

Modifiant la loi n° 84-610 du 16 juillet 1984 relative à l'organisation et à la promotion des activités physiques et sportives.

Art. 56 Une association sportive, de jeunesse ou d'éducation populaire agréée peut constituer une commission composée de mineurs de plus de douze ans pour la conception d'un projet collectif ayant pour objet les activités physiques et sportives, leur promotion ou leur développement. La commission peut être chargée, sous le contrôle et la responsabilité de l'association dont elle dépend, de l'exécution du projet.

SECTION II ASSOCIATIONS SPORTIVES SUR LE LIEU DE TRAVAIL

Art. L. 121-6 Dans les administrations et établissements publics, l'organisation et la gestion des activités physiques et sportives peuvent être confiées à une ou plusieurs associations sportives auxquelles les personnels participent dans le cadre de l'article 9 de la loi n° 83-634 du 13 juillet 1983 portant droits et obligations des fonctionnaires. – *[L. n° 84-610 du 16 juill. 1984, art. 20, al. 9.]*

Art. L. 121-7 Dans les établissements mentionnés aux articles L. 2321-1 et L. 2322-1 à L. 2322-4 du code du travail et dans le cadre des activités sociales et culturelles prévues aux articles L. 2323-83 et L. 2323-87 du même code, le comité d'entreprise assure ou contrôle la gestion des activités physiques ou sportives. A ce titre, il peut décider de contribuer au financement de ces activités pour favoriser leur développement. – *[L. n° 84-610 du 16 juill. 1984, art. 20, al. 1er et 6.]*

Art. L. 121-8 L'organisation des activités physiques et sportives est assurée par une association sportive d'entreprise ou commune à plusieurs entreprises. Cette association est constituée conformément à l'article L. 121-1 du présent code et aux articles L. 2323-83 et L. 2323-87 du code du travail.

Le comité d'entreprise et l'association sportive conviennent annuellement des objectifs poursuivis et des moyens affectés à leur réalisation. – *[L. n° 84-610 du 16 juill. 1984, art. 20, al. 3, 4 et 8.]*

Art. L. 121-9 En l'absence de comité d'entreprise, les missions mentionnées aux articles L. 121-7 et L. 121-8 sont assurées par les délégués du personnel conjointement avec le chef d'entreprise, en application des articles L. 2313-15 et L. 2313-16 du code du travail. – *[L. n° 84-610 du 16 juill. 1984, art. 20, al. 2 et 7.]*

CHAPITRE II **SOCIÉTÉS SPORTIVES**

V. aussi App., v° Sociétés.

Concernant les concours financiers des collectivités territoriales aux clubs sportifs professionnels, V. art. L. 113-1 à L. 113-4.

V. aussi Instr. n° 02-126 JS du 4 juill. 2001 relative à l'entrée en vigueur des dispositions relatives aux statuts des groupements sportifs professionnels (BOJS n° 8 du 31 août).

BIBL. GÉN. ► C. Amblard, Des nouveaux cadres juridiques pour l'exercice du sport professionnel en France, *RJ éco. sport 2001, n° 59, p. 43*. – A. Durand, Nouvelles règles du jeu pour le sport professionnel issues de la loi n° 2003-708 du 1er août 2003, *Lettre Lamy droit du sport, n° 4, p. 2*. – A.-M. Calin-Rabu et G. Rabu, L'ouverture du financement des clubs sportifs à l'appel public à l'épargne : état et enjeux, *Cah. dr. sport, n° 8, 2007*. – S. Dion, Sociétés sportives et appel public à l'épargne : autorisation sous contrôle, *Bull. Joly Bourse, mars 2007*. – C. Gerschel, L'évolution inachevée du statut juridique des groupements sportifs professionnels, *D. 2000, Chron. 387* ; Les groupements sportifs professionnels : aspects juridiques, *LGDJ, 1994*. – J.-C. Hallouin, *in* Droit du sport : la loi du 13 juillet 1992, *D. 1994. 55* (organisation juridique des clubs). – J.-P. Karaquillo, La société à objet sportif, *ALD 1984, n° spéc., p. 17* ; La société d'économie mixte locale sportive, *in* Sport et collectivités locales, *Dalloz 1993, p. 39* ; Sociétés sportives, *in Dict. jur. du sport, Dalloz, Juriséditions, 2013, p. 292*. – J.-C. Lapouble, Les nouvelles dispositions concernant les clubs sportifs professionnels, *LPA 2000, n° 186, p. 5*. – J.-L. Lenclos, Le régime fiscal des « sociétés sportives », *ALD 1984, n° spéc., p. 25*. – J.-M. Lévy, Les sociétés sportives après la loi n° 99-1124 du 28 décembre 1999, *Dr. sociétés 2000, Chron. 25*. – F. Lorvo et A. Omaggio, Vers un renouveau de l'intérêt d'une introduction en bourse pour les sociétés sportives françaises ?, *Journ. Sociétés avr. 2012*. – J.-M. Marmayou et D. Poracchia, La reprise des emblèmes sportifs et la fonction de la marque, *RLDA 2003, n° 56*. – J.-M. Marmayou et W. Meynet, Les sociétés sportives : l'heure des choix, *Journ. Sociétés avr. 2012*. – W. Meynet, La fondation d'entreprise, un instrument juridique au service des sociétés sportives, *Cah. dr. sport n° 7, 2007*. – N. Morelli, Association sportive et société sportive, *LPA, n° 5, janv. 2008*. – M. Peltier, L'influence de la loi du 28 décembre 1999 sur le financement des sociétés sportives, *Gaz. Pal. 7 juill. 2000, Doctr. 6* ; Loi sur les nouvelles régulations économiques et direction des sociétés anonymes sportives, *Bull. Joly 2001, p. 971*. – F. Peyer, (coord.) J-P. Karaquillo, C. Peltier, V. Ponsot, P. Venayre et R. Voillemot, Dossier : Deux entités pour un même but : de l'association à la société sportive, *JS 2014, n° 148, p. 17*. – D. Poracchia, La multipropriété des sociétés sportives, *LPA 2003, n° 198, p. 3* ; Aspects juridiques de la gouvernance des entreprises sportives, *Cah. dr. sport, n° 5, 2006* ; L'appel public à l'épargne des sociétés anonymes sportives, *ibid., n° 7, 2007* ; Remarques sur le nouveau régime de multipropriété des sociétés sportives, *ibid., n° 1, 2005* ; L'encadrement du financement des sociétés sportives, *Journ. Sociétés avr. 2012*. – G. Rabu, Le contrôle fédéral de la gestion des sociétés sportives, *Journ. Sociétés avr. 2012*. – F. Rizzo, Les sociétés sportives, *RLDA 2001, n° 44, p. 15*. – M. Sieraczeck et R. Thannberger, L'introduction en bourse des clubs sportifs : un phénomène inéluctable, *LPA 25 janv. 2006*. – V. Thomas, L'évolution du statut des clubs sportifs professionnels : de l'association sportive au groupe sportif, *Bull. Joly 2002, p. 755* ; L'appel public à l'épargne des clubs sportifs, *JCP*

E, 2007, n° 10. – Note sous la loi portant diverses mesures relatives au sport professionnel : sociétés sportives (loi n° 2004-1366, 15 décembre 2004), *JCP E, 2005, n° 11, p. 447.* – Clubs professionnels (statut fiscal), *in Dict. perm. dr. sport (mise à jour périodique)*. – Clubs professionnels (statut juridique), *ibid.*

COMMENTAIRE

Pour l'essentiel issus de la loi n° 99-1124 du 28 décembre 1999 modifiant la loi n° 84-610 du 16 juillet 1984 et de la loi n° 2012-158 du 1er février 2012, les articles L. 122-1 et suivants du code du sport fixent des exigences quant à l'organisation des clubs sportifs professionnels.

1. Répondent à cette terminologie les groupements sportifs dont les activités engendrent, en constance, des activités économiques. Plus précisément, les associations sportives affiliées à une fédération sportive nationale qui participent habituellement à l'organisation de manifestations sportives payantes procurant des recettes d'un montant annuel supérieur à un million deux cent mille euros ou qui emploient des sportifs dont le montant total des rémunérations excède huit cent mille euros.

2. De telles associations sportives doivent créer (pour la gestion de ces activités) une société commerciale qui peut prendre la forme : d'une entreprise unipersonnelle sportive à responsabilité limitée (EUSRL), d'une société anonyme à objet sportif (SAOS), d'une société anonyme sportive professionnelle (SASP), d'une société à responsabilité limitée (SARL), d'une société anonyme (SA) ou d'une société par actions simplifiée (pour laquelle les textes ne fixent pas de montant minimal pour le capital social qui ainsi est librement fixé dans les statuts). La société par actions simplifiée est soit une société par actions simplifiée pluripersonnelle (SAS), soit une société par actions simplifiée unipersonnelle (SASU). Pour la première, la gestion est généralement confiée à un président accompagné d'un comité de direction (ou un conseil d'administration) et parfois un conseil de surveillance. Pour la seconde, elle relève simplement d'un président (« Groupement personnalisé à risques limités », V. Société commerciales, *Mémento pratique Francis Lefebvre, 2016, n° 60021*). Particulièrement adaptée aux entreprises à effectif relativement réduit, du secteur sportif, la SAS n'est pas néanmoins sans danger en raison de la liberté contractuelle qui s'y attache. Aussi est-il prudent d'être attentif lors de la rédaction du pacte social à ne pas y insérer des dispositions qui violeraient les règles de droit public du droit commun des sociétés (V., sur ce point, *Mémento pratique Francis Lefebvre, préc., n° 60022*).

On remarquera que contrairement à l'orientation inscrite dans l'avant-projet de loi du ministère de la Santé et des Sports de 2009 intitulé « Pour la compétitivité et l'éthique du sport », préconisant exclusivement la création de sociétés commerciales telles que prévues par le code de commerce, le législateur a, dans la loi du 1er février 2012, maintenu la possibilité pour les clubs d'être constitués sous forme de SAOS, de SAEMSL, d'EUSRL et de SASP.

On rappellera, cependant, qu'il est désormais interdit de constituer une société anonyme d'économie mixte sportive locale (SAEMSL) ; seules les SAEMSL existantes peuvent perdurer.

L'EUSRL a, comme associé unique, l'association qui en est à l'origine. Elle est administrée par un gérant rémunéré et ne peut distribuer de bénéfices.

La SAOS et la SAEMSL sont administrées soit par un conseil d'administration, soit par un directoire contrôlé par un conseil de surveillance. L'une et l'autre ne peuvent ni allouer de dividendes, ni rémunérer leurs dirigeants.

La SASP est, quant à elle, une société anonyme comparable aux sociétés anonymes de droit commun avec des dirigeants susceptibles d'être rétribués et des bénéfices pouvant être partagés.

Dans la SAOS, la SAEMSL, l'EUSRL et la SASP, « l'association-support » est toujours associée mais dans un pourcentage variable selon le type de la société. Ainsi, contrairement à une idée reçue, la SASP « est formée entre les titulaires d'actions, dont l'association sportive » (art. 1er des statuts types des SASP), sans cependant qu'aucune limite minimale de participation de l'association ne soit requise. Dans la SAEMSL l'association doit posséder seule, ou avec une ou plusieurs collectivités territoriales, la majorité du capital social. Dans la SAOS, c'est un tiers du capital social et des droits de vote à l'assemblée générale que doit détenir l'association.

Ces sociétés sont soumises à des statuts types définis par décret en Conseil d'État dont l'obsolescence a été soulignée par le rapport de la grande conférence sur le sport professionnel français paru le 19 avril 2016 qui préconise de les actualiser (préconisation 1.3). Il n'en est pas de même des SARL, des SA et des SAS qui, elles, voient seulement s'appliquer, quant à leur structuration et leur organisation interne, les dispositions législatives et réglementaires du code de commerce.

Relevons, enfin, que la SAS peut ne comprendre qu'un seul associé.

Au-delà de ces obligations légales, certaines ligues professionnelles ou fédérations imposent aux clubs accédant aux divisions supérieures de leur discipline de se constituer en société. C'est ainsi le cas du football (pour la participation aux championnats de France de Ligue 1 et de Ligue 2) mais également, depuis la saison 2016-2017, du hockey sur glace, les règlements généraux de la Ligue Magnus (division supérieure du hockey sur glace français) imposant désormais, à *[son]* article 1er, le passage en société sportive aux clubs accédant à ce niveau (un délai d'un an étant accordé aux associations promues). Par ailleurs, les ligues professionnelles imposent également d'autres contraintes en matière financière, juridique et administrative en vertu de leurs prérogatives réglementaires que conforte sur ce point la loi du 1er février 2012.

3. A titre d'illustration, voici, pour la saison 2016-2017 (chiffres au 10 janv. 2017), le statut juridique des clubs sportifs professionnels évoluant dans les cinq ligues professionnelles de sport collectif, ainsi que le mode de gestion des clubs constitués en sociétés :

3.1. *Statuts juridiques des clubs :*

– Basket-ball : 36 clubs au sein de la Ligue nationale de basket-ball (18 en Pro A et 18 en Pro B), dont 7 en association (en Pro B), 7 en SAEMSL (6/1), 3 en SAOS (1/2), 16 en SASP (8/8) et 2 en SAS (en Pro A) et une société anonyme de droit monégasque (en Pro A) ;

– Handball : 28 clubs au sein de la Ligue nationale de handball (14 clubs en Division 1 masculine – Lidl Starligue – et 14 clubs en Division 2 – Proligue), dont 16 en association (4 en Starligue/12 en Proligue), 1 en SAEMSL (en Starligue), 2 en EUSRL (en Starligue), 1 en SAOS (en Starligue), 6 en SASP (4/2), 1 en SAS (en Starligue) et 1 en SASU (en Starligue) ;

– Football : 40 clubs au sein de la Ligue de football professionnel (20 en Ligue 1 et 20 en Ligue 2), dont 1 en EUSRL (en Ligue 2), 31 en SASP (17/14), 3 en SA (2 en Ligue 1 et 1 en Ligue 2), 2 en SAS (en Ligue 2), 1 en SASU (en Ligue 2), 1 en SAOS (en Ligue 2) et une société anonyme de droit monégasque (en Ligue 1) ;

– Rugby : 30 clubs au sein de la Ligue nationale de rugby (14 en Top 14 et 16 en Pro D2), dont 16 en SASP (6/10), 3 en SAS (1/2) et 11 en SA (7/4) ;

– Volley-ball : 35 clubs au sein de la Ligue nationale de volley-ball (dont 12 en Ligue A masculine, 12 en Ligue A féminine et 11 en Ligue B masculine), dont 33 en association, 1 en SAEMSL et 1 en SA.

En résumé, sur 169 clubs sportifs professionnels évoluant au sein des cinq ligues professionnelles concernées, 56 clubs sont toujours constitués en association, 113 clubs s'étant constitués en société : 3 en EUSRL, 9 en SAEMSL, 5 en SAOS, 69 en SASP, 15 en SA, 8 en SAS, 2 en SASU et 2 en SA de droit monégasque.

On remarque ainsi qu'en dépit de la possibilité offerte aux clubs par la loi n° 2012-158 du 1er février 2012 de recourir à des sociétés commerciales prévues par le code de commerce, et même si ce chiffre est en augmentation (particulièrement au rugby), seuls 25 clubs professionnels sur 169 ont usé de cette faculté à ce jour en se constituant sous forme de SA, de SAS ou de SASU (contre 69 SASP), aucun de ces clubs n'étant constitué sous forme de SARL.

Ajoutons que plusieurs clubs sportifs, bien que n'étant pas membres d'une ligue nationale professionnelle constituée sous forme d'association, ont cependant créé une société sportive, soit parce qu'ils atteignaient les seuils de constitution obligatoires, soit volontairement comme l'autorise la loi.

Il en est ainsi :

— en hockey sur glace où 11 clubs sur 12 de Ligue Magnus sont constitués en société sous la forme de 2 SAS, 1 SASU, 1 SA, 6 SASP et 1 SAOS de même que 3 clubs de Division 1 : 2 SASP et 1 SA ;

— en basket-ball où 3 clubs sur 12 de la ligue féminine sont constitués en SASP, 1 club sur 14 de ligue féminine 2 est en SAS et où 2 clubs de Nationale 1 masculine sur 18 clubs 2 sont en sociétés (1 SASP et 1 SAS) ;

— en football, en Nationale où, lors de la saison 2015-2016, sur 18 clubs, 5 étaient constitués en SASP et 1 en SA et en CFA, 6 clubs en SASP ;

— en handball, sur les 11 clubs de la ligue féminine (commission interne de la FFHB), 1 club est en SASP et 2 clubs sont en SAS ;

— en rugby, en Fédérale 1, sur 40 clubs, 1 est constitué en SAS et 9 en SASP et en Fédérale 2, sur 78 clubs, 1 est en SAOS et 1 en SASP (ces différentes sociétés sportives fonctionnent toutes avec un conseil d'administration à l'exception d'un club de Fédérale 1 ayant opté pour un directoire avec conseil de surveillance).

3.2 *Mode de gestion collégiale des clubs en ligues nationales professionnelles constitués en SAEMSL, SAOS, SASP, SA, SAS :*

— Basket-ball :
- Sociétés avec conseil d'administration : 20 clubs
- Sociétés avec directoire et conseil de surveillance : 9 clubs

— Football :
- Sociétés avec conseil d'administration : 32 clubs
- Sociétés avec directoire et conseil de surveillance : 5 clubs

— Handball :
- Sociétés avec conseil d'administration : 3 clubs
- Sociétés avec directoire et conseil de surveillance : 6 clubs

— Rugby :
- Sociétés avec conseil d'administration : 20 clubs
- Sociétés avec directoire et conseil de surveillance : 8 clubs

— Volley-ball :
- Sociétés avec conseil d'administration : 1 club
- Sociétés avec directoire et conseil de surveillance : 1 club

4. Il reste une ferme volonté de ne pas séparer radicalement l'association en principe gestionnaire du secteur non économique (globalement secteur amateur) et la société gestionnaire du secteur économique (ou secteur professionnel). Il en résulte une interdépendance association/société sportive, plus précisément matérialisée par une convention (approuvée par l'autorité préfectorale) qui unit ces deux entités et qui détermine les secteurs d'activités attribués à chacune, les modalités d'utilisation par l'une et l'autre des terrains et installations sportives, les conditions d'utilisation par la société sportive de la dénomination, de la marque et des autres signes distinctifs de l'association sportive et de l'usage de son numéro d'affiliation pour participer aux compétitions professionnelles.

La durée maximale de cette convention est actuellement de 5 ans (V. art. R. 122-8. I. 6°), durée parfois considérée comme trop courte et susceptible de constituer un « frein » pour les investisseurs potentiels (*cf.* préconisation 6.9 du rapport de la grande conférence sur le sport professionnel français précité). C'est ainsi que la proposition de loi visant à préserver l'éthique du sport, à renforcer la régulation et la transparence du sport professionnel et à améliorer la compétitivité des clubs, actuellement en discussion prévoit, dans sa version adoptée en première lecture par le Sénat le 26 octobre 2016, une disposition visant à allonger cette durée en prévoyant à l'article L. 122-14 une durée de 10 à 15 ans.

5. En pratique, la liaison entre l'association et la société sportive peut parfois être un facteur de confusions. Aussi est-ce pour les minimiser que la convention unissant les deux groupements stipule :

– que les fonctions de dirigeant de l'association et de dirigeant, de gérant de la société ou de membre de son directoire doivent être exercées par des personnes différentes ;

– qu'aucun dirigeant de l'association ne peut percevoir de rémunération de la société et qu'aucun dirigeant de la société ne peut recevoir de rémunération de l'association.

Il est, également, fréquemment relevé les difficultés de « cohabitation » entre l'association et la société tenant à des querelles de personnalités ou de pouvoirs, accompagnées le plus souvent de différends inextricables quant à l'étendue des contreparties financières allouées par la société à l'association.

Par ailleurs, il est naturel que dans son désir affiché d'assurer la loyauté des compétitions, le législateur, alerté par la Ligue nationale de rugby (à la suite de l'arrêt de la section du contentieux du Conseil d'État du 19 janvier 2009 jugeant illégal le règlement de la LNR ne permettant pas à une même personne physique ou morale d'être membre de l'organe de direction ou de surveillance de plusieurs de ses sociétés membres), ait songé à interdire à une personne privée, non seulement de détenir le contrôle de plus d'une société sportive d'une même discipline sportive, mais aussi d'être dirigeant de plus d'une société sportive d'une même discipline sportive (V. l'art. 4 de la L. n° 2012-158 du 1er févr. 2012, modifiant l'art. L. 122-7).

6. Notons de plus que le statut législatif des sociétés sportives a connu une évolution médiatiquement remarquée – quoique limitée quant au nombre de sociétés en ayant usé – avec la levée, par la loi n° 2006-1770 du 30 décembre 2006, de l'interdiction de faire appel à l'épargne publique (ou, selon la terminologie couramment employée « d'être coté en bourse » (art. L. 122-5, L. 122-6, L. 122-8 et L. 122-10).

Les conditions de cet appel public à l'épargne sont toutefois assez draconiennes, le législateur français, réticent à cet évolution mais contraint d'y adhérer sous la pression du droit de l'Union européenne, ayant été échaudé par les exemples étrangers (moins de 40 clubs de football européens bénéficient de ce mode de financement, pour des résultats très souvent décevants à terme). C'est ainsi que les sociétés sportives candidates à cette forme de financement doivent fournir un certain nombre de garanties et, surtout, avoir un projet destiné à « renforcer leur stabilité et leur pérennité, *[telle]* que la détention d'un droit réel sur les équipements sportifs utilisés ». A ce jour, seuls OL Groupe (holding qui détient la majorité des parts de la SASP Olympique lyonnais, mais qui a des activités diversifiées) et le FC Istres (marché libre) ont usé de cette possibilité, ce dernier club ayant au demeurant aujourd'hui disparu du paysage professionnel. ❑

SECTION PREMIÈRE **DISPOSITIONS GÉNÉRALES**

Art. L. 122-1 Toute association sportive affiliée à une fédération sportive, qui participe habituellement à l'organisation de manifestations sportives payantes qui lui procurent des recettes d'un montant supérieur à un seuil fixé par décret en Conseil d'État ou qui emploie des sportifs dont le montant total des rémunérations excède un chiffre fixé par décret en Conseil d'État, constitue pour la gestion de ces activités une société commerciale soumise au code de commerce.

Une association sportive dont le montant des recettes et le montant des rémunérations mentionnées au premier alinéa sont inférieurs aux seuils visés au même alinéa peut également constituer une société sportive pour la gestion de ses activités payantes, dans les conditions prévues à la présente section. – *[L. n° 84-610 du 16 juill. 1984, art. 11, al. 1er et 8.]*

La référence au C. com. ne saurait être regardée comme excluant, par elle-même, le recours à une société de droit étranger. Ainsi, l'art. L. 122-1 du C. sport ne peut, en tout état de cause, être interprété comme ayant pour effet d'imposer aux clubs de fixer le siège de leur direction effective en France. • CE 9 juill. 2015, *Football Club des Girondins de Bordeaux et a.*, nos 375542 et 375543 : *Lebon ; AJDA 2015. 1391 ; JS 2015, n° 156, p. 8, obs. J. Mondou ; Dict. perm. dr. Sport 2015, Bull. n° 225, p. 1, obs. D. Rémy ; Cah. dr. sport 2015, n° 41, p. 59, obs. F. Colin et B. Valette ; LPA 2015, n° 256, p. 12, obs. M. Peltier.* ♦ V. aussi notes 2 et 23 ss. art. L. 131-15.

Art. L. 122-2 La société sportive prend la forme :

1° Soit d'une société à responsabilité limitée ne comprenant qu'un associé, dénommée entreprise unipersonnelle sportive à responsabilité limitée ;

2° Soit d'une société anonyme à objet sportif ;

3° Soit d'une société anonyme sportive professionnelle ; – *[L. n° 84-610 du 16 juill. 1984, art. 11, al. 2 à 5.]*

(L. n° 2012-158 du 1er févr. 2012, art. 10-1°) **« 4° Soit d'une société à responsabilité limitée ;**

« 5° Soit d'une société anonyme ;

« 6° Soit d'une société par actions simplifiée. »

Art. L. 122-3 **Les statuts des sociétés** *(L. n° 2012-158 du 1er févr. 2012, art. 10-2°)* **« mentionnées aux 1° à 3° de l'article L. 122-2 et » constituées par les associations sportives sont conformes à des statuts types définis par décret en Conseil d'État.** – *[L. n° 84-610 du 16 juill. 1984, art. 11, al. 7.]*

V. art. R. 122-6 (SEM), art. R. 122-3 (SAOS ; EUSRL ; SASP).

Doit être confirmée la décision du conseil de l'ordre d'un barreau ayant refusé à un avocat l'autorisation d'être membre du directoire d'un club de rugby constitué en société anonyme à objet sportif ; en effet, l'art. 111 du décr. du 27 nov. 1991, bien que postérieur à la loi du 16 juill. 1984, édicte une incompatibilité entre la fonction d'avocat et les fonctions de membre d'un directoire d'une société anonyme, sans faire de distinction entre les sociétés anonymes ordinaires à objet commercial et les sociétés anonymes à objet sportif. • Bordeaux, 1er déc. 1998, *Trassard c/ Conseil de l'ordre des avocats du barreau de Bordeaux : Juris-Data n° 055971.*

Art. L. 122-4 **Toute association sportive qui répond à l'un au moins des critères du premier alinéa de l'article L. 122-1 constitue une société sportive dans un délai d'un an à compter de la date à laquelle elle satisfait à cette condition.**

Toute association sportive qui ne se conforme pas aux dispositions du premier alinéa est exclue des compétitions organisées par les fédérations sportives. – *[L. n° 84-610 du 16 juill. 1984, art. 14, al. 2 et 3.]*

Art. L. 122-5 **Le capital de la société anonyme à objet sportif est composé d'actions nominatives. Toutefois, il peut être composé d'actions au porteur lorsque la société** *(Ord. n° 2009-80 du 22 janv. 2009, art. 14)* **« souhaite procéder à une offre au public de ses actions ou les faire admettre aux négociations sur un marché réglementé ».**

Les membres élus des organes de direction de cette société ne peuvent recevoir aucune rémunération au titre de leurs fonctions. Le remboursement des frais est autorisé, sur justification. – *[L. n° 84-610 du 16 juill. 1984, art. 13, al. 1er et 2.]*

Art. L. 122-6 **L'association sportive doit détenir au moins un tiers du capital social et des droits de vote à l'assemblée générale de la société anonyme à objet sportif qu'elle a créée.**

Sauf en cas de succession, de liquidation de communauté de biens entre époux ou *(Ord. n° 2009-80 du 22 janv. 2009, art. 14)* **« lorsque les titres de capital de la société intéressée sont négociés sur un marché d'instruments financiers », l'autorité administrative peut s'opposer à toute cession de titres conférant un droit de vote ou donnant accès au capital d'une société anonyme à objet sportif dont les conditions ou les effets seraient contraires aux dispositions de la présente section.** – *[L. n° 84-610 du 16 juill. 1984, art. 13, al. 4 et 5.]*

Art. L. 122-7 *(L. n° 2012-158 du 1er févr. 2012, art. 4)* **Il est interdit à une même personne privée :**

1° De contrôler de manière exclusive ou conjointe plusieurs sociétés sportives dont l'objet social porte sur une même discipline ou d'exercer sur elles une influence notable, au sens de l'article L. 233-16 du code de commerce ;

2° D'être dirigeant de plus d'une société sportive dont l'objet social porte sur une même discipline sportive ;

3° De contrôler de manière exclusive ou conjointe une société sportive ou d'exercer sur elle une influence notable, au sens de l'article L. 233-16 du code de commerce, et d'être dirigeant d'une autre société sportive dont l'objet social porte sur une même discipline sportive.

Le non-respect de ces dispositions est puni d'une peine de 45 000 € d'amende.

Les dispositions législatives et réglementaires en vigueur ne confèrent aux ligues et aux fédérations ni le droit de définir les conditions d'administration des sociétés sportives et de prise de participation dans ces sociétés, ni celui de modifier les conditions de l'interdiction posées par l'art. L. 122-7 C. sport. • CE 19 janv. 2009, *Martinez : JCP A 2009. Act. n° 149, Suppl. n° 2 ; RJ éco. sport 2008, n° 89, obs. F. Lagarde.* ♦ ... De sorte qu'est illégal le règlement d'une ligue professionnelle interdisant à une même personne physique ou morale d'être membre de l'organe de direction (conseil d'administration ou directoire) et/ou de surveillance de plusieurs de ses sociétés sportives membres. • Même arrêt (sol. rendue avant la modification de l'art. L. 122-7 par la loi n° 2012-158 du 1er févr. 2012).

Art. L. 122-8 *(L. n° 2006-1770 du 30 déc. 2006, art. 68-3°)* En vue de l'émission ou de la cession dans le public d'instruments financiers donnant accès au capital ou aux droits de vote, les sociétés *(L. n° 2012-158 du 1er févr. 2012, art. 10-3°)* « sportives » mentionnées à l'article L. 122-2 sont tenues d'insérer dans le document prévu par l'article L. 412-1 du code monétaire et financier les informations relatives à leur projet de développement d'activités sportives et d'acquisition d'actifs destinés à renforcer leur stabilité et leur pérennité, tels que la détention d'un droit réel sur les équipements sportifs utilisés pour l'organisation des manifestations ou compétitions sportives auxquelles elles participent.

Art. L. 122-9 Il est interdit à toute personne privée *(L. n° 2012-158 du 1er févr. 2012, art. 11)* « qui contrôle de manière exclusive ou conjointe une société sportive ou exerce sur elle une influence notable, au sens de l'article L. 233-16 du code de commerce » :

1° De consentir un prêt à une autre société sportive dès lors que son objet social porterait sur la même discipline sportive ;

2° De se porter caution en faveur d'une telle société sportive ou de lui fournir un cautionnement.

Toute personne physique, ainsi que le président, l'administrateur ou le directeur d'une personne morale, qui aura contrevenu aux dispositions du présent article sera punie d'une amende de 45 000 euros et d'un an d'emprisonnement. — *[L. n° 84-610 du 16 juill. 1984, art. 15-1, al. 2.]*

Art. L. 122-10 Le bénéfice, au sens de l'article L. 232-11 du code de commerce, de l'entreprise unipersonnelle sportive à responsabilité limitée et de la société anonyme à objet sportif est affecté à la constitution de réserves qui ne peuvent donner lieu à aucune distribution. — *[L. n° 84-610 du 16 juill. 1984, art. 13, al. 3.]*

(Ord. n° 2009-80 du 22 janv. 2009, art. 14) « Par exception aux dispositions du premier alinéa, les sociétés anonymes à objet sportif peuvent distribuer leurs bénéfices aux actionnaires si des actions de la société ont fait l'objet d'une offre au public ou d'une admission aux négociations sur un marché réglementé. »

Art. L. 122-11 Les sociétés sportives ne peuvent bénéficier des aides prévues par les dispositions du titre Ier du livre V de la première partie du code général des collectivités territoriales ainsi que par *(L. n° 2015-991 du 7 août 2015, art. 3-II, en vigueur le 1er janv. 2016)* « l'article L. 2251-3 » du même code. — *[L. n° 84-610 du 16 juill. 1984, art. 19-1, al. 2.]*

V. aussi la L. n° 2011-617 du 1er juin 2011 relative à l'organisation du championnat d'Europe de football de l'UEFA en 2016, ss. art. L. 1511-1 CGCT, v° Collectivités territoriales.

SECTION II SOCIÉTÉS D'ÉCONOMIE MIXTE

Art. L. 122-12 Par dérogation aux dispositions de l'article L. 122-2, les sociétés d'économie mixte sportives locales constituées avant le 29 décembre 1999 peuvent conserver leur régime juridique antérieur. Les dispositions des articles L. 122-3, L. 122-5, L. 122-10 et L. 122-11 leur sont applicables. — *[L. n° 84-610 du 16 juill. 1984, art. 11, al. 6, et art. 13, al. 1 à 3.]*

Art. L. 122-13 Les règles de participation majoritaire des collectivités territoriales et de leurs groupements au capital des sociétés d'économie mixte sportives sont fixées par les articles L. 1522-1 et L. 1525-1 du code général des collectivités territoriales. — *V. CGCT, art. L. 1522-1 et L. 1525-1.* — **CGCT**.

SECTION III RELATIONS ENTRE ASSOCIATIONS ET SOCIÉTÉS SPORTIVES

Art. L. 122-14 L'association sportive et la société qu'elle a constituée définissent leurs relations par une convention approuvée par leurs instances statutaires respectives. — *[L. n° 84-610 du 16 juill. 1984, art. 11, al. 9, 1re phrase.]*

Art. L. 122-15 La convention prévue à l'article L. 122-14 entre en vigueur après son approbation par l'autorité administrative.

Elle est réputée approuvée si l'autorité administrative n'a pas fait connaître son opposition dans un délai de deux mois à compter de sa transmission. — *[L. n° 84-610 du 16 juill. 1984, art. 11, al. 9, 4e et 5e phrases.]*

Art. L. 122-16 **L'association sportive conserve la disposition à titre gratuit des signes distinctifs utilisés par la société sportive ou cédés à elle.** – *[L. n° 84-610 du 16 juill. 1984, art. 11, al. 9, 3e phrase.]*

Art. L. 122-17 **L'association sportive qui constitue une** *(L. n° 2012-158 du 1er févr. 2012, art. 10-4°)* **« société sportive » est destinataire des délibérations des organes dirigeants de la société.**

Elle peut exercer les actions prévues aux articles L. 225-230 à L. 225-232 du code de commerce. – *[L. n° 84-610 du 16 juill. 1984, art. 11, al. 11.]*

Art. L. 122-18 **Lorsqu'une association sportive est soumise aux dispositions du livre VI du code de commerce relatif aux difficultés des entreprises, la société sportive constituée par elle est tenue solidairement d'exécuter le plan de sauvegarde ou de redressement judiciaire.** – *[L. n° 84-610 du 16 juill. 1984, art. 11, al. 10.]*

Art. L. 122-19 **Un décret en Conseil d'État** *[V. art. R. 122-8]* **précise les stipulations que doit comporter la convention prévue à l'article L. 122-14, notamment les conditions d'utilisation par la société ou de cession à celle-ci des dénomination, marque ou autres signes distinctifs de l'association.** – *[L. n° 84-610 du 16 juill. 1984, art. 11, al. 9, 2e phrase.]*

TITRE TROISIÈME **FÉDÉRATIONS SPORTIVES ET LIGUES PROFESSIONNELLES**

CHAPITRE PREMIER **FÉDÉRATIONS SPORTIVES**

BIBL. GÉN. ► F. ALAPHILIPPE, Le pouvoir fédéral, *Pouvoirs 1992, n° 61, p. 71* ; Le renforcement de l'unité du mouvement sportif selon la loi n° 2000-627 du 6 juillet 2000 : réalité ou trompe-l'œil ?, *RJ éco. sport 2000, n° 57, p. 26* ; L'évolution de la loi modifiée du 16 juillet 1984 sur l'organisation et la promotion des activités physiques et sportives à la lumière des décrets d'application d'avril-mai 2002 : les fédérations, *RJ éco. sport 2002, n° 64, p. 7* . Agrément et délégation nouvelle manière : leur incidence sur l'organisation des fédérations sportives, *RJ éco. sport 2002, n° 64, p. 37* ; Le nouvel article 16 est arrivé, *RJ éco. sport 2003, n° 69, p. 51* . – D. ANTOINE, Mesures sportives d'administration et mesures disciplinaires, *LPA 9 déc. 1999*. – E. BAYLE, La gouvernance des fédérations sportives : définitions, enjeux et nouvelles pratiques, *JS 2011, n° 108, p. 21* . – J.- C. BONICHOT, Le Conseil d'État et les fédérations sportives, *RJ éco. sport 1987, n° 3, p. 3*. – J.-C. BREILLAT, Fédérations sportives, Quelques enjeux et perspectives, *JS 2011, n° 108, p. 19* . – M. CHARPENTIER, Fédération affinitaire, *in Dict. jur. du sport, Dalloz, Juriséditions, 2013, p. 167*. – Fédération sportive nationale, *in Dict. jur. du sport, Dalloz, Juriséditions, 2013, p. 177*. – G. D'ETTORE, Mission sur la gouvernance des fédérations sportives, Rapp. d'information, *AN n° 4395, 22 févr. 2012*. – CH. DUDOGNON, Les sources du droit du sport, *Thèse, Limoges, 2007, dact* ; L'évolution de la loi modifiée du 16 juillet 1984 sur l'organisation et la promotion des activités physiques et sportives à la lumière des décrets d'application d'avril-mai 2002 : l'agrément des groupements sportifs, *RJ éco. sport, n° 64, p. 84* ; Fédération sportive internationale, *in Dict. jur. du sport, Dalloz, Juriséditions, 2013, p. 173*. – J.-M. HUON DE KERMADEC, Le contrôle de la légalité des décisions des fédérations sportives ayant le caractère d'acte administratif, *RD publ. 1985. 407*. – J.-F. LACHAUME, Du contrôle de l'État sur les fédérations sportives, *RJ éco. sport 1991, n° 16, p. 3* ; La notion de service public dans la loi du 16 juillet 1984, *ALD 1984, n° spéc., p. 5* ; Les contraintes du « droit spécifique » : les fédérations et la législation sur le sport, *in* La loi du 6 juillet 2000, *RJ éco. sport, n° spéc., n° 57, p. 53*. – D. LAURENT, Les relations de l'État avec les fédérations sportives : agrément, délégation et tutelle, *AJDA, n° 30, sept. 2007*. – C. MIEGE, Les facteurs de remise en cause du modèle sportif français, *JS 2011, n° 108, p. 25* . – G. MOLLION, Les fédérations sportives – Le droit administratif à l'épreuve de groupements privés, *BDP, T. 246, Paris, LGDJ, 2005*. – J.-A. SAUVIAT, Autorisation administrative, *in Dict. jur. du sport, Dalloz, Juriséditions, 2013, p. 43*. – M. TAUPIER, Recherche sur la nature juridique des fédérations sportives et de leurs actes, *AJDA 1970. 75*. – M. VERLY, La loi du 1er août 2003 : une profonde réforme du régime juridique des fédérations sportives, *Gaz. Pal. 2004, n° 81, p. 2*. – Fédération sportive française (organisation interne), *in Dict. perm. dr. sport (mise à jour périodique)*. – Fédération sportive française (reconnaissance par l'État), *ibid.* – Fédération sportive française (pouvoir réglementaire autonome), ibid. – Fédération sportive internationale, *ibid.*

COMMENTAIRE

L'organisation du mouvement sportif en France repose sur un modèle pyramidal, qui se prolonge au plan international.

Regroupements de personnes morales (autrefois exclusivement et aujourd'hui très majoritairement des associations sportives) qui en sont membres et y sont donc affiliées, les fédérations sportives, elles-mêmes constituées conformément à la loi du 1er juillet 1901, représentent la pierre angulaire du mouvement sportif. Généralement affiliées à une fédération internationale, et parfois à une fédération continentale, elles sont membres (selon des statuts divers) du Comité national olympique et sportif français (V. art. L. 141-1).

Sauf exceptions optionnelles et limitées, les personnes physiques n'ont pas la qualité de membre des fédérations. En revanche, les pratiquants (mais également les dirigeants, arbitres, ...) leur sont rattachés par la licence dont la fonction première est, précisément, de matérialiser juridiquement le lien entre la fédération et les personnes physiques.

Fonctionnellement, les fédérations sont représentées, dans les régions et les départements, par des organismes déconcentrés généralement nommés comités (ou ligues) régionaux et départementaux qu'elles constituent et qui sont chargés, dans leurs ressorts territoriaux, d'appliquer la politique fédérale. Il s'agit donc bien d'un modèle déconcentré et non décentralisé. La réforme territoriale issue de la loi du 7 août 2015 portant nouvelle organisation territoriale de la République (loi NOTRe) implique que les fédérations sportives doivent modifier les ressorts géographiques de leurs structures déconcentrées de niveau régional.

Après avoir été longtemps géré aux côtés des pratiques amateurs par les fédérations, le sport professionnel a peu à peu acquis une relative indépendance au sein de ligues professionnelles autonomes et dotées de la personnalité morale. Ce sont ainsi six ligues professionnelles (par ordre de création de la ligue autonome : football, basket-ball, rugby, volley-ball, handball et boxe, cette dernière étant constituée mais l'arrêté constatant la conformité de ses statuts n'ayant pas encore été publié) qui se sont ainsi vu subdéléguer par la fédération le soin de gérer les activités à caractère professionnel des disciplines en cause (V. comm., ss. art. L. 132-1).

La typologie des fédérations conduit à les distinguer, d'une part, selon les sports qu'elles concernent et, d'autre part, selon les règles législatives qui leur sont applicables.

Au plan des pratiques, les fédérations sont généralement classées selon qu'elles sont unisport ou multisports. Les premières ne gèrent qu'un seul sport (tennis, ...) même si celui-ci peut comporter plusieurs disciplines distinctes (gymnastique, ...) tandis que les secondes, également dénommées affinitaires, ont vocation à organiser la pratique de différents sports mais ont été constituées sur des considérations idéologiques (sport travailliste), religieuses (sport catholique) ou par rapport à certaines formes de pratique (handisport).

Juridiquement, le code du sport distingue deux grandes catégories de fédérations :

– les fédérations agréées, visées aux articles L. 131-8 et suivants, qui ont adopté des dispositions statutaires obligatoires et un règlement disciplinaire type en vue de participer à l'exécution d'une mission de service public ;

– les fédérations délégataires, envisagées aux articles L. 131-14 et suivants, qui se voient déléguer par le ministre chargé des sports un véritable monopole pour organiser les compétitions sportives à l'issue desquelles sont délivrés les titres internationaux, nationaux, régionaux ou départementaux, procéder aux sélections correspondantes et proposer l'inscription sur les listes de sportifs, d'entraîneurs, d'arbitres et de juges de haut niveau, sur la liste des sportifs Espoirs et sur la liste des partenaires d'entraînement. ❑

SECTION PREMIÈRE **DISPOSITIONS GÉNÉRALES**

Art. L. 131-1 Les fédérations sportives ont pour objet l'organisation de la pratique d'une ou de plusieurs disciplines sportives.

Elles exercent leur activité en toute indépendance. – *[L. n° 84-610 du 16 juill. 1984, art. 16, al. 1er, 1re phrase, et art. 16, al. 7.]*

COMMENTAIRE

V. notes ss. art. L. 111-1. ❑

1. Intérêt à agir des fédérations. Compte tenu, d'une part, du champ de compétence national et de l'objet social très général de la Fédération française de motocyclisme défini par ses statuts, et, d'autre part, de la portée de l'arrêté préfectoral en litige qui refuse le renouvellement de l'homologation d'un circuit de motocross, dont les effets sont limités et qui ne pose pas de question de principe, la Fédération française de motocyclisme ne justifie pas d'un intérêt lui donnant qualité pour agir à l'encontre de cet arrêté. • CAA Marseille, 24 sept. 2013, *Fédération française de motocyclisme*, req. n° 12MA01006 : *JS 2013, n° 137, p. 9, obs. F. Lagarde*.

2. S'agissant de l'intérêt pour agir d'une ligue professionnelle dans le cadre d'une intervention volontaire au soutien de la fédération au sujet d'une décision prise par elle en première instance et confirmée par la fédération en appel : (1204119) TA Grenoble, réf., 8 août 2013, CSBJ Rugby : req. n° 1204119. • TA Cergy-Pontoise, réf., 16 avr. 2013, *Bergamasco : req. n° 1302619.*

3. Sur les constitutions de partie civile par les fédérations : V. notes ss. art. L. 131-10.

Art. L. 131-2 Les fédérations sportives sont constituées sous forme d'associations, conformément à la loi du 1er juillet 1901 relative au contrat d'association ou, dans les départements du Haut-Rhin, du Bas-Rhin et de la Moselle, au code civil local.

Les fédérations et unions scolaires et universitaires sont soumises aux dispositions du présent code et des livres V et VIII du code de l'éducation. — *[L. n° 84-610 du 16 juill. 1984, art. 16, al. 1er, 2e et 4e phrases.]*

BIBL. ▶ L. LEJEUNE, Union nationale du sport scolaire, *in Dict. jur. du sport, Dalloz, Juriséditions, 2013, p. 334.* – K. ROUDIER, Fédération française du sport universitaire, *ibid., p. 169.*

1. La qualité de commerçant d'une fédération sportive ne peut être retenue au motif qu'elle se livre habituellement à des actes de commerce sans rechercher si cette activité revêt un caractère spéculatif répété au point de primer l'objet statutaire. • Versailles, 22 sept. 2011, *Féd. fr. rugby c/ SARL AP Consultant*, n° 10/05329 :*Cah. dr. sport 2011, n° 26, p. 64, note D. Poracchia.*

2. Les fédérations sportives doivent être regardées comme des entreprises au regard de la réglementation sur l'intégration des juristes d'entreprise en qualité d'avocat, peu important le fait fiscal que leurs activités lucratives ne soient pas soumises à la TVA puisque par l'effet de la loi elles en sont exonérées. • Lyon, 20 oct. 2011, *Vincent*, n° 11/03097 : *Cah. dr. sport 2011, n° 26, p. 64, note D. Poracchia.*

Art. L. 131-3 Les fédérations sportives regroupent des associations sportives.

Elles peuvent regrouper en qualité de membres, dans des conditions prévues par leurs statuts :

1° Les personnes physiques auxquelles elles délivrent directement des licences ;

2° Les organismes à but lucratif dont l'objet est la pratique d'une ou de plusieurs de leurs disciplines et qu'elles autorisent à délivrer des licences ;

3° Les organismes qui, sans avoir pour objet la pratique d'une ou de plusieurs de leurs disciplines, contribuent au développement d'une ou de plusieurs de celles-ci ;

4° Les sociétés sportives. — *[L. n° 84-610 du 16 juill. 1984, art. 16, al. 1er, phrases 3 à 6.]*

BIBL. ▶ G. DURAND, Affiliation, *in Dict. jur. du sport, Dalloz, Juriséditions, 2013, p. 15.*

COMMENTAIRE

Les membres naturels (et historiques) des fédérations sportives sont les associations sportives. Cependant, afin de tenir compte de l'évolution des pratiques et de l'environnement socio-économique du sport, le législateur autorise désormais les fédérations à être également constituées notamment de personnes physiques. Chaque fédération doit ainsi effectuer un double choix statutaire. Elle doit tout d'abord décider si elle admet que des licences puissent être délivrées directement à des individus sans passer par le filtre d'une association affiliée (on parle alors de « licenciés individuels »). Dans l'affirmative, elle doit ensuite choisir de conférer ou non à ces licenciés individuels la qualité de membres de la fédération, avec les conséquences que cela emporte en matière de droit de vote. Les fédérations ont aussi à présent la possibilité d'affilier des « organismes à but lucratif dont l'objet est la pratique d'une ou plusieurs de leurs disciplines ». Il s'agit là, par exemple, des salles commerciales de remise en forme ou encore des centres équestres gérés par une société. Auparavant, ces structures étaient reconnues par les fédérations par le concept des « établissements agréés ». Elles peuvent désormais devenir membres à part entière des fédérations. Il est simplement regrettable que la formulation de la loi exclue, *a priori*, les structures publiques type école municipale des sports gérée en régie. La dernière catégorie optionnelle de membres est une complète nouveauté de la loi Lamour du 1er août 2003. Elle vise à accueillir comme membres des organismes qui ont une activité qui n'est pas la pratique sportive mais qui contribue à son développement, tels les syndicats de remontées mécaniques ou les ports de plaisance. En d'autres termes, il s'agit de la reconnaissance institutionnelle de la notion de membres associés. Afin de préserver la prépondérance du caractère associatif des fédérations, la place de ces deux dernières catégories de membres est limitée, au sein des instances dirigeantes des fédérations, à respectivement 20 % et 10 % des sièges. Aucune limitation n'est en revanche prévue à l'assemblée générale. Enfin, les fédérations peuvent de nouveau depuis la loi du 15 décembre 2004 (cette possibilité avait été supprimée par la loi du 6 juillet 2000) compter parmi leurs membres des « sociétés sportives ». Il s'agit là des sociétés (SASP, SAOS, EUSRL, SEMSL ou, depuis la loi du 1er février 2012, les sociétés de droit commun) créées en vue de gérer le secteur professionnel d'une association sportive, laquelle subsiste pour gérer le secteur amateur.

Enfin, contrairement à une croyance solidement ancrée et favorisée par les mécanismes électoraux en vigueur au sein des fédérations sportives, il convient de rappeler que leurs comités régionaux et départementaux ne sont pas des membres de la fédération mais des structures déconcentrées de celle-ci. ❑

Les simples licenciés n'ayant pas la qualité de membres des fédérations, ils n'ont pas qualité à agir en contestation des élections statutaires de celles-ci s'ils n'ont pas été eux-mêmes candidats auxdites élections. • TGI Nanterre, 19 déc. 2013, *Cipriotis c/ FF Karaté et disciplines associées, n° 13/12259 : D. 2014. 396, obs. CDES*.

Art. L. 131-4 A l'exception des fédérations sportives scolaires et universitaires, les fédérations sportives sont dirigées par une ou plusieurs instances élues par les membres de la fédération. – *[L. n° 84-610 du 16 juill. 1984, art. 16, al. 12.]*

Art. L. 131-5 Les organismes mentionnés aux 2° et 3° de l'article L. 131-3 élisent en leur sein des représentants dans les instances dirigeantes de la fédération sportive dans les conditions prévues par les statuts de celle-ci et dans les limites suivantes :

1° Le nombre des représentants des organismes mentionnés au 2° de l'article L. 131-3 est au plus égal à 20 % du nombre total de membres des instances dirigeantes de la fédération ;

2° Le nombre des représentants des organismes mentionnés au 3° de l'article L. 131-3 est au plus égal à 10 % du nombre total de membres des instances dirigeantes de la fédération. – *[L. n° 84-610 du 16 juill. 1984, art. 16, al. 13.]*

Art. L. 131-6 La licence sportive est délivrée par une fédération sportive ou en son nom. Elle ouvre droit à participer aux activités sportives qui s'y rapportent et, selon des modalités fixées par ses statuts, à son fonctionnement.

Les statuts des fédérations sportives peuvent prévoir que les membres adhérents des associations affiliées doivent être titulaires d'une licence sportive. – *[L. n° 84-610 du 16 juill. 1984, art. 16, al. 8.]*

BIBL. ▸ N. BOURZAT, Licence, *in Dict. jur. du sport, Dalloz, Juriséditions, 2013, p. 221.*

COMMENTAIRE

A l'origine titre délivré par la fédération en vue d'autoriser l'intéressé à participer aux compétitions, la notion de licence a évolué au gré des modifications successives de la loi du 16 juillet 1984. Ainsi, la loi Buffet du 6 juillet 2000 était allée jusqu'à considérer que la délivrance d'une licence valait à son titulaire le droit de participer au fonctionnement de la fédération, avec pour double corollaire l'attribution automatique de la qualité de membre de la fédération aux licenciés individuels et surtout le principe « une licence = une voix ». Ce dernier était en fait une véritable fausse bonne idée au regard de l'histoire du Mouvement sportif, de la vocation des fédérations à être des regroupements de clubs et de la nécessité, parfois, de mettre en place un système votatif pondéré pour tenir compte, par exemple, des disparités géographiques ou des différentes formes de pratiques. La loi Lamour du 1er août 2003 est revenue sur ces points, laissant aux fédérations le soin de déterminer par leurs statuts selon quelles modalités la licence permet de participer à leur fonctionnement. S'agissant des pouvoirs votatifs, si le recours au principe « une licence = une voix » n'est plus imposé, il n'est pas non plus interdit mais les fédérations peuvent à nouveau mettre en place des barèmes pondérés. La loi a enfin réaffirmé la vocation première de la licence d'ouvrir droit à participer aux activités sportives qui s'y rapportent.

Il faut par ailleurs signaler que si l'adhésion à la fédération marque la soumission d'une association sportive aux statuts et règlements de la fédération, c'est la prise de licence qui produit les mêmes effets s'agissant des personnes physiques.

Enfin, depuis l'intervention en ce sens de la loi Lamour du 1er août 2003, il existe un support législatif à la pratique de nombreuses fédérations qui imposaient à leurs associations adhérentes de procéder à la prise de licence pour chacun de leurs propres membres. ❑

1. Sur la nature juridique de la licence, V. notes 42 et 43 ss. art. L. 131-15 et note ss. art. L. 131-3.

2. L'obligation faite à un membre d'un club affilié à la fédération délégataire de détenir une licence de cette fédération et d'adhérer, par ce biais, à cette dernière est contraire à la liberté d'accès aux activités sportives et ne se justifie ni par les nécessités de l'organisation des compétitions sportives, dont la fédération délégataire a le monopole, ni par les nécessités du service public du sport, et notamment de l'enseignement des disciplines sportives, auquel la fédération délégataire participe, au même titre d'ailleurs que les fédérations agréées, en application de l'art. 16 de la L. du 16 juill. 1984 (solution rendue avant la modification de l'art. 16 de la L. de 1984 par la L. du 1er août 2003, ayant conduit à la rédaction actuelle de l'al. 2 de l'art. L. 131-6 C. sport). • CE 7 nov. 2001, *Synd. nat. des enseignants professionnels de judo et jujitsu : req. n° 219113.* ♦ *Contra*, depuis l'intervention de la loi du 1er août 2003, ayant conduit à la rédaction actuelle de l'al. 2 de l'art. L. 131-6 C. sport, retenant que l'obligation figurant dans les statuts d'une fédération sportive, faite à chacun de ses clubs membres de licencier l'ensemble de ses adhérents, était de nature à justifier sur le fond le refus de la fédération opposé à une association membre de délivrer des licences à seulement quelques dirigeants d'une association (décision de refus cependant annulée pour vice de forme) : • TA Limoges, 29 nov. 2012, *Assoc. Karaté Club Aubusson : req. n° 1100830.*

Art. L. 131-7 **Afin de favoriser l'accès aux activités sportives sous toutes leurs formes, les fédérations sportives et les associations de jeunesse et d'éducation populaire agréées par le ministre chargé de la jeunesse peuvent mettre en place des règles de pratiques adaptées et ne mettant pas en danger la sécurité des pratiquants.** – *[L. n° 84-610 du 16 juill. 1984, art. 16, al. 10.]*

SECTION II **FÉDÉRATIONS AGRÉÉES**

COMMENTAIRE

A la condition d'avoir adopté des statuts conformes à des dispositions statutaires obligatoires ainsi qu'un règlement disciplinaire conforme à un règlement type, les fédérations peuvent être agréées par le ministre chargé des sports. La notion de « dispositions statutaires obligatoires » est issue de la loi Lamour du 1er août 2003. Elle se substitue à celle, plus contraignante, de statuts types qui prévalait jusqu'alors (V. notamment Décr. n° 85-236 du 13 févr. 1985 mod., C. sport, éd. 2001, p. 133 s. ; Décr. n° 2002-648 du 29 avr. 2002 *(JO 30 avr.)*.

L'agrément est le premier niveau de reconnaissance des fédérations sportives par le ministre chargé des sports. Il permet à la fédération de participer à l'exécution d'une mission de service public, ce qui n'entraîne pas pour autant une publicisation des actes émis par les fédérations « simplement » agréées. En effet, leurs actes (réglementaires, individuels ou autres) ne peuvent être qualifiés d'actes administratifs que pour autant que la fédération concernée fait usage de prérogatives de la puissance publique, ce qui n'est le cas que lorsque, en plus d'être agréée, elle est délégataire de pouvoirs en application de l'article L. 131-14.

L'agrément de la fédération est la condition *sine qua non* pour que celle-ci puisse prétendre au bénéfice d'aides de l'État, financières et en personnel. A cet effet, chaque fédération signe tous les ans avec le ministre chargé des sports une convention d'objectifs. Il est à noter que, du fait de leur nature d'organismes fédéraux déconcentrés, les comités régionaux et départementaux bénéficient de l'agrément fédéral « par ricochet » et qu'ils n'ont pas à en solliciter un pour leur propre compte. Enfin, l'agrément, distinct cette fois, dont peuvent bénéficier les associations sportives, leur est accordé de droit dès lors qu'elles sont affiliées à une fédération elle-même agréée (V. art. L. 121-4).

Les fédérations agréées sont au nombre de 110, la dernière en date à s'être vue délivrer l'agrément étant la Fédération française de force (Arr. du 1er déc. 2015, *JO 4 déc.*). Parmi ces 110 fédérations, 86 sont des fédérations unisport (31 olympiques) et 24 des fédérations multisports. ❑

Art. L. 131-8 *(L. n° 2014-873 du 4 août 2014, art. 63-I)* **« I. — » Un agrément peut être délivré par le ministre chargé des sports aux fédérations qui, en vue de participer à l'exécution d'une mission de service public, ont adopté des statuts comportant certaines dispositions obligatoires et un règlement disciplinaire conforme à un règlement type.** — *V. art. R. 131-3 s.*

Les dispositions obligatoires des statuts et le règlement disciplinaire type sont définis par décret en Conseil d'État pris après avis du Comité national olympique et sportif français. — *[L. n° 84-610 du 16 juill. 1984, art. 16, al. 11.]*

(L. n° 2014-873 du 4 août 2014, art. 63-I) **« II. — Les statuts mentionnés au I du présent article favorisent la parité dans les instances dirigeantes de la fédération, dans les conditions prévues au présent II.**

« 1. Lorsque la proportion de licenciés de chacun des deux sexes est supérieure ou égale à 25 %, les statuts prévoient les conditions dans lesquelles est garantie dans les instances dirigeantes une proportion minimale de 40 % des sièges pour les personnes de chaque sexe.

« Par dérogation au premier alinéa du présent 1, les statuts peuvent prévoir, pour le premier renouvellement des instances dirigeantes suivant la promulgation de la loi n° 2014-873 du 4 août 2014 pour l'égalité réelle entre les femmes et les hommes, que la proportion de membres au sein des instances dirigeantes du sexe le moins représenté parmi les licenciés est au moins égale à sa proportion parmi les licenciés.

« 2. Lorsque la proportion de licenciés d'un des deux sexes est inférieure à 25 %, les statuts prévoient les conditions dans lesquelles est garantie dans les instances dirigeantes de la fédération une proportion minimale de sièges pour les personnes de chaque sexe pouvant prendre en compte la répartition par sexe des licenciés, sans pouvoir être inférieure à 25 %.

« 3. La proportion de licenciés de chacun des deux sexes est appréciée sans considération d'âge ni de toute autre condition d'éligibilité aux instances dirigeantes. »

(Ord. n° 2015-904 du 23 juill. 2015, art. 12-I) **« III. — Les fédérations sportives sont reconnues comme établissements d'utilité publique lorsqu'elles ont obtenu l'agrément mentionné au premier alinéa et bénéficient des avantages associés à la reconnaissance d'utilité publique. »**

Les décrets en vigueur à la date de la publication l'Ord. n° 2015-904 du 23 juill. 2015 qui ont reconnu les fédérations sportives comme établissements d'utilité publique sont abrogés à compter du lendemain de la publication de cette même Ord. (Ord. préc., art. 12-II).

V. aussi Circ. NOR : PRMX1001610C 18 janv. 2010 relative aux relations entre les pouvoirs publics et les associations : conventions d'objectifs et simplification des démarches relatives aux procédures d'agrément (JO 20 janv.).

BIBL. ▶ F. ALAPHILIPPE, La spécificité de la pénalité sportive par rapport à la sanction disciplinaire, *Mélanges Couvrat*, Publications de la Faculté de droit et des sciences sociales de Poitiers, *PUF, 2001, p. 157.* - L. BALMOND, *in* Sport, droit et relations internationales, *Economica, 1988, p. 45* (institutions disciplinaires internationales). - Conseil d'État, Sports : pouvoir et discipline, *La Documentation française, 1991.* - J.-C. BREILLAT, La place des femmes dans les instances dirigeantes des fédérations sportives est-elle constitutionnellement correcte ?, *in Les voyages du droit, Mélanges D. Breillat, Presses universitaires juridiques de Poitiers, 2011, p. 69.* - M. CHARPENTIER, Fédération affinitaire, *in Dict. jur. du sport, Dalloz, Juriséditions, 2013, p. 167.* - G. DURAND, Subventions, *in Dict. jur. du sport, Dalloz, Juriséditions, 2013, p. 313.* - K. JEAN-MARIE, Les femmes investissent le terrain, *JS 2016, n° 166, p. 43* . - G. JOHANNET, Convention d'objectifs, *in Dict. jur. du sport, Dalloz, Juriséditions, 2013, p. 116.* - J.-P. KARAQUILLO, *in* Droit du sport : la loi du 13 juillet 1992, *Dalloz 1994, p. 45* (règlement disciplinaire type) ; Le pouvoir disciplinaire des fédérations sportives, *ALD 1984, n° spéc., p. 31.* - J.-F. LACHAUME, La répression disciplinaire du dopage sportif : réflexion sur les derniers textes, *Mélanges Couvrat, Publications de la Faculté de droit et des sciences sociales de Poitiers, 2001, p. 171* ; Agrément, *in Dict. jur. du sport, Dalloz, Juriséditions, 2013, p. 24* ; Pouvoir disciplinaire, *ibid., p. 247.*- B. PONTIEUX, Les nouvelles technologies s'invitent aux assemblées générales fédérales, *JS 2011, n° 108, p. 32* ✎. – F. Rigaux, Le droit disciplinaire du sport, *RTDH 1995. 295.* – Fédération sportive française (organisation interne), *in Dict. perm. dr. sport (mise à jour périodique)* ; Fédération sportive française (reconnaissance par l'État), *ibid.* ; Fédération sportive française (pouvoir disciplinaire sur le licencié), *ibid* ; Fédération sportive française (pouvoir réglementaire autonome), *ibid.*

COMMENTAIRE

Sur les dispositions relatives à la place respective des hommes et des femmes dans les instances dirigeantes des fédérations sportives agréées (V. Comm. ss. pt. 2.2.2.2. de l'Annexe I-5 ss. art. R. 131-3).

L'ordonnance n° 2015-904 du 23 juillet 2015 a notamment modifié l'art. L. 131-8 qui assimile désormais à des « établissements d'utilité publique » toute fédération sportive dès lors qu'elle est agréée. Reste à déterminer si cela a uniquement pour effet de faire bénéficier l'ensemble des fédérations des avantages liés à la reconnaissance d'utilité publique ou bien si cela les soumet également aux obligations de droit commun attachées à cette reconnaissance, comme par exemple l'entrée en vigueur des modifications statutaires subordonnée à une approbation expresse « *donnée par décret en Conseil d'État* » (cf. art. 13-1 Décr. du 13 août 1901, App., v° ***Associations***). ❑

Plan des annotations

1. Conditions d'agrément et absence d'incidence sur la légalité des décisions ou statuts fédéraux. Les dispositions de l'art. L. 131-8 et des textes pris pour son application (not. art. R. 131-3 et s.) n'ont ni pour effet ni pour objet d'affecter la légalité des décisions ou des statuts fédéraux, le ministre chargé des sports pouvant simplement, le cas échéant, soit inviter la fédération à procéder aux régularisations nécessaires lorsque les modifications apportées à ses statuts sont incompatibles avec l'agrément, soit retirer l'agrément lorsque la fédération cesse de remplir les conditions requises pour sa délivrance. • TA Montreuil, 20 nov. 2012, *Ben Yacoub : n° 1101195.*

I. DÉLIVRANCE DE L'AGRÉMENT

2. Objet de l'agrément. L'agrément prévu par l'art. 16 [art. L. 131-8 C. sport], qui peut être donné à plusieurs fédérations pour la même discipline, constitue une décision distincte de la délégation prévue par l'art. 17 [art. L. 131-14 C. sport] pour l'organisation des compétitions visées à cet article, laquelle ne peut être donnée qu'à une seule fédération. • CE 20 janv. 1989, *Féd. fr. de karaté-taekwondo et arts martiaux affinitaires et Féd. fr. de judo et ju-jitsu, kendo et disciplines associées : Lebon T. 954.* ♦ V. aussi : • CE 8 févr. 1999, *Féd. de snowboard : Lebon 15* ✎ *; D. 2000. Somm. 225, obs. J.-F. Lachaume* ✎.

3. Caducité des agréments délivrés antérieurement à la loi du 1er août 2003. Sur ce point, V. notamment • CE 22 nov. 2006, *Féd. de snowboard*, req. n° 286315 : *RJES 2007, n° 82, p. 56, obs. J.-F. Lachaume* ✎. ♦ *Contra*, pour l'absence de caducité des agréments délivrés sur la base de la législation précédente qui ne prévoyait pas de limitation de durée à ladite délivrance, V. • CE 28 juill. 2004, *Assoc. de défense des intérêts du sport : req. n° 238961.*

A. POUVOIR DU MINISTRE

4. Étendue du pouvoir du ministre. Lorsqu'il statue sur une demande d'agrément de fédération sportive, le ministre dispose d'un large pouvoir d'appréciation et n'est pas tenu de délivrer l'agrément aux fédérations qui remplissent les conditions posées par les textes législatifs et réglementaires applicables. • CE 22 nov. 2006, *Féd. de snowboard : préc. note 3.*

5. Respect des conditions légales et réglementaires. Le ministre de la jeunesse et des sports n'a pu légalement accorder l'agrément à la Fédération française de kickboxing, full-contact et disciplines assimilées, dès lors que celle-ci n'avait pas fourni, à l'appui de sa demande, les documents comptables exigés, et qu'elle n'avait pas justifié appliquer ni avoir adopté, en matière d'encadrement, d'hygiène et de sécurité, les règles définies pour les disciplines sportives pratiquées par ses membres ainsi qu'un règlement conforme au règlement disciplinaire type annexé au Décr. du 3 sept. 1993. • CE 20 mars 2000, *Féd. fr. de boxe française, savate et disciplines associées, Goldmann : req. n° 165352.*

6. *Dénomination des fédérations non agréées.* V. note 5 ss. art. L. 131-17.

7. *Absence de capacité juridique d'une fédération.* Quand bien même une nouvelle fédération sportive serait en partie issue d'une autre fédération dont elle a fait scission, le ministre chargé des sports ne pouvait légalement lui accorder l'agrément avant la date de déclaration en préfecture des statuts de cette nouvelle fédération, alors dépourvue de capacité juridique. • CE 19 juin 2009, *Féd. fr. de full-contact et disciplines associées et a. : req. n° 319895.*

8. *Existence d'autres fédérations agréées.* Le ministre commet une erreur de droit en refusant de délivrer l'agrément à la Fédération de snowboard pour la discipline du « surf des neiges » au seul motif qu'une autre fédération plus importante, en l'occurrence la Fédération française de ski, détenait déjà un agrément ministériel pour la pratique de ce sport. • CE 8 févr. 1999, *Féd. de snowboard : préc. note 2.* ♦ V. aussi : • CE 29 déc. 1999, *Féd. de karaté traditionnel : req. n° 182906* • CE 15 oct. 2003, *Féd. de boxe thaï, muay thaï et disciplines assimilées : req. n° 220388.* ♦ *A contrario,* pour un exemple de refus d'agrément non entaché d'un tel vice, • CE 22 nov. 2006, *Féd. de snowboard : préc. note 3.* ♦ Par ailleurs, l'invitation faite à une fédération de se rapprocher d'une autre fédération nationale, et qui n'est pas opposée au requérant dans la décision de refus attaquée, ne constitue pas un motif de refus d'agrément mais une simple indication d'une possibilité offerte à ladite fédération, de telle sorte que le refus d'agrément fondé sur un autre motif n'encoure pas la censure du juge. • CE 24 janv. 2007, *Féd. de karaté traditionnel et arts martiaux assimilés en France : req. nos 288153 et 292660.* ♦ Enfin, la circonstance que des fédérations sportives, dont les effectifs étaient inférieurs ou comparables, ont été agréées dans d'autres domaines sportifs ne constitue pas, en elle-même, une rupture du principe d'égalité. • CE 6 juin 2007, *Féd. des arts martiaux traditionnels vietnamiens : req. n° 297391.*

9. *Absence de caractère sportif d'une pratique.* Seules les fédérations qui prennent en charge des activités présentant le caractère d'une discipline sportive au sens de l'art. L. 131-1 C. sport sont éligibles à l'obtention de l'agrément. Le paintball se voyant dénier le caractère d'une discipline sportive au motif que, largement pratiqué comme une activité de loisir, il ne s'adresse pas nécessairement à des sportifs qui recherchent la performance physique au cours de compétitions organisées de manière régulière sur la base de règles bien définies, le ministère chargé des sports n'a commis ni d'erreur de droit ni fait une inexacte appréciation des circonstances en refusant d'accorder l'agrément à la fédération requérante. • CE 13 avr. 2005, *Féd. de paintball sportif : Lebon 147 ; RJ éco. sport 2005, n° 76, p. 31, obs. Lemaire.* ♦ V. aussi, pour le bridge : • CE 26 juill. 2006, *Féd. fr. de bridge,* req. n° 285529 : *Lebon T 1080 ; D. 2007. Pan. Droit du sport, p. 2346, obs. J.-C. Breillat.* ♦ ... Ou pour les activités aquatiques d'éveil et de loisirs : • CE 3 mars 2008, *Féd. des activités aquatiques d'éveil et de loisirs : req. n° 308568.* ♦ ... Ou pour les darts qui présentent essentiellement le caractère d'une activité pratiquée à titre de loisir, ne recherchant pas la performance physique mesurée au cours de compétitions organisées régulièrement sur la base de règles bien définies : • CE 9 nov. 2011, *Féd. fr. de darts,* req. n° 347382 : *JS 2012, n° 116, p. 10, note G. Durand ; AJDA 2012. 288 ; D. 2012. Pan. Droit du sport. 704, obs. J.-C. Breillat ; Cah. dr. sport 2011, n° 26, p. 132, note F. Colin ; ibid., p. 136, note M. Yvars.*

10. *Absence d'indépendance de la fédération.* Pour refuser l'agrément à la Fédération des pratiquants de budo traditionnels, le ministre de la jeunesse et des sports peut se fonder sur le fait que les accords signés par cette fédération avec une société commerciale dénommée académie européenne de jiu-jitsu traditionnel, qui ne sont pas au nombre des contrats mentionnés au V de l'art. 16 [art. L. 131-13 C. sport], ne lui permettaient pas d'exercer son activité en toute indépendance. • CE 23 mai 2003, *Féd. des pratiquants de budo traditionnel : AJDA 2004. 282, note Lachaume.*

11. *Capacité administrative et technique insuffisante.* Pour être agréée, une fédération doit justifier être en mesure d'offrir à ses membres les structures administratives et l'encadrement technique que requiert la pratique de la discipline. • CE 20 janv. 1989, *Féd. fr. de karaté-taekwondo et arts martiaux affinitaires et Féd. fr. de judo et ju-jitsu kendo et disciplines associées : préc. note 2.* ♦ V. aussi, pour des confirmations récentes de la position du juge administratif sur la question. • CE 22 nov. 2006, *Assoc. fr. de snowboard : préc. note 3* • CE 29 déc. 2006, *Féd. de boxe thaï muay-thaï et disciplines assimilées,* req. n° 278459 : *Cah. droit sport 2007, n° 7, p. 59, note F. Colin* • CE 24 janv. 2007, *Féd. de karaté traditionnel et arts martiaux assimilés en*

France : préc. note 8 • CE 11 janv. 2008, *Institut fr. de sambo : req. n° 299685.*

12. Viabilité financière incertaine. Sur la validité d'une motivation de refus d'agrément fondée sur le fait que la viabilité financière d'une fédération serait incertaine à terme. • CE 28 juill. 2006, *Féd. de boxe américaine et disciplines associées : req. n°s 261107 et 280988.*

13. Absence d'incidence de la situation internationale. La reconnaissance par le Comité International Olympique, à la supposer établie, d'une fédération internationale à laquelle la fédération requérante est affiliée est inopérante et ne saurait lier le ministre. • CE 7 juin 2006, *Assoc. fr. de culturisme, musculation, force et fitness*, req. n° 267189 : *D. 2007. Pan. Droit du sport, p. 2346, obs. J.-C. Breillat.*

14. Prise en compte des intérêts de l'État. Le ministre chargé des sports peut légalement prendre en compte l'intérêt pour l'État, dans un cadre budgétaire contraint, de concentrer les moyens humains et financiers sur des fédérations sportives structurées, puissantes et regroupant le plus grand nombre possible de pratiquants. • CE 24 janv. 2007, *Féd. de karaté traditionnel et arts martiaux assimilés en France : préc. note 8.* ♦ V. cependant. • CE 29 déc. 2006, *Féd. de boxe thaï, muay-thaï et disciplines assimilées : préc. note 11* • CE 11 janv. 2008, *Institut fr. de sambo : préc. note 11.*

15. Prise en compte d'une modification à venir de la réglementation. En refusant de se prononcer sur la demande dont il était saisi, le ministre a pris une décision faisant grief, pouvant faire l'objet d'un recours pour excès de pouvoir ; que le ministre, à qui il incombait d'examiner la demande d'agrément au vu des dispositions législatives et réglementaires en vigueur, ne pouvait légalement se fonder sur l'éventualité d'une modification de ces dispositions. • CE 3 mars 2003, *Commission nationale de boxe américaine : req. n° 242719.*

16. Consultation préalable. La décision ministérielle d'octroi de l'agrément à une fédération sportive n'est pas subordonnée à une consultation préalable du Comité national olympique et sportif français. • CE 19 juin 1991, *Féd. fr. de boxe américaine et disciplines assimilées : Lebon 244 ; D. 1993. Somm. 332, 2e esp., obs. J.-F. Lachaume.*

17. Dans les cas où elle n'y est pas légalement tenue, l'autorité administrative compétente a toujours la faculté de demander l'avis d'un organisme collégial avant de prendre une décision, de sorte qu'en soumettant la demande d'agrément présentée par la Fédération des pratiquants de budo traditionnel à l'avis de la commission consultative des arts martiaux, laquelle est d'ailleurs compétente, selon les dispositions de l'art. 17-2 [art. D. 142-32 C. sport], pour donner son avis au ministre de la jeunesse et des sports sur toutes les questions techniques, déontologiques, administratives et de sécurité se rapportant aux disciplines considérées et assimilées, le ministre n'a pas entaché d'irrégularité la procédure au terme de laquelle il a refusé d'accorder l'agrément sollicité. • CE 23 mai 2003, *Féd. des pratiquants de budo traditionnel : AJDA 2004. 282, note J.-F. Lachaume.*

18. Respect du contradictoire. La décision portant refus d'agrément, prise sur la demande d'une fédération requérante, n'a pas à être précédée d'une procédure contradictoire. • CE 6 juin 2007, *Féd. européenne de karaté-do et arts martiaux traditionnels : req. n° 288211.*

19. Retrait d'agrément. V. notes ss. art. R. 131-9 et R. 131-10.

B. CONTRÔLE

20. Compétence du Conseil d'État. La décision d'octroi de l'agrément présente le caractère d'une décision réglementaire d'un ministre et relève, en conséquence, de la compétence du Conseil d'État en premier et dernier ressort en application de l'art. 2, 4°, du Décr. du 30 sept. 1953 [art. R. 311-1 CJA]. • CE 20 janv. 1989, *Féd. fr. de karaté-taekwondo et arts martiaux affinitaires et Féd. fr. de judo et ju-jitsu kendo et disciplines associées : préc. note 2.* ♦ ... Solution toutefois incertaine depuis de récentes réformes du code de justice administrative et une décision du Conseil d'État qui estime, dans un domaine voisin, que les recours dirigés contre les refus d'approbation, par le ministre de l'Intérieur, des modifications apportées aux statuts d'une fédération sportive reconnue d'utilité publique ne présentent pas un caractère réglementaire. En conséquence, ils ne relèvent pas de la compétence du Conseil d'État en premier et dernier ressort mais de celle du tribunal administratif. • CE 4 juill. 2012, *Féd. fr. gymnastique*, req. n° 354892 : *Dict. perm. dr. sport 2012, Bull. n° 192, p. 10, obs. D. Rémy.*

21. Référé. Dans le cadre des procédures de référés, sauf circonstances particulières, un refus d'agrément ne présente pas d'atteinte suffisamment immédiate à la situation de la fédération intéressée, qui peut poursuivre ses activités sportives, justifiant de l'urgence à suspendre ce refus avant qu'il soit statué sur sa légalité. • CE, réf., 9 oct. 2006, *Féd. des arts martiaux traditionnels vietnamiens : req. n° 294947.* ♦ ... En particulier lorsque le requérant n'a pas montré une grande diligence à introduire ses conclusions : • CE, réf., 19 sept. 2006, *Féd. de snowboard : req. n° 297407.*

22. Intérêt pour agir. Sur l'absence d'intérêt suffisamment direct pour agir d'une association, en raison de la généralité de son objet, pour demander l'annulation des agréments délivrés à des fédérations sportives. • CE 27 févr. 2004,

Assoc. de défense des intérêts du sport : req. n° 213484.

23. *Étendue du contrôle.* Eu égard à la portée de la décision d'agrément et au vu du dossier présenté par la Fédération française unifiée de boxe américaine et disciplines assimilées, le secrétaire d'État à la jeunesse et aux sports ne commet pas une erreur manifeste d'appréciation en accordant à ladite fédération l'agrément sollicité. • CE 19 juin 1991, *Féd. fr. de boxe américaine et disciplines assimilées.* ♦ V. déjà, s'agissant de l'octroi de l'agrément à la Fédération française libre d'aïkido et de budo : • CE 20 janv. 1989, *Féd. fr. de karaté-taekwondo et arts martiaux affinitaires et Féd. fr. de judo et ju-jitsu, kendo et disciplines associées : préc. note 2.*

II. ÉLECTIONS

24. *Intérêt à agir.* Sur l'intérêt à agir à l'encontre des élections fédérales, : V. note 1 ss. L. 131-3.

25. *Compétence juridictionnelle.* La juridiction administrative est incompétente pour connaître d'une demande tendant à l'annulation d'opérations électorales qui se sont déroulées au sein d'une fédération sportive, dès lors que ce litige concerne le fonctionnement interne d'une association de droit privé. • CE 23 mai 1986, *Noulard,* req. n° 58445 : *Lebon T. 733 ; D. 19846. IR 485, obs. M. Hécquard-Théron.* • CE 29 mai 1985, *Decherchi,* req. n° 66016 : *Lebon T. 784.* ♦ V. également, s'agissant des décisions de la commission de surveillance des opérations électorales d'une fédération sportive relatives à la recevabilité des candidatures, le contentieux d'élections étrangères à la mise en œuvre des prérogatives de puissance publique au sein d'une association sportive, personne morale de droit privé, ressortissant du fonctionnement interne de celle-ci : • TA Caen, réf., 10 juin 2016, n° 1601162 : *Dict. perm. dr. sport 2016, Bull. n° 236, p. 9, obs. D. Rémy.*

26. *Règles électorales.* Si les statuts types posent un certain nombre de conditions à l'éligibilité au comité directeur d'une fédération sportive, ces exigences n'ont pas un caractère limitatif et peuvent, conformément à ce que prévoit l'art. 2 du Décr. du 13 févr. 1985, être complétées par une fédération sportive, sous le contrôle du juge, en fonction des exigences propres de la discipline dont elle a la charge ; en conséquence, la Fédération française de karaté n'a pas excédé ses pouvoirs en disposant dans ses statuts que seuls pouvaient être élus au comité directeur des amateurs, licenciés depuis au moins six mois et titulaires de la ceinture noire. • CE 14 févr. 2001, *Assoc. de défense des intérêts du sport : Lebon T. 1205* (les fédérations sportives ne sont plus tenues aujourd'hui par des statuts types mais doivent se conformer aux dispositions statutaires obligatoires figurant à l'annexe I-5 C. sport). ♦ Sur la légalité d'une délibération de l'assemblée générale extraordinaire de la Fédération française de rugby ayant adopté, pour l'élection du comité directeur fédéral, un scrutin de liste bloquée majoritaire à deux tours, V. • TGI Paris, 28 juin 1995, *Ferragu c/ Féd. fr. de rugby : inédit.*

27. *Principe d'égalité.* Il appartient au juge de faire respecter le principe d'égalité entre les candidats à une élection, de sorte que c'est à la date limite de dépôt des candidatures que la juridiction doit se placer pour apprécier si les conditions de recevabilité des candidatures sont respectées. • TGI Paris, 3 sept. 2008, *Sapin et a. c/ Féd. fr. de volley-ball : req. n° 08/01153.* ♦ Doit ainsi être confirmée la décision de la fédération de rejeter la recevabilité d'une liste pour les élections au comité directeur en raison du non respect, à la date limite de dépôt des candidatures, des dispositions statutaires relatives à la place respective des hommes et des femmes sur les listes candidates, quand bien même la composition de la liste en cause aurait été modifiée dans le sens voulu par les statuts après ladite date limite. • Même jugement.

III. CONTESTATION DES SANCTIONS DISCIPLINAIRES

A. JUGE COMPÉTENT

1° JUGE ADMINISTRATIF

28. *Principe.* Il n'appartient qu'à la juridiction administrative de connaître des décisions à caractère disciplinaire prononcées par les fédérations sportives ou pour leur compte à l'encontre de leurs licenciés ou de leurs clubs affiliés, dès lors que ces décisions sont prises pour l'exécution de la mission de service public qui leur a été confiée par le législateur et qu'elles constituent l'exercice d'une prérogative de puissance publique. • T. confl. 7 juill. 1980, *Peschaud : Lebon 510 ; RD publ. 1981. 483, concl. J.-M. Galabert ; D. 1981. IR 42, obs. F. Alaphilippe et J.-P. Karaquillo ; JCP 1982. II. 19784, note B. Pacteau.* ♦ V. déjà : • TGI Paris, 25 oct. 1969 : *D. 1970. 448, note Bertrand* • TA Paris, 24 juin 1971, *Pingeon : Lebon 866* • CE, sect., 26 nov. 1976, *Féd. fr. de cyclisme : Lebon 513 ; AJDA 1977. 139, concl. J.-M. Galabert, note F. Moderne* • TGI Paris, 12 juin 1979 : *D. 1979. IR 541, obs. F. Alaphilippe et J.-P. Karaquillo.* ♦ V. aussi : • CE, sect., 19 déc. 1980, *Hechter : Lebon 488 ; Gaz. Pal. 1981. 2. 544, concl. B. Genevois ; D. 1981. IR 109, obs. P. Delvolvé, et 481, obs. F. Alaphilippe et J.-P. Karaquillo ; JCP 1982. II. 19784, note B. Pacteau* • CE 11 mai 1984, *Pebeyre : Lebon T. 755 ; D. 1985. 65, note J.-P. Karaquillo ; AJDA 1984. 531, chron. J.-E. Schoettl et S. Hubac.*

29. *Sanction émanant d'une fédération internationale.* Les sanctions disciplinaires infligées aux sportifs nationaux par les fédérations sportives internationales, associations de droit privé régies par la loi de l'État où elles ont leur siège, ne reçoivent force exécutoire en droit interne et ne peuvent, par conséquent, faire l'objet d'un recours pour excès de pouvoir, que dans la mesure où les fédérations sportives nationales, dans le cadre de la mission de service public qui leur a été déléguée, décident de les entériner en vue de leur faire produire des effets de droit dans le système juridique français. • TA Grenoble, 1er juill. 1991, *Guignard, n° 91-724 : Lebon T. 625 ; D. 1991. Somm. 395, obs. J.-P. Karaquillo* . ♦ Rapprocher de : • TA Paris, 24 juin 1971, *Pingeon : préc. note 28.* ♦ ... De sorte qu'une telle sanction est ensuite réputée avoir été prise par la fédération française. • TA Paris, 5 août 2004, *Ainaoui,* req. n° 0416699/9 : *D. 2005. Jur. 828, note M. Maisonneuve ; ibid. 2006. 190, obs. CDES* .

30. Extension au territoire français des sanctions internationales. Si le juge administratif n'est pas compétent pour apprécier la légalité de sanctions édictées par une organisation sportive internationale, il l'est en revanche pour connaître des décisions par lesquelles une fédération sportive nationale délégataire décide d'étendre une mesure de suspension prononcée par une organisation sportive internationale pour qu'elle s'applique également aux compétitions nationales. • CAA Lyon, 7 juill. 2011, *Audebert,* req. n° 10LY01811 : *JS 2012, n° 119, p. 34, comm. J.-F. Lachaume ; D. 2012. Pan. 704 ; ibid. 706, obs. J.-F. Lachaume* . ♦ ...La fédération faisant application de ses propres règles, dans le cadre des prérogatives de puissance publique qui lui sont conférées pour assurer sa mission de service public. • CAA Paris, 11 oct. 2011, *Féd. fr. rugby,* req. n° 10PA004656 : *JS 2012, n° 119, p. 34, comm. J.-F. Lachaume ; D. 2012. Pan. 704 , ibid. 706, obs. J.-F. Lachaume ; Dict. perm. dr. sport 2012, Bull. n° 188, p. 8, obs. D. Rémy.* ♦ Lorsqu'elle procède à l'extension, aux compétitions nationales, d'une mesure de suspension prononcée par une organisation sportive internationale, une fédération sportive délégataire commet une erreur de droit en se contentant de vérifier si les droits de la défense avaient été respectés devant ladite instance internationale et en refusant notamment d'examiner si la sanction était ou non proportionnée à la faute commise. • CAA Lyon, 7 juill. 2011 : *préc.*

31. Compétence du tribunal administratif. *[Sol. rendues avant l'intervention du Décr. n° 2015-651 du 10 juin 2015 ayant supprimé les dispositions dérogatoires des art. R. 312-17 CJA et R. 131-2 C. sport]* Les contestations des décisions disciplinaires prises par les fédérations sportives titulaires de la délégation ministérielle prévue à l'art. 17 [C. sport, art. L. 131-14] à l'encontre de leurs licenciés ou de leurs clubs affiliés, relèvent, conformément à l'art. 19 [C. sport, art. R. 131-2], de la compétence du tribunal administratif de la résidence ou du siège de ces personnes à la date desdites décisions, en tant qu'elles constituent des actes administratifs individuels révélant la mise en œuvre de prérogatives de puissance publique. • CE 3 févr. 1995, *Rognon : req. n° 150596.* ♦ V. cependant, pour une décision refusant le droit à un joueur professionnel sanctionné par sa fédération de se prévaloir des dispositions de l'art. 19 [C. sport, art. R. 131-2], au motif qu'il n'avait plus la qualité de licencié au jour de la décision de l'organe disciplinaire, et bien qu'il ait eu cette qualité à la date des faits ayant motivé la sanction : • TA Poitiers, 5 janv. 1994, *Eydelie : D. 1995. Somm. 64, obs. J.-F. Lachaume* . ♦ *Contra :* • TA Paris, 7 déc. 1993, *Burruchaga : RJ éco. sport 1994, n° 30, p. 64, obs. J.-F. Lachaume.* ♦ V. aussi notes ss. art. R. 131-2.

32. Référé. Il n'y a pas d'urgence pour un club sportif à demander la suspension d'une sanction disciplinaire de retrait de points au classement d'un championnat dès lors que cette sanction n'a pas modifié ses résultats, ni sa situation sur le plan sportif, et n'a pas eu de conséquences financières significatives : • CE 15 oct. 2008, *Féd. fr. de football,* req. n° 316312 : *RJ éco. sport 2008, n° 89, p. 36, obs. F. Lagarde* .

33. Présente en revanche un caractère d'urgence justifiant la mise en œuvre d'une procédure de référé suspension la décision de rétrogradation d'un arbitre à l'échelon régional, dès lors que cette mesure va priver l'intéressé des substantielles indemnités versées aux arbitres de football de haut niveau, qu'elle est de nature à affecter le montant de son indemnité de fin de carrière et qu'elle l'expose à une relégation définitive au niveau régional. • TA Paris, réf., 14 févr. 2011, *Boillin : req. n° 1100912.* ♦ V. aussi : • TA Paris, réf., 10 févr. 2011, *Cotrel : req. n° 1200849/9.* ♦ Ou encore, s'agissant de l'urgence motivée par une relégation en division inférieure, conséquence d'une mesure disciplinaire : • TA Nîmes, réf., 26 août 2011, *Stade Union Cavaillonnais XV,* req. n° 1102500 :*Cah. dr. sport 2011, n° 26, p. 60, note F. Rizzo.*

2° JUGE JUDICIAIRE

34. Sanction prise par une fédération sportive simplement agréée. Les sanctions disciplinaires prises par une fédération sportive simplement agréée à l'encontre de licenciés ou d'associations affiliées ne peuvent être contestées que devant l'autorité judiciaire puisque, l'agrément ne conférant aucun monopole à la fédération, elles ne constituent pas l'exercice d'une prérogative de puissance publique mais relèvent du pouvoir disciplinaire inhérent à l'organisation de toute association. • CE 19 déc. 1988, *Pascau et a. : Lebon 459 ; Gaz. Pal. 1989. 2. 589, concl. Vigouroux ; D. 1990. Somm. 280, obs. Ch. Dudognon ; AJDA 1989. 271, obs. Moreau.* ♦ V. aussi : • CE 15 févr. 1989, *Lopez : RJ éco. sport*

1989, n° 10, p. 77, obs. L. Potvin. ♦ Rappr. : • CE 28 avr. 1993, *Assoc. Cannes échecs : Lebon T. 1054*. ♦ D'une manière générale, si une fédération sportive simplement agréée participe, en tant que telle, à l'exécution d'une mission de service public, les décisions qu'elle prend ne ressortissent à la compétence de la juridiction administrative que pour autant qu'elles impliquent la mise en œuvre d'une prérogative de puissance publique. • CE 14 avr. 1999, *Ligue d'Aquitaine de cyclotourisme : req. n° 179702.* ♦ V. aussi : • Versailles, 29 juin 2011, *Assoc. Fédération française d'échecs*, n° 11/04604 : *D. 2012. Pan. Droit du sport. 704, spéc. 706, obs. J.-F. Lachaume.*

35. Sanction prise par une fédération internationale. Pour un exemple de compétence du juge judiciaire à l'égard d'une sanction prononcée par une fédération internationale ayant son siège social en France, V. • TGI Paris, 5 janv. 2010, *Briatore et Symonds c/ Féd. internationale de l'automobile : req. RG n° 09/16490.* ♦ ... Ladite sanction ayant été déclarée irrégulière et privée d'effets pour avoir été prise à l'issue d'une procédure n'ayant pas respecté les droits de la défense. • Même jugement. ♦ V. aussi notes 29 et 30.

36. Sanction prise par une fédération française en application du règlement d'une fédération internationale. Lorsque l'organe disciplinaire de la Fédération française de cyclisme prononce une sanction contre un coureur en application non pas du code de la santé publique mais du règlement antidopage de l'Union cycliste internationale (UCI), cette décision n'intervient pas dans l'exercice par la fédération de ses prérogatives de puissance publique, mais est prise dans le cadre de ses statuts d'association adhérente à l'UCI. • TA Paris, réf., 15 avr. 2003, *B. : D. 2003. Somm. 2538, obs. J.-F. Lachaume*. ♦ Sol. conf. par : • CE 19 mars 2010, *Chotard*, req. n° 318549 : *JS, n° 100, p. 35, note J.-F. Lachaume*. ♦ V. aussi note 35.

37. Voie de fait. La sanction par laquelle une fédération sportive a suspendu d'affiliation un club pour une durée de neuf mois au motif d'une violation des prescriptions fédérales n'est pas constitutive d'une voie de fait justifiant la compétence de la juridiction judiciaire, dans la mesure où, d'une part, le club, ayant adhéré librement à la fédération et s'étant par là même engagé à en respecter les règles, ne pouvait invoquer le non-respect d'une liberté fondamentale et où, d'autre part, la décision incriminée se rattachait à un pouvoir disciplinaire et à une mission de service public reconnus par la loi. • TGI Paris, 11 mai 1988 : *D. 1990. Somm. 277, obs. F. Alaphilippe*. ♦ Pour un jugement ayant estimé qu'une décision disciplinaire, prise par un comité régional de rugby au mépris des droits élémentaires de la défense, devait s'analyser en l'espèce comme une voie de fait justifiant la compétence du juge judiciaire, V. : • TGI Paris, réf., 21 mars 1998, *Union sportive melunaise rugby c/ Comité Île-de-France de rugby et a. : inédit.*

38. Sanction prise par une association sportive. Les tribunaux de l'ordre judiciaire sont compétents pour apprécier la légalité des sanctions disciplinaires prononcées par une association sportive, personne morale de droit privé n'exerçant aucune prérogative de puissance publique, à l'encontre de ses adhérents. • CE 29 mars 1996, *Denoual, Jarthon : req. n°s 133206 et 133677* • TGI Limoges, 20 avr. 1988 : *D. 1988. Somm. 389, obs. J.-P. Karaquillo.*

39. Sanction prise par une société privée. La Société du Tour de France a le caractère d'une personne morale de droit privé et n'est pas investie, en tant qu'elle a pour objet d'organiser une course cycliste, d'une mission de service public ; dès lors, il n'appartient pas à la juridiction administrative de connaître de la décision par laquelle son directeur général a, en application du règlement de l'épreuve, exclu une équipe du Tour de France 1998. • CAA Paris, 20 juill. 1999, *Virenque : req. n° 99PA00128.*

B. RECEVABILITÉ

40. Épuisement des voies de recours internes. La personne ou l'association sanctionnée a l'obligation d'épuiser les voies de recours disciplinaires internes prévues par le règlement intérieur de la fédération avant tout recours juridictionnel. • CE, sect., 13 juin 1984, *Assoc. « Handball club de Cysoing » : Lebon 217 ; D. 1985. IR 142, obs. J. Morange* • CE 5 oct. 1984, *Tripet : req. n° 41607* • CE 26 juill. 2011, *Ligue corse de football, n° 341199 : Dict. perm. dr. sport 2011, Bull. n° 182, p. 1, obs. J. Bérenger* et *D. Rémy ; JS 2012, n° 117, p. 32, concl. D. Botteghi ; AJDA 2011. 2491, note F. Bin ; D. 2012. Pan. 704 ; ibid., 705, obs. J.-C. Breillat ; Cah. dr. sport 2011, n° 26, p. 51, obs. G. Rabu.* ♦ La décision de l'organe disciplinaire immédiatement supérieur se substituant à celle de l'organe disciplinaire précédemment saisi, c'est d'elle seule que le juge administratif sera amené à prononcer éventuellement l'annulation. • CE, sect., 13 juin 1984 : *préc.* ♦ V. toutefois note 83.

41. Combinaison de la règle de l'épuisement des voies de recours internes avec la procédure de conciliation devant le CNOSF. V. note 21 ss. art. L. 141-4.

42. Recours gracieux. Si les recours successifs prévus en matière disciplinaire par les règlements des fédérations sportives doivent être exercés avant tout recours juridictionnel, la décision rendue par l'organe disciplinaire du niveau le plus élevé doit être attaquée dans le délai du recours contentieux, lequel ne peut en ce cas être prorogé par un recours gracieux adressé à cet organe. • CE 2 juill. 1986, *Assoc. Football Club Salonnais : Lebon T. 734.*

43. Intérêt et qualité pour agir. Les associations sportives n'ont pas qualité pour déférer au juge de l'excès de pouvoir les sanctions individuelles prises par une fédération à l'encontre de leurs dirigeants. • CE 21 déc. 1994, *Assoc. sportive de Marzagues : Lebon 576 ; D. 1996. Somm. 24, obs. Ch. Dudognon.* ♦ Sur l'absence de qualité des ligues sportives régionales pour agir à la place de leurs dirigeants sanctionnés, V. : • CE 3 avr. 1987, *Ligue Languedoc-Roussillon de course d'orientation : Lebon T. 962.* ♦ Sur l'irrecevabilité de l'action introduite par une personne n'ayant pas statutairement compétence pour représenter l'association en justice, V. : • CE 10 mai 1996, *Union olympique de Pamiers : req. n° 136245* • CE 27 sept. 1989, *Assoc. sportive des PTT de Lyon : req. n° 105566.* ♦ V. aussi notes ss. art. 6 L. 1er juill. 1901, App., v° **Associations.**

44. Jugé qu'un club sportif ne tient d'aucune des dispositions du règlement disciplinaire de la Fédération française de football qualité pour agir à l'encontre d'une décision disciplinaire prononcée contre un autre club, alors même que l'annulation partielle, en dernier appel, de la décision d'origine, entraîne sa relégation et que ladite sanction concerne une rencontre entre les deux clubs. • TA Lyon, 9 oct. 2002, *Club sportif de Neuville-sur-Saône : D. 2003. Somm. 2538, obs. J.-F. Lachaume.*

45. Jugé qu'une association de supporters a intérêt pour agir en annulation d'une sanction de match à huis clos prononcée à l'encontre d'un club professionnel dès lors que ladite association a pour objet de soutenir ledit club et qu'elle verse annuellement une somme d'argent au club pour la réservation de places dans le stade pour ses membres. • TA Marseille, 19 déc. 2007, *Assoc. Yankee Nord Marseille : RJ éco. sport 2008, n° 86, p. 56, obs. P. Rocipon.* ♦ V. cependant, sur le préjudice allégué : • CAA Marseille, 9 juin 2011, *Ligue de football professionnel : req. n° 09MA04767* • CAA Marseille, 2 mai 2013, *Ligue de football professionnel,* req. n° 11MA01055 : *Dict. perm. dr. sport 2013, Bull. n° 201, p. 8, obs. D. Rémy.*

46. Mesure préparatoire. Une mesure préparatoire à une éventuelle sanction disciplinaire (en l'espèce la lettre par laquelle le président de l'Agence française de lutte contre le dopage, constatant un troisième manquement aux obligations de localisation d'un sportif, saisit la fédération dont relève le sportif en cause aux fins d'engagement de poursuites disciplinaires) est insusceptible de faire l'objet d'un recours pour excès de pouvoir. • CE 27 févr. 2015, n° 385361 : *Dict. perm. dr. sport 2015, Bull. n° 221, p. 1, obs. D. Rémy ; Cah. dr. sport 2015, n° 39, p. 100, obs. C. Cassan ; ibid., p. 116, obs. M. Peltier.*

47. Délais de recours. Les délais de recours ne sont opposables au requérant que s'ils ont été mentionnés, ainsi que les voies de recours, dans la notification de la décision disciplinaire. • CE 16 juin 1995, *Liscouet et Gislais : req. n° 124110* • 25 sept. 1995, *Pieroni : req. n° 127963.*

48. Décision préalable en matière indemnitaire. Est irrecevable la requête d'une personne tendant à la réparation du préjudice qu'une sanction disciplinaire irrégulière lui a causé, dès lors qu'elle ne justifie pas avoir préalablement à son pourvoi demandé une indemnité à la fédération. • CE 25 juin 1990, *Tison c/ Féd. fr. de motocyclisme : D. 1991. Somm. 393, obs. J.-F. Lachaume* • CE 4 nov. 1983, *Noulard : préc. note 25.* ♦ Doit en revanche être écartée la fin de non-recevoir opposée pour défaut de demande d'indemnisation préalable dès lors que le requérant justifie avoir formé un tel recours en cours d'instance. • TA Amiens, 22 janv. 2013, *Guibert et Poursain : n° 1101170.*

C. CONTRÔLE

1° MODALITÉS DE CONTRÔLE

49. Non-applicabilité de la CEDH. Les dispositions de l'art. 6-1 Conv. EDH ne sont pas applicables aux contestations relatives aux décisions prises par les organismes disciplinaires des fédérations sportives, lesquels ne sont pas des juridictions. • CE, sect., 5 mai 1995, *Burruchaga,* req. n° 155820 : *Lebon 197 ; RFDA 1995. 753* • CE 29 juill. 1994, *Vachon,* req. n° 116351 : *Gaz. Pal. 1995. 1. 140, note Parmentier* ♦ V. aussi, pour confirmation : • CE 4 avr. 2008, *Stade rennais football club : req. n° 308561.*

50. Indépendance des poursuites pénales et disciplinaires. La stipulation de l'art. 6-2 Conv. EDH, selon laquelle « toute personne accusée d'une infraction est présumée innocente jusqu'à ce que sa culpabilité ait été légalement établie », n'a ni pour objet ni pour effet d'interdire qu'une mesure administrative soit prise à l'égard de personnes faisant l'objet de poursuites pénales. • CE, sect., 5 mai 1995, *Burruchaga : préc. note 31.*

51. Recours pour excès de pouvoir ou plein contentieux. Lorsque le juge administratif de première instance fait évoluer, dans le prolongement de la jurisprudence ATOM (CE 16 févr. 2009), le contentieux des sanctions disciplinaires sportives du recours pour excès de pouvoir vers le plein contentieux… • TA Strasbourg, 25 juin 2009, *Muller : req. n° 05-04715.* ♦ … Le juge d'appel annule pour l'heure cette évolution et limite son rôle à celui du juge de l'annulation. • CAA Nancy, 23 déc. 2010, *Muller : req. n° 09NC01520.* ♦ De même, saisi d'un recours contre une sanction disciplinaire, le juge de l'excès de pouvoir ne peut substituer sa décision à celle de la ligue régionale, en appliquant une sanction plus douce, alors même que celle-ci serait conforme à la proposition de conciliation du Comité national olympique et sportif, et se prononcer ainsi comme juge du plein contentieux. • TA Amiens, 7 avr. 2015, n° 1300357 : *Dict. perm. dr. sport 2015, Bull. n° 223, p. 12, note D. Rémy.*

52. Méthode d'interprétation. Les règlements disciplinaires, d'essence répressive, sont d'interprétation stricte. • CE 10 juin 2011, *Féd. fr. football,* req. n° 327158 : *Dict. perm. dr. sport 2011, Bull. n° 180, p. 6, note D. Rémy.*

53. Contrôle restreint ou contrôle normal. Sur l'amorce d'une évolution du contrôle du juge sur le quantum des sanctions disciplinaires vers un contrôle normal, V. : • CE, sect., 22 juin 2007, *Arfi : req. n° 272650.* ♦ ... En particulier en matière de répression disciplinaire du dopage, le Conseil d'État censurant un arrêt d'appel au motif qu'en se bornant à rechercher si la sanction litigieuse était manifestement disproportionnée par rapport aux faits poursuivis, alors qu'il lui appartenait de vérifier si le quantum de cette sanction, au regard notamment de l'échelle des sanctions résultant du règlement de lutte contre le dopage, était ou non proportionné à ces faits, la cour administrative d'appel a commis une erreur de droit. • CE 2 mars 2010, *Féd. fr. d'athlétisme,* req. n° 324439 : *AJDA 2010. 473, obs. J.-M. Pastor ; ibid. 2010. 664, comm. S.-J. Liéber.*

2° LÉGALITÉ EXTERNE

54. Influence des vices de légalité externe. Si les actes administratifs doivent être pris selon les formes et conformément aux procédures prévues par les lois et règlements, un vice affectant le déroulement d'une procédure administrative préalable, suivie à titre obligatoire ou facultatif, n'est de nature à entacher d'illégalité la décision prise que s'il ressort des pièces du dossier qu'il a été susceptible d'exercer, en l'espèce, une influence sur le sens de la décision prise ou qu'il a privé les intéressés d'une garantie. • CE, ass., 23 déc. 2011, *Danthony,* n° 335033 : *Lebon ; AJDA 2012. 7 ; ibid. 195, chron. X. Domino et A. Bretonneau ; ibid. 1484, étude C. Mialot ; D. 2013. 324, obs. O. Boskovic, S. Corneloup, F. Jault-Seseke, N. Joubert et K. Parrot ; AJDI 2014. 16, étude S. Gilbert ; ibid. 2015. 25, chron. S. Gilbert ; ibid. 2016. 27, étude S. Gilbert ; AJCT 2015. 388, étude R. Bonnefont ; RFDA 2012. 284, concl. G. Dumortier ; ibid. 296, note P. Cassia ; ibid. 423, étude R. Hostiou.* ♦ ... Ainsi, le fait que la personne poursuivie n'ait pas été directement informée (suite à une erreur des services postaux) qu'elle pouvait se présenter devant la commission disciplinaire afin d'y faire valoir ses observations est de nature à la priver d'une telle garantie, quand bien même son avocat a été informé de la date de réunion de la commission. • CAA Marseille, 11 juill. 2016, n° 16MA00048 : *JS 2016, n° 167, p. 8, obs. F. Lagarde ; Dict. perm. dr. sport 2016, Bull. n° 238, p. 12, obs. D. Rémy ; Cah. dr. sport 2016, n° 45, p. 45, obs. F. Colin.*

55. Prescription. Sur l'imprescriptibilité, de façon générale, des poursuites disciplinaires, V. not. : • CE, 14 juin 1991, *Aliquot,* req. n° 86294 : *Lebon T. 1022 ; AJDA 1991. 575 ; ibid. 506, chron. C. Maugüé et R. Schwartz.* ♦ V., toutefois, s'agissant de la répression disciplinaire en matière de dopage : • CE, 29 avr. 2013, req. n° 356642 : *Dict. perm. dr. sport, Bull. n° 201, p. 1, obs. D. Rémy ; RFDA 2013, p. 891, chron. C. Santulli ; AJDA 2013. 952 ; D. 2014. 396, obs. CDES ; RFDA 2013. 891, chron. C. Santulli.*

56. Engagement des poursuites disciplinaires. S'il résulte du règlement disciplinaire général de la Fédération française des sports de glace que la décision à prendre sur l'engagement des poursuites disciplinaires relève en principe de la compétence du président de la fédération et si les statuts ne comportent aucune règle déterminant l'autorité compétente pour se prononcer sur ce point lorsque le président ne peut le faire lui-même, ces dispositions ne font toutefois pas obstacle à ce que, s'il estime en conscience devoir s'abstenir, le président laisse à une autre autorité le soin d'exercer sa compétence. • CE 21 nov. 2014, req. n° 373071 : *JS 2014, n° 149, p. obs. J. Mondou ; JS 2015, n° 152, p. 25, chron. E. Honorat ; Dict. perm. dr. sport 2015, Bull. n° 219, p. 12, note D. Rémy ; D. 2015. 394, obs. CDES ; AJDA 2014. 2280 ; LPA 2015, n° 103, chron. G. Rabu ; Cah. dr. sport, n° 39, p. 53, obs. F. Colin ; ibid., p. 58, obs. A. Virot-Landais.*

57. Mesure provisoire. L'organe disciplinaire d'une fédération sportive peut légalement décider de suspendre provisoirement un membre de ladite fédération jusqu'à ce que la procédure disciplinaire engagée contre lui soit menée à son terme. • CE 28 juill. 1989, *Hernandez,* req. n° 98942 : *D. 1990. Somm. 391, obs. M. Hécquard-Théron.* ♦ Cette mesure de suspension provisoire n'a pas le caractère d'une sanction disciplinaire, mais constitue une simple mesure conservatoire dans l'attente de la mise en œuvre de la procédure disciplinaire. • CE 13 mars 1987, *Le Sain : RJ éco. sport 1988, n° 7, p. 56, obs. J.-F. Lachaume ; D. 1987. Somm. 462, obs. B. Foucher.*

58. Sur l'absence de caractère disciplinaire d'une déchéance des droits sportifs (rétrogradation en division inférieure suite à une liquidation judiciaire), V. note 4 ss. art. L. 132-2.

59. Organes disciplinaires (nature juridique). Sur l'absence de caractère juridictionnel reconnu, par la loi, aux organismes disciplinaires des fédérations sportives : • CE, sect., 19 déc. 1980, *Hechter : préc. note 28* • CE, sect., 5 mai 1995, *Burruchaga : préc. note 40.* • CE 14 mai 1990, *Coudreau c/ Féd. fr. d'aérostation : D. 1991. Somm. 394, obs. J.-F. Lachaume* • CE 4 avr. 2008, *Stade rennais football club : req. n° 308561.*

60. Organes disciplinaires (compétence). Doit être annulée la sanction disciplinaire prise à l'encontre d'un licencié par un organe disciplinaire non prévu par les statuts de la fédération et dépourvu de toute habilitation à prononcer une telle sanction. • CE 17 janv. 1992, *Pierrat : Lebon T. 1331 ; RJ éco. sport 1994, n° 30, p. 1 p. 57, obs. J. Carbajo.* ♦ Dans le même sens, V. : • CE 10 avr. 1991, *Épx Bernhard : req. n° 89480* • TA Grenoble, 1er juill. 1991, *Guignard : préc. note 29.*

61. Organes disciplinaires (incompétence négative). Il appartient à la Fédération française de motocyclisme, organisatrice d'une épreuve internationale soumise aux normes techniques et sportives édictées par la Fédération internationale motocycliste, de faire respecter, éventuellement par la mise en œuvre de son pouvoir disciplinaire, les règles techniques et déontologiques s'imposant à ceux de ses licenciés qui participent à cette épreuve ; en conséquence, en se déclarant incompétente pour connaître d'un recours d'un licencié compétiteur, sanctionné d'une peine de suspension de licence avec sursis par la commission disciplinaire fédérale de première instance, la commission disciplinaire d'appel de la fédération nationale a méconnu ses propres règlements et entaché sa décision d'une erreur de droit. • CE 30 oct. 1996, *Belval : D. 1997. Somm. 196, obs. J.-F. Lachaume.*

62. Organes disciplinaires (secteur professionnel). Sur la faculté qu'ont les fédérations sportives de confier à des organismes distincts le soin de gérer les activités professionnelles de la discipline, et sur le fait que ces organismes peuvent être appelés à participer, pour ce qui concerne ces activités, à l'exercice du pouvoir disciplinaire : • CE, sect., 19 déc. 1980, *Hechter : préc. note 2* ♦ ... A condition que la décision disciplinaire appartienne, en dernier ressort, à un organe de la fédération elle-même. • CE, sect., 19 déc. 1980, *Hechter : préc. note 28.*

63. Organes disciplinaires (composition et indépendance). La présence à la séance disciplinaire de personnes n'appartenant pas à l'organe disciplinaire est de nature à entacher d'irrégularité la délibération de cet organe, même si lesdites personnes n'ont pas pris part à la discussion et au vote qui ont conduit à l'adoption de la sanction. • CE 5 oct. 1984, *Assoc. « Section athlétique sportive de Guebwiller » : D. 1985. IR 142, obs. J. Morange.* ♦ Sur l'annulation d'une sanction pour violation de l'exigence d'impartialité de l'organe disciplinaire, V. : • CE 30 nov. 1994, *Bonnet : Lebon T. 1206 ; Quot. jur. n° 19, 7 mars 1995, note Maligner* • CE 27 oct. 1999, *Féd. fr. de football : req. n° 196251* • CAA Bordeaux, 27 oct. 2003, *X. c/ Féd. fr. handisport : RJ éco. sport 2004, n° 70, p. 55.*

64. Une fonction, exercée par le président d'un organe disciplinaire, de responsabilité d'une société qui doit être regardée comme le fournisseur de la fédération suffit, même en l'absence de contrat passé entre cette dernière et la société, à porter atteinte à l'indépendance de l'intéressé pour statuer sur une affaire mettant en cause l'honneur de l'équipe dirigeante de la fédération. • CAA Nancy, 11 avr. 2011, req. n° 10NC00542 : *JS 2011, n° 111, p. 11, obs. F. Lagarde ; Dict. perm. dr. sport 2011, Bull. n° 179, p. 8, note D. Rémy ; D. 2012. 704 ; ibid. 706, obs. J.-F. Lachaume.* ♦ Il en va de même du membre de cet organe disciplinaire qui est à l'origine des poursuites disciplinaires en ayant transmis à la fédération un courriel jugé diffamatoire et qui ne présente pas, dès lors, des garanties d'objectivité suffisantes. ♦ Même arrêt.

65. Rien n'interdit que, devant l'organe disciplinaire d'appel, le rapporteur soit membre d'une instance dirigeante fédérale. • CAA Paris, 4 juill. 2013, req. n° 12PA03179.

66. Les agissements d'un président d'une fédération sportive consistant à avoir adressé aux membres de la commission administrative chargée de l'instruction des poursuites disciplinaires une lettre exprimant son hostilité à l'égard de la personne poursuivie et tendant à exercer une pression sur la commission pour qu'une sanction sévère soit prononcée, sont de nature à priver l'intéressé des garanties de la procédure disciplinaire. • CE 8 juin 1988, *Perez,* req. n° 84773 : *Lebon T. 1035.* ♦ Il appartient toutefois à la personne sanctionnée d'établir « l'animosité notoire » à son encontre du président de l'organe disciplinaire attestant, selon lui, du manque d'impartialité à son égard de ce dernier. • CAA Lyon, 31 mai 2012, *Féd. fr. équitation,* req. n° 11LY02776 : *JS 2012, n° 122, p. 9.*

67. Organes disciplinaires (quorum). Dès lors que le quorum réglementairement prévu est atteint, l'organe disciplinaire compétent peut valablement statuer, aucune règle, ni aucun principe général ne faisant obstacle à ce que celui-ci siège en nombre pair : • CE 2 mars 2010, *Féd. fr. d'athlétisme,* req. n° 324439 : *AJDA 2010. 473, obs. J.-M. Pastor ; ibid. 2010. 664, comm. S.-J. Liéber.*

68. Organes disciplinaires (modalité de saisine). La circonstance selon laquelle l'appel de la fédération contre la décision de la commission disciplinaire de première instance n'avait pas été adressé par lettre recommandée avec demande d'avis de réception, mais remis en main propre, paraît, en l'état de l'instruction, sérieux et de nature à justifier, outre l'annulation de l'arrêt attaqué, l'infirmation de la solution retenue par les juges du fond qui ont estimé, au contraire, que cette circonstance était sans incidence sur la régularité de la procédure suivie. • CE 7 nov. 2012, *Mourier,* req. n° 361038 : *Dict. perm. dr. sport, Bull. n° 196, p. 13, obs. D. Rémy.* ♦ En effet, les dispositions du règlement disciplinaire qui prévoient que l'appel doit être adressé, par lettre recommandée avec demande d'avis de réception ayant pour objet d'établir la matérialité et la date de réception de l'appel, il ne peut être dérogé à cette formalité substantielle que par un procédé présentant des garanties équivalentes, la remise en mains propres de l'appel du président de la fédération au secrétariat de la commission disciplinaire d'appel de la même fédération sans qu'aucun document permettant de lui donner une date certaine ne soit produit ne permet pas d'établir la matérialité et la date de réception de cet appel dans des conditions équivalentes à l'envoi d'une lettre recommandée avec avis de réception. • CE 4 mars 2013, *Mourier*, req. n° 060506 : *D. 2014. Pan. 396, obs. J.-F. Lachaume ; Cah. dr. sport, n° 31, p. 189, obs. F. Colin ; Dict. perm. dr. sport 2013, Bull. n° 199, p. 9, obs. D. Rémy ; ibid., n° 200, p. 9, obs. J.-F. Lachaume.*

69. Publicité des débats. La seule circonstance que la porte de la salle d'audience était fermée ne suffit pas à démontrer que les dispositions du règlement disciplinaire, relatives à la publicité des débats, ont été méconnues. • CAA Lyon, 31 mai 2012, *Féd. fr. équitation*, req. n° 11LY02776 : *JS 2012, n° 122, p. 9*.

70. Droits de la défense. Doit être annulée la sanction disciplinaire par laquelle une fédération sportive a suspendu à vie un membre d'un comité directeur de toutes fonctions au sein de son comité départemental et des structures déconcentrées de ladite fédération, dès lors que l'intéressé, qui avait demandé à être entendu, n'a pas été convoqué ni invité à prendre connaissance du dossier le concernant. • CE 3 févr. 1995, *Benezech : req. n° 117097.* ♦ ... La sanction disciplinaire prise par le comité directeur d'une fédération sportive à l'encontre d'un club affilié, dès lors qu'elle a été prononcée sans que le président dudit club ait été mis à même de faire valoir ses moyens de défense. • CE 10 avr. 1991, *Bideault : req. n° 115482.* ♦ ... La sanction disciplinaire de radiation à vie prise par le comité directeur d'une fédération sportive à l'encontre d'un de ses membres, sans que celui-ci ait été avisé de la séance au cours de laquelle cette décision a été prononcée et sans avoir été invité à produire ses observations. • CE 25 juin 1990, *Tison c/ Féd. fr. de motocyclisme : préc. note 48.* ♦ Pour d'autres exemples de décisions disciplinaires annulées pour non-respect des droits de la défense, V. : • CE 17 janv. 1990, *Castaing : Gaz. Pal. 1990. 2. Somm. 559* • CE, sect., 13 juin 1984, *Assoc. « Handball club de Cysoing » : préc. note 40* • CE 23 mai 1986, *Lemaire, Contat : Lebon T. 734 ; D. 1988. Somm. 386, obs. J. Carbajo* • CE 1er févr. 1989, *Bellachioma c/ Féd. fr. de cyclisme : Lebon T. 955.* ♦ S'agissant d'une personne qui, convoquée tardivement, n'a pu être présente ni représentée à la séance disciplinaire à l'issue de laquelle a été décidée la sanction contestée : • CE 29 déc. 1993, *Bonetat : req. n° 115635.*

71. Convocation. La brièveté du délai entre la convocation de l'intéressé et sa comparution à l'audience disciplinaire, imposée par une situation d'urgence telle que la nécessité d'entendre des témoins étrangers devant regagner leur pays, n'est pas de nature à entacher d'irrégularité la procédure disciplinaire, dès lors que l'intéressé a été mis à même de faire valoir les moyens de sa défense. • CE 29 juill. 1994, *Vachon : préc. note 49.* ♦ Pour un autre exemple, eu égard aux circonstances de l'espèce, de non-respect du délai de convocation n'ayant pas privé l'intéressé d'une garantie de nature à vicier la régularité de la procédure disciplinaire, V. • TA Montreuil, 20 nov. 2012, *Talon : req. n° 1105481.* ♦ Constitue un vice ayant privé l'intéressé d'une garantie, la méconnaissance des dispositions d'un règlement disciplinaire prévoyant la convocation du licencié poursuivi par l'envoi d'un document sous forme de lettre recommandée. Cette privation de garantie justifie l'annulation de la décision prise par l'organe disciplinaire. • CAA Marseille, 11 juill. 2016, 16MA00048.

72. Report de l'audience. Le règlement applicable prévoyant le bénéfice d'un report de droit de l'audience pour une durée maximale de 10 jours au licencié qui en formule la demande pour la première fois, le refus de lui accorder le report méconnaît le respect des droits de la défense et entache d'illégalité la décision disciplinaire. • CAA Nantes, 3 mai 2006, *Féd. fr. de roller-skating*, req. n° 04NT01197 : *RJ éco. sport 2006, n° 81, p. 54* (résumé).

73. Si, malgré l'indisponibilité pour raisons de santé de son avocat, l'intéressé n'a pu obtenir le report à une autre date de l'audience de la commission disciplinaire, il ne ressort pas des pièces du dossier qu'il n'aurait pas été à même de se défendre, alors qu'il a pu se présenter à cette audience assisté d'un avocat. • CAA Lyon, 31 mai 2012, *Féd. fr. équitation : JS 2012, n° 122, p. 9*.

74. Consultation du dossier. Un joueur professionnel sanctionné par sa fédération ne peut se prévaloir d'une irrégularité de procédure au motif que son dossier disciplinaire ne lui a pas été personnellement adressé alors que, régulièrement convoqué et suffisamment informé des motifs de sa convocation, il a été invité à prendre connaissance des pièces de ce dossier au secrétariat de la fédération. • TA Paris, 7 déc. 1993, *Burruchaga : préc. note 31.* ♦ Le droit d'accès au dossier s'effectuant sur place, la circonstance que la fédération n'ait pas répondu à la demande de communication dudit dossier formulée par écrit par le conseil du requérant est sans effet sur la légalité de la sanction prononcée. • CAA Paris, 4 juill. 2013 : *préc. note 56.*

75. Audition de témoins. L'organe disciplinaire n'est pas tenu de confronter l'intéressé aux témoins dont l'audition a été décidée, dès lors que ni le règlement applicable ni un principe général du droit ne le prévoit. • CE 12 mai 1989, *Dufournier*, req. n° 88271 : *Lebon T. 954* ♦

Rappr. : • TA Paris, 7 déc. 1993, *Burruchaga : préc. note 31.*

76. Modalités d'appel. Si une fédération sportive est compétente pour déterminer les conditions d'exercice du pouvoir disciplinaire qui lui est reconnu par la loi et donc pour fixer un délai raisonnable à compter de la notification de la sanction, au-delà duquel l'appel serait déclaré irrecevable, elle ne peut légalement retenir comme point de départ de ce délai que la date de réception de la lettre de notification et non la date d'envoi de cette lettre. • CE 5 déc. 1986, *Morra,* req. n° 51626 : *Lebon T. 734 ; D. 1988. Somm. 388, obs. J.-F. Lachaume.*

77. Alors même que la somme en cause serait représentative de frais de dossiers et qu'elle serait d'un montant modeste, les dispositions réglementaires qui subordonnent l'exercice du droit d'appel au versement d'une somme d'argent sont contraires à l'article 14 de l'annexe I-6 au code du sport portant règlement disciplinaire type des fédérations sportives agréées. • CAA Lyon, 26 déc. 2013, *District du Rhône de football,* req. n° 13LY00795 : *JS 2014, n° 139, p. 10, obs. J. Mondou ; Dict. perm. dr. sport 2014, Bull. n° 209, p. 9, obs. A. Renard ; Cah. dr. sport 2013, n° 34, p. 166, note J.-C. Lapouble.*

78. Le requérant qui ne respecte pas certaines formalités d'appel exigées à peine d'irrecevabilité par les règlements généraux de la fédération ne peut, eu égard à la nature de ces formalités et au caractère disciplinaire du recours dont s'agit, se voir opposer une telle irrecevabilité par l'organe disciplinaire que dans la mesure où, d'abord invité à régulariser son « appel », il se serait abstenu de donner suite à cette invitation. • CE 5 déc. 1986, *Morra : préc. note 76.*

79. Est illégale la disposition des règlements généraux d'une fédération prévoyant un délai d'appel de dix jours sans assortir celui-ci, eu égard notamment aux délais normaux de transmission du courrier, d'une prolongation raisonnable au bénéfice des personnes résidant dans les départements d'outre-mer et des groupements y ayant leur siège. • CE 13 mars 1987, *Assoc. sportive et culturelle « Le Cygne noir » : Lebon T. 962.*

80. Aucune disposition législative ou réglementaire ni aucun principe général du droit n'impose aux instances supérieures d'une fédération sportive, saisies d'un recours hiérarchique dirigé contre une sanction prise par un organe de ladite fédération, de mettre cet organe en mesure de présenter ses observations en réponse au recours dont elles sont saisies, ni ne leur interdit d'entendre toutes personnes dont elles jugent utile de recueillir les observations. • CE 27 janv. 1997, *Comité dptal du Vaucluse de la Féd. fr. de pétanque et jeu provençal : AJDA 1997. 387, concl. R. Abraham ; D. 1998. Somm. 32, obs. J.-F. Lachaume .*

81. Aggravation de la sanction en appel. Une sanction disciplinaire ne peut être aggravée sur le seul recours de la personne qui en a fait l'objet, l'organe disciplinaire ne pouvant, dans ce cas, que rejeter le recours, annuler la sanction ou lui substituer une peine plus légère. • CE, sect., 16 mars 1984, *Moreteau : Lebon 107, concl. B. Genevois ; D. 1984. IR 483, obs. J.-P. Théron* • CE, 16 mars 1984, *Letellier : req. n° 44962.*

82. Date de prise en compte des faits par l'organisme d'appel. La commission disciplinaire d'appel doit prendre en compte les faits à la date à laquelle elle statue et non à la date à laquelle a statué l'organe disciplinaire de première instance. • CAA Bordeaux, 16 juill. 2013, *Ligue Midi-Pyrénées de football : req. n° 12BX01260 ; Dict. perm. dr. sport, Bull. n° 205, p. 11, obs. D. Rémy.*

83. Substitution de la décision d'appel à la décision de première instance. Dans le cadre d'un recours administratif préalable obligatoire que constitue la procédure d'appel devant l'organe disciplinaire d'appel en matière sportive, la procédure suivie devant cet organe et la décision prise par ce dernier se substituent entièrement à la procédure suivie devant l'organe disciplinaire de première instance et à la décision prise par ce dernier, purgeant ainsi les éventuels vices de procédure commis en première instance. • CE 26 déc. 2012, *Féd. fr. athlétisme,* req. n° 350833 : *JS 2013, n° 129, p. 9, obs. G. Durand ; Dict. perm. dr. sport, Bull. n° 198, p. 10, obs. D. Rémy.* ♦ .... dans la mesure où, en vertu du règlement disciplinaire applicable, la procédure d'appel présente les mêmes garanties pour le licencié que celles conduisant à la décision de première instance. • CAA Paris, 4 juill. 2013 : *préc. note 56.* V. également : • CE 11 mai 2016, *Touré,* n°s 388322, 388323, 388324 : *Lebon ; AJDA 2016. 984 ; JS 2016, n° 9, p. 9, obs. J. Mondou ; ibid. n° 19, p. 34, comm. C. Dudognon ; LPA 2016, n° 145, note A. Taibi ; Cah. dr. sport 2016, n° 45, p. 141, note F. Colin.*

84. Motivation de la sanction. Doit être annulée, pour défaut de motivation, la sanction disciplinaire prise par une fédération sportive à l'encontre d'un de ses licenciés, dès lors que la notification de cette décision ne comporte, contrairement aux exigences de l'art. 1er de la loi du 11 juill. 1979, aucun des motifs de droit et de fait qui constituent le fondement de la décision. • CE 3 févr. 1995, *Cornu : req. n° 123657* • CE 21 déc. 1994, *Assoc. sportive de Marzagues : préc. note 43.* ♦ ... ou dès lors qu'elle ne comporte que des motivations en fait et non en droit. • TA Marseille, 19 déc. 2007, *Assoc. Yankee Nord Marseille : préc. note 45* • CAA Douai, 14 déc. 2014, n° 14DA00203 : *Dict. perm. dr. sport 2016, Bull. n° 232, p. 6, obs. D. Rémy.*

85. Délai de prise de décision. Le délai de 6 mois dans lequel l'organe disciplinaire d'appel doit, selon le règlement disciplinaire type, rendre sa décision n'étant pas prescrit à peine de nullité, son dépassement est sans incidence sur la légalité de la sanction prononcée. • CAA Paris, 4 juill. 2013 : *préc. notes 56, 83 et 88.* ♦ V. aussi, pour décision faisant la distinction entre le délai imparti en première instance, prescrit à peine de nullité, et celui prévu en appel qui ne l'est pas : • TA Montreuil, 20 nov. 2012, *Talon : req. n° 1105481.*

86. Signature de la décision. Est irrégulière la décision infligeant une sanction disciplinaire qui, contrairement aux exigences posées par la loi du 12 avr. 2000 concernant les décisions prises par les autorités administratives, ne comporte ni la qualité, ni le nom, ni le prénom de la personne l'ayant signée. • TA Marseille, 19 déc. 2007, *Assoc. Yankee Nord Marseille : préc. note 45.* ♦ ... Alors même que le nom du président de séance figure sur la première page du procès-verbal de la réunion de la commission de discipline ayant pris la décision. • Même jugement.

87. Notification de la sanction. Sur l'absence d'opposabilité d'une sanction de suspension prise à l'encontre d'un joueur à qui cette sanction n'avait pas été notifiée : • CE 24 févr. 1989, *Assoc. Carpentras XIII : req. n° 76370.* ♦ ... Ou encore, sur l'impossibilité pour un règlement disciplinaire fédéral de déroger, sans limiter les garanties des droits de la défense, au règlement disciplinaire type des fédérations sportives agréées [annexe I-6 C. sport] en ce qu'il prévoit que les sanctions disciplinaires sont personnellement notifiées aux intéressés. • TA Nantes, 17 oct. 2006, *Assoc. Entente sportive : req. n° 041906.* ♦ V. cependant, considérant que la seule publication sur le site internet de la Fédération française de football des sanctions inférieures ou égales à 4 matchs de suspension est, eu égard à l'objet de cette décision de sanction, à la nature officielle et aux conditions de diffusion du site internet de la fédération et du logiciel « Foot 2000 », adaptée à l'ensemble des destinataires visés ou concernés par la sanction : • CAA Nantes, 31 déc. 2014, *SASP FC Nantes*, req. n° 14NT01945 : *JS 2015, n° 150, p. 8, obs. J. Mondou ; Dict. perm. dr. sport 2015, Bull. n° 220, p. 7, note D. Rémy ; LPA 2015, n° 105, note F. Rizzo.* ♦ Sol. confirmée par : • CE 11 mai 2016, *Touré*, n°s 388322, 388323, 388324 : *préc. note 83.*

88. Si le règlement disciplinaire dispose que la décision de l'organe disciplinaire est aussitôt notifiée à l'intéressé, la circonstance, il est vrai regrettable, que celle-ci n'ait été notifiée à l'intéressé que 2 mois après son prononcé est toutefois sans incidence sur sa légalité. • CAA Paris, 4 juill. 2013 : *préc. notes 56, 83 et 85.*

89. Conséquences d'une annulation pour vice de légalité interne en matière indemnitaire. Lorsque la matérialité des faits retenus à l'encontre de la personne poursuivie n'apparaît pas contestable, que ces faits étaient de nature à justifier une sanction, l'annulation de la décision attaquée pour vice de procédure n'est pas de nature à ouvrir droit à indemnisation au bénéfice de l'intéressé, eu égard en l'espèce à la gravité de la faute commise • TA Paris, 23 nov. 2004, *Chotard : req. n° 0213646-1.*

3° LÉGALITÉ INTERNE

90. Champ d'application territorial de la sanction. Aucune disposition législative ou réglementaire, ni aucun principe général du droit ne font obstacle à ce que les sanctions disciplinaires prononcées par une fédération sportive agréée dans l'exercice de ses prérogatives de puissance publique aient des effets en dehors du territoire national français et, en particulier, interdisent à un athlète de participer à des manifestations se déroulant en dehors dudit territoire, dès lors que sa participation était prévue en tant que licencié de ladite fédération. • TA Strasbourg, 6 avr. 2004, *Chouki c/ Féd. fr. athlétisme*, n° 03-04672 : *AJDA 2004. 1265, concl. P. Devillers .*

91. Sanction émanant d'une fédération internationale. Commet une erreur de droit le secrétaire général d'une fédération française qui, sans mettre en place une procédure disciplinaire dans le cadre des dispositions françaises applicables, se borne à entériner à l'égard d'un licencié français une sanction disciplinaire prise par une fédération internationale, association de droit privé, sans qu'aucune règle de droit public ne lui en fasse obligation. • TA Paris, 5 août 2004, *Ainaoui : préc. note 29.* ♦ V. aussi notes 35 et 36.

92. Personne sanctionnée. Une fédération sportive ne peut prononcer une sanction disciplinaire à raison de faits qui ont été commis par une personne qui, à la date à laquelle il est statué par l'organe compétent de la fédération, n'a plus la qualité de licenciée de cette fédération. • CE 4 nov. 1983, *Noulard : préc. note 25* • 26 oct. 1992, *Vincent : RJ éco. sport 1993, n° 25, p. 76, obs. S. Doumbé-Billé* • 25 mai 2010, *Stanislas : req. n° 332045.* ♦ Les fédérations délégataires ne tiennent d'aucune disposition législative le pouvoir d'infliger une sanction disciplinaire à des personnes qui prendraient part, sans être licenciées, aux compétitions pour lesquelles elles ont reçu délégation. • CE, 28 avr. 2014, *Fédération française de football :* req. n° 373051 : *Dict. perm. dr. sport 2014, Bull. n° 212, p. 1, note D. Rémy ; Cah. dr. sport 2014, n° 36, p. 161, note F. Colin ; LPA 2015, n° 103, chron. G. Rabu.* ♦ ... Alors même que les faits susceptibles de sanction présentent un caractère frauduleux et ont été commis avant l'expiration de la licence sportive dont l'intéressé était détenteur. • CAA Nantes, 4 juill. 2013, *Féd. fr. de tennis de table*, req. n° 12NT01439 : *D. 2014. Pan. 396, obs. J.-F. Lachaume .*

93. Principe constitutionnel de responsabilité personnelle. Le principe constitutionnel de responsabilité personnelle en matière pénale est applicable aux sanctions administratives et disciplinaires. • CE, ass. avis. cont., 29 oct. 2007, *SASP LOSC Lille Métropole : RJ éco. sport 2007, n° 85, p. 41, obs. Ros ; Gaz. Pal. janv.-févr. 2008. 263, concl. E. Prada-Bordenave.* ♦ Mais en mettant à la charge des clubs de football, qu'ils soient organisateurs d'une rencontre ou visiteurs, une obligation de résultat en ce qui concerne la sécurité dans le déroulement des rencontres et en prévoyant des sanctions disciplinaires en cas de méconnaissance de ces dispositions, en particulier en cas de désordres imputables aux supporters, les règlements de la fédération française de football sanctionnent ainsi la méconnaissance par les clubs d'une obligation qui leur incombe, de sorte que le principe constitutionnel de responsabilité personnelle n'est pas méconnu par lesdits règlements. • Même avis. ♦ Pour un jugement, antérieur à l'avis du Conseil d'État, ayant au contraire considéré que le principe constitutionnel de personnalité des peines, qui implique que nul n'est responsable que de son propre fait, fait obstacle à ce qu'une personne morale soit sanctionnée disciplinairement à raison d'agissements commis par des personnes physiques autres que ses dirigeants ou ses salariés, en l'espèce des supporters, V. • TA Paris, 16 mars 2007, *Sté Paris-Saint-Germain : Gaz. Pal. n° 153, juin 2007, comm. M. Benillouche et J. Zylberstein ; LPA 2007, n° 143, comm. J.-M. Marmayou.* ♦ Et, au contraire, pour des applications pratiques postérieures de cet avis, V. : • CAA Paris, 9 juin 2008, *FFF : req. n° 07PA01763.* • CAA Marseille, 14 oct. 2010, *Féd. fr. football,* req. n° 09MA00203 : *JS 2011, n° 107, p. 10, note G. Durand .* ♦ Retenant notamment que les règlements généraux de la Fédération française de football imposent aux clubs de football, qu'ils soient organisateurs d'une rencontre ou visiteurs, une obligation de résultat en ce qui concerne la sécurité dans le déroulement des rencontres mais que si un club visiteur ou jouant sur terrain neutre est notamment responsable, à l'occasion d'une rencontre, de l'attitude de ses supporters et, ce faisant, des désordres imputables à ceux-ci, il appartient à l'organisateur d'assurer la police du terrain et de prendre toutes mesures permettant d'éviter les désordres pouvant résulter, tant avant, pendant qu'après le match, de l'attitude de l'ensemble du public, y compris des supporters du club adverse. • CAA Marseille, 17 oct. 2016, n° 15MA01533 : *JS 2016, n° 169, p. 11, obs. J. Mondou .*

94. Exactitude matérielle des faits. Se fonde sur un grief qui n'est pas matériellement établi la sanction prise par un organe disciplinaire à l'encontre d'un coureur cycliste, dès lors que, compte tenu de la constitution et de l'âge du sportif, les résultats de l'analyse médicale ne pouvaient être regardés comme révélant avec certitude l'existence d'un dopage. • CE 22 mai 1992, *Sabatier,* req. n° 103527 : *Lebon T. 1331* . ♦ Pour des décisions disciplinaires reposant sur des faits matériellement exacts, V. : • CE 12 mai 1989, *Dufournier,* req. n° 88271 : *préc. note 7* • CE, sect., 5 mai 1995, *Burruchaga : préc. note 49* • TA Poitiers, 22 avr. 2015, n° 1401365 : *Dict. perm. dr. sport 2015, Bull. n° 224, p. 8, note J.-F. Lachaume.*

95. Principe de légalité des délits et des peines. Les règlements généraux de la Fédération française de basket-ball satisfont au principe énoncé à l'art. 8 de la Déclaration des droits de l'homme et du citoyen, dès lors que les sanctions disciplinaires applicables aux licenciés sont prévues par les textes et légales. • TA Paris, 7 nov. 1995, *Sonko : req. n° 9417393/6.* ♦ Mais dès lors que le règlement prévoit que telle sanction réprime telle faute, celle-ci ne peut être prononcée pour réprimer une autre faute, les textes répressifs étant d'interprétation stricte. • CE 10 juin 2011, *Féd. fr. football,* req. n° 327158 : *Dict. perm. dr. sport 2011, Bull. n° 180, p. 6, note D. Rémy.*

96. Le principe de légalité des délits et des peines appliqué au domaine disciplinaire n'exige pas une énumération précise et limitative des faits susceptibles d'avoir une coloration disciplinaire, de sorte que tout fait, qui s'analyse en un manquement aux règles de la discipline sportive générale ou spéciale, peut être qualifié de faute disciplinaire justifiant le prononcé d'une sanction. • CAA Lyon, 8 janv. 2015, n° 13LY02260 : *D. 2016. Pan. 510, obs. J.-F. Lachaume ; Cah. dr. sport 2015, n° 40, p. 154, note M. Peltier.* ♦ Le principe de légalité des délits et des peines implique que la sanction prononcée en cas de faute disciplinaire soit prévue, et donc énumérée, par le règlement disciplinaire. Mais le juge administratif admet qu'une sanction prononcée, quoique non formellement prévue par le règlement disciplinaire, n'est pas pour autant illégale dès lors qu'elle a les mêmes effets juridiques qu'une sanction prévue par le règlement disciplinaire. • Même arrêt.

97. Sanctions automatiques. Méconnaît le principe de nécessité des peines énoncé par l'article 8 de la Déclaration des droits de l'homme et du citoyen du 26 août 1789, ainsi que le principe d'individualisation des peines découlant du même article, et est donc illégale la disposition du règlement disciplinaire prévoyant l'automaticité de telle sanction à raison de la commission de tel fait, dans la mesure où elle interdit à l'autorité disciplinaire d'adapter, en tenant compte des circonstances propres à l'espèce, la répression à la gravité du manquement reproché, et qu'elle peut ainsi conduire au prononcé d'une sanction non proportionnée aux faits reprochés. • TA Besançon, 13 avr. 2011, *Pa-*

cati, req. n° 0800675 : *AJDA 2011. 1638, concl. A. Pernot*. ♦ Jugement annulé au motif que le principe d'individualisation des peines ne fait pas obstacle, par lui-même, à ce que le pouvoir réglementaire fixe des règles assurant une répression effective des infractions et n'implique pas davantage que la peine soit exclusivement déterminée en fonction de la personnalité de l'auteur de l'infraction. • CAA Nancy, 23 avr. 2012, *Féd. fr. football,* req. n° 11NC00980 : *AJDA 2012. 2131, comm. B. Valette*. ♦ ... A la condition, toutefois, qu'une sanction administrative ayant le caractère d'une punition ne puisse être appliquée que si l'autorité compétente la prononce expressément en tenant compte des circonstances propres à chaque espèce. • TA Nantes, 17 juin 2014, *Touré,* req. n°s 1401659, 1402812 et 1401735 : *JS 2014, n° 146, p. 10, obs. J. Mondou ; Dict. perm. dr. sport 2014, Bull. n° 214, p. 1, note D. Rémy ; JS 2015, n° 150, p. 8, note J. Mondou*. Solution confirmée en appel : • CAA Nantes, 31 déc. 2014, req. n°s 14NT01915, 14NT01945 et 14NT01946 : *JS 2015, n° 150, p. 8, obs. J. Mondou ; Dict. perm. dr. sport 2015, Bull. n° 220, p. 7, note D. Rémy ; LPA 2015, n° 105, note F. Rizzo ; Dict. perm. dr. sport 2015, Bull. n° 222, p. 12, obs. J.-F. Lachaume.* ♦ N'est pas contraire au principe d'individualisation des peines la sanction d'un match de suspension prononcée à l'encontre d'un joueur de football et consécutive à l'infliction de 3 avertissements au cours de différentes rencontres se déroulant sur une période de 3 mois, dans la mesure où le règlement disciplinaire de la fédération permet une discussion sur l'imputabilité effective des manquements reprochés et ouvre à l'organe disciplinaire compétent la possibilité de prendre en compte des circonstances propres à chaque espèce et de s'écarter, le cas échéant, de la sanction de référence prévue par le barème. • CE 11 mai 2016, *Touré,* n°s 388322, 388323 et 388324 : *Lebon ; AJDA 2016. 984*.

98. Pour un arrêt ayant considéré que les dispositions des règlements généraux de la Fédération française de basket-ball qui confèrent un caractère automatique, à la suspension pour un ou deux week-ends sportifs de tous les licenciés qui ont été sanctionnés de trois ou quatre fautes techniques au cours d'une même saison sportive, sans habiliter l'organe disciplinaire compétent à statuer sur l'imputabilité effective des fautes techniques ni lui permettre de tenir compte des circonstances propres à chaque espèce, méconnaissent le principe d'individualisation des peines qui découle de l'article 8 de la Déclaration des droits de l'homme et du citoyen (DDHC) : • CE, 21 oct. 2013, *Occansey,* req. n° 367107 : *JS 2013, n° 137, p. 9, obs. J. Mondou ; AJDA 2014. 810, comm. Ch. Dudognon ; Dict. perm. dr. sport 2013, Bull. n° 206, p. 1, obs. D. Rémy ; D. 2014. Pan. 396, obs. J.-F. Lachaume*. ♦ Inversement, les dispositions réglementaires de la Fédération française de football autorisent un joueur ayant fait l'objet d'une mesure d'un match de suspension automatique après avoir reçu trois avertissements en moins de trois mois, à faire valoir sa défense en présentant des observations sur lesdits avertissements et, le cas échéant, en demandant à comparaître devant l'organe compétent lequel, dès lors qu'une contestation a été formée à l'encontre d'un ou de plusieurs avertissements, peut ainsi rectifier les erreurs éventuelles ou entendre les intéressés. En conséquence, les règlements assurent, dans des conditions compatibles avec la nature et la fréquence de ces sanctions sportives mineures qui ne sont pas disproportionnées, le respect des droits de la défense, et ne sont dès lors pas entachées de contrariété avec le règlement disciplinaire type. • TA Nantes, 17 juin 2014, *Touré : préc. note 94.*

99. Erreur de droit. En infligeant à un licencié une sanction de suspension de l'autorisation de monter en concours hippique, la Fédération équestre française a commis une erreur de droit, dès lors qu'une telle sanction, prévue pour s'appliquer au seul cavalier selon les dispositions du règlement général, ne pouvait s'appliquer à l'intéressé qui avait la qualité de propriétaire du cheval. • CE 16 janv. 1985, *Bentejac,* req. n° 52654 : *Lebon 11.* ♦ En revanche, ne commet pas d'erreur de droit l'organe disciplinaire qui, pour sanctionner un dirigeant de club d'une suspension de toutes fonctions officielles, sanction inapplicable aux « éducateurs et dirigeants se trouvant sur le banc de touche » selon le règlement sportif de la ligue, retient que les faits se sont produits postérieurement à la rencontre. • CE 12 mai 1989, *Dufournier : préc. note 75.*

100. Une sanction disciplinaire de suspension de compétition fait obstacle à ce que l'intéressé puisse participer à des compétitions françaises sous couvert d'une licence étrangère, de sorte que cette sanction, qui a été édictée au regard de règles dont le respect constitue une exigence impérieuse d'intérêt général, ne méconnaît pas, dès lors, la liberté de prestation de services au sein de l'Union européenne. • CAA Lyon, 31 mai 2012, *Féd. fr. équitation,* req. n° 11LY02776 : *JS 2012, n° 122, p. 9*.

101. Qualification juridique des faits. N'est pas de nature à justifier une sanction disciplinaire, dès lors que l'intéressé n'était pas animé d'une volonté de nuire aux intérêts de la fédération (Fédération française d'études et de sports sous-marins), le fait de susciter la création d'une association autonome pour la discipline de nage en eaux vives et de favoriser son affiliation à une autre fédération sportive (Fédération française de canoë-kayak). • CE 10 mai 1995, *Gauthier : req. n° 122401.* ♦ ... Le fait d'émettre de simples critiques sur le fonctionnement de la fédération. • CE 22 oct. 1993, *Lorentz :*

D. 1995. Somm. 58, obs. J.-P. Karaquillo ✎. ♦ ... Le fait de se présenter irrégulièrement à une élection interne. • CE 22 oct. 1993, *Lorentz : préc.* ♦ ... Le fait d'adresser aux membres du comité directeur fédéral et aux présidents des ligues régionales la copie d'une lettre mettant en cause la politique et les méthodes du comité directeur à propos du découpage géographique des ligues et contestant la cohérence des choix ainsi faits et la compétence de leurs auteurs. • CE 8 juin 1988, *Gaude : Lebon T. 1035.* ♦ ... Malgré leur caractère véhément, les dénonciations faites aux autorités de tutelle et au Comité national olympique et sportif français par le président honoraire d'une fédération sportive délégataire, concernant des dysfonctionnements affectant ladite fédération. • TA Versailles, 16 mai 1995, *Tugault : D. 1997. Somm. 183, obs. J.-Cr. Breillat* ✎.

102. Ne constitue pas non plus une faute disciplinaire, le fait, pour l'intéressé, de réagir, par voie de presse, à des critiques publiques dont il a fait l'objet. • CE 11 mai 1984, *Pebeyre : préc. note 28.* ♦ ... Le fait d'engager des poursuites judiciaires contre le président d'une fédération, cette initiative s'analysant en l'exercice d'un droit appartenant à tout citoyen. • CE 11 mai 1984, *Pebeyre : préc. note 28.* ♦ ... À condition toutefois que cette action en justice ne revête pas un caractère abusif. • CE 11 mai 1984, *Pebeyre : préc. note 28.*

103. De même, ne sont pas de nature à justifier une sanction disciplinaire ni la violation de la charte du sportif de haut niveau, qui ne présente aucun caractère réglementaire faute d'avoir été intégrée au règlement intérieur de la fédération et à laquelle l'intéressée n'a pas adhéré contractuellement à titre individuel, ni les accusations portées par voie de presse à l'encontre du directeur technique national, les dispositions du règlement intérieur fédéral ne prévoyant pas la mise en œuvre d'une procédure disciplinaire pour ces agissements. • TA Versailles, 3 mai 1995, *Tauota-Iskin : req. n° 94551.*

104. Constitue une faute disciplinaire le fait de masquer, sur le maillot de l'équipe nationale, le logo du sponsor fédéral. • TA Châlons-en-Champagne, 12 mars 2009, *Chabot : req. n° 070425.*

105. Le refus d'un Président de Comité régional de produire à la fédération les pièces comptables dudit comité est constitutif d'une faute personnelle de ce dernier, de nature à justifier le prononcé d'une sanction disciplinaire à son encontre. • TA Montreuil, 20 nov. 2012, *Talon : req. n° 1105481.*

106. S'agissant de faits, même à caractère sportif, sans relation avec la pratique fédérale, les organes disciplinaires fédéraux n'ont pas compétence pour prononcer une sanction disciplinaire. • CAA Marseille, 21 mai 2007, *Féd. fr. d'études et sports sous-marins : req. n° 5MA03313.*

107. Une ligue régionale ne peut, dès lors que les intérêts du service public dont elle a la charge par délégation ne sont pas en jeu, utiliser son pouvoir disciplinaire pour tirer les conséquences des violations, par les dirigeants d'une association sportive affiliée à la fédération, des dispositions statutaires de cette association. • TA Lyon, 13 juill. 2000, *Soucheleau : req. n°s 0001257 et 0001258.*

108. Ne constitue pas une faute disciplinaire pour un club le fait d'avoir aligné un joueur sous le coup d'une suspension alors que, selon les informations fournies par la fédération elle-même sur son site Internet ainsi que sur la note adressée aux clubs reprenant, en début de saison, les suspensions restant à purger, le joueur en question, qui venait d'être recruté par le club en question, ne figurait pas sur lesdits documents et dès lors qu'aucun autre élément du dossier ne permettait d'établir que ni le club ni le joueur n'étaient en mesure de penser que ce dernier se trouvait encore sous le coup d'une mesure de suspension. • CE 15 juill. 2004, *AS Cannes et a. : Cah. dr. sport 2005, n° 1, p. 126, note F. Rizzo.*

109. Faits de dopage. Pour la jurisprudence en matière de répression disciplinaire du dopage, V. notes ss. art. L. 232-21 et L. 232-22.

110. Quantum de la sanction. L'erreur manifeste d'appréciation dans la détermination de la sanction est de nature à entraîner l'annulation de celle-ci par le juge. • CE 22 oct. 1993, *Lorentz,* req. n° 109076 : *D. 1995. Somm. 58, obs. J.-P. Karaquillo* ✎.

111. Compte tenu des objectifs assignés aux fédérations sportives par le législateur, il appartient ainsi à ces dernières, lorsqu'elles font usage, à l'encontre de l'un de leurs licenciés, du pouvoir disciplinaire dont elles disposent pour infliger une sanction à raison de manquements au respect des règles techniques et déontologiques définies par leurs statuts, d'assurer la protection des autres licenciés et de garantir l'honorabilité de la pratique du sport dont elles ont la charge, de tenir compte, dans leur appréciation, des effets de la sanction envisagée sur l'éducation, l'intégration et la vie sociale de l'intéressé. • CE 28 nov. 2007, *Féd. fr. de judo, kendo, ju-jitsu et disciplines associées : RJ éco. sport 2008, n° 87, p. 81, note J.-F. Lachaume* ✎.

112. Une personne licenciée et membre d'un comité directeur fédéral est fondée à demander l'annulation d'une sanction de radiation prise à son encontre, dès lors qu'une telle sanction, bien que justifiée dans son principe par l'attitude de l'intéressée, est excessive eu égard à la gravité de la faute commise. • CE 13 mars 1987, *Le Sain : préc. note 57.* ♦ Dans le même sens, V. : • CE 22 oct. 1993, *Lorentz : préc. note 101* • 29 juill. 1994, *Vachon : préc. note 49.* ♦ Pour une sanction disciplinaire (amende) ne présentant pas un caractère excessif au regard de la faute commise, en l'espèce le fait, pour le propriétaire d'un cheval engagé dans un concours, d'avoir frauduleusement remplacé ce cheval par un autre, V. : • CE 16 janv. 1985, *Bentejac : préc. note 99.*

113. Présente un caractère manifestement disproportionné la radiation prononcée à l'encontre d'un licencié reconnu pénalement coupable par ailleurs d'agressions sexuelles sur mineurs, compte tenu notamment du jeune âge de l'intéressé à l'époque des faits et du caractère définitif de la sanction, et donc de son impact sur la réinsertion sociale de l'intéressé alors que d'autres sanctions, de nature à protéger les intérêts de la fédération et de ses adhérents, étaient prévues par son règlement disciplinaire. • CE 28 nov. 2007, *Féd. fr. de judo, kendo, ju-jitsu et disciplines associées : préc. note 111.*

114. Ne présente pas un caractère disproportionné la mesure de suspension automatique d'un match infligée à un joueur de football ayant reçu trois avertissements en moins de trois mois. • TA Nantes, 17 juin 2014, *Touré,* req. n°s 1401659, 1402812 et 1401735 : *préc. note 97.*

115. Non bis in idem. Une même personne ne peut être sanctionnée deux fois à raison des mêmes faits. • TA Versailles, 16 mai 1995, *Tugault : préc. note 101.* ♦ En revanche, en mentionnant dans sa décision qu'une sanction disciplinaire de suspension de compétition fait obstacle à ce que l'intéressé puisse participer à des compétitions françaises sous couvert d'une licence étrangère, une commission disciplinaire, qui n'a fait que préciser la portée exacte de la sanction prononcée, n'a pas infligé à l'intéressé une deuxième sanction, qui serait dépourvue de base légale. • CAA Lyon, 31 mai 2012, *Féd. fr. équitation : préc. note 66.* ♦ En revanche, la suspension du terrain assortie d'un huis clos total infligée à un club doit être regardée, dans les circonstances de l'espèce, comme une seule et même sanction infligée à raison de l'ensemble des faits retenus, d'un degré de gravité différent de celui de chacune des sanctions de suspension de terrain et de huis clos total, prises isolément l'une de l'autre, le règlement applicable prévoyant du reste expressément la possibilité de cumuler ces sanctions. • CAA Marseille, 17 oct. 2016, n° 15MA01533 : *JS 2016, n° 169, p. 11, obs. J. Mondou.*

116. Détournement de pouvoir. La seule circonstance que la sanction infligée à un joueur professionnel ait pénalisé le club employeur ne permet pas d'établir l'existence d'un détournement de pouvoir. • TA Paris, 7 nov. 1995, *Sonko : préc. note 95.*

117. Sanction déguisée. Revêt le caractère d'une sanction déguisée prise en dehors des garanties de la procédure disciplinaire la décision par laquelle la Fédération française d'haltérophilie-musculation, de culturisme et de force a refusé de sélectionner une athlète pour des championnats d'Europe, dès lors que ladite décision est intervenue dans le seul but de sanctionner la démarche de l'intéressée tendant à la dénonciation par voie de presse du comportement du directeur technique national et non dans l'exercice, par la fédération, de son pouvoir de sélection. • TA Versailles, 3 mai 1995, *Tauota-Iskin : req. n° 935903.*

118. Amnistie. Un membre d'une fédération sportive sanctionné par celle-ci à la suite d'une procédure disciplinaire est fondé à demander l'annulation de la décision prise par l'organe disciplinaire fédéral lui refusant le bénéfice de l'amnistie, dès lors que les faits sanctionnés ne constituent pas des manquements à la probité, aux bonnes mœurs ou à l'honneur. • CE 1er déc. 1993, *Taillefer : req. n° 114425.*

119. Ne constituent pas des manquements à la probité, aux bonnes mœurs ou à l'honneur, le fait, pour un dirigeant sportif, d'avoir transporté dans le coffre de sa voiture des armes et munitions en revenant des championnats départementaux de tir avec des jeunes tireurs de son club. • CE 25 sept. 1995, *Pieroni : préc. note 47.* ♦ ... Le fait, pour un membre d'une fédération, d'avoir publié par voie de presse plusieurs articles critiquant les positions d'un comité départemental et d'avoir refusé d'appliquer certaines de ses décisions. • CE 22 oct. 1993, *Thibault : req. n° 105395.* ♦ ... Le fait, pour un directeur technique d'une ligue régionale, d'être intervenu de façon agressive et injurieuse envers un arbitre. • CE 28 juill. 1989, *Hernandez : préc. note 57.*

120. Une sanction disciplinaire ayant fait l'objet d'une mesure d'amnistie ne peut être rappelée à l'occasion d'une procédure ultérieure que si cela est nécessaire à l'exercice des droits de la défense. • Crim. 19 juin 2007 : *pourvoi n° 06-87.340.*

121. Annulation d'une sanction et sort des pénalités sportives. La seule circonstance de l'absorption d'une substance prohibée, certes dans le cadre d'une prescription médicale, mais en violation des règles imposant une déclaration préalable, est de nature à justifier sa disqualification, même dans l'hypothèse où la sanction disciplinaire prononcée à raison des mêmes faits est annulée par le juge en ce qu'elle est manifestement disproportionnée. • TA Marseille, 12 juill. 2007, *Cirone : req. n° 0609182.*

Art. L. 131-8-1 *(L. n° 2012-158 du 1er févr. 2012, art. 1er)* **Chaque fédération sportive agréée établit une charte éthique et veille à son application. Le contenu, les modalités d'entrée en vigueur et les conditions d'application de cette charte sont définis par décret pris après avis du Comité national olympique et sportif français.**

COMMENTAIRE

La proposition de loi visant à préserver l'éthique du sport, à renforcer la régulation et la transparence du sport professionnel et à améliorer la compétitivité des clubs (dans sa version issue des travaux du Sénat en première lecture), prévoit que les fédérations devront, au plus tard le 31 décembre 2017, instituer en leur sein un comité, doté d'un pouvoir d'appréciation indépendant et habilité à saisir les organes disciplinaires compétents, chargé de veiller à l'application de cette charte et au respect des règles d'éthique, de déontologie, de prévention et de traitement des conflits d'intérêts. ❑

Art. L. 131-9 **Les fédérations sportives agréées participent à la mise en œuvre des missions de service public relatives au développement et à la démocratisation des activités physiques et sportives.**

Elles ne peuvent déléguer tout ou partie de l'exercice des missions de service public qui leur sont confiées si ce n'est au bénéfice des ligues professionnelles constituées en application de l'article L. 132-1.

Toute convention contraire est réputée nulle et non écrite. – *[L. n° 84-610 du 16 juill. 1984, art. 1er, al. 4, et art. 16, al. 18.]*

COMMENTAIRE

V. commentaire ss. art. L. 131-11. ❑

Art. L. 131-10 **Les fédérations agréées peuvent exercer les droits reconnus à la partie civile en ce qui concerne les infractions portant un préjudice direct ou indirect aux intérêts collectifs de leurs licenciés et de leurs associations sportives.** – *[L. n° 84-610 du 16 juill. 1984, art. 17, al. 9.]*

1. La corruption de sportifs professionnels est de nature à causer directement un préjudice aux fédérations sportives dont ils relèvent, ainsi qu'à leurs organes délégataires, lesquels ont pour mission de veiller à la régularité des compétitions qu'ils organisent, et au respect des règles techniques et déontologiques de leurs disciplines ; par suite, doit être cassé l'arrêt qui a déclaré irrecevables les constitutions de partie civile de la Fédération française de football et de la Ligue nationale de football tendant à la réparation du préjudice causé par des faits de corruption active et passive et de complicité de corruption. • Crim. 4 févr. 1997 : *Bull. crim. n° 60.* ♦ Pour une solution identique s'agissant des délits de faux, abus de confiance et délits connexes commis par les dirigeants d'un groupement sportif, dans le cadre de sa gestion, et se rapportant notamment au transfert et au droit à l'image des joueurs. • Crim. 15 mai 1997 : *Bull. crim. n° 185.* ♦ V. également : • Crim. 8 janv. 2003 : *pourvoi n° 02-81.977* (déclarant recevable la constitution de partie civile de la Ligue nationale de basket-ball pour des infractions commises par des dirigeants d'un club professionnel).

2. En revanche, justifie sa décision la cour d'appel qui, pour déclarer irrecevables les constitutions de partie civile de la Fédération française de football et de la Ligue nationale de football, énonce que les infractions dénoncées (injures raciales) constituent des actes intentionnels ayant atteint personnellement les joueurs qui ont été victimes de ces infractions et que la Fédération française de football et la Ligue nationale de football ne tiennent d'aucune disposition de la loi le droit de poursuivre la réparation du trouble que causent de telles infractions aux intérêts généraux de la société dont, contrairement à ce que soutiennent les demanderesses, les intérêts matériels et moraux des associations qu'elles représentent ne peuvent être distingués. • Crim. 2 sept. 2003 : *RJ éco. sport n° 71, 2004. 58, obs. A. Lacabarats.*

3. Sur l'intérêt à agir au contentieux des fédérations, V. notes ss. art. L. 131-1.

4. Sur les constitutions de partie civile par le Comité national olympique et sportif français (CNOSF), V. art. L. 141-2.

Art. L. 131-11 **Les fédérations agréées peuvent confier à leurs organes nationaux, régionaux ou départementaux une partie de leurs attributions conformément aux dispositions obligatoires prévues au deuxième alinéa** *(L. n° 2014-873 du 4 août 2014, art. 63-II)* **« du I » de l'article L. 131-8. Elles contrôlent l'exécution de cette mission et ont notamment accès aux documents relatifs à la gestion et à la comptabilité de ces organes.** – *[L. n° 84-610 du 16 juill. 1984, art. 16, al. 14.]*

BIBL. ▸ Comité régional/départemental : le grand inconnu du mouvement sportif, Dossier, *JS 2013, n° 135, p. 17* s. – B. DAVID, Comités départementaux et régionaux (des fédérations sportives), *in Dict. jur. du sport, Dalloz, Juriséditions, 2013, p. 82.* – J.-C. BREILLAT, Le comité :

éléments d'identification et de compréhension, *JS 2013, n° 135, p. 17*. – D. Rémy, La réforme territoriale s'invite dans les fédérations sportives, *Dict. perm. dr. sport 2015, Bull. n° 228/229, p. 1*. – J.-F. Lachaume, Aspects juridiques des relations entre fédérations sportives et comités, *JS 2013, n° 135, p. 19*. – C. Morain, L'exercice du pouvoir normatif : de la délégation à la subdélégation, *JS 2013, n° 135, p. 25*.

COMMENTAIRE

Les comités régionaux et départementaux sont des organismes qui ont une double nature juridique. Constitués pour la quasi-totalité (il est toutefois légalement possible qu'ils ne soient pas dotés de la personnalité morale) sous la forme d'associations type loi de 1901, ils forment ainsi des personnes morales juridiquement autonomes. Mais en tant qu'organismes déconcentrés de la fédération constitués par elle, ils n'existent en tant que comité régional ou départemental que par la volonté de celle-ci. En tout état de cause, il est fondamental de bien saisir que ces comités ne sont pas membres de la fédération ; ils *sont* la fédération dans leurs ressorts territoriaux respectifs, dans les limites des compétences que celle-ci leur a déléguées. La confusion est souvent causée par le fait que les membres de la fédération situés dans les ressorts territoriaux de ces comités sont également membres de ceux-ci. Par ailleurs, matériellement, les comités sont généralement le lieu où se déroulent les désignations (par voie élective) des représentants des membres de la fédération (associatifs ou autres) à l'assemblée générale fédérale. Dès lors, ces représentants sont souvent perçus comme ceux des comités alors qu'ils sont ceux des membres « de base ».

Au demeurant, la logique même de la déconcentration qui fonde les relations entre la fédération et ses structures régionales et départementales induit que lorsque celles-ci sont dotées de la personnalité morale, leurs membres sont les mêmes que ceux de la fédération, c'est-à-dire pour l'essentiel les associations locales affiliées à la fédération et dont le siège social se situe sur le territoire considéré. En d'autres termes, de même que les comités régionaux et départementaux ne sont pas membres de la fédération, les comités départementaux ne sauraient être membres des structures régionales, même si le code du sport mériterait d'être plus explicite sur ce point.

Enfin, une apparente contradiction est à relever entre l'article L. 131-11 qui dispose que les fédérations peuvent confier à leurs organes nationaux, régionaux ou départementaux une partie de leurs attributions et l'article L. 131-9 qui indique que, hors le cas particulier des ligues professionnelles, les fédérations ne peuvent déléguer tout ou partie des missions de service public qui leur sont confiées. Or, il faut sans doute considérer que les comités régionaux et départementaux ne sont pas visés par l'interdiction formulée à l'article L. 131-9 dans la mesure où, précisément, bien que constitués en associations autonomes, leur nature d'organismes déconcentrés fait que les missions qui leur sont confiées par les fédérations ne sont pas déléguées « à l'extérieur » mais restent exercées par des organes internes de celles-ci.

Dans le cadre de la réforme territoriale issue de la loi du 7 août 2015 portant nouvelle organisation territoriale de la République, le ministère chargé des sports exige des fédérations sportives que celles-ci aient procédé au plus tard le 31 décembre 2017 à leur propre réforme territoriale en fusionnant certaines de leurs structures régionales déconcentrées de façon à ce que leurs ressorts territoriaux correspondent au nouveau découpage administratif de l'État (cf Courrier du 16 juill. 2015 du ministre chargé des sports aux présidents de fédération sportive). ❑

1. Sur la nature déconcentrée des comités régionaux et départementaux des fédérations sportives qui, bien qu'étant constitués sous forme d'associations de la loi de 1901 ne sont pas membres des fédérations à la différence des associations sportives, V. • TGI Créteil, 20 sept. 2016, *Comité Île-de-France de lutte :* n° 5/03244. V. également, • TGI Bobigny, réf., 16 janv. 2015, n° 14/02062.

2. Sur la légalité de la décision d'une fédération sportive de ne pas créer une structure déconcentrée sur un territoire correspondant aux services déconcentrés du ministre chargé des sports (un district de football en l'espèce), V. : • Paris, 17 avr. 2015, n° 11/10375 : *JS 2015, n° 154, p. 9, obs. J. Mondou ; Dict. perm. dr. sport 2015, Bull. n° 223, p. 12, obs. A. Renard.* ♦ V. toutefois, le juge du fond ne pouvant se contenter de constater l'absence d'opposition du ministre chargé des sports pour justifier de la non-création d'un district, il lui appartenait d'apprécier les motifs invoqués par la fédération : • Civ. 1re, 22 sept. 2016, n° 15-20.185 : *Dict.perm. dr. sport 2016, Bull. n° 238, p. 9, obs. A. Renard.*

3. Sur l'existence d'un mandat de représentation confié par une fédération à une de ses ligues régionales, V. : • CE 18 nov. 2011, *Ligue d'escrime du Languedoc-Roussillon*, req. n° 343117 : *AJDA 2012. 399*.

4. La mise en place d'une mesure de tutelle fédérale en cas de manquement grave, par une structure déconcentrée régionale, aux règles financières ou juridiques ne présente pas un caractère disciplinaire, rien n'interdisant à une association de prévoir dans ses statuts et notamment dans ses rapports avec une instance fédérale, le recours en cas de difficultés rencontrées, à une mesure de tutelle V. : • TGI Bobigny, réf., 16 janv. 2015, n° 14/02062.

5. La décision d'une fédération sportive de mettre fin à la délégation dont bénéficiait jusqu'alors un de ses comités départementaux revêt un caractère réglementaire et non disciplinaire et n'a au demeurant pas à être motivée en application de la loi du 11 juillet 1979. • CE 7 mars 2005, *Comité départemental de la Corse-du-Sud de basket-ball : req. n° 234942.*

6. Le refus d'un président de comité régional de produire à la fédération les pièces comptables dudit comité est de nature à justifier le prononcé d'une sanction disciplinaire à l'encontre de ce dernier. • TA Montreuil, 20 nov. 2012, *Talon : req. n° 1105481.*

7. Lorsque la fédération, en l'espèce son assemblée générale, a procédé à la suppression d'une ligue régionale, cette dernière doit, en tant qu'association dotée de la personnalité juridique, en tirer les conséquences et prononcer sa dissolution, son objet social ayant disparu. En l'absence d'une telle dissolution, le juge judiciaire peut prononcer la dissolution judiciaire de la ligue régionale. • TGI Basse-Terre, 22 mai 2014, n° 14/00291 : *JS 2014, n° 144, p. 9, obs. J. Mondou ; Dict. perm. dr. sport 2014, Bull. n° 213, p. 6, note D. Rémy.*

8. Une fédération peut imposer à ses membres, et par voie de conséquence à ses structures déconcentrées, des prescriptions statutaires obligatoires, celles-ci n'étant toutefois pas d'applicabilité directe et devant être intégrées dans leurs statuts respectifs, le cas échéant sous peine de sanctions • Civ. 1re, 7 mai 2008, *FNATH :* n° 05-18.532.

9. Sur la décision d'une fédération sportive d'exclure de son assemblée générale les délégués issus d'une ligue régionale au motif que celle-ci n'a pas mis ses statuts en adéquation avec les prescriptions fédérales, V. : • Paris, 1er avr. 2015, n° 14/09309 : *Dict. perm. dr. sport 2015, Bull. n° 223, p. 11, obs. A. Ralon.*

10. Les délégués élus par l'assemblée générale d'un comité régional ne représentent pas celui-ci en tant que tel à l'assemblée générale de la fédération mais les associations situées sur son ressort territorial. En conséquence, un comité régional n'a pas qualité pour agir en contestation de la décision de la fédération d'exclure lesdits délégués de l'assemblée générale fédérale : • TGI Créteil, 20 sept. 2016, *Comité Île-de-France de lutte :* n° 14/02062.

Art. L. 131-12 **Des personnels de l'État ou des agents publics rémunérés par lui peuvent exercer auprès des fédérations agréées des missions de conseillers techniques sportifs, selon des modalités définies par décret en Conseil d'État.** *(L. n° 2015-1541 du 27 nov. 2015, art. 23)* **« Les fédérations peuvent, au titre de ces missions, leur verser des indemnités, dans des limites et conditions fixées par décret.**

« Pendant la durée de leurs missions, les conseillers techniques sportifs restent placés, selon les cas, sous l'autorité hiérarchique exclusive du ministre chargé des sports ou du chef de service déconcentré dont ils relèvent. Ils ne peuvent être regardés, dans l'accomplissement de leurs missions, comme liés à la fédération par un lien de subordination caractéristique du contrat de travail au sens du livre II de la première partie du code du travail.

« Pour l'exercice de leurs missions et par dérogation à l'article 3 de la loi n° 83-634 du 13 juillet 1983 portant droits et obligations des fonctionnaires, lorsqu'ils ont la qualité de fonctionnaires, ces agents, lorsqu'ils exercent les missions de directeur technique national, de directeur technique national adjoint ou d'entraîneur national, peuvent être détachés sur contrat de droit public, dans les emplois correspondants, dans les conditions et selon les modalités fixées par le décret prévu au premier alinéa du présent article. » – *[L. n° 84-610 du 16 juill. 1984, art. 16, al. 15, 2e phrase.]*

V. aussi Circ. n° 2011-37 du 28 janv. 2011 relative aux modalités d'intervention des personnels exerçant les missions de conseillers techniques sportifs (CTS) auprès des fédérations sportives (BOJS, du 31 janv.).

BIBL. ► M. CARIUS, Les cumuls d'activités, *JCP Adm. 2009, n° 4, p. 71* ; Mise à disposition des agents publics *in Dict. jur. du sport, Dalloz, Juriséditions, 2013, p. 236*. – G. SIMON, Les conseillers techniques sportifs : un statut bien particulier, *AJFP 2010. 281*. – Conseillers techniques sportifs (CTS), *in Dict. perm. dr. sport (mise à jour périodique)*.

1. Nature juridique du lien avec la fédération. V. note 22 ss. art. L. 1242-2 C. trav., App., v° *Travail.*

2. Compétence juridictionnelle. Dès lors que l'intéressé n'est jamais sorti des missions définies par le code du sport et précisées par sa lettre de mission, et que ses relations avec la fédération sont également restées dans le cadre des « relations fonctionnelles » mentionnées à l'article R. 131-20 du code du sport, l'éviction d'un directeur technique national relève de la compétence du juge administratif et non du conseil de prud'hommes. • Paris, 30 janv. 2014, *Féd. fr. de parachutisme : req. n° 13-04980.*

3. Refus du ministre de mettre fin au placement auprès d'une fédération. Doit être rejetée la requête d'une fédération dirigée contre le refus du ministre de mettre fin au placement auprès d'elle d'un conseiller technique sportif, dès lors que la fédération n'établit ni l'existence d'un conflit durable entre ses instances et l'intéressé, ni le caractère déloyal de la manière de servir de ce dernier, ni davantage le caractère préjudiciable aux intérêts de la fédération de ses activités exercées à titre privé et bénévole pour le compte d'une association. • CAA Paris, 31 déc. 2015, n° 14PA04943 : *JS 2016, n° 161, p. 10, obs. J. Mondou ; Dict. perm. dr. sport 2016, Bull. n° 231, p. 8, note D. Rémy.*

Art. L. 131-13 **Les fédérations agréées peuvent conclure, au profit de leurs associations affiliées ou de certaines catégories d'entre elles et avec l'accord de celles-ci, tout contrat d'intérêt collectif relatif à des opérations d'achat ou de vente de produits ou de services.**

Les contrats mentionnés au premier alinéa ne peuvent être conclus sans appel préalable à la concurrence. Leur durée est limitée à quatre ans. – *[L. n° 84-610 du 16 juill. 1984, art. 16, al. 16 et 17.]*

COMMENTAIRE

Pour les dispositions particulières aux contrats d'assurance, V. art. L. 321-5.

Pour les dispositions particulières aux contrats d'exploitation des droits audiovisuels des manifestations sportives, V. art. L. 333-2.

Si une fédération, qui est une association, n'est pas soumise au code des marchés publics, elle a cependant une obligation de mise en concurrence lorsqu'elle conclut un contrat au profit de ses associations affiliées. • Paris, 15 nov. 2010, *Dupré c/ Ministère public : req. n° 09-09961.* ♦ Elle est également soumise à cette obligation de mise en concurrence lorsqu'elle passe un contrat pour son fonctionnement interne. • Même arrêt.

SECTION III FÉDÉRATIONS DÉLÉGATAIRES

COMMENTAIRE

La délégation est, après l'agrément, l'étape supérieure dans le degré de reconnaissance des fédérations sportives par l'État. Seules peuvent être ainsi « délégataires de pouvoirs » les fédérations qui ont, au préalable, reçu l'agrément ministériel. Mieux, une seule fédération par discipline est susceptible de recevoir la délégation alors qu'il peut y en avoir plusieurs à être agréées. Ceci explique que seules les fédérations unisport peuvent prétendre à la délégation (environ 75 fédérations sont titulaires de la délégation). Il est à noter que la délégation est accordée aux fédérations, mais par disciplines exhaustivement énumérées.

L'objet de cette délégation est, selon l'article L. 131-15 de la loi, de permettre aux fédérations concernées d' « organiser les compétitions sportives à l'issue desquelles sont délivrés les titres internationaux, nationaux, régionaux ou départementaux, procéder aux sélections correspondantes et proposer l'inscription sur les listes de sportifs, d'entraîneurs, d'arbitres et de juges de haut niveau, sur la liste des sportifs Espoirs et sur la liste des partenaires d'entraînement ».

Le concept de la délégation dans la loi du 16 juillet 1984 a pris le relais de ceux, finalement très voisins, d'habilitation à organiser les compétitions sportives régionales, nationales et internationales, à attribuer les titres régionaux et nationaux et à opérer les sélections correspondantes (L. n° 75-988 du 29 oct. 1975, *JO 30 oct.*) et de délégation du pouvoir d'organiser les compétitions sportives entre associations, ligues ou comités régionaux, fédérations et groupements divers ou entre joueurs ou athlètes, ayant pour objet de désigner une association, une équipe, un joueur ou un athlète comme vainqueur national ou régional ou comme représentant de la France ou d'une région dans les épreuves internationales (Ord. n° 45-1922 du 28 août 1945, *JO 29 août*).

Une constante demeure : la fiction juridique qui consiste à déléguer aux organismes privés que sont les fédérations une compétence qu'ils détiennent de fait et en droit depuis déjà fort longtemps en dehors de toute intervention de l'État. En d'autres termes, l'État prend pour immédiatement redonner. A cet égard, un exemple frappant a été fourni par la Fédération française d'haltérophilie, musculation et disciplines associées. Suite à sa liquidation judiciaire en 1998, le ministère chargé des sports aurait dû reprendre normalement la gestion de ces disciplines « en régie directe », le délégataire ayant disparu. Il n'en a naturellement rien été et, dans l'attente de la reconstruction d'une fédération, c'est une commission interne du CNOSF qui a géré cette discipline avec toutes les prérogatives, sinon en droit, du moins en fait, d'une fédération délégataire. Cet épisode a d'ailleurs conduit le législateur à prévoir formellement le cas par l'ajout de l'article 19-1 A à la loi (art. L. 131-19 C. sport).

La délégation de pouvoirs confère en fin de compte, sur le territoire français, un monopole légal aux fédérations sur les matières déléguées, lequel conforte le monopole de fait dont elles bénéficient naturellement en raison de l'organisation pyramidale du mouvement sportif français et international. Ce monopole constitue l'exemple type de la prérogative de puissance publique et, en conséquence, le régime juridique de ces fédérations, et donc des actes qu'elles édictent dans ce cadre, s'est très fortement publicisé sous l'action conjuguée de la loi et de l'action prétorienne du juge.

Signalons enfin que les pouvoirs des fédérations délégataires en matière d'édiction de normes concernant les équipements sportifs (meubles ou immeubles) sont encadrés par un important avis du Conseil d'État du 20 novembre 2003 (req. n° 369474), (V. note 1 ss. art. L. 131-16, et comm., ss. chap. II, titre Ier, livre III).

Aujourd'hui, au 1er février 2016, ce sont 73 fédérations qui sont délégataires (dont 28 olympiques et 2 paralympiques) pour l'olympiade 2013-2016, par l'effet de trois arrêtés initiaux du 31 décembre 2012 (*JO 3 janv. 2013*), puis de divers arrêtés complémentaires (Arr. du 8 févr. 2013, *JO 1er mars*, Arr. du 22 mai 2013, *JO 4 juin*, Arr. du 24 juin 2014, *JO 4 juill.*, Arr. du 18 juill. 2014, *JO 25 juill.*, Arr. du 18 juill. 2014, *JO 14 août*, Arr. 14 déc. 2015, *JO 17 déc.*), auxquelles il convient d'en ajouter trois autres (Arr. du 29 déc. 2014, *JO 14 janv. 2015*), qui fonctionnent sur le cycle des Jeux olympiques d'hiver. Ces 78 fédérations délégataires représentent environ les trois quarts des fédérations agréées. ❑

Art. L. 131-14 Dans chaque discipline sportive et pour une durée déterminée, une seule fédération agréée reçoit délégation du ministre chargé des sports.

Un décret en Conseil d'État détermine les conditions d'attribution et de retrait de la délégation, après avis du Comité national olympique et sportif français. — *[L. n° 84-610 du 16 juill. 1984, art. 17, al. 1er et 4.] — V. art. R. 131-25.*

BIBL. ▸ J. Bérenger, Sélection sportive, *in Dict. jur. du sport, Dalloz, Juriséditions, 2013, p. 290.* - J.-F. Lachaume, Autorisation administrative, *in Dict. jur. du sport, Dalloz, Juriséditions, 2013, p. 43.*

Plan des annotations

I. DÉLÉGATION

A. CONSÉQUENCES DE LA DÉLÉGATION

1. *Mission de service public.* En confiant aux fédérations sportives la mission d'organiser les compétitions nationales ou régionales, le législateur les a chargées, bien qu'elles soient des associations régies par la L. du 1er juill. 1901, de l'exécution d'un service public administratif. • CE, sect., 22 nov. 1974, *Féd. des industries fr. d'articles de sport (FIFAS) : Lebon 576, concl. J.-F. Théry ; D. 1975. 739, note J.-F. Lachaume ; RD publ. 1975. 1109, note Waline ; JCP 1975. I. 2724,* *chron. J.-Y. Plouvin* • T. confl. 13 janv. 1992, *Préfet de la Région Aquitaine, Préfet de la Gironde c/ Assoc. nouvelle des Girondins de Bordeaux : Lebon 473 ; D. 1993. Somm. 345, obs. J.-F. Lachaume* • CE 3 févr. 2016, n°s 391929 et 392046 : *JS 2016, n° 162, p. 8, obs. F. Lagarde ; ibid. n° 164, p. 33, comm. J.-F. Lachaume ; Dict. perm. dr. sport 2016, Bull. n° 231, p. 8, note A. Renard et D. Rémy ; AJDA 2016. 802, comm. X. Domino ; JCP 2016, n° 7, p. 356, obs. A. Bouvet ; Cah. dr. sport 2016, n° 43, p. 68, obs. F. Colin.*

2. Jugé que la délégation accordée en application de l'art. 17 de la L. du 16 juill. 1984 [C. sport, art. L. 131-14] n'est pas une délégation de service public au sens des dispositions de la loi du 29 janv. 1993 relative à la prévention de la corruption et à la transparence de la vie économique et des procédures publiques. • CE 27 févr. 2004, *Synd. nat. des professeurs d'arts martiaux et a. : req. n° 213484.*

3. Monopole. En application de l'art. 17 [C. sport, art. L. 131-14], la fédération qui a reçu délégation ministérielle a, sur le territoire national, le monopole de l'organisation des compétitions énumérées dans ce texte, et opère les sélections correspondantes. • Paris, 21 févr. 1989 : *D. 1989. IR 88 ; RJ éco. sport 1989, n° 10, p. 74, obs. M. Parmentier.*

4. Respect des conditions légales et réglementaires. V. note 5 ss. art. L. 131-17.

5. Relations avec les fédérations agréées. Sur l'absence de subordination hiérarchique des fédérations agréées à l'égard des fédérations délégataires, V. : • CE 8 avr. 2013, *Fédération sportive et gymnique du travail,* req. n° 360734 : *Dict. perm. dr. sport 2013, Bull. n° 201, p. 2, obs. C. Dudognon ; Cah. dr. sport 2013, n° 32, p. 179, obs. S. Martin.*

B. CONTRÔLE DE LA DÉLIVRANCE PAR LE MINISTRE

6. Erreur manifeste d'appréciation. La Fédération française des taï chi chuan traditionnels n'est pas fondée à demander l'annulation de l'arrêté par lequel le ministre chargé des sports a accordé la délégation à la Fédération française de karaté, pour la discipline du taï chi chuan, dès lors que le ministre, en considérant ladite discipline comme une discipline connexe du karaté, a fait une exacte application de l'art. 1er du décr. du 13 févr. 1985 et qu'il n'a pas commis d'erreur manifeste d'appréciation en constatant que la Fédération française de karaté était titulaire de l'agrément et avait adopté des statuts conformes aux statuts types définis par décret en Conseil d'État. • CE 9 déc. 1994, *Féd. fr. des taï chi chuan traditionnels : RJ éco. sport 1995, n° 34, p. 58, obs. J.-F. Lachaume.* ♦ Pour une solution identique, s'agissant de l'octroi de la délégation ministérielle à la Fédération française de danse, V. : • CE 28 janv. 1998, *Union des grandes écoles de danse de France et a. : req. n°s 158339 et 158380.* ♦ ... Ou s'agissant de l'attribution de la délégation pour le kitesurf à la Fédération française de vol libre et non à la Fédération française de voile, V. : • CE 5 mars 2014, *Fédération française de voile,* req. n° 369399 : *JS 2014, n° 141, p. 9, obs. J. Mondou ; Dict. perm. dr. sport 2014, Bull. n° 211, p. 12, obs. A. Renard ; Cah. dr. sport, 2014, n° 36, p. 61, note F. Colin ; LPA 2015, n° 103, chron. G. Rabu.*

7. N'est pas entaché d'une erreur manifeste d'appréciation l'arrêté ministériel accordant la délégation à la Fédération française de ski en se fondant sur le motif qu'il est préférable d'accorder la délégation à une fédération importante. • CE 8 févr. 1999, *Féd. de snowboard : Lebon 15 ; D. 2000. Somm. 225, obs. J.-F. Lachaume.*

8. En revanche, la Fédération française de boxe américaine et disciplines assimilées est fondée à demander l'annulation de l'arrêté ministériel accordant délégation de pouvoirs à la Fédération française unifiée de boxe américaine et disciplines assimilées, dès lors que cette dernière se trouvait, à la date de ce texte, dans une situation financière précaire et ne disposait pas de structures administratives suffisantes eu égard aux responsabilités incombant aux fédérations sportives délégataires et au monopole dont elles jouissent pour organiser les compétitions. • CE 19 juin 1991, *Féd. fr. de boxe américaine et disciplines assimilées : Lebon 244 ; D. 1993. Somm. 332, 2e esp., obs. J.-F. Lachaume.* ♦ De même, le ministre commet une erreur manifeste d'appréciation en accordant la délégation à la Fédération française de judo pour la discipline des arts martiaux vietnamiens, dès lors qu'il est constant que la Fédération française de karaté détenait, avant l'intervention de l'arrêté litigieux, la délégation pour la discipline du viet-vodao, qui est un art martial vietnamien, et que les arts martiaux chinois, proches des arts martiaux vietnamiens, restent regardés par le ministre comme une discipline connexe du karaté. • CE 9 févr. 2000, *Assoc. sportive « Running » et a. : req. n° 194391.*

9. Erreur de droit. S'il appartient au ministre chargé des sports d'apprécier s'il y a lieu d'accorder ou non la délégation demandée, celui-ci commet une erreur de droit en accordant la délégation de pouvoirs à la Fédération de jeu à XIII, alors que celle-ci avait cessé d'exister sous cette appellation antérieurement à l'arrêté de délégation. • CE 31 mars 1989, *Féd. fr. de rugby à XIII : RJ éco. sport 1990, n° 13, p. 48, obs. J.-F. Lachaume.*

10. Ce n'est qu'en vue d'organiser des compétitions dans les disciplines correspondantes qu'une fédération est susceptible de bénéficier de la délégation ministérielle et ce n'est qu'à cette fin qu'une fédération délégataire est habilitée à édicter les règles techniques propres à la discipline et les règlements relatifs à l'organisation des manifestations. • CE 11 juin 2010, *Assoc. sportive « Running » et a.*, req. n° 194391 : *AJDA 2010. 1234, obs. J.-M. Pastor*. ♦ Commet ainsi une erreur de droit le ministre qui ne retire pas la délégation, puis la renouvelle, à la Fédération française d'études et de sports sous-marins alors que celle-ci a décidé de cesser d'organiser des compétitions de pêche sous-marine, cette décision ayant été portée à la connaissance du ministre. • Même arrêt.

11. Conséquence du retrait de l'agrément sur la délégation. En conséquence de l'annulation de l'arrêté accordant à une fédération sportive l'agrément visé à l'art. L. 131-8 C. sport, l'arrêté accordant la délégation à cette même fédération doit lui aussi être annulé, seule une fédération agréée pouvant prétendre à la délégation. • CE 19 juin 2009, *Féd. fr. de full-contact et disciplines associées et a. : req. n° 319895.*

12. Le ministre de la jeunesse et des sports ne commet pas d'erreur de droit en décidant d'accorder la délégation à la Fédération française de danse pour la pratique des danses de compétitions dès lors que celle-ci organise de nombreuses compétitions à caractère sportif ayant pour objet commun la pratique de différentes danses à l'issue desquelles sont délivrés des titres internationaux, nationaux et régionaux. • CE 28 janv. 1998, *Union des grandes écoles de danse de France et a. : préc. note 6.*

13. Retrait de la délégation. V. note ss. art. R. 131-30.

II. CONTESTATION DES ACTES DES FÉDÉRATIONS DÉLÉGATAIRES

A. COMPÉTENCE DU JUGE ADMINISTRATIF

14. Principe. Lorsque les fédérations sportives prennent, dans le cadre de la mission de service public qui leur a été consentie par délégation du législateur, des décisions qui s'imposent aux intéressés et constituent l'usage fait par elles des prérogatives de puissance publique qui leur sont conférées, lesdites décisions ont le caractère d'actes administratifs et relèvent, en conséquence, de la compétence des juridictions administratives. • CE, sect., 22 nov. 1974, *FIFAS : préc. note 1* • T. confl. 13 janv. 1992, *Préfet de la Région Aquitaine, Préfet de la Gironde c/ Assoc. nouvelle des Girondins de Bordeaux : préc. note 1.* ♦ Pour une décision relevant le caractère dérogatoire aux règles du droit privé des rapports entre une fédération sportive délégataire et ses groupements affiliés, V. : • Civ. 1re, 7 oct. 1975 : *Bull. civ. I, n° 461.*

15. Pour l'application de ce principe aux décisions fédérales à caractère disciplinaire, V. notes 28 et s. ss. art. L. 131-8.

16. La circonstance que l'application des dispositions des art. 1er et 2 du Décr. du 13 avr. 1990 qui a modifié et complété celles du Décr. du 13 févr. 1985 fixant les conditions d'attribution et de retrait des délégations ministérielles, aurait eu pour conséquence, en l'espèce, de priver d'effet, à compter du 21 avril 1991, la délégation précédemment consentie par le ministre à la Fédération française de football, qui pouvait éventuellement entacher d'incompétence les actes intervenus après cette date en vertu d'une délégation caduque, ne saurait entraîner une modification de la nature de ces actes pris pour l'exécution du service public dans l'exercice de prérogatives de puissance publique et d'en soustraire le contentieux à la compétence de la juridiction administrative. • T. confl. 13 janv. 1992, *Préfet de la Région Aquitaine, Préfet de la Gironde c/ Assoc. nouvelle Girondins de Bordeaux : préc. note 1.*

17. Applications. Constituent l'exercice d'une prérogative de puissance publique et relèvent de la compétence du juge administratif : la décision d'une fédération sportive délégataire de sélectionner ou non un athlète en vue de sa participation aux Jeux olympiques. • Civ. 1re, 2 avr. 1996 : *Bull. civ. I, n° 168.*

18. ... Les dispositions du règlement des championnats de France professionnels de football qui disposent que « les clubs participant au championnat de France de première et deuxième divisions sont tenus de faire porter à leurs joueurs les équipements fournis par la Ligue nationale de football ». • Paris, 23 août 1995, *Ligue nationale de football c/ Sté Asics France et a. : BOCC 1995. 403.* ♦ Ces dispositions ont été annulées par le Conseil d'État. • CE 19 nov. 1997, *Sté Nike France et a. : Lebon T. 1094*. ♦ *Contra :* • Com. 2 déc. 1997 : *Bull. civ. IV, n° 316*, estimant que lesdites dispositions ne peuvent être caractérisées comme une mesure mettant en œuvre des prérogatives de puissance publique et concernent seulement des activités commerciales, de distribution de produits qui ne se rattachent pas à la mission de service public reconnue à la Ligue nationale de football.

19. ... Les décisions relatives au classement des équipes admises à concourir et à la qualification des joueurs. • CE 8 juin 1994, *Montpellier Université Club : RD publ. 1995. 797, note M. Gros.*

20. ... L'homologation d'une épreuve sportive et le classement officiel des concurrents effectué en fonction des résultats de celle-ci. • TGI Paris, 20 avr. 1988 : *D. 1990. Somm. 275, obs. Ch. Dudognon*.

21. ... La décision par laquelle un jury fédéral refuse de délivrer à un candidat un brevet de moniteur fédéral. • CE 12 oct. 2011, n° 338364 : *Dict. perm. dr. sport 2011, Bull. n° 184, p. 12, note Ph. Juillet* • CAA Nantes, 15 oct. 2015, n° 14NT01409 : *Dict. perm. dr. sport 2015, Bull. n° 228/229, p. 5, note D. Rémy.*

22. ... La décision par laquelle une ligue régionale de karaté a refusé des candidatures aux épreuves de passage de grade qu'elle organisait. • TA Lille, 4 mars 1980, *Wicke et a. c/ Ligue Flandres Artois de karaté et arts martiaux affinitaires et a. : Gaz. Pal. 1982. 1. 41, note F. Moderne.*

23. Les clubs tiers ne sont pas recevables à demander l'annulation des résultats d'un match. S'ils peuvent contester, par la voie de l'exception, l'illégalité des résultats non définitifs d'un match à l'appui de conclusions dirigées contre les décisions de classement d'un championnat et de promotion ou de rétrogradation à l'issue de ce championnat, ils ne peuvent, en revanche, utilement contester par la même voie les décisions, telles que celle de faire rejouer un match, qui n'ont pas d'incidence directe sur le classement final du championnat et la promotion ou la rétrogradation des clubs à l'issue de ce championnat. • CE 4 avr. 2008, *SASP Rodez Aveyron Football : req. n° 295007.* ♦ V. aussi, dans le même sens : • TA Amiens, 24 juin 2008, *Union sportive de Roye foot Picardie 80 : req. n° 0601235* • CAA Bordeaux, 12 janv. 2016, n° 13BX02969 : *JS 2016, n° 162, p. 9, obs. J. Mondou ; Dict. perm. dr. sport 2016, Bull. n° 232, p. 7, note D. Rémy ; Cah. dr. sport 2016, n° 43, p. 133, note F. Rizzo.* ♦ V. également : • TA Paris, réf., 19 sept. 2016, n° 1613166/9-1 : *Dict. perm. dr. sport 2016, Bull. n° 238, p. 10, obs. D. Rémy.*

24. Décisions techniques. De façon générale, il n'appartient pas au juge administratif de se prononcer sur les appréciations de caractère technique portées par les organes compétents d'une fédération sportive, en l'occurrence la notation d'un arbitre. • CE 3 mars 2008, *Derrien*, req. nos 299444 et 303693 : *Cah. dr. sport, 2008, n° 12, p. 57, note F. Colin ; ibid., n° 13. 141, note M. Touzeil-Divina.*

25. Décisions des arbitres. Les décisions que les arbitres sont amenés à prendre au cours d'une compétition pour assurer le respect des règles techniques du jeu, ainsi que les décisions prises en cette matière par les organes de la fédération, sur réclamation des intéressés, ne sont pas des actes susceptibles de faire l'objet de recours pour excès de pouvoir. • CE, sect., 13 juin 1984, *Assoc. « Club athlétique de Mantes-la-Ville » : Lebon 218 ; AJDA 1984. 531, chron. J.-E. Schoettl et S. Hubac.* ♦ V. aussi : • CE 26 juill. 1985, *Assoc. sportive d'Erstein : Lebon T. 784 ; RJ éco. sport 1988, n° 4, p. 69, obs. Carbajo ; D. 1988. Somm. 387, obs. M. Hécquard-Théron* • CE 31 janv. 1990, *Assoc. sportive de Montredon : Gaz. Pal. 1990. 2. Somm. 559* • CE 29 sept. 2003, *UMS Pontault-Combault handball : RJ éco. sport 2004, n° 70, p. 56, obs. F. Lagarde* • TA Amiens, 22 janv. 2013, *Guibert et Poursain : req. n° 1101170.*

26. Toutefois, s'il n'appartient pas au juge administratif, lorsqu'il connaît des actes pris tant par les arbitres et les juges des compétitions sportives que par les organes des fédérations en cette matière, d'apprécier l'application des dispositions techniques propres à chaque discipline et les performances des participants, il lui appartient d'exercer son contrôle sur le respect des principes et des règles qui s'imposent aux auteurs de tout acte accompli dans l'exercice d'une mission de service public. • CE, sect., 25 janv. 1991, *Vigier : Lebon 29 ; AJDA 1991. 389, concl. A.-M. Leroy ; D. 1991. 611, note S. Doumbé-Billé ; RFDA 1992. 216, note L.-V. Fernandez-Maublanc.* • CE 27 janv. 1997, *Comité dptal du Vaucluse de pétanque et de jeu provençal : req. n° 135964.* ♦ Ainsi lui appartient-il notamment de contrôler le respect du principe d'égalité de traitement dont doivent bénéficier les concurrents en ce qui concerne le droit de participer à la compétition. • CE 16 mars 1998, *Féd. fr. de sport automobile : Lebon 90.* ♦ V. aussi. : • TA Marseille, 25 mai 1999, *Football club de Salon : req. n° 954281.* • CE 10 juin 2011, *Féd. fr. football,* req. n° 327158 : *Dict. perm. dr. sport 2011, Bull. n° 180, p. 6, note D. Rémy* • CAA Lyon, 26 nov. 2015, n° 14LY01874 : *JS 2016, n° 160, p. 10, obs. J. Mondou.*

27. Recours préalables. V. notes 44 et 45 ss. art. L. 131-8.

28. Délais de recours. Les délais dans lesquels une commission d'appel d'une fédération sportive doit être saisie ne sont opposables qu'à la condition d'avoir été mentionnés, ainsi que les voies de recours, dans la notification de la décision de la commission de première instance. • CE 1er avr. 1998, *Stade olympique choletais : req. n° 142520.*

29. Décision préalable. En application de l'art. 1er du Décr. du 11 janv. 1965 sur les délais de recours contentieux en matière administrative, un club sportif et l'un de ses joueurs ne sont pas recevables à présenter directement devant la juridiction administrative une demande d'indemnité qui n'a pas été présentée, d'abord, à la fédération sportive et sur laquelle cette fédération n'a pu, en conséquence, prendre aucune décision. • CE 27 juill. 1984, *Hass Derek et Assoc. Club des sports de Villard-de-Lans : D. 1985. IR 141, obs. J.-F. Lachaume.*

30. Répartition des compétences au sein de l'ordre administratif. La décision ponctuelle du bureau de la Fédération française de basket-ball de ne pas pourvoir, comme l'y autorisait le règlement applicable, deux places vacantes en vue d'un championnat ne présente pas un caractère réglementaire et ne relève donc pas de la compétence du Conseil d'État en premier et dernier ressort. • CE 15 avr. 2016, n° 393104 : *JS 2016, n° 164, p. 10, obs. J. Mondou ; Dict. perm. dr. sport 2016, Bull. n° 234, p. 11, note J.-F. Lachaume ; Cah. dr. sport 2016, n° 44, p. 45, note F. Colin.* ♦ De même que la décision de la Fédération française de lutte d'arrêter le classement du championnat de France par équipes. • CE 12 oct. 2016, n° 398995 : *JS 2016, n° 169, p. 9, obs. J. Mondou ; Dict. perm. dr. sport 2016, Bull. n° 239/240, p. 7, obs. D. Rémy.*

B. PROCÉDURES DE RÉFÉRÉ

31. Sur les procédures d'urgence en matière de contentieux administratif sportif, V. notes 22, 34 et 35 ss. art. L. 131-8 et notes 31 à 39 ss. art. L. 141-4.

32. Pouvoirs d'injonction du juge. Le juge des référés ne peut prononcer d'injonction que si la mesure exigée présente un caractère provisoire et n'a pas d'effets en tout point identiques à ce qui aurait résulté de l'exécution par l'autorité administrative d'un jugement prononçant une annulation contentieuse. • CE 16 sept. 2010, *Féd. fr. de rugby,* req. n° 342530 : *JS 2010, n° 102, p. 34, obs. D. Rémy ; Cah. dr. sport 2010, n° 22, p. 94, obs. F. Colin.*

C. COMPÉTENCE DU JUGE JUDICIAIRE

33. Principe. Les décisions prises par les fédérations sportives ayant reçu délégation du ministre chargé des sports, à supposer même qu'elles entrent dans le cadre de la mission de service public qui leur a été ainsi conférée, n'ont un caractère administratif et ne relèvent de la compétence des juridictions administratives que pour autant qu'elles constituent l'exercice, fait par elles, d'une prérogative de puissance publique. • TA Paris, 15 juin 1977, *Montrenaud : Lebon T. 980.*

34. Il appartient à la juridiction judiciaire saisie d'un litige entre un syndicat et une fédération sportive de déterminer si les pratiques incriminées se détachent de la mission de service public conférée à celle-ci et constitue des actes de concurrence illicite et déloyale. • Civ. 1re, 11 févr. 2003 : *Bull. civ. I, n° 45.*

35. Applications. N'entrent pas dans le champ de compétence de la juridiction administrative : les décisions d'admission des candidats à l'Institut national du football prises par la direction technique nationale de la Fédération française de football, sous la responsabilité de laquelle est organisé le concours pour le recrutement des élèves à cet institut. • CE 8 juin 1988, *Gradone : Lebon 231.*

36. ... Le litige opposant deux athlètes à la Fédération française de tennis, dès lors que les juges du fond ont constaté le caractère commercial dominant du challenge en vue duquel les demandeurs soutenaient qu'ils auraient dû être engagés, et qu'ils ont relevé qu'une telle entreprise n'entrait ni par sa forme, ni par son but dans l'exécution d'aucune des missions d'organisation de compétition, de tournoi et de sélection pour lesquelles ladite fédération avait reçu délégation des pouvoirs de puissance publique. • Civ. 1re, 20 mai 1980 : *Bull. civ. I, n° 155 ; RJ éco. sport 1990,, n° 13, p. 45, obs. J.-P. Karaquillo.*

37. ... La décision prise par une ligue professionnelle quant au montant et aux conditions d'octroi des primes et indemnités aux clubs professionnels de football suite à leur classement. • Civ. 1re, 8 juill. 2010 : *pourvois nos 09-66.989 et 09-67.450.*

38. ... La décision par laquelle la Fédération française de *lawn tennis* a interdit toute publicité d'une marque de parfums sur les courts où devaient se dérouler des championnats qu'elle organisait, cette décision étant sans rapport avec la mission de service public dont cette fédération est investie. • TA Paris, 19 oct. 1977, *Dubourg : Lebon 624.*

39. ... Les contentieux électoraux, y compris s'agissant des organes déconcentrés (ligues et comités régionaux ou départementaux) des fédérations. • CE 7 mars 2005, *Comité dptal de la Corse du Sud de basket-ball : req. n° 234942.*

40. ... La décision d'une fédération sportive d'exclure de son assemblée générale les délégués issus d'une ligue régionale au motif que celle-ci n'a pas mis ses statuts en adéquation avec les prescriptions fédérales, la contestation de cette décision devant être tranchée par référence aux règles fixées par les statuts de la fédération, les statuts qui organisent le fonctionnement interne d'une fédération étant des actes de droit privé et les litiges soulevés par leur application relevant de la compétence des juridictions judiciaires. • Paris, 1er avr. 2015, n° 14/09309 : *Dict. perm. dr. sport 2015, Bull. n° 223, p. 11, obs. A. Ralon.*

41. ... La contestation du refus d'une fédération sportive de créer un comité départemental (un district de football en l'espèce), aux motifs que cette décision a trait à l'organisation interne de la fédération elle-même, personne de droit privé, et non à l'organisation des compétitions sportives pour laquelle elle a reçu délégation de service public et qu'elle ne traduit pas l'exercice d'une prérogative de puissance publique exorbitante du droit commun. • Paris, 17 avr. 2015, n° 11/10375 : *JS 2015, n° 154, p. 9, obs. J. Mondou ; Dict. perm. dr. sport 2015, Bull. n° 223, p. 12, obs. A. Renard.*

42. Activités de distribution et de services. Ne relèvent pas de la compétence du juge administratif, dès lors qu'elles ne constituent pas des activités de service public mais des activités de distribution et de services au sens de l'art. 53 de l'Ord. du 1er déc. 1986 : les autorisations accordées par la Fédération française de football pour l'exécution des conventions de cession à titre onéreux de droit privé passées avec des clubs, fédérations ou tous autres titulaires de droits, avec les chaînes de télévision pour la retransmission en France de matches de football se déroulant à l'étranger. • Com. 1er mars 1994 :

D. 1995. Somm. 61, obs. A. Lacabarats. ♦ ... L'accord conclu entre la Ligue nationale de football et une société prévoyant la fourniture exclusive par ladite société d'équipements de football aux joueurs disputant les championnats de France de première et deuxième divisions en contrepartie d'une dotation financière. • Com. 2 déc. 1997 : *préc. note 18.* ♦ ... Le contrat conclu entre la Ligue nationale de football et une société prévoyant la cession des droits liés à l'utilisation et à la reproduction d'un logiciel de gestion de billetterie. • Paris, 16 avr. 1996 : *BOCC 1996. 171.* ♦ ... Ou encore la diffusion par la Fédération française de ski de l'un de ses produits, en l'espèce un produit d'assurance. • Paris, 14 juin 1995 : *BOCC 1995. 279.* ♦ V. notes ss. C. com. App., v° *Concurrence.*

43. Ne constitue pas, en revanche, une activité de production, de distribution ou de services, à laquelle s'appliqueraient les règles de l'ordonnance du 1er déc. 1986 et ne relève pas, en conséquence, de la juridiction judiciaire, la délibération du conseil d'administration de la Ligue nationale de football désignant le système informatique de gestion et d'édition de la billetterie des compétitions disputées sous l'autorité et le contrôle dudit groupement par les clubs de première et deuxième divisions professionnelles, dès lors que cette délibération a été prise dans le cadre de la mission de service public assignée à la Ligue nationale de football et relève de l'exercice d'une prérogative de puissance publique. • T. confl. 4 nov. 1996, *Sté Datasport c/ Ligue nationale de football : JCP 1997. II. 22802, concl. J. Arrighi de Casanova ; AJDA 1997. 142, chron. D. Chauvaux et T.-X. Girardot*. ♦ Comp. : • Com. 2 déc. 1997 : *préc. note 18.*

44. Fonctionnement interne. La juridiction administrative est incompétente pour connaître d'une demande tendant à l'annulation d'opérations électorales qui se sont déroulées au sein d'une fédération sportive, dès lors que ce litige concerne le fonctionnement interne d'une association de droit privé. • CE 23 mai 1986, *Noulard*, req. n° 58445 : *Lebon T. 733 ; D. 1986. IR 485, obs. M. Hécquard-Théron.* • CE 29 mai 1985, *Decherchi*, req. n° 66016 : *Lebon T. 784.*

45. La décision par laquelle le président d'un comité départemental de la Fédération française de pétanque et jeu provençal a refusé de retenir un des membres dudit comité pour participer à l'organisation d'une épreuve féminine fait partie des décisions qui intéressent le fonctionnement interne de la fédération et ne relève pas, par suite, de la compétence de la juridiction administrative. • TA Toulouse, 30 janv. 1995, *Graule : req. n° 942252.*

46. Statuts et règlement intérieur. Eu égard à sa nature, relève de la compétence du juge judiciaire le litige portant sur les statuts d'une fédération sportive qui sont des actes de droit privé et sur les dispositions de son règlement intérieur, qui se bornent à reprendre les clauses statutaires. • CE 12 déc. 2003, *Synd. nat. des enseignants professionnels de judo jiu-jitsu : AJDA 2004. 992, note S. Joubert-Rifaux*. ♦ Le litige portant sur la régularité d'une décision du conseil d'administration d'exclure des délégués d'un comité régional de l'assemblée générale doit être tranché par référence aux règles fixées par les statuts de la fédération délégataire, qui sont par nature des actes de droit privé, et relève donc de la compétence du juge judiciaire. • Paris, 1er avr. 2015, *Féd. fr. de lutte*, n° 13/09210.

47. Convention de droit privé. Il n'appartient qu'au juge du contrat de travail de connaître de la validité d'une décision de la Ligue nationale de football déclarant rompu de plein droit, en exécution de la charte du football professionnel, le contrat liant un joueur professionnel à son club, dès lors que ladite charte, conclue par des personnes morales de droit privé dont aucune n'a agi pour le compte d'une collectivité publique, présente le caractère d'une convention de droit privé. • T. confl. 23 nov. 1992, *Préfet de l'Yonne c/ Gendreau et Assoc. « Jeunesse auxerroise » : Lebon 493*. ♦ V. déjà : • CE, sect., 15 mai 1991, *Assoc. « Girondins de Bordeaux football club » : Lebon 179 ; RJ éco. sport 1991, n° spéc. ; AJDA 1991. 724, concl. M. Pochard ; D. 1992. 4, note J.-F. Lachaume* • CE 13 nov. 1991, *Assoc. club des Chamois niortais : D. 1993. Somm. 34, obs. J.-F. Lachaume*. ♦ De même, le juge judiciaire est compétent pour connaître du litige relatif à l'indemnité de transfert d'un joueur dès lors que la décision fixant le montant de l'indemnité trouve son fondement dans les seules dispositions de la charte du football professionnel, qui a le caractère d'une convention collective nationale. • T. confl. 20 oct. 1997, *Paris Racing I c/ Féd. fr. de football, Ligue nationale de football : Lebon 539*.

48. Voie de fait. La décision par laquelle la Ligue nationale de football a décidé de rétrograder un club dans la division inférieure, n'étant pas manifestement insusceptible de se rattacher à l'exercice d'un pouvoir conféré à l'administration et ne portant pas atteinte à une liberté fondamentale, ne saurait être regardée comme constitutive d'une voie de fait relevant, comme telle, de la compétence des juridictions judiciaires. • T. confl. 13 janv. 1992, *Préfet de la Région Aquitaine, Préfet de la Gironde c/ Assoc. nouvelle des Girondins de Bordeaux : préc. note 1.* ♦ V. note 39 ss. art. L. 131-8.

49. Fédération internationale. Sur l'illégalité des dispositions d'un règlement sportif international exigeant des coureurs automobiles l'engagement de n'utiliser que les procédures et de ne saisir que les instances prévues par ledit règlement en cas de litige avec la Fédération internationale du sport automobile, V. : • TGI Paris, 26 janv. 1983 : *D. 1986. IR 366, obs. G. Baron.* ♦

Sur l'incompétence de la juridiction administrative pour connaître d'un litige entre une société et la Fédération internationale de l'automobile, association régie par la L. du 1er juill. 1901, l'une et l'autre étant des personnes morales de droit privé, V. : • CE 17 nov. 1995, *SA GPA International : Lebon T. 1051*.

50. Action en responsabilité. Relève de la compétence du juge judiciaire l'action en responsabilité exercée par un licencié à l'encontre d'une ligue régionale de football, organisatrice de la rencontre sportive au cours de laquelle s'est produit l'accident, dès lors que ce contentieux met en cause un comportement fautif et non des décisions prises par la ligue dans l'exercice de prérogatives de puissance publique. • Civ. 1re, 16 juin 1998 : *pourvoi n° 96-20.942.*

Art. L. 131-15 Les fédérations délégataires :

1° Organisent les compétitions sportives à l'issue desquelles sont délivrés les titres internationaux, nationaux, régionaux ou départementaux ;

2° Procèdent aux sélections correspondantes ;

(L. n° 2015-1541 du 27 nov. 2015, art. 2-1°) « 3° Proposent un projet de performance fédéral constitué d'un programme d'excellence sportive et d'un programme d'accession au haut niveau ;

« 4° Proposent l'inscription sur la liste des sportifs, entraîneurs, arbitres et juges sportifs de haut niveau, sur la liste des sportifs Espoirs et sur la liste des sportifs des collectifs nationaux. » – *[L. n° 84-610 du 16 juill. 1984, art. 17, al. 1er.]*

PLAN DES ANNOTATIONS

I. PRINCIPES

1. Absence de responsabilité de l'État. Nonobstant la mission de service public qui leur est confiée par la loi en matière d'organisation des compétitions sportives, les fédérations sportives ne peuvent être considérées comme agissant pour le compte de l'État et, à ce titre, engageant sa responsabilité à raison des préjudices subis dans le cadre de leurs activités exercées pour l'exécution du service public qu'elles assurent. • TA Clermont-Ferrand, 16 avr. 1991, *Épx Kauffmann : Lebon T. 1216*. ♦ Comp. : • CE, sect., 2 févr. 1979, *Min. de l'Agriculture c/ Gauthier : Lebon 38 ; AJDA 1979. 48, concl. P. Dondoux.*

2. Pouvoir réglementaire et contrat. Les principes qui régissent l'action des collectivités publiques et des personnes chargées d'une mission de service public s'opposent à ce qu'une autorité investie d'un pouvoir réglementaire, à laquelle il revient d'exercer cette compétence dans l'intérêt général au regard des divers intérêts dont elle a la charge, s'engage, par la voie d'un contrat, à faire usage, dans un sens déterminé, du pouvoir réglementaire qui lui a été conféré ; un contrat conclu en méconnaissance de ces principes, qui sont d'ordre public, a ainsi un objet illicite. • CE 9 juill. 2015, nos 375542 et 375543 : *JS 2015, n° 156, p. 8, obs. J. Mondou ; ibid. 2016, n° 161, p. 27, chron. E. Honorat ; Dict. perm. dr. sport 2015, Bull. n° 225, p. 1, obs. D. Rémy ; Cah. dr. sport 2015, n° 41, p. 73, obs. F. Colin ; ibid., p. 59, obs. B. Valette ; Bull. jur. Contrats pub. 2015, n° 103, p. 414, obs. B. Bourgeois-Machureau.*

3. Principe de légalité. Les fédérations sportives qui ont reçu délégation du ministre chargé des sports, en application de l'art. 17 [art. L. 131-8 C. sport], pour organiser les compétitions sportives énumérées audit article, et qui assurent, dans ce domaine, une mission de service public, sont tenues de se conformer aux dispositions réglementaires qu'elles ont elles-mêmes édictées, et ne peuvent y apporter aucune dérogation individuelle si lesdites dispositions n'en prévoient pas expressément la possibilité. • CE 12 mai 1989, *Assoc. Brest-Armorique : D. 1990. Somm. 276, obs. J.-F. Lachaume*.

4. Principe de continuité du service public. La nécessaire continuité du service public dont est chargée une fédération sportive justifie l'effet rétroactif d'un arrêté de délégation, en sorte que, à la date du 4 avr. 1989, date de la décision litigieuse, la Fédération française de football bénéficiait légalement, en vertu d'un arrêté du 2 août 1989, de la délégation ministérielle (sol. impl.). • CE 21 déc. 1994, *Assoc.*

sportive de Marzagues : Lebon 576 ; *D. 1996. Somm. 24, obs. Ch. Dudognon*. ♦ *Contra* : • CE 29 juill. 1998, *Féd. fr. des taï chi chuan traditionnels : req. n° 158429*, annulant un arrêté ministériel accordant la délégation à la Fédération française de karaté, taekwondo et arts martiaux affinitaires pour la discipline du tai chi chuan, en tant qu'il comporte illégalement un effet rétroactif.

5. Principe d'égalité. Ne constitue pas une discrimination irrégulière la disposition du règlement administratif de la Ligue nationale de football, inspirée par les nécessités du déroulement normal de la compétition entre clubs, subordonnant la mutation en cours de saison d'un joueur pour remplacer un titulaire blessé à la condition que le premier n'appartienne pas à un club ayant déjà bénéficié d'une telle mutation en application de cette même disposition. • CE 28 juill. 1989, *Assoc. « Olympique de Marseille » : Lebon 168.*

6. Principe du libre accès aux activités sportives. V. notes ss. art. L. 100-1.

7. Principe de sécurité juridique. Les modifications substantielles apportées au règlement d'une compétition sportive qui ne sont pas accompagnées d'un délai de mise en œuvre suffisant pour permettre aux intéressés de s'adapter et de satisfaire aux nouvelles règles méconnaissent le principe de sécurité juridique, et sont en conséquence illégales, dès lors qu'il n'est ni établi ni même allégué que des motifs d'intérêt général exigeraient l'application immédiate de ces règles. • CAA Bordeaux, 17 déc. 2013, *Comité régional de cyclisme de la Guyane*, req. n° 12BX00108 : *Dict. perm. dr. sport 2014, Bull. n° 210, p. 8, obs. D. Rémy.*

8. Présente un intérêt public l'exécution immédiate de la règle de la Fédération française de rugby qui poursuit l'objectif de favoriser la compétitivité de l'équipe de France en préservant les joueurs qui en sont membres d'un nombre trop élevé de matches durant la saison. • CE, réf., 24 juill. 2014, *SASP Stade Toulousain Rugby*, req. n° 381302 : *JS 2015, n° 152, p. 25, chron. E. Honorat* ; *Dict. perm. dr. sport 2014, Bull. n° 215, p. 9, obs. D. Rémy ; LPA 2015, n° 103, chron. G. Rabu ; JCP 2015. 949, chron. R. Boffa et a.*

II. ORGANISATION DES COMPÉTITIONS

9. Domaine de la délégation. N'excède pas le champ de la délégation ministérielle, la disposition du règlement administratif de la Ligue nationale de football qui prévoit la relégation sportive d'un club dans la division inférieure en cas de dépôt de bilan, la Fédération française de football tenant de ladite délégation le pouvoir d'édicter les mesures utiles pour assurer la régularité des compétitions officielles. • CE, sect., 15 mai 1991, *Assoc. « Girondins de Bordeaux football club » : Lebon 179* ; *RJ éco. sport 1991, n° spéc.* ; *AJDA 1991. 724, concl. M. Pochard* ; *D. 1992. 4, note J.-F. Lachaume*. ♦ V. aussi : • CE 13 nov. 1991, *Assoc. « Club des Chamois niortais » : D. 1993. Somm. 334, obs. J.-F. Lachaume*. ♦ En revanche, n'est pas justifiée par un intérêt général au regard de la mission de service public dont est délégataire la Ligue nationale de football, en particulier en ce qui concerne l'organisation, la gestion et la réglementation du football professionnel, la disposition du règlement des championnats de France professionnels de première et deuxième divisions prévoyant que les clubs participant à ces championnats seront tenus de faire porter à leurs joueurs les équipements fournis exclusivement par la Ligue nationale de football. • CE 19 nov. 1997, *Sté Nike France et a. : Lebon T. 1094*.

10. N'est pas justifiée par un intérêt général au regard de la mission de service public déléguée à la Fédération française de football la disposition du règlement de la coupe de France qui prévoit que les clubs sont tenus de faire porter à leurs joueurs les maillots – et éventuellement les survêtements et culottes – fournis par la fédération. • CE 3 avr. 2006, *Sté Nike European Operations Netherlands BV : Lebon T. 713 et 1081*. ♦ En revanche, n'est pas entaché d'illégalité le règlement de la Fédération française d'équitation prescrivant un modèle particulier d'étrier et d'étrivière dont les caractéristiques sont motivées par la nécessité d'éviter des risques de blessures graves pour les cavaliers comme pour les chevaux, en cas de chute, ainsi que de répondre aux exigences d'élégance traditionnellement associées aux compétitions d'équitation. • CE 15 janv. 2014, req. n° 363683 : *JS 2014, n° 141, p. 8, obs. J. Mondou* ; *Cah. dr. sport 2014, n° 35, p. 47, note F. Colin ; LPA 2015, n° 103, chron. G. Rabu.*

11. Si la Fédération française des sports de quilles-section bowling a, en vertu de la délégation qui lui est consentie, le pouvoir de définir les modalités d'organisation des compétitions dont elle a la charge, et en particulier de déterminer les règles d'homologation des pistes de bowling des centres pouvant organiser les compétitions fédérales, elle ne peut subordonner cette homologation au versement d'une cotisation annuelle de 750 francs par piste, destinée à des opérations de promotion et de publicité et reversée à un organisme tiers, sans outrepasser les pouvoirs qu'elle tient de la délégation. • CE 18 janv. 1993, *Sté générale pour le développement des loisirs Paris-Loisirs-Bowling et a. : Lebon T. 1054* ; *D. 1993. Somm. 339, obs. J.-F. Lachaume*. ♦ V. déjà, pour l'annulation d'une décision de la Fédération française de tennis de table subordonnant l'homologation des balles utilisées en compétition au versement, par les titulaires d'agrément, d'une somme excédant largement le seul coût de l'examen technique de conformité desdites balles aux normes internationales : • CE, sect., 22 nov. 1974, *FIFAS : Lebon 576, concl. J.-F. Théry ; D. 1975. 739, note J.-F. Lachaume ; RD publ. 1975. 1109, note M. Waline ; JCP 1975. I. 2724, chron. J.-Y. Plouvin.*

12. De même, si la Fédération française du sport automobile a le pouvoir, en tant que fédération délégataire et en vertu des dispositions d'un arrêté ministériel pris en application du décret du 18 oct. 1955 règlementant les compétitions sportives sur la voie publique, d'« introduire » une association sportive étrangère désirant organiser une épreuve en France, elle ne peut légalement subordonner son accord à cette « introduction » au versement, par ladite association, d'une contribution financière destinée au financement d'autres épreuves organisées par la fédération, ni à l'édiction, par le ministre de l'intérieur, de prescriptions qui ne relèveraient pas de la compétence de celui-ci. • CE 19 déc. 1984, *Automobile club de Monaco : Lebon 426 ; RJ éco. sport 1987, n° 1, p. 63, obs. J.-F. Lachaume.*

13. Aucune disposition législative n'habilite la Fédération française d'athlétisme à imposer à l'organisateur d'une course pédestre qui n'entre pas dans le champ de sa compétence exclusive en qualité de fédération délégataire le versement d'une contribution financière calculée en fonction du nombre de coureurs et qui n'a pas le caractère d'un remboursement de frais effectivement supportés par cette fédération. • CE 28 juill. 2000, *Assoc. nat. des courses pédestres hors stade : D. 2001. Somm. 1657, obs. J.-F. Lachaume*. ♦ V. aussi • CAA Marseille, 29 janv. 2007, *Cté dptal d'athlétisme des Alpes-Maritimes : req. n° 05MA00651.*

14. Le règlement de la Fédération française de savate boxe française qui fait obligation aux licenciés qui participent aux compétitions qu'elle organise de solliciter une autorisation préalable avant de concourir pour un titre dans une autre forme de boxe pieds-poings n'est pas illégal dans la mesure où cette obligation vise à s'assurer du respect d'un délai suffisant de récupération entre deux combats et à garantir l'exhaustivité du contrôle médical des licenciés ; les atteintes ainsi portées au principe du libre accès aux activités sportives pour tous étant ainsi justifiées par l'objectif d'intérêt général tenant à la prise en compte de l'impératif tenant à la protection de la santé des licenciés et au bon déroulement des compétitions que la fédération est chargée d'organiser, ces atteintes n'étant pas excessives au regard de l'objectif poursuivi. • CAA Versailles, 22 sept. 2016, n° 14VE02476 : *JS 2016, n° 169, p. 8, obs. F. Lagarde*.

15. Publication d'un règlement fédéral. La publication au *Journal officiel* de la Fédération française de football (« Foot ») d'une disposition du règlement administratif de la Ligue nationale de football présente, eu égard à l'objet de ladite disposition ainsi qu'à la nature et aux conditions de diffusion dudit journal, un caractère suffisant pour la rendre opposable. • CE, sect., 12 juill. 1991, *Min. de la jeunesse et des sports et Assoc. nouvelle des Girondins de Bordeaux football club : Lebon 285*. ♦ La disposition précitée a pu légalement être appliquée, dès lors qu'elle ne modifiait pas les règles régissant le déroulement des épreuves, aux clubs ayant participé au championnat 1990-1991, alors même qu'elle n'avait pas été régulièrement publiée avant le début de ce championnat mais au cours dudit championnat. • Même arrêt.

16. Le point de départ du délai de recours contentieux à l'encontre d'un règlement fédéral – en l'occurrence disciplinaire – commence à courir à compter de sa publication effective, le juge administratif se fondant sur les modalités concrètes de publication en vue d'apprécier si la publication a été effectuée de façon régulière ou non : • TA Paris, 17 juin 2010, *Le Stade français Paris et a. : req. n° 0718213/6-3.*

17. La publication du classement du championnat de France de football dans l'organe officiel de la Ligue nationale de football (« LNF Infos »), diffusé à l'ensemble des clubs participant au championnat est de nature à faire courir le délai de recours contentieux, eu égard à l'objet de la décision attaquée ainsi qu'à la nature et aux conditions de diffusion de la publication en cause. • CE 25 avr. 2001, *Assoc. sportive Nancy Lorraine et SAOS Nancy Lorraine : Lebon 196*.

18. Principe de non-rétroactivité d'un règlement fédéral. En décidant qu'une modification du règlement de la coupe de France de football s'appliquerait à des rencontres s'étant déroulées antérieurement à la publication de cette modification, l'assemblée générale de la Fédération française de football a illégalement conféré à sa délibération une portée rétroactive. • CE 11 déc. 1998, *Assoc. Football club d'Istres ville nouvelle, SAEMS Football club d'Istres ville nouvelle : RJ éco. sport 1999, n° 52, p. 49, obs. J.-F. Lachaume*.

19. Prise en compte des règlements internationaux. Il appartient à une ligue professionnelle, dans l'exercice de son pouvoir réglementaire, d'apporter le cas échéant des modifications à ses règlements, lesquels sont seuls applicables en France, afin d'y intégrer des dispositions émanant d'une fédération internationale (en l'espèce une circulaire de la FIFA sur les transferts de footballeur) dont ne peut se prévaloir un club en l'absence desdites modifications. • CE 3 avr. 2006, *Chamois niortais FC : RJ éco. sport 2006, n° 81, p. 73, note J.-F. Lachaume*.

20. Homologation des résultats. Il résulte des dispositions des règlements généraux de la Fédération française de football ainsi que de celles du règlement des championnats de France professionnels de première et de deuxième divisions établi par la Ligue nationale de football, que les résultats des matches doivent être regardés comme insusceptibles de faire l'objet d'une contestation à compter de leur homologation. Les auteurs de ces dispositions ont pu légalement prévoir que les réclamations portant sur les résultats d'un match seraient irrecevables à compter de l'homologation des résultats, alors même que des irrégularités affectant les conditions de déroulement de ce match n'auraient été révélées que postérieurement à l'expiration des délais de recours administratif ou contentieux contre la décision d'homologation. Ces diverses dispositions réglementaires n'ont pas pour objet et ne sauraient avoir pour effet d'interdire aux organes compétents de retirer, le cas échéant, après l'expiration des délais de recours administratif ou contentieux, une décision d'homologation qui aurait été obtenue par fraude. La circonstance que certains joueurs d'un match aient usé de passeports devant être tenus pour des faux afin d'obtenir des licences de joueurs professionnels en tant que ressortissants d'États membres de l'Union européenne, si elle présente le caractère d'une fraude au sens des règlements généraux de la Fédération, n'est cependant pas de nature, à elle seule, à faire regarder la décision homologuant le résultat dudit match comme ayant elle-même été obtenue par une fraude susceptible de justifier légalement le retrait de ces décisions. • CE, sect., 25 juin 2001, *SAOS Toulouse Football Club : Lebon 281 ; RJ éco. sport 2001, n° 60, p. 56, concl. I. de Silva ; ibid. 2002, n° 62, p. 40, obs. J.-F. Lachaume ; AJDA 2001. 887, note G. Simon*. ♦ Mais pour un exemple de résultats n'étant pas devenus définitifs, compte tenu des contestations dont ils ont fait l'objet, V. • CE 15 juill. 2004, *AS Cannes et a. : Cah. dr. sport 2005, n° 1, p. 126, note F. Rizzo.*

21. L'illégalité de la décision d'une commission fédérale de refuser d'annuler le résultat d'un match joué par une équipe irrégulièrement composée, alors que les règlements applicables prévoient en pareille circonstance que cette équipe aurait dû se voir infliger la sanction de match perdu, entache la légalité de l'ensemble de la décision par laquelle la commission compétente a homologué le classement final du championnat, qui présente un caractère indivisible. • CE 3 avr. 2006, *Chamois niortais FC : RJ éco. sport 2006, n° 81, p. 73, note J.-F. Lachaume*.

22. Aucune disposition législative ou réglementaire ni aucun principe général du droit n'impose que tout groupement classé premier d'une compétition à l'issue d'une saison accède à la division supérieure. • CE 7 août 2007, *ASM Basket Le Puy 43 : req. n° 299655.*

23. Eu égard à la situation particulière du club de Monaco, qui, bien qu'installé hors du territoire français, est affilié à la Fédération française de football depuis 1924 et participe régulièrement aux compétitions professionnelles françaises depuis 1948, le principe d'égalité ne s'oppose pas à ce que des dispositions réglementaires particulières soient prévues pour fixer les conditions dans lesquelles ce club peut participer aux championnats organisés par la ligue professionnelle. • CE 9 juill. 2015, n°s 375542 et 375543 : *préc. note 2.*

III. DÉLIVRANCE DES TITRES

24. L'association dite « Fédération française de kung fu wu shu » ne peut à bon droit faire publier dans une revue une annonce publicitaire faisant état de titres de champion du monde acquis à la suite de compétitions organisées à Taïwan, dès lors que la Fédération française de karaté et arts martiaux affinitaires qui, conformément à l'art. 17 [art. L. 131-15 C. sport], a seule le pouvoir de sélectionner les sportifs admis à se présenter aux épreuves à l'issue desquelles sont décernés les titres de champion du monde, n'est pas intervenue dans le choix des participants. • Civ. 1re, 7 juill. 1992 : *pourvoi n° 89-14.683.*

IV. SÉLECTIONS

25. Compétence exclusive. Les fédérations sportives titulaires de la délégation ont seules compétence pour procéder aux sélections des équipes nationales en vue des compétitions sportives à l'issue desquelles sont délivrés des titres internationaux. • CE 22 févr. 1991, *Bensimon, Guyot et Kamoun : Lebon 61 ; D. 1991. Somm. 392, obs. Ch. Dudognon ; AJDA 1991. 481, obs. M. Hécquard-Théron* • CE 15 mars 1999, *Féd. fr. d'athlétisme : req. n° 168150.* ♦ ... ni le ministre chargé des sports, ni la commission nationale du sport de haut niveau n'étant habilités à modifier la composition des équipes nationales françaises sélectionnées pour les Jeux olympiques par les fédérations compétentes. • CE 22 févr. 1991, *Bensimon, Guyot et Kamoun : préc.*

26. Présente un caractère administratif la décision d'une fédération délégataire qui refuse de faire droit à la demande d'un sportif sélectionné en équipe de France tendant à ce qu'il soit mis fin à son appartenance à l'équipe de France afin de lui permettre de participer à des compétitions internationales comme membre d'une autre équipe nationale, conformément à ce que permettent les dispositions du règlement de la fédération internationale à laquelle la fédération française est affiliée. • CE 8 avr. 2013, *Féd. fr. des sports de glace*, req. n° 351735 : *AJDA 2013. 1555 ; Dict. perm. dr. sport 2013, Bull. n° 201, p. 8, obs. D. Rémy ; Cah. dr. sport 2013, n° 32, p. 181, note S. Martin ; ibid. p. 183, note F. Rizzo ; ibid. p. 185, note F. Colin ; JS 2014, n° 139, p. 29, obs. E. Honorat*.

27. Mise en œuvre. Les choix faits par les fédérations sportives en matière de sélection doivent correspondre à l'objet même pour lequel elles ont reçu, dans ce domaine, délégation, autrement dit résulter uniquement de l'application de critères purement sportifs définis dans le seul but d'obtenir le succès des équipes de France dans les compétitions où elles sont ou seront engagées. • TA Paris, 8 juill. 1992, *Longo : req. n° 9204299/4.* ♦ Par suite, si la Fédération française de cyclisme pouvait imposer, dans la mesure où les exigences de la compétition l'aurait nécessité, l'usage par les membres de l'équipe de France d'un matériel déterminé, elle ne pouvait subordonner la sélection dans l'équipe nationale à l'adoption d'un matériel choisi pour le motif déterminant que le producteur dudit matériel a signé avec la fédération une convention lui conférant l'exclusivité de la fourniture des équipes de France en contrepartie d'une aide en matériel. • Même jugement.

28. Principe de confiance légitime. Pour une mention, par le juge administratif, du principe de confiance légitime dégagé par les conciliateurs du CNOSF en vertu duquel les fédérations doivent déterminer en temps utile une procédure de sélection à laquelle il ne peut être dérogé à moins qu'il ne soit justifié de circonstances particulières en rapport avec l'intérêt général du sport, V. • CAA Versailles, 24 mars 2005, *Trouabal : RJ éco. sport 2005, n° 75, p. 66, obs. J.-P. Boucheron et F. Lagarde ; ibid. n° 76, 2005, p. 51, obs. D. Rémy.*

29. Publicité des règles de sélection. Le règlement, arrêté par une fédération, fixant les critères de sélection n'est opposable aux sportifs qu'à la condition qu'il lui ait été donné une publicité suffisante. • CAA Paris, 26 avr. 2006, *Féd. fr. de tennis de table : req. n° 05PA00085.*

30. Motivation. Les décisions des fédérations sportives refusant de sélectionner des sportifs, en vue d'une compétition, ne sont pas au nombre de celles qui, en vertu de la loi du 11 juill. 1979, doivent être motivées. • CE 22 févr. 1991, *Bensimon, Guyot et Kamoun : préc. note 25.*

31. Contrôle. Un comité directeur fédéral ne commet ni erreur de droit ni erreur manifeste d'appréciation en refusant de sélectionner une nageuse aux épreuves du relais 4 x 100 mètres nage libre en vue des Jeux olympiques de Barcelone, dès lors qu'il agit conformément à l'orientation qu'il avait antérieurement fixée quant aux conditions de la sélection française, quels qu'aient été, par ailleurs, les résultats obtenus par la sportive dans d'autres épreuves que celles établies pour ladite sélection. • CE 10 juill. 1992, *Guittet : req. n° 136723.*

32. Une fédération sportive, qui fait connaître en début d'année les performances minima qu'elle entend prendre en considération pour la sélection en vue des Jeux olympiques, ne commet aucune erreur de droit en ne sélectionnant pas des athlètes, alors même qu'ils auraient accompli ces performances, et en tenant compte d'autres éléments d'appréciation, notamment de la régression de leurs résultats sportifs au cours de l'année. • CE 22 févr. 1991, *Bensimon, Guyot et Kamoun : préc. note 25.*

33. Une fédération sportive qui se borne à proposer ou à refuser de proposer le nom d'un athlète à la commission nationale du sport de haut niveau, sous-estime l'étendue de sa compétence et commet une erreur de droit de nature à entacher d'illégalité la décision de proposition ou de refus. • CE 15 mars 1999, *Féd. fr. d'athlétisme : préc. note 25.*

34. Si, pour la désignation des athlètes admis à participer à une compétition internationale, une fédération sportive peut prendre en compte des éléments autres que ceux fondés sur les performances sportives, elle entache sa décision d'un détournement de pouvoir dès lors que cette décision n'a pas été motivée par des considérations à caractère sportif, mais a été prise à seule fin d'infliger une sanction à l'intéressée à la suite de ses déclarations publiques sur le comportement d'un dirigeant de la fédération. • CE 25 mai 1998, *Féd. fr. d'haltérophilie, musculation et disciplines associées : JCP 1999. II. 10001, note J.-C. Lapouble.*

35. Une fédération peut, pour ne pas sélectionner un cavalier présélectionné pour participer aux Jeux olympiques, légalement se fonder sur la circonstance que ledit cavalier se trouvait en conflit avec le propriétaire de sa monture ce qui a perturbé sa préparation et l'a empêché, en particulier, de participer à certains concours pouvant départager les cavaliers présélectionnés. • CAA Bordeaux, 9 mars 2010, req. n° 08BX01539 : *Ch. dr. sport 2011, n° 23, p. 71, note F. Rizzo.*

36. Responsabilité. Constitue une faute de nature à engager la responsabilité d'une fédération sportive le fait, pour celle-ci, de ne pas avoir respecté les dispositions réglementaires qu'elle a elle-même édictées pour la sélection des athlètes en équipe nationale. • TA Paris, 27 nov. 1985, *Cts de Cazenove c/ Féd. fr. de voile : D. 1986. IR 367, obs. F. Alaphilippe* • TA Grenoble, 6 déc. 1995, *Isnard : req. n° 923223.* ♦ ... ou encore le fait, pour une fédération sportive, de ne pas avoir confirmé par écrit au Comité International Olympique, comme elle y était tenue, l'inscription à une épreuve des Jeux olympiques d'un athlète sélectionné pour participer à cette épreuve. • TA Paris, 11 déc. 1996, *Marie-Rose : req. n° 9407695/7.*

37. Nature du préjudice. Ne peuvent être considérés comme constitutifs d'un préjudice les frais engagés par les requérants non sélectionnés pour se préparer aux épreuves de sélection, dans la mesure où ils auraient été engagés par eux en tout état de cause. • TA Paris, 27 nov. 1985, *Cts de Cazenove c/ Féd. fr. de voile : préc. note 36.* ♦ En revanche, peut être indemnisé le préjudice matériel résultant de la perte d'une chance de triompher lors des épreuves de sélection. • Même jugement. ♦ ... à condition que ce préjudice soit établi. • TA Grenoble, 6 déc. 1995, *Isnard : préc. note 36.*

38. Eu égard aux incertitudes qui, par nature, entourent le déroulement d'une compétition telle que les Jeux olympiques et compte tenu des résultats qu'il avait obtenus dans cette discipline au cours de la période qui a précédé celle desdits jeux, un athlète n'établit pas que la faute de sa fédération l'a privé d'une chance réelle et sérieuse d'obtenir une médaille, voire de participer à la finale ou même aux demi-finales de l'épreuve à laquelle il aurait dû participer. • TA Paris, 11 déc. 1996 : *préc. note 36.* ♦ Mais quelles qu'aient été les chances d'un athlète d'arriver en finale ou en demi-finale du championnat du monde, il a été, en toute hypothèse, à tout le moins privé d'une chance réelle et sérieuse de participer audit championnat, ce qui constitue en soi un préjudice sportif important. • CAA Versailles, 24 mars 2005, *Trouabal : préc. note 28.* ♦ ... Cette absence de participation ayant nécessairement eu une incidence sur la suite de sa carrière. • Même arrêt. ♦ ... Le préjudice matériel allégué constitué du défaut de renouvellement ou du renouvellement à des conditions financières moins avantageuses de contrats avec divers annonceurs ainsi que du défaut de participation à des rencontres rémunérées devant toutefois être corroboré par des pièces justificatives, faute de quoi le manque à gagner correspondant ne revêtant qu'un caractère éventuel. • Même arrêt.

39. Eu égard au fait qu'il se préparait depuis longtemps en vue de participer aux championnats du monde, un athlète non-sélectionné pour lesdits championnats subit, de ce fait, un préjudice moral. • CAA Versailles, 24 mars 2005, *Trouabal : préc. note 28.*

40. Sur l'étendue du pouvoir des fédérations sportives et des ligues professionnelles s'agissant de déterminer par l'intermédiaire de la convention qui les lient les conditions dans lesquelles les joueurs sont mis à disposition de la fédération lorsqu'ils sont sélectionnés en équipe de France au regard de l'objectif d'intérêt général tenant à la compétitivité de l'équipe de France de rugby et la prise en compte de l'impératif tenant à la protection de la santé des joueurs, V. • CE 17 avr. 2015, *SASP Stade toulousain Rugby,* n° 375685 : *JS 2015, n° 154, p. 10, obs. J. Mondou ; ibid. 2016, n° 161, p. 27, chron. E. Honorat ; Dict. perm. dr. sport 2015, Bull. n° 223, p. 4, obs. A. Renard ; Cah. dr. sport 2015, n° 40, p. 51, obs. F. Colin.*

41. Blessure en sélection : compétence juridictionnelle. Lorsque le formulaire de la demande de participation aux bénéfices de la Coupe du monde de football, signé par le club d'un joueur sélectionné en équipe nationale, contient une clause donnant compétence au TAS en cas de différend, cette clause, rédigée en termes généraux, ne peut voir son champ d'application limité aux seuls litiges relatifs à cette participation. En conséquence, le litige entre le club et la fédération internationale au sujet de l'indemnisation du préjudice né d'un accident de la circulation subi par le joueur dans son pays au cours d'une période de mise à disposition de son équipe nationale en vue de participer à des matchs qualificatifs pour la Coupe du monde ressort n'échappe pas manifestement à la compétence du TAS. Dès lors, le tribunal de grande instance est incompétent pour connaître de la demande dans la mesure où il appartient au tribunal arbitral de statuer par priorité sur sa propre compétence. • Civ. 1re, 6 juill. 2016, n° 15-19.521 : *D. 2016. 2589, obs. T. Clay ; JS 2016, n° 168, p. 9, obs. X. Aumeran ; Gaz. Pal. 2016, n° 40, p. 35, note D. Bensaude.* ♦ *Contra*, pour une affaire où, au visa de l'art. 1148 C. pr. civ. et au vu des circonstances de l'espèce, la compétence du TAS a été écartée au profit de celle du TGI, la clause compromissoire en faveur du TAS étant manifestement inapplicable en raison de sa présence dans un document à validité annuelle datant de 2007 et n'ayant pas été reconduit ultérieurement, l'accident s'étant produit en 2010. • Grenoble, 11 juill. 2016, n° 15-05.522 : *JS 2016, n° 169, p. 10, obs. X. Aumeran.*

V. DÉLIVRANCE DES LICENCES

42. En délivrant une licence à un joueur, une fédération sportive ayant reçu délégation du ministre chargé des sports pour organiser des compétitions sportives en application de l'art. 17 [art. L. 131-14 C. sport], prend un acte administratif individuel, lequel acte, sauf cas de fraude, est créateur de droits dans la mesure où il permet à ce joueur de pratiquer une discipline sportive dans les rencontres officielles ou amicales organisées sous le couvert de la fédération. • CE 31 mai 1989, *Union sportive de Vandœuvre : Lebon 136 ; D. 1990. Somm. 394, obs. J.-F. Lachaume ; AJDA 1989. 478, chron. Honorat et Baptiste.*

43. Le litige portant sur les clauses des statuts d'une fédération – qui sont des actes de droit privé – imposant à tout adhérent d'un club affilié à la fédération d'être titulaire d'une licence délivrée par celle-ci et sur les dispositions du règlement intérieur de la fédération qui se bornent à reprendre ces clauses statutaires ressortit à la compétence de l'autorité judiciaire. • CE 7 nov. 2001, *Synd. nat. des enseignants professionnels de judo, jujitsu : req. n° 219113.*

VI. DÉLIVRANCE DES « DANS » ET GRADES ÉQUIVALENTS

44. V. notes ss. art. L. 212-6.

VII. POUVOIR DISCIPLINAIRE

45. V. notes 32 s. ss. art. L. 131-8.

VIII. CONTRÔLE DE GESTION

46. V. note ss. art. L. 132-2.

IX. HOMOLOGATION DES CONTRATS DE TRAVAIL

47. La décision de refus d'homologation d'un contrat de travail ou d'un avenant est un acte administratif qui s'impose au juge judiciaire. • Soc., 14 sept. 2016, n° 15-21.794 : *D. 2016. 1866 ; JS 2016, n° 168, p. 8, obs. F. Lagarde ; Dict. perm. dr. sport 2016, Bull. n° 238, p. 1, obs. A. Renard ; RJS 2016.780, n° 11, note X. ; Cah. dr. sport 2016, n° 45, p. 40, obs. G. Rabu.*

Art. L. 131-16 Les fédérations délégataires édictent :

1° Les règles techniques propres à leur discipline ;

2° Les règlements relatifs à l'organisation de toute manifestation ouverte à leurs licenciés ;

(L. n° 2012-158 du 1er févr. 2012, art. 2 et 7-II) « 3° Les règlements relatifs aux conditions juridiques, administratives et financières auxquelles doivent répondre les associations et sociétés sportives pour être admises à participer aux compétitions qu'elles organisent. Ils peuvent contenir des dispositions relatives au nombre minimal de sportifs formés localement dans les équipes participant à ces compétitions et au montant maximal, relatif ou absolu, de la somme des rémunérations versées aux sportifs par chaque société ou association sportive.

« Elles édictent également des règles ayant pour objet d'interdire aux acteurs des compétitions sportives :

« *a)* De réaliser des prestations de pronostics sportifs sur ces compétitions lorsque ces acteurs de la compétition sont contractuellement liés à un opérateur de paris sportifs titulaire de l'agrément prévu à l'article 21 de la loi n° 2010-476 du 12 mai 2010 relative à l'ouverture à la concurrence et à la régulation du secteur des jeux d'argent et de hasard en ligne ou lorsque ces prestations sont effectuées dans le cadre de programmes parrainés par un tel opérateur ;

« *b)* De détenir une participation au sein d'un opérateur de paris sportifs titulaire de l'agrément prévu au même article 21 qui propose des paris sur la discipline sportive concernée ;

« *c)* D'engager, directement ou par personne interposée, des mises sur des paris reposant sur la compétition à laquelle ils participent et de communiquer à des tiers des informations privilégiées, obtenues à l'occasion de leur profession ou de leurs fonctions, et qui sont inconnues du public. »

Un décret en Conseil d'État *(Abrogé par Décr. n° 2013-264 du 28 mars 2013)* « ***, pris après avis du Conseil national des activités physiques et sportives,*** » fixe les conditions d'entrée en vigueur des règlements fédéraux relatifs aux normes des équipements sportifs requises pour la participation aux compétitions sportives organisées par les fédérations délégataires. – *[L. n° 84-610 du 16 juill. 1984, art. 17, al. 2 et 3, et art. 42 bis.]*

BIBL. ▶ M. CONTRERAS, Joueurs formés localement : pas de faute technique pour la Ligue nationale de basket, *JS 2016, n° 167, p. 26* .

1. Les fédérations sportives délégataires sont compétentes, sous réserve des compétences dévolues à l'État dans sa sphère d'attribution par les art. 42-1 et 42-2 de la L. du 16 juill. 1984 modifiée [art. L. 312-5 à L. 312-13 C. sport], pour définir les normes applicables aux équipements nécessaires au bon déroulement des compétitions sportives, qu'il s'agisse des installations édifiées sur l'aire de jeu ouverte aux sportifs ou de celles qui, tout en étant extérieures à l'aire de jeu, n'en concourent pas moins au déroulement des compétitions dans des conditions d'hygiène, de sécurité et de loyauté satisfaisantes. En revanche, les exigences dictées exclusivement par des impératifs d'ordre commercial comme celles qui touchent à la contenance minimale des espaces affectés à l'accueil du public pour chaque type de compétition ou la détermination de dispositifs électriques et d'installations ayant pour seul objet de favoriser la retransmission télévisée ou radiophonique des compétitions, excédant le champ des compétences des fédérations titulaires d'une délégation au titre de l'art. 17 [art. L. 131-8 C. sport] ; en ces domaines, elles ne peuvent intervenir que par voie de recommandations dépourvues de caractère obligatoire. En tout état de cause, une fédération délégataire ne peut exercer la compétence qui lui est conférée que dans le respect des principes et des règles qui s'imposent aux auteurs de tout acte accompli dans l'exercice d'une mission de service public, et ne saurait intervenir selon des modalités qui seraient inconciliables avec ceux-ci, notamment dans le domaine de la sécurité. • CE, avis, 20 nov. 2003, req. n° 369.474 : *JCP A 2004. 1385, note Simon.* ♦ Le règlement par lequel une ligue professionnelle subordonne le versement aux clubs sportifs d'une partie des droits audiovisuels au respect de certains critères en matière de capacité et d'éclairage des stades résulte de la mise en œuvre de l'article 18-1 de la loi du 16 juillet 1984 [art. L. 333-3 C. sport] et non de celle de l'article 17 de la même loi [art. L. 131-16 C. sport], de sorte que l'avis du Conseil d'État du 20 novembre 2003 ne lui est pas applicable. • CAA Marseille, 4 nov. 2010, *EUSRL Athletic Club Ajaccien Football*, req. n° 09MA01014 : *JS 2011, n° 107, p. 9, note F. Lagarde ; Cah. dr. sport 2011, n° 1, p. 23, note F. Rizzo.*

2. Indépendamment de l'application des règlements fédéraux relatifs aux compétitions sportives, il appartient aux autorités de police de prendre les mesures nécessaires au maintien de l'ordre et de la sécurité publique. • CE 13 déc. 2006, *Féd. fr. de football : Lebon T 985 et 1081.*

3. Le principe de libre accès aux activités sportives peut justifier que les règles techniques édictées par les fédérations soient de nature à favoriser une compétition effectivement ouverte à des concurrents disposant de ressources plus modestes. • CE, réf., 17 mai 2004, *Violet : req. n° 266743.* ♦ Eu égard aux objectifs de sécurité poursuivis par la fédération – laquelle serait, le cas échéant, responsable d'une insuffisance des règles techniques qu'elle est en charge d'édicter dans le cadre de sa mission de service public – le moyen tiré de ce que les nouvelles contraintes seraient entachées d'une erreur manifeste d'appréciation ne paraît pas de nature à faire naître un doute sérieux quant à la légalité du règlement technique contesté. • Même ordonnance.

4. Le règlement de la Ligue nationale de volleyball qui instaure un quota de joueuses issues de la formation française sur les feuilles de matchs vise à permettre aux joueuses formées sous l'égide de la fédération nationale, notamment dans les centres de formation professionnelle des clubs affiliés à cette fédération, de développer leur pratique de haut niveau et d'améliorer leurs chances de recrutement dans les clubs professionnels, et poursuit des objectifs de formation et de promotion des jeunes joueuses qui constituent des raisons impérieuses d'intérêt général. • CE 8 mars 2012, *Assoc. Racing club de Cannes volley*, req. n° 343273 : *JS 2012, n° 124, p. 17, concl. D. Botteghi ; ibid. p. 24, comm. P. Collomb ; ibid., n° 119, p. 8, obs. F. Lagarde ; RLDA 2012 oct. n° 75, p. 46, obs. R. Bouniol ; Dict. perm. dr. sport 2012, Bull. n° 188, p. 14, obs. P. Juillet.* ♦ En revanche, le même règlement est illégal en ce qu'il pose que les joueuses naturalisées françaises avant une certaine date doivent être considérées comme issues de la formation française, ce critère opérant une discrimination directe à raison de la nationalité. • Même arrêt. ♦ S'agissant du règlement de la Ligue nationale de rugby concernant les « Joueurs issus des filières de formation » (JIFF) et pour l'absence de doute sérieux sur la légalité dudit règlement dans le cadre d'une procédure de référé-suspension : • TA Cergy-Pontoise, réf., 16 avr. 2013, *Bergamasco : req. n° 1302619.*

5. Un règlement sportif discriminatoire à l'égard de certains sportifs n'est pas nécessairement incompatible avec le Traité sur le fonctionnement de l'Union européenne (TFUE), dès lors que lesdites discriminations ne sont pas directement fondées sur la nationalité et que l'autorité qui a édicté le règlement démontre que celui-ci n'est pas manifestement inapproprié aux objectifs de loyauté de la compétition et de promotion des équipes locales en vue desquels il a été adopté. • CAA Bordeaux, 17 déc. 2013, *Comité régional de cyclisme de la Guyane*, req. n° 12BX00108 : *Dict. perm. dr. sport 2014, Bull. n° 210, p. 8, obs. D. Rémy.* ♦ Sur les questions liées à la nationalité des compétiteurs, V. aussi notes 17 et 18 ss. art. L. 100-1.

6. V. aussi note 2 ss. art. R. 331-7.

Art. L. 131-16-1 *(L. n° 2012-158 du 1er févr. 2012, art. 8)* **L'accès d'une fédération sportive délégataire, en vue de la mise en œuvre d'une éventuelle procédure** *(L. n° 2015-1541 du 27 nov. 2015, art. 22-II)* **« de sanction » contre un acteur d'une compétition sportive qui aurait parié sur celle-ci, à des informations personnelles relatives à des opérations de jeu enregistrées par un opérateur de jeux ou de paris en ligne titulaire de l'agrément prévu à l'article 21 de la loi n° 2010-476 du 12 mai 2010 précitée s'effectue par demande adressée à l'Autorité de régulation des jeux en ligne.**

L'Autorité de régulation des jeux en ligne communique à des agents de la fédération délégataire spécialement habilités à cette fin dans des conditions prévues par décret les éléments strictement nécessaires, dans le respect des dispositions de la loi n° 78-17 du 6 janvier 1978 relative à l'informatique, aux fichiers et aux libertés.

Art. L. 131-17 **A l'exception des fédérations sportives agréées à la date du 16 juillet 1992, seules les fédérations sportives délégataires peuvent utiliser l'appellation "Fédération française de" ou "Fédération nationale de" ainsi que décerner ou faire décerner celle d' "Équipe de France" et de "Champion de France", suivie du nom d'une ou plusieurs disciplines sportives et la faire figurer dans leurs statuts, contrats, documents ou publicités.**

Le fait pour le président, l'administrateur ou le directeur de toute personne morale d'utiliser ces appellations en violation des dispositions du premier alinéa est puni d'une peine d'amende de 7 500 euros. – *[L. n° 84-610 du 16 juill. 1984, art. 17, al. 7, 10 et 11.]*

1. Il n'y a pas lieu de poser au Conseil constitutionnel une question prioritaire de constitutionnalité sur le point de savoir si, par l'imprécision de ses termes, l'art. L. 131-17 C. sport porte atteinte à des droits et libertés garantis par la Constitution, et spécialement au droit à l'intelligibilité et l'accessibilité de la loi, dans la mesure où la question posée ne présente pas un caractère sérieux dès lors que la disposition législative n'est critiquée qu'en ce qu'elle laisse la place à interprétation, laquelle relève de l'office du juge. • Cass., QPC, 31 mai 2010 : *D. 2010. 1487*.

2. La Fédération française de rollerskating étant en droit de s'opposer à toute utilisation non autorisée de son nom, notamment par la mise à la disposition du public de documents y faisant référence, il convient de faire injonction à deux sociétés organisatrices d'un événement sportif de ne pas utiliser, sur quelque document ou support que ce soit, la dénomination de ladite fédération. • TGI Paris, réf., 18 avr. 1996 : *D. 1997. Somm. 187, obs. J.-F. Lachaume*.

3. En retenant que la Fédération française de rugby à XIII avait pris une nouvelle dénomination qui présentait désormais une double spécificité par rapport à la Fédération française de rugby résultant de la suppression de l'adjectif « française », une cour d'appel a caractérisé la disparition d'un risque de confusion entre les deux associations. • Civ. 2e, 4 juin 1993 : *RJ éco. sport no 27, 1993. 83*.

4. L'art. L. 131-17 C. sport a pour effet de restreindre les modalités d'utilisation de l'appellation « Équipe de France » et d'interdire son utilisation, fût-ce en l'utilisant à titre de marque. • Com. 23 nov. 2010 : *pourvoi no 09-70.716.*

5. Les dispositions de l'art. L. 131-17 C. sport, qui réservent aux seules fédérations sportives délégataires la faculté d'utiliser la dénomination de « fédération française » ou « fédération nationale », font obstacle à ce que le ministre chargé des sports puisse légalement accorder l'agrément ou la délégation à une fédération qui utiliserait une telle dénomination sans être délégataire. • CE 10 nov. 2010, *Féd. fr. de full-contact et disciplines associées et Féd. fr. de muaythaï et disciplines associées*, req. no 333500 : *JS 2011, no 106, p. 8, obs. Ch. Dudognon*.

6. V. aussi notes ss. art. L. 333-1.

Art. L. 131-18 **Le fait d'organiser, sans être détenteur de la délégation prévue à l'article L. 131-14, des compétitions à l'issue desquelles est décerné un titre de champion international, national, régional ou départemental ou un titre susceptible de créer une confusion avec l'un de ces titres en infraction aux dispositions de l'article L. 131-17 est puni d'une peine d'amende de 7 500 euros.**

Toutefois, les fédérations sportives agréées peuvent délivrer des titres de champion national ou fédéral et des titres régionaux ou départementaux en faisant suivre ces titres de la mention de la fédération. La liste des titres visés au présent alinéa est fixée par décret en Conseil d'État. – *[L. no 84-610 du 16 juill. 1984, art. 17, al. 10, 12 et 13.]*

V. art. R. 131-13.

Art. L. 131-19 **Lorsque, dans une discipline sportive, aucune fédération sportive n'a reçu de délégation, les compétences attribuées aux fédérations délégataires par la présente section et par les articles** *(L. no 2010-626 du 9 juin 2010, art. 5)* **« L. 222-7, L. 222-11, L. 222-15, L. 222-16, L. 222-18, L. 222-19, » L. 311-2 et L. 331-4 à L. 331-7 peuvent être exercées, pour une période déterminée et avec l'autorisation du ministre chargé des sports, par une commission spécialisée mise en place par le Comité national olympique et sportif français.** – *[L. no 84-610 du 16 juill. 1984, art. 19-1-A, al. 1er.]*

Pour l'exemple de l'équitation, V. Arr. du 29 sept. 2005 (JO 1er oct.).

Art. L. 131-20 **Lorsque le ministre chargé des sports défère à la juridiction administrative les actes pris en vertu de la délégation mentionnée à l'article L. 131-14 qu'il estime contraires à la légalité, il peut assortir son recours d'une demande de suspension.**

Il est fait droit à cette demande si l'un des moyens invoqués paraît, en l'état de l'instruction, propre à créer un doute sérieux quant à la légalité de l'acte attaqué.

Il est statué sur cette demande dans un délai d'un mois. – *[L. no 84-610 du 16 juill. 1984, art. 17-1, al. 1er.]*

Art. L. 131-21 **Sans préjudice des recours directs dont elle dispose, toute personne physique ou morale qui s'estime lésée par une décision individuelle prise dans le cadre de la délégation mentionnée à l'article L. 131-14 peut, dans le délai de deux mois à compter de la notification de la décision, demander au ministre chargé des sports de**

mettre en œuvre la procédure prévue à l'article L. 131-20. – *[L. n° 84-610 du 16 juill. 1984, art. 17-1, al. 2.]*

La saisine du ministre chargé des sports, sur le fondement de l'art. 17-1 [art. L. 131-21 C. sport], par une personne qui s'estime lésée par une décision individuelle prise par une fédération sportive délégataire a pour effet, lorsqu'elle a été formée dans le délai de recours contentieux, de proroger ce délai jusqu'à l'intervention de la décision explicite ou implicite par laquelle le ministre se prononce sur la demande. • CE 4 oct. 2000, *Ducerf : Lebon 389 ; D. 2001. Somm. 1658, obs. J.-F. Lachaume.* ♦ La saisine du ministre n'a pas pour effet de priver cette personne de la faculté d'exercer un recours direct contre la décision litigieuse ; aussi, le refus du ministre de déférer ladite décision au tribunal administratif ne constitue pas une décision susceptible de faire l'objet d'un recours pour excès de pouvoir. • Même arrêt.

Art. L. 131-22 *(L. n° 2015-1541 du 27 nov. 2015, art. 3)* **Toute fédération sportive membre d'une fédération internationale qui l'a habilitée à organiser la pratique d'une discipline sportive et pour laquelle une autre fédération s'est vue [vu] accorder la délégation prévue à l'article L. 131-14 est tenue de procéder, sur proposition de celle-ci, à :**

1° L'inscription des compétitions de cette discipline au calendrier international ;

2° L'inscription des sportifs de haut niveau de cette discipline aux compétitions internationales.

CHAPITRE II **LIGUES PROFESSIONNELLES**

BIBL. GÉN. ► F. Besnier, Ligue professionnelle, *in Dict. jur. du sport, Dalloz, Juriséditions, 2013, p. 222.* – D. Debreyer et J.-C. Rougé, Commissions de contrôle de gestion, *in Dict. jur. du sport, Dalloz, Juriséditions, 2013, p. 96.* – Ligue professionnelle, *in Dict. perm. dr. sport (mise à jour périodique).* – Ligues professionnelles : l'exemple américain, dossier *in JS 2012, n° 119, p. 18 s., note D. Primault* ; Les ligues majeures américaines : éléments de cadrage, *p. 20.* – S. Ross, La jurisprudence relative aux ligues américaines en quelques cas majeurs, *p. 28.* – A. Zimbalist, Des relations du travail agitées, *p. 30.* – D. Prouty, Major league baseball players association : parole aux joueurs, *p. 32.*

Art. L. 132-1 Les fédérations sportives délégataires peuvent créer une ligue professionnelle, pour la représentation, la gestion et la coordination des activités sportives à caractère professionnel des associations qui leur sont affiliées et des sociétés sportives.

Lorsque, conformément aux statuts de la fédération, la ligue professionnelle est une association dotée d'une personnalité juridique distincte, ses statuts doivent être conformes aux dispositions édictées par un décret en Conseil d'État pris après avis du Comité national olympique et sportif français. Ce décret détermine également les relations entre la ligue et la fédération. – *[L. n° 84-610 du 16 juill. 1984, art. 17, al. 6, phrases 1 à 3.]*

V. art. R. 132-1 s.

COMMENTAIRE

Voir commentaire sous chapitre II, titre III, livre Ier, partie II. ❑

1. Création d'une ligue professionnelle sans personnalité juridique. Les fédérations sportives peuvent légalement créer une ligue professionnelle dépourvue de la personnalité morale et composée, en application des statuts de la fédération, de membres nommés par le président de celle-ci • TA Montreuil, 20 nov. 2012, *Ben Yacoub : req. n° 1101195.* ♦ ... ladite ligue pouvant être supprimée en respectant les dispositions statutaires pertinentes de la fédération s'agissant de la suppression des commissions internes. • Même décision.

2. Intérêt à agir et intervention volontaire. S'agissant de l'intérêt pour agir d'une ligue professionnelle dans le cadre d'une intervention volontaire au soutien de la fédération au sujet d'une décision prise par elle en première instance et confirmée par la fédération en appel : • TA Grenoble, réf., 8 août 2013, *CSBJ Rugby : req. n° 1204119.* • TA Cergy-Pontoise, réf., 16 avr. 2013, *Bergamasco : req. n° 1302619.*

3. Compétences partagées. La détermination des conditions dans lesquelles les sportifs exerçant leur activité dans des clubs affiliés à la ligue professionnelle sont mis à disposition des équipes nationales, dont la sélection et la gestion relèvent de la compétence de la fédération, ne peut résulter de décisions prises unilatéralement par la ligue professionnelle, mais relève des compétences communes devant être exercées par la voie de la convention prévue par l'article R. 132-9 C. sport. • CE 25 nov. 2015, n° 387190 : *JS 2016, n° 161, p. 27, chron. E. Honorat ; Dict. perm. dr. sport 2015, Bull. n° 230, p. 6, note A. Renard ; Cah. dr. sport 2016, n° 43, p. 61, note F. Colin ; LPA 2016, n° 132, chron. p. 5.*

4. Pouvoirs de la fédération. Il incombe à chaque fédération délégataire d'exercer les missions qui lui ont été confiées en application des art. L. 131-1 et s. C. sport. Lorsqu'une fédération a fait le choix, en vertu de l'art. L. 132-1 C. sport, de créer une ligue professionnelle pour la représentation, la gestion et la coordination des activités sportives à caractère professionnel, il lui incombe de s'assurer que la ligue professionnelle fait usage des prérogatives qui lui sont subdéléguées, en vertu de l'art. R. 132-12, pour fixer les règles régissant les compétitions qu'elle organise, dans le respect de celles fixées par les statuts de la fédération et conformément à l'intérêt général de la discipline, le cas échéant en réformant les décisions de la ligue qui seraient contraires aux statuts de la fédération ou qui porteraient atteinte aux intérêts généraux dont elle a la charge, ainsi qu'y fait référence l'art. R. 132-15 C. sport, dont le seul objet est d'habiliter la convention régissant les relations entre la fédération et la ligue à définir les conditions de mise en œuvre de ce pouvoir de réformation. • CE 3 févr. 2016, n°s 391929 et 392046 : *JS 2016, n° 162, p. 8, obs. F. Lagarde ; ibid. n° 164, p. 33, comm. J.-F. Lachaume ; Dict. perm. dr. sport 2016, Bull. n° 231, p. 8, note A. Renard et D. Rémy ; AJDA 2016. 802, comm. X. Domino ; JCP 2016, n° 7, p. 356, obs. A. Bouvet ; Cah. dr. sport 2016, n° 43, p. 68, obs. F. Colin.*

Art. L. 132-2 *(L. n° 2012-158 du 1er févr. 2012, art. 3)* **Les fédérations qui ont constitué une ligue professionnelle créent un organisme, doté d'un pouvoir d'appréciation indépendant, assurant le contrôle administratif, juridique et financier des associations et sociétés sportives participant aux compétitions qu'elles organisent.**

Cet organisme a pour objectif d'assurer la pérennité des associations et sociétés sportives, de favoriser le respect de l'équité sportive et de contribuer à la régulation économique des compétitions.

1. V. note 9 ss. art. L. 131-15.

2. Ni l'art. L. 132-2 C. sport, ni aucune autre disposition législative ou réglementaire n'interdisent aux fédérations délégataires, dont la mission est d'assurer la régularité de toutes les compétitions sportives qu'elles organisent, de prévoir que l'organisme de contrôle de gestion des clubs professionnels peut aussi avoir, à cette fin, compétence pour contrôler la gestion administrative, financière et juridique des clubs amateurs participant à ces compétitions, en particulier de ceux qui, évoluant au plus haut niveau amateur, sont susceptibles de devenir des clubs professionnels. • CE 16 sept. 2010, *Féd. fr. rugby*, req. n° 342530 : *JS 2010, n° 102, p. 34, obs. D. Rémy ; Cah. dr. sport 2010, n° 22, p. 94, obs. F. Colin.*

3. L'art. 11 de l'annexe à la convention passée entre la fédération française de football et la ligue de football professionnel laisse aux organismes chargés du contrôle de gestion toute latitude pour retenir la ou les mesures qui leur paraissent, parmi celles prévues par le règlement, les mieux à même de remédier, dans le but de garantir la continuité et l'équité des compétitions, à la situation financière dégradée d'un club sans porter une atteinte excessive au bon déroulement des compétitions. • CE 19 juill. 2010, *Ligue de football professionnel : req. n° 325892.* ♦ De sorte que la mesure d'exclusion d'un championnat en cours de saison étant celle qui, du fait de sa portée et de ses conséquences sur des compétitions déjà engagées, est la plus susceptible de porter atteinte au bon déroulement et à l'équité des compétitions, un organe de contrôle de gestion ne commet pas, au regard des circonstances de l'espèce, de faute de nature à engager la responsabilité de la fédération et de la ligue professionnelle en ne prononçant pas en cours de saison la mesure d'exclusion d'un club ayant au préalable déjà fait l'objet d'un placement sous recrutement contrôlé puis d'une interdiction de recrutement. • Même arrêt. ♦ Arrêt annulant un arrêt d'appel ayant au contraire retenu l'existence d'une faute et ayant condamné solidairement la fédération et la ligue professionnelle à indemniser un club tiers. • CAA Versailles, 5 févr. 2009, *Club Entente Sannois-Saint-Gratien : req. n° 07VE01769.*

4. Eu égard à la nature de la décision de déchéance des droits sportifs (rétrogradation en division inférieure suite à une liquidation judiciaire), laquelle ne constitue pas une sanction, le moyen tiré de ce que les dispositions réglementaires applicables méconnaîtraient le principe de personnalité des peines n'est pas propre, en l'état de l'instruction, à créer un doute sérieux quant à la légalité de la décision en litige, de même que, pour le même motif, du moyen tiré de ce qu'elles méconnaîtraient le principe d'individualisation des peines et du moyen tiré de ce que la décision en litige aurait été prise en violation du principe du contradictoire. • TA Rennes, réf., 2 oct. 2014, *Assoc. Vannes Olympique Club*, req. n° 1404100 : *Dict. perm. dr. sport 2014, Bull. n° 216, p. 2, obs. D. Rémy.*

5. Sur les décisions successives, toutes prises en référé, dans le cadre de l'affaire « *Luzenac* » du nom du club de football de championnat national qui s'était vu refuser l'accès à la Ligue 2 pour des motifs tenant à la fois à sa situation financière et aux équipements dont il disposait, V. : • TA Toulouse, réf., 1er août 2014, n° 1403699 : *JCP 2015. 949, chron. R. Boffa et a.* • TA Toulouse, réf., 27 août 2014, n° 1403986 • TA Toulouse, réf., 4 sept. 2014, n° 1404117 : *Dict. perm. dr. sport 2014, Bull. n° 215, p. 1, obs. D. Rémy ; JCP 2015. 949, chron. R. Boffa et a.*

6. Pour un exemple d'examen particulièrement minutieux, en référé, d'une décision de refus d'accession d'un club de rugby en division professionnelle, V. : • TA Versailles, réf., 20 août 2015, n° 1505420 : *Dict. perm. dr. sport 2015, Bull. n° 227, p. 11, obs. D. Rémy ; Cah. dr. sport 2015, n° 42, p. 195, obs. F. Colin.*

7. L'illégalité que constitue une interdiction de recruter prononcée à tort est constitutive d'une faute de nature à engager la responsabilité de la fédération française de football, chargée conjointement avec la ligue de football professionnel du contrôle de la gestion financière des clubs professionnels. • CAA Nantes, 19 déc. 2013, *Société Tours FC*, req. n° 12NT00835 : *Dict. perm. dr. sport 2014, Bull. n° 209, p. 9, note A. Renard ; Cah. dr. sport 2013, n° 34, p. 101, obs. F. Rizzo.*

8. Pour un jugement (controversé) ayant considéré que les décisions des organes de contrôle de gestion des fédérations sportives et des ligues professionnelles échappent au préalable obligatoire de conciliation devant le CNOSF institué par les art. L. 141-4 et R. 141-5 C. sport en raison du pouvoir d'appréciation indépendant dont disposent ces organes en vertu de l'art. L. 132-2 C. sport et, de ce fait, ne peuvent être modifiées dans ce cadre par les organes dirigeants des fédérations sportives, V. : • TA Besançon, 29 janv. 2015, n° 1401378 : *JS 2015, n° 156, p. 34, comm. D. Rémy ; Dict. perm. dr. sport 2015, Bull. n° 222, p. 6, note D. Rémy.* • CAA Nancy, 1er mars 2016, n° 15NC00583 : *JS 2016, n° 163, p. 10, obs. J. Mondou ; ibid. n° 165, p. 23, chron. A. Marcelaud ; Dict. perm. dr. sport 2016, Bull. n° 233, p. 1, comm. D. Rémy.*

TITRE QUATRIÈME **ORGANISMES DE REPRÉSENTATION ET DE CONCILIATION**

CHAPITRE PREMIER **COMITÉ NATIONAL OLYMPIQUE ET SPORTIF FRANÇAIS**

BIBL. GÉN. ▶ L. Chabaud, Comité national olympique et sportif français (CNOSF), *in Dict. jur. du sport, Dalloz, Juriséditions, 2013, p. 43.* – C. Coudert, Comités régionaux, départementaux et territoriaux olympiques et sportifs français (CROS, CDOS, CTOS), *in Dict. jur. du sport, Dalloz, Juriséditions, 2013, p. 92.*

COMMENTAIRE

1. Rappelons seulement, avant de mieux cerner l'identité du Comité national olympique et sportif français (CNOSF), à la lumière de ses activités et de son organisation interne, que celui-ci est né le 22 février 1972 d'une fusion entre le Comité olympique français (COF), créé en 1894, et le Comité national des sports, fondé en 1908. Association reconnue d'utilité publique, le CNOSF n'a connu antérieurement à la présidence de Denis Masseglia (élu le 19 mai 2009 puis réélu le 23 mai 2013) que trois autres présidents : Claude Collard (du 22 février 1972 au 30 mars 1982), Nelson Paillou (du 30 mars 1982 au 4 mai 1993) et Henri Sérandour (du 4 mai 1993 au 19 mai 2009).

L'article L. 141-4 du code du sport donne une indication succincte de ce qu'est le CNOSF. Aussi est-il également fructueux de faire référence à la Charte olympique (V. App., v° *Comité International Olympique*) pour mieux comprendre ses missions et son fonctionnement.

2. Les missions du CNOSF sont dans la continuité de son investiture par le Comité International Olympique (CIO) et par les pouvoirs publics français. Il est, tout à la fois, un organisme reconnu par le CIO et une entité rassemblant les fédérations sportives nationales et autres groupements sportifs nationaux.

Sans entrer dans le détail, observons que le CNOSF ne limite pas, à la différence d'encore nombreux Comités olympiques nationaux, son activité aux actions qui lui sont confiées par le CIO. Il a, également, pour rôle de représenter le Mouvement sportif français et ainsi d'agir pour le promouvoir et le défendre. Plus exactement :

– dans ses « missions olympiques », il collabore aux activités du CIO et a la charge d'assurer la protection, sur son terrain national, du symbole, du drapeau, de la devise et de l'hymne olympiques. Le fondement et le contenu de ce « mandat » n'ont pas échappé à la Haute Juridiction judiciaire française qui, dans un arrêt de sa chambre commerciale, en date du 29 juin 1999 (pourvoi n° 97-12045), relève que le CNOSF est, en vertu de la règle 7 de la Charte olympique, chargé de poursuivre dans son pays, pour le compte du CIO, la protection du terme « olympique », élément distinctif des marques renommées « Jeux olympiques » et « olympique » et qu'ainsi cela suffit à le rendre recevable dans son action pour qu'il soit fait interdiction à une société, en application de l'article L. 713-5 du code de la propriété intellectuelle, de faire usage du terme « olymprix ». Il a compétence exclusive pour représenter la France aux Jeux olympiques et aux compétitions multisports régionales, continentales ou mondiales patronnées par le CIO. Il a, en corollaire, aussi attribution exclusive pour constituer, organiser, diriger la délégation française aux Jeux olympiques. Il en découle, d'une part, que la décision d'inscription et d'engagement d'un sportif aux Jeux dépend du CNOSF et, d'autre part, que durant les Jeux les membres de la délégation sont sous son autorité. Il approuve, également, toute candidature, dans son pays, d'une ville à l'accueil des Jeux olympiques et compétence conjointe (avec la ville de son pays) pour organiser les Jeux olympiques ;

– dans ses « missions publiques », il intervient, principalement, au nom du sport français, pour toutes les questions d'intérêt général auprès des pouvoirs publics et des organismes officiels, contribue au développement et à la promotion des activités sportives et des sportifs, entreprend des actions d'aides au fonctionnement des fédérations sportives, au respect de la déontologie sportive et à la résolution des « litiges sportifs » (sur la mission de conciliation du CNOSF, V. C. sport, art. R. 141-5 s. ; sur la Chambre arbitrale du sport, placée sous l'égide du CNOSF, App., v° *Arbitrage juridictionnel*).

3. Pour mener à bien ses missions, le CNOSF a, depuis 1972, progressivement et de manière accélérée à partir de son installation à la Maison du sport français en mars 1993, développé une politique interne lui permettant d'être opérationnel.

Des commissions institutionnelles (relations internationales, finances ; juridique, médicale, athlètes de haut niveau) et des commissions d'actions (développement durable, équipements, sport professionnel, jeunes dirigeants, prévention des déviances) ont été constituées, animées par des élus désignés par son conseil d'administration et accompagnées par des collaborateurs salariés, regroupés dans des services spécialisés. Des conseils interfédéraux ont également été mis en place (sports aériens, sports de nature, sports nautiques, sports terrestres sport d'entreprise, activités aquatiques, arts martiaux et sports de combat, sports collectifs, activités à environnement spécifique) de façon à alimenter des réflexions et des projets autour de problématiques communes à certaines fédérations. Ont pu, dès lors, se multiplier des actions d'aides au fonctionnement des fédérations et des actions de concertation constructives et actives avec les pouvoirs publics. Ainsi, a été créé un centre de ressources et d'appui afin de favoriser la professionnalisation des fédérations, un outil informatique permettant de valoriser les acquis d'expérience des dirigeants et des sportifs, un institut de formation du mouvement sportif (IFOMOS), ou des assistances pour l'élaboration de schémas pluriannuels d'équipement fédéraux et la réalisation de guides méthodologiques, ou encore des conventionnements en vue d'assurer la promotion sociale des sportifs. De plus, le CNOSF a été à l'origine de la création du Conseil social du mouvement sportif (CoSMoS), organisation d'employeurs partie à la Convention collective nationale du sport (CCNS, App., v° *Travail*). Ainsi, aussi, sont constitués périodiquement des groupes de réflexions et de propositions sur des thèmes sensibles au soutien notamment d'évolutions engagées ou de réformes législatives. La *« Contribution du Mouvement sportif à la société française »*, parue en septembre 2006 et intitulée *« La raison du plus sport »*, les rapports des six groupes de travail sur le sport professionnel, rendus en avril 2008 (concernant les agents sportifs, le contrat unique de travail, la formation, le livre blanc européen et la spécificité du sport, la mise à disposition des internationaux, la solidarité entre secteur professionnel et secteur amateur) poursuivent cette ambition.

Les missions naturelles, pour certaines consacrées par des textes spéciaux, ont été aménagées rigoureusement, grâce à l'aide permanente de personnels salariés, autour de personnalités indépendantes sensibilisées aux particularités du secteur sportif, avec la mise en place d'un comité de déontologie, d'un préalable obligatoire de conciliation et d'une chambre arbitrale du sport.

4. Groupement national constitué en association reconnue d'utilité publique, le CNOSF accueille en son sein notamment les membres français du CIO (actuellement au nombre de deux), les fédérations sportives nationales olympiques, les fédérations sportives nationales non olympiques, les fédérations sportives scolaires et universitaires, les fédérations multisports et affinitaires et organisations nationales reconnues ainsi que des membres personnes physiques tels que les présidents français de fédérations internationales reconnues par le CIO. Son conseil d'administration comprend, pour l'olympiade 2013-2017, quarante-cinq membres : les deux membres de nationalité française du CIO, vingt-trois représentants des fédérations olympiques, deux athlètes ayant pris part à des Jeux olympiques datant de moins de trois olympiades, huit représentants des fédérations sportives nationales non olympiques, quatre représentants des fédérations multisports et affinitaires, deux représentants des fédérations scolaires et universitaires, deux représentants des CROS et des CDOS et deux membres sortant du conseil d'administration et un bureau exécutif de sept membres. A noter que le CNOSF a adopté au cours de son Assemblée Générale du 21 mai 2015 de nouveaux statuts modifiant notamment la composition de ses instances dirigeantes. Ces modifications statutaires ont fait l'objet d'une approbation par décret du ministère de l'Intérieur du 4 janvier 2017 (*JO* 5 janv.).

Dans chaque région et département, le CNOSF a des « antennes déconcentrées » : les Comités régionaux olympiques et sportifs (CROS), et les Comités départementaux olympiques et sportifs (CDOS), érigés en associations agglomérant les Comités régionaux ou départementaux des Fédérations sportives nationales et dont les actions se déploient dans le prolongement de celles du CNOSF. A cet effet, le CNOSF a institué en son sein une commission territoriale. Organe interne du CNOSF à vocation consultative, cette commission a pour objet de faciliter la relation entre le CNOSF et les CROS, les CDOS et les CTOS (comités territoriaux olympiques et sportifs). ❑

Art. L. 141-1 **Les associations sportives et les sociétés sportives qu'elles ont constituées, les fédérations sportives et leurs licenciés sont représentés par le Comité national olympique et sportif français.**

Les statuts du Comité national olympique et sportif français sont approuvés par décret en Conseil d'État. – *[L. n° 84-610 du 16 juill. 1984, art. 19, al. 1er et 2.]*

L'art. 12 des statuts du CNOSF habilite son président à le représenter en justice sans faire une quelconque référence à une autorisation du bureau exécutif, pas plus que l'art. 13, relatif aux pouvoirs du bureau exécutif, ne subordonne-t-il l'engagement d'une action au nom du CNOSF à une délibération du bureau. • Paris, 21 janv. 2011, *Assoc. Comité national olympique et sportif français c/ Sté de droit maltais Interwetten Malta ltd,* req. n° 09/20261 : *D. 2012. 704, Panorama Droit du sport, spéc. 708, obs. N. Alaphilippe.* ♦ Le Conseil d'État est compétent pour connaître de certaines décisions du CNOSF, en l'espèce une décision de refus de rendre un arbitrage (sol. implicite). • CE, sect., 16 mars 1984, *Letellier :* n° 44961.

Art. L. 141-2 **Le Comité national olympique et sportif français peut exercer les droits reconnus à la partie civile en ce qui concerne les infractions mentionnées aux titres II et III du livre Ier, aux titres Ier et II du livre II ainsi qu'au titre II du livre III.** – *[L. n° 84-610 du 16 juill. 1984, art. 19, al. 19.]*

Art. L. 141-3 **Le Comité national olympique et sportif français veille au respect de la déontologie du sport définie dans une charte établie par lui** *(Abrogé par Décr. n° 2013-264 du 28 mars 2013)* ***« après avis de la Commission nationale du sport de haut niveau ».*** – *[L. n° 84-610 du 16 juill. 1984, art. 19, al. 3, 1re phrase.]*

Art. L. 141-4 **Le Comité national olympique et sportif français est chargé d'une mission de conciliation dans les conflits opposant les licenciés,** *(L. n° 2010-626 du 9 juin 2010, art. 3)* **« les agents sportifs, » les associations et sociétés sportives et les fédérations sportives agréées, à l'exception des conflits mettant en cause des faits de dopage.**

Il constitue une conférence des conciliateurs dont il nomme les membres.

Tout conciliateur est tenu de garder secrète toute information dont il a connaissance, en raison de l'application du présent article, sous peine des sanctions prévues à l'article 226-13 du code pénal.

Les conditions d'application du présent article sont fixées par décret en Conseil d'État. – *[L. nº 84-610 du 16 juill. 1984, art. 19, al. 10, 11 et 17.]*

V. art. R. 141-6 s.

BIBL. ▶ F. ALAPHILIPPE, Le préliminaire de conciliation : relance d'une « justice sportive » ou renaissance d'une utopie ?, *in Droit du sport : la loi du 13 juillet 1992, Dalloz 1994, p. 27* ; Requiem pour une mission d'arbitrage, *ALD 1984, nº spéc., p. 38.* - J. BÉRENGER, Panorama 2009 des propositions de conciliation du CNOSF, *JS 2010, nº 99, p. 20.* - J.-C. BONICHOT, La conciliation devant le CNOSF : un essai à transformer ?, *in Mélanges F. Moderne, Dalloz, 2004.* - J.-C. BREILLAT, Conciliation et épuisement des voies de recours internes, *D. 2005. Chron. 1667* ; La contestation nationale : l'exclusion de la procédure de conciliation devant le Comité national olympique et sportif français, *in* Le droit administratif : permanences et convergences, *Mélanges Lachaume, Dalloz 2007, p. 289.* - C. CHAUSSARD, Les voies de règlements des litiges sportifs. Essai sur la coexistence des différentes formes de justice, *Université de Bourgogne, 2006.* - F. COLIN, La conciliation entre pratique sportive et tranquillité publique, *Cah. dr. sport 2006, nº 4.* - P. COUZINET, Un exemple de procédure de conciliation obligatoire : la conciliation sportive précontentieuse, *RFDA 1997. 365* . - CH. DUDOGNON, Les sources du droit du sport, *Thèse, Limoges, 2007, dact.* - B. FOUCHER, La conciliation et l'arbitrage comme mode alternatif pour échapper aux contraintes externes, *RJ éco. sport 2001, nº 61, p. 84* ; Les litiges sportifs et le juge administratif, *in* Juges l'administration, administrer la justice, *Mélanges Labetoulle, Dalloz 2007, p. 361 ;* Conciliation (Préalable obligatoire de), in Dict. jur. du sport, *Dalloz, Juriséditions, 2013, p. 105.* - J.-P. KARAQUILLO, La résolution par les institutions sportives et par les juridictions d'État de certains « litiges sportifs », *D. 1996. Chron. 87* ; L'arbitrage juridictionnel dans le sport français, *RJ éco. sport 1991, nº 18, p. 3* ; Conciliation, *in Dict. jur. du sport, Dalloz, Juriséditions, 2013, p. 103.* - A. LACABARATS, Le juge arbitre du conflit sportif, *D. 2001, hors série Justices, p. 61 ; Les conditions de l'intervention du juge judiciaire des référés, JS 2014, nº 144, p. 38* . - F. LAJAT, Litiges sportifs, qu'en sera-t-il en pratique ? (commentaire du décret nº 2015-651 du 10 juin 2015), *Dict. perm. dr. sport 2015, Bull. nº 225, p. 9.* - A. MARCELAUD, Panorama 2010 des propositions de conciliation du CNOSF, *JS 2011, nº 110, p. 16* ; Panorama 2011 des propositions de conciliation du CNOSF, *JS 2012, nº 121, p. 19* ; Panorama 2012 des propositions de conciliation du CNOSF, *JS 2013, nº 132, p. 18* ; Panorama 2013 des propositions de conciliation du CNOSF, *JS 2014, nº 43, p. 30* ; Panorama 2014 des propositions de conciliation du CNOSF, *JS 2015, nº 155, p. 18* ; Panorama 2015 des propositions de conciliation du CNOSF, *JS 2016, nº 165, p. 15* ; Litiges en matière sportive : ce que prévoit le décret du 10 juin 2015, *JS 2016, nº 165, p. 21* . - D. RÉMY, Litiges sportifs : un décret qui améliore sans révolutionner (commentaire du décret nº 2015-651 du 10 juin 2015), *Dict. perm. dr. sport 2015, Bull. nº 224, p. 1.* - Comité national olympique et sportif français (CNOSF), *in Dict. perm. dr. sport (mise à jour périodique).* - Conciliation, *ibid.*

▶ La justice sportive (arbitrage et conciliation), *RJ éco. sport 1994, nº spéc. (31)* : V. notamment F. ALAPHILIPPE, Conflits sportifs et accès à la justice, *p. 7* ; J.-C. BREILLAT, La conciliation, un regard neuf sur le contentieux sportif, *p. 73* ; J.-P. KARAQUILLO, La procédure de conciliation : quand ? comment ?, *p. 87* ; B. FOUCHER et A. LACABARATS, L'opinion du magistrat sur la conciliation, *p. 97.*

COMMENTAIRE

Depuis l'institution de son caractère obligatoire préalablement à tout recours contentieux par la loi Bredin du 13 juillet 1992, la procédure de conciliation devant le Comité national olympique et sportif français, mode alternatif de règlement des litiges sportifs, a connu un succès indéniable. La portée des propositions des conciliateurs n'est pas à négliger dans la mesure où, d'une part, il s'est formé au fil des 1 740 propositions (au 31 décembre 2007) rendues par le membres de la Conférence des conciliateurs une véritable jurisprudence de la conciliation et, d'autre part, en cas d'échec la proposition est la plupart du temps transmise au juge par une des parties, ce qui revient à fournir à ce dernier une expertise « juridico-sportive » appréciable.

I. HISTORIQUE

L'article 14 de la loi Mazeaud du 29 octobre 1975 avait chargé le CNOSF d'une mission d'arbitrage, au sens des articles 2059 s. du code civil, en vue de résoudre, « à leur demande, les litiges opposant les licenciés, groupements et fédérations ». Faute de parution du décret d'application prévu par la loi, cette procédure est restée lettre morte. La loi Avice du 16 juillet 1984 a substitué à cette mission d'arbitrage une procédure de conciliation, notamment pour tenir compte du fait que bon nombre des actes des fédérations sportives ont le caractère d'actes administratifs et que le code civil (art. 2060) prohibe l'arbitrage « dans toutes les matières qui intéressent l'ordre public ». La différence de fond entre l'arbitrage et la conciliation résidant ici dans le fait que, d'un côté, la sentence arbitrale s'impose aux parties et acquiert l'autorité de la chose jugée alors que, de l'autre, les parties peuvent s'opposer à la proposition de conciliation et ainsi la priver d'effet. En 1984, la procédure de conciliation n'est que facultative dans la mesure où les parties doivent au préalable s'entendre pour y recourir. Le véritable acte de naissance de la procédure de conciliation devant le CNOSF est donc la loi du 13 juillet 1992 qui en fait un préalable obligatoire à tout recours contentieux, préférant cette solution à la création d'une juridiction spécialisée dans les litiges sportifs, ce qui avait un temps été envisagé au tournant des années 1990. La loi Buffet du 6 juillet 2000 a été l'occasion, après sept ans de fonctionnement, de toiletter le dispositif sur certains points, ainsi que de prévoir formellement un décret d'application pour préciser des éléments de procédure qui n'étaient jusque-là envisagés que par un règlement interne au CNOSF à la portée juridique incertaine. Enfin, le processus de codification de la législation sur le sport a conduit à ce qu'une bonne partie des dispositions qui figuraient à l'article 19 de la loi de 1984 soient déclassées pour intégrer la partie réglementaire du code du sport, à commencer par le caractère obligatoire de la procédure préalablement à tout recours contentieux.

Récemment, un décret du 10 juin 2015 (Décr. n° 2015-651 du 10 juin 2015, *JO 12 juin*) est venu légèrement réformer la procédure (V. Comm. ss. art. R. 141-4).

II. STATISTIQUES

Sur un plan quantitatif, voici les statistiques relevées par le service de la conciliation entre le 13 juillet 1992 et le 5 janvier 2017 (sous réserve de 25 procédures en cours) :

Nombre de demandes. 5 756 demandes de conciliation sont parvenues au CNOSF. Il est à relever que, pour l'année 2016, environ 43 % des litiges traités en conciliation impliquaient la Fédération française de football ou l'un de ses organes déconcentrés.

Recevabilité des requêtes. Parmi les demandes examinées, il a été prononcé 1 405 irrecevabilités. Au final, 4 351 dossiers, soit 76 %, ont donc donné lieu à une procédure de conciliation obligatoire.

Résultats concernant la résolution des litiges. Sur les 4 351 procédures mises en œuvre, un accord entre les parties, en cours de procédure, préalablement à l'audience ou au terme de celle-ci, a été réalisé pour 670 dossiers.

3 681 de ces procédures ont donc donné lieu à la formulation de propositions de conciliation, dont, à ce jour, 2 257 ont été acceptées par les parties et 1 399 refusées.

En résumé, 2 927 litiges ont été résolus dans le cadre de la procédure de conciliation, par accord constaté ou par acceptation de la proposition de conciliation, soit un taux de résolution des litiges de 67 %. A l'opposé, 1 399 litiges n'ont pas été conciliés, au moins une des parties s'étant opposée à la proposition du conciliateur. Sur ces 1 399 dossiers, environ 452 ont, à la connaissance du CNOSF et à ce jour, été portés devant les tribunaux compétents (soit 32 % des litiges non résolus et 10 % de l'ensemble des litiges soumis à la conciliation). Pour tous les autres, les parties n'ont pas manifesté la volonté de poursuivre devant les juridictions. La proposition a ainsi, à tout le moins, incité à mettre un terme au conflit.

III. FONCTIONNEMENT DE LA PROCÉDURE

Saisi d'un litige relevant du préliminaire obligatoire de conciliation et dont le CNOSF n'a pas été préalablement saisi, le juge doit, d'office ou à la requête d'une des parties, prononcer l'irrecevabilité de la requête. Au-delà de la lettre de la loi et, depuis 2002, de son décret d'application, la Conférence des conciliateurs a été amenée à affiner le fonctionnement de la procédure.

A. LE DOMAINE DE LA PROCÉDURE DE CONCILIATION OBLIGATOIRE

Un litige relève de cette procédure si certaines conditions tenant à l'auteur de la demande, à l'auteur et à la nature de l'acte litigieux sont réunies. Si une des conditions vient à manquer, les conciliateurs peuvent toutefois mener une mission de bons offices, sur la base du volontariat des parties.

1° L'AUTEUR DE LA DEMANDE

En principe, seuls sont admis à saisir le CNOSF les associations et les sociétés sportives affiliées aux fédérations sportives ainsi que leurs licenciés. La question peut se poser de savoir si la notion de « sociétés sportives » englobe ou non les structures non associatives qui peuvent désormais être admises comme membres à part entière des fédérations. Ceci peut sans doute se concevoir aisément s'agissant des sociétés sportives (SAOS, SASP, EUSRL, SAEMS) envisagés aux articles L. 122-1 et suivants du code du sport, mais plus difficilement en ce qui concerne les sociétés purement commerciales telles que les centres de remise en forme.

On peut également s'interroger sur la capacité des ligues professionnelles ou des organismes déconcentrés des fédérations sportives (comités régionaux et départementaux) à saisir le CNOSF en contestation d'une décision de la fédération à laquelle ils sont rattachés. Une lecture stricte des textes peut conduire à répondre par la négative alors qu'eu égard à l'objet de cette procédure, une solution affirmative serait sans doute grandement préférable à un contentieux classique.

S'agissant des personnes physiques, la qualité de licencié est en principe exigée sauf si, précisément, le litige porte sur la délivrance d'une licence. Il convient de préciser que, depuis l'intervention en ce sens de la loi du 9 juin 2010 modifiant l'article L. 141-4 du code du sport, les litiges opposant les titulaires de la licence d'agent sportif aux fédérations en relèvent désormais expressément.

2° LA NATURE DE L'ACTE LITIGIEUX

Une des principales caractéristiques de la procédure est que le litige doit nécessairement trouver son origine dans un acte, au sens juridique du terme. Ainsi, les éventuels comportements fautifs qui ne trouvent pas leur origine dans un acte ne sont pas concernés. La loi distingue deux types d'actes relevant de la procédure de conciliation obligatoire.

D'une part, les actes pris par une fédération dans l'exercice de prérogatives de puissance publique. Il s'agit là des actes administratifs édictés par les fédérations titulaires de la délégation du ministre chargé des sports, lesquels peuvent être aussi bien des actes réglementaires (ex. : règlement sur les sélections en équipe de France) qu'individuels (ex. : sanction disciplinaire). Le contentieux de ces actes relève, après la phase de conciliation, du juge administratif. De façon purement prétorienne et en opportunité, le juge exclut de la procédure les décisions qui, eu égard à leur objet, intéressent l'ensemble des participants à un championnat, telles que l'homologation du classement final (V. note 7).

D'autre part, les actes pris en application des statuts fédéraux. Cela concerne normalement tous les actes des fédérations puisqu'elles ne peuvent agir en dehors de leur objet statutaire. Sont en fait ici visés les actes qui relèvent, pour les fédérations délégataires, de leur fonctionnement en tant qu'association (essentiellement les contentieux électifs et d'assemblées générales) ainsi que les actes des fédérations simplement agréées qui n'ont pas la faculté d'user de prérogatives de puissance publique. Le contentieux de ces actes relève, après la phase de conciliation, du juge judiciaire.

Il convient également de préciser que de la combinaison des articles L. 141-4 et L. 232-21 découle l'exclusion des litiges liés au dopage du champ d'application de la procédure depuis la loi du 23 mars 1999. En revanche, alors que certains militent pour une solution inverse, les litiges liés au contrôle de gestion des clubs relèvent toujours à ce jour de la procédure.

3° L'AUTEUR DE L'ACTE LITIGIEUX

L'auteur de l'acte contesté doit être une fédération sportive nationale agréée. Jusqu'à l'intervention de la loi du 6 juillet 2000, seuls les actes des fédérations délégataires relevaient de la procédure de conciliation obligatoire. Par extension, les actes des organismes déconcentrés de ces fédérations (comités régionaux et départementaux) ainsi que ceux des ligues professionnelles qu'elles ont créées sont également compris dans le champ d'application de la procédure. En revanche, les actes, même en relation étroite avec le sport, des associations sportives, des collectivités publiques, des entreprises privées, du CNOSF, des fédérations internationales ou des fédérations nationales non agréées en sont exclus.

B. LES PRINCIPALES CARACTÉRISTIQUES DE LA PROCÉDURE

1° LA SAISINE

Depuis l'intervention du décret du 10 juin 2015, la saisine du CNOSF doit être effectuée dans le délai de quinze jours suivant la notification ou la publication de la décision contestée (ce délai était auparavant de deux mois pour les actes administratifs et de... cinq ans pour ceux relevant du juge judiciaire !). Naturellement, et spécialement en matière administrative, le déclenchement de ces délais obéit aux règles classiques en la matière (notification, indication des voies et délais de recours, ...). Il est à noter, et c'est là un des éléments qui a fait le succès de la procédure, qu'il n'est pas besoin d'épuiser les voies de recours interne avant de saisir le CNOSF. Cependant, si cette faculté est utilisée et en cas d'échec de la conciliation, le Conseil d'État impose, depuis un arrêt du 26 juillet 2011 (Ligue corse de football), d'épuiser les voies de recours internes avant de saisir le juge dès lors que cette obligation est expressément prévue par les règlements fédéraux.

2° LES EFFETS DE LA SAISINE

L'autre aspect déterminant dans le développement de cette procédure est que la saisine du CNOSF emporte suspension de l'exécution de la décision litigieuse. A titre d'exemple, une sanction disciplinaire consistant en une suspension du droit de participer aux compétitions est... suspendue à compter de la saisine du CNOSF. Cette solution est très originale, particulièrement en contentieux administratif car, en principe, en vertu du principe de présomption de légalité dont bénéficient les actes administratifs, les recours dirigés contre eux n'ont pas normalement d'effet suspensif. Trois précisions toutefois. En premier lieu, cet effet suspensif n'est opérant qu'à compter de la notification à l'auteur de la décision de l'acte désignant un conciliateur, de façon à éviter, autant que faire se peut, les saisines « intéressées ». Ensuite, il ne vaut, depuis la loi du 6 juillet 2000, qu'à l'égard des actes individuels. Enfin, il peut être levé dans le cas où la décision contestée est motivée par des actes de violence caractérisée ce qui peut poser des difficultés si, précisément, la contestation porte sur ce point.

Par ailleurs, afin de donner toutes leurs chances aux parties et au conciliateur d'aboutir, les délais de recours contentieux sont également suspendus le temps de l'examen du dossier et ils ne recommencent à courir (sans tenir compte du temps qui s'était éventuellement écoulé avant la saisine du CNOSF), le cas échéant, qu'après l'échec de la procédure.

3° LA PROCÉDURE

La procédure n'appelle pas de commentaires particuliers si ce n'est qu'elle est largement inspirée du contentieux administratif en ce qu'elle consiste en un ou plusieurs échanges de mémoires. Mais, afin que les verrous psychologiques puissent sauter de la façon la plus efficace possible, les échanges lors de l'audience et le rôle du (ou des, selon l'importance et la complexité de l'affaire) conciliateur sont primordiaux. Il est à signaler que si la loi prévoit que l'audience doit en principe avoir lieu dans le mois qui suit la saisine, une procédure d'urgence est également prévue. Elle a déjà permis la tenue d'une audience quelques heures après la saisine. De ce point de vue, la procédure de conciliation devant le CNOSF a peu à envier aux référés, notamment en matière administrative.

4° LA PROPOSITION DE CONCILIATION

Rendue au plus tard un mois après la saisine initiale, la proposition du conciliateur intervient si aucun accord n'a pu être trouvé à l'audience. Elle est formulée au regard du droit applicable, mais également en fonction de ce que commande l'équité. Originalité fondamentale, elle est présumée acceptée par les parties à compter de sa notification et commence donc immédiatement à recevoir application. Cette acceptation est réputée définitivement acquise dans un délai de quinze jours depuis l'intervention du décret du 10 juin 2015 (un mois auparavant). Seule une opposition expresse de l'une au moins des parties peut rendre application à l'acte litigieux initial et ouvrir la possibilité de saisir le juge compétent. Il y a donc une autorité, au moins relative, de la « chose conciliée ». ❑

Plan des annotations

1. Sur la jurisprudence des conciliateurs, V. notes ss. art. R. 141-25.

A. DOMAINE DE LA CONCILIATION PRÉALABLE

2. Les contestations relatives au bénéfice de l'amnistie des sanctions disciplinaires prises par les fédérations sportives titulaires de la délégation du ministre chargé des sports, demeurent, nonobstant les termes de l'art. 19 [C. sport, art. L. 141-4], exclusivement régies par les dispositions de l'art. 17 de la L. du 20 juill. 1988 [dispositions reprises à l'art. 16 de la loi n° 95-884 du 3 août 1995 portant amnistie] que l'art. 19 [art. L. 141-4 C. sport] n'a eu ni pour objet ni pour effet de modifier. • TA Paris, 24 févr. 1994, *Le Sain : req. n° 9301501/7.*

3. Le litige qui oppose une licenciée à sa fédération concernant le refus de cette dernière de lui communiquer un document administratif demeure, nonobstant les termes de l'art. 19 [C. sport, art. L. 141-25], exclusivement régi par les dispositions de la L. du 17 juill. 1978 modifiée portant diverses mesures d'amélioration des relations entre l'administration et le public, que l'art. 19 n'a eu ni pour objet ni pour effet de modifier. • TA Paris, 9 avr. 1996, *Moyon de Baecque : req. n° 9500321/6.* ♦ ... En sorte que la fin de non-recevoir tirée du défaut de saisine préalable du Comité national olympique et sportif français doit être écartée. • Même jugement.

4. Les litiges de nature indemnitaire opposant les licenciés à leur fédération sportive n'entrent pas dans les prévisions de l'art. 19, même lorsque, comme en l'espèce, les prétentions du requérant sont fondées sur l'illégalité d'une décision prise par la fédération dans l'exercice de prérogatives de puissance publique. • TA Orléans, 20 mars 2001, *BonnÉtat : D. 2001. Somm. 1665, obs. J.-Chr. Breillat* ✎. ♦ Ainsi, n'a pas à être précédée de la saisine du Comité national olympique et sportif français la décision par laquelle la Fédération française de handball a rejeté la demande d'indemnisation présentée par un club sur le fondement de l'illégalité du refus opposé par ladite fédération à son maintien en secteur élite. • CAA Paris, 8 avr. 2003, ⚖ *Féd. fr. de handball : req. n° 02PA03458.* ♦ V. aussi *infra*, note 29. ♦ V. toutefois : • CAA Versailles, 22 sept. 2016, ⚖ n° 14VE02476 : *Dict. perm. dr. sport 2016, Bull. n° 238, p. 11, obs. D. Rémy.*

5. Sur le sort des litiges nés entre des personnes titulaires de la licence d'agent sportif et les fédérations concernées, V. note 8 ss. art. L. 222-11.

6. Les décisions que prend le président de la Conférence des conciliateurs dans le cadre de sa mission (par exemple celles qui rejettent en application de l'art. R. 141-16 une requête pour irrecevabilité manifeste) n'ont pas le caractère d'actes administratifs faisant grief • CAA Nancy, 18 févr. 2013, CNOSF, n° 12NC00890 : *Dict. perm. dr. sport (mise à jour périodique), Bull. n° 202, p. 11, obs. P. Juillet.*

7. Eu égard à son objet, la demande d'annulation de la décision de la commission d'organisation des compétitions de la Ligue nationale de football portant homologation du classement final du championnat de France professionnel de première division, qui intéresse l'ensemble des clubs ayant participé au championnat, n'est pas au nombre des conflits relevant du domaine de la procédure de conciliation préalable du Comité national olympique et sportif français. • CE, sect., 25 juin 2001, ⚖ *SAOS Toulouse Football Club : Lebon 281* ✎ *; RJ éco. sport 2001, n° 60, p. 56, concl. De Silva* ✎ *; ibid. 2002, n° 62, p. 40, obs. Lachaume ; AJDA 2001. 887, note Simon* ✎. ♦ V. également : • CE 10 avr. 2002, ⚖ *Féd. fr. de football : req. n° 233118.* ♦ De même s'agissant de la décision de la Fédération française de volley-ball ayant décidé du rattachement d'une équipe à telle poule de championnat. • CE

7 mars 2005, *Assoc. Nice Volley-ball : req. n° 250819.*

8. Ne relève pas du préalable obligatoire de conciliation, en raison de son caractère réglementaire, la modification opérée par une ligue professionnelle à ses règlements administratifs. • CE 19 janv. 2009, *Martinez : JCP A 2009, Act. n° 149.*

9. Pour un jugement (controversé) ayant considéré que les décisions des organes de contrôle de gestion des fédérations sportives et des ligues professionnelles échappent au préalable obligatoire de conciliation en raison du pouvoir d'appréciation indépendant dont disposent ces organes en vertu de l'art. L. 132-2 C. sport, V. : • TA Besançon, 29 janv. 2015, n° 1401378 : *JS 2015, n° 156, p. 34, comm. D. Rémy.* ♦ Jugement confirmé en appel, la cour estimant que la DNCG est l'organe par lequel la FFF et la LFP assurent la gestion financière des clubs professionnels, qui, dans le cadre de son activité de contrôle juridique et financier des clubs de football affiliés, dispose d'un pouvoir d'appréciation indépendant notamment de la FFF et de la LFP et qu'en conséquence la décision de la commission d'appel de la DNCG prononçant une mesure d'interdiction d'accès en division supérieure ne saurait être regardée comme une décision prise par la FFF dans le cadre d'un conflit auquel cette fédération est partie au sens des dispositions des art. L. 141-4 et R. 141-5 C. sport, alors même que la DNCG ne dispose pas de la personnalité morale, de sorte que cette décision de la DNCG n'entrait pas dans le champ de compétence du CNOSF. • CAA Nancy, 1er mars 2016, n° 15NC00583 : *ibid., n° 163, p. 10, obs. J. Mondou ; JS 2016, n° 165, p. 23, chron. A. Marcelaud ; Dict. perm. dr. sport 2016, Bull. n° 233, p. 1, comm. D. Rémy.*

10. Lorsqu'un litige ne relève pas de la procédure obligatoire de conciliation préalablement à tout recours contentieux, la demande de conciliation adressée au CNOSF et transmise à la fédération concernée doit être regardée comme un recours gracieux, le refus, par la fédération, de la proposition émise par le conciliateur devant alors s'analyser comme une décision de refus opposée au recours gracieux ainsi formé. • CE 7 mars 2005, *Assoc. Nice Volley-ball : préc. note 7.*

B. RECEVABILITÉ

11. Lorsque la notification de la décision d'une fédération sportive ne comporte pas l'indication des voies et délais de recours ouverts à son encontre et notamment du caractère obligatoire de la saisine préalable du Comité national olympique et sportif français, il en résulte que le délai de deux mois dans lequel la saisine dudit comité doit être effectuée n'est pas opposable au requérant. • TA Paris, 23 mai 2000, *Bornet : D. 2001. Somm. 1664, obs. J.-Chr. Breillat.* ♦ N'entre pas dans le champ de compétence du CNOSF la décision prise par la commission d'appel de la DNCG, qui ne saurait être regardée comme une décision prise par la FFF dans le cadre d'un conflit auquel cette fédération est partie au sens des articles L. 141-4 et R. 141-5 du code du sport, alors même que la DNCG ne dispose pas de la personnalité morale. • Nancy, 1er mars 2016, *Football Club Sochaux Montbéliard,* nos 15NC00582 et 15NC00583.

12. Eu égard à la nature de la mission du CNOSF, dont la proposition s'impose aux parties à défaut d'opposition des parties, le refus de celui-ci de donner suite à une demande de conciliation déposée auprès de lui a le caractère d'une décision susceptible de faire l'objet d'un recours contre excès de pouvoir. • TA Toulouse, 3 déc. 2007, *Varenne,* req. n° 0504372 ; *RJ éco. sport 2008, n° 86, p. 150, concl. Truilhé.*

V. pour la confirmation implicite. • CAA Bordeaux, 2 juin 2009, *CNOSF : req. n° 08BX00374.*

13. Dans le cadre d'un conflit portant successivement sur plusieurs décisions, il n'est pas nécessaire, préalablement à tout recours contentieux, de saisir le CNOSF de l'ensemble de ces décisions, dès lors qu'à l'occasion d'une saisine tous les aspects de ce conflit, et notamment la légalité de la décision, ont déjà été examinés. • TA Rennes, 23 oct. 2008, *Gralewski : req. n° 051108.*

C. PROCÉDURE

14. La proposition de conciliation ne se substitue pas à la décision initiale contestée, mais a pour seul effet de mettre fin à son acceptation provisoire présumée, en l'espèce de retirer celle-ci qui redevient alors pleinement exécutoire. • TA Rennes, 20 mai 2009, *SASP Stade brestois 29 : req. n° 091405.* ♦ ... De sorte qu'elle ne modifie pas la situation juridique du requérant antérieure à la saisine du CNOSF et ne constitue donc pas une décision faisant grief susceptible d'être déférée au juge de l'excès de pouvoir. • Même jugement. ♦ ... V. aussi, s'agissant d'une acceptation d'une proposition de conciliation contestée par un tiers. • TA Nice, 3 févr. 2009, *Mandelieu Basket Club : req. n° 0503667.*

15. La proposition du conciliateur, à l'encontre de laquelle il est formé opposition dans le délai légal par l'une des parties, n'est pas susceptible de se substituer à la décision prise par les instances fédérales, de sorte qu'une fédération sportive n'est pas fondée à soutenir que la requête en annulation de ladite décision est dirigée contre un acte qui a disparu de l'ordonnancement juridique. • TA Dijon, 21 janv. 1997, *Liévin c/ Féd. fr. de cyclisme : req. n° 966091.*

16. Sauf par la voie de l'exception, un tiers intéressé ne peut contester la décision de l'organe directeur d'une fédération d'accepter une proposition de conciliation. • CE 4 avr. 2008, *SASP Rodez Aveyron football et a. : req. n° 295007.* ♦ Pour un exemple où a été admise la possibilité pour un club d'agir en référé-suspension à l'encontre de la décision d'une fédération d'accepter une proposition de conciliation alors que ce même club n'avait été invité à participer à la procédure de conciliation qu'en tant que tiers intéressé, • TA Nîmes, réf., 26 août 2011, *Stade Union Cavaillonnais XV*, req. n° 1102500 : *Cah. dr. sport 2011, n° 26, p. 60, obs. F. Rizzo.* ♦ V. égal. : • TA Cergy-Pontoise, 30 janv. 2014, *Racing Métro 92*, req. n° 110648 : *JS 2014, n° 142, p. 34, obs. E. Costa*.

17. Nonobstant les dispositions réglementaires en vigueur, le fait pour une partie de se contenter de notifier au conciliateur son opposition à une proposition de conciliation, sans pour autant effectuer la même notification à la partie adverse, ne peut conduire à considérer que ladite proposition avait été acceptée, dès lors qu'il est établi que le conciliateur avait lui-même notifié à cette autre partie l'opposition, par lettre recommandée avec demande d'avis de réception. • TA Lyon, 21 avr. 2009, *Boulemtafes : req. n° 0700277.*

18. En l'absence d'opposition expresse par l'une des parties formée dans le délai d'un mois, la proposition du conciliateur acquiert force obligatoire à l'égard des parties. • CAA Versailles, 24 mars 2005, *X. c/ Féd. fr. d'athlétisme : RJ éco. sport 2005, n° 75, p. 66, obs. J.-P. Boucheron et F. Lagarde ; ibid., n° 76, p. 51, obs. Rémy.* ♦ ... En sorte que la fédération concernée, devant ainsi être considérée comme ayant acquiescé aux conclusions du conciliateur retenant l'existence d'une faute de sa part (illégalité d'une mesure de non-sélection) n'est pas fondée à contester devant le juge le principe de sa responsabilité. • Même arrêt.

19. Si, en vertu de l'art. 19 [art. L. 141-47 C. sport], les propositions du conciliateur désigné par le comité national olympique et sportif français sont présumées acceptées par l'intéressé en l'absence de contestation dans le mois suivant leur formulation, comme en l'espèce, et à supposer même que cette acceptation tardive puisse s'opposer à tout recours contentieux ultérieur, il ressort des pièces du dossier que, le conciliateur s'étant borné à proposer l'adoption d'une sanction moins sévère, l'intéressé avait la possibilité de contester devant le juge administratif les mesures prises à son encontre s'il les estimait trop sévères et dès lors contraires à la proposition formulée par le conciliateur. • TA Versailles, 16 mai 1995, *Tugault c/ Féd. fr. de baseball, softball, cricket : D. 1997. Somm. 183, obs. J.-Chr. Breillat*.

20. Dès lors qu'elle a accepté une proposition de conciliation, une fédération délégataire ne peut revenir sur ladite acceptation que si celle-ci est illégale, et ce dans un délai d'un mois, la décision d'acceptation s'analysant comme un acte administratif créateur de droit. • TA Lille, 18 oct. 2005, *FNC Douai : req. nos 0402740 et 0402852.*

21. En permettant la saisine du comité aux fins de parvenir à une conciliation avant même l'épuisement des voies de recours interne, l'article R. 141-5 n'a pas eu pour objet ou pour effet de faire échec à l'application des dispositions des règlements fédéraux qui instituent, à des fins différentes, des recours internes obligatoires ; en conséquence, les recours internes prévus par les règlements d'une fédération doivent être obligatoirement exercés avant tout recours juridictionnel en annulation dès lors que cette obligation est prévue par les règlements fédéraux. • CE, 26 juill. 2011, *Ligue corse de football*, n° 341199 : *Dict. perm. dr. sport 2011, Bull. n° 182, p. 1, obs. J. Bérenger et D. Rémy ; JS 2012, n° 117, p. 32, concl. D. Botteghi ; AJDA 2011. 2491, note F. Bin ; D. 2012. Pan. 704 ; ibid., 705, obs. J.-C. Breillat ; Cah. dr. sport 2011, n° 26, p. 51, obs. G. Rabu.* ♦ Cette obligation valant également lorsque l'obligation d'épuiser les voies de recours internes ne figure pas expressément dans les règlements fédéraux. • CAA Douai, 21 juin 2012, *Ligue de tennis du Val-d'Oise*, req. n° 11DA00151 : *Dict. perm. dr. sport 2012, Bull. n° 193, p. 13, obs. D. Rémy.* ♦ Sur les incertitudes jurisprudentielles antérieurement à l'arrêt du 26 juill. 2011, V. notamment : • TA Lyon, 13 juill. 2000, *Soucheleau : req. nos 0001257 et 0001258* • TA Rennes, 12 mars 2009, *Le Roux : req. n° 061120* • CAA Paris, 8 avr. 2003, *Féd. fr. de handball : D. 2003. Somm. 2537, obs. J.-Chr. Breillat* • CAA Marseille, 6 mai 2010, *Assoc. FC Lucciana et a. : req. n° 08MA04280.* ♦ Sur l'application de la règle de l'obligation de l'épuisement des voies de recours internes au recours formé par un non-licencié à l'encontre d'un refus de délivrance de licence, V. : • CAA Nantes, 5 janv. 2012, *Le Roux*, req. n° 09NT02067 : *JS 2012, n° 118, p. 9, note. G. Durand ; Dict. perm. dr. sport 2012, Bull. n° 194, p. 13, obs. A. Ralon.*

22. La saisine aux fins de conciliation, dans le délai du recours contentieux, du Comité national olympique et sportif français a pour effet de suspendre le délai de recours contentieux. • TA Marseille, 14 mars 1995, *Deschaumes c/ Féd. fr. de sport automobile : req. nos 946431 et 947118.* ♦ Lorsque la proposition de conciliation formulée par le Comité national olympique et sportif français fait l'objet d'une décision d'opposition de la fédération concernée, le requérant dispose d'un délai de deux mois à compter de la notification de cette dernière décision pour saisir le tribunal administratif. • Même jugement.

23. Une fédération sportive qui a prononcé une sanction disciplinaire objet de la procédure de conciliation, ne peut, après s'être opposée à la proposition de conciliation, se ressaisir du dossier et prononcer une nouvelle sanction différente et de la sanction initiale et de la proposition du conciliateur ; un licencié est par conséquent fondé à soutenir que l'organe disciplinaire de la fédération, en prononçant une nouvelle sanction pour les mêmes faits, différente de celle qui avait fait précédemment l'objet d'une proposition de conciliation, a commis une erreur de droit. • TA Paris, 2 juin 1998, *Belnoue : req. n° 983004/6.*

24. Sur le caractère plus ou moins contraignant des propositions de conciliation lorsque le conciliateur se borne à adresser de simples invitations aux parties, V. : • TA Orléans, 1er mars 2010, *ASG Tours Hockey sur glace : req. n° 0904175.*

D. RECOURS CONTENTIEUX ULTÉRIEURS

1° PRÉALABLE OBLIGATOIRE

25. Est entachée d'une irrecevabilité manifeste insusceptible d'être couverte en cours d'instance la requête d'un licencié qui tend à l'annulation d'une décision (disciplinaire) de la commission fédérale d'appel de la Fédération française de football prise dans le cadre de l'exercice de prérogatives de puissance publique dès lors que cette requête n'a pas été précédée d'un recours préalable auprès du Comité national olympique et sportif français. • TA Paris, 1er juill. 1997, *Boucher : req. n° 9608079/6.* ♦ Pour une solution identique, s'agissant d'une requête en annulation d'une décision de la Ligue nationale de football mettant à la charge d'un club affilié une indemnité de mutation à raison du transfert d'un joueur. • TA Paris, 7 mai 1996, *Assoc. La Berrichone de Châteauroux : req. n° 9305059/6.* ♦ De même, constitue une irrégularité sanctionnée par une fin de non-recevoir, l'omission de soumettre au préliminaire obligatoire de conciliation un litige qui, s'agissant d'une contestation relative à l'application de dispositions statutaires (convocation à une assemblée générale de la Fédération française de rugby), entre dans les prescriptions de l'art. 19 [art. L. 141-4 C. sport]. • TGI Paris, réf., 13 déc. 1996, *Belmudez c/ Féd. fr. de rugby : inédit* • TGI Paris, réf., 13 déc. 1996, *Ceccon c/ Féd. fr. de rugby : inédit.*

26. Faute d'avoir été précédé de la saisine du CNOSF à fin de conciliation, un recours pour excès de pouvoir est manifestement irrecevable nonobstant la circonstance que la décision attaquée, qui indique qu'elle est susceptible de recours devant les juridictions administratives dans un délai de deux mois à compter de sa notification dans le respect des dispositions des art. L. 141-4 et R. 141-5 s. C. sport, ne mentionne pas expressément ledit recours préalable obligatoire. • TA Rennes, 6 févr. 2012, *Saint-Louis : req. n° 1103035.* ♦ ... La circonstance que cette voie de recours n'ait pas été — ou ait mal été — mentionnée lors de la notification de la décision contestée impactant seulement les délais de recours qui ne courent alors pas • CAA Marseille, 14 févr. 2013, *Féd. fr. pétanque et jeu provençal, n° 11MA01427 : Dict. perm. dr. sport 2013 (mise à jour périodique, Bull. n° 199, p. 8, obs. D. Rémy; Cah. dr. sport 2013, n° 31, p. 185, obs. F. Colin.*

27. Si l'absence d'indication, dans la notification de la décision contestée, du caractère obligatoire du recours administratif préalable auprès du CNOSF a pour conséquence d'empêcher le déclenchement du délai de ce recours, elle est toutefois sans incidence sur l'irrecevabilité de la requête présentée devant le tribunal administratif si l'intéressé a effectivement omis de saisir le CNOSF. • CAA Marseille, 12 oct. 2015, n° 14MA02882 : *JS 2015, n° 159, p. 9, obs. J. Mondou ; Dict. perm. dr. sport 2015, Bull. n° 228/229, p. 11, note D. Rémy.*

28. Sur la règle de l'épuisement des voies de recours internes, V. note 40 ss. art. L. 131-8.

29. La circonstance qu'un recours pour excès de pouvoir ait été déclaré irrecevable pour le motif qu'il n'avait pas été précédé d'un recours auprès du CNOSF ne fait pas obstacle à ce que le tribunal prenne en considération l'illégalité fautive de la décision invoquée par le requérant à l'appui de conclusions indemnitaires. • CAA Bordeaux, 9 févr. 2010, *Féd. fr. d'étude et de sports sous-marins,* req. n° 09BX01069 : *JS 2010, n° 98, p. 9, obs. F. Lagarde .*

2° COMPÉTENCE DU TRIBUNAL ADMINISTRATIF

30. V. notes 28 s. ss. art. L. 131-8, notes 10 s. ss. art. L. 131-14 et notes ss. art. R. 131-2.

3° PROCÉDURES D'URGENCE (RÉFÉRÉ-SUSPENSION / RÉFÉRÉ-LIBERTÉ)

31. Référé-suspension. La demande de suspension de la sanction prononcée par la commission nationale juridique et disciplinaire de la Fédération française de boxe est recevable, sans qu'y fasse obstacle ni la circonstance que le Comité national olympique et sportif français n'a pas encore statué sur la demande de conciliation, ni celle que la requête en annulation se trouverait par suite entachée d'une irrecevabilité insusceptible d'être régularisée. • TA Rouen, réf., 28 déc. 2001, *Chebah c/ Féd. fr. de boxe : D. 2002. Somm. 2710, obs. J.-Chr. Breillat .* ♦ V. arrêt de principe : • CE, sect., 12 oct. 2001, *Sté Produits Roche : req. n° 237376,* qui énonce que la possibilité de demander un référé-suspension est ouverte y compris dans le cas où un texte législatif ou réglementaire impose l'exercice d'un recours administratif préalable avant de saisir le juge de l'excès de pouvoir, sans donner un caractère suspensif à ce recours obligatoire. L'arrêt poursuit en précisant que dans une telle hypothèse, la suspension peut être demandée au juge des référés sans attendre que l'administration ait statué sur le recours préalable, dès lors que l'intéressé a justifié, en produisant une copie de ce recours, qu'il a engagé les démarches nécessaires auprès de l'administration pour obtenir l'annulation ou la réformation de la décision contestée.

32. La condition d'urgence exigée par l'art. L. 521-1 CJA en matière de référé-suspension est remplie lorsque l'exécution de l'acte attaqué porte atteinte, de manière suffisamment grave et immédiate, à un intérêt public, à la situation du requérant ou aux intérêts qu'il entend défendre. Il appartient au juge des référés d'apprécier concrètement, compte tenu des éléments fournis par le requérant, si les effets de l'acte litigieux sont de nature à caractériser une urgence justifiant que, sans attendre le jugement de la requête au fond, l'exécution de la décision soit suspendue, le juge des référés prenant en compte le cas échéant le délai restant à courir, à la date à laquelle il statue, avant l'entrée en vigueur des dispositions dont la suspension est demandée. • CE, réf., 21 juin 2013, *AS Monaco Football Club*, req. n° 368629 : *AJDA 2013. 1312 ; Dict. perm. dr. sport 2013, Bull. n° 203, p. 11, obs. D. Rémy ; Cah. dr. sport 2013, n° 32, p. 123, obs. S. Le Reste ; ibid., n° 33, p. 102.*

33. La condition d'urgence s'apprécie notamment au regard des autres intérêts en balance et notamment des intérêts publics, tels que l'objectif de favoriser la compétitivité de l'équipe de France en préservant les joueurs qui en sont membres d'un nombre trop élevé de matches durant la saison. • CE, réf., 24 juill. 2014, *SASP Stade toulousain Rugby*, req. n° 381302 : *JS 2015, n° 152, p. 25, chron. E. Honorat ; Dict. perm. dr. sport 2014, Bull. n° 215, p. 9, obs. D. Rémy ; LPA 2015, n° 103, chron. G. Rabu ; JCP 2015. 949, chron. R. Boffa et a.*

34. Elle implique une certaine célérité de la personne qui l'invoque à saisir le juge des référés, de sorte qu'elle n'est pas remplie lorsque, ayant saisi celui-ci plus de 8 mois après la décision contestée, l'intéressé n'invoque aucun argument qu'il n'aurait pu invoquer aussitôt que celle-ci a été prise. • CE, réf., 9 mars 2007, *Derrien : RJ éco. sport 2007, n° 83, p. 47, obs. F. Lagarde*. ♦ Mais le défendeur ne peut opposer au requérant sa tardiveté à saisir le juge des référés dès lors que celle-ci est due à la mise en œuvre de la procédure de conciliation obligatoire devant le CNOSF. • TA Paris, réf., 14 févr. 2011, *Boillin : req. n° 1100912.*

35. La condition d'urgence est ainsi remplie lorsque le club requérant, qui fait l'objet d'une mesure de rétrogradation administrative, démontre que l'importance et les effets de la sanction prononcée lui causent immédiatement un préjudice économique, financier et de notoriété. • CE, 16 sept. 2010, *Fédération française de rugby*, req. n° 342530 : *JS 2010, n° 102, p. 34, obs. D. Rémy ; Cah. dr. sport 2010, n° 22, p. 94, obs. F. Colin.* ♦ ... Quand bien même, dans certaines conditions, la suspension de la décision contestée conduit à réintégrer le club requérant dans un championnat qui a déjà débuté. • TA Montpellier, réf., 28 oct. 2013, *Association Perpignan Basket : req. n° 1304509.* ♦ ... Ou si la relégation d'un club, en cas d'annulation au fond, est susceptible de presenter plus d'inconvénients que la suspension de la decision contestée dans la préparation et le déroulement d'un championnat. • TA Melun, réf., 1er août 2013, *Association Kremlin-Bicêtre United*, req. n° 1305815 : *Dict. perm. dr. sport 2013, Bull. n° 204, p. 12, obs. J.-F. Lachaume.* ♦ ... Ou, s'agissant d'une sanction disciplinaire à l'encontre du dirigeant d'un club sportif professionnel ayant bousculé un arbitre, si l'extension de ladite sanction (une suspension de toute participation directe au déroulement d'une rencontre à quelque titre que ce soit ou de toute fonction de représentation auprès ou au sein des instances sportives) a été demandée auprès de la fédération internationale, privant l'intéressé de la possibilité d'exercer un emploi correspondant à son expérience et à sa compétence entraînant des effets sur sa carrière professionnelle • TA Paris, réf., 15 oct. 2013, *Leonardo De Araujo : req. n° 1313375/9.*

36. Elle ne l'est pas lorsque le litige porte sur une décision devenue définitive, telle que l'homologation des résultats sportifs et le classement d'une épreuve. • CE, 21 juin 2013, *Ligue de la Méditerranée de football*, req. n° 363250 : *Dict. perm. dr. sport 2013, Bull. n° 203, p. 10, obs. J.-F. Lachaume ; Cah. dr. sport 2013, n° 33, p. 153, obs. F. Colin.* ♦ ... Ou s'agissant d'une décision de refus d'accès au statut de « Joueur issu des filières de formation » (JIFF), l'intéressé ne justifiant pas s'être vu refuser la signature de contrats de travail pour cette raison. • TA Cergy-Pontoise, réf., 16 avr. 2013, *Bergamasco : req. n° 1302619 ; JS 2013, n° 131, p. 10, obs. G. Durand*. ♦ ... Ou lorsque, pour demander la suspension de l'exécution de différentes décisions ayant conduit à l'invitation de clubs à jouer en division supérieure, le club requérant se borne à mentionner la date imminente de début du championnat, sans justifier d'une atteinte grave et immédiate à ses intérêts. • TA Limoges, réf., 24 sept. 2014, *SASP Limoges CSP : n° 1418254/9-1.* ♦ ... Ou lorsque le litige porte sur la décision d'une ligue professionnelle de modifier le nombre d'accessions et de relégations pour la saison suivante, dès lors que ladite décision ne produira véritablement d'effets que postérieurement à une date où le juge aura normalement été en mesure de statuer au fond. • CE, réf., 14 août 2015, nos 391931 et 392047 : *JS 2015, n° 156, p. 10, obs. J. Mondou ; Dict. perm. dr. sport 2015, Bull. n° 226, p. 1, obs. D. Rémy ; Cah. dr. sport 2015, n° 40, p. 51, obs. F. Colin ; JCP 2015. 1524, obs. A. Bouvet.* ♦ ... Ou s'agissant d'une décision de sélection en équipe nationale lorsque la décision contestée a d'ores et déjà produit tous ses effets. • TA Paris, réf., 24 févr. 2013, n° 1602174 : *Dict. perm. dr. sport 2016, Bull. n° 133, p. 12, obs. D. Rémy.*

37. Il n'y a pas d'urgence à suspendre l'exécution d'un règlement litigieux, portant sur la nationalité des sportifs admis à participer aux championnats de France, dans la mesure où il apparaît que la modification au dernier moment des règles relatives à la composition des équipes serait de nature à mettre en cause l'égalité et l'équité entre les clubs sportifs qui se sont préparés pour les championnats de France sur la base de règles du jeu en vigueur depuis plusieurs années, ce qui caractérise un intérêt public fort à ce que les championnats se déroulent selon les dispositions en vigueur du règlement. • CE, réf., 15 avr. 2016, n° 398110 : *Dict. perm. dr. sport 2016, Bull. n° 235, p. 8, obs. D. Rémy.*

38. Le fait pour un requérant d'invoquer que son âge et sa vigueur physique l'empêcheraient de reprendre la compétition à l'issue de la période de suspension ne caractérise pas l'urgence. • CE, ord., 10 oct. 2014, req. n° 384540 : *JS 2014, n° 148, p. 10, obs. J. Mondou ; JS 2014, n° 152, p. 25, chron. E. Honorat ; Dict. perm. dr. sport 2014, Bull. n° 217/218, p. 1, obs. D. Rémy ; LPA 2015, n° 103, chron. Rabu ; JCP 2015. 949, chron. R. Boffa et a.* ♦ Il n'y a pas non plus urgence à suspendre le rejet d'un recours gracieux formé contre un troisième avertissement délivré à une joueuse de football professionnel pour un troisième manquement à ses obligations de localisation découlant de la législation antidopage, ce troisième manquement n'étant que susceptible de lui valoir ultérieurement une sanction disciplinaire. • CE, réf., 3 nov. 2014, req. n° 385361 : *JS 2014, n° 152, p. 25, chron. E. Honorat ; Dict. perm. dr. sport 2015, Bull. n° 219, p. 11, obs. D. Rémy et P. Rocipon ; LPA 2015, n° 105, chron. G. Rabu ; Cah. dr. sport 2014, n° 39, p. 116, obs. M. Peltier ; ibid., p. 100, obs. C. Cassan.*

39. Le fait, pour une fédération qui s'est vu retirer son agrément ministériel, d'arguer que le retrait dudit agrément lui rendrait de fait impossible la pratique libre et indépendante de l'organisation des manifestations sportives et de ses activités de formation n'est pas de nature à caractériser la condition d'urgence. • CE 30 juill. 2014, *Fédération fighting full-contact kickboxing et disciplines associées*, req. n° 382734 : *JS 2014, n° 152, p. 25, chron. E. Honorat ; Cah. dr. sport 2014, n° 38, p. 46, obs. F. Colin.*

40. Référé-liberté. En dépit du caractère d'intérêt général reconnu par la L. du 16 juill. 1984 [C. sport] aux activités physiques et sportives et, en particulier, au développement du sport de haut niveau, ni le droit de pratiquer un sport ni celui de participer à des compétitions sportives ne constituent des libertés fondamentales au sens de l'art. L. 521-2 CJA. • CE, réf., 22 oct. 2001, *Caillat et a. : D. 2002. Somm. 2709, obs. J.-F. Lachaume .* ♦ La décision par laquelle la commission de discipline et des règlements de la Ligue nationale de rugby a prononcé à l'encontre du requérant une suspension d'accès au terrain au sens des règlements généraux de la Fédération française de rugby, aux vestiaires et aux couloirs donnant accès aux zones susvisées, pendant 13 semaines consécutives ne porte pas une atteinte grave et manifeste, justifiant un référé-liberté, ni au libre exercice de sa profession, ni à sa liberté d'aller et venir, ni à son droit à un recours. • TA Toulon, réf., 21 févr. 2014, *Laporte :* req. n° 1400665 : *Dict. perm. dr. sport 2014, Bull. n° 211, p. 11, obs. D. Rémy ; Cah. dr. sport 2014, n° 36, p. 167, obs. S. Martin.* ♦ La condition d'urgence particulière exigée dans le cadre d'un référé-liberté n'est pas remplie lorsque le litige porte sur une décision qui ne commencera pas à produire ses effets à l'encontre du requérant avant un mois. • CE, réf., 25 juill. 2014, req. n° 382831 : *Dict. perm. dr. sport 2014, Bull. n° 215, p. 9, obs. A. Ralon et D. Rémy ; Cah. dr. sport 2014, n° 35, p. 200, obs. J.-B. Perrier ; ibid., n° 36, p. 167, obs. S. Martin.*

41. V. aussi notes 22, 35 et 36 ss. art. L. 131-8.

42. Pour des exemples de jurisprudence en matière de contentieux sportif administratif rendues sous l'empire de l'ancien régime du sursis à exécution, V. par ex. : • CE 23 oct. 1988, *Union sportive de Vandœuvre : D. 1990. Somm. 281, obs. Lachaume* • CE 24 mars 1989, *Vigier : D. 1990. Somm. 278, obs. Hécquard-Théron* • CE 4 févr. 1981, *Peschaud : Lebon T. 930* • CE 25 mars 1987, *Hockey club de Caen et a. : req. n° 66365.*

43. Sursis à exécution. La circonstance selon laquelle l'appel de la fédération contre la décision de la commission disciplinaire de premières instances n'avait pas été adressé par lettre recommandée avec demande d'avis de réception, mais remis en main propre, paraît, en l'état de l'instruction, sérieux et de nature à justifier, outre l'annulation de l'arrêt attaqué, l'infirmation de la solution retenue par les juges du fond qui ont estimé, au contraire, que cette circonstance était sans incidence sur la régularité de la procédure suivie. En application de l'art. R. 821-5 CJA, il est en conséquence ordonné le sursis à exécution de l'arrêt d'appel faisant l'objet du pourvoi • CE 7 nov. 2012, *Mourier*, req. n° 361038 : *JS 2013, n° 27, p. 26, chron. E. Honorat ; Dict. perm. dr. sport 2012, Bull. n° 196, p. 13, obs. D. Rémy.*

4° IRRECEVABILITÉ D'UN RECOURS EN ANNULATION D'UNE PROPOSITION DE CONCILIATION

44. L'avis rendu par le conciliateur, qui se limite à énoncer des propositions dont la réalisation reste soumise à l'accord des parties, ne peut être regardé comme constituant une décision faisant grief et, par suite, est insusceptible de recours. • TA Toulouse, 3 déc. 1998, *Toulouse-Launaguet-Basket-ball c/ CNOSF : req. n° 96/906.*

5° RECOURS CONTRE UNE OPPOSITION À UNE PROPOSITION DE CONCILIATION

45. Pour un jugement ayant curieusement considéré que l'opposition d'une ligue régionale à une proposition de conciliation constituait une décision faisant grief pouvant être déférée au juge de l'excès de pouvoir et être annulée en raison d'une erreur manifeste d'appréciation de ladite ligue, V. : • TA Nîmes, 22 janv. 2008, *Pascal : req. n° 0700437.*

6° IRRECEVABILITÉ D'UN RECOURS EN L'ABSENCE D'OPPOSITION À UNE PROPOSITION DE CONCILIATION

46. Faute de s'être opposé à la proposition de conciliation validant la sanction dont il faisait l'objet, un club ne peut solliciter du juge des référés la suspension de ladite sanction : • TA Marseille, réf., 30 août 2010, *SASP Marseille Vitrolles Rugby : req. n° 1005098.* ♦ ... Le requérant devant, sous peine d'irrecevabilité, avoir formé opposition à la proposition du conciliateur avant toute introduction de recours contentieux • CAA Douai, 30 mai 2013, *M. B.*, n° 12DA01756 : *Dict. perm. dr. sport 2013, Bull. n° 202, p. 11, obs. P. Juillet.*

7° IRRECEVABILITÉ D'UN RECOURS EN PRÉSENCE DE L'ACCEPTATION D'UNE PROPOSITION DE CONCILIATION

47. Lorsqu'une fédération sportive accepte expressément une proposition de conciliation l'invitant à retirer un acte litigieux, elle est considérée comme ayant implicitement mais nécessairement procédé au retrait dudit acte, de sorte qu'il n'y a pas lieu, pour le juge des référés, à statuer sur la demande de suspension de cet acte qui a été retiré. • TA Paris, réf., 16 févr. 2016, n° 1601119 : *Dict. perm. dr. sport 2016, Bull. n° 233, p. 12, obs. D. Rémy.*

8° PRISE EN COMPTE PAR LE JUGE DE LA PROPOSITION DE CONCILIATION

48. Pour des exemples de prise en compte par le juge des éléments contenus dans la proposition de conciliation qui lui est obligatoirement transmise, V. : • TA Bordeaux, 15 janv. 2014, n° 1100776 : *Dict. perm. dr. sport 2014, Bull. n° 210, p. 10, obs. A. Renard* • CE 23 juill. 2014, ♔ *Ligue d'Alsace de football association,* req. n° 364772 : *Cah. dr. sport 2014, n° 38, p. 29, obs. F. Colin* • TA Paris, réf., 16 févr. 2016, n° 1601119 : *préc. note 47.*

Art. L. 141-5 **Le Comité national olympique et sportif français est propriétaire des emblèmes olympiques nationaux et dépositaire de la devise, de l'hymne, du symbole olympique et des termes "Jeux olympiques" et "Olympiade".**

Le fait de déposer à titre de marque, de reproduire, d'imiter, d'apposer, de supprimer ou de modifier les emblèmes, devise, hymne, symbole et termes mentionnés au premier alinéa, sans l'autorisation du Comité national olympique et sportif français, est puni des peines prévues aux articles L. 716-9 et suivants du code de la propriété intellectuelle. – *[L. n° 84-610 du 16 juill. 1984, art. 19, al. 8 et 9.]*

1. Sur l'intérêt et la qualité à agir du Comité national olympique et sportif français pour la protection du terme « olympique », V. note ss. Charte olympique, règle 7, App., v° *Comité International Olympique.*

2. Outre que la Charte olympique attribue à chaque comité national olympique la charge de faire respecter dans son pays le symbole olympique (les anneaux entrelacés), la devise, les emblèmes, les désignations, etc., l'article L. 141-5 C. sport a entendu investir le CNOSF du droit exclusif d'agir en défense des signes et symboles olympiques mentionnés audit article. • Paris, 21 janv. 2011, ♔ *Assoc. Comité national olympique et sportif français c/ Sté de droit maltais Interwetten Malta Ltd : req. n° 09/20261.*

3. Doit être cassé l'arrêt qui, pour interdire à une société de faire usage de la dénomination Olymprix et la condamner à payer des dommages et intérêts au CNOSF en se fondant sur l'art. L. 713-5 CPI, retient que l'emploi d'une marque consiste dans toute forme d'utilisation de cette marque pour tirer profit de son effet identifiant et que, lorsqu'elle est une expression littérale ou un mot, son amalgame avec une autre expression, sa contraction, son rappel phonétique ou toute présentation sémantique l'utilisant ou la soulignant constitue un tel emploi et retient qu'il en va ainsi, en l'espèce, de l'utilisation du mot « olymprix » pour la marque « olympique » ; en effet, l'action spéciale en responsabilité instituée par l'art. L. 713-5 permet de faire interdire et sanctionner l'emploi, opéré dans certaines conditions, d'une marque de renommée mais non l'utilisation d'un signe voisin par sa forme ou les évocations qu'il suscite. • Com. 29 juin 1999 : ♔ *Bull. civ. IV, n° 143 ; D. 2000. 185, note Buffet-Delmas d'Autane* ✎.

4. L'imitation d'une marque notoirement connue, comme la marque « Jeux olympiques », ne constituant pas le même fait que son emploi, seul visé par l'art. L. 713-5 CPI, le CNOSF est recevable à agir, quant à une telle imitation, dans les termes du droit commun de la responsabilité civile. • Com. 11 mars 2003 : ♔ *Bull. civ. IV, n° 44.* ♦ Ne tire pas les conséquences légales de ses constatations au regard de l'art. 1382 C. civ. la cour d'appel qui rejette l'action du CNOSF fondée sur l'avilissement de la marque « Jeux olympiques » après avoir relevé que celle-ci avait été imitée dans le cadre d'une campagne promotionnelle par l'usage du néologisme « Olymprix », de nature à évoquer dans l'esprit du public la manifestation de renom organisée par le dépositaire de la marque, ce dont résultait une atteinte à la valeur de cette marque. • Même arrêt. ♦ En retenant, pour rejeter l'action du CNOSF en responsabilité civile fondée sur les agissements parasitaires d'une société commerciale par usurpation de dénomination, que la dénomination est protégée contre toute usurpation de nature à créer, dans l'esprit de la clientèle, un risque de confusion, et que la preuve n'est pas rapportée que sa seule évocation soit de nature à créer un risque de confusion entre les deux personnes morales, la cour d'appel s'est déterminée par des motifs inopérants, dès lors que l'action était fondée, non sur l'art. L. 711-4 *b)* CPI, mais sur l'art. 1382 C. civ. • Même arrêt.

5. En constatant que les marques « Olympique » et « Jeux olympiques » sont des marques d'usage, non enregistrées, notoires, la cour d'appel, qui a procédé à la recherche prétendument omise en relevant exactement que ce ne sont pas les lois et conventions internationales ultérieures qui ont conféré à ces marques de services une existence légale qu'elles n'auraient pas possédée jusqu'alors, puis décidé à bon droit que leur protection relève du droit commun de la responsabilité civile, a légalement justifié sa décision en retenant que le retentissement et la renommée des Jeux olympiques étant exceptionnels, la société incriminée avait commis une faute en constituant des droits de marques imitant les signes caractéristiques du mouvement olympique, puis en les utilisant dans le but de profiter, sans bourse délier, de l'image d'excellence de ce mouvement. • Com. 31 oct. 2006, *F-D, Sté Groupement d'achat Édouard Leclerc (Galec) c/ Comité national olympique et sportif français (CNOSF) : Propriété industrielle n° 1, janv. 2007, Comm. 3, Tréfigny ; Cah. dr. sport 2007, n° 7, p. 213, note Marmayou.*

6. Constitue le délit de contrefaçon des marques déposées et exploitées par le comité national olympique et sportif français et le Comité d'organisation des jeux olympiques d'Albertville et le délit de vente de produits d'une marque contrefaite ainsi que des actes de concurrence déloyale, le fait pour une grande surface d'avoir commercialisé des articles revêtus d'une étiquette comportant la marque figurative constituée par les « anneaux olympiques » et la marque dénominative « Albertville 1992 ». • TGI Chambéry, 31 mai 1988, *Comité national olympique et sportif français et a. c/ Hypermarché Carrefour Chamnord : inédit.* ♦ V. aussi, pour une décision ayant condamné une société à 500 000 F de dommages et intérêts en raison du préjudice subit par le CNOSF du fait de la contrefaçon par imitation des anneaux olympiques portant sur une gamme de sous-vêtements pour hommes : • Paris, 26 mars 1999 : *Juris-Data n° 023470.*

7. L'utilisation de la dénomination officielle des manifestations sportives est nécessaire à l'activité d'une société dont l'activité consiste à proposer des paris sportifs en ligne. • TGI Paris, 28 nov. 2007, *Comité national olympique et sportif français c/ Sté Expekt.com,* req. n° 06-08.916 : *RJ éco. sport 2008, n° 86, p. 125, note Fajgenbaum et Lachacinski.* ♦ Néanmoins, l'utilisation qui est faite en l'espèce des signes protégés par le CNOSF, pour faire la publicité pour les paris dans le but de profiter de la notoriété qui est attachée à ces signes, excède le cadre de la référence nécessaire. • Même décision.

8. Il résulte de l'art. L. 141-5 C. sport qu'il est interdit à quiconque de déposer à titre de marque, reproduire, imiter, apposer, supprimer ou modifier les emblèmes, devise, hymne, symbole et termes qu'il vise, à des fins autres que d'information ou de critique, sans l'autorisation du Comité national olympique et sportif français. • Com. 15 sept. 2009 : *pourvoi n° 08-15.418.* ♦ De sorte que l'art. L. 141-5 C. sport instaure un régime de protection autonome, distinct du régime de droit commun dont bénéficient les marques renommées ou notoirement connues du fait de l'art. L. 713-5 CPI. • Même arrêt.

CHAPITRE PREMIER *BIS* COMITÉ PARALYMPIQUE ET SPORTIF FRANÇAIS

(L. n° 2015-1541 du 27 nov. 2015, art. 19)

Art. L. 141-6 Le Comité paralympique et sportif français est une association regroupant les fédérations sportives concourant à l'organisation des sports pour les personnes en situation de handicap. Il veille au respect des règles du mouvement paralympique.

Art. L. 141-7 Le Comité paralympique et sportif français est propriétaire des emblèmes paralympiques nationaux et dépositaire des emblèmes, du drapeau, de la devise et de l'hymne paralympiques. Il veille à la protection des termes "paralympique", "paralympiade", "paralympisme", "paralympien" et "paralympienne".

Le fait de déposer à titre de marque, de reproduire, d'imiter, d'apposer, de supprimer ou de modifier les emblèmes, le drapeau, la devise, l'hymne et les termes men-

tionnés au premier alinéa, sans l'autorisation du Comité paralympique et sportif français, est puni des peines prévues aux articles L. 716-9 à L. 716-13 du code de la propriété intellectuelle.

CHAPITRE II AUTRES ORGANISMES

Le présent chapitre ne comprend pas de dispositions législatives.

LIVRE DEUXIÈME ACTEURS DU SPORT

TITRE PREMIER FORMATION ET ENSEIGNEMENT

CHAPITRE PREMIER FORMATION AUX PROFESSIONS DU SPORT

Art. L. 211-1 **Les établissements publics de formation relevant de l'État** *(L. n° 2015-991 du 7 août 2015, art. 28-II, en vigueur le 1er janv. 2016)* **« et les établissements publics locaux de formation dans les domaines du sport, de la jeunesse et de l'éducation populaire » assurent la formation initiale des personnes qui gèrent, animent, encadrent et enseignent les activités physiques et sportives et contribuent à leur formation continue.**

Toutefois, la formation des personnels des collectivités territoriales et de leurs établissements publics s'effectue conformément aux dispositions statutaires qui leur sont applicables.

(L. n° 2015-991 du 7 août 2015, art. 29-II) **« Les établissements publics de formation mentionnés au premier alinéa du présent article peuvent recruter des assistants d'éducation dans les conditions fixées à l'article L. 916-1 du code de l'éducation. »** – *[C. éduc., art. L. 463-2, § 1.]*

COMMENTAIRE

Pour la mise en œuvre de sa politique sportive, notamment en matière de formation, le ministère chargé des sports s'appuie sur ses services déconcentrés (directions régionales et départementales), mais également sur des établissements publics nationaux et locaux.

Les établissements nationaux sont : l'Institut national du sport, de l'expertise et de la performance (INSEP) – dont les missions essentielles sont le sport de haut niveau, la formation, la surveillance médicale et la recherche scientifique –, l'École nationale de voile et des sports nautiques (ENVSN), l'École nationale des sports de montagne (ENSM) – qui regroupe, depuis 2010, l'École nationale de ski et d'alpinisme (ENSA) et le Centre national de ski nordique et de moyenne montagne –, et l'Institut français du cheval et de l'Équitation, né en 2010 de la fusion de l'École nationale d'équitation et des Haras nationaux (IFCE) et placé sous la double tutelle des ministères chargés des sports et de l'agriculture.

Les établissements publics locaux sont les CREPS (centres de ressources, d'expertise et de performance sportives), dont la gestion relève désormais de la compétence des régions. Les CREPS contribuent à la préparation et la formation des sportifs de haut niveau et plus généralement, à la promotion du sport, *via* notamment des actions de formation (V. art. L. 114-2 s.). Ils peuvent par ailleurs être amenés à abriter des « pôles ressources nationaux ».

Ainsi, en sus du pôle « Sport et santé » situé au ministère, ce dernier a confié au CREPS Rhône-Alpes, situé à Vallon-Pont-d'Arc, le pôle ressources national sur les sports de nature. Les Pôles ressources nationaux « Sport et handicaps » (PRNSH) et « Sport, éducation, mixités et citoyenneté » (SEMC) ont été confiés respectivement au CREPS du Centre situé à Bourges et au CREPS PACA (site d'Aix-en-Provence). Ces pôles ressources se veulent des outils de mutualisation, de conseil et d'expertise qui agissent comme des têtes de réseau entre les établissements et les services du ministère mais aussi les fédérations, les associations, les collectivités territoriales et toute autre structure concernée. ☐

Art. L. 211-2 **Les fédérations sportives agréées assurent la formation et le perfectionnement de leurs cadres. Elles peuvent bénéficier, à cet effet, de l'aide des établissements publics de formation mentionnés à l'article L. 211-1.**

Lorsqu'ils concernent des fonctions exercées contre rémunération, les diplômes qu'elles délivrent répondent aux conditions prévues à l'article L. 212-1.

Les diplômes concernant l'exercice d'une activité à titre bénévole, dans le cadre de structures ne poursuivant pas de buts lucratifs, peuvent être obtenus soit à l'issue d'une formation, soit par validation des expériences acquises. – *[C. éduc., art. L. 463-1.]*

Art. L. 211-3 **Les fédérations agréées assurent, dans des conditions définies par leurs statuts respectifs, la formation et le perfectionnement des arbitres et juges de leurs disciplines.** – *[L. n° 84-610 du 16 juill. 1984, art. 25, al. 1er.]*

COMMENTAIRE

L'obligation faite aux fédérations agréées de prévoir des dispositions statutaires relatives à la formation et au perfectionnement des arbitres et juges sportifs a conduit à l'insertion, dans le décret n° 2004-22 du 7 janvier 2004 notamment relatif aux dispositions obligatoires des statuts des fédérations sportives agréées (V. Annexe I-5 à la partie réglementaire C. sport), d'une disposition rendant obligatoire la création, dans chaque fédération agréée, d'une commission des juges et arbitres dont la compétence est, au minimum, « de proposer les conditions dans lesquelles sont assurés la formation et le perfectionnement des arbitres et juges des disciplines pratiquées par la fédération ». En revanche, aucune prescription particulière n'encadre la composition de cette commission qui peut donc, en théorie, ne comporter aucun représentant du corps arbitral. Par ailleurs, alors que les anciens statuts types des fédérations sportives issus du décret n° 85-236 du 13 février 1985 modifié prescrivaient la présence d'au moins un arbitre ou juge dans chaque comité directeur fédéral, le décret du 7 janvier 2004 n'impose plus rien en la matière, les fédérations retrouvant pleine liberté d'agir ou non en ce sens. ❑

Art. L. 211-4 **Les centres de formation relevant d'une association sportive ou d'une société sportive sont agréés par l'autorité administrative, sur proposition de la fédération délégataire compétente** *(Abrogé par Décr. n° 2013-264 du 28 mars 2013)* ***« et après avis de la Commission nationale du sport de haut niveau ».*** – *[L. n° 84-610 du 16 juill. 1984, art. 15-4, al. 1er.]*

Si l'activité de formation assurée par les centres de formation présente un caractère d'intérêt général et si la procédure d'agrément implique l'intervention du ministre chargé des sports, les conditions de création, d'organisation, de fonctionnement et de financement des centres de formation, relevant d'une association sportive ou d'une société sportive, ne permettent pas de les regarder comme étant chargés d'une mission de service public. En conséquence, la décision par laquelle le ministre chargé des sports agrée, sur le fondement de l'article L. 211-4 C. sport, un centre de formation ne présente pas un caractère réglementaire et relève de la compétence de premier ressort du tribunal administratif. • CE 8 mars 2012, *Assoc. Nice Volley-ball*, req. n° 352959 : *JS 2012, n° 119, p. 9*.

Art. L. 211-5 **L'accès à une formation dispensée par un centre mentionné à l'article L. 211-4 du présent code est subordonné à la conclusion d'une convention entre le bénéficiaire de la formation ou son représentant légal et l'association ou la société sportive.**

La convention détermine la durée, le niveau et les modalités de la formation.

Elle prévoit qu'à l'issue de la formation, s'il entend exercer à titre professionnel la discipline sportive à laquelle il a été formé, le bénéficiaire de la formation peut être dans l'obligation de conclure, avec l'association ou la société dont relève le centre, un contrat de travail défini *(L. n° 2015-1541 du 27 nov. 2015, art. 24-I-1°)* **« aux articles L. 222-2 à L. 222-2-9 du présent code », dont la durée ne peut excéder trois ans.**

Si l'association ou la société sportive ne lui propose pas de contrat de travail, elle est tenue d'apporter à l'intéressé une aide à l'insertion scolaire ou professionnelle, dans les conditions prévues par la convention.

Les stipulations de la convention sont déterminées pour chaque discipline sportive dans des conditions définies par décret en Conseil d'État, conformément à des stipulations types. – *[L. n° 84-610 du 16 juill. 1984, art. 15-4, al. 2 à 5.]*

V. art. D. 211-83 s.

V. aussi Note de service DS/DSA4 n° 2014-31 du 28 janv. 2014 relative à la procédure d'agrément des centres de formation des clubs professionnels (BOJS n° 2/mars-avr. 2014, p. 1).

BIBL. ▶ J.-J. Gouguet et D. Primault, Formation des joueurs professionnels et équilibre compétitif : l'exemple du football, *RJ éco. sport 2003, n° 68, p. 7*. – La formation nationale au service de l'intérêt compétitif (dossier), *JS 2012, n° 124, p. 16*. – V. Stéfani, Centre de formation, *in Dict. jur. du sport, Dalloz, Juriséditions, 2013, p. 53.*

COMMENTAIRE

La loi du 28 décembre 1999, dite loi Ayrault, portant diverses mesures relatives à l'organisation d'activités physiques et sportives, a pour la première fois réglementé les centres de formation des clubs sportifs professionnels.

L'objectif du législateur étant de protéger à la fois les sportifs en formation et les clubs formateurs. Cette double préoccupation s'est traduite par une procédure d'agrément ministériel des centres et par l'obligation, pour le bénéficiaire de la formation et le club formateur, de signer une convention de formation.

I. L'AGRÉMENT DES CENTRES DE FORMATION

La procédure d'agrément ministériel consiste à évaluer les centres de formation à la fois dans le domaine de la formation sportive proprement dite, mais également dans celui de la formation extra-sportive. Chaque centre sollicitant l'agrément doit en effet satisfaire à une double exigence : préparer le jeune sportif à la pratique du sport de haut niveau et lui dispenser une formation citoyenne (V. C. sport, art. D. 221-27), scolaire, professionnelle ou encore universitaire lui permettant d'assurer sa reconversion ou sa réorientation éventuelle en cours de formation.

Concrètement, il appartient à chaque fédération délégataire concernée d'établir un cahier des charges, soumis pour approbation au ministre chargé des sports, qui sert ensuite de référence pour l'évaluation des centres de formation. Ces derniers sont souvent classés en différentes catégories au regard, notamment, des conditions d'installations, d'équipements, d'hébergement, d'encadrement, d'enseignement et d'efficacité.

S'agissant de la demande d'agrément, elle doit être présentée par le club – l'association ou la société sportive à laquelle est rattaché le centre de formation – à sa fédération qui la transmet ensuite, accompagnée de son avis, au ministre chargé des sports.

Après examen, l'agrément est délivré par arrêté ministériel pour une période de quatre années (art. R. 211-87), son renouvellement étant accordé dans les mêmes conditions (art. R. 211-89).

Enfin, l'agrément peut être retiré lorsque la structure de formation cesse de satisfaire à l'un au moins des critères prévus dans le cahier des charges auquel il est soumis ou pour tout motif grave (art. R. 211-88).

II. LA CONVENTION DE FORMATION

Tout jeune intégrant un centre de formation doit signer, avec l'association ou la société sportive responsable du centre, une convention de formation destinée à régir les modalités de la formation.

L'article L. 211-5 prévoit que les stipulations de cette convention « sont déterminées pour chaque discipline sportive dans des conditions définies par décret en Conseil d'État et conformément à des stipulations types ». Plus précisément, chaque fédération délégataire a pour mission d'établir une convention type approuvée par arrêté du ministre chargé des sports (art. R. 211-91). Cette convention doit obligatoirement contenir certaines stipulations relatives notamment à la durée de la formation, aux modalités de résiliation de la convention, au contenu de la formation sportive et scolaire reçue par l'intéressé (les sportifs qui ont signé une convention de formation peuvent, à l'instar des sportifs de haut niveau, bénéficier d'aménagements de scolarité dans le secondaire comme dans le supérieur, V. art. L. 221-9 s.), à la durée hebdomadaire de pratique d'une activité sportive, aux modalités du suivi médical (art. R. 211-93 s.).

La spécificité de cette convention réside surtout dans l'obligation qui peut être faite au bénéficiaire, « à l'issue de la formation, et s'il entend exercer à titre professionnel la discipline sportive à laquelle il a été formé (...) de conclure, avec l'association ou la société dont relève le centre, un contrat de travail défini aux articles L. 222-2 à L. 222-2-9 du code du sport, dont la durée ne peut excéder trois ans » (art. L. 211-5, al. 3). Cette disposition, qui au demeurant n'a aucun caractère obligatoire, vise à protéger le travail de formation et à éviter que l'investissement des clubs formateurs ne soit réduit à néant. A la lecture des conventions types approuvées par arrêté du ministre des sports (basket-ball (secteurs masculin et féminin), football, rugby à XIII, handball, hockey-sur-glace, volley-ball et rugby à XV), on constate que cette disposition a été systématiquement insérée et qu'elle est généralement assortie d'une clause prévoyant la possibilité pour le joueur de refuser de signer le contrat professionnel proposé par le club formateur mais également d'une obligation de verser des indemnités de formation au club formateur (dont les modalités de calcul varient d'une discipline à l'autre) si le joueur signe un contrat professionnel dans un autre club français ou étranger dans les trois années suivant le terme de la convention de formation. En réponse à une question préjudicielle posée par la Cour de cassation, la Cour de justice de l'Union européenne a admis la licéité, au regard du principe communautaire de libre circulation des travailleurs, d'un système d'indemnités de formation dès lors que celui-ci est apte à garantir l'objectif consistant à encourager le recrutement et la formation des jeunes joueurs et qu'il n'aille pas au-delà de ce qui est nécessaire pour atteindre cet objectif. Ainsi, si le versement d'une indemnité de formation dans le cas où un jeune joueur signe, à l'issue de sa formation, un contrat de joueur professionnel avec un autre club que celui qui l'a formé, semble *a priori* admis dans son principe, sa licéité est conditionnée au calcul du montant de l'indemnité qui, selon la Cour de justice de l'Union européenne, doit tenir compte « des frais supportés par les clubs pour former tant les futurs joueurs professionnels que ceux qui ne le deviendront jamais » (CJUE 16 mars 2010, *Olympique lyonnais SASP c/ Bernard et a.*, aff. C-325/08 : *JS 2010, n° 97, p. 9* ; *JCP S 2010, n° 22, comm. Mandin*). Aussi, il n'est pas certain que les indemnités de formation prévues par certains règlements sportifs et évaluées de façon forfaitaire en fonction de la catégorie du centre de formation répondent aux conditions posées par la CJUE. Dans l'hypothèse d'un litige, il appartiendra au club de démontrer l'adéquation du montant de l'indemnité demandée avec les coûts réels de formation (V. note).

Toutes les conventions types ont également prévu, conformément aux dispositions de l'article L. 211-5, alinéa 4, l'hypothèse selon laquelle l'association ou la société dont relève le centre de formation ne proposerait pas au bénéficiaire de la formation un contrat de travail de joueur professionnel. Dans ce cas, le joueur est réputé libre de tout engagement vis-à-vis du club formateur, ce dernier ayant l'obligation de lui assurer une aide à l'insertion scolaire ou professionnelle dans les conditions prévues par la convention de formation s'il ne signe aucun contrat de travail de joueur professionnel dans un délai de trois mois à compter de la date d'expiration de la convention. ❑

Constitue une entrave à la libre circulation des travailleurs à l'intérieur de l'Union européenne la disposition conventionnelle par laquelle le joueur « espoir » qui refuse de conclure, à la fin de sa formation, un contrat de travail avec le club qui l'a formé et qui signe avec un autre club, s'expose à devoir des dommages-intérêts dont le montant, non fixé dans le contrat de formation, est sans rapport avec le coût réel de la formation. • Soc. 6 oct. 2010 : *JS 2010, n° 103 ; JCP S 2011, n° 1056, comm. D. Jacotot.*

Art. L. 211-6 **Les stages destinés à la formation des éducateurs et animateurs sportifs nécessaires à l'encadrement des activités physiques et sportives dans l'entreprise peuvent être organisés conformément aux dispositions du livre IX du code du travail.** – *[L. n° 84-610 du 16 juill. 1984, art. 23.]*

Art. L. 211-7 **Les programmes de formation des professions des activités physiques et sportives comprennent un enseignement sur le sport pour les handicapés.** – *[C. éduc., art. L. 363-4.]*

Sur le sport adapté aux personnes handicapées, V. art. L. 100-3.

CHAPITRE II ENSEIGNEMENT DU SPORT CONTRE RÉMUNÉRATION

SECTION PREMIÈRE OBLIGATION DE QUALIFICATION

BIBL. GÉN. ► B. Béthune, La formation aux métiers du sport : les évolutions d'un domaine fortement identitaire, *dossier in JS 2015, n° 158, p. 22 s.* – J. Arroyo, La réglementation de la profession de moniteur de ski et le droit de l'Union européenne : confrontation ou instrumentalisation ? *Cah. dr. sport 2014, n° 38, p. 16*. – J.-C. Bonichot, *RJ éco. sport 1989, n° 9, p. 3* (éducateurs sportifs et Europe). – S. Chevret, Entraîneur, éducateurs sportifs, *in Dic. jur. du sport, Dalloz, Juriséditions, 2013, p. 157*. – L. Collas, Diplôme, *in Dic. jur. du sport, Dalloz, Juriséditions, 2013, p. 129*. – J.-M. Delvert, Enseignement rémunéré du sport, *in Dic. jur. du sport, Dalloz, Juriséditions, 2013, p. 153*. – A. Pinguet, L'enseignement rémunéré des activités physiques et sportives dans les États membres de l'Union européenne : l'Europe professionnelle en cours d'édification, *RFAP 2001, n° 97, p. 101*. – C. Miège, Le sport et les APS à l'épreuve de la mondialisation, *RJ éco. sport 2004, n° 70, p. 87*. – J. Rideau, Règles sportives et droit de l'Union européenne, *in* Sport, droit et relations internationales, *Economica 1988, p. 139*.

▶ J.-M. Delvert, État et administration du sport, *RJ éco. sport 2000, n° 54, p. 92* ; L'adaptation par la loi du 1er août 2003 du régime applicable aux fonctions rémunérées d'éducateur sportif : réalisme et paritarisme, *RJ éco. sport 2003, n° 69, p. 67*. – J.-C. Lapouble, L'évolution de l'enseignement des activités physiques et sportives contre rémunération et la loi du 1er août 2003, *LPA, 2003, n° 158, p. 3* ; Les limites des prérogatives fédérales en matière d'enseignement des activités physiques et sportives contre rémunération : l'exemple du classement des rivières, *Cah. dr. sport 2008, n° 12, p. 20*. – D. Rémy, Comment peut-on appeler un moniteur bénévole ?, *Dict. perm. dr. sport 2012, Bull. n° 196, p. 1*. – J.-P. Théron, Diplômes sportifs, *in Dict. perm. dr. sport (mise à jour périodique)*. – M. Verly, L'encadrement du sport contre rémunération : un cadre juridique rénové, *JA 2008, n° 378, p. 26*.

COMMENTAIRE

L'enseignement d'une activité physique ou sportive (APS) de façon bénévole n'implique pas la possession d'un diplôme ou titre particulier. En revanche, depuis fort longtemps, l'enseignement (ou l'entraînement, l'animation et l'encadrement) contre rémunération est réglementé par les pouvoirs publics dans un souci de protection des usagers, au regard de la sécurité et de la qualité de l'enseignement mais également, il ne faut pas le nier, de la situation économique des titulaires de diplômes « officiels » (V. not. L. n° 48-267 du 18 févr. 1948 sur les guides de montagne *(JO 19 févr.)*, L. n° 48-269 du 18 févr. 1948 sur l'enseignement du ski *(JO 19 févr.)*, L. n° 51-662 du 24 mai 1951 relative à la sécurité dans les établissements de natation *(JO 31 mai*, App., v° *Baignades et piscines)*, L. n° 63-807 du 6 août 1963 réglementant la profession d'éducateur physique ou sportif et les écoles ou établissements où s'exerce cette profession *(JO 8 août)* et L. n° 75-988 du 29 oct. 1975 relative au développement de l'éducation physique et du sport, dite « loi Mazeaud » *(JO 30 oct.)*.

1° HISTORIQUE

La loi Bredin du 13 juillet 1992 (n° 92-652, *JO 16 juill.*) a mis en place un système, en modifiant l'article 43 de la loi du 16 juillet 1984, qui disposait que « nul ne peut enseigner, encadrer ou animer contre rémunération une activité physique ou sportive, à titre d'occupation principale ou secondaire, de façon régulière, saisonnière ou occasionnelle, ni prendre le titre de professeur, moniteur, éducateur, entraîneur ou tout autre titre similaire, s'il n'est titulaire d'un diplôme inscrit, en fonction du niveau de formation auquel il correspond et des professions auxquelles il donne accès, sur une liste d'homologation des diplômes des activités physiques et sportives ». Ce système était donc entièrement sous l'égide du ministère des sports qui était chargé de tenir à jour la liste des diplômes homologués, parmi lesquels figuraient de droit les diplômes délivrés par l'État (tels que, par exemple, le Brevet d'État d'éducateur sportif, BEES), mais également, à certaines conditions, des diplômes délivrés par les fédérations sportives. Les prérogatives liées aux diplômes homologués étaient fixées dans des tableaux annexés à l'arrêté du 4 mai 1995 (fixant la liste des diplômes ouvrant droit à l'enseignement, l'encadrement et l'animation des APS, *JO 11 mai*).

Concomitamment à la codification de l'article 43 au code de l'éducation (art. L. 363-1) par l'ordonnance du 15 juin 2000, la loi Buffet du 6 juillet 2000 (n° 2000-627, *JO 8 juill.*) a entendu faire rentrer l'enseignement des APS dans le droit commun de la formation professionnelle en mettant fin au dispositif d'homologation des diplômes, notamment fédéraux, et en prévoyant qu'il convenait désormais, pour enseigner, animer, entraîner ou encadrer contre rémunération une APS, d'être « titulaire d'un diplôme comportant une qualification définie par l'État et attestant de ses compétences en matière de protection des pratiquants et des tiers ».

Faute de dispositif transitoire, deux lois ont dû être adoptées. L'une le 17 juillet 2001 (L. n° 2001-624 du 17 juill. 2001, *JO 18 juill.*) en vue de proroger jusqu'au 31 décembre 2002 les inscriptions de diplômes sur la liste d'homologation afin d'éviter une brusque pénurie de personnes habilitées à enseigner contre rémunération. L'autre le 30 décembre 2002 (L. n° 2002-1578 du 30 déc. 2002, *JO 31 déc.*) afin de clarifier encore le dispositif et de prolonger de nouveau les mesures transitoires.

Dans le prolongement des États généraux du sport du 8 décembre 2002, l'article 43, devenu donc l'article L. 363-1 du code de l'éducation, a une nouvelle fois été réformé par la loi Lamour du 1er août 2003 (*n° 2003-708, JO 2 août*) qui a notamment étendu les possibilités de certification, puisque sont désormais reconnus les diplômes et les titres à finalités professionnelles mais aussi les certificats de qualification, afin de faire en sorte que les diplômes fédéraux puissent plus facilement être reconnus.

Aujourd'hui codifiées aux articles L. 212-1 à L. 212-4 du code du sport, les dispositions issues de la loi de 2003 constituent, depuis peu, le droit positif. En vertu de l'article L. 363-1 du code de l'éducation (issu de l'art. 12 de la loi du 1er août 2003), l'ancien régime a en effet continué à s'appliquer pendant une période de trois ans à compter de la publication du décret d'application de l'article L. 363-1 (Décr. n° 2004-893 du 27 août 2003, *JO 29 août*), c'est-à-dire jusqu'au 28 août 2007. Depuis, le nouveau dispositif est pleinement en vigueur.

2° DISPOSITIF

Selon le dispositif issu de la loi Lamour, l'enseignement, l'encadrement, l'animation ou l'entraînement contre rémunération d'une APS, à titre d'occupation principale ou secondaire, de façon habituelle, saisonnière ou occasionnelle, sont réservés aux titulaires d'un diplôme, titre à finalité professionnelle ou certificat de qualification professionnelle (CQP) garantissant la compétence de son titulaire en matière de sécurité des pratiquants et des tiers dans l'activité considérée et enregistré au répertoire national des certifications professionnelles (RNCP).

Les personnes ayant acquis le droit d'exercer contre rémunération sur le fondement de l'ancienne réglementation conservent néanmoins ce droit ; les prérogatives dont elles disposent sont désormais fixées par l'arrêté du 2 octobre 2007 (fixant la listes des diplômes acquis jusqu'au 28 août 2007 et pris en application de l'article L. 212-1 du code du sport, *JO 30 oct.*).

Le dispositif en vigueur impose, pour qu'un diplôme, titre ou CQP donne droit à encadrer les APS contre rémunération, que celui-ci soit inscrit au RNCP. Cette inscription implique, conformément au droit de la formation professionnelle, une négociation entre les partenaires sociaux.

Les notions de diplôme, titre et certificat de qualification méritent d'être précisées. Les diplômes et titres sont des certifications créées par arrêté et délivrées par l'État, ou plus précisément les « ministères certificateurs », c'est-à-dire ceux pouvant délivrer des diplômes parce qu'ils possèdent une commission professionnelle consultative (CPC ; s'agissant de la CPC des métiers du sport et de l'animation, V. art. D. 142-33 C. sport, récemment modifié par un arrêté du 10 juin 2009 relatif à la composition et au fonctionnement de la commission professionnelle consultative des « métiers du sport et de l'animation » et modifiant les dispositions réglementaires du code du sport). Cela a permis la reconnaissance du ministère des sports en tant que ministère certificateur. Les ministères chargés de l'enseignement supérieur, de la défense, de la santé et de l'agriculture peuvent également créer des titres et diplômes dans le domaine du sport.

A l'inverse, les certificats de qualification professionnelle (CQP) sont des certifications créées de manière paritaire par une branche professionnelle ; ils sont délivrés par la commission paritaire nationale de l'emploi et de la formation (CPNEF) de la branche. Dans le secteur sportif, les CQP ont notamment vocation à remplacer les anciens diplômes fédéraux homologués, afin que leur titulaire puisse continuer de bénéficier d'une modalité de reconnaissance officielle pour enseigner contre rémunération. Il est à noter que le lieu privilégié de négociation pour l'inscription d'un CQP au RNCP est la CPNEF de la convention collective nationale sport, suite notamment à l'accord du 6 mars 2003 des partenaires sociaux de la branche professionnelle du sport (Sur l'ensemble de la question, V. J.-M. Delvert, L'adaptation par la loi du 1er août 2003 du régime applicable aux fonctions rémunérées d'éducateur sportif : réalisme et paritarisme, *RJ éco. sport 2003, n° 69, p. 67* ✐).

Par ailleurs, il est important de rappeler que l'obligation de qualification imposée aux personnes enseignant les APS est strictement limitée à l'exercice contre rémunération. A ce titre, le montant de la rémunération importe peu ; constitue ainsi une rémunération toute contrepartie financière ou en nature versée ou perçue, strictement supérieure au remboursement des frais dûment justifiés (V. Instr. n° 94-049 JS du 7 mars 1994 relative à l'application des articles 43 et 43-1 et 47 et 49-1 de la loi du 16 juill. 1984 et Instr. n° 07-126 JS du 11 sept. 2007 portant clarification de la réglementation relative aux mesures de police administrative prévues par l'article L. 212-13 du code du sport – BOJS n° 17 du 15 sept. 2007).

Signalons enfin que des dispenses à l'obligation de posséder un diplôme, titre ou certificat existent. Elles concernent, schématiquement, les fonctionnaires « dans l'exercice des missions prévues par leur statut particulier » (ce qui signifie que l'obligation retrouve application s'il ne s'agit pas d'un fonctionnaire dont le statut implique l'enseignement des APS ou s'il s'agit d'un fonctionnaire qui agit dans un cadre privé), les enseignants des établissements d'enseignement publics et des établissements d'enseignement privés sous contrat avec l'État dans l'exercice de leurs missions ainsi que les militaires (V. art. L. 212-3 C. sport). Par ailleurs, les stagiaires en formation préparant à l'une des qualifications permettant d'encadrer contre rémunération sont autorisés, sous certaines conditions, à exercer contre rémunération (V. art. L. 212-1-I C. sport).

La loi du 6 juillet 2000 ayant abrogé le système permettant la délivrance d'autorisation d'exercice spécifique, afin que puisse être prise en compte l'expérience acquise par certains professionnels, un dispositif de validation des acquis de l'expérience (VAE) permet désormais la délivrance des qualifications requises pour exercer contre rémunération en valorisant les acquis nés de la pratique, bénévole ou rémunérée, ayant un rapport direct avec l'activité concernée. Les autorisations d'exercice délivrées sous l'empire de l'ancienne réglementation demeurent néanmoins valables. Les règles de procédure relatives à la VAE ont été précisées par l'arrêté du 24 décembre 2008 modifiant les dispositions réglementaires du code du sport.

S'agissant des prérogatives des ressortissants communautaires, la législation française a dû s'adapter aux directives européennes relatives aux reconnaissances mutuelles des diplômes et qualifications ; ainsi, l'article L. 212-7 a été modifié par l'ordonnance n° 2008-507 du 30 mai 2008 portant transposition de la directive 2005/36/CE du Parlement européen et du Conseil du 7 septembre 2005 relative à la reconnaissance des qualifications professionnelles. Outre les ressortissants communautaires qui sont qualifiés dans leur propre pays, peuvent désormais exercer en France « de façon temporaire et occasionnelle » les ressortissants communautaires légalement établis dans un État membre (sous certaines conditions si l'activité concernée ou la formation y conduisant n'est pas réglementée dans l'État d'établissement). De plus, précisons que le décret n° 2009-1116 du 15 septembre 2009 a modifié les articles R. 212-85 et suivant, du code du sport en réformant les conditions dans lesquelles les ressortissants d'un État membre de l'Union européenne (ou de l'EEE) peuvent s'établir en France ou y effectuer de la prestation de service, à titre temporaire et occasionnel, sans y être établis ; ce décret a également créé la Commission de reconnaissance des qualifications, notamment chargée de se prononcer sur l'existence d'une différence substantielle entre la qualification professionnelle du déclarant et la qualification professionnelle requise sur le territoire national (si cette différence substantielle est reconnue, le ressortissant européen doit se soumettre à une épreuve d'aptitude ou accomplir un stage d'adaptation, sauf dans le cas des activités s'exerçant en environnement spécifique, pour lesquelles le ressortissant est tenu de passer un test d'aptitude). La partie « arrêtés » du code du sport a été modifiée, en conséquence, par un arrêté du 30 octobre 2009 *(JO 11 nov.)*.

3° CONTRÔLE DU DISPOSITIF

Toute personne désirant encadrer une APS contre rémunération est tenue de se déclarer préalablement auprès du préfet du département dans lequel elle compte exercer sa principale activité ; celui-ci doit accuser réception de cette demande dans un délai d'un mois (formalité introduite par le décret n° 2009-116 du 15 septembre 2009) et lui délivrer une carte professionnelle. Cette déclaration doit être renouvelée tous les 5 ans. Cette formalité permet de vérifier que les éducateurs sportifs encadrant contre rémunération sont bien titulaires des diplômes requis, mais également qu'ils ne font l'objet d'aucune mesure administrative d'interdiction d'exercer ou d'injonction de cesser d'exercer (V. C. sport, art. L. 212-13) ou qu'ils ne violent pas les obligations d'honorabilité (V. C. sport, art. L. 212-9).

En outre, le non-respect des conditions relatives à la qualification de l'enseignement des APS contre rémunération est passible de sanctions pénales (V. C. sport, art. L. 212-8) tant pour la personne coupable d'enseigner contre rémunération sans posséder les diplômes requis que pour la personne employant quelqu'un qui ne satisferait pas aux obligations de qualification. ❑

Art. L. 212-1 **I. — Seuls peuvent, contre rémunération, enseigner, animer ou encadrer une activité physique ou sportive ou entraîner ses pratiquants, à titre d'occupation principale ou secondaire, de façon habituelle, saisonnière ou occasionnelle, sous réserve des dispositions du quatrième alinéa du présent article et de l'article L. 212-2 du présent code, les titulaires d'un diplôme, titre à finalité professionnelle ou certificat de qualification :**

1° Garantissant la compétence de son titulaire en matière de sécurité des pratiquants et des tiers dans l'activité considérée ;

2° Et enregistré au répertoire national des certifications professionnelles dans les conditions prévues au II de l'article L. 335-6 du code de l'éducation.

Peuvent également exercer contre rémunération les fonctions mentionnées au premier alinéa ci-dessus les personnes en cours de formation pour la préparation à un diplôme, titre à finalité professionnelle ou certificat de qualification conforme aux prescriptions des 1° et 2° ci-dessus, dans les conditions prévues par le règlement de ce diplôme, titre ou certificat.

II. — Le diplôme mentionné au I peut être un diplôme étranger admis en équivalence.

III. — Les dispositions du I s'appliquent à compter de l'inscription des diplômes, titres à finalité professionnelle ou certificats de qualification sur la liste des diplômes, titres à finalité professionnelle ou certificats de qualification répondant aux conditions prévues aux paragraphes I et II, au fur et à mesure de cette inscription.

IV. — Les personnes qui auront acquis, dans la période précédant l'inscription mentionnée au III et conformément aux dispositions législatives en vigueur, le droit d'exercer contre rémunération une des fonctions mentionnées au I conservent ce droit.

V. — Un décret en Conseil d'État détermine les conditions d'application du présent article. Il fixe notamment les modalités selon lesquelles est établie la liste mentionnée au III. — *[C. éduc., art. L. 363-1, al. 1er à 4, 6, phrases 1 et 2, et al. 9 ; C. éduc., art. L. 363-1-1, al. 1er et 3.] — V. art. R. 212-1 et R. 212-6. C sport.*

V. Instr. n° 08-068 du 5 mai 2008 relative aux activités de pêche et de loisir en milieu maritime — champ d'application de l'art. L. 212-1 C. sport (BOJS n° 9 du 15 mai).

V. Arr. du 7 août 1997 relatif à la gestion par le ministère de la jeunesse et des sports d'un fichier des activités physiques et sportives concernant les éducateurs et les établissements et Arr. du 28 févr. 2014 relatif à la mise en place d'une téléprocédure de déclaration des éducateurs sportifs et à la gestion par le ministère chargé des sports du fichier des éducateurs sportifs et établissements d'activités physiques et sportives (JO 14 mars) reproduits sur Dalloz.fr et sur les applications mobiles Dalloz.

1. Les dispositions du IV de l'art. L. 212-1 C. sport ne constituent pas des mesures à caractère transitoire dans l'attente de l'inscription des diplômes qu'elles concernent au RNCP mais ont pour objet de préserver les droits acquis à exercer les activités professionnelles concernées par les personnes titulaires de diplômes délivrés jusqu'à la fin d'une période ne pouvant aller au-delà du 30 août 2007 ; le Conseil d'État rejette la demande d'annulation de l'arrêté du 2 octobre 2007 fixant la liste des diplômes acquis jusqu'au 28 août 2007, dès lors qu'il n'a fait que reprendre les dispositions du IV de l'art. L. 212-1 C. sport et n'a nullement pour effet de déroger aux dispositions de cet article. • CE 30 mars 2009, *Synd. national des entreprises exploitant les activités physiques et récréatives des loisirs marchands : req. n° 315767.*

2. N'a pas commis d'erreur manifeste d'appréciation et n'a pas entaché sa décision de détournement de pouvoir le ministre chargé des sports qui a procédé à l'ajout de deux certificats de qualification professionnelle permettant l'encadrement de la pratique du canoë-kayak sur la liste des diplômes, titres à finalité professionnelle ou certificats de qualification prévus à cet article, dès lors que les responsabilités confiées par ces certificats ne sont pas identiques aux diplômes et titres déjà existants. • CE 19 juin 2015, n° 379088.

Art. L. 212-2 Lorsque l'activité mentionnée au premier alinéa de l'article L. 212-1 s'exerce dans un environnement spécifique impliquant le respect de mesures de sécurité particulières, seule la détention d'un diplôme permet son exercice. Ce diplôme, inscrit sur la liste mentionnée au III de l'article L. 212-1, est délivré par l'autorité administrative dans le cadre d'une formation coordonnée par les services du ministre chargé des sports et assurée par des établissements relevant de son contrôle pour les activités considérées.

Un décret en Conseil d'État fixe la liste des activités mentionnées au premier alinéa et précise, pour cette catégorie d'activités, les conditions et modalités particulières de la validation des acquis de l'expérience. – *[C. éduc., art. L. 363-1, al. 5 et 6, phrases 2 et 3.] – V. art. R. 212-7 à R. 212-10.*

Art. L. 212-3 Les dispositions des articles L. 212-1 et L. 212-2 ne sont pas applicables aux militaires, aux fonctionnaires relevant des titres II, III et IV du statut général des fonctionnaires dans l'exercice des missions prévues par leur statut particulier ni aux enseignants des établissements d'enseignement publics et des établissements d'enseignement privés sous contrat avec l'État dans l'exercice de leurs missions. – *[C. éduc., art. L. 363-1, al. 7.]*

Art. L. 212-4 La mise à disposition de matériel destiné aux pratiquants ou, hors le cas des activités s'exerçant dans un environnement spécifique, la facilitation de la pratique de l'activité à l'intérieur d'un établissement classé relevant de la réglementation du tourisme ne sauraient être assimilées aux fonctions désignées au premier alinéa de l'article L. 212-1. – *[C. éduc., art. L. 363-1, al. 8.]*

Plan des annotations

A. ENSEIGNEMENT CONTRE RÉMUNÉRATION

1. Applications postérieures à la loi du 13 juill. 1992. Constitue un trouble manifestement illicite le fait pour une personne, au demeurant compétente, de se livrer, en l'absence des diplômes requis, à une activité d'enseignement (du golf) moyennant rémunération. • Rouen, 21 juin 1995 : *Juris-Data n° 045495.*

2. Le vol de découverte en parapente biplace est soumis aux dispositions régissant l'enseignement contre rémunération en ce qu'il constitue pour le passager une activité sportive et pour le pilote l'encadrement de cette activité. • Crim. 5 mars 1997 (deux décisions) : *D. 1998. Somm. 42, obs. Delvert* • 20 mars 2001 : *Bull. crim. n° 76.* ♦ L'application du code de l'aviation civile quant aux appareils et règles de circulation aérienne, qui dispensent les parapentes d'immatriculation ainsi que de certificat de navigabilité, et leur pilote de qualification individuelle, ne fait pas obstacle à l'application cumulative de la réglementation sportive. • Mêmes arrêts.

3. Applications antérieures à la loi du 13 juill. 1992. Dans les poursuites basées sur l'art. 43, il n'y a pas lieu d'opérer une distinction entre l'enseignement dispensé dans un lieu public et l'enseignement dispensé dans un lieu privé. • Chambéry, 7 déc. 1988, *G. et a. : inédit.*

4. L'infraction prévue à l'art. 43 est constituée dès lors qu'il est établi que l'intéressé a pris le titre de moniteur ou tout titre similaire sans être titulaire d'un diplôme attestant sa qualification et son aptitude à ces fonctions, et ce quand bien même il n'aurait pas été rémunéré au sens dudit article. • Limoges, 4 mars 1988 : *RJ éco. sport 1990, n° 14,. 95, obs. J.-P. Karaquillo.*

5. En revanche, ne se rend pas coupable d'une telle infraction la personne qui se borne à faire encadrer ou accompagner ou à encadrer et accompagner elle-même des personnes désirant pratiquer la nage en eaux vives ou le rafting sans qu'aucune qualification spéciale ne soit apportée ou conférée aux participants et dès lors que la rémunération perçue apparaît comme la contrepartie d'une mise à disposition de matériel et non comme la contrepartie d'une activité d'apprentissage. • Chambéry, 25 nov. 1993, *Ministère public c/ P. : inédit.*

6. N'est nullement passible des dispositions de l'art. 43 la personne de nationalité anglaise, titulaire d'un diplôme d'État d'enseignant délivré par les autorités de son pays, qui dispense des cours de ski uniquement auprès de personnes anglaises, en étant rémunérée par une société anglaise. • TGI Bonneville, 15 avr. 1988, *Ministère public c/ P. : inédit.*

7. Complicité. Une cour d'appel caractérise en tous ses éléments constitutifs le délit de complicité d'enseignement d'activités physiques et sportives sans diplôme en retenant qu'en l'espèce, la pratique du ski était enseignée, conformément aux instructions du prévenu, aux enfants confiés au centre de loisirs qu'il exploitait, par deux salariés dudit centre qui étaient dépourvus de diplômes attestant leur qualification et leur aptitude à l'enseignement du ski. • Crim. 24 oct. 1989 : *RJ éco. sport 1990. n° 14, 80, obs. Marguénaud.* ♦ V. aussi • Crim. 7 oct. 1998 : *Bull. crim. n° 249.*

8. La personne qui permet à une autre personne de conserver une activité d'enseignement en faisant usage du titre de moniteur qu'elle ne possède pas se rend, par aide, assistance, fourniture de moyens, complice des faits incriminés. • Limoges, 4 mars 1988 : *préc. note 4.*

9. Équivalence. Lorsque, dans un État membre de la Communauté, l'accès à une profession salariée est subordonnée à la possession d'un diplôme national ou d'un diplôme étranger reconnu comme équivalent, le principe de la libre circulation des travailleurs consacré par l'art. 48 du Traité CEE exige que la décision refusant à un travailleur ressortissant d'un autre État membre la reconnaissance de l'équivalence du diplôme délivré par l'État membre dont il est ressortissant soit susceptible d'un recours de nature juridictionnelle permettant de vérifier sa légalité par rapport au droit de l'Union européenne, et que l'intéressé puisse obtenir connaissance des motifs à la base de la décision. • CJUE 15 oct. 1987, aff. 222/84, *Union nationale des entraîneurs et cadres techniques professionnels du football (UNECATEF) c/ Heylens : Rec. CJUE 4097 ; RFDA 1988. 691, obs. Dubouis.*

10. Formation. En décidant, par arrêté relatif aux « centres-écoles de parachutisme » que les séances de sauts et les épreuves pour l'obtention du brevet fédéral de parachutisme sportif sont obligatoirement organisées sous la responsabilité, la direction et la présence d'un instructeur titulaire du brevet d'État d'éducateur sportif assisté d'un adjoint soit titulaire du même brevet, soit ayant la qualité d'instructeur fédéral, le ministre chargé des sports n'a pas méconnu les dispositions de l'art. 43, lequel fait seulement obstacle à ce qu'un instructeur fédéral non titulaire du brevet d'État perçoive une rémunération à l'occasion d'une telle mission. • CE 11 mars 1988, *Assoc. « Para-Club de Reims » et Centre de Parachutisme de la Marne : req. n° 72989.* ♦ De même, le ministre ne méconnaît pas lesdites dispositions en subordonnant l'admission à la formation dispensée en vue de l'obtention du brevet d'État d'éducateur sportif premier degré option « parachutisme » à la possession de la « qualification de moniteur régional » délivrée par la Fédération française de parachutisme. • CE 20 juill. 1988, *Assoc. « Para-Club de Reims », Groupement des parachutistes professionnels et des cadres techniques : req. n°s 83003 et 83048.* ♦ ... Ou en prévoyant qu'à titre transitoire, les titres fédéraux relatifs aux spécialités « accompagnement en chute libre d'un élève débutant par le moniteur » dite « Pac » et « utilisation d'un parachute biplace » dite « Tandem », qui auront été délivrés avant la date de parution de l'arrêté litigieux, seront admis en équivalence des qualifications supplémentaires pour les titulaires d'un brevet d'État d'éducateur sportif du premier degré option « parachutisme ». • CE 26 juin 1996, *Synd. nat. des parachutistes professionnels : req. n° 144496.*

B. COMPÉTENCE DES FÉDÉRATIONS POUR ORGANISER ET RÉGLEMENTER LES ÉPREUVES CONDUISANT À L'OBTENTION DES DIPLÔMES

11. Enseignement bénévole. Les fédérations sportives bénéficiant de l'habilitation ministérielle ont le pouvoir de définir les conditions dans lesquelles est dispensé aux élèves l'enseignement sportif bénévole et de contrôler la collation des diplômes qui sanctionnent ces études. • CE 22 janv. 1982, *Synd. nat. des professeurs de judo et disciplines associées : Lebon 26 ; D. 1983. IR 257, obs. F. Alaphilippe et J.-P. Karaquillo.* ♦ Toutefois, aucun texte ne leur attribue compétence pour instituer des brevets conférant à leurs titulaires un droit exclusif à enseigner, à titre bénévole, une discipline sportive. • Même arrêt.

12. Diplômes d'État. A condition d'être autorisées par un texte, les fédérations sportives bénéficiant de l'habilitation ministérielle ont compétence pour organiser et réglementer des épreuves conduisant à l'obtention d'un brevet d'État, et notamment pour déterminer les conditions d'accès des candidats à ces épreuves. • TA Paris, 8 janv. 1987, *Lachoviez : RJ éco. sport 1987, n° 3, 131, obs. Foucher.* ♦ Confirmé par : • CE 8 juill. 1992, *Lachoviez : req. n° 87109.*

C. CONCURRENCE ENTRE DIPLÔMES FÉDÉRAUX ET DIPLÔMES D'ÉTAT

13. Solution rendue avant l'entrée en vigueur de la loi du 6 juill. 2000. L'existence d'un diplôme d'État dans une discipline sportive fait obstacle à l'homologation d'un brevet fédéral dans cette même discipline ; en conséquence, un arrêté ministériel doit être annulé en tant qu'il porte homologation de certains diplômes fédéraux dont les qualifications et aptitudes sont comprises par celles qui sont exigées des titulaires de diplômes d'État. • CE 7 juin 1999, *Vaysset et Synd. nat. des brevetés d'État de tennis : req. n° 183382* • 20 oct. 1999, *Synd. nat. des accompagnateurs en montagne : req. n° 189457.*

D. DIPLÔMES ÉTRANGERS ADMIS EN ÉQUIVALENCE

14. Les dispositions de l'art. 43 n'habilitent pas le ministre chargé des sports à instituer une procédure visant à l'admission individuelle fondée sur l'expérience professionnelle en équivalence des diplômes français, des diplômes étrangers ne répondant pas aux conditions prévues par la loi. • CE 30 déc. 1998, *Min. de la Jeunesse et des Sports c/ Sortelle : req. n° 162618.*

Art. L. 212-5 Dans les disciplines sportives relevant des arts martiaux, nul ne peut se prévaloir d'un dan ou d'un grade équivalent sanctionnant les qualités sportives et les connaissances techniques et, le cas échéant, les performances en compétition s'il n'a pas été délivré par la commission spécialisée des dans et grades équivalents de la fédération délégataire ou, à défaut, de la fédération agréée consacrée exclusivement aux arts martiaux.

Un arrêté du ministre chargé des sports, fixe la liste des fédérations mentionnées au premier alinéa. – *[L. n° 84-610 du 16 juill. 1984, art. 17-2, al. 1er et 2.]*

BIBL. GÉN. ▶ B. BRIGNON, Aspects juridiques du « dan » dans les arts martiaux, *Cah. dr. sport, n° 7, 2007.*

COMMENTAIRE

Les arts martiaux font depuis longtemps l'objet de règles particulières. Les premières dispositions les concernant ont été prises dans le cadre de la loi n° 55-1563 du 28 novembre 1955 réglementant la profession de professeur de judo et de jujitsu et l'ouverture de salles destinées à l'enseignement de ces sports de combat *(JO 2 déc.)*, texte abrogé par la loi n° 75-988 du 29 octobre 1975 *(JO 30 oct.)*. Aujourd'hui encore existent des dispositions spécifiques aux arts martiaux. Elles concernent principalement la question de la délivrance des grades. Il faut dire que les grades, et en particulier les « dans » (ou grades équivalents), présentent des « vertus promotionnelles » des plus exploitées et appréciées dans un domaine fortement concurrentiel. L'intervention des pouvoirs publics en la matière est consécutive au développement très important de la pratique de ces disciplines (le nombre de disciplines relevant des arts martiaux ou des sports de combat est estimé à 180, de source ministérielle donnée lors des débats parlementaires de la loi n° 99-493 du 15 juin 1999) et répond à la préoccupation de garantir la crédibilité et la cohérence des grades attribués, la qualité des enseignements et bien sûr la sécurité de la pratique.

Les dispositions des articles L. 212-5 et suivants du code du sport résultent de la loi n° 99-493 du 15 juin 1999 *(JO 16 juin)*, qui avait modifié l'article 17 de la loi du 16 juillet 1984.

La loi de 1999 a repris les dispositions du décret n° 93-988 du 2 août 1993 *(JO 8 août)* censuré par le Conseil d'État par un arrêt du 28 janvier 1998 (*Syndicat national des professeurs d'arts martiaux*, V. note 1). Le décret de 1993 abrogeait celui n° 76-1021 du 4 novembre 1976, pris en application des lois n° 63-807 du 6 août 1963 et n° 75-988 du 20 octobre 1975, dont l'article 3 créait le Comité national des grades pour le judo, le ju-jitsu, l'aïkido, le karaté et les disciplines assimilées qui s'était vu confier le pouvoir de délivrer les grades et les dans. La réforme de 1999 a eu, en effet, pour objet de légaliser le dispositif de délivrance des dans, par les commissions spécialisées fédérales, mis en place par voie réglementaire et annulé, pour ce motif, par le juge administratif. Aux termes du décret, puis de la loi, le pouvoir de délivrance des dans (et grades équivalents) est conféré aux commissions spécialisées des (de certaines) fédérations sportives, se substituant ainsi au Comité national des grades (au sein duquel était représentée la fédération habilitée). La Haute Juridiction administrative avait censuré le décret de 1993 estimant que les dans ne constituent pas des titres délivrés à l'issue des compétitions sportives au sens des dispositions de l'article 17 de la loi du 16 juillet 1984 – devenu l'article L. 131-14 du code du sport – mais sanctionnent, d'une part, et donc pour partie seulement, les performances compétitives mais aussi, d'autre part, les qualités sportives et les connaissances techniques des personnes à qui ils sont attribués. Ainsi, le juge a considéré que le gouvernement ne tenait d'aucune disposition législative le pouvoir de conférer aux fédérations délégataires le droit exclusif d'attribuer les titres sportifs envisagés. C'est en réaction à cet arrêt que la loi du 15 juin 1999 est venue donner une base légale au dispositif précité.

Dorénavant ce sont donc les commissions spécialisées des fédérations sportives qui se voient attribuer le pouvoir de délivrer les dans, après avoir été, *de facto*, dans l'ancien dispositif grandement impliquées dans le processus par l'ancien Comité national des grades. Il convient néanmoins de préciser que ce ne sont bien évidemment pas toutes les fédérations sportives prenant en charge un ou des arts martiaux qui sont habilitées à délivrer les dans ou grades équivalents. Cette mission est confiée à la commission spécialisée de la fédération délégataire ou, à défaut, de la fédération agréée consacrée exclusivement aux arts martiaux. ❑

1. Solution antérieure à l'entrée en vigueur de la loi n° 99-493 du 15 juin 1999. Les « dans » ne constituent pas des titres délivrés à l'issue de compétitions sportives, au sens des dispositions de l'art. 17 de la loi du 16 juill. 1984 mod., mais sanctionnent pour partie des performances en compétition et pour partie les qualités sportives et les connaissances techniques de leur attributaire ; en conséquence, le gouvernement ne tient ni des dispositions précitées, ni d'aucune autre disposition législative, le pouvoir de conférer aux fédérations délégataires le droit exclusif d'attribuer ces titres sportifs. • CE 28 janv. 1998, *Synd. nat. des professeurs d'arts martiaux : req. n° 152647* (annulation du décret n° 93-988 du 2 août 1993 fixant les conditions de délivrance de certains titres dans les disciplines sportives relevant des arts martiaux).

2. Solutions postérieures à l'entrée en vigueur de la loi n° 99-493 du 15 juin 1999. L'arrêté par lequel le ministre de la jeunesse et des sports a habilité, sur le fondement des dispositions de l'art. 17 de la loi du 16 juill. 1984 dans sa rédaction issue de la loi n° 99-493 du 15 juin 1999 [art. L. 212-5 C. sport], la Fédération française de karaté et arts martiaux affinitaires à délivrer des dans et grades équivalents dans sa discipline a le caractère d'un acte réglementaire et relève par conséquent de la compétence du Conseil d'État en premier et dernier ressort. • CE 8 oct. 2001, *Synd. nat. des professeurs d'arts martiaux et a. : Lebon 453*.

3. Il ne peut être valablement soutenu que le monopole conféré aux fédérations sportives par l'art. 17 de la loi du 16 juill. 1984 dans sa rédaction issue de la loi n° 99-493 du 15 juin 1999 [art. L. 212-5 C. sport] porte atteinte au principe de non-discrimination selon la nationalité garanti par le traité sur la Communauté européenne, dans la mesure où les dispositions législatives en cause, qui déterminent les conditions dans lesquelles les sportifs, professionnels ou amateurs, peuvent se voir attribuer des dans ou des grades équivalents en France, n'ont ni pour objet ni pour effet d'exclure la reconnaissance des titres délivrés par les fédérations d'autres États et ne créent ainsi, en elles-mêmes, aucune discrimination, même indirecte, selon la nationalité des titulaires de ces grades. • CE 8 oct. 2001, *Synd. nat. des professeurs d'arts martiaux et a. : préc. note 2.* ♦ Sur la légalité des arrêtés ministériels fixant la liste des fédérations sportives habilitées à délivrer des dans et grades équivalents, V. également : • CE 27 févr. 2004, *Synd nat. des professeurs d'arts martiaux et a. : req. n° 213484.*

4. Pour des condamnations du chef d'usurpation de titres, V. notes ss. art. 433-17 C. pén., App., v° *Responsabilité pénale*.

Art. L. 212-6 Les commissions spécialisées des dans et grades équivalents, dont la composition est fixée par arrêté du ministre chargé des sports après consultation des fédérations concernées, soumettent les conditions de délivrance de ces dans et grades au ministre chargé des sports qui les approuve par arrêté. — *[L. n° 84-610 du 16 juill. 1984, art. 17-2, al. 3.]*

V. Arr. du 20 sept. 2010 portant approbation des conditions de délivrance des dans et grades équivalents adoptées par la commission spécialisée des dans et grades équivalents de la Fédération française de wushu arts énergétiques et martiaux chinois (JO 5 oct.) ; Arr. du 23 déc. 2011 portant approbation des conditions de délivrance des dans et grades équivalents adoptées par la commission spécialisée des dans et grades équivalents de la Fédération française de karaté et disciplines associées (JO 14 janv. 2012) ; Arr. du 20 sept. 2013 portant approbation des conditions de délivrance des dans et grades équivalents adoptées par la commission spécialisée des dans et grades équivalents de la Fédération française de judo, jujitsu, kendo et disciplines associées (JO 23 oct.) ; Arr. du 16 avr. 2015 portant approbation des conditions de délivrance des dans et grades équivalents adoptées par la commission spécialisée des dans et grades équivalents de l'Union des fédérations d'aïkido (JO 6 mai) ; Arr. du 13 nov. 2015 portant approbation des conditions de délivrance des dans et grades équivalents adoptées par la commission spécialisée des dans et grades équivalents de la Fédération française de judo, jujitsu, kendo et disciplines associées (JO 24 nov.).

V. aussi art. A. 212-175-14 à A. 212-175-19.

Loi n° 99-493 du 15 juin 1999,

Relative à la délivrance des grades dans les disciplines relevant des arts martiaux.

Art. 1er *(Modification de texte).*

Art. 2 Sous réserve des décisions de justice passées en force de chose jugée, sont validés, en tant que leur légalité serait contestée en raison de l'annulation du décret n° 93-988 du 2 août 1993, les grades et dans délivrés par :

— la commission spécialisée des grades et dans de judo, jujitsu, kendo et disciplines associées de la Fédération française du judo, jujitsu, kendo et disciplines associées ;

— la commission spécialisée des grades et dans de karaté de la Fédération française de karaté et arts martiaux affinitaires ;

— la commission spécialisée des grades et dans de taekwondo et disciplines associées de la Fédération française de taekwondo et disciplines associées ;

— la commission spécialisée des grades d'aïkido de l'Union des fédérations d'aïkido.

COMMENTAIRE

L'objet de l'article 2 de la loi du 15 juin 1999 réside dans la validation des grades et dans délivrés sur la base du décret du 2 août 1993, texte annulé par le Conseil d'État le 28 janvier 1998 (V. comm. ss. art. L. 212-5).

Ainsi, ce sont plus de 60 000 grades (selon une estimation donnée dans les rapports parlementaires) délivrés par les quatre fédérations sportives figurant sur la liste de l'arrêté du 15 juillet 1996 pris en application de l'article 2 du décret précité qui font l'objet d'une validation législative, sous réserve bien évidemment des décisions de justice passées en force de chose jugée et en tant que leur légalité serait contestée pour défaut de base légale eu égard à l'annulation du décret de 1993. ❑

Arrêté du 10 août 1999,

Relatif à la délivrance des dans ou des grades équivalents.

(Abrogé par Arr. du 5 août 2016, art. 3, à compter du 1er avr. 2017)

Art. 1er *La liste des fédérations dont les commissions spécialisées des dans et grades équivalents délivrent des dans ou grades équivalents est la suivante :*

— Union des fédérations d'aïkido ;

(Arr. du 10 sept. 1999) « *— Fédération française de judo, jujitsu, kendo et disciplines associées (FFJDA) ;*

« *— Fédération française de taekwondo et disciplines associées (FFTDA) ;* »

(Arr. du 28 mars 2000) « *— Fédération française de karaté et arts martiaux affinitaires (FFKAMA) ;* »

(Arr. du 20 sept. 2010) « *— Fédération française de wushu, arts énergétiques et martiaux chinois* ».

COMMENTAIRE

L'arrêté du 10 août 1999 pris en application du 2e alinéa de l'article L. 212-5 du code du sport fixe la liste des fédérations sportives dont les commissions spécialisées délivrent les dans.

Cette liste telle que fixée par l'arrêté de 1999 comprend cinq fédérations sportives : trois fédérations délégataires (la Fédération française de judo, jujitsu, kendo et disciplines associées, la Fédération française de karaté et arts martiaux affinitaires et la Fédération française de taekwondo et disciplines associées) et deux fédérations agréées (Fédération française de wushu, arts énergétiques et martiaux chinois – fédération dont la délégation a été retirée par un arrêté du 18 juillet 2014 – et l'Union des fédérations d'aïkido, union qui regroupe les deux fédérations d'aïkido, elles-mêmes agréées : la Fédération française d'aïkido, aïkibudo et affinitaires et la Fédération française d'aïkido et de budo). On remarquera simplement, s'agissant de l'aïkido, que la solution d'une commission commune aux deux fédérations au sein d'une union retenue dans le cadre du décret du 2 août 1993 est reconduite.

L'arrêté du 10 août 1999 sera abrogé à compter du 1er avril 2017, date d'entrée en vigueur de l'arrêté du 5 août 2016 fixant la liste des fédérations sportives disposant d'une commission spécialisée des dans et grades équivalents et leur composition (*JO* 17 août). La liste dorénavant fixée par l'article A. 212-175-15 du code du sport (V. cet article) comprend quatre fédérations sportives dont trois sont délégataires. On notera que la Fédération française de wushu, arts énergétiques et martiaux chinois n'y figure plus. ❑

Arrêté du 27 janvier 2000,

Fixant la composition de la commission spécialisée des dans et grades équivalents de la Fédération française de taekwondo et disciplines associées.

(Abrogé par Arr. du 5 août 2016, art. 3, à compter du 1er avr. 2017)

Art. 1er *La commission spécialisée des dans et grades équivalents de la Fédération française de taekwondo et disciplines associées est composée :*

1. D'un président désigné, après consultation de la Fédération française de taekwondo et disciplines associées, par le ministre chargé des sports ;

2. Du directeur technique national ;

3. De trois membres proposés par le comité directeur de la Fédération française de taekwondo et disciplines associées dont l'un au moins est titulaire du brevet d'État d'éducateur sportif option taekwondo et disciplines associées ;

4. De trois membres désignés par les fédérations multisports, affinitaires et scolaires et universitaires concernées ;

5. De deux membres désignés par les organisations professionnelles d'enseignants les plus représentatives dans le taekwondo et les disciplines associées.

Les membres des 3e, 4e et 5e catégories doivent être titulaires du 6e dan ou d'un grade équivalent de taekwondo ou d'une discipline associée. Toutefois, en l'absence de membre remplissant cette condition, des membres titulaires d'un 5e ou d'un 4e dan ou d'un grade équivalent pourront être désignés.

Lorsque le directeur technique national n'est pas titulaire au moins du 4e dan ou d'un grade équivalent, il assiste aux réunions de la commission spécialisée des dans et grades équivalents avec voix consultative. Le comité directeur de la Fédération française de taekwondo et disciplines associées désigne alors un membre ayant voix délibérative.

Art. 2 *Les membres de la commission spécialisée des dans et grades équivalents de la Fédération française de taekwondo et disciplines associées sont nommés par arrêté du ministre chargé des sports.* — V. Arr. du 5 sept. 2005 (JO 16 sept.).

Arrêté du 27 janvier 2000,

Fixant la composition de la commission spécialisée des dans et grades équivalents de la Fédération française de judo-jujitsu, kendo et disciplines associées.

(Abrogé par Arr. du 5 août 2016, art. 3, à compter du 1er avr. 2017)

Art. 1er *La commission spécialisée des dans et grades équivalents de la Fédération française de judo-jujitsu, kendo et disciplines associées est composée :*

1. D'un président désigné, après consultation de la Fédération française de judo-jujitsu, kendo et disciplines associées, par le ministre chargé des sports ;

2. Du directeur technique national ;

3. De treize membres proposés par le comité directeur de la Fédération française de judo-jujitsu, kendo et disciplines associées dont huit au moins sont titulaires du brevet d'État d'éducateur sportif option judo-jujitsu ou d'une discipline associée ou d'un titre équivalent ;

4. De dix membres désignés par les fédérations multisports, affinitaires et scolaires et universitaires concernées ;

5. De cinq membres désignés par les organisations professionnelles d'enseignants les plus représentatives dans le judo ou les disciplines associées.

Les membres des 3e, 4e et 5e catégories doivent être titulaires du 6e dan ou d'un grade équivalent de judo ou d'une discipline associée. Toutefois, en l'absence de membre remplissant cette condition, des membres titulaires d'un 5e ou d'un 4e dan ou d'un grade équivalent pourront être désignés.

Lorsque le directeur technique national n'est pas titulaire au moins du 4e dan ou d'un grade équivalent, il assiste aux réunions de la commission spécialisée des dans et grades équivalents avec voix consultative. Le comité directeur de la Fédération française de judo-jujitsu, kendo et disciplines associées désigne alors un membre ayant voix délibérative.

Art. 2 *Les membres de la commission spécialisée des dans et grades équivalents de la Fédération française de judo-jujitsu, kendo et disciplines associées sont nommés par arrêté du ministre chargé des sports.* — V. Arr. du 3 août. 2005 (JO 27 août).

Arrêté du 19 janvier 2001,

Fixant la composition de la commission spécialisée des dans et grades équivalents de la Fédération française de karaté et arts martiaux affinitaires.

(Abrogé par Arr. du 5 août 2016, art. 3, à compter du 1er avr. 2017)

Art. 1er *La commission spécialisée des dans et grades équivalents de la Fédération française de karaté et arts martiaux affinitaires est composée :*

1. D'un président désigné, après consultation de la Fédération française de karaté et arts martiaux affinitaires, par le ministre chargé des sports ;

2. Du directeur technique national ;

3. De huit membres proposés par le comité directeur de la Fédération française de karaté et arts martiaux affinitaires, dont six au moins sont titulaires du brevet d'État d'éducateur sportif, option karaté et arts martiaux affinitaires, ou d'un titre équivalent ;

4. De six membres désignés par les Fédérations multisports, affinitaires et scolaires et universitaires concernées ;

5. De quatre membres désignés par les organisations professionnelles d'enseignants les plus représentatives dans le karaté ou les disciplines affinitaires.

Les membres des 3e, 4e et 5e catégories doivent être titulaires du 6e dan ou d'un grade équivalent de karaté ou d'une discipline affinitaire. Toutefois, en l'absence de membre remplissant cette condition, des membres titulaires d'un 5e ou d'un 4e dan ou d'un grade équivalent pourront être désignés.

Lorsque le directeur technique national n'est pas titulaire au moins du 4e dan ou d'un grade équivalent, il assiste aux réunions de la commission spécialisée des dans et grades équivalents avec voix consultative. Le comité directeur de la Fédération française de karaté et arts martiaux affinitaires désigne alors un membre ayant voix délibérative.

Art. 2 *Les membres de la commission spécialisée des dans et grades équivalents de la Fédération française de karaté et arts martiaux affinitaires sont nommés par arrêté du ministre chargé des sports.* — V. Arr. du 5 sept. 2005 (JO 16 sept.) et Arr. du 9 janv. 2006 (JO 20 janv.).

Arrêté du 23 septembre 2002,

Fixant la composition de la commission spécialisée des dans et grades équivalents de l'union des fédérations d'aïkido.

(Abrogé par Arr. du 5 août 2016, art. 3, à compter du 1er avr. 2017)

Art. 1er *La commission spécialisée des dans et grades équivalents de l'union des fédérations d'aïkido est composée de :*

1. Deux coprésidents désignés, après consultation de l'union des fédérations d'aïkido, par le ministre chargé des sports ;

2. Quatre membres proposés par le comité directeur de l'union des fédérations d'aïkido dont trois au moins sont titulaires du brevet d'État d'éducateur sportif option aïkido ou d'un titre équivalent ;

3. Quatre membres désignés par les fédérations multisports, affinitaires et scolaires et universitaires concernées ;

4. Deux membres désignés par les organisations professionnelles d'enseignants les plus représentatives dans l'aïkido ou les disciplines affinitaires.

Les membres des 2e, 3e et 4e catégories doivent être titulaires du 6e dan ou d'un grade équivalent d'aïkido ou d'une discipline affinitaire. A défaut, des membres titulaires d'un 5e ou d'un 4e dan ou d'un grade équivalent pourront être désignés.

Art. 2 *Les membres de la commission spécialisée des dans et grades équivalents de l'union des fédérations d'aïkido sont nommés par arrêté du ministre chargé des sports.* – V. Arr. du 5 sept. 2005 (JO 16 sept.).

Arrêté du 7 avril 2006,

Complétant l'arrêté du 10 août 1999 relatif à la délivrance des dans ou des grades équivalents.

(Abrogé par Arr. du 5 août 2016, art. 3, à compter du 1er avr. 2017)

COMMENTAIRE

La Fédération de tai chi chuan qi gong a changé de nom en 2006 et s'appelle désormais Fédération française de wushu, arts énergétiques et martiaux chinois. ❑

Art. 1er (Modification de texte).

Art. 2 *La commission spécialisée des dans et grades équivalents de la* (Arr. du 4 févr. 2010, art. 1er) *« Fédération française de wushu, arts énergétiques et martiaux chinois » est composée :*

1. D'un président désigné, après consultation de la (Arr. du 4 févr. 2010, art. 1er) *« Fédération française de wushu, arts énergétiques et martiaux chinois », par le ministre chargé des sports ;*

2. Du directeur technique national ;

3. De trois membres proposés par le comité directeur de la (Arr. du 4 févr. 2010, art. 1er) *« Fédération française de wushu, arts énergétiques et martiaux chinois », dont l'un au moins est titulaire du brevet d'État d'éducateur sportif du premier degré, option karaté, spécialité kung fu ;*

4. De trois membres désignés par les fédérations multisports, affinitaires et scolaires et universitaires concernées ;

5. De deux membres désignés par les organisations professionnelles d'enseignants les plus représentatives dans les arts martiaux chinois externes.

Les membres des 1re, 3e, 4e et 5e catégories doivent être titulaires du 6e dan ou d'un grade équivalent de kung fu wu shu. Toutefois, en l'absence de membre remplissant cette condition, des membres titulaires d'un 5e ou d'un 4e dan ou d'un grade équivalent pourront être désignés.

Lorsque le directeur technique national (DTN) n'est pas titulaire au moins du 4e dan ou d'un grade équivalent, il assiste aux réunions de la commission spécialisée des dans et grades équivalents avec voix consultative. Le comité directeur de la (Arr. du 4 févr. 2010, art. 1er) *« Fédération française de wushu, arts énergétiques et martiaux chinois » désigne alors un membre ayant voix délibérative.*

Dans l'hypothèse où le ministre chargé des sports n'a pas procédé à la désignation d'un agent exerçant les missions de DTN auprès de la fédération, le comité directeur de la (Arr. du 4 févr. 2010, art. 1er) *« Fédération française de wushu, arts énergétiques et martiaux chinois » désigne alors un membre ayant voix délibérative.*

Art. 3 *Les membres de la commission spécialisée des dans et grades équivalents de la* (Arr. du 4 févr. 2010, art. 1er) *« Fédération française de wushu, arts énergétiques et martiaux chinois » sont nommés par arrêté du ministre chargé des sports.* – V. Arr. du 7 juin 2006 (JO 16 juin).

COMMENTAIRE

En vertu de l'article L. 212-6 du code du sport, la composition des commissions spécialisées des dans et grades équivalents est fixée par arrêté du ministre chargé des sports après consultation des fédérations concernées.

En l'absence de précision apportée par cet article, le ministre chargé des sports dispose d'une grande liberté en la matière. Le décret du 2 août 1993 imposait une représentation « plurale », représentation des différents acteurs de l'organisation et de la promotion de la discipline concernée et de l'encadrement de sa pratique (représentants de la fédération pour moitié, représentants des organisations professionnelles les plus représentatives, pour un quart, et représentants des fédérations affinitaires et des fédérations scolaires et universitaires pour le quart restant).

Néanmoins, dans le même esprit, il convient de remarquer qu'un certain équilibre est recherché entre les différents acteurs dans la composition des commissions spécialisées. Ainsi, dans les arrêtés ci-dessus reproduits, une stricte parité est consacrée entre les représentants de la fédération concernée (président (ou coprésidents) désigné(s) après consultation de la fédération, le DTN et des membres proposés par l'instance dirigeante compétente de la fédération) et les représentants des organisations professionnelles d'enseignants et des fédérations multisports.

L'arrêté du 5 août 2016 fixant la liste des fédérations sportives disposant d'une commission spécialisée des dans et grades équivalents et leur composition (*JO* 17 août) vient créer une sous-section 10 dans le cadre de la section première du chapitre II « Enseignement du sport contre rémunération » (partie arrêtés du code du sport) dont l'intitulé est « Commissions spécialisées des dans et grades équivalents ». La composition des commissions spécialisées sera, à compter du 1er avril 2017, régie par les articles A. 212-175-16 et s. du code du sport (V. ces art.). Les commissions seront composées pour deux tiers de membres représentant la fédération et un tiers de membres représentant les fédérations multisports, affinitaires, scolaires et universitaires concernées. L'arrêté vient ainsi abroger, à compter du 1er avril 2017, les arrêtés ci-dessus publiés fixant la composition actuelle des commissions spécialisées. Les mandats en cours des membres desdites commissions spécialisées expirent au plus tard le 1er avril 2017. ❑

Art. L. 212-7 *(Ord. nº 2016-1809 du 22 déc. 2016, art. 19-1º)* **« Les fonctions mentionnées au premier alinéa de l'article L. 212-1 peuvent être exercées sur le territoire national par les ressortissants des États membres de l'Union européenne ou des États parties à l'accord sur l'Espace économique européen, qui sont qualifiés pour les exercer dans l'un de ces États.**

« Ces fonctions peuvent également être exercées, de façon temporaire et occasionnelle, par tout ressortissant légalement établi dans un État membre de l'Union européenne ou dans un État partie à l'accord sur l'Espace économique européen. Toutefois lorsque l'activité concernée ou la formation y conduisant n'est pas réglementée dans l'État d'établissement, le prestataire doit l'avoir exercée, dans un ou plusieurs États membres de l'Union européenne ou parties à l'accord sur l'Espace économique européen, à temps plein pendant au moins une année ou à temps partiel pendant une durée totale équivalente, au cours des dix années qui précèdent la prestation. »

Un décret en Conseil d'État fixe *(Ord. nº 2008-507 du 30 mai 2008, art. 22)* **« les conditions d'application du présent article et notamment » les conditions auxquelles cet exercice est soumis lorsqu'il existe une différence substantielle de niveau entre la qualification dont les intéressés se prévalent et celle requise en application du I de l'article L. 212-1.**

Ce décret précise notamment la liste des activités dont l'encadrement, même occasionnel, peut être subordonné, si la sécurité des personnes l'exige compte tenu de l'environnement spécifique et des conditions dans lesquelles elles sont pratiquées, au contrôle préalable de l'aptitude technique des demandeurs et de leur connaissance du milieu naturel, des règles de sécurité et des dispositifs de secours. – *[C. éduc., art. L. 363-3.] – V. art. R. 212-84.*

(Ord. nº 2016-1809 du 22 déc. 2016, art. 19-2º) **« Ce décret précise également les conditions et les modalités de l'accès partiel à la profession d'éducateur sportif. »**

Art. L. 212-8 Est puni d'un an d'emprisonnement et de 15 000 euros d'amende le fait pour toute personne :

1º D'exercer contre rémunération l'une des fonctions de professeur, moniteur, éducateur, entraîneur ou animateur d'une activité physique ou sportive ou de faire usage de ces titres ou de tout autre titre similaire sans posséder la qualification requise au I de l'article L. 212-1 ou d'exercer son activité en violation de l'article L. 212-7 sans avoir satisfait aux tests auxquels l'autorité administrative l'a soumise ;

2º D'employer une personne qui exerce les fonctions mentionnées au premier alinéa de l'article L. 212-1 sans posséder la qualification requise ou d'employer un ressortissant d'un État membre de la Communauté européenne ou d'un État partie à l'accord sur l'Espace économique européen qui exerce son activité en violation de l'article

L. 212-7 sans avoir satisfait aux tests auxquels l'autorité administrative l'a soumis. – *[C. éduc., art. L. 463-7, al. 1er à 3.]*

V. aussi Instr. n° 98-052 JS du 31 mars 1998 (BOJS n° 4 du 30 avr.).

BIBL. ▸ D. Rémy, Comment peut-on appeler un moniteur bénévole ?, *Dict. perm. dr. sport 2012, Bull. n° 196, p. 1.*

1. La cour d'appel qui a déclaré l'intéressé coupable de l'infraction d'exercice contre rémunération d'une fonction de professeur, moniteur, éducateur, entraîneur ou animateur d'une activité physique ou sportive sans la qualification requise et, en répression, l'a condamné au paiement d'une amende délictuelle de 2 500 € a justifié sa décision dès lors que l'arrêt attaqué retient que le diplôme d'instructeur d'ULM (ultra-léger motorisé) dont le prévenu est titulaire ne lui permet pas d'enseigner, sur les pentes de la grande dune du Pilat, la pratique du parapente, qui est une activité distincte exigeant la possession d'un brevet d'État de vol libre et nécessitant une déclaration préalable spécifique, V. : • Crim. 14 déc. 2004 : *pourvoi n° 04-82.401.*

2. Selon la cour d'appel de Paris, l'art. L. 212-8 est un texte de nature pénale qu'il convient d'interpréter strictement. L'infraction d'usage de titres protégés qu'il prévoit ne s'applique qu'aux seules activités nécessitant une qualification et donc aux seules activités d'enseignement exercées contre rémunération, à l'exclusion de celles exercées à titre bénévole. La cour rappelle en outre que l'art. L. 212-2 prévoit expressément la possibilité pour les fédérations de délivrer des diplômes d'enseignement différents selon que l'activité d'enseignement est exercée de manière rémunérée ou de manière bénévole, de sorte qu'il ne peut être considéré que l'usage de l'un des titres qualifiant l'enseignement sportif par des enseignants bénévoles, titulaires du diplôme fédéral délivré par les fédérations en application de l'al. 3 de cet art., serait un usage sans droit. • Paris, 4 juill. 2014, RG nos 12/21888, 12/21919, 12/21894, 12/21889 : *Cah. dr. sport 2014, n° 38, p. 32, obs. J.-P. Vial ; JS 2014, n° 145, p. 9, obs. J. Mondou.* ♦ Cette interprétation est confirmée par la Cour de cassation selon laquelle la Cour d'appel de Paris a retenu à bon droit que le champ d'application de l'art. L. 212-8 était limité à l'exercice de l'enseignement contre rémunération d'une activité physique ou sportive, et en a justement déduit que les fédérations sportives pouvaient dès lors faire usage des titres litigieux dans l'intitulé de leurs diplômes n'ouvrant droit qu'à l'exercice d'un enseignement bénévole. • Civ. 1re, 17 déc. 2015, 4 arrêts, nos 14-26.529, 14-26.530, 14-26.531 et 14-26.532 : *JS 2016, n° 161, p. 9, obs. J. Mondou.*

SECTION II **OBLIGATION D'HONORABILITÉ**

COMMENTAIRE

Les dispositions relatives aux conditions d'« honorabilité » des personnes enseignant les activités physiques et sportives (APS) sont issues de la loi du 14 avril 2003 portant codification de la partie législative du code de l'éducation (n° 2003-339, *JO 15 avr.*) et procèdent d'une préoccupation de protection des usagers. Il s'agit d'un dispositif, communément appelé « régime des incapacités des éducateurs sportifs », interdisant à toute personne ayant fait l'objet de certaines condamnations pénales d'enseigner, d'animer, d'encadrer ou d'enseigner les APS. Les condamnations visées à l'article L. 212-9 concernent tous les crimes ainsi que les délits de violences, agressions et exhibitions sexuelles, trafic et usage de stupéfiants, risques causés à autrui de mort ou de blessures par violation manifestement délibérée d'une obligation particulière de sécurité ou de prudence, proxénétisme, mise en péril des mineurs, trafic et prescription de produits dopants et fraude fiscale. Les modalités de mise en œuvre de ce régime méritent quelques précisions.

Le régime d'incapacité s'applique aussi bien à l'enseignement contre rémunération qu'à l'enseignement bénévole. Néanmoins, s'agissant des éducateurs bénévoles, un problème d'application effective du dispositif se pose, dès lors qu'aucun contrôle n'existe actuellement sur l'enseignement bénévole des APS.

De plus, l'originalité de ce système repose sur l'automaticité de l'interdiction : il s'agit d'une incapacité de droit, qui s'applique de manière automatique à tout individu ayant fait l'objet de l'une des condamnations mentionnées à cet article, sans qu'il soit nécessaire pour l'administration d'adopter une mesure d'interdiction d'exercer, et alors même que le juge pénal aura parfois délibérément décidé de ne pas prononcer d'interdiction d'exercice à l'encontre de l'individu en question. Il appartient aux services déconcentrés du ministère chargé des Sports, qui vérifient de manière systématique les casiers judiciaires des éducateurs sportifs lors de leur déclaration d'activité (V. C. sport, art. A. 212-177), de notifier à l'intéressé son incapacité et de l'enjoindre à rendre sa carte professionnelle d'éducateur sportif. Par ailleurs, le non-respect du régime des incapacités est pénalement sanctionné (V. C. sport, art. L. 212-10) que les fonctions soient exercées à titre rémunéré ou à titre bénévole.

Ce dispositif s'applique en principe de manière définitive, sauf si la condamnation en cause est effacée du bulletin n° 2 du casier judiciaire de l'intéressé (V. C. pr. pén., art. 775-1). Là encore, des difficultés d'application se posent, dès lors que l'administration et l'intéressé lui-même ne sont pas nécessairement informés de l'effacement du bulletin n° 2. Ainsi, il est possible qu'une personne se pensant contrainte par la réglementation n'encadre plus les APS, alors même qu'elle ne tombe plus sous le régime établi par l'article L. 212-9 car le bulletin n° 2 de son casier judiciaire aura été effacé. Cette possibilité de se voir « relever » de son incapacité par le biais de l'effacement, automatique ou délibéré, de son casier judiciaire explique la pratique de certaines DDJS de prendre une mesure administrative d'interdiction d'exercer définitive contre des individus déjà frappés d'une incapacité d'exercice « automatique ».

Enfin, la seconde partie de l'article L. 212-9 prévoit un régime d'incapacité partielle, limitée à l'exercice auprès de mineurs, contre les personnes faisant l'objet, soit à titre définitif, soit à titre temporaire, d'une mesure administrative d'interdiction ou de suspension selon la réglementation applicable aux accueils collectifs de mineurs. ❑

V. Instr. n° 06-132 JS du 27 juill. 2006 (BOJS n° 13 du 31 juill.) et Instr. 07-126 JS du 11 sept. 2007 (BOJS n° 17 du 15 sept.).

Art. L. 212-9 **I. — Nul ne peut exercer les fonctions mentionnées au premier alinéa de l'article L. 212-1 à titre rémunéré ou bénévole, s'il a fait l'objet d'une condamnation pour crime ou pour l'un des délits prévus :**

1° Au paragraphe 2 de la section I du chapitre II du titre II du livre II du code pénal ;

2° Au paragraphe 2 de la section III du chapitre II du titre II du livre II du même code ;

3° A la section IV du chapitre II du titre II du livre II du même code ;

4° A la section I du chapitre III du titre II du livre II du même code ;

5° A la section II du chapitre V du titre II du livre II du même code ;

6° A la section V du chapitre VII du titre II du livre II du même code ;

7° Aux articles L. 3421-1 et L. 3421-4 du code de la santé publique ;

8° Aux articles L. 232-25 à L. 232-29 du présent code ;

9° A l'article 1750 du code général des impôts.

II. — En outre, nul ne peut enseigner, animer ou encadrer une activité physique ou sportive auprès de mineurs s'il *(Abrogé par L. n° 2016-457 du 14 avr. 2016, art. 2-1°)* **«** ***a*** **» fait l'objet d'une mesure administrative d'interdiction de participer, à quelque titre que ce soit, à la direction et à l'encadrement d'institutions et d'organismes soumis aux dispositions législatives ou réglementaires relatives à la protection des mineurs accueillis en centre de vacances et de loisirs** *[V. CASF, art. L. 227-10. —* ***CASF****]*, **ainsi que de groupements de jeunesse ou s'il** *(Abrogé par L. n° 2016-457 du 14 avr. 2016, art. 2-1°)* **«** ***a*** **» fait l'objet d'une mesure administrative de suspension de ces mêmes fonctions.** — *[C. éduc., art. L. 363-2.]*

Art. L. 212-10 **Le fait pour toute personne d'exercer** *(L. n° 2016-457 du 14 avr. 2016, art. 2-2°)* **« , à titre rémunéré ou bénévole, » l'une des fonctions de professeur, moniteur, éducateur, entraîneur ou animateur d'une activité physique ou sportive ou de faire usage de ces titres ou de tout autre titre similaire en méconnaissance de l'article L. 212-9 est puni d'un an d'emprisonnement et de 15 000 euros d'amende.** — *[C. éduc., art. L. 463-7, al. 1er et 2.]*

SECTION III **OBLIGATION DE DÉCLARATION D'ACTIVITÉ**

Art. L. 212-11 **Les personnes exerçant contre rémunération les activités mentionnées au premier alinéa de l'article L. 212-1** *[V. art. R. 212-85 et R. 212-86]* **déclarent leur activité à l'autorité administrative.**

Un décret en Conseil d'État fixe les modalités de cette déclaration. — *[C. éduc., art. L. 463-4.]*

Art. L. 212-12 Le fait pour toute personne d'exercer contre rémunération une des fonctions mentionnées au premier alinéa de l'article L. 212-1 sans avoir procédé à la déclaration prévue à l'article L. 212-11 est puni d'un an d'emprisonnement et de 15 000 euros d'amende. – *[C. éduc., art. L. 463-7, al. 1er et 4.]*

1. Pour des exemples de condamnation de personnes reconnues coupables d'exercice sans déclaration d'une activité d'encadrement et d'animation d'une activité physique et sportive rémunérée (vol en parapente biplace), V. • Crim. 5 mars 1997 (deux décisions) : *D. 1998. Somm. 42, obs. Delvert*.

2. Sont coupables du délit prévu et réprimé par l'art. 49, al. 1er [art. L. 212-12 C. sport] les personnes recrutées par une société en qualité de moniteurs de ski dès lors que ces personnes n'avaient pas procédé à la déclaration annuelle auprès du préfet du département, déclaration permettant de vérifier, notamment, la possession du diplôme inscrit sur la liste d'homologation sans lequel l'exercice de l'activité n'est pas autorisé en application de l'art. 43 [art. L. 212-1 C. sport]. • Crim. 7 oct. 1998 : *Bull. crim. n° 249.* ♦ Sont coupables de complicité du même délit les responsables de ladite société qui, en ayant sciemment eu recours à des jeunes gens dépourvus de diplôme pour constituer l'équipe d'animateurs sportifs, ont placé ces moniteurs en situation illicite en les rémunérant pour une activité réservée aux seuls titulaires de récépissé d'une déclaration d'éducateur sportif, et leur ont ainsi fourni les moyens de commettre le délit. • Même arrêt.

3. Le vol de découverte en parapente biplace constituant pour le passager une activité sportive et pour le pilote l'encadrement de cette activité, se rend coupable du délit d'exercice illégal d'une activité d'enseignement, d'encadrement ou d'animation d'une activité physique et sportive le prévenu qui exerce l'activité professionnelle de pilote de parapente sans avoir au préalable procédé, auprès de l'administration, à la déclaration prévue à l'art. 47-1 de la loi du 16 juill. 1984 [art. L. 212-11 C. sport]. • Crim. 20 mars 2001 : *Bull. crim. n° 76.*

SECTION IV POLICE DES ACTIVITÉS D'ENSEIGNEMENT

COMMENTAIRE

Le régime de police administrative relatif à l'enseignement des activités physiques et sportives (APS) a été modifié en 2006. Le précédent dispositif attribuait au ministre chargé des sports, après avis d'une commission nationale, la Commission nationale de l'enseignement des activités physiques et sportives (CNEAPS) (V. Décr. n° 93-1035 du 31 août 1993, *JO 2 sept.*), le pouvoir de prononcer des mesures administratives d'interdiction d'exercer et d'injonction de cesser d'exercer à l'encontre des éducateurs sportifs dont le maintien en activité constitue un danger ou qui ne possèdent pas les diplômes requis. Seules les mesures prises en urgence relevaient du préfet de département.

Un transfert de compétence visant à déconcentrer l'adoption de ces mesures a été opéré, suite à l'ordonnance du 1er juillet 2004 (n° 2004-637, *JO 2 juill.*) et au décret du 7 juin 2006 (n° 2006-665, *JO 8 juin* ; V. ce texte art. 28 à 30, créant les conseils départementaux et les commissions régionales de la jeunesse, des sports et de la vie associative, App., v° *Commissions et organismes de concertation*). Depuis le 1er juillet 2006, le préfet de département est désormais compétent pour prendre, par arrêté préfectoral, toutes les mesures prévues à l'article L. 212-13 code du sport. Les interdictions d'exercer (en cas de mise en danger de la santé et de la sécurité physique ou morale des pratiquants), qui peuvent être temporaires ou définitives, ainsi que les injonctions de cesser d'exercer (en cas de non-respect des obligations de qualification), qui valent jusqu'à obtention par l'intéressé du diplôme requis, sont donc adoptées au niveau local, après avis d'une formation spécialisée du Conseil départemental de la jeunesse, des sports et de la vie associative (CDJSVA). Les mesures d'interdiction d'exercer prises selon la procédure d'urgence peuvent l'être sans l'avis de cette commission.

A noter que seules les personnes exerçant les fonctions d'éducateur sportif à titre rémunéré peuvent faire l'objet de ces mesures administratives, dont la violation est pénalement réprimée. ❑

V. Décr. n° 2006-672 du 8 juin 2006 relatif à la création, à la composition et au fonctionnement de commissions administratives à caractère consultatif (JO 9 juin) ; Instr. n° 06-139 JS du 8 août 2006 relative à la mise en place des commissions « pivots » aux niveaux régional et départemental concernant la jeunesse, les sports et la vie associative (BOJS n° 14 du 15 août) ; Instr. n° 06-176 JS du 25 oct. 2006 relative aux conditions de mise en œuvre des mesures de police administrative pré-

vues par les art. L. 227-10 et L. 227-11 CASF et L. 212-13 C. sport soumises à l'avis de la formation spécialisée du conseil départemental (BOJS n° 19 du 31 oct.) ; Instr. n° 07-126 JS du 11 sept. 2007 relative à la clarification de la réglementation relative aux mesures de police administrative prévues par l'art. L. 212-13 C. sport (BOJS n° 17 du 15 sept.).

Art. L. 212-13 L'autorité administrative peut, par arrêté motivé, prononcer à l'encontre de toute personne dont le maintien en activité constituerait un danger pour la santé et la sécurité physique ou morale des pratiquants l'interdiction d'exercer, à titre temporaire ou définitif, tout ou partie des fonctions mentionnées à l'article L. 212-1.

L'autorité administrative peut, dans les mêmes formes, enjoindre à toute personne exerçant en méconnaissance des dispositions du I de l'article L. 212-1 et de l'article L. 212-2 de cesser son activité dans un délai déterminé.

Cet arrêté est pris après avis d'une commission comprenant des représentants de l'État, du mouvement sportif et des différentes catégories de personnes intéressées. Toutefois, en cas d'urgence, l'autorité administrative peut, sans consultation de la commission, prononcer une interdiction temporaire d'exercice limitée à six mois.

Un décret en Conseil d'État fixe les conditions d'application du présent article. – *[C. éduc., art. L. 463-6.] – V. art. D. 212-95 C. sport.*

Art. L. 212-14 Est puni d'un an d'emprisonnement et de 15 000 euros d'amende le fait pour toute personne d'enseigner, d'animer ou d'encadrer une activité physique ou sportive en méconnaissance d'une mesure prise en application de l'article L. 212-13. – *[C. éduc., art. L. 463-7, al. 1er à 6.]*

TITRE DEUXIÈME SPORTIFS

CHAPITRE PREMIER SPORT DE HAUT NIVEAU

BIBL. GÉN. ▶ G. BARREAU, Le modèle français du sport, *RFAP 2001, n° 97, p. 15.* – J. BÉRENGER, J.-C. BREILLAT, F. LAGARDE, F. LAJAT, D. RÉMY, Professionnels et haut niveau. Fin du statut précaire : des sportifs juridiquement et socialement mieux protégés, *Dict. perm. dr. sport 2016, Bull. spécial n° 230-1.* – J.-C. BREILLAT, L'évolution de la loi modifiée du 16 juillet 1984 sur l'organisation et la promotion des activités physiques et sportives à la lumière des décrets d'application d'avril-mai 2002 : le sport de haut niveau, *RJ éco. sport 2002, n° 64, p. 49* ; Les décrets sur le sport de haut niveau sont presque tous arrivés, *Dict. perm. dr. sport 2016, Bull. n° 238, p. 5.* – J.-F. LACHAUME, La notion de service public dans la loi du 16 juillet 1984, *ALD 1984, n° spéc., p. 5.* – J.-C. LAPOUBLE, Fédérations et compétitions sportives, *J.-Cl. Adm. 1996, Fasc. 269.* – J.-L. LENCLOS, Le statut du sportif de haut niveau, *ibid., p. 45.* – L. LEROUGE et K. RUBEL, Regard comparé sur la couverture des risques sociaux des sportifs de haut niveau en France et en Pologne : à propos de la protection sociale des sportifs, *Cah. dr. sport 2007, n° 9.* – D. MUSSO, De la représentation des sportifs, *RJ éco. sport 1995, n° 36, p. 81* ; sportif de haut niveau, *in Dict. jur. du sport, Dalloz, Juriséditions, 2013, p. 298.* – F. SUBRA, L'image des sportifs de haut niveau : pour une nouvelle approche fiscale ?, *JCP E, n° 12, 2005, 484, p. 520.* – Étude : « Sportif de haut niveau (régime juridique) », *in Dict. perm. dr. sport (mise à jour périodique).* – Dossier « Les soutiens de l'État au sport de haut niveau », *JSP 2013, n° 130, p. 15 s.*

COMMENTAIRE

En France, le sport de haut niveau est par excellence un domaine de cogestion entre l'État (le ministère chargé des sports) et le mouvement sportif. Cela se traduit notamment par l'existence de la commission nationale du sport de haut niveau qui, à la différence de la plupart des organismes de concertation dans le domaine des activités physiques et sportives, est dotée de réels pouvoirs décisionnels.

Le sport de haut niveau est avant tout une notion légale. Il repose sur le concept de la liste des sportifs de haut niveau et sur celui des filières d'accès au sport de haut niveau, bien qu'à la place de ce dernier le ministère chargé des Sports utilise à présent le concept de « parcours de l'excellence sportive ». Celui-ci n'a cependant encore aucune existence législative et repose uniquement sur deux instructions n° 09-028 JS du 19 février 2009 (BOJS n° 4 du 28 févr. 2009) et n° 11-300 du 25 juillet 2011 (BOJS n° 7 du 31 août).

Au côté de la « véritable » liste des sportifs de haut niveau coexistent d'autres listes de sportifs (Espoirs et Collectifs nationaux), ainsi que d'arbitres et juges sportifs de haut niveau (depuis 1992) et, depuis peu, d'entraîneurs de haut niveau (liste instituée par la loi du 6 juillet 2000 mais jamais mise en place effectivement). Il est à noter que la notion de sportif de haut niveau, au sens des articles L. 221-1 et suivants du code du sport, doit être clairement distinguée de celle de sportif professionnel qui ne se conçoit qu'au regard des règles du droit social.

Les sportifs de haut niveau peuvent prétendre à un certain nombre d'avantages, d'ordre matériel comme les aides personnalisées ou en termes de formations et d'emplois (V. C. sport, art. L. 221-3 s.).

Faisant suite à un rapport remis au secrétaire d'État chargé des sports sur « les statuts des sportifs » commandé par ce dernier à une commission *ad hoc* menée le Professeur Karaquillo, a été adoptée le 27 novembre 2015, en ligne directe avec ledit rapport, la loi visant à protéger les sportifs de haut niveau et professionnels et à sécuriser leur situation juridique et sociale (L. n° 2015-1541 du 27 nov. 2015 : *JO 28 nov.*), Cette loi, qui comporte également un volet consacré aux sportifs professionnels, introduit dans le corpus législatif consacré au sport de haut niveau un certain nombre d'avancées à même de bénéficier aux intéressés pourvu que, pour certaines d'entre elles, les textes d'application soient rapidement pris. On relève ainsi, au titre de ces nouveautés :

— que les fédérations sont tenues de proposer un projet de performance fédéral constitué d'un programme d'excellence sportive et d'un programme d'accession au haut niveau, destiné à remplacer les « parcours d'excellence sportive », *de facto* en place depuis quelques années mais sans réelle base légale (cf. *supra*) ;

— la transformation de la catégorie « partenaires d'entraînement » en « collectifs nationaux » ;

— que l'inscription sur la liste est désormais subordonnée à la signature d'une convention entre la fédération et le sportif, celle-ci devant prévoir « les droits et obligations du sportif et de la fédération en matière de formation et d'accompagnement socioprofessionnel, de pratique compétitive, de suivi médical, de respect des règles d'éthique sportive et de droit à l'image » ;

— que la loi revoit le dispositif des conventions d'insertion professionnelle (CIP) ainsi que les conditions d'aménagement scolaire et universitaire (déroulement des études et accès aux examens) par l'obligation pour les établissements scolaires du second degré et les établissements d'enseignement supérieur d'aménager l'organisation des études non seulement pour la population principale mais également pour les sportifs qui sont en phase d'accession au haut niveau ;

— que la possibilité de demander la validation des acquis de l'expérience pour justifier de tout ou partie des connaissances et des aptitudes exigées pour l'obtention du diplôme ou titre délivré, au nom de l'État, par un établissement d'enseignement supérieur, est étendue aux sportifs de haut niveau ;

— la neutralisation de la limite d'âge de 25 ans pour accéder aux contrats d'apprentissage pour les sportifs de haut niveau tandis que le régime de ces derniers est aménagé, s'agissant de leur durée (4 ans au maximum au lieu de 3) ou de la durée du temps de travail dans l'entreprise d'accueil ;

— l'obligation mise à la charge des fédérations de se doter, en interne, de référents dont la mission sera spécifiquement dédiée au suivi socio-professionnel des sportifs de haut niveau ;

— la mise en place au profit des sportifs de haut niveau d'une véritable couverture des risques accidents du travail/maladies professionnelles (V. v° ***Sécurité sociale***) ;

— l'obligation pour les fédérations de souscrire, pour le compte de leurs sportifs de haut niveau, des contrats d'assurance de personnes couvrant les dommages corporels auxquels leur pratique sportive de haut niveau peut les exposer ;

— une protection accrue en faveur des sportives de haut niveau en état de grossesse.

❑

Art. L. 221-1 *(L. n° 2015-1541 du 27 nov. 2015, art. 1er)* **Les sportifs, entraîneurs, arbitres et juges sportifs de haut niveau concourent, par leur activité, au rayonnement de la Nation et à la promotion des valeurs du sport.**

COMMENTAIRE

La Commission nationale du sport de haut niveau (CNSHN) a été supprimée par le décret n° 2013-264 du 28 mars 2013. Ses prérogatives – ou tout du moins une partie d'entre elles – ont été transférées à la Commission du sport de haut niveau (CSHN), qui constitue une formation restreinte du Conseil national du sport (art. R. 142-14 et s.). ❑

Art. L. 221-2 Le ministre chargé des sports arrête, au vu des propositions des fédérations *(Abrogé par Décr. n° 2013-264 du 28 mars 2013)* ***« et après avis de la Commission nationale du sport de haut niveau »*****, la liste des sportifs, entraîneurs, arbitres et juges sportifs de haut niveau.** – *V. Arr. du 24 oct. 2016 relatif à la liste des sportifs de haut niveau (JO 28 oct.) et Arr. du 24 juin 2016 relatif à la liste des arbitres et juges sportifs de haut niveau (JO 2 juill.), mod. par Arr. du 8 juill. 2016 (JO 16 juill.).*

Il arrête dans les mêmes conditions la liste des sportifs Espoirs et celle des *(L. n° 2015-1541 du 27 nov. 2015, art. 2-2°)* **« sportifs des collectifs nationaux.** – *V. Arr. du 24 oct. 2016 relatif à la liste des sportifs Espoirs (JO 28 oct.) et Arr. du 24 oct. 2016 relatif à la liste des partenaires d'entraînement (JO 28 oct.).*

« Il arrête, dans les mêmes conditions, les projets de performance fédéraux définis au 3° de l'article L. 131-15. »

Un décret en Conseil d'État fixe les conditions d'application du présent article. – *[L. n° 84-610 du 16 juill. 1984, art. 26, al. 4 et 5.]*

V. art. R. 221-1.

V. aussi Instr. n° 94-031 JS du 3 févr. 1994 relative à la classification des sportifs de haut niveau (BOJS n° 3 du 24 mars) ; Instr. n° 95-012 JS du 16 janv. 1995 relative aux aides personnalisées aux sportifs de haut niveau (BOJS n° 2 du 28 févr.) ; Instr. n° 09-028 JS du 19 févr. 2009 relative à l'élaboration du parcours de l'excellence sportive (BOJS n° 4 du 28 févr. 2009) ; Instr. n° DS/DSA2/2011/300 du 25 juill. 2011 relative aux structures associées aux parcours de l'excellence sportive (BOJS n° 7 du 31 août) ; Instr. n° DS/DSA2/2011/341 du 22 août 2011 relative au réseau national du sport de haut niveau (BOJS n° 8 du 30 sept. 2011).

A. QUALITÉ DE SPORTIF DE HAUT NIVEAU

1. Les sportifs inscrits sur la liste Espoirs prévue par l'art. 21 du D. du 31 août 1993 [art. R. 221-11 C. sport] ne peuvent pas se prévaloir de la qualité de sportif de haut niveau. • CE 24 mars 2004, *Girard : req. n° 251176.*

B. DISCIPLINES DE HAUT NIVEAU

2. Ne constitue pas une discrimination illégale la distinction opérée par la commission nationale du sport de haut niveau entre les pratiques masculines et féminines d'une même discipline pour reconnaître le caractère de haut niveau à la première et non pas à la seconde dès lors qu'elle repose sur des critères objectifs et indépendants de toute considération tirée du sexe des pratiquants • CE 24 mars 2004 : *préc. note 1.*

C. SÉLECTIONS INTERNATIONALES

3. Si en vertu de l'art. 26 de la loi du 16 juill. 1984 [art. L. 221-2 C. sport], le ministre chargé des sports arrête la liste des sportifs de haut niveau qui bénéficient de l'ensemble des dispositions et avantages prévus par la loi et si, par application de l'art. 4 du décret du 5 mars 1987 [abrogé], cette liste peut comprendre notamment les sportifs sélectionnés en équipe de France pour disputer les Jeux olympiques, ledit ministre ne tire d'aucune disposition de cette loi ni d'aucun autre texte compétence pour modifier à cette occasion la composition des équipes nationales françaises pour les Jeux olympiques arrêtée par les fédérations sportives compétentes. • CE 22 févr. 1991, *Bensimon, Guyot, Kamoun : Lebon 61 ; D. 1991. Somm. 392, obs. Ch. Dudognon ; AJDA 1991. 481, obs. Hécquard-Théron.*

4. La commission nationale du sport de haut niveau n'est pas habilitée à déterminer la composition des équipes nationales en vue des compétitions sportives internationales, cette compétence relevant des seules fédérations délégataires. • CE 15 mars 1999, *Féd. fr. d'athlétisme : req. n° 168150.*

5. V. aussi notes ss. art. L. 131-15 C. sport.

D. AIDES PERSONNALISÉES

6. N'est pas illégal le refus opposé par une fédération sportive à une pratiquante de lui verser des aides personnalisées réservées aux sportifs de haut niveau, au motif que la pratique féminine de la boxe française n'était pas, à la date du refus, reconnue comme étant de haut niveau par la commission nationale du sport de haut niveau, cette reconnaissance étant un préalable nécessaire à l'obtention de la qualité de sportif de haut niveau et donc au versement desdites aides. • CE 24 mars 2004 : *préc. note 1.*

Art. L. 221-2-1 *(L. n° 2015-1541 du 27 nov. 2015, art. 4)* L'inscription sur la liste des sportifs de haut niveau mentionnée au premier alinéa de l'article L. 221-2 est subordonnée à la conclusion d'une convention entre la fédération et le sportif.

Cette convention détermine les droits et obligations du sportif et de la fédération en matière de formation et d'accompagnement socioprofessionnel, de pratique compétitive, de suivi médical, de respect des règles d'éthique sportive et de droit à l'image.

Un décret fixe le contenu de la convention mentionnée au présent article.

Art. L. 221-3 Les sportifs de haut niveau figurant sur la liste mentionnée au premier alinéa de l'article L. 221-2 peuvent se présenter aux concours d'accès aux emplois de l'État, des collectivités territoriales, de leurs établissements publics ainsi que de toute société nationale ou d'économie mixte, sans remplir les conditions de diplôme exigées des candidats. – *[L. n° 84-610 du 16 juill. 1984, art. 28, 1re phrase.]*

Code de l'éducation

Art. L. 613-3 *(L. n° 2002-73 du 17 janv. 2002, art. 137)* Toute personne *(L. n° 2014-288 du 5 mars 2014, art. 6-I-2°-a)* « justifiant d'une activité professionnelle salariée, non salariée, bénévole ou de volontariat *(L. n° 2015-1541 du 27 nov. 2015, art. 9-I)* « , inscrite sur la liste des sportifs de haut niveau mentionnée au premier alinéa de l'article L. 221-2 du code du sport » ou ayant exercé des responsabilités syndicales *(L. n° 2015-366 du 31 mars 2015, art. 14)* « , un mandat électoral local ou une fonction élective locale » en rapport direct avec le contenu du diplôme ou du titre visé peut demander la validation des acquis de son expérience prévue à l'article L. 6411-1 du code du travail pour justifier de tout ou partie des connaissances et des aptitudes exigées pour l'obtention d'un diplôme ou titre délivré, au nom de l'État, par un établissement d'enseignement supérieur. »

(L. n° 2014-288 du 5 mars 2014, art. 6-I-2°-b) « La durée minimale d'activité requise pour que la demande de validation soit recevable est de trois ans, que l'activité ait été exercée de façon continue ou non. Pour apprécier cette durée, l'autorité ou l'organisme qui se prononce sur la recevabilité de la demande mentionnée à l'article L. 6412-2 du même code peut prendre en compte des activités mentionnées au premier alinéa du présent article, de nature différente, exercées sur une même période. »

(L. n° 2014-856 du 31 juill. 2014, art. 65-2°) « Lorsqu'une demande de validation des acquis de l'expérience émane d'un membre bénévole d'une association, le conseil d'administration de l'association ou, à défaut, l'assemblée générale peut émettre un avis pour éclairer le jury sur l'engagement du membre bénévole. »

(L. n° 2014-288 du 5 mars 2014, art. 6-I-2°-b) « Les périodes de formation initiale ou continue en milieu professionnel, suivie de façon continue ou non par les personnes n'ayant pas atteint le niveau V de qualification pour la préparation d'un titre ou d'un diplôme délivré, au nom de l'État, par un établissement d'enseignement supérieur, sont prises en compte dans le calcul de la durée minimale d'activité requise. »

Toute personne peut également demander la validation des études supérieures qu'elle a accomplies, notamment à l'étranger.

Art. L. 221-4 Les limites d'âge supérieures fixées pour l'accès aux grades et emplois publics de l'État et des collectivités territoriales ne sont pas opposables aux sportifs de haut niveau figurant sur la liste mentionnée au premier alinéa de l'article L. 221-2.

Les candidats n'ayant plus la qualité de sportif de haut niveau peuvent bénéficier d'un recul de ces limites d'âge égal à la durée de leur inscription sur la liste mentionnée au premier alinéa de l'article L. 221-2. Cette durée ne peut excéder cinq ans. – *[L. n° 84-610 du 16 juill. 1984, art. 29.]*

Art. L. 221-5 Le statut particulier du corps des professeurs de sport peut fixer une proportion d'emplois réservés aux sportifs de haut niveau, même n'appartenant pas à l'administration, ayant figuré pendant trois ans au moins sur la liste mentionnée au premier alinéa de l'article L. 221-2. Les candidats doivent satisfaire aux épreuves d'un concours de sélection spécifique. – *[L. n° 84-610 du 16 juill. 1984, art. 28, phrases 2 et 3.]*

Art. L. 221-6 Un sportif, juge, arbitre ou entraîneur de haut niveau, recruté en qualité d'agent non titulaire, peut bénéficier dans les deux années suivant sa radiation de la liste des sportifs de haut niveau, selon des modalités fixées par décret en Conseil

d'État, de conditions particulières d'emploi visant à faciliter sa formation et la préparation de concours d'accès à la fonction publique, sans que celles-ci aient d'effet sur la durée du contrat. – *[L. n° 84-610 du 16 juill. 1984, art. 31, al. 2.]*

Art. L. 221-7 **S'il est agent de l'État ou d'une collectivité territoriale ou de leurs établissements publics, le sportif, l'arbitre ou le juge de haut niveau figurant sur la liste mentionnée au premier alinéa de l'article L. 221-2 bénéficie, afin de poursuivre son entraînement et de participer à des compétitions sportives, de conditions particulières d'emploi, sans préjudice de carrière, dans des conditions fixées par décret en Conseil d'État.** – *[L. n° 84-610 du 16 juill. 1984, art. 31, al. 1er, et art. 25, al. 4.]*

V. Instr. n° 06-138 JS du 1er août 2006 relative aux élèves, étudiants et personnels sportifs de haut niveau et sportifs Espoirs (BOJS n° 14 du 15 août).

COMMENTAIRE

L'article L. 221-7 ne vise que les agents de l'État, des collectivités territoriales ou de leurs établissements publics. Il en résulte, d'une part, que les sportifs de haut niveau n'ont pas nécessairement à être des fonctionnaires titulaires pour pouvoir demander le bénéfice des dispositions de cet article mais, d'autre part, que les agents de la fonction publique hospitalière semblent devoir être exclus du dispositif.

Il reste qu'en l'absence de publication des décrets prévus à cet article, la mise en œuvre de ses dispositions relève avant tout du volontariat de la part des administrations concernées.

Art. L. 221-8 **Le ministre chargé des sports peut, après avis du comité d'entreprise ou, à défaut, des délégués du personnel, conclure avec une entreprise publique ou privée une convention destinée à faciliter l'emploi d'un sportif** *(L. n° 2015-1541 du 27 nov. 2015, art. 5-1°)* **« , arbitre ou juge » de haut niveau et sa reconversion professionnelle. Cette convention a également pour objet de définir les droits et devoirs de ce sportif** *(L. n° 2015-1541 du 27 nov. 2015, art. 5-1°)* **« , arbitre ou juge » au regard de l'entreprise, de lui assurer des conditions d'emploi compatibles avec son entraînement et sa participation à des compétitions sportives et de favoriser sa formation et sa promotion professionnelle.** *(L. n° 2015-1541 du 27 nov. 2015, art. 5-1°)* **« Elle précise également les conditions de formation du sportif, arbitre ou juge ainsi que ses conditions de reclassement à l'expiration de la convention. »**

Le comité d'entreprise ou, à défaut, les délégués du personnel sont informés des conditions d'application de la convention. Ils sont associés au suivi de sa mise en œuvre et ils contribuent à l'insertion du sportif *(L. n° 2015-1541 du 27 nov. 2015, art. 5-2°)* **« , arbitre ou juge » au sein de l'entreprise.**

(L. n° 2015-1541 du 27 nov. 2015, art. 5-3°) **« La relation contractuelle qui lie l'entreprise et le sportif, arbitre ou juge prend la forme :**

« 1° Soit d'un contrat de travail ;

« 2° Soit d'un contrat de prestation de services, d'un contrat de cession de droit à l'image ou d'un contrat de parrainage exclusif de tout lien de subordination, intégrant un projet de formation ou d'insertion professionnelle du sportif, arbitre ou juge. » – *[L. n° 84-610 du 16 juill. 1984, art. 32.]*

BIBL. ▶ L. Flament, La convention d'insertion professionnelle du sportif de haut niveau, *JCP S 2009, n° 16*. - F. Peyer, La convention d'insertion professionnelle, *JS 2013, n° 130, p. 28*.

COMMENTAIRE

Il s'agit là des « Conventions Avice », initiées en 1982 par la ministre chargée des sports de l'époque. Leur principe est que, en contrepartie d'aides financières versées aux employeurs sous forme de subventions, ceux-ci aménagent le temps de travail des sportifs de haut niveau afin de leur permettre de préparer dans de bonnes conditions leurs échéances sportives. Le deuxième objectif de ces conventions est de faciliter la reconversion des sportifs de haut niveau après leur carrière sportive.

Concrètement, deux conventions sont signées. Une première est conclue entre, d'une part, l'entreprise privée ou la collectivité publique employeur et, d'autre part, le ministère chargé des sports en vue de fixer le cadre global de l'implication de l'employeur dans le dispositif. Une seconde est ensuite passée entre l'employeur et le sportif concerné pour fixer les modalités individuelles d'exécution de la convention ainsi que les droits et obligations des parties, notamment en termes de répartition du temps de travail et d'actions de formation. Cette seconde convention est également paraphée par le directeur technique national de la fédération concernée.

Fin 2009, un avant-projet de loi gouvernemental envisage d'étendre le bénéfice de ces conventions aux arbitres et juges sportifs de haut niveau. ❑

Code du travail

PREMIÈRE PARTIE : **LÉGISLATIVE**

Art. L. 6222-2 La limite d'âge de vingt-cinq ans n'est pas applicable dans les cas suivants :

(L. nº 2014-288 du 5 mars 2014, art. 14-III) « 1° Lorsque le contrat ou la période d'apprentissage proposés fait *[font]* suite à un contrat ou à une période d'apprentissage précédemment exécutés et conduit *[conduisent]* à un niveau de diplôme supérieur à celui obtenu à l'issue du contrat ou de la période d'apprentissage précédents ; »

2° Lorsqu'il y a eu rupture de contrat pour des causes indépendantes de la volonté de l'apprenti ou suite à une inaptitude physique et temporaire de celui-ci ;

3° Lorsque le contrat d'apprentissage est souscrit par une personne à laquelle la qualité de travailleur handicapé est reconnue *(Abrogé par L. nº 2008-1425 du 27 déc. 2008, art. 187-II) « et dont l'âge maximal, fixé par décret, ne peut être supérieur à trente ans »* ;

4° Lorsque le contrat d'apprentissage est souscrit par une personne qui a un projet de création ou de reprise d'entreprise dont la réalisation est subordonnée à l'obtention du diplôme ou titre sanctionnant la formation poursuivie ;

(L. nº 2015-1541 du 27 nov. 2015, art. 10) « 5° Lorsque le contrat d'apprentissage est souscrit par une personne inscrite en tant que sportif de haut niveau sur la liste mentionnée au premier alinéa de l'article L. 221-2 du code du sport. »

....

Art. L. 6222-40 En ce qui concerne les sportifs de haut niveau, des aménagements sont apportés :

1° Aux articles L. 6222-7 à L. 6222-10, relatifs à la durée du contrat ;

2° Et au second alinéa de l'article L. 6222-24, relatif à la durée du temps de travail dans l'entreprise.

DEUXIÈME PARTIE : **RÉGLEMENTAIRE**

SECTION VI. *Aménagements en faveur des sportifs de haut niveau*

(Décr. nº 2016-1711 du 12 déc. 2016, art. 2)

Sous-section 1. *Champ d'application*

Art. R. 6222-59 Les dispositions de la présente section s'appliquent aux sportifs de haut niveau figurant sur la liste mentionnée au premier alinéa de l'article L. 221-2 du code du sport qui concluent un contrat d'apprentissage.

Sous-section 2. *Durée du contrat*

Art. R. 6222-60 La durée du contrat d'apprentissage du sportif de haut niveau peut être portée à quatre ans.

Dans ce cas, la rémunération de l'apprenti au titre de la quatrième année d'exécution du contrat est identique à celle prévue à l'article D. 6222-26 pour la troisième année.

Art. R. 6222-61 Lorsque les activités sportives de l'apprenti l'exigent, l'enseignement dispensé dans l'établissement de formation en vue de conduire au diplôme ou au titre à finalité professionnelle prévu au contrat est réparti sur une période de temps égale à la durée normale d'apprentissage pour la formation considérée, augmentée d'un an au plus.

L'annexe pédagogique de la convention régissant l'établissement de formation concerné fixe les conditions dans lesquelles cette règle est mise en œuvre.

Art. R. 6222-62 Dans le cas prévu à l'article R. 6222-61, la durée de l'apprentissage est prolongée d'un an au plus, sans faire obstacle à la conclusion, s'il y a lieu, d'un nouveau contrat avec un autre employeur.

Art. R. 6222-63 Les dispositions des articles R. 6222-61 et R. 6222-62 sont également applicables aux apprentis auxquels la qualité de sportif de haut niveau est reconnue au cours de leur apprentissage.

Sous-section 3. *Aménagement de la formation pratique et théorique*

Art. R. 6222-64 L'employeur de l'apprenti s'engage à libérer ce dernier pour ses activités sportives, et prend l'attache de la fédération sportive dont dépend le sportif de haut niveau afin d'organiser son temps de formation pratique.

Sauf dispositions particulières prévues par le contrat, les périodes consacrées à ces activités sportives n'emportent pas rémunération de l'apprenti.

Art. R. 6222-65 L'établissement de formation dans lequel est inscrit l'apprenti prend l'attache de la fédération sportive dont dépend le sportif de haut niveau afin d'adapter l'organisation de l'enseignement théorique au calendrier des activités sportives.

Art. L. 221-9 *(L. n° 2015-1541 du 27 nov. 2015, art. 6-II)* **Les règles relatives à la préparation des élèves, dans les établissements d'enseignement du second degré, en vue de la pratique sportive d'excellence et d'accession au haut niveau et de la pratique professionnelle d'une discipline sportive, lorsqu'ils ont conclu une convention mentionnée à l'article L. 211-5 du présent code, sont fixées à l'article L. 331-6 du code de l'éducation** *[V. cet art., App., v° Enseignement des APS]*.

V. aussi Instr. n° 06-138 JS du 1er août 2006 relative aux élèves, étudiants et personnels sportifs de haut niveau et sportifs Espoirs (BOJS n° 14 du 15 août).

Art. L. 221-10 *(L. n° 2015-1541 du 27 nov. 2015, art. 6-II)* **Les règles relatives à la préparation des étudiants, dans les établissements d'enseignement supérieur, en vue de la pratique sportive d'excellence et d'accession au haut niveau et de la pratique professionnelle d'une discipline sportive, lorsqu'ils ont conclu une convention mentionnée à l'article L. 211-5 du présent code, sont fixées à l'article L. 611-4 du code de l'éducation** *[V. cet art., App., v° Enseignement des APS]*.

V. aussi Instr. n° 06-138 JS du 1er août 2006 relative aux élèves, étudiants et personnels sportifs de haut niveau et sportifs Espoirs (BOJS n° 14 du 15 août).

Art. L. 221-11 Un décret *(Abrogé par Décr. n° 2013-264 du 28 mars 2013)* ***« pris après avis de la Commission nationale du sport de haut niveau »*** **précise les droits et obligations des sportifs de haut niveau, des sportifs Espoirs et des** *(L. n° 2015-1541 du 27 nov. 2015, art. 7-1°)* **« sportifs des collectifs nationaux ». Il définit notamment :**

(L. n° 2015-1541 du 27 nov. 2015, art. 7-2°) **« 1° Les conditions d'accès aux formations scolaires, universitaires et professionnelles aménagées, en lien avec les services de l'État et les régions ;**

« 2° Les modalités de la formation sportive et citoyenne du sportif ;

« 3° Les modalités d'orientation destinées à construire un projet professionnel adapté à chaque sportif ainsi que les dispositifs de formation et d'insertion pouvant être mobilisés ;

« 4° La participation à des manifestations d'intérêt général. » – *[L. n° 84-610 du 16 juill. 1984, art. 26-1.]*

COMMENTAIRE

L'article L. 221-11, issu de l'article 26-1 de la loi du 16 juillet 1984, a été ajouté par la loi Buffet du 6 juillet 2000. Il est destiné à donner une base juridique aussi incontestable que possible à un décret, à paraître, définissant les droits et obligations des sportifs de haut niveau. En effet, sous l'empire de la version de la loi de 1984 antérieure à l'intervention de la loi Buffet, la commission nationale du sport de haut niveau était chargée d'élaborer une Charte du sport de haut niveau « fondée sur les règles déontologiques des sportifs de haut niveau » (V. C. sport, éd. 1997, p. 37 s.). Cette charte, simple texte interne à la CNSHN, de surcroît jamais publiée, ne pouvait *ipso facto* être opposée aux sportifs tant elle était dépourvue de force juridique. Le recours à un décret devrait pallier cet inconvénient… mais en partie seulement car certains des sujets qu'il est supposé aborder (utilisation de l'image des sportifs, liberté d'expression, …) touchent à ce point aux droits de la personnalité qu'ils relèvent certainement du domaine législatif.

Il est enfin à noter que ce décret est supposé également s'appliquer aux arbitres et juges sportifs de haut niveau, l'article L. 221-12 qui leur est consacré renvoyant expressément à l'article L. 221-11 pour définir leurs droits et obligations. ❑

Art. L. 221-12 **Le décret prévu à l'article L. 221-11 précise les droits et obligations des arbitres et juges de haut niveau figurant sur les listes établies dans les conditions fixées à l'article L. 221-2.** – *[L. n° 84-610 du 16 juill. 1984, art. 25, al. 3.]*

Art. L. 221-13 **Les fonds attribués aux sportifs de haut niveau inscrits sur une liste mentionnée à l'article L. 221-2 du présent code, en vue de financer leur formation professionnelle au sens du livre IX du code du travail, dans le cadre de stages agréés par l'État, dans la perspective d'une insertion ou d'une conversion professionnelle, sont assimilés à des frais professionnels à déduire de l'assiette des cotisations de sécurité sociale. La déduction effective est subordonnée à la production de pièces justificatives.** – *[L. n° 92-652 du 13 juill. 1992, art. 34.]*

Art. L. 221-13-1 *(L. n° 2015-1541 du 27 nov. 2015, art. 13)* **Une sportive de haut niveau inscrite sur la liste des sportifs de haut niveau mentionnée au premier alinéa de l'article L. 221-2 conserve le bénéfice des droits inhérents à cette qualité, définis par le présent code, pendant une durée d'un an à compter de la date de la constatation médicale de son état de grossesse.**

Art. L. 221-14 *(L. n° 2015-1541 du 27 nov. 2015, art. 8)* **Les fédérations sportives délégataires assurent, en lien avec l'État, les entreprises et les collectivités territoriales, le suivi socioprofessionnel de leurs licenciés inscrits sur la liste des sportifs de haut niveau mentionnée au premier alinéa de l'article L. 221-2.**

A cet effet, chaque fédération sportive délégataire désigne un référent chargé de ce suivi socioprofessionnel.

CHAPITRE II SPORT PROFESSIONNEL

Art. L. 222-1 **Les fonctionnaires et agents des collectivités territoriales ou de leurs établissements publics occupant un emploi pour une durée inférieure à la moitié de la durée légale du travail peuvent être autorisés par l'autorité territoriale à cumuler cet emploi avec l'exercice rémunéré d'une activité sportive dans une association sportive ou une société sportive. Les rémunérations afférentes à ces activités peuvent être cumulées dans la limite d'un montant fixé par référence à celui de la rémunération perçue au titre de leur emploi public.**

Un décret en Conseil d'État fixe les modalités d'application du présent article ainsi que le mode de calcul du montant mentionné à l'alinéa premier. – *[L. n° 84-610 du 16 juill. 1984, art. 31-1.]*

COMMENTAIRE

Cette disposition, issue de la loi Buffet du 6 juillet 2000, qui entendait apporter une dérogation « sur mesure » au monde sportif à l'interdiction de principe de cumuler un emploi public avec une activité privée rémunérée, posée par l'article 25 de la loi n° 83-634 du 13 juillet 1983 portant droits et obligations des fonctionnaires, apparaît aujourd'hui caduque. En effet, d'une part, le décret d'application prévu n'a jamais été publié. D'autre part, le champ d'application et les conditions d'application de cette dérogation diffèrent des dérogations de droit commun à ce même principe issues de réformes opérées en 2007 (V. à ce sujet l'ancienne rédaction de l'art. 25 de la L. n° 83-634 du 13 juill. 1983 reproduit sur Dalloz.fr et sur les applications mobiles Dalloz 🏛 et Décr. n° 2017-105 du 27 janv. 2017, reproduit ci-dessous) et en 2016 (V. art. 25 *septies* et *octies* de la L. n° 83-634 du 13 juill. 1983 reproduits sur Dalloz.fr et sur les applications mobiles Dalloz 🏛 issus de la L. n° 2016-483 du 20 avr. 2016 relative à la déontologie et aux droits et obligations des fonctionnaires). ❑

Décret n° 2017-105 du 27 janvier 2017,

Relatif à l'exercice d'activités privées par des agents publics et certains agents contractuels de droit privé ayant cessé leurs fonctions, aux cumuls d'activités et à la commission de déontologie de la fonction publique.

Art. 1er Les dispositions du présent décret sont applicables :

1° Aux fonctionnaires mentionnés à l'article 2 de la loi du 13 juillet 1983 susvisée ;

2° Aux agents contractuels mentionnés à l'article 32 de la même loi ;

3° Aux membres des cabinets ministériels, aux collaborateurs du Président de la République ainsi qu'aux collaborateurs de cabinet des autorités territoriales ;

4° Aux personnels mentionnés aux 1° à 4° de l'article L. 6152-1 du code de la santé publique ;

5° A l'exception du titre I :

a) Aux agents contractuels de droit public du niveau de la catégorie A mentionnés à l'article 32 de la loi du 13 juillet 1983 précitée, s'ils ont été employés de manière continue pendant moins de six mois par la même autorité ou collectivité publique ;

b) Aux agents contractuels de droit public du niveau des catégories C et B et aux agents contractuels de droit public du niveau de la catégorie A recrutés sur des fonctions d'enseignement ou de recherche mentionnés au même article, s'ils ont été employés de manière continue pendant moins d'un an par la même autorité ou collectivité publique ;

6° A l'exception du titre II, aux agents contractuels mentionnés au II de l'article 25 nonies de la même loi.

TITRE Ier. L'EXERCICE D'ACTIVITÉS PRIVÉES PAR DES AGENTS PUBLICS ET CERTAINS AGENTS CONTRACTUELS DE DROIT PRIVÉ AYANT CESSÉ LEURS FONCTIONS

Art. 2 L'agent cessant temporairement ou définitivement ses fonctions, placé à ce titre dans une position conforme à son statut, qui se propose d'exercer une activité privée, est tenu d'en informer par écrit l'autorité dont il relève trois mois au moins avant le début de l'exercice de son activité privée.

Tout nouveau changement d'activité pendant un délai de trois ans à compter de la cessation de fonctions est porté par l'agent intéressé à la connaissance de son administration trois mois au plus tard avant l'exercice de cette nouvelle activité.

Ce délai peut être réduit par l'autorité mentionnée aux alinéas précédents lorsque la commission de déontologie de la fonction publique mentionnée à l'article 25 *octies* de la loi du 13 juillet 1983 précitée rend un avis avant le terme du délai à l'article 34 du présent décret.

Art. 3 L'autorité dont relève l'agent saisit par téléservice la commission de déontologie de la fonction publique dans un délai de quinze jours à compter de la date à laquelle elle a été informée du projet de l'agent. Ce dernier reçoit copie de la lettre de saisine.

La liste des pièces constitutives du dossier de saisine, qui comprend notamment une appréciation relative à ce projet, formulée par l'autorité ou les autorités dont l'agent relève ou a relevé au cours des trois années précédant le début de l'activité privée envisagée, est fixée par un arrêté du ministre chargé de la fonction publique.

Lorsque la situation de l'agent le requiert eu égard à sa complexité, la commission peut demander aux mêmes autorités qu'elles produisent en outre une analyse circonstanciée de cette situation et un avis sur les conséquences de celle-ci.

L'agent peut saisir directement par écrit la commission, trois mois au moins avant la date à laquelle il souhaite exercer les fonctions pour lesquelles un avis est sollicité. Il en informe par écrit l'autorité dont il relève, qui transmet à la commission les pièces du dossier de saisine mentionné au deuxième alinéa.

En l'absence de transmission de l'appréciation mentionnée au deuxième alinéa dans un délai de dix jours à compter de la communication du projet de l'agent par le secrétariat de la commission de déontologie, son président peut décider de l'enregistrement du dossier pour instruction.

Lorsque la commission n'a pas été saisie préalablement à l'exercice de l'activité privée et que son président estime que, par sa nature ou ses conditions d'exercice et eu égard aux fonctions précédemment exercées par l'intéressé, la compatibilité de cette activité doit être soumise à la commission, il la saisit dans le délai prévu par le troisième alinéa du III de l'article 25 *octies* de la loi du 13 juillet 1983 précitée. Il en informe par écrit l'intéressé et l'autorité dont il relève, qui sont alors tenus de produire dans un délai de dix jours les pièces mentionnés au deuxième alinéa et, le cas échéant, l'analyse et l'avis mentionnés au troisième alinéa.

A la demande de l'agent, l'autorité dont il relève lui transmet une copie du dossier de saisine et, le cas échéant, de l'analyse et de l'avis mentionnés au troisième alinéa.

Art. 4 Eu égard aux fonctions exercées par l'agent au cours des trois années précédant le début de l'activité privée projetée, la commission exerce son contrôle dans les conditions prévues au quatrième alinéa du III de l'article 25 octies de la loi du 13 juillet 1983 précitée.

TITRE II. LE CUMUL D'ACTIVITÉS DES FONCTIONNAIRES ET AGENTS CONTRACTUELS DE DROIT PUBLIC

CHAPITRE Ier. *L'EXERCICE D'UNE ACTIVITÉ ACCESSOIRE*

Art. 5 Dans les conditions fixées aux I et IV de l'article 25 *septies* de la loi du 13 juillet 1983 précitée et celles prévues par le présent décret, l'agent peut être autorisé à cumuler une activité accessoire avec son activité principale, sous réserve que cette activité ne porte pas atteinte au fonctionnement normal, à l'indépendance ou à la neutralité du service ou ne mette pas l'intéressé en situation de méconnaître l'article 432-12 du code pénal. Cette activité peut être exercée auprès d'une personne publique ou privée. Un même agent peut être autorisé à exercer plusieurs activités accessoires.

Art. 6 Les activités exercées à titre accessoire susceptibles d'être autorisées sont les suivantes :

1° Dans les conditions prévues à l'article 5 :

a) Expertise et consultation, sans préjudice des dispositions du 3° du I de l'article 25 *septies* de la loi du 13 juillet 1983 précitée et, le cas échéant, sans préjudice des dispositions des articles L. 531-8 et suivants du code de la recherche ;

b) Enseignement et formation ;

c) Activité à caractère sportif ou culturel, y compris encadrement et animation dans les domaines sportif, culturel, ou de l'éducation populaire ;

d) Activité agricole au sens du premier alinéa de l'article L. 311-1 du code rural et de la pêche maritime dans des exploitations agricoles constituées ou non sous forme sociale ;

e) Activité de conjoint collaborateur au sein d'une entreprise artisanale, commerciale ou libérale mentionnée à l'article R. 121-1 du code de commerce ;

f) Aide à domicile à un ascendant, à un descendant, à son conjoint, à son partenaire lié par un pacte civil de solidarité ou à son concubin, permettant au fonctionnaire de percevoir, le cas échéant, les allocations afférentes à cette aide ;

g) Travaux de faible importance réalisés chez des particuliers ;

h) Activité d'intérêt général exercée auprès d'une personne publique ou auprès d'une personne privée à but non lucratif ;

i) Mission d'intérêt public de coopération internationale ou auprès d'organismes d'intérêt général à caractère international ou d'un État étranger ;

2° Dans les conditions prévues à l'article 5 du présent décret et à l'article L. 133-6-8 du code de la sécurité sociale, sans préjudice des dispositions de l'article 25 *septies* de la loi du 13 juillet 1983 précitée :

a) Services à la personne mentionnés à l'article L. 7231-1 du code du travail ;

b) Vente de biens fabriqués personnellement par l'agent.

Art. 7 Le cumul d'une activité exercée à titre accessoire mentionnée à l'article 6 avec une activité exercée à titre principal est subordonné à la délivrance d'une autorisation par l'autorité dont relève l'agent intéressé.

Toutefois et sous réserve des interdictions prévues aux 2°, 3° et 4° du I de l'article 25 *septies* de la loi du 13 juillet 1983 précitée, l'exercice d'une activité bénévole au profit de personnes publiques ou privées sans but lucratif est libre.

Art. 8 Préalablement à l'exercice de toute activité accessoire soumise à autorisation, l'intéressé adresse à l'autorité dont il relève, qui lui en accuse réception, une demande écrite qui comprend les informations suivantes :

1° Identité de l'employeur ou nature de l'organisme pour le compte duquel s'exercera l'activité accessoire envisagée ;

2° Nature, durée, périodicité et conditions de rémunération de cette activité accessoire.

Toute autre information de nature à éclairer l'autorité mentionnée au premier alinéa sur l'activité accessoire envisagée peut figurer dans cette demande à l'initiative de l'agent. L'autorité peut lui demander des informations complémentaires.

Art. 9 L'autorité compétente notifie sa décision dans un délai d'un mois à compter de la réception de la demande.

La décision de l'autorité compétente autorisant l'exercice d'une activité accessoire peut comporter des réserves et recommandations visant à assurer le respect des obligations déontologiques mentionnées notamment à l'article 25 de la loi du 13 juillet 1983 précitée, ainsi que le fonctionnement normal du service.

Lorsque l'autorité compétente estime ne pas disposer de toutes les informations lui permettant de statuer sur la demande, elle invite l'intéressé à la compléter dans un délai maximum de quinze jours à compter de la réception de sa demande. Le délai prévu au premier alinéa est alors porté à deux mois.

En l'absence de décision expresse écrite dans le délai de réponse mentionné aux premier et troisième alinéas, la demande d'autorisation d'exercer l'activité accessoire est réputée rejetée. L'activité accessoire ne peut être exercée qu'en dehors des heures de service de l'intéressé.

Art. 10 Tout changement substantiel intervenant dans les conditions d'exercice ou de rémunération de l'activité exercée à titre accessoire par un agent est assimilé à l'exercice d'une nouvelle activité.

L'intéressé doit alors adresser une nouvelle demande d'autorisation à l'autorité compétente dans les conditions prévues à l'article 8.

Art. 11 L'autorité dont relève l'agent peut s'opposer à tout moment à la poursuite d'une activité accessoire dont l'exercice a été autorisé, dès lors que l'intérêt du service le justifie, que les informations sur le fondement desquelles l'autorisation a été donnée sont erronées ou que l'activité en cause ne revêt plus un caractère accessoire.

Art. 12 Pour tenir compte des différences de nature ou de conditions d'exercice de fonctions, des conditions particulières d'application du présent chapitre à certains corps, cadres d'emplois, emplois ou professions peuvent être déterminées par décret en Conseil d'État.

CHAPITRE II. *LA CRÉATION OU LA REPRISE D'UNE ENTREPRISE*

Art. 13 Les dispositions du présent chapitre s'appliquent sans préjudice de celles du titre III.

Art. 14 L'agent qui, en application du III de l'article 25 *septies* de la loi du 13 juillet 1983 précitée, se propose de créer ou de reprendre une entreprise ou une activité libérale adresse à l'autorité hiérarchique dont il relève une demande écrite d'autorisation à accomplir un service à temps partiel, trois mois au moins avant la date de création ou de reprise de cette entreprise ou de cette activité.

Art. 15 Sous réserve que l'agent remplisse les conditions requises pour bénéficier d'un service à temps partiel définies au deuxième alinéa du III de l'article 25 *septies* de la loi du 13 juillet 1983 précitée, l'autorité compétente saisit par téléservice la commission de déontologie de la fonction publique de cette demande dans un délai de quinze jours à compter de la date à laquelle elle l'a reçue.

La liste des pièces constitutives du dossier de saisine, qui comprend notamment une appréciation de la demande de l'agent rédigée par l'autorité ou les autorités dont il relève ou a relevé au cours des trois années précédant cette demande, est fixée par un arrêté du ministre chargé de la fonction publique.

En l'absence de transmission de cette appréciation dans un délai de dix jours à compter de la communication de cette demande par le secrétariat de la commission de déontologie, son président peut décider de l'enregistrement par le secrétariat du dossier pour instruction.

Lorsque la situation de l'agent le requiert eu égard à sa complexité, la commission peut demander aux autorités dont l'agent relève ou a relevé au cours des trois dernières années, qu'elles produisent en outre une analyse circonstanciée de cette situation et un avis sur les conséquences de celle-ci, selon elles.

A la demande de l'agent intéressé, l'autorité dont il relève lui transmet une copie du dossier de saisine et, le cas échéant, de l'analyse et de l'avis mentionnés à l'alinéa précédent.

Art. 16 Pour l'application du présent chapitre, la commission exerce son contrôle dans les conditions prévues au II de l'article 25 *octies* de la loi du 13 juillet 1983 précitée, notamment au regard des principes déontologiques mentionnés à l'article 25 de cette loi et des dispositions de l'article 432-12 du code pénal.

Art. 17 Lorsqu'il est répondu favorablement à la demande de l'agent, l'autorisation est accordée, pour une durée maximale de deux ans, à compter de la création ou de la reprise de cette entreprise ou du début de l'activité libérale.

Cette autorisation peut être renouvelée pour une durée d'un an après dépôt d'une nouvelle demande d'autorisation à accomplir un service à temps partiel, un mois au moins avant le terme de la première période.

La demande de renouvellement de l'autorisation ne fait pas l'objet d'une nouvelle saisine de la commission de déontologie.

Art. 18 L'autorité compétente peut à tout moment s'opposer au cumul d'activités dès lors que les informations sur le fondement desquelles l'autorisation a été donnée sont erronées ou lorsque ce cumul s'avère incompatible avec les fonctions exercées par l'agent ou l'emploi qu'il occupe.

CHAPITRE III. *LA POURSUITE DE L'EXERCICE D'UNE ACTIVITÉ PRIVÉE AU SEIN D'UNE SOCIÉTÉ OU D'UNE ASSOCIATION À BUT LUCRATIF*

Art. 19 La poursuite de son activité privée par l'agent mentionné au 1° du II de l'article 25 *septies* de la loi du 13 juillet 1983 précitée doit être compatible avec ses obligations de service. Elle ne doit, en outre, ni porter atteinte au fonctionnement normal, à l'indépendance, à la neutralité du service ou aux principes déontologiques mentionnés notamment à l'article 25 de la même loi, ni placer l'intéressé en situation de méconnaître les dispositions de l'article 432-12 du code pénal.

Art. 20 L'intéressé présente une déclaration écrite à l'autorité hiérarchique dont il relève pour l'exercice de ses fonctions.

Cette déclaration est transmise dès sa nomination en qualité de fonctionnaire stagiaire, lorsqu'il est recruté en qualité de fonctionnaire. Elle est transmise préalablement à la signature de son contrat, lorsqu'il est recruté en qualité d'agent contractuel.

Cette déclaration mentionne la forme et l'objet social de l'entreprise ou de l'association, son secteur et sa branche d'activités.

L'autorité mentionnée au premier alinéa peut à tout moment s'opposer au cumul d'activités qui serait contraire aux critères de compatibilité mentionnés à l'article 19.

CHAPITRE IV. *LE CUMUL D'ACTIVITÉS DES AGENTS À TEMPS NON COMPLET OU EXERÇANT DES FONCTIONS À TEMPS INCOMPLET*

Art. 21 L'agent mentionné au 2° du II de l'article 25 *septies* de la loi du 13 juillet 1983 précitée peut exercer, outre les activités accessoires mentionnées à l'article 6 du présent décret, une ou plusieurs activités privées lucratives en dehors de ses obligations de services et dans des conditions compatibles avec celles-ci et les fonctions qu'il exerce ou l'emploi qu'il occupe.

Art. 22 L'intéressé présente une déclaration écrite à l'autorité hiérarchique dont il relève pour l'exercice de ses fonctions.

Cette déclaration mentionne la nature de la ou des activités privées ainsi que, le cas échéant, la forme et l'objet social de l'entreprise, son secteur et sa branche d'activités.

Cette autorité peut à tout moment s'opposer au cumul d'une activité privée qui serait incompatible avec l'exercice des fonctions exercées par l'agent ou l'emploi qu'il occupe ou qui placerait ce dernier en situation de méconnaître les dispositions de l'article 432-12 du code pénal.

L'agent qui relève de plusieurs autorités est tenu d'informer par écrit chacune d'entre elles de toute activité qu'il exerce auprès d'une autre administration ou d'un autre service mentionnés à l'article 2 de la loi du 13 juillet 1983 précitée.

TITRE III. DISPOSITIONS PRISES POUR L'APPLICATION DES ARTICLES L. 531-1 À L. 531-16 DU CODE DE LA RECHERCHE

Art. 23 L'agent qui sollicite le bénéfice de l'une des autorisations prévues aux articles L. 531-1, L. 531-8, L. 531-9 et L. 531-12 du code de la recherche en fait la demande par écrit à l'autorité dont il relève. Une explication détaillée du projet de l'agent est jointe à cette demande ainsi que, dans le cas des autorisations prévues à l'article L. 531-1 du même code, les éléments relatifs au projet, et dans le cadre de l'autorisation prévue à l'article L. 531-8 de ce code, le contrat mentionné au premier alinéa dudit article ou, si celui-ci n'est pas encore conclu, les éléments relatifs au projet.

L'intéressé porte à la connaissance de cette autorité tout changement d'activité professionnelle intervenu pendant la durée de l'autorisation ou lors d'une demande de renouvellement. Il lui fournit un document décrivant les fonctions qu'il souhaite exercer.

Lorsqu'elle est avisée d'un changement d'activité professionnelle, l'autorité compétente saisit la commission de déontologie par écrit dans un délai de quinze jours à compter de la date à laquelle elle en a été informée. L'agent reçoit copie de la lettre de saisine.

L'agent intéressé peut également saisir par écrit la commission trois mois au moins avant la date à laquelle il envisage de commencer son activité. Il en informe par écrit, dans les mêmes délais, l'autorité dont il relève.

Les auteurs de la saisine transmettent à la commission les informations mentionnées aux premier et deuxième alinéas du présent article.

La liste des pièces constitutives du dossier de saisine de la commission de déontologie de la fonction publique est fixée par un arrêté du ministre chargé de la fonction publique.

Art. 24 Le contrat prévu aux articles L. 531-1 et L. 531-8 du code de la recherche est transmis à la commission, par la personne publique partie au contrat, dès qu'il est conclu.

Pendant la durée de l'autorisation et durant trois ans à compter de son expiration ou de son retrait, tous les contrats et conventions conclus entre le service public de la recherche et l'entreprise qui valorise les travaux de recherche de l'agent intéressé ou la société anonyme dans laquelle il est membre du conseil d'administration ou du conseil de surveillance sont portés à la connaissance de l'autorité dont il relève par la personne publique partie au contrat. Cette autorité en informe la commission.

Lorsqu'elle estime que les informations portées à sa connaissance font apparaître une atteinte aux intérêts matériels ou moraux du service public de la recherche ou en l'absence de conclusion du contrat mentionné au deuxième alinéa, la commission, après avoir mis à même l'intéressé de produire ses observations, le cas échéant, l'avoir entendu et avoir recueilli les informations qu'elle juge nécessaires auprès de l'entreprise et de toutes personnes publiques ou privées, saisit l'autorité administrative compétente aux fins de retrait de l'autorisation.

Cette autorité informe la commission des suites qui sont données à cette saisine.

TITRE IV. LA COMMISSION DE DÉONTOLOGIE DE LA FONCTION PUBLIQUE

CHAPITRE Ier. *LES AVIS SUR LES PROJETS DE TEXTE ET LES RECOMMANDATIONS*

Art. 25 L'administration qui, en application du I de l'article 25 *octies* de la loi du 13 juillet 1983 précitée, saisit la commission de déontologie de la fonction publique d'une demande d'avis ou de recommandation adresse à celle-ci, par écrit, toutes les informations nécessaires à l'accomplissement de sa mission.

Lorsqu'elle est saisie en application du 3° du I du même article, la demande comporte, au moins, une présentation exhaustive des fonctions exercées par l'agent ainsi qu'une analyse circonstanciée de sa situation et un avis sur les conséquences de celle-ci sur le plan déontologique et au regard du risque pénal.

Lorsque la commission est saisie d'une demande ayant fait l'objet d'une note écrite d'un référent déontologue, celle-ci est jointe au dossier de saisine.

Art. 26 Dans les conditions prévues à l'article 6 *ter* A de la loi du 13 juillet 1983 précitée, lorsque devant la commission de déontologie le fonctionnaire relate des faits susceptibles d'être qualifiés de conflit d'intérêts au sens du I de l'article 25 *bis* de la même loi dont il aurait eu connaissance dans l'exercice de ses fonctions, la commission peut émettre une recommandation concernant la situation en cause.

CHAPITRE II. *ORGANISATION*

Art. 27 Le décret nommant les membres de la commission, prévu au dernier alinéa du VII de l'article 25 *octies* de la loi du 13 juillet 1983 précitée, est pris sur le rapport du ministre chargé de la fonction publique.

Lorsqu'il est procédé au remplacement d'un membre titulaire ou suppléant, la nomination intervient pour la durée du mandat restant à courir de ce membre.

Art. 28 Un rapporteur général et des rapporteurs sont choisis parmi les magistrats et fonctionnaires de catégorie A et assimilés, à l'exclusion de ceux exerçant les fonctions de référent déontologue. Ils présentent les dossiers soumis à la délibération de la commission et participent au délibéré avec voix consultative.

Deux rapporteurs généraux adjoints peuvent être désignés.

Le rapporteur général, les rapporteurs généraux adjoints et les rapporteurs sont nommés pour trois ans par arrêté du ministre chargé de la fonction publique.

Le président de la commission peut donner délégation au rapporteur général aux fins de signer les avis mentionnés aux cinquième et sixième alinéas du V de l'article 25 *octies* de la loi du 13 juillet 1983 précitée. Cette délégation est publiée au *Journal officiel* de la République française.

CHAPITRE III. *FONCTIONNEMENT*

Art. 29 La notification des avis et, le cas échéant, la convocation des agents et des autorités dont ils relèvent sont assurées par le secrétariat de la commission.

Lorsqu'elle est saisie en application des 1° et 2° du I de l'article 25 *octies* de la loi du 13 juillet 1983 précitée, la commission bénéficie du concours des services de la direction générale de l'administration et de la fonction publique.

Art. 30 Dans les cas prévus aux 1°, 2° et 3° du I de l'article 25 *octies* de la loi du 13 juillet 1983 précitée, le président de la commission peut décider de la réunir dans une formation restreinte qui comprend, outre lui-même, les membres mentionnés aux 1°, 2° et 3° du VII du même article.

Le président peut également décider, pour des questions d'intérêt commun, de la réunir dans une formation plénière qui comprend l'ensemble des membres mentionnés au VII du même article.

Les séances de la commission ne sont pas publiques.

Art. 31 La commission ne délibère valablement que si la moitié au moins de ses membres est présente lors de l'ouverture de la séance. Lorsque ce quorum n'est pas atteint, la commission est convoquée à nouveau sur le même ordre du jour dans le délai minimal de deux jours. Elle siège alors valablement, quel que soit le nombre de membres présents.

En cas de partage des voix, celle du président est prépondérante.

Art. 32 Conformément au IV de l'article 25 *octies*, la commission peut entendre ou consulter toute personne dont le concours lui paraît utile. Elle entend l'agent à sa demande ou le convoque si elle le juge nécessaire. L'agent peut se faire assister par toute personne de son choix.

Art. 33 La commission remet au Premier ministre un rapport annuel qui est rendu public.

CHAPITRE IV. *PROCÉDURE*

Art. 34 L'absence d'avis de la commission à l'expiration d'un délai de deux mois à compter de sa saisine vaut avis de compatibilité.

Art. 35 L'avis de la commission est transmis à l'autorité dont relève l'agent, qui en informe sans délai l'intéressé.

Lorsqu'un avis d'incompatibilité est rendu par la commission, la notification de cet avis vaut rejet de la demande de l'agent.

Lorsqu'un avis de compatibilité avec ou sans réserves est rendu par la commission, mais que l'autorité dont relève l'agent estime qu'un motif autre que ceux sur lesquels se prononce la commission justifie un refus d'autorisation d'exercice d'une activité privée, elle informe l'intéressé dans un délai maximal d'un mois à compter de la notification de l'avis de la commission ou de l'expiration du délai de deux mois mentionné à l'article 34. A défaut, l'autorité est réputée s'être appropriée l'avis de la commission.

En cas de décision favorable, l'autorité dont relève l'agent transmet à l'entreprise ou à l'organisme qui l'accueille une copie de sa décision ainsi que de l'avis de la commission.

Art. 36 La demande de seconde délibération prévue au deuxième alinéa du VI de l'article 25 *octies* de la loi du 13 juillet 1983 précitée est motivée.

Le silence de la commission pendant un délai d'un mois à compter de l'enregistrement de cette demande vaut confirmation du premier avis rendu.

Art. 37 Pour l'application du présent décret, les demandes d'autorisation, les déclarations de cumul d'activités ainsi que les avis de la commission de déontologie et les décisions administratives prises sur leur fondement sont versés au dossier individuel de l'agent.

TITRE V. DISPOSITIONS DIVERSES ET TRANSITOIRES

Art. 38 Les collaborateurs de cabinet des autorités territoriales peuvent être autorisés à exercer au titre d'une activité accessoire les fonctions de collaborateur d'un député à l'Assemblée nationale, d'un sénateur ou d'un représentant au Parlement européen.

Art. 39 Conformément au II de l'article 9 de la loi du 20 avril 2016 susvisée, les autorisations de cumul pour création ou reprise d'entreprise qui ont été accordées avant l'entrée en vigueur du présent décret ne peuvent être prolongées au-delà du 20 avril 2018 que si les agents qui en bénéficient sont également autorisés par les autorités hiérarchiques dont ils relèvent à accomplir un service à temps partiel.

Art. 40 Les dispositions du présent décret sont applicables aux demandes transmises, selon le cas, à l'autorité hiérarchique ou à la commission de déontologie de la fonction publique à compter du 1er février 2017. Les autres demandes sont instruites et examinées sur le fondement des décrets n° 2007-611 du 26 avril 2007 relatif à l'exercice d'activités privées par des fonctionnaires ou agents non titulaires ayant cessé temporairement ou définitivement leurs fonctions et à la commission de déontologie et n° 2007-658 du 2 mai 2007 relatif au cumul d'activités des fonctionnaires, des agents non titulaires de droit public et des ouvriers des établissements industriels de l'État dans leur version en vigueur avant la date d'entrée en vigueur du présent décret.

TITRE VI. DISPOSITIONS FINALES

Art. 41 Sont abrogés :

1° Le décret n° 2007-611 du 26 avril 2007 relatif à l'exercice d'activités privées par des fonctionnaires ou agents non titulaires ayant cessé temporairement ou définitivement leurs fonctions et à la commission de déontologie ;

2° Le décret n° 2007-658 du 2 mai 2007 relatif au cumul d'activités des fonctionnaires, des agents non titulaires de droit public et des ouvriers des établissements industriels de l'État ;

3° Le 4° de l'article 34 *bis* du décret n° 86-83 du 17 janvier 1986 relatif aux dispositions générales applicables aux agents contractuels de l'État pris pour l'application de l'article 7 de la loi n° 84-16 du 11 janvier 1984 portant dispositions statutaires relatives à la fonction publique de l'État ;

4° Le 4° de l'article 32-1 du décret n° 91-155 du 6 février 1991 relatif aux dispositions générales applicables aux agents contractuels des établissements mentionnés à l'article 2 de la loi n° 86-33 du 9 janvier 1986 modifiée portant dispositions statutaires relatives à la fonction publique hospitalière.

5° L'avant-dernier alinéa de l'article 13 du décret n° 2004-777 29 juillet 2004 relatif à la mise en œuvre du temps partiel dans la fonction publique territoriale.

Art. 42 Le présent décret entre en vigueur le 1er février 2017.

Art. L. 222-2 *(L. n° 2015-1541 du 27 nov. 2015, art. 14-1°)* **Les articles L. 222-2-1 à L. 222-2-8 sont applicables :**

1° Au sportif professionnel salarié, défini comme toute personne ayant pour activité rémunérée l'exercice d'une activité sportive dans un lien de subordination juridique avec une association sportive ou une société mentionnée aux articles L. 122-2 et L. 122-12 ;

2° A l'entraîneur professionnel salarié, défini comme toute personne ayant pour activité principale rémunérée de préparer et d'encadrer l'activité sportive d'un ou de plusieurs sportifs professionnels salariés dans un lien de subordination juridique avec une association sportive ou une société mentionnée aux articles L. 122-2 et L. 122-12 et titulaire d'un diplôme, d'un titre à finalité professionnelle ou d'un certificat de qualification prévu à l'article L. 212-1.

Une convention ou un accord collectif national détermine les critères à partir desquels l'activité de l'entraîneur professionnel salarié est considérée comme son activité principale.

Les art. L. 222-2 à L. 222-2-9, dans leur rédaction résultant de l'art. 14 de la L. n° 2015-1541 du 27 nov. 2015, s'appliquent à tout contrat de travail à durée déterminée conclu à compter de la publication de ladite loi. Pour les contrats à durée déterminée d'usage conclus avant cette même date dans le secteur du sport professionnel, ils s'appliquent à tout renouvellement de contrat ayant lieu après ladite date (L. préc., art. 24-V).

BIBL. ► J. Bérenger, J.-C. Breillat, F. Lagarde, F. Lajat et D. Rémy, Professionnels et haut niveau. Fin du statut précaire : des sportifs juridiquement et socialement mieux protégés, *Dict. perm. dr. sport 2016, Bull. spécial n° 230-1.* – G. Rabu, Le nouveau contrat de travail des sportifs et entraîneurs professionnels, *Rev. trav. 2016, p. 32.*

COMMENTAIRE

La loi n° 2015-1541 du 27 novembre 2015 visant à protéger les sportifs de haut niveau et professionnels et à sécuriser leur situation juridique et sociale a, par l'introduction des dispositions des articles L. 222-2 à L. 222-2-9, entendu sécuriser le recours au contrat de travail à durée déterminée dans le cadre du sport professionnel, suite au prononcé de diverses décisions de requalification en contrat à durée indéterminée de contrats à durée déterminée d'usage de joueurs ou d'entraîneurs professionnels (V. aussi comm. ss. art. L. 1242-1 C. trav., App., v° ***Travail***).

Ces dispositions instaurant un véritable contrat de travail à durée spécifique applicable aux sportifs et aux entraîneurs professionnels salariés au sens de l'article L. 222-2 s'appliquent à tout contrat de travail à durée déterminée conclu à compter de la publication de ladite loi (soit le 28 nov. 2015). Pour les contrats à durée déterminée d'usage conclus avant cette même date dans le secteur du sport professionnel, elles s'appliquent à tout renouvellement de contrat ayant lieu après ladite date (L. préc., art. 24-V).

A noter que la proposition de loi visant à préserver l'éthique du sport, à renforcer la régulation et la transparence du sport professionnel et à améliorer la compétitivité des clubs, actuellement en discussion, prévoit, dans sa version adoptée en première lecture par le Sénat le 26 octobre 2016, de permettre aux fédérations de faire bénéficier leurs arbitres et juges professionnels salariés de ce CDD spécifique. ❑

A noter que ces dispositions prennent « physiquement » la place de celles des articles L. 222-2 à L. 222-2-2 (dans leur rédaction antérieure à la L. préc.) relatifs au mécanisme dit du Droit à l'image collectif (DIC), en vertu duquel une fraction de la rémunération d'un sportif professionnel, correspondant au plus à 30 % de la rémunération brute, était exonérée de charges sociales, ce dispositif ayant été supprimé, malgré la combative réprobation des ligues professionnelles concernées, le 30 juin 2010 (V. pour l'arrêt du Conseil d'État écartant les critiques, notamment d'inconstitutionnalité, formulées à l'encontre de la suppression anticipée du dispositif, • CE 30 sept. 2011, *Sté SASP Le Havre Athletic club (HAC)*, n° 350583 : *JS 2012, n° 116, p. 26 (spéc. p. 31), chron. E. Honorat ; JCP 2011, n°s 352-354, p. 15, note J.-H. S.)*

Art. L. 222-2-1 *(L. n° 2015-1541 du 27 nov. 2015, art. 14-1°)* **Le code du travail est applicable au sportif professionnel salarié et à l'entraîneur professionnel salarié, à l'exception des dispositions des articles L. 1221-2, L. 1241-1 à L. 1242-9, L. 1242-12, L. 1242-13, L. 1242-17, L. 1243-7 à L. 1243-10, L. 1243-13 à L. 1245-1, L. 1246-1 et L. 1248-1 à L. 1248-11 relatives au contrat de travail à durée déterminée.**

V. note ss. art. L. 222-2.

Art. L. 222-2-2 *(L. n° 2015-1541 du 27 nov. 2015, art. 14-1°)* **Les articles L. 222-2-1, L. 222-2-3 à L. 222-2-5, L. 222-2-7 et L. 222-2-8 peuvent, avec l'accord des parties, s'appliquer aux sportifs qui sont salariés de leur fédération sportive en qualité de membre d'une équipe de France, ainsi qu'aux entraîneurs qui les encadrent à titre principal.**

V. note ss. art. L. 222-2.

Art. L. 222-2-3 *(L. n° 2015-1541 du 27 nov. 2015, art. 14-2°)* **Afin d'assurer la protection des sportifs et entraîneurs professionnels et de garantir l'équité des compétitions, tout contrat par lequel une association sportive ou une société mentionnée aux**

articles L. 122-2 et L. 122-12 s'assure, moyennant rémunération, le concours de l'un de ces salariés est un contrat de travail à durée déterminée.

V. note ss. art. L. 222-2.

Art. L. 222-2-4 *(L. nº 2015-1541 du 27 nov. 2015, art. 14-2º)* La durée d'un contrat de travail mentionné à l'article L. 222-2-3 ne peut être inférieure à la durée d'une saison sportive fixée à douze mois.

Toutefois, un contrat conclu en cours de saison sportive peut avoir une durée inférieure à douze mois, dans les conditions définies par une convention ou un accord collectif national ou, à défaut, par le règlement de la fédération sportive ou, le cas échéant, de la ligue professionnelle :

1º Dès lors qu'il court au minimum jusqu'au terme de la saison sportive ;

2º S'il est conclu pour assurer le remplacement d'un sportif ou d'un entraîneur professionnel en cas d'absence du sportif ou de l'entraîneur ou de suspension de son contrat de travail ;

3º S'il est conclu pour assurer le remplacement d'un sportif ou d'un entraîneur faisant l'objet de l'opération mentionnée au premier alinéa de l'article L. 222-3.

Les dates de début et de fin de la saison sportive sont arrêtées par le règlement de la fédération sportive ou, le cas échéant, de la ligue professionnelle.

La durée du contrat de travail mentionné à l'article L. 222-2-3 ne peut être supérieure à cinq ans, sous réserve de l'article L. 211-5.

Afin d'assurer la protection des sportifs et entraîneurs professionnels et de garantir l'équité des compétitions, la durée maximale mentionnée à l'avant-dernier alinéa du présent article n'exclut pas le renouvellement du contrat ou la conclusion d'un nouveau contrat avec le même employeur.

V. note ss. art. L. 222-2.

Art. L. 222-2-5 *(L. nº 2015-1541 du 27 nov. 2015, art. 14-2º)* I. – Le contrat de travail à durée déterminée est établi par écrit en au moins trois exemplaires et comporte la mention des articles L. 222-2 à L. 222-2-8.

Il comporte :

1º L'identité et l'adresse des parties ;

2º La date d'embauche et la durée pour laquelle il est conclu ;

3º La désignation de l'emploi occupé et les activités auxquelles participe le salarié ;

4º Le montant de la rémunération et de ses différentes composantes, y compris les primes et accessoires de salaire s'il en existe ;

5º Les noms et adresses des caisses de retraite complémentaire et de prévoyance et de l'organisme assurant la couverture maladie complémentaire ;

6º L'intitulé des conventions ou accords collectifs applicables.

II. – Le contrat de travail à durée déterminée est transmis par l'employeur au sportif ou à l'entraîneur professionnel au plus tard dans les deux jours ouvrables suivant l'embauche.

V. note ss. art. L. 222-2.

Art. L. 222-2-6 *(L. nº 2015-1541 du 27 nov. 2015, art. 14-2º)* Le règlement de la fédération sportive ou, le cas échéant, de la ligue professionnelle peut prévoir une procédure d'homologation du contrat de travail à durée déterminée du sportif et de l'entraîneur professionnels et déterminer les modalités de l'homologation ainsi que les conséquences sportives en cas d'absence d'homologation du contrat.

Les conditions dans lesquelles l'absence d'homologation du contrat peut faire obstacle à son entrée en vigueur sont déterminées par une convention ou un accord collectif national.

V. note ss. art. L. 222-2.

Art. L. 222-2-7 *(L. nº 2015-1541 du 27 nov. 2015, art. 14-2º)* Les clauses de rupture unilatérale pure et simple du contrat de travail à durée déterminée du sportif et de l'entraîneur professionnels salariés sont nulles et de nul effet.

V. note ss. art. L. 222-2.

Art. L. 222-2-8 *(L. nº 2015-1541 du 27 nov. 2015, art. 14-2º)* **I. — Est réputé à durée indéterminée tout contrat conclu en méconnaissance des règles de fond et de forme prévues aux articles L. 222-2-1 à L. 222-2-5.**

II. — Le fait de méconnaître les règles de fond et de forme prévues aux mêmes articles L. 222-2-1 à L. 222-2-5 est puni d'une amende de 3 750 €. La récidive est punie d'une amende de 7 500 € et d'un emprisonnement de six mois.

V. note ss. art. L. 222-2.

Art. L. 222-2-9 *(L. nº 2015-1541 du 27 nov. 2015, art. 14-2º)* **Tout au long de l'exécution du contrat de travail à durée déterminée d'un sportif professionnel, l'association sportive ou la société mentionnée aux articles L. 122-2 et L. 122-12 qui l'emploie offre au sportif des conditions de préparation et d'entraînement équivalentes à celles des autres sportifs professionnels salariés de l'association ou de la société.**

V. note ss. art. L. 222-2.

Art. L. 222-2-10 *(L. nº 2015-1541 du 27 nov. 2015, art. 15)* **L'association sportive ou la société mentionnée aux articles L. 122-2 et L. 122-12 assure, en lien avec les fédérations sportives, les ligues professionnelles et les organisations représentatives de sportifs et d'entraîneurs professionnels, le suivi socioprofessionnel des sportifs professionnels salariés qu'elle emploie.**

Art. L. 222-2-11 *(L. nº 2015-1541 du 27 nov. 2015, art. 18)* **Le sportif professionnel qui participe librement, pour son propre compte, à une compétition sportive est présumé ne pas être lié à l'organisateur de la compétition par un contrat de travail.**

La présomption de salariat prévue à l'article L. 7121-3 du code du travail ne s'applique pas au sportif dont les conditions d'exercice sont définies au premier alinéa du présent article.

BIBL. ▶ C. Bertrand, L'affaire Oulmers : la gratuité de la mise à disposition des sportifs au profit des fédérations est-elle compatible avec le droit de l'Union européenne ?, *RJ éco. sport 2007, nº 82, p. 7*. – S. Karaa, La situation des sportifs appelés en équipe nationale, *JS 2010, nº 103, p. 37*.

COMMENTAIRE

Depuis quelques années, la participation, en vue « d'honorer » une sélection, de joueurs salariés de clubs aux rassemblements et compétitions des équipes nationales alimente la discussion entre les fédérations internationales et nationales, d'une part, les clubs et les unions syndicales de sportifs professionnels, d'autre part. C'est qu'en effet cette situation, créatrice d'une relation tripartite impliquant un club employeur, l'un de ses sportifs salariés et la fédération utilisatrice des services de ce dernier à qui sont généralement alloués des indemnités et des primes de résultat, n'est pas sans difficultés juridiques. La loi du 15 décembre 2004 incorporée, sur ce point, à l'article L. 222-3 du code du sport, en atténue deux d'importance en légalisant cette pratique qui, pour certains, violait les règles relatives au prêt de main-d'œuvre à but lucratif et en indiquant que le sportif sélectionné demeure salarié du club employeur avec les droits qui s'y rattachent. Mais, pour autant, l'embarras persiste aussi bien quant aux rapports de droit unissant dans un tel cas les clubs employeurs et les fédérations sportives nationales, profitant de l'apport des sportifs sélectionnés, et internationales organisatrices des compétitions sportives, que quant aux liens juridiques unissant les sportifs sélectionnés à leurs fédérations nationales.

Les contraintes réglementaires qu'imposent les fédérations internationales, par la voie de leurs fédérations nationales membres, aux clubs employeurs de joueurs sélectionnés en équipes nationales, afin d'assurer l'égalité compétitive et l'aléa des résultats, en obligeant les clubs à mettre leurs joueurs à disposition des sélections nationales sans contrepartie financière sont à l'esprit de tous. Personne n'ignore que l'affaire *Oulmers* (V. l'article de C. Bertrand, cité en bibliographie) a suscité un délicat différend concernant la compatibilité de tels dispositifs fédéraux avec les exigences de l'Union européenne sur la libre circulation et la libre concurrence. Chacun sait aussi que ce contentieux a incité l'UEFA et la FIFA à s'accorder avec l'Association des clubs européens de football en vue d'indemniser les clubs dont les joueurs participeront aux championnats d'Europe, ainsi qu'aux coupes du monde. S'agissant de l'UEFA, une contribution financière de 4 000 euros par jour et par joueur a ainsi été attribuée pour l'EURO 2012, cette enveloppe globale de 100 millions d'euros ayant été portée à 150 millions à l'occasion de l'EURO 2016. Elle sera indexée sur les recettes de l'événement avec un minimum de 200 millions d'euros pour l'édition 2020. La contribution de la FIFA s'élevait pour sa part à 2 000 dollars par joueur et par jour pour la coupe du monde 2010, cette enveloppe globale de 40 millions de dollars ayant été portée à 70 millions pour l'édition 2014. Un programme de protection des clubs prévoyant une indemnisation basée sur le salaire annuel fixe du joueur (avec une indemnité journalière maximale de 20 548 euros) en cas de blessure grave survenue à l'occasion d'un match international est également mis en place par la FIFA depuis 2012 et prolongé pour la période 2015-2018.

Pour autant, d'autres enjeux juridiques et sportifs existent. Et le football n'est pas le seul confronté à ces problématiques. L'athlétisme, le basket-ball, le cyclisme, le handball, le rugby et le volley-ball en ont également pris la mesure. Aussi a-t-il paru opportun à la commission du sport professionnel du Comité national olympique et sportif français (CNOSF) de confier à un groupe de travail *ad hoc* l'inventaire des « points de friction » rencontrés au sein des disciplines sportives considérées. Puis de faire, le 16 avril 2008, au Conseil d'administration du CNOSF, des propositions tendant à un équilibre entre les intérêts parfois divergents des acteurs intéressés. En ce sens, il est préconisé :

– de préciser les dispositions de l'article L. 222-3 du code du sport, conformément à l'esprit qui a présidé à leur élaboration, en relevant :

– que le sportif sélectionné n'a, avec sa fédération, qu'un contrat de mission et qu'il est ainsi, durant la période de sélection, toujours salarié de son club employeur sur le fondement du contrat de travail les unissant et dont l'exécution n'est pas suspendue ;

– que le régime des accidents du travail est applicable aux joueurs français ou étrangers blessés en sélection nationale, évoluant dans des clubs français, tout en prévoyant, par intervention de fonds d'indemnisation forfaitaires créés par les fédérations internationales, des dispositions identiques au profit des internationaux français évoluant à l'étranger ;

– de mettre en œuvre un système de couverture sociale complémentaire de celui du club employeur, par souscription de contrats d'assurance abondés par les fédérations nationales et les fédérations internationales, par la constitution de fonds provenant de recettes commerciales résultant de l'organisation des compétitions internationales.

– d'amplifier ou d'étendre, dans la limite des possibilités des fédérations en cause, l'allocation aux clubs concernés de sommes « ponctionnées » sur les profits réalisés par les fédérations nationales au cours des compétitions internationales ;

– de généraliser aux autres disciplines sportives, la pratique d'indemnisation instaurée par l'UEFA et la FIFA ;

– d'inviter les fédérations internationales à fixer à l'avance, dans leurs réglementations, les modalités matérielles de la mise à disposition, après concertation avec les fédérations nationales, notamment sur les périodes et calendriers des compétitions internationales ;

– de déterminer, selon les particularités de chaque disciplines sportive, par convention entre les fédérations et les ligues professionnelles, préalablement au début des saisons sportives, à l'appui des calendriers internationaux, le pourcentage des périodes de mise à disposition et leur aménagement.

On notera également que les dispositions de l'article L. 222-3 du code du sport exemptant les sportifs sélectionnés des dispositions du code du travail relatives au prêt de mains d'œuvre ont été étendues par la loi n° 2015-1541 du 27 novembre 2015 aux sportifs et entraîneurs professionnels faisant l'objet d'une mutation temporaire dans des modalités prévues par convention ou accord collectif national ou, à défaut, par le règlement de la fédération sportive ou, le cas échéant, de la ligue professionnelle. ❑

Art. L. 222-3 Les dispositions des articles L. 8241-1 et L. 8241-2 du code du travail ne sont pas applicables à l'opération mentionnée *(L. n° 2015-1541 du 27 nov. 2015, art. 17-1°)* **« au présent alinéa » lorsqu'elle concerne le salarié d'une association sportive ou d'une société mentionnée aux articles L. 122-2 et L. 122-12 du présent code mis à disposition de la fédération sportive délégataire intéressée en qualité de membre d'une équipe de France, dans des conditions définies par la convention conclue entre ladite fédération et la ligue professionnelle qu'elle a constituée, et alors qu'il conserve pendant la période de mise à disposition sa qualité de salarié de l'association ou de la société sportive ainsi que les droits attachés à cette qualité.**

(L. n° 2015-1541 du 27 nov. 2015, art. 17-2°) **« Les articles L. 8241-1 et L. 8241-2 du code du travail ne sont pas applicables à l'opération mentionnée au présent alinéa**

lorsqu'elle concerne le sportif ou l'entraîneur professionnel salarié d'une association sportive ou d'une société mentionnée aux articles L. 122-2 et L. 122-12 du présent code muté temporairement au sein d'une autre association sportive ou d'une société et dont les modalités sont prévues par convention ou accord collectif national ou, à défaut, par le règlement de la fédération sportive ou, le cas échéant, de la ligue professionnelle. » – *[C. trav., art. L. 785-2.]*

Art. L. 222-4 **Le versement prévu à l'article L. 6322-37 du code du travail n'est pas dû en cas de contrat à durée déterminée conclu** *(L. n° 2015-1541 du 27 nov. 2015, art. 24-I-2°)* **« en application de l'article L. 222-2-3 du présent code. »** – *[C. trav., art. L. 785-3.]*

COMMENTAIRE

Le « 1 % formation » dû, en principe, pour tout contrat à durée déterminée, a été supprimé pour les CDD d'usage du sport professionnel par la loi n° 2004-1366 du 15 décembre 2004 *(JO 16 déc.)*. Il n'est pas non plus applicable dans le cadre du nouveau CDD « spécifique » issu de la loi n° 2015-1541 du 27 novembre 2015. ❑

Art. L. 222-5 *(L. n° 2010-626 du 9 juin 2010, art. 1er)* **L'article L. 7124-9 du code du travail s'applique aux rémunérations de toute nature perçues pour l'exercice d'une activité sportive par des enfants de seize ans et moins soumis à l'obligation scolaire.**

La conclusion d'un contrat soit relatif à l'exercice d'une activité sportive par un mineur, soit dont la cause est l'exercice d'une activité sportive par un mineur ne donne lieu à aucune rémunération ou indemnité ni à l'octroi de quelque avantage que ce soit au bénéfice d'une personne physique ou morale mettant en rapport les parties intéressées à la conclusion d'un de ces contrats ou d'une personne physique ou morale agissant au nom et pour le compte du mineur.

Les conventions écrites en exécution desquelles une personne physique ou morale met en rapport les parties intéressées à la conclusion d'un de ces contrats ou agit au nom et pour le compte du mineur mentionnent l'interdiction prévue au deuxième alinéa. La personne physique ou morale partie à une telle convention la transmet à la fédération délégataire compétente. Cette fédération édicte également les règles relatives à la communication des contrats relatifs à l'exercice d'une activité sportive par un mineur.

Toute convention contraire au présent article est nulle.

Les licences attribuées aux personnes morales sont caduques à compter de la publication du décret mentionné à l'art. L. 222-22 et une licence d'agent sportif est délivrée par la fédération délégataire compétente aux personnes physiques ayant passé l'examen d'agent sportif pour le compte d'une personne morale (L. n° 2010-626 du 9 juin 2010, art. 4).

Art. L. 222-6 *(L. n° 2010-626 du 9 juin 2010, art. 1er)* **Les infractions aux règles de rémunération mentionnées au premier alinéa de l'article L. 222-5 sont punies d'une amende de 7 500 €.**

La récidive est punie d'un emprisonnement de six mois et d'une amende de 15 000 €.

Art. L. 222-7 *(L. n° 2010-626 du 9 juin 2010, art. 1er)* **L'activité consistant à mettre en rapport, contre rémunération, les parties intéressées à la conclusion d'un contrat soit relatif à l'exercice rémunéré d'une activité sportive ou d'entraînement, soit qui prévoit la conclusion d'un contrat de travail ayant pour objet l'exercice rémunéré d'une activité sportive ou d'entraînement ne peut être exercée que par une personne physique détentrice d'une licence d'agent sportif.**

La licence est délivrée, suspendue et retirée, selon la discipline concernée, par la fédération délégataire compétente. Celle-ci contrôle annuellement l'activité des agents sportifs.

Chaque fédération délégataire compétente publie la liste des agents sportifs autorisés à exercer dans sa discipline ainsi que les sanctions prononcées en application de l'article L. 222-19 à l'encontre des agents, des licenciés et des associations et sociétés affiliées.

Art. L. 222-8 *(L. n° 2010-626 du 9 juin 2010, art. 1er)* **L'agent sportif peut, pour l'exercice de sa profession, constituer une société ou être préposé d'une société.**

Art. L. 222-9 *(L. nº 2010-626 du 9 juin 2010, art. 1er)* **Nul ne peut obtenir ou détenir une licence d'agent sportif :**

1° S'il exerce, directement ou indirectement, en droit ou en fait, à titre bénévole ou rémunéré, des fonctions de direction ou d'entraînement sportif soit dans une association ou une société employant des sportifs contre rémunération ou organisant des manifestations sportives, soit dans une fédération sportive ou un organe qu'elle a constitué, ou s'il a été amené à exercer l'une de ces fonctions dans l'année écoulée ;

2° S'il est ou a été durant l'année écoulée actionnaire ou associé d'une société employant des sportifs contre rémunération ou organisant des manifestations sportives ;

3° S'il a fait l'objet d'une sanction disciplinaire au moins équivalente à une suspension par la fédération délégataire compétente à raison d'un manquement au respect des règles d'éthique, de moralité et de déontologie sportives ;

4° S'il est préposé d'une association ou d'une société employant des sportifs contre rémunération ou organisant des manifestations sportives ;

5° S'il est préposé d'une fédération sportive ou d'un organe qu'elle a constitué.

Art. L. 222-10 *(L. nº 2010-626 du 9 juin 2010, art. 1er)* **Nul ne peut exercer, directement ou indirectement, en droit ou en fait, à titre bénévole ou rémunéré, des fonctions de direction ou d'entraînement sportif soit dans une association ou une société employant des sportifs contre rémunération ou organisant des manifestations sportives, soit dans une fédération sportive ou un organe qu'elle a constitué s'il a exercé la profession d'agent sportif durant l'année écoulée.**

Nul ne peut être actionnaire ou associé d'une société employant des sportifs contre rémunération ou organisant des manifestations sportives s'il a exercé la profession d'agent sportif durant l'année écoulée.

Art. L. 222-11 *(L. nº 2010-626 du 9 juin 2010, art. 1er)* **Nul ne peut obtenir ou détenir une licence d'agent sportif s'il :**

1° A été l'auteur de faits ayant donné lieu à condamnation pénale pour agissements contraires à l'honneur, à la probité ou aux bonnes mœurs ;

2° A été frappé de faillite personnelle ou de l'une des mesures d'interdiction ou de déchéance prévues au livre VI du code de commerce ou, dans le régime antérieur à la loi nº 2005-845 du 26 juillet 2005 de sauvegarde des entreprises, en application du titre VI de la loi nº 85-98 du 25 janvier 1985 relative au redressement et à la liquidation judiciaires des entreprises ou, dans le régime antérieur à cette loi, en application du titre II de la loi nº 67-563 du 13 juillet 1967 sur le règlement judiciaire, la liquidation des biens, la faillite personnelle et les banqueroutes.

Le bulletin nº 2 du casier judiciaire est délivré à la fédération délégataire compétente.

BIBL. ▸ E. Bayle, Les intermédiaires, *RJ éco. sport 1995, nº 35, p. 55.* – J. Bérenger, J.-F. Brocard, J.-P. Karaquillo, F. Lagarde, A. Marque, P. Meyjonade et A. Rouger, Les agents sportifs, *numéro hors-série Jurisport, Juris éd., 2012.* – F. Buy, L'organisation contractuelle du spectacle sportif, préface J. Mestre, *PUAM, 2002.* – R. Bouniol, Quel avenir pour le statut des agents sportifs ?, *Cah. dr. sport 2015, nº 41, p. 43.* – L. Couturier-Boudinière, La protection du sportif mineur, *Justices, mai 2001, hors série, p. 43.* – G. Damy, Comment contrer les pratiques irrégulières dans les conventions d'agents de joueurs de football, *Gaz. Pal. 2006, nº 141, p. 2.* – A. Husting, Quelle intervention communautaire pour réguler la profession d'agent de joueur ?, *RJ éco. sport 2007, nº 85, p. 147* . – J.-P. Karaquillo, La réglementation de l'activité d'intermédiaire du sport, *in* Droit du sport : la loi du 13 juillet 1992, *Dalloz 1994, p. 107* ; Observations relatives au décret nº 2002-649 du 29 avril 2002, *RJ éco. sport 2002, nº 91, p. 77* . – J.-C. Lapouble, Une nouvelle loi sur les agents de joueurs ou une nouvelle loi pour les agents de joueurs ?, *Cah. dr. sport 2010, nº 21, p. 39.* – D. Mainguy et P. Mousseron, Match autour d'un transfert de joueur de football, *Dr. et patr. 2001, nº 99, p. 114.* – J.-M. Marmayou, Un avocat peut-il être agent sportif ?, *Cah. dr. sport 2006, nº 5* ; Le renouvellement de la licence d'agent sportif, *ibid. 2007, nº 7.* – A. Pinna, La prestation internationale de service d'agent sportif, *RDAI, 2005, nº 3, p. 333.* –F. Rizzo, À propos de l'activité d'intermédiaire du sport, *Dr. et patr. 2001, nº 91, p. 40* ; Les contrats d'agents sportif (aspect de droit interne), *D. 2005, nº 37, p. 2594* ; L'exercice illégal de la profession d'agent sportif et de groupement sportif, *LPA 2005, nº 109, p. 12.* – V. Thomas, Les conditions d'octroi de la licence d'agent sportif à une personne morale, *Cah. dr. sport 2006, nº 3.* – Agent sportif, *in Dict. perm. dr. sport (mise à jour périodique).* – Agents des sportifs et groupements sportifs, *in* Lamy droit du sport, *Lamy, oct. 2006.* – Comité national olympique et sportif français, Les agents sportifs, *in Ensemble pour un sport européen : contribution du CNOSF sur le sport professionnel, 2009*. – Étude sur les agents sportifs dans l'Union européenne, réalisée par KEA assisté d'A. Husting, CDES, EOSE, avec l'apport du bureau des Comités olympiques européens auprès de l'Union européenne, pour la direction générale Éducation et Culture de la commission européenne, *nov. 2009*.

COMMENTAIRE

En réglementant en 1992 (L. n° 92-652 du 13 juill. 1992 modifiant la L. n° 84-610 du 16 juill. 1984) l'activité d'intermédiaire du sport en vue de la « légaliser », par dérogation à l'article L. 312-7 du code du travail (prohibant les opérations de placements privés payants), le législateur avait entendu ne pas méconnaître une pratique à laquelle avaient adhéré les utilisateurs. Sociologiquement pertinent, ce dispositif législatif recueillait aussi l'adhésion d'une analyse économique fouillée démontrant l'utilité dans l'échange entre sportifs et groupements sportifs professionnels de l'intermédiaire du sport en tant qu'agent économique (V. la précieuse et minutieuse étude d'A. Rouger, Les intermédiaires sportifs, ouvrage dactyl., *Limoges, juin 1998, 126 p.*).

La loi n° 2000-627 du 6 juillet 2000 est dans la continuité du texte de 1992. Mais elle l'infléchit (en rectifiant la L. du 16 juill. 1984) en l'adaptant à la constatation de ses insuffisances. Pour autant, ce dispositif n'est pas apparu, à l'usage, pleinement satisfaisant.

I. LA RÉGLEMENTATION ANTÉRIEURE À LA LOI N° 2010-626 DU 9 JUIN 2010

A. LA LOI DU 13 JUILLET 1992 ET SON RÈGLEMENT D'APPLICATION (DÉCR. N° 93-393 DU 18 MARS 1993)

Ces textes ont constitué une incontestable avancée : par une officialisation de la profession d'intermédiaire du sport par la voie d'une déclaration préalable accompagnée de documents attestant de garanties matérielles et de moralité :
– en instaurant un régime d'incompatibilités et d'incapacités ;
– en limitant les rémunérations allouées aux agents du sport ;
– en prévoyant des contrôles administratifs et des actions en réparation et des poursuites pénales en cas de manquement à la réglementation.

On conviendra, pourtant, sans mal, qu'une déclaration préalable simple, visa de l'autorité administrative, est de peu d'intérêt. Et de plus, il faut bien convenir que l'indiscipline et l'excès d'individualisme des dirigeants des clubs sportifs professionnels, les réticences des fédérations sportives et ligues nationales à dénoncer activement ainsi que les imperfections du système mis en place n'ont pas contribué à freiner des dérives déjà relevées dans le passé.

B. LA RÉGLEMENTATION ISSUE DE LA LOI DU 6 JUILLET 2000

Cette réglementation régulant l'activité des agents sportifs était empreinte de bons sentiments. Son but, la sauvegarde des principaux acteurs du sport professionnel et la régulation économique de la profession d'agent sportif, en faisait une loi de police et de sûreté – une loi d'application immédiate – qui, pour atteindre son objectif, ne circonscrivait pas égoïstement, et lucidement, son domaine d'intervention aux cas purement internes. Elle saisissait, aussi, les situations présentant des localisations à l'étranger pourvues d'un « point de contact » – tel un club professionnel français ou un sportif professionnel résidant en France – avec le territoire français.

Mieux appréhender et davantage contrôler une activité que le législateur de 1992 avait jugé utile en la « légalisant » était l'ambition des dispositifs législatifs et réglementaires édictés en 2000.

Dans cet esprit, l'exercice de l'activité d'agent sportif exigeait :
– une autorisation préalable concrétisée par l'obtention d'une licence, fédérale, d'agent sportif, en partie calquée sur l'ordonnance du 20 décembre 1986 relative aux agents artistiques (C. trav., art. L. 762-3 s.) et la réglementation de la Fédération internationale de football association (FIFA) de l'époque (on notera en effet que le nouveau règlement sur la collaboration avec les intermédiaires de la FIFA entré en vigueur le 1er avril 2015 prévoit désormais un système d'« enregistrement » des intermédiaires en lieu et place des

licences). Ces textes substituaient, pertinemment, à l'inefficace procédure de déclaration préalable instaurée par la loi du 13 juillet 1992 un rigoureux mécanisme de délivrance d'une licence qui, bien que ne conférant pas à son détenteur le droit de participer au fonctionnement et aux activités fédérales, le soumettait à la discipline fédérale. Cette licence n'était attribuée qu'après une vérification des garanties de moralité – découlant d'incapacités et d'incompatibilités déterminées – et d'aptitudes appréciées au cours d'un examen écrit avec une partie juridique générale et une partie spécifique portant sur la réglementation fédérale ;

– un contrat d'agence sportive soumis à des modalités précises aussi bien quant à celui qui donne mission – une seule des parties au même contrat – que quant au montant de la rémunération de l'agent sportif qui ne pouvait excéder 10 % du montant du contrat visé à l'article L. 222-7 du code du sport, conclu par les parties.

De plus, le législateur imposait, opportunément, des vérifications des pratiques professionnelles de l'agent sportif par la voie de retrait, de renouvellement de licences, de dépôt des mandats et autres contrats auprès de la fédération sportive concernée.

Et le non-respect de ces obligations légales s'accompagnait de sanctions pénales et, pour certaines, de la nullité de plein droit de la convention viciée.

Pour autant, ces textes n'offraient pas aux fédérations sportives nationales suffisamment d'atouts pour remplir avec succès les tâches qui leur étaient dévolues ? Ils suscitaient des regrets autant qu'ils laissaient place à des incertitudes.

C'est pourquoi de nombreux travaux ont été élaborés afin d'inviter les Pouvoirs publics du sport à amender sur plusieurs points la réglementation existante. Parmi ceux-ci, l'étude menée par le sénateur Jean-François Humbert, en 2005, et celle coordonnée par le député Dominique Julliot, en 2006, ont suscité de vifs débats sans être cependant suivis d'effets concrets.

II. LA RÉGLEMENTATION ISSUE DE LA LOI N° 2010-626 DU 9 JUIN 2010

Aussi est-il est apparu judicieux à la Commission du sport professionnel du Comité national olympique et sportif français (CNOSF) de faire réflexion sur des modifications législatives et réglementaires. A ces réflexions a été associé l'ensemble des acteurs et observateurs des disciplines sportives intéressées, et pas seulement ceux du football, basket-ball et rugby professionnels. Les suggestions, présentées le 16 avril 2008 au Conseil d'administration du CNOSF, découlant de ces travaux rejoignent les orientations de réforme du ministère de la Santé, de la Jeunesse et des Sports ayant conduit à la loi du 9 juin 2010.

Ce texte envisage l'accès à l'activité d'agent sportif, l'exercice de cette activité et de son contrôle.

A. QUANT À L'ACCÈS À LA PROFESSION D'AGENT SPORTIF, L'ACCENT EST MIS SUR :

– une extension du champ d'application de l'activité d'agent sportif aux agents d'entraîneurs ainsi qu'aux opérations de transfert ;
– un renforcement des interdictions, incompatibilités et incapacités ;
– des précisions sur l'accès des ressortissants de l'Union européenne et étrangers ;
– l'organisation de l'épreuve générale de l'examen d'agent sportif par le CNOSF.

B. QUANT À L'EXERCICE DE L'ACTIVITÉ D'AGENT SPORTIF, IL EST DÉSORMAIS :

– interdit d'attribuer une licence d'agent sportif à une personne morale ;
– indispensable de préciser les conditions selon lesquelles un agent sportif perçoit ses honoraires (les opérations visées, le débiteur des honoraires, leur assiette et les modalités de versement). Au demeurant, la loi n° 2012-158 du 1er février 2012 visant à renforcer l'éthique du sport et les droits des sportifs autorise désormais les fédérations sportives à fixer la rémunération des agents sportifs et des avocats intervenant en tant que tels à titre de mandataires à un montant inférieur à 10 % de celui du contrat conclu par les parties mises en rapport (V. C. sport, art. L. 222-17, al. 6).

C. QUANT AU CONTRÔLE DE L'ACTIVITÉ D'AGENT SPORTIF, IL EST PRÉVU :

– un transfert du pouvoir disciplinaire fédéral des comités directeurs aux commissions d'agents sportifs dans une configuration appropriée ;

– des prononcés de sanctions disciplinaires à l'encontre non seulement des agents sportifs mais également des sportifs, des entraîneurs et des dirigeants ;
– une diversification des sanctions disciplinaires avec possibilité de prononcer des avertissements, des suspensions provisoires, des sanctions pécuniaires, des retraits de licences ;
– l'attribution d'une licence pour une durée déterminée ;
– une extension des sanctions pénales à toutes violations des textes relatifs aux agents sportifs.

Par ailleurs, l'art. 4-I-1° de la loi n° 2011-331 du 28 mars 2011 (incorporé à l'art. 6 *ter* de la loi modifiée n° 71-1130 du 31 déc. 1971 portant réforme de certaines professions judiciaires et juridiques) précise :
– qu'il entre dans les attributions d'un avocat de représenter, en qualité de mandataire, l'une des parties intéressées à la conclusion de l'un des contrats mentionnés à l'article L. 222-7 du code du sport.
– que bien qu'il exerce dans le cadre de la réglementation qui lui est propre dans l'accomplissement de son mandat, l'avocat est astreint à des obligations particulières concernant sa rémunération et la transmission à la fédération sportive considérée de certains éléments (plafonnement à 10 %, ou à un montant inférieur fixé par la fédération sportive, du montant du contrat conclu par les parties et transmission à cette dernière de ce contrat et du mandat).

Exerçant dans le respect de la réglementation de la profession d'avocat, l'activité de ce dernier ne peut toutefois être celle d'un agent sportif qui, elle, consiste à mettre en rapport les parties intéressées à la conclusion d'un contrat. Une telle activité est en effet une activité de courtage incompatible avec la profession d'avocat (V. en ce sens Rép. min. n° 94.961, *JOAN 1er févr. 2011, p. 1025*, V. note ss. art. L. 222-20).

A vrai dire, le législateur a entendu montrer sa volonté de voir les avocats agir, dans les missions qui sont habituellement les leurs, en complémentarité avec les missions d'intermédiation qui sont de la seule compétence des agents sportifs.

Signalons, pour finir, l'étude sur les agents sportifs dans l'Union européenne (réalisée pour la direction générale éducation et culture de la Commission européenne) parue en novembre 2009 permet d'avoir une vision générale de l'activité d'agent sportif et de son contrôle dans les 27 États de l'Union. Divisée en quatre parties (la première partie vise à appréhender la situation socioprofessionnelle et économique des agents sportifs, la deuxième partie met l'accent sur la régulation des activités des agents sportifs par les autorités publiques et les fédérations sportives internationales et nationales, la troisième partie s'interroge sur la pertinence d'une régulation juridique par les instances de l'Union européenne des activités d'agents sportifs à l'analyse notamment des réglementations européennes, la quatrième partie est consacrée à des recommandations quant aux mesures envisageables en vue d'améliorer le fonctionnement des activités des agents sportifs).

Par ailleurs, on relèvera que, par application de l'article A. 222-1 C. sport (issu de l'Arr. du 19 sept. 2011), des commissions fédérales d'agents sportifs ont été créées au sein des dix-huit fédérations concernées par l'application des articles R. 221-1 et suivants du code du sport.

S'agissant de ces dix-huit fédérations, celles de gymnastique, de motocyclisme, de natation, de pelote basque, de rugby à XIII, de surf et de voile n'avaient délivré aucune licence d'agent sportif au mois de février 2014 tandis que les autres avaient délivré au total 582 licences : athlétisme (12), basket-ball (94), boxe (3), cyclisme (8), football (334), golf (7), handball (14), hockey sur glace (4), rugby (73), tennis (21) et volley-ball (12).

Signalons également que des évolutions sont sans doute à venir sur ce sujet dans la mesure où la proposition de loi visant à préserver l'éthique du sport, à renforcer la régulation et la transparence du sport professionnel et à améliorer la compétitivité des clubs, comprend certaines dispositions ayant pour ambition de mieux contrôler l'activité des agents sportifs.

Il est ainsi notamment prévu d'étendre les missions et les pouvoirs des organismes qui, au sein de chaque fédération, assurent le contrôle administratif, juridique et financier des associations et sociétés sportives qui participent aux compétitions qu'elle organise (de type directions nationales du contrôle de gestion) en les chargeant du contrôle financier de l'activité des agents sportifs autorisés à exercer. Les agents sportifs et les organes concernés de la fédération et de la ligue professionnelle devraient ainsi transmettre à cet organisme les informations et les documents financiers et comptables relatifs à leur activité.

Enfin, il convient également de mentionner les dispositions des articles L. 561-2-16° et L. 561-36-I-13° du code monétaire et financier reproduits ci-dessous dans leur rédaction issue de l'Ordonnance n° 2016-1635 du 1er déc. 2016 renforçant le dispositif français de lutte contre le blanchiment et le financement du terrorisme faisant référence aux personnes exerçant l'activité d'agents sportifs mentionnés à l'article L. 222-7 du code du sport. ❑

Plan des annotations

A. DOMAINE D'APPLICATION DE LA RÉGLEMENTATION RELATIVE À L'ACTIVITÉ D'AGENT SPORTIF

1° APPLICATION EXTRATERRITORIALE DE LA RÉGLEMENTATION FRANÇAISE

1. Les dispositions de l'art. 15-2 de la loi du 16 juill. 1984 [art. L. 222-6 s. C. sport] qui réglementent les activités des agents sportifs rattachés à l'ordre juridique français saisissent également les relations juridiques comportant un élément international. Élaborée en vue de réguler dans un but de protection sociale la profession d'agent sportif, cette réglementation a les traits d'une loi de police et de sûreté. • TGI Paris, 11 sept. 2007, *Lovey c/ Paris Saint-Germain : D. 2008. 2483, note J.-P. Karaquillo* ; *RJ éco. sport n° 88, 2008. 82, obs. J.-P. Karaquillo*. ♦ ... Ou d'ordre public. • Aix-en-Provence, 28 mai 1998, *Assoc. l'Avenir sportif de la Marsa, SA Olympique de Marseille c/ Bismuth : inédit*, confirmé par • Civ. 1re, 18 juill. 2000 : *pourvoi n° 98-19.602*.

2° APPLICATION DE LA RÉGLEMENTATION FRANÇAISE À L'EXCLUSION DE L'APPLICATION DE LA RÉGLEMENTATION DE LA FÉDÉRATION INTERNATIONALE DE LA DISCIPLINE CONSIDÉRÉE

2. Une réglementation édictée par une fédération sportive internationale n'a pas d'effet direct dans l'ordre juridique interne français. En conséquence, doit être rejetée la demande de suspension ou d'annulation d'une décision d'une fédération sportive nationale, relative à l'organisation d'une session d'examen, prétendument contraire à la réglementation internationale visée. • CE 2 févr. 2006 : *req. n° 289701* • CE 8 nov. 2006 : *D. 2007. 924, note Dion*.

3. Une réglementation d'une fédération sportive internationale ne peut avoir de valeur normative d'ordre public. Seule est applicable la réglementation nationale, issue de la loi du 16 juill. 1984 mod., pour apprécier la licéité d'un contrat d'intermédiation conclu par un agent sportif autorisé à exercer son activité conformément à la loi française. Dès lors, un joueur ne peut se prévaloir du défaut d'agrément d'un agent sportif par la fédération sportive internationale pour prétendre invalider le contrat d'agence sportive l'unissant à ce dernier. • Metz, 20 mars 2002 : *RJ éco. sport 2003, n° 66, 50*.

4. Le règlement d'une fédération sportive internationale concernant les contours de l'activité d'un collaborateur d'agent sportif ne peut servir de fondement à des poursuites pénales. • Caen, 31 mars 2010 : *n° 08/00717.*

3° APPLICATION DE LA RÉGLEMENTATION DE LA FÉDÉRATION INTERNATIONALE AU REGARD DU DROIT DE L'UNION EUROPÉENNE

5. V. note 7 ss. art. 102 du Traité de Lisbonne, App., v° *Droit de l'Union européenne.*

4° APPLICATION À UN ENTRAÎNEUR SPORTIF DE LA RÉGLEMENTATION FRANÇAISE (ANTÉRIEUREMENT À LA LOI N° 2010-626 DU 9 JUILLET 2010)

6. C'est à tort que, par référence à l'article 15-2 de la loi du 16 juillet 1984, relatif aux agents sportifs et au dispositif législatif conférant, antérieurement à la loi de cohésion sociale du 18 janvier 2005, un monopole de placement à l'ANPE, un club de football professionnel prétend obtenir l'annulation d'un contrat d'agence sportive portant recherche d'un entraîneur général, au motif que la réglementation sur l'activité d'agent sportif applicable ne visait pas les entraîneurs mais uniquement les sportifs et qu'on été en conséquence violés les textes d'ordre public sur les bureaux de placement. Dans son office d'interprétation de l'article 15-2 susvisé, la cour considère que l'expression « activité sportive » employée par le texte renvoie à l'activité des joueurs mais également à celle des entraîneurs et que, de plus, l'agent sportif bénéficie de la dérogation née de la jurisprudence de la CJUE aux termes de laquelle une activité très spécifique, telle l'activité de placement d'un entraîneur sportif, peut ne pas être remplie par l'organisme de placement de main-d'œuvre officiel pour la satisfaction d'un besoin particulier. • Douai, 22 sept. 2011, *Sté VAFC Valenciennes sport développement : n° 10/03614.*

5° EXTENSION DE L'ACTIVITÉ D'AGENT SPORTIF TELLE QUE DÉFINIE À L'ARTICLE 15-2 DE LA LOI DU 16 JUILLET 1984, PUIS DE L'ARTICLE L. 222-7 C. SPORT

7. N'est pas limité à un contrat de courtage le contrat conclu entre le titulaire d'une licence d'agent sportif et un sportif (un joueur professionnel de football) qui précise que ce contrat est un mandat d'intérêt commun et qui indique que l'agent a pour mission d'assister et/ou de représenter le mandant dans toutes les négociations, conclusions et signatures de tout contrat lié à sa carrière. Il ressort du contenu de ce contrat que le mandataire chargé de la gestion de la carrière professionnelle du joueur a un intérêt réel à l'essor de celle-ci. Aussi ce contrat répond-il à la qualification de mandat d'intérêt commun et ne peut ainsi être révoqué que par consentement mutuel ou pour une cause légitime et non par la volonté unilatérale de l'une des parties. Dès lors, la révocation du mandat de l'agent sportif par le joueur n'étant nullement motivée par un quelconque grief présente un caractère fautif qui engage la responsabilité de son auteur conduisant à une indemnisation du préjudice subi par l'agent calculé, au vu des circonstances de l'espèce, en référence à un pourcentage du montant des salaires perçus par le joueur. • Douai, 21 mars 2011, *Christophe M. et Groupe USM c/ Luigi P. : n° 10/03808.* ♦ Dans le même sens : • Aix-en-Provence, 7 mars 2013 : *n° 12/03571.*

B. ACCÈS À L'ACTIVITÉ D'AGENT SPORTIF

8. N'est pas recevable la demande contestant l'appréciation portée (par un jury fédéral à l'examen d'agent sportif) sur les copies des candidats à l'obtention de la licence d'agent sportif à défaut de prouver que les épreuves n'ont pas respecté l'homologation délivrée par le ministre chargé des sports ou que les notations sont entachées d'erreurs matérielles. • CAA Paris, 7 juin 2012, req. n° 11PA02301 : *D. 2013. Pan. 538, obs. J.-P. Karaquillo*.

9. Est rejetée la requête en annulation d'une décision d'un conseil fédéral d'une fédération sportive, relative aux résultats d'un examen d'agent sportif, affectée d'une irrégularité qui n'est pas de nature à fausser ces résultats. • CAA Paris, 7 juin 2012 : *préc. note 8.*

C. EXERCICE DE L'ACTIVITÉ D'AGENT SPORTIF

1° EXÉCUTION EFFECTIVE DU CONTRAT D'AGENT SPORTIF

10. L'agent sportif à qui il appartient de rapporter la preuve qu'il a eu un rôle actif dans les missions qui lui ont été confiées par un joueur (dans des opérations de transfert) ne peut prétendre, fût-il détenteur d'un mandat exclusif, au paiement de la commission convenue dès lors qu'il ne rapporte pas ladite preuve. • Civ. 1re, 8 févr. 2005 : *RJ éco. sport 2005, n° 75, p. 81, obs. J.-P. Boucheron et F. Lagarde* ; *Cah. dr. sport 2006, n° 3, p. 110, note Bone* • Paris, 27 juin 2008 : *Supp. info n° 2 ; RJ éco. sport 2008, n° 88, Le point juridique, par F. Lagarde.*

2° ÉTENDUE DE L'OBLIGATION DE L'AGENT SPORTIF

11. N'est pas sérieusement contestable l'obligation de paiement par un club (de football professionnel) de la commission d'un agent sportif qui a diligemment rempli les engagements (recherche d'un joueur et conclusion d'un contrat conforme aux spécifications relatives à son profil) auxquels il s'était contractuellement soumis. Ce club ne précisant pas en quoi l'agent sportif aurait manqué à son devoir de renseignement et de conseil, ce dernier ne peut être tenu pour responsable du fait que le joueur recruté n'ait finalement pas convenu pour des choix notamment sportifs. • Nancy, 1er juin 2011, *SASP Nancy Lorraine c/ SARL Nimat FCM : n° 10/00601.*

3° EXÉCUTION LOYALE ET DILIGENTE DU CONTRAT D'AGENT SPORTIF (CESSATION DU CONTRAT D'AGENT SPORTIF)

12. Le joueur qui considère que l'agent sportif, auquel il est lié par un mandat à durée déterminée de recherche, de négociation, de conseil et de gestion sportive, a failli à son obligation contractuelle d'agir au mieux de ses intérêts doit en établir la preuve. • Pau, 12 févr. 1997, *Nelcha : req. n° 567/97* • TGI Montpellier, 8 avr. 2008, *Chamoulaud c/ Julian : req. n° 05/06602.* ♦ Il en est de même pour un joueur qui entend engager la responsabilité de son agent pour manquement à son devoir d'information et de conseil. • Bordeaux, 5 sept. 2013 : *n° 12/01077.*

13. La révocation unilatérale imputable au joueur au détriment de l'agent sportif muni d'un mandat d'entremise avec clause d'irrévocabilité donne lieu à l'attribution de dommages et intérêts dans la mesure où le joueur n'invoque aucun motif légitime justifiant sa décision. • Pau, 12 févr. 1997, *Nelcha : préc. note 12.* ♦ En l'absence d'inexécution fautive, est abusive la rupture unilatérale par un joueur d'un contrat d'agence sportive liant ce dernier à son agent sportif prévoyant que celui-ci ne pourra être rompu avant son terme qu'en cas de manquements contractuels. • TGI Montpellier, 8 avr. 2008, *Chamoulaud c/ Julian : préc. note 12.* ♦ Sol. conf. par • Montpellier, 4 mars 2009 : *req. n° 08/03182.* Dans le même sens : • Aix-en-Provence, 7 mars 2013 : *n° 12/03571.*

14. A défaut de preuve fournie par un sportif (footballeur professionnel) d'une attitude grave ou même d'un manque de diligence dans l'accomplissement de ses missions par l'agent sportif avec lequel il avait contracté, la rupture unilatérale du contrat d'agence sportive par le sportif lui est imputable et ce dernier est redevable, à l'égard de l'agent, d'une indemnité équivalente à la commission fixée dans le contrat de l'agent sportif qui répare le préjudice subi par celui-ci en tenant compte tant de la dimension financière que morale. • Orléans, 27 oct. 2011, *F. N'Ganga c/ A. Krstic : n° 11/00480.* ♦ Doit également être indemnisé sur le fondement d'une perte de gains l'agent sportif qui, par la faute d'un joueur qui, au mépris de ses engagements contractuels, ne l'a pas informé des négociations avec un club en vue de la conclusion d'un contrat. Le préjudice subi par l'agent sportif résultant de la faute du joueur correspond à la rémunération dont il a été privé. • Douai, 21 janv. 2013 : *n° 12/03411.* ♦ L'agent sportif peut se prévaloir d'un préjudice économique constitué par la perte de chance de faire signer un contrat à un joueur de rugby ayant fait l'objet d'un transfert réalisé sans son entremise. • Grenoble, 13 janv. 2015, n° 14/01865 : *Dict. perm. dr. sport 2015, Bull. n° 220, p. 10, obs. J. Bérenger.*

4° RÉMUNÉRATION DE L'AGENT SPORTIF

15. Ne constitue pas une atteinte suffisamment grave et immédiate, révélant une urgence, affectant les intérêts des agents sportifs la décision de la Fédération française de football abaissant (par application de l'art. 6 de la L. n° 2012-157 du 1er févr. 2012) le montant de leur rémunération à un taux inférieur à 10 % du contrat conclu par les parties mises en rapport. • CE, réf., 27 juill. 2012, *UASF et SNAS,* req. n° 361328 : *JS 2013, n° 127, p. 29, obs. E. Honorat* ; *D. 2013. Pan. 538, obs. J.-P. Karaquillo* ; *Cah. dr. sport 2012, n° 29, p. 77, obs. F. Colin.*

16. Ne porte pas une atteinte disproportionnée aux libertés d'entreprendre et contractuelle ainsi qu'au principe d'égalité et à la compétence du Parlement, justifiant le renvoi au Conseil constitutionnel, le texte de l'art. 6 de la L. n° 2012-157 du 1er févr. 2012 autorisant les fédérations sportives à prévoir, s'agissant de la rémunération des agents sportifs, un taux inférieur à 10 % du contrat conclu entre les parties. • CE 29 oct. 2012, *UASF et SNAS,* req. n° 361327 : *JS 2013, n° 127, p. 29, obs. E. Honorat* ; *D. 2013. Pan. 538, obs. J.-P. Karaquillo* .

17. Aucune rémunération ni aucune indemnisation ne sont dues à un agent sportif dont l'activité au profit d'un joueur a été inconsistante et a révélé un manque de diligence caractérisée obligeant ce dernier à négocier seul un contrat d'engagement après avoir rompu la relation contractuelle avec cet agent. • Colmar, 29 nov. 2013 : *RG n° 12/00876 : Cah. dr. sport 2013, n° 34, p. 73, obs. J-M Marmayou.*

18. La commission due par un club à une société d'agence sportive doit, en application des termes du contrat, être calculée sur la base des sommes effectivement versées par le club au joueur recruté par l'intermédiaire de l'agent sportif considéré. • Com., 4 nov. 2014, n° 13-21.873 : *Dict. perm. dr. sport 2015, Bull. n° 219, p. 13, obs. J. Bérenger.*

19. L'agent sportif ne peut prétendre à rémunération dans le cas où une clause contractuelle conditionne le paiement de l'agent à la présence effective du joueur, alors que ce dernier a fait l'objet d'un prêt temporaire. • Douai, 28 mai 2015, n° 13/07098 : *Dict. perm. dr. sport 2015, Bull. n° 225, p. 13, obs. J. Bérenger.*

20. La rupture anticipée du contrat du joueur n'impacte pas la rémunération de l'agent sportif portant sur la rémunération brute globale du joueur dans la mesure où le droit à rémunération naît au moment de la conclusion du contrat de travail et que les dispositions contractuelles sont claires et sans équivoque. • Lyon, 24 nov. 2015, n° 14/07268 : *JS 2016, n° 160, p. 9, obs. J. Mondou.*

D. SANCTIONS DE LA VIOLATION DE LA RÉGLEMENTATION RELATIVE À L'ACTIVITÉ D'AGENT SPORTIF

1° SANCTIONS CIVILES

21. Est nulle et de nul effet la convention liant un agent sportif à un club sportif en violation des dispositions législatives et réglementaires applicables relatives à l'activité d'agent sportif. Il en découle que l'agent est tenu de restituer les sommes indûment versées sans qu'il ne puisse pertinemment invoquer l'adage *nemo auditur* ou l'enrichissement sans cause. • Colmar, 22 nov. 2005, *SA Frederik Sport International c/ SASP Racing Club de Strasbourg Football : req. n° 04/02311* • Aix-en-Provence, 21 sept. 2006, *SARL BD Sport et Consulting c/ Sté Deansworld Corporation : JCP n° 50, 2006, comm. Rizzo* • TGI Paris, 11 sept. 2007 : *préc. note 1.*

22. Doit être débouté de sa demande en paiement d'honoraires adressée à un club sportif l'agent sportif dont le contrat de mission avec ce club révélait une situation de double mandatement. L'agent sportif étant intervenu comme conseiller du club et comme mandataire de l'entraîneur et de deux joueurs recrutés, le contrat de mission de l'agent sportif est frappé de nullité en application de l'art. L. 222-10 C. sport. • Civ. 1re, 2 avr. 2009 : *RJ éco. sport 2009, n° 91, p. 33, obs. F. Lagarde.* ♦ La preuve du double mandatement peut être apportée par des coupures de presse établissant de manière concordante que l'agent du club défendeur était bien l'agent du joueur lorsque celui-ci s'est engagé avec le club. • Rennes, 28 oct. 2014, RG n° 13/00915 : *JS 2014, n° 148, p. 9, obs. J. Mondou ; Dict. perm. dr. sport 2015, Bull. n° 220, p. 11, obs. J. Bérenger.* ♦ V. également pour une solution identique. • Lyon, 6 sept. 2016, n° 15/0049. ♦ Est entaché de nullité le mandat conclu entre un club et un agent sportif aux fins de négociation avec un joueur, lorsqu'il ressort des pièces communiquées par le club (dossier de presse, profil LinkedIn…) que l'agent était aussi celui du joueur et avait par conséquent agi pour les deux parties au même contrat. • Lyon, 6 sept. 2016, n° 15/00049 ♦ En revanche, en l'absence de preuve, le double mandatement ne peut être retenu. • Rennes, 29 sept. 2015, n° 13/04080 : *JS 2015, n° 158, p. 9, obs. J. Mondou.*

23. Sont nulles, en application des dispositions législatives et réglementaires applicables, les conventions d'intermédiaires passées entre un agent sportif et un club de basket-ball professionnel au sein duquel l'agent sportif avait un rôle de dirigeant de fait. En conséquence, l'agent sportif est condamnée à restituer les honoraires versés en vertu de l'exécution des conventions annulées. • Limoges, 1er oct. 2003, *Rose c/ SAOS Limoges CSP : req. n° 02/01566.*

24. Viole les dispositions du décret du 27 avr. 2004 [art. R. 222-11 C. sport] applicables en l'espèce à des contrats négociés avec un club professionnel français les 2 et 3 juin 2004 la cour d'appel qui a condamné ce club à payer des commissions à un agent sportif détenteur d'une licence délivrée par un État membre de l'Union européenne. Ce dernier n'ayant pas obtenu, en méconnaissance des dispositions susvisées, l'agrément de la commission des agents sportifs de la fédération française de la discipline sportive concernée en vue de l'exercice en France de son activité. • Soc. 12 janv. 2010 : *pourvoi n° 08-15.289.*

25. Doit être annulé le contrat d'agence sportive conclu entre un club (de football professionnel) et une société exerçant sur le territoire français sans être titulaire d'une licence d'agent sportif ainsi que l'exigent les dispositions législatives applicables. Toutefois, le club doit être condamné à verser à la société en cause la somme correspondant à la commission réclamée par celle-ci du fait de l'exécution de la prestation. • Bordeaux, 26 mars 2015, *Sté BSP International c/ SASP Toulouse FC :* n° 14/00138 : *Cah. dr. sport 2015, n° 40, p. 83, obs. J.-M. Marmayou.* ♦ Une société exerçant sur le territoire français sans être titulaire d'une licence d'agent sportif n'est pas fondée à solliciter auprès d'un joueur avec lequel elle avait signé un contrat de mandat exclusif le paiement de la commission relative à la signature d'un contrat par le joueur lui-même. • Pau, 2 oct. 2015, n° 15/3708 : *JS 2015, n° 158, p. 10, obs. J. Mondou.*

26. L'absence de mise en œuvre d'une clause contractuelle imposant la saisine préalable de la commission des agents sportifs (de la FFF en l'espèce) doit conduire à l'irrecevabilité de la demande. • Rennes, 7 mai 2015, n° 12/01107 : *JS 2015, n° 155, p. 9, obs. J. Mondou ; Dict. perm. dr. sport 2015, Bull. n° 225, p. 12, obs. J. Bérenger.* ♦ En revanche, pour pouvoir être opposée au demandeur, la clause prévoyant une procédure de conciliation doit préciser de façon effective les modalités matérielles ou conditions particulières de mise en œuvre permettant le respect de l'obligation qui s'impose, la procédure de conciliation ne devant pas simplement constituer un objectif théorique. • Bordeaux, 26 mars 2015, n° 14/00138 : *Dict. perm. dr. sport 2015, Bull. n° 225, p. 12, obs. J. Bérenger.*

2° SANCTIONS DISCIPLINAIRES (ET MESURES ADMINISTRATIVES)

a. Préalable obligatoire de conciliation

27. Avant la loi n° 2010-626 du 9 juin 2010. La contestation d'une mesure disciplinaire prise par une fédération sportive à l'encontre d'un agent sportif peut être directement déférée devant le juge administratif sans que puisse être opposée la non-saisine préalable de la conciliation du Comité national olympique et sportif français (CNOSF), la licence d'agent sportif n'ayant ni pour objet, ni pour effet, de conférer à l'intéressé la qualité de licencié au sens des dispositions de l'art. 19-IV de la loi du 16 juill. 1984 mod. [art. L. 141-4 C. sport]. Ainsi, le litige né entre un agent sportif et la fédération française de rugby, consécutivement au prononcé d'un avertissement, n'est pas au nombre de ceux pour lesquels la saisine du CNOSF à fins de conciliation constitue un préalable obligatoire à tout recours contentieux. • TA Limoges, 29 mars 2007 : *RJ éco. sport 2007, n° 84, p. 59, note J.-P. Karaquillo et F. Lagarde .* ♦ *Contra*, implicitement : • CE 7 août 2007, *Féd. fr. de rugby : Dict. perm. dr. sport 2008, Bull. n° 142, p. 6091.*

28. Depuis la loi n° 2010-626 du 9 juin 2010. Désormais, le texte de l'art. L. 141-4 C. sport énonce que « le Comité national olympique et sportif français est chargé d'une mission de conciliation dans les conflits opposant les licenciés, les agents sportifs, les associations et sociétés sportives et les fédérations sportives agréées, à l'exception des conflits mettant en cause des faits de dopage ». Sur le fondement de ce texte, les conciliateurs ont eu l'occasion de se prononcer à propos de décisions fédérales concernant le renouvellement de la licence d'agent sportif.

b. Irrégularité procédurale

29. Un agent sportif est fondé à demander et à obtenir l'annulation de la décision d'avertissement prise par le comité directeur de la fédération française de rugby, en présence de personnes qui n'en sont pas membres et qui n'ont pas été autorisées à y participer, bien qu'elles ne soient pas intervenues lors du vote. • TA Limoges, 29 mars 2007 : *préc. note 27.*

c. Recours hiérarchique

30. Le ministre chargé des sports ne dispose, en vertu de l'art. L. 111-1 C. sport, que d'un pouvoir de tutelle sur les fédérations sportives qui exercent leur activité en toute indépendance, conformément à l'art. L. 131-1 du même code. Est dès lors facultatif, et sans incidence sur le point de départ du délai de recours contentieux, le recours hiérarchique auprès du ministre contre une décision d'une fédération sportive nationale (la fédération française de rugby) refusant le renouvellement d'une licence d'agent sportif. • CE 7 août 2007 : *préc. note 27.* ♦ Les fédérations sportives exercent leur activité en toute indépendance, conformément à l'art. L. 131-1 C. sport. En conséquence, le ministre chargé des sports ne pouvait que rejeter la demande d'annulation d'une décision du comité directeur de la Fédération française de rugby de ne pas renouveler la licence d'agent sportif du requérant. • TA Pau, 6 janv. 2009 : *RJ éco. sport 2009, n° 90, p. 33 .* ♦ Dans le même sens : • CAA Paris, 7 juin 2012 : *préc. note 8.*

3° SANCTIONS PÉNALES

31. Un agent sportif ne peut cumuler les fonctions d'agent du sportif et d'agent du club qui recrute le sportif. Aussi, commet le délit d'exercice illégal de l'activité d'agent sportif une personne établie dans un pays de l'Union européenne, ni déclarée auprès de l'administration française, ni titulaire d'une licence délivrée par la fédération sportive compétente. • Crim. 24 janv. 2006 : *D. 2006. 2649, note J.-P. Karaquillo .* ♦ Commet le délit de complicité d'exercice illégal de l'activité d'agent sportif la personne habilitée à exercer la profession d'agent sportif, qui convient avec une personne représentant le sportif, qu'il sait ne pas être habilitée, de représenter les deux parties à la négociation du contrat de travail d'un sportif avec un club, en contrepartie du partage de la commission versée par le club. • Même arrêt.

32. Méconnaît le principe de la légalité criminelle la cour d'appel qui prononce, même assortie du sursis, une interdiction d'exercer la profession d'agent sportif à l'encontre d'une personne condamnée pour complicité d'exercice illégal de l'activité d'agent sportif, alors que l'interdiction d'exercer ne constitue ni une peine principale, ni une peine complémentaire expressément prévue par la législation en vigueur. • Crim. 24 janv. 2006 : *préc. note 31.*

33. Justifie sa décision la cour d'appel qui déclare un agent sportif, coupable d'infraction à l'art. 15-2 de la loi du 16 juill. 1984, en raison d'un double commissionnement matérialisé par la perception de rémunérations à la fois par un club et par des joueurs de ce club et d'une incompatibilité provenant de l'exercice de l'activité d'agent sportif et d'une direction de fait au sein dudit club. • Crim. 19 oct. 2005 : *pourvoi n° 04-85.098.*

34. Doit être relaxé du délit d'exercice illégal de l'activité d'agent sportif le collaborateur d'un agent sportif licencié non titulaire d'une licence d'agent sportif, à défaut de preuves avérées de son implication dans la négociation de transferts de joueurs (de football professionnels). Le fait que l'intéressé ait été recruté aux fins de suivi administratif et de contacts avec les joueurs alors que la loi française ne règle pas la situation des collaborateurs d'agents sportifs, que la FIFA cantonne à des tâches administratives, ne peut suffire à constituer le délit poursuivi, le règlement FIFA ne pouvant en effet servir de base à des poursuites pénales. • Caen, 31 mars 2011 : *n° 08/00717.*

Art. L. 222-12 *(L. n° 2010-626 du 9 juin 2010, art. 1er)* **Sont soumis aux incompatibilités et incapacités prévues aux articles L. 222-9 à L. 222-11 les préposés d'un agent sportif ou de la société qu'il a constituée pour l'exercice de son activité.**

Il est interdit d'être préposé de plus d'un agent sportif ou de plus d'une société au sein de laquelle est exercée l'activité d'agent sportif.

Art. L. 222-13 *(L. n° 2010-626 du 9 juin 2010, art. 1er)* **Lorsque l'agent sportif constitue une société pour l'exercice de sa profession, ses dirigeants, associés ou actionnaires sont soumis aux incompatibilités et incapacités prévues aux articles L. 222-9 à L. 222-11.**

Lorsque l'agent sportif constitue une personne morale pour l'exercice de sa profession, ses associés ou actionnaires ne peuvent en aucun cas être :

1° Une association ou une société employant des sportifs contre rémunération ou organisant des manifestations sportives ;

2° Une fédération sportive ou un organe qu'elle a constitué.

Art. L. 222-14 *(L. n° 2010-626 du 9 juin 2010, art. 1er)* **Lorsque l'agent sportif constitue une personne morale pour l'exercice de sa profession, ses dirigeants, associés ou actionnaires ne peuvent être des sportifs ou des entraîneurs pour lesquels l'agent peut exercer l'activité mentionnée au premier alinéa de l'article L. 222-7.**

Art. L. 222-15 *(L. n° 2010-626 du 9 juin 2010, art. 1er)* **L'activité d'agent sportif peut être exercée sur le territoire national, dans les conditions prévues aux articles L. 222-5 à L. 222-22, par les ressortissants d'un État membre de l'Union européenne ou d'un État partie à l'accord sur l'Espace économique européen :**

1° Lorsqu'ils sont qualifiés pour l'exercer dans l'un des États mentionnés au premier alinéa du présent article dans lequel la profession ou la formation d'agent sportif est réglementée ;

(Ord. n° 2016-1809 du 22 déc. 2016, art. 20-1°) **« 2° Ou lorsqu'ils ont exercé, au cours des dix années précédentes, pendant au moins une année à temps plein ou pendant une durée totale équivalente à temps partiel, la profession d'agent sportif dans un des États mentionnés au premier alinéa dans lequel ni la profession ni la formation d'agent sportif ne sont réglementées et qu'ils sont titulaires d'une ou plusieurs attestations de compétence ou d'un titre de formation délivré par l'autorité compétente de l'État d'origine. »**

Un décret en Conseil d'État fixe les conditions auxquelles est soumis l'exercice de l'activité d'agent sportif par les ressortissants de l'Union européenne ou d'un État partie à l'accord sur l'Espace économique européen souhaitant s'établir sur le territoire national, lorsqu'il existe une différence substantielle de niveau entre la qualification dont les intéressés se prévalent et les exigences requises pour l'obtention de la licence visée à l'article L. 222-7.

L'activité d'agent sportif peut également être exercée de façon temporaire et occasionnelle par les ressortissants légalement établis dans un État membre de l'Union européenne ou dans un État partie à l'accord sur l'Espace économique européen dans le respect de l'article L. 222-11. Toutefois, lorsque ni l'activité concernée ni la formation permettant de l'exercer ne sont réglementées dans l'État membre d'établissement, ses ressortissants doivent l'avoir exercée pendant au moins *(Ord. n° 2016-1809 du 22 déc. 2016, art. 20-2°)* **« une année à temps plein ou à temps partiel pendant une durée totale équivalente, » au cours des dix années qui précèdent son exercice sur le territoire national.**

Les ressortissants d'un État membre de l'Union européenne ou d'un État partie à l'accord sur l'Espace économique européen doivent, préalablement à l'exercice de l'activité d'agent sportif sur le territoire national, y compris temporaire et occasionnelle, en faire la déclaration à la fédération délégataire compétente selon des modalités définies par décret en Conseil d'État.

Art. L. 222-16 *(L. n° 2010-626 du 9 juin 2010, art. 1er)* Le ressortissant d'un État qui n'est pas membre de l'Union européenne ou partie à l'accord sur l'Espace économique européen et qui n'est pas titulaire d'une licence d'agent sportif mentionnée à l'article L. 222-7 doit passer une convention avec un agent sportif ayant pour objet la présentation d'une partie intéressée à la conclusion d'un contrat mentionné au même article L. 222-7.

La convention de présentation mentionnée au premier alinéa du présent article doit être transmise à la fédération délégataire compétente.

Un agent sportif établi dans un des États ou territoires considérés comme non coopératifs au sens de l'article 238-0 A du code général des impôts ne peut exercer l'activité d'agent sportif sur le territoire national.

Toute convention de présentation conclue avec un tel agent est nulle.

Art. L. 222-17 *(L. n° 2010-626 du 9 juin 2010, art. 1er)* Un agent sportif ne peut agir que pour le compte d'une des parties aux contrats mentionnés à l'article L. 222-7.

Le contrat écrit en exécution duquel l'agent sportif exerce l'activité consistant à mettre en rapport les parties intéressées à la conclusion d'un des contrats mentionnés à l'article L. 222-7 précise :

1° Le montant de la rémunération de l'agent sportif, qui ne peut excéder 10 % du montant du contrat conclu par les parties qu'il a mises en rapport ;

2° La partie à l'un des contrats mentionnés à l'article L. 222-7 qui rémunère l'agent sportif.

Lorsque, pour la conclusion d'un contrat mentionné à l'article L. 222-7, plusieurs agents sportifs interviennent, le montant total de leurs rémunérations ne peut excéder 10 % du montant de ce contrat.

(L. n° 2012-158 du 1er févr. 2012, art. 6-I) « Par dérogation au 1° et au cinquième alinéa, les fédérations délégataires peuvent fixer, pour la rémunération du ou des agents sportifs, un montant inférieur à 10 % du contrat conclu par les parties mises en rapport. »

Le montant de la rémunération de l'agent sportif peut, par accord entre celui-ci et les parties aux contrats mentionnés à l'article L. 222-7, être pour tout ou partie acquitté par le cocontractant du sportif ou de l'entraîneur. *(Abrogé par L. n° 2010-1657 du 29 déc. 2010, art. 103, applicable à compter de l'imposition des revenus de l'année 2011)* ***« Cette rémunération n'est alors pas qualifiée d'avantage en argent accordé au sportif ou à l'entraîneur en sus des salaires, indemnités ou émoluments. »*** L'agent sportif donne quittance du paiement au cocontractant du sportif ou de l'entraîneur.

Toute convention contraire au présent article est réputée nulle et non écrite.

Loi n° 71-1130 du 31 décembre 1971,

Portant réforme de certaines professions judiciaires et juridiques.

Art. 10 *(L. n° 2015-990 du 6 août 2015, art. 51-I-6°)* « Les honoraires de postulation, de consultation, d'assistance, de conseil, de rédaction d'actes juridiques sous seing privé et de plaidoirie sont fixés en accord avec le client.

« En matière de saisie immobilière, de partage, de licitation et de sûretés judiciaires, les droits et émoluments de l'avocat sont fixés sur la base d'un tarif déterminé selon des modalités prévues au titre IV *bis* du livre IV du code de commerce.

« Sauf en cas d'urgence ou de force majeure ou lorsqu'il intervient au titre de l'aide juridictionnelle totale ou de la troisième partie de la loi n° 91-647 du 10 juillet 1991 relative à l'aide juridique, l'avocat conclut par écrit avec son client une convention d'honoraires, qui précise, notamment, le montant ou le mode de détermination des honoraires couvrant les diligences prévisibles, ainsi que les divers frais et débours envisagés.

« Les honoraires tiennent compte, selon les usages, de la situation de fortune du client, de la difficulté de l'affaire, des frais exposés par l'avocat, de sa notoriété et des diligences de celui-ci.

« Toute fixation d'honoraires qui ne le serait qu'en fonction du résultat judiciaire est interdite. Est licite la convention qui, outre la rémunération des prestations effectuées, prévoit la fixation d'un honoraire complémentaire en fonction du résultat obtenu ou du service rendu. »

(L. nº 2011-331 du 28 mars 2011, art. 4-I) « Dans le mandat donné à un avocat pour la conclusion de l'un des contrats mentionnés au premier alinéa de l'article L. 222-7 du code du sport, il est précisé le montant de ses honoraires, qui ne peuvent excéder 10 % du montant de ce contrat. Lorsque, pour la conclusion d'un tel contrat, plusieurs avocats interviennent ou un avocat intervient avec le concours d'un agent sportif, le montant total de leur rémunération ne peut excéder 10 % du montant de ce contrat. L'avocat agissant en qualité de mandataire de l'une des parties intéressées à la conclusion d'un tel contrat ne peut être rémunéré que par son client. »

(L. nº 2012-158 du 1er févr. 2012, art. 6-II) « Par dérogation aux dispositions de l'avant-dernier alinéa, les fédérations sportives délégataires peuvent fixer, pour la rémunération du ou des avocats, un montant inférieur à 10 % du contrat conclu par les parties mises en rapport. »

Art. 10-1 *(L. nº 2015-990 du 6 août 2015, art. 51-I-7º)* Lorsque, pour vérifier le respect du troisième alinéa de l'article 10 de la présente loi, l'autorité administrative chargée de la concurrence et de la consommation fait usage des pouvoirs mentionnés au 1° du III *bis* de l'article L. 141-1 du code de la consommation, elle en informe le bâtonnier du barreau concerné par écrit, au moins trois jours avant [auparavant].

Les art. 1er, 5, 8, 8-1, 10, 10-1 et 53 de la L. nº 71-1130 du 31 déc. 1971 portant réforme de certaines professions judiciaires et juridiques, dans leur rédaction résultant de l'art. 51 de la L. nº 2015-990 du 6 août 2015, sont applicables en Nouvelle-Calédonie, en Polynésie française et à Wallis-et-Futuna.

Ce même art. 51 est applicable sur le territoire de Saint-Pierre-et-Miquelon aux membres du corps des agréés aux îles Saint-Pierre-et-Miquelon.

En matière administrative, les agréés en exercice à Saint-Pierre-et-Miquelon peuvent postuler devant la cour administrative d'appel territorialement compétente pour connaître des appels interjetés à l'encontre des jugements du tribunal administratif de Saint-Pierre-et-Miquelon (L. nº 2015-990 du 6 août 2015, art. 51-III et IV).

Art. L. 222-18 *(L. nº 2010-626 du 9 juin 2010, art. 1er)* **Au titre de la délégation de pouvoir qui leur est concédée, les fédérations délégataires et, le cas échéant, les ligues professionnelles qu'elles ont constituées veillent à ce que les contrats mentionnés aux articles L. 222-7 et L. 222-17 préservent les intérêts des sportifs, des entraîneurs et de la discipline concernée et soient conformes aux articles L. 222-7 à L. 222-17. A cette fin, elles édictent les règles relatives :**

1° A la communication des contrats mentionnés à l'article L. 222-7 et de ceux mentionnés au deuxième alinéa de l'article L. 222-17 ;

2° A l'interdiction à leurs licenciés ainsi qu'à leurs associations et sociétés affiliées de recourir aux services d'une personne exerçant l'activité mentionnée au premier alinéa de l'article L. 222-7 qui ne détient pas de licence d'agent sportif au sens de ce même article ;

3° Au versement de la rémunération de l'agent sportif, qui ne peut intervenir qu'après transmission du contrat visé au deuxième alinéa de l'article L. 222-17 à la fédération délégataire compétente.

Loi n° 71-1130 du 31 décembre 1971,

Portant réforme de certaines professions judiciaires et juridiques.

Art. 66-5 *(L. nº 97-308 du 7 avr. 1997, art. 4)* En toutes matières, que ce soit dans le domaine du conseil ou dans celui de la défense, les consultations adressées par un avocat à son client ou destinées à celui-ci, les correspondances échangées entre le client et son avocat, entre l'avocat et ses confrères *(L. nº 2004-130 du 11 févr. 2004, art. 34)* « à l'exception pour ces dernières de celles portant la mention "officielle" », les notes d'entretien et, plus généralement, toutes les pièces du dossier sont couvertes par le secret professionnel.

(Ord. nº 2009-112 du 30 janv. 2009, art. 9, en vigueur le 1er févr. 2009) « Ces dispositions ne font pas obstacle, à compter de la conclusion d'un contrat de fiducie, à l'application à l'avocat qui a la qualité de fiduciaire, de la réglementation spécifique à cette activité, sauf pour les correspondances, dépourvues de la mention "officielle", adressées à cet avocat par un confrère non avisé qu'il agit en cette qualité. »

(L. nº 2011-331 du 28 mars 2011, art. 4-I) « Le présent article ne fait pas obstacle à l'obligation pour un avocat de communiquer les contrats mentionnés à l'article L. 222-7 du code du sport et le contrat par lequel il est mandaté pour représenter l'une des parties intéressées à la conclusion de l'un de ces contrats aux fédérations sportives délégataires et, le cas échéant, aux ligues professionnelles qu'elles ont constituées, dans les conditions prévues à l'article L. 222-18 du même code. »

Art. L. 222-19 *(L. nº 2010-626 du 9 juin 2010, art. 1er)* **Les fédérations délégataires compétentes édictent des sanctions à l'encontre des agents sportifs, des licenciés et des associations et sociétés affiliées, en cas de :**

1° Non-communication :

***a)* Des contrats mentionnés à l'article L. 222-7 ;**

***b)* Des contrats mentionnés au deuxième alinéa de l'article L. 222-17 ;**

2° Non-respect des articles L. 222-5 et L. 222-7 à L. 222-18 ;

3° Non-communication des documents nécessaires au contrôle de l'activité de l'agent.

Art. L. 222-19-1 *(L. nº 2011-331 du 28 mars 2011, art. 4-II)* **Lorsque la fédération délégataire compétente constate qu'un avocat, agissant en qualité de mandataire de l'une des parties intéressées à la conclusion d'un des contrats mentionnés au premier alinéa de l'article L. 222-7, a méconnu les obligations relatives au contenu et à la communication de ces contrats ainsi que du mandat qu'il a reçu, elle en informe le bâtonnier du barreau auquel l'avocat est inscrit qui apprécie la nécessité d'engager des poursuites disciplinaires dans les conditions prévues par les textes qui régissent la profession d'avocat.**

Art. L. 222-20 *(L. nº 2010-626 du 9 juin 2010, art. 1er)* **Est puni de deux ans d'emprisonnement et de 30 000 € d'amende le fait d'exercer l'activité définie à l'article L. 222-7 :**

1° Sans avoir obtenu la licence d'agent sportif ou en méconnaissance d'une décision de suspension ou de retrait de cette licence ;

2° Ou en violation du deuxième alinéa de l'article L. 222-5 ou des articles L. 222-9 à L. 222-17.

Le montant de l'amende peut être porté au-delà de 30 000 € jusqu'au double des sommes indûment perçues en violation des 1° et 2° du présent article.

BIBL. ▸ **Avant la loi du 28 mars 2011 :** G. Gailhabaud, L'avocat et l'activité d'agent sportif, *Gaz. Pal. 31 juill.-4 août 2009, p. 2.* – J.-M. Marmayou, L'avocat peut-il être agent sportif ?, *D. 2007. 746* ✎. – F. Doucet, De l'exercice pratique de deux professions compatibles, *JS 2010, nº 98, p. 38* ✎. – B. Peyrelevade, De l'exercice pratique de deux professions complémentaires, *JS 2010, nº 98, p. 42* ✎.

Depuis la loi du 28 mars 2011 : J. Bérenger, J.-F. Brocard, J.-P. Karaquillo, F. Lagarde, A. Marque, P. Meyjonade et A. Rouger, Les agents sportifs, *numéro hors-série Jurisport, Juris éd,. 2012.*

1. Avocat, agent sportif. S'il entre dans les attributions d'un avocat de représenter, dans le cadre d'un mandat, les intérêts d'un sportif ou d'un club, l'activité consistant à mettre en rapport les parties intéressées à la conclusion d'un contrat relatif à l'exercice d'une activité sportive, qui caractérise l'activité d'agent sportif, constitue, en revanche, une activité de courtage, par nature commerciale et, de ce fait, interdite aux avocats, * Rép. min n° 94961 : *JOAN, 1er févr. 2011, p. 1025 ; D. 2011 Actu. 525.* ♦ C'est dans le but d'encadrer davantage les conditions dans lesquelles sont conclus les contrats portant sur l'exercice rémunéré d'une activité sportive que le choix a été fait de soumettre les avocats aux mêmes obligations que celles imposées aux agents sportifs, à l'exception de la détention d'une licence. Le dispositif, tel qu'adopté par le Sénat, est parfaitement équilibré en ce qu'il conserve les principes qui s'attachent à la profession d'avocat, tout en garantissant la moralisation du sport par la soumission des avocats à la limitation de leur rémunération à 10 % du montant du contrat conclu avec le club et à l'obligation de transmission de tous les contrats aux fédérations sportives. Si la fédération détecte un abus, elle en informera le bâtonnier qui diligentera s'il y a lieu des poursuites disciplinaires. * Rép. min n° 94961 : *préc.*

2. Paiement de commissions d'un avocat agissant en qualité d'agent sportif licencié. L'avocat ayant exécuté au profit d'une société sportive des prestations de recherche de joueurs professionnels de rugby en étant muni d'une licence fédérale d'agent sportif, et agissant en tant que tel, perçoit des commissions forfaitaires associées au résultat des recherches opérées. Il ne saurait prétendre qu'il a accompli des prestations entrant dans le champ d'application de l'art. 10 de la loi n° 71-1130 du 31 déc. 1971 portant réforme de certaines professions judiciaires et juridiques et que ces commissions sont des honoraires dont le non-paiement relève de la compétence du bâtonnier de son ordre. • Civ. 2e, 8 mars 2012, *Gyucha,* pourvoi n° 11-13.782 : *JS 2013, n° 127, p. 19, obs. A. Lacabarats.*

Loi n° 71-1130 du 31 décembre 1971,

Portant réforme de certaines professions judiciaires et juridiques.

Art. 6 *ter* *(L. n° 2011-331 du 28 mars 2011, art. 4-I)* Les avocats peuvent, dans le cadre de la réglementation qui leur est propre, représenter, en qualité de mandataire, l'une des parties intéressées à la conclusion de l'un des contrats mentionnés au premier alinéa de l'article L. 222-7 du code du sport.

La méconnaissance par un avocat exerçant l'activité mentionnée au premier alinéa des obligations résultant pour lui du dernier alinéa des articles 10 et 66-5 de la présente loi ainsi que du deuxième alinéa de l'article L. 222-5 du code du sport est passible des peines prévues au premier alinéa de l'article L. 222-20 du même code. Le montant de l'amende peut être porté au-delà de 30 000 € jusqu'au double des sommes indûment perçues en violation du dernier alinéa de l'article 10 de la présente loi.

Les infractions aux règles de rémunération mentionnées au premier alinéa de l'article L. 222-5 du code du sport sont punies d'une amende de 7 500 €.

Décret n° 91-1197 du 27 novembre 1991

organisant la profession d'avocat.

Art. 111 La profession d'avocat est incompatible :

a) Avec toutes les activités de caractère commercial, qu'elles soient exercées directement ou par personne interposée ;

....

Art. L. 222-21 *(L. n° 2010-626 du 9 juin 2010, art. 1er)* Les peines prévues à l'article L. 222-20 peuvent être accompagnées d'une interdiction temporaire ou définitive d'exercer l'activité d'agent sportif.

Art. L. 222-22 *(L. n° 2010-626 du 9 juin 2010, art. 1er)* Les modalités d'application des articles L. 222-7, L. 222-8 et L. 222-15 à L. 222-19 sont définies par décret en Conseil d'État.

Code monétaire et financier

Art. L. 561-2 *(Ord. nº 2016-1635 du 1er déc. 2016, art. 2-I)* Sont assujettis aux obligations prévues par les dispositions des sections II à VII du présent chapitre :

....

16° Les personnes exerçant l'activité d'agents sportifs mentionnés à l'article L. 222-7 du code du sport ;

....

Art. L. 561-36 *(Ord. nº 2016-1635 du 1er déc. 2016, art. 7-I)* I. — Le contrôle du respect, par les personnes mentionnées à l'article L. 561-2, des obligations prévues aux chapitres Ier et II du présent titre et, le cas échéant, le pouvoir de sanction en cas de non-respect de celles-ci sont assurés :

....

13° Par les fédérations sportives conformément à l'article L. 222-7 du code du sport pour les personnes mentionnées au 16° de l'article L. 561-2 ;

....

CHAPITRE III **AUTRES DISPOSITIONS APPLICABLES AUX SPORTIFS**

(L. nº 2006-1294 du 23 oct. 2006)

Art. L. 223-1 Les arbitres et juges exercent leur mission arbitrale en toute indépendance et impartialité, dans le respect des règlements édictés par la fédération sportive mentionnée à l'article L. 131-14, compétente pour la discipline et auprès de laquelle ils sont licenciés. Cette fédération assure le contrôle de l'exercice de cette mission selon les règles et procédures préalablement définies conformément à ses statuts.

Art. L. 223-2 Les arbitres et juges sont considérés comme chargés d'une mission de service public au sens des articles 221-4, 222-3, 222-8, 222-10, 222-12, 222-13 et 433-3 du code pénal et les atteintes dont ils peuvent être les victimes dans l'exercice ou à l'occasion de l'exercice de leur mission sont réprimées par les peines aggravées prévues par ces articles.

V. notes ss. art. 222-13 C. pén., App., vº Responsabilité pénale.

Art. L. 223-3 Les arbitres et juges ne peuvent être regardés, dans l'accomplissement de leur mission, comme liés à la fédération par un lien de subordination caractéristique du contrat de travail au sens des articles L. 1221-1 et L. 1221-3 du code du travail.

BIBL. ▸ D. Jacotot, la spécificité du « statut » social des arbitres, *JCP S, nº 46, 14 nov. 2006, act. 420.* - J.-P. Karaquillo, Arbitre de jeu, *in Dict. jur. du sport, Dalloz, Juriséditions, 2013, p. 29.* - G.-P. Quétant, L'arbitre sportif en quête du statut social, *Jurisprudence sociale Lamy, 2006, nº 197, p. 4.* - N. Tronel, Décision fautive de l'arbitre : un carton pour la fédération ?, *JS 2012, nº 123, p. 40*. - G. Vachet, La situation des arbitres et des footballeurs professionnels au regard de la sécurité sociale, *Dr. soc. 2009. 854*. - Arbitrage sportif, *in Dict. perm. dr. sport (mise à jour périodique).*

COMMENTAIRE

1. Les arbitres et juges sportifs ont longtemps été absents de la loi du 16 juillet 1984, pourtant supposée aborder tous les sujets liés aux activités physiques et sportives. Or, le corps arbitral pose, au sein du monde sportif, des problèmes particuliers ou singuliers liés notamment à la difficile cohabitation entre, d'une part, sa nécessaire insertion dans l'ensemble institutionnel formé par les fédérations et les groupements qui leur sont affiliés et, d'autre part, l'indispensable indépendance, au moins technique, dont il doit bénéficier.

La loi du 13 juillet 1992 a été la première à mentionner les arbitres en prévoyant, par une modification de l'article 26 de la loi de 1984, l'établissement d'une liste des arbitres et juges sportifs de haut niveau. Cette disposition, essentiellement symbolique au-delà d'une certaine reconnaissance officielle, était accompagnée par la présence d'un arbitre en tant que membre (mais seulement avec voix consultative) au sein de la Commission nationale du sport de haut niveau.

Le projet de loi devant conduire à l'adoption de la loi Buffet du 6 juillet 2000 ne prévoyait aucune disposition propre aux arbitres et juges sportifs. C'est par le biais d'amendements parlementaires, acceptés par le Gouvernement, que pour la première fois un article autonome, l'article 25, est consacré à l'arbitrage sportif, même si les quatre alinéas qui le composent sont loin de former un véritable statut des arbitres et juges sportifs et relèvent plus de l'agrégation de quelques mesures éparses.

Ce n'est finalement qu'avec l'adoption de la loi n° 2006-1294 du 23 octobre 2006 *(JO 24 oct.)*, codifiée aux art. L. 223-1 à L. 223-3 du code du sport et modifiant le code général des impôts (art. 92 et 93, App., v° *Fiscalité*) et le code de la sécurité sociale (art. L. 241-15 et L. 311-3, App., v° *Sécurité sociale*), qu'un début de statut des arbitres a été mis en place.

L'obligation faite aux fédérations agréées de prévoir des dispositions statutaires relatives à la formation et au perfectionnement des arbitres et juges sportifs a conduit à l'insertion, dans le décret n° 2004-22 du 7 janvier 2004 notamment relatif aux dispositions obligatoires des statuts des fédérations sportives agréées (V. Annexe I-5 C. sport, ss. art. R. 131-3), d'une disposition rendant obligatoire la création, dans chaque fédération agréée, d'une commission des juges et arbitres dont la compétence est, au minimum, « de proposer les conditions dans lesquelles sont assurés la formation et le perfectionnement des arbitres et juges des disciplines pratiquées par la fédération ». En revanche, aucune prescription particulière n'encadre la composition de cette commission qui peut donc, en théorie, ne comporter aucun représentant du corps arbitral. Par ailleurs, alors que les anciens statuts types des fédérations sportives issus du décret n° 85-236 du 13 février 1985 modifié prescrivaient la présence d'au moins un arbitre ou juge dans chaque comité directeur fédéral, le décret du 7 janvier 2004 n'impose plus rien en la matière, les fédérations retrouvant pleine liberté d'agir ou non en ce sens.

2. La loi du 23 octobre 2006 a également renforcé la protection pénale dont bénéficient les arbitres. L'article L. 223-2 du code du sport dispose en effet expressément qu'ils doivent être considérés comme exerçant une mission de service public, ce qui constitue une circonstance aggravante pour les auteurs d'agressions envers eux. Par ailleurs, les juridictions répressives admettent avec de plus en plus de facilité les constitutions de partie civile des organisations représentatives d'arbitres.

3. Enfin, au regard du droit du travail, l'application des critères « classiques » du contrat de travail – notamment la recherche de l'existence d'un lien de subordination juridique – avait naturellement conduit bon nombre de juridictions à considérer que les arbitres devaient être regardés comme unis pas un contrat de travail avec les fédérations sportives. Devant les difficultés à concilier ce droit commun avec les particularités de l'activité arbitrale, la loi est venue poser une présomption irréfragable d'absence de lien de travail salarié entre les arbitres et les fédérations sportives. Indépendant en droit du travail, ainsi qu'en droit fiscal (V. art. 92-2-6° CGI, App., v° *Fiscalité*), par détermination de la loi, l'arbitre relève pourtant, toujours par détermination de la loi, du régime général de la sécurité sociale (celui des salariés) en droit de la sécurité sociale (V. art. L. 311-3-29° CSS, App., v° *Sécurité sociale*). ❑

1. Nature du lien des arbitres avec la fédération (solution rendue à propos de faits antérieurs à la loi du 23 octobre 2006). Le pouvoir disciplinaire que la Fédération française de football exerce à l'égard des arbitres au même titre qu'à l'égard de tous ses licenciés, dans le cadre des prérogatives de puissance publique qui lui sont déléguées, n'est pas assimilable à celui dont dispose un employeur sur son personnel. Dès lors, ils ne sont pas liés à la fédération par un lien de subordination • Civ. 2e, 22 janv. 2009 : *RJ éco. sport n° 90, 2009. 43, obs. Mouchot* ; *Lexbase, éd. soc., févr. 2009, comm. Auzero.*

2. En effet, dans la mesure où le contrôle incombant aux arbitres au cours des matchs de football implique une totale indépendance dans l'exercice de leur mission, que les obligations auxquelles ils sont soumis sont inhérentes à l'organisation des matchs et que le pouvoir disciplinaire exercé par la FFF est la conséquence de prérogatives de puissance publique destinées à assurer l'organisation de la pratique arbitrale, il s'en déduit que le pouvoir exercé par cette dernière n'est pas assimilable à celui dont dispose un employeur sur son personnel. • Soc. 12 janv. 2010 : *Cah. jur. barreau Paris, n° 219, p. 108, obs. Pansier ; JCP S 2010, n° 22. 1214, comm. D. Jacotot ; JA 2010, n° 417, p. 11 ; JS 2010, n° 96, p. 9*. ♦ Pour une solution identique, s'agissant d'un arbitre de tennis, V. : • Aix-en-Provence, 14 janv. 2010, req. n° 08/17821 : *JS 2010, n° 97, p. 10*.

3. Nature du lien des arbitres avec la fédération (solution rendue à propos de faits postérieurs à la loi du 23 octobre 2006). Il résulte clairement de l'art. L. 223-3 C. sport et de l'art. L. 311-3-29° CSS, issus de la loi du 23 oct. 2006, que, dans le cadre de l'exercice de leur mission, il n'existe aucun lien de travail salarié entre les arbitres et les fédérations sportives, et que si ceux-ci sont affiliés obligatoirement aux assurances sociales du régime général, c'est par la seule détermination de la loi. Le législateur a en effet entendu tout à la fois exclure pour les arbitres la qualification de salarié et, corrélativement, écarter l'application du code du travail tout en les faisant échapper au régime social des travailleurs indépendants par leur rattachement à la catégorie des personnes travaillant pour un employeur sans en être directement salarié et qui sont obligatoirement affiliées aux assurances sociales du régime général. En conséquence, un arbitre ne peut utilement se prévaloir de la méconnaissance du code du travail (notamment celles relatives à la suspension du contrat de travail pendant les périodes d'arrêt de travail, qui ne lui sont pas applicables) par les règlements fédéraux qui organisent les mécanismes de promotion et de relégation des arbitres. • CAA Nantes, 21 févr. 2013, *Leloup*, req. n° 11NT02454 : *Dict. perm. dr. sport 2013, Bull. n° 199, p. 1, obs. D. Rémy ; V. aussi note 7.*

4. Règlements organisant la pratique arbitrale. Les règlements qui définissent l'organisation et la gestion par les fédérations sportives du corps arbitral, nécessaire au bon fonctionnement des compétitions régionales et nationales, participent à l'exécution d'un service public administratif et sont ainsi soumis au principe d'égalité, qui régit l'ensemble des services publics • CAA Paris, 6 oct. 2011, *Féd. fr. de football : req. n° 10PA01650.* ♦ Or, si le principe d'égalité ne s'oppose pas à ce que soient réglées de façon différente des situations différentes ni à ce qu'il soit dérogé à l'égalité pour des raisons d'intérêt général, telles que la promotion des jeunes arbitres et le renouvellement du corps arbitral, encore faut-il que la différence de traitement qui en résulte soit, dans l'un comme l'autre cas, en rapport avec l'objet de la norme qui l'établit et ne soit pas manifestement disproportionnée au regard des différences de situation susceptibles de la justifier. • Même arrêt. Dans le même sens : • CE, réf., 7 nov. 2012, *Féd. fr. de football*, req. n° 357138 : *Dict. perm. dr. sport 2012, Bull. n° 196, p. 12.*

5. Classement des arbitres. Parmi les rares contentieux relatifs à l'appréciation, par les fédérations sportives, des mérites des arbitres conduisant à leur classement, V. : • CE 3 mars 2008, *Derrien : req. n° 299444* • CE 19 juin 2009, *A. c/ FFF : req. n° 323621.* ♦ ... Les décisions arrêtant les tableaux à la fin d'une saison sportive relevant de la compétence des tribunaux administratifs et non du Conseil d'État statuant en premier et dernier ressort. • CE, 11 janv. 2011, *Boillin : req. n° 345632.*

6. Limite d'âge. Sur les incertitudes relatives à la fixation d'une limite d'âge par les fédérations sportives et les ligues régionales pour les arbitres, V. : • CAA Lyon, 8 avr. 2010, *Ligue d'Auvergne de football : req. n° 08LY01804.* ♦ ... Arrêt annulé (mais pour des motifs autres que ceux tenant à la question de la limite d'âge) par : • CE, 1er juill. 2011, *Ligue d'Auvergne de football : req. n° 340209.* ♦ V. toutefois, en référé : • CE, réf., 7 nov. 2012, *Féd. fr. de football : préc. note 4.*

7. Rétrogradation pour inaptitude physique. Sur la légalité des règlements fédéraux prévoyant une rétrogradation pour inaptitude, y compris en cas d'accident du travail empêchant de réussir les tests physiques, V. • CAA Nantes, 21 févr. 2013, *Leloup : préc. note 3.*

8. Responsabilité des organes fédéraux du fait des décisions des arbitres. La décision que l'arbitre, seul qualifié en application des règlements fédéraux applicables, prend de déclarer ou non un terrain praticable relève non des principes et des règles qui s'imposent aux auteurs de tout acte accompli dans l'exercice d'une mission de service public mais se rattache à l'application des dispositions techniques propres à la discipline du football. En conséquence, cette décision arbitrale ne peut être discutée devant le juge administratif et n'est pas susceptible de servir de fondement à une action en responsabilité envers la fédération ou la ligue professionnelle concernée. • CAA Nantes, 15 nov. 2012, *Le Garrec*, req. n° 11NT01969 : *JS 2013, n° 130, p. 32, comm. J.-F. Lachaume ; Dict. perm. dr. sport 2012, Bull. n° 196, p. 11, obs. J.-C. Breillat ; AJDA 2013. 50, note S. Degommier.*

9. Situation des arbitres au regard du droit fiscal. V. v° ***Fiscalité***, art. 92, 93, 256, 1447 et 1460 CGI.

10. Situation des arbitres au regard du droit de la sécurité sociale. V. App., v° ***Sécurité sociale***, art. L. 241-16 et L. 311-3-29° CSS.

CHAPITRE IV SUPPORTERS

(L. n° 2016-564 du 10 mai 2016, art. 6)

COMMENTAIRE

Ce nouveau chapitre consacré aux supporters a été créé par la loi n° 2016-564 du 10 mai 2016 renforçant le dialogue avec les supporters et la lutte contre le hooliganisme (*JO* 11 mai). Une instance nationale du supportérisme est ainsi instituée. Placée auprès du ministre chargé des Sports, cette instance a pour objet de contribuer au dialogue entre les supporters et les autres acteurs du sport. La composition, le fonctionnement et les missions de cette nouvelle instance ont été précisés par le décret n° 2016-957 du 12 juillet 2016 (V. les art. D. 224-1 s.). Autre mesure de la loi du 10 mai 2016, un dialogue entre associations ou sociétés sportives participant aux compétitions organisées par une ligue professionnelle et supporters est institué par la désignation par les clubs concernés de personnes référentes dans les conditions fixées par les articles L. 224-3 et D. 224-5 et suivants du code du sport. ❑

Art. L. 224-1 **Les supporters et les associations de supporters, par leur comportement et leur activité, participent au bon déroulement des manifestations et compétitions sportives et concourent à la promotion des valeurs du sport.**

Art. L. 224-2 **Est instituée une instance nationale du supportérisme, placée auprès du ministre chargé des sports, ayant pour mission de contribuer au dialogue entre les supporters et les autres acteurs du sport et de réfléchir à la participation des supporters, au bon déroulement des compétitions sportives et à l'amélioration de leur accueil.**

Un décret détermine la composition, le fonctionnement et les missions de cette instance.

Art. L. 224-3 **Les associations sportives ou les sociétés mentionnées aux articles L. 122-2 et L. 122-12 qui participent aux compétitions organisées par une ligue professionnelle, au sens de l'article L. 132-1, assurent le dialogue avec leurs supporters et les associations de supporters.**

A cet effet, elles désignent, après avis des associations de supporters agréées par le ministre chargé des sports, une ou plusieurs personnes référentes chargées des relations avec leurs supporters. Un décret détermine les compétences et les conditions de désignation de ces personnes, ainsi que les conditions de leur formation. — *Le présent al. entre en vigueur trois mois après la promulgation de la L. n° 2016-564 du 10 mai 2016, soit le 10 août 2016 (L. préc., art. 7).*

TITRE TROISIÈME **SANTÉ DES SPORTIFS ET LUTTE CONTRE LE DOPAGE**

CHAPITRE PRÉLIMINAIRE

BIBL. GÉN. ► F. ALAPHILIPPE, La spécificité de la pénalité sportive par rapport à la sanction disciplinaire, *Mélanges Couvrat, Publications de la Faculté de droit et des sciences sociales de Poitiers, 2001, p. 157.* – C. AMSON, Le contentieux du dopage et le Tribunal arbitral du sport, *Gaz. Pal. 2005, n° 37 à 39, p. 2.* – B. BOULOC et A. GRAMBLAT, Le dopage d'un sportif peut-il donner lieu à indemnisation de ses concurrents ou des sponsors de ces derniers, *D. 2006. 2868* ∅. – M. BOYON, Le pouvoir de sanction du Conseil de prévention et de lutte contre le dopage, *AJDA 2001, n° spéc., p. 116* ∅. – B. BRIGNON, Se localiser ou se doper : il faut choisir ! et de l'effet des textes..., *Cah. dr. sport 2011, n° 26, p. 26* ; Lutte contre le dopage en France : essayons d'y voir plus clair !, *Cah. dr. sport 2013, n° 33, p. 44* ; La lutte contre le dopage en France est-elle efficace ?, *D. 2013. 2530* ∅. – CENTRE DE DROIT ET D'ÉCONOMIE DU SPORT, Le droit du sport et ses spécificités – L'exemple de l'harmonisation mondiale de la lutte contre le dopage, *in Le droit administratif : permanences et convergences, Mélanges J.-Fr. Lachaume, Dalloz, 2007, p. 269.* – S. CHAILLET, Les nouvelles dispositions relatives au dopage et l'adoption de la convention UNESCO, *AJDA, n° 30, sept. 2007.* – Conseil de prévention et de lutte contre le dopage, Rapport d'activité du CPLD juin 1999-déc. 2003, févr. 2004, *http ://www.wada-ama.org/ar_fre.pdf.* – L. COUTURIER-BOURDINIÈRE, La protection du sportif mineur, *Justices 2001, n° 1, p. 43.* – E. DAOUD et A. MÉNAGER, Quand la recherche de l'exploit sportif s'arrête aux portes du dopage « Citius, Altius, Fortius » oui mais.., *AJ pénal 2013. 317* ∅. – L. DAVENAS, La nouvelle agence française de lutte contre le dopage : du CPLD à l'AFLD, *Gaz. Pal. 2007, n° 311-312.* – S. DION, La loi du 5 avril 2006 et l'Agence française de lutte contre le dopage, *D. 2006. 2489* ∅. – CH. DUDOGNON, Les sources du droit du sport, *Thèse, Limoges, 2007, dact.* – L. FAYOLLE, Harmonisation conforme aux exigences internationales, *JS 2016, n° 162, p. 38* ∅. – C. GARCON, La nouvelle répression du dopage sportif, *LPA 2000, p. 4.* – P. GRAS, Autorisation d'utilisation à des fins thérapeutiques et médicalisation du sport de compétition, *Cah. dr. sport n° 9, 2007.* – F. JOBART, Le dopage vu par la criminologie, *AJ pénal 2013. 321* ∅. – A. LACABARATS, Le juge, arbitre du conflit sportif, *Justices 2001, n° 1, p. 61.* – J.-F. LACHAUME, Libres propos sur les aspects juridiques de la répression disciplinaire du dopage, *RJ éco. sport 1999, n° 50, p. 7* ∅ ; La répression disciplinaire du dopage sportif : réflexion sur les derniers textes, *Mélanges Couvrat, Publications de la Faculté de droit et des sciences sociales de Poitiers, 2001, p. 171.* - J.-C. Lapouble, Une nouvelle autorité administrative indépendante : le Conseil de prévention et de lutte contre le dopage, *Dr. adm. 2000, p. 8* ; L'intervention publique en matière de dopage, *RFAP, 2001, n° 97, p. 117* ; L'Europe et le dopage, *Rev. aff. eur. 2002, n° 3, p. 390* ; La lutte contre le dopage et la protection de la santé des sportifs - La loi n° 2006-405 du 5 avril 2006, *JCP G 2006. I. 136* ; mise en conformité du code du sport avec les principes du code mondial antidopage : citius, altius, fortius, *JCP 2010, n° 524.* - J.-Y. Lassale, Le dopage des sportifs : une nouvelle loi, *JCP 1999. I. n° 133, p. 845.* - C. Miège, L'Union européenne et le sport, *RJ éco. sport 2002, n° 62, p. 83*. - M. Peltier, La responsabilité de l'entourage du sportif dans la lutte contre le dopage, *Cah. dr. sport 2011, n° 26, p. 15.* - E. Raschel, Le dopage face à la Convention européenne de sauvegarde des droits de l'homme, *Cah. dr. sport 2013, n° 31, p. 80.* - P. Rocipon, Code mondial et code du sport : même combat !, *JS 2010, n° 101, p. 18* ; Agence française de lutte contre le dopage, *in Dict. jur. du sport, Dalloz, Juriséditions, 2013, p. 16* ; Dopage, *ibid., p. 143* ; Lutte contre le dopage : un enjeu avant tout international, *JS 2013, n° 137, p. 16* ; La lutte contre le dopage à l'heure de l'harmonisation avec le code mondial 2015, *in Dict. perm. dr. sport 2015, Bull. n° 227, p. 1.* - J.-P. Vial, Lutte contre le dopage : le droit à l'intimité de la vie privée mis à l'épreuve, *Cah. dr. sport 2016, n° 42, p. 130.* - M. Verly , La surveillance sanitaire des sportifs dans la loi du 5 avril 2006 relative à la lutte contre le dopage et à la protection de la santé des sportifs, *RJ éco. sport 2006, n° 81, p. 127*. - Lutte contre le dopage, *in Dict. perm. dr. sport (mise à jour périodique).* - Santé et sport, *ibid.* - Sénat. Rapport : Lutte contre le dopage : avoir une longueur d'avance, rapport n° 782, commission d'enquête sénatoriale sur l'efficacité de la lutte contre le dopage, *2013.*

COMMENTAIRE

Les domaines de la lutte contre le dopage et de la surveillance médicale, régis hier (entre 2000 et 2006) par le code de la santé publique, ont intégré le code du sport. Le droit applicable découle de la loi n° 2006-405 du 5 avril 2006 relative à la lutte contre le dopage et à la protection de la santé des sportifs *(JO 6 avr.)*, dite loi Lamour, modifiée depuis par la loi n° 2008-650 du 3 juillet 2008 relative à la lutte contre le trafic de produits dopants *(JO 4 juill.)*, par l'ordonnance du 14 avril 2010 relative à la santé des sportifs et à la mise en conformité du code du sport avec les principes du code mondial antidopage *(JO 16 avr.)*, par la loi n° 2012-158 du 1er février 2012 visant à renforcer l'éthique et les droits des sportifs *(JO 2 févr.)*, par la loi n° 2012-348 du 12 mars 2012 tendant à faciliter l'organisation des manifestations sportives et culturelles *(JO 13 mars)* et par l'ordonnance n° 2015-1207 du 30 septembre 2015 relative aux mesures relevant du domaine de la loi nécessaires pour assurer le respect des principes du code mondial antidopage (*JO 1er oct.*).

Plusieurs lois les ont précédées. En effet, la France est l'un des premiers États à avoir légiféré en matière de dopage avec la loi n° 65-412 du 1er juin 1965 tendant à la répression de l'usage des stimulants à l'occasion des compétitions sportives *(JO 2 juin)*. Le dispositif était complété par le décret n° 66-373 du 10 juin 1966 *(JO 10 juin)* qui dressait la liste des substances interdites. Le fait de dopage ainsi que les faits d'incitation et de facilitation de celui-ci étaient pénalisés. Néanmoins, la répression s'avéra très rapidement inefficace de sorte que le texte fut peu, puis plus, appliqué... Partant, la répression fut déplacée sur le plan disciplinaire. En effet, les pouvoirs publics se sont ensuite appuyés sur les fédérations sportives pour réprimer le dopage. Ainsi, selon le décret n° 77-554 du 27 mai 1977, pris sous l'empire de la loi n° 75-988 du 29 octobre 1975, puis celui n° 87-473 du 1er juillet 1987, pris en application de la loi n° 84-610 du 16 juillet 1984, les fédérations devaient prendre des mesures propres à empêcher l'utilisation par les sportifs (en vue ou au cours de la compétition) des substances dopantes. Les législations postérieures consacreront le transfert du « pénal » au « disciplinaire » de la répression du fait de dopage. La loi de 1965 a été abrogée par la loi n° 89-432 du 28 juin 1989 (loi *Bambuck*), à laquelle a succédé la loi n° 99-223 du 23 mars 1999 relative à la protection de la santé des sportifs et à la lutte contre le dopage *(JO 24 mars)*, dite loi Buffet. Depuis les modifications apportées par la loi du 23 mars 1999, la loi du 28 juin 1989 avait néanmoins subsisté pour traiter exclusivement du dopage des animaux jusqu'à son abrogation par la loi Lamour.

La loi du 5 avril 2006 se situe incontestablement dans le prolongement de ses devancières, les lois du 28 juin 1989 et du 23 mars 1999, avec toutefois quelques aspects novateurs qui tiennent à la prise en compte des récentes évolutions du cadre juridique international. Les principes qui l'inspirent, la conception objective du fait de dopage, les voies répressives empruntées, l'encadrement très étroit avec un degré de formalisme assez élevé des procédures de constatation des faits interdits et de l'exercice du pouvoir disciplinaire des instances fédérales sont très largement analogues aux législations précédentes. Néanmoins, le dispositif est renouvelé dans certains de ses aspects. La loi du 5 avril 2006 organise une application alternative des réglementations disciplinaires en fonction du caractère national ou international des compétitions sportives. Ainsi, grande nouveauté, ce sont les règles internationales et seulement celles-ci qui doivent s'appliquer lors d'une compétition de niveau international organisée sur le territoire français. La prévention du dopage et, plus largement, la surveillance médicale des sportifs sont devenues déjà depuis la loi Buffet une préoccupation de premier rang et font l'objet de nombreuses dispositions spécifiques avec notamment des obligations plus précises et plus complètes pesant tant sur les fédérations sportives que sur le corps médical. Autre point devant être mis en évidence dans le cadre de la loi Lamour : la transformation du Conseil de prévention et de lutte contre le dopage (CPLD) en Agence française de lutte contre le dopage (AFLD) et dont les compétences sont élargies.

La dimension internationale de la lutte contre le dopage est bien évidemment un impératif pour sa pleine efficacité. Car les règles applicables en la matière ne se limitent naturellement pas aux règles de dimension nationale. Une harmonisation internationale des règles est indispensable. De ce point de vue, il convient, d'abord, de rappeler l'existence de la convention du Conseil de l'Europe contre le dopage du 16 novembre 1989 (V. App., v° *Dopage-Textes internationaux*), ratifiée par 52 États dont la France (convention publiée par le Décr. n° 91-274 du 13 mars 1991, *JO 16 mars*). L'approbation du code mondial antidopage (V. App., v° *Dopage-Textes internationaux*), élaboré dans le cadre de l'Agence mondiale antidopage (AMA), lors de la conférence de Copenhague (mars 2003), constitue sans nul doute une avancée encore plus considérable. En cette occasion, l'ensemble des acteurs a adopté une résolution (le 5 mars 2003) dans le cadre de laquelle le code est reconnu comme le fondement de la lutte contre le dopage à l'échelle mondiale. Le code a depuis été adopté par un très grand nombre d'organisations sportives – internationales, dont le CIO, et nationales. De plus, au 1er janvier 2016, 193 gouvernements étaient signataires de la Déclaration de Copenhague par laquelle ils formalisent leur soutien à l'AMA et reconnaissent « le rôle du code en tant que texte de base en matière de lutte mondiale contre le dopage dans le sport ». L'étape suivante a consisté, de façon à introduire les principes et certaines règles du code mondial antidopage dans l'ordre juridique interétatique, dans l'élaboration d'une convention internationale. La Convention internationale contre le dopage dans le sport a été adoptée le 19 octobre 2005 à l'occasion de la 33e conférence générale de l'UNESCO. Elle est entrée en vigueur le 1er février 2007 et a été publiée par la France par le décret n° 2007-503 du 2 avril 2007 (*JO 4 avr.*) ; 182 États y sont parties au 3 février 2016 (V. App., v° *Dopage-Textes internationaux*).

Les différentes lois et ordonnances intervenues pour modifier le dispositif issu de la loi du 5 avril 2008 avaient toutes pour objectif d'adapter la législation française aux différentes versions du code mondial antidopage suite à la ratification de la Convention internationale contre le dopage élaborée sous l'égide de l'UNESCO (V. App., v° *Dopage-Textes internationaux*).

Ainsi, la loi du 3 juillet 2008 a notamment incriminé pénalement et disciplinairement la possession de produits dopants (V. art. L. 232-9 et L. 232-10).

L'ordonnance du 14 avril 2010, autorisée par la loi n° 2009-879 du 21 juillet 2009 (*JO 22 juill.*), ratifiée par la loi du 1er février 2012 et complétée par trois décrets d'application du 13 janvier 2011, visait à mettre le code du sport en conformité avec la deuxième version du code mondial antidopage, entrée en vigueur le 1er janvier 2009. La loi n° 2012-348 du 12 mars 2012, tendant à faciliter l'organisation des manifestations sportives et culturelles, introduisait en droit français le principe du passeport biologique, applicable néanmoins qu'à compter de juillet 2013. Enfin, l'ordonnance du 30 septembre 2015, autorisée par la loi n° 2014-1663 du 30 décembre 2014 (*JO 31 déc.*) et ratifiée par la loi n° 2016-41 du 26 janvier 2016 (*JO 27 janv.*), visait à mettre en conformité le dispositif français avec la troisième version du code mondial antidopage, adoptée fin 2013 et entrée en vigueur le 1er janvier 2015 (V. App., v° *Dopage-Textes internationaux*). Les modifications notables concernent les comportements interdits (incrimination de l'association interdite et allongement de la prescription notamment), les contrôles antidopage, pour lesquels les pouvoirs de l'AFLD sont étendus (possibilité de procéder à des contrôles de nuit), le pouvoir de sanction de l'AFLD et le contrôle des sanctions disciplinaires par les juridictions. ❑

Eu égard à l'importance de la lutte contre le dopage, le Conseil d'État estime que l'Ord. du 14 avr. 2010 ne porte pas d'atteinte disproportionnée à des libertés fondamentales et rejette, en conséquence, le recours formé par plusieurs syndicats représentatifs de sportifs de sports collectifs. • CE 24 févr. 2011, *UNFP et a.*, req. n° 340122 : *JS n° 109, 2011, p. 9, note Rocipon ; JCP 9 mai 2011, n° 19, p. 564, note Collomb ; Cah. dr. sport 2011, n° 23, p. 79, note Lapouble ; Cah. dr. sport 2011, n° 24, p. 68, note Collin.*

Art. L. 230-1 **Le ministre chargé des sports, en liaison avec les autres ministres et organismes intéressés, engage et coordonne les actions de prévention, de surveillance médicale, de recherche et d'éducation mises en œuvre avec le concours, notamment, des fédérations sportives agréées dans les conditions définies à l'article L. 131-8, pour assurer la protection de la santé des sportifs et lutter contre le dopage.**

Une formation à la prévention du dopage est dispensée aux médecins du sport, aux enseignants et aux membres des professions définies au premier alinéa de l'article L. 212-1. – *[CSP, art. L. 3611-1.]*

Art. L. 230-2 *(Ord. n° 2015-1207 du 30 sept. 2015, art. 2, en vigueur le 1er nov. 2015)* **« Pour l'application du présent titre, une manifestation sportive internationale est une manifestation sportive qui se déroule sur le site désigné par un organisme sportif international et pour laquelle cet organisme : »**

1° Soit édicte les règles qui sont applicables à cette manifestation ;

2° Soit nomme les personnes chargées de faire respecter les règles applicables à cette manifestation.

Constituent des organismes sportifs internationaux au sens du présent article :

1° Le Comité International Olympique ;

2° Le Comité international paralympique ;

3° Une fédération sportive internationale signataire du code mondial antidopage mentionné par la convention internationale contre le dopage dans le sport, adoptée à Paris le 19 octobre 2005 ;

4° Une organisation responsable d'une grande manifestation sportive internationale signataire du code mondial antidopage mentionné par la convention internationale contre le dopage dans le sport, adoptée à Paris le 19 octobre 2005.

Art. L. 230-3 *(Ord. n° 2015-1207 du 30 sept. 2015, art. 3, en vigueur le 1er nov. 2015)* **Est un sportif au sens du présent titre toute personne qui participe ou se prépare :**

1° Soit à une manifestation sportive organisée par une fédération agréée ou autorisée par une fédération délégataire ;

(L. n° 2016-1528 du 15 nov. 2016, art. 2-1°) **« 2° Soit à une manifestation sportive donnant lieu à une remise de prix en argent ou en nature, alors même qu'elle n'est pas organisée par une fédération agréée ou autorisée par une fédération délégataire ; »**

3° Soit à une manifestation sportive internationale.

Art. L. 230-4 *(Ord. n° 2015-1207 du 30 sept. 2015, art. 4)* **Constitue une aide substantielle pour l'application de la section IV du chapitre II du présent titre le fait pour une personne de :**

1° Divulguer, dans une déclaration écrite signée, les informations en sa possession en relation avec des infractions aux règles relatives à la lutte contre le dopage ;

2° Et de coopérer à l'enquête et à l'examen de toute affaire liée à ces informations, notamment en témoignant à une audience.

Les informations fournies doivent être crédibles et permettre d'engager des poursuites ou, si aucune poursuite n'est engagée, constituer des indices graves et concordants sur le fondement desquels des poursuites auraient pu être engagées.

Pour les conditions de mise en conformité aux principes du code mondial antidopage, V. Ord. n° 2015-1207 du 30 sept. 2015, art. 27, reproduit ss. art. L. 232-21.

Art. L. 230-5 *(Ord. n° 2015-1207 du 30 sept. 2015, art. 5, en vigueur le 1er nov. 2015)* **Pour l'application de la section IV du chapitre II du présent titre, est considérée comme**

complice d'une infraction aux dispositions de ce titre toute personne qui sciemment, par aide ou assistance, a contribué à la réalisation de cette infraction ou en a facilité la préparation.

Est également complice la personne qui par don, promesse, menace, ordre, abus d'autorité ou de pouvoir aura provoqué à une [provoqué une] infraction, l'aura incitée, dissimulée ou aura donné des instructions pour la commettre.

Art. L. 230-6 *(Ord. nº 2015-1207 du 30 sept. 2015, art. 5, en vigueur le 1er nov. 2015)* **Pour l'application de la section IV du chapitre II du présent titre, la tentative de commission d'une infraction aux dispositions de ce titre est constituée dès lors que, manifestée par un commencement d'exécution, elle n'a été suspendue ou n'a manqué son effet qu'en raison de circonstances indépendantes de la volonté de son auteur.**

CHAPITRE PREMIER **SUIVI MÉDICAL DES SPORTIFS**

BIBL. ▸ P. Rocipon, Clarification du régime des certificats médicaux, *in* Code mondial et code du sport : même combat !, *JS 2010, nº 101, p. 24*. – Verly, La surveillance sanitaire des sportifs dans la loi du 5 avril 2006 relative à la lutte contre le dopage et à la protection de la santé des sportifs, *RJ éco. sport nº 81, déc. 2006.*

COMMENTAIRE

Outre la refonte en profondeur du dispositif de lutte contre le dopage, la loi du 5 avril 2006 a apporté une attention particulière à la question du suivi médical des sportifs, qui a été renforcé. Ainsi, la santé des sportifs fait l'objet de divers encadrements, variant notamment selon le degré de pratique et la dangerosité de la discipline pratiquée. Les fédérations sportives jouent un rôle particulier à ce titre, ayant notamment obligation de « veiller à la santé de leurs licenciés » (V. art. L. 231-5). L'ordonnance du 14 avril 2010 avait pour sa part clarifié le régime des certificats médicaux qui a été à nouveau modifié par la loi nº 2016-41 du 26 janvier 2016 de modernisation de notre système de santé (*JO 27 janv.*). En effet, la délivrance, le renouvellement d'une licence sportive et la participation à des compétitions sont soumis à des conditions particulières s'agissant de l'obligation de présenter un certificat médical.

Ainsi, dans le cadre du nouveau régime issu de la loi précitée du 26 janvier 2016 et des décrets nº 2016-1157 du 24 août 2016 et nº 2016-1387 du 12 octobre 2016, toute délivrance d'une licence par une fédération sportive, qu'elle soit sollicitée en vue de participer à des compétitions ou non (licences de type « loisir »), ne peut s'effectuer sans un certificat médical récent (datant de moins d'un an) attestant l'absence de contre-indication à la pratique du sport (en général) et non plus obligatoirement de la discipline concernée (cette possibilité demeure toutefois à la demande du licencié, V. art. D. 231-1-1). S'il porte sur le sport (en général), il mentionnera en revanche, le cas échéant, la ou les disciplines dont la pratique est contre-indiquée. Par ailleurs, lorsque la licence en question permet de participer aux compétitions organisées par la fédération, le certificat médical doit mentionner l'absence de contre-indication à la pratique du sport ou de la discipline concernée « en compétition ».

S'agissant des renouvellements de licence, la fréquence à laquelle un nouveau certificat est exigé est désormais déterminée par l'article D. 231-1-3 dans sa rédaction issue du décret nº 2016-1387 du 12 octobre 2016 (rappelons que, selon le dispositif précédent, la présentation d'un certificat médical était annuelle dans le cadre d'une pratique compétitive alors qu'elle ne concernait que la première délivrance d'une licence « loisir »). Dorénavant, pour les licences permettant la pratique en compétition, un nouveau certificat médical ne sera exigé que tous les trois ans. Cette fréquence est en revanche déterminée par les fédérations pour les renouvellements des licences « loisir » sans toutefois pouvoir être inférieure à une fois tous les trois ans. On notera ici que la fréquence triennale avait également été imposée aux fédérations pour les licences « loisir » par le décret nº 2016-1157 du 24 août 2016 avant que la liberté (bien qu'encadrée) ne soit rendue aux fédérations sur la détermination de cette fréquence. Lorsque la présentation d'un nouveau certificat n'est pas exigée, le licencié devra, à compter du 1er juillet 2017, remplir un questionnaire de santé dont le contenu sera précisé par arrêté du ministre chargé des sports et attester à la fédération avoir répondu négativement à chacune des rubriques de ce dernier. A défaut, il sera tenu de produire un nouveau certificat médical.

Dans l'attente de la mise en place de ce questionnaire (soit jusqu'au 30 juin 2017), un certificat médical de non contre-indication est exigé pour chaque renouvellement.

Par ailleurs, toute participation à une compétition sportive est subordonnée à la présentation soit d'une licence sportive ouvrant droit à la participation aux compétitions et délivrée pour la même discipline, soit d'un certificat médical attestant l'absence de contre-indication à la pratique du sport ou de la discipline concernée en compétition (V. art. L. 231-2-1).

Ce dispositif ne concerne cependant que les sportifs licenciés d'une fédération sportive, ce qui n'est pas nécessairement le cas de tous les adhérents des clubs sportifs, même affiliés à une fédération. Dans cette hypothèse, il est préférable pour le club, pour des préoccupations en matière de responsabilité et d'assurances notamment, de prévoir en interne une obligation de produire un certificat médical.

Enfin, pour certaines disciplines « à risques » listées par décret (V. art. D. 231-1-5), la délivrance ou le renouvellement de la licence (compétition comme « loisir ») ainsi que la participation à des compétitions, restent soumis à la production d'un certificat médical datant de moins d'un an établissant l'absence de contre-indication à la pratique de la discipline concernée (et non du sport en général) (V. art. L. 231-2-3).

Par ailleurs, les dispositions du code du sport relatives à la surveillance médicale que les fédérations sportives délégataires doivent assurer vis-à-vis de certains de leurs licenciés (V. art. L. 232-6) ont été modifiées par la loi n° 2015-1541 du 27 novembre 2015 visant à protéger les sportifs de haut niveau et professionnels et à sécuriser leur situation juridique et sociale (*JO 28 nov.*), avec pour objectif d'adapter les examens médicaux aux spécificités de chaque discipline sportive.

L'objectif plus global de ce dispositif, visant à soumettre les sportifs inscrits sur la liste des sportifs de haut niveau et les sportifs reconnus dans le projet de performance fédéral à une surveillance médicale particulière et dont les modalités sont fixées dans la partie réglementaire – arrêtés (V. art. A. 231-3 et A. 231-4 dans leurs rédactions issues de l'arrêté du 13 juin 2016), est de « prévenir les risques sanitaires inhérents à la pratique sportive intensive ».

Pour les sportifs de haut niveau, c'est le ministre chargé des sports qui définit la nature et la périodicité des examens médicaux, avec la possibilité pour les fédérations sportives délégataires de définir des examens complémentaires adaptés à leur discipline sportive.

L'arrêté du 13 juin 2016 prévoit ainsi que les sportifs de haut niveau doivent dans les deux mois suivant leur première inscription sur la liste, et annuellement pour les inscriptions suivantes, se soumettre à un examen médical comprenant un examen clinique, un bilan diététique, un bilan psychologique et la recherche indirecte d'un état de surentraînement via un questionnaire ainsi qu'à un électrocardiogramme de repos.

Pour les sportifs reconnus dans le projet de performance fédéral, ce sont les fédérations qui définissent la nature et la périodicité de tels examens, dans un cadre fixé par arrêté du ministre des Sports (cf. arrêté du 13 juin 2016 susvisé). Cette surveillance doit ainsi tenir compte de l'âge du sportif, de sa charge d'entraînement ainsi que des contraintes physiques spécifiques et de la morbidité et des risques inhérents à la pratique de la discipline sportive.

Au vu des résultats établis sur la base de ce suivi longitudinal, qui peuvent notamment révéler une pratique dopante, le médecin fédéral peut délivrer un certificat médical de contre-indication à la participation aux compétitions sportives, qui, transmis au président fédéral, conduira à la suspension du sportif concerné pour les compétitions fédérales ; cette suspension, qui vaut jusqu'à la levée par le médecin de la contre-indication, n'est pas analysée comme une sanction disciplinaire. En outre, les sportifs de haut niveau se voient délivrer un livret individuel par leur fédération, contenant notamment des informations médicales en rapport avec les activités sportives. (V. art. L. 231-7).

Bibl. : V. *Dict. perm. dr. sport 2016, Bull. n° 230-1, p. 18.* ❑

SECTION PRÉLIMINAIRE

(Ord. n° 2010-379 du 14 avr. 2010, art. 17)

Art. L. 231-1 Les médecins de santé scolaire, les médecins du travail, les médecins militaires et les médecins généralistes contribuent, en liaison avec les médecins spécia-

lisés, aux actions de prévention concernant la pratique des activités physiques et sportives grâce à une formation initiale nécessaire à la pratique des examens médico-sportifs, contenue dans le deuxième cycle des études médicales et grâce à une formation continue adaptée. – *[L. n° 84-610 du 16 juill. 1984, art. 36.]*

Al. 2 abrogé par Ord. n° 2000-549 du 15 juin 2000 et codifié au code de l'éducation (V. art. L. 632-3, App., v° Enseignement des APS).

Art. L. 231-1-1 *(Ord. n° 2010-379 du 14 avr. 2010, art. 17)* **Les modalités d'application du présent chapitre sont fixées par décret.**

SECTION PREMIÈRE **CERTIFICAT MÉDICAL**

Art. L. 231-2 *(L. n° 2016-41 du 26 janv. 2016, art. 219-1°)* **I. – L'obtention d'une licence d'une fédération sportive est subordonnée à la présentation d'un certificat médical datant de moins d'un an et permettant d'établir l'absence de contre-indication à la pratique du sport ou, le cas échéant, de la discipline concernée.**

Lorsque la licence sollicitée permet la participation aux compétitions organisées par une fédération sportive, le certificat médical atteste l'absence de contre-indication à la pratique du sport ou de la discipline concernés en compétition.

II. – Les modalités de renouvellement de la licence, et notamment la fréquence à laquelle un nouveau certificat est exigé, sont fixées par décret.

Art. L. 231-2-1 *(L. n° 2016-41 du 26 janv. 2016, art. 219-2°)* **L'inscription à une compétition sportive autorisée par une fédération délégataire ou organisée par une fédération agréée est subordonnée à la présentation d'une licence mentionnée au second alinéa du I de l'article L. 231-2 dans la discipline concernée. A défaut de présentation de cette licence, l'inscription est subordonnée à la présentation d'un certificat médical datant de moins d'un an établissant l'absence de contre-indication à la pratique du sport ou de la discipline concernés en compétition.**

Art. L. 231-2-2 (Abrogé par L. n° 2016-41 du 26 janv. 2016, art. 219-3°) (Ord. n° 2010-379 du 14 avr. 2010, art. 18) ***L'obtention d'une première licence sportive ne permettant pas la participation aux compétitions organisées par la fédération sportive qui la délivre est subordonnée à la présentation d'un certificat médical datant de moins d'un an et attestant l'absence de contre-indication à la pratique de la discipline sportive pour laquelle elle est sollicitée. Les fédérations sportives peuvent, selon une fréquence qu'elles définissent, demander pour une nouvelle délivrance de licence la présentation d'un certificat médical.***

Art. L. 231-2-3 *(L. n° 2016-41 du 26 janv. 2016, art. 219-4°)* **Pour les disciplines, énumérées par décret, qui présentent des contraintes particulières, la délivrance ou le renouvellement de la licence ainsi que la participation à des compétitions sont soumis à la production d'un certificat médical datant de moins d'un an établissant l'absence de contre-indication à la pratique de la discipline concernée. La délivrance de ce certificat est subordonnée à la réalisation d'un examen médical spécifique dont les caractéristiques sont fixées par arrêté des ministres chargés de la santé et des sports.**

Les contraintes particulières mentionnées au premier alinéa du présent article consistent soit en des contraintes liées à l'environnement spécifique dans lequel les disciplines se déroulent, au sens de l'article L. 212-2, soit en des contraintes liées à la sécurité ou la santé des pratiquants.

Art. L. 231-3 *(Ord. n° 2010-379 du 14 avr. 2010, art. 18)* **Le médecin chargé, au sein de la fédération sportive, de coordonner les examens requis dans le cadre de la surveillance médicale particulière prévue à l'article L. 231-6 peut établir un certificat de contre-indication à la participation aux compétitions sportives au vu des résultats de cette surveillance médicale.**

Ce certificat est transmis au président de la fédération, qui suspend la participation de l'intéressé aux compétitions sportives organisées ou autorisées par ladite fédération jusqu'à la levée de la contre-indication par le médecin.

Art. L. 231-4 **Sont définies par les dispositions de l'article L. 2336-3 du code de la défense les conditions que doivent remplir la délivrance, le renouvellement ou la validation de la licence de tir pour que la présentation de ce document supplée le certificat médical mentionné audit article.**

SECTION II RÔLE DES FÉDÉRATIONS SPORTIVES

Art. L. 231-5 Les fédérations sportives veillent à la santé de leurs licenciés et prennent à cet effet les dispositions nécessaires, notamment en ce qui concerne les programmes d'entraînement et le calendrier des compétitions et manifestations sportives qu'elles organisent ou qu'elles autorisent.

Elles développent auprès des licenciés et de leur encadrement une information de prévention contre l'utilisation des substances et procédés dopants avec l'appui des antennes médicales de prévention du dopage.

Les programmes de formation destinés aux cadres professionnels et bénévoles qui interviennent dans les fédérations sportives, les clubs, les établissements d'activités physiques et sportives et les écoles de sport comprennent des actions de prévention contre l'utilisation des substances et procédés dopants. – *[CSP, art. L. 3621-1.]*

Art. L. 231-5-1 *(Ord. n° 2015-1207 du 30 sept. 2015, art. 6, en vigueur le 1er nov. 2015)* Les fédérations sportives coopèrent en matière de lutte contre le dopage avec les fédérations internationales et les organisations nationales antidopage.

Art. L. 231-6 *(L. n° 2015-1541 du 27 nov. 2015, art. 24-I-3°)* I. – Les fédérations sportives délégataires assurent l'organisation de la surveillance médicale à laquelle sont soumis leurs licenciés inscrits sur la liste des sportifs de haut niveau mentionnée au premier alinéa de l'article L. 221-2.

Un arrêté du ministre chargé des sports définit la nature et la périodicité des examens médicaux qui sont assurés dans le cadre de cette surveillance.

Les fédérations sportives délégataires peuvent définir des examens médicaux complémentaires adaptés à leur discipline sportive.

II. – Les fédérations sportives délégataires assurent l'organisation de la surveillance médicale de leurs licenciés non inscrits sur la liste des sportifs de haut niveau mentionnée au premier alinéa de l'article L. 221-2 et reconnus dans le projet de performance fédéral mentionné à l'article L. 131-15.

Ces fédérations définissent la nature et la périodicité des examens médicaux qui sont assurés dans le cadre de cette surveillance.

Un arrêté du ministre chargé des sports fixe le cadre relatif au contenu et à la mise en œuvre de cette surveillance.

III. – Les résultats des examens prévus aux I et II du présent article figurent dans le livret mentionné à l'article L. 231-7.

La surveillance médicale prévue aux mêmes I et II ne dispense pas les employeurs des sportifs professionnels titulaires d'un contrat de travail de satisfaire aux obligations qui leur incombent en application du titre II du livre VI de la quatrième partie du code du travail.

Art. L. 231-7 Un livret individuel est délivré à chaque sportif mentionné à l'article L. 231-6 ou à son représentant légal, par la fédération sportive dont il relève. Ce livret ne contient que des informations à caractère sportif et des informations médicales en rapport avec les activités sportives.

Seuls les médecins agréés en application de l'article L. 232-11 sont habilités à se faire présenter ce livret lors des contrôles prévus à l'article L. 232-12. – *[CSP, art. L. 3621-3.]*

Art. L. 231-8 Lorsqu'un sportif sanctionné en application de l'article L. 232-21 ou L. 232-22 sollicite la restitution, le renouvellement ou la délivrance d'une licence sportive, la fédération compétente subordonne cette restitution, ce renouvellement ou cette délivrance à la production d'une attestation délivrée par une antenne médicale de prévention du dopage à l'issue d'un entretien entre un médecin et l'intéressé.

A l'occasion de cet entretien, le médecin peut proposer au sportif le suivi mentionné à l'article L. 232-1. – *[CSP, art. L. 3634-3-1.]*

CHAPITRE II **LUTTE CONTRE LE DOPAGE**

COMMENTAIRE

La lutte contre le dopage présente deux volets : l'un préventif et l'autre répressif. Les antennes médicales prévues à l'article L. 232-1, reproduit ci-dessous, jouent un rôle bien évidemment essentiel dans la prévention du dopage. La répression du fait de dopage (V. art. L. 232-9) et des agissements interdits périphériques (V. par exemple, art. L. 232-17) incombe principalement aux fédérations sportives. Leurs prérogatives et actions en la matière sont tout particulièrement réglementées. L'Agence française de lutte contre le dopage (AFLD) dispose aussi d'un pouvoir de sanction (V. art. L. 232-22). Son intervention est conçue principalement en tant qu'instance corrective à la discipline fédérale. Si les fédérations sportives et l'AFLD peuvent, selon les textes, également mettre en œuvre leur pouvoir de sanction à l'égard « des pourvoyeurs », reste que ce domaine relève plus « naturellement », pour un grand nombre de considérations, de la répression pénale. Des infractions pénales spécifiques ont ainsi été créées par la loi de 1989, reprises par celles de 1999 et de 2006 (en en ayant aggravé les sanctions) et complétées par la loi n° 2008-650 du 3 juillet 2008 relative à la lutte contre le trafic de produits dopants.

Sur la législation sur le dopage en Nouvelle-Calédonie, V. art. L. 425-2 s. ❑

SECTION PREMIÈRE **PRÉVENTION**

Art. L. 232-1 **Des antennes médicales de prévention du dopage sont agréées par arrêté des ministres chargés de la santé et des sports. Elles organisent des consultations ouvertes aux personnes ayant eu recours à des pratiques de dopage ou susceptibles d'y recourir. Ces consultations sont anonymes à la demande des intéressés.**

Elles leur proposent, si nécessaire, la mise en place d'un suivi médical.

Les personnes mentionnées à l'article L. 231-8 doivent bénéficier d'au moins un entretien avec un médecin dans l'une de ces antennes. Cet entretien est validé par la délivrance d'une attestation.

Les conditions d'agrément et de fonctionnement des antennes médicales de prévention contre le dopage sont fixées par décret. — *V. art. D. 232-1 s.*

Chaque antenne est dirigée par un médecin, qui en est le responsable. — *[CSP, art. L. 3613-1.]*

V. aussi Instr. n° 00-186 JS du 6 déc. 2000 relative à la mise en place des antennes médicales de lutte contre le dopage (BOJS n° 1 du 31 janv. 2001).

Art. L. 232-2 *(L. n° 2012-158 du 1er févr. 2012, art. 15)* **Le sportif fait état de sa qualité lors de toute consultation médicale qui donne lieu à prescription.**

Le sportif qui participe ou se prépare aux manifestations mentionnées au 1° de l'article L. 230-3 et dont l'état de santé requiert l'utilisation d'une substance ou méthode mentionnée au dernier alinéa de l'article L. 232-9 peut adresser à l'Agence française de lutte contre le dopage des demandes d'autorisation d'usage à des fins thérapeutiques.

L'utilisation ou la détention, dans le cadre d'un traitement prescrit à un sportif par un professionnel de santé, d'une ou des substances ou méthodes inscrites sur la liste mentionnée au même article L. 232-9 n'entraîne à l'égard de celui-ci ni sanction disciplinaire, ni sanction pénale si elle est conforme :

— soit à une autorisation d'usage à des fins thérapeutiques accordée au sportif par l'agence ;

— soit à une autorisation d'usage à des fins thérapeutiques accordée au sportif par une organisation nationale antidopage étrangère *(Ord. n° 2015-1207 du 30 sept. 2015, art. 7-1°, en vigueur le 1er nov. 2015)* **« , par une organisation responsable d'une grande manifestation sportive internationale mentionnée au 4° de l'article L. 230-2 » ou par une fédération internationale et dont l'agence reconnaît la validité conformément à l'annexe II de la convention internationale mentionnée à l'article L. 230-2 ;**

(Ord. n° 2015-1207 du 30 sept. 2015, art. 7-2°, en vigueur le 1er nov. 2015) **« — soit à une autorisation d'usage à des fins thérapeutiques dont l'Agence mondiale antidopage a reconnu la validité ou qu'elle a délivrée. »**

Les autorisations d'usage à des fins thérapeutiques sont accordées par l'Agence française de lutte contre le dopage, après avis conforme d'un comité d'experts placé auprès d'elle. Ce comité est composé d'au moins trois médecins.

Les substances et méthodes inscrites sur la liste mentionnée à l'article L. 232-9 qui nécessitent pour leur détention ou leur utilisation une autorisation d'usage à des fins thérapeutiques sont fixées par arrêté du ministre chargé des sports en application des annexes I et II de la convention internationale mentionnée à l'article L. 230-2.

Les conditions de délivrance des autorisations d'usage à des fins thérapeutiques sont fixées par décret.

V. Arr. du 25 juin 2010 fixant la liste des substances ou méthodes nécessitant pour leur utilisation ou leur détention par le sportif une autorisation d'usage à des fins thérapeutiques ou une déclaration d'usage (JO 3 juill.).

En application de l'art. L. 231-5 du CRPA et du Décr. n° 2015-1455 du 10 nov. 2015, le silence gardé par l'administration pendant 21 jours vaut décision de rejet pour les demandes d'autorisation d'usage à des fins thérapeutiques d'une des substances ou méthodes inscrites sur la liste mentionnée à l'art. L. 232-9 du C. sport.

Ces dispositions s'appliquent aux demandes présentées à compter du 12 nov. 2015 (Décr. préc., art. 2, al. 1er et 4, et annexe I).

BIBL. ► C. Dudognon, Lutte contre le dopage et justification thérapeutique, *in* Code mondial et code du sport : même combat !, *JS 2010, n° 101, p. 28*.

COMMENTAIRE

Dans un souci d'harmonisation internationale, un mécanisme d'autorisation d'usage à des fins thérapeutiques (AUT) a été introduit dans le dispositif de lutte contre le dopage issu de la loi du 5 avril 2006.

Directement prévu par le code mondial antidopage, ce dispositif de justification thérapeutique permet à un sportif d'utiliser ou de détenir certains produits ou méthodes considérés comme dopants, en vue de soigner une pathologie, sans pour autant être en infraction vis-à-vis des règles antidopage.

Antérieurement à l'entrée en vigueur de la loi Lamour, seule une régularisation *a posteriori* de la situation d'un athlète contrôlé positif à un produit pris, légitimement, sous ordonnance médicale, était possible ; le sportif était donc théoriquement obligé de passer devant une commission disciplinaire fédérale avant classement de l'affaire.

L'article L. 232-5 (I, 8°) du code du sport accorde à l'Agence française de lutte contre le dopage le pouvoir de délivrer des AUT pour certaines substances ou certains procédés interdits. Il s'agit d'autorisations préalables, destinées à éviter les procédures disciplinaires (et pénales s'agissant de la détention) injustifiées. Suite à l'adoption par l'Agence mondiale antidopage (AMA) d'un nouveau standard international pour les AUT le 20 septembre 2008 (entré en vigueur le 1er janvier 2009), retranscrit dans le code du sport par l'ordonnance du 14 avril 2010, il n'existe plus qu'une seule forme d'AUT, correspondant à la forme « standard ».

A cette occasion, avait également été créé le mécanisme des déclarations d'usage (DU), dont les modalités d'application avaient été précisées par le décret n° 2011-59 du 13 janvier 2011 portant diverses dispositions relatives à la lutte contre le dopage. Limitées à certaines substances, les déclarations d'usage devaient simplement être envoyées à l'AFLD.

Depuis l'entrée en vigueur, le 1er janvier 2011, de la nouvelle version du standard international pour l'autorisation d'usage à des fins thérapeutiques, qui supprime notamment les déclarations d'usage, ce dispositif n'avait plus lieu d'être et les lois des 1er février (n° 2012-158) et 12 mars 2012 (n° 2012-348) ont procédé au toilettage de la partie législative du code du sport, supprimant toutes références aux DU. Enfin, un décret du 15 octobre 2012 (n° 2012-1156, *JO 17 oct.*) est venu supprimer toute référence aux déclarations d'usage dans la partie réglementaire-décrets et adapter la procédure de délivrance des autorisations d'usage à des fins thérapeutiques au cas des sportifs souffrant de pathologies chroniques. La possibilité est par ailleurs donnée à l'AMA de demander à l'Agence un réexamen de ses décisions accordant ou refusant une AUT. Ce décret impose également aux fédérations sportives agréées de modifier leur règlement disciplinaire en conséquence (lors de la première assemblée générale suivant la publication du décret).

Les demandes d'AUT doivent être acceptées par l'agence ; trois conditions, cumulatives, sont nécessaires pour qu'une demande d'AUT soit acceptée : l'existence d'un préjudice de santé si le produit ou le procédé interdit n'était pas administré ; l'absence d'une amélioration de la performance en cas d'usage de la substance ou du procédé en question ; le fait que le besoin de recourir à ce produit ne soit pas lié à la prise antérieure de produits dopants.

Lorsque, à l'occasion d'un contrôle positif, le bénéfice d'une AUT est allégué, une vérification est effectuée pour déterminer si le contrôle positif correspond aux caractéristiques de celle-ci. Si l'AUT justifie le contrôle positif, le président de l'organe disciplinaire fédéral de première instance ou l'agence prend une décision de classement de l'affaire (art. 20 du règlement disciplinaire dopage type, annexe II-2 de la partie réglementaire-décret C. sport, ss. art. R. 232-86 ; art. R. 232-90).

Précisons cependant que l'absence d'AUT n'interdit pas au sportif d'établir *a posteriori* l'existence d'une justification thérapeutique. Ainsi, aucune sanction n'est prévue si le licencié dispose d'une raison médicale dûment justifiée (V. art. L. 232-9). Pour se prévaloir d'une raison médicale dûment justifiée le sportif doit faire état soit d'une urgence médicale, soit du traitement d'un état pathologique aigu, soit de circonstances exceptionnelles (V. art. R. 232-85-1). La procédure est alors la même qu'en présence d'une AUT (classement de l'affaire par le président de l'organe disciplinaire fédéral de première instance ou par l'agence) (V. art. 20 du règlement disciplinaire dopage type, annexe II-2 de la partie réglementaire-décret C. sport, ss. art. R. 232-86 ; art. R. 232-90).

Enfin, il faut noter que la loi du 3 juillet 2008, complétée par l'ordonnance du 30 septembre 2015 (V. art. L. 232-5-I-9°) a introduit la possibilité pour l'AFLD de reconnaître les AUT délivrées par d'autres organismes (organisations nationales antidopage étrangères, organisations responsables d'une grande manifestation sportive internationale ou fédérations sportives internationales), dès lors que ces autorisations ont été délivrées conformément à l'annexe II de la Convention contre le dopage dans le sport de l'UNESCO ; les sportifs peuvent également directement se prévaloir (sans qu'il y ait besoin d'une reconnaissance par l'AFLD) des AUT dont l'Agence mondiale antidopage a reconnu la validité ou qu'elle a délivrées (V. art. L. 232-2).

Les modalités de délivrance et de reconnaissance des AUT sont précisées dans la partie réglementaire du code du sport, modifiée par décret n° 2016-83 du 29 janvier 2016 (*JO 31 janv.*) (V. art. D. 232-72 à R. 232-85-1).

En outre, un décret du 7 décembre 2015 a créé huit nouveaux articles à la partie réglementaire du code du sport (art. R. 232-85-2 à R. 232-85-9) autorisant l'AFLD à créer un traitement automatisé des données à caractère personnel visant à faciliter les échanges d'informations relatives aux AUT entre l'Agence, les agences nationales antidopage étrangères, l'AMA, les organisations responsables de grandes manifestations sportives et les fédérations sportives internationales, et cela afin de favoriser la reconnaissance mutuelle des autorisations délivrées par d'autres organisations (V. Délib. AFLD n° 2014-146 du 3 déc. 2014 habilitant le Président à transmettre aux autorités compétentes un avant-projet de décret portant création d'un traitement de données à caractère personnel dénommé AUT). ❑

1. Absence d'AUT. En l'absence d'AUT, il appartient à l'AFLD d'apprécier si les résultats des analyses sont en rapport avec les prescriptions médicales invoquées, le cas échéant, par le sportif et de vérifier que ces prescriptions ont été établies à des fins thérapeutiques justifiées ; c'est donc légalement que l'AFLD a fait application des dispositions de l'art. L. 232-23 C. sport en sanctionnant d'une suspension d'un an le sportif qui n'a pas fourni la preuve de la justification des fins thérapeutiques en raison desquelles auraient été prescrites les substances retrouvées dans ses urines. • CE, 2e et 7e sous-sect. réun., 3 juill. 2009, *Y... : req. n° 321457.*

2. Commet une faute le médecin qui, consulté par un sportif professionnel, lui prescrit un médicament contenant une substance dopante sans vérification de sa situation et sans lui avoir communiqué les informations médicales concernant les effets et contre-indications du médicament. La Cour rappelle, au visa de l'art. L. 1111-2 CSP, que « toute personne a le droit d'être informée, préalablement aux investigations, traitements ou actions de prévention proposés, des risques inhérents à ceux-ci, et que son consentement doit être recueilli par le praticien (...) de sorte que le non-respect du devoir d'information qui en découle, cause à celui auquel l'information était légalement due, un préjudice, que le juge ne peut laisser sans réparation ». La responsabilité du médecin est engagée sur le fondement du préjudice moral du coureur. • Civ. 1re, 28 nov. 2012 : *pourvoi n° 11-26.516* • Limoges, 18 juin 2014, n° 13/00806 : *Dict. perm. dr. sport 2014, Bull. n° 2015, p. 13, obs. A. Renard.* ♦ En revanche, la demande du sportif à réparation de son licenciement est rejetée, la Cour estimant que le licenciement pour faute grave était justifié non pas par la faute du médecin, mais par la violation, par le coureur, de ses obligations contractuelles consistant notamment à informer le médecin de l'équipe et son manager s'il souhaitait être suivi par un médecin personnel. • Même arrêt.

3. Refus de délivrance. La requête d'une sportive qui conteste le refus de l'AFLD de lui délivrer une AUT en se bornant à soutenir que la prise du médicament est sans effet sur ses performances est rejetée dès lors qu'elle n'apporte aucun élément de nature à remettre en cause l'analyse faite par le comité d'experts. • CE, 4 nov. 2011, req. n° 336937 : *Cah. dr. sport 2011, n° 26, p. 146, note F. Colin.* ♦ V. aussi • CE, 19 juin 2013, req. n° 363376 : *Cah. dr. sport 2013, n° 33, p. 173, note B. Brignon.*

4. Le refus d'une AUT prononcée par le président de l'AFLD, qui intervient par délégation du collège de l'agence, relève de la compétence en premier et dernier ressort du Conseil d'État. • CE, 21 mars 2011, *Dumon,* req. n° 341572 : *Cah. dr. sport 2011, n° 24, p. 77, note Raschel.*

Art. L. 232-2-1 et L. 232-2-2 *Abrogés par L. n° 2012-158 du 1er févr. 2012, art. 16.*

Art. L. 232-3 Le médecin qui est amené à déceler des signes évoquant une pratique de dopage :

1° Est tenu de refuser la délivrance d'un des certificats médicaux définis aux articles L. 231-2 *(Ord. n° 2010-379 du 14 avr. 2010, art. 19)* **« , L. 231-2-1 et L. 231-2-2 » ;**

2° Informe son patient des risques qu'il court et lui propose soit de le diriger vers l'une des antennes médicales mentionnées à l'article L. 232-1, soit en liaison avec celle-ci et en fonction des nécessités, de lui prescrire des examens, un traitement ou un suivi médical ;

3° Transmet obligatoirement au médecin responsable de l'antenne médicale mentionnée à l'article L. 232-1 les constatations qu'il a faites et informe son patient de cette obligation de transmission. Cette transmission est couverte par le secret médical. – *[CSP, art. L. 3622-4.]*

Art. L. 232-4 La méconnaissance par le médecin de l'obligation de transmission prévue à l'article L. 232-3 ou des prohibitions mentionnées à l'article L. 232-10 est passible de sanctions disciplinaires devant les instances compétentes de l'ordre des médecins. – *[CSP, art. L. 3622-5.]*

SECTION II AGENCE FRANÇAISE DE LUTTE CONTRE LE DOPAGE

COMMENTAIRE

L'Agence française de lutte contre le dopage (AFLD), autorité publique indépendante dotée de la personnalité morale, s'est substituée au Conseil de prévention et de lutte contre le dopage au 1er octobre 2006, à l'occasion de la publication du premier décret d'application de la loi du 5 avril 2006, portant organisation et fonctionnement de l'agence (n° 2006-1204 du 29 sept. 2006). L'agence possède des prérogatives plus larges que son prédécesseur, étant notamment responsable des contrôles antidopage, compétence antérieurement dévolue au ministère chargé des sports, et des analyses, réalisées par le laboratoire national de dépistage du dopage, qui est désormais un département de l'agence alors qu'il consistait auparavant en un établissement public indépendant. La loi n° 2012-158 du 1er février 2012 visant à renforcer l'éthique et les droits des sportifs a par ailleurs renforcé le rôle de l'AFLD en matière de coopération internationale, de prévention et de recherche.

L'ordonnance n° 2015-948 du 31 juillet 2015 relative à l'égal accès des femmes et des hommes au sein des autorités administratives indépendantes et des autorités publiques indépendantes a modifié les dispositions du code du sport relatives à la composition du collège de l'AFLD, et ce afin d'assurer la parité de sa composition (V. art. L. 232-7 et L. 232-7-1). ❑

Nota : les délibérations de l'AFLD mentionnées ci-dessous sont consultables sur le site internet de celle-ci : www.afld.fr (rubrique Documentation).

Art. L. 232-5 I. – L'Agence française de lutte contre le dopage, autorité publique indépendante *(Abrogé par L. nº 2017-55 du 20 janv. 2017, art. 25-1º-a)* « *dotée de la personnalité morale* », définit et met en œuvre les actions de lutte contre le dopage. A cette fin, elle coopère avec l'Agence mondiale antidopage *(L. nº 2012-158 du 1er févr. 2012, art. 17-1º)* « , avec les organismes reconnus par celle-ci et disposant de compétences analogues aux siennes » et avec les fédérations sportives internationales. – *V. Délib. AFLD nº 68 du 4 oct. 2007 portant acceptation du code mondial antidopage ; Délib. AFLD nº 105 du 23 juill. 2008 portant acceptation du code médical du CIO ; Délib. AFLD nº 152 du 24 juin 2010 sur la résolution de l'AMA concernant la demande de l'AFLD de réaliser des contrôles additionnels.*

A cet effet :

1º *(Ord. nº 2010-379 du 14 avr. 2010, art. 3)* « Elle définit un programme annuel de contrôles ;

(Ord. nº 2015-1207 du 30 sept. 2015, art. 8-1º) « 2º Elle diligente les contrôles dans les conditions prévues au présent chapitre :

« *a*) Pendant les manifestations sportives organisées par les fédérations agréées ou autorisées par les fédérations délégataires ;

(L. nº 2016-1528 du 15 nov. 2016, art. 2-2º) « *b*) Pendant les manifestations sportives donnant lieu à une remise de prix en argent ou en nature, alors même qu'elles ne sont pas organisées par une fédération agréée ou autorisées par une fédération délégataire ; »

« *c*) Pendant les manifestations sportives internationales mentionnées à l'article L. 230-2 ;

« *d*) Pendant les périodes d'entraînement préparant aux manifestations sportives mentionnées aux *a* à *c* ;

« *e*) Pendant les périodes couvertes par une décision disciplinaire interdisant au sportif de participer à une manifestation sportive ou par une mesure de suspension prise à titre conservatoire en application de l'article L. 232-23-4 ;

« 3º Pour les sportifs constituant le groupe cible mentionné à l'article L. 232-15, elle diligente en outre les contrôles hors les manifestations sportives et les périodes d'entraînement » ;

« 4º Lorsqu'au moins deux sportifs d'une même équipe ont utilisé ou détenu une substance ou une méthode interdite, le directeur des contrôles de l'Agence française de lutte contre le dopage apprécie la nature des contrôles auxquels doivent être soumis les membres de l'équipe ayant participé à la même compétition ou à la même épreuve ;

« 5º L'agence est informée des faits de dopage portés à la connaissance de l'État, des fédérations sportives ainsi que, dans des conditions fixées par décret, des sanctions pénales prononcées en cas de non-respect de l'obligation mentionnée à l'article L. 232-10-1 ;

« 6º Elle réalise ou fait réaliser l'analyse des prélèvements effectués lors de contrôles ; dans ce cadre, elle peut effectuer des analyses ou des prélèvements pour le compte de tiers ;

« 7º Elle exerce un pouvoir disciplinaire dans les conditions prévues aux articles L. 232-22 et L. 232-23 ;

« 8º Elle délivre les autorisations d'usage à des fins thérapeutiques prévues à l'article L. 232-2 ;

(Ord. nº 2015-1207 du 30 sept. 2015, art. 8-2º et 3º) « 9º Elle se prononce sur la reconnaissance de validité des autorisations d'usage à des fins thérapeutiques délivrées par une organisation nationale antidopage étrangère, une organisation responsable d'une grande manifestation sportive internationale mentionnée au 4º de l'article L. 230-2 ou une fédération internationale.

« A cet effet, elle reconnaît la validité des autorisations d'usage à des fins thérapeutiques délivrées en conformité avec l'annexe II à la convention internationale contre le dopage dans le sport adoptée à Paris le 19 octobre 2005 ;

« 10º Elle reconnaît les effets sur les manifestations mentionnées aux 1º et 2º de l'article L. 230-3 des décisions d'interdiction prononcées à titre disciplinaire, dans le respect des principes du code mondial antidopage, par tout signataire de ce document ; »

« 11° Elle est consultée sur tout projet de loi ou de règlement relatif à la lutte contre le dopage ;

(L. n° 2012-158 du 1er févr. 2012, art. 17-1°) « 12° Elle met en œuvre des actions de prévention et de recherche en matière de lutte contre le dopage ; »

« 13° Elle est associée aux activités internationales dans le domaine de la lutte contre le dopage et apporte son expertise à l'État, notamment lors de l'élaboration de la liste des substances ou méthodes interdites mentionnée à l'article L. 232-9 ;

« 14° Elle peut être consultée par les fédérations sportives sur les questions relevant de ses compétences ;

« 15° Elle adresse aux fédérations sportives des recommandations dans les matières relevant de ses compétences ;

(Abrogé par L. n° 2017-55 du 20 janv. 2017, art. 25-1°-b) ***« 16° Elle remet chaque année un rapport d'activité au Gouvernement et au Parlement. Ce rapport est rendu public. »***

« Les missions de l'agence sont exercées par le collège, sauf disposition contraire. »

II. — Les missions de contrôle, les missions d'analyse et les compétences disciplinaires de l'Agence française de lutte contre le dopage ne peuvent être exercées par les mêmes personnes.

Pour l'exercice de ses missions de contrôle, l'agence peut faire appel aux services du ministre chargé des sports, dans des conditions définies par voie conventionnelle. — *V. Conv. du 2 oct. 2006 prévoyant la mise à disposition des directions régionales de la jeunesse et des sports (DRJS) auprès de l'Agence, pour l'organisation régionale des contrôles antidopage (sur les éléments de cette convention ; Délib. AFLD n° 2014-58 du 4 juin 2014 portant approbation des conventions prises en application du II de l'art. L. 232-5 C. sport ; V. Délib. AFLD n° 2016-4 CTRL du 7 janv. 2016 portant approbation d'une convention prise en application du ii de l'art. L. 232-5.*

(L. n° 2012-158 du 1er févr. 2012, art. 17-2°) « Lorsqu'une manifestation sportive organisée par une fédération agréée ou autorisée par une fédération délégataire se déroule à l'étranger, l'agence peut, avec l'accord de l'organisme reconnu par l'Agence mondiale antidopage dans cet État et disposant de compétences analogues aux siennes, exercer, à l'occasion de cette manifestation, ses missions de contrôle et ses missions d'analyse. En cas d'infraction aux dispositions des articles L. 232-9, L. 232-10 et L. 232-17, ces sanctions sont prononcées conformément aux articles L. 232-21 et L. 232-22. »

III. — *(Ord. n° 2010-379 du 14 avr. 2010, art. 3)* « Pour l'établissement du programme annuel de contrôles mentionné au I, les services de l'État compétents, les fédérations agréées, les associations et sociétés sportives et les établissements d'activités physiques ou sportives communiquent à l'agence toutes informations relatives à la préparation, à l'organisation et au déroulement des entraînements et manifestations sportives. »

Le programme national annuel de contrôles comprend des contrôles individualisés, mis en œuvre dans les conditions prévues à l'article L. 232-15.

Les dispositions de la L. n° 2017-55 du 20 janv. 2017 sont applicables dans les îles Wallis-et-Futuna, en Polynésie française, en Nouvelle-Calédonie et dans les Terres australes et antarctiques françaises sous réserve qu'elles s'appliquent à des autorités mentionnées à l'art. 1er qui exercent des attributions au sein de compétences relevant de l'État (L. préc., art. 55).

Art. L. 232-6 Le collège de l'Agence française de lutte contre le dopage comprend neuf membres nommés par décret :

1° Trois membres des juridictions administrative et judiciaire :

— un conseiller d'État, *(Abrogé par L. n° 2017-55 du 20 janv. 2017, art. 25-2°-a)* ***« président, »*** désigné par le vice-président du Conseil d'État ;

— un conseiller à la Cour de cassation, désigné par le premier président de cette cour, qui exerce les attributions du président en cas d'absence ou d'empêchement de celui-ci ;

— un avocat général à la Cour de cassation désigné par le procureur général près ladite cour ;

2° Trois personnalités ayant compétence dans les domaines de la pharmacologie, de la toxicologie et de la médecine du sport désignées respectivement :

– par le président de l'Académie nationale de pharmacie ;

– par le président de l'Académie des sciences ;

– par le président de l'Académie nationale de médecine ;

3° Trois personnalités qualifiées dans le domaine du sport :

– une personne inscrite ou ayant été inscrite sur la liste des sportifs de haut niveau fixée en application du premier alinéa de l'article L. 221-2, désignée par le président du Comité national olympique et sportif français ;

– un membre du conseil d'administration du Comité national olympique et sportif français désigné par son président ;

– une personnalité désignée par le président du Comité consultatif national d'éthique pour les sciences de la vie et de la santé.

Le président du collège, président de l'agence, est nommé pour six ans *(L. n° 2017-55 du 20 janv. 2017, art. 25-2°-b et c)* « par décret du Président de la République parmi les membres du collège.

« Le mandat des membres du collège de l'agence est de six ans. Il est renouvelable une fois. Il n'est pas interrompu par les règles concernant la limite d'âge éventuellement applicables aux intéressés. »

Les membres du collège de l'agence prêtent serment dans des conditions fixées par décret. – *[CSP, art. L. 3612-2, al. 1er à 15, et art. L. 3612-2-1, al. 1er, 2e phrase.]*

V. art. D. 232-20.

V. note ss. art. L. 232-5.

Art. L. 232-7 Le collège de l'agence se renouvelle par tiers tous les deux ans. En cas de vacance *(L. n° 2017-55 du 20 janv. 2017, art. 25-3°-a)* « , le » *(Ord. n° 2015-948 du 31 juill. 2015, art. 1er-I-1°)* « sexe du remplaçant est déterminé de manière à réduire, autant qu'il est possible, l'écart entre le nombre total de femmes et le nombre total d'hommes parmi les neuf membres du collège et la personnalité mentionnée au 1° du II de l'article L. 241-1. »

Le collège de l'agence ne peut délibérer que lorsque six au moins de ses membres sont présents. Le président a voix prépondérante en cas de partage égal des voix.

(Abrogé par L. n° 2017-55 du 20 janv. 2017, art. 25-3°-b) « Le collège de l'agence établit son règlement intérieur. »

Le collège de l'agence peut délibérer en formation disciplinaire composée d'au moins quatre membres et présidée par l'un des membres mentionnés au 1° de l'article L. 232-6 du présent code.

Les *(Abrogé par L. n° 2017-55 du 20 janv. 2017, art. 25-3°-c) « membres et les »* agents de l'agence sont tenus au secret professionnel dans les conditions et sous les peines prévues à l'article 226-13 du code pénal. – *[CSP, art. L. 3612-2, al. 16 et 18 à 21.]*

Le mandat du membre du collège de l'Agence française de lutte contre le dopage désigné sur le fondement du 1° du II de l'art. L. 241-1 [la personnalité ayant compétence en médecine vétérinaire qui participe aux délibérations du collège de l'AFLD en matière de dopage animal] qui est en cours à la date de publication de l'Ord. n° 2015-948 du 31 juill. 2015 viendra à expiration au terme normal du mandat du membre du collège qui a été nommé sur proposition du président de l'Académie nationale de médecine en application du neuvième al. de l'art. L. 232-6 (Ord. préc., art. 1er-II).

V. note ss. art. L. 232-5.

Art. L. 232-7-1 *(Ord. n° 2015-948 du 31 juill. 2015, art. 1er-I-2°)* I. – La fixation du nombre de femmes et d'hommes à désigner lors de chaque renouvellement, ainsi que le tirage au sort prévu au quatrième alinéa du présent article, interviennent six mois avant l'échéance des mandats, de telle sorte :

– que l'écart entre le nombre de femmes et le nombre d'hommes désignés lors ce renouvellement soit au plus égal à un ;

– et que soit réduit l'écart entre le nombre total de femmes et le nombre total d'hommes, parmi les neuf membres du collège et la personnalité mentionnée au 1° du II de l'article L. 241-1, d'autant qu'il est possible en vue d'obtenir un nombre égal de femmes et d'hommes.

Le tirage au sort est réalisé, concomitamment à la fixation du nombre de femmes et du nombre d'hommes à désigner, afin de déterminer, parmi les autorités mentionnées du quatrième au treizième alinéas *[alinéa]* **de l'article L. 232-6 et au 3° du II de l'article L. 241-1 participant à ce renouvellement, celles qui désignent une femme et celles qui désignent un homme.**

(L. n° 2017-55 du 20 janv. 2017, art. 25-4°) **« II. — Toutefois, dans le cas où une autorité souhaite renouveler le mandat d'un membre sortant, elle le désigne au préalable. Il est alors procédé, dans les conditions prévues au I du présent article, au besoin par tirage au sort, à la désignation des autres membres par les autres autorités appelées à prendre part à ce renouvellement. »**

V. notes ss. art. L. 232-5 et L. 232-7.

Art. L. 232-8 *(Abrogé par L. n° 2017-55 du 20 janv. 2017, art. 25)* ***« L'Agence française de lutte contre le dopage dispose de l'autonomie financière.***

« Les dispositions de la loi du 10 août 1922 relative à l'organisation du contrôle des dépenses engagées ne sont pas applicables à sa gestion.

« L'Agence française de lutte contre le dopage peut recruter des agents contractuels de droit public et des salariés de droit privé. »

Pour l'accomplissement de ses missions, l'agence peut faire appel à des experts ou à des personnes qualifiées. — *[CSP, art. L. 3612-3.]*

V. art. R. 232-10 à R. 232-41.

V. note ss. art. L. 232-5.

SECTION III AGISSEMENTS INTERDITS ET CONTRÔLES

COMMENTAIRE

Les incriminations disciplinaires en matière de dopage sont précisément listées par la loi (contrairement à la discipline générale). Sont ainsi considérés comme des infractions disciplinaires l'usage de produits et de méthodes dopantes (V. art. L. 232-9), la détention de produits et méthodes dopantes (V. art. L. 232-9), le trafic (prescription, administration, application, cession, offre, production, fabrication, importation, exportation, transport illicite) de produits dopants (V. art. L. 232-10), la soustraction et l'opposition à un contrôle antidopage (V. art. L. 232-17-I), la violation des obligations de localisation (V. art. L. 232-15 et L. 232-17-II), le non-respect des décisions disciplinaires (V. art. L. 232-17-III), la falsification, la destruction ou la dégradation de tout élément relatif au contrôle, à l'échantillon ou à l'analyse (V. art. L. 232-10-4°) et, enfin, l'association interdite (V. art. L. 232-9-1).

L'infraction disciplinaire pour la détention de produits dopants s'applique aux sportifs comme à leur entourage. S'agissant de la détention par des sportifs, l'interdiction ne vaut que « sans raison médicale dûment justifiée » et *a fortiori* sans AUT. Pour ce qui est des personnes composant l'entourage des sportifs, l'interdiction, qui s'applique à l'ensemble des substances interdites, concerne la détention « aux fins d'usage par un sportif sans raison médicale dûment justifiée ».

L'incrimination dite d'association interdite a été introduite par l'ordonnance du 30 septembre 2015 et vise à mieux contrôler et sécuriser l'entourage des sportifs. Ainsi, il est interdit aux sportifs de recourir, directement ou indirectement, dans le cadre de leur activité sportive, aux services ou aux conseils d'une personne ayant fait l'objet d'une sanction disciplinaire, d'une sanction administrative (par un ordre professionnel par exemple) ou pénale pour une infraction à la réglementation antidopage. Les modalités d'application de cette interdiction ont été précisées par le décret n° 2016-83 du 29 janvier 2016 (V. art. R. 232-41-13 à R. 232-41-16).

L'ordonnance du 14 avril 2010 a modifié la rédaction des articles L. 232-9 et L. 232-10 pour incriminer la tentative au même titre que la réalisation de l'infraction (par exemple, la tentative d'usage de produits interdits est désormais prohibée). Depuis l'ordonnance du 30 septembre 2015, les complices des auteurs de ces infractions sont également passibles de sanctions disciplinaires, par les fédérations sportives comme par l'AFLD (V. art. L. 230-5, L. 232-21 et L. 232-22). ❑

Art. L. 232-9 *(Ord. nº 2010-379 du 14 avr. 2010, art. 4)* **Il est interdit à tout sportif :**

1° De détenir ou tenter de détenir, sans raison médicale dûment justifiée, une ou des substances ou méthodes interdites figurant sur la liste mentionnée au dernier alinéa du présent article ;

2° D'utiliser ou tenter d'utiliser une ou des substances ou méthodes interdites figurant sur la liste mentionnée au dernier alinéa du présent article.

L'interdiction prévue au 2° ne s'applique pas aux substances et méthodes pour lesquelles le sportif :

a) Dispose d'une autorisation pour usage à des fins thérapeutiques ;

(Abrogé par L. nº 2012-348 du 12 mars 2012, art. 6) ***« b) Peut se prévaloir d'une déclaration d'usage, conformément aux dispositions de l'article L. 232-2 ; »***

c) Dispose d'une raison médicale dûment justifiée.

La liste des substances et méthodes mentionnées au présent article est celle qui est élaborée en application de la convention internationale mentionnée à l'article L. 230-2 ou de tout autre accord ultérieur qui aurait le même objet et qui s'y substituerait. Elle est publiée au *Journal officiel* de la République française. — *V. cette liste dans l'amendement à l'annexe I de la Conv. internationale contre le dopage dans le sport du 6 nov. 2015, publiée par Décr. nº 2015-1684 du 16 déc. 2015, App., vº Dopage (textes internationaux).*

COMMENTAIRE

Cet article occupe une place centrale dans le dispositif de lutte contre le dopage. Par ces dispositions, le législateur définit le fait de dopage (usage de produits ou de méthodes dopantes).

Le fait de dopage est défini à partir d'un critère matériel : l'établissement par les résultats de l'analyse des prélèvements effectués de la présence de substances interdites ou du recours à une méthode prohibée. Les substances et méthodes tombant sous le coup de l'interdiction font l'objet d'une liste qui, depuis la loi du 3 juillet 2008, est celle élaborée en application de la Convention internationale contre le dopage dans le sport, adoptée le 19 octobre 2005 sous l'égide de l'UNESCO (V., pour l'année 2016, Décr. nº 2015-1684 du 16 déc. 2015 portant publication de l'amendement à l'annexe 1 de la Convention internationale contre le dopage dans le sport, adopté à Paris le 16 nov. 2015, App., vº *Dopage [Textes internationaux]*). C'est donc une conception objective du fait de dopage qui est consacrée par le législateur, et ce depuis la loi nº 89-432 du 28 juin 1989, comme par ailleurs aujourd'hui dans la grande majorité des dispositifs, publics et privés, nationaux et internationaux, de lutte contre le dopage (V., par exemple, l'art. 2 du code mondial antidopage). L'élément moral, à savoir l'intention, n'est donc pas un élément constitutif du fait de dopage. ❑

1. Les dispositions de l'article L. 232-9 du code du sport ne méconnaissent pas les principes de légalité des délits et des peines, de présomption d'innocence, de nécessité, de proportionnalité et d'individualisation des peines. Dès lors, la question prioritaire de constitutionnalité soulevée par le requérant ne saurait être transmise au Conseil constitutionnel. • CE 3 oct. 2016, nº 397744 : *Lebon.*

2. Absence du caractère intentionnel. En dehors du cas où est apportée la preuve d'une prescription médicale à des fins thérapeutiques justifiées, l'existence d'une violation des dispositions législatives et réglementaires relatives au dopage est établie par la présence, dans un prélèvement urinaire, de l'une des substances mentionnées dans la liste annexée à l'Arr. du 7 oct. 1994, sans qu'il y ait lieu de rechercher si l'usage de cette substance a revêtu un caractère intentionnel. • CE 2 juill. 2001, *Féd. fr. de football,* req. nº 221481 : *Lebon 328.* ♦ Pour une solution similaire : • TA Montpellier, 19 mai 2009, *X. : req. nº 0703441.* ♦ Il n'y pas lieu de rechercher si l'usage de la substance a revêtu un caractère intentionnel. • CE 26 déc. 2012, *M. A. : req. nº 350833.* V. aussi • CAA Bordeaux, 26 mai 2014, nº 12BX03141 : *Dict. perm. dr. sport 2014, Bull. nº 223, p. 7, obs. P. Rocipon* • CE, ord., 22 avr. 2016, *M. A.,* nº 398087 : *Dict. perm. dr. sport 2016, Bull. nº 235, p. 8, obs. P. Rocipon ; Cah. dr. sport 2016, nº 44, p. 68, note M. Peltier, et p. 73, note F. Colin* • CE 3 oct. 2016, *M. A.,* nº 397744 : *Dict. perm. dr. sport 2016, Bull. nº 239/240, p. 6, obs. P. Rocipon.*

3. Constitutionnalité du dispositif législatif. Rejet par le Conseil d'État de questions prioritaires de constitutionnalité relatives au dispositif législatif de lutte contre le dopage, ce dernier ne méconnaissant pas les principes de légalité des délits et des peines, de présomption d'innocence, ni les principes de nécessité, de proportionnalité et d'individualisation des peines. • CE, ord., 22 avr. 2016, *M. A.,* nº 398087 : *préc. note 2* • CE 3 oct. 2016, *M. A.,* nº 397744 : *préc. note 2.*

Art. L. 232-9-1 *(Ord. n° 2015-1207 du 30 sept. 2015, art. 9, en vigueur le 1er nov. 2015)* Il est interdit à tout sportif de recourir directement ou indirectement, dans le cadre de son activité sportive, aux services ou aux conseils d'une personne qui a fait l'objet d'une sanction administrative, d'une sanction disciplinaire ou d'une sanction pénale devenue définitive pour violation des dispositions des articles L. 232-9, L. 232-10, L. 232-17 ou du présent article.

Le recours aux services de cette personne est interdit :

1° Pendant l'exécution des sanctions administratives ou disciplinaires dont celle-ci a fait l'objet lorsque ces sanctions ont été infligées sur le fondement des articles L. 232-21 ou L. 232-22 ou lorsqu'elles ont été prononcées par une organisation nationale antidopage étrangère ou par un organisme sportif international signataire du code mondial antidopage ;

2° Pendant l'exécution des sanctions administratives ou disciplinaires, prononcées sur un autre fondement que ceux mentionnés au 1°, telles que celles prononcées par les ordres professionnels, pour des faits constitutifs d'une violation de la réglementation relative à la lutte contre le dopage ;

3° Pendant l'exécution d'une sanction pénale infligée par un État partie à la convention internationale contre le dopage dans le sport à raison d'agissements entrant dans le champ de l'article L. 232-9 et L. 232-10.

L'interdiction mentionnée aux 2° et 3° s'applique durant l'exécution des sanctions, sans que sa durée puisse être inférieure à six ans.

Si l'Agence française de lutte contre le dopage estime qu'un sportif tombe sous le coup de l'interdiction, elle l'en avise en le mettant à même de présenter ses observations. Le sportif dispose à cet effet d'un délai fixé par voie réglementaire.

Après avoir pris connaissance des observations du sportif ou en cas d'absence d'observations dans le délai requis, l'Agence française de lutte contre le dopage lui notifie, s'il y a lieu, l'identité de la personne à laquelle il lui est interdit d'avoir recours et la durée de l'incapacité dont elle est frappée.

Le sportif est alors tenu de cesser immédiatement de faire appel aux services de la personne concernée dans le cadre de son activité sportive.

V. art. R. 232-41-13 à R. 232-41-16.

Pour l'application du présent art., il est tenu compte des sanctions prononcées en violation des art. L. 232-9, L. 232-10 ou L. 232-17 antérieurement à la date d'entrée en vigueur de l'Ord. n° 2015-1207 du 30 sept. 2015, dès lors que ces sanctions d'interdiction continuent de produire effet à cette date (Ord. préc., art. 28).

Art. L. 232-10 *(Ord. n° 2010-379 du 14 avr. 2010, art. 4)* Il est interdit à toute personne de :

1° Prescrire, administrer, appliquer, céder ou offrir aux sportifs, sans raison médicale dûment justifiée, une ou plusieurs substances ou méthodes mentionnées à l'article L. 232-9, ou de faciliter leur utilisation ou d'inciter à leur usage ;

2° Produire, fabriquer, importer, exporter, transporter, détenir ou acquérir, aux fins d'usage par un sportif sans raison médicale dûment justifiée, une ou des substances ou méthodes figurant sur la liste mentionnée au dernier alinéa de l'article L. 232-9 ;

3° S'opposer par quelque moyen que ce soit aux mesures de contrôle prévues par le présent titre ;

4° Falsifier, détruire ou dégrader tout élément relatif au contrôle, à l'échantillon ou à l'analyse ;

5° Tenter d'enfreindre les interdictions prévues au présent article.

Art. L. 232-10-1 *(Ord. n° 2010-379 du 14 avr. 2010, art. 20)* Les organismes sportifs internationaux compétents pour diligenter ou effectuer les contrôles relatifs à la lutte contre le dopage lors des manifestations sportives internationales ainsi que les organisateurs de manifestations sportives nationales ou internationales et leurs préposés qui, dans l'exercice de leurs fonctions, acquièrent la connaissance de faits délictueux mentionnés aux articles L. 232-25 et L. 232-26 les signalent à l'autorité judiciaire compétente.

Art. L. 232-10-2 *(Ord. n° 2015-1207 du 30 sept. 2015, art. 10, en vigueur le 1er nov. 2015)* Tout organe ou préposé d'une fédération sportive qui acquiert la connaissance

d'un manquement aux dispositions du présent chapitre le signale à l'Agence française de lutte contre le dopage ainsi qu'à la fédération internationale dont la fédération est membre et coopère aux enquêtes menées par celles-ci.

COMMENTAIRE

Les contrôles antidopage constituent le principal moyen de constater les infractions à la réglementation antidopage. Les conditions de leur réalisation sont strictement encadrées par les articles L. 232-11 et suivants du code du sport.

En France, il appartient en principe à l'Agence française de lutte contre le dopage d'organiser et de diligenter les contrôles antidopage, en élaborant notamment un programme annuel de contrôles (V. art. L. 232-5-I-1°). Les fédérations sportives ont également la possibilité de demander à l'AFLD de réaliser des contrôles, tout comme un organisme sportif international, une organisation nationale antidopage étrangère ou l'Agence mondiale antidopage (V. art. L. 232-13). Au cours des manifestations internationales, ce n'est plus l'AFLD mais la fédération internationale qui est compétente pour diligenter les contrôles, sous réserve de certaines conditions, fixées à l'article L. 232-16, dans lesquelles l'AFLD peut procéder à des contrôles sur le site d'une manifestation internationale.

V. commentaire sous l'article R. 232-42.

Art. L. 232-11 **Outre les officiers et agents de police judiciaire agissant dans le cadre des dispositions du code de procédure pénale, sont habilités à procéder aux contrôles diligentés par l'Agence française de lutte contre le dopage ou demandés par les** *(Ord. n° 2010-379 du 14 avr. 2010, art. 21)* **« personnes mentionnées à l'article L. 232-13 » et à rechercher et constater les infractions aux dispositions prévues aux articles L. 232-9 et L. 232-10 les** *(L. n° 2008-650 du 3 juill. 2008)* **« agents » relevant du ministre chargé des sports et les personnes** *(Ord. n° 2010-379 du 14 avr. 2010, art. 21)* **« agréées » par l'agence et assermentés dans des conditions fixées par décret en Conseil d'État.** – *V. art. R. 232-24.*

Ces *(L. n° 2008-650 du 3 juill. 2008)* **« agents » et personnes sont tenus au secret professionnel, dans les conditions prévues à l'article 226-13 du code pénal.** – *[CSP, art. L. 3632-1.]*

Art. L. 232-12 **Les opérations de contrôle sont diligentées par le directeur du département des contrôles de l'Agence française de lutte contre le dopage. Les personnes mentionnées à l'article L. 232-11 ayant la qualité de médecin peuvent procéder à des examens médicaux cliniques et à des prélèvements biologiques destinés à mettre en évidence l'utilisation de procédés prohibés ou à déceler la présence dans l'organisme de substances interdites.** *(Ord. n° 2010-379 du 14 avr. 2010, art. 22)* **« Les personnes agréées par l'agence et assermentées peuvent également procéder à ces prélèvements biologiques. Seules les personnes mentionnées à l'article L. 232-11 et qui y sont autorisées par le code de la santé publique peuvent procéder à des prélèvements sanguins. »**

Les contrôles donnent lieu à l'établissement de procès-verbaux qui sont transmis à l'agence et à la fédération intéressée. Un double en est laissé aux parties intéressées. – *[CSP, art. L. 3632-2.]*

Art. L. 232-12-1 *(L. n° 2016-1528 du 15 nov. 2016, art. 3)* **« Les prélèvements biologiques mentionnés au premier alinéa de l'article L. 232-12 peuvent avoir pour objet d'établir le profil des paramètres pertinents dans l'urine ou le sang d'un sportif aux fins de mettre en évidence l'utilisation d'une substance ou d'une méthode interdite en vertu de l'article L. 232-9. »**

Les renseignements ainsi recueillis peuvent faire l'objet, dans des conditions fixées par décret en Conseil d'État, d'un traitement informatisé par l'Agence française de lutte contre le dopage dans le respect des dispositions de la loin° 78-17 du 6 janvier 1978 relative à l'information *[l'informatique]*, **aux fichiers et aux libertés.** – *V. comm. ss. art. L. 232-22-1.*

COMMENTAIRE

La loi n° 2016-1528 du 15 novembre 2016 (*JO 17 nov.*) est venue modifier l'article L. 232-12-1 ci-dessus reproduit de façon à permettre d'établir un profilage des paramètres biologiques de l'ensemble des sportifs. Avant cette loi, seuls les sportifs visés à l'article L. 232-15 (V. *infra*) pouvaient être soumis au profilage biologique introduit par la loi n° 2012-348 du 12 mars 2012. ❑

Art. L. 232-13 *(Ord. n° 2010-379 du 14 avr. 2010, art. 6)* **Les contrôles peuvent être diligentés :**

1° Dans le cadre du programme annuel de contrôles mentionné au 1° du I de l'article L. 232-5 ou à la demande d'une fédération agréée ;

2° Ou à la demande :

***a)* De l'Agence mondiale antidopage ;**

***b)* D'une organisation nationale antidopage ;**

***c)* D'un organisme sportif international au sens de l'article L. 230-2.**

Art. L. 232-13-1 *(Ord. n° 2015-1207 du 30 sept. 2015, art. 11, en vigueur le 1er nov. 2015)* **Les contrôles peuvent être réalisés :**

1° Dans tout lieu où se déroule un entraînement ou une manifestation mentionnés à l'article L. 230-3 ;

2° Dans tout établissement mentionné à l'article L. 322-2, dans lequel sont pratiquées des activités physiques ou sportives, ainsi que dans ses annexes ;

3° Dans tout lieu, y compris le domicile du sportif, permettant de réaliser le contrôle dans le respect de la vie privée du sportif et de son intimité ;

4° Dans le cadre de la garde à vue d'un sportif soupçonné d'avoir commis l'un des délits prévus aux articles L. 232-25 à L. 232-28.

Art. L. 232-13-2 *(Ord. n° 2010-379 du 14 avr. 2010, art. 6)* **Les contrôles mentionnés à l'article L. 232-13 sont réalisés après notification du contrôle au sportif soit :**

1° Par la personne chargée de procéder au prélèvement ;

2° Par une personne désignée par la personne chargée de procéder au prélèvement.

Les modalités de notification du contrôle au sportif sont fixées par décret.

Lorsqu'un sportif n'est pas soumis aux obligations de localisation mentionnées à l'article L. 232-15 et ne s'entraîne pas dans un lieu fixe, la notification mentionnée à l'alinéa précédent peut lui être adressée par tout moyen permettant de garantir son origine et sa réception.

Art. L. 232-14 **Dans l'exercice de leur mission de contrôle, les personnes mentionnées à l'article L. 232-11 ne peuvent accéder aux lieux mentionnés à l'article** *(Ord. n° 2010-379 du 14 avr. 2010, art. 23)* **« L. 232-13-1 » qu'entre 6 heures et** *(Ord. n° 2015-1207 du 30 sept. 2015, art. 12, en vigueur le 1er nov. 2015)* **« 23 heures », ou à tout moment dès lors que ces lieux sont ouverts au public ou qu'une** *(Abrogé par Ord. n° 2010-379 du 14 avr. 2010, art. 23)* ***« compétition ou une »*** **manifestation sportive ou un entraînement y préparant est en cours. Un contrôle réalisé au domicile d'un sportif ne peut avoir lieu qu'entre 6 heures et 21 heures.**

Elles peuvent être assistées, à leur demande, par un membre délégué de la fédération sportive compétente.

Elles peuvent demander la communication de toute pièce ou de tout document utile, en prendre copie et recueillir les observations des intéressés.

Seuls des médecins peuvent recueillir les informations à caractère médical.

Al. abrogé par Ord. n° 2010-379 du 14 avr. 2010, art. 23.

Art. L. 232-14-1 *(Ord. n° 2015-1207 du 30 sept. 2015, art. 13, en vigueur le 1er nov. 2015)* **Indépendamment de l'application des dispositions des articles L. 232-13-1 et L. 232-14, les opérations de contrôles mentionnées à l'article L. 232-12 ainsi que celles relevant de la compétence des organismes sportifs internationaux signataires du code mondial antidopage peuvent avoir lieu au domicile ou au lieu d'hébergement d'un sportif entre 23 heures et 6 heures, dans le respect de sa vie privée et de son intimité et lorsque les conditions suivantes sont réunies :**

1° Le sportif appartient à l'une des catégories mentionnées à l'article L. 232-15, fait partie du groupe cible d'un organisme sportif international *(L. n° 2016-41 du 26 janv. 2016, art. 221-II-1°)* **« ou d'une organisation nationale antidopage étrangère » ou participe à une manifestation sportive internationale ;**

2° Il existe à l'encontre du sportif des soupçons graves et concordants qu'il a contrevenu ou va contrevenir aux dispositions du présent chapitre et un risque de disparition des preuves.

Les opérations de contrôles sont effectuées dans des conditions garantissant une stricte proportionnalité entre les atteintes portées aux droits du sportif et les enjeux de la lutte contre le dopage en termes de loyauté des compétitions et de protection de sa santé. Elles se limitent au prélèvement d'échantillons.

Art. L. 232-14-2 *(Ord. nº 2015-1207 du 30 sept. 2015, art. 13, en vigueur le 1er nov. 2015)* Les opérations de contrôle mentionnées à l'article L. 232-14-1 ne peuvent être réalisées que si le sportif a fait part de son consentement au directeur du département des contrôles de l'Agence française de lutte contre le dopage ou à l'organisme sportif international compétent.

Le consentement du sportif peut être sollicité par le directeur du département des contrôles de l'Agence française de lutte contre le dopage ou l'organisme sportif international compétent. Le sportif dispose d'un délai d'un mois, à compter de la réception de la demande qui lui a été adressée, pour transmettre son consentement. A défaut de réponse dans ce délai, il est réputé avoir refusé son consentement.

Le consentement du sportif est exprimé par écrit au directeur du département des contrôles de l'Agence française de lutte contre le dopage ou à l'organisme sportif international compétent. Pour les sportifs mineurs, le consentement du représentant légal est requis.

L'organisateur d'une manifestation sportive internationale peut également solliciter le consentement du sportif au moment de l'inscription à cette manifestation, selon des modalités fixées par décret en Conseil d'État.

Les opérations de contrôle peuvent avoir lieu :

1° Pendant une période de trois mois, renouvelable tacitement une fois, à compter de la réception du consentement lorsque celui-ci a été recueilli dans les conditions prévues au troisième alinéa du présent article ;

2° Pendant la durée de la manifestation sportive lorsque le consentement a été recueilli dans les conditions prévues au quatrième alinéa du présent article.

Art. L. 232-14-3 *(Ord. nº 2015-1207 du 30 sept. 2015, art. 13, en vigueur le 1er nov. 2015)* Lorsque le consentement du sportif a été recueilli dans les conditions prévues à l'article L. 232-14-2, les opérations de contrôle mentionnées à l'article L. 232-14-1 peuvent être diligentées par le directeur du département des contrôles de l'Agence française de lutte contre le dopage.

Le directeur du département des contrôles de l'Agence française de lutte contre le dopage veille à ce que l'opération de contrôle envisagée garantisse une stricte proportionnalité entre les atteintes portées aux droits du sportif et les enjeux de la lutte contre le dopage en termes de loyauté des compétitions et de protection de sa santé. Il motive en conséquence sa décision de diligenter un contrôle prévu à l'article L. 232-14-1.

Art. L. 232-14-4 *(Ord. nº 2015-1207 du 30 sept. 2015, art. 13, en vigueur le 1er nov. 2015)* Lorsque le sportif a refusé son consentement aux opérations de contrôle mentionnées à l'article L. 232-14-1, le juge des libertés et de la détention du tribunal de grande instance dans le ressort duquel s'effectue le contrôle *(L. nº 2016-731 du 3 juin 2016, art. 102-1º)* « ou le juge des libertés et de la détention du tribunal de grande instance prévu par le décret mentionné au I de l'article 706-2 du code de procédure pénale » peut, à la requête du directeur du département des contrôles de l'Agence française de lutte contre le dopage *(L. nº 2016-41 du 26 janv. 2016, art. 221-II-2º-a)* « , de l'organisation nationale antidopage étrangère compétente » ou d'un organisme sportif international compétent, autoriser les opérations mentionnées à l'article L. 232-14-1.

Le juge des libertés et de la détention peut également autoriser des opérations de contrôle mentionnées à l'article L. 232-14-1 sur un sportif dont le consentement n'aura pas été sollicité, selon les mêmes modalités que celles mentionnées à l'alinéa précédent, quand l'Agence française de lutte contre le dopage *(L. nº 2016-41 du 26 janv. 2016, art. 221-II-2º-b)* « , l'organisation nationale antidopage étrangère compétente » ou l'organisme sportif international compétent a connaissance de soupçons graves et concordants que celui-ci va contrevenir, de manière imminente, aux dispositions du présent chapitre.

A peine de nullité, l'autorisation est donnée pour un prélèvement déterminé et fait l'objet d'une ordonnance écrite. Cette ordonnance, qui n'est pas susceptible d'appel, est motivée par référence aux éléments de fait et de droit justifiant que l'opération est

nécessaire. Les opérations sont faites sous le contrôle du magistrat qui les a autorisées, et qui peut se déplacer sur les lieux pour veiller au respect des dispositions légales.

Le procureur de la République territorialement compétent *(L. n° 2016-731 du 3 juin 2016, art. 102-2°)* **« ou le procureur de la République mentionné à l'avant-dernier alinéa du I de l'article 706-2 du code de procédure pénale » est, préalablement à la saisine du juge des libertés et de la détention, informé par le directeur du département des contrôles de l'Agence française de lutte contre le dopage** *(L. n° 2016-41 du 26 janv. 2016, art. 221-II-2°-c)* **« , par l'organisation nationale antidopage étrangère compétente » ou par l'organisme sportif international compétent du projet de contrôle et peut s'y opposer.**

Les opérations prévues ne peuvent, à peine de nullité, avoir un autre objet que le prélèvement visé dans la décision du juge des libertés et de la détention.

Le fait que ces opérations révèlent des infractions pénales ou des manquements aux obligations du présent chapitre ne constitue pas une cause de nullité des procédures incidentes.

Art. L. 232-14-5 *(Ord. n° 2015-1207 du 30 sept. 2015, art. 13, en vigueur le 1er nov. 2015)* **Le sportif qui refuse de se soumettre à un contrôle diligenté en application de l'article L. 232-14-3 ou autorisé en application de l'article L. 232-14-4 est passible des sanctions administratives prévues par les articles L. 232-21 à L. 232-23.**

Art. L. 232-15 *(Ord. n° 2010-379 du 14 avr. 2010, art. 7)* **Sont tenus de fournir des renseignements précis et actualisés sur leur localisation permettant la réalisation de contrôles mentionnés à l'article L. 232-5 les sportifs, constituant le groupe cible, désignés pour une année par l'Agence française de lutte contre le dopage parmi :**

1° Les sportifs inscrits sur la liste des sportifs de haut niveau ou sur la liste des sportifs Espoir au sens du présent code, ou les sportifs ayant été inscrits sur une de ces listes au moins une année durant les trois dernières années ;

2° Les sportifs professionnels licenciés des fédérations agréées ou ayant été professionnels au moins une année durant les trois dernières années ;

3° Les sportifs qui ont fait l'objet d'une sanction disciplinaire sur le fondement des articles L. 232-9, L. 232-10 ou L. 232-17 lors des trois dernières années.

Ces renseignements peuvent faire l'objet d'un traitement informatisé par l'agence, en vue d'organiser des contrôles. Ce traitement informatisé portant sur les données relatives à la localisation des sportifs est autorisé par décision du collège de l'agence prise après avis de la Commission nationale de l'informatique et des libertés. – *V. art. R. 232-41-1 à R. 232-41-9 et R. 232-67-1 à R. 232-67-15.*

COMMENTAIRE

Une exigence de disponibilité et de localisation a été créée à l'article L. 232-15 par la loi du 5 avril 2006 à l'encontre de certains sportifs, désignés par l'AFLD, afin que puissent être mis en œuvre des contrôles individualisés. Les sportifs ainsi désignés sont donc soumis à une obligation de localisation, c'est-à-dire à l'obligation de transmettre les informations propres à permettre leur localisation en vue de la réalisation de contrôles inopinés et individualisés (V. art. L. 232-5-III). Le non-respect de cette obligation est passible de sanctions disciplinaires, en vertu de l'article L. 232-17-II.

Une délibération de l'AFLD (Délib. AFLD n° 54 des 12 juill. et 18 oct. 2007) précise les modalités de transmission et de gestion des informations de localisation des sportifs faisant l'objet de contrôles individualisés, notamment par le biais d'un système de saisie, de stockage et de partage de données sur internet, dénommé ADAMS et développé par l'Agence mondiale antidopage.

Selon cette délibération, sont considérées comme des manquements à l'obligation de localisation la non-transmission des informations requises dans le délai, la transmission d'informations insuffisamment précises et actualisées pour permettre la réalisation d'un contrôle individualisé et l'absence du sportif au lieu et au créneau horaire indiqués. Chaque manquement entraîne, sauf circonstances exceptionnelles, la notification d'un avertissement ; trois avertissements pendant une période de douze mois consécutifs conduisent à l'ouverture d'une procédure disciplinaire (la période au cours de laquelle trois avertissements constituent une infraction disciplinaire a été réduite de 18 à 12 mois par le code mondial antidopage entré en vigueur le 1er janv. 2015 et par une délibération de l'AFLD du 3 déc. 2014. – V. Délib. AFLD n° 2014-145).

Délibération n° 54 rectifiée des 12 juillet 2007 et 18 octobre 2007,

Portant modalités de transmission et de gestion des informations de localisation des sportifs faisant l'objet de contrôles individualisés et de sanctions en cas de manquement.

L'Agence française de lutte contre le dopage,

Vu le code du sport, partie législative, notamment ses articles L. 221-2, L. 232-5 et L. 232-15,

Vu le code du sport, partie réglementaire, notamment son article R. 232-46 et l'article 36 de l'annexe II-2 à l'article R. 232-86,

Vu la délibération n° 53 du 7 juin 2007 autorisant le traitement automatisé des données relatives à la localisation des sportifs soumis à des contrôles individualisés,

Vu la délibération n° 2007-062 du 25 avril 2007 de la commission nationale de l'informatique et des libertés portant avis sur un projet de délibération de l'agence française de lutte contre le dopage autorisant le traitement automatisé des données relatives à la localisation des sportifs soumis à des contrôles individualisés,

Vu la délibération n° 68 du 4 octobre 2007 portant acceptation du code mondial antidopage, approuvé par le Conseil de fondation de l'Agence mondiale antidopage le 5 mars 2003, mentionné au 6. de l'article 2 de la convention internationale contre le dopage dans le sport adoptée à Paris le 19 octobre 2005 et entrée en vigueur le 1er avril 2007,

Vu le code mondial antidopage, notamment son article 5,

Décide :

Art. 1er L'Agence informe, par lettre recommandée avec demande d'avis de réception, les personnes désignées par le directeur des contrôles de l'Agence parmi les sportifs inscrits sur les listes des sportifs de haut niveau fixées en application de l'article L. 221-2 du code du sport et les sportifs professionnels licenciés des fédérations sportives agréées, qu'elles peuvent faire l'objet des contrôles individualisés prévus à l'article L. 232-5 du code du sport et qu'elles sont, à cet effet, soumises à l'obligation de transmettre les informations propres à permettre leur localisation pour réaliser des contrôles antidopage inopinés.

L'Agence leur transmet également une copie des articles L. 232-5 et L. 232-15 du code du sport, des articles R. 232-86 à R. 232-98 du même code, ainsi que de la présente délibération et de ses annexes.

L'agence appelle l'attention des sportifs soumis à cette obligation sur le fait que la non-transmission des informations de localisation dans les délais fixés à l'article 2 de la présente délibération, la transmission d'informations, insuffisamment précises et actualisées relatives au créneau horaire d'une heure ainsi que l'absence au cours de ce créneau horaire à l'adresse ou sur le lieu indiqués, constituent des manquements à leur obligation de localisation entraînant, sauf circonstances exceptionnelles, la notification d'un avertissement.

Art. 2 Ces informations doivent permettre d'établir un emploi du temps quotidien et détaillé des sportifs concernés, afin de procéder à des prélèvements sur leurs lieux d'entraînement, dans tout lieu permettant d'assurer le respect de leur intimité, ou à leur domicile.

Les informations doivent être transmises à l'Agence pour chaque trimestre civil au plus tard le 15 du mois précédant ledit trimestre, soit conformément au tableau suivant :

Année N	1er trimestre janvier-mars	2e trimestre avril-juin	3e trimestre juillet-septembre	4e trimestre octobre-décembre
Date limite de réception ou de saisie des informations trimestrielles de localisation	15 décembre année N-1	15 mars année N	15 juin année N	15 septembre année N

La première transmission des informations de localisation doit avoir lieu, pour chaque sportif concerné, au plus tard deux mois après la réception du courrier mentionné à l'article premier, pour la période du trimestre civil restant à courir. *(Délib. AFLD n° 219 du 29 mars 2012)* « Toutefois, ce délai est ramené à un mois pour les sportifs dont l'inclusion dans le groupe cible est motivée par leur possible participation aux Jeux olympiques. Les intéressés en sont avisés par la lettre prévue à l'article 1er. »

Le sportif est tenu d'informer le département des contrôles des éventuelles modifications de ses coordonnées postales. Il est de la responsabilité du sportif de communiquer à l'Agence des coordonnées postales précises et actualisées permettant, le cas échéant, la notification d'informations. L'Agence peut, en outre, avertir le sportif par tout autre moyen (téléphone, télécopie, courrier électronique, SMS) de l'envoi d'un courrier recommandé avec demande d'avis de réception.

Art. 3 Tout sportif désigné par le directeur des contrôles de l'Agence pour faire l'objet de contrôles individualisés doit indiquer, pour chaque jour, un créneau horaire d'une heure, durant lequel il est susceptible de faire l'objet d'un ou de plusieurs contrôles individualisés par l'Agence française de lutte contre le dopage, en application de l'article L. 232-15 du code du sport. Le contrôle ne peut être engagé qu' *(Délib. n° 2015-136 JUR du 16 déc. 2015 portant modification des délibérations nos 54 rectifiée et 138 aux fins de mise en conformité avec les principes du nouveau code mondial antidopage)* « entre six heures et vingt-trois heures », sauf si les lieux sont ouverts au public ou qu'une compétition ou une manifestation sportive ou un entraînement y préparant est en cours et que le sportif y participe ou y a participé.

Les contrôles individualisés peuvent avoir lieu à tout moment de chacun des créneaux horaires indiqués par le sportif.

L'Agence peut également procéder à des contrôles en dehors de ces créneaux horaires. Le fait pour le sportif de fournir une information sur sa localisation mentionnant son domicile ou tout autre lieu qu'un lieu d'entraînement est considéré comme satisfaisant aux conditions fixées par le *b* du 1° de l'article L. 232-13 du code du sport.

Art. 4 Pour transmettre les informations permettant sa localisation, le sportif, son représentant légal, ou la ou les personnes investies de l'autorité parentale, peuvent :

— soit faire parvenir à l'Agence, par lettre recommandée avec demande d'avis de réception, par télécopie ou par courriel, le formulaire mentionné à l'article 5, dûment complété ;

— soit se connecter au serveur mentionné à l'article 6 et saisir les données en ligne via le module de gestion des informations de localisation des sportifs mentionné par la délibération de la commission nationale de l'informatique et des libertés du 25 avril 2007 susvisée.

Le sportif peut déléguer par écrit à une personne de son choix la transmission à l'Agence des informations relatives à sa localisation, conformément au formulaire annexé à la présente délibération. Cette délégation doit être transmise au directeur du département des contrôles de l'Agence par courrier avec avis de réception. Dans cette hypothèse, le sportif demeure toutefois seul responsable des renseignements qui seront transmis à l'Agence.

Art. 5 Le formulaire de localisation du sportif, dont le modèle est annexé à la présente délibération, peut être obtenu par voie électronique ou à partir du site *internet* de l'Agence. L'Agence transmet également par courrier les formulaires qui lui sont demandés.

Art. 6 Sous réserve de l'accord de l'Agence mondiale antidopage, l'Agence française de lutte contre le dopage fournit, par courrier recommandé avec avis de réception, à tout sportif qui lui en fait la demande, un nom d'utilisateur ainsi qu'un mot de passe permettant l'accès au module de localisation du logiciel mentionné à l'article 4, au moyen duquel le sportif pourra saisir en ligne les informations relatives à sa localisation.

Art. 7 Tout changement apporté aux informations déclarées devra être effectué le plus tôt possible, et au plus tard la veille de la date effective, avant 17 heures. Pour ce faire, le sportif peut soit utiliser le formulaire de changement d'informations annexé à la présente délibération, qu'il transmettra à l'Agence par lettre recommandée avec demande d'avis de réception, par télécopie ou par courriel, soit actualiser en ligne les renseignements le concernant au moyen du logiciel mentionné à l'article 4.

En cas de circonstances exceptionnelles et à condition d'avoir préalablement informé ou tenté d'informer par tout moyen le département des contrôles de l'Agence, le changement pourra intervenir jusqu'au début du créneau horaire.

Art. 8 Le formulaire de changement d'information peut être obtenu par voie électronique ou à partir du site *internet* de l'Agence. L'Agence transmet également par courrier les formulaires qui lui sont demandés.

Art. 9 Les manquements aux obligations de transmission d'informations relatives à la localisation des sportifs appartenant au groupe cible de l'Agence sont :

— La non-transmission à l'Agence des informations de localisation requises, dans le délai prévu au deuxième alinéa de l'article 2 de la présente délibération ;

— La transmission à l'Agence d'informations insuffisamment précises et actualisées pour permettre la réalisation de contrôles individualisés prévus à l'article L. 232-5 du code du sport pendant le créneau horaire d'une heure défini par le sportif ;

— L'absence du sportif durant le créneau d'une heure à l'adresse ou sur le lieu indiqués par lui pour la réalisation de contrôles individualisés. Le préleveur, missionné à cet effet, constate le manquement du sportif à l'issue de l'absence de celui-ci, à l'adresse ou au le lieu indiqué, pendant une période continue de trente minutes durant le créneau horaire.

Le fait de pouvoir réaliser un contrôle sur le sportif considéré le même jour, mais en dehors du créneau horaire spécifié, ou malgré l'absence de transmission des informations attendues, est sans effet sur la constatation du manquement.

Art. 10 Après avoir procédé aux vérifications relatives à la qualification de manquement aux obligations de localisation, l'Agence notifie au sportif un avertissement, par lettre recommandée avec demande d'avis de réception. Cette notification est adressée à l'adresse postale indiquée par le sportif à l'Agence pour la période concernée. En cas de doute sur l'adresse postale pertinente, le courrier est adressé aux différentes adresses postales indiquées par le sportif pour la période concernée.

La date de la notification est celle qui figure sur l'accusé de réception signé par le sportif, ou, à défaut, celle de la première présentation par les services de La Poste, dans le cas où le courrier envoyé conformément aux coordonnées postales fournies par le sportif, a été retourné à l'Agence à l'issue du délai de 15 jours de conservation par les services postaux.

Art. 11 Si les informations transmises permettent au préleveur de réaliser le contrôle, le refus du sportif considéré de se soumettre au contrôle ou de se conformer aux modalités prévues peut être sanctionné en application de l'article L. 232-17 du code du sport.

Le fait pour le sportif appartenant au groupe cible de l'Agence de transmettre sciemment à celle-ci des informations inexactes sur sa localisation peut être sanctionné en application des dispositions du deuxième alinéa de l'article L. 232-10 du code du sport.

Art. 12 Pour ce qui concerne les manquements afférents à la non-transmission des informations requises ou à leur caractère insuffisant pour diligenter les contrôles individualisés durant le créneau horaire d'une heure chaque jour, un nouvel avertissement peut être notifié au sportif s'il n'a pas satisfait à ses obligations d'informations, dans un délai de 7 jours ouvrables à compter de la notification du précédent avertissement.

Pour chacun des sportifs soumis à l'obligation de localisation, la première constatation par l'Agence d'un des manquements visés à l'alinéa précédent donne lieu à l'émission, par courrier recommandé avec demande d'avis de réception, d'un rappel au sportif de ses obligations telles qu'elles sont définies à l'article 2 de la présente délibération. Le sportif dispose alors de trois jours ouvrables à compter de la notification de ce courrier pour transmettre les informations demandées sans encourir d'avertissement de la part de l'Agence. A défaut de transmission des informations dans ce délai, l'Agence notifie un avertissement au sportif, par lettre recommandée avec demande d'avis de réception.

Une nouvelle tentative de contrôle sur un sportif appartenant au groupe cible de l'Agence, durant le créneau d'une heure par jour, ne peut être considérée comme un contrôle manqué entraînant un avertissement, que si cette tentative se déroule postérieurement à la date de notification au sportif du précédent contrôle manqué.

Art. 13 *(Délib. n° 2014-145 du 3 déc. 2014, art. 1er, en vigueur le 1er janv. 2015)* Si le sportif commet trois manquements mentionnés à l'article 9 pendant une période de douze mois consécutifs, l'agence transmet un constat d'infraction à la fédération compétente*[,]* à charge pour elle d'engager une procédure disciplinaire en conformité avec les dispositions du règlement disciplinaire-type des fédérations sportives agréées relatif à la lutte contre le dopage humain, annexé à l'article R. 232-86 du code du sport.

Tout manquement d'un sportif appartenant au « groupe cible » de l'agence à ses obligations à ce titre, constaté avant le 1er janv. 2015, est susceptible d'être pris en compte pour l'application de la nouvelle rédaction de l'article 13 de la Délib. n° 54 rectifiée susvisée, en cas de survenance, moins d'un an après le constat du manquement initial, d'un ou plusieurs autres manquements (Délib. n° 2014-145 du 3 déc. 2014, art. 3).

Art. 14 La décision du directeur des contrôles de ne plus soumettre un sportif aux contrôles individualisés prévus à l'article L. 232-5 du code du sport est transmise à l'intéressé par lettre recommandée avec demande d'avis de réception.

Art. 15 Le sportif n'est plus soumis à l'obligation de transmettre des informations relatives à sa localisation dès lors qu'il n'appartient plus aux catégories mentionnées à l'article premier, ou qu'il a fait connaître par écrit à l'Agence la cessation de son activité sportive en compétition.

Art. 16 Les informations de localisation fournies par le sportif peuvent être transmises à l'agence mondiale antidopage et à la ou les fédérations internationales dont dépend l'intéressé, ou être partagées avec ces organismes, s'il fait partie de leur groupe cible respectif.

(...)

Formulaire de mandatement d'un tiers, agissant pour le compte d'un sportif désigné par le Directeur du département des contrôles de l'Agence française de lutte contre le dopage (AFLD) en vue de la réalisation de contrôles individualisés, aux fins de transmission à l'Agence des informations de localisation

Nom du sportif :

Prénom :

Date et lieu de naissance :

Adresse :

Discipline :

Je soussigné(e)

mandate M.

exerçant les fonctions de :

à l'effet de transmettre à l'Agence française de lutte contre le dopage les informations de localisation prévues par la délibération du Collège n° 54 rectifiée des 12 juillet et 18 octobre 2007,

et lui confie, à cet effet, mon identifiant :

et mon mot de passe :

pour l'accès au module de gestion des informations de localisation du logiciel ADAMS développé par l'Agence mondiale antidopage.

Je reconnais être parfaitement informé du fait que je demeure seul responsable de la transmission de ces informations à l'AFLD et des sanctions susceptibles d'être prononcéesà mon encontre en cas de manquement à cette obligation.

Le

À

Signature

V. Délib. CNIL n° 2007-062 du 25 avr. 2007 portant avis sur un projet de Délib. de l'AFLD autorisant le traitement automatisé des données relatives à la localisation des sportifs soumis à des contrôles individualisés (non publiée) ; formulaire de localisation des sportifs et formulaire de localisation – modification des informations (www.afld.fr) ; Délib. AFLD n° 138 du 5 nov. 2009 portant modalités de gestion des manquements présumés aux obligations de localisation des sportifs faisant l'objet de contrôles individualisés, mod. par Délib. AFLD n° 173 du 12 mai 2011 modifiant la délibération n° 138 du 5 nov. 2009 ; Décis. du président de l'AFLD du 7 janv. 2010 fixant la composition du comité d'experts pour la localisation ; Délib. CNIL n° 2012-60 du 24 mai 2012 portant avis sur un projet de Délib. de l'AFLD relative à la modification du dispositif de localisation des sportifs ; Délib. AFLD n° 237 du 31 mai 2012 autorisant le traitement automatisé des données relatives à la localisation des sportifs appartenant au groupe cible de l'agence ; Délib. AFLD n° 2014-145 du 3 déc. 2014 modifiant la Délib. n° 54 rectifiée des 12 juill. 2007 et 18 oct. 2007 portant modalités de transmission et de gestion des informations de localisation des sportifs faisant l'objet de contrôles individualisés et de sanctions en cas de manquement et Délib. AFLD n° 2015-136 JUR du 16 déc. 2015 portant modification des délib. n° 54 réctifiée et 138 aux fins de mise en conformité avec les principes du nouveau code mondial antidopage.

1. La violation des obligations de localisation n'étant pas un « simple manquement administratif », la suspension de neuf mois prononcée par l'AFLD pour manquement aux obligations de localisation n'est pas manifestement disproportionnée. • CE13 juill. 2011, *Bonvoisin : req. n° 350274.*

2. Le fait qu'un sportif aurait subi des contrôles à l'étranger dont les résultats ont été négatifs est sans incidence sur l'appréciation des manquements aux obligations de localisation pour lesquels il a été sanctionné. • CE 8 févr. 2012 : *req. n° 350275.* ♦ Le fait que l'AFLD ait la faculté de s'autosaisir d'une affaire, alors même qu'elle est à l'origine de la transmission, à la fédération compétente, d'un manquement aux obligations de localisation ne méconnaît pas le principe d'impartialité et l'art. 6 de la Conv. EDH. • Même arrêt.

3. En l'état actuel du code du sport (issu de l'Ord. du 14 avr. 2010), la compétence pour désigner les sportifs devant transmettre à l'AFLD les informations propres à permettre leur localisation appartient au collège de l'Agence. La décision de désignation adoptée par le directeur des contrôles est donc illégale, car adoptée par une autorité incompétente. • CE, 10 oct. 2012, *M. A. : req. n° 357097.* ♦ V. Délib. AFLD n° 248 du 27 sept. 2012 approuvant la désignation de sportifs astreints à une obligation de localisation à l'effet de permettre des contrôles inopinés (www.afld.fr) ; V. aussi Délib. AFLD n° 250 du 11 oct. 2012, tendant à la modification de l'art. R. 232-11 C. sport afin de lui permettre de donner compétence au directeur des contrôles pour la désignation des sportifs appartenant au groupe cible (www.afld.fr).

4. Si l'obligation de localisation est contraignante pour les sportifs, les dispositions législatives l'introduisant sont justifiées par les nécessités de la lutte contre le dopage, qui implique notamment de pouvoir diligenter des contrôles inopinés afin de déceler efficacement l'utilisation de certaines substances dopantes qui peuvent n'être décelables que peu de temps après leur prise alors même qu'elles ont des effets plus durables. Les atteintes portées par le dispositif de localisation à la liberté personnelle des sportifs et au respect de leur vie privée sont nécessaires et proportionnées aux objectifs d'intérêt général poursuivis par la lutte contre le dopage, notamment la protection de la santé des sportifs ainsi que la garantie de l'équité et de l'éthique des compétitions sportives. La question prioritaire de constitutionnalité n'est pas renvoyée devant le Conseil constitutionnel. • CE 29 mai 2013, req. n° 364839 : *Cah. dr. sport 2013, n° 32, p. 191, note F. Colin* • CE 18 déc. 2013, req. n°s 364839 et 368890 : *Cah. dr. sport 2014, n° 35, p. 160, note F. Colin ; Dict. perm. dr. sport 2014, Bull. n° 209, p. 8, obs. A. Ralon.*

5. L'obligation de localisation imposée aux sportifs du groupe cible ne constitue pas, par elle-même, une restriction à la liberté d'aller et venir. Par conséquent, rejet du pourvoi formé par deux sportifs désignés dans le groupe cible et qui alléguaient que cela leur causait un préjudice moral et occasionnait un trouble dans leurs conditions d'existence. Rejet de la question prioritaire de constitutionnalité alléguant que le dispositif de localisation porterait atteinte au droit à l'inviolabilité du domicile et à la liberté individuelle, au droit au respect de la vie privée et à la liberté d'aller et venir. • Civ. 1re, QPC, 16 oct. 2013, req. n° 13-15.146 : *JS 2014, n° 138, p. 9, obs. J. Mondou.*

6. Il n'y a pas d'urgence à suspendre un troisième avertissement reçu pour manquement aux obligations de localisation et le rejet d'un recours gracieux, dès lors qu'avant toute décision de sanction, une telle sanction ne présente pas un caractère certain. • CE, réf., 3 nov. 2014, *Mme A.*, n° 385361 : *JS 2015, n° 149, p. 9, obs. J. Mondou ; Dict. perm. dr. sport 2015, Bull. n° 219, p. 11, obs. D. Rémy et P. Rocipon ; Cah. dr. sport 2015, n° 39, p. 100, note C. Cassan ; ibid., p. 116, note M. Peltier.* ♦ Dans la même affaire, la lettre par laquelle le président de l'AFLD, constatant le troisième manquement aux obligations de localisation, a saisi la fédération aux fins d'engagement de poursuites disciplinaires ne constitue que le premier acte de la procédure pouvant conduire au prononcé d'une sanction. Elle présente ainsi le caractère d'une mesure préparatoire et ne constitue pas par elle-même une décision susceptible de faire l'objet d'un recours pour excès de pouvoir ; il en est de même pour la lettre rejetant la demande de révision à titre gracieux. • CE 27 févr. 2015, *Mme B.*, n° 384847 : *Dict. perm. dr. sport 2015, Bull. n° 221, p. 1, obs. D. Rémy ; Cah. dr. sport 2015, n° 40, p. 134, note M. Peltier ; ibid., p. 137, note F. Colin.*

7. Le Conseil d'État confirme la désignation de trois sportifs dans le groupe cible de l'AFLD pour la localisation. • CE 9 juill. 2014, *Féd. nat. des syndicats de sportifs*, req. n° 373304 : *Dict. perm. dr. sport. 2014, Bull. n° 215, p. 12, obs. P. Rocipon.*

8. Le Conseil d'État rejette une exception d'illégalité de l'inscription d'un sportif dans le « groupe cible ». Dès lors que l'inscription est devenue définitive, sa légalité n'est plus susceptible d'être contestée par voie d'exception à l'occasion de la contestation d'une sanction. • CE 15 avr. 2016, *M. C.*, n° 394199 : *Dict. perm. dr. sport. 2016, Bull. n° 2234, p. 10, obs. D. Rémy et P. Rocipon ; Cah. dr. sport 2016, n° 44, p. 77, note M. Peltier ; ibid., p. 83, note F. Colin.*

Art. L. 232-15-1 *(Ord. n° 2015-1207 du 30 sept. 2015, art. 14, en vigueur le 1er nov. 2015)* **Le sportif désigné par l'Agence française de lutte contre le dopage pour faire partie du groupe cible mentionné à l'article L. 232-15 ou par une fédération internationale pour faire partie d'un groupe cible créé par celle-ci, qui cesse d'appartenir à ce groupe en raison de la décision prise par l'intéressé d'abandonner définitivement la compétition, doit informer l'agence de son intention de reprendre une activité sportive le conduisant à entrer à nouveau dans le champ d'application du 1° ou du 2° de l'article L. 232-15.**

Durant les six mois qui suivent la transmission de l'information à l'agence, le sportif n'est pas autorisé à participer aux manifestations sportives mentionnées à l'article L. 230-3, sauf s'il justifie d'une exemption accordée par l'Agence mondiale antidopage.

Art. L. 232-16 *(Ord. n° 2015-1207 du 30 sept. 2015, art. 15, en vigueur le 1er nov. 2015)* **A l'occasion d'une manifestation sportive internationale, l'Agence française de lutte contre le dopage peut :**

1° A la demande de l'organisme sportif international responsable de la manifestation, diligenter des contrôles sur le site de la manifestation pour le compte de cet organisme. Elle peut en outre prélever des échantillons supplémentaires ou demander au laboratoire chargé de les analyser d'effectuer des types d'analyse supplémentaires. Elle en informe l'organisme international ;

2° Après avoir obtenu l'accord de l'organisme international compétent ou, à défaut, de l'Agence mondiale antidopage, diligenter des contrôles additionnels sur le site de la manifestation sportive internationale ;

3° Diligenter des contrôles en dehors du site de la manifestation, en se coordonnant avec l'organisme international responsable de la manifestation.

Ces contrôles sont réalisés dans les conditions prévues aux articles L. 232-12, L. 232-13-1, L. 232-13-2 et L. 232-14 à L. 232-14-4.

Art. L. 232-17 *(Ord. n° 2010-379 du 14 avr. 2010, art. 5)* **« I. — Se soustraire, tenter de se soustraire ou refuser de se soumettre aux contrôles prévus aux articles L. 232-12 à L. 232-16, ou de se conformer à leurs modalités, est passible des sanctions administratives prévues par les articles L. 232-21 à L. 232-23. »**

(L. n° 2008-650 du 3 juill. 2008) **« II. — Les manquements aux obligations de localisation prévues par l'article L. 232-15 sont également passibles des sanctions administratives prévues par les articles L. 232-21 à L. 232-23. »** — *[CSP, art. L. 3632-3.]*

(Ord. n° 2015-1207 du 30 sept. 2015, art. 16, en vigueur le 1er nov. 2015) **« III. — Est passible des sanctions administratives prévues par les articles L. 232-21 à L. 232-23 le fait de ne pas respecter les décisions d'interdiction prononcées en application de ces articles ou dont les effets ont été reconnus, dans sa sphère de compétence, par tout signataire du code mondial antidopage. »**

1. Le sportif qui a reçu le feuillet n° 6 du procès-verbal de contrôle qui informe les sportifs de leurs obligations pendant la durée du contrôle, auquel il a été demandé de patienter jusqu'à ce que le préleveur soit disponible, qui n'a, à aucun moment, demandé à bénéficier d'un report du contrôle dans les conditions prévues par l'art. R. 232-47-1 C. sport et qui a quitté les lieux après dix minutes d'attente doit être regardé comme s'étant délibérément soustrait au contrôle. De tels faits sont de nature à justifier légalement une sanction ; compte tenu de leur particulière gravité, la sanction de 2 ans de suspension prononcée par l'AFLD n'est pas disproportionnée. • CE 27 mars 2015, *M. C., n° 381213 : Dict. perm. dr. sport 2015, Bull. n° 222, p. 11, obs. D. Rémy ; Cah. dr. sport 2015, n° 40, p. 126, note F. Colin.*

2. Le sportif qui s'est présenté au local où devaient être effectués les prélèvements nécessaires au contrôle dont il faisait l'objet, mais qui l'a quitté avant que la totalité du prélèvement requis ne puisse être fournie alors qu'il avait été invité par le préleveur à demeurer sur les lieux pour compléter un premier échantillon, doit être regardé comme s'étant délibérément soustrait au contrôle. De tels faits sont de nature à justifier légalement une sanction ; compte tenu de leur particulière gravité, la sanction de 2 ans de suspension adoptée par l'AFLD n'est pas disproportionnée. • CE 27 mars 2015, *M. A., n° 376127 : Dict. perm. dr. sport 2015, Bull. n° 222, p. 11, obs. D. Rémy ; Cah. dr. sport 2015, n° 40, p. 129, note F. Colin ; ibid., p. 132, note M. Peltier.*

3. Doit être annulée la décision de l'AFLD sanctionnant un cycliste ne s'étant pas présenté à un contrôle antidopage à l'issue d'une course, alors que les modalités d'affichage de ce contrôle avaient pu créer une confusion entre les coureurs à contrôler et ceux figurant sur la liste de réserve. • CE 22 juill. 2016, n° 396214 : *Lebon ; AJDA 2016. 2254*.

4. En vertu de l'art. D. 232-47 C. sport, la décision de soumettre un sportif à un contrôle antidopage doit lui être notifiée par écrit contre signature. Toutefois, le même article donne la possibilité à l'AFLD de prévoir d'autres modalités, notamment lorsque des circonstances particulières ne permettent pas la notification du contrôle par écrit. Usant de cette possibilité afin de tenir compte des conditions spécifiques de l'arrivée d'une course cycliste, l'AFLD a prévu, par Délib. du 12 sept. 2013, sans exclure la remise d'une notification écrite, que l'information des coureurs est assurée, d'une part, par l'indication de leur identité aux organisateurs de la manifestation et, d'autre part, par la voie d'un double affichage. Le Conseil d'État considère que le dispositif assure des garanties suffisantes de l'origine et de la réception de cette notification et, partant, rejette le moyen invoquant, par voie d'exception, l'illégalité de la délibération. Dans la présente espèce, la sanction prononcée par l'AFLD, aggravant celle prise par la fédération, est annulée, le Conseil d'État estimant que le coureur ne saurait être regardé comme s'étant délibérément soustrait au contrôle au sens des dispositions de l'art. L. 232-17 C. sport. • CE 22 juill. 2016, *M. B.*, n° 396214 : *Dict. perm. dr. sport 2016, Bull. n° 237, p. 11, obs. D. Rémy ; Cah. dr. sport 2016, n° 45, p. 77, note F. Colin.*

Art. L. 232-18 Les analyses des prélèvements effectués par l'Agence française de lutte contre le dopage sont réalisées sous la responsabilité scientifique et technique du directeur du département des analyses.

Pour ces analyses, l'agence peut faire appel à d'autres laboratoires dans des conditions prévues par décret en Conseil d'État.

Le département des analyses assure également des activités de recherche. – *[CSP, art. L. 3632-4.]*

Art. L. 232-19 *(Ord. n° 2010-379 du 14 avr. 2010, art. 24)* « Dans le cas où les opérations de contrôle sont envisagées en vue de la recherche d'infractions, le procureur de la République en est préalablement informé et peut s'y opposer. Le procureur de la République est informé sans délai, par tout moyen, dès qu'une infraction est constatée. »

(L. n° 2008-650 du 3 juill. 2008) Dans l'ensemble des lieux mentionnés à l'article *(Ord. n° 2010-379 du 14 avr. 2010, art. 24)* « L. 232-13-1 » auxquels ils ont accès et pour l'exercice des missions de police judiciaire diligentées dans les conditions définies à l'article L. 232-14, les agents relevant du ministre chargé des sports et les personnes agréées par l'agence mentionnés à l'article L. 232-11 ne peuvent saisir des objets ou documents se rapportant aux infractions aux dispositions du présent chapitre que sur autorisation judiciaire donnée par ordonnance du *(Ord. n° 2010-379 du 14 avr. 2010, art. 24)* « juge des libertés et de la détention » dans le ressort duquel sont situés les éléments à saisir.

La demande d'ordonnance doit comporter tous les éléments d'information de nature à justifier la saisie. Les agents munis de cette ordonnance peuvent en tant que de besoin requérir la force publique. Les opérations s'effectuent sous l'autorité et le contrôle du juge qui les a autorisées.

L'ordonnance est notifiée sur place, au moment de l'accès dans les lieux ou de la saisie, au responsable des lieux ou à son représentant, qui en reçoit copie. En l'absence du responsable des lieux ou de son représentant, l'ordonnance lui est notifiée, après la visite, par lettre recommandée avec demande d'avis de réception. La notification est réputée faite à la date de réception figurant sur l'avis. *(Abrogé par Ord. n° 2010-379 du 14 avr. 2010, art. 24. « Cette ordonnance n'est susceptible que d'un pourvoi en cassation. Ce pourvoi n'est pas suspensif. »*

Les éléments saisis sont immédiatement inventoriés, en présence du responsable des lieux ou locaux, ou de son représentant.

L'inventaire est annexé au procès-verbal relatant le déroulement des opérations dressé sur place. Les originaux dudit procès-verbal et l'inventaire sont transmis au juge qui a autorisé les opérations dans les cinq jours qui suivent leur clôture. Une copie est remise à l'intéressé.

Le *(Ord. n° 2010-379 du 14 avr. 2010, art. 24)* « juge des libertés et de la détention » peut à tout moment ordonner la mainlevée de la saisie.

Les personnes mentionnées à l'article L. 232-11 constatent les infractions mentionnées au présent chapitre par des procès-verbaux qui font foi jusqu'à preuve contraire.

Ces procès-verbaux sont transmis au procureur de la République, sous peine de nullité dans les cinq jours suivant la clôture des opérations. Une copie des procès-verbaux est également remise, dans le même délai à l'intéressé. – *[CSP, art. L. 3632-5.]*

Les agents relevant du ministre chargé des sports et les personnes agréées par l'agence mentionnés à l'article L. 232-11 peuvent être requis par le procureur de la République, le juge d'instruction ou les officiers ou agents de police judiciaire afin de leur prêter assistance. Elles prêtent alors serment, sauf lorsqu'elles sont assermentées dans les conditions prévues à l'article L. 232-11.

(Ord. nº 2015-1207 du 30 sept. 2015, art. 17, en vigueur le 1er nov. 2015) **« Les personnes agréées par l'agence, requises en application de l'alinéa précédent, peuvent procéder à un prélèvement d'échantillons sur tout sportif se trouvant dans les lieux. »**

Art. L. 232-20 **Les agents des douanes, les** *(L. nº 2011-525 du 17 mai 2011, art. 94-XII)* **« agents de la concurrence, de la consommation et de la répression des fraudes », les agents relevant du ministre chargé des sports,** *(L. nº 2008-650 du 3 juill. 2008)* **« les agents de l'administration des impôts et les agents de l'Agence française de lutte contre le dopage », les officiers et agents de police judiciaire sont habilités à se communiquer entre eux tous renseignements obtenus dans l'accomplissement de leur mission respective et relatifs aux** *(L. nº 2008-650 du 3 juill. 2008)* **« substances et procédés mentionnés à l'article L. 232-9 », à leur emploi et à leur mise en circulation dans le respect des dispositions de la loi nº 78-17 du 6 janvier 1978 relative à l'informatique, aux fichiers et aux libertés.**

Les modalités d'application du présent article sont déterminées par décret. – *[CSP, art. L. 3632-6.]*

V. art. D. 232-99 à D. 232-103 ; V. aussi Instr. nº DS/DSB2/2011/265 JS du 1er juill. 2011 relative aux commissions régionales de prévention et de lutte contre le trafic des produits dopants (BOJS 2011, nº 7).

Art. L. 232-20-1 *(L. nº 2012-158 du 1er févr. 2012, art. 18)* **L'Agence française de lutte contre le dopage est habilitée à recevoir de la part d'un organisme reconnu par l'Agence mondiale antidopage et disposant de compétences analogues aux siennes des informations de la nature de celles mentionnées au premier alinéa de l'article L. 232-20 et à lui communiquer de telles informations.**

SECTION IV SANCTIONS ADMINISTRATIVES ET MESURES CONSERVATOIRES

(Ord. nº 2010-379 du 14 avr. 2010, art. 9).

SOUS-SECTION 1 SANCTIONS ADMINISTRATIVES

(Ord. nº 2010-379 du 14 avr. 2010, art. 9)

COMMENTAIRE

Le dispositif de répression administrative du dopage est basé sur une dualité entre les fédérations sportives, qui jouissent du pouvoir disciplinaire à titre principal (V. art. L. 232-21), et l'Agence française de lutte contre le dopage, qui jouit d'un pouvoir de sanction subsidiaire mais néanmoins important (V. art. L. 232-22).

Comme le prévoit le code mondial antidopage, ce pouvoir est fortement encadré par les textes et les organes disciplinaires disposent donc d'une marge d'appréciation réduite pour déterminer la sanction à prononcer. Ainsi, le type de sanction mais également les *quanta* des sanctions, en fonction de chaque infraction, sont prévus ; s'agissant des sanctions prononcées par l'AFLD, cela constitue une nouveauté notable de l'ordonnance du 30 septembre 2015 (V. art. L. 232-23 s.). ❑

Art. L. 232-21 *(Ord. nº 2015-1207 du 30 sept. 2015, art. 18, en vigueur le 1er nov. 2015)* **« Toute personne qui a contrevenu aux dispositions des articles L. 232-9, L. 232-9-1, L. 232-10, L. 232-14-5, L. 232-15, L. 232-15-1 ou L. 232-17 encourt des sanctions disciplinaires de la part de la fédération dont elle est licenciée. Il en est de même pour les licenciés complices de ces manquements. »**

(L. nº 2012-158 du 1er févr. 2012, art. 19) **« Est également passible de sanctions disciplinaires le sportif qui a contrevenu aux dispositions de l'article L. 232-9 et dont la**

mise en cause est justifiée au vu des documents en possession de l'Agence française de lutte contre le dopage, en application de l'article L. 232-20-1. »

Ces sanctions sont prononcées par les fédérations sportives mentionnées à l'article L. 131-8.

A cet effet, les fédérations adoptent dans leur règlement des dispositions définies par décret en Conseil d'État et relatives aux contrôles organisés en application du présent titre, ainsi qu'aux procédures disciplinaires et aux sanctions applicables, dans le respect des droits de la défense.

Ce règlement dispose que l'organe disciplinaire de première instance de ces fédérations se prononce, après que l'intéressé a été mis en mesure de présenter ses observations, dans un délai de dix semaines à compter de la date à laquelle l'infraction a été constatée. Il prévoit également que, faute d'avoir statué dans ce délai, l'organe disciplinaire de première instance est dessaisi de l'ensemble du dossier. Le dossier est alors transmis à l'instance disciplinaire d'appel qui rend, dans tous les cas, sa décision dans un délai maximum de quatre mois à compter de la même date.

Les sanctions disciplinaires prises par les fédérations sportives peuvent aller jusqu'à l'interdiction définitive de participer aux *(Abrogé par Ord. nº 2010-379 du 14 avr. 2010, art. 10)* ***« compétitions et »*** **manifestations sportives prévues à l'article L. 232-9.**

Ces sanctions ne donnent pas lieu à la procédure de conciliation prévue par l'article L. 141-4. – *[CSP, art. L. 3634-1.]*

(Ord. nº 2010-379 du 14 avr. 2010, art. 10) **« Les fédérations agréées informent sans délai l'Agence française de lutte contre le dopage des décisions prises en application du présent article. »**

1. V. notes 36 et 67 ss. art. L. 131-8 C. sport.

2. Procédure. La circonstance que la personne poursuivie pour avoir prescrit des produits dopants à des coureurs soit membre de la commission nationale de discipline de première instance de la Fédération française de cyclisme n'est pas de nature à justifier le dessaisissement de cette commission au profit du conseil fédéral d'appel dès lors que, selon le Décr. du 1er avr. 1992 portant règlement disciplinaire type en matière de dopage [CSP, art. R. 3634-1, aujourd'hui annexe II-2 partie régl. C. sport], l'intéressé ne pouvait pas prendre part aux délibérations de la commission concernant son cas. • CE 14 déc. 2001, *Féd. fr. de cyclisme*, req. nº 214470 : *RJ éco. sport 2002, nº 63, p. 63, obs. Lachaume*.

3. Le fait de ne pas avoir été jugé par l'organe disciplinaire de première instance, faute pour celui-ci de s'être prononcé dans les délais prévus par l'art. L. 232-21, ne viole pas le principe du double degré de juridiction, dès lors que ces délais ont pour objectif d'éviter les procédures excessivement longues et que les décisions d'appel peuvent toujours être déférées au juge de plein contentieux. • CAA Douai, 10 oct. 2012 : *req. nº 11DA01163.*

4. Le moyen relatif au fait que les dispositions de l'art. 15 du règlement disciplinaire type des fédérations sportives agréées, annexé à l'art. R. 232-86 C. sport, prévoyant que lorsqu'une affaire concerne un licencié qui a contrevenu aux dispositions du I de l'art. L. 232-17, l'infraction est constatée par la réception, par la fédération, du procès-verbal constatant la soustraction ou l'opposition aux mesures de contrôle, méconnaissent les dispositions de l'art. L. 232-21 C. sport en substituant, comme point de départ du délai imparti pour statuer à l'organe disciplinaire de première instance de la fédération, la date à laquelle l'infraction a été constatée à la transmission à la fédération du procès-verbal de constat d'infraction, est de nature à faire naître un doute sérieux quant à la légalité de la décision contestée. • CE 24 nov. 2015, *M. B.*, nº 394200.

5. Exception d'illégalité du règlement fédéral. Les dispositions du règlement de lutte contre le dopage de la Fédération française d'athlétisme étant divisibles, et n'ayant pas servi de fondement à la sanction en cause, un athlète sanctionné pour dopage ne peut soutenir que la Fédération française d'athlétisme ne pouvait, sans méconnaître l'obligation de conformité de son règlement fédéral de lutte contre le dopage au règlement type annexé au Décr. du 11 janv. 2001 [CSP, art. R. 3634-1, aujourd'hui annexe II-2 partie régl. C. sport], prévoir l'infraction tirée de ce qu'un athlète tenterait d'utiliser ou de tirer parti d'une substance ou d'une technique interdite. • TA Strasbourg, 6 avr. 2004, *Chouki c/ Féd. fr. d'athlétisme : AJDA 2004. 1265, concl. Devillers*.

6. Compétence. La sanction adoptée en matière de dopage par une fédération française à la demande de sa fédération internationale et en application des règlements de celle-ci (et non du code du sport) n'est pas un acte administratif. Les juridictions administratives ne sont donc pas compétentes pour connaître de la contestation de la sanction. • CE 19 mars 2010, *Féd. fr. de cyclisme : req. nº 318549.*

7. Contrôle de la sanction. En se bornant à rechercher si la sanction litigieuse était manifestement disproportionnée par rapport aux faits poursuivis alors qu'il lui appartient de vérifier si le quantum de cette sanction était ou non proportionné, notamment au regard de l'échelle des sanctions prévue par le règlement fédéral, la cour administrative d'appel a commis une erreur de droit. Le juge administratif effectue un contrôle normal (et non plus un simple contrôle de l'erreur manifeste d'appréciation) sur les sanctions pour dopage des fédérations sportives. En l'espèce, la sanction prononcée n'était pas disproportionnée. • CE 2 mars 2010, *Féd. fr. d'athlétisme : req. n° 324439.*

8. Sanctions automatiques. V. note 97 ss. art. L. 131-8.

9. Urgence. V. note 5 ss. art. L. 232-15.

Un sportif de niveau amateur sanctionné d'une suspension de 2 ans pour avoir manqué un contrôle antidopage ne démontre pas l'urgence à ce que soit suspendue la sanction prise à son encontre dès lors qu'en tant que pratiquant au niveau amateur, l'impossibilité de continuer à pratiquer sa discipline pendant la durée de l'interdiction n'est pas établie, pas plus que le risque qu'il ne soit plus en mesure de participer à de nouvelles manifestations sportives à l'issue de la mesure d'interdiction en raison de son âge. • CE, réf., 10 oct. 2014, *M. B.*, n° 384540 : *JS 2014, n° 148, p. 10, obs. J. Mondou ; Cah. dr. sport 2015, n° 39, p. 116, note M. Peltier.*

Ordonnance n° 2015-1207 du 30 septembre 2015,

Relative aux mesures relevant du domaine de la loi nécessaires pour assurer le respect des principes du code mondial antidopage.

Art. 27 Chaque fédération sportive agréée dispose d'un délai de six mois à compter de la publication au *Journal officiel* de la République française du décret en Conseil d'État modifiant, pour assurer le respect des principes du code mondial antidopage, le décret en Conseil d'État mentionné au quatrième alinéa de l'article L. 232-21 du code du sport, pour mettre son règlement disciplinaire particulier de lutte contre le dopage en conformité avec ce texte. Elle peut y procéder par décision de l'instance dirigeante convoquée spécialement à cet effet par son président ou par décision de son assemblée générale. *— V. Décr. n° 2016-84 du 29 janv. 2016, art. 9, reproduit ci-après.*

Si, à l'expiration du délai de six mois, la mise en conformité n'a pas été réalisée :

1° Le ministre chargé des sports peut prononcer par arrêté le retrait de l'agrément de la fédération ;

2° Les organes de la fédération compétents pour l'exercice du pouvoir disciplinaire en matière de lutte contre le dopage sont tenus de faire application directe des dispositions du décret en Conseil d'État mentionné au quatrième alinéa de l'article L. 232-21 du code du sport, relatives à la lutte contre le dopage, tant que la mise en conformité du règlement disciplinaire particulier de lutte contre le dopage de la fédération n'est pas réalisée.

Décret n° 2016-84 du 29 janvier 2016,

Relatif aux sanctions disciplinaires en matière de lutte contre le dopage.

Art. 9 En application de l'article 27 de l'ordonnance susvisée du 30 septembre 2015, chaque fédération sportive agréée dispose d'un délai de six mois à compter de la publication du présent décret pour adopter à l'identique le règlement disciplinaire type prévu à l'article 2. Nonobstant toute stipulation contraire de ses statuts, elle peut y procéder par décision de son instance dirigeante convoquée spécialement à cet effet par son président ou par décision de son assemblée générale.

Si, à l'expiration du délai de six mois, la mise en conformité n'a pas été réalisée :

1° Le ministre chargé des sports peut prononcer par arrêté le retrait de l'agrément de la fédération ;

2° Les organes de la fédération compétents pour l'exercice du pouvoir disciplinaire en matière de lutte contre le dopage sont tenus de faire application directe des dispositions de l'annexe II-2 du code du sport tant que la mise en conformité du règlement disciplinaire particulier de lutte contre le dopage de la fédération n'est pas réalisée.

Art. 10 Lorsque la notification des griefs aux personnes intéressées est antérieure à la date d'entrée en vigueur du règlement mis en conformité avec celui figurant à l'article 2 du présent décret, les procédures disciplinaires engagées par les fédérations restent soumises aux dispositions précédemment applicables.

Art. 11 Lorsque la notification des griefs aux personnes intéressées est antérieure à la date d'entrée en vigueur du présent décret, les procédures disciplinaires engagées par l'Agence française de lutte contre le dopage restent soumises aux dispositions précédemment applicables.

Art. 12 Les membres des organes disciplinaires des fédérations compétents en matière de dopage en fonctions à la date de publication du présent décret demeurent membres de ces organes jusqu'au prochain renouvellement de l'instance dirigeante en charge de leur désignation.

Il en va de même pour les membres de ces organes qui sont également membres d'une des instances dirigeantes de la fédération.

Art. L. 232-22 *(Ord. nº 2015-1207 du 30 sept. 2015, art. 19-1º, en vigueur le 1er nov. 2015)* **« En cas d'infraction aux dispositions des articles L. 232-9, L. 232-9-1, L. 232-10, L. 232-14-5, L. 232-15, L. 232-15-1 ou L. 232-17, l'Agence française de lutte contre le dopage exerce un pouvoir de sanction dans les conditions suivantes : »**

1º *(Ord. nº 2010-379 du 14 avr. 2010, art. 11)* **« Elle est compétente pour infliger des sanctions disciplinaires aux personnes non licenciées :**

« *a)* Participant à des manifestations ou entraînements mentionnés aux 2º ou 3º du I de l'article L. 232-5 ;

« *b)* Organisant ou participant à l'organisation des manifestations ou entraînements mentionnés aux 2º ou 3º du I de l'article L. 232-5 ; »

2º Elle est compétente pour infliger des sanctions disciplinaires aux personnes relevant du pouvoir disciplinaire d'une fédération sportive lorsque celle-ci n'a pas statué dans les délais prévus à l'article L. 232-21. *(Ord. nº 2010-379 du 14 avr. 2010, art. 25)* **« Dans ce cas, l'agence se saisit d'office dès l'expiration de ces délais. »** *(Ord. nº 2015-1207 du 30 sept. 2015, art. 19-2º, en vigueur le 1er nov. 2015)* **« Lorsqu'elle intervient en cas de carence de l'instance disciplinaire fédérale d'appel, l'agence peut aggraver la sanction prononcée par la fédération » ;**

3º *(Ord. nº 2010-379 du 14 avr. 2010, art. 25)* **« Elle peut réformer les décisions prises en application de l'article L. 232-21. Dans ces cas, l'agence se saisit, dans un délai de deux mois à compter de la réception du dossier complet, des décisions prises par les fédérations agréées. »** *(Abrogé par Ord. nº 2015-1207 du 30 sept. 2015, art. 19-3º, à compter du 1er nov. 2015)* ***« Lorsqu'elle intervient en cas de carence de l'instance disciplinaire fédérale d'appel, elle peut aggraver la sanction prononcée par la fédération ; »***

4º Elle peut décider l'extension d'une sanction disciplinaire prononcée par une fédération aux activités de l'intéressé relevant des autres fédérations, de sa propre initiative ou à la demande de la fédération ayant prononcé la sanction.

(L. nº 2008-650 du 3 juill. 2008) **« La saisine de l'agence n'est pas suspensive, sauf décision contraire de celle-ci » ;**

(Ord. nº 2015-1207 du 30 sept. 2015, art. 19-4º, en vigueur le 1er nov. 2015) **« 5º Elle est également compétente pour infliger des sanctions disciplinaires aux complices des auteurs d'infractions aux dispositions des articles L. 232-9, L. 232-9-1, L. 232-10, L. 232-14-5, L. 232-15, L. 232-15-1 ou L. 232-17. »** – [CSP, art. L. 3634-2.]

Pour ce qui concerne les procédures disciplinaires de l'agence ouvertes, sur le fondement des 2º, 3º et 4º de l'art. L. 232-22 C. sport, avant l'entrée en vigueur, le 5 juill. 2008, de la L. nº 2008-650 du 3 juill. 2008 relative à la lutte contre le trafic de produits dopants, l'effet suspensif de la saisine demeure acquis (Délib. AFLD nº 108 du 23 juill. 2008, JO 15 nov.).

Pour les conditions de mise en conformité aux principes du code mondial antidopage, V. Ord. nº 2015-1207 du 30 sept. 2015, art. 27, reproduit ss. art. L. 232-21.

1. Délai de saisine. Le délai visé au 3º de l'art. L. 3634-2 [art. L. 232-22 C. sport] court à compter de la date de réception par le CPLD de la décision prise par l'organe disciplinaire d'une fédération sportive et de l'intégralité du dossier soumis à cet organe. • CE 4 févr. 2004, *Sainz : AJDA 2004. 926, concl. de Silva ; JCP A 2004. 1380, note Lapouble ; RJ éco. sport 2004, nº 71, p. 41, obs. Lachaume.*

2. La transmission d'un dossier à l'AFLD avant le délai légal maximal dont dispose la fédération pour se prononcer n'est pas de nature à faire naître un doute sérieux sur la légalité de la décision de sanction adoptée par l'AFLD. • CE 16 févr. 2009, *référé, X... : req. nº 324078.*

3. Principe d'impartialité. Les faits commis par un coureur cycliste qui s'est délibérément soustrait à un contrôle antidopage sont de nature à justifier légalement la sanction, prononcée par le CPLD, d'interdiction de participer pour une durée d'un an aux compétitions ou manifestations sportives organisées ou agréées par la Fédération française de cyclisme et par la Fédération française de cyclotourisme ; la double circonstance que ledit conseil se soit saisi de l'affaire alors que l'intéressé avait fait l'objet d'une décision de relaxe de la commission nationale de discipline de la fédération et que, par une lettre du 20 juin 2000, le président dudit conseil l'ait informé des sanctions susceptibles d'être prises à son encontre n'est pas de nature à établir en effet que le CPLD aurait manqué à l'art. 6 § 1 Conv. EDH. • CE 4 févr. 2004, *Sainz : préc. note 1.*

4. Principe de personnalité des peines. Le pouvoir de sanction de l'AFLD ne viole pas le principe de personnalité des peines dès lors que le code du sport ne confère pas un caractère automatique au pouvoir de sanction de l'AFLD qui se doit d'examiner l'ensemble des éléments de fait et de droit afin de déterminer la sanction qu'elle prononce. • CE, 18 juill. 2011, *Thion : req. n° 338390.*

5. Principe de proportionnalité. En portant de quatre mois à un an et en étendant à sept fédérations la suspension d'un cycliste qui ne s'était pas présenté à un contrôle antidopage en raison d'une confusion causée par les modalités d'affichage de la liste des coureurs devant se présenter audit contrôle, l'AFLD a pris une sanction disproportionnée à l'encontre du coureur de nature à faire naître un doute sérieux quant à la légalité de cette sanction. • CE 12 févr. 2016, n° 396215.

6. Autosaisine. Le Conseil d'État refuse de renvoyer devant le Conseil constitutionnel la question prioritaire de constitutionnalité concernant la violation, par les art. L. 232-22 et L. 232-23, du principe de séparation des autorités de poursuite et de jugement et du principe d'égalité. En effet, les dispositions du 3° de l'art. L. 232-22 ne mettent pas en cause le principe de séparation des autorités chargées de l'action publique et des autorités de jugement. Ces dispositions n'impliquent au demeurant nullement par elles-mêmes que l'Agence, lorsqu'elle décide de se saisir d'une décision d'une fédération sportive, statue sur les faits reprochés au sportif licencié dans des conditions contraires au principe d'impartialité. Les dispositions de l'art. L. 232-23, issues de l'ordonnance du 14 avr. 2010, n'ayant pas été ratifiées dans les conditions prévues par l'art. 38 de la Constitution, présentent donc un caractère règlementaire ; elles ne sont donc pas susceptibles de faire l'objet d'une question prioritaire de constitutionnalité. • CE 11 mars 2011, *Féd. fr. d'équitation,* req. n° 341658 : *Cah. dr. sport 2011, n° 24, p. 73, note F. Colin ; AJDA 2011. 534 ; D. 2012. 704 , Panorama Droit du sport, spéc. 707, obs. C. Dudognon.* ♦ V. aussi, • CE 13 juill. 2011, *Bonvoisin,* req. n° 350274 : *Cah. dr. sport 2011, n° 25, p. 160, note F. Colin.* ♦ La faculté dont dispose l'AFLD de s'autosaisir d'une affaire, en vertu du 3° de l'art. L. 232-22, ne méconnaît pas le principe d'impartialité et l'art. 6 de la Convention européenne de sauvegarde des droits de l'homme et des libertés fondamentales. • CE 9 nov. 2011, *Benzoni,* req. n° 341658 : *Cah. dr. sport 2011, n° 26, p. 148, note F. Colin ; ibid., p. 153, note Raschel.* ♦ V. aussi : • CE 8 févr. 2012 : *req. n° 350275.*

7. Compétence. Une fédération sportive n'étant pas compétente pour prononcer une sanction disciplinaire contre une personne qui n'a plus la qualité de licencié lors du prononcé de la sanction, l'AFLD est fondée à sanctionner ce sportif, quand bien même il était titulaire d'une licence lors du contrôle antidopage. • CE 25 mai 2010, *M. A. : req. n° 332045.*

8. L'AFLD est compétente pour sanctionner un individu non licencié d'une fédération française à la date de la sanction. Ainsi, dès lors qu'un cycliste contrôlé positif n'était plus, lors du prononcé de la sanction, licencié de la Fédération française de cyclisme mais de la fédération russe, c'est bien l'AFLD qui était compétente pour le sanctionner. • CE 21 mai 2014, *M. B.,* n° 372116 : *Dict. perm. dr. sport 2014, Bull. n° 213, p. 6, obs. P. Rocipon ; Cah. dr. sport 2014, n° 36,p. 137, note F. Colin.*

9. Dans le cas où un sportif faisant l'objet d'une procédure disciplinaire à raison de faits de dopage commis alors qu'il était licencié d'une fédération a cessé d'être licencié par cette fédération à la date à laquelle les organes de la fédération devraient se prononcer, il appartient à l'AFLD, compétente en vertu du 1° de l'art. L. 232-22, d'exercer le pouvoir disciplinaire à l'égard de ce sportif. Ces dispositions ne méconnaissent pas le droit d'accès à un juge consacré par les stipulations de l'art. 6 de la convention européenne de sauvegarde des droits de l'homme et des libertés fondamentales. • CE 11 mai 2015, *M. A.,* n° 374386 : *Cah. dr. sport 2015, n° 41, p. 113, note M. Peltier ; ibid., p. 119, note F. Colin.*

10. Procédure. La présence, lors du délibéré, du secrétaire général de l'AFLD et du secrétaire de séance n'est pas de nature à rendre la procédure irrégulière. Le Conseil d'État confirme une suspension de deux ans prononcée par l'AFLD pour soustraction à contrôle. • CE, 2e et 7e sous-sect. réun., 19 févr. 2009, *X.,* req. n° 315015 : *AJDA 2009. 791 ; D. 2010. Pan. 402 .*

11. Substitution de base légale. Le Conseil d'État estime que les dispositions du 2° de l'art. L. 232-22 peuvent être substituées à celles du 1° dès lors que cette substitution de base légale ne prive l'intéressé d'aucune garantie et que l'Agence dispose du même pouvoir d'appréciation dans le cas où elle est compétente en application de l'une ou l'autre de ces dispositions.

• CE 3 févr. 2016, M. B., n° 387323 : *Dict. perm. dr. sport 2016, Bull. n° 232, p. 7, obs. A. Renard ; Cah. dr. sport 2016, n° 42, p. 152, note M. Peltier ; JS 162, mars 2015, p. 10, obs. J. Mondou*.

Art. L. 232-22-1 *(L. n° 2012-348 du 12 mars 2012, art. 6)* **En cas de recueil d'éléments faisant apparaître l'utilisation par un sportif d'une substance ou d'une méthode interdite en application de l'article L. 232-9 dans le cadre de l'établissement du profil mentionné à l'article L. 232-12-1, un comité d'experts, mis en place par l'Agence française de lutte contre le dopage et composé de trois membres, est saisi.**

Si ce comité estime que les éléments recueillis indiquent l'utilisation d'une substance ou méthode interdite, puis s'il confirme sa position à l'unanimité après avoir mis le sportif concerné à même de présenter ses observations, ce dernier encourt des sanctions disciplinaires prises dans les conditions prévues aux articles L. 232-21 et L. 232-22.

COMMENTAIRE

Le principe du passeport biologique, développé par l'Agence mondiale antidopage, est basé sur le suivi longitudinal d'un certain nombre de variables biologiques d'un sportif qui révèlent indirectement les effets du dopage ; il s'agit donc d'un dispositif complémentaire à la détection directe traditionnelle du dopage.

Il a été introduit dans le code du sport par la loi du 12 mars 2012 *(JO 13 mars)* tendant à faciliter l'organisation des manifestations sportives et culturelles. Ainsi, l'article L. 232-12-1 dispose que les prélèvements biologiques opérés dans le cadre des contrôles antidopage peuvent avoir pour objet d'établir le profil des paramètres pertinents dans l'urine ou le sang de certains sportifs, afin de mettre en évidence l'utilisation d'une substance ou d'une méthode prohibée. L'article L. 232-22-1 précise le volet répressif du dispositif, qui ne s'applique qu'aux sportifs mentionnés à l'article L. 232-15, à savoir les sportifs susceptibles de faire l'objet d'une obligation de localisation.

Comme le prévoyait la loi du 12 mars 2012, ces dispositions du code du sport relatives au profil biologique sont entrées en vigueur le 1er juillet 2013 ; elles n'ont néanmoins trouvé pleine application, notamment s'agissant du volet répressif, qu'après publication des mesures d'application (Décr. n° 2013-1317 et n° 2013-1318 du 27 déc. 2013), adoptées après la publication d'un rapport rédigé par un comité de préfiguration des modalités d'instauration du profil biologique des sportifs et remis au Gouvernement et au Parlement. (Sur la composition du comité de préfiguration, V. Arr. du 13 sept. 2012 *(JO 16 sept.)* ; V. art. R. 232-41-1 à R. 232-41-9 et art. R. 232-67-1 à R. 232-67-15 ; V. P. Rocipon, Le profil biologique désormais applicable, *JS 2014, n° 138, p 6 ; A. Ralon,* Le profil biologique des sportifs : une mise en place progressive, *Dict. perm. dr. sport 2014, Bull. n° 209, p. 8 ; Rapport du comité de préfiguration des modalités d'instauration du profil biologique du sportif, 21 juin 2013).* ❑

Art. L. 232-23 *(Ord. n° 2015-1207 du 30 sept. 2015, art. 20)* **I. — L'Agence française de lutte contre le dopage, dans l'exercice de son pouvoir de sanction en matière de lutte contre le dopage, peut prononcer :**

1° A l'encontre des sportifs ayant enfreint les dispositions des articles L. 232-9, L. 232-9-1, L. 232-14-5, L. 232-15, L. 232-15-1, L. 232-17 ou du 3° de l'article L. 232-10 :

***a*) Un avertissement ;**

***b*) Une interdiction temporaire ou définitive de participer** *(L. n° 2016-1528 du 15 nov. 2016, art. 2-3°-a)* **« à toute manifestation sportive donnant lieu à une remise de prix en argent ou en nature, de même qu' » aux manifestations sportives autorisées par une fédération délégataire ou organisées par une fédération agréée ainsi qu'aux entraînements y préparant organisés par une fédération agréée ou l'un des membres de celle-ci ;**

***c*) Une interdiction temporaire ou définitive de participer directement ou indirectement à l'organisation et au déroulement** *(L. n° 2016-1528 du 15 nov. 2016, art. 2-3°-b)* **« des manifestations sportives et des entraînements mentionnés au b du présent 1° » ;**

***d*) Une interdiction temporaire ou définitive d'exercer les fonctions définies à l'article L. 212-1 ;**

***e*) Une interdiction d'exercer les fonctions de personnel d'encadrement au sein d'une fédération agréée ou d'un groupement ou d'une association affiliés à la fédération ;**

La sanction prononcée à l'encontre d'un sportif peut être complétée par une sanction pécuniaire dont le montant ne peut excéder 45 000 €. Elle est complétée par une décision de publication nominative de la sanction, dans les conditions fixées par l'article L. 232-23-3-1 ;

2° A l'encontre de toute autre personne qui a enfreint les dispositions de l'article L. 232-10 :

a) Un avertissement ;

b) Une interdiction temporaire ou définitive de participer directement ou indirectement à l'organisation et au déroulement *(L. n° 2016-1528 du 15 nov. 2016, art. 2-3°-c)* « des manifestations sportives et des entraînements mentionnés au *b* du 1° du présent I » ;

c) Une interdiction temporaire ou définitive d'exercer les fonctions définies à l'article L. 212-1 ;

d) Une interdiction d'exercer les fonctions de personnel d'encadrement.

La sanction prononcée peut être complétée par une sanction pécuniaire dont le montant ne peut excéder 150 000 €. Elle est complétée par une décision de publication nominative de la sanction, dans les conditions fixées par l'article L. 232-23-3-1.

II. — Les sanctions mentionnées au I peuvent être prononcées à l'encontre des complices des auteurs des infractions.

III. — Les sanctions mentionnées aux *b* à *e* du 1° et aux *b* à *d* du 2° du I prennent en compte la circonstance que les personnes qui en font l'objet :

a) Avouent avoir commis une infraction aux dispositions du présent chapitre et que ces aveux sont les seules preuves fiables de ces infractions ; ou

b) Avouent les faits sans délai après qu'une infraction aux dispositions du présent chapitre leur a été notifiée.

IV. — Les sanctions sont prononcées dans le respect des droits de la défense.

Le produit des sanctions pécuniaires prévues au présent article est recouvré comme les créances de l'État étrangères à l'impôt et au domaine.

Art. L. 232-23-1 *(Ord. n° 2010-379 du 14 avr. 2010, art. 13)* A la demande d'un sportif susceptible de faire l'objet d'une sanction ou de sa propre initiative, l'agence peut, si elle ne s'estime pas suffisamment informée au vu des pièces du dossier, proposer à l'intéressé de se soumettre à une expertise afin de déterminer s'il a respecté les dispositions de l'article L. 232-9.

L'expertise est réalisée par un expert choisi par le sportif sur une liste établie par l'agence. Les résultats de l'expertise sont communiqués à l'agence et à l'intéressé, qui peut présenter des observations. Les frais de l'expertise sont à la charge de l'agence.

Art. L. 232-23-2 *(Ord. n° 2010-379 du 14 avr. 2010, art. 13)* Lorsque, à la suite d'un contrôle effectué au cours d'une manifestation sportive organisée par une fédération agréée ou autorisée par la fédération délégataire compétente, un sportif a fait l'objet d'une sanction administrative prévue à l'article L. 232-23, la fédération annule, à la demande de l'Agence française de lutte contre le dopage, les résultats individuels du sportif ayant fait l'objet de la sanction avec toutes les conséquences en résultant, y compris le retrait de médailles, points, prix et gains.

(Ord. n° 2015-1207 du 30 sept. 2015, art. 21, en vigueur le 1er nov. 2015) « La fédération compétente annule en outre, à la demande de l'Agence française de lutte contre le dopage, les résultats individuels du sportif ayant fait l'objet de la sanction, avec toutes les conséquences en résultant, y compris le retrait de médailles, points, prix et gains, obtenus au cours de manifestations auxquelles le sportif a participé entre la date des faits motivant la sanction et la date à laquelle la sanction ou la suspension provisoire lui a été notifiée.

« Lorsqu'elle prononce une sanction d'interdiction temporaire d'une durée supérieure ou égale à deux ans, l'Agence française de lutte contre le dopage peut saisir la fédération compétente d'une demande de retrait provisoire de la licence de la personne concernée pour la durée de la période de suspension. »

Art. L. 232-23-3 *(Ord. n° 2010-379 du 14 avr. 2010, art. 13)* Dans les sports collectifs, lorsque, à la suite d'un contrôle effectué au cours d'une manifestation sportive organisée par une fédération agréée ou autorisée par la fédération délégataire compétente, plus de deux sportifs d'une équipe ont fait l'objet d'une sanction administrative prévue à l'article L. 232-23, la fédération prend les mesures appropriées à l'encontre de l'équipe à laquelle ils appartiennent.

Art. L. 232-23-3-1 *(Ord. nº 2015-1207 du 30 sept. 2015, art. 22, en vigueur le 1er nov. 2015)* Les décisions de l'Agence française de lutte contre le dopage sont rendues publiques après avoir été notifiées aux personnes en ayant fait l'objet. A cette fin l'agence ordonne l'affichage, la publication, aux frais de la personne condamnée, de l'intégralité ou d'une partie de la décision ou d'un résumé informant le public des motifs et du dispositif de celle-ci.

La publication de la sanction s'effectue de manière nominative, sauf si la personne qui fait l'objet de la sanction est mineure ou si l'agence, par une décision spécialement motivée, décide d'ordonner la publication anonyme de cette sanction.

Art. L. 232-23-3-2 *(Ord. nº 2015-1207 du 30 sept. 2015, art. 23)* I. — L'Agence française de lutte contre le dopage peut, dans les cas et selon les conditions prévues ci-après, assortir une sanction d'un sursis à exécution lorsque la personne a fourni une aide substantielle permettant :

a) D'éviter qu'il ne soit contrevenu aux dispositions du présent chapitre ;

b) Ou d'identifier des personnes contrevenant ou tentant de contrevenir aux dispositions du présent chapitre ;

c) Ou de faire cesser un manquement aux dispositions du présent chapitre.

Les sanctions mentionnées aux *b* à *e* du 1° et aux *b* à *d* du 2° du I de l'article L. 232-23 peuvent être assorties du sursis à concurrence des trois quarts de leur durée. Lorsque la sanction encourue est une interdiction définitive, le sursis ne peut s'appliquer aux huit premières années d'exécution de la sanction.

Pour tenir compte de circonstances exceptionnelles tenant à la qualité de l'aide substantielle apportée, l'Agence française de lutte contre le dopage peut, avec l'accord de l'Agence mondiale antidopage, préalablement saisie par elle ou par la personne qui fait l'objet d'une sanction, étendre le sursis jusqu'à la totalité de la durée des sanctions mentionnées à l'alinéa précédent et l'appliquer à l'ensemble des sanctions mentionnées à l'article L. 232-23.

II. — L'Agence française de lutte contre le dopage peut révoquer le sursis lorsque la personne qui en bénéficie :

1° A commis, dans le délai de dix ans à compter de la date du prononcé de la sanction faisant l'objet du sursis, une infraction aux dispositions du présent chapitre ;

2° Ou cesse de transmettre les informations qu'elle s'était engagée à fournir et qui lui ont permis de bénéficier de ce sursis.

Art. L. 232-23-3-3 *(Ord. nº 2015-1207 du 30 sept. 2015, art. 23)* I. — La durée des mesures d'interdiction mentionnées au 1° du I de l'article L. 232-23 à raison d'un manquement à l'article L. 232-9 :

a) Est de quatre ans lorsque ce manquement est consécutif à l'usage ou à la détention d'une substance non spécifiée. Cette durée est ramenée à deux ans lorsque le sportif démontre qu'il n'a pas eu l'intention de commettre ce manquement ;

b) Est de deux ans lorsque ce manquement est consécutif à l'usage ou à la détention d'une substance spécifiée. Cette durée est portée à quatre ans lorsque l'Agence française de lutte contre le dopage démontre que le sportif a eu l'intention de commettre ce manquement.

II. — Les substances spécifiées et les substances non spécifiées mentionnées au I, dont l'usage ou la détention sont prohibés par l'article L. 232-9, sont celles qui figurent à l'annexe I à la convention internationale mentionnée à l'article L. 230-2.

Art. L. 232-23-3-4 *(Ord. nº 2015-1207 du 30 sept. 2015, art. 23)* La durée des mesures d'interdiction mentionnées au 1° du I de l'article L. 232-23 à raison d'un manquement au 4° de l'article L. 232-10 et au I de l'article L. 232-17 est de quatre ans.

Lorsque le sportif démontre que le manquement au I de l'article L. 232-17 n'est pas intentionnel, la durée des mesures d'interdiction prévues à l'alinéa précédent est ramenée à deux ans.

Art. L. 232-23-3-5 *(Ord. nº 2015-1207 du 30 sept. 2015, art. 23)* La durée des mesures d'interdiction mentionnées au 1° du I de l'article L. 232-23 à raison de manquements aux obligations de localisation prévues par l'article L. 232-15 est de deux ans.

Cette durée peut être réduite sans toutefois pouvoir être inférieure à un an en fonction de la gravité du manquement et du comportement du sportif.

Art. L. 232-23-3-6 *(Ord. nº 2015-1207 du 30 sept. 2015, art. 23)* La durée des mesures d'interdiction mentionnées au 2° du I de l'article L. 232-23 à raison d'un manquement à l'article L. 232-10 est au minimum de quatre ans.

Cette sanction peut aller jusqu'à l'interdiction définitive en fonction de la gravité du manquement de l'article L. 232-10. La gravité du manquement s'apprécie notamment au regard des éléments suivants :

a) La personne qui fait l'objet de la sanction a la qualité de personnel d'encadrement d'un sportif ;

b) Le manquement implique une substance non spécifiée au sens de l'annexe I à la convention internationale mentionnée à l'article L. 230-2 ;

c) Le manquement est commis à l'égard d'un ou plusieurs sportifs mineurs.

Art. L. 232-23-3-7 *(Ord. nº 2015-1207 du 30 sept. 2015, art. 23)* La durée des mesures d'interdiction mentionnées au 1° du I de l'article L. 232-23 à raison d'un manquement à l'article L. 232-9-1 est de deux ans.

Cette durée peut être réduite sans toutefois pouvoir être inférieure à un an en fonction de la gravité du manquement et du comportement du sportif.

Art. L. 232-23-3-8 *(Ord. nº 2015-1207 du 30 sept. 2015, art. 23)* Une personne qui a fait l'objet d'une sanction définitive pour un manquement aux articles L. 232-9, L. 232-9-1, L. 232-10, L. 232-15, L. 232-15-1 ou L. 232-17, qui commet, dans le délai de dix ans à compter de la notification de ladite sanction, un deuxième manquement à l'un de ces articles encourt une interdiction d'une durée qui ne peut être inférieure à six mois et qui peut aller jusqu'au double de la sanction encourue pour ce manquement.

Lorsque cette même personne commet un troisième manquement dans ce même délai, la durée des sanctions mentionnées à l'article L. 232-23 ne peut être inférieure à huit ans et peut aller jusqu'aux interdictions définitives prévues au même article.

Art. L. 232-23-3-9 *(Ord. nº 2015-1207 du 30 sept. 2015, art. 23)* Les sanctions mentionnées aux articles L. 232-23-3-3 à L. 232-23-3-8 ne font pas obstacle au prononcé de sanctions complémentaires prévues à l'article L. 232-23.

Art. L. 232-23-3-10 *(Ord. nº 2015-1207 du 30 sept. 2015, art. 23)* La durée des mesures d'interdiction prévues aux articles L. 232-23-3-3 à L. 232-23-3-8 peut être réduite par une décision spécialement motivée lorsque les circonstances particulières de l'affaire le justifient au regard du principe de proportionnalité.

SOUS-SECTION 2 MESURES CONSERVATOIRES

(Ord. nº 2010-379 du 14 avr. 2010, art. 9)

Art. L. 232-23-4 *(Ord. nº 2015-1207 du 30 sept. 2015, art. 24, en vigueur le 1er nov. 2015)* Lorsque les circonstances le justifient, telles que l'usage ou la détention d'une substance ou d'une méthode non spécifiée au sens de l'annexe I à la convention internationale mentionnée à l'article L. 230-2, le président de l'Agence française de lutte contre le dopage ordonne à l'encontre du sportif, à titre conservatoire et dans l'attente d'une décision définitive de l'agence *(Abrogé par L. nº 2016-41 du 26 janv. 2016, art. 221-II-3º-a)* ***« ou d'une fédération sportive agréée »***, une suspension provisoire de sa participation aux manifestations organisées par les fédérations agréées ou autorisées par la fédération délégataire compétente. Cette décision est motivée. Le sportif est convoqué par le président de l'agence, dans les meilleurs délais, pour faire valoir ses observations sur cette suspension provisoire. La durée de suspension ne peut excéder deux mois. La suspension est renouvelable une fois dans les mêmes conditions.

La durée de la suspension provisoire est déduite de la durée de l'interdiction de participer aux manifestations sportives que l'agence peut ultérieurement prononcer.

(L. nº 2016-41 du 26 janv. 2016, art. 221-II-3º-b) « Lorsqu'une fédération sportive agréée est dans l'obligation de suspendre à titre provisoire un sportif et qu'il est constaté une carence de ladite fédération, le président de l'Agence française de lutte contre le dopage ordonne la suspension provisoire du sportif, selon les mêmes modalités que

celles mentionnées aux deux premiers alinéas du présent article. Toutefois, les conditions relatives à la durée de la suspension provisoire sont celles fixées, à cet effet, dans le règlement prévu à l'article L. 232-21. »

SECTION V **VOIES DE RECOURS ET PRESCRIPTION** *(Ord. n° 2010-379 du 14 avr. 2010, art. 14).*

Art. L. 232-24 **Les parties intéressées peuvent former un recours de pleine juridiction contre les décisions de l'Agence française de lutte contre le dopage prises en application des articles L. 232-22 et L. 232-23.**

L'Agence mondiale antidopage *(Ord. n° 2015-1207 du 30 sept. 2015, art. 25, en vigueur le 1er nov. 2015)* **« , une organisation nationale antidopage étrangère »** *(L. n° 2012-158 du 1er févr. 2012, art. 20)* **« ou un organisme sportif international mentionné à l'article L. 230-2 » peut saisir la juridiction administrative compétente d'une décision prise par l'organe disciplinaire d'une fédération sportive délégataire ainsi que d'une décision de l'Agence française de lutte contre le dopage.**

Pour une réduction d'une sanction prise par l'AFLD par le Conseil d'État, V. : • CE 15 avr. 2016, *M. C.*, n° 394199 : *Dict. perm. dr. sport. 2016, Bull. n° 2234, p. 10, obs. D. Rémy et P. Rocipon ; Cah. dr. sport 2016, n° 44, p. 77, note M. Peltier ; ibid., p. 83, note F. Colin.*

Art. L. 232-24-1 *(Ord. n° 2010-379 du 14 avr. 2010, art. 16)* **L'action disciplinaire se prescrit par** *(Ord. n° 2015-1207 du 30 sept. 2015, art. 26)* **« dix » années révolues à compter du jour du contrôle. Ce délai est interrompu par tout acte d'instruction ou de poursuite.**

Durant ce délai, l'agence peut réaliser des analyses des échantillons prélevés, dont elle a la garde.

La prescription de 8 ans introduite par l'Ord. du 14 avr. 2010 revêt un caractère favorable pour les sportifs susceptibles de faire l'objet de poursuites disciplinaires et doit donc être regardée comme immédiatement applicable. • CE 29 avr. 2013, *M. A. : JS 2014, n° 132, p. 10, obs. P. Rocipon.*

SECTION VI **DISPOSITIONS PÉNALES** *(Ord. n° 2010-379 du 14 avr. 2010, art. 14).*

Art. L. 232-25 **Le fait de s'opposer à l'exercice des fonctions dont sont chargés les agents et personnes habilités en vertu de l'article L. 232-11 est puni de six mois d'emprisonnement et d'une amende de 7 500 euros.**

Le fait de ne pas respecter les décisions d'interdiction prononcées en application des articles *(L. n° 2008-650 du 3 juill. 2008)* **« L. 232-21 à » L. 232-23 est puni des mêmes peines.** – *[CSP, art. L. 3633-2.]*

Art. L. 232-26 *(Ord. n° 2010-379 du 14 avr. 2010, art. 26)* **« I. – La détention, sans raison médicale dûment justifiée, d'une ou des substances ou méthodes interdites fixées par arrêté du ministre chargé des sports est punie d'un an d'emprisonnement et de 3 750 € d'amende.**

« Cet arrêté énumère les substances et méthodes interdites figurant sur la liste mentionnée au dernier alinéa de l'article L. 232-9, pour lesquelles l'appendice 1 à la convention internationale mentionnée à l'article L. 230-2 ne prévoit la possibilité de sanctions réduites qu'en cas de circonstances exceptionnelles. – *V. Arr. du 19 janv. 2016, ci-dessous.*

« II. – La méconnaissance des 1°, 2° et 4° de l'article L. 232-10 est punie de cinq ans d'emprisonnement et de 75 000 € d'amende. »

Les peines prévues au premier alinéa du présent II sont portées à sept ans d'emprisonnement et à 150 000 € d'amende lorsque les faits sont commis en bande organisée, au sens de l'article 132-71 du code pénal, ou lorsqu'ils sont commis à l'égard d'un mineur ou par une personne ayant autorité sur un ou des sportifs. – *[CSP, art. L. 3633-3.]*

La condamnation d'un médecin du sport à 6 mois d'emprisonnement avec sursis, 10 000 € d'amende et 5 ans d'interdiction professionnelle pour incitation à l'usage et facilitation à l'emploi de substances ou procédés dopants à l'occasion de compétitions sportives ou en vue d'y participer est confirmée dès lors qu'il est reproché à l'intéressé d'avoir prescrit de manière quasi systématique des substances dopantes à des fins de "remise en forme" à des sportifs pratiquant la compétition ; le caractère intentionnel de l'infraction est retenu en raison de la qualité de professionnel de l'intéressé, qui ne pouvait ignorer la réglementation en vigueur. • Crim., 10 mars 2015, n° 14-81.595 : *Dict. perm. dr. sport 2015, Bull. n° 222, p. 11, obs. P. Rocipon ; Cah. dr. sport 2015, n° 40, p. 139, note M. Peltier.*

Arrêté du 19 janvier 2016,

Fixant la liste des substances et méthodes dont la détention par le sportif est interdite en application de l'article L. 232-26 du code du sport.

Art. 1er Peut faire l'objet des sanctions pénales mentionnées au I de l'article L. 232-26 du code du sport la détention, sans raison médicale dûment justifiée, d'une ou des substances ou méthodes interdites figurant sur la liste mentionnée au dernier alinéa de l'article L. 232-9, pour lesquelles l'appendice 1 à la convention internationale mentionnée à l'article L. 230-2 ne prévoit la possibilité de sanctions réduites qu'en cas de circonstances exceptionnelles. Ces substances et méthodes interdites sont énumérées ci-dessous :

Substances interdites

I. — Agents anabolisants

1° Stéroïdes anabolisants androgènes (SAA) :

a) SAA exogènes (**), incluant :

1-androstènediol (5α-androst-1-ène-3β,17β-diol) ; **1-androstènedione** (5α-androst-1-ène-3,17-dione) ; **1-testostérone** (17β-hydroxy-5α-androst-1-ène-3-one) ; **4-hydroxytestostérone** (4,17β-dihydroxyandrost-4-ène-3-one) ; **19-norandrostènedione** (estr-4-ène-3,17-dione) ; **bolandiol** (estr-4-ène-3β,17β-diol) ; **bolastérone** ; **boldénone** ; **boldione** (androsta-1,4-diène-3,17-dione) ; **calustérone** ; **clostébol** ; **danazol** ([1,2] oxazolo [4',5' : 2,3] prégna-4-ène-20-yn-17α-ol) ; **déhydrochlorméthyltestostérone** (4-chloro-17β-hydroxy-17α-méthylandrosta-1,4-diène-3-one) ; **désoxyméthyltestostérone** (17α-méthyl-5α-androst-2-ène- 17β-ol) ; **drostanolone** ; **éthylestrénol** (19-norprégna-4-ène-17α-ol) ; **fluoxymestérone** ; **formébolone** ; **furazabol** (17α-méthyl [1,2,5] oxadiazolo [3',4' : 2,3] -5α-androstane-17β-ol) ; **gestrinone** ; **mestanolone** ; **mestérolone** ; **métandiénone** (17β-hydroxy-17α-méthylandrosta-1,4-diène-3-one) ; **méténolone** ; **méthandriol** ; **méthastérone** (17β-hydroxy-2α,17α-diméthyl-5α-androstane-3-one) ; **méthyldiénolone** (17β-hydroxy-17α-méthylestra-4,9-diène-3-one) ; **méthyl-1-testostérone** (17β-hydroxy-17α-méthyl-5α-androst-1-ène-3-one) ; **méthylnortestostérone** (17β-hydroxy-17α-méthylestr-4-en-3-one) ; **méthyltestostérone** ; **métribolone** (méthyltriènolone, 17β-hydroxy-17α-méthylestra-4,9,11-triène-3-one) ; **mibolérone** ; **nandrolone** ; **norbolétone** ; **norclostébol** ; **noréthandrolone** ; **oxabolone** ; **oxandrolone** ; **oxymestérone** ; **oxymétholone** ; **prostanozol** (17β- [(tétrahydropyrane-2-yl) oxy] -1'H-pyrazolo [3,4 : 2,3] -5α-androstane) ; **quinbolone** ; **stanozolol** ; **stenbolone** ; **tétrahydrogestrinone** (17-hydroxy-18a-homo-19-nor-17α-prégna-4,9,11-triène-3-one) ; **trenbolone** (17β-hydroxyestr-4,9,11-triène-3-one) ; et autres substances possédant une structure chimique similaire ou un (des) effet(s) biologique(s) similaire(s).

b) SAA endogènes* par administration exogène (**) :

Androstènediol (androst-5-ène-3β,17β-diol) ; **androstènedione** (androst-4-ène-3,17-dione) ; **dihydrotestostérone** (17β-hydroxy-5α-androstan-3-one) ; **prastérone** (déhydroépiandrostérone, DHEA, 3β-hydroxyandrost-5-ène-17-one) ; **testostérone** ; et les métabolites et isomères suivants, incluant sans s'y limiter :

3β-hydroxy-5α-androstan-17-one ; **5α-androstane-3α,17α-diol** ; **5α-androstane-3α,17β-diol** ; **5α-androstane-3β,17α-diol** ; **5α-androstane-3β,17β-diol** ; **5β-androstane-3α,17β-diol** ; **7α-hydroxy-DHEA** ; **7β-hydroxy-DHEA** ; **4-androstènediol** (androst-4-ène-3β,17β-diol) ; **5-androstènedione** (androst-5-ène-3,17-dione) ; **7-keto-DHEA** ; **19-norandrostérone** ; **19-norétiocholanolone** ; **androst-4-ène-3α,17α-diol** ; **androst-4-ène-3α,17β-diol** ; **androst-4-ène-3β,17α-diol** ; **androst-5-ène-3α,17α-diol** ; **androst-5-ène-3α,17β-diol** ; **androst-5-ène-3β,17α-diol** ; **androstérone** ; **épi-dihydrotestostérone** ; **épitestostérone** ; **étiocholanolone** ;

2° Autres agents anabolisants :

Incluant sans s'y limiter :

Clenbutérol, modulateurs sélectifs des récepteurs aux androgènes (SARMs par ex. andarine et ostarine), **tibolone, zéranol et zilpatérol**.

Nota. — Pour les besoins du présent document :

(*) « exogène » désigne une substance qui ne peut pas être habituellement produite naturellement par l'organisme humain.

(**) « endogène » désigne une substance qui peut être habituellement produite naturellement par l'organisme humain.

II. — Hormones peptidiques, facteurs de croissance, substances apparentées et mimétiques

Les substances qui suivent et les autres substances possédant une structure chimique similaire ou un (des) effet(s) biologique(s) similaire(s) sont interdites :

1° **Agonistes du récepteur de l'érythropoïétine** :

a) **Agents stimulants de l'érythropoïèse** (ESAs) par ex. **darbépoétine** (dEPO) ; **érythropoïétines** (EPO) ; **EPO-Fc ; méthoxy polyéthylène glycol-époétine béta** (CERA) ; **peptides mimétiques de l'EPO** (EMP), par ex. **CNTO 530 et péginesatide** ;

b) **Agonistes non-érythropoïétiques du récepteur de l'EPO**, par ex. **ARA-290** ; **asialo-EPO ; EPO carbamylée** ;

2° **Stabilisateurs de facteurs inductibles par l'hypoxie** (HIF) par ex. **cobalt** et **FG-4592** ; et **activateurs du HIF** par ex. **xénon, argon** ;

3° **Gonadotrophine chorionique** (CG) et **hormone lutéinisante** (LH) et leurs facteurs de libération, par ex. **buséréline**, **gonadoréline** et **leuproréline**, interdites chez le sportif de sexe masculin seulement ;

4° **Corticotrophines** et leurs facteurs de libération par ex. **corticoréline** ;

5° **Hormone de croissance (GH)** et ses facteurs de libération incluant : **l'hormone de libération de l'hormone de croissance** (GHRH) et ses **analogues**, par ex. **CJC-1295, sermoréline et tésamoréline ; sécrétagogues de l'hormone de croissance** (GHS), par ex. **ghréline** et **mimétiques de la ghréline**, par ex. **anamoréline** et **ipamoréline ; peptides libérateurs de l'hormone de croissance** (GHRPs), par ex. **alexamoréline, GHRP-6, hexaréline et pralmoréline** (GHRP-2) ;

6° Facteurs de croissance additionnels interdits :

Facteur de croissance dérivé des plaquettes (PDGF) ; **facteur de croissance endothélial vasculaire** (VEGF) ; **facteur de croissance analogue à l'insuline-1** (IGF-1) **et ses analogues** ; **facteur de croissance des hépatocytes** (HGF) ; **facteurs de croissance fibroblastiques** (FGF) ; **facteurs de croissance mécaniques** (MGF) ; ainsi que tout autre facteur de croissance influençant dans le muscle, le tendon ou le ligament, la synthèse/dégradation protéique, la vascularisation, l'utilisation de l'énergie, la capacité régénératrice ou le changement du type de fibre.

III. — Modulateurs hormonaux et métaboliques

1° **Agents modificateurs de la (des) fonction(s) de la myostatine**, incluant sans s'y limiter **les inhibiteurs de la myostatine**.

2° **Modulateurs métaboliques** :

a) **Activateurs de la protéine kinase activée par l'AMP** (AMPK), par ex. **AICAR et agonistes du récepteur activé par les proliférateurs des péroxysomes** δ (PPARδ), par ex. **GW 1516** ;

b) **Insulines et mimétiques de l'insuline** ;

c) **Meldonium** ;

d) **Trimétazidine**.

IV. — Stimulants

Les stimulants suivants, y compris tous leurs isomères optiques, par ex. d- et l s'il y a lieu, sont interdits :

Adrafinil ; amfépramone ; amfétamine ; amfétaminil ; amiphénazol ; benfluorex ; benzylpipérazine ; bromantan ; clobenzorex ; cocaïne ; cropropamide ; crotétamide ; fencamine ; fénétylline ; fenfluramine ; fenproporex ; fonturacétam [4-phenylpiracétam (carphédon)] ; **furfénorex ; méfénorex ; méphentermine ; mésocarb ; métamfétamine (d-) ; p-méthylamphétamine ; modafinil ; norfenfluramine ; phendimétrazine ; phentermine ; prénylamine ; prolintane**.

Méthodes interdites

I. — Manipulation de sang ou de composants sanguins

Ce qui suit est interdit :

1° L'administration ou *[la]* réintroduction de n'importe quelle quantité de sang autologue, allogénique (homologue) ou hétérologue ou de globules rouges de toute origine dans le système circulatoire.

2° L'amélioration artificielle de la consommation, du transport ou de la libération de l'oxygène.

Incluant, sans s'y limiter :

Les produits chimiques **perfluorés ; l'éfaproxiral** (RSR13) ; et les produits d'**hémoglobine modifiée**, par ex. les substituts de sang à base d'hémoglobine et les produits à base d'hémoglobines réticulées, mais excluant la supplémentation en oxygène.

3° Toute manipulation intravasculaire de sang ou composant(s) sanguin(s) par des méthodes physiques ou chimiques.

II. — Manipulation chimique et physique

Ce qui suit est interdit :

1° La falsification, ou la tentative de falsification, dans le but d'altérer l'intégrité et la validité des échantillons recueillis lors du contrôle du dopage.

Incluant, sans s'y limiter :

La substitution et/ou l'altération de l'urine, par ex. protéases ;

2° Les perfusions intraveineuses et/ou injections de plus de 50 mL par période de six heures, sauf celles reçues légitimement dans le cadre d'admissions hospitalières, les procédures chirurgicales ou lors d'examens cliniques.

III. — Dopage génétique

Ce qui suit, ayant la capacité potentielle d'améliorer la performance sportive, est interdit :

1° Le transfert de polymères d'acides nucléiques ou d'analogues d'acides nucléiques ;

2° L'utilisation de cellules normales ou génétiquement modifiées.

Art. L. 232-27 Les personnes physiques coupables des infractions prévues à l'article L. 232-26 du présent code encourent également les peines complémentaires suivantes :

1° La confiscation des substances ou procédés et des objets ou documents qui ont servi à commettre l'infraction ou à en faciliter la commission ;

2° L'affichage ou la diffusion de la décision prononcée, dans les conditions prévues par l'article 131-35 du code pénal ;

3° La fermeture, pour une durée d'un an au plus, de l'un, de plusieurs ou de l'ensemble des établissements de l'entreprise ayant servi à commettre l'infraction et appartenant à la personne condamnée ;

4° L'interdiction, dans les conditions prévues à l'article 131-27 du code pénal, d'exercer l'activité professionnelle ou sociale dans l'exercice ou à l'occasion de laquelle l'infraction a été commise ;

5° L'interdiction, dans les conditions prévues à l'article 131-27 du code pénal, d'exercer une fonction publique. – *[CSP, art. L. 3633-5.]*

Art. L. 232-28 *(L. n° 2009-526 du 12 mai 2009, art. 125)* « Les personnes morales déclarées responsables pénalement, dans les conditions prévues par l'article 121-2 du code pénal, des infractions définies à l'article L. 232-26 encourent, outre l'amende suivant les modalités prévues par l'article 131-38 du code pénal :

a) Les peines complémentaires prévues par les 2°, 8° et 9° de l'article 131-39 du code pénal ;

b) La fermeture, pour une durée d'un an au plus, des établissements ou de l'un ou plusieurs des établissements de l'entreprise ayant servi à commettre l'infraction et appartenant à la personne morale condamnée. – *[CSP, art. L. 3633-6.]*

Art. L. 232-29 *Abrogé par Ord. n° 2010-379 du 14 avr. 2010, art. 27.*

Art. L. 232-30 Peuvent exercer les droits reconnus à la partie civile, en ce qui concerne les infractions mentionnées à la présente section :

1° Le Comité national olympique et sportif français pour les faits commis à l'occasion des compétitions dont il a la charge ;

2° Les fédérations sportives agréées par le ministre chargé des sports, chacune pour ce qui la concerne, sauf lorsque l'auteur de l'infraction relève de son pouvoir disciplinaire.

(L. n° 2008-650 du 3 juill. 2008) « Lorsque des poursuites sont engagées en application des dispositions de la présente section, l'Agence française de lutte contre le dopage peut exercer les droits de la partie civile. Toutefois, elle ne peut à l'égard d'une même

personne et s'agissant des mêmes faits, concurremment exercer les pouvoirs de sanction qu'elle tient du présent code et les droits de la partie civile. » – *[CSP, art. L. 3633-1.]*

Art. L. 232-31 **Sauf disposition contraire, les modalités d'application du présent titre sont fixées par décret en Conseil d'État.**

Al. 2, 3 et 4 abrogés par Ord. n° 2010-379 du 14 avr. 2010, art. 28.

TITRE QUATRIÈME LUTTE CONTRE LE DOPAGE ANIMAL

CHAPITRE UNIQUE

BIBL. GÉN. ▸ Sur la loi du 28 juin 1989 : J.-C. HALLOUIN et G. JEANNOT-PAGÈS, *ALD 1990. 59.* - J.-Y. LASSALLE, *JCP 1989. I. 3415.* - Actes du 12e congrès de l'Institut du droit équin, « Le cheval : aspects pénal et disciplinaire », *IDE, 2006.* - C. DUDOGNON, Dopage animal, *in Dict. jur. du sport, Dalloz, Juriséditions, 2013, p. 145.*

COMMENTAIRE

La lutte contre le dopage des animaux était antérieurement régie par la loi n° 89-432 du 28 juin 1989 telle que modifiée par celle n° 99-223 du 23 mars 1999. Alors que la loi du 28 juin 1989 (loi *Bambuck, JO 1er juill.*) concernait, à l'origine, à la fois le dopage humain et le dopage des animaux, celle-ci, après de nombreuses modifications – plus de forme que de fond –, a vu son domaine d'application circonscrit au seul dopage des animaux.

Dorénavant, les dispositions relatives à la lutte contre le dopage animal ont, avec la loi du 5 avril 2006, rejoint celles relatives au dopage humain, d'abord dans le code de la santé publique, ensuite dans le code du sport. Le domaine d'application des dispositions étaient, depuis la loi *Bambuck*, celui des compétitions et manifestations sportives organisées ou autorisées par les fédérations sportives concernées. Toutefois, la loi n° 2008-650 du 3 juillet 2008 relative à la lutte contre le trafic de produits dopants *(JO 4 juill.)* a étendu les dispositions du code du sport aux « épreuves organisées en vue de la sélection et de l'amélioration génétique des équidés âgés de six ans et moins ». Ainsi, les épreuves dites de jeunes chevaux de sport organisées par la Société hippique française (SHF) relèvent maintenant des dispositions du code du sport. Ces épreuves étaient auparavant exclues de la législation sportive (CAA Paris, 5 mai 1998, *Godignon*). Néanmoins, toutes les manifestations comportant la participation d'animaux ne sont pas toujours concernées. En demeurent exclues les courses de chevaux (au trot et au galop, courses régies par les codes des courses élaborés par les deux sociétés mères agréées par le ministre chargé de l'Agriculture, qui par ailleurs contiennent des dispositions spécifiques en matière de dopage).

Le dispositif institué est, dans ses principes directeurs et sa structure générale, très analogue à celui prévu en matière de dopage humain : définition objective du fait de dopage (V. art. L. 241-2 et Arr. du 2 mai 2011 relatif aux substances et aux procédés interdits), établissement d'incriminations disciplinaires et d'infractions pénales, règles précises régissant la constatation des faits interdits (V. art. R. 241-1 s.), répression du dopage à trois volets (disciplinaire, administratif et pénal)... La loi n° 2012-158 du 1er février 2012 visant à renforcer l'éthique et les droits des sportifs a dernièrement modifié le code du sport afin d'aligner encore la rédaction du dispositif de lutte contre le dopage animal avec les dispositions relatives au dopage humain.

S'agissant de la mise en œuvre de la répression, il convient de souligner, d'une part, que les fédérations sportives agréées doivent, comme en matière de dopage humain, adopter dans leur règlement des dispositions définies par décret (V. Annexe II-3 relative au règlement disciplinaire type de lutte contre le dopage des animaux des fédérations sportives agréées, ss. art. R. 241-12) et, d'autre part, que les sanctions « administratives » sont prises, maintenant comme pour le dopage humain, par l'Agence française de lutte contre le dopage. ❑

Art. L. 241-1 **I. — L'Agence française de lutte contre le dopage définit et met en œuvre les actions énoncées à l'article L. 232-5 pour lutter contre le dopage animal.**

II. – Elle exerce les missions qui lui sont confiées par le présent titre dans les conditions suivantes :

1° Une personnalité ayant compétence en médecine vétérinaire participe aux délibérations du collège relatives à la lutte contre le dopage animal ;

2° Pour l'application des dispositions des articles L. 241-6 et L. 241-7, le collège de l'agence délibère en formation disciplinaire composée d'au moins quatre de ses membres, dont la personnalité mentionnée au 1° du présent article, et sous la présidence de l'un des membres désignés au 1° de l'article L. 232-6 ;

3° Cette personnalité est désignée par le président de l'Académie vétérinaire de France, dans les conditions prévues à l'article L. 232-6 pour la désignation et le renouvellement des membres du collège ;

4° Le renouvellement du mandat de cette personnalité intervient en même temps que celui du membre du collège désigné par le président de l'Académie nationale de médecine. – *[CSP, art. L. 3641-1 et L. 3641-7.]*

Art. L. 241-2 Il est interdit d'administrer ou d'appliquer aux animaux, au cours des *(L. n° 2012-158 du 1er févr. 2012, art. 21-1°)* **« manifestations sportives organisées par une fédération agréée ou autorisées par une fédération délégataire » ou par une commission spécialisée instituée en application de l'article L. 131-19, ou en vue d'y participer, des substances ou procédés de nature à modifier artificiellement leurs capacités ou à masquer l'emploi de substances ou procédés ayant cette propriété.**

La liste des substances ou procédés mentionnés au présent article est fixée par arrêté conjoint des ministres chargés des sports, de la santé et de l'agriculture. – *[CSP, art. L. 3641-2.]*

Arrêté du 2 mai 2011,

Relatif aux substances et aux procédés mentionnés à l'article L. 241-2 du code du sport.

Art. 1er Les substances, leurs métabolites, quelles qu'en soient les formes stéréo-isomères, visés à l'article L. 241-2 du code du sport, qu'ils soient ou non inclus dans un médicament ou toute autre préparation, sont regroupés par classes pharmacologiques en annexe au présent arrêté.

Art. 2 Sont des procédés de nature à modifier les capacités des animaux participant à des compétitions et manifestations sportives :

Le dopage sanguin, défini comme l'administration de sang ou de produits du sang ou de produits susceptibles d'augmenter ou de stimuler la production de globules rouges ;

La névrectomie, définie comme la section des nerfs des membres des animaux ;

L'usage d'appareillages infligeant des stimuli électriques ou thermiques aux animaux ;

L'usage des procédés dits "de barrage".

Art. 3 L'arrêté du 21 novembre 1996 relatif aux substances et aux procédés mentionnés à l'article 1er, paragraphe II, de la loi n° 89-432 du 28 juin 1989 relatives *[relative]* à la prévention et à la répression de l'usage de produits dopants à l'occasion des compétitions et manifestations sportives est abrogé.

ANNEXE

Substances agissant sur les téguments telles que :

Agents rubéfiants.

Substances agissant sur le système immunitaire autres que celles qui sont présentes dans les vaccins et sérums agréés telles que :

Immunodépresseurs ;

Immunostimulants.

Substances agissant sur la coagulation sanguine telles que :

Anticoagulants ;

Hémostatiques généraux et coagulants.

Sécrétions endocriniennes et leurs équivalents synthétiques, substances agissant sur l'appareil reproducteur telles que :

Androgènes ;

Catécholamines ;

Estrogènes ;

Glucocorticoïdes ;
Hormones hypophysaires ;
Hormones peptidiques ;
Hormones thyroïdiennes ;
Minéralocorticoïdes ;
Progestagènes *[Sauf pour les chiennes, en vue de supprimer ou reporter l'apparition des chaleurs, sur prescription vétérinaire. Sauf pour les juments, l'altrénogest, pour traiter les troubles du comportement lié à leur cycle œstral, sur prescription vétérinaire.]* ;
Protaglandines.
Substances agissant sur l'hématopoïèse :
Stimulants généraux de l'organisme.
Substances cytotoxiques.
Substances agissant sur le système cardio-vasculaire telles que :
Alphabloquants ;
Analeptiques circulatoires ;
Antiangoreux ;
Antiarythmiques ;
Antiathéromateux ;
Antihypertenseurs ;
Bétabloquants ;
Cardiotoniques ;
Vasoconstricteurs ;
Vasodilatateurs.
Substances agissant sur le système respiratoire telles que :
Analeptiques respiratoires ;
Antitussifs ;
Bronchodilatateurs ;
Expectorants ;
Fluidifiants ;
Mucolytiques ;
Vasoconstricteurs ORL.
Substances agissant sur le système digestif telles que :
Antidiarrhéiques ;
Antiémétiques ;
Antisécrétoires gastriques *[Sauf pour les équidés, l'oméprazole, pour traiter les ulcères gastriques, sur prescription vétérinaire.]* ;
Antispasmodiques ;
Antisécrétoires anticholinergiques ;
Antispasmodiques musculotropes ;
Cholérétiques ;
Émétiques ;
Hépatoprotecteurs ;
Purgatifs ;
Stimulants sécrétoires.
Substances agissant sur le système musculo-squelettique telles que :
Anabolisants ;
Anti-inflammatoires non stéroïdiens ;
Myorelaxants ;
Sels d'or.
Substances agissant sur le système nerveux telles que :
Analgésiques centraux ;
Analgésiques périphériques ;
Anesthésiques généraux ;
Anesthésiques locaux ;
Anorexigènes ;
Anticholinergiques ;
Antidépresseurs ;
Antiépileptiques ;
Antihistaminiques ;
Antimigraineux ;
Antiparkinsoniens ;
Antipyrétiques ;
Antisérotonine ;

Anxiolytiques ;
Barbituriques ;
Béta-agonistes ; *[bêta-agonistes]*
Curarisants ;
Hypnotiques non barbituriques ;
Neuroleptiques ;
Parasympatolytiques ; *[parasympatholytiques]*
Parasympatomimétiques ; *[parasympathomimétiques]*
Psychodysleptiques ;
Psychostimulants ;
Sympatholytiques ;
Sympatomimétiques ; *[sympathomimétiques]*
Thymorégulateurs.
Substances agissant sur le système urinaire telles que :
Antispasmodiques ;
Diurétiques ;
Inhibiteurs de la sécrétion urinaire ;
Modificateurs de pH.
Substances agissant sur les organes des sens telles que :
Antivertigineux ;
Mydriatiques.
Substances agissant sur le métabolisme telles que :
Biguanides ;
Sulfamides hypoglycémiants.
Substances à effet tampon.
Substances dont l'usage est interdit pour une concentration supérieure à un seuil défini :
Acide salicylique : 750 µg/ml d'urine ou 6,5 µg/ml de plasma ;
Arsenic : 0,3 µg/ml d'urine ;
Cortisol : 1 µg/ml d'urine ;
Diméthylsulfoxyde : 15 µg/ml d'urine ou 1 µg/ml de plasma ;
Dioxyde de carbone libre : 37 mmol/l de plasma ;
Nandrolone : rapport des formes libres et conjuguées du 5-œstrane-3, 17-diol au 5(10)-œstrene-3, 17-diol dans l'urine égal ou inférieur à 1 ;
Théobromine : 2 µg/ml d'urine.

Art. L. 241-3 I. – *(L. n° 2008-650 du 3 juill. 2008)* **Il est interdit à toute personne de :**

1° Faciliter l'administration des substances mentionnées à l'article L. 241-2 ou inciter à leur administration, ainsi que faciliter l'application des procédés mentionnés au même article ou inciter à leur application ;

(L. n° 2012-158 du 1er févr. 2012, art. 21-2°) **« 2° Prescrire, administrer, appliquer, céder ou offrir un ou plusieurs procédés ou substances mentionnés à l'article L. 241-2 ; »**

3° Produire, fabriquer, importer, exporter, transporter, détenir ou acquérir les procédés ou substances mentionnés à l'article L. 241-2 ;

(L. n° 2012-158 du 1er févr. 2012, art. 21-2°) **« 4° S'opposer par quelque moyen que ce soit aux mesures de contrôle prévues au présent titre ;**

« 5° Falsifier, détruire ou dégrader tout élément relatif au contrôle, à l'échantillon ou à l'analyse ;

« 6° Tenter d'enfreindre les interdictions prévues au présent article. »

II. – Il est interdit de soustraire un animal ou de s'opposer par quelque moyen que ce soit aux mesures de contrôle prévues par le présent titre. – *[CSP, art. L. 3641-3.]*

Art. L. 241-4 **Les dispositions de la section III du chapitre II du titre III du présent livre, à l'exception des articles L. 232-9 et L. 232-10, s'appliquent aux contrôles et constats des infractions en matière de dopage animal dans les conditions prévues par le décret en Conseil d'État mentionné à l'article L. 241-9.**

(L. n° 2008-650 du 3 juill. 2008) **« Pour l'application du premier alinéa, les prélèvements sur tout animal destinés à mettre en évidence l'utilisation de substances et procédés prohibés ou à déceler la présence dans l'organisme de substances interdites sont réalisés sous la responsabilité des personnes mentionnées à l'article L. 232-11, ayant la**

qualité de vétérinaire ; les examens cliniques et biologiques doivent être réalisés directement par un vétérinaire. » – *[CSP, art. L. 3641-4.]*

Art. L. 241-5 I. – Les dispositions de l'article L. 232-30 sont applicables aux infractions prévues au présent titre.

II. – 1° Les infractions aux dispositions de l'article L. 241-2 et du I de l'article L. 241-3 sont punies de cinq ans d'emprisonnement et d'une amende de 75 000 € ;

2° L'infraction aux dispositions du II de l'article L. 241-3 est punie de six mois d'emprisonnement et d'une amende de 7 500 €.

III. – La tentative des délits prévus au présent titre est punie des mêmes peines.

IV. – Les personnes physiques reconnues coupables des délits prévus à l'article L. 241-2 et au I de l'article L. 241-3 encourent également les peines complémentaires prévues à l'article L. 232-27.

V. – Les personnes morales reconnues pénalement responsables des délits prévus au présent titre encourent les peines prévues à l'article L. 232-28. – *[CSP, art. L. 3641-5.]*

Art. L. 241-6 Une fédération sportive agréée ou l'Agence française de lutte contre le dopage peut interdire provisoirement, temporairement ou définitivement selon les modalités prévues à la section IV du chapitre II du titre III du présent livre au propriétaire ou à l'entraîneur d'un animal auquel a été administrée une substance prohibée ou appliqué un procédé interdit de faire participer son animal aux compétitions et manifestations mentionnées à l'article L. 241-2.

Le propriétaire ou l'entraîneur de cet animal présente ses observations dans le cadre de la procédure disciplinaire prévue par la section IV du chapitre II du titre III du présent livre. Il peut également demander une nouvelle expertise. – *[CSP, art. L. 3641-6, al. 1er et 2.]*

Sanctions à l'encontre des cavaliers. Les dispositions de l'art. L. 241-6 C. sport qui permettent de sanctionner les propriétaires ou entraîneurs de chevaux ne font pas obstacle à ce que des sanctions soient prononcées à l'encontre des cavaliers. • CE, ord., 27 juill. 2012, *M. B. : req. n° 361141.*

Art. L. 241-7 Le propriétaire, l'entraîneur et le cas échéant le *(L. n° 2008-650 du 3 juill. 2008)* « sportif » qui ont enfreint ou tenté d'enfreindre les dispositions du présent titre encourent les sanctions administratives suivantes :

1° Une interdiction temporaire ou définitive de participer aux *(Abrogé par L. n° 2012-158 du 1er févr. 2012, art. 21-3°)* « *compétitions et* » manifestations mentionnées à l'article L. 241-2 ;

2° Une interdiction temporaire ou définitive de participer directement ou indirectement à l'organisation et au déroulement des *(Abrogé par L. n° 2012-158 du 1er févr. 2012, art. 21-3°)* « *compétitions ou* » manifestations sportives mentionnées à l'article L. 241-2 et aux entraînements y préparant ;

3° Lorsqu'ils sont licenciés d'une fédération sportive agréée, une interdiction temporaire ou définitive d'exercer les fonctions définies à l'article L. 212-1.

Ces sanctions sont prononcées dans les conditions prévues à la section IV du chapitre II du titre III du présent livre par une fédération sportive agréée ou par l'Agence française de lutte contre le dopage. – *[CSP, art. L. 3641-6, al. 3 à 7.]*

BIBL. ▸ Observations, *in Juridequi 2010, n° 60, p. 3.*

Personnalité juridique du propriétaire. La circonstance selon laquelle le propriétaire de l'animal serait une personne morale ne fait pas obstacle à ce que les sanctions prévues puissent être prononcées à l'encontre de la personne physique responsable de l'animal dès lors que celle-ci a agi dans le cadre de ses fonctions au sein de la personne morale et n'a pas fait valoir en défense, au cours de la procédure suivie devant l'agence, de circonstances particulières de nature à l'exonérer de sa responsabilité • CE 19 juill. 2010 : *req. n° 337284.*

Art. L. 241-8 Les parties intéressées peuvent former un recours de pleine juridiction contre les décisions de l'Agence française de lutte contre le dopage prises en application des articles L. 241-6 et L. 241-7. – *[CSP, art. L. 3634-4.]*

Art. L. 241-9 Sauf disposition contraire, les modalités d'application du présent chapitre sont fixées par décret en Conseil d'État. – *[CSP, art. L. 3641-8.]*

Art. L. 241-10 *(L. n° 2008-650 du 3 juill. 2008)* **Le présent titre s'applique aux épreuves organisées en vue de la sélection et de l'amélioration génétique des équidés âgés de six ans et moins.**

Toutefois, à l'occasion de ces épreuves, les compétences confiées aux fédérations sportives en vertu du présent titre sont exercées par les organismes agréés en application de l'article L. 653-3 du code rural et de la pêche maritime.

LIVRE TROISIÈME PRATIQUE SPORTIVE

TITRE PREMIER LIEUX DE PRATIQUES SPORTIVES

CHAPITRE PREMIER SPORTS DE NATURE

BIBL. GÉN. ▶ R. Barrull (ss. la dir. de), Lexique du cadre institutionnel et réglementaire des activités physiques et sportives, *INSEP 1998, p. 650 s.* – P. Brunet, M. Steen, C. Reveret et C. Michel, Tourisme et loisirs sportifs de nature, *Les Cahiers de l'AFIT : Guide de savoir-faire 2004.* – M. Carius, La police administrative et les activités sportives de pleine nature, *RJ env. 2001, n° 2, p. 173.* – J.-M. Février, La politique départementale des espaces, sites et itinéraires relatifs aux sports de nature, *JCP Adm. 2005, n° 10, p. 471.* – F. Lagarde, La loi et les sports de nature, *in* La loi du 6 juillet 2000, *RJ éco. sport, n° spéc., n° 57, p. 86.* – D. Maillard, Espaces, sites et itinéraires : conventions entre collectivités, propriétaires et mouvement sportif, Fiches pratiques sportives, *Sport et territoires 2005, n° 72.* – Ministère de la jeunesse, des sports et de la vie associative, CNOSF, Assemblée des Départements de France, Ministère de l'écologie et du développement durable, Guide pratique CDESI/PDESI, des outils au service du développement maîtrisé des sports de nature, *2005.* – Ministère de la santé, de la jeunesse, des sports et de la vie associative, Ministère de l'écologie, de l'énergie, du développement durable et de l'aménagement du territoire, Ministère de l'agriculture et de la pêche, CNOSF, Assemblée des Départements de France, Guide pratique, pour un développement maîtrisé des sports de nature : les PDESI et CDESI, *2008.* – Ministère de la santé et des sports, Évaluation des retombées économiques d'une manifestation sportive de nature, outils pour la mise en œuvre, *2009.* – Ministère de la santé et des sports, CNOSF, Guide de l'organisateur de manifestations multisports de nature, *2007.* – O. Reymbaut, Commissions départementales et plans départementaux des espaces, sites et itinéraires relatifs aux sports de nature : premiers enseignements et principaux enjeux, Fiches pratiques sportives, *Sport et territoires 2007, n°s 90 et 91.* – F. Roux et K. Sontag (sous la dir.), Les classeurs de la Lettre du cadre, Le droit des sports de natures, *Territorial édit., 2007.* – M. Verly, L'organisation institutionnelle des sports de nature : ou l'impératif de concertation dans la gestion des sites, *Dr. envir. 2014, n° 225, p. 267.* – Espaces, sites et itinéraires de sports de nature, *in Dict. perm. dr. sport (mise à jour périodique).* – Sports de nature : une question d'équilibre, *JS 2012, n° 118, p. 15* ✎ *s.*

COMMENTAIRE

Les activités physiques et sportives pratiquées dans les espaces naturels (la loi emploie le terme « sports de nature ») connaissent depuis quelques années un développement considérable, qui se manifeste sous diverses formes : pratiques individuelles ou collectives (raids multisports), libres ou encadrées, compétitives ou de loisirs, etc.

Ces activités se heurtent traditionnellement à plusieurs contraintes d'ordre juridique qui fragilisent la liberté individuelle des pratiquants. Ces contraintes, aujourd'hui exacerbées par l'ampleur du phénomène, découlent principalement du droit de propriété et de la réglementation (nationale ou locale), ces deux composantes déterminant le statut juridique des espaces naturels à usage sportif et, par voie de conséquence, leur régime d'accessibilité et d'usage.

Ainsi, le droit de propriété privée, droit à valeur constitutionnelle, peut constituer un obstacle rédhibitoire à la liberté d'aller et de venir des pratiquants, à défaut d'une servitude d'utilité publique instituée par le législateur (cas des pistes de ski) ou d'une autorisation des propriétaires concernés.

En ce qui concerne la réglementation, celle-ci peut porter atteinte au droit des pratiquants sportifs pour différents motifs : des motifs d'ordre public lorsqu'il s'agit en particulier de garantir la sécurité des intéressés ou de prévenir des conflits d'usage ; des motifs environnementaux également, lorsqu'il s'agit de limiter certains aménagements ou certaines activités, y compris parfois la circulation du public, pour préserver des espèces ou des milieux naturels sensibles.

Il en résulte que « l'étendue du droit d'accès des sportifs aux sites naturels peut fluctuer, d'une part en fonction de la nature de l'activité sportive pratiquée (activité considérée comme plus ou moins à risques, activité motorisée ou non, activité nécessitant ou non des aménagements particuliers, etc.), d'autre part en fonction des terrains qui constituent le support de cette activité (terrains privés ou publics, terrains affectés ou non à l'utilité publique, terrains faisant l'objet ou non d'une protection réglementaire, etc.) » (F. Lagarde, *RJ éco. sport 2000, n° 57, n° spéc., p. 88*).

C'est dans ce contexte que le législateur a ébauché, dans la loi du 6 juillet 2000 dite loi Buffet (modifiant la loi sur le sport du 16 juillet 1984), un cadre juridique et institutionnel spécifique aux sports de nature. Ces dispositions, insérées depuis dans le code du sport (art. L. 311-1 s. et R. 311-1 s.), concernent les sports de nature dans leur ensemble, alors que les textes applicables jusque-là ne concernaient que certaines activités sportives ou de loisirs de pleine nature, comme la randonnée pédestre (C. envir., art. L. 361-1), les sports et loisirs de montagne et notamment le ski (C. tourisme, art. L. 342-7 s.), les sports et loisirs motorisés (C. envir., art. L. 361-2 et L. 362-1 s.) ou encore les sports et loisirs d'eau vive (C. envir., art. L. 214-12). ❑

Art. L. 311-1 Les sports de nature s'exercent dans des espaces ou sur des sites et itinéraires qui peuvent comprendre des voies, des terrains et des souterrains du domaine public ou privé des collectivités publiques ou appartenant à des propriétaires privés, ainsi que des cours d'eau domaniaux ou non domaniaux. – *[L. n° 84-610 du 16 juill. 1984, art. 50-1.]*

COMMENTAIRE

Le principal apport de la loi Buffet du 6 juillet 2000 en matière de sports de nature réside dans la création d'instances de concertation ayant vocation à regrouper l'ensemble des acteurs concernés par les sports de nature : les commissions départementales des espaces, sites et itinéraires de sports de nature (CDESI).

Les CDESI ont pour mission de concourir à l'élaboration du plan départemental des espaces, sites et itinéraires de sports de nature (PDESI) et de proposer des conventions pour sa mise en œuvre. Elles doivent être consultées sur toute modification du plan, ainsi que sur tout projet d'aménagement ou toute mesure de protection des espaces naturels susceptibles d'avoir une incidence sur l'exercice des sports de nature dans les espaces, sites et itinéraires inscrits à ce plan (C. sport, art. R. 311-1 à R. 311-3).

Le PDESI est un outil de planification territoriale qui doit permettre de recenser, de structurer et, si possible, de pérenniser des sites du département affectés ou susceptibles d'être affectés à des pratiques sportives de pleine nature. Il intègre le plan départemental des itinéraires de promenade et de randonnée (PDIPR). Pour son élaboration, le département peut recourir à des conventions avec les propriétaires concernés. Ces conventions sont passées dans les conditions prévues aux articles L. 113-6 et L. 113-7 du code de l'urbanisme.

Certains textes sont venus depuis retreindre les prérogatives du département en ce qui concerne l'inscription des sites de pratique au PDESI. L'article L. 322-9 du code de l'environnement notamment précise que les terrains appartenant au domaine relevant du Conservatoire de l'espace littoral et des rivages lacustres ne peuvent figurer au PDESI qu'avec l'accord exprès du Conservatoire. On trouve des dispositions similaires à l'article L. 122-11 du code forestier pour les terrains situés dans les bois et forêts dotés d'un document de gestion, l'inscription au PDESI étant là encore dans ce cas conditionnée à l'accord exprès des propriétaires.

En zone de montagne, les propriétés privées ou faisant partie du domaine privé d'une collectivité publique peuvent être grevées, au profit de la commune, du groupement de commune, du département ou du syndicat mixte concerné d'une servitude destinée à permettre le passage, l'aménagement et l'équipement des pistes de ski et des sites nordiques, mais également, lorsque la situation géographique le nécessite, les accès aux sites d'alpinisme et d'escalade et, plus généralement, aux sites de sports de nature au sens de l'article L. 311-1 du code du sport (C. tourisme, art. L. 342-20). Par ailleurs, les servitudes littorales instituées en application des articles L. 121-31 et L. 121-34 du code de l'urbanisme peuvent être inscrites au PDIPR et profiter ainsi aux piétons randonneurs. Sous réserve de ces dispositions particulières, le législateur n'a pas entendu conférer au département la possibilité d'instituer des servitudes d'utilité publique pour permettre la mise en œuvre du PDESI. Aussi, si un propriétaire privé refuse de signer une convention de passage ou d'usage avec le département ou une autre collectivité, le site convoité ne pourra pas en principe être inscrit au PDESI, sauf à ce que la personne publique en acquière la propriété par voie amiable ou, le cas échéant, par voie d'expropriation pour cause d'utilité publique...

L'article L. 311-4 du code du sport rappelle l'obligation du département d'établir un plan départemental d'itinéraires de randonnées motorisées (PDIRM) dans les conditions prévues à l'article L. 361-2 du code de l'environnement. A ce jour, aucun PDIRM n'a toutefois été officiellement adopté.

La concertation – au sein notamment des CDESI – et la planification – avec les PDESI, les PDIPR et les PDIRM – sont mises au service d'un même objectif : promouvoir un développement « raisonné » (durable) des sports de nature. Il ressort en effet très clairement du schéma des services collectifs du sport institué par la loi Voynet (L. n° 99-533 du 25 juin 1999 d'orientation pour l'aménagement et le développement durable du territoire et portant modification de la L. n° 95-115 du 4 févr. 1995), et approuvé par le décret n° 2002-560 du 18 avril 2002, que si le droit des sportifs à pratiquer des activités sportives en milieu naturel doit être reconnu (et défendu), il doit être également maîtrisé afin de concilier l'apport de ces activités au développement économique et social des territoires avec la protection de l'environnement.

Cet objectif du schéma des services collectifs du sport est logiquement relayé par le ministère chargé des sports, qui a fait des sports de nature un axe prioritaire de sa politique (avec la création notamment d'un pôle ressources national rattaché au CREPS Rhône-Alpes ; V. Circ. du n° 2010/148 du 15 mai 2010 relative à la mise en œuvre des mesures en faveur du développement maîtrisé des sports de nature ; www.sportsdenature.gouv.fr). ❑

Art. L. 311-2 **Les fédérations sportives délégataires ou, à défaut, les fédérations sportives agréées peuvent définir, chacune pour leur discipline, les normes de classement technique, de sécurité et d'équipement des espaces, sites et itinéraires relatifs aux sports de nature.** – *[L. n° 84-610 du 16 juill. 1984, art. 17, al. 8.]*

Art. L. 311-3 **Le département favorise le développement maîtrisé des sports de nature. A cette fin, il élabore un plan départemental des espaces, sites et itinéraires relatifs aux sports de nature. Ce plan inclut le plan départemental des itinéraires de promenade et de randonnée prévu à l'article L. 361-1 du code de l'environnement. Il est mis en œuvre dans les conditions prévues** *(Ord. n° 2015-1174 du 23 sept. 2015, art. 9-XV, en vigueur le 1er janv. 2016)* **« aux articles L. 113-6 et L. 113-7 » du code de l'urbanisme.** – *[L. n° 84-610 du 16 juill. 1984, art. 50-2, al. 1er, phrases 2 à 4.]*

Art. L. 311-4 **Le département établit un plan départemental des itinéraires de randonnée motorisée dans les conditions prévues à l'article L. 361-2 du code de l'environnement.** – *[C. envir., art. L. 361-2.]*

Art. L. 311-5 **Le Comité national olympique et sportif français conclut avec les organismes gestionnaires d'espaces naturels, sous réserve du respect de la réglementation propre à chaque espace, des conventions ayant pour objet de fixer les conditions et modalités d'accès à ces sites pour les pratiques sportives en pleine nature compatibles avec les schémas de services collectifs des espaces naturels et ruraux, d'une part et du sport, d'autre part.** – *[L. n° 84-610 du 16 juill. 1984, art. 19, al. 3, 2e phrase.]*

Art. L. 311-6 **Lorsque des travaux sont susceptibles de porter atteinte, en raison de leur localisation ou de leur nature, aux espaces, sites et itinéraires inscrits au plan mentionné à l'article L. 311-3 ainsi qu'à l'exercice des sports de nature qui sont susceptibles de s'y pratiquer, l'autorité administrative compétente pour l'autorisation des travaux prescrit, s'il y a lieu, les mesures d'accompagnement, compensatoires ou correctrices, nécessaires.**

Les conditions d'application du présent article sont fixées par décret en Conseil d'État. – *[L. n° 84-610 du 16 juill. 1984, art. 50-3.]*

Art. L. 311-7 *(Ord. n° 2014-1543 du 19 déc. 2014, art. 16-II, en vigueur le 1er janv. 2015)* **Le département du Rhône et la métropole de Lyon élaborent conjointement un plan départemental-métropolitain des espaces, sites et itinéraires relatifs aux sports de nature dans les conditions prévues à l'article L. 311-3.**

CHAPITRE II ÉQUIPEMENTS SPORTIFS

V. aussi App., v° Collectivités territoriales.

BIBL. GÉN. ▸ Les grands stades, (dir.) de P. Chaix, *L'Harmattan, 2011.* – Le stade et le droit, sous la direction de G. Simon, *Dalloz, Thèmes et commentaires, 2008.* – P. Bayeux et B. Clavagnier, Les modes de gestion des équipements sportifs utilisés par les clubs professionnels, *AJDA 2005. 1438*. – J.-F. Bourg et J.-F. Nys, Clubs sportifs et collectivités territoriales : enjeux, modèles, partenariats, stratégies, *PUS, mars 2012, p. 174 s.* – E. de Feynol, Grands stades sportifs : le financement à l'épreuve du droit, *RJ éco. sport 2008, n° 87, p. 7*. – P. Juen, Équipements ludiques et sportifs de proximité et responsabilité des collectivités territoriales, *JCP Adm. 2009, Étude 2096.* – F. Labayle-Pabet, Enceintes sportives locales : de nouvelles solutions contractuelles pour de nouveaux enjeux, *Revue Lamy des Collectivités territoriales, 2006, n° 15, p. 5.* – J.-F. Lachaume, *in* Droit du sport : la loi du 13 juill. 1992, *Dalloz 1994, p. 67* (les équipements sportifs) ; Les éléments du statut juridique de l'équipement sportif, *in* Sport et collectivités locales, *Dalloz 1993, p. 114* ; L'utilisation de l'équipement sportif public, *ibid., p. 124 ; ALD 1984, n° spéc., p. 53* (les équipements sportifs) ; L'ouvrage public affecté aux activités sportives, *in* Sport et collectivités locales, *Sirey, 1984, p. 123.* – F. Lagarde, Équipements sportifs, *in Dict. jur. du sport, Dalloz, Juriséditions, 2013, p. 160.* – J.-C. Lapouble, Contrôle des activités physiques et sportives, *J.-Cl. Adm. 1995, Fasc. 268 ;* Collectivités territoriales et équipements sportifs : quels nouveaux modes de gestion et de financement ?, *Cah. dr. sport 2006, n° 3.* – M. Pujol (en coll. avec P.-L. Freydière et P. Bayeux), La sécurité des équipements sportifs, *La lettre du cadre territorial, Dossier d'experts, nov. 2000, réf. 340.* – Rapport de la commission Grands Stades Euro 2016 (rapport Seguin), *nov. 2008.* – Rapport de la commission Grandes Salles Arenas 2015 (rapport Costantini), *mars 2010.* – Rapport d'information n° 2711, sur les grandes infrastructures sportives (rapport Depierre), *juill. 2010.* – Rapport d'information n° 86, sur le financement public des grandes infrastructures sportives (rapport Todeschini et Bailly), *oct. 2013* – Rapport d'information *n°* 484, sur le sport professionnel et les collectivités territoriales (rapport Mazars), *avr. 2014.* – N. Ros, La réglementation fédérale des équipements sportifs, *Cah. dr. sport 2006, n° 6.* – E. Tessier, Le stade en droit public, recherche sur le régime juridique des enceintes sportives, *Coll. « Le droit aujourd'hui », L'Harmattan, 2015.* – L. Vallée, La fixation par les fédérations sportives et les ligues professionnelles de normes applicables aux stades et équipements sportifs, *AJDA 2007. 30*. – Établissement sportif recevant du public, *in Dict. perm. dr. sport, Ed. lég. (mise à jour périodique).* – Équipements sportifs et de loisirs, *ibid.* – Sécurité dans les stades, *ibid.* ; – Financement des équipements sportifs : état des lieux et perspectives (dossier), *JS 2010, n° 100, p. 17* ; Les enjeux stratégiques des stades et arénas (dossier), *JS 2013, n° 128, p. 16*. – Les équipements sportifs (dossier), *AJCT 2012, n° 7-8, p. 337.*

COMMENTAIRE

Aux stades de la conception, de la construction et de l'exploitation d'un équipement sportif, différentes règles doivent être prises en compte par le maître d'ouvrage ou le gestionnaire. Ces règles sont principalement d'ordre sécuritaire. Elles ont une double origine, à la fois étatique (I) et fédérale (II).

I. LES RÈGLES D'ORIGINE ÉTATIQUE

Certaines de ces règles ont une portée générale en ce qu'elles concernent tous les établissements recevant du public (ERP) (A). Il s'agit, pour l'essentiel, des règles de protection contre les risques d'incendie et de panique.

D'autres ont une portée plus limitée en ce qu'elles concernent uniquement les équipements sportifs (B). Il s'agit des règles relatives à l'homologation préfectorale des enceintes sportives et à l'installation, dans ces enceintes, de tribunes provisoires.

A. LES RÈGLES DE SÉCURITÉ APPLICABLES À TOUS LES ÉTABLISSEMENTS RECEVANT DU PUBLIC (ERP)

En tant qu'établissements recevant du public, les équipements sportifs sont soumis aux dispositions législatives et réglementaires relatives à la protection contre les risques d'incendie et de panique (CCH, art. R. 123-1 à R. 123-55 ; Arr. du 25 juin 1980 mod., *JO 25 juin*).

Les ERP sont classés en types, selon la nature de leur exploitation, et en catégories, selon l'effectif maximal des personnes admises.

Les principaux types d'ERP à caractère sportif sont les établissements de plein air (type PA) et les établissements sportifs couverts (type X). Il peut s'agir également de salles polyvalentes à dominante sportive (type L), de chapiteaux, tentes et structures à usage sportif (type CTS), de structures gonflables à usage sportif (type SG) ou encore de salles de danse (type P).

Ces établissements sont assujettis au règlement de sécurité contre les risques d'incendie et de panique *(Arr. du 25 juin 1980, préc.)*, qui comprend à la fois des prescriptions générales communes à tous les ERP et des prescriptions particulières à chaque type d'établissement. Certains ERP, non visés explicitement par l'arrêté du 25 juin 1980 (art. GN 1), peuvent, en raison de leurs spécificités ou de leurs conditions d'exploitation, faire exceptionnellement l'objet de mesures adaptées, validées par la Commission centrale de sécurité. Ainsi, en 2010, cette Commission a validé un cahier des charges applicable aux grands établissements à exploitation multiple (établissements dont l'effectif est supérieur ou égal à 15 000 personnes) afin de prendre en compte les particularités des stades multifonctionnels et des stades couverts intégralement ou partiellement.

Ces prescriptions ont pour objet de prévenir les risques d'incendie et de favoriser l'évacuation du public en cas de sinistre.

La mise en œuvre et le contrôle de la réglementation applicable aux ERP (et donc aux équipements sportifs) incombent au maire à titre principal (pouvoir de police spéciale) et au préfet à titre subsidiaire (pouvoir de substitution). Ces derniers sont accompagnés, dans leurs missions, par des commissions locales de sécurité (commissions et sous-commissions départementales, commissions d'arrondissement, commissions communales ou intercommunales) qui rendent des avis, soit favorables soit défavorables, mais qui en principe (sauf si un texte réglementaire le prévoit) ne lient pas l'autorité administrative compétente.

Sur la composition, le fonctionnement et les attributions de ces commissions de sécurité, V. CCH, art. R. 123-29 à R. 123-42 ; Décr. n° 95-260 du 8 mars 1995 *(JO 10 mars)* et Circ. 22 juin 1995 *(JO 25 oct.)*.

Les constructeurs, installateurs et exploitants sont également tenus, chacun en ce qui le concerne, de s'assurer que les installations ou équipements sont établis, maintenus et entretenus en conformité avec les dispositions de cette réglementation. A cet effet, ils font respectivement procéder pendant la construction et périodiquement en cours d'exploitation aux vérifications nécessaires par des organismes ou personnes agréées… Le contrôle exercé par l'administration ou par les commissions de sécurité ne les dégage pas des responsabilités qui leur incombent personnellement (CCH, art. R. 123-43).

Les ERP classés en 1re, 2e, 3e et 4e catégories, c'est-à-dire ceux dont l'effectif admissible est égal ou supérieur à 300 personnes, doivent en outre faire l'objet d'un contrôle technique par un organisme agréé, afin de vérifier la solidité de l'ouvrage et les conditions de sécurité des personnes (CCH, art. L. 111-23 à L. 111-26 et R. 111-29 à R. 111-42). Ce contrôle doit être sollicité par le maître d'ouvrage ou son mandataire avant le début des travaux sous peine de sanctions pénales (CCH, art. R. 111-42).

Le contrôleur technique est soumis, dans la limite des missions que lui confie le maître d'ouvrage, à la présomption de responsabilité édictée par les art. 1792, 1792-1 et 1792-2 du code civil (CCH, art. L. 111-24).

En aucun cas, les commissions de sécurité n'ont compétence en matière de solidité des ouvrages, leur rôle se limitant à vérifier que les contrôles techniques obligatoires ont bien été effectués par le maître d'ouvrage ou son mandataire (Décr. n° 95-260 du 8 mars 1995, préc., art. 4).

B. LES RÈGLES DE SÉCURITÉ APPLICABLES UNIQUEMENT AUX ÉQUIPEMENTS SPORTIFS

Le 5 mai 1992, à l'occasion d'une demi-finale de la Coupe de France de football opposant le club de Bastia à celui de l'Olympique de Marseille, la tribune nord démontable du stade de Furiani à Bastia s'effondrait, faisant 17 morts et plus de 2 000 blessés (V. Crim., 24 juin 1997 : Bull. crim. n° 251). Quelques mois après cette catastrophe, une nouvelle réglementation était adoptée par les pouvoirs publics visant à renforcer la sécurité des enceintes sportives les plus importantes, ainsi que la sécurité des tribunes provisoires susceptibles d'être installées dans ces enceintes (art. L. 312-5 s. et R. 312-8 s.).

Cette réglementation soumet les établissements sportifs de plein air dont la capacité d'accueil (total des places assises individualisables dans les tribunes fixes et provisoires) excède 3 000 spectateurs, ainsi que les établissements sportifs couverts dont la capacité d'accueil excède 500 spectateurs, à une procédure d'homologation spécifique qui vient se surajouter aux procédures déjà prévues par le code de la construction et de l'habitation pour les ERP.

L'homologation est délivrée par le préfet après avis de la commission consultative départementale de sécurité et d'accessibilité, et pour les enceintes sportives dont la capacité d'accueil est supérieure à 15 000 places (enceintes de plein air) ou 8 000 places (enceintes couvertes), après avis complémentaire de la commission nationale de sécurité des enceintes sportives (art. A. 312-11).

Il est important de relever que toute modification permanente d'une enceinte homologuée, de son aménagement ou de son environnement implique la délivrance d'une nouvelle homologation.

Des sanctions pénales sont prévues par la loi en cas d'organisation d'une manifestation sportive dans une enceinte non homologuée, ou en cas de violation des prescriptions imposées par l'arrêté d'homologation (effectif maximal pouvant être admis simultanément dans l'enceinte, nature et répartition des places offertes, conditions d'aménagement d'installations provisoires, etc.) (art. L. 312-14).

Dans les enceintes sportives soumises à homologation, des tribunes provisoires (tribunes restant installées moins de trois mois consécutifs) peuvent être aménagées et ouvertes au public après autorisation préalable du maire délivrée conformément aux dispositions du code de la construction et de l'habitation (art. R. 123-27 s.) et de l'arrêté préfectoral d'homologation (capacité additionnelle).

Les obligations respectives de l'organisateur et du maire concernant le contrôle des installations provisoires aménagées dans des enceintes sportives soumises à homologation sont précisées aux articles R. 312-17 et suivants.

Il incombe ainsi à l'organisateur de la manifestation de faire procéder au contrôle technique du montage dans les conditions prévues aux articles L. 111-23 à L. 111-26 du code de la construction et de l'habitation. Si le rapport du contrôleur technique est défavorable, il lie la commission de sécurité compétente qui ne pourra pas rendre un avis favorable.

Quant au maire, il doit saisir la commission de sécurité compétente quinze jours au moins avant la date prévue pour la manifestation. Après achèvement des travaux d'installation, la commission procède à une visite sur site et délivre son avis au maire au moins trois jours avant la date de la manifestation. S'il est défavorable, cet avis doit être motivé. Au vu de celui-ci, le maire autorise ou non l'ouverture au public de l'installation provisoire.

Cette procédure a pour objectif d'éviter que des tribunes provisoires ne soient montées dans l'urgence au détriment de la sécurité des personnes, comme ce fut le cas à l'occasion du drame de Furiani.

II. LES RÈGLES D'ORIGINE FÉDÉRALE

Si la prise en compte, par les collectivités publiques maîtres d'ouvrage, des règles d'origine étatique ne pose pas de difficultés particulières (la valeur contraignante de ces règles est indiscutable), plus délicate, en revanche, est la question de la légalité des règles d'origine fédérale ou, plus précisément, de l'étendue du pouvoir normatif des fédérations sportives délégataires en matière d'équipements sportifs.

Cette question a été au cœur de nombreux débats ces dernières années, et a parfois suscité une vive opposition entre représentants des collectivités territoriales et représentants des institutions sportives. Il faut dire que les nouvelles règles édictées par les fédérations sportives ont des incidences financières importantes pour les collectivités propriétaires d'équipements sportifs.

Pour clarifier la question et mettre fin à ces querelles, M. Jean-François Lamour, alors ministre chargé des sports, a demandé en 2003 l'avis du Conseil d'État afin que soient précisées l'étendue et les limites du pouvoir réglementaire des fédérations sportives délégataires dans le domaine des équipements sportifs (Avis n° 369.474 du 20 nov. 2003 : *JCP Adm. 2004. 1385, note G. Simon ; RJ éco. sport n° 72, 2004. 65, obs. L. Vallée* ✐).

En 2005, la mission d'évaluation et de contrôle de la commission des finances de l'Assemblée nationale a demandé au ministre chargé des sports de donner une portée réglementaire à cet avis. Tel fut l'objet du décret n° 2006-217 du 22 février 2006, aujourd'hui codifié aux articles R. 131-32 à R. 131-36. Ces dispositions reprennent quasi à l'identique les termes de l'avis de la section de l'intérieur du Conseil d'État.

Dans la foulée de cette réglementation, a été élaboré sous l'égide du ministère chargé des sports et du Comité national olympique et sportif français un guide pratique qui rappelle très clairement les domaines de compétences respectifs des différents acteurs (État, collectivités territoriales, mouvement sportif) en matière d'équipements sportifs (Guide pratique relatif aux règles fédérales édictées en matière d'équipements sportifs, juill. 2006).

A. LA COMPÉTENCE NORMATIVE DES FÉDÉRATIONS SPORTIVES

En préambule, il convient de remarquer que le pouvoir d'édicter des règles en matière d'équipements sportifs est une compétence exclusive des fédérations sportives délégataires. Les fédérations sportives simplement agréées ne disposent pas d'une telle prérogative. Il en va de même des ligues professionnelles agissant par subdélégation des fédérations délégataires pour gérer les compétitions professionnelles. L'article R. 132-10 énonce en effet que « relèvent de la compétence de la fédération la définition et le contrôle du respect des règles techniques et des règles de sécurité, d'encadrement et de déontologie de la discipline ainsi que le classement des équipements sportifs ». Les ligues professionnelles ne peuvent donc édicter, dans ce domaine, que de simples recommandations (dépourvues de valeur contraignante). Selon le guide pratique susvisé (p. 13), qui reprend en cela la position du Conseil d'État, les organes déconcentrés de la fédération (comités régionaux et départementaux) n'auraient pas non plus compétence pour édicter des règles en matière d'équipements sportifs.

Le pouvoir réglementaire reconnu aux fédérations sportives délégataires se limite à la « définition » des règles applicables aux équipements nécessaires au bon déroulement des compétitions qu'elles organisent ou qu'elles autorisent. Il s'agit des règles applicables à l'aire de jeu elle-même (tracé du terrain) ou aux installations édifiées sur celle-ci (les cages de but par exemple) ou encore aux installations qui, tout en étant extérieures à l'aire de jeu, concourent au déroulement des compétitions dans des conditions d'hygiène, de sécurité et de loyauté satisfaisante (vestiaires, dégagements, etc.).

Les fédérations délégataires disposent également d'un pouvoir pour « contrôler et valider » la conformité à leur règlement des caractéristiques techniques du matériel, des équipements, des aires de jeux et des installations indispensables au bon déroulement des compétitions sportives qu'elles organisent ou qu'elles autorisent (procédure de « classement », à ne pas confondre avec la procédure d'homologation préfectorale des enceintes sportives qui est une compétence de l'État).

Ces décisions individuelles de classement, comme les règlements sur lesquels elles se fondent, ont le caractère d'actes administratifs, dans la mesure où elles sont prises pour l'exécution de la mission de service public dont les fédérations sportives ont la charge et révèlent la mise en œuvre de prérogatives de puissance publique. Lesdites décisions sont par conséquent susceptibles d'être déférées au juge administratif à l'initiative de toute personne justifiant d'un intérêt pour agir (collectivité territoriale ou groupement intercommunal propriétaire ou gestionnaire d'un équipement sportif, club affilié...).

B. LES LIMITES AU POUVOIR NORMATIF DES FÉDÉRATIONS SPORTIVES

Les fédérations sportives délégataires n'ont, en revanche, aucun pouvoir pour imposer des règles dictées par des impératifs d'ordre commercial, telles que la définition du nombre de places et des espaces affectés à l'accueil du public ou la détermination de dispositifs et d'installations ayant pour seul objet de permettre la retransmission audiovisuelle des compétitions (comme par exemple la puissance de l'éclairage). Les fédérations n'ont pas non plus compétence pour imposer, directement ou indirectement, le choix d'une marque pour un matériel ou un matériau déterminé (art. R. 131-33).

Les règles édictées par les fédérations délégataires doivent en outre être nécessaires au bon déroulement des compétitions qu'elles organisent, être proportionnées aux exigences de l'activité sportive réglementée et être assorties de délais raisonnables pour la mise en conformité des installations existantes.

C. L'ENTRÉE EN VIGUEUR DES RÈGLES FÉDÉRALES

Les règles fédérales en matière d'équipements sportifs sont édictées selon la procédure prévue aux articles R. 142-8 à R. 142-11.

La fédération doit transmettre au ministre chargé des sports son projet de nouveau règlement, accompagné d'une notice d'impact, laquelle doit comprendre un certain nombre d'informations : niveau de compétition concerné, nombre d'équipements susceptibles d'être concernés, conséquences financières de la mise en œuvre du nouveau règlement, tant en fonctionnement qu'en investissement ainsi que les délais prévus pour la mise en conformité des installations existantes, bien-fondé du nouveau règlement au regard de l'évolution des règles techniques de la discipline, du niveau de compétition et des objectifs de la politique sportive, locale, nationale ou internationale attachés à cette nouvelle réglementation, description des concertations préalablement engagées par la fédération avec les associations d'élus locaux et les propriétaires et gestionnaires des équipements concernés (C. sport, art. R. 142-9).

Le ministre chargé des sports vérifie que la notice d'impact comporte les informations exigées et propose l'inscription du projet de règlement à l'ordre du jour de la Commission d'examen des projets de règlements fédéraux relatifs aux équipements sportifs (CERFRES). Celle-ci doit rendre son avis dans un délai de deux mois. Sur décision de son président ou à la demande d'un tiers de ses membres, la Commission peut surseoir à statuer afin de soumettre le projet au Conseil national d'évaluation des normes prévu à l'article L. 1212-2 du code général des collectivités territoriales. Si c'est le cas, elle se prononce définitivement dans les deux mois suivant l'avis rendu par ce dernier. La Commission transmet son avis, accompagné éventuellement de celui du Conseil national d'évaluation des normes, au ministre chargé des sports qui le notifie ensuite à la fédération concernée. L'avis est publié au *Bulletin officiel du ministère des Sports*, au bulletin officiel de la fédération concernée, ainsi qu'au *Bulletin officiel* de ladite fédération.

En tout état de cause, l'entrée en vigueur du nouveau règlement ne peut intervenir qu'à l'expiration d'un délai de deux mois suivant sa publication au *Bulletin officiel du ministère des Sports*. ❑

SECTION PREMIÈRE **DISPOSITIONS COMMUNES**

Art. L. 312-1 Après consultation des fédérations intéressées et des collectivités territoriales, il est établi un schéma directeur d'équipements sportifs d'intérêt national dans le cadre du schéma de services collectifs du sport mentionné à l'article L. 111-2. – *[L. n° 84-610 du 16 juill. 1984, art. 39.]*

COMMENTAIRE

Le ministère chargé des sports, avec l'appui du Comité national olympique et sportif français, a lancé en 2004 une opération nationale de recensement des équipements sportifs (RES). La première phase de cette opération, portant sur la collecte des données, s'est achevée fin 2005. Les informations collectées ont été saisies dans une banque de données nationale accessible aux collectivités territoriales et aux acteurs du mouvement sportif.

Le RES se veut une photographie quantitative des équipements sportifs, ainsi que des espaces et sites de pratique de sports de nature implantés sur le territoire français. Outre les renseignements qu'il peut fournir sur chaque équipement, espace ou site de pratique (capacité d'accueil, nombre de vestiaires, activités pratiquées, niveau de classement fédéral, etc.), il apparaît surtout comme un diagnostic préalable à la mise en œuvre d'une politique cohérente en matière d'équipements sportifs, intégrant les objectifs de l'État en matière d'aménagement du territoire et de développement durable.

Pour conserver sa pertinence, le RES doit être régulièrement actualisé. D'où l'obligation faite à tout propriétaire (public ou privé) d'un équipement sportif d'en faire la déclaration au préfet du département dans lequel cet équipement est situé, dans le délai de trois mois à compter de sa mise en service ou, s'il s'agit d'un espace ou d'un site aménagé pour les sports de nature, dans les trois mois suivant la réalisation de l'aménagement. L'article R. 312-2 du code du sport précise que constitue un équipement sportif « tout bien immobilier spécialement aménagé ou utilisé, de manière permanente ou temporaire, en vue d'une pratique sportive et ouvert aux pratiquants à titre gratuit ou onéreux ». Cette définition très large permet d'englober l'ensemble des lieux de pratiques sportives (urbains, péri urbains et de pleine nature). L'obligation de déclaration s'impose non seulement pour les nouveaux équipements, mais également en cas de modification des données déclarées, de changement d'affectation, de cession ou de suppression d'un équipement sportif (lorsque la suppression concerne un équipement sportif privé relevant de l'article L. 312-3 du code du sport, la déclaration vaut alors demande d'autorisation). La déclaration doit être faite sur le formulaire CERFA n° 13436*01. Elle peut également être réalisée en ligne sur le site : http ://www.res.sports.gouv.fr.

Voir l'instruction n° 08-144 JS du 24 novembre 2008, *BOJS n° 19 du 30 nov.* ❑

Art. L. 312-2 Tout propriétaire d'un équipement sportif est tenu d'en faire la déclaration à l'administration en vue de l'établissement d'un recensement des équipements.

Les dispositions de l'alinéa précédent ne sont pas applicables aux équipements sportifs à usage exclusivement familial ni à ceux relevant du ministre chargé de la défense.

Un décret en Conseil d'État détermine les conditions d'application du présent article. – *[L. n° 84-610 du 16 juill. 1984, art. 41.]*

V. art. R. 312-2 s.

En application de l'art. L. 231-4 du CRPA, le silence gardé par une collectivité territoriale ou un de ses établissements publics pendant deux mois vaut décision de rejet pour les demandes d'autorisation d'ouverture au public des installations provisoires aménagées dans une enceinte sportive.

Les dispositions du Décr. n° 2015-1459 du 10 nov. 2015 s'appliquent aux demandes présentées à compter du 12 nov. 2015 (Décr. préc., art. 1er, 2, 4 et annexe).

Art. L. 312-3 La suppression totale ou partielle d'un équipement sportif privé dont le financement a été assuré par une ou des personnes morales de droit public pour une partie au moins égale à un pourcentage fixé par décret en Conseil d'État ainsi que la modification de son affectation sont soumises à l'autorisation de la personne morale de droit public ayant participé seule ou ayant participé pour la plus grande part à ce financement. L'avis du maire de la commune où est implanté l'équipement est joint à la demande d'autorisation.

Cette autorisation est subordonnée à la condition que cet équipement soit remplacé par un équipement sportif équivalent.

Toute modification d'affectation en l'absence d'autorisation entraîne de droit le reversement à la personne ou aux personnes morales de droit public mentionnées au premier alinéa de l'ensemble des subventions perçues. Un décret fixe les conditions d'application du présent alinéa. – *[L. n° 84-610 du 16 juill. 1984, art. 42.]*

BIBL. ► S. PÉRIGNON, La cession d'un équipement sportif, *Defrénois 1992. 435.*

Justifie légalement sa décision la cour d'appel qui, pour valider le congé aux fins de reprise donné au locataire de terrains sur lesquels ce dernier exerçait, à l'aide de subventions publiques, une activité sportive aéronautique, retient que l'art. 42 de la loi du 16 juill. 1984 [art. L. 312-3 C. sport] est seulement applicable lorsque le preneur démontre que le bailleur a pour objectif essentiel et inéluctable la suppression totale ou partielle de l'équipement sportif subventionné et qu'en l'espèce, le bailleur n'entendait ni faire disparaître l'infrastructure existante ni faire obstacle à la pratique aéronautique sur les terres. • Civ. 3e, 3 juill. 1991 : *pourvoi n° 90-10.900.*

Art. L. 312-4 Lorsqu'une association sportive ou une société sportive accueille, à l'occasion d'une compétition exceptionnelle, une équipe de catégorie supérieure, elle

n'est pas tenue de mettre ses équipements aux normes techniques applicables pour les compétitions auxquelles participent des équipes de cette catégorie.

Cette dispense ne s'applique pas aux normes de sécurité. – *[L. nº 92-652 du 13 juill. 1992, art. 23.]*

SECTION II INSTALLATIONS FIXES

Art. L. 312-5 **Sans préjudice des dispositions du code de l'urbanisme et du code de la construction et de l'habitation applicables aux établissements recevant du public** *[V. notamment C. urb., art. L. 421-3, R. 421-5-1, anc. art. R. 421-38-20, anc. art. R. 421-53, anc. art. R. 460-7, et CCH, art. L. 123-1, L. 123-2, R. 123-1 à R. 123-55. –* ***C. urb.*** *et* ***CCH****]* **et sous réserve des dispositions de l'article L. 312-7 du présent code, les enceintes destinées à recevoir des manifestations sportives ouvertes au public font l'objet d'une homologation.** – *[L. nº 84-610 du 16 juill. 1984, art. 42-1, al. 1er, 1re phrase.]*

En application de l'art. L. 231-6 CRPA, le silence gardé par l'administration vaut décision de rejet de la demande d'homologation des enceintes destinées à recevoir des manifestations sportives ouvertes au public, prévue par l'art. L. 312-5, dans un délai de 6 mois à compter de la réception de la demande (Décr. nº 2014-1308 du 23 oct. 2014, art. 1er).

Les dispositions du Décr. nº 2014-1308 du 23 oct. 2014 s'appliquent aux demandes présentées à compter du 12 nov. 2014 (Décr. préc., art. 2).

Art. L. 312-6 **Toute modification permanente de l'enceinte, de son aménagement ou de son environnement nécessite la délivrance d'une nouvelle homologation.** – *[L. nº 84-610 du 16 juill. 1984, art. 42-1, al. 10.]*

Art. L. 312-7 **Les établissements sportifs de plein air dont la capacité d'accueil n'excède pas 3 000 spectateurs et les établissements sportifs couverts dont la capacité d'accueil n'excède pas 500 spectateurs ne sont pas soumis à homologation.** – *[L. nº 84-610 du 16 juill. 1984, art. 42-1, al. 12.]*

Art. L. 312-8 **L'autorisation d'ouverture au public ne peut intervenir avant l'expiration d'un délai fixé par voie réglementaire.** – *[L. nº 84-610 du 16 juill. 1984, art. 42-1, al. 9.]*

Art. L. 312-9 **Le retrait de l'homologation vaut retrait de l'autorisation d'ouverture au public.** – *[L. nº 84-610 du 16 juill. 1984, art. 42-1, al. 11, 1re phrase.]*

Art. L. 312-10 **Un décret en Conseil d'État fixe les conditions d'application des articles L. 312-5 à L. 312-9.** – *V. art. R. 312-8.*

Il précise les conditions de délivrance et de retrait de l'homologation prévue à l'article L. 312-5. – *[L. nº 84-610 du 16 juill. 1984, art. 42-1, al. 14.]*

V. aussi Instr. nº 96-110 JS du 28 juin 1996 relative à l'homologation des enceintes sportives (BOJS nº 8 du 30 août) ; Instr. nº 98-220 JS du 7 déc. 1998 (modifications issues de la loi nº 98-146 du 6 mars 1998) (BOJS nº 1 du 29 janv. 1999).

Art. L. 312-11 **La conception, la réalisation et la mise en exploitation des remontées mécaniques, ainsi que l'aménagement des pistes de ski alpin sont régis par les articles L. 445-1 à L. 445-4 du code de l'urbanisme et les articles L. 342-7 à L. 342-26 du code du tourisme.** – *V.* ***C. urb.****, art. L. 445-1 à L. 445-4.*

SECTION III INSTALLATIONS PROVISOIRES

Art. L. 312-12 **L'autorisation d'ouverture au public des installations provisoires aménagées dans une enceinte sportive soumise aux dispositions de l'article L. 312-5 est accordée par le maire dans les conditions prévues par les dispositions du code de la construction et de l'habitation et par l'arrêté d'homologation.**

Ces installations provisoires doivent faire l'objet, après achèvement des travaux, d'un avis délivré, à l'issue d'une visite sur le site, par la commission de sécurité compétente. Cet avis est notifié à l'autorité titulaire du pouvoir d'autoriser l'ouverture au public. La commission émet un avis défavorable si tout ou partie des conditions d'aménagement de ces installations fixées par l'homologation prévue à l'article L. 312-5 ne sont pas respectées. – *[L. nº 84-610 du 16 juill. 1984, art. 42-2, al. 1er et 2.]*

Art. L. 312-13 Un décret en Conseil d'État fixe les conditions d'application de l'article L. 312-12.

Ce décret précise les délais dont doivent disposer la commission de sécurité pour rendre ses avis et le maire pour prendre sa décision. – *[L. n° 84-610 du 16 juill. 1984, art. 42-2, al. 3.]*

V. art. R. 312-16 s.

SECTION IV **DISPOSITIONS PÉNALES**

Art. L. 312-14 Le fait d'organiser une manifestation sportive publique dans une enceinte non homologuée ou en violation des prescriptions imposées par l'homologation est puni de deux ans d'emprisonnement et de 75 000 euros d'amende.

(Abrogé par L. n° 2009-526 du 12 mai 2009, art. 123) ***« La récidive est punie de cinq ans d'emprisonnement et de 150 000 euros d'amende. »*** – *[L. n° 84-610 du 16 juill. 1984, art. 42-6, al. 1er et 2.]*

Art. L. 312-15 Les peines prévues à l'article L. 312-14 s'appliquent au fait d'émettre ou de céder, à titre gratuit ou onéreux, des titres d'accès à une manifestation sportive en nombre supérieur à l'effectif de spectateurs fixé par l'arrêté d'homologation. – *[L. n° 84-610 du 16 juill. 1984, art. 42-6, al. 3.]*

Art. L. 312-16 Les peines prévues à l'article L. 312-14 sont portées au double si l'auteur de l'infraction est également reconnu coupable d'homicide involontaire ou de blessures et coups involontaires. – *[L. n° 84-610 du 16 juill. 1984, art. 42-6, al. 4.]*

Art. L. 312-17 En cas de condamnation pour l'une des infractions mentionnées aux articles L. 312-14 à L. 312-16, le tribunal peut interdire l'organisation de manifestations sportives publiques dans l'enceinte. L'exécution provisoire de l'interdiction peut être ordonnée. – *[L. n° 84-610 du 16 juill. 1984, art. 42-6, al. 5.]*

Code de l'environnement

Publicité en dehors des agglomérations

Art. L. 581-7 *(L. n° 2010-788 du 12 juill. 2010, art. 36-1°)* En dehors des lieux qualifiés d'agglomération par les règlements relatifs à la circulation routière, toute publicité est interdite. Elle est toutefois autorisée à l'intérieur de l'emprise des aéroports ainsi que des gares ferroviaires *(Ord. n° 2016-79 du 29 janv. 2016, art. 8)* « et routières » *(L. n° 2015-990 du 6 août 2015, art. 224)* « et des équipements sportifs ayant une capacité d'accueil d'au moins 15 000 places », selon des prescriptions fixées par décret en Conseil d'État. La publicité peut également être autorisée par le règlement local de publicité de l'autorité administrative compétente à proximité immédiate des établissements de centres commerciaux exclusifs de toute habitation et situés hors agglomération, dans le respect de la qualité de vie et du paysage et des critères, en particulier relatifs à la densité, fixés par décret.

Publicité à l'intérieur des agglomérations

Art. L. 581-10 *(L. n° 2015-990 du 6 août 2015, art. 223-I)* Sans préjudice de l'article L. 581-4 et des I et II de l'article L. 581-8, les dispositifs publicitaires, lumineux ou non, implantés sur l'emprise des équipements sportifs ayant une capacité d'accueil d'au moins 15 000 places assises peuvent déroger au premier alinéa de l'article L. 581-9 en matière d'emplacement, de surface et de hauteur, dans des conditions fixées par décret en Conseil d'État. L'implantation des dispositifs dérogatoires est soumise à l'autorisation du conseil municipal ou de l'assemblée délibérante de l'établissement public de coopération intercommunale compétent ou du conseil de la métropole de Lyon.

....

Art. R. 581-21-1 *(Décr. n° 2016-688 du 27 mai 2016, art. 1er-3°)* I. — La demande d'autorisation d'installation d'un dispositif publicitaire dérogatoire sur l'emprise des équipements sportifs mentionnés à l'article L. 581-10 comporte les informations et pièces énumérées à l'article R. 581-7, complétées le cas échéant par celles énumérées au premier alinéa de l'article R. 581-15 ou au I des articles R. 581-19 et R. 581-20.

II. — L'autorisation est délivrée compte tenu notamment de la durée d'installation de la publicité, de sa surface, des procédés utilisés, des caractéristiques des supports, de son insertion architecturale et paysagère, de son impact sur le cadre de vie environnant et de ses incidences éventuelles sur la sécurité routière.

Elle est délivrée pour une durée maximale de huit ans.

III. — Les dispositions du III des articles R. 581-19 et R. 581-20 sont le cas échéant applicables.

....

Art. R. 581-23 *(Décr. n° 2016-688 du 27 mai 2016, art. 1er-4°)* « I. — » Les dispositions de l'article R. 581-22 ne sont pas applicables aux bâtiments ou parties de bâtiments dont la démolition est entreprise ou dans les zones mentionnées à l'article L. 421-3 du code de l'urbanisme, faisant l'objet d'un permis de démolir.

(Décr. n° 2016-688 du 27 mai 2016, art. 1er-4°) « II. — Les dispositions des 2° et 3° de l'article R. 581-22 ne sont pas applicables aux publicités installées sur l'emprise des équipements sportifs mentionnés aux articles L. 581-7 et L. 581-10. »

....

Art. R. 581-26 *(Décr. n° 2012-118 du 30 janv. 2012, art. 7-I, en vigueur le 1er juill. 2012)* I. — Dans les agglomérations de plus de 10 000 habitants et dans celles de moins de 10 000 habitants faisant partie d'une unité urbaine de plus de 100 000 habitants, ainsi qu'à l'intérieur de l'emprise des aéroports et des gares ferroviaires, la publicité non lumineuse apposée sur un mur ou une clôture ne peut avoir une surface unitaire excédant 12 mètres carrés, ni s'élever à plus de 7,5 mètres au-dessus du niveau du sol.

II. — Dans les agglomérations de moins de 10 000 habitants ne faisant pas partie d'une unité urbaine de plus de 100 000 habitants, la publicité non lumineuse apposée sur un mur ou une clôture ne peut avoir une surface unitaire excédant 4 mètres carrés, ni s'élever à plus de 6 mètres au-dessus du niveau du sol.

Toutefois, cette surface pourra être portée à 8 mètres carrés dans la traversée desdites agglomérations, lorsque la publicité est en bordure de routes à grande circulation définies dans les conditions prévues à l'article L. 110-3 du code de la route et à l'exception des parties de ces voies qui sont désignées comme restant soumises aux dispositions du II du présent article, aux termes d'un arrêté préfectoral pris après avis de la commission départementale de la nature, des paysages et des sites, dans sa formation dite "de la publicité" et des maires des communes.

(Décr. n° 2016-688 du 27 mai 2016, art. 1er-5°) « III. — La publicité non lumineuse apposée sur un mur, sur une façade ou une clôture situés sur l'emprise des équipements sportifs mentionnés aux articles L. 581-7 et L. 581-10 ne peut avoir une surface unitaire supérieure à 20 % de la surface totale du mur, de la façade ou de la clôture, ni s'élever à plus de 10 m au-dessus du niveau du sol.

« Toutefois, une élévation supérieure à 10 m peut être autorisée compte tenu notamment de la durée d'installation de la publicité, de sa surface, des procédés utilisés, des caractéristiques des supports, de son insertion architecturale et paysagère, de son impact sur le cadre de vie environnant et de ses incidences éventuelles sur la sécurité routière :

« *a)* Pour les dispositifs publicitaires installés sur l'emprise des équipements sportifs mentionnés à l'article L. 581-7, par l'autorité compétente en matière de police de la publicité en vertu de l'article L. 581-14-2. La demande de dérogation est instruite dans un délai de quinze jours à compter de la date de réception de la déclaration préalable prévue à l'article R. 581-8. La décision est notifiée au demandeur. A défaut de notification dans ce délai, la demande est réputée acceptée ;

« *b)* Pour les dispositifs publicitaires installés sur l'emprise des équipements sportifs mentionnés à l'article L. 581-10, par l'autorité compétente pour délivrer les autorisations d'installation en vertu de ce même article. La demande de dérogation est instruite selon les mêmes modalités que l'autorisation préalable prévue à l'article R. 581-21-1. »

....

Art. R. 581-31 *(Décr. n° 2012-118 du 30 janv. 2012, art. 7-II, en vigueur le 1er juill. 2012)* Les dispositifs publicitaires non lumineux, scellés au sol ou installés directement sur le sol sont interdits *(Décr. n° 2013-606 du 9 juill. 2013, art. 8)* « dans les agglomérations » de moins de 10 000 habitants ne faisant pas partie d'une unité urbaine de plus de 100 000 habitants.

Dans les autres agglomérations ces dispositifs sont interdits si les affiches qu'ils supportent sont visibles d'une autoroute ou d'une bretelle de raccordement à une autoroute ainsi que d'une route express, déviation ou voie publique situées hors agglomération.

Sur l'emprise des aéroports et des gares *(Décr. n° 2016-688 du 27 mai 2016, art. 1er-6°)* « ainsi que des équipements sportifs mentionnés aux articles L. 581-7 et L. 581-10 », ces dispositifs sont interdits si les affiches qu'ils supportent :

— ne sont visibles que d'une autoroute ou d'une bretelle de raccordement à une autoroute ainsi que d'une route express ;

— ne sont visibles que d'une déviation ou voie publique située hors agglomération et hors de l'emprise des aéroports et des gares ferroviaires *(Décr. n° 2016-688 du 27 mai 2016, art. 1er-6°)* « ainsi que des équipements sportifs concernés ».

Art. R. 581-32 *(Décr. n° 2012-118 du 30 janv. 2012, art. 7-II, en vigueur le 1er juill. 2012)* Dans les agglomérations de plus de 10 000 habitants et dans celles de moins de 10 000 habitants faisant partie d'une unité urbaine de plus de 100 000 habitants, ainsi que sur l'emprise des aéroports et des gares ferroviaires hors agglomération, les dispositifs publicitaires non lumineux scellés au sol ou installés directement sur le sol ne peuvent ni s'élever à plus de 6 mètres au-dessus du niveau du sol, ni avoir une surface supérieure à 12 mètres carrés.

Toutefois, sur l'emprise des aéroports dont le flux annuel de passagers est supérieur à trois millions de personnes ces dispositifs peuvent s'élever jusqu'à 10 mètres au-dessus du niveau du sol, et avoir une surface d'une limite maximale de 50 mètres carrés. Dans ce cas, les dispositifs sont apposés conformément aux prescriptions édictées par l'autorité compétente en matière de police.

(Décr. n° 2016-688 du 27 mai 2016, art. 1er-7°) « Sur l'emprise des équipements sportifs mentionnés aux articles L. 581-7 et L. 581-10, les dispositifs publicitaires non lumineux scellés au sol ou installés directement sur le sol peuvent s'élever jusqu'à 10 m au-dessus du niveau du sol et avoir une surface unitaire d'une limite maximale de 50 m^2. »

....

Art. R. 581-34 *(Décr. n° 2012-118 du 30 janv. 2012, art. 8-I, en vigueur le 1er juill. 2012)* La publicité lumineuse est la publicité à la réalisation de laquelle participe une source lumineuse spécialement prévue à cet effet.

La publicité lumineuse ne peut être autorisée à l'intérieur des agglomérations de moins de 10 000 habitants ne faisant pas partie d'une unité urbaine de plus de 100 000 habitants.

A l'intérieur des agglomérations de plus de 10 000 habitants et dans celles de moins de 10 000 habitants faisant partie d'une unité urbaine de plus de 100 000 habitants, ainsi qu'à l'intérieur de l'emprise des aéroports et des gares ferroviaires situés hors agglomération, la publicité lumineuse apposée sur un mur, scellée au sol ou installée directement sur le sol ne peut avoir une surface unitaire excédant 8 mètres carrés, ni s'élever à plus de 6 mètres au-dessus du niveau du sol.

(Décr. n° 2016-688 du 27 mai 2016, art. 1er-8°) « Sur l'emprise des équipements sportifs mentionnés aux articles L. 581-7 et L. 581-10, la publicité lumineuse apposée sur un mur, une façade ou une clôture, scellée au sol ou installée directement sur le sol peut s'élever jusqu'à 10 m au-dessus du niveau du sol et avoir une surface unitaire d'une limite maximale de 50 m^2. Une élévation supérieure à 10 m peut être autorisée, pour la publicité apposée sur un mur, une façade ou une clôture, compte tenu notamment de la durée d'installation de la publicité, de sa surface, des procédés utilisés, des caractéristiques des supports, de son insertion architecturale et paysagère, de son impact sur le cadre de vie environnant et de ses incidences éventuelles sur la sécurité routière :

« *a)* Pour les dispositifs publicitaires installés sur l'emprise des équipements sportifs mentionnés à l'article L. 581-7, par l'autorité compétente en matière de police de la publicité en vertu de l'article L. 581-14-2. La demande de dérogation est instruite dans un délai de quinze jours à compter de la date de réception de la déclaration préalable prévue à l'article R. 581-8. La décision est notifiée au demandeur. A défaut de notification dans ce délai, la demande est réputée acceptée ;

« *b)* Pour les dispositifs publicitaires installés sur l'emprise des équipements sportifs mentionnés à l'article L. 581-10, par l'autorité compétente pour délivrer les autorisations d'installation en vertu de ce même article. La demande de dérogation est instruite selon les mêmes modalités que l'autorisation préalable prévue à l'article R. 581-21-1. »

La publicité lumineuse respecte des normes techniques fixées par arrêté ministériel, portant notamment sur les seuils maximaux de luminance, exprimés en candelas par mètre carré, et sur l'efficacité lumineuse des sources utilisées, exprimée en *lumens* par watt.

Les dispositions des deuxième et troisième alinéas et des articles R. 581-36 à R. 581-41 ne sont pas applicables aux dispositifs de publicité lumineuse ne supportant que des affiches éclairées par projection ou par transparence, lesquels sont soumis aux dispositions des articles R. 581-26 à R. 581-33.

....

Art. R. 581-36 *(Décr. nº 2016-688 du 27 mai 2016, art. 1er-9º)* « I. — » La publicité lumineuse ne peut :

1º Recouvrir tout ou partie d'une baie ;

2º Dépasser les limites du mur *(Abrogé par Décr. nº 2012-118 du 30 janv. 2012, art. 8-II, à compter du 1er juill. 2012)* « *ou du garde-corps du balcon ou balconnet* » qui la supporte ;

3º *(Décr. nº 2012-118 du 30 janv. 2012, art. 8-II, en vigueur le 1er juill. 2012)* « Être apposée sur un garde-corps de balcon ou balconnet ;

« 4º Être apposée sur une clôture. »

(Décr. nº 2016-688 du 27 mai 2016, art. 1er-9º) « II. — Les dispositions des 1º et 4º du I ne sont pas applicables aux publicités lumineuses installées sur l'emprise des équipements sportifs mentionnées aux articles L. 581-7 et L. 581-10. » – *[Décr. nº 80-923 du 21 nov. 1980, art. 15.] – Ancien art. R. 581-17 (Décr. nº 2012-118 du 30 janv. 2012, art. 2-I, en vigueur le 1er juill. 2012).*

....

Art. R. 581-41 *(Décr. nº 2012-118 du 30 janv. 2012, art. 8-VI, en vigueur le 1er juill. 2012)* Une publicité numérique ne peut avoir une surface unitaire supérieure à 8 mètres carrés ni s'élever à plus de 6 mètres au-dessus du niveau du sol. Toutefois, lorsque la consommation électrique du dispositif publicitaire numérique excède les niveaux définis par arrêté ministériel, la publicité numérique ne peut avoir une surface unitaire supérieure à 2,1 mètres carrés ni s'élever à plus de 3 mètres au-dessus du niveau du sol.

Par dérogation à l'alinéa précédent, une publicité numérique peut avoir une surface unitaire maximale égale à 50 mètres carrés et s'élever jusqu'à 10 mètres au-dessus du niveau du sol lorsqu'elle est installée sur l'emprise d'un aéroport dont le flux annuel de passagers dépasse trois millions de personnes. Dans ce cas, le dispositif publicitaire numérique est apposé conformément aux prescriptions de l'autorité compétente en matière de police et respecte les prescriptions du quatrième alinéa de l'article R. 581-34 et celles de l'article R. 581-35.

(Décr. nº 2016-688 du 27 mai 2016, art. 1er-10º) « Sur l'emprise des équipements sportifs mentionnés aux articles L. 581-7 et L. 581-10, la publicité numérique peut s'élever jusqu'à 10 m au-dessus du niveau du sol et avoir une surface unitaire d'une limite maximale de 50 m². Une élévation supérieure à 10 m peut être autorisée, pour la publicité apposée sur un mur, une façade ou une clôture, compte tenu notamment de la durée d'installation de la publicité, de sa surface, des procédés utilisés, des caractéristiques des supports, de son insertion architecturale et paysagère, de son impact sur le cadre de vie environnant et de ses incidences éventuelles sur la sécurité routière :

« *a)* Pour les dispositifs publicitaires installés sur l'emprise des équipements sportifs mentionnés à l'article L. 581-7, par l'autorité compétente en matière de police de la publicité en vertu de l'article L. 581-14-2. La demande de dérogation est instruite dans un délai de quinze jours à compter de la date de réception de la déclaration préalable prévue à l'article R. 581-8. La décision est notifiée au demandeur. A défaut de notification dans ce délai, la demande est réputée acceptée ;

« *b)* Pour les dispositifs publicitaires installés sur l'emprise des équipements sportifs mentionnés à l'article L. 581-10, par l'autorité compétente pour délivrer les autorisations d'installation en vertu de ce même article. La demande de dérogation est instruite selon les mêmes modalités que l'autorisation préalable prévue à l'article R. 581-21-1. »

Afin d'éviter les éblouissements, les dispositifs publicitaires numériques situés à l'intérieur des agglomérations et, en dehors des agglomérations, sur l'emprise des aéroports et des gares ferroviaires *(Décr. nº 2016-688 du 27 mai 2016, art. 1er-10º)* « ainsi que des équipements sportifs mentionnés à l'article L. 581-7, » sont équipés d'un système de gradation permettant d'adapter l'éclairage à la luminosité ambiante.

TITRE DEUXIÈME **OBLIGATIONS LIÉES AUX ACTIVITÉS SPORTIVES**

CHAPITRE PREMIER **OBLIGATION D'ASSURANCE**

BIBL. ▸ J.-Chr. Breillat, Du code à la pratique... sans passer par le prétoire !, *Jurisport 2010, n° 96, p. 20* ; Assurances sportives, *in Dict. jur. du sport, Dalloz, Juriséditions, 2013, p. 40*. – S. Choisez, L'obligation d'information en matière d'assurance sportive (ou la cohérence bottée en touche), *RCA 2003, n° 3*. – Centre de droit du sport de Nice, *Economica, 1984* (responsabilité et assurance en matière sportive). – G. Courtieu, Les fédérations ne sont pas sportives !, *RCA 1999. Chron. 26*. – A. Enriquez, Dossier : assurance du sport, *Trib. assur., juill.-août 2000, n° 37, p. 22*. – B. Foucher, *RJ éco. sport 1988, n° 6, p. 3* (licence-assurance et droit de la concurrence). – H. Groutel, Les dispositions sur l'assurance : un ensemble peu rassurant, *in* Droit du sport : la loi du 13 juillet 1992, *Dalloz 1994, p. 77* ; Il y a « étendue des garanties » et « étendue des garanties » ! (à propos de l'assurance de responsabilité en matière sportive), *RCA, 1993, Chron. 25* ; « Carton rouge » (à propos de l'assurance de responsabilité en matière sportive), *ibid., 1992, Chron. 30* ; Les fédérations sportives battues par K.O., *RCA 2000. Chron. 21*. – D. Loiseau, L'assurance individuelle du sportif professionnel ou de haut niveau, *JS 2010, n° 96, p. 30*. – D. Maillot, La politique de la Fédération française de gymnastique en matière d'assurance, *JS 2010, n° 96, p. 25*. – S. Ourtal, L'intermédiation en assurance et l'assurance des fédérations sportives, *JS 2010, n° 96, p. 28*. – G. Rabu, La distribution d'assurance par les fédérations sportives soumise au contrôle concurrentiel, *Cah. dr. sport 2013, n° 30, p. 145*. – P. Vajda, Check-list de l'assurance d'un événement sportif, *JS 2010, n° 96, p. 31*. – Assurances, *in Dict. perm. dr. sport* (mise à jour périodique).

COMMENTAIRE

En matière sportive, les dispositions sur les assurances découlent avant tout du droit commun des assurances. Ainsi, trouve à s'appliquer la règle voulant que, sauf disposition législative contraire, chacun est libre de contracter ou non des polices d'assurance pour couvrir tel ou tel risque. De même, les dispositions du code des assurances relatives aux exclusions légales, aux assurances cumulatives et aux obligations d'information pesant sur le souscripteur d'une assurance collective à l'égard des adhérents à ladite assurance, ont eu en plusieurs occasions des répercussions dans le cadre des assurances des activités sportives.

Par exception, le code du sport pose en ce domaine des obligations particulières, en premier lieu sur les associations sportives, les sociétés et les fédérations sportives, lesquelles doivent souscrire pour l'exercice de leur activité une assurance de responsabilité civile (art. L. 321-1 C. sport) ainsi qu'informer leurs adhérents de l'intérêt qu'ils ont à souscrire une assurance de dommages corporels (C. sport, art. L. 321-4).

Des contraintes spécifiques pèsent également sur les pratiquants de la pêche sous-marine (C. sport, art. L. 321-3) et les organisateurs de manifestations sportives (art. L. 331-9 et L. 331-10 C. sport).

Parallèlement à ces prescriptions législatives, le développement des contrats collectifs souscrits par les fédérations sportives implique de bien distinguer les différentes personnes intéressées par le contrat d'assurance. Ainsi, retrouve-t-on, dans un contrat collectif d'assurance de responsabilité civile établi dans le cadre de l'article L. 321-1, un souscripteur (la fédération), des adhérents (les associations sportives mais également la fédération elle-même) et des assurés (les associations sportives, la fédération, mais aussi les pratiquants, les préposés et les arbitres). Dans le cadre d'un contrat collectif d'assurance de dommages corporels établi dans le cadre de l'article L. 321-4, il arrive également qu'un tiers soit le bénéficiaire du contrat en cas de réalisation du risque pesant sur l'assuré, par exemple en cas de décès d'un pratiquant. ❑

Art. L. 321-1 **Les associations, les sociétés et les fédérations sportives souscrivent pour l'exercice de leur activité des garanties d'assurance couvrant leur responsabilité civile, celle de leurs préposés salariés ou bénévoles et celle des pratiquants du sport. Les licenciés et les pratiquants sont considérés comme des tiers entre eux.**

Ces garanties couvrent également les arbitres et juges, dans l'exercice de leurs activités. – *[L. n° 84-610 du 16 juill. 1984, art. 37, al. 1er et 3, et art. 25, al. 2.]*

COMMENTAIRE

Les contrats d'assurance de responsabilité civile ont pour objet de réparer les conséquences de l'engagement de la responsabilité civile de l'assuré lorsqu'il commet une faute causant un dommage à un tiers. Les garanties sont fondées sur le principe de la réparation intégrale du préjudice mais certains mécanismes (franchise, plafond) viennent souvent le tempérer surtout lorsque, comme en matière sportive, ces mécanismes ne sont pas réglementés par la loi. Ces contrats comportent également des exclusions, certaines d'origine légale (ex. : la faute intentionnelle), d'autres d'essence conventionnelle (ex. : les dommages immatériels non consécutifs à un dommage matériel, comme le préjudice moral né d'un acte administratif illégal d'une fédération sportive). Les exclusions conventionnelles peuvent, moyennant le paiement d'une surprime, être rachetées.

L'obligation de souscrire un contrat d'assurance de responsabilité civile repose à titre principal sur les associations sportives, les sociétés et les fédérations sportives (art. L. 321-1), ainsi que sur les organisateurs de manifestations sportives (art. L. 321-9 et L. 321-10) et les exploitants d'établissement d'APS (art. L. 321-7). L'État, parce qu'il est traditionnellement son propre assureur, est dispensé de cette obligation et assume donc personnellement, le cas échéant, les risques liés aux manifestations qu'il est amené à organiser directement. La loi prévoyait que les collectivités territoriales pouvaient bénéficier de dérogations par arrêté conjoint du ministre chargé de l'économie et des finances et du ministre chargé des sports. La loi du 6 juillet 2000 a supprimé cette possibilité de dérogation et les collectivités territoriales sont donc dans la même situation que les organisateurs privés visés à l'article L. 331-9.

L'assurance souscrite doit non seulement couvrir la responsabilité civile de l'association sportive (ou de la société sportive, de la fédération sportive, de l'organisateur ou de l'exploitant d'établissement d'APS) mais également celle des pratiquants et préposés ou celle des enseignants, de tout préposé et des personnes habituellement ou occasionnellement admises dans l'établissement pour y exercer les activités qui y sont enseignées (s'agissant des exploitants d'établissement d'APS). Ces personnes, et en premier lieu les pratiquants, n'ont donc pas, à titre personnel, d'obligation d'être les souscripteurs ou les adhérents d'un contrat d'assurance de responsabilité civile, exception faite du cas particulier des pratiquants de la pêche sous-marine visés à l'article L. 321-3. Elles doivent en revanche obligatoirement avoir la qualité d'assuré au titre d'un contrat d'assurance de responsabilité civile souscrit par la personne morale dont elles dépendent (association, société ou fédération sportive, organisateur de manifestation ou exploitant d'établissement d'APS).

En pratique, les associations sportives répondent dans la plupart des cas à l'obligation qui pèse sur elles au titre de l'article L. 321-1 par le biais d'un contrat collectif souscrit par la fédération à laquelle elles sont affiliées. Généralement, ces contrats sont conclus à des conditions avantageuses, à la fois en termes purement économiques mais également – et surtout – en termes de garanties, du fait de la masse que représente l'ensemble des clubs affiliés d'une fédération. Car si le coût de la prime d'assurance est un élément important dans le choix d'un assureur, le montant et le type des garanties attachées au contrat sont fondamentaux dans la mesure où la loi, depuis la réforme en ce sens de la loi du 13 juillet 1992, n'impose plus rien en termes d'étendue minimale des garanties. La liberté contractuelle entre l'assureur et l'assuré reste la règle en la matière...

Les fédérations sont d'ailleurs habilitées par l'article L. 131-13 « à conclure, au profit de leurs associations affiliées ou de certaines catégories d'entre elles et avec l'accord de celles-ci, tout contrat d'intérêt collectif relatif à des opérations d'achat ou de vente de produits ou de services ». Mais cela ne peut se faire qu'avec l'accord desdites associations et les tribunaux ont eu l'occasion de rappeler qu'une association sportive devait être libre de refuser d'adhérer au contrat collectif souscrit par la fédération et, dans la mesure où celle-ci laissait clairement apparaître le coût de cette assurance de responsabilité civile (répercutée au final sur le prix de la licence), d'en demander le remboursement sur le montant des licences.

L'article L. 321-5 envisage spécifiquement la question des contrats collectifs en matière d'assurance.

La loi prévoit que les assurés sont tiers entre eux. Cette disposition a pour objet de permettre à l'assurance de jouer entre les assurés d'un même contrat puisqu'une assurance de responsabilité civile a pour objet de couvrir les dommages causés à un tiers.

S'agissant des arbitres et juges sportifs, la loi précise désormais expressément que ceux-ci font partie des bénéficiaires des garanties obligatoirement souscrites par les associations, sociétés et fédérations sportives pour l'exercice de leur activité en application de l'article L. 321-1. Jusqu'à l'intervention en ce sens de la loi du 6 juillet 2000, les arbitres ne bénéficiaient de ces garanties que s'ils pouvaient être considérés comme des « préposés » ou des « pratiquants ». Dans la mesure où, dans la plupart des cas, les fédérations sportives souscrivent des contrats collectifs dont bénéficient l'ensemble des licenciés – et donc les arbitres –, cette précision a pu paraître surabondante. Mais il pouvait arriver, certes rarement, qu'une discipline ne soit pas couverte par un contrat collectif et qu'il faille alors s'interroger sur le point de savoir si les arbitres devaient être regardés comme des préposés ou des pratiquants, ce qui pouvait prêter à discussion. ❑

A. ÉTENDUE DE LA GARANTIE

1. Les dispositions de l'art. L. 321-1 visent nécessairement les pratiquants exerçant le sport dans le cadre de l'activité de chaque association dont ils sont membres respectivement. • Civ. 2e, 3 nov. 2011, pourvoi n° 10-26949 : *JS 2011, n° 116, p. 8, obs. F. Lagarde* ; *Resp. civ. et assur. 2012, n° 1, p. 24.*

2. Ne satisfait pas à l'obligation définie à l'art. 37 [art. L. 321-1 C. sport] le club de football qui omet de prendre connaissance de tous les documents définissant l'étendue de la garantie de l'assurance souscrite par l'intermédiaire de la ligue régionale pour l'exercice de son activité et de vérifier notamment que tous les joueurs titulaires d'une licence, amateurs et professionnels, sont bien assurés. • Dijon, 22 juin 1995 : *D. 1997. Somm. 181 (1re esp.), obs. J. Mouly* .

3. Une ligue régionale de football engage sa responsabilité en ne vérifiant pas que tous les joueurs d'un club, y compris professionnels, sont assurés par le contrat qu'elle a elle-même souscrit pour leur compte, dès lors qu'une disposition des statuts de la Fédération française de football, applicable à l'époque des faits, prévoyait que le régime obligatoire d'assurance prévue à l'art. 37 [art. L. 321-1 C. sport] devait fonctionner sous le contrôle des ligues régionales. • Dijon, 22 juin 1995 : *préc. note 2.* ♦ Sur les obligations respectives de la Fédération française de football, de ses ligues régionales et de ses districts (comités départementaux) en matière de contrôle du respect des dispositions de l'art. 37 [art. L. 321-1 C. sport] par les associations affiliées, V. également : • Amiens, 9 févr. 2012, *Union sportive de Molliens Dreuil*, nos 08/04993 et 09/481 : *JS 2012, n° 119, p. 11, obs. F. Lagarde* .

4. Les juges du fond ont pu considérer qu'un assureur n'était pas tenu de garantir le préjudice subi par un concurrent d'une épreuve de motocross sur circuit fermé, dès lors, d'une part, que la police souscrite ne couvrait la responsabilité des concurrents que pour les épreuves ne se déroulant pas sur un parcours totalement fermé à la circulation publique et d'autre part, que le pilote conservait sa qualité de concurrent bien qu'il eût cessé de participer à la course et qu'il se trouvât en un lieu où le public avait accès. • Civ. 1re, 3 janv. 1996 : *D. 1997. Somm. 186, obs. A. Lacabarats* . ♦ Dans le même sens, s'agissant d'un contrat d'assurance excluant la garantie de la responsabilité contractuelle de l'assuré en tant qu'organisateur de compétitions automobiles dans des lieux non ouverts à la circulation publique : • Civ. 1re, 9 juill. 1996 : *pourvoi n° 94-15.771.*

5. L'assureur de responsabilité d'un club sportif, dont un des joueurs a blessé involontairement un autre joueur au cours d'un match, ne saurait faire grief aux juges d'appel d'avoir rejeté sa demande tendant à n'être tenu à indemnisation que « pour le compte de qui il appartiendra », dès lors que, le dommage ne relevant pas d'une prise en charge par le fonds de garantie contre les accidents, la procédure de paiement pour compte prévue à l'art. R. 421-8 C. assur. était inapplicable. • Crim. 20 déc. 1995 : *Bull. crim. n° 392.*

B. PRATIQUE DE LA LICENCE-ASSURANCE

6. Les dispositions de l'art. 37 [art. L. 321-1 C. sport] ne confèrent pas à la Fédération française d'athlétisme le droit d'imposer aux groupements sportifs qui lui sont affiliés le choix de l'assureur et les conditions du contrat garantissant sa responsabilité civile et celle de ses préposés et adhérents, ni les circonstances que d'autres fédérations auraient la même pratique, que les conditions de ce contrat seraient d'autant plus avantageuses que son champ serait étendu, que les groupements affiliés resteraient libres de souscrire des garanties complémentaires avec un autre assureur et enfin que le coût de cette garantie incombe aux licenciés et non aux groupements ne sont de nature à fonder légalement une telle décision. • CE 2 juill. 1999, *Figeac athlétisme club : Lebon T. 1046* ; *RCA 1999. Chron. 26, par Courtieu.* ♦ ... Si cette fédération n'impose pas à ses licenciés et aux groupements sportifs qui lui sont affiliés d'adhérer aux contrats d'assurance qu'elle propose pour couvrir les risques visés aux art. 37 [art. L. 321-1 C. sport] et 38 [art. L. 321-4 C. sport], la procédure mise en œuvre, en ce qu'elle oblige les intéressés à avancer, durant toute la saison sportive, le montant correspondant au prix des contrats proposés et à n'en obtenir le remboursement qu'après avoir acquitté une somme correspondant au coût du courrier recommandé avec accusé de réception exigé par la fédération, revêt un caractère dissuasif et introduit une entrave à la liberté contractuelle. • CE 29 sept. 2003, *Figeac athlétisme club : req. n° 240639.*

Code des assurances

LIVRE Ier. LE CONTRAT

TITRE Ier. RÈGLES COMMUNES AUX ASSURANCES DE DOMMAGES ET AUX ASSURANCES DE PERSONNES *(Ord. n° 2011-839 du 15 juill. 2011, art. 1er-1°).*

CHAPITRE III. *OBLIGATIONS DE L'ASSUREUR ET DE L'ASSURÉ*

Art. L. 113-1 Les pertes et les dommages occasionnés par des cas fortuits ou causés par la faute de l'assuré sont à la charge de l'assureur, sauf exclusion formelle et limitée contenue dans la police.

(L. n° 81-5 du 7 janv. 1981) « Toutefois, l'assureur ne répond pas » des pertes et dommages provenant d'une faute intentionnelle ou dolosive de l'assuré.

1. Viole l'art. L. 113-1 la cour d'appel qui, pour juger qu'un assureur devait sa garantie, retient qu'un joueur d'une équipe sportive a volontairement porté un coup de poing à un joueur de l'équipe adverse, alors qu'aux termes de ce texte, l'assureur ne répond pas des pertes et dommages provenant d'une faute intentionnelle ou dolosive de l'assuré. • Civ. 1re, 10 juin 1997 : *pourvoi n° 95-18.611.*

2. La faute intentionnelle, qui implique la volonté de créer le dommage tel qu'il est survenu, n'exclut de la garantie due par l'assureur que le dommage que l'assuré a recherché en commettant l'infraction. • Civ. 2e, 13 juill. 2006 : *pourvoi n° 05-13.968.*

. . . .

Art. L. 113-8 Indépendamment des causes ordinaires de nullité, et sous réserve des dispositions de l'article L. 132-26, le contrat d'assurance est nul en cas de réticence ou de fausse déclaration intentionnelle de la part de l'assuré, quand cette réticence ou cette fausse déclaration change l'objet du risque ou en diminue l'opinion pour l'assureur, alors même que le risque omis ou dénaturé par l'assuré a été sans influence sur le sinistre.

Les primes payées demeurent alors acquises à l'assureur, qui a droit au paiement de toutes les primes échues à titre de dommages et intérêts.

(L. n° 81-5 du 7 janv. 1981) « Les dispositions du second alinéa du présent article ne sont pas applicables aux assurances sur la vie. »

Un assureur est fondé à invoquer la nullité d'un contrat d'assurance-vie dès lors que le souscripteur de ce contrat, décédé d'une crise cardiaque lors d'une plongée sous-marine, ne pouvait dissimuler cette activité sportive sans faire une fausse déclaration au sens de l'art. L. 113-8, la pratique de ce sport à hauts risques n'étant garantie par l'assurance dont s'agit que moyennant une majoration de cotisation. • Dijon, 28 nov. 1996 : *LPA 1997, n° 115, p. 23, note Beignier.*

. . . .

TITRE II. RÈGLES RELATIVES AUX ASSURANCES DE DOMMAGES NON MARITIMES

CHAPITRE Ier. *DISPOSITIONS GÉNÉRALES*

Art. L. 121-4 *(L. n° 82-600 du 13 juill. 1982)* Celui qui est assuré auprès de plusieurs assureurs par plusieurs polices, pour un même intérêt, contre un même risque, doit donner immédiatement à chaque assureur connaissance des autres assureurs.

L'assuré doit, lors de cette communication, faire connaître le nom de l'assureur avec lequel une autre assurance a été contractée et indiquer la somme assurée.

Quand plusieurs assurances contre un même risque sont contractées de manière dolosive ou frauduleuse, les sanctions prévues à l'article L. 121-3, premier alinéa, sont applicables.

Quand elles sont contractées sans fraude, chacune d'elles produit ses effets dans les limites des garanties du contrat et dans le respect des dispositions de l'article L. 121-1, quelle que soit la date à laquelle l'assurance aura été souscrite. Dans ces limites, le bénéficiaire du contrat peut obtenir l'indemnisation de ses dommages en s'adressant à l'assureur de son choix.

Dans les rapports entre assureurs, la contribution de chacun d'eux est déterminée en appliquant au montant du dommage le rapport existant entre l'indemnité qu'il aurait versée s'il avait été seul et le montant cumulé des indemnités qui auraient été à la charge de chaque assureur s'il avait été seul.

1. Présentent le caractère d'assurances cumulatives l'assurance souscrite par un club de vacances pour le compte de ses adhérents et celle souscrite auprès d'une autre compagnie par l'un de ces adhérents, dès lors que l'une et l'autre garantissaient, sans limitation de somme, la responsabilité civile de ce dernier à l'égard des tiers pendant une période correspondant à un séjour de ski organisé par le club. • Civ. 1re, 13 nov. 1996 : *Bull. civ. I, n° 388.* ♦ En pareil cas, nonobstant la stipulation de clause de subsidiarité ou de complémentarité, les assureurs doivent contribuer au paiement de l'indemnité allouée à la victime dans la proportion impérativement fixée. • Même arrêt.

2. L'assureur ne peut être tenu de prendre en charge, au titre de l'assurance de dommages corporels, les suites d'un accident déjà réglé forfaitairement sur la base des garanties en responsabilité civile, dès lors qu'un même contrat de groupe prévoit des garanties concernant la responsabilité civile des associations sportives adhérentes ainsi que des garanties atteintes corporelles attachées à la licence des joueurs et qu'il contient une clause claire et précise, intitulée « cumul des indemnités », stipulant l'absence de cumul • Civ. 1re, 26 sept. 2006 : *pourvoi n° 04-19.384.*

3. En tant qu'elles ne sont pas soumises au principe indemnitaire, les assurances contre les accidents atteignant les personnes (garanties « atteintes corporelles ») échappent aux dispositions de l'art. L. 121-4 C. assur. • Civ. 2e, 13 oct. 2005 : *Bull. civ. II n° 250 ; LPA n° 259, 29 déc. 2005, p. 17 note Tricoit ; Cah. dr. sport 2006, n° 3, p. 206, note Brignon.*

. . . .

CHAPITRE X. *ASSURANCES COLLECTIVES DE DOMMAGES*

Art. L. 129-1 *(L. n° 2014-344 du 13 mars 2014, art. 62)* Les titres Ier et II du présent livre s'appliquent également aux assurances collectives de dommages.

Un contrat d'assurance collective de dommages est un contrat souscrit par une personne morale en vue de l'adhésion de toute personne intéressée par le bénéfice des garanties pour la couverture des risques autres que ceux mentionnés au premier alinéa de l'article L. 141-1.

Pour l'application du premier alinéa du présent article, il y a lieu d'entendre : "l'adhérent au contrat d'assurance collective de dommages" là où est mentionné : "l'assuré" et : "les documents contractuels remis à l'adhérent" là où est mentionnée :"la police".

Le présent article n'est pas applicable à la couverture des risques professionnels.

TITRE IV. LES ASSURANCES DE GROUPE

CHAPITRE Ier. *DISPOSITIONS GÉNÉRALES RELATIVES AUX ASSURANCES DE GROUPE*

Art. L. 141-1 *(L. n° 89-1014 du 31 déc. 1989)* Est un contrat d'assurance de groupe le contrat souscrit par une personne morale ou un chef d'entreprise en vue de l'adhésion d'un ensemble de personnes répondant à des conditions définies au contrat, pour la couverture des risques dépendant de la durée de la vie humaine, des risques portant atteinte à l'intégrité physique de la personne ou liés à la maternité, des risques d'incapacité de travail ou d'invalidité ou du risque de chômage.

Les adhérents doivent avoir un lien de même nature avec le souscripteur.

Art. L. 141-2 *(L. n° 89-1014 du 31 déc. 1989)* Les sommes dues par l'adhérent au souscripteur au titre de l'assurance doivent lui être décomptées distinctement de celles qu'il peut lui devoir, par ailleurs, au titre d'un autre contrat.

Art. L. 141-3 *(L. n° 89-1014 du 31 déc. 1989)* Le souscripteur ne peut exclure un adhérent du bénéfice du contrat d'assurance de groupe que si le lien qui les unit est rompu ou si l'adhérent cesse de payer la prime.

L'exclusion ne peut intervenir qu'au terme d'un délai de quarante jours à compter de l'envoi, par le souscripteur, d'une lettre recommandée de mise en demeure. Cette lettre ne peut être envoyée que dix jours au plus tôt après la date à laquelle les sommes dues doivent être payées.

Lors de la mise en demeure, le souscripteur informe l'adhérent qu'à l'expiration du délai prévu à l'alinéa précédent, le défaut de paiement de la prime est susceptible d'entraîner son exclusion du contrat.

Cette exclusion ne peut faire obstacle, le cas échéant, au versement des prestations acquises en contrepartie des primes ou cotisations versées antérieurement par l'assuré.

Art. L. 141-4 *(L. nº 89-2005-842 du 26 juill. 2005 ; L. nº 2005-1564 du 15 déc. 2005 ; L. nº 2006-1770 du 31 déc. 2006)* Le souscripteur est tenu :

— de remettre à l'adhérent une notice établie par l'assureur qui définit les garanties et leurs modalités d'entrée en vigueur ainsi que les formalités à accomplir en cas de sinistre ;

— d'informer par écrit les adhérents des modifications apportées à leurs droits et obligations, trois mois au minimum avant la date prévue de leur entrée en vigueur.

La preuve de la remise de la notice à l'adhérent et de l'information relative aux modifications contractuelles incombe au souscripteur.

L'adhérent peut dénoncer son adhésion en raison de ces modifications.

Toutefois, la faculté de dénonciation n'est pas offerte à l'adhérent lorsque le lien qui l'unit au souscripteur rend obligatoire l'adhésion au contrat.

Les assurances de groupe ayant pour objet la garantie de remboursement d'un emprunt et qui sont régies par des lois spéciales ne sont pas soumises aux dispositions du présent article.

1. V. note 5 ss. art. L. 321-1 C. sport.

2. Une fédération sportive, en l'espèce la Fédération française de judo, en remettant au club affilié une affiche destinée à être apposée dans les locaux du club ne répond pas aux exigences légales d'information de l'art. L. 140-4 qui lui impose de remettre une notice à l'adhérent. • Paris, 18 déc. 1996, *Gradvohl c/ Féd. fr. de judo : inédit.* ♦ En conséquence, cette fédération sportive, lorsqu'elle accorde une licence, est tenue d'informer elle-même le licencié bénéficiaire de la carte licence-assurance des conditions de l'assurance de groupe souscrite à son profit. • Même arrêt.

Art. L. 321-2 Le fait, pour le responsable d'une association sportive, de ne pas souscrire les garanties d'assurance dans les conditions prévues à l'article L. 321-1 est puni de six mois d'emprisonnement et d'une amende de 7 500 euros. – *[L. nº 84-610 du 16 juill. 1984, art. 37, al. 11, 14 et 15.]*

Au plan civil, le défaut d'assurance d'une association en violation de l'art. 37 de la loi du 16 juill. 1984 [C. sport, art. L. 321-1] constitue une faute personnelle du dirigeant de l'association sportive, peu important le caractère bénévole de cette mission. • Amiens, 9 févr. 2012, *Union sportive de Molliens Dreuil : nºs 08/04993 et 09/481.*

Art. L. 321-3 La souscription d'un contrat d'assurance en responsabilité civile pour la pratique de la pêche sous-marine de loisirs est obligatoire. L'attestation d'assurance doit être présentée à toute demande des autorités chargées de la police de cette activité. – *[Décr. 9 janv. 1852, art. 5, al. 2.]*

Art. L. 321-3-1 *(L. nº 2012-348 du 12 mars 2012, art. 1er)* **Les pratiquants ne peuvent être tenus pour responsables des dommages matériels causés à un autre pratiquant par le fait d'une chose qu'ils ont sous leur garde, au sens du** *(Ord. nº 2016-131 du 10 févr. 2016, art. 6-XVIII et 9, en vigueur le 1er oct. 2016)* **« premier alinéa de l'article 1242 » du code civil, à l'occasion de l'exercice d'une pratique sportive au cours d'une manifestation sportive ou d'un entraînement en vue de cette manifestation sportive sur un lieu réservé de manière permanente ou temporaire à cette pratique.** – *Avant le 1er juill. 2013, le Gouvernement remet au Parlement un rapport, élaboré après concertation avec le Comité national olympique et sportif français et les parties concernées, relatif aux enjeux et perspectives d'évolution du régime de responsabilité civile en matière sportive (L. nº 2012-348 du 12 mars 2012, art. 2).*

Les dispositions de l'Ord. nº 2016-131 du 10 févr. 2016 modifiant le présent art. sont applicables à Wallis-et-Futuna (Ord. préc., art. 7 à 9).

BIBL. ▸ A. Cayol, La théorie de l'acceptation des risques du sport, ressuscitée, *LPA 2012, nº 129, p. 17*. – J. Mouly, Le nouvel article L. 321-3-1 du code du sport : une rupture inutile avec le droit commun, *D. 2012. Point de vue 1070*. – D. Bakouche, La loi de la course, *JCP 2012. 14. 397*. – S. Hocquet-Berg, Chose utilisée pour une activité sportive, *RCA juin 2012, nº 6. 149*. – L. Raschel, Le coup d'envoi de la réforme de la responsabilité civile ? A propos du nouvel article L. 321-3-1 du Code du sport, *RLDC 2012, nº 97, p. 17*.

COMMENTAIRE

L'article L. 321-3-1 a été inséré dans le code du sport par la loi n° 2012-348 du 12 mars 2012, adoptée selon la procédure accélérée à la suite du dépôt d'une proposition de loi par M. Éric Berdoati, député. Celle-ci faisait suite à un arrêt de la Cour de cassation du 4 novembre 2010 (V. note 27 ss. art. 1384, App., v° *Responsabilité civile*) abandonnant la théorie dite de « l'acceptation des risques » en cas d'accident causé par une « chose » au sens de l'article 1384, alinéa 1er, du code civil. En d'autres termes, selon cet arrêt, dès lors qu'à l'occasion d'une activité sportive un dommage est causé par une « chose » (un objet tel qu'un ski, une moto, une pagaie, etc.), la responsabilité de celui qui en a la garde (pouvoirs de direction et de contrôle) est engagée de plein droit (sans faute) sans que l'on puisse opposer à la victime son acceptation des risques inhérents à la pratique sportive. Ce revirement de jurisprudence ayant naturellement de fortes incidences sur le régime de responsabilité applicable en la matière, et donc sur le montant des cotisations à verser aux assureurs, un certain nombre de fédérations sportives s'en sont émues, et en particulier celles gérant des sports « à matériels » puisque, d'une part, c'est bien entendu dans les sports « à matériels » que la notion de responsabilité du fait des choses est la plus présente et, d'autre part, parce que les dommages indemnisables peuvent alors naturellement être corporels mais aussi matériels (exemples d'une moto ou d'un voilier détruits par l'action d'une autre « chose »), ce qui influe d'autant plus sur le montant des sinistres à indemniser, et donc le montant des assurances. Désormais, par l'effet de ce nouvel article L. 321-3-1, seuls les dommages autres que matériels (corporels ou immatériels) pourront être indemnisés en application de la nouvelle orientation jurisprudentielle de la Cour de cassation.

Il est enfin à noter que l'article 2 de la même loi prévoit que « avant le 1er juillet 2013, le Gouvernement remet au Parlement un rapport, élaboré en concertation avec le Comité national olympique et sportif français, relatif aux enjeux et perspectives d'évolution du régime de responsabilité civile en matière sportive ». Il y a donc là une occasion historique de remettre à plat toutes les problématiques liées à la responsabilité civile (et donc aux assurances...) dans le domaine du sport. ❑

Art. L. 321-4 **Les associations et les fédérations sportives sont tenues d'informer leurs adhérents de l'intérêt que présente la souscription d'un contrat d'assurance de personnes couvrant les dommages corporels auxquels leur pratique sportive peut les exposer.** – *[L. n° 84-610 du 16 juill. 1984, art. 38, al. 1er.]*

COMMENTAIRE

L'article L. 321-4 traite des assurances dites de dommages corporels (également appelées « individuelle accident » ou « atteintes corporelles »). Elles ont vocation à intervenir lorsque l'assuré est victime d'un dommage et qu'aucun tiers responsable ne peut être considéré (ou identifié) comme ayant commis une faute à l'origine du dommage. En d'autres termes, dans le domaine sportif, elles viennent réparer les conséquences dommageables (frais médicaux, invalidité, décès, frais annexes, ...) consécutives à un accident lié à la pratique sportive et dont aucun civilement responsable n'est à l'origine. Elles entrent en jeu, le cas échéant, après les prestations de la sécurité sociale et, généralement, des complémentaires santé. Elles sont en principe fondées sur la notion de réparation forfaitaire du préjudice subi même s'il convient de noter que depuis l'intervention de la loi du 6 juillet 2000, la référence à des garanties forfaitaires a été supprimée, de sorte que rien n'interdit de prévoir des indemnisations fonctions du préjudice réel subi.

En la matière, l'obligation posée par l'article L. 321-4 pèse sur les associations et les fédérations sportives. Il s'agit d'une obligation d'information. Celles-ci doivent informer leurs adhérents (et non pas, concernant les associations sportives, simplement ceux qui prennent une licence fédérale, notamment en vue de pratiquer la compétition) de leur intérêt à souscrire un contrat d'assurance de personnes couvrant les dommages corporels. La référence à la notion « d'adhérent » n'est toutefois pas, s'agissant des fédérations sportives, des plus heureuses dans la mesure où les pratiquants sont en principe unis à elle par un lien (la licence) qui n'est pas un lien d'adhésion au sens du droit associatif. Cette obligation est une obligation de résultat dont il appartient à l'association et à la fédération de rapporter la preuve. Selon la jurisprudence, elle se double d'une obligation de conseil (V. notes 1 et 11). L'association ou la fédération qui méconnaît cette obligation ou qui ne rapporte pas la preuve qu'elle l'a respectée peut, le cas échéant, voir sa responsabilité civile engagée, sur le fondement de la perte d'une chance, en vue d'indemniser l'adhérent victime d'un accident. Cette perte de chance est celle d'avoir été mieux assuré et donc d'avoir obtenu une réparation du préjudice ou, à tout le moins, une meilleure indemnisation. Toutefois, en matière d'évaluation de l'indemnisation de ce préjudice, la tendance de la jurisprudence est aujourd'hui de considérer que celle-ci ne peut être que partielle, eu égard à la nature même de la notion de perte de chance.

Jusqu'à l'intervention de la loi du 6 juillet 2000, l'obligation d'information et de conseil se prolongeait d'une obligation de tenir à la disposition des adhérents des formules de garantie susceptibles de réparer les atteintes à l'intégrité physique du pratiquant. Elle a donc été supprimée depuis la modification de l'article 38 [art. L. 321-4 C. sport] intervenue en 2000. Seule subsiste ainsi l'obligation d'information même si, en pratique, le système antérieur continue d'être mis en œuvre dans le cadre des contrats collectifs souscrits par les fédérations sportives. Il s'agit simplement d'une pratique volontaire qui n'est plus imposée par la loi.

Pour permettre à leurs associations affiliées de répondre à l'obligation d'information et, antérieurement au 6 juillet 2000, éventuellement de proposer des formules de garantie intéressantes pour un coût acceptable, la plupart des fédérations sportives souscrivent des contrats collectifs, comprenant une garantie de base et des options complémentaires. Couplé à la délivrance d'une licence fédérale, ce système permet aux adhérents des clubs qui prennent une licence d'être couverts pour une somme modique. Mais, d'une part, dans la mesure où l'article L. 321-4 ne fait pas de cette assurance une obligation, les licenciés doivent être à même de refuser d'y souscrire, y compris à la garantie de base même si, dans les faits et pour des raisons tenant à l'importance d'une négociation collective des garanties entre la fédération et l'assureur, les licenciés sont souvent présumés adhérents au contrat collectif, la non-adhésion devant résulter d'un choix explicite de leur part. C'est d'ailleurs pour que cette faculté de renonciation ne soit pas vidée de son sens que le législateur impose (art. L. 321-6), dans le cas de contrats collectifs fédéraux, de faire mention distinctement du coût de l'assurance individuelle (alors que cette obligation de formuler distinctement le coût de l'assurance n'existe pas dans le cadre de l'assurance de responsabilité civile de l'article L. 321-1...).

La jurisprudence (V. note 16) a rappelé que l'article L. 141-4 du code des assurances (V. ci-dessus) impose au souscripteur d'un contrat collectif de remettre à l'adhérent une notice établie par l'assureur qui définit les garanties et leurs modalités d'entrée en vigueur ainsi que les formalités à accomplir en cas de sinistre. La loi du 6 juillet 2000 a modifié l'article 38 [art. L. 321-4 C. sport] sur ce point pour rappeler cette obligation, dont la preuve du respect appartient au souscripteur, en l'espèce la fédération.

Il est à noter que, dans le cadre de l'article L. 321-4 et contrairement à l'assurance de responsabilité civile de l'article 37, seules les associations et fédérations sportives sont débitrices de l'obligation d'information. Les autres personnes envisagées par les obligations en matière d'assurance de responsabilité civile (organisateurs de manifestations sportives et exploitants d'établissement d'APS) ne sont pas visées par le texte et n'ont donc aucune obligation particulière au regard des pratiquants dans ce domaine. ❑

Plan des annotations

A. DEVOIR D'INFORMATION

1. L'obligation d'information prévue à l'art. L. 321-4 pèse sur les associations, mais également sur les fédérations sportives et leurs délégataires (comités régionaux et départementaux). • Civ. 2e, 13 oct. 2005 : *pourvoi n° 04-15.888.* ♦ En effet, si une ligue régionale n'est pas directement débitrice de l'obligation d'information en tant que "groupement sportif" (solution rendue sur la base de la rédaction de l'art. 38 de la loi du 16 juill. 1984 qui ne visait que les "groupements sportifs" et non pas, comme depuis la codification, les "associations et les fédérations sportives"), elle se doit de contrôler que les associations se situant sur son territoire remplissent bien leur devoir d'information lors de la délivrance des licences dans la mesure où, d'une part, ses statuts prévoient qu'elle est chargée de l'organisation, du contrôle et de la pratique du football sur le territoire considéré et, d'autre part, elle participe au même titre que la fédération dont elle est l'émanation régionale au service public de l'organisation des activités physiques et sportives de football et, à ce titre, est en charge du contrôle de l'application des dispositions légales régissant cette pratique sur le territoire qui est le sien. • Amiens, 9 févr. 2012, *Union sportive de Molliens Dreuil : nos 08/04993 et 09/481.*

2. Un club de karaté n'a pas manqué à son obligation d'informer ses adhérents sur leur intérêt à souscrire un contrat d'assurance de personne ayant pour objet de proposer des garanties forfaitaires en cas de dommage corporel, dès lors qu'il a remis à la victime la licence de la Fédération française de karaté sur laquelle étaient reproduites les dispositions de l'art. 38 [art. L. 321-4 C. sport]. • Civ. 1re, 16 janv. 1996 : *pourvoi n° 93-15.608.* ♦ Comp., pour un arrêt ayant estimé qu'un club de cyclisme a manqué à ses obligations de renseignement et de conseil à l'égard de l'un de ses adhérents grièvement blessé lors d'une compétition, au motif que les mentions de la licence consacrées aux assurances n'établissaient pas que la victime, alors mineure, ou ses parents, avaient été informés de la faiblesse de la garantie et de la nécessité pour les coureurs, surtout s'agissant d'adolescents, de souscrire une assurance personnelle ou d'opter pour une garantie supérieure : • Civ. 1re, 12 nov. 1998 : *pourvoi n° 96-22.625.*

3. Le directeur d'un établissement scolaire commet une faute en n'avertissant pas les parents d'une élève, blessée au cours d'une compétition de gymnastique organisée dans le cadre de championnats académiques, de leur intérêt à souscrire pour leur enfant une assurance individuelle contre les accidents corporels. • Civ. 1re, 19 mars 1996 : *pourvoi n° 93-20.700.* ♦ Toutefois, la cour d'appel a pu, sans se contredire, ne réparer que pour moitié le préjudice personnel subi par le père de la victime en lui imputant à faute de ne pas avoir lui-même veillé à ce que les activités de sa fille soient couvertes par une assurance de personne. • Même arrêt.

4. Une cour d'appel justifie légalement sa décision en retenant un lien de cause à effet entre le manquement d'une fédération sportive à son obligation de renseigner ses licenciés sur le contenu d'un contrat d'assurance individuelle souscrit par elle en leur nom et le préjudice né pour l'un d'entre eux de l'insuffisance, ignorée de celui-ci, de la garantie procurée par ce contrat. • Civ. 1re, 16 juill. 1986 : *Bull. civ. I, n° 209 ; RJ éco. sport 1987, n° 2, p. 101, obs. Durry* • 4 févr. 1997 : *Bull. civ. II, n° 89 ; D. 1998. Somm. 50 (2e esp.), obs. Groutel.* ♦ V. également, pour un arrêt ayant retenu la responsabilité de la Fédération française d'éducation physique et de gymnastique volontaire pour avoir délivré à la victime une licence précisant qu'elle « tient lieu d'assurance pour les activités pratiquées au sein de la section GV (gymnastique volontaire) », alors que l'assurance ne couvrait pas la pratique du sport d'escalade en salle. • Civ. 1re, 6 juill. 1999, n° 97-17.340 : *RCA 1999. Comm. 378, note Courtieu.*

5. Engage sa responsabilité contractuelle la fédération qui manque à l'obligation de conseil à laquelle elle était tenue envers son licencié quant à la possibilité pour celui-ci de souscrire une assurance complémentaire en cas d'accident, d'autant plus si l'intéressé est un sportif de haut niveau auquel des prises de risques étaient imposées tant à l'entraînement qu'en compétition. • Chambéry, 11 mars 2008, *Féd. fr. cyclisme c/ Sulpice et a. : RG n° 07/00651.*

6. Engage sa responsabilité contractuelle la fédération qui manque à l'obligation d'information renforcée à laquelle elle était tenue envers son licencié, sportif de haut niveau, quant à la possibilité pour celui-ci de souscrire une assurance complémentaire en cas d'accident, en raison des prises de risques qui lui étaient imposées tant à l'entraînement qu'en compétition. • Versailles, 5 mars 2015, 13/01503 : *JS 2015, n° 153 p. 8, obs. F. Lagarde ; Dict. perm. dr. sport 2015, Bull. n° 223, p. 4, obs. V. Maleville.*

7. Ne donne pas de base légale à sa décision rejetant la demande de réparation formée par un membre d'un club de judo blessé au cours d'une compétition la cour d'appel qui ne recherche pas si le seul fait de n'avoir pas informé celui-ci de son intérêt de souscrire une assurance complémentaire ne l'avait pas privé de la perte d'une chance d'obtenir une meilleure réparation que celle dont il a bénéficié. • Civ. 1re, 7 avr. 1998 : *Bull. civ. I, n° 147.*

8. L'association sportive nationale d'un groupe bancaire, même si ses statuts ne prévoient pas l'adhésion individuelle des salariés mais seulement celle des comités d'entreprise et des associations sportives qui en sont issus, n'en reste pas moins tenue, en application de l'art. 38 [art. L. 321-4 C. sport], de prendre ses dispositions pour que chaque participant soit informé de son intérêt à s'assurer. • Civ. 2e, 19 mars 1997 : *D. 1998. Somm. 50 (3e esp.), obs. Groutel.* ♦ En revanche, un comité d'entreprise, n'étant pas un groupement sportif au sens de l'art. 38, ne se trouve pas soumis, en application de ces dispositions, à une obligation d'information à l'égard des participants. • Même arrêt. ♦ ... Ni une société ayant pour objet social l'élevage et l'amélioration de la race chevaline et relevant de la tutelle du ministère de l'agriculture. • Civ. 1re, 25 févr. 2003 : *Bull. civ. I, n° 58.* ♦ ... Ni une société commerciale exploitant un centre hippique, ses clients occasionnels ne se voyant de surcroit pas conférer une qualité d'adhérent, une telle obligation, pour être efficace, supposant une organisation permettant de souscrire facilement une telle assurance, pratiquement en même temps que le contrat avec la société gérant le centre hippique, ce qui suppose une organisation qui n'est pas mise à la charge de l'entrepreneur de loisirs. • Paris, 16 sept. 2013, RG n° 12/11944 : *Dict. perm. dr. sport 2013, Bull. n° 206, p. 5.* ♦ V. toutefois, pour une obligation d'information même en l'absence de texte : • Civ. 1re, 16 juill. 1986 : *préc. note 4.*

9. L'art. L. 321-4 C. sport ne prévoyant une obligation d'information des associations ou fédérations sur l'intérêt de souscrire une assurance de personnes garantissant les dommages corporels qu'envers leurs adhérents, il est dès lors inapplicable à l'égard d'un bénévole non affilié à la Fédération française de cyclisme et victime d'un accident de motocyclette alors qu'il procédait à l'encadrement d'une course cycliste. • Pau, 8 mars 2011 : *n° 05/02185.* ♦ V. aussi : • Poitiers, 13 avr. 2011 : *RG n° 07/03114.* ♦ Il est également inapplicable à l'égard des amateurs non licenciés qui participent, en tant que pratiquants occasionnels, à un tournoi organisé par un club de football dans la mesure où ne pèse pas sur les organisateurs d'une manifestation sportive un devoir d'information au titre de l'assurance de personnes au profit des pratiquants occasionnels d'un sport à qui il appartient, à l'instar de leurs autres activités, d'évaluer les risques encourus et de souscrire, le cas échéant, les assurances utiles pour s'en protéger. • Riom, 29 avr. 2015, n° 14/00157 : *Dict. perm. dr. sport 2015, Bull. n° 225, p. 5, obs. J. Landel ; Cah. dr. sport 2015, n° 41, p. 123, note J.-P. Vial.*

10. L'art. R. 140-4 C. assur. fait peser, à titre principal, sur le souscripteur d'un contrat d'assurance de groupe, en l'espèce la Fédération française de ski, l'obligation d'informer exactement ses adhérents et toute restriction au droit de ces derniers résultant du contrat passé entre le souscripteur et l'assureur, qui n'aurait pas été portée à leur connaissance au moment de la souscription, ne leur est pas opposable. • Civ. 1re, 20 oct. 1987 : *Bull. civ. I, n° 267 ; RGAT 1988. 536, obs. Aubert.*

11. La clause d'exclusion figurant dans une assurance de groupe en cas de décès survenu lors d'une compétition automobile ou motonautique ne peut s'appliquer lorsqu'elle n'a pas été acceptée et connue lors de l'adhésion. • Civ. 1re, 7 mars 1995 : *RCA 1995. Comm. 221.*

12. En dehors même de toute obligation légale d'information, la Cour de cassation a pu considérer qu'une association organisatrice d'un match amical de football avait commis une faute en omettant d'attirer l'attention des joueurs sur le fait que l'assurance souscrite ne les couvrait pas. • Civ. 1re, 13 juill. 1982 : *Bull. civ. I, n° 264 ; D. 1983. 225, note Agostini.* ♦ Dans le même sens, concernant un comité d'établissement organisateur d'une rencontre de football « interservices » qui avait omis d'appeler l'attention de la victime sur les limites de la garantie stipulée dans son contrat d'assurance : • Civ. 1re, 25 oct. 1989 : *JCP 1990. II. 21458, note Hauser.*

13. Ne donne pas de base légale à sa décision la cour d'appel qui rejette le recours formé par une personne blessée lors d'un concours de tir aux pigeons contre le comité des fêtes organisateur, lequel était titulaire d'une assurance ne couvrant pas la responsabilité des participants, sans rechercher si ce comité n'avait pas commis une faute en n'exigeant pas de ceux-ci qu'ils soient personnellement assurés. • Civ. 1re, 2 mai 1979 : *Bull. civ. I, n° 124.* ♦ V. déjà, pour une assurance de responsabilité souscrite par l'organisateur d'un rallye automobile qui couvrait les conducteurs mais pas les copilotes : • Civ. 1re, 16 avr. 1975 : *Bull. civ. I, n° 132 ; D. 1976. 514, note Chirez.*

B. MODALITÉS

14. L'art. 38 [art. L. 321-4 C. sport] fait obligation aux groupements sportifs, non seulement d'attirer l'attention de leurs adhérents sur leur intérêt à souscrire une assurance de personne couvrant leurs dommages corporels, mais encore de leur proposer plusieurs formules de garantie leur permettant, s'ils estiment utile de contracter une telle assurance, de choisir la garantie la mieux adaptée à leurs besoins (sol. antérieure à l'intervention de la loi du 6 juill. 2000 qui a supprimé cette obligation de mise à disposition). • Civ. 1re, 13 févr. 1996 : *Bull. civ. I, n° 84 ; D. 1998. Somm. 50 (1re esp.), obs. Groutel ; D. 1997. Somm. 181 (3e esp.), obs. J. Mouly.*

15. Les dirigeants d'un groupement sportif ne peuvent se prévaloir du fait qu'ils ne sont pas les souscripteurs du contrat d'assurance de groupe pour se soustraire à leurs obligations de conseil et d'information envers les adhérents. • Civ. 1re, 13 févr. 1996 : *préc. note 14.* ♦ S'agissant d'une faute propre aux dirigeants, il n'y a pas lieu de condamner le souscripteur dudit contrat, condamné *in solidum* avec eux, à les garantir. • Même arrêt.

16. Il appartient au souscripteur de l'assurance de groupe d'informer les adhérents par la remise d'une notice définissant les garanties du contrat et leurs règles de fonctionnement, la simple mention portée sur la licence selon laquelle « le titulaire déclare avoir pris connaissance... des conditions du contrat » ne satisfaisant pas aux exigences de la loi. • Civ. 1re, 13 févr. 1996 : *préc. note 14.* ♦ De même, ne répond pas aux exigences légales d'information qui lui impose de renseigner chaque adhérent personnellement, la fédération sportive qui remet à ses clubs affiliés une affiche destinée à être apposée dans les locaux sportifs. • Paris, 18 déc. 1996, *Gradvohl c/ Féd. fr. judo et a. : inédit.* ♦ Pour une décision semblant admettre que la présence, à la supposer établie, d'un panneau d'affichage relayant cette information serait de nature à satisfaire à cette obligation dans le cadre d'un centre équestre, V. : • Limoges, 5 avr. 2012 : *RG n° 11/00254.*

17. Les supports informatifs diffusés par une fédération n'encourent aucune critique en ce qui concerne leur contenu, parfaitement clair y compris pour un jeune majeur à condition de s'astreindre à en prendre connaissance, la circonstance que la première page ait été préremplie au nom du licencié n'étant pas de nature à nuire à la clarté de ces informations. • Versailles, 5 mars 2015, n° 13/01503 : *JS 2015, n° 153, p. 8, obs. F. Lagarde ; Dict. perm. dr. sport 2015, Bull. n° 223, p. 4, obs. V. Maleville.* ♦ Mais, les obligations de la fédération ne sauraient se limiter, dans le cas d'un jeune sportif dont la vie est totalement prise en charge par le Pôle fédéral dont il dépend sur le plan scolaire, médical et au quotidien, à l'envoi d'une documentation précise et détaillée, la fédération devant dans un tel contexte apporter un soin particulier à la délivrance d'une information personnalisée, qui ne peut se limiter à la seule signature, sans réflexion suffisante, de la demande de souscription d'une licence, par l'intermédiaire de son club sportif. • Même arrêt.

18. Le fait que la demande de licence souscrite par la victime comportait la mention suivante : « Je reconnais avoir pris connaissance des garanties d'assurances liées à la licence ainsi que des possibilités de garanties complémentaires offertes par l'assureur (informations figurant au dos de la présente demande : 2e feuillet à conserver par le licencié) », ainsi que le fait que le règlement intérieur du club informait ses adhérents que chacun était couvert notamment pour les accidents corporels et l'assistance et qu'il avait la possibilité de s'assurer pour des garanties supplémentaires, prouvent que l'association à laquelle la victime avait adhéré et la fédération sportive l'ont informée de l'intérêt que présente la souscription d'un contrat d'assurance de personnes couvrant les dommages corporels. • Rennes, 24 juin 2015, n° 14/00513 : *JS 2015, n° 156, p. 9, obs. J. Mondou ; Dict. perm. dr. sport 2015, Bull. n° 226, p. 6, obs. L. Eghazarian.*

19. Satisfait à son obligation d'information la fédération sportive qui rapporte la preuve, d'une part que les documents support des demandes de licence mentionnent la possibilité de souscrire des garanties individuelles complémentaires et par ailleurs, l'indication selon laquelle les garanties sont « proposées » qui signifie bien qu'elles ne sont pas obligatoires, d'autre part qu'ils comportent la mention dactylographiée « j'ai pris connaissance de l'étendue des garanties d'assurance et/ou d'assistance proposées dans le dépliant qui m'a été remis lors de mon adhésion » et, enfin, produit des attestations d'autres adhérents du même club selon lesquelles lors de la remise des licences en début de saison, une information est donnée par les membres du club sur les limites de garantie du contrat groupe et sur l'intérêt de souscrire une assurance individuelle. • Lyon, 9 juin 2016, n° 14/01032 : *Dict. perm. dr. sport 2016, Bull. n° 226, p. 6, obs. L. Eghazarian ; Cah. dr. sport 2016, n° 45, p. 148, obs. J.-P. Vial.*

20. Les personnes qui soumissionnent aux appels d'offres lancés par les fédérations sportives en matière d'assurance n'ont aucune obligation pré-contractuelle de conseil ou d'information à l'égard des offrants. • Chambéry, 11 mars 2008 : *préc. note 5.*

C. PRÉJUDICE

21. Doit être cassé l'arrêt qui accorde à la victime une indemnité réparant l'intégralité de son préjudice corporel, alors que le préjudice subi du fait du manquement de l'association à ses obligations consiste dans la perte d'une chance d'être assuré selon un contrat d'assurance de personne à garanties forfaitaires. • Civ. 2e, 19 mars 1997 : *préc. note 8.* ♦ V. aussi : • Poitiers, 13 avr. 2011 : *n° 07/03114.* ♦ ... La réparation du dommage dû à une perte de chance ne pouvant être que partielle. • Civ. 1re, 14 janv. 2003 : *pourvoi n° 00-16.605.* ♦ V. aussi : • Paris, 20 mai 2003 : *RJ éco. sport 2004, n° 70, p. 60, obs. F. Lagarde .* ♦ En effet, en raison même de l'aléa inhérent à cette notion, la réparation d'une perte de chance doit être mesurée à la chance perdue et ne peut être égale à l'avantage qu'aurait procuré cette chance, si elle s'était réalisée. • Pau, 8 mars 2011, n° 05/02185. ♦ Doit être indemnisée la perte de chance du joueur de football de ne pas avoir souscrit une assurance complémentaire couvrant les préjudices non compris dans les garanties de base, la ligue régionale de football étant fautive d'avoir seulement remis au joueur un formulaire licence avec un rappel d'informations assurances et un bulletin de souscription aux garanties complémentaires et non une notice détaillée présentant ces garanties. • Colmar, 6 mai 2016, n° 14/02897.

22. Pour un arrêt ayant évalué la perte de chance au regard d'une couverture comparable à celle d'une garantie dite accident de la vie (GAV), V. : • Versailles, 5 mars 2015, n° 13/01503 : *préc. note 17.*

23. En cas de faute contractuelle d'une fédération envers un licencié consistant en un manquement à l'obligation de conseil qui pèse sur elle, le préjudice s'analyse en la perte de chance pour le sportif d'avoir obtenu une indemnisation maximale, ce qui implique nécessairement une réparation partielle du dommage. • Chambéry, 11 mars 2008 : *préc. note 5.* ♦ ... De sorte que l'indemnité due s'évalue comme la différence entre l'indemnité reçue et celle que l'intéressé aurait pu obtenir s'il avait été correctement assuré. • Même arrêt. ♦ V. aussi : • Colmar, 8 janv. 2010, *Meyer c/ Féd. fr. cyclisme : n° 04/00496.*

D. PRATIQUE DE LA « LICENCE-ASSURANCE »

24. Pour une décision du Conseil de la concurrence ayant enjoint à la Fédération française de ski et à ses clubs affiliés de cesser de subordonner la délivrance de la licence dite « compétition dirigeant » à la souscription de la formule d'assurance individuelle retenue par leurs soins, en tant que cette pratique constituait une atteinte au libre jeu de la concurrence : • Cons. conc., 19 avr. 1988, req. n° 88D19 : *D. 1989. Somm. 403, obs. Foucher.* ♦ V. aussi : • CE 29 sept. 2003 : ⚖ *V. note 6 ss. art. L. 321-1.*

Art. L. 321-4-1 *(L. n° 2015-1541 du 27 nov. 2015, art. 12, en vigueur le 29 août 2016)* **Les fédérations sportives délégataires souscrivent des contrats d'assurance de personnes au bénéfice de leurs licenciés inscrits sur la liste des sportifs de haut niveau mentionnée au premier alinéa de l'article L. 221-2, couvrant les dommages corporels auxquels leur pratique sportive de haut niveau peut les exposer.**

Ces contrats ne peuvent être conclus qu'après appel à la concurrence.

La souscription des contrats d'assurance de personnes dispense les fédérations sportives délégataires, à l'égard de leurs licenciés inscrits sur la liste des sportifs de haut niveau précitée, de leur obligation d'information prévue à l'article L. 321-4.

COMMENTAIRE

La proposition de loi visant à préserver l'éthique du sport, à renforcer la régulation et la transparence du sport professionnel et à améliorer la compétitivité des clubs (dans sa version issue des travaux de l'Assemblée nationale en première lecture), envisage d'une part de limiter les obligations des fédérations en vertu de l'article L. 321-4-1 aux seuls dommages corporels causés par un accident survenu à l'occasion de leur pratique sportive de haut niveau et, d'autre part, de renvoyer à un décret le soin de fixer le montant minimal des garanties devant être souscrites par les fédérations.

Elle prévoit également que les fédérations sportives délégataires ne sont pas soumises à cette obligation de souscription lorsque leurs licenciés inscrits sur la liste des sportifs de haut niveau sont déjà couverts par des garanties de même nature et de même montant.

Par ailleurs, elle prévoit que les intéressés sont informés du montant des garanties souscrites par la fédération à leur bénéfice dans le cadre de la convention prévue à l'article L. 221-2-1, cette convention mentionnant également, le cas échéant, le montant des garanties souscrites par les licenciés précités ou par leur employeur ou tout autre tiers. ❑

Art. L. 321-5 **Les fédérations sportives agréées peuvent conclure des contrats collectifs d'assurance visant à garantir les associations affiliées et leurs licenciés dans les conditions prévues aux articles L. 321-1, L. 321-4, L. 321-6 et L. 331-10.**

Ces contrats ne peuvent être conclus qu'après appel à la concurrence. – *[L. n° 84-610 du 16 juill. 1984, art. 38-1.]*

COMMENTAIRE

Le contexte concurrentiel des assurances sportives, principalement lorsqu'il s'agit de contrats collectifs souscrits par les fédérations pour garantir, d'une part, la responsabilité civile des associations sportives (ainsi que celle de leurs préposés et des pratiquants) et, d'autre part, les dommages corporels subis par les licenciés, a conduit le législateur à préciser que de tels contrats ne peuvent être conclus qu'après appel à la concurrence. Il faut signaler qu'il ne s'agit pas ici d'une mise en concurrence au sens du code des marchés publics. Les fédérations ne sont donc pas tenues à un formalisme considérable en la matière, l'important étant qu'elles puissent démontrer, le cas échéant, que plusieurs prestataires (compagnies, courtiers, mutuelles, agents généraux, ...) ont effectivement été sollicités et mis en situation de concurrence. S'agissant de la durée de ces contrats, le droit de la concurrence invite à les conclure pour des durées limitées. Or, l'article L. 131-13 code du sport prévoit que lorsque les fédérations concluent, au profit de leurs associations affiliées ou de certaines catégories d'entre elles et avec l'accord de celles-ci, des contrats d'intérêt collectif relatifs à des opérations d'achat ou de vente de produits ou de services, la durée de ces contrats est limitée à quatre ans. Les contrats collectifs d'assurance étant indiscutablement des contrats répondant à la définition posée par l'article L. 131-13, cette durée maximale de quatre ans, basée sur l'Olympiade, est à préconiser les concernant. ❑

Sur les pratiques dans le secteur de la distribution d'assurances complémentaires à destination des joueurs de golf, V. : • Aut. conc. du 21 déc. 2012, n° 12-D-29 : *Cah. dr. sport 2013, n° 30, p. 145, obs. G. Rabu ; Concurrences 2013, n° 1, p. 100, note A. Wachsmann et N. Zacharie.*

Art. L. 321-6 **Lorsque la fédération agréée à laquelle est affiliée l'association sportive propose aux membres de celle-ci, qui sollicitent la délivrance d'une licence, d'adhérer simultanément au contrat collectif d'assurance de personnes qu'elle a souscrit, elle est tenue :**

1° De formuler cette proposition dans un document, distinct ou non de la demande de licence, qui mentionne le prix de l'adhésion, précise qu'elle n'est pas obligatoire et indique que l'adhérent au contrat collectif peut en outre souscrire des garanties individuelles complémentaires ;

2° De joindre à ce document une notice établie par l'assureur conformément au deuxième alinéa de l'article L. 141-4 du code des assurances *[V. cet art. supra, ss. art. L. 321-1]. – [L. n° 84-610 du 16 juill. 1984, art. 38, al. 2 à 4.]*

Art. L. 321-7 **Sans préjudice des autres dispositions du présent chapitre, l'exploitation d'un établissement mentionné à l'article L. 322-2 est subordonnée à la souscription par l'exploitant d'un contrat d'assurance couvrant sa responsabilité civile, celle des enseignants mentionnés à l'article L. 212-1 et de tout préposé de l'exploitant, ainsi que des personnes habituellement ou occasionnellement admises dans l'établissement pour y exercer les activités qui y sont enseignées.** – *[L. n° 84-610 du 16 juill. 1984, art. 37, al. 7.]*

Art. L. 321-8 **Le fait d'exploiter un établissement mentionné à l'article L. 322-2 sans souscrire les garanties d'assurance prévues à l'article L. 321-7 est puni de six mois d'emprisonnement et 7 500 euros d'amende.** – *[L. n° 84-610 du 16 juill. 1984, art. 37, al. 12 à 14.]*

Art. L. 321-9 **Un décret fixe les modalités d'application du présent chapitre et notamment les modalités de contrôle.** – *[L. n° 84-610 du 16 juill. 1984, art. 8.]*

V. art. D. 321-1 s.

CHAPITRE II **GARANTIES D'HYGIÈNE ET DE SÉCURITÉ**

SECTION PREMIÈRE **DISPOSITIONS GÉNÉRALES**

BIBL. GÉN. ▶ Établissements d'APS, *in Dict. perm. dr. sport (mise à jour périodique)*. – B. Astier-Chaminade, Établissements d'activités physiques et sportives (EAPS), *in Dict. jur. du sport, Dalloz, Juriséditions, 2013, p. 163*. – S. Ould-Yahia, L'établissement d'activités physiques et sportives : « Objet juridique non identifié », *JS 2012, n° 118, p. 37*.

COMMENTAIRE

Ont été regroupées sous le chapitre « garanties d'hygiène et de sécurité » du code du sport, au titre des dispositions générales, les dispositions relatives aux établissements d'activités physiques et sportives (APS), essentiellement issues de la loi du 16 juillet 1984 modifiée (art. 47 s.). Ces dispositions instituent une police spéciale des établissements d'APS visant à protéger la santé et la sécurité physique ou morale des pratiquants. Les exploitants d'établissements d'APS sont ainsi soumis à diverses prescriptions législatives et réglementaires, dont le contrôle incombe principalement aux services déconcentrés du ministère chargé des sports.

I. LE CHAMP D'APPLICATION DE LA RÉGLEMENTATION SUR LES ÉTABLISSEMENTS D'APS

La loi ne définit pas ce qu'est un « établissement d'APS ». Les activités physiques et sportives elles-mêmes ne font l'objet d'aucune définition précise, ce qui soulève dans certains cas des difficultés. Selon l'instruction n° 94-049 JS du 7 mars 1994 *(BOJS 1994, n° 4)*, le terme « établissement » doit être entendu « de manière extensive de façon à couvrir les cas les plus particuliers ». Ainsi, un établissement d'APS serait la « réunion d'un équipement qui peut être mobile mais généralement fixé dans un lieu, d'une activité physique et sportive et d'une certaine durée ». L'instruction précise encore qu'un établissement d'APS n'est pas nécessairement le lieu d'un enseignement d'activités physiques et sportives ; des établissements qui se bornent à mettre leurs équipements à la disposition de leurs pratiquants ou des établissements qui offrent une prestation de service sportif s'apparentant à de l'accompagnement sont également assujettis. Selon un auteur, *« par établissement, il faut entendre toute organisation, matérielle ou immatérielle, quelle que soit sa forme juridique, sa présentation, sa nature, sa structure ou sa localisation, pourvue d'une direction suffisamment autonome et d'une permanence suffisante »* (E. Wagner, L'exploitation contre rémunération d'un établissement d'APS au regard de la loi du 16 juillet 1984, *RJ éco. sport 1990, n° 14, p. 3*).

Il convient de remarquer, en outre, que le champ d'application de la loi n'est pas limité aux seuls établissements d'APS exploités moyennant rémunération. Ce critère n'est en effet plus à prendre en compte depuis la loi modificative du 13 juillet 1992, n° 92-652 dite loi *Bredin*.

Sont donc *a priori* concernés par la réglementation relative aux établissements d'APS tous les clubs de sport, quels que soient leur statut juridique (associatif ou commercial), la nature ou les conditions de l'activité sportive pratiquée (prestations rémunérées ou non d'enseignement, d'encadrement, d'accompagnement ou simple mise à disposition d'équipements), ainsi que les loueurs de matériels sportifs ou encore les centres de vacances et de loisirs dès lors que leur activité principale est la pratique d'une ou de plusieurs activités sportives (V. Arr. du 20 juin 2003 fixant les modalités d'encadrement et les conditions d'organisation et de pratique de certaines activités physiques dans les centres de vacances et les centres de loisirs sans hébergement, V. Instr. n° 05-143 JS du 30 juin 2005, *BOJS n° 12 du 30 juin 2005*).

II. LES PRESCRIPTIONS APPLICABLES AUX ÉTABLISSEMENTS D'APS

Les prescriptions applicables en matière d'établissements d'APS se situent principalement dans la partie réglementaire (art. R. 322-1 s. et A. 322-1 s. C. sport). Certaines sont communes à tous les établissements d'APS. D'autres, édictées par arrêtés du ministre des sports et du ou des ministres intéressés après avis des fédérations sportives délégataires concernées, ne s'appliquent qu'à certains types d'établissements proposant la pratique ou l'enseignement d'activités à risques.

A. LES PRESCRIPTIONS COMMUNES À TOUS LES ÉTABLISSEMENTS D'APS

En premier lieu, il faut rappeler que tout exploitant d'un établissement d'APS est tenu, en vertu de l'article L. 221-1 du code de la consommation, à une obligation générale de sécurité. Selon ce texte en effet, « les produits et les services doivent, dans des conditions normales d'utilisation, ou dans d'autres conditions raisonnablement prévisibles par le professionnel, présenter la sécurité à laquelle on peut légitimement s'attendre et ne pas porter atteinte à la santé des personnes ».

L'exploitant d'un établissement d'APS est par ailleurs tenu de souscrire un contrat d'assurance garantissant sa responsabilité civile, celle des enseignants visés à l'article L. 212-1 code du sport et de tous ses préposés, ainsi que des personnes habituellement ou occasionnellement admises dans l'établissement pour y exercer les activités qui y sont enseignées (art. L. 321-7 C. sport).

En outre, l'exploitant d'un établissement d'APS est soumis aux mêmes obligations d'honorabilité que les éducateurs sportifs ; ainsi, les personnes ayant fait l'objet de certaines condamnations, listées à l'article L. 212-9 code du sport, ne peuvent pas exploiter, directement ou par l'intermédiaire d'un tiers, un établissement d'APS (sur l'application du régime des incapacités, V. commentaire ss. art. L. 212-9 C. sport). Lorsque l'exploitant d'un établissement d'APS est une personne morale, ce sont les administrateurs et gérants de l'établissement qui font l'objet de cette mesure (sur la notion d'administrateur ou de gérant V. Instr. n° 05-249 JS du 30 déc. 2005, *BOJS n° 19 du 31 déc. 2005*).

Il est en revanche important de noter que l'article 49, II, de la loi n° 2014-1545 du 20 décembre 2014 relative à la simplification de la vie des entreprises et portant diverses dispositions de simplification et de clarification du droit et des procédures administratives a supprimé l'obligation de déclaration administrative des établissements d'activités physiques et sportives (art. L. 322-3 C. sport) et, par voie de conséquence, les dispositions relatives aux sanctions pénales prévues pour défaut de déclaration.

Par ailleurs, dans tous les établissements d'APS, les copies de certains documents doivent être affichées en un lieu visible de tous : diplômes, titres, cartes professionnelles et récépissés de déclaration des personnes exerçant contre rémunération ; textes fixant les garanties d'hygiène et de sécurité et les normes techniques applicables à l'encadrement des APS (V. ci-dessous, B) ; attestation du contrat d'assurance de responsabilité civile ; tableau d'organisation des secours comportant les adresses et numéros de téléphone des personnes et organismes susceptibles d'intervenir en cas d'urgence.

L'exploitant est également tenu de disposer d'une trousse de secours pour les premiers soins et d'un moyen de communication permettant d'alerter rapidement les services de secours.

Enfin, il lui est fait obligation d'informer le préfet de tout accident grave survenu dans l'établissement mais également de toute situation présentant ou ayant présenté des risques graves pour la santé et la sécurité physique ou morale des pratiquants (V. comm. ss. art. R. 322-6 C. sport).

S'agissant de l'interdiction de vendre ou de distribuer des boissons alcoolisées dans les enceintes sportives et les établissements d'APS, l'article L. 322-6 renvoie au code de la santé publique (V. App., v° *Alcool et tabac*).

B. LES PRESCRIPTIONS SPÉCIFIQUES À CERTAINS ÉTABLISSEMENTS D'APS

Certains établissements d'APS sont assujettis à des prescriptions réglementaires particulières en matière d'hygiène et de sécurité. Il s'agit :

– Des établissements de natation et d'activités aquatiques : organisant la pratique de certaines activités nautiques, dispensant un enseignement de la voile (art. A. 322-4 à A. 322-70 C. sport). – V. aussi Instr. n° 95-118 JS du 3 juill. 1995, *BOJS 1995, nos 6 et 8*.

– Des établissements qui organisent et dispensent de la plongée subaquatique : de la plongée autonome à l'air, de la plongée autonome aux mélanges autres que l'air (C. sport, art. A. 322-71 à A. 322-101) ;

– Des établissements ouverts au public pour l'utilisation d'équidés (C. sport, art. A. 322-116 à A. 322-140) ;

– Des salles où sont pratiqués les arts martiaux (C. sport, art. A. 322-141) ;

– Des établissements de tir aux armes de chasse (C. sport, art. A. 322-142 à A. 322-146) ;

– Des établissements organisant la pratique du parachutisme (C. sport, art. A. 322-147 à A. 322-175).

D'autres établissements ou activités font l'objet de recommandations par voie d'instructions ministérielles : vélo tout terrain (Instr. n° 92-156 JS du 17 juill. 1992, *BOJS 1992, n° 8*) ; descente de canyon (Instr. n° 98-104 JS du 22 juin 1998, *BOJS 1998, n° 7*) ; glisses aéro-tractées (Instr. n° 2000-119 JS du 2 août 2000, *BOJS 2000, n° 8*) ; raids de sport nature (Instr. n° 2001-059 JS du 13 mars 2001, *BOJS 2001, n° 4*), laser game (Instr. n° 05-232 du 5 déc. 2005, *BOJS 2005, n° 19*), saut à l'élastique (Circ. intermin. du 15 déc. 2005 – Instr. n° 06-017 du 7 févr. 2006), parcours acrobatiques en hauteur (Instr. n° 09-089 du 15 juill. 2009 mod. par Instr. n° 09-098 du 28 juill. 2009, *BOJS n° 13 du 31 juill.*). D'une manière générale, ces instructions n'ont aucune valeur contraignante. Leur contenu pourrait toutefois être pris en compte par les tribunaux à l'occasion d'un litige, pour apprécier notamment le respect par l'exploitant ou l'organisateur de son obligation générale de sécurité à l'égard des pratiquants.

On notera enfin que les groupements sportifs affiliés sont généralement soumis, en complément ou à défaut des prescriptions législatives et réglementaires visées ci-dessus, à des règles de sécurité édictées par leurs fédérations de tutelle.

III. LE CONTRÔLE DE LA RÉGLEMENTATION SUR LES ÉTABLISSEMENTS D'APS

La police administrative des établissements d'APS incombe principalement au préfet. Ce dernier peut notamment, à titre de sanction administrative, s'opposer à l'ouverture ou prononcer la fermeture temporaire ou définitive d'un établissement qui ne présenterait pas les garanties d'hygiène et de sécurité requises, qui ne répondrait pas aux exigences légales en matière d'assurance, qui emploierait des personnes non qualifiées pour enseigner contre rémunération ou encore qui présenterait des risques pour la santé et la sécurité physique ou morale des pratiquants ou exposerait ceux-ci à l'utilisation de produits dopants. Il peut également prononcer le retrait de l'agrément d'une association sportive qui emploierait des personnes non qualifiées pour enseigner contre rémunération ou qui ne respecterait pas les prescriptions applicables aux établissements d'APS (art. L. 212-4 C. sport.).

La décision du préfet doit, sauf urgence, être précédée d'une mise en demeure adressée à l'exploitant afin que ce dernier puisse remédier aux manquements constatés.

Le maire n'en reste pas moins compétent, au titre de son pouvoir de police générale, pour prendre les mesures nécessaires au maintien de l'ordre public. Il peut encore, au titre de son pouvoir de police spéciale en matière d'établissements recevant du public, prononcer la fermeture temporaire ou définitive d'un établissement d'APS qui ne respecterait pas les règles de protection contre les risques d'incendie et de panique.

L'exploitant encourt par ailleurs des sanctions pénales (un an d'emprisonnement et 15 000 € d'amende) s'il n'a pas déclaré l'établissement, s'il emploie des personnes non qualifiées ou non déclarées pour enseigner contre rémunération, ou encore s'il poursuit son activité en dépit d'une décision administrative de fermeture de l'établissement. Ces infractions peuvent être recherchées et constatées non seulement par les officiers et agents de police judiciaire, mais également par les fonctionnaires habilités et assermentés du ministère de la jeunesse, des sports et de la vie associative. En revanche, aucune sanction pénale n'est prévue en cas de violation de l'article L. 322-1 c'est-à-dire lorsqu'un exploitant d'un établissement d'APS ne respecte pas les conditions d'honorabilité. ❑

V. aussi Arr. du 7 août 1997 mod. relatif à la gestion par le ministère de la jeunesse et des sports d'un fichier des activités physiques et sportives concernant les éducateurs et les établissements, JO 23 août ; Instr. n° 05-176 JS du 22 août 2005 (BOJS n° 14, 31 août) et Instr. n° 05-249 JS du 30 déc. 2005 (BOJS n° 19, 31 déc.).

Art. L. 322-1 Nul ne peut exploiter soit directement, soit par l'intermédiaire d'un tiers, un établissement dans lequel sont pratiquées des activités physiques ou sportives s'il a fait l'objet d'une condamnation prévue à l'article L. 212-9. – *[C. éduc., art. L. 463-3, al. 2.] – V. art. A. 322-3.*

La simple mise à disposition, par vente, prêt ou location, du matériel nécessaire à une pratique physique ou sportive ne suffit pas à caractériser un établissement où sont pratiquées une ou des activités physiques ou sportives au sens des art. L. 322-1 s. du C. sport. En revanche, doit être regardée comme exploitant un tel établissement la personne qui, se trouvant à proximité immédiate du lieu d'exercice de l'activité, organise une pratique sportive dans un périmètre circonscrit situé en dehors d'enceintes fermées, en mettant le matériel nécessaire à la disposition des pratiquants et en assortissant cette mise à disposition de consignes, de conseils ou d'informations dans le but de prévenir les risques inhérents à cette activité, alors même qu'elle n'assurerait pas de prestations d'enseignement, d'animation ou d'encadrement par la mise à disposition de personnels habilités pendant toute la durée de la pratique. • CE 11 juin 2010, *Féd. nat. professionnelle des loueurs de canoës-kayaks c/ ministère de la Santé et des Sports : req. n° 330614.*

Art. L. 322-2 Les établissements où sont pratiquées une ou des activités physiques ou sportives doivent présenter pour chaque type d'activité et d'établissement des garanties d'hygiène et de sécurité définies par voie réglementaire. – *[C. éduc., art. L. 463-3, al. 1er.] – V. art. R. 322-1 s. et art. A. 322-1 s.*

Art. L. 322-3 (Abrogé par L. n° 2014-1545 du 20 déc. 2014, art. 49-II) ***Un décret en Conseil d'État fixe dans les conditions dans lesquelles les responsables des établissements où sont pratiquées une ou plusieurs de ces activités déclarent leur activité à l'autorité administrative.*** – [C. éduc., art. L. 463-4.]– V. art. R. 322-1

Art. L. 322-4 Est puni d'un an d'emprisonnement et de 15 000 euros d'amende le fait pour toute personne :

(Abrogé par L. n° 2014-1545 du 20 déc. 2014, art. 49-II) ***« 1° D'exploiter un établissement où sont pratiquées des activités physiques et sportives sans avoir procédé à la déclaration prévue à l'article L. 322-3 ; »***

2° De maintenir en activité un établissement où sont pratiquées une ou plusieurs activités physiques ou sportives en méconnaissance d'une mesure prise en application de l'article L. 322-5. – *[C. éduc., art. L. 463-7, al. 1er et 4.]*

Art. L. 322-5 **L'autorité administrative peut s'opposer à l'ouverture ou prononcer la fermeture temporaire ou définitive d'un établissement qui ne présenterait pas les garanties prévues aux articles L. 322-1 et L. 322-2 et ne remplirait pas les obligations d'assurance mentionnées à l'article L. 321-7.**

L'autorité administrative peut également prononcer la fermeture temporaire ou définitive d'un établissement employant une personne qui enseigne, anime ou encadre une ou plusieurs activités physiques ou sportives mentionnées à l'article L. 212-1 sans posséder les qualifications requises.

L'autorité administrative peut prononcer également la fermeture temporaire ou définitive d'un établissement lorsque son maintien en activité présenterait des risques pour la santé et la sécurité physique ou morale des pratiquants ou exposerait ceux-ci à l'utilisation de substances ou de procédés interdits par l'article L. 232-9. – *[C. éduc., art. L. 463-5.] – V. art. R. 322-9.*

Lorsque l'exploitant d'un établissement d'activités physiques et sportives s'oppose ou tente de s'opposer à un contrôle par l'autorité administrative du respect des dispositions applicables en la matière, le préfet peut prononcer la fermeture temporaire de cet établissement par arrêté motivé après avoir mis l'intéressé en mesure de présenter ses observations écrites. • TA Grenoble, 26 avr. 1995, *Sté Axis club : req. n° 923733.*

Art. L. 322-6 **Le régime de la vente et de la distribution des boissons dans les stades, dans les salles d'éducation physique, les gymnases et, d'une manière générale, dans tous les établissements d'activités physiques et sportives est prévu à l'article L. 3335-4 du code de la santé publique.** – *V. ce texte App., v° Alcool et tabac, I. Alcool.*

SECTION II DISPOSITIONS RELATIVES AUX BAIGNADES ET PISCINES OUVERTES AU PUBLIC

BIBL. GÉN. ▸ Natation et baignades, *in Dict. perm. dr. sport (mise à jour périodique)*. - PELZER, La notion d'« établissements de baignade d'accès payant » : un régime juridique inadapté ?, *RLCT 2010, n° 62, p. 16.* - J.-P. VIAL, Noyade d'un enfant dans une piscine municipale, *Cah. dr. sport 2011, n° 23, p. 129.*

COMMENTAIRE

Les piscines et baignades sont soumises à une réglementation abondante issue du code du sport, d'une part, et du code de la santé publique, d'autre part. Les différents lieux de baignade peuvent être classés en trois grandes catégories qui obéissent, chacune, à des règles différentes notamment en matière de sécurité (sécurité-surveillance et sécurité sanitaire) :

– Tout d'abord, les baignades d'accès payant ouvertes au public : ce sont les établissements d'activités physiques et sportives mentionnées à l'article L. 322-1 du code du sport dans lesquels sont pratiquées des activités aquatiques, de baignade ou de natation ou les établissements dans lesquels, ces activités font partie des prestations de service offertes en contrepartie du paiement d'un droit d'accès qu'il soit ou non spécifique (C. sport, art. D. 322-12) ;

– Puis, les baignades ouvertes gratuitement au public, aménagées et réglementairement autorisées. Ces baignades comprennent une portion de terrain contiguë à l'eau de baignade sur laquelle des aménagements ont été réalisés afin de favoriser la pratique de la baignade (CSP, art. D. 1332-39) ;

– Enfin, les autres baignades qui ne sont pas interdites, c'est-à-dire, toutes eaux de baignade dans lesquelles la commune s'attend à ce qu'un grand nombre de personnes se baignent (CSP, art. L. 1332-2).

La surveillance des baignades ouvertes au public, d'accès payant ou aménagées, relève des dispositions du code du sport (V. art. L. 322-7 s. et D. 322-11 s.), tandis que la sécurité des lieux de baignade ainsi que l'hygiène des eaux, quel que soit le type de baignade, sont pour leur part régies par des dispositions du code de la santé publique (V. App., v° *Baignades et piscines*). ❑

Art. L. 322-7 **Toute baignade et piscine d'accès payant doit, pendant les heures d'ouverture au public, être surveillée d'une façon constante par du personnel qualifié**

titulaire d'un diplôme délivré par l'État et défini par voie réglementaire. – *[L. n° 51-662 du 24 mai 1951, art. 1er.]*

Sur l'obligation de surveillance des baignades, V. comm. ss. art. D. 322-11 s.

Sur la notion « d'établissement de baignade d'accès payant », V. note ss. art. D. 322-12.

Art. L. 322-8 Les infractions aux dispositions de l'article L. 322-7 sont punies de l'amende prévue pour les contraventions de 5e classe.

Le tribunal peut, en outre, prononcer la fermeture de la piscine ou de la baignade.

La récidive est punie d'une peine d'un mois d'emprisonnement et d'une amende de 3 750 euros.

L'usurpation du titre prévu à l'article L. 322-7 sera punie des peines prévues à l'article 433-17 du code pénal. – *[L. n° 51-662 du 24 mai 1951, art. 5.]*

Art. L. 322-9 Les règles d'hygiène et de sécurité relatives à l'installation, l'aménagement et l'exploitation des baignades et piscines sont définies aux articles L. 1332-1 à L. 1332-4 et L. 1337-1 du code de la santé publique.

TITRE TROISIÈME MANIFESTATIONS SPORTIVES

CHAPITRE PREMIER ORGANISATION DES MANIFESTATIONS SPORTIVES

BIBL. GÉN. ► F. Buy, L'organisation contractuelle du spectacle sportif, *PUAM, 2002.* - Ch. Dudognon, L'événement sportif a-t-il encore besoin des fédérations sportives ?, *RJ éco. sport 2000, n° 55, p. 37.* - C. Dudognon, B. Foucher, E. Honorat, J.-P. Karaquillo et A. Lacabarats (dir.), Intégrité des compétitions sportives, *Dalloz, Juris éditions, 2014.* - M. Féral, Sport et ordre public : la prévention et la lutte contre la violence dans les manifestations sportives, *RFAP 2001, n° 97, p. 131.* - Des aspects juridiques liés à l'organisation d'un événement sportif, *PUF, 2005.* - Fiscalité des manifestations sportives, *in Dict. perm. dr. sport (mise à jour périodique).* - Organisateurs de compétitions ou de manifestations sportives (obligations administratives), *ibid.*

COMMENTAIRE

Les manifestations sportives, comme l'ensemble des manifestations en règle générale, relèvent du domaine de la liberté : liberté de chacun de les organiser et liberté d'y participer dans les conditions prévues à cet effet. Concernant ce dernier point, l'organisateur est, en principe, libre de déterminer les conditions (juridiques et matérielles, d'accès et de déroulement) de sa manifestation.

Néanmoins, le régime de liberté qui préside à l'organisation des manifestations est très largement battu en brèche par un grand nombre d'exigences imposées à l'organisateur (respect de règles particulières, application de mécanismes de contrôle administratif…). La caractéristique première de ces obligations réside dans la diversité de leurs sources : dispositions de droit commun ; dispositions spécifiques aux activités sportives ; dispositions spécifiques à certaines manifestations sportives en raison du lieu où elles se déroulent (les voies publiques, par exemple), de la discipline sportive concernée (la boxe, par exemple) et/ou des caractéristiques qu'elles présentent (manifestations nautiques en mer, manifestations aériennes, manifestations à but lucratif…) ; mesures de police administrative (générale et/ou spéciale) ; règlements fédéraux… Diversité des sources, mais aussi diversité des procédés de contrôle administratif (agrément, déclaration, autorisation, homologation…) et des objectifs poursuivis : la sécurité (des pratiques et des sites, des participants et des spectateurs) très principalement mais encore la santé des sportifs, l'équité sportive, la protection des compétitions « officielles » et la cohérence du système compétitif, le financement… ❑

SECTION PREMIÈRE RÔLE DES FÉDÉRATIONS

Art. L. 331-1 Les fédérations délégataires édictent des règlements relatifs à l'organisation de toutes les manifestations dont elles ont la charge dans le respect notamment des règles définies en application de l'article L. 123-2 du code de la construction et de l'habitation. – *[L. n° 84-610 du 16 juill. 1984, art. 42-3, al. 1er.]*

Art. L. 331-2 *(Abrogé par Ord. n° 2015-1682 du 17 déc. 2015, art. 17-1°, à compter du 1er janv. 2016)* ***« Toute compétition, rencontre, démonstration ou manifestation publique de***

quelque nature que ce soit, dans une discipline sportive, qui n'est pas organisée ou autorisée par une fédération sportive agréée fait l'objet d'une déclaration à l'autorité administrative un mois au moins avant la date de la manifestation prévue. »

L'autorité administrative peut, par arrêté motivé, interdire la tenue *(Ord. n° 2015-1682 du 17 déc. 2015, art. 17-1°, en vigueur le 1er janv. 2016)* **« de toute compétition, rencontre, démonstration ou manifestation publique de quelque nature que ce soit, dans une discipline ou une activité sportive » lorsqu'elle présente des risques d'atteinte à la dignité, à l'intégrité physique ou à la santé des participants.** – *[L. n° 84-610 du 16 juill. 1984, art. 49-1-A, al. 1er et 2.]*

COMMENTAIRE

L'obligation de déclaration qui était prévue à l'article L. 331-2 a été supprimée par l'ordonnance n° 2015-1682 du 17 décembre 2015 portant simplification de certains régimes d'autorisation préalable et de déclaration des entreprises et des professionnels. Cette déclaration auprès de l'autorité administrative concernait les manifestations sportives qui n'étaient pas organisées ou autorisées par une fédération sportive agréée. A compter du 1er janvier 2016, les manifestations visées par l'article L. 331-2 peuvent faire l'objet d'une interdiction par arrêté motivé de l'autorité administrative. ❑

Art. L. 331-3 *(Ord. n° 2015-1682 du 17 déc. 2015, art. 17-2°, en vigueur le 1er janv. 2016)* **Le fait d'organiser une des manifestations définies à l'article L. 331-2 en violation d'une décision d'interdiction est puni d'un an d'emprisonnement et de 15 000 € d'amende.**

Art. L. 331-4 Les fédérations délégataires ne peuvent pas déléguer leurs compétences pour l'organisation de manifestations sportives nécessitant des conditions particulières de sécurité.

Elles signalent la tenue de ces manifestations aux autorités détentrices des pouvoirs de police. Les catégories de manifestations concernées par les dispositions du premier alinéa sont précisées par décret. – *[L. n° 84-610 du 16 juill. 1984, art. 18, § 1, al. 4.]*

Art. L. 331-4-1 *(L. n° 2006-784 du 5 juill. 2006)* **Les fédérations mentionnées à l'article L. 131-14 peuvent être assistées, dans le cadre de leurs actions de prévention des violences à l'occasion des manifestations sportives à caractère amateur, par des membres de la réserve civile de la police nationale mentionnée** *(L. n° 2011-267 du 14 mars 2011, art. 113-VI)* **« aux articles 4 à 4-5 » de la loi n° 2003-239 du 18 mars 2003 pour la sécurité intérieure.**

Décret n° 2008-1142 du 5 novembre 2008,

Instituant un délégué interministériel aux grands événements sportifs.

Art. 1er Il est institué, auprès du ministre chargé des sports, un délégué interministériel aux grands événements sportifs.

Art. 2 *(Décr. n° 2013-650 du 18 juill. 2013, art. 2)* Dans le respect des compétences des préfets, le délégué interministériel aux grands événements sportifs anime et coordonne les activités des administrations de l'État et des établissements publics nationaux concourant à l'accueil et à l'organisation des grands événements sportifs internationaux organisés sur le territoire français.

Il assure les relations de l'État avec les comités d'organisation chargés d'un grand événement sportif et, en lien avec le représentant de l'État dans le département, avec les collectivités territoriales intéressées par cette manifestation.

Il participe aux actions d'information du public. Il suscite ou encourage les initiatives destinées à tirer parti de ces manifestations dans les domaines économique, social, éducatif et culturel, en veillant notamment à ce qu'elles contribuent à développer l'accès à la pratique sportive pour les publics ou les territoires qui en sont les plus éloignés.

Il conseille le Gouvernement dans la définition des modalités d'accueil des grandes manifestations sportives de dimension internationale dont l'organisation incombe à la France.

Art. 2-1 *(Décr. n° 2013-650 du 18 juill. 2013, art. 3)* Pour chaque grand événement sportif international, le délégué interministériel anime un réseau de correspondants dans les différents ministères concernés, sous la forme d'un groupe de suivi qu'il préside et anime.

Les préfets concernés par l'événement sont associés au réseau.

Les représentants des fédérations sportives et des collectivités territoriales concernées par l'événement peuvent être associés, en tant que de besoin, à ses travaux.

Les représentants des comités d'organisation sont invités à participer aux travaux.

Art. 3 *(Décr. n° 2013-650 du 18 juill. 2013, art. 4)* Pour l'exercice de ses missions, le délégué interministériel dispose des services placés sous l'autorité du ministre chargé des sports.

Il peut faire appel, en tant que de besoin, aux services des autres ministères concernés.

A cet effet, il peut bénéficier du concours de moyens de fonctionnement et d'agents mis à sa disposition par ces ministères.

Art. 4 Le décret n° 2005-1495 du 5 décembre 2005 instituant un délégué interministériel à la Coupe du monde de rugby de 2007 est abrogé.

SECTION II **AUTORISATION ET DÉCLARATION PRÉALABLES** *(L. n° 2015-177 du 16 févr. 2015, art. 15-V-1°).*

Art. L. 331-5 Toute personne physique ou morale de droit privé, autre que les fédérations sportives, qui organise une manifestation ouverte aux licenciés d'une discipline qui a fait l'objet d'une délégation de pouvoir conformément à l'article L. 131-14 et donnant lieu à remise de prix en argent ou en nature dont la valeur excède un montant fixé par arrêté du ministre chargé des sports, doit obtenir l'autorisation de la fédération délégataire concernée.

Cette autorisation est subordonnée au respect des règlements et règles *(Abrogé par L. n° 2012-158 du 1er févr. 2012, art. 7-III)* **« *techniques* » mentionnés à l'article L. 131-16 et à la conclusion entre l'organisateur et la fédération délégataire d'un contrat comprenant des dispositions obligatoires fixées par décret.** – *[L. n° 84-610 du 16 juill. 1984, art. 18, al. 1er et 3.]*

COMMENTAIRE

Au mécanisme d'agrément prévu par la loi n° 84-610 du 16 juillet 1984 *(JO 17 juill.)* dans sa version première, la loi n° 2000-627 du 6 juillet 2000 *(JO 8 juill.)* a substitué un régime d'autorisation fédérale. Ainsi, les organisateurs de manifestations sportives relevant du champ d'application de l'article L. 331-5 doivent obtenir (au lieu « de demander », dans l'ancienne version, de sorte à lever le doute qui pouvait entourer la définition de l'infraction) l'autorisation de la fédération délégataire. Si le dispositif d'agrément avait déjà été opportunément rénové par la loi n° 92-652 du 13 juillet 1992 (en prévoyant notamment des sanctions à l'encontre des organisateurs, alors que seules des sanctions disciplinaires frappant les participants licenciés étaient initialement prévues, *JO 16 juill.*), celui de l'autorisation instaurée par la loi de 2000 est plus achevé notamment au regard des modalités et des conditions d'obtention de l'autorisation fédérale. Il reste que n'est toujours pas paru le décret d'application prévu au 2e alinéa de l'article L. 331-5 qui doit préciser les dispositions obligatoires devant figurer dans le contrat liant l'organisateur à la fédération. La loi n° 2010-476 du 12 mai 2010 relative à l'ouverture à la concurrence et à la régulation du secteur des jeux d'argent et de hasard en ligne *(JO 13 mai)* précise, en son article 32, que les organisateurs privés édictent les obligations et les interdictions relatives aux paris sportifs qui sont imposées aux sportifs ou aux équipes qui participent à leurs manifestations sportives. Ils sont chargés de veiller à l'application et au respect de ces obligations et interdictions. ❑

Pour une première application de l'art. 18 de la loi du 16 juill. 1984 [C. sport, art. L. 331-5] par le juge pénal, concernant l'organisation d'une compétition de surf par une association n'ayant pas reçu l'agrément de la Fédération française de surf et de skate, V. : • T. corr. Rochefort-sur-Mer, 11 janv. 1994 : *Gaz. Pal. 1996. 1. 14, note Lapouble.*

Art. L. 331-6 Le fait d'organiser une manifestation sportive dans les conditions prévues à l'article L. 331-5 sans l'autorisation de la fédération délégataire est puni de 15 000 euros d'amende. – *[L. n° 84-610 du 16 juill. 1984, art. 18, al. 5.]*

Art. L. 331-7 Tout licencié qui participe à une manifestation n'ayant pas reçu l'autorisation de la fédération dont il est membre s'expose aux sanctions disciplinaires prévues par le règlement de cette fédération. – *[L. n° 84-610 du 16 juill. 1984, art. 18, al. 8.]*

Art. L. 331-8 **L'organisation de courses de véhicules à moteur sur les voies ouvertes à la circulation publique est soumise à l'autorisation prévue à l'article L. 411-7 du code de la route.**

Art. L. 331-8-1 *(Ord. n° 2015-1682 du 17 déc. 2015, art. 17-3°, en vigueur le 1er janv. 2016)* **« Les déclarations des manifestations sportives se déroulant sur la voie publique à l'intérieur du territoire d'une seule commune et ne comportant pas la participation de véhicule à moteur sont transférées au maire de la commune concernée ou au préfet de police à Paris. »**

Les conditions d'application du présent article sont fixées par décret en Conseil d'État.

COMMENTAIRE

L'article L. 331-8-1 est issu de la loi n° 2015-177 du 16 février 2015 relative à la modernisation et à la simplification du droit et des procédures dans les domaines de la justice et des affaires intérieures. Il a été modifié par l'ordonnance n° 2015-1682 du 17 décembre 2015 portant simplification de certains régimes d'autorisation préalable et de déclaration des entreprises et des professionnels de façon à préciser que les manifestations sportives concernées par le régime déclaratif sont celles qui se déroulent sur la voie publique. ❑

SECTION III OBLIGATION D'ASSURANCE DES ORGANISATEURS DE MANIFESTATIONS SPORTIVES

Art. L. 331-9 **L'organisation par toute personne autre que l'État et les organismes mentionnés à l'article L. 321-1 de manifestations sportives ouvertes aux licenciés des fédérations est subordonnée à la souscription par l'organisateur des garanties d'assurance définies au même article L. 321-1.** – *[L. n° 84-610 du 16 juill. 1984, art. 37, al. 2.]*

V. art. L. 321-1.

Art. L. 331-10 **L'organisation par toute personne autre que l'État de manifestations sportives comportant la participation de véhicules terrestres à moteur est subordonnée à la souscription par l'organisateur de garanties d'assurance.**

Ces garanties d'assurance couvrent la responsabilité civile de l'organisateur, de toute personne qui prête son concours à l'organisation avec l'accord de l'organisateur et des participants.

Les assurés sont tiers entre eux. – *[L. n° 84-610 du 16 juill. 1984, art. 37, al. 3 à 6.]*

Art. L. 331-11 **Un décret fixe les modalités d'application des articles L. 331-9 et L. 331-10, et notamment les modalités de contrôle.** – *[L. n° 84-610 du 16 juill. 1984, art. 37, al. 8.]*

Art. L. 331-12 **Le fait pour une personne organisant une manifestation sportive définie à l'article L. 331-9 de ne pas souscrire les garanties d'assurance prévues à cet article est puni de six mois d'emprisonnement et de 7 500 euros d'amende.** – *[L. n° 84-610 du 16 juill. 1984, art. 37, al. 10, 13 et 14.]*

CHAPITRE II SÉCURITÉ DES MANIFESTATIONS SPORTIVES

BIBL. ▸ M. BÉNILLOUCHE, Les dispositions pénales relatives à la prévention des violences lors des manifestations sportives : un cadre juridique en mutation, *Cah. dr. sport 2007, n° 7.* - V. CASTILLON, Prévention et sanction des violences sportives, *Dr. pénal, déc. 2007.* - J. R. COGNARD, La billetterie des manifestations et des compétitions sportives, *JS déc. 2012, n° 126, p. 38.* - G. DURAND (coord.) Dossier Manifestations sportives - Organiser en toute sécurité, *ibid. p. 17.* - J. MORANGE, La dissolution des associations de supporters, *JS 2016, n° 160, p. 37* ✐. - G. VERMELLE, La violence dans les manifestations sportives (observations de droit pénal), *RJ éco. sport 2005, n° 76, p. 7* ✐. - Sécurité dans les stades, *in Dict. perm. dr. sport.*

Art. L. 332-1 **Les organisateurs de manifestations sportives à but lucratif peuvent être tenus d'y assurer un service d'ordre dans les conditions prévues à l'article L. 211-11 du code de la sécurité intérieure.**

(L. n° 2016-564 du 10 mai 2016, art. 1er) **« Aux fins de contribuer à la sécurité des manifestations sportives, les organisateurs de ces manifestations peuvent refuser ou**

annuler la délivrance de titres d'accès à ces manifestations ou en refuser l'accès aux personnes qui ont contrevenu ou contreviennent aux dispositions des conditions générales de vente ou du règlement intérieur relatives à la sécurité de ces manifestations.

« A cet effet, les organisateurs peuvent établir un traitement automatisé de données à caractère personnel relatives aux manquements énoncés à l'avant-dernier alinéa du présent article, dans des conditions fixées par décret en Conseil d'État pris après avis motivé et publié de la Commission nationale de l'informatique et des libertés. »

Code de la sécurité intérieure

Art. L. 114-1 Les décisions administratives de recrutement, d'affectation, d'autorisation, d'agrément ou d'habilitation, prévues par des dispositions législatives ou réglementaires, concernant soit les emplois publics participant à l'exercice des missions de souveraineté de l'État, soit les emplois publics ou privés relevant du domaine de la sécurité ou de la défense, soit les emplois privés ou activités privées réglementées relevant des domaines des jeux, paris et courses, soit l'accès à des zones protégées en raison de l'activité qui s'y exerce, soit l'utilisation de matériels ou produits présentant un caractère dangereux, peuvent être précédées d'enquêtes administratives destinées à vérifier que le comportement des personnes physiques ou morales intéressées n'est pas incompatible avec l'exercice des fonctions ou des missions envisagées. – *[L. n° 95-73 du 21 janv. 1995, art. 17-1, al. 1er.]*

Art. L. 211-11 Les organisateurs de manifestations sportives, récréatives ou culturelles à but lucratif peuvent être tenus d'y assurer un service d'ordre lorsque leur objet ou leur importance le justifie.

Les personnes physiques ou morales pour le compte desquelles sont mis en place par les forces de police ou de gendarmerie des services d'ordre qui ne peuvent être rattachés aux obligations normales incombant à la puissance publique en matière de maintien de l'ordre sont tenues de rembourser à l'État les dépenses supplémentaires qu'il a supportées dans leur intérêt.

Un décret en Conseil d'État fixe les conditions d'application du présent article. – *[L. n° 95-73 du 21 janv. 1995, art. 23.]*

Art. L. 234-1 Un décret en Conseil d'État fixe la liste des enquêtes administratives mentionnées à l'article L. 114-1 qui donnent lieu à la consultation des traitements automatisés de données personnelles mentionnés à l'article 230-6 du code de procédure pénale, y compris pour les données portant sur des procédures judiciaires en cours, dans la stricte mesure exigée par la protection de la sécurité des personnes et la défense des intérêts fondamentaux de la Nation. Il détermine les conditions dans lesquelles les personnes intéressées sont informées de cette consultation. – *[L. n° 95-73 du 21 janv. 1995, art. 17-1, al. 2.]*

Art. L. 234-2 La consultation prévue à l'article L. 234-1 est faite par des agents *(L. n° 2013-1168 du 18 déc. 2013, art. 18)* « individuellement désignés et spécialement habilités :

« 1° De la police et de la gendarmerie nationales ;

« 2° Dans des conditions fixées par le décret en Conseil d'État mentionné à l'article L. 234-1, des services spécialisés de renseignement mentionnés *(L. n° 2015-912 du 24 juill. 2015, art. 21-II-2°)* « à l'article L. 811-2 ». – *V. art. R. 114-6 et R. 234-2 CSI.*

« Dans des conditions déterminées par décret en Conseil d'État, elle peut également être effectuée par des personnels investis de missions de police administrative désignés selon les mêmes procédures. » – *[L. n° 95-73 du 21 janv. 1995, art. 17-1, al. 4.]*

Les art. 4, 7, 9, 16 à 23, 25 et 26 de la L. n° 2015-912 du 24 juill. 2015 sont applicables en Polynésie française, en Nouvelle-Calédonie et à Wallis-et-Futuna (L. préc., art. 24).

Art. L. 234-3 La consultation des traitements automatisés de données personnelles mentionnés à l'article 230-6 du code de procédure pénale peut également être effectuée, y compris pour des données portant sur des procédures judiciaires en cours, pour l'exercice de missions ou d'interventions lorsque la nature de celles-ci ou les circonstances particulières dans lesquelles elles doivent se dérouler comportent des risques d'atteinte à l'ordre public ou à la sécurité des personnes et des biens, ainsi qu'au titre des mesures de protection ou de défense prises dans les secteurs de sécurité des installations prioritaires de défense mentionnés à l'article L. 1321-2 du code de la défense. Cette consultation est effectuée par des agents *(L. n° 2013-1168 du 18 déc. 2013, art. 19)* « individuellement désignés et spécialement habilités » de la police et de la gendarmerie nationales *(L. n° 2013-1168 du 18 déc. 2013,* *art. 19)* « ainsi que, dans la limite de leurs attributions et dans des conditions fixées par décret en Conseil d'État, des services de renseignement désignés par le ministre de la défense, aux fins de protection de la sécurité de leurs personnels ». – *[L. n° 95-73 du 21 janv. 1995, art. 17-1, al. 5.]*

Loi n° 95-73 du 21 janvier 1995,

D'orientation et de programmation relative à la sécurité.

Art. 17-1 *(Ord. n° 2012-351 du 12 mars 2012, art. 13)* Il est procédé à la consultation prévue à l'article L. 234-1 du code de la sécurité intérieure *[reproduit ci-dessus]* pour l'instruction des demandes d'acquisition de la nationalité française et de délivrance et de renouvellement des titres relatifs à l'entrée et au séjour des étrangers ainsi que pour la nomination et la promotion dans les ordres nationaux.

Décret n° 97-199 du 5 mars 1997,

Relatif au remboursement de certaines dépenses supportées par les forces de police et de gendarmerie (Décr. n° 2010-1295 du 28 oct. 2010).

Art. 1er *(Décr. n° 2010-1295 du 28 oct. 2010)* Donnent lieu à remboursement à l'État les prestations suivantes exécutées par les forces de police et de gendarmerie dans les services d'ordre lorsqu'ils ne peuvent être rattachés aux obligations normales incombant à la puissance publique en matière de sécurité et d'ordre publics :

1° L'affectation et la mise à disposition d'agents ;

2° Le déplacement, l'emploi et la mise à disposition de véhicules, de matériels ou d'équipements ;

3° Les prestations d'escortes.

Art. 2 *(Décr. n° 2010-1295 du 28 oct. 2010)* Préalablement à l'exécution des prestations mentionnées à l'article 1er du présent décret, une convention est signée dans les conditions prévues à l'article 4 avec le bénéficiaire des prestations effectuées par les forces de police et de gendarmerie. Cette convention prévoit l'obligation pour le bénéficiaire de souscrire une assurance. Les garanties sont définies par arrêté du ministre de l'intérieur et doivent être reprises dans la convention susmentionnée.

Art. 3 *(Décr. n° 2010-1295 du 28 oct. 2010)* « Les modalités de calcul des sommes dues par les bénéficiaires pour les prestations des forces de police ou de gendarmerie énumérées à l'article 1er du présent décret sont déterminées par arrêté du ministre de l'intérieur et du ministre du budget. »

Ce versement est exclusif de toute autre rétribution, gratification ou redevance.

Art. 4 Les modalités d'exécution techniques et financières du concours apporté par les forces de police *(Décr. n° 2010-1295 du 28 oct. 2010)* « et de gendarmerie » sont préalablement déterminées par une convention conclue entre le représentant de l'État et les bénéficiaires de ces prestations.

(Décr. n° 2010-1295 du 28 oct. 2010) « Dans les départements où le préfet de police est responsable de la sécurité et de l'ordre publics, la convention est conclue entre le préfet de police et le bénéficiaire.

« Lorsqu'il s'agit d'une prestation itinérante sur plusieurs départements, la convention est conclue entre le représentant de l'État dans le département de départ de la prestation et le bénéficiaire.

« Lorsqu'il s'agit d'une prestation d'envergure nationale, elle est conclue entre le ministre de l'intérieur et le bénéficiaire. »

Art. 5 Les sommes dues en application *(Décr. n° 2010-1295 du 28 oct. 2010)* « de l'article 1er du présent décret » font l'objet d'ordres de recette.

Le bénéficiaire des prestations mentionnées *(Décr. n° 2010-1295 du 28 oct. 2010)* « au même article » est tenu de s'acquitter de sa dette dans un délai de trente jours à compter de la réception de la demande de paiement. Passé ce délai, les intérêts légaux lui sont applicables automatiquement par jour de retard.

Art. 5-1 *(Décr. nº 2012-374 du 16 mars 2012, art. 1er)* Le présent décret est applicable en Nouvelle-Calédonie dans sa rédaction en vigueur à la date de publication du décret nº 2012-374 du 16 mars 2012.

V. aussi Circ. NOR : INT/C/9700099/C du 30 mai 1997 relative à la réforme des modalités d'exécution des prestations de service d'ordre et de relations publiques.

Arrêté du 8 septembre 2000,

Fixant le montant des remboursements de certaines dépenses supportées par les forces de police.

Art. 1er En application du décret nº 97-199 du 5 mars 1997 susvisé *[relatif au remboursement de certaines dépenses supportées par les forces de police]*, les montants des remboursements dus par les bénéficiaires des prestations de services d'ordre et de relations publiques exécutées par les forces de la police nationale sont calculés conformément au tableau ci-après :

Prestations payantes réalisées par les services de police	Détermination du remboursement demandé au bénéficiaire des prestations
Mise à disposition d'agents.	Nombre de fonctionnaire x nombres d'heures (par fonctionnaire) x taux horaire x coefficient multiplicateur
Prestations de relations publiques.	Idem.
Escorte.	(Nombre de km parcourus x nombre de véhicules de police) + (nombre de fonctionnaires x taux horaire x nombre d'heures par fonctionnaire). Toute distance inférieure à 20 km est facturée à la valeur de 20 km.
Mise à dispositions de véhicules de matériels ou d'équipements	Véhicules : – véhicule automobile d'un PTAC n'excédant pas 3,5 tonnes : 2 000 F par période de 24 heures (hors carburant) ; – vedette fluviale ou maritime : 5 000 F par période de 24 heures (hors carburant) ; – poids lourd, véhicule de transport en commun : 3 500 F par période de 24 heures (hors carburant) ; – cyclomoteur, mobylette : 1 000 F par période de 24 heures (hors carburant). Matériels et équipements spéciaux : – Barrières : 15 F par barrière et par période de 48 heures ; – Matériels divers (signalisation ou protection) : 1 000 F par période de 24 heures.
Remorquages de véhicules immobilisés ou accidentés.	Poids lourd, véhicule de transport en commun : 2 500 F par véhicule. Véhicule automobile d'un PTAC n'excédant pas 3,5 tonnes : 1 500 F par véhicule. Cycle, cyclomoteur, motocyclette : 500 F par véhicule.

Art. 2 Pour l'application de l'article 1er du présent arrêté, les différents taux sont fixés ainsi qu'il suit :

— le taux horaire est déterminé conformément aux dispositions du décret du 3 mars 2000 susvisé ;

— le taux kilométrique est déterminé conformément aux dispositions de l'arrêté du 1er juillet 1999 susvisé ;

— le coefficient multiplicateur est fixé à 1,2 lorsque le nombre de fonctionnaires employés sur le service d'ordre est compris entre 1 et 100, à 1,5 entre 101 et 500 fonctionnaires, et à 1,7 au-delà.

Art. 3 L'arrêté du 5 mars 1997 fixant le montant des remboursements de certaines dépenses supportées par les forces de police est abrogé.

Code de la sécurité intérieure

SECTION II. *Traitement de données à caractère personnel dénommé "prévention des atteintes à la sécurité publiques"*

Art. R. 236-11 Le ministre de l'intérieur (direction générale de la police nationale) est autorisé à mettre en œuvre un traitement de données à caractère personnel dénommé "Prévention des atteintes à la sécurité publique", ayant pour finalité de recueillir, de conserver et d'analyser les informations qui concernent des personnes dont l'activité individuelle ou collective indique qu'elles peuvent porter atteinte à la sécurité publique.

Ce traitement a notamment pour finalité de recueillir, de conserver et d'analyser les informations qui concernent les personnes susceptibles d'être impliquées dans des actions de violence collectives, en particulier en milieu urbain ou à l'occasion de manifestations sportives.

Art. R. 236-12 Peuvent être enregistrées dans le traitement mentionné à l'article R. 236-11, dans le respect des dispositions de l'article 6 de la loi n° 78-17 du 6 janvier 1978 relative à l'informatique, aux fichiers et aux libertés et dans la stricte mesure où elles sont nécessaires à la poursuite de la finalité mentionnée au second alinéa de l'article R. 236-11, les catégories de données à caractère personnel suivantes :

1° Motif de l'enregistrement ;

2° Informations ayant trait à l'état civil, à la nationalité et à la profession, adresses physiques, numéros de téléphone et adresses électroniques, origine géographique (c'est-à-dire : lieu de naissance, lieux de résidence et zones d'activité) ;

3° Signes physiques particuliers et objectifs, photographies ;

4° Titres d'identité ;

5° Immatriculation des véhicules ;

6° Informations patrimoniales ;

7° Activités publiques, comportement et déplacements ;

8° Agissements susceptibles de recevoir une qualification pénale ;

9° Personnes entretenant ou ayant entretenu des relations directes et non fortuites avec l'intéressé.

Le traitement ne comporte pas de dispositif de reconnaissance faciale à partir de la photographie.

Art. R. 236-13 L'interdiction prévue au I de l'article 8 de la loi n° 78-17 du 6 janvier 1978 relative à l'informatique, aux fichiers et aux libertés s'applique au traitement mentionné à l'article R. 236-11.

Par dérogation, sont autorisés, pour les seules fins et dans le strict respect des conditions définies à la présente section, la collecte, la conservation et le traitement de données concernant les personnes mentionnées à l'article R. 236-11 et relatives :

1° A des signes physiques particuliers et objectifs comme éléments de signalement des personnes ;

2° A des activités politiques, philosophiques, religieuses ou syndicales.

Il est interdit de sélectionner dans le traitement une catégorie particulière de personnes à partir de ces seules données.

Art. R. 236-14 Les données mentionnées aux articles R. 236-12 et R. 236-13 ne peuvent être conservées plus de dix ans après l'intervention du dernier événement de nature à faire apparaître un risque d'atteinte à la sécurité publique ayant donné lieu à un enregistrement.

Art. R. 236-15 Les données mentionnées aux articles R. 236-12 et R. 236-13 ne peuvent concerner des mineurs que s'ils sont âgés d'au moins treize ans et sont au nombre des personnes mentionnées à l'article R. 236-11. Ces données ne peuvent alors être conservées plus de trois ans après l'intervention du dernier événement de nature à faire apparaître un risque d'atteinte à la sécurité publique ayant donné lieu à un enregistrement.

Un référent national, membre du Conseil d'État, concourt par les recommandations qu'il adresse au responsable du traitement mentionné à l'article R. 236-11 au respect des garanties accordées aux mineurs par les dispositions de la présente section. Il est assisté d'adjoints, membres du corps des tribunaux administratifs et des cours administratives d'appel, auxquels il peut donner délégation. Le référent national et ses adjoints sont désignés par arrêté du vice-président du Conseil d'État.

Le référent national s'assure de l'effacement, au terme du délai de trois ans prévu au premier alinéa, des données concernant les mineurs. Tous les douze mois à compter de l'enregistrement des données, et lorsque le mineur atteint l'âge de la majorité, il examine en outre si, compte tenu de la nature, de la gravité et de l'ancienneté des faits, la conservation des données est justifiée.

Lorsqu'il constate une méconnaissance des règles applicables à la conservation des données relatives aux mineurs, le référent national en avise le responsable du traitement.

Le référent national établit chaque année un rapport public.

Le référent national et ses adjoints exercent leurs missions sans préjudice des compétences de la Commission nationale de l'informatique et des libertés.

Un arrêté du ministre de l'intérieur et du ministre chargé du budget fixe le régime d'indemnisation du référent national et de ses adjoints.

Art. R. 236-16 Dans la limite du besoin d'en connaître, y compris pour des enquêtes administratives prévues par l'article L. 114-1 du présent code et par l'article 17-1 de la loi n° 95-73 du 21 janvier 1995 d'orientation et de programmation relative à la sécurité, sont autorisés à accéder aux données mentionnées aux articles R. 236-12 et R. 236-13 :

1° Les fonctionnaires relevant *(Décr. n° 2014-1216 du 20 oct. 2014, art. 1er-1°)* « du service central du renseignement territorial » de la direction centrale de la sécurité publique, individuellement désignés et spécialement habilités par le directeur central de la sécurité publique ;

2° Les fonctionnaires des directions départementales de la sécurité publique affectés dans les *(Décr. n° 2014-1216 du 20 oct. 2014, art. 1er-2°)* « services du renseignement territorial », individuellement désignés et spécialement habilités par le directeur départemental ;

3° Les fonctionnaires de la préfecture de police affectés dans les services chargés du renseignement, individuellement désignés et spécialement habilités par le préfet de police ;

4° Le référent national mentionné à l'article R. 236-15 et ses adjoints.

Les fonctionnaires des groupes spécialisés dans la lutte contre les violences urbaines ou les phénomènes de bandes, individuellement désignés et spécialement habilités par le directeur départemental de la sécurité publique ou par le préfet de police, sont autorisés à accéder aux données mentionnées aux articles R. 236-12 et R. 236-13 relevant de la finalité mentionnée au deuxième alinéa de l'article R. 236-11.

En outre, peut être destinataire des données mentionnées aux articles R. 236-12 et R. 236-13, dans la limite du besoin d'en connaître, tout autre membre d'une unité de la gendarmerie nationale ou agent d'un service de la police nationale, sur demande expresse précisant l'identité du demandeur, l'objet et les motifs de la consultation. Les demandes sont agréées par les responsables des services mentionnés aux 1° à 3°.

Art. R. 236-17 Les consultations du traitement mentionné à l'article R. 236-11 font l'objet d'un enregistrement comprenant l'identifiant du consultant, la date, l'heure et l'objet de la consultation. Ces informations sont conservées pendant un délai de cinq ans.

Sont conservées pendant le même délai les demandes mentionnées au dernier alinéa de l'article R. 236-16.

Art. R. 236-18 Le traitement mentionné à l'article R. 236-11 ne fait l'objet d'aucune interconnexion, aucun rapprochement ni aucune forme de mise en relation avec d'autres traitements ou fichiers.

Art. R. 236-19 Conformément aux dispositions prévues à l'article 41 de la loi n° 78-17 du 6 janvier 1978 relative à l'informatique, aux fichiers et aux libertés, le droit d'accès aux données enregistrées dans le traitement mentionné à l'article R. 236-11 s'exerce auprès de la Commission nationale de l'informatique et des libertés.

Le droit d'information prévu au I de l'article 32 et le droit d'opposition prévu à l'article 38 de la même loi ne s'appliquent pas au traitement mentionné à l'article R. 236-11.

Art. R. 236-20 Le traitement mis en œuvre en application de la présente section est soumis au contrôle de la Commission nationale de l'informatique et des libertés dans les conditions prévues à l'article 44 de la loi n° 78-17 du 6 janvier 1978 relative à l'informatique, aux fichiers et aux libertés.

En outre, le directeur général de la police nationale présente chaque année à la Commission nationale de l'informatique et des libertés un rapport sur ses activités de vérification, de mise à jour et d'effacement des données enregistrées dans le traitement mentionné à l'article R. 236-11, notamment celles relatives aux mineurs mentionnés à l'article R. 236-15. Ce rapport annuel indique également les procédures suivies par les services gestionnaires pour que les données enregistrées soient en permanence exactes, pertinentes et non excessives au regard des finalités pour lesquelles elles sont collectées.

COMMENTAIRE

Fichier « STADE ». Par un arrêté du 15 avril 2015 (NOR : INTD1501632A), le ministre de l'Intérieur avait autorisé le préfet de police à mettre en œuvre un traitement de données à caractère personnel dénommé « fichier STADE ». Il était présenté comme visant à prévenir les troubles à l'ordre public, les atteintes à la sécurité des personnes et des biens ainsi que les infractions susceptibles d'être commises à l'occasion des manifestations et des rassemblements en lien avec ces dernières se tenant à Paris et dans les départements limitrophes ainsi que les manifestations sportives du Paris-Saint-Germain se déroulant à l'extérieur. Le traitement a également pour finalité de faciliter la constatation des infractions précitées et la recherche de leurs auteurs (Arr. du 15 avr., art. 1er). Le juge des référés du Conseil d'État a, sur requête de l'Association de défense et d'assistance juridique des intérêts des supporters (ADAJIS), suspendu l'exécution de l'arrêté du 15 avril 2015 par une ordonnance du 13 mai 2015 (CE, réf., 13 mai 2015, *ADAJIS* et a., nos 389816, 389861, 389866 et 389899 : *Dict. perm. dr. sport 2015, Bull. n° 223, p. 1, obs. D. Rémy ; Cah. dr. sport 2015, n° 41, p. 108, obs. F. Colin*). Le juge a, en effet, considéré qu'il existait un doute sérieux sur la légalité dudit fichier dans la mesure où les personnes concernées par ce dernier et les catégories de données pouvant être saisies n'étaient pas définies avec une précision suffisante. Dans sa décision sur le fond, le Conseil d'État a annulé certaines dispositions de l'arrêté du 15 avril 2015 (CE 21 sept. 2015, *ADAJIS* et a., nos 389815, 389862, 389867, 389901 et 390070 : *Dict. perm. dr. sport 2015, Bull. n° 227, p. 7, obs. D. Rémy*) considérant qu'elles méconnaissaient les dispositions d'une part, de l'article R. 236-18 du code de la sécurité intérieure et, d'autre part, de l'article 6 de la loi n° 78-17 du 6 janvier 1978.

La loi n° 2016-564 du 10 mai 2016 renforçant le dialogue avec les supporters et la lutte contre le hooliganisme (*JO* 11 mai) donne la possibilité aux organisateurs de manifestations sportives de refuser ou annuler la délivrance de titres d'accès à ces dernières ou en refuser l'accès aux personnes contrevenant aux dispositions des conditions générales de vente ou du règlement intérieur relatives à la sécurité desdites manifestations. Force est de souligner que les organisateurs peuvent établir, à cet effet, un traitement automatisé de données à caractère personnel relatives aux manquements précités. Les conditions de ces traitements doivent être précisées par décret pris après avis de la CNIL. ❑

Art. L. 332-1-1 *(L. n° 2016-564 du 10 mai 2016, art. 5)* **Les cartes annuelles d'abonnement donnant accès aux compétitions sportives professionnelles auxquelles participe une association sportive ou une société mentionnée aux articles L. 122-2 et L. 122-12 ne peuvent être vendues que par celles-ci, par une société commerciale mandatée par elle à cet effet ou par un comité d'entreprise.**

Ces titres d'accès peuvent être nominatifs.

Art. L. 332-2 **Les sociétés** *(L. n° 2016-564 du 10 mai 2016, art. 2-1°)* **« mentionnées au 1° de l'article L. 611-1 du code de la sécurité intérieure » assurent la surveillance de l'accès aux enceintes dans lesquelles est organisée une manifestation sportive rassemblant plus de** *(L. n° 2011-267 du 14 mars 2011, art. 95)* **« 300 » spectateurs dans les conditions prévues** *(L. n° 2016-564 du 10 mai 2016, art. 2-2°)* **« aux articles L. 613-1 à L. 613-7 du même code ».**

Art. L. 332-2-1 *(L. n° 2006-784 du 5 juill. 2006)* **Lorsqu'un système de** *(L. n° 2011-267 du 14 mars 2011, art. 17)* **« vidéoprotection » est installé dans une enceinte où une manifestation sportive se déroule, les personnes chargées de son exploitation, conformément à l'autorisation préfectorale délivrée en application du chapitre III du titre II et du titre V du livre II du code de la sécurité intérieure, et l'organisateur de la manifestation sportive s'assurent, préalablement au déroulement de ladite manifestation, du bon fonctionnement du système de** *(L. n° 2011-267 du 14 mars 2011, art. 17)* **« vidéoprotection ».**

Est puni de 15 000 € d'amende le fait de méconnaître l'obligation fixée au premier alinéa.

Sur la sécurité d'une manifestation sportive, récréative ou culturelle, V. CSI, art. L. 511-1, L. 531-1, L. 611-1, L. 612-1 et L. 613-3.

Code de la sécurité intérieure

Art. L. 611-1 Sont soumises aux dispositions du présent titre, dès lors qu'elles ne sont pas exercées par un service public administratif, les activités qui consistent :

1° A fournir des services ayant pour objet la surveillance humaine ou la surveillance par des systèmes électroniques de sécurité ou le gardiennage de biens meubles ou immeubles ainsi que la sécurité des personnes se trouvant dans ces immeubles *(L. n° 2016-339 du 22 mars 2016, art. 12-II)* « ou dans les véhicules de transport public de personnes » ;

2° A transporter et à surveiller, jusqu'à leur livraison effective, des bijoux représentant une valeur d'au moins 100 000 euros, des fonds, sauf, pour les employés de La Poste ou des établissements de crédit habilités par leur employeur, lorsque leur montant est inférieur à 5 335 euros, ou des métaux précieux ainsi qu'à assurer le traitement des fonds transportés ;

3° A protéger l'intégrité physique des personnes ; — *[L. n° 83-629 du 12 juill. 1983, art. 1er, al. 1er à 4.]*

(L. n° 2014-742 du 1er juill. 2014, art. 2-I) « 4° A la demande et pour le compte d'un armateur, à protéger, contre *(L. n° 2016-816 du 20 juin 2016, art. 61-II)* « des menaces d'actes définis aux articles 224-6 à 224-8 du code pénal ou d'actes de terrorisme définis au titre II du livre IV du même code », des navires battant pavillon français, en application de l'article L. 5441-1 du code des transports. »

....

Art. L. 612-1 *(L. n° 2014-742 du 1er juill. 2014, art. 2-II)* « Seules peuvent être autorisées à exercer à titre professionnel, pour elles-mêmes ou pour autrui, les activités énumérées aux 1° à 3° de l'article L. 611-1, et à titre professionnel, pour autrui exclusivement, l'activité mentionnée au 4° du même article L. 611-1 : »

1° Les personnes physiques ou morales immatriculées au registre du commerce et des sociétés ;

2° Les personnes physiques ou morales non immatriculées au registre du commerce et des sociétés, qui sont établies dans un autre État membre de l'Union européenne ou un autre État partie à l'accord sur l'Espace économique européen et qui exercent une ou plusieurs de ces activités. — *[L. n° 83-629 du 12 juill. 1983, art. 1er, al. 5 à 7.]* ....

Art. L. 613-3 Pour l'accès aux enceintes dans lesquelles est organisée une manifestation sportive, récréative ou culturelle rassemblant plus de 300 spectateurs, les personnes physiques exerçant l'activité mentionnée au 1° de l'article L. 611-1, agréées par la *(Décr. n° 2016-515 du 26 avr. 2016, art. 2-I)* « commission d'agrément et de contrôle territorialement compétente » dans les conditions prévues par décret en Conseil d'État, ainsi que celles, membres du service d'ordre affecté par l'organisateur à la sécurité de la manifestation sportive, récréative ou culturelle en application des dispositions de l'article L. 211-11, titulaires d'une qualification reconnue par l'État et agréées par la *(Décr. n° 2016-515 du 26 avr. 2016, art. 2-I)* « commission d'agrément et de contrôle territorialement compétente », peuvent procéder, sous le contrôle d'un officier de police judiciaire et avec le consentement exprès des personnes, à des palpations de sécurité. Dans ce cas, la palpation doit être effectuée par une personne de même sexe que la personne qui en fait l'objet.

Elles peuvent procéder à l'inspection visuelle des bagages *(Abrogé par L. n° 2016-339 du 22 mars 2016, art. 1er-II)* « *à main* » et, avec le consentement de leur propriétaire, à leur fouille. — *[L. n° 83-629 du 12 juill. 1983, art. 3-2, sauf ecqc les agents de police municipale et les agents de la ville de Paris.]*

Concernant les missions des agents de police municipale et des agents de la ville de Paris chargés d'une service de police affectés à la sécurité d'un manifestation sportive, récréative ou culturelle telles que mentionnées au présent art. (V. CSI, art. L. 511-1 et L. 531-1, V. ces art. sur Dalloz.fr et sur les applications mobiles Dalloz 🏛).

§ 3. *Agrément des membres des services d'ordre affectés à la sécurité d'une manifestation sportive, récréative ou culturelle*
(Décr. n° 2014-1253 du 27 oct. 2014, art. 16-8° et annexe, en vigueur le 1er déc. 2014)

Art. R. 613-10 Tout préposé de l'organisateur d'une manifestation sportive récréative ou culturelle, rassemblant plus de 300 spectateurs dans une enceinte, faisant partie de son service d'ordre, doit être agréé pour procéder aux palpations de sécurité ainsi qu'à l'inspection visuelle et à la fouille des bagages à main dans les conditions prévues à l'article L. 613-3. – *[Décr. n° 2005-307 du 24 mars 2005, art. 1er.]*

Les art. 1er à 3 et 16 à 18 du Décr. n° 2014-1253 du 27 oct. 2014 sont applicables sur l'ensemble du territoire (Décr. préc., art. 17).

Art. R. 613-11 L'organisateur adresse à la commission *(Décr. n° 2016-515 du 26 avr. 2016, art. 7-I)* « locale » d'agrément et de contrôle un dossier décrivant les modalités de la formation de ses préposés aux missions mentionnées à l'article R. 613-10 et comprenant les renseignements suivants :

1° La dénomination de l'organisme ou l'identité de la personne dispensant la formation ;

2° Le contenu, les conditions d'organisation et la durée de la formation ;

3° Le mode d'évaluation des compétences acquises à l'issue de la formation.

Si elle estime que ce dispositif est de nature à garantir le bon accomplissement des missions mentionnées à l'article R. 613-10, la commission *(Décr. n° 2016-515 du 26 avr. 2016, art. 7-I)* « locale » d'agrément et de contrôle approuve le contenu et les modalités de la formation décrits dans le dossier de l'organisateur. – *[Décr. n° 2005-307 du 24 mars 2005, art. 5.]*

Art. R. 613-12 La demande de l'agrément mentionné à l'article R. 613-10 est présentée par l'organisateur. Elle comporte :

1° L'identité et le domicile de la personne dont l'agrément est demandé ainsi que la justification de sa qualification ;

2° La décision de la commission *(Décr. n° 2016-515 du 26 avr. 2016, art. 7-I)* « locale » d'agrément et de contrôle mentionnée à l'article R. 613-11 approuvant le contenu et les modalités de la formation. – *[Décr. n° 2005-307 du 24 mars 2005, art. 3.]*

Art. R. 613-13 L'agrément est délivré par la commission *(Décr. n° 2016-515 du 26 avr. 2016, art. 7-I)* « locale » d'agrément et de contrôle compétente dans *(Décr. n° 2016-515 du 26 avr. 2016, art. 13)* « le département » où l'organisateur qui emploie le membre du service d'ordre a son siège.

L'agrément est accordé pour une durée de trois ans. – *[Décr. n° 2005-307 du 24 mars 2005, art. 2.]*

Art. R. 613-14 Nul ne peut être agréé s'il n'est titulaire de la qualification reconnue dans les conditions fixées à l'article R. 613-11.

L'agrément est refusé lorsque la moralité de la personne ou son comportement apparaissent incompatibles avec l'exercice des missions pour lesquelles l'agrément est demandé. – *[Décr. n° 2005-307 du 24 mars 2005, art. 4.]*

Art. R. 613-15 En cas d'urgence, l'agrément peut faire l'objet d'une suspension immédiate d'une durée maximum de trois mois.

Le retrait de l'agrément ne peut être décidé qu'après que l'intéressé, préalablement informé des griefs susceptibles d'être retenus à son encontre, aura été mis à même de présenter ses observations écrites ou orales. Il peut se faire assister par un conseil ou se faire représenter par un mandataire de son choix.

La décision de retrait ou de suspension est notifiée à l'intéressé et à l'organisateur qui avait présenté la demande d'agrément. – *[Décr. n° 2005-307 du 24 mars 2005, art. 6.]*

....

Art. R. 617-2 Est puni de l'amende prévue pour les contraventions de la cinquième classe le fait, pour l'organisateur de manifestation sportive, récréative ou culturelle rassemblant plus de 300 spectateurs dans une enceinte, de demander de procéder à des palpations de sécurité, à l'inspection visuelle et à la fouille des bagages à main à des membres du service d'ordre qui n'ont pas été agréés à cette fin.

La récidive de la contravention prévue au présent article est réprimée conformément aux articles 132-11 et 132-15 du code pénal. – *[Décr. n° 2005-307 du 24 mars 2005, art. 9.]*

Art. L. 332-3 Le fait d'introduire ou de tenter d'introduire par force ou par fraude dans une enceinte sportive, lors du déroulement ou de la retransmission en public d'une manifestation sportive, des boissons alcooliques au sens de l'article L. 3321-1 du code de la santé publique est puni d'un an d'emprisonnement et de 7 500 euros d'amende.

Les dispositions du premier alinéa ne sont pas applicables aux personnes autorisées à vendre ou à distribuer de telles boissons en application des troisième au sixième alinéas de l'article L. 3335-4 du même code. – *[L. n° 84-610 du 16 juill. 1984, art. 42-5.]*

Art. L. 332-4 Le fait d'accéder en état d'ivresse à une enceinte sportive lors du déroulement ou de la retransmission en public d'une manifestation sportive est puni de 7 500 euros. Le fait, pour l'auteur de cette infraction, de se rendre coupable de violences ayant entraîné une incapacité totale de travail d'une durée inférieure ou égale à huit jours est puni d'un an d'emprisonnement et de 15 000 euros d'amende. – *[L. n° 84-610 du 16 juill. 1984, art. 42-4, al. 1er à 3.]*

Art. L. 332-5 Le fait d'avoir, en état d'ivresse, pénétré ou tenté de pénétrer par force ou par fraude dans une enceinte sportive lors du déroulement ou de la retransmission en public d'une manifestation sportive est puni d'un an d'emprisonnement et de 15 000 euros d'amende. – *[L. n° 84-610 du 16 juill. 1984, art. 42-4, al. 4.]*

Art. L. 332-6 Lors d'une manifestation sportive ou de la retransmission en public d'une telle manifestation dans une enceinte sportive, le fait de provoquer, par quelque moyen que ce soit, des spectateurs à la haine ou à la violence à l'égard de l'arbitre, d'un juge sportif, d'un joueur ou de toute autre personne ou groupe de personnes est puni d'un an d'emprisonnement et de 15 000 euros d'amende. – *[L. n° 84-610 du 16 juill. 1984, art. 42-7.]*

Art. L. 332-7 Le fait d'introduire, de porter ou d'exhiber dans une enceinte sportive, lors du déroulement ou de la retransmission en public d'une manifestation sportive, des insignes, signes ou symboles rappelant une idéologie raciste ou xénophobe est puni d'un an d'emprisonnement et de 15 000 euros d'amende.

La tentative du délit prévu au premier alinéa est punie des mêmes peines. – *[L. n° 84-610 du 16 juill. 1984, art. 42-7-1.]*

Art. L. 332-8 Le fait d'introduire *(L. n° 2010-201 du 2 mars 2010, art. 9)* « , de détenir ou de faire usage » des fusées ou artifices de toute nature ou d'introduire sans motif légitime tous objets susceptibles de constituer une arme au sens de l'article 132-75 du code pénal dans une enceinte sportive lors du déroulement ou de la retransmission en public d'une manifestation sportive est puni de trois ans d'emprisonnement et de 15 000 euros d'amende.

La tentative du délit prévu au premier alinéa est punie des mêmes peines.

Le tribunal peut également prononcer la confiscation de l'objet qui a servi ou était destiné à commettre l'infraction. – *[L. n° 84-610 du 16 juill. 1984, art. 42-8.]*

COMMENTAIRE

La loi n° 2010-201 du 2 mars 2010 renforçant la lutte contre les violences de groupes et la protection des personnes chargées d'une mission de service public étend le délit d'introduction de fumigènes dans les enceintes sportives à la détention et à l'usage de ces artifices dans ces dernières. ❑

Art. L. 332-9 Le fait de jeter un projectile présentant un danger pour la sécurité des personnes dans une enceinte sportive lors du déroulement ou de la retransmission en public d'une manifestation sportive est puni de trois ans d'emprisonnement et de 15 000 euros d'amende.

Le fait d'utiliser ou de tenter d'utiliser les installations mobilières ou immobilières de l'enceinte sportive comme projectile est puni des mêmes peines. – *[L. n° 84-610 du 16 juill. 1984, art. 42-9.]*

Art. L. 332-10 Le fait de troubler le déroulement d'une compétition ou de porter atteinte à la sécurité des personnes ou des biens, en pénétrant sur l'aire de compétition d'une enceinte sportive, est puni d'un an d'emprisonnement et de 15 000 euros d'amende. – *[L. n° 84-610 du 16 juill. 1984, art. 42-10.]*

Art. L. 332-11 Les personnes coupables de l'une des infractions définies aux articles L. 332-3 à L. 332-10 *(L. n° 2006-784 du 5 juill. 2006)* « et L. 332-19 » du présent code encourent également la peine complémentaire d'interdiction de pénétrer ou de se rendre aux abords d'une enceinte où se déroule une manifestation sportive, pour une durée qui ne peut excéder cinq ans. *(L. n° 2006-784 du 5 juill. 2006)* « La personne condamnée à cette peine est astreinte par le tribunal à répondre, au moment des manifestations sportives, aux convocations de toute autorité ou de toute personne qualifiée » *(L. n° 2011-267 du 14 mars 2011, art. 62-1°)* « que la juridiction désigne dans sa décision ». *(L. n° 2011-267 du 14 mars 2011, art. 62-2°)* « Cette décision peut prévoir que l'obligation de répondre à ces convocations s'applique au moment de certaines manifestations sportives, qu'elle désigne, se déroulant sur le territoire d'un État étranger. »

Cette peine complémentaire est également applicable aux personnes coupables de l'une des infractions définies aux articles 222-11 à 222-13, 322-1 à 322-4, 322-6, 322-11 et 433-6 du code pénal lorsque cette infraction a été commise dans une enceinte où se déroule une manifestation sportive ou, à l'extérieur de l'enceinte, en relation directe avec une manifestation sportive. » — *[L. n° 84-610 du 16 juill. 1984, art. 42-11, al. 1er et 2.]*

Arrêté du 28 août 2007,

Portant création d'un traitement automatisé de données à caractère personnel relatif aux personnes interdites de stade.

Art. 1er La direction générale de la police nationale est autorisée à mettre en œuvre un traitement automatisé de données à caractère personnel ayant pour finalité de prévenir et de lutter contre les violences lors de manifestations sportives, notamment en garantissant la pleine exécution des mesures d'interdictions administratives et judiciaires de stade, en facilitant les contrôles aux abords et dans les enceintes sportives, en facilitant le suivi et la surveillance des supporters à risque ayant déjà fait l'objet d'une mesure d'interdiction, en permettant à l'autorité préfectorale, le cas échéant, de mieux apprécier le comportement d'ensemble adopté par les intéressés à l'occasion de différentes manifestations sportives et en réalisant des statistiques.

Art. 2 Les catégories de données à caractère personnel enregistrées dans les traitements mentionnés à l'article 1er sont les suivantes :

1° Données relatives à la personne :

— identité (nom, prénom, alias et sexe) ;

— date et lieu de naissance ;

— nationalité ;

— adresse ;

— le club de football, le championnat ou l'association de supporters fréquentés par la personne, en prenant notamment en compte les déclarations de l'intéressé ou les informations recueillies lors de la procédure ;

— la photographie.

2° Données relatives à la mesure d'interdiction :

— la nature administrative ou judiciaire de la décision ;

— la date de la décision ;

— la date de sa notification ;

— la durée de la validité de la décision ;

— le champ géographique ;

— le type de manifestations concernées ;

— l'obligation de pointage ou non ;

— le lieu de pointage ;

— l'autorité judiciaire ou administrative ayant pris la décision notifiée ;

— la décision de justice qui prononce la suspension ou l'annulation de l'interdiction de stade.

Art. 3 Dans le cadre des engagements internationaux, le fichier est également constitué des données à caractère personnel issues des traitements gérés par des organismes de coopération internationale en matière de police judiciaire ou des services de police étranger qui présentent un niveau de protection suffisant de la vie privée, des libertés et des droits fondamentaux.

Ces données à caractère personnel portent :

— sur les données mentionnées à l'article 2 (1°) ;

— sur les informations relatives aux sanctions pénales, aux mesures judiciaires ou administratives d'interdiction prononcées à l'encontre des ressortissants français ou non à l'occasion de manifestations sportives à l'étranger.

Art. 4 Le traitement ne comporte pas de dispositif de reconnaissance faciale à partir de l'image numérisée de la photographie.

Art. 5 Le présent fichier est alimenté par les fiches judiciaires ou administratives des interdits de stade inscrites dans le fichier des personnes recherchées (FPR) y compris, le cas échéant, les photographies correspondantes.

Art. 6 Les données à caractère personnel mentionnées à l'article 2 sont conservées pendant une durée de cinq ans à compter de l'expiration de la dernière mesure prononcée.

Les données à caractère personnel mentionnées à l'article 3 sont conservées pendant une durée de cinq ans à compter de l'expiration du prononcé de la décision d'interdiction sous réserve des engagements internationaux.

Art. 7 I. — Peuvent accéder aux données mentionnées aux articles 2 et 3 dans chaque département :

— les personnels de la direction centrale de la sécurité publique individuellement désignés et dûment habilités respectivement par le directeur départemental de la sécurité publique dans chaque département ou, le cas échéant, le directeur central de la sécurité publique ;

— les personnels de la direction centrale des renseignements généraux individuellement désignés et dûment habilités respectivement par le directeur départemental des renseignements généraux dans chaque département ou, le cas échéant, le directeur central des renseignements généraux ;

— les personnels de la préfecture de police (direction de la police urbaine de proximité [DPUP], direction de l'ordre public et de la circulation [DOPC], renseignement généraux de la préfecture de police de Paris [RGPP]), individuellement désignés et dûment habilités par l'autorité préfectorale.

II. — Sont destinataires de la totalité ou, à raison de leurs attributions ou de leur droit à en connaître pour l'exercice de leur mission, d'une partie des données mentionnées aux articles 2 et 3 :

— les préfets de département et à Paris, le préfet de police ou les fonctionnaires de préfecture individuellement désignés et dûment habilités par l'autorité préfectorale ;

— les autorités judiciaires ;

— les militaires des unités de la gendarmerie nationale individuellement désignés et dûment habilités par le commandant du groupement départemental ;

— les fédérations sportives agréées ;

— les organismes de coopération internationale en matière de police judiciaire et les services de police étrangers, dans les conditions énoncées à l'article 24 de la loi n° 2003-239 du 18 mars 2003 susvisée, sans préjudice des dispositions conventionnelles particulières.

Art. 8 Le droit d'accès et de rectification aux données s'exerce de manière indirecte auprès de la Commission nationale de l'informatique et des libertés dans les conditions prévues à l'article 41 de la loi du 6 janvier 1978 susvisée.

Art. 9 Le droit d'opposition prévu à l'article 38 de la loi du 6 janvier 1978 susvisée ne s'applique pas au présent traitement.

Art. L. 332-12 Lorsqu'une personne est condamnée en état de récidive légale pour l'une des infractions mentionnées à l'article L. 332-11, la peine complémentaire prévue à cet article peut également être prononcée. – *[L. n° 84-610 du 16 juill. 1984, art. 42-11, al. 3.]*

Art. L. 332-13 Toute personne qui pénètre ou se rend, en violation de la peine d'interdiction prévue aux articles L. 332-11 et L. 332-12, dans ou aux abords d'une enceinte où se déroule une manifestation sportive *(L. n° 2006-784 du 5 juill. 2006)* **« ou qui, sans motif légitime, se soustrait à l'obligation de répondre aux convocations**

qui lui ont été adressées au moment des manifestations sportives » est punie de deux ans d'emprisonnement et de 30 000 euros d'amende.

Al. abrogé par L. n° 2006-784 du 5 juill. 2006.

Art. L. 332-14 Lorsque la personne condamnée est de nationalité étrangère et a son domicile hors de France, le tribunal peut, si la gravité des faits commis le justifie, prononcer au lieu de la peine complémentaire définie au premier alinéa de l'article L. 332-11 celle de l'interdiction du territoire français pour une durée au plus égale à deux ans. – *[L. n° 84-610 du 16 juill. 1984, art. 42-11, al. 6.]*

Art. L. 332-15 *(L. n° 2011-267 du 14 mars 2011, art. 63)* **Dans des conditions précisées par décret en Conseil d'État, le préfet du département ou, à Paris, le préfet de police communique aux associations et sociétés sportives ainsi qu'aux fédérations sportives agréées l'identité des personnes ayant été condamnées à la peine complémentaire en application des articles L. 332-11 à L. 332-13.**

Il peut la communiquer aux associations de *supporters* mentionnées à l'article L. 332-17.

L'identité des personnes mentionnées au premier alinéa peut également être communiquée aux autorités d'un pays étranger lorsque celui-ci accueille une manifestation sportive à laquelle participe une équipe française *(L. n° 2016-564 du 10 mai 2016, art. 4)* **« , ainsi qu'aux organismes sportifs internationaux lorsqu'ils organisent une manifestation sportive à laquelle participe une équipe française ».**

COMMENTAIRE

Les dispositions ci-dessus reproduites constituent le volet répressif attaché à l'organisation des manifestations sportives. La grande majorité des incriminations pénales qu'il comporte ont été introduites par la loi n° 93-1282 du 6 décembre 1993 *(JO 7 déc.)*. Elles ont été prises en réaction à de graves incidents (fortement médiatisés) survenus dans des tribunes à l'occasion de rencontres de football. Aux sanctions (d'amende et/ou de peine d'emprisonnement) prévues pour les différentes infractions pénales (accès à une enceinte sportive en état d'ivresse, introduction de boissons alcooliques, introduction de fusées ou artifices et d'objets susceptibles de constituer une arme, jet de projectile…) créées par la loi Alliot-Marie, la loi n° 98-146 du 6 mars 1998 *(JO 10 mars)* a ajouté une peine complémentaire d'interdiction de pénétrer dans une enceinte, étendue « aux abords » par la loi n° 2003-239 du 18 mars 2003 *(JO 19 mars)*, où se déroule une manifestation sportive. ❑

1. Pour des condamnations de supporters de football du chef de coups et blessures volontaires sur des agents de la force publique dans l'exercice de leur fonction, V. par ex. : • TGI Paris, 3 mai 1994, *Assoc. Paris-Saint-Germain football club et a. c/ B. et a. : inédit* • T. corr. Toulouse, 27 févr. 2008, req. n° 306/08, *Dict. perm. – Droit du sport : Bull. n° 145. 5992.* ♦ Pour la condamnation d'actes de violence sur une personne assurant une mission de service public lors d'une manifestation sportive, V. • TGI Montbéliard, 6 juin 2008 : *req. n° 07006811* ♦ S'agissant de violence aggravée sur un arbitre par un joueur qui avait été expulsé du terrain lors d'une altercation au club house, V. • Colmar, 1er juill. 2009, *Ministère public et a : req. n° 08/00431.* ♦ Sur la condamnation à l'interdiction de pénétrer ou de se rendre aux abords d'une enceinte sportive où se déroule une manifestation sportive de leur club de football pour une durée d'un an, • Même décision.

2. Pour une application de l'art. 42-7-1 [art. L. 332-7 C. sport] à des supporters qui avaient exhibé, lors d'une rencontre sportive, une banderole portant des symboles rappelant une idéologie raciste ou xénophobe, V. : • TGI Paris, 2 avr. 1996, *Ministère public c/ L. et a. : inédit.* ♦ Sur la condamnation de ces supporters à la peine de six mois d'interdiction de pénétrer dans une ou plusieurs enceintes où se déroule une manifestation sportive. • Même jugement. ♦ Sur le déploiement d'une banderole portant un message à caractère injurieux, la détermination de la responsabilité d'un club visiteur ou jouant sur terrain neutre et de la sanction susceptible de lui être infligée doit aussi tenir compte des obligations spécifiques qui incombent à ce club et, en particulier, du fait qu'il ne maîtrise pas l'organisation de la rencontre. • CE 20 oct. 2008, *Féd. fr. de football : req. n° 320111.*

3. Sur la condamnation d'un supporter en état d'ivresse dans une enceinte sportive et ayant incité à la haine ou à la violence lors d'une manifestation sportive, V. par ex. : • TGI Paris, 9 juill. 2008, *Ministère public c/ C. : inédit.*

4. Pour des condamnations de supporters du chef d'introduction de fusées et autres artifices dans une enceinte sportive lors du déroulement en public d'une manifestation sportive, et de complicité de ce délit, V. • TGI Paris, 12 oct. 1998, *Ministère public c/ M. et a. : inédit.*

5. Constitue l'infraction de l'art. 42-10 [art. L. 332-10 C. sport], le fait pour un spectateur de quitter les tribunes à la fin d'un match de football pour rejoindre les joueurs sur le terrain et de cracher au visage de l'un d'eux, ces faits portant atteinte à la sécurité des personnes en raison du contexte particulier de la rencontre. • Douai, 24 mai 1996 : *Juris-Data n° 046629.*

Art. L. 332-16 Lorsque, par son comportement d'ensemble à l'occasion de manifestations sportives *(L. n° 2010-201 du 2 mars 2010, art. 10)* **« ou par la commission d'un acte grave à l'occasion de l'une de ces manifestations »** *(L. n° 2011-267 du 14 mars 2011, art. 64)* **« , du fait de son appartenance à une association ou** *[à]* **un groupement de fait ayant fait l'objet d'une dissolution en application de l'article L. 332-18 ou du fait de sa participation aux activités qu'une association ayant fait l'objet d'une suspension d'activité s'est vue** *[vu]* **interdire en application du même article », une personne constitue une menace pour l'ordre public, le représentant de l'État dans le département et, à Paris, le préfet de police peuvent, par arrêté motivé, prononcer à son encontre une mesure d'interdiction de pénétrer ou de se rendre aux abords des enceintes où de telles manifestations se déroulent ou sont retransmises en public.**

L'arrêté, valable sur le territoire national, fixe le type de manifestations sportives concernées. Il ne peut excéder une durée de *(L. n° 2016-564 du 10 mai 2016, art. 3)* **« vingt-quatre »** *(L. n° 2011-267 du 14 mars 2011, art. 64)* **« mois ».** *(L. n° 2010-201 du 2 mars 2010, art. 10)* **« Toutefois, cette durée peut être portée à** *(L. n° 2016-564 du 10 mai 2016, art. 3)* **« trente-six »** *(L. n° 2011-267 du 14 mars 2011, art. 64)* **« mois » si, dans les trois années précédentes, cette personne a fait l'objet d'une mesure d'interdiction. »**

Le représentant de l'État dans le département et, à Paris, le préfet de police peuvent également imposer, par le même arrêté, à la personne faisant l'objet de cette mesure l'obligation de répondre, au moment des manifestations sportives objets de l'interdiction, aux convocations de toute autorité ou de toute personne qualifiée qu'il désigne. *(L. n° 2011-267 du 14 mars 2011, art. 64)* **« Le même arrêté peut aussi prévoir que l'obligation de répondre à ces convocations s'applique au moment de certaines manifestations sportives, qu'il désigne, se déroulant sur le territoire d'un État étranger. »** *(L. n° 2016-564 du 10 mai 2016, art. 3)* **« Cette obligation doit être proportionnée au regard du comportement de la personne. »**

Le fait, pour la personne, de ne pas se conformer à l'un ou à l'autre des arrêtés pris en application des alinéas précédents est puni *(L. n° 2010-201 du 2 mars 2010, art. 10)* **« d'un an d'emprisonnement et » de 3 750 euros d'amende.**

(L. n° 2006-784 du 5 juill. 2006) **« Le préfet du département et, à Paris, le préfet de police** *(L. n° 2011-267 du 14 mars 2011, art. 64)* **« communique aux associations et sociétés sportives, ainsi qu'aux fédérations sportives agréées » l'identité des personnes faisant l'objet de la mesure d'interdiction mentionnée au premier alinéa. »** *(L. n° 2011-267 du 14 mars 2011, art. 64)* **« En outre, il peut la communiquer aux associations de supporters mentionnées à l'article L. 332-17.**

« L'identité des personnes mentionnées au premier alinéa peut également être communiquée aux autorités d'un pays étranger lorsque celui-ci accueille une manifestation sportive à laquelle participe une équipe française *(L. n° 2016-564 du 10 mai 2016, art. 4)* **« , ainsi qu'aux organismes sportifs internationaux lorsqu'ils organisent une manifestation sportive à laquelle participe une équipe française ». »**

Un décret en Conseil d'État fixe les modalités d'application du présent article. – *[L. n° 84-610 du 16 juill. 1984, art. 42-12.]*

COMMENTAIRE

Ces dispositions ont été introduites par la loi n° 2006-64 du 23 janvier 2006 *(JO 24 janv.)*. Elles instituent un dispositif d'interdictions administratives de stade. Ce système se veut complémentaire à celui des interdictions judiciaires prévu à l'article L. 332-11. Ces mesures d'interdiction de stade sont prononcées par arrêté préfectoral, arrêté qui peut également imposer une obligation de pointage au cours des manifestations concernées dans les conditions posées par les articles R. 332-4 et suivants du présent code.

Les lois n° 2010-201 du 2 mars 2010 renforçant la lutte contre les violences de groupes et la protection des personnes chargées d'une mission de service public et n° 2011-267 du 14 mars 2011 d'orientation et de programmation pour la performance de la sécurité intérieure (LOPPSI 2) sont venues renforcer le dispositif d'interdictions administratives. Les modifications concernent notamment les faits en vertu desquels les mesures d'interdiction peuvent être prononcées, la durée de ces dernières et les sanctions encourues en cas de non-respect des arrêtés d'interdiction.

La loi n° 2016-564 du 10 mai 2016 renforçant le dialogue avec les supporters et la lutte contre le hooliganisme *(JO 11 mai)* a augmenté la durée maximale des interdictions de stade (de douze à vingt-quatre mois et, en cas de récidive dans les trois ans, de vingt-quatre à tente-six mois). ❑

1. Pour des annulations de mesures d'interdiction, V. • TA Versailles, 11 déc. 2008, *B.*, req. n° 0701397 : *JCP Adm. 2009, 2097, note Pontier* • CAA Douai, 10 oct. 2012, *Min. de l'Intérieur : req. n° 12DA00260* • 10 oct. 2012, *M. Creteur : req. n° 12DA00247.*

2. L'obligation de répondre, pendant les manifestations faisant l'objet d'une interdiction de stade, aux convocations d'une autorité répond à la nécessité de sauvegarder l'ordre public. La mesure n'entraîne aucune privation de liberté individuelle et porte à la liberté d'aller et venir une atteinte limitée et proportionnée à l'objectif poursuivi, V. • CE 13 juill. 2010 : *req. n° 340302* (par cet arrêt, le Conseil d'État considère que la question de constitutionnalité soulevée par le requérant, qui n'est pas nouvelle, ne présente pas un caractère sérieux).

3. Sur la durée maximale de 12 mois d'interdiction, V. • CAA Lyon, 9 janv. 2014, nos 13LY00962, 13LY00965, 13LY00967 (annulation des arrêtés en ce qu'ils prononcent des interdictions de stade de un an et un jour en se fondant sur un même fait).

4. Pour une application récente, V. • CAA Paris, 31 déc. 2015, *Min. de l'Intérieur,* n° 14PA03676.

Art. L. 332-16-1 *(L. n° 2011-267 du 14 mars 2011, art. 60)* **Le ministre de l'intérieur peut, par arrêté, interdire le déplacement individuel ou collectif de personnes se prévalant de la qualité de supporter d'une équipe ou se comportant comme tel sur les lieux d'une manifestation sportive et dont la présence est susceptible d'occasionner des troubles graves pour l'ordre public.**

L'arrêté énonce la durée, limitée dans le temps, de la mesure, les circonstances précises de fait qui la motivent ainsi que les communes de point de départ et de destination auxquelles elle s'applique.

Le fait pour les personnes concernées de ne pas se conformer à l'arrêté pris en application des deux premiers alinéas est puni de six mois d'emprisonnement et d'une amende de 30 000 €.

Dans le cas prévu à l'alinéa précédent, le prononcé de la peine complémentaire d'interdiction judiciaire de stade prévue à l'article L. 332-11 pour une durée d'un an est obligatoire, sauf décision contraire spécialement motivée.

Sur le fondement de l'art. L. 332-16-1, le ministre de l'Intérieur a interdit, pour une durée de 39 heures, le déplacement individuel ou collectif, par tout moyen, de personnes se prévalant de la qualité de supporter d'un club professionnel ou se comportant comme tel entre plusieurs communes déterminées. Le Conseil d'État rejette la demande de suspension (référé-liberté) de cet arrêté formée par une association de supporters estimant qu'il n'y a pas d'atteinte grave et manifestement illégale aux libertés d'aller et venir, de réunion et d'expression motif pris de la gravité et de la fréquence des troubles à l'ordre public survenus lors de rencontres précédentes • CE, réf., 12 sept. 2014, *Assoc. Tigers c/ ministère de l'Intérieur : req. n° 384405.*

V. pour de nouvelles applications de cet art., • CE 5 nov. 2014, n° 364085 • CE, réf., 10 févr. 2015 : *Assoc. Magic Fans 1991, n° 387780 : Cah. dr. sport 2015, n° 39, p. 90, obs. E. Tessier* • 10 févr. 2015, *Assoc. Lutte pour un football populaire,* n° 387781 : *Cah. dr. sport 2015, n° 39, p. 90, obs. E. Tessier.*

Art. L. 332-16-2 *(L. n° 2011-267 du 14 mars 2011, art. 61)* **Le représentant de l'État dans le département ou, à Paris, le préfet de police peut, par arrêté, restreindre la liberté d'aller et de venir des personnes se prévalant de la qualité de supporter d'une équipe ou se comportant comme tel sur les lieux d'une manifestation sportive et dont la présence est susceptible d'occasionner des troubles graves pour l'ordre public.**

L'arrêté énonce la durée, limitée dans le temps, de la mesure, les circonstances précises de fait et de lieu qui la motivent, ainsi que le territoire sur lequel elle s'applique.

Le fait pour les personnes concernées de ne pas se conformer à l'arrêté pris en application des deux premiers alinéas est puni de six mois d'emprisonnement et d'une amende de 30 000 €.

Dans le cas prévu à l'alinéa précédent, le prononcé de la peine complémentaire d'interdiction judiciaire de stade prévue à l'article L. 332-11 pour une durée d'un an est obligatoire, sauf décision contraire spécialement motivée.

Les dispositions des art. L. 332-16-1 et L. 332-16-2, issues de la loi d'orientation et de programmation pour la performance de la sécurité intérieure (dite LOPPSI 2) du 14 mars 2011, ont été jugées conformes à la Constitution au motif qu'elles opèrent, entre le respect de la liberté d'aller et venir et la sauvegarde de l'ordre public, une conciliation qui n'est pas manifestement déséquilibrée (Cons. const. 10 mars 2011, n° 2011-625 DC).

COMMENTAIRE

Les dispositions reproduites ci-dessus ont été introduites par la loi n° 2011-267 du 14 mars 2011 (loi dite LOPPSI 2, *JO 15 mars*). Elles instaurent deux dispositifs ayant pour objet de limiter la liberté d'aller et venir des supporters. Sont prévues des interdictions ministérielles de déplacement individuel et collectif (art. L. 332-16-1) et des restrictions préfectorales (pour les matchs à domicile) à la liberté d'aller et venir (art. L. 332-16-2). ❑

1. Sur le fondement de l'article L. 332-16-2 du code du sport, un préfet prend un arrêté qui interdit à l'occasion d'une rencontre de football l'accès à un stade et la circulation dans un large périmètre autour de ce dernier pour toute personne se prévalant de la qualité de supporter d'un club de football ou se comportant comme tel, ainsi que pour toute personne appartenant à une association de supporters ou ayant appartenu à une association de supporters dissoute dudit club. Une telle interdiction, se fondant exclusivement sur une appartenance présente ou passée à une association de supporters sans tenir compte du comportement des intéressés et qui, au demeurant, concerne des personnes qui ne sont pas visées par un arrêté du ministre de l'Intérieur pris pour le même match, excède manifestement ce qui est nécessaire à la sauvegarde de l'ordre public. • CE, réf., 8 nov. 2013, *Olympique lyonnais et a.*, req. n° 373129 : *AJDA 2013. 2472*.

2. V. sur l'appréciation en légalité des mesures d'interdiction de déplacement des supporters dans le contexte de l'état d'urgence. • CE réf., 18 déc. 2015, *Assoc. nationale des supporters :* n° 395273 • 18 déc. 2015, *Assoc. lutte pour un football populaire :* n° 395339 • 22 janv. 2016, *Assoc. nationale des supporters,* n° 396307 : *JS 2016, n° 170, p. 33, obs. E. Chevalier ; Dict. perm. Dr. sport 2016, Bull. n° 231, p. 6, obs. C. Pettiti.*

Art. L. 332-17 **Les fédérations sportives agréées, les associations de supporters et les associations ayant pour objet la prévention de la violence à l'occasion de manifestations sportives agréées par le ministre chargé des sports et toute autre association ayant pour objet social la lutte contre le racisme, la xénophobie et l'antisémitisme et ayant été déclarées depuis au moins trois ans au moment des faits peuvent exercer les droits reconnus à la partie civile en ce qui concerne les infractions mentionnées aux articles L. 312-14 à L. 312-17 et L. 332-3 à L. 332-10.** – *[L. n° 84-610 du 16 juill. 1984, art. 42-13.]*

Arrêté du 16 février 1998,

Fixant les conditions d'agrément des associations de supporters pouvant exercer les droits reconnus à la partie civile en ce qui concerne les infractions mentionnées aux articles 42-4 à 42-10 de la loi n° 84-610 du 16 juillet 1984 modifiée relative à l'organisation et à la promotion des activités physiques et sportives.

(Abrogé par Décr. n° 2016-957 du 12 juill. 2016, art. 3)

Art. 1er *L'agrément délivré par le ministre de la jeunesse et des sports aux associations de supporters définies à l'article 42-13 de la loi du 16 juillet 1984 susvisée* [art. L. 332-17 C. sport] *ne peut être accordé qu'aux associations de supporters satisfaisant aux conditions ci-après :*

1° Les associations de supporters doivent assurer en leur sein la liberté d'opinion et le respect des droits de la défense, s'interdire toute discrimination illégale et veiller à l'observation des règles déontologiques du sport définies par le Comité national olympique et sportif français ;

2° Elles doivent justifier de leur affiliation à une fédération des associations de supporters agréée par le ministre de la jeunesse et des sports ;

3° Elles doivent présenter :

a) Une note de l'association indiquant le nombre des adhérents et retraçant ses principales activités au cours des trois années antérieures ;

b) Un exemplaire ou une copie certifiée conforme du Journal officiel de la République française contenant l'insertion mentionnée à l'article 5 de la loi du 1er juillet 1901 modifiée relative au contrat d'association [V. App., v° Associations], *ou, dans les départements du Bas-Rhin, du Haut-Rhin et de la Moselle, une copie certifiée conforme de la décision du tribunal d'instance ou de la juridiction supérieure inscrivant l'association ;*

c) Un exemplaire, à jour, des statuts de l'association ;

d) Une liste des membres chargés de l'administration de l'association ;

e) Le procès-verbal de la dernière assemblée générale de l'association ;

f) Le bilan et le compte d'exploitation de l'exercice précédant la demande et le budget de l'exercice en cours.

4° Elles doivent justifier de liens avec le club professionnel qu'elles soutiennent, en prévoyant au sein de leurs instances dirigeantes un représentant de ce club ayant voix consultative.

Art. 2 *Le dossier présenté à l'appui de la demande d'agrément doit être déposé à la préfecture du département où se trouve le siège social de l'association.*

Art. 3 *Le préfet transmet le dossier, accompagné de son avis et de celui du club professionnel dont l'association se propose de réunir les supporters.*

Art. 4 *La décision d'agrément prise par arrêté du ministre de la jeunesse et des sports est publiée au Journal officiel de la République française.*

Art. 5 *L'agrément est retiré lorsque l'association cesse de satisfaire aux conditions requises pour l'obtenir ; il peut aussi être retiré lorsqu'elle n'a pas sanctionné un de ses membres qui s'est rendu coupable de violence lors d'un événement sportif ; il peut en outre être retiré pour tout motif grave, notamment pour tout fait contraire à l'ordre public et à la moralité publique, ainsi que lorsqu'une motion défavorable motivée a été votée par le club professionnel.*

Art. 6 *La décision de retrait est prise par le ministre de la jeunesse et des sports, après que le bénéficiaire a été mis à même de s'expliquer sur les faits qui lui sont reprochés ; elle est publiée au Journal officiel de la République française.*

Art. L. 332-18 *(L. n° 2006-784 du 5 juill. 2006)* **Peut être dissous** *(L. n° 2010-201 du 2 mars 2010, art. 10)* **« ou suspendu d'activité pendant douze mois au plus » par décret, après avis de la Commission nationale consultative de prévention des violences lors des manifestations sportives, toute association ou groupement de fait ayant pour objet le soutien à une association sportive mentionnée à l'article L. 122-1, dont des membres ont commis en réunion, en relation ou à l'occasion d'une manifestation sportive, des actes répétés** *(L. n° 2010-201 du 2 mars 2010, art. 10)* **« ou un acte d'une particulière gravité et qui sont » constitutifs de dégradations de biens, de violence sur des personnes ou d'incitation à la haine ou à la discrimination contre des personnes à raison de leur origine, de leur orientation** *(L. n° 2017-86 du 27 janv. 2017, art. 207-II)* **« sexuelle ou identité de genre », de leur sexe ou de leur appartenance, vraie ou supposée, à une ethnie, une nation, une race ou une religion déterminée.**

Les représentants des associations ou groupements de fait et les dirigeants de club concernés peuvent présenter leurs observations à la commission.

Cette commission comprend :

1° Deux membres du Conseil d'État, dont le président de la commission, désignés par le vice-président du Conseil d'État ;

2° Deux magistrats de l'ordre judiciaire, désignés par le premier président de la Cour de cassation ;

3° Un représentant du Comité national olympique et sportif français, un représentant des fédérations sportives et un représentant des ligues professionnelles, nommés par le ministre chargé des sports ;

4° Une personnalité choisie en raison de sa compétence en matière de violences lors des manifestations sportives, nommée par le ministre chargé des sports.

Les conditions de fonctionnement de la commission sont fixées par décret en Conseil d'État.

1. Dissolution. La première application des dispositions de l'article L. 332-18 est l'œuvre d'un décret du 17 avril 2008 qui a prononcé la dissolution d'une association de supporters d'un club de football de ligue 1, V. • CE 25 juill. 2008, ♁ *Assoc. nouvelle des Boulogne Boys : req.*

n° 315723. ♦ Par cet arrêt, le Conseil d'État rejette la requête de l'association tendant à l'annulation du décret prononçant sa dissolution. En outre, il est précisé que les dispositions précitées n'imposent pas l'identification individuelle des membres de l'association auteurs des agissements considérés.

Les jets de projectiles sur les forces de l'ordre et la participation à des faits graves de violence au cours desquels on a pu déplorer le décès d'un supporter constituent « un acte d'une particulière gravité » justifiant, par application de l'article L. 332-18 du code du sport dans sa rédaction issue de la loi du 2 mars 2010 renforçant la lutte contre les violences de groupes, la dissolution de deux associations de supporters du Paris Saint-Germain • CE 13 juill. 2010, *Assoc. Les Authentiks,* req. n° 339257 : *AJDA 2010. 1452*. ♦ V. aussi • CE, 13 juill. 2010, *Assoc. Supras Auteuil 91 : req. n° 339293.*

Les dispositions de l'art. L. 332-18, qui permettent le prononcé de mesures qui présentent le caractère de mesure de police administrative, répondent à la nécessité de sauvegarder l'ordre public, compte tenu de la gravité des troubles qui lui sont portés par les membres de certains groupements et associations de soutien des associations sportives, et ne portent pas d'atteinte excessive au principe de la liberté d'association qui est au nombre des principes fondamentaux reconnus par les lois de la République, V. • CE 8 oct. 2010, *Groupement de fait de brigade sud de Nice et M. Zamolo : req. n° 340849.* ♦ Par cet arrêt, le Conseil d'État a refusé de transmettre au Conseil constitutionnel la question prioritaire de constitutionnalité soulevée par le groupement de fait à l'encontre des dispositions de l'art. L. 332-18. ♦ Le Conseil d'État rejette, par un arrêt en date du 1er juin 2011, la requête du groupement visant à l'annulation du décret portant dissolution, • CE 1er juin 2011, *Groupement de fait de brigade sud de Nice : req. n° 340849.*

2. Conventionnalité. La Cour européenne des droits de l'homme, par un arrêt d'irrecevabilité de la requête d'une association de supporters, admet la conventionnalité du dispositif de dissolution administrative. La Cour estime que si la mesure de dissolution constitue une ingérence dans le droit de la requérante à sa liberté d'association, elle répond aux exigences du paragraphe 2 de l'article 11 de la Conv. EDH en ce qu'elle est prévue par la loi, poursuit un but légitime et est proportionnée, V. • CEDH 22 févr. 2011, *Assoc. nouvelle des Boulogne Boys c/ France : req. n° 6468/09* • 27 oct. 2016. *Les Autentiks et Supras Auteuil 91 c/ France,* n° 4696/11 et 4703/11 : *JS 2016, n° 170, p. 7, obs. F. Lagarde.*

3. Suspension d'activité. Le premier décret portant suspension d'activité d'une association de supporters date du 31 janvier 2001 et concerne une association de soutien d'un club de football de ligue 1. Déféré au Conseil d'État, la Haute Juridiction a rejeté les divers moyens de forme et de fond soulevés par l'association et son président tendant à l'annulation du décret portant suspension d'activité pour une durée de quatre mois, V. • CE 9 nov. 2011, *Assoc. Butte Paillade 91,* req. nos 347359 et 348040 : *AJDA 2012. 655, obs. M. Cresp ; D. 2012. Pan. 704 ; JCP Adm. 2012. 2167, note Ch. Dudognon.* — V., s'agissant du rejet de la demande de suspension, • CE, ord., 12 avr. 2011, req. n° 347360 : *D. 2012. Pan. 704, ibid. 710.*

Art. L. 332-19 *(L. n° 2006-784 du 5 juill. 2006)* **Le fait de participer au maintien ou à la reconstitution, ouverte ou déguisée, d'une association ou d'un groupement dissous en application de l'article L. 332-18** *(L. n° 2011-267 du 14 mars 2011, art. 65)* **« , ainsi que le fait de participer aux activités qu'une association suspendue d'activité s'est vue** *[vu]* **interdire en application du même article, sont punis » d'un an d'emprisonnement et de 15 000 € d'amende.**

Le fait d'organiser le maintien ou la reconstitution, ouverte ou déguisée, d'une association ou d'un groupement dissous en application de l'article L. 332-18 *(L. n° 2011-267 du 14 mars 2011, art. 65)* **« , ainsi que le fait d'organiser les activités qu'une association suspendue d'activité s'est vue** *[vu]* **interdire en application du même article, sont punis » de deux ans d'emprisonnement et de 30 000 € d'amende.**

Les peines prévues aux premier et deuxième alinéas sont portées respectivement à trois ans d'emprisonnement et 45 000 € d'amende et à cinq ans d'emprisonnement et 75 000 € d'amende si les infractions à l'origine de la dissolution *(L. n° 2011-267 du 14 mars 2011, art. 65)* **« ou de la suspension » de l'association ou du groupement ont été commises à raison de l'origine de la victime, de son orientation** *(L. n° 2017-86 du 27 janv. 2017, art. 207-II)* **« sexuelle ou identité de genre », de son sexe ou de son appartenance, vraie ou supposée, à une ethnie, une nation, une race ou une religion déterminée.**

Code de la sécurité intérieure

Art. L. 211-11 Les organisateurs de manifestations sportives, récréatives ou culturelles à but lucratif peuvent être tenus d'y assurer un service d'ordre lorsque leur objet ou leur importance le justifie.

Les personnes physiques ou morales pour le compte desquelles sont mis en place par les forces de police ou de gendarmerie des services d'ordre qui ne peuvent être rattachés aux obligations normales incombant à la puissance publique en matière de maintien de l'ordre sont tenues de rembourser à l'État les dépenses supplémentaires qu'il a supportées dans leur intérêt.

Un décret en Conseil d'État fixe les conditions d'application du présent article.– *[L. n° 95-73 du 21 janv. 1995, art. 23.]*

....

Art. L. 212-2 Les conditions dans lesquelles les associations ou groupements de fait ayant pour objet le soutien à une association sportive mentionnée à l'article L. 122-1 du code du sport peuvent être dissous ou suspendus d'activité par voie réglementaire sont fixées par les dispositions de l'article L. 332-18 du même code.

La participation au maintien ou à la reconstitution d'une association ou d'un groupement dissous en application de ce dernier article, ou l'organisation de ce maintien ou de cette reconstitution, ainsi que la participation aux activités qu'une association suspendue d'activité s'est vue interdire en application du même article, ou l'organisation de ces activités, sont réprimées dans les conditions prévues à l'article L. 332-19 du même code.

Art. L. 332-20 *(L. n° 2009-526 du 12 mai 2009, art. 125)* **« Les personnes morales déclarées responsables pénalement, dans les conditions prévues par l'article 121-2 du code pénal, des infractions définies aux articles L. 312-14, L. 312-15, L. 312-16, L. 332-8, L. 332-9 et L. 332-10, au deuxième alinéa de l'article L. 332-11 et à l'article L. 332-19 encourent, outre l'amende suivant les modalités prévues par l'article 131-38 du code pénal, les peines prévues par l'article 131-39 du même code. »**

L'interdiction mentionnée au 2° de l'article 131-39 du code pénal porte sur l'activité dans l'exercice ou à l'occasion de l'exercice de laquelle l'infraction a été commise.

Art. L. 332-21 *(L. n° 2006-784 du 5 juill. 2006)* **Les personnes physiques ou morales coupables des infractions prévues par l'article L. 332-19 encourent également les peines suivantes :**

1° La confiscation des biens mobiliers et immobiliers appartenant à ou utilisés par l'association ou le groupement maintenu ou reconstitué ;

2° La confiscation des uniformes, insignes, emblèmes, armes et tous matériels utilisés ou destinés à être utilisés par l'association ou le groupement maintenu ou reconstitué.

COMMENTAIRE

Le volet répressif de la sécurité des manifestations sportives a été renforcé par les lois n° 2006-784 du 5 juillet 2006 et n° 2010-201 du 2 mars 2010 en prévoyant la suspension ou la dissolution des associations de supporters dans les conditions fixées par l'article L. 332-18 du code du sport. Cette procédure a, jusqu'à présent, été utilisée à dix reprises : neuf dissolutions sont intervenues concernant cinq associations (un décret en date du 17 avril 2008 et quatre autres du 28 avril 2010) et quatre groupements de fait (un décret du 17 avril 2008 et trois autres du 28 avril 2010), et une suspension d'activité a été prononcée à l'égard d'une association (un décret du 31 janvier 2011). ❑

Art. L. 332-22 *Abrogé par L. n° 2012-348 du 12 mars 2012, art. 3-II.*

COMMENTAIRE

La loi du 1er février 2012 visant à renforcer l'éthique du sport et les droits des sportifs (L. n° 2012-158, *JO 2 févr.*) a créé un délit pénal de revente illicite de titres d'accès à une manifestation sportive. Pour ce faire, le législateur avait créé un article L. 332-22 dans le code du sport. La loi du 12 mars 2012 tendant à faciliter l'organisation des manifestations sportives et culturelles (L. n° 2012-348, *JO 13 mars*) a abrogé cet article pour le remplacer par l'article 313-6-2 du code pénal (V. v° *Responsabilité pénale*), le législateur ayant étendu le délit aux manifestations culturelles. ❑

CHAPITRE III EXPLOITATION DES MANIFESTATIONS SPORTIVES *(L. n° 2010-476 du 12 mai 2010, art. 63).*

BIBL. GÉN. ► F. ALAPHILIPPE, A qui appartiennent les droits TV du spectacle sportif ?, *RJ éco. sport 2000, n° 55, p. 89* ; Retransmission télé et radio des événements sportifs : quels droits ?, *D. 2002. 1916*. – F. BOLOTNY, Retransmission, *in Dict. jur. du sport, Dalloz, Juriséditions, 2013, p. 278*. – M. BRISSE, Retransmission sportive et piratage en ligne, *Gaz. Pal. 21 oct. 2008, n° 295, p. 64*. – F. BUY, L'organisation contractuelle du spectacle sportif, *PUAM 2002*. – A. DURAND, Les marchés de référence des droits de retransmission des événements sportifs, *Lettre Lamy droit du sport, n° 6, p. 1*. – J.-L. CHAPPELET, L'internet et les Jeux olympiques : défis pour les prochaines olympiades, *RJ éco. sport 2001, n° 60, p. 7*. – Sport et télévision : état des lieux, *La Lettre du CSA 2000, n° 126, p. 6* ; Sport et télévision : les enjeux de la régulation, *ibid. p. 19*. – B. GENESTE et V. LEGROS, Les images du sport : le statut des droits de retransmission au regard du droit de l'Union européenne de la concurrence, *Rev. aff. eur. 2002, n° 3, p. 382*. – J.-P. GUNTHER et D. ROSKIS, La gestion des droits de radiodiffusion d'événements sportifs au regard du droit de la concurrence, *in* Sports et Union européenne, *Université Bruxelles, éd. 2001*. – C. HAQUET, Les exclusivités sportives face au droit du public à l'information : une conciliation parfois difficile, souvent harmonieuse, *Légicom 2000, n° 23, p. 17*. – Les droits exclusifs et les brefs reportages d'actualité, *IRIS plus 2012-4*. – V. MELERO et R. SOIRON, Quels marchés pour les droits audiovisuels sportifs suite à l'arrêt Murphy ?, *CCE 2012, n° 5, Étude 9*. – F. MIRIKELAM, Commercialisation des droits de retransmission radiophonique des matchs de football – éléments juridiques de la controverse, *CCE 2002, n° 6, p. 14*. – J. PERLEMUTER et R. FERLA, *Légipresse 2003, n° 201, p. 57* ; Retransmission audiovisuelle des activités physiques et sportives, *Légipresse 2003, n° 205, p. 65*. – D. PORACCHIA, Un an de sport et de droit de la communication, *CCE 2006, n° 10, p. 26*. – D. PROVOST, À qui appartiennent les droits internet du sport ?, *Légicom 2000, n° 23, p. 31*. – A. SIGNORILE, La lutte contre le streaming sportif illégal, *LPA 2015, n° 182, p. 8*. – P. WILHEM, Les caractéristiques du marché des droits audiovisuels sur les retransmissions sportives, *Légicom 2000, n° 23, p. 61*. – Médias et sport, *in Dict. perm. dr. sport (mise à jour périodique)*. – Parrainage, *ibid.* – V. aussi Bibl. gén., App., v° *Paris sportifs*.

COMMENTAIRE

Les médias et le sport, notamment professionnel, forment un couple fusionnel. Les médias ont en effet besoin du sport pour générer des taux d'audience élevés, sources de retombées publicitaires importantes. Pour les chaînes de télévision payantes, le sport est même devenu vital tant il conditionne la fidélisation de leurs abonnés. A l'inverse, le sport professionnel a besoin des médias audiovisuels pour son financement, dont il dépend pour une large part. C'est ainsi, par exemple, que la manne des droits télévisuels alimente pour plus de 50 % les budgets de la plupart des clubs professionnels de football français.

Couple fusionnel, mais aussi conflictuel. Plusieurs points de frictions ont nécessité depuis 1992 l'intervention du législateur dans un souci de régulation et de protection des différents intérêts en présence.

I. LE DROIT D'EXPLOITATION DES MANIFESTATIONS SPORTIVES

a. L'étendue du droit d'exploitation des manifestations sportives

L'article L. 333-1 fait référence au « droit d'exploitation des manifestations ou compétitions sportives ». A défaut de précision du législateur sur ce qu'il convient d'entendre par « droit d'exploitation », il faut considérer que ce terme générique recouvre non seulement les droits de retransmission télévisuelle, lesquels sont évidemment au cœur du dispositif législatif, mais également les autres droits audiovisuels (Internet, UMTS...), c'est-à-dire les « services de communication au public par voie électronique » (pour reprendre la formule introduite par la L. n° 2004-575 du 21 juin 2004 pour la confiance dans l'économie numérique), ainsi que les droits marketing relatifs auxdites manifestations.

La question s'est posée de savoir si le droit d'exploitation visé par la loi recouvrait également les droits radiophoniques.

Fin 2001, RMC achetait en exclusivité les droits radiophoniques des matchs de la Coupe du monde de football 2002. Dans le même temps, la Ligue nationale de football lançait un appel d'offres portant sur la commercialisation des droits radiophoniques du championnat de France de Ligue 1 et Ligue 2 et de la Coupe de la Ligue. Ces pratiques furent immédiatement condamnées par les radios généralistes, regroupées au sein du GIE

« Sport libre », ainsi que par la ministre des sports de l'époque, Mme Marie-George Buffet, pour qui une distinction devait être faite entre l'image de la manifestation, relevant du droit d'exploitation et pouvant faire l'objet d'une commercialisation, et l'œuvre du journaliste de radio ou de la presse écrite, relevant du domaine exclusif du droit à l'information.

Saisi en référé d'une demande de suspension de la délibération autorisant l'appel d'offres litigieux, le Conseil d'État jugea cependant que l'illégalité susceptible d'entacher la décision de la Ligue n'était pas manifeste en raison de l'ambiguïté de la rédaction de l'article 18-1 de la loi du 16 juillet 1984 alors en vigueur (CE, ord., 18 mars 2002, *GIE « Sport libre » : JCP 2002. II. 10200, note Zarka*).

Le débat a finalement été clos par la loi n° 2003-708 du 1er août 2003 qui a introduit à l'article 18-2 de la loi du 16 juillet 1984 (V. art. L. 333-7) une disposition spécifique reconnaissant à tout service de radiodiffusion sonore le droit de réaliser et de diffuser librement et gratuitement un commentaire oral d'une manifestation sportive, sans qu'y fasse obstacle la cession du droit d'exploitation de cette manifestation à un service de communication audiovisuelle. Avec cette disposition, les droits radiophoniques ne relèvent donc plus de la sphère du droit d'exploitation de l'organisateur, mais de celle du droit à l'information. La France se démarque ainsi de ses principaux voisins européens, chez qui la commercialisation des droits radiophoniques, notamment pour les matchs de football, est généralement admise.

Le débat sur la portée de l'article L. 333-1 a ressurgi en 2008 avec la question des paris sportifs en ligne (V. App., v° *Paris sportifs*). Ces activités relèvent-elles du monopole d'exploitation de l'organisateur, auquel cas elles ne sauraient être mises en œuvre sans l'accord préalable de ce dernier, ou bien en sont-elles exclues au motif notamment que ledit monopole serait limité aux seuls droits d'exploitation audiovisuelle ? La cour d'appel de Paris a clairement pris position en faveur de la première solution dans un arrêt remarqué du 14 octobre 2009. Elle y relève qu'« en l'absence de toute précision ou distinction prévue par la loi concernant la nature du droit d'exploitation de l'organisateur, toute forme d'activité économique, ayant pour finalité de générer un profit et qui n'aurait pas d'existence si la manifestation sportive dont elle est le prétexte ou le support nécessaire n'existait pas, doit être regardée comme une exploitation au sens de l'article L. 333-1 du code du sport » (Paris, 14 oct. 2009, Sté Unibet c/ Féd. fr. de tennis : *RG n° 08/19179* ; V. note 3 ss. art. L. 333-1). La cour a également rejeté la thèse selon laquelle les paris porteraient sur les résultats des manifestations sportives, et donc sur des données factuelles insusceptibles de faire l'objet d'une appropriation par l'organisateur. Selon elle, « l'objet du pari n'est pas le résultat connu, mais l'aléa qui n'existe que pour autant que la manifestation se déroule actuellement, et qui, par définition, disparaît une fois celle-ci terminée, l'acquisition du résultat tarissant aussitôt le flux économique généré par l'organisation de paris ».

En tout état de cause, la loi n° 2010-476 du 12 mai 2010 relative à l'ouverture à la concurrence et à la régulation du secteur des jeux d'argent et de hasard en ligne prévoit désormais expressément l'inclusion des paris sportifs dans la sphère du droit d'exploitation de l'organisateur. Elle précise en outre les modalités de cession contractuelle de ce droit aux opérateurs agréés de paris sportifs en ligne, et notamment le fait que les fédérations sportives et les organisateurs de manifestations sportives ne peuvent ni attribuer à un opérateur le droit exclusif d'organiser des paris, ni exercer une discrimination entre les opérateurs agréés pour une même catégorie de paris (V. art. L. 333-1-2).

b. Le titulaire du droit d'exploitation des manifestations sportives

Il s'agit là d'une question essentielle tranchée par l'article L. 331-1. Cette disposition confère aux fédérations sportives visées aux articles L. 131-8 et suivants (fédérations agréées et délégataires), ainsi qu'aux organisateurs définis à l'article L. 331-5 (organisateurs privés autorisés), la propriété du droit d'exploitation des manifestations ou compétitions sportives qu'ils organisent.

Sous la pression des grands clubs professionnels de football, qui souhaitaient notamment pouvoir inscrire la propriété des droits télévisuels à l'actif de leur bilan, le législateur a reconnu en 2003 aux fédérations sportives la faculté de céder (à titre gratuit) aux sociétés visées à l'article L. 122-2 la propriété de tout ou partie des droits d'exploitation audiovisuelle des manifestations ou compétitions organisées par la ligue professionnelle qu'elle a créée, dès lors que ces sociétés participent à ces manifestations ou compétitions.

La loi rend ainsi possible une multipropriété des droits audiovisuels. Ne sont toutefois concernés que les droits afférents aux compétitions organisées par les ligues professionnelles, leur cession, totale ou partielle, ne pouvant au demeurant être consentie qu'à des clubs constitués sous la forme de sociétés commerciales évoluant dans lesdites compétitions.

Une fédération peut donc être seule détentrice de l'ensemble des droits audiovisuels pour toutes les compétitions qu'elle organise. Elle peut également, pour les compétitions gérées par la ligue professionnelle qu'elle a créée, choisir de céder la propriété de tout ou partie de ces droits à chacun des clubs professionnels participant à ces compétitions. Dans ce cas, l'opportunité, l'objet et l'étendue de la cession relèvent de la compétence de l'assemblée générale de la fédération (art. R. 333-1). A ce jour, seule la fédération française de football a cédé ses droits d'exploitation audiovisuelle, pour les compétitions organisées par la ligue de football professionnel (Ligue 1, Ligue 2, Coupe de la Ligue, Trophée des Champions), aux sociétés sportives participant à ces compétitions (V. décis. de l'ass. féd. du 9 juill. 2004).

En guise de garde-fou, le législateur a cependant maintenu le principe d'une commercialisation centralisée des droits audiovisuels par la ligue professionnelle, dans les conditions fixées par les articles R. 333-2 et R. 333-3 (issus du Décr. n° 2004-699 du 15 juill. 2004, pris après avis n° 04-A-09 du Cons. conc. du 28 mai 2004). Il est prévu en effet que la ligue commercialise à titre exclusif les droits d'exploitation audiovisuelle (les services de communication au public par voie électronique) en direct ou en léger différé, en intégralité ou par extraits, quel que soit le support de diffusion, de tous les matchs et compétitions qu'elle organise. Les droits non commercialisés par la ligue et les droits inexploités pourront l'être par les sociétés sportives selon des modalités consignées dans un règlement intérieur de la ligue adopté conformément à ses statuts.

II. LE DROIT D'EXPLOITATION DES MANIFESTATIONS SPORTIVES ET LE PRINCIPE DE SOLIDARITÉ

L'interdépendance entre médias et sport ne vaut en réalité que pour certains sports professionnels : football, rugby, tennis, Formule 1... Sur le plan économique, ce ciblage médiatique crée des distorsions entre les disciplines sportives d'une part, entre le sport professionnel et le sport amateur d'autre part.

Au nom de l'intérêt général et des principes d'unité et de solidarité du mouvement sportif, la loi a prévu différents mécanismes correcteurs.

a. Le principe de solidarité entre les disciplines sportives

Ce principe de solidarité entre les disciplines sportives plus ou moins médiatisées s'opère essentiellement par le biais d'un prélèvement de 5 % sur les contrats de cession de droits télévisuels signés par les fédérations sportives, les ligues professionnelles ou encore les organisateurs visés à l'article L. 331-5 (CGI, art. 302 *bis* ZE). Cette contribution, dite « taxe Buffet », est assise sur les sommes hors TVA desdits contrats.

Pour tenir compte des évolutions liées au développement des nouveaux médias (internet, téléphonie mobile...), la loi de finances pour 2008 (L. n° 2007-1822 du 24 déc. 2007, art. 124) a étendu l'assiette de cette contribution à toute « cession à un éditeur ou un distributeur de services de télévision au sens des articles 2 et 2-1 de la loi n° 86-1067 du 30 septembre 1986 relative à la liberté de communication », ainsi qu'à toute « cession de droits de diffusion à une personne qui met à la disposition du public un service offrant l'accès à titre onéreux à des retransmissions ou compétitions sportives sur demande individuelle formulée par un procédé de communication électronique ».

A noter encore que la loi de finances rectificative pour 2013 avait prévu d'étendre ladite taxe aux cessions de droits qui concernent des compétitions et manifestations sportives se déroulant au moins en partie sur le territoire national mais dont les organisateurs sont établis à l'étranger. Dans ce cas, la taxe devait être acquittée par le cessionnaire établi en France. Cette disposition a été censurée par le Conseil constitutionnel pour violation du principe d'égalité devant les charges publiques (CC décis. n° 2013-684 DC du 29 déc. 2013, considérant 34 et s.).

Les sommes prélevées au titre de la taxe Buffet sont affectées au Conseil national pour le développement du sport (CNDS). Grâce à ce dispositif, une partie des droits télévisuels est mutualisée au profit de l'ensemble du mouvement sportif fédéral et associatif.

Une instruction fiscale du 4 août 2008 apporte des précisions sur le champ d'application de la taxe Buffet (Instr. n° 3-P-4-08 du 4 août 2008 relative à la taxe sur les retransmissions sportives).

b. Le principe de solidarité entre les activités à caractère professionnel et les activités à caractère amateur au sein d'une même discipline

Ce principe figure à l'article L. 333-3. Celui-ci indique en effet que les produits de la commercialisation des droits audiovisuels par la ligue professionnelle sont répartis entre ladite ligue, la fédération et les clubs.

La part revenant à la fédération est fixée dans une convention passée entre cette dernière et la ligue professionnelle. Par conséquent, si le principe même de solidarité est imposé par la loi, le montant des produits redistribué au secteur amateur relève de la libre négociation entre les parties.

c. Le principe de solidarité entre clubs participant à un même championnat

Ce principe est affirmé également à l'article L. 333-3. Il est mentionné que la redistribution des produits des droits audiovisuels aux sociétés sportives s'opère selon un principe de mutualisation, en tenant compte de critères arrêtés par la ligue professionnelle et fondés notamment sur la solidarité entre clubs, ainsi que sur leurs performances sportives et leur notoriété. A titre d'exemple, pour la saison 2015-2016, la part des droits audiovisuels reversée aux clubs de Ligue 1 était répartie de la manière suivante : 30 % à parts égales entre les 20 clubs au titre de la solidarité, 20 % au titre de la « licence club », répartis à parts égales entre les clubs ayant obtenu cette licence, 30 % en fonction du classement sportif (25 % pour la saison en cours et 5 % pour les cinq saisons révolues) et 20 % en fonction de la notoriété, c'est-à-dire de l'exposition médiatique, calculée sur le nombre (en valeur absolue) de diffusion TV en match *premium* sur les cinq dernières saisons révolues.

III. LE DROIT D'EXPLOITATION DES MANIFESTATIONS SPORTIVES ET LE DROIT À L'INFORMATION

a. Les droits radiophoniques

V. ci-dessus *I. a.*

b. Le droit de citation

La reconnaissance d'un « droit de citation » au profit des services de communication audiovisuelle non cessionnaires du droit d'exploitation d'une manifestation ou d'une compétition sportive date à l'origine d'un code de bonne conduite élaboré par le CSA et adopté, le 22 janvier 1992, par l'ensemble des diffuseurs français (reproduit également ss. art. L. 333-7, éd. 2012). Les principes de ce code, et notamment le droit de citation, ont ensuite été repris par la loi n° 92-652 du 13 juillet 1992, puis aménagés par la loi n° 98-146 du 6 mars 1998.

Énoncé aujourd'hui à l'article L. 333-7, le droit de citation permet de tempérer, au nom du droit du public à l'information, l'exclusivité généralement consentie au service cessionnaire du droit d'exploitation. Un diffuseur non cessionnaire est ainsi autorisé à diffuser gratuitement de brefs extraits de la manifestation qu'il peut choisir librement parmi les images du service cessionnaire.

Ce droit ne peut cependant s'appliquer qu'aux « émissions d'information », et sous réserve d'une identification du service cessionnaire du droit d'exploitation.

L'article L. 333-7 renvoyait à l'origine à un décret, pris après avis du CSA, le soin de préciser les modalités d'application de ce principe, mais ce décret n'a jamais vu le jour. La loi n° 2012-158 du 1er février 2012 visant à renforcer l'éthique du sport et les droits des sportifs a mis fin à cette lacune en supprimant ce renvoi et en précisant qu'il appartient au CSA de fixer les conditions de diffusion des brefs extraits après consultation du Comité national olympique et sportif français et des organisateurs de manifestations sportives. Fort de cette nouvelle compétence, le CSA a adopté, début 2013, une délibération fixant les conditions de diffusion de brefs extraits de compétitions sportives et d'évènements autres que sportifs d'un grand intérêt pour le public. Cette délibération a été immédiatement attaquée par les détenteurs de droits dans la mesure où, selon eux, elle faisait la part trop belle au droit à l'information et risquait ainsi de dévaloriser leurs droits. Après une phase de concertation qui a duré dix-huit mois, le CSA a adopté une nouvelle délibération marquée « par le souci d'assurer un point d'équilibre entre intérêt du public, respect de la liberté éditoriale des télévisions et protection de la valeur des droits d'exploitation des compétitions sportives... » (Communiqué de presse CSA, 30 oct. 2014 ; Délib. CSA n° 2014-43, 1er oct. 2014, abrogeant la délibération n° 2013-2 du 15 janv. 2013 ; pour un comm. de cette Délib., V. : F. Rizzo, *Cah. dr. sport 2014, n° 38, p. 135*). Ladite délibération s'applique uniquement aux services de télévision établis en France, ainsi qu'aux services de médias audiovisuels à la demande (« services de télévision de rattrapage »). Par conséquent, tous les autres services de communication au public par voie électronique, en particulier les opérateurs Internet, sont exclus du droit aux brefs extraits. La délibération précise que la diffusion des brefs extraits doit intervenir après la fin de la première diffusion du programme du service détenteur des droits, et que l'identification de ce dernier doit être assurée lors de la diffusion des brefs extraits pendant une durée minimale de cinq secondes. Elle précise également ce qu'il faut entendre par « émission d'information ». Il s'agit des journaux télévisés, des bulletins d'information réguliers, des magazines sportifs pluridisciplinaires ou d'information générale d'une fréquence au moins hebdomadaire. Les magazines sportifs unidisciplinaires (comme l'émission Télé Foot par exemple) ne font pas partie des émissions d'information autorisées à diffuser de brefs extraits. C'est là la principale modification apportée à la délibération du CSA de janvier 2013. La délibération précise encore que la durée de diffusion de brefs extraits ne doit pas excéder une minute trente secondes par heure d'antenne, et trois minutes par journée de compétition, sachant que pour les sports collectifs la journée de compétition s'entend de la période au cours de laquelle l'ensemble des rencontres d'une même phase de compétition se déroule. En outre, la durée de diffusion de brefs extraits d'une rencontre donnée d'une compétition régulière de sport collectif ne doit pas excéder trente secondes par rencontre, les images diffusées étant limitées, pour chaque journée de compétition, à des extraits du nombre de rencontres immédiatement inférieur à l'intégralité des rencontres que comporte la journée de compétition (par exemple, au jour de la présente délibération, 9 rencontres de Ligue 1 de football par journée ou 6 rencontres de Top 14 de rugby par journée)...

Un décret du 11 janvier 2011 a transposé en droit français les dispositions de l'article 3 *duodecies* de la directive 2007/65/CE du 11 décembre 2007 du Parlement européen et du Conseil modifiant la directive 89/552/CEE du Conseil du 3 octobre 1989, dite directive « Services de médias audiovisuels » (aujourd'hui codifiée à l'art. 15 de la Dir. n° 2010/13/UE du Parlement européen et du Conseil du 10 mars 2010 visant à la coordination de certaines dispositions législatives, réglementaires et administratives des États membres relatives à la fourniture des services de médias audiovisuels). Ces dispositions reconnaissent le principe d'un libre accès au sein de l'Union européenne et de l'Espace économique européen des éditeurs de services, non détenteurs de droits de diffusion, à de courts extraits d'événements « d'un grand intérêt pour le public » (V. art. R. 333-4 ; Délib. CSA n° 2014-43 du 1er oct. 2014 ; Lettre DS/MJ/DL/N° 0275 du 18 janv. 2011 relative à l'application transnationale des dispositions du code du sport portant sur les brefs extraits, BOJS 31 janv. 2011, n° 1). Selon la directive 2010/13/UE précitée (Dir. « Services de médias audiovisuels ») : « les États membres veillent, conformément à leurs systèmes et pratiques juridiques, à ce que les modalités et conditions relatives à la fourniture de ces brefs extraits soient définies, notamment en ce qui concerne les modalités de compensation financière, la longueur maximale des brefs extraits et les délais quant à leur diffusion. Lorsqu'une compensation financière est prévue, elle ne dépasse pas les frais supplémentaires directement occasionnés par la fourniture de l'accès (art. 15, § 6) ». Dans un arrêt du 22 janvier 2013, la Cour de justice de l'Union européenne, saisie d'une question préjudicielle, a estimé que cette dernière disposition n'était pas contraire aux articles 16 et 17, § 1 de la Charte des droits fondamentaux de l'UE (CJUE 22 janv. 2013, aff. C-283/11 : *CCE 2013, Étude 9, note F. Rizzo*).

c. L'interdiction du gel des droits

L'article L. 333-8 condamne la pratique du « gel des droits » consistant pour un diffuseur à acheter le droit d'exploitation d'une manifestation sportive, sans toutefois en assurer la diffusion en direct d'extraits significatifs. La loi admet en effet dans ce cas qu'un service non cessionnaire puisse assurer la diffusion de ladite manifestation.

d. L'accès des journalistes aux enceintes sportives

Le droit à l'information en matière sportive a été reconnu en 1996 par la Cour de cassation (V. note 1 ss. art. L. 333-7). Se fondant sur la loi n° 86-1067 du 30 septembre 1986 relative à la liberté de communication, les hauts magistrats ont estimé qu'en vertu du droit du public à l'information le cessionnaire du droit d'exploitation de la manifestation (le Grand Prix de France de Formule 1) ne pouvait s'opposer à l'accès d'une équipe de journalistes intervenant pour le compte d'un diffuseur non cessionnaire.

Contestée par certains organisateurs sportifs, cette jurisprudence dite « FOCA » (Formula One Constructors Association), du nom de l'organisation alors concessionnaire du droit d'exploitation des grands prix de Formule 1, a été largement remise en cause, deux ans plus tard, par la loi n° 98-146 du 6 mars 1998 relative à la sécurité et à la promotion des activités sportives.

Selon l'article L. 333-6, le principe de libre accès des journalistes aux enceintes sportives doit se concilier dorénavant avec les impératifs de sécurité et les capacités d'accueil propres à chaque équipement. Ces contraintes sont définies dans un règlement élaboré par chaque fédération sportive délégataire et approuvé par le ministre chargé des sports après avis du CSA (V. par exemple l'avis du CSA n° 2007-7 du 17 juill. 2007 sur le projet de règlement relatif aux conditions d'accès aux stades des journalistes pendant la sixième coupe du monde de rugby, *JO 14 août*).

Mais surtout, selon ce même article, les services de communication non cessionnaires du droit d'exploitation ne sont pas autorisés à capter des images de la manifestation ou de la compétition elle-même.

e. Les événements sportifs d'importance majeure

La directive n° 89/552/CEE du Conseil du 3 octobre 1989 (dont les dispositions sont reprises aujourd'hui dans la Dir. n° 2010/13/UE du 10 mars 2010 préc.), transposée en droit interne par la loi n° 2000-719 du 1er août 2000 (art. 20-2 de la L. du 30 sept. 1986 mod.), prévoit que les événements d'importance majeure doivent pouvoir être diffusés par un service de télévision à accès libre. La liste de ces événements, pour la France, est fixée par le décret n° 2004-1392 du 22 décembre 2004. Ce texte énonce que doit être regardé comme un éditeur de services de télévision à accès libre « tout éditeur d'un service de télévision dont le financement ne fait pas appel à une rémunération de la part des usagers et dont les émissions peuvent être effectivement reçues par au moins 85 % des foyers de France métropolitaine ».

Dans un avis du 21 janvier 2003 sur le projet de décret susvisé, le CSA a rappelé que, pour la Commission européenne, un événement peut être considéré comme étant d'importance majeure lorsque deux au moins des critères suivants sont réunis :

– l'événement fédère un public plus large que celui traditionnellement concerné ;
– l'événement participe de l'identité culturelle nationale ;
– l'événement implique l'équipe nationale dans le cadre d'une manifestation d'envergure ;
– l'événement fait traditionnellement l'objet d'une large audience télévisée.

Parmi les événements d'importance majeure figurant sur la liste arrêtée par le décret de 2004, on trouve notamment :

– les Jeux olympiques d'été et d'hiver ;
– les matchs officiels de l'équipe de France de football ;
– le match d'ouverture, les demi-finales et la finale de la Coupe du monde de football ;
– la finale du Championnat d'Europe des Nations de football ;
– la finale de la Coupe de France de football ;
– la finale de la Ligue des champions de football ;
– le tournoi des Six Nations de rugby ;
– les demi-finales et la finale de la Coupe du monde de rugby ;
– les finales des simples messieurs et dames de Roland-Garros ;
– les demi-finales et la finale de la Coupe Davis et de la Fed Cup lorsque l'équipe de France de tennis y participe ;

– le Tour de France cycliste masculin.

Le décret prévoit que le titulaire de droits exclusifs de retransmission pour tout ou partie d'un événement d'importance majeure et qui n'est pas en mesure de le diffuser en clair, en intégralité et en direct doit, dans un délai raisonnable avant l'événement, formuler, selon des modalités de publicité permettant l'information des éditeurs de services de télévision à accès libre, la proposition de céder des droits permettant d'assurer la retransmission de cet événement dans les conditions prévues à l'article 4 dudit décret. Cette offre doit être faite selon des termes et conditions de marché équitables, raisonnables et non discriminatoires. Si, en réponse à cette offre, aucune proposition d'un éditeur de services de télévision n'est formulée ou si la proposition n'est pas formulée selon des termes et conditions de marchés équitables, raisonnables et non discriminatoires, l'éditeur titulaire de droits exclusifs peut exercer ceux-ci sans satisfaire aux conditions prévues à l'article 4.

IV. LE DROIT D'EXPLOITATION DES MANIFESTATIONS SPORTIVES ET LE DROIT DE LA CONCURRENCE

Le marché des droits de retransmission des événements sportifs est un marché particulièrement exposé aux règles du droit de la concurrence. Ceci en raison d'une part de la position monopolistique dans laquelle se trouve généralement le titulaire ou le vendeur du droit d'exploitation, d'autre part des enjeux financiers et stratégiques que représentent ces droits pour les chaînes de télévision.

C'est pourquoi le législateur a pris soin en 2003 de préciser que la commercialisation par la ligue professionnelle du droit d'exploitation audiovisuelle des manifestations ou compétitions sportives est effectuée avec constitution de lots, pour une durée limitée et dans le respect des règles de concurrence (art. L. 333-2). L'article R. 333-3 précise les conditions dans lesquelles doit se dérouler la procédure d'appel à candidature et limite à quatre ans la durée des contrats. Il est précisé en outre que la ligue doit rejeter les offres globales ou couplées ainsi que celles qui sont assorties d'un complément de prix (sur ce point, V. aussi App., v° *Concurrence*).

Il est à noter que la durée maximale des contrats de cession de droits audiovisuels était à l'origine de trois ans. La ligue de football professionnel a obtenu du Gouvernement, fin 2007, que cette durée soit portée à quatre ans dans la perspective d'un nouvel appel d'offres qui devait se dérouler début 2008, ceci afin de tenir compte du changement de contexte concurrentiel consécutif à la décision du ministre de l'économie du 30 août 2006 d'autoriser l'acquisition des sociétés TPS et Canal Satellite par Vivendi Universal et le groupe Canal +. Selon la ligue, l'allongement à quatre ans était nécessaire pour faciliter l'entrée sur le marché des droits du football de nouveaux opérateurs (en particulier les opérateurs de téléphonie mobile). La modification est intervenue après deux avis nuancés du Conseil de la concurrence sur l'opportunité d'un tel allongement *(Avis n° 07-A-07 du 25 juill. 2007 relatif aux conditions de l'exercice de la concurrence dans la commercialisation des droits sportifs : CCE 2007, n° 10. 121, note M. Chagny ; Avis n° 07-A-15 du 9 nov. 2007 portant sur le projet de décret modifiant l'article R. 333-2 du code du sport, avis consultable sur le site du conseil de la concurrence : www.conseil-concurrence.fr)*.

La vente centralisée des droits sportifs audiovisuels avait auparavant été admise par la Commission européenne, au nom notamment du principe de solidarité. Celle-ci a en effet estimé que l'UEFA pouvait vendre de manière collective les droits de retransmission en direct des matchs de la Ligue des Champions, sous réserve que l'attribution de ces droits s'opère en plusieurs lots, dans le cadre d'un appel d'offres public, et sur la base de contrats de cession ne pouvant excéder trois ans (Décis. 2003/778/CE du 23 juill. 2003, *JOUE n° L 291/25 du 8 nov. 2003*). Les exclusivités consenties aux radiodiffuseurs sont un autre point d'achoppement possible avec le droit de la concurrence. Ainsi, si rien ne s'oppose par principe à ce qu'un titulaire de droits sportifs concède à un diffuseur une exclusivité territoriale, le juge communautaire a estimé, dans un arrêt remarqué du 4 octobre 2011, que les clauses d'un contrat de licence exclusive constituent une restriction à la concurrence interdite par l'article 101 du Traité sur le fonctionnement de l'UE dès lors qu'elles imposent l'obligation au diffuseur de ne pas fournir de dispositifs de décodage permettant l'accès aux images protégées du titulaire des droits en vue de leur utilisation à l'extérieur du territoire couvert par ce contrat de licence. En l'espèce, la tenancière d'un pub anglais, à l'origine de l'affaire, s'est ainsi vu reconnaître le droit d'utiliser une carte de décodeur délivrée par un radiodiffuseur grec (la chaîne satellitaire Nova) lui permettant de retransmettre dans son établissement des rencontres du championnat de football de « Premier League », et ce nonobstant l'accord d'exclusivité de diffusion sur une base territoriale conclu entre la Football association Premier League et la chaîne BSkyB (CJUE 4 oct. 2011, aff. C-403/08 et C-429/08 : *JS 2011, n° 115, p. 33, note Fajgenbaum et Lachacinski* ; *JCP E 2011. 1810, note Wilhelm et Levy ; JCP 2011. 1296, note Buy et Roda ; CCE 2011. Étude 9, note Melero et Soiron ; ibid. 110, note Caron)* (V. aussi App., v° *Droit de l'Union européenne*). ❑

SECTION PREMIÈRE **DROIT D'EXPLOITATION**

Art. L. 333-1 **Les fédérations sportives, ainsi que les organisateurs de manifestations sportives mentionnés à l'article L. 331-5, sont propriétaires du droit d'exploitation des manifestations ou compétitions sportives qu'ils organisent.**

Toute fédération sportive peut céder aux sociétés sportives, à titre gratuit, la propriété de tout ou partie des droits d'exploitation audiovisuelle des compétitions ou manifestations sportives organisées chaque saison sportive par la ligue professionnelle qu'elle a créée, dès lors que ces sociétés participent à ces compétitions ou manifestations sportives. La cession bénéficie alors à chacune de ces sociétés. – *[L. n° 84-610 du 16 juill. 1984, art. 18-1, al. 1er et 2.]*

1. Viole l'art. 18-1 de la L. du 16 juill. 1984 la cour d'appel qui, au motif qu'il ne justifie d'aucun droit sur les photographies litigieuses, rejette la demande indemnitaire formée par l'organisateur d'une manifestation sportive en raison de l'utilisation commerciale de clichés pris à l'occasion de celle-ci après effacement des signes caractéristiques de cette organisation, alors que l'organisateur d'une manifestation sportive est propriétaire des droits d'exploitation de l'image de cette manifestation, notamment par diffusion de clichés photographiques réalisés à cette occasion. • Com. 17 mars 2004 : *Bull. civ. IV, n° 58 ; RJ éco. sport 2004. 43, n° 72, obs. F. Alaphilippe.* ♦ V. également l'arrêt de la cour d'appel de renvoi : • Paris, 1er févr. 2006 : *RJ éco. sport 2006. 41, n° 79, obs. F. Alaphilippe.*

2. Un éditeur ne peut faire valoir que l'art. 18-1 de la L. du 16 juill. 1984 ne reconnaît de droit d'exploitation aux organisateurs d'une manifestation sportive que pour les retransmissions télévisuelles puisqu'un projet de loi précise que le droit d'exploitation d'une manifestation ou d'une compétition sportive pouvant faire l'objet d'une cession n'a pas lieu de s'appliquer aux radios (V. L. n° 2003-708 du 1er août 2003), alors que d'une part l'article en question ne limite nullement les droits d'exploitation aux seuls droits audiovisuels et que, d'autre part, même le projet de loi ci-dessus ne vise qu'à limiter les droits d'exploitation audiovisuels en précisant qu'il ne s'applique pas à la radio. • T. com. Nanterre, 12 déc. 2002 : *CCE févr. 2003, p. 31, note Caron.* ♦ L'organisateur de la course des « 24 heures du Mans » est par conséquent fondé à s'opposer à l'édition, sans son accord, d'un ouvrage commercial relatant à travers des photographies et des textes le déroulement de cette course. • Même décision.

3. En l'absence de toute précision ou distinction prévue par la loi concernant la nature du droit d'exploitation de l'organisateur, toute forme d'activité économique ayant pour finalité de générer un profit, et qui n'aurait pas, d'existence si la manifestation sportive dont elle est le prétexte ou le support nécessaire n'existait pas doit être regardée comme une exploitation au sens de l'art. L. 333-1 C. sport. • Paris, 14 oct. 2009, *Sté Unibet c/ Féd. fr. de tennis : RG n° 08/19179.* ♦ Confirmation sur ce point de • TGI Paris, 30 mai 2008 : *D. 2009. Pan. 523, obs. F. Alaphilippe ; RJ éco. sport 2008 n° 88, p. 43, obs. Fajgenbaum et Lachacinski ; Légipresse 2008, n° 254, p. 139, obs. Marmayou et Poracchia.* ♦ V. également : • Paris, 16 mars 2011, *Féd. fr. de rugby c/ SARL Vip Consulting,* RG n° 09/22229 : *Cah dr. sport 2011, n° 24, p. 112, note Cervetti.* ♦ Les dispositions de cet article, inspirées par le souci d'intérêt général de réserver au développement du mouvement sportif les flux économiques induits par le succès populaire et commercial des manifestations sportives les plus emblématiques, en l'espèce de prévenir le risque de corruption des joueurs et d'arrangements préalables sur l'issue des compétitions et, par suite, de préserver les valeurs éthiques du sport qu'il appartient aux fédérations sportives de promouvoir ont pour finalité de garantir aux organisateurs de tels événements le droit de surveiller la circulation de ces mêmes flux économiques. • Paris, 14 oct. 2009 : *préc.*

4. Pour être caractérisée, une atteinte à la propriété du droit d'exploitation de l'organisateur suppose que soient identifiées les compétitions ou manifestations sportives dont l'exploitation est en cause ; la Fédération française de rugby n'est ainsi pas fondée à se prévaloir d'une violation de son monopole d'exploitation sur les compétitions qu'elle organise dès lors qu'elle ne démontre pas en l'espèce que les images litigieuses des joueurs du XV de France publiées par une agence de communication ont été captées à l'occasion de compétitions ou de manifestations relevant de ce monopole. • Paris, 16 mars 2011 : *préc. note 3.* ♦ Pour être caractérisée, une atteinte à la propriété du droit d'exploitation de l'organisateur suppose une appropriation ou exploitation d'une compétition ou manifestation sportive ; une atteinte au droit de la Fédération française de rugby sur les matchs du XV de France n'est pas constituée en présence d'une publicité d'une firme automobile, parue dans le journal L'Équipe, faisant la promotion d'un modèle de voiture sur le marché français dès lors qu'aucun élément de cette publicité ne permet de retenir que la firme en question serait un partenaire officiel du XV de France ou un parrain de cette équipe ou de ses matchs. • Paris, 12 déc. 2012, *Sté Féd. fr. de rugby c/ Sté Fiat France et a.*, RG n° 10/10996 : *CCE 2013, Étude 15, par F. Fajgenbaum et R. Lachacinski ; D. 2013. 81, obs. S. Cherqui*. ♦ Arrêt confirmé par : • Com. 20 mai 2014, n° 13-12.102 : *Bull. civ. IV, n° 91 ; D. 2014. 1428, note Marmayou ; JCP E 2014. 1453, note Malaurie-Vignal*, qui rejette le pourvoi de la FFR tant sur le fondement du droit d'exploitation que sur celui du parasitisme.

Art. L. 333-1-1 *(L. n° 2010-476 du 12 mai 2010, art. 63)* **Le droit d'exploitation défini au premier alinéa de l'article L. 333-1 inclut le droit de consentir à l'organisation de paris sur les manifestations ou compétitions sportives.**

Dans le cadre d'une question prioritaire de constitutionnalité, à l'appui d'une requête tendant à l'annulation du Décr. n° 2010-614 du 7 juin 2010 (relatif aux conditions de commercialisation des droits portant sur l'organisation de paris en relation avec une manifestation ou compétition sportives, V. App., v° *Paris sportifs*), le Conseil d'État a considéré que le droit d'exploitation des informations portant sur les résultats des manifestations et compétitions sportives aux fins de l'organisation à titre commercial de paris ne constitue pas un bien public. • CE 13 oct. 2010, *Sté BetClic Enterprises*, req. n° 342142 : *JS 2010, n° 104, p. 40, obs. M.-C. Boutard-Labarde*. ♦ Dans le cadre d'une autre question prioritaire de constitutionnalité soulevée par l'Association européenne des jeux et paris en ligne, le Conseil d'État a estimé que la rémunération du droit d'organiser des paris constituant le prix d'un service commercial fixé par les parties au contrat, et non une redevance, aucun principe de valeur constitutionnelle n'imposait au législateur d'en fixer le taux et l'assiette. • CE 23 déc. 2011, *Assoc. européenne des jeux et paris en ligne : req. n° 344711.*

Art. L. 333-1-2 *(L. n° 2010-476 du 12 mai 2010, art. 63)* **Lorsque le droit d'organiser des paris est consenti par une fédération sportive ou par un organisateur de manifestations sportives mentionné au premier alinéa de l'article L. 331-5 à des opérateurs de paris en ligne, le projet de contrat devant lier ces derniers est, préalablement à sa signature, transmis pour avis à l'Autorité de régulation des jeux en ligne** *(L. n° 2014-344 du 17 mars 2014, art. 150)* **« qui se prononce » dans un délai** *(L. n° 2014-344 du 17 mars 2014, art. 150)* **« d'un mois » à compter de la date de réception de ce document.**

L'organisateur de manifestations ou de compétitions sportives peut donner mandat à la fédération délégataire ou agréée concernée ou au comité mentionné à l'article L. 141-1 pour signer, avec les opérateurs de paris en ligne, le contrat mentionné à l'alinéa précédent.

Les fédérations sportives et organisateurs de manifestations sportives ne peuvent ni attribuer à un opérateur le droit exclusif d'organiser des paris ni exercer une discrimination entre les opérateurs agréés pour une même catégorie de paris.

Tout refus de conclure un contrat d'organisation de paris est motivé par la fédération sportive ou l'organisateur de cette manifestation sportive et notifié par lui au demandeur et à l'Autorité de régulation des jeux en ligne.

Le contrat mentionné à l'alinéa précédent précise les obligations à la charge des opérateurs de paris en ligne en matière de détection et de prévention de la fraude, notamment les modalités d'échange d'informations avec la fédération sportive ou l'organisateur de cette manifestation sportive.

Il ouvre droit, pour ces derniers, à une rémunération tenant compte notamment des frais exposés pour la détection et la prévention de la fraude.

Le président de l'Autorité de régulation des jeux en ligne saisit l'Autorité de la concurrence des situations susceptibles d'être constitutives de pratiques entravant le libre exercice de la concurrence dont il a connaissance dans le secteur des jeux en ligne, notamment lorsqu'il estime que ces pratiques sont prohibées par les art. L. 420-1 et L. 420-2 C. com., l'art. 25 de la L. n° 2010-476 du 12 mai 2010 relative à l'ouverture à la concurrence et à la régulation du secteur des jeux d'argent et de hasard en ligne ou les art. L. 333-1-1 et L. 333-1-2 C. sport. Cette saisine peut être introduite dans le cadre d'une procédure d'urgence, conformément à l'art. L. 464-1 C. com. (L. préc., art. 39).

Dans un avis en date du 20 janv. 2011 (n° 11-A-02) relatif au secteur des jeux d'argent et de hasard en ligne, l'Autorité de la concurrence s'est déclarée favorable à une régulation a priori du prix du droit au pari.

Art. L. 333-1-3 *(L. n° 2010-476 du 12 mai 2010, art. 63)* **Les associations visées à l'article L. 122-1 et les sociétés sportives visées à l'article L. 122-2 peuvent concéder aux opérateurs de paris en ligne, en tout ou partie, à titre gratuit ou onéreux, de manière exclusive ou non, des droits sur les actifs incorporels dont elles sont titulaires, sous réserve des dispositions des articles L. 333-1 et L. 333-2.**

Les dispositions qui précèdent s'appliquent aux fédérations sportives et organisateurs de manifestations sportives mentionnés à l'article L. 331-5 pour les actifs incorporels dont ils sont titulaires, à l'exception du droit de consentir à l'organisation de paris mentionné à l'article L. 333-1-1.

Les conditions de commercialisation du droit d'organiser des paris sur les manifestations ou compétitions sportives et la définition des actifs incorporels pouvant être concédés aux opérateurs de paris en ligne sont précisées par décret.

V. Décr. n° 2010-614 du 7 juin 2010 relatif aux conditions de commercialisation des droits portant sur l'organisation de paris en relation avec une manifestation ou compétition sportives (JO 8 juin). Texte reproduit dans l'App., v° Paris sportifs.

Art. L. 333-1-4 *(L. n° 2015-1541 du 27 nov. 2015, art. 22-I)* **L'organisateur d'une manifestation ou d'une compétition sportive mentionné à l'article L. 331-5 qui interdit à ses acteurs d'engager, directement ou par personne interposée, des mises sur des paris reposant sur cette manifestation ou cette compétition sportive peut, en vue de sanctionner les manquements à cette interdiction, demander à l'Autorité de régulation des jeux en ligne l'accès à des informations personnelles relatives à des opérations de jeu enregistrées par un opérateur de jeux ou de paris en ligne titulaire de l'agrément prévu à l'article 21 de la loi n° 2010-476 du 12 mai 2010 relative à l'ouverture à la concurrence et à la régulation du secteur des jeux d'argent et de hasard en ligne.**

Les opérations informatiques de rapprochement réalisées par l'Autorité de régulation des jeux en ligne et la communication par cette autorité de leurs résultats aux agents ou aux représentants de l'organisateur mentionné au premier alinéa du présent article spécialement habilités à cette fin sont autorisées par décret en Conseil d'État, pris après avis motivé et publié de la Commission nationale de l'informatique et des libertés.

Art. L. 333-2 **Les droits d'exploitation audiovisuelle cédés aux sociétés sportives sont commercialisés par la ligue professionnelle dans des conditions et limites précisées par décret en Conseil d'État.**

Cette commercialisation est effectuée avec constitution de lots, pour une durée limitée et dans le respect des règles de concurrence. — *[L. n° 84-610 du 16 juill. 1984, art. 18-1, al. 3.]*

1. Procédure d'appel d'offres. L'appel à candidatures lancé par la ligue de football professionnel pour la diffusion des rencontres et des magazines relatifs à la Coupe de la Ligue pour les saisons 2006/2007 à 2008/2009 présente un caractère discriminatoire à l'encontre des sociétés Canal + et Sport + dans la mesure où il prévoit qu'un minimum de matchs de cette compétition devront être diffusés sur un service de télévision hertzien national gratuit ; en effet, la ligue n'est pas fondée à soutenir que, étant chargée de la commercialisation centralisée d'un ensemble de droits couvrant plusieurs compétitions, elle pourrait réserver le cas échéant certains de ces droits, et donc certaines compétitions, à une catégorie spécifique de diffuseurs, à partir du moment où aucun acteur du marché n'est placé dans l'impossibilité d'acquérir une partie de l'ensemble des droits commercialisés de façon centralisée, c'est-à-dire au moins une compétition ; la ligue ne saurait en outre invoquer l'art. 20-2 de la loi du 30 sept. 1986 relatif aux événements d'importance majeure dès lors que le décret du 22 déc. 2004, qui a dressé la liste de ces événements, ne mentionne pas au titre de ceux-ci la Coupe de la Ligue. • Paris, 15 févr. 2006 : *RJ éco. sport n° 80, 2006. 80.* ♦ Sur le rejet de l'action en référé intentée par les sociétés Canal + et Kiosque aux fins d'obtenir la suspension de la procédure d'attribution des droits d'exploitation audiovisuelle du championnat de France de Ligue 1 pour les saisons 2008/2009 à 2011/2012 dans l'attente d'une décision au fond sur la régularité de cette procédure. • Paris, 21 janv. 2008, *SA Canal +, SAS Kiosque sport c/ Ligue de football professionnel : inédit.*

2. La circonstance que la Ligue de football professionnel ait décidé de lancer un appel à candidatures pour la cession des droits d'exploitation audiovisuelle des championnats de Ligue 1 et Ligue 2 pour les saisons 2016-2017 à 2019-2020 vingt-huit mois avant le début de l'exploitation des droits en cause ne constitue pas un trouble manifestement illicite pour la société Groupe Canal + ; en effet, le choix du calendrier de l'appel à candidatures relève de la liberté du commerce à défaut de dispositions légales ou contractuelles contraires, cette liberté devant toutefois s'exercer avec loyauté et sans intention de nuire. • Paris, 1er avr. 2014, RG n° 14/06693 : *CCE 2014. Chron. 10, obs. Rizzo.*

3. Sur la reconnaissance du caractère « premium » des droits de diffusion des matchs du Top 14 de rugby (constituent des droits dits « premium » les droits de diffusion relatifs à des événements susceptibles de générer des taux d'audience élevés et qui constituent par leur attrait des motifs d'abonnement à une chaîne payante) : • Paris, 9 oct. 2014 : *RG n° 14/16759.* ♦ S'il est constant qu'aucune disposition de droit interne ou communautaire n'impose que les droits du Top 14 soient attribués au terme d'une mise en concurrence [contrairement à ceux de la Ligue 1 de football qui doivent obligatoirement être soumis à une telle procédure en application des articles L. 333-1 et R. 333-1 et suivants du code du sport], il résulte néanmoins de la pratique décisionnelle de la Commission européenne, telle qu'elle ressort des décisions des 23 juill. 2003 (COMP/C.2-37.398), relative à la commercialisation des droits de l'UEFA Champions League, 19 janv. 2005 (COMP/C.2-37.214), relative à la commercialisation des droits du championnat allemand de football (Bundesliga) et 22 mars 2006 (COMP/C.2-38.173), relative à la commercialisation des droits de la Premier League, que ces droits, compte tenu de leur caractère premium, doivent être commercialisés selon une procédure de mise en concurrence afin d'éviter le risque de mise en œuvre de pratiques anticoncurrentielles. • Même arrêt. ♦ Doit être confirmée la Décis. n° 14-MC-01 du 30 juill. 2014 de l'Autorité de la concurrence ayant jugé que les conditions dans lesquelles la Ligue nationale de rugby et les sociétés du Groupe Canal Plus ont négocié de gré à gré, puis conclu un accord exclusif, en excluant tout autre opérateur du processus d'attribution des droits du Top 14, révélait, en l'état de l'instruction, un objet et/ou un effet anticoncurrentiel susceptible de caractériser une entente contraire aux art. L. 420-1 C. com. et 101 du TFUE. • Même arrêt.

4. Il doit être fait droit à la demande de la Ligue de football professionnel tendant à voir supprimer et interdire sous astreinte la mise en ligne, sur un site internet exploité par une société espagnole, de liens hypertextes permettant de visionner les matchs de compétitions organisées par la LFP en direct ou en léger différé ainsi que de toutes rubriques répertoriant ces liens. • TGI Paris, 19 mars 2015, *Ligue de football professionnel c/ Sté Puerto 80 : LPA 2015, n° 182, p. 8, note Signorile.* ♦ En l'espèce, la société mise en cause ne peut échapper à sa responsabilité en se retranchant derrière sa qualité de simple hébergeur, n'ayant pas le contrôle des contenus diffusés, soumis au régime de responsabilité limitée de l'art. 6 de la loi n° 2004-575 du 21 juin 2004 sur la confiance dans l'économie numérique ; en effet, si techniquement le site litigieux se présente sous l'apparence d'un hébergeur, au-delà de cet aspect technique, il organise en fait sciemment, intentionnellement et à titre principal une sélection, un choix éditorial sur un thème précis, à savoir des compétitions sportives d'actualité dans des domaines ciblés mis à jour en permanence, avec un agenda horaire et un moteur de recherche adéquat, permettant à tout public d'accéder facilement et gratuitement à des contenus protégés réservés à un public restreint d'abonnés, à savoir des compétitions de la LFP en cours, en direct et en intégralité. • Même jugement.

5. Vente conjointe. Il résulte de l'art. L. 122-1 C. consom., interprété dans le respect des critères énoncés par la Dir. n° 2005/29/CE du Parlement européen et du Conseil, du 11 mai 2005, relative aux pratiques commerciales déloyales des entreprises vis-à-vis des consommateurs dans le marché intérieur, qu'une pratique de vente conjointe n'est interdite que si elle est contraire aux exigences de la diligence professionnelle et altère ou est susceptible d'altérer de manière substantielle le comportement économique, par rapport au produit, du consommateur moyen qu'elle touche ou auquel elle s'adresse, notamment, si elle est trompeuse au sens des art. 6 et 7 ou agressive au sens des art. 8 et 9 du même texte. Tel n'est pas le cas de la pratique par laquelle la société France Télécom réserve l'exclusivité de la diffusion des droits de retransmission des matchs du championnat de la Ligue I de football, disputés le samedi soir, à la chaîne Orange sport, laquelle n'est accessible qu'à la condition de la souscription d'un abonnement à l'une des offres internet haut débit d'Orange ; cette pratique qui laisse au consommateur toute liberté quant au choix de son opérateur ADSL en raison de la configuration du marché et en particulier de la structure de l'offre, laquelle le conduit à choisir son opérateur en considération des services associés et donc de la capacité des offreurs de se différencier de leurs concurrents, n'est pas de nature à compromettre sensiblement l'aptitude du consommateur à prendre une décision en connaissance de cause. • Com. 13 juill. 2010 : *pourvois nos 09-15.304 et 09-66.970.*

Art. L. 333-3 **Afin de garantir l'intérêt général et les principes d'unité et de solidarité entre les activités à caractère professionnel et les activités à caractère amateur, les produits de la commercialisation par la ligue des droits d'exploitation des sociétés sont répartis entre la fédération, la ligue et les sociétés.**

La part de ces produits destinée à la fédération et celle destinée à la ligue sont fixées par la convention passée entre la fédération et la ligue professionnelle correspondante.

Les produits revenant aux sociétés leur sont redistribués selon un principe de mutualisation, en tenant compte de critères arrêtés par la ligue et fondés notamment sur la solidarité existant entre les sociétés, ainsi que sur leurs performances sportives et leur notoriété. – *[L. n° 84-610 du 16 juill. 1984, art. 18-1, al. 4 à 6.]*

Il résulte des dispositions de l'art. 18-1 de la L. du 16 juill. 1984 que la Ligue de football professionnel (LFP) a la possibilité d'arrêter des critères pour la redistribution des produits audiovisuels aux sociétés qui ne sont pas limités à la solidarité entre les sociétés, à leurs performances sportives, ou à leur notoriété ; aucune autre disposition législative ou réglementaire ne limite ou précise les critères en cause ; en conséquence, les dispositions de l'art. 107 du règlement administratif de la LFP, en permettant de récompenser les clubs qui s'efforcent d'améliorer leur équipement sportif et de pénaliser les clubs dont les installations en terme de capacités d'accueil et d'éclairage empêchent ou rendent plus difficiles les retransmissions audiovisuelles des compétitions, n'excèdent pas les compétences dévolues à la LFP par ces dispositions de l'art. 18-1 de la L. du 16 juill. 1984. • CAA Marseille, 4 nov. 2010, *EUSRL Athletic club ajaccien football : req. n° 09MA01014.*

Art. L. 333-4 **Les fédérations sportives, les sociétés sportives et les organisateurs de manifestations sportives ne peuvent, en leur qualité de détenteur des droits d'exploitation, imposer aux sportifs participant à une manifestation ou à une compétition aucune obligation portant atteinte à leur liberté d'expression.** – *[L. n° 84-610 du 16 juill. 1984, art. 18-1, al. 7.]*

Art. L. 333-5 **L'accroissement d'actif résultant, pour les sociétés sportives bénéficiaires, de la cession des droits d'exploitation audiovisuelle prévue à l'article L. 333-1 n'est pas pris en compte pour la détermination de leurs résultats imposables au titre de l'exercice où cette cession intervient. Les charges afférentes à l'accroissement d'actif de ces sociétés ne peuvent venir en déduction de leurs résultats imposables.**

La cession par les fédérations sportives de leurs droits d'exploitation audiovisuelle prévue au deuxième alinéa du même article est également sans incidence sur les résultats qu'elles dégagent au titre de l'exercice au cours duquel intervient l'opération. – *[L. n° 84-610 du 16 juill. 1984, art. 11.]*

SECTION II **LIBERTÉ DE DIFFUSION**

Art. L. 333-6 **L'accès des journalistes et des personnels des entreprises d'information écrite ou audiovisuelle aux enceintes sportives est libre sous réserve des contraintes directement liées à la sécurité du public et des sportifs, et aux capacités d'accueil.**

Toutefois, sauf autorisation de l'organisateur, les services de communication au public par voie électronique non cessionnaires du droit d'exploitation ne peuvent capter que les images distinctes de celles de la manifestation ou de la compétition sportive proprement dites.

Les fédérations sportives ayant reçu délégation pour organiser les compétitions mentionnées à l'article L. 131-15 peuvent, dans le respect du droit à l'information, proposer un règlement approuvé par l'autorité administrative après avis du Conseil supérieur de l'audiovisuel. Ce règlement définit les contraintes propres à la discipline considérée et au type de manifestation ou de compétition, ainsi que les lieux mis à disposition des personnes mentionnées au premier alinéa. – *[L. n° 84-610 du 16 juill. 1984, art. 18-4.]*

BIBL. ▶ M. Ferret, A. Rivalan et A. Vichnievsky, Sport et télévision : approche tactique de l'exception de citation, *Légipresse, 1998. II. 126.* - J.-C. Galloux, *JCP 1998. I. 142* (commentaire de la loi du 6 mars 1998). - J.-C. Lapouble, *LPA 15 juin 1998* (*idem*).

1. Faits antérieurs à l'entrée en vigueur de la loi du 6 mars 1998. Le président d'un club de football, qui ne peut être considéré comme simple organisateur de spectacle puisque le club qu'il dirige contribue au développement de l'activité sportive en France, se doit, dans ses rapports avec les journalistes, de ne pas entraver leur action et ce, afin de respecter la liberté d'expression et le droit à l'information du public. • TGI Paris, 14 oct. 1987 : *D. 1988. 558 (1re esp.), note Azéma, Garagnon et Reinhard ; RJ éco. sport 1988, n° 5, p. 59, obs. F. Alaphilippe.* ♦ En conséquence, ledit président a l'obligation de se conformer à l'usage selon lequel les journalistes peuvent entrer gratuitement dans le stade et bénéficier des avantages que leur confère la carte accréditive. • Même jugement, confirmé par : • Paris, 24 oct. 1988, *Bez, Club des Girondins de Bordeaux c/ L'Équipe : inédit.*

2. Sur le trouble manifestement illicite constitué par le refus de la Formula One Constructors Association (FOCA) de laisser accéder une équipe de journalistes au circuit de Formule 1 de Magny-Cours, refus non justifié en l'espèce par des impératifs de sécurité : • Orléans, 15 mai 1998, *FOCA c/ Sté nat. de télévision France 3 : inédit* (arrêt de renvoi après cassation).

Art. L. 333-7 **La cession du droit d'exploitation d'une manifestation ou d'une compétition sportive à un service de communication au public par voie électronique ne peut faire obstacle à l'information du public par les autres services de communication au public par voie électronique.**

Le vendeur ou l'acquéreur de ce droit ne peut s'opposer à la diffusion, par d'autres services de communication au public par voie électronique, de brefs extraits prélevés à titre gratuit parmi les images du ou des services cessionnaires et librement choisis par le service non cessionnaire du droit d'exploitation qui les diffuse.

Ces extraits sont diffusés gratuitement au cours des émissions d'information.

Leur diffusion s'accompagne dans tous les cas d'une identification suffisante du service de communication au public par voie électronique cessionnaire du droit d'exploitation de la manifestation ou de la compétition.

La cession du droit d'exploitation d'une manifestation ou d'une compétition sportive à un service de communication au public par voie électronique ne fait pas obstacle à la réalisation et à la diffusion gratuite par tout service de radiodiffusion sonore, sur tout ou partie du territoire, en direct ou en différé, du commentaire oral de cette manifestation ou de cette compétition.

(L. nº 2012-158 du 1er févr. 2012, art. 22) **« Le Conseil supérieur de l'audiovisuel fixe les conditions de diffusion des brefs extraits prévus au présent article, après consultation du Comité national olympique et sportif français et des organisateurs de manifestations sportives mentionnés à l'article L. 331-5. »**

Délibération nº 2014-43 du 1er octobre 2014,

Relative aux conditions de diffusion de brefs extraits de compétitions sportives et d'événements autres que sportifs d'un grand intérêt pour le public (en vigueur le 1er janv. 2015, V. point 7, infra).

Le Conseil supérieur de l'audiovisuel,

Vu la directive 98/34/CE du Parlement européen et du Conseil du 22 juin 1998 prévoyant une procédure d'information dans le domaine des normes et réglementations techniques, notamment son article 8, modifiée par la directive 98/48/CE du 20 juillet 1998 ;

Vu la directive 2010/13/UE du Parlement européen et du Conseil du 10 mars 2010, notamment son article 15 ;

Vu la notification nº 2014/044/F du 26 mai 2014 à la Commission européenne ;

Vu le code du sport, notamment son article L. 333-7 ;

Vu la loi nº 86-1067 du 30 septembre 1986 modifiée relative à la liberté de communication, notamment ses articles 1, 3-1 et 20-4 ;

Vu la consultation des organisateurs de manifestations sportives mentionnés à l'article L. 331-5 du code du sport ;

Vu les réponses à la consultation publique relative à la détermination des conditions de diffusion de brefs extraits de compétitions sportives ouverte par le Conseil supérieur de l'audiovisuel le 22 juillet 2013 ;

Vu l'avis du Comité national olympique et sportif français du 19 septembre 2014 ;

Après en avoir délibéré,

Décide :

La loi nº 2012-158 du 1er février 2012 visant à renforcer l'éthique du sport et les droits des sportifs a modifié le sixième alinéa de l'article L. 333-7 du code du sport qui dispose désormais : "Le Conseil supérieur de l'audiovisuel fixe les conditions de diffusion des brefs extraits prévus au présent article après consultation du Comité national olympique et sportif français et des organisateurs de manifestations sportives mentionnés à l'article L. 331-5."

Aux termes de l'article 20-4 de la loi n° 86-1067 du 30 septembre 1986 relative à la liberté de communication : "L'article L. 333-7 du code du sport est applicable aux événements de toute nature qui présentent un grand intérêt pour le public."

Au vu des dispositions législatives précitées, de l'avis du Comité national olympique et sportif français du 19 septembre 2014 et des contributions des organisateurs de manifestations sportives et des autres personnes intéressées à la consultation publique ouverte par le Conseil le 22 juillet 2013, la présente délibération a pour objet de fixer les conditions de diffusion de brefs extraits de compétitions sportives et d'événements autres que sportifs d'un grand intérêt pour le public ayant donné lieu à la concession de droits d'exploitation audiovisuelle (ci-après dénommés "brefs extraits").

1. *Champ d'application*

La présente délibération est applicable à l'ensemble des services de télévision établis en France, et à leurs services de médias audiovisuels à la demande qui mettent à disposition du public le même programme en différé (ci-après également dénommés "services de télévision de rattrapage").

2. *Exercice du droit aux brefs extraits*

Les services de télévision détenteurs de droits d'exploitation audiovisuelle d'une compétition sportive ou d'un événement autre que sportif d'un grand intérêt pour le public, et leurs services de médias audiovisuels à la demande qui mettent à disposition du public le même programme en différé, ne font pas obstacle à la diffusion, par un autre service de télévision et ses services de médias audiovisuels à la demande qui mettent à disposition du public le même programme en différé, de brefs extraits de cette compétition ou de cet événement prélevés à titre gratuit, dès lors que les conditions suivantes sont réunies :

— la diffusion des extraits a lieu après la fin de la première diffusion du programme du service détenteur des droits au sein duquel sont prélevés ces extraits ;

— l'identification du service détenteur des droits des images prélevées est clairement assurée lors de la diffusion de chaque extrait, pendant une durée minimale de cinq secondes.

3. *Origine des images prélevées au titre du droit aux brefs extraits*

Les services de télévision non détenteurs des droits d'exploitation audiovisuelle d'une compétition sportive ou d'un événement autre que sportif d'un grand intérêt pour le public prélèvent de brefs extraits de la compétition ou de l'événement concerné au sein des retransmissions diffusées en direct par un service détenteur de ces droits.

Lorsque la compétition sportive ou l'événement donné n'ont pas fait l'objet d'une retransmission en direct, les brefs extraits sont prélevés au sein des retransmissions diffusées en différé par un service détenteur des droits ou au sein des résumés diffusés dans des émissions d'information, au sens de la présente délibération, proposées par un service détenteur des droits.

4. *Destination des brefs extraits par un service de télévision non détenteur des droits des mêmes images*

Les images d'une compétition sportive ou d'un événement autre que sportif d'un grand intérêt pour le public prélevées au titre du droit aux brefs extraits peuvent être diffusées au cours d'une émission d'information.

On entend par émissions d'information au sens de la présente délibération :

— les journaux télévisés et les bulletins d'information réguliers ;

— les magazines sportifs pluridisciplinaires ou d'information générale, d'une fréquence au moins hebdomadaire.

Pour les émissions d'information ayant une fréquence au moins quotidienne, les brefs extraits peuvent être utilisés dans les vingt-quatre heures suivant la fin de la première diffusion du programme du service détenteur des droits au sein duquel ont été prélevés ces extraits.

Pour les émissions d'information ayant une fréquence inférieure (jusqu'à hebdomadaire), les brefs extraits peuvent être, pour une émission donnée, utilisés seulement dans la première édition de cette émission qui suit la fin de la première diffusion du programme du service détenteur des droits au sein duquel ont été prélevés ces extraits.

Les brefs extraits ne peuvent constituer l'intégralité des images diffusées dans le cadre de rubriques d'émissions d'information au sens de la présente délibération faisant l'objet d'un dispositif de parrainage spécifique.

5. *Durée maximale de diffusion des brefs extraits par un service de télévision non détenteur des droits des mêmes images*

La durée de diffusion de brefs extraits d'une compétition sportive ou d'un événement donné n'excède pas une minute trente secondes par heure d'antenne.

La durée de diffusion de brefs extraits d'une compétition sportive donnée n'excède pas trois minutes par journée de compétition et, s'agissant des compétitions régulières de sport collectif, par journée de compétition régulière de sport collectif.

Est considérée comme une journée de compétition ou d'événement, au sens de la présente délibération, une période courant du début du déroulement des épreuves de la compétition ou de l'événement lors d'un jour calendaire donné jusqu'à minuit le même jour.

Est considérée comme une journée de compétition régulière de sport collectif, au sens de la présente délibération, la période au cours de laquelle l'ensemble des rencontres d'une même phase de compétition se déroule (par exemple, au jour de la présente délibération, s'agissant d'une "journée" de Ligue 1 de football disputée intégralement au cours d'un week-end, du coup d'envoi de la première rencontre, le vendredi soir ou le samedi après-midi, jusqu'à la fin de la dernière rencontre le dimanche soir).

La durée de diffusion de brefs extraits d'une rencontre donnée d'une compétition régulière de sport collectif n'excède pas trente secondes par rencontre.

Les brefs extraits diffusés par un service de télévision non détenteur des droits d'une compétition ou d'un événement donné ne peuvent couvrir l'intégralité de ladite compétition ou dudit événement.

S'agissant des compétitions régulières de sports collectifs dans le cadre desquelles plusieurs rencontres sont organisées par journée de compétition, les images diffusées sont limitées, pour chaque journée de compétition, à des extraits du nombre de rencontres immédiatement inférieur à l'intégralité des rencontres que comporte la journée de compétition (par exemple, au jour de la présente délibération, neuf rencontres de Ligue 1 de football par journée ou six rencontres de Top 14 de rugby par journée). Dans le cas d'une compétition ou d'une partie d'une compétition organisée selon une formule à élimination directe, cette disposition s'applique à partir de l'organisation au cours d'une même journée d'un nombre strictement supérieur à sept.

Dans le cadre de la diffusion d'images d'une compétition sportive d'une durée globale inférieure ou égale à six minutes prélevées au titre du droit aux brefs extraits, la durée de diffusion des extraits n'excède pas 25 % de la durée totale de la compétition, sans qu'il puisse être imposé une durée inférieure à 15 secondes.

6. *Durée de mise à la disposition du public des brefs extraits par un service de télévision non détenteur des droits des mêmes images de la compétition ou de l'événement concernés sur son service de télévision de rattrapage*

Les brefs extraits mis à la disposition du public par un service de télévision de rattrapage non détenteur des droits exclusifs sont mis à la disposition du public pendant une durée maximale de sept jours à compter de la première diffusion sur le service de télévision dont le service de télévision de rattrapage reprend les programmes.

7. *Diversité des disciplines sportives exposées dans le cadre de la diffusion de brefs extraits*

Les éditeurs de services de télévision ayant recours, dans le cadre de leurs émissions d'information au sens de la présente délibération, à de brefs extraits de compétitions sportives, assurent une exposition annuelle effective, dans ces émissions, d'un minimum de vingt-quatre disciplines sportives au titre de la diffusion de brefs extraits. Ce volume minimal tient compte de la diversité des pratiques sportives exposées (pratique masculine, féminine, adaptée).

La présente délibération entrera en vigueur le 1er janvier 2015. Un bilan d'étape sera réalisé dans les six mois suivant son adoption au vu des pratiques constatées et de l'expérience acquise durant cette période.

La délibération n° 2013-2 du 15 janvier 2013 relative aux conditions de diffusion de brefs extraits de compétitions sportives et d'événements autres que sportifs d'un grand intérêt pour le public est abrogée à compter de l'entrée en vigueur de la présente délibération.

COMMENTAIRE

Plusieurs fédérations sportives et ligues professionnelles ont saisi le Conseil d'État d'un recours pour excès de pouvoir contre la délibération du CSA relative aux conditions de diffusion de brefs extraits. Elles reprochent à ce texte de faire la part trop belle au droit à l'information du public au détriment de leurs droits d'exploitation audiovisuelle, et ce en contradiction selon elles avec le droit de l'UE (Dir. 2010/13/UE). L'un des points de contestation porte sur la possibilité accordée par la délibération aux magazines sportifs unidisciplinaires d'avoir recours aux brefs extraits… ❑

Code de bonne conduite du 22 janvier 1992,

Relatif à la radiodiffusion des événements sportifs .

Nota : *Ce texte est également reproduit ss. C. sport, art. L. 333-7, édition 2012.*

1. Jurispr. antérieure à l'entrée en vigueur de la Délib. CSA du 15 janv. 2013 (abrogée et remplacée par la Délib. CSA du 1er oct. 2014). La concession à un diffuseur du droit de retransmettre en direct et intégralement une compétition sportive ne peut, en vertu du droit du public à l'information, faire obstacle à la communication de l'événement au public, sous la forme de brefs extraits ne portant pas atteinte au droit d'exclusivité, de sorte que le refus, par le titulaire du droit d'exclusivité, de laisser accéder une équipe de télévision au circuit du Grand Prix de France de Formule 1 constitue un trouble manifestement illicite. • Civ. 1re, 6 févr. 1996 : *Bull. civ. I, n° 70 ; D. 1997. Somm. 85, obs. Hassler ; JCP 1997. I. 4046, doctr. Galloux.* ♦ V. art. L. 333-6.

2. Une chaîne de télévision ne peut diffuser, dans le cadre d'une retransmission parrainée par une société commerciale, des extraits d'un tournoi de tennis dont les droits de diffusion ont été cédés à titre exclusif à une autre chaîne de télévision, dès lors que cette émission n'est pas une émission d'informations et que la chaîne, qui avait déjà diffusé des images du tournoi au cours d'un bulletin d'informations, a rediffusé les mêmes images, après ledit bulletin, au cours d'une émission exclusivement consacrée à cet événement sportif. • Paris, 14 sept. 1993 : *D. 1994. Somm. 278, obs. Hassler*. ♦ V. déjà, à propos de la diffusion par une chaîne de télévision d'images du championnat de France de football dont l'exclusivité avait été concédée à une autre chaîne : • Paris, 15 juin 1989 : *D. 1990. Somm. 293, obs. Hassler*.

3. Il y a lieu de donner à la notion de « brefs extraits », qui constitue une disposition exceptionnelle en ce qu'elle limite le droit de propriété, une interprétation, sauf à causer un préjudice injustifié aux intérêts légitimes du titulaire du droit, nécessairement stricte en conciliant la protection des droits du cessionnaire de l'exploitation d'une manifestation sportive avec un principe d'égale valeur, celui du droit du public à l'information. • Paris, 28 janv. 2004 : *RJ éco. sport n° 72, 2004. 54, obs. A. Lacabarats.* ♦ Il ressort tant du code de bonne conduite du 22 janv. 1992 que des débats parlementaires lors du vote des lois modificatives de 1992 et 1998 que la durée maximale d'une minute trente secondes doit s'entendre par journée de compétition, les extraits devant par ailleurs être limités à trente secondes par match. • Même arrêt. ♦ S'agissant du cas particulier des chaînes d'information continue, le recours aux brefs extraits doit s'épuiser pour un temps donné par sa première diffusion et ne saurait être utilisé dans un laps de temps trop rapproché de la première diffusion de sorte que, dans le cadre de la multidiffusion, il y a lieu de le limiter à un passage toutes les quatre heures par périodes de vingt-quatre heures, dans un journal d'information, suivant la double limitation d'une minute trente secondes par journée de compétition et de trente secondes par match. • Même arrêt. ♦ En interprétant de la sorte l'art. 18-2 de la loi du 16 juill. 1984, qui ne définit pas le contenu de la notion de diffusion de brefs extraits, la cour d'appel n'a pas excédé ses pouvoirs ni posé une norme générale. • Com. 8 févr. 2005 : *Bull. civ. IV, n° 25 ; Cah. dr. sport n° 1, 2005. 149, note Poracchia, et 159, note Buy.* ♦ Comp., avec un arrêt ayant estimé que, dans le cadre d'une chaîne d'information continue, un écart de deux heures entre la diffusion des brefs extraits est conforme au respect des droits du propriétaire et à l'exigence de la légitime information du public : • Versailles, 23 sept. 2004 : *RJ éco. sport n° 74, 2005. 68*. ♦ Cet arrêt précise toutefois que ces principes sont dégagés pour les besoins de la cause et ne sauraient être érigés en règle de droit. • Même arrêt.

4. Ni le législateur ni le pouvoir réglementaire

n'ont précisé dans quelles conditions doit être opéré le « siglage » pour qu'il soit satisfait à l'exigence « d'identification suffisante » posée par ce texte ni en quoi consiste la notion de « brefs extraits » compatible avec le respect des droits du cessionnaire ; de sorte que, s'il appartient au juge, dans le silence des textes, d'interpréter la loi, notamment par référence au code de bonne conduite de 1992 ou aux travaux parlementaires, un tel pouvoir, qui doit s'appliquer au cas par cas, n'est pas de ceux que l'art. 873 C. pr. civ. confère au juge des référés. • Paris, 7 juill. 2006 : *RJ éco. sport n° 81, 2006. 62* .

Art. L. 333-8 **La cession du droit d'exploitation d'une manifestation ou d'une compétition sportive à un service de communication au public par voie électronique ne fait pas obstacle à la diffusion partielle ou intégrale de cette manifestation ou de cette compétition par un autre service de communication au public par voie électronique lorsque le service cessionnaire du droit d'exploitation n'assure pas la diffusion en direct d'extraits significatifs de la manifestation ou de la compétition sportive.**

Un décret en Conseil d'État, pris après avis du Conseil supérieur de l'audiovisuel, fixe, en tant que de besoin, les conditions d'application du présent article, compte tenu notamment de la nature et de la durée de la manifestation ou de la compétition. Ce décret précise également les conditions dans lesquelles est assimilée à la diffusion en direct une diffusion reportée à une heure de grande écoute ou retardée en raison de motifs sérieux. — *[L. n° 84-610 du 16 juill. 1984, art. 18-3.]*

Art. L. 333-9 **Les événements sportifs d'importance majeure sont retransmis dans les conditions définies par les articles 20-2 et 20-3 de la loi n° 86-1067 du 30 septembre 1986 relative à la liberté de communication.** — *V. L. n° 86-1067 du 30 sept. 1986, art. 20-2 et 20-3 ci-dessous.*

La Commission européenne n'a pas commis d'erreur en estimant que la qualification par le Royaume-Uni de l'ensemble des matchs de la Coupe du monde et de l'Euro de football et par la Belgique de tous les matchs de la Coupe du monde de football « d'événements d'importance majeure » pour leur société, en application de l'art. 3 *bis* de la Dir. n° 89/552/CEE du Conseil du 3 oct. 1989, est conforme au droit de l'Union européenne, et notamment aux principes de libre établissement et de libre prestation de services. • Trib. UE 17 févr. 2011, *FIFA, UEFA c/ Commission*, aff. T-385/07, T-55/08 et T-68/08 : *Cah. dr. sport 2011, n° 23, p. 173, note Le Reste et p. 223, note Rizzo ; CCE 2012. Étude 5, note Dumont ; Europe 2011, n° 4, 131, note Simon.* ♦ Confirmé par : • CJUE 18 juill. 2013 : *aff. C-201/11 P, C-204/11 P et C-205/11 P.*

Loi n° 86-1067 du 30 septembre 1986,

Relative à la liberté de communication. — **C. adm.**

Art. 1er La communication au public par voie électronique est libre.

L'exercice de cette liberté ne peut être limité que dans la mesure requise, d'une part, par le respect de la dignité de la personne humaine, de la liberté et de la propriété d'autrui, du caractère pluraliste de l'expression des courants de pensée et d'opinion et, d'autre part, par la protection de l'enfance et de l'adolescence, par la sauvegarde de l'ordre public, par les besoins de la défense nationale, par les exigences de service public, par les contraintes techniques inhérentes aux moyens de communication, ainsi que par la nécessité, pour les services audiovisuels, de développer la production audiovisuelle.

Les services audiovisuels comprennent les services de communication audiovisuelle telle que définie à l'article 2 ainsi que l'ensemble des services mettant à disposition du public ou d'une catégorie de public des œuvres audiovisuelles, cinématographiques ou sonores, quelles que soient les modalités techniques de cette mise à disposition.

En recommandant aux éditeurs de service de télévision de ne pas retransmettre de combats qui ne répondraient pas aux critères qu'il a énumérés, le CSA, contrairement à ce que soutient la société requérante, n'a pas entendu assurer la protection des intérêts des fédérations sportives agréées mais, dans l'exercice des missions qui lui ont été assignées par la loi, veiller à ce que ne soient pas diffusées au public des images susceptibles, selon lui, de porter atteinte aux principes énoncés à l'art. 1er de la L. du 30 sept. 1986. • CE 18 déc. 2009, *Sté Canal + : req. n° 310646.* ♦ Il résulte de l'instruction que le « K-1 », qui ne figurait pas à la date des décisions attaquées au nombre des sports de combat encadrés par une fédération sportive française, est organisé à l'étranger, ainsi que l'a relevé le CSA, selon des règles autorisant des affrontements d'une grande violence sans que soit assurée la protection de l'intégrité physique des combattants dans les conditions exigées en France par les réglementations techniques qui encadrent la pratique des sports de combat ; par suite, le CSA a pu légalement décider de mettre en demeure la société Canal + de cesser la retransmission de combats de « K-1 » organisés à l'étranger, pour des motifs tirés de la nécessité de la protection de l'enfance et de l'adolescence ainsi que de la sauvegarde de l'ordre public. • Même arrêt. ♦ V. Recomm. CSA n° 2005-8 du 20 déc. 2005 *(JO 8 janv.)*.

....

Art. 20-2 *(L. n° 2000-719 du 1er août 2000, art. 21)* Les événements d'importance majeure ne peuvent être retransmis en exclusivité d'une manière qui aboutit à priver une partie importante du public de la possibilité de les suivre en direct ou en différé sur un service de télévision à accès libre.

La liste des événements d'importance majeure est fixée par décret en Conseil d'État. Ce décret détermine les conditions d'application du présent article.

Les services de télévision ne peuvent exercer les droits exclusifs qu'ils ont acquis après le 23 août 1997 d'une manière telle qu'ils privent une partie importante du public d'un autre État membre de la Communauté européenne ou d'un État partie à l'accord sur l'Espace économique européen de la possibilité de suivre, sur un service de télévision à accès libre, les événements déclarés d'importance majeure par cet État.

Le Conseil supérieur de l'audiovisuel veille au respect par les services de télévision des dispositions du présent article.

Art. 20-3 *(L. n° 2012-158 du 1er févr. 2012, art. 23)* Les services de télévision qui diffusent des programmes sportifs contribuent à la lutte contre le dopage et à la protection des personnes pratiquant des activités physiques et sportives en diffusant des programmes relatifs à ces sujets.

Le Conseil supérieur de l'audiovisuel fixe les conditions d'application du présent article.

V. aussi Dir. n° 89-552 du 3 oct. 1989 (« Télévision sans frontières ») (JOCE n° L 298 du 17 oct.), mod. par Dir. n° 2007/65/CE du 11 déc. 2007 (JOUE n° L 332/27 du 18 déc. 2007).

Art. 20-4 *(L. n° 2009-258 du 5 mars 2009, art. 45)* L'article L. 333-7 du code du sport est applicable aux événements de toute nature qui présentent un grand intérêt pour le public. *(Abrogé par L. n° 2011-525 du 17 mai 2011, art. 142-1°)* *« Les conditions d'application du présent article sont fixées par décret en Conseil d'État pris après avis du Conseil supérieur de l'audiovisuel. »*

Décret n° 2004-1392 du 22 décembre 2004,

Pris pour l'application de l'article 20-2 de la loi n° 86-1067 du 30 septembre 1986 relative à la liberté de communication.

Art. 1er Le présent décret fixe les conditions dans lesquelles doit être assurée par les éditeurs de services de télévision la retransmission exclusive des événements d'importance majeure afin qu'une partie importante du public ne soit pas privée de la possibilité de les suivre sur un service de télévision à accès libre.

TITRE Ier. DISPOSITIONS APPLICABLES À LA DIFFUSION DES ÉVÉNEMENTS D'IMPORTANCE MAJEURE SUR LE TERRITOIRE FRANÇAIS

Art. 2 Pour l'application du présent titre, est regardé comme :

a) "Éditeur de services de télévision à accès libre" : tout éditeur d'un service de télévision dont le financement ne fait pas appel à une rémunération de la part des usagers et dont les émissions peuvent être effectivement reçues par au moins 85 % des foyers de France métropolitaine ;

b) "Éditeur de services de télévision à accès restreint" : tout éditeur d'un service de télévision qui ne remplit pas les deux conditions fixées à l'alinéa précédent.

Art. 3 La liste des événements prévue à l'article 20-2 de la loi du 30 septembre 1986 susvisée est arrêtée comme suit :

1° Les Jeux olympiques d'été et d'hiver ;

2° Les matchs de l'équipe de France de football inscrits au calendrier de la Fédération internationale de football association (FIFA) ;

3° Le match d'ouverture, les demi-finales et la finale de la Coupe du monde de football ;

4° Les demi-finales et la finale du Championnat d'Europe de football ;

5° La finale de la Coupe de l'Union européenne de football association (UEFA) lorsqu'un groupement sportif inscrit dans l'un des championnats de France y participe ;

6° La finale de la Ligue des champions de football ;

7° La finale de la Coupe de France de football ;

8° Le tournoi de rugby des Six Nations ;

9° Les demi-finales et la finale de la Coupe du monde de rugby ;

10° La finale du Championnat de France de rugby ;

11° La finale de la Coupe d'Europe de rugby lorsqu'un groupement sportif inscrit dans l'un des championnats de France y participe ;

12° Les finales des simples messieurs et dames du tournoi de tennis de Roland-Garros ;

13° Les demi-finales et les finales de la Coupe Davis et de la Fed Cup lorsque l'équipe de France de tennis y participe ;

14° Le Grand Prix de France de formule 1 ;

15° Le Tour de France cycliste masculin ;

16° La compétition cycliste "Paris-Roubaix" ;

17° Les finales masculine et féminine du championnat d'Europe de basket-ball lorsque l'équipe de France y participe ;

18° Les finales masculine et féminine du championnat du monde de basket-ball lorsque l'équipe de France y participe ;

19° Les finales masculine et féminine du championnat d'Europe de handball lorsque l'équipe de France y participe ;

20° Les finales masculine et féminine du championnat du monde de handball lorsque l'équipe de France y participe ;

21° Les championnats du monde d'athlétisme.

Art. 4 L'exercice par un éditeur de services de télévision, sur le territoire français, des droits de retransmission acquis à titre exclusif, après le 23 août 1997, sur l'un des événements d'importance majeure mentionnés à l'article précédent ne peut faire obstacle à la retransmission de cet événement par un service de télévision à accès libre, laquelle doit alors être intégrale et assurée en direct, sauf dans les cas suivants :

1° La retransmission de l'événement mentionné au 15° de l'article 3 peut être limitée à des moments significatifs, conformément à l'usage de diffusion de cet événement ;

2° La retransmission des événements mentionnés aux 1° et 21° de l'article 3 peut être limitée à des moments représentatifs de la diversité des disciplines sportives et des pays participants et assurée en différé lorsque des épreuves ont lieu simultanément ;

3° La retransmission des événements d'importance majeure peut aussi être assurée en différé lorsque l'événement a lieu entre 0 et 6 heures, heure française, à la condition que sa diffusion en France débute avant 10 heures ;

Le fait, pour un éditeur de services de télévision à accès restreint faisant appel à une rémunération de la part des usagers et dont les émissions peuvent être reçues dans les conditions mentionnées au *a* de l'article 2 du présent décret, de diffuser cet événement intégralement et en direct, sous réserve des dispositions qui précèdent, sans le soumettre à des conditions d'accès particulières, n'est pas regardé comme faisant obstacle à la retransmission d'un événement d'importance majeure par un service de télévision à accès libre.

Art. 5 Afin de permettre la retransmission d'un événement d'importance majeure par un éditeur de services de télévision à accès libre dans les conditions prévues à l'article 4, un éditeur de services de télévision titulaire de droits exclusifs de retransmission pour tout ou partie d'un événement d'importance majeure et qui n'est pas en mesure de respecter ces conditions doit, dans un délai raisonnable avant l'événement, formuler, selon des modalités de publicité permettant l'information des éditeurs de services de télévision à accès libre, la proposition de céder des droits permettant d'assurer la retransmission de cet événement dans les conditions prévues à l'article 4. Cette offre doit être faite selon des termes et conditions de marché équitables, raisonnables et non discriminatoires.

Si, en réponse à cette offre, aucune proposition d'un éditeur de services de télévision n'est formulée ou si la proposition n'est pas formulée selon des termes et conditions de marchés équitables, raisonnables et non discriminatoires, l'éditeur titulaire de droits exclusifs peut exercer ceux-ci sans satisfaire aux conditions prévues à l'article 4.

TITRE II. DISPOSITIONS APPLICABLES À LA DIFFUSION DES ÉVÉNEMENTS D'IMPORTANCE MAJEURE SUR LE TERRITOIRE D'AUTRES ÉTATS EUROPÉENS

Art. 6 Les dispositions du présent titre s'appliquent aux éditeurs de services de télévision relevant de la compétence de la France qui assurent la retransmission télévisée, sur le territoire d'un autre État, membre de l'Union européenne, partie à l'accord sur l'Espace économique européen ou partie à la Convention européenne sur la télévision transfrontière, d'un événement désigné par cet État comme d'une importance majeure pour la société de ce pays au sens des dispositions de la directive n° 89/552/CEE du 3 octobre 1989 susvisée et ont acquis les droits de retransmission de cet événement après le 23 août 1997.

Art. 7 Les éditeurs de services de télévision relevant de la compétence de la France exercent, dans un État visé à l'article 6, les droits de retransmission acquis sur un événement d'importance majeure, tel que défini par cet État, d'une manière qui ne prive pas une partie importante du public de la possibilité de suivre ces événements en direct ou en différé, sur un service de télévision à accès libre au sens des dispositions de l'article 3 *bis* de la directive du 3 octobre 1989 précitée.

Art. 8 Lorsqu'un éditeur de services de télévision relevant de la compétence de la France assure la retransmission d'un événement d'importance majeure dans l'un des États visés à l'article 6, il doit satisfaire aux conditions mises par cet État pour la retransmission de l'événement par l'éditeur de services de télévision.

TITRE III. DISPOSITIONS FINALES

Art. 9 Saisi par un éditeur de services de télévision ou de sa propre initiative, le Conseil supérieur de l'audiovisuel peut rendre un avis sur les conditions d'application des dispositions du présent décret.

Art. 10 Un décret en Conseil d'État ultérieur fixera la liste des événements d'importance majeure et les conditions de leur retransmission télévisée pour les départements d'outre-mer, Saint-Pierre-et-Miquelon, Mayotte, la Nouvelle-Calédonie, la Polynésie française et les îles Wallis-et-Futuna, en prenant notamment en considération les spécificités de chacune de ces collectivités et les particularités techniques de la diffusion télévisée outre-mer.

LIVRE QUATRIÈME **DISPOSITIONS DIVERSES**

TITRE PREMIER **FINANCEMENT DU SPORT**

CHAPITRE UNIQUE

SECTION UNIQUE **FINANCEMENTS AFFECTÉS À L'ÉTABLISSEMENT PUBLIC CHARGÉ DU DÉVELOPPEMENT DU SPORT**

BIBL. GÉN. ▸ CNDS, *in Dict. perm. dr. sport (mise à jour périodique)*. – *F. Loichet en collab. avec L. Marciano et J. Nizri*, Centre national pour le développement du sport (CNDS), *in Dict. jur. du sport, Dalloz, Juriséditions, 2013, p. 54.*

Art. L. 411-1 *(Abrogé par L. n° 2010-476 du 12 mai 2010, art. 51-III)* ***« Ainsi qu'il est dit à l'article 53 de la loi n° 2005-1719 du 30 décembre 2005 de finances pour 2006, »*** **Un prélèvement effectué chaque année dans les conditions déterminées par la loi de finances sur les sommes misées sur les jeux exploités en France et dans les départements d'outre-mer par La Française des jeux est affecté à l'établissement public chargé du développement du sport.**

Art. L. 411-2 *(Abrogé par L. n° 2010-476 du 12 mai 2010, art. 51-III)* ***« Ainsi qu'il est dit à l'article 53 de la loi n° 2005-1719 du 30 décembre 2005 de finances pour 2006, »*** **Une contribution sur la cession à tout service de télévision des droits de diffusion de manifestations ou compétitions sportives perçue dans les conditions prévues à l'article 302 *bis* ZE du code général des impôts est affectée à l'établissement public chargé du développement du sport. Le produit de cette contribution est destiné à financer le développement des associations sportives locales et la formation de leurs animateurs.**

TITRE DEUXIÈME DISPOSITIONS APPLICABLES À L'OUTRE-MER

BIBL. GÉN. ▸ DOM-COM, *in Dict. perm. dr. sport (mise à jour périodique).*

CHAPITRE PREMIER DISPOSITIONS APPLICABLES À MAYOTTE

Art. L. 421-1 Les dispositions du présent code sont applicables à Mayotte, à l'exception des articles L. 111-2, L. 112-1, L. 112-2, L. 221-13, L. 222-2 *(L. n° 2015-1541 du 27 nov. 2015, art. 24-I-4)* « à L. 222-2-11 », L. 222-3, L. 222-4, L. 311-3, L. 311-6 et L. 332-16.

Art. L. 421-2 Les références à des dispositions non applicables dans la collectivité sont remplacées par les références aux dispositions ayant le même objet qui y sont applicables.

Art. L. 421-3 Pour l'application du présent code à Mayotte, le mot : "département" est remplacé par le mot : "collectivité".

CHAPITRE II DISPOSITIONS PARTICULIÈRES À SAINT-PIERRE-ET-MIQUELON

Art. L. 422-1 Les articles L. 112-1, L. 112-2 et L. 333-5 du présent code ne sont pas applicables à Saint-Pierre-et-Miquelon.

Art. L. 422-2 Les références à des dispositions non applicables dans la collectivité sont remplacées par les références aux dispositions ayant le même objet qui y sont applicables.

Art. L. 422-3 Pour l'application du présent code à Saint-Pierre-et-Miquelon, le mot "département" est remplacé par le mot : "collectivité".

CHAPITRE III DISPOSITIONS APPLICABLES À WALLIS-ET-FUTUNA

Art. L. 423-1 Sont applicables dans les îles Wallis-et-Futuna les dispositions des articles L. 231-5 et L. 333-9.

CHAPITRE IV DISPOSITIONS APPLICABLES EN POLYNÉSIE FRANÇAISE

Art. L. 424-1 Sont applicables en Polynésie française les dispositions de l'article L. 333-9.

Sur l'organisation des activités physiques et sportives en Polynésie française, V. Délib. n° 99-176 APF du 14 oct. 1999 mod. relative à l'organisation et à la promotion des activités physiques et sportives en Polynésie française (JOPF 28 oct.).

CHAPITRE V DISPOSITIONS RELATIVES À LA NOUVELLE-CALÉDONIE

(L. n° 2008-650 du 3 juill. 2008).

SECTION PREMIÈRE DISPOSITIONS GÉNÉRALES *(Ord. n° 2007-1389 du 27 sept. 2007).*

Art. L. 425-1 *(Ord. n° 2011-827 du 8 juill. 2011, art. 2)* I. — Sont applicables en Nouvelle-Calédonie les dispositions de l'article L. 333-9.

II. — Le sportif désigné aux articles L. 425-1-1 et L. 425-1-2 ainsi qu'aux articles L. 425-9-1 à L. 425-9-3 est celui qui est défini au 2° de l'article L. 230-3.

SECTION II INFRACTIONS EN MATIÈRE DE LUTTE CONTRE LE DOPAGE ET DE PROTECTION DE LA SANTÉ DES SPORTIFS

(Ord. n° 2007-1389 du 27 sept. 2007)

SOUS-SECTION 1 CONTRÔLE ET CONSTAT DES INFRACTIONS

Art. L. 425-1-1 *(Ord. n° 2011-827 du 8 juill. 2011, art. 3)* Il est interdit à tout sportif de détenir, tenter de détenir, sans raison médicale dûment justifiée, une ou des substances ou méthodes interdites figurant sur la liste mentionnée au dernier alinéa du présent article.

Cette interdiction ne s'applique pas aux substances et méthodes pour lesquelles le sportif fait état d'une raison médicale dûment justifiée telle que définie par l'autorité locale compétente.

La liste des substances et méthodes mentionnées au présent article est celle qui est établie en application de la convention internationale contre le dopage dans le sport, adoptée à Paris le 19 octobre 2005, ou de tout autre accord ultérieur qui aurait le même objet et qui s'y substituerait. Elle est publiée au *Journal officiel* de la Nouvelle-Calédonie.

Art. L. 425-1-2 *(Ord. n° 2011-827 du 8 juill. 2011, art. 3)* Il est interdit à toute personne de :

1° Prescrire, administrer, appliquer, céder ou offrir aux sportifs, sans raison médicale dûment justifiée, une ou plusieurs substances ou méthodes mentionnées à l'article L. 425-1-1 ou de faciliter leur utilisation ou d'inciter à leur usage ;

2° Produire, fabriquer, importer, exporter, transporter, détenir ou acquérir, aux fins d'usage par un sportif sans raison médicale dûment justifiée, une ou des substances ou méthodes figurant sur la liste mentionnée au dernier alinéa de l'article L. 425-1-1 ;

3° S'opposer par quelque moyen que ce soit aux mesures de contrôle prévues par le présent chapitre ;

4° Falsifier, détruire ou dégrader tout élément relatif au contrôle, à l'échantillon ou à l'analyse ;

5° Tenter d'enfreindre les interdictions prévues au présent article.

Art. L. 425-2 Outre les officiers et agents de police judiciaire agissant dans le cadre des dispositions du code de procédure pénale, sont habilités à procéder aux contrôles prévus par la délibération n° 202 du 22 août 2006 du congrès de la Nouvelle-Calédonie relative à la protection de la santé des sportifs et à la lutte contre le dopage *(Ord. n° 2011-827 du 8 juill. 2011, art. 4)* « et aux contrôles réalisés pour l'application du présent chapitre », ainsi qu'à rechercher et constater les infractions à cette délibération pour les entraînements, manifestations et compétitions sportives mentionnés par la même réglementation *(Ord. n° 2011-827 du 8 juill. 2011, art. 4)* « ou prévus par les articles L. 230-2 et L. 230-3 », les agents de la Nouvelle-Calédonie chargés d'appliquer cette réglementation et assermentés *(Ord. n° 2011-827 du 8 juill. 2011, art. 4)* « dans les conditions fixées au II de l'article 809 du code de procédure pénale ».

Ces agents sont tenus au secret professionnel, dans les conditions prévues à l'article 226-13 du code pénal.

Art. L. 425-3 Les personnes mentionnées à l'article L. 425-2 ayant la qualité de médecin peuvent procéder à des examens médicaux cliniques et à des prélèvements biologiques destinés à mettre en évidence l'utilisation de *(Ord. n° 2011-827 du 8 juill. 2011, art. 5)* « méthodes prohibées » ou à déceler la présence dans l'organisme de substances interdites.

Les personnes mentionnées à l'article L. 425-2 qui n'ont pas la qualité de médecin peuvent également procéder à ces prélèvements biologiques. Seules celles des personnes mentionnées à l'article L. 425-2 qui ont la qualité de médecin ou d'infirmier peuvent procéder à des prélèvements sanguins.

Les contrôles donnent lieu à l'établissement de procès-verbaux qui sont transmis *(Ord. n° 2011-827 du 8 juill. 2011, art. 5)* « à l'autorité locale compétente » et à la ligue intéressée. Un double en est laissé aux parties intéressées.

Art. L. 425-4 *(Ord. n° 2011-827 du 8 juill. 2011, art. 6)* Les contrôles sont réalisés dans les conditions suivantes :

1° Dans tout lieu où se déroule un entraînement, une manifestation ou une compétition organisés ou autorisés par les ligues sportives agréées ainsi qu'un entraînement ou une manifestation au sens des articles L. 230-2 et L. 230-3 ;

2° Dans tout établissement dans lequel sont pratiquées des activités physiques ou sportives ainsi que dans ses annexes ;

3° Dans tout lieu permettant de réaliser le contrôle, dans le respect de la vie privée et de l'intimité du sportif, y compris, à sa demande, à son domicile ;

4° Dans le cadre de la garde à vue d'un sportif soupçonné d'avoir commis les délits prévus aux articles L. 425-1-1, L. 425-1-2 ou par la réglementation localement applicable en matière de dopage.

Art. L. 425-4-1 *(Ord. n° 2011-827 du 8 juill. 2011, art. 7)* Les contrôles prévus par la réglementation édictée par la Nouvelle-Calédonie en matière de protection de la santé des sportifs et de lutte contre le dopage ainsi qu'au titre du présent chapitre sont réalisés, après notification du contrôle au sportif, soit :

1° Par la personne chargée de procéder au prélèvement ;

2° Par une personne désignée par la personne chargée de procéder au prélèvement.

Lorsqu'un sportif n'est pas soumis aux obligations de localisation et ne s'entraîne pas dans un lieu fixe, la notification peut lui être adressée par tout moyen permettant de garantir son origine et sa réception.

Art. L. 425-5 Dans l'exercice de leur mission de contrôle, les personnes mentionnées à l'article L. 425-2 ne peuvent accéder aux lieux mentionnés à l'article L. 425-4 qu'entre 6 heures et 21 heures ou à tout moment dès lors que ces lieux sont ouverts au public ou qu'une compétition ou une manifestation sportive ou un entraînement y préparant est en cours. Un contrôle réalisé au domicile d'un sportif ne peut avoir lieu qu'entre 6 heures et 21 heures.

Elles peuvent être assistées, à leur demande, par un membre délégué de la ligue sportive compétente.

Elles peuvent demander la communication de toute pièce ou de tout document utile, en prendre copie et recueillir les observations des intéressés.

Seuls des médecins peuvent recueillir les informations à caractère médical.

Al. *abrogé par Ord. n° 2011-827 du 8 juill. 2011, art. 8.*

Art. L. 425-6 *(Ord. n° 2011-827 du 8 juill. 2011, art. 9)* Sont tenus de fournir des renseignements précis et actualisés sur leur localisation permettant la réalisation des contrôles prévus par la réglementation applicable localement en matière de protection de la santé des sportifs et à la lutte contre le dopage ainsi qu'au titre du présent chapitre, les sportifs, constituant le groupe cible, désignés pour une année par l'autorité locale compétente parmi :

1° Les sportifs inscrits sur la liste des sportifs de haut niveau ou sur la liste des sportifs Espoirs au sens du présent code ou les sportifs ayant été inscrits sur l'une de ces listes au moins une année durant les trois dernières années ;

2° Les sportifs professionnels licenciés des ligues sportives agréées ou ayant été professionnels au moins une année durant les trois dernières années ;

3° Les sportifs qui ont fait l'objet d'une sanction disciplinaire sur le fondement des articles L. 425-1-1 et L. 425-1-2 lors des trois dernières années.

Ces renseignements peuvent faire l'objet d'un traitement informatisé mis en œuvre par l'autorité locale compétente, en vue d'organiser des contrôles. Ce traitement informatisé portant sur les données relatives à la localisation des sportifs est autorisé par décision de l'autorité locale compétente prise après avis de la Commission nationale de l'informatique et des libertés.

Art. L. 425-7 *(Ord. n° 2011-827 du 8 juill. 2011, art. 10)* Dans le cas où les opérations de contrôle sont envisagées en vue de la recherche d'infractions, le procureur de la République en est préalablement informé et peut s'y opposer. Le procureur de la République est informé sans délai, par tout moyen, dès qu'une infraction est constatée.

Dans l'ensemble des lieux mentionnés à l'article L. 425-4 auxquels ils ont accès et pour l'exercice des missions de police judiciaire diligentées dans les conditions définies au présent article, les agents de la Nouvelle-Calédonie mentionnés à l'article L. 425-2 ne peuvent saisir des objets ou documents se rapportant aux infractions aux dispositions du présent chapitre que sur autorisation donnée par ordonnance du juge des libertés et de la détention dans le ressort duquel sont situés les éléments à saisir.

La demande d'ordonnance doit comporter tous les éléments d'information de nature à justifier la saisie. Les agents munis de cette ordonnance peuvent en tant que de besoin requérir la force publique. Les opérations s'effectuent sous l'autorité et le contrôle du juge qui les a autorisées.

L'ordonnance est notifiée sur place, au moment de l'accès dans les lieux ou de la saisie, au responsable des lieux ou à son représentant, qui en reçoit copie. En l'absence du responsable des lieux ou de son représentant, l'ordonnance lui est notifiée, après la visite, par lettre recommandée avec demande d'avis de réception. La notification est réputée faite à la date de réception figurant sur l'avis.

Les éléments saisis sont immédiatement inventoriés, en présence du responsable des lieux ou des locaux, ou de son représentant.

L'inventaire est annexé au procès-verbal relatant le déroulement des opérations dressé sur place. Les originaux du procès-verbal et de l'inventaire sont transmis au juge qui a autorisé les opérations dans les cinq jours qui suivent leur clôture. Une copie est remise à l'intéressé.

Le juge des libertés et de la détention peut à tout moment ordonner la mainlevée de la saisie.

Les personnes mentionnées à l'article L. 425-2 constatent les infractions mentionnées au présent chapitre par des procès-verbaux qui font foi jusqu'à preuve contraire.

Ces procès-verbaux sont transmis au procureur de la République, sous peine de nullité, dans les cinq jours suivant la clôture des opérations. Une copie des procès-verbaux est également remise dans le même délai à l'intéressé.

Les agents de la Nouvelle-Calédonie mentionnés à l'article L. 425-2 peuvent être requis par le procureur de la République, le juge d'instruction ou les officiers ou agents de police judiciaire afin de leur prêter assistance.

Art. L. 425-8 Les agents des douanes, les agents de la Nouvelle-Calédonie chargés d'appliquer la réglementation en matière de lutte contre le dopage et de protection de la santé des sportifs et les officiers et agents de police judiciaire sont habilités à se communiquer entre eux tous renseignements obtenus dans l'accomplissement de leur mission respective et relatifs aux produits dopants, à leur emploi et à leur mise en circulation dans le respect des dispositions de la loi n° 78-17 du 6 janvier 1978 relative à l'informatique, aux fichiers et aux libertés.

SOUS-SECTION 2 **DISPOSITIONS PÉNALES**

Art. L. 425-9 *(Ord. n° 2011-827 du 8 juill. 2011, art. 11)* Le fait de s'opposer ou de tenter de s'opposer à l'exercice des fonctions dont sont chargés les agents de contrôle habilités en vertu de l'article L. 425-2 est puni de six mois d'emprisonnement et d'une amende de 7 500 € d'amende dans sa contre-valeur en monnaie locale.

Le fait de ne pas respecter les décisions d'interdiction prononcées en application des articles L. 425-1-1 et L. 425-1-2 est puni des mêmes peines.

Art. L. 425-9-1 *(Ord. n° 2011-827 du 8 juill. 2011, art. 12)* I. — La détention, sans raison médicale dûment justifiée, d'une ou plusieurs substances ou méthodes interdites par la liste mentionnée au dernier alinéa de l'article L. 425-1-1, pour lesquelles l'appendice 1 à la convention internationale contre le dopage dans le sport, adoptée à Paris le 19 octobre 2005, ne prévoit la possibilité de sanctions réduites qu'en cas de circonstances exceptionnelles est punie d'un an d'emprisonnement et de 3 750 € d'amende dans sa contre-valeur en monnaie locale.

II. — La méconnaissance des 1°, 2° et 4° de l'article L. 425-1-2 est punie de cinq ans d'emprisonnement et de 75 000 € d'amende dans sa contre-valeur en monnaie locale.

Les peines prévues au premier alinéa du II sont portées à sept ans d'emprisonnement et à 150 000 € d'amende dans sa contre-valeur en monnaie locale lorsque les faits sont commis en bande organisée, au sens de l'article 132-71 du code pénal, ou lorsqu'ils sont commis à l'égard d'un mineur ou par une personne ayant autorité sur un ou des sportifs.

Art. L. 425-9-2 *(Ord. n° 2011-827 du 8 juill. 2011, art. 12)* Les personnes physiques coupables des infractions prévues à l'article L. 425-9-1 du présent code encourent également les peines complémentaires suivantes :

1° La confiscation des substances ou procédés et des objets ou documents qui ont servi à commettre l'infraction ou à en faciliter la commission ;

2° L'affichage ou la diffusion de la décision prononcée, dans les conditions prévues par l'article 131-35 du code pénal ;

3° La fermeture, pour une durée d'un an au plus, de l'un, de plusieurs ou de l'ensemble des établissements de l'entreprise ayant servi à commettre l'infraction et appartenant à la personne condamnée ;

4° L'interdiction, dans les conditions prévues à l'article 131-27 du code pénal, d'exercer l'activité professionnelle ou sociale dans l'exercice ou à l'occasion de laquelle l'infraction a été commise ;

5° L'interdiction, dans les conditions prévues à l'article 131-27 du code pénal, d'exercer une fonction publique.

Art. L. 425-9-3 *(Ord. n° 2011-827 du 8 juill. 2011, art. 12)* Les personnes morales reconnues pénalement responsables, dans les conditions prévues à l'article 121-2 du code pénal, des infractions définies aux articles L. 425-9 et L. 425-9-1 du présent code encourent les peines suivantes :

1° L'amende, suivant les modalités prévues à l'article 131-38 du code pénal ;

2° Pour les infractions définies à l'article L. 425-9-1 du présent code :

a) Les peines complémentaires prévues par les 2°, 8° et 9° de l'article 131-39 du code pénal ;

b) La fermeture, pour une durée d'un an au plus, des établissements ou de l'un ou plusieurs des établissements de l'entreprise ayant servi à commettre l'infraction et appartenant à la personne morale condamnée.

Art. L. 425-10 Peuvent exercer les droits reconnus à la partie civile, en ce qui concerne les infractions mentionnées par la réglementation édictée par la Nouvelle-Calédonie en matière de lutte contre le dopage :

a) Le comité territorial olympique et sportif pour les faits commis à l'occasion des compétitions dont il a la charge ;

b) Les ligues sportives agréées aux termes de la réglementation des activités sportives en Nouvelle-Calédonie, chacune pour ce qui la concerne.

Art. L. 425-11 Sont homologuées les peines d'emprisonnement prévues aux I, II et III de l'article 22 de la délibération du congrès de la Nouvelle-Calédonie n° 202 du 22 août 2006 relative à la protection de la santé des sportifs et à la lutte contre le dopage en Nouvelle-Calédonie.

Art. L. 425-12 *(L. n° 2008-650 du 3 juill. 2008)* Une personne ayant fait l'objet, en application de la réglementation édictée par la Nouvelle-Calédonie en matière de lutte contre le dopage, d'une interdiction temporaire ou définitive de participer à une compétition ou à une manifestation sportive organisée ou agréée par les ligues, comités ou fédération de la Nouvelle-Calédonie, ne peut participer, le temps de cette interdiction, à une compétition ou à une manifestation sportive organisée par d'autres ligues, comités ou fédérations de la République.

DEUXIÈME PARTIE : RÉGLEMENTAIRE

(Décr. n° 2007-1133 du 24 juill. 2007)

V. aussi Instr. n° 07-108 JS du 1er août 2007 relative au code du sport. – Effets de la publication des décrets nos 2007-1132 et 2007-1133 (BOJS n° 15 du 15 août).

COMMENTAIRE

La publication de la partie réglementaire du code du sport a eu lieu un peu plus d'un an après celle de la partie législative. Elle découle de deux décrets du 24 juillet 2007 *(Décr. nos 2007-1132 et 2007-1133 du 24 juill. 2007, JO 25 juill.)*. Le premier concerne les dispositions réglementaires prises le Conseil d'État entendu et délibérées en Conseil des ministres (articles « R.* »), le second les décrets en Conseil d'État (articles « R. ») et les décrets simples (articles « D. »).

Au total, la partie réglementaire originelle comprend ainsi 662 articles.

En conséquence de la codification de la partie réglementaire, 71 décrets – pour l'essentiel des textes d'application de la loi du 16 juillet 1984 – sont abrogés, le plus ancien datant de 1955 (Décr. n° 55-1366 du 18 oct. 1955 portant réglementation générale des épreuves et compétitions sportives sur la voie publique).

Comme pour la partie législative, la technique suivie a été celle de la codification « à droit constant », ce qui n'a pas empêché, ici ou là, quelques ajustements de fond.

Les rapports au président de la République et au Premier ministre, reproduits ci-dessous sous les décrets codificateurs, permettent d'éclairer sur les quelques modifications de fond en cause. ❑

Décret n° 2007-1132 du 24 juillet 2007, *relatif à certaines dispositions réglementaires du code du sport (décrets en Conseil d'État et en conseil des ministres).* **Art. 1er** L'annexe au présent décret regroupe les articles de la partie réglementaire du code du sport qui, identifiés par un "R.*", correspondent à des dispositions prises le Conseil d'État entendu et délibérées en conseil des ministres. – *V. art. R.* 411-4 et R.* 411-8.*

Art. 2 Sont abrogées les dispositions des articles 3 et 6 du décret n° 2006-248 du 2 mars 2006 portant création du Centre national pour le développement du sport relatives à la nomination du président du conseil d'administration de cet établissement public, à la durée du mandat des membres du conseil, ainsi qu'à la nomination et à la durée du mandat du directeur général.

Art. 3 Les dispositions du présent décret sont applicables à Mayotte, dans les îles Wallis-et-Futuna, en Polynésie française et en Nouvelle-Calédonie.

Rapport au Président de la République,

Relatif à la partie réglementaire du code du sport
(Décrets en Conseil d'État et en conseil des ministres).

Monsieur le Président,

L'ordonnance n° 2006-596 du 23 mai 2006 relative à la partie législative du code du sport a porté publication de ladite partie législative. Un projet de loi de ratification a été déposé sur le bureau de l'Assemblée nationale le 6 juillet 2006.

Le présent projet de décret s'inscrit dans la suite de ces travaux de codification.

A ce titre, le projet de décret doit servir de support à la publication de la partie réglementaire du code du sport, en ce qu'elle contient des dispositions qui relèvent de la compétence du Conseil des ministres.

En effet, cette partie réglementaire comprend six cent soixante-deux articles, dont trois nécessitent une consultation du Conseil des ministres. Ces derniers sont annexés au projet de décret qui vous est soumis.

Ils codifient, pour partie, les articles 3 et 6 du décret n° 2006-248 du 2 mars 2006 portant création du Centre national pour le développement du sport, établissement public de l'État.

L'article 26 du décret précité soumet en effet à l'avis du Conseil des ministres la modification de ces deux articles, en ce qu'ils concernent, d'une part, la nomination du président du conseil d'administration et la durée du mandat des membres dudit conseil et, d'autre part, la nomination et la durée du mandat du directeur général de l'établissement. Ces dispositions n'entrent pas dans le champ du décret n° 2007-139 du 1er février 2007 modifiant le décret n° 97-34 du 15 janvier 1997 relatif à la déconcentration des décisions administratives individuelles.

Aussi, l'article R*. 411-2 prévoit que, à l'exception des membres de droit, les membres du conseil d'administration du Centre national pour le développement du sport, ainsi que leurs suppléants, sont nommés pour une durée de quatre ans, renouvelable une fois.

L'article R*. 411-3 prévoit que le président du Centre national pour le développement du sport est nommé par décret du Premier ministre pris sur le rapport du ministre chargé des sports après avis du président du Comité national olympique et sportif français.

L'article R*. 411-6 dispose que directeur général du même établissement est nommé par décret du Premier ministre pris sur le rapport du ministre chargé des sports, pour une durée de quatre ans renouvelable une fois.

*

* *

Le projet de décret, auquel sont annexées les dispositions concernées du code, comprend trois articles.

L'article 1er a pour effet de donner valeur réglementaire aux dispositions regroupées au sein de son annexe, intégrées au code du sport.

L'article 2 abroge les dispositions initiales, codifiées par l'article 1er ;

L'article 3 est l'article d'exécution.

Tel est l'objet du présent décret que nous avons l'honneur de soumettre à votre approbation.

Veuillez agréer, Monsieur le Président, l'assurance de notre profond respect.

Décret n° 2007-1133 du 24 juillet 2007,

Relatif aux dispositions réglementaires du code du sport
(décrets en Conseil d'État et décrets).

Art. 1er L'annexe I au présent décret regroupe les dispositions réglementaires du code du sport, à l'exception de celles relevant d'un décret en conseil des ministres. Les articles identifiés par un "R." correspondent aux dispositions relevant d'un décret en Conseil d'État, ceux identifiés par un "D." correspondent aux dispositions relevant d'un décret simple.

Art. 2 Les références contenues dans les dispositions de nature réglementaire à des dispositions abrogées par l'article 7 du présent décret sont remplacées par les références aux dispositions correspondantes du code du sport.

Art. 3 Le chapitre III du titre VI du livre III du code de l'éducation (partie réglementaire) est remplacé par les dispositions suivantes :

"Chapitre III

"Les formations et les professions des activités physiques, sportives et de l'animation

"Section I

"Conditions d'exercice des professions relatives aux activités physiques et sportives

"**Art. R. 363-1.** Les règles relatives aux conditions d'exercice des professions relatives aux activités physiques et sportives sont prévues au chapitre II du titre Ier du livre II du code du sport.

"Section II

"Les diplômes

"**Art. D. 363-2.** Les règles relatives aux conditions de délivrance du brevet d'État d'animateur technicien de l'éducation populaire et de la jeunesse sont fixées par le décret n° 86-687 du 14 mars 1986.

« Les règles relatives aux diplômes permettant d'exercer contre rémunération l'enseignement, l'animation ou l'encadrement des activités physiques et sportives ainsi que l'entraînement de pratiquants sont fixées à la section I du chapitre II du titre Ier du livre II du code du sport.

"**Art. R. 363-3.** Les sanctions applicables en cas de fraude aux examens conduisant à la délivrance d'un diplôme, titre à finalité professionnelle ou certificat de qualification délivré en application de l'article L. 212-1 du code du sport sont fixées par l'article R. 212-6 du même code."

Art. 4 L'article R. 411-29 du code de la route est ainsi modifié :

1° Au premier alinéa, les mots : "par décret en Conseil d'État" sont remplacés par les mots : "dans les conditions prévues à la section IVdu chapitre Ier du titre III du livre III du code du sport " ;

2° Les deuxième et troisième alinéas sont supprimés.

Art. 5 La troisième partie du code de la santé publique (dispositions réglementaires) est ainsi modifiée :

1° Le livre V est intitulé : "Lutte contre le tabagisme et lutte contre le dopage " ;

2° Le titre unique du livre V devient le titre Ier intitulé : "Lutte contre le tabagisme " ;

3° Le livre V est complété par un titre II ainsi rédigé :

"TITRE II

"LUTTE CONTRE LE DOPAGE

"Chapitre unique

"**Art. R. 3521-1.** Les dispositions relatives à la lutte contre le dopage, prises dans l'intérêt de la santé des sportifs, figurent au titre III du livre II du code du sport."

4° Le livre VI est abrogé ;

5° L'annexe 36-1 est abrogée.

Art. 6 L'annexe au décret n° 97-1208 du 19 décembre 1997 susvisé est modifiée conformément à l'annexe II au présent décret. – *V. JO 25 juill. 2007.*

Art. 7 Sont abrogés :

1° Le décret n° 55-1366 du 18 octobre 1955 portant réglementation générale des épreuves et compétitions sportives sur la voie publique ;

2° Le décret n° 62-1321 du 7 novembre 1962 réglementant l'organisation des manifestations publiques de boxe ;

3° Le décret n° 70-20 du 5 janvier 1970 créant une école nationale de voile ;

4° Le décret n° 72-398 du 16 mai 1972 portant création et organisation de l'école nationale d'équitation ;

5° Le décret n° 76-556 du 7 juin 1976 relatif à l'encadrement et à l'enseignement des sports de montagne ;

6° Le décret n° 76-1021 du 4 décembre 1976 relatif à l'enseignement du judo, du jiu-jitsu, de l'aïkido, du karaté et des disciplines assimilées ;

7° Le décret n° 76-1330 du 31 décembre 1976 relatif à l'organisation et au fonctionnement de l'institut national du sport et de l'éducation physique ;

8° Le décret n° 77-1177 du 20 octobre 1977 relatif à la surveillance et à l'enseignement des activités de natation ;

9° Le décret n° 80-537 du 11 juillet 1980 relatif au régime administratif et financier de l'école nationale de voile ;

10° Le décret n° 81-302 du 30 mars 1981 relatif au régime administratif et financier de l'école nationale de ski et d'alpinisme ;

11° Le décret n° 83-144 du 24 février 1983 portant création du Conseil supérieur des sports de montagne ;

12° Le décret n° 86-407 du 11 mars 1986 fixant les seuils au-delà desquels les groupements sportifs sont tenus de constituer une société commerciale ;

13° Le décret n° 86-408 du 11 mars 1986 relatif aux statuts types des sociétés d'économie mixte sportives locales ;

14° Le décret n° 86-543 du 14 mars 1986 relatif aux groupements d'intérêt public constitués en application de l'article 50 de la loi n° 84-610 du 16 juillet 1984, en tant qu'il concerne les groupements d'intérêt public dont l'objet relève de l'organisation et de la promotion des activités physiques et sportives ;

15° Le décret n° 86-581 du 14 mars 1986 relatif à l'organisation administrative et financière des centres d'éducation populaire et de sport ;

16° L'article 8 du décret n° 87-473 du 1er juillet 1987 relatif à la surveillance médicale des activités physiques et sportives ;

17° Le décret n° 89-685 du 21 septembre 1989 relatif à l'enseignement contre rémunération et à la sécurité des activités physiques et sportives, à l'exception de son article 2-1 ;

18° Le décret n° 90-320 du 9 avril 1990 réprimant les infractions à l'article 18 de la loi n° 84-610 du 16 juillet 1984 modifiée relative à l'organisation et à la promotion des activités physiques et sportives ;

19° Le décret n° 90-347 du 13 avril 1990 fixant des conditions particulières pour l'attribution de la délégation du ministre chargé des sports aux fédérations gérant des activités sportives de caractère professionnel ;

20° Le décret n° 91-260 du 7 mars 1991 relatif à l'organisation et aux conditions de préparation et de délivrance du brevet d'État d'éducateur sportif ;

21° Le décret n° 93-53 du 12 janvier 1993 portant création du brevet d'aptitude professionnelle d'assistant-animateur technicien de la jeunesse et des sports ;

22° L'article 1er du décret n° 93-112 du 22 janvier 1993 pris pour l'application des articles 11-2 et 13 de la loi n° 84-610 du 16 juillet 1984 relative à l'organisation et à la promotion des activités physiques et sportives ;

23° Le décret n° 93-392 du 18 mars 1993 pris pour l'application de l'article 37 de la loi n° 84-610 du 16 juillet 1984 modifiée relative à l'organisation et à la promotion des activités physiques et sportives ;

24° Le décret n° 93-708 du 27 mars 1993 pris pour l'application de l'article 42-3 de la loi n° 84-610 du 16 juillet 1984 relative à l'organisation et à la promotion des activités physiques et sportives ;

25° Le décret n° 93-711 du 27 mars 1993 pris pour l'application de l'article 42-1 de la loi n° 84-610 du 16 juillet 1984 relative à l'organisation et à la promotion des activités physiques et sportives ;

26° Le décret n° 93-1035 du 31 août 1993 relatif au contrôle de l'enseignement contre rémunération des activités physiques et sportives ;

27° Le décret n° 93-1101 du 3 septembre 1993 concernant la déclaration des établissements dans lesquels sont pratiquées des activités physiques et sportives et la sécurité de ces activités ;

28° Les articles 8 à 10 du décret n° 94-169 du 25 février 1994 relatif à l'organisation des services déconcentrés et des établissements publics relevant du ministre chargé de la jeunesse et des sports en ce qui concerne les missions des établissements publics dans le domaine du sport ;

29° Le décret n° 94-689 du 5 août 1994 relatif à la prévention des risques résultant de l'usage des équipements de protection individuelle pour la pratique sportive ou de loisirs ;

30° Le décret n° 96-495 du 4 juin 1996 fixant les exigences de sécurité auxquelles doivent répondre les cages de buts de football, de handball, de hockey sur gazon et en salle et les buts de basket-ball ;

31° Le décret n° 96-1011 du 25 novembre 1996 relatif à la prestation de services d'éducateur sportif par les ressortissants d'un État membre de l'Union européenne ou d'un autre État partie à l'Espace économique européen ;

32° Le décret n° 98-82 du 11 février 1998 pris pour l'application de l'article 42-2 de la loi n° 84-610 du 16 juillet 1984 relative à l'organisation et à la promotion des activités physiques et sportives ;

33° Le décret n° 2001-148 du 16 février 2001 relatif aux statuts types des entreprises unipersonnelles sportives à responsabilité limitée ;

34° Le décret n° 2001-150 du 16 février 2001 relatif aux conventions passées entre les associations sportives et les sociétés sportives créées par elles en application de l'article 11 de la loi n° 84-610 du 16 juillet 1984 relative à l'organisation et à la promotion des activités physiques et sportives ;

35° Le décret n° 2001-252 du 22 mars 2001 relatif à la composition et au fonctionnement du Conseil national des activités physiques et sportives ;

36° Le décret n° 2001-792 du 31 août 2001 portant règlement général du brevet professionnel de la jeunesse, de l'éducation populaire et du sport délivré par le ministère de la jeunesse et des sports ;

37° Le décret n° 2001-828 du 4 septembre 2001 pris pour l'application de l'article 19-3 de la loi n° 84-610 du 16 juillet 1984 modifiée relative à l'organisation et à la promotion des activités physiques et sportives ;

38° Le décret n° 2001-829 du 4 septembre 2001 pris pour l'application de l'article 19-4 de la loi n° 84-610 du 16 juillet 1984 modifiée relative à l'organisation et à la promotion des activités physiques et sportives ;

39° Le décret n° 2001-831 du 6 septembre 2001 pris pour l'application de l'article 15-4 de la loi n° 84-610 du 16 juillet 1984 modifiée relative à l'organisation et à la promotion des activités physiques et sportives ;

40° Le décret n° 2002-488 du 9 avril 2002 pris pour l'application de l'article 8 de la loi n° 84-610 du 16 juillet 1984 modifiée et relatif à l'agrément des groupements sportifs ;

41° Le décret n° 2002-649 du 29 avril 2002 pris pour l'application de l'article 15-2 de la loi n° 84-610 du 16 juillet 1984 et relatif à la licence d'agent sportif ;

42° Le décret n° 2002-707 du 29 avril 2002 pris pour l'application de l'article 26 de la loi n° 84-610 du 16 juillet 1984 et relatif au sport de haut niveau ;

43° Le décret n° 2002-761 du 2 mai 2002 pris pour l'application de l'article 17 de la loi n° 84-610 du 16 juillet 1984 et fixant les conditions d'attribution et de retrait d'une délégation aux fédérations sportives ;

44° Le décret n° 2002-762 du 2 mai 2002 pris pour l'application du II de l'article 17 de la loi n° 84-610 du 16 juillet 1984 et relatif aux ligues professionnelles constituées par les fédérations sportives et dotées de la personnalité morale ;

45° Le décret n° 2002-763 du 2 mai 2002 pris pour l'application du dernier alinéa de l'article 17 de la loi n° 84-610 du 16 juillet 1984 et fixant la liste des titres pouvant être délivrés par les fédérations sportives agréées ;

46° Le décret n° 2002-1010 du 18 juillet 2002 relatif aux filières d'accès au sport de haut niveau ;

47° Le décret n° 2002-1114 du 30 août 2002 pris pour l'application du IV de l'article 19 de la loi n° 84-610 du 16 juillet 1984 et relatif à la mission de conciliation du Comité national olympique et sportif français ;

48° Le décret n° 2002-1269 du 18 octobre 2002 pris pour l'application de l'article 43 de la loi n° 84-610 du 16 juillet 1984 modifiée relative à l'organisation et à la promotion des activités physiques et sportives ;

49° Le décret n° 2004-22 du 7 janvier 2004 pris pour l'application de l'article 16 de la loi n° 84-610 du 16 juillet 1984 et relatif à l'agrément des fédérations sportives, aux dispositions obligatoires des statuts des fédérations sportives agréées et à leur règlement disciplinaire type, à l'exception de son article 12 ;

50° Le décret n° 2004-549 du 14 juin 2004 complétant le décret n° 2002-762 du 2 mai 2002 pris pour l'application du II de l'article 17 de la loi n° 84-610 du 16 juillet 1984 et relatif aux ligues professionnelles constituées par les fédérations sportives et dotées de la personnalité morale ;

51° Le décret n° 2004-699 du 15 juillet 2004 pris pour l'application de l'article 18-1 de la loi n° 84-610 du 16 juillet 1984 et relatif à la commercialisation par les ligues professionnelles des droits d'exploitation audiovisuelle des compétitions ou manifestations sportives ;

52° Le décret n° 2004-893 du 27 août 2004 pris pour l'application de l'article L. 363-1 du code de l'éducation ;

53° Le décret n° 2004-1534 du 30 décembre 2004 portant application de l'alinéa 7 de l'article 42-11 de la loi n° 84-610 du 16 juillet 1984 relative à l'organisation et à la promotion des activités physiques et sportives ;

54° Le décret n° 2005-1718 du 28 décembre 2005 relatif à l'exercice des missions de conseillers techniques sportifs auprès des fédérations sportives ;

55° Le décret n° 2006-217 du 22 février 2006 relatif aux règles édictées en matière d'équipements sportifs par les fédérations sportives mentionnées à l'article 17 de la loi n° 84-610 du 16 juillet 1984 ;

56° Les articles 1 à 25 du décret n° 2006-248 du 2 mars 2006 portant création du Centre national pour le développement du sport, à l'exception des dispositions des troisième et quatrième alinéas de l'article 25 ;

57° Le décret n° 2006-254 du 2 mars 2006 érigeant le Musée national du sport en établissement public et portant statut de cet établissement ;

58° Le décret n° 2006-288 du 15 mars 2006 fixant les modalités d'application de l'article 42-12 de la loi n° 84-610 du 16 juillet 1984 relative à l'organisation et à la promotion des activités physiques et sportives ;

59° Le décret n° 2006-554 du 16 mai 2006 relatif aux concentrations et manifestations organisées sur les voies ouvertes ou dans les lieux non ouverts à la circulation publique et comportant la participation de véhicules terrestres à moteur, à l'exception de son article 30 ;

60° Le décret n° 2006-992 du 1er août 2006 pris pour l'application de l'article L. 312-2 et du premier alinéa de l'article L. 312-3 du code du sport et relatif au recensement national des équipements sportifs ;

61° Le décret n° 2006-1204 du 29 septembre 2006 portant organisation et fonctionnement de l'Agence française de lutte contre le dopage, à l'exception de ses articles 36 et 37 ;

62° Le décret n° 2006-1418 du 20 novembre 2006 portant règlement général du diplôme d'État de la jeunesse, de l'éducation populaire et du sport délivré par le ministère chargé de la jeunesse et des sports ;

63° Le décret n° 2006-1419 du 20 novembre 2006 portant règlement général du diplôme d'État supérieur de la jeunesse, de l'éducation populaire et du sport délivré par le ministère chargé de la jeunesse et des sports ;

64° Le décret n° 2006-1549 du 8 décembre 2006 pris pour l'application de l'article 3 de la loi n° 2006-784 du 5 juillet 2006 relative à la prévention des violences lors des manifestations sportives ;

65° Le décret n° 2006-1550 du 8 décembre 2006 relatif au fonctionnement de la Commission nationale consultative de prévention des violences lors des manifestations sportives ;

66° Le décret n° 2006-1629 du 18 décembre 2006 relatif à la lutte contre le dopage des animaux participant à des compétitions organisées ou autorisées par les fédérations sportives, à l'exception de ses articles 27 à 29 ;

67° Le décret n° 2006-1768 du 23 décembre 2006 relatif aux procédures et sanctions disciplinaires en matière de lutte contre le dopage humain, à l'exception de ses articles 14 à 16 ;

68° Le décret n° 2006-1769 du 23 décembre 2006 relatif à la prestation de serment des membres du collège de l'Agence française de lutte contre le dopage ;

69° Le décret n° 2006-1830 du 23 décembre 2006 relatif aux conditions d'agrément et de fonctionnement des antennes médicales de prévention du dopage ;

70° Le décret n° 2007-461 du 25 mars 2007 relatif aux modalités de délivrance des autorisations d'usage à des fins thérapeutiques, pris pour l'application de l'article L. 232-2 du code du sport ;

71° Le décret n° 2007-462 du 25 mars 2007 relatif aux contrôles autorisés pour la lutte contre le dopage et à l'agrément et l'assermentation des personnes chargées des contrôles, à l'exception de ses articles 29 et 30.

Art. 8 Les dispositions du présent décret sont applicables à Mayotte, dans les îles Wallis-et-Futuna, en Polynésie française et en Nouvelle-Calédonie, à l'exception des abrogations portant sur des dispositions qui relèvent de la compétence de ces collectivités à la date de publication du présent décret.

Rapport au Premier ministre,

Relatif à la partie réglementaire du code du sport (décrets en Conseil d'État et décrets).

Monsieur le Premier ministre,

L'ordonnance n° 2006-596 du 23 mai 2006 relative à la partie législative du code du sport a porté publication de ladite partie législative. Un projet de loi de ratification a été déposé sur le bureau de l'Assemblée nationale le 6 juillet 2006.

Le présent projet de décret s'inscrit dans la suite de ces travaux de codification en publiant la partie réglementaire du code du sport. Il adapte par ailleurs, sur certains points, les dispositions codifiées.

I. *Le projet de décret s'inscrit dans la poursuite des travaux de codification*

Le "noyau dur" de la partie réglementaire du code du sport est constitué des décrets qui ont été pris en application de dispositions codifiées dans la partie législative du code du sport, et notamment des lois n° 84-610 du 16 juillet 1984, relative à l'organisation et à la promotion du sport, et n° 2006-405 du 5 avril 2006, relative à la lutte contre le dopage et à la protection de la santé des sportifs.

Leur présentation suit naturellement le plan retenu pour la partie législative, et traite successivement :

— de l'organisation du sport, avec notamment l'agrément des associations et fédérations, le fonctionnement des organes de médiation et commissions consultatives ;

— des sportifs, avec leur formation, leur parcours de "haut niveau" et leur santé ;

— de la pratique sportive, et notamment l'ensemble des règles de sécurité des équipements et des pratiques elles-mêmes ;

— des mesures transversales, relatives au financement du sport et aux modalités d'application du code outre-mer.

Pour les autres dispositions réglementaires se rattachant au droit du sport, le choix de les intégrer dans la partie réglementaire du code du sport s'est fait notamment en fonction de leur degré de rattachement à la matière sportive, de la possibilité ou l'opportunité de les intégrer dans d'autres codes existants ou en projet ainsi qu'en raison de l'existence d'effets juridiques sur les tiers.

Ces choix ont concerné essentiellement les sujets suivants :

1 — Les organismes de consultation.

La Commission supérieure de codification a émis un avis favorable à la codification intégrale des décrets régissant, principalement, le Centre national de développement du sport (CNDS), la Commission du sport de haut niveau, et le Conseil national des activités physiques et sportives, y compris les dispositions relatives à l'organisation interne de ces organismes.

Le projet soumis à la Commission ne reprend pas, en revanche, les dispositions relatives aux organismes consultatifs ou administratifs dont la compétence n'est pas exclusivement sportive.

Ce raisonnement a ainsi conduit à écarter du projet de partie réglementaire du code le Conseil supérieur de la navigation de plaisance et des sports nautiques ou le Conseil national de la jeunesse et de l'éducation populaire dont l'objet se rattache très prioritairement à la "jeunesse et l'éducation populaire ", et non au sport.

2 — Les écoles de sport et centres de formation.

Sont reprises dans la partie réglementaire les dispositions relatives à l'Institut national du sport et de l'éducation physique, issues pour partie d'un déclassement de dispositions législatives.

Il en va de même des dispositions relatives aux écoles nationale de ski, de montagne, d'équitation et de voile, ainsi qu'aux *(Décr. nº 2011-630 du 3 juin 2011, art. 2)* « centres de ressources, d'expertise et de performance sportives ». Les textes instituant ces établissements nationaux, qui datent de vingt à trente ans, ont été adaptés pour tenir compte des évolutions de leur environnement tant juridique que technique. Ainsi, la rédaction des articles relatifs aux règles de gestion a été revue pour tenir compte des textes actuellement applicables, la composition des conseils d'administration a été adaptée, à la marge. De même, l'École nationale de voile devient-elle "École nationale de voile et des sports nautiques ", et sa mission est officiellement étendue à l'ensemble des disciplines sportives nautiques, qui s'étaient invitées, en fait, dans l'enseignement de l'école.

La codification proposée porte sur l'ensemble des décrets régissant ces établissements publics, y compris les dispositions ayant pour objet de régir le fonctionnement interne de ces organismes (composition du conseil d'administration, etc.) dès lors qu'ils accueillent des élèves qui constituent leurs usagers et sont représentés à ce titre dans leurs conseils d'administration respectifs. Le comité technique paritaire ministériel compétent a été consulté sur ces modifications.

3 — Les décrets régissant les diplômes et brevets à caractère sportif.

L'inclusion dans le code du sport des textes relatifs au brevet d'État d'éducateur sportif (BEES) ne fait pas difficulté, de même que celle du décret relatif à l'enseignement du judo ou à l'enseignement des sports de montagne.

Au contraire, les décrets réglementant le "brevet professionnel de la jeunesse, de l'éducation populaire et du sport" et le "brevet d'aptitude professionnelle d'assistant-animateur technicien de la jeunesse et des sports" n'avaient pas nécessairement vocation à être codifiés dans le code du sport, dès lors qu'ils ont également une dimension "jeunesse". Toutefois, comme pour les textes relatifs à la sécurité de certains équipements, ils ont été inclus dans le code, la vocation sportive de ces brevets étant prédominante. Cette démarche est, là encore, conforme aux orientations de la Commission supérieure de codification.

4 — Les règles de sécurité que doivent respecter certains équipements sportifs.

Sont codifiés au code du sport les deux décrets suivants :

— le décret n° 96-495 du 4 juin 1996 fixant les exigences de sécurité auxquelles doivent répondre les cages de football, de handball, de hockey sur gazon et en salle et les buts de basket ;

— le décret n° 94-689 du 5 août 1994 relatif à la prévention des risques résultant de l'usage des équipements de protection individuelle pour la pratique sportive ou de loisirs.

Cette codification est proposée bien que les décrets en cause aient été pris sur le fondement du code de la consommation, et notamment de son article L. 221-3. Les règles édictées par ces décrets ont en effet une incidence très forte en matière sportive, exclusive pour le premier, essentielle pour le second. Ces textes constituent par ailleurs une réglementation générale applicable non seulement aux fabricants et importateurs des équipements concernés mais aussi à ceux qui donnent en location ou mettent à la disposition de tout usager les équipements en cause.

La base légale de ces dispositions a toutefois été rappelée de façon explicite dans les dispositions codifiées (cf. articles R. 322-19 et R. 322-27) afin d'éviter toute ambiguïté quant au maintien de la compétence des services de la Direction générale de la consommation et de la répression des fraudes pour en contrôler l'application.

5 — Les règles relatives à l'organisation de manifestations sportives sur la voie publique ou ayant recours à des véhicules à moteur.

Cette matière est soumise aux décrets n° 55-1366 du 18 octobre 1955 portant réglementation générale des épreuves et compétitions sportives sur la voie publique et n° 2006-554 du 16 mai 2006 relatif aux concentrations et manifestations organisées sur les voies ouvertes ou dans les lieux non ouverts à la circulation publique et comportant la participation de véhicules terrestres à moteur. Compte tenu de leur portée il était envisageable de les insérer soit dans le code de la route, soit dans un éventuel code de la sécurité civile. Il a toutefois été décidé d'insérer ces dispositions dans le code du sport, en raison de l'implication immédiate de ces textes dans l'organisation de la pratique sportive ainsi que de l'orientation retenue pour la rédaction du code du sport, tourné vers l'usager, parmi lesquels se trouvent les organisateurs de manifestations sportives.

6 — Les dispositions d'application de l'article 20-2 de la loi n° 86-1067 du 30 septembre 1986 relative à la liberté de communication.

L'article 20-2 de la loi du 30 septembre 1986 organise un droit à l'information télévisée pour tous, s'agissant des "événements d'importance majeure" et renvoie à un décret la liste de ces événements. Or les vingt et un événements énumérés par ce décret (n° 2004-1392 du 22 déc. 2004) relèvent tous du domaine sportif. Il a donc été envisagé de le codifier au code du sport.

Toutefois, lors de l'élaboration de la partie législative, il avait été décidé d'intégrer dans la loi de 1986 susvisée les dispositions relatives à la communication qui se trouvaient dans la loi du 16 juillet 1984 sur l'organisation du sport. Par cohérence avec ce choix, les dispositions du décret n° 2004-1392 ne sont pas reprises dans le projet de code du sport.

7 — Les textes statutaires régissant divers corps de fonctionnaires

Conformément à l'usage, les textes statutaires des agents de l'État comme des collectivités territoriales affectés à l'encadrement ou à l'animation des activités sportives n'ont pas été codifiés au code du sport dès lors qu'ils ne fixent pas de règles de droit applicables aux tiers et sont conformes au droit commun.

En revanche, il a paru justifié de codifier le décret n° 2005-1718 du 28 décembre 2005 relatif aux missions des conseillers techniques sportifs auprès des fédérations sportives.

En effet ce décret est essentiel dans les relations entre l'État et les fédérations sportives. Il fixe le cadre général dans lequel des fonctionnaires d'État, rémunérés par leur administration d'origine, exercent leurs missions auprès d'organismes de droit privé, les fédérations sportives agréées. Il définit ce faisant des règles de droit pour partie dérogatoires au droit commun, et applicables aux tiers, telles que le recours obligatoire à une convention cadre conclue entre le ministre chargé des sports et le président de la fédération, dont il définit les principes.

II. *Le projet de décret complète, à la marge, le projet de code validé par la Commission supérieure de codification*

Postérieurement à l'examen du code par la Commission supérieure de codification, des réflexions ont abouti, qui conduisent à modifier le code, tel que validé par la commission. Trois dispositifs sont concernés.

Le premier est relatif à l'obligation faite aux fédérations délégataires de publier leurs actes réglementaires dans un bulletin officiel. Pour prendre en compte les nouvelles technologies de l'information, il est proposé d'autoriser les fédérations à effectuer cette publication par voie électronique, sur une décision prise par l'assemblée générale et sous réserve du respect de conditions fixées par arrêté. Cet arrêté précisera les règles techniques de la publication garantissant une diffusion, une sécurité et un accès suffisants. Cette proposition est faite après concertation avec la Direction générale de la modernisation de l'État (DGME).

Le second dispositif concerne les règles fédérales relatives aux équipements sportifs. Ce sujet a fait l'objet de deux décrets (n°s 2001-252 du 22 mars 2001 et 2006-217 du 22 févr. 2006). Entre les deux textes existent des différences de terminologie (règles techniques, règlements et normes). Il est proposé d'harmoniser la rédaction des articles du code qui sont issus de ces décrets, afin d'ôter toute ambiguïté quant à leur portée.

Par ailleurs, le dispositif relatif aux sanctions administratives encourues par les agents de sportifs mérite d'être clarifié sur un point. Les intéressés sont en effet tenus de communiquer à la fédération sportive, dans le mois de leur conclusion, les contrats qu'ils passent en leur qualité d'agents. Le texte actuel, codifié à l'article R. 222-21 du code joint en annexe au décret, précise qu'en "cas de refus" une sanction peut être appliquée. Des contestations sont récemment nées de cette mention, certains agents prétextant du terme refus pour critiquer l'absence de mise en demeure de communiquer. Il est donc proposé de clarifier le texte pour rappeler le caractère systématique de la communication des contrats.

Enfin, certaines dispositions législatives codifiées habilitaient le ministre en matière de décisions individuelles. La suppression d'une habilitation ministérielle résultant de la loi ayant pour conséquence, en application du décret n° 97-34 du 15 janvier 1997, le transfert de la compétence au préfet, la rédaction initiale du texte codifié a été maintenue chaque fois que le ministre chargé des sports pouvait seul être compétent pour la décision concernée. Tel est le cas lorsque les décisions en cause ont un caractère national. Dans tous les autres cas, l'habilitation a été abrogée.

C'est ainsi que les décisions d'agrément des centres de formation des associations et sociétés sportives sont désormais, en l'état actuel du code, de la compétence des préfets, à défaut de disposition contraire.

Or, pour des raisons d'efficacité, il paraît opportun de maintenir une centralisation de l'agrément de ces centres. En effet, si l'agrément des centres de formation répond d'abord à un souci de protection des jeunes qui y sont formés, il s'inscrit également dans le dispositif de préparation et d'accession au sport de haut niveau dont l'État et les fédérations délégataires ont la responsabilité commune. Ce dispositif est constitué conjointement des filières d'accès au sport de haut niveau, qui comprennent les pôles, et des centres de formation agréés des clubs professionnels.

Aussi est-il proposé d'attribuer à nouveau cette compétence au ministre chargé des sports afin que puisse être sauvegardée la cohérence d'ensemble du dispositif et *[la]* liaison avec la politique du sport de haut niveau menée au plan national.

III. *Le projet de décret, auquel est annexé le projet de code, comprend dix articles*

L'article 1er a pour effet de donner valeur réglementaire aux dispositions regroupées au sein de son annexe, intégrées au code du sport, en distinguant selon la nature des décrets (après avis du Conseil d'État ou non).

L'article 2 permet l'adaptation automatique des dispositions de nature réglementaire qui se référaient à une disposition abrogée suite à sa codification.

L'article 3 modifie le code du sport, tel qu'issu des travaux antérieurs à son examen par la Commission supérieure de codification, comme précisé au paragraphe II ci-dessus.

Les articles 4 et 5 abrogent les dispositions codifiées. Le premier des deux articles mentionne les textes abrogés en totalité ; le second concerne les textes qui ne sont abrogés qu'en partie.

L'article 6 adapte des dispositions existantes pour tenir compte de la publication du code. Sont concernés deux codes (code de l'Éducation et code de la route) et deux décrets (n° 86-543 du 14 mars 1986 relatif aux groupements d'intérêt public constitués en application de l'article 50 de la loi n° 84-610 du 16 juillet 1984 relative à l'organisation et à la promotion des activités physiques et sportives et n° 2006-254 du 2 mars 2006 érigeant le Musée national du sport en établissement public et portant statut de cet établissement).

L'article 7 attribue au ministre chargé des sports une compétence en matière d'agrément des centres de formation.

L'article 8 prévoit une mesure transitoire tenant compte d'une modification apportée à l'article 10 du décret n° 2002-762 du 2 mai 2002. Cet article disposait en effet que la convention qui lie une fédération sportive à la ligue professionnelle qu'elle a éventuellement créée peut prévoir que la première concède à la seconde la commercialisation des droits d'exploitation des compétitions professionnelles. Le dispositif initial prévoyait que cette convention ne pouvait excéder quatre ans, alors que l'article 8 du même décret fixait la durée maximale de la convention à cinq ans. Selon les dates de signature de l'un ou l'autre des actes, ou de leur renouvellement, leurs termes peuvent ne pas correspondre. Dans un but de cohérence, il est donc proposé de prévoir que la concession des droits d'exploitation ne peut pas excéder le terme de la convention en cours (art. R. 132-13 du code). L'article 7 du décret règle le sort des concessions en cours à la date de publication du code, en prévoyant que le nouveau dispositif ne s'applique qu'en cas de renouvellement de la concession. Il ne remet donc pas en cause les situations mises en place en application de l'ancien dispositif.

L'article 9 reprend une mesure transitoire qui figurait dans le décret n° 2004-22 du 7 janvier 2004, relatif à l'agrément des fédérations sportives. Le premier article de ce texte pose le principe d'un égal accès des femmes et des hommes aux instances dirigeantes des fédérations sportives agréées. Pour l'application de ce principe, l'annexe au décret, publiant des statuts types, précise que "la représentation des femmes est garantie au sein de la ou des instances dirigeantes en leur attribuant un nombre de sièges en proportion du nombre de licenciées éligibles". Afin de permettre aux fédérations de s'adapter, l'article 12 du décret prévoit que des dispositions "sont applicables, au plus tard, lors du renouvellement de la ou des instances dirigeantes qui suit les Jeux olympiques de 2008". Compte tenu du bref délai séparant la publication du code de l'échéance ainsi prévue, il n'a pas paru opportun de codifier ce texte. Il est donc rappelé afin que l'abrogation du décret initial ne soit pas source d'une remise en cause de la norme.

L'article 10 prévoit l'application du texte à Mayotte.

L'article 11 est l'article d'exécution.

LIVRE PREMIER ORGANISATION DES ACTIVITÉS PHYSIQUES ET SPORTIVES

TITRE PRÉLIMINAIRE PRINCIPES GÉNÉRAUX

Le présent titre ne comprend pas de dispositions réglementaires.

TITRE PREMIER PERSONNES PUBLIQUES

CHAPITRE PREMIER ÉTAT

Le présent chapitre ne comprend pas de dispositions réglementaires.

CHAPITRE II ÉTABLISSEMENTS PUBLICS NATIONAUX ET LOCAUX

(Décr. n° 2016-152 du 11 févr. 2016, art. 2-I, en vigueur le 1er mars 2016).

SECTION PREMIÈRE DISPOSITIONS GÉNÉRALES

Art. R. 112-1 Les établissements publics mentionnés dans le présent chapitre participent à la mise en œuvre de la politique définie par le ministre chargé des sports. Ils sont placés sous sa tutelle et constitués, sauf dispositions contraires, sous la forme d'établissements publics à caractère administratif.

Des contrats de performance passés avec le ministre chargé des sports déterminent les objectifs nationaux fixés à chaque établissement. – *[Décr. n° 94-169 du 25 févr. 1994, art. 8.]*

SECTION II LE CENTRE NATIONAL POUR LE DÉVELOPPEMENT DU SPORT

Art. R. 112-2 Le Centre national pour le développement du sport exerce ses missions dans les conditions prévues au chapitre unique du titre Ier du livre IV. – *[Décr. n° 2006-248 du 2 mars 2006, art. 1er, al. 2, et art. 2.]*

SECTION III LES ÉTABLISSEMENTS PUBLICS DE FORMATION

Il est créé auprès du directeur des ressources humaines et du directeur des sports un comité technique commun aux établissements publics de formation régis par le code du sport, ci-après désignés : l'Institut national du sport, de l'expertise et de la performance, l'École nationale des sports de montagne, l'École nationale de voile et des sports nautiques, les centres de ressources, d'expertise et de performance sportives, V. Arr. du 29 juin 2011 (JO 19 août).

Sur la répartition des sièges entre les organisations syndicales en vue de la désignation des membres titulaires et suppléants représentant les personnels au comité technique commun aux établissements publics de formation régis par le code du sport, V. Arr. du 2 déc. 2011 (JO 19 janv.).

Art. D. 112-3 *(Décr. n° 2016-152 du 11 févr. 2016, art. 2-II, en vigueur le 1er mars 2016)* **I. — Les établissements publics nationaux de formation sont :**

1° L'Institut national du sport, de l'expertise et de la performance ;

2° L'Institut français du cheval et de l'équitation ;

3° L'École nationale des sports de montagne ;

4° L'École nationale de voile et des sports nautiques.

Ils exercent leurs attributions dans les conditions prévues au chapitre Ier du titre Ier du livre II.

II. — Les établissements publics locaux de formation dans les domaines du sport, de la jeunesse et de l'éducation populaire sont les centres de ressources, d'expertise et de performance sportive.

Ils exercent leurs attributions dans les conditions prévues au chapitre IV du titre Ier du livre Ier.

SECTION IV LE MUSÉE NATIONAL DU SPORT

SOUS-SECTION 1 DISPOSITIONS GÉNÉRALES

Il est créé auprès du directeur général du Musée national du sport un comité technique d'établissement public compétent pour connaître de toutes les questions intéressant le musée, V. Arr. du 29 juin 2011 (JO 19 août), mod. par Arr. du 24 févr. 2015 (JO 13 mars).

Art. D. 112-4 **Le Musée national du sport a pour missions :**

1° L'étude, la présentation au public du fait sportif et du patrimoine qui s'y rapporte, considérés dans leurs dimensions historique, scientifique, artistique, sociologique ou technique, et la mise à disposition de la documentation recueillie ;

2° La conservation, la protection et la restauration pour le compte de l'État des biens culturels inscrits sur ses inventaires et dont il a la garde ;

3° L'enrichissement des collections nationales par l'acquisition de biens culturels pour le compte de l'État ;

4° La conception et la mise en œuvre des actions d'éducation et de diffusion visant à assurer l'égal accès de tous au fait sportif et au patrimoine qui s'y rapporte ;

5° La contribution aux progrès de la connaissance et de la recherche sur le fait sportif actuel ainsi qu'à leur diffusion.

Le musée exerce ses missions sur l'ensemble du territoire national et coopère avec des organismes étrangers ayant les mêmes missions.

Son siège est à Paris. Il peut être modifié par arrêté du ministre chargé des sports. — *[Décr. n° 2006-254 du 2 mars 2006, art. 1er et 2.]*

Art. D. 112-5 **Pour la réalisation de ses missions, le musée :**

1° Conçoit, aménage et exploite des expositions permanentes ou temporaires, dans ses locaux et dans d'autres lieux adaptés, en France et à l'étranger ;

2° Gère un centre de conservation et de restauration du patrimoine mobilier sportif dans les conditions définies par l'article L. 452-1 du code du patrimoine ;

3° Dispose d'un service ayant en charge les actions d'accueil du public, de diffusion, d'animation et de médiation culturelles dans le domaine du sport ;

4° Gère un centre de ressources documentaires, ouvert au public ainsi qu'aux chercheurs, et conserve les archives privées qui lui sont confiées ;

5° Accueille et suscite toutes activités et initiatives d'organisation de manifestations muséographiques, culturelles ou sportives. Il organise des activités d'initiation du public.

Par ailleurs, il réalise et commercialise, directement ou indirectement, tout produit ou service lié à ses missions. Il peut exploiter des espaces commerciaux valorisant ses collections et les thématiques mises en œuvre.

Il coopère avec tout organisme, français ou étranger, en rapport avec ses missions. Il peut passer à cette fin des conventions de partenariat ou d'objectifs. Il peut également prendre des participations dans le capital de sociétés poursuivant les mêmes objectifs ou les développant. — *[Décr. n° 2006-254 du 2 mars 2006, art. 3.]*

Art. D. 112-6 Le contrat de performance mentionné à l'article R. 112-1 précise les moyens et les indicateurs correspondant aux objectifs. La politique culturelle, commerciale et économique de l'établissement, ses activités et les investissements relevant de sa compétence peuvent faire l'objet de conventions avec des collectivités territoriales, des établissements publics ou des organismes privés. — *[Décr. n° 2006-254 du 2 mars 2006, art. 4.]*

Art. D. 112-7 L'établissement assure la conservation, la restauration, l'étude, l'enrichissement, la présentation au public et la valorisation des collections du domaine sportif appartenant à l'État, à des collectivités territoriales, à des établissements publics ou à des organismes privés, qui sont mises à sa disposition par des dépôts à durée indéterminée ou qu'il acquiert à titre onéreux ou à titre gratuit pour le compte de l'État. Les collections de l'État dont l'établissement a la garde font partie du domaine public de l'État et sont à ce titre inaliénables.

L'acquisition à titre onéreux sur les ressources de l'établissement, ou à titre gratuit, d'œuvres destinées à faire partie des collections nationales est décidée par le directeur général, dans le respect des dispositions prévues à l'article D. 112-14, au 8° de l'article D. 112-17 et à l'article D. 112-18.

En cas d'avis défavorable du comité d'orientation, lorsque le directeur général maintient sa volonté d'acquérir, le ministre chargé des sports saisit pour avis le conseil artistique des musées nationaux. En cas d'avis défavorable de ce conseil si la valeur dépasse un seuil fixé par arrêté des ministres chargés de la culture et des sports et lorsque le directeur général maintient sa volonté d'acquérir, le ministre chargé des sports se prononce.

Les collections conservées sont placées, en application de l'article L. 442-11 du code du patrimoine, sous le contrôle scientifique et conservatoire de la direction générale des patrimoines du ministère chargé de la culture, qui vérifie la tenue des inventaires et le respect des règles applicables à la gestion conservatoire des collections publiques. — *[Décr. n° 2006-254 du 2 mars 2006, art. 5.]*

SOUS-SECTION 2 ORGANISATION ET FONCTIONNEMENT

Art. D. 112-8 L'établissement est administré par un conseil d'administration de treize membres, assisté par un comité d'orientation. Il est dirigé par un directeur général. — *[Décr. n° 2006-254 du 2 mars 2006, art. 6.]*

Art. D. 112-9 Le conseil d'administration comprend :

1° Trois représentants de l'État :

a) Le directeur des sports ou son représentant ;

b) Un autre représentant du ministre chargé des sports ;

c) Le directeur général des patrimoines ou son représentant ;

2° Trois représentants respectivement désignés par une région, un département et une commune. Ces collectivités sont choisies par le ministre chargé des sports en priorité parmi les collectivités partenaires du Musée national du sport ;

3° Deux membres de droit :

a) Le président du Comité national olympique et sportif français ;

b) Le président du comité d'orientation de l'établissement ;

4° Quatre personnalités qualifiées désignées par le ministre chargé des sports ;

5° Un représentant des personnels élu selon les modalités fixées par arrêté du ministre chargé des sports.

Pour chacun des membres mentionnés au *b* du 1° et aux 2°, 3° et 5° ci-dessus, un suppléant est désigné dans les mêmes conditions que le titulaire. — *[Décr. n° 2006-254 du 2 mars 2006, art. 7.]*

Art. D. 112-10 Les membres du conseil d'administration mentionnés aux 4° et 5° de l'article D. 112-9 sont nommés pour une durée de trois ans renouvelable. Les représentants des collectivités territoriales mentionnés au 2° de ce même article sont nommés pour la durée de leur mandat électif.

En cas de vacance, survenant plus de trois mois avant l'expiration du mandat, un nouveau membre est désigné dans les mêmes conditions pour la durée du mandat restant à courir.

La composition nominative du conseil d'administration de l'établissement est fixée par arrêté du ministre chargé des sports. – *[Décr. n° 2006-254 du 2 mars 2006, art. 8.]*

Art. D. 112-11 Le président est nommé par arrêté du ministre chargé des sports parmi les membres mentionnés aux 3° et 4° de l'article D. 112-9, à l'exclusion du président du comité d'orientation qui est vice-président de droit du conseil d'administration.

Le président veille à l'accomplissement de ses missions par l'établissement. Il est suppléé par le vice-président en cas d'absence ou d'empêchement. – *[Décr. n° 2006-254 du 2 mars 2006, art. 9.]*

Art. D. 112-12 Les fonctions d'administrateur sont exercées à titre gratuit. Elles ouvrent droit, toutefois, au remboursement des frais de déplacement et de séjour dans les conditions prévues par le décret n° 2006-781 du 3 juillet 2006 fixant les conditions et les modalités de règlement des frais occasionnés par les déplacements temporaires des personnels civils de l'État. – *[Décr. n° 2006-254 du 2 mars 2006, art. 10.]*

Art. D. 112-13 Le conseil d'administration se réunit au moins deux fois par an sur convocation de son président qui fixe l'ordre du jour, sur proposition du directeur général.

Le conseil d'administration se réunit de droit à la demande de la moitié, au moins, de ses membres ou à la demande du ministre chargé des sports.

Le conseil d'administration ne peut valablement délibérer que si la moitié au moins de ses membres est présente. Si le quorum n'est pas atteint, le conseil est à nouveau convoqué avec le même ordre du jour dans un délai maximum de quinze jours ; il délibère alors valablement sans condition, quel que soit le nombre des membres présents.

Les délibérations sont prises à la majorité des membres présents ou représentés. En cas de partage égal des voix, la voix du président est prépondérante.

Assistent avec voix consultative aux réunions du conseil d'administration le directeur général de l'établissement, le contrôleur budgétaire et l'agent comptable. Toute personne dont le président souhaite recueillir l'avis peut être entendue par le conseil d'administration. – *[Décr. n° 2006-254 du 2 mars 2006, art. 11.]*

Art. D. 112-14 Le conseil d'administration délibère sur :

1° La politique générale de l'établissement et les orientations et mesures générales relatives à l'organisation et au fonctionnement de l'établissement ;

2° Les orientations stratégiques, artistiques, muséographiques et commerciales de l'établissement ;

3° Les orientations générales de la politique d'acquisition des œuvres et objets destinés à prendre place dans les collections nationales ;

4° Le budget et ses modifications ;

5° Le compte financier et l'affectation des résultats de l'exercice ;

6° Le rapport annuel d'activité élaboré par le directeur général ;

7° Les catégories de conventions qui, en raison de leur nature ou du montant financier engagé, doivent lui être soumis pour approbation et celles dont il délègue la responsabilité au directeur général ;

8° Le règlement intérieur de l'établissement et celui du conseil d'administration ;

9° Les emprunts ;

10° L'achat et la vente d'immeubles, les nantissements et hypothèques, les baux et locations d'immeubles ;

11° La prise, l'extension ou la cession des participations financières, la participation à des groupements d'intérêt économique, des groupements d'intérêt public ou des entreprises ;

12° La création de filiales ;

13° L'acceptation des dons et legs autres que ceux consistant en œuvres ou objets destinés à prendre place dans les collections nationales ;

14° Les conditions générales d'emploi et de rémunération des agents contractuels ;

15° Les orientations de la politique tarifaire ;

16° L'exercice des actions en justice et les transactions ;

17° Les conventions mentionnées au huitième alinéa de l'article D. 112-5 et à l'article D. 112-6.

Le conseil d'administration donne son avis sur toute question pour laquelle le ministre chargé des sports le consulte.

Il peut déléguer au directeur général les attributions prévues aux 7°, 13° et 16° dans les limites qu'il détermine.

Celui-ci rend compte au conseil des décisions qu'il a prises en vertu de cette délégation. – *[Décr. n° 2006-254 du 2 mars 2006, art. 12.]*

Art. D. 112-15 Les délibérations du conseil d'administration sont exécutoires si, dans un délai de quinze jours à compter de leur réception, le ministre chargé des sports n'a pas fait connaître d'observations. Toutefois, les délibérations portant sur les objets énumérés aux *(Abrogé par Décr. n° 2012-1247 du 7 nov. 2012, art. 43-1°-a, à compter du 1er janv. 2013)* « 4°, 5°, » 7°, 10°, 13°, 14° et 15° de l'article D. 112-14 deviennent exécutoires un mois après leur réception par les ministres chargés du budget et des sports si ceux-ci n'ont pas fait connaître d'observations dans ce délai ; les délibérations portant sur les objets mentionnés aux 9°, 11° et 12° deviennent exécutoires après approbation expresse conjointe des ministres chargés du budget et des sports. – *[Décr. n° 2006-254 du 2 mars 2006, art. 13.]*

(Décr. n° 2012-1247 du 7 nov. 2012, art. 43-1°-b, en vigueur le 1er janv. 2013) « Les délibérations portant sur le budget et le compte financier, mentionnées respectivement aux 4° et 5° de l'article D. 112-14 sont exécutoires dans les conditions prévues par le titre III du décret n° 2012-1246 du 7 novembre 2012 relatif à la gestion budgétaire et comptable publique. »

Art. D. 112-16 Le directeur général de l'établissement est nommé par arrêté conjoint des ministres chargés de la culture et des sports parmi les personnes présentant les qualifications définies à l'article L. 442-8 du code du patrimoine. Son mandat est de trois ans renouvelable. – *[Décr. n° 2006-254 du 2 mars 2006, art. 14.]*

Art. D. 112-17 Le directeur général :

1° Prépare les délibérations du conseil d'administration et veille à leur exécution ;

2° Prépare le programme d'activités et en assure le bon déroulement ;

3° Prépare le budget et ses modifications ;

4° A autorité sur les services de l'établissement et assure le respect du règlement intérieur du musée ;

5° Est ordonnateur des recettes et des dépenses ;

6° Assure la gestion de l'établissement et a autorité sur l'ensemble des personnels affectés dans l'établissement ou mis à sa disposition ;

7° Représente l'établissement en justice et dans tous les actes de la vie civile ;

8° Est responsable de l'acquisition, la conservation et la présentation des collections nationales, ainsi que de leur prêt ou dépôt par le biais de conventions ;

9° Conclut les contrats et est la personne responsable des marchés.

(Abrogé par Décr. n° 2012-1247 du 7 nov. 2012, art. 43-2°, à compter du 1er janv. 2013) ***« Il peut, dans des conditions que détermine le conseil d'administration, prendre, après avis de l'autorité chargée du contrôle financier, des décisions budgétaires modificatives qui n'augmentent pas la masse salariale, ne modifient pas le résultat ni la variation du fonds de roulement. Il en rend compte à la prochaine séance du conseil d'administration. »***

Le directeur général dresse chaque année un rapport sur le fonctionnement de l'établissement, le soumet au conseil d'administration et l'adresse aux ministres chargés de la culture et des sports.

Pour l'exercice de ses attributions, il peut déléguer sa signature aux responsables des services placés sous son autorité. – *[Décr. n° 2006-254 du 2 mars 2006, art. 15.]*

Art. D. 112-18 Un comité d'orientation est placé auprès du président de l'établissement. Il émet des avis sur les orientations culturelles de l'établissement et sur l'ensemble de ses activités. Il évalue l'accomplissement de ses différentes missions.

Il constitue l'instance scientifique, prévue par l'article 14 du décret n° 2002-628 du 25 avril 2002 pris pour l'application de la loi n° 2002-5 du 4 janvier 2002 relative aux musées de France, compétente en matière d'acquisition et de restauration des biens destinés aux collections nationales.

Le comité d'orientation comprend douze membres au maximum, choisis en raison de leur expertise dans les domaines couverts par les différentes activités de l'établissement.

Le directeur général a accès aux séances du comité d'orientation. Il peut demander que le comité se réunisse pour examiner les questions dont il le saisit.

Le président et les autres membres du comité d'orientation sont nommés par le ministre chargé des sports, pour une durée de trois ans renouvelable.

Le comité établit son règlement intérieur. – *[Décr. n° 2006-254 du 2 mars 2006, art. 16.]*

SOUS-SECTION 3 RÉGIME FINANCIER ET COMPTABLE

Art. D. 112-19 *(Décr. n° 2012-1247 du 7 nov. 2012, art. 43-3°, en vigueur le 1er janv. 2013)* L'établissement public est soumis aux dispositions des titres Ier et III du décret n° 2012-1246 du 7 novembre 2012 relatif à la gestion budgétaire et comptable publique.

> Ancien art. D. 112-19 *L'établissement est soumis au régime financier et comptable défini par le décret n° 53-1227 du 10 décembre 1953 relatif à la réglementation comptable applicable aux établissements publics nationaux à caractère administratif et par les articles 151 à 189 du décret n° 62-1587 du 29 décembre 1962 portant règlement général sur la comptabilité publique ainsi qu'au contrôle financier prévu par le décret n° 2005-757 du 4 juillet 2005 relatif au contrôle financier au sein des établissements publics administratifs de l'État.* – [Décr. n° 2006-254 du 2 mars 2006, art. 17.]

Art. D. 112-20 *Abrogé par Décr. n° 2012-1247 du 7 nov. 2012, art. 43-4°, à compter du 1er janv. 2013.*

Art. D. 112-21 Des régies de recettes et des régies d'avances peuvent être créées par décision du directeur général, dans les conditions prévues par le décret n° 92-681 du 20 juillet 1992 relatif aux régies de recettes et aux régies d'avances des organismes publics, et avec l'accord de l'agent comptable et du contrôleur budgétaire.

Art. D. 112-22 *Abrogé par Décr. n° 2012-1247 du 7 nov. 2012, art. 43-4°, à compter du 1er janv. 2013.*

Art. D. 112-23 Les recettes de l'établissement comprennent :

1° Les subventions de l'État, des collectivités territoriales et de toutes autres personnes publiques et privées ;

2° Le produit des droits d'entrée au musée, des visites et ateliers accompagnés, des services d'initiation aux sports ;

3° Les recettes des événements et manifestations culturels, éducatifs ou sportifs organisés par l'établissement ;

4° Les recettes provenant des activités pédagogiques, des formations et des éditions ;

5° Le produit des opérations commerciales de l'établissement, dont l'exploitation des commerces associés et des services ;

6° Le produit de la concession à des tiers d'activités liées au fonctionnement de l'établissement ;

7° Les dons, les legs et versements faits à titre de souscriptions individuelles et collectives ;

8° Le revenu des biens, fonds et valeurs de son patrimoine, ainsi que le produit de leur aliénation ;

9° Les emprunts ;

10° De façon générale, toutes les ressources provenant de l'exercice de ses activités dont il pourrait légalement disposer et les recettes autorisées par les lois et règlements en vigueur. – *[Décr. n° 2006-254 du 2 mars 2006, art. 21.]*

Art. D. 112-24 Les dépenses de l'établissement comprennent :

1° Les frais de personnel ;

2° Les frais de fonctionnement, de restauration, d'équipement et d'entretien ;

3° Les frais d'acquisition des biens mobiliers et immobiliers ;

4° De façon générale, toutes dépenses nécessaires à l'activité de l'établissement. – *[Décr. n° 2006-254 du 2 mars 2006, art. 22.]*

Art. D. 112-25 Les immeubles appartenant à l'État et nécessaires à l'exercice des missions de l'établissement lui sont attribués, à titre de dotation, par arrêté conjoint des ministres chargés du domaine et des sports.

L'arrêté fixe la liste des immeubles et les conditions de l'attribution à titre de dotation.

L'établissement assure la gestion desdits immeubles. Il supporte également le coût des travaux d'aménagement et de grosses réparations de ces immeubles. – *[Décr. n° 2006-254 du 2 mars 2006, art. 23.]*

CHAPITRE III COLLECTIVITÉS TERRITORIALES

SECTION UNIQUE AIDES DES COLLECTIVITÉS

Art. R. 113-1 Le montant maximum des subventions que les associations sportives ou les sociétés qu'elles constituent en application de l'article L. 122-1 peuvent recevoir, en application de l'article L. 113-2, des collectivités territoriales, de leurs groupements ou des établissements publics de coopération intercommunale, ne peut excéder 2,3 millions d'euros pour chaque saison sportive de la discipline concernée. – *[Décr. n° 2001-828 du 4 sept. 2001, art. 1er.]*

Art. R. 113-2 Les missions d'intérêt général mentionnées à l'article L. 113-2 concernent :

1° La formation, le perfectionnement et l'insertion scolaire ou professionnelle des jeunes sportifs accueillis dans les centres de formation agréés dans les conditions prévues à l'article L. 211-4 ;

2° La participation de l'association ou de la société à des actions d'éducation, d'intégration ou de cohésion sociale ;

3° La mise en œuvre d'actions visant à l'amélioration de la sécurité du public et à la prévention de la violence dans les enceintes sportives. Toutefois, les subventions des collectivités mentionnées à l'article R. 113-1 ne peuvent être employées pour financer les dépenses résultant de la mise en œuvre de l'article L. 332-1, ni les rémunérations versées à des entreprises soumises à la loi n° 83-629 du 12 juillet 1983 réglementant les activités privées de surveillance, de gardiennage et de transports de fonds. – *[Décr. n° 2001-828 du 4 sept. 2001, art. 2.]*

Art. R. 113-3 A l'appui de leurs demandes de subventions, les associations sportives ou les sociétés qu'elles constituent doivent fournir les documents suivants :

1° Les bilans et comptes de résultat des deux derniers exercices clos ainsi que le budget prévisionnel de l'année sportive pour laquelle la subvention est sollicitée ;

2° Un rapport retraçant l'utilisation des subventions versées par les collectivités territoriales et leurs groupements au titre de la saison sportive précédente ;

3° Un document prévisionnel qui indique l'utilisation prévue des subventions demandées.

Ces documents doivent être annexés à la délibération qui décide l'octroi de la subvention. – *[Décr. n° 2001-828 du 4 sept. 2001, art. 3.]*

Art. R. 113-4 La délibération attribuant une subvention à une association sportive ou une société mentionnée à l'article L. 122-1 précise la saison au titre de laquelle cette subvention est accordée. – *[Décr. n° 2001-828 du 4 sept. 2001, art. 4.]*

Art. R. 113-5 La convention prévue à l'article L. 113-2 fixe les obligations de chacune des parties et mentionne l'ensemble des sommes reçues des collectivités territoriales et de leurs groupements, y compris celles qui sont versées en application de l'article L. 113-3.

Elle indique, le cas échéant, qu'un représentant de la collectivité territoriale est désigné pour suivre l'utilisation des subventions accordées. – *[Décr. n° 2001-828 du 4 sept. 2001, art. 5.]*

Art. D. 113-6 Le montant maximum des sommes versées par les collectivités territoriales ou leurs groupements à une société mentionnée à l'article L. 122-1 en exécution de contrats de prestation de services, ou de toute convention dont l'objet n'entre pas dans le cadre des missions d'intérêt général mentionnées à l'article L. 113-2, est fixé à 30 % du total des produits du compte de résultat de l'année précédente de la société dans la limite de 1,6 million d'euros par saison sportive. – *[Décr. n° 2001-829 du 4 sept. 2001, art. 1er.]*

V. aussi Circ. n° B/02/00026/C INT du 29 janv. 2002 relative aux concours financiers des collectivités territoriales aux clubs sportifs (www.interieur.gouv.fr).

CHAPITRE IV LES CENTRES DE RESSOURCES, D'EXPERTISE ET DE PERFORMANCE SPORTIVE

(Décr. n° 2016-152 du 11 févr. 2016, art. 1er, en vigueur le 1er mars 2016)

Les directeurs, directeurs adjoints, secrétaires généraux, agents comptables, les autres personnels fonctionnaires et les agents contractuels, précédemment affectés aux centres de ressources, d'expertise et de performance sportive, sont affectés aux centres de ressources, d'expertise et de performance sportive à la date d'entrée en vigueur du Décr. n° 2016-152 du 11 févr. 2016.

Les directeurs des centres de ressources, d'expertise et de performance sportive organisent les élections aux conseils d'administration des représentants du personnel, des sportifs et des stagiaires, mentionnés au 4° de l'art. R. 114-4 dans un délai de six mois à compter de la date d'entrée en vigueur de ce même décret.

Les règlements intérieurs applicables à la date d'entrée en vigueur du présent décret restent applicables jusqu'à l'adoption, par les conseils d'administration composés comme prévu à l'art. R. 114-4, des règlements intérieurs mentionnés au 4° de l'art. R. 114-10.

Les conseils de la vie du sportif et du stagiaire en fonction à la date d'entrée en vigueur du présent décret demeurent en fonction jusqu'à l'installation des nouveaux conseils de la vie du sportif et du stagiaire mentionnés aux art.s R. 114-14 et R. 114-15.

L'installation des comités techniques et des comités d'hygiène, de sécurité et des conditions de travail, composés comme prévu aux art. R. 114-59 et R. 114-70, aura lieu à l'occasion du prochain renouvellement général des instances représentatives du personnel de la fonction publique suivant l'entrée en vigueur de ce même décret.

Jusqu'à la mise en place du régime financier et comptable défini par le présent décret, qui interviendra à compter de l'exercice 2017, le budget initial, le ou les budgets rectificatifs et le compte financier, relatifs à l'exercice 2016, des centres de ressources, d'expertise et de performance sportive restent présentés selon le régime applicable à ces organismes avant l'entrée en vigueur du présent décret, nonobstant l'application des dispositions du titre III du Décr. n° 2012-1246 du 7 nov. 2012 relatif à la gestion budgétaire et comptable publique visées aux art. 220 à 228 et au II de l'art. 230 de ce même décret.

Les comptes financiers relatifs à l'exercice 2015 sont établis par les agents comptables en fonction à la date d'entrée en vigueur du présent décret. En application du V de l'art. 28 de la loi du 7 août 2015 susvisée et par dérogation à l'art. 212 du Décr. du 7 nov. 2012 préc., ils sont approuvés, au cours de l'exercice 2016, soit par les conseils d'administration institués avant le 1er mars 2016, soit par les conseils d'administration composés comme prévu à l'art. R. 114-4.

En l'absence de changement dans la situation ayant justifié leur attribution, les agents auxquels il a été accordé une concession de logement antérieurement à la date d'entrée en vigueur du Décr. n° 2016-152 du 11 févr. 2016 en conservent le bénéfice jusqu'à l'entrée en vigueur des arrêtés prévus à l'art. R. 114-53. Ces concessions demeurent régies par les dispositions du Décr. n° 2012-752 du 9 mai 2012 portant réforme du régime des concessions de logement (Décr. n° 2016-152 du 11 févr. 2016, art. 5 à 9, en vigueur le 1er mars 2016).

SECTION PREMIÈRE MISSIONS ET DISPOSITIONS GÉNÉRALES

Art. R. 114-1 I. – En application de l'article L. 114-1, les centres de ressources, d'expertise et de performance sportive sont des établissements publics locaux de formation dans les domaines du sport, de la jeunesse et de l'éducation populaire.

Ils exercent, au nom de l'État, et peuvent exercer, au nom de la région, les missions définies respectivement aux articles L. 114-2 et L. 114-3.

II. – Au titre de leurs missions nationales définies à l'article L. 114-2 :

1° Ils assurent, en liaison avec les fédérations sportives, la formation et la préparation des sportifs inscrits sur les listes mentionnées à l'article L. 221-2, en veillant à concilier la recherche de la performance sportive et la réussite scolaire, universitaire et professionnelle du sportif ;

2° Ils participent au réseau national consacré au sport de haut niveau, constitué, notamment, des autres établissements publics placés sous la tutelle du ministre chargé des sports et des structures regroupées au sein des filières d'accès au sport de haut niveau. A ce titre, ils peuvent contribuer à des travaux d'observation, de recherche ou de développement, produire et diffuser des connaissances ainsi que mener des actions en matière de relations internationales et de coopération ;

3° Ils assurent le fonctionnement de pôles nationaux de ressources et d'expertise portant sur des thématiques particulières dans les domaines du sport, de la jeunesse et de l'éducation populaire. Les modalités de fonctionnement et de financement de ces pôles sont fixées dans le cadre de conventions passées avec le ministre chargé des sports.

Pour la mise en œuvre des formations mentionnées aux 3° et 4° de l'article L. 114-2 et au 4° de l'article L. 114-3, les centres peuvent passer avec les services déconcentrés de l'État compétents dans les domaines du sport, de la jeunesse et de l'éducation populaire des conventions destinées à mobiliser des moyens propres à ces services sous l'appellation de structures associées de formation.

Art. R. 114-2 Le contrat et la convention mentionnés aux II et III de l'article L. 114-16 peuvent faire l'objet d'un contrat tripartite unique conclu entre, d'une part, l'État et la région et, d'autre part, le centre de ressources, d'expertise et de performance sportive.

Art. R. 114-3 La région peut confier au centre de ressources, d'expertise et de performance sportive qui lui est rattaché un mandat de délégation de maîtrise d'ouvrage pour la réalisation, au sein du centre, de travaux de construction, de reconstruction ou d'extension portant sur le patrimoine immobilier dont elle a la charge dans les conditions définies aux articles L. 114-5 et L. 114-7 du présent code.

SECTION II **ORGANISATION ADMINISTRATIVE**

SOUS-SECTION 1 **LE CONSEIL D'ADMINISTRATION**

Art. R. 114-4 Le conseil d'administration des centres est composé de vingt membres, à l'exception des centres dont l'importance ou la spécificité, au regard notamment du nombre de leurs sites ou de leur champ d'intervention, justifie qu'ils en comptent vingt-cinq.

Un arrêté du ministre chargé des sports fixe le nombre de membres des conseils d'administration des centres.

Le conseil d'administration comprend, selon que l'effectif est de vingt ou de vingt-cinq membres :

1° Six ou sept représentants des collectivités territoriales :

a) Le président du conseil régional de la région où se situe le siège du centre ou son représentant ;

b) Le président du conseil départemental du département où se situe le siège du centre ou son représentant ;

c) Le président de l'établissement public de coopération intercommunale doté d'une compétence en matière sportive ou, à défaut, le maire de la commune d'implantation du siège du centre, ou leurs représentants ;

d) Trois ou quatre conseillers régionaux désignés par l'organe délibérant de la région, ou, si ce dernier en décide ainsi, un ou deux conseillers régionaux désignés dans les mêmes conditions et un ou deux élus d'une ou deux collectivités territoriales autres que celles où se situe le siège du centre et désignées par le même organe ;

2° Trois ou quatre représentants du mouvement sportif, d'associations de jeunesse et d'éducation populaire ou d'organismes partenaires du centre :

a) Un président de fédération sportive désigné par le président du Comité national olympique et sportif français ;

b) Le président du comité régional olympique et sportif dont le ressort territorial inclut le siège du centre ou son représentant ;

c) Un ou deux représentants d'associations de jeunesse et d'éducation populaire ou d'organismes partenaires du centre ;

3° Deux ou trois personnalités qualifiées désignées par le président du conseil régional, dont un chef d'entreprise ou cadre dirigeant d'entreprise ;

4° Cinq ou six représentants du personnel, des sportifs et des stagiaires élus au sein du centre :

a) Un représentant des personnels pédagogiques ;

b) Un ou deux représentants des personnels administratifs et des personnels médicaux et paramédicaux ;

c) Un représentant des personnels ouvriers, techniques et de service ;

d) Un représentant des sportifs accueillis dans le centre ;

e) Un représentant des stagiaires en formation ;

5° Quatre ou cinq représentants de l'État :

a) Le directeur régional en charge de la jeunesse et des sports de la région où se situe le siège du centre ou son représentant ;

b) Le recteur de la région académique où se situe le siège du centre ou son représentant ;

c) Deux ou trois autres agents de l'État exerçant les missions définies à l'article L. 131-12, dont au moins un conseiller technique sportif affecté à la direction régionale chargée des sports couvrant le territoire d'implantation du centre ;

Les membres mentionnés au *d* du 1° sont désignés en leur sein par l'assemblée délibérante de la collectivité dont ils relèvent. Il est procédé à une nouvelle désignation à la suite de chaque renouvellement de cette assemblée délibérante.

Les membres mentionnés au *d* du 1°, aux *a* et *c* du 2°, au 3° et au *c* du 5° sont nommés par arrêté du ministre chargé des sports.

Les membres mentionnés au 3° ne peuvent détenir un mandat de conseiller régional.

Pour chacun des membres titulaires, à l'exception des membres mentionnés au 1°, au *b* du 2°, au 3° et aux *a* et *b* du 5°, un suppléant est désigné dans les mêmes conditions, sous réserve des dispositions de l'alinéa suivant.

Le suppléant du président de fédération sportive est soit un président de fédération sportive, soit un membre d'une instance dirigeante de fédération sportive.

Les membres mentionnés au *d* du 1° et au 3°, empêchés d'assister à une séance du conseil d'administration, peuvent donner pouvoir à un autre membre du conseil. Nul ne peut détenir plus de deux pouvoirs.

Art. R. 114-5 Les élections au conseil d'administration des membres mentionnés au 4° de l'article R. 114-4 ont lieu au scrutin uninominal à un tour. Chaque candidature est accompagnée de celle d'un suppléant.

En cas d'égalité du nombre de suffrages obtenus, le candidat le plus âgé est élu.

Le vote peut avoir lieu par correspondance ou par procuration.

Un arrêté du ministre chargé des sports précise les conditions d'exercice du droit de suffrage et d'éligibilité et les règles applicables au déroulement des scrutins.

Art. R. 114-6 Le président du conseil d'administration est nommé par arrêté du ministre chargé des sports parmi les personnalités qualifiées mentionnées au 3° de l'article R. 114-4, sur proposition du président du conseil régional.

La limite d'âge qui lui est opposable au moment de sa nomination est fixée à soixante-huit ans.

En cas d'empêchement du président, le conseil d'administration se réunit sous la présidence d'un des membres du conseil d'administration, désigné par le conseil d'administration, en priorité parmi les membres mentionnés au 3° de l'article R. 114-3 et à défaut, parmi les autres membres du conseil d'administration. Les modalités de cette désignation sont précisées dans le règlement intérieur du conseil d'administration.

Art. R. 114-7 La durée du mandat des membres du conseil d'administration autres que les membres de droit est de quatre ans renouvelables.

Le mandat de ces membres commence le jour de la première réunion qui suit le renouvellement du conseil d'administration.

La perte de la qualité au titre de laquelle un membre a été nommé ou élu entraîne sa démission de plein droit du conseil d'administration.

En cas de vacance du siège d'un membre du conseil d'administration, survenant plus de six mois avant l'expiration de son mandat, un autre membre est nommé dans les mêmes conditions pour la durée du mandat restant à courir, à l'exception des membres élus qui sont remplacés par leur suppléant jusqu'à la fin du mandat détenu par le titulaire.

En cas de vacance du siège d'un membre élu résultant du départ du membre titulaire et de son suppléant, il est procédé à une élection partielle dans les conditions prévues à l'article R. 114-5 afin de pourvoir le siège vacant pour la durée du mandat restant à courir.

Un membre élu ne peut siéger qu'au titre d'une seule catégorie.

Un membre du conseil d'administration ne peut prendre part aux délibérations dans lesquelles ses intérêts personnels, professionnels ou financiers sont engagés.

Le ministre chargé des sports peut proroger le mandat de l'ensemble des membres du conseil d'administration pour une durée maximale d'un an.

Art. R. 114-8 Les membres du conseil d'administration exercent leurs fonctions à titre gratuit. Toutefois, leurs frais de déplacement sont pris en charge dans les conditions prévues par la réglementation applicable aux personnels civils de l'État et par la réglementation applicable aux personnels des collectivités locales s'agissant des membres mentionnés au 1° de l'article R. 114-4.

Art. R. 114-9 Le conseil d'administration se réunit au moins deux fois par an sur convocation de son président qui fixe l'ordre du jour.

Il peut également être convoqué par le directeur à la demande du ministre chargé des sports ou du président du conseil régional ou de la majorité de ses membres, sur un ordre du jour déterminé.

L'ordre du jour du conseil d'administration et les documents s'y rapportant sont communiqués aux membres du conseil au moins huit jours à l'avance.

Le conseil d'administration ne peut valablement délibérer que si la moitié au moins de ses membres sont présents ou représentés.

Si ce *quorum* n'est pas atteint, le conseil d'administration est à nouveau convoqué avec le même ordre du jour dans un délai maximum de vingt-et-un *[vingt et un]* jours. Il délibère alors valablement, quel que soit le nombre de membres présents ou représentés.

Les délibérations du conseil d'administration sont prises à la majorité des membres présents ou représentés, sous réserve de l'alinéa suivant.

En application du 2° du II de l'article 133 de la loi n° 2015-991 du 7 août 2015 portant nouvelle organisation territoriale de la République, les délibérations du conseil d'administration relatives aux matières mentionnées au 10° de l'article R. 114-10, qui portent sur une baisse du barème des prestations servies par le centre, sont prises à une majorité qualifiée des membres présents ou représentés comportant au moins la majorité des voix des représentants de la région.

En cas de partage égal des voix, celle du président est prépondérante.

Les présidents des conseils départementaux des départements où se situent des sites du centre, autres que celui où se situe le siège du centre, ou leurs représentants, assistent au conseil d'administration avec voix consultative.

Les présidents des établissements publics de coopération intercommunale dotés d'une compétence en matière sportive des lieux d'implantation des sites autres que le siège du centre, ou à défaut les maires des communes concernées, ou leurs représentants, assistent au conseil d'administration avec voix consultative.

Le directeur, le ou les directeurs adjoints, l'agent comptable ainsi que toute personne dont la présence est jugée utile par le président, assistent aux séances avec voix consultative.

Art. R. 114-10 Le conseil d'administration règle, par ses délibérations, les affaires du centre de ressources, d'expertise et de performance sportive.

Ses délibérations portent notamment sur :

1° Le projet d'établissement ;

2° Le contrat et la convention mentionnés aux II et III de l'article L. 114-16 ;

3° Le rapport annuel d'activité établi par le directeur ;

4° L'organisation du centre et son règlement intérieur ;

5° Le budget initial, les budgets modificatifs, le cas échéant les budgets annexes, les autorisations d'emploi pour l'exercice, accompagnés de leurs notes de présentation ;

6° Le compte financier et l'affectation des résultats de l'exercice, accompagnés des rapports de l'ordonnateur et de l'agent comptable ;

7° Les admissions en non-valeur et les remises gracieuses, sous réserve de l'article R. 114-31 ;

8° Les contrats, conventions ou marchés ;

9° Les conditions générales de vente des produits et services fournis par l'établissement ;

10° Le barème de tarification des prestations proposées par le centre ;

11° L'acceptation ou le refus des dons et legs ;

12° Les acquisitions, aliénations ou échanges d'immeubles, les baux emphytéotiques ;

13° La participation à des groupements d'intérêt public ;

14° L'acquisition ou la cession des valeurs mobilières ;

15° Les dépôts de marques, brevets et de tous titres de propriété intellectuelle ;

16° Les conditions générales de recrutement, d'emploi et de rémunération des agents contractuels rémunérés sur le budget du centre ;

17° Les actions en justice et les transactions, ainsi que le recours à l'arbitrage en cas de litiges nés de l'exécution de contrats passés avec des organismes étrangers ;

18° Les propositions d'attribution des concessions de logement, prévues à l'article R. 114-52 ;

19° La création du comité technique et du comité d'hygiène, de sécurité et des conditions de travail dans les conditions prévues aux articles R. 114-58 et R. 114-69 ;

20° Les propositions de rattachement au service compétent en matière d'inspection de la santé et de la sécurité au travail, prévues à l'article R. 114-75 ;

21° Son propre règlement intérieur.

Dans les limites qu'il détermine, le conseil d'administration peut déléguer au directeur les attributions prévues aux 8°, 11° et 17°.

Une délibération prévoit le champ de cette délégation ainsi que sa durée.

Le directeur rend compte au conseil d'administration, lors de sa plus prochaine séance, des décisions qu'il a prises en vertu de sa délégation.

SOUS-SECTION 2 LE DIRECTEUR DU CENTRE DE RESSOURCES, D'EXPERTISE ET DE PERFORMANCE SPORTIVE

Art. R. 114-11 Les centres sont dirigés par un directeur assisté par un ou plusieurs directeurs adjoints, nommés dans les conditions fixées par le deuxième alinéa de l'article L. 114-11 et le décret n° 2015-633 du 5 juin 2015 relatif aux emplois de direction des centres de ressources, d'expertise et de performance sportives, de l'École nationale des sports de montagne et de l'École nationale de voile et des sports nautiques.

Le nombre de directeurs adjoints est précisé, pour chaque centre, par arrêté du ministre chargé des sports.

En cas de vacance ou d'empêchement du directeur, le ministre chargé des sports désigne d'urgence, après consultation du président du conseil régional, une personne chargée des fonctions de directeur du centre par intérim.

Art. R. 114-12 Le directeur assure le bon fonctionnement de l'établissement.

A ce titre, il exerce notamment les compétences suivantes :

1° Il prépare les travaux du conseil d'administration et notamment le projet de budget de l'établissement, en fonction des orientations fixées par l'État et des orientations relatives à l'équipement et au fonctionnement fixées par la région de rattachement, dans la limite des ressources dont dispose l'établissement, telles que définies au III de l'article R. 114-20.

A cet effet, il communique avant le 30 septembre à la région de rattachement et au directeur régional en charge de la jeunesse et des sports le montant prévisionnel des ressources et des dépenses du centre pour l'exercice suivant, en distinguant pour ces dernières celles à la charge de l'État et celles à la charge de la région ;

2° Il exécute les délibérations du conseil d'administration et notamment le budget adopté par le conseil d'administration, dans les conditions fixées aux articles L. 421-11 à L. 421-13 du code de l'éducation et à l'article L. 114-13 du code du sport ;

3° Il est ordonnateur des dépenses et des recettes de l'établissement ;

4° Il prépare le règlement intérieur du centre et veille à sa mise en œuvre ;

5° Il est responsable de la gestion pédagogique, administrative, technique, immobilière et financière de l'établissement ;

6° Il recrute les agents non titulaires rémunérés sur le budget du centre ;

7° Il prépare, signe et assure le suivi du contrat et de la convention mentionnés aux II et III de l'article L. 114-16 ;

8° Il a autorité sur l'ensemble des personnes exerçant leur activité dans l'établissement, dans le respect de leur statut et sous réserve des dispositions de la convention mentionnée au dernier alinéa du III de l'article L. 114-16 ;

9° Il nomme à toutes les fonctions de l'établissement pour lesquelles aucune autre autorité n'a reçu le pouvoir de nomination ;

10° Il prend toutes dispositions, en liaison avec les autorités administratives compétentes, pour assurer la sûreté et la sécurité des personnes et des biens, l'hygiène et la salubrité ;

11° Il exerce le pouvoir disciplinaire dans les conditions fixées à l'article R. 114-15 ;

12° Il arrête la liste des sportifs admis dans le centre ;

13° Dans les limites prévues par la délégation du conseil d'administration, il conclut tout contrat ou convention au nom de l'établissement et exerce le pouvoir adjudicateur en matière de marchés ;

14° Il transmet les actes du centre selon les modalités fixées aux articles R. 114-13, R. 114-17, R. 114-18, R. 114-37, R. 114-53 et R. 114-75.

Le directeur rend compte de sa gestion au conseil d'administration. Il en informe la région de rattachement du centre ainsi que le ministre chargé des sports.

Le directeur représente le centre de ressources, d'expertise et de performance sportive en justice et à l'égard des tiers dans les actes de la vie civile.

Il peut, dans les conditions qu'il détermine et, s'agissant des compétences qui lui sont déléguées par le conseil d'administration, avec l'accord de celui-ci, déléguer sa signature à ses adjoints ou à d'autres fonctionnaires ou agents publics placés sous son autorité. Il en assure la publicité au sein du centre.

Art. R. 114-13 En application de l'article L. 114-14, le directeur transmet les actes du centre conformément aux dispositions suivantes.

I. – Les actes correspondant aux missions exercées par le centre au nom de l'État dont le caractère exécutoire est, en application du I de l'article L. 114-14, subordonné à leur transmission au ministre chargé des sports sont :

1° Les délibérations du conseil d'administration relatives :

a) Au projet d'établissement ;

b) Au règlement intérieur du centre ;

c) Aux conditions générales de recrutement, d'emploi et de rémunération des agents contractuels rémunérés sur le budget du centre ;

d) A la création du comité technique d'établissement et du comité d'hygiène, de sécurité et des conditions de travail ;

2° Les décisions du directeur relatives au recrutement des agents non titulaires rémunérés sur le budget du centre, à l'exception de celles prises pour faire face à un besoin lié à un accroissement temporaire ou saisonnier d'activité ;

Ces actes deviennent exécutoires quinze jours après leur transmission, sous réserve que, dans ce délai, le ministre chargé des sports n'y a pas fait opposition pour les raisons et dans les conditions mentionnées au I de l'article L. 114-14.

II. – Sous réserve des dispositions des articles R. 114-17 et R. 114-18, les actes relatifs au fonctionnement du centre qui, pour devenir exécutoires en application du II de l'article L. 114-14, doivent être transmis au représentant de l'État ou, par délégation de celui-ci, au directeur régional en charge de la jeunesse et des sports sont :

1° Les délibérations du conseil d'administration relatives :

a) A la passation des contrats, conventions et marchés, des baux emphytéotiques ;

b) Aux tarifs des services et aux produits prévus au 1° du III de l'article R. 114-20 ;

Ces délibérations deviennent exécutoires quinze jours après leur transmission ;

2° Les décisions du directeur relatives :

a) Aux contrats, conventions et marchés comportant des incidences financières, à l'exception des marchés passés selon une procédure adaptée en raison de leur montant conformément aux dispositions de l'article 28 du code des marchés publics ;

b) Au recours à l'arbitrage en cas de litiges nés de l'exécution de contrats passés avec des organismes étrangers par délégation du conseil d'administration.

Ces décisions deviennent exécutoires dès leur transmission.

SOUS-SECTION 3 LE CONSEIL DE LA VIE DU SPORTIF ET DU STAGIAIRE

Art. R. 114-14 Le conseil de la vie du sportif et du stagiaire est composé, selon les modalités fixées dans le règlement intérieur du centre, de onze ou douze membres répartis comme suit :

1° Le directeur, président du conseil, ou son représentant et deux autres agents de l'établissement désignés par le directeur ;

2° Les cinq ou six membres élus mentionnés au 4° de l'article R. 114-4 ;

3° Un membre désigné par le directeur parmi les entraîneurs des pôles implantés dans l'établissement ;

4° Deux personnalités qualifiées extérieures à l'établissement désignées par le directeur.

Le conseil de la vie du sportif et du stagiaire propose au directeur toute mesure de nature à favoriser les activités sportives, culturelles, sociales ou associatives des sportifs et des stagiaires. Il est également consulté sur les conditions de vie et d'entraînement au sein de l'établissement.

Il se réunit au moins une fois par an sur convocation du directeur qui fixe l'ordre du jour. Il peut être également réuni à la demande de la majorité de ses membres en exercice, sur un ordre du jour déterminé.

L'ordre du jour et les documents s'y rapportant sont communiqués aux membres du conseil au moins huit jours à l'avance.

Le conseil de la vie du sportif et du stagiaire ne peut valablement rendre son avis que si la moitié au moins de ses membres sont présents ou représentés.

Si ce *quorum* n'est pas atteint, il est à nouveau convoqué avec le même ordre du jour dans un délai maximum de vingt-et-un *[vingt et un]* jours. Il rend alors valablement son avis, quel que soit le nombre de membres présents ou représentés.

Les avis du conseil de la vie du sportif et du stagiaire sont pris à la majorité des membres présents ou représentés.

En cas de partage égal des voix, celle du président est prépondérante.

SOUS-SECTION 4 LE CONSEIL DE LA VIE DU SPORTIF ET DU STAGIAIRE EN FORMATION DISCIPLINAIRE

Art. R. 114-15 La formation disciplinaire du conseil de la vie du sportif et du stagiaire est constituée des membres de ce conseil à l'exclusion des personnalités qualifiées extérieures à l'établissement.

Elle est soumise aux mêmes règles de quorum et d'adoption de ses avis que le conseil siégeant en formation plénière.

Le directeur du centre peut, après consultation du conseil de la vie du sportif et du stagiaire siégeant en formation disciplinaire, prononcer une sanction disciplinaire contre tout sportif ou stagiaire ayant contrevenu aux règles de fonctionnement de l'établissement fixées dans le règlement intérieur du centre.

Les sanctions disciplinaires sont :

1° L'avertissement ;

2° Le blâme ;

3° L'exclusion pour une durée déterminée ;

4° L'exclusion définitive.

Le conseil de la vie du sportif et du stagiaire siégeant en formation disciplinaire est convoqué par le directeur dans les conditions fixées par le règlement intérieur. Il entend le sportif ou le stagiaire à l'encontre duquel une sanction est envisagée, assisté s'il est mineur de son représentant légal et, quel que soit son âge, d'un ou *[de]* plusieurs conseils de son choix.

Le directeur peut prononcer seul les sanctions disciplinaires mentionnées aux 1° et 2°, éventuellement associées à des mesures éducatives.

En cas de nécessité, le directeur peut, à titre conservatoire, interdire l'accès de l'établissement à un sportif ou à un stagiaire en attendant la consultation de celui-ci devant le conseil de discipline. S'il est mineur, le sportif ou le stagiaire est, dans ce cas, remis à sa famille ou à la personne qui exerce à son égard l'autorité parentale ou la tutelle. Cette mesure ne présente pas le caractère de sanction.

SECTION III **ORGANISATION FINANCIÈRE**

Art. R. 114-16 Sous réserve des dispositions de la présente section, les centres de ressources, d'expertise et de performance sportive sont soumis, en ce qui concerne leur régime financier et comptable, aux dispositions du titre I du décret n° 2012-1246 du 7 novembre 2012 relatif à la gestion budgétaire et comptable publique.

Art. R. 114-17 Le projet de budget du centre est préparé par le directeur qui le transmet à la région et au directeur régional en charge de la jeunesse et des sports. Il doit être soumis au vote du conseil d'administration et adopté en équilibre réel dans le délai de trente jours suivant la notification de la participation de la région.

Sans préjudice du contrôle de légalité exercé par le représentant de l'État, le budget devient exécutoire dans un délai de trente jours à compter de la dernière date de réception par chacune des deux autorités mentionnées au premier alinéa, sauf si la région ou le directeur régional en charge de la jeunesse et des sports a fait connaître son désaccord motivé. Dans ce cas, ou lorsque le budget n'est pas adopté dans les trente jours suivant la notification de la participation de la région, il est fait application de la procédure prévue aux *e* et *f* de l'article L. 421-11 du code de l'éducation, sous réserve du second alinéa de l'article L. 114-13 du présent code.

Le budget, dès qu'il est adopté ou réglé, est transmis à l'agent comptable.

Art. R. 114-18 En cours d'exercice, le directeur propose les modifications éventuelles à apporter au budget. Celles-ci donnent lieu à des budgets modificatifs.

Les budgets modificatifs sont adoptés dans les mêmes conditions que le budget initial. Ils deviennent exécutoires dans un délai de quinze jours à compter de la dernière date de réception par les deux autorités mentionnées au premier alinéa de l'article R. 114-17, sauf si l'une ou l'autre a fait connaître son désaccord motivé.

Art. R. 114-19 Lorsqu'il est fait application du premier alinéa de l'article L. 1612-1 du code général des collectivités territoriales dans le cas où le budget du centre n'a pas été adopté avant le 1er janvier de l'exercice auquel il s'applique, le directeur peut, jusqu'à l'adoption de ce budget, mettre en recouvrement les recettes et engager les dépenses de fonctionnement dans la limite de celles inscrites au budget de l'année précédente.

Art. R. 114-20 I. – Le budget est élaboré en tenant compte notamment du projet d'établissement, du contrat d'objectifs et de performance conclu avec l'État, ainsi que de la convention d'objectifs et de moyens passée avec la région.

II. – Les crédits inscrits au budget sont présentés sous la forme de trois enveloppes regroupant :

1° Les dépenses de personnel qui comprennent :

a) Les rémunérations d'activité ;

b) Les cotisations et contributions sociales ;

c) Les prestations sociales et allocations diverses ;

2° Les dépenses de fonctionnement et d'intervention ;

3° Les dépenses d'investissement.

Le cas échéant, sur décision de l'organe délibérant, les dépenses d'intervention peuvent faire l'objet d'une enveloppe distincte.

Ces crédits sont limitatifs. Ils sont spécialisés par enveloppe mentionnée ci-dessus.

III. – Les ressources du centre comprennent notamment :

1° Des ressources propres, notamment les dons et legs, les contributions des collectivités publiques versées au titre des prestations réalisées par le centre, le produit de la vente des services, de la taxe d'apprentissage, des conventions de formation professionnelle et le produit de l'aliénation des biens propres, ainsi que les ressources provenant des prestations du service de restauration et d'hébergement ;

2° La subvention de l'État au titre des dépenses dont il a la charge en application de l'article L. 114-4 ;

3° La subvention de la région versée au titre des dépenses dont elle a la charge en application des dispositions de l'article L. 114-5 et du 2° du II de l'article 133 de la loi n° 2015-991 du 7 août 2015 portant nouvelle organisation territoriale de la République ;

4° Toute autre contribution d'une collectivité publique ;

5° Toute recette autorisée par les lois et règlements.

Art. R. 114-21 Lorsqu'un centre de formation des apprentis au sens de l'article R. 431-1 du code de l'éducation est créé au sein de l'établissement, les ressources et les dépenses de ce centre de formation sont retracées dans un budget annexe.

Art. R. 114-22 Pour chaque centre de ressources, d'expertise et de performance sportive, il est établi un document prévisionnel de gestion des emplois et des crédits de personnel, qui décrit :

1° Les prévisions d'entrée et de sortie, dans le courant de l'année, d'une part des personnels rémunérés par le centre, d'autre part des personnels affectés en fonctions au sein du centre sans être rémunérés par lui ;

2° Les prévisions de consommation, dans le courant de l'année, des autorisations d'emplois ;

3° Les prévisions de dépenses de personnel.

Le document prévisionnel de gestion des emplois et des crédits de personnel est établi par l'ordonnateur et transmis au directeur régional en charge de la jeunesse et des sports, avant l'envoi du projet de budget initial aux membres du conseil d'administration. Il est également transmis pour information au président du conseil régional. Un arrêté des ministres chargés du budget, de l'intérieur et des sports précise le contenu du document, ses conditions d'élaboration, d'actualisation et de transmission.

Art. R. 114-23 I. – Le comptable public du centre porte le titre d'agent comptable. Il peut exercer, à la demande du directeur, les fonctions de chef des services financiers. Il peut effectuer à ce titre, par dérogation à l'article 9 du décret du 7 novembre 2012 précité et dans les limites fixées par arrêté du ministre chargé du budget, des tâches relevant de l'ordonnateur.

II. – L'agent comptable est nommé par arrêté conjoint du ministre chargé du budget et du ministre chargé des sports après information de la région. En application de l'article 14 du décret du 7 novembre 2012 précité, il prête serment devant la chambre régionale des comptes.

Art. R. 114-24 L'agent comptable est assujetti à la constitution d'un cautionnement dont le montant est fixé par arrêté du ministre chargé du budget.

Art. R. 114-25 L'agent comptable tient la comptabilité générale dans les conditions définies par le plan comptable applicable au centre.

Lorsqu'il ne peut tenir lui-même la comptabilité matière, il en exerce le contrôle. Les instructions données à ce sujet au préposé doivent avoir recueilli l'accord de l'agent comptable qui demande qu'il soit procédé à l'inventaire annuel des stocks.

En cas de perte, de destruction ou de vol des justifications remises à l'agent comptable, le directeur pourvoit à leur remplacement en établissant un certificat visé par le directeur départemental ou, le cas échéant, régional des finances publiques territorialement compétent.

Art. R. 114-26 Lorsqu'il est fait application de l'article L. 1617-3 du code général des collectivités territoriales, et qu'il a requis l'agent comptable de payer, le directeur en rend compte au conseil d'administration, à la région et au directeur régional en charge de la jeunesse et des sports. L'agent comptable en rend compte au directeur départemental ou, le cas échéant, régional des finances publiques territorialement compétent qui transmet l'ordre de réquisition à la chambre régionale des comptes.

Art. R. 114-27 En cas de décès ou d'empêchement du comptable, le directeur départemental ou, le cas échéant, régional des finances publiques territorialement compétent désigne d'urgence, avec l'agrément du directeur, un agent comptable intérimaire. Le directeur rend compte immédiatement au ministre chargé des sports et au ministre chargé du budget de l'installation de l'agent comptable intérimaire.

Art. R. 114-28 Les recettes du centre sont liquidées par l'ordonnateur sur les bases fixées par la loi, les règlements, les décisions de justice et les conventions.

Les produits attribués au centre avec une destination déterminée, les subventions des organismes publics ou privés, les dons et legs doivent conserver leur affectation. Toutefois, la réduction ou la modification de l'affectation des charges résultant de dons et legs peuvent être prononcées dans les conditions prévues par les lois et règlements.

Dans les mêmes conditions, la périodicité des attributions prévues par le disposant ou le groupement en une seule attribution des revenus provenant de libéralités assorties de charges analogues peut être autorisé.

Art. R. 114-29 Les ordres de recettes sont établis par l'ordonnateur et remis à l'agent comptable qui les prend en charge et les notifie aux débiteurs.

Tous les droits acquis au cours d'un exercice doivent faire l'objet d'un ordre de recettes au titre de cet exercice.

L'ordonnateur est autorisé, dans les conditions prévues à l'article L. 1611-5 du code général des collectivités territoriales, à ne pas émettre les ordres de recettes correspondant aux créances dont le montant initial en principe est inférieur au minimum fixé par l'article D. 1611-1 du même code.

Art. R. 114-30 Les créances du centre qui n'ont pu être recouvrées à l'amiable font l'objet d'états rendus exécutoires par l'ordonnateur.

Les états exécutoires peuvent être notifiés aux débiteurs par lettre recommandée avec demande d'avis de réception. Leur recouvrement est poursuivi jusqu'à opposition devant la juridiction compétente.

L'agent comptable procède aux poursuites. Celles-ci peuvent, si la créance est l'objet d'un litige, être suspendues sur ordre écrit de l'ordonnateur.

Art. R. 114-31 Les créances du centre peuvent faire l'objet :

1° Soit d'une remise gracieuse, en cas de gêne des débiteurs ;

2° Soit d'une admission en non-valeur, en cas d'insolvabilité des débiteurs.

La décision de remise est prise par le conseil d'administration après avis conforme de l'agent comptable, sauf lorsqu'elle concerne une dette de l'agent comptable, ou par l'ordonnateur dans le cas où la créance est inférieure au seuil fixé par le conseil d'administration.

Art. R. 114-32 L'ordonnateur du centre et ses délégués ont seuls qualité pour procéder à l'engagement des dépenses.

Art. R. 114-33 Les marchés de travaux, de fournitures et de service sont passés conformément aux dispositions du code des marchés publics applicables aux collectivités territoriales et aux établissements publics locaux.

Art. R. 114-34 Toutes les dépenses doivent être liquidées et ordonnancées au cours de l'exercice auquel elles se rattachent.

Art. R. 114-35 Les ordres de dépenses établis par l'ordonnateur dans les conditions prévues à l'article 32 du décret n° 2012-1246 du 7 novembre 2012 relatif à la gestion budgétaire et comptable publique sont transmis, accompagnés des pièces justificatives, à l'agent comptable qui les prend en charge et procède à leur règlement.

La liste des pièces justificatives que l'agent comptable peut exiger est fixée par l'article D. 1617-19 du code général des collectivités territoriales.

Art. R. 114-36 Les fonds du centre sont déposés chez un comptable de la direction générale des finances publiques.

Lorsque les fonds du centre proviennent d'excédents d'exercices antérieurs, de libéralités, du produit de l'aliénation d'un élément du patrimoine ou d'annuités d'amortissement momentanément inutilisés, ils peuvent être placés en valeurs du Trésor ou en valeurs garanties par l'État.

Ces placements font l'objet de prévisions ou d'autorisations budgétaires.

Toutefois, les placements en valeurs du Trésor à court terme peuvent être autorisés par décision de l'ordonnateur visée par le directeur régional des finances publiques territorialement compétent.

Art. R. 114-37 A la fin de chaque exercice, l'agent comptable en fonction prépare le compte financier du centre pour l'exercice écoulé.

Le compte financier comprend :

a) La balance définitive des comptes ;

b) Le développement, par compte, des dépenses et des recettes ;

c) Le tableau récapitulatif de l'exécution du budget ;

d) Les documents de synthèse comptable ;

e) La balance des comptes des valeurs inactives.

Le compte financier est visé par l'ordonnateur qui certifie que le montant des ordres de dépenses et des ordres de recettes est conforme à ses écritures.

Avant l'expiration du quatrième mois suivant la clôture de l'exercice, le conseil d'administration arrête le compte financier après avoir entendu l'agent comptable.

Le compte financier, accompagné éventuellement des observations du conseil d'administration et de celles de l'agent comptable, est transmis par le directeur du centre à la région et au directeur régional en charge de la jeunesse et des sports dans les trente jours suivant son adoption. Le compte financier est également transmis dans les mêmes délais au ministre chargé des sports pour information.

Avant l'expiration du sixième mois suivant la clôture de l'exercice, l'agent comptable adresse le compte financier et les pièces annexes nécessaires à la chambre régionale des comptes territorialement compétente.

Art. R. 114-38 Le contrôle de la gestion des agents comptables est assuré par le directeur départemental ou, le cas échéant, régional des finances publiques territorialement compétent.

Les agents comptables sont, en outre, soumis aux vérifications de l'inspection générale des finances et éventuellement des corps de contrôle compétents.

Art. R. 114-39 Des régies d'avances et des régies de recettes peuvent être créées auprès des centres. Les régisseurs sont nommés par décision du directeur après agrément de l'agent comptable. Les fonctions de régisseurs d'avances et de régisseurs de recettes peuvent être confiées à un même agent. Les régisseurs sont soumis au contrôle de l'agent comptable.

Art. R. 114-40 Le ministre chargé du budget, le ministre de l'intérieur et le ministre chargé des sports fixent conjointement :

a) Le plan comptable des centres après avis de l'autorité chargée des normes comptables ;

b) La présentation du budget et des états annexes ;

c) La liste et la présentation des livres, registres et documents à tenir par le directeur, par l'agent comptable et le ou les comptables matière ;

d) La présentation du compte financier.

Art. R. 114-41 Dans chaque centre est mis en place un dispositif de contrôle interne budgétaire et de contrôle interne comptable.

SECTION IV **CONCESSIONS DE LOGEMENT ACCORDÉES AUX AGENTS DE L'ÉTAT**

Art. R. 114-42 Dans les immeubles des centres dont la région a la charge en application des articles L. 114-5 et L. 114-7 du présent code, des concessions de logement sont attribuées par la région aux personnels de l'État dans les conditions fixées par la présente section.

Art. R. 114-43 Les concessions de logement sont attribuées par nécessité absolue de service ou par convention d'occupation précaire avec astreinte, selon les conditions fixées au premier alinéa de l'article R. 2124-65 et aux premier et deuxième alinéas de l'article R. 2124-68 du code général de la propriété des personnes publiques et par la présente section.

Art. R. 114-44 Selon les critères fixés à l'article R. 2124-65 du code général de la propriété des personnes publiques, sont logés par nécessité absolue de service les personnels de l'État appartenant aux catégories suivantes :

a) Agents de direction, de gestion, personnels techniques et pédagogiques, personnels médicaux et paramédicaux, dans les conditions définies à l'article R. 114-45 ;

b) Personnels techniciens, ouvriers et de service, dans les conditions définies à l'article R. 114-46.

Art. R. 114-45 Le nombre des agents mentionnés au *a* de l'article R. 114-44 et logés par nécessité absolue de service est déterminé, selon l'importance et la spécificité des centres et les fonctions exercées par les agents, conformément aux dispositions fixées par un arrêté du ministre chargé des sports après avis du président de la région concernée.

Art. R. 114-46 Le nombre des agents mentionnés au *b* de l'article R. 114-44 et logés par nécessité absolue de service est déterminé, selon l'importance et la spécificité des centres et les fonctions exercées par les agents, conformément aux dispositions de l'arrêté mentionné à l'article R. 114-45.

Art. R. 114-47 Selon les critères fixés à l'article R. 2124-68 du code général de la propriété des personnes publiques, peuvent être logés par convention d'occupation précaire avec astreinte, dans la limite des logements disponibles après application des articles R. 114-44, R. 114-45 et R. 114-46 du présent code, les agents occupant les emplois dont la liste est proposée par le conseil d'administration du centre sur rapport du directeur dans les conditions fixées à l'article R. 114-52.

Art. R. 114-48 Lorsque tous les besoins résultant des considérations de service ont été satisfaits, le conseil d'administration du centre, sur le rapport du directeur, émet des propositions sur l'attribution des logements demeurés vacants. La région de rattachement peut accorder à des agents de l'État, en raison de leurs fonctions, des conventions d'occupation précaire sans astreinte de ces logements moyennant un loyer qu'elle détermine.

Art. R. 114-49 Seules les concessions de logement accordées par nécessité absolue de service comportent la gratuité du logement nu.

Les charges liées à la fourniture des fluides et autres prestations accessoires sont soit supportées directement par l'agent, soit remboursées à l'organisme qui en a fait l'avance.

Les conventions d'occupation précaire avec ou sans astreinte ne comportent aucune prestation accessoire gratuite.

Art. R. 114-50 La région de rattachement fixe chaque année le taux d'actualisation de la valeur des prestations accessoires mentionnées à l'article R. 114-49 pour chacune des catégories d'agents mentionnés à l'article R. 114-44.

Art. R. 114-51 En cas de convention d'occupation précaire avec astreinte, la redevance prévue à l'article R. 2124-68 du code général de la propriété des personnes publiques est déterminée, modifiée ou révisée par la région de rattachement du centre.

Art. R. 114-52 Sur le rapport du directeur du centre, le conseil d'administration propose à la région les emplois dont les titulaires bénéficient d'une concession de logement par nécessité absolue de service ou par convention d'occupation précaire avec ou sans astreinte, la situation et la consistance des locaux concédés ainsi que les conditions financières de chaque concession.

Art. R. 114-53 Avant de transmettre les propositions du conseil d'administration mentionnées à l'article R. 114-52, le directeur recueille l'avis du directeur départemental des finances publiques sur leur nature et leurs conditions financières. Il soumet ensuite ces propositions, assorties de l'avis du directeur départemental des finances publiques, à la région et en informe le ministre chargé des sports.

La région délibère sur ces propositions. Le président du conseil régional accorde, par arrêté, les concessions de logement par nécessité absolue de service ou par convention d'occupation précaire avec astreinte telles qu'elles ont été fixées par la délibération de la région. Il signe également les conventions d'occupation précaire sans astreinte.

Toute modification dans la nature ou la consistance d'une concession fait l'objet d'un arrêté pris dans les mêmes conditions.

Art. R. 114-54 La durée des concessions de logement est limitée à celle de l'exercice des fonctions au titre desquelles les bénéficiaires les ont obtenues.

Art. R. 114-55 La concession de logement par nécessité absolue de service ou la convention d'occupation précaire avec ou sans astreinte prend fin en cas d'aliénation, de nouvelle affectation ou de désaffectation du logement. L'occupant du logement en est informé au moins trois mois à l'avance.

La concession de logement par nécessité absolue de service ou la convention d'occupation précaire avec ou sans astreinte prend également fin si le bénéficiaire ne s'acquitte pas de ses obligations financières ou, sur proposition du ministre chargé des sports, lorsque le bénéficiaire ne jouit pas des locaux paisiblement et raisonnablement.

Lorsque la concession ou la convention d'occupation vient à expiration pour quelque cause que ce soit, le bénéficiaire doit quitter les lieux dans le délai qui lui est imparti conjointement par le ministre chargé des sports et la région, sous peine d'être astreint à payer une redevance fixée et majorée dans les conditions définies par l'article R. 2124-74 du code général de la propriété des personnes publiques. Il est susceptible de faire l'objet d'une mesure d'expulsion.

Art. R. 114-56 Tout centre créé depuis le 1er mars 2016 doit comporter des concessions de logement déterminées conformément aux dispositions de la présente section.

SECTION V INSTANCES RELATIVES AU DIALOGUE SOCIAL ET AUX CONDITIONS DE TRAVAIL ET CONDITIONS D'EXERCICE DU DROIT SYNDICAL

SOUS-SECTION 1 LE COMITÉ TECHNIQUE D'ÉTABLISSEMENT ET LES AUTRES INSTANCES RELATIVES AU DIALOGUE SOCIAL

Art. R. 114-57 Les dispositions du décret n° 2011-184 du 15 février 2011 relatif aux comités techniques dans les administrations et les établissements publics de l'État sont applicables aux centres de ressources, d'expertise et de performance sportive, sous réserve des dispositions de la présente sous-section.

Art. R. 114-58 Par délibération du conseil d'administration, il est créé au sein de chaque centre de ressources, d'expertise et de performance sportive un comité technique d'établissement placé auprès du directeur du centre.

Art. R. 114-59 Le comité technique comprend le directeur, un représentant de la région désigné par le président du conseil régional, le responsable ayant autorité en matière de gestion des ressources humaines et des représentants du personnel.

Les représentants du personnel sont élus dans les conditions prévues aux deuxième et troisième alinéas de l'article 13 du décret du 15 février 2011 précité.

Le nombre de représentants du personnel ainsi que, le cas échéant, le choix du scrutin de liste ou de sigle en application du troisième alinéa de l'article 13 du décret du 15 février 2011 précité sont fixés par la décision de création du comité technique après avis du comité technique mentionné au V de l'article 28 de la loi n° 2015-991 du 7 août 2015 portant nouvelle organisation territoriale de la République.

Le nombre de représentants du personnel titulaires ne peut être inférieur à trois, auquel s'ajoute un nombre égal de suppléants.

Art. R. 114-60 Le comité technique d'établissement est présidé par le directeur du centre. Il peut être coprésidé par le représentant de la région.

En cas d'empêchement du directeur du centre, celui-ci désigne son représentant parmi les fonctionnaires du centre exerçant auprès de lui des fonctions de responsabilité. Il en est fait mention au procès-verbal de la réunion.

Art. R. 114-61 Sont électeurs pour la désignation des représentants du personnel au sein du comité technique l'ensemble des fonctionnaires titulaires et stagiaires et des agents contractuels de droit public et de droit privé exerçant leurs fonctions dans le périmètre du centre pour lequel il est institué.

Art. R. 114-62 Pour chaque comité dont la composition est établie selon un scrutin de sigle en application de l'article 13 du décret du 15 février 2011 précité, une décision du directeur du centre fixe la liste des organisations syndicales habilitées à désigner des représentants ainsi que le nombre de sièges auxquels elles ont droit et impartit un délai pour la désignation des représentants qui ne peut être inférieur à quinze jours et supérieur à trente jours.

Art. R. 114-63 Le comité technique est consulté sur les questions et décisions relatives :

1° A l'organisation et au fonctionnement du centre ;

2° A la gestion prévisionnelle des effectifs, des emplois et des compétences ;

3° Aux évolutions technologiques et de méthodes de travail du centre et à leur incidence sur les personnels ;

4° Aux grandes orientations en matière de politique indemnitaire et des critères de répartition correspondants applicables aux agents rémunérés sur le budget du centre ;

5° A la formation et au développement des compétences et qualifications professionnelles des agents rémunérés sur le budget du centre ;

6° A l'insertion professionnelle ;

7° A l'égalité professionnelle, à la parité et à la lutte contre toutes les discriminations ;

8° A l'hygiène, à la sécurité et aux conditions de travail, en l'absence de comité d'hygiène, de sécurité et des conditions de travail mentionné à la sous-section 3 de la présente section.

Le comité technique bénéficie du concours du comité d'hygiène, de sécurité et des conditions de travail, mentionné à la sous-section 3 de la présente section, dans les matières relevant de sa compétence. Il peut le saisir de toute question. Il examine en outre les questions dont il est saisi par ce comité.

Les incidences sur la gestion des emplois des principales décisions à caractère budgétaire font l'objet d'une information du comité technique.

Le comité technique reçoit communication et débat du bilan social du centre auprès duquel il a été créé. Ce bilan est établi annuellement. Il indique les moyens, notamment budgétaires et en personnel, dont dispose ce centre et comprend toute information utile aux compétences du comité technique.

Art. R. 114-64 Les agents contractuels des centres de ressources, d'expertise et de performance sportive, exerçant des missions qui sont de la compétence de l'État, en application des articles L. 114-2 et L. 114-4, relèvent des commissions consultatives paritaires créées dans les conditions prévues par l'article 1-2 du décret n° 86-83 du 17 janvier 1986 relatif aux dispositions générales applicables aux agents non titulaires de l'État pris pour l'application de l'article 7 de la loi n° 84-16 du 11 janvier 1984 portant dispositions statutaires relatives à la fonction publique de l'État.

Les agents contractuels des centres de ressources, d'expertise et de performance sportive, exerçant des missions qui sont de la compétence de la région, en application des articles L. 114-3 et L. 114-5, relèvent des commissions consultatives paritaires créées dans les conditions prévues par l'article 136 de la loi n° 84-53 du 26 janvier 1984 portant dispositions statutaires relatives à la fonction publique territoriale.

SOUS-SECTION 2 CONDITIONS D'EXERCICE DU DROIT SYNDICAL DANS LES CENTRES DE RESSOURCES, D'EXPERTISE ET DE PERFORMANCE SPORTIVE

Art. R. 114-65 Les dispositions du décret n° 82-447 du 28 mai 1982 relatif à l'exercice du droit syndical dans la fonction publique sont applicables aux agents relevant de la fonction publique de l'État représentés au comité technique ministériel placé auprès des ministres chargés de la jeunesse et des sports, sous réserve des dispositions de la présente sous-section.

Les dispositions du décret n° 85-397 du 3 avril 1985 relatif à l'exercice du droit syndical dans la fonction publique territoriale sont applicables aux agents relevant de la fonction publique territoriale représentés au comité technique de la région, sous réserve des dispositions de la présente sous-section.

Art. R. 114-66 Sont considérées comme représentatives au sens des articles 3, 3-1 et 5 du décret du 28 mai 1982 précité, d'une part*[,]* les organisations syndicales disposant d'au moins un siège au sein du comité technique du centre de ressources, d'expertise et de performance sportive concerné, d'autre part les organisations syndicales disposant d'au moins un siège au sein du comité technique ministériel placé auprès des ministres chargés de la jeunesse et des sports.

Sont considérées comme représentatives au sens des articles 3, 4-1 et 6 du décret du 3 avril 1985 précité, d'une part*[,]* les organisations syndicales disposant d'au moins un siège au sein du comité technique du centre concerné, d'autre part les organisations syndicales disposant d'au moins un siège au Conseil supérieur de la fonction publique territoriale.

L'ensemble des syndicats affiliés à une même union se voient*[voit]* attribuer un même local.

Art. R. 114-67 Les contingents d'autorisations d'absence et de décharges d'activité de service mentionnés aux 1° et 2° de l'article 12 du décret du 3 avril 1985 précité sont calculés pour chaque organisation syndicale représentative du comité technique de la région concernée.

SOUS-SECTION 3 LE COMITÉ D'HYGIÈNE, DE SÉCURITÉ ET DES CONDITIONS DE TRAVAIL

Art. R. 114-68 Les dispositions du décret n° 82-453 du 28 mai 1982 relatif à l'hygiène et à la sécurité du travail ainsi qu'à la prévention médicale dans la fonction publique sont applicables aux centres de ressources, d'expertise et de performance sportive, sous réserve des dispositions de la présente sous-section.

Art. R. 114-69 Par délibération du conseil d'administration, il est créé au sein de chaque centre de ressources, d'expertise et de performance sportive un comité d'hygiène, de sécurité et des conditions de travail placé auprès du directeur du centre.

Art. R. 114-70 Le comité d'hygiène, de sécurité et des conditions de travail comprend*[,]* outre le directeur, un représentant de la région désigné par le président du conseil régional, le responsable ayant autorité en matière de gestion des ressources humaines et des représentants du personnel.

Le nombre de représentants du personnel est fixé par la décision de création du comité après avis du comité technique de l'établissement. Ces représentants titulaires ont un nombre égal de suppléants.

En outre, lors de chaque réunion du comité, le directeur est assisté en tant que de besoin par le ou les représentants du centre exerçant des fonctions de responsabilité et concernés par les questions ou projets de textes soumis à l'avis du comité.

Le médecin de prévention au sens du décret du 28 mai 1982 précité et le médecin de prévention au sens du décret n° 85-603 du 10 juin 1985 relatif à l'hygiène et à la sécurité du travail ainsi qu'à la médecine professionnelle et préventive dans la fonction publique territoriale sont informés des réunions du comité, de leur ordre du jour, et peuvent y assister. Ce dernier peut, après information préalable du directeur du centre par la région, accéder au centre pour toutes questions d'ordre médical ou liées aux conditions de travail concernant les agents de la région.

L'inspecteur santé et sécurité au travail au sens du décret du 28 mai 1982 précité et l'agent chargé des fonctions d'inspection dans le domaine de la santé et de la sécurité au sens du décret du 10 juin 1985 précité sont informés des réunions du comité, de leur ordre du jour, et peuvent y assister. Ce dernier peut, après information préalable du directeur du centre par la région, visiter les locaux dudit centre.

L'assistant ou le conseiller de prévention désigné par le directeur du centre peut également assister aux réunions du comité.

La durée du mandat des représentants du personnel est fixée à quatre ans. Elle peut être réduite ou prorogée afin de tenir compte de la date du renouvellement général des instances dans la fonction publique.

Art. R. 114-71 La liste des organisations syndicales habilitées à désigner des représentants ainsi que le nombre de sièges auxquels elles ont droit sont arrêtés, proportionnellement au nombre de voix obtenues lors de l'élection ou de la désignation des représentants du personnel au sein du comité technique, par décision du directeur.

Cette décision impartit un délai pour la désignation des représentants du personnel.

Art. R. 114-72 La désignation par le directeur du centre, chef de service au sens du décret du 28 mai 1982 précité, d'un assistant de prévention et, le cas échéant, d'un conseiller de prévention parmi les personnels du centre relevant des services de la région est soumise à l'avis conforme du président du conseil régional.

Art. R. 114-73 Le comité d'hygiène, de sécurité et des conditions de travail exerce les missions et attributions prévues par le décret du 28 mai 1982 précité à l'égard de l'ensemble du personnel du centre de ressources, d'expertise et de performance sportive placé sous l'autorité de son directeur en application du I de l'article L. 114-16 du présent code.

Art. R. 114-74 Le comité est coprésidé par le directeur du centre et le représentant du conseil régional.

En cas d'empêchement du directeur, celui-ci désigne son représentant parmi les fonctionnaires du centre exerçant auprès de lui des fonctions de responsabilité. Il en est fait mention au procès-verbal de la réunion.

Un agent chargé, par les autorités auprès desquelles le comité est placé, du secrétariat administratif assiste aux réunions.

Le secrétaire du comité d'hygiène, de sécurité et des conditions de travail est désigné par les représentants du personnel en leur sein. Lors de la désignation du secrétaire, est également fixée la durée de son mandat. Le règlement intérieur détermine les modalités de sa désignation. Il est consulté préalablement à l'élaboration de l'ordre du jour.

Après chaque réunion, il est établi un procès-verbal comprenant le compte rendu des débats et le détail des votes. Ce document est signé par les présidents et par le secrétaire, puis transmis dans le délai d'un mois aux membres du comité. Ce procès-verbal est soumis à l'approbation du comité lors de la séance suivante.

Art. R. 114-75 Les agents chargés des fonctions d'inspection en matière de santé et de sécurité du travail dans les centres sont des inspecteurs rattachés à l'inspection générale du ministre chargé des sports, exerçant leurs missions dans les conditions prévues à l'article 5-1 du décret du 28 mai 1982 précité.

Toutefois, le conseil d'administration peut proposer au président du conseil régional de désigner des agents chargés d'assurer, seuls ou conjointement avec les services de l'État, une mission d'inspection dans les conditions prévues à l'article 5 du décret n° 85-603 du 10 juin 1985 relatif à l'hygiène et à la sécurité du travail ainsi qu'à la médecine professionnelle et préventive dans la fonction publique territoriale.

Le directeur soumet la délibération du conseil d'administration au président du conseil régional et en informe le ministre chargé des sports.

TITRE DEUXIÈME ASSOCIATIONS ET SOCIÉTÉS SPORTIVES

CHAPITRE PREMIER ASSOCIATIONS SPORTIVES

Art. R. 121-1 *(Décr. n° 2016-387 du 29 mars 2016, art. 1er)* « Sauf lorsqu'il résulte de l'affiliation à une fédération sportive agréée par l'État, » l'agrément prévu à l'article L. 121-4 est délivré par le préfet du département dans lequel l'association sportive a son siège.

L'arrêté préfectoral portant agrément est publié au recueil des actes administratifs de la préfecture. – *[Décr. n° 2002-488 du 9 avr. 2002, art. 1er et 5.]*

V. aussi, Instr. n° 02-140 JS du 26 août 2002 relative à l'agrément des groupements sportifs (BOJS n° 17 du 15 sept.) ; Instr. n° 88-70 du 16 mars 1988 relative à l'harmonisation des procédures d'octroi et de retrait des agréments aux associations aéronautiques (BOJS n° 7 du 20 avr.).

COMMENTAIRE

L'agrément dont il s'agit ici est celui des associations sportives visées à l'article L. 121-1 du code du sport, c'est-à-dire les associations sportives locales. L'agrément des fédérations sportives, bien qu'étant constituées également sous forme associative, relève d'une autre procédure et d'autres règles, issues des articles L. 131-8 et suivants du code du sport.

De même, les structures déconcentrées des fédérations sportives (comités départementaux et régionaux notamment) ne sont pas soumises à cette procédure. Elles bénéficient par ricochet de l'agrément de la fédération et n'ont donc pas à en solliciter un pour leur propre compte.

Depuis l'intervention de l'ordonnance n° 2015-904 du 23 juillet 2015 ayant notamment modifié l'article L. 121-4 du code du sport, les associations sportives affiliées à une fédération elle-même agréée sont agréées de ce simple fait. Dans l'attente d'une mise en cohérence de la partie réglementaire du code du sport avec cette nouvelle rédaction de l'article L. 121-4, il faut sans doute considérer que les fédérations sportives doivent vérifier, lorsqu'elles affilient une association sportive, que celle-ci remplit bien les conditions d'agrément posées par le code du sport. ❑

Art. R. 121-2 Pour obtenir l'agrément, une association sportive qui a pour objet la pratique d'une ou plusieurs activités physiques ou sportives doit être affiliée à une fédération sportive agréée.

Une association qui concourt au développement ou à la promotion du sport et des activités sportives sans que la pratique sportive elle-même figure dans son objet peut obtenir l'agrément sans condition d'affiliation. – *[Décr. n° 2002-488 du 9 avr. 2002, art. 3 ; Instr. n° 02-140 JS du 26 août 2002.]*

Art. R. 121-3 Les associations mentionnées à l'article R. 121-2 ne peuvent obtenir l'agrément que si leurs statuts comportent les dispositions suivantes :

1° Des dispositions relatives au fonctionnement démocratique de l'association.

Les statuts prévoient :

***a)* La participation de chaque adhérent à l'assemblée générale ;**

***b)* La désignation du conseil d'administration par l'assemblée générale au scrutin secret et pour une durée limitée ;**

***c)* Un nombre minimum, par an, de réunions de l'assemblée générale et du conseil d'administration ;**

***d)* Les conditions de convocation de l'assemblée générale et du conseil d'administration à l'initiative d'un certain nombre de leurs membres ;**

2° Des dispositions relatives à la transparence de la gestion.

Les statuts prévoient également :

***a)* Qu'il est tenu une comptabilité complète de toutes les recettes et de toutes les dépenses ;**

***b)* Que le budget annuel est adopté par le conseil d'administration avant le début de l'exercice ;**

***c)* Que les comptes sont soumis à l'assemblée générale dans un délai inférieur à six mois à compter de la clôture de l'exercice ;**

***d)* Que tout contrat ou convention passé entre l'association, d'une part, et un administrateur, son conjoint ou un proche, d'autre part, est soumis pour autorisation au conseil d'administration et présenté pour information à la plus prochaine assemblée générale ;**

3° Des dispositions relatives à l'égal accès des femmes et des hommes à ses instances dirigeantes. Les statuts prévoient que la composition du conseil d'administration doit refléter la composition de l'assemblée générale.

Les statuts comprennent, en outre, des dispositions destinées à garantir les droits de la défense en cas de procédure disciplinaire et prévoir l'absence de toute discrimination dans l'organisation et la vie de l'association. – *[Décr. n° 2002-488 du 9 avr. 2002, art. 2.]*

COMMENTAIRE

Les statuts de l'association doivent contenir des dispositions prévoyant la participation de chaque adhérent à l'assemblée générale. Se pose ici la question de la participation des adhérents mineurs. Dans la mesure où il est irréaliste de prévoir que tous les mineurs puissent participer effectivement à l'assemblée générale et y voter, il serait prudent de prévoir, dans les statuts des associations, des dispositions qui règlent cette question en accordant le droit de vote à l'ensemble des adhérents âgés au minimum, par exemple, de 16 ou 18 ans, et en prévoyant la participation des représentants légaux pour les autres. En revanche, le texte n'interdit pas de prévoir dans les statuts des modalités de vote particulières (pondération des voix, répartition par collège, etc.), sauf, naturellement, à ce que ces modalités particulières dénaturent l'esprit du texte.

Les statuts doivent prévoir la désignation du conseil d'administration par l'assemblée générale au scrutin secret et pour une durée limitée. Rien n'étant imposé sur ce point, la « durée limitée » en question doit être raisonnable (entre un et quatre ans étant donné le cycle naturel que constitue l'olympiade dans le domaine sportif).

Les statuts doivent prévoir les conditions de convocation de l'assemblée générale et du conseil d'administration à l'initiative d'un certain nombre de leurs membres. Ici encore, la liberté subsiste dans ce cadre. Il convient cependant de prévoir des modalités « praticables » telles que, par exemple, un quart (ou un tiers) des membres représentant un quart (ou un tiers) des voix. En tout état de cause, il importe de trouver un juste milieu entre la possibilité pour la minorité de demander une réunion et le fait d'éviter des convocations à répétition.

En matière de transparence financière, les obligations ne sont pas insurmontables. On relèvera simplement l'obligation de soumettre pour autorisation au conseil d'administration, et pour information à la plus prochaine assemblée générale, tout contrat ou convention passé entre l'association, d'une part, et un administrateur, son conjoint ou un proche, d'autre part. Ce mécanisme, inspiré de celui des conventions réglementées en droit des sociétés, est à combiner le cas échéant avec les dispositions de l'article L. 612-5 du code de commerce (V. App., v° *Associations*).

Les statuts de l'association doivent prévoir que la composition du conseil d'administration doit refléter la composition de l'assemblée générale. Cette disposition s'inscrit, dans le texte, au sein d'un paragraphe traitant de l'égal accès des femmes et des hommes aux instances dirigeantes et découle de la rédaction même de l'article L. 121-4 du code du sport. Toute la question est donc de savoir si elle implique un alignement « mécanique » de la proportion observée à l'assemblée générale dans le conseil d'administration. La notion de « reflet » est tout sauf juridique. Elle est avant tout politique. De plus, l'obligation prévue par le texte concerne les statuts et non la composition effective des instances dirigeantes. Il est donc bien délicat de préjuger de l'attitude du juge en cas de contentieux sur ce point.

Les statuts doivent enfin comprendre des dispositions destinées à garantir les droits de la défense en cas de procédure disciplinaire. Il n'est ici nul besoin de reproduire la procédure très formaliste qui s'impose aux fédérations sportives. Le simple respect de droits – qui de toute façon s'appliquent même sans texte – tels que la possibilité d'être entendu, de pouvoir se faire assister par la personne de son choix et de disposer d'un certain délai pour préparer sa défense suffisent amplement. Il n'est ainsi, par exemple, pas obligatoire de prévoir une possibilité de faire appel. ❑

Art. R. 121-4 **La demande d'agrément est accompagnée des pièces suivantes :**

1° Un exemplaire des statuts et du règlement intérieur ;

2° Les procès-verbaux des trois dernières assemblées générales ;

3° Les bilans et comptes d'exploitation des trois derniers exercices.

Lorsque l'association qui sollicite l'agrément est constituée depuis moins de trois années, les documents mentionnés aux 2° et 3° ci-dessus sont produits pour la période correspondant à sa durée d'existence. – *[Décr. n° 2002-488 du 9 avr. 2002, art. 4.]*

Art. R. 121-5 **L'agrément accordé à une association sportive** *(Décr. n° 2016-387 du 29 mars 2016, art. 2-1°)* **« ou résultant de son affiliation à une fédération sportive agréée par l'État en application de l'article L. 131-8 » peut être retiré par le préfet du département de son siège en cas de :**

1° *(Décr. n° 2016-387 du 29 mars 2016, art. 2-2°)* « Non-conformité des statuts avec les » conditions posées par l'article R. 121-3 ;

2° Violation grave, par l'association, de ses statuts ;

3° Atteinte à l'ordre public ou à la moralité publique ;

4° Méconnaissance des règles d'hygiène ou de sécurité ;

5° Méconnaissance des dispositions des articles L. 212-1 et L. 212-2 exigeant la qualification des personnes qui enseignent, animent, entraînent ou encadrent une activité physique ou sportive.

L'association sportive bénéficiaire de l'agrément est préalablement informée des motifs pour lesquels le retrait est envisagé et mise à même de présenter des observations écrites ou orales. – *[Décr. n° 2002-488 du 9 avr. 2002, art. 6.]*

Art. R. 121-6 L'arrêté préfectoral portant retrait de l'agrément est motivé. Il est publié au recueil des actes administratifs de la préfecture du département du siège et, lorsqu'il est différent, au recueil des actes administratifs de la préfecture du département dans lequel avait été publié l'arrêté d'agrément. – *[Décr. n° 2002-488 du 9 avr. 2002, art. 7.]*

CHAPITRE II **SOCIÉTÉS SPORTIVES**

SECTION PREMIÈRE **DISPOSITIONS GÉNÉRALES**

Art. R. 122-1 Les montants des recettes ou des rémunérations au-delà desquels une association sportive est tenue, en vertu de l'article L. 122-1, de constituer une société commerciale sont fixés respectivement à 1 200 000 euros et 800 000 euros.

Sont prises en compte, pour déterminer si ces montants sont atteints, les moyennes des recettes perçues et des rémunérations versées au cours des trois derniers exercices connus, telles que ces recettes et ces rémunérations résultent des documents comptables de l'association sportive. – *[Décr. n° 86-407 du 11 mars 1986, art. 1er.]*

Art. R. 122-2 Les recettes mentionnées à l'article R. 122-1 comprennent le montant hors taxes de l'ensemble des produits des manifestations payantes organisées par l'association, et notamment :

1° Le montant des entrées payées, sous quelque forme que ce soit, pour avoir accès à ces manifestations ;

2° Le montant des recettes publicitaires de toute nature ;

3° Le produit des droits d'exploitation audiovisuelle versés à l'association, y compris celui des droits de reproduction. – *[Décr. n° 86-407 du 11 mars 1986, art. 2.]*

Art. R. 122-3 Le montant des rémunérations mentionné à l'article R. 122-1 est constitué par l'ensemble des salaires, primes, vacations, avantages en espèces ou en nature, habituels ou exceptionnels, reçus par les sportifs employés par l'association ; il ne comprend pas les charges fiscales et sociales afférentes à ces rémunérations. – *[Décr. n° 86-407 du 11 mars 1986, art. 3.]*

Art. R. 122-4 Les statuts types applicables aux différentes formes de société sportive mentionnées à l'article L. 122-2 figurent aux annexes I-1 à I-3. – *[Décr. n° 86-409 du 11 mars 1986, art. 1er ; Décr. n° 2001-148 du 16 févr. 2001, art. 1er ; Décr. n° 2001-149 du 16 févr. 2001, art. 1er.]*

ANNEXE I-1
(Art. R. 122-4)

STATUTS TYPES DES SOCIÉTÉS ANONYMES SPORTIVES PROFESSIONNELLES

COMMENTAIRE

Les statuts types des sociétés anonymes sportives professionnelles (SASP), issus du décret n° 2001-149 du 16 février 2001, n'ont pas été codifiés au code du sport, dans l'attente de leur mise à jour au regard des dispositions de l'article 68 de la loi n° 2006-1770 du 30 décembre 2006 pour le développement de la participation et de l'actionnariat salarié (*JO 31 déc. ; Rect. 20 janv. 2007*). Les statuts types des SASP ci-dessous reproduits restent donc applicables, sous réserve des points manifestement incompatibles avec les dispositions de ladite loi (V. Instr. n° 07-108 JS du 1er août 2007, *BOJS n° 15 du 15 août*).

Décret n° 2001-149 du 16 février 2001,

Relatif aux statuts types des sociétés anonymes sportives professionnelles.

Art. 1er Sont approuvés tels qu'ils sont annexés au présent décret les statuts types des sociétés anonymes sportives professionnelles.

Art. 2 Les dispositions du présent décret sont applicables à Mayotte.

ANNEXE

STATUTS TYPES DES SOCIÉTÉS ANONYMES SPORTIVES PROFESSIONNELLES

TITRE Ier FORME, DÉNOMINATION, OBJET, SIÈGE, DURÉE

Art. 1er Il est formé entre les titulaires d'actions, dont l'association sportive ...., ci-après créées et de celles qui pourront l'être ultérieurement une société anonyme régie par les présents statuts et par les lois et règlements relatifs aux sociétés anonymes et à l'organisation et la promotion des activités physiques et sportives.

Art. 2 La société a pour objet .... *[Préciser l'objet de la société : gestion et animation d'activités donnant lieu à l'organisation de manifestations payantes et à des versements de rémunérations, le sport pratiqué, le champ territorial de la société. Indiquer que la société peut mener toutes actions en relation avec son objet et généralement toutes opérations commerciales se rattachant directement à l'objet social (telles que la participation dans toutes sociétés ou groupements créés ou à créer, dont l'objet se rapporte à l'objet social, par voie d'apports ou autrement, dans le respect des lois et règlements)]*.

Art. 3 La dénomination sociale est .... ou, par abréviation, ...
Dans tous les actes et documents émanant de la société et destinés aux tiers, cette dénomination est précédée ou suivie de la mention « société anonyme » ou des initiales « SA » et de l'énonciation du montant du capital social.
La société doit indiquer en tête de ses factures, notes de commandes, tarifs et documents publicitaires, ainsi que sur toutes correspondances et récépissés concernant son activité et signés par elle ou en son nom, la mention « RCS » suivie du nom de la ville dans laquelle se trouve le greffe où elle est immatriculée et son numéro d'identification.

Art. 4 Le siège de la société est fixé à .... *[Adresse complète, département]*.
Il peut être transféré en tout autre lieu en France par décision du conseil d'administration (ou du conseil de surveillance), sous réserve de ratification de cette décision par la prochaine assemblée générale ordinaire.

Art. 5 La durée de la société est de .... années, à compter de la date de son immatriculation au registre du commerce et des sociétés, sauf prorogation ou dissolution anticipée par l'assemblée générale extraordinaire.

TITRE II APPORTS, CAPITAL SOCIAL, ACTIONS

Art. 6 Le capital social est fixé à ..... euros et divisé en ..... actions de ..... euros chacune.

Art. 7 Les actions sont toutes émises en la forme nominative. Il ne peut être fait appel publiquement à l'épargne.
Les apports en numéraire, s'élevant à .... euros, ont été effectués par .... personnes comparantes (ou : soussignées) ou représentées au présent acte, mentionnées sur la liste des actionnaires sur présentation de laquelle un notaire (ou : une banque, ou : la Caisse des dépôts et consignations) a établi le .... *[Date d'établissement du certificat de versement ; le dépôt doit être antérieur à la signature des statuts]* le certificat constatant le dépôt des sommes versées par chacune d'elles à hauteur d'.........*[Minimum : la moitié de la somme souscrite]* de la somme souscrite.
En rémunération de ces apports, il est créé .... actions de .... euros chacune, attribuées à chaque actionnaire à proportion de son apport.
M. .... apporte à la société, sous les garanties ordinaires et de droit, les biens ci-après désignés et évalués comme suit :
L'apport par M. .... de .... *[Description de l'apport en nature. Les mentions qui doivent être indiquées obligatoirement lors de la constitution de la société ou de l'augmentation du capital pourront être omises dans les statuts mis à jour, à condition que la société soit immatriculée au RCS ou que*

la mention modificative au RCS soit intervenue depuis plus de cinq ans] est évalué à .... euros et rémunéré par .... actions de .... euros chacune, intégralement libérées.

Origine de propriété. Déclarations diverses.

....

Les conditions et effets de cet apport sont les suivants :

.... (les énoncer ....)

L'évaluation de cet apport a été faite au vu d'un rapport déposé au futur siège social le .... *[Ce rapport doit être tenu à la disposition des actionnaires qui peuvent en prendre copie, trois jours au moins avant la date de la signature des statuts]*, établi par M. ...., commissaire aux apports, désigné le .... par ordonnance de M. le président du tribunal de .... sur requête de l'un des actionnaires comparants (soussignés).

Ce rapport est annexé aux présents statuts après mention.

Art. 8 Les actions de numéraire sont libérées dans les conditions prévues par l'article L. 225-3 du code de commerce.

A défaut de toute autre précision contenue dans la décision de l'organe compétent, les actions émises au cours de la vie sociale sont intégralement libérées à la souscription et la libération peut avoir lieu par compensation avec des créances liquides et exigibles sur la société.

Le souscripteur peut libérer ses actions par anticipation sans pouvoir prétendre à aucune rémunération quelconque.

Les actions sont négociables. Elles sont inscrites en comptes individuels et se transmettent par virement de compte à compte.

La société peut émettre des actions à dividende prioritaire sans droit de vote si les conditions légales sont réunies. L'assemblée générale extraordinaire des actionnaires statuant aux conditions requises en cas de réduction du capital en l'absence de pertes peut, à tout moment, décider ou autoriser leur rachat.

Les titulaires d'actions formant rompus à l'occasion d'opérations impliquant échange, regroupement, attribution ou souscription de titres font leur affaire personnelle du groupement et, éventuellement, des achats ou des ventes nécessaires de titres ou de droits.

Art. 9 Les cessions d'actions aux tiers sont soumises à l'agrément du conseil d'administration (ou du conseil de surveillance), statuant à la majorité des deux tiers.

L'apport d'actions effectué à l'occasion d'une fusion, d'une scission ou d'un apport partiel d'actif est assimilé à une cession entre vifs.

En cas de recours à l'expertise visée à l'article 1843-4 du code civil, les frais et honoraires d'expert sont supportés moitié par le cédant, moitié par le ou les cessionnaires, la répartition entre ceux-ci s'opérant au prorata des actions acquises.

Il est fait, pour le surplus, entière application des dispositions des articles L. 228-23 et suivants du code de commerce.

Il est interdit à toute personne privée, directement ou indirectement, d'être porteur de titres donnant accès au capital ou conférant un droit de vote dans plus d'une société constituée en application de l'article 11 de la loi n° 84-610 du 16 juillet 1984 et dont l'objet social porte sur une même discipline sportive. Toute cession effectuée en violation de ces dispositions est nulle.

Art. 10 Il est interdit à toute personne privée porteur de titres donnant accès au capital ou conférant un droit de vote dans une société constituée conformément aux dispositions de l'article 11 de la loi n° 84-610 du 16 juillet 1984 de consentir un prêt à une autre de ces sociétés, dès lors que son objet social porterait sur la même discipline, de se porter caution en sa faveur ou de lui fournir un cautionnement.

Art. 11 Chacune des actions émises par la société a droit à une même part des bénéfices, des réserves et, en fin de société, du boni de liquidation. Elle supporte de même les pertes sans toutefois qu'il puisse être effectué aucun nouvel appel de fonds. Elle a droit au même remboursement du capital qu'elle représente, sauf à tenir compte des pertes, s'il en existe.

En cas de création de catégories distinctes d'actions, ce qui précède vaut pour chacune des actions d'une même catégorie, les droits de chaque catégorie d'actions résultant des décisions adoptées par l'assemblée générale extraordinaire des actionnaires.

TITRE III ADMINISTRATION ET CONTRÔLE

Art. 12 La société anonyme sportive professionnelle est administrée .... *[Par un conseil d'administration (option A) ou par un directoire et un conseil de surveillance (option B)]*.

Art. 13 Sont nommées membres du conseil d'administration (ou : du conseil de surveillance) pour une durée de .... (maximum 3 ans), les personnes suivantes qui acceptent leurs fonctions, après avoir déclaré qu'elles remplissent toutes les conditions requises par la loi et les statuts pour les exercer, savoir :

M. ...., demeurant .... (nom, prénom, qualité, domicile) ;

M. ...., demeurant .... (nom, prénom, qualité, domicile) ;

La société .... (dénomination, siège social) qui aura comme représentant permanent M. ...., demeurant .... (nom, prénom, qualité, domicile).

Premiers commissaires aux comptes ;

Commissaire(s) titulaire(s) ;

M. .... (nom, prénom, qualité, domicile) ;

La société .... (dénomination, siège social) ;

Commissaire(s) suppléant(s) ;

M. .... (nom, prénom, qualité, domicile) ;

La société .... (dénomination, siège social).

Le (ou : chacun des) commissaire(s) désigné(s) déclare qu'il est régulièrement inscrit au tableau des commissaires aux comptes ; qu'à sa connaissance il ne se trouve dans aucun cas d'incompatibilité prévu par la loi et les règlements ; qu'en conséquence il accepte la mission confiée.

Option A. Société anonyme à conseil d'administration

Art. A 14 Le conseil d'administration est composé de .... membres.

Les administrateurs sont élus par l'assemblée générale. Leur responsabilité est engagée dans les conditions prévues par les dispositions du code de commerce.

Les administrateurs doivent justifier, pendant toute la durée de leur mandat, de la propriété d'au moins .... action(s) affectée(s).

Art. A 15 La limite d'âge des administrateurs est de .... ans *[La limite d'âge peut être fixée librement par les statuts. A défaut, le nombre des administrateurs ayant dépassé l'âge de soixante-dix ans ne peut être supérieur au tiers]* s'agissant des personnes physiques ou des représentants permanents des personnes morales.

L'administrateur atteint par la limite d'âge, à défaut de démission volontaire, est réputé démissionnaire à partir de la plus proche assemblée générale annuelle qui prend acte de la démission et nomme, le cas échéant, un nouvel administrateur.

La personne morale administrateur désigne sans délai le remplaçant du représentant permanent atteint par la limite d'âge.

Art. A 16 La durée du mandat des administrateurs est de .... ans.

Le conseil d'administration se renouvelle par .... *[Prévoir des modalités de renouvellement annuel telles que le renouvellement du conseil soit complet et aussi régulier que possible au cours d'une période égale à la durée du mandat. Les premiers renouvellements annuels se font après tirage au sort des sièges dont les titulaires seront à renouveler]* tous les ans.

L'administrateur élu par l'assemblée générale en remplacement d'un administrateur dont le siège est devenu vacant ne demeure en fonctions que pour la durée du mandat de son prédécesseur restant à courir.

Art. A 17 Le conseil d'administration élit, parmi ses membres, un président. Le président est élu pour la durée de son mandat d'administrateur.

La limite d'âge pour l'exercice des fonctions de président du conseil d'administration est fixée à .... *[La limite d'âge est fixée librement par les statuts. A défaut elle est de soixante-cinq ans]*.

Lorsqu'il atteint cette limite, le président reste en fonctions jusqu'à l'issue de la prochaine assemblée générale ordinaire annuelle des actionnaires.

Art. A 18 Le conseil d'administration se réunit sur la convocation de son président. La réunion se tient au siège social, à moins que la convocation ne mentionne un autre lieu de réunion.

L'ordre du jour est adressé à chaque administrateur cinq jours au moins avant la réunion.

Un administrateur peut donner pouvoir à un autre membre du conseil de le représenter à une séance de celui-ci.

Un administrateur ne peut détenir qu'un pouvoir.

Le conseil d'administration ne délibère valablement que si la moitié au moins des membres qui le composent sont présents.

Les délibérations sont prises à la majorité des voix des membres présents ou représentés. En cas de partage égal des voix, celle du président est prépondérante.

Le compte rendu des délibérations du conseil d'administration est obligatoirement communiqué à l'association sportive qui a créé la société.

Art. A 19 Le conseil d'administration est investi des pouvoirs les plus étendus pour agir en toutes circonstances au nom de la société et prendre toutes décisions relatives à tous actes d'administration et de disposition. Le conseil exerce ses pouvoirs dans la limite de l'objet social et sous réserve de ceux expressément attribués par la loi aux assemblées d'actionnaires.

Art. A 20 Le président du conseil d'administration assume, sous sa responsabilité, la direction générale de la société. Il représente la société dans ses rapports avec les tiers.

Sur proposition du président, le conseil d'administration peut désigner un ou plusieurs directeur(s) général(aux) choisi(s) parmi les administrateurs ou en dehors d'eux. En accord avec son président, le conseil détermine l'étendue et la durée des pouvoirs délégués au(x) directeur(s) général(aux).

Art. A 21 Les actes qui engagent la société et ceux qui sont autorisés par le conseil d'administration, les mandats, retraits de fonds, souscriptions, endos ou acquits d'effets de commerce, ainsi que les demandes d'ouverture de comptes bancaires *(Abrogé par Décr. nº 2006-1115 du 5 sept. 2006, art. 24)* *« ou de chèques postaux »*, sont signés par le président ou par le(s) directeur(s) général(aux) ou, à défaut, par les personnes ayant reçu un mandat spécial du président ou du directeur général s'il a reçu délégation à cet effet.

Art. A 22 Les conventions passées par la société avec l'une des personnes visées à l'article L. 225-38 du code de commerce sont soumises aux dispositions de cet article et des articles suivants du même code.

Option B. Société anonyme à directoire et conseil de surveillance

Art. B 14 Le nombre des membres du directoire est fixé à .... personnes.

Les membres du directoire sont des personnes physiques, actionnaires ou non-actionnaires de la société âgés de moins de .... *[La limite d'âge peut être fixée librement par les statuts. A défaut, elle est de soixante-cinq ans]*. Ils sont nommés pour une durée de .... *[Entre deux et six ans]* par le conseil de surveillance ; leur mandat est renouvelable. Ils peuvent être révoqués par l'assemblée générale sur proposition du conseil de surveillance.

Le conseil de surveillance désigne le président du directoire.

Toutefois si le capital est inférieur à 1 MF (et à 6 559 570 euros à compter du 1er janvier 2002), un directeur général unique peut être nommé en lieu et place du directoire. Le directeur général est une personne physique répondant à la condition de limite d'âge définie au deuxième alinéa. Il jouit des mêmes pouvoirs et attributions que le directoire et représente la société dans ses rapports avec les tiers.

Les membres du directoire ou le directeur général unique peuvent être choisis en dehors des actionnaires.

Le membre du directoire ou le directeur général unique, selon le cas, atteint par la limite d'âge est réputé démissionnaire à compter de la date de la plus proche réunion du conseil de surveillance, lequel pourvoit à son remplacement.

Art. B 15 Le directoire se réunit tous les .... et chaque fois que l'intérêt de la société l'exige. Il est convoqué par son président .... jours au moins avant la date prévue pour la réunion.

Les membres du directoire ne peuvent pas se faire représenter.

Le directoire ne délibère valablement que si la moitié au moins de ses membres est présente. Si cette condition n'est pas remplie, le directoire est convoqué à nouveau. Il peut alors délibérer sans condition de quorum. Ses décisions sont prises à la majorité des membres présents ou représentés. En cas de partage égal des voix, celle du président est prépondérante.

Art. B 16 Sous réserve des pouvoirs attribués par la loi aux assemblées d'actionnaires et au conseil de surveillance, le directoire est investi des pouvoirs les plus étendus pour agir au nom de la société dans les limites de l'objet social. Toutefois, les actes visés par l'article L. 225-68 du code de commerce font l'objet d'une autorisation du conseil de surveillance.

Art. B 17 Le directoire présente un rapport au conseil de surveillance au moins une fois par trimestre.

Dans les trois mois suivant la clôture de chaque exercice, le directoire arrête le bilan et les comptes de la société. Dans le même délai, il communique au conseil de surveillance le compte d'exploitation et le compte de résultat, y compris le bilan, avec leurs annexes.

Le directoire communique également au conseil de surveillance le rapport qu'il présente à l'assemblée générale appelée à statuer sur les comptes de l'exercice écoulé.

Les rapports du directoire sont obligatoirement communiqués à l'association sportive qui a créé la société.

Art. B 18 Le conseil de surveillance est composé de .... membres.

Chaque membre du conseil de surveillance doit être propriétaire de .... actions au moins pendant toute la durée de son mandat.

Les membres du conseil de surveillance personnes physiques ainsi que les représentants de personnes morales membres du conseil doivent être âgés de moins de .... *[La limite d'âge peut être fixée librement dans les statuts. A défaut, le nombre des membres du conseil ayant dépassé l'âge de soixante-dix ans ne peut être supérieur au tiers]*.

Le membre du conseil de surveillance ou le représentant permanent atteint par la limite d'âge est réputé démissionnaire à partir de la date de la plus proche assemblée générale ordinaire annuelle qui prend acte de cette démission et pourvoit à son remplacement.

Art. B 19 Les membres du conseil de surveillance sont élus pour quatre ans par l'assemblée générale.

Lorsque le siège d'un membre du conseil de surveillance élu par l'assemblée générale devient vacant avant l'expiration du mandat de la personne qui l'occupait, le conseil peut se compléter lui-même à titre provisoire jusqu'à la date de la prochaine assemblée générale.

Art. B 20 Le conseil de surveillance exerce un contrôle permanent sur la gestion du directoire.

Il peut, à tout époque de l'année, opérer les vérifications et contrôles qu'il juge opportuns et se faire communiquer toutes les pièces qu'il estime utiles à l'accomplissement de sa mission.

Le conseil de surveillance ne délibère valablement que si la moitié au moins de ses membres est présente.

Les décisions sont prises à la majorité des membres présents ou représentés. En cas de partage égal des voix, celle du président est prépondérante.

Art. B 21 Toutes les conventions entre la société et l'une des personnes visées à l'article L. 225-86 du code de commerce sont soumises aux dispositions de cet article et des articles suivants du même code.

Art. B 22 Le conseil de surveillance présente chaque année à l'assemblée générale ordinaire ses observations sur le rapport du directoire et sur les comptes de l'exercice.

Ces observations sont obligatoirement communiquées à l'association sportive qui a créé la société.

TITRE IV ASSEMBLÉES GÉNÉRALES

Art. 23 Les assemblées générales se composent de tous les actionnaires, quel que soit le nombre d'actions qu'ils possèdent.

Les personnes morales sont représentées à l'assemblée générale par un délégué ayant reçu pouvoir à cet effet.

Art. 24 L'assemblée générale est convoquée par .... *[Le conseil d'administration ou le directoire]*, par lettre recommandée adressée à chacun des actionnaires quinze jours au moins avant la date de la réunion.

La convocation est de droit lorsqu'elle est demandée par un ou plusieurs actionnaires réunissant au moins le dixième du capital. S'il n'est pas déféré à cette demande, les intéressés peuvent demander au président du tribunal de commerce statuant en référé de désigner un mandataire chargé de la convocation.

Art. 25 L'assemblée générale est présidée par .... *[Le président du conseil d'administration ou le président du conseil de surveillance]*.

En cas d'absence ou d'empêchement du président, elle est présidée par un .... *[Un administrateur ou un membre du conseil de surveillance]* préalablement désigné.

En cas d'absence ou d'empêchement de ce dernier, l'assemblée générale élit elle-même son président parmi les .... *[Administrateurs ou membres du conseil de surveillance]*.

Art. 26 L'assemblée générale ordinaire ne délibère valablement que si les actionnaires présents ou représentés possèdent au moins le quart des actions ayant droit de vote.

Si cette condition n'est pas remplie, l'assemblée est convoquée à nouveau ; elle peut alors délibérer sans condition de quorum.

L'assemblée générale ordinaire statue à la majorité des voix dont disposent les actionnaires présents ou représentés.

Art. 27 L'assemblée générale extraordinaire ne délibère valablement que si les actionnaires présents ou représentés possèdent au moins le tiers des actions ayant droit de vote. Sur deuxième et troisième convocation en cas de prorogation de la seconde assemblée, l'assemblée générale extraordinaire ne délibère valablement que si les actionnaires présents ou représentés possèdent au moins le quart des actions ayant droit de vote.

L'assemblée générale extraordinaire statue à la majorité des deux tiers des voix dont disposent les actionnaires présents ou représentés.

TITRE V DISPOSITIONS FINANCIÈRES

Art. 28 L'exercice social a une durée de douze mois et s'étend du .... au ....
Le premier exercice prendra fin ....

Art. 29 A la clôture de chaque exercice, le conseil d'administration (ou le directoire) dresse l'inventaire et les comptes annuels puis établit le rapport de gestion.

Le cas échéant, le conseil d'administration (ou le directoire) établit et publie les comptes consolidés ainsi que le rapport sur la gestion du groupe.

Ces documents sont soumis à l'assemblée générale dans les conditions prévues par le code de commerce.

Art. 30 Le contrôle des comptes est effectué par un ou plusieurs commissaires aux comptes, titulaires et suppléants, dans les conditions fixées par le code de commerce.

Art. 31 L'assemblée générale décide de l'affectation des sommes non distribuées dans le respect des dispositions en vigueur.

TITRE VI DISPOSITIONS DIVERSES

Art. 32 La dissolution anticipée de la société est prononcée par l'assemblée générale extraordinaire.

Art. 33 La liquidation de la société dissoute intervient dans les conditions fixées par le code de commerce.

Le ou les liquidateurs, sauf décision contraire de l'assemblée générale ordinaire des actionnaires, continue les affaires en cours jusqu'à leur achèvement.

Le produit net de la liquidation après l'extinction du passif et des charges sociales et le remboursement aux actionnaires du montant nominal non amorti de leurs actions est réparti entre les actionnaires en tenant compte, le cas échéant, des droits de catégories différentes.

Art. 34 Sont annexés aux statuts, s'il y a lieu :
— l'état des actes accomplis pour le compte de la société en formation (annexe n° ...) ;
— le mandat d'accomplir des actions pour le compte de la société en formation (annexe n° ...) ;
— le certificat des versements auquel est jointe la liste des actionnaires (annexe n° ...) ;
— le rapport du commissaire aux apports (annexe n° ...).

Art. 35 Tous pouvoirs sont conférés aux porteurs d'originaux, copies ou extraits certifiés conformes des présents statuts en vue de l'accomplissement de toutes formalités.

Art. 36 Toutes les contestations qui peuvent s'élever pendant la durée de la société ou au cours de la liquidation, soit entre les actionnaires eux-mêmes au sujet des affaires sociales, soit entre les actionnaires et la société, sont soumises à la juridiction des tribunaux compétents du siège social. A cet effet, tout actionnaire est tenu, en cas de contestation, de faire élection de domicile dans le ressort du tribunal du siège de la société.

V. aussi Instr. n° 02-126 JS du 4 juill. 2001 relative à l'entrée en vigueur des dispositions relatives aux statuts des groupements sportifs professionnels (BOJS n° 8 du 31 août).

ANNEXE I-2
(Art. R. 122-4)

STATUTS TYPES DES ENTREPRISES UNIPERSONNELLES SPORTIVES À RESPONSABILITÉ LIMITÉE

TITRE Ier FORME, DÉNOMINATION, OBJET, SIÈGE, DURÉE

Art. 1er Il est formé, par l'association, une société à responsabilité limitée régie par les présents statuts et par les lois et règlements relatifs aux sociétés à responsabilité limitée (SARL) et à l'organisation et la promotion des activités physiques et sportives.

Art. 2 La société a pour objet ....*[Préciser l'objet de la société : gestion et animation d'activités donnant lieu à l'organisation de manifestations payantes et à des versements de rémunérations, le sport pratiqué, le champ territorial de la société. Indiquer que la société peut mener toutes actions en relation avec son objet et généralement toutes opérations commerciales se rattachant directement à l'objet social (telles que participation dans toutes sociétés ou groupements créés ou à créer, dont l'objet se rapporte à l'objet social, par voie d'apports ou autrement, dans le respect des lois et règlements)].*

Art. 3 La société a pour dénomination sociale ....*[La dénomination sociale ne peut être différente de celle de l'association].*

Dans tous les actes et documents émanant de la société et destinés aux tiers, cette dénomination est précédée ou suivie de la mention : "société à responsabilité limitée" ou "entreprise unipersonnelle sportive à responsabilité limitée" ou des initiales "SARL" ou "EUSRL" et de l'énonciation du montant du capital social.

La société doit indiquer en tête de ses factures, notes de commandes, tarifs et documents publicitaires, ainsi que sur toutes correspondances et récépissés concernant son activité et signés par elle ou en son nom, la mention : "RCS" suivie du nom de la ville dans laquelle se trouve le greffe où elle est immatriculée et son numéro d'identification.

Art. 4 Le siège de la société est fixé à ....*[Adresse complète, département]*.
Il peut être transféré en tout autre lieu en France par décision de l'associé unique.

Art. 5 La durée de la société est de .... *[Quatre-vingt-dix-neuf ans au maximum]* années, à compter de la date de son immatriculation au registre du commerce et des sociétés, sauf prorogation ou dissolution anticipée dans les conditions prévues aux présents statuts.

Art. 6 Conformément aux dispositions prévues à l'article 1844-5 du code civil, l'expiration du terme de la société ou sa dissolution anticipée pour quelque cause que ce soit entraîne la transmission universelle du patrimoine de la société à l'associé unique sans qu'il y ait lieu à liquidation.

TITRE II APPORTS, CAPITAL SOCIAL, PARTS SOCIALES

Art. 7 L'association, associé unique, apporte à la société une somme en espèces de .... €.
Cette somme a été déposée dès avant ce jour à un compte ouvert au nom de la société en formation à la banque ainsi qu'il résulte d'un certificat établi par ladite banque en date du..... L'association, associé unique, apporte à la société, aux clauses et conditions suivantes, sous les garanties ordinaires et de droit le (les) biens(s) ci-après désigné(s) et évalué(s) ...... *[Décrire les biens apportés en prenant soin d'indiquer toutes les mentions spécifiques à chaque type d'apport]*.

Cet apport a été évalué à .... € *[Somme en chiffres et en lettres]*, au vu du rapport établi sous sa responsabilité le ....,

par M. ...., commissaire aux apports désigné par l'associé unique, ce rapport étant annexé aux présents statuts :

Apport en numéraire euros,

Apport(s) en nature euros,

Montant total des apports euros,

Art. 8 Le capital est fixé à ...... € et divisé en parts sociales de ...... € *[Le montant nominal de l'action doit être compris entre 15 et 76]* chacune numérotées de 1 à .... entièrement souscrites et attribuées en totalité à l'association, associé unique, en rémunération de ses apports, soit :

— à concurrence de parts portant les numéros ...... à ...... en rémunération de son apport en numéraire parts ;

— à concurrence de parts portant les numéros ...... à ...... en rémunération de son apport en nature parts.

Total égal au nombre de parts composant le capital social parts.

L'association, associé unique, a déclaré que ces parts ont été entièrement souscrites par elle, qu'elles lui ont été en totalité attribuées et qu'elles sont toutes libérées intégralement.

Le capital social peut être augmenté ou réduit dans les conditions prévues par la loi.

Si les capitaux propres deviennent inférieurs à la moitié du capital social, il sera fait application des dispositions de l'article L. 223-42 du code de commerce.

Art. 9 Les parts sociales ne peuvent pas être représentées par des titres négociables.

Art. 10 La cession de la totalité des parts sociales est constatée par acte authentique ou sous seing privé.

Toute cession de la totalité des parts sociales de nature à donner à la société une autre forme que celles prévues à l'article L. 122-2 du code du sport est interdite.

La cession n'est opposable aux tiers qu'après publicité au registre du commerce et des sociétés.

TITRE III ADMINISTRATION ET CONTRÔLE

Art. 11 La société est gérée par une personne physique, nommée pour une durée de .... renouvelable. Le gérant est désigné par l'associé unique et ne peut cumuler ses fonctions avec celles de dirigeant d'une autre société sportive de la même discipline.

Le gérant a les pouvoirs les plus étendus pour agir en toutes circonstances au nom de la société, sous réserve des pouvoirs que la loi attribue expressément à l'associé. La société est engagée même par les actes qui ne relèvent pas de l'objet social, à moins qu'elle ne prouve que le tiers savait que l'acte dépassait cet objet, ou qu'il ne pouvait l'ignorer compte tenu des circonstances, étant exclu que la seule publication des statuts suffise à constituer cette preuve.

Cependant, la réalisation des actes ci-après limitativement énumérés exige l'autorisation de l'associé : .... *[Énumérer ces actes. Par exemple : acheter, vendre tous immeubles et fonds de commerce, consentir hypothèques]*.

La responsabilité du gérant est engagée dans le cadre des lois et règlements. Le gérant doit à la société le temps et les soins nécessaires aux affaires sociales ; il doit également satisfaire aux devoirs et obligations de ses charges tels qu'ils sont fixés par les textes.

La rémunération du gérant est fixée par décision de l'associé unique.

Le gérant a droit au remboursement de ses frais de représentation, voyages et déplacements sur justification.

Il peut se démettre de ses fonctions en prévenant l'associé .... mois au moins à l'avance, par lettre recommandée avec demande d'avis de réception.

Le gérant est révocable par décision de l'associé unique. Décidée sans justes motifs, la révocation peut donner lieu à dommages-intérêts.

Art. 12 Deux commissaires aux comptes, dont un titulaire et un suppléant, sont désignés par l'associé unique.

Les commissaires aux comptes sont nommés pour six exercices et exercent leurs fonctions conformément à la loi.

TITRE IV DÉCISIONS DE L'ASSOCIÉ-CONVENTIONS RÉGLEMENTÉES

Art. 13 L'associé unique exerce les pouvoirs dévolus par la loi et les statuts à la collectivité des associés dans les SARL. Il ne peut déléguer ses pouvoirs.

Ses décisions, à peine de nullité, sont constatées par des procès-verbaux signés par lui et établis sur un registre coté et paraphé ou sur feuillets mobiles.

Le représentant de l'associé unique peut à toute époque prendre connaissance des documents prévus par la loi au siège social. L'associé dispose du droit d'information et de communication préalable à l'approbation annuelle des comptes.

Art. 14 A peine de nullité du contrat, il est interdit au gérant de contracter, sous quelque forme que ce soit, des emprunts auprès de la société, de se faire consentir par elle un découvert en compte courant ou autrement, ainsi que de faire cautionner ou avaliser par elle ses engagements.

Art. 15 Les conventions conclues avec l'associé unique sont mentionnées au registre des délibérations.

Les conventions conclues entre la société et son gérant sont soumises à l'approbation préalable de l'associé.

Les dispositions des alinéas précédents ne sont pas applicables aux conventions portant sur des opérations courantes et conclues à des conditions normales.

TITRE V DISPOSITIONS FINANCIÈRES

Art. 16 L'exercice social a une durée de douze mois et s'étend du .... au ....

Par exception, le premier exercice social comprendra le temps écoulé depuis l'immatriculation de la société au registre du commerce et des sociétés jusqu'au ....

Les comptes annuels, l'inventaire ainsi que le rapport de gestion de l'exercice écoulé sont établis par le gérant.

L'associé approuve les comptes après rapport du commissaire aux comptes.

Les comptes annuels et documents relatifs à l'approbation des comptes annuels font l'objet d'un dépôt au greffe dans les conditions prévues par les lois et règlements.

Art. 17 Les bénéfices de la société ne peuvent donner lieu à aucune distribution et sont affectés en totalité à la constitution des réserves.

TITRE VI CONSTITUTION DE LA SOCIÉTÉ

Art. 18 Un état des actes accomplis pour le compte de la société en formation avec, pour chacun d'eux, indication de l'engagement qui en résulte pour la société est annexé aux présents statuts. Cet état est signé par le représentant de l'associé unique.

L'immatriculation de la société au registre du commerce et des sociétés emporte de plein droit reprise par la société desdits engagements.

En outre, l'associé donne mandat à M. ...., soussigné, qui accepte de prendre les engagements suivants pour le compte de la société :

Art. 19 La gérance de la société est assurée par M. .... *[Indiquer les nom, prénom, domicile]* pour une durée de ....

M. .... a déclaré accepter les fonctions de gérant qui viennent de lui être conférées en assurant n'être frappé d'aucune interdiction ou incompatibilité l'empêchant de les exercer.

Art. 20 Tous pouvoirs sont conférés au porteur d'un original, d'une copie ou d'un extrait des présents pour effectuer les formalités prévues par la loi et les règlements et à M. ...., représentant l'association, associé unique, à l'effet de signer l'avis à publier dans un journal d'annonces légales.

V. aussi Instr. n° 01-126 JS du 4 juill. 2001 sur l'entrée en vigueur des dispositions relatives aux statuts des groupements sportifs professionnels (BOJS 31 août, n° 8).

ANNEXE I-3
(Art. R. 122-4)

STATUTS TYPES DES SOCIÉTÉS ANONYMES À OBJET SPORTIF

COMMENTAIRE

Les statuts types des sociétés anonymes à objet sportif (SAOS), issus du décret n° 86-409 du 11 mars 1986, n'ont pas été codifiés au code du sport, dans l'attente de leur mise à jour au regard des dispositions de l'article 68 de la loi n° 2006-1770 du 30 décembre 2006 pour le développement de la participation et de l'actionnariat salarié *(JO 31 déc. ; Rect. 20 janv. 2007)*. Les statuts types des SAOS ci-dessous reproduits restent donc applicables, sous réserve des points manifestement incompatibles avec les dispositions de ladite loi (V. Instr. n° 07-108 JS du 1er août 2007, *BOJS n° 15 du 15 août*). ❑

Décret n° 86-409 du 11 mars 1986,

Relatif aux statuts types des sociétés à objet sportif.

Art. 1er Sont approuvés, tels qu'ils sont annexés au présent décret, les statuts types des sociétés à objet sportif.

Art. 1er *bis* *(Décr. n° 2001-150 du 16 févr. 2001)* Les dispositions du présent décret sont applicables à Mayotte.

ANNEXE

STATUTS TYPES DES SOCIÉTÉS À OBJET SPORTIF

TITRE Ier FORME, OBJET, DÉNOMINATION, SIÈGE ET DURÉE DE LA SOCIÉTÉ

Art. 1er Il est formé entre les propriétaires d'actions ci-après créées et de celles qui pourront l'être ultérieurement une société anonyme régie par les présents statuts et par les lois et règlements relatifs aux sociétés anonymes et à l'organisation et à la promotion des activités physiques et sportives.

Art. 2 La société a pour objet : ....*[Préciser l'objet de la société : gestion et animation d'activités sportives donnant lieu à l'organisation de manifestations payantes et à versement de rémunérations ; préciser, le cas échéant, les sports pratiqués, le champ d'action territorial de la société, etc. ; Préciser éventuellement que la société peut mener toutes actions en relation avec son objet et, notamment, des actions de formation au profit des sportifs]*.

Art. 3 La dénomination sociale est : .... *[Dans tous actes et documents émanant de la société et destinés aux tiers, la dénomination devra toujours être précédée ou suivie de la mention « société anonyme à objet sportif », de l'énonciation du montant du capital social et du numéro d'immatriculation au registre du commerce et des sociétés]*.

Art. 4 Le siège social est fixé à : ....

Art. 5 La durée de la société est fixée à .... à compter de la date d'immatriculation au registre du commerce et des sociétés, sauf dissolution anticipée ou prorogation par l'assemblée générale extraordinaire.

TITRE II CAPITAL SOCIAL, ACTIONS

Art. 6 Le capital social est fixé à .... euros. Il est divisé en actions de .... euros *[Le montant nominal de l'action doit être compris entre 15 euros et 76 euros]*. La valeur des apports en nature est appréciée par le ou les commissaires aux apports. Le capital peut être augmenté ou réduit par délibération de l'assemblée générale extraordinaire.

Art. 7 *(Décr. n° 93-1047 du 31 août 1993)* Un tiers du capital social et des droits de vote à l'assemblée générale, au moins, est détenu par ....*[(Décr. n° 93-1047 du 31 août 1993) Un tiers du capital social et des droits de vote à l'assemblée générale au moins doit être détenu par le groupement sportif seul]*.

Art. 8 En cas de retard de versements exigible sur les actions non entièrement libérées à la souscription, il est dû à la société un intérêt au taux d'escompte pratiqué par la Banque de France calculé au jour le jour à partir du jour de l'exigibilité, et cela sans mise en demeure préalable.

Art. 9 L'actionnaire qui ne s'est pas libéré du montant de ses souscriptions aux époques fixées par le .... *[Conseil d'administration ou directoire, selon l'option faite à l'art. 14]* est soumis aux dispositions des articles 281, 282 et 283 de la loi n° 66-537 du 24 juillet 1966.

Art. 10 Tout versement est constaté par un récépissé nominatif. Les actions sont nominatives ; elles sont indivisibles à l'égard de la société, qui ne reconnaît qu'un seul propriétaire pour chacune d'elles.

Art. 11 Les droits et obligations attachés aux actions suivent les titres quel que soit leur propriétaire.

Art. 12 La possession d'une action comporte, de plein droit, adhésion aux présents statuts et aux décisions des assemblées générales.

Art. 13 La cession à titre onéreux des actions est soumise à l'agrément .... *[Du conseil d'administration ou du directoire, selon l'option faite à l'art. 14]* dans les conditions prévues par la loi du 24 juillet 1966 précitée, et, notamment, par l'article 274 de cette loi. Les mêmes règles sont applicables, en cas d'augmentation de capital, à la cession des droits préférentiels de souscription.

TITRE III ADMINISTRATION

Art. 14 La société à objet sportif est administrée ....*[Par un conseil d'administration (option A) ou par un directoire et un conseil de surveillance (option B). Les dispositions des art. 15 à 22 relatives à l'administration de la société doivent être lues dans l'option A pour les sociétés dirigées par un conseil d'administration et dans l'option B pour celles qui sont dotées d'un directoire et d'un conseil de surveillance]*.

Option A

Art. A 15 Le conseil d'administration est composé de .... membres *[3 à 12 membres]*. *(Décr. n° 93-1047 du 31 août 1993)* « Les sièges sont répartis entre les représentants du groupement sportif et ceux des autres actionnaires de telle sorte que les représentants du groupement sportif détiennent au moins un tiers des voix au conseil. »

Les administrateurs sont élus par l'assemblée générale. La responsabilité civile des personnes morales de droit privé détenant un poste d'administrateur est engagée dans les conditions prévues par l'article 91 de la loi du 24 juillet 1966 précitée.

Conformément à l'article 95 de la même loi, les administrateurs doivent justifier, pendant toute la durée de leur mandat, de la propriété d'au moins .... actions*[Il suffit d'une action pour qu'il soit satisfait aux prescriptions de l'art. 95 de la loi du 24 juill. 1966]* affectées à la garantie de tous les actes de leur gestion.

Art. A 16 La durée du mandat des administrateurs est de .... ans. Le conseil d'administration se renouvelle par ....*[Prévoir des modalités de renouvellement annuel telles que le renouvellement du conseil soit complet et aussi régulier que possible au cours d'une période égale à la durée du mandat. Les premiers renouvellements annuels se font après tirage au sort des sièges dont les titulaires seront à renouveler]* tous les ans.

L'administrateur élu par l'assemblée générale en remplacement d'un administrateur dont le siège est devenu vacant ne demeure en fonctions que pour la durée du mandat de son prédécesseur restant à courir.

Art. A 17 Le conseil d'administration désigne, parmi ses membres, un président et, s'il le juge utile, un ou plusieurs vice-présidents. Le président et les vice-présidents sont élus pour la durée de leur mandat d'administrateur.

Art. A 18 Le conseil d'administration se réunit sur la convocation de son président ou, en cas d'empêchement de celui-ci, d'un vice-président. La réunion se tient au siège social, à moins que la convocation ne mentionne un autre lieu de réunion.

L'ordre du jour est adressé à chaque administrateur cinq jours au moins avant la réunion.

Un administrateur peut donner pouvoir à l'un de ses collègues de le représenter à une séance du conseil.

Toutefois, un administrateur ne peut représenter qu'un seul de ses collègues.

Le conseil d'administration ne délibère valablement que si la moitié au moins des membres qui le composent, dont au moins la moitié des représentants du groupement sportif, sont présents.

Les délibérations sont prises à la majorité des voix des membres présents ou représentés. En cas de partage égal des voix, celle du président de séance est prépondérante.

Art. A 19 Sous réserve des pouvoirs attribués par la loi aux assemblées d'actionnaires et dans la limite de l'objet social, le conseil d'administration est investi des pouvoirs les plus étendus pour agir en toutes circonstances au nom de la société.

Art. A 20 Le président du conseil d'administration assume, sous sa responsabilité, la direction générale de la société. Il représente la société dans ses rapports avec les tiers.

Sur proposition du président, le conseil d'administration peut nommer un directeur général choisi parmi les administrateurs, soit en dehors d'eux. Le conseil peut déléguer une partie de ses attributions au président et, avec l'accord de celui-ci, au directeur général.

Art. A 21 Les actes qui engagent la société et ceux qui sont autorisés par le conseil d'administration, les mandats, retraits de fonds, souscriptions, endos ou acquits d'effets de commerce, ainsi que les demandes d'ouverture de comptes bancaires *(Abrogé par Décr. n° 2006-1115 du 5 sept. 2006, art. 24)* « *ou de chèques postaux* », sont signés par le président ou par le directeur général ou, à défaut, par les personnes ayant reçu un mandat spécial du président ou du directeur général s'il a reçu délégation à cet effet.

Option B

Art. B 15 Le nombre des membres du directoire est fixé à ....*[Ce nombre est compris entre 2 et 5]*.

Les membres du directoire sont des personnes physiques, actionnaires ou non actionnaires de la société. Ils sont nommés pour quatre ans par le conseil de surveillance ; leur mandat est renouvelable. Ils peuvent être révoqués par l'assemblée générale sur proposition du conseil de surveillance.

Le conseil de surveillance désigne le président du directoire.

Art. B 16 Le directoire se réunit ....*[Indiquer la périodicité des réunions]* et aussi souvent que l'intérêt de la société l'exige. Il est convoqué par son président .... jours au moins avant la date prévue pour la réunion.

Les membres du directoire ne peuvent pas se faire représenter.

Le directoire ne délibère valablement que si la moitié au moins de ses membres sont présents. Ses décisions sont prises à la majorité. En cas de partage égal des voix, celle du président est prépondérante *[Le troisième alinéa de l'art. 15 et l'art. 16 sont sans objet dans le cas de directeur général unique]*.

Art. B 17 Sous réserve des pouvoirs attribués par la loi aux assemblées d'actionnaires et au conseil de surveillance, le directoire est investi des pouvoirs les plus étendus pour agir au nom de la société dans les limites de l'objet social. Toutefois, les cautions, avals et garanties ne peuvent être accordés par le directoire qu'après autorisation du conseil de surveillance.

Art. B 18 Le directoire présente un rapport au conseil de surveillance au moins une fois par trimestre.

Dans les trois mois suivant la clôture de chaque exercice, le directoire arrête le bilan et les comptes de la société. Dans le même délai, il communique au conseil de surveillance le compte d'exploitation et le compte de résultat, y compris le bilan, avec leurs annexes.

Le directoire communique également au conseil de surveillance le rapport qu'il présente à l'assemblée générale appelée à statuer sur les comptes de l'exercice écoulé.

Art. B 19 Le conseil de surveillance se compose de .... membres. *(Décr. n° 93-1047 du 31 août 1993)* « Les sièges sont répartis entre les représentants du groupement sportif et ceux des autres actionnaires de telle sorte que les représentants du groupement sportif détiennent au moins un tiers des voix au conseil. »

Art. B 20 Les membres du conseil de surveillance sont élus pour quatre ans par l'assemblée générale.

Lorsque le siège d'un membre du conseil de surveillance élu par l'assemblée générale devient vacant avant l'expiration du mandat de la personne qui l'occupait, le conseil peut se compléter lui-même à titre provisoire jusqu'à la date de la prochaine assemblée générale.

Art. B 21 Le conseil de surveillance exerce un contrôle permanent sur la gestion du directoire. Il peut, à toute époque de l'année, opérer les vérifications et contrôles qu'il juge opportuns et se faire communiquer, indépendamment des documents que le directoire est tenu de lui présenter en vertu de l'article 18, toutes les pièces qu'il estime utiles à l'accomplissement de sa mission.

Art. B 22 Le conseil de surveillance présente chaque année à l'assemblée générale ordinaire ses observations sur le rapport du directoire et sur les comptes de l'exercice.

TITRE IV ASSEMBLÉES GÉNÉRALES

Art. 23 Les assemblées générales se composent de tous les actionnaires, quel que soit le nombre d'actions qu'ils possèdent, sous réserve que les actions soient libérées des versements exigibles.

Les personnes morales de droit public et de droit privé sont représentées à l'assemblée générale par un délégué ayant reçu pouvoir à cet effet.

Art. 24 L'assemblée générale est convoquée par ....*[Le conseil d'administration (option A) ou le directoire (option B)]*, par lettre recommandée adressée à chacun des actionnaires quinze jours au moins avant la date de la réunion.

La convocation est de droit lorsqu'elle est demandée par un ou plusieurs actionnaires réunissant au moins le dixième du capital. S'il n'est pas déféré à cette demande, les intéressés peuvent demander au président du tribunal de commerce statuant en référé de désigner un mandataire chargé de la convocation.

Art. 25 L'assemblée générale est présidée par ....*[Le président du conseil d'administration (option A) ou le président du conseil de surveillance (option B)]*. En cas d'absence ou d'empêchement du président, elle est présidée par un .... *[Un administrateur (option A) ou un membre du conseil de surveillance (option B)]* préalablement désigné.

En cas d'absence ou d'empêchement de ce dernier, l'assemblée générale élit elle-même son président parmi les .... *[Administrateurs (option A) ou membres du conseil de surveillance (option B)]*.

Art. 26 L'assemblée générale ordinaire ne délibère valablement que si les actionnaires présents ou représentés détiennent plus de 50 p. 100 du capital social.

Si cette condition n'est pas remplie, l'assemblée est convoquée à nouveau ; elle peut alors délibérer sans condition de quorum.

Art. 27 L'assemblée générale extraordinaire ne délibère valablement que si les actionnaires présents ou représentés détiennent plus de 60 p. 100 du capital social. Si cette condition n'est pas remplie, l'assemblée est convoquée à nouveau.

TITRE V DISPOSITIONS FINANCIÈRES

Art. 28 L'exercice social a une durée de douze mois. Il commence le ....

Par exception, le premier exercice comprend le temps écoulé depuis la constitution de la société jusqu'à ....

Art. 29 Les comptes de la société sont tenus conformément au plan comptable général.

Art. 30 Après dotation de la réserve légale suivant les dispositions de l'article 345 de la loi n° 66-537 du 24 juillet 1966, les bénéfices sont affectés en totalité à la formation des réserves.

Art. 31 L'assemblée générale ordinaire désigne au moins un commissaire aux comptes chargé de remplir la mission qui lui est confiée par la loi.

TITRE VI DISPOSITIONS FINALES

Art. 32 A l'expiration de la société ou en cas de dissolution anticipée, l'assemblée générale règle, sur proposition du .... *[Conseil d'administration (option A), conseil de surveillance (option B)]*, le mode de liquidation de la société. Elle nomme un liquidateur dont elle détermine les pouvoirs.

La nomination d'un liquidateur met fin aux pouvoirs des organes statutairement chargés d'administrer la société.

Le boni de liquidation ne peut être versé qu'à la fédération sportive à laquelle est affilié le groupement sportif qui a constitué la société.

Art. 33 Toutes les contestations qui peuvent s'élever pendant la durée de la société ou au cours de la liquidation, soit entre les actionnaires eux-mêmes au sujet des affaires sociales, soit entre les actionnaires et la société, sont soumises à la juridiction des tribunaux compétents du siège social. A cet effet, tout actionnaire est tenu, en cas de contestation, de faire élection de domicile dans le ressort du tribunal du siège de la société.

V. aussi Instr. n° 01-126 JS du 4 juill. 2001 sur l'entrée en vigueur des dispositions relatives au statu des groupements sportifs professionnels (BOJS 31 août, n° 8).

Art. R. 122-5 Toute convention par laquelle une association sportive ou une société sportive tend à céder, dans le respect des dispositions de l'article L. 122-16, sa dénomination, marque ou tout autre signe distinctif ou à en autoriser l'usage ou à en concéder une licence d'exploitation à une autre personne morale de droit privé doit être déposée, préalablement à son entrée en vigueur, auprès du préfet du département où se trouve le siège de l'association ou de la société sportive.

Le préfet peut, par un arrêté motivé pris après avis de la fédération sportive concernée ou de la ligue professionnelle qu'elle a constituée, s'opposer à une telle cession, autorisation ou concession.

Si le préfet n'a pas fait connaître son opposition trois mois après le dépôt de la convention, l'autorité administrative est réputée avoir renoncé à s'opposer à cette cession. — *[Décr. n° 93-112 du 22 janv. 1993, art. 1er.]*

V. aussi Instr. n° 02-126 JS du 4 juill. 2001 relative à l'entrée en vigueur des dispositions relatives aux statuts des groupements sportifs professionnels (BOJS n° 8 du 31 août).

SECTION II SOCIÉTÉS D'ÉCONOMIE MIXTE

Art. R. 122-6 Les statuts types applicables aux sociétés d'économie mixte sportives locales mentionnées à l'article L. 122-12 figurent à l'annexe I-4. — *[Décr. n° 86-408 du 11 mars 1986, art. 1er.]*

ANNEXE I-4 (Art. R. 122-6)

STATUTS TYPES DES SOCIÉTÉS D'ÉCONOMIE MIXTE SPORTIVES ET LOCALES

TITRE Ier FORME, OBJET, DÉNOMINATION, SIÈGE ET DURÉE DE LA SOCIÉTÉ

Art. 1er Il est formé, entre les propriétaires d'actions ci-après créées et de celles qui pourront l'être ultérieurement, une société anonyme régie par les présents statuts et par les lois et règlements relatifs aux sociétés anonymes, aux sociétés d'économie mixte locales et à l'organisation et à la promotion des activités physiques et sportives.

Art. 2 La société a pour objet : .... *[Préciser l'objet de la société : gestion et animation d'activités sportives donnant lieu à l'organisation de manifestations payantes et à versement de rémunération ; préciser, le cas échéant, les sports pratiqués, le champ d'action territorial de la société, etc. Préciser éventuellement que la société peut mener toutes actions en relation avec son objet, et notamment des actions de formation au profit des sportifs].*

Art. 3 La dénomination sociale est : ....
Dans tous actes et documents émanant de la société et destinés aux tiers, la dénomination devra toujours être précédée ou suivie de la mention « société anonyme d'économie mixte sportive », de l'énonciation du montant du capital social et du numéro d'immatriculation au registre du commerce et des sociétés.

Art. 4 Le siège social est fixé à ....

Art. 5 La durée de la société est fixée à .... à compter de la date d'immatriculation au registre du commerce et des sociétés, sauf dissolution anticipée ou prorogation par l'assemblée générale extraordinaire.

TITRE II CAPITAL SOCIAL, ACTIONS

Art. 6 Le capital social est fixé à ...... F. Il est divisé en actions de ...... F *[Le montant nominal de l'action doit être compris entre 15 € et 76 €].*

La valeur des apports en nature est appréciée par le ou les commissaires aux apports. Pour les immeubles, cette appréciation est faite après avis des services fiscaux.

Le capital peut être augmenté ou réduit par délibérations de l'assemblée générale extraordinaire.

Art. 7 La majorité du capital social est détenue par .... *[La majorité du capital social doit être détenue soit par le groupement sportif seul, soit conjointement par ce groupement et la ou les collectivités territoriales ou leurs groupements].*

Art. 8 En cas de retard de versements exigibles sur les actions non entièrement libérées à la souscription, il est dû à la société un intérêt au taux d'escompte pratiqué par la Banque de France calculé au jour le jour à partir du jour de l'exigibilité et cela sans mise en demeure préalable.

Cette pénalité n'est applicable aux collectivités locales actionnaires que si elles n'ont pas pris, lors de la première réunion ou session de leur assemblée suivant l'appel de fonds, une délibération décidant d'effectuer le versement demandé et fixant les moyens financiers destinés à y faire face ; l'intérêt de retard sera décompté du dernier jour de la session ou du jour de la réunion de l'assemblée délibérante.

Art. 9 L'actionnaire qui ne s'est pas libéré du montant de ses souscriptions aux époques fixées par le conseil d'administration est soumis aux dispositions des articles L. 228-27 à L. 228-29 du code de commerce, sauf si l'actionnaire défaillant est une collectivité locale.

Art. 10 Tout versement est constaté par un récépissé nominatif. Les actions sont nominatives ; elles sont indivisibles à l'égard de la société, qui ne reconnaît qu'un seul propriétaire pour chacune d'elles.

Art. 11 Les droits et obligations attachés aux actions suivent les titres quel que soit leur propriétaire.

Art. 12 La possession d'une action comporte, de plein droit, adhésion aux présents statuts et aux décisions des assemblées générales.

Art. 13 La cession à titre onéreux des actions n'appartenant pas aux collectivités territoriales ou à leurs groupements est soumise à l'agrément... *[Du conseil d'administration ou du directoire, selon l'option faite à l'art. 14]* dans les conditions prévues par le code de commerce et, notamment, par son article L. 228-23. Les mêmes règles sont applicables, en cas d'augmentation de capital, à la cession des droits préférentiels de souscription.

TITRE III ADMINISTRATION

Art. 14 La société d'économie mixte sportive locale est administrée... *[Par un conseil d'administration (option A) ou par un directoire et un conseil de surveillance (option B).*

Les dispositions des art. 15 à 22 relatives à l'administration de la société doivent être lues dans l'option A pour les sociétés dirigées par un conseil d'administration et dans l'option B pour celles qui sont dotées d'un directoire et d'un conseil de surveillances].

Option A

Art. 15 Le conseil d'administration est composé de membres, les sièges sont répartis entre les représentants du groupement sportif, ceux des collectivités territoriales et ceux des autres actionnaires de telle sorte que les représentants du groupement sportif et des collectivités territoriales détiennent ensemble la majorité des voix au conseil.

Les représentants des collectivités locales sont désignés dans les conditions prévues par l'article L. 1524-5 du code général des collectivités territoriales. La responsabilité civile liée à l'exercice de leur mandat est engagée dans les conditions prévues au même article.

Les autres administrateurs sont élus par l'assemblée générale. La responsabilité civile des personnes morales de droit privé détenant un poste d'administrateur est engagée dans les conditions prévues par l'article L. 225-20 du code de commerce.

Conformément à l'article L. 225-25 du même code, les administrateurs autres que ceux qui représentent une collectivité territoriale ou un groupement de collectivités territoriales doivent justifier, pendant toute la durée de leur mandat, de la propriété d'au moins .... actions *[Il suffit d'une action pour qu'il soit satisfait aux prescriptions de l'art. L. 225-25 C. com.]* affectées à la garantie de tous les actes de leur gestion.

Option B

Art. 15 *bis* Le nombre des membres du directoire est fixé à .... *[Ce nombre est compris entre deux et cinq. Toutefois, lorsque le capital est inférieur à 91 469 euros, les fonctions du directoire peuvent être exercées par une seule personne, qui prend le titre de directeur général].*

Les membres du directoire sont des personnes physiques, actionnaires ou non actionnaires de la société. Ils sont nommés pour quatre ans par le conseil de surveillance ; leur mandat est renouvelable. Ils peuvent être révoqués par l'assemblée générale sur proposition du conseil de surveillance.

Le conseil de surveillance désigne le président du directoire *[Le troisième alinéa de l'art. 15 et l'art. 16 sont sans objet dans le cas de directeur général unique]*.

Option A

Art. 16 Le mandat des représentants des collectivités territoriales ou de leurs groupements prend fin dans les conditions prévues aux articles R. 1524-3 et R. 1524-4 du code général des collectivités territoriales.

La durée du mandat des autres administrateurs est de .... ans. Le conseil d'administration se renouvelle par ...*[Prévoir des modalités de renouvellement annuel telles que le renouvellement du conseil soit complet et aussi régulier que possible au cours d'une période égale à la durée du mandat. Les premiers renouvellements annuels se font après tirage au sort des sièges dont les titulaires seront à renouveler]* tous les ans.

L'administrateur élu par l'assemblée générale en remplacement d'un administrateur dont le siège est devenu vacant ne demeure en fonctions que pour la durée du mandat de son prédécesseur restant à courir.

Option B

Art. 16 *bis* Le directoire se réunit *[Indiquer la périodicité des réunions]* et aussi souvent que l'intérêt de la société l'exige. Il est convoqué par son président jours au moins avant la date prévue pour la réunion.

Les membres du directoire ne peuvent pas se faire représenter.

Le directoire ne délibère valablement que si la moitié au moins de ses membres sont présents. Ses décisions sont prises à la majorité. En cas de partage égal des voix, celle du président est prépondérante.

Option A

Art. 17 Le conseil d'administration désigne, parmi ses membres, un président et, s'il le juge utile, un ou plusieurs vice-présidents. Le président et les vice-présidents sont élus pour la durée de leur mandat d'administrateur.

Option B

Art. 17 *bis* Sous réserve des pouvoirs attribués par la loi aux assemblées d'actionnaires et au conseil de surveillance, le directoire est investi des pouvoirs les plus étendus pour agir au nom de la société dans les limites de l'objet social. Toutefois, les cautions, avals et garanties ne peuvent être accordés par le directoire qu'après autorisation du conseil de surveillance.

Option A

Art. 18 Le conseil d'administration se réunit sur la convocation de son président ou, en cas d'empêchement de celui-ci, d'un vice-président. La réunion se tient au siège social, à moins que la convocation ne mentionne un autre lieu de réunion.

L'ordre du jour est adressé à chaque administrateur cinq jours au moins avant la réunion.

Un administrateur peut donner pouvoir à l'un de ses collègues de le représenter à une séance du conseil. Toutefois :

1° Un administrateur ne peut représenter qu'un seul de ses collègues ;

2° Les représentants des collectivités territoriales ou de leurs groupements ne peuvent donner pouvoir qu'à des représentants de ces collectivités et groupements.

Le conseil d'administration ne délibère valablement que si la moitié au moins des membres qui le composent, dont au moins la moitié des représentants des collectivités territoriales ou de leurs groupements, sont présents.

Les délibérations sont prises à la majorité des voix des membres présents ou représentés. En cas de partage égal des voix, celle du président de séance est prépondérante. Elles sont transmises accompagnées d'un rapport de présentation au représentant de l'État dans le département dans les conditions et délais prévus au code général des collectivités territoriales et notamment son article L. 1524-1.

Option B

Art. 18 *bis* Le directoire présente un rapport au conseil de surveillance au moins une fois par trimestre.

Dans les trois mois suivant la clôture de chaque exercice, le directoire arrête le bilan et les comptes de la société. Dans le même délai, il communique au conseil de surveillance le compte d'exploitation et le compte de résultat, y compris le bilan, avec leurs annexes.

Le directoire communique également au conseil de surveillance le rapport qu'il présente à l'assemblée générale appelée à statuer sur les comptes de l'exercice écoulé.

Option A

Art. 19 Sous réserve des pouvoirs attribués par la loi aux assemblées d'actionnaires et dans la limite de l'objet social, le conseil d'administration est investi des pouvoirs les plus étendus pour agir en toutes circonstances au nom de la société.

Option B

Art. 19 *bis* Le conseil de surveillance se compose de membres. Les sièges sont répartis entre les représentants du groupement sportif, ceux des collectivités territoriales et ceux des autres actionnaires de telle sorte que les représentants du groupement sportif et des collectivités territoriales détiennent ensemble la majorité des voix au conseil.

Option A

Art. 20 Le président du conseil d'administration assume, sous sa responsabilité, la direction générale de la société. Il représente la société dans ses rapports avec les tiers.

Sur proposition du président, le conseil d'administration peut nommer un directeur général choisi soit parmi les administrateurs, soit en dehors d'eux. Le conseil peut déléguer une partie de ses attributions au président et, avec l'accord de celui-ci, au directeur général.

Option B

Art. 20 *bis* Les représentants des collectivités territoriales au conseil de surveillance sont désignés dans les conditions prévues à l'article L. 1524-5 du code général des collectivités territoriales. Leur mandat prend fin dans les conditions prévues aux articles R. 1524-3 et R. 1524-4 du même code.

Les autres membres du conseil de surveillance sont élus pour quatre ans par l'assemblée générale. Lorsque le siège d'un membre du conseil de surveillance élu par l'assemblée générale devient vacant avant l'expiration du mandat de la personne qui l'occupait, le conseil peut se compléter lui-même à titre provisoire jusqu'à la date de la prochaine assemblée générale.

Option A

Art. 21 Les actes qui engagent la société et ceux qui sont autorisés par le conseil d'administration, les mandats, retraits de fonds, souscriptions, endos ou acquis d'effets de commerce, ainsi que les demandes d'ouvertures de comptes bancaires ou de chèques postaux sont signés par le président ou par le directeur général ou, à défaut, par les personnes ayant reçu un mandat spécial du président ou, s'il a reçu délégation à cet effet, par le directeur général.

Option B

Art. 21 *bis* Le conseil de surveillance exerce un contrôle permanent sur la gestion du directoire. Il peut, à toute époque de l'année, opérer les vérifications et contrôles qu'il juge opportuns et se faire communiquer, indépendamment des documents que le directoire est tenu de lui présenter en vertu de l'article 18, toutes les pièces qu'il estime utiles à l'accomplissement de sa mission.

Art. 22 Le conseil de surveillance présente chaque année à l'assemblée générale ordinaire des observations sur le rapport du directoire et sur les comptes de l'exercice. Ces observations sont transmises au représentant de l'État dans le département dans les conditions et délais prévus au code général des collectivités territoriales, et notamment son article L. 1524-1.

TITRE IV ASSEMBLÉES GÉNÉRALES

Art. 23 Les assemblées générales se composent de tous les actionnaires, quel que soit le nombre d'actions qu'ils possèdent, sous réserve que ces actions soient libérées des versements exigibles.

Les personnes morales de droit public et de droit privé sont représentées à l'assemblée générale par un délégué ayant reçu pouvoir à cet effet.

Art. 24 L'assemblée générale est convoquée par .... *[Le conseil d'administration (option A) ou le directoire (option B)]*, par lettre recommandée adressée à chacun des actionnaires quinze jours au moins avant la date de la réunion.

La convocation est de droit lorsqu'elle est demandée soit par un ou plusieurs actionnaires réunissant au moins le dixième du capital, soit par la collectivité territoriale actionnaire ou l'une des collectivités territoriales actionnaires. S'il n'est pas déféré à cette demande, les intéressés peuvent demander au président du tribunal de commerce statuant en référé de désigner un mandataire chargé de la convocation.

Art. 25 L'assemblée générale est présidée par .... *[Le président du conseil d'administration (option A) ou le président du conseil de surveillance (option B)]*. En cas d'absence ou d'empêchement du président, elle est présidée par un .... *[Un administrateur (option A) ou un membre du conseil de surveillance (option B)]* préalablement désigné. En cas d'absence ou d'empêchement de ce dernier, l'assemblée générale élit elle-même son président parmi les .... *[Administrateurs (option A) ou membres du conseil de surveillance (option B)]*.

Art. 26 L'assemblée ordinaire ne délibère valablement que si, d'une part, les actionnaires présents ou représentés détiennent plus de 50 % du capital social et si, d'autre part, la ou les collectivités territoriales ordinaires sont représentées. Si ces conditions ne sont pas remplies, l'assemblée est convoquée à nouveau ; elle peut alors délibérer sans condition de quorum.

Art. 27 L'assemblée générale extraordinaire ne délibère valablement que si, d'une part, les actionnaires présents ou représentés détiennent plus de 60 % du capital social et si, d'autre part, la ou les collectivités publiques actionnaires sont représentées. Si ces conditions ne sont pas remplies, l'assemblée est convoquée à nouveau.

TITRE V DISPOSITIONS FINANCIÈRES

Art. 28 L'exercice social a une durée de douze mois. Il commence le .... Par dérogation, le premier exercice comprend le temps écoulé depuis la constitution de la société jusqu'à ....

Art. 29 Les comptes de la société sont tenus conformément au plan comptable général.

Art. 30 Après dotation de la réserve légale suivant les dispositions de l'article L. 232-10 du code de commerce, les bénéfices sont affectés en totalité à la formation de réserves.

Art. 31 L'assemblée générale ordinaire désigne au moins un commissaire aux comptes chargé de remplir la mission qui lui est confiée par la loi.

Les rapports du ou des commissaires aux comptes sont, dans les quinze jours suivant leur adoption, communiqués au représentant de l'État dans le département où la société a son siège social.

TITRE VI DISPOSITIONS FINALES

Art. 32 A l'expiration de la société ou en cas de dissolution anticipée, l'assemblée générale règle, sur proposition du .... *[Du conseil d'administration (option A) ou du conseil de surveillance (option B)]*, le mode de liquidation de la société. Elle nomme un liquidateur, dont elle détermine les pouvoirs.

La nomination d'un liquidateur met fin aux pouvoirs des organes statutairement chargés d'administrer la société.

Le boni de liquidation ne peut être versé qu'à la fédération sportive à laquelle est affilié le groupement sportif qui a constitué la société.

Art. 33 Toutes les contestations qui peuvent s'élever pendant la durée de la société ou au cours de la liquidation, soit entre les actionnaires eux-mêmes au sujet des affaires sociales, soit entre les actionnaires et la société, sont soumises à la juridiction des tribunaux compétents du siège social. A cet effet, tout actionnaire est tenu, en cas de contestation, de faire élection de domicile dans le ressort du tribunal du siège de la société.

Art. R. 122-7 **Les dispositions des articles R. 122-1 à R. 122-3 et R. 122-5 sont applicables aux sociétés d'économie mixte sportives locales.**

SECTION III RELATIONS ENTRE ASSOCIATIONS ET SOCIÉTÉS SPORTIVES

Art. R. 122-8 **I. — La convention mentionnée à l'article L. 122-14 comporte des stipulations précisant :**

1° La définition des activités liées au secteur amateur et des activités liées au secteur professionnel dont l'association et la société ont respectivement la responsabilité ;

2° La répartition entre l'association et la société des activités liées à la formation des sportifs ;

3° Les modalités de participation de la société aux activités qui demeurent sous la responsabilité de l'association ;

4° Les conditions dans lesquelles les terrains, les bâtiments et les installations seront utilisés par l'une et l'autre parties et, le cas échéant, les relations de celles-ci avec le propriétaire de ces équipements ;

5° Les conditions, et notamment les contreparties, de la concession ou de la cession de la dénomination, de la marque ou des autres signes distinctifs de l'association ;

6° La durée de la convention, qui doit s'achever à la fin d'une saison sportive, sans pouvoir dépasser cinq ans ;

7° Les modalités de renouvellement de la convention, qui ne doivent pas inclure de possibilité de reconduction tacite.

II. – La convention prévoit également :

1° Que la participation des équipes professionnelles aux compétitions inscrites au calendrier fédéral ou organisées par la ligue professionnelle relève de la compétence de la société pour la durée de la convention, dès lors que la fédération a autorisé la société à faire usage à cette fin du numéro d'affiliation délivré à l'association ;

2° Que les fonctions de dirigeant de l'association, d'une part, de président ou de membre du conseil d'administration, de président ou de membre du conseil de surveillance, de membre du directoire ou de gérant de la société, d'autre part, doivent être exercées par des personnes physiques différentes ;

3° Qu'aucun dirigeant de l'association ne peut percevoir de rémunération, sous quelque forme que ce soit, de la part de la société, ni aucun dirigeant de la société de la part de l'association. – *[Décr. nº 2001-150 du 16 févr. 2001, art. 2.]*

Art. R. 122-9 La convention prévue à l'article L. 122-14 est adressée pour approbation au préfet du département dans lequel l'association sportive a son siège. – *[Décr. nº 2001-150 du 16 févr. 2001, art. 1er, al. 1er, phrase 1.]*

Art. D. 122-10 La demande d'approbation est accompagnée des documents suivants :

1° Les statuts de l'association et de la société ;

2° Le récépissé du dépôt de marque ou dénomination auprès de l'Institut national de la propriété industrielle par l'association ;

3° La liste des personnels salariés et leur répartition dans chacune des deux entités ;

4° La convention liant le propriétaire des installations sportives à l'association ou à la société et précisant les modalités d'utilisation de ces installations sportives par l'association et la société ;

5° Le budget prévisionnel de l'association, d'une part, de la société, d'autre part. – *[Arr. du 16 févr. 2001, art. 1er.]*

Art. R. 122-11 Le préfet saisi d'une demande d'approbation en délivre récépissé.

Il consulte la fédération sportive concernée et la ligue professionnelle qu'elle a éventuellement créée.

La fédération sportive et la ligue professionnelle émettent leur avis dans le délai fixé par le préfet. – *[Décr. nº 2001-150 du 16 févr. 2001, art. 1er, al. 1er, phrase 2, et al. 2 et 3, phrase 1.]*

Art. R. 122-12 Au terme du délai mentionné à l'article R. 122-11, le préfet statue par arrêté. Le refus d'approbation est motivé. – *[Décr. nº 2001-150 du 16 févr. 2001, art. 1er, al. 3, phrases 2 et 3.]*

TITRE TROISIÈME **FÉDÉRATIONS SPORTIVES ET LIGUES PROFESSIONNELLES**

CHAPITRE PREMIER **FÉDÉRATIONS SPORTIVES**

SECTION PREMIÈRE **DISPOSITIONS GÉNÉRALES**

Art. R. 131-1 Les fédérations sportives sont placées sous la tutelle du ministre chargé des sports, à l'exception des fédérations et unions sportives scolaires et universitaires qui sont placées sous la tutelle du ministre chargé de l'éducation nationale ; le ministre chargé des sports participe toutefois à la définition et à la mise en œuvre de leurs objectifs. Les ministres de tutelle veillent, chacun pour ce qui le concerne, au respect par les fédérations sportives des lois et règlements en vigueur. – *[L. nº 84-610 du 16 juill. 1984, art. 16, al. 9.]*

Art. R. 131-2 (Abrogé par Décr. n° 2015-651 du 10 juin 2015, art. 2, à compter du 15 juin 2015) ***La juridiction compétente pour statuer sur les recours contentieux dirigés contre les décisions individuelles prises par les fédérations dans l'exercice de leurs prérogatives de puissance publique est le tribunal administratif dans le ressort duquel se situe la résidence ou le siège social du requérant à la date de ces décisions.*** – [L. n° 84-610 du 16 juill. 1984, art. 19, al. 16, phrase 3.]

L'annexe I-6 (Art. R. 131-2 et R. 131-7) se rapportant au Règlement disciplinaire type des fédérations sportives agréées a été reproduite ss. l'art. R. 131-3.

Code de justice administrative

Art. L. 311-4 Le Conseil d'État connaît, en premier et dernier ressort, des recours de pleine juridiction qui lui sont attribués en vertu :

....

8° *(Ord. n° 2006-596 du 23 mai 2006, art. 3, 10°)* « Des articles L. 232-24 et L. 241-8 du code du sport ; »

....

Art. L. 311-4-1 *(L. n° 2015-912 du 24 juill. 2015, art. 10-1°)* Le Conseil d'État est compétent pour connaître, en premier et dernier ressort, des requêtes concernant la mise en œuvre des techniques de renseignement mentionnées au titre V du livre VIII du code de la sécurité intérieure et la mise en œuvre de l'article 41 de la loi n° 78-17 du 6 janvier 1978 relative à l'informatique, aux fichiers et aux libertés, pour certains traitements ou parties de traitements intéressant la sûreté de l'État.

Le Conseil d'État peut être saisi, en premier et dernier ressort, comme juge des référés.

L'art. 10 de la L. n° 2015-912 du 24 juill. 2015 est applicable à Wallis-et-Futuna (L. préc. art. 24).

Art. R. 311-1 Le Conseil d'État est compétent pour connaître en premier et dernier ressort :

....

2° *(Décr. n° 2010-164 du 22 févr. 2010, art. 1er)* « Des recours dirigés contre les actes réglementaires des ministres et des autres autorités à compétence nationale et contre leurs circulaires et instructions de portée générale ; »

....

4° Des recours dirigés contre les décisions prises par les organes des autorités suivantes, au titre de leur mission de contrôle ou de régulation :

— l'Agence française de lutte contre le dopage ;

....

(Décr. n° 2010-481 du 12 mai 2010) « — l'Autorité de régulation des jeux en ligne ; »

....

Art. R. 312-17 (Abrogé par Décr. n° 2015-651 du 10 juin 2015, art. 2, à compter du 15 juin 2015) (Décr. n° 2001-710 du 31 juill. 2001) *Les recours* (Décr. n° 2010-164 du 22 févr. 2010, art. 1er) *« contre les décisions individuelles prises à l'encontre d'une personne physique ou morale par une fédération sportive dans l'exercice de ses prérogatives de puissance publique » sont portés devant le tribunal administratif dans le ressort duquel se situe la résidence ou le siège social du requérant à la date des décisions attaquées.*

1. La décision par laquelle la Fédération française de judo, ju-jitsu, kendo et disciplines associées a suspendu pour un an la licence d'un de ses membres constitue une décision individuelle prise à l'encontre d'une personne physique par une fédération dans l'exercice de ses prérogatives de puissance publique et relève, par suite, de la compétence du tribunal administratif du lieu de résidence de la personne sanctionnée. • CE 3 févr. 1995, *Rognon : req. n° 150596.* ♦ Il en va de même de la décision par laquelle la Fédération française d'haltérophilie-musculation, de culturisme et de force a refusé de sélectionner une athlète en vue de championnats européens. • CE 9 déc. 1994, *Tauota-Iskin : RJ éco. sport 1995, n° 34, p. 60, obs. Lachaume*. ♦ ... ou de la décision par laquelle la Fédération française de football a refusé d'autoriser un club à participer aux compétitions nationales de la prochaine saison sportive, le tribunal administratif compétent étant, dans ce cas, celui du lieu du siège de l'association. • CE 29 juill. 1994, *Assoc. sportive roannaise : req. n° 162967.* ♦ ... ou du recours par lequel un requérant sollicite à la fois l'annulation, pour excès de pouvoir, d'une décision individuelle le touchant ainsi que la condamnation de la fédération auteur de la décision à l'indemniser en réparation du préjudice subi. • CE 19 oct. 2010, *Mme B. : req. n° 339905.*

2. En admettant même que les dispositions de l'art. 19 [art. R. 131-2 C. sport] visent exclusivement les recours nés de conflits opposant les licenciés aux fédérations sportives, la circonstance que l'intéressé n'était plus licencié à la date de la décision attaquée ne saurait faire obstacle à la compétence du tribunal administratif, dès lors que le requérant avait bénéficié d'une licence la saison précédente, que le club dans lequel il pratiquait précédemment le football en qualité de joueur professionnel l'avait invité à signer sa licence pour la saison suivante et, enfin, que la décision attaquée a précisément pour effet d'empêcher l'intéressé d'obtenir le renouvellement de sa licence. • TA Paris, 7 déc. 1993, *Burruchaga : RJ éco. sport 1994, n° 30, p. 64, obs. Lachaume.* ♦ *Contra* : • TA Poitiers, 5 janv. 1994, *Eydelie : D. 1995. Somm. 64, obs. Lachaume*. ♦ Mais cette dernière décision a été annulée par le Conseil d'État qui a fait application de l'art. 19 [art. R. 131-2 C. sport] et renvoyé l'affaire au tribunal administratif de Poitiers : • CE 29 juill. 1994, *Eydelie : Lebon T. 1206*. ♦ Comp. : • CE 4 nov. 1983, *Noulard : Lebon 452 ; D. 1984. IR 485, obs. Hecquard-Théron.*

3. La décision par laquelle une ligue régionale homologue les résultats d'un championnat régional ne constitue pas une décision individuelle et n'entre donc pas dans les prévisions de l'art. R. 311-2 [R. 312-17] CJA. • CE 26 sept. 2007, *Assoc. sportive maximoise : req. n° 285275.* ♦ En revanche, les décisions par lesquelles une fédération sportive ou l'un de ses organismes collégiaux à compétence nationale autorise les clubs les mieux classés d'un championnat à participer au championnat de division supérieure l'année suivante constituent des décisions individuelles dont la contestation relève, en premier ressort, de la compétence du tribunal administratif du siège du club concerné. • CE 27 juill. 2005, *Assoc. Dijon Football Côte-d'Or : AJDA 2005. 2352, note Gaté*. ♦ V. toutefois : • TA Paris, 23 avr. 2013, *Ass. US Monistrolienne et autres,* req. n° 1304251 : *JS 2013, n° 132, p. 9, obs. A.-S. J.*

4. La décision de la Fédération française de football rétrogradant, à la suite de l'établissement d'un classement des arbitres, l'un d'entre eux au niveau régional ne peut être regardée ni comme un acte réglementaire d'une autorité à compétence nationale au sens de l'art. R. 311-1-2° CJA, ni comme une décision prise par l'une des autorités énumérées au 4° du même article, de sorte que le Conseil d'État n'est pas compétent pour connaître d'une requête en référé-suspension dirigée contre cette décision. • CE, ord., 13 janv. 2011 : *req. n° 345633.* ♦ Néanmoins, une telle décision revêtant un caractère « collectif » et non individuel, l'art. R. 312-17 CJA prévoyant la compétence du tribunal administratif dans le ressort duquel le requérant a sa résidence n'est pas applicable en l'espèce et la compétence est celle du tribunal administratif dans le ressort duquel a son siège social l'autorité ayant pris la décision, en l'occurrence le TA de Paris. • Même arrêt.

5. Si l'activité de formation assurée par les centres de formation des clubs sportifs professionnels présente un caractère d'intérêt général et si la procédure conduisant à leur agrément implique l'intervention du ministre chargé des sports, les conditions de création, d'organisation, de fonctionnement et de financement des centres de formation relevant d'une association sportive ou d'une société sportive ne permettent pas de les regarder comme étant chargés d'une mission de service public, de sorte que la décision du ministre des sports de refuser d'accorder l'agrément à un centre de formation de club sportif professionnel en application de l'art. L. 211-4 C. sport ne présente pas un caractère réglementaire et ne relève, en conséquence, pas de la compétence de premier et dernier ressort du Conseil d'État au titre du 2° de l'article R. 311-1 du code de justice administrative. • CE, 8 mars 2012, *Assoc. Nice Volley-ball : req. n° 352959.*

6. Sur la compétence juridictionnelle pour contester le refus d'approbation, par le ministre de l'Intérieur, des modifications apportées aux statuts d'une fédération sportive reconnue d'utilité publique, V. note 20 ss. art. L. 131-8.

SECTION II **FÉDÉRATIONS AGRÉÉES**

SOUS-SECTION 1 **DÉLIVRANCE ET RETRAIT DE L'AGRÉMENT**

COMMENTAIRE

Fruit d'une concertation approfondie entre l'État et le mouvement sportif (et en particulier le CNOSF) consécutive aux conclusions des États généraux du sport du 8 décembre 2002, le décret du 7 janvier 2004, codifié aux articles R. 131-3 et suivants et aux annexes I-5 et I-6 du code du sport, rompt avec la tradition fort ancienne des « statuts types » jusque-là imposés aux fédérations (mais la notion de règlement disciplinaire type est conservée). Désormais, pour prétendre à l'agrément ministériel, les fédérations ne doivent plus respecter des statuts types mais adopter des statuts comportant des dispositions statutaires obligatoires. Cette nouvelle approche permet de mieux prendre en compte l'extrême diversité des situations fédérales (plus de 100 fédérations, de la plus modeste à celle regroupant plus de 2 millions de licenciés, sont susceptibles d'être agréées) et, surtout, de conserver à la loi du 1er juillet 1901 qui reste le socle commun à toutes les fédérations son caractère de loi de liberté à laquelle les pouvoirs publics ne doivent (ne devraient ?) porter atteinte que dans la stricte limite de ce qui est nécessaire au regard de l'intérêt général. ❑

Art. R. 131-3 Les fédérations sportives qui sollicitent l'agrément prévu à l'article L. 131-8 doivent :

1° Avoir adopté des statuts comportant des dispositions qui garantissent leur fonctionnement démocratique, la transparence de leur gestion et l'égal accès des femmes et des hommes à leurs instances dirigeantes, et qui comprennent les dispositions obligatoires prévues à l'annexe I-5 *[reproduite ci-dessous]* ;

2° Avoir adopté un règlement disciplinaire conforme au règlement disciplinaire type figurant à l'annexe I-6 *[reproduite ci-dessous]*. Dans ce cas, lorsque la notification des griefs aux intéressés est antérieure à la date d'entrée en vigueur du règlement disciplinaire conforme au règlement disciplinaire type, les procédures disciplinaires engagées par les fédérations restent soumises aux dispositions antérieurement applicables.

(Décr. n° 2016-1054 du 1er août 2016, art. 1er) « Les fédérations sportives peuvent adopter un règlement disciplinaire comportant des dispositions complémentaires à celles du règlement disciplinaire type.

« Le ministre chargé des sports contrôle la conformité du règlement disciplinaire adopté au règlement disciplinaire type ; »

3° Avoir adopté un règlement disciplinaire particulier en matière de lutte contre le dopage conforme aux prescriptions de l'article L. 232-21 ;

4° Justifier d'une existence d'au moins trois ans ;

5° Justifier d'être en mesure d'offrir à leurs membres les structures administratives et l'encadrement technique que requiert la pratique de la discipline. — *[Décr. n° 2004-22 du 7 janv. 2004, art. 1er et 13.]*

Les fédérations sportives doivent avoir adopté le règlement disciplinaire prévu à l'art. R. 131-3 au plus tard le 1er juill. 2017 (Décr. n° 2016-1054 du 1er août 2016, art. 4).

Décret n° 2004-22 du 7 janvier 2004,

Pris pour l'application de l'article 16 de la loi n° 84-610 du 16 juillet 1984 et relatif à l'agrément des fédérations sportives, aux dispositions obligatoires des statuts des fédérations sportives agréées et à leur règlement disciplinaire type.

TITRE III. DISPOSITIONS TRANSITOIRES ET FINALES

Art. 12 Les dispositions des statuts prévues à l'annexe I au présent décret relatives à la représentation des femmes dans la ou les instances dirigeantes sont applicables, au plus tard, lors du renouvellement de la ou des instances dirigeantes qui suit les Jeux olympiques de 2008. — *V. Annexe I-5 code du sport, point 2.2.2.2.1.*

ANNEXE I-5
(Art. R. 131-3 et R. 131-11)

DISPOSITIONS OBLIGATOIRES DES STATUTS DES FÉDÉRATIONS SPORTIVES AGRÉÉES

« TITRE Ier DISPOSITIONS GÉNÉRALES » *(Abrogé par Décr. n° 2016-387 du 29 mars 2016, art. 5-1°)*

1. Dispositions relatives au but et à la composition de la fédération

1.1. But de la fédération

Les statuts comportent :

1.1.1. L'objet social de la fédération, et notamment la ou les disciplines dont la fédération assure l'organisation et la promotion ;

1.1.2. La date de sa création ;

1.1.3. L'adresse de son siège social, ainsi que la procédure à respecter pour le transfert du siège social.

Ils précisent également :

1.1.4. Que sa durée est illimitée ;

1.1.5. Qu'elle veille au respect de la charte de déontologie du sport établie par le Comité national olympique et sportif français.

1.2. Composition de la fédération

Les statuts prévoient :

1.2.1. Que la fédération est composée d'associations sportives constituées dans les conditions prévues par le chapitre II du titre Ier de la loi n° 84-610 du 16 juillet 1984 ;

1.2.2. (Le cas échéant), les conditions dans lesquelles la fédération groupe également une ou plusieurs catégories suivantes de membres :

1.2.2.1. Les personnes physiques auxquelles elle délivre directement des licences ;

1.2.2.2. Les organismes à but lucratif dont l'objet est la pratique d'une ou plusieurs de ses disciplines et qu'elle autorise à délivrer des licences ;

1.2.2.3. Les organismes qui, sans avoir pour objet la pratique d'une ou de plusieurs de ses disciplines, contribuent au développement d'une ou plusieurs de celles-ci ;

1.2.3. Les conditions dans lesquelles la qualité de membre de la fédération peut être refusée et les conditions dans lesquelles elle se perd.

1.3. Organismes nationaux, régionaux ou départementaux

Les statuts prévoient :

1.3.1. (Le cas échéant), que la fédération peut constituer, sous forme d'associations de la loi de 1901 dans le cas où ils ont la personnalité morale, un ou plusieurs organismes nationaux chargés de gérer notamment une ou plusieurs disciplines connexes ;

1.3.2. (Le cas échéant), que la fédération peut constituer, sous forme d'associations de la loi de 1901 ou inscrites selon la loi locale dans les départements du Haut-Rhin et de la Moselle, s'ils ont la personnalité morale, des organismes régionaux ou départementaux chargés de la représenter dans leur ressort territorial respectif et d'y assurer l'exécution d'une partie de ses missions, et dont le ressort territorial ne peut être autre que celui des services déconcentrés du ministère chargé des sports que sous réserve de justifications et en l'absence d'opposition motivée du ministre chargé des sports ;

Les organismes régionaux, départementaux ou locaux constitués par la fédération dans les départements d'outre-mer, à Saint-Pierre-et-Miquelon ou à Mayotte peuvent en outre, le cas échéant, conduire des actions de coopération avec les organisations sportives des États de la zone géographique dans laquelle ils sont situés et, avec l'accord de la fédération, organiser des compétitions ou manifestations sportives internationales à caractère régional ou constituer des équipes en vue de participer à de telles compétitions ou manifestations ;

COMMENTAIRE

Même si le texte omet de le mentionner, le département du Bas-Rhin figure naturellement parmi les départements qui sont régis par le droit local alsacien-mosellan. ❑

1.3.3. Dans les cas prévus aux 1.3.1 et 1.3.2, et lorsque les organismes nationaux, régionaux ou départementaux sont constitués sous forme d'association, le mode de scrutin pour la désignation de leurs instances dirigeantes ainsi que le principe de la compatibilité des statuts de ces organismes avec les statuts de la fédération ;

COMMENTAIRE

Si les statuts fédéraux doivent comporter l'indication du mode de scrutin selon lequel les instances dirigeantes des organismes déconcentrés sont élues, celui-ci peut ne pas être uniforme pour l'ensemble de ceux-ci afin de tenir compte, notamment, des disparités démographiques.

Le texte impose, c'est bien le moins, que les statuts des organismes en cause doivent être compatibles avec ceux de la fédération. Compatibilité ne signifie pas conformité, les statuts des organismes déconcentrés n'ont donc pas à être strictement calqués sur ceux de la fédération, d'autant plus que certaines dispositions sont par essence nationales. En revanche, la fédération est parfaitement en droit d'imposer à ses organismes déconcentrés les modalités selon lesquelles cette compatibilité est atteinte (liberté totale, dispositions statutaires obligatoires ou statuts types). ❑

1.3.4. (Le cas échéant), que la fédération constitue une ligue professionnelle dans les conditions prévues au II de l'article 17 de la loi n° 84-610 du 16 juillet 1984.

1.4. Les licenciés

1.4.1. Les statuts précisent :

1.4.1.1. Les conditions dans lesquelles les licenciés participent aux activités et au fonctionnement de la fédération, notamment les conditions dans lesquelles ils peuvent être candidats à l'élection pour la désignation des membres des instances dirigeantes de la fédération ou des organismes constitués en application du 1.3 ci-dessus ;

1.4.1.2. Les conditions de fond et de forme de délivrance des licences ;

1.4.1.3. Les conditions de fond et de forme de retrait de la licence, dans le respect des droits de la défense ;

COMMENTAIRE

Les conditions de fond et de forme visées aux 1.4.1.2. et 1.4.1.3. concernent les principes essentiels et fondamentaux. La procédure concrète et matérielle, notamment de délivrance des licences, relève naturellement des règlements fédéraux et non des statuts. ❑

1.4.2. (Le cas échéant), ils précisent :

1.4.2.1. Si les membres adhérents des associations affiliées doivent être titulaires d'une licence ; dans cette hypothèse, ils indiquent que la fédération peut, en cas de non-respect de cette obligation par une association affiliée, prononcer une sanction dans les conditions prévues par son règlement disciplinaire ;

1.4.2.2. Si des activités, à définir par le règlement intérieur, sont ouvertes aux personnes qui ne sont pas titulaires de la licence ; dans cette hypothèse, ils prévoient que la délivrance du titre permettant la participation des non-licenciés à ces activités peut donner lieu à la perception d'un droit et peut être subordonnée au respect par les intéressés de conditions destinées à garantir leur santé ainsi que leur sécurité et celle des tiers.

2. Dispositions relatives aux organes fédéraux

2.1. L'assemblée générale

2.1.1. Composition.

2.1.1.1. Les statuts prévoient :

2.1.1.1.1. Que l'assemblée générale de la fédération est composée des représentants des associations sportives affiliées désignés, pour ceux qui sont élus par les assemblées générales des organismes régionaux et départementaux, selon le même mode de scrutin à tous les niveaux, départemental et régional ;

2.1.1.1.2. Que le nombre de voix dont disposent les représentants des associations affiliées est déterminé notamment en fonction du nombre de licences délivrées, selon un barème à fixer ;

2.1.1.2. (Le cas échéant), les statuts prévoient :

2.1.1.2.1. Lorsque la fédération comprend des membres des catégories mentionnées au 1.2.2.1 ou au 1.2.2.2, le mode de scrutin pour la désignation des représentants de ces membres à l'assemblée générale, qui doit être le même que le mode de scrutin adopté pour la désignation des représentants des associations affiliées ;

2.1.1.2.2. Lorsque la fédération comprend des membres de la catégorie mentionnée au 1.2.2.3, que ces membres disposent d'une voix.

2.1.2. Fonctionnement.

2.1.2.1. Les statuts prévoient :

2.1.2.1.1. Les conditions de convocation de l'assemblée générale, notamment à l'initiative d'un certain nombre de ses membres, un nombre minimum de réunions par an ainsi que les modalités de tenue de l'assemblée générale ;

2.1.2.1.2. Que l'assemblée générale entend chaque année les rapports sur la gestion de la ou des instances dirigeantes et sur la situation morale et financière de la fédération ;

2.1.2.1.3. Qu'elle vote le budget et approuve les comptes de l'exercice clos ;

2.1.2.1.4. Qu'elle fixe les cotisations dues par ses membres ;

(Décr. n° 2016-1054 du 1er août 2016, art. 2-1°) « 2.1.2.1.5. Qu'elle adopte, sur proposition de l'instance dirigeante compétente, le règlement intérieur et le règlement financier ; »

2.1.2.1.6. Qu'elle est seule compétente pour se prononcer sur les acquisitions, les échanges et les aliénations de biens immobiliers, sur la constitution d'hypothèques et sur les baux de plus de neuf ans ;

2.1.2.1.7. Qu'elle décide seule des emprunts excédant la gestion courante.

COMMENTAIRE

Cette disposition figurait déjà dans les anciens statuts types mais la notion de « gestion courante » a été ajoutée afin de ne pas retarder inutilement des opérations basiques dans l'attente de l'assemblée générale suivante. ❑

2.2. *La ou les instances dirigeantes*

2.2.1. Répartition des compétences.

Les statuts déterminent la ou les instances chargées de diriger et d'administrer la fédération et prévoient, à ce titre, la répartition des compétences entre elles sous réserve des compétences obligatoirement attribuées à l'assemblée générale.

(Décr. n° 2016-1054 du 1er août 2016, art. 2-2°) « Les statuts peuvent désigner une instance dirigeante collégiale, autre que l'assemblée générale pour adopter des règlements de la fédération. »

COMMENTAIRE

Le recours à la notion d'« instance(s) dirigeante(s) » permet aux fédérations de choisir le mode de gouvernance qui leur est le mieux adapté, même si la majorité d'entre elles continuent de fonctionner selon le schéma classique comité directeur (organe de droit commun)/bureau (organe de gestion courante). ❑

Est illégale la modification d'un règlement, en l'espèce le règlement des agents sportifs élaborés en application de l'art. L. 222-17 C. sport, qui a été adoptée par une instance autre que celle statutairement compétente : • CE 10 juin 2013, *Syndicat national des agents sportifs,* req. n° 361327 : *AJDA 2013. 2009 ; Dict. perm. dr. sport 2013, Bull. n° 202, p. 2, obs. J. Bérenger ; LPA 2013, n° 145, p. 15, obs. M. Peltier ; Cah. dr. sport 2013, n° 32, p. 170, obs. J.-M. Marmayou* ♦ V. déjà : • CE, 20 nov. 1996, *Club de Reims Haltérophilie Musculation,* req. n° 164185 : *Assoc. Football club d'Istres ville nouvelle, SAEMS Football club d'Istres ville nouvelle : RJ éco. sport 1999, n° 52, p. 49, obs. J.-F. Lachaume .*

2.2.2. Composition, fonctionnement et attributions.

2.2.2.1. Les statuts prévoient les modalités de composition et de fonctionnement de la ou des instances dirigeantes de la fédération, notamment le nombre de leurs membres.

2.2.2.2. Ils précisent :

(Abrogé par Décr. n° 2013-1200 du 20 déc. 2013) « 2.2.2.2.1. Que la représentation des femmes est garantie au sein de la ou des instances dirigeantes en leur attribuant un nombre de sièges en proportion du nombre de licenciées éligibles ; »

COMMENTAIRE

Cette disposition, obligatoire à compter des élections suivant les Jeux olympiques de 2008, compréhensible dans son esprit, a posé de nombreux problèmes d'application.

Au demeurant, elle a été abrogée pour des motifs de non-conformité à la Constitution sur injonction du juge à la suite d'un recours intenté par la Fédération française de gymnastique qui compte près de 85 % de licenciées (V. note *infra*).

Elle a été remplacée par une disposition de niveau législatif, issue de la loi n° 2014-873 du 4 août 2014, qui figure désormais à l'article L. 131-8 du code du sport. ❑

Si le principe constitutionnel d'égalité ne fait pas obstacle à la recherche d'un accès équilibré des femmes et des hommes aux responsabilités, il interdit, réserve faite de dispositions constitutionnelles particulières, de faire prévaloir la considération du sexe sur celle des capacités et de l'utilité commune. Ainsi, avant l'adoption de la loi constitutionnelle du 23 juillet 2008, le principe constitutionnel d'égalité excluait que la composition des organes dirigeants des personnes morales de droit privé, comme les fédérations sportives, soit régie par des règles contraignantes fondées sur le sexe des personnes appelées à y siéger. Si le second alinéa désormais ajouté à l'article 1er de la Constitution a pour objet de combiner ce principe et l'objectif d'égal accès des femmes et des hommes aux responsabilités professionnelles et sociales, il résulte également de ces dispositions que le législateur est seul compétent en la matière. En conséquence, les dispositions du point 2.2.2.2.1. des statuts types des fédérations sportives agréées, issues du décret du 7 janvier 2004, qui ne se bornent pas à fixer un objectif de représentation équilibrée entre les femmes et les hommes au sein des instances dirigeantes des fédérations agréées, mais imposent le respect d'une proportion déterminée entre les hommes et les femmes au sein de ces instances étaient ainsi contraires au principe constitutionnel d'égalité devant la loi, à la date à laquelle elles ont été édictées • CE 10 oct. 2013, *Féd. fr. de gymnastique, req. n° 359219 : JS 2013, n° 136, p. 8, obs. F. Lagarde ; Dict. perm. dr. sport 2013, Bull. n° 205, p. 1, obs. D. Rémy ; Revue générale du droit on line, 2013, numéro 11878, note P. Cossalter ; JCP éd. G 2013, n° 43, p. 1954, obs. M. Touzeil-Divina ; JS 2014, n° 145, p. 36, note S. Giummarra ; Cah. dr. sport 2013, n° 34, p. 51, obs. G. Rabu ; Cah. dr. sport 2013, n° 34, p. 62, note F. Colin ; JS 2014, n° 139, p. 29, obs. E.*

Honorat ✐. ♦ … Ce qui conduit, en conséquence, à l'annulation de la décision par laquelle le ministre de l'Intérieur a refusé, dans le cadre de son contrôle sur les associations reconnues d'utilité publique et sur le fondement des dispositions réglementaires censurées par le Conseil d'État, d'approuver les modifications statutaires de la Fédération française de gymnastique. • TA Paris, 18 avr. 2014, *Fédération française de gymnastique*, req. n° 1211424/6-1 : *Dict. perm. dr. sport 2014, Bull. n° 212, p. 10, obs. D. Rémy.*

2.2.2.2.2. Qu'un médecin siège au sein d'une des instances dirigeantes ;

COMMENTAIRE

Il s'agit du seul poste réservé qui subsiste par rapport aux anciens statuts types. Les fédérations peuvent naturellement en prévoir d'autres (sportifs de haut niveau, jeunes, arbitres, élus internationaux, …) mais doivent sans doute veiller à rester dans une proportion raisonnable de postes réservés pour ne pas dénaturer le principe de l'élection. ❑

2.2.2.2.3. Que les membres de la ou des instances dirigeantes sont élus au scrutin secret, pour une durée de quatre ans ;

2.2.2.2.4. Le mode de scrutin selon lequel se déroulent les élections ;

2.2.2.2.5. Que le mandat de la ou des instances dirigeantes expire au plus tard le *(Décr. n° 2016-387 du 29 mars 2016, art. 5-2°)* « 31 décembre de l'année durant laquelle se tiennent » les Jeux olympiques d'été ou le 30 juin pour les fédérations qui relèvent d'une discipline inscrite aux Jeux olympiques d'hiver ; — *Les dispositions du présent al. ne s'appliquent pas aux mandats en cours des instances dirigeantes des fédérations sportives agréées, qui expirent au plus tard le 31 mars 2017 (Décr. n° 2016-387 du 29 mars 2016, art. 6).*

2.2.2.2.6. Que ne peuvent être élues membres d'une instance dirigeante :

1° Les personnes de nationalité française condamnées à une peine qui fait obstacle à leur inscription sur les listes électorales ;

2° Les personnes de nationalité étrangère condamnées à une peine qui, lorsqu'elle est prononcée contre un citoyen français, fait obstacle à son inscription sur les listes électorales ;

3° Les personnes à l'encontre desquelles a été prononcée une sanction d'inéligibilité à temps, notamment pour manquement grave aux règles techniques du jeu constituant une infraction à l'esprit sportif.

2.2.2.3. Les statuts prévoient également :

2.2.2.3.1. Les conditions de remplacement d'un membre d'une instance dirigeante en cas de vacance ;

2.2.2.3.2. Les conditions de convocation de la ou des instances dirigeantes, notamment à l'initiative d'un certain nombre de ses membres, un nombre minimum par an de réunion et les modalités de déroulement des réunions ;

2.2.2.3.3. Les conditions dans lesquelles il peut être mis fin au mandat des membres de la ou des instances dirigeantes ;

2.2.2.4. Ils prévoient que le directeur technique national assiste avec voix consultative aux séances des instances dirigeantes.

2.3. Le président

2.3.1. Les statuts précisent les conditions dans lesquelles le président de la fédération est élu.

COMMENTAIRE

A la différence des instances dirigeantes *(V. point 2.2.2.2.3.)*, le texte n'impose aucune durée s'agissant du mandat du président. A tout le moins, une durée maximum de quatre ans (olympiade) s'impose à l'évidence. ❑

2.3.2. Ils prévoient :

2.3.2.1. Que le président ordonnance les dépenses ;

2.3.2.2. Qu'il représente la fédération dans tous les actes de la vie civile et devant les tribunaux ;

2.3.2.3. Qu'il peut déléguer certaines de ses attributions dans les conditions fixées par le règlement intérieur ; que toutefois, la représentation de la fédération en justice ne peut être assurée, à défaut du président, que par un mandataire agissant en vertu d'un pouvoir spécial.

2.3.3. Les statuts prévoient que sont incompatibles avec le mandat de président de la fédération les fonctions de chef d'entreprise, de président de conseil d'administration, de président et de membre de directoire, de président de conseil de surveillance, d'administrateur délégué, de directeur général, directeur général adjoint ou gérant exercées dans les sociétés, entreprises ou établissements, dont l'activité consiste principalement dans l'exécution de travaux, la prestation de fournitures ou de services pour le compte ou sous le contrôle de la fédération, de ses organes internes ou des associations qui lui sont affiliées.

Ils précisent que ces dispositions sont applicables à toute personne qui, directement ou par personne interposée, exerce en fait la direction de l'un des établissements, sociétés ou entreprises ci-dessus mentionnés.

2.4. Autres organes de la fédération

Les statuts instituent :

2.4.1. Une commission de surveillance des opérations électorales chargée de veiller, lors des opérations de vote relatives à l'élection du président et des instances dirigeantes, au respect des dispositions prévues par les statuts et le règlement intérieur ; sont précisés :

2.4.1.1. Le nombre de membres composant la commission, dont une majorité de personnes qualifiées, et l'impossibilité pour ces membres d'être candidats aux élections pour la désignation des instances dirigeantes de la fédération ou de ses organes déconcentrés ;

2.4.1.2. Les modalités de saisine de cette commission ;

2.4.1.3. La possibilité pour la commission de procéder à tous contrôles et vérifications utiles ;

2.4.1.4. La compétence de la commission pour :

(Décr. n° 2016-1054 du 1er août 2016, art. 2-3°) « *a)* Se prononcer sur la recevabilité des candidatures par une décision prise en premier et dernier ressort ; »

b) Avoir accès à tout moment aux bureaux de vote, leur adresser tous conseils et former à leur intention toutes observations susceptibles de les rappeler au respect des dispositions statutaires ;

c) Se faire présenter tout document nécessaire à l'exercice de ses missions ;

d) En cas de constatation d'une irrégularité, exiger l'inscription d'observations au procès-verbal, soit avant la proclamation des résultats, soit après cette proclamation.

COMMENTAIRE

Il est regrettable que la mise en place d'une telle commission, souhaitable à bien des égards, soit encadrée par un texte qui limite ses compétences à un strict rôle d'observateur, sans possibilité de lui conférer de réelles compétences décisionnelles. Dans la mesure où, en tout état de cause, le juge serait, le cas échéant, chargé *in fine* de contrôler ses décisions, il aurait pu être opportun de permettre aux fédérations de la doter de réels pouvoirs de décision (organisation des élections, contestations, ...). ❑

2.4.2. Une commission médicale dont la composition et le fonctionnement sont précisés par le règlement intérieur.

2.4.3. Une commission des juges et arbitres, qui a pour mission de proposer les conditions dans lesquelles sont assurés la formation et le perfectionnement des arbitres et juges des disciplines pratiquées par la fédération.

3. Dotations et ressources annuelles

Les statuts prévoient :

3.1. *(Décr. n° 2016-387 du 29 mars 2016, art. 5-3°)* « Le cas échéant, » le montant de la dotation ;

COMMENTAIRE

La dotation ne concerne que les fédérations reconnues d'utilité publique. ❑

3.2. Que les ressources annuelles de la fédération comprennent :

a) Le revenu de ses biens ;

b) Les cotisations et souscriptions de ses membres ;

c) Le produit des licences et des manifestations ;

d) Les subventions de l'État, des collectivités territoriales et des établissements publics ;

e) Les ressources créées à titre exceptionnel, s'il y a lieu avec l'agrément de l'autorité compétente ;

f) Le produit des rétributions perçues pour services rendus.

3.3. Sur le plan financier et comptable :

3.3.1. Que la comptabilité de la fédération est tenue conformément aux lois et règlements en vigueur ;

3.3.2. Si une comptabilité distincte, formant un chapitre de la comptabilité de la fédération, est tenue pour certains établissements ;

3.3.3. Qu'il est justifié chaque année auprès du ministre chargé des sports de l'emploi des subventions reçues par la fédération au cours de l'exercice écoulé.

4. Modifications des statuts et dissolution

Les statuts précisent les conditions de leur modification et les conditions de dissolution de la fédération, notamment :

4.1. Que l'assemblée générale destinée à modifier les statuts est convoquée, sur un ordre du jour comportant les propositions de modifications, sur proposition d'une instance dirigeante ou d'un nombre minimum de membres représentant un nombre minimum de voix, et les règles de quorum et de majorité appropriées ;

4.2. Que l'assemblée générale ne peut prononcer la dissolution de la fédération que si elle est convoquée spécialement à cet effet et dans les conditions prévues pour la modification des statuts ; qu'en cas de dissolution, l'assemblée générale désigne un ou plusieurs commissaires chargés de la liquidation de ses biens *(Décr. n° 2016-387 du 29 mars 2016, art. 5-4°)* « et attribue l'actif net à un ou plusieurs établissements analogues, publics ou reconnus d'utilité publique, ou à des établissements mentionnés au dernier alinéa de l'article 6 de la loi du 1er juillet 1901 » ;

4.3. Que les délibérations de l'assemblée générale concernant la modification des statuts, la dissolution de la fédération et la liquidation de ses biens sont adressées sans délai au ministère chargé des sports.

5. Surveillance et publicité

Les statuts prévoient :

5.1. Que le président de la fédération ou son délégué fait connaître dans les trois mois à la préfecture du département ou à la sous-préfecture de l'arrondissement où elle a son siège tous les changements intervenus dans la direction de la fédération ;

5.2. Que les procès-verbaux de l'assemblée générale et les rapports financiers et de gestion sont communiqués chaque année aux associations membres de la fédération et, le cas échéant, aux membres mentionnés aux 1.2.2.2 et 1.2.2.3 ainsi qu'au ministre chargé des sports ;

5.3. Que les documents administratifs de la fédération et ses pièces de comptabilité, dont un règlement financier, sont présentés sans déplacement, sur toute réquisition du ministre chargé des sports ou de son délégué, à tout fonctionnaire accrédité par l'un d'eux, et que le rapport moral et le rapport financier et de gestion sont adressés chaque année au ministre chargé des sports ;

5.4. Que le ministre chargé des sports a le droit de faire visiter par ses délégués les établissements fondés par la fédération et d'être informé des conditions de leur fonctionnement ;

5.5. Qu'un bulletin publie les règlements édictés par la fédération.

TITRE II *[ABROGÉ]* DISPOSITIONS SPÉCIFIQUES AUX FÉDÉRATIONS RECONNUES D'UTILITÉ PUBLIQUE

(Abrogé par Décr. n° 2016-387 du 29 mars 2016, art. 5-5°)

Les statuts des fédérations sportives reconnues d'utilité publique prévoient en outre :

1. En ce qui concerne les délibérations de la ou des instances dirigeantes : que les délibérations relatives à l'acceptation des dons et legs ne sont valables qu'après approbation administrative donnée dans les conditions prévues par l'article 910 du code civil, l'article 7 de la loi du 4 février 1901 et le décret n° 66-388 du 13 juin 1966.

2. En ce qui concerne les délibérations de l'assemblée générale : que les délibérations relatives aux aliénations de biens mobiliers et immobiliers dépendant de la dotation, à la constitution d'hypothèques et aux emprunts, ne sont valables qu'après approbation administrative ;

3. En ce qui concerne les recettes annuelles de l'association : qu'elles comprennent le produit des libéralités dont l'emploi est autorisé au cours de l'exercice ;

4. En ce qui concerne les fonds provenant des subventions : qu'il est justifié chaque année auprès du préfet du département, du ministre de l'intérieur et du ministre chargé des sports de l'emploi de ceux qui ont été accordés au cours de l'exercice écoulé ;

5. En ce qui concerne la dissolution, que dans cette hypothèse l'assemblée générale attribue l'actif net à un ou plusieurs établissements analogues, publics ou reconnus d'utilité publique, ou à des établissements mentionnés à l'article 6, cinquième alinéa, de la loi du 1er juillet 1901 modifiée ;

6. En ce qui concerne les délibérations de l'assemblée générale relatives à la modification des statuts et à la dissolution de la fédération : qu'elles sont adressées, sans délai, au ministre de l'intérieur et ne sont valables qu'après leur approbation ;

7. Que les registres de la fédération et ses pièces de comptabilité sont présentés sans déplacement, sur toute réquisition du ministre de l'intérieur ou du préfet, à eux-mêmes ou à leur délégué ou à tout fonctionnaire accrédité par eux ; et que le rapport annuel et les comptes – y compris ceux des instances locales – sont adressés chaque année au préfet du département et au ministre de l'intérieur ;

8. Que le ministre de l'intérieur a le droit de faire visiter par ses délégués les établissements fondés par l'association et de se faire rendre compte de leur fonctionnement ;

9. Que le règlement intérieur, préparé par la ou les instances dirigeantes et adopté par l'assemblée générale, est adressé à la préfecture du département et ne peut entrer en vigueur ni être modifié qu'après approbation du ministre de l'intérieur.

ANNEXE I-6

(Art. R. 131-3 et R. 132-7)

RÈGLEMENT DISCIPLINAIRE TYPE DES FÉDÉRATIONS SPORTIVES AGRÉÉES

BIBL. ▶ D. RÉMY, Refonte du règlement disciplinaire type des fédérations sportives, *Dict. perm. dr. sport 2016, Bull. n° 237, p. 1, comm. D. Rémy.*

Art. 1er Le présent règlement est établi en application des articles L. 131-8 et R. 131-3 et conformément à l'article ..... (1) des statuts de la fédération.

Le présent règlement ne s'applique pas à l'exercice du pouvoir disciplinaire à l'égard des agents sportifs et en matière de lutte contre le dopage, régi par des dispositions particulières.

Chapitre Ier Organes et procédures disciplinaires

Section I Dispositions communes aux organes disciplinaires de première instance et d'appel

Art. 2 Il est institué un ou plusieurs organes disciplinaires de première instance et un ou plusieurs organes disciplinaires d'appel investis du pouvoir disciplinaire à l'égard :

1° Des associations affiliées à la fédération ;

2° Des licenciés de la fédération ;

3° Des titulaires de titres permettant la participation aux activités sportives de la fédération ;

4° Des organismes à but lucratif dont l'objet est la pratique d'une ou plusieurs disciplines de la fédération et qu'elle autorise à délivrer des licences ;

5° Des organismes qui, sans avoir pour objet la pratique d'une ou plusieurs disciplines de la fédération, contribuent au développement d'une ou plusieurs de celles-ci ;

6° Des sociétés sportives ;

7° Tout membre, préposé, salarié ou bénévole de ces associations et sociétés sportives agissant en qualité de dirigeant ou de licencié de fait.

Ces organes disciplinaires sont compétents pour prononcer des sanctions à raison des faits contraires aux règles posées par les statuts et règlements de la fédération, de ses organes déconcentrés ou, le cas échéant, de la ligue professionnelle et commis par une personne physique ou morale en une des qualités mentionnées ci-dessus à la date de commission des faits.

Les membres des organes disciplinaires, y compris leur président*[,]* sont désignés par ..... (2).

Il ne peut être mis fin aux fonctions d'un membre en cours de mandat qu'en cas :

1° D'empêchement définitif constaté par les instances mentionnées ci-dessus ;

2° Ou de démission ;

3° Ou d'exclusion.

Chacun de ces organes se compose de trois membres au moins choisis, notamment, en raison de leur compétence d'ordre juridique ou en matière d'éthique et de déontologie sportives.

Les présidents de la fédération, de ses organes déconcentrés ou, le cas échéant, de la ligue professionnelle ainsi que les membres des instances dirigeantes de la fédération ou de la ligue professionnelle ne peuvent être simultanément membres d'aucun organe disciplinaire.

Tout organe disciplinaire des organes déconcentrés de la fédération est composé en majorité de membres n'appartenant pas aux instances dirigeantes de ces derniers.

Les membres des organes disciplinaires ne peuvent être liés à la fédération, à ses organes déconcentrés, le cas échéant, à la ligue professionnelle par un lien contractuel autre que celui résultant éventuellement de la licence.

Art. 3 La durée du mandat des membres des organes disciplinaires de la fédération, de ses organes déconcentrés ou, le cas échéant, de la ligue professionnelle est identique à celle du mandat des instances dirigeantes correspondantes. Leur mandat expire au plus tard à la fin de la saison sportive au cours de laquelle les instances dirigeantes sont renouvelées.

En cas d'empêchement définitif, de démission ou d'exclusion d'un membre, un nouveau membre peut être désigné dans les mêmes conditions que son prédécesseur pour la durée du mandat restant à courir.

Art. 4 Les membres des organes disciplinaires se prononcent en toute indépendance et ne peuvent recevoir d'instruction.

Les membres des organes disciplinaires et les secrétaires de séance sont astreints à une obligation de confidentialité pour les faits, actes et informations dont ils ont connaissance en raison de leurs fonctions.

Toute méconnaissance des règles fixées aux articles 2, 7 et au présent article constitue un motif d'exclusion du membre de l'organe disciplinaire ou du secrétaire de séance par les instances compétentes pour leur désignation.

Art. 5 Les organes disciplinaires de première instance et d'appel se réunissent sur convocation de leur président ou de la personne qu'il mandate à cet effet. Chacun d'eux ne peut délibérer valablement que lorsque trois au moins de ses membres sont présents.

En cas de partage égal des voix, le président de séance a voix prépondérante.

Le président de séance de l'organe disciplinaire désigne soit un membre de celui-ci, soit une autre personne pour assurer les fonctions de secrétaire de séance.

En cas d'empêchement définitif du président, la présidence de l'organe disciplinaire est assurée par le membre le plus âgé de l'organe disciplinaire.

Art. 6 Les débats devant les organes disciplinaires sont publics.

Toutefois, le président de séance peut, d'office ou à la demande de la personne poursuivie, le cas échéant de son représentant légal, de son conseil ou de son avocat, interdire au public l'accès de la salle pendant tout ou partie de l'audience dans l'intérêt de l'ordre public ou de la sérénité des débats ou lorsque le respect de la vie privée ou du secret professionnel le justifie.

Art. 7 Les membres des organes disciplinaires doivent faire connaître au président de l'organe dont ils sont membres s'ils ont un intérêt direct ou indirect à l'affaire. Dans ce cas, ils ne peuvent siéger.

A l'occasion d'une même affaire, nul ne peut siéger dans l'organe disciplinaire d'appel s'il a siégé dans l'organe disciplinaire de première instance.

Art. 8 Pour tenir compte de l'éloignement géographique ou de contraintes professionnelles ou médicales, le président de l'organe disciplinaire, après avoir recueilli l'accord de la personne poursuivie, peut décider que tout ou partie des débats seront conduits sous forme de conférence audiovisuelle, pourvu qu'il soit recouru à des moyens garantissant la participation effective de chaque personne aux débats et le caractère contradictoire de la procédure.

Art. 9 La transmission des documents et actes de procédure mentionnés au présent règlement est effectuée par courrier recommandé avec accusé de réception ou par courrier remis en main propre contre décharge ou, le cas échéant, par courrier électronique à la personne poursuivie ou à son représentant légal, à son avocat, à l'organisme à but lucratif, à l'association ou à la société sportive avec lequel elle a un lien juridique.

L'utilisation du courrier électronique doit garantir la fiabilité de l'identification des parties à la communication électronique, l'intégrité des documents adressés ainsi que la sécurité et la confidentialité des échanges entre l'ensemble des personnes participant à la procédure disciplinaire. Elle doit permettre également d'établir de manière certaine la date et l'heure de la transmission des documents ainsi que celles de leur réception par leur destinataire.

Section II Dispositions relatives aux organes disciplinaires de première instance

Art. 10 Les poursuites disciplinaires sont engagées selon les modalités suivantes..... (3).

Les affaires disciplinaires qui doivent faire l'objet d'une instruction sont : .... (4).

Toute autre affaire disciplinaire peut faire l'objet d'une instruction sur décision du président de l'organe disciplinaire.

Les personnes habilitées à effectuer l'instruction des affaires disciplinaires (5) sont désignées par ..... (2). Elles sont choisies soit parmi les personnes physiques, ou les collaborateurs et licenciés des personnes morales, mentionnées à l'article 2, soit en raison de leur compétence au regard des faits objets des poursuites. En cette qualité et pour les besoins de l'instruction des affaires dont elles sont chargées, elles ont délégation du président de la fédération, de ses organes déconcentrés ou, le cas échéant, de la ligue professionnelle pour toutes les correspondances relatives à l'accomplissement de leur mission.

Elles ne peuvent être membres des organes disciplinaires saisis de l'affaire qu'elles ont instruite, ni avoir un intérêt direct ou indirect à l'affaire. Elles sont astreintes à une obligation de confidentialité pour tous les faits, actes et informations dont elles ont connaissance en raison de leurs fonctions. Toute méconnaissance de ces obligations constitue une faute.

Art. 11 Lorsque l'affaire fait l'objet d'une instruction, la personne chargée de l'instruction établit un rapport qu'elle adresse à l'organe disciplinaire et à la personne poursuivie au vu des éléments du dossier et de tout renseignement recueilli par tout moyen. Elle n'a pas compétence pour clore d'elle-même une affaire.

Les personnes chargées de l'instruction exercent leur mission en toute impartialité et objectivité et peuvent :

1° Entendre toute personne dont l'audition paraît utile ;

2° Demander à toute personne des informations nécessaires à la procédure.

Art. 12 Lorsque les circonstances le justifient, notamment au regard de la gravité des faits, les organes compétents (6) peuvent prononcer à l'encontre de la personne poursuivie, à tout moment de la procédure disciplinaire de première instance et par décision motivée, une mesure conservatoire (7) dans l'attente de la notification de la décision de l'organe disciplinaire.

La mesure conservatoire prend fin en cas de retrait de celle-ci par les personnes ou les organes compétents. Elle prend également fin si l'organe disciplinaire n'est pas en mesure de statuer dans le délai qui lui est imparti à l'article 18 du présent règlement.

Les décisions relatives aux mesures conservatoires sont notifiées aux personnes poursuivies dans les conditions prévues à l'article 9 et sont insusceptibles d'appel.

Art. 13 La personne poursuivie et, le cas échéant, son représentant légal sont convoqués devant l'organe disciplinaire par l'envoi d'un document énonçant les griefs retenus dans les conditions prévues à l'article 9, au minimum sept jours avant la date de la séance.

La personne poursuivie ainsi que, le cas échéant, son représentant légal, son conseil ou son avocat peuvent consulter, avant la séance, le rapport et l'intégralité du dossier (8).

Ils peuvent demander que soient entendues les personnes de leur choix, dont ils communiquent les noms quarante-huit heures au moins avant la réunion de l'organe disciplinaire. Pour tenir compte de l'éloignement géographique ou de contraintes professionnelles ou médicales des personnes dont l'audition est demandée, celle-ci peut être réalisée par conférence téléphonique sous réserve de l'accord du président de l'organe disciplinaire et de la personne poursuivie.

Le président de l'organe disciplinaire peut refuser, par décision motivée, les demandes d'audition manifestement abusives.

Lors de la séance, la personne poursuivie peut être accompagnée de son représentant légal, de son conseil ou de son avocat et présenter ses observations écrites ou orales.

Si elle ne parle pas ou ne comprend pas suffisamment la langue française, elle peut demander à être assistée d'un interprète de son choix à ses frais ou d'un interprète choisi par la fédération aux frais de celle-ci.

Le délai de sept jours mentionné au premier alinéa peut être réduit en cas d'urgence, de circonstances tenant au bon déroulement des compétitions sportives ou de circonstances exceptionnelles par décision du président de l'organe disciplinaire, à son initiative ou à la demande de la personne chargée de l'instruction ou de la personne poursuivie. En ce cas, la faculté de demander l'audition de personnes s'exerce sans condition de délai.

La lettre de convocation mentionnée au premier alinéa indique à la personne poursuivie l'ensemble des droits définis au présent article.

Art. 14 En cas d'urgence, de circonstances tenant au bon déroulement des compétitions sportives ou de circonstances exceptionnelles, et sauf cas de force majeure, le report de l'affaire ne peut être demandé.

Dans les autres cas et sauf cas de force majeure, le report de l'affaire ne peut être demandé par la personne poursuivie ou, le cas échéant, son représentant légal, son conseil ou son avocat, qu'une seule fois, quarante-huit heures au plus tard avant la date de la séance, pour un motif sérieux.

Le président de l'organe disciplinaire accorde ou non le report. En cas de refus, sa décision doit être motivée.

Il peut également décider de sa propre initiative de prononcer un report.

Art. 15 Lorsque l'affaire est dispensée d'instruction, le président de séance de l'organe disciplinaire ou la personne qu'il désigne expose les faits et le déroulement de la procédure. Dans les autres cas, la personne chargée de l'instruction présente oralement son rapport. En cas d'empêchement de la personne chargée de l'instruction, son rapport peut être lu par le président de séance ou la personne qu'il désigne.

Toute personne dont l'audition paraît utile peut être entendue par l'organe disciplinaire. Si une telle audition est décidée, le président en informe la personne poursuivie avant la séance.

La personne poursuivie et, le cas échéant, son représentant légal ainsi que la ou les personnes qui l'assistent ou le représentent sont invités à prendre la parole en dernier.

Art. 16 Par exception aux dispositions de l'article 13, lorsque l'organe disciplinaire leur a fait connaître que la nature ou les circonstances de l'affaire ne justifient pas leur convocation devant l'organe disciplinaire, à savoir ..... (9), la personne poursuivie ou son représentant légal, son conseil ou son avocat peuvent adresser par écrit des observations en défense. Ils peuvent néanmoins demander à être entendus dans les conditions prévues aux articles 13 et 15.

Art. 17 L'organe disciplinaire délibère à huis clos, hors la présence de la personne poursuivie, des personnes qui l'assistent ou la représentent, des personnes entendues à l'audience et de la personne chargée de l'instruction.

Lorsque les fonctions de secrétaire de séance sont assurées par une personne qui n'est pas membre de l'organe disciplinaire, celle-ci peut assister au délibéré sans y participer.

L'organe disciplinaire prend une décision motivée. Cette décision ou le procès-verbal de la séance qui la relate est signé par le président de séance et le secrétaire.

La décision ou l'extrait du procès-verbal constituant la décision est notifié à la personne poursuivie ou, le cas échéant, à son représentant légal, ou à l'organisme à but lucratif, l'association ou la société sportive avec lequel elle a un lien juridique, selon les modalités prévues par l'article 9.

La notification mentionne les voies et délais de recours.

L'association sportive, la société sportive ou l'organisme à but lucratif dont dépend la personne poursuivie sont informés de cette décision (10).

Art. 18 L'organe disciplinaire de première instance doit se prononcer dans un délai de dix semaines à compter de l'engagement des poursuites disciplinaires.

En cas de circonstances exceptionnelles, le délai de dix semaines peut être prorogé d'un mois par une décision motivée du président de l'organe disciplinaire et notifiée à la personne poursuivie, le cas échéant, à son représentant légal, à son conseil ou à son avocat ou à l'organisme à but lucratif, l'association ou la société sportive avec lequel elle a un lien juridique, selon les modalités prévues à l'article 9.

Lorsque la séance a été reportée en application de l'article 14, le délai mentionné à l'alinéa précédent est prolongé d'une durée égale à celle du report.

Faute d'avoir statué dans ces délais, l'organe disciplinaire de première instance est dessaisi et l'ensemble du dossier est transmis à l'organe disciplinaire d'appel compétent qui statue en dernier ressort.

Section III Dispositions relatives aux organes disciplinaires d'appel

Art. 19 La personne poursuivie et, le cas échéant, son représentant légal, son conseil ou son avocat ainsi que ..... (11) peuvent interjeter appel de la décision de l'organe disciplinaire de première instance auprès de celui d'appel selon les modalités prévues à l'article 9, dans un délai de sept jours.

Ce délai est prolongé de cinq jours dans le cas où le domicile de l'intéressé est situé hors de la métropole, sauf si l'organe disciplinaire compétent est situé lui aussi hors métropole, ou au seul profit de la personne poursuivie en cas d'appel par la fédération dont il relève.

L'exercice du droit d'appel ne peut être subordonné au versement d'une somme d'argent à la fédération, ou limité par une décision d'un organe fédéral.

L'appel n'est pas suspensif sauf décision motivée de l'organe disciplinaire de première instance prise en même temps qu'il est statué au fond. Lorsque la décision refuse de faire droit à des conclusions tendant à conférer un caractère suspensif à un appel, l'instance disciplinaire d'appel, saisie d'un appel comportant la contestation de ce refus, peut statuer sur ce dernier par une décision motivée avant d'examiner le fond de l'affaire.

Lorsque l'appel émane de l'instance concernée (fédération, organes déconcentrés, ligue professionnelle), l'organe disciplinaire d'appel en informe la personne poursuivie selon les modalités prévues à l'article 9. Le cas échéant, le représentant légal de la personne poursuivie et son conseil ou son avocat sont informés selon les mêmes modalités.

Art. 20 L'organe disciplinaire d'appel statue en dernier ressort.

Il se prononce au vu du dossier de première instance et des productions d'appel, dans le respect du principe du contradictoire.

Le président de séance ou la personne qu'il désigne, établit un rapport exposant les faits et rappelant les conditions du déroulement de la procédure. Ce rapport est présenté oralement en séance.

Les dispositions des articles 13 à 15 et 17 ci-dessus sont applicables devant l'organe disciplinaire d'appel.

Art. 21 L'organe disciplinaire d'appel doit se prononcer dans un délai de quatre mois à compter de l'engagement initial des poursuites.

En cas de circonstances exceptionnelles, le délai de quatre mois peut être prorogé d'un mois par une décision motivée du président de l'organe disciplinaire d'appel et notifiée à la personne poursuivie, le cas échéant, à son représentant légal ou à l'organisme à but lucratif, l'association ou la société sportive avec lequel elle a un lien juridique, selon les modalités prévues à l'article 9.

A défaut de décision dans ces délais, l'appelant peut saisir le Comité national olympique et sportif français aux fins de la conciliation prévue à l'article L. 141-4 du code du sport.

Lorsque l'organe disciplinaire d'appel n'a été saisi que par l'intéressé, la sanction prononcée par l'organe disciplinaire de première instance ne peut être aggravée.

La notification et, le cas échéant, la publication se font dans les conditions prévues à l'article 24.

Chapitre II Sanctions

Art. 22 Les sanctions applicables sont notamment (12) :

1° Un avertissement ;

2° Un blâme ;

3° Une amende : lorsque cette amende est infligée à une personne physique, elle ne peut excéder un montant de 45 000 euros ;

4° Une perte d'une ou plusieurs rencontres sportives ;

5° Une pénalité en temps ou en points ;

6° Un déclassement ;

7° Une non*[-]*homologation d'un résultat sportif ;

8° Une suspension de terrain ou de salle ;

9° Un huis clos total ou partiel pour une ou plusieurs rencontres sportives ;

10° Une interdiction temporaire ou définitive de participer aux manifestations sportives organisées ou autorisées par une fédération ;

11° Une interdiction temporaire ou définitive de participer directement ou indirectement à l'organisation et au déroulement des compétitions et manifestations sportives autorisées par une fédération délégataire ou organisées par une fédération agréée ;

12° Une interdiction d'exercice de fonction ;

13° Un retrait provisoire de la licence pendant la durée de l'interdiction ;

14° Une interdiction pour une durée qu'elle fixe d'être licencié de la fédération ou de s'y affilier ;

15° Une radiation ;

16° Une inéligibilité pour une durée déterminée aux instances dirigeantes ;

17° La radiation ou l'interdiction d'appartenir pour une durée déterminée à une instance disciplinaire.

Une ou plusieurs sanctions peuvent être choisies parmi les sanctions énumérées ci-dessus ou mentionnées en annexe (12) dans le respect du principe de proportionnalité. Elles sont prononcées en considération de la gravité des faits et du comportement de leur auteur.

Les sanctions consécutives à la violation des règlements sportifs revêtent un caractère automatique dans les cas limitativement fixés en annexe du présent règlement (13), sous réserve que l'organe disciplinaire puisse, au vu des observations formulées par la personne poursuivie, statuer sur la réalité et l'imputabilité effective des faits qui lui sont reprochés et prendre en compte les circonstances propres à chaque espèce.

Les sanctions prononcées peuvent être complétées par une décision de publication dans les conditions fixées à l'article 24.

La décision prononçant la sanction peut prévoir une participation de la personne sanctionnée aux frais exposés et dûment justifiés, à l'occasion de la procédure disciplinaire.

La ou les sanctions peuvent être, avec l'accord de l'intéressé et, le cas échéant, celui de son représentant légal, remplacées ou complétées par l'accomplissement, pendant une durée qui ne peut excéder une saison sportive, d'activités d'intérêt général au bénéfice de la fédération, de ses organes déconcentrés, de la ligue professionnelle ou d'une association sportive ou caritative (14).

Art. 23 La décision de l'organe disciplinaire fixe, le cas échéant, la prise d'effet et les modalités d'exécution des sanctions.

Art. 24 La notification de la décision doit préciser les voies et délais de recours dont dispose la personne concernée.

Les décisions des organes disciplinaires ayant ordonné la publication prévoient les modalités d'exécution de cette mesure qui ne peut intervenir qu'après notification aux personnes en ayant fait l'objet et après épuisement des voies de recours internes à la fédération.

A cette fin, les organes disciplinaires de première instance et d'appel peuvent ordonner la publication au bulletin officiel de la fédération de l'intégralité ou d'une partie de la décision ou d'un résumé informant le public des motifs et du dispositif de celle-ci.

La publication des décisions s'effectue de manière anonyme, sauf si l'organe disciplinaire, par une décision motivée, décide d'ordonner la publication nominative ou si la personne qui a fait l'objet d'une décision de relaxe demande à ce que celle-ci soit nominative.

Art. 25 Les sanctions prévues à l'article 22, autres que l'avertissement, le blâme et la radiation, peuvent être assorties en tout ou partie d'un sursis.

La sanction assortie d'un sursis est réputée non avenue si, dans un délai de (15) après son prononcé, l'intéressé n'a fait l'objet d'aucune nouvelle sanction mentionnée à l'article 22.

Toute nouvelle infraction sanctionnée pendant ce délai emporte révocation de tout ou partie du sursis.

(1) La disposition applicable est celle que le 2.2.1. de l'annexe I-5 rend obligatoire.

(2) Préciser l'organe de la fédération, de ses organes déconcentrés ou de la ligue professionnelle investi du pouvoir de désignation (assemblée générale, organe dirigeant, président...) et les modalités de celle-ci.

(3) Préciser les modalités d'engagement des poursuites disciplinaires.

(4) Déterminer les affaires qui doivent faire l'objet d'une instruction en fonction d'un certain quantum de sanctions encourues et/ou en fonction de la nature ou des circonstances des faits reprochés à la personne poursuivie.

(5) Préciser que les personnes chargées de l'instruction des affaires disciplinaires peuvent être des salariés de la fédération, de ses organes déconcentrés ou de la ligue professionnelle dont dépend l'organe investi du pouvoir disciplinaire.

(6) Préciser la (les) personne(s) ou les organes compétents pour prononcer une mesure provisoire.

(7) Les mesures conservatoires qui peuvent être prononcées sont : une suspension provisoire de terrain ou de salle, un huis clos total ou partiel pour une ou plusieurs rencontres sportives, une interdiction provisoire de participer aux manifestations sportives organisées ou autorisées par une fédération, une interdiction provisoire de participer directement ou indirectement à l'organisation et au déroulement des compétitions et manifestations sportives autorisées par une fédération délégataire ou organisées par une fédération agréée et une suspension provisoire d'exercice de fonction.

(8) Il convient de préciser les conditions dans lesquelles le rapport et l'intégralité du dossier peuvent être mis à disposition ou transmis à la personne poursuivie ainsi que, le cas échéant, à son représentant légal, son conseil ou son avocat.

(9) Préciser les cas dans lesquels il n'y a pas lieu à convocation de la personne poursuivie ou de son représentant légal devant l'organe disciplinaire, notamment en tenant compte de la nature ou des circonstances des faits ou des sanctions encourues.

(10) Il peut être prévu que la fédération est informée des décisions disciplinaires des organes déconcentrés et, le cas échéant, de la ligue professionnelle.

(11) Préciser l'organe ou la personne de la fédération, de ses organes déconcentrés ou de la ligue professionnelle le cas échéant, ou leurs représentants ayant la faculté d'interjeter appel. Préciser, le cas échéant, que l'organisme à but lucratif, l'association ou la société sportive d'un licencié peut faire appel d'une sanction infligée à ce licencié.

(12) Les éventuelles sanctions complémentaires prévues par le règlement, dans le respect du principe de proportionnalité, doivent être énumérées en annexe.

(13) Prévoir en annexe au présent règlement la liste des faits, comportements ou manquements pouvant faire l'objet de sanctions automatiques, parmi les sanctions suivantes : avertissement, blâme, amende, perte d'une ou plusieurs rencontres sportives, pénalité en temps ou en points, suspension de terrain ou de salle.

(14) Les activités d'intérêt général correspondent à des activités d'organisation des compétitions, d'encadrement, d'arbitrage, d'initiation ou de prévention et de promotion des valeurs du sport au bénéfice des personnes visées à l'article 22.

(15) Préciser un délai compris entre un an et cinq ans en fonction de la gravité des faits commis et de la sanction prononcée.

Art. R. 131-4 **Peuvent, par dérogation au 4° de l'article R. 131-3, être agréées quelle que soit leur durée d'existence :**

1° Les fédérations créées par transformation d'une commission spécialisée mise en place, dans les conditions prévues à l'article L. 131-19, par le Comité national olympique et sportif français ;

2° Les fédérations créées par transformation d'une commission nationale organisée au sein d'une fédération agréée existante ;

3° Les fédérations nées de la fusion de fédérations antérieurement agréées. – *[Décr. n° 2004-22 du 7 janv. 2004, art. 3, al. 1er et 3.]*

Pour une application de ces dispositions dérogatoires, V. : • CE 10 nov. 2010, *Féd. fr. de full-contact et disciplines associées et Féd. fr. de muaythaï et disciplines associées,* req. n° 333500 : *JS 2011, n° 106, p. 8, obs. Ch. Dudognon.*

Art. R. 131-5 **Sont joints à la demande d'agrément :**

1° Un exemplaire des statuts, du règlement intérieur, du règlement disciplinaire et du règlement disciplinaire particulier en matière de lutte contre le dopage ;

2° Les procès-verbaux des trois dernières assemblées générales ;

3° Les bilans et comptes d'exploitation des trois derniers exercices clos et le budget de l'exercice en cours.

Les fédérations mentionnées à l'article R. 131-4 produisent les documents mentionnés aux 2° et 3° pour leur durée d'existence. – *[Décr. n° 2004-22 du 7 janv. 2004, art. 2 et 3, al. 4.]*

Art. R. 131-6 L'arrêté du ministre chargé des sports portant agrément est publié au *Journal officiel* de la République française. – *[Décr. n° 2004-22 du 7 janv. 2004, art. 4.]*

Art. R. 131-7 La décision par laquelle le ministre chargé des sports refuse de délivrer l'agrément est motivée et notifiée à la fédération.

Le silence gardé pendant plus de quatre mois par le ministre chargé des sports sur une demande d'agrément vaut décision de rejet. Il est satisfait à l'obligation de motivation dans les conditions prévues par l'article L. 232-4 du code des relations entre le public et l'administration. – *[Décr. n° 2004-22 du 7 janv. 2004, art. 5.]*

L'annexe I-6 (art. R. 131-2 et R. 131-7) se rapportant au règlement disciplinaire type des fédérations sportives agréées a été reproduite ss. l'art. R. 131-3.

Art. R. 131-8 Toute modification des statuts, du règlement intérieur, du règlement disciplinaire, du règlement disciplinaire particulier en matière de lutte contre le dopage ou du règlement financier adoptée postérieurement à la délivrance de l'agrément *(Décr. n° 2016-387 du 29 mars 2016, art. 3)* « entre en vigueur à compter de son adoption par l'assemblée générale et » est notifiée sans délai au ministre chargé des sports. Elle est accompagnée du procès-verbal de l'assemblée générale qui l'a approuvée.

Si la modification n'est pas compatible avec l'agrément accordé à la fédération, le ministre chargé des sports demande, par décision motivée, qu'il soit procédé aux régularisations nécessaires. – *[Décr. n° 2004-22 du 7 janv. 2004, art. 6.]*

Sur la compétence juridictionnelle pour contester le refus d'approbation, par le ministre de l'Intérieur, des modifications apportées aux statuts d'une fédération sportive reconnue d'utilité publique : V. note 20 ss. art. L. 131-8.

Art. R. 131-9 L'agrément peut être retiré à la fédération qui cesse de remplir les conditions prévues pour sa délivrance, notamment :

1° En cas de modification des statuts, du règlement disciplinaire ou du règlement disciplinaire particulier en matière de lutte contre le dopage incompatible avec les dispositions législatives et réglementaires ;

2° Pour un motif grave tiré soit de la violation par la fédération de ses statuts, soit d'une atteinte à l'ordre public ou à la moralité publique ;

3° En cas de méconnaissance des règles d'hygiène ou de sécurité ;

4° En cas de méconnaissance des dispositions des articles L. 212-1 et L. 212-2 relatives aux exigences requises des personnes qui enseignent, animent ou encadrent une activité physique ou sportive ou entraînent ses pratiquants ;

5° Pour un motif justifié par l'intérêt général qui s'attache à la promotion et au développement des activités physiques et sportives. – *[Décr. n° 2004-22 du 7 janv. 2004, art. 7.]*

1. Motive suffisamment sa décision de retirer l'agrément à une fédération sportive le ministre qui constate qu'il est constant que, notamment, les statuts et le règlement particulier en matière de lutte contre le dopage de ladite fédération n'ont pas été mis en conformité avec les dispositions législatives et réglementaires applicables, sans qu'il soit nécessaire pour lui d'énumérer les différentes clauses statutaires et réglementaires non conformes. • CE 28 févr. 2007, *Féd. fr. d'équitation et a. : req. n° 285654.*

2. N'est pas fondée à demander l'annulation de l'arrêté du ministre en charge des sports lui retirant son agrément la fédération qui s'est rendue coupable de multiples agissements contraires aux dispositions du C. sport (mise en danger des personnes et des biens, titres de champion décernés en violation des dispositions de l'art. L. 131-17). • CE 17 avr. 2015, *FFFCKDA,* n° 382492 : *Lebon ; JS 2015, n° 154, p. 9, obs. J. Mondou ; JS 2016, n° 161, p. 27, chron. E. Honorat ; Dict. perm. dr. sport 2015, Bull. n° 223, p. 10, obs. A. Renard et D. Rémy ; Cah. dr. sport 2015, n° 40, p. 47, obs. F. Colin.*

3. Étendue du contrôle du juge. Le juge de l'excès de pouvoir exerce un contrôle normal sur les motifs justifiant, dans les conditions prévues par l'art. R. 131-9 C. sport, une décision de retrait de l'agrément d'une fédération sportive. • CE 17 avr. 2015, FFFCKDA, n° 382492 : *préc. note 2.*

4. Multiplicité de motifs. Lorsque, pour motiver un retrait d'agrément, le ministre se fonde sur plusieurs motifs et que, parmi ceux-ci, certains s'avèrent illégaux ou manquants en fait, le retrait d'agrément est tout de même justifié s'il subsiste un motif justifiant à lui seul un tel retrait. • CE 9 nov. 2015, n° 385153 : *D. 2016. Pan. 510, obs. Centre du droit et économie du sport ; JS 2016, n° 161, p. 27, chron. E. Honorat ; Dict. perm. dr. sport 2015, Bull. n° 228/229, p. 10, note D. Rémy.*

Art. R. 131-10 **Le retrait de l'agrément est prononcé par arrêté motivé du ministre chargé des sports. Cet arrêté est publié au *Journal officiel* de la République française.** – *V., pour l'exemple du retrait d'agrément de la Fédération française d'équitation, Arr. du 2 août 2005 (JO 14 août).*

La fédération bénéficiaire de l'agrément est préalablement informée des motifs pour lesquels le retrait de l'agrément est envisagé, et mise à même de présenter ses observations. – *[Décr. n° 2004-22 du 7 janv. 2004, art. 8.]*

Pour des exemples récents de retrait d'agrément, V. : Arr. du 13 mai 2014 portant retrait de l'agrément accordé à la Fédération française de full-contact et disciplines associées (Fédération française de fighting full-contact kick-boxing et disciplines associées) (JO 31 mai) ; Arr. du 1er août 2014 portant retrait de l'agrément accordé à la Fédération française de muaythaï et disciplines associées (Fédération de muaythaï et disciplines associées) (JO 17 août).

La décision ministérielle de retirer l'agrément à une fédération sportive doit respecter le principe du contradictoire. • CE 28 févr. 2007, *Féd. fr. d'équitation et a. : req. n° 285654.*

Art. R. 131-11 (Abrogé par Décr. n° 2016-387 du 29 mars 2016, art. 4) ***Les fédérations sportives reconnues d'utilité publique qui sollicitent l'agrément prévu à l'article L. 131-8 doivent remplir les conditions mentionnées à l'article R. 131-3 et avoir adopté des statuts comprenant les dispositions prévues au titre II de l'annexe I-5*** [V. cette Annexe ss. art. R. 131-3]. – [Décr. n° 2004-22 du 7 janv. 2004, art. 10.]

Art. R. 131-12 (Abrogé par Décr. n° 2016-387 du 29 mars 2016, art. 4) ***Par dérogation aux dispositions de l'article 13-1 du décret du 16 août 1901 pris pour l'exécution de la loi du 1er juillet 1901 relative au contrat d'association, lorsque l'arrêté portant délivrance de l'agrément a été publié, les modifications apportées en application du présent code aux statuts des fédérations sportives reconnues d'utilité publique prennent effet, à titre provisoire, dès la date du dépôt de la demande tendant à l'approbation de ces statuts prévue par l'article 13-1 précité.*** – [Décr. n° 2004-22 du 7 janv. 2004, art. 11.]

SOUS-SECTION 2 COMPÉTENCES DES FÉDÉRATIONS AGRÉÉES

Art. R. 131-13 **Les fédérations agréées en application de l'article L. 131-8 peuvent délivrer les titres suivants :**

1° "Champion national de" ou "Champion fédéral de" suivi du nom de la fédération et de celui de la discipline ;

2° "Champion régional de" suivi du nom de la fédération, de celui de la discipline et de celui de la région ;

3° "Champion départemental de" suivi du nom de la fédération, de celui de la discipline et de celui du département.

L'ordre des mentions est déterminé par la fédération. – *[Décr. n° 2002-763 du 2 mai 2002, art. 1er.]*

Art. R. 131-14 **Les titres prévus à l'article R. 131-13 ne doivent pas figurer ou être mentionnés sur les documents ou publicités des fédérations qui les délivrent autrement qu'en entier. La typographie de ces titres ne doit être ni modifiée ni altérée. L'indication du nom de la fédération ne doit pas être rendue moins lisible que celle du titre délivré.** – *[Décr. n° 2002-763 du 2 mai 2002, art. 2.]*

Art. R. 131-15 **Préalablement à l'organisation d'une compétition, les fédérations sportives agréées et non titulaires de la délégation prévue à l'article L. 131-14 informent la fédération titulaire de cette délégation pour la discipline concernée de leur intention de procéder à l'issue de cette compétition à la délivrance d'un titre mentionné à l'article R. 131-13 et en indiquent le libellé exact.** – *[Décr. n° 2002-763 du 2 mai 2002, art. 3.]*

SOUS-SECTION 3 MISSIONS DE CONSEILLERS TECHNIQUES SPORTIFS AUPRÈS DES FÉDÉRATIONS SPORTIVES

Art. R. 131-16 Les missions de conseillers techniques sportifs susceptibles d'être exercées auprès des fédérations sportives en application de l'article L. 131-12 sont celles de directeur technique national, d'entraîneur national, de conseiller technique national ou de conseiller technique régional.

Ces missions portent en priorité sur le développement des activités physiques et sportives, et en particulier sur la pratique sportive au sein des associations sportives ainsi que sur la détection de jeunes talents, le perfectionnement de l'élite et la formation des cadres, bénévoles et professionnels.

La mission de directeur technique national est de concourir à la définition de la politique sportive fédérale, de veiller à sa mise en œuvre et de contribuer à son évaluation. Dans le cadre de l'accomplissement de sa mission, il dirige et anime la direction technique nationale de la fédération.

La mission de l'entraîneur national est d'encadrer les membres des équipes de France et de participer à l'animation de la filière d'accès au sport de haut niveau de la fédération.

Les missions de conseiller technique national et de conseiller technique régional sont respectivement de mener, l'un au niveau national et l'autre au niveau territorial, des tâches d'observation et d'analyse, de conseil et d'expertise, d'encadrement de sportifs, de formation des cadres, d'organisation et de développement de l'activité sportive de la fédération intéressée.

Les personnels exerçant les missions précitées sont chargés de mettre en œuvre la politique sportive définie par la fédération.

Cette politique fait l'objet d'une contractualisation entre la fédération et l'État dans le cadre de la convention d'objectifs mentionnée à l'article R. 411-1. Les personnels exerçant les missions de conseillers techniques sportifs restent soumis durant toute la durée de l'exercice de leurs missions, selon les cas, à l'autorité du ministre chargé des sports ou du chef de service déconcentré. – *[Décr. nº 2005-1718 du 28 déc. 2005, art. 1er.]*

V. aussi Circ. NOR : PRMX1001610C du 18 janv. 2010 relative aux relations entre les pouvoirs publics et les associations : conventions d'objectifs et simplification des démarches relatives aux procédures d'agrément (JO 20 janv.).) ; Circ. nº 2011-37 du 28 janv. 2011 relative aux modalités d'intervention des personnels exerçant les missions de conseillers techniques sportifs (CTS) auprès des fédérations sportives (BOJS 31 janv.).

Art. R. 131-17 Les personnels exerçant les missions de conseillers techniques sportifs sont désignés par arrêté du ministre chargé des sports après avis :

– du président de la fédération intéressée, pour ceux qui sont chargés de la mission de directeur technique national ;

– du directeur technique national ou, à défaut de directeur technique national, du seul président de la fédération intéressée, pour ceux qui sont chargés d'une mission d'entraîneur national ou de conseiller technique national ou régional. – *[Décr. nº 2005-1718 du 28 déc. 2005, art. 2.]*

Art. R. 131-18 La durée des missions de conseillers techniques sportifs ne peut excéder quatre ans. Ces missions sont renouvelables.

Le ministre chargé des sports peut mettre fin à ces missions avant le terme fixé, de sa propre initiative ou, le cas échéant, à la demande de l'agent ou du président de la fédération, sous réserve du respect d'un préavis prévu dans la convention-cadre mentionnée à R. 131-23. Toutefois, en cas d'urgence, il peut être mis fin sans préavis à ces missions. – *[Décr. nº 2005-1718 du 28 déc. 2005, art. 3.]*

Art. R. 131-19 Le ministre chargé des sports établit, chaque année, un état du nombre d'agents rémunérés par l'État exerçant les missions définies à l'article R. 131-16 et de leur répartition entre les différentes fédérations sportives.

Cet état est inclus dans le rapport annuel d'activité ministériel. – *[Décr. nº 2005-1718 du 28 déc. 2005, art. 4.]*

Art. R. 131-20 Les personnels exerçant la mission de directeur technique national élaborent, en accord avec le président de la fédération intéressée, selon une périodicité pluriannuelle, des directives techniques nationales actualisées chaque année. Ils en informent le ministre chargé des sports puis les adressent aux entraîneurs nationaux, aux conseillers techniques nationaux et aux conseillers techniques régionaux.

Les relations fonctionnelles entre, d'une part, les agents exerçant des missions de conseillers techniques sportifs et, d'autre part, selon les cas, le président de la fédération, de la ligue régionale ou du comité régional intéressés sont précisées dans la convention-cadre prévue à l'article R. 131-23. Ces agents sont, selon les cas, notés ou évalués par le ministre chargé des sports, au vu d'éléments fournis notamment par la fédération dans des conditions précisées dans la convention-cadre. – *[Décr. n° 2005-1718 du 28 déc. 2005, art. 5.]*

Art. R. 131-21 L'agent qui exerce la mission de conseiller technique sportif perçoit une rémunération de l'État. Il est indemnisé par la fédération intéressée des frais et sujétions exposés dans l'exercice de sa mission. – *[Décr. n° 2005-1718 du 28 déc. 2005, art. 6.]*

Art. R. 131-22 Une lettre de mission annuelle ou pluriannuelle fixe, pour chaque agent exerçant une mission de conseiller technique sportif, le contenu détaillé des tâches qui lui sont confiées et ses modalités d'intervention. Elle fixe la durée de ces missions.

Elle est établie par le chef de service, après avis de l'agent intéressé, sur la base de propositions formulées par :

1° Le président de la fédération, pour les personnels exerçant une mission de directeur technique national ;

2° Le directeur technique national, pour les personnels exerçant une mission d'entraîneur national ou de conseiller technique national ;

3° Le directeur technique national après avis du président de ligue ou de comité régional, pour les personnels exerçant une mission de conseiller technique régional. – *[Décr. n° 2005-1718 du 28 déc. 2005, art. 7.]*

Art. R. 131-23 Une convention-cadre, signée par le ministre chargé des sports et par le président de la fédération, fixe, pour une période qui ne peut excéder quatre ans, le nombre d'agents susceptibles d'exercer leurs missions auprès de la fédération aux plans national et territorial et définit les modalités d'exercice de leurs interventions. Elle peut faire l'objet d'une actualisation chaque année.

Elle précise les conditions d'organisation et de prise en charge des actions de formation professionnelle de ces agents.

Cette convention-cadre est complétée par des conventions d'équipes techniques régionales signées par les *(Décr. n° 2009-1540 du 10 déc. 2009)* « directeurs régionaux de la jeunesse, des sports et de la cohésion sociale » et les présidents de ligues ou comités régionaux, lorsque des personnels exercent des missions de conseillers techniques sportifs sous la responsabilité de ces directeurs régionaux. – *[Décr. n° 2005-1718 du 28 déc. 2005, art. 8.]*

Art. D. 131-23-1 *(Décr. n° 2017-172 du 10 févr. 2017, art. 1er)* Sans préjudice des indemnités mentionnées à l'article R. 131-21, une indemnité peut être versée au conseiller technique sportif, dans la limite d'un montant annuel fixé dans la convention-cadre mentionnée à l'article R. 131-23, soit par la fédération sportive auprès de laquelle il exerce, soit par ses organes nationaux, régionaux ou départementaux. Dans ce dernier cas, la fédération sportive définit et met en place les moyens par lesquels elle est régulièrement tenue informée des montants directement versés à ce titre par ses organes nationaux, régionaux ou départementaux.

L'indemnité mentionnée au premier alinéa est soumise au régime de cotisations et contributions sociales prévu pour les indemnités versées par l'État.

Art. R. 131-24 Les personnels exerçant la mission de conseiller technique sportif doivent faire preuve de discrétion professionnelle pour tous les faits, informations ou documents dont ils ont connaissance, concernant, notamment, le ministère chargé des sports et la fédération auprès de laquelle ils exercent.

Leurs missions sont incompatibles avec toute fonction élective au sein des instances dirigeantes, locales, départementales, régionales ou nationales, de la fédération auprès de laquelle ils exercent ces missions.

Elles sont également incompatibles avec toute activité d'agent sportif. – *[Décr. n° 2005-1718 du 28 déc. 2005, art. 9.]*

SECTION III **FÉDÉRATIONS DÉLÉGATAIRES**

SOUS-SECTION 1 **DÉLIVRANCE ET RETRAIT DE LA DÉLÉGATION**

Art. R. 131-25 La délégation prévue à l'article L. 131-14 est accordée à une fédération constituée pour organiser la pratique d'une seule discipline sportive ou de disciplines connexes.

L'arrêté du ministre chargé des sports accordant la délégation est pris après avis du Comité national olympique et sportif français *(Décr. n° 2016-737 du 2 juin 2016, art. 1er)* **« et, le cas échéant, du Comité paralympique et sportif français quand la discipline est spécifiquement dédiée à la pratique sportive des personnes en situation de handicap », et publié au *Journal officiel* de la République française.** – *[Décr. n° 2002-761 du 2 mai 2002, art. 1er et 4.] – V. Arr. du 30 déc. 2010 ; 3 Arr. du 31 déc. 2012 ; Arr. du 8 févr. 2013, infra.*

La consultation du Comité national olympique et sportif français est uniquement requise pour les décisions d'octroi d'une délégation et non pour celles par lesquelles le ministre chargé des sports oppose une décision de refus à une demande de délégation présentée par une fédération sportive. • CE, 10 nov. 2010, *Féd. fr. de full-contact et disciplines associées et Féd. fr. de muaythaï et disciplines associées,* req. n° 333500 : *JS 2011, n° 106, p. 8, obs. Ch. Dudognon.*

Arrêté du 29 décembre 2014,

Accordant la délégation prévue à l'article L. 131-14 du code du sport.

Art. 1er La délégation prévue à l'article L. 131-14 du code du sport susvisé est accordée à compter du 1er janvier 2015 jusqu'au 31 décembre 2018 aux fédérations sportives désignées ci-après pour la pratique de la discipline sportive ou des disciplines connexes indiquées :

Fédération française de hockey sur glace : hockey sur glace, ringuette ;

Fédération française de ski : ski alpin, ski de fond, biathlon, saut à ski, combiné nordique, ski freestyle, surf des neiges (snowboard), télémark, ski de vitesse ;

Fédération française des sports de glace : patinage artistique, danse sur glace, patinage synchronisé, ballet sur glace, patinage de vitesse sur longue piste, patinage de vitesse sur courte piste (short track), bobsleigh, luge, skeleton, curling.

Arrêté du 31 décembre 2016,

Accordant la délégation prévue à l'article L. 131-14 du code du sport.

Art. 1er La délégation prévue à l'article L. 131-14 du code du sport susvisé est accordée jusqu'au 31 décembre 2020 aux fédérations sportives désignées ci-après pour la discipline sportive ou les disciplines connexes indiquées :

Fédération française d'athlétisme : athlétisme (disciplines olympiques), 100 km, 24 heures, courses à obstacles, courses de montagne, courses trails, cross-country, marche athlétique (distances non olympiques), marche nordique, semi-marathon, autres courses sur route.

Fédération française d'aviron : aviron, rameur d'intérieur.

Fédération française de badminton : badminton, crossminton.

Fédération française de baseball, softball : baseball, softball, cricket.

Fédération française de basket-ball : basket-ball, basket 3 × 3.

Fédération française de boxe : boxe anglaise.

Fédération française de canoë-kayak : course en ligne, slalom, para-canoë, descente, dragon boat, freestyle, kayak-polo, marathon, ocean racing, rafting, va'a, waveski surfing.

Fédération française de cyclisme : BMX bicross, cyclisme (sur route, sur piste), vélo tout-terrain cross-country, BMX freestyle, enduro, cyclisme en salle, cyclo-cross, polo-vélo, trial, vélo couché, vélo tout-terrain (descente, eliminator, four cross).

Fédération française d'équitation : concours complet d'équitation, dressage, saut d'obstacles, para-dressage, attelage, courses club, endurance, equifeel, equifun, équitations culturelles de tradition et de travail (cheval de chasse, équitation américaine, doma vaquera, équitation de camargue, équitation de travail, équitation islandaise, équitation portugaise, monte en amazone, tir à l'arc à cheval, ski joering), horse ball, hunter, pony games, technique de randonnée équestre de compétition (TREC), reining, tourisme équestre, voltige équestre.

Fédération française d'escrime : escrime.

Fédération française de football : football, football de plage (beach soccer), football en salle (futsal).

Fédération française de golf : golf, swin.

Fédération française de gymnastique : gymnastique artistique, gymnastique rythmique, trampoline, aérobic, double mini-tramp, expression gymnique, gymnastique acrobatique, team gym, tumbling.

Fédération française d'haltérophilie, musculation : haltérophilie, musculation.

Fédération française de handball : handball, handball de plage (beach handball).

Fédération française de hockey : hockey sur gazon, hockey en salle.

Fédération française de judo, jujitsu, kendo et disciplines associées : judo, para-judo, jujitsu, kendo et iaïdo, jodo, naginata, sport chanbara, sumo, taïso.

Fédération française de karaté et disciplines associées : karaté, arts martiaux vietnamiens, karaté jutsu, krav maga, arts martiaux du sud-est asiatique, yoseikan budo, wushu, para-karaté.

Fédération française de lutte et disciplines associées : lutte olympique (lutte libre, lutte gréco-romaine, lutte féminine), grappling, sambo, lutte bretonne (gouren), lutte de plage (beach wrestling).

Fédération française de la montagne et de l'escalade : escalade, canyonisme, ski alpinisme.

Fédération française de natation : eau libre, natation course, natation synchronisée, plongeon, water-polo.

Fédération française de pentathlon moderne : pentathlon moderne.

Fédération française de roller sports : skateboard, course, patinage artistique sur roulettes, rink hockey, roller derby, roller freestyle, roller hockey.

Fédération française de rugby : rugby à 7 (selon les règles de la Fédération française de rugby), rugby à XV, rugby à 5, rugby de plage (beach rugby).

Fédération française de surf : surf, bodyboard, bodysurf, longboard, skimboard, surf debout à la rame (stand up paddle), surf kneeboard, surf tandem, para-surf, para-surf adapté.

Fédération française de taekwondo et disciplines associées : taekwondo, para-taekwondo, hapkido, taekwondo poumsé, soo bakh do, tang soo do.

Fédération française de tennis : tennis, para-tennis, courte paume, padel, tennis de plage (beach tennis).

Fédération française de tennis de table : tennis de table.

Fédération française de tir : carabine, pistolet, plateau, para-tir, arbalète, armes anciennes, silhouettes métalliques, tir en appui sur trépied (bench rest), tir sportif de vitesse.

Fédération française de tir à l'arc : tir à l'arc.

Fédération française de triathlon : triathlon olympique, para-triathlon, aquathlon, bike and run, cross duathlon, cross triathlon, duathlon (courte distance, longue distance), para-duathlon, raids, swimrun, triathlon des neiges, triathlon longue distance, triathlon relais mixte, triathlon sprint.

Fédération française de voile : voile olympique, kiteboard (glisse aérotractée nautique), para-voile, voile haut niveau, toutes spécialités voile.

Fédération française de volley-ball : volley-ball, para-volley, volley-ball de plage (beach volley).

Arrêté du 31 décembre 2016,

Accordant la délégation prévue à l'article L. 131-14 du code du sport.

Art. 1er La délégation prévue à l'article L. 131-14 du code du sport susvisé est accordée jusqu'au 31 décembre 2020 aux fédérations sportives désignées ci-après pour la discipline sportive ou les disciplines connexes indiquées :

Fédération française d'aéromodélisme : aéromodélisme.

Fédération française aéronautique : courses d'avions de formule, pilotage de précision, rallye aérien, voltige aérienne.

Fédération française d'aérostation : aérostation.

Fédération française de ball-trap : compak sporting, DTL, english sporting (ESP), FAT 300 (FAT one), fosse universelle, parcours de chasse, sanglier courant, tir aux hélices.

Fédération française de billard : billard américain, blackball (billard anglais), carambole, carambole 3 bandes, snooker.

Fédération française de bowling et de sport de quilles : bowling, sports de quilles.

Fédération française de char à voile : char à voile, tracté ou propulsé.

Fédération française de course camarguaise : course camarguaise.

Fédération française de course d'orientation : course d'orientation (à pied, à vélo tout-terrain, à ski).

Fédération française de cyclotourisme : cyclotourisme.

Fédération française de danse : sports de danses artistiques, de danses de couples et de danses urbaines.

Fédération française d'études et sports sous-marins : plongée subaquatique libre en apnée (apnée sportive en piscine et en eau libre, tir sur cible en apnée en piscine, hockey subaquatique en apnée en piscine), plongée subaquatique en scaphandre (plongée sportive audiovisuelle en piscine et en eau libre, plongée sportive en piscine, orientation subaquatique en eau libre), nage en eau vive en eau libre, nage avec palmes en piscine et en eau libre.

Fédération de flying disc France : ultimate, beach ultimate.

Fédération française de football américain : football américain, flag, cheerleading.

Fédération française de force : force athlétique, développé couché.

Fédération française de giraviation : giraviation.

Fédération française de joute et sauvetage nautique : joute nautique.

Fédération française de kick boxing muay thaï et disciplines associées : kick boxing (K1 rules, full contact, low kick, K1 rules light, light contact, kick light, point fighting, musical forms), muay thaï, pancrace.

Fédération française de longue paume : longue paume.

Fédération française de motocyclisme : motocyclisme, motocross, trial, enduro, course sur route.

Fédération française motonautique : motonautisme, modélisme naval.

Fédération française de parachutisme : disciplines artistiques, ascensionnel terrestre, pilotage sous voile, précision d'atterrissage, vol en soufflerie, voile contact, vol relatif, voltige individuelle.

Fédération française des pêches sportives : pêches sportives (carnassiers, carpes, en eau douce, en mer, à la mouche).

Fédération française de pelote basque : disciplines de pelote basque.

Fédération française de pétanque et jeu provençal : doublette, doublette mixte, triplette, tête-à-tête, tir de précision et jeu provençal.

Fédération française de planeur ultra-léger motorisé : aéronefs ultralégers motorisés au sens du code de l'aviation civile.

Fédération française de polo : polo, paddock polo, indoor polo, polo poney.

Fédération française de la randonnée pédestre : randonnée pédestre, longe côte.

Fédération française de rugby à XIII : rugby à 7 (selon les règles de la Fédération française de rugby à XIII), rugby à XIII, para-rugby à XIII.

Fédération française de savate, boxe française et disciplines associées : savate boxe française assaut, savate boxe française combat, canne de combat.

Fédération française de sauvetage et de secourisme : disciplines d'eau plate, côtière, surfboat.

Fédération française de ski nautique et de wakeboard : ski nautique (classique, nu-pieds (barefoot), de course de vitesse), wakeboard, wakeskate, wakeski, kneeboard, para-ski nautique et para-wake pour tous les modes de traction motorisée.

Fédération française du sport automobile : sport automobile, karting, modélisme automobile radioguidé.

Fédération française de spéléologie : spéléologie.

Fédération française du sport boules : sport boules (boule lyonnaise), rafle.

Fédération française des sports de traîneau, de ski pulka et de cross canins : sports de traîneau, ski joering canin, canicross, vélo tout-terrain joering.

Fédération française de squash : squash.

Fédération française de twirling bâton : twirling bâton.

Fédération française de vol à voile : vol à voile, voltige en planeur.

Fédération française de vol libre : deltaplane, parapente, cerf-volant, boomerang, kite (glisses terrestres aérotractées, hors char à voile).

Arrêté du 31 décembre 2016,

Accordant la délégation prévue à l'article L. 131-14 du code du sport.

Art. 1er La délégation prévue à l'article L. 131-14 du code du sport susvisé est accordée jusqu'au 31 décembre 2020 à la Fédération française du sport adapté pour toutes les disciplines adaptées en référence au public particulier des personnes en situation de handicap mental ou psychique à l'exception de la discipline suivante déléguée par l'arrêté susvisé à la fédération sportive agréée :

Fédération française de surf : para-surf adapté.

Arrêté du 31 décembre 2016,

Accordant la délégation prévue à l'article L. 131-14 du code du sport.

Art. 1er La délégation prévue à l'article L. 131-14 du code du sport susvisé est accordée jusqu'au 31 décembre 2020 à la Fédération française handisport pour toutes les disciplines pratiquées par des personnes handicapées physiques ou visuelles ou sourdes ou malentendantes à l'exception des disciplines suivantes déléguées par les arrêtés susvisés aux fédérations sportives agréées :

Fédération française de canoë-kayak : para-canoë.

Fédération française d'équitation : para-dressage.

Fédération française de judo, jujitsu, kendo et disciplines associées : para-judo.

Fédération française de karaté et disciplines associées : para-karaté.

Fédération française de rugby à XIII : para-rugby à XIII.

Fédération française de ski nautique et de wakeboard : para-ski nautique et para-wake pour tous les modes de traction motorisée.

Fédération française de surf : para-surf.

Fédération française de taekwondo : para-taekwondo.

Fédération française de tennis : para-tennis.

Fédération française de tir : para-tir.

Fédération française de triathlon : para-triathlon, para-duathlon

Fédération française de voile : para-voile.

Fédération française de volley-ball : para-volley.

Art. R. 131-26 Pour qu'une fédération sportive puisse bénéficier d'une délégation, son règlement intérieur doit prévoir :

1° La publication, avant le début de la saison sportive, d'un calendrier officiel des compétitions qu'elle organise ou autorise, ménageant aux sportifs le temps de récupération nécessaire à la protection de leur santé ;

2° L'organisation d'une surveillance médicale particulière de ses licenciés inscrits sur la liste des sportifs de haut niveau mentionnée à l'article L. 221-2 ainsi que de ses licenciés inscrits dans les filières d'accès au sport de haut niveau. – *[Décr. n° 2002-761 du 2 mai 2002, art. 3.]*

Art. R. 131-27 Pour pouvoir bénéficier d'une délégation, la fédération qui a constitué en son sein une ligue professionnelle annexe à ses statuts un règlement particulier. Ce règlement détermine les compétences et la composition de la ligue ainsi que les règles et les modalités de désignation de ses membres.

Ce règlement particulier doit permettre que la majorité des membres de la ligue soit élue directement par les associations sportives membres de la fédération et par les sportifs professionnels. – *[Décr. nº 2002-761 du 2 mai 2002, art. 2.]*

COMMENTAIRE

L'art. R. 131-27 ne vise que les disciplines où il existe une ligue professionnelle non dotée de la personnalité juridique et constituée, au sein de la fédération concernée, sous forme de commission interne à celle-ci. ❑

Art. R. 131-28 La délégation est accordée pour une période courant jusqu'au 31 décembre de l'année au cours de laquelle se déroulent les Jeux olympiques d'été.

Toutefois, lorsqu'il s'agit de disciplines sportives inscrites au programme des Jeux olympiques d'hiver ou de celles qui, sans être inscrites au programme des Jeux olympiques, sont pratiquées principalement en hiver, la durée de la délégation est fixée par référence à la date des Jeux olympiques d'hiver.

Au terme de la période définie aux premier et deuxième alinéas, la délégation cesse de plein droit.

Les demandes de délégation ou de renouvellement de délégation doivent être présentées avant le 30 septembre de l'année au cours de laquelle se déroulent les Jeux olympiques intéressant la discipline en cause. – *[Décr. nº 2002-761 du 2 mai 2002, art. 5.]*

Art. R. 131-29 Le ministre chargé des sports peut refuser la délégation pour l'un des motifs suivants :

1º Non-respect de l'une des conditions posées par les articles R. 131-26 et R. 131-27 ;

2º Non-respect de l'intérêt général qui s'attache à la promotion et au développement des activités physiques et sportives ;

3º Manquement, dans l'hypothèse où la fédération sportive était déjà titulaire d'une délégation, aux conditions auxquelles était subordonné son octroi. – *[Décr. nº 2002-761 du 2 mai 2002, art. 6.]*

Art. R. 131-30 La délégation cesse de plein droit en cas de retrait de l'agrément accordé à une fédération sportive. Cette situation est constatée par arrêté du ministre chargé des sports dont un extrait est inséré au *Journal officiel* de la République française. – *[Décr. nº 2002-761 du 2 mai 2002, art. 7.] – V., pour l'exemple du retrait de plein droit de la délégation dont bénéficiait la Fédération française d'équitation, Arr. du 3 août 2005 (JO 14 août). – Pour un exemple récent de retrait de délégation, V. : Arr. du 18 juill. 2014 portant retrait de la délégation accordée à la Fédération française de wushu, arts énergétiques et martiaux chinois (JO 14 août).*

1. En vue de prendre un arrêté de retrait de délégation motivé par la perte de l'agrément dont bénéficiait jusqu'alors la fédération en cause et juridiquement fondé sur les dispositions de l'art. 7 du Décr. nº 2002-761 du 2 mai 2002 [art. R. 131-30 C. sport], le ministre chargé des sports n'a pas à respecter la procédure contradictoire instituée par l'art. 8 dudit décret [art. R. 131-31 C. sport]. • CE 28 févr. 2007, *Féd. fr. d'équitation et a. : req. nº 285654.*

2. V. note 10 ss. art. L. 131-14.

Art. R. 131-31 La délégation peut être retirée par le ministre chargé des sports, après avis du Comité national olympique et sportif français *(Décr. nº 2016-737 du 2 juin 2016, art. 2)* « et, le cas échéant, du Comité paralympique et sportif français quand la discipline est spécifiquement dédiée à la pratique sportive des personnes en situation de handicap » :

1º Lorsque la fédération sportive concernée ne justifie plus du respect des conditions mentionnées aux articles R. 131-26 et R. 131-27 ;

2º En cas de non-respect par la fédération des dispositions de l'article L. 333-6 organisant les conditions de l'information sur le déroulement des manifestations sportives ;

3º Pour une atteinte à l'ordre public ou à la moralité publique ;

4° Pour un motif justifié par l'intérêt général qui s'attache à la promotion et au développement des activités physiques et sportives.

La fédération bénéficiaire de la délégation est préalablement informée des motifs susceptibles de fonder le retrait et mise à même de présenter des observations écrites ou orales.

La délégation est retirée par arrêté motivé, dont un extrait est inséré au *Journal officiel* de la République française. – *[Décr. n° 2002-761 du 2 mai 2002, art. 8.]*

SOUS-SECTION 2 COMPÉTENCES DES FÉDÉRATIONS DÉLÉGATAIRES

Art. R. 131-32 Les règles techniques édictées par les fédérations sportives délégataires comprennent :

1° Les règles du jeu applicables à la discipline sportive concernée ;

2° Les règles d'établissement d'un classement national, régional, départemental ou autre, des sportifs, individuellement ou par équipe ;

3° Les règles d'organisation et de déroulement des compétitions ou épreuves aboutissant à un tel classement ;

4° Les règles d'accès et de participation des sportifs, individuellement ou par équipe, à ces compétitions et épreuves. – *[Décr. n° 2002-761 du 2 mai 2002, art. 9.]*

Art. R. 131-33 Outre les règles techniques mentionnées à l'article R. 131-32, les fédérations délégataires :

1° Définissent les règles applicables aux équipements nécessaires au bon déroulement des compétitions sportives qu'elles organisent ou autorisent, c'est-à-dire à l'aire de jeu ouverte aux sportifs et aux installations édifiées sur celle-ci ou aux installations qui, tout en étant extérieures à l'aire de jeu, concourent au déroulement de ces compétitions dans des conditions d'hygiène, de sécurité et de loyauté satisfaisantes ;

2° Contrôlent et valident, en application des 4° et 9° de l'article R. 132-10, la conformité à leur règlement fédéral des caractéristiques techniques du matériel, des équipements, des aires de jeu et des installations indispensables au bon déroulement des compétitions sportives.

A ce titre, elles ne peuvent imposer, en matière d'équipements sportifs, des règles dictées par des impératifs d'ordre commercial, telles que la définition du nombre de places et des espaces affectés à l'accueil du public ou la détermination de dispositifs et d'installations ayant pour seul objet de permettre la retransmission audiovisuelle des compétitions.

(Décr. n° 2009-341 du 27 mars 2009) « Les règlements relatifs aux équipements sportifs ne peuvent imposer le choix d'une marque pour un matériel ou un matériau déterminé. »

1. En prévoyant que les fédérations agréées ne peuvent imposer des règles dictées par des impératifs d'ordre commercial telles que la détermination de dispositifs et installations ayant pour seul objet de permettre la retransmission audiovisuelle des compétitions, les auteurs du Décr. n° 2006-217 du 22 févr. 2006 [art. R. 131-33 s. C. sport] n'ont pas méconnu les objectifs fixés par l'art. 1er de la L. du 16 juill. 1984 [art. L. 100-1 et L. 100-2 C. sport]. • CE 19 nov. 2008, *Assoc. nationale des ligues de sport professionnel : req. n° 296633.*

2. La Ligue de football professionnel n'excède pas ses compétences en arrêtant des critères liés à la qualité des infrastructures sportives des clubs pour la redistribution des produits audiovisuels ; elle est ainsi fondée à édicter un règlement qui permet de récompenser les clubs qui s'efforcent d'améliorer leur équipement sportif et de pénaliser ceux dont les installations en termes de capacités d'accueil et d'éclairage empêchent ou rendent plus difficile les retransmissions audiovisuelles des compétitions, sans que cela constitue une violation du décret susvisé du 22 févr. 2006. • CAA Marseille, 4 nov. 2010, *EUSRL Athletic club ajaccien football : req. n° 09MA01014.*

Art. R. 131-34 Les règles mentionnées à l'article R. 131-33 doivent :

1° Être nécessaires à l'exécution de la délégation que la fédération a reçue du ministre chargé des sports ou à l'application, dans le respect du droit français, des règlements de sa fédération internationale ;

2° Être proportionnées aux exigences de l'exercice de l'activité sportive réglementée ;

3° Prévoir des délais raisonnables pour la mise en conformité des installations existantes notamment au regard de l'importance des travaux nécessaires.

Elles sont publiées dans le bulletin de la fédération. – *[Décr. n° 2006-217 du 22 févr. 2006, art. 2.]*

Art. R. 131-35 **Les règles mentionnées à l'article R. 131-33 sont édictées selon la procédure prévue aux articles** *(Décr. n° 2009-341 du 27 mars 2009)* **« R. 142-2 et R. 142-3 et conformément aux prescriptions des deux derniers alinéas de l'article R. 131-33 ».**

Art. R. 131-36 **Les décisions réglementaires des fédérations sportives disposant de la délégation mentionnée à l'article L. 131-14 sont publiées dans l'un des bulletins figurant sur une liste arrêtée par le ministre chargé des sports après avis du Comité national olympique et sportif français.**

L'assemblée générale de chaque fédération concernée peut décider que cette publication est effectuée par voie électronique, dans des conditions fixées par arrêté du ministre chargé des sports. – *[L. n° 84-610 du 16 juill. 1984, art. 17-1, al. 3.]*

COMMENTAIRE

V. commentaire sous le chapitre II « Équipements sportifs » du titre Ier du livre III de la partie législative. ❑

SOUS-SECTION 3 DISPOSITIONS RELATIVES AUX INTERDICTIONS DE PARIS SPORTIFS

(Décr. n° 2013-947 du 22 oct. 2013, art. 1er)

COMMENTAIRE

Les dispositions ci-dessous reproduites sont issues du décret n° 2013-947 du 22 octobre 2013 pris pour l'application de l'article L. 131-16-1 du code du sport et relatif aux interdictions de paris sportifs. L'article L. 131-16-1 a été introduit par la loi du 1er février 2012 (visant à renforcer l'éthique du sport et les droits des sportifs) de façon à permettre l'accès d'une fédération sportive délégataire, en vue de la mise en œuvre d'une éventuelle procédure disciplinaire contre un acteur d'une compétition qui aurait parié sur celle-ci, à des informations personnelles ayant trait à des opérations de jeu enregistrées par un opérateur de jeux ou de paris en ligne. A noter que la proposition de loi visant à préserver l'éthique du sport, à renforcer la régulation et la transparence du sport professionnel et à améliorer la compétitivité des clubs, adoptée en première lecture par le Sénat le 26 octobre 2016, entend élargir le champ des interdictions de parier à toutes les compétitions d'une même discipline et non plus seulement à la compétition à laquelle participent les acteurs visés par l'interdiction.

Les conditions de constitution par les fédérations d'un traitement informatisé de données à caractère personnel et les conditions d'accès aux informations précitées sont précisées par les articles R. 131-37 et suivants. ❑

Art. R. 131-37 **Pour l'application des dispositions des articles L. 131-16 et L. 131-16-1, les fédérations délégataires qui organisent ou autorisent des compétitions sportives pouvant servir de support à des paris en ligne peuvent mettre en œuvre un traitement automatisé de données à caractère personnel relatives aux acteurs de ces compétitions.**

La finalité de ce traitement est le contrôle de l'interdiction de parier prévue par le *c* de l'article L. 131-16, en vue de la mise en œuvre d'une éventuelle procédure *(Décr. n° 2016-760 du 8 juin 2016, art. 1er-1°)* **« de sanction ».**

L'Autorité de régulation des jeux en ligne est destinataire du traitement mentionné au premier alinéa.

Le droit d'opposition prévu à l'article 38 de la loi n° 78-17 du 6 janvier 1978 relative à l'informatique, aux fichiers et aux libertés ne s'applique pas à ce traitement.

Art. R. 131-38 **Les traitements autorisés par l'article R. 131-37 peuvent porter sur les catégories de données à caractère personnel relatives :**

1° A l'identité de la personne soumise à l'interdiction de parier prévue au *c* de l'article L. 131-16 (nom de famille, nom d'usage, prénoms, date et lieu de naissance) ;

2° A sa domiciliation (adresse postale et, le cas échéant, adresse électronique) ;

3° Aux compétitions pour lesquelles elle est soumise à une interdiction de parier.

Les droits d'accès et de rectification prévus aux articles 39 et 40 de la loi du 6 janvier 1978 susmentionnée s'exercent auprès des fédérations délégataires dont relèvent les personnes concernées.

Art. R. 131-39 En application des dispositions du IV de l'article 26 de la loi du 6 janvier 1978 susmentionnée, la fédération délégataire responsable d'un traitement de données autorisé adresse à la Commission nationale de l'informatique et des libertés, préalablement à sa mise en œuvre, un engagement de conformité de celui-ci à la description figurant aux articles R. 131-37 et R. 131-38.

Art. R. 131-40 Les informations personnelles relatives à des opérations de jeu enregistrées par un opérateur de jeux ou de paris en ligne détenues par l'Autorité de régulation des jeux en ligne, auxquelles une fédération sportive délégataire peut avoir accès, concernent les acteurs :

1° D'une compétition sportive organisée par la fédération concernée ;

2° D'une compétition sportive organisée par la ligue professionnelle que cette fédération a constituée ;

3° D'une compétition sportive mentionnée à l'article L. 331-5.

Lorsque les compétitions mentionnées aux 2° et 3° font l'objet de paris sportifs, les ligues professionnelles et les personnes physiques ou morales de droit privé mentionnées à l'article L. 331-5 sont tenues de transmettre aux fédérations délégataires les informations prévues aux 1°, 2° et 3° de l'article R. 131-38.

(Décr. n° 2016-760 du 8 juin 2016, art. 1er-2°) « 4° Titulaires d'une licence sportive au sens de l'article L. 131-6 et participant à une compétition internationale ».

Art. R. 131-41 L'Autorité de régulation des jeux en ligne définit :

1° La nomenclature des compétitions pouvant servir de support à l'organisation de paris sportifs en ligne qui doit être utilisée pour présenter les informations mentionnées dans le cadre de la demande prévue au 2° de l'article R. 131-42 ;

2° Les modalités techniques de transmission et de traitement de la demande prévue à l'article R. 131-43.

Art. R. 131-42 Le président de la fédération habilite, parmi ses agents disposant des compétences techniques et juridiques adéquates, une ou plusieurs personnes afin :

1° De traiter les données contenues dans le traitement mentionné à l'article R. 131-37 ;

2° De transmettre à l'Autorité de régulation des jeux en ligne les demandes de rapprochement mentionnées à l'article R. 131-43 ;

3° De recevoir en réponse les éléments définis à l'article R. 131-44.

Une copie de la décision d'habilitation est transmise à l'Autorité.

Art. R. 131-43 L'Autorité de régulation des jeux en ligne procède aux contrôles demandés par une fédération sportive délégataire, en rapprochant le fichier transmis par celle-ci du traitement automatisé de données à caractère personnel relatives aux opérations de paris sportifs en ligne enregistrées dont elle dispose en application de l'article 38 de la loi n° 2010-476 du 12 mai 2010 relative à l'ouverture à la concurrence et à la régulation des jeux d'argent et de hasard en ligne.

Art. R. 131-44 Lorsque les rapprochements font apparaître que l'un des acteurs de l'une ou de plusieurs des compétitions concernées a méconnu l'interdiction de parier prévue au c de l'article L. 131-16, l'Autorité de régulation des jeux en ligne transmet le résultat de ces rapprochements aux agents mentionnés à l'article R. 131-42.

Ces rapprochements comportent la mention :

1° Des nom, prénoms, date et lieu de naissance de la personne concernée ;

2° De la compétition et de la ou des épreuves sur lesquelles elle a engagé des paris sportifs ;

3° Du détail des opérations de paris sportifs en ligne engagées, notamment leur date de réalisation.

Ces données sont conservées pendant une durée de cinq ans à compter de la réception par la fédération délégataire du résultat des rapprochements opérés par l'Autorité de régulation des jeux en ligne.

Art. R. 131-45 La fédération sportive délégataire adresse aux ligues professionnelles les données nécessaires à l'exercice du pouvoir disciplinaire en première instance lorsque celui-ci a été délégué aux ligues dans le cadre de la convention prévue à l'article R. 132-9.

Art. R. 131-45-1 *(Décr. nº 2016-760 du 8 juin 2016, art. 1er-3º)* Le fichier transmis par l'agent habilité de la fédération sportive à l'Autorité de régulation des jeux en ligne ainsi que les résultats des opérations informatiques de rapprochement sont conservés par l'Autorité de régulation des jeux en ligne durant un an à compter de l'envoi des résultats à la fédération. – *[Anc. art. R. 131-46, Décr. nº 2016-1286 du 29 sept. 2016, art. 14-1º.]*

Art. R. 131-45-2 *(Décr. nº 2016-760 du 8 juin 2016, art. 1er-3º)* Les droits d'accès aux données mentionnées à l'article *(Décr. nº 2016-1286 du 29 sept. 2016, art. 14-2º)* « R. 131-45-1 » et de rectification de ces données s'exercent auprès du président de l'Autorité de régulation des jeux en ligne dans les conditions prévues aux articles 39 et 40 de la loi nº 78-17 du 6 janvier 1978.

Le droit d'opposition prévu à l'article 38 de la même loi ne s'applique pas à ces données. – *[Anc. art. R. 131-47, Décr. nº 2016-1286 du 29 sept. 2016, art. 14-1º.]*

SOUS-SECTION 4 DISPOSITIONS RELATIVES AU RÉGIME DES DÉCISIONS PRISES PAR LES FÉDÉRATIONS DÉLÉGATAIRES

(Décr. nº 2015-1752 du 24 déc. 2015, art. 1er)

Art. R.* 131-46 *(Décr. nº 2015-1752 du 24 déc. 2015, art. 1er)* En application du II de l'article 21 de la loi du 12 avril 2000 relative aux droits des citoyens dans leurs relations avec les administrations *[CRPA, art. L. 231-1]*, le silence gardé pendant deux mois par une fédération sportive délégataire vaut décision de rejet pour les demandes dont la liste figure à l'annexe I-7 *[reproduite ci-dessous]*, qui entrent dans le champ de ses missions de service public.

Les dispositions de l'art. R. 131-46 s'appliquent aux demandes présentées à compter du 12 nov. 2015 (Décr. nº 2015-1462 du 10 nov. 2015, art. 3).*

ANNEXE I-7

OBJET DE LA DEMANDE	DISPOSITIONS APPLICABLES	DÉLAI À L'EXPIRATION DUQUEL la décision de rejet est acquise, lorsqu'il est différent du délai de deux mois
Les demandes relatives à l'accès et à la participation des sportifs, individuellement ou par équipe, à des compétitions et des épreuves et à l'organisation et au déroulement de ces épreuves, à l'exception de celles prévues par les articles L. 331-5 et R. 331-3	Règlements des fédérations sportives délégataires	
Les demandes relatives à l'équipement des sportifs, aux installations et aux éclairages	Règlements des fédérations sportives délégataires	
Les demandes relatives aux relations avec les médias	Règlements des fédérations sportives délégataires	

OBJET DE LA DEMANDE	DISPOSITIONS APPLICABLES	DÉLAI À L'EXPIRATION DUQUEL la décision de rejet est acquise, lorsqu'il est différent du délai de deux mois
Les demandes relatives aux relations avec les partenaires commerciaux	Règlements des fédérations sportives délégataires	
Les demandes relatives à l'accueil du public et à l'organisation des billetteries	Règlements des fédérations sportives délégataires	
Les demandes relatives à la capacité des sportifs, à l'exception des demandes de délivrance de la licence sportive	Règlements des fédérations sportives délégataires	
Les demandes relatives à la capacité des clubs et à leurs statuts	Règlements des fédérations sportives délégataires	
Les demandes relatives aux règles de jeu et aux règles techniques	Règlements des fédérations sportives délégataires	
Les demandes relatives aux agents sportifs, à l'exception de celles prévues par les articles L. 222-15 et R. 222-24	Règlements des fédérations sportives délégataires	
Les demandes relatives à l'inscription aux formations et brevets fédéraux	Règlements des fédérations sportives délégataires	
Les demandes relatives aux relations avec d'autres fédérations sportives et des associations sportives non affiliées	Règlements des fédérations sportives délégataires	

COMMENTAIRE

La loi n° 2013-1005 du 12 novembre 2013 habilitant le Gouvernement à simplifier les relations entre l'administration et les citoyens (*JO 13 nov.*) a fixé le principe selon lequel le silence gardé pendant deux mois par l'administration sur une demande vaut désormais acceptation (rappelons que précédemment c'était le principe inverse qui prévalait, le silence valant rejet).

Le dispositif prévoyait de différer de deux ans l'entrée en vigueur de ce principe dit du « silence vaut acceptation » (SVA) qui est donc applicable depuis le 12 novembre 2015 pour les demandes adressées aux fédérations sportives délégataires (et à leurs structures déconcentrées territoriales) et aux ligues professionnelles.

La loi prévoit toutefois des dérogations à ce principe listées à l'article L. 231-4 du code des relations entre le public et l'administration (ex-art. 21 de la L. n° 2000-321 du 12 avr. 2000 relative aux droits des citoyens dans leurs relations avec les administrations), comme par exemple lorsque la demande ne tend pas à l'adoption d'une décision présentant le caractère d'une décision individuelle (V. pour plus d'informations, App., v° ***Actes administratifs***).

De plus, il est prévu que des décrets peuvent, pour certaines décisions, écarter l'application du nouveau principe ou fixer des délais différents emportant rejet ou acceptation de la demande.

C'est ainsi qu'un premier décret n° 2015-1462 du 10 novembre 2015 (*JO 11 nov.*) excluait à l'article R. 131-46 les demandes formulées aux fédérations par des non-licenciés, à l'exception des demandes de licence, du principe du SVA.

La durée de vie de cette disposition aura toutefois été très courte dans la mesure où un second décret n° 2015-1752 du 24 décembre 2015 (*JO 26 déc.*) est venu réécrire l'article R. 131-46 précité, qui prévoit dorénavant une liste de demandes (figurant à l'Annexe I-7 du code du sport reproduite *supra*) pour lesquelles le silence gardé deux mois par une fédération vaut décision de rejet.

Ce décret allonge ainsi la liste des exceptions au principe du SVA, concernant les demandes qui entrent dans le champ des missions de service public des fédérations, le nouveau principe s'appliquant en revanche bien aux demandes de délivrance de licence sportive.

On notera par ailleurs que les exceptions figurant à l'Annexe I-7 du code du sport ne s'appliquent pas aux procédures des ligues professionnelles. La durée du silence valant acceptation est en revanche prolongée par le décret n° 2015-1462 du 10 novembre 2015 à quatre mois pour les demandes de labellisation de club ou de validation de l'enseignement scolaire ou professionnel ou de la formation universitaire des jeunes sportifs en centre de formation relevant d'une association sportive ou d'une société sportive (V. art. R. 132-18 C. sport). ❑

SOUS-SECTION 5 DISPOSITIONS RELATIVES AUX LICENCES DE TIR DÉLIVRÉES PAR LES FÉDÉRATIONS DÉLÉGATAIRES

(Décr. n° 2016-156 du 15 févr. 2016, art. 1er)

Art. R. 131-47 La licence de tir peut être refusée ou retirée par la fédération sportive ayant reçu délégation du ministre chargé des sports au titre de l'article L. 131-14 aux personnes inscrites au fichier national automatisé nominatif des personnes interdites d'acquisition et de détention d'armes mentionné à l'article L. 312-16 du code de la sécurité intérieure.

CHAPITRE II LIGUES PROFESSIONNELLES

COMMENTAIRE

La création de ligues nationales chargées de réglementer, d'administrer et de gérer le secteur des activités sportives professionnelles selon une réelle autonomie fonctionnelle est réaliste, étant donné les particularités de son organisation et des relations contractuelles qui s'y nouent. Mais, en France comme dans plusieurs autres États, ces ligues sont, soit des commissions internes fédérales sous l'autorité des organes dirigeants des fédérations nationales (basket-ball féminin, boxe, handball féminin), soit des associations unies à leurs fédérations nationales par une convention périodiquement renouvelable déterminant les compétences, les charges et les prérogatives des unes et des autres (exemples : en athlétisme, basket-ball masculin, cyclisme, football, handball, rugby, volley-ball).

Évoquées dans certains règlements de fédérations sportives internationales, tel le règlement de la Fédération internationale de football association (FIFA), qui prennent soin de relever qu'elles sont subordonnées aux fédérations nationales affiliées (V. art. 18 des Statuts de la FIFA), la situation et le positionnement des ligues nationales ont été soulevés, précisément, pour la première fois, dans un jugement du Tribunal des conflits du 7 juillet 1980 *(D. 1980. IR 561, obs. P. Delvolvé ;* L'activité sportive dans les balances de la justice *(t. 1), Dalloz, Droit et Économie du Sport, 1985, obs. F. Alaphilippe et J.-P. Karaquillo, p. 14)* qui accréditait l'idée, sur le fondement des statuts types annexés au décret n° 76-490 du 3 juin 1976 *(JO 3 juin),* pris pour l'application de la loi du

29 octobre 1975, relative au développement de l'éducation physique et du sport, à propos du Groupement du football professionnel (appellation ancienne de la ligue de football professionnel), qu'une ligue nationale exerce ses activités par subdélégation de pouvoirs. L'article 1-1 du décret n° 85-238 du 13 février 1985 *(JO 19 févr.)*, abrogé en 2002, était venu confirmer que les fédérations pouvaient transférer la gestion de leurs activités sportives professionnelles à des organismes nationaux déconcentrés. Et plus pertinemment et rigoureusement, l'article L. 132-1 du code du sport issu de la loi n° 2000-627 du 6 juillet 2000 dispose que « les fédérations délégataires peuvent créer une ligue professionnelle pour la représentation, la gestion et la coordination des activités sportives à caractère professionnel des associations qui leur sont affiliées et des sociétés sportives ». Plus exactement encore, l'art. R. 132-1 du code du sport, issu de l'art. 1er du décret n° 2002-762 du 2 mai 2002, modifié par le décret n° 2007-883 du 14 mai 2007, énonce que « lorsque ses statuts le prévoient, une fédération sportive délégataire peut créer une ligue professionnelle dotée de la personnalité morale, soit pour organiser les compétitions sportives qu'elle définit, soit pour fixer, pour les compétitions sportives qu'elle définit, leurs conditions d'organisation et celles de la participation des sportifs ».

Ces missions particulières, reconnues aux ligues professionnelles, sont précisées et amplifiées par la loi n° 2012-158 du 1er février 2012 visant à renforcer l'éthique du sport et les droits des sportifs qui permet à ces dernières, par délégation de la fédération, d'édicter des règlements relatifs aux conditions juridiques, administratives et financières auxquelles doivent répondre les associations et sociétés sportives pour être admises à participer aux compétitions qu'elles organisent (en particulier s'agissant des mécanismes de « joueurs formés localement » ou de *« salary cap »*).

Toute ligue nationale, sous forme d'association, a, à l'évidence, une autonomie sportive, administrative et financière supérieure à celle constituée sous forme de commission. Mais, même dans le premier cas, la ligue nationale a une indépendance juridique circonscrite : ses décisions de gestion, réglementaires et disciplinaires demeurent sous le contrôle de la fédération nationale concernée ; les actes ou mesures qu'elle prend empruntent d'ailleurs logiquement la nature, administrative ou privée, des actes ou mesures de la fédération dont elle dépend.

Ce modèle d'organisation générale, adopté par la plupart des systèmes européens a, en vérité, pour raison d'être un maintien d'un lien de complémentarité et de solidarité entre le secteur des activités sportives amateurs et celui des activités sportives professionnelles. Et c'est dans cet esprit qu'est élaborée entre fédération et ligue une convention qui précise la répartition de leurs compétences et les conditions dans lesquelles elles exercent en commun des compétences précisément déterminées (V. art. R. 132-9 s. C. sport). Pour autant se dessine une vive tendance des ligues professionnelles à développer des missions ou (et) à mettre en œuvre des actions indépendamment des contrôles des fédérations. La création, en mars 2006, de l'Association nationale des ligues de sport professionnel (ANLSP), au sein de laquelle militent les ligues professionnelles de basket-ball, de football, de handball, de rugby et de volley-ball, s'inscrit dans cette perspective en se donnant pour but non seulement de mutualiser des expériences, mais aussi de participer à la gouvernance du sport français. Cette orientation n'est pas limitée à la France. Les ligues professionnelles des autres pays européens l'adoptent avec plus ou moins de vigueur. Les illustrations sont connues, avec notamment l'intégration de l'Association des ligues européennes de football auprès de l'Union européenne de football association (UEFA).

L'organisation interne d'une ligue professionnelle est, en partie, à rechercher dans ses statuts.

Toutefois, les articles R. 132-2 et suivants du code du sport, issus du décret n° 2002-762 du 2 mai 2002, modifié par le décret n° 2007-883 du 14 mai 2007, tout en opérant une distinction selon que la ligue professionnelle organise les compétitions sportives (hypothèse visant les sports collectifs) ou en fixe les conditions d'organisation et celles de la participation des sportifs (hypothèse visant les sports individuels), indiquent que sont membres de la ligue, dans la première hypothèse, les sociétés sportives (ou à défaut les associations sportives) inscrites dans les compétitions professionnelles ou, dans la seconde, les sociétés sportives (ou à défaut les associations sportives) dont les licenciés sont admis à participer aux compétitions professionnelles ainsi que, facultativement dans cette dernière hypothèse, les associations membres de la fédération, organisatrices de compétitions sportives professionnelles.

Les statuts, quant à eux, prévoient, sans obligation particulière, de quels autres membres est composée l'assemblée générale. En revanche, le comité directeur d'une ligue professionnelle doit réunir des représentants des associations et des sociétés sportives membres, un ou plusieurs représentants de la fédération, des représentants des sportifs et des entraîneurs, des personnalités qualifiées et peut comprendre, selon indication des statuts, des représentants des arbitres et juges, des médecins et des personnels administratifs de la ligue et de ses membres, sans qu'aucune directive réglementaire n'impose des critères de répartition par « familles » : dirigeants, sportifs, entraîneurs... Cette composition des comités directeurs des ligues professionnelles n'est pas sans critiques. Certains représentants de clubs lui reprochent ainsi de ne pas faire une place suffisante à leurs représentants et de donner trop d'importance aux autres acteurs de la discipline. D'autres, au contraire, s'inquiètent de constater que les comités directeurs de ligues professionnelles sont en réalité gouvernés par les représentants des clubs en craignant que ceux-ci soient « juges et parties » sur des décisions individuelles majeures, malgré l'existence de commissions *ad hoc* indépendantes (disciplinaires, de contrôle de gestion...).

L'indépendance des commissions, en particulier des commissions de contrôle de gestion, a pour sa part été réaffirmée avec force par la loi n° 2012-158 du 1er février 2012 visant à renforcer l'éthique du sport et les droits des sportifs qui modifie en ce sens l'article L. 132-2 du code du sport et ajoute, avec pertinence, que les missions de ces organismes ont pour objectif d'assurer la pérennité des associations et sociétés sportives, de favoriser le respect de l'équité sportive et de contribuer à la régulation économique des compétitions. ❑

SECTION PREMIÈRE DISPOSITIONS RELATIVES AUX STATUTS DES LIGUES PROFESSIONNELLES

Art. R. 132-1 Lorsque ses statuts le prévoient, une fédération sportive délégataire peut créer une ligue professionnelle dotée de la personnalité morale :

1° Soit pour organiser les compétitions sportives qu'elle définit ;

2° Soit pour fixer, pour les compétitions sportives qu'elle définit, leurs conditions d'organisation et celles de la participation des sportifs. – *[Décr. n° 2002-762 du 2 mai 2002, art. 1er.]*

Art. R. 132-2 La ligue professionnelle est constituée pour une durée illimitée sous la forme d'une association déclarée conformément aux dispositions de la loi du 1er juillet 1901 relative au contrat d'association.

Sont membres de la ligue professionnelle mentionnée au 1° de l'article R. 132-1 les associations affiliées à la fédération et les sociétés qu'elles ont constituées en application de l'article L. 122-1, admises à participer aux compétitions mentionnées à l'article R. 132-1.

Sont membres de la ligue professionnelle mentionnée au 2° de l'article R. 132-1 les associations affiliées à la fédération dont les licenciés sont admis à participer aux compétitions mentionnées à l'article R. 132-1, et les sociétés qu'elles ont constituées en application de l'article L. 122-1. En outre, les associations membres de la fédération, organisatrices de compétitions sportives mentionnées à l'article R. 132-1, peuvent être membres de la ligue professionnelle.

Pour l'application des deuxième et troisième alinéas, lorsqu'une association a constitué une société sportive, seule cette société est membre de la ligue professionnelle.

Lors de la création d'une ligue professionnelle, les représentants de ces personnes morales, réunis en assemblée constitutive, en adoptent les statuts. Les statuts précisent les modalités d'acquisition ultérieure et de perte de la qualité de membre. – *[Décr. n° 2002-762 du 2 mai 2002, art. 2.]*

Art. R. 132-3 L'assemblée générale de la ligue professionnelle se compose des représentants des personnes morales qui sont membres de celle-ci.

Peuvent également participer à l'assemblée générale, dans les conditions prévues par les statuts, des personnalités qualifiées, des représentants de la fédération ainsi que des représentants des sportifs, des entraîneurs, des arbitres et juges, des médecins et des personnels administratifs de la ligue et de ses membres.

L'assemblée générale se réunit au moins une fois par an.

Les statuts de la ligue professionnelle précisent les règles de convocation et de délibération de l'assemblée générale.

L'assemblée générale adopte le règlement intérieur de la ligue professionnelle et toute modification des statuts de celle-ci.

Les délibérations de l'assemblée générale sont transmises à la fédération. – *[Décr. n° 2002-762 du 2 mai 2002, art. 3.]*

Art. R. 132-4 La ligue professionnelle est administrée par une instance dirigeante qui comprend :

1° Des représentants des associations et des sociétés sportives, élus par l'assemblée générale ;

2° Un ou plusieurs représentants de la fédération, désignés par l'organe compétent de celle-ci ;

3° Des représentants des sportifs et des entraîneurs, désignés par leurs organisations représentatives ;

4° Des personnalités qualifiées, élues par l'assemblée générale, dont une partie sur proposition de l'organe compétent de la fédération.

Les statuts de la ligue professionnelle peuvent également prévoir la participation de représentants des associations sportives organisatrices de compétitions sportives mentionnées au troisième alinéa de l'article R. 132-2, des arbitres et juges, des médecins et des personnels administratifs de la ligue et de ses membres ainsi que les représentants des employeurs, désignés par leurs organisations représentatives. – *[Décr. n° 2002-762 du 2 mai 2002, art. 4, al. 1er à 6.]*

Art. R. 132-5 L'instance dirigeante mentionnée à l'article R. 132-4 se réunit au moins trois fois par an.

Les statuts de la ligue professionnelle précisent les règles de convocation et de délibération de l'instance dirigeante ainsi que les conditions dans lesquelles elle se dote d'un bureau. Ils prévoient que l'instance dirigeante peut, dans les limites de ses attributions, constituer des commissions spécialisées dont elle définit les compétences.

Les délibérations de l'instance dirigeante sont transmises à la fédération. – *[Décr. n° 2002-762 du 2 mai 2002, art. 4, al. 7 à 9.]*

COMMENTAIRE

L'article R. 132-4 du code du sport impose la présence, avec voix délibérative, de telle ou telle catégorie au sein des comités directeurs des ligues mais reste muet sur les aspects quantitatifs de cette obligation. A titre d'illustration, voici l'application qui en est faite par les différentes ligues :

– Ligue nationale d'athlétisme : 14 membres dont 2 représentants des clubs, 4 de la fédération, 1 des organisateurs, 2 des athlètes, 1 des entraîneurs et 4 personnalités qualifiées ;

– Ligue nationale de basket-ball : 17 membres dont 5 représentants des clubs de Pro A, 2 des clubs de Pro B, 3 de la fédération, 1 des joueurs, 1 des entraîneurs, 1 représentant de l'Union des clubs professionnels de basket-ball et 4 personnalités qualifiées ;

– Ligue nationale de cyclisme : 18 membres dont 6 au titre des structures organisatrices de courses cyclistes, 4 au titre des groupes cyclistes professionnels, 4 représentants des coureurs, 2 de la FFC et 2 personnalités qualifiées ;

– Ligue de football professionnel : 25 membres dont 8 représentants des clubs de Ligue 1, 2 des clubs de Ligue 2, 1 de la fédération, 2 des joueurs, 2 des éducateurs, 2 des organisations représentatives des clubs professionnels (les présidents respectifs de Première Ligue et de l'Union des clubs professionnels de football), 1 des arbitres, 1 des personnels administratifs, 1 des médecins et 5 personnalités qualifiées ;

– Ligue nationale de handball : 14 membres dont 6 représentants des clubs de D1 masculine, 2 représentants des clubs de D2 masculine, 1 de la fédération, 1 des joueurs, 1 des entraîneurs et 3 personnalités qualifiées (dont 1 désignée par l'organisme le plus représentatif des clubs de D1, 1 par l'organisme le plus représentatif des clubs de D2 et 1 par la fédération) ;

– Ligue nationale de rugby : 20 membres dont 6 représentants des clubs de première division, 4 des clubs de deuxième division, 2 du comité directeur de la fédération, 1 des joueurs, 1 des entraîneurs, 1 des employeurs, le président de la LNR et 4 personnalités qualifiées ;

– Ligue nationale de volley-ball : 30 membres au maximum dont 7 représentants des clubs de Ligue A masculine, 4 des clubs de Ligue B masculine, 5 des clubs de Ligue A féminine, 3 de la fédération dont le président, 1 du corps arbitral, 1 des entraîneurs, 1 des joueurs, 1 des joueuses, 1 représentant des employeurs et 6 personnalités qualifiées. ❑

Art. R. 132-6 Les statuts de la ligue professionnelle précisent la procédure applicable à l'élection des membres de son assemblée générale et de l'instance dirigeante mentionnée à l'article R. 132-4. Ils prévoient notamment la création d'une commission électorale chargée de contrôler la régularité des opérations électorales ainsi que les conditions dans lesquelles ces opérations peuvent être contestées. – *[Décr. n° 2002-762 du 2 mai 2002, art. 5.]*

Art. R. 132-7 Lorsque la convention mentionnée à l'article R. 132-9 prévoit que la ligue professionnelle exerce par délégation de la fédération un pouvoir disciplinaire en première instance, les règles de fonctionnement de l'organe disciplinaire de la ligue doivent être conformes aux dispositions prévues à l'annexe I-6. – *[Décr. n° 2002-762 du 2 mai 2002, art. 6.]*

Art. R. 132-8 Les statuts de la ligue professionnelle ainsi que les modifications qui y sont apportées, entrent en vigueur après leur approbation par l'assemblée générale de la fédération et la publication de l'arrêté du ministre chargé des sports constatant leur conformité avec les dispositions du présent titre. – *[Décr. n° 2002-762 du 2 mai 2002, art. 7.]*

V., en dernier lieu, Arr. du 17 juin 2016 (JO 25 juin) (Ligue nationale de handball), Arr. du 14 juin 2016 (JO 25 juin) (Ligue de football professionnel), Arr. du 30 mai 2016 (JO 25 juin) (Ligue nationale de rugby), Arr. du 5 juin 2007 (JO 9 juin) (Ligue nationale d'athlétisme), Arr. du 1er déc. 2005 (JO 13 déc.) (Ligue nationale de basket-ball) et Arr. du 27 déc. 2002 (JO 9 janv. 2003) (Ligue nationale de volley-ball).

SECTION II **RÉPARTITION DES COMPÉTENCES ENTRE LES LIGUES PROFESSIONNELLES ET LES FÉDÉRATIONS**

Art. R. 132-9 Les relations de la fédération et de la ligue professionnelle sont fixées par une convention qui précise la répartition de leurs compétences et les conditions dans lesquelles la fédération et la ligue exercent en commun les compétences mentionnées à l'article R. 132-11.

La convention est établie pour une durée qui ne peut excéder cinq ans. Elle détermine les conditions de son propre renouvellement, qui ne peut se faire par tacite reconduction. – *[Décr. n° 2002-762 du 2 mai 2002, art. 8.]*

Art. R. 132-10 Relèvent de la compétence de la fédération :

1° La délivrance des licences sportives et de la licence d'agent sportif ;

2° La formation et le perfectionnement des dirigeants, animateurs, formateurs et entraîneurs fédéraux ;

3° L'organisation et l'accession à la pratique des activités arbitrales ;

4° La définition et le contrôle du respect des règles techniques et des règles de sécurité, d'encadrement et de déontologie de la discipline ;

5° L'organisation de la surveillance médicale des sportifs, dans les conditions prévues au chapitre Ier du titre III du livre II ;

6° La délivrance des titres mentionnés à l'article L. 131-18 ;

7° La sélection et la gestion des équipes portant l'appellation d'"Équipe de France" ;

8° L'accession à la pratique du sport de haut niveau ;

9° Le classement des équipements sportifs ;

10° L'exercice du pouvoir disciplinaire en appel. – *[Décr. n° 2002-762 du 2 mai 2002, art. 9.]*

Art. R. 132-11 La fédération et la ligue professionnelle exercent en commun les compétences suivantes :

1° L'instruction des demandes d'agrément des centres de formation relevant des associations et sociétés membres de la ligue professionnelle ;

2° L'élaboration du calendrier des compétitions professionnelles ;

3° Les conditions dans lesquelles les sportifs sont mis à disposition des équipes portant l'appellation d'"Équipe de France" ;

4° La mise en œuvre du règlement médical fédéral ;

5° L'exercice du droit à l'information prévu à l'article L. 333-6. – *[Décr. n° 2002-762 du 2 mai 2002, art. 12.]*

Art. R. 132-12 Sous réserve des dispositions des articles R. 132-10 et R. 132-11, la réglementation et la gestion des compétitions mentionnées à l'article R. 132-1 relèvent de la compétence de la ligue professionnelle. – *[Décr. n° 2002-762 du 2 mai 2002, art. 11.]*

Art. R. 132-13 La convention détermine les conditions dans lesquelles la fédération peut concéder à la ligue professionnelle, pour une durée n'excédant pas le terme de la convention, la commercialisation des droits d'exploitation des compétitions professionnelles.

Les dispositions du premier alinéa relatives à la durée de la concession ne s'appliquent pas aux concessions en cours à la date d'entrée en vigueur de la partie réglementaire du présent code et dont la durée est supérieure à celle de la convention mentionnée à l'article R. 132-9. – *[Décr. n° 2002-762 du 2 mai 2002, art. 10.]*

Art. R. 132-14 La convention précise, le cas échéant, si la participation des équipes professionnelles aux compétitions inscrites au calendrier fédéral ou organisées par la ligue professionnelle relève de la compétence des associations sportives affiliées ou des sociétés qu'elles ont créées en application de l'article L. 122-1. – *[Décr. n° 2002-762 du 2 mai 2002, art. 10-1.]*

Ces dispositions sont applicables aux conventions conclues ou renouvelées postérieurement au 16 juin 2004.

Art. R. 132-15 La convention précise les conditions dans lesquelles l'instance dirigeante de la fédération peut réformer les décisions arrêtées par les organes de la ligue professionnelle qui sont contraires aux statuts ou aux règlements de la fédération. – *[Décr. n° 2002-762 du 2 mai 2002, art. 13.]*

N'est pas illégale la disposition de la convention conclue entre une fédération et une ligue professionnelle en application de l'art. R. 132-9 C. sport donnant compétence au comité directeur de la fédération pour réformer les décisions de la ligue professionnelle qu'il juge contraires aux statuts et règlements de la fédération mais également celles qu'il juge contraires à l'intérêt supérieur (du football en l'espèce), ce pouvoir étant justifié par la qualité de « subdélégataire » de la ligue professionnelle. La fédération a pu ainsi légalement estimer que la décision de la ligue portait atteinte aux intérêts de la discipline dont elle a la charge. • CE 3 févr. 2016, *SASP Red Star FC et a.*, n°s 391929 et 392046.

Art. R. 132-16 Les dispositions d'ordre financier font l'objet d'un protocole annexé à la convention. – *[Décr. n° 2002-762 du 2 mai 2002, art. 14.]*

Art. R. 132-17 La convention et ses annexes entrent en vigueur après leur approbation par les assemblées générales de la fédération et de la ligue professionnelle et par le ministre chargé des sports. – *[Décr. n° 2002-762 du 2 mai 2002, art. 15.]*

SECTION III **DISPOSITIONS RELATIVES AU RÉGIME DES DÉCISIONS PRISES PAR LES LIGUES PROFESSIONNELLES**

(Décr. n° 2015-1462 du 10 nov. 2015, art. 1er-2°)

Art. R. 132-18 En application du II de l'article 21 de la loi du 12 avril 2000 *[de l'article L. 231-5 du code des relations entre le public et l'administration]* et par exception à l'application du délai de deux mois prévu au premier alinéa du I de cet article *[à l'article L. 231-1 du code des relations entre le public et l'administration]*, le délai à l'expiration duquel le silence gardé par une ligue professionnelle vaut décision d'acceptation est de quatre mois pour :

1° Les demandes de labellisation de club sportif ;

2° Les demandes de validation de l'enseignement scolaire ou professionnel ou de la formation universitaire des jeunes sportifs en centre de formation relevant d'une association sportive ou d'une société sportive.

Les dispositions de l'art. R. 132-18 peuvent être modifiées par décret en Conseil d'État.

Elles s'appliquent aux demandes présentées à compter du 12 nov. 2015 (Décr. n° 2015-1462 du 10 nov. 2015, art. 2 et 3).

V. v° ***Actes administratifs***.

TITRE QUATRIÈME **ORGANISMES DE REPRÉSENTATION ET DE CONCILIATION**

CHAPITRE PREMIER **LE COMITÉ NATIONAL OLYMPIQUE ET SPORTIF FRANÇAIS**

COMMENTAIRE

A l'occasion du processus de codification, une bonne partie des dispositions qui figuraient à l'article 19 de la loi du 16 juillet 1984, consacré au CNOSF, a été déclassée en partie réglementaire.

Il en va ainsi de dispositions aussi essentielles que le désormais article R. 141-5 en ce qu'il prévoit que le recours à la procédure de conciliation devant le CNOSF est obligatoire préalablement à tout recours contentieux.

C'est également le cas de l'article R. 141-2 par lequel l'ordre juridique français consacre en droit interne le principe issu de la Charte olympique qui veut que le CNOSF ait seul compétence pour diriger la délégation française aux Jeux olympiques.

On peut enfin relever le cas de l'article R. 141-4 qui prévoit la possibilité, pour le CNOSF, de recevoir un concours financier et en personnel de la part de l'État, dans le cadre d'une convention conclue avec lui.

Ces déclassements ne souffrent guère la discussion au regard des articles de la Constitution relatifs aux domaines respectifs de la loi et du règlement. C'est toutefois le cas de bon nombre de dispositions de la loi de 1984 qui n'ont pas été déclassées. Il peut donc apparaître surprenant, au moins au plan symbolique, que le CNOSF ait été particulièrement touché par le phénomène.

A cet égard, on remarquera que la compétence des fédérations en matière de sélections internationales continue de relever de la loi (art. L. 131-15), de même que la possibilité pour elles de se voir « mettre à disposition » des personnels par l'État (art. L. 131-12).

Concernant le caractère obligatoire de la procédure de conciliation, qui a largement fait ses preuves depuis 1992, il n'est pas inutile de relever que celui-ci pourra donc désormais être remis en cause par un simple décret. ❑

SECTION PREMIÈRE **MISSION GÉNÉRALE**

Art. R. 141-1 **Le Comité national olympique et sportif français mène des activités d'intérêt commun au nom des fédérations ou avec elles, dans le respect des prérogatives reconnues à chacune d'elles par le présent code.**

Il est associé à la promotion des différentes disciplines sportives dans les programmes des sociétés de communication audiovisuelle. – *[L. n° 84-610 du 16 juill. 1984, art. 19, al. 5 et 6.]*

Art. R. 141-2 **Le Comité national olympique et sportif français a compétence exclusive pour constituer, organiser et diriger la délégation française aux Jeux olympiques et aux compétitions multisports patronnées par le Comité International Olympique. Sur proposition des fédérations intéressées et après avis de la Commission nationale du sport de haut niveau, il procède à l'inscription des sportifs puis à leur engagement définitif.** – *[L. n° 84-610 du 16 juill. 1984, art. 19, al. 4.]*

Art. R. 141-3 **Le comité peut déléguer une partie de ses missions aux organes déconcentrés qu'il constitue sous la forme de comités régionaux et de comités départementaux olympiques et sportifs.** – *[L. n° 84-610 du 16 juill. 1984, art. 19, al. 7.]*

Art. R. 141-4 **Aux termes d'une convention conclue avec l'État, le Comité national olympique et sportif français peut recevoir un concours financier et en personnel pour accomplir ses missions.** – *[L. n° 84-610 du 16 juill. 1984, art. 19, al. 18.]*

SECTION II **MISSION DE CONCILIATION**

BIBL. ▸ F. Lajat, Litiges sportifs, qu'en sera-t-il en pratique ? (commentaire du décret n° 2015-651 du 10 juin 2015), *Dict. perm. dr. sport 2015, Bull. n° 225, p. 9.* – D. Rémy, Litiges sportifs :

un décret qui améliore sans révolutionner (commentaire du décret n° 2015-651 du 10 juin 2015), *Dict. perm. dr. sport 2015, Bull. n° 224, p. 1.*

COMMENTAIRE

A la suite de l'instauration du préalable obligatoire de conciliation par la loi du 13 juillet 1992, il est rapidement apparu aux conciliateurs que les dispositions législatives applicables méritaient d'être précisées sur un certain nombre de points.

C'est ainsi que la conférence des conciliateurs a adopté, le 6 juillet 1993, un « Règlement de la conciliation » (V. ***C. sport, éd. 1997****, p. 694 s.* ; ***éd. 2001****, p. 769 s.*).

Celui-ci a désormais perdu de sa force obligatoire avec la parution du décret n° 2002-1114 du 30 août 2002 (codifié aux art. R. 141-6 s. C. sport) et n'est donc plus mentionné que pour mémoire.

Au demeurant, l'essence du « Règlement de la conciliation » a été reprise par le décret du 30 août 2002, à la rédaction duquel la conférence des conciliateurs a été étroitement associée.

Les articles qui encadrent la procédure de conciliation ont par la suite été retouchés par le décret n° 2015-651 du 10 juin 2015. Celui-ci, pris suite à l'émoi causé par l'affaire « *Luzenac* » à l'été 2014, vise essentiellement à réduire les délais de traitement du contentieux en matière sportive. Outre qu'il ramène à un mois (au lieu de deux) le délai de recours contentieux lorsque sont concernées les juridictions administratives (art. R. 141-9-1 C. sport), il diminue drastiquement le délai dans lequel la saisine du conciliateur doit être effectuée, qui passe à 15 jours au lieu de deux mois en matière administrative et 15 jours au lieu de… 5 ans ! en matière judiciaire (art. R. 141-9 C. sport). Par ailleurs, la faculté d'opposition aux propositions du conciliateur est ramenée de un mois à quinze jours (art. R. 141-7 et R. 141-23 C. sport). Toutefois force est de constater que les réformes opérées par le décret du 10 juin 2015 n'auraient strictement rien changé aux délais de traitement de l'affaire « *Luzenac* ». ❑

SOUS-SECTION 1 PRINCIPES

Art. R. 141-5 La saisine du comité à fin de conciliation constitue un préalable obligatoire à tout recours contentieux, lorsque le conflit résulte d'une décision, susceptible ou non de recours interne, prise par une fédération dans l'exercice de prérogatives de puissance publique ou en application de ses statuts. — *[L. n° 84-610 du 16 juill. 1984, art. 19, al. 12.]*

V. note 25 ss. art. L. 141-4.

Art. R. 141-6 Lorsque le conflit résulte de l'intervention d'une décision individuelle, l'exécution de cette décision est suspendue à compter de la notification à l'auteur de la décision de l'acte désignant un conciliateur. Toutefois, le président de la conférence des conciliateurs peut lever la suspension dans le cas où la décision contestée est motivée par des actes de violence caractérisée.

La suspension de la décision individuelle contestée prend fin avec la notification des mesures de conciliation prévues à l'article R. 141-23.

La procédure de conciliation facultative prévue à l'article R. 141-19 n'entraîne pas suspension de la décision contestée. — *[L. n° 84-610 du 16 juill. 1984, art. 19, al. 16, 1re et 2e phrases ; Décr. n° 2002-1114 du 30 août 2002, art. 24.]*

Art. R. 141-7 Le président de la conférence des conciliateurs rejette les demandes de conciliation relatives à des litiges qui ne sont pas au nombre de ceux mentionnés au premier alinéa de l'article L. 141-4, ainsi que celles qui lui apparaissent manifestement dénuées de fondement.

S'il n'est pas fait application de l'alinéa précédent, le président de la conférence désigne un conciliateur dont le nom est notifié aux parties. Dans le délai d'un mois suivant la saisine, le conciliateur, après avoir entendu les intéressés, propose des mesures de conciliation. Ces mesures sont présumées acceptées par les parties, sauf opposition notifiée au conciliateur et aux parties, *(Décr. n° 2015-651 du 10 juin 2015, art. 1er-1°, en vigueur le 15 juin 2015)* **« dans un délai de quinze jours** *[ancienne rédaction : dans un* *nouveau délai d'un mois]* » **à compter de la formulation aux parties des propositions du conciliateur.**– *[L. n° 84-610 du 16 juill. 1984, art. 19, al. 14 et 15.]*

V. note 12 ss. art. L. 141-4.

Art. R. 141-8 **Lorsque la décision contestée est susceptible de recours contentieux, la saisine du Comité national olympique et sportif français afin de conciliation interrompt le délai de recours.** – *[L. n° 84-610 du 16 juill. 1984, art. 19, al. 13.]*

Art. R. 141-9 **La saisine du Comité national olympique et sportif français n'interrompt le délai de recours contentieux, en application de l'article R. 141-8 du présent code, que si elle est intervenue** *(Décr. n° 2015-651 du 10 juin 2015, art. 1er-2°, en vigueur le 15 juin 2015)* **« dans le délai prévu au premier alinéa de l'article R. 141-15** *[ancienne rédaction : dans le délai prévu à l'article R. 421-1 du code de justice administrative]* **».**

L'interruption prend fin :

– en cas de rejet de la demande par application de l'article R. 141-16 du présent code à la date de la notification de ce rejet ;

– à compter de la notification à l'une des parties du refus de la conciliation émanant de l'autre partie, en application du deuxième alinéa de l'article R. 141-23 du présent code. – *[Décr. n° 2002-1114 du 30 août 2002, art. 25.]*

Art. R. 141-9-1 *(Décr. n° 2015-651 du 10 juin 2015, art. 1er-3°, en vigueur le 15 juin 2015)* **Le délai de recours contentieux applicable aux décisions mentionnées à l'article R. 141-5 et relevant de la compétence de la juridiction administrative est d'un mois.**

SOUS-SECTION 2 CONFÉRENCE DES CONCILIATEURS

Art. R. 141-10 **La conférence des conciliateurs, instituée par l'article L. 141-4, est composée de treize membres au moins et vingt-et-un membres au plus, reconnus pour leur connaissance de l'organisation des activités sportives et leur compétence en matière juridique. Ces personnalités sont nommées pour la durée de l'olympiade par le conseil d'administration du Comité national olympique et sportif français sur proposition de son comité de déontologie.** – *[Décr. n° 2002-1114 du 30 août 2002, art. 1er et 2.]*

Art. R. 141-11 **Les fonctions des conciliateurs sont exercées à titre bénévole. Toutefois, les frais de déplacement et de séjour exposés par les conciliateurs leur sont remboursés par le Comité national olympique et sportif français sur présentation des justificatifs.** – *[Décr. n° 2002-1114 du 30 août 2002, art. 3.]*

Art. R. 141-12 **Réunie à l'initiative du doyen d'âge, la conférence des conciliateurs choisit parmi ses membres un président et un vice-président chargé de l'assister. Ils sont élus pour la durée de l'olympiade. Cette élection a lieu au scrutin secret. La conférence des conciliateurs délibère valablement si la moitié au moins de ses membres sont présents. Lorsque ce quorum n'est pas atteint, une nouvelle réunion a lieu dans un délai de quinze jours et la conférence délibère alors valablement sans condition de quorum. En cas de partage égal des voix, celle du doyen d'âge est prépondérante.** – *[Décr. n° 2002-1114 du 30 août 2002, art. 4.]*

Art. R. 141-13 **Le président de la conférence des conciliateurs, outre les attributions que lui confère l'article R. 141-7, est chargé de coordonner les travaux des conciliateurs, de veiller à la répartition des dossiers à traiter et d'établir un rapport annuel d'activité. Ce rapport est soumis pour avis aux membres de la conférence des conciliateurs, puis porté à la connaissance de l'assemblée générale du Comité national olympique et sportif français.** – *[Décr. n° 2002-1114 du 30 août 2002, art. 5.]*

Art. R. 141-14 **En cas de manquement d'un conciliateur à l'obligation de secret prévue à l'article L. 141-4, ou de tout autre comportement incompatible avec l'exercice de ses fonctions, le conseil d'administration du Comité national olympique et sportif français peut prononcer la démission d'office de l'intéressé après l'avoir mis à même de présenter ses observations devant le comité de déontologie.** – *[Décr. n° 2002-1114 du 30 août 2002, art. 6.]*

SOUS-SECTION 3 PROCÉDURE

§ 1er SAISINE DU CONCILIATEUR ET INSTRUCTION DE LA DEMANDE

Art. R. 141-15 *(Décr. n° 2015-651 du 10 juin 2015, art. 1er-4°, en vigueur le 15 juin 2015)* « La demande de conciliation est adressée au président de la conférence des conciliateurs par lettre recommandée, par télécopie ou par courrier électronique, avec demande d'avis de réception. Elle doit être effectuée dans les quinze jours suivant la notification ou la publication de la décision contestée. La demande mentionne le nom et le domicile de son auteur. »

La demande de conciliation contient l'exposé des faits, moyens et conclusions. Lorsqu'elle est dirigée contre une décision, la demande doit, à peine d'irrecevabilité, être accompagnée d'une copie de celle-ci.

Le demandeur doit avoir un intérêt direct et personnel à agir.

S'il s'agit d'une personne morale, la demande de conciliation doit être présentée par la personne ayant qualité pour agir en son nom. – *[Décr. n° 2002-1114 du 30 août 2002, art. 7.]*

Ancien art. R. 141-15 *La demande de conciliation est adressée au président de la conférence des conciliateurs par lettre recommandée avec demande d'avis de réception.*

Elle doit mentionner le nom et le domicile de la partie qui sollicite la mise en œuvre de la procédure de conciliation.

La demande de conciliation contient l'exposé des faits, moyens et conclusions. Lorsqu'elle est dirigée contre une décision, la demande doit, à peine d'irrecevabilité, être accompagnée d'une copie de celle-ci.

Le demandeur doit avoir un intérêt direct et personnel à agir.

S'il s'agit d'une personne morale, la demande de conciliation doit être présentée par la personne ayant qualité pour agir en son nom. – [Décr. n° 2002-1114 du 30 août 2002, art. 7.]

Art. R. 141-16 Le président de la conférence des conciliateurs effectue un contrôle préalable de la demande de conciliation.

Le président notifie sans délai, par décision motivée, le rejet de la demande lorsqu'elle :

1° Ne relève pas de la compétence de la conférence des conciliateurs définie à l'article L. 141-4 ;

2° Est entachée, au regard des dispositions de l'article R. 141-15, d'une irrecevabilité manifeste non susceptible d'être couverte ultérieurement ;

3° Est manifestement mal fondée. – *[Décr. n° 2002-1114 du 30 août 2002, art. 8.]*

Art. R. 141-17 Lorsque la demande est entachée d'une irrecevabilité susceptible d'être couverte, le président de la conférence des conciliateurs invite le demandeur à la régulariser. A défaut de régularisation dans le délai imparti, le président de la conférence des conciliateurs notifie le rejet de la demande. – *[Décr. n° 2002-1114 du 30 août 2002, art. 9.]*

Art. R. 141-18 Lorsque la demande est recevable, le président de la conférence des conciliateurs désigne un ou plusieurs conciliateurs chargés d'examiner l'affaire. – *[Décr. n° 2002-1114 du 30 août 2002, art. 10.]*

Art. R. 141-19 Dans le cas où la demande de conciliation a été présentée postérieurement à l'expiration *(Décr. n° 2015-651 du 10 juin 2015, art. 1er-5°, en vigueur le 15 juin 2015)* « du délai prévu à l'article R. 141-15 *[ancienne rédaction : du délai de recours contentieux]* », le président de la conférence des conciliateurs, saisi par l'une des parties, a la faculté d'inviter l'autre partie à participer à une procédure de conciliation facultative.

Les parties doivent alors informer par écrit le président de la conférence des conciliateurs de leur décision de se soumettre ou non à la procédure de conciliation facultative.

Les dispositions du présent article sont également applicables lorsque la conciliation n'est pas un préalable obligatoire à l'exercice d'un recours contentieux. – *[Décr. n° 2002-1114 du 30 août 2002, art. 11.]*

Art. R. 141-20 Les noms des conciliateurs sont notifiés à chaque partie.

Chaque partie peut récuser les conciliateurs ainsi désignés dans les trois jours de la réception de la notification mentionnée au premier alinéa pour l'un des motifs suivants qui doit être justifié par le demandeur :

1° Parenté ou alliance des conciliateurs avec l'une des parties ;

2° Communauté ou opposition d'intérêt entre les conciliateurs et l'une des parties ;

3° Intérêt ou intervention des conciliateurs dans le différend.

Il est statué sur cette demande de récusation par le président de la conférence des conciliateurs ou, si elle le concerne, par le vice-président.

En cas de récusation des conciliateurs, il est pourvu à leur remplacement dans les mêmes formes et délais que leur désignation initiale. – *[Décr. n° 2002-1114 du 30 août 2002, art. 12 et 13.]*

Art. R. 141-21 Après leur désignation, les conciliateurs fixent la date de l'audience de conciliation et la notifient aux parties intéressées.

La procédure de conciliation est contradictoire.

Les conciliateurs décident de toute mesure d'instruction utile, et notamment de l'organisation d'une visite sur place.

Les notifications mentionnées au présent paragraphe sont adressées par lettre recommandée avec demande d'avis de réception, sauf urgence, appréciée par le président de la conférence des conciliateurs ou le conciliateur, justifiant le recours à tous autres moyens. – *[Décr. n° 2002-1114 du 30 août 2002, art. 14 à 17.]*

§ 2 AUDIENCE ET MESURES DE CONCILIATION

Art. R. 141-22 L'audience de conciliation a lieu dans les locaux du Comité national olympique et sportif français, sauf s'il en est décidé autrement par le conciliateur.

L'audience de conciliation n'est pas publique. Les parties assistent elles-mêmes aux débats et peuvent se faire assister ou représenter par un conseil de leur choix. Elles peuvent faire entendre, à leurs frais, des témoins ou experts.

Les conciliateurs dirigent les débats. Ils peuvent faire procéder à l'audition d'un membre du service des affaires juridiques du Comité national olympique et sportif français.

Au cours de l'audience, les parties, leurs conseils ou représentants sont invités à débattre. Tout moyen nouveau peut être soulevé à l'audience par l'une des parties ou soulevé d'office par le conciliateur, la procédure contradictoire se poursuivant pendant l'audience ou ultérieurement.

Lorsqu'un accord, même partiel, est intervenu à l'audience, il est constaté par procès-verbal revêtu des signatures des conciliateurs et des parties présentes et communiqué sur place à ces parties qui en accusent aussitôt réception.

A défaut d'accord à l'audience entre les parties, les conciliateurs leur notifient, sans délai et par tout moyen, des mesures de conciliation. – *[Décr. n° 2002-1114 du 30 août 2002, art. 18 à 20 et 21, al. 1er et 2.]*

Art. R. 141-23 Les mesures proposées par les conciliateurs sont réputées acceptées par les parties et doivent être appliquées dès leur notification. Les parties peuvent toutefois s'y opposer dans le délai *(Décr. n° 2015-651 du 10 juin 2015, art. 1er-6°-a, en vigueur le 15 juin 2015)* « de quinze jours *[ancienne version : d'un mois]* » à compter de cette notification.

Cette opposition ne peut être prise en compte que si elle est notifiée aux conciliateurs ainsi qu'aux autres parties.

Ces notifications doivent intervenir par lettre recommandée *(Décr. n° 2015-651 du 10 juin 2015, art. 1er-6°-b, en vigueur le 15 juin 2015)* « , par télécopie ou par courrier électronique, » avec demande d'avis de réception. – *[Décr. n° 2002-1114 du 30 août 2002, art. 21, al. 3 à 5.]*

Art. R. 141-24 En cas de recours devant les tribunaux, la proposition de conciliation est transmise à la juridiction compétente par le président de la conférence des conciliateurs.

En matière de conciliation facultative, la procédure de conciliation prend fin soit par la signature d'un accord, soit par la constatation d'un désaccord, l'un ou l'autre constaté par procès-verbal établi sous le contrôle des conciliateurs régulièrement désignés. – *[Décr. n° 2002-1114 du 30 août 2002, art. 22 et 23.]*

SOUS-SECTION 4 DISPOSITION COMMUNE

Art. R. 141-25 Le président de la conférence des conciliateurs peut déléguer à des membres de la conférence les attributions qu'il détient en application de la présente section.

Plan des annotations

1. Les auteurs tiennent à remercier très sincèrement les conciliateurs et l'équipe des assistants de conciliation du CNOSF, notamment en dernier lieu M. Hubert Marque, pour leur disponibilité et pour avoir permis, dans le respect de la confidentialité, la réalisation des annotations qui suivent relatives à des solutions retenues dans certains litiges par la conférence des conciliateurs.

I. IRRECEVABILITÉ DE LA DEMANDE

A. QUALITÉ DES PARTIES

1º DU REQUÉRANT

2. Seules sont soumises au préalable obligatoire de conciliation, les décisions prises par les fédérations à l'encontre des associations ou sociétés sportives qui leur sont affiliées, de leurs licenciés, ainsi que des agents sportifs relevant de leur compétence. Doit être rejetée la demande d'une association, dans un litige l'opposant à une fédération à laquelle elle n'est pas, et n'a jamais été, affiliée. * Notifications de rejet, 11 sept. 1996 * 24 avr. 2015 * 3 mars 2016. ♦ De la même manière, doit être rejetée la demande formée par une personne non-licenciée auprès de la fédération dont elle entend contester la décision. * Notifications de rejet, 24 févr. 2005 * 18 févr. 2015 * 25 oct. 2016. ♦ Il en est de même d'une demande de conciliation relative à un différend opposant un organe déconcentré – ligue ou délégation régionale, comité départemental ou district –, à la fédération dont il émane. * Notifications de rejet, 19 sept. 2012 * 11 juin 2015 * 5 juill. 2016. ♦ Il en est également ainsi d'une requête présentée par une ligue professionnelle, relative à une décision prise par la fédération délégataire dont elle dépend. * Notifications de rejet, 5 oct. 2000 * 6 juin 2011. ♦ ... Ou par un CROS et relative à une décision d'une association sportive. * Notification de rejet, 22 oct. 1999. ♦ ... Ou par un club, ou un licencié, qui n'est pas concerné directement et individuellement par la décision critiquée. * Notifications de rejet, 2 mai 2000 * 24 août 2012 * 17 sept. 2015. ♦ En revanche, est recevable la requête en conciliation déposée par un club affilié ou un licencié suite à la contestation d'une décision d'un organe régional déconcentré d'une fédération délégataire. * Notifications d'acceptation, 25 nov. 1992 * 6 juin 1993 * 2 juill. 1994 * 14 sept. 2015. ♦ ... Ou d'un organe national assumant la gestion au nom d'une fédération délégataire du secteur professionnel. * Notification d'acceptation, 7 mars 1994. ♦ Est par ailleurs recevable la demande formée par une personne non licenciée contre une décision fédérale de refus de délivrance de licence. * Notifications d'acceptation, 29 sept. 2009 * 26 juill. 2011 * 16 nov. 2015. ♦ ... Ou par un club s'agissant d'un refus d'affiliation. * Notifications d'acceptation, 2 janv. 2014 * 28 mai 2015.

2° DE L'AUTEUR DE LA DÉCISION CRITIQUÉE

3. Ne sont visées par les textes imposant la procédure de conciliation préalablement à toute saisine juridictionnelle que les fédérations sportives nationales ayant reçu l'agrément du ministre chargé des Sports. Est donc irrecevable la requête d'un arbitre français critiquant la décision de retrait provisoire de la liste des arbitres internationaux prononcée par sa confédération européenne après avis d'une commission fédérale nationale. * Notifications de rejet, 10 avr. 1994 * 13 juill. 2016. ♦ ... Ou émanant d'un comité régional, ou départemental, olympique et sportif.* Notification de rejet, 15 mars 1993. ♦ ... Ou émanant d'une fédération sportive non agréée. * Notifications de rejet, 17 oct. 2011 * 13 oct. 2015 * 1er août 2016. ♦ ... Ou émanant d'un club contre la décision d'un autre club. * Notification de rejet, 9 août 2002. ♦ ... Ou émanant d'un club à propos d'un litige l'opposant à un autre club. * Notification de rejet, 26 oct. 2005. ♦ ... Ou qui concerne un litige interne à une association. * Notifications de rejet, 22 janv. 2008 * 18 févr. 2015 * 1er août 2016. ♦ Ou émanant du comité paralympique de sélection, commission interne du Comité paralympique et sportif français. * Notifications de rejet, 8 févr. 2016 * 13 juill. 2016.

4. Est en revanche recevable la contestation portant sur une décision d'une commission des grades et dans équivalents, en tant qu'elle est un organe interne d'une fédération. * Notifications d'acceptation, 23 nov. 2007 * 29 oct. 2013. ♦ ... De même sont recevables les contestations de décisions adoptées par des organes agissant dans le cadre d'une subdélégation conférée par une fédération délégataire. ♦ Notifications d'acceptation, 31 janv. 2006 * 6 janv. 2012.

B. OBJET DU LITIGE

5. La décision d'une fédération sportive, prise sur le fondement d'un accord commercial avec un de ses clubs agissant en tant qu'organisateur d'épreuves sportives, n'est pas une décision révélant des prérogatives de puissance publique et ne relève donc pas du préalable obligatoire de conciliation. * Notification de rejet partiel, 17 juill. 1993. ♦ Est aussi irrecevable la requête introduite par un club relative à un litige né de l'exécution d'un contrat de travail. * Notifications de rejet, 14 mars 1994 * 27 nov. 2000 * 1er mars 2004. ♦ Il en va de même de la demande formée par un licencié dans le cadre d'un litige né à l'occasion d'une convention de droit privé. * Notifications de rejet, 19 janv. 2011 * 23 nov. 2011. ♦ N'est également pas du domaine de la conciliation le litige découlant d'un document établi par le ministère de la jeunesse et des sports sur simple proposition d'une fédération sportive nationale. * Notification de rejet, 9 mai 2000. ♦ ... Ou le litige relatif à la consultation de documents administratifs. * Notifications de rejet, 30 juin 2001.* 16 avr. 2009. ♦ ... Ou le litige portant sur l'application de l'amnistie des sanctions disciplinaires. * Notification de rejet, 14 janv. 2004. ♦ N'est pas plus recevable la contestation consécutive à une proposition de conciliation acceptée non appliquée. * Notifications de rejet, 17 juin 2002 * 8 mars 2012. ♦ ... Ou la contestation résultant de l'application d'une proposition de conciliation acceptée. * Notification de rejet, 2 juin 2015. ♦ ... Ou encore un litige relatif à une remise de peine suite à une sanction disciplinaire. * Notification de rejet, 13 sept. 2002. ♦ De même en est-il ainsi d'un conflit tenant seulement à des dysfonctionnements, sans prise de décision, d'une ligue régionale. * Notifications de rejet, 25 avr. 2000 * 5 févr. 2012.

6. N'entre pas dans le champ du préalable obligatoire de conciliation une mesure d'ordre interne adoptée par une fédération ou l'un de ses organes déconcentrés, en l'occurrence la décision d'une ligue régionale d'intégrer une équipe supplémentaire dans une poule du championnat qu'elle organise. * Notification de rejet, 19 oct. 2007. ♦ ... De même s'agissant d'un acte préparatoire, en l'espèce le recours à des bulletins de vote lors d'une élection. * Notification de rejet, 11 févr. 2004. ♦ ... Ou de l'adoption d'un vœu par une assemblée générale, préalable à la mise en place d'une nouvelle formule de compétition. * Notification de rejet, 27 mai 2012. ♦ V. également, s'agissant de la seule ouverture d'une procédure disciplinaire, * Notifications de rejet, 16. oct. 2011 * 26 janv. 2016. ♦ ... Ou de la simple convocation devant un organe disciplinaire fédéral. * Notification de rejet, 10 juill. 2014. ♦ ... Ou d'une décision intervenant dans le cadre d'un recours gracieux. * Notifications de rejet, 10 août 2007 * 23 nov. 2011. ♦ ... Ou d'une décision fédérale tirant les conséquences sportives d'un avis de contre-indication à la pratique du sport en compétition rendu par le médecin fédéral. * Notification de rejet, 3 avr. 2007.

7. Les décisions arbitrales ne sont pas au nombre des décisions qui relèvent de la procédure de conciliation obligatoire. * Notifications de rejet, 20 juill. 2006 * 24 juill. 2015 * 24 juin 2016. ♦ En revanche, les décisions des arbitres exclusivement relatives à l'application erronée ou inexacte des règles du jeu, constituant ainsi une erreur technique d'arbitrage, sont soumises au préalable obligatoire de la conciliation. Tel est le cas de la décision d'un arbitre n'ayant manifestement pas respecté la règle du jeu relative au remplacement d'un joueur par un autre. * Proposition, 16 avr. 2008 (opposition) * Proposition, 26 févr. 2009 (opposition). ♦ ... Ou le cas d'un arbitre n'ayant pas vu l'action de jeu litigieuse mais ayant pris une décision arbitrale erronée, en ce qu'elle déjugeait le seul arbitre qui avait vu cette action de jeu et l'avait souverainement appréciée avant de la sanctionner. * Proposition, 7 janv. 2014 (opposition). ♦ V. aussi, sur les conséquences que peut avoir une erreur technique d'arbitrage sur le déroulement et l'issue d'une rencontre (à propos de la règle relative à une remise en jeu suite à un temps mort). * Proposition, 7 janv. 2009 (opposition) * Proposition, 24 févr. 2012 (acceptation).

8. Tout jury d'examen est souverain et il n'appartient par conséquent pas au juge, ni au conciliateur, de contrôler l'appréciation faite par le jury de la valeur des épreuves subies par le candidat et de la notation opérée. Aussi, est considérée comme irrecevable la demande de conciliation formée par un candidat à l'examen d'agent sportif dont les moyens sont exclusivement dirigés contre l'appréciation qui a été faite de la valeur de sa prestation écrite et ne démontrent pas que l'ajournement du candidat résulterait d'une application erronée de la réglementation de cet examen * Notifications de rejet, 1er févr. 2012 * 25 févr. 2014 * 9 juin 2015 * 12 janv. 2016.

9. Est irrecevable la requête dirigée contre la décision d'une ligue professionnelle ou d'une fédération sportive refusant implicitement une demande de dommages et intérêts. * Notifications de rejet, 22 août 2007 * 27 sept. 2010 * 12 janv. 2016.

C. DOSSIER DÉJÀ EXAMINÉ

10. A défaut de faits nouveaux, une demande dirigée contre une proposition de conciliation devenue exécutoire vise, en réalité, à faire procéder à un nouvel examen du litige et est, en conséquence, irrecevable. * Notifications de rejet, 22 avr. 1999 * 15 mars 2012. ♦ La conférence des conciliateurs ayant en l'espèce épuisé sa compétence est irrecevable la demande dirigée contre une décision présentant un caractère purement confirmatif d'une décision préalablement portée devant le conciliateur, dont la proposition avait fait l'objet d'une opposition. * Notification de rejet, 1er sept. 2014.

11. Est irrecevable la requête dirigée contre une décision fédérale adoptée suite à une ordonnance de référé d'un tribunal administratif ayant été saisi par le requérant suite à l'échec d'une procédure de conciliation. * Notification de rejet, 8 juin 2007. ♦ Est également irrecevable la requête dirigée contre une décision fédérale portée devant la juridiction civile et accueillie par cette dernière sans que le préalable obligatoire de conciliation ait été épuisé * Notification de rejet, 11 juill. 2011. ♦ ... Ou encore celle visant la décision d'une ligue régionale de constituer une poule de 15 équipes au lieu de 14, cette décision résultant de l'acceptation d'une précédente proposition de conciliation et n'ayant aucune conséquence sportive pour des clubs tiers à cette première procédure. * Notification de rejet, 19 oct. 2007.

12. Est en revanche recevable la requête dirigée contre une décision fédérale prise consécutivement à l'annulation par le juge administratif d'une première décision, qui avait déjà été portée devant le conciliateur. * Propositions, 4 nov. 2014 * (opposition) * 2 juill. 2014 * (opposition). ♦ Ou encore celle dirigée contre une décision prise suite au retrait par la fédération d'une première décision qui avait été portée devant le conciliateur. * Proposition, 30 oct. 2015 * (opposition).

D. INTÉRÊT DU REQUÉRANT

13. N'est pas recevable une demande de conciliation dès lors que n'existe pas de décision explicite, ou implicite, de rejet de la fédération sportive mise en cause. * Notification de rejet, 14 mars 1996. ♦ ... Ou dès lors que la demande de conciliation n'est dirigée contre aucune décision. * Notifications de rejet, 31 juill. 2012 * 14 févr. 2014. ♦ N'est pas davantage recevable la simple demande de dialogue alors que le requérant ne conteste aucune décision fédérale. * Notification de rejet, 10 déc. 1999. ♦ ... Ou dès lors que la demande est dirigée contre une décision disciplinaire de première instance à laquelle s'est substituée la décision d'appel. * Notifications de rejet, 5 févr. 2016 * 22 juill. 2016.

14. Ne dispose pas d'un intérêt direct et personnel à agir, l'association sportive contestant une décision fédérale entérinant le résultat d'une rencontre à laquelle son équipe n'a pas pris part voit sa demande déclarée irrecevable. * Notifications de rejet, 30 juill. 2003 * 13 févr. 2012. * 11 août 2015. ♦ N'est pas, non plus, recevable la requête formée par un licencié contestant la décision par laquelle une fédération a décidé de ne pas engager des poursuites disciplinaires à l'encontre d'un autre licencié, en dépit de sa demande formulée en ce sens. * Notifications de rejet, 29 nov. 2005 * 22 déc. 2011. ♦ Ou par une association sportive contre la décision refusant de remettre en cause la participation d'une autre équipe à un championnat, qui ne serait en toute hypothèse pas de nature à provoquer son repêchage dans cette division. * Notification de rejet, 22 août 2016.

15. Les membres du comité régional au sens de ses statuts ont un intérêt à agir pour contester la régularité des décisions prises en assemblée générale, le simple licencié ne dispose en revanche pas d'un intérêt direct et personnel à agir. * Notification de rejet, 26 janv. 2016. ♦ Seuls les groupements membres de la fédération au sens des statuts de cette dernière disposent d'une qualité et d'un intérêt légitime pour contester la régularité d'une décision tenant au déroulement d'une assemblée générale fédérale * Notification de rejet, 16 déc. 2014. ♦ Le candidat à une élection n'a pas un intérêt direct et personnel à contester la décision par laquelle une autre liste de candidats que la sienne a été déclarée recevable à ladite élection. * Notification de rejet, 26 févr. 2015.

E. DÉLAIS POUR AGIR

16. Pour les décisions des fédérations rendues à compter du 15 juin 2015, la demande de conciliation doit être effectuée dans les quinze jours suivant la notification ou la publication de la décision contestée (Décr. n° 2015-651 du 10 juin 2015, art. 4, en vigueur le 15 juin 2015). La demande de conciliation effectuée après l'expiration de ce délai est par conséquent déclarée irrecevable. * Notifications de rejet, 19 août 2015 * 14 déc. 2015. ♦ Est irrecevable la requête dirigée contre une élection effectuée plus de 15 jours après la publication du procès-verbal de l'assemblée générale lors de laquelle celle-ci s'est déroulée. * Notification de rejet, 28 oct. 2016.

17. Pour les décisions des fédérations rendues antérieurement au 15 juin 2015, le CNOSF ne pouvant être saisi sur le fondement du préalable de conciliation que des seuls litiges susceptibles d'être portés devant la juridiction compétente, lorsque le délai de deux mois, dans lequel est enfermé le recours contre un acte fédéral de nature administrative, est dépassé, la décision faisant grief ne peut plus faire l'objet d'une conciliation obligatoire. * Notifications de rejet, 16 nov. 1995 * 10 août 2007. * 22 déc. 2011. ♦ Ce délai devant être compté au jour de la connaissance par le requérant de la décision critiquée. * Notification de rejet, 6 oct. 1995.

18. Toutefois, la requête en conciliation n'est pas tardive, la forclusion ne pouvant être soulevée dès lors que les délais de recours ne sont pas opposables car non mentionnés dans la décision contestée. * Notifications d'acceptation, 22 déc. 1999 * 13 févr. 2008 * 30 juin 2014.

F. FONDEMENT DE LA DEMANDE

19. Est déclarée irrecevable au titre du préalable obligatoire de conciliation, car manifestement dénuée de fondement, la demande formée contre une décision par laquelle une fédération a fait une stricte application de sa réglementation et dès lors qu'il ne paraît pas règlementairement ou statutairement possible d'en envisager la remise en cause. * Notifications de rejet, 22 févr. 2012 * 12 sept. 2014 * 12 janv. 2016. ♦ Ou encore la demande ne comportant aucun moyen dirigé contre la décision contestée. * Notification de rejet, 8 déc. 2016. ♦ ... Ou encore celle d'un arbitre contestant sa non-désignation pour des compétitions à venir, alors même que les règlements sportifs fédéraux réservent en la matière une compétence discrétionnaire à la fédération, de sorte qu'aucun arbitre ne dispose d'un droit acquis à être désigné. * Notifications de rejet, 28 mars 2011 * 27 juin 2011. ♦ ... Ou encore la requête tendant à la contestation d'une décision d'une commission fédérale ayant à raison déclaré irrecevable une réclamation manifestement formée hors délai. * Notifications de rejet, 13 sept. 2007.

II. PROPOSITIONS DE CONCILIATION

A. APPLICATION DE STATUTS FÉDÉRAUX

1° INTERPRÉTATION DE RÈGLES STATUTAIRES

20. S'il peut être mis fin à tout moment au mandat d'un membre d'un comité directeur d'un comité sportif départemental fédéral, encore faut-il le faire dans les formes statutaires requises. Aussi quand cela n'a pas été le cas, il est recommandé de revenir sur la révocation opérée illégalement et de soumettre, éventuellement, cette dernière au vote de l'assemblée générale qui a procédé à la nomination de l'intéressé. * Proposition, 25 août 1994 (opposition). ♦ Une ligue régionale ne peut statutairement annuler l'assemblée générale élective d'un comité départemental établi dans son ressort territorial, quand bien même l'estimerait-elle nécessaire au vu d'irrégularités constatées au cours du scrutin. Aussi est-il proposé à la ligue régionale de rapporter sa décision et suggéré au comité départemental de convoquer une nouvelle assemblée générale. * Proposition, 23 janv. 2012 (acceptation). ♦ De même, est contraire aux statuts fédéraux considérés le fait de démettre et remplacer avant le terme de son mandat au comité directeur un dirigeant élu au sein de cet organe qui n'a pas pris, par lui-même, la décision de démissionner. * Proposition, 7 mai 1999 (acceptation). ♦ Le comité directeur d'une ligue régionale élu lors d'une élection organisée suite à l'annulation par le juge de l'élection précédente, l'est pour le restant du mandat initial, dès lors que les statuts prévoient que ce mandat « est de 4 ans et expire au plus tard le 31 décembre qui suit les Jeux olympiques d'été ». * Proposition, 11 oct. 2016 (opposition).

21. La modification d'un règlement sportif antérieur par une disposition plus contraignante n'étant possible, d'après les statuts fédéraux, que sur vote à une majorité qualifiée de l'assemblée générale, il est recommandé à la fédération sportive nationale en litige avec l'un de ses clubs qui critique la mise en œuvre d'un nouveau règlement restreignant davantage que le précédant la liberté de recrutement de joueurs, de suspendre son application et de s'en remettre au texte auparavant appliqué en attendant la prise de position de son assemblée générale. * Proposition, 26 déc. 1995 (acceptation).

22. Après avoir constaté que les statuts d'une ligue régionale ne sont pas en conformité avec ceux de la fédération, le conciliateur propose à la ligue, afin de respecter le dispositif du décret n° 85-236 du 13 févr. 1985, de rédiger des statuts en concordance avec les statuts types des fédérations sportives en prévoyant un calendrier prévisionnel. * Proposition, 22 mars 2000 (opposition). ♦ Pareillement, n'est pas conforme aux statuts fédéraux la décision d'un comité national d'une fédération attribuant une carte « fédérale » sans aucun lien avec la vie fédérale. En conséquence, il est demandé au comité dont la mesure est contestée de supprimer le titre en cause dans le sens de la requête de la fédération. * Proposition, 3 mars 2000 (acceptation). ♦ L'exigence d'une licence pour les membres des clubs affiliés sur le fondement des dispositions statutaires d'une fédération s'impose au groupement sportif en vertu d'un principe de loyauté, indispensable à d'efficaces relations entre les clubs et leur fédération. C'est pourquoi, il est recommandé au requérant de s'en tenir à la décision fédérale. * Proposition, 31 janv. 2003 (opposition).

23. Est incompatible avec les statuts d'une fédération (et les textes réglementaires d'application de la loi n° 84-610 du 16 juill. 1984) la situation du président de ladite fédération qui occupe simultanément certaines fonctions commerciales. C'est pourquoi le conciliateur propose à l'intéressé de cesser ses activités commerciales. * Proposition, 15 nov. 2000 (opposition). ♦ Est également contraire aux statuts d'une fédération et au principe de libre accès aux activités sportives, l'interdiction faite aux membres d'un club affilié de s'affilier à une autre fédération pour participer aux compétitions qu'elle organise. Aussi le conciliateur propose à la fédération de revenir sur cette mesure. * Proposition, 23 avr. 2003 (opposition). ♦ L'interdiction faite aux licenciés de prendre part à des disciplines analogues à celles dont la fédération à la charge de l'organisation, sur le fondement de son règlement intérieur, alors même que ces disciplines relèvent du monopole d'organisation confié par l'État à une autre fédération sportive, n'est pas justifiée par l'objectif sanitaire poursuivi par la fédération, dans la mesure où l'application de cette mesure emporte une interdiction de compétition d'une durée disproportionnée. Il est en conséquence proposé à la fédération de rapporter sa décision d'interdire l'accès aux compétitions à un licencié pour une durée de douze mois prise sur ce fondement. * Proposition, 4 nov. 2011 (opposition).

2° *ÉLECTIONS*

24. Sont sûrement entachées d'irrégularités les élections faites avec répartition des voix non conforme aux statuts fédéraux. Pour autant, le requérant ne peut prétendre avoir subi un préjudice, étant donné son faible nombre de suffrages obtenus. Aussi est-il recommandé au requérant de ne pas remettre en cause la validité des élections au conseil d'administration de la fédération litigante. * Propositions, 18 avr. 1993 (acceptation) * 2 nov. 1994 (acceptation). ♦ ... Et à cette dernière de simplifier ses statuts en adoptant un système uniforme avec voix attribuées directement aux clubs, ou aux comités départementaux ou aux ligues régionales. * Proposition, 18 avr. 1993 (acceptation). ♦ En revanche, saisi de la régularité d'élections opérées avec une répartition des voix non conforme aux statuts d'un comité régional et relevant qu'au regard de l'écart de voix entre deux candidats cette irrégularité est susceptible d'avoir eu une incidence déterminante quant au résultat du scrutin, le conciliateur propose au comité régional de convoquer, dans de brefs délais, une nouvelle assemblée générale élective, étant entendu que seuls les candidats éligibles lors de l'assemblée générale litigieuse pourront à cette occasion se présenter. * Proposition, 17 févr. 2009 (opposition).

25. Il n'appartient pas à un comité de direction d'une fédération sportive nationale de modifier, contrairement à une règle statutaire adoptée précédemment, la date des élections du nouveau comité de direction. En conséquence le conciliateur constate qu'une décision ne peut être prise quant à l'application immédiate ou retardée d'un texte statutaire que par l'assemblée générale de la fédération considérée, régulièrement convoquée à cet effet. * Proposition, 2 mars 1995 (opposition).

26. Il n'appartient pas à une fédération sportive nationale de se substituer à l'un de ses organes déconcentrés dans la convocation de son assemblée générale élective, dès lors que les statuts de cette ligue régionale attribuent expressément cette compétence à son président, et que la convocation tardive de cette assemblée générale n'était en définitive que le résultat de l'absence de communication par la fédération à cette ligue des éléments indispensables à la bonne tenue de ces élections. * Proposition, 13 déc. 2016 (opposition).

27. Il est recommandé à une fédération dont le règlement prête, sur ce point, à équivoque, de convoquer une nouvelle assemblée générale aux fins d'élire un comité directeur en arrêtant, ultérieurement, suffisamment tôt la liste des candidats et en prévoyant une commission de contrôle des élections, avec des observateurs neutres, et en dressant un procès-verbal en bonne et due forme. * Proposition, 5 août 2002 (opposition).

28. Dès lors qu'aucune disposition statutaire ne subordonne le dépôt d'une candidature aux organes de direction au respect d'une durée minimale de détention de licence, les candidats possesseurs d'une licence sont éligibles à condition toutefois, ce qui n'est pas le cas en l'espèce, qu'ils aient fait acte de candidature. Néanmoins, le conciliateur propose au comité départemental de la fédération sportive en cause d'inviter les licenciés requérants à participer à son comité directeur à titre consultatif et à enregistrer leurs candidatures aux prochaines élections. * Proposition, 22 déc. 1999 (acceptation).

29. Dans la mesure où, à l'occasion de l'assemblée générale élective d'un comité régional, des irrégularités ont été relevées mais que celles-ci n'apparaissent pas avoir altéré la sincérité du scrutin ni être de nature à inverser le résultat de celui-ci, le conciliateur propose au requérant, compte tenu notamment de l'intérêt pour le fonctionnement de la discipline en cause de mettre un terme au conflit, d'accepter le résultat de l'élection en cause. * Proposition, 26 déc. 2005 (acceptation). ♦ V. aussi dans le même sens : * Propositions, 13 avr. 2005 (opposition) * 12 août 2010 (acceptation) * 10 nov. 2016 (acceptation).

30. Doit être considérée comme ayant outrepassé ses compétences la commission électorale ayant interprété des statuts en ajoutant à la liste des fonctions incompatibles avec la qualité de « personnalité qualifiée » une fonction qui n'est pas expressément prévue comme telle par les textes. Ainsi, sans nier la bonne foi de la commission électorale en cause, le conciliateur estime qu'elle aurait dû déclarer recevable la candidature du requérant dans la mesure où les textes ne prévoient pas qu'un salarié d'un club professionnel ne peut prétendre être élu en qualité de « personnalité qualifiée » à l'assemblée générale et au comité directeur d'une ligue professionnelle. Toutefois, compte tenu de la pertinence des arguments ayant motivé le rejet de cette candidature, le conciliateur propose à la ligue concernée de se prononcer sur cette éventuelle incompatibilité et, le cas échéant, de rétablir le requérant dans la liste des candidats du collège des « personnalités qualifiées ». * Proposition, 2 déc. 2008 (acceptation) * 10 nov. 2016 (acceptation).

B. DÉCISIONS RÉVÉLANT UNE MISSION DE SERVICE PUBLIC AVEC PRÉROGATIVES EXORBITANTES

1° MESURES ADMINISTRATIVES NON DISCIPLINAIRES (AFFILIATIONS, ATTRIBUTIONS OU RETRAITS DE LICENCE, QUALIFICATIONS, DÉCLASSEMENTS, INTERDICTIONS, MUTATIONS, RÉTROGRADATIONS, SÉLECTIONS...)

a. Affiliation

31. Une ligue régionale est invitée à réintégrer un club dans ses droits d'affiliation, dès lors que la décision d'exclusion de celui-ci par celle-là ne repose sur aucune justification pertinente, ainsi que le fait valoir la fédération nationale qui, d'ailleurs, pourrait directement procéder à l'affiliation refusée par cette ligue agissant simplement, sur un territoire régional déterminé, en son nom. * Proposition, 7 déc. 1992 (acceptation). ♦ Invitation identique à l'endroit d'une fédération qui a refusé de souscrire aux affiliations de clubs, bien que ceux-ci aient satisfait aux exigences fédérales. * Proposition, 27 juin 1996 (acceptation). ♦ Il est également proposé à une ligue régionale d'affilier un club auquel elle avait précédemment refusé l'affiliation, dès lors que la situation de celui-ci est conforme aux règlements fédéraux. * Proposition, 24 mars 2011 (acceptation). ♦ Il est également proposé à une fédération de rapporter le refus d'affiliation opposé à un club dès lors qu'il ressort de ses statuts qu'un tel refus ne peut être fondé que sur l'incompatibilité de ses statuts avec les statuts ou le règlement intérieur fédéraux, et qu'une telle incompatibilité n'est en l'espèce nullement alléguée * Proposition, 10 mai 2016 (opposition). ♦ Est en revanche légitime le refus d'affiliation fondé sur le non-respect des obligations découlant des textes fédéraux par une association. * Proposition, 11 janv. 2010 (opposition).

32. En estimant qu'un club créé devait bénéficier des avantages sportifs attachés au club disparu auquel il se substitue, un organe directeur d'une fédération sportive nationale méconnaît et dénature sa position et agit dans l'ignorance de ses propres règlements en limitant les effets de sa décision. La cohérence commande au conciliateur de proposer à la fédération considérée de reconnaître l'affiliation du club plaignant, non à sa date d'affiliation, mais à la date d'affiliation du club dont il assure la continuité et d'en tirer toutes les conséquences sportives. * Proposition, 19 juill. 1995 (opposition).

33. L'application modérée de règlements fédéraux conduisant à autoriser « un club repreneur » à se substituer à un club mis en liquidation judiciaire se justifie par la volonté de ne pas trop « handicaper » celui-là. En revanche, toute autre dérogation, et notamment une dérogation relative au nombre des mutations, révélerait un excès de pouvoirs dont pourraient se plaindre les autres clubs en compétition avec le club privilégié. Aussi est-il proposé de maintenir la mesure fédérale permettant au club requérant de « prendre sportivement la place » du club liquidé sans pour autant qu'il puisse bénéficier de prérogatives supplémentaires. * Proposition, 19 juill. 1994 (acceptation).

b. Attribution ou retrait de licence, ou d'un statut, mutation

34. En l'absence de fraude du bénéficiaire d'une licence délivrée par une fédération sportive délégataire de pouvoirs, la régularité d'une telle attribution, assimilée à un acte administratif, ne peut être (conformément aux dispositions du décret du 11 janv. 1965 concernant les délais de recours du contentieux administratif) contestée au-delà du délai de deux mois, expiré en l'espèce, suivant la date de sa publication officielle. En conséquence, il est proposé à la fédération à qui il est reproché d'avoir annulé la licence du requérant de rétracter sa décision. * Proposition, 10 avr. 1995 (opposition). ♦ Dans le même sens, *Proposition, 8 sept. 2009 (acceptation).

35. Constatant qu'un joueur mineur ne se trouvait dans aucune situation permettant, à titre dérogatoire, de muter d'une fédération nationale à une autre – et qu'en outre – aucun certificat international de sortie n'avait été sollicité à l'association nationale quittée alors pourtant qu'il s'agit d'une exigence réglementaire –, le conciliateur estime que la fédération mise en cause ne pouvait délivrer de licence à ce joueur ni, *a fortiori*, la renouveler. C'est donc à bon droit que la commission compétente a décidé d'annuler la licence qui lui avait été délivrée. Cela étant, le conciliateur n'a toutefois pas jugé opportun de proposer de confirmer cette décision dans la mesure où, faute de retrait quasi immédiat, le joueur avait pu non seulement pratiquer sa discipline pendant plus d'une saison, mais surtout s'intégrer à la vie française en poursuivant ses études. Eu égard à la situation de fait ainsi créée, et dans l'intérêt principal de ce joueur, le conciliateur a donc proposé à la fédération, à titre tout à fait exceptionnel, de lui délivrer une licence pour la saison à venir. * Proposition, 28 mai 2009 (opposition).

36. Apparaît avoir été effectuée dans des conditions illégales l'abrogation d'une licence intervenue plus de quatre mois – délai jurisprudentiel pour ce faire – après la délivrance illégale de celle-ci. Le conciliateur propose donc au requérant de formuler une nouvelle demande de licence, à laquelle la fédération, bien que non partie au litige, est invitée à donner une suite favorable, ce qui permettra par la suite à la ligue professionnelle d'homologuer le contrat de joueur stagiaire conclu entre le requérant et son club. * Proposition, 8 sept. 2009 (acceptation).

37. Doit être maintenue la décision d'une fédération sportive qui, par une pertinente application de ses règlements, donne match perdu à un club ayant inscrit sur la feuille de match un joueur muni d'une licence sans apposition d'autorisation médicale. * Propositions, 3 mars 1999 (opposition) * 13 mars 1999 (acceptation). ♦ Dans le même sens, s'agissant d'une licence obtenue frauduleusement, * Propositions, 12 avr. 2001 (opposition) * 27 mai 2011 (opposition). ♦ ... Ou d'une licence délivrée sans l'autorisation de sortie d'une fédération étrangère exigée par les règlements * Proposition, 7 févr. 2014 (acceptation). ♦ Néanmoins, dans le cas de la participation irrégulière d'un joueur à une rencontre, en raison de la validation erronée de sa licence résultant d'une erreur administrative de la fédération concernée, il est proposé aux parties de s'en tenir à la décision fédérale, conforme à l'esprit sportif, ayant donné la rencontre à rejouer. * Proposition, 22 févr. 2011 (acceptation).

38. Le seul fait de maintenir l'implantation de « clubs de village » ne peut justifier le refus de licence à un sportif désirant muter dans un nouveau club sans atteinte au principe de libre accès aux activités sportives. C'est pourquoi il est proposé à la fédération sportive concernée de modifier la réglementation fédérale afin qu'en toutes hypothèses, les atteintes au principe de liberté d'accès à la pratique sportive ne soient pas excessives. * Proposition, 9 juin 1999 (opposition).

39. La nouvelle réglementation encadrant de manière plus restrictive les mutations ainsi que l'absence de mise en œuvre de mesure transitoire ayant porté une atteinte aux relations contractuelles instituées avant son intervention, les jeunes joueurs concernés se trouvant dans l'impossibilité de pratiquer une activité sportive en compétition alors que les conventions signées avaient précisément pour objet de confier au club requérant leur formation à la carrière de sportif professionnel, il est proposé à la fédération concernée d'autoriser les mutations des joueurs concernés. * Proposition, 17 oct. 2016 (acceptation).

40. Une fédération sportive peut, en vertu de ses statuts, refuser de délivrer une licence à une personne s'étant rendue coupable d'actes portant gravement atteinte à l'honneur ou à la probité, ou dont le comportement aurait été de nature à discréditer la fédération ou la discipline sportive dont elle a la charge. Ceci étant, lorsque la fédération n'a pas suivi la procédure prévue à cet effet par son règlement intérieur, prescrivant qu'une telle décision doit être prise par le bureau exécutif fédéral sur rapport motivé du comité régional intéressé, il est proposé à la fédération de rapporter sa décision. * Proposition, 26 juill. 2011 (acceptation). ♦ Néanmoins si les statuts d'une ligue régionale prévoient la possibilité, pour cette dernière, de refuser la délivrance d'une licence, cette mesure, à considérer qu'elle soit valablement motivée, ne saurait être prise indéfiniment, sauf à estimer qu'elle s'apparente de fait à une radiation ou à une interdiction de délivrance de licence à vie, mesures qui, en l'absence de motivation adéquate, attestant de la proportionnalité de la sanction prononcée aux faits reprochés, encourent l'annulation. Le conciliateur propose donc à la ligue régionale de délivrer une licence au requérant. * Proposition, 7 oct. 2010 (opposition).

41. Le refus, par un comité départemental, de délivrer des licences à des adhérents d'un club alors que ceux-ci ont été suspendus plusieurs années suite à une procédure disciplinaire illégale est injustifié. Aussi est-il recommandé à l'organe fédéral d'attribuer les licences demandées et de rapporter les sanctions disciplinaires. * Proposition, 27 mai 1999 (acceptation).

42. Il est cohérent et fondé qu'une fédération sportive nationale exige seulement que le président d'un club omnisports, unique représentant et responsable de cette association, soit licencié auprès de cette fédération à laquelle son association est affiliée au titre de la section chargée de la gestion de la discipline sportive organisée par ladite fédération. Il est néanmoins conseillé de constituer la section concernée en association pour l'affilier directement à la fédération en question, tout en sollicitant l'attribution de licences en faveur de ses membres. * Proposition, 9 mars 1995 (acceptation).

43. Une fédération sportive ne peut s'opposer légitimement à la délivrance d'une licence à un arbitre en arguant que ce dernier a été antérieurement sanctionné alors que la peine disciplinaire a été purgée. * Proposition, 7 juin 2000 (opposition).

44. Un comité départemental sportif, habilité à délivrer une licence au nom de la fédération sportive nationale dont il est l'émanation, ne peut s'opposer à l'octroi d'un tel titre sans raison particulière légitime et sérieuse ; il lui est conseillé d'attribuer à l'intéressé la licence de joueur sollicitée. * Proposition, 26 mars 1996 (acceptation). ♦ Même recommandation (faite précédemment) vis-à-vis du comité régional d'une fédération sportive nationale refusant la délivrance d'une licence à un athlète en invoquant le fait qu'une procédure contentieuse est en cours entre le demandeur et sa fédération. * Proposition, 15 déc. 1995 (acceptation).

45. Si le conciliateur comprend l'intérêt d'un système de délivrance de licences mis en place par un organe déconcentré, consistant à renouveler automatiquement l'ensemble des licences délivrées l'année précédente, il estime toutefois que l'absence de renvoi d'une licence ainsi délivrée ne saurait suffire à démontrer la qualité de licencié de la personne destinataire de ce document. En effet, le conciliateur estime qu'une manifestation de volonté non équivoque de la fédération et du licencié demeurait indispensable à la création ou au maintien du lien de droit existant entre eux. Ainsi, le requérant n'ayant pas la qualité de licencié, aucune sanction disciplinaire ne pouvait être prise à son encontre. * Proposition, 29 juill. 2008 (acceptation).

46. N'est pas légitime l'obligation faite par une fédération sportive nationale aux clubs recrutant des sportifs de l'Union européenne de verser des sommes substantielles, non justifiées par des frais déboursés, afin que puissent être obtenues les licences correspondantes. Est proposé à la fédération en cause le remboursement des sommes versées par le club partie au différend. * Proposition, 17 juin 1999 (opposition). ♦ Néanmoins, il n'est pas illégitime de subordonner la réalisation d'un transfert international au versement d'une somme d'argent à une fédération, dès lors qu'une telle opération engendre, pour celle-ci, des coûts administratifs avérés. * Proposition, 1er juin 2011 (opposition). ♦ Toutefois, en fixant le montant d'un transfert international à un montant largement supérieur au coût réel de l'opération de transfert, la fédération nationale outrepasse ses prérogatives et pourrait instaurer une discrimination indirecte à l'égard des joueurs étrangers. Aussi la fédération est-elle invitée à limiter à son coût réel le montant réglementaire d'une opération de transfert international. * Même proposition.

47. Une fédération sportive est en droit de ne pas délivrer de licence à un joueur professionnel étranger non ressortissant de l'Union européenne dès lors que ce dernier n'est pas muni des autorisations administratives nécessaires. Il est, en conséquence, proposé au club requérant de se conformer à la décision fédérale. * Proposition, 24 janv. 2000 (acceptation).

48. Saisi de la contestation du refus de délivrance d'une lettre de sortie par une fédération délégataire, le conciliateur a considéré que, contrairement à ce que soutenait la fédération mise en cause, la décision de délivrer ou non ce document se rattachait à l'exercice des prérogatives de puissance publique dont elle est investie dans la mesure où elle permet ou empêche la pratique d'une discipline sportive au sein de la fédération ou bien d'une autre association nationale. * Proposition, 10 oct. 2008 (opposition).

49. Doit être rapportée la décision de délivrer une licence assortie d'une mention limitant la participation de son titulaire à certaines compétitions en raison de la réception tardive de la demande de licence, dès lors que ledit retard est exclusivement imputable à la fédération ou à un de ses organes déconcentrés. * Proposition, 25 janv. 2008 (opposition).

50. Le conciliateur propose à une fédération de rapporter sa décision par laquelle elle a affecté un requérant dans une catégorie inférieure, dès lors que cette affectation est de nature à le priver de l'exercice de son activité sportive puisqu'aucune compétition n'avait été organisée au sein de cette catégorie la saison précédente et qu'une telle décision a été prise sans que le requérant n'ait été mis en mesure de connaître les motifs l'ayant fondée. Il est en conséquence proposé à cette fédération de délivrer au requérant une licence au sein d'une catégorie qui lui permettra de participer effectivement aux compétitions, sous réserve d'une décision contraire de la commission sportive fédérale. * Proposition, 15 janv. 2016 (acceptation).

51. Il n'apparaît pas au conciliateur que le comité territorial se soit mépris en estimant que l'autorisation donnée à un joueur qui a disputé huit matchs dans la plus haute division professionnelle au début de la saison sportive, qui a été international à plus de 70 reprises et champion du monde avec sa sélection nationale, aurait présenté un risque sérieux de compromettre l'équité d'une compétition amateur qui touche à son terme, qualificative pour une phase nationale et qui, au demeurant, permet l'accession en division supérieure. Il est par conséquent proposé au club requérant de s'en tenir à la décision de ce comité de délivrer audit joueur une licence ne lui permettant pas de participer aux compétitions au sein de l'équipe « UNE » du club. * Proposition, 14 avr. 2016 (opposition).

52. Est régulière la décision d'une fédération prononçant la perte par pénalité de l'ensemble des rencontres auxquelles ont participé des joueurs titulaires d'une licence « mutation » alors que leurs situations personnelles et professionnelles ne leur permettaient pas d'obtenir de telles licences. * Proposition, 19 juin 2007 (opposition). ♦ Dans le même sens, s'agissant d'une joueuse qui aurait dû se voir délivrer une licence « mutation », puisqu'elle évoluait comme joueuse professionnelle auprès d'une fédération étrangère au cours des deux saisons précédentes. * Proposition, 5 avr. 2012 (opposition).

53. Est irrégulière la décision autorisant un joueur à muter vers un autre club sans qu'aucune indemnité de formation ait à être versée au club quitté dès lors qu'il est démontré que le joueur n'était pas libre de tout engagement au moment où il a présenté sa demande de mutation. Pour autant, proposer de rapporter la décision contestée reviendrait à nier la réalité sportive puisque le joueur ne souhaite plus évoluer au sein du club quitté, qui à son tour ne souhaite pas le conserver. Le conciliateur propose donc une solution médiane de conciliation, consistant au partage des indemnités de formation entre l'ancien et le nouveau club du joueur. * Proposition, 1er sept. 2009 (acceptation).

54. Une fédération sportive est fondée, au visa de l'art. L. 222-11 C. sport, à retirer la licence délivrée à un agent sportif dont la condamnation pour délits d'extorsion et de tentatives d'extorsion a été cassée et annulée en ses seules dispositions relatives à la peine, dès lors que la déclaration de culpabilité n'a pas été censurée. * Proposition, 4 août 2016 (opposition).

c. Qualifications

55. En cas d'erreurs fédérales de qualification, postérieurement rectifiées, il est proposé de maintenir la décision fédérale afin que l'erreur commise ne puisse offrir un bénéfice injustifié pour autant cependant que la fédération n'a pas eu une intention malveillante. * Propositions, 27 mars 2003 (opposition) * 25 avr. 2003 (acceptation). ♦ La qualification d'un joueur en situation internationale (étranger jouant dans un club français ou Français venant d'un club étranger) implique le respect de la réglementation de la fédération sportive internationale considérée. Il appartient au requérant qui conteste une décision de sa fédération nationale, de non-qualification ou de qualification, de rapporter la preuve du non-manquement ou du manquement au dispositif international. A partir de cette analyse : proposition d'acceptation de la décision fédérale. * Propositions, 7 août 2000 (acceptation) * 1er juill. 2003 (acceptation). ♦ Proposition d'une nouvelle audience fédérale. * Proposition, 28 nov. 2000 (opposition).

56. Après avoir constaté le caractère manifestement irrégulier d'une réserve – relative à la qualification d'un joueur de l'équipe adverse – déposée avant une rencontre, le conciliateur estime que le club requérant n'était pas fondé à contester la décision de rejeter cette réserve et propose de maintenir, en conséquence, le résultat sportif acquis sur le terrain. * Proposition, 7 sept. 2007 (acceptation). ♦ Dans le même sens, s'agissant d'une réclamation insuffisamment motivée. * Proposition, 28 août 2015 (acceptation).

57. Toutefois, lorsque la réserve irrégulière a été confirmée dans des conditions répondant à celles exigées pour le dépôt d'une réclamation, que la ligue régionale a entendu requalifier la réserve en réclamation et qu'il est établi que la rencontre a été irrégulièrement disputée, il est proposé au club adverse de s'en tenir à la décision lui ayant infligé la perte de la rencontre par pénalité. * Proposition, 23 nov. 2011 (opposition).

58. Il ne saurait être reproché au club requérant de ne pas avoir déposé une réserve portant sur la qualification d'un joueur de l'équipe adverse le jour même d'un match dès lors que, d'une part, ce club – tout comme la fédération – ne disposait d'aucun moyen de déterminer avec certitude la situation du joueur en cause et que, d'autre part, la réglementation applicable ne subordonne pas la recevabilité d'une réserve à son dépôt le jour même d'un match. Selon le conciliateur, il était dès lors impossible de rejeter la réserve et d'entériner le score acquis sur le terrain et ce d'autant que la logique et l'équité sportive imposent de sanctionner un club de la perte d'un match s'il y fait participer un joueur dont il reconnait lui-même d'ailleurs la non-qualification. Il convient donc de proposer à la fédération de faire en sorte que le match soit rejoué. * Proposition, 9 oct. 2009 (opposition).

59. Mais doit être rapportée la décision fédérale de sanctionner un club de la perte par pénalité d'une rencontre dans l'hypothèse où, d'une part, même si le caractère incomplet d'une licence d'un joueur est avéré (absence de photo), il n'y a manifestement aucune fraude ou intention de fraude de la part du joueur en cause et, d'autre part, le résultat de la rencontre a été acquis dans des conditions conformes à l'éthique sportive. * Proposition, 25 juill. 2007 (opposition). ♦ Au sens des règlements d'une fédération, en l'absence de réserve ou de réclamation, et dès lors que la fraude alléguée n'est pas établie concernant l'obtention d'une licence par un joueur, susceptible de justifier que le résultat de la rencontre soit reconsidéré par évocation, il n'y a pas lieu de proposer au comité départemental considéré de revenir sur sa décision de maintenir le score de la rencontre tel qu'acquis sur le terrain. * Proposition, 14 août 2015 (opposition).

60. En l'absence de réserve ou de réclamation, la participation d'un joueur qui malgré son statut de joueur professionnel au titre de la saison 2015 dans le championnat malais, n'avait pas en France, signé de contrat professionnel, en infraction avec les règlements fédéraux, n'est pas possible par le biais de l'évocation, dès lors que le club du joueur a pu être légitimement induit en erreur par le rythme différent des saisons sportives et par le certificat international de transfert émis par la fédération quittée faisant état du statut amateur du joueur. * Proposition, 24 juin 2016 (opposition).

61. Il ne peut être reproché à un club d'avoir aligné un joueur non qualifié à partir du moment où une décision fédérale est intervenue pour lui indiquer qu'il avait la possibilité de le faire. C'est la raison pour laquelle il convient de rejouer la rencontre, sans le joueur en cause, même si la réglementation applicable prévoit la perte par pénalité d'une rencontre pour l'équipe irrégulièrement composée. * Proposition, 28 avr. 2006 (acceptation). ♦ Une telle solution apparaît toutefois inopportune lorsque le joueur en question a seulement été inscrit sur la feuille de match et n'a pas pris part à la rencontre, s'abstenant ainsi de « fausser » le déroulement de celle-ci. En pareilles circonstances, le conciliateur préconise plutôt d'entériner le score acquis sur le terrain. * Proposition, 27 févr. 2009 (acceptation).

62. En présence de deux normes contradictoires ayant le même objet et le même champ d'application, le conciliateur considère qu'il convient, afin de déterminer la norme applicable à la présente espèce, de définir laquelle de ces normes a été adoptée postérieurement à l'autre, et a *de facto* abrogé la disposition la plus ancienne. En l'espèce, la norme la plus souple étant la plus récente, le club requérant n'y contrevient pas. Le conciliateur propose donc de rapporter la décision de lui donner le match perdu par pénalité et donc de s'en tenir au résultat acquis sur le terrain. * Proposition, 27 juill. 2016 (acceptation).

d. Homologation d'un contrat de travail

63. A propos d'une décision refusant d'homologuer le contrat de travail d'un entraîneur professionnel au motif que celui-ci avait dépassé la limite d'âge prévue par la Charte du football professionnel, le conciliateur considère que la différence de traitement fondée sur l'âge peut effectivement être justifiée par un objectif légitime de régulation du marché de l'emploi dans ce secteur d'activité mais que, en l'espèce, il convient de s'interroger sur le caractère approprié et nécessaire du dispositif mis en cause, en conséquence de quoi il propose d'homologuer le contrat. * Proposition, 11 juill. 2007 (acceptation).

64. Doit être maintenue la décision d'homologation d'un contrat d'un joueur accordée à titre exceptionnel sur le fondement d'une réglementation émanant de la fédération internationale à laquelle la fédération concernée se rattache. * Proposition, 24 mai 2005 (opposition).

65. Sur l'homologation d'un contrat de joueur aspirant, le conciliateur a pu considérer qu'en l'absence de certitude quant à l'opposabilité d'un avenant de la Charte du football professionnel, modifiant la liste des pièces devant impérativement être produites pour obtenir l'homologation d'un contrat, il n'est pas permis de savoir si le contrat en cause pouvait ou non être homologué, en conséquence de quoi il propose de renvoyer cette question devant l'instance compétente pour réexamen. * Proposition, 13 oct. 2008 (acceptation). ♦ De sorte que, après réexamen, une commission était fondée à considérer que la modification apportée à la Charte du football professionnel était immédiatement applicable dès lors que ni le code du travail, ni la Charte ne subordonnent l'opposabilité d'un avenant à une quelconque forme de publication ou de dépôt. Si le conciliateur ne peut alors proposer de revenir sur la décision d'homologuer le contrat en question, il suggère toutefois une modification des textes applicables afin de permettre à un joueur, en cas de non-respect de l'une des parties d'un contrat déjà homologué, de pratiquer son activité le temps de la résolution du conflit. * Proposition, 17 mars 2009 (opposition).

e. Homologation d'un équipement

66. En l'absence de décision des instances communautaires ou même nationales déclarant que la législation française instituant un monopole sur les jeux de hasard au profit de la Française des

Jeux et du PMU est disproportionnée et donc incompatible avec le droit de l'Union européenne, le conciliateur estime qu'il ne peut être sérieusement reproché à une ligue professionnelle de ne pas avoir écarté les dispositions de son règlement prohibant la publicité illégale – et notamment celle en faveur des opérateurs de jeux non autorisés en France – et d'avoir, en conséquence, refusé d'homologuer un maillot portant le logo d'un opérateur de paris en ligne non autorisé. * Proposition, 12 oct. 2009 (opposition).

f. Qualification, perte de match, rétrogradation d'un club

67. Une fédération sportive nationale est invitée à annuler la décision de perte de match prise par son bureau fédéral à l'encontre d'un club, celle-ci étant en effet constitutive d'abus de droit en tant qu'elle ne respecte pas les règlements généraux de la fédération considérée. * Proposition, 19 juin 1996 (opposition). ♦ En revanche, le conciliateur propose le maintien de la décision d'une fédération sportive nationale qui décide de faire rejouer une rencontre lors de laquelle une règle du jeu susceptible d'influer sur le résultat final n'a pas été respectée. * Proposition, 22 avr. 1999 (opposition).

68. En présence d'un règlement fédéral qui se borne à déterminer les conditions d'accession à un championnat national, tout en laissant aux ligues régionales une entière liberté quant au choix des barragistes au sein de leurs divisions immédiatement inférieures, les clubs des ligues différentes, obéissant à des règlements différents et placés dans des situations juridiquement différentes ne peuvent, selon le conciliateur, se prévaloir de la différence entre ceux-ci. * Proposition, 22 juill. 2008 (opposition). ♦ Lorsqu'une règle du « malus », consistant à opérer un retrait de point au classement au terme de la saison sportive, à raison des infractions disciplinaires cumulées par l'équipe au titre de la saison, a été régulièrement adoptée par une ligue régionale et appliquée de manière identique à l'ensemble des équipes prenant part à la compétition, il est proposé au club n'ayant pu accéder au championnat supérieur en raison de son application, de s'en tenir à son maintien. * Propositions, 3 août 2011 (acceptation) * 14 août 2014 (acceptation).

69. Il est proposé qu'un club né d'une fusion régulière avec un autre club soit inscrit dans la compétition d'une division pour laquelle il s'est sportivement qualifié. * Propositions, 14 sept. 2000 (opposition) * 14 août 2014 (acceptation).

70. A défaut de précisions des règlements fédéraux l'interdisant expressément, il est souhaitable pour chaque dossier d'attribution (ou de non-attribution) pour un club d'un statut particulier, lui permettant de participer à une compétition de l'élite, de rechercher un équilibre entre le refus systématique de reprendre une instruction, de la demande et l'intérêt de prendre en compte des éléments nouveaux présentés, dont l'importance est de nature à changer le sens de la décision contestée. Il est en outre opportun qu'une telle mesure, qui met en cause les intérêts vitaux d'un club, s'inscrive dans une audience donnant lieu à un débat contradictoire. Aussi est-il proposé à l'instance fédérale, compte tenu, en l'espèce, du déroulement de la procédure d'examen des prétentions du club requérant, de procéder à un réexamen de sa demande et d'y intégrer les données nouvelles fournies. * Proposition, 22 juin 1995 (acceptation).

71. Face au choix d'un club de ne pas accéder en division supérieure alors qu'il en avait sportivement acquis le droit, une fédération ne peut, selon le conciliateur, le rétrograder de deux divisions, au seul motif qu'il lui était matériellement impossible de l'intégrer au sein de la division immédiatement inférieure sans déséquilibrer la formule de ce championnat, que le comité directeur avait d'ores et déjà entérinée. * Proposition, 28 sept. 2009 (opposition).

72. La relégation d'un club en division inférieure à la suite d'une confusion faite par ce dernier, mais provoquée par l'ambiguïté des règlements fédéraux, est d'une excessive sévérité par rapport à l'erreur commise. En conséquence, il est recommandé à la fédération litigante de réinscrire le club dans le championnat duquel il a été rétrogradé. * Proposition, 7 juill. 1995 (acceptation).

73. S'agissant des obligations que les clubs sont tenus de respecter en matière d'équipe de jeunes, le conciliateur considère que la sanction de rétrogradation en division inférieure infligée à un club qui ne les respectait pas apparaissait d'une part disproportionnée puisque le club en question était en première année d'infraction, et, d'autre part, inadaptée, dans la mesure où cette sanction était susceptible d'entraîner le départ de nombreux joueurs vers les clubs voisins dès lors que le club requérant ne serait plus en mesure de leur offrir un challenge sportif intéressant. * Proposition, 5 août 2009 (opposition).

74. Pour mettre un terme à un litige suscité par la mise en œuvre, illégale en raison de son caractère rétroactif, d'un règlement sportif, il est proposé à la fédération sportive nationale de réintégrer les clubs demandeurs dans la division de laquelle ils avaient été exclus par application de la réglementation. * Proposition, 17 juill. 1995 (opposition). ♦ Est invité à opérer le « repêchage » d'un club, la fédération sportive nationale qui a rétrogradé ce dernier alors que le texte – le règlement sportif – qui fonde la mesure ainsi prise est d'une interprétation incertaine. * Proposition, 16 juill. 1996 (opposition).

75. A défaut de dispositions particulières concernant les critères de participation des clubs nationaux à une épreuve internationale désignée, il appartient au comité directeur de la fédération sportive nationale, seul détenteur du pouvoir d'élaboration des règlements de sa discipline, d'édicter la réglementation définissant les conditions de qualification pour la compétition visée. Aucune décision n'ayant été réellement prise par ladite fédération, l'organe fédéral compétent est invité à se réunir, dans les meilleurs délais, pour agir en ce sens. * Proposition, 10 mai 1996 (acceptation).

76. Lorsqu'il existe un doute sur l'exacte interprétation d'une disposition énonçant les mécanismes d'accession et de rétrogradation pour un championnat, une fédération qui a appliqué cette disposition dans un sens donné pendant plusieurs saisons, créant ainsi un véritable usage, ne peut, sans méconnaître l'exigence de loyauté vis-à-vis des clubs, s'écarter de cette interprétation sans en avoir, en début de saison, informé les clubs potentiellement concernés, qui se sont légitimement appuyés sur cet usage pour évaluer leur chance d'accession et de rétrogradation. * Proposition, 5 août 2009 (opposition).

77. Compte tenu du non-respect avéré par le club requérant de ses obligations en matière arbitrale pour la 3e année consécutive, le conciliateur estime que c'est à bon droit que la ligue n'a pas autorisé ledit club à accéder en division supérieure, mesure prévue par les règlements en pareil cas. * Proposition, 29 août 2007 (acceptation). ♦ Dans le même sens, * Propositions, 24 déc. 2010 (acceptation), 1er sept. 2014 (acceptation).

78. Considérant que, du fait du délai irraisonnable pris par une ligue régionale pour statuer sur une réclamation, le club requérant a manifestement subi un préjudice consistant en la perte d'une chance, réelle, de disputer les matchs de barrage d'accession en division supérieure et celle, plus hypothétique, d'accéder à cette division, le conciliateur propose à la fédération concernée d'indemniser le club requérant, toute issue sportive étant inenvisageable du fait de la reprise imminente du championnat en cause. * Proposition, 30 juill. 2007 (opposition).

79. Doit être maintenue la décision infligeant au club requérant la perte par pénalité d'une rencontre en raison de la composition irrégulière de son équipe ce jour-là dès lors qu'il est avéré que le contrat de travail de l'un des joueurs qui la composait avait cessé de produire ses effets le jour de la rencontre. * Proposition, 20 mars 2006 (opposition). ♦ Dans le même sens, dès lors qu'une équipe présentait un nombre de joueurs disposant d'une double licence supérieur à la limite autorisée par les règlements. * Proposition, 22 mai 2015 (opposition). ♦ ... Ou encore lorsqu'une équipe fait participer à la rencontre des joueurs non inscrits sur la feuille de matchs. * Propositions, 12 avr. 2016 (opposition) * 13 déc. 2016 (opposition).

80. Est irrégulière, car contraire à la jurisprudence française et communautaire, la décision infligeant à une équipe la perte d'une rencontre sur le fondement du non-respect du nombre minimum de joueurs français devant la composer. La fédération en question est donc invitée à entamer un processus de modification de ses dispositions réglementaires afin d'assurer qu'elles soient conformes aux impératifs communautaires. * Accord à l'audience, 30 juill. 2009.

81. Un club est fondé à contester la décision prononçant le maintien du score acquis sur le terrain lors d'un match alors pourtant qu'il est avéré que l'équipe adverse était irrégulièrement composée en raison de la délivrance délibérée d'une licence à l'un de ses joueurs en dehors de toute période de mutation. * Proposition, 5 juin 2009 (acceptation).

82. Le respect par l'ensemble des clubs professionnels de la même division de règles relatives à l'hygiène et à la sécurité des spectateurs est nécessaire à l'équité et à la régularité des compétitions qui ne sont plus seulement assurées aujourd'hui dans le sport professionnel par la réglementation sportive mais aussi et surtout par des normes des gestion administrative et financière. * Proposition, 28 juill. 2005 (opposition).

83. N'a pas à être remise en cause la décision d'une ligue d'imposer aux associations sportives de constituer une société sportive, même si les recettes des manifestations payantes qu'elles organisent ainsi que les rémunérations versées à leurs joueurs ne dépassent pas les seuils fixés par le décret applicable puisque les dispositions en cause n'interdisent pas expressément aux fédérations, ligues professionnelles ou commissions fédérales en charge du secteur professionnel d'une discipline donnée, de mettre en place une réglementation plus contraignante que celle découlant du cadre strictement légal. * Proposition, 30 mars 2007 (opposition).

84. S'agissant plus particulièrement des accessions et rétrogradations des arbitres officiant au sein des championnats professionnels et en présence de textes imposant, sans aucune possibilité de dérogation ou de repêchage, de rétrograder les deux arbitres les plus mal classés en plus de ceux qui peuvent être rétrogradés pour d'autres raisons, notamment le déclassement, le conciliateur a pu considérer que la fédération concernée était fondée à prononcer la rétrogradation du requérant en sus de l'arbitre qu'elle avait préalablement déclassé. * Proposition, 19 nov. 2008 (opposition).

85. Si un comité départemental était fondé à prononcer le déclassement d'un club d'un tournoi auquel il participait en raison de la composition irrégulière de son équipe, il apparaît toutefois radical d'avoir par la suite, sur la base d'éléments nouveaux, décidé d'annuler le tournoi et de retirer à l'équipe ayant tiré profit de ce déclassement le titre de champion départemental. Constatant que le comité directeur a organisé entre-temps un nouveau tournoi, remporté cette fois par l'équipe initialement déclassée, le conciliateur propose, afin de sécuriser la délivrance du titre de champion départemental, d'organiser un match d'appui entre les deux équipes successivement victorieuses. * Proposition, 21 avr. 2009 (acceptation).

g. Décisions des organismes de contrôle de gestion

86. Principe. Le conciliateur rappelle qu'en matière de contrôle de gestion, bien que les fédérations aient mis en place des commissions spécialisées, auxquelles il ne saurait se substituer, celles-ci ayant à la fois les moyens et la compétence nécessaires en matière comptable et financière, pour se prononcer en fonction des règles de droit, mais aussi de la pratique, sur la situation des clubs dont elles contrôlent la gestion, il se doit cependant de procéder à un contrôle minimum portant sur la réalité de l'examen par les instances concernées des éléments comptables présentés par les clubs, afin de vérifier que la procédure de contrôle de gestion a été correctement suivie. * Proposition, 26 août 2005 (opposition) ♦ Dans le même sens, * Propositions, 18 août 2010 (acceptation) * 2 août 2011 (acceptation) * 1er oct. 2014 (opposition) * 30 juill. 2015 (opposition) * 12 août 2016 (acceptation).

87. Il n'est pas du pouvoir du conciliateur de procéder à un « réexamen comptable d'un club ». L'analyse comptable et financière des clubs relève, en l'occurrence, par application des règlements fédéraux, d'une direction nationale de contrôle de gestion. Le conciliateur ne constatant aucune irrégularité dans la procédure de contrôle ne peut remettre en cause son bien-fondé. Néanmoins, il soumet à l'appréciation du conseil fédéral, saisi d'une demande d'évocation, l'ensemble des éléments de fait mis en exergue en l'espèce. * Proposition, 20 juill. 1999 (acceptation). ♦ Dans le même sens, s'il ne saurait être reproché à un organe de contrôle de gestion d'avoir examiné les seuls éléments qui lui avaient été adressés par un club à la date réglementaire d'examen des comptes, les circonstances particulières de l'espèce et le bref délai de convocation de ses dirigeants devant les organes fédéraux justifient qu'il soit proposé à la fédération de procéder à un nouvel examen de la situation financière du club. * Proposition, 4 août 2011 (opposition). ♦ Toutefois, des éléments particuliers de l'espèce peuvent autoriser le conciliateur à ne pas se limiter à une analyse purement juridique du dossier et à proposer à une fédération de réintégrer le club concerné. * Propositions, 3 juill. 2003 (acceptation) * 10 août 2011 (opposition).

88. A propos de la pénalité de 4 points de retrait au classement infligée à un club en raison d'irrégularités comptables, le conciliateur constate que le règlement édictant une telle sanction n'avait pas encore été publié au moment de la commission des faits et n'était donc pas opposable au club requérant et propose en conséquence à la fédération concernée de rapporter la sanction infligée sur ce fondement. * Proposition, 9 mai 2006 (acceptation).

89. Pour une rétrogradation motivée par le fait que le club ne remplissait pas les conditions financières nécessaires à sa participation au championnat alors que, paradoxalement, le versement de certaines aides, suffisantes pour lui permettre d'y évoluer, était conditionné à son maintien, V. : * Accord à l'audience, 21 juin 2007.

90. S'il est admis que des irrégularités comptables ont été principalement commises isolément par des anciens dirigeants du club, la responsabilité du club lui-même, en tant que participant à une compétition regroupant plusieurs clubs, ne peut être pour autant écartée au risque de rompre l'équité de cette compétition et l'égalité entre les compétiteurs y prenant part. * Propositions, 31 juill. 2009 (acceptation) * 27 juill. 2011 (opposition) * 22 mars 2016 (opposition). ♦ Dans le même sens, la circonstance que des erreurs de gestion aient été commises par l'ancienne équipe dirigeante n'est pas de nature à exonérer purement et simplement les personnes morales en cause, sauf à méconnaître la continuité et la permanence de leur exploitation économique et de leur parcours sportif. * Proposition, 10 août 2015 (opposition). ♦ Considérant toutefois qu'en l'espèce, une mesure de rétrogradation apparaît excessive, eu égard notamment à l'action de la nouvelle équipe dirigeante pour assainir les comptes du club, il convient plutôt d'y substituer une mesure de blocage des sommes versées à ce club par la ligue professionnelle concernée. * Proposition, 31 juill. 2009 (acceptation).

h. Autorisation de participer à une compétition ou réception d'une candidature à une qualification d'un sportif

91. La décision de rejet par un tribunal d'appel organique d'une fédération sportive nationale délégataire de pouvoirs d'un recours formé par un concurrent déclassé après un contrôle irrégulier (effectué dans des conditions non conformes au règlement technique sportif) est juridiquement contestable. Aussi est-il proposé à l'instance fédérale en cause de rétablir le requérant dans le classement qui était le sien à l'issue de l'épreuve sportive considérée. * Proposition, 22 sept. 1994 (opposition).

92. Est insuffisamment motivée la mesure individuelle défavorable par laquelle une fédération nationale délégataire de pouvoirs refuse, jusqu'à plus amples informations, de recevoir la candidature de l'un de ses licenciés à l'obtention d'une qualification supérieure à la sienne. Cette décision étant entachée d'illégalité, elle est de nature à justifier une indemnisation sur le fondement d'une perte d'une chance. Aussi le conciliateur, à qui il n'appartient pas de fixer le montant de dommages-intérêts, propose aux parties de se rapprocher en vue de transiger sur les incidences matérielles du litige. * Proposition, 23 juin 1995 (acceptation).

93. En l'état d'une réglementation fédérale interdisant une pratique sportive en cas d'affections précisément définies, la décision de la fédération sportive nationale refusant l'accès à toute compétition à un sportif atteint de l'une des contre-indications médicales réglementairement prévues est justifiée. Il en découle que le conciliateur invite la fédération en cause à maintenir sa décision. * Proposition, 9 janv. 1996 (acceptation). ♦ Dans le même sens, en l'absence de données médicales produites dans le délai minimum d'antériorité fixé par les règlements médicaux fédéraux : * Proposition, 22 mai 2000 (opposition).

94. Une fédération sportive ne peut, sans outrepasser ses droits, exiger de ses athlètes pour qu'ils prennent part aux compétitions qu'elle met en place, non seulement la production d'une licence fédérale, mais encore la possession d'un document administratif supplémentaire, bien que ce dernier, créé ni pour des raisons d'ordre technique, ni pour des considérations d'ordre médical, soit d'une utilité certaine. En conséquence de quoi cette fédération ne pouvait refuser l'inscription des athlètes requérants au championnat national au motif qu'ils n'étaient pas possesseurs dudit document. Aussi est-il proposé d'organiser à nouveau un championnat de France avant le début de la saison prochaine pour les catégories dans lesquelles devaient concourir les demandeurs. * Proposition, 29 juill. 1996 (acceptation).

95. Un joueur ayant la nationalité d'un État membre de l'Union européenne, muni d'un contrat de travail, doit être assimilé à un sportif salarié de nationalité française et ne peut, ainsi, être sujet à discrimination de la part des règlements généraux fédéraux. C'est pourquoi le conciliateur propose à la fédération considérée d'attribuer au joueur en cause la qualification « d'assimilé Français ». * Proposition, 5 janv. 2000 (acceptation). ♦ Il en est de même d'un joueur et d'une joueuse de pays liés à l'Union européenne par des accords d'association qui leur permettent d'évoluer dans les mêmes conditions que des ressortissants communautaires. * Propositions, 27 oct. 2000 (opposition) * 15 avr. 2003 (acceptation).

96. Est invitée à réfléchir à la conformité de ses règlements au droit national et communautaire la ligue interdisant à un étranger de s'inscrire à une compétition individuelle par élimination directe aboutissant, *in fine*, à la délivrance du titre de champion de France. * Proposition, 7 avr. 2005 (acceptation).

97. L'inégalité de traitement découlant de l'introduction, par une ligue professionnelle, de dispositions réglementaires visant à la protection de la formation sportive nationale, n'opérant pas de discrimination fondée sur la nationalité, est justifiée par l'intérêt de la pratique sportive. * Propositions, 13 juill. 2010 (opposition) * 24 déc. 2010 (acceptation) * 14 mars 2014 (acceptation) * 13 oct. 2015 (acceptation). ♦ Néanmoins, le dispositif transitoire adopté pour la première application de cette règle réservant aux seuls nationaux la possibilité d'avoir accès de plein droit à un régime dérogatoire, il est proposé à la ligue professionnelle d'accéder à la demande du joueur requérant. * Propositions, 24 déc. 2010 (acceptation) * 24 déc. 2010 (acceptation). ♦ S'agissant de la possibilité pour les clubs de n'inscrire sur la feuille de match qu'un très faible nombre de joueurs non issus de la formation nationale, au regard de la condition de proportionnalité requise par la jurisprudence européenne et française, le conciliateur invite la fédération considérée à s'interroger sur les modalités de mise en œuvre de son règlement. * Proposition, 14 mars 2014 (acceptation).

i. Sélection

98. Principe. Il n'appartient pas au juge ni, par conséquent, au conciliateur, de se prononcer sur la valeur respective des athlètes en vue de leur sélection pour une compétition mais un tel raisonnement ne peut toutefois conduire à conférer, au profit des organismes sportifs, un pouvoir totalement arbitraire. D'une part, la décision de sélection peut reposer, en tout ou partie, sur d'autres considérations que les seules performances des athlètes. Il convient alors de vérifier si une erreur manifeste d'appréciation, ou un détournement de pouvoir, n'a pas été commis. D'autre part, le principe de loyauté dans les rapports entre les organismes sportifs et les athlètes, ainsi que le principe de confiance légitime obligent les organes compétents des fédérations sportives à dégager en temps utile une règle du jeu claire pour les sélections. Une fois cette règle fixée, il ne peut y être dérogé à moins qu'il ne soit justifié de circonstances particulières en rapport avec l'intérêt général du sport. Le principe de loyauté implique en effet la fixation, en temps utile, d'une règle claire de sélection, connue de tous. Le principe de confiance légitime implique que les athlètes puissent se fier à cette règle et, par suite, adapter leur comportement et, notamment, leur préparation à celle-ci.* Propositions, 25 juill. 2005 (acceptation) * 31 janv. 2012 (acceptation) * 9 oct. 2015 (acceptation) * 6 juin 2016 (acceptation).

99. Dès lors qu'un règlement fédéral, instituant des critères de choix, n'a pas été appliqué selon son interprétation habituelle s'agissant d'une épreuve individuelle internationale, le conciliateur suggère d'intégrer ou de réintégrer dans la sélection le sportif requérant injustement lésé. * Propositions, 21 juin 1993 (opposition) * 15 juill. 2001 (opposition). ♦ ... Ou encore de mettre en œuvre les tests réglementairement prescrits avant de décider de la sélection. * Proposition, 4 mars 2002 (acceptation). ♦ ... Ou d'envisager, avec la fédération internationale en cause, la possibilité d'intégrer en surnombre dans l'équipe nationale le sportif à tort non sélectionné. * Proposition, 4 juin 2014 (acceptation). ♦ S'agissant, à l'opposé, d'une réglementation fédérale pertinemment appliquée : * Propositions, 17 nov. 1999 (acceptation) * 11 avr. 2000 (acceptation) * 18 avr. 2000 (opposition) * 1er août 2012 (acceptation). * 10 août 2014 (acceptation) * 12 juin 2015 (acceptation). ♦ Lorsque la fédération sportive critiquée n'a pas édicté de règlement précis quant aux sélections, elle conserve alors une entière latitude et rien ne justifie que le conciliateur suggère une remise en cause de la sélection ainsi effectuée à partir du moment où ce pouvoir discrétionnaire n'est pas utilisé de manière abusive. * Propositions, 22 sept. 1993 (opposition) * 30 sept. 1993 (opposition) * 19 oct. 1999 (acceptation) * 4 août 2000 (acceptation) * 3 oct. 2000 (acceptation) * 8 mars 2002 (acceptation).

100. L'athlète requérant privé de sélection n'est invité à accepter la décision de sa fédération que pour autant qu'elle ne révèle pas des irrégularités l'entachant d'erreur manifeste d'appréciation et que les moyens donnés par cette dernière à l'athlète pour « affronter la sélection » soient identiques à ceux donnés à ses concurrents. * Propositions, 4 déc. 1995 (acceptation) * 25 juill. 2005 (acceptation). ♦ L'athlète requérant est notamment invité à accepter sa non-sélection lorsque celle-ci est justifiée par le choix de la fédération concernée de privilégier une catégorie particulière dans la sélection et par la stratégie élaborée par le sélectionneur, d'une part pour prendre en compte l'évolution des performances des athlètes ayant résulté d'une modification de règles techniques, d'autre part pour préserver l'athlète en raison de sa dynamique de progression. * Proposition, 5 août 2013 (acceptation).

101. Bien que le requérant ait satisfait aux critères lui permettant d'être sélectionnable dans une discipline pour une compétition olympique, le conciliateur a en l'espèce considéré qu'il ne pouvait valablement être reproché à la fédération d'avoir voulu augmenter ses chances de réussite aux JO en retenant à sa place un athlète ayant lui aussi satisfait aux critères de sélection, mais pour deux disciplines distinctes. * Proposition, 6 janv. 2006 (opposition). ♦ ... Ou, dans le cadre d'une sélection non olympique, un athlète qui lui apparaît avoir démontré une plus grande aptitude à contribuer à la réalisation des performances attendues. * Proposition, 12 mai 2010 (opposition).

102. Si les seuls résultats sportifs, envisagés comme facteurs déterminants d'une sélection, ne permettent pas d'établir une hiérarchie incontestée entre plusieurs athlètes pour arrêter la liste de ceux qui participeront à une compétition donnée, il ne peut être reproché à une fédération d'avoir voulu les départager en prenant en compte des éléments annexes, tels que l'esprit d'équipe. * Proposition, 17 juill. 2008 (opposition). ♦ V., dans le même sens, * Proposition, 12 juin 2008 (acceptation).

103. Constatant que les critères de sélection fixés par une fédération laissent une grande marge d'appréciation au sélectionneur pour opérer son choix, le conciliateur estime qu'aucune erreur manifeste d'appréciation ne semble avoir été commise par une fédération ayant décidé de ne pas sélectionner un athlète au profit d'un autre, plus à même selon elle de « performer » à la compétition en cause. * Proposition, 25 juin 2009 (opposition).

j. Mesure conservatoire

104. Une suspension à titre conservatoire ne constitue pas une sanction disciplinaire à condition, toutefois, d'être justifiée par l'extrême gravité des faits reprochés, d'être strictement limitée dans le temps et de s'inscrire dans l'attente de la mise en œuvre d'une procédure disciplinaire. * Propositions, 21 févr. 2000 (opposition) * 21 déc. 2010 (opposition) * 23 mars 2012 (acceptation) * 20 juin 2014 (opposition) * 15 avr. 2015 (opposition) * 18 mars 2016 (acceptation).

105. En l'espèce, les griefs formulés relevant de la liberté d'expression de l'intéressé, la mesure conservatoire n'est pas justifiée. Aussi est-il demandé à la fédération partie au litige de rapporter la mesure de suspension. * Proposition, 21 févr. 2000 (opposition).

106. En l'espèce, le conciliateur estime que la suspension à titre conservatoire infligée aux requérants ne paraît pas pouvoir être fondée sur un ensemble d'éléments suffisamment précis, concordants et incontestables, permettant de retenir avec suffisamment de certitude une gravité des faits justifiant le prononcé d'une telle mesure. Il propose en conséquence de rapporter cette mesure à titre conservatoire. * Proposition, 25 mars 2016 (acceptation).

107. Le conciliateur étant réservé sur la compétence dont dispose une commission pour traiter en matière disciplinaire l'éventuelle violation réglementaire commise par les joueurs évoluant dans un championnat dont elle n'a pas la charge, il l'est également sur la compétence dont dispose cette commission pour prononcer leur suspension à titre conservatoire dans ce cadre. * Proposition, 1er avr. 2016 (opposition).

2° SANCTIONS DISCIPLINAIRES

a. Définition (distinction entre mesure administrative et sanction disciplinaire)

108. Une mesure prise par une fédération pour non-respect d'une réglementation fédérale relative à la qualification de joueurs à la nature administrative et non disciplinaire n'est pas critiquable dès lors que le principe du contradictoire a été respecté. * Proposition, 15 févr. 2002 (acceptation). ♦ Il en est de même d'une décision infligée pour falsification de licence. * Proposition, 13 sept. 2002 (acceptation). ♦ ... Ou pour manquement au dispositif fédéral sur les mutations. * Proposition, 14 janv. 2004 (opposition). ♦ ... Ainsi que d'une pénalité financière infligée pour non-respect des obligations réglementaires de recyclage des éducateurs. * Proposition, 29 janv. 2015 (opposition). ♦ ... Et d'un match donné perdu par pénalité à un club pour avoir aligné un nombre de joueurs disposant d'une double licence supérieur au nombre réglementairement autorisé. * Proposition, 22 mai 2015 (opposition).

109. Si les sanctions disciplinaires ne peuvent être infligées que par une commission de discipline, les sanctions à caractère sportif peuvent être prises par toute commission statutairement habilitée pour ce faire. Par suite, les commissions non disciplinaires prononçant une sanction sportive, si elles ne peuvent s'affranchir du respect des droits des personnes concernées à faire valoir leur défense, peuvent se contenter d'un formalisme plus réduit que celui qu'elles auraient dû respecter dans le cadre d'une procédure disciplinaire. * Propositions, 19 avr. 2006 (acceptation) * 20 mars 2006 (opposition).

110. Le forfait général prononcé par l'application d'une réglementation fédérale constitue une mesure automatique découlant du non-respect d'une condition objective prévue réglementairement. Dès lors, la légalité de la décision de forfait prise à l'encontre d'un club ne peut être remise en cause au motif qu'une procédure disciplinaire n'a pas été mise en œuvre. Il est proposé au club requérant de se conformer à la mesure fédérale. * Proposition, 12 mai 1999 (acceptation).

111. La perte de points au classement résultant de l'application d'une règle dite du « malus » n'aboutit pas au prononcé d'une sanction disciplinaire à l'encontre du club requérant, mais revient uniquement, dans le louable souci de lutter contre la violence sur les aires de jeu, à tirer, des sanctions disciplinaires prononcées au cours de la saison, des conséquences administratives. Dans ces conditions, le club requérant ne saurait invoquer l'application des principes régissant la matière disciplinaire, ce d'autant qu'il a été placé en mesure de faire valoir ses observations. * Proposition, 7 sept. 2011 (acceptation).

b. Hypothèses

1. Absence de faute démontrée

112. A défaut de données établies autorisant à soutenir que des dirigeants n'ont pas agi avec une diligence et une compétence suffisantes en présence d'un document produit par un joueur dont la falsification n'apparaissait pas avec évidence, les sanctions infligées à ces licenciés ne sont pas justifiées. Aussi est-il proposé à la commission fédérale concernée de revenir sur les mesures de suspension prononcées. * Proposition, 30 nov. 1993 (opposition). ♦ ... Dans le même sens, lorsque la réalité des faits litigieux n'est pas établie, * Propositions, 18 janv. 2013 (acceptation) * 22 juin 2015 (acceptation). ♦ ... Ou lorsqu'il résulte des éléments du dossier que le joueur fautif n'est en réalité pas identifié, * Proposition, 26 juin 2014 (acceptation). ♦ Est également sans fondement la peine prise à l'encontre d'un sportif sans que la décision laisse apparaître dans sa motivation des agissements fautifs mis à sa charge. Il est alors recommandé à ce dernier de faire appel de la décision critiquée et conseillé à la commission d'appel fédérale de ne prendre une nouvelle sanction qu'à la condition qu'un comportement fautif soit relevé à l'encontre du requérant. * Proposition, 2 juin 1993 (acceptation). ♦ Dans le même sens, à propos d'un dirigeant. * Proposition, 6 sept. 1999 (acceptation). ♦ N'est pas davantage justifiée la suspension par un comité départemental d'un dirigeant pour avoir voulu organiser une compétition qui n'a pas eu lieu et dont, au demeurant, l'organisation avait été autorisée. Il est proposé que la mesure disciplinaire soit annulée. * Proposition, 26 sept. 2000 (acceptation). ♦ Il est également proposé à un comité départemental de rapporter la décision par laquelle il a infligé une suspension à un licencié, au motif que celui-ci aurait eu des propos inopportuns, sans en rapporter la teneur ni la preuve. * Propositions, 6 déc. 2010 (acceptation) * 30 sept. 2015 (opposition).

113. En l'absence de responsabilité disciplinaire du fait d'autrui, un sportif ne peut être sanctionné en raison d'une falsification de licence uniquement imputable à l'un de ses parents. Est donc proposé aux instances disciplinaires, dont la mesure est contestée, de rapporter la sanction prise contre le sportif n'ayant commis aucun agissement fautif. * Proposition, 21 août 1995 (opposition). ♦ Dans le même sens, s'agissant de la mise hors compétition d'une équipe en raison d'une faute exclusivement imputable à un seul joueur : * Proposition, 2 juin 1999 (acceptation). ♦ V. cependant, pour la reconnaissance d'un principe de responsabilité objective des clubs du fait de leurs supporters, à propos d'une amende de 5 000 € infligée au club requérant pour jet d'objet au cours d'une rencontre. * Propositions, 7 nov. 2005 (opposition) * 10 juin 2011 (opposition).

114. Une mesure disciplinaire fédérale vis-à-vis d'un club (amende ou rétrogradation) est difficilement justifiable sur le simple constat qu'un de ses joueurs a été sanctionné sans qu'aucun fait ou abstention répréhensible n'ait été retenu contre lui. Le conciliateur suggère le retrait de la sanction d'amende. * Proposition, 2 avr. 1993 (acceptation). ♦ ... Ou de rétrogradation. * Proposition, 23 août 1996 (opposition).

2. Existence de faute avérée

115. Principe. L'arbitre est une personne neutre qui ne penche ni pour l'une ni pour l'autre partie. Si son jugement, comme celui de quiconque, peut être sujet à erreur, sa bonne foi ne peut en revanche être mise en cause sur le fondement de simples allégations, sous peine de rendre tout simplement impossible la pratique du sport de compétition. Il convient ainsi de faire application du postulat selon lequel les rapports des officiels bénéficient d'une présomption d'exactitude des faits qui y sont relatés. Il en résulte que les déclarations d'un arbitre ne peuvent être contestées que si des éléments objectifs, précis et concordants amènent avec une certaine évidence à s'en écarter. * Proposition, 7 avr. 2016 (acceptation).

116. Le conciliateur recommande à une fédération sportive de maintenir la sanction infligée à un sportif à la suite d'actes de violence caractérisés au cours d'une compétition. * Proposition, 20 déc. 2000 (opposition). ♦ ... Ou, dans un cas analogue, au club dans lequel opère un joueur incriminé de respecter la sanction fédérale. * Proposition, 28 juin 2001 (opposition). ♦ ... Ou s'agissant d'insultes proférées à l'encontre de l'arbitre. * Proposition, 26 nov. 2013 (acceptation). ♦ ... Ou encore s'agissant d'insultes à caractère raciste prononcées de manière répétée à l'endroit du président de la fédération. * Proposition, 24 oct. 2016 (acceptation).

117. Le principe de la responsabilité d'un club en raison d'actes de violence de ses joueurs ou supporters est légitime. Aussi convient-il, sur ce point, d'accepter la mesure disciplinaire fédérale. * Propositions, 25 oct. 2000 (acceptation) * 14 mars 2001 (acceptation) * 17 mars 2003 (opposition) * 11 août 2011 (acceptation) * 12 déc. 2012 (acceptation) * 17 avr. 2015 (opposition). ♦ La simple constatation d'une infraction commise par un membre du public, quelles que soient sa gravité et ses conséquences, suffit à justifier que la responsabilité d'un club soit engagée et que, par conséquent, une sanction lui soit infligée. * Propositions, 13 août 2012 (acceptation) * 2 déc. 2014 (acceptation).

118. Sont contraires à l'éthique sportive des propos publics caustiques, déplacés, désobligeants vis-à-vis d'un organe d'une fédération sportive. Aussi est-il proposé de s'en tenir à la sanction fédérale infligée tout en prenant des mesures d'apaisement. * Proposition, 5 juill. 2001 (acceptation). ♦ ... Ou de réexaminer le dossier s'agissant de gestes grossiers vis-à-vis du public afin de mieux définir les comportements incriminés. * Proposition, 17 janv. 2003 (acceptation).

119. Doit être maintenue la décision sanctionnant de manière proportionnée un dirigeant de club ayant insulté l'arbitre d'une rencontre. * Propositions, 9 mars 2007 (opposition) * 27 oct. 2011 (acceptation). Ou encore celle sanctionnant un dirigeant ayant utilisé lui-même le tampon et la signature d'un médecin pour remplir les bordereaux de licence de deux joueurs * Proposition, 18 mars 2016 (acceptation).

120. Tout dirigeant sportif dispose, comme tout citoyen, d'un droit à la libre critique, résultant du principe de la liberté d'expression. La critique émise par un dirigeant sportif n'est toutefois ni totalement libre, ni totalement contrainte. Il appartient aux dirigeants d'user de celle-ci avec modération et dans le respect de l'intérêt collectif ainsi que des valeurs dont la fédération est vectrice. Justifient le principe du prononcé d'une sanction disciplinaire les propos reprochés à un dirigeant de club qui, contrôlant leur diffusion, a remis en cause la compétence d'arbitre et la probité de ce dernier ainsi que du corps arbitral, en ce qu'ils portent atteinte à l'image de l'arbitre, du corps arbitral ainsi que, par voie de conséquence, à celle des compétitions et de la fédération concernée. * Proposition, 23 avr. 2015 (acceptation).

121. Apparaît manifestement disproportionné et inadapté le fait de prononcer la radiation définitive d'un licencié d'une fédération dès lors que celui-ci était mineur au moment où les faits justifiant cette sanction ont été commis et qu'il a depuis lors adopté une attitude laissant raisonnablement supposer qu'il ne se livrerait plus à un quelconque débordement. * Proposition, 9 juin 2009 (opposition).

122. En matière de responsabilité des clubs du fait de leurs supporters, le conciliateur estime que, en dépit de l'importance des manquements imputables à un club et de la gravité des faits commis par ses supporters lors d'une rencontre dont il ne maîtrisait d'ailleurs pas totalement l'organisation, des moyens non négligeables avaient toutefois été mis en place par le club dans le cadre de la préparation de la rencontre en cause, puis postérieurement à celle-ci afin d'accélérer le processus d'interpellation des supporters fautifs. En pareilles circonstances, le conciliateur a considéré que l'exclusion d'une compétition de l'équipe professionnelle du club compte tenu des débordements de ses supporters apparaissait disproportionnée et inadaptée dans la mesure où elle pénalisait plus lourdement les joueurs qui la composent – dont l'absence d'implication dans les incidents est pourtant avérée – que l'entité club proprement dite et ses supporters. Le conciliateur propose par conséquent de rapporter la sanction d'exclusion pour y substituer une obligation pour le club en question de disputer une rencontre à huis clos. * Proposition, 28 juill. 2008 (opposition). ♦ ... Dans le même sens, compte tenu des efforts entrepris en l'espèce par le club requérant pour prévenir des débordements, le conciliateur propose de ramener la sanction à de plus justes proportions. * Proposition, 5 mai 2012 (acceptation). ♦ ... Ou, s'agissant d'une sanction jugée excessivement lourde, * Propositions, 9 déc. 2010 (acceptation) * 20 déc. 2013 (opposition).

123. Justifie le prononcé d'une sanction disciplinaire le fait pour un licencié d'avoir reproduit à l'identique, par le biais de l'association non affiliée dont il est président, un nombre important de contenus appartenant à la fédération sur différents canaux de communication de cette dernière, agissements qui sont de nature à porter atteinte à l'image et aux intérêts de la fédération. * Proposition, 12 avr. 2016 (acceptation).

3. Régularité de la procédure

124. Doit être rapportée la décision infligeant une sanction disciplinaire à une personne qui n'était plus licenciée auprès de la fédération concernée au moment des poursuites disciplinaires, alors que le règlement disciplinaire exige une telle condition. * Proposition, 9 oct. 2006 (opposition). ♦ Pareillement, le conciliateur propose à une fédération de rapporter la décision par laquelle elle a infligé une sanction disciplinaire à une personne qui n'était licenciée auprès d'elle ni au moment de la commission de l'infraction, ni au moment des poursuites disciplinaires. * Proposition, 3 janv. 2011 (acceptation).

125. Il est proposé à l'organe disciplinaire compétent d'une fédération sportive ou de sa ligue nationale, ou de l'un de ses comités régionaux ou départementaux de rapporter la peine disciplinaire infligée et de reprendre, si telle en est son intention, une nouvelle procédure disciplinaire dans le respect des principes généraux du droit en la matière, lorsque l'audience disciplinaire est entachée d'illégalité, en raison de la saisine d'une instance irrégulièrement composée. * Propositions, 20 sept. 1993 (acceptation) * 30 déc. 1998 (acceptation) * 31 mai 1999 (acceptation) * 22 déc. 1999 (opposition). ♦ ... Ou incompétente. * Propositions, 19 juill. 1994 (acceptation) * 13 juill. 1995 (acceptation). ♦ ... Ou de l'impossibilité faite au licencié sanctionné de présenter utilement sa défense. * Propositions, 24 mars 1995 (acceptation) * 20 mars 1995 (opposition) * 13 juill. 1995 (acceptation) * 28 janv. 2004 (opposition) * 1er mars 2004 (acceptation) * 8 mars 2011 (opposition) * 2 déc. 2013 (acceptation). ♦ Ou du refus qui a été opposé à la première demande de report de l'audience formée par le licencié. * Proposition, 29 févr. 2016 (opposition).

126. En revanche, il est recommandé à une fédération sportive nationale de maintenir une suspension disciplinaire et au requérant d'en accepter les effets, d'ailleurs pratiquement expirés au jour de la conciliation, malgré une procédure irrégulière dans son déroulement, au motif qu'il est choquant que l'intéressé sanctionné puisse à titre de licencié dénoncer un non-respect des règles de procédure disciplinaire qui découle de ses carences en tant que président. * Proposition, 12 juill. 1996 (acceptation).

127. L'absence de convocation de la personne faisant l'objet d'une procédure disciplinaire constitue « seulement » un vice de procédure – susceptible d'ailleurs d'être purgé par la décision intervenue en appel à condition toutefois que celle-ci soit régulière – mais ne saurait nullement être de nature, contrairement à l'absence d'acte introductif d'instance, à entraîner la nullité de l'ensemble de la procédure disciplinaire subséquente. * Proposition, 6 févr. 2009 (acceptation). ♦ Ou encore celle sanction un dirigeant ayant utilisé lui-même le tampon et la signature d'un médecin pour remplir les bordereaux de licence de deux joueurs. * Proposition, 18 mars 2016 (acceptation).

128. Il est proposé à une fédération sportive nationale, auteur d'une sanction irrégulière en la forme infligée à un sportif licencié déjà pénalisé sportivement à la suite d'une attitude fautive, de faire convoquer l'intéressé devant son instance disciplinaire d'appel afin que celle-ci l'entende, tout en prenant en compte le désagrément subi par celui-là. * Proposition, 29 juill. 1996 (acceptation).

129. Constitue une violation des droits de la défense d'un licencié le fait qu'il n'ait pas été informé de sa convocation devant la commission de discipline examinant les faits qui lui sont reprochés. Toutefois, considérant que l'instance en question a respecté le règlement disciplinaire fédéral en adressant ladite convocation uniquement au groupement sportif dont le sportif est membre, il est plutôt recommandé à l'instance disciplinaire de procéder au réexamen du litige, en s'assurant que le licencié a bien eu connaissance de la convocation à cette nouvelle audition. * Proposition, 8 juill. 2009 (opposition).

130. Constatant qu'aucune procédure disciplinaire n'avait précédé la sanction de retrait de licence infligée à la requérante, le conciliateur a proposé de rapporter la décision contestée et de mettre en œuvre, si nécessaire, une procédure disciplinaire à l'encontre de la requérante pour les faits qui lui sont reprochés. * Proposition, 2 juill. 2007 (acceptation).

131. Bien que la diversité des comportements fautifs d'un joueur sanctionné, ainsi que leur gravité au regard de l'esprit sportif et d'une organisation rigoureuse de la compétition sportive, soient à même de justifier la décision prise, la fédération sportive concernée est invitée à en reprendre l'énoncé en ne se cantonnant pas à une motivation par référence, mais en indiquant expressément les raisons de la sanction et de sa limite, par application du code disciplinaire fédéral. * Proposition, 19 sept. 1995 (opposition).

132. Si l'absence d'une athlète à un rassemblement de l'équipe de France pouvait justifier le prononcer d'une sanction à son encontre, l'exclusion de cette athlète d'une compétition internationale apparaît constituer une sanction disproportionnée qui, faute d'avoir été prononcée dans le cadre d'une procédure disciplinaire, apparaît également illégale. * Proposition, 20 mai 2008 (opposition).

133. Constitue une erreur de droit le fait pour une commission de déclarer un joueur non qualifié en se fondant sur une disposition réglementaire manifestement inapplicable au cas d'espèce. Cela étant, considérant qu'en vertu de la disposition réellement applicable, le joueur n'était en tout état de cause pas qualifié, le conciliateur propose de maintenir cette décision, susceptible d'être confirmée par un juge administratif par substitution de motifs. * Proposition, 5 mai 2006 (acceptation).

134. Une commission de discipline ne peut aggraver une sanction arbitrale d'un fait de jeu jugée trop clémente dès lors que la réglementation applicable prévoit seulement la possibilité pour cette commission d'atténuer une sanction arbitrale apparaissant trop sévère. * Proposition, 19 févr. 2008 (acceptation).

135. Une commission disciplinaire peut en revanche se saisir d'office afin d'aggraver une sanction arbitrale paraissant trop clémente dans la mesure où les textes prévoient expressément que l'auto-saisine est permise afin de déterminer les conséquences disciplinaires d'un agissement fautif grave imputable à des joueurs, gravité incontestée en l'espèce. * Proposition, 13 févr. 2008 (acceptation). ♦ Elle peut également, lorsque les textes fédéraux prévoient l'existence d'un tel mécanisme, être saisie par une commission de visionnage, aux fins de sanctionner un fait disciplinaire qui aurait échappé à l'arbitre ou que ce dernier aurait, de son point de vue, insuffisamment sanctionné. * Propositions, * 17 déc. 2010 (acceptation) * 11 avr. 2013 (acceptation).

136. Après avoir relevé que les décisions contestées ne sont pas suffisamment motivées, le conciliateur propose à la ligue régionale ayant sanctionné le requérant de le réintégrer dans ses droits.* Proposition, 22 mars 1999 (acceptation). ♦ ... Dans le même sens : * Proposition, 12 déc. 2013 (opposition). ♦ ... Ou de rapporter la décision critiquée. * Propositions, 31 mai 1999 (acceptation) * 1er sept. 1999 (opposition) * 5 oct. 1999 (opposition) * 11 mai 2000 (acceptation) * 6 déc. 2010 (acceptation). ♦ ... Ou de réexaminer en appel la décision contestée. * Proposition, 3 nov. 1999 (acceptation). ♦ ... Ou de renvoyer les parties vers une nouvelle procédure disciplinaire en assortissant du sursis la sanction prononcée. * Proposition, 8 déc. 1999 (acceptation). ♦ Il est notamment proposé à la fédération de rapporter la décision contestée, dès lors que la motivation de celle-ci n'énonce pas les considérations de fait qui ont conduit l'organe disciplinaire à infliger un retrait de licence d'une durée de dix ans, se bornant à faire état d'un comportement général et du mépris manifesté par l'intéressé. * Proposition, 30 sept. 2015 (opposition).

137. Est considérée comme insuffisamment motivée la décision d'une instance d'appel confirmant une sanction disciplinaire en se bornant à indiquer qu'elle confirme la décision adoptée par l'organe de première instance. * Proposition, 25 oct. 2006 (opposition). ♦ Le fait, au surplus, pour la fédération, de mettre à disposition de ses organes disciplinaires des feuillets pré-imprimés et pré-remplis est insatisfaisant et inadapté aux exigences fixées par le règlement disciplinaire type dans la mesure où il aboutit intrinsèquement au rendu de décisions insuffisamment motivées et donc irrégulières. * Même proposition.

138. La fraude sur des licences est constitutive d'une faute grave justifiant une sanction disciplinaire. * Propositions, 8 févr. 2000 (acceptation) * 14 sept. 2015 (acceptation). ♦ Dans la mesure où, faisant fi de l'obligation légale conditionnant la délivrance d'une licence sportive à la production d'un certificat médical de non-contre-indication à la pratique sportive, un dirigeant a mis en danger l'intégrité physique de jeunes joueurs et s'est exposé, et a exposé son association à d'importants risques susceptibles d'engager leurs responsabilités respectives, la sanction d'une suspension ferme pour une durée de dix ans n'apparait pas disproportionnée. * Proposition, 29 août 2011 (acceptation).

139. Lorsqu'un organisme d'appel est saisi par le seul intéressé sanctionné, la peine prononcée par l'organisme de première instance ne peut être aggravée. Aussi est-il proposé à une ligue régionale, qui n'a pas respecté ce principe fondamental, de s'en tenir à la décision de première instance. * Proposition, 20 févr. 2000 (acceptation). ♦ Dans le même sens : * Proposition, 22 févr. 2011 (acceptation). ♦ ... Pour un appel irrégulier de l'autorité fédérale, il est proposé d'en revenir à la sanction infligée en première instance. * Proposition, 2 oct. 2013 (acceptation). ♦ A supposer qu'un appel ait été exercé par l'autorité fédérale compétente mais à défaut d'avoir placé le club ou son éducateur en mesure de prendre connaissance de cet appel et d'organiser utilement leurs moyens de défense dans la perspective d'une éventuelle aggravation, le conciliateur propose à un district d'assortir du sursis la sanction infligée. * Proposition, 19 janv. 2011 (acceptation). ♦ Et, à supposer que la procédure d'aggravation ait été régulièrement conduite, le conciliateur propose à une ligue régionale d'en revenir à la sanction infligée en première instance à l'encontre du requérant, à défaut pour son organe disciplinaire d'appel d'avoir motivé l'aggravation. * Proposition, 17 mars 2011 (opposition).

140. Une décision disciplinaire prise par une fédération sportive nationale, par extension d'une sanction disciplinaire prise par une instance internationale, doit respecter les dispositions du décret du 3 sept. 1993 relatif au règlement disciplinaire type. Dès lors qu'il n'en a pas été ainsi, il est proposé à la fédération sportive nationale en cause de lever la suspension prise à l'encontre du sportif requérant en ce qui concerne les compétitions nationales. * Proposition, 6 avr. 2000 (acceptation).

141. Est donc considérée comme irrégulière la décision fédérale de transposer au niveau national une sanction prise à l'encontre d'un licencié par une instance disciplinaire internationale sans avoir préalablement engagé une procédure disciplinaire afin de vérifier la conformité de la sanction en cause aux prévisions réglementaires et le respect des principes fondamentaux par l'instance disciplinaire internationale. * Proposition, 18 déc. 2008 (acceptation). ♦ Sur la même question, V. aussi : * Propositions, 7 mai 2008 (acceptation) * 5 oct. 2012 (opposition). ♦ Est en revanche régulière la décision fédérale procédant à une telle transposition dès lors que la procédure menée devant les instances disciplinaires internationales avait respecté les droits de la défense de l'intéressé, que la sanction n'était pas inadaptée ou disproportionnée et qu'elle était cohérente avec les propres règles et principes de la fédération nationale. * Proposition, 26 mars 2010 (acceptation) ♦ Dans le même sens : * Proposition, 5 mai 2015 (acceptation).

142. Le conciliateur rappelle à une fédération sportive nationale que l'art. 13 du décret du 3 sept. 1993 s'oppose à ce que l'exercice du droit d'appel disciplinaire soit subordonné au versement d'une somme d'argent et l'invite à respecter les textes encadrant la mise en œuvre des procédures disciplinaires. * Proposition, 31 mai 2000 (acceptation). ♦ V. toutefois, pour un cas où le conciliateur a considéré que la somme exigée par la ligue régionale, bien qu'elle paraisse effectivement destinée à couvrir certains frais de procédure, était en l'espèce excessive, voire présentait un caractère prohibitif, * Propositions, 25 oct. 2006 (opposition) * 8 mars 2011 (opposition).

143. Le conciliateur estime que ne constitue pas un régime d'automaticité absolue de la sanction, qui serait incompatible avec le principe d'individualisation des peines, le règlement fédéral qui permet à la commission compétente d'apprécier les éventuelles observations du joueur intéressé, et dès lors qu'il demeure loisible aux organes disciplinaires de prononcer la sanction qui leur paraît la mieux appropriée aux circonstances de chaque espèce, le barème de référence adopté par la fédération n'énonçant qu'à titre indicatif les sanctions encourues. Il est par conséquent proposé au joueur sanctionné en vertu de cette réglementation de s'en tenir à la décision contestée * Proposition, 5 févr. 2014 (opposition).

4. Sanction : bien-fondé, adéquation et exécution

144. Est recommandé aux instances disciplinaires compétentes de fédérations sportives nationales délégataires de pouvoirs le retrait de peines manifestement excessives par rapport aux fautes commises et le prononcé d'une sanction plus en adéquation avec les manquements critiqués d'un licencié compétiteur. * Propositions, 13 avr. 1993 (opposition) * 1er sept. 1999 (opposition) * 10 déc. 1999 (acceptation) * 16 sept. 2002 (acceptation) * 24 oct. 2011 (opposition) * 21 nov. 2012 (opposition). ♦ ... Ou d'un dirigeant. * Propositions, 5 avr. 1993 (opposition) * 31 mai 2000 (acceptation) * 17 juill. 2003 (acceptation) * 5 déc. 2011 (opposition) * 6 mai 2015 (acceptation). ♦ ... En assortissant la peine disciplinaire d'un sursis total ou partiel. * Propositions, 24 avr. 1994 (acceptation) * 29 sept. 1994 (opposition) * 8 sept. 1999 (acceptation) * 15 mars 2010 (opposition) * 7 mars 2012 (opposition). ♦ ... Ou d'un sursis assorti d'une obligation faite à un joueur sanctionné pour violences d'entraîner, pendant une période de mise à l'épreuve, une équipe de jeunes de son club. * Propositions, 14 févr. 1994 (acceptation). * 21 août 2013 (acceptation) ♦ ... Ou en la limitant dans le temps s'agissant d'une suspension. * Propositions, 13 déc. 1993 (opposition) * 12 juill. 1994 (opposition) * 21 août 2013 (acceptation). ♦ ... Ou en faisant cesser, dès réception de la proposition de conciliation, les effets de l'annulation abusive d'une licence. * Propositions, 23 juill. 2010 (opposition) * 20 juin 2013 (acceptation).

145. Les éléments de dissimulation et du non-respect d'un interdit fédéral par deux dirigeants de club étant réunis, la culpabilité des requérants est indiscutable ; néanmoins il est demandé à la commission fédérale d'appel saisie du dossier de réfléchir à la possibilité, en considération de leurs fonctions différentes dans le groupement sportif, de dissocier leurs cas dans le prononcé des sanctions. * Proposition, 5 juill. 1995 (acceptation).

146. Bien qu'ayant des réserves sur le caractère approprié d'un retrait de point en tant que sanction d'un club pour le fait de l'un de ses supporters, le conciliateur considère cependant que la décision infligeant au club requérant un retrait de 3 points au classement général de la compétition à laquelle il participait n'apparaît pas inappropriée ni disproportionnée du fait que le président du club lui-même ait contribué, par son attitude, à la création de l'atmosphère délétère de la rencontre en cause, comportement de nature à avoir incité les supporters à agir de la même façon. * Proposition, 11 avr. 2007 (acceptation).

147. Le conciliateur propose à un club de renoncer à la contestation d'une décision lui infligeant plusieurs amendes ainsi qu'un match à huis clos en raison des incidents provoqués par ses supporters lors de plusieurs rencontres dans la mesure où le club en question n'a pas démontré avoir mis en œuvre tous les moyens existants et à sa portée pour éradiquer ou réduire sensiblement les comportements déviants de ses supporters. * Proposition, 9 juin 2009 (opposition). ♦ Dans le même sens : *Proposition, 17 avr. 2014 (acceptation). ♦ En revanche, la sanction de deux matchs à huis clos avec sursis lui apparaissant disproportionnée au regard des conséquences des faits reprochés à un club du fait des agissements de ses supporters et des mesures mises en œuvre par le club pour en prévenir la réalisation, le conciliateur propose à la fédération de ramener la sanction infligée à un seul match à huis clos, assorti du sursis, en sus d'une amende significative correspondant à ce qui est habituellement pratiqué par cette fédération pour sanctionner de tels faits. * Proposition, 9 déc. 2010 (acceptation).

148. Bien qu'une sanction apparaisse justifiée, tant dans son principe que dans son quantum, le conciliateur s'interroge toutefois sur ses modalités de purge. Plus précisément, le conciliateur émet des réserves sur l'opportunité de limiter la purge d'une suspension à une seule compétition dès lors que le joueur en cause participe autant, si ce n'est davantage, à une autre compétition, parfois même d'un niveau plus élevé. Il propose donc à la fédération de poursuivre la réflexion qu'elle avait d'ores et déjà engagée afin qu'une sanction puisse être purgée lors des matchs disputés par les différentes équipes auxquelles il est rattaché. * Proposition, 7 févr. 2008 (acceptation).

149. Il appartient aussi à une ligue professionnelle et à sa fédération de déterminer si une sélection en équipe de France universitaire constitue une sélection en équipe nationale. Dans l'attente d'une telle précision et constatant que certains indices pouvaient raisonnablement laisser penser que c'était le cas, le conciliateur a ainsi proposé à la ligue concernée de considérer que la sanction disciplinaire dont un joueur faisait l'objet n'avait pas été neutralisée pendant cette période. * Proposition, 12 sept. 2008 (acceptation).

CHAPITRE PREMIER *BIS* LE COMITÉ PARALYMPIQUE ET SPORTIF FRANÇAIS

(Décr. nº 2016-737 du 2 juin 2016, art. 3)

Art. R. 141-26 **Le Comité paralympique et sportif français mène des activités d'intérêt commun au nom des fédérations ou avec elles, dans le respect des prérogatives reconnues à chacune d'elles par le présent code.**

Il est associé à la promotion des différentes disciplines sportives dans les programmes des sociétés de communication audiovisuelle.

Art. R. 141-27 **Le Comité paralympique et sportif français a compétence exclusive pour constituer, organiser et diriger la délégation française aux Jeux paralympiques et aux compétitions multisports patronnées par le Comité international paralympique. Sur proposition des fédérations intéressées, il procède à l'inscription des sportifs puis à leur engagement définitif.**

Art. R. 141-28 **Aux termes d'une convention conclue avec l'État, le Comité paralympique et sportif français peut recevoir un concours financier et en personnel pour accomplir ses missions.**

CHAPITRE II AUTRES ORGANISMES DE CONCERTATION

COMMENTAIRE

Dans le domaine des activités physiques et sportives, le recours à ces organismes que l'on qualifie parfois « d'administration consultative » est une pratique courante. Il faut sans doute y voir le reflet de la « troisième voie » à la française qui associe le mouvement sportif privé à la puissance publique pour cogérer le sport en France.

Il existe ainsi un certain nombre d'organismes qui sont dotés de fonctions de nature consultative, en vue d'éclairer l'État préalablement à l'édiction de certaines normes ou à la prise de décisions individuelles. En sus de ce rôle réactif, ils peuvent être également parfois chargés de missions d'impulsion, notamment en termes de propositions. Il arrive également, mais plus rarement, qu'ils soient investis de réels pouvoirs décisionnels, comme la commission du sport de haut niveau (V. art. R. 142-14 s.).

Ces organismes sont généralement placés auprès du ministre des sports, mais parfois aussi auprès d'autres ministres. Il est d'ailleurs à relever que, dans le processus de codification de la législation et de la réglementation sportive, le parti a été pris de ne pas intégrer dans le code du sport les règles relatives à certains de ces organismes, dès lors que leur champ de compétence excédait le seul secteur « sport » (ex. : le Conseil supérieur de la navigation de plaisance et des sports nautiques qui, outre d'être sous la tutelle du ministre chargé des sports est également sous celle des ministres chargés de la mer, des voies navigables et du tourisme, continue de relever des dispositions du décret n° 67-315 du 31 mars 1967, App., v° *Commissions et organismes de concertation*).

Enfin, et c'est cette caractéristique qui permet d'utiliser l'expression « organismes de concertation », leur composition s'efforce de respecter un certain paritarisme entre tous les acteurs concernés (État, mouvements sportifs, collectivités territoriales, professionnels de tel ou tel secteur, partenaires sociaux, personnalités qualifiées, ...) même si le paritarisme n'implique pas nécessairement la parité...

Par ailleurs, dans le cadre d'une vaste réforme dépassant le seul cadre du sport visant à supprimer bon nombre de commissions et de comités de toutes sortes, une commission est désormais obligatoirement créée par décret pour une durée maximale de cinq ans, sauf lorsque son existence est prévue par la loi (cf. Décr. n° 2006-672 du 8 juin 2006). Cela a conduit à la suppression de certaines commissions et de certains comités à compétences sportives dont l'utilité et/ou la fréquence des réunions ne justifiaient plus le maintien. ❑

SECTION PREMIÈRE LE CONSEIL NATIONAL DU SPORT

(Décr. n° 2013-289 du 4 avr. 2013, art. 1er)

SOUS-SECTION 1 MISSIONS ET ATTRIBUTIONS

Art. R. 142-1 Le Conseil national du sport, instance consultative placée auprès du ministre chargé des sports, contribue au dialogue entre les acteurs du sport, à la coordination et à l'évaluation des politiques publiques en matière de sport.

Le Conseil national du sport est créé pour une durée de cinq ans. Il peut être renouvelé dans les conditions prévues à l'art. 2 du Décr. n° 2006-672 du 8 juin 2006 (Décr. n° 2013-289 du 4 avr. 2013, art. 5).

COMMENTAIRE

Le Conseil national du sport, créé par le décret n° 2013-289 du 4 avril 2013, est l'héritier de feu le Conseil national des activités physiques et sportives (CNAPS), créé en 1984 dans le cadre de la loi Avice et présenté à l'époque comme une sorte de « parlement du sport ». Jamais réellement opérationnel, malgré une tentative de réactivation dans le cadre de la loi Buffet du 6 juillet 2000, le CNAPS avait finalement été enterré « en douceur » à la faveur du processus de codification en 2006 pour ne survivre qu'au travers de la Commission d'examen des règlements fédéraux relatifs aux équipements sportifs.

Sous le précédent gouvernement avaient successivement été créées l'« Assemblée du sport » en 2010 (80 membres) puis la « Conférence nationale du sport » en 2012 (31 membres).

Outre une formation plénière, le CNS comprend quatre commissions spécialisées :
– La Commission d'examen des projets de règlements fédéraux relatifs aux équipements sportifs (qui reprend les attributions de la commission d'examen des projets de règlements fédéraux relatifs aux équipements sportifs auparavant envisagée par les art. R. 142-1 s.) ;
– La commission de l'égalité des territoires ;
– La commission éthique et valeurs du sport ;
– La commission du sport de haut niveau (qui reprend les attributions de la Commission nationale du sport de haut niveau, CNSHN, auparavant prévue par les art. R. 221-27 s.). ❑

Art. R. 142-2 A la demande du ministre chargé des sports ou de sa propre initiative, le Conseil national du sport examine toute question d'intérêt commun relative à la

définition et à la mise en œuvre de la politique du sport. Le ministre chargé des sports lui présente chaque année les orientations du Gouvernement en la matière.

Le Conseil national du sport peut être consulté, à la demande du ministre chargé des sports, sur tout projet de loi ou de texte réglementaire relatif aux activités physiques et sportives ainsi que sur tout projet d'acte de l'Union européenne ou de convention internationale se rapportant à la pratique sportive.

Le Conseil national du sport présente chaque année au Gouvernement un rapport d'activité qui retrace la contribution des différents acteurs de la politique du sport à sa définition et à sa mise en œuvre. Ce rapport présente également l'activité des formations restreintes du Conseil national du sport ainsi que les conclusions de l'évaluation ou de l'étude thématique annuelle retenue à son programme de travail.

V. note ss. art. R. 142-1.

SOUS-SECTION 2 **COMPOSITION**

Art. R. 142-3 Le Conseil national du sport est composé de cinq collèges représentant l'État, les collectivités territoriales et leurs groupements, le mouvement sportif, les acteurs sociaux et économiques du sport ainsi que les autres institutions intéressées. Il comprend :

1° Au titre du collège représentant l'État :

a) Le directeur des sports ou son représentant ;

b) Un représentant des services déconcentrés de l'État chargés des sports, désigné par le ministre chargé des sports ;

c) Un représentant des établissements de formation mentionnés à l'article L. **211-1**, désigné par le ministre chargé des sports ;

d) Un représentant des personnels de l'État exerçant auprès des fédérations sportives, désigné par le ministre chargé des sports ;

e) Huit représentants désignés, respectivement, sur proposition des ministres chargés de la santé, du budget, de l'éducation nationale, de l'enseignement supérieur, des personnes handicapées, de l'aménagement du territoire, de la défense et des collectivités territoriales ;

2° Au titre du collège représentant les collectivités territoriales :

a) Deux représentants de l'Association des régions de France, désignés par son président ;

b) Deux représentants de l'Association des départements de France, désignés par son président ;

c) Six représentants des communes et de leurs groupements désignés par le président de l'Association des maires de France, dont au moins deux représentants des établissements publics de coopération intercommunale ;

d) Deux élus membres *(Décr. n° 2014-446 du 30 avr. 2014, art. 6-1°)* « du Conseil national d'évaluation des normes prévu à l'article L. **1212-1** du code général des collectivités territoriales *[ancienne rédaction : de la commission consultative d'évaluation des normes prévue à l'article L. 1211-4-2 du code général des collectivités territoriales]* », désignés par son président ;

3° Au titre du collège représentant le mouvement sportif :

a) Le président du Comité national olympique et sportif français ou son représentant ;

b) Le président du Comité paralympique et sportif français ou son représentant ;

c) Dix autres représentants du mouvement sportif désignés par le président du Comité national olympique et sportif français, dont au moins :

– un représentant de sa commission des athlètes de haut niveau ;

– deux représentants de fédérations ayant reçu délégation pour une discipline sportive relevant de la catégorie des sports olympiques ;

– un représentant d'une fédération ayant reçu délégation pour une discipline sportive ne relevant pas de la catégorie des sports olympiques ;

– trois représentants de fédérations multisports ;

4° Au titre du collège représentant les acteurs sociaux et économiques :

a) Deux représentants d'organisations représentant les entreprises ;

b) Un représentant des industries du sport et des entreprises de loisirs sportifs ;

c) Un représentant de l'Association nationale des ligues de sport professionnel ;
d) Deux représentants des organisations d'employeurs représentées au sein de la branche professionnelle du sport ;
e) Cinq représentants des organisations syndicales les plus représentatives au sein de la branche professionnelle du sport ;
f) Un représentant des syndicats de joueurs professionnels ;
5° Au titre du collège des membres associés :
a) Un député et un sénateur ;
b) Le président de l'Agence française de lutte contre le dopage ou son représentant ;
c) Le président de l'Autorité de régulation des jeux en ligne ou son représentant ;
d) Le président du Conseil supérieur de l'audiovisuel ou son représentant ;
e) Un représentant du Haut Conseil à l'égalité entre les femmes et les hommes ;
f) Deux représentants des mouvements de jeunesse, désignés par le ministre chargé de la jeunesse ;
g) Un membre de l'Académie nationale de médecine ;
h) Un représentant du Conseil national consultatif des personnes handicapées ;
i) Deux personnalités qualifiées à raison de leurs compétences, désignées par le ministre chargé des sports.

V. note ss. art. R. 142-1.

Le mandat des membres de la commission consultative d'évaluation des normes en cours à la date de publication du Décr. n° 2014-446 du 30 avr. 2014 au Journal officiel prend fin à la date d'installation du Conseil national d'évaluation des normes (Décr. préc., art. 4).

Les dispositions du code du sport dans leur rédaction issue de l'art. 6 du Décr. n° 2014-446 du 30 avr. 2014 peuvent être modifiées par décret en Conseil d'État (Décr. préc., art. 8).

Art. R. 142-4 La présidence du Conseil national du sport est confiée à une personnalité nommée par décret, sur proposition du ministre chargé des sports. Les membres du conseil sont nommés par arrêté du ministre chargé des sports.

V. note ss. art. R. 142-1.

Art. R. 142-5 Le président et les membres du Conseil national du sport sont nommés pour une durée courant jusqu'au 31 décembre qui suit immédiatement les Jeux olympiques d'été.

A l'exception des membres mentionnés aux *a* et *b* du 3° et aux *b, c, d* et *i* du 5° de l'article R. 142-3, sont désignés, en même temps que les membres titulaires et selon les mêmes modalités, des suppléants appelés à les remplacer en cas d'absence ou d'empêchement temporaire.

Les désignations des membres du Conseil national du sport titulaires respectent la parité entre les femmes et les hommes. Il en est de même en ce qui concerne les désignations des membres suppléants.

Le mandat est renouvelable une fois.

En cas de vacance définitive d'un siège de membre titulaire ou suppléant, pour quelque cause que ce soit, il est procédé à la nomination d'un nouveau représentant selon les mêmes formes, pour la durée du mandat restant à courir.

V. note ss. art. R. 142-1.

SOUS-SECTION 3 ORGANISATION

§ 1er LA FORMATION PLÉNIÈRE

Art. R. 142-6 La formation plénière se prononce sur les questions d'intérêt commun relatives à la définition et à la mise en œuvre de la politique du sport et sur les projets de textes mentionnés à l'article R. 142-2.

Elle détermine chaque année le thème d'évaluation ou d'étude qu'elle retient à son programme de travail.

Elle approuve les préconisations formulées, le cas échéant, par ses formations restreintes.

Elle adopte le rapport annuel mentionné à l'article R. 142-2.

Elle adopte le règlement intérieur régissant le fonctionnement du Conseil national du sport.

V. note ss. art. R. 142-1.

§ 2 LA COMMISSION D'EXAMEN DES PROJETS DE RÈGLEMENTS FÉDÉRAUX RELATIFS AUX ÉQUIPEMENTS SPORTIFS

Art. R. 142-7 Le Conseil national du sport comprend une formation restreinte intitulée "commission d'examen des projets de règlements fédéraux relatifs aux équipements sportifs" consultée sur tout projet de norme d'une fédération délégataire relative aux équipements sportifs requis pour accueillir les compétitions, élaboré dans les conditions prévues à l'article L. 131-16.

La commission comprend :

– les représentants de l'État mentionnés aux *a* et *b* du 1° de l'article R. 142-3 ainsi que les représentants proposés par les ministres chargés du budget, des personnes handicapées et des collectivités territoriales, mentionnés au *e* du même article ;

– un représentant du ministre chargé de l'écologie, désigné sur proposition de ce ministre ;

– six représentants des collectivités territoriales élus au sein du collège mentionné au 2° du même article ;

– le président du Comité national olympique et sportif français ou son représentant ;

– le président du Comité paralympique et sportif français ou son représentant ;

– trois représentants d'associations sportives mentionnées à l'article L. 121-1 et un représentant d'une société sportive mentionnée à l'article L. 122-1, désignés par le président du Comité olympique et sportif français ainsi que leurs suppléants.

Le président de la commission est élu par ses membres, parmi les représentants des collectivités territoriales.

Dans des conditions prévues par le règlement intérieur, la commission d'examen des règlements fédéraux relatifs aux équipements sportifs peut s'adjoindre d'autres membres du Conseil national du sport, appelés à siéger avec voix consultative, et entendre toute personne susceptible d'éclairer ses débats.

V. note ss. art. R. 142-1.

Les projets de règlements relatifs aux équipements sportifs transmis au ministre chargé des sports avant l'installation du Conseil national du sport, constatée par ce ministre, sont soumis de plein droit à la commission d'examen des projets de règlements fédéraux relatifs aux équipements sportifs résultant des dispositions du présent décret. La commission dispose en ce cas d'un délai de deux mois à compter de son installation pour se prononcer (Décr. n° 2013-289 du 4 avr. 2013, art. 6-I).

Code général des collectivités territoriales

Art. L. 1212-2 *(L. n° 2013-921 du 17 oct. 2013, art. 1er-3°)* I. — Le Conseil national d'évaluation des normes est consulté par le Gouvernement sur l'impact technique et financier, pour les collectivités territoriales et leurs établissements publics, des projets de textes réglementaires créant ou modifiant des normes qui leur sont applicables.

Il est également consulté par le Gouvernement sur l'impact technique et financier des projets de loi créant ou modifiant des normes applicables aux collectivités territoriales et à leurs établissements publics.

Il émet, à la demande du Gouvernement, un avis sur les projets d'acte de l'Union européenne ayant un impact technique et financier sur les collectivités territoriales ou leurs établissements publics.

Sont exclues de la compétence du conseil national les normes justifiées directement par la protection de la sûreté nationale.

II. — Le président d'une assemblée parlementaire peut soumettre à l'avis du conseil national une proposition de loi ayant un impact technique et financier sur les collectivités territoriales ou leurs établissements publics déposée par l'un des membres de cette assemblée, sauf si ce dernier s'y oppose.

III. — A la demande de son président ou du tiers de ses membres, la commission d'examen des projets de règlements fédéraux relatifs aux équipements sportifs peut, avant de prononcer son avis définitif, soumettre un projet de norme d'une fédération délégataire à l'avis du conseil national.

IV. — Le conseil national peut se saisir de tout projet de norme technique résultant d'activités de normalisation ou de certification ayant un impact technique ou financier pour les collectivités territoriales et leurs établissements publics.

V. — Le conseil national peut être saisi d'une demande d'évaluation de normes réglementaires en vigueur applicables aux collectivités territoriales et à leurs établissements publics par le Gouvernement, les commissions permanentes de l'Assemblée nationale et du Sénat et, dans les conditions fixées par décret en Conseil d'État, par *(L. n° 2016-1888 du 28 déc. 2016, art. 10-II)* « le président de la commission permanente du Conseil national de la montagne, » les collectivités territoriales et les établissements publics de coopération intercommunale à fiscalité propre.

Il peut se saisir lui-même de ces normes.

Le conseil national examine les évolutions de la réglementation applicable aux collectivités territoriales et à leurs établissements publics et évalue leur mise en œuvre et leur impact technique et financier au regard des objectifs poursuivis.

Le conseil national peut proposer, dans son avis d'évaluation, des mesures d'adaptation des normes réglementaires en vigueur qui sont conformes aux objectifs poursuivis si l'application de ces dernières entraîne, pour les collectivités territoriales et leurs établissements publics, des conséquences matérielles, techniques ou financières manifestement disproportionnées au regard de ces objectifs.

L'avis rendu par le conseil national sur des dispositions réglementaires en vigueur peut proposer des modalités de simplification de ces dispositions et l'abrogation de normes devenues obsolètes.

VI. — Le conseil national dispose d'un délai de six semaines à compter de la transmission d'un projet de texte mentionné au I ou d'une demande d'avis formulée en application des II ou III pour rendre son avis. Ce délai est reconductible une fois par décision du président. A titre exceptionnel et sur demande du Premier ministre ou du président de l'assemblée parlementaire qui le saisit, il est réduit à deux semaines.

Par décision motivée du Premier ministre, ce délai peut être réduit à soixante-douze heures. Dans ce cas, le dernier alinéa du présent VI n'est pas applicable.

A défaut de délibération dans les délais, l'avis du conseil national est réputé favorable.

Lorsque le conseil national émet un avis défavorable sur tout ou partie d'un projet de texte mentionné au premier alinéa du I, le Gouvernement transmet un projet modifié ou des informations complémentaires en vue d'une seconde délibération.

VII. — Les avis rendus par le conseil national en application des I, III, IV et V sont rendus publics.

Les avis rendus sur les propositions de loi en application du II sont adressés au président de l'assemblée parlementaire qui les a soumises, pour communication, aux membres de cette assemblée.

Les travaux du conseil national font l'objet d'un rapport public annuel remis au Premier ministre et aux présidents de l'Assemblée nationale et du Sénat.

Art. R. 142-8 **Le projet de règlement mentionné à l'article R. 142-7 est adressé par la fédération au ministre chargé des sports, accompagné d'une notice d'impact répondant aux prescriptions prévues à l'article R. 142-9. Après s'être assuré de la conformité de la notice à ces prescriptions, le ministre propose son inscription à l'ordre du jour de la commission.** – *Sur la notice d'impact, V. art. R. 142-9 et A. 142-0.*

La fédération délégataire informe sans délai le ministre chargé des sports de tout projet de modification des règlements relatifs aux équipements sportifs édictés par la fédération internationale dont elle est membre. Le ministre en informe la commission.

V. note ss. art. R. 142-1.

Art. R. 142-9 **La notice d'impact mentionnée à l'article R. 142-8 répond à des caractéristiques fixées par arrêté du ministre chargé des sports. Elle précise notamment :**

1° Les niveaux de compétition auxquels s'appliquerait le projet de règlement ;

2° Le nombre d'équipements susceptibles d'être soumis à ce règlement et, s'il y a lieu, leur répartition par taille ;

3° Les conséquences financières qui résulteraient de l'application du projet de règlement pour les clubs sportifs et pour les collectivités territoriales, tant en fonctionnement qu'en investissements ;

4° Les modalités d'application transitoire aux projets en cours et les délais prévus pour la mise en conformité éventuelle des installations existantes ;

5° La justification de la nécessité du projet de règlement et de la proportionnalité de ses exigences au regard de l'évolution des règles techniques de la ou des disciplines intéressées, du niveau des compétitions, des objectifs de sécurité ou des règles édictées par les fédérations internationales ;

6° La teneur des concertations préalablement engagées par la fédération avec les autres fédérations utilisatrices des mêmes types d'équipements, les associations nationales d'élus locaux, de propriétaires et de gestionnaires des types d'équipements sportifs visés, tout particulièrement en ce qui concerne l'évaluation des conséquences financières du projet et les délais de son application.

Sur la notice d'impact, V. art. A. 142-0.

V. note ss. art. R. 142-1.

Art. R. 142-10 La commission rend son avis dans un délai de deux mois à compter de la date à laquelle le projet de règlement et sa notice d'impact lui ont été transmis par le ministre chargé des sports. — *Sur la notice d'impact, V. art. R. 142-9 et A. 142-0.*

A sa demande motivée, la fédération lui présente un nouveau projet tenant compte de ses observations, dans un nouveau délai de deux mois.

Sur décision de son président ou à la demande d'un tiers de ses membres, elle peut surseoir à statuer afin de soumettre le projet de règlement fédéral à l'appréciation *(Décr. n° 2014-446 du 30 avr. 2014, art. 6-2°)* « du Conseil national d'évaluation des normes prévu à l'article L. 1212-1 du code général des collectivités territoriales *[ancienne rédaction : de la commission consultative d'évaluation des normes prévue à l'article L. 1211-4-2 du code général des collectivités territoriales]* ». Elle se prononce définitivement dans les deux mois suivant l'avis de celle-ci.

V. note ss. art. R. 142-1 et notes ss. art. R. 142-3.

Art. R. 142-11 Le ministre chargé des sports notifie à la fédération intéressée l'avis de la commission d'examen des règlements fédéraux relatifs aux équipements sportifs, accompagné, le cas échéant, de l'avis *(Décr. n° 2014-446 du 30 avr. 2014, art. 6-3°)* « du Conseil national d'évaluation des normes *[ancienne rédaction : de la commission consultative d'évaluation des normes]* ».

Les avis sont publiés, conjointement avec le règlement définitivement adopté par la fédération, au *Bulletin officiel* du ministère chargé des sports et selon les modalités prévues à l'article R. 131-36.

L'entrée en vigueur du nouveau règlement relatif aux équipements sportifs ne peut intervenir avant l'expiration d'un délai de deux mois suivant sa publication au *Bulletin officiel* du ministère des sports.

V. note ss. art. R. 142-1 et notes ss. art. R. 142-3.

§ 3 LA COMMISSION DE L'ÉGALITÉ DES TERRITOIRES

Art. R. 142-12 Le Conseil national du sport comprend une formation restreinte intitulée "commission de l'égalité des territoires", dont la composition est fixée par délibération de la formation plénière. Chaque collège est représenté par au moins deux membres.

La commission analyse les inégalités territoriales en matière sportive et leur évolution, à partir d'une synthèse des travaux des commissions administratives chargées du sport à l'échelon régional.

Elle assure le suivi au niveau national des actions menées pour améliorer l'accès aux espaces, sites et itinéraires relatifs aux sports de nature.

Elle formule des propositions relatives à la coordination des acteurs en matière d'équipement sportif et de nature à contribuer au développement du sport, notamment en zone rurale, dans les régions et collectivités d'outre-mer ou dans le cadre de la politique de la ville.

V. note ss. art. R. 142-1.

§ 4 LA COMMISSION ÉTHIQUE ET VALEURS DU SPORT

Art. R. 142-13 Le Conseil national du sport comprend une formation restreinte intitulée "commission éthique et valeurs du sport" dont la composition est fixée par délibération de la formation plénière. Chaque collège est représenté au moins par deux membres. Un représentant du ministre chargé des droits des femmes est associé à ses travaux dans les conditions fixées par le règlement mentionné à l'article R. 142-6.

Elle procède à l'analyse des évolutions des pratiques et à l'évaluation des actions entreprises par les collectivités publiques, les fédérations sportives et les autres parties prenantes dans les domaines suivants :

– conformité des pratiques aux valeurs du sport et à l'éthique de la compétition sportive ;

– lutte contre les discriminations et violences de toute nature dans le champ des activités physiques et sportives ;

– prévention et lutte contre le dopage ;

– régulation des paris sportifs et prévention des addictions au jeu ;

– transparence et prévention des conflits d'intérêts dans l'exercice des professions du sport.

Elle formule toutes recommandations utiles dans ces domaines.

Elle contribue, notamment, à la promotion du sport féminin et au respect de l'objectif de parité entre les femmes et les hommes dans les instances dirigeantes du mouvement sportif.

Elle concourt au développement du sport pour les personnes handicapées.

V. note ss. art. R. 142-1.

§ 5 LA COMMISSION DU SPORT DE HAUT NIVEAU

Art. R. 142-14 Le Conseil national du sport comprend une formation restreinte intitulée "commission du sport de haut niveau".

Elle est composée des membres suivants :

1° Les représentants de l'État mentionnés aux *a, b, c* et *d* du 1° de l'article R. 142-3 ainsi que les représentants proposés par les ministres chargés de l'éducation nationale, de l'enseignement supérieur et de la défense, mentionnés au *e* du même article ;

2° Trois membres du collège des élus locaux représentant respectivement les communes, les départements et les régions ;

3° Le président du Comité national olympique et sportif français ou son représentant ;

4° Le président du Comité paralympique et sportif français ou son représentant ;

5° Quatre membres du collège représentant le mouvement sportif mentionné au 3° de l'article R. 142-3 ;

6° Un sportif inscrit ou ayant été inscrit sur la liste des sportifs de haut niveau ;

7° Un arbitre ou juge sportif inscrit ou ayant été inscrit sur la liste des arbitres et juges sportifs de haut niveau.

V. note ss. art. R. 142-1.

Les dossiers transmis pour avis à la Commission nationale du sport de haut niveau avant l'installation du Conseil national du sport sont examinés de plein droit par la commission du sport de haut niveau lorsqu'ils relèvent de sa compétence définie à l'art. R. 142-15 (Décr. n° 2013-289 du 4 avr. 2013, art. 6-II).

Art. R. 142-15 La commission du sport de haut niveau contribue à la définition, à la mise en œuvre et à l'évaluation de la politique du sport de haut niveau ainsi qu'à la réflexion stratégique en la matière.

Elle propose au ministre chargé des sports les critères permettant de reconnaître à une discipline, pour la période correspondant à l'olympiade, le caractère de haut niveau.

Elle est consultée sur la validation des *(Décr. n° 2016-1286 du 29 sept. 2016, art. 13-I)* « projets de performance fédéraux ».

Elle peut, en outre, être consultée par le ministre chargé des sports sur toute autre question relative à la formation générale ou professionnelle des sportifs de haut niveau ou à la reconversion professionnelle des sportifs, juges et arbitres de haut niveau.

V. note ss. art. R. 142-1.

V. Arr. du 10 avr. 2015 fixant les modalités d'organisation du cycle de formation permettant aux sportifs de haut niveau de se présenter au concours d'accès au corps des professeurs de sport (JO 15 avr.).

COMMENTAIRE

Jusqu'à l'entrée en vigueur du décret du 29 avril 2002, le décret n° 93-1034 du 31 août 1993 prévoyait que la reconnaissance du caractère de haut niveau était de droit pour les disciplines inscrites au programme des Jeux olympiques. Ce n'est plus le cas désormais et toutes les disciplines, quel que soit leur statut au regard de l'olympisme, doivent en passer par une reconnaissance formelle, qui plus est tous les quatre ans, ce qui constitue une autre nouveauté.

Les critères en la matière tiennent compte de l'organisation de la discipline institutionnelle et technique au plan français et de l'universalité de sa pratique au plan international.

Pour l'olympiade 2013-2016, 119 disciplines sont reconnues de haut niveau, dépendant de 58 fédérations. ❑

SECTION II LE CONSEIL SUPÉRIEUR DES SPORTS DE MONTAGNE

Les dispositions réglementaires instituant le Conseil supérieur des sports de montagne sont prorogées pour une durée de cinq ans (Décr. n° 2009-631 du 6 juin 2009, Annexe).

Le conseil supérieur des sports de montagne est prorogé pour un an (Décr. n° 2014-598 du 6 juin 2014).

Art. D. 142-26 Le Conseil supérieur des sports de montagne est placé auprès du ministre chargé des sports.

Ce conseil donne son avis sur toutes les questions relatives aux sports de montagne dont il est saisi par l'ensemble des ministres intéressés ou dont il décide l'examen. Il effectue ou fait effectuer des études et travaux de recherche avec le concours des services spécialisés des ministères concernés. — *[Décr. n° 83-144 du 24 févr. 1983, art. 1er et 2.]*

Le conseil supérieur des sports de montagne est renouvelé pour une durée de cinq ans à compter du 8 juin 2015 (Décr. n° 2015-634 du 5 juin 2015, art. 1er).

Art. D. 142-27 Le Conseil supérieur des sports de montagne est présidé par le ministre chargé des sports ou son représentant. — *[Décr. n° 83-144 du 24 févr. 1983, art. 3.]*

Art. D. 142-28 Sont membres de droit du conseil supérieur :

1° Le président de la Fédération française de ski ;

2° Le président de la Fédération française de la montagne et de l'escalade ;

3° Le président de la Fédération française des clubs alpins et de montagne ;

4° Le président de la Fédération française de la randonnée pédestre ;

5° Le président de la Fédération française de canoë-kayak ;

6° Le président de la Fédération sportive et gymnique du travail ;

7° Le président du Syndicat des moniteurs de ski français ;

8° Le président du Syndicat national des guides ;

9° Le président du Syndicat national des accompagnateurs en montagne ;

10° Le président du Syndicat national des gardiens de refuge et des gîtes d'étape ;

11° Le président de l'Association nationale des entraîneurs de ski alpin ;

12° Le président de l'Association nationale des professionnels de la sécurité des pistes ;

13° Le président du Syndicat national des téléphériques de France ;

14° Le président de l'Association nationale des maires de stations de montagne ;

15° Le président de l'Association nationale pour l'étude de la neige et des avalanches ;

16° Le président de la Commission supérieure des sites, perspectives et paysages ;
17° Le président du Conseil supérieur du tourisme ;
18° Le directeur de l'École nationale de ski et d'alpinisme de Chamonix ;
19° Le directeur technique du *(Décr. n° 2011-630 du 3 juin 2011, art. 2)* « centre de ressources, d'expertise et de performance sportive » de Franche-Comté ;
20° Le directeur des sports ;
21° Le directeur de la jeunesse ;
22° Le directeur du tourisme ;
23° Le directeur général de la gendarmerie nationale ;
24° Le directeur général de la sécurité civile et de la gestion des crises ;
25° Le commissaire général à l'égalité des territoires ;
26° Le directeur de l'Office national des forêts ;
27° Le président de l'Union nationale des associations de tourisme ;
28° Le président de l'Union des centres sportifs de plein air ;
29° Le président de Jeunesse au plein air ;
30° Le directeur des études et de l'aménagement touristique de la montagne ;
31° Six représentants de l'État nommés par arrêté du ministre chargé des sports, dont cinq sur proposition des ministres de l'intérieur et de la défense et des ministres chargés de l'éducation, de l'environnement et des transports ;
32° Six personnalités qualifiées nommées pour trois ans par arrêté du ministre chargé des sports.

Les membres mentionnés du 1° au 31° peuvent se faire représenter. – *[Décr. n° 83-144 du 24 févr. 1983, art. 4 et 5.]*

Art. D. 142-29 Des commissions peuvent être créées au sein du Conseil supérieur des sports de montagne par arrêté du ministre chargé des sports. Cet arrêté fixe la composition, le mode de fonctionnement et détermine la compétence de ces commissions.

Les présidents de ces commissions sont désignés par le ministre chargé des sports parmi les membres du conseil. Ils rendent compte au président du conseil supérieur des travaux de ces commissions. – *[Décr. n° 83-144 du 24 févr. 1983, art. 6.]*

Art. D. 142-30 Le président du conseil supérieur prépare, coordonne et anime les séances du conseil. Il assure la continuité de son fonctionnement en liaison avec le secrétariat permanent.

Le président du conseil supérieur et les présidents des commissions peuvent appeler, à titre consultatif, toute personne compétente sur les questions traitées.

Le conseil se réunit, sur convocation de son président, au moins une fois par an ou à la demande d'un tiers de ses membres.

Le secrétariat permanent du conseil est assuré par les soins de l'École nationale de ski et d'alpinisme. – *[Décr. n° 83-144 du 24 févr. 1983, art. 7 à 10.]*

Art. D. 142-31 Le Conseil supérieur des sports de montagne établit son règlement intérieur et le soumet à l'approbation du ministre chargé des sports. – *[Décr. n° 83-144 du 24 févr. 1983, art. 11.]*

SECTION III *[ABROGÉE]* LA COMMISSION CONSULTATIVE DES ARTS MARTIAUX ET DES SPORTS DE COMBAT *(Décr. n° 2009-265 du 6 mars 2009, art. 2).*

(Abrogée par Décr. n° 2013-420 du 23 mai 2013, art. 60)

Art. D. 142-32 (Abrogé par Décr. n° 2013-420 du 23 mai 2013, art. 60) (Décr. n° 2009-265 du 6 mars 2009) ***La commission consultative des arts martiaux et des sports de combat comprend des représentants de l'État, des fédérations sportives agréées intéressées ainsi que des personnalités qualifiées. Sa composition est définie par un arrêté du ministre chargé des sports.***

Cette commission est compétente pour donner son avis sur toutes les questions techniques, déontologiques, administratives et de sécurité se rapportant aux disciplines concernées ou assimilées. – [L. n° 84-610 du 16 juill. 1984, art. 4.]

SECTION IV LA COMMISSION PROFESSIONNELLE CONSULTATIVE DES "MÉTIERS DU SPORT ET DE L'ANIMATION"

(Décr. n° 2009-660 du 10 juin 2009)

Art. D. 142-33 **Il est institué auprès du ministre chargé de la jeunesse et du ministre chargé des sports une commission professionnelle consultative "des métiers du sport et de l'animation".** — *La commission professionnelle consultative des « métiers du sport et de l'animation » est renouvelée pour une durée de cinq ans (Décr. n° 2013-602 du 8 juill. 2013, art. 1er).*

COMMENTAIRE

Dans le cadre d'une vaste réforme dépassant le seul cadre du sport visant à supprimer bon nombre de commissions et de comités de toutes sortes, une commission est désormais obligatoirement créée par décret pour une durée maximale de cinq ans, sauf lorsque son existence est prévue par la loi (V. Décr. n° 2006-672 du 8 juin 2006).

Ainsi, la commission professionnelle consultative « des métiers du sport et de l'animation » a été formellement supprimée par un arrêté du 14 mai 2009 *(JO 23 mai)*, pour être aussitôt « réactivée », pour une durée déterminée de quatre ans par le décret n° 2009-660 du 10 juin 2009 puis pour une nouvelle période de cinq ans par le décret n° 2013-602 du 8 juillet 2013 *(JO 10 juill.)*. ❑

Art. D. 142-34 **La commission professionnelle consultative des métiers du sport et de l'animation formule des avis et des propositions sur :**

1° La définition et l'évolution des certifications et de leur architecture dans le domaine considéré ;

2° L'élaboration des référentiels d'activités professionnelles découlant de l'analyse des métiers existants et émergents ;

3° La conception des référentiels de certification des compétences professionnelles ;

4° Le développement des moyens de formation notamment par l'apprentissage et la formation professionnelle continue, en fonction de l'évolution des débouchés professionnels et des besoins de qualification du secteur considéré ;

5° Les questions d'ordre technique et pédagogique ayant trait à l'élaboration et à l'organisation des cycles de formation.

Elle peut être saisie de toute question générale ou particulière touchant aux formations concernant les métiers du sport et de l'animation. A cet effet, elle peut proposer à chaque ministre intéressé des actions coordonnées dans un secteur de formation commun.

Pour tout diplôme préparant à l'exercice d'une activité se déroulant dans un environnement spécifique, telle que mentionnée aux articles R. 212-7 et R. 212-91, la commission consultative compétente pour cette activité, lorsqu'elle existe, est consultée préalablement à la saisine de la commission professionnelle consultative des métiers du sport et de l'animation.

Art. D. 142-35 **Le directeur des sports convoque la commission professionnelle consultative des métiers du sport et de l'animation et arrête, sur proposition de son président, l'ordre du jour des séances.**

Art. D. 142-36 **Les membres de la commission professionnelle consultative des métiers du sport et de l'animation sont nommés par arrêté conjoint du ministre chargé de la jeunesse et du ministre chargé des sports.**

Art. D. 142-37 **Un suppléant est désigné pour chaque titulaire, y compris les personnalités qualifiées, et le remplace en cas d'absence.**

Art. D. 142-38 **La composition et le fonctionnement de la commission professionnelle consultative des métiers du sport et de l'animation sont fixés par arrêté du ministre chargé de la jeunesse et du ministre chargé des sports.**

SECTION V *[ABROGÉE]* LA CONFÉRENCE NATIONALE DU SPORT

(Abrogée par Décr. n° 2013-289 du 4 avr. 2013, art. 3)

COMMENTAIRE

V. comm. ss art. R. 142-1. ❑

SOUS-SECTION 1 *[ABROGÉE]* MISSIONS ET ATTRIBUTIONS

COMMENTAIRE

V. comm. ss art. R. 142-1. ❑

Art. D. 142-39 *La Conférence nationale du sport est une instance consultative placée auprès du ministre chargé des sports. Elle est régie par les dispositions de la présente section et par celles du décret n° 2006-672 du 8 juin 2006 relatif à la création, à la composition et au fonctionnement de commissions administratives à caractère consultatif.*

La Conférence nationale du sport organise la concertation entre l'État, les collectivités territoriales, le mouvement sportif et le monde économique pour favoriser la cohérence de leurs actions respectives dans le développement et la promotion du sport.

Elle arrête chaque année un programme de travail. Elle élabore un rapport annuel.

SOUS-SECTION 2 *[ABROGÉE]* COMPOSITION

Art. D. 142-40 *La Conférence nationale du sport est présidée par le ministre chargé des sports.*

Outre son président, elle comprend :

1° Sept représentants de l'État, nommés par arrêté du ministre chargé des sports ;

2° Un représentant français au Parlement européen ;

3° Un député ;

4° Un sénateur ;

5° Sept représentants du mouvement sportif, désignés par le président du Comité national olympique et sportif français ;

6° Sept représentants des collectivités territoriales ainsi désignés : trois représentants désignés par l'Association des maires de France, dont un représentant désigné en accord avec l'Association nationale des élus en charge du sport ; deux représentants désignés par l'Assemblée des départements de France et deux représentants désignés par l'Association des régions de France ;

7° Sept représentants du monde économique ainsi désignés : cinq représentants désignés par le Mouvement des entreprises de France ; deux représentants désignés par la Confédération générale des petites et moyennes entreprises.

Art. D. 142-41 *Les membres de la Conférence nationale du sport sont nommés pour une durée de trois ans renouvelable.*

Le ministre chargé des sports veille à la représentation équilibrée des femmes et des hommes au sein de la Conférence nationale du sport.

Pour chaque membre titulaire, il est nommé ou désigné un membre suppléant.

Le membre suppléant remplace le membre titulaire toutes les fois que ce dernier se trouve empêché de siéger.

SOUS-SECTION 3 *[ABROGÉE]* ORGANISATION ET FONCTIONNEMENT

Art. D. 142-42 *L'ordre du jour des séances de la Conférence nationale du sport est fixé par son président.*

Tout membre de la Conférence nationale du sport peut demander par écrit qu'une question soit inscrite à l'ordre du jour.

Art. D. 142-43 *La Conférence nationale du sport arrête son règlement intérieur, qui précise les conditions de son fonctionnement.*

Art. D. 142-44 *La Conférence nationale du sport se réunit au moins une fois par trimestre. Elle peut être réunie à la demande d'un tiers de ses membres.*

Art. D. 142-45 *La direction des sports assure le secrétariat de la Conférence nationale du sport. Elle propose le programme de travail de la conférence et assure le suivi de la mise en œuvre du programme adopté.*

Art. D. 142-46 *Les avis et rapports adoptés par la Conférence nationale du sport sont rendus publics.*

Art. D. 142-47 *Les membres de la Conférence nationale du sport exercent leurs fonctions à titre gratuit.*

LIVRE DEUXIÈME ACTEURS DU SPORT

TITRE PREMIER FORMATION ET ENSEIGNEMENT

CHAPITRE PREMIER FORMATION AUX PROFESSIONS DU SPORT

SECTION PREMIÈRE ÉTABLISSEMENTS PUBLICS DE FORMATION

BIBL. ▶ B. Astier-Chaminade, Centres de ressources, d'expertise et de performance sportives (CREPAS), *in Dict. jur. du sport, Dalloz, Juriséditions, 2013, p. 56.* – T. Maudet, Institut national du sport, de l'expertise et de la performance (INSEP), *ibid., p. 199.* – D. Musso, Écoles nationales, *ibid., p. 150.* – Établissements de formation aux métiers du sport, *in Dict. perm. dr. sport (mise à jour périodique).*

COMMENTAIRE

Plusieurs établissements publics à caractère administratif, placés sous l'égide du ministère chargé des Sports, participent à la formation aux professions du sport : le plus réputé d'entre eux, l'Institut national du sport, de l'expertise et de la performance (INSEP), mais également trois écoles nationales : l'Institut français du cheval et de l'équitation, l'École nationale de voile et des sports nautiques et l'École nationale des sports de montagne, ainsi que dix-sept centres régionaux d'éducation populaire et de sport (CREPS).

A l'occasion de la codification de la partie réglementaire du code du sport, en juillet 2007, les textes relatifs aux écoles nationales ainsi qu'aux CREPS, qui dataient pour certains de plus de trente ans, ont été revus afin de tenir compte de certaines évolutions, notamment juridiques. La composition des conseils d'administration a ainsi été adaptée et les règles de gestion révisées, afin de respecter les textes en vigueur. En outre, les missions de l'École nationale de voile ont été élargies pour englober désormais l'ensemble des disciplines sportives nautiques ; le nom de l'école a été modifié en conséquence, devenant « l'École nationale de voile et des sports nautiques ». Par la suite, un décret relatif au conseil d'administration de cette école a été adopté le 11 juin 2009 (n° 2009-680).

L'Institut français du cheval et de l'équitation est issu du regroupement des établissements publics Les Haras nationaux et l'École nationale d'équitation opéré par le décret n° 2010-90 du 22 janvier 2010 (relatif à l'Institut français du cheval et de l'équitation). Cet établissement est par conséquent placé sous la tutelle conjointe des ministres chargés de l'agriculture et des sports.

De manière analogue, un premier rapprochement avait été appliqué lors de la création de l'École nationale de ski et d'alpinisme : le décret n° 2009-1070 du 28 août 2009 avait rattaché à l'École nationale de ski et d'alpinisme de Chamonix (ENSA) le Centre national de ski nordique de Prémanon (CNSN). Puis, selon le même schéma que pour l'Institut français du cheval et de l'équitation, un décret n° 2010-1378 du 12 novembre 2010 *(JO 14 nov.)* a réformé ce régime et a créé l'École nationale des sports de montagne. Cet établissement unique, placé sous la tutelle exclusive du ministre chargé des Sports, a vocation à organiser et à coordonner les formations et les pratiques des sports de montagne, étant entendu que les identités des deux sites, géographiquement distincts, demeurent préservées.

Né en 1975 de la fusion de l'Institut national des sports et de l'École normale d'éducation physique et sportive, l'INSEP, alors Institut national du sport et de l'éducation physique, est consacré au sport de haut niveau. Les dispositions le concernant sont issues du décret n° 2009-1454 du 25 novembre 2009 relatif à l'Institut national du sport, de l'expertise et de la performance *(JO 27 nov.)* qui a modifié le code du sport en réformant le statut juridique, l'organisation et les missions de l'INSEP et en modifiant la signification de son acronyme. Sur le plan juridique, son statut est désormais celui d'un grand établissement public à caractère scientifique, culturel et professionnel, constitué sous la forme d'un grand établissement au sens de l'article L. 717-1 du code de l'éducation. L'INSEP regroupe plusieurs « pôles France », dans différentes disciplines, qui accueillent les meilleurs sportifs français et leur offrent une formation à la fois sportive et scolaire, universitaire ou professionnelle. Situé dans le bois de Vincennes, le site de l'INSEP, qui regroupe les infrastructures nécessaires à ce projet, est actuellement en pleine rénovation.

En outre, l'INSEP accueille en son sein l'Institut de recherche biomédicale et d'épidémiologie du sport (IRMES) et, pour encore quelque temps, la Préparation olympique et paralympique (POP).

Au niveau régional, une politique de suppression de certains CREPS a été entamée (il y avait encore 24 CREPS en 2004). Ainsi, le Centre national de ski nordique a été rattaché administrativement et financièrement (cf. *supra*) par décret n° 2009-1070 du 28 août 2009 *(JO 30 août)* à l'École nationale de ski et d'alpinisme, à la suite de la dissolution du CREPS de Franche-Comté, et le décret n° 2010-1686 du 29 décembre 2010 a porté dissolution du centre d'éducation populaire et de sport de Dinard *(JO 30 déc.)*. En revanche, le décret n° 2013-1319 du 27 décembre 2013 *(JO 31 déc.)* a récemment érigé le service de plein air de Vallon-Pont-d'Arc en établissement public national à caractère administratif dénommé « CREPS Rhône-Alpes ». En 2015, il existe 15 CREPS répartis sur l'ensemble du territoire métropolitain et 2 outre-mer classés en trois catégories. ❑

SOUS-SECTION 1 L'INSTITUT NATIONAL DU SPORT, DE L'EXPERTISE ET DE LA PERFORMANCE

(Décr. n° 2009-1454 du 25 nov. 2009)

§ 1er OBJET ET MISSIONS

Art. R. 211-1 **L'Institut national du sport, de l'expertise et de la performance (INSEP) est un établissement public à caractère scientifique, culturel et professionnel placé sous la tutelle du ministre chargé des sports, constitué sous la forme d'un "grand établissement" au sens de l'article L. 717-1 du code de l'éducation. Il est soumis aux dispositions de ce même code et des textes pris pour son application, dans les conditions prévues par le présent code.**

Son siège est à Paris.

Les biens, droits et obligations de l'Institut national du sport et de l'éducation physique sont transférés à l'Institut national du sport, de l'expertise et de la performance. Les agents précédemment affectés à l'Institut national du sport et de l'éducation physique sont affectés au nouvel établissement à cette même date (Décr. n° 2009-1454 du 25 nov. 2009, art. 2).

Art. R. 211-1-1 **En application de l'article L. 711-6 du code de l'éducation, les dispositions des articles L. 611-1, L. 612-1, L. 612-5, L. 612-7, L. 613-1 à L. 613-5 de ce code, celles des chapitres Ier, IV, VII et IX du titre Ier du livre VII, celles des articles L. 712-8 et L. 951-1, ainsi que les autres dispositions du même code auxquelles elles renvoient, sont étendues à l'établissement. Sont toutefois exceptés de cette extension les articles L. 711-5 et L. 719-1 à L. 719-3.**

Art. R. 211-1-2 **Le ministre chargé des sports exerce les attributions dévolues au ministre chargé de l'enseignement supérieur et au recteur d'académie par les articles L. 711-8, L. 712-8, L. 719-4, L. 719-5, L. 719-7, L. 719-8, L. 719-13 et L. 953-2 du code de l'éducation et par les textes réglementaires pris pour leur application, à l'exception des dispositions relatives à la nomenclature budgétaire, au budget de gestion et à l'approbation du plan comptable des établissements publics à caractère scientifique, culturel et professionnel.**

L'inspection générale de la jeunesse et des sports exerce les attributions dévolues à l'inspection générale de l'administration de l'éducation nationale et de la recherche par l'article L. 719-9 du code de l'éducation.

Art. R. 211-2 **L'Institut national du sport, de l'expertise et de la performance participe à la politique nationale de développement des activités physiques et sportives, particulièrement dans le domaine du sport de haut niveau, et contribue à la protection de la santé des sportifs et au respect de l'éthique sportive.**

A ce titre :

1° Il assure, en liaison avec les fédérations sportives, la formation et la préparation de sportifs de haut niveau et met en œuvre le double projet consistant à concilier la recherche de la performance sportive et la réussite scolaire, universitaire et professionnelle du sportif ;

2° Il favorise, par son expertise, la diffusion des bonnes pratiques et contribue au développement cohérent et à la mise en commun de ressources et d'activités au sein

d'un réseau national consacré au sport de haut niveau et constitué, notamment, des autres établissements publics nationaux du ministère chargé des sports et des structures regroupées au sein des filières d'accès au sport de haut niveau ;

3° Il participe aux formations initiales et continues des acteurs du développement du sport, notamment à la formation continue des équipes d'encadrement des fédérations sportives dont une discipline au moins est reconnue de haut niveau ;

4° Il délivre des titres propres, les diplômes nationaux que le ministre chargé des sports l'habilite à délivrer et les diplômes et titres nationaux que le ministre chargé de l'enseignement supérieur l'habilite à délivrer, seul ou conjointement avec d'autres établissements d'enseignement supérieur ;

5° Il concourt à des programmes de recherche scientifique, médicale, technologique en matière d'activités physiques et sportives, produit et diffuse des connaissances liées au sport de haut niveau et valorise ses ressources documentaires ;

6° Il mène des actions en matière de relations internationales et de coopération dans le domaine du sport de haut niveau, passe des conventions avec des organismes, français ou étrangers, pour mettre en œuvre ses missions et associe, en tant que de besoin, à ses activités de recherche, d'enseignement ou d'expertise des personnes relevant d'autres institutions, françaises ou étrangères.

Art. R. 211-2-1 L'Institut national du sport, de l'expertise et de la performance conclut avec le ministre chargé des sports un contrat de performance pluriannuel qui définit les objectifs qui lui sont assignés et les indicateurs associés.

§ 2 ORGANISATION ET FONCTIONNEMENT

Art. R. 211-3 L'Institut national du sport, de l'expertise et de la performance est administré par un conseil d'administration. Il comporte un conseil scientifique, médical et de formation ainsi qu'un conseil de la vie du sportif et du stagiaire.

L'Institut est dirigé par un directeur général, assisté par deux directeurs généraux adjoints, respectivement chargés d'assurer, sous son autorité, la coordination de la politique sportive et la gestion de l'établissement.

Il comprend des directions, des départements, des unités, des services et des missions créées dans les conditions fixées à l'article R. 211-6.

Les responsables des directions, des départements, des unités, des services et des missions sont nommés par le directeur général dans les conditions fixées par le règlement intérieur.

Les chefs des départements, des missions et des services de l'Institut national du sport et de l'éducation physique demeurent en fonction et continuent d'exercer leurs compétences jusqu'à la définition, par le conseil d'administration constitué comme prévu à l'art. R. 211-4, de l'organisation interne de l'établissement mentionnée au 3° de l'art. R. 211-6 (Décr. n° 2009-1454 du 25 nov. 2009, art. 3).

Art. R. 211-4 Le conseil d'administration comprend vingt-sept membres ainsi répartis :

1° Deux membres de droit :

a) Le directeur des sports ou son représentant ;

b) Le président du Comité national olympique et sportif français ou son représentant ;

2° Sept représentants de l'État désignés par le ministre qu'ils représentent, dont deux représentants du ministre chargé des sports, un représentant du ministre chargé de la santé, un représentant du ministre chargé de l'enseignement supérieur, un représentant du ministre chargé de l'éducation, un représentant du ministre chargé du budget et un représentant du ministre de la défense.

Les membres mentionnés au 2° sont nommés par arrêté du ministre chargé des sports et peuvent se faire représenter par leur suppléant, désigné et nommé dans les mêmes conditions ;

3° Neuf membres élus :

a) Un représentant des personnels administratifs, techniques, ingénieurs de recherche ou de formation ;

b) Deux représentants des professeurs ou assimilés ;

c) Un représentant des personnels chargés d'une mission de formation et de recherche relevant du décret n° 2006-733 du 23 juin 2006 relatif aux emplois de cadre supérieur technique ou scientifique de l'Institut national des sports et de l'éducation physique ;

d) Un représentant des autres enseignants-chercheurs et enseignants ;

e) Un représentant des sportifs de haut niveau et des stagiaires en formation ;

f) Deux représentants des personnels mentionnés à l'article R. 131-16 exerçant au sein de l'établissement, dont un représentant des responsables des pôles de haut niveau implantés dans l'établissement ;

g) Un représentant des personnels médicaux et paramédicaux.

Les membres mentionnés au 3° ci-dessus sont élus pour quatre ans et peuvent se faire représenter par leur suppléant, élu dans les mêmes conditions ;

4° Un conseiller de Paris désigné par le conseil de Paris ;

5° Huit membres nommés :

a) Deux présidents de fédération sportive désignés par le président du Comité national olympique et sportif français ;

b) Un membre désigné en son sein par la commission des athlètes du Comité national olympique et sportif français ;

c) Un chef d'entreprise ou cadre dirigeant d'entreprise désigné par le ministre chargé des sports ;

d) Un directeur technique national désigné par le ministre chargé des sports ;

e) Trois personnalités qualifiées en raison de leurs compétences en lien avec les missions de l'Institut national du sport, de l'expertise et de la performance désignées par le ministre chargé des sports.

Les membres mentionnés au 5° sont nommés pour quatre ans par arrêté du ministre chargé des sports, ils peuvent donner procuration à un autre membre du conseil s'ils sont empêchés d'assister à une séance.

Un membre du conseil ne peut être porteur de plus d'une procuration.

Les conditions d'exercice du droit de suffrage, d'éligibilité et les règles applicables au déroulement du scrutin pour l'élection de membres au conseil d'administration de l'Institut national du sport, de l'expertise et de la performance sont fixées par un arrêté du 8 janv. 2010 (JO 28 janv., p. 1731).

Art. R. 211-5 Le conseil d'administration se réunit au moins deux fois par an sur convocation de son président. Il peut être également réuni à la demande de la majorité de ses membres en exercice. L'ordre du jour est fixé par le président.

Art. R. 211-6 Le conseil d'administration règle, par ses délibérations, les affaires de l'établissement.

Il délibère notamment sur :

1° Le projet d'établissement et le contrat de performance pluriannuel ;

2° Le règlement intérieur, le règlement des études et le règlement disciplinaire ; – *Le règlement intérieur de l'Institut national du sport et de l'éducation physique applicable à la date d'entrée en vigueur du Décr. n° 2009-1454 du 25 nov. 2009 reste applicable jusqu'à l'adoption, par le conseil d'administration composé comme prévu à l'art. R. 211-4, du règlement intérieur de l'Institut national du sport, de l'expertise et de la performance mentionné au 2° de l'art. R. 211-6 (Décr. préc., art. 3).*

3° L'organisation interne de l'établissement dans les conditions définies à l'article L. 711-7 du code de l'éducation, notamment la création des directions, des départements, des unités, des services et des missions qui le composent ;

4° Les conditions d'admission des sportifs au sein de l'établissement ;

5° Les axes de formation et d'enseignement, les créations de titres propres, les demandes d'habilitation à délivrer des diplômes nationaux ;

6° Les axes de recherche de l'établissement et la valorisation de ses résultats ;

7° Le budget et ses décisions modificatives ;

8° Le tarif des prestations proposées par l'établissement ; – *Les dispositions prises par l'Institut national du sport et de l'éducation physique en matière de tarification des prestations à la date d'entrée en vigueur du Décr. n° 2009-1454 du 25 nov. 2009 continuent à s'appliquer, sous réserve des modifications qui y seraient apportées par le conseil d'administration du nouvel établissement (Décr. préc., art. 3).*

9° Le compte financier, l'affectation du résultat et l'utilisation des réserves ;

10° Les acquisitions, locations et cessions d'immeubles ;

11° Les contrats, conventions et marchés ;

12° Les créations, renouvellements et suppressions d'emplois au sein de l'établissement ;

13° Les dépôts de marques, brevets et de tous titres de propriété intellectuelle ;

14° La participation à toute forme de groupement public ou privé ;

15° L'acceptation des dons et legs ;

16° Les actions en justice et les transactions ainsi que le recours à l'arbitrage en cas de litiges nés de l'exécution de contrats passés avec des organismes étrangers ;

17° Les emprunts ;

18° La création de filiales et la prise de participations ainsi que la création de fondations.

Le conseil d'administration peut déléguer au directeur général de l'Institut national du sport, de l'expertise et de la performance, dans les limites qu'il fixe, les attributions mentionnées aux 10° à 16°. Le directeur général rend compte des décisions prises dans le cadre des attributions ainsi déléguées à la plus prochaine réunion du conseil d'administration.

Le directeur général, les directeurs généraux adjoints, l'agent comptable, le contrôleur budgétaire ainsi que toute personne dont la présence est jugée utile par le président assistent aux réunions avec voix consultative.

Art. R. 211-7 Le président du conseil d'administration est élu au sein du conseil, parmi les personnalités mentionnées au 5° de l'article R. 211-4, pour une durée de quatre ans renouvelable une fois.

En cas d'empêchement temporaire, le président du conseil d'administration est remplacé dans les conditions prévues par le règlement intérieur.

En cas d'empêchement définitif, il est procédé, dans un délai de trois mois, à l'élection d'un nouveau président selon les modalités prévues au premier alinéa. – *L'art. R.* 211-7 devient l'art. R. 211-7 (Décr. n° 2010-1035 du 1er sept. 2010, art. 9). Il est donc modifiable par décret simple.*

Le directeur général de l'Institut national du sport, de l'expertise et de la performance organise les élections au conseil d'administration dans un délai de trois mois à compter de la date de la publication du Décr. n° 2009-1454 du 25 nov. 2009 et les élections au conseil scientifique, médical et de formation ainsi qu'au conseil de la vie du sportif et du stagiaire dans un délai de six mois à compter de la date de publication du Décr. préc. (Décr. préc., art. 3).

Art. R. 211-8 Le directeur général de l'établissement est nommé par arrêté du ministre chargé des sports pour une durée de quatre ans renouvelable une fois. – *L'art. R.* 211-8 devient l'art. R. 211-8 (Décr. n° 2010-1035 du 1er sept. 2010, art. 9). Il est donc modifiable par décret simple.*

Le directeur de l'Institut national du sport et de l'éducation physique en fonction à la date d'entrée en vigueur du présent décret exerce les fonctions dévolues au directeur général de l'Institut national du sport, de l'expertise et de la performance jusqu'à la nomination de ce dernier (Décr. n° 2009-1454 du 25 nov. 2009, art. 3).

Art. R. 211-9 Le directeur général assure la direction de l'établissement.

A cet effet, il exerce notamment les attributions suivantes :

1° Il prépare le budget et l'exécute ;

2° Il est ordonnateur des recettes et des dépenses de l'établissement ;

3° Il prépare et assure le suivi du contrat de performance pluriannuel ;

4° Il prépare et met en œuvre les délibérations du conseil d'administration ;

5° Il soumet le règlement intérieur, le règlement des études et le règlement disciplinaire de l'établissement à l'approbation du conseil d'administration et veille à leur mise en œuvre ;

6° Il a autorité sur l'ensemble des personnels en fonction dans l'établissement ;

7° Il nomme à toutes les fonctions de l'établissement pour lesquelles aucune autre autorité n'a reçu pouvoir de nomination ;

8° Il est responsable du bon fonctionnement de l'établissement et de la sécurité et exerce, en matière de maintien de l'ordre, les compétences attribuées au président d'université dans les conditions prévues par l'article L. 712-2 du code de l'éducation ;

9° Il conclut les contrats, conventions et marchés dans le respect des dispositions de l'article R. 211-6.

Art. R. 211-10 Sauf pour les compétences qui lui sont déléguées en propre par le conseil d'administration, le directeur général peut déléguer sa signature aux :

1° Directeurs généraux adjoints ;

2° Responsables des structures internes mentionnées au 3° de l'article R. 211-6 dans leur domaine de compétence.

Le conseil d'administration est informé des délégations de signature.

Art. R. 211-11 Les directeurs généraux adjoints de l'établissement sont nommés, pour une durée de quatre ans, par arrêté du ministre chargé des sports, sur proposition du directeur général.

Art. R. 211-12 Le conseil scientifique, médical et de formation comprend vingt-sept membres ainsi répartis :

1° Le directeur général ;

2° Le directeur général adjoint chargé de la politique sportive ;

3° Cinq membres élus pour quatre ans au sein de l'établissement dont :

a) Un représentant des professeurs ou assimilés ;

b) Un représentant des personnels chargés d'une mission de formation et de recherche relevant du décret n° 2006-733 du 23 juin 2006 relatif aux emplois de cadre supérieur technique ou scientifique de l'Institut national des sports et de l'éducation physique ;

c) Un représentant des autres enseignants-chercheurs et enseignants ;

d) Un représentant du personnel médical ;

e) Un représentant du personnel paramédical ;

4° Deux présidents de fédération sportive désignés par le président du Comité national olympique et sportif français ;

5° Une personnalité qualifiée désignée par le président du Comité national olympique et sportif français ;

6° Un membre du Centre national de la recherche scientifique désigné par son président ;

7° Un membre de l'Institut national de la santé et de la recherche médicale désigné par son président-directeur général ;

8° Une personnalité qualifiée désignée par le ministre chargé des sports ;

9° Une personnalité qualifiée en matière de recherche dans le domaine du sport désignée par le ministre chargé de l'enseignement supérieur ;

10° Une personnalité qualifiée en matière de médecine dans le domaine du sport désignée par le directeur général de l'Assistance publique-hôpitaux de Paris ;

11° Trois personnalités qualifiées désignées, sur proposition du directeur général de l'établissement, par le conseil d'administration en-dehors de lui-même ;

12° Cinq responsables des structures internes mentionnées à l'article R. 211-3 désignés par le directeur général ;

13° Un directeur technique national désigné par le ministre chargé des sports ;

14° Deux directeurs d'établissements publics nationaux relevant de la tutelle du ministre chargé des sports et désignés par celui-ci ;

15° Un sportif de haut niveau désigné par le directeur général.

Le directeur des sports ou son représentant assiste aux séances avec voix consultative.

Le conseil élit un président en son sein, selon les modalités définies par le règlement intérieur.

Pour chacun des membres élus, un suppléant est désigné dans les mêmes conditions.

Les membres non élus empêchés d'assister à tout ou partie d'une séance peuvent donner procuration à un autre membre du conseil. Un membre du conseil ne peut être porteur de plus d'une procuration.

A l'exception des membres de droit et des membres élus, les membres du conseil scientifique médical et de formation sont nommés pour une durée de quatre ans par décision du directeur général. – *Un arrêté du 18 mars 2010 (JO 27 mars) fixe les conditions d'exercice du droit de suffrage, d'éligibilité et les règles applicables au déroulement du scrutin pour l'élection de membres au conseil de la vie du sportif et du stagiaire de l'Institut national du sport, de l'expertise et de la performance.*

Art. R. 211-12-1 Le conseil scientifique, médical et de formation est notamment consulté par le conseil d'administration sur :

1° Le programme de recherche de l'établissement ainsi que les actions de recherche auxquelles il concourt ;

2° La stratégie de l'établissement en matière de protection de la santé des sportifs ;

3° Les orientations en matière de formation, la création ou la suppression de titres et de diplômes ;

4° Les axes stratégiques à développer au sein du réseau national concernant le sport de haut niveau ;

5° L'évaluation et l'expertise en matière de sport de haut niveau.

Il est en outre saisi de toute question que lui soumettent le conseil d'administration ou le directeur général.

Art. R. 211-12-2 Le conseil scientifique, médical et de formation se réunit au moins une fois par an sur convocation de son président. Il peut être également réuni à la demande de la majorité de ses membres en exercice. L'ordre du jour est fixé par le président.

Art. R. 211-13 Le conseil de la vie du sportif et du stagiaire est composé de dix-huit membres ainsi répartis :

1° Le directeur général ;

2° Le directeur général adjoint chargé de la gestion de l'établissement ; — *Le secrétaire général de l'Institut national du sport et de l'éducation physique en fonction à la date d'entrée en vigueur du Décr. n° 2009-1454 du 25 nov. 2009 exerce les fonctions dévolues au directeur général adjoint de l'Institut national du sport, de l'expertise et de la performance chargé de la gestion jusqu'à la nomination de ce dernier (Décr. préc., art. 3).*

3° Trois responsables des structures internes mentionnées à l'article R. 211-3 désignés par le directeur général ;

4° Dix membres élus pour quatre ans au sein de l'établissement dont :

a) Un représentant des professeurs ou assimilés ;

b) Un représentant des personnels chargés d'une mission de formation et de recherche relevant du décret n° 2006-733 du 23 juin 2006 relatif aux emplois de cadre supérieur technique ou scientifique de l'Institut national des sports et de l'éducation physique ;

c) Un représentant des autres enseignants-chercheurs et enseignants ;

d) Un représentant des personnels techniques et administratifs, ingénieurs de recherche ou de formation ;

e) Un représentant des entraîneurs des pôles de haut niveau implantés dans l'établissement ;

f) Deux représentants des sportifs de haut niveau ;

g) Un représentant des stagiaires en formation ;

h) Un représentant du personnel médical ;

i) Un représentant du personnel paramédical ;

5° Deux personnalités qualifiées désignées respectivement par le directeur général de l'Institut national du sport, de l'expertise et de la performance et par le président du Comité national olympique et sportif français ;

6° Un membre désigné en son sein par la commission des athlètes du Comité national olympique et sportif français.

Le conseil élit un président en son sein, selon les modalités définies par le règlement intérieur.

Pour chacun des membres élus, un suppléant est désigné dans les mêmes conditions.

Les membres non élus empêchés d'assister à tout ou partie d'une séance peuvent donner procuration à un autre membre du conseil. Un membre du conseil ne peut être porteur de plus d'une procuration.

A l'exception des membres de droit et des membres élus, les membres du conseil de la vie du sportif et du stagiaire sont nommés pour une durée de quatre ans par décision du directeur général. — *Un arrêté du 18 mars 2010 (JO 4 mai) fixe les conditions d'exercice du droit de suffrage, d'éligibilité et les règles applicables au déroulement du scrutin pour l'élection de membres au conseil scientifique, médical et de formation.*

Art. R. 211-13-1 Le conseil de la vie du sportif et du stagiaire est consulté par le conseil d'administration sur les prestations de nature à favoriser les activités sportives de loisir, culturelles, sociales ou associatives qui sont proposées aux sportifs de haut niveau et aux cadres en formation ainsi que sur les conditions de vie et d'entraînement au sein de l'établissement.

Art. R. 211-13-2 Le conseil de la vie du sportif et du stagiaire se réunit au moins une fois par an sur convocation de son président. Il peut être également réuni à la demande de la majorité de ses membres en exercice. L'ordre du jour est fixé par le président.

Art. R. 211-13-3 Le directeur général peut, après consultation du conseil de la vie du sportif et du stagiaire siégeant en formation disciplinaire, prononcer une sanction disciplinaire contre tout sportif ou stagiaire ayant contrevenu aux règles de fonctionnement de l'établissement.

Cette formation disciplinaire comprend les membres mentionnés aux 1°, 2° et 3° ainsi que les membres mentionnés aux *e*, *f* et *g* du 4° de l'article R. 211-13.

Les sanctions disciplinaires sont :

1° L'avertissement ;

2° Le blâme ;

3° L'exclusion pour une durée déterminée ;

4° L'exclusion définitive.

La formation disciplinaire est présidée par le directeur général.

Art. R. 211-14 Les membres des conseils exercent leurs fonctions à titre gratuit. Toutefois, leurs frais de déplacement et de séjour peuvent être remboursés dans les conditions prévues par la réglementation applicable aux personnels civils de l'État.

Art. R. 211-15 Les séances des conseils ne sont pas publiques. Les délibérations font l'objet d'une publicité selon des modalités fixées par le conseil d'administration.

Art. R. 211-16 L'ordre du jour des conseils et les documents s'y rapportant sont communiqués aux membres des conseils au moins huit jours à l'avance.

Les conseils ne peuvent siéger que si la majorité de leurs membres en exercice sont présents ou représentés. Si ce quorum n'est pas atteint, les conseils sont convoqués à nouveau sur le même ordre du jour dans un délai de quinze jours au plus et peuvent alors délibérer valablement quel que soit le nombre des membres en exercice présents ou représentés. Les dispositions du présent alinéa ne s'appliquent pas en matière budgétaire.

En cas d'empêchement du président, il est procédé à l'élection d'un président de séance à la majorité des membres en exercice présents ou représentés.

Les délibérations sont prises à la majorité des membres présents ou représentés. Toutefois, celles mentionnées au 2° de l'article R. 211-6 ne peuvent être adoptées qu'à la majorité des membres en exercice.

Tout membre d'un conseil qui, sans raison valable, n'a été ni présent ni représenté à trois séances consécutives est considéré comme démissionnaire et doit être remplacé dans les meilleurs délais.

En cas de partage égal des voix, celle du président est prépondérante.

Art. R. 211-17 Les élections aux différents conseils ont lieu au scrutin uninominal majoritaire à un tour. En cas d'égalité du nombre de suffrages obtenus, le candidat le plus âgé est élu.

Le vote peut avoir lieu par correspondance ou par procuration.

Un arrêté du ministre chargé des sports précise les conditions d'exercice du droit de suffrage et d'éligibilité et les règles applicables au déroulement des scrutins.

§ 3 RÉGIME FINANCIER ET COMPTABLE

Art. R. 211-18 Le régime financier et comptable de l'Institut national du sport, de l'expertise et de la performance est fixé par les articles L. 719-4 à L. 719-6 du code de l'éducation et, sauf dispositions contraires des articles R. 211-18-1 à R. 211-18-6, par le décret pris pour leur application.

Art. R. 211-18-1 Les recettes de l'Institut national du sport, de l'expertise et de la performance comprennent :

1° Les subventions de l'État, des collectivités publiques ou de tout organisme public, français, étranger ou international ;

2° Le produit des versements et contributions de toute personne admise à bénéficier des différents services de l'établissement ;

3° Les ressources provenant de ses activités de formation, des congrès, séminaires, colloques et manifestations qu'il organise ainsi que des prestations de services qu'il effectue ;

4° Les produits des travaux de recherche, de développement et d'application correspondant aux contrats qu'il exécute, à l'exploitation et à la cession de brevets ou aux publications qu'il édite ;

5° Les recettes provenant des dons et legs, des aliénations, des fonds de concours et de la participation des employeurs au financement des premières formations technologiques et professionnelles ou des formations professionnelles continues, notamment au titre de la taxe d'apprentissage ;

6° Les revenus des biens meubles et immeubles, notamment les produits des locations ;

7° D'une manière générale, toutes les recettes autorisées par les lois ou règlements.

Art. R. 211-18-2 Les dépenses comprennent les frais de personnel, les frais de fonctionnement, d'équipement et d'investissement et, de manière générale, toutes les dépenses nécessaires à l'activité de l'établissement.

Art. R. 211-18-3 I. – Le projet de budget est communiqué par le directeur général aux ministres chargés des sports et du budget quinze jours au moins avant sa présentation au conseil d'administration de l'établissement.

II. – Le conseil d'administration vote le budget en équilibre réel.

III. – Lors de la séance du conseil d'administration, le directeur des sports peut décider que le budget est soumis à l'approbation du ministre chargé des sports et du ministre chargé du budget dans les cas suivants :

1° Le projet de budget n'a pas été communiqué dans le délai fixé au I ;

2° Le budget n'est pas en équilibre réel ;

3° Le budget ne prévoit pas les crédits nécessaires au respect des obligations et des engagements de l'établissement ;

4° Le plafond d'emplois fixé par l'État n'est pas respecté.

IV. – Dans le cas où le budget n'est pas soumis à approbation en application du III, il est exécutoire à compter de sa communication au ministre chargé des sports.

V. – Dans le cas où le budget est soumis à approbation en application du III, celle-ci est réputée acquise si elle n'est pas refusée dans le délai d'un mois suivant la transmission de la délibération budgétaire aux ministres compétents.

En cas de refus d'approbation, le conseil d'administration délibère à nouveau sur le budget dans le délai d'un mois suivant la notification du refus. La nouvelle délibération est soumise à approbation.

A défaut de nouvelle délibération dans le délai d'un mois, ou s'il n'a pas été remédié par la nouvelle délibération aux irrégularités ayant motivé le refus d'approbation, le budget est arrêté par le ministre chargé des sports et le ministre chargé du budget.

L'exécution du budget 2009 de l'Institut national du sport et de l'éducation physique est poursuivie en 2009 par le directeur général et l'agent comptable du nouvel établissement, sous réserve des modifications qui y seraient apportées par le conseil d'administration. Le compte financier de l'Institut national du sport et de l'éducation physique relatif à l'exercice 2009 est établi par l'agent comptable du nouvel établissement en fonction au 31 décembre 2009. Il est arrêté et approuvé par le conseil d'administration du nouvel établissement (Décr. n° 2009-1454 du 25 nov. 2009, art. 3).

Art. R. 211-18-4 Les délibérations du conseil d'administration autres que celles portant sur le budget entrent en vigueur sans approbation préalable, à l'exception des délibérations portant sur les emprunts, les acquisitions, échanges et aliénations d'immeubles ou la participation à des organismes dotés de la personnalité morale qui sont exécutoires, à défaut d'approbation expresse déjà notifiée, dans un délai d'un mois à compter de la réception de ces délibérations par le ministre chargé des sports et le ministre chargé du budget.

Art. R. 211-18-5 **L'Institut national du sport, de l'expertise et de la performance est soumis au contrôle budgétaire *a posteriori* de l'État dans les conditions prévues à l'article L. 719-9 du code de l'éducation.**

Art. R. 211-18-6 **L'agent comptable de l'établissement est nommé par arrêté conjoint du ministre chargé des sports et du ministre chargé du budget.**

L'agent comptable de l'Institut national du sport et de l'éducation physique en fonction à la date d'entrée en vigueur du Décr. n° 2009-1454 du 25 nov. 2009 exerce les fonctions d'agent comptable de l'Institut national du sport, de l'expertise et de la performance jusqu'à la nomination de ce dernier (Décr. préc., art. 3).

SOUS-SECTION 2 **L'INSTITUT FRANÇAIS DU CHEVAL ET DE L'ÉQUITATION** *(Décr. n° 2010-90 du 22 janv. 2010, art. 2).*

Art. R. 211-19 *(Décr. n° 2010-90 du 22 janv. 2010, art. 2)* **L'Institut français du cheval et de l'équitation, régi par les articles R. 653-13 à R. 653-29 du code rural et de la pêche maritime, gère une école située à Saumur dont les professeurs d'équitation sont les écuyers du Cadre noir.**

Cette école exerce notamment les missions dévolues à l'Institut français du cheval et de l'équitation par les 6°, 7°, 8°, 9°, 10° et 11° du II de l'article R. 653-14 du code rural et de la pêche maritime.

Décret n° 2010-90 du 22 janvier 2010,

Relatif à l'Institut français du cheval et de l'équitation.

Art. 1er Il est créé par regroupement des établissements publics Les Haras nationaux et École nationale d'équitation un établissement public national à caractère administratif dénommé Institut français du cheval et de l'équitation. L'établissement est placé sous la tutelle conjointe des ministres chargés de l'agriculture et des sports.

Art. 2 *[Dispositions modificatrices]*

Art. 3 La sous-section 2 de la section IV du chapitre III du titre V du livre VI du code rural est rédigée comme suit :

"SOUS-SECTION 2 L'Institut français du cheval et de l'équitation

"**Art. R. 653-13** L'établissement dénommé Institut français du cheval et de l'équitation est un établissement public national à caractère administratif. Il est placé sous la tutelle conjointe des ministres chargés de l'agriculture et des sports.

"Son siège est à Saumur.

"**Art. R. 653-14** I. — L'Institut français du cheval et de l'équitation a pour missions de promouvoir l'élevage des équidés et les activités liées au cheval ainsi que de favoriser le rayonnement de l'équitation, en partenariat notamment avec les organisations socioprofessionnelles, les collectivités locales et les associations.

"II. — L'établissement entreprend toutes actions, notamment scientifiques, techniques, économiques et culturelles, nécessaires à l'accomplissement de ses missions. A cet effet :

"1° Il contribue à la définition et à la mise en œuvre de la politique d'orientation de l'élevage et de l'utilisation des équidés. Dans ce domaine, il apporte son concours à l'État, et notamment aux ministres chargés de l'agriculture et des sports, pour l'examen de toute question relative à l'élevage, aux courses, à l'équitation ou aux autres utilisations du cheval et des autres équidés sur le plan national, européen ou international ;

"2° Il concourt à la protection des équidés et veille à la conservation et l'amélioration des races pour assurer une régulation économique et génétique prenant en compte les intérêts à long terme de la filière ;

"3° *(Décr. n° 2012-1335 du 30 nov. 2012, art. 3-1°)* « Il procède pour le compte de l'État, dans les conditions prévues aux articles D. 212-51 à R. 212-60, à l'identification des équidés et assure la tenue du fichier central des équidés immatriculés ainsi que le suivi des propriétaires et détenteurs pour participer à la traçabilité des équidés. » Il apporte son appui aux organismes agréés pour assurer l'orientation et l'amélioration génétique d'une race ou d'un groupe de races. A ce titre, il instruit pour le compte du ministre chargé de l'agriculture l'évolution des règles relatives aux conditions d'inscription sur les livres généalogiques qui sont tenus par lui ou *(Abrogé par Décr. n° 2012-1335 du 30 nov. 2012, art. 3-1°)* « *, sous son contrôle,* » par des associations ou fédérations agréées. Il entreprend toutes actions visant à développer un système d'information relatif aux équidés avec l'ensemble des partenaires de la filière aux plans national, européen et international ;

"4° Il peut apporter son concours à l'État pour l'identification et le contrôle, dans les conditions prévues par les textes qui les réglementent, des établissements ouverts au public pour l'utilisation des équidés et des professionnels qui se livrent au commerce des équidés ou à leur utilisation à des fins commerciales ;

"5° Il assure la collecte et le traitement des informations économiques sur les marchés et les métiers du cheval et autres équidés et mène toute action susceptible de favoriser, dans son domaine de compétence, la mise en valeur et la promotion des produits, des techniques et des pratiques sportives ;

"6° Il favorise le rayonnement de l'art équestre au travers notamment de l'école mentionnée à l'article R. 211-19 du code du sport dont les professeurs d'équitation sont les écuyers du Cadre noir ;

"7° Il participe à l'accueil et au développement des disciplines sportives équestres de haut niveau. Il contribue à mettre à la disposition des cavaliers de haut niveau des chevaux dotés des meilleures qualités sportives ;

"8° Il organise des formations aux métiers de l'élevage des arts et sports équestres, ainsi qu'aux métiers relatifs au cheval ; à ce titre, il contribue à la définition des formations équestres et à leur évaluation ainsi qu'au perfectionnement des acteurs du développement de l'équitation et il participe à la formation continue des équipes d'encadrement pour les disciplines équestres et particulièrement celles reconnues de haut niveau ;

"9° Il contribue par son école à la diffusion des bonnes pratiques, y compris en matière de sécurité, et participe au réseau national du sport de haut niveau ;

"10° Il mène des actions en matière de relations internationales et de coopération dans le domaine de l'équitation et de l'élevage ;

"11° Il propose et, le cas échéant, met en œuvre les grandes orientations de recherche et de développement ainsi que les programmes menés en coopération avec d'autres ministères ou organismes. Il participe dans son domaine de compétence à la diffusion du progrès technique ;

"12° Il établit localement des relations de partenariat avec les organismes mentionnés au premier alinéa du présent article, notamment en favorisant toute action d'information, de formation, de promotion et de valorisation.

"**Art. R. 653-15** Pour l'exercice de ses missions, l'Institut français du cheval et de l'équitation peut :

"*a)* Acquérir et gérer des reproducteurs ;

"*b)* Instruire, à la demande des ministres, les demandes de subventions financées notamment à partir des dotations du budget de l'État et en assurer le paiement ;

"*c)* Accorder, sur ses ressources, des primes d'encouragement à l'occasion des concours d'élevage ;

"*d)* Assurer la réalisation, l'édition et la diffusion, à titre gratuit ou onéreux, sous toute forme, des études, des publications et, plus généralement, des supports d'informations et objets en rapport avec ses activités ;

"*e)* Prendre des brevets ;

"*f)* Prendre des participations financières, créer des filiales ou participer à des groupements d'intérêt public, économique ou scientifique, à des syndicats mixtes ou à des sociétés d'économie mixte, être membre d'associations.

"**Art. R. 653-16** L'Institut français du cheval et de l'équitation conclut avec les ministres chargé de l'agriculture et des sports un contrat pluriannuel qui définit les objectifs qui lui sont assignés et les indicateurs associés.*[s]*

"**Art. R. 653-17** L'établissement est administré par un conseil d'administration.

"I. — Le conseil d'administration comprend *(Décr. n° 2010-1340 du 9 nov. 2010)* « 22 » membres ainsi répartis :

"1° Sept représentants de l'État :

"*a)* Un désigné par le Premier ministre ;

"*b)* Deux désignés par le ministre chargé de l'agriculture, dont le directeur chargé de la politique du cheval ou son représentant ;

"*c)* Deux désignés par le ministre chargé des sports, dont le directeur des sports ou son représentant ;

"*d)* Un désigné par le ministre chargé du budget ;

"*e)* Un désigné par le ministre de la défense ;

"2° Onze personnalités qualifiées dont :

"*a)* Un élu local, qui peut être parlementaire, choisi en raison de ses compétences dans les domaines d'activité de l'établissement ;

"*b)* Le président de la Société hippique française (SHF) ;

"*c)* Le chef des sports équestres militaires ;

"*d)* Pour le secteur de l'agriculture :

"— deux personnalités exerçant leurs activités dans le secteur des courses hippiques, dont une pour le galop et une pour le trot ;

"— une personnalité exerçant ses activités dans le secteur de l'élevage des équidés de sports et de loisirs ;

"— une personnalité exerçant ses activités dans le secteur de l'élevage des chevaux de trait et des races asines ;

"*e)* Pour le secteur des sports :

"— deux personnalités compétentes dans le domaine des sports équestres ;

"— le président de la Fédération française d'équitation ou son représentant ;

"— un sportif de haut niveau désigné par le président du Comité national olympique et sportif français, sur proposition du président de la Fédération française d'équitation ;

"3° *(Décr. n° 2010-1340 du 9 nov. 2010)* « Quatre représentants élus du personnel de l'établissement. »

"II. — Les représentants de l'État sont nommés par arrêté du ministre intéressé. Les personnalités qualifiées sont nommées, par arrêté conjoint du ministre chargé de l'agriculture et du ministre chargé des sports, sur proposition du ministre intéressé.

"Les représentants du personnel et leurs suppléants sont élus selon des modalités fixées par arrêté conjoint du ministre chargé de l'agriculture et du ministre chargé des sports.

"III. — Le président du conseil d'administration est nommé parmi ses membres par décret, sur proposition des ministres chargés de l'agriculture et des sports.

"Il ne peut être âgé de plus de soixante-dix ans à la date de sa nomination.

"Le président et les membres du conseil d'administration sont nommés pour une durée de trois ans. Leur mandat est renouvelable.

"Les membres du conseil d'administration décédés ou démissionnaires et ceux qui, en cours de mandat, n'occupent plus les fonctions à raison desquelles ils ont été désignés sont remplacés selon les modalités définies ci-dessus. Leurs remplaçants sont nommés pour la durée du mandat restant à courir.

"**Art. R. 653-18** Les fonctions de président et d'administrateur ne donnent pas lieu à rémunération. Le remboursement des frais de déplacement et de séjour des membres du conseil d'administration, du conseil scientifique, du conseil sur la formation et des comités d'orientation s'effectue dans les conditions prévues par la réglementation en vigueur fixant les conditions et les modalités de règlement des frais occasionnés par les déplacements des personnels civils ou militaires sur le territoire métropolitain.

"**Art. R. 653-19** Le conseil d'administration se réunit aussi souvent qu'il est nécessaire et au moins deux fois par an, sur convocation de son président qui en fixe l'ordre du jour, sur proposition du directeur général.

"Le conseil d'administration est également convoqué à la demande du ministre chargé de l'agriculture, du ministre chargé des sports ou de la majorité de ses membres. Les questions pour l'examen desquelles la convocation est demandée sont de droit inscrites à l'ordre du jour. L'ordre du jour et les pièces afférentes sont transmis huit jours avant la date de la réunion.

"Le conseil d'administration ne peut valablement délibérer que si la moitié au moins des membres en exercice est présente ou représentée. Les membres du conseil d'administration peuvent, en cas d'absence ou d'empêchement, donner mandat à un membre appartenant à la même catégorie. Un même membre ne peut détenir qu'un seul mandat.

"Si le quorum n'est pas atteint, le conseil est à nouveau convoqué avec le même ordre du jour dans un délai maximum de trois semaines. Il peut alors valablement délibérer quel que soit le nombre de membres présents ou représentés.

"Les délibérations du conseil sont adoptées à la majorité des membres présents et représentés. En cas de partage égal des voix, celle du président est prépondérante.

"En cas d'empêchement du président, la séance est présidée par un représentant de l'État désigné par le ministre chargé de l'agriculture et par le ministre chargé des sports.

"L'autorité en charge du contrôle budgétaire, le directeur général et l'agent comptable assistent aux séances du conseil d'administration avec voix consultative.

"Le président peut également appeler à participer aux séances, avec voix consultative, toute personne dont il juge la présence utile compte tenu de l'ordre du jour.

"En cas d'urgence, les délibérations du conseil d'administration peuvent être adoptées par des modalités de consultation électronique ou audiovisuelle préservant la collégialité des débats selon les modalités définies par le règlement intérieur.

"**Art. R. 653-20** Le conseil d'administration règle par ses délibérations les affaires de l'établissement. Les délibérations portent notamment sur les objets suivants :

"1° Les orientations de la politique de l'établissement, notamment en matière scientifique et d'enseignement, d'action sociale et de formation, ainsi que sur les programmes généraux d'activités et d'investissements et l'organisation générale de l'établissement ;

"2° Le règlement intérieur ;

"3° Le budget et ses décisions modificatives ;

"4° Le compte financier et l'affectation des résultats ;

"5° Les conditions générales de passation des conventions, contrats et marchés ;

"6° Le contrat pluriannuel de performances conclu avec l'État ;

"7° Les dépôts de marque, brevets et de tous titres de propriété intellectuelle ;

"8° Le rapport annuel d'activités et le rapport annuel de comptabilité analytique ;

"9° Les redevances et rémunérations de toute nature perçues par l'établissement ;

"10° L'acceptation des dons et legs ;

"11° Les emprunts et lignes de trésorerie ;

"12° Les acquisitions, aliénations, échanges, les locations de locaux ainsi que la construction et les grosses réparations d'immeuble ;

"13° Les prises, cessions ou extensions de participations financières ;

"La création de filiales, la participation à des groupements d'intérêt public ou à des groupements d'intérêt économique ou scientifique, à des syndicats mixtes ou à des sociétés d'économie mixte ainsi qu'à des associations ;

"14° Les actions en justice ;

"15° Les transactions ainsi que, en cas de litiges nés de l'exécution des contrats ou marchés avec des organismes étrangers, le recours à l'arbitrage ;

"16° Les conditions générales d'emploi et de rémunération des agents contractuels.

"En ce qui concerne les matières énumérées aux 7°, 9°, 10°, 11°, 12°, 14° et 15°, le conseil peut déléguer, dans les limites qu'il détermine, tout ou partie de ses pouvoirs au directeur général. Celui-ci lui rend compte lors de la prochaine séance des décisions qu'il a prises en vertu de cette délégation.

"**Art. R. 653-21** Les délibérations du conseil d'administration sont exécutoires quinze jours après la réception du procès-verbal par les ministres chargés de l'agriculture et des sports, sauf exercice de son droit de veto par le commissaire du Gouvernement dans les conditions prévues à l'article R. 653-21-1 ;

"En cas d'urgence, les ministres peuvent en autoriser l'exécution immédiate.

"*(Décr. n° 2012-1247 du 7 nov. 2012, art. 40, en vigueur le 1er janv. 2013)* « Les délibérations portant sur le budget et le compte financier sont exécutoires dans les conditions prévues par le titre III du décret n° 2012-1246 du 7 novembre 2012 relatif à la gestion budgétaire et comptable publique. »

"Les délibérations relatives aux actions en justice sont immédiatement exécutoires.

"**Art. R. 653-21-1** Un commissaire du Gouvernement, nommé par arrêté conjoint des ministres chargés de l'agriculture et des sports, est placé auprès de l'établissement.

"Il est suppléé en cas d'empêchement par un commissaire suppléant désigné selon les mêmes modalités.

"Le commissaire du Gouvernement reçoit les convocations, ordres du jour, procès-verbaux et tous autres documents adressés aux membres du conseil. Il peut se faire communiquer toutes pièces, documents ou archives et procéder ou faire procéder à toutes vérifications.

"Il dispose d'un droit de veto à l'égard des délibérations du conseil d'administration. Il exerce ce droit dans les quinze jours qui suivent soit la réunion, s'il y a assisté ou y était représenté, soit la réception du procès-verbal de la séance.

"Le veto du commissaire du Gouvernement a un caractère suspensif jusqu'à ce que les ministres de tutelle se soient prononcés. A défaut de décision expresse de ces ministres dans un délai de vingt jours à compter du jour d'exercice du droit de veto, la décision devient exécutoire.

"Lorsque le commissaire du Gouvernement ou un ministre demande par écrit des informations ou documents complémentaires, les délais mentionnés au précédent alinéa sont suspendus jusqu'à la production de ces informations ou documents.

"**Art. R. 653-22** L'établissement est doté d'un conseil scientifique et d'un conseil de formation, organisés dans les conditions fixées par le conseil d'administration.

"**Art. R. 653-23** Le conseil scientifique est consulté au moins une fois par an par le conseil d'administration sur :

"1° Le programme de recherche de l'établissement ;

"2° Les orientations de veille vétérinaire et la lutte contre le dopage animal ;

"Il peut être consulté sur toute autre question scientifique.

"**Art. R. 653-23-1** Le conseil de formation est consulté par le conseil d'administration sur l'offre de formations proposée par l'établissement.

"**Art. R. 653-24** Le conseil d'administration peut créer des comités d'orientation afin, notamment, de :

"1° Développer le partenariat avec les collectivités, les organisations socioprofessionnelles et les associations concernées par l'élevage des équidés et les activités hippiques ;

"2° Proposer au conseil d'administration les orientations stratégiques ;

"3° Émettre un avis sur les programmes d'activités et les moyens à y affecter ;

"4° Évaluer les activités de l'établissement.

"**Art. R. 653-25** L'établissement est dirigé par un directeur général, nommé par décret, pour une durée de trois ans renouvelable, sur proposition des ministres chargés de l'agriculture et des sports.

"Le directeur général prépare les délibérations du conseil d'administration. Il assure l'exécution de ses délibérations. Il assure la direction de l'établissement et le représente dans tous les actes de la vie civile, dans ses rapports avec les tiers et dans les relations internationales.

"Il représente l'établissement en justice.

"Il a autorité sur l'ensemble du personnel.

"Il est responsable de la sécurité des personnes et des biens.

"Il recrute, nomme et gère les fonctionnaires membres du corps des adjoints techniques des haras régi par le décret n° 2006-1761 du 23 décembre 2006 relatif aux dispositions statutaires communes applicables aux corps d'adjoints techniques des administrations de l'État ainsi que les personnels non titulaires de l'établissement.

"Il passe au nom de l'établissement les contrats et marchés et les actes d'acquisition et de vente.

"Il est ordonnateur principal des dépenses et recettes de l'établissement et peut désigner des ordonnateurs secondaires.

"Il peut déléguer sa signature à des agents de l'établissement dans des limites qu'il détermine.

"**Art. R. 653-25-1** Le directeur général est assisté :

"— par un directeur général adjoint chargé de la formation et de la promotion de l'équitation de haut niveau nommé par arrêté conjoint des ministres chargés des sports et de l'agriculture ;

"— par l'écuyer en chef, responsable technique du Cadre noir, nommé par arrêté conjoint des ministres chargés des sports et de l'agriculture, sur proposition du ministre de la défense.

"**Art. R. 653-26** Le personnel de l'établissement comprend :

"1° Des fonctionnaires de l'État, civils et militaires, dans les conditions prévues par leurs statuts respectifs ;

"2° Des personnels contractuels dans les conditions prévues par la loi n° 84-16 du 11 janvier 1984.

"**Art. R. 653-27** Le budget de l'établissement comprend :

"1° En recettes :

"*a)* Les subventions de l'État ;

"*b)* Les subventions versées au titre des fonds européens ;

"*c)* Les subventions des collectivités territoriales et des établissements publics et toutes autres personnes publiques ou privées ;

"*d)* Les produits des redevances et contributions ;

"*e)* Les produits des représentations et compétitions ;

"*f)* La rémunération des services rendus ;

"*g)* Les fonds de contrats sur programmes ;

"*h)* Les produits de l'aliénation des biens meubles et immeubles ;

"*i)* Les produits de publications et actions de formation ;

"*j)* Les sommes perçues au titre de la formation professionnelle ;

"*k)* Les produits financiers relevant du placement de ses fonds ;

"*l)* Les emprunts ;

"*m)* Les produits des dons et legs ;

"*n)* L'exploitation des marques et brevets et de leurs dérivés ;

"*o)* Toutes autres recettes autorisées par les lois et règlements.

"2° En dépenses :

"*a)* Les frais de personnels à la charge de l'établissement ;

"*b)* Les charges de fonctionnement, d'équipement, d'entretien et de sécurité et notamment les frais d'entretien et d'achat des chevaux ;

"*c)* Les frais d'organisation des stages, conférences, travaux de recherche, d'élaboration et de diffusion des publications ;

"*d)* Les frais d'organisation des manifestations ;

"*e)* Les charges de remboursement des emprunts ;

"*f)* Les dépenses d'intervention, les primes d'encouragement visées au *c* de l'article R. 653-15 du présent code ;

"*g)* D'une manière générale, toutes les dépenses nécessaires à la conduite des activités de l'établissement.

"**Art. R. 653-28** I. — *(Décr. n° 2012-1247 du 7 nov. 2012, art. 40, en vigueur le 1er janv. 2013)* « Des comptables secondaires peuvent être désignés par le directeur général après avis de l'agent comptable et avec l'agrément du ministre chargé du budget. »

"II. — *(Décr. n° 2012-1247 du 7 nov. 2012, art. 40, en vigueur le 1er janv. 2013)* « L'établissement est soumis aux dispositions des titres Ier et III du décret n° 2012-1246 du 7 novembre 2012 relatif à la gestion budgétaire et comptable publique. » En particulier des régies d'avances et de recettes peuvent être ouvertes dans les conditions fixées par le décret du 20 juillet 1992 relatif aux régies de recettes et aux régies d'avances des organismes publics.

"III. — L'établissement peut recourir à l'emprunt ou à des lignes de trésorerie, avec l'autorisation des ministres de tutelle et des ministres chargés de l'économie et du budget.

"IV. — La comptabilité analytique est tenue par l'agent comptable ou sous son contrôle, selon un plan établi par le directeur général et approuvé par les ministres de tutelle et le ministre chargé du budget. Un état retraçant les résultats de la comptabilité analytique est joint au compte financier adressé aux ministres de tutelle."

V et VI. — *Abrogés par Décr. n° 2012-1247 du 7 nov. 2012, art. 40, à compter du 1er janv. 2013.*

Art. 4 Les personnels des Haras nationaux et de l'École nationale de l'équitation en fonction à la date d'entrée en vigueur du présent décret sont transférés à l'Institut français du cheval et de l'équitation et placés sous l'autorité de son directeur général.

Art. 5 Les biens, droits et obligations des établissements Les Haras nationaux et École nationale d'équitation sont transférés à l'Institut français du cheval et de l'équitation.

Art. 6 I. — Par dérogation aux dispositions de l'article R. 653-20 du code rural, le budget initial de l'établissement pour la première année de gestion est arrêté conjointement par les ministres de tutelle ainsi que par le ministre du budget.

II. — Les agents comptables des établissements publics Les Haras nationaux et École nationale d'équitation en fonction à la date d'entrée en vigueur du présent décret sont chargés, chacun en ce qui le concerne, de l'établissement du compte financier 2009 et du compte financier 2010 relatif à la période du 1er janvier 2010 à la date d'entrée en vigueur du présent décret. Ces comptes financiers sont arrêtés par le conseil d'administration de l'Institut français du cheval et de l'équitation, avant l'expiration du quatrième mois suivant la date d'entrée en vigueur du présent décret. Ils sont approuvés par les ministres de tutelle dans les conditions au titre II du décret n° 2012-1246 du 7 novembre 2012 relatif à la gestion budgétaire et comptable publique et transmis au juge des comptes selon les modalités fixées par le titre III du décret n° 2012-1246 du 7 novembre 2012 relatif à la gestion budgétaire et comptable publique.

Art. 7 *(Décr. n° 2010-1340 du 9 nov. 2010, art. 2)* Jusqu'à la première élection des représentants du personnel, qui doit avoir lieu avant le 31 décembre 2010, le conseil d'administration siège valablement sans membres élus. Les représentants du personnel siègent dès leur élection et leurs mandats *[leur mandat]* prennent *[prend]* fin à la même date que celui des membres nommés.

Art. 8 Les comités techniques paritaires, les comités d'hygiène et de sécurité et les commissions consultatives paritaires des Haras nationaux et de l'École nationale d'équitation, sont maintenus en fonction et leurs membres poursuivent leur mandat jusqu'à la constitution des nouvelles instances paritaires, *(Décr. n° 2010-1340 du 9 nov. 2010, art. 2)* « qui aura lieu avant le 31 décembre 2010 ».

Le directeur général de l'Institut français du cheval et de l'équitation peut réunir en formation conjointe, sous sa présidence, chacune des catégories d'instances paritaires mentionnées à l'alinéa précédent.

La commission administrative paritaire compétente à l'égard des adjoints techniques des haras est placée auprès du directeur général de l'Institut français du cheval et de l'équitation.

Art. 9 Dans toutes les dispositions réglementaires en vigueur, les mots : "Les Haras nationaux" et les mots : "École nationale d'équitation" sont remplacés par les mots : "Institut français du cheval et de l'équitation".

Art. 10 Les dispositions du présent décret entrent en vigueur le premier jour du mois suivant sa publication.

Art. D. 211-20 à D. 211-35 *Abrogés par Décr. n° 2010-90 du 22 janv. 2010, art. 2.*

SOUS-SECTION 3 L'ÉCOLE NATIONALE DE VOILE ET DES SPORTS NAUTIQUES

§ 1er MISSIONS

Art. D. 211-36 L'École nationale de voile et des sports nautiques a son siège à Saint-Pierre-Quiberon.

Art. D. 211-37 Les missions de l'école sont les suivantes :

1° Assurer la formation des professionnels et des autres acteurs du nautisme dans les domaines de l'animation, du développement sportif et de la gestion des structures nautiques ;

2° Contribuer à la politique sportive de la Fédération française de voile ;

3° Soutenir le développement du secteur handivoile et de sa pratique de haut niveau ;

4° Développer la recherche appliquée dans les domaines de la performance sportive et de l'ingénierie de formation ;

5° Créer un centre de ressources techniques, scientifiques, pédagogiques et juridiques indispensables à la pratique de la voile et des sports nautiques ;

6° D'une manière générale, contribuer au développement de la voile et du nautisme.

Pour accomplir ses missions, l'école développe des partenariats avec des organismes privés et publics intervenant dans les secteurs de la voile ou du nautisme.

§ 2 FONCTIONNEMENT

Art. D. 211-38 L'École nationale de voile et des sports nautiques est administrée par un conseil d'administration et dirigée par un directeur.

Il est créé auprès du directeur de l'École nationale de voile et des sports nautiques :

— Un comité technique d'établissement public compétent pour connaître de toutes les questions intéressant l'école (Arr. du 29 juin 2011, JO 19 août) ;

— Un comité d'hygiène, de sécurité et des conditions de travail d'établissement public compétent pour connaître de toutes les questions concernant l'ensemble des services de cet établissement (Arr. du 15 juin 2012, JO 15 août).

Art. D. 211-39 Le conseil d'administration comprend :

1° Sept représentants de l'État :

a) Le directeur des sports et deux autres représentants du ministre chargé des sports ;

b) Un représentant du ministre chargé de la mer ;

c) Un représentant du ministre chargé de l'enseignement supérieur ;

d) Un représentant du ministre chargé de l'environnement ;

e) Le *(Décr. n° 2009-1540 du 10 déc. 2009, art. 10-II-3°-b)* « directeur régional de la jeunesse, des sports et de la cohésion sociale » de Bretagne ;

2° *(Décr. n° 2009-680 du 11 juin 2009)* « Quatre personnalités qualifiées :

« *a)* Le président du Conseil supérieur de la navigation de plaisance et des sports nautiques ;

« *b)* Trois personnalités choisies par le ministre chargé des sports. »

3° Trois représentants de la voile et des activités nautiques :

a) Le président de la Fédération française de voile ou son représentant ;

b) Le directeur technique national de voile ou son représentant ;

c) Un représentant des fédérations des autres sports nautiques désigné par le ministre chargé des sports sur proposition du président du Comité national olympique et sportif français ;

4° Trois représentants des collectivités territoriales :

a) Le président du conseil régional de Bretagne ou son représentant ;

b) Le président du conseil départemental du Morbihan ou son représentant ;

c) Le maire de Saint-Pierre-Quiberon ou son représentant ;

4° *[5°]* Trois représentants des personnels élus selon les modalités fixées par arrêté du ministre chargé des sports.

Les représentants de l'État sont désignés par le ministre qu'ils représentent. Ils peuvent être représentés par un suppléant désigné dans les mêmes conditions.

Chaque membre élu peut être représenté par un suppléant élu dans les mêmes conditions que le titulaire.

Les membres suppléants ne peuvent siéger qu'en l'absence des membres titulaires.

Un arrêté du ministre chargé des sports fixe la composition nominative du conseil d'administration de l'établissement.

Art. D. 211-40 *(Décr. nº 2009-680 du 11 juin 2009)* Le président du conseil d'administration est nommé par arrêté du ministre chargé des sports parmi les membres du conseil mentionnés au *b* du 2° de l'article D. 211-39.

En cas d'empêchement du président, le conseil d'administration se réunit sous la présidence d'un des membres du conseil mentionnés au *b* du 2° de l'article D. 211-39 et désigné par le ministre chargé des sports.

Art. D. 211-41 Le mandat des membres du conseil d'administration est de trois ans. Il est renouvelable.

En cas de vacance du siège d'un membre du conseil d'administration survenant plus de six mois avant l'expiration de son mandat, un autre membre est nommé dans les mêmes conditions pour la durée du mandat à courir, sauf pour les membres élus qui sont remplacés par leur suppléant jusqu'à la fin du mandat détenu par le titulaire.

Art. D. 211-42 Les fonctions de membre du conseil d'administration sont exercées à titre gratuit. Elles ouvrent droit, toutefois, au remboursement des frais de déplacement et de séjour dans les conditions prévues par le décret nº 2006-781 du 3 juillet 2006 fixant les conditions et les modalités de règlement des frais occasionnés par les déplacements temporaires des personnels civils de l'État.

Art. D. 211-43 Le conseil d'administration se réunit au moins deux fois par an sur convocation de son président qui fixe l'ordre du jour.

Le conseil d'administration ne peut délibérer que si la moitié au moins de ses membres est présente. Si le *quorum* n'est pas atteint, le conseil d'administration est à nouveau convoqué avec le même ordre du jour dans un délai maximum de vingt et un jours. Il délibère alors valablement, quel que soit le nombre de membres présents.

Les délibérations du conseil d'administration sont adoptées à la majorité des membres présents. En cas de partage égal des voix, la voix du président est prépondérante.

Le directeur de l'école, le directeur adjoint, l'agent comptable, le contrôleur budgétaire ainsi que toute personne dont il paraîtrait utile au président de recueillir l'avis participent au conseil d'administration avec voix consultative. Le directeur peut se faire accompagner par toute personne de son choix appartenant à l'établissement.

Art. D. 211-44 Le conseil d'administration règle par ses délibérations les affaires de l'établissement. Il délibère notamment sur :

1° La politique générale et les objectifs de l'établissement et donne son accord sur les orientations et les mesures générales relatives à l'organisation et au fonctionnement de l'établissement ;

2° Le budget et les décisions modificatives du budget ;

3° Le compte financier et l'affectation des résultats de l'exercice ;

4° Le rapport annuel d'activité élaboré par le directeur ;

5° Les catégories de conventions qui, en raison de leur nature ou montant financier engagé, doivent lui être soumis pour approbation et celles dont il délègue la responsabilité au directeur ;

6° Le règlement intérieur de l'établissement et celui du conseil d'administration ;

7° Les conditions générales de vente des produits et services fournis par l'établissement ;

8° Les emprunts ;

9° L'acceptation ou le refus des dons et legs ; il peut, dans les conditions qu'il détermine, déléguer ces attributions au directeur ;

10° Les acquisitions, aliénations et échanges d'immeubles, les baux et les octrois d'hypothèque ;

11° La participation à des groupements d'intérêt public ;

12° Les cessions ou concessions de droits de propriété industrielle ;

13° Les conditions générales d'emploi et de rémunération des agents contractuels ;

14° L'exercice des actions en justice et des transactions ; il peut, dans les conditions qu'il détermine, déléguer ces attributions au directeur.

Le conseil d'administration donne son avis sur toute question pour laquelle le ministre chargé des sports le consulte.

Le directeur rend compte au conseil des décisions qu'il a prises en vertu de sa délégation.

Art. D. 211-45 Les délibérations du conseil d'administration et les décisions prises par le directeur agissant par délégation du conseil d'administration qui, dans le délai de dix jours après la réception du procès-verbal ou de la décision par le ministre chargé des sports, n'ont pas fait l'objet de la part de celui-ci soit d'une demande de réexamen adressée à l'organe ayant pris la délibération ou la décision, soit d'une opposition, deviennent exécutoires.

(Décr. n° 2012-1247 du 7 nov. 2012, art. 43-5°, en vigueur le 1er janv. 2013) « Les délibérations portant sur le budget et le compte financier sont exécutoires dans les conditions prévues par le titre III du décret n° 2012-1246 du 7 novembre 2012 relatif à la gestion budgétaire et comptable publique. »

Pour devenir exécutoires, les délibérations prévues aux 8°, 10° et 11° de l'article D. 211-44 doivent recevoir l'approbation expresse des ministres chargés du budget et des sports.

Ancien art. D. 211-45 *Les délibérations du conseil d'administration et les décisions prises par le directeur agissant par délégation du conseil d'administration qui, dans le délai de dix jours après la réception du procès-verbal ou de la décision par le ministre chargé des sports, n'ont pas fait l'objet de la part de celui-ci soit d'une demande de réexamen adressée à l'organe ayant pris la délibération ou la décision, soit d'une opposition, deviennent exécutoires.*

Toutefois, les délibérations prévues aux 2° et 3° de l'article D. 211-44 sont approuvées par les ministres chargés du budget et des sports dans les conditions déterminées par le décret n° 99-575 du 8 juillet 1999 relatif aux modalités d'approbation de certaines décisions financières des établissements publics de l'État.

Pour devenir exécutoires, les délibérations prévues aux 8°, 10° et 11° de l'article D. 211-44 doivent recevoir l'approbation expresse des ministres chargés du budget et des sports.

Art. D. 211-46 Le directeur de l'École nationale de voile et des sports nautiques est nommé par arrêté du ministre chargé des sports.

Le directeur de l'école exerce notamment les compétences suivantes :

1° Il représente l'établissement en justice et dans tous les actes de la vie civile ;

2° Il prépare les travaux et exécute les délibérations du conseil d'administration ;

3° Il prépare et exécute le budget de l'établissement ;

4° Il est ordonnateur des dépenses et des recettes ;

5° Il est responsable de la gestion administrative, technique et financière de l'établissement ;

6° Il conclut les conventions de l'établissement et est la personne responsable des marchés ;

7° Il a autorité sur l'ensemble des personnels affectés dans l'établissement ou mis à sa disposition, ainsi que sur toute personne qui intervient dans l'établissement, dans le respect de leur statut ;

8° Il prend toute disposition, en liaison avec les autorités administratives compétentes, pour assurer la sécurité des personnes et des biens, l'hygiène et la salubrité ;

9° Il veille au respect des droits et des devoirs des personnels et assure l'application du règlement intérieur ;

10° Il peut, dans les conditions qu'il détermine, donner délégation de signature à son ou ses adjoints et aux fonctionnaires appartenant à un corps de catégorie A placés sous son autorité.

Le directeur informe le conseil d'administration de sa gestion et en rend compte à l'autorité de tutelle.

§ 3 RÉGIME COMPTABLE ET FINANCIER

Art. D. 211-47 *(Décr. n° 2012-1247 du 7 nov. 2012, art. 43-6°, en vigueur le 1er janv. 2013)* L'école est soumise aux dispositions des titres Ier et III du décret n° 2012-1246 du 7 novembre 2012 relatif à la gestion budgétaire et comptable publique.

Ancien art. D. 211-47 *L'école est soumise au régime financier et comptable défini par le décret du n° 53-1227 du 10 décembre 1953 relatif à la réglementation comptable applicable aux établissements publics nationaux à caractère administratif et par les articles 151 à 189 du décret n° 62-1587 du 29 décembre 1962 portant règlement général sur la comptabilité publique ainsi qu'au contrôle financier prévu par le décret n° 2005-757 du 4 juillet 2005 relatif au contrôle financier au sein des établissements publics administratifs de l'État.*

Art. R. 211-48 Par dérogation à *(Décr. n° 2012-1247 du 7 nov. 2012, art. 43-7°, en vigueur le 1er janv. 2013)* « l'article 189 du décret n° 2012-1246 du 7 novembre 2012 relatif à la gestion budgétaire et comptable publique *[ancienne rédaction (issue du Décr. n° 2007-1133 du 24 juill. 2007) : l'article 157 du décret n° 62-1587 du 29 décembre 1962 portant règlement général sur la comptabilité publique]* », l'agent comptable est nommé par arrêté des ministres chargés du budget et des sports et du ministre dont il relève pour sa gestion.

Art. D. 211-49 Les recettes de l'École nationale de voile et des sports nautiques sont constituées notamment par :

1° Les subventions de l'État, des collectivités territoriales, des établissements publics et de toute autre personne publique ou privée ;

2° Les produits de prestations ;

3° Les sommes perçues au titre de la formation professionnelle ;

4° Le produit des représentations, des compétitions et des manifestations sportives ;

5° Les produits de la vente des publications de l'école et des prototypes et petites séries ;

6° Le produit des biens meubles ou immeubles ;

7° Les aliénations des biens meubles ou immeubles ;

8° Les redevances et remboursement divers ;

9° Les dons et legs ;

10° Les produits financiers résultant du placement de ses fonds ;

11° De façon générale, toutes les recettes autorisées par les lois et règlements.

Art. D. 211-50 Les dépenses de l'École nationale de voile et des sports nautiques comprennent :

1° Les frais de personnels de l'établissement ;

2° Les frais de fonctionnement et d'investissement ;

3° De façon générale, toute dépense nécessaire à son activité.

Art. D. 211-51 Des régies de recettes et des régies d'avances peuvent être créées dans les conditions fixées par le décret n° 92-681 du 20 juillet 1992 modifié relatif aux régies de recettes et aux régies d'avances des organismes publics.

§ 4 PERSONNEL

Art. D. 211-52 Le personnel de l'école comprend notamment :

1° Des fonctionnaires civils de l'État dans les conditions prévues par leurs statuts respectifs ;

2° Des personnels contractuels dans les conditions prévues par les articles 4 et 6 de la loi n° 84-16 du 11 janvier 1984. — *V. art. A. 211-39 s.*

Arrêté du 23 mars 1982,

Portant création d'un conseil d'orientation à l'École nationale de voile.

Art. 1er Il est créé, auprès du conseil d'administration de l'École nationale de voile, un conseil d'orientation en vue d'assurer une meilleure coordination entre l'établissement et ses différents utilisateurs.

Art. 2 Le conseil d'orientation émet un avis sur les objectifs et programmes d'activités de l'établissement à court, moyen et long terme. Il recueille les informations qui lui permettent de dégager des options possibles qui seront soumises ultérieurement pour décision au conseil d'administration.

Il tient compte des conséquences financières et les expose dans les options présentées au conseil d'administration.

Art. 3 Ce conseil comprend :

Le directeur de l'établissement ;

Le chef du département de la formation ou son adjoint ;

Le chef du département des stages ou le chef d'atelier ;

Le chef de l'administration financière ou son représentant ;

Le directeur technique national de la Fédération française de voile ou son représentant ;

Trois membres désignés par le directeur technique national de la Fédération française de voile (représentant fédéral, entraîneurs nationaux ou CTR) ;

Les deux représentants des enseignants au conseil d'administration ;

Deux enseignants choisis par leurs pairs en fonction des sujets inscrits à l'ordre du jour.

Les membres du conseil d'administration peuvent, sur leur demande, être associés aux travaux du conseil.

Il est présidé par le directeur de l'établissement ou son représentant.

Ce conseil se réunit à l'initiative de son président, du conseil d'administration ou à la demande du tiers des membres du conseil d'orientation.

Sur proposition, l'ordre du jour est fixé par le président du conseil d'orientation.

Art. 4 Les réunions du conseil d'orientation feront l'objet d'un compte rendu qui sera adressé dans les quinze jours à l'ensemble des participants ainsi qu'aux membres du conseil d'administration.

Art. 5 Les frais de déplacement et de séjour des membres du conseil d'orientation sont pris en compte :

Par la direction des sports, s'il s'agit de fonctionnaires ;

Sur le budget de l'établissement pour les autres membres.

SOUS-SECTION 4 L'ÉCOLE NATIONALE DES SPORTS DE MONTAGNE *(Décr. no 2010-1378 du 12 nov. 2010, art. 1er).*

Rapport au Premier ministre,

Relatif au décret no 2010-1378 du 12 novembre 2010 portant modification des dispositions du code du sport relatives à l'École nationale des sports de montagne.

Le projet de décret qui vous est soumis est relatif à l'École nationale des sports de montagne. Cet établissement public, sous la tutelle du ministère de la santé et des sports, a vocation à organiser et coordonner les formations et les pratiques des sports de montagne.

L'École nationale des sports de montagne regroupe les activités actuellement dévolues à l'École nationale de ski et d'alpinisme de Chamonix (ENSA) et au Centre national de ski nordique de Prémanon (CNSN), lequel dépendait du Centre d'éducation populaire et de sport (CREPS) de Franche-Comté jusqu'à sa dissolution par décret no 2009-1070 du 28 août 2009.

La création de cette école s'inscrit donc dans le cadre de la révision générale des politiques publiques (RGPP), avec comme objectif une efficacité accrue des opérateurs de l'État par la restructuration du réseau des établissements publics nationaux du ministère chargé des sports et la redéfinition de leurs missions.

Ce projet a fait l'objet d'une large concertation avec les collectivités locales, régionales et départementales concernées, les professionnels de la montagne et les représentants élus des conseils d'administration préexistants de l'ENSA et du CREPS de Franche-Comté. L'ambition est bien de répondre de façon globale et collective aux nouvelles contraintes et enjeux des sports de montagne qui touchent les Alpes et le Jura, mais aussi l'ensemble des massifs français de montagne.

Ce projet de décret respecte formellement l'architecture actuelle du code du sport afin de ne pas déstabiliser dans son ensemble l'organisation juridique existante et l'intelligence du texte. Les évolutions substantielles, et les modernisations de certaines dispositions réglementaires anciennes sont simplement insérées dans le document initial.

L'organisation de cette École nationale des sports de montagne se traduit de la façon suivante dans le projet de décret.

Un établissement unique sur deux sites

L'article D. 211-53 nomme l'établissement public École nationale des sports de montagne, établissement unique, et précise l'existence de deux sites distincts, dont les identités sont préservées, celui de Chamonix-Mont-Blanc en Haute-Savoie pour l'École nationale de ski et d'alpinisme, et celui de Prémanon dans le Jura pour le Centre national de ski nordique et de moyenne montagne.

Les missions

Les articles D. 211-53-1 et D. 211-53-2. La présentation des missions est attentive à la spécificité de chaque site sur chacun desquels des activités particulières sont identifiées, à savoir le ski, l'alpinisme et le vol libre pour Chamonix et le ski nordique et les sports de moyenne montagne pour Prémanon.

La formation demeure la mission principale de l'établissement. S'y ajoutent la documentation, la recherche et l'expertise, de même que la participation à l'organisation de l'épreuve d'aptitude prévue aux articles R. 212-90-1 et R. 212-93 pour les ressortissants communautaires.

Les compétences de l'établissement en matière d'enseignement concernant le ski, l'alpinisme et les sports de montagne sont donc réaffirmées, de même que les missions de formation et de perfectionnement des entraîneurs et des personnels techniques d'entraînement pour les équipes nationales. Le projet réaffirme aussi la compétence particulière et unique de l'école en matière de formation, de contrôle de la formation et de perfectionnement des professionnels des métiers sportifs de la montagne.

Le projet de décret donne à l'établissement, dans la continuité des activités de Prémanon, des compétences en matière de sport de haut niveau (notamment le perfectionnement des membres des équipes du pôle France de ski nordique de Prémanon).

Il précise les obligations en matière de santé des sportifs.

Il autorise l'établissement à conduire des actions à l'international.

La gouvernance et le fonctionnement

Établissement public à caractère administratif sous tutelle du ministère chargé des sports, l'École nationale des sports de montagne est administrée par un conseil d'administration élargi qui s'appuie sur deux conseils d'orientations pour chacun des deux sites, Chamonix et Prémanon.

L'article D. 211-55 fixe la composition du conseil d'administration de vingt-huit membres. Outre la représentation du ministre des sports et celle des élus de l'établissement, il est tenu compte de la représentation des collectivités territoriales régionales (Rhône-Alpes et Franche-Comté) et départementales (Haute-Savoie, Jura), des fédérations sportives concernées (ski, montagne et escalade, clubs alpins et montagne, centres sportifs de plein air), des professionnels de la montagne (moniteurs de ski et guides de haute montagne).

L'article D. 211-55-1 précise la composition de chacun des deux conseils d'orientation de l'établissement qui identifient la spécificité, l'expertise et les domaines d'intervention de chacun des deux sites de Chamonix-Mont-Blanc et de Prémanon. Ces conseils valorisent des dynamiques territoriales spécifiques. Ces conseils d'orientation consultatifs sont chacun compétents pour les activités de leur site, mais ont vocation à faire valoir leur avis sur certaines délibérations soumises au conseil d'administration. La composition des conseils d'orientation pourra évoluer en fonction des partenariats noués par l'établissement et pour chacun des deux sites.

L'article D. 211-54 définit l'organisation de la direction générale : outre le directeur général de l'École nationale des sports de montagne, il est prévu un directeur pour chacun des deux sites de l'établissement.

Les dispositions budgétaires

Le régime comptable et financier de l'École nationale des sports de montagne s'inscrit dans un fonctionnement classique des établissements publics nationaux à caractère administratif tel que défini par le décret n° 53-1227 du 10 novembre 1953.

L'article D. 211-67-1 prévoit cependant un service à comptabilité distincte pour le Centre national de ski nordique et de moyenne montagne de Prémanon.

Les dispositions transitoires

Il est prévu des dispositions transitoires concernant :

— la dévolution à l'École nationale des sports de montagne des biens, droits et obligations ;

— la continuité de la direction de l'établissement ;

— le maintien des instances paritaires ;

— l'affectation des personnels ;

— les modalités d'exécution du budget prévisionnel 2010 ;

— les modalités de réalisation et d'approbation du compte financier 2010 ;

— le maintien de la tarification des prestations.

Après la publication du décret, il est envisagé un délai de trois mois pour l'installation du nouveau conseil d'administration.

Telle est, Monsieur le Premier ministre, la teneur du projet de décret relatif à l'École nationale des sports de montagne qui est proposé à votre signature.

§ 1er MISSIONS

(Décr. n° 2010-1378 du 12 nov. 2010, art. 2)

Art. D. 211-53 **L'École nationale des sports de montagne comprend deux sites dénommés École nationale de ski et d'alpinisme, à Chamonix-Mont-Blanc (Haute-Savoie), et Centre national de ski nordique et de moyenne montagne, à Prémanon (Jura).**

Elle a son siège à Chamonix-Mont-Blanc.

Les biens, droits et obligations de l'École nationale de ski et d'alpinisme et du Centre national de ski nordique, installé à Prémanon (Jura), sont dévolus à l'École nationale des sports de montagne. Les biens mobiliers et immobiliers affectés à l'École nationale de ski et d'alpinisme et au Centre national de ski nordique sont affectés à l'École nationale des sports de montagne. L'ensemble des transferts prévus ci-dessus est effectué à titre gratuit et ne donne lieu à aucun versement de salaire ou honoraire ni à aucune indemnité ou perception de droit et de taxe (Décr. n° 2010-1378 du 12 nov. 2010, art. 5).

Art. D. 211-53-1 **L'École nationale des sports de montagne a pour missions :**

1° L'élaboration de méthodes d'enseignement en matière de ski et de sports de montagne ;

2° La formation et le perfectionnement des entraîneurs et des personnels techniques et d'encadrement pour les équipes nationales et les clubs ;

3° La formation, le contrôle de la formation et le perfectionnement des professionnels des métiers sportifs de la montagne et la préparation aux diplômes conduisant à ces professions ainsi qu'aux activités professionnelles en relation avec son domaine de compétence ;

4° La participation à l'organisation des épreuves d'aptitude mentionnées aux articles R. 212-90-1 et R. 212-93 ;

5° La participation à l'information et à la formation dans les domaines du ski et de la montagne des agents publics ;

6° Le perfectionnement des membres des équipes de France de ski et des jeunes espoirs ainsi que des alpinistes de haut niveau ;

7° La protection de la santé des sportifs ;

8° La documentation, la recherche et l'expertise dans le domaine du ski et de la montagne ;

9° L'accueil pour leur formation et leur perfectionnement de skieurs et d'alpinistes étrangers ; la conduite d'actions en matière de relations internationales et de coopération dans son domaine de compétence.

Art. D. 211-53-2 I. — Les domaines d'intervention de l'École nationale de ski et d'alpinisme sont notamment :

1° Le ski alpin et ses activités assimilées ;

2° L'alpinisme et ses activités assimilées ;

3° Le vol libre.

II. — Les domaines d'intervention du Centre national de ski nordique et de moyenne montagne sont notamment :

1° Les disciplines nordiques ;

2° Les activités physiques ou sportives de moyenne montagne.

§ 2 FONCTIONNEMENT

(Décr. n° 2010-1378 du 12 nov. 2010, art. 2)

Art. D. 211-54 *(Décr. n° 2014-783 du 7 juill. 2014, art. 1er)* « L'École nationale des sports de montagne est administrée par un conseil d'administration et dirigée par un directeur général, directeur de l'École nationale de ski et d'alpinisme, assisté d'un directeur adjoint de l'École nationale de ski et d'alpinisme et d'un directeur du Centre national de ski nordique et de moyenne montagne. »

(Décr. n° 2010-1378 du 12 nov. 2010, art. 2) Un conseil d'orientation est constitué pour chacun des sites de l'établissement.

Il est créé auprès du directeur général de l'École nationale des sports de montagne :

— Un comité technique d'établissement public compétent pour connaître de toutes les questions intéressant l'école (Arr. du 29 juin 2011, JO 7 sept.) ;

— Un comité d'hygiène, de sécurité et des conditions de travail d'établissement public compétent pour connaître de toutes les questions concernant l'ensemble des services de cet établissement (Arr. du 15 juin 2012, JO 15 août).

Art. D. 211-55 Le conseil d'administration comprend :

1° Six représentants de l'État :

a) Le directeur des sports et deux autres représentants du ministre chargé des sports ;

— Le directeur de l'École nationale de ski et d'alpinisme en fonction à la date d'entrée en vigueur du Décr. n° 2010-1378 du 12 nov. 2010 exerce les fonctions de directeur général de l'École nationale des sports de montagne jusqu'à la nomination de ce dernier. L'agent comptable de l'École nationale de ski et d'alpinisme en fonction à la date d'entrée en vigueur du présent décret exerce les fonctions d'agent comptable de l'École nationale des sports de montagne jusqu'à la nomination de ce dernier. Les personnels fonctionnaires et les agents contractuels affectés au sein de l'École nationale de ski et d'alpinisme et du Centre national de ski nordique conservent leur résidence administrative et sont affectés à l'École nationale des sports de montagne (Décr. préc., art. 6).

b) Les directeurs régionaux de la jeunesse, des sports et de la cohésion sociale de Rhône-Alpes et de Franche-Comté ;

c) Un représentant du ministre chargé de l'éducation ;

2° Quatre représentants du mouvement sportif :

a) Le président de la Fédération française de ski ;

b) Le président de la Fédération française de la montagne et de l'escalade ;

c) Le président de la Fédération française des clubs alpins et de montagne ;

d) Le président de l'Union nationale des centres sportifs de plein air ;

3° Deux représentants des professionnels des sports de montagne :

a) Le président de l'organisation professionnelle la plus représentative des moniteurs de ski ;

b) Le président de l'organisation professionnelle la plus représentative des guides de haute montagne ;

4° Cinq représentants des collectivités territoriales :

a) Le président du conseil régional de Rhône-Alpes ;

b) Le président du conseil régional de Franche-Comté ;

c) Le président du conseil départemental de Haute-Savoie ;

d) Le président du conseil départemental du Jura ;

e) Le président de l'Association nationale des élus de la montagne ;

5° Deux personnalités qualifiées désignées par le ministre chargé des sports ;

6° Neuf membres élus selon les modalités fixées par arrêté du ministre chargé des sports :

a) Un représentant du personnel enseignant de l'École nationale de ski et d'alpinisme ;

b) Un représentant du personnel enseignant du Centre national de ski nordique et de moyenne montagne ;

c) Un représentant du personnel administratif de l'École nationale de ski et d'alpinisme ;

d) Un représentant du personnel administratif du Centre national de ski nordique et de moyenne montagne ;

e) Un représentant des personnels ouvriers et des personnels techniques et de service de l'École nationale de ski et d'alpinisme ;

f) Un représentant des personnels ouvriers et des personnels techniques et de service du Centre national de ski nordique et de moyenne montagne ;

g) Un représentant des personnels médicaux, de recherche et techniciens du sport de haut niveau ;

h) Un représentant des stagiaires de l'école ;

i) Un représentant des sportifs de haut niveau.

Les membres mentionnés du 1° au 4° ci-dessus peuvent se faire représenter.

Les membres mentionnés au 5° ci-dessus empêchés d'assister à tout ou partie d'une séance peuvent donner procuration à un autre membre du conseil. Un membre du conseil ne peut être porteur de plus d'une procuration.

Les membres mentionnés au 6° ci-dessus peuvent se faire représenter par leur suppléant élu dans les mêmes conditions que le titulaire.

Les représentants de l'État sont désignés par le ministre qu'ils représentent.

Les membres suppléants ne peuvent siéger qu'en l'absence des membres titulaires.

Un arrêté du ministre chargé des sports publié au *Bulletin officiel* du ministère chargé des sports constate la composition du conseil d'administration telle qu'elle résulte du présent article. Le directeur général, *(Décr. n° 2014-783 du 7 juill. 2014, art. 2)* « le directeur adjoint de l'École nationale de ski et d'alpinisme », le directeur du Centre national de ski nordique et de moyenne montagne, l'agent comptable et le contrôleur budgétaire assistent avec voix consultative aux séances du conseil, ainsi que toute personne dont il paraîtrait utile au président de recueillir l'avis. Le directeur général peut se faire accompagner par toute personne de son choix appartenant à l'établissement.

Le conseil d'administration de l'École nationale de ski et d'alpinisme en fonction à la date d'entrée en vigueur du Décr. n° 2010-1378 du 12 nov. 2010 demeure en fonction et continue d'exercer ses compétences jusqu'à l'installation du conseil d'administration mentionné à l'art. D. 211-55.

Le comité technique paritaire central de l'École nationale des sports de montagne est installé dans un délai d'un an à compter de la date de publication du Décr. préc. L'actuel comité technique paritaire central de l'École nationale de ski et d'alpinisme exerce ses attributions à l'égard de l'École nationale des sports de montagne et demeure constitué dans sa composition en vigueur à la date de publication du Décr. n° 2010-1378 du 12 nov. 2010 jusqu'à l'élection d'un nouveau comité technique paritaire central, sous réserve de la désignation de nouveaux représentants en cas de vacance simultanée de titulaires et de suppléants. Le directeur général de l'École nationale des sports de montagne organise les élections au conseil d'administration dans un délai de trois mois à compter de la date d'entrée en vigueur du Décr. préc. Le règlement intérieur de l'École nationale de ski et d'alpinisme applicable à la date d'entrée en vigueur dudit décret reste applicable jusqu'à l'adoption par le conseil d'administration du règlement intérieur de l'École nationale des sports de montagne mentionné à l'art. D. 211-59. Le directeur général de l'École nationale des sports de montagne organise les élections aux conseils d'orientation dans un délai de six mois à compter de la date d'entrée en vigueur du Décr. n° 2010-1378 du 12 nov. 2010 (Décr. préc., art. 7).

Art. D. 211-55-1 I. — Le conseil d'orientation de l'École nationale de ski et d'alpinisme comprend :

1° Membres de droit :

a) Le directeur général ou son représentant ;

(Décr. nº 2014-783 du 7 juill. 2014, art. 3) « *b)* Le directeur adjoint de l'École nationale de ski et d'alpinisme ou son représentant ; »

c) Le préfet de la Haute-Savoie ou son représentant ;

d) Le président du conseil régional de Rhône-Alpes ou son représentant ;

e) Le président du conseil départemental de la Haute-Savoie ou son représentant ;

f) Le maire de Chamonix-Mont-Blanc ou son représentant ;

g) Le directeur régional de la jeunesse, des sports et de la cohésion sociale de Rhône-Alpes ou son représentant ;

2° Membres nommés :

a) Des représentants de fédérations sportives agréées intéressées par les pratiques sportives enseignées à l'École nationale de ski et d'alpinisme ;

b) Des représentants des professionnels exerçant les métiers sportifs auxquels forme l'École nationale de ski et d'alpinisme ;

c) Des personnalités désignées en raison de leur compétence dans le domaine de la montagne ;

d) Des cadres de l'établissement ;

3° Membres élus :

a) Les représentants titulaires ou suppléants du personnel au conseil d'administration exerçant leur activité à l'École nationale de ski et d'alpinisme ;

b) Deux représentants des stagiaires.

II. – Le conseil d'orientation du Centre national de ski nordique et de moyenne montagne comprend :

1° Membres de droit :

a) Le directeur général ou son représentant ;

b) Le directeur du Centre national de ski nordique et de moyenne montagne ou son représentant ;

c) Le préfet du Jura ou son représentant ;

d) Le président du conseil régional de Franche-Comté ou son représentant ;

e) Le président du conseil départemental du Jura ou son représentant ;

f) Le maire de Prémanon ou son représentant ;

g) Le directeur régional de la jeunesse, des sports et de la cohésion sociale de Franche-Comté ou son représentant ;

2° Membres nommés :

a) Des représentants de fédérations sportives agréées intéressées par les pratiques sportives enseignées au Centre national de ski nordique et de moyenne montagne ;

b) Des représentants des professionnels exerçant les métiers sportifs auxquels forme le Centre national de ski nordique et de moyenne montagne ;

c) Des représentants des collectivités territoriales et de leurs groupements entretenant des relations de partenariat avec le Centre national de ski nordique et de moyenne montagne ;

d) Des personnalités désignées en raison de leur compétence dans le domaine de la montagne ;

e) Des cadres de l'établissement ;

3° Membres élus :

a) Les représentants titulaires ou suppléants du personnel au conseil d'administration exerçant leur activité au Centre national de ski nordique et de moyenne montagne ;

b) Un représentant des stagiaires ;

c) Un représentant des sportifs de haut niveau.

Les membres des conseils d'orientation autres que les membres de droit et les membres élus sont désignés par le directeur général, qui en informe le conseil d'administration.

Art. D. 211-56 Le président du conseil d'administration est désigné par le ministre chargé des sports parmi les membres mentionnés au 5° de l'article D. 211-55, pour une durée de trois ans.

En cas d'empêchement temporaire, il est suppléé par un autre membre du conseil d'administration désigné par le ministre chargé des sports.

Art. D. 211-56-1 Les conseils d'orientation sont présidés par le directeur général de l'établissement ou son représentant.

Art. D. 211-57 Les mandats des membres du conseil d'administration et des conseils d'orientation sont de trois ans renouvelables.

En cas de vacance du siège d'un membre du conseil d'administration et des conseils d'orientation survenant plus de six mois avant l'expiration de son mandat, un autre membre est nommé dans les mêmes conditions pour la durée du mandat à courir, sauf pour les membres élus qui sont remplacés par un suppléant jusqu'à la fin du mandat détenu par le titulaire.

Les fonctions de membre du conseil d'administration et des conseils d'orientation sont exercées à titre gratuit. Elles ouvrent droit, toutefois, au remboursement des frais de déplacement et de séjour dans les conditions prévues par la réglementation applicable aux personnels civils de l'État.

Art. D. 211-58 Le conseil d'administration se réunit au moins deux fois par an sur convocation de son président. Il peut être également réuni à la demande de la majorité de ses membres. L'ordre du jour est fixé par le président.

Le conseil d'administration ne peut délibérer que si la moitié au moins de ses membres est présente. Si le quorum n'est pas atteint, le conseil d'administration est à nouveau convoqué avec le même ordre du jour dans un délai maximum de vingt et un jours. Il délibère alors valablement, quel que soit le nombre de membres présents.

Les délibérations sont adoptées à la majorité des membres présents. En cas de partage égal des voix, celle du président est prépondérante.

En cas d'urgence, les délibérations du conseil d'administration peuvent être adoptées par des modalités de consultation électronique ou audiovisuelle préservant la collégialité des débats selon les modalités définies par le règlement intérieur.

Art. D. 211-58-1 Les conseils d'orientation se réunissent au moins *(Décr. n° 2014-783 du 7 juill. 2014, art. 4)* « une fois par an » sur convocation du directeur général. Les travaux du conseil d'orientation font l'objet d'un procès-verbal signé par son président et communiqué au plus prochain conseil d'administration.

Art. D. 211-59 Le conseil d'administration règle par ses délibérations les affaires de l'établissement. Il délibère notamment sur les questions suivantes :

1° Le règlement intérieur de l'école ;

2° L'organisation générale de l'école ;

3° Les objectifs et le programme d'activités, ainsi que la réalisation de ces objectifs, notamment par l'étude du rapport d'activités établi chaque année par le directeur général ;

4° Le budget et les décisions modificatives ;

5° Le compte financier, l'affectation des résultats et l'utilisation des fonds de réserve ;

6° Les catégories de conventions qui, en raison de leur nature ou du montant financier engagé, doivent lui être soumises pour approbation et celles dont il délègue la responsabilité au directeur ;

7° Les conditions générales de recrutement et d'emploi des agents contractuels ;

8° Le taux des redevances dues à l'établissement et des prestations et services qu'il fournit, notamment l'organisation des épreuves d'aptitude mentionnées aux articles R. 212-90-1 et R. 212-93 ;

9° Les emprunts ;

10° L'acceptation des dons et legs ;

11° Les dépôts de marques, brevets et de tous titres de propriété intellectuelle ;

12° Les actions en justice, les litiges et les transactions ;

13° Les acquisitions, aliénations et échanges d'immeubles ainsi que les octrois d'hypothèque ;

14° La participation à des organismes dotés de la personnalité morale ;

15° Le contrat de performance passé entre l'école et le ministre chargé des sports.

Le conseil d'administration peut déléguer au directeur général, dans les limites qu'il fixe, les attributions mentionnées aux 10° à 12°. Le directeur général rend compte des décisions prises dans le cadre des attributions ainsi déléguées à la plus prochaine réunion du conseil d'administration.

Art. D. 211-59-1 Les conseils d'orientation *(Décr. n° 2014-783 du 7 juill. 2014, art. 5)* « sont informés », notamment *(Décr. n° 2014-783 du 7 juill. 2014, art. 5)* « des » questions relatives à l'activité du site et *(Décr. n° 2014-783 du 7 juill. 2014, art. 5)* « des » projets de délibération du conseil d'administration relatives aux questions mentionnées aux 1°, 2°, 4°, 5° et 15° de l'article D. 211-59.

Ils peuvent être saisis par leur président ou par une majorité de leurs membres de toute question intéressant la vie de l'établissement.

Art. D. 211-60 *(Décr. n° 2012-1247 du 7 nov. 2012, art. 43-8°, en vigueur le 1er janv. 2013)* « Les délibérations portant sur le budget et le compte financier sont exécutoires dans les conditions prévues par le titre III du décret n° 2012-1246 du 7 novembre 2012 relatif à la gestion budgétaire et comptable publique. »

(Décr. n° 2010-1378 du 12 nov. 2010, art. 2) Pour devenir exécutoires, les délibérations prévues aux 9°, 13° et 14° de l'article D. 211-59 doivent recevoir l'approbation expresse des ministres chargés du budget et des sports.

Les autres délibérations du conseil d'administration sont exécutoires à l'expiration d'un délai de quinze jours *(Décr. n° 2014-783 du 7 juill. 2014, art. 6)* « suivant leur réception par le ministre chargé des sports sauf si dans ce délai celui-ci y a fait opposition » ; ce délai peut être réduit par le ministre en cas d'urgence.

Ancien art. D. 211-60 (Décr. n° 2010-1378 du 12 nov. 2010, art. 2) *Les délibérations portant sur le budget et ses modifications ainsi que sur le compte financier sont approuvées par le ministre chargé des sports et le ministre chargé du budget dans les conditions déterminées par le décret n° 99-575 du 8 juillet 1999 relatif aux modalités d'approbation de certaines décisions financières des établissements publics de l'État.*

Pour devenir exécutoires, les délibérations prévues aux 9°, 13° et 14° de l'article D. 211-59 doivent recevoir l'approbation expresse des ministres chargés du budget et des sports.

Les autres délibérations du conseil d'administration sont exécutoires à l'expiration d'un délai de quinze jours qui suit la date de réception du procès-verbal, sauf si dans ce délai le ministre chargé des sports y fait opposition ; ce délai peut être réduit par le ministre en cas d'urgence.

Art. D. 211-61 Le directeur général de l'École nationale des sports de montagne, *(Décr. n° 2014-783 du 7 juill. 2014, art. 7)* « le directeur adjoint de l'École nationale de ski et d'alpinisme » et le directeur du Centre national de ski nordique et de moyenne montagne sont nommés par arrêté du ministre chargé des sports.

Art. D. 211-62 Le directeur général de l'École nationale des sports de montagne prépare les travaux et exécute les délibérations du conseil d'administration. Il représente l'école dans tous les actes de la vie civile.

Il est autorisé à ester en justice par le conseil d'administration.

Il assure la gestion administrative, technique, pédagogique, financière et immobilière de l'école.

Il prépare et exécute le budget de l'école.

Il est l'ordonnateur des dépenses et des recettes.

Il conclut les contrats, conventions et marchés dans le respect des dispositions de l'article D. 211-59.

Il nomme aux fonctions pour lesquelles aucun autre mode de nomination n'est prévu. Il a autorité sur le personnel.

Il prend toute disposition, en liaison avec les autorités administratives compétentes, pour assurer la sécurité des personnes et des biens, l'hygiène et la salubrité.

Il veille au respect des droits et des devoirs des personnels et assure l'application du règlement intérieur.

Il rend compte de sa gestion au conseil d'administration et à l'autorité de tutelle.

Le directeur général peut déléguer sa signature aux personnels placés sous son autorité.

§ 3 RÉGIME COMPTABLE ET FINANCIER

Art. D. 211-63 *(Décr. n° 2012-1247 du 7 nov. 2012, art. 43-9°, en vigueur le 1er janv. 2013)* L'École nationale des sports de montagne est soumise aux dispositions des titres Ier et III du décret n° 2012-1246 du 7 novembre 2012 relatif à la gestion budgétaire et comptable publique.

Ancien art. D. 211-63 (Décr. n° 2010-1378 du 12 nov. 2010, art. 3) *« L'École nationale des sports de montagne » est soumise au régime financier et comptable défini par le décret du n° 53-1227 du 10 décembre 1953 relatif à la réglementation comptable applicable aux établissements publics nationaux à caractère administratif et par les articles 151 à 189 du décret n° 62-1587 du 29 décembre 1962 portant règlement général sur la comptabilité publique ainsi qu'au contrôle financier prévu par le décret n° 2005-757 du 4 juillet 2005 relatif au contrôle financier au sein des établissements publics administratifs de l'État.* – [Décr. n° 81-302 du 30 mars 1981, art. 11, 12, 15 et 16.]

Art. R. 211-64 *(Décr. n° 2011-631 du 3 juin 2011, art. 3)* **Par dérogation à** *(Décr. n° 2012-1247 du 7 nov. 2012, art. 43-10°, en vigueur le 1er janv. 2013)* **« l'article 189 du décret n° 2012-1246 du 7 novembre 2012 relatif à la gestion budgétaire et comptable publique** *[ancienne rédaction issue du Décr. n° 2011-631 du 3 juin 2011, art. 3 : l'article 157 du décret n° 62-1587 du 29 décembre 1962 portant règlement général sur la comptabilité publique]* **», l'agent comptable est nommé par arrêté des ministres chargés du budget et des sports et du ministre dont il relève pour sa gestion.**

Art. D. 211-65 *(Décr. n° 2010-1378 du 12 nov. 2010, art. 4)* **Les recettes de L'École nationale des sports de montagne comprennent notamment :**

1° Les subventions allouées par l'État, les collectivités et les établissements publics et toutes autres personnes publiques ou privées ;

2° Les versements et contributions effectués au titre des prestations fournies et les produits des conventions d'enseignement, de formation professionnelle ou de recherche conclues avec tous organismes publics ou privés ;

3° Les produits de la vente des publications et des éditions audiovisuelles ;

4° Les revenus des biens meubles et immeubles, les revenus de la vente de prototypes et petites séries ;

5° Les dons et legs ;

6° Les sommes pouvant être perçues au titre de la formation permanente et de la taxe d'apprentissage ;

7° Les produits liés à l'organisation des épreuves d'aptitude mentionnées aux articles R. 212-90-1 et R. 212-93 ;

8° Les redevances et remboursements divers ;

9° Les produits financiers relevant du placement de ses fonds ;

10° De façon générale, toutes les recettes autorisées par les lois et règlements.

Art. D. 211-66 *(Décr. n° 2010-1378 du 12 nov. 2010, art. 4)* **Les dépenses de l'École nationale des sports de montagne comprennent notamment :**

1° Les frais de personnel propres à l'établissement, de fonctionnement, d'équipement et d'entretien, d'hébergement et d'investissement ;

2° Les versements faits aux organismes publics et privés en exécution des conventions d'enseignement ou de recherche ;

3° De façon générale, toute dépense nécessaire à son activité.

Art. D. 211-67 *(Décr. n° 2010-1378 du 12 nov. 2010, art. 4)* **Des régies de recettes et des régies d'avances peuvent être créées dans les conditions fixées par le décret n° 92-681 du 20 juillet 1992 relatif aux régies de recettes et aux régies d'avances des organismes publics.**

Art. D. 211-68 *(Décr. n° 2010-1378 du 12 nov. 2010, art. 4)* **Un service à comptabilité distincte est créé pour le suivi des opérations en recettes et en dépenses pour le Centre national de ski nordique et de moyenne montagne.**

L'exécution du budget 2010 de l'École nationale de ski et d'alpinisme est poursuivie en 2010 par le directeur général et l'agent comptable de l'École nationale des sports de montagne, sous réserve des modifications qui y seraient apportées par le conseil d'administration.

Un compte financier unique retrace les opérations réalisées par l'École nationale de ski et d'alpinisme et l'École nationale des sports de montagne durant l'exercice 2010. Il est établi par l'agent comptable en fonction au 31 décembre 2010 et approuvé par le conseil d'administration de l'École nationale des sports de montagne.

Les dispositions prises par l'École nationale de ski et d'alpinisme en matière de tarification des prestations à la date d'entrée en vigueur du Décr. n° 2010-1378 du 12 nov. 2010 continuent à s'appliquer, sous réserve des modifications qui y seraient apportées par le conseil d'administration de l'École nationale des sports de montagne (Décr. préc., art. 8).

SOUS-SECTION 5 *[ABROGÉE]* LES CENTRES DE RESSOURCES, D'EXPERTISE ET DE PERFORMANCE SPORTIVE

(Abrogée par Décr. n° 2016-152 du 11 févr. 2016, art. 2-III, à compter du 1er mars 2016) (Décr. n° 2011-630 du 3 juin 2011, art. 1er)

Tous les centres d'éducation populaire et de sport prennent le nom de centres de ressources, d'expertise et de performance sportives. Un arrêté du ministre chargé des sports en fixe la liste nominative ainsi que leurs sièges. Les conseils d'administration des centres d'éducation populaire et de sport en fonctions à la date d'entrée en vigueur du Décr. n° 2011-630 du 3 juin 2011 exercent les compétences prévues à l'art. D. 211-76 C. sport dans sa rédaction issue du Décr. préc., jusqu'à l'installation des nouveaux conseils constitués en application de l'art. D. 211-72 C. sport dans sa rédaction issue dudit décret (Décr. n° 2011-630 du 3 juin 2011, art. 2 et 3).

§ 1er *[ABROGÉ]* MISSIONS

Art. D. 211-69 *I. — **Les centres de ressources, d'expertise et de performance sportives mentionnés au 5° de l'article D. 112-3 participent, en liaison avec les directions régionales de la jeunesse, des sports et de la cohésion sociale, à la politique nationale de développement des activités physiques et sportives et à la formation dans les domaines des activités physiques ou sportives et de l'animation. Ils contribuent à la protection de la santé des sportifs et à la préservation de l'éthique sportive.***

II. — Ils ont pour missions principales :

1° D'assurer, en liaison avec les fédérations sportives, la formation et la préparation de sportifs de haut niveau et de mettre en œuvre le double projet consistant à concilier la recherche de la performance sportive et la réussite scolaire, universitaire et professionnelle du sportif ;

2° D'organiser des formations professionnelles initiales ou continues dans les domaines des activités physiques ou sportives et de l'animation ; à ce titre, ils peuvent passer des conventions de coopération avec les services déconcentrés de l'État, compétents en matière de sports et de vie associative, en vue de développer des actions de formation qui mobilisent notamment des moyens propres à ces services sous l'appellation de structures associées de formation.

III. — Ils peuvent également contribuer, en conformité avec les orientations données par le ministre chargé des sports :

1° A l'animation territoriale dans leur champ de compétence, en lien avec les associations et les collectivités territoriales ;

2° A la formation et au perfectionnement des cadres des fédérations sportives agréées ;

3° A la formation initiale et continue des agents publics, des bénévoles et salariés des associations ;

4° A l'organisation de formations conduisant aux titres et diplômes non professionnels dans les secteurs des activités physiques ou sportives et de l'animation ;

5° A l'organisation des épreuves d'aptitude mentionnées aux articles R. 212-90-1 et R. 212-93.

IV. — Les centres de ressources, d'expertise et de performance sportives participent au réseau national du sport de haut niveau. A ce titre, ils peuvent notamment contribuer à des travaux d'observation, de recherche ou de développement, produire et diffuser des connaissances ainsi que mener des actions en matière de relations internationales et de coopération.

Dans le cadre de conventions passées avec le ministre chargé des sports, ils assurent le fonctionnement de pôles ressources nationaux portant sur des thématiques particulières dans les domaines des activités physiques et sportives.

Ils peuvent conclure toute convention de coopération dans leur domaine d'intervention et conduire des actions en relation avec leurs missions.

Arrêté du 22 juin 2011,

Fixant la liste nominative et les sièges des centres de ressources, d'expertise et de performance sportive.

Art. 1er La liste nominative des centres de ressources, d'expertise et de performance sportive régis par le décret du 3 juin 2011 susvisé ainsi que leurs sièges et nombre de sites sont fixés comme suit :

(Arr. du 22 juin 2011 ; Arr. du 10 janv. 2014)

NOM DU CENTRE de ressources, d'expertise et de performance sportive	NOM DU SIÈGE	NOMBRE de sites
Bordeaux	Talence	1
Centre	Bourges	1
Dijon	Dijon	1
Île-de-France	Châtenay-Malabry	1
Montpellier	Montpellier	2
Nancy	Essey-lès-Nancy	1
Pays de la Loire	Nantes	1
Pointe-à-Pitre	Les Abymes	1
Poitiers	Vouneuil-sous-Biard	1
Reims	Reims	1
La Réunion	Sainte-Clotilde	2
Rhône-Alpes	Vallon-Pont-d'Arc	1
Strasbourg	Strasbourg	1
Provence-Alpes-Côte d'Azur	Aix-en-Provence	3
Toulouse	Toulouse	1
Vichy	Bellerive-sur-Allier	1
Wattignies	Wattignies	1

Art. D. 211-70 ***Les centres de ressources, d'expertise et de performance sportives concluent avec le ministre chargé des sports des contrats de performance pluriannuels qui définissent, en cohérence avec les orientations ministérielles, les objectifs qui leur sont assignés et les indicateurs associés.***

§ 2 *[ABROGÉ]* FONCTIONNEMENT

Art. D. 211-71 ***Les centres de ressources, d'expertise et de performance sportives sont administrés par un conseil d'administration et dirigés par un directeur. Le directeur est assisté d'un ou plusieurs directeurs adjoints dont le nombre est précisé, pour chaque établissement, par arrêté du ministre chargé des sports.***

Il est créé auprès de chaque directeur de centre de ressources, d'expertise et de performance sportives :

– Un comité technique d'établissement public compétent pour connaître de toutes les questions intéressant le centre (V. Arr. du 29 juin 2011, JO 19 août, mod. par Arr. du 3 oct. 2014, JO 9 oct.) ;

– Un comité d'hygiène, de sécurité et des conditions de travail de proximité compétent pour connaître de toutes les questions intéressant les services placés sous leur autorité (V. Arr. du 10 juill. 2012, JO 29 août, mod. par Arr. du 2 juill. 2013, JO 24 juill.), Arr. du 5 mai 2015 (JO 16 mai).

Art. D. 211-72 ***Le conseil d'administration comprend vingt membres :***

1° Six membres de droit :

a) Le directeur régional de la jeunesse, des sports et de la cohésion sociale de la région où se situe le siège du centre de ressources, d'expertise et de performance sportives ou son représentant ;

b) Le recteur de l'académie où se situe le siège du centre de ressources, d'expertise et de performance sportives ou son représentant ;

c) Le président du comité régional olympique et sportif de la région où se situe le siège du centre de ressources, d'expertise et de performance sportives ou son représentant ;

d) Le président du conseil régional de la région où se situe le siège du centre de ressources, d'expertise et de performance sportives ou son représentant ;

e) Le président du conseil départemental du département où se situe le siège du centre de ressources, d'expertise et de performance sportives ou son représentant ;

f) Le président de l'établissement public de coopération intercommunale doté d'une compétence en matière sportive, ou à défaut le maire de la commune d'implantation du siège du centre de ressources, d'expertise et de performance sportives, ou leur représentant ;

2° Quatre membres désignés par le ministre chargé des sports, dont un conseiller technique sportif ;

3° Trois personnalités qualifiées, dont un chef d'entreprise ou cadre dirigeant d'entreprise, désignées par le ministre chargé des sports ;

4° Un président de fédération sportive désigné par le président du Comité national olympique et sportif français ;

5° Un directeur technique national désigné par le ministre chargé des sports ;

6° Cinq membres élus au sein de l'établissement :

a) Un représentant des personnels pédagogiques ;

b) Un représentant des personnels administratifs et des personnels médicaux et paramédicaux ;

c) Un représentant des personnels ouvriers, techniques et de service ;

d) Un représentant des sportifs accueillis dans les "pôles France" ou les "pôles Espoirs" ;

e) Un représentant des stagiaires en formation. – Un arrêté du 15 juin 2011 (JO 7 juill.) fixe les conditions d'exercice du droit de suffrage, d'éligibilité ainsi que les règles applicables au déroulement du scrutin pour l'élection de membres au conseil d'administration des centres de ressources, d'expertise et de performance sportives.

Pour chacun des membres titulaires à l'exception des membres de droit et des personnalités qualifiées, un suppléant est désigné dans les mêmes conditions, sous réserve des dispositions de l'alinéa suivant.

Le suppléant du président de fédération sportive est soit un président de fédération sportive, soit un membre d'une instance dirigeante de fédération sportive. Le suppléant du directeur technique national est soit un directeur technique national, soit un entraîneur national.

Les personnalités qualifiées empêchées d'assister à une séance du conseil d'administration peuvent donner pouvoir à un autre membre du conseil. Nul ne peut détenir plus de deux pouvoirs.

Art. D. 211-73 ***Le président du conseil d'administration est nommé par arrêté du ministre chargé des sports parmi les membres du conseil d'administration mentionnés au 3° de l'article D. 211-72.***

En cas d'empêchement temporaire du président, le conseil d'administration se réunit sous la présidence d'un des membres du conseil mentionnés au 3° de l'article D. 211-72 désigné par le ministre chargé des sports.

Art. D. 211-74 ***La durée du mandat des membres du conseil d'administration autres que les membres de droit est de trois ans renouvelables.***

La perte de la qualité au titre de laquelle un membre a été nommé ou élu entraîne sa démission de plein droit du conseil d'administration.

En cas de vacance du siège d'un membre du conseil d'administration survenant plus de six mois avant l'expiration de son mandat, un autre membre est nommé dans les mêmes conditions pour la durée du mandat restant à courir, à l'exception des membres élus qui sont remplacés par leur suppléant jusqu'à la fin du mandat détenu par le titulaire.

Le ministre chargé des sports peut proroger le mandat de l'ensemble des membres du conseil d'administration pour une durée maximale d'un an.

Art. D. 211-75 *Le conseil d'administration se réunit au moins deux fois par an sur convocation de son président qui fixe l'ordre du jour.*

Il peut également être convoqué par le directeur à la demande du ministre chargé des sports ou de la majorité de ses membres, sur un ordre du jour déterminé.

Le directeur, le ou les directeurs adjoints, l'agent comptable, le contrôleur budgétaire, ainsi que toute personne dont la présence est jugée utile par le président, assistent aux séances avec voix consultative.

Les présidents des établissements publics de coopération intercommunale dotés d'une compétence en matière sportive des lieux d'implantation des sites autres que le siège du centre, ou à défaut les maires des communes concernés, ou leurs représentants, assistent au conseil d'administration avec voix consultative.

Les présidents des conseils régionaux des régions où se situent des sites du centre, autres que celle où se situe le siège du centre, ou leurs représentants, assistent au conseil d'administration avec voix consultative.

Les présidents des conseils généraux des départements où se situent des sites du centre, autres que celui où se situe le siège du centre, ou leurs représentants, assistent au conseil d'administration avec voix consultative.

Art. D. 211-76 *Le conseil d'administration règle, par ses délibérations, les affaires de l'établissement.*

Il délibère notamment sur :

1° Le projet d'établissement et le contrat de performance pluriannuel ;

2° Le rapport annuel d'activité établi par le directeur ;

3° L'organisation de l'établissement et son règlement intérieur ;

4° Le budget et les décisions modificatives du budget ;

5° Le compte financier et l'affectation des résultats de l'exercice ;

6° Les conventions, contrats et marchés ;

7° Les conditions générales de vente des produits et services fournis par l'établissement ;

8° Le tarif des prestations proposées par l'établissement, notamment pour l'organisation des épreuves d'aptitude mentionnées aux articles R. 212-90-1 et R. 212-93 ;

9° Les emprunts ;

10° L'acceptation des dons et legs ;

11° Les acquisitions, aliénations et échanges d'immeubles, les baux ;

12° La participation à des groupements d'intérêt public ;

13° Les dépôts de marques, de brevets et de tous titres de propriété intellectuelle ;

14° Les conditions générales de recrutement, d'emploi et de rémunération des agents contractuels ;

15° Les actions en justice et les transactions ainsi que le recours à l'arbitrage en cas de litiges nés de l'exécution de contrats passés avec des organismes étrangers.

Dans les limites qu'il détermine, le conseil d'administration peut déléguer au directeur les attributions prévues aux 6°, 10° et 15°.

Le directeur rend compte au conseil d'administration, lors de sa plus prochaine séance, des décisions qu'il a prises en vertu de sa délégation.

Art. D. 211-77 (Décr. n° 2011-630 du 3 juin 2011, art. 1er) *I. — A l'exception des décisions mentionnées au II du présent article, les délibérations du conseil d'administration sont exécutoires soit :*

— à compter de l'approbation expresse du ministre chargé des sports, notifiée avant l'expiration d'un délai de quinze jours après leur réception ;

— quinze jours après leur réception par le ministre chargé des sports, si celui-ci n'y a pas fait opposition dans ce délai.

II. – Les délibérations relatives aux matières mentionnées aux 9° et 12° de l'article D. 211-76 ainsi qu'à ceux des baux mentionnés au 11° du même article dont la durée excède neuf années doivent, pour devenir exécutoires, faire l'objet d'une approbation expresse des ministres chargés des sports et du budget.

(Décr. n° 2012-1247 du 7 nov. 2012, art. 43-11°-a, en vigueur le 1er janv. 2013) *« Les délibérations portant sur le budget et le compte financier sont exécutoires dans les conditions prévues par le titre III du décret n° 2012-1246 du 7 novembre 2012 relatif à la gestion budgétaire et comptable publique. »*

(Abrogé par Décr. n° 2012-1247 du 7 nov. 2012, art. 43-11°-b, à compter du 1er janv. 2013) *« Le cadre des documents budgétaires est établi conjointement par le ministre chargé des sports et le ministre chargé du budget. »*

Art. D. 211-78 *Le préfet de la région dans laquelle est situé le siège du centre reçoit copie des ordres du jour et des procès-verbaux des séances du conseil d'administration.*

Il peut recevoir délégation du ministre chargé des sports pour exercer le pouvoir de tutelle mentionné au I de l'article D. 211-77, sauf si le centre dispose d'un site implanté dans une autre région que celle de son siège.

Art. D. 211-79 *Le directeur assure le bon fonctionnement de l'établissement.*

A cet effet, il exerce notamment les compétences suivantes :

1° Il prépare les travaux et exécute les délibérations du conseil d'administration ;

2° Il prépare et exécute le budget de l'établissement ;

3° Il est ordonnateur des dépenses et des recettes ;

4° Il prépare le règlement intérieur et veille à sa mise en œuvre ;

5° Il est responsable de la gestion pédagogique, administrative, technique, immobilière et financière de l'établissement ;

6° Il prépare et assure le suivi du contrat de performance pluriannuel ;

7° Il conclut les conventions et exerce le pouvoir adjudicateur en matière de marchés ;

8° Il a autorité sur l'ensemble des personnes exerçant leur activité dans l'établissement, dans le respect de leur statut ;

9° Il nomme à toutes les fonctions de l'établissement pour lesquelles aucune autre autorité n'a reçu le pouvoir de nomination ;

10° Il prend toutes dispositions, en liaison avec les autorités administratives compétentes, pour assurer la sécurité des personnes et des biens, l'hygiène et la salubrité ;

11° Il exerce le pouvoir disciplinaire à l'égard des sportifs et des stagiaires dans les conditions fixées à l'article D. 211-80 ;

12° Il arrête la liste des sportifs admis dans l'établissement.

Le directeur informe de sa gestion le conseil d'administration et en rend compte à l'autorité de tutelle.

Il représente le centre de ressources, d'expertise et de performances sportives en justice et à l'égard des tiers dans les actes de la vie civile.

Il peut, dans les conditions qu'il détermine et à l'exception des compétences qui lui sont déléguées par le conseil d'administration, déléguer sa signature à son ou ses adjoints ainsi qu'aux fonctionnaires appartenant à un corps de catégorie A et aux agents contractuels de niveau équivalent placés sous son autorité.

Art. D. 211-80 *Le conseil de la vie du sportif et du stagiaire est composé, selon les modalités fixées par le règlement intérieur, de onze membres répartis comme suit :*

1° Le directeur ou son représentant et deux autres agents de l'établissement désignés par le directeur ;

2° Les membres élus mentionnés au 6° de l'article D. 211-72 ;

3° Un membre désigné par le directeur parmi les entraîneurs des pôles implantés dans l'établissement ;

4° Deux personnalités qualifiées extérieures à l'établissement désignées par le directeur.

Le conseil de la vie du sportif et du stagiaire est présidé par le directeur ou son représentant.

Ses règles de fonctionnement sont définies dans le règlement intérieur.

Le conseil de la vie du sportif et du stagiaire propose au directeur toutes mesures de nature à favoriser les activités sportives, culturelles, sociales ou associatives des sportifs et des stagiaires. Il est également consulté sur les conditions de vie et d'entraînement au sein de l'établissement.

Il se réunit au moins une fois par an sur convocation du directeur qui fixe l'ordre du jour. Il peut être également réuni à la demande de la majorité de ses membres en exercice, sur un ordre du jour déterminé.

Le directeur du centre de ressources, d'expertise et de performance sportives peut, après consultation du conseil de la vie du sportif et du stagiaire siégeant en formation disciplinaire, prononcer une sanction disciplinaire contre tout sportif ou stagiaire ayant contrevenu aux règles de fonctionnement de l'établissement fixées dans le règlement intérieur.

La formation disciplinaire du conseil de la vie du sportif et du stagiaire est constituée des membres de ce conseil à l'exclusion des personnalités qualifiées extérieures à l'établissement.

Les sanctions disciplinaires sont :

1° L'avertissement ;

2° Le blâme ;

3° L'exclusion pour une durée déterminée ;

4° L'exclusion définitive.

Le conseil de la vie du sportif et du stagiaire siégeant en formation disciplinaire est convoqué par le directeur dans les conditions fixées par le règlement intérieur. Il entend le sportif ou le stagiaire à l'encontre duquel une sanction est envisagée, assisté, s'il est mineur, de son représentant légal.

Le directeur peut prononcer seul les sanctions disciplinaires mentionnées aux 1° et 2°, éventuellement associées à des mesures éducatives.

En cas de nécessité, le directeur peut, à titre conservatoire, interdire l'accès de l'établissement à un sportif ou à un stagiaire en attendant la comparution de celui-ci devant le conseil de discipline. S'il est mineur, le sportif ou le stagiaire est, dans ce cas, remis à sa famille ou à la personne qui exerce à son égard l'autorité parentale ou la tutelle. Cette mesure ne présente pas le caractère de sanction.

Art. D. 211-81 *L'ordre du jour des conseils et les documents s'y rapportant sont communiqués aux membres des conseils au moins huit jours à l'avance.*

Les conseils ne peuvent valablement délibérer ou rendre leurs avis que si la moitié au moins de leurs membres sont présents ou représentés.

Si ce quorum n'est pas atteint, les conseils sont convoqués à nouveau avec le même ordre du jour dans un délai maximum de vingt et un jours. Ils délibèrent ou rendent leurs avis alors valablement, quel que soit le nombre de membres présents ou représentés.

Les délibérations ou avis des conseils sont prises à la majorité des membres présents ou représentés.

En cas de partage égal des voix, celle du président est prépondérante.

Art. D. 211-81-1 *Les membres des conseils exercent leurs fonctions à titre gratuit. Toutefois, leurs frais de déplacement et de séjour sont pris en charge dans les conditions prévues par la réglementation applicable aux personnels civils de l'État.*

Art. D. 211-81-2 *Les élections au conseil d'administration ont lieu au scrutin uninominal majoritaire à un tour. Chaque candidature est accompagnée de celle d'un suppléant.*

En cas d'égalité du nombre de suffrages obtenus, le candidat le plus âgé est élu.

Le vote peut avoir lieu par correspondance ou par procuration.

Un arrêté du ministre chargé des sports précise les conditions d'exercice du droit de suffrage et d'éligibilité et les règles applicables au déroulement des scrutins.

§ 3 *[ABROGÉ]* RÉGIME COMPTABLE ET FINANCIER

Art. D. 211-82 (Décr. n° 2012-1247 du 7 nov. 2012, art. 43-12°, en vigueur le 1er janv. 2013) *Les centres de ressources d'expertise et de performance sportives sont soumis aux dispositions des titres Ier et III du décret n° 2012-1246 du 7 novembre 2012 relatif à la gestion budgétaire et comptable publique.*

Art. R. 211-82-1 (Décr. n° 2011-631 du 3 juin 2011, art. 5) *Par dérogation à* (Décr. n° 2012-1247 du 7 nov. 2012, art. 43-13°, en vigueur le 1er janv. 2013) *« l'article 189 du décret n° 2012-1246 du 7 novembre 2012 relatif à la gestion budgétaire et comptable publique* [ancienne rédaction issue du Décr. n° 2011-631 du 3 juin 2011, art. 5 : l'article 157 du décret n° 62-1587 du 29 décembre 1962 portant règlement général sur la comptabilité publique] *», l'agent comptable est nommé par arrêté des ministres chargés du budget et des sports et du ministre dont il relève pour sa gestion.*

Art. D. 211-82-2 *Les recettes des centres de ressources, d'expertise et de performance sportives comprennent :*

1° Le produit de leur activité, dont les produits liés à l'organisation des épreuves d'aptitude mentionnées aux articles R. 212-90-1 et R. 212-93 ;

2° Les subventions de l'État, des collectivités territoriales et de toute autre personne publique ou privée ;

3° Les dons et legs ;

4° Toutes les autres recettes autorisées par les lois et règlements.

Art. D. 211-82-3 *Les dépenses des centres de ressources, d'expertise et de performance sportives comprennent :*

1° Les frais de personnels de l'établissement ;

2° Les frais de fonctionnement et d'investissement ;

3° De façon générale, toute dépense nécessaire à son activité.

Art. D. 211-82-4 *Des régies de recettes et des régies d'avances peuvent être créées dans les conditions fixées par le décret n° 92-681 du 20 juillet 1992 relatif aux régies de recettes et aux régies d'avances des organismes publics.*

SECTION II **CENTRES DE FORMATION**

§ 1er AGRÉMENT DES CENTRES DE FORMATION

Art. D. 211-83 Pour l'application de l'article L. 211-4, constitue un centre de formation toute structure mise en place par une association ou la société sportive qu'elle a constituée permettant à de jeunes sportifs de plus de quatorze ans au cours de l'année de leur inscription dans le centre de formation de bénéficier, d'une part, d'une formation sportive permettant d'accéder à une pratique professionnelle de leur discipline et, d'autre part, d'un enseignement scolaire ou professionnel ou d'une formation universitaire.

Les art. D. 211-83 s. reprennent, en termes légèrement différents, le contenu de l'arrêté du 15 mai 2001 fixant les modalités de délivrance et de retrait d'agrément des centres de formation (JO 6 juin). En conséquence, et bien que cet arrêté n'eût pas été formellement abrogé, ni par le décret ayant procédé à la codification de la partie réglementaire (décrets), ni par l'arrêté ayant fait de même par la partie réglementaire (arrêtés), il doit donc être considéré comme caduc, son contenu étant repris par une norme supérieure et plus récente.

Art. D. 211-84 L'agrément mentionné à l'article L. 211-4 est délivré lorsqu'il est satisfait aux critères définis dans un cahier des charges.

Le cahier des charges est établi par la fédération délégataire compétente et transmis pour approbation au ministre chargé des sports. Il est modifié dans les mêmes formes.

Art. D. 211-85 Le cahier des charges mentionné à l'article D. 211-84 définit les critères suivants :

1° Le niveau des compétitions auxquelles doit participer l'équipe professionnelle de l'association ou de la société sportive qu'elle a constituée. Ces compétitions sont organisées par la ligue professionnelle mentionnée à l'article L. 132-1, ou, à défaut, par la fédération délégataire ;

2° L'âge minimal et l'âge maximal des jeunes sportifs ;

3° L'effectif minimal et maximal des jeunes sportifs susceptibles d'être accueillis dans le centre de formation ;

4° L'effectif et les qualifications requises des personnes chargées de l'encadrement sportif, médical et social des jeunes sportifs ;

5° La nature de l'enseignement scolaire, général ou professionnel ou de la formation universitaire accessible aux jeunes ainsi que les aménagements et les aides devant être prévus ;

(Décr. n° 2016-1287 du 29 sept. 2016, art. 3) « 5° *bis* Les modalités de mise en œuvre d'une formation sportive et citoyenne dont le contenu est défini à l'article D. 221-27 » ;*– Les dispositions du 5° bis sont applicables aux demandes d'agrément de centre de formation déposées postérieurement à l'entrée en vigueur du Décr. n° 2016-1287 du 29 sept. 2016. (Décr. préc., art. 4, al. 2).*

6° L'existence de conventions liant le centre de formation aux établissements scolaires ou d'enseignement supérieur, d'une part, et de formation professionnelle, d'autre part ;

7° Les installations et équipements sportifs mis à disposition des jeunes sportifs en formation ;

8° La nature et les modalités de suivi médical mises en place ;

9° La durée hebdomadaire d'entraînement ou de compétitions concernant les jeunes sportifs ainsi que les périodes de récupération et de repos nécessaires à la protection de leur santé ;

10° Les conditions d'hébergement, de restauration et de travail des jeunes sportifs en formation ;

11° Les informations et documents comptables relatifs au centre de formation exigés, lesquels devront être sectorisés dans les comptes de l'association ou de la société sportive précitée. Ces informations et documents comptables sont communiqués au ministre chargé des sports annuellement, en fin de saison sportive.

Art. D. 211-86 La demande d'agrément est présentée à la fédération sportive compétente par l'association ou la société sportive à laquelle est rattaché le centre de formation.

La fédération soumet au ministre chargé des sports, avec son avis, les demandes d'agrément présentées en application de l'article L. 211-4.

Art. R. 211-87 L'agrément est délivré pour une durée de quatre ans par arrêté du ministre chargé des sports, après avis de la Commission nationale du sport de haut niveau.

L'arrêté d'agrément est publié au *Journal officiel* de la République française.

Art. R. 211-88 L'agrément est retiré lorsque le centre de formation cesse de satisfaire à l'un au moins des critères prévus dans le cahier des charges, ainsi que pour tout motif grave.

L'agrément peut, toutefois, être maintenu pour une durée qui ne peut excéder la durée restant à courir de l'agrément et au plus égale à deux ans, lorsque l'équipe professionnelle de l'association ou de la société dont relève le centre ne participe plus aux compétitions prévues au cahier des charges en application du 1° de l'article D. 211-85.

Le retrait d'agrément est prononcé par le ministre chargé des sports à son initiative ou à la demande de la fédération délégataire compétente, après avis de cette dernière et de la Commission nationale du sport de haut niveau.

Le bénéficiaire de l'agrément est préalablement informé des motifs susceptibles de fonder le retrait d'agrément et mis à même de présenter des observations écrites.

L'arrêté de retrait est publié au *Journal officiel* de la République française.

1. Est retiré l'agrément d'un centre de formation au motif de divers manquements au cahier des charges des centres de formation des clubs professionnels élaboré par la Fédération française de volley-ball, notamment l'absence de présence d'un directeur du centre de formation en responsabilité propre non cumulable avec un poste d'élu au bureau de l'association, l'absence d'un entraîneur dédié prioritairement au centre de formation, l'absence de signature de conventions avec les établissements scolaires, universitaires ou professionnels permettant des aménagements d'horaires avec la pratique du haut niveau, l'absence de communication des comptes de l'association établis par un expert comptable ainsi que les comptes sectorisés du centre de formation. – V. Arr. du 10 sept. 2013 *(JO 1er oct.)*.

2. L'agrément d'un centre de formation doit être retiré lorsque l'équipe professionnelle de l'association ou de la société dont relève le centre a été reléguée sportivement et ne participe plus au niveau des compétitions défini dans le cahier des charges de la fédération concernée et qu'il a bénéficié depuis la relégation d'un maintien de l'agrément durant au plus deux saisons. – V. Arr. du 3 juill. 2014 *(JO 1er août)*.

Art. R. 211-89 Un nouvel agrément est accordé selon les mêmes conditions et modalités que celles prévues aux articles D. 211-86 et R. 211-87.

Toutefois, le ministre chargé des sports peut, à titre dérogatoire, délivrer un nouvel agrément à l'association ou à la société sportive déjà titulaire d'un agrément qui satisfait aux critères prévus par le cahier des charges à l'exception du 1° de l'article D. 211-85.

Cet agrément est accordé, sur demande de l'association ou de la société sportive, pour une durée maximale de deux ans.

Art. D. 211-90 Le ministre chargé des sports contrôle le fonctionnement des centres de formation agréés. La fédération délégataire compétente contribue à la bonne exécution de ce contrôle en transmettant au ministre chargé des sports tous documents utiles et peut, par ailleurs, réaliser toutes vérifications et évaluations qui lui paraissent opportunes.

§ 2 CONVENTION DE FORMATION

Art. R. 211-91 La convention prévue à l'article L. 211-5 doit comporter les stipulations définies par le présent paragraphe.

Pour chaque discipline sportive, une convention type est établie par la fédération sportive délégataire et approuvée par arrêté du ministre chargé des sports. – *[Décr. nº 2001-831 du 6 sept. 2001, art. 1er.]*

V. Arr. du 24 janv. 2011 (basket-ball secteur masculin) ; Arr. du 24 janv. 2011 (basket-ball secteur féminin) ; Arr. du 14 nov. 2002 (football) ; Arr. du 7 mai 2003 (rugby à XIII) ; Arr. du 29 avr. 2013 (handball) ; Arr. du 3 oct. 2016 (hockey sur glace) ; Arr. du 20 oct. 2010 (rugby à XV) ; Arr. du 26 juill. 2012 (volley-ball).

Art. R. 211-92 La convention ne peut être conclue que si le bénéficiaire de la formation est âgé, à la date de signature de celle-ci, de quatorze ans révolus. – *[Décr. nº 2001-831 du 6 sept. 2001, art. 2.]*

COMMENTAIRE

Il est à noter que si la signature d'une convention de formation dans le cadre d'un centre de formation de club professionnel n'est possible qu'à partir de l'âge de quatorze ans, les textes régissant le sport de haut niveau (qui n'ont pas le même champ d'application ni la même finalité que ceux encadrant le sport professionnel) permettent aux jeunes sportifs d'être inscrits sur les listes liées au haut niveau et d'intégrer un Pôle France ou Espoirs dès l'âge de douze ans. ❑

Art. R. 211-93 La convention fixe la durée de la formation, qui ne peut commencer à une date antérieure à celle de sa signature.

Elle précise pour quels motifs et selon quelles modalités sa résiliation peut intervenir, d'un commun accord entre les parties ou sur l'initiative de l'une ou l'autre de celles-ci, avant le terme fixé. – *[Décr. nº 2001-831 du 6 sept. 2001, art. 3.]*

Art. R. 211-94 La convention détermine la formation sportive reçue par l'intéressé. Elle indique la nature de l'enseignement scolaire qui lui est dispensé et mentionne, le cas échéant, les aménagements et les modalités d'aide et de soutien dont il peut bénéficier dans le cadre de sa scolarité. – *[Décr. nº 2001-831 du 6 sept. 2001, art. 4.]*

Art. R. 211-95 La convention fixe la durée hebdomadaire maximale, incluant la durée des compétitions, pendant laquelle le bénéficiaire de la formation est astreint à la pratique d'une activité physique ou sportive dans quelque discipline que ce soit.

La convention mentionne également la durée des périodes de vacances ainsi que la durée minimale de repos entre deux compétitions. – *[Décr. nº 2001-831 du 6 sept. 2001, art. 5.]*

Art. R. 211-96 La convention précise les modalités du suivi médical que le centre de formation est tenu d'organiser et auquel le bénéficiaire de la formation est tenu de se soumettre. – *[Décr. nº 2001-831 du 6 sept. 2001, art. 6.]*

Art. R. 211-97 La convention précise les modalités de l'hébergement, de la restauration et des services annexes.

Lorsque le bénéficiaire de la formation est mineur, la convention fixe également les modalités de l'encadrement en dehors du temps consacré à la formation sportive et à l'enseignement, ainsi que les conditions de transport de l'intéressé entre son domicile et les lieux où se déroule la formation. – *[Décr. nº 2001-831 du 6 sept. 2001, art. 7.]*

Art. R. 211-98 La convention détermine les obligations du bénéficiaire à l'égard du club sportif géré par l'association ou la société dont relève le centre de formation. Elle

peut prévoir que l'intéressé est tenu de prendre sa licence sportive dans ce club. – *[Décr. n° 2001-831 du 6 sept. 2001, art. 8.]*

Art. R. 211-99 La convention précise les modalités de prise en charge, par chacune des parties, des frais de toute nature liés à la formation. Elle fixe, le cas échéant, les conditions de rémunération du bénéficiaire de la formation. – *[Décr. n° 2001-831 du 6 sept. 2001, art. 9.]*

Art. R. 211-100 La convention fixe les droits et obligations de chacune des parties pour la mise en œuvre des dispositions des troisième et quatrième alinéas de l'article L. 211-5. – *[Décr. n° 2001-831 du 6 sept. 2001, art. 10.]*

V. aussi : Note de service DS/DSA4 n° 2014-31 du 28 janv. 2014 relative à la procédure d'agrément des centres de formation des clubs professionnels (BOJS n° 2/mars-avr. 2014, p. 1).

La convention de formation qui renvoie au statut du joueur en formation prévu dans la charte du football professionnel et qui permet au joueur de devenir footballeur professionnel et d'obtenir une formation diplômante n'est pas un contrat de travail. Dès lors, le joueur qui n'a signé aucun contrat séparément à la convention de formation, qui n'a perçu aucune rémunération et qui a suivi au cours de trois saisons sportives une scolarité ou une formation diplômante, ne peut se prévaloir d'une promesse d'embauche ferme et définitive ni ne peut voir qualifier la convention de formation de contrat de travail de joueur professionnel. • Lyon, 24 mai 2013, *Hervé N'G. c. Association sportive de Saint-Etienne : n° 12/07243.*

CHAPITRE II ENSEIGNEMENT DU SPORT CONTRE RÉMUNÉRATION

BIBL. GÉN. ▶ M. Andrier, *RJ éco. sport 2004, n° 73, p. 35* (commentaire du décret d'application de l'article L. 363-1 du code l'éducation).

COMMENTAIRE

1° LISTE DES DIPLÔMES

Les dispositions réglementaires d'ordre général relatives à l'obligation de qualification en matière d'enseignement du sport contre rémunération sont essentiellement issues du décret du 27 août 2004 (n° 2004-893, *JO 29 août*) pris pour l'application de l'article L. 363-1 du code de l'éducation [art. L. 212-1 à L. 212-4 C. sport]. L'article R. 212-1 du code du sport définit les compétences minimales, en matière de sécurité des pratiquants et des tiers, que doivent attester les diplômes, titres à finalité professionnelle ou certificats de qualification, qui permettent l'enseignement des APS contre rémunération. Une liste, spécifique au domaine du sport, est établie par le ministre chargé des sports. Deux dispositifs distincts sont envisagés quant à la procédure d'inscription des diplômes sur cette liste, selon que le diplôme (titre à finalité professionnelle ou CQP) est délivré au nom de l'État ou non. S'agissant des diplômes et titres délivrés par le ministre chargé de l'enseignement supérieur, par le ministre chargé de l'agriculture ou le ministre chargé des sports, chaque ministère délivrant une certification en détermine les conditions d'exercice et procède à la vérification des compétences à maîtriser en matière de sécurité des pratiquants et des tiers. L'inscription sur la liste est précédée de l'information d'une commission professionnelle consultative (CPC) (sur la CPC des « métiers du sport et de l'animation » V. art. D. 142-33 C. sport). S'agissant des autres diplômes, titres et CQP, non délivrés au nom de l'État, c'est le ministère chargé des sports qui en fixe les conditions d'exercice et procède à leur inscription sur la liste, après avis de cette même CPC.

La liste des diplômes, titres à finalité professionnelle et CQP répondant aux conditions d'enregistrement au RNCP et aux conditions garantissant la sécurité des pratiquants et des tiers est élaborée progressivement ; elle figure en annexe II-1 de la partie arrêtés du code du sport et précise, pour chaque certification, les conditions d'exercice et limites à ces conditions en fonction de chaque option, mention ou spécialité. Ce tableau comporte 6 parties :

– A/ Diplômes et titres délivrés par le ministère chargé de l'enseignement supérieur (DEUG, DEUST, Licences) ;

– B/ Diplômes et titres délivrés par le ministère chargé de l'agriculture (vide) ;

– C/ Diplômes délivrés par le ministère chargé des sports (BEES, BAPAAT, BP JEPS, DE JEPS, DES JEPS) ;
– D/ Titres à finalité professionnelle ;
– E/ Certificats de qualification délivrés par les branches professionnelles ;
– F/ Diplômes délivrés par le ministère chargé de la santé ;

2° DIPLÔMES ET TITRES DÉLIVRÉS PAR LE MINISTÈRE DES SPORTS

Les diplômes et titres délivrés par le ministère des sports en matière d'enseignement des APS sont le brevet d'État d'éducateur sportif (BEES), le brevet d'aptitude professionnelle d'assistant-animateur technicien de la jeunesse et des sports (BAPAAT JS), le brevet professionnel de la jeunesse, de l'éducation populaire et du sport (BP JEPS), le diplôme d'État de la jeunesse, de l'éducation populaire et du sport (DE JEPS) et le diplôme d'État supérieur de la jeunesse, de l'éducation populaire et du sport (DES JEPS). Chacun de ces diplômes correspond à un niveau déterminé dans la nomenclature interministérielle des niveaux de formation et atteste de qualifications particulières.

Le BAPAAT JS est un diplôme d'État attestant d'une qualification professionnelle pour l'encadrement, l'animation et l'accompagnement des activités physiques et sportives et des activités socioculturelles. Il constitue le premier des niveaux de qualification professionnelle dans les filières préparant aux métiers relevant des secteurs de la jeunesse et des sports. Il est classé au niveau V.

Le DE JEPS et le DES JEPS sont deux nouveaux diplômes correspondant respectivement à des certifications de niveau III et de niveau II. Le diplôme d'État atteste de l'acquisition d'une qualification dans l'exercice d'une activité professionnelle de coordination et d'encadrement à finalité éducative dans les domaines d'activités physiques, sportives, socio-éducatives ou culturelles. Il est délivré soit au titre de la spécialité « perfectionnement sportif » soit au titre de la spécialité « animation socio-éducative ou culturelle ». Le diplôme d'État supérieur atteste de l'acquisition d'une qualification dans l'exercice d'une activité professionnelle d'expertise technique et de direction à finalité éducative dans les domaines d'activités physiques, sportives, socio-éducatives ou culturelles. Il est délivré soit au titre de la spécialité « performance sportive » soit au titre de la spécialité « animation socio-éducative ou culturelle ».

Le BP JEPS est un diplôme de niveau IV par lequel son titulaire atteste de la possession de compétences professionnelles indispensables à l'exercice du métier d'animateur, de moniteur ou d'éducateur sportif dans le champ de la spécialité obtenue, celle-ci pouvant être disciplinaire, pluridisciplinaire ou liée à un champ particulier (V. l'instruction cadre n° DS/DSC2/2012/130 du 23 mars 2012 relative aux modalités de mise en œuvre du brevet professionnel de la jeunesse, de l'éducation populaire et du sport, BOJS 31 mars 2012, n° 3).
S'agissant des BEES, ils ne sont plus délivrés depuis le 1er janvier 2013. Le BEES 1er degré est remplacé par les DEJEPS et BPJEPS et le BEES 2e degré par le DESJEPS.

Les articles R. 212-11 à D. 212-83 du code du sport précisent les modalités d'organisation de ces différents diplômes (V. Circulaire n° DS/DSC1/2012/250 du 25 juin 2012 relative aux dispositions applicables aux équivalences entre diplômes du ministère des Sports, de la Jeunesse, de l'Éducation populaire et de la Vie associative, BOJS 30 juin 2012, n° 6).

Enfin, il convient de noter que des titres et diplômes peuvent également être créés dans le domaine du sport par le ministère chargé de l'enseignement supérieur, avec les DEUG, DEUST et licences de la filière « sciences et techniques des activités physiques et sportives » (STAPS), ainsi que par les ministères de la Défense, de la Santé et de l'Agriculture.

3° LES ACTIVITÉS S'EXERÇANT DANS UN ENVIRONNEMENT SPÉCIFIQUE

S'agissant de la liste des activités s'exerçant dans un environnement spécifique, sont distinguées celles s'exerçant de manière permanente, quelle que soit la zone d'évolution, dans un milieu spécifique (le canyonisme, le parachutisme, le ski et l'alpinisme et leurs activités assimilées, la spéléologie, le surf des mers, le vol libre – à l'exception du cerf-volant acrobatique et de combat), et celles pour lesquelles l'environnement ne devient spécifique qu'en fonction de la zone d'évolution (la plongée en scaphandre en tous lieux et la plongée en apnée en milieu naturel et en fosse de plongée, le canoë-kayak et disciplines associées en rivière de classe supérieure à 3 et la voile au-delà de 200 milles nautiques d'un abri, l'escalade pratiquée sur les sites sportifs au-delà du premier relais et « terrains d'aventure », déterminés conformément aux normes de classement technique édictées par la fédération délégataire en application de l'article L. 311-2, ainsi que de l'escalade en via ferrata). Ces disciplines impliquent des mesures de sécurité particulières, et leur encadrement contre rémunération nécessite la possession d'un diplôme délivré par le ministère des Sports (V. art. L. 212-2). En outre, la validation des acquis de l'expérience permettant l'obtention de l'un de ces diplômes est effectuée selon des modalités particulières (V. art. R. 212-7 à 212-10). ❑

SECTION PREMIÈRE **OBLIGATION DE QUALIFICATION**

SOUS-SECTION 1 **DISPOSITIONS GÉNÉRALES**

§ 1er PRINCIPES

Art. R. 212-1 **Un diplôme, titre à finalité professionnelle ou certificat de qualification garantit la compétence de son titulaire en matière de sécurité des pratiquants et des tiers au sens de l'article L. 212-1 dans une activité physique ou sportive considérée ou dans un ensemble d'activités de même nature relatives à un public spécifique, s'il atteste dans son règlement que son titulaire :**

1° Est capable de mobiliser les connaissances techniques et pédagogiques propres à l'activité considérée et de maîtriser les techniques de sa pratique dans des conditions assurant la sécurité des pratiquants et des tiers ;

2° Maîtrise les comportements à observer et les gestes à exécuter en cas d'incident ou d'accident. – *[Décr. nº 2004-893 du 27 août 2004, art. 1er.]*

V. aussi Instr. nº 04-181 JS du 17 nov. 2004 (mise en œuvre du Décr. nº 2004-893 du 27 août 2004) (BOJS nº 20 du 30 nov.).

Art. R. 212-2 **La liste des diplômes, titres à finalité professionnelle ou certificats de qualification remplissant les conditions prévues à l'article L. 212-1 est arrêtée par le ministre chargé des sports.**

La liste mentionne, pour chacune des options, mentions ou spécialités de chaque diplôme, titre à finalité professionnelle ou certificat de qualification, ses conditions d'exercice. – *[Décr. nº 2004-893 du 27 août 2004, art. 2.] – V. art. A. 212-1 et annexe II-1 (partie arrêtés) C. sport.*

Art. R. 212-3 **Pour les diplômes ou titres à finalité professionnelle délivrés au nom de l'État par des établissements placés sous la tutelle du ministre chargé de l'enseignement supérieur, ainsi que pour ceux délivrés par le ministre chargé de l'agriculture ou le ministre chargé des sports, les conditions d'exercice sont établies par les ministres de tutelle.**

La conformité à l'article L. 212-1 du présent code, des diplômes ou titres à finalité professionnelle mentionnés à l'alinéa précédent est vérifiée par chacun des ministres de tutelle. Ces diplômes ou titres sont inscrits sur la liste prévue à l'article R. 212-2 du présent code après information de la commission professionnelle consultative créée sur le fondement des articles D. 335-33 à D. 335-37 du code de l'éducation.

Pour les autres diplômes, titres à finalité professionnelle ou certificats de qualification, l'inscription sur la liste précitée est soumise à l'avis de la même commission. – *[Décr. nº 2004-893 du 27 août 2004, art. 3.] – Sur la commission professionnelle consultative des métiers du sport et de l'animation, V. art. D. 142-33.*

Art. R. 212-4 **Pour exercer contre rémunération les fonctions prévues à l'article L. 212-1, les personnes en cours de formation préparant à un diplôme, un titre à finalité professionnelle ou un certificat de qualification mentionnés à l'article R. 212-1 doivent, dans les conditions prévues par le règlement de ces diplômes, titres ou certificats de qualification, être placées sous l'autorité d'un tuteur et avoir satisfait aux exi-**

gences préalables à leur mise en situation pédagogique. – *[Décr. n° 2004-893 du 27 août 2004, art. 4.] – V. Instr. n° 07-099 JS du 18 juill. 2007 relative à la situation de la personne en formation en entreprise dans le cadre d'un diplôme, titre à finalité professionnelle ou certificat de qualification professionnelle (non publiée).*

Art. R. 212-5 Les dispositions des articles R. 335-5 à R. 335-11 du code de l'éducation sont applicables pour la délivrance des diplômes et titres à finalité professionnelle prévue à l'article R. 212-1 du présent code.

Toutefois, les dispositions du deuxième alinéa de l'article R. 335-8 du code de l'éducation, relatives à l'équilibre entre représentants des employeurs et des salariés ne sont pas applicables aux professions qui s'exercent principalement sous le statut de travailleur indépendant. – *[Décr. n° 2004-893 du 27 août 2004, art. 5.]*

Art. R. 212-6 *(Décr. n° 2015-1527 du 24 nov. 2015, art. 2, en vigueur le 1er janv. 2016)* Le directeur régional de la jeunesse, des sports et de la cohésion sociale peut, par arrêté motivé et après avoir mis l'intéressé en mesure de présenter des observations écrites, interdire à toute personne de se présenter, temporairement ou définitivement, aux examens et certifications organisés en application du présent code lorsqu'elle a commis une fraude :

– au cours d'un examen ;

– au cours d'une évaluation concourant à l'obtention d''un diplôme mentionné à l'article R. 212-2 ou d'un certificat complémentaire délivré par l'État. – *[Décr. n° 89-685 du 21 sept. 1989, art. 15.]*

Pour les dispositions transitoires, V. art. 4 du Décr. n° 2015-1527 du 24 nov. 2015 reproduit ss. art. R. 212-10-1.

§ 2 ACTIVITÉS PHYSIQUES ET SPORTIVES S'EXERÇANT DANS UN ENVIRONNEMENT SPÉCIFIQUE

Art. R. 212-7 Les activités s'exerçant dans un environnement spécifique impliquant le respect de mesures de sécurité particulières mentionnées à l'article L. 212-2 sont celles relatives à la pratique :

1° De la plongée en scaphandre, en tous lieux, et en apnée, en milieu naturel et en fosse de plongée ;

2° Du canoë-kayak et des disciplines associées en rivière de classe supérieure à trois conformément aux normes de classement technique édictées par la fédération délégataire en application de l'article L. 311-2 ;

3° De la voile au-delà de 200 milles nautiques d'un abri ;

(Décr. n° 2012-160 du 31 janv. 2012, art. 1er) « 4° De l'escalade pratiquée sur les sites sportifs au-delà du premier relais et "terrains d'aventure", déterminés conformément aux normes de classement technique édictées par la fédération délégataire en application de l'article L. 311-2, ainsi que de l'escalade en "via ferrata" ; »

(Décr. n° 2012-160 du 31 janv. 2012, art. 1er) « 5° » Quelle que soit la zone d'évolution :

a) Du canyonisme ;

b) Du parachutisme ;

c) Du ski, de l'alpinisme et de leurs activités assimilées ;

d) De la spéléologie ;

e) Du surf de mer ;

f) Du vol libre, à l'exception de l'activité de cerf-volant acrobatique et de combat. – *[Décr. n° 2004-893 du 27 août 2004, art. 6.]*

Sur la définition de l'environnement montagnard pour la pratique des activités assimilées à l'alpinisme, V. Arr. du 6 déc. 2016, reproduit ci-dessous.

La demande d'annulation du décret du 27 août 2004 [art. R. 212-7 C. sport] fixant la liste des APS s'exerçant dans un environnement spécifique au sens du 5e al. de l'art. L. 363-1 C. éduc. [art. L. 212-2 C. sport] doit être rejetée dès lors que ce décret a pu indiquer, sans d'avantage de précision, que les activités assimilées au ski et à l'alpinisme font partie des APS dont l'exercice est subordonné à la détention d'un diplôme, eu égard aux caractéristiques de ces activités et sans méconnaître sa compétence ni procéder à une subdélégation illégale, et dès lors que la prise en considération, pour établir la liste des activités qui sont exercées dans un environnement spécifique, de la spécificité de l'environnement dans lequel s'exerce une activité et non de la dangerosité intrinsèque d'une discipline, justifie que l'escalade ne soit pas inscrit parmi les APS dont l'exercice est subordonné à la détention d'un diplôme. • CE 3 avr. 2006, *SNAPEC : req. n° 273713.*

Arrêté du 6 décembre 2016,

Portant définition de l'environnement montagnard pour la pratique des activités assimilées à l'alpinisme.

Art. 1er Pour l'application de l'article R. 212-7 du code du sport, les activités assimilées à l'alpinisme se définissent comme un ensemble de pratiques sportives qui regroupent différentes techniques permettant la progression ou le déplacement à pied, en sécurité, dans un environnement montagnard, tel que défini à l'article 2 du présent arrêté.

Art. 2 Dans les départements métropolitains, les zones relevant de l'environnement montagnard pour la pratique des activités assimilées à l'alpinisme sont ainsi définies :

1° Les itinéraires pédestres, balisés ou non, sur sentier ou hors sentier, dont le niveau de risque est strictement supérieur à trois, conformément aux critères de la grille de cotation des randonnées pédestres établie par la fédération ayant reçu délégation pour la randonnée pédestre ;

2° Dans les massifs des Vosges, de la Corse, du Jura et du Massif Central, les zones situées à une altitude supérieure à huit cents mètres ;

3° Dans les massifs des Alpes et des Pyrénées, les zones situées à une altitude supérieure à mille mètres.

Art. 3 Par dérogation aux dispositions du 2° et du 3° l'article 2, ne relèvent pas de l'environnement montagnard pour la pratique des activités assimilées à l'alpinisme, les itinéraires pédestres répondant cumulativement aux deux critères suivants de la grille de cotation mentionnée à l'article 2 :

1° Une cotation strictement inférieure à trois sur le critère du risque ;

2° Une cotation strictement inférieure à trois sur le critère de l'effort.

Art. 4 Toute modification de la grille de cotation mentionnée à l'article 2 est soumise pour avis à la section permanente de l'alpinisme de la commission de la formation et de l'emploi du Conseil supérieur des sports de montagne.

Art. 5 L'arrêté du 14 juin 2007 portant définition de l'alpinisme, de ses activités assimilées et de leurs territoires et sites de pratique qui relèvent de l'environnement spécifique est abrogé.

Art. R. 212-8 Le ministre chargé des sports établit la liste des établissements placés sous sa tutelle qui sont chargés d'assurer la formation au diplôme mentionné à l'article R. 212-1 lorsque ce diplôme porte sur les activités physiques ou sportives énumérées à l'article R. 212-7.

Ces établissements mettent en œuvre la formation avec leurs moyens propres et ceux qui leur sont alloués.

Toutefois, lorsqu'ils ne sont pas en mesure d'en assurer la totalité, ils peuvent passer convention, pour une partie de cette formation, avec un établissement public ou un autre organisme de formation. – *[Décr. n° 2004-893 du 27 août 2004, art. 7.]*

Art. R. 212-9 L'arrêté du ministre chargé des sports créant l'option ou la spécialité du diplôme relative à l'une des activités prévues à l'article R. 212-7 est pris après avis *[de]* **la Commission professionnelle consultative des métiers du sport et de l'animation. Il comporte :**

1° Le programme de formation et les modalités d'évaluation ;

2° La fiche descriptive des activités et les modalités et critères de certification lorsque ce diplôme est organisé en unités capitalisables.

Cet arrêté précise les éléments du programme ou des activités qui ne peuvent être délégués à d'autres établissements ou organismes de formation. – *[Décr. n° 2004-893 du 27 août 2004, art. 8.]*

Art. R. 212-10 La validation des acquis de l'expérience en vue de l'obtention d'un diplôme permettant l'enseignement, l'animation ou l'encadrement d'une activité mentionnée à l'article R. 212-7 du présent code, ou l'entraînement de ses pratiquants, est soumise à des modalités particulières. Le candidat doit, dans tous les cas, satisfaire aux exigences techniques préalables à l'entrée dans la formation ou à l'inscription à l'examen pour le diplôme précité.

En outre, il doit :

1° D'une part, si le règlement du diplôme pour la validation des acquis de l'expérience le prévoit, avoir suivi avec succès la partie du programme de formation rendue obligatoire ;

2° D'autre part, si la nature de l'activité l'exige, avoir fait l'objet d'une mise en situation professionnelle réelle ou reconstituée, conformément au sixième alinéa de l'article L. 335-5 du code de l'éducation. – *[Décr. n° 2004-893 du 27 août 2004, art. 9.]*

§ 3 DISPOSITIONS GÉNÉRALES ET COMMUNES AU BREVET PROFESSIONNEL, AU DIPLÔME D'ÉTAT ET AU DIPLÔME D'ÉTAT SUPÉRIEUR DE LA JEUNESSE, DE L'ÉDUCATION POPULAIRE ET DU SPORT (BPJEPS, DEJEPS, DESJEPS) ET À LEURS CERTIFICATS COMPLÉMENTAIRES

(Décr. n° 2015-1527 du 24 nov. 2015, art. 1er, en vigueur le 1er janv. 2016)

COMMENTAIRE

Dans une optique de simplification, depuis le 1er janvier 2016, les dispositions communes aux procédures de certification du BPJEPS, DEJEPS, DESJEPS et d'habilitation des organismes de formation intervenant dans le champ de l'animation et du sport, sont intégrées dans le code du sport.

SOUS-§ 1er *LE JURY*

Art. R. 212-10-1 **Le directeur régional de la jeunesse, des sports et de la cohésion sociale arrête la liste des membres du jury compétent pour l'ensemble des formations et certifications :**

– pour chaque mention du brevet professionnel, du diplôme d'État et du diplôme d'État supérieur de la jeunesse, de l'éducation populaire et du sport (BPJEPS, DEJEPS, DESJEPS) ;

– ou pour chaque certificat complémentaire.

Le jury peut organiser en son sein des commissions de travail thématiques ou territoriales.

Le jury peut faire appel, à l'exception de la validation des acquis de l'expérience, à des experts choisis au sein d'une liste arrêtée par le directeur régional de la jeunesse, des sports et de la cohésion sociale.

Pour les dispositions transitoires, V. art. 4 du Décr. n° 2015-1527 du 24 nov. 2015 reproduit ci-dessous.

Décret n° 2015-1527 du 24 novembre 2015,

Relatif au brevet professionnel, au diplôme d'État et au diplôme d'État supérieur de la jeunesse, de l'éducation populaire et du sport.

Art. 4 I. — Le présent décret entre en vigueur le 1er janvier 2016.

II. — Il est applicable aux spécialités du brevet professionnel de la jeunesse, de l'éducation populaire et du sport (BPJEPS), au diplôme d'État de la jeunesse, de l'éducation populaire et du sport (DEJEPS) et au diplôme d'État supérieur de la jeunesse de l'éducation populaire et du sport (DESJEPS) existant avant son entrée en vigueur.

Toutefois :

– les jurys composés avant son entrée en vigueur restent soumis aux règles qui leur étaient applicables à la date de leur composition ;

– les organismes de formation ou les formations habilités avant le 1er janvier 2016 restent habilités jusqu'à la fin de la période restant à courir de leur habilitation ;

– les unités capitalisables complémentaires et les certificats de spécialisation existants sont regardés, au sens des nouvelles dispositions, comme des certificats complémentaires.

Art. R. 212-10-2 Le jury est présidé par un fonctionnaire de catégorie A.

En cas d'indisponibilité du président du jury, celui-ci peut être suppléé par un agent de catégorie A.

Outre le président, le jury est composé :

– de formateurs et cadres techniques, dont la moitié au moins sont des agents de l'État ;

– d'employeurs et de salariés, désignés de façon paritaire sur proposition des organisations représentatives. A défaut de proposition des organisations représentatives, le directeur régional de la jeunesse, des sports et de la cohésion sociale désigne ces professionnels dans les conditions et délais fixés par arrêté des ministres chargés de la jeunesse et des sports.

Ces professionnels représentent au moins un quart et au plus la moitié des membres du jury.

Dans le cas où les proportions requises aux trois alinéas précédents ne sont pas atteintes lors de la tenue de ses réunions plénières, en raison de l'absence d'un ou de plusieurs de ses membres, le jury peut néanmoins délibérer valablement sous réserve de la présence d'au moins un formateur ou cadre technique, au moins un employeur et au moins un salarié, en dehors du président ou de son suppléant.

Pour les dispositions transitoires, V. art. 4 du Décr. n° 2015-1527 du 24 nov. 2015 reproduit ss. art. R. 212-10-1.

Art. R. 212-10-3 Avec l'accord du directeur régional de la jeunesse, des sports et de la cohésion sociale, des moyens de conférence audiovisuelle sont ouverts aux candidats pour certaines épreuves certificatives selon des modalités fixées par arrêtés des ministres chargés de la jeunesse et des sports.

Pour les dispositions transitoires, V. art. 4 du Décr. n° 2015-1527 du 24 nov. 2015 reproduit ss. art. R. 212-10-1.

Art. R. 212-10-4 Le jury vérifie que l'organisation et le déroulement des épreuves certificatives sont conformes aux règlements du diplôme ou du certificat complémentaire et à leur mise en œuvre telle que habilitée par le directeur régional de la jeunesse, des sports et de la cohésion sociale.

Pour les dispositions transitoires, V. art. 4 du Décr. n° 2015-1527 du 24 nov. 2015 reproduit ss. art. R. 212-10-1.

Art. R. 212-10-5 Le jury :

1° Valide les épreuves certificatives conduites :

– soit par ses membres ;

– soit par les experts mentionnés au R. 212-10-1 ;

– soit par l'organisme de formation, quand les épreuves certificatives lui sont déléguées en application de l'article R. 212-10-8, le cas échéant en demandant à un ou plusieurs de ses membres ou à des experts, en cas d'épreuves certificatives déléguées à l'organisme de formation en application de l'article R. 212-10-8, la vérification de leur conformité ;

2° Se prononce sur la validation intégrale ou partielle des acquis de l'expérience après avoir vérifié si les acquis dont fait état le candidat dans son dossier correspondent aux compétences exigées par le règlement du diplôme visé ;

3° Arrête les résultats, quelles que soient les modalités de certification retenues :

– des unités capitalisables (UC) constitutives du brevet professionnel, diplôme d'État et diplôme d'État supérieur de la jeunesse, de l'éducation populaire et du sport (BPJEPS, DEJEPS, DESJEPS) ;

– ou des certificats complémentaires qui peuvent leur être associés.

Les unités capitalisables sont attribuées selon le référentiel de certification défini aux articles D. 212-23, D. 212-38 et D. 212-54 fixé par arrêté des ministres chargés de la jeunesse et des sports et dont l'acquisition est contrôlée par des épreuves certificatives.

Pour les dispositions transitoires, V. art. 4 du Décr. n° 2015-1527 du 24 nov. 2015 reproduit ss. art. R. 212-10-1.

Art. R. 212-10-6 Le jury, souverain dans sa délibération, fait connaître au directeur régional de la jeunesse, des sports et de la cohésion sociale les unités capitalisables, les diplômes et les certificats complémentaires qui ont été validés.

La validité d'une unité capitalisable est de cinq ans.

Pour les dispositions transitoires, V. art. 4 du Décr. n° 2015-1527 du 24 nov. 2015 reproduit ss. art. R. 212-10-1.

Art. R. 212-10-7 Dès lors que le candidat justifie de la possession de la totalité des unités capitalisables en état de validité, quel qu'en soit le mode d'acquisition, le directeur régional de la jeunesse, des sports et de la cohésion sociale, seul ou, lorsque l'arrêté du diplôme le prévoit, conjointement, délivre, conformément à l'article R. 212-10-6, le diplôme dans la spécialité, la mention considérée, l'option quand elle existe ou le certificat complémentaire.

Pour les dispositions transitoires, V. art. 4 du Décr. n° 2015-1527 du 24 nov. 2015 reproduit ss. art. R. 212-10-1.

SOUS-§ 2 *L'HABILITATION*

Art. R. 212-10-8 Tout organisme de formation désirant mettre en place des sessions de formation préparant aux brevet professionnel, diplôme d'État et diplôme d'État supérieur de la jeunesse, de l'éducation populaire et du sport (BPJEPS, DEJEPS, DESJEPS) doit au préalable être habilité par le directeur régional de la jeunesse, des sports et de la cohésion sociale du lieu principal de la formation.

Seuls les organismes de formation habilités en application du premier alinéa peuvent obtenir une habilitation pour mettre en place des sessions de formation préparant à un certificat complémentaire.

Pour les dispositions transitoires, V. art. 4 du Décr. n° 2015-1527 du 24 nov. 2015 reproduit ss. art. R. 212-10-1.

Art. R. 212-10-9 L'habilitation de l'organisme de formation est délivrée par le directeur régional de la jeunesse, des sports et de la cohésion sociale pour une durée de cinq ans au vu d'un dossier répondant aux exigences du cahier des charges mentionné à l'article R. 212-10-11 lui permettant d'apprécier la capacité de l'organisme de formation à dispenser une formation conforme au règlement du diplôme préparé et la capacité à offrir des garanties de réussite.

Pour les dispositions transitoires, V. art. 4 du Décr. n° 2015-1527 du 24 nov. 2015 reproduit ss. art. R. 212-10-1.

Art. R. 212-10-10 Cette habilitation est délivrée :
– pour un diplôme, dans une spécialité et une mention ;
– pour un certificat complémentaire.

Pour les dispositions transitoires, V. art. 4 du Décr. n° 2015-1527 du 24 nov. 2015 reproduit ss. art. R. 212-10-1.

Art. R. 212-10-11 I. – Le ministre chargé de la jeunesse et le ministre chargé du sport arrêtent le cahier des charges prévu à l'article R. 212-10-9.

Ce cahier des charges comprend :

1° Des clauses générales liées à la capacité de l'organisme de formation à dispenser une formation professionnelle dans les métiers de l'animation et du sport ;

2° Des clauses particulières en relation directe avec le diplôme visé dans une spécialité voire une mention quand elle existe ou un certificat complémentaire.

II. – Les clauses particulières portent sur les exigences suivantes :

1° Le respect des dispositions des articles L. 6352-3 à L. 6352-5, L. 6353-1, L. 6353-8 et L. 6353-9 du code du travail ;

2° La capacité de l'organisme à identifier des objectifs pédagogiques et à adapter son offre au public formé ;

3° L'adéquation des moyens pédagogiques, techniques et d'encadrement qu'il consacre à la formation, le cas échéant par l'appel à des personnes ou des organismes sous-traitants, au regard des objectifs à atteindre, s'agissant en particulier des qualifications visées, du public formé et de la durée de l'action de formation ;

4° La qualité des titres, diplômes et certificats de qualifications professionnelles des personnels en charge de la réalisation des actions de formation et leur cohérence avec les formations proposées ;

5° Selon la nature de l'action, de l'objectif visé et du public formé, sa capacité à mettre en place un système de suivi pédagogique et d'évaluation adapté dès l'entrée en formation, la description des moyens pédagogiques et techniques, et les résultats obtenus en matière de réussite aux certifications et à d'accès à l'emploi ;

6° Les modalités de la formation continue des personnels, coordonnateurs et formateurs, en charge de la réalisation des actions de formation ;

7° La mobilisation des structures accueillant les personnes en formation pour la réalisation de leur période d'alternance en entreprise telle que définie à l'article R. 212-10-19 ;

8° La compétence des tuteurs des personnes en alternance en entreprise ainsi que leur qualification, leur expérience professionnelle et leur implication dans l'activité professionnelle, dans les diplômes préparés ainsi que les modalités de formation et de suivi des tuteurs ;

9° La capacité à identifier et respecter dans le parcours de formation l'apprentissage par les stagiaires des règles déontologiques de la profession.

Pour les dispositions transitoires, V. art. 4 du Décr. n° 2015-1527 du 24 nov. 2015 reproduit ss. art. R. 212-10-1.

Art. R. 212-10-12 Sous réserve du dépôt du dossier de demande d'habilitation conformément aux modalités et au calendrier arrêtés par le directeur régional de la jeunesse, des sports et de la cohésion sociale et après avis du directeur technique national de la fédération ayant reçu délégation pour la discipline concernée par la mention pour les diplômes qui le prévoient, le directeur régional de la jeunesse, des sports et de la cohésion sociale peut délivrer l'habilitation.

Le défaut de réponse du directeur régional de la jeunesse, des sports et de la cohésion sociale sur la demande d'habilitation dans un délai de six mois vaut autorisation.

Pour les dispositions transitoires, V. art. 4 du Décr. n° 2015-1527 du 24 nov. 2015 reproduit ss. art. R. 212-10-1.

Art. R. 212-10-13 Dans sa demande d'habilitation, l'organisme de formation s'engage à :

1° Respecter les conditions fixées par le cahier des charges mentionné à l'article R. 212-10-11 et le règlement du diplôme ou du certificat complémentaire pendant toute la période de l'habilitation ;

2° Déclarer ses sessions de formation selon des modalités définies par arrêté des ministres chargés de la jeunesse et des sports ;

3° Renseigner l'outil national de suivi des inscriptions et des résultats aux épreuves certificatives conformément aux dispositions transmises par le directeur régional de la jeunesse, des sports et de la cohésion sociale lors de la décision d'habilitation ;

4° Procéder à l'inscription auprès de la direction régionale de la jeunesse, des sports et de la cohésion sociale des personnes entrant en formation après vérification des conditions d'inscription fixées dans le règlement du diplôme ou du certificat complémentaire ;

5° Communiquer les pièces demandées par la direction régionale de la jeunesse, des sports et de la cohésion sociale prévues par arrêté des ministres chargés de la jeunesse et des sports lors de l'inscription des personnes entrant en formation ;

6° Présenter à la direction régionale de la jeunesse, des sports et de la cohésion sociale toute pièce demandée lors des contrôles sur pièce ou sur site et faciliter le déroulement des contrôles sur site ;

7° Obtenir la validation écrite du directeur régional de la jeunesse, des sports et de la cohésion sociale pour toute modification du dossier initialement déposé ;

8° Fournir à la direction régionale de la jeunesse, des sports et de la cohésion sociale toutes les pièces nécessaires à la tenue des jurys ;

9° Présenter un bilan des actions de formation et de leur mise en œuvre et un bilan d'insertion des diplômés selon des modalités fixées par arrêté des ministres chargés de la jeunesse et des sports ;

10° Signaler à la direction régionale de la jeunesse, des sports et de la cohésion sociale tout cas de fraude et tout incident ou dysfonctionnement lors d'épreuves certificatives déléguées ;

11° Respecter les règles déontologiques de fonctionnement des jurys.

Pour les dispositions transitoires, V. art. 4 du Décr. n° 2015-1527 du 24 nov. 2015 reproduit ss. art. R. 212-10-1.

Art. R. 212-10-14 Sur demande de l'organisme de formation habilité déposée au moins six mois avant le terme de l'habilitation auprès du directeur régional de la jeunesse, des sports et de la cohésion sociale, celui-ci peut accorder un renouvellement de l'habilitation pour cinq ans après s'être assuré :

1° Du respect des engagements souscrits lors de la demande d'habilitation ;

2° De la tenue à jour du dossier répondant au cahier des charges ;

3° Du respect du cahier des charges ;

4° De la qualité de la mise en œuvre des sessions de formations antérieures sur la base des bilans produits ou des contrôles effectués.

Le directeur régional de la jeunesse, des sports et de la cohésion sociale notifie sa décision au plus tard deux mois après réception de la demande de renouvellement.

Pour les dispositions transitoires, V. art. 4 du Décr. n° 2015-1527 du 24 nov. 2015 reproduit ss. art. R. 212-10-1.

Art. R. 212-10-15 En cas de non-respect d'une des obligations prévues aux articles R. 212-10-11 à R. 212-10-13, le directeur régional de la jeunesse, des sports et de la cohésion sociale peut procéder :

1° A la suspension de l'habilitation de l'organisme de formation. Cette décision entraîne la suspension de l'ouverture de toute session de formation non commencée à la date de la décision ;

2° A la suspension d'une ou de plusieurs sessions de formation en cours ou à venir.

Sauf en cas d'urgence, la décision de suspension est prise après que le titulaire ait été mis en mesure de présenter ses observations.

La décision de suspension de l'habilitation ou des sessions de formation est prononcée pour une durée de six mois maximum. Il y est mis fin lorsque l'organisme de formation rapporte la preuve qu'il respecte de nouveau les obligations définies aux articles R. 212-10-11 à R. 212-10-13. Si au terme du délai de suspension prononcé, l'organisme de formation ne respecte toujours pas les obligations dont le non-respect a justifié la suspension, le directeur régional de la jeunesse, des sports et de la cohésion sociale procède, dans le respect des droits de la défense, au retrait de l'habilitation de l'organisme de formation ou à la fermeture définitive de la session.

Pour les dispositions transitoires, V. art. 4 du Décr. n° 2015-1527 du 24 nov. 2015 reproduit ss. art. R. 212-10-1.

Art. R. 212-10-16 Le directeur régional de la jeunesse, des sports et de la cohésion sociale peut procéder au retrait de l'habilitation de l'organisme de formation en cas de non-respect d'une des obligations prévues aux articles R. 212-10-11 à R. 212-10-13 après que celui-ci a été amené à présenter ses observations en défense.

Ce retrait d'habilitation a pour conséquence l'impossibilité de mettre en place toute session de formation non commencée à la date de la décision et la fermeture des sessions en cours.

Le retrait de l'habilitation délivrée en application du premier alinéa de l'article R. 212-10-8 entraîne le retrait de l'habilitation délivrée en application du second alinéa de ce même article.

Pour les dispositions transitoires, V. art. 4 du Décr. n° 2015-1527 du 24 nov. 2015 reproduit ss. art. R. 212-10-1.

SOUS-§ 3 *LES MODALITÉS DE LA FORMATION*

Art. R. 212-10-17 Des exigences préalables à l'entrée en formation permettant de vérifier le niveau des personnes désirant suivre la formation et définies par l'arrêté de spécialité, de mention, d'option ou de certificats complémentaires peuvent être requises pour accéder aux formations prévues aux articles D. 212-24, D. 212-27, D. 212-40, D. 212-43, D. 212-56 et D. 212-59.

Des tests d'exigences préalables peuvent être prévus pour vérifier ce niveau.

Pour les dispositions transitoires, V. art. 4 du Décr. n° 2015-1527 du 24 nov. 2015 reproduit ss. art. R. 212-10-1.

Art. R. 212-10-18 Quand ils sont prévus ces tests font l'objet d'une harmonisation nationale de la spécialité, la mention, l'option ou du certificat complémentaire afin de garantir l'égalité d'accès aux personnes désirant entrer en formation sur le territoire.

L'organisation de cette harmonisation nationale est précisée par arrêté des ministres chargés de la jeunesse et des sports.

Pour les dispositions transitoires, V. art. 4 du Décr. n° 2015-1527 du 24 nov. 2015 reproduit ss. art. R. 212-10-1.

Art. R. 212-10-19 Les situations de formation en entreprise recouvrant des phases d'encadrement de public, déterminées dans le processus pédagogique du brevet professionnel, du diplôme d'État ou du diplôme d'État supérieur de la jeunesse, de l'éducation populaire et du sport ou des certificats complémentaires, sont mises en place par l'organisme de formation habilité, sous la responsabilité d'un tuteur.

Pour les dispositions transitoires, V. art. 4 du Décr. n° 2015-1527 du 24 nov. 2015 reproduit ss. art. R. 212-10-1.

Art. R. 212-10-20 Pour exercer contre rémunération les fonctions prévues à l'article L. 212-1 les personnes en cours de formation préparant à un diplôme, un titre à finalité professionnelle ou un certificat de qualification mentionnés à l'article R. 212-1 doivent, dans les conditions prévues par le règlement de ces diplômes, titres ou certificats de qualification, être placées sous l'autorité d'un tuteur et avoir satisfait aux exigences préalables à leur mise en situation professionnelle.

Pour les dispositions transitoires, V. art. 4 du Décr. n° 2015-1527 du 24 nov. 2015 reproduit ss. art. R. 212-10-1.

§ 4 DISPOSITIONS DIVERSES RELATIVES À L'OUTRE-MER

Art. R. 212-10-21 Pour l'application des dispositions de la présente sous-section aux départements et régions d'outre-mer :

1° La référence à la "direction régionale de la jeunesse, des sports et de la cohésion sociale" est remplacée par la référence à la "direction de la jeunesse, des sports et de la cohésion sociale" ;

2° La référence au "directeur régional de la jeunesse, des sports et de la cohésion sociale" est remplacée par la référence au "directeur de la jeunesse, des sports et de la cohésion sociale".

Pour les dispositions transitoires, V. art. 4 du Décr. n° 2015-1527 du 24 nov. 2015 reproduit ss. art. R. 212-10-1.

SOUS-SECTION 2 DIPLÔMES, TITRES À FINALITÉ PROFESSIONNELLE OU CERTIFICATS DE QUALIFICATION

§ 1er BREVET D'APTITUDE PROFESSIONNELLE D'ASSISTANT-ANIMATEUR TECHNICIEN DE LA JEUNESSE ET DES SPORTS

Art. D. 212-11 Le brevet d'aptitude professionnelle d'assistant-animateur technicien de la jeunesse et des sports est un diplôme d'État qui atteste d'une qualification professionnelle pour l'encadrement, l'animation et l'accompagnement des activités physiques et sportives et des activités socioculturelles.

Il constitue le premier des niveaux de qualification professionnelle dans les filières préparant aux métiers relevant des secteurs de la jeunesse et des sports. Il est pris en compte pour l'accès aux formations conduisant aux diplômes du niveau de qualification professionnelle immédiatement supérieur. – *[Décr. n° 93-53 du 12 janv. 1993, art. 1er.]*

Art. D. 212-12 Le brevet d'aptitude professionnelle d'assistant-animateur technicien de la jeunesse et des sports comprend plusieurs options définies par arrêté conformément à l'article D. 212-18. – *[Décr. n° 93-53 du 12 janv. 1993, art. 2.]*

Art. D. 212-13 L'encadrement contre rémunération d'une ou de plusieurs activités physiques et sportives est limité, conformément à l'article L. 212-1, aux activités physiques et sportives qui servent de support technique à l'option professionnelle et dont le diplôme porte mention.

Les options professionnelles de ce diplôme qui garantissent les compétences correspondant aux fonctions d'animateur de centre de vacances et de loisirs ouvrent l'accès à ces fonctions selon la réglementation en vigueur. – *[Décr. n° 93-53 du 12 janv. 1993, art. 3.]*

Art. D. 212-14 Le brevet d'aptitude professionnelle d'assistant-animateur technicien de la jeunesse et des sports est délivré après une formation en alternance. – *[Décr. nº 93-53 du 12 janv. 1993, art. 4.]*

Art. D. 212-15 Les candidats au brevet d'aptitude professionnelle d'assistant-animateur technicien de la jeunesse et des sports peuvent percevoir une rémunération dans les conditions prévues au titre Ier du livre Ier et au livre IX du code du travail. – *[Décr. nº 93-53 du 12 janv. 1993, art. 5.]*

Art. D. 212-16 Le brevet d'aptitude professionnelle d'assistant-animateur technicien de la jeunesse et des sports est délivré aux candidats âgés de plus de dix-huit ans ayant satisfait aux épreuves instituées par l'arrêté mentionné à l'article D. 212-19. Les épreuves sont organisées à l'issue d'une formation modulaire donnant lieu à validation des acquis à l'entrée et en cours de formation. – *[Décr. nº 93-53 du 12 janv. 1993, art. 6.]*

Art. D. 212-17 Le *(Décr. nº 2009-1540 du 10 déc. 2009, art. 10-II-3º-b)* « directeur régional de la jeunesse, des sports et de la cohésion sociale » désigne les jurys, les préside ou en délègue la présidence, et délivre les diplômes dans les conditions prévues par arrêté conformément à l'article D. 212-19. – *[Décr. nº 93-53 du 12 janv. 1993, art. 7.]*

Art. D. 212-18 Les options professionnelles sont créées par arrêté du ministre chargé des sports, après consultation du *(Décr. nº 2016-1377 du 12 oct. 2016, art. 16)* « Conseil d'orientation des politiques de jeunesse » et après avis de la Commission professionnelle consultative des métiers du sport et de l'animation. – *[Décr. nº 93-53 du 12 janv. 1993, art. 8.]*

V. Arr. du 4 mars 1993 (JO 20 mars), mod. par Arr. du 12 déc. 1993 (JO 24 déc.), Arr. du 31 mars 1995 (JO 12 avr.), Arr. du 19 déc. 1996 (JO 9 janv. 1997) et Arr. du 30 déc. 1996 (JO 9 janv. 1997).

Sur le CNJEP, V. Décr. nº 2002-570 du 22 avr. 2002 (JO 24 avr. ; Rect. 5 oct.) ; ... la commission professionnelle consultative des métiers du sport et de l'animation, mod. par Décr. nº 2006-665 du 7 juin 2006 (JO 8 juin), V. art. D. 142-33.

Art. D. 212-19 Le ministre chargé des sports fixe par arrêté les modalités d'application du présent paragraphe, et notamment :

1º Les prérogatives et les conditions d'exercice professionnel relatives, s'il y a lieu, aux qualifications obtenues ;

2º Les domaines et niveaux de compétences requis dans chaque option ;

3º Les conditions d'agrément et d'organisation des formations ;

4º Les modalités de validation des acquis ;

5º Les modalités d'allégement de formation liées aux procédures de reconnaissance et de validation des acquis ;

6º La composition du jury, la forme et les conditions de délivrance du diplôme. – *[Décr. nº 93-53 du 12 janv. 1993, art. 9.]*

V. art. A. 212-2 s.

§ 2 BREVET PROFESSIONNEL DE LA JEUNESSE, DE L'ÉDUCATION POPULAIRE ET DU SPORT

Art. D. 212-20 Le brevet professionnel de la jeunesse, de l'éducation populaire et du sport est un diplôme d'État enregistré dans le répertoire national des certifications professionnelles et classé au niveau IV de la nomenclature des niveaux de certification établie en application de l'article L. 335-6 du code de l'éducation. Il atteste l'acquisition d'une qualification dans l'exercice d'une activité professionnelle en responsabilité à finalité éducative ou sociale, dans les domaines d'activités physiques, sportives, socio-éducatives ou culturelles. – *[Décr. nº 2001-792 du 31 août 2001, art. 1er.]*

Art. D. 212-21 *(Décr. nº 2016-527 du 27 avr. 2016, art. 1er et 8-I, en vigueur le 1er sept. 2016)* Le brevet professionnel est délivré au titre de la spécialité "animateur" ou de la spécialité "éducateur sportif" et d'une mention disciplinaire, pluridisciplinaire ou liée à un champ particulier. Dans le cas d'une mention pluridisciplinaire, il peut être délivré au titre d'une option.

Chaque mention est créée après avis de la commission professionnelle consultative des métiers du sport et de l'animation :

– soit par un arrêté du ministre chargé des sports ;
– soit par un arrêté des ministres chargés de la jeunesse et des sports ;
– soit dans le cas de la création commune d'une mention, par un arrêté des ministres intéressés.

Ces arrêtés définissent le référentiel professionnel et le référentiel de certification. Ils peuvent fixer des mesures d'équivalence ou de dispense.

Les dispositions des art. D. 212-21, D. 212-23, D. 212-24, D. 212-25, D. 212-26 dans leur rédaction issue du Décr. n° 2016-527 du 27 avr. 2016 ne sont pas applicables aux spécialités du brevet professionnel de la jeunesse, de l'éducation populaire et du sport existantes avant son entrée en vigueur (Décr. préc., art. 8-II).

Tableau récapitulatif des arrêtés pris au visa de l'art. D. 212-21.

Spécialités du BP JEPS	Arrêtés
activités aquatiques	Arr. du 18 déc. 2007 *(JO 11 janv.)* abrogé par Arr. du 8 nov. 2010 *(JO 18 nov.)* à compter du 1er déc. 2013.
activités aquatiques et de la natation	Arr. du 8 nov. 2010 *(JO 18 nov.)* mod. par Arr. du 29 déc. 2011 *(JO 14 janv.)* abrogé à compter du 1er sept. 2018.
activités aquatiques et de la natation	Arr. du 21 juin 2016 *(JO 2 juill.)*, en vigueur à compter du 1er janv. 2017, mod. par Arr. du 10 oct. 2016 *(JO 22 oct.)*.
activités de la forme	Arr. du 5 sept. 2016 *(JO 10 sept.)*, en vigueur le 1er janv. 2017.
activités de la savate	Arr. du 21 sept. 2016 *(JO 29 sept.)* en vigueur le 1er janv. 2017.
activités de randonnée	Arr. du 12 juill. 2007 *(JO 7 sept.)*.
activités du cirque	Arr. du 30 nov. 2006 *(JO 3 janv.)*.
activités du cyclisme	Arr. du 29 déc. 2011 *(JO 14 janv.)* mod. par Arr. du 18 oct. 2012 *(JO 30 oct.)* ; Arr. du 5 févr. 2015 *(JO 24 févr.)*.
activités équestres	Arr. du 28 juin 2003 *(JO 11 juill.)* mod. par Arr. du 8 nov. 2010 *(JO 18 nov.)* ; Arr. du 29 déc. 2011 *(JO 14 janv.)* abrogé à compter du 1er sept. 2018.
activités équestres	Arr. du 31 oct. 2016 *(JO 19 nov.)*, en vigueur le 1er juin 2017.
activités gymniques	Arr. du 5 sept. 2016 *(JO 10 sept.)*, en vigueur le 1er janv. 2017.
activités gymniques, de la forme et de la force	Arr. du 10 août 2005 *(JO 7 sept.)* mod. par Arr. du 6 sept. 2007 *(JO 2 sept.)* ; Arr. du 18 déc. 2008 *(JO 27 déc.)* ; Arr. du 13 oct. 2014 *(JO 21 oct.)* et abrogé par Arr. du 5 sept. 2016 *(JO 10 sept.)*, à compter du 1er sept. 2018, créant la spécialité activités de la forme.

Spécialités du BP JEPS	Arrêtés
activités nautiques	Arr. du 9 juill. 2002 *(JO 17 juill.)* mod. par Arr. du 18 août 2003 *(JO 29 août)* ; Arr. du 8 nov. 2010 *(JO 18 nov.)* ; Arr. du 17 janv. 2011 *(JO 27 janv.)* ; Arr. du 19 oct. 2012 *(JO 31 oct.)* ; Arr. du 14 janv. 2013 *(JO 2 févr.)* ; Arr. du 23 juin 2014 *(JO 16 juill.)* ; Arr. du 1er oct. 2014 *(JO 11 oct.)* ; Arr. du 4 déc. 2014 *(JO 12 déc.)*.
activités physiques pour tous	Arr. du 24 févr. 2003 *(JO 13 mars)* mod. par Arr. du 18 déc. 2008 *(JO 18 déc.)* ; Arr. du 15 janv. 2013 *(JO 5 févr.)* abrogé à compter du 1er sept. 2018.
activités physiques pour tous	Arr. du 21 juin 2016 *(JO 2 juill.)*, en vigueur le 1er janv. 2017, mod. par Arr. du 10 oct. 2016 *(JO 22 oct.)*.
activités pugilistiques	Arr. du 9 juill. 2002 *(JO 17 juill.)* mod. par Arr. du 29 déc. 2011 *(JO 14 janv.)* ; Arr. du 26 avr. 2012 *(JO 10 mai)* ; Arr. du 11 oct. 2012 *(JO 19 oct.)* ; Arr. du 15 oct. 2013 *(JO 6 nov.)*, abrogé par Arr. du 21 sept. 2016 *(JO 29 sept.)*, à compter du 1er sept. 2018.
activités sports collectifs	Arr. du 7 juill. 2006 *(JO 27 juill.)* mod. par Arr. du 29 avr. 2013 *(JO 30 mai)* ; Arr. du 14 juin 2013 *(JO 9 août)*.
animation culturelle	Arr. du 23 juill. 2004 *(JO 30 août)*
animation sociale	Arr. du 13 déc. 2005 *(JO 21 déc.)* mod. par Arr. du 21 nov. 2011 *(JO 9 déc.)* abrogé à compter du 1er sept. 2018.
animation sociale	Arr. du 9 nov. 2016 *(JO 19 nov.)*, en vigueur le 1er janv. 2017.
basket-ball	Arr. du 29 avr. 2013 *(JO 15 mai)*
boxe	Arr. du 21 sept. 2016 *(JO 29 sept.)*, en vigueur le 1er janv. 2017.
éducation à l'environnement vers un développement durable	Arr. du 21 juill. 2011 *(JO 29 juill.)*
escrime	Arr. du 28 avr. 2011 (JO 18 mai), abrogé à compter du 1er sept. 2018.
escrime	Arr. du 10 oct. 2016 *(JO 22 oct.)*, en vigueur le 1er janv. 2017.
golf	Arr. du 9 juill. 2002 *(JO 17 juill.)* mod. par Arr. du 9 janv. 2013 *(JO 2 févr.)*.
golf	Arr. du 10 oct. 2016 *(JO 22 oct.)*, en vigueur le 1er janv. 2017.

Spécialités du BP JEPS	**Arrêtés**
hockey	Arr. du 1er déc. 2016 *(JO 13 déc.)*, en vigueur le 1er janv. 2017.
judo-jujitsu	Arr. du 29 avr. 2013 *(JO 15 mai)* mod. par Arr. du 18 juill. 2016 *(JO 26 juill.)*, abrogé à compter du 1er sept. 2018.
judo-jujitsu	Arr. du 28 sept. 2016 *(JO 7 oct.)*, en vigueur le 1er janv. 2017.
loisirs tous publics	Arr. du 24 févr. 2003 *(JO 29 mars)* mod. par Arr. du 18 mai 2010 *(JO 2 juin)*, abrogé à compter du 1er sept. 2018.
loisirs tous publics	Arr. du 18 juill. 2016 *(JO 26 juill.)*, en vigueur le 1er janv. 2017.
lutte et disciplines associées	Arr. du 29 déc. 2011 *(JO 14 janv.)* mod. par Arr. du 13 oct. 2014 *(JO 21 oct.)*, abrogé à compter du 1er sept. 2018.
lutte et disciplines associées	Arr. du 9 nov. 2016 *(JO 19 nov.)*, en vigueur le 1er janv. 2017.
parachutisme	Arr. du 11 juill. 2011 *(JO 24 août)* mod. par Arr. du 18 déc. 2012 *(JO 27 déc.)*, Arr. du 27 avr. 2015 *(JO 20 mai)*.
patinage sur glace	Arr. du 15 oct. 2013 *(JO 6 nov.)*, abrogé à compter du 1er sept. 2018.
patinage sur glace	Arr. du 21 juin 2016 *(JO 2 juill.)*, en vigueur le 1er janv. 2017, mod. par Arr. du 10 oct. 2016 *(JO 22 oct.)*.
pêche de loisir	Arr. du 28 mars 2003 *(JO 15 avr.)*
plongée subaquatique	Arr. du 6 juill. 2011 *(JO 23 juill.)* mod. par Arr. du 30 juill. 2012 *(JO 9 août)*, abrogé à compter du 1er juill. 2018.
plongée subaquatique	Arr. du 1er déc. 2016 *(JO 13 déc.)*, en vigueur le 1er janv. 2017.
rugby à XV	Arr. du 28 janv. 2014 *(JO 18 févr.)*
sport automobile	Arr. du 22 août 2003 *(JO 5 sept.)*
sports de contact et disciplines associées	Arr. du 21 sept. 2016 *(JO 29 sept.)*, en vigueur le 1er janv. 2017.
techniques de l'information et de la communication	Arr. du 5 août 2002 *(JO 13 août)*
vol libre	Arr. du 27 déc. 2007 *(JO 11 janv.)* mod. par Arr. du 19 oct. 2012 *(JO 31 oct.)* ; Arr. du 15 oct. 2013 *(JO 6 nov.)*.
volley-ball et volley-ball de plage (beach-volley)	Arr. du 15 oct. 2013 *(JO 5 nov.)*

Ancien art. D. 212-21 (Décr. n° 2012-165 du 1er févr. 2012, art. 1er, en vigueur le 31 mars 2012) *Le diplôme du brevet professionnel est délivré au titre d'une spécialité, disciplinaire, pluridisciplinaire ou liée à un champ particulier. Dans le cas d'une spécialité pluridisciplinaire, il peut être délivré au titre d'une mention.*

Chaque spécialité est créée après avis de la commission professionnelle consultative des métiers du sport et de l'animation :

— soit par un arrêté du ministre chargé des sports ;

— soit par un arrêté des ministres chargés de la jeunesse et des sports ;

— soit dans le cas de création commune d'une spécialité, par un arrêté des ministres intéressés.

Ces arrêtés définissent le référentiel professionnel et le référentiel de certification.

Art. D. 212-22 Le référentiel professionnel est composé de la présentation du secteur professionnel, de la description de l'emploi et de la fiche descriptive d'activités. — *[Décr. n° 2001-792 du 31 août 2001, art. 3.]*

Art. D. 212-23 *(Décr. n° 2016-527 du 27 avr. 2016, art. 2 et 8-I, en vigueur le 1er sept. 2016)* Le référentiel de certification est composé de l'ensemble des unités constitutives du diplôme. Il fixe pour chaque unité les compétences professionnelles, les objectifs intermédiaires de premier rang ainsi que les épreuves certificatives de ces objectifs.

V. note ss. art. D. 212-21.

Ancien art. D. 212-23 *Le référentiel de certification est composé de l'ensemble des unités constitutives du diplôme. Le référentiel de certification fixe pour chaque unité les compétences professionnelles, l'objectif terminal d'intégration, les objectifs intermédiaires des premier et second rangs ainsi que les modalités de l'évaluation certificative.* — [Décr. n° 2001-792 du 31 août 2001, art. 4.]

Art. D. 212-24 Le diplôme du brevet professionnel est délivré :

1° Soit par la voie d'unités capitalisables ;

2° Soit par la validation d'acquis de l'expérience.

(Abrogé par Décr. n° 2016-527 du 27 avr. 2016, art. 3 et 8-I, à compter du 1er sept. 2016) *« 3° Soit par un examen composé d'épreuves ponctuelles. »*

Ces modalités peuvent être cumulées. — *[Décr. n° 2001-792 du 31 août 2001, art. 5.]*

V. note ss. art. D. 212-21.

Art. D. 212-25 *(Décr. n° 2016-527 du 27 avr. 2016, art. 4 et 8-I, en vigueur le 1er sept. 2016)* Le brevet professionnel est obtenu par capitalisation de quatre unités définies par arrêté du ministre chargé de la jeunesse et des sports, dont :

— deux sont transversales quelle que soit la spécialité ;

— deux sont spécifiques à la mention, l'une d'entre elles étant spécifique à une éventuelle option.

V. note ss. art. D. 212-21.

Ancien art. D. 212-25 (Décr. n° 2012-165 du 1er févr. 2012, art. 3, en vigueur le 31 mars 2012) *Le diplôme du brevet professionnel est obtenu par capitalisation de dix unités, dont :*

— quatre sont transversales ;

— cinq sont spécifiques à la spécialité, dont trois au maximum à une éventuelle mention ;

— et une d'adaptation.

Art. D. 212-26 *(Décr. n° 2016-527 du 27 avr. 2016, art. 5 et 8-I, en vigueur le 1er sept. 2016)* Des certificats complémentaires, qui attestent de compétences professionnelles répondant à un besoin spécifique et respectant les mêmes exigences que celles fixées pour le diplôme, peuvent être associés au brevet professionnel de la jeunesse*[,]* de l'éducation populaire et du sport. Ils sont délivrés dans les mêmes conditions que celles figurant dans le diplôme.

V. note ss. art. D. 212-21.

Tableau récapitulatif des arrêtés pris au visa de l'art. D. 212-26.

Certificats complémentaires	**Arrêtés**
Commercialisation de produits et services d'enseignement en golf *associé au BPJEPS mention « Golf »*	Arr. du 1er déc. 2016 *(JO 13 déc. 2016)*

Ancien art. D. 212-26 ***Des unités capitalisables complémentaires respectant les mêmes exigences que pour celles constitutives du diplôme peuvent être associées au diplôme du brevet professionnel de la jeunesse, de l'éducation populaire et du sport. Ces unités capitalisables complémentaires peuvent être regroupées sous la forme d'un certificat de spécialisation.***

Elles attestent de compétences professionnelles répondant à un besoin spécifique.

Elles sont délivrées dans les mêmes conditions que celles figurant dans le diplôme. — [Décr. n° 2001-792 du 31 août 2001, art. 7.]

Tableau récapitulatif des arrêtés pris au visa de l'ancien art. D. 212-26.

Unités capitalisables complémentaires du BP JEPS	**Arrêtés**
aviron d'initiation et de découverte *associée au BP JEPS « activités nautiques »*	Arr. du 9 juill. 2002 *(JO 17 juill.)* mod. par Arr. du 19 oct. 2012 *(JO 31 oct.)*
aviron de mer *associée au BP JEPS « activités nautiques »*	Arr. du 9 juill. 2002 *(JO 17 juill.)* mod. par Arr. du 19 oct. 2012 *(JO 31 oct.)*.
base-ball et soft-ball *associée au BP JEPS « activités physiques pour tous »*	Arr. du 21 mai 2004 *(JO 9 juin)*
bateau à moteur d'initiation et de découverte *associée au BP JEPS « activités nautiques »*	Arr. du 9 juill. 2002 *(JO 17 juill.)* mod. par Arr. du 19 oct. 2012 *(JO 31 oct.)*.
billard à poches *associée au BP JEPS « activités physiques pour tous »*	Arr. du 15 avr. 2009 *(JO 7 mai)*
BMX *associée aux BP JEPS « activités physiques pour tous » et « activités de randonnée »*	Arr. du 18 déc. 2008 *(JO 30 déc.)*
canoë-kayak « eau calme et rivière d'eau vive » *associée au BP JEPS « activités nautiques »*	Arr. du 9 juill. 2002 *(JO 17 juill.)* mod. par Arr. du 19 oct. 2012 *(JO 31 oct.)*
canoë-kayak « eau calme, mer et vagues » *associée au BP JEPS « activités nautiques »*	Arr. du 9 juill. 2002 *(JO 17 juill.)* mod. par Arr. du 19 oct. 2012 *(JO 31 oct.)*
carambole *associée au BP JEPS « activités physiques pour tous »*	Arr. du 15 avr. 2009 *(JO 7 mai)*
cerf-volant *associée au BP JEPS « loisirs tous publics »*	Arr. du 23 juill. 2004 *(JO 3 août)*

Unités capitalisables complémentaires du BP JEPS	**Arrêtés**
char à voile d'initiation et de découverte *associée au BP JEPS « activités nautiques »*	Arr. du 9 juill. 2002 *(JO 17 juill.)* mod. par Arr. du 19 oct. 2012 *(JO 31 oct.)*.
conduite de loisir sur quad *associée au BP JEPS « sport automobile »*	Arr. du 22 août 2003 *(JO 5 sept.)*
conduite sur glace *associée au BP JEPS « sport automobile »*	Arr. du 22 août 2003 *(JO 5 sept.)*
cricket *associée au BP JEPS « activités physiques pour tous »*	Arr. du 21 mai 2004 *(JO 9 juin)*
croisière côtière *associée au BP JEPS « activités nautiques »*	Arr. du 9 juill. 2002 *(JO 17 juill.)* mod. par Arr. du 19 oct. 2012 *(JO 31 oct.)*.
culturisme *associée au BP JEPS « activités gymniques de la forme et de la force »*	Arr. du 19 août 2005 *(JO 7 sept.)* mod. par Arr. du 26 mars 2007 *(JO 15 avr.)* ; Arr. du 13 oct. 2014 *(JO 21 oct.)*.
cyclisme traditionnel *associée aux BP JEPS « activités physiques pour tous » et « activités de randonnée »*	Arr. du 18 déc. 2008 *(JO 30 déc.)*
direction d'un accueil collectif de mineurs *associée aux BP JEPS :* – *« activités aquatiques »* – *« activités aquatiques et de la natation »* – *« activités de randonnée »* – *« activités du cirque »* – *« activités du cyclisme »* – *« activités équestres »* – *« activités gymniques de la forme et de la force »* – *« activités nautiques »* – *« activités physiques pour tous »* – *« activités pugilistiques »* – *« activités sports collectifs »* – *« animation culturelle »* – *« animation sociale »* – *« éducation à l'environnement vers un développement durable »* – *« escrime »* – *« golf »* – *« loisirs tous publics* – *« lutte et disciplines associées »* – *« parachutisme »* – *« pêche de loisirs »* – *« plongée subaquatique »* – *« sport automobile »* – *« techniques de l'information et de la communication »* – *« vol libre »*	Arr. du 23 juill. 2004 *(JO 3 août)* mod. par Arr. du 4 janv. 2007 *(JO 19 janv.)* ; Arr. du 11 déc. 2012 *(JO 21 déc.)*.
engins tractés *associée au BP JEPS « activités nautiques »*	Arr. du 9 juill. 2002 *(JO 17 juill.)* mod. par Arr. du 19 oct. 2012 *(JO 31 oct.)*.

Unités capitalisables complémentaires du BP JEPS	**Arrêtés**
flag *associée aux BP JEPS « activités physiques pour tous » et « loisirs tous publics »*	Arr. du 29 juin 2009 *(JO 14 juill.)*
flag et football américain *associée au BPJEP « activités physiques pour tous »*	Arr. du 21 mai 2004 *(JO 9 juin)*
football américain *associée aux BP JEPS « activités physiques pour tous » et « loisirs tous publics »*	Arr. du 29 juin 2009 *(JO 14 juill.)*
force athlétique *associée au BP JEPS « activités gymniques de la forme et de la force »*	Arr. du 19 août 2005 *(JO 7 sept.)* mod. par Arr. du 26 mars 2007 *(JO 15 avr.)* ; Arr. du 13 oct. 2014 *(JO 31 oct.)*.
gymnastique acrobatique *associée au BP JEPS « activités gymniques de la forme et de la force »*	Arr. du 19 août 2005 *(JO 7 sept.)*
gymnastique aérobic *associée au BP JEPS « activités gymniques de la forme et de la force »*	Arr. du 19 août 2005 *(JO 7 sept.)*
gymnastique artistique féminine *associée au BP JEPS « activités gymniques de la forme et de la force »*	Arr. du 19 août 2005 *(JO 7 sept.)*
gymnastique artistique masculine *associée au BP JEPS « activités gymniques de la forme et de la force »*	Arr. du 19 août 2005 *(JO 7 sept.)*
gymnastique rythmique *associée au BP JEPS « activités gymniques de la forme et de la force »*	Arr. du 19 août 2005 *(JO 7 sept.)*
haltérophilie *associée au BP JEPS « activités gymniques de la forme et de la force »*	Arr. du 19 août 2005 *(JO 7 sept.)* mod. par Arr. du 26 mars 2007 *(JO 15 avr.)* ; Arr. du 13 oct. 2014 *(JO 31 oct.)*.
jet (véhicule nautique à moteur) *associée au BP JEPS « activités nautiques »*	Arr. du 9 juill. 2002 *(JO 17 juill.)* mod. par Arr. du 19 oct. 2012 *(JO 31 oct.)*.
multicoques et dériveurs *associée au BP JEPS « activités nautiques »*	Arr. du 9 juill. 2002 *(JO 17 juill.)* mod. par Arr. du 19 oct. 2012 *(JO 31 oct.)*.
parachute ascensionnel nautique *associée au BP JEPS « activtés nautiques »*	Arr. du 9 juill. 2002 *(JO 17 juill.)* mod. par Arr. du 19 oct. 2012 *(JO 31 oct.)*.
pêche de loisir en milieu naturel *associée au BP JEPS « pêche de loisir »*	Arr. du 16 janv. 2006 *(JO 26 janv.)*
pétanque *associée au BP JEPS « activités physiques pour tous »*	Arr. du 29 avr. 2005 *(JO 14 mai)*

Unités capitalisables complémentaires du BP JEPS	**Arrêtés**
planche à voile *associée au BP JEPS « activités nautiques »*	Arr. du 9 juill. 2002 *(JO 17 juill.)* mod. par Arr. du 19 oct. 2012 *(JO 31 oct.).*
rugby à XIII *associée au BP JEPS « activités physiques pour tous »*	Arr. du 21 mai 2004 *(JO 9 juin)*
skateboard *associée au BP JEPS « activités physiques pour tous »*	Arr. du 27 avr. 2007 *(JO 16 mai)*
ski nautique d'initiation et de découverte *associée au BP JEPS « activités nautiques »*	Arr. du 9 juill. 2002 *(JO 17 juill.)* mod. par Arr. du 19 oct. 2012 *(JO 31 oct.).*
squash *associée aux BP JEPS :* *– « activités gymniques de la forme et de la force »* *– « activités physiques pour tous »* *– « activités sports collectifs »* *– « golf »*	Arr. du 1er juill. 2008 *(JO 22 juill.)* mod. par Arr du 15 oct. 2013 *(JO 6 nov.).*
swin *associée au BP JEPS « activités physiques pour tous »*	Arr. du 23 juill. 2004 *(JO 3 août)*
trampoline *associée aux BP JEPS « activités gymniques de la forme et de la force »*	Arr. du 19 août 2005 *(JO 7 sept.)*
travail sur le plat de la cavalerie d'école *associée au BP JEPS « activités équestres »*	Arr. du 29 déc. 2011 *(JO 14 janv.)*
triathlon *associée aux BP JEPS :* *– « activités physiques pour tous »* *– « activités aquatiques »* *– « activités aquatiques et de la natation »* *– « activités du cyclisme »*	Arr. du 21 mai 2004 *(JO 9 juin)* mod. par Arr. du 31 déc. 2007 *(JO 16 janv.)* ; Arr. du 28 avr. 2011 *(JO 10 mai)* ; Arr. du 26 avr. 2012 *(JO 10 mai).*
tumbling *associée au BP JEPS « activités gymniques de la forme et de la force »*	Arr. du 19 août 2005 *(JO 7 sept.)*
twirling *associée au BP JEPS : « activités gymniques de la forme et de la force »*	Arr. du 19 août 2005 *(JO 7 sept.)*
vélo tout terrain *associée aux BP JEPS « activités physiques pour tous » et « activités de randonnée »*	Arr. du 8 nov. 2010 *(JO 18 nov.)*

Certificats de spécialisation du BP JEPS	**Arrêtés**
accompagnement à la démarche de développement durable *associé à toutes les spécialités du BP JEPS*	Arr. du 15 oct. 2012 *(JO 30 oct.)*
accompagnement et intégration des personnes en situation de handicap *associé aux BP JEPS :* *– « activités aquatiques »* *– « activités aquatiques et de la natation »* *– « activités de randonnée »* *– « activités du cyclisme »* *– « activités équestres »* *– « activités gymniques de la forme et de la force »* *– « activités nautiques »* *– « activités physiques pour tous »* *– « activités pugilistiques »* *– « activités sports collectifs »* *– « escrime »* *– « golf »* *– « lutte et disciplines associées »* *– « parachutisme »* *– « pêche de loisirs »* *– « plongée subaquatique »* *– « sport automobile »* *– « vol libre »* *Ce certificat peut être associé à toutes les spécialités du BP JEPS inscrites à l'annexe II-1 du code du sport (ss. art. A. 212-1-1). Il n'est cependant requis pour encadrer des groupes constitués de personnes en situation de handicap qu'aux seuls titulaires du BP JEPS, spécialité activités physiques pour tous.*	Arr. du 12 juill. 2007 *(JO 7 sept.)*
activités athlétiques *associé aux BP JEPS :* *– « activités gymniques de la forme et de la force »* *– « activités physiques pour tous »* *– « activités sports collectifs »*	Arr. du 10 déc. 2004 *(JO 23 déc.)* mod. par Arr. du 12 juill. 2007 *(JO 6 sept.)* ; Arr. du 8 nov. 2010 *(JO 18 nov.)*.
activités d'escalade *associé aux BP JEPS :* *– « activités gymniques de la forme et de la force »* *– « activités nautiques »* *– « activités physiques pour tous »*	Arr. du 2 mai 2006 *(JO 15 juin)* mod. par Arr. du 29 déc. 2011 *(JO 14 janv.)*.

Certificats de spécialisation du BP JEPS	**Arrêtés**
animation et insertion sociale *associé aux BP JEPS :* *– « activités du cirque »* *– « activités gymniques de la forme et de la force »* *– « activités équestres »* *– « activités nautiques »* *– « activités physiques pour tous »* *– « activités pugilistiques »* *– « animation culturelle »* *– « golf »* *– « loisirs tous publics »* *– « pêche de loisirs »* *– « sport automobile »* *– « techniques de l'information et de la communication »*	Arr. du 13 déc. 2005 *(JO 21 déc.)* mod. par Arr. du 15 janv. 2013 *(JO 6 avr.)*.
animation et maintien de l'autonomie de la personne *associé aux BP JEPS :* *– « activités du cirque »* *– « activités équestres »* *– « activités gymniques, de la forme et de la force »* *– « activités nautiques »* *– « activités physiques pour tous »* *– « animation culturelle »* *– « golf »* *– « loisirs tous publics »* *– « pêche de loisirs »* *– « techniques de l'information et de la communication »*	Arr. du 13 déc. 2005 *(JO 21 déc.)* mod. par Arr. du 11 déc. 2012 *(JO 6 avr. 2013)*.
animation scientifique et technique *associé aux BP JEPS :* *– « activités physiques pour tous »* *– « animation culturelle »* *– « animation sociale »* *– « loisirs tous publics »* *– « techniques de l'information et de la communication »*	Arr. du 16 janv. 2006 *(JO 26 janv.)*
athlétisme et disciplines associées *associé aux BP JEPS :* *– « activités gymniques de la forme et de la force »* *– « activités physiques pour tous »* *– « activités sports collectifs »*	Arr. du 26 avr. 2012 *(JO 5 mai)*
bowling et sport de quilles *associé au BP JEPS « activités physiques pour tous »*	Arr. du 12 juill. 2007 *(JO 7 sept.)*

Certificats de spécialisation du BP JEPS	**Arrêtés**
cerf-volant *associé aux BP JEPS :* *– « activités nautiques »* *– « activités physiques pour tous »* *– « vol libre »*	Arr. du 14 févr. 2005 *(JO 25 févr.) abrogé par Arr. du 5 janv. 2010 (JO 28 janv.).* Arr. du 5 janv. 2010 *(JO 28 janv.)* mod. par Arr. du 8 nov. 2010 *(JO 18 nov.).*
course d'orientation *associé aux BP JEPS :* *– « activités physiques pour tous »* *– « loisirs tous publics »* *– « activités équestres »* *– « activités de randonnée »* *– « activités du cyclisme »*	Arr. du 1er juill. 2008 *(JO 17 juill.)*
croisière *associé au BP JEPS « activités nautiques »*	Arr. du 18 août 2003 *(JO 29 août)*
environnement numérique et réseaux *associé à toutes les spécialités du BP JEPS*	Arr. du 15 oct. 2012 *(JO 30 oct.)*
escrime *associé aux BP JEPS :* *– « activités physiques pour tous »* *– « loisirs tous publics »* *– « animation culturelle »* *– « activités gymniques de la forme et de la force »*	Arr. du 10 janv. 2008 *(JO 31 janv.)* mod. par Arr. du 28 avr. 2011 *(JO 18 mai).*
hockey *associé au BP JEPS « activités physiques pour tous »*	Arr. du 29 avr. 2013 *(JO 15 mai)*
lutte et disciplines associées *associé aux BP JEPS :* *– « activités physiques pour tous »* *– « activités pugilistiques »* *– « activités gymniques de la forme et de la force »*	Arr. du 18 mai 2010 *(JO 2 juin)*
pelote basque *associé au BP JEPS « activités physiques pour tous »*	Arr. du 15 oct. 2013 *(JO 5 nov.)*
pentathlon moderne *associé aux BP JEPS :* *– « activités aquatiques »* *– « activités aquatiques et de la natation »* *– « activités physiques pour tous »*	Arr. du 29 juin 2009 *(JO 9 juill.)*
roller *associé au BP JEPS « activités physiques pour tous »*	Arr. du 27 avr. 2007 *(JO 5 mai)*

Certificats de spécialisation du BP JEPS	Arrêtés
sauvetage et sécurité en milieu aquatique *associé au BP JEPS « activités aquatiques »*	Arr. du 15 mars 2010 *(JO 12 mai)*
sport-boules *associé au BP JEPS « activités physiques pour tous »*	Arr. du 30 avr. 2013 *(JO 15 mai)*
tennis de table *associé aux BP JEPS :* *– « activités gymniques de la forme et de la force »* *– « activités physiques pour tous »* *– « activités sports collectifs »*	Arr. du 12 juill. 2007 *(JO 11 août)*
tir à l'arc *associé aux BP JEPS :* *– « activités physiques pour tous »* *– « loisirs tous publics »* *– « animation sociale »*	Arr. du 22 janv. 2008 *(JO 31 janv.)* mod. par Arr. du 18 déc. 2008 *(JO 28 déc.)*.
tir sportif *associé aux BP JEPS :* *– « activités physiques pour tous »* *– « loisirs tous publics »* *– « animation culturelle »*	Arr. du 4 janv. 2008 *(JO 11 janv.)*

Art. D. 212-27 **Le brevet professionnel est préparé :**

1° Soit par la voie de la formation initiale ;

2° Soit par la voie de l'apprentissage ;

3° Soit par la voie de la formation continue.

(Abrogé par Décr. n° 2012-165 du 1er févr. 2012, art. 4, à compter du 31 mars 2012) ***« Lorsque le brevet professionnel est préparé par la voie initiale, l'arrêté prévu à l'article D. 212-21 indique le volume horaire minimal de la formation. »***

Dans tous les cas, le parcours individualisé de formation doit être précédé d'un positionnement du *(Décr. n° 2012-165 du 1er févr. 2012, art. 2, en vigueur le 31 mars 2012)* **« stagiaire » permettant d'identifier les compétences déjà acquises à l'entrée en formation.** – *[Décr. n° 2001-792 du 31 août 2001, art. 8.]*

Art. D. 212-28 *(Décr. n° 2016-527 du 27 avr. 2016, art. 6 et 8-I, en vigueur le 1er sept. 2016)* **Les situations d'évaluation certificative, au nombre de deux, doivent comporter :**

1° La production d'un document écrit personnel suivi d'un entretien ;

2° Une ou deux épreuves dont l'une au moins consiste en une mise en situation professionnelle.

Chaque situation d'évaluation certificative permet l'évaluation distincte des unités capitalisables spécifiques mentionnées à l'article D. 212-25.

Art. R. 212-29 (Abrogé par Décr. n° 2015-1527 du 24 nov. 2015, art. 3, à compter du 1er janv. 2016) ***Le jury est nommé par le*** (Décr. n° 2009-1540 du 10 déc. 2009, art. 10-II-3°-b) ***« directeur régional de la jeunesse, des sports et de la cohésion sociale ». Il est présidé par un fonctionnaire de catégorie A. Il est composé*** (Abrogé par Décr. n° 2012-164 du 1er févr. 2012, art. 1er, à compter du 31 mars 2012) ***« à parts égales » :***

– de formateurs et cadres techniques, dont la moitié au moins sont des agents de l'État ;

– de professionnels du secteur d'activité comprenant, de façon paritaire, des employeurs et salariés désignés sur proposition des organisations représentatives, sauf dispositions particulières prévues par l'arrêté de création de la spécialité.

(Décr. n° 2012-164 du 1er févr. 2012, art. 1er, en vigueur le 31 mars 2012) *« Ces professionnels représentent au moins un quart et au plus la moitié des membres du jury. »*

Pour les dispositions transitoires, V. art. 4 du Décr. n° 2015-1527 du 24 nov. 2015 reproduit ss. art. R. 212-10-1.

Art. R. 212-30 **Chaque unité capitalisable, quel qu'en soit le mode d'acquisition, est délivrée par le** *(Décr. n° 2009-1540 du 10 déc. 2009, art. 10-II-3°-b)* **« directeur régional de la jeunesse, des sports et de la cohésion sociale » sur proposition du jury. La validité d'une unité capitalisable est de cinq ans. Cette durée peut, sur demande motivée, être prolongée d'un an, non renouvelable, par le** *(Décr. n° 2009-1540 du 10 déc. 2009)* **« directeur régional de la jeunesse, des sports et de la cohésion sociale ».** – *[Décr. n° 2001-792 du 31 août 2001, art. 11.]*

Art. R. 212-31 **Le diplôme du brevet professionnel est délivré par le** *(Décr. n° 2009-1540 du 10 déc. 2009, art. 10-II-3°-b)* **« directeur régional de la jeunesse, des sports et de la cohésion sociale » :**

– seul, lorsqu'il s'agit d'une spécialité créée par les ministres chargés de la jeunesse et des sports ;

– conjointement avec les autorités compétentes des ministères intéressés dans le cas d'une création commune de la spécialité. – *[Décr. n° 2001-792 du 31 août 2001, art. 12.]*

Art. R. 212-32 (Abrogé par Décr. n° 2015-1527 du 24 nov. 2015, art. 3, à compter du 1er janv. 2016) (Décr. n° 2012-164 du 1er févr. 2012, art. 2, en vigueur le 31 mars 2012) ***Les organismes de formation préparant au brevet professionnel pour une spécialité et, le cas échéant, une mention doivent avoir obtenu, préalablement à la mise en place de la formation, une habilitation du directeur régional de la jeunesse, des sports et de la cohésion sociale du lieu de formation.***

Ces organismes de formation peuvent, au cours de la période pendant laquelle ils sont habilités, demander une habilitation spécifique pour une session ou des sessions de formation à une unité capitalisable complémentaire ou à un certificat de spécialisation.

Les conditions de délivrance de l'habilitation sont fixées par arrêté des ministres chargés de la jeunesse et des sports après avis de la commission professionnelle consultative des métiers du sport et de l'animation.

En application de l'art. L. 231-5 CRPA, et par exception à l'application du délai de 2 mois prévu à l'art. L. 231-1 du même code, le délai à l'expiration duquel le silence gardé par l'administration vaut décision d'acceptation est fixé à 6 mois pour une demande d'habilitation des organismes de formation préparant au brevet professionnel de la jeunesse, de l'éducation populaire et du sport (Décr. n° 2014-1307 du 23 oct. 2014, art. 1er).

Les dispositions du Décr. n° 2014-1307 du 23 oct. 2014 s'appliquent aux demandes présentées à compter du 12 nov. 2014 (Décr. préc., art. 2).

Pour les dispositions transitoires, V. art. 4 du Décr. n° 2015-1527 du 24 nov. 2015 reproduit ss. art. R. 212-10-1.

Art. D. 212-33 (Abrogé par Décr. n° 2016-527 du 27 avr. 2016, art. 7 et 8-I, à compter du 1er sept. 2016) ***Le cursus de formation mis en œuvre par un organisme habilité respecte le principe de l'alternance prévoyant les séquences de formation en centre et en entreprise, sous tutorat pédagogique. La séquence en entreprise est une situation de formation professionnelle qui n'ouvre pas de prérogatives professionnelles particulières pour le*** (Décr. n° 2012-165 du 1er févr. 2012, art. 2, en vigueur le 31 mars 2012) [le] ***« stagiaire ». Elle est construite dans le respect du plan de formation mis en œuvre par l'organisme habilité et respecte une évolution liée à l'acquisition progressive et à la validation de compétences.*** – [Décr. n° 2001-792 du 31 août 2001, art. 14.]

Art. D. 212-34 (Abrogé par Décr. n° 2016-527 du 27 avr. 2016, art. 7 et 8-I, à compter du 1er sept. 2016) ***Pour l'application de l'article D. 212-21, l'arrêté créant une spécialité peut fixer des mesures d'équivalence ou de dispense.*** – [Décr. n° 2001-792 du 31 août 2001, art. 15.]

V. art. A. 212-17 s.

Arrêté du 6 mai 2004,

Portant équivalence entre le brevet d'État d'éducateur sportif, le brevet d'État d'animateur technicien de l'éducation populaire et de la jeunesse et le brevet professionnel de la jeunesse, de l'éducation populaire et du sport.

Art. 1er Les titulaires de l'attestation de réussite à la partie commune du brevet d'État d'éducateur sportif ou à la formation générale aux métiers sportifs de la montagne obtiennent de droit l'équivalence des unités capitalisables 1, 2 et 3 du brevet professionnel de la jeunesse, de l'éducation populaire et du sport.

Art. 2 Les candidats ayant obtenu l'unité de formation générale du brevet d'État d'animateur technicien de l'éducation populaire et de la jeunesse obtiennent de droit l'équivalence des unités capitalisables 1 et 4 du brevet professionnel de la jeunesse, de l'éducation populaire et du sport.

Art. 3 Les candidats ayant obtenu l'unité de formation pédagogique du brevet d'État d'animateur technicien de l'éducation populaire et de la jeunesse obtiennent de droit l'équivalence des unités capitalisables 2 et 3 du brevet professionnel de la jeunesse, de l'éducation populaire et du sport.

§ 3 DIPLÔME D'ÉTAT DE LA JEUNESSE, DE L'ÉDUCATION POPULAIRE ET DU SPORT

Art. D. 212-35 Le diplôme d'État de la jeunesse, de l'éducation populaire et du sport est un diplôme d'État inscrit au niveau III du répertoire national des certifications professionnelles en application de l'article L. 335-6 du code de l'éducation.

Il atteste l'acquisition d'une qualification dans l'exercice d'une activité professionnelle de coordination et d'encadrement à finalité éducative dans les domaines d'activités physiques, sportives, socio-éducatives ou culturelles. – *[Décr. n° 2006-1418 du 20 nov. 2006, art. 1er.]*

Art. D. 212-36 Le diplôme d'État de la jeunesse, de l'éducation populaire et du sport est délivré au titre de la spécialité "perfectionnement sportif" ou de la spécialité "animation socio-éducative ou culturelle" et d'une mention relative à un champ disciplinaire ou professionnel.

Chacune de ces spécialités est organisée par un arrêté des ministres chargés de la jeunesse et des sports, pris après avis de la Commission professionnelle consultative des métiers du sport et de l'animation.

Cet arrêté définit le référentiel professionnel et le référentiel de certification. – *[Décr. n° 2006-1418 du 20 nov. 2006, art. 2.]*

V. art. A. 212-49 s.

Art. D. 212-37 Le référentiel professionnel est constitué de la présentation du secteur professionnel, de la description de l'emploi et de la fiche descriptive d'activités. – *[Décr. n° 2006-1418 du 20 nov. 2006, art. 3.]*

Art. D. 212-38 Le référentiel de certification est composé de l'ensemble des unités constitutives du diplôme.

Ce référentiel fixe pour chaque unité les compétences professionnelles, l'objectif terminal d'intégration ainsi que les objectifs intermédiaires de premier et second rangs. – *[Décr. n° 2006-1418 du 20 nov. 2006, art. 4.]*

Art. D. 212-39 Chaque mention est définie par spécialité et est déterminée par arrêté. – *[Décr. n° 2006-1418 du 20 nov. 2006, art. 5.]*

Tableau récapitulatif des arrêtés pris au visa de l'art. D. 212-39.

Mentions du DE JEPS spécialité « perfectionnement sportif »	**Arrêtés**
activités physiques et sportives adaptées	Arr. du 12 juill. 2007 *(JO 6 sept.)*
aïkido, aïkibudo et disciplines associées	Arr. du 15 avr. 2009 *(JO 5 mai)* mod. par Arr. du 17 janv. 2011 *(JO 27 janv.)* ; Arr. du 18 oct. 2013 *(JO 14 nov.)* ; Arr. du 5 févr. 2015 *(JO 28 févr.)*.
arts énergétiques chinois	Arr. du 12 juill. 2007 *(JO 8 sept.)* mod. par Arr. du 17 janv. 2011 *(JO 15 févr.)*.
arts martiaux chinois externes	Arr. du 12 juill. 2007 *(JO 8 sept.)* mod. par Arr. du 17 janv. 2011 *(JO 3 févr.)*.
arts martiaux chinois internes	Arr. du 12 juill. 2007 *(JO 8 sept.)* mod. par Arr. du 17 janv. 2011 *(JO 3 févr.)*.
athlétisme et disciplines associées	Arr. du 8 nov. 2010 *(JO 18 nov.)* mod. par Arr. du 7 oct. 2011 *(JO 11 nov.)* ; Arr. du 2 mai 2013 *(JO 5 juin)*.
attelages canins	Arr. du 27 déc. 2007 *(JO 11 janv.)* mod. par Arr. du 15 janv. 2010 *(JO 3 févr.)*.
aviron	Arr. du 1er juill. 2008 *(JO 17 juill.)* mod. par Arr. du 19 oct. 2012 *(JO 31 oct.)*.
badminton	Arr. du 1er juill. 2008 *(JO 11 juill.)* mod. par Arr. du 8 août 2011 *(JO 24 août)* ; Arr. du 15 oct. 2013 *(JO 6 nov.)*.
baseball, softball et cricket	Arr. du 15 avr. 2009 *(JO 5 mai)*
basket-ball	Arr. du 18 mai 2010 *(JO 2 juin)* mod. par Arr. du 26 avr. 2012 *(JO 10 mai)* ; Arr. du 2 mai 2013 *(JO 5 juin)*.
billard	Arr. du 15 avr. 2009 *(JO 5 mai)*
BMX	Arr. du 18 déc. 2008 *(JO 30 déc.)* mod. par Arr. du 18 oct. 2012 *(JO 31 oct.)* ; Arr. du 10 févr. 2014 *(JO 8 mars)*.
bowling	Arr. du 12 juill. 2007 *(JO 6 sept.)*
boxe	Arr. du 29 juin 2009 *(JO 9 juill.)* mod. par Arr. du 18 oct. 2012 *(JO 30 oct.)*.
canne de combat et bâton	Arr. du 1er juill. 2008 *(JO 18 juill.)* mod. par Arr. du 15 oct. 2013 *(JO 6 nov.)*.
canoë-kayak et disciplines associées en eau calme	Arr. du 1er juill. 2008 *(JO 27 juill.)*
canoë-kayak et disciplines associées en eau vive	Arr. du 1er juill. 2008 *(JO 18 juill.)*

Mentions du DE JEPS spécialité « perfectionnement sportif »	Arrêtés
boxe thaï-muay thaï (anciennement muaythaï)	Arr. du 12 juill. 2007 *(JO 8 sept.)* mod. par Arr. du 29 déc. 2011 *(JO 14 janv.)* ; Arr. du 9 mars 2012 *(JO 11 avr.)* ; Arr. du 18 déc. 2016 *(JO 18 déc.)*.
canyonisme	Arr. du 26 mai 2010 *(JO 8 juin)* mod. par Arr. du 10 janv. 2013 *(JO 30 janv.)* ; Arr. du 30 avr. 2013 *(JO 15 mai)* ; Arr. du 18 oct. 2013 *(JO 6 nov.)* ; Arr. du 6 juill. 2015 *(JO 1er août)* ; Arr. du 20 juin 2016 *(JO 2 juill.)*.
char à voile	Arr. du 1er juill. 2008 *(JO 17 juill.)* mod. par Arr. du 8 nov. 2010 *(JO 18 nov.)* ; Arr. du 18 oct. 2013 *(JO 6 nov.)*.
concours complet d'équitation	Arr. du 25 janv. 2011 *(JO 9 févr.)*
concours de saut d'obstacles	Arr. du 25 janv. 2011 *(JO 9 févr.)*
course d'orientation	Arr. du 1er juill. 2008 *(JO 17 juill.)*
cyclisme traditionnel	Arr. du 18 déc. 2008 *(JO 30 déc.)* mod. par Arr. du 8 août 2011 *(JO 24 août)* ; Arr. du 18 oct. 2012 *(JO 30 oct.)* ; Arr. du 10 févr. 2014 *(JO 8 mars)*.
deltaplane	Arr. du 27 déc. 2007 *(JO 11 janv.)* mod. par Arr. du 19 oct. 2012 *(JO 4 déc.)* ; Arr. du 13 oct. 2014 *(JO 21 oct.)*.
descente sur glace	Arr. du 8 août 2011 *(JO 24 août)* mod. par Arr. du 9 déc. 2011 *(JO 19 janv.)* ; Arr. du 31 janv. 2014 *(JO 2 mars)* ; Arr. du 17 mai 2016 *(JO 24 mai)*.
disciplines gymniques acrobatiques	Arr. du 1er juill. 2008 *(JO 18 juill.)* mod. par Arr. du 22 juin 2009 *(JO 2 juill.)*.
disciplines gymniques d'expression	Arr. du 1er juill. 2008 *(JO 18 juill.)*
dressage	Arr. du 25 janv. 2011 *(JO 9 févr.)*
escalade	Arr. du 29 déc. 2011 *(JO 14 janv.)*
escalade en milieux naturels	Arr. du 31 janv. 2012 *(JO 2 févr.)*
escrime	Arr. du 10 janv. 2008 *(JO 31 janv.)*
football américain	Arr. du 29 juin 2009 *(JO 11 juill.)*
full-contact	Arr. du 12 juill. 2007 *(JO 8 sept.)* mod. par Arr. du 29 déc. 2011 *(JO 14 janv.)*.
glisses aérotractées nautiques	Arr. du 5 janv. 2010 *(JO 5 févr.)*
golf	Arr. du 27 avr. 2007 *(JO 16 mai)* mod. par Arr. du 8 nov. 2010 *(JO 18 nov.)* ; Arr. du 9 janv. 2013 *(JO 30 janv.)*.

Mentions du DE JEPS spécialité « perfectionnement sportif »	**Arrêtés**
haltérophilie et musculation	Arr. du 1er juill. 2008 *(JO 17 juill.)* mod. par Arr. du 18 déc. 2008 *(JO 27 déc.)* ; Arr. du 3 janv. 2013 *(JO 11 janv.)*.
handball	Arr. du 4 janv. 2008 *(JO 16 janv.)* mod. par Arr. du 15 juin 2009 *(JO 25 juin)*.
handisport	Arr. du 12 juill. 2007 *(JO 8 sept.)*
hockey	Arr. du 1er juill. 2008 *(JO 18 juill.)* mod. par Arr. du 2 mai 2013 *(JO 5 juin)*.
hockey sur glace	Arr. du 25 janv. 2011 *(JO 9 févr.)* mod. par Arr. du 23 juin 2014 *(JO 16 juill.)*.
judo-jujitsu	Arr. du 18 déc. 2008 *(JO 30 déc.)* mod. par Arr. du 17 janv. 2011 *(JO 27 janv.)* ; Arr. du 3 janv. 2013 *(JO 11 janv.)* ; Arr. du 18 oct. 2013 *(JO 6 nov.)*.
karaté et disciplines associées	Arr. du 18 déc. 2008 *(JO 27 déc.)* mod. par Arr. du 17 janv. 2011 *(JO 27 janv.)* ; Arr. du 5 févr. 2015 *(JO 24 févr.)*.
kick-boxing	Arr. du 27 déc. 2007 *(JO 11 janv.)* mod. par Arr. du 29 déc. 2011 *(JO 14 janv.)* ; Arr. du 18 déc. 2016 *(JO 18 déc.)*.
lutte et disciplines associées	Arr. du 18 mai 2010 *(JO 3 juin)* mod. par Arr. du 13 oct. 2014 *(JO 21 oct.)*.
motocyclisme	Arr. du 28 avr. 2011 *(JO 11 mai)* mod. par Arr. du 14 janv. 2013 *(JO 30 janv.)*.
natation course	Arr. du 15 mars 2010 *(JO 27 mars)* mod. par Arr. du 17 janv. 2011 *(JO 3 févr.)*.
natation synchronisée	Arr. du 2 mai 2011 *(JO 20 mai)*
parachutisme	Arr. du 11 juill. 2011 *(JO 24 août)* ; Arr. du 27 avr. 2015 *(JO 20 mai)*.
parapente	Arr. du 27 déc. 2007 *(JO 11 janv.)* mod. par Arr. du 11 mai 2009 *(JO 6 juin)* ; Arr. du 19 oct. 2010 *(JO 30 oct.)* ; Arr. du 19 oct. 2012 *(JO 4 déc.)* ; Arr. du 13 oct. 2014 *(JO 21 oct.)*.
patinage	Arr. du 8 août 2011 *(JO 24 août)* mod. par Arr. du 9 déc. 2011 *(JO 19 janv.)* ; Arr. du 31 janv. 2014 *(JO 2 mars)*.
patinage de vitesse	Arr. du 8 août 2011 *(JO 24 août)* mod. par Arr. du 31 janv. 2014 *(JO 2 mars)*.
pelote basque	Arr. du 15 oct. 2013 *(JO 5 nov.)*
pétanque	Arr. du 12 juill. 2007 *(JO 7 sept.)*

Mentions du DE JEPS spécialité « perfectionnement sportif »	Arrêtés
plongée subaquatique	Arr. du 6 juill. 2011 *(JO 23 juill.)* mod. par Arr. du 30 juill. 2012 *(JO 9 août)* ; Arr. du 1er déc. 2016 *(JO 13 déc.)*, en vigueur le 1er juill. 2017.
plongeon	Arr. du 15 mars 2010 *(JO 27 mars 2010)* mod. par Arr. du 2 mai 2011 *(JO 20 mai)*.
polo	Arr. du 1er juill. 2008 *(JO 11 juill.)*
roller-skating	Arr. du 1er juill. 2008 *(JO 18 juill.)* mod. par Arr. du 30 mai 2013 *(JO 7 juin)* ; Arr. du 13 oct. 2014 *(JO 21 oct.)*.
rugby à XIII	Arr. du 1er juill. 2008 *(JO 11 juill.)*
rugby à XV	Arr. du 15 déc. 2006 *(JO 3 janv.)* mod. par Arr. du 28 janv. 2014 *(JO 18 févr.)*.
savate boxe française	Arr. du 1er juill. 2008 *(JO 22 juill.)* mod. par Arr. du 8 nov. 2010 *(JO 18 nov.)* ; Arr. du 15 oct. 2013 *(JO 6 nov.)*.
skate-board	Arr. du 1er juill. 2008 *(JO 18 juill.)* mod. par Arr. du 13 oct. 2014 *(JO 21 oct.)*.
ski nautique et disciplines associées	Arr. du 29 juin 2009 *(JO 9 juill.)* mod. par Arr. du 19 août 2012 *(JO 31 oct.)* ; Arr. du 19 oct. 2012 *(JO 19 oct.)* ; Arr. du 15 janv. 2013 *(JO 5 févr.)*.
spéléologie	Arr. du 29 déc. 2011 *(JO 14 janv.)* mod. par Arr. du 30 avr. 2013 *(JO 15 mai)*.
sport automobile circuit	Arr. du 1er juill. 2008 *(JO 17 juill.)*
sport automobile karting	Arr. du 1er juill. 2008 *(JO 17 juill.)*
sport automobile rallye	Arr. du 1er juill. 2008 *(JO 17 juill.)*
sport automobile tout terrain	Arr. du 1er juill. 2008 *(JO 18 juill.)*
sport-boules	Arr. du 30 avr. 2013 *(JO 15 mai)*
squash	Arr. du 1er juill. 2008 *(JO 22 juill.)* mod. par Arr. du 22 sept. 2010 *(JO 19 oct.)* ; Arr. du 15 oct. 2013 *(JO 5 nov.)*.
surf	Arr. du 27 avr. 2007 *(JO 16 mai)* mod. par Arr. du 26 avr. 2012 *(JO 10 mai)*.
taekwondo et disciplines associées	Arr. du 18 déc. 2008 *(JO 30 déc.)* mod. par Arr. du 17 janv. 2011 *(JO 27 janv.)* ; Arr. du 18 oct. 2013 *(JO 6 nov.)*.
tennis	Arr. du 31 déc. 2007 *(JO 16 janv.)* mod. par Arr. du 29 déc. 2011 *(JO 14 janv.)* ; Arr. du 27 avr. 2015 *(JO 20 mai)*.
tennis de table	Arr. du 12 juill. 2007 *(JO 6 sept.)*

Mentions du DE JEPS spécialité « perfectionnement sportif »	Arrêtés
tir à l'arc	Arr. du 22 janv. 2008 *(JO 31 janv.)* mod. par Arr. du 15 janv. 2010 *(JO 3 févr.)*.
tir sportif	Arr. du 4 janv. 2008 *(JO 16 janv.)* mod. par Arr. du 17 mai 2016 *(JO 24 mai)*.
triathlon	Arr. du 15 déc. 2006 *(JO 3 janv.)*
vélo tout terrain	Arr. du 8 nov. 2010 *(JO 18 nov.)* mod. par Arr. du 5 févr. 2015 *(JO 24 févr.)*.
voile	Arr. du 1er juill. 2008 *(JO 22 juill.)* mod. par Arr. du 29 déc. 2011 *(JO 19 janv.)* ; Arr. du 30 juill. 2012 *(JO 9 août)* ; Arr. du 28 janv. 2014 *(JO 18 févr.)*.
vol à moteur	Arr. du 23 juin 2014 *(JO 16 juill.)* mod. par Arr. du 24 févr. 2015 *(JO 12 mars)*.
vol à voile	Arr. du 5 févr. 2015 *(JO 24 févr.)*
vol ultraléger motorisé	Arr. du 23 juin 2014 *(JO 16 juill.)* mod. par. Arr. du 17 mai 2016 *(JO 24 mai)*.
volley-ball	Arr. du 1er juill. 2008 *(JO 22 juill.)* mod. par. Arr. du 23 juin 2014 *(JO 16 juill.)*.
VTT	Arr. du 8 nov. 2010 *(JO 18 nov.)* mod. par Arr. du 18 oct. 2012 *(JO 31 oct.)*.
water-polo	Arr. du 15 mars 2010 *(JO 27 mars)* mod. par Arr. du 2 mai 2011 *(JO 20 mai)*.

Art. D. 212-40 Le diplôme d'État de la jeunesse, de l'éducation populaire et du sport est délivré :

1° Soit par la voie des unités capitalisables ;

2° Soit par la voie de la validation des acquis de l'expérience ;

3° Soit par la voie d'un examen composé d'épreuves ponctuelles. – *[Décr. n° 2006-1418 du 20 nov. 2006, art. 6.]*

Art. D. 212-41 *(Décr. n° 2015-688 du 17 juin 2015, art. 1er)* Pour être admis, le candidat doit avoir obtenu quatre unités, dont deux sont transversales quelle que soit la spécialité et deux sont spécifiques à la mention.

Art. D. 212-42 Des unités complémentaires respectant les mêmes exigences que celles constitutives du diplôme peuvent être associées au diplôme d'État de la jeunesse, de l'éducation populaire et du sport. Ces unités complémentaires peuvent être regroupées sous la forme d'un certificat de spécialisation.

Elles attestent de compétences professionnelles répondant à un besoin spécifique.

Elles sont délivrées dans les mêmes conditions que celles figurant dans le diplôme. – *[Décr. n° 2006-1418 du 20 nov. 2006, art. 8.]*

Unités complémentaires capitalisables du DE JEPS spécialité « perfectionnement sportif »	Arrêtés
baby et mini-volley *associée à la mention du DE JEPS, spécialité perfectionnement sportif « volley-ball »*	Arr. du 1er juill. 2008 *(JO 22 juill.)*
direction d'un accueil collectif de mineurs *associée à l'ensemble des mentions du DE JEPS, spécialité perfectionnement sportif*	Arr. du 23 juill. 2004 *(JO 3 août)* mod. par Arr. du 4 janv. 2007 *(JO 19 janv.)* ; Arr. du 11 déc. 2012 *(JO 21 déc.)*.

Certificats de spécialisation du DE JEPS « perfectionnement sportif »	Arrêtés
accompagnement de la démarche de développement durable *associé à l'ensemble des mentions du DE JEPS, perfectionnement sportif*	Arr. du 15 oct. 2012 *(JO 31 oct.)*
canoë-kayak et disciplines associées en mer *associé au DE JEPS, spécialité, perfectionnement sportif mentions « canoë-kayak et disciplines associées en eau calme » et « canoë-kayak et disciplines associées en eau vive »*	Arr. du 1er juill. 2008 *(JO 18 juill.)* mod. par Arr. du 28 août 2008 *(JO 9 sept.)*.
cerf-volant *associé au DE JEPS, spécialité perfectionnement sportif mentions :* *- « deltaplane »* *- « glisses aérotractées nautiques »* *- « parapente »* *- « voile »*	Arr. du 5 janv. 2010 *(JO 28 janv.)* mod. par Arr. du 8 nov. 2010 *(JO 18 nov.)*.
environnement numérique et réseaux *associé à l'ensemble des mentions du DE JEPS, spécialité perfectionnement sportif*	Arr. du 15 oct. 2012 *(JO 30 oct.)*
nage avec palmes *associé au DE JEPS, spécialité perfectionnement sportif mention « natation course » et « plongée subaquatique »*	Arr. du 15 mars 2010 *(JO 27 mars)* mod. par Arr. du 29 déc. 2011 *(JO 14 janv.)*
natation en eau libre *associé au DE JEPS, spécialité perfectionnement sportif mention « natation course »*	Arr. du 15 mars 2010 *(JO 27 mars)*
sauvetage et sécurité en milieu aquatique *associé au DE JEPS, spécialité perfectionnement sportif mention :* *- « natation course »* *- « natation synchronisée »* *- « plongeon »* *- « water-polo »*	Arr. du 15 mars 2010 *(JO 12 mai)*

Certificats complémentaires du DE JEPS « perfectionnement sportif »	**Arrêtés**
plongée profonde et tutorat *associé à la mention « plongée subaquatique » du DE JEPS, perfectionnement sportif*	Arr. du 1er déc. 2016 (*JO 13 déc.*)

Art. D. 212-43 Le diplôme est préparé :

1° Par la voie de la formation initiale ;

2° Par la voie de l'apprentissage ;

3° Par la voie de la formation continue.

Lorsque le diplôme d'État de la jeunesse, de l'éducation populaire et du sport est préparé par la voie de la formation initiale, l'arrêté prévu à l'article D. 212-36 indique le volume horaire minimal de formation.

Dans tous les cas, le parcours individualisé de formation est précédé d'un positionnement de l'apprenant. – *[Décr. nº 2006-1418 du 20 nov. 2006, art. 9.]*

Art. D. 212-44 (Abrogé par Décr. nº 2015-1527 du 24 nov. 2015, art. 3, à compter du 1er janv. 2016) ***Des exigences préalables, définies par mention, peuvent être requises pour accéder aux formations prévues à l'article D. 212-43.*** – [Décr. nº 2006-1418 du 20 nov. 2006, art. 10.]

Pour les dispositions transitoires, V. art. 4 du Décr. nº 2015-1527 du 24 nov. 2015 reproduit ss. art. R. 212-10-1.

Art. R. 212-45 (Abrogé par Décr. nº 2015-1527 du 24 nov. 2015, art. 3, à compter du 1er janv. 2016) ***Le jury est nommé par le*** (Décr. nº 2009-1540 du 10 déc. 2009, art. 10-II-3°-b) ***« directeur régional de la jeunesse, des sports et de la cohésion sociale ». Il est présidé par un fonctionnaire de catégorie A. Outre son président, il est composé, à parts égales :***

– de formateurs et de cadres techniques, dont la moitié au moins sont des agents du ministère chargé de la jeunesse et des sports ;

– de professionnels du secteur d'activité, à parité employeurs et salariés, choisis sur proposition des organisations représentatives. – [Décr. nº 2006-1418 du 20 nov. 2006, art. 11.]

Pour les dispositions transitoires, V. art. 4 du Décr. nº 2015-1527 du 24 nov. 2015 reproduit ss. art. R. 212-10-1.

Art. R. 212-46 Chaque unité capitalisable, quel qu'en soit le mode d'acquisition, est délivrée par le *(Décr. nº 2009-1540 du 10 déc. 2009, art. 10-II-3°-b)* « directeur régional de la jeunesse, des sports et de la cohésion sociale » sur proposition du jury. La validité d'une unité capitalisable est de cinq ans. – *[Décr. nº 2006-1418 du 20 nov. 2006, art. 12.]*

Art. R. 212-47 Le diplôme d'État de la jeunesse, de l'éducation populaire et du sport est délivré par le *(Décr. nº 2009-1540 du 10 déc. 2009, art. 10-II-3°-b)* « directeur régional de la jeunesse, des sports et de la cohésion sociale » :

– seul, quand il s'agit d'une mention créée par les ministres chargés de la jeunesse et des sports ;

– ou conjointement par les autorités compétentes des ministères intéressés, dans le cas d'une création commune de la mention. – *[Décr. nº 2006-1418 du 20 nov. 2006, art. 13.]*

Art. R. 212-48 (Abrogé par Décr. nº 2015-1527 du 24 nov. 2015, art. 3, à compter du 1er janv. 2016) ***Les organismes de formation préparant à ce diplôme par la voie des unités capitalisables pour une ou plusieurs mentions doivent avoir obtenu, préalablement à la mise en place de la formation, une habilitation du*** (Décr. nº 2009-1540 du 10 déc. 2009, art. 10-II-3°-b) ***« directeur régional de la jeunesse, des sports et de la cohésion sociale » du lieu de formation.***

Les conditions de délivrance de l'habilitation sont fixées par l'arrêté organisant la spécialité. – [Décr. nº 2006-1418 du 20 nov. 2006, art. 14.]

En application de l'art. L. 231-5 CRPA, et par exception à l'application du délai de 2 mois prévu à l'art. L. 231-1 du même code, le délai à l'expiration duquel le silence gardé par l'administration vaut décision d'acceptation est fixé à 6 mois pour une demande d'habilitation des organismes de formation préparant au diplôme d'État de la jeunesse, de l'éducation populaire et du sport spécialité « perfectionnement sportif » et pour une demande d'habilitation des organismes de formation préparant au diplôme d'État de la jeunesse, de l'éducation populaire et du sport, spécialité « animation socio-éducative ou culturelle » (Décr. n° 2014-1307 du 23 oct. 2014, art. 1er).

Les dispositions du Décr. n° 2014-1307 du 23 oct. 2014 s'appliquent aux demandes présentées à compter du 12 nov. 2014 (Décr. préc., art. 2).

Pour les dispositions transitoires, V. art. 4 du Décr. n° 2015-1527 du 24 nov. 2015 reproduit ss. art. R. 212-10-1.

Art. D. 212-49 **Le cursus de formation mis en œuvre par un organisme habilité respecte le principe de l'alternance prévoyant les séquences de formation en centre et celles en situation professionnelle, sous tutorat pédagogique. La situation professionnelle est une situation de formation qui n'ouvre pas de conditions d'exercice particulières pour l'apprenant.**

Elle est construite dans le respect du plan de formation mis en œuvre par l'organisme habilité et respecte une évolution liée à l'acquisition progressive et à la validation de compétences. – *[Décr. n° 2006-1418 du 20 nov. 2006, art. 15.]*

Art. D. 212-50 **Un arrêté des ministres chargés de la jeunesse et des sports fixe les conditions dans lesquelles les titulaires de tout ou partie d'autres diplômes délivrés par leurs ministères peuvent obtenir des équivalences avec le diplôme d'État de la jeunesse, de l'éducation populaire et du sport.** – *[Décr. n° 2006-1418 du 20 nov. 2006, art. 16.]*

§ 4 DIPLÔME D'ÉTAT SUPÉRIEUR DE LA JEUNESSE, DE L'ÉDUCATION POPULAIRE ET DU SPORT

Art. D. 212-51 **Le diplôme d'État supérieur de la jeunesse, de l'éducation populaire et du sport est un diplôme d'État supérieur inscrit au niveau II du répertoire national des certifications professionnelles en application de l'article L. 335-6 du code de l'éducation.**

Il atteste l'acquisition d'une qualification dans l'exercice d'une activité professionnelle d'expertise technique et de direction à finalité éducative dans les domaines d'activités physiques, sportives, socio-éducatives ou culturelles. – *[Décr. n° 2006-1419 du 20 nov. 2006, art. 1er.]*

Art. D. 212-52 **Le diplôme d'État supérieur de la jeunesse, de l'éducation populaire et du sport est délivré au titre de la spécialité "performance sportive" ou de la spécialité "animation socio-éducative ou culturelle" et d'une mention relative à un champ disciplinaire ou professionnel.**

Chacune de ces spécialités est organisée par un arrêté des ministres chargés de la jeunesse et des sports, pris après avis de la Commission professionnelle consultative des métiers du sport et de l'animation.

Cet arrêté définit le référentiel professionnel et le référentiel de certification. – *[Décr. n° 2006-1419 du 20 nov. 2006, art. 2.]*

En application de l'art. L. 231-5 CRPA, et par exception à l'application du délai de 2 mois prévu à l'art. L. 231-1 du même code, le délai à l'expiration duquel le silence gardé par l'administration vaut décision d'acceptation est fixé à 6 mois pour une demande d'habilitation des organismes de formation préparant au diplôme d'État de la jeunesse, de l'éducation populaire et du sport spécialité « perfectionnement sportif » et pour une demande d'habilitation des organismes de formation préparant au diplôme d'État de la jeunesse, de l'éducation populaire et du sport, spécialité « animation socio-éducative ou culturelle » (Décr. n° 2014-1307 du 23 oct. 2014, art. 1er).

Les dispositions du Décr. n° 2014-1307 du 23 oct. 2014 s'appliquent aux demandes présentées à compter du 12 nov. 2014 (Décr. préc., art. 2).

Art. D. 212-53 **Le référentiel professionnel est constitué de la présentation du secteur professionnel, de la description de l'emploi et de la fiche descriptive d'activités.** – *[Décr. n° 2006-1419 du 20 nov. 2006, art. 3.]*

Art. D. 212-54 **Le référentiel de certification est composé de l'ensemble des unités constitutives du diplôme.**

Ce référentiel fixe pour chaque unité les compétences professionnelles, l'objectif terminal d'intégration ainsi que les objectifs intermédiaires de premier et second rangs. – *[Décr. nº 2006-1419 du 20 nov. 2006, art. 4.]*

Art. D. 212-55 **Chaque mention est définie par spécialité et est déterminée par arrêté.** – *[Décr. nº 2006-1419 du 20 nov. 2006, art. 5.]*

Tableau récapitulatif des arrêtés pris au visa de l'art. D. 212-55.

Mentions du DES JEPS spécialité « performance sportive »	Arrêtés
aïkido, aïkibudo et disciplines associées	Arr. du 15 avr. 2009 *(JO 5 mai)* mod. par Arr. du 5 févr. 2015 *(JO 24 févr.)*.
athlétisme : demi-fond, marche, hors stade	Arr. du 8 nov. 2010 *(JO 18 nov.)*
athlétisme : épreuves combinées	Arr. du 8 nov. 2010 *(JO 18 nov.)*
athlétisme : lancers	Arr. du 8 nov. 2010 *(JO 18 nov.)*
athlétisme : sauts	Arr. du 8 nov. 2010 *(JO 18 nov.)*
athlétisme : sprint, haies, relais	Arr. du 8 nov. 2010 *(JO 18 nov.)*
aviron	Arr. du 1er juill. 2008 *(JO 24 juill.)* mod. par Arr. du 31 juill. 2008 *(JO 28 août)* ; Arr. du 19 oct. 2012 *(JO 31 oct.)* ; Arr. du 15 janv. 2013 *(JO 5 févr.)*.
badminton	Arr. du 1er juill. 2008 *(JO 11 juill.)*
baseball, softball	Arr. du 15 avr. 2009 *(JO 5 mai)*
basket-ball	Arr. du 18 déc. 2008 *(JO 27 déc.)* mod. par Arr. du 6 juin 2012 *(JO 6 juill.)* ; Arr. du 2 mai 2013 *(JO 7 juin)*.
billard	Arr. du 15 avr. 2009 *(JO 5 mai)*
bowling	Arr. du 12 juill. 2007 *(JO 6 sept.)*
boxe	Arr. du 29 juin 2009 *(JO 9 juill.)*
boxe thaï-muay thaï (anciennement muaythaï)	Arr. du 12 juill. 2007 *(JO 8 sept.)* mod. par Arr. du 29 déc. 2011 *(JO 14 janv.)* ; Arr. du 18 déc. 2016 *(JO 4 janv. 2017)*.
canoë-kayak et disciplines associées en eau calme	Arr. du 1er juill. 2008 *(JO 18 juill.)*
canoë-kayak et disciplines associées en eau vive et en mer	Arr. du 1er juill. 2008 *(JO 18 juill.)*
char à voile	Arr. du 1er juill. 2008 *(JO 18 juill.)* mod. par Arr. du 8 nov. 2010 *(JO 18 nov.)*.
concours complet d'équitation	Arr. du 25 janv. 2011 *(JO 9 févr.)* mod. par Arr. du 26 avr. 2012 *(JO 10 mai)*.
concours de saut d'obstacles	Arr. du 25 janv. 2011 *(JO 9 févr.)* mod. par Arr. du 26 avr. 2012 *(JO 10 mai)*.

Mentions du DES JEPS spécialité « performance sportive »	Arrêtés
course d'orientation	Arr. du 1er juill. 2008 *(JO 17 juill.)*
cricket	Arr. du 15 avr. 2009 *(JO 7 mai)*
curling	Arr. du 11 août 2011 *(JO 24 août)* mod. par Arr. du 31 janv. 2014 *(JO 2 mars)* ; Arr. du 17 mai 2016 *(JO 24 mai)*.
cyclisme	Arr. du 18 déc. 2008 *(JO 30 déc.)*
deltaplane	Arr. du 27 déc. 2007 *(JO 11 janv.)*
descente sur glace	Arr. du 11 août 2011 *(JO 24 août)* mod. par Arr. du 31 janv. 2014 *(JO 2 mars)* ; Arr. du 17 mai 2016 *(JO 24 mai)*.
dressage	Arr. du 25 janv. 2011 *(JO 9 févr.)* mod. par Arr. du 26 avr. 2012 *(JO 10 mai)*.
équitation	Arr. du 25 janv. 2011 *(JO 9 févr.)* mod. par Arr. du 26 avr. 2012 *(JO 8 mai)* ; Arr. du 2 mai 2013 *(JO 5 juin)*.
escalade	Arr. du 29 déc. 2011 *(JO 14 janv.)*
escrime	Arr. du 10 janv. 2008 *(JO 31 janv.)*
football	Arr. du 26 avr. 2012 *(JO 8 mai)* mod. par Arr. du 3 août *(JO 13 sept.)* ; Arr. du 14 janv. 2013 *(JO 30 janv.)* ; Arr. du 30 avr. 2013 *(JO 15 mai)* ; Arr. du 17 juill. 2015 *(JO 25 juill.)*.
football américain	Arr. du 29 juin 2009 *(JO 11 juill.)*
full-contact-boxe américaine	Arr. du 12 juill. 2007 *(JO 8 sept.)* mod. par Arr. du 29 déc. 2011 *(JO 14 janv.)*.
glisses aérotractées nautiques	Arr. du 5 janv. 2010 *(JO 5 févr.)*
golf	Arr. du 27 avr. 2007 *(JO 16 mai)* mod. par Arr. du 9 janv. 2013 *(JO 30 janv.)*.
gymnastique acrobatique	Arr. du 1er juill. 2008 *(JO 22 juill.)*
gymnastique aérobic	Arr. du 1er juill. 2008 *(JO 18 juill.)*
gymnastique artistique féminine	Arr. du 1er juill. 2008 *(JO 22 juill.)* mod. par Arr. du 22 juin 2009 *(JO 2 juill.)*.
gymnastique artistique masculine	Arr. du 1er juill. 2008 *(JO 22 juill.)* mod. par Arr. du 22 juin 2009 *(JO 2 juill.)*.
gymnastique rythmique	Arr. du 1er juill. 2008 *(JO 22 juill.)* mod. par Arr. du 22 juin 2009 *(JO 2 juill.)*.
haltérophilie et musculation et disciplines associées	Arr. du 1er juill. 2008 *(JO 11 juill.)* mod. par Arr. du 3 janv. 2013 *(JO 11 janv.)*.
handball	Arr. du 4 janv. 2008 *(JO 16 janv.)*

Mentions du DES JEPS spécialité « performance sportive »	Arrêtés
handisport	Arr. du 12 juill. 2007 *(JO 8 sept.)*
hockey	Arr. du 1er juill. 2008 *(JO 18 juill.)* mod. par Arr. du 2 mai 2013 *(JO 5 juin)*.
hockey sur glace	Arr. du 25 janv. 2011 *(JO 9 févr.)*
judo-jujitsu	Arr. du 18 déc. 2008 *(JO 30 déc.)* mod. par Arr. du 18 oct. 2013 *(JO 6 nov.)*.
karaté et disciplines associées	Arr. du 18 déc. 2008 *(JO 27 déc.)* mod. par Arr. du 5 févr. 2015 *(JO 24 févr.)*.
kick-boxing	Arr. du 27 déc. 2007 *(JO 11 janv.)*
lutte et disciplines associées	Arr. du 18 mai 2010 *(JO 2 juin)*
motocyclisme	Arr. du 28 avr. 2001 *(JO 11 mai)*
natation course	Arr. du 15 mars 2010 *(JO 27 mars)*
natation synchronisée	Arr. du 15 mars 2010 *(JO 27 mars)*
parachutisme	Arr. du 11 juill. 2011 *(JO 24 août)*
parapente	Arr. du 27 déc. 2007 *(JO 11 janv.)*
patinage	Arr. du 11 août 2011 *(JO 24 août)* mod. par Arr. du 31 janv. 2014 *(JO 2 mars)* ; Arr. du 17 mai 2016 *(JO 24 mai)*.
patinage de vitesse	Arr. du 11 août 2011 *(JO 24 août)* mod. par Arr. du 31 janv. 2014 *(JO 2 mars)* ; Arr. du 17 mai 2016 *(JO 24 mai)*.
pelote basque	Arr. du 15 oct. 2013 *(JO 5 nov.)*
pentathlon moderne	Arr. du 29 juin 2009 *(JO 9 juill.)*
pétanque	Arr. du 12 juill. 2007 *(JO 7 sept.)*
plongée subaquatique	Arr. du 6 juill. 2011 *(JO 19 août)* mod. par Arr. du 30 juill. 2012 *(JO 9 août)* ; Arr. du 1er déc. 2016 *(JO 13 déc.)*, en vigueur le 1er juill. 2017.
plongeon	Arr. du 15 mars 2010 *(JO 27 mars)*
roller-skating	Arr. du 1er juill. 2008 *(JO 18 juill.)*
rugby à XIII	Arr. du 1er juill. 2008 *(JO 11 juill.)*
rugby à XV	Arr. du 15 déc. 2006 *(JO 3 janv.)* mod. par Arr. du 28 janv. 2014 *(JO 18 févr.)*.
savate boxe française	Arr. du 1er juill. 2008 *(JO 22 juill.)* mod. par Arr. du 15 oct. 2013 *(JO 6 nov.)*.
skateboard	Arr. du 1er juill. 2008 *(JO 22 juill.)*

Mentions du DES JEPS spécialité « performance sportive »	Arrêtés
ski nautique et disciplines associées	Arr. du 29 juin 2009 *(JO 9 juill.)* mod. par Arr. du 19 oct. 2012 *(JO 31 oct.)*.
spéléologie	Arr. du 15 déc. 2006 *(JO 3 janv.)* mod. par Arr. du 13 juin 2016 *(JO 25 juin)*
sport adapté	Arr. du 12 juill. 2007 *(JO 6 sept.)*
sport-boules	Arr. du 30 avr. 2013 *(JO 15 mai)*
squash	Arr. du 1er juill. 2008 *(JO 22 juill.)* mod. par Arr. du 22 sept. 2010 *(JO 19 oct.)* ; Arr. du 15 oct. 2013 *(JO 6 nov.)*.
surf	Arr. du 27 avr. 2007 *(JO 16 mai)* mod. par Arr. du 26 avr. 2012 *(JO 10 mai)*.
taekwondo et disciplines associées	Arr. du 18 déc. 2008 *(JO 30 déc.)*
tennis	Arr. du 31 déc. 2007 *(JO 16 janv.)* mod. par Arr. du 29 déc. 2011 *(JO 14 janv.)*.
tennis de table	Arr. du 12 juill. 2007 *(JO 19 oct.)*
tir à l'arc	Arr. du 22 janv. 2008 *(JO 31 janv.)*
tir sportif	Arr. du 4 janv. 2008 *(JO 16 janv.)*
trampoline	Arr. du 1er juill. 2008 *(JO 18 juill.)*
tumbling	Arr. du 1er juill. 2008 *(JO 18 juill.)*
voile	Arr. du 1er juill. 2008 *(JO 22 juill.)* mod. par Arr. du 18 déc. 2008 *(JO 27 déc.)* ; Arr. du 28 janv. 2014 *(JO 18 févr.)*.
vol à voile	Arr. du 12 juill. 2007 *(JO 6 sept.)*
volley-ball	Arr. du 1er juill. 2008 *(JO 25 juill.)* mod. par Arr. du 8 mars 2011 *(JO 19 mars)* ; Arr. du 23 juin 2014 *(JO 16 juill.)*.
water-polo	Arr. du 15 mars 2010 *(JO 27 mars)*

Art. D. 212-56 Le diplôme d'État supérieur de la jeunesse, de l'éducation populaire et du sport est délivré :

1° Soit par la voie des unités capitalisables ;

2° Soit par la voie de la validation des acquis de l'expérience ;

3° Soit par la voie d'un examen composé d'épreuves ponctuelles. – *[Décr. n° 2006-1419 du 20 nov. 2006, art. 6.]*

Art. D. 212-57 *(Décr. n° 2015-688 du 17 juin 2015, art. 2)* Pour être admis, le candidat doit avoir obtenu quatre unités, dont deux sont transversales quelle que soit la spécialité et deux sont spécifiques à la mention.

Art. D. 212-58 Des unités complémentaires respectant les mêmes exigences que celles constitutives du diplôme peuvent être associées au diplôme d'État supérieur de la jeunesse, de l'éducation populaire et du sport. Ces unités complémentaires peuvent être regroupées sous la forme d'un certificat de spécialisation.

Elles attestent de compétences professionnelles répondant à un besoin spécifique.

Elles sont délivrées dans les mêmes conditions que celles figurant dans le diplôme. – *[Décr. n° 2006-1419 du 20 nov. 2006, art. 8.]*

Unités complémentaires capitalisables du DES JEPS spécialité « performance sportive »	**Arrêtés**
direction d'un accueil collectif de mineurs *associée à l'ensemble des mentions du DES JEPS, spécialité performance sportive*	Arr. du 23 juill. 2004 *(JO 3 août)* mod. par Arr. du 4 janv. 2007 *(JO 19 janv.)* ; Arr. du 11 déc. 2012 *(JO 21 déc.)*.

Certificats de spécialisations du DES JEPS spécialité « performance sportive »	**Arrêtés**
accompagnement de la démarche de développement durable *associé à l'ensemble des mentions du DES JEPS, spécialité performance sportive*	Arr. du 15 oct. 2012 *(JO 31 oct.)*
animation et insertion sociale *associé à l'ensemble des mentions du DES JEPS, spécialité performance sportive*	Arr. du 15 janv. 2013 *(JO 6 avr.)*
animation et maintien de l'autonomie de la personne *associé à l'ensemble des mentions du DES JEPS, spécialité performance sportive*	Arr. du 11 déc. 2012 *(JO 6 avr. 2013)*
beach-volley *associé au DES JEPS, spécialité performance sportive mention « volley-ball »*	Arr. du 1er juill. 2008 *(JO 22 juill.)*
canoë-kayak et disciplines associées en mer *associé au DES JEPS, spécialité performance sportive, mention « canoë-kayak et disciplines associées en eau calme »*	Arr. du 1er juill. 2008 *(JO 18 juill.)* mod. par Arr. du 28 août 2008 *(JO 9 sept.)*.
cerf-volant *associé au DES JEPS, spécialité performance sportive mentions « glisses aérotractées nautiques » et « voile »*	Arr. du 5 janv. 2010 *(JO 28 janv.)* mod. par Arr. du 8 nov. 2010 *(JO 18 nov.)*.
environnement numérique et réseaux *associé à l'ensemble des mentions du DES JEPS, spécialité performance sportive*	Arr. du 15 oct. 2012 *(JO 30 oct.)*
nage avec palmes *associé au DES JEPS, spécialité performance sportive mentions « natation course » et « plongée subaquatique »*	Arr. du 15 mars 2010 *(JO 27 mars)* mod. par Arr. du 29 déc. 2011 *(JO 14 janv.)*.
natation en eau libre *associé au DES JEPS, spécialité performance sportive mention « natation course »*	Arr. du 15 mars 2010 *(JO 27 mars)*

sauvetage et sécurité en milieu aquatique *associé au DES JEPS, spécialité performance sportive mentions :* *- « natation course »* *- « natation synchronisée »* *- « plongeon »* *- « water-polo »*	Arr. du 15 mars 2010 (*JO 12 mai*)

Art. D. 212-59 Le diplôme est préparé :

1° Par la voie de la formation initiale ;

2° Par la voie de l'apprentissage ;

3° Par la voie de la formation continue.

Lorsque le diplôme d'État supérieur de la jeunesse, de l'éducation populaire et du sport est préparé par la voie de la formation initiale, l'arrêté prévu à l'article D. 212-52 indique le volume horaire minimal de formation.

Dans tous les cas, le parcours individualisé de formation est précédé d'un positionnement de l'apprenant. – *[Décr. n° 2006-1419 du 20 nov. 2006, art. 9.]*

Art. D. 212-60 (Abrogé par Décr. n° 2015-1527 du 24 nov. 2015, art. 3, à compter du 1er janv. 2016) ***Des exigences préalables, définies par mention, peuvent être requises pour accéder aux formations prévues à l'article D. 212-59.*** – [Décr. n° 2006-1419 du 20 nov. 2006, art. 10.]

Pour les dispositions transitoires, V. art. 4 du Décr. n° 2015-1527 du 24 nov. 2015 reproduit ss. art. R. 212-10-1.

Art. R. 212-61 (Abrogé par Décr. n° 2015-1527 du 24 nov. 2015, art. 3, à compter du 1er janv. 2016) ***Le jury est nommé par le*** (Décr. n° 2009-1540 du 10 déc. 2009, art. 10-II-3°-b) ***« directeur régional de la jeunesse, des sports et de la cohésion sociale ». Il est présidé par un fonctionnaire de catégorie A. Outre son président, il est composé à parts égales :***

– de formateurs et de cadres techniques, dont la moitié au moins sont des agents du ministère chargé de la jeunesse et des sports ;

– de professionnels du secteur d'activité, à parité employeurs et salariés, choisis sur proposition des organisations représentatives. – [Décr. n° 2006-1419 du 20 nov. 2006, art. 11.]

Pour les dispositions transitoires, V. art. 4 du Décr. n° 2015-1527 du 24 nov. 2015 reproduit ss. art. R. 212-10-1.

Art. R. 212-62 Chaque unité capitalisable, quel qu'en soit le mode d'acquisition, est délivrée par le *(Décr. n° 2009-1540 du 10 déc. 2009, art. 10-II-3°-b)* « directeur régional de la jeunesse, des sports et de la cohésion sociale » sur proposition du jury. La validité d'une unité capitalisable est de cinq ans. – *[Décr. n° 2006-1419 du 20 nov. 2006, art. 12.]*

Art. R. 212-63 Le diplôme d'État supérieur de la jeunesse, de l'éducation populaire et du sport est délivré par le *(Décr. n° 2009-1540 du 10 déc. 2009, art. 10-II-3°-b)* « directeur régional de la jeunesse, des sports et de la cohésion sociale » :

– seul, quand il s'agit d'une mention créée par les ministres chargés de la jeunesse et des sports ;

– ou conjointement par les autorités compétentes des ministères intéressés, dans le cas d'une création commune de la mention. – *[Décr. n° 2006-1419 du 20 nov. 2006, art. 13.]*

Art. R. 212-64 (Abrogé par Décr. n° 2015-1527 du 24 nov. 2015, art. 3, à compter du 1er janv. 2016) ***Les organismes de formation préparant à ce diplôme par la voie des unités capitalisables pour une ou plusieurs mentions doivent avoir obtenu, préalablement à la mise en place de la formation, une habilitation du*** (Décr. n° 2009-1540 du 10 déc. 2009, art. 10-II-3°-b) ***« directeur régional de la jeunesse, des sports et de la cohésion sociale » du lieu de formation.***

Les conditions de délivrance de l'habilitation sont fixées par l'arrêté organisant la spécialité. – [Décr. n° 2006-1419 du 20 nov. 2006, art. 14.]

En application de l'art. L. 231-5 CRPA, et par exception à l'application du délai de 2 mois prévu à l'art. L. 231-1 du même code, le délai à l'expiration duquel le silence gardé par l'administration vaut décision d'acceptation est fixé à 6 mois pour une demande d'habilitation des organismes de formation préparant au diplôme d'État supérieur de la jeunesse, de l'éducation populaire et du sport spécialité « performance sportive » et pour une demande d'habilitation des organismes de formation préparant au diplôme d'État supérieur de la jeunesse, de l'éducation populaire et du sport spécialité « animation socio-éducative ou culturelle » (Décr. n° 2014-1307 du 23 oct. 2014, art. 1er).

Les dispositions du Décr. n° 2014-1307 du 23 oct. 2014 s'appliquent aux demandes présentées à compter du 12 nov. 2014 (Décr. préc., art. 2).

Pour les dispositions transitoires, V. art. 4 du Décr. n° 2015-1527 du 24 nov. 2015 reproduit ss. art. R. 212-10-1.

Art. D. 212-65 Le cursus de formation mis en œuvre par un organisme habilité respecte le principe de l'alternance prévoyant les séquences de formation en centre et celles en situation professionnelle, sous tutorat pédagogique. La situation professionnelle est une situation de formation qui n'ouvre pas de prérogatives particulières pour l'apprenant. Elle est construite dans le respect du plan de formation mis en œuvre par l'organisme habilité et respecte une évolution liée à l'acquisition progressive de compétences. – *[Décr. n° 2006-1419 du 20 nov. 2006, art. 15.]*

Art. D. 212-66 Un arrêté des ministres chargés de la jeunesse et des sports fixe les conditions dans lesquelles les titulaires de tout ou partie d'autres diplômes par lui délivrés peuvent obtenir des équivalences avec le diplôme d'État supérieur de la jeunesse, de l'éducation populaire et du sport. Cet arrêté fixe également les mesures transitoires applicables aux candidats en cours de formation en vue de l'obtention du brevet d'État d'éducateur sportif du deuxième degré, du diplôme d'État relatif aux fonctions d'animation ou du diplôme d'État de directeur de projet d'animation et de développement. – *[Décr. n° 2006-1419 du 20 nov. 2006, art. 16.]*

§ 5 DIPLÔMES D'ÉTAT DES MÉTIERS D'ENSEIGNEMENT, D'ENCADREMENT ET D'ENTRAÎNEMENT DES SPORTS DE MONTAGNE *(Décr. n° 2010-1409 du 12 nov. 2010, art. 1er)*

Art. D. 212-67 Le brevet d'État d'alpinisme et le brevet d'État de ski pour l'encadrement et l'enseignement des sports de montagne constituent les diplômes prévus à l'article L. 212-2 conférant à leur titulaire le droit d'exercer contre rémunération dans la spécialité correspondante.

Ils sanctionnent :

– une formation générale commune aux métiers sportifs de la montagne ;

– une formation spécifique à chacun d'eux pouvant comporter des options.

V. 2 Arr. du 11 mars 2015, le premier relatif au contenu et aux modalités d'organisation du recyclage des titulaires des diplômes de guide de haute montagne et le second relatif au contenu et aux modalités d'organisation du recyclage des titulaires des diplômes d'accompagnateur en moyenne montagne (JO 15 avr.).

V. note ss. nouvel art. D. 212-67.

Nouvel art. D. 212-67 ***Les diplômes permettant l'enseignement, l'encadrement et l'entraînement contre rémunération des sports de montagne, chacun dans la spécialité correspondante, sont les suivants :***

1° Le diplôme d'État de ski – moniteur national de ski alpin ;

2° Le diplôme d'État de ski – moniteur national de ski alpin spécialisé en entraînement ;

3° Le diplôme d'État de ski – moniteur national de ski nordique de fond ;

4° Le diplôme d'État de ski – moniteur national de ski nordique de fond spécialisé en entraînement ;

5° Le diplôme d'État d'alpinisme – guide de haute montagne ;

6° Le diplôme d'État d'alpinisme – accompagnateur en moyenne montagne.

Les dispositions des art. D. 212-67 à D. 212-69-2 s'appliquent à compter de la publication de l'arrêté mentionné à l'art. D. 212-69-2, fixant les programmes de formation et les modalités d'obtention de chacun des diplômes (Décr. n° 2010-1409 du 12 nov. 2010, art. 2).

Sur la formation spécifique du diplôme d'État de ski-moniteur national de ski alpin, V. Arr. du 11 avr. 2012 (JO 2 mai), mod. par Arr. du 1er oct. 2013 (JO 5 nov.), Arr. du 31 oct. 2014 (JO 20 nov.), Arr.

du 28 avr. 2015 (JO 8 mai). V. aussi Arr. du 16 sept. 2015 fixant les aménagements dont bénéficient les personnes en cours de formation pour l'obtention du diplôme d'État de ski-moniteur national de ski alpin à compter du 1er oct. 2015 (JO 2 oct.).

Sur la formation spécifique du diplôme d'État de ski-moniteur national de ski alpin spécialisé en entraînement, V. Arr. du 26 févr. 2016 (JO 23 mars).

Sur la formation spécifique du diplôme d'État de ski-moniteur national de ski nordique de fond, V. Arr. du 26 avr. 2013 (JO 17 mai), mod. par Arr. du 1er oct. 2013 (JO 5 nov.), Arr. du 31 oct. 2014 (JO 20 nov.).

Sur la formation spécifique du diplôme d'État d'alpinisme-guide de haute montagne, V. Arr. du 16 juin 2014 (JO 8 juill.).

Sur la formation spécifique du diplôme d'État d'alpinisme-accompagnateur en moyenne montagne, V. Arr. du 25 sept. 2014 (JO 15 oct.), mod. par Arr. du 2 janv. 2017 (JO 18 janv.).

Art. D. 212-68 **La définition des options, les programmes de formation et les modalités pratiques d'obtention de ces brevets d'État sont fixés par arrêté du ministre chargé des sports.**

V. 1re note ss. nouvel art. D. 212-67.

Nouvel art. D. 212-68 (Décr. n° 2010-1409 du 12 nov. 2010, art. 1er) ***Les diplômes d'État de ski-moniteur national de ski alpin et moniteur national de ski nordique de fond ainsi que le diplôme d'État d'alpinisme-accompagnateur en moyenne montagne sont enregistrés au niveau III du répertoire national des certifications professionnelles.***

Les diplômes d'État de ski-moniteur national de ski alpin spécialisé en entraînement et moniteur national de ski nordique de fond spécialisé en entraînement ainsi que le diplôme d'État d'alpinisme-guide de haute montagne sont enregistrés au niveau II du répertoire national des certifications professionnelles.

V. 1re note ss. nouvel art. D. 212-67.

Art. D. 212-69 **Le contrôle de l'encadrement et de l'enseignement des sports de montagne est assuré par les directeurs régionaux et départementaux de la jeunesse, des sports et de la vie associative, assistés à cet effet de contrôleurs du ski et de l'alpinisme nommés par le ministre chargé des sports.**

Les conditions de nomination des contrôleurs et les modalités de ce contrôle sont fixées par arrêté du ministre chargé des sports.

V. 1re note ss. nouvel art. D. 212-67.

Nouvel art. D. 212-69 (Décr. n° 2010-1409 du 12 nov. 2010, art. 1er) ***Ces diplômes sont délivrés à l'issue d'une formation comprenant :***

1° Une formation générale commune aux métiers d'enseignement, d'encadrement et d'entraînement des sports de montagne ;

2° Une formation spécifique à chacun d'entre eux.

V. 1re note ss. nouvel art. D. 212-67.

Art. D. 212-69-1 *(Décr. n° 2010-1409 du 12 nov. 2010, art. 1er)* **Les programmes de formation conduisant à la délivrance de ces diplômes respectent le principe de l'alternance fondé sur l'articulation de périodes de formation en centre de formation et de mise en situation professionnelle sous tutorat pédagogique.**

Sur l'entrée en vigueur du présent art. V. 1re note ss. nouvel art. D. 212-67.

Art. D. 212-69-2 *(Décr. n° 2010-1409 du 12 nov. 2010, art. 1er)* **Les programmes de formation et les modalités d'obtention des diplômes sont fixés par arrêté du ministre chargé des sports, après avis des sections permanentes de la commission spécialisée compétente du Conseil supérieur des sports de montagne.**

L'école nationale de ski et d'alpinisme assure la formation mentionnée au premier alinéa, ainsi que l'évaluation des candidats.

Sur l'entrée en vigueur du présent art. V. 1re note ss. nouvel art. D. 212-67.

§ 6 BREVET D'ÉTAT D'ÉDUCATEUR SPORTIF

SOUS-§ 1er PRINCIPES

Art. D. 212-70 **Le brevet d'État d'éducateur sportif porte mention d'une option qui précise les activités physiques et sportives concernées ou le public spécifique visé ainsi que le degré de ce brevet qui en compte trois.** – *[Décr. n° 91-260 du 7 mars 1991, art. 4.]*

Art. D. 212-71 Les fédérations sportives délégataires participent à la mise en œuvre des formations conduisant aux diplômes mentionnés au présent paragraphe. Elles sont saisies pour avis de tout projet de texte relatif aux diplômes de leur discipline et sont représentées dans les jurys d'examens qui les délivrent. – *[Décr. n° 91-260 du 7 mars 1991, art. 3.]*

Art. D. 212-72 Les brevets d'État de chaque degré sont créés dans chaque option par un arrêté du ministre chargé des sports. Cet arrêté définit le référentiel des compétences professionnelles requises pour l'obtention du diplôme. Il précise également, parmi les conditions d'accès et les modes de préparation définis à l'article D. 212-73, ceux qui sont susceptibles d'être mis en place pour chaque degré considéré. – *[Décr. n° 91-260 du 7 mars 1991, art. 5.]*

Art. D. 212-73 Les brevets d'État sont délivrés, à chaque degré et dans chaque option :

1° Aux candidats ayant satisfait à un examen comportant les épreuves instituées par l'arrêté mentionné à l'article D. 212-72 ;

2° Aux candidats ayant suivi avec succès un contrôle continu des connaissances organisé au sein d'établissements publics d'enseignement ;

3° Aux candidats ayant satisfait aux épreuves organisées dans le cadre d'une formation modulaire ;

4° Aux sportifs de haut niveau inscrits ou ayant été inscrits depuis moins de cinq ans sur la liste mentionnée à l'article L. 221-2, ayant subi une formation aménagée et ayant été déclarés admis par le jury ;

5° Aux candidats ayant satisfait aux épreuves d'évaluation certificative organisées dans le cadre d'une formation en unités de compétences capitalisables. La liste des titres et diplômes permettant à leurs titulaires de se présenter directement aux épreuves d'une ou plusieurs unités est fixée par arrêté du ministre chargé des sports. – *[Décr. n° 91-260 du 7 mars 1991, art. 6.]*

Art. D. 212-74 Peuvent s'inscrire, sous réserve des exigences particulières instituées au profit des sportifs de haut niveau au 4° de l'article D. 212-73, aux épreuves ou examens conduisant à la délivrance des brevets d'État :

1° Au brevet d'État du premier degré, les candidats âgés de plus de dix-huit ans ;

(Décr. n° 2008-151 du 19 févr. 2008) « 2° Au brevet d'État du deuxième degré :

« *a)* Les candidats titulaires du brevet d'État du premier degré depuis deux ans au moins ;

« *b)* Dans les options relatives à des champs disciplinaires qui ne font pas l'objet d'arrêtés portant création de mentions du diplôme d'État supérieur de la jeunesse, de l'éducation populaire et du sport spécialité performance sportive, les candidats titulaires, depuis deux ans au moins, du brevet professionnel de la jeunesse, de l'éducation populaire et du sport délivré au titre des spécialités sportives disciplinaires ou pluridisciplinaires relatives aux mêmes champs ; »

3° Au brevet d'État du troisième degré, les candidats titulaires du brevet d'État du deuxième degré depuis quatre ans au moins. – *[Décr. n° 91-260 du 7 mars 1991, art. 7.]*

SOUS-§ 2 CERTIFICAT DE PRÉ-QUALIFICATION

Art. R. 212-75 Un certificat de pré-qualification permet d'exercer les fonctions définies à l'article L. 212-1. Ce certificat est délivré :

1° Après succès aux épreuves de sélection pour l'accès à une formation avec contrôle continu des connaissances ;

2° Après succès à un examen de préformation donnant accès à une formation modulaire ;

3° Après succès à une épreuve spéciale pour les sportifs de haut niveau inscrits, ou ayant été inscrits depuis moins de cinq ans sur la liste mentionnée à l'article L. 221-2, et inscrits dans une formation aménagée ;

4° Après admission à suivre une formation en unités de compétences capitalisables ;

5° Après validation d'un stage de pré-qualification pour les candidats inscrits dans tout cycle de formation ayant fait l'objet d'une convention avec le *(Décr. n° 2009-1540 du 10 déc. 2009, art. 10-II-3°-b)* « directeur régional de la jeunesse, des sports et de la cohésion sociale ».

La durée de validité de ce certificat est de trois ans. Cette durée peut, sur demande motivée, être prolongée d'un an, à deux reprises au maximum, par le *(Décr. n° 2009-1540 du 10 déc. 2009, art. 10-II-3°-b)* « directeur régional de la jeunesse, des sports et de la cohésion sociale ». – *[Décr. n° 91-260 du 7 mars 1991, art. 8.]*

Art. D. 212-76 Le certificat de pré-qualification est délivré pour l'une des options du brevet d'État d'éducateur sportif. – *[Décr. n° 91-260 du 7 mars 1991, art. 9.]*

SOUS-§ 3 CERTIFICAT DE QUALIFICATION COMPLÉMENTAIRE

Art. D. 212-77 Des certificats de qualification complémentaire peuvent être institués. Ils attestent, conformément au premier alinéa de l'article L. 212-1, d'une qualification et d'une aptitude professionnelle pour des activités ou des secteurs particuliers pour lesquels il n'existe pas de brevet d'État d'éducateur sportif spécifique.

Ces certificats sont délivrés après réussite à des épreuves d'évaluation des compétences requises pour l'encadrement de cette activité. – *[Décr. n° 91-260 du 7 mars 1991, art. 10.]*

Art. D. 212-78 Nul ne peut s'inscrire en vue de l'obtention d'un certificat de qualification complémentaire s'il n'est titulaire du brevet d'État dans l'une des options donnant accès à ce certificat. – *[Décr. n° 91-260 du 7 mars 1991, art. 11.]*

SOUS-§ 4 MODALITÉS PRATIQUES

Art. R. 212-79 Le *(Décr. n° 2009-1540 du 10 déc. 2009, art. 10-II-3°-b)* « directeur régional de la jeunesse, des sports et de la cohésion sociale » :

1° Désigne les jurys qualifiés conformément aux dispositions générales fixées par arrêté du ministre chargé des sports pour les brevets d'État du premier et du deuxième degré ;

2° Préside ces jurys ou en délègue la présidence et délivre ces diplômes ;

3° Agrée et contrôle les stages pédagogiques organisés pour les candidats mentionnés aux 2° et 3° de l'article D. 212-73 ;

4° Établit avec les établissements publics nationaux d'enseignement ou de formation des conventions relatives à l'organisation et à la mise en œuvre de formations en unités de compétences capitalisables ;

5° Agrée et contrôle les formations en unités de compétences capitalisables assurées par des organismes de formation autres que ceux cités au 4°. – *[Décr. n° 91-260 du 7 mars 1991, art. 13.]*

Art. R. 212-80 Les brevets d'État du troisième degré sont délivrés par le ministre chargé des sports sur proposition de jurys qu'il désigne. – *[Décr. n° 91-260 du 7 mars 1991, art. 14.]*

Art. R. 212-81 Les candidats qui ne remplissent pas les conditions d'ancienneté de diplôme mentionnées à l'article D. 212-74 sont autorisés par le ministre chargé des sports à s'inscrire au brevet d'État du troisième degré s'ils justifient d'une expérience professionnelle ou sportive d'une durée équivalente à celles mentionnées à cet article ayant conduit à des titres professionnels ou sportifs particuliers.

Les candidats qui ne remplissent pas les conditions d'ancienneté de diplôme précitées sont autorisés par le *(Décr. n° 2009-1540 du 10 déc. 2009, art. 10-II-3°-b)* « directeur régional de la jeunesse, des sports et de la cohésion sociale », dans les mêmes conditions, à s'inscrire au brevet d'État du second degré. – *[Décr. n° 91-260 du 7 mars 1991, art. 15.]*

Art. R. 212-82 Les étrangers titulaires de diplômes non susceptibles d'être admis en équivalence de diplômes français peuvent être dispensés d'une partie de la formation nécessaire à l'obtention des brevets d'État du premier, second et troisième degré. Ces dispenses sont accordées par le ministre chargé des sports après avis de la commission instituée à l'article D. 212-84. – *[Décr. n° 91-260 du 7 mars 1991, art. 16.]*

Art. D. 212-83 Des arrêtés du ministre chargé des sports fixent, en tant que de besoin, les modalités d'application du présent paragraphe, et notamment :

1° Le contenu de la formation et les modalités d'organisation des examens et épreuves ;
2° La composition des jurys ;
3° La forme et les conditions de délivrance des diplômes ;
4° Les conditions d'organisation et d'agrément des stages pédagogiques ;
5° Les options, activités ou secteurs pour lesquels sont institués des certificats en application des articles D. 212-75 et D. 212-77. – *[Décr. n° 91-260 du 7 mars 1991, art. 17.]*

V. art. A. 212-102 s.

§ 7 RECONNAISSANCE DES DIPLÔMES ÉTRANGERS

Art. R. 212-84 Les diplômes étrangers sont admis en équivalence aux diplômes mentionnés à l'article L. 212-1 par le ministre chargé des sports après avis *(Décr. n° 2009-1116 du 15 sept. 2009)* « de la commission de reconnaissance des qualifications, dont la composition, comprenant notamment des représentants de l'administration, des employeurs et des personnels techniques, » *(Décr. n° 2014-1452 du 4 déc. 2014, art. 2-I)* « est fixée conformément à l'article D. 212-84-1 ». – *[Décr. n° 89-685 du 21 sept. 1989, art. 2.] – V. C. sport, art. A. 212-182.*

Un arrêté crée un téléservice de dématérialisation des demandes de reconnaissance des qualifications et équivalences de diplômes dénommé « ARQUEDI ». – V. Arr. du 22 juin 2013 (JO du 7 août).

La commission de reconnaissance des qualifications professionnelles est renouvelée pour une durée de cinq ans (Décr. n° 2014-1452 du 4 déc. 2014, art. 1er).

Décret n° 89-685 du 21 septembre 1989,

Relatif à l'enseignement contre rémunération et à la sécurité des activités physiques et sportives.

....

Art. 2-1 *(Décr. n° 97-314 du 4 avr. 1997)* Lorsque la demande d'équivalence est présentée par un ressortissant d'État membre de l'Union européenne ou d'un autre État partie à l'accord sur l'Espace économique européen, qui désire exercer en France l'une des professions ou activités visées à l'article 43 de la loi du 16 juillet 1984 susvisée *[art. L. 363-1 C. éduc.]*, le ministre chargé des sports admet le titre de l'intéressé en équivalence au diplôme requis par la législation nationale dans les cas suivants :

1. Le candidat possède un titre acquis dans un État membre de l'Union européenne ou un État partie à l'accord sur l'Espace économique européen, permettant l'exercice de la profession ou activité concernée dans un État membre ou un État partie qui réglemente l'exercice de cette profession ou activité ;

2. Le candidat possède un titre acquis dans un pays tiers et admis en équivalence dans un État membre ou un État partie qui réglemente l'exercice de cette profession ou activité et justifie avoir exercé cette profession ou activité pendant deux ans au moins dans cet État ;

3. Le candidat possède un titre sanctionnant un cycle d'études orienté spécifiquement sur l'exercice de la profession qu'il désire exercer en France, délivré par une autorité compétente d'un État membre ou d'un État partie, ou dans des conditions définies par ces autorités ;

4. Le candidat possède un titre autre que ceux visés aux 1, 2 et 3 ci-dessus, délivré par une autorité compétente d'un État membre de l'Union européenne ou d'un autre État partie, et justifie d'une expérience professionnelle de deux années au moins acquise dans un État membre ou un État partie qui ne réglemente pas l'exercice de la profession ou activité concernée.

Dans tous ces cas, lorsque la formation de l'intéressé porte sur des matières substantiellement différentes de celles qui figurent au programme du diplôme exigé en application de l'article 43 de la loi du 16 juillet 1984 *[C. éduc., art. L. 363-1]* susvisée ou lorsque le titre dont justifie l'intéressé ne prépare pas à l'ensemble des activités auxquelles donne accès le diplôme national, le ministre chargé des sports peut exiger que l'intéressé choisisse soit de se soumettre à une épreuve d'aptitude, soit d'accomplir un stage d'adaptation dont la durée ne peut excéder deux ans et qui fait l'objet d'une évaluation. Pour l'encadrement des activités physiques et sportives énumérées en annexe, le ministre chargé des sports peut toutefois imposer une épreuve d'aptitude.

La décision du ministre chargé des sports est prise après avis de la commission prévue à l'article 2 du présent décret. Elle intervient dans un délai de quatre mois à compter du dépôt de la demande par l'intéressé. Cette décision est motivée.

Un arrêté du ministre chargé des sports précise la composition du dossier de demande d'équivalence et détermine les modalités de présentation de la demande.

Art. D. 212-84-1 *(Arr. du 28 oct. 2009)* La commission de reconnaissance des qualifications mentionnée à l'article R. 212-84 est placée auprès du ministre chargé des sports. Elle est présidée par le directeur des sports ou son représentant. Ses membres sont nommés par arrêté du ministre chargé des sports pour une durée de cinq ans.

Outre son président, sa composition est fixée comme suit :

1° Quatre représentants désignés par les ministres concernés dont :

a) Un chef de service déconcentré départemental de l'État chargé des sports ou son représentant ;

b) Un chef de service déconcentré régional de l'État chargé des sports ou son représentant ;

c) Un représentant du ministre de l'éducation nationale ;

d) Un représentant du ministre de l'enseignement supérieur ;

2° Un représentant du Comité national olympique et sportif français désigné par son président ;

3° Deux représentants désignés par la branche professionnelle du sport dont un représentant des employeurs et un représentant des salariés ;

4° Un représentant de l'association des directeurs techniques nationaux désigné par son président.

L'art. A. 212-175-1 est devenu l'art. A. 212-175-9 (Arr. du 11 janv. 2013, art. 3).

L'art. A. 212-175-9 est devenu l'art. D. 212-84-1 (Décr. n° 2014-1452 du 4 déc. 2014, art. 2-II).

SECTION II OBLIGATION DE DÉCLARATION D'ACTIVITÉ

(Décr. n° 2009-1116 du 15 sept. 2009, art. 2)

SOUS-SECTION 1 PERSONNES TITULAIRES DES DIPLÔMES, TITRES À FINALITÉ PROFESSIONNELLE OU CERTIFICATS DE QUALIFICATION REQUIS

Art. R. 212-85 Toute personne désirant exercer l'une des fonctions mentionnées à l'article L. 212-1 et titulaire des diplômes, titres à finalité professionnelle ou certificats de qualification inscrits sur la liste arrêtée par le ministre chargé des sports prévue à l'article R. 212-2 doit en faire préalablement la déclaration au préfet du département dans lequel elle compte exercer son activité à titre principal.

La déclaration est renouvelée tous les cinq ans. Le préfet est informé de tout changement de l'un quelconque des éléments qui y figurent.

Les pièces nécessaires à la déclaration d'activité et à son renouvellement sont fixées par arrêté du ministre chargé des sports.

V. art. A. 212-176 s. et Instr. n° 05-176 JS du 22 août 2005 et n° 05-249 du 30 déc. 2005 relatives à la déclaration d'ouverture des établissements d'activités physiques et sportives et à la déclaration d'activité des éducateurs sportifs et aux modalités de délivrance de la carte professionnelle d'éducateur sportif (BOJS n° 14 du 31 août et n° 19 du 31 déc.).

Art. R. 212-86 Le préfet, après avoir accusé réception de la déclaration mentionnée à l'article R. 212-85 dans le mois qui suit son dépôt, délivre une carte professionnelle d'éducateur sportif à tout déclarant titulaire d'un diplôme, titre à finalité professionnelle ou certificat de qualification inscrit sur la liste prévue à l'article R. 212-2, à l'exclusion des personnes ayant fait l'objet de l'une des condamnations ou mesures mentionnées aux articles L. 212-9 et L. 212-13.

La carte professionnelle porte mention du diplôme, titre à finalité professionnelle ou certificat de qualification et les conditions d'exercice afférentes à chaque certification.

La carte professionnelle est retirée de façon temporaire ou permanente à toute personne ayant fait l'objet d'une des condamnations ou mesures mentionnées aux articles L. 212-9 et L. 212-13.

Art. R. 212-87 Toute personne suivant une formation préparant à un diplôme, un titre à finalité professionnelle ou un certificat de qualification inscrit sur la liste arrêtée par le ministre chargé des sports prévue à l'article R. 212-2 qui souhaite exercer l'une des fonctions mentionnées au premier alinéa de l'article L. 212-1 doit en faire préalablement la déclaration au préfet du département dans les conditions mentionnées à l'article R. 212-85.

Le préfet délivre une attestation de stagiaire.

SOUS-SECTION 2 RESSORTISSANTS D'UN ÉTAT MEMBRE DE LA COMMUNAUTÉ EUROPÉENNE OU D'UN AUTRE ÉTAT PARTIE À L'ACCORD SUR L'ESPACE ÉCONOMIQUE EUROPÉEN SOUHAITANT S'ÉTABLIR EN FRANCE

Art. R. 212-88 Tout ressortissant d'un État membre de la Communauté européenne ou d'un autre État partie à l'accord sur l'Espace économique européen qualifié pour y exercer tout ou partie des activités dans les fonctions mentionnées à l'article L. 212-1 conformément aux conditions mentionnées à l'article R. 212-90 et qui souhaite s'établir sur le territoire national à cet effet doit en faire préalablement la déclaration au préfet du département dans lequel il compte exercer son activité à titre principal.

Toutefois, lorsque la déclaration porte sur une activité s'exerçant en environnement spécifique au sens des dispositions de l'article L. 212-7, le préfet compétent est précisé par arrêté du ministre chargé des sports.

La déclaration est renouvelée tous les cinq ans. Le préfet est informé de tout changement de l'un quelconque des éléments qui y figurent.

Le déclarant justifie de la connaissance de la langue française exigée par l'article 1er de l'ordonnance n° 2008-507 du 30 mai 2008 portant transposition de la directive 2005/36/CE du Parlement européen et du Conseil du 7 septembre 2005 relative à la reconnaissance des qualifications professionnelles, en particulier afin de garantir l'exercice en sécurité des activités physiques et sportives et sa capacité à alerter les secours.

Les pièces nécessaires à la déclaration d'activité et à son renouvellement sont fixées par arrêté du ministre chargé des sports.

ANNEXE II-1
(Art. R. 212-88 et R. 212-89)

FORMULAIRE DE DÉCLARATION D'EXERCICE OCCASIONNEL DE LA PROFESSION D'ÉDUCATEUR SPORTIF PAR LES RESSORTISSANTS D'UN ÉTAT MEMBRE DE L'UNION EUROPÉENNE OU D'UN AUTRE ÉTAT PARTIE À L'ESPACE ÉCONOMIQUE EUROPÉEN

REMPLIR LES CASES SUIVANTES	
	Nom et prénom du déclarant (pour les femmes mariées, indiquez le nom de jeune fille suivi du nom de l'époux) : ....
	Qualité ou fonction du déclarant : ....
	Date et lieu de naissance : ....
	Adresse du déclarant et lieu de son principal établissement : ....
	Nationalité du déclarant : ....
	Discipline(s) sportive(s) concernée(s) : ....
	Déclaration établie pour le compte de : – travailleur indépendant : – employé (nom, adresse, raison sociale, nature juridique de l'employeur) : ....

REMPLIR LES CASES SUIVANTES	
	Assurance : attestation d'assurance couvrant la responsabilité civile du déclarant et des personnes qu'il encadre : ....
	Date, durée de l'activité, nombre de personnes encadrées et lieu de la prochaine prestation sur le territoire français : ....
	Le déclarant a-t-il déjà procédé à une déclaration pour un précédent encadrement dans la même discipline, si oui : .... Date et lieu du séjour : .... Date du récépissé : .... (si non voir ligne 11).
	Pour le cas où il s'agit de la première déclaration : PIÈCES À JOINDRE : copies certifiées conformes et traduites en français, selon les cas, des diplômes ou des autres titres de qualification, des contenus des formations attestant de la compétence technique et la connaissance du milieu géographique pour les activités concernées. **Le cas échéant, attestations par l'employeur du temps d'expérience professionnelle acquise pour le même secteur d'activité dans un des États membres de l'Espace économique européen.**

Le déclarant atteste sur l'honneur l'exactitude et la sincérité des informations portées sur le formulaire.

A ...., le ....

Signature :

Visa de l'employeur :

Art. R. 212-89 Le préfet, après avoir accusé réception de la déclaration mentionnée à l'article R. 212-88 dans le mois qui suit son dépôt, délivre une carte professionnelle d'éducateur sportif au déclarant dont les qualifications professionnelles répondent aux conditions de reconnaissance mentionnées à l'article R. 212-90, à l'exclusion des personnes ayant fait l'objet de l'une des condamnations ou mesures mentionnées aux articles L. 212-9 et L. 212-13.

La carte professionnelle permet au déclarant d'exercer son activité sur le territoire national dans les mêmes conditions que les titulaires des diplômes, titres à finalité professionnelle ou certificats de qualification inscrits sur la liste arrêtée par le ministre chargé des sports prévue à l'article R. 212-2.

La carte professionnelle porte mention des conditions d'exercice afférentes à la qualification professionnelle du déclarant attestée conformément au 1°, au 2°, au 3° ou au 4° de l'article R. 212-90 pour tout ou partie des activités dans les fonctions mentionnées à l'article L. 212-1.

La carte professionnelle est retirée de façon temporaire ou permanente à toute personne ayant fait l'objet d'une des condamnations ou mesures mentionnées aux articles L. 212-9 ou L. 212-13.

Sur le formulaire de déclaration mentionné supra, V. Annexe II-1 (Art. R. 212-88 et R. 212-89) ss. art. R. 212-88.

Art. R. 212-90 Est réputé satisfaire à l'obligation de qualification requise pour exercer tout ou partie des activités dans les fonctions mentionnées à l'article L. 212-1 tout ressortissant d'un État membre de la Communauté européenne ou d'un autre État partie à l'accord sur l'Espace économique européen qui se trouve dans l'une des situations suivantes :

1° Être titulaire d'une attestation de compétences ou d'un titre de formation prescrit et délivré par l'autorité compétente d'un État membre de la Communauté européenne ou d'un autre État partie à l'accord sur l'Espace économique européen dans lequel l'accès à l'activité ou son exercice est réglementé et qui atteste, pour tout ou partie des activités dans les fonctions mentionnées à l'article L. 212-1, d'un niveau de qualification au moins équivalent au niveau immédiatement inférieur à celui requis sur le territoire national, au sens de l'article 11 de la directive 2005/36/CE du Parlement européen et du Conseil du 7 septembre 2005 relative à la reconnaissance des qualifications professionnelles ;

2° Justifier avoir exercé l'activité, dans un État membre de la Communauté européenne ou un autre État partie à l'accord sur l'Espace économique européen qui ne réglemente pas l'accès à l'activité ou son exercice, à temps plein pendant deux ans au moins au cours des dix années précédentes ou pendant une durée équivalente en cas d'exercice à temps partiel et être titulaire d'une ou plusieurs attestations de compétences ou d'un ou plusieurs titres de formation délivrés par l'autorité compétente d'un de ces États attestant la préparation à l'exercice de l'activité pour tout ou partie des activités dans les fonctions mentionnées à l'article L. 212-1 ainsi qu'un niveau de qualification au moins équivalent au niveau immédiatement inférieur à celui requis sur le territoire national, au sens de l'article 11 de la directive 2005/36/CE du Parlement européen et du Conseil du 7 septembre 2005 relative à la reconnaissance des qualifications professionnelles ;

3° Être titulaire d'un titre attestant un niveau de qualification au moins équivalent au niveau immédiatement inférieur à celui requis sur le territoire national au sens de l'article 11 de la directive 2005/36/CE du Parlement européen et du Conseil du 7 septembre 2005 relative à la reconnaissance des qualifications professionnelles délivré par l'autorité compétente d'un État membre de la Communauté européenne ou d'un autre État partie à l'accord sur l'Espace économique européen qui ne réglemente pas l'accès à l'activité ou son exercice, sanctionnant une formation réglementée visant spécifiquement l'exercice de tout ou partie des activités dans les fonctions mentionnées à l'article L. 212-1 et consistant en un cycle d'études complété, le cas échéant, par une formation professionnelle, un stage professionnel ou une pratique professionnelle ;

4° Être titulaire d'un titre acquis dans un État tiers et admis en équivalence dans un État membre de la Communauté européenne ou un autre État partie à l'accord sur l'Espace économique européen qui réglemente l'exercice de l'activité et justifier avoir exercé cette activité pendant au moins deux ans dans cet État.

Art. R. 212-90-1 Pour l'exercice de tout ou partie des activités dans les fonctions mentionnées à l'article L. 212-1, la qualification professionnelle du déclarant, attestée conformément au 1°, au 2°, au 3° ou au 4° de l'article R. 212-90, est regardée comme présentant une différence substantielle avec la qualification professionnelle requise sur le territoire national, lorsque la formation du déclarant n'est pas de nature à garantir la sécurité des pratiquants et des tiers.

Lorsque le préfet estime qu'il existe une différence substantielle et après avoir vérifié que cette différence n'est pas entièrement couverte par les connaissances acquises par le déclarant au cours de son expérience professionnelle, il saisit pour avis la commission de reconnaissance des qualifications dans le délai mentionné à l'article R. 212-89.

Dans le délai d'un mois à compter de sa saisine, la commission se prononce sur l'existence d'une différence substantielle et propose, le cas échéant, au préfet, si elle estime que les connaissances acquises par le déclarant au cours de son expérience professionnelle ne sont pas de nature à couvrir, en tout ou partie, la différence substantielle constatée, de soumettre celui-ci à une épreuve d'aptitude ou à un stage d'adaptation d'une durée maximum de trois ans, dont elle propose les modalités, en fonction de la différence substantielle constatée et des connaissances acquises par le déclarant au cours de son expérience professionnelle. Après avoir pris connaissance de l'avis de la commission, le préfet peut exiger que le déclarant choisisse soit de se soumettre à une épreuve d'aptitude, soit d'accomplir un stage d'adaptation, dont il précise les modalités, en fonction de la différence substantielle constatée et des connaissances acquises par le déclarant au cours de son expérience professionnelle. Le déclarant fait connaître son choix entre l'épreuve d'aptitude et le stage d'adaptation dans un délai d'un mois.

Pour les activités s'exerçant en environnement spécifique au sens des dispositions de l'article L. 212-7, la commission, avant d'émettre son avis, saisit pour avis, lorsqu'ils existent, les organismes de concertation spécialisés. Après s'être prononcée sur l'existence d'une différence substantielle, la commission propose, le cas échéant, au préfet, par dérogation au droit d'option ouvert au déclarant entre l'épreuve d'aptitude et le stage d'adaptation et pour des motifs tenant à la sécurité des personnes, de soumettre le déclarant à une épreuve d'aptitude. Après avoir pris connaissance de l'avis de la commission, le préfet peut exiger que le déclarant se soumette à une épreuve d'aptitude.

Un arrêté du ministre chargé des sports détermine, pour chacune des activités s'exerçant en environnement spécifique, les critères d'appréciation de la différence substantielle, le programme, les modalités d'organisation et d'évaluation de l'épreuve d'aptitude et établit la liste des établissements dans lesquels elle est organisée. La commission propose et le préfet détermine celles des matières du programme sur lesquelles le déclarant est testé, en fonction de la différence substantielle constatée et des connaissances acquises par celui-ci au cours de son expérience professionnelle.

Art. R. 212-90-2 La décision du préfet de délivrer une carte professionnelle intervient dans un délai de trois mois à compter de la présentation du dossier complet du déclarant. Ce délai peut être prorogé d'un mois, par décision motivée.

Dans le cas où le préfet décide de ne pas délivrer de carte professionnelle ou de soumettre le déclarant à une épreuve d'aptitude ou de lui faire accomplir un stage d'adaptation, cette décision est motivée.

En application de l'art. L. 231-5 CRPA, le silence gardé par l'administration vaut rejet, le Décr. n° 2014-1306 du 23 oct. 2014 fixe à 3 mois, qui peuvent être prorogés d'un mois par décision motivée, le délai à l'expiration duquel la décision de rejet est acquise pour une demande de délivrance de carte professionnelle d'éducateur sportif pour le ressortissant d'un État membre de l'Union européenne ou d'un autre État partie à l'accord sur l'Espace économique européen souhaitant s'établir en France (Décr. préc., art. 2).

Les dispositions du Décr. préc. s'appliquent aux demandes présentées à compter du 12 nov. 2014 (Décr. préc., art. 4).

Art. R. 212-91 Les activités s'exerçant en environnement spécifique au sens des dispositions de l'article L. 212-7 sont :

1° Le ski et ses dérivés ;
2° L'alpinisme ;
3° La plongée subaquatique ;
4° Le parachutisme ;
5° La spéléologie.

SOUS-SECTION 3 RESSORTISSANTS D'UN ÉTAT MEMBRE DE LA COMMUNAUTÉ EUROPÉENNE OU D'UN AUTRE ÉTAT PARTIE À L'ACCORD SUR L'ESPACE ÉCONOMIQUE EUROPÉEN SOUHAITANT EXERCER DANS LE CADRE D'UNE PRESTATION DE SERVICES

Art. R. 212-92 Sous réserve d'avoir adressé au préfet une déclaration dans les conditions prévues au présent article, peuvent exercer sur le territoire national tout ou partie des activités dans les fonctions mentionnées à l'article L. 212-1, à titre temporaire et occasionnel et sans y être établis, les ressortissants d'un État membre de la Communauté européenne ou d'un autre État partie à l'accord sur l'Espace économique européen légalement établis dans l'un de ces États pour y exercer les mêmes activités et qui, dans le cas où ni ces activités ni la formation y conduisant n'y sont réglementées, les ont exercées dans cet État pendant au moins deux années au cours des dix années précédant la prestation.

Le préfet compétent est celui du département où le déclarant compte fournir la majeure partie de la prestation. Toutefois, lorsque la déclaration porte sur les activités s'exerçant en environnement spécifique au sens des dispositions de l'article L. 212-7, le préfet compétent est précisé par arrêté du ministre chargé des sports.

La déclaration est renouvelée tous les ans. Le préfet est informé de tout changement de l'un quelconque des éléments qui y figurent.

Le déclarant justifie de la connaissance de la langue française exigée par l'article 1er de l'ordonnance n° 2008-507 du 30 mai 2008 portant transposition de la directive 2005/36/CE du Parlement européen et du Conseil du 7 septembre 2005 relative à la reconnaissance des qualifications professionnelles, en particulier afin de garantir l'exercice en sécurité des activités physiques et sportives et sa capacité à alerter les secours.

Par cette déclaration est satisfaite l'obligation que l'article L. 322-3 impose aux employeurs en tant que responsables des établissements où sont pratiquées une ou des activités physiques et sportives dès lors que ceux-ci n'ont pas leur établissement principal en France.

Les pièces nécessaires à la déclaration de la première prestation et à son renouvellement sont fixées par arrêté du ministre chargé des sports.

Art. R. 212-93 Lors de la première prestation, le préfet peut, aux fins d'éviter des dommages graves pour la sécurité des bénéficiaires de la prestation de service, procéder à une vérification préalable des qualifications professionnelles du prestataire.

Dans le mois qui suit la réception du dossier de déclaration, le préfet notifie au prestataire, selon le cas :

1° Le cas échéant, une demande motivée d'informations complémentaires ainsi que le délai supplémentaire rendu nécessaire avant l'expiration duquel il l'informera de sa décision, en tout état de cause avant la fin du deuxième mois qui suit la réception du complément d'informations ;

2° Dans le cas où il ne procède pas à la vérification des qualifications, un récépissé de déclaration de prestation de services qui lui permet d'exercer son activité sur le territoire national dans les mêmes conditions que les titulaires des diplômes, titres à finalité professionnelle ou certificats de qualification inscrits sur la liste arrêtée par le ministre chargé des sports prévue à l'article R. 212-2 ;

3° Dans le cas où il procède à la vérification des qualifications, sa décision, soit de lui délivrer le récépissé mentionné au 2°, soit de le soumettre à une épreuve d'aptitude lorsque cette vérification fait ressortir qu'il existe entre ses qualifications professionnelles et les qualifications professionnelles requises sur le territoire national une différence substantielle de nature à nuire à la sécurité des bénéficiaires de la prestation de services, afin de vérifier si les connaissances qu'il a acquises au cours de son expérience professionnelle sont de nature à couvrir cette différence.

Dans tous les cas, la prestation de services doit pouvoir intervenir dans les trois mois suivant la réception du dossier de déclaration complet.

En l'absence de réponse dans les délais ci-dessus mentionnés, le prestataire est réputé exercer légalement son activité sur le territoire national.

Art. R. 212-94 Les activités s'exerçant en environnement spécifique au sens des dispositions de l'article L. 212-7 sont mentionnées à l'article R. 212-91.

Un arrêté du ministre chargé des sports détermine, pour chacune des activités s'exerçant en environnement spécifique, les critères d'appréciation de la différence substantielle, le programme, les modalités d'organisation et d'évaluation de l'épreuve d'aptitude mentionnée à l'article R. 212-93 et établit la liste des établissements dans lesquels elle est organisée. Le préfet détermine celles des matières du programme sur lesquelles le déclarant est testé, en fonction de la différence substantielle constatée.

SECTION III **POLICE DES ACTIVITÉS D'ENSEIGNEMENT**

Art. D. 212-95 Les conseils départementaux de la jeunesse, des sports et de la vie associative institués par l'article 28 du décret n° 2006-665 du 7 juin 2006 relatif à la réduction du nombre et à la simplification de la composition de diverses commissions administratives *[V. App., v° Commissions et organismes de concertation]* exercent les fonctions de la commission mentionnée au troisième alinéa de l'article L. 212-13.

TITRE DEUXIÈME **SPORTIFS**

CHAPITRE PREMIER **SPORT DE HAUT NIVEAU**

SECTION PREMIÈRE **ACTEURS**

SOUS-SECTION 1 **INSCRIPTION SUR LA LISTE DES SPORTIFS DE HAUT NIVEAU**

BIBL. ▸ J.-C. Breillat, Les décrets sur le sport de haut niveau sont presque tous arrivés !, *Dict. perm. dr. sport 2016, Bull. n° 238, p. 5.*

Art. R. 221-1 *(Décr. n° 2013-289 du 4 avr. 2013, art. 2-1°)* La qualité de sportif de haut niveau s'obtient par l'inscription sur la liste des sportifs de haut niveau arrêtée par le ministre chargé des sports *(Décr. nº 2016-1286 du 29 sept. 2016, art. 2 et 15, en vigueur le 1er déc. 2016)* « sur proposition de la fédération délégataire compétente, après avis du directeur technique national. »

Art. R. 221-1-1 *(Décr. nº 2016-1286 du 29 sept. 2016, art. 3 et 15, en vigueur le 1er déc. 2016)* Sur la base des critères proposés par la Commission du sport de haut niveau mentionnée à l'article R. 142-15, le ministre chargé des sports arrête la liste des disciplines sportives reconnues de haut niveau avant le 31 décembre de l'année des Jeux olympiques et paralympiques d'été et, pour les disciplines relevant du programme des Jeux olympiques et paralympiques d'hiver, avant le 31 décembre de l'année de ces Jeux olympiques et paralympiques.

Art. R. 221-2 Nul ne peut être inscrit sur la liste des sportifs de haut niveau :

1° S'il n'a pas fait l'objet d'une proposition en ce sens par une fédération sportive délégataire ;

2° S'il ne pratique pas ou n'a pas pratiqué la compétition au plan international dans une discipline sportive dont le caractère de haut niveau a été reconnu par *(Décr. nº 2016-1286 du 29 sept. 2016, art. 4-2° et 15, en vigueur le 1er déc. 2016)* « le ministre chargé des sports » ;

3° S'il ne justifie pas ou n'a pas justifié d'un niveau sportif suffisant dans les conditions prévues aux articles R. 221-4, R. 221-5 et R. 221-6 ;

4° S'il est âgé de moins de douze ans au cours de l'année de son inscription sur la liste ;

(Décr. nº 2016-1286 du 29 sept. 2016, art. 4-1° et 15, en vigueur le 1er déc. 2016) « 5° S'il n'a pas conclu une convention avec une fédération sportive délégataire conformément à l'article L. 221-2-1. » – *[Décr. nº 2002-707 du 29 avr. 2002, art. 2.]*

COMMENTAIRE

La condition relative à l'âge minimal de 12 ans pour pouvoir prétendre à l'inscription sur la liste des sportifs de haut niveau est apparue avec le décret du 29 avril 2002. Auparavant, aucun âge minimal n'était exigé. ❑

Art. D. 221-2-1 *(Décr. nº 2016-1287 du 29 sept. 2016, art. 1er)* I. – La convention prévue à l'article L. 221-2-1 détermine les droits et obligations réciproques de la fédération et du sportif de haut niveau.

1° En matière de formation et d'accompagnement socioprofessionnel du sportif, elle stipule :

– les modalités du suivi de la formation ;

– les modalités de l'insertion et du suivi socioprofessionnels ;

– le cas échéant, les conditions et modalités d'attribution individuelle des aides personnalisées accordées par l'État ;

– le cas échéant, les conditions et modalités d'attribution des aides et primes fédérales ;

2° En matière de protection et de suivi médical du sportif, elle énonce :

– les modalités de gestion administrative en matière d'assurance accidents du travail et maladies professionnelles dont il bénéficie ;

– les droits et modalités de gestion en matière de retraite dont il bénéficie ;

– les garanties offertes par l'assurance de la fédération en matière de couverture des dommages corporels auxquels la pratique sportive de haut niveau peut l'exposer ;

– les modalités de son suivi médical ;

3° En matière de pratique compétitive, elle mentionne :

– les modalités de sélection en équipe nationale ;

– les obligations du sportif en équipe nationale, notamment celles liées au comportement et aux règles vestimentaires ;

4° En matière d'éthique sportive et de droit à l'image, elle précise :

– les règles relatives aux droits et obligations et aux conditions d'utilisation par le sportif de son image, ainsi que ses obligations vis-à-vis des partenaires de la fédération ;

– les droits liés à l'exploitation de l'image individuelle du sportif lors des sélections nationales ;

– les modalités d'expression du sportif et de son devoir de réserve en matière de communication et de publicité au regard tant de l'image de la fédération que du sport et de ses valeurs ;

– les règles en matière de paris sportifs et de lutte contre le dopage.

II. – La convention est signée par le président de la fédération, le directeur technique national de la fédération, le sportif et, le cas échéant, ses représentants légaux.

Les dispositions du présent art. s'appliquent aux sportifs à compter de la validation du projet de performance fédéral de leur fédération (Décr. n° 2016-1287 du 29 sept. 2016, art. 4, al. 1er).

Art. R. 221-3 L'inscription sur la liste des sportifs de haut niveau est effectuée dans l'une des catégories suivantes : Élite, Senior, *(Décr. n° 2016-1286 du 29 sept. 2016, art. 7-II et 15, en vigueur le 1er déc. 2016)* « Relève », Reconversion. – *[Décr. n° 2002-707 du 29 avr. 2002, art. 3.]*

COMMENTAIRE

La liste des sportifs de haut niveau comprend quatre catégories. Il n'y a donc pas des listes de sportifs de haut niveau mais une seule, comprenant ces quatre catégories. Par ailleurs, seuls les sportifs inscrits sur cette liste, au titre de l'une ou de l'autre de ces catégories, doivent être juridiquement considérés comme des sportifs de haut niveau. Ils sont les seuls à pouvoir prétendre au bénéfice des avantages prévus par la législation en faveur des sportifs de haut niveau qui ne concerne donc pas les autres sportifs envisagés par le dispositif sur le sport de haut niveau (Sportifs Espoirs et Partenaires d'entraînement, désormais dénommées « Collectifs nationaux » depuis la loi du 27 nov. 2015). ❑

Art. R. 221-4 *(Décr. n° 2016-1286 du 29 sept. 2016, art. 5 et 15, en vigueur le 1er déc. 2016)* Peut être inscrit dans la catégorie "Élite" le sportif qui réalise une performance ou obtient un classement significatif lors des épreuves de référence internationale. Cette performance, ce classement et ces épreuves sont fixés dans le projet de performance fédéral de la fédération délégataire compétente.

L'inscription dans cette catégorie est valable deux ans. Elle peut être renouvelée dans les mêmes conditions.

Art. R. 221-5 *(Décr. n° 2016-1286 du 29 sept. 2016, art. 6 et 15, en vigueur le 1er déc. 2016)* Peut être inscrit dans la catégorie "Senior" le sportif qui réalise une performance ou obtient un classement significatif lors des mêmes épreuves de référence internationales définies pour la catégorie "Élite" mais qui ne remplit pas les conditions requises pour figurer sur celle-ci. Cette performance, ce classement et ces épreuves sont fixés dans le projet de performance fédéral de la fédération délégataire compétente.

L'inscription dans cette catégorie est valable un an. Elle peut être renouvelée dans les mêmes conditions.

Art. R. 221-6 *(Décr. n° 2016-1286 du 29 sept. 2016, art. 7-I et 15, en vigueur le 1er déc. 2016)* Peut être inscrit dans la catégorie "Relève" le sportif qui est sélectionné en équipe de France pour une compétition internationale inscrite dans le projet de performance fédéral de la fédération délégataire compétente.

L'inscription dans cette catégorie est valable un an. Elle peut être renouvelée dans les mêmes conditions.

Art. R. 221-7 Peut être inscrit dans la catégorie Reconversion le sportif qui a été inscrit sur la liste des sportifs de haut niveau dans la catégorie Élite ou qui a été inscrit sur cette liste dans les catégories autres que la catégorie Reconversion pendant quatre ans, dont trois ans au moins dans la catégorie Senior, qui cesse de remplir les conditions d'inscription dans les catégories Élite, Senior ou *(Décr. n° 2016-1286 du 29 sept. 2016, art. 7-II et 15, en vigueur le 1er déc. 2016)* « Relève » et qui présente un projet d'insertion professionnelle.

L'inscription dans la catégorie Reconversion est valable un an. Elle peut être renouvelée pour la même durée dans la limite de cinq ans.

Art. R. 221-8 *(Décr. n° 2016-1286 du 29 sept. 2016, art. 8 et 15, en vigueur le 1er déc. 2016)* La durée d'inscription sur la liste des sportifs de haut niveau dans l'une des catégories prévues aux articles R. 221-4, R. 221-5 et R. 221-6 peut être prorogée pour une durée d'un an, après avis motivé du directeur technique national placé auprès de la fédération délégataire compétente, lorsque le sportif n'a pas, momentanément, réalisé les performances ou obtenu les classements requis, notamment pour des raisons médicales ou pour des raisons liées à la maternité.

SOUS-SECTION 2 INSCRIPTION SUR LA LISTE DES ENTRAÎNEURS DE HAUT NIVEAU

Art. R. 221-9 *(Décr. nº 2013-289 du 4 avr. 2013, art. 2-2º)* « La qualité d'entraîneur de haut niveau s'obtient par l'inscription sur la liste des entraîneurs de haut niveau arrêtée par le ministre chargé des sports, sur proposition de la fédération délégataire compétente, après avis du directeur technique national, et pour l'une des disciplines reconnues de haut niveau. »

Cette inscription est valable un an. Elle peut être renouvelée dans les mêmes conditions.

COMMENTAIRE

La liste des entraîneurs de haut niveau, créée par la loi *Buffet* du 6 juillet 2000, n'a jamais été constituée. ❑

SOUS-SECTION 3 INSCRIPTION SUR LA LISTE DES ARBITRES ET JUGES SPORTIFS DE HAUT NIVEAU

Art. R. 221-10 *(Décr. nº 2013-289 du 4 avr. 2013, art. 2-3º)* « La qualité d'arbitre et de juge sportif de haut niveau s'obtient par l'inscription sur la liste des arbitres et juges sportifs de haut niveau arrêtée par le ministre chargé des sports, sur proposition de la fédération délégataire compétente, après avis du directeur technique national et pour l'une des disciplines reconnues de haut niveau. »

L'inscription est valable un an. Elle peut être renouvelée dans les mêmes conditions.

COMMENTAIRE

L'inscription sur la liste des arbitres et juges sportifs de haut niveau, qui existe depuis 1992, présente essentiellement l'avantage d'une reconnaissance officielle de la qualité des intéressés, ce qui peut leur faciliter les choses lorsqu'il s'agit de négocier avec un employeur des autorisations d'absence ou des aménagements du temps de travail (V. aussi art. L. 211-3). ❑

SOUS-SECTION 4 INSCRIPTION SUR LES LISTES DES SPORTIFS ESPOIRS ET DES COLLECTIFS NATIONAUX

(Décr. nº 2016-1286 du 29 sept. 2016, art. 9 et 15, en vigueur le 1er déc. 2016)

Art. R. 221-11 Une liste des sportifs Espoirs regroupe les sportifs âgés de douze ans au moins ou inscrits dans un établissement d'enseignement secondaire au cours de l'année de leur inscription sur cette liste présentant, dans les disciplines sportives reconnues de haut niveau, des compétences sportives attestées par le directeur technique national placé auprès de la fédération délégataire compétente, en lien avec les critères d'inscription en liste sportif de haut niveau.

Les critères d'inscription à cette liste sont fixés dans le projet de performance fédéral de la fédération délégataire compétente. L'inscription dans cette catégorie est valable un an. Elle peut être renouvelée dans les mêmes conditions.

Art. R. 221-12 Une liste des sportifs des Collectifs nationaux regroupe les sportifs qui concourent à la performance des équipes de France dans une discipline sportive reconnue de haut niveau sans justifier d'un niveau sportif suffisant prévu aux articles R. 221-4, R. 221-5 et R. 221-6.

Les critères d'inscription à cette liste sont fixés dans le projet de performance fédéral de la fédération délégataire compétente.

Art. R. 221-13 Les listes des sportifs Espoirs et des collectifs nationaux sont arrêtées pour une année par le ministre chargé des sports, sur proposition de la fédération compétente et après avis du directeur technique national.

SOUS-SECTION 5 **SUSPENSION, RETRAIT DES LISTES ET INTERDICTION D'INSCRIPTION SUR CES LISTES** *(Décr. nº 2016-83 du 29 janv. 2016, art. 2).*

Art. R. 221-14 **La qualité de sportif de haut niveau, d'entraîneur de haut niveau, d'arbitre et juge sportif de haut niveau, de sportif espoir ou** *(Décr. nº 2016-1286 du 29 sept. 2016, art. 10 et 15, en vigueur le 1er déc. 2016)* **« des Collectifs nationaux » est retirée lorsque le bénéficiaire cesse de satisfaire aux conditions requises pour l'obtenir.** – *[Décr. nº 2002-707 du 29 avr. 2002, art. 14.]*

Art. R. 221-15 *(Décr. nº 2016-1286 du 29 sept. 2016, art. 11-1º et 15, en vigueur le 1er déc. 2016)* **« I. – » La qualité de sportif de haut niveau, d'entraîneur de haut niveau, d'arbitre et juge sportif de haut niveau, de sportif espoir ou** *(Décr. nº 2016-1286 du 29 sept. 2016, art. 11-1º et 15, en vigueur le 1er déc. 2016)* **« des Collectifs nationaux » peut être retirée ou suspendue à tout moment par décision motivée du ministre chargé des sports :**

1° Sur proposition de la fédération compétente, lorsque l'intéressé a fait l'objet d'une sanction disciplinaire grave prise conformément aux dispositions des statuts et règlements de la fédération ;

2° A l'initiative du ministre chargé des sports, ou sur proposition de la fédération compétente :

a) **Dans le cas d'infraction dûment constatée aux dispositions législatives et réglementaires relatives à la lutte contre le dopage ; dans ce cas, l'Agence française de lutte contre le dopage peut également demander au ministre une sanction ;**

b) **Lorsque l'intéressé a manqué à l'une des obligations prévues par le décret mentionné à l'article L. 221-11 ;**

c) **Lorsque l'intéressé a commis des faits susceptibles de justifier une condamnation pour crime ou pour l'un des délits prévus :**

– au paragraphe 2 de la section I du chapitre II du titre II du livre II du code pénal ;
– à la section III du chapitre II du titre II du livre II du code pénal ;
– à la section IV du chapitre II du titre II du livre II du code pénal ;
– à la section I du chapitre III du titre II du livre II du code pénal ;
– à la section II du chapitre V du titre II du livre II du code pénal ;
– à la section V du chapitre VII du titre II du livre II du code pénal ;
(Décr. nº 2016-83 du 29 janv. 2016, art. 3) **« – au présent code ; »**
– aux articles L. 3421-1 et L. 3421-4 du code de la santé publique ;

(Décr. nº 2016-1286 du 29 sept. 2016, art. 11-2º, 3º et 15, en vigueur le 1er déc. 2016) **« 3° A l'initiative du ministre chargé des sports, lorsque l'état de santé d'un sportif ne lui permet plus la pratique de sa discipline sportive dans le cadre du projet de performance fédéral ou lorsque celui-ci ne s'est pas soumis à la surveillance médicale prévue à l'article L. 231-6.**

« II. – Lorsque la demande de retrait est formulée par le sportif, le ministre chargé des sports lui en donne acte, après que le sportif en a informé la fédération délégataire compétente. » – *[Décr. nº 2002-707 du 29 avr. 2002, art. 15.]*

COMMENTAIRE

Le retrait de la qualité de sportif de haut niveau ne fait pas partie des sanctions disciplinaires que les commissions compétentes des fédérations sportives sont habilitées à prononcer, que ce soit dans le cadre de la discipline générale *(V. Annexe I-6 partie régl., C. sport)* ou de la répression du dopage *(V. Annexe II-3 partie régl. C. sport).* En revanche, des faits répréhensibles dûment constatés (dopage) ou gravement sanctionnés (discipline générale) peuvent constituer un motif de demande de retrait de la liste.

Pour un exemple de radiation d'un athlète pour faits de dopage, V. Arr. du 17 janv. 2008 *(JO 5 mars).* ❑

Art. R. 221-15-1 *(Décr. nº 2016-83 du 29 janv. 2016, art. 4)* **Le ministre chargé des sports peut, à tout moment par une décision motivée, s'opposer à l'inscription d'un sportif sur les listes mentionnées à l'article L. 221-2 lorsqu'une des conditions mentionnée** *[mentionnées]* **aux 1° et 2° de l'article R. 221-15 est remplie.**

Art. R. 221-15-2 *(Décr. nº 2016-83 du 29 janv. 2016, art. 5)* **Lorsqu'un sportif a fait l'objet d'une décision de sanction disciplinaire relative à la lutte contre le dopage et**

que cette décision n'est pas devenue définitive, le ministre chargé des sports peut prononcer, à titre conservatoire et par décision motivée, une mesure de suspension provisoire de l'une des listes figurant à l'article L. 221-2. Le sportif est mis à même, par tout moyen, de faire valoir ses observations sur cette mesure, dont la durée ne peut se prolonger au-delà du moment où la décision disciplinaire acquiert un caractère définitif. La durée de la suspension provisoire est déduite de la durée de suspension que le ministre chargé des sports peut ultérieurement prononcer.

Les droits obtenus antérieurement à cette suspension sont maintenus jusqu'à une éventuelle sanction définitive de retrait ou de suspension.

Art. R. 221-16 Avant toute décision de suspension ou de retrait, l'intéressé est mis à même de présenter des observations écrites ou orales *(Abrogé par Décr. n° 2013-289 du 4 avr. 2013, art. 2-5°)* ***« et la Commission nationale du sport de haut niveau ou sa délégation permanente est consultée »***.

Lorsque la demande de suspension ou de retrait est motivée par des raisons disciplinaires, la fédération sportive compétente joint à sa proposition le procès-verbal de la réunion de l'organisme qui a prononcé la sanction. – *[Décr. n° 2002-707 du 29 avr. 2002, art. 16.]*

SECTION II **LES PROJETS DE PERFORMANCES FÉDÉRAUX**

(Décr. n° 2016-1286 du 29 sept. 2016, art. 12 et 15, en vigueur le 1er déc. 2016)

Art. R. 221-17 Dans les disciplines reconnues de haut niveau, les fédérations sportives délégataires peuvent solliciter la validation, sous le terme de "Projet de performance fédéral", de la politique et des dispositifs qu'elles mettent en place pour permettre aux sportifs d'atteindre le plus haut niveau de leur discipline ainsi que pour assurer leur formation et leur préparation à la vie professionnelle.

Art. R. 221-18 La validation des projets de performance fédéraux est subordonnée à la présentation, par la fédération délégataire compétente, d'une demande présentant les deux programmes mentionnés au 3° de l'article L. 131-15 :

1° Un programme d'excellence sportive qui définit la stratégie fédérale de préparation à la performance des équipes de France ;

2° Un programme d'accession au sport de haut niveau qui définit la stratégie fédérale de détection et de formation pour accéder au programme d'excellence.

Les projets de performance fédéraux doivent indiquer :

a) Les objectifs sportifs et les moyens nécessaires ;

b) Les performances, le classement et les épreuves permettant l'inscription sur liste ministérielle ;

c) La prise en compte de la stratégie de performance par public et par territoire ;

d) Le dispositif d'information et de formation professionnelle continue des entraîneurs ;

e) Les modalités du suivi socioprofessionnel des sportifs de haut niveau ;

f) Les modalités de mise en œuvre de la formation sportive et citoyenne prévue à l'article L. 221-11 ;

g) Les modalités du suivi et de l'évaluation du projet de performance fédéral.

Art. R. 221-19 Les projets de performance fédéraux regroupent les structures gérées, séparément ou conjointement, notamment sur la base d'une convention, par la fédération délégataire concernée, par une association qui lui est affiliée, ou par une personne morale de droit public. Ils sont composés, à titre principal, de structures ou de groupe de structures dénommés "pôles France" ou "pôles Espoirs" et répondant aux conditions fixées par les articles R. 221-20 et R. 221-21.

Art. R. 221-20 Constitue un "pôle France" toute structure permanente ou tout groupe de structures liées entre elles, notamment par convention, accueillant, à titre principal, des sportifs inscrits sur la liste des sportifs de haut niveau prévue à l'article R. 221-1 du présent code dans les catégories Élite, Senior ou Relève et permettant à ces derniers de bénéficier :

1° D'une préparation sportive de haut niveau ;

2° D'une formation scolaire ou universitaire aménagée ou adaptée en application des articles L. 331-6 ou L. 611-4 du code de l'éducation, ou d'une formation professionnelle ;

3° D'une surveillance médicale répondant aux conditions prévues par l'article L. 231-6 du présent code.

Les "pôles France" ne peuvent accueillir que des sportifs âgés de douze ans au moins ou inscrits dans un établissement scolaire du secondaire au cours de l'année de leur inscription dans le pôle.

Art. R. 221-21 Constitue un "pôle Espoirs" toute structure ou tout groupe de structures liées entre elles, notamment par convention, accueillant, à titre principal, des sportifs inscrits sur la liste des sportifs Espoirs prévue à l'article R. 221-11 et permettant à ces derniers de bénéficier des formations et préparation prévues aux 1° à 3° de l'article R. 221-20.

Les "pôles Espoirs" ne peuvent accueillir que des sportifs âgés de douze ans au moins ou inscrits dans un établissement scolaire du secondaire au cours de l'année de leur inscription dans le pôle.

Art. R. 221-22 La validation est accordée par arrêté du ministre chargé des sports après consultation de la commission du sport de haut niveau du Conseil national du sport prévue à l'article R. 142-14. Elle est valable pour une période de quatre ans commençant à courir à compter du 1er juillet qui suit immédiatement les Jeux olympiques et paralympiques d'été, et, pour les disciplines inscrites au programme des Jeux olympiques et paralympiques d'hiver, à compter du 1er janvier qui suit immédiatement ces Jeux olympiques et paralympiques.

Art. R. 221-23 Le directeur technique national placé auprès de la fédération compétente veille au bon fonctionnement du projet de performance fédéral qui a obtenu sa validation dans les conditions prévues par la présente section.

Art. R. 221-24 Chaque année, le ministre chargé des sports établit et rend publique la liste des "pôles France" et des "pôles Espoirs".

Arrêté du 13 janvier 2014,

Relatif à la validation des parcours de l'excellence sportive.

Art. 1er Sont validées jusqu'au 30 juin 2017 les filières d'accès au sport de haut niveau, organisées sous la forme de parcours de l'excellence sportive mis en place par les fédérations sportives délégataires suivantes :

— athlétisme ;
— badminton ;
— billard ;
— boxe ;
— canoë-kayak ;
— équitation ;
— escrime ;
— études et sports sous-marins ;
— football ;
— football américain ;
— golf ;
— handisport ;
— hockey ;
— montagne et escalade ;
— motocyclisme ;
— parachutisme ;
— pelote basque ;
— pentathlon moderne ;
— pétanque et jeu provençal ;
— sauvetage et secourisme ;
— savate, boxe française et disciplines associées ;
— sport adapté ;
— sport automobile ;
— surf ;

— tennis ;
— tennis de table ;
— tir ;
— tir à l'arc ;
— voile ;
— vol libre.

Arrêté du 27 février 2014,

Relatif à la validation des parcours d'excellence sportive.

Art. 1er Sont validées, à compter de la date de signature du présent arrêté et jusqu'au 30 juin 2017, les filières d'accès au sport de haut niveau, organisées sous la forme de parcours de l'excellence sportive mis en place par les fédérations sportives délégataires suivantes :
— aviron ;
— bowling ;
— gymnastique ;
— haltérophilie, musculation, force athlétique et culturisme ;
— karaté et disciplines associées ;
— lutte ;
— roller sports ;
— rugby ;
— rugby à XIII ;
— ski nautique et wakeboard ;
— squash.

Arrêté du 7 avril 2014,

Relatif à la validation des parcours d'excellence sportive.

Art. 1er Sont validées, à compter de la date de signature du présent arrêté et jusqu'au 30 juin 2017, les filières d'accès au sport de haut niveau, organisées sous la forme de parcours de l'excellence sportive mis en place par les fédérations sportives délégataires suivantes :
— baseball et softball ;
— cyclisme ;
— danse.

Arrêté du 10 février 2015,

Relatif à la validation des parcours de l'excellence sportive.

Art. 1er Sont validées, à compter de la date de signature du présent arrêté et jusqu'au 30 juin 2017, les filières d'accès au sport de haut niveau modifiées, organisées sous la forme de parcours de l'excellence sportive mis en place par les fédérations sportives délégataires suivantes :
— Fédération française de cyclisme ;
— Fédération française de natation ;
— Fédération française de gymnastique ;
— Fédération française de tennis de table ;
— Fédération française de triathlon ;
— Fédération française de motocyclisme ;
— Fédération française de lutte ;
— Fédération française de parachutisme ;
— Fédération française de handball ;
— Fédération française de voile.

Arrêté du 8 octobre 2015,

Relatif à la modification et à la validation des parcours de l'excellence sportive (JO 16 oct. 2015).

Art. 1er 1° Sont validées jusqu'au 30 juin 2017 les modifications des parcours de l'excellence sportive mis en place par les fédérations sportives délégataires suivantes :
— badminton ;
— baseball ;
— basket-ball ;
— boxe ;
— golf ;
— haltérophilie, musculation ;
— motocyclisme ;
— pentathlon moderne ;
— vol libre.

2° Sont validés jusqu'au 30 juin 2019 les parcours de l'excellence sportive mis en place par les fédérations sportives délégataires suivantes :
— hockey sur glace ;
— ski ;
— sports de glace.

SECTION III AUTRES MESURES RELATIVES AUX SPORTIFS DE HAUT NIVEAU

(Décr. n° 2016-1287 du 29 sept. 2016, art. 2)

Art. D. 221-27 Le contenu de la formation sportive et citoyenne prévue à l'article L. 221-11 porte sur :
– les valeurs de la République ;
– les valeurs de l'olympisme ;
– l'éthique dans le sport ;
– le cadre juridique et économique applicable au sportif.

Cette formation est mise en œuvre selon les modalités précisées dans les projets de performance fédéraux. Les fédérations sportives veillent à ce que le contenu de cette formation soit accessible et adapté aux différents publics auxquels elle est destinée.

Les dispositions du présent art. s'appliquent aux sportifs à compter de la validation du projet de performance fédéral de leur fédération (Décr. n° 2016-1287 du 29 sept. 2016, art. 4, al. 1er).

SECTION III *[ABROGÉE]* LA COMMISSION NATIONALE DU SPORT DE HAUT NIVEAU

(Abrogée par Décr. n° 2013-289 du 4 avr. 2013, art. 2-7°)

COMMENTAIRE

Les dispositions des article R. 221-27 et suivants relatives à la composition de la Commission nationale du sport de haut niveau, abrogées et remplacées par le décret n° 2013-289 du 4 avril 2013, sont reprises aux articles R. 142-14 et suivants qui concernent la commission du sport de haut niveau qui fait désormais partie du Conseil national du sport, instance consultative placée auprès du ministre chargé des sports (V. art. R. 142-1 s.). ❑

Art. R. 221-27 ***La Commission nationale du sport de haut niveau est présidée par le ministre chargé des sports ou son représentant.***

Elle comprend :

1° Seize représentants de l'État ainsi désignés :

a) Sept par le ministre chargé des sports, intervenant dans le domaine du sport de haut niveau, dont au moins un directeur technique national placé auprès d'une fédération sportive délégataire ;

b) Un par le ministre chargé de l'agriculture ;

c) Un par le ministre chargé des collectivités territoriales ;

d) Un par le ministre de la défense ;
e) Un par le ministre chargé de l'outre-mer ;
f) Un par le ministre chargé de l'éducation ;
g) Un par le ministre chargé de l'emploi ;
h) Un par le ministre chargé de l'enseignement supérieur ;
i) Un par le ministre-chargé de la fonction publique ;
j) Un par le ministre chargé de la santé ;
2° Le président du Comité national olympique et sportif français et neuf représentants du mouvement sportif désignés sur proposition du Comité national olympique et sportif français ;
3° Trois sportifs inscrits ou ayant été inscrits sur la liste des sportifs de haut niveau, désignés sur proposition du Comité national olympique et sportif français ;
4° Deux entraîneurs inscrits sur la liste des entraîneurs de haut niveau, désignés sur proposition du Comité national olympique et sportif français ;
5° Un arbitre ou juge sportif inscrit sur la liste des arbitres et juges sportifs de haut niveau, désigné sur proposition du Comité national olympique et sportif français ;
6° Trois élus désignés sur proposition du ministre de l'intérieur :
a) Un maire ou un conseiller municipal ;
b) Un président de conseil départemental ou un conseiller départemental ;
c) Un président de conseil régional ou un conseiller régional. — [Décr. n° 2002-707 du 29 avr. 2002, art. 17.]

Art. R. 221-28 *Peuvent prendre part aux travaux de la commission, à titre consultatif :*
1° Pour le Sénat : le rapporteur général de la commission des finances, du contrôle budgétaire et des comptes économiques de la nation et un membre de la commission des affaires culturelles ;
2° Pour l'Assemblée nationale : le rapporteur général de la commission des finances, de l'économie générale et du Plan et un membre de la commission des affaires culturelles, familiales et sociales. — [Décr. n° 2002-707 du 29 avr. 2002, art. 18.]

Art. R. 221-29 *Les membres de la Commission nationale du sport de haut niveau sont nommés par arrêté du ministre chargé des sports.* — V. Arr. du 10 nov. 2005 (JO 2 déc.) et Arr. du 31 juill. 2006 (JO 15 août).
Des membres suppléants sont nommés dans les mêmes conditions que les titulaires.
Le ministre chargé des sports s'attache à assurer une représentation équilibrée entre les femmes et les hommes. — [Décr. n° 2002-707 du 29 avr. 2002, art. 19.]

Art. R. 221-30 *Les membres de la Commission nationale du sport de haut niveau sont nommés pour une période de quatre ans renouvelable à compter du 1er juillet qui suit immédiatement les derniers Jeux olympiques d'été.*
Leur mandat prend fin par démission ou par perte de la qualité au titre de laquelle il a été procédé à la nomination.
Le membre suppléant remplace le titulaire toutes les fois que ce dernier se trouve empêché de siéger ; il le remplace jusqu'à l'expiration du mandat lorsque le membre titulaire cesse, pour une raison quelconque, de faire partie de la commission.
Lorsque, plus de six mois avant un renouvellement, le membre suppléant devenu titulaire perd la qualité au titre de laquelle il avait été désigné, ou lorsqu'un siège devient vacant pour quelque autre cause que ce soit, un nouveau membre est désigné dans les mêmes conditions pour la durée du mandat restant à courir. — [Décr. n° 2002-707 du 29 avr. 2002, art. 20.]

Art. R. 221-31 *En dehors des séances plénières, une délégation permanente exerce l'ensemble des attributions dévolues à la Commission nationale du sport de haut niveau, à l'exception de la définition des orientations de la politique nationale du sport de haut niveau.*
Les membres de la délégation permanente sont nommés par le ministre chargé des sports parmi les membres de la commission mentionnés à l'article R. 221-27. — V. Arr. du 10 nov. 2005 (JO 3 déc.).
Sont membres de la délégation permanente :
1° Trois des représentants du ministre chargé des sports ;
2° Le représentant du ministre chargé de l'éducation ;
3° Le président du Comité national olympique et sportif français et trois des représentants du mouvement sportif ;

4° Un représentant des sportifs de haut niveau ;

5° Un représentant des élus locaux. – [Décr. n° 2002-707 du 29 avr. 2002, art. 21.]

Art. R. 221-32 *La Commission nationale du sport de haut niveau adopte le règlement intérieur qui précise ses conditions de fonctionnement ainsi que celles de la délégation permanente et des commissions qu'elle constitue éventuellement en son sein.*

La composition de ces commissions est fixée par le règlement intérieur. – [Décr. n° 2002-707 du 29 avr. 2002, art. 22.]

Art. R. 221-33 *La Commission nationale du sport de haut niveau, sa délégation permanente et ses commissions sont convoquées par le ministre chargé des sports soit sur son initiative, soit à la demande du quart de leurs membres.*

La Commission nationale du sport de haut niveau se réunit au moins deux fois par an en séance plénière.

La Commission nationale du sport de haut niveau, sa délégation permanente et ses commissions siègent valablement lorsque la moitié au moins de leurs membres est présente. Lorsque le quorum requis n'est pas atteint, les membres sont à nouveau convoqués sous quinzaine. Ils délibèrent alors valablement sans condition de quorum.

Le président de la Commission nationale du sport de haut niveau peut inviter toute personne à assister aux séances de la commission nationale, de sa délégation permanente ou de ses commissions, sans voix délibérative. – [Décr. n° 2002-707 du 29 avr. 2002, art. 23.]

Art. R. 221-34 *Les avis de la Commission nationale du sport de haut niveau, de sa délégation permanente et de ses commissions sont adoptés à la majorité des membres présents. En cas de partage égal des voix, celle du président est prépondérante.*

Les séances de la Commission nationale du sport de haut niveau, de sa délégation permanente et de ses commissions ne sont pas publiques. – [Décr. n° 2002-707 du 29 avr. 2002, art. 24.]

Art. R. 221-35 *Le secrétariat de la Commission nationale du sport de haut niveau est assuré par la direction des sports. Il convoque les réunions de la Commission nationale du sport de haut niveau, de la délégation permanente ou des commissions. Il dresse un procès-verbal de chacune des séances.* – [Décr. n° 2002-707 du 29 avr. 2002, art. 25.]

Art. R. 221-36 *La Commission nationale du sport de haut niveau définit les orientations de la politique nationale du sport de haut niveau. A ce titre, elle exerce notamment les missions suivantes :*

1° Elle détermine, après avis des fédérations sportives délégataires concernées, les critères permettant de définir, dans chaque discipline sportive à laquelle elle reconnaît le caractère de haut niveau pour la période de quatre ans correspondant à l'olympiade, la qualité de sportif de haut niveau, d'entraîneur de haut niveau, d'arbitre et de juge sportif de haut niveau, de sportif espoir et de partenaire d'entraînement ;

2° Pour chaque discipline sportive reconnue de haut niveau, elle émet un avis, au vu des propositions des fédérations concernées, sur :

– le nombre de sportifs qui sont susceptibles d'être inscrits sur la liste des sportifs de haut niveau dans les catégories Élite, Senior, Jeune ou Reconversion ;

– le nombre d'entraîneurs, d'arbitres et de juges sportifs qui sont susceptibles d'être inscrits sur les listes d'entraîneurs ou d'arbitres et juges sportifs de haut niveau ;

– le nombre de sportifs qui sont susceptibles d'être inscrits sur la liste de sportifs Espoirs et sur la liste de partenaires d'entraînement ;

3° Elle émet un avis sur les propositions de suspension et de retrait de la liste des sportifs de haut niveau, des entraîneurs de haut niveau, des arbitres et juges sportifs de haut niveau, de sportifs Espoirs et de partenaires d'entraînement ;

4° Elle émet un avis sur la validation des filières d'accès au sport de haut niveau ;

5° Elle définit les critères de sélection des sportifs aux compétitions organisées sous la responsabilité du Comité International Olympique. – [Décr. n° 2002-707 du 29 avr. 2002, art. 26.]

Art. R. 221-37 *La Commission nationale du sport de haut niveau peut être saisie pour avis par le ministre chargé des sports ou par le président du Comité national olympique et sportif français de toute question relative au sport de haut niveau.* – [Décr. n° 2002-707 du 29 avr. 2002, art. 27.]

Art. R. 221-38 *Sont publiés au bulletin officiel du ministère en charge des sports les actes et avis de la Commission nationale du sport de haut niveau portant sur :*

1° La reconnaissance des disciplines de haut niveau ;

2° Les listes de sportifs de haut niveau, d'entraîneurs de haut niveau, de juges et arbitres sportifs de haut niveau, de sportifs Espoirs et de partenaires d'entraînement ;

3° La validation des filières d'accès au sport de haut niveau. – [Décr. n° 2002-707 du 29 avr. 2002, art. 28.]

Art. R. 221-39 *La commission régionale de la jeunesse, des sports et de la vie associative élabore, en vue de son examen par la Commission nationale du sport de haut niveau, un rapport annuel sur les conditions de mise en œuvre des orientations de la politique nationale du sport de haut niveau définies par cette commission nationale.* – [Décr. n° 2002-707 du 29 avr. 2002, art. 30.]

CHAPITRE II **SPORT PROFESSIONNEL**

(Décr. n° 2011-686 du 16 juin 2011, art. 1er)

SECTION PREMIÈRE **COMMISSIONS DES AGENTS SPORTIFS ET DÉLÉGUÉS AUX AGENTS SPORTIFS**

Le mandat des commissions des agents sportifs désignées en application des dispositions du code du sport antérieures au Décr. n° 2011-686 du 16 juin 2011 expire dès la mise en place des nouvelles commissions et, au plus tard, deux mois après la date de publication du présent décret (Décr. préc., art. 2).

Art. R. 222-1 Chacune des fédérations délégataires concernées par l'application du présent chapitre, dont la liste est fixée par arrêté du ministre chargé des sports, constitue une commission des agents sportifs et désigne un délégué aux agents sportifs. Le président et les membres de la commission des agents sportifs, ainsi que le délégué aux agents sportifs, sont nommés par l'instance dirigeante compétente. Celle-ci nomme également un suppléant pour chacun d'eux.

La commission des agents sportifs participe, avec la commission interfédérale des agents sportifs mentionnée à l'article R. 222-7, à l'organisation de l'examen de la licence d'agent sportif. Elle peut organiser une formation préalable à la délivrance de la licence d'agent sportif. Elle délivre, suspend et retire cette licence. Elle prononce les sanctions disciplinaires prévues à l'article L. 222-19.

La commission des agents sportifs élabore un projet de règlement des agents sportifs qu'elle transmet pour avis au ministre chargé des sports puis soumet à l'approbation de l'instance dirigeante compétente de la fédération. Le règlement des agents sportifs fixe les règles qu'il appartient à la fédération d'édicter en application des dispositions législatives et réglementaires du présent chapitre.

Le délégué aux agents sportifs contrôle l'activité des agents sportifs et engage les procédures susceptibles de déboucher sur le prononcé des sanctions prévues à l'article L. 222-19. Il est choisi, ainsi que son suppléant, en raison de ses compétences en matière juridique et sportive.

Les règlements des agents sportifs prévus par les dispositions de l'art. R. 222-1 C. sport dans sa rédaction issue du Décr. n° 2011-686 du 16 juin 2011 sont élaborés par les nouvelles commissions et entrent en vigueur, au plus tard, quatre mois après la date de publication dudit décret (Décr. préc., art. 2).

Art. R. 222-2 Outre le président, la commission des agents sportifs comprend :

1° Une personnalité qualifiée choisie en raison de ses compétences en matière juridique ;

2° Une personnalité qualifiée choisie en raison de ses compétences dans la discipline concernée ;

3° Le cas échéant, un représentant de la ligue professionnelle créée par la fédération conformément aux dispositions de l'article L. 132-1 ;

4° Une personnalité représentative des associations sportives, sociétés sportives et organisateurs de manifestations sportives de la discipline ;

5° Un agent sportif ;

6° Un entraîneur de la discipline ;

7° Un sportif de la discipline.

La commission des agents sportifs est renouvelée dans les trois mois suivant les élections tenues à leur échéance normale pour le renouvellement des instances dirigeantes de la fédération. Les sièges devenant vacants par suite de l'empêchement définitif de leurs titulaires sont pourvus par l'instance dirigeante compétente.

Art. R. 222-3 Lorsqu'elle siège en matière disciplinaire, la commission des agents sportifs est uniquement composée de son président et des membres mentionnés aux 1° à 3° de l'article R. 222-2.

Le membre mentionné au titre du 5° de l'article R. 222-2 ne siège pas lorsque la commission se prononce sur l'exercice de l'activité d'agent sportif par un ressortissant d'un État membre de l'Union européenne ou partie à l'accord sur l'Espace économique européen autre que la France.

Art. R. 222-4 La commission des agents sportifs se réunit sur convocation de son président ou à la demande de trois de ses membres au moins. Elle ne peut délibérer valablement que si la moitié au moins de ses membres est présente. En matière disciplinaire, la commission des agents sportifs ne peut délibérer valablement que si trois au moins de ses membres sont présents.

Les décisions sont prises à la majorité des membres présents. En cas de partage égal des voix, le président a voix prépondérante.

Art. R. 222-5 Le délégué aux agents sportifs, le directeur technique national placé auprès de la fédération, ou son représentant, et un représentant du Comité national olympique et sportif français participent aux travaux de la commission des agents sportifs avec voix consultative. Toutefois, ces personnes n'assistent pas aux séances lorsque la commission siège comme jury de l'examen de la licence d'agent sportif ou en matière disciplinaire.

La commission peut entendre toute personne dont l'audition lui paraît utile. Les dispositions du présent alinéa ne sont pas applicables lorsqu'elle siège comme jury de l'examen de la licence d'agent sportif.

Art. R. 222-6 Les membres de la commission des agents sportifs, ainsi que le délégué aux agents sportifs et les autres personnes mentionnées à l'article R. 222-5 :

1° Sont tenus à la confidentialité pour les informations dont ils sont dépositaires en raison de leur fonction ;

2° Ne peuvent prendre part aux délibérations et aux décisions de la commission lorsqu'ils ont un intérêt, direct ou indirect, au dossier ou à l'affaire.

L'instance dirigeante compétente met fin au mandat des personnes qui ont manqué aux obligations prévues au présent article.

SECTION II COMMISSION INTERFÉDÉRALE DES AGENTS SPORTIFS

Art. R. 222-7 Le Comité national olympique et sportif français constitue une commission interfédérale des agents sportifs dont le président et les membres sont nommés par l'instance dirigeante compétente.

La commission interfédérale des agents sportifs participe, avec les commissions des agents sportifs des fédérations délégataires, à l'organisation de l'examen de la licence d'agent sportif. Elle établit chaque année un rapport sur la mise en œuvre par les commissions des agents sportifs des dispositions du présent chapitre. Elle peut saisir le ministre chargé des sports de toute proposition relative à la réglementation de la profession d'agent sportif.

Art. R. 222-8 Outre le président, la commission interfédérale des agents sportifs comprend un membre de chacune des commissions mentionnées à l'article R. 222-1, nommé sur proposition de cette commission.

Les suppléants du président et des autres membres de la commission interfédérale des agents sportifs sont nommés dans les mêmes conditions.

Le président et son suppléant sont désignés pour une durée de quatre ans. Le mandat des autres membres et de leurs suppléants prend fin lors du renouvellement de la commission des agents sportifs dont ils sont membres. Les sièges devenant vacants par suite de l'empêchement définitif de leurs titulaires sont pourvus par l'instance dirigeante compétente du comité national olympique.

Art. R. 222-9 La commission interfédérale des agents sportifs se réunit sur convocation de son président ou à la demande du tiers de ses membres au moins. Elle ne peut délibérer valablement que si la moitié au moins de ses membres est présente.

Les décisions sont prises à la majorité des membres présents. En cas de partage égal des voix, le président a voix prépondérante.

Les dispositions de l'article R. 222-6 sont applicables aux membres de la commission interfédérale des agents sportifs.

SECTION III LICENCE D'AGENT SPORTIF

Les licences d'agent sportif en cours de validité à la date de publication du Décr. n° 2011-686 du 16 juin 2011 dont sont titulaires des personnes physiques expirent six mois après la date de publication du Décr. préc. Toutefois, le titulaire qui, antérieurement à cette expiration, sollicite la délivrance d'une licence sur le fondement des dispositions issues dudit décret peut poursuivre l'exercice de son activité sous couvert de son ancienne licence jusqu'à la décision de la commission des agents sportifs. Il est dispensé, pour la délivrance de la nouvelle licence, de l'examen prévu à l'art. R. 222-14 C. sport et de la formation préalable prévue à l'art. R. 222-19.

Lorsqu'une licence délivrée à une personne morale était en cours de validité à la date de publication du Décr. préc., la personne physique ayant passé l'examen pour le compte de cette personne morale qui en fait la demande dans le délai prévu au premier alinéa obtient une licence d'agent sportif sans avoir à subir à nouveau l'examen ni suivre la formation préalable. Elle peut exercer l'activité d'agent sportif dans l'attente de la décision de la commission des agents sportifs.

La commission des agents sportifs fixe, trois mois au plus tard après la date de publication du Décr. n° 2011-686 du 16 juin 2011, les conditions de forme dans lesquelles sont effectuées les demandes de licence d'agent sportif mentionnées au dit article (Décr. préc., art. 3).

SOUS-SECTION 1 DISPOSITIONS GÉNÉRALES

Art. R. 222-10 Dans chaque discipline sportive, la licence d'agent sportif est délivrée par la commission des agents sportifs de la fédération délégataire compétente aux personnes physiques :

1° Qui, sauf dispense résultant de l'application des dispositions des articles R. 222-18, R. 222-19, dernier alinéa, ou R. 222-27, ont satisfait aux épreuves de l'examen mentionné à l'article R. 222-14 et ont suivi, lorsqu'elle est organisée, la formation préalable mentionnée à l'article R. 222-19 ;

2° Qui ne se trouvent dans aucun des cas d'incompatibilité ou d'incapacité prévus aux articles L. 222-9 à L. 222-11 et respectent les dispositions des articles L. 222-12 à L. 222-14.

Art. R. 222-11 La demande de licence d'agent sportif est adressée à la commission des agents sportifs.

Le règlement des agents sportifs détermine les modalités, la forme et le contenu de cette demande ainsi que les documents dont elle doit être accompagnée.

Art. R. 222-12 La commission des agents sportifs peut, à la demande du titulaire, suspendre une licence d'agent sportif. Le règlement des agents sportifs précise les modalités des demandes de suspension et de levée de la suspension.

Sans préjudice de l'exercice de poursuites disciplinaires, la commission suspend d'office la licence de l'agent sportif qui se trouve dans un des cas d'incompatibilité prévus aux 1°, 2°, 4° et 5° de l'article L. 222-9. Elle retire la licence de l'agent sportif frappé d'une des incapacités prévues au 3° de l'article L. 222-9 ou à l'article L. 222-11.

L'agent sportif dont la licence est suspendue demeure soumis au pouvoir disciplinaire de la commission des agents sportifs.

Art. R. 222-13 La commission des agents sportifs communique chaque année au ministre chargé des sports la liste des agents sportifs titulaires de la licence d'agent sportif dans la discipline pour laquelle elle est compétente, en signalant ceux dont la licence est suspendue.

La liste mentionnée au premier alinéa est publiée dans les conditions prévues par le règlement des agents sportifs.

SOUS-SECTION 2 EXAMEN DE LA LICENCE D'AGENT SPORTIF

Art. R. 222-14 Une session de l'examen de la licence d'agent sportif est ouverte chaque année dans chacune des disciplines sportives pour lesquelles une commission des agents sportifs a été instituée en application de l'article R. 222-1.

Peuvent s'inscrire à l'examen les personnes qui ne se trouvent dans aucun des cas d'incapacité prévus aux articles L. 222-9 (3°) et L. 222-11.

Les formalités d'inscription sont définies, pour chaque discipline sportive, par la commission des agents sportifs de la fédération délégataire compétente. – *Les personnes qui se sont inscrites avant la date de publication du Décr. nº 2011-686 du 16 juin 2011 à l'examen de la licence d'agent sportif passent cet examen dans les conditions prévues par les dispositions des art. R. 222-1 et R. 222-8 à R. 222-10 C. sport dans leur rédaction antérieure audit décret (Décr. préc., art. 4).*

Art. R. 222-15 L'examen de la licence d'agent sportif comprend :

1° Une première épreuve, permettant d'évaluer l'aptitude du candidat à exercer la profession d'agent sportif en s'assurant qu'il possède les connaissances utiles à cet exercice, notamment en matière sociale, fiscale et contractuelle ainsi que dans le domaine des assurances et celui des activités physiques et sportives ;

2° Une seconde épreuve, permettant d'évaluer la connaissance qu'a le candidat des règlements édictés par la fédération délégataire compétente et la ligue professionnelle qu'elle a pu constituer, par les fédérations internationales dont la fédération délégataire est membre et par tout autre organisme sportif international mentionné par le règlement des agents sportifs.

Seuls peuvent se présenter à la seconde épreuve les candidats qui ont été admis à la première épreuve ou en sont dispensés conformément aux dispositions de l'article R. 222-18.

Le programme ainsi que la nature écrite ou orale de chaque épreuve sont rendus publics deux mois au moins avant la date à laquelle elle doit se dérouler.

Art. R. 222-16 La commission interfédérale des agents sportifs fixe le programme de la première épreuve et sa nature écrite ou orale. Constituée en jury d'examen, elle élabore le sujet de l'épreuve, fixe le barème de notation et détermine la note obtenue par chaque candidat. Elle communique cette note à la commission des agents sportifs de la fédération délégataire compétente pour la discipline sportive au titre de laquelle l'intéressé s'est présenté.

La commission des agents sportifs de la fédération délégataire compétente déclare admis à la première épreuve les candidats ayant obtenu une note égale ou supérieure à une note minimale préalablement fixée par le règlement des agents sportifs de la fédération. Elle notifie les résultats aux intéressés dans les deux mois suivant la date de l'épreuve et en assure la publication dans les conditions prévues par le règlement.

Art. R. 222-17 La seconde épreuve est organisée, pour chaque discipline sportive, par la commission des agents sportifs de la fédération délégataire compétente. Cette commission fixe le programme de l'épreuve et sa nature écrite ou orale. Constituée en jury d'examen, elle élabore le sujet de l'épreuve, fixe le barème de notation et détermine la note obtenue par chaque candidat.

La commission des agents sportifs déclare admis à l'examen les candidats ayant obtenu à la seconde épreuve une note minimale préalablement fixée par le règlement des agents sportifs. Elle notifie les résultats aux intéressés dans le mois suivant la date de l'épreuve et en assure la publication dans les conditions prévues par le règlement.

Art. R. 222-18 Un agent sportif qui a obtenu une licence d'agent sportif délivrée par une fédération délégataire sans avoir été dispensé de la première épreuve et qui sollicite la délivrance d'une licence dans une autre discipline est dispensé de la première épreuve.

Les candidats admis à la première épreuve et ajournés à la seconde conservent le bénéfice de la première épreuve s'ils se présentent à la session suivante de l'examen dans la même discipline sportive.

Le règlement des agents sportifs peut, eu égard aux qualifications dont les intéressés justifient, prévoir des cas de dispense de la première ou de la seconde épreuve, ou de dispense de l'examen.

SOUS-SECTION 3 FORMATION PRÉALABLE À LA DÉLIVRANCE DE LA LICENCE D'AGENT SPORTIF ET FORMATION CONTINUE

Art. R. 222-19 Lorsque le règlement des agents sportifs le prévoit, les personnes admises à l'examen d'agent sportif ou qui en sont dispensées suivent une formation préalable à la délivrance de la licence d'agent sportif.

Le contenu et la durée de cette formation sont fixés par la commission des agents sportifs. La formation ne peut faire l'objet d'une évaluation qui conditionne la délivrance de la licence d'agent sportif.

Le règlement des agents sportifs peut prévoir des cas de dispense de la formation préalable.

Art. R. 222-20 Lorsque le règlement des agents sportifs le prévoit, les titulaires de la licence d'agents sportifs suivent une formation continue visant à mettre à jour leurs connaissances.

SECTION IV EXERCICE DE LA PROFESSION D'AGENT SPORTIF PAR LES RESSORTISSANTS D'UN ÉTAT MEMBRE DE L'UNION EUROPÉENNE OU PARTIE À L'ACCORD SUR L'ESPACE ÉCONOMIQUE EUROPÉEN

SOUS-SECTION 1 DISPOSITIONS COMMUNES

Art. R. 222-21 Les ressortissants d'un État membre de l'Union européenne ou partie à l'accord sur l'Espace économique européen qui entendent exercer en France l'activité d'agent sportif justifient de la connaissance de la langue française exigée par l'article 1er de l'ordonnance n° 2008-507 du 30 mai 2008. Leur maîtrise de cette langue doit être suffisante pour garantir la sécurité juridique des opérations de placement des sportifs et entraîneurs.

SOUS-SECTION 2 RESSORTISSANT D'UN ÉTAT MEMBRE DE L'UNION EUROPÉENNE OU PARTIE À L'ACCORD SUR L'ESPACE ÉCONOMIQUE EUROPÉEN SOUHAITANT S'ÉTABLIR EN FRANCE

Art. R. 222-22 Les ressortissants des États membres de l'Union européenne ou parties à l'accord sur l'Espace économique européen mentionnés à l'article L. 222-15 qui souhaitent s'établir sur le territoire national pour y exercer la profession d'agent sportif souscrivent une déclaration auprès de la commission des agents sportifs de la fédération délégataire compétente.

Si l'intéressé entend exercer son activité dans le cadre de plusieurs disciplines sportives, il souscrit une déclaration auprès de chaque fédération délégataire compétente.

Art. R. 222-23 La déclaration est accompagnée des pièces suivantes :

1° Une preuve de la nationalité du déclarant ;

2° Si le déclarant estime remplir les conditions prévues au 1° de l'article L. 222-15, l'attestation de compétences ou le titre de formation délivré par un État membre de l'Union européenne ou partie à l'Espace économique européen dans lequel la profession ou la formation d'agent sportif est réglementée ;

3° Si le déclarant estime remplir les conditions prévues au 2° de l'article L. 222-15, la preuve qu'il a exercé l'activité d'agent sportif pendant au moins deux ans au cours des dix années précédentes dans un État membre de l'Union européenne ou partie à l'accord sur l'Espace économique européen dans lequel ni la formation ni la profession d'agent sportif ne sont réglementées, ainsi qu'une attestation de compétence ou un titre de formation délivré par l'autorité compétente de l'État d'origine et attestant sa préparation à l'exercice de la profession.

Les pièces et informations devant accompagner la déclaration sont précisées par le règlement des agents sportifs de la fédération délégataire compétente.

Art. R. 222-24 La commission des agents sportifs accuse réception de la déclaration. Si elle n'est pas accompagnée de l'ensemble des pièces requises, la commission invite l'intéressé à produire les pièces manquantes. Cette invitation est notifiée dans le mois qui suit la réception de la demande.

Dans un délai d'un mois à compter de la date de réception du dossier complet, la commission notifie à l'intéressé sa décision relative à la reconnaissance de sa qualification. Toutefois, la commission peut, par une décision motivée notifiée dans ce délai, prolonger la période d'instruction de la demande. La décision relative à la reconnaissance de qualification est alors notifiée dans les trois mois de la réception du dossier complet.

Si la commission estime que l'intéressé ne remplit pas les conditions pour exercer en France, ou si elle prescrit une mesure de compensation conformément aux dispositions de l'article R. 222-26, elle motive sa décision.

L'absence de notification d'une décision dans le délai d'un ou trois mois mentionné au deuxième alinéa vaut reconnaissance tacite de la qualification du demandeur.

Art. R. 222-25 Si la commission des agents sportifs estime que les justificatifs mentionnés à l'article R. 222-23 attestent d'un niveau de qualification au moins équivalent à celui exigé en France pour l'exercice de la profession d'agent sportif, elle reconnaît la qualification du demandeur.

Art. R. 222-26 Si la commission estime qu'il existe une différence substantielle entre le niveau de qualification attesté par les justificatifs mentionnés à l'article R. 222-23 et le niveau de qualification exigé pour exercer en France l'activité d'agent sportif, elle reconnaît la qualification si elle estime que cette différence est entièrement couverte par l'expérience acquise par l'intéressé. Dans le cas contraire, elle détermine les modalités d'une mesure de compensation qui peut être soit une épreuve d'aptitude, soit un stage d'adaptation.

La décision prescrivant une mesure de compensation est notifiée à l'intéressé dans le délai d'un ou trois mois mentionné au deuxième alinéa de l'article R. 222-24. La commission reconnaît ensuite la qualification de l'intéressé dans le mois qui suit la réception des pièces justifiant l'accomplissement de la mesure de compensation. Si elle ne notifie pas sa décision dans ce délai, elle est réputée avoir reconnu tacitement sa qualification.

Art. R. 222-27 La reconnaissance de qualification permet à l'intéressé d'obtenir une licence d'agent sportif sans avoir subi l'examen mentionné à l'article R. 222-14 ni suivi la formation préalable mentionnée à l'article R. 222-19.

SOUS-SECTION 3 RESSORTISSANT D'UN ÉTAT MEMBRE DE L'UNION EUROPÉENNE OU PARTIE À L'ACCORD SUR L'ESPACE ÉCONOMIQUE EUROPÉEN SOUHAITANT EXERCER DANS LE CADRE D'UNE PRESTATION DE SERVICE

Art. R. 222-28 Les ressortissants des États membres de l'Union européenne ou parties à l'accord sur l'Espace économique européen, légalement établis dans l'un de ces États pour y exercer l'activité d'agent sportif et qui entendent l'exercer en France de façon temporaire et occasionnelle, souscrivent une déclaration dans les conditions prévues à l'article R. 222-29.

Art. R. 222-29 La déclaration mentionnée à l'article R. 222-28 est adressée, un mois au moins avant le début de l'exercice en France, à la commission des agents sportifs de la fédération délégataire compétente.

La déclaration est accompagnée des pièces suivantes :

1° Une preuve de la nationalité du déclarant ;

2° Une attestation d'un État membre de l'Union européenne ou partie à l'accord sur l'Espace économique européen certifiant que le déclarant y est légalement établi et n'encourt aucune interdiction d'exercer, même temporaire ;

3° La justification des qualifications professionnelles du déclarant et, si la profession ou la formation n'est pas réglementée dans l'État où il est établi, la preuve qu'il a exercé l'activité d'agent sportif pendant au moins deux années au cours des dix années précédentes.

La forme et le contenu de la déclaration sont précisés par le règlement des agents sportifs de la fédération délégataire compétente.

En cas de changement dans la situation établie par les documents fournis lors de la déclaration, le déclarant fournit à la commission des agents sportifs les éléments permettant de l'actualiser.

Art. R. 222-30 Lorsque l'intéressé a adressé à la fédération délégataire compétente une déclaration conforme aux dispositions de l'article R. 222-29, la commission des agents sportifs lui délivre une attestation mentionnant un exercice temporaire ou occasionnel de l'activité d'agent sportif sur le territoire national.

SECTION V CONTRÔLE

SOUS-SECTION 1 OBLIGATIONS DE TRANSMISSION PESANT SUR L'AGENT SPORTIF

Art. R. 222-31 L'agent sportif communique annuellement au délégué aux agents sportifs de la fédération délégataire compétente les informations et documents comptables relatifs à son activité d'agent sportif définis par le règlement des agents sportifs.

Il communique également au délégué aux agents sportifs, sur demande de celui-ci, tout élément nécessaire au contrôle de son activité d'agent sportif, notamment des documents relatifs à la société mentionnée à l'article L. 222-8 qu'il a pu constituer et aux préposés de cette société.

Art. R. 222-32 L'agent sportif transmet au délégué aux agents sportifs, dans un délai d'un mois à compter de leur signature, la copie des contrats ci-dessous énumérés :

1° Contrats mentionnés au deuxième alinéa de l'article L. 222-17, en exécution desquels il met en rapport les parties intéressées à la conclusion d'un contrat relatif à l'exercice rémunéré d'une activité sportive ou d'entraînement, ou prévoyant la conclusion d'un contrat de travail relatif à l'exercice d'une telle activité ;

2° Contrats mentionnés au premier alinéa de l'article L. 222-7, relatifs à l'exercice rémunéré d'une activité sportive ou d'entraînement ou prévoyant la conclusion d'un contrat de travail relatif à l'exercice d'une telle activité, conclus par son entremise ;

3° Contrats mentionnés au troisième alinéa de l'article L. 222-5, en exécution desquels il met en rapport les parties intéressées à la conclusion d'un contrat relatif à l'exercice d'une activité sportive par un mineur ou dont la cause est l'exercice d'une telle activité ;

4° Contrats mentionnés au deuxième alinéa de l'article L. 222-5, relatifs à l'exercice d'une activité sportive par un mineur ou dont la cause est l'exercice d'une telle activité, conclus par son entremise ;

5° Conventions mentionnées au premier alinéa de l'article L. 222-16, passées avec un ressortissant d'un État qui n'est pas membre de l'Union européenne ou partie à l'Espace économique européen et ayant pour objet la présentation d'une partie intéressée à la conclusion d'un contrat mentionné au premier alinéa de l'article L. 222-7.

L'agent sportif transmet au délégué aux agents sportifs, dans un délai d'un mois à compter de leur signature, la copie des avenants et modifications des contrats mentionnés aux 1° à 3° du présent article, ainsi que des documents relatifs à leur rupture.

Art. R. 222-33 Si les contrats et avenants mentionnés à l'article R. 222-32 ne lui ont pas été transmis dans le délai imparti, le délégué aux agents sportifs peut, sans préjudice de l'engagement de poursuites disciplinaires, mettre l'agent sportif en demeure de les lui communiquer.

Les modalités de transmission des contrats sont précisées par le règlement des agents sportifs.

SOUS-SECTION 2 TRANSMISSION D'INFORMATIONS PAR D'AUTRES PERSONNES

Art. R. 222-34 Lorsqu'il existe une ligue professionnelle, celle-ci transmet à la demande du délégué aux agents sportifs les documents nécessaires au contrôle de l'activité des agents sportifs et notamment les contrats qu'elle homologue.

Lorsqu'il existe un organisme assurant le contrôle juridique et financier des associations et sociétés sportives, celui-ci met à disposition du délégué aux agents sportifs les documents nécessaires au contrôle de l'activité des agents sportifs.

Art. R. 222-35 Les associations et sociétés affiliées à la fédération ou à la ligue professionnelle qu'elle a constituée ainsi que les licenciés de la fédération communiquent au délégué aux agents sportifs, sur sa demande :

1° Les informations et documents comptables relatifs aux opérations de placement des sportifs et entraîneurs définis par le règlement des agents sportifs ;

2° Les autres documents nécessaires au contrôle des opérations de placement des sportifs et entraîneurs définis par le règlement des agents sportifs ;

3° La copie des contrats mentionnés à l'article L. 222-5 relatifs à l'exercice d'une activité sportive par un mineur, ou dont la cause est l'exercice d'une activité sportive par un mineur ;

4° La copie des contrats mentionnés à l'article L. 222-7 relatifs à l'exercice rémunéré d'une activité sportive ou d'entraînement ou prévoyant la conclusion d'un contrat de travail ayant pour objet l'exercice d'une telle activité ;

5° Les avenants et modifications des contrats mentionnés aux 3° et 4° du présent article ainsi que les documents relatifs à leur rupture ;

6° Un état des litiges relatifs aux contrats mentionnés aux 3°, 4° et 5° ainsi qu'aux modifications et ruptures de ces contrats.

Les modalités de communication des documents mentionnés dans le présent article sont précisées par le règlement des agents sportifs.

Art. R. 222-36 Les associations, sociétés et licenciés communiquent à l'agent sportif qui les a mis en rapport pour la conclusion d'un des contrats mentionnés aux articles L. 222-5 et L. 222-7 la copie desdits contrats.

SOUS-SECTION 3 RÉMUNÉRATION DES AGENTS SPORTIFS

Art. R. 222-37 Pour l'application des dispositions du troisième alinéa (1°) de l'article L. 222-17, limitant la rémunération de l'agent sportif à 10 % du montant du contrat conclu par les parties qu'il a mises en rapport, un arrêté du ministre chargé des sports précise, le cas échéant en fonction de la nature du contrat, le mode de calcul des sommes qui en constituent le montant.

SECTION VI SANCTIONS DISCIPLINAIRES

Art. R. 222-38 La commission des agents sportifs peut, en cas de violation des dispositions des articles L. 222-5, L. 222-7 à L. 222-18, R. 222-20, R. 222-31 et R. 222-32 ainsi que des dispositions du règlement des agents sportifs édictées sur le fondement de l'article L. 222-18, prononcer à l'égard des agents sportifs les sanctions suivantes :

1° Un avertissement ;

2° Une sanction pécuniaire qui ne peut excéder le montant des amendes prévues pour les contraventions de la 5e classe ;

3° La suspension temporaire de la licence d'agent sportif ;

4° Le retrait de la licence d'agent sportif, éventuellement assorti de l'interdiction d'obtenir une autre licence dans la même discipline ou dans toute discipline pour une durée pouvant aller jusqu'à cinq ans.

Pour les agents sportifs mentionnés à l'article R. 222-28, les sanctions prévues aux 3° et 4° sont remplacées par l'interdiction d'exercer l'activité d'agent sportif en France pour une durée pouvant aller jusqu'à cinq ans.

Les sanctions mentionnées aux 2°, 3° et 4° du présent article peuvent être assorties du sursis. Le sursis est révoqué si un nouveau manquement est commis dans un délai de cinq ans à compter du prononcé de la sanction.

Les sanctions mentionnées aux 1°, 3° et 4° du présent article peuvent être cumulées avec la sanction mentionnée au 2°.

Art. R. 222-39 La commission des agents sportifs peut, en cas de violation des articles L. 222-5, L. 222-7, L. 222-10, L. 222-12 à L. 222-14, L. 222-17, L. 222-18, R. 222-35 et R. 222-36 ainsi que des dispositions du règlement des agents sportifs édictées sur le fondement de l'article L. 222-18, prononcer à l'égard des associations et sociétés affiliées à la fédération ou à la ligue professionnelle qu'elle a constituée ainsi que des licenciés de la fédération, les sanctions suivantes :

1° Un avertissement ;

2° Une sanction pécuniaire qui, lorsqu'elle est infligée à un licencié, ne peut excéder le montant des amendes prévues pour les contraventions de la 5e classe ;

3° Une sanction sportive dont la nature est précisée par le règlement des agents sportifs de la fédération délégataire compétente.

Les sanctions mentionnées aux 2° et 3° du présent article peuvent être assorties du sursis. Le sursis est révoqué si un nouveau manquement est commis dans un délai de cinq ans à compter du prononcé de la sanction.

Les sanctions mentionnées aux 1° et 3° du présent article peuvent être cumulées avec la sanction mentionnée au 2° du présent article.

Art. R. 222-40 Les poursuites disciplinaires sont engagées par le délégué aux agents sportifs, qui instruit l'affaire dans le respect du principe du contradictoire. Les griefs sont communiqués à la personne poursuivie, qui dispose d'un délai pour répondre et peut consulter avant la séance l'intégralité du dossier.

La personne poursuivie est convoquée à l'audience. Elle peut être représentée par un avocat ou assistée d'une ou plusieurs personnes de son choix. Elle peut demander que soient entendues les personnes de son choix. Le président peut rejeter les demandes d'audition abusives.

Les débats devant la commission des agents sportifs siégeant en matière disciplinaire sont publics. Toutefois, le président peut, d'office ou à la demande de la personne poursuivie, interdire l'accès de la salle pendant tout ou partie de la séance dans l'intérêt de l'ordre public ou lorsque le respect de la vie privée le justifie.

La commission délibère à huis clos, hors de la présence de la personne poursuivie, de ses défenseurs, des personnes entendues à l'audience et du délégué aux agents sportifs. Elle statue par une décision motivée qui est notifiée à l'intéressé.

Le règlement des agents sportifs précise les règles de procédure applicables.

Art. R. 222-41 La commission des agents sportifs publie dans les conditions prévues par le règlement des agents sportifs les sanctions prononcées en application de l'article L. 222-19 à l'encontre des agents sportifs, des licenciés, des associations et sociétés affiliées.

Le recours dont ces sanctions peuvent faire l'objet devant le tribunal administratif territorialement compétent, après accomplissement de la procédure de conciliation prévue aux articles R. 141-5 à R. 141-9, relève du plein contentieux.

Art. R. 222-42 Le règlement disciplinaire type des fédérations sportives agréées prévu à l'annexe I-6 n'est pas applicables aux actions disciplinaires fondées sur les dispositions de l'article L. 222-19.

CHAPITRE III AUTRES DISPOSITIONS APPLICABLES AUX SPORTIFS

Le présent chapitre ne comprend pas de dispositions réglementaires.

CHAPITRE IV SUPPORTERS

(Décr. n° 2016-957 du 12 juill. 2016, art. 1er)

SECTION PREMIÈRE L'INSTANCE NATIONALE DU SUPPORTÉRISME

Art. D. 224-1 A la demande du ministre chargé des sports, l'Instance nationale du supportérisme est consultée sur tout projet de loi ou projet de texte réglementaire relatif aux supporters ou à leurs associations ainsi que sur tout projet d'acte de l'Union européenne ou de convention internationale se rapportant au supportérisme.

L'Instance nationale du supportérisme détermine les thèmes d'évaluation et d'étude relatifs au supportérisme qu'elle inscrit à son programme de travail.

Elle propose toute recommandation visant à contribuer au dialogue entre les supporters et les autres acteurs du sport, à la participation des supporters au bon déroulement des manifestations et compétitions sportives et à l'amélioration de leur accueil.

Elle veille à favoriser les échanges et le partage d'informations entre les acteurs concernés. A ce titre, elle a connaissance de la liste des personnes référentes chargées des relations avec les supporters au sein de chaque discipline gérée par une ligue professionnelle.

Elle présente chaque année au ministre chargé des sports un rapport d'activité qui retrace la contribution de l'instance et celle des différents acteurs du sport, dont la Division nationale de lutte contre le hooliganisme, sur le supportérisme.

Art. D. 224-2 L'Instance nationale du supportérisme est présidée par le ministre chargé des sports ou son représentant.

Outre son président, elle comprend :

1° Dix représentants des associations de supporters disposant de l'agrément du ministre chargé des sports ;

2° Cinq représentants d'associations sportives ou de sociétés sportives qui participent aux compétitions organisées par une ligue professionnelle ;

3° Un représentant des ligues professionnelles désigné par l'Association nationale des ligues de sport professionnel ;

4° Un représentant du Comité national olympique et sportif français désigné par son président ;

5° Un représentant du Comité paralympique et sportif français désigné par son président ;

6° Deux personnalités qualifiées à raison de leurs compétences en matière de supportérisme ;

7° Quatre représentants de l'État désignés, respectivement, sur proposition des ministres chargés des sports, de l'intérieur, de la justice et des transports ;

8° Trois représentants élus comprenant un député, un sénateur et un élu désigné par l'Association des maires de France.

Art. D. 224-3 Les membres de l'Instance nationale du supportérisme sont nommés par arrêté du ministre chargé des sports pour une durée de trois ans.

Le mandat est renouvelable une fois.

Les dispositions de l'article 74 de la loi n° 2014-873 du 4 août 2014 pour l'égalité réelle entre les femmes et les hommes et du décret n° 2015-354 du 27 mars 2015 relatif à l'égal accès des femmes et des hommes aux commissions et instances consultatives ou délibératives placées auprès du Premier ministre, des ministres ou de la Banque de France sont applicables à l'Instance nationale du supportérisme.

Les fonctions de membre de l'Instance nationale du supportérisme sont exercées à titre gratuit.

Les membres de l'Instance nationale du supportérisme peuvent se faire rembourser leurs frais de déplacement dans les conditions fixées par le décret n° 2006-781 du 3 juillet 2006 modifié fixant les conditions et les modalités de règlement des frais occasionnés par les déplacements temporaires des personnels civils de l'État.

Art. D. 224-4 L'Instance nationale du supportérisme se réunit et fonctionne dans les conditions prévues par les articles R. 133-3 à R.* 133-15 du code des relations entre le public et l'administration.

Elle se réunit au moins une fois par an en séance plénière. Elle peut se réunir en formation restreinte en fonction du programme de travail arrêté.

SECTION II **RELATIONS ENTRE LES ASSOCIATIONS ET *[LES]* SOCIÉTÉS SPORTIVES ET LEURS SUPPORTERS**

(Décr. n° 2016-957 du 12 juill. 2016, art. 1er et 2, en vigueur le 10 août 2016)

Art. D. 224-5 Les associations sportives ou sociétés sportives qui participent aux compétitions organisées par une ligue professionnelle désignent, en application de l'article L. 224-3, une ou plusieurs personnes référentes, ayant la qualité de bénévole ou de salarié, chargées des relations avec leurs supporters.

Elles informent la ligue professionnelle concernée de la ou des personnes référentes désignées.

Toute personne référente chargée des relations avec les supporters ne peut être membre de la ou des associations de supporters qui soutiennent l'association ou la société sportive qui l'a désignée, ni en charge des missions de sécurité des manifestations et compétitions sportives au sein ou pour le compte de cette association ou société sportive.

Art. D. 224-6 Toute personne référente chargée des relations avec les supporters est désignée par l'association ou, le cas échéant, la société sportive après que cette dernière a sollicité, à titre indicatif, l'avis des associations de supporters agréées par le ministre chargé des sports qui la soutiennent, par lettre recommandée avec demande d'avis de réception.

Ces associations de supporters disposent d'un délai de quinze jours à partir de la date de première présentation de la lettre recommandée pour formuler leur avis. En l'absence d'avis dans ce délai, l'association sportive ou la société sportive peut procéder à la désignation.

Art. D. 224-7 La personne référente chargée des relations avec les supporters assure le dialogue entre tous les supporters et les associations de supporters qui soutiennent l'association ou la société sportive.

Elle conseille et informe les dirigeants de l'association ou de la société sportive sur toutes questions ou demandes concernant les supporters ou les associations de supporters.

Elle assure également le dialogue avec les personnes référentes des autres associations ou sociétés sportives de la ligue professionnelle concernée et avec le représentant de l'État dans le département et, à Paris, le préfet de police, dans le cadre de la préparation des manifestations et compétitions sportives.

Elle assure, le cas échéant, la médiation entre les supporters, les associations de supporters, l'association ou la société sportive en cas de conflit les opposant.

Art. D. 224-8 L'association ou la société sportive, en lien avec les ligues professionnelles, s'assure que la personne référente chargée des relations avec les supporters suit périodiquement une formation de "référent des supporters".

SECTION III AGRÉMENT DES ASSOCIATIONS DE SUPPORTERS

Art. D. 224-9 L'agrément délivré par le ministre chargé des sports aux associations de supporters visées aux articles L. 224-3, L. 332-15, L. 332-16 et L. 332-17 peut être accordé aux associations de supporters satisfaisant aux conditions suivantes :

1° Elles doivent avoir adopté des statuts comportant des dispositions qui garantissent :

– leur fonctionnement démocratique, la transparence de leur gestion et l'égal accès des femmes et des hommes à leurs instances dirigeantes ;

– la liberté d'opinion et l'interdiction de toute discrimination de quelque nature que ce soit ;

– la promotion des valeurs du sport et le bon déroulement des manifestations et compétitions sportives ;

2° Elles doivent s'assurer que leurs membres adoptent, dans leur activité de supporters, une attitude conforme aux principes et dispositions statutaires énoncés ci-dessus ;

3° Elles doivent justifier de liens avec l'association sportive, la société sportive, ou la fédération sportive, ou la ligue professionnelle de la discipline qu'elles soutiennent. Elles peuvent, le cas échéant, justifier de liens avec une association nationale de supporters agréée de la discipline qu'elles soutiennent.

Art. D. 224-10 La demande d'agrément est adressée au ministre chargé des sports, accompagnée des pièces suivantes :

a) La copie de l'insertion au *Journal officiel* de la République française ;

b) Un exemplaire des statuts et du règlement intérieur ;

c) Les procès-verbaux des trois dernières assemblées générales ;

d) Une liste des membres chargés de l'administration de l'association ;

e) Les bilans et comptes d'exploitation des trois derniers exercices ;

f) Toute pièce permettant de justifier le lien avec l'association sportive, la société sportive, ou la fédération sportive, la ligue professionnelle ou, le cas échéant, une association nationale de supporters agréée d'une discipline qu'elles soutiennent.

Dans le cadre de l'instruction des dossiers de demande d'agrément, le ministère chargé des sports peut solliciter l'avis, à titre indicatif, de l'association sportive, la société sportive, de la fédération sportive, de la ligue professionnelle concernées ou, le cas échéant, d'une association nationale de supporters agréée, ainsi que tout autre élément utile.

Lorsque l'association de supporters qui sollicite l'agrément est constituée depuis moins de trois années, les documents mentionnés aux *c* et *e* ci-dessus sont produits pour la période correspondant à sa durée d'existence.

Art. D. 224-11 L'arrêté du ministre chargé des sports portant agrément est publié au *Journal officiel* de la République française. L'agrément est valable cinq ans.

La décision par laquelle le ministre chargé des sports refuse de délivrer l'agrément est motivée et notifiée à l'association.

Art. D. 224-12 Toute modification des statuts, du règlement intérieur et de la liste des membres chargés de l'administration de l'association intervenant postérieurement à la délivrance de l'agrément est communiquée sans délai au ministre chargé des sports.

Art. D. 224-13 L'agrément est retiré lorsque l'association de supporters cesse de satisfaire aux conditions requises pour l'obtenir.

Il est également retiré pour tout motif grave, notamment pour tout fait contraire à l'ordre public et à la moralité publique.

La décision de retrait est prise par le ministre chargé des sports, après que l'association de supporters a été préalablement informée des motifs pour lesquels le retrait est envisagé et mise à même de présenter des observations dans un délai de huit jours.

La décision est publiée au *Journal officiel* de la République française.

TITRE TROISIÈME SANTÉ DES SPORTIFS ET LUTTE CONTRE LE DOPAGE

CHAPITRE PRÉLIMINAIRE

Le présent chapitre ne comprend pas de dispositions réglementaires.

COMMENTAIRE

Par décret du 22 avril 2009, le Gouvernement a modifié le décret du 24 juin 2004 portant création d'un office central de lutte contre les atteintes à l'environnement et à la santé publique, pour attribuer à cet office compétence en matière de lutte contre le dopage, à l'exception des substances dopantes également considérées comme des stupéfiants. ❑

Décret n° 2004-612 du 24 juin 2004,

Portant création d'un Office central de lutte contre les atteintes à l'environnement et à la santé publique.

Art. 1er Il est créé un Office central de lutte contre les atteintes à l'environnement et à la santé publique, rattaché à la sous-direction de la police judiciaire de la direction générale de la gendarmerie nationale.

L'action de cet office, comme celle des autres offices centraux, fait l'objet d'une coordination globale exercée par la direction centrale de la police judiciaire.

Sont associés aux activités de cet office les directions et services actifs de la police nationale. Participent également à ses activités les directions et services des ministères concernés.

Art. 2 *(Décr. n° 2009-459 du 22 avr. 2009)* Cet office central de police judiciaire a pour domaine de compétence la lutte contre les infractions liées à l'environnement et à la santé publique. A ce titre, il est compétent en matière de lutte contre le dopage, lorsque les substances utilisées ne font pas partie de celles qui sont classées comme stupéfiants par arrêté du ministre chargé de la santé. Il intervient dans le respect des attributions des autres offices centraux avec lesquels il coopère.

Art. 3 Cet office est chargé :

1° D'animer et de coordonner, à l'échelon national et au plan opérationnel, les investigations de police judiciaire relatives aux infractions entrant dans le domaine de compétence défini à l'article 2 ;

2° D'observer et d'étudier les comportements les plus caractéristiques des auteurs et complices ;

3° De centraliser les informations relatives à cette forme de délinquance en favorisant leur meilleure circulation ;

4° D'assister les unités de la gendarmerie nationale et les services de la police nationale, ainsi que ceux de tous les autres ministères intéressés en cas d'infractions visées à l'article 2. Cette assistance ne dessaisit pas les services investis des recherches ;

5° De participer dans son domaine de compétence à des actions de formation et d'information.

Art. 4 Cet office intervient sans préjudice des dispositions régissant les autres offices centraux et les organes de coopération policière internationale :

1° A la demande des autorités judiciaires lorsque la désignation de l'office apparaît nécessaire ;

2° A la demande des unités de la gendarmerie, des services de la police et des directions des autres ministères concernés ;

3° D'initiative, chaque fois que les circonstances l'exigent.

Art. 5 L'office centralise, analyse, exploite et transmet aux services de la police nationale et aux unités de la gendarmerie nationale, ainsi qu'aux administrations concernées, toutes les informations relevant de sa compétence.

Art. 6 Les services de la police nationale, les unités de la gendarmerie nationale, les services du ministère chargé de la défense, du ministère chargé de l'économie, des finances et de l'industrie, du ministère chargé de l'équipement, du ministère chargé de l'environnement, du ministère chargé de la santé, du ministère chargé de l'agriculture ainsi que des autres administrations et services publics concernés adressent, dans les meilleurs délais, et selon des procédures définies conjointement, à l'office toutes informations nécessaires à ses missions.

Art. 7 Pour les infractions qui relèvent de sa compétence, l'office adresse aux services de police, de la douane, aux unités de gendarmerie et aux services investis de missions de police judiciaire des ministères concernés toutes indications utiles à l'identification ou à la recherche des criminels ou délinquants, ainsi que tous renseignements nécessaires aux enquêtes dont ils sont saisis.

Art. 8 Sans préjudice de l'application des conventions internationales et des textes communautaires, notamment en matière douanière, et dans le domaine de compétence défini à l'article 2, l'office :

— constitue, pour la France, le point de contact central dans les échanges internationaux ;

— entretient des liaisons opérationnelles avec les services spécialisés des autres États et avec les organismes internationaux, en étroite collaboration avec les services concernés de la direction centrale de la police judiciaire.

Art. 9 Le présent décret est applicable en Nouvelle-Calédonie, en Polynésie française, dans les îles Wallis-et-Futuna et à Mayotte.

CHAPITRE PREMIER **SUIVI MÉDICAL DES SPORTIFS**

COMMENTAIRE

Voir le commentaire sous l'article L. 231-1. ❑

SECTION PREMIÈRE **CERTIFICAT MÉDICAL**

SOUS-SECTION 1 **SURVEILLANCE MÉDICALE DES SPORTIFS PROFESSIONNELS** *(Décr. n° 2016-1286 du 29 sept. 2016, art. 13-II-1°).*

Art. R. 231-1 **Des mesures particulières définies par arrêté des ministres chargés des sports et du travail fixent les modalités de la surveillance médicale des sportifs professionnels salariés.** – *[Décr. n° 87-473 du 1er juill. 1987, art. 8.]*

SOUS-SECTION 2 **CERTIFICAT MÉDICAL ET QUESTIONNAIRE DE SANTÉ** *(Décr. n° 2016-1286 du 29 sept. 2016, art. 13-II-2°).*

Art. D. 231-1-1 *(Décr. n° 2016-1157 du 24 août 2016, art. 1er et 2, en vigueur le 1er sept. 2016)* **Les dispositions des articles L. 231-2 à L. 231-2-3 s'appliquent à toute licence délivrée par une fédération sportive ouvrant droit à la pratique d'une ou plusieurs disciplines sportives qu'elle organise, ainsi qu'aux licences d'arbitres.**

La durée d'un an mentionnée aux articles L. 231-2 à L. 231-2-3 s'apprécie au jour de la demande de la licence ou de l'inscription à la compétition par le sportif.

Le certificat médical mentionné aux articles L. 231-2 et L. 231-2-1 qui permet d'établir l'absence de contre-indication à la pratique du sport*[,]* mentionne, s'il y a lieu, la ou les disciplines dont la pratique est contre-indiquée. Il peut, à la demande du licencié, ne porter que sur une discipline ou un ensemble de disciplines connexes.

Art. D. 231-1-2 *(Décr. nº 2016-1157 du 24 août 2016, art. 1er et 2, en vigueur le 1er sept. 2016)* Le renouvellement d'une licence s'entend comme la délivrance d'une nouvelle licence, sans discontinuité dans le temps avec la précédente, au sein de la même fédération.

Art. D. 231-1-3 *(Décr. nº 2016-1387 du 12 oct. 2016, art. 1er)* Sous réserve des dispositions des articles D. 231-1-4 et D. 231-1-5, la présentation d'un certificat médical d'absence de contre-indication datant de moins d'un an est exigée :

1° Tous les trois ans lorsqu'elle permet la participation aux compétitions organisées par la fédération sportive qui la délivre ;

2° Selon une fréquence déterminée par les fédérations après avis de leur commission médicale prévue au 2.4.2 de l'annexe I-5, qui ne peut être inférieure à une fréquence d'une fois tous les trois ans, lorsque la licence ne permet pas la participation aux compétitions.

Par dérogation aux art. D. 231-1-3 et D. 231-1-4, jusqu'au 30 juin 2017, le renouvellement d'une licence est soumis à la présentation d'un certificat médical d'absence de contre-indication datant de moins d'un an à la pratique du sport ou, le cas échéant, de la discipline concernée (Décr. nº 2016-1387 du 12 oct. 2016, art. 3).

Art. D. 231-1-4 *(Décr. nº 2016-1157 du 24 août 2016, art. 1er et 2, en vigueur le 1er sept. 2016)* A compter du 1er juillet 2017, *(Décr. nº 2016-1387 du 12 oct. 2016, art. 2)* « lorsqu'un certificat médical n'est pas exigé pour le renouvellement de la licence, le sportif renseigne » un questionnaire de santé dont le contenu est précisé par arrêté du ministre chargé des sports.

(Décr. nº 2016-1387 du 12 oct. 2016, art. 2) « Le sportif ou son représentant légal atteste » auprès de la fédération que chacune des rubriques du questionnaire donne lieu à une réponse négative. A défaut, il est tenu de produire un nouveau certificat médical attestant de l'absence de contre-indication pour obtenir le renouvellement de la licence.

V. note ss. art. D. 231-1-3.

Art. D. 231-1-5 *(Décr. nº 2016-1157 du 24 août 2016, art. 1er et 2, en vigueur le 1er sept. 2016)* Les disciplines sportives qui présentent des contraintes particulières au sens de l'article L. 231-2-3 sont énumérées ci-après :

1° Les disciplines sportives qui s'exercent dans un environnement spécifique :

a) L'alpinisme ;

b) La plongée subaquatique ;

c) La spéléologie ;

2° Les disciplines sportives, pratiquées en compétition, pour lesquelles le combat peut prendre fin, notamment ou exclusivement lorsqu'à la suite d'un coup porté l'un des adversaires se trouve dans un état le rendant incapable de se défendre et pouvant aller jusqu'à l'inconscience ;

3° Les disciplines sportives comportant l'utilisation d'armes à feu ou à air comprimé ;

4° Les disciplines sportives, pratiquées en compétition, comportant l'utilisation de véhicules terrestres à moteur à l'exception du modélisme automobile radioguidé ;

5° Les disciplines sportives comportant l'utilisation d'un aéronef à l'exception de l'aéromodélisme ;

6° Le rugby à XV, le rugby à XIII et le rugby à VII.

SECTION II RÔLE DES FÉDÉRATIONS SPORTIVES

Art. R. 231-2 Les fédérations sportives publient chaque année un calendrier officiel des compétitions permettant aux sportifs de disposer d'un temps de récupération permettant de protéger leur santé. – *[L. nº 84-610 du 16 juill. 1984, art. 17, al. 5.]*

Art. R. 231-3 La surveillance médicale *(Abrogé par Décr. nº 2016-1286 du 29 sept. 2016, art. 13-III-1º)* « ***particulière*** » à laquelle les fédérations sportives mentionnées à l'article L. 231-6 soumettent leurs licenciés inscrits sur la liste des sportifs de haut niveau ou *(Abrogé par Décr. n° 2016-1286 du 29 sept. 2016, art. 13-III-2°)* « reconnus dans le projet de performance fédéral » a pour but de prévenir les risques sanitaires inhérents à la pratique sportive intensive. – *[CSP, art. R. 3621-1.]*

Art. R. 231-4 L'instance dirigeante compétente de la fédération désigne dans les conditions fixées par le règlement médical de celle-ci un médecin chargé de coordonner les examens prévus dans le cadre de la surveillance médicale définie à l'article R. 231-3. – *[CSP, art. R. 3621-2.]*

Art. R. 231-5 (Abrogé par Décr. n° 2016-1286 du 29 sept. 2016, art. 13-IV) ***Un arrêté des ministres chargés de la santé et des sports définit la nature et la périodicité des examens médicaux, communs à toutes les disciplines sportives, assurés dans le cadre de la surveillance définie à l'article R. 231-3.***

Il détermine également la nature et la périodicité des examens complémentaires qui peuvent être réalisés pour une discipline sportive spécifique. – [CSP, art. R. 3621-3.] – V. art. A. 231-1 s. ; Instr. n° 04-206 JS du 29 déc. 2004 relative à l'examen préalable à l'inscription sur la liste des sportifs de haut niveau ou sur la liste des sportifs classés en catégorie Espoirs (BOJS n° 22 du 31 déc.).

Art. R. 231-6 (Abrogé par Décr. n° 2016-1286 du 29 sept. 2016, art. 13-IV) ***Une copie de l'arrêté prévu à l'article R. 231-5 et du règlement médical de la fédération est communiquée par celle-ci à chaque licencié inscrit sur la liste des sportifs de haut niveau ou dans les filières d'accès au sport de haut niveau.*** – [CSP, art. R. 3621-4.]

Art. R. 231-7 (Abrogé par Décr. n° 2016-1286 du 29 sept. 2016, art. 13-IV) ***Pour la mise en œuvre de la surveillance médicale particulière définie à l'article R. 231-3 du présent code, les fédérations peuvent faire appel, si elles le souhaitent, dans chaque région et dans la collectivité territoriale de Corse, à un réseau de santé constitué en application de l'article L. 6321-1 du code de la santé publique à l'initiative du directeur régional de la jeunesse, des sports et de la vie associative après avis du directeur régional des affaires sanitaires et sociales.*** – [CSP, art. R. 3621-5.]

Art. R. 231-8 (Abrogé par Décr. n° 2016-1286 du 29 sept. 2016, art. 13-IV) ***Les établissements organisant des épreuves d'effort dans le cadre de la surveillance médicale définie à l'article R. 231-3 sont agréés par le directeur régional de la jeunesse, des sports et de la vie associative et le directeur régional des affaires sanitaires et sociales. L'agrément ne peut être délivré que si la sécurité du licencié pendant l'épreuve d'effort est assurée.*** – [CSP, art. R. 3621-6.]

Art. R. 231-9 Les résultats des examens réalisés dans le cadre de la surveillance médicale définie à l'article R. 231-3 sont transmis au sportif ainsi qu'au médecin mentionné à l'article R. 231-4. Ils sont inscrits au livret individuel prévu à l'article L. 231-7. – *[CSP, art. R. 3621-7.]*

Art. R. 231-10 Chaque année, le médecin mentionné à l'article R. 231-4 dresse un bilan de l'action relative à la surveillance médicale prévue par le présent chapitre. Ce bilan fait état des modalités de mise en œuvre et de la synthèse des résultats collectifs de cette surveillance. Il est présenté par ce médecin à la première assemblée générale fédérale qui en suit l'établissement et adressé par la fédération au ministre chargé des sports. – *[CSP, art. R. 3621-8.]*

Art. R. 231-11 Les personnes appelées à connaître, en application du présent chapitre, des données individuelles relatives à la surveillance médicale des licenciés inscrits sur la liste des sportifs de haut niveau ou *(Décr. n° 2016-1286 du 29 sept. 2016, art. 13-V, en vigueur le 1er déc. 2016)* « reconnus dans le projet de performance fédéral » sont tenues au secret professionnel dans les conditions et sous les réserves énoncées aux articles 226-13 et 226-14 du code pénal. – *[CSP, art. R. 3621-9.]*

CHAPITRE II LUTTE CONTRE LE DOPAGE

SECTION PREMIÈRE PRÉVENTION

Art. D. 232-1 Les antennes médicales de prévention du dopage sont chargées des missions suivantes :

1° Mettre en place une consultation spécialisée ouverte aux personnes ayant eu recours à des pratiques de dopage ou susceptibles d'y recourir et leur proposer un suivi médical ;

2° Conformément à l'article L. 231-8, délivrer au sportif sanctionné dans les conditions prévues aux articles L. 232-21 ou L. 232-22, après entretien avec un médecin, une attestation nominative ;

3° Recueillir et évaluer les données médicales liées aux cas de dopage transmises, dans le respect du principe du secret médical, par tout médecin au médecin responsable de l'antenne médicale en application de l'article L. 232-3 ;

4° Contribuer, sous la coordination du ministre chargé des sports et en lien avec les fédérations, à l'information et à la prévention des dommages liés à l'utilisation des produits dopants, en particulier vis-à-vis des professionnels de santé et du mouvement sportif ;

5° Contribuer, sous la coordination du ministre chargé des sports, à la recherche sur les risques et dommages liés à l'utilisation des substances et procédés dopants notamment par la mise en place d'un centre de ressources documentaires ;

6° Participer à la veille sanitaire en alertant les autorités compétentes de l'apparition éventuelle de nouvelles pratiques à des fins de dopage et en recueillant, analysant et transmettant, sous forme anonyme, aux autorités compétentes les données recueillies dans le cadre de l'activité de l'antenne. – *[Décr. n° 2006-1830 du 23 déc. 2006, art. 2.]*

Art. D. 232-2 Les antennes médicales sont implantées dans un établissement public de santé dont les locaux et l'équipement sont adaptés à leurs activités et missions.

Le responsable de l'antenne est un médecin ayant une pratique dans un ou plusieurs des domaines suivants : pharmacologie, toxicologie, médecine du sport, médecine légale ou prise en charge des dépendances.

Les missions mentionnées aux 1° et 4° de l'article D. 232-1 sont assurées par des personnels médicaux, paramédicaux ou des psychologues disposant de compétences notamment en pharmacologie, toxicologie, psychiatrie, addictologie ou médecine du sport. – *[Décr. n° 2006-1830 du 23 déc. 2006, art. 3.]*

Art. D. 232-3 Les personnes qui le demandent peuvent consulter et être suivies de manière anonyme. – *[Décr. n° 2006-1830 du 23 déc. 2006, art. 4.]*

Art. D. 232-4 En vue de l'obtention de l'agrément, l'établissement public de santé où est implantée l'antenne médicale de prévention du dopage adresse aux directeurs de l'agence régionale de l'hospitalisation et de la *(Décr. n° 2009-1540 du 10 déc. 2009, art. 10-II-3°-b)* « direction régionale de la jeunesse, des sports et de la cohésion sociale » dont elle dépend territorialement un dossier comportant :

1° Un projet d'organisation et de fonctionnement de l'antenne qui décline l'organisation des missions et l'objectif ;

2° Un projet de convention, comportant le projet de budget de fonctionnement, préparé avec la *(Décr. n° 2009-1540 du 10 déc. 2009, art. 10-II-3°-b)* « direction régionale de la jeunesse, des sports et de la cohésion sociale » ;

3° Les noms et qualités du responsable de l'antenne et de ses collaborateurs ;

4° Le ressort géographique d'intervention de l'antenne. – *[Décr. n° 2006-1830 du 23 déc. 2006, art. 5.]*

Art. D. 232-5 Les antennes médicales de prévention du dopage sont agréées pour cinq ans par arrêté des ministres chargés de la santé et des sports, après avis du directeur de l'agence régionale d'hospitalisation et du *(Décr. n° 2009-1540 du 10 déc. 2009, art. 10-II-3°-b)* « directeur régional de la jeunesse, des sports et de la cohésion sociale ». L'agrément précise l'établissement d'implantation, le nom et la qualité du médecin responsable. – *[Décr. n° 2006-1830 du 23 déc. 2006, art. 6.]*

Art. D. 232-6 Au terme des cinq ans, ou en cas de modification du service d'implantation ou des conditions initiales de fonctionnement ou de changement du médecin responsable, l'agrément est réexaminé après évaluation de l'activité de l'antenne et sur demande assortie d'un projet de fonctionnement et d'activité. – *[Décr. n° 2006-1830 du 23 déc. 2006, art. 7.]*

Art. D. 232-7 Les critères d'évaluation mentionnés aux articles D. 232-5 et D. 232-6 sont définis conjointement par les ministres chargés des sports et de la santé. – *[Décr. n° 2006-1830 du 23 déc. 2006, art. 8.]*

Art. D. 232-8 Les antennes médicales de prévention du dopage sont tenues de rendre compte annuellement de leur activité aux signataires de la convention.

Elles doivent signaler dans les meilleurs délais à la *(Décr. n° 2009-1540 du 10 déc. 2009, art. 10-II-3°-b)* « direction régionale de la jeunesse, des sports et de la cohésion sociale » tout changement de leurs règles de fonctionnement, notamment le nom et la qualification du médecin responsable, le lieu d'implantation et les coordonnées de l'antenne. – *[Décr. n° 2006-1830 du 23 déc. 2006, art. 9.]*

Art. D. 232-8-1 *(Décr. n° 2016-83 du 29 janv. 2016, art. 6)* Dans les quinze jours suivant la production de l'attestation nominative visée à l'article L. 231-8, l'antenne médicale de prévention du dopage ayant procédé à sa délivrance est tenue d'en transmettre une copie, par tout moyen, à la fédération dont le sportif relève ainsi qu'à l'Agence française de lutte contre le dopage.

Art. D. 232-9 L'agrément de l'antenne médicale de prévention du dopage est notifié à l'établissement public de santé dans lequel elle est implantée. – *[Décr. n° 2006-1830 du 23 déc. 2006, art. 10.]*

SECTION II AGENCE FRANÇAISE DE LUTTE CONTRE LE DOPAGE

SOUS-SECTION 1 ORGANISATION ADMINISTRATIVE

Art. R. 232-10 Le collège de l'Agence française de lutte contre le dopage, mentionné à l'article L. 232-6, délibère sur :

1° Le budget annuel et ses modifications en cours d'année ;

2° Le compte financier et l'affectation des résultats ;

3° Le règlement comptable et financier ; – *V. Délib. AFLD n° 2014-140 du 6 nov. 2014 portant règlement comptable et financier de l'agence française de lutte contre le dopage.*

4° Le règlement intérieur des services et les règles de déontologie ; – *V. Délib. AFLD n° 134 du 18 juin 2009 fixant les modalités d'attribution d'un congé de formation pour les personnels de l'Agence ; Délib. AFLD n° 137 du 15 oct. 2009 fixant les modalités d'application du droit individuel à formation aux personnels de l'Agence ; Délib. AFLD n° 2015-118 ORG du 5 nov. 2015 du Collège de l'Agence française de lutte contre le dopage portant règlement intérieur de l'Agence (www.afld.fr).*

5° Les conditions générales de passation des conventions ; – *V. Délib. AFLD n° 2015-116 ORG du 5 nov. 2015 du collège de l'AFLD relative aux procédures de marchés publics ; Délib. AFLD n° 2015-117 ORG du 5 nov. 2015 du collège de l'AFLD relative à la passation des conventions au nom de l'Agence (www.afld.fr).*

6° Les conditions générales de placement des fonds disponibles ;

7° Les acquisitions, échanges et aliénations de biens immobiliers ;

8° Les emprunts ;

9° Les dons et legs ;

10° Les transactions d'un montant supérieur à un seuil qu'il fixe, sur proposition du président ;

11° Les conditions générales de tarification des prestations que l'agence effectue pour le compte de tiers ; – *V. Délib. AFLD n° 75 du 18 oct. 2007 relative à la tarification des prélèvements et des analyses réalisées pour compte de tiers ; Délib. AFLD n° 85 du 17 janv. 2008 portant modification des conditions générales de tarification des prélèvements réalisés pour compte de tiers ; Délib. AFLD n° 117 du 11 déc. 2008 modifiant les conditions générales de tarification des prélèvements réalisés pour le compte de tiers ; Délib. AFLD n° 162 du 20 janv. 2011 fixant les tarifs des prélèvements sanguins à des fins de profilage et des analyses de détection de l'hormone de croissance recombinante (RhGH) et modifiant les conditions tarifaires de la production du dossier anal ; Délib. AFLD n° 199 du 15 déc. 2011 portant modification de la Délib. n° 117 du 11 déc. 2008 ; Délib. n° 48 du 9 juin 2016 portant modification du tarif des analyses réalisées pour le compte de tiers.*

V. aussi Délib. AFLD n° 29 du 8 févr. 2007 portant modification de la Délib. n° 11 du 5 oct. 2006 portant maintien à titre transitoire de la tarification des prestations d'analyses ; Délib. AFLD n° 128 du 19 mars 2009 modifiant les tarifs des analyses et fixant le coût de la production du dossier analytique par le département des analyses lors de l'analyse de l'échantillon B ; Délib. AFLD n° 188 du 29 sept. 2011 fixant le tarif du dossier analytique rendu suite à une analyse de sang réalisée à des fins de suivi hématologique ; Délib. AFLD n° 200 du 15 déc. 2011 portant modification de la délibération n° 128 du 19 mars 2009 modifiant les tarifs des analyses et fixant le coût de la production du dossier analytique par le département des analyses lors de l'analyse de l'échantillon B (www.afld.fr).

12° Les conditions générales d'emploi et de recrutement des agents ; – *V. Délib. AFLD n° 2014-131 du 22 oct. 2014 portant approbation des conditions générales d'emploi et de recrutement des agents de l'Agence française de lutte contre le dopage.*

13° Les modalités de rémunération des préleveurs auxquels l'agence fait appel pour la réalisation des contrôles ; – *V. Délib. AFLD n° 72 du 4 oct. 2007 fixant la rémunération des médecins préleveurs ; Délib. AFLD n° 73 du 4 oct. 2007 fixant la rémunération des infirmiers préleveurs ; Délib. AFLD n° 74 du 4 oct. 2007 fixant la rémunération des vétérinaires préleveurs ; Délib. AFLD n° 81 du 17 janv. 2008 fixant la rémunération des masseurs-kinésithérapeutes préleveurs ; Délib. AFLD n° 123 du 8 janv. 2009 fixant la rémunération des préleveurs autres que médecins, infirmiers et masseurs-kinésithérapeutes ; Délib. AFLD n° 153 du 2 sept. 2010 portant modifications de la rémunération des préleveurs en fonction de situations particulières.*

14° Les modalités de rémunération des experts auxquels l'agence fait appel, notamment de ceux qui participent au comité prévu par l'article L. 232-2 ; – *V. Délib. AFLD n° 2014-129 du 22 oct. 2014 modifiant les conditions de rémunération des médecins, membres du comité d'experts prévu à l'art. L. 232-2 C. sport ; Délib. AFLD n° 111 du 13 nov. 2008 relative à la rémunération des médecins membres du comité prévu à l'art. L. 232-2 C. sport, en charge des dossiers d'asthme et de ses variantes cliniques (www.afld.fr).*

15° La liste des médecins désignés en vue de participer aux travaux du comité mentionné au 14°.

Les délibérations prévues aux 6° et 9° sont transmises pour information aux ministres chargés des sports et du budget, dans un délai de quinze jours à compter de leur adoption par le collège.

Les délibérations prévues aux 1°, 2°, 13° et 14° ainsi que celle par laquelle est fixé le tarif prévu à l'article R. 232-82 sont transmises sans délai aux ministres chargés des sports et du budget. En cas de désaccord, ceux-ci disposent alors d'un délai de quinze jours pour demander au collège une nouvelle délibération. Les secondes délibérations sont transmises, pour information, aux ministres.

Les délibérations prévues aux 7° et 8° reçoivent l'approbation expresse des ministres chargés des sports et du budget.

La délibération prévue au 3° est exécutoire en l'absence d'opposition du ministre chargé des sports ou du ministre chargé du budget dans un délai de quinze jours à compter de sa réception. – *[Décr. n° 2006-1204 du 29 sept. 2006, art. 1er.]*

Art. R. 232-11 **Le collège de l'Agence française de lutte contre le dopage peut, dans les limites qu'il détermine, déléguer au président les décisions individuelles mentionnées aux articles R. 232-78 et R. 232-79.**

Il peut, dans les mêmes conditions, déléguer :

1° *(Décr. n° 2016-83 du 29 janv. 2016, art. 7)* **« Au directeur du département des contrôles : la désignation des sportifs aux fins de constituer le groupe cible mentionné à l'article L. 232-15 », les décisions d'octroi et de retrait de l'agrément des vétérinaires prévu aux articles R. 241-1 et R. 241-2 et les décisions d'octroi et de retrait de l'agrément individuel prévu à l'article R. 232-68 ;**

2° Au directeur du département des analyses : l'établissement des listes d'experts prévues par l'article R. 232-64 et par l'article R. 241-11.

Le président de l'agence, le directeur du département des contrôles et le directeur du département des analyses rendent compte au collège, lors de la séance la plus proche, des décisions prises en vertu des délégations qui leur sont ainsi consenties.

Art. R. 232-12 **Le collège de l'agence arrête son règlement intérieur, lequel fixe notamment les règles de convocation des membres ainsi que les modalités de délibé-**

ration. – *V. Délib. AFLD nº 2 du 5 oct. 2006 portant règlement intérieur du collège de l'agence mod., ci-dessous.*

Tout membre du collège qui, sans justification, n'a pas assisté à trois séances consécutives peut être déclaré démissionnaire d'office par le collège statuant à la majorité des deux tiers de ses membres, après avoir été mis en mesure de présenter des observations. Le président en informe l'autorité de nomination ainsi que le ministre chargé des sports. – *[Décr. nº 2006-1204 du 29 sept. 2006, art. 2.]*

Délibération nº 2015-118 ORG du 5 novembre 2015

du Collège de l'Agence française de lutte contre le dopage portant règlement intérieur de l'Agence.

Le Collège de l'Agence française de lutte contre le dopage,

Vu le code du sport, notamment son article R. 232-10 (4º),

Vu le décret nº 86-83 du 17 janvier 1986 relatif aux dispositions générales applicables aux agents contractuels de l'État pris pour l'application de l'article 7 de la loi nº 84-16 du 11 janvier 1984 portant dispositions statutaires relatives à la fonction publique de l'État,

Considérant la nécessité d'adapter le règlement intérieur des services de l'Agence aux évolutions intervenues dans le régime des agents contractuels de l'État et de préciser le régime de la durée du travail ainsi que les modalités d'organisation de celui-ci,

Après consultation du comité consultatif paritaire de l'Agence les 11 septembre 2014, 5 mai, 23 juin et 29 septembre 2015,

Sur proposition du président de l'Agence,

DÉCIDE :

Art. 1er Le règlement intérieur des services de l'Agence et les règles de déontologie observées par celle-ci sont définis en annexe à la présente délibération.

Art. 2 Les délibérations nº 18 du 23 novembre 2006 et nº 86 du 7 février 2008 relatives au règlement intérieur des services de l'Agence et aux règles de déontologie sont abrogées.

Art. 3 La présente délibération entrera en vigueur le 1er janvier 2016.

Art. 4 La présente délibération et son annexe seront publiées sur le site internet de l'Agence, affichées sur chacun des sites de l'Agence et communiquées à chaque agent dans les plus brefs délais.

RÈGLEMENT INTÉRIEUR

Art. 1er *Objet et champ d'application.*

Le présent document détermine les règles applicables dans les domaines suivants :
- obligations professionnelles,
- garanties,
- durée et organisation du travail,
- hygiène et sécurité,
- discipline.

Il s'applique à l'ensemble des agents de l'Agence française de lutte contre le dopage (AFLD), quel que soit leur statut et, sous réserve d'une mention expresse, aux membres du Collège de l'AFLD ainsi qu'aux personnes collaborant occasionnellement aux travaux de l'AFLD, aux experts et aux personnalités qualifiées dont le concours est requis.

TITRE Ier OBLIGATIONS PROFESSIONNELLES

Art. 2 *Obligations générales s'imposant aux agents de l'AFLD.*

Les agents de l'AFLD consacrent l'intégralité de leur activité professionnelle aux tâches qui leur sont confiées. Sauf application des dérogations prévues à l'article 25 de la loi nº 83-634 du 13 juillet 1983 portant droits et obligations des fonctionnaires, ils ne peuvent exercer à titre professionnel une autre activité lucrative de quelque nature que ce soit.

Chaque agent de l'AFLD est responsable des tâches qui lui sont confiées.

Les agents de l'AFLD sont tenus, hors le cas où un ordre est manifestement illégal et de nature à compromettre gravement un intérêt public, de respecter le présent document, portant règlement intérieur et règles de déontologie, ainsi que les dispositions portant organisation des services, les instructions données par leur supérieur hiérarchique et les dispositions contenues dans les notes de service et décisions du président de l'AFLD, du secrétaire général ou des chefs de service dans les domaines qui leur sont propres.

Art. 3 *Déontologie.*

Les agents de l'AFLD et les membres du Collège ne peuvent accepter de cadeaux ou d'avantages provenant de tiers extérieurs et notamment d'organisations sportives, de fournisseurs ou de prestataires de service. L'agent se voyant remettre ou proposer de tels cadeaux ou avantages doit sans délai en informer son supérieur hiérarchique.

Les agents de l'AFLD et les membres du Collège de l'AFLD ainsi que les personnes collaborant occasionnellement aux travaux de l'AFLD, les experts et les personnalités qualifiées dont le concours est requis doivent adresser au secrétaire général, avant leur prise de fonction ou le début de leur mission, une déclaration d'intérêts mentionnant notamment leurs activités personnelles ou professionnelles ainsi que celles de leurs conjoints, concubins ou partenaires unis par un pacte civil et de solidarité, en rapport direct ou indirect avec les missions de l'AFLD. Cette déclaration doit être actualisée dès qu'intervient une modification concernant les informations déclarées.

Art. 4 *Confidentialité.*

Chaque agent de l'AFLD doit faire preuve de discrétion professionnelle pour tous les faits, informations ou documents dont il a connaissance dans l'exercice ou à l'occasion de l'exercice de ses fonctions. En dehors des cas expressément prévus par la réglementat ion en vigueur, notamment en matière de liberté d'accès aux documents administratifs, les agents de l'AFLD ne peuvent être déliés de cette obligation de discrétion professionnelle que par décision hiérarchique expresse.

Les agents de l'AFLD sont également tenus au secret professionnel dans le cadre des règles instituées par les articles 226-13 et 226-14 du code pénal, en tant que dépositaires de renseignements concernant ou intéressant des particuliers à moins que les nécessités du service ou des obligations légales ne leur imposent la communication des informations dont ils ont eu connaissance dans l'exercice ou à l'occasion de l'exercice de leurs fonctions. L'obligation de secret professionnel perdure au-delà de la fin de la relation de travail.

Art. 5 *Publications et interventions publiques.*

Sauf si cela est expressément exclu par son contrat, les travaux auxquels un agent de l'AFLD est appelé à participer ou qui sont en rapport direct avec son activité à l'AFLD peuvent donner lieu de sa part à publication, communication ou conférence sous réserve d'en informer au préalable le président de l'AFLD.

Les dispositions de l'article L. 131-3-1 du code de la propriété intellectuelle s'appliquent aux agents de l'AFLD.

TITRE II GARANTIES

Art. 6 *Dossier individuel.*

Chaque agent de l'AFLD dispose d'un dossier individuel ouvert et tenu depuis le jour de son recrutement. Ce dossier doit comporter toutes les pièces intéressant la situation administrative de l'intéressé, enregistrées, numérotées et classées sans discontinuité.

Tout agent de l'AFLD a accès à son dossier individuel sur demande auprès du gestionnaire des ressources humaines. Sauf situation exceptionnelle, cet accès se réalise par une consultation sur place durant laquelle l'agent de l'AFLD peut se faire assister par la personne de son choix et prendre copie de tout ou partie des pièces versées à son dossier individuel.

Tout agent de l'AFLD bénéficie d'un droit de rectification, pour des motifs légitimes, quant aux informations le concernant figurant dans son dossier individuel.

Art. 7 *Représentation et droit de grève.*

Le droit syndical et le droit de grève sont garantis aux agents de l'AFLD dans le cadre de la réglementation applicable aux agents de la fonction publique de l'État ou du code du travail.

Il est institué au sein de l'AFLD un comité consultatif paritaire qui est consulté pour avis dans les domaines relevant de sa compétence. Ses modalités de composition et de fonctionnement sont déterminées par le Collège de l'AFLD.

Art. 8 *Évaluation professionnelle individuelle.*

Les agents de l'AFLD bénéficient, sur leur demande ou à l'initiative de leur chef de service, d'une évaluation professionnelle individuelle réalisée par celui-ci et donnant lieu à compte-rendu.

Les agents recrutés par contrat à durée indéterminée ou par contrat à durée déterminée supérieure à un an bénéficient annuellement d'un entretien professionnel individuel d'évaluation donnant lieu à compte rendu. Cet entretien est conduit par le supérieur hiérarchique et se déroule à une date communiquée au moins huit jours à l'avance à l'agent de l'AFLD. L'entretien porte principalement sur :

— les résultats professionnels de l'agent eu égard aux objectifs qui lui ont été assignés ;

— les conditions d'organisation et de fonctionnement du service dont il relève ;

— les objectifs de l'agent pour l'année à venir ;

— ses perspectives d'évolution professionnelle ;

— sa manière de servir ;

— les acquis de son expérience professionnelle et ses besoins de formation eu égard, notamment, aux missions qui lui sont imparties, aux compétences qu'il doit acquérir et à son projet professionnel.

Les comptes rendus des évaluations professionnelles individuelles, signés par l'agent et son supérieur hiérarchique, sont versés au dossier individuel.

Le secrétaire général peut être saisi par l'agent d'une demande de révision du compte rendu de l'entretien professionnel.

Ce recours hiérarchique est exercé dans un délai de quinze jours francs à compter de la date de notification à l'agent du compte rendu de l'entretien. Le secrétaire général notifie sa réponse dans un délai de quinze jours francs à compter de la date de réception de la demande de révision du compte rendu de l'entretien professionnel.

Le comité consultatif paritaire peut, à la requête de l'intéressé, sous réserve qu'il ait au préalable exercé le recours mentionné à l'alinéa précédent, demander au secrétaire général la révision du compte rendu de l'entretien professionnel. Dans ce cas, communication doit être faite au comité de tous éléments utiles d'information. Le comité doit être saisi dans un délai d'un mois à compter de la date de notification de la réponse formulée par le secrétaire général dans le cadre du recours.

L'autorité hiérarchique communique à l'agent, qui en accuse réception, le compte rendu définitif de l'entretien professionnel.

Art. 9 *Formation.*

Les agents de l'AFLD bénéficient, dans le cadre de la politique et du plan de formation, d'actions de formation destinées à :

— maintenir ou développer leur qualification professionnelle ;

— assurer leur adaptation aux évolutions des techniques et conditions de travail ;

— favoriser la promotion sociale.

Les modalités d'application du droit individuel à la formation et du congé individuel formation sont fixées par délibération du Collège de l'Agence.

Art. 10 *Répression du harcèlement.*

Aucun agent de l'AFLD ne doit subir :

a) Les faits de harcèlement sexuel constitués par des propos ou comportements à connotation sexuelle répétés qui soit portent atteinte à sa dignité en raison de leur caractère dégradant ou humiliant, soit créent à son encontre une situation intimidante, hostile ou offensante ;

b) Les faits assimilés au harcèlement sexuel, consistant en toute forme de pression grave, même non répétée, exercée dans le but réel ou apparent d'obtenir un acte de nature sexuelle, que celui-ci soit recherché au profit de l'auteur des faits ou au profit d'un tiers ;

c) Les agissements répétés de harcèlement moral qui ont pour objet ou pour effet une dégradation des conditions de travail susceptible de porter atteinte à ses droits et à sa dignité, d'altérer sa santé physique ou mentale ou de compromettre son avenir professionnel.

Aucune mesure concernant notamment le recrutement, la titularisation, la formation, la notation, la discipline, la promotion, l'affectation et la mutation ne peut être prise à l'égard d'un agent :

1° Parce qu'il a subi ou refusé de subir les faits de harcèlement sexuel ou moral mentionnés aux deuxième à quatrième alinéas, même si, dans les cas mentionnés aux *a)* et *c)*, les propos ou comportements n'ont pas été répétés ;

2° Parce qu'il a formulé un recours auprès d'un supérieur hiérarchique ou engagé une action en justice visant à faire cesser ces faits ;

3° Ou bien parce qu'il a témoigné de tels faits ou qu'il les a relatés.

Sans préjudice des sanctions civiles et pénales, est passible d'une sanction disciplinaire tout agent de l'AFLD ayant procédé ou enjoint de procéder aux faits de harcèlement sexuel ou moral mentionnés ci-dessus.

TITRE III DURÉE ET ORGANISATION DU TRAVAIL

Art. 11 *Temps de travail effectif et durées de référence.*

La durée de travail effectif s'entend comme le temps pendant lequel l'agent est à la disposition de l'employeur et doit se conformer à ses directives.

N'entrent pas dans le calcul du temps de travail effectif les congés annuels et les jours fériés légaux ordinairement chômés. N'entrent pas non plus dans le calcul de cette durée les astreintes et gardes réalisées en application de l'article 17 lorsqu'elles donnent lieu à l'octroi d'heures supplémentaires.

La durée annuelle de travail effectif est fixée à 1 607 heures pour les personnes travaillant à temps complet.

Entrent dans le calcul de cette durée annuelle huit jours de congés pour tenir compte des sujétions liées à la nature des missions et à la définition des cycles de travail qui en résultent, des possibilités ouvertes par le présent règlement de travail le dimanche ainsi que de modulations importantes des cycles de travail.

Sous réserve des aménagements nécessités par des raisons de service ou des contrats en cours à la date d'entrée en vigueur du présent règlement, la durée servant de référence pour la fixation de la durée de travail hebdomadaire est de 38 heures.

Art. 12 *Options d'organisation de la durée du travail.*

L'accomplissement de la durée annuelle de référence fixée à l'article 11 prend l'une des formes suivantes :

a) respect sur l'année de la durée de 1 607 heures ;

b) pour les contrats en cours à la date d'entrée en vigueur du présent règlement comportant une telle durée, respect d'une durée hebdomadaire de travail fixe dans les conditions déterminées par l'article 13 ;

c) respect d'une durée hebdomadaire variable dans les conditions fixées par l'article 14 et précisées par note du chef de service après validation par le secrétaire général.

Sans préjudice d'éventuelles dispositions spécifiques du contrat de l'agent, le choix entre les modalités décrites aux *a)* à *c)* est effectué par le chef de service, après consultation de l'agent.

Un changement peut résulter :

— soit d'une demande de l'agent acceptée par son chef de service ; cet accord constaté par écrit indique la date d'effet du changement ;

— soit d'une décision du chef de service ; sauf accord de l'agent, ce changement ne prend effet que dans un délai de deux mois à compter de sa notification.

La modalité retenue d'organisation de la durée du travail et ses éventuelles modifications sont notifiées sans délai par écrit à l'agent et versées à son dossier individuel.

Le comité consultatif paritaire est destinataire d'un bilan du temps de travail accompli par les agents durant l'année civile écoulée.

Art. 13 *Durée hebdomadaire de travail fixe.*

L'accomplissement d'une durée de travail hebdomadaire fixe s'effectue conformément au contrat de l'intéressé suivant l'une des modalités ci-après.

— trente-six heures et trente minutes ;

— trente-huit heures.

En cas de dépassement, à la demande du chef de service ou avec son autorisation, de cette durée ou de la durée annuelle de travail effectif de 1 607 heures, l'agent a droit à l'attribution d'heures de récupération.

Art. 14 *Durée hebdomadaire de travail variable.*

Les horaires de travail peuvent, sous réserve des nécessités de service, être définis à l'intérieur d'un cycle trimestriel, de sorte que la durée du travail effectif soit conforme sur l'année au décompte prévu, à savoir 1 607 heures. La durée hebdomadaire peut, à l'intérieur d'un cycle trimestriel, varier entre 34 heures et 41 heures. A titre exceptionnel, pour une durée ne pouvant excéder deux semaines consécutives, elle peut varier entre 32 heures et 44 heures pour répondre à une variation d'activité.

Les cycles trimestriels et la durée moyenne de travail au sein de ceux-ci sont définis annuellement par note du chef de service, après consultation du comité consultatif paritaire et accord du secrétaire général. Le comité consultatif est informé des éventuelles modifications des cycles trimestriels en cours d'année.

La note de service précise également les modalités garantissant la permanence et la continuité du service.

Dans le respect des cycles trimestriels et de la durée moyenne de travail ainsi définis, le chef de service détermine la répartition du temps de travail selon les cycles hebdomadaires.

Un décompte du temps de travail accompli chaque jour par chaque agent doit être effectué soit par un moyen automatisé soit par tout autre système validé par le chef de service.

En cas de dépassement, à la demande du chef de service ou avec son accord, de la durée annuelle de travail effectif de 1 607 heures ou de la durée moyenne mentionnée au deuxième alinéa du présent article, l'agent a droit à l'attribution d'heures de récupération.

Art. 15 *Récupération et réduction du temps de travail.*

I. — Ouvrent droit à des heures de récupération, lorsqu'ils résultent de la demande du chef de service ou sont effectués avec accord :

a) le dépassement de la durée hebdomadaire mentionnée à l'article 13 ;

b) le dépassement sur le trimestre de la durée moyenne de travail mentionnée au deuxième alinéa de l'article 14.

II. — Les heures de réduction du temps de travail sont calculées selon les modalités suivantes :

Soit :

— HT, le nombre d'heures de réduction du temps de travail auquel ouvrirait droit la stricte application de l'organisation du travail retenue ;

— DFT, la durée hebdomadaire fixe de travail théorique prévue à l'article 13, équivalant sur l'année à la durée de référence de l'article 11 ;

— DVT, la durée hebdomadaire variable de travail théorique prévue au deuxième alinéa de l'article 14, équivalant sur l'année à la durée de référence de l'article 11 mais exprimée par trimestre.

1° En cas d'application de l'organisation prévue par l'article 13 :

$HT = (DFT \times 46{,}2) - 1\,607$

2° En cas d'application de l'organisation prévue par l'article 14 :

$HT = (DVT1 + DVT2 + DVT3 + DVT4) \times 11{,}55 - 1\,607$

Les heures de réduction du temps de travail peuvent être prises sous forme de demi-journées ou de journées de repos. Une fraction des heures de réduction du temps de travail acquises peut donner lieu à la prise de journées de repos selon un calendrier fixé par le chef de service. Cette fraction ne peut excéder dix journées de réduction du temps de travail par an.

Les agents peuvent demander à disposer d'une simulation des heures de réduction du temps de travail résultant du temps de travail effectué à la fin du mois précédent. Ce calcul ne constitue pas un droit acquis, les heures de réduction du temps de travail pouvant être actualisées sur la période de référence au vu de la durée effective de travail.

Art. 16 *Pause méridienne et journée continue.*

Il est possible de travailler exceptionnellement en journée continue pour raison de service à la demande expresse du chef de service.

L'interruption méridienne est de 45 minutes minimum et 1 h 30 maximum. Elle n'est pas imputable sur le temps de travail.

Art. 17 *Travail les samedis, dimanches et jours fériés chômés.*

1° Gardes des personnels techniques et cadres techniques du département des analyses

L'affichage d'un planning de gardes obligatoires par service doit intervenir au moins quinze jours avant la mise en œuvre du dispositif.

Les chefs de section doivent être présents ou joignables téléphoniquement à tout moment. A cet effet, un téléphone mobile est mis à leur disposition.

Les gardes réalisées les samedis, dimanches, de nuit (entre 22 h 00 et 6 h 00) et durant les jours fériés peuvent donner lieu à rémunération ou être récupérées en temps selon les modalités prévues dans le contrat de l'agent, à la condition qu'elles aient été effectuées à la demande du supérieur hiérarchique et après accord du directeur du département des analyses.

2° Astreintes des personnels techniques et cadres techniques du département des analyses

L'affichage d'un planning d'astreintes obligatoires par service doit intervenir au moins quinze jours avant la mise en œuvre du dispositif.

Les chefs de section et agents en charge de l'astreinte doivent être présents ou joignables téléphoniquement à tout moment. A cet effet, un téléphone mobile est mis à leur disposition.

L'astreinte est réalisée à domicile. Elle est rémunérée dans les conditions fixées par délibération du Collège.

Lorsqu'un agent d'astreinte est contraint pour des raisons de service de se rendre dans les locaux du département des analyses, le temps de trajet pour s'y rendre ou en revenir ainsi que le temps travaillé dans ceux-ci donne lieu à contrepartie dans les conditions applicables aux gardes déterminées au 1°.

3° Astreintes des assistants du département des contrôles

Les assistants du département des contrôles effectuent, sur demande du directeur du département, une astreinte les samedis et dimanches.

Le directeur du département et les agents en charge de !'astreinte doivent être présents ou joignables téléphoniquement à tout moment. A cet effet, un téléphone mobile est mis à leur disposition.

L'astreinte est rémunérée dans les conditions fixées par délibération du Collège.

Le formulaire de demande d'astreinte est transmis par le directeur du département des contrôles au secrétaire général. Il est accompagné du programme des contrôles l'impliquant.

4° Agents relevant d'autres services

A la demande expresse de leur supérieur hiérarchique et à titre exceptionnel, les agents concernés peuvent être amenés à travailler les samedis, dimanches et durant les jours fériés. Les heures ainsi effectuées donnent lieu à compensation sous forme d'heures de récupération, selon les coefficients multiplicateurs suivants :

— 1,25 pour les heures effectuées le samedi ;

— 1,50 pour les heures effectuées le dimanche ;

— 2,00 pour les heures effectuées un jour férié.

A défaut, avec l'accord du chef de service et du secrétaire général, ces heures peuvent donner lieu à majoration salariale dans les conditions prévues au 1° du présent article.

Art. 18 *Absence pour maladie et déclaration d'accident survenu dans le cadre du travail.*

Toute absence pour maladie ou accident entraînant un arrêt de travail et la durée de celui-ci doivent être signalées au plus tôt au supérieur hiérarchique et déclarées auprès du gestionnaire chargé des ressources humaines dans les 48 heures par l'envoi de l'avis d'arrêt de travail.

Tout accident survenu dans le cadre du travail (ou du trajet) doit immédiatement être porté à la connaissance du supérieur hiérarchique. La déclaration d'accident de travail ou de trajet doit être déposée au service chargé des ressources humaines dans les 48 heures suivant l'accident.

La déclaration est consignée dans un registre et portée à la connaissance du CHSCT et du médecin du travail dans les plus brefs délais.

Art. 19 *Congés annuels.*

Les congés annuels se calculent par année civile. Ils sont fixés à trente jours par année complète d'activité.

Les agents de l'AFLD disposent de la possibilité de reporter les congés non pris jusqu'au 30 avril de l'année suivante. Ce report doit être justifié par des nécessités de service.

Un jour de congé supplémentaire est accordé à l'agent de l'AFLD prenant au moins cinq jours de congés en dehors de la période allant du 1er mai au 31 octobre. Un deuxième jour de congé supplémentaire est accordé, dans la limite de deux jours par année, lorsque le nombre de jours de congé pris en- dehors de la période précédemment mentionnée est d'au moins huit jours.

Les agents de l'AFLD recrutés à titre temporaire bénéficient de deux jours et demi de congé par mois travaillé. Ils bénéficient également d'heures de réduction du temps de travail en fonction de la durée de leur contrat et des horaires effectivement réalisés.

Les agents doivent utiliser leurs droits à congés avant la fin de leur contrat. Le secrétaire général peut toutefois en autoriser le paiement s'ils ne peuvent être pris avant la fin du contrat en raison de nécessités de service.

Pour l'attribution des congés annuels, le chef de service donnera priorité à ceux des agents ayant des enfants scolarisés.

Toute demande de congé annuel doit être, sauf circonstances exceptionnelles, formulée au moins une semaine à l'avance selon les modalités qui auront été fixées par instruction interne aux services. Lorsque cette demande porte sur plus de deux semaines consécutives, elle doit être formulée au moins un mois à l'avance.

Art. 20 *Autres congés et autorisations d'absences.*

Les dispositions relatives aux congés prévues par le décret n° 86-83 du 17 janvier 1986 sont applicables aux agents de l'AFLD.

Une note de service du secrétaire général fixe le régime des autorisations d'absence dont peuvent bénéficier à titre exceptionnel les agents de l'AFLD en raison de circonstances personnelles, notamment en cas de changement de domicile ou de garde d'enfants. Le comité consultatif paritaire en est informé.

Art. 21 *Compte-épargne temps.*

Les agents de l'AFLD peuvent ouvrir un compte-épargne temps.

Les modalités de constitution et d'utilisation de ce compte-épargne temps sont déterminées par les textes applicables à la fonction publique de l'État précisés, en tant que de besoin, par délibération du Collège de l'AFLD.

Art. 22 *Temps partiel.*

Les agents de l'AFLD recrutés à temps complet peuvent bénéficier, après une année d'activité à l'AFLD, d'un temps partiel dans les conditions prévues par le décret n° 86-83 du 17 janvier 1986. Cette possibilité est notamment ouverte pour raisons familiales pour chaque naissance ou adoption, ou pour donner des soins au conjoint, à un enfant à charge, un ascendant atteint d'un handicap ou victime d'un accident ou d'une maladie grave.

La demande de temps partiel ou son renouvellement doit être transmise sous couvert de la voie hiérarchique au secrétariat général au moins deux mois avant la date souhaitée ou le terme du temps partiel en cours. Le supérieur hiérarchique donne par écrit son avis sur la demande.

Sauf circonstances exceptionnelles, l'agent de l'AFLD souhaitant réintégrer un temps complet avant l'expiration de sa période de temps partiel doit en formuler la demande au moins trois mois avant la date souhaitée.

Les modifications de la quotité de travail donnent lieu à avenant au contrat de l'agent.

Art. 23 *Télétravail.*

Les agents de l'AFLD, après une année d'activité à l'AFLD, peuvent demander à exercer leurs missions en télétravail. L'autorisation de télétravail est prise par le secrétaire général de l'AFLD sur proposition du chef de service.

Le comité consultatif paritaire et le comité d'hygiène et de sécurité et des conditions de travail sont informés de la demande de l'agent dans les meilleurs délais.

Les modalités d'organisation du télétravail sont déterminées par les textes applicables à la fonction publique de l'État, précisés en tant que de besoin par délibération du Collège.

TITRE IV HYGIÈNE ET SÉCURITÉ

Art. 24 *Principes généraux.*

L'AFLD est chargée de veiller à la sécurité et à la protection des agents placés sous son autorité.

Les agents de l'AFLD sont tenus de respecter les règles et mesures d'hygiène et de sécurité telles que prévues par le président de l'AFLD ou son représentant et les dispositions du décret n° 82-453 du 28 mai 1982 modifié relatif à l'hygiène et à la sécurité au travail ainsi qu'à la prévention médicale dans la fonction publique.

Art. 25 *Comité d'hygiène, de sécurité et des conditions de travail.*

Il est créé auprès du secrétaire général de l'AFLD un comité d'hygiène et de sécurité et des conditions de travail (CHSCT) chargé de l'assister pour les questions relatives à l'hygiène et à la sécurité.

La composition et les attributions de ce comité sont fixées par délibération du Collège.

Art. 26 *Visite médicale.*

Les agents de l'AFLD sont tenus de se soumettre aux visites médicales d'aptitude aux emplois publics, de reprise du travail après un arrêt égal ou supérieur à vingt jours et aux visites médicales périodiques dans le cadre de la médecine du travail.

Art. 27 *Devoir de vigilance.*

Tout agent de l'AFLD ayant constaté une anomalie ou une défaillance dans une installation ou un matériel est tenu d'en informer son supérieur hiérarchique direct et la personne en charge des questions d'hygiène et de sécurité, lesquels recherchent conjointement une solution appropriée dans les meilleurs délais.

Art. 28 *Droit d'alerte et de retrait.*

Le droit d'alerte et de retrait s'exerce auprès du chef de service dont l'agent relève ou du secrétaire général.

Art. 29 *Alcool, tabac et substances illicites.*

Il est interdit de pénétrer ou de demeurer dans les locaux de l'AFLD sous l'emprise d'un état alcoolique ou de substances illicites.

Il est interdit d'introduire, de stocker, de distribuer ou de consommer des substances illicites dans les locaux de l'AFLD.

Sauf circonstances exceptionnelles, il est interdit d'introduire, de stocker, de distribuer ou de consommer de l'alcool dans les locaux de l'AFLD.

Il est interdit de fumer dans les locaux de l'AFLD.

TITRE V DISCIPLINE

Art. 30 *Champ d'application.*

Le non-respect des dispositions du règlement expose à l'engagement d'une procédure disciplinaire.

Art. 31 *Suspension et sanctions disciplinaires.*

1° Suspension

La suspension est une mesure conservatoire et provisoire, prise par le Président de l'AFLD. Elle ne présente pas par elle-même un caractère disciplinaire et, à ce titre, n'est pas soumise aux garanties disciplinaires.

L'agent de l'AFLD faisant l'objet d'une suspension conserve son traitement, l'indemnité de résidence, le supplément familial de traitement et les prestations familiales obligatoires. Sa situation doit être définitivement réglée dans le délai de quatre mois. A défaut, l'intéressé, sauf s'il est l'objet de poursuites pénales, est rétabli dans ses fonctions. Pendant la durée de sa suspension, l'agent de l'AFLD reste soumis aux dispositions du présent règlement intérieur ainsi qu'aux obligations de déontologie précédemment définies.

2° Sanctions disciplinaires

Tout agissement considéré comme fautif pourra, en fonction de sa gravité, faire l'objet d'une sanction disciplinaire après respect du droit à la communication de son dossier individuel et de la procédure disciplinaire applicable à L'AFLD.

Les sanctions disciplinaires applicables sont :

— l'avertissement ;

— le blâme ;

— l'exclusion temporaire de fonctions avec retenue de traitement pour une durée maximale d'un mois ;

— le licenciement.

A l'exception de l'avertissement, les sanctions disciplinaires sont inscrites au dossier individuel. Le blâme et l'exclusion temporaire de fonctions pour une durée maximale de trois jours sont automatiquement effacés au bout de trois ans, sauf en cas d'infliction d'une autre sanction durant cette période.

3° Procédure

Sauf en matière d'avertissement, l'avis préalable du comité consultatif paritaire est requis.

L'agent de l'AFLD à l'égard duquel il est envisagé de prononcer une sanction disciplinaire en est informé de manière écrite et motivée par le secrétaire général et convoqué pour un entretien avec ce dernier sous les huit jours de cette notification. L'agent de l'AFLD a le droit de se faire accompagner à cet entretien par la personne de son choix.

Le président de l'AFLD prononce les sanctions disciplinaires autres que l'avertissement. Celui-ci est prononcé par le secrétaire général de l'AFLD.

Les sanctions disciplinaires peuvent faire l'objet d'une contestation devant le tribunal administratif ou le conseil des prud'hommes compétent selon le statut de l'agent intéressé.

TITRE VI DISPOSITIONS FINALES

Le règlement intérieur des services et les règles de déontologie sont approuvés et modifiés par le Collège de l'AFLD sur proposition du président de l'AFLD.

Toute modification peut être demandée par le président ou le Collège de l'AFLD, ou par les représentants des personnels élus au comité consultatif paritaire.

Le présent document est conservé au secrétariat général, affiché sur les panneaux d'information internes et diffusé sur le site internet de l'AFLD. Le secrétariat général portera à la connaissance de chaque agent, dans les plus brefs délais et par tout moyen, toute modification l'affectant.

Art. R. 232-13 Le collège de l'agence peut décider de la publication de ses décisions et délibérations au *Journal officiel* de la République française. – *[Décr. n° 2006-1204 du 29 sept. 2006, art. 3.]*

Art. R. 232-14 Sur proposition du président, le collège de l'agence nomme le secrétaire général, le directeur du département des contrôles et le directeur du département des analyses. Il fixe leur rémunération et les éventuelles indemnités dont ils bénéficient. – *[Décr. n° 2006-1204 du 29 sept. 2006, art. 4.]*

Art. R. 232-15 Le président représente l'agence en justice et agit en son nom. – *[Décr. n° 2006-1204 du 29 sept. 2006, art. 5.]*

Art. R. 232-16 Le président est ordonnateur des recettes et des dépenses. Il peut désigner le secrétaire général comme ordonnateur secondaire.

Il peut transiger dans les conditions fixées par le 10° du I de l'article R. 232-10 du présent code et par les articles 2044 à 2058 du code civil.

Dans le cadre des règles générales fixées par le collège, il a qualité pour :

1° Décider des placements ;

2° Passer au nom de l'agence les conventions et marchés ;

3° Recruter le personnel et fixer les rémunérations et les indemnités autres que celles prévues aux premier et deuxième alinéas de l'article R. 232-21 du présent code ;

4° Tenir la comptabilité des engagements. – *[Décr. n° 2006-1204 du 29 sept. 2006, art. 6.]*

Art. R. 232-17 L'organisation des services est fixée par le président de l'agence, après avis du collège. – *[Décr. n° 2006-1204 du 29 sept. 2006, art. 7.]*

V. Décis. AFLD n° 2015-07 ORG du président du 24 sept. 2015 portant organisation des services de l'Agence publiée par Délib. AFLD n° 2015-95 ORG du 24 sept. 2015 ; Délib. n° 2016-77 ORG du 15 sept. 2016 portant avis sur le projet de décision modifiant la décision n° 2016-77 ORG préc. ; Décis. AFLD n° 2016-36 ORG du président du 22 déc. 2016 modifiant la décision n° 2015-07 ORG du 24 sept. 2015 portant organisation des services de l'Agence.

Art. R. 232-18 Le président de l'agence peut donner délégation au secrétaire général, au directeur du département des contrôles et au directeur du département des analyses, dans la limite de leurs attributions, pour signer tous actes relatifs au fonctionnement de l'agence et à l'exercice de ses missions, à l'exception de ceux mentionnés aux articles R. 232-93, R. 232-94 et R. 232-97.

Dans les matières relevant de leur compétence, le directeur du département des contrôles et le directeur du département des analyses peuvent déléguer leur signature, dans les limites qu'ils déterminent, et désigner les agents habilités à les représenter.

Le directeur du département des contrôles peut également, dans les limites qu'il détermine, déléguer la signature des décisions prévues à l'article R. 232-46 aux directeurs et agents des services du ministre chargé des sports auxquels l'agence fait appel dans les conditions prévues au II de l'article L. 232-5. – *[Décr. n° 2006-1204 du 29 sept. 2006, art. 11.]*

Art. R. 232-19 Le secrétaire général est chargé du fonctionnement des services de l'agence sous l'autorité du président. A ce titre, dans les matières relevant de sa compétence, il peut déléguer sa signature dans les limites qu'il détermine et désigner les agents habilités à le représenter.

Le secrétaire général peut, par délégation du président, tenir la comptabilité des engagements de dépenses dans les conditions définies par le règlement comptable et financier. – *[Décr. n° 2006-1204 du 29 sept. 2006, art. 12.]*

SOUS-SECTION 2 STATUT DES MEMBRES, AGENTS ET COLLABORATEURS DE L'AGENCE

Art. D. 232-20 Lors de la première séance qui suit sa nomination, chaque membre du collège de l'Agence française de lutte contre le dopage prête le serment suivant : "Je jure de bien et loyalement remplir mes fonctions de membre du collège de l'Agence française de lutte contre le dopage et d'observer en tout les devoirs qu'elles m'imposent. Je jure également de ne jamais rien révéler ou utiliser de ce qui sera porté à ma connaissance en tant que membre de ce collège." – *[Décr. n° 2006-1769 du 23 déc. 2006, art. 1er.]*

Art. R. 232-21 Le président de l'Agence française de lutte contre le dopage perçoit une indemnité de fonction fixée par arrêté des ministres chargés du budget et des sports.

Les membres du collège autres que le président perçoivent une indemnité par séance du collège à laquelle ils participent.

Le taux de l'indemnité par séance ainsi que le plafond annuel de rémunération attribuable à ce titre sont fixés par arrêté des ministres chargés du budget et des sports.

Les membres du collège peuvent également recevoir des indemnités au titre des rapports qu'ils établissent. Le montant de ces indemnités est fixé, en fonction du temps nécessaire à leur préparation et leur complexité, par le président de l'agence.

Le montant maximal de l'indemnité attribuable par rapport ainsi que le plafond annuel de rémunération attribuable à ce titre sont fixés par arrêté des ministres chargés du budget et des sports.

Les arrêtés prévus ci-dessus sont publiés au *Journal officiel* de la République française. – *[Décr. n° 2006-1204 du 29 sept. 2006, art. 13.]*

V. Arr. du 27 mars 2012 relatif au montant des indemnités susceptibles d'être allouées au président et aux membres du collège de l'Agence française de lutte contre le dopage (JO 10 mai) ; Décis. AFLD du 13 juill. 2011 fixant la composition du comité d'experts pour la localisation et le montant de la rémunération de ses membres.

Art. R. 232-22 Les frais occasionnés par les déplacements et les séjours des personnels et des membres du collège de l'agence sont remboursés dans les conditions prévues par le décret n° 2006-781 du 3 juillet 2006 fixant les conditions et les modalités de règlement des frais occasionnés par les déplacements temporaires des personnels civils de l'État.

Les délibérations prévues au 8° de l'article 2 ainsi qu'aux articles 3 et 7 du décret mentionné à l'alinéa précédent sont prises par le collège de l'agence. – *[Décr. n° 2006-1204 du 29 sept. 2006, art. 14.]*

V. Délib. AFLD n° 314 du 7 nov. 2013 portant détermination des conditions dérogatoires de prise en charge par l'agence de certains frais de déplacement.

Art. R. 232-23 L'agence peut employer des agents contractuels de droit public, sous contrat à durée déterminée ou indéterminée, à temps complet ou incomplet, et des salariés de droit privé à temps complet ou à temps partiel. Les contrats des agents de droit public sont soumis aux dispositions du décret n° 86-83 du 17 janvier 1986 relatif aux dispositions générales applicables aux agents non titulaires de l'État pris pour l'application de l'article 7 de la loi n° 84-16 du 11 janvier 1984 portant dispositions statutaires relatives à la fonction publique de l'État.

Chaque contrat conclu entre l'agence et l'un de ses agents précise s'il relève du droit public ou du code du travail.

Des fonctionnaires, des magistrats ou des militaires peuvent être détachés ou mis à disposition auprès de l'agence dans les conditions prévues par leurs statuts respectifs. – *[Décr. n° 2006-1204 du 29 sept. 2006, art. 15.]*

Art. R. 232-24 Les agents de l'Agence française de lutte contre le dopage :

1° Sont tenus à la discrétion et au secret professionnels dans les conditions définies à l'article 26 de la loi n° 83-634 du 13 juillet 1983 modifiée portant droits et obligations des fonctionnaires ;

2° Ne peuvent, par eux-mêmes ou par personne interposée, avoir, dans les organismes dont les activités ont un lien avec les missions de l'agence, aucun intérêt de nature à compromettre leur indépendance ;

3° Sont soumis aux dispositions du décret n° 95-168 du 17 février 1995 relatif à l'exercice d'activités privées par des fonctionnaires ou agents non titulaires ayant cessé temporairement ou définitivement leurs fonctions et aux commissions instituées par l'article 4 de la loi n° 94-530 du 28 juin 1994. – *[Décr. n° 2006-1204 du 29 sept. 2006, art. 16, al. 1er à 4.]*

Art. R. 232-25 Les personnes collaborant occasionnellement aux travaux de l'agence, les experts et les personnalités qualifiées ne peuvent réaliser des travaux dans lesquels ils auraient un intérêt direct ou indirect. Ils sont soumis aux obligations énoncées au 1° de l'article R. 232-24. En cas de manquement à ces obligations, le collège, statuant à la majorité de ses membres, peut mettre fin à leurs fonctions.

A l'exception des préleveurs agréés pour effectuer des contrôles, dont les conditions d'agrément font l'objet du décret pris pour l'application de l'article L. 232-11, les personnes mentionnées à l'alinéa précédent adressent au président de l'agence, à l'occasion de leur nomination ou de leur entrée en fonction, une déclaration mentionnant leurs liens directs ou indirects avec tout organisme dont les activités ont un lien avec les missions de l'agence. Cette déclaration est rendue publique et actualisée à leur initiative dès qu'une modification de ces liens intervient ou que de nouveaux liens sont noués. – *[Décr. n° 2006-1204 du 29 sept. 2006, art. 16, al. 5 et 6.]*

Art. R. 232-26 Les agents non statutaires de l'agence bénéficient de la garantie de ressources des travailleurs privés d'emploi. – *[Décr. n° 2006-1204 du 29 sept. 2006, art. 17.]*

SOUS-SECTION 3 **RÉGIME BUDGÉTAIRE ET COMPTABLE**

Art. R. 232-27 Les ressources de l'Agence française de lutte contre le dopage comprennent :

1° Les subventions de l'État et de ses établissements publics ;

2° Les revenus des prestations qu'elle facture ;

3° Les dons et legs ;

4° Les autres ressources propres. – *[Décr. n° 2006-1204 du 29 sept. 2006, art. 18.]*

Art. R. 232-28 L'exercice budgétaire et comptable débute le 1er janvier et s'achève le 31 décembre.

Le collège arrête le budget prévisionnel de l'agence chaque année avant le début de l'exercice. Le budget comporte la prévision des recettes attendues et des dépenses nécessitées par l'exercice des missions confiées à l'agence. Il peut être modifié en cours d'année. Il est présenté en équilibre sincère. Les crédits inscrits au budget sont limitatifs et appréciés au regard des dépenses de fonctionnement hors dépenses de personnel, des dépenses d'investissement et des dépenses de personnel. En cas de dégradation prévisible du résultat, le collège délibère dans les meilleurs délais sur une décision modificative du budget permettant le retour à l'équilibre.

En cas de désaccord du ministre chargé des sports ou du ministre chargé du budget sur le budget annuel, les opérations de recettes et de dépenses sont effectuées, jusqu'à ce que le collège ait de nouveau délibéré, sur la base des prévisions budgétaires de l'exercice précédent, déduction faite, le cas échéant, des crédits affectés à des dépenses non renouvelables. – *[Décr. n° 2006-1204 du 29 sept. 2006, art. 19.]*

Art. R. 232-29 L'agence est dotée d'un agent comptable nommé par arrêté des ministres chargés du budget et des sports. L'agent comptable est responsable personnellement et pécuniairement dans les conditions de l'article 60 de la loi n° 63-156 du 23 février 1963 portant loi de finances pour 1963 et du décret n° 64-1022 du 29 septembre 1964 relatif à la constatation et à l'apurement des débets des comptables publics et assimilés.

Il est chargé de la tenue des comptabilités de l'agence, du recouvrement des droits et contributions mentionnés à l'article R. 232-27 et de toutes les autres recettes de l'agence, du paiement des dépenses et du maniement des fonds ainsi que des mouvements de comptes de disponibilités.

Avec l'accord du président de l'agence, l'agent comptable peut, sous son contrôle, confier la comptabilité analytique et la comptabilité matière aux services de l'agence.

L'agent comptable peut nommer des mandataires qui sont agréés par le président de l'agence. – *[Décr. n° 2006-1204 du 29 sept. 2006, art. 20.]*

Art. R. 232-30 Les comptes de l'agence sont établis selon les règles du plan comptable général.

Celui-ci peut faire l'objet d'adaptations proposées par le président de l'agence après avis du collège et approuvées par le ministre chargé du budget.

Les taux d'amortissement et de dépréciation ainsi que les modalités de tenue des inventaires sont fixés par le règlement comptable et financier.

L'agent comptable établit un compte financier au terme de chaque exercice. Le compte financier comprend le compte de résultat, le bilan, l'annexe, la balance générale des comptes à la clôture de l'exercice, le tableau de rapprochement des prévisions et des réalisations et, le cas échéant, la balance des comptes spéciaux.

Le compte financier est préparé par l'agent comptable et soumis par le président de l'agence au collège, qui entend l'agent comptable. Le compte financier est arrêté par le collège. Il est transmis à la Cour des comptes par le président de l'agence, accompagné des délibérations du collège relatives au budget, à ses modifications et au compte financier et de tous les autres documents demandés par les ministres ou par la cour, dans les quatre mois qui suivent la clôture de l'exercice.

Le rapport annuel fait une présentation du compte financier et reproduit le compte de résultat et le bilan. – *[Décr. n° 2006-1204 du 29 sept. 2006, art. 21.]*

Art. R. 232-31 L'agent comptable est tenu de faire diligence pour assurer le recouvrement de toutes les ressources de l'agence. Les recettes sont recouvrées par l'agent comptable soit spontanément, soit en exécution des instructions du président de l'agence.

L'agent comptable adresse aux débiteurs les factures correspondantes et reçoit leurs règlements. Tous les droits acquis au cours d'un exercice doivent être pris en compte au titre de cet exercice. – *[Décr. n° 2006-1204 du 29 sept. 2006, art. 22.]*

Art. R. 232-32 Lorsque les créances de l'agence, autres que la subvention de l'État mentionnée à l'article L. 232-8, n'ont pu être recouvrées à l'amiable, les poursuites sont conduites conformément aux usages du commerce ou peuvent faire l'objet d'états rendus exécutoires par le président de l'agence. Les états exécutoires peuvent être notifiés aux débiteurs par lettre recommandée avec demande d'avis de réception. Leur recouvrement est poursuivi jusqu'à opposition devant la juridiction compétente. – *[Décr. n° 2006-1204 du 29 sept. 2006, art. 23.]*

Art. R. 232-33 L'agent comptable procède aux poursuites. Celles-ci peuvent, à tout moment, être suspendues sur ordre écrit du président de l'agence si la créance est l'objet d'un litige. Le président de l'agence suspend également les poursuites si, en accord avec l'agent comptable, il estime que la créance n'est pas recouvrable ou que l'octroi d'un délai par l'agent comptable est conforme à l'intérêt de l'agence. – *[Décr. n° 2006-1204 du 29 sept. 2006, art. 24.]*

Art. R. 232-34 Le président de l'agence peut décider, sur avis conforme de l'agent comptable :

1° Une remise gracieuse des créances de l'agence en cas de gêne des débiteurs ;

2° La remise totale ou partielle des majorations de retard ou des pénalités appliquées sur demande justifiée des débiteurs ;

3° Une admission en non-valeur des créances, en cas d'insolvabilité des débiteurs ou lorsque leurs créances ne sont pas recouvrables.

Le collège fixe le montant au-delà duquel l'une des remises mentionnées au 1° ou au 2° est soumise à son approbation.

Lorsque la remise gracieuse, totale ou partielle, concerne une dette de l'agent comptable, l'avis conforme prévu par l'article 8 du décret n° 64-1022 du 29 septembre 1964 relatif à la constatation et à l'apurement des débets des comptables publics et assimilés est rendu par le collège. – *[Décr. n° 2006-1204 du 29 sept. 2006, art. 25.]*

Art. R. 232-35 Toutes les dépenses doivent être liquidées et ordonnancées au cours de l'exercice auquel elles se rattachent. Les dépenses de l'agence sont réglées par l'agent comptable sur ordre du président de l'agence ou après avoir été acceptées par ce dernier. Les ordres de dépenses sont appuyés des pièces justificatives nécessaires, notamment des factures, mémoires, marchés, baux ou conventions. L'acceptation de la dépense revêt la forme soit d'une mention datée et signée, apposée sur le mémoire, la facture ou toute pièce en tenant lieu, soit d'un certificat séparé d'exécution de service, l'une ou l'autre précisant que le règlement peut être valablement opéré pour la somme indiquée.

L'agent comptable peut payer sans ordonnancement préalable ou avant service fait certaines catégories de dépenses, dans les conditions prévues par le règlement comptable et financier. – *[Décr. n° 2006-1204 du 29 sept. 2006, art. 26.]*

Art. R. 232-36 La liste des pièces justificatives de recettes et de dépenses est préparée par l'agent comptable et proposée par le président de l'agence à l'agrément du ministre chargé du budget. En cas de perte, destruction ou vol des justifications remises à l'agent comptable, le ministre chargé du budget peut autoriser ce dernier à pourvoir à leur remplacement. Les pièces justificatives sont conservées dans les archives de l'agent comptable pendant dix ans au moins à partir de la date de clôture de l'exercice auquel elles se rapportent. – *[Décr. n° 2006-1204 du 29 sept. 2006, art. 27.]*

Art. R. 232-37 L'agent comptable est tenu d'exercer :

1° En matière de recettes, le contrôle de l'autorisation de percevoir les recettes et de la mise en recouvrement des créances et de la régularité des réductions et des annulations des ordres de recettes, dans la limite des éléments dont il dispose ;

2° En matière de dépenses, le contrôle de la qualité de l'ordonnateur ou de son délégué, de la disponibilité des crédits, de l'exacte imputation des dépenses aux chapitres qu'elles concernent selon leur nature ou leur objet, de la validité de la créance dans les conditions prévues au 4 et du caractère libératoire du règlement ;

3° En matière de patrimoine, le contrôle de la conservation des droits, privilèges et hypothèques et de la conservation des biens dont il tient la comptabilité matière ;

4° En ce qui concerne la validité de la créance, le contrôle de la justification du service fait et de l'exactitude des calculs de liquidation et de l'application des règles de prescription et de déchéance.

Lorsqu'il constate, à l'occasion des contrôles qu'il réalise, des irrégularités ou des inexactitudes dans les certifications délivrées par le président de l'agence, l'agent comptable suspend le paiement des dépenses. Il en informe le président.

Lorsque l'agent comptable a suspendu le paiement des dépenses, le président de l'agence peut, par écrit et sous sa responsabilité, requérir l'agent comptable de payer. Celui-ci défère à la réquisition et rend compte au ministre chargé du budget, qui transmet l'ordre de réquisition à la Cour des comptes.

Par dérogation aux dispositions du précédent alinéa, l'agent comptable doit refuser de déférer à l'ordre de réquisition lorsque la suspension du paiement est motivée par l'absence de justification du service fait, le caractère non libératoire du règlement ou le manque de fonds disponibles.

Dans ce cas, l'agent comptable rend immédiatement compte au ministre chargé du budget. – *[Décr. n° 2006-1204 du 29 sept. 2006, art. 28.]*

Art. R. 232-38 Les comptes de l'agent comptable de l'agence sont jugés par la Cour des comptes. Le contrôle de la gestion de l'agent comptable est également assuré par le receveur général des finances. – *[Décr. nº 2006-1204 du 29 sept. 2006, art. 29.]*

Art. R. 232-39 Des régies de recettes et de dépenses peuvent être créées auprès de l'agence par décision du président, sur avis conforme de l'agent comptable, dans les conditions fixées par le décret nº 92-681 du 20 juillet 1992 relatif aux régies de recettes et aux régies d'avances des organismes publics. – *[Décr. nº 2006-1204 du 29 sept. 2006, art. 30.]*

Art. R. 232-40 *(Décr. nº 2012-1247 du 7 nov. 2012, art. 43-14º, en vigueur le 1er janv. 2013)* Les fonds de l'agence sont déposés et placés dans les conditions prévues par l'article 197 du décret nº 2012-1246 du 7 novembre 2012 relatif à la gestion budgétaire et comptable publique.

Art. R. 232-41 *(Décr. nº 2010-406 du 26 avr. 2010, art. 38)* L'agence est soumise aux dispositions de l'ordonnance nº 2005-649 du 6 juin 2005 relative aux marchés passés par certaines personnes publiques ou privées non soumises au code des marchés publics.

SOUS-SECTION 4 TRAITEMENT AUTOMATISÉ DE DONNÉES À CARACTÈRE PERSONNEL VISANT À METTRE EN ŒUVRE L'ÉTABLISSEMENT DU PROFIL BIOLOGIQUE DES SPORTIFS MENTIONNÉS À L'ARTICLE L. 232-15

(Décr. nº 2013-1317 du 27 déc. 2013)

Art. R. 232-41-1 Est autorisée la création, par l'Agence française de lutte contre le dopage, d'un traitement automatisé de données à caractère personnel visant à faciliter l'établissement du profil biologique des sportifs mentionnés à l'article L. 232-15 et à orienter les contrôles relatifs à la lutte contre le dopage les concernant.

Ce traitement rassemble les données biologiques mises en évidence par les analyses consécutives aux prélèvements biologiques prévus au premier alinéa de l'article L. 232-12.

Art. R. 232-41-2 Le traitement mentionné à l'article R. 232-41-1 a pour finalités de :

1º Rassembler des informations biologiques sur les sportifs mentionnés aux 1º, 2º et 3º de l'article L. 232-15 ;

2º Détecter l'utilisation d'une substance ou d'une méthode interdite et la sanctionner dans les conditions fixées par les articles L. 232-21 et suivants ;

3º Favoriser la mise en œuvre de contrôles relatifs à la lutte contre le dopage pour ces mêmes catégories de sportifs ;

4º Dissuader les mêmes sportifs de recourir à des substances ou méthodes interdites ;

5º Préserver la santé des intéressés.

Art. R. 232-41-3 I. – Peuvent être enregistrées dans le traitement automatisé des données à caractère personnel mentionné à l'article R. 232-41-1 cinq catégories de données :

1º Les données relatives à l'état civil du sportif :

a) Nom et prénom ;

b) Date et lieu de naissance ;

c) Sexe ;

2º Les données se rapportant à l'activité du sportif :

a) Sport pratiqué ;

b) En cas d'affiliation de l'intéressé à une fédération sportive nationale agréée, la dénomination de cette dernière ;

c) Mention, s'il y a lieu, de sa participation à des stages en moyenne ou haute altitude ou du recours à un dispositif de simulation de l'altitude au cours des trois derniers mois ;

3º Des indications communiquées par l'intéressé et relatives à un traitement médical en cours ou récent ;

4° Les données hématologiques mesurées ou calculées dans les échantillons de sang du sportif :
a) Hématocrite ;
b) Hémoglobine ;
c) Volume globulaire moyen ;
d) Concentration corpusculaire moyenne en hémoglobine ;
e) Numération érythrocytaire (globules rouges) ;
f) Pourcentage de réticulocytes ;
g) Numération des réticulocytes ;
h) Hémoglobine corpusculaire moyenne ;
i) Indice faisant apparaître la différence entre le taux d'hémoglobine et le taux de réticulocytes, dénommé "Off-score" ;
j) Distribution des globules rouges avec déviation de standard ;
k) Fraction de réticulocyte immature ;
5° Les données mesurées ou calculées dans les échantillons d'urine du sportif :
a) Testostérone ;
b) Épitestostérone ;
c) Androstérone ;
d) Étiocholanolone ;
e) Déhydroépiandrostérone ;
f) 5 androstanediol ;
g) 5 androstanediol ;
h) Dihydrotestostérone ;
i) Hormone lutéinisante ;
j) Hormone chorionique gonadotrophine ;
k) Indice faisant apparaître la concentration de testostérone par rapport à celle d'épitestostérone, dénommé "rapport T/E" ;
l) Densité urinaire.

II. — Les données entrant dans la catégorie mentionnée au 4° du I peuvent être précisées ou complétées, aux fins de mettre en évidence l'utilisation d'une substance ou d'une méthode interdite, par une délibération du collège de l'Agence française de lutte contre le dopage prise conformément aux recommandations de l'Agence mondiale antidopage et publiée au *Journal officiel* de la République française.

Art. R. 232-41-4 Les données mentionnées à l'article R. 232-41-3 peuvent être communiquées à l'Agence française de lutte contre le dopage par :

1° L'Agence mondiale antidopage à partir du système d'administration et de gestion antidopage hébergé sur une plate-forme internet sécurisée au Canada ;

2° Une fédération sportive internationale ayant passé, à cet effet, une convention avec l'Agence française de lutte contre le dopage, à la condition que le lieu d'hébergement des données traitées se trouve dans un État assurant un niveau de protection suffisant de la vie privée et des libertés et droits fondamentaux des personnes à l'égard du traitement dont ces données font l'objet ou peuvent faire l'objet.

V. Délib. AFLD n° 2014-56 du 4 juin 2014 autorisant le président de l'agence à signer, avec l'Union cycliste internationale, un accord de collaboration portant sur le partage des données relatives au « passeport biologique » ; Délib. AFLD n° 2015-90 du 10 sept. 2015 autorisant le président de l'Agence à signer avec l'UEFA un accord de coopération sur les programmes antidopage, incluant notamment le partage des données relatives au "passeport biologique" ; Délib. AFLD n° 2016-24 du 2 mars 2016 autorisant le président de l'agence à signer, avec la Fédération internationale d'athlétisme (IAAF), un accord de collaboration portant sur le partage des données relatives au « passeport biologique ».

Art. R. 232-41-5 Sont seuls habilités à enregistrer ou modifier les données mentionnées à l'article R. 232-41-3 :

1° Pour les données mentionnées aux 1° à 3° de l'article R. 232-41-3, les agents du département des contrôles de l'Agence française de lutte contre le dopage ;

2° Pour les données mentionnées aux 4° et 5° du même article, les agents du département des analyses de cette agence ;

3° Pour l'ensemble des données mentionnées à cet article, les personnes désignées par le président de l'agence pour exercer les fonctions de responsable du service médical de l'Agence et de responsable de l'unité de gestion du profil biologique du sportif mentionnée à l'article R. 232-67-8 ainsi que les agents placés sous leur autorité.

Art. R. 232-41-6 Le rapprochement aux fins d'interprétation entre les données mentionnées aux *b* et *c* du 1°, au 2° et au 3° de l'article R. 232-41-3, d'une part, et celles mentionnées aux 4° et 5° du même article, d'autre part, ne peut être réalisé que par la personne désignée par le président de l'agence pour exercer les fonctions de conseiller scientifique, ou, en cas d'empêchement de cette dernière, par le président du comité d'orientation scientifique mentionné à l'article R. 232-44, à la condition d'avoir *[que cette personne ait]* le titre de docteur en médecine ou de docteur en pharmacie.

Art. R. 232-41-7 Peuvent être destinataires des données mentionnées à l'article R. 232-41-3 :

1° L'Agence mondiale antidopage ;

2° Une fédération sportive internationale, sous réserve du respect des conditions prévues au 2° de l'article R. 232-41-4.

Art. R. 232-41-8 Les données mentionnées à l'article R. 232-41-3 sont effacées au plus tard à l'expiration d'un délai de huit ans à compter de la date de leur enregistrement dans le traitement.

Art. R. 232-41-9 Le responsable du service médical de l'Agence française de lutte contre le dopage, suppléé, le cas échéant, par le responsable de l'unité de gestion du profil biologique des sportifs, est responsable du respect des règles de gestion du traitement.

Le droit d'accès et de rectification s'exerce auprès de ce dernier dans les conditions prévues aux articles 39, 40 et 43 de la loi n° 78-17 du 6 janvier 1978 relative à l'informatique, aux fichiers et aux libertés. Le responsable du traitement dispose d'un délai de deux mois pour donner suite à la demande.

Le droit d'opposition prévu à l'article 38 de la même loi ne s'applique pas au présent traitement.

SOUS-SECTION 5 TRANSMISSION DE DOCUMENTS PAR VOIE ÉLECTRONIQUE

(Décr. n° 2016-83 du 29 janv. 2016, art. 8)

Art. R. 232-41-10 Peut être réalisée par voie électronique, dans des conditions définies par l'agence, la transmission des documents et actes de procédure relatifs :

1° A la désignation des sportifs aux fins de constituer le groupe cible mentionné à l'article L. 232-15 et au respect des obligations liées à l'appartenance à ce groupe cible ;

2° A la suspension provisoire à titre conservatoire prévue à l'article L. 232-23-4 ;

3° Au profil biologique du sportif ;

4° Aux demandes d'autorisation d'usage à des fins thérapeutiques ou de reconnaissance d'une telle autorisation ;

5° A la procédure disciplinaire prévue aux articles R. 232-87 à R. 232-98, y compris la transmission de tout ou partie du dossier disciplinaire.

Art. R. 232-41-11 Les transmissions par voie électronique s'opèrent au moyen d'une application informatique dédiée accessible par le réseau internet.

Les caractéristiques techniques de cette application garantissent la fiabilité de l'identification des personnes destinataires, l'intégrité des documents adressés ainsi que la sécurité et la confidentialité des échanges entre ces personnes et l'Agence française de lutte contre le dopage. Elles permettent également d'établir de manière certaine la date et l'heure de la mise à disposition d'un document ainsi que celles de sa première consultation par son destinataire.

SECTION III AGISSEMENTS INTERDITS ET CONTRÔLES

SOUS-SECTION PRÉLIMINAIRE INTERDICTION DE RECOURIR AUX SERVICES D'UNE PERSONNE QUI A FAIT L'OBJET D'UNE SANCTION EN MATIÈRE DE LUTTE CONTRE LE DOPAGE

(Décr. n° 2016-83 du 29 janv. 2016, art. 9)

Art. R. 232-41-13 S'il apparaît, en l'état des informations portées à la connaissance de l'Agence française de lutte contre le dopage, qu'un sportif tombe sous le coup de l'interdiction édictée par l'article L. 232-9-1, le secrétaire général de l'agence l'en avise par lettre recommandée avec demande d'avis de réception ou par lettre remise contre récépissé ou encore par tout moyen permettant d'en garantir l'origine et la réception. Le sportif est mis à même de présenter ses observations et dispose à cet effet d'un délai de quinze jours.

Après avoir pris connaissance des observations du sportif, ou en l'absence d'observations de ce dernier dans ce délai, le secrétaire général lui notifie par lettre recommandée avec demande d'avis de réception ou par lettre remise contre récépissé ou encore par tout moyen permettant de garantir l'origine et la réception de la notification, l'identité de la personne à laquelle il lui est interdit d'avoir recours et la durée de l'incapacité dont elle est frappée.

Faute pour le sportif d'apporter la preuve à l'Agence française de lutte contre le dopage, dans les dix jours de la réception de cette notification, qu'il a cessé de faire appel aux services de la personne concernée, le secrétaire général en informe, le cas échéant, la fédération dont il est licencié aux fins d'engagement d'une procédure disciplinaire.

Art. R. 232-41-14 Le secrétaire général de l'Agence française de lutte contre le dopage informe l'Agence mondiale antidopage des notifications mentionnées à l'article R. 232-41-13 qu'il adresse aux sportifs.

Art. R. 232-41-15 Le secrétaire général de l'Agence française de lutte contre le dopage informe également l'Agence mondiale antidopage et la fédération internationale concernée de l'identité des personnes auxquelles les sportifs ne peuvent avoir recours ou dont ils ne peuvent solliciter les services au titre de l'article L. 232-9-1.

Art. R. 232-41-16 Les fédérations informent l'Agence française de lutte contre le dopage, par lettre recommandée avec demande d'avis de réception ou par tout moyen permettant de garantir l'origine et la réception de cette transmission d'information, de l'identité de leurs sportifs licenciés qui recourent, directement ou indirectement, dans le cadre de leur activité sportive, aux services d'une personne qui a fait l'objet d'une sanction administrative, disciplinaire ou pénale consécutive au non-respect des dispositions des articles L. 232-9, L. 232-9-1, L. 232-10 ou L. 232-17.

SOUS-SECTION 1 ORGANISATION DES CONTRÔLES

COMMENTAIRE

Les dispositions ci-dessous, relatives aux modalités de réalisation des contrôles antidopage, sont issues du décret n° 2007-462 du 25 mars 2007, dernier décret d'application de la loi du 5 avril 2006, du décret n° 2011-57 du 13 janvier 2011, pris en application de l'ordonnance du 14 avril 2010, et du décret n° 2016-83 du 29 janvier 2016, pris en application de l'ordonnance du 30 septembre 2015.

La loi du 5 avril 2006 a introduit quelques modifications en matière de contrôles antidopage, les contrôles étant désormais diligentés par l'Agence française de lutte contre le dopage (AFLD). Les contrôles ne sont plus nécessairement réalisés par des médecins, toute personne agréée par l'agence pouvant désormais procéder au contrôle. En revanche, l'entretien avec le sportif, ainsi que l'examen médical (facultatif), n'a lieu que si la personne chargée du contrôle est médecin.

L'ordonnance du 14 avril 2010 a également procédé à certaines modifications du dispositif relatif aux contrôles antidopage, en clarifiant notamment les conditions dans lesquelles l'AFLD diligente les contrôles sur le territoire français lors des manifestations sportives organisées par les fédérations agréées ou autorisées par les fédérations délégataires (V. art. L. 232-5). Par ailleurs, l'initiative des contrôles antidopage a été élargie, l'AMA, un organisme sportif international ou une organisation nationale antidopage étrangère pouvant désormais demander leur réalisation (V. art. L. 232-13). Enfin, une précision a été apportée à l'article L. 232-5 qui dispose, s'agissant des contrôles diligentés dans le cadre de l'obligation de localisation, qu'en supplément des situations classiques, ces contrôles peuvent être réalisés en dehors de toutes manifestations sportives ou périodes d'entraînement.

Le décret du 13 janvier 2011 a pour sa part procédé à certaines adaptations au regard du dispositif législatif et apporté certaines précisions ; par exemple, les conditions dans lesquelles l'utilisation d'une substance interdite est établie sont précisées (art. R. 232-64), seul le résultat d'une analyse positive est désormais notifié au sportif contrôlé sauf si celui-ci en fait expressément la demande (art. R. 232-65) et l'article R. 232-85-1, nouvellement créé, dispose expressément qu'un sportif peut se prévaloir d'une raison médicale dûment justifiée s'il peut faire état soit d'une urgence médicale, du traitement d'un état pathologique aigu ou de circonstances exceptionnelles.

Depuis l'ordonnance du 30 septembre 2015, l'AFLD et les organismes sportifs internationaux peuvent en outre procéder à des contrôles « de nuit » (de 23h à 6h), mais uniquement dans des conditions restrictives (V. art. L. 232-14-1 à L. 232-14-5 et articles R. 232-46-1 et R. 232-46-2). ❑

§ 1er PRINCIPES

Art. R. 232-42 **Les opérations de contrôle sont diligentées, dans le respect du programme national annuel de contrôle défini par le collège, par le directeur du département des contrôles, conformément aux dispositions de l'article L. 232-12. Dans l'exercice de cette compétence, le directeur du département des contrôles ne peut recevoir aucune instruction.**

Seuls le directeur du département des contrôles, les agents de ce département habilités par le directeur et, le cas échéant, les agents des services déconcentrés du ministre chargé des sports, dans des conditions définies par voie conventionnelle, connaissent l'identité des personnes qui seront soumises à un contrôle ou les critères retenus pour la convocation aux contrôles. — *[Décr. n° 2006-1204 du 29 sept. 2006, art. 8.]*

Art. R. 232-43 **Le département des analyses ne procède aux analyses mentionnées à l'article L. 232-18 que si les échantillons qui lui sont transmis sont anonymes.**

Ces analyses sont effectuées conformément aux normes internationales. Pour leur réalisation, le directeur du département des analyses ne peut recevoir aucune instruction. — *[Décr. n° 2006-1204 du 29 sept. 2006, art. 9.]*

Art. R. 232-44 *(Décr. n° 2016-83 du 29 janv. 2016, art. 10-I)* **« Un comité d'orientation scientifique est institué auprès de l'agence pour l'assister sur les questions d'ordre scientifique.**

« A cet effet :

« 1° Il élabore, chaque année, au moins un appel à projets de recherche intéressant la lutte contre le dopage et émet un avis sur les projets présentés ;

« 2° Il assiste le conseiller scientifique de l'agence et le directeur du département des analyses dans l'élaboration de la stratégie de recherche ;

« 3° Il peut être saisi aux fins d'avis à caractère scientifique par le collège de l'agence, le secrétaire général, le conseiller scientifique et le directeur du département des analyses de toute question intéressant la recherche ou le fonctionnement du département des analyses. »

Il comprend :

1° Neuf membres, dont le président, désignés par le président de l'agence après avis du collège, choisis en raison de leurs compétences scientifiques, médicales ou pharmaceutiques ;

(Abrogé par Décr. n° 2016-83 du 29 janv. 2016, art. 10-II) ***« 2° Un représentant de l'organisme international chargé de la lutte contre le dopage reconnu par le Comité International Olympique, mentionné au I de l'article L. 232-5 ; »***

3° Un membre désigné par le ministre chargé des sports ;
4° Un membre désigné par le ministre chargé de la santé ;
5° Un membre désigné par le ministre chargé de la recherche.

Le mandat des membres est de trois ans renouvelable. Ils exercent leur fonction à titre gratuit.

Le président de l'agence, le secrétaire général et le directeur du département des analyses participent de droit aux travaux du comité.

Le président du comité peut convier aux réunions toute personne qu'il juge utile. Le président de l'agence peut autoriser tout agent de l'agence, en raison de ses missions, à participer aux travaux du comité.

Le comité d'orientation scientifique est réuni au moins deux fois par an.

(Décr. n° 2016-83 du 29 janv. 2016, art. 10-III) « Le conseiller scientifique en assure le secrétariat. » – *[Décr. n° 2006-1204 du 29 sept. 2006, art. 10.]*

V. Délib. AFLD n° 2014-48 du 7 mai 2014 portant approbation d'un projet de recherche ayant reçu un avis favorable du comité d'orientation scientifique ; Délib. AFLD n° 2014-96 du 4 sept. 2014 portant approbation des projets de recherche ayant reçu avis favorable du comité d'orientation scientifique ; Délib. AFLD n° 2014-130 du 22 oct. 2014 portant approbation des projets de recherche ayant reçu un avis favorable du comité d'orientation scientifique de l'agence ; Délib. AFLD n° 2015-97 SCIE du 24 sept. 2015 portant approbation de projets de recherche examinés par le comité d'orientation scientifique, mod. par Délib. AFLD n° 2015-103 SCIE du 8 oct. 2015.

§ 2 EXAMENS ET PRÉLÈVEMENTS AUTORISÉS

Art. R. 232-45 Sont soumis aux dispositions de la présente section les contrôles diligentés, *(Décr. n° 2011-57 du 13 janv. 2011, art. 2)* « en application des 1°, 2°, 3° et 4° du I de l'article L. 232-5 », par l'Agence française de lutte contre le dopage, soit de sa propre initiative, soit à la demande des fédérations sportives agréées.

Les organes disciplinaires des fédérations sportives agréées peuvent également demander à l'Agence française de lutte contre le dopage qu'un contrôle soit effectué dans le délai qu'ils proposent sur une personne ayant fait l'objet d'une procédure disciplinaire close par une de leurs décisions. – *[Décr. n° 2007-462 du 25 mars 2007, art. 1er.]*

Art. R. 232-46 La décision prescrivant un contrôle mentionné à l'article R. 232-45 est prise par le directeur du département des contrôles de l'Agence française de lutte contre le dopage et désigne, parmi les personnes agréées dans les conditions prévues à l'article R. 232-68 et dans le respect de la règle énoncée à l'article R. 232-53, celle qui est chargée du contrôle. L'ordre de mission que le directeur du département des contrôles établit précise :

1° Le type de prélèvement ou de dépistage auquel il sera procédé ;

(Décr. n° 2016-83 du 29 janv. 2016, art. 11) « 2° Les modalités de choix des sportifs contrôlés, telles que le fait de figurer dans le groupe cible mentionné à l'article L. 232-15, le tirage au sort, le classement, l'établissement d'un nouveau record à l'occasion d'une manifestation sportive ; la personne chargée du contrôle peut également effectuer un contrôle sur tout sportif inscrit ou participant à une manifestation sportive ou encore se trouvant sur les lieux de celle-ci dès lors qu'il est licencié de la fédération qui organise ou autorise la manifestation ainsi qu'à l'occasion des entraînements y préparant ; »

3° Le cas échéant, l'obligation d'accompagnement prévue à l'article R. 232-55. – *[Décr. n° 2007-462 du 25 mars 2007, art. 2.]*

Art. R. 232-46-1 *(Décr. n° 2016-83 du 29 janv. 2016, art. 12)* Les opérations de contrôle mentionnées à l'article L. 232-14-1 ne peuvent être réalisées que si le sportif a fait part de son consentement.

Ce consentement peut être sollicité et recueilli par :

– le directeur du département des contrôles de l'Agence française de lutte contre le dopage ;
– un organisme sportif international compétent ;
– un organisateur d'une manifestation sportive internationale.

Il est valable pour l'ensemble des contrôles mentionnés à l'article L. 232-14-1 diligentés sur le territoire français ou par l'Agence française de lutte contre le dopage.

La demande de consentement est adressée au sportif par lettre recommandée avec demande d'avis de réception ou par lettre remise contre récépissé ou encore par tout moyen permettant d'en garantir l'origine et la réception. Le sportif dispose d'un délai d'un mois, à compter de la réception de la demande qui lui a été adressée, pour transmettre son consentement. A défaut de réponse dans ce délai, le sportif est réputé avoir refusé son consentement.

Lorsque le consentement est sollicité par l'organisateur d'une manifestation sportive internationale, il peut être demandé par tout moyen. Le consentement du sportif est alors joint à la demande d'inscription à la manifestation.

Le consentement du sportif est exprimé par écrit.

Pour les sportifs mineurs, le consentement du représentant légal est requis.

Art. R. 232-46-2 *(Décr. n° 2016-83 du 29 janv. 2016, art. 12)* Le directeur du département des contrôles de l'Agence française de lutte contre le dopage et les organismes sportifs internationaux compétents se transmettent, par tout moyen, les informations relatives aux consentements recueillis.

Les organisateurs de manifestations sportives internationales transmettent, par tout moyen, à l'Agence française de lutte contre le dopage ainsi qu'à l'organisme sportif international compétent les informations relatives aux consentements recueillis.

Art. D. 232-47 *(Décr. n° 2011-59 du 13 janv. 2011, art. 4)* Une notification du contrôle est remise au sportif désigné pour être contrôlé par la personne chargée du contrôle ou par une personne désignée par elle, cette dernière devant être :

— un délégué fédéral, ou une personne désignée par la fédération chargée de l'assister en cas d'absence de désignation d'un délégué fédéral ou d'inexécution de la part du délégué fédéral de son obligation mentionnée à l'article R. 232-60 ;

— l'organisateur de la compétition ou de la manifestation ;

— l'escorte prévue à l'article R. 232-55.

La notification précise la date, l'heure, le lieu et la nature du contrôle. Elle doit être signée par le sportif et remise ou transmise sans délai à la personne chargée du contrôle ou à la personne désignée par elle.

Pour les sportifs désignés pour être contrôlés qui ne s'entraînent pas dans un lieu fixe, ou en cas de circonstances particulières ne permettant pas la notification du contrôle par écrit, l'agence fixe les modalités permettant de garantir l'origine et la réception de cette notification. Les fédérations sportives agréées en assurent la diffusion auprès des intéressés.

Le refus de prendre connaissance, de signer ou de retourner la notification est constitutif d'un refus de se soumettre aux mesures de contrôle. — *V. Délib. AFLD n° 296 consolidée du 12 sept. 2013 prise pour application des dispositions de l'article D. 232-47 du code du sport relatives aux modalités particulières de notification d'un contrôle antidopage.*

La notification de la convocation à un contrôle antidopage doit être faite par écrit. Ainsi, l'absence de convocation écrite et l'aggravation par l'AFLD d'une décision contre laquelle seul l'intéressé avait fait appel constituent des irrégularités de nature à fonder l'annulation de la sanction prononcée par l'agence (solution dégagée avant la modification de l'art. R. 232-47 C. sport par le Décr. n° 2011-59 du 13 janv. 2011). • CE 27 avr. 2009 : *req. n° 319831.*

Art. R. 232-47-1 *(Décr. n° 2011-57 du 13 janv. 2011, art. 4)* Le sportif se présente au contrôle dans les conditions prévues par la notification qui lui a été transmise.

La personne chargée du contrôle peut, en cas de circonstances exceptionnelles et à la demande du sportif, différer l'heure du contrôle à la condition que celui-ci soit dans l'intervalle accompagné de manière continue par une des personnes mentionnées aux deuxième à quatrième alinéas de l'article R. 232-52.

Art. R. 232-48 La personne physique ou morale responsable des lieux mentionnés à *(Décr. n° 2011-57 du 13 janv. 2011, art. 5)* « l'article L. 232-13-1 » met des locaux appropriés à la disposition de la personne chargée du contrôle.

Les fédérations sportives agréées et les organisateurs de compétition ou de manifestation sportives sont tenus de prévoir la présence d'un délégué fédéral lors de toute compétition ou manifestation sportive. — *[Décr. n° 2007-462 du 25 mars 2007, art. 4.]*

Art. R. 232-49 Chaque contrôle comprend :

(Décr. n° 2011-57 du 13 janv. 2011, art. 6) « 1° Le cas échéant, l'information de la personne en charge du contrôle de l'utilisation par le sportif des produits de santé définis à l'article L. 5311-1 du code de la santé publique, en particulier de médicaments, qu'ils aient fait ou non l'objet d'une prescription » ;

2° Un examen médical auquel la personne chargée du contrôle procède si elle est médecin et si elle l'estime nécessaire ;

3° Un ou plusieurs des prélèvements et opérations de dépistage énumérés à *(Décr. n° 2011-57 du 13 janv. 2011, art. 6)* « l'article R. 232-50 » du présent code ;

4° La rédaction et la signature du procès-verbal.

Le sportif peut *(Décr. n° 2011-57 du 13 janv. 2011, art. 6)* « faire état d'une autorisation d'usage à des fins thérapeutiques *(Abrogé par Décr. n° 2012-1156 du 15 oct. 2012, art. 1er-1°-a)* « ***ou du dépôt d'une déclaration d'usage*** » ou d'une demande d'autorisation d'usage à des fins thérapeutiques prévues à l'article L. 232-2 » du code du sport et fournir tout autre élément à l'appui de ses déclarations. Si la personne chargée du contrôle est médecin, elle peut en outre se faire présenter le livret individuel médical et sportif prévu à l'article L. 231-7 du même code.

(Décr. n° 2016-83 du 29 janv. 2016, art. 13) « Le sportif doit mentionner sur le procès-verbal l'adresse postale et, le cas échéant, l'adresse électronique auxquelles doivent lui être adressés les documents consécutifs au résultat du contrôle. » – *[Décr. n° 2007-462 du 25 mars 2007, art. 5.]*

Art. R. 232-50 En application de l'article L. 232-12, il peut être procédé à des prélèvements d'urine, de sang, de salive et de phanères et à des opérations de dépistage, notamment de l'imprégnation alcoolique, par l'air expiré. – *[Décr. n° 2007-462 du 25 mars 2007, art. 6.]*

Art. R. 232-51 Les prélèvements et opérations de dépistage énumérés à l'article R. 232-50 se font sous la surveillance directe de la personne chargée du contrôle. Ils sont effectués dans les conditions suivantes :

1° Le récipient destiné à recevoir chaque échantillon est adapté à la nature de celui-ci et à celle des analyses. Il est conçu pour éviter tout risque de contamination et de pollution ;

(Décr. n° 2016-83 du 29 janv. 2016, art. 14) « 2° Les matériels nécessaires pour procéder au prélèvement et au recueil d'urine, de sang, de salive et de phanères sont fournis soit par les services de l'Agence française de lutte contre le dopage, soit par le tiers pour le compte duquel l'agence effectue le contrôle dans des conditions fixées par voie conventionnelle ; »

3° Lors d'un recueil d'urine, la personne chargée du contrôle s'assure que la quantité prélevée et la répartition entre les échantillons répondent aux besoins de l'analyse ; l'opération de contrôle est poursuivie jusqu'à ce que la personne chargée du contrôle estime que la quantité d'urine recueillie est suffisante ;

4° Les prélèvements de sang et de salive sont réalisés avec du matériel stérile à usage unique ;

5° A l'exception de l'échantillon sanguin qui est réparti par la personne chargée du contrôle, chaque échantillon est réparti, soit par l'intéressé sous la surveillance de la personne chargée du contrôle, soit par cette dernière, en deux flacons scellés qui comportent un étiquetage d'identification portant un numéro de code ; chaque flacon contient une quantité suffisante pour permettre la réalisation d'une première analyse et, si nécessaire, d'une seconde ;

6° Les prélèvements sont répartis et conditionnés dans des dispositifs de transport à usage unique précodés et sécurisés, qui permettent d'identifier des échantillons A et B ; le conditionnement des prélèvements sanguins peut porter, outre sur le sang total, sur le sérum, le plasma, ou les deux ;

7° Les appareils permettant d'analyser l'air expiré sont conformes à des types homologués par l'Agence française de lutte contre le dopage ;

8° Dans le cas de dépistage par l'air expiré, un second contrôle peut être effectué sans délai après vérification du bon fonctionnement de l'appareil. Il est de droit lorsqu'il est demandé par la personne contrôlée. Lorsqu'un contrôle révèle un état d'imprégnation alcoolique, la personne chargée du contrôle en informe sans délai l'organisation de l'entraînement ou de la compétition ou manifestation sportive.

(Décr. n° 2016-83 du 29 janv. 2016, art. 14) « Les conditions de prélèvement et de transport des échantillons sont fixées conformément aux normes définies par l'Agence mondiale antidopage. Elles sont précisées dans un référentiel de bonnes pratiques établi par le département des analyses de l'Agence française de lutte contre le dopage. »– *[Décr. n° 2007-462 du 25 mars 2007, art. 8.]*

Art. R. 232-52 *(Décr. n° 2011-57 du 13 janv. 2011, art. 7)* « La personne chargée du contrôle vérifie, par tout moyen, l'identité du sportif contrôlé, au besoin avec l'assistance notamment :

« – du délégué fédéral prévu à l'article R. 232-60 ou d'une personne désignée par la fédération en cas d'absence de désignation d'un délégué fédéral ou d'inexécution de sa part de l'obligation mentionnée à l'article R. 232-60 ;

« – de l'organisateur de la compétition ou de la manifestation ;

« – de l'escorte prévue à l'article R. 232-55. »

Si le sportif contrôlé est un mineur ou un majeur protégé, tout prélèvement nécessitant une technique invasive, notamment un prélèvement de sang, ne peut être effectué qu'au vu d'une autorisation écrite de la ou des personnes investies de l'autorité parentale ou du représentant légal de l'intéressé remise lors de la prise ou du renouvellement de la licence. L'absence d'autorisation est constitutive d'un refus de se soumettre aux mesures de contrôle. – *[Décr. n° 2007-462 du 25 mars 2007, art. 7.]*

Art. R. 232-53 Lorsque l'ordre de mission mentionné à l'article R. 232-46 prévoit un recueil des urines, la personne chargée du contrôle doit être du même sexe que la personne contrôlée. – *[Décr. n° 2007-462 du 25 mars 2007, art. 9.]*

Art. R. 232-54 La personne chargée du contrôle peut être assistée, dans les opérations énumérées aux articles R. 232-49 et R. 232-50, soit par une autre personne agréée, soit par une personne qui suit la formation préalable à la délivrance de l'agrément. – *[Décr. n° 2007-462 du 25 mars 2007, art. 10.]*

Art. R. 232-55 La décision prescrivant le contrôle peut prévoir qu'à compter de sa notification à l'intéressé et jusqu'aux opérations de prélèvement et de dépistage la personne contrôlée doit être accompagnée dans tous ses déplacements par la personne chargée du contrôle ou par une escorte. L'escorte doit être du même sexe que la personne contrôlée. – *[Décr. n° 2007-462 du 25 mars 2007, art. 11.]*

Art. R. 232-56 Dans le cas prévu à l'article R. 232-55, le délégué fédéral désigne les escortes mises à la disposition de la personne chargée du contrôle.

Celle-ci s'assure que les escortes ainsi désignées ont suivi la formation prévue à l'article R. 232-57. A défaut, la personne chargée du contrôle peut assurer elle-même la formation des escortes mises à sa disposition par le délégué fédéral.

En l'absence d'escortes mises à sa disposition et formées à cet effet, la personne chargée du contrôle peut décider soit de procéder au contrôle, soit de l'annuler. Dans ce dernier cas, elle établit un rapport à l'intention de l'Agence française de lutte contre le dopage et en transmet une copie à la fédération sportive intéressée. – *[Décr. n° 2007-462 du 25 mars 2007, art. 12.]*

Art. R. 232-57 Les fédérations sportives agréées et les organisateurs de compétition ou de manifestation sportive sont tenus d'organiser la formation des délégués fédéraux mentionnés à l'article R. 232-60 et des escortes prévues à l'article R. 232-55. Le contenu et les modalités de ces formations sont définis par l'Agence française de lutte contre le dopage. La liste des personnes ainsi formées lui est transmise chaque année. – *[Décr. n° 2007-462 du 25 mars 2007, art. 13.]*

Délibération n° 69 du 4 octobre 2007,

Relative à la formation des escortes.

L'Agence française de lutte contre le dopage,

Vu le code du sport, partie législative, notamment ses articles L. 232-5, L. 232-13 et L. 232-14,

Et partie réglementaire, notamment ses articles R. 232-10 et R. 232-45 à R. 232-61,

Décide :

Art. 1er La formation des escortes, prévue à l'article R. 232-57 du code du sport susvisé, est organisée par les fédérations sportives agréées et les organisateurs de compétition ou de manifestations sportives.

Dans la mesure du possible, la personne chargée du contrôle qui forme elle-même, sur le lieu du contrôle, une ou plusieurs escortes en application du deuxième alinéa de l'article R. 232-56 du code du sport, applique la présente délibération.

Art. 2 La formation comprend une formation théorique et une formation pratique.

Art. 3 La formation théorique vise à assurer aux escortes une connaissance générale de l'organisation de la lutte contre le dopage en France et à leur expliquer plus particulièrement leur rôle lors d'un contrôle antidopage.

D'une durée d'environ deux heures, elle se déroule sous la forme de trois modules, conformément au programme suivant :

Module 1 : Généralités

— La lutte contre le dopage en France : les différents acteurs institutionnels internationaux et nationaux ;

— La liste des substances et méthodes interdites ;

— Les contrôles antidopage : généralités, rôle des préleveurs et des délégués fédéraux, ordre de mission et procès-verbal de contrôle ;

— La procédure disciplinaire et les sanctions applicables.

Module 2 : Le rôle des escortes lors des contrôles antidopage

— Les finalités de la mission de l'escorte :

améliorer les conditions du déroulement du contrôle pour le préleveur et le sportif ;

se rapprocher du standard international pour les contrôles (IST).

— La désignation de l'escorte :

les différents cas possibles (article R. 232-56 du code du sport) ;

l'obligation d'identité de sexe avec le sportif (article R. 232-55 du même code).

— L'escorte sous l'autorité du préleveur dans la réalisation de sa mission.

— Le déroulement du contrôle :

l'ordre de mission de l'AFLD ;

la notification du contrôle au sportif (article R. 232-47 du même code) ;

l'accompagnement du sportif de la notification au local du contrôle antidopage.

Les exigences déontologiques et la responsabilité de l'escorte et la sanction des obstacles mis au bon déroulement de la mission de l'escorte et du préleveur.

Module 3 : Spécificités

— Les irrégularités susceptibles d'affecter la validité d'un contrôle ;

— L'approche psychologique vis-à-vis des réactions comportementales des sportifs soumis à un contrôle et des organisateurs des compétitions et manifestations sportives, et la façon d'y répondre ;

— Particularités des contrôles effectués lors des compétitions internationales, pour le compte de fédérations internationales ou de l'Agence mondiale antidopage.

Art. 4 L'Agence française de lutte contre le dopage tient à la disposition des fédérations sportives agréées et des organisateurs de compétition ou de manifestation sportive une documentation relative à la formation théorique des escortes.

Art. 5 La formation pratique, d'une durée d'au moins une heure, se déroule à l'issue de la formation théorique et consiste en une mise en situation des missions de l'escorte lors d'un contrôle antidopage. Cette mise en situation peut prendre notamment la forme de jeux de rôle.

Art. 6 En application de l'article R. 232-57, à l'issue de la formation et au moins une fois par an, les fédérations sportives agréées et les organisateurs de compétition ou de manifestation sportive transmettent à l'Agence française de lutte contre le dopage la liste des personnes qu'elles estiment formées en tant qu'escortes conformément à la présente délibération.

Délibération n° 70 du 4 octobre 2007,

Relative à la formation des délégués fédéraux.

L'Agence française de lutte contre le dopage,

Vu le code du sport, partie législative, notamment ses articles L. 232-5, L. 232-13 et L. 232-14, et partie réglementaire, notamment ses articles R. 232-1ü et R. 232-45 à R. 232-61,

Décide :

Art. 1er La formation des délégués fédéraux, prévue à l'article R. 232-57 du code du sport, susvisé, est organisée par les fédérations sportives agréées et les organisateurs de compétition ou manifestation sportive.

Art. 2 La formation vise à permettre aux délégués fédéraux de participer à la désignation des sportifs, de contrôler et d'assister la personne chargée du contrôle dans le déroulement des opérations de contrôle conformément aux règles en vigueur, ainsi qu'à leur conférer une connaissance générale des questions relatives au dopage.

D'une durée d'au moins une demi-journée, elle se déroule sous la forme de trois modules, conformément au programme suivant :

Module 1 : Généralités

— La lutte contre le dopage en France : les différents acteurs institutionnels internationaux et nationaux ;

— La liste des substances et méthodes interdites ;

— Les contrôles antidopage : généralités, rôle des préleveurs et des escortes, ordre de mission et procès-verbal de contrôle ;

— La procédure disciplinaire et les sanctions applicables.

Module 2 : Rôle du délégué fédéral

— Les finalités de la mission du délégué fédéral :

veiller au bon déroulement du contrôle en assistant le préleveur ;

faciliter les relations entre les organisateurs de la compétition, les sportifs et le préleveur ;

— L'obligation pour les fédérations et les organisateurs de prévoir la présence d'un délégué fédéral lors de toute compétition ou manifestation sportive (art. R. 232-48 du code du sport) ;

— La préparation du contrôle :

local approprié au contrôle (art. R. 232-48 du même code) ;

désignation éventuelle des escortes à la demande de l'AFLD (art. R. 232-56 du même code).

— Le déroulement du contrôle :

participation à la désignation des sportifs contrôlés (art. R. 232-6 du même code) ;

notification du contrôle antidopage au sportif (art. R. 232-47 du même code) ;

assistance à la personne chargée du contrôle pendant toute la durée de celui-ci excepté lors de l'entretien médical, l'examen médical éventuel et le prélèvement *stricto sensu* (art. R. 232-6 du même code).

— L'issue du contrôle :

vérification éventuelle de l'identité entre les numéros de code des échantillons et ceux inscrits sur le procès-verbal ;

vérification, le cas échéant, de la validité du procès-verbal (signature du sportif, de personne chargée du contrôle et de la sienne) (art. R. 232-6 alinéa 2 du même code) ;

La procédure en cas de non-respect de ces obligations (cas d'opposition ou de carence à un contrôle) ;

Exigences déontologiques et responsabilité du délégué fédéral.

Module 3 : Spécificités

— Les irrégularités susceptibles d'affecter la validité d'un contrôle ;

— L'approche psychologique vis-à-vis des réactions comportementales des sportifs soumis à un contrôle et des organisateurs des compétitions et manifestations sportives, et la façon d'y répondre ;

— Le cas particulier des contrôles effectués lors des compétitions internationales : l'Agence française de lutte contre le dopage prestataire de service pour le compte de la fédération internationale.

Art. 3 L'Agence française de lutte contre le dopage tient à la disposition des fédérations sportives agréées et des organisateurs de compétition ou de manifestation sportive une documentation relative à la formation théorique des délégués fédéraux.

Art. 4 Les fédérations sportives agréées et les organisateurs de compétition ou de manifestation sportive sont chargés de la formation et de l'évaluation des résultats des personnes suivant la formation. Cette évaluation comporte un test de connaissances et tient compte de l'attention portée à la formation dispensée.

En application de l'article R. 232-57 du code du sport, à l'issue de la formation et au vu des résultats de l'évaluation, et ce au moins une fois par an, les fédérations sportives agréées et les organisateurs de compétition ou de manifestation sportive transmettent la liste des délégués fédéraux formés à l'Agence française de lutte contre le dopage conformément à la présente délibération.

Art. 5 La présente délibération sera publiée au *Bulletin officiel* du ministère chargé des sports et sur le site internet de l'Agence. Elle sera également communiquée au président de chaque fédération concernée ainsi qu'au président du Comité national olympique et sportif français.

Art. R. 232-58 **La personne contrôlée doit assister à l'ensemble des opérations de contrôle.**

La personne chargée du contrôle dresse sans délai procès-verbal des conditions dans lesquelles elle a procédé aux prélèvements et opérations de dépistage.

Les observations que la personne chargée du contrôle ou le sportif contrôlé souhaite présenter sur les conditions de déroulement du contrôle sont consignées dans le procès-verbal.

Le sportif contrôlé vérifie l'identité entre les numéros de code des échantillons mentionnés au 5° de l'article R. 232-51 et ceux qui sont inscrits sur le procès-verbal. Cette vérification est consignée au procès-verbal.

(Décr. n° 2011-57 du 13 janv. 2011, art. 8) **« Le sportif contrôlé peut préciser sur le procès-verbal s'il a récemment utilisé une spécialité pharmaceutique ou suivi un traitement médical.**

« Le sportif y fait également état :

« — de toute autorisation d'usage à des fins thérapeutiques ;

(Abrogé par Décr. n° 2012-1156 du 15 oct. 2012, art. 1er-1°-b) ***« — de toute déclaration d'usage effectuée auprès de l'agence ; »***

« — de toute demande d'autorisation d'usage à des fins thérapeutiques ;

« — de tout autre élément à l'appui de ses déclarations. »

Le procès-verbal est signé par la personne chargée du contrôle et par le sportif. Le refus de signer de ce dernier ne fait pas obstacle à la transmission des échantillons aux fins d'analyse.

Le modèle de procès-verbal est arrêté par l'Agence française de lutte contre le dopage. — *[Décr. n° 2007-462 du 25 mars 2007, art. 14.]*

V. Délib. AFLD n° 122 du 8 janv. 2009 arrêtant le modèle de procès-verbal utilisable pour le dépistage de l'alcool dans l'air expiré lors d'un contrôle antidopage ; Délib. AFLD n° 180 du 7 juill. 2011 arrêtant le modèle de procès-verbal utilisable pour les contrôles en matière de dopage humain (1 annexe, applicable de manière transitoire jusqu'au 30 avr. 2015) ; Délib. AFLD n° 2014-2 du 9 janv. 2014 portant adjonction au procès-verbal de contrôle d'un feuillet spécifique au profil biologique (module hématologique) ; Délib. AFLD n° 2015-15 du 22 janv. 2015 arrêtant le modèle de procès-verbal utilisable pour les contrôles en matière de dopage humain (1 annexe, applicable à compter du 1er mars 2015) (www.afld.fr).

Art. R. 232-59 *(Décr. n° 2016-83 du 29 janv. 2016, art. 15)* **« Lorsqu'un sportif désigné pour être contrôlé ne se soumet pas à tout ou partie des opérations décrites à l'article R. 232-49, y compris en refusant de compléter le procès-verbal de contrôle, la personne chargée du contrôle mentionne sur le procès-verbal l'ensemble de ces circonstances. »**

Elle peut recueillir par écrit le témoignage des personnes ayant assisté aux faits et joindre leurs déclarations au procès-verbal. – *[Décr. n° 2007-462 du 25 mars 2007, art. 15.]*

Art. R. 232-60 Le délégué fédéral est tenu, à la demande de la personne chargée du contrôle, de participer à la désignation des sportifs à contrôler et d'assister celle-ci dans le déroulement des opérations de contrôle.

Il ne peut être présent aux opérations prévues aux 1° à 3° de l'article R. 232-49. – *[Décr. n° 2007-462 du 25 mars 2007, art. 16.]*

Art. R. 232-61 En l'absence de désignation d'un délégué fédéral ou en cas *(Décr. n° 2011-57 du 13 janv. 2011, art. 9)* « d'inexécution de l'obligation mentionnée à l'article R. 232-60 » de prêter son concours, la personne chargée du contrôle en fait mention au procès-verbal.

Elle peut demander l'assistance *(Décr. n° 2011-57 du 13 janv. 2011, art. 9)* « d'une personne mentionnée à l'article R. 232-52 ».

En aucun cas, l'absence ou le refus de concours d'un délégué fédéral ne peut empêcher la personne chargée du contrôle de désigner les sportifs à contrôler et de procéder aux opérations de contrôle. – *[Décr. n° 2007-462 du 25 mars 2007, art. 17.]*

Art. R. 232-62 La personne chargée du contrôle transmet une copie du procès-verbal de contrôle à l'intéressé, le cas échéant, aux personnes investies de l'autorité parentale ou aux représentants légaux, à la fédération et à l'Agence française de lutte contre le dopage.

Elle transmet au département des analyses de l'agence ou au laboratoire auquel il a été fait appel en application de l'article L. 232-18, sous une forme respectant l'anonymat, les échantillons recueillis, accompagnés d'une copie du procès-verbal de contrôle. – *[Décr. n° 2007-462 du 25 mars 2007, art. 18.]*

Art. R. 232-63 L'acheminement des échantillons au département des analyses de l'Agence française de lutte contre le dopage ou au laboratoire auquel il a été fait appel en application de l'article L. 232-18 et leur conservation par celui-ci s'effectuent dans des conditions de température adaptées, spécifiées par le directeur du département des analyses de l'agence. Ils doivent assurer l'intégrité des échantillons, la sécurité des personnels et la confidentialité des procédures. – *[Décr. n° 2007-462 du 25 mars 2007, art. 19.]*

Art. R. 232-64 Le département des analyses de l'Agence française de lutte contre le dopage ou le laboratoire auquel il a été fait appel en application de l'article L. 232-18 procède à l'analyse de l'échantillon A, transmis en application de l'article R. 232-62.

Il conserve l'échantillon B en vue d'une éventuelle analyse de contrôle. Celle-ci est de droit à la demande de l'intéressé. Elle est effectuée à ses frais et en présence éventuellement d'un expert convoqué par ses soins et choisi par lui, le cas échéant, sur une liste arrêtée par l'agence et transmise à l'intéressé. – *V. Délib. AFLD n° 204 du 5 janv. 2012 fixant la liste des experts agréés par l'Agence française de lutte contre le dopage pour les analyses de contrôles en matière de dopage humain ; mod. par Délib. AFLD n° 262 du 5 déc. 2012 modifiant la liste des experts agréés par l'AFLD pour les analyses de contrôle en matière de dopage humain ; Délib. AFLD n° 97 ORG du 22 déc. 2016 modifiant la liste des experts agréés par l'AFLD pour les analyses de contrôle en matière de dopage humain.*

(Décr. n° 2011-57 du 13 janv. 2011, art. 10) « L'utilisation d'une substance interdite est établie :

« – soit au vu de la présence de cette substance, de l'un de ses métabolites ou de ses marqueurs, dans l'échantillon A lorsque le sportif ne demande pas l'analyse de l'échantillon B ;

« – soit, lorsque l'analyse de l'échantillon B est demandée par le sportif ou, dans le cadre de leur compétence disciplinaire respective, par la fédération ou par l'agence, si les résultats de cette analyse confirment la présence de la substance décelée dans l'échantillon A, ou de l'un de ses métabolites ou de ses marqueurs. »

L'AFLD a pu légalement faire réaliser par le département des analyses une deuxième analyse, dite rétrospective, des échantillons après avoir fait réaliser une première analyse de ces échantillons, dès lors que rien n'interdit à l'Agence française de lutte contre le dopage de faire réaliser une deuxième analyse d'un échantillon, dès lors que le volume de sang disponible dans l'échantillon est suffisant pour permettre une nouvelle analyse dans des conditions conformes à la réglementation applicable et qu'un autre échantillon, demeuré scellé, permet la réalisation, si nécessaire, d'analyses de contrôle (• CE 28 oct. 2009, *B... : req. n° 327306*).

Art. R. 232-65 Le département des analyses de l'Agence française de lutte contre le dopage ou le laboratoire *(Décr. n° 2013-1318 du 27 déc. 2013, art. 1er)* « auquel ce département ou le département des contrôles a fait appel » en application de l'article L. 232-18 établit un rapport d'analyse qui présente le résultat des analyses ainsi que les types de méthodes utilisées.

(Décr. n° 2016-83 du 29 janv. 2016, art. 16) « Le département des analyses de l'Agence française de lutte contre le dopage transmet, par tout moyen, le rapport d'analyse au secrétaire général de l'agence.

« Conformément aux normes internationales, le département des analyses communique, par tout moyen, les résultats d'analyse atypiques ou anormaux à l'autorité de contrôle, si elle est autre que l'agence, à la fédération internationale et, le cas échéant, à l'organisation nationale antidopage concernée.

« Seul le résultat d'analyse positif est notifié par l'agence à la fédération nationale concernée, au sportif contrôlé et, le cas échéant, à la ou aux personnes investies à son égard de l'autorité parentale ou à son représentant légal.

« Le sportif contrôlé et la fédération nationale concernée peuvent demander, par écrit, à l'agence la communication du résultat d'analyse lorsque celui-ci est négatif. »

L'agence informe, le cas échéant, la personne chargée du contrôle de la présence d'une substance interdite dans les prélèvements qu'elle a effectués, ainsi que des décisions éventuellement prises. — *[Décr. n° 2007-462 du 25 mars 2007, art. 21.]*

Art. R. 232-66 *(Décr. n° 2011-1036 du 29 août 2011, art. 1er)* La conservation des échantillons après leur analyse par le département des analyses ou par le laboratoire auquel il a été fait appel par l'Agence française de lutte contre le dopage en application de l'article L. 232-18 s'effectue dans les conditions techniques prévues par les normes internationales.

Le délai de conservation est d'une durée de *(Décr. n° 2016-83 du 29 janv. 2016, art. 17)* « dix » ans à compter de la date de la première analyse lorsque le prélèvement a été effectué :

1° Lors d'une manifestation sportive internationale, au sens de l'article L. 230-2 ;

2° Lors d'une compétition sportive à l'issue de laquelle est délivré l'un des titres nationaux mentionnés à l'article L. 131-15 ou à l'article R. 131-13 ;

3° Ou sur un sportif soumis à l'obligation de localisation prévue à l'article L. 232-15.

Ce délai de *(Décr. n° 2016-83 du 29 janv. 2016, art. 17)* « dix » ans peut être réduit par délibération motivée et publiée du collège de l'Agence française de lutte contre le dopage.

Dans tous les cas, le délai de conservation des échantillons ne peut être inférieur au délai minimum de conservation fixé par les normes internationales.

Le délai de conservation est interrompu par tout acte d'instruction ou de poursuite. — *V. Délib. AFLD n° 189 du 13 oct. 2011 prise en application de l'art. R. 232-66 C. sport ; Délib. AFLD n° 2014-46 du 7 mai 2014 prise en application de l'art. R. 232-66 C. sport relative à la durée de conservation des échantillons prélevés en janv. et févr. 2014 ; Délib. AFLD n° 2014-95 du 4 sept. 2014 prise en application de l'art. R. 232-66 C. sport relative à la durée de conservation des échantillons prélevés en mars, avr., mai et juin 2014 ; Délib. AFLD n° 2014-144 du 20 nov. 2014 prise en application de l'art. R. 232-66 C. sport relative à la durée de conservation des échantillons prélevés en juill., août et sept. 2014 ; Délib. AFLD n° 2015-28 du 4 févr. 2015 prise en application de l'art. R. 232-66 C. sport relative à la durée de conservation des échantillons prélevés lors du quatrième trimestre de l'année 2014 ; Délib. AFLD n° 2015-47 CTRL du 23 avr. 2015 prise en application de l'art. R. 232-66 C. sport relative à la durée de conservation des échantillons prélevés en janv. et févr. 2015 ; Délib. AFLD n° 2015-78 CTRL du 2 juill. 2015 prise en application de l'art. R. 232-66 C. sport relative à la durée de conservation des échantillons prélevés en mars et avr. 2015 ; Délib. AFLD n° 2015-94 CTRL du 24 sept. 2015 prise en application de l'art. R. 232-66 C. sport relative à la durée de conservation des échantillons prélevés en mai et juin 2015 ; Délib. AFLD n° 2015-134 CTRL du 2 déc. 2015 prise en application de l'art. R. 232-66 C. sport relative à la durée de conservation des échantillons prélevés en juill. et août 2015. En dernier lieu, Délib. AFLD n° 2016-95 CTRL du 22 déc. 2016 prise en application de l'art. R. 232-66 C. sport relative à la durée de conservation des échantillons prélevés de juill. à sept. 2016.*

Art. R. 232-67 **La convention prévue au II de l'article L. 232-5 précise les conditions dans lesquelles l'Agence française de lutte contre le dopage transmet au ministère chargé des sports les informations de nature à permettre à l'État d'exercer ses missions de prévention du dopage et de lutte contre les trafics de substances interdites.** – *[Décr. n° 2007-462 du 25 mars 2007, art. 23.]*

V. aussi Instr. n° 05-051 JS du 17 févr. 2005 relative à la lutte contre les trafics de produits dopants (BOJS n° 4 du 17 févr.).

§ 2-1 ÉTABLISSEMENT DU PROFIL BIOLOGIQUE DES SPORTIFS ENTRANT DANS LE CHAMP DE L'ARTICLE L. 232-15

(Décr. n° 2013-1318 du 27 déc. 2013, art. 2)

COMMENTAIRE

A la suite de l'introduction du profil biologique dans le dispositif français par la loi du 12 mars 2012 (*JO 13 mars*), entrée en vigueur au 1er juillet 2013, le décret n° 2013-1318 du 27 décembre 2013 définit la procédure d'établissement du profil biologique, en introduisant de nouvelles dispositions dans la partie réglementaire du code du sport (art. R. 232-67-1 à R. 232-67-15). Il détermine les modalités applicables à l'élaboration du profil biologique ainsi que la procédure à suivre par l'AFLD pour l'interprétation des données du profil biologique et leur exploitation. Le dispositif, qui ne concernait à l'origine que le module hématologique (visant à surveiller le dopage sanguin au moyen de prélèvements sanguins) du passeport biologique, a été complété par le décret n° 2015-645 du 9 juin 2015 s'agissant du module stéroïdien (visant à déceler les anabolisants au moyen de prélèvements urinaires). Le module endocrinien (visant à déceler l'hormone de croissance) n'est pas encore intégré au droit français.

Sont notamment précisées certaines conditions spécifiques pour qu'un prélèvement sanguin puisse concourir à l'établissement du profil biologique, à savoir que celui-ci soit réalisé soit antérieurement à un entraînement ou à une compétition, soit au moins deux heures après l'activité physique découlant de l'entraînement ou de la compétition (art. R. 232-67-3). En outre, il est précisé que le sportif doit rester en position assise, ses pieds touchant le sol, pendant dix minutes au moins avant le prélèvement. Le procès-verbal de contrôle doit également comporter de plus amples précisions que lors d'un prélèvement « classique » (art. R. 232-67-4).

Afin d'assurer l'interprétation des données du profil biologique, une unité de gestion du profil biologique du sportif est créée au sein de l'AFLD (art. R. 232-67-8). Elle est chargée de traiter les données reçues anonymement et d'établir le profil biologique.

Les données, anonymisées, du module hématologique peuvent être interprétées uniquement par le conseiller scientifique ou le président du comité d'orientation scientifique de l'AFLD alors que celles du module stéroïdien ne peuvent l'être que par le directeur du département des analyses ou le responsable de la section chimie. En cas de résultats atypiques, soit il peut être recommandé au directeur du département des contrôles de poursuivre le recueil de données ou d'orienter des contrôles ultérieurs, soit le dossier peut être soumis à un comité d'experts dans l'optique d'une sanction (art. R. 232-67-9 à R. 232-67-10-1).

Lorsqu'il est saisi d'un dossier, le comité d'experts doit rendre un premier avis dans un délai d'un mois suivant sa saisine. S'il estime, à l'unanimité, qu'il est très probable que les résultats anormaux soient imputables à un fait de dopage, le sportif est invité à présenter ses observations, dans un délai d'un mois (art. R. 232-67-13 et R. 232-67-14). Le comité rend alors un second avis ; en cas de confirmation, à l'unanimité, de la position initiale, une procédure disciplinaire est engagée, selon les modalités classiques (compétence fédérale pour les licenciés, compétence de l'AFLD dans les conditions mentionnées à l'art. L. 232-22 et art. R. 232-67-15). ❑

V. Délib. AFLD n° 2014-147 du 3 déc. 2014 habilitant le président à transmettre aux autorités compétentes un avant-projet de décret relatif à l'établissement du module stéroïdien du passeport biologique des sportifs mentionnés à l'art. L. 232-15 C. sport.

BIBL. ▸ *V. Dict. perm. dr. sport 2015, Bull. n° 224, p. 19, obs. A. Renard.*

Art. R. 232-67-1 Les dispositions du présent paragraphe sont applicables aux sportifs mentionnés aux 1° à 3° de l'article L. 232-15 lorsque l'autorité prescrivant un prélèvement urinaire ou sanguin les concernant spécifie que celui-ci est susceptible d'être pris en compte pour l'établissement du profil biologique institué par l'article L. 232-12-1.

Art. R. 232-67-2 La preuve du recours à des substances ou à des méthodes interdites figurant sur la liste mentionnée au dernier alinéa de l'article L. 232-9 ne peut être apportée, au moyen du profil biologique, que dans le respect des dispositions du présent paragraphe.

Art. R. 232-67-3 Indépendamment du respect des exigences posées aux paragraphes 1 et 2 ci-dessus, un prélèvement sanguin ne peut concourir à l'établissement du profil biologique que s'il est réalisé :

– soit antérieurement à une séance d'entraînement ou à la participation à une manifestation sportive ;

– soit deux heures au moins à l'issue de l'activité physique découlant d'une séance d'entraînement ou de la participation à une manifestation sportive.

Le sportif doit rester en position assise, ses pieds touchant le sol, pendant une période d'au moins dix minutes avant le prélèvement de l'échantillon sanguin.

Art. R. 232-67-4 Lorsqu'il est procédé à un prélèvement sanguin, le procès-verbal de contrôle ou un document annexe, dont le modèle est arrêté par le collège de l'Agence française de lutte contre le dopage, doit comporter, outre les mentions prévues à l'article R. 232-58, les informations suivantes :

– date et lieu de naissance de l'intéressé ;

– nature du sport pratiqué ;

– en cas d'affiliation de l'intéressé à une fédération sportive nationale agréée, dénomination de cette dernière ;

– température ambiante au moment du prélèvement ;

– constat que le sportif est resté en position assise, ses pieds touchant le sol, pendant une période d'au moins dix minutes avant le prélèvement ;

– mention, s'il y a lieu, de sa participation à des stages en moyenne ou haute altitude, ou du recours à un dispositif de simulation de l'altitude, au cours des trois derniers mois ;

– mention, au cours de la même période, d'un don du sang de la part de l'intéressé ou d'une perte de sang consécutive à des troubles médicaux ou à une situation d'urgence ;

– mention, au cours de la même période, du bénéfice d'une transfusion sanguine.

Art. R. 232-67-5 L'échantillon sanguin est acheminé dans des conditions de température comprises entre deux et douze degrés.

Art. R. 232-67-6 L'analyse de l'échantillon sanguin doit intervenir dans un délai correspondant aux recommandations de l'Agence mondiale antidopage pour le "passeport biologique de l'athlète".

Toutefois, le dépassement de ce délai ne fait pas obstacle à la réalisation d'une analyse aux fins de mieux orienter des contrôles ultérieurs.

Art. R. 232-67-7 *(Décr. nº 2015-645 du 9 juin 2015, art. 1er)* L'analyse de l'échantillon de sang a pour objet de mettre en évidence les variables destinées à composer le module hématologique du profil biologique du sportif et mentionnées au 4° du I de l'article R. 232-41-3.

L'analyse de l'échantillon d'urine a pour objet de mettre en évidence les variables destinées à composer le module stéroïdien du profil biologique du sportif et mentionnées au 5° du I de l'article R. 232-41-3.

Art. R. 232-67-8 Les résultats des analyses urinaires ou sanguines poursuivant les finalités énoncées au premier alinéa de l'article L. 232-12-1 sont transmis, sous une forme anonyme, à une unité de gestion du profil biologique du sportif créée au sein de l'Agence française de lutte contre le dopage, selon des modalités déterminées par une délibération du collège de l'Agence.

V. Délib. AFLD n° 2014-3 du 9 janv. 2014 portant création d'une unité de gestion du profil biologique des sportifs au sein de l'Agence française de lutte contre le dopage.

Art. R. 232-67-9 L'unité de gestion du profil biologique du sportif traite les données biologiques portées à sa connaissance en les intégrant dans un algorithme de statistique prédictive.

(Abrogé par Décr. n° 2015-645 du 9 juin 2015, art. 2) ***« Pour l'établissement du module hématologique du profil biologique d'un sportif, sont pris en compte plus spécialement :***

« a) La concentration de l'hémoglobine (HGB) exprimée en g/dL ou g/L ;

« b) Le pourcentage de réticulocytes (RET %) ;

« c) L'index de stimulation ou "off-score", destiné à apprécier les variations de sens inverses de la concentration d'hémoglobine et du pourcentage de réticulocytes.

« Le conseiller scientifique de l'Agence française de lutte contre le dopage mentionné à l'article R. 232-41-6 et, en cas d'absence ou d'empêchement de ce dernier, le président du comité d'orientation scientifique, à condition d'avoir *[qu'ils aient]* ***le titre de docteur en médecine ou de docteur en pharmacie, ont seuls compétence, au sein de l'agence, pour interpréter les données hématologiques énumérées aux a à c ci-dessus, qui leur ont été transmises sous une forme anonyme par l'unité de gestion du profil biologique du sportif. »***

Art. R. 232-67-9-1 *(Décr. n° 2015-645 du 9 juin 2015, art. 3)* Pour l'établissement du module hématologique du profil biologique d'un sportif, sont pris en compte plus spécialement :

a) La concentration de l'hémoglobine (HGB) exprimée en g/dL ou g/L ;

b) Le pourcentage de réticulocytes (RET %) ;

c) L'index de stimulation ou "off-score", destiné à apprécier les variations de sens inverses de la concentration d'hémoglobine et du pourcentage de réticulocytes.

Le conseiller scientifique de l'Agence française de lutte contre le dopage mentionné à l'article R. 232-41-6 et, en cas d'absence ou d'empêchement de ce dernier, le président du comité d'orientation scientifique, à condition d'avoir *[qu'ils aient]* le titre de docteur en médecine ou de docteur en pharmacie, ont seuls compétence, au sein de l'agence, pour interpréter les données hématologiques énumérées aux *a* à *c* ci-dessus, qui leur ont été transmises sous une forme anonyme par l'unité de gestion du profil biologique du sportif.

Art. R. 232-67-9-2 *(Décr. n° 2015-645 du 9 juin 2015, art. 3)* Pour l'établissement du module stéroïdien du profil biologique*[,]* sont prises en compte, plus spécialement, les données ci-après :

a) Testostérone ;

b) Épitestostérone ;

c) Androstérone ;

*d)*Étiocholanolone ;

e) 5β-androstanediol ;

f) 5α-androstanediol ;

g) L'indice faisant apparaître la concentration de testostérone par rapport à celle d'épitestostérone, dénommé rapport T/E ;

h) L'indice faisant apparaître la concentration d'androstérone par rapport à celle de testostérone ;

i) L'indice faisant apparaître la concentration d'androstérone par rapport à celle d'étiocholanolone ;

j) L'indice faisant apparaître la concentration de 5α-androstanediol par rapport à celle de 5β-androstanediol ;

k) L'indice faisant apparaître la concentration de 5α-androstanediol par rapport à celle d'épitestostérone.

Le directeur du département des analyses de l'Agence française de lutte contre le dopage et, en cas d'absence ou d'empêchement de ce dernier, le responsable de la section chimie, ont seuls compétence, au sein de l'agence, pour interpréter les données énumérées ci-dessus, qui sont examinées sous une forme anonyme.

Art. R. 232-67-10 Lorsque le conseiller scientifique ou son remplaçant, au vu des données hématologiques successives concernant un sportif, considère que des valeurs de la nature de celles mentionnées au 4° de l'article R. 232-41-3 et à l'article *(Décr.*

n° 2015-645 du 9 juin 2015, art. 4) « R. 232-67-9-1 » sont atypiques ou correspondent à un profil longitudinal atypique, il peut, par l'intermédiaire de l'unité de gestion du profil biologique du sportif :

– porter les constatations qu'il a effectuées à la connaissance du directeur du département des contrôles en lui recommandant, le cas échéant, de poursuivre le recueil de données physiologiques ou d'orienter des contrôles ultérieurs ;

– décider de soumettre le dossier du sportif au comité d'experts mentionné à l'article L. 232-22-1.

Art. R. 232-67-10-1 *(Décr. n° 2015-645 du 9 juin 2015, art. 5)* Lorsque le directeur du département des analyses ou son remplaçant, au vu des données stéroïdiennes successives concernant un sportif, considère que des valeurs de la nature de celles mentionnées au 5° du I de l'article R. 232-41-3 et à l'article R. 232-67-9-2 sont atypiques ou correspondent à un profil longitudinal atypique, il peut, par l'intermédiaire de l'unité de gestion du profil biologique du sportif, procéder suivant les dispositions des deuxième et troisième alinéas de l'article R. 232-67-10.

Art. R. 232-67-11 Le collège de l'Agence française de lutte contre le dopage dresse la liste des experts susceptibles d'être désignés en vue de participer aux travaux du comité compétent pour le profil biologique. Il fixe également leur mode de rémunération selon des règles identiques à celles prévues pour les médecins auxquels il est fait appel au titre de l'examen des demandes d'autorisation d'usage à des fins thérapeutiques en vertu des 14° et 15° de l'article R. 232-10.

La délibération du collège relative au mode de rémunération de ces experts est soumise aux dispositions du dix-huitième alinéa du même article.

V. Délib. AFLD n° 2014-1 du 9 janv. 2014 dressant la liste des experts susceptibles de participer au comité placé auprès de l'AFLD, prévu à l'art. L. 232-22-1 C. sport, compétent pour le profil biologique ; Délib. AFLD n° 2014-57 du 4 juin 2014 relative à la liste des experts susceptibles de participer au comité pour le profil biologique.

Art. R. 232-67-12 Le président de l'Agence française de lutte contre le dopage, sur proposition du conseiller scientifique de l'agence, nomme les trois membres du comité mentionné à l'article L. 232-22-1 parmi les experts figurant sur la liste arrêtée en application de l'article R. 232-67-11. Le comité désigne parmi ses membres son président.

Art. R. 232-67-13 Lorsqu'il est saisi du dossier d'un sportif, le comité peut solliciter toutes explications complémentaires du conseiller scientifique de l'agence et du responsable de l'unité de gestion du profil biologique du sportif.

Le comité rend son avis dans un délai d'un mois suivant sa saisine. Cet avis figure au procès-verbal de la réunion, signé par le président du comité et adressé au responsable de l'unité de gestion du profil biologique du sportif.

L'avis du comité peut être recueilli par voie de consultation électronique dans des conditions qui garantissent la confidentialité des échanges.

Art. R. 232-67-14 Lorsque le comité, statuant à l'unanimité, estime, d'une part, qu'il est très probable que le sportif ait eu recours à une substance ou à une méthode interdite et, d'autre part, qu'il est peu probable que les résultats anormaux observés soient imputables à une autre cause, le sportif est, à l'initiative de l'unité de gestion du profil biologique du sportif, invité à présenter ses observations.

Le sportif dispose à cet effet d'un délai d'un mois.

Après avoir pris connaissance de ces observations, ou en cas d'absence d'observations présentées dans le délai d'un mois, le comité rend un nouvel avis. En cas d'empêchement d'un de ses membres, ce comité est alors complété suivant les modalités définies à l'article R. 232-67-12.

Le comité doit soit réviser sa position initiale à la majorité de ses membres, soit la confirmer à l'unanimité de ses membres.

Le nouvel avis est transmis sans délai par le président du comité au responsable de l'unité de gestion du profil biologique du sportif.

Art. R. 232-67-15 La confirmation par le comité de sa position initiale entraîne l'engagement d'une procédure disciplinaire à l'encontre du sportif concerné.

Si le sportif est licencié auprès d'une fédération agréée, le secrétaire général de l'Agence française de lutte contre le dopage transmet le dossier de l'intéressé à la fédération dont il relève ; celle-ci exerce les compétences en matière de sanctions disciplinaires prévues à l'article L. 232-21 sans préjudice des compétences de l'Agence française de lutte contre le dopage mentionnées aux 2°, 3° et 4° de l'article L. 232-22. *(Décr. nº 2016-83 du 29 janv. 2016, art. 18)* « Le dossier est également transmis à la fédération internationale compétente, à l'Agence mondiale antidopage et, le cas échéant, à l'organisation nationale antidopage compétente. »

Si le sportif n'a pas ou a cessé d'avoir la qualité de licencié, l'Agence française de lutte contre le dopage est compétente pour infliger une des sanctions prévues à l'article L. 232-23.

§ 3 AGRÉMENT, FORMATION ET ASSERMENTATION DES PERSONNES CHARGÉES DES CONTRÔLES

Art. R. 232-68 L'agrément des personnes chargées du contrôle au titre de l'article L. 232-11 est accordé *(Abrogé par Décr. nº 2016-83 du 29 janv. 2016, art. 19-1º)* ***« et renouvelé »*** par l'Agence française de lutte contre le dopage dans les conditions qu'elle *(Décr. nº 2016-83 du 29 janv. 2016, art. 19-1º)* « définit ».

(Décr. nº 2011-57 du 13 janv. 2011, art. 13) « Il ne peut être accordé aux professionnels de santé qui ont fait l'objet d'une sanction disciplinaire dans les cinq années qui précèdent. » *(Décr. nº 2016-83 du 29 janv. 2016, art. 19-2º)* « De même, il ne peut être accordé aux personnes qui assurent des fonctions de membres d'un organe disciplinaire compétent en matière de dopage au sein d'une fédération sportive agréée. » – *L'incompatibilité découlant du présent al. ne produit effet qu'à compter du premier jour du deuxième mois suivant la publication du Décr. nº 2016-83 du 29 janv. 2016 (Décr. préc., art. 31).*

L'agrément est donné pour une durée de *(Décr. nº 2016-83 du 29 janv. 2016, art. 19-3º)* « deux ans renouvelable ». *(Abrogé par Décr. nº 2016-83 du 29 janv. 2016, art. 19-3º)* ***« Toutefois la durée de l'agrément donné pour la première fois est limitée à deux ans. »*** – *[Décr. nº 2007-462 du 25 mars 2007, art. 24.]*

Les personnes chargées du contrôle auxquelles a été délivré antérieurement à la publication du Décr. nº 2016-83 du 29 janv. 2016 l'agrément mentionné à l'art. R. 232-68 conservent jusqu'à son terme le bénéfice de cet agrément (Décr. préc., art. 31).

V. Délib. AFLD nº 47 du 26 avr. 2007 portant modalités de renouvellement d'agrément des préleveurs médecins et vétérinaires ; V. Délib. nº 58 du 12 juill. 2007 fixant les modalités de publication de certaines décisions individuelles prises par les autorités de l'Agence française de lutte contre le dopage et des appels d'offres en procédure adaptée ; V. Délib. AFLD nº 207 du 5 janv. 2012 relative à l'agrément, la formation et aux obligations des personnes chargées des contrôles (www.afld.fr) ; V. Délib. nº 2014-131 du 22 oct. 2014 portant approbation des conditions générales d'emploi et de recrutement des agents de l'Agence française de lutte contre le dopage, ensemble l'art. 1er du texte approuvé ; V. Délib. nº 2016-17 CTRL du 17 février 2016 relative à l'agrément, à l'évaluation et aux obligations des personnes chargées des contrôles au titre de l'art. L. 232-11.

Art. R. 232-69 *(Décr. nº 2016-83 du 29 janv. 2016, art. 20-1º)* « Les personnes chargées du contrôle au titre de l'article L. 232-11 reçoivent une formation initiale et continue. »

(Abrogé par Décr. nº 2016-83 du 29 janv. 2016, art. 20-2º) ***« Ces formations, destinées à leur permettre de pratiquer les contrôles prévus à l'article L. 232-5, portent sur les questions administratives et juridiques relatives aux contrôles, sur les relations lors de ceux-ci entre les personnes chargées du contrôle, les sportifs et les organisateurs ainsi que sur les techniques de dépistage, de recueil et de conservation des prélèvements. »***

Le contenu des formations, la qualification des personnes qui en sont chargées et les modalités d'évaluation des connaissances sont fixés par l'Agence française de lutte contre le dopage. – *[Décr. nº 2007-462 du 25 mars 2007, art. 25.]*

V. Délib. AFLD nº 2016-17 CTRL du 17 févr. 2016 relative à l'agrément, l'évaluation et aux obligations des personnes chargées des contrôles au titre de l'article L. 232-11 C. sport reproduite ci-dessous.

Délibération n° 2016-17 CTRL du 17 février 2016,

Relative à l'agrément, l'évaluation et aux obligations des personnes chargées des contrôles au titre de l'article L. 232-11 du code du sport.

Art. 1er Conformément aux articles L. 232-11, R. 232-68 et R. 232-69 du code du sport, sont habilitées à procéder aux contrôles diligentés par l'Agence française de lutte contre le dopage, les personnes agréées par elle puis assermentées suivant les modalités définies à l'article R. 232-70 du même code.

Ces personnes reçoivent la dénomination de "préleveur agréé".

Elles sont soumises aux dispositions de la présente délibération relatives à leur agrément, à leur évaluation et au respect de leurs obligations.

CHAPITRE Ier. *DE L'AGRÉMENT*

SECTION I. *Conditions exigées*

Art. 2 Nul ne peut être agréé en qualité de préleveur s'il ne remplit les conditions de compétence et de moralité énoncées par la présente section.

Ainsi qu'il est dit au deuxième alinéa de l'article R. 232-68 du code du sport, l'agrément ne peut être accordé aux personnes qui assurent des fonctions de membre d'un organe disciplinaire compétent en matière de dopage au sein d'une fédération sportive agréée.

Art. 3 Pour solliciter son agrément en qualité de préleveur, toute personne doit satisfaire à l'une des conditions suivantes :

a) Être titulaire d'un diplôme de docteur en médecine, d'un diplôme d'État de masseur kinésithérapeute, de sage-femme, d'infirmier ou d'infirmier de secteur psychiatrique, ou d'un diplôme ouvrant droit à une équivalence, y compris sous la forme d'une validation des acquis de l'expérience ;

b) Avoir suivi un troisième cycle d'études médicales et fournir à cet effet une recommandation d'un chef de service médical au sein duquel l'intéressé a accompli un stage pendant tout ou partie de ce troisième cycle ;

c) Être titulaire d'un diplôme de technicien de laboratoire comportant un certificat d'aptitude aux prélèvements sanguins ;

d) Avoir servi sous le statut d'infirmier militaire ou de technicien de laboratoire des armées ;

e) Avoir exercé pendant deux ans au moins des fonctions d'officier de police judiciaire au sein d'un des corps des services actifs de la police nationale, de la gendarmerie nationale ou des douanes ;

f) Avoir exercé les fonctions d'agent chargé des contrôles pour le compte d'une organisation signataire du code mondial antidopage pendant une durée d'au moins deux ans ;

g) Avoir exercé la fonction de Conseiller interrégional antidopage pendant une durée d'au moins deux ans.

Les dispositions ci-dessus n'autorisent la pratique de prélèvements sanguins que sous réserve du respect de la condition exigée par l'article 16 de la présente délibération.

Art. 4 A l'effet de permettre la vérification de la condition de moralité, l'intéressé doit produire :

a) s'il est inscrit à un ordre professionnel, une attestation certifiant qu'il n'a fait l'objet d'aucune sanction disciplinaire soit au cours des cinq années précédentes, soit depuis la date de son inscription à cet ordre lorsque celle-ci remonte à moins de cinq ans ;

b) s'il n'est pas inscrit à un ordre professionnel, une attestation de l'autorité hiérarchique certifiant qu'il n'a fait l'objet d'aucune sanction disciplinaire soit au cours des cinq années précédentes, soit depuis la date de son entrée dans l'organisation dont relève son activité lorsque cette entrée remonte à moins de cinq ans ;

c) s'il n'exerce plus d'activité professionnelle, une attestation sur l'honneur par laquelle il certifie n'avoir fait l'objet d'aucune sanction disciplinaire au cours des cinq années qui précèdent le dépôt de sa demande.

Art. 5 L'agrément ne peut être accordé que s'il est satisfait à l'obligation de formation initiale ou, en cas de renouvellement, de formation continue, ainsi que l'exige l'article R. 232-69 du code du sport.

Art. 6 La formation initiale comprend une formation théorique et une formation pratique.

Art. 7 La formation initiale théorique a pour objet de permettre la maîtrise de la procédure de collecte des échantillons conformément aux règles en vigueur, ainsi que de disposer d'une connaissance des questions administratives et juridiques relatives au dopage.

Son contenu est arrêté par le Directeur du département des contrôles.

Art. 8 La formation initiale pratique consiste en l'obligation d'assister un préleveur agréé et assermenté à l'occasion d'au moins deux contrôles.

Art. 9 Au titre de la formation continue, tout préleveur qui sollicite le renouvellement de son agrément est tenu pendant la durée de validité de ce dernier :

a) D'assister à une session au moins de formation organisée en application de l'article 7 ;

b) De réaliser un contrôle antidopage, en présence soit d'un professionnel de santé coordonnateur, soit d'un Conseiller interrégional antidopage.

SECTION II. *Procédure et autorité compétente*

Art. 10 Le dossier de demande d'agrément doit comporter, outre les documents de la nature de ceux mentionnés à la section I du présent chapitre, une déclaration par laquelle l'intéressé indique les liens directs ou indirects qu'il a avec tout organisme dont les activités ont un lien avec les missions de l'Agence.

Art. 11 Le dossier de demande d'agrément est déposé auprès du Conseiller interrégional antidopage compétent pour la zone géographique où le demandeur a son domicile.

Art. 12 A l'issue de la formation initiale, le dossier est transmis à l'Agence par le conseiller interrégional antidopage, assorti de son avis.

Art. 13 Le Directeur du département des contrôles est compétent pour se prononcer sur la demande d'agrément initial ou de tout renouvellement de cet agrément.

La décision accordant l'agrément n'est pas soumise aux dispositions de l'article 1er de la délibération n° 58 du 12 juillet 2007 susvisée.

Toute décision de refus doit être motivée.

SECTION III. *Effets*

Art. 14 Ainsi qu'il est dit à l'article R. 232-70 du code du sport, l'agrément ne prend effet qu'après la prestation de serment de l'intéressé.

Il n'est procédé qu'à une seule prestation de serment.

Art. 15 Ainsi qu'il est dit à l'article R. 232-68 du code du sport, la durée de l'agrément est de deux ans, hors le cas d'application des mesures transitoires rappelées à l'article 30 de la présente délibération.

Art. 16 Ainsi qu'il est dit à l'article L. 232-12 du code du sport, seules les personnes qui y sont autorisées par le code de la santé publique peuvent procéder à des prélèvements sanguins.

SECTION IV. *Renouvellement*

Art. 17 En cas de renouvellement d'un agrément précédemment délivré, est exigé le respect des dispositions des articles 9 et 11 de la présente délibération.

La déclaration d'intérêts mentionnée à l'article 10 doit, s'il y a changement de circonstances, être actualisée.

Il en va de même de l'attestation prévue par l'article 4.

CHAPITRE II. *ÉVALUATION*

Art. 18 Le Directeur du département des contrôles procède, périodiquement, à une évaluation de l'activité des préleveurs agréés.

Art. 19 Aux fins de cette évaluation, peuvent être mises en œuvre les actions ci-après :

a) suivi de l'activité sur un plan statistique ;

b) fixation, dans le cadre du programme annuel des contrôles, d'un nombre minimum de missions à accomplir ;

c) invitation faite à l'intéressé d'avoir à s'entretenir des conditions d'exercice de ses missions avec le conseiller interrégional antidopage ou un professionnel de santé coordonnateur.

CHAPITRE III. *DU RESPECT PAR LES PRÉLEVEURS AGRÉES DE LEURS OBLIGATIONS*

Art. 20 La démission d'un préleveur agréé doit être présentée par écrit. Elle n'est effective qu'à compter de son acceptation par le Directeur du département des contrôles.

Art. 21 Le Directeur du département des contrôles informe par courrier tout préleveur agréé d'éventuels écarts constatés par rapport aux règles applicables en matière de contrôle antidopage.

Art. 22 Conformément à l'article R. 232-71 du code du sport, l'agrément est retiré :

a) au professionnel de santé qui a fait l'objet d'une sanction disciplinaire infligée postérieurement à son agrément ;

b) à la personne chargée du contrôle qui commet une faute dans l'accomplissement de sa mission de contrôle.

Art. 23 Est susceptible notamment de constituer une faute professionnelle :

a) Tout manquement du préleveur agréé aux règles juridiques ou techniques applicables au contrôle antidopage de nature à entraîner la nullité ou la non-réalisation de celui-ci ;

b) Le refus, sans motif légitime, de se soumettre à l'une ou l'autre des mesures d'évaluation énoncées au *b)* et au *c)* de l'article 19 ;

c) Le défaut d'actualisation, sans motif légitime, de l'attestation prévue à l'article 4 ou de la déclaration d'intérêts mentionnée à l'article 10 ;

d) Le non-respect, sans motif légitime, des dispositions de l'article 9 relatives à la formation continue.

Art. 24 Indépendamment de l'application de l'article R. 232-71 du code du sport, l'agrément peut être retiré par le Directeur du département des contrôles en cas de faute professionnelle de la nature de celles mentionnées à l'article 23.

Art. 25 Préalablement à une mesure de retrait de l'agrément, l'intéressé doit être mis à même par le Directeur du département des contrôles de présenter ses observations écrites et, s'il le souhaite, orales.

Art. 26 Toutefois, si l'intérêt du bon fonctionnement de l'Agence l'exige, le Directeur du département des contrôles peut sans délai écarter provisoirement de ses fonctions un préleveur qui se trouve sous le coup de poursuites pénales ou fait l'objet d'une procédure disciplinaire, jusqu'à l'achèvement de ces instances.

Art. 27 Une décision de retrait de l'agrément ou de suspension à titre conservatoire doit énoncer les raisons de droit et de fait qui lui servent de fondement.

Elle est notifiée à l'intéressé par courrier recommandé avec accusé réception.

Le conseiller interrégional antidopage compétent pour la zone géographique où le préleveur à son domicile est informé de cette décision.

CHAPITRE IV. *DISPOSITIONS DIVERSES ET TRANSITOIRES*

Art. 28 L'Agence met à la disposition des préleveurs agréés une plateforme documentaire leur permettant de mettre à jour leurs connaissances.

Art. 29 Sont abrogées :

— l'article 3 de la délibération n° 44 du 5 avril 2007 portant délégation de compétences du Collège de l'Agence française de lutte contre le dopage ;

— la délibération n° 207 du 5 janvier 2012 relative à l'agrément, la formation et aux obligations des personnes chargées des contrôles.

Art. 30 Nonobstant l'abrogation de la délibération n° 207 du 5 janvier 2012, les agréments accordés ou renouvelés sur son fondement, en cours de validité au 1er mars 2016, continuent de produire effet jusqu'à leur terme, ainsi qu'il est dit à l'article 31 du décret du 29 janvier 2016 susvisé.

Art. 31 La présente délibération entrera en vigueur le lendemain de sa publication au *Journal Officiel* de la République française.

Art. 32 Les demandes d'agrément ou de renouvellement d'agrément déposées antérieurement à la date d'entrée en vigueur de la présente délibération, et qui n'ont pas donné lieu à une décision du Directeur du département des contrôles, seront examinées suivant les modalités définies par cette délibération, sans qu'il y ait lieu de réitérer les formalités accomplies précédemment.

Art. 33 Le Président, le Secrétaire général et le Directeur du département des contrôles sont chargés, chacun en ce qui le concerne, de l'exécution de la présente délibération qui sera publiée au *Journal Officiel* de la République française ainsi que sur le site Internet de l'Agence.

La présente délibération a été adoptée par le Collège de l'Agence française de lutte contre le dopage au cours de sa séance du 17 février 2016.

Art. R. 232-70 L'agrément des personnes chargées du contrôle prend effet après qu'elles ont prêté serment devant le tribunal de grande instance de leur résidence, en déclarant : "Je jure de procéder avec exactitude et probité à tous contrôles, enquêtes, recherches, constats et opérations entrant dans le cadre de ma mission. Je jure également de ne rien révéler ou utiliser de ce qui sera porté à ma connaissance à l'occasion de l'exercice de celle-ci".

Il n'est procédé qu'à une seule prestation de serment. – *[Décr. n° 2007-462 du 25 mars 2007, art. 26.]*

Art. R. 232-70-1 *(Décr. n° 2011-57 du 13 janv. 2011, art. 15)* Les agents relevant du ministre chargé des sports sont habilités à rechercher et constater les infractions aux dispositions prévues aux *(Décr. n° 2016-83 du 29 janv. 2016, art. 21-1°)* « articles L. 232-9, L. 232-10 et L. 232-25 à L. 232-28 » du code du sport après qu'ils ont prêté serment devant le tribunal de grande instance de leur résidence, en déclarant : "Je jure de procéder avec exactitude et probité à tous contrôles, enquêtes, recherches, constats et opérations entrant dans le cadre de ma mission. Je jure également de ne rien révéler ou utiliser de ce qui sera porté à ma connaissance à l'occasion de l'exercice de celle-ci." *[.]*

(Décr. n° 2016-83 du 29 janv. 2016, art. 21-2°) « Ils procèdent aux actes pour lesquels ils ont été habilités sur le ressort de leur service d'affectation ou, lorsqu'ils ont reçu mission d'y procéder sur un territoire excédant leur ressort, sur l'étendue de ce territoire. »

L'habilitation désigne nommément l'agent. *(Décr. n° 2016-83 du 29 janv. 2016, art. 21-3°)* « Elle est accordée par arrêté publié au ***Bulletin officiel*** relevant du ministre chargé des sports. » L'autorité administrative qui la délivre s'assure préalablement que l'agent dispose d'une formation juridique et pratique suffisante.

L'habilitation est retirée à l'agent qui a fait l'objet d'une sanction disciplinaire. *(Décr. n° 2016-83 du 29 janv. 2016, art. 21-4°)* « Elle peut également être retirée si le titulaire cesse de remplir les conditions nécessaires à son obtention. »

Art. R. 232-70-2 *(Décr. n° 2016-83 du 29 janv. 2016, art. 22)* Le président de l'agence, sur proposition du directeur du département des contrôles, peut nommer des professionnels de santé coordonnateurs parmi les personnes en charge des contrôles autorisées par le code de la santé publique à procéder à des prélèvements nécessitant une technique invasive.

Ces professionnels de santé coordonnateurs sont chargés de l'organisation et de la supervision des actions de formation et d'évaluation prévues à l'article R. 232-69. Ils participent également à la mise en œuvre, sur le plan régional, du programme annuel de contrôles défini par le collège de l'agence.

Les agents relevant du ministre chargé des sports auxquels a été délivrée antérieurement à la publication du Décr. n° 2016-83 du 29 janv. 2016 l'habilitation mentionnée à l'art. R. 232-70-2 restent habilités jusqu'au terme de celle-ci (Décr. préc., art. 31).

V. Délib. AFLD n° 2016-18 CTRL du 17 févr. 2016 relative aux professionnels de santé coordonnateurs de la lutte contre le dopage reproduite ss. art. R. 232-69.

Art. R. 232-71 *(Décr. n° 2011-57 du 13 janv. 2011, art. 16)* « L'agrément est retiré par l'Agence française de lutte contre le dopage :

« 1° Au professionnel de santé qui a fait l'objet d'une sanction disciplinaire infligée postérieurement à son agrément ;

« 2° A la personne chargée du contrôle qui commet une faute dans l'accomplissement de sa mission de contrôle ; »

(Abrogé par Décr. n° 2016-83 du 29 janv. 2016, art. 23) ***« 3° A la personne chargée du contrôle qui commet une faute dans l'accomplissement de sa mission de contrôle. »***

Le directeur du département des contrôles organise, dans des conditions fixées par l'Agence française de lutte contre le dopage, le contrôle du respect de leurs obligations par les personnes agréées.– *[Décr. n° 2007-462 du 25 mars 2007, art. 27.]*

V. Délib. AFLD n° 2016-18 CTRL du 17 févr. 2016 relative aux professionnels de santé coordonnateurs de la lutte contre le dopage reproduite ss. art. R. 232-69.

SOUS-SECTION 2 LES AUTORISATIONS D'USAGE À DES FINS THÉRAPEUTIQUES *(Décr. n° 2012-1156 du 15 oct. 2012, art. 1er-1°-c).*

Les demandes d'autorisation d'usage à des fins thérapeutiques ou de reconnaissance d'une telle autorisation effectuées avant la publication du Décr. n° 2016-83 du 29 janv. 2016 sont soumises aux dispositions applicables le jour de cette demande (Décr. n° 2016-83 du 29 janv. 2016, art. 31).

V. comm. ss. art. L. 232-2.

Art. D. 232-72 *(Décr. n° 2011-59 du 13 janv. 2011, art. 2)* **L'autorisation d'usage à des fins thérapeutiques d'une substance ou d'une méthode interdite, prévue à l'article L. 232-2, est délivrée par l'Agence française de lutte contre le dopage lorsque les conditions suivantes sont remplies :**

1° Le sportif subit un préjudice de santé significatif si la substance ou la méthode interdite ne peut lui être administrée, lors de la prise en charge d'un état pathologique aigu ou chronique ;

2° L'utilisation à des fins thérapeutiques de la substance ou de la méthode interdite n'est susceptible de produire aucune amélioration de la performance autre que celle attribuable au retour à un état de santé normal après le traitement thérapeutique d'un état pathologique avéré ;

3° Il n'existe aucune autre solution thérapeutique permettant l'utilisation d'une substance ou d'une méthode qui ne sont pas interdites ;

4° La nécessité d'utiliser une substance ou une méthode interdite n'est pas une conséquence partielle ou totale de l'utilisation sans autorisation d'usage à des fins thérapeutiques d'une substance ou d'une méthode interdite au moment de cette utilisation.

En dehors de tout état pathologique avéré, l'utilisation d'une substance ou d'une méthode interdite afin d'augmenter les niveaux d'hormones endogènes d'un sportif ne peut donner lieu à l'octroi d'une autorisation d'usage à des fins thérapeutiques.

Art. D. 232-73 *(Décr. n° 2011-59 du 13 janv. 2011, art. 2)* **La demande d'autorisation d'usage à des fins thérapeutiques est adressée à l'agence par le sportif, la ou les personnes investies de l'autorité parentale ou le représentant légal de l'intéressé, par lettre recommandée avec demande d'avis de réception. Elle comporte :**

1° Le formulaire de demande d'autorisation arrêté par l'agence ;

2° L'attestation du médecin traitant sur le formulaire mentionné au 1°, qui établit la nécessité de l'utilisation de la substance ou de la méthode interdite pour le traitement du sportif, en décrivant les raisons pour lesquelles une substance ou une méthode autorisée ne peut être utilisée dans le traitement de sa pathologie ;

3° La copie de la prescription, revêtue du cachet et de la signature du prescripteur et précisant la substance, sa voie d'administration, la posologie et la durée du traitement prescrit ;

4° Les pièces et les résultats des examens médicaux en rapport avec la pathologie.

Pour certaines pathologies, la liste des pièces et examens médicaux est fixée par l'agence.

Le médecin qui remplit le formulaire de demande d'autorisation, établit la prescription, ou procède aux examens mentionnés au 4°, ne peut être le demandeur lui-même.

Le sportif doit demander une autorisation par pathologie. – *V. Délib. AFLD n° 205 du 5 janv. 2012 arrêtant les formulaires de demande et de renouvellement d'autorisations d'usage à des fins thérapeutiques pour 2012 ; Délib AFLD n° 263 du 20 déc. 2012 portant approbation du formulaire de demande d'autorisation d'usage à des fins thérapeutiques ; Délib AFLD n° 2016-29 MED du 24 mars 2016 portant approbation du formulaire de demande d'autorisation d'usage à des fins thérapeutiques.*

V. aussi Délib. AFLD n° 36 du 8 mars 2007 portant liste des pièces et documents médicaux devant être fournis à l'appui d'une demande d'autorisation d'usage à des fins thérapeutiques ; Délib. AFLD n° 43 du 22 mars 2007 complétant la liste des pièces et documents médicaux devant être fournis à l'appui d'une demande d'autorisation d'usage à des fins thérapeutiques dans le cas d'une tendinopathie ; Délib. AFLD n° 55 du 12 juill. 2007 complétant la liste des pièces et documents médicaux devant être fournis à l'appui de certaines demandes d'autorisation d'usage à des fins thérapeutiques et précisant les conditions de recevabilité des demandes en cas de prescription unique ; Délib. AFLD n° 88 du 21 févr. 2008 modifiant et complétant la liste des pièces et documents médicaux devant être fournis à l'appui de certaines demandes d'autorisation d'usage à des fins thérapeutiques ; Délib. AFLD n° 97 du 26 juin 2008 modifiant la terminologie de certaines pathologies nécessitant la fourniture de pièces et documents médicaux devant être fournis à l'appui de certaines demandes d'autorisation d'usage à des fins thérapeutiques ; Délib. AFLD n° 119 du 8 janv. 2009 modifiant certaines modalités relatives aux documents médicaux devant être fournis à l'appui d'une demande d'autorisation d'usage à des fins thérapeutiques pour les pathologies asthmatiformes (www.afld.fr).

Art. D. 232-73-1 *(Décr. n° 2016-83 du 29 janv. 2016, art. 24)* **L'agence accuse réception d'une demande de reconnaissance d'autorisation d'usage à des fins thérapeutiques dans les conditions prévues par les articles R. 112-4 et R. 112-5 du code des relations entre le public et l'administration. Cet accusé de réception fait courir un délai de vingt et un jours francs dans lequel l'agence notifie sa décision au sportif. Le silence gardé par l'agence au-delà de ce délai vaut décision de rejet.**

Les demandes d'autorisation d'usage à des fins thérapeutiques ou de reconnaissance d'une telle autorisation effectuées avant la publication du Décr. n° 2016-83 du 29 janv. 2016 sont soumises aux dispositions applicables le jour de cette demande (Décr. préc., art. 31).

Art. D. 232-73-2 *(Décr. n° 2016-83 du 29 janv. 2016, art. 24)* **En cas d'urgence justifiée par la participation du demandeur à une manifestation sportive dans le délai mentionné à l'article D. 232-73-1, le président de l'agence peut, après avis du conseiller scientifique de l'agence, reconnaître, dans les meilleurs délais, une autorisation d'usage à des fins thérapeutiques.**

V. note ss. art. D. 232-73-1.

Art. R. 232-74 *(Décr. n° 2012-1156 du 15 oct. 2012, art. 1er-1°-d) (Décr. n° 2016-83 du 29 janv. 2016, art. 25-1°)* **« L'agence accuse réception de la demande d'autorisation dans les conditions prévues par les articles R. 112-4 et R. 112-5 du code des relations entre le public et l'administration. » Cet accusé de réception fait courir le délai de** *(Décr. n° 2016-83 du 29 janv. 2016, art. 25-2°)* **« vingt et un » jours francs dans lequel l'agence notifie sa décision au sportif.** *(Décr. n° 2016-83 du 29 janv. 2016, art. 25-3°)* **« Le silence gardé par l'agence au-delà de ce délai sur une demande d'autorisation d'usage à des fins thérapeutiques vaut décision de rejet. » Le cas échéant, la ou les personnes investies de l'autorité parentale ou le représentant légal de l'intéressé sont informés selon les mêmes modalités.**

(Décr. n° 2016-83 du 29 janv. 2016, art. 25-4°) **« Lorsque l'Agence française de lutte contre le dopage est destinataire d'une demande d'autorisation d'usage à des fins thérapeutiques d'une personne s'étant déclarée "sportif de niveau international" dans le formulaire prévu au 1° de l'article D. 232-73, elle l'informe que cette demande doit être adressée à la fédération internationale dont elle relève. »** – *[Décr. n° 2007-461 du 25 mars 2007, art. 3.]*

V. Délib. AFLD n° 38 du 8 mars 2007 portant modalités d'accusé de réception des demandes d'autorisation d'usage à des fins thérapeutiques (www.afld.fr).

Art. D. 232-75 *(Décr. n° 2011-59 du 13 janv. 2011, art. 2)* **Pour l'instruction de la demande d'autorisation, l'agence peut demander au sportif tous examens médicaux ou documents complémentaires jugés nécessaires par le comité d'experts prévu** *(Décr. n° 2012-1156 du 15 oct. 2012, art. 1er-1°-e)* **« à l'article L. 232-2 ».**

La décision est notifiée au sportif par lettre recommandée avec demande d'avis de réception *(Décr. n° 2016-83 du 29 janv. 2016, art. 26)* **« ou par voie électronique ». Le cas échéant, la ou les personnes investies de l'autorité parentale ou le représentant légal de l'intéressé sont informés selon les mêmes modalités.**

Art. D. 232-76 *(Décr. n° 2011-59 du 13 janv. 2011, art. 2)* **Le comité mentionné** *(Décr. n° 2012-1156 du 15 oct. 2012, art. 1er-1°-e)* **« à l'article L. 232-2 » comprend au moins trois médecins, choisis par l'agence sur la liste arrêtée par elle en application de l'article R. 232-10. Le comité désigne celui de ses membres qui en est le secrétaire et dont la voix est prépondérante en cas de partage.**

Le secrétaire du comité dresse et signe le procès-verbal de la réunion, qui comprend l'avis motivé du comité. Un extrait de cet avis est adressé au président de l'agence dans le respect des règles prévues à l'article L. 1110-4 du code de la santé publique.

L'avis du comité peut être recueilli par voie de consultation électronique dans des conditions qui garantissent la confidentialité des échanges. — *V. Délib. AFLD nº 42 du 22 mars 2007 fixant la liste des experts susceptibles de participer au comité de médecins placé auprès de l'Agence française de lutte contre le dopage, prévu à l'article L. 232-2 du code du sport ; Délib. AFLD nº 66 du 6 sept. 2007, complétant la liste des experts susceptibles de participer au comité de médecins placé auprès de l'Agence française de lutte contre le dopage, prévu à l'article L. 232-2 du code du sport ; Délib. AFLD nº 78 du 29 déc. 2007, complétant la liste des experts susceptibles de participer au comité de médecins placé auprès de l'Agence française de lutte contre le dopage, prévu à l'article L. 232-2 du code du sport ; Délib. AFLD nº 107 du 4 sept. 2008, complétant la liste des experts susceptibles de participer au comité de médecins placé auprès de l'Agence française de lutte contre le dopage, prévu à l'article L. 232-2 du code du sport : Délib. AFLD nº 109 du 16 oct. 2008 complétant la liste des experts susceptibles de participer au comité de médecins placé auprès de l'Agence française de lutte contre le dopage, prévu à l'article L. 232-2 du code du sport (www.afld.fr).*

Art. D. 232-77 *(Décr. nº 2011-59 du 13 janv. 2011, art. 2)* L'autorisation d'usage à des fins thérapeutiques précise la substance, sa posologie et sa voie d'administration, ou la méthode à laquelle elle se rapporte. Toute modification d'un de ces éléments nécessite une nouvelle demande d'autorisation. L'autorisation précise la durée pour laquelle elle est accordée, qui ne peut excéder un an.

(Décr. nº 2012-1156 du 15 oct. 2012, art.er 1-2º) « Toutefois, lorsqu'elle est sollicitée dans le cadre d'un état pathologique chronique, le comité mentionné à l'article L. 232-2 peut proposer de l'accorder pour une durée supérieure, sans que celle-ci puisse excéder quatre ans. Chaque nouvelle prescription de la substance intervenant dans la période autorisée doit être communiquée sans délai à l'Agence française de lutte contre le dopage. Faute pour le bénéficiaire de l'autorisation de se conformer à cette exigence à l'échéance de chaque année suivant sa délivrance, l'autorisation cessera de produire effet. L'expiration de sa validité est constatée par une décision du président de l'Agence française de lutte contre le dopage. »

Art. D. 232-78 *(Décr. nº 2011-59 du 13 janv. 2011, art. 2)* Le refus d'autorisation est motivé, dans le respect des règles prévues à l'article L. 1110-4 du code de la santé publique. Sa notification au demandeur et, le cas échéant, à la ou aux personnes investies de l'autorité parentale ou au représentant légal de l'intéressé est accompagnée, sous enveloppe fermée, de l'avis défavorable motivé du comité d'experts prévu *(Décr. nº 2012-1156 du 15 oct. 2012, art. 1er-3º)* « à l'article L. 232-2 ».

Art. R. 232-79 *(Décr. nº 2011-57 du 13 janv. 2011, art. 17)* Une autorisation à des fins thérapeutiques prend effet à la date à laquelle elle est notifiée. Toutefois, une autorisation peut prendre effet à une date antérieure, qu'elle mentionne :

1º Dans le cas d'une urgence médicale, d'un état pathologique aigu ou de circonstances exceptionnelles n'ayant pas permis au demandeur de déposer sa demande trente jours avant le contrôle ;

2º Dans le cas où l'agence n'a pas statué dans le délai prévu à l'article R. 232-74.

Art. R. 232-80 *Abrogé par Décr. nº 2011-57 du 13 janv. 2011, art. 18.*

Art. R. 232-81 *Abrogé par Décr. nº 2011-59 du 13 janv. 2011, art. 3.*

Art. R. 232-82 L'ensemble des examens médicaux et documents nécessaires à l'instruction de la demande d'autorisation est à la charge du demandeur. Celui-ci acquitte une participation forfaitaire aux frais de cette instruction, selon un tarif fixé par l'agence. — *[Décr. nº 2007-461 du 25 mars 2007, art. 11.]*

La participation forfaitaire, à la charge du demandeur, aux frais d'instruction des demandes d'autorisation d'usage à des fins thérapeutiques en application de l'art. R. 232-82 C. sport est fixée à trente euros par dossier. V. Délib. AFLD nº 112 du 13 nov. 2008 (JO 6 janv. 2009) portant modification de la participation forfaitaire aux frais d'instruction des demandes d'autorisation d'usage à des fins thérapeutiques (www.afld.fr).

Art. D. 232-83 *(Décr. nº 2011-59 du 13 janv. 2011, art. 3)* L'autorisation d'usage à des fins thérapeutiques ne tient pas lieu de certificat attestant l'absence de contre-indication à la participation à des compétitions sportives délivré en application de l'article L. 231-2-1.

Elle ne tient pas lieu de prescription par un médecin de la substance ou de la méthode dont elle autorise l'usage.

Art. D. 232-84 *(Décr. n° 2016-83 du 29 janv. 2016, art. 27)* Les décisions accordant les autorisations d'usage à des fins thérapeutiques sont transmises par l'Agence française de lutte contre le dopage à l'Agence mondiale antidopage ainsi qu'à la fédération internationale concernée dans un délai de vingt et un jours à compter de leur notification. Il en va de même des décisions rejetant une demande recevable.

L'Agence française de lutte contre le dopage procède à un réexamen de sa décision si celui-ci est demandé par l'Agence mondiale antidopage dans le délai de vingt et un jours suivant la transmission de cette décision.

Art. D. 232-84-1 *(Décr. n° 2016-83 du 29 janv. 2016, art. 28)* Lorsque l'Agence française de lutte contre le dopage décide de rejeter ou de faire droit à une demande de reconnaissance d'une autorisation d'usage à des fins thérapeutiques délivrée par une fédération internationale ou un organisme mentionné au 4° de l'article L. 230-2, elle en informe l'autorité qui l'a délivrée ainsi que l'Agence mondiale antidopage dans un délai de vingt et un jours.

L'Agence française de lutte contre le dopage procède à un réexamen de sa décision si celui-ci est demandé par l'Agence mondiale antidopage dans le délai de vingt et un jours suivant la transmission de cette information.

Art. D. 232-85 *(Décr. n° 2011-59 du 13 janv. 2011, art. 3)* L'autorisation d'usage à des fins thérapeutiques prévue à l'article D. 232-77 accordée à un sportif qui a fait l'objet, lors d'un contrôle, d'un rapport d'analyse constatant des résultats positifs est transmise par l'agence à la fédération de laquelle le sportif est licencié.

Art. R. 232-85-1 *(Décr. n° 2011-57 du 13 janv. 2011, art. 19)* Pour l'application de l'article L. 232-9, un sportif peut se prévaloir d'une raison médicale dûment justifiée s'il peut faire état soit :

1° D'une urgence médicale ;

2° Du traitement d'un état pathologique aigu ;

3° De circonstances exceptionnelles.

Art. D. 232-86 et D. 232-87 *Abrogés par Décr. n° 2012-1156 du 15 oct. 2012, art. 1er-5°.*

SOUS-SECTION 3 TRAITEMENT AUTOMATISÉ DE DONNÉES À CARACTÈRE PERSONNEL DÉNOMMÉ "AUTORISATIONS D'USAGE À DES FINS THÉRAPEUTIQUES DÉLIVRÉES AUX SPORTIFS"

(Décr. n° 2015-1609 du 7 déc. 2015)

V. comm. ss. art. L. 232-2.

BIBL. ▶ *Dict. perm. dr. sport 2016, Bull. n° 230, p. 7, obs. P. Rocipon.*

Art. R. 232-85-2 Est autorisée la création par l'Agence française de lutte contre le dopage d'un traitement automatisé de données à caractère personnel visant à faciliter les échanges d'informations relatives aux autorisations d'usage à des fins thérapeutiques entre cette agence, les agences nationales antidopage, l'Agence mondiale antidopage, les organisations responsables de grandes manifestations au sens du 2° de l'article L. 230-3 et les fédérations sportives internationales.

Ce traitement rassemble les données concernant la substance qui fait l'objet d'une autorisation ou la méthode à laquelle elle se rapporte, sa posologie et sa voie d'administration.

Art. R. 232-85-3 Le traitement mentionné à l'article R. 232-85-2 a pour finalités de :

1° Rassembler des informations sur les sportifs au sens de l'article L. 230-3 qui ont été ou sont titulaires d'une autorisation d'usage à des fins thérapeutiques ;

2° Favoriser la reconnaissance mutuelle des autorisations délivrées, dans leur domaine de compétence, par les autorités mentionnées au premier alinéa de l'article R. 232-85-2 ;

3° Éviter l'engagement d'une procédure pénale et disciplinaire à l'encontre d'un sportif titulaire d'une autorisation en cours de validité ;

4° Faciliter l'exercice par l'Agence mondiale antidopage de ses prérogatives en matière d'autorisation à usage thérapeutique.

Art. R. 232-85-4 Sont enregistrées *[,]* dans le traitement français automatisé des données à caractère personnel mentionné à l'article R. 232-85-3, les catégories de données ci-après :

1° Les données relatives à l'état civil du sportif :

a) Nom et prénom ;

b) Date de naissance ;

c) Sexe ;

2° L'indication de la discipline sportive pour l'exercice de laquelle l'autorisation a été sollicitée ;

3° La mention de la pathologie dont le traitement a justifié l'octroi de l'autorisation ;

4° Les données relatives à la substance autorisée, sa posologie et sa voie d'administration ou la méthode à laquelle elle se rapporte ;

5° La date de délivrance de l'autorisation et sa durée de validité ;

6° La mention de l'autorité l'ayant délivrée.

Art. R. 232-85-5 I. – Les données collectées directement par l'Agence française de lutte contre le dopage en vertu de l'article R. 232-85-4 alimentent le traitement.

II. – Ce traitement est également alimenté par les données de même nature mises à la disposition de l'Agence française de lutte contre le dopage par :

1° L'Agence mondiale antidopage à partir du système d'administration et de gestion antidopage hébergé sur une plate-forme internet sécurisée au Canada ;

2° Une fédération sportive internationale à la condition que le lieu d'hébergement des données traitées se trouve dans un État assurant un niveau de protection suffisant de la vie privée et des libertés et droits fondamentaux des personnes à l'égard du traitement dont ces données font l'objet ou peuvent faire l'objet ;

3° Une agence nationale antidopage, pour autant que le lieu d'hébergement des données traitées satisfasse aux conditions mentionnées au 2° ;

4° Une organisation responsable d'une grande manifestation au sens du 2° de l'article L. 230-3, pour autant que le lieu d'hébergement des données traitées satisfasse aux conditions mentionnées au 2°.

Art. R. 232-85-6 Sont seuls habilités à enregistrer ou modifier les données mentionnées à l'article R. 232-85-4 la personne désignée par le président de l'Agence française de lutte contre le dopage pour exercer les fonctions de responsable du service médical de l'agence ainsi que les agents placés sous son autorité.

Art. R. 232-85-7 I. – Les données mentionnées à l'article R. 232-85-4 sont communiquées à l'Agence mondiale antidopage.

II. – Ont accès à ces données avec l'assentiment de l'Agence française de lutte contre le dopage :

1° Une fédération sportive internationale, pour autant que le lieu d'hébergement des données traitées satisfasse aux conditions mentionnées au 2° du II de l'article R. 232-85-5 ;

2° Une agence nationale antidopage, pour autant que le lieu d'hébergement des données traitées satisfasse aux conditions mentionnées au 2° du II de l'article R. 232-85-5 ;

3° Une organisation responsable d'une grande manifestation au sens du 2° de l'article L. 230-3, pour autant que le lieu d'hébergement des données satisfasse aux conditions mentionnées au 2° du II de l'article R. 232-85-5.

Art. R. 232-85-8 Les informations et les données à caractère personnel enregistrées dans le traitement automatisé ne peuvent être conservées au-delà d'un délai supérieur à dix-huit mois à compter de l'expiration de la durée de validité de l'autorisation.

Toutefois, en cas de contentieux, ce délai est prorogé, le cas échéant, jusqu'à l'intervention d'une décision juridictionnelle irrévocable.

Art. R. 232-85-9 **Le responsable du service médical de l'Agence française de lutte contre le dopage, suppléé, le cas échéant, par le conseiller scientifique placé auprès du président de l'agence, est responsable du respect des règles de gestion du traitement.**

Le droit d'accès et de rectification s'exerce auprès de ce responsable dans les conditions prévues aux articles 39, 40 et 43 de la loi n° 78-17 du 6 janvier 1978 relative à l'informatique, aux fichiers et aux libertés. Le responsable du traitement dispose d'un délai de deux mois pour donner suite à la demande.

Le droit d'opposition prévu à l'article 38 de la même loi ne s'applique pas au présent traitement.

SECTION IV **SANCTIONS ADMINISTRATIVES**

COMMENTAIRE

Fidèle à l'ancien dispositif, la loi du 5 avril 2006 conserve une dualité des compétences en matière de répression disciplinaire du dopage, les fédérations sportives restant titulaires de la compétence principale en la matière, tandis que l'Agence française de lutte contre le dopage, se substituant, à l'identique sur ce point, au Conseil de prévention et de lutte contre le dopage, dispose d'une compétence subsidiaire ; celle-ci est mise en œuvre directement lorsque le sportif n'est pas licencié ou lorsque la fédération française ne se prononce pas dans les délais légaux (V. art. *L. 232-21* C. sport), ou après intervention fédérale, lors de l'exercice de son pouvoir de réformation ou d'extension *(V. art.* L. 232-22 *C. sport).*

Issues du décret n° 2006-1768 du 23 décembre 2006, les dispositions relatives à l'adoption de sanctions administratives sont distinctes selon que la procédure se tient devant une fédération sportive ou devant l'AFLD. Elles ont été modifiées par le décret n° 2011-58 du 13 janvier 2011, adopté pour l'application de l'ordonnance du 14 avril 2010, puis par le décret n° 2016-84 du 29 janvier 2016 (*JO 31 janv.*), adopté pour l'application de l'ordonnance du 30 septembre 2015. Un nouveau règlement disciplinaire type applicable en matière de dopage s'impose aux fédérations sportives agréées.

S'agissant des règles fédérales, l'article R. 232-86 mentionne que le règlement disciplinaire type doit être repris « à l'identique » par les fédérations qui ne jouissent donc d'aucune marge de manœuvre en la matière. Elles disposent d'un délai de six mois, à compter de la date de publication du décret, soit jusqu'au 31 juillet 2016, pour procéder à la mise en conformité de leur règlement disciplinaire dopage avec ce nouveau règlement type, annexé à la partie réglementaire – décrets du code du sport (II-2, ss. art. R. 232-86 C. sport). A ce titre, l'ordonnance n° 2015-1207 du 30 septembre 2015 a prévu (art. 27) que chaque fédération peut procéder à la mise en conformité de son règlement « par décision de l'instance dirigeante convoquée spécialement à cet effet par son président ou par décision de son assemblée générale », et cela alors même que l'adoption de ce type de règlement est en principe de la compétence de l'assemblée générale de la fédération (V. les dispositions statutaires obligatoires, annexe I-5 C. sport). L'article 9 du décret du 29 janvier 2016 confirme que « nonobstant toute stipulation contraire de ses statuts, [la fédération] peut y procéder par décision de son instance dirigeante convoquée spécialement à cet effet par son président ou par décision de son assemblée générale ». En cas de non-respect de ce délai de six mois, le décret du 29 janvier 2016 prévoit soit la possibilité pour le ministère de retirer l'agrément, soit que « les organes de la fédération compétents pour l'exercice du pouvoir disciplinaire en matière de lutte contre le dopage sont tenus de faire application directe des dispositions de l'annexe II-2 du code du sport tant que la mise en conformité du règlement disciplinaire particulier de lutte contre le dopage de la fédération n'est pas réalisée ».

Des modifications d'importance sont intervenues au regard de l'ancien règlement disciplinaire type en la matière, notamment, comme chaque fois, s'agissant du dispositif de sanctions, et cela afin d'harmoniser le système français avec le code mondial antidopage. Ainsi, le renvoi au code mondial antidopage n'est plus d'actualité et le règlement disciplinaire type détaille les sanctions prévues en fonction de chaque type d'infraction et de diverses circonstances (substances spécifiées ou non, absence d'intention…) ; certaines dispositions ont également été introduites pour moduler, à la baisse, la sanction normalement encourue (aveux, aide substantielle). Si le pouvoir d'appréciation des organes disciplinaires se voit ainsi étendu, remarquons que la sanction standard, pour un contrôle positif à une substance non spécifiée, passe de deux à quatre ans de suspension.

Les décrets des 13 janvier 2011 et 29 janvier 2016 ont également procédé à certaines modifications réglementaires relatives à la procédure devant l'AFLD afin d'harmoniser l'ensemble du dispositif. ❑

SOUS-SECTION 1 PROCÉDURE DISCIPLINAIRE DEVANT LES FÉDÉRATIONS SPORTIVES AGRÉÉES

Art. R. 232-86 *(Décr. n° 2016-84 du 29 janv. 2016, art. 1er)* **Les fédérations sportives agréées adoptent à l'identique, en application de l'article L. 232-21, le règlement type particulier de lutte contre le dopage reproduit en annexe II-2.**

Sur les mesures transitoires, V. Décr. n° 2016-84 du 29 janv. 2016, art. 9 à 12, reproduits ss. art. L. 232-21.

ANNEXE II-2
(art. R. 232-86)

RÉGLEMENT DISCIPLINAIRE TYPE DES FÉDÉRATIONS SPORTIVES AGRÉÉES RELATIF À LA LUTTE CONTRE LE DOPAGE

Art. 1er Le présent règlement, établi en application des articles L. 131-8, L. 232-21 et R. 232-86 du code du sport, remplace toutes les dispositions du règlement relatif à l'exercice du pouvoir disciplinaire en matière de lutte contre le dopage adopté à la suite de la publication du décret n° 2011-58 du 13 janvier 2011 relatif aux sanctions disciplinaires en matière de lutte contre le dopage.

Art. 2 Tous les organes, préposés, membres mentionnés à l'article L. 131-3 du code du sport ainsi que les personnes titulaires d'une licence, au sens de l'article L. 131-6 du même code, de la fédération sont tenus de respecter les dispositions du code du sport relatives à la lutte contre le dopage, notamment celles contenues au titre III du livre II de ce code.

Chapitre Ier Enquêtes et contrôles

Art. 3 Les personnes mentionnées à l'article 2 sont tenues de prêter leur concours à la mise en œuvre des enquêtes, contrôles, perquisitions et saisies organisés en application des articles L. 232-11 à L. 232-20 du code du sport.

Art. 4 Les enquêtes et contrôles mentionnés aux articles L. 232-11 et suivants du code du sport peuvent être demandés par l'instance dirigeante compétente de la fédération ou son président. La demande est adressée au directeur des contrôles de l'Agence française de lutte contre le dopage.

Art. 5 Des membres délégués peuvent être choisis par l'instance dirigeante compétente de la fédération ou son président pour assister la personne chargée de procéder au prélèvement et agréée par l'Agence française de lutte contre le dopage, à sa demande, lors des compétitions, manifestations sportives ou aux *[des]* entraînements y préparant.

Nul ne peut être choisi comme membre délégué de la fédération s'il est membre d'un organe disciplinaire prévu par le présent règlement.

Chapitre II Organes et procédures disciplinaires

Section I Dispositions communes aux organes disciplinaires de première instance et d'appel

Art. 6 Il est institué un organe disciplinaire de première instance et un organe disciplinaire d'appel investis du pouvoir disciplinaire à l'égard des membres mentionnés à l'article L. 131-3 du code du sport ainsi que les personnes titulaires d'une licence, au sens de l'article L. 131-6 du même code, qui ont contrevenu aux dispositions de ce code relatives à la lutte contre le dopage, notamment celles contenues au titre III du livre II ainsi qu'aux dispositions du présent règlement.

Les membres des organes disciplinaires, y compris leur président, sont désignés par les instances dirigeantes de la fédération.

Il ne peut être mis fin aux fonctions d'un membre en cours de mandat qu'en cas :

— d'empêchement définitif constaté par l'instance dirigeante compétente ;

— ou de démission ;

— ou d'exclusion.

Chacun de ces organes disciplinaires se compose d'au moins cinq membres titulaires et de membres suppléants choisis en raison de leurs compétences. Un membre au moins appartient à une profession de santé et un membre au moins est choisi en raison de ses compétences juridiques.

Ne peuvent être membres d'un organe disciplinaire :

— le président de la fédération ;

— les membres des instances dirigeantes de la fédération ;

— les professionnels de santé siégeant au sein des instances dirigeantes de la fédération ;

— les professionnels de santé chargés au sein de la fédération de coordonner les examens requis dans le cadre de la surveillance médicale particulière prévue à l'article L. 231-6 du code du sport ;

— les professionnels de santé désignés par la fédération qui sont en charge du suivi médical des Équipes de France.

Art. 7 La durée du mandat des membres des organes disciplinaires est fixée à quatre ans. Elle court à compter de l'expiration du délai d'un mois mentionné au deuxième alinéa de l'article R. 232-87 du code du sport ou, en cas d'urgence, à compter de la date de la décision du président de l'Agence française de lutte contre le dopage autorisant l'entrée en fonctions.

En cas d'empêchement définitif, de démission ou d'exclusion d'un membre, constaté par le président de l'organe disciplinaire, un nouveau membre est désigné dans les mêmes conditions que son prédécesseur pour la durée du mandat restant à courir.

Art. 8 Les membres des organes disciplinaires se prononcent en toute indépendance et ne peuvent recevoir d'instruction.

Ils sont astreints à une obligation de confidentialité pour les faits, actes et informations dont ils ont connaissance en raison de leurs fonctions.

Toute infraction aux règles fixées au présent article, à l'article 6 du présent règlement ainsi qu'à l'article R. 232-87-1 du code du sport entraîne une décision d'exclusion du membre de l'organe disciplinaire par l'instance dirigeante compétente de la fédération.

Art. 9 Les organes disciplinaires de première instance et d'appel se réunissent sur convocation de leur président ou d'une personne qu'il mandate à cet effet. Chacun de ces organes ne peut délibérer valablement que lorsque trois au moins de ses membres sont présents.

En cas de partage égal des voix, le président a voix prépondérante.

Les fonctions de secrétaire de séance sont assurées soit par un membre de l'organe disciplinaire, soit par une autre personne désignée par le président de l'organe disciplinaire.

En cas d'absence du président, le membre de l'organe disciplinaire le plus âgé assure les fonctions de président de séance.

Art. 10 Les débats devant les organes disciplinaires sont publics. Toutefois, le président de l'organe disciplinaire peut, d'office ou à la demande de l'intéressé, de son représentant, le cas échéant de la ou des personnes investies de l'autorité parentale ou du représentant légal, ou de son avocat, interdire au public l'accès de la salle pendant tout ou partie de l'audience dans l'intérêt de l'ordre public ou lorsque le respect de la vie privée ou du secret professionnel le justifie.

Art. 11 Les membres des organes disciplinaires ne peuvent siéger lorsqu'ils ont un intérêt direct ou indirect à l'affaire. Dans ce cas, ils doivent faire connaître cet intérêt au président de l'organe dont ils sont membres.

A l'occasion d'une même affaire, nul ne peut siéger dans l'organe disciplinaire d'appel s'il a siégé dans l'organe disciplinaire de première instance.

Art. 12 Pour tenir compte de l'éloignement géographique ou de contraintes professionnelles ou médicales, à la demande des personnes à l'encontre desquelles une procédure disciplinaire est engagée, des moyens de conférence audiovisuelle peuvent être mis en place par la fédération concernée avec l'accord de l'organe disciplinaire.

Les moyens de conférence audiovisuelle doivent respecter un niveau suffisant de sécurité et de confidentialité.

Art. 13 Il est désigné par l'instance dirigeante compétente ou le président de la fédération une ou plusieurs personnes chargées de l'instruction des affaires soumises aux organes disciplinaires de première instance et d'appel.

Ces personnes ne peuvent être membres d'un de ces organes disciplinaires et ne peuvent avoir un intérêt direct ou indirect à l'affaire qui leur est confiée.

Dans le cas où l'une d'elles a un intérêt direct ou indirect à l'affaire, elle doit faire connaître cet intérêt à l'instance qui l'a désignée afin de pourvoir à son remplacement.

Elles sont astreintes à une obligation de confidentialité pour les faits, actes et informations dont elles ont pu avoir connaissance en raison de leurs fonctions.

Toute infraction à cette disposition fait l'objet d'une sanction.

Elles reçoivent délégation du président de la fédération pour toutes les correspondances relatives à l'instruction des affaires.

Les personnes chargées de l'instruction peuvent :

— entendre toute personne dont l'audition paraît utile ;

— demander à toute personne des informations nécessaires à la procédure.

Art. 14 La transmission des documents et actes de procédure mentionnés au présent règlement ainsi que de tout ou partie du dossier disciplinaire peut être réalisée par voie électronique.

Cette transmission par voie électronique s'opère au moyen d'une application informatique dédiée accessible par le réseau internet.

Les caractéristiques techniques de cette application garantissent la fiabilité de l'identification des personnes à l'encontre desquelles une procédure disciplinaire est engagée, l'intégrité des documents adressés ainsi que la sécurité et la confidentialité des échanges entre ces personnes et l'instance disciplinaire, le président de cette instance ou la personne chargée de l'instruction. Elles permettent également d'établir de manière certaine la date et l'heure de la mise à disposition d'un document ainsi que celles de sa première consultation par son destinataire.

Section II Dispositions relatives aux organes disciplinaires de première instance

Art. 15 I. — Lorsqu'une affaire concerne le non-respect des dispositions de l'article L. 232-9 du code du sport, établi à la suite d'une analyse positive, l'infraction est constatée par la réception, par la fédération, du procès-verbal de contrôle prévu à l'article L. 232-12 du code du sport relatant les conditions dans lesquelles les prélèvements et examens ont été effectués et mentionnant, le cas échéant, l'existence d'une autorisation accordée pour usage à des fins thérapeutiques ainsi que du rapport d'analyse faisant ressortir la présence d'une substance interdite, de l'un de ses métabolites ou de ses marqueurs, ou l'utilisation d'une méthode interdite, transmis par l'Agence française de lutte contre le dopage ou par un laboratoire auquel l'agence aura fait appel en application de l'article L. 232-18 du même code. Le délai prévu au cinquième alinéa de l'article L. 232-21 du même code court à compter de la réception du dernier de ces deux documents.

Le président de la fédération transmet ces documents au représentant de la fédération chargé de l'instruction.

II. — Lorsqu'une affaire concerne le non-respect des dispositions de l'article L. 232-9 du code du sport, établi en l'absence d'une analyse positive, l'infraction est constatée par la réception, par la fédération, de tout élément utile non couvert par le secret de l'instruction défini à l'article 11 du code de procédure pénale.

Le président de la fédération transmet ces éléments au représentant de la fédération chargé de l'instruction.

III. — Lorsque, en application de l'article L. 232-22-1 du code du sport, sont recueillis des éléments faisant apparaître l'utilisation par un sportif licencié d'une substance ou d'une méthode interdite en vertu de l'article L. 232-9 de ce code, le point de départ du délai mentionné au cinquième alinéa de l'article L. 232-21 du même code est la date de réception par la fédération du document transmis par le secrétaire général de l'Agence française de lutte contre le dopage sur le fondement du deuxième alinéa de l'article R. 232-67-15 du code précité.

Art. 16 Lorsqu'une affaire concerne un licencié ou un membre de la fédération qui a contrevenu aux dispositions de l'article L. 232-9-1 du code du sport, l'infraction est constatée par la réception, par la fédération, des éléments mentionnés au troisième alinéa de l'article R. 232-41-13 du code du sport.

Le président de la fédération transmet ces éléments au représentant chargé de l'instruction.

Art. 17 Lorsqu'une affaire concerne un licencié ou un membre de la fédération qui a contrevenu aux dispositions des articles L. 232-10 ou L. 232-15-1 du code du sport, l'infraction est constatée par la réception, par la fédération, de tout élément utile non couvert par le secret de l'instruction défini à l'article 11 du code de procédure pénale.

Le président de la fédération transmet ces éléments au représentant chargé de l'instruction ainsi que, le cas échéant, le procès-verbal de contrôle.

Art. 18 Lorsqu'une affaire concerne un licencié qui a contrevenu aux dispositions du I de l'article L. 232-17 du code du sport ou un licencié qui refuse de se soumettre à un contrôle diligenté en application de l'article L. 232-14-3 du code du sport ou autorisé en application de l'article L. 232-14-4 de ce code, l'infraction est constatée par la réception, par la fédération, du procès-verbal établi en application de l'article L. 232-12 du même code constatant la soustraction ou le refus de se soumettre aux mesures de contrôle ou par la réception, par la fédération, de tout élément utile non couvert par le secret de l'instruction défini à l'article 11 du code de procédure pénale.

Le président de la fédération transmet les éléments mentionnés à l'alinéa précédent au représentant chargé de l'instruction ainsi que, le cas échéant, tout élément utile non couvert par le secret de l'instruction défini à l'article 11 du code de procédure pénale.

Art. 19 Lorsqu'une affaire concerne un licencié qui a contrevenu dans les conditions déterminées par une délibération de l'Agence française de lutte contre le dopage aux dispositions de l'article L. 232-15 du code du sport, l'agence informe la fédération concernée, par lettre recommandée avec demande d'avis de réception ou par tout moyen permettant d'en garantir l'émission et la réception dans les conditions prévues par l'article 14, que le sportif se trouve dans le cas prévu au II de l'article L. 232-17 du même code.

Le délai prévu au cinquième alinéa de l'article L. 232-21 du code du sport court à compter de la réception de cette information par la fédération.

Art. 20 Lorsqu'une affaire concerne le non-respect des dispositions de l'article L. 232-9 du code du sport, le président de l'organe disciplinaire de première instance prend une décision de classement de l'affaire lorsque le licencié justifie être titulaire :

— soit d'une autorisation d'usage à des fins thérapeutiques accordée au sportif par l'Agence française de lutte contre le dopage ;

— soit d'une autorisation d'usage à des fins thérapeutiques accordée au sportif par une organisation nationale antidopage étrangère, par une organisation responsable d'une grande manifestation sportive internationale mentionnée au 4° de l'article L. 230-2 du code du sport ou par une fédération internationale et dont l'agence reconnaît la validité conformément à l'annexe II de la convention internationale mentionnée à l'article L. 230-2 du code du sport ;

— soit d'une autorisation d'usage à des fins thérapeutiques dont l'Agence mondiale antidopage a reconnu la validité ou qu'elle a accordée.

Il en est de même lorsque le licencié dispose d'une raison médicale dûment justifiée définie à l'article R. 232-85-1 du code du sport.

Cette décision est notifiée à l'intéressé et, le cas échéant, à la ou les personnes investies de l'autorité parentale ou au représentant légal par lettre recommandée avec demande d'avis de réception ou par lettre remise contre récépissé ou encore par tout moyen permettant d'en garantir l'émission et la réception dans les conditions prévues par l'article 14.

Cette décision est notifiée à l'Agence française de lutte contre le dopage. Celle-ci peut demander communication de l'ensemble du dossier.

L'agence peut exercer son pouvoir de réformation de la décision de classement dans le délai prévu à l'article L. 232-22 du code du sport.

Art. 21 La personne chargée de l'instruction informe l'intéressé et, le cas échéant, son avocat qu'une procédure disciplinaire est engagée à son encontre et qu'il pourra faire l'objet d'une mesure de suspension provisoire dans les conditions prévues à l'article 23 du présent règlement ou de l'article L. 232-23-4 du code du sport. Cette information se matérialise par l'envoi d'un document énonçant les griefs retenus, par lettre recommandée avec demande d'avis de réception ou par tout moyen permettant d'en garantir l'émission et la réception dans les conditions prévues par l'article 14.

Le cas échéant, la ou les personnes investies de l'autorité parentale ou le représentant légal de l'intéressé sont informés selon les mêmes modalités.

L'intéressé est informé qu'il peut apporter au directeur des contrôles de l'Agence française de lutte contre le dopage des éléments constitutifs d'une aide substantielle au sens de l'article L. 230-4 du code du sport et, le cas échéant, de voir la sanction d'interdiction qu'il encourt assortie d'un sursis à exécution partiel dans les conditions prévues à l'article 51 du présent règlement.

Art. 22 Le document énonçant les griefs retenus doit être accompagné, le cas échéant, du résultat de l'analyse prévue par l'article L. 232-18 du code du sport ou du procès-verbal de contrôle constatant que l'intéressé s'est soustrait, a refusé de se soumettre ou s'est opposé au contrôle.

Ce document doit mentionner la possibilité pour l'intéressé, d'une part, de demander par lettre recommandée avec demande d'avis de réception ou par tout moyen permettant d'en garantir l'émission et la réception dans les conditions prévues par l'article 14, dans un délai de cinq jours à compter de sa réception, qu'il soit procédé à ses frais à l'analyse de l'échantillon B, conformément aux dispositions prévues par l'article R. 232-64 du code du sport, et, d'autre part, qu'en cas d'absence de demande d'analyse de l'échantillon B de sa part, le résultat porté à sa connaissance constitue le seul résultat opposable, sauf décision de l'Agence française de lutte contre le dopage d'effectuer une analyse de l'échantillon B.

Le délai de cinq jours mentionné au deuxième alinéa est porté à dix jours lorsque l'intéressé est domicilié hors de la métropole.

L'intéressé peut demander l'analyse de l'échantillon B et désigner, le cas échéant, un expert de son choix. La liste indicative d'experts, établie par l'Agence française de lutte contre le dopage et prévue à l'article R. 232-64 du code du sport, est mise à la disposition de l'intéressé.

Lorsque l'analyse de l'échantillon B est pratiquée, la date de cette analyse est arrêtée, en accord avec le département des analyses de l'Agence française de lutte contre le dopage ou avec le laboratoire auquel il a été fait appel en application de l'article L. 232-18 du code du sport et, le cas échéant, avec l'expert désigné par l'intéressé. Le résultat de l'analyse de l'échantillon B est communiqué par lettre recommandée avec demande d'avis de réception ou par lettre remise contre récépissé ou encore par tout moyen permettant d'en garantir l'émission et la réception dans les conditions prévues par l'article 14 à l'intéressé, à la fédération et à l'Agence française de lutte contre le dopage.

Art. 23 Lorsque les circonstances le justifient, telles que l'usage ou la détention d'une substance ou d'une méthode non spécifiée au sens de l'annexe I à la convention internationale mentionnée à l'article L. 230-2 du code du sport, le président de l'organe disciplinaire ordonne à l'encontre du sportif, à titre conservatoire et dans l'attente de la décision de l'organe disciplinaire, une suspension provisoire de sa participation aux manifestations organisées par la fédération. Cette décision est motivée. Elle est portée simultanément à la connaissance de l'intéressé et du président de l'Agence française de lutte contre le dopage.

Art. 24 Lorsqu'ils en font la demande, le licencié et, le cas échéant, la ou les personnes investies de l'autorité parentale ou le représentant légal sont mis à même de faire valoir leurs observations sur la suspension provisoire mentionnée à l'article 23 du présent règlement dans les meilleurs délais, par le président de l'organe disciplinaire ou, en cas d'empêchement, par une personne de l'organe disciplinaire qu'il mandate à cet effet.

Cette demande doit être transmise par tout moyen permettant de garantir son origine et sa réception, dans un délai de cinq jours à compter de la réception de la décision du président de l'organe disciplinaire. Ce délai est porté à dix jours lorsque l'intéressé est domicilié hors de la métropole.

Art. 25 La suspension provisoire prend fin dans l'une ou l'autre des hypothèses suivantes :

a) Si l'analyse de l'échantillon B ne confirme pas celle de l'échantillon A ;

b) En cas de retrait par le président de l'organe disciplinaire de la décision de suspension provisoire ;

c) Si l'organe disciplinaire n'a pas statué dans le délai de dix semaines qui lui est imparti par l'article L. 232-21 du code du sport ;

d) En cas d'absence de sanction de l'intéressé par l'organe disciplinaire ;

e) Au cas où la durée de la sanction décidée par l'organe disciplinaire est inférieure ou égale à celle de la suspension déjà supportée à titre conservatoire.

Hors le cas mentionné au c, la levée de la suspension ne produit d'effet qu'à compter de la notification au sportif de l'acte la justifiant.

Art. 26 Les décisions du président de l'organe disciplinaire relatives aux suspensions provisoires sont notifiées aux licenciés par tout moyen permettant de garantir leur origine et leur réception.

Art. 27 Dès lors qu'une infraction a été constatée, la personne chargée de l'instruction ne peut clore d'elle-même une affaire. Sauf dans le cas prévu à l'article 20, l'organe disciplinaire est tenu de prendre une décision après convocation de l'intéressé.

Au vu des éléments du dossier, la personne chargée de l'instruction établit un rapport qu'elle adresse à l'organe disciplinaire et qui est joint au dossier avec l'ensemble des pièces.

Art. 28 L'intéressé, accompagné, le cas échéant, de la ou des personnes investies de l'autorité parentale, de son représentant légal ou encore de son avocat, est convoqué par le président de l'organe disciplinaire ou par une personne mandatée à cet effet par ce dernier, par lettre recommandée avec demande d'avis de réception ou par lettre remise contre récépissé ou encore par tout moyen permettant de garantir l'émission et la réception de la convocation dans les conditions prévues par l'article 14, quinze jours au moins avant la date de la séance, la date du récépissé ou de l'avis de réception faisant foi.

L'intéressé peut être représenté par un avocat. S'il ne parle ou ne comprend pas suffisamment la langue française, il peut bénéficier, à sa demande, de l'aide d'un interprète aux frais de la fédération.

L'intéressé ainsi que, le cas échéant, la ou les personnes investies de l'autorité parentale, son représentant légal, ou encore son avocat peuvent consulter avant la séance le rapport et l'intégralité du dossier et en obtenir copie.

Ils peuvent demander que soient entendues les personnes de leur choix, dont ils communiquent les noms dans un délai de six jours au moins avant la réunion de l'organe disciplinaire.

Ce délai est ramené à trois jours lorsque l'intéressé est domicilié hors de la métropole.

Le président de l'organe disciplinaire peut refuser, par décision motivée, les demandes d'audition manifestement abusives.

Art. 29 Lors de la séance, le représentant de la fédération chargé de l'instruction présente oralement son rapport. En cas d'empêchement du représentant chargé de l'instruction, son rapport peut être lu par un des membres de l'organe disciplinaire.

Toute personne dont l'audition paraît utile peut être entendue par l'organe disciplinaire. Si une telle audition est décidée, le président en informe l'intéressé avant la séance.

L'intéressé et, le cas échéant, la ou les personnes investies de l'autorité parentale ou le représentant légal ainsi que la ou les personnes qui l'assistent ou le représentent sont invités à prendre la parole en dernier.

Art. 30 L'organe disciplinaire délibère à huis clos, hors de la présence de l'intéressé, de la ou des personnes qui l'assistent ou le représentent, le cas échéant de la ou des personnes investies de l'autorité parentale ou du représentant légal, des personnes entendues à l'audience et du représentant de la fédération chargé de l'instruction.

Lorsque les fonctions de secrétaire de séance sont assurées par une personne qui n'est pas membre de l'organe disciplinaire, celle-ci peut assister au délibéré sans y participer.

L'organe disciplinaire prend une décision motivée, signée par le président et le secrétaire de séance.

La décision est notifiée sans délai à l'intéressé, le cas échéant à la ou les *[aux]* personnes investies de l'autorité parentale ou au représentant légal ainsi qu'au président de la fédération, par lettre recommandée avec demande d'avis de réception ou par lettre remise contre récépissé ou encore par tout moyen permettant d'en garantir l'émission et la réception dans les conditions prévues par l'article 14. La notification mentionne les voies et délais d'appel.

L'association sportive dont le licencié est membre et, le cas échéant, la société dont il est préposé sont informées de cette décision.

Dans les huit jours de son prononcé, la décision, accompagnée de l'ensemble du dossier, est notifiée pour information, par lettre recommandée avec demande d'avis de réception ou encore par tout moyen permettant d'en garantir l'émission et la réception dans les conditions prévues par l'article 14, à l'Agence française de lutte contre le dopage. La décision est notifiée dans les mêmes formes au ministre chargé des sports. Le ministre chargé des sports peut demander, le cas échéant, communication de toute pièce du dossier permettant la compréhension de la décision.

La décision est transmise par tout moyen à la fédération internationale intéressée ainsi qu'à l'Agence mondiale antidopage et, le cas échéant, à l'organisation nationale étrangère compétente, au Comité International Olympique et au Comité international paralympique.

Art. 31 L'organe disciplinaire de première instance doit se prononcer dans le délai de dix semaines prévu à l'article L. 232-21 du code du sport.

Faute d'avoir pris une décision dans ce délai, l'organe disciplinaire de première instance est dessaisi et l'ensemble du dossier est transmis à l'organe disciplinaire d'appel.

Section III Dispositions relatives à l'organe disciplinaire d'appel

Art. 32 L'intéressé, le cas échéant, la ou les personnes investies de l'autorité parentale ou le représentant légal, l'Agence mondiale antidopage, la fédération internationale compétente, le Comité International Olympique, le Comité international paralympique ainsi que le président de la fédération peuvent interjeter appel de la décision de l'organe disciplinaire de première instance, par lettre recommandée avec demande d'avis de réception ou par lettre remise contre récépissé ou encore par tout moyen permettant de garantir l'émission et la réception de l'appel dans les conditions prévues par l'article 14, dans un délai de dix jours. Ce délai est porté à quinze jours lorsque l'appelant est domicilié ou a son siège hors de la métropole.

L'exercice du droit d'appel ne peut être subordonné au versement d'une somme d'argent à la fédération ou limité par une décision d'un organe fédéral.

L'appel n'est pas suspensif.

Lorsque l'appel émane de la fédération sportive agréée ou de tout autre organisme mentionné au premier alinéa, l'organe disciplinaire d'appel le communique à l'intéressé par lettre recommandée avec avis de réception ou par lettre remise contre récépissé ou encore par tout moyen permettant de garantir l'émission et la réception de l'appel dans les conditions prévues par l'article 14 et l'informe qu'il peut produire ses observations dans un délai de six jours avant la tenue de l'audience.

Ce délai est ramené à trois jours lorsque l'intéressé est domicilié hors de la métropole. Le cas échéant, la ou les personnes investies de l'autorité parentale ou le représentant légal de l'intéressé sont informés selon les mêmes modalités.

Art. 33 L'organe disciplinaire d'appel statue en dernier ressort.

Il se prononce, au vu du dossier de première instance et des productions d'appel, dans le respect du principe du contradictoire.

Le président peut désigner, parmi les membres de l'organe disciplinaire, un rapporteur. Celui-ci établit un rapport exposant les faits et rappelant les conditions du déroulement de la procédure. Ce rapport est présenté oralement en séance puis joint au dossier.

L'organe disciplinaire d'appel doit se prononcer dans le délai de quatre mois prévu à l'article L. 232-21 du code du sport. Faute d'avoir pris une décision dans ce délai, il est dessaisi et l'ensemble du dossier est transmis sans délai à l'Agence française de lutte contre le dopage.

Art. 34 L'intéressé, accompagné, le cas échéant, de la ou des personnes investies de l'autorité parentale ou du représentant légal ainsi que de son avocat, est convoqué devant l'organe disciplinaire d'appel par son président ou une personne mandatée à cet effet par ce dernier, par lettre recommandée avec demande d'avis de réception ou par lettre remise contre récépissé ou encore par tout moyen permettant d'en garantir l'émission et la réception dans les conditions prévues par l'article 14, quinze jours au moins avant la date de la séance.

L'intéressé peut être représenté par un avocat. S'il ne parle ou ne comprend pas suffisamment la langue française, il peut bénéficier, à sa demande, de l'aide d'un interprète aux frais de la fédération.

L'intéressé ainsi que, le cas échéant, la ou les personnes investies de l'autorité parentale ou le représentant légal ou encore toute personne qu'il mandate à cet effet peuvent consulter avant la séance le rapport, s'il en a été établi un, ainsi que l'intégralité du dossier et en obtenir copie.

Ils peuvent demander que soient entendues les personnes de leur choix, dont ils communiquent les noms dans un délai de six jours au moins avant la réunion de l'organe disciplinaire.

Ce délai est ramené à trois jours lorsque l'intéressé est domicilié hors de la métropole.

Le président de l'organe disciplinaire peut refuser les demandes d'audition manifestement abusives.

Art. 35 Toute personne dont l'audition paraît utile peut être entendue par l'organe disciplinaire d'appel. Si une telle audition est décidée, le président en informe l'intéressé avant la séance.

Lors de la séance, l'intéressé et, le cas échéant, la ou les personnes investies de l'autorité parentale ou le représentant légal ainsi que la ou les personnes qui l'assistent ou la représentent sont invités à prendre la parole en dernier.

Art. 36 L'organe disciplinaire d'appel délibère à huis clos, hors de la présence de l'intéressé, de la ou des personnes qui l'assistent ou le représentent, le cas échéant de la ou des personnes investies de l'autorité parentale ou du représentant légal ainsi que des personnes entendues à l'audience.

Lorsque les fonctions de secrétaire de séance sont assurées par une personne qui n'est pas membre de l'organe disciplinaire d'appel, celle-ci peut assister au délibéré sans y participer.

L'organe disciplinaire d'appel prend une décision motivée, signée par le président et le secrétaire de séance.

Art. 37 La décision est notifiée sans délai à l'intéressé, le cas échéant à la ou les *[aux]* personnes investies de l'autorité parentale ou au représentant légal par lettre recommandée avec demande d'avis de réception ou par lettre remise contre récépissé ou encore par tout moyen permettant d'en garantir l'émission et la réception dans les conditions prévues par l'article 14, ainsi qu'au président.

L'association sportive dont le licencié est membre et le cas échéant la société dont il est le préposé sont informées de cette décision.

Dans les huit jours de son prononcé, la décision, accompagnée de l'ensemble du dossier, est notifiée pour information, par lettre recommandée avec demande d'avis de réception ou encore par tout moyen permettant d'en garantir l'émission et la réception dans les conditions prévues par l'article 14, à l'Agence française de lutte contre le dopage. La décision est notifiée dans les mêmes formes au ministre chargé des sports. Le ministre chargé des sports peut demander, le cas échéant, communication de toute pièce du dossier permettant la compréhension de la décision.

La décision est transmise par tout moyen à la fédération internationale concernée ainsi qu'à l'Agence mondiale antidopage et, le cas échéant, à l'organisation nationale étrangère compétente, au Comité International Olympique ou au Comité international paralympique.

Chapitre III Sanctions

Art. 38 I. — Sans préjudice des sanctions pénales éventuellement encourues en application de la section VI du chapitre II du titre III du livre II du code du sport, les organes disciplinaires, dans l'exercice de leur pouvoir de sanction en matière de lutte contre le dopage, peuvent prononcer :

1° A l'encontre des sportifs ayant enfreint les dispositions des articles L. 232-9, L. 232-9-1, L. 232-14-5, L. 232-15, L. 232-15-1, L. 232-17 ou du 3° de l'article L. 232-10 du code du sport :

a) Un avertissement ;

b) Une interdiction temporaire ou définitive de participer aux manifestations sportives autorisées ou organisées par la fédération ainsi qu'aux entraînements y préparant organisés par la fédération agréée ou l'un de ses membres ;

c) Une interdiction temporaire ou définitive de participer directement ou indirectement à l'organisation et au déroulement des compétitions et manifestations sportives autorisées ou organisées par la fédération ainsi qu'aux entraînements y préparant ;

d) Une interdiction temporaire ou définitive d'exercer les fonctions définies à l'article L. 212-1 du code du sport ;

e) Une interdiction d'exercer les fonctions de personnel d'encadrement au sein de la fédération ou d'un membre affilié à la fédération.

La sanction prononcée à l'encontre d'un sportif peut être complétée par une sanction pécuniaire dont le montant ne peut excéder 45 000 €. Elle est complétée par une décision de publication nominative de la sanction, dans les conditions fixées par l'article 47. En outre, elle peut être complétée par le retrait provisoire de la licence ;

2° A l'encontre de toute autre personne qui a enfreint les dispositions de l'article L. 232-10 du code du sport :

a) Un avertissement ;

b) Une interdiction temporaire ou définitive de participer directement ou indirectement à l'organisation et au déroulement des compétitions et manifestations sportives autorisées ou organisées par la fédération ainsi qu'aux entraînements y préparant ;

c) Une interdiction temporaire ou définitive d'exercer les fonctions définies à l'article L. 212-1 du code du sport ;

d) Une interdiction d'exercer les fonctions de personnel d'encadrement.

La sanction prononcée peut être complétée par une sanction pécuniaire dont le montant ne peut excéder 150 000 €. Elle est complétée par une décision de publication nominative de la sanction, dans les conditions fixées par l'article 47. En outre, elle peut être complétée par le retrait provisoire de la licence.

II. — Les sanctions mentionnées au I peuvent être prononcées à l'encontre des complices des auteurs des infractions.

III. — Les sanctions mentionnées aux *b* à *e* du 1° et aux *b* à *d* du 2° du I prennent en compte la circonstance que les personnes qui en font l'objet :

a) Avouent avoir commis une infraction aux dispositions du titre III du livre II du code du sport et que ces aveux sont les seules preuves fiables de ces infractions ; ou

b) Avouent les faits sans délai après qu'une infraction aux dispositions du titre III du livre II du code du sport leur a été notifiée.

IV. — Pour l'application du chapitre III, l'organe disciplinaire, après avoir rappelé la sanction normalement encourue, en précisant aussi bien son maximum que son minimum, rend sa décision en tenant compte, d'une part, du degré de gravité de la faute commise et, d'autre part, de tout motif à même de justifier, selon les circonstances, la réduction du quantum de la sanction, une mesure de relaxe ou l'octroi du bénéfice du sursis à l'exécution de la sanction infligée.

Art. 39 I. — La durée des mesures d'interdiction mentionnées au 1° du I de l'article 38 à raison d'un manquement à l'article L. 232-9 du code du sport :

a) Est de quatre ans lorsque ce manquement est consécutif à l'usage ou à la détention d'une substance non spécifiée. Cette durée est ramenée à deux ans lorsque le sportif démontre qu'il n'a pas eu l'intention de commettre ce manquement ;

b) Est de deux ans lorsque ce manquement est consécutif à l'usage ou à la détention d'une substance spécifiée. Cette durée est portée à quatre ans lorsque l'instance disciplinaire démontre que le sportif a eu l'intention de commettre ce manquement.

II. — Les substances spécifiées et les substances non spécifiées mentionnées au I, dont l'usage ou la détention sont prohibés par l'article L. 232-9 du code du sport, sont celles qui figurent à l'annexe I à la convention internationale mentionnée à l'article L. 230-2 du code du sport.

Art. 40 La durée des mesures d'interdiction mentionnées au 1° du I de l'article 38 à raison d'un manquement au 4° de l'article L. 232-10 du code du sport et au I de l'article L. 232-17 du même code est de quatre ans.

Lorsque le sportif démontre que le manquement au I de l'article L. 232-17 du code du sport n'est pas intentionnel, la durée des mesures d'interdiction prévues à l'alinéa précédent est ramenée à deux ans.

Art. 41 La durée des mesures d'interdiction mentionnées au 1° du I de l'article 38 à raison de manquements aux obligations de localisation prévues par l'article L. 232-15 du code du sport est de deux ans.

Cette durée peut être réduite sans toutefois pouvoir être inférieure à un an en fonction de la gravité du manquement et du comportement du sportif.

Art. 42 La durée des mesures d'interdiction mentionnées au 2° du I de l'article 38 à raison d'un manquement à l'article L. 232-10 du code du sport est au minimum de quatre ans.

Cette sanction peut aller jusqu'à l'interdiction définitive en fonction de la gravité du manquement à l'article L. 232-10 du code du sport. La gravité du manquement s'apprécie notamment au regard des éléments suivants :

a) La personne qui fait l'objet de la sanction a la qualité de personnel d'encadrement d'un sportif ;

b) Le manquement implique une substance non spécifiée au sens de l'annexe I à la convention internationale mentionnée à l'article L. 230-2 du code du sport ;

c) Le manquement est commis à l'égard d'un ou *[de]* plusieurs sportifs mineurs.

Art. 43 La durée des mesures d'interdiction mentionnées au 1° du I de l'article 38 à raison d'un manquement à l'article L. 232-9-1 du code du sport est de deux ans.

Cette durée peut être réduite sans toutefois pouvoir être inférieure à un an en fonction de la gravité du manquement et du comportement du sportif.

Art. 44 Une personne qui a fait l'objet d'une sanction définitive pour un manquement aux articles L. 232-9, L. 232-9-1, L. 232-10, L. 232-15, L. 232-15-1 ou L. 232-17 du code du sport et qui commet, dans le délai de dix ans à compter de la notification de ladite sanction, un deuxième manquement à l'un de ces articles encourt une interdiction d'une durée qui ne peut être inférieure à six mois et qui peut aller jusqu'au double de la sanction encourue pour ce manquement.

Lorsque cette même personne commet un troisième manquement dans ce même délai, la durée des sanctions mentionnées à l'article L. 232-23 du code du sport ne peut être inférieure à huit ans et peut aller jusqu'aux interdictions définitives prévues au même article.

Art. 45 Les sanctions mentionnées aux articles 39 à 44 ne font pas obstacle au prononcé de sanctions complémentaires prévues au dernier alinéa des 1° et 2° du I de l'article 38.

Art. 46 La durée des mesures d'interdiction prévues aux articles 39 à 44 peut être réduite par une décision spécialement motivée lorsque les circonstances particulières de l'affaire le justifient au regard du principe de proportionnalité.

Art. 47 L'organe disciplinaire détermine dans sa décision les modalités de publication de la sanction qu'il prononce, notamment en fixant le délai de publication et en désignant le support de celle-ci. Ces modalités sont proportionnées à la gravité de la sanction prononcée à titre principal et adaptées à la situation de l'auteur de l'infraction.

La publication de la sanction s'effectue de manière nominative, sauf si la personne qui fait l'objet de la sanction est mineure ou si l'organe disciplinaire, par une décision spécialement motivée, décide d'ordonner la publication anonyme de cette sanction.

La publication d'une décision de relaxe s'effectue de manière anonyme, sauf si, dans le délai d'un mois suivant la notification de la décision, la personne qui en fait l'objet demande une publication nominative.

Art. 48 La dispense de publication d'une décision de sanction assortie d'un sursis à exécution ne peut intervenir qu'après avis conforme de l'Agence mondiale antidopage.

Art. 49 L'organe disciplinaire peut saisir l'Agence française de lutte contre le dopage d'une demande d'extension de la sanction disciplinaire afin qu'elle soit étendue aux activités de l'intéressé relevant d'autres fédérations, conformément aux dispositions du 4° de l'article L. 232-22 du code du sport.

Art. 50 I. — *a)* Les sanctions infligées à un sportif prévues à l'article 39 entraînent l'annulation des résultats individuels avec toutes les conséquences en résultant, y compris le retrait des médailles, points, gains et prix relatifs à la manifestation ou à la compétition à l'occasion de laquelle l'infraction a été constatée ;

b) Dans les sports collectifs, sont annulés les résultats de l'équipe avec les mêmes conséquences que celles figurant au *a* dès lors que l'organe disciplinaire constate que plus de deux membres ont méconnu les dispositions des articles contenues au titre III du livre II du code du sport ;

c) Il en est de même dans les sports individuels dans lesquels certaines épreuves se déroulent par équipes, dès lors que l'organe disciplinaire constate qu'au moins un des membres a méconnu les dispositions des articles contenues au titre III du livre II du code du sport.

II. — L'organe disciplinaire qui inflige une sanction peut, en outre, à titre de pénalités, procéder aux annulations et retraits mentionnés au I pour les compétitions et manifestations qui se sont déroulées entre le contrôle et la date de notification de la sanction.

Ces sanctions sont prononcées dans le respect des droits de la défense.

Chapitre IV Exécution des sanctions

Art. 51 Les organes disciplinaires peuvent, dans les cas et selon les conditions prévues ci-après, assortir une sanction d'un sursis à exécution lorsque la personne a fourni une aide substantielle permettant, par sa divulgation, dans une déclaration écrite signée, d'informations en sa possession en relation avec des infractions aux règles relatives à la lutte contre le dopage et par sa coopération à l'enquête et à l'examen de toute affaire liée à ces informations :

a) D'éviter qu'il ne soit contrevenu aux dispositions du code du sport relatives à la lutte contre le dopage ;

b) Ou d'identifier des personnes contrevenant ou tentant de contrevenir aux dispositions du code du sport relatives à la lutte contre le dopage ;

c) Ou de faire cesser un manquement aux dispositions du code du sport relatives à la lutte contre le dopage.

Les sanctions mentionnées aux *b* à *e* du 1° et aux *b* à *d* du 2° du I de l'article 38 peuvent être assorties du sursis à concurrence des trois quarts de leur durée. Lorsque la sanction encourue est une interdiction définitive, le sursis ne peut s'appliquer aux huit premières années d'exécution de la sanction.

Pour tenir compte de circonstances exceptionnelles tenant à la qualité de l'aide substantielle apportée, les organes disciplinaires peuvent, avec l'accord de l'Agence mondiale antidopage, préalablement saisie par elle ou par la personne qui fait l'objet d'une sanction, étendre le sursis jusqu'à la totalité de la durée des sanctions mentionnées à l'alinéa précédent et l'appliquer à l'ensemble des sanctions mentionnées à l'article 38.

Art. 52 Le sursis à l'exécution de la sanction peut être révoqué lorsque la personne qui en bénéficie :

1° A commis, dans le délai de dix ans à compter de la date du prononcé de la sanction faisant l'objet du sursis, une infraction aux dispositions du code du sport relatives à la lutte contre le dopage ;

2° Ou cesse de transmettre les informations qu'elle s'était engagée à fournir et qui lui ont permis de bénéficier de ce sursis.

Art. 53 La révocation du sursis mentionnée au 1° de l'article 52 est prononcée dans le cadre de la procédure disciplinaire conduite au titre de la seconde infraction.

La révocation du sursis mentionnée au 2° du même article est prononcée dans les conditions prévues aux articles 54 et 55.

Art. 54 L'organe disciplinaire de première instance est compétent pour ordonner la révocation du sursis prononcé par lui ou par l'organe d'appel, dès lors qu'il n'y a pas eu d'intervention, dans la procédure antérieurement diligentée, de l'Agence française de lutte contre le dopage sur le fondement de l'article L. 232-22 du code du sport.

Art. 55 S'il apparaît, en l'état des informations portées à la connaissance de la fédération, qu'une personne qui a fait l'objet d'une sanction assortie d'un sursis à exécution cesse de transmettre les informations qu'elle s'était engagée à fournir, une procédure de révocation du sursis est engagée.

La décision de révocation du sursis doit intervenir dans un délai de dix semaines à compter du jour où les informations mentionnées au premier alinéa sont en possession de la fédération, à peine de dessaisissement au profit de l'Agence française de lutte contre le dopage.

La personne chargée de l'instruction avise l'intéressé des motifs qui peuvent conduire à la révocation du sursis dont il bénéficie et saisit l'instance disciplinaire qui a prononcé le sursis.

L'intéressé est alors mis à même de présenter ses observations écrites ou orales à l'instance disciplinaire.

La décision de révocation du sursis est publiée dans les conditions prévues à l'article 47.

Les échanges entre l'intéressé et la fédération prévus aux troisième et quatrième alinéas sont réalisés par lettre recommandée avec demande d'avis de réception ou par lettre remise contre récépissé ou encore par tout moyen permettant de garantir l'origine et la réception de la notification.

Art. 56 Les sanctions prononcées par les organes disciplinaires entrent en vigueur à compter de leur notification aux intéressés.

Les sanctions d'interdiction temporaire inférieures à six mois portant sur la participation aux manifestations mentionnées au 1° de l'article L. 230-3 du code du sport ne peuvent être exécutées en dehors des périodes de compétition. Dans ce cas, leur date d'entrée en vigueur est fixée par l'organe qui a infligé la sanction.

La période de suspension provisoire ou d'interdiction portant sur la participation aux manifestations mentionnées au 1° de l'article L. 230-3 du code du sport prononcée pour les mêmes faits à l'encontre du sportif est déduite de la période totale de l'interdiction restant à accomplir.

Art. 57 Lorsqu'une personne ayant fait l'objet d'une sanction mentionnée à l'article 38 du présent règlement sollicite la restitution, le renouvellement ou la délivrance d'une licence sportive, la fédération subordonne cette restitution, ce renouvellement ou cette délivrance à la production de l'attestation nominative prévue à l'article L. 232-1 du code du sport et, s'il y a lieu, à la transmission au département des contrôles de l'Agence française de lutte contre le dopage des informations permettant la localisation du sportif, conformément aux dispositions de l'article L. 232-15 du même code.

L'inscription à une manifestation ou compétition sportive d'un sportif ou d'un membre d'une équipe ayant fait l'objet de la mesure prévue au I de l'article 50 est subordonnée à la restitution des médailles, gains et prix en relation avec les résultats annulés.

Art. R. 232-87 Les fédérations informent par lettre recommandée avec demande d'avis de réception le président de l'Agence française de lutte contre le dopage de la composition des organes disciplinaires compétents pour statuer sur les infractions, commises par leurs licenciés, aux dispositions des articles L. 232-9, L. 232-10 et L. 232-17. Elles l'informent dans les mêmes conditions de tout projet de modification de cette composition.

Les membres des organes disciplinaires entrent en fonction à l'expiration d'un délai d'un mois après l'information de l'agence, sauf décision contraire motivée du président de l'Agence française de lutte contre le dopage, notifiée dans les mêmes formes. En cas d'urgence, le président de l'agence peut autoriser l'entrée en fonction d'un membre avant l'expiration du délai d'un mois.

L'Agence française de lutte contre le dopage tient à jour la liste des membres des organes disciplinaires mentionnés au premier alinéa. A leur demande, les fédérations sont destinataires de cette liste qui peut également faire l'objet d'une publicité par voie électronique dans les conditions définies par le collège de l'Agence française de lutte contre le dopage.

Art. R. 232-87-1 *(Décr. n° 2016-84 du 29 janv. 2016, art. 3)* Les membres des organes disciplinaires ne peuvent être liés à la fédération qui les désigne par un lien contractuel autre que celui résultant de la licence. Les personnes qui ont fait l'objet d'une sanction disciplinaire, administrative ou pénale relative à la lutte contre le dopage ne peuvent être membres de ces organes disciplinaires. Il en est de même de celles qui ont fait l'objet d'une suspension provisoire relative à la lutte contre le dopage, pendant la durée de cette suspension.

SOUS-SECTION 2 PROCÉDURE DISCIPLINAIRE DEVANT L'AGENCE FRANÇAISE DE LUTTE CONTRE LE DOPAGE

V. Décr. n° 2016-84 du 29 janv. 2016, art. 11, ss. art. L. 232-21.

Art. R. 232-88 *(Décr. n° 2011-58 du 13 janv. 2011, art. 5)* Dans le cas prévu au 3° de l'article L. 232-22, l'information de l'agence est acquise à la date de réception par celle-ci de la décision prise par l'organe disciplinaire de la fédération sportive et de l'ensemble du dossier.

Dans le cas prévu au 4° du même article :

1° Lorsque la demande émane d'une fédération sportive, la saisine de l'agence doit intervenir dans le délai de deux mois à compter du jour où la décision de la fédération est devenue définitive. L'agence est saisie dès la date de réception de la demande d'extension, accompagnée de la décision prise par l'organe disciplinaire de la fédération ainsi que de l'ensemble du dossier ;

2° Lorsque l'agence se saisit de sa propre initiative, elle dispose d'un délai de deux mois qui court à partir de la date de réception par celle-ci de la décision prise par l'organe disciplinaire de la fédération sportive ainsi que de l'ensemble du dossier.

V. Décr. n° 2016-84 du 29 janv. 2016, art. 11, ss. L. 232-21.

Art. R. 232-89 *(Décr. n° 2016-84 du 29 janv. 2016, art. 4)* Dans tous les cas mentionnés à l'article L. 232-22, le secrétaire général de l'agence informe l'intéressé par lettre recommandée avec demande d'avis de réception ou par lettre remise contre récépissé. Cette notification précise :

1° Le fondement sur lequel l'agence est saisie ;

2° Les griefs formulés à l'encontre de l'intéressé ;

3° Les droits qui lui sont reconnus aux articles R. 232-91 à R. 232-95 pour présenter sa défense ;

4° La possibilité d'apporter au directeur des contrôles de l'Agence française de lutte contre le dopage des éléments constitutifs d'une aide substantielle au sens de l'article L. 230-4 et, le cas échéant, de voir la sanction d'interdiction qu'elle *[il]* encourt assortie d'un sursis à exécution partiel dans les conditions prévues à l'article L. 232-23-3-2.

Le secrétaire général de l'agence transmet également ces documents, par tout moyen, à l'Agence mondiale antidopage, la fédération internationale concernée et le cas échéant l'organisation nationale antidopage étrangère intéressée ainsi qu'à la fédération sportive concernée. Cette fédération sportive peut adresser des observations écrites à l'agence.

Art. R. 232-90 *(Décr. n° 2011-58 du 13 janv. 2011, art. 6)* « Dans les cas mentionnés aux 1° et 2° de l'article L. 232-22, l'agence peut prendre une décision de classement si le sportif justifie le résultat du contrôle soit par :

(Décr. n° 2016-84 du 29 janv. 2016, art. 5) « – soit à une autorisation d'usage à des fins thérapeutiques accordée au sportif par l'Agence française de lutte contre le dopage ;

« – soit à une autorisation d'usage à des fins thérapeutiques accordée au sportif par une organisation nationale antidopage étrangère, par une organisation responsable d'une grande manifestation sportive internationale mentionnée au 4° de l'article L. 230-2 ou par une fédération internationale et dont l'agence reconnaît la validité conformément à l'annexe II de la convention internationale mentionnée à l'article L. 230-2 ;

« – soit à une autorisation d'usage à des fins thérapeutiques dont l'Agence mondiale antidopage a reconnu la validité ou qu'elle a accordée. »

(Abrogé par Décr. n° 2012-1156 du 15 oct. 2012, art. 3) ***« – une déclaration d'usage effectuée auprès de l'Agence française de lutte contre le dopage ;***

« – une déclaration d'usage effectuée auprès d'une fédération internationale et dont l'agence a reconnu la validité ; »

« – une raison médicale dûment justifiée définie à l'article R. 232-85-1. »

Cette décision est notifiée par lettre recommandée avec demande d'avis de réception ou par lettre remise contre récépissé, à l'intéressé, à la fédération sportive à laquelle il appartient le cas échéant, ainsi que, par tout moyen, à l'*(Décr. n° 2011-58 du 13 janv. 2011, art. 6)* « Agence mondiale antidopage » et à la fédération internationale concernée. Le cas échéant, la ou les personnes investies de l'autorité parentale ou le représentant légal de l'intéressé sont informés selon les mêmes modalités. – *[Décr. n° 2006-1768 du 23 déc. 2006, art. 5.]*

Art. R. 232-91 L'intéressé peut être représenté par une personne *(Décr. n° 2011-58 du 13 janv. 2011, art. 7-1°)* « qu'il mandate à cet effet ». Il peut également être assisté par une ou plusieurs personnes *(Décr. n° 2011-58 du 13 janv. 2011, art. 7-1°)* « qu'il mandate à cet effet ». S'il ne parle ou ne comprend pas suffisamment la langue française, il peut bénéficier, sur sa demande, de l'aide d'un interprète aux frais de l'agence.

L'intéressé, la ou les personnes investies de l'autorité parentale ou le représentant légal et, le cas échéant, le défenseur peuvent consulter au secrétariat de l'agence l'intégralité du dossier *(Décr. n° 2011-58 du 13 janv. 2011, art. 7)* « et peuvent en obtenir copie.

« Le document formulant les griefs retenus à l'encontre du sportif doit mentionner la possibilité pour l'intéressé, d'une part, de demander par lettre recommandée avec demande d'avis de réception, dans un délai de cinq jours à compter de sa réception, qu'il soit procédé à ses frais à l'analyse de l'échantillon B, conformément aux dispositions prévues par l'article R. 232-64 *(Abrogé par Décr. n° 2016-83 du 29 janv. 2016, art. 29)* ***« du code du sport »***. Le délai de cinq jours est porté à dix jours lorsque l'intéressé est domicilié hors de la métropole. » – *[Décr. n° 2006-1768 du 23 déc. 2006, art. 6.]*

Art. R. 232-92 L'intéressé et son défenseur, accompagnés, le cas échéant, de la ou des personnes investies de l'autorité parentale ou du représentant légal, sont convoqués devant la formation disciplinaire de l'Agence française de lutte contre le dopage par lettre recommandée avec demande d'avis de réception ou par lettre remise contre récépissé, quinze jours au moins avant la date de la séance au cours de laquelle l'agence est appelée à se prononcer. – *[Décr. n° 2006-1768 du 23 déc. 2006, art. 7.]*

Eu égard à la nature et à l'objet de la procédure disciplinaire suivie par l'Agence française de lutte contre le dopage, le délai prévu à l'article R. 232-92 du code du sport a non seulement pour objet d'informer l'intéressé de la date de la séance au cours de laquelle l'Agence est appelée à se prononcer, mais aussi de lui laisser un délai suffisant pour préparer utilement sa défense. Il en résulte que la lettre recommandée convoquant le mis en cause doit lui parvenir ou, s'il est absent et ne retire pas le pli recommandé, lui être présentée au moins quinze jours avant la date de la séance. • CE 27 nov. 2013, req. n° 361970 : *JS 2014, n° 138, p. 8, note F. Lagarde ; Cah. dr. sport 2013, n° 34, p. 107, note F. Colin.*

Art. R. 232-93 L'intéressé et son défenseur ainsi que, le cas échéant, la ou les personnes investies de l'autorité parentale ou le représentant légal, peuvent présenter devant l'Agence française de lutte contre le dopage des observations écrites ou orales. Lorsqu'elles sont écrites, ces observations doivent parvenir au siège de l'agence *(Décr. n° 2011-58 du 13 janv. 2011, art. 8)* « dans un délai de six jours au moins avant la réunion de l'organe disciplinaire.

« Ce délai est ramené à trois jours lorsque l'intéressé est domicilié hors de la métropole. »

L'intéressé et son défenseur ainsi que, le cas échéant, la ou les personnes investies de l'autorité parentale ou le représentant légal, peuvent demander que soient entendues les personnes de leur choix dont ils communiquent le nom au moins *(Décr. n° 2011-58 du 13 janv. 2011, art. 8)* « six » jours avant la séance. Le président de l'agence peut refuser, par décision motivée, les demandes d'audition manifestement abusives.

(Décr. n° 2011-58 du 13 janv. 2011, art. 8) « Ce délai est ramené à trois jours lorsque l'intéressé est domicilié hors de la métropole. »

L'agence peut également demander à entendre toute personne. Si une telle audition est décidée, le président de l'agence en informe l'intéressé et, le cas échéant, ses représentants avant la séance. Si cette information s'avère impossible avant la séance initialement prévue, l'examen du dossier de l'intéressé est renvoyé à une séance ultérieure.

Les frais de déplacement des personnes dont l'audition est décidée dans les conditions prévues à l'alinéa précédent sont pris en charge par l'agence. – *[Décr. n° 2006-1768 du 23 déc. 2006, art. 8.]*

Art. R. 232-94 Le président de l'Agence française de lutte contre le dopage désigne un rapporteur parmi les membres du collège. Celui-ci établit un rapport exposant les faits et rappelant les conditions du déroulement de la procédure, tant, le cas échéant, devant la fédération sportive que devant l'agence. Le rapporteur procède, sans pouvoir les assortir de mesures de contrainte, à toute investigation utile dont le résultat est versé au dossier et communiqué avant la séance à l'intéressé.

Le président de la formation disciplinaire peut exercer les fonctions de rapporteur. – *[Décr. n° 2006-1768 du 23 déc. 2006, art. 9.]*

Art. R. 232-95 Le rapporteur présente oralement son rapport à la formation disciplinaire.

L'intéressé, son défenseur, et le cas échéant, la ou les personnes investies de l'autorité parentale ou le représentant légal sont invités à prendre la parole en dernier.

Les débats ne sont pas publics sauf demande contraire formulée, avant l'ouverture de la séance, par l'intéressé, ou son défenseur, ou le cas échéant, la ou les personnes investies de l'autorité parentale ou le représentant légal. – *[Décr. n° 2006-1768 du 23 déc. 2006, art. 10.]*

Art. R. 232-95-1 *(Décr. n° 2016-84 du 29 janv. 2016, art. 6)* Pour tenir compte de l'éloignement géographique ou de contraintes professionnelles ou médicales, à la demande des personnes à l'encontre desquelles une procédure disciplinaire est engagée, des moyens de conférence audiovisuelle peuvent être mis en place par l'agence avec son accord.

Les moyens de conférence audiovisuelle doivent respecter un niveau suffisant de sécurité et de confidentialité.

Art. R. 232-96 La formation disciplinaire délibère à huis clos, hors de la présence de l'intéressé, de son défenseur, le cas échéant de la ou des personnes investies de l'autorité parentale ou du représentant légal, ainsi que des personnes entendues à l'audience.

Le secrétaire général de l'agence assiste de droit au délibéré sans y participer. Lorsque les fonctions de secrétaire de séance sont assurées par une personne qui n'est pas membre du collège, celle-ci peut assister au délibéré sans y participer. – *[Décr. n° 2006-1768 du 23 déc. 2006, art. 11.]*

Art. R. 232-97 La formation disciplinaire statue par décision motivée.

La décision est signée par le président de la formation disciplinaire et le secrétaire de séance. Elle est notifiée par lettre recommandée avec demande d'avis de réception ou par lettre remise contre récépissé, à l'intéressé, à la fédération sportive à laquelle appartient le cas échéant l'intéressé *(Décr. n° 2011-58 du 13 janv. 2011, art. 9)* « et au ministre chargé des sports », ainsi que, par tout moyen, à *(Décr. n° 2011-58 du 13 janv. 2011, art. 9)* l'« agence mondiale antidopage » et à la fédération internationale concernée. Le cas échéant, la ou les personnes investies de l'autorité parentale ou le représentant légal de l'intéressé sont informés selon les mêmes modalités.

(Décr. n° 2016-84 du 29 janv. 2016, art. 7) « L'organe disciplinaire détermine dans sa décision les modalités de publication de la sanction qu'il prononce, notamment en fixant le délai de publication et en désignant le support de celle-ci. Ces modalités sont proportionnées à la gravité de la sanction prononcée à titre principal et adaptées à la situation de l'auteur de l'infraction.

« La publication de la sanction s'effectue de manière nominative, sauf si la personne qui fait l'objet de la sanction est mineure ou si l'organe disciplinaire, par une décision spécialement motivée, décide d'ordonner la publication anonyme de cette sanction.

« La publication d'une décision de relaxe s'effectue de manière anonyme, sauf si, dans le délai d'un mois suivant la notification de la décision, la personne qui en fait l'objet demande une publication nominative.

« La dispense de publication d'une décision de sanction assortie d'un sursis à exécution ne peut intervenir qu'après avis conforme de l'Agence mondiale antidopage. »

Art. R. 232-98 *(Décr. n° 2011-58 du 13 janv. 2011, art. 10)* « Lorsque la formation disciplinaire de l'agence décide d'exercer son pouvoir de sanction, conformément aux articles L. 232-22 et L. 232-23, la durée de la suspension provisoire ou de l'interdiction temporaire ou définitive que la personne intéressée a déjà effectuée en exécution de la décision prononcée, respectivement, par le président de l'organe disciplinaire de première instance fédéral et par l'organe disciplinaire fédéral en application des dispositions de l'article L. 232-21 est déduite des sanctions éventuellement prononcées.

« Lorsque le président de l'Agence française de lutte contre le dopage prononce, sur le fondement de l'article L. 232-23-4, une mesure conservatoire, la durée de la suspension provisoire déjà effectuée par l'intéressé en exécution de la décision prononcée par le président de l'organe disciplinaire fédéral est déduite de la suspension provisoire éventuellement prononcée.

« Les sanctions d'interdiction temporaire inférieures à six mois pour la participation aux manifestations mentionnées au 1° de l'article L. 230-3 ne peuvent être accomplies en dehors de la période de compétition. »

Lorsque la formation disciplinaire fait application des dispositions du 4° de l'article L. 232-22, l'extension ne vaut que pour le reliquat de la sanction fédérale restant à purger par l'intéressé. – *[Décr. n° 2006-1768 du 23 déc. 2006, art. 13.]*

Art. R. 232-98-1 *(Décr. n° 2016-84 du 29 janv. 2016, art. 8)* S'il apparaît, en l'état des informations portées à la connaissance de l'Agence française de lutte contre le dopage, qu'une personne qui a fait l'objet d'une sanction assortie d'un sursis à exécution cesse de transmettre les informations qu'elle s'était engagée à fournir, le secrétaire général de l'agence l'avise qu'il s'agit d'un motif de révocation de ce sursis. Il saisit le collège du dossier.

L'intéressé est alors mis à même de présenter ses observations écrites ou orales au collège de l'agence.

Le collège de l'agence est seul compétent pour révoquer le sursis à exécution d'une sanction qu'il a prononcé *[prononcée]* ou dont il a admis le bien-fondé.

La décision de révocation du sursis est publiée dans les conditions prévues à l'article L. 232-23-3-1.

Les échanges entre l'intéressé et l'Agence française de lutte contre le dopage prévus aux premier et deuxième alinéas sont réalisés par lettre recommandée avec demande d'avis de réception ou par lettre remise contre récépissé ou encore par tout moyen permettant de garantir l'origine et la réception de la notification.

SECTION V COOPÉRATION INTERMINISTÉRIELLE ET ÉCHANGES DE RENSEIGNEMENTS RELATIFS À LA LUTTE CONTRE LE TRAFIC DE SUBSTANCES OU MÉTHODES DOPANTES

(Décr. n° 2013-557 du 26 juin 2013, art. 1er)

COMMENTAIRE

L'article L. 232-20 du code du sport habilite les agents des douanes, les agents de la concurrence, de la consommation et de la répression des fraudes, les agents relevant du ministre chargé des sports, les agents de l'administration des impôts, les agents de l'Agence française de lutte contre le dopage et les officiers et agents de police judiciaire à se communiquer certaines informations relatives aux substances dopantes.

Le décret du 26 juin 2013 (n° 2013-557) détermine la liste des informations susceptibles d'être partagées entre autorités de l'État et services déconcentrés.

Il institue également des commissions régionales de lutte contre le trafic de substances ou méthodes dopantes, afin d'accroître l'effectivité globale des actions judiciaires en matière de lutte contre les trafics de substances ou méthodes dopantes. Ces commissions, animées et coordonnées conjointement par le directeur des sports et le directeur des affaires criminelles et des grâces, ont pour objectif de faciliter l'échange de renseignements entre les services centraux et déconcentrés. ❑

Art. D. 232-99 Dans chaque région et en Corse, il est constitué une commission régionale de lutte contre le trafic de substances ou méthodes dopantes.

Elle a pour objet d'animer et de coordonner l'action des services déconcentrés de l'État et de l'Agence française de lutte contre le dopage, en matière de lutte contre le trafic de substances ou méthodes dopantes. Dans ce cadre, elle peut proposer des thèmes de formation à destination des acteurs de la lutte contre le trafic.

La commission est coprésidée par le préfet de région ou son représentant et par le procureur général près la cour d'appel du chef-lieu de région ou tout procureur de la République territorialement compétent désigné par le procureur général près la cour d'appel compétente.

Outre les coprésidents, la commission est composée :

– du chef du service régional de l'État chargé des sports ou de son représentant ;

– du directeur régional des douanes ou de son représentant ;

– du chef du service régional de la direction générale des finances publiques ou de son représentant ;

– du chef du service régional de l'État chargé de la concurrence, de la consommation et de la répression des fraudes ou de son représentant ;

– du directeur général de l'agence régionale de santé ou de son représentant ;

– du directeur régional ou interrégional de la police judiciaire ou de son représentant ;

– du commandant de région de gendarmerie ou de son représentant ;

– du secrétaire général de l'Agence française de lutte contre le dopage ou de son représentant ;

– du chef de l'Office central de lutte contre les atteintes à l'environnement et à la santé publique ou de son représentant.

Art. D. 232-100 La commission régionale de lutte contre le trafic de substances ou méthodes dopantes se réunit au moins une fois par an, à l'initiative d'un des coprésidents.

Le secrétariat de cette commission est assuré par le service régional de l'État chargé des sports.

La commission régionale adopte un rapport annuel présentant le bilan de son activité ainsi que ses propositions. Ce rapport est transmis au directeur des sports et au directeur des affaires criminelles et des grâces.

Art. D. 232-101 La commission régionale peut procéder à l'audition de personnes qualifiées.

Art. D. 232-102 L'animation et la coordination des commissions régionales de lutte contre le trafic de substances ou méthodes dopantes sont assurées par le directeur des sports et le directeur des affaires criminelles et des grâces.

Ils veillent notamment à faciliter les échanges d'informations entre les commissions régionales et à mobiliser les services concernés par la lutte contre le dopage et le trafic de substances ou de méthodes dopantes.

Ils dressent un bilan de l'action de ces commissions régionales afin de recenser les bonnes pratiques en vue de leur extension.

Art. D. 232-103 La communication de renseignements entre les agents mentionnés à l'article L. 232-20 porte notamment sur :

– le calendrier des compétitions ou manifestations sportives ;

– les statistiques des analyses effectuées par l'Agence française de lutte contre le dopage ;

– des études quantitatives ou qualitatives et statistiques ;

– tout élément relatif aux circuits frauduleux tels que ceux se rapportant au mode d'acquisition, au mode d'approvisionnement, aux moyens d'acheminement ou à la typologie des filières ;

– des éléments d'identification et d'informations relatifs aux produits saisis et inscrits sur la liste des méthodes ou substances interdites ainsi que celles en phase de développement : composition, caractéristiques et effets ;

– tout signalement lié à l'emploi de méthodes et substances interdites ;

– les décisions de sanctions disciplinaires en précisant, le cas échéant, si elles sont susceptibles de faire l'objet d'un recours et sous réserve qu'elles n'aient pas fait l'objet d'une mesure d'amnistie ;

– le signalement de tout élément susceptible de donner lieu à une enquête administrative ou d'être porté à la connaissance du procureur de la République en application de l'article 40 du code de procédure pénale ;

– toute information de nature à faciliter l'action des différents services concernés, dans le respect du secret de l'instruction.

TITRE QUATRIÈME LUTTE CONTRE LE DOPAGE ANIMAL

CHAPITRE UNIQUE

SECTION PREMIÈRE CONTRÔLES ET PRÉLÈVEMENTS

Art. R. 241-1 Les vétérinaires mentionnés au deuxième alinéa de l'article L. 241-4 sont agréés par l'Agence française de lutte contre le dopage. – *[Décr. n° 2006-1629 du 18 déc. 2006, art. 1er.]*

Art. R. 241-2 L'agrément des personnes mentionnées à l'article L. 232-11 et au deuxième alinéa de l'article L. 241-4 prend effet après qu'elles ont prêté serment devant le tribunal de grande instance de leur résidence de remplir avec honneur, conscience et probité les missions qui leur sont confiées en application du code du sport.

L'agrément est délivré pour une durée de cinq ans.

L'Agence française de lutte contre le dopage s'assure que les personnes agréées respectent les obligations liées à leur mission.

L'agrément est retiré par l'Agence française de lutte contre le dopage :

1° A la personne agréée qui commet une faute grave dans l'accomplissement de sa mission ;

2° Au vétérinaire qui a fait l'objet d'une sanction disciplinaire infligée par l'ordre des vétérinaires ou qui commet une faute grave dans l'accomplissement de sa mission ;

3° Au fonctionnaire qui a fait l'objet d'une sanction disciplinaire postérieurement à son agrément ou qui commet une faute grave dans l'accomplissement de sa mission. – *[Décr. n° 2006-1629 du 18 déc. 2006, art. 2.]*

V. Délib. AFLD n° 145 du 4 févr. 2010 relative à l'agrément des vétérinaires préleveurs.

Art. R. 241-3 Les opérations de contrôle sont diligentées par le directeur du département des contrôles de l'Agence française de lutte contre le dopage. Celui-ci peut donner délégation au *(Décr. n° 2009-1540 du 10 déc. 2009, art. 10-II-3°-b)* « directeur régional de la jeunesse, des sports et de la cohésion sociale » aux fins de mettre en place les contrôles et de signer les ordres de mission à cet effet. La signature des ordres de mission peut être déléguée par le directeur régional à un ou plusieurs agents de ses services.

Dans les ordres de mission, le directeur du département des contrôles désigne le vétérinaire agréé chargé du contrôle ainsi que les modalités de désignation des animaux contrôlés telles que le tirage au sort, le classement ou l'établissement d'un nouveau record.

En cas de tirage au sort, celui-ci doit porter sur l'ensemble des participants à la compétition, la manifestation ou l'entraînement. Le nombre d'animaux à désigner par tirage au sort est déterminé par le vétérinaire chargé du contrôle.

Indépendamment des cas prévus ci-dessus, des animaux peuvent en outre être désignés à la seule discrétion du vétérinaire agréé chargé du contrôle.

Un animal peut être désigné plusieurs fois au cours d'une manifestation comprenant plusieurs épreuves auxquelles il participe. — *[Décr. n° 2006-1629 du 18 déc. 2006, art. 3.]*

Art. R. 241-4 Les contrôles effectués par les vétérinaires agréés comprennent :

1° Un entretien avec la personne responsable de l'animal et, si le vétérinaire agréé le juge utile, avec le propriétaire ou l'entraîneur. Cet entretien porte notamment sur les médications administrées, le cas échéant sur prescription vétérinaire, à l'animal contrôlé ;

2° Un ou plusieurs des prélèvements et examens mentionnés à l'article R. 241-5 ;

3° Si le vétérinaire agréé l'estime nécessaire, un examen médical.

La ou les personnes mentionnées au 1° peuvent fournir tout justificatif à l'appui de leurs déclarations.

La personne responsable de l'animal est celle qui mène, monte ou longe l'animal. — *[Décr. n° 2006-1629 du 18 déc. 2006, art. 4.]*

Art. R. 241-5 Les vétérinaires agréés sont autorisés à procéder à tout prélèvement utile à leur mission et notamment :

1° A recueillir l'urine ;

2° A faire une prise de sang ;

3° A recueillir les substances administrées à l'animal par quelque procédé que ce soit ;

4° A procéder à un prélèvement sur une quelconque partie de l'animal ou sur un élément en contact avec celle-ci. — *[Décr. n° 2006-1629 du 18 déc. 2006, art. 5.]*

Art. R. 241-6 Les prélèvements et examens mentionnés à l'article R. 241-5 doivent, à peine de nullité, être faits dans les conditions suivantes :

1° Les matériels nécessaires pour recueillir les substances mentionnées à l'article R. 241-5 doivent être fournis par le laboratoire chargé de réaliser l'analyse ;

2° Chaque prélèvement mentionné à l'article R. 241-5 est réparti par le vétérinaire agréé en quantité suffisante dans deux conditionnements scellés qui comportent un étiquetage d'identification portant un numéro de code. La ou les personnes mentionnées au 1° de l'article R. 241-4 sont invitées à assister aux opérations prévues au 2° du même article. — *[Décr. n° 2006-1629 du 18 déc. 2006, art. 6.]*

Art. R. 241-7 Les vétérinaires agréés dressent procès-verbal des conditions dans lesquelles ils ont procédé aux prélèvements et examens. Les justificatifs éventuellement produits par la ou les personnes mentionnées au 1° de l'article R. 241-4 sont joints au procès-verbal.

En cas d'empêchement ou de refus de soumettre l'animal aux prélèvements et examens, le vétérinaire agréé dresse un procès-verbal relatant les circonstances dans lesquelles ces prélèvements et examens n'ont pu avoir lieu.

La personne responsable de l'animal, le propriétaire ou l'entraîneur peuvent faire figurer leurs observations sur le procès-verbal établi en application des alinéas précédents. — *[Décr. n° 2006-1629 du 18 déc. 2006, art. 7.]* — *V. Délib. AFLD n° 179 du 7 juill. 2011 arrêtant le modèle de procès-verbal utilisable pour les contrôles en matière de dopage animal (1 annexe) ; Délib. AFLD n° 2016-89 CTRL du 23 nov. 2016 arrêtant le modèle de procès-verbal utilisable pour les contrôles en matière de dopage animal.*

Art. R. 241-8 Lorsqu'un vétérinaire agréé désire, pour les besoins d'un contrôle, se faire assister par un membre délégué de la fédération sportive compétente, il en formule la demande soit auprès de cette fédération, soit auprès de ses responsables locaux.

Le délégué de la fédération ne peut assister à l'entretien prévu au 1° de l'article R. 241-4.

En cas de refus de désignation d'un délégué de la fédération, il en est fait mention au procès-verbal. – *[Décr. n° 2006-1629 du 18 déc. 2006, art. 8.]*

Art. R. 241-9 Le vétérinaire agréé transmet à l'Agence française de lutte contre le dopage et à la fédération agréée le procès-verbal ainsi que, le cas échéant, les conclusions qu'il tire pour l'exécution de sa mission de l'examen médical auquel il a procédé.

Un double du procès-verbal est remis au responsable de l'animal.

Le vétérinaire agréé transmet les prélèvements mentionnés à l'article R. 241-5 au laboratoire chargé de réaliser l'analyse. – *[Décr. n° 2006-1629 du 18 déc. 2006, art. 9.]*

Art. R. 241-10 Des laboratoires peuvent être conventionnés par l'Agence française de lutte contre le dopage pour analyser les substances et détecter les procédés mentionnés à l'article L. 241-2. – *[Décr. n° 2006-1629 du 18 déc. 2006, art. 10.]*

Art. R. 241-11 Le laboratoire auquel les prélèvements mentionnés à l'article R. 241-5 ont été transmis procède à l'analyse du premier des échantillons mentionnés à l'article R. 241-6 et établit un rapport d'analyse.

Il conserve le second conditionnement en vue d'une éventuelle analyse de contrôle.

Cette analyse de contrôle est de droit si elle est demandée par la ou les personnes mentionnées au 1° de l'article R. 241-4. Elle est réalisée dans le même laboratoire que la première analyse, en présence d'un expert choisi par l'un des demandeurs sur une liste préalablement transmise à l'intéressé d'experts agréés par l'Agence française de lutte contre le dopage.

Les frais de l'analyse de contrôle sont à la charge de l'intéressé. – *[Décr. n° 2006-1629 du 18 déc. 2006, art. 11.] – V. Délib. AFLD n° 31 du 8 mars 2007 proposant une liste d'experts agréés par l'Agence française de lutte contre le dopage pour les analyses de contrôle en matière de dopage animal (www.afld.fr).*

Art. R. 241-12 Les rapports d'analyse sont transmis à l'Agence française de lutte contre le dopage et à la fédération concernée dans les conditions prévues par le règlement type présenté en annexe II-3 *[V. ss. art. R. 241-13 C. sport]*. – *[Décr. n° 2006-1629 du 18 déc. 2006, art. 12.]*

SECTION II **PROCÉDURE DISCIPLINAIRE DEVANT LES FÉDÉRATIONS SPORTIVES AGRÉÉES**

Art. R. 241-13 Les fédérations sportives agréées qui organisent des compétitions et manifestations sportives avec le concours d'animaux doivent, en application de l'article L. 232-21, adopter un règlement disciplinaire particulier de lutte contre le dopage des animaux établi conformément au règlement type présenté en annexe II-3 *[V. ci-dessous]*. Ce règlement particulier est joint à la demande d'agrément prévue par l'article L. 131-8. – *[Décr. n° 2006-1629 du 18 déc. 2006, art. 13.]*

ANNEXE II-3
(Art. R. 241-12)

RÈGLEMENT DISCIPLINAIRE TYPE DE LUTTE CONTRE LE DOPAGE DES ANIMAUX DES FÉDÉRATIONS SPORTIVES AGRÉÉES

Art. 1er Le présent règlement, établi en application des articles L. 131-8, L. 241-6 et R. 241-12 du code du sport, remplace toutes les dispositions du règlement du .... *[Indiquer la référence des dispositions antérieures devenues caduques]* relatif à l'exercice du pouvoir disciplinaire en matière de lutte contre le dopage des animaux.

Art. 2 Aux termes de l'article L. 241-2 du code du sport :

« Il est interdit d'administrer ou d'appliquer aux animaux, au cours des compétitions et manifestations sportives organisées ou autorisées par les fédérations intéressées ou par une commission spécialisée instituée en application de l'article L. 131-19, ou en vue d'y participer, des substances ou procédés de nature à modifier artificiellement leurs capacités ou à masquer l'emploi de substances ou procédés ayant cette propriété.

« La liste des substances ou procédés mentionnés au présent article est fixée par arrêté conjoint des ministres chargés des sports, de la santé et de l'agriculture. »

Aux termes de l'article L. 241-3 du même code :

« I. — Il est interdit de faciliter l'administration des substances mentionnées à l'article L. 241-2 ou d'inciter à leur administration, ainsi que de faciliter l'application des procédés mentionnés au même article ou d'inciter à leur application.

« Il est interdit de prescrire, de céder ou d'offrir un ou plusieurs procédés ou substances mentionnés à l'article L. 241-2.

« II. — Il est interdit de soustraire un animal ou de s'opposer par quelque moyen que ce soit aux mesures de contrôles prévues par le présent titre. »

Chapitre Ier Enquêtes et contrôles

Art. 3 Tous les organes, les agents et les licenciés de la fédération sont tenus de prêter leur concours à la mise en œuvre des enquêtes, contrôles, perquisitions et saisies organisés en application des articles L. 232-11 et suivants et de l'article L. 241-4 du code du sport.

Art. 4 Les enquêtes et contrôles mentionnés aux articles L. 232-11 et suivants et à l'article L. 241-4 du code du sport peuvent être demandés par le ou les organes suivants : .... *[Préciser le ou les organes de la fédération pouvant demander qu'une enquête ou un contrôle soit effectué]*.

La demande est adressée au directeur des contrôles de l'Agence française de lutte contre le dopage.

Art. 5 Peut être choisi par .... *[Préciser le ou les organes de la fédération pouvant désigner des membres délégués]* en tant que membre délégué de la fédération, pour assister le vétérinaire agréé, à sa demande, lors des compétitions, manifestations sportives ou aux entraînements y préparant, ... *[Préciser les personnes pouvant être désignées, telles que membre du comité directeur, arbitre, entraîneur, etc.]*.

Nul ne peut être choisi comme membre délégué de la fédération s'il est membre d'un organe disciplinaire prévu par le présent règlement.

Chapitre II Organes et procédures disciplinaires

Section I Dispositions communes aux organes disciplinaires de première instance et d'appel

Art. 6 Il est institué un organe disciplinaire de première instance et un organe disciplinaire d'appel investis du pouvoir disciplinaire à l'égard des licenciés de la fédération qui ont contrevenu aux dispositions des articles L. 241-2 et L. 241-3 du code du sport.

Les membres des organes disciplinaires, y compris leur président, sont désignés par .... *[Préciser l'organe de la fédération investi du pouvoir de désignation et les modalités de celle-ci : président, comité directeur, etc.]*.

Chacun de ces organes se compose de cinq membres titulaires choisis en raison de leurs compétences. Un membre au moins est un vétérinaire, un membre au moins est choisi en raison de ses compétences juridiques ; un membre au plus peut appartenir aux instances dirigeantes de la fédération. Le président de la fédération ne peut être membre d'aucun organe disciplinaire.

Chacun de ces organes disciplinaires peut également comporter des membres suppléants, dont le nombre ne peut excéder cinq, désignés dans les conditions prévues à l'alinéa précédent.

Les membres des organes disciplinaires ne peuvent être liés à la fédération par un lien contractuel autre que celui résultant éventuellement de leur adhésion. Les personnes qui auront fait l'objet d'une mesure de sanction pour l'une des infractions prévues aux articles L. 232-9, L. 232-10, L. 232-17, L. 241-2 et L. 241-3 du code du sport ne peuvent être membres de ces organes disciplinaires.

Art. 7 La durée du mandat des membres des organes disciplinaires est fixée à quatre ans et court à compter de l'expiration du délai d'un mois mentionné au deuxième alinéa de l'article R. 241-14 du code du sport. En cas d'empêchement définitif ou d'exclusion d'un membre, constaté par le président, un nouveau membre est désigné dans les mêmes conditions que son prédécesseur pour la durée du mandat restant à courir.

En cas d'absence, d'exclusion ou d'empêchement définitif du président constaté par .... *[Préciser l'organe de la fédération investi du pouvoir de désignation et les modalités de celle-ci : président, comité directeur, etc.]* , un membre de l'organe disciplinaire est désigné pour assurer la présidence selon les modalités suivantes : .... *[Tel que membre le plus ancien, vice-président (dans ce cas, prévoir l'organe qui le désigne)]*.

En dehors des cas prévus ci-dessus et au troisième alinéa de l'article 8, un membre ne peut être démis de ses fonctions en cours de mandat.

Art. 8 Les membres des organes disciplinaires se prononcent en toute indépendance et ne peuvent recevoir d'instruction de quiconque.

Ils sont astreints à une obligation de confidentialité pour les faits, actes et informations dont ils ont connaissance en raison de leurs fonctions.

Toute infraction à cette obligation ainsi qu'aux dispositions de l'alinéa 5 de l'article 6 du présent règlement entraîne l'exclusion du membre de l'organe disciplinaire, par décision de .... *[Préciser l'organe compétent pour proposer l'exclusion]*.

Art. 9 Les organes disciplinaires de première instance et d'appel se réunissent sur convocation de leur président. Chacun de ces organes ne peut délibérer valablement que lorsque trois au moins de ses membres sont présents. Au moins un vétérinaire figure obligatoirement parmi ces trois membres.

En cas de partage égal des voix, le président a voix prépondérante.

Les fonctions de secrétaire de séance sont assurées soit par un membre de l'organe disciplinaire, soit par une autre personne désignée par le président de l'organe disciplinaire.

Art. 10 Les débats devant les organes disciplinaires ne sont pas publics, sauf demande contraire formulée, avant l'ouverture de la séance, par l'intéressé, son représentant ou ses défenseurs.

Art. 11 Les membres des organes disciplinaires ne peuvent prendre part aux délibérations lorsqu'ils ont un intérêt direct ou indirect à l'affaire. Dans ce cas, ils doivent faire connaître cet intérêt au président de l'organe dont ils sont membres avant le début de la séance.

A l'occasion d'une même affaire, nul ne peut siéger dans l'organe disciplinaire d'appel s'il a siégé dans l'organe disciplinaire de première instance.

Section II Dispositions relatives aux organes disciplinaires de première instance

Art. 12 Il est désigné au sein de la fédération, par .... *[Préciser l'organe de la fédération investi du pouvoir de désignation et les modalités de celle-ci : président, comité directeur, etc.]*, une ou plusieurs personnes chargées de l'instruction des affaires soumises à l'organe disciplinaire de première instance.

Ces personnes ne peuvent être membres d'un des organes disciplinaires prévus à l'article 6 et ne peuvent avoir un intérêt direct ou indirect à l'affaire.

Elles sont astreintes à une obligation de confidentialité pour les faits, actes et informations dont elles ont pu avoir connaissance en raison de leurs fonctions. Toute infraction à cette disposition est sanctionnée .... *[Préciser l'organe compétent pour prononcer la sanction et la nature de celle-ci]*.

Elles reçoivent délégation du président de la fédération pour toutes les correspondances relatives à l'instruction des affaires.

Art. 13 I. — Lorsqu'une affaire concerne une infraction aux dispositions de l'article L. 241-2 du code du sport, l'infraction est constatée par la réception, par la fédération, du procès-verbal de contrôle prévu à l'article L. 232-12 du même code ainsi que du rapport d'analyse faisant ressortir l'utilisation d'une substance ou d'un procédé interdit, transmis par l'Agence française de lutte contre le dopage ou par un laboratoire auquel l'agence aura fait appel en application de l'article L. 232-18 du code du sport. Le délai prévu au quatrième alinéa de l'article L. 232-21 du même code court à compter de la réception du dernier de ces deux documents.

II. — Lorsqu'une affaire concerne une infraction aux dispositions du I de l'article L. 241-3 du code du sport, l'infraction est constatée par la réception, par la fédération, de tout élément utile non couvert par le secret de l'instruction défini à l'article 11 du code de procédure pénale.

III. — En cas d'infraction au II de l'article L. 241-3 du code du sport, l'infraction est constatée par la réception, par la fédération, du procès-verbal indiquant l'impossibilité d'effectuer le contrôle.

Art. 14 Lorsqu'une affaire concerne un licencié qui a prescrit, cédé, offert, administré ou appliqué aux animaux participant aux compétitions et manifestations organisées ou autorisées par une fédération agréée une ou plusieurs substances ou procédés mentionnés à l'article L. 241-2 du code du sport ou facilité leur utilisation ou incité à leur usage, le président de la fédération adresse au représentant chargé de l'instruction, le cas échéant, le procès-verbal de contrôle, ainsi que tout élément utile non couvert par le secret de l'instruction défini à l'article 11 du code de procédure pénale.

Art. 15 Lorsqu'une affaire concerne un licencié qui a soustrait un animal ou s'est opposé par quelque moyen que ce soit aux mesures de contrôle prévues par les articles L. 241-4, L. 232-11 et suivants du code du sport, le président de la fédération adresse au représentant chargé de l'instruction le procès-verbal établi en application de l'article L. 232-12 du même code, ainsi que tout élément utile non couvert par le secret de l'instruction défini à l'article 11 du code de procédure pénale.

Art. 16 Le représentant de la fédération chargé de l'instruction informe l'intéressé qu'une procédure disciplinaire est engagée à son encontre et qu'il pourra faire l'objet, ainsi que son animal, si les circonstances le justifient, d'une mesure de suspension provisoire dans les conditions prévues à l'article 18 du présent règlement. Cette information est réalisée par l'envoi d'un document énonçant les griefs retenus, sous forme d'une lettre recommandée avec demande d'avis de réception ou par tout autre moyen *[Tels que remise par voie d'huissier, remise en mains propres avec décharge.]* permettant de faire la preuve de sa réception par le destinataire.

Art. 17 Le document énonçant les griefs retenus doit être accompagné soit du résultat de l'analyse prévue par l'article L. 232-12 du code du sport, soit du procès-verbal de contrôle constatant le refus de soumettre l'animal à celui-ci. Il doit mentionner la possibilité pour l'intéressé de demander par lettre recommandée avec demande d'avis de réception, dans un délai de cinq jours à compter de la réception de la lettre recommandée prévue à l'article précédent, qu'il soit procédé à ses frais à une seconde analyse dans les conditions prévues à l'article R. 241-11 du code du sport. Le délai de cinq jours est porté à dix jours lorsque l'intéressé est domicilié hors de la métropole.

Une liste des experts agréés par l'Agence française de lutte contre le dopage est transmise à l'intéressé afin que celui-ci puisse, en demandant une seconde analyse, désigner un expert.

La date de la seconde analyse est arrêtée, dans le respect du calendrier fixé par la loi, en accord avec le département des analyses de l'Agence française de lutte contre le dopage, ou avec le laboratoire auquel il a été fait appel en application de l'article L. 232-18 du code du sport et, le cas échéant, avec l'expert désigné par l'intéressé. Ces résultats sont communiqués, par lettre recommandée avec avis de réception ou par lettre remise contre récépissé, à l'intéressé, à la fédération et à l'Agence française de lutte contre le dopage.

Art. 18 Lorsque les circonstances le justifient, et dans l'attente de la décision de l'organe disciplinaire, le président de celui-ci peut décider une suspension provisoire du licencié, de l'animal, ou du licencié et de l'animal, à titre conservatoire, pour les compétitions organisées ou autorisées par la fédération concernée. La décision de suspension doit être motivée.

L'intéressé dispose alors d'un délai de cinq jours, à compter de la réception de la décision du président de l'organe disciplinaire, pour présenter ses observations. Ce délai est porté à dix jours lorsque l'intéressé est domicilié hors de la métropole.

Si l'analyse de contrôle éventuellement demandée ne confirme pas le rapport de la première analyse, cette suspension provisoire prend fin à compter de la réception par la fédération du rapport de l'analyse de contrôle.

La suspension provisoire prend également fin en cas de relaxe de l'intéressé par l'organe disciplinaire, si la durée de la sanction décidée en application du 2° du I de l'article 30 est inférieure à celle de la suspension déjà supportée à titre conservatoire ou si l'organe disciplinaire n'est pas en mesure de statuer dans le délai de dix semaines qui lui est imparti à l'article L. 232-21 du code du sport. Dans le cas contraire, la durée de la suspension provisoire s'impute sur celle de l'interdiction devenue définitive prononcée en application du 2° du I de l'article 30 ou des dispositions de l'article L. 232-23 du code du sport.

Art. 19 Dès lors qu'une infraction a été constatée le représentant de la fédération chargé de l'instruction ne peut clore de lui-même une affaire. L'organe disciplinaire est tenu de prendre une décision après convocation de l'intéressé.

Au vu des éléments du dossier, le représentant de la fédération chargé de l'instruction établit un rapport qu'il adresse à l'organe disciplinaire et qui est joint au dossier.

Le président de l'organe disciplinaire de première instance peut faire entendre par celui-ci toute personne dont l'audition lui paraît utile. Si une telle audition est décidée, le président en informe l'intéressé avant la séance.

Art. 20 L'intéressé ou son représentant légal, accompagné le cas échéant de son défenseur, est convoqué .... *[Préciser qui a le pouvoir de convoquer : le président de l'organe disciplinaire semble ici le plus indiqué]* devant l'organe disciplinaire, par lettre recommandée avec demande d'avis de réception ou par lettre remise contre récépissé, quinze jours au moins avant la date de la séance, la date du récépissé ou de l'avis de réception faisant foi.

L'intéressé peut être représenté par une personne de son choix. Il peut également être assisté par une ou plusieurs personnes de son choix. S'il ne parle ou ne comprend pas suffisamment la langue française, il peut bénéficier, à sa demande, de l'aide d'un interprète aux frais de la fédération.

L'intéressé et son défenseur peuvent consulter avant la séance le rapport et l'intégralité du dossier. Ils peuvent en obtenir copie. Ils peuvent demander que soient entendues les personnes de leur choix, dont ils communiquent les noms huit jours au moins avant la réunion de l'organe disciplinaire. Le président de ce dernier peut refuser, par décision motivée, les demandes d'audition manifestement abusives.

Art. 21 Lors de la séance, le représentant de la fédération chargé de l'instruction présente oralement son rapport. En cas d'empêchement du représentant chargé de l'instruction, son rapport peut être lu par l'un des membres de l'organe disciplinaire.

L'intéressé ou son représentant et, le cas échéant, la ou les personnes qui l'assistent sont invités à prendre la parole en dernier.

Art. 22 L'organe disciplinaire délibère à huis clos, hors de la présence de l'intéressé, des personnes qui l'assistent, des personnes entendues à l'audience et du représentant de la fédération chargé de l'instruction. Lorsque les fonctions de secrétaire de séance sont assurées par une personne qui n'est pas membre de l'organe disciplinaire, celle-ci assiste au délibéré sans y participer.

L'organe disciplinaire statue par une décision motivée, signée par le président et le secrétaire de séance.

Elle est aussitôt notifiée par lettre recommandée avec demande d'avis de réception ou par lettre remise contre récépissé à l'intéressé, et à .... *[Préciser le ou les organes de la fédération qui seront destinataires]*. La notification mentionne les voies et délais d'appel.

Dans les huit jours de son prononcé, la décision est également notifiée pour information, par lettre recommandée avec demande d'avis de réception, à l'Agence française de lutte contre le dopage, aux ministres chargés des sports et de l'agriculture ainsi qu'aux fédérations internationales lorsque ces dernières sont intéressées par cette décision.

Lorsque l'organe disciplinaire de première instance a pris une décision de sanction, telle que définie à l'article 30 du présent règlement, et que cette dernière est devenue définitive, cette décision est alors publiée de manière nominative pour les majeurs, de manière anonyme pour les mineurs, au prochain bulletin de la fédération sportive intéressée ou dans le document qui en tient lieu. Toutefois, pour les personnes majeures, cette publication pourra, en cas de circonstances exceptionnelles, être effectuée sous forme anonyme par décision spécialement motivée de l'organe disciplinaire.

Art. 23 L'organe disciplinaire de première instance doit se prononcer dans le délai prévu à l'article L. 232-21 du code du sport.

Faute d'avoir statué dans ce délai, l'organe disciplinaire de première instance est dessaisi et l'ensemble du dossier est transmis à l'organe disciplinaire d'appel.

Section III Dispositions relatives à l'organe disciplinaire d'appel

Art. 24 La décision de l'organe disciplinaire de première instance peut être frappée d'appel par l'intéressé et par .... *[Préciser le ou les organes compétents de la fédération]*, par lettre recommandée avec demande d'avis de réception ou par lettre remise contre récépissé, dans un délai de dix jours. Ce délai est porté à quinze jours lorsque l'intéressé est domicilié hors de la métropole.

L'exercice du droit d'appel ne peut être subordonné au versement d'une somme d'argent à la fédération ou limité par une décision d'un organe fédéral.

L'appel n'est pas suspensif.

Lorsque l'appel émane de la fédération, l'organe disciplinaire d'appel en donne communication à l'intéressé par lettre recommandée avec avis de réception ou par lettre remise contre récépissé et l'informe qu'il peut produire ses observations dans un délai de cinq jours à compter de la date du récépissé ou de l'avis de réception. Ce délai est porté à dix jours lorsque l'intéressé est domicilié hors de la métropole.

Art. 25 L'organe disciplinaire d'appel statue en dernier ressort.

Il se prononce, au vu du dossier de première instance et des productions d'appel, dans le respect du principe du contradictoire.

Le président désigne, parmi les membres de l'organe disciplinaire, un rapporteur. Celui-ci établit un rapport exposant les faits et rappelant les conditions du déroulement de la procédure. Ce rapport est présenté oralement en séance puis joint au dossier.

A compter de la constatation de l'infraction, l'organe disciplinaire d'appel doit se prononcer dans le délai prévu à l'article L. 232-21 du code du sport. Faute d'avoir statué dans ce délai, il est dessaisi et l'ensemble du dossier est transmis à l'Agence française de lutte contre le dopage.

Art. 26 L'intéressé, accompagné le cas échéant de son défenseur, est convoqué .... *[Préciser qui a le pouvoir de convoquer : le président de l'organe disciplinaire semble ici le plus indiqué]* devant l'organe disciplinaire d'appel, par lettre recommandée avec demande d'avis de réception ou par lettre remise contre récépissé, quinze jours au moins avant la date de la séance.

L'intéressé peut être représenté par une personne de son choix. Il peut également être assisté par une ou plusieurs personnes de son choix. S'il ne parle ou ne comprend pas suffisamment la langue française, il peut bénéficier, à sa demande, de l'aide d'un interprète aux frais de la fédération.

L'intéressé et son défenseur peuvent consulter avant la séance le rapport et l'intégralité du dossier. Ils peuvent en obtenir copie. Ils peuvent demander que soient entendues les personnes de leur choix, dont ils communiquent les noms huit jours au moins avant la réunion de l'organe disciplinaire. Le président de ce dernier peut refuser les demandes d'audition manifestement abusives.

Art. 27 Le président de l'organe disciplinaire d'appel peut faire entendre par celui-ci toute personne dont l'audition lui paraît utile. Si une telle audition est décidée, le président en informe l'intéressé avant la séance.

Lors de la séance, l'intéressé ou son représentant et, le cas échéant, la ou les personnes qui l'assistent sont invités à prendre la parole en dernier.

Art. 28 L'organe disciplinaire d'appel délibère à huis clos, hors de la présence de l'intéressé, de la ou des personnes qui l'assistent et des personnes entendues à l'audience. Lorsque les fonctions de secrétaire de séance sont assurées par une personne qui n'est pas membre de l'organe disciplinaire d'appel, celle-ci peut assister au délibéré sans y participer.

L'organe disciplinaire d'appel statue par une décision motivée, signée par le président et le secrétaire de séance.

Art. 29 La décision est aussitôt notifiée à l'intéressé et à .... *[Préciser le ou les organes de la fédération qui seront destinataires]* par lettre recommandée avec demande d'avis de réception ou par lettre remise contre récépissé.

Elle est notifiée dans les huit jours à l'Agence française de lutte contre le dopage et aux ministres chargés des sports et de l'agriculture par lettre recommandée avec demande d'avis de réception. La décision est transmise par tout moyen à la fédération internationale concernée.

La décision mentionne les voies et délais de recours.

Lorsque l'organe disciplinaire d'appel a pris une décision de sanction, telle que définie à l'article 30 du présent règlement, et que cette dernière est devenue définitive, cette décision est alors publiée de manière nominative pour les majeurs, de manière anonyme pour les mineurs, au prochain bulletin de la fédération sportive intéressée ou dans le document qui en tient lieu. Toutefois, pour les personnes majeures, cette publication pourra, en cas de circonstances exceptionnelles, être effectuée sous forme anonyme par décision spécialement motivée de l'organe disciplinaire.

Chapitre III Sanctions disciplinaires

Art. 30 Sans préjudice des sanctions pénales éventuellement encourues en application de l'article L. 241-5 du code du sport, les sanctions applicables sont en cas d'infraction aux articles L. 241-2 et L. 241-3 du code du sport :

I. — Pour les personnes désignées à l'article L. 241-7 du code du sport :

1° Les pénalités sportives suivantes :

— l'annulation des résultats individuels obtenus par le licencié lors de la compétition ;

— toutes les conséquences résultant de cette annulation, y compris le retrait des médailles, points et prix.

Dans les sports collectifs ou dans les sports individuels dans lesquels certaines épreuves se déroulent par équipes, le dispositif prévu ci-dessus peut être appliqué à l'ensemble de l'équipe, dès lors que l'organe disciplinaire constate qu'au moins l'un de ses membres a méconnu les dispositions des articles L. 241-2 et L. 241-3 du code du sport durant la manifestation à l'occasion de laquelle a été effectué le contrôle *[Pénalité collective facultative que la fédération inclut dans son règlement le cas échéant (pertinence de la sanction), et si elle le souhaite (opportunité de la sanction)]*.

2° Des sanctions disciplinaires choisies parmi les mesures ci-après, à l'exclusion de toute sanction pécuniaire :

a) Une interdiction temporaire ou définitive de participer aux compétitions et manifestations mentionnées à l'article L. 241-2 du code du sport ;

b) Une interdiction temporaire ou définitive de participer directement ou indirectement à l'organisation et au déroulement des compétitions ou manifestations sportives mentionnées à l'article L. 241-2 du code du sport et aux entraînements y préparant ;

c) Une interdiction temporaire ou définitive d'exercer les fonctions définies à l'article L. 212-1 du code du sport ;

d) Le retrait provisoire de la licence ;

e) La radiation.

II. — Pour l'animal :

1° Les pénalités sportives suivantes :

— l'annulation des résultats individuels obtenus par l'animal lors de la compétition ;

— toutes les conséquences résultant de cette annulation, y compris le retrait des médailles, points et prix.

2° L'interdiction temporaire ou définitive de participer aux compétitions et manifestations mentionnées à l'article L. 241-2 du code du sport.

Art. 31 Lorsque l'organe disciplinaire constate que l'intéressé a méconnu les dispositions de l'article L. 241-2 du code du sport ou du II de l'article L. 241-3 du même code, il prononce une interdiction de compétition comprise entre deux ans et six ans. A partir de la seconde infraction l'interdiction est au minimum de quatre ans et peut aller jusqu'à l'interdiction définitive.

Art. 32 En cas d'infraction aux dispositions du I de l'article L. 241-3 du code du sport, les sanctions prévues aux *a, b* et *c* du 2° du I de l'article 30 ont une durée minimum de quatre ans et peuvent aller jusqu'à l'interdiction définitive.

Art. 33 Il n'est encouru aucune sanction disciplinaire prévue au 2° du I de l'article 30 lorsque l'intéressé démontre que la violation des dispositions de l'article L. 241-2 du code du sport ou du I de l'article L. 241-3 du même code qui lui est reprochée n'est due à aucune faute ou négligence de sa part. Dans ce cas, l'intéressé devra démontrer comment la substance interdite a pénétré dans l'organisme de l'animal.

Art. 34 L'organe disciplinaire fixe la date d'entrée en vigueur des sanctions.

Art. 35 Lorsqu'un animal a fait l'objet d'une interdiction de participation aux compétitions sportives, il ne peut reprendre la compétition qu'après avoir subi un nouveau contrôle effectué aux frais de son responsable dans les conditions prévues aux articles R. 241-4 à R. 241-6 du code du sport. L'intéressé en informe la fédération.

Le rapport d'analyse est envoyé par le laboratoire à la fédération concernée.

La participation à la première épreuve à laquelle l'animal est inscrit après la période d'interdiction est subordonnée à la présentation du résultat négatif du rapport d'analyse.

Art. 36 Dans les deux mois à compter du jour où sa décision est devenue définitive, le président de l'organe disciplinaire ayant pris une décision de sanction peut décider de saisir l'Agence française de lutte contre le dopage d'une demande d'extension de la sanction disciplinaire prononcée aux activités de l'intéressé relevant d'autres fédérations, conformément aux dispositions du 4° de l'article L. 232-22 du code du sport.

Art. 37 Lorsqu'une personne licenciée d'une fédération étrangère affiliée à une fédération internationale a contrevenu aux dispositions des articles L. 241-2 et L. 241-3 du code du sport, le/les ...... *[Préciser le ou les organes compétents]* de la fédération française intéressée adresse(nt) copie des procès-verbaux de contrôle et d'analyse à la fédération internationale.

Décret n° 2006-1629 du 18 décembre 2006,

Relatif à la lutte contre le dopage des animaux participant à des compétitions organisées ou autorisées par les fédérations sportives.

Art. 27 Dans toutes les disciplines auxquelles prennent part des animaux, les fédérations sportives agréées doivent adopter un règlement disciplinaire de lutte contre le dopage des animaux conforme au règlement type annexé au présent décret dans le délai de dix-huit mois à compter de la publication de ce dernier.

A l'expiration de ce délai, si le règlement disciplinaire de lutte contre le dopage des animaux n'est pas conforme au règlement type, le ministre chargé des sports décide, par arrêté, le retrait de l'agrément.

Art. 28 Lorsque la notification des griefs aux personnes intéressées est antérieure à la date d'entrée en vigueur du règlement mis en conformité avec le règlement type, les procédures disciplinaires engagées par les fédérations restent soumises aux dispositions précédemment applicables.

Par dérogation aux dispositions de l'alinéa précédent :

1° Les dispositions figurant aux articles 13, 18 et au troisième alinéa de l'article 24 du règlement type annexé au présent décret sont applicables dès l'entrée en vigueur de celuici, nonobstant toutes dispositions contraires contenues dans les règlements disciplinaires de lutte contre le dopage ;

2° Lorsque l'infraction a été commise postérieurement à l'entrée en vigueur du présent décret et antérieurement à l'entrée en vigueur du règlement mis en conformité avec le règlement type, les dispositions figurant au titre III du règlement type sont applicables, nonobstant toutes dispositions contraires contenues dans les règlements disciplinaires de lutte contre le dopage.

Art. 29 Les membres des organes disciplinaires des fédérations compétents en matière de dopage, en fonction à la date de publication du présent décret, demeurent membres de ces organes pour la durée de leur mandat restant à courir.

Art. R. 241-14 Les fédérations informent par lettre recommandée avec demande d'avis de réception le président de l'Agence française de lutte contre le dopage de la composition des organes disciplinaires compétents pour statuer sur les infractions, commises par leurs licenciés, aux dispositions des articles L. 241-2 et L. 241-3. Elles l'informent dans les mêmes conditions de tout projet de modification de cette composition.

Les membres des organes disciplinaires entrent en fonction à l'expiration d'un délai d'un mois après l'information de l'agence, sauf décision contraire motivée du président de l'Agence française de lutte contre le dopage, notifiée dans les mêmes formes. En cas d'urgence, le président de l'agence peut autoriser l'entrée en fonction d'un membre avant l'expiration du délai d'un mois.

L'Agence française de lutte contre le dopage tient à jour la liste des membres des organes disciplinaires mentionnés au premier alinéa. A leur demande, les fédérations sont destinataires de cette liste qui peut également faire l'objet d'une publicité par voie électronique dans les conditions définies par le collège de l'Agence française de lutte contre le dopage. – *[Décr. n° 2006-1629 du 18 déc. 2006, art. 14.] – V. Délib. AFLD n° 33 du 8 mars 2007 portant établissement de la fiche de renseignements à compléter par les personnes souhaitant devenir membres des organes disciplinaires fédéraux compétents en matière de dopage animal (www.afld.fr).*

SECTION III PROCÉDURE DISCIPLINAIRE DEVANT L'AGENCE FRANÇAISE DE LUTTE CONTRE LE DOPAGE

Art. R. 241-15 Dans le cas prévu au 3° de l'article L. 232-22, l'information de l'agence est acquise à la date de réception par celle-ci de la décision prise par l'organe disciplinaire de la fédération sportive et du dossier soumis à cet organe.

Dans le cas prévu au 4° de l'article L. 232-22 :

1° Lorsque la demande émane d'une fédération, la saisine de l'agence doit intervenir dans le délai de deux mois à compter du jour où la décision de la fédération est devenue définitive. L'agence est saisie dès la date de réception de la demande d'extension, accompagnée de la décision prise par l'organe disciplinaire de la fédération ainsi que du dossier soumis à cet organe ;

2° Lorsque l'agence se saisit de sa propre initiative, elle dispose d'un délai de huit jours qui court à partir de la date de réception par celle-ci de la décision prise par l'organe disciplinaire de la fédération sportive ainsi que du dossier soumis à cet organe. – *[Décr. n° 2006-1629 du 18 déc. 2006, art. 15.]*

Art. R. 241-16 Dans tous les cas mentionnés à l'article L. 232-22, le président de l'agence informe l'intéressé par lettre recommandée avec demande d'avis de réception ou par lettre remise contre récépissé. Cette notification précise le fondement sur lequel l'agence est saisie, indique les griefs formulés à l'encontre de l'intéressé et mentionne les droits qui lui sont reconnus aux articles R. 241-17 à R. 241-22 pour présenter sa défense.

Le cas échéant, le président de l'agence informe dans les mêmes conditions la fédération sportive concernée par lettre recommandée avec demande d'avis de réception. Cette fédération peut adresser des observations écrites à l'agence. – *[Décr. n° 2006-1629 du 18 déc. 2006, art. 16.]*

Art. R. 241-17 L'intéressé peut être représenté par une personne de son choix. Il peut également être assisté par une ou plusieurs personnes de son choix. S'il ne parle ou ne comprend pas suffisamment la langue française, il peut bénéficier, sur sa demande, de l'aide d'un interprète aux frais de l'agence. – *[Décr. n° 2006-1629 du 18 déc. 2006, art. 17.]*

Art. R. 241-18 L'intéressé et, le cas échéant, son défenseur peuvent consulter au secrétariat de l'agence l'intégralité du dossier. Ils peuvent en obtenir copie. – *[Décr. n° 2006-1629 du 18 déc. 2006, art. 18.]*

Art. R. 241-19 L'intéressé et, le cas échéant, son défenseur sont convoqués devant la formation disciplinaire de l'Agence française de lutte contre le dopage par lettre recommandée avec demande d'avis de réception ou par lettre remise contre récépissé, quinze jours au moins avant la date de la séance au cours de laquelle l'agence est appelée à se prononcer. – *[Décr. n° 2006-1629 du 18 déc. 2006, art. 19.]*

Art. R. 241-20 L'intéressé et, le cas échéant, son défenseur peuvent présenter devant l'Agence française de lutte contre le dopage des observations écrites ou orales. Lorsqu'elles sont écrites, ces observations doivent parvenir au siège de l'agence au plus tard la veille du jour au cours duquel le dossier disciplinaire de l'intéressé est examiné par la formation disciplinaire.

L'intéressé et, le cas échéant, son défenseur peuvent demander que soient entendues les personnes de leur choix dont ils communiquent le nom au moins huit jours avant la séance. Le président de l'agence peut refuser, par décision motivée, les demandes d'audition manifestement abusives.

L'agence peut également demander à entendre toute personne. Si une telle audition est décidée, le président de l'agence en informe l'intéressé et ses représentants avant la séance. Si cette information s'avère impossible avant la séance initialement prévue, l'examen du dossier de l'intéressé est renvoyé à une séance ultérieure.

Les frais de déplacement des personnes dont l'audition est décidée dans les conditions prévues à l'alinéa précédent sont pris en charge par l'agence. – *[Décr. n° 2006-1629 du 18 déc. 2006, art. 20.]*

Art. R. 241-21 Le président de l'agence désigne un rapporteur parmi les membres du collège. Celui-ci établit un rapport exposant les faits et rappelant les conditions du déroulement de la procédure tant, le cas échéant, devant la fédération sportive que devant l'agence. Le rapporteur procède, sans pouvoir les assortir de mesures de contrainte, à toute investigation utile dont le résultat est versé au dossier et communiqué avant la séance à l'intéressé.

Le président de la formation disciplinaire peut exercer les fonctions de rapporteur. – *[Décr. n° 2006-1629 du 18 déc. 2006, art. 21.]*

Art. R. 241-22 Le rapporteur présente oralement son rapport à la formation disciplinaire.

L'intéressé et son défenseur sont invités à prendre la parole en dernier.

Les débats ne sont pas publics sauf demande contraire formulée, avant l'ouverture de la séance, par l'intéressé ou son défenseur. – *[Décr. n° 2006-1629 du 18 déc. 2006, art. 22.]*

Art. R. 241-23 La formation disciplinaire délibère à huis clos, hors la présence de l'intéressé, de son défenseur, ainsi que des personnes entendues à l'audience.

Le secrétaire général de l'agence assiste de droit au délibéré sans y participer. Lorsque les fonctions de secrétaire de séance sont assurées par une personne qui n'est pas membre du collège, celle-ci peut assister au délibéré sans y participer. – *[Décr. n° 2006-1629 du 18 déc. 2006, art. 23.]*

Art. R. 241-24 La formation disciplinaire statue par décision motivée.

La décision est signée par le président de la formation disciplinaire et le secrétaire de séance. Elle est notifiée par lettre recommandée avec demande d'avis de réception ou par lettre remise contre récépissé, à l'intéressé, à la fédération sportive à laquelle appartient le cas échéant l'intéressé, ainsi que, par tout moyen, à l'organisme international chargé de la lutte contre le dopage reconnu par le Comité International Olympique et à la fédération internationale intéressée.

Les décisions de la formation disciplinaire sont rendues publiques. Le collège de l'agence peut décider de faire publier la décision au *Journal officiel* de la République française, au bulletin officiel du ministère chargé des sports ou de l'agriculture ou au bulletin de la fédération sportive concernée. Cette publication s'effectue de manière nominative pour les majeurs, de manière anonyme pour les mineurs. Toutefois, pour les personnes majeures, cette publication pourra, en cas de circonstances exceptionnelles, être effectuée sous forme anonyme par décision spécialement motivée de l'agence. – *[Décr. n° 2006-1629 du 18 déc. 2006, art. 24.]*

Art. R. 241-25 Lorsque la formation disciplinaire de l'agence décide d'exercer son pouvoir de sanction, conformément aux articles L. 241-6 et L. 241-7, la durée de la suspension que l'animal ou la personne intéressée a déjà effectuée en exécution de la décision prononcée par le président de l'organe disciplinaire fédéral en application des dispositions de l'article 18 de l'annexe II-3 ou de la sanction prononcée par l'organe disciplinaire de la fédération est déduite, le cas échéant, de la sanction prononcée.

Lorsque la formation disciplinaire fait application des dispositions du 4° de l'article L. 232-22, l'extension ne vaut que pour le reliquat de la sanction fédérale restant à purger par l'intéressé. – *[Décr. n° 2006-1629 du 18 déc. 2006, art. 25.]*

Art. R. 241-26 Lorsqu'un animal a fait l'objet d'une interdiction, il ne peut reprendre la compétition qu'après avoir subi un nouveau contrôle effectué, aux frais du demandeur, dans les conditions prévues aux articles R. 241-4 à R. 241-7.

Le rapport d'analyse est envoyé par le laboratoire à la fédération concernée et à l'Agence française de lutte contre le dopage.

La participation à la première épreuve à laquelle l'animal est inscrit après la période d'interdiction est subordonnée à la présentation à l'organisateur de la manifestation du résultat négatif du rapport d'analyse. – *[Décr. n° 2006-1629 du 18 déc. 2006, art. 26.]*

LIVRE TROISIÈME **PRATIQUE SPORTIVE**

TITRE PREMIER **LIEUX DE PRATIQUES SPORTIVES**

CHAPITRE PREMIER **SPORTS DE NATURE**

SECTION UNIQUE **COMMISSIONS DÉPARTEMENTALES DES ESPACES, SITES ET ITINÉRAIRES RELATIFS AUX SPORTS DE NATURE**

Art. R. 311-1 Une commission départementale des espaces, sites et itinéraires relatifs aux sports de nature est placée auprès du président du conseil départemental.

Cette commission comprend notamment un représentant du comité départemental olympique et sportif, des représentants des fédérations sportives agréées qui organisent des sports de nature, des représentants des groupements professionnels concernés, des représentants des associations agréées de protection de l'environnement, des élus locaux et des représentants de l'État. – *[L. n° 84-610 du 16 juill. 1984, art. 50-2, al. 2 et 3.]*

Art. R. 311-2 La commission concourt à l'élaboration du plan départemental des espaces, sites et itinéraires relatifs aux sports de nature, mentionné à l'article L. **311-3**, et propose des conventions pour sa mise en œuvre.

Elle est consultée sur toute modification du plan ainsi que sur tout projet d'aménagement ou toute mesure de protection des espaces naturels susceptible d'avoir une incidence sur l'exercice des sports de nature dans les espaces, sites et itinéraires inscrits à ce plan. – *[L. n° 84-610 du 16 juill. 1984, art. 50-2, al. 4 à 7.]*

Art. R. 311-3 La composition et les modalités de fonctionnement de la commission sont fixées par délibération du conseil départemental. – *[L. n° 84-610 du 16 juill. 1984, art. 50-2, al. 8.]*

L'obligation pour le préfet de consulter, dans le cadre de la procédure de création d'une réserve naturelle (en l'occurrence de la plaine des Maures dans le Var), la commission départementale des espaces, sites et itinéraires de sports de nature (CDESI) lorsque le projet de classement a, comme en l'espèce, une incidence sur les sports de nature, a été introduite dans le code de l'environnement par l'article 1er du décret n° 2005-491 du 18 mai 2005 (C. envir., art. R. 332-6) ; aux termes de l'article 6 de ce même décret, l'obligation de consultation de la CDESI ne s'applique pas aux projets de réserves naturelles nationales dont l'instruction a été engagée avant l'entrée en vigueur dudit décret. • CE 26 nov. 2010, *Sté Groupe Pizzorno Environnement : req. n° 331078.* – V. déjà : • CE 26 nov. 2008, *Groupement pour la défense de la pêche sous marine et du milieu marin : req. n° 305872.*

CHAPITRE II **ÉQUIPEMENTS SPORTIFS**

SECTION PREMIÈRE **DISPOSITIONS COMMUNES**

SOUS-SECTION 1 **SCHÉMA DE SERVICES COLLECTIFS DU SPORT**

Art. D. 312-1 Le schéma de services collectifs du sport mentionné à l'article L. 111-2 est tenu à la disposition du public dans la préfecture de région. – *[Décr. n° 2002-560 du 18 avr. 2002, art. 2.]*

SOUS-SECTION 2 DÉCLARATION DES ÉQUIPEMENTS SPORTIFS

Art. R. 312-2 Est un équipement sportif, au sens de l'article L. 312-2, tout bien immobilier appartenant à une personne publique ou privée, spécialement aménagé ou utilisé, de manière permanente ou temporaire, en vue d'une pratique sportive et ouvert aux pratiquants à titre gratuit ou onéreux. – *[Décr. n° 2006-992 du 1er août 2006, art. 1er.]*

Art. R. 312-3 Tout propriétaire d'un équipement sportif le déclare au préfet du département dans lequel cet équipement est implanté, dans un délai de trois mois à compter de sa mise en service.

Dans le cas d'un espace ou d'un site aménagé pour les sports de nature, la déclaration est faite dans les trois mois suivant la réalisation de l'aménagement.

Une déclaration doit être faite, dans les mêmes formes, avant toute modification des données déclarées, changement d'affectation, cession ou suppression d'un équipement sportif privé relevant du premier alinéa de l'article L. 312-3. Cette déclaration vaut demande d'autorisation.

Une déclaration doit être faite, dans les mêmes formes, trois mois au plus tard après toute modification des données déclarées, changement d'affectation, cession ou suppression d'un équipement sportif public ou d'un équipement privé ne relevant pas du premier alinéa de l'article L. 312-3. – *[Décr. n° 2006-992 du 1er août 2006, art. 2.]*

Art. R. 312-4 Les déclarations prévues à l'article R. 312-3 doivent permettre d'identifier :

1° Dans tous les cas, l'équipement sportif, son affectation et ses caractéristiques, ainsi que son propriétaire et, le cas échéant, son exploitant ;

2° En cas de modification des données déclarées, la nature des modifications envisagées ou réalisées ;

3° En cas de cession, le cessionnaire et, le cas échéant, la destination du bien.

Elles sont souscrites sur un imprimé conforme au modèle publié par arrêté du ministre chargé des sports. – *[Décr. n° 2006-992 du 1er août 2006, art. 3.]*

Art. R. 312-5 Les collectivités territoriales, leurs groupements, le Comité national olympique et sportif français et ses organes déconcentrés et les fédérations sportives agréées au sens de l'article L. 131-8 et leurs organes déconcentrés concourent à la mise à jour de la base de données constituée, en application de l'article L. 312-2, à partir des informations contenues dans les déclarations.

A cet effet, ils peuvent passer une convention avec l'État. – *[Décr. n° 2006-992 du 1er août 2006, art. 5.]*

Art. R. 312-6 Le pourcentage mentionné à l'article L. 312-3 est fixé à 20 % de la dépense susceptible d'être subventionnée ou, à défaut d'une telle dépense, à 20 % du coût total hors taxes de l'équipement sportif. – *[Décr. n° 2006-992 du 1er août 2006, art. 7.]*

Art. R. 312-7 Le fait de ne pas respecter les obligations déclaratives mentionnées aux articles R. 312-3 et R. 312-4 est puni de l'amende prévue pour les contraventions de la deuxième classe. – *[Décr. n° 2006-992 du 1er août 2006, art. 6.]*

SECTION II INSTALLATIONS FIXES

Art. R. 312-8 Pour l'application de la présente section :

1° Constituent des enceintes sportives les établissements recevant du public, au sens de l'article R. 123-2 du code de la construction et de l'habitation, dont l'accès est susceptible d'être contrôlé en permanence et qui comportent des tribunes fixes ou provisoires ;

2° Une tribune fixe est une tribune qui reste installée plus de trois mois consécutifs ; dans le cas contraire, il s'agit d'une tribune provisoire ;

3° La capacité d'accueil est le nombre de places assises individualisables offertes aux spectateurs dans les tribunes fixes et susceptibles d'être offertes dans des tribunes provisoires ;

4° L'effectif maximal des spectateurs est le nombre de places assises susceptibles d'être offertes aux spectateurs, d'une part, dans les tribunes fixes et dans les tribunes provisoires et, d'autre part, de places debout susceptibles d'être offertes hors de ces tribunes. – *[Décr. n° 93-711 du 27 mars 1993, art. 1er.]*

Art. R. 312-9 *(Décr. n° 2016-590 du 11 mai 2016, art. 1er et 4, en vigueur le 1er nov. 2016)* Lors du dépôt de la demande d'autorisation d'urbanisme portant sur l'ouvrage faisant l'objet de la demande d'homologation d'une enceinte sportive soumise aux dispositions des articles L. 312-5 et L. 312-12, le propriétaire adresse une demande d'homologation au préfet du département dans lequel l'enceinte est implantée. La forme que doit revêtir cette demande et les documents qui y sont annexés sont fixés, après avis de la Commission nationale de sécurité des enceintes sportives, par arrêté du ministre de l'intérieur et des ministres chargés de la construction et des sports.

Les dispositions du Décr. n° 2016-590 du 11 mai 2016 s'appliquent à l'homologation des enceintes pour lesquelles la demande d'autorisation d'urbanisme est déposée à compter du 1er nov. 2016 (Décr. préc., art. 4).

Art. R. 312-10 *(Décr. n° 2016-590 du 11 mai 2016, art. 2 et 4, en vigueur le 1er nov. 2016)* L'homologation prévue à l'article L. 312-5 est accordée par le préfet, après avis de la commission consultative départementale de sécurité et d'accessibilité, puis, dans les cas prévus par l'arrêté mentionné à l'article R. 312-11, de la Commission nationale de sécurité des enceintes sportives.

V. note ss. art. R. 312-9.

Art. R. 312-11 Un arrêté du ministre chargé des sports, pris après avis de la Commission nationale de sécurité des enceintes sportives, fixe les catégories d'enceintes sportives dont l'homologation est prononcée par le préfet après avis de cette commission. – *[Décr. n° 93-711 du 27 mars 1993, art. 3.]*

Art. R. 312-12 L'homologation est subordonnée :

1° A la conformité de l'enceinte et des ouvrages qui la composent aux dispositions et normes techniques relatives à la construction, à la desserte et à l'accès des bâtiments qui leur sont applicables ;

2° Au respect de toute prescription particulière rendue nécessaire par la configuration de l'enceinte, son environnement ou l'usage auquel elle est destinée. – *[L. n° 84-610 du 16 juill. 1984, art. 42-1, al. 2 à 4.]*

Art. R. 312-13 *(Décr. n° 2016-590 du 11 mai 2016, art. 3-I et 4, en vigueur le 1er nov. 2016)* « Dans un délai de quatre mois après la réception de la demande d'homologation, le préfet, après avis de la commission consultative départementale de sécurité et d'accessibilité et, dans les cas prévus par l'arrêté mentionné à l'article R. 312-11, de la Commission nationale de sécurité des enceintes sportives, notifie au propriétaire de l'équipement son avis sur le dossier de demande d'homologation conforme à l'arrêté mentionné à l'article R. 312-9.

« L'avis du préfet peut être subordonné » à l'accomplissement de travaux destinés à mettre l'enceinte sportive en conformité avec les règles de sécurité résultant du code de la construction et de l'habitation. L'autorisation d'ouverture n'est alors accordée qu'après levée des réserves par le préfet après avis de la commission compétente.

V. note ss. art. R. 312-9.

Art. R. 312-14 *(Décr. n° 2016-590 du 11 mai 2016, art. 3-II et 4, en vigueur le 1er nov. 2016)* « Le dossier complémentaire conforme à l'arrêté mentionné à l'article R. 312-9 est adressé au préfet à la réception des travaux. Après consultation de la commission consultative départementale de sécurité et d'accessibilité, le préfet notifie au propriétaire de l'équipement l'arrêté d'homologation. »

L'arrêté d'homologation :

1° Fixe l'effectif maximal des spectateurs et sa répartition par tribune, fixe ou éventuellement provisoire, et hors tribune. Seules des places assises peuvent être prévues dans les tribunes, à l'exception de celles situées dans les enceintes affectées aux circuits de vitesse accueillant des compétitions de véhicules terrestres à moteur ou de bateaux à moteur, sous réserve que leur utilisation soit conforme à leur destination et sur avis conforme des commissions spécialisées compétentes. Chaque tribune ne peut accueillir simultanément un nombre de spectateurs supérieur au nombre de places dont elle dispose ;

2° Fixe les conditions dans lesquelles peuvent être éventuellement mises en place des installations provisoires destinées à l'accueil du public ;

3° Peut imposer toutes prescriptions particulières rendues nécessaires par la configuration de l'enceinte, son environnement ou l'usage auquel elle est destinée ;

4° Peut imposer l'aménagement d'un poste de surveillance de l'enceinte.

Les dispositions de l'arrêté d'homologation s'imposent au propriétaire et à l'exploitant de l'enceinte ainsi qu'à tout organisateur d'une manifestation sportive publique dans l'enceinte. – *[Décr. n° 93-711 du 27 mars 1993, art. 5.]*

V. note ss. nouv. art. R. 312-9.

Art. R. 312-15 L'enceinte sportive dont le gestionnaire s'oppose à un contrôle du respect des prescriptions de la présente section par les personnes mentionnées à l'article L. 111-3 peut faire l'objet d'un retrait d'homologation, sans préjudice des peines mentionnées à cet article. – *[Décr. n° 93-711 du 27 mars 1993, art. 6.]*

SECTION III **INSTALLATIONS PROVISOIRES**

Art. R. 312-16 Pour l'application de la présente section, constitue une installation provisoire toute installation destinée à l'accueil du public et aménagée, pour une durée inférieure à trois mois, dans une enceinte sportive soumise aux dispositions de l'article L. 312-5. – *[Décr. n° 98-82 du 11 févr. 1998, art. 1er.]*

Art. R. 312-17 L'organisateur de la manifestation fait procéder au contrôle technique du montage des installations provisoires dans les conditions prévues aux articles L. 111-23 à L. 111-26 du code de la construction et de l'habitation.

Le contrôle technique porte sur la solidité des éléments composant l'installation et leur montage, sur l'adaptation de l'installation au sol ainsi que sur la sécurité des personnes liée à la solidité des installations provisoires.

Le rapport est transmis à la commission consultative départementale de sécurité et d'accessibilité par l'organisateur de la manifestation. Il contient un avis favorable ou défavorable à l'homologation. A défaut de transmission du rapport ou si cet avis est défavorable, la commission ne peut émettre un avis favorable. – *[Décr. n° 98-82 du 11 févr. 1998, art. 2.]*

Art. R. 312-18 La commission consultative départementale de sécurité et d'accessibilité est saisie par le maire quinze jours au moins avant la date prévue pour la manifestation en vue de laquelle l'installation provisoire est mise en place.

Après l'achèvement des travaux d'installation et avant l'ouverture des installations au public, la commission consultative départementale de sécurité et d'accessibilité procède à la visite sur le site prévue à l'article L. 312-12.

Le propriétaire et l'exploitant de l'enceinte, ainsi que l'organisateur de la manifestation, sont tenus d'assister à cette visite. – *[Décr. n° 98-82 du 11 févr. 1998, art. 3.]*

Art. R. 312-19 Trois jours au moins avant la date prévue pour la manifestation et à l'issue de la visite à laquelle elle a procédé après l'achèvement des travaux, la commission consultative départementale de sécurité et d'accessibilité délivre un avis au maire. En cas d'avis défavorable, ce dernier est motivé. – *[Décr. n° 98-82 du 11 févr. 1998, art. 4.]*

Art. R. 312-20 Le maire autorise par arrêté l'utilisation par le public des installations provisoires au vu de l'avis délivré par la commission consultative départementale de sécurité et d'accessibilité.

La décision du maire est notifiée directement au propriétaire et à l'exploitant ainsi qu'à l'organisateur de la manifestation. – *[Décr. n° 98-82 du 11 févr. 1998, art. 5.]*

En application de l'art. L. 231-4 du CRPA, le silence gardé par une collectivité territoriale ou un de ses établissements publics pendant deux mois vaut décision de rejet pour les demandes d'autorisation d'ouverture au public des installations provisoires aménagées dans une enceinte sportive.

Les dispositions du Décr. n° 2015-1459 du 10 nov. 2015 s'appliquent aux demandes présentées à compter du 12 nov. 2015 (Décr. préc., art. 1er, 2, 4 et annexe).

Art. R. 312-21 Un arrêté du ministre de l'intérieur et des ministres chargés de la construction et des sports précise les normes éventuellement applicables ainsi que la

nature des documents qui doivent être joints à la saisine de la commission et à la demande d'ouverture des installations provisoires. – *[Décr. n° 98-82 du 11 févr. 1998, art. 6.]*

La directive n° 83/189/CEE du Conseil du 28 mars 1983, dont l'objet est d'obtenir la plus grande transparence des initiatives nationales quant à l'établissement de normes ou de règles techniques afin d'assurer le respect de l'interdiction des mesures d'effet équivalent à des restrictions quantitatives aux échanges de marchandise, prévoit que les États membres communiquent à la Commission tout projet de règle technique. N'entre pas dans le champ d'application de cette directive un projet de décret déterminant la procédure de délivrance par le maire des autorisations d'ouverture au public des installations provisoires installées dans une enceinte sportive soumise à homologation préfectorale en vertu de l'art. 42-1 de la L. du 16 juill. 1984 [art. L. 312-5 C. sport], dès lors que ce texte n'a pas pour objet de fixer des « règles techniques » applicables à la commercialisation ou à l'utilisation d'un « produit » au sens de la directive. • CE 20 mars 2000, *Assoc. syndicale des propriétaires exploitants de chapiteaux : req. n°s 195633 et 195698.*

SECTION IV **LA COMMISSION NATIONALE DE SÉCURITÉ DES ENCEINTES SPORTIVES**

Les dispositions réglementaires instituant la Commission nationale de sécurité des enceintes sportives sont prorogées pour une durée de cinq ans (Décr. n° 2009-631 du 6 juin 2009, Ann.).

Art. R. 312-22 **La Commission nationale de sécurité des enceintes sportives est présidée par le ministre chargé des sports ou son représentant. Elle comprend outre son président :**

1° Sept représentants de l'État, membres de droit :

(Abrogé par Décr. n° 2012-312 du 5 mars 2012, art. 2) ***« a) Un représentant du ministre de la défense ; »***

(Décr. n° 2012-312 du 5 mars 2012, art. 2) **« *a)* » Un représentant du ministre chargé de l'équipement ;**

(Décr. n° 2012-312 du 5 mars 2012, art. 2) **« *b)* » Trois représentants du ministre de l'intérieur ;**

(Décr. n° 2012-312 du 5 mars 2012, art. 5) **« *c)* » Un représentant du ministre chargé de la santé ;**

(Décr. n° 2012-312 du 5 mars 2012, art. 2) **« *d)* » Deux représentants du ministre chargé des sports ;**

2° Quatre membres nommés par arrêté du ministre chargé des sports :

***a)* Deux membres désignés sur proposition du Comité national olympique et sportif français représentant le mouvement sportif ;**

***b)* Un membre désigné sur proposition de l'Association des maires de France ;**

***c)* Un membre désigné sur proposition de l'organisme le plus représentatif des professionnels de la construction d'équipements sportifs.**

Siège en outre de plein droit, avec voix délibérative, un représentant de l'autorité investie du pouvoir de police municipale sur l'enceinte sportive concernée.

La commission ne peut valablement délibérer hors de la présence du représentant de l'autorité investie du pouvoir de police municipale, d'un représentant du ministre chargé des sports, d'un représentant du ministre de l'intérieur *(Décr. n° 2012-312 du 5 mars 2012, art. 2)* **« et d'un représentant du ministre chargé de l'équipement ».**

Pour chaque membre titulaire désigné en application du 2°, un suppléant est nommé dans les mêmes conditions.

Le président a voix prépondérante en cas de partage. – *[Décr. n° 93-711 du 27 mars 1993, art. 10.]*

Les dispositions du décret n° 2012-312 du 5 mars 2012 s'appliquent aux manifestations se déroulant après le 7 juin 2012 (Décr. préc., art. 7).

La Commission nationale de sécurité des enceintes sportives mentionnée à l'art. R. 312-22 est renouvelée pour une durée de 5 ans à compter du 8 juin 2015 (Décr. n° 2015-255 du 3 mars 2015, art. 1er).

Art. R. 312-23 **Assiste de plein droit aux séances de la commission avec voix consultative le propriétaire de l'enceinte sportive concernée, ou son représentant, si ce pro-**

priétaire n'est pas la commune dont le maire est investi du pouvoir de police municipale sur cette enceinte sportive.

Le ministre chargé des sports peut, après avis de la commission, appeler à participer aux travaux de la commission des représentants des fédérations sportives concernées par l'utilisation d'une enceinte sportive, des représentants des organismes professionnels spécialisés dans les différents types d'équipements sportifs et des représentants des travaux de contrôle agréés. Les personnes mentionnées au présent alinéa siègent alors avec voix consultative. – *[Décr. n° 93-711 du 27 mars 1993, art. 11.]*

Art. R. 312-24 Le mandat des membres de la commission désignés en application du 2° de l'article R. 312-22 prend fin le 30 juin de l'année suivant les Jeux olympiques d'été.

Tout membre qui perd la qualité en raison de laquelle il a été nommé cesse de faire partie de la commission.

Le membre suppléant remplace le titulaire toutes les fois que ce dernier se trouve dans l'incapacité de siéger.

Lorsque, plus de trois mois avant un renouvellement, un membre titulaire ou suppléant cesse ses fonctions pour quelque cause que ce soit, un nouveau membre titulaire ou suppléant est désigné dans les mêmes conditions pour la durée du mandat restant à courir. – *[Décr. n° 93-711 du 27 mars 1993, art. 12.]*

Art. R. 312-25 La commission se réunit sur convocation du ministre chargé des sports ou à la demande du tiers de ses membres.

La commission adopte son règlement intérieur.

Le directeur des sports assure le secrétariat permanent de la commission. – *[Décr. n° 93-711 du 27 mars 1993, art. 13.]*

Arrêté du 24 avril 2007,

Relatif à la désignation des membres de la Commission nationale de sécurité des enceintes sportives.

Art. 1er Les membres de la Commission nationale de sécurité des enceintes sportives instituée par l'article 42-1 de la loi du 16 juillet 1984 susvisée *[art. R. 312-22]* sont :

1. Au titre des représentants de l'État mentionnés au 1° de l'article 10 du décret *[n° 93-711]* du 27 mars 1993 susvisé *[art. R. 312-22 C. sport]* :

Deux représentants du ministre chargé des sports :

— le chef du bureau des équipements sportifs de la direction des sports ou son représentant ;

— le chef de la mission des affaires juridiques et contentieuses de la direction des sports ou son représentant.

(Arr. du 4 mai 2012, art. 1er) « Trois représentants du ministre chargé de l'intérieur » :

— le *(Arr. du 4 mai 2012, art. 1er)* « directeur général de la sécurité civile et de la gestion des crises » ou son représentant ;

— le *(Arr. du 4 mai 2012, art. 1er)* « directeur général de la police nationale » ou son représentant.

(Arr. du 4 mai 2012, art. 1er) « — le directeur général de la gendarmerie nationale ou son représentant ; »

Un représentant du ministre chargé de l'équipement :

— le directeur général de l'urbanisme, de l'habitat et de la construction ou son représentant.

(Abrogé par Arr. du 4 mai 2012, art. 1er) « Un représentant du ministre chargé de la défense :
« — le directeur général de la gendarmerie nationale ou son représentant. »

Un représentant du ministre chargé de la santé :

— le directeur de l'hospitalisation et de l'organisation des soins ou son représentant.

2. *(Décisions nominatives individuelles).*

SECTION V COMMISSION CONSULTATIVE DÉPARTEMENTALE DE SÉCURITÉ ET D'ACCESSIBILITÉ

Art. D. 312-26 La commission consultative départementale de sécurité et d'accessibilité instituée en application du décret n° 95-260 du 8 mars 1995 est compétente pour donner, dans les conditions prévues au décret précité, un avis sur l'homologation des enceintes destinées à recevoir des manifestations sportives. – *[Décr. n° 95-260 du 8 mars 1995, art. 2.]*

TITRE DEUXIÈME OBLIGATIONS LIÉES AUX ACTIVITÉS SPORTIVES

CHAPITRE PREMIER OBLIGATION D'ASSURANCE

Art. D. 321-1 Les contrats d'assurance garantissent, en application de l'article L. 321-1, les conséquences pécuniaires de la responsabilité civile encourue par :

1° Les associations et sociétés sportives, les organisateurs de manifestations sportives mentionnés aux articles L. 321-1 et L. 331-5, les exploitants d'établissements d'activités physiques et sportives mentionnés à l'article L. 322-1 ;

2° Leurs préposés, rémunérés ou non, ainsi que toute autre personne physique qui prête son concours à l'organisation de manifestations sportives comportant la participation de véhicules terrestres à moteur ;

3° Les licenciés et pratiquants.

Ces contrats ne peuvent pas déroger aux dispositions définies par la présente section. Ils fixent librement l'étendue des garanties. – *[Décr. n° 93-392 du 18 mars 1993, art. 1er.]*

COMMENTAIRE

Contrairement au régime en vigueur avant l'intervention de la loi du 13 juillet 1992 et issu du décret n° 91-582 du 19 juin 1991, le décret du 18 mars 1993, codifié aux art. D. 321-1 et suivants, ne fixe aucune règle en matière de franchise ou de plafond des garanties (par victime, par sinistre ou par année d'assurance). La règle est donc celle de la liberté contractuelle.

Art. D. 321-2 Les contrats mentionnés à l'article D. 321-1 peuvent comporter des clauses excluant de la garantie les dommages causés :

1° Aux personnes physiques et morales énoncées au 1° de l'article D. 321-1 ;

2° Aux représentants légaux des personnes morales prévues au 1° de l'article D. 321-1 ;

3° A leurs préposés lorsque s'applique la législation sur les accidents du travail et les maladies professionnelles ;

4° Aux biens dont les personnes mentionnées aux 1° et 2° de l'article D. 321-1 sont propriétaires, locataires, dépositaires ou gardiens ;

5° Par tout engin ou véhicule ferroviaire, aérien, spatial, maritime, fluvial ou lacustre sauf si la pratique des sports concernés implique, par nature, l'utilisation d'un tel engin ou véhicule ;

6° Par toute pollution de l'atmosphère, des eaux ou du sol ou par toute autre atteinte à l'environnement qui ne résulterait pas d'un événement accidentel imputable directement à l'assuré ou à toute personne dont il est civilement responsable ;

7° A l'occasion d'activités devant faire l'objet de la souscription d'un contrat d'assurance en vertu d'une obligation légale. – *[Décr. n° 93-392 du 18 mars 1993, art. 3.]*

Art. D. 321-3 L'assureur ne peut pas opposer à la victime et à ses ayants droit :

1° Une franchise ;

2° Une réduction proportionnelle de l'indemnité ;

3° La déchéance.

Il peut exercer une action en remboursement des sommes versées à la victime et payée en lieu et place de l'assuré. – *[Décr. n° 93-392 du 18 mars 1993, art. 4.]*

Art. D. 321-4 La souscription des contrats mentionnés à l'article D. 321-1 est justifiée par la production d'une attestation, notamment aux fonctionnaires du ministère chargé des sports habilités en application de l'article L. 111-3.

Ce document vaut présomption de garantie. Il comporte nécessairement les mentions suivantes :

1° La référence aux dispositions légales et réglementaires ;
2° La raison sociale de ou des entreprises d'assurances agréées ;
3° Le numéro du contrat d'assurance souscrit ;
4° La période de validité du contrat ;
5° Le nom et l'adresse du souscripteur ;
6° L'étendue et le montant des garanties. – *[Décr. nº 93-392 du 18 mars 1993, art. 6.]*

Art. D. 321-5 Le souscripteur fournit à la demande de toute personne garantie par le contrat un document reprenant les mentions énumérées à l'article D. 321-4. – *[Décr. nº 93-392 du 18 mars 1993, art. 7.]*

CHAPITRE II GARANTIES D'HYGIÈNE ET DE SÉCURITÉ

SECTION PREMIÈRE DISPOSITIONS GÉNÉRALES

SOUS-SECTION 1 *[ABROGÉE]* OBLIGATION DE DÉCLARER L'EXPLOITATION D'UN ÉTABLISSEMENT DE PRATIQUE SPORTIVE

(Abrogée par Décr. nº 2016-281 du 8 mars 2016, art. 1er-1°)

Art. R. 322-1 *Toute personne désirant exploiter un établissement mentionné à l'article L. 322-1 doit en faire la déclaration au préfet du département du siège de l'établissement deux mois au moins avant l'ouverture.* – [Décr. n° 93-1101 du 3 sept. 1993, art. 1er.]

V. aussi, concernant les ressortissants communautaires, C. sport, art. R. 212-88 s.

Art. R. 322-2 *La déclaration mentionnée à l'article R. 322-1 expose les garanties d'hygiène et de sécurité prévues par l'établissement pour le fonctionnement des activités physiques et sportives ; la forme de cette déclaration et la liste des documents qui devront y être joints sont définies par arrêté du ministre chargé des sports.* – V. C. sport, art. A. 322-1 s.

Toute modification portant sur l'un des éléments de la déclaration est déclarée dans les mêmes formes. Sauf cas d'urgence justifiée, la déclaration est faite avant la modification. – [Décr. n° 93-1101 du 3 sept. 1993, art. 2.]

Art. R. 322-3 *Lorsque la déclaration prévue à l'article R. 322-1 fait apparaître que l'établissement ne remplit pas les conditions fixées par les lois et règlements applicables, le préfet peut s'opposer, par arrêté motivé et après avoir mis l'intéressé en mesure de présenter des observations écrites, à l'ouverture de cet établissement.* – [Décr. n° 93-1101 du 3 sept. 1993, art. 3.]

SOUS-SECTION 2 OBLIGATIONS GÉNÉRALES

Art. R. 322-4 Les établissements mentionnés à l'article L. 322-1 dans lesquels sont pratiquées des activités physiques et sportives doivent disposer d'une trousse de secours destinée à apporter les premiers soins en cas d'accident et d'un moyen de communication permettant d'alerter rapidement les services de secours.

Un tableau d'organisation des secours est affiché dans l'établissement et comporte les adresses et numéros de téléphone des personnes et organismes susceptibles d'intervenir en cas d'urgence. – *[Décr. nº 93-1101 du 3 sept. 1993, art. 7.]*

Art. R. 322-5 Dans tout établissement où est pratiquée une activité physique ou sportive doit être affichée, en un lieu visible de tous, une copie :

1° Des diplômes et titres des personnes exerçant dans l'établissement les fonctions mentionnées à l'article L. 212-1, ainsi que des cartes professionnelles qu'elles détiennent en application de l'article R. 212-86 ou des attestations de stagiaire mentionnées à l'article R. 212-87 ;

2° Des textes fixant, dans les conditions prévues à l'article R. 322-7, les garanties d'hygiène et de sécurité et les normes techniques applicables à l'encadrement des activités physiques et sportives mentionnées à l'article L. 322-2 ;

3° De l'attestation du contrat d'assurance conclu par l'exploitant de l'établissement conformément à l'article L. 321-1. – *[Décr. nº 93-1101 du 3 sept. 1993, art. 6.]*

Art. R. 322-6 **L'exploitant d'un établissement mentionné à l'article L. 322-1 est tenu d'informer le préfet :**

(Décr. n° 2016-281 du 8 mars 2016, art. 1er-2°) « *a)* **De tout accident grave ;**

« *b)* **De toute situation présentant ou ayant présenté des risques graves par leur probabilité et leurs conséquences éventuelles pour la santé et la sécurité physique ou morale des pratiquants.** » – *[Décr. n° 93-1101 du 3 sept. 1993, art. 8, al. 1er.]*

COMMENTAIRE

Si l'exploitant d'un établissement d'APS (y compris une association sportive) n'est plus soumis à une obligation de déclaration auprès de l'autorité administrative, il est en revanche tenu à une obligation d'information renforcée en cas d'accident grave, puisqu'il doit désormais signaler au préfet non seulement tout accident grave mais également toute situation présentant ou ayant présenté des risques graves pour la santé et la sécurité physique ou morale des pratiquants. ❑

Art. R. 322-7 **Les garanties d'hygiène et de sécurité ainsi que les normes techniques mentionnées à l'article L. 322-2 sont fixées par arrêté du ministre chargé des sports et des ministres intéressés après avis de la fédération sportive titulaire de la délégation mentionnée à l'article L. 131-14 pour les disciplines concernées.** – *[Décr. n° 93-1101 du 3 sept. 1993, art. 9.] – V. art. A. 322-4 s. (natation et activités aquatiques dont canoë, kayak et nage en eaux vives, embarcations gonflables, voile et plongée autonome à l'air) ; art. A. 322-88 s. (plongée subaquatique) ; art. A. 322-116 s. (utilisation d'équidés) ; art. A. 322-141 (judo et aïkido) ; art. A. 322-142 s. (tir aux armes de chasse) ; art. A. 322-147 s. (parachutisme). – V. aussi art. D. 322-11 s. relatifs aux établissements de natation et d'activités aquatiques ; Instr. n° DS/DSB2/2012/175 du 24 avr. 2012 relative aux dispositions applicables aux salles de remise en forme (BOJS 30 avr 2012., n° 4) ; Circ. intermin. NOR : INT/E/05000112/C du 15 déc. 2005 définissant les conditions dans lesquelles la pratique du saut à l'élastique doit être organisée ; Instr. n° 94-049 JS du 7 mars 1994 (contrôle de la sécurité des pratiquants dans les établissements d'activités physiques et sportives) (BOJS spéc. avr.).*

SOUS-SECTION 3 RÔLE DU PRÉFET DU DÉPARTEMENT

Art. R. 322-8 **Dans** *(Décr. n° 2016-281 du 8 mars 2016, art. 1er-3°)* **« les cas mentionnés » à l'article R. 322-6, le préfet ordonne une enquête pour établir les circonstances dans lesquelles l'accident est survenu** *(Décr. n° 2016-281 du 8 mars 2016, art. 1er-3°)* **« ou celle à laquelle la situation est apparue ».** – *[Décr. n° 93-1101 du 3 sept. 1993, art. 8, al. 2.]*

Art. R. 322-9 **Le préfet peut adresser à l'exploitant de l'établissement les mises en demeure nécessaires et lui impartir un délai pour mettre fin :**

1° Aux manquements aux garanties d'hygiène et de sécurité *(Abrogé par Décr. n° 2016-281 du 8 mars 2016, art. 1er-4°-a)* ***« mentionnées dans la déclaration ou définies en application de l'article R. 322-7 » ;***

2° Au défaut de souscription du contrat d'assurance mentionné à l'article L. 321-1 ;

3° Aux risques particuliers que présente l'activité de l'établissement pour la santé et la sécurité physique ou morale des pratiquants ;

4° Aux situations exposant les pratiquants à l'utilisation de substances ou de procédés interdits en application du livre II.

A l'issue du délai fixé, le préfet peut *(Décr. n° 2016-281 du 8 mars 2016, art. 1er-4°-b)* **« s'opposer à l'ouverture ou » prononcer la fermeture temporaire ou définitive de l'établissement, par arrêté motivé, si l'exploitant n'a pas remédié aux situations qui ont fait l'objet des mises en demeure.**

En cas d'urgence, *(Décr. n° 2016-281 du 8 mars 2016, art. 1er-4°-c)* **« l'opposition à ouverture ou » la fermeture temporaire peut être prononcée sans mise en demeure préalable.** – *[Décr. n° 93-1101 du 3 sept. 1993, art. 4.]*

Art. R. 322-10 **Sans préjudice des sanctions instituées à l'article L. 111-3, le préfet peut, dans les conditions fixées aux articles R. 322-3 et R. 322-9, prononcer la fermeture de l'établissement dont l'exploitant s'oppose ou tente de s'opposer au contrôle par l'autorité administrative du respect des dispositions des articles L. 322-1 et L. 322-2.** – *[Décr. n° 93-1101 du 3 sept. 1993, art. 5.]*

SECTION II **ÉTABLISSEMENTS DE NATATION ET D'ACTIVITÉS AQUATIQUES**

COMMENTAIRE

L'activité de natation a la particularité d'exiger la présence de personnel qualifié non seulement pour l'enseignement contre rémunération (C. sport, art. L. 212-1 et art. A. 212-1, annexe II-1) mais aussi pour la simple surveillance de l'activité. En effet, l'activité de natation et, plus généralement, de baignade est astreinte, en matière de surveillance, à une réglementation contraignante qui, toutefois, a été assouplie, depuis 2010, en termes d'accessibilité.

Tant les établissements de baignade d'accès payant que les baignades ouvertes gratuitement au public, aménagées et réglementairement autorisées, sont soumis à une obligation de surveillance par des personnes titulaires d'une qualification spécifique.

Plusieurs diplômes ouvrent droit à l'exercice de l'activité de surveillance de baignade. Néanmoins, les prérogatives attribuées diffèrent selon le diplôme.

Le titre de maître-nageur sauveteur (MNS) confère à son titulaire le droit de surveiller tous les types de baignades : les baignades d'accès payant ainsi que les baignades ouvertes gratuitement au public, aménagées et autorisées.

Le brevet national de sécurité et de sauvetage aquatique (BNSSA) autorise la surveillance des baignades ouvertes gratuitement au public aménagées et autorisées. Il permet également à son titulaire de surveiller les baignades d'accès payant mais uniquement en tant qu'assistant d'une personne portant le titre de MNS.

Enfin, le brevet du surveillant de baignade (BSB) concède le droit d'exercer l'activité de surveillance de baignade mais seulement en centres de vacances ou de loisirs.

En réponse aux difficultés rencontrées, notamment, par les collectivités territoriales, pour disposer de personnels qualifiés en nombre suffisant, et ainsi pallier la pénurie des MNS, une réforme des diplômes de la filière aquatique a été entreprise en 2010. Confère, désormais, le titre de MNS le certificat de spécialisation « sauvetage et sécurité en milieu aquatique » associé au brevet professionnel de la jeunesse, de l'éducation populaire et du sport, spécialité « activités aquatiques » (BP JEPS AA), ainsi qu'aux mentions relatives aux activités aquatiques et de la natation du diplôme d'État de la jeunesse, de l'éducation populaire et du sport : le DE JEPS spécialité « perfectionnement sportif » d'une part, et le DES JEPS spécialité « performance sportive », d'autre part. Le titre de MNS est également délivré aux titulaires de la spécialité « activités aquatiques et de la natation » (AAN) qui se substitue, depuis novembre 2010, à la spécialité « activités aquatiques » du BP JEPS. Cette nouvelle spécialité permet à son titulaire d'avoir d'entrée la double compétence, enseignement et surveillance.

Depuis le 1er janvier 2016, les titulaires d'un diplôme conférant le titre de MNS sont soumis, tous les cinq ans, à l'obtention d'un certificat d'aptitude visant à attester qu'ils continuent de présenter des garanties suffisantes en matière de sauvetage aquatique et de sécurité des publics. Ce certificat d'aptitude est délivré par le directeur régional de la jeunesse, des sports et de la cohésion sociale à l'issue d'une session de formation suivie d'une évaluation (Arr. du 23 oct. 2015, *JO 6 nov.*).

En outre, toujours dans l'objectif de ne pas mettre les collectivités territoriales face à des difficultés de recrutement ou des obligations de formations onéreuses, le ministre chargé des Sports a précisé que les unités d'enseignement du BNSSA « Sécurité et sauvetage aquatique en eaux intérieures » et « Sécurité et sauvetage aquatique sur le littoral » (instituées par les arrêtés du 18 et 19 février 2014 fixant le référentiel national de compétences de sécurité civile) ne sont réglementairement pas imposées pour la surveillance des baignades. Elles ne constituent qu'un complément facultatif visant à reconnaître des compétences spécifiques (Rép. min. n° 66600 : *JOAN Q, 23 févr. 2016*). ❑

Art. D. 322-11 La surveillance des baignades ouvertes gratuitement au public, aménagées et autorisées doit être assurée par du personnel titulaire d'un diplôme dont les modalités de délivrance sont définies par arrêté conjoint du ministre de l'intérieur et du ministre chargé des sports. – *[Décr. n° 77-1177 du 20 oct. 1977, art. 2.]*

Art. D. 322-12 Les établissements de baignade d'accès payant sont les établissements d'activités physiques et sportives mentionnés à l'article L. 322-1 dans lesquels sont pratiquées des activités aquatiques, de baignade ou de natation ou dans lesquels ces activités font partie de prestations de services offertes en contrepartie du paiement d'un droit d'accès, qu'il soit ou non spécifique. — *[Décr. n° 77-1177 du 20 oct. 1977, art. 3.]*

Constitue un « établissement de baignade d'accès payant » au sens de l'art. D. 322-12, soumis à l'obligation de surveillance prévue à l'art. L. 322-7, un centre de sport [établissement commercial] dans lequel sont proposées, entre autres activités physiques et sportives, des activités aquatiques et dont l'accès au bassin intérieur n'est pas réservé à une clientèle propre au titre d'une autre prestation de service et fait l'objet d'un droit d'accès payant inclus dans la cotisation annuelle acquittée par les adhérents du club. • CE 25 juill. 2007, *SA Les Pyramides : AJDA 2007. 2215, note Lapouble*.

Art. D. 322-13 La surveillance des établissements mentionnés à l'article D. 322-12 est garantie, pendant les heures d'ouverture au public, par des personnels titulaires d'un des diplômes dont les modalités de délivrance sont définies par arrêté du ministre chargé des sports. Ces personnels portent le titre de maître nageur *[maître-nageur]* sauveteur.

Ces personnels peuvent être assistés de personnes titulaires d'un des diplômes figurant sur une liste arrêtée par les ministres chargés de la sécurité civile et des sports.

Toute personne désirant assurer la surveillance d'un tel établissement doit en faire la déclaration au préfet *(Décr. n° 2010-630 du 8 juin 2010)* « du lieu de sa principale activité ». Le contenu de cette déclaration est fixé par arrêté conjoint des ministres chargés de la sécurité civile et des sports. — *[Décr. n° 77-1177 du 20 oct. 1977, art. 4.]*

Art. D. 322-14 Par dérogation aux dispositions de l'article D. 322-13 et en l'absence de personnel chargé de garantir la surveillance, le préfet du département peut autoriser du personnel titulaire d'un des diplômes mentionnés à l'article D. 322-11 à assurer cette fonction dans un établissement mentionné à l'article D. 322-12.

Cette autorisation d'exercice, dont les conditions de délivrance sont déterminées par arrêté des ministres chargés de la sécurité civile et des sports, est valable pour une durée limitée. — *[Décr. n° 77-1177 du 20 oct. 1977, art. 4-1.]*

Art. D. 322-15 La possession d'un diplôme satisfaisant aux conditions de l'article L. 212-1 est exigée pour enseigner et entraîner à la natation contre rémunération.

Les éducateurs sportifs titulaires de ce diplôme portent le titre de maître nageur *[maître-nageur]* sauveteur. — *[Décr. n° 77-1177 du 20 oct. 1977, art. 4-2.]*

Art. D. 322-16 *(Décr. n° 2016-281 du 8 mars 2016, art. 2-1°)* « Chaque établissement établit » un plan d'organisation de la surveillance et des secours qui fixe, en fonction de la configuration de l'établissement mentionné à l'article D. 322-12 :

1° Le nombre des personnes chargées de garantir la surveillance et le nombre des personnes chargées de les assister ;

2° Le nombre des pratiquants pouvant être admis simultanément dans l'établissement de baignade d'accès payant pour y pratiquer les activités considérées. Ce nombre est déterminé en fonction du nombre des personnes mentionnées au 1°.

(Décr. n° 2016-281 du 8 mars 2016, art. 2-2°) « Ce plan est transmis au préfet de département deux mois avant l'ouverture de l'établissement ainsi qu'après chaque modification. »

Les ministres chargés de la sécurité civile et des sports fixent par arrêté le contenu du plan d'organisation de la surveillance et des secours. — *[Décr. n° 77-1177 du 20 oct. 1977, art. 6.]*

Art. D. 322-17 Tout établissement mentionné à l'article D. 322-12 doit comporter, en un lieu visible de tous, une mention des diplômes et titres des personnes assurant la surveillance ainsi qu'un extrait du plan d'organisation de la surveillance et des secours. — *[Décr. n° 77-1177 du 20 oct. 1977, art. 6-1.]*

Art. R. 322-18 Les piscines et baignades aménagées sont soumises aux dispositions du chapitre II du titre III du livre III de la première partie du code de la santé publique. — *V. ce code, App., v° Baignades et Piscines.*

SECTION III EXIGENCES DE SÉCURITÉ AUXQUELLES DOIVENT RÉPONDRE LES CAGES DE BUTS DE FOOTBALL, DE HANDBALL, DE HOCKEY SUR GAZON ET EN SALLE ET LES BUTS DE BASKET-BALL

COMMENTAIRE

Les cages de buts mobiles peuvent être à l'origine d'accidents très graves liés généralement à un défaut de fixation au sol (V. note 35, App., v° *Responsabilité administrative* ; V. 5 ss. art. 221-6, App., v° *Responsabilité pénale)*. Après le décès de plusieurs enfants, dans des cours de récréation ou sur des terrains de sport, les pouvoirs publics ont réagi en adoptant, à partir de 1993, une réglementation spécifique visant à renforcer la sécurité de ces équipements (Arr. du 18 août 1993 et 8 août 1994 portant interdiction de la mise sur le marché et de la mise au service des usagers de certains équipements sportifs ; Décr. n° 96-495 du 4 juin 1996 ; Décr. n° 2016-481 du 18 avr. 2016). Les dispositions du code du sport concernent les cages de but de football, handball, hockey sur gazon et basket-ball, quels que soient leur destination, leur lieu d'implantation ou leur mode d'installation, à l'exclusion des buts légers dont le poids total est inférieur à 10 kg.

Les règles de sécurité imposées diffèrent selon que l'équipement est fixe ou mobile. Les premiers doivent être munis, dès leur mise sur le marché, d'un dispositif d'installation permettant d'assurer leur fixation permanente. Les équipements mobiles doivent quant à eux être munis, dès leur mise sur le marché, d'un dispositif de fixation ou de contrepoids, permanent et solidaire de la structure, permettant notamment d'éviter la chute ou le renversement de la structure (y compris en cas de suspension à la barre supérieure de la cage ou au panier). Les buts non fixés de manière permanente doivent en outre, après utilisation, être rendus inutilisables par le public et sécurisés de manière à éviter tout risque.

Des obligations de contrôle et d'entretien sont par ailleurs imposées aux gestionnaires et exploitants des équipements (avant 2016, seuls les propriétaires étaient visés). Outre une obligation d'entretien des équipements afin que ceux-ci répondent en permanence aux exigences de sécurité, les gestionnaires ou exploitants d'équipements ont l'obligation d'établir un plan de vérification et d'entretien précisant la périodicité des vérifications, de tenir ledit plan à la disposition des agents chargés du contrôle ainsi qu'un registre mentionnant la date et les résultats des essais et contrôles effectués. Par ailleurs, gestionnaires ou exploitants doivent désormais signaler sans délai au préfet les accidents graves (mortels ou ayant provoqué des lésions corporelles) liés à l'équipement.

La non-présentation des registres établis et le non-respect de cette obligation de signalement sont sanctionnés, au même titre que l'importation, la vente ou encore la mise à disposition auprès du public d'un équipement non muni d'un dispositif de fixation ou de contrepoids (la fabrication des équipements n'est plus visée par les dispositions issues du décret de 2016), de l'amende prévue pour les contraventions de la cinquième classe.

Enfin, gestionnaires ou exploitants ont l'obligation de faire apparaître sur ces équipements une mention d'avertissement visible, lisible et indélébile. ❑

Art. R. 322-19 **Les dispositions de la présente section, prises en application de l'article L. 221-3 du code de la consommation, s'appliquent aux cages de buts de football, de handball, de hockey sur gazon et en salle et aux buts de basket-ball destinés à être utilisés en plein air ou en salle couverte, à des fins d'activité sportive ou de jeu.**

Sont exclus du champ d'application de la présente section les *(Décr. n° 2016-481 du 18 avr. 2016, art. 1er-1°)* **« buts légers dont le poids total est inférieur à 10 kg ».** – *[Décr. n° 96-495 du 4 juin 1996, art. 1er.]*

Art. R. 322-20 *(Décr. n° 2016-481 du 18 avr. 2016, art. 1er-2°)* **Il est interdit d'importer, de détenir en vue de la vente, de mettre en vente, de vendre, de distribuer à titre gratuit ou onéreux, de donner en location ou de mettre à la disposition du public les équipements mentionnés à l'article R. 322-19 qui ne répondent pas aux exigences de sécurité fixées à la présente section.** – *[Décr. n° 96-495 du 4 juin 1996, art. 2.]*

Art. R. 322-21 *(Décr. n° 2016-481 du 18 avr. 2016, art. 1er-3°-a et b)* **« Dès leur mise sur le marché, les équipements non mobiles sont munis d'un dispositif d'installation permettant d'assurer leur fixation permanente.**

« Dès leur mise sur le marché, les équipements mobiles sont munis d'un dispositif, permanent et solidaire de la structure, de fixation ou de contrepoids. »

Le dispositif de fixation *(Décr. n° 2016-481 du 18 avr. 2016, art. 1er-3°-c)* « ou de contrepoids » doit permettre d'éviter la chute, le renversement ou le basculement de l'équipement dans des conditions raisonnablement prévisibles d'utilisation. Il doit notamment assurer la stabilité de l'équipement dans le cas de suspension et de balancement à la barre supérieure de la cage de but de football, de handball, de hockey ou au panier du but de basket-ball. Le dispositif de fixation *(Décr. n° 2016-481 du 18 avr. 2016, art. 1er-3°-c)* « ou de contrepoids » et l'équipement doivent pouvoir résister à ces sollicitations sans subir de déformation ou de rupture.

(Abrogé par Décr. n° 2016-481 du 18 avr. 2016, art. 1er-3°-d) ***« Un système de contrepoids permanent et solidaire de la structure peut être considéré comme équivalant à un dispositif de fixation pour les manifestations mentionnées au second alinéa de l'article R. 322-24 si ce système permet d'assurer la stabilité du matériel et d'éviter son renversement ou son basculement dans les mêmes conditions que celles imposées au précédent alinéa. »*** — *[Décr. n° 96-495 du 4 juin 1996, art. 3.]*

Art. R. 322-22 Sont réputés satisfaire aux exigences de sécurité de la présente section les équipements fabriqués conformément aux normes de sécurité *(Abrogé par Décr. n° 2016-481 du 18 avr. 2016, art. 1er-4°-a)* ***« françaises ou étrangères »*** les concernant, dont les références sont publiées au *Journal officiel* de la République française. *(Abrogé par Décr. n° 2016-481 du 18 avr. 2016, art. 1er-4°-a)* ***« Jusqu'à la publication de telles normes, les équipements peuvent être commercialisés s'ils satisfont aux essais énumérés et définis dans l'annexe III-1. »***

Le responsable de la première mise sur le marché des équipements tient à la disposition des agents chargés du contrôle *(Abrogé par Décr. n° 2016-481 du 18 avr. 2016, art. 1er-4°-b)* ***« et habilités par l'article L. 215-1 du code de la consommation »*** un dossier comprenant une description détaillée du produit et des moyens par lesquels le fabricant s'assure de la conformité de sa production aux normes susmentionnées *(Abrogé par Décr. n° 2016-481 du 18 avr. 2016, art. 1er-4°-b)* ***« ou, à titre provisoire, aux exigences des essais définis dans l'annexe III-1*** *[reproduite ci-dessous]*, ***»*** ainsi que l'adresse des lieux de fabrication ou d'entreposage. — *[Décr. n° 96-495 du 4 juin 1996, art. 4.]*

ANNEXE III-1
(Art. R. 322-22)

(Abrogée par Décr. n° 2016-481 du 18 avr. 2016, art. 1er-10°)

Pour l'application de l'article R. 322-22 du code du sport, la résistance des équipements et des dispositifs de fixation ou de contrepoids devra être vérifiée par des essais dont les modalités sont précisées ci-après :

1° Pour les cages de buts de football, de handball et de hockey :

— un premier essai statique sera réalisé en suspendant une charge de 180 kilogrammes verticalement au milieu de la barre transversale de la cage de but pendant une durée d'une minute, la charge devant être distante du sol de 20 centimètres ;

— un second essai sera réalisé en appliquant une force horizontale de 110 kilogrammes pendant une minute au milieu de la barre transversale, au niveau de la partie supérieure, au moyen d'une corde de 3 mètres de long ;

— après les essais, l'équipement et le système de fixation ou de contrepoids ne devront pas avoir subi de rupture, déplacement ou déformation.

2° Pour les buts de basket-ball :

— un essai statique sera réalisé en suspendant une charge de 320 kilogrammes verticalement à partir du point d'ancrage reliant le cercle du panier au panneau pendant une durée d'une minute, la charge devant être distante de 20 centimètres du sol ;

— après l'essai, l'équipement et le système de fixation ou de contrepoids ne devront pas avoir subi de rupture, déplacement ou déformation.

Art. R. 322-23 Lors de leur mise sur le marché et jusqu'au stade de l'acheteur final, les cages de buts de football, de handball, de hockey et les buts de basket-ball sont accompagnés d'une notice d'emploi précisant leurs conditions de montage, d'installation, *(Décr. n° 2016-481 du 18 avr. 2016, art. 1er-5°-a)* « d'utilisation, » d'entretien et, le cas échéant, de rangement.

Les équipements comportent, inscrite *(Abrogé par Décr. n° 2016-481 du 18 avr. 2016, art. 1er-5°-b)* ***« en caractères de couleur contrastée et »*** de manière visible, lisible et indélébile, une mention d'avertissement destinée aux utilisateurs et rappelant le mode d'installation *(Décr. n° 2016-481 du 18 avr. 2016, art. 1er-5°-c)* « et d'utilisation de l'équipement ainsi que les risques liés *[à]* ces opérations ».

Les équipements comportent également le nom et l'adresse du responsable de la première mise sur le marché ainsi que l'année et le mois de leur fabrication. – *[Décr. n° 96-495 du 4 juin 1996, art. 5.]*

Art. R. 322-24 La mise à la disposition des usagers à des fins d'activité sportive ou de jeu, gratuitement ou à titre onéreux, des cages de buts de football, de handball, de hockey et des buts de basket-ball en plein air ou en salle couverte est interdite si ces équipements *(Abrogé par Décr. n° 2016-481 du 18 avr. 2016, art. 1er-6°-a)* ***« ne sont pas fixés et s'ils »*** ne répondent pas aux exigences de sécurité déterminées par la présente section.

(Abrogé par Décr. n° 2016-481 du 18 avr. 2016, art. 1er-6°-b) ***« Cette disposition n'est cependant pas applicable dans le cas de manifestations ponctuelles organisées hors des installations sportives traditionnelles et placées sous la surveillance constante de l'organisateur lorsque lesdits équipements sont munis d'un contrepoids tel que défini à l'article R. 322-21. »*** – *[Décr. n° 96-495 du 4 juin 1996, art. 6.]*

Art. R. 322-25 *(Décr. n° 2016-481 du 18 avr. 2016, art. 1er-7°)* Les équipements mentionnés à l'article R. 322-19 sont régulièrement entretenus par les exploitants ou les gestionnaires, de telle sorte qu'ils répondent en permanence aux exigences de sécurité définies par la présente section.

Dès la première installation, ils sont contrôlés par les exploitants ou les gestionnaires conformément aux prescriptions des normes les concernant dont les références sont publiées au *Journal officiel* de la République française.

Les exploitants ou les gestionnaires des équipements installés établissent un plan de vérification et d'entretien qui précise notamment la périodicité des vérifications. Ils tiennent à la disposition des agents chargés du contrôle ce plan ainsi qu'un registre comportant, pour chaque site, la date et les résultats des essais et contrôles effectués.

Après utilisation, les buts non fixés de manière permanente sont rendus inutilisables par le public et sont sécurisés de manière à éviter tout risque de chute, de renversement ou de basculement.

Tout équipement non conforme aux exigences de sécurité de la présente section est immédiatement rendu inaccessible aux usagers par l'exploitant ou le gestionnaire.

L'annexe III-2 (Art. R. 322-25) a été abrogée par le Décr. n° 2016-481 du 18 avr. 2016, art. 1er-10°.

Art. R. 322-25-1 *(Décr. n° 2016-481 du 18 avr. 2016, art. 1er-8°)* Les exploitants ou les gestionnaires sont tenus de signaler sans délai au préfet de département les accidents graves dont la cause est liée à un équipement mentionné à la présente section.

Un accident grave est un accident mortel ou un accident ayant provoqué des lésions corporelles.

Art. R. 322-25-2 *(Décr. n° 2016-481 du 18 avr. 2016, art. 1er-8°)* Les dispositions de la présente section ne font pas obstacle à la libre circulation des cages de buts de football, de handball, de hockey et des buts de basket-ball conformes aux normes ou spécifications techniques ou aux procédés de fabrication d'un autre État membre de l'Union européenne, ou partie à l'accord sur l'Espace économique européen ou de la Turquie, assurant un niveau de sécurité équivalent à celui garanti par la présente section.

Art. R. 322-26 Sont punis de l'amende prévue pour les contraventions de la cinquième classe le fait de :

(Décr. n° 2016-481 du 18 avr. 2016, art. 1er-9°-a) « 1° Importer, détenir en vue de la vente, mettre en vente, vendre, distribuer à titre gratuit ou onéreux, donner en location ou mettre à la disposition du public un équipement sportif non muni d'un dispositif de fixation ou de contrepoids tel que prévu à l'article R. 322-21 du présent code ou muni d'un dispositif non conforme aux prescriptions du même article ; »

2° Mettre sur le marché des cages de buts de football, de handball, de hockey et des buts de basket-ball non *(Décr. n° 2016-481 du 18 avr. 2016, art. 1er-9°-b)* **« conformes aux prescriptions de » l'article R. 322-23 du présent code.**

3° Mettre à la disposition des usagers, à titre gratuit ou onéreux, des matériels sportifs sans respecter *(Décr. n° 2016-481 du 18 avr. 2016, art. 1er-9°-c)* **« les » conditions prévues aux articles R. 322-24 et R. 322-25 du présent code.**

(Décr. n° 2016-481 du 18 avr. 2016, art. 1er-9°-d) **« 4° Pour le responsable de la première mise sur le marché des équipements mentionnés à l'article R. 322-19, ne pas présenter aux agents chargés du contrôle le dossier mentionné à l'article R. 322-22 du présent code ;**

« 5° Pour les exploitants ou les gestionnaires des équipements mentionnés à l'article R. 322-19, ne pas présenter aux agents chargés du contrôle le plan de vérification et d'entretien ainsi que le registre des essais et contrôles effectués, en violation des dispositions de l'article R. 322-25 du présent code ;

« 6° Pour les exploitants ou les gestionnaires des équipements mentionnés à l'article R. 322-19, ne pas procéder aux signalements en cas d'accident grave en méconnaissance des dispositions de l'article R. 322-25-1 du présent code. »

La récidive de ces contraventions est réprimée conformément aux articles 132-11 et 132-15 du code pénal. – *[Décr. n° 96-495 du 4 juin 1996, art. 8.]*

SECTION IV PRÉVENTION DES RISQUES RÉSULTANT DE L'USAGE DES ÉQUIPEMENTS DE PROTECTION INDIVIDUELLE POUR LA PRATIQUE SPORTIVE OU DE LOISIRS

(Décr. n° 2009-890 du 22 juill. 2009, en vigueur le 1er juill. 2010)

COMMENTAIRE

Le code du sport prévoit une réglementation assez détaillée concernant les équipements de protection individuels (EPI) lorsqu'ils sont utilisés dans le cadre d'activités physiques et sportives ou de loisirs (V. art. R. 322-27 à R. 322-38).

Cette réglementation vise notamment les normes techniques applicables à ces équipements, leurs conditions d'utilisation, d'importation ou encore de mise à disposition, à titre onéreux ou gratuit. Parmi ces EPI, on relève notamment casques, protège-dents, protège-tibias, crampons, etc.

En revanche, certains équipements sont expressément exclus de ce dispositif (équipements de protection respiratoire utilisés pour la plongée, équipements destinés à protéger contre les chutes de hauteur, casques et bombes de cavaliers, brassières et gilets de sécurité contre la noyade, vêtements et brassards de signalisation visuelle qui relèvent des dispositions réglementaires prises en application de l'article L. 4311-1 C. trav.). ❑

Art. R. 322-27 Les dispositions de la présente section, prises en application de l'article L. 221-3 du code de la consommation, s'appliquent aux équipements de protection individuelle destinés à être utilisés dans le cadre de l'exercice d'une activité sportive ou de loisirs, ou de l'encadrement d'une telle activité (ci-après dénommés "EPI-SL"). La liste des EPI-SL figure en annexe III-3 *[reproduite ci-dessous]* **et est précisée pour chaque type d'articles par arrêté du ministre chargé de l'industrie et du ministre chargé du travail.**

Ces dispositions ne s'appliquent pas :

1° Aux équipements de protection individuelle mentionnés à l'annexe III-4 *[reproduite ci-dessous]* **;**

2° Aux équipements de protection respiratoire utilisés pour la plongée, équipements destinés à protéger contre les chutes de hauteur, casques et bombes de cavaliers, brassières et gilets de sécurité contre la noyade, vêtements et brassards de signalisation visuelle qui relèvent des dispositions réglementaires prises en application de l'article L. 4311-1 du code du travail.

ANNEXE III-3
(Art. R. 322-27)

(Décr. nº 2009-890 du 22 juill. 2009, en vigueur le 1er juill. 2010)

Liste des EPI-SL soumis aux dispositions du code du sport

1. Articles de protection de la tête tels que les casques, couvre-chefs légers.

2. Articles de protection de tout ou partie de la face tels que les protège-dents, masques grilles et visières.

3. Articles de protection de l'œil tels que les lunettes et masques de natation et de plongée, lunettes et masques de protection contre le rayonnement solaire, y compris les lunettes d'éclipse solaire.

4. Articles de protection de l'oreille tels que les coques et bandeaux de protection.

5. Articles de protection du tronc tels que les tours de cou, plastrons, carapaces dorsales, protège-coccyx, coquilles, sellettes et vêtements comportant des parties assurant une protection locale.

6. Articles de protection des membres supérieurs tels que les épaulières, coudières, protège-poignets, gants, mitaines, vêtements comportant des parties assurant une protection.

7. Articles de protection des membres inférieurs tels que les protège-genoux, protège-tibias, protège-chevilles, chaussures et vêtements comportant des parties renforcées assurant une protection.

8. Articles de protection contre les glissades tels que les crampons.

9. Articles de prévention des noyades tels que les bouées destinées à la navigation de plaisance.

10. Articles d'aide à la flottabilité tels que les maillots de bain avec flotteurs intégrés, brassards.

11. Accessoires de signalisation visuelle.

ANNEXE III-4
(Art. R. 322-27)

(Décr. nº 2009-890 du 22 juill. 2009, en vigueur le 1er juill. 2010)

Liste exhaustive des genres d'équipements de protection individuelle (ci-après dénommés "EPI") n'entrant pas dans le champ du code du sport

1. EPI conçus et fabriqués spécifiquement pour les forces armées ou de maintien de l'ordre tels que casques, boucliers.

2. EPI d'autodéfense contre les agressions tels que générateurs aérosols, armes individuelles de dissuasion.

3. EPI destinés à la protection ou au sauvetage des personnes embarquées à bord des navires ou aéronefs, et qui ne sont pas portés en permanence.

4. Casques et visières destinés aux usagers de véhicules à moteur à deux ou trois roues.

5. Protections conçues et fabriquées pour un usage privé contre :

— les conditions atmosphériques (gants, notamment de ski, couvre-chefs, coupe-vent, vêtements de saison, chaussures et bottes, parapluies) ;

— l'humidité, l'eau (gants de vaisselle) ;

— la chaleur (gants).

Art. R. 322-28 **On entend par EPI-SL tout dispositif ou tout moyen défini à l'article R. 322-27 destiné à être porté ou tenu par une personne en vue de la protéger contre un ou plusieurs risques susceptibles de menacer sa santé ainsi que sa sécurité.**

Sont également considérés comme des EPI-SL, au sens de la présente section :

1° L'ensemble constitué par plusieurs dispositifs ou moyens associés de façon solidaire par le fabricant en vue de protéger une personne contre un ou plusieurs risques susceptibles d'être encourus simultanément lors d'une pratique sportive ou de loisirs ;

2° Un dispositif ou moyen protecteur solidaire, de façon dissociable ou non, d'un équipement individuel non protecteur, porté ou tenu par une personne en vue de déployer une activité sportive ou de loisirs ;

3° Des composants interchangeables d'un EPI-SL indispensables à son bon fonctionnement et utilisés exclusivement pour cet EPI-SL.

Est considéré comme partie intégrante d'un EPI-SL tout système de liaison mis sur le marché avec l'EPI-SL pour raccorder celui-ci à un autre dispositif extérieur, complémentaire, même lorsque ce système de liaison n'est pas destiné à être porté ou tenu en permanence par l'utilisateur pendant la durée d'exposition aux risques.

Art. R. 322-29 Peuvent seuls être importés, fabriqués en vue de la mise sur le marché communautaire, détenus en vue de la vente ou de la distribution à titre gratuit, mis en vente, vendus ou distribués à titre gratuit, mis à disposition à titre gratuit ou onéreux les EPI-SL qui :

1° Sont conformes aux exigences essentielles de santé et de sécurité les concernant ;

2° Respectent les procédures d'évaluation de la conformité qui leur sont applicables ;

3° Sont revêtus du marquage "CE" défini à l'article R. 322-34.

Les EPI-SL fabriqués conformément aux normes les concernant, dont les références sont publiées au *Journal officiel de l'Union européenne*, bénéficient d'une présomption de conformité aux exigences essentielles de santé et de sécurité énoncées à l'annexe III-5 *[reproduite ci-dessous]*.

Les références des normes nationales transposant les normes susvisées sont publiées au *Journal officiel* de la République française.

ANNEXE III-5
(Art. R. 322-29)

(Décr. n° 2009-890 du 22 juill. 2009, en vigueur le 1er juill. 2010)

EXIGENCES ESSENTIELLES DE SANTÉ ET DE SÉCURITÉ

I. Exigences de portée générale applicables à tous les EPI-SL

Les EPI-SL assurent une protection adéquate contre les risques encourus.

1.1. Principe de conception

1.1.1. Ergonomie

Les EPI-SL sont conçus et fabriqués de façon telle que, dans les conditions d'emploi prévisibles auxquelles ils sont destinés, l'utilisateur puisse déployer normalement l'activité l'exposant à des risques, tout en disposant d'une protection appropriée et d'un niveau aussi élevé que possible.

1.1.2. Niveaux et classes de protection

1.1.2.1. Niveaux de protection aussi élevés que possible

Le niveau de protection optimal à prendre en compte lors de la conception est celui au-delà duquel les contraintes résultant du port de l'EPI-SL s'opposeraient à son utilisation effective pendant la durée d'exposition au risque, ou au déploiement normal de l'activité.

1.1 2.2. Classes de protection appropriées à différents niveaux d'un risque

Lorsque diverses conditions d'emploi prévisibles conduisent à distinguer plusieurs niveaux d'un même risque, des classes de protection appropriées sont prises en compte lors de la conception de l'EPI-SL.

1.2. Innocuité des EPI-SL

1.2.1. Absence de risques et autres facteurs de nuisance "autogènes"

Les EPI-SL sont conçus et fabriqués de façon à ne pas engendrer de risques et autres facteurs de nuisance dans les conditions prévisibles d'emploi.

1.2.1.1. Matériaux constitutifs appropriés

Les matériaux constitutifs des EPI-SL et leurs éventuels produits de dégradation n'ont pas d'effets nocifs sur l'hygiène ou la santé de l'utilisateur.

1.2.1.2. État de surface adéquat de toute partie d'un EPI-SL en contact avec l'utilisateur

Toute partie d'un EPI-SL en contact ou susceptible d'entrer en contact avec l'utilisateur pendant la durée du port est dépourvue d'aspérités, arêtes vives, pointes saillantes, etc., susceptibles de provoquer une irritation excessive ou des blessures.

1.2.1.3. Entraves maximales admissibles pour l'utilisateur

Les EPI-SL s'opposent le moins possible aux gestes à accomplir, aux postures à prendre et à la perception des sens. En outre, ils ne sont pas à l'origine de gestes qui mettent l'utilisateur ou d'autres personnes en danger.

1.3. Facteurs de confort et d'efficacité

1.3. 1. Adaptation des EPI-SL à la morphologie de l'utilisateur

Les EPI-SL sont conçus et fabriqués de façon telle qu'ils puissent être placés aussi aisément que possible sur l'utilisateur dans la position appropriée et s'y maintenir pendant la durée nécessaire prévisible du port, compte tenu des facteurs d'ambiance, des gestes à accomplir et des postures à prendre.

Pour ce faire, les EPI-SL doivent pouvoir s'adapter au mieux à la morphologie de l'utilisateur, par tout moyen approprié, tel que les systèmes de réglage et de fixation adéquats, ou une variété suffisante de tailles et pointures.

1.3.2. Légèreté et solidité de construction

Les EPI-SL sont aussi légers que possible sans préjudice de leur solidité de construction ni de leur efficacité.

Outre les exigences supplémentaires spécifiques, visées au point 3, auxquelles les EPI-SL satisfont en vue d'assurer une protection efficace contre les risques à prévenir, ils possèdent une résistance suffisante contre les effets d'ambiance inhérents aux conditions prévisibles d'emploi.

1.3.3. Compatibilité nécessaire entre les EPI-SL destinés à être portés simultanément par l'utilisateur

Lorsque plusieurs modèles d'EPI-SL de genres ou types différents sont mis sur le marché par un même fabricant en vue d'assurer simultanément la protection de parties voisines du corps, ils sont compatibles.

1.4. Notice d'information du fabricant

La notice d'information établie et délivrée obligatoirement par le fabricant avec les EPI-SL mis sur le marché contient, outre les nom et adresse du fabricant ou de son mandataire établi dans la Communauté européenne, toute donnée utile concernant :

a) Les instructions de stockage, d'emploi, de nettoyage, d'entretien, de révision et de désinfection. Les produits de nettoyage, d'entretien ou de désinfection préconisés par le fabricant n'ont, dans le cadre de leur mode d'emploi, aucun effet nocif sur les EPI-SL ni sur l'utilisateur ;

b) Les performances réalisées lors d'examens techniques visant à vérifier les niveaux ou classes de protection des EPI-SL ;

c) Les accessoires utilisables avec les EPI-SL, ainsi que les caractéristiques de pièces de rechange appropriées ;

d) Les classes de protection appropriées à différents niveaux de risques et les limites d'utilisation correspondantes ;

e) La date ou le délai de péremption des EPI-SL ou de certains de leurs composants ;

f) Le genre d'emballage approprié au transport des EPI-SL ;

g) La signification du marquage, lorsqu'il en existe un ;

h) Le cas échéant, les références des directives européennes appliquées prévoyant l'apposition du marquage "CE" ;

i) Les nom et adresse ainsi que le numéro d'identification de l'organisme ayant délivré l'attestation "CE" de type.

La notice d'information est rédigée en langue française, de façon précise et compréhensible.

II. Exigences supplémentaires communes à plusieurs genres d'EPI-SL

2.1. EPI-SL comportant des systèmes de réglage

Lorsque des EPI-SL comportent des systèmes de réglage, ceux-ci sont conçus et fabriqués de façon telle qu'après avoir été ajustés ils ne puissent se dérégler indépendamment de la volonté de l'utilisateur dans les conditions prévisibles d'emploi.

2.2. EPI-SL "enveloppant" les parties du corps à protéger

Les EPI-SL "enveloppant" les parties du corps à protéger sont suffisamment aérés, dans la mesure du possible, pour limiter la transpiration résultant du port ; à défaut, ils sont dotés si possible de dispositifs permettant d'absorber la sueur.

2.3. EPI-SL du visage ou des yeux

Les EPI-SL du visage ou des yeux restreignent le moins possible le champ visuel et la vue de l'utilisateur.

Les systèmes oculaires de ces genres d'EPI-SL possèdent un degré de neutralité optique compatible avec la nature des activités plus ou moins minutieuses ou prolongées de l'utilisateur.

Si besoin est, ils sont traités ou dotés de dispositifs permettant d'éviter la formation de buée.

Les modèles d'EPI-SL destinés aux utilisateurs faisant l'objet d'une correction oculaire sont compatibles avec le port de lunettes ou lentilles de contact correctrices.

2.4. EPI-SL sujets à un vieillissement

Lorsque les performances visées par le concepteur pour les EPI-SL à l'état neuf sont reconnues comme susceptibles d'être affectées de façon sensible par un phénomène de vieillissement, la date de fabrication ou, si possible, la date de péremption sont marquées, de façon indélébile et sans risques de mauvaise interprétation, sur chaque spécimen ou composant interchangeable d'EPI-SL mis sur le marché, ainsi que sur l'emballage.

A défaut de pouvoir s'engager sur la durée de vie d'un EPI-SL, le fabricant mentionne dans sa notice d'information toute donnée utile permettant à l'acquéreur ou à l'utilisateur de déterminer un délai de péremption raisonnablement praticable, compte tenu du niveau de qualité du modèle et des conditions effectives de stockage, d'emploi, de nettoyage, de révision et d'entretien.

Dans le cas où une altération rapide et sensible des performances des EPI-SL est censée résulter du vieillissement imputable à la mise en œuvre périodique d'un procédé de nettoyage préconisé par le fabricant, ce dernier appose, si possible sur chaque spécimen d'EPI-SL mis sur le marché, un marquage indiquant le nombre maximal de nettoyages au-delà duquel il y a lieu de réviser ou de réformer l'équipement ; à défaut, le fabricant mentionne cette donnée dans sa notice d'information.

2.5. EPI-SL susceptibles d'être happés au cours de leur utilisation

Lorsque les conditions d'emploi prévisibles incluent en particulier un risque de happement de l'EPI-SL par un objet en mouvement susceptible d'engendrer de ce fait un danger pour l'utilisateur, l'EPI-SL possède un seuil de résistance approprié au-delà duquel la rupture de l'un de ses éléments constitutifs permet d'éliminer le danger.

2.6. EPI-SL destinés à des interventions rapides ou devant être mis en place et/ou enlevés rapidement

Ces genres d'EPI-SL sont conçus et fabriqués de façon à pouvoir être mis en place ou enlevés dans un laps de temps aussi bref que possible.

Lorsqu'ils comportent des systèmes de fixation et d'extraction permettant de les maintenir en position appropriée sur l'utilisateur ou de les enlever, ceux-ci doivent pouvoir être manœuvrés aisément et rapidement.

2.7. EPI-SL comportant des composants réglables ou amovibles par l'utilisateur

Lorsque des EPI-SL comportent des composants réglables ou amovibles par l'utilisateur à des fins de rechange, ceux-ci sont conçus et fabriqués de manière à pouvoir être réglés, montés et démontés aisément sans outil.

2.8. EPI-SL raccordables à un autre dispositif complémentaire, extérieur à l'EPI-SL

Lorsque des EPI-SL sont dotés d'un système de liaison raccordable à un autre dispositif complémentaire, leur organe de raccordement est conçu et fabriqué de manière à ne pouvoir être monté que sur un dispositif de type approprié.

2.9. EPI-SL comportant un système à circulation de fluide

Lorsque des EPI-SL comportent un système à circulation de fluide, celui-ci est choisi, ou conçu, et agencé de manière à assurer un renouvellement approprié du fluide au voisinage de l'ensemble de la partie du corps à protéger, quels que soient les gestes, postures ou mouvements de l'utilisateur dans les conditions prévisibles d'emploi.

2.10. EPI-SL portant une ou plusieurs marques de repérage ou de signalisation concernant directement ou indirectement la santé et la sécurité

Les marques de repérage ou de signalisation concernant directement ou indirectement la santé et la sécurité, portées par ces genres d'EPI-SL, sont de préférence des pictogrammes ou idéogrammes harmonisés parfaitement lisibles et le demeurent pendant la durée de vie prévisible de ces EPI-SL.

Ces marques sont en outre complètes, précises et compréhensibles, afin d'éviter toute mauvaise interprétation. En particulier, lorsque de telles marques comportent des mots ou des phrases, ceux-ci sont rédigés dans la ou les langues officielles de l'État membre d'utilisation.

Lorsque les dimensions restreintes d'un EPI-SL (ou composant d'EPI-SL) ne permettent pas d'y apposer tout ou partie du marquage nécessaire, celui-ci est mentionné sur l'emballage et dans la notice d'information du fabricant.

2.11. EPI-SL vestimentaires et accessoires appropriés à la signalisation visuelle

Les EPI-SL vestimentaires ainsi que les accessoires destinés, dans des conditions prévisibles d'emploi, à signaler individuellement et visuellement la présence de l'utilisateur comportent un ou plusieurs dispositifs ou moyens judicieusement placés, émetteurs d'un rayonnement visible direct ou réfléchi, ayant une intensité lumineuse et des propriétés photométriques et colorimétriques appropriées.

2.12. EPI-SL "multirisques"

Tout EPI-SL destiné à protéger l'utilisateur contre plusieurs risques susceptibles d'être encourus simultanément est conçu et fabriqué de manière à satisfaire en particulier aux exigences essentielles spécifiques à chacun de ces risques (voir le point III).

III. Exigences supplémentaires spécifiques aux risques à prévenir

3.1. Protection contre les chocs mécaniques

3.1.1. Chocs résultant de chutes ou projections d'objets et impacts d'une partie du corps contre un obstacle

Les EPI-SL appropriés à ce genre de risques doivent pouvoir amortir les effets d'un choc en évitant toute lésion, en particulier par écrasement ou pénétration de la partie protégée, tout au moins jusqu'à un niveau d'énergie du choc au-delà duquel les dimensions ou la masse excessives du dispositif amortisseur s'opposeraient à l'utilisation effective des EPI-SL pendant la durée nécessaire prévisible du port.

3.1.2. Chutes des personnes

3.1.2.1. Prévention des chutes par glissade

Les semelles d'usure des articles chaussants appropriés à la prévention des glissades sont conçues, fabriquées ou dotées de dispositifs rapportés appropriés, de façon à assurer une bonne adhérence, par engrènement ou par frottement en fonction de la nature ou de l'état du sol.

3.1.3. Vibrations mécaniques

Les EPI-SL destinés à la prévention des effets des vibrations mécaniques doivent pouvoir en atténuer de façon appropriée les composantes vibratoires nocives pour la partie du corps à protéger.

La valeur efficace des accélérations transmises par ces vibrations à l'utilisateur n'excède en aucun cas les valeurs limites recommandées en fonction de la durée d'exposition quotidienne maximale prévisible de la partie du corps à protéger.

3.2. Protection contre la compression (statique) d'une partie du corps

Les EPI-SL destinés à protéger une partie du corps contre les contraintes de compression (statique) doivent pouvoir en atténuer les effets de façon à prévenir les lésions aiguës ou des affections chroniques.

3.3. Protection contre les agressions physiques (frottement, piqûres, coupures, morsures)

Les matériaux constitutifs et autres composants des EPI-SL destinés à la protection de tout ou partie du corps contre des agressions mécaniques superficielles telles que des frottements, piqûres, coupures ou morsures sont choisis ou conçus et agencés de façon telle que ces genres d'EPI-SL possèdent une résistance à l'abrasion, à la perforation et à la coupure par tranchage (voir aussi le point 3. 1) approprié aux conditions prévisibles d'emploi.

3.4. Prévention des noyades et aides à la flottabilité

3.4.1. Prévention des noyades

Les EPI-SL destinés à la prévention des noyades doivent pouvoir faire remonter aussi vite que possible à la surface, sans porter atteinte à sa santé, l'utilisateur éventuellement épuisé ou sans connaissance plongé dans un milieu liquide et le faire flotter dans une position lui permettant de respirer dans l'attente des secours. Les EPI-SL doivent pouvoir présenter une flottabilité intrinsèque totale ou partielle ou encore obtenue par gonflage soit au moyen d'un gaz libéré automatiquement ou manuellement, soit à la bouche.

Dans les conditions prévisibles d'emploi :

— les EPI-SL doivent pouvoir résister, sans préjudice à leur bon fonctionnement, aux effets de l'impact avec le milieu liquide ainsi qu'aux facteurs d'ambiance inhérents à ce milieu ;

— les EPI-SL gonflables doivent pouvoir se gonfler rapidement et complètement.

Lorsque des conditions prévisibles d'emploi particulières l'exigent, certains genres d'EPI-SL satisfont en outre à une ou plusieurs des exigences complémentaires suivantes :

— comporter l'ensemble des dispositifs de gonflage visés au deuxième alinéa ou un dispositif de signalisation lumineuse ou sonore ;

— comporter un dispositif d'accrochage et de préhension du corps permettant d'extraire l'utilisateur du milieu liquide ;

— être appropriés à un emploi prolongé pendant toute une durée de l'activité exposant l'utilisateur éventuellement habillé à un risque de chute ou nécessitant sa plongée dans le milieu liquide.

3.4.2. Aides à la flottabilité

Il s'agit d'un vêtement assurant un degré de flottabilité efficace en fonction de son utilisation prévisible, d'un port sûr et apportant un soutien positif dans l'eau. Dans les conditions prévisibles d'emploi, cet EPI-SL n'entrave pas la liberté des mouvements de l'utilisateur en lui permettant notamment de nager ou d'agir pour échapper à un danger ou secourir d'autres personnes.

3.5. Protection contre le rayonnement solaire

Les EPI-SL destinés à la prévention des effets aigus ou chroniques des sources de rayonnements non ionisants sur l'œil doivent pouvoir absorber ou réfléchir la majeure partie de l'énergie rayonnée dans les longueurs d'ondes nocives, sans altérer pour autant de façon excessive la transmission de la partie non nocive du spectre visible, la perception des contrastes et la distinction des couleurs lorsque les conditions d'emploi prévisibles l'exigent.

A cet effet, les oculaires protecteurs sont conçus et fabriqués de manière à disposer notamment, pour chaque onde nocive, d'un facteur spectral de transmission tel que la densité d'éclairement énergétique du rayonnement susceptible d'atteindre l'œil de l'utilisateur à travers le filtre soit aussi faible que possible et n'excède en aucun cas la valeur limite d'exposition maximale admissible.

En outre, les oculaires ne se détériorent pas et ne perdent pas leurs propriétés sous l'effet du rayonnement solaire dans les conditions d'emploi prévisibles, et chaque spécimen mis sur le marché est caractérisé par le numéro d'échelon de protection auquel correspond la courbe de la distribution spectrale de son facteur de transmission.

Les oculaires appropriés à des sources de rayonnement du même genre sont classés dans l'ordre croissant de leurs numéros d'échelon de protection, et le fabricant présente, en particulier dans sa notice d'information, les courbes de transmission permettant de choisir l'EPI-SL le plus approprié, compte tenu de facteurs inhérents aux conditions d'emploi effectives, tels que la distance par rapport à la source et la distribution spectrale de l'énergie rayonnée à cette distance.

Le numéro d'échelon de protection de chaque spécimen d'oculaire filtrant est marqué par le fabricant.

ANNEXE III-6
(Art. R. 322-29)

(Décr. n° 2009-890 du 22 juill. 2009, en vigueur le 1er juill. 2010)

MARQUAGE "CE"

Le marquage "CE" de conformité est constitué des initiales "CE" selon le graphisme suivant :

En cas de réduction ou d'agrandissement du marquage "CE", les proportions telles qu'elles ressortent du graphisme figurant ci-dessus sont respectées.

Les différents éléments de ce marquage ont sensiblement la même dimension verticale, laquelle ne peut être inférieure à 5 mm. Il peut être dérogé à cette dimension pour les équipements de petite taille.

Art. R. 322-30 Les EPI-SL exposés lors de foires et salons peuvent ne pas respecter les dispositions de la présente section, sous réserve qu'un panneau, placé à proximité des EPI-SL concernés, indique clairement leur non-conformité ainsi que l'interdiction de les acquérir ou d'en faire usage avant leur mise en conformité.

Avis du 19 juillet 2013,

Relatif à l'application de la section IV du chapitre II du titre II du livre III du code du sport relative à la prévention des risques résultant de l'usage des équipements de protection individuelle pour la pratique sportive ou de loisirs.

Les équipements de protection individuelle pour la pratique sportive ou de loisirs (EPI-SL) fabriqués conformément aux normes listées dans le tableau ci-dessous sont présumés satisfaire aux exigences essentielles de santé et de sécurité énoncées à l'annexe III-5 du code du sport, pour les exigences qui sont couvertes par ces normes et dans le champ d'application de celles-ci.

Il en est de même pour les EPI-SL fabriqués conformément aux normes nationales adoptées par les instituts nationaux de normalisation des autres États membres de l'Union européenne ou des autres États parties à l'accord instituant l'Espace économique européen ou de la Turquie, dès lors que ces normes transposent les mêmes normes européennes que les normes françaises listées dans le présent avis. Les références de ces normes européennes figurent dans la communication de la Commission européenne 013/C 186/01 publiée au *Journal officiel de l'Union européenne* du 28 juin 2013.

Le présent avis annule et remplace l'avis relatif à l'application de la section IV du chapitre II du titre II du livre III du code du sport relative à la prévention des risques résultant de l'usage des équipements de protection individuelle pour la pratique sportive ou de loisirs publié au *Journal officiel* de la République française du 26 juin 2013 (NOR : *PROI1230186V*).

RÉFÉRENCE de la norme	**TITRE DE LA NORME**	**RÉFÉRENCE de la norme remplacée**	**DATE DE CESSATION de la présomption de conformité de la norme remplacée** (1)
NF EN 166 (janvier 2002)	Protection individuelle de l'œil – Spécifications	NF EN 166 (septembre 1995)	10 août 2002

RÉFÉRENCE de la norme	**TITRE DE LA NORME**	**RÉFÉRENCE de la norme remplacée**	**DATE DE CESSATION de la présomption de conformité de la norme remplacée** (1)
NF EN 167 (février 2002)	Protection individuelle de l'œil – Méthodes d'essais optiques	NF EN 167 (juillet 1995)	10 août 2002
NF EN 168 (février 2002)	Protection individuelle de l'œil – Méthodes d'essais autres qu'optiques	NF EN 168 (juillet 1995)	10 août 2002
NF EN 170 (février 2003)	Protection individuelle de l'œil – Filtres pour l'ultraviolet – Exigences relatives au facteur de transmission et utilisation recommandée	NF EN 170 (juillet 1992)	28 août 2003
NF EN 171 (mai 2002)	Protection individuelle de l'œil – Filtres pour l'infrarouge – Exigences relatives au facteur de transmission et utilisation recommandée	NF EN 171 (décembre 1992)	10 avril 2003
NF EN 174 (octobre 2001)	Protection individuelle de l'œil – Masques pour le ski alpin	NF EN 174 (janvier 1997)	21 décembre 2001
NF EN 340 (juin 2004)	Vêtements de protection – Exigences générales	NF EN 340 (décembre 1993)	6 octobre 2005
NF EN 388 (avril 2004)	Gants de protection contre les risques mécaniques	NF EN 388 (juillet 1994)	6 octobre 2005
NF EN 420+A1 (janvier 2010)	Gants de protection – Exigences générales et méthodes d'essai	NF EN 420 (mai 2004)	31 mai 2010
NF EN 530 (octobre 2010)	Résistance à l'abrasion du matériau constitutif d'un vêtement de protection – Méthode d'essai	NF EN 530 (février 1995)	9 juillet 2011
NF EN 863 (janvier 1996)	Vêtements de protection – Propriétés mécaniques – Méthode d'essai : résistance à la perforation		
NF EN 893 (janvier 2011)	Équipement d'alpinisme et d'escalade – Crampons – Exigences de sécurité et méthodes d'essai	NF EN 893 (novembre 1999)	31 mai 2011
NF EN 960 (août 2006)	Fausses têtes à utiliser lors des essais de casques de protection	NF EN 960 (mai 1995)	31 décembre 2006
NF EN 966+A1 (février 2013)	Casques de sports aériens	NF EN 966 (mai 1996)	30 avril 2013
NF EN 1077 (décembre 2007)	Casques pour skieurs de ski alpin et de surf des neiges	NF EN 1077 (mai 1996)	29 février 2008
NF EN 1078+A1 (février 2013)	Casques pour cyclistes et pour utilisateurs de planches à roulettes et de patins à roulettes	NF EN 1078 (avril 1997)	30 avril 2013
NF EN 1080 (avril 2013)	Casques de protection contre les chocs pour jeunes enfants	NF EN 1080 (juin 1997)	31 août 2013

RÉFÉRENCE de la norme	TITRE DE LA NORME	RÉFÉRENCE de la norme remplacée	DATE DE CESSATION de la présomption de conformité de la norme remplacée (1)
NF EN 1150 (avril 1999)	Vêtements de protection – Vêtements de visualisation à utilisation non professionnelle – Méthodes d'essai et exigences		
NF EN 1385 (avril 2012)	Casques utilisés dans la pratique du canoë-kayak et des sports en eau vive	NF EN 1385 (avril 1998)	30 avril 2013
NF EN 1621-1 (mai 2013)	Vêtements de protection contre les chocs mécaniques pour motocyclistes – Partie 1 : Exigences et méthodes d'essai des protecteurs – Exigences et méthodes d'essai	NF EN 1621-1 (mars 1998)	30 juin 2013
NF EN 1621-2 (mai 2004)	Vêtements de protection contre les chocs mécaniques pour motocyclistes – Partie 2 : méthodes d'essai		
NF EN 1731 (janvier 2007)	Protection individuelle de l'œil – Protecteurs de l'œil et du visage de type grillagé	NF EN 1731 (février 1997)	23 novembre 2007
NF EN 1836+A1 (décembre 2007)	Équipement de protection individuelle de l'œil – Lunettes solaires et filtres de protection contre les rayonnements solaires pour usage général et filtres pour observation directe du soleil	NF EN 1836 (mars 2006)	31 mars 2008
NF EN 1938 (octobre 2010)	Protection individuelle de l'œil – Lunettes-masques pour utilisateurs de motocycles et de cyclomoteurs	NF EN 1938 (décembre 1998)	9 juillet 2011
NF EN ISO 10256 (mai 2004)	Protections de tête et de visage destinées à être utilisées en hockey sur glace	NF EN 967 (mars 1997)	6 octobre 2005
NF EN 12492 (avril 2012)	Équipements d'alpinisme et d'escalade – Casques d'alpinistes – Exigences de sécurité et méthodes d'essai	NF EN 12492 (juin 2000)	30 avril 2013
NF EN 13061 (décembre 2009)	Vêtements de protection – Protège-tibias pour joueurs de football – Exigences et méthodes d'essai	NF EN 13061 (décembre 2001)	6 mai 2010
NF EN 13087-1 (août 2000)	Casques de protection – Méthodes d'essai – Partie 1 : Conditions et conditionnement	NF EN 13087 (août 2000)	
NF EN 13087-1/A1 (février 2002)	Casques de protection – Méthodes d'essai – Partie 1 : Conditions et conditionnement – Amendement 1		10 août 2002

RÉFÉRENCE de la norme	TITRE DE LA NORME	RÉFÉRENCE de la norme remplacée	DATE DE CESSATION de la présomption de conformité de la norme remplacée (1)
NF EN 13087-2 (avril 2012)	Casques de protection – Méthodes d'essai – Partie 2 : Absorption des chocs	NF EN 13087-2 (juillet 2000)	30 avril 2013
NF EN 13087-3 (juillet 2000)	Casques de protection – Méthodes d'essai – Partie 3 : Résistance à la pénétration		
NF EN 13087-3/A1 (février 2002)	Casques de protection – Méthodes d'essai – Partie 3 : Résistance à la pénétration – Amendement 1		10 août 2002
NF EN 13087-4 (avril 2012)	Casques de protection – Méthodes d'essai – Partie 4 : Efficacité du système de rétention	NF EN 13087-4 (décembre 2000)	30 avril 2013
NF EN 13087-5 (avril 2012)	Casques de protection – Méthodes d'essai – Partie 5 : Résistance du système de rétention	NF EN 13087-5 (décembre 2000)	30 avril 2013
NF EN 13087-6 (mai 2012)	Casques de protection – Méthodes d'essai – Partie 6 : Champ visuel	NF EN 13087-6 (septembre 2000)	30 avril 2013
NF EN 13138-1 (novembre 2008)	Aides à la flottabilité pour l'apprentissage de la natation – Partie 1 : Exigences de sécurité et méthodes d'essais pour les aides à la flottabilité portées au corps	NF EN 13138 (novembre 2003)	28 mai 2009
NF EN 13158 (juillet 2009)	Vêtements de protection – Vestes, gilets de protection et protège-épaules pour sports équestres : pour cavaliers, pour personnes travaillant avec des chevaux et pour meneurs d'attelage – Exigences et méthodes d'essai	NF EN 13158 (mai 2000)	6 mai 2010
NF EN 13178 (novembre 2000)	Protection individuelle de l'œil – Protecteurs de l'œil destinés aux utilisateurs de motoneige		
NF EN 13277-1 (octobre 2000)	Équipement de protection pour les arts martiaux – Partie 1 : Exigences et méthodes d'essai générales		
NF EN 13277-2 (novembre 2000)	Equipement de protection pour les arts martiaux – Partie 2 : Exigences et méthodes d'essai complémentaires relatives aux protège-cou-de-pied, aux protège-tibias et aux protège-avant-bras		

RÉFÉRENCE de la norme	TITRE DE LA NORME	RÉFÉRENCE de la norme remplacée	DATE DE CESSATION de la présomption de conformité de la norme remplacée (1)
NF EN 13277-3 (octobre 2000)	Équipement de protection pour les arts martiaux – Partie 3 : Exigences et méthodes d'essai complémentaires relatives aux protège-torses		31 décembre 2007
NF EN 13277-3/A1 (août 2007)	Équipement de protection pour les arts martiaux – Partie 3 : Exigences et méthodes d'essai complémentaires relatives aux protège-torses – Amendement 1		
NF EN 13277-4 (décembre 2001)	Équipements de protection pour arts martiaux – Partie 4 : Exigences et méthodes d'essai complémentaires relatives aux protecteurs de la tête		31 décembre 2007
NF EN 13277-4/A1 (août 2007)	Équipements de protection pour arts martiaux – Partie 4 : Exigences et méthodes d'essai complémentaires relatives aux protecteurs de la tête – Amendement 1		
NF EN 13277-5 (avril 2002)	Équipement de protection pour les arts martiaux – Partie 5 : Exigences et méthodes d'essai complémentaires relatives aux coquilles et aux protections abdominales		
NF EN 13277-6 (novembre 2003)	Équipement de protection pour les arts martiaux – Partie 6 : Exigences et méthodes d'essai complémentaires pour protecteurs de poitrine pour femme		
NF EN 13277-7 (mai 2009)	Équipement de protection pour les arts martiaux – Partie 7 : exigences et méthodes d'essai complémentaires relatives aux protecteurs de main et de pied		
NF EN ISO 13287 (novembre 2012)	Équipement de protection individuelle – Chaussures – Méthode d'essai pour déterminer la résistance au glissement	NF EN ISO 13287 (mai 2008)	30 avril 2013
NF EN 13356 (décembre 2001)	Accessoires de visualisation pour usage non professionnel – Méthodes d'essai et exigences		
NF EN 13484 (avril 2012)	Casques pour utilisateurs de luges	NF EN 13484 (janvier 2002)	30 avril 2013

RÉFÉRENCE de la norme	TITRE DE LA NORME	RÉFÉRENCE de la norme remplacée	DATE DE CESSATION de la présomption de conformité de la norme remplacée (1)
NF EN 13546+A1 (août 2007)	Vêtements de protection – Protège-mains et bras, plastrons, protection abdominale, guêtres, sabots et coquilles de gardiens de but de hockey sur gazon et protège-tibias de joueurs – Exigences et méthodes d'essai	NF EN 13546 (septembre 2002)	31 décembre 2007
NF EN 13567+A1 (août 2007)	Vêtements de protection – Protection des mains, des bras, de la poitrine, de l'abdomen, des jambes, génitales et de la face pour les escrimeurs – Exigences et méthodes d'essai	NF EN 13567 (septembre 2002)	31 décembre 2007
NF EN 13634 (mars 2011)	Chaussures de protection pour motocyclistes – Exigences et méthodes d'essai	NF EN 13634 (décembre 2002)	30 juin 2011
NF EN 13781 (mai 2012)	Casques de protection pour conducteurs et passagers de motoneiges et bobsleighs	NF EN 13781 (janvier 2002)	30 avril 2013
NF EN 13921 (août 2007)	Équipements de protection individuelle – Principes ergonomiques		
NF EN ISO 13995 (avril 2001)	Vêtements de protection – Propriétés mécaniques – Méthode d'essai pour la détermination de la résistance à la perforation et au déchirement dynamique des matériaux		
NF EN ISO 13997 (octobre 1999)	Vêtements de protection – Propriétés mécaniques – Détermination de la résistance à la coupure par des objets tranchants		
NF EN 14021 (juin 2004)	Pare-pierres pour le motocyclisme tout-terrain destinés à protéger les motocyclistes contre les pierres et autres menus projectiles – Exigences et méthodes d'essai		
NF EN 14120+A1 (août 2007)	Vêtements de protection – Dispositifs de protection des poignets, paumes, genoux et coudes pour les utilisateurs d'équipements de sports à roulettes – Exigences et méthodes d'essai	NF EN 14120 (août 2003)	31 décembre 2007
NF EN ISO 14460 (septembre 1999)	Vêtements de protection pour pilotes automobiles – Protection contre la chaleur et le feu – Exigences de performance et méthodes d'essai		

RÉFÉRENCE de la norme	TITRE DE LA NORME	RÉFÉRENCE de la norme remplacée	DATE DE CESSATION de la présomption de conformité de la norme remplacée (1)
NF EN ISO 14460/A (mai 2002)	Vêtements de protection pour pilotes automobiles – Protection contre la chaleur et le feu – Exigences de performance et méthodes d'essai – Amendement 1		30 septembre 2002
NF EN 15613 (décembre 2008)	Protecteurs de genoux et de coudes pour les sports en salle – Exigences de sécurité et méthodes d'essai		
NF EN 16027 (janvier 2012)	Vêtements de protection – Gants à effet protecteur pour gardiens de but de football		
NF EN ISO 20344 (février 2012)	Équipement de protection individuelle – Méthodes d'essais pour les chaussures	NF EN ISO 20344 (octobre 2004)	30 juin 2012

(1) Les produits conformes à une norme remplacée, fabriqués en vue de la mise sur le marché ou importés après la date de cessation de présomption de conformité de cette norme, ne sont plus présumés satisfaire aux exigences essentielles couvertes par cette norme. En l'absence de mesures d'urgence ou d'accident connu, il est admis que les produits conformes aux normes listées dans l'avis publié au *Journal officiel* de la République française du 26 juin 2013 et mis sur le marché avant leurs dates de cessation de la présomption de conformité peuvent continuer à être commercialisés.

Art. R. 322-31 Les EPI-SL sont classés en deux catégories dont les obligations sont définies ci-dessous.

1° Constituent des EPI-SL de catégorie 1 les équipements de conception simple, lorsque le concepteur présume que l'utilisateur peut juger par lui-même de l'efficacité contre des risques minimes dont les effets, lorsqu'ils sont graduels, peuvent être perçus en temps opportun et sans danger par l'utilisateur.

Entrent exclusivement dans cette catégorie les EPI-SL qui ont pour but de protéger l'utilisateur contre :

a) Les agressions mécaniques dont les effets sont superficiels ;

b) Les petits chocs et vibrations n'affectant pas des parties vitales du corps et qui ne peuvent pas provoquer de lésions irréversibles ;

c) Le rayonnement solaire en dehors du cas spécifique des éclipses du soleil.

2° Les autres EPI-SL appartiennent à la catégorie 2.

Art. R. 322-32 Les EPI-SL de catégorie 1 relèvent de la procédure du contrôle interne de la fabrication par laquelle le fabricant, son mandataire établi sur le territoire de la Communauté européenne ou, à défaut, tout responsable de la mise sur le marché s'assure et déclare, sous sa responsabilité, que l'EPI-SL est conforme aux exigences essentielles de santé et de sécurité qui lui sont applicables.

Pour ces équipements, le fabricant, son mandataire établi sur le territoire de l'un des États membres de la Communauté européenne ou, à défaut, tout responsable de la mise sur le marché tient à la disposition des agents chargés du contrôle :

1° La déclaration de conformité "CE" définie à l'annexe III-7 *[reproduite ci-dessous]* ;

2° La documentation technique visée à l'annexe III-8 *[reproduite ci-dessous]*.

ANNEXE III-7
(Art. R. 322-32 et R. 322-33)

(Décr. nº 2009-890 du 22 juill. 2009, en vigueur le 1er juill. 2010) DÉCLARATION DE CONFORMITÉ "CE"

Le fabricant, son mandataire ou, à défaut, tout responsable de la mise sur le marché établi dans la Communauté européenne (raison sociale, adresse complète ; en cas de mandataire, indiquer également la raison sociale et l'adresse du fabricant)

... déclare que le modèle d'EPI-SL neuf, décrit ci-après (genre, marque, type, numéro de série, etc.) ...

(pour tous les EPI-SL)

est conforme aux dispositions de la section IV du chapitre II du titre II du livre III de la partie réglementaire du code du sport et, le cas échéant, à la norme nationale transposant la norme européenne harmonisée (référence et date de la norme) ...

(en plus, pour les EPI-SL de catégorie 2)

est identique à l'EPI-SL ayant fait l'objet de l'attestation d'examen "CE" de type nº ...

délivrée par (nom et adresse de l'organisme notifié ayant réalisé l'examen "CE" de type).

Fait à ...., le ....

Signature

(nom et fonction du signataire ayant reçu pouvoir pour engager le fabricant, son mandataire ou, à défaut, le responsable de la mise sur le marché)

ANNEXE III-8
(Art. R. 322-32 et R. 322-33)

(Décr. nº 2009-890 du 22 juill. 2009, en vigueur le 1er juill. 2010)
DOCUMENTATION TECHNIQUE

La documentation technique visée aux articles R. 322-32 et R. 322-33 comporte toute donnée utile sur les moyens mis en œuvre par le fabricant en vue d'obtenir la conformité d'un EPI-SL avec les exigences essentielles le concernant.

Dans le cas des EPI-SL visés à l'article R. 322-33 du présent code, la documentation technique comporte en particulier :

1. Un dossier technique de fabrication constitué par :

a) Les plans d'ensemble et de détail de l'EPI-SL, accompagnés, le cas échéant, de notes de calculs et des résultats d'essais des prototypes, dans la limite de ce qui est nécessaire à la vérification du respect des exigences essentielles ;

b) La liste exhaustive des exigences essentielles de sécurité et de santé, et des normes harmonisées ou autres spécifications techniques prises en considération lors de la conception du modèle.

2. La description des moyens de contrôle et d'essais mis en œuvre dans l'unité de production du fabricant.

3. Un exemplaire de la notice d'information visée au point 1.4 de l'annexe III-5.

Art. R. 322-33 Les EPI-SL de catégorie 2 relèvent de la procédure de l'examen CE de type définie à l'article R. 322-35.

Pour ces équipements, le fabricant, son mandataire établi sur le territoire de l'un des États membres de la Communauté européenne ou, à défaut, tout responsable de la mise sur le marché tient à la disposition des agents chargés du contrôle mentionnés à l'article L. 215-1 du code de la consommation :

1° La déclaration de conformité "CE" définie à l'annexe III-7 *[reproduite ss. art. R. 322-32]* ;

2° La documentation technique visée à l'annexe III-8 *[reproduite ss. art. R. 322-32]* ;

3° L'attestation d'examen "CE" de type effectué conformément aux dispositions de l'article R. 322-35.

Art. R. 322-34 Après avoir rempli les obligations définies aux articles *(Décr. nº 2013-396 du 13 mai 2013, art. 5)* « R. 322-32 et R. 322-33 », le fabricant, son mandataire établi sur le territoire de l'un des États membres de la Communauté européenne ou, à défaut, tout responsable de la mise sur le marché appose le marquage "CE", conformément aux dispositions de l'annexe III-6.

Le marquage "CE" est apposé sur l'EPI-SL de façon visible, lisible et indélébile pendant la durée prévisible de vie de l'équipement ou, dans le cas d'une impossibilité liée aux caractéristiques du produit, sur son emballage.

Il est interdit d'apposer, sur les EPI-SL ou sur leur emballage des inscriptions susceptibles de créer une confusion avec le marquage "CE".

Art. R. 322-35 L'examen "CE" de type est la procédure par laquelle un organisme habilité par le ministre chargé de l'industrie constate et atteste que le modèle d'EPI-SL concerné satisfait aux exigences essentielles de santé et de sécurité qui lui sont applicables.

La demande d'examen "CE" de type ne peut être introduite par le fabricant, son mandataire ou, à défaut, par tout responsable de la mise sur le marché, qu'auprès d'un seul organisme habilité pour un modèle donné d'équipement de protection individuelle. Elle comporte :

1° Le nom et l'adresse du fabricant, de son mandataire ou, à défaut, du responsable de la mise sur le marché établi sur le territoire de l'un des États membres de la Communauté européenne, ainsi que le lieu de fabrication de l'EPI-SL concerné ;

2° La documentation technique définie à l'annexe III-8.

La demande d'examen "CE" de type est accompagnée du nombre d'exemplaires des modèles nécessaires à l'examen.

Avis du 23 juin 2015,

Relatif à l'application de la section IV du chapitre II du titre II du livre III du code du sport relative à la prévention des risques résultant de l'usage des équipements de protection individuelle pour la pratique sportive ou de loisirs.

Le tableau ci-dessous comporte la liste des organismes habilités pour effectuer l'examen « CE » de type prévu par l'article R. 322-35 du code du sport et les types d'équipements de protection individuelle pour lesquels ils bénéficient de cette habilitation, selon la nomenclature définie à l'annexe III-3 de l'article R. 322-27 du code du sport et à l'annexe III-26 (partie Arrêtés) du même code.

Le présent avis annule et remplace l'avis publié au *Journal officiel* de la République française du 17 décembre 2013 (NOR : PROI1330232V).

NOM ET ADRESSE de l'organisme	TYPES D'ÉQUIPEMENT de protection individuelle concernés
APAVE Sudeurope SAS, ZI, avenue Gay-Lussac, 33370 Artigues-près-Bordeaux Site de Fontaine : 17, boulevard Paul-Langevin, 38600 Fontaine	Articles de protection de la tête Articles de protection contre les glissades
CRITT Sport-Loisirs, rue Albert-Einstein, zone du Sanital, 86100 Châtellerault	Articles de protection de la tête Articles de protection de tout ou partie de la face Articles de protection de l'œil Articles de protection de l'oreille Articles de protection du tronc Articles de protection des membres supérieurs Articles de protection des membres inférieurs Articles de prévention des noyades Articles d'aide à la flottabilité
Centre technique du cuir (CTC), 4, rue Hermann-Frenkel, 69007 Lyon	Articles de protection du tronc : – vêtements assurant une protection contre les chocs mécaniques et les agressions physiques, comportant éventuellement des parties amovibles – équipements de prévention des abrasions superficielles et des échauffements Articles de protection des membres supérieurs Articles de protection des membres inférieurs Articles de protection contre les glissades

NOM ET ADRESSE de l'organisme	TYPES D'ÉQUIPEMENT de protection individuelle concernés
Institut français textile habillement (IFTH), avenue Guy-de-Collongue, 69130 Écully	Articles de protection de tout ou partie de la face Articles de protection du tronc Articles de protection des membres supérieurs Articles de protection des membres inférieurs Accessoires de signalisation visuelle
Institut national de plongée professionnelle (INPP), port de la Pointe-Rouge, entrée n° 3, BP 157, 13267 Marseille Cedex 08	Articles de protection de l'œil Articles de prévention des noyades Articles d'aide à la flottabilité
Laboratoires POURQUERY, 2, espace Henri-Vallée, 69354 Lyon Cedex 07	Articles de protection de la tête
Union technique de l'automobile et du cycle (UTAC) autodrome de Linas-Montlhéry, BP 20212, 91310 Montlhéry	Articles de protection de la tête

Art. R. 322-36 Les organismes mentionnés à l'article R. 322-35 remplissent notamment les obligations suivantes : possession de la personnalité juridique, indépendance et impartialité, compétence technique, existence de moyens techniques et humains adaptés, intégrité et compétence du personnel, en particulier, respect du secret professionnel, qualité de l'organisation.

Sont présumés satisfaire aux obligations susmentionnées les organismes accrédités par le Comité français d'accréditation (COFRAC) selon la norme relative à la compétence des laboratoires d'essai et d'étalonnage dont la référence est publiée au *Journal officiel* de la République française.

La liste des organismes habilités dans le cadre du présent article est publiée au *Journal officiel* de la République française.

Art. R. 322-37 Le responsable de la location ou de la mise à disposition réitérée d'un EPI-SL d'occasion s'assure que cet EPI-SL répond aux conditions précisées par le fabricant dans la notice visée au point 1.4 de l'annexe III-5 de la partie réglementaire du code du sport.

Un arrêté des ministres chargés respectivement de l'industrie et du travail précise les éléments dont ce responsable dispose afin d'établir le maintien de l'EPI-SL en conformité. Ce responsable communique lesdits éléments, à leur demande, à l'utilisateur de l'EPI-SL ou aux agents chargés du contrôle.

Art. R. 322-38 I. – Est puni de l'amende prévue pour les contraventions de la cinquième classe le fait :

1° De fabriquer en vue de la mise sur le marché communautaire, importer, détenir en vue de la vente ou de la distribution à titre gratuit, mettre en vente, vendre, mettre à disposition à titre gratuit ou onéreux un EPI-SL ne respectant pas les obligations prévues à l'article R. 322-29 ;

2° De mettre à disposition un EPI-SL d'occasion ne respectant pas l'article R. 322-37 ;

3° Pour tout fabricant, mandataire ou responsable de la mise sur le marché ou de la mise à disposition, de ne pas être en mesure de présenter, aux services de contrôle mentionnés à l'article L. 215-1 du code de la consommation, les documents prévus aux articles R. 322-32 et R. 322-33 ;

4° Pour tout responsable de la mise à disposition d'un EPI-SL d'occasion, de ne pas être en mesure de présenter aux agents chargés du contrôle les justificatifs de la mise en œuvre de l'article *(Décr. n° 2013-396 du 13 mai 2013, art. 5)* « R. 322-37 ».

II. – La récidive des contraventions prévues au I est réprimée conformément aux articles 132-11 et 132-15 du code pénal.

III. – Est puni des peines d'amende prévues pour les contraventions de la troisième classe le fait :

1° D'apposer sur un EPI-SL, sur son emballage ou sur les documents, notices d'information du fabricant qui l'accompagnent des inscriptions de nature à créer des confusions avec le marquage "CE" ou à en compromettre la visibilité ou la lisibilité ;

2° D'exposer, lors de foires et salons, des EPI-SL sans respecter les dispositions de l'article R. 322-30.

SECTION V DISPOSITIONS SPÉCIFIQUES AUX ÉTABLISSEMENTS D'ACTIVITÉS PHYSIQUES OU SPORTIVES QUI ORGANISENT LA PRATIQUE OU DISPENSENT L'ENSEIGNEMENT DE LA PLONGÉE SUBAQUATIQUE

(Décr. n° 2011-45 du 11 janv. 2011, art. 8)

Art. R. 322-39 La notice de poste prévue à l'article R. 4461-10 du code du travail est réalisée conformément à un modèle type rédigé par le ministre chargé des sports.

Art. R. 322-40 Le manuel de sécurité hyperbare mentionné à l'article R. 4461-8 du code du travail est établi conformément à un modèle type élaboré par le ministre chargé des sports publié au Bulletin officiel du ministère des sports.

Art. R. 322-41 Dans les établissements de la présente section, le titulaire d'un diplôme mentionné à l'article L. 212-1 du code du sport relatif à l'encadrement de la plongée subaquatique est réputé être titulaire, au titre de la mention B, du certificat d'aptitude à l'hyperbarie et du certificat de conseiller à la prévention hyperbare mentionnés aux I et II de l'article R. 4461-27 du code du travail.

Pour l'application des dispositions du 2° du I de l'article R. 4461-28 du code du travail, l'arrêté mentionné à l'article R. 212-2 fixe :

1° Pour le certificat d'aptitude à l'hyperbarie, les profondeurs auxquelles ce diplôme permet d'accéder ;

2° Pour le certificat de conseiller à la prévention hyperbare, les profondeurs pour lesquelles ce diplôme permet de proposer des mesures de prévention.

Art. R. 322-42 Dans les établissements de la présente section, la fiche de sécurité à l'article R. 4461-13 du code du travail est établie conformément aux dispositifs du manuel de sécurité hyperbare mentionné à l'article R. 322-40.

Art. R. 322-43 Par dérogation à l'article R. 4461-21 du code du travail, l'employeur peut autoriser un travailleur à utiliser son propre équipement de protection individuelle, après s'être assuré qu'il est approprié au travail à réaliser ou convenablement adapté à cet effet, conformément aux articles R. 4321-1 et suivants du code du travail.

TITRE TROISIÈME MANIFESTATIONS SPORTIVES

CHAPITRE PREMIER ORGANISATION DES MANIFESTATIONS SPORTIVES

SECTION PREMIÈRE RÔLE DES FÉDÉRATIONS

Art. D. 331-1 Le ministre de l'intérieur et le ministre chargé des sports arrêtent, après avis de la Commission nationale de sécurité des enceintes sportives, les caractéristiques des manifestations sportives nécessitant des garanties particulières de sécurité et les modalités selon lesquelles les fédérations sportives en déterminent la liste et la transmettent aux autorités détentrices des pouvoirs de police.

Les fédérations ne peuvent déléguer leurs compétences pour l'organisation de ces manifestations. Elles en signalent la tenue aux autorités détentrices des pouvoirs de police. – *[L. n° 84-610 du 16 juill. 1984, art. 42-3, al. 2 ; Décr. n° 93-708 du 27 mars 1993, art. 1er.]*

Art. D. 331-2 Lorsqu'une manifestation a été inscrite sur la liste prévue à l'article R. 331-1, la fédération, ou la ligue professionnelle qu'elle a constituée, responsable de la sécurité et des conditions de déroulement de la manifestation, peut, à tout moment,

imposer à l'organisateur matériel toute mesure destinée à assurer la sécurité des spectateurs et le respect des règlements et règles mentionnés à l'article L. 331-1. – *[Décr. n° 93-708 du 27 mars 1993, art. 2.]*

SECTION II AUTORISATION ET DÉCLARATION PRÉALABLE

Art. R. 331-3 L'autorisation prévue à l'article L. 331-5 est demandée au moins trois mois avant la date fixée pour le déroulement de la manifestation. *(Décr. n° 2013-947 du 22 oct. 2013, art. 2)* **« Lorsque la manifestation sportive est une compétition qui fait l'objet de paris sportifs, la demande d'autorisation est accompagnée des informations mentionnées aux 1°, 2° et 3° de l'article R. 131-38. » En l'absence de réponse dans un délai d'un mois à compter de la réception de la demande, l'autorisation est considérée comme accordée.**

Cette manifestation est inscrite au calendrier saisonnier établi par la fédération délégataire. – *[L. n° 84-610 du 16 juill. 1984, art. 18, al. 2 et 3, phrase 2 ; Décr. 90-320 du 9 avr. 1990, art. 1er.]*

COMMENTAIRE

Il faut souligner que le texte d'application prévu à l'article L. 331-5 (ancien art. 18 de la loi du 16 juill. 1984 mod. par celle du 6 juill. 2000) qui doit déterminer les dispositions obligatoires devant figurer dans le contrat liant l'organisateur de la manifestation à la fédération délégataire n'est pas encore paru. ❑

Art. R. 331-4 Les organisateurs de manifestations sportives, récréatives ou culturelles à but lucratif dont le public et le personnel qui concourt à la réalisation de la manifestation peuvent atteindre plus de 1 500 personnes, soit d'après le nombre de places assises, soit d'après la surface qui leur est réservée, sont tenus d'en faire la déclaration dans les formes et sous les conditions prévues par le décret n° 97-646 du 31 mai 1997 relatif à la mise en place de services d'ordre par les organisateurs de manifestations sportives, récréatives ou culturelles à but lucratif. – *[Décr. n° 97-646 du 31 mai 1997, art. 1er.]*

Décret n° 97-646 du 31 mai 1997,

Relatif à la mise en place de services d'ordre par les organisateurs de manifestations sportives, récréatives ou culturelles à but lucratif.

(Abrogé par Décr. n° 2013-1113 du 4 déc. 2013, art. 9-16°, à compter du 1er janv. 2014)

Le Décr. n° 2013-1113 du 4 déc. 2013 a abrogé le Décr. n° 97-646 du 31 mai 1997 et en a codifié les dispositions aux art. R. 211-22 à R. 211-26 CSI.

Code de la sécurité intérieure

SECTION IV. *Manifestations sportives, récréatives ou culturelles à but lucratif*

(Décr. n° 2013-1113 du 4 déc. 2013, annexe et art. 12, en vigueur le 1er janv. 2014)

Art. R. 211-22 Les organisateurs de manifestations sportives, récréatives ou culturelles à but lucratif dont le public et le personnel qui concourt à la réalisation de la manifestation peuvent atteindre plus de 1 500 personnes, soit d'après le nombre de places assises, soit d'après la surface qui leur est réservée, sont tenus d'en faire la déclaration au maire *(Décr. n° 2014-1253 du 27 oct. 2014, art. 9-8°, en vigueur le 1er déc. 2014)* « , à Paris, au préfet de police et, dans le département des Bouches-du-Rhône, au préfet de police des Bouches-du-Rhône ».

La déclaration peut être souscrite pour une seule ou pour plusieurs manifestations dont la programmation est établie à l'avance.

La déclaration est faite un an au plus et, sauf urgence motivée, un mois au moins avant la date de la manifestation. – *[Décr. n° 97-646 du 31 mai 1997, art. 1er.]*

Art. R. 211-23 Outre le nom, l'adresse et la qualité des organisateurs, la déclaration mentionnée à l'article R. 211-22 indique la nature de la manifestation, le jour et l'heure de sa tenue, le lieu, la configuration et la capacité d'accueil du stade, des installations ou de la salle, le nombre de personnes concourant à la réalisation de la manifestation ainsi que le nombre de spectateurs attendus.

La déclaration indique également les mesures envisagées par les organisateurs en vue d'assurer la sécurité du public et des participants. La déclaration comporte notamment toutes précisions utiles sur le service d'ordre éventuellement mis en place par les organisateurs, les mesures qu'ils ont arrêtées en application de la réglementation relative à la protection contre les risques d'incendie et de panique dans les établissements recevant du public et, lorsqu'il s'agit d'une manifestation sportive, les dispositions qu'ils ont prises, s'il y a lieu, au titre de la réglementation édictée par la fédération sportive concernée.

Lorsque les organisateurs confient aux membres du service d'ordre les missions mentionnées à *(Décr. n° 2014-1253 du 27 oct. 2014, art. 9-9°, en vigueur le 1er déc. 2014)* « l'article R. 613-10 *[ancienne rédaction : l'article 1er du décret n° 2005-307 du 24 mars 2005]* », ils doivent :

1° Doter ces membres du service d'ordre d'un signe distinctif permettant d'identifier leur qualité ;

2° Doter ces membres du service d'ordre, ou, à défaut, ceux d'entre eux qu'ils auront désignés comme responsables, de moyens de transmission leur permettant une communication immédiate avec les officiers de police judiciaire territorialement compétents ;

3° Indiquer également dans la déclaration les modalités d'une liaison permanente entre les membres du service d'ordre et les officiers de police judiciaire et joindre la copie des arrêtés d'agrément de chacun des membres du service d'ordre. – *[Décr. n° 97-646 du 31 mai 1997, art. 2.]*

Art. R. 211-24 L'autorité de police peut, si elle estime insuffisantes les mesures envisagées par les organisateurs pour assurer la sécurité, compte tenu de l'importance du public attendu, de la configuration des lieux et des circonstances propres à la manifestation, notamment quand il s'agit des manifestations sportives mentionnées à l'article D. 331-1 du code du sport, imposer à ceux-ci la mise en place d'un service d'ordre ou le renforcement du service d'ordre prévu.

L'autorité de police notifie les mesures prescrites quinze jours au moins avant le début de la manifestation, sauf si la déclaration a été faite moins d'un mois avant celle-ci, dans le cas d'urgence mentionné au troisième alinéa de l'article R. 211-22 du présent code. Elle les communique au préfet du département. – *[Décr. n° 97-646 du 31 mai 1997, art. 3.]*

Art. R. 211-25 Les préposés des organisateurs de la manifestation composant le service d'ordre ont pour rôle, sous l'autorité et la responsabilité des organisateurs, de prévenir les désordres susceptibles de mettre en péril la sécurité des spectateurs et des participants.

Ils doivent notamment remplir, en tant que de besoin, les tâches suivantes :

1° Procéder à l'inspection du stade, des installations ou de la salle avant que ne commence la manifestation pour déceler les risques apparents pouvant affecter la sécurité ;

2° Constituer, avant la manifestation mais aussi dès l'arrivée du public et jusqu'à l'évacuation complète de celui-ci, un dispositif de sécurité propre à séparer le public des acteurs de la manifestation et à éviter dans les manifestations sportives la confrontation de groupes antagonistes ;

3° Être prêts à intervenir pour éviter qu'un différend entre particuliers ne dégénère en rixe ;

4° Porter assistance et secours aux personnes en péril ;

5° Alerter les services de police ou de secours ;

6° Veiller au maintien de la vacuité des itinéraires et des sorties de secours. – *[Décr. n° 97-646 du 31 mai 1997, art. 4.]*

Art. R. 211-26 Les dispositions de la présente section s'appliquent sans préjudice de celles prévues par la section V du chapitre Ier du titre Ier du livre IV du code de la route et la section IV du chapitre Ier du titre III du livre III du code du sport. – *[Décr. n° 97-646 du 31 mai 1997, art. 6.]*

....

Art. R. 211-31 Est puni des peines d'amende applicables aux contraventions de la cinquième classe tout organisateur d'une manifestation prévue à l'article R. 211-22 qui n'effectue pas la déclaration mentionnée audit article dans les formes prévues par l'article R. 211-23.

Les mêmes peines sont applicables à tout organisateur qui, en violation de ses engagements figurant dans la déclaration mentionnée à l'article R. 211-23 ou des prescriptions imposées par l'autorité de police en application de l'article R. 211-24, ne met pas en place un service d'ordre ou néglige de doter celui-ci du nombre d'agents qu'il a prévu ou qui lui a été imposé, sans préjudice des sanctions qu'il peut encourir au titre des conséquences dommageables d'une déficience dans l'organisation et le fonctionnement du service d'ordre. – *[Décr. n° 97-646 du 31 mai 1997, art. 5.]*

Décret n° 2015-1289 du 14 octobre 2015,

Portant création d'une carte professionnelle de surveillance dans le cadre de manifestations sportives, récréatives, culturelles et économiques rassemblant plus de 1 500 personnes.

Art. 1er Il est créé une carte professionnelle autorisant l'exercice de l'activité surveillance humaine ou gardiennage dans le cadre de manifestations sportives, récréatives, culturelles ou économiques rassemblant plus de 1 500 personnes.

Sauf dispositions contraires du présent décret, elle est régie par le livre VI du code de la sécurité intérieure.

Cette activité ne comprend pas la gestion des alarmes, les rondes de surveillance, la maîtrise d'un poste de contrôle de sécurité et la surveillance par des systèmes électroniques de sécurité.

Par dérogation aux *[au]* *a* du 2° des articles R. 612-14 et R. 612-21, l'activité au titre de laquelle cette carte professionnelle ainsi que l'autorisation préalable d'accès à la formation professionnelle et l'autorisation provisoire d'exercice qui s'y rattachent sont sollicitées est celle de "surveillance de grands événements".

Art. 2 La carte professionnelle mentionnée à l'article 1er ne peut être délivrée qu'aux personnes qui en font la demande avant le 31 juillet 2016.

Cette carte professionnelle est valable pour une durée de cinq ans.

Art. 3 Pour la justification de l'aptitude professionnelle des personnes qui exercent l'activité mentionnée à l'article 1er du présent décret, la certification professionnelle et le certificat de qualification professionnelle attestent les savoir-faire mentionnés aux articles R. 612-26 et R. 612-37, à l'exception des savoir-faire en matière de rondes de surveillance et de systèmes électroniques de sécurité mentionnés aux b et e du 1° du II de l'article R. 612-37.

La certification professionnelle et le certificat de qualification professionnelle n'ont pas à attester les savoir-faire dans les matières mentionnées au troisième alinéa de l'article 1er.

Art. 4 Les personnes titulaires de la carte professionnelle "surveillance humaine ou surveillance par des systèmes électroniques de sécurité ou gardiennage" en cours de validité peuvent effectuer l'activité mentionnée au premier alinéa de l'article 1er. Les restrictions posées au troisième alinéa de l'article 1er ne leur sont pas applicables.

Pour l'obtention de la carte professionnelle "Surveillance humaine ou surveillance par des systèmes électroniques de sécurité ou gardiennage", les personnes titulaires de la carte professionnelle mentionnée à l'article 1er sont dispensées des modules de formation considérés comme équivalents, dans les conditions définies par arrêté du ministre de l'intérieur.

Art. 5 Un rapport portant sur les conditions d'application du présent décret est établi par le ministre de l'intérieur avant le 1er juillet 2017.

SECTION III OBLIGATION D'ASSURANCE DES ORGANISATEURS DE MANIFESTATIONS SPORTIVES

Art. D. 331-5 Les dispositions des articles D. 321-1 à D. 321-5 s'appliquent aux contrats d'assurance souscrits par l'organisateur en application des articles L. 331-9 et L. 331-10.

SECTION IV MANIFESTATIONS SPORTIVES SUR LES VOIES PUBLIQUES OU OUVERTES À LA CIRCULATION PUBLIQUE NE COMPORTANT PAS LA PARTICIPATION DE VÉHICULES À MOTEUR

(Décr. n° 2012-312 du 5 mars 2012, art. 3, en vigueur le 7 juin 2012)

V. aussi, en matière d'indemnisation des victimes d'accidents, L. n° 85-677 du 5 juill. 1985, App., v° Responsabilité civile, et C. pén., art. 221-6, App., v° Responsabilité pénale.

V. aussi C. route, art. L. 411-7 et R. 411-29 s. à R. 411-32, et Décr. n° 70-759 du 18 août 1970, art. 7.

BIBL. GÉN. ▸ J.-C. Lapouble, Fédérations et compétitions sportives, *J.-Cl. Adm. 1996, Fasc. 269.* – J. Bolle, Le décret n° 2006-554 – sports mécaniques « Une genèse et des premiers pas difficiles », *RJ éco. sport 2007, n° 82, p. 143*.

COMMENTAIRE

Certaines activités sportives utilisent la route comme lieu de pratique. Outre la nécessaire régulation de l'utilisation privative du domaine public routier, la réglementation applicable se veut avant tout porteuse de sécurité pour les participants et les spectateurs.

Il va s'agir d'épreuves, courses ou compétitions sportives devant se disputer en totalité ou en partie sur une voie publique ou ouverte à la circulation publique.

Elles sont régies par les articles R. 331-6 à R. 331-17 qui sont issus du décret n° 55-1366 du 18 octobre 1955. Celui-ci avait été adopté, suite à la tragédie du Mans laquelle, le 11 juin 1955, avait fait plus de 80 victimes lorsqu'une voiture participant aux 24 heures fût projetée dans le public. En combinaison avec le décret n° 58-1430 du 23 décembre 1958, il a constitué la réglementation – quasi inchangée – des compétitions et manifestations sportives se déroulant sur la voie publique ou sur circuit. Suite à l'intervention du décret n° 2006-554 du 16 mai 2006 relatif aux concentrations et manifestations organisées sur les voies ouvertes ou dans les lieux non ouverts à la circulation publique et comportant la participation de véhicules terrestres à moteur (codifié aux art. R. 331-18 à R. 331-45) et à la publication de la partie réglementaire du code du sport, les dispositions issues du décret n° 55-1366 du 18 octobre 1955 ne concernent plus que les épreuves et compétitions sportives se déroulant sur la voie publique, à l'exclusion de celles qui comportent la participation de véhicules terrestres à moteur qui relèvent des articles R. 331-18 et suivants.

Les épreuves dont il s'agit sont donc pour l'essentiel des courses cyclistes ou des courses pédestres hors stade. Il est à préciser qu'un arrêté dresse la liste des routes interdites (sauf dérogation) à titre permanent, périodique ou provisoire, à toutes les épreuves sportives ou à certaines catégories d'entre elles en raison des incidences que leur déroulement peut avoir sur le plan économique, touristique ou pour la sécurité générale (Arr. du 20 déc. 2010, *JO 28 déc.*) et que, par ailleurs, chaque année un arrêté porte interdiction de certaines routes aux épreuves sportives, à certaines périodes de l'année, en raison de l'accroissement, durant ces périodes, de la circulation générale.

Leur tenue est soumise à autorisation administrative préalable dans les conditions prévues par les articles R. 331-6 à R. 331-17, complétés par l'arrêté du 1er décembre 1959 (art. A. 331-2 à A. 331-15 codifiés au C. sport), dès lors qu'elles se déroulent, en tout ou partie, sur la voie publique ou sur une voie ouverte à la circulation publique.

Cette autorisation ne peut en principe être accordée qu'à une association existant depuis au moins 6 mois et affiliée à une fédération délégataire (art. R. 331-7). Cependant, compte tenu de l'évolution du contexte législatif depuis 1955, l'autorité administrative considère que les épreuves organisées par des personnes physiques ou morales autres que des associations sportives affiliées à une fédération (sociétés commerciales par exemple) peuvent recevoir une autorisation, sous réserve de respecter les dispositions de l'article L. 331-5 du code du sport. L'autorisation relève soit du ministre de l'Intérieur (cas des parcours incluant des voies situées dans plus de 20 départements, comme par exemple le Tour de France cycliste), soit du préfet du département de l'organisateur (au maximum 20 départements traversés), soit du sous-préfet (parcours circonscrit à un arrondissement).

Outre les conditions tenant à la personne de l'organisateur, la délivrance de l'autorisation est subordonnée au fait que l'épreuve soit inscrite au calendrier officiel (art. R. 331-9) et qu'elle soit dotée d'un règlement particulier qui respecte les prescriptions d'un règlement type établi par les fédérations intéressées et agréé par les autorités ministérielles (art. R. 331-8, par exemple, s'agissant du règlement type des épreuves cyclistes sur la voie publique établi par la Fédération française de cyclisme, V. Circ. INT/D/04/00066/C du 26 mai 2004). Il est à relever que l'autorité administrative doit, après enquête des services chargés de la voirie et de la surveillance de la circulation, déterminer les prescriptions qu'auront à respecter ou à faire respecter les organisateurs ainsi que les modifications qui devront être apportées à l'horaire, à l'itinéraire ou au règlement particulier de l'épreuve dans l'intérêt de la circulation et de la sécurité, sans préjudice des pouvoirs de police particuliers du maire justifiés par des circonstances locales. Enfin, l'organisateur est assujetti à la souscription d'une assurance de responsabilité civile particulière. ❑

SOUS-SECTION 1 DISPOSITIONS GÉNÉRALES

Art. R. 331-6 **Les manifestations sportives qui constituent des épreuves, courses ou compétitions comportant un chronométrage et qui se déroulent en totalité ou en partie sur une voie publique ou ouverte à la circulation publique sont soumises à autorisation.**

Les manifestations sportives qui se déroulent dans le respect du code de la route et qui n'imposent à leurs participants qu'un ou plusieurs points de rassemblement ou de contrôle, à l'exclusion d'un horaire fixé à l'avance et de tout classement en fonction notamment soit de la plus grande vitesse réalisée, soit d'une moyenne imposée, sur une partie quelconque du parcours, ne sont pas soumises à l'autorisation prévue à l'alinéa précédent.

Sont toutefois soumises à déclaration les manifestations sportives visées au précédent alinéa prévoyant la circulation groupée, en un point déterminé de la voie publique ou de ses dépendances, de plus de 75 piétons, de plus de 50 cycles ou autres véhicules ou engins non motorisés et de plus de 25 chevaux ou autres animaux.

En application de l'art. L. 231-5 CRPA, le silence gardé par l'administration pendant 3 mois, lorsque la manifestation doit se dérouler dans le cadre de plusieurs départements, vaut décision de rejet pour une demande d'autorisation d'organisation d'une manifestation sportive non motorisée sur une voie publique ou ouverte à la circulation publique (Décr. nº 2014-1294 du 23 oct. 2014, art. 1er et 2).

I. — Sans préjudice de son application de plein droit dans les autres cas, le Décr. nº 2014-1294 du 23 oct. 2014 est applicable à Saint-Barthélemy et à Saint-Martin pour les demandes relatives à l'entrée et au séjour des étrangers et au droit d'asile.

II. — Ce même décret est applicable en Nouvelle-Calédonie, en Polynésie française, dans les îles Wallis-et-Futuna et dans les Terres australes et antarctiques françaises pour les demandes, mentionnées à l'art. 1er de ce même décret, qui s'inscrivent dans les procédures qui sont applicables en Nouvelle-Calédonie ou dans ces collectivités.

Ce décret s'applique aux demandes présentées à compter du 12 nov. 2014 (Décr. préc., art. 3 et 4).

Art. R. 331-7 **Dans les disciplines pour lesquelles elles ont obtenu délégation, les fédérations délégataires édictent les règles techniques et de sécurité applicables aux manifestations mentionnées à l'article R. 331-6.**

Le règlement particulier des manifestations soumises à autorisation ou déclaration respecte ces règles techniques et de sécurité.

1. Il résulte des art. 2 et 4 du décret du 18 oct. 1955 [art. R. 331-7 et R. 331-9 C. sport] qu'en dehors du cas prévu par l'art. 18 de la loi du 16 juill. 1984 modifiée [art. L. 331-5 C. sport], qui ne subordonne à l'agrément de la fédération délégataire d'une discipline que les manifestations sportives ouvertes à ses licenciés et qui donnent lieu à la remise de prix dont la valeur excède un montant fixé par arrêté, l'absence d'inscription préalable d'une course pédestre sur le calendrier établi chaque année par la Fédération française d'athlétisme ne peut légalement faire obstacle à l'octroi par l'autorité administrative compétente d'une autorisation dérogatoire. • CE 28 juill. 2000, *Assoc. nat. des courses pédestres hors stade : req. nos 158160 et 170310.*

2. Il résulte des dispositions de l'article L. 131-16 C. sport, qui prévoit que les fédérations délégataires édictent les règles techniques propres à leur discipline et les règlements relatifs à l'organisation de toute manifestation ouverte à leurs licenciés, que les auteurs du décret modifiant les art. R. 331-6 et R. 331-7 C. sport ont pu prévoir, sans entacher celui-ci d'incompétence, à l'article R. 331-7 du code du sport que les fédérations délégataires élaboreraient des règles techniques et de sécurité, inhérentes à leur discipline, applicables aux manifestations sportives mentionnées à l'article R. 331-6, lesdites dispositions ne portant pas, par ailleurs, atteinte aux dispositions de l'article L. 131-7, relatives aux fédérations agréées. • CE 8 avr. 2013, *Fédération sportive et gymnique du travail,* req. nº 360734 : *Dict. perm. dr. sport 2013, Bull. nº 201, p. 2, obs. C. Dudognon ; Cah. dr. sport 2013, nº 32, p. 175, obs. F. Colin ; ibid., p. 179, obs. S. Martin.*

SOUS-SECTION 2 OBLIGATION DÉCLARATIVE

Art. R. 331-8 L'organisateur d'une manifestation soumise à déclaration dépose un dossier de déclaration, au plus tard un mois avant la date de l'événement *[,]* auprès du préfet territorialement compétent.

Un arrêté conjoint du ministre de l'intérieur et du ministre chargé des sports fixe la composition et les modalités de dépôt des dossiers de déclaration.

COMMENTAIRE

Les dispositions reproduites ci-dessus seront prochainement modifiées par un décret en Conseil d'État pris en application du nouvel article L. 331-8-1 (créé par la L. n° 2015-177 du 16 févr. 2015, JO 27 févr.), lequel transfère au maire la réception de la déclaration des manifestations sportives se déroulant sur la voie publique à l'intérieur du territoire de sa seule commune et ne comportant pas la participation de véhicules à moteur. ❑

Le ministre de l'Intérieur qui, en application des dispositions de l'art. 3 du décret du 18 oct. 1955 [art. R. 331-8 C. sport], a donné son agrément au règlement type relatif aux courses pédestres sur route établi par la Fédération française d'athlétisme, doit être regardé comme le coauteur de cet acte réglementaire qui comporte à la fois des règles techniques liées au sport en cause et des prescriptions exigées par la sécurité de la circulation sur les voies publiques. • CE 28 juill. 2000, *Assoc. nat. des courses pédestres hors stade : req. n°s 158160 et 170310.*

SOUS-SECTION 3 DÉLIVRANCE DE L'AUTORISATION

Art. R. 331-9 L'autorisation prévue à l'article R. 331-6 peut être délivrée à toute personne physique ou morale.

V. note 13 ss. art. L. 131-15.

Art. R. 331-9-1 Toute personne souhaitant organiser une manifestation soumise à autorisation doit recueillir l'avis de la fédération délégataire concernée. Celle-ci rend un avis motivé au regard des règles techniques et de sécurité mentionnées à l'article R. 331-7.

Cet avis est communiqué par tout moyen à l'organisateur et au préfet de chacun des départements traversés par la manifestation.

Il est réputé rendu dans un délai d'un mois à compter de la réception de la demande par la fédération.

Un arrêté du ministre chargé des sports détermine les modalités de publication de cet avis.

Art. R. 331-10 L'organisateur d'une manifestation soumise à autorisation adresse une demande d'autorisation au préfet de chacun des départements traversés par la manifestation.

Si la manifestation concerne vingt départements ou plus, le dossier est également adressé au ministre de l'intérieur.

La demande doit parvenir trois mois au moins avant la date prévue pour le déroulement de la manifestation. Ce délai est réduit à deux mois lorsque la manifestation doit se dérouler dans le cadre d'un seul département.

Un arrêté conjoint du ministre de l'intérieur et du ministre chargé des sports fixe la composition et les modalités de dépôt des dossiers de demande d'autorisation.

V. note ss. art. R. 331-6.

Art. R. 331-11 Dès réception d'une demande d'autorisation, le préfet saisit pour avis les autorités locales investies du pouvoir de police.

Sauf dans le cas prévu au troisième alinéa, l'autorisation est délivrée par le préfet, qui peut consulter pour avis la commission départementale de sécurité routière et prescrire dans l'acte d'autorisation des mesures complémentaires de celles prévues par l'organisateur, dans l'intérêt de la circulation ou de la sécurité publique.

Si la manifestation se déroule sur vingt départements ou plus, l'autorisation est délivrée par le ministre de l'intérieur, sur l'avis du préfet de chaque département traversé, après que celui-ci a consulté la commission départementale de sécurité routière. Les commissions départementales peuvent recommander et le ministre prescrire des mesures complémentaires, dans les conditions prévues au deuxième alinéa.

La décision d'autorisation est publiée ou affichée et notifiée à l'auteur de la demande.

V. note ss. art. R. 331-6.

Art. R. 331-12 L'autorisation prévue au deuxième alinéa de l'article R. 331-11 est délivrée par arrêté du préfet du département du lieu de départ.

Pour les manifestations sportives en provenance de l'étranger, l'autorisation est délivrée par le préfet du département d'entrée en France.

Lorsque le parcours couvre plusieurs départements, l'autorisation est délivrée après accord des préfets des départements traversés.

Dans le cas où la manifestation comporte plusieurs points de départ situés dans des départements différents, l'autorisation est délivrée par le préfet du département du siège de l'organisateur.

V. note ss. art. R. 331-6.

Art. R. 331-13 L'autorisation peut être suspendue ou rapportée à tout moment s'il apparaît que les conditions de sécurité ne se trouvent plus réunies ou que l'organisateur, malgré la mise en demeure qui lui en est faite par l'autorité administrative, ne respecte plus ou ne fait plus respecter par les participants et les spectateurs des dispositions prévues par le règlement particulier de la manifestation en vue de leur protection.

V. note ss. art. R. 331-6.

SOUS-SECTION 4 DISPOSITIONS COMMUNES AUX MANIFESTATIONS SOUMISES À DÉCLARATION OU À AUTORISATION

Art. R. 331-14 Une manifestation ne peut débuter qu'après production à l'autorité administrative compétente des garanties d'assurance mentionnées à l'article L. 331-9, souscrites par l'organisateur.

Art. R. 331-15 L'organisateur est débiteur envers l'État et les collectivités territoriales des redevances représentatives du coût de la mise en place du service d'ordre particulier nécessaire pour assurer la sécurité des spectateurs et de la circulation lors du déroulement de la manifestation ainsi que, le cas échéant, de sa préparation.

Art. R. 331-16 L'organisateur a l'obligation de remettre en état les voies ouvertes à la circulation publique et leurs dépendances dont il a obtenu l'usage privatif à l'occasion de la manifestation.

Art. R. 331-17 Le ministre de l'intérieur et le ministre chargé des transports fixent conjointement la liste des routes interdites à titre permanent, périodique ou provisoire, à toutes les manifestations sportives ou à certaines catégories d'entre elles, en raison des incidences que leur déroulement peut avoir sur l'économie, le tourisme ou la sécurité générale. Ils peuvent toutefois indiquer sous quelles conditions lesdites routes peuvent être soit traversées, soit empruntées, sur une distance réduite lors de ces événements.

Art. R. 331-17-1 La distribution ou la vente d'imprimés ou d'objets à l'occasion d'une manifestation ne peut se faire que dans les conditions et dans les lieux fixés par les autorités administratives compétentes avec l'accord de l'organisateur et du ou des propriétaires des lieux.

SOUS-SECTION 5 DISPOSITIONS PÉNALES

Art. R. 331-17-2 Le fait d'organiser sans la déclaration ou l'autorisation préalables prévues à l'article R. 331-6 une manifestation sportive est puni des peines prévues pour les contraventions de la cinquième classe.

Est puni des peines prévues pour les contraventions de la cinquième classe le fait, par l'organisateur, de ne pas respecter ou de ne pas faire respecter les prescriptions figurant dans l'autorisation administrative qui lui a été délivrée.

Est puni de l'amende prévue pour les contraventions de la troisième classe le fait de participer sciemment à une manifestation sportive non autorisée alors qu'elle était soumise à autorisation en application de l'article R. 331-6.

SECTION V CONCENTRATIONS ET MANIFESTATIONS ORGANISÉES SUR LES VOIES OUVERTES OU DANS LES LIEUX NON OUVERTS À LA CIRCULATION PUBLIQUE ET COMPORTANT LA PARTICIPATION DE VÉHICULES TERRESTRES À MOTEUR

BIBL. ▸ J.-P. Gaudichau, Code de la route, *in Dict. jur. du sport, Dalloz, Juriséditions, 2013, p. 66.* – C. Mondou, Organiser une manifestation sur la voie publique, *JT 2008, n° 101, p. 27*. – S. Poirier, Sports mécaniques terrestres, in *Dict. jur. du sport, Dalloz, Juriséditions, 2013, p. 307.* – A. Sauviat, Autorisation administrative, *in Dict. jur. du sport, Dalloz, Juriséditions, 2013, p. 43.*

COMMENTAIRE

La réglementation sur les manifestations auxquelles participent des véhicules terrestres à moteur (automobiles, motocyclettes, karts, etc.) est relativement ancienne puisqu'elle date des années 1950, et plus précisément de l'adoption des décrets n° 55-1366 du 18 octobre 1955 (manifestations sur la voie publique) et n° 58-1430 du 23 décembre 1958 (manifestations sur circuits fermés) suite à la tragédie du Mans, laquelle, le 11 juin 1955, avait fait plus de 80 victimes lorsqu'une voiture participant aux 24 heures fut projetée dans le public.

Elle n'a été réformée que récemment avec l'adoption du décret n° 2006-554 du 16 mai 2006, lequel, codifié aux articles R. 331-18 à R. 331-45 du code du sport, envisage désormais l'ensemble des manifestations faisant appel à des véhicules terrestres à moteur, que celles-ci se déroulent sur la voie publique ou sur circuit fermé.

Elle prévoit un régime de déclaration ou d'autorisation (selon leur importance et leur nature) pour les manifestations (chronométrage) et les concentrations (pas de chronométrage), ainsi qu'une procédure d'homologation s'agissant des circuits.

Selon leur nature et leur importance, ces manifestations doivent faire l'objet soit d'une simple déclaration à l'autorité administrative, soit d'une autorisation de la part de celle-ci.

Il est à signaler que, pour l'application de cette réglementation, l'administration considère que la notion de « spectateur » doit être entendue comme faisant référence à toute personne qui assiste à titre onéreux ou non à la manifestation sans participer directement à celle-ci, contrairement par exemple aux pilotes, aux mécaniciens et aux organisateurs (V. *Circ. INT/D/06/00095/C du 27 nov. 2006, pour l'application des art. R. 331-18 à R. 331-45 C. sport*).

En toute hypothèse, seul un événement dont l'accès est fermé à toutes les personnes qui ont la qualité de spectateur, telle que précédemment explicitée, peut être considéré comme ne présentant pas le caractère d'une manifestation *(ibid.)*. ❑

SOUS-SECTION 1 DISPOSITIONS GÉNÉRALES

Art. R. 331-18 **Les concentrations de véhicules terrestres à moteur se déroulant sur les voies ouvertes à la circulation publique sont soumises à déclaration lorsqu'elles comptent moins de 200 véhicules automobiles ou moins de 400 véhicules à moteur de deux à quatre roues, y compris les véhicules d'accompagnement. Au-delà, elles sont soumises à autorisation.**

Pour l'application de la présente section, on entend par "concentration" un rassemblement comportant la participation de véhicules terrestres à moteur, qui se déroule sur la voie publique dans le respect du code de la route, qui impose aux participants un ou plusieurs points de rassemblement ou de passage et qui est dépourvu de tout classement.

Les manifestations comportant la participation de véhicules terrestres à moteur qui se déroulent sur des circuits, terrains ou parcours, tels que définis à l'article R. 331-21 sont soumises à autorisation.

Pour l'application de la présente section, on entend par "manifestation" le regroupement de véhicules terrestres à moteur et d'un ou de plusieurs pilotes ou pratiquants

visant à présenter, de façon organisée pour les spectateurs, un sport mécanique sous ses différentes formes.

Toute concentration qui comporte au moins un chronométrage, même sur une distance réduite, est regardée comme une manifestation.

Les circuits sont soumis à homologation dans les conditions définies à la sous-section 5 de la présente section. – *[Décr. n° 2006-554 du 16 mai 2006, art. 1er.]*

V. aussi Circ. INT/D/06/00095/C du 27 nov. 2006 (application des art. R. 331-18 à R. 331-45 C. sport).

V. Arr. du 20 déc. 2013, portant interdiction des concentrations ou manifestations sportives sur les routes à grandes circulation à certaines périodes de l'année 2014, reproduit sur Dalloz.fr et sur les applications mobiles Dalloz.

En application de l'art. L. 231-5 CRPA, le silence gardé par l'administration pendant 3 mois, pour la concentration et la manifestation qui n'a pas lieu sur un circuit homologué, vaut décision de rejet pour une demande d'autorisation d'organisation d'une concentration ou d'une manifestation sportive motorisée (Décr. n° 2014-1294 du 23 oct. 2014, art. 1er).

I. – Sans préjudice de son application de plein droit dans les autres cas, le Décr. n° 2014-1294 du 23 oct. 2014 est applicable à Saint-Barthélemy et à Saint-Martin pour les demandes relatives à l'entrée et au séjour des étrangers et au droit d'asile.

II. – Ce même décret est applicable en Nouvelle-Calédonie, en Polynésie française, dans les îles Wallis-et-Futuna et dans les Terres australes et antarctiques françaises pour les demandes, mentionnées à l'art. 1er de ce même décret, qui s'inscrivent dans les procédures qui sont applicables en Nouvelle-Calédonie ou dans ces collectivités.

Ce décret s'applique aux demandes présentées à compter du 12 nov. 2014 (Décr. préc., art. 3 et 4).

1. Il résulte de l'art. 1er du décret n° 58-1430 du 23 déc. 1958 que les épreuves, compétitions ou manifestations comportant la participation de véhicules à moteur ne peuvent être soumises à une autorisation préalable que dans la mesure où le public est admis à y assister ; par suite, est illégal l'arrêté préfectoral homologuant un circuit de karts en tant qu'il soumet à autorisation les manifestations s'y déroulant en dehors de la présence du public. • TA Grenoble, 30 janv. 1995, *Assoc. de lutte contre les nuisances sonores du karting de Rumilly : JCP 1996. IV. 465.*

2. Ni les pouvoirs de police pour assurer le bon ordre, la sûreté, la sécurité et la salubrité publiques des habitants de sa commune que le maire tient des dispositions des art. L. 2212-1 et L. 2212-2 CGCT, ni ceux qu'il détient en matière de circulation sur les routes nationales, les routes départementales et les voies de communication à l'intérieur des agglomérations visés à l'art. L. 2213-1 dudit code ne lui permettent de se substituer au préfet pour prendre un arrêté portant autorisation d'une épreuve de championnat d'endurance tout terrain. • CAA Lyon, 20 mars 2014, *Commune de Goult : req. n° 12LY20229.*

Art. R. 331-19 **Dans les disciplines pour lesquelles elles ont obtenu délégation, les fédérations sportives mentionnées à l'article L. 131-16 édictent les règles techniques et de sécurité applicables aux événements mentionnés à l'article R. 331-18.**

Dans les autres disciplines, les règles techniques et de sécurité applicables aux mêmes événements sont édictées par arrêté conjoint du ministre de l'intérieur et du ministre chargé des sports. – *[Décr. n° 2006-554 du 16 mai 2006, art. 2.]*

V. note ss. art. R. 331-35.

Art. R. 331-20 **Sur les circuits, terrains ou parcours, des zones réservées aux personnes qui assistent à une manifestation sans participer à son organisation doivent être délimitées par l'organisateur et être conformes aux règles techniques et de sécurité.** – *[Décr. n° 2006-554 du 16 mai 2006, art. 3.]*

Art. R. 331-21 **Pour l'application de la présente section :**

1° Un "circuit" est un itinéraire fermé qui peut être parcouru plusieurs fois sans être quitté. Il ne peut emprunter que des voies fermées, de manière permanente ou temporaire, à la circulation publique. Son tracé est délimité par des bordures, talus ou bandes de rives ou par tout autre moyen. Son revêtement peut être de différentes natures, telles qu'asphalte, béton, terre naturelle ou traitée, herbe, piste cendrée, glace. Un même circuit peut comporter plusieurs natures de revêtement ;

2° Un "terrain" est un espace d'évolution non ouvert à la circulation publique sur lequel il n'existe pas de parcours défini et où sont pratiquées des disciplines pour lesquelles le chronométrage ne constitue qu'un élément accessoire du classement, telles que trial ou franchissement ;

3° Un "parcours" est un itinéraire non fermé, allant d'un point de départ à un point d'arrivée distinct, empruntant des voies non ouvertes ou temporairement fermées à la circulation publique et sur lequel le départ est donné individuellement aux concurrents ;

4° Un "parcours de liaison" est un itinéraire non fermé, allant d'un point de départ à un point d'arrivée distinct, empruntant des voies ouvertes à la circulation publique sur lesquelles les participants respectent le code de la route. – *[Décr. n° 2006-554 du 16 mai 2006, art. 4.]*

Code de la route

(Ord. n° 2000-930 du 22 sept. 2000)

Art. R. 221-1 *(Décr. n° 2016-347 du 22 mars 2016, art. 2-I, en vigueur le 1er juill. 2016)* I. — Le permis de conduire un véhicule terrestre à moteur s'obtient soit après réussite à l'examen du permis de conduire, soit après conversion d'un brevet militaire de conduite français, soit après échange d'un permis de conduire étranger, soit après réussite à une formation dispensée à cette fin ou validation d'un diplôme ou d'un titre professionnel délivrés à cette fin en France.

Les titres mentionnés à l'article L. 221-1*[,]* qui sont assimilés au permis de conduire lorsque celui-ci n'est pas exigé pour la conduite d'un véhicule à moteur, comprennent notamment le certificat d'examen du permis de conduire, l'attestation de suivi de la formation requise pour la conduite des véhicules de types L5e et L6e pour les personnes nées après le 31 décembre 1987 et le récépissé de déclaration de perte ou de vol d'un permis de conduire.

II. — Toute personne sollicitant un permis de conduire, national ou international, doit justifier de sa résidence normale ainsi que, le cas échéant, de son droit au séjour en France ou, pour les élèves et étudiants étrangers titulaires d'un titre de séjour ou d'un visa long séjour valant titre de séjour validé par l'office français de l'immigration et de l'intégration correspondant à leur statut, de la poursuite de leurs études en France depuis au moins six mois en France à la date de leur demande de permis de conduire.

III. — On entend par résidence normale le lieu où une personne demeure habituellement, c'est-à-dire pendant au moins 185 jours par année civile, en raison d'attaches personnelles et professionnelles, ou, dans le cas d'une personne sans attaches professionnelles, en raison d'attaches personnelles révélant des liens étroits entre elle-même et l'endroit où elle demeure.

Toutefois, la résidence normale d'une personne dont les attaches personnelles sont situées en France*[,]* mais qui est établie à l'étranger pour y poursuivre ses études, une formation, un stage ou pour l'exécution d'une mission d'une durée déterminée, se situe en France.

Art. R. 221-1-1 *(Décr. n° 2005-320 du 30 mars 2005, art. 2 ; Décr. n° 2016-347 du 22 mars 2016, art. 2-II, en vigueur le 1er juill. 2016)* I. — Nul ne peut conduire un véhicule ou un ensemble de véhicules, pour la conduite duquel le permis de conduire est exigé par le présent code, s'il n'est titulaire de la catégorie correspondante du permis de conduire en état de validité et s'il ne respecte les restrictions d'usage mentionnées sur ce titre.

Par dérogation à l'article R. 110-1, ces dispositions sont également applicables à la conduite sur les voies non ouvertes à la circulation publique, sauf dans le cas prévu à l'article R. 221-16.

(Décr. n° 2011-1475 du 9 nov. 2011, art. 4, en vigueur le 19 janv. 2013) « I *bis*. — La durée de validité des titres attestant de la qualité de titulaire du permis de conduire est limitée ainsi qu'il suit :

« 1° Les permis de conduire comportant les catégories A1, A2, A, B, B1 et BE du permis de conduire ont une durée de validité de quinze ans à compter de leur délivrance, sous réserve des dispositions de l'article R. 221-10 ;

« 2° Sous la même réserve, les permis de conduire comportant les catégories C, CE, C1, C1E, D, DE, D1 et D1E ont une durée de validité de cinq ans. *[...]*

« La date limite de validité est inscrite sur le titre de conduite.

« Les conditions de renouvellement des titres attestant de la qualité de titulaire du permis de conduire sont fixées par arrêté du ministre chargé de la sécurité routière. » – *[Anc. art. R. 221-1]*

Décret n° 2009-911 du 27 juillet 2009,

Relatif aux conditions de vente, de cession et de location de certains engins motorisés.

Art. 1er Les véhicules mentionnés au deuxième alinéa de l'article L. 321-1-1 du code de la route susvisé sont vendus, cédés ou loués par les professionnels dans le respect des dispositions fixées par le présent décret.

Art. 2 La charte annexée au présent décret fait l'objet d'un affichage visible et lisible sur les lieux de vente, de cession et de location des véhicules mentionnés à l'article 1er. Une copie de cette charte est remise à toute personne faisant l'acquisition ou souscrivant la location d'un tel véhicule.

ANNEXE

Charte relative aux conditions de vente, de cession, de location et d'utilisation des engins motorisés non réceptionnés soumis à l'article L. 321-1-1 du code de la route

(Engins à moteur non réceptionnés dont la vitesse par construction peut dépasser 25 km/h, tels que mini-motos, moto-cross, *pit bike*, *dirt bike* ou quads)

Acquisition :

1. Le professionnel ne peut vendre ou céder aucun des véhicules concernés par la présente charte à un mineur. Il ne peut les louer à un mineur de moins de 14 ans.

2. Le professionnel doit expliquer à l'usager le maniement de l'engin et le fonctionnement des commandes.

3. Le propriétaire d'un engin motorisé devra obligatoirement :

a) Déclarer celui-ci, dans les quinze jours suivant son acquisition, auprès des services du ministère de l'intérieur, soit par voie postale, soit par voie électronique à partir du site internet www.interieur.gouv.fr, qui lui délivreront un récépissé et, s'il s'agit de la première acquisition de l'engin, un numéro d'identification ;

b) Faire graver le numéro sur une partie inamovible de l'engin ;

c) Faire apparaître le même numéro sur une plaque fixée en évidence ; cette plaque pourra être retirée temporairement dans le cadre d'une pratique sportive.

Conditions d'utilisation :

4. Les engins motorisés visés par la présente charte ne peuvent en aucun cas circuler sur les voies ou dans des lieux ouverts à la circulation publique ou au public. Un tel usage est formellement interdit par le code de la route.

Ils ne pourront être utilisés dans le cadre de randonnées ou promenades empruntant des voies privées (routes, chemins, sentiers, layons...), ni circuler en "hors piste" sur des espaces naturels.

Ces engins doivent impérativement circuler sur des circuits, des parcours, des terrains à usage sportif définis par le code du sport (art. R. 331-21) ou des terrains adaptés. Ces derniers doivent :

a) Être exclusivement réservés à l'utilisation des engins visés par la présente charte ;

b) Être réalisés avec des matériaux naturels tels que, notamment, le sable et la terre ;

c) Être aménagés de telle façon que les bosses et les sauts ne puissent pas permettre au véhicule de s'élever de plus de 50 cm du sol et d'atteindre une vitesse supérieure à 50 km/h ;

d) Être pourvus d'un sens de circulation ;

e) Être dépourvus de tout obstacle ou élément susceptible de présenter un risque particulier pour les utilisateurs ; les obstacles situés autour du terrain doivent être munis de protections permettant d'absorber les chocs ;

f) Offrir une protection par clôture ou obstacles naturels aux éventuels emplacements réservés au public et maintenir ceux-ci à l'extérieur de l'aire d'évolution des engins.

Par exception au *b*, des terrains adaptés plats et bitumés peuvent accueillir des activités basées exclusivement sur la maniabilité des véhicules et en aucun cas sur la vitesse.

5. Par exception au point 4, un usage est admis sur des terrains privés à des fins professionnelles liées à des activités agricoles, pastorales ou forestières par les propriétaires des terrains ou leurs ayants droit, à l'exception des secteurs protégés par arrêté municipal ou préfectoral.

6. Les mineurs de moins de 14 ans ne peuvent utiliser ces engins que dans le cadre des activités organisées par une association sportive agréée (notamment la Fédération française de

motocyclisme ou l'Union française des œuvres laïques d'éducation physique) : apprentissage de la moto, entraînement, compétition, loisirs.

7. Le port d'équipements de protection est indispensable :

— casque intégral composé d'une seule pièce ;

— vêtements de protection en matière résistante couvrant jambes, torse et bras ;

— gants en matière résistante ;

— chaussures montantes couvrant au minimum la malléole.

8. Le bon état mécanique de l'engin doit être vérifié avant chaque utilisation.

9. Le propriétaire d'un engin doit veiller à être couvert par une assurance garantissant les dommages corporels et matériels qu'il pourrait causer à autrui lorsqu'il pilote l'engin. Il doit vérifier par ailleurs que les personnes à qui il loue ou prête son engin sont couvertes de la même manière, soit par l'assurance qu'il a souscrite, soit par une assurance souscrite par l'utilisateur.

S'agissant de la couverture du conducteur, celle-ci n'est pas formellement obligatoire mais est vivement recommandée.

Code de la route

PARTIE LÉGISLATIVE

(Ord. n° 2000-930 du 22 sept. 2000)

Art. L. 411-7 Sur les voies ouvertes à la circulation publique, l'organisation de courses de véhicules à moteur est soumise à autorisation de l'autorité investie du pouvoir de police.

(Ord. n° 2014-1543 du 19 déc. 2014, art. 10-2°, en vigueur le 1er janv. 2015) « Pour l'application de l'alinéa précédent sur le territoire de la métropole de Lyon, l'autorité à laquelle il est fait référence est celle investie du pouvoir de police de la circulation. »

Le fait d'organiser une course de véhicules à moteur sans avoir obtenu l'autorisation prévue par le présent article est puni de six mois d'emprisonnement et de 18 000 € d'amende.

PARTIE RÉGLEMENTAIRE

(Décr. nos 2001-250 et 2001-251 du 22 mars 2001)

Art. R. 221-1 *(Décr. n° 2005-320 du 30 mars 2005, art. 2)* I. — Nul ne peut conduire un véhicule ou un ensemble de véhicules, pour la conduite duquel le permis de conduire est exigé par le présent code, s'il n'est titulaire de la catégorie correspondante du permis de conduire en état de validité et s'il ne respecte les restrictions d'usage mentionnées sur ce titre.

Par dérogation à l'article R. 110-1, ces dispositions sont également applicables à la conduite sur les voies non ouvertes à la circulation publique, sauf dans le cas prévu à l'article R. 221-16.

(Décr. n° 2011-1475 du 9 nov. 2011, art. 4, en vigueur le 19 janv. 2013) « I *bis*. — La durée de validité des titres attestant de la qualité de titulaire du permis de conduire est limitée ainsi qu'il suit :

« 1° Les permis de conduire comportant les catégories A1, A2, A, B, B1 et BE du permis de conduire ont une durée de validité de quinze ans à compter de leur délivrance, sous réserve des dispositions de l'article R. 221-10 ;

« 2° Sous la même réserve, les permis de conduire comportant les catégories C, CE, C1, C1E, D, DE, D1 et D1E ont une durée de validité de cinq ans. *[...]*

« La date limite de validité est inscrite sur le titre de conduite.

« Les conditions de renouvellement des titres attestant de la qualité de titulaire du permis de conduire sont fixées par arrêté du ministre chargé de la sécurité routière. »

....

Art. R. 221-16 Ne sont pas soumis à l'obligation d'être titulaires du permis de conduire les conducteurs de véhicules participant à des entraînements, des manifestations sportives, des compétitions se déroulant entièrement dans les lieux non ouverts à la circulation publique, lorsque les conditions suivantes sont réunies :

1° Les lieux où se déroulent ces activités ont été homologués en application de la réglementation des épreuves ou manifestations organisées dans les lieux non ouverts à la circulation publique et comportant la participation de véhicules à moteur ;

2° L'organisation est assurée par une fédération sportive bénéficiant d'une délégation du ministre chargé des sports pour la discipline concernée ou par un organisme affilié à cette fédération ;

3° Tous les participants sont titulaires d'une licence délivrée par la fédération sportive intéressée et attestant qu'ils répondent aux conditions fixées à l'article R. 221-17.

Art. R. 221-17 Les intéressés doivent, pour pouvoir prendre part à ces entraînements, manifestations sportives et compétitions, satisfaire à un test concluant une formation à la maîtrise du véhicule et aux comportements et règles de sécurité routière et sportive.

Un arrêté du ministre de l'intérieur, du ministre chargé des transports et du ministre chargé des sports fixe les conditions d'âge des participants pour chaque type de véhicule, l'âge minimal déterminé en fonction des catégories d'activité sportive et le contenu de la formation visée à l'alinéa précédent. – *V. Arr. du 14 déc. 1988 (JO 26 janv. 1989).*

Art. R. 221-18 Le fait d'organiser des entraînements, compétitions ou manifestations sportives en violation de l'une des prescriptions de l'article R. 221-16 est puni de l'amende prévue pour les contraventions de la cinquième classe.

Le fait pour tout dirigeant de droit ou de fait de fédération sportive de délivrer une licence à une personne ne satisfaisant pas aux dispositions de l'article R. 221-17 et de celles prises pour son application est puni de l'amende prévue pour les contraventions de la cinquième classe.

....

Art. R. 411-10 *(Décr. n° 2006-665 du 7 juin 2006)* I. — La commission départementale de la sécurité routière est consultée préalablement à toute décision prise en matière :

....

(Décr. n° 2012-312 du 5 mars 2012, art. 5, en vigueur le 7 juin 2012) « 3° D'autorisation d'organisation de manifestations sportives, dans les conditions prévues aux articles R. 331-11 et R. 331-26 du code du sport ; »

....

Art. R. 411-11 *(Décr. n° 2006-665 du 7 juin 2006)* La commission départementale de la sécurité routière est présidée par le préfet. Elle comprend :

1° Des représentants des services de l'État ;

2° Des élus départementaux désignés par le conseil départemental *(Décr. n° 2015-694 du 18 juin 2015, art. 1er, en vigueur le 1er juill. 2015)* « et des élus désignés par le conseil de la métropole de Lyon » ;

3° Des élus communaux désignés par l'association des maires du département ou, à défaut, par le préfet ;

4° Des représentants des organisations professionnelles et des fédérations sportives ;

5° Des représentants des associations d'usagers.

A Paris, les élus visés aux 2° et 3° sont désignés par le conseil de Paris.

....

Art. R. 411-29 L'organisation des épreuves, courses ou compétitions sportives devant se disputer en totalité ou en partie sur les voies ouvertes à la circulation publique est soumise à autorisation administrative délivrée *(Décr. n° 2007-1133 du 24 juill. 2007)* « dans les conditions prévues à la section IV du chapitre Ier du titre III du livre III du code du sport ».

(Abrogé par Décr. n° 2007-1133 du 24 juill. 2007) « Cette autorisation ne peut être donnée aux organisateurs des épreuves, courses ou compétitions sportives que si ces derniers ont contracté une police d'assurance couvrant les risques d'accidents aux tiers.

« Les organisateurs doivent également assumer la charge des frais de surveillance et de voirie dans les conditions et sous les garanties prévues par le décret susvisé. »

(Décr. n° 2012-312 du 5 mars 2012, art. 5, en vigueur le 7 juin 2012) « Par dérogation aux dispositions de l'article R. 322-1, la circulation sur la voie publique ou ouverte à la circulation publique d'un véhicule à moteur destiné à participer à une manifestation sportive entrant dans le cadre de l'article R. 331-18 du code du sport, non réceptionné ou qui n'est plus conforme à sa réception d'origine telle que prévue aux articles R. 321-1 et suivants, est autorisée sur un parcours de liaison tel que défini à l'article R. 331-21 (4°) du code du sport.

« Cette autorisation est valide sous réserve d'une inscription à une manifestation sportive organisée conformément à l'article R. 331-26 du code du sport.

« Cette dérogation est strictement limitée à la date et à l'itinéraire prévus dans l'arrêté d'autorisation de la manifestation sportive.

« Les modalités d'application relatives à l'identification des conducteurs sont fixées par arrêté conjoint du ministre de l'intérieur et du ministre chargé des sports.

« Un arrêté du ministre chargé des transports fixe, pour chaque type de véhicule, les dispositifs techniques et de sécurité minimaux dont ils doivent disposer pour l'application de cet article. »

V. art. R. 331-6 à R. 331-17.

L'autorisation délivrée par le préfet en application des dispositions du décret n° 55-1366 du 18 oct. 1955 pour l'organisation d'une épreuve sportive n'a pas pour effet de dispenser le maire de la commune concernée par cette épreuve de son obligation d'assurer, par des mesures appropriées, la sécurité des usagers de la voie publique sur l'ensemble du territoire communal. • CAA Bordeaux, 5 mai 1997, *Cne de Bordeaux : req. n° 95BX00961.* ♦ ... La circonstance que cette autorisation préfectorale soit subordonnée à la souscription par l'organisateur d'une assurance couvrant l'intégralité des dommages pouvant résulter de la manifestation n'étant pas de nature à exonérer la collectivité publique de sa responsabilité éventuelle à l'égard des victimes. • Même arrêt.

Art. R. 411-30 L'autorité administrative compétente pour exercer le pouvoir de police en matière de circulation routière peut réglementer la circulation, l'interdire temporairement en cas de nécessité et prévoir que l'épreuve, la course ou la compétition sportive bénéficie d'une priorité de passage portée à la connaissance des usagers par une signalisation appropriée, définie par arrêté du ministre de l'intérieur *(Abrogé par Décr. n° 2010-773 du 8 juill. 2010, art. 4-4°)* « *, du ministre de la défense* », du ministre chargé des transports et du ministre chargé des sports.

Le fait de contrevenir aux restrictions de circulation édictées en vertu du présent article à l'occasion des épreuves, courses ou compétitions sportives est puni de l'amende prévue pour les contraventions de la quatrième classe.

Art. R. 411-31 L'autorisation peut être subordonnée à l'agrément par l'autorité administrative de représentants de la fédération sportive ou de *(Décr. n° 2012-312 du 5 mars 2012, art. 5, en vigueur le 7 juin 2012)* « la personne physique ou morale » qui organise l'épreuve, la course ou la compétition sportive. Les représentants qui doivent être majeurs et titulaires du permis de conduire sont chargés, sur l'itinéraire emprunté, de signaler l'épreuve, la course ou la compétition sportive aux usagers de la route. *(Décr. n° 2012-312 du 5 mars 2012, art. 5, en vigueur le 7 juin 2012)* « Ils portent des signes vestimentaires permettant de les identifier. » Dans l'accomplissement de leur mission, ils sont tenus de se conformer aux instructions des membres des forces de police ou de gendarmerie *(Décr. n° 2012-312 du 5 mars 2012, art. 5, en vigueur le 7 juin 2012)* « territorialement compétents ». Ils leur rendent compte des incidents qui peuvent survenir.

(Décr. n° 2012-312 du 5 mars 2012, art. 5, en vigueur le 7 juin 2012) « Le fait pour tout usager de contrevenir aux indications des représentants mentionnés à l'alinéa précédent et mettant en œuvre les mesures de circulation édictées en vertu de l'article R. 411-30 à l'occasion des épreuves, courses ou compétitions sportives est puni de l'amende prévue pour les contraventions de la quatrième classe. »

Art. R. 411-32 Le fait, pour tout organisateur, hors le cas du défaut d'autorisation des courses de véhicules à moteur, de contrevenir aux dispositions réglementant les courses de toute nature, ainsi que les épreuves ou compétitions sportives, est puni de l'amende prévue pour les contraventions de la quatrième classe.

....

Art. R. 421-8 Les essais de véhicules à moteur ou de châssis, les courses, épreuves ou compétitions sportives sont interdits sur les autoroutes.

Le fait, pour tout conducteur, de contrevenir aux dispositions du présent article est puni de l'amende prévue pour les contraventions de la deuxième classe.

Arrêté du 14 mars 2012,

Relatif aux dispositifs techniques et de sécurité minimaux requis pour la participation des véhicules à moteur des catégories M ou N à un parcours de liaison d'une manifestation sportive.

Art. 1er Les véhicules à moteur des catégories M ou N qui circulent sur un parcours de liaison d'une manifestation sportive disposent de dispositifs techniques et de sécurité minimaux.

Art. 2 Les véhicules à moteur des catégories M ou N conformes à leur réception d'origine disposent des dispositifs requis à l'article 1er.

Art. 3 Les véhicules à moteur des catégories M ou N, non réceptionnés ou qui ne sont plus conformes à leur réception, disposent également des dispositifs requis à l'article 1er lorsqu'ils sont équipés des dispositifs prévus par les dispositions du code de la route :

— de l'article R. 313-3, relativement aux feux de croisement ;
— des articles R. 313-4 et R. 313-5, relativement aux feux de position avant et arrière ;
— de l'article R. 313-7, relativement aux feux stop ;
— de l'article R. 313-14, relativement aux feux indicateurs de direction ;
— de l'article R. 313-33, relativement aux avertisseurs sonores ;
— de l'article R. 316-6, relativement aux rétroviseurs.

Art. 4 Le contrôle de la conformité des véhicules à moteur des catégories M ou N est opéré préalablement à la circulation sur un parcours de liaison. Il peut avoir lieu lors des vérifications techniques précédant la manifestation sportive.

Ce contrôle est assuré par le représentant de la fédération délégataire compétente qui délivre une attestation de contrôle lorsqu'il constate la présence et le caractère opérationnel des dispositifs requis à l'article 1er. Cette attestation est conservée par le conducteur du véhicule examiné.

SOUS-SECTION 2 OBLIGATION DÉCLARATIVE

Art. R. 331-22 L'organisateur d'une concentration soumise à déclaration doit déposer un dossier de déclaration au plus tard deux mois avant la date de l'événement auprès du préfet territorialement compétent.

Un arrêté conjoint du ministre de l'intérieur et du ministre chargé des sports détermine la composition du dossier et les modalités de son dépôt. – *[Décr. n° 2006-554 du 16 mai 2006, art. 5.]*

SOUS-SECTION 3 DÉLIVRANCE DE L'AUTORISATION

Art. R. 331-23 Seules peuvent être autorisées les concentrations et manifestations organisées par :

1° Une fédération sportive ou ses organes nationaux, régionaux ou départementaux et les groupements sportifs qui lui sont affiliés ;

2° Des personnes physiques ou morales autres que celles mentionnées au 1°, après avis du directeur départemental de la jeunesse, des sports et de la vie associative, qui vérifie notamment le respect par le règlement particulier de la concentration ou de la manifestation des règles techniques et de sécurité mentionnées à l'article R. 331-19. – *[Décr. n° 2006-554 du 16 mai 2006, art. 6.]*

Art. R. 331-24 L'organisateur d'une concentration soumise à autorisation ou d'une manifestation doit présenter au préfet du département du lieu de la manifestation une demande d'autorisation.

Si la concentration ou la manifestation se déroule sur moins de vingt départements, la demande d'autorisation est adressée simultanément au préfet de chacun des départements traversés. Si elle se déroule sur vingt départements ou plus, elle est adressée en même temps au ministre de l'intérieur.

La demande doit parvenir au plus tard trois mois au moins avant la date prévue pour le déroulement de la concentration ou de la manifestation. Si la manifestation a lieu sur un circuit homologué, ce délai est réduit à deux mois.

Un arrêté conjoint du ministre de l'intérieur et du ministre chargé des sports détermine la composition du dossier de la demande et les modalités de son dépôt. – *[Décr. n° 2006-554 du 16 mai 2006, art. 7.]*

V. note ss. art. R. 331-18.

Art. R. 331-24-1 *(Décr. n° 2011-269 du 15 mars 2011, art. 1er-1)* Lorsque la demande d'autorisation porte sur l'organisation d'une épreuve ou d'une compétition de sports motorisés se déroulant sur des terrains ou des parcours fermés de manière permanente à la circulation publique et non soumis à la procédure prévue à l'article L. 421-2 du code de l'urbanisme, un arrêté conjoint du ministre de l'intérieur, du ministre chargé des sports et du ministre chargé de l'environnement détermine également, en fonction de l'importance de la manifestation, la nature des documents d'évaluation des incidences sur l'environnement et des mesures préventives et correctives que le dossier de la demande doit comprendre. – *L'art. 1er du Décr. n° 2011-269 du 15 mars 2011 s'applique aux épreuves et compétitions de sports motorisés dont la date est postérieure de plus de six mois à sa date de publication, soit le 16 sept. 2011.*

Art. R. 331-25 (Abrogé par Décr. n° 2012-312 du 5 mars 2012, art. 4, à compter du 7 juin 2012) ***Les organisateurs d'une manifestation qui ont leur siège ou leur résidence à l'étranger doivent présenter leur demande d'autorisation simultanément à la fédération délégataire de la discipline, lorsqu'elle existe, et, selon le cas, au ministre de l'intérieur et aux préfets des départements traversés ou aux seuls préfets, dans les délais prévus à l'article R. 331-24.*** – [Décr. n° 2006-554 du 16 mai 2006, art. 26.]

Art. R. 331-26 Dès réception d'une demande d'autorisation, le préfet saisit pour avis les autorités locales investies du pouvoir de police.

Sauf dans le cas prévu au *(Décr. n° 2011-269 du 15 mars 2011, art. 1er-II)* « quatrième » alinéa, l'autorisation est délivrée par le préfet après avis de la commission départementale de sécurité routière. Celle-ci peut recommander des prescriptions s'ajoutant à celles prévues par les organisateurs. Le préfet peut en outre prescrire des mesures complémentaires dans l'intérêt de la circulation, de la sécurité ou de la tranquillité publiques *(Décr. n° 2011-269 du 15 mars 2011, art. 1er-II)* « , et de l'environnement ».

(Décr. n° 2011-269 du 15 mars 2011, art. 1er-II) « Si la manifestation se déroule sur des terrains ou des parcours fermés de manière permanente à la circulation publique et non soumis à la procédure prévue à l'article L. 421-2 du code de l'urbanisme, le préfet peut en outre consulter les services de l'État compétents en matière d'environnement ainsi que toute personne ou organisme consultatif dont le concours lui paraît utile.L'autorisation délivrée pour ces manifestations vaut autorisation au titre du deuxième alinéa de l'article L. 362-3 du code de l'environnement. » – *L'art. 1er du Décr. n° 2011-269 du 15 mars 2011 s'applique aux épreuves et compétitions de sports motorisés dont la date est postérieure de plus de six mois à sa date de publication, soit le 16 sept. 2011.*

Si la manifestation se déroule sur vingt départements ou plus, l'autorisation est délivrée par le ministre de l'intérieur sur l'avis du préfet de chaque département traversé après que celui-ci a consulté la commission départementale de sécurité routière. Les commissions départementales peuvent recommander et le ministre prescrire des mesures complémentaires dans les conditions prévues au deuxième alinéa.

La décision d'autorisation est publiée et notifiée à l'auteur de la demande. – *[Décr. n° 2006-554 du 16 mai 2006, art. 8.]*

V. note ss. art. R. 331-18.

Art. R. 331-26-1 *(Décr. n° 2012-312 du 5 mars 2012, art. 4, en vigueur le 7 juin 2012)* L'autorisation prévue au deuxième alinéa de l'article R. 331-26 est délivrée par arrêté du préfet du département du lieu de départ.

Pour les concentrations ou manifestations sportives en provenance de l'étranger, l'autorisation est délivrée par le préfet du département d'entrée en France.

Lorsque le parcours couvre plusieurs départements, l'autorisation est délivrée après accord des préfets des départements traversés.

Dans le cas où la manifestation comporte plusieurs points de départ situés dans des départements différents, l'autorisation est délivrée par le préfet du département du siège de l'organisateur.

V. note ss. art. R. 331-18.

Art. R. 331-27 Toute concentration ou manifestation autorisée ne peut débuter qu'après la production par l'organisateur technique à l'autorité qui a délivré l'autorisation ou à son représentant d'une attestation écrite précisant que toutes les prescriptions mentionnées dans l'autorisation ont été respectées. – *[Décr. n° 2006-554 du 16 mai 2006, art. 9.]*

V. note ss. art. R. 331-18.

Art. R. 331-28 L'autorisation peut être suspendue ou rapportée à tout moment s'il apparaît que les conditions de sécurité ne se trouvent plus réunies ou que l'organisateur, malgré la mise en demeure qui lui en est faite par l'autorité administrative, ne respecte plus ou ne fait plus respecter par les participants et les spectateurs des dispositions prévues par le règlement particulier de la manifestation en vue de leur protection. – *[Décr. n° 2006-554 du 16 mai 2006, art. 10.]*

V. note ss. art. R. 331-18.

SOUS-SECTION 4 DISPOSITIONS COMMUNES AUX ÉVÉNEMENTS SOUMIS À DÉCLARATION OU À AUTORISATION

Art. R. 331-29 (Abrogé par Décr. n° 2012-312 du 5 mars 2012, art. 4, à compter du 7 juin 2012) ***Les fédérations sportives agréées ou délégataires font parvenir le calendrier des concentrations et manifestations organisées par les groupements sportifs qui leur sont affiliés à l'autorité administrative appelée à recevoir la déclaration ou à délivrer l'autorisation.*** – [Décr. n° 2006-554 du 16 mai 2006, art. 25.]

Art. R. 331-30 Toute concentration ou manifestation ne peut débuter qu'après production à l'autorité administrative compétente ou à son représentant d'une police d'assurance souscrite par l'organisateur auprès d'une ou de plusieurs sociétés agréées en France, dans un autre État membre de la Communauté européenne ou dans un autre État partie à l'accord sur l'Espace économique européen.

La police d'assurance garantissant la manifestation et ses essais couvre la responsabilité civile de l'organisateur et des participants ainsi que celle de toute personne qui prête son concours à l'organisation avec l'accord de l'organisateur. La police garantissant la concentration n'est pas tenue de couvrir la responsabilité civile des participants.

Un arrêté conjoint du ministre chargé de l'économie et du ministre chargé des sports détermine le montant minimal des garanties couvrant respectivement les dommages corporels et les dommages matériels. – *[Décr. n° 2006-554 du 16 mai 2006, art. 11.]*

Art. R. 331-31 L'organisateur est débiteur envers l'État et les collectivités territoriales des redevances représentatives du coût de la mise en place du service d'ordre particulier nécessaire pour assurer la sécurité des spectateurs et de la circulation lors du déroulement de la concentration ou de la manifestation ainsi que, le cas échéant, de sa préparation et de ses essais. Cette disposition est applicable au service d'ordre présent dans l'enceinte de la manifestation si celle-ci est organisée sur un circuit fermé ou sur le tracé du parcours pour la concentration ou la manifestation organisée sur la voie publique. – *[Décr. n° 2006-554 du 16 mai 2006, art. 12.]*

Art. R. 331-32 L'organisateur a l'obligation de remettre en état les voies ouvertes à la circulation publique et leurs dépendances dont il a obtenu l'usage privatif à l'occasion de la concentration ou de la manifestation. – *[Décr. n° 2006-554 du 16 mai 2006, art. 13.]*

Art. R. 331-33 Le ministre de l'intérieur et le ministre chargé de l'équipement fixent conjointement la liste des routes interdites, à titre permanent, périodique ou provisoire, à toutes les concentrations ou manifestations ou à certaines catégories d'entre elles en raison des incidences que leur déroulement peut avoir sur l'économie, le tourisme ou la sécurité générale. Ils peuvent toutefois indiquer sous quelles conditions les-

dites routes peuvent être soit traversées, soit empruntées sur une distance réduite lors de ces événements. – *[Décr. n° 2006-554 du 16 mai 2006, art. 27.]*

Art. R. 331-34 La distribution ou la vente d'imprimés ou d'objets à l'occasion d'une concentration ou d'une manifestation ne peut se faire que dans les conditions et dans les lieux fixés par les autorités administratives compétentes avec l'accord de l'organisateur et du ou des propriétaires des lieux. – *[Décr. n° 2006-554 du 16 mai 2006, art. 28.]*

SOUS-SECTION 5 HOMOLOGATION DES CIRCUITS

La Commission nationale d'examen des circuits de vitesse est renouvelée pour une durée de cinq ans (Décr. n° 2015-628 du 5 juin 2015, art. 1er).

COMMENTAIRE

Toute manifestation, au sens des art. R. 331-18 et suivants du code du sport, qui se déroule sur un circuit ne peut être autorisée que si le circuit a été préalablement homologué.

Selon l'administration, un circuit s'entend au sens littéral comme un itinéraire fermé qui peut être parcouru plusieurs fois sans être quitté. Le circuit suppose des voies fermées, de manière temporaire ou permanente, à la circulation publique et délimitées par tous moyens adéquats. Le circuit répond à des parcours définis. En conséquence, la réglementation applicable distingue : le circuit, le terrain, le parcours et le parcours de liaison. Ainsi, seuls sont exclus de l'application des articles R. 331-35 et suivants du code du sport et donc non soumis à l'obligation d'être homologués les circuits réservés à des essais industriels ainsi que les circuits qui sont destinés de manière exclusive à la préparation du permis de conduire ou à l'enseignement de la sécurité routière *(V. Circ. INT/D/06/00095/C du 27 nov. 2006 [application des art. R. 331-18 à R. 331-45 C. sport, www.interieur.gouv.fr]).* ❑

Art. R. 331-35 Tout circuit sur lequel se déroulent des compétitions, essais ou entraînements à la compétition et démonstrations doit faire l'objet d'une homologation préalable.

Pour l'application de la présente sous-section, on entend par :

1° "Compétition" toute épreuve organisée dans le cadre d'une manifestation, dont l'objectif est l'obtention des meilleurs résultats possibles ;

2° "Essai ou entraînement à la compétition" une préparation ou un test, préalable ou non à une compétition, destiné à évaluer ou à améliorer les performances du conducteur ou du véhicule ;

3° "Démonstration" toute manifestation ayant pour objet la présentation, en mouvement, des capacités de vitesse ou de maniabilité de véhicules terrestres à moteur, sans qu'elle constitue un entraînement ou une compétition.

Les conditions de sécurité correspondant à ces types d'activité sont définies par les règles techniques et de sécurité prévues à l'article R. 331-19.

Un arrêté conjoint du ministre de l'intérieur et du ministre chargé des sports détermine la composition du dossier de demande d'homologation et les modalités de son dépôt. – *[Décr. n° 2006-554 du 16 mai 2006, art. 14.]*

En application de l'art. L. 231-4 CRPA, le silence gardé pendant 2 mois par l'administration vaut décision de rejet pour une demande d'homologation d'un circuit de vitesse (Décr. n° 2014-1294 du 23 oct. 2014, art. 1er).

I. – Sans préjudice de son application de plein droit dans les autres cas, le Décr. n° 2014-1294 du 23 oct. 2014 est applicable à Saint-Barthélemy et à Saint-Martin pour les demandes relatives à l'entrée et au séjour des étrangers et au droit d'asile.

II. – Ce même décret est applicable en Nouvelle-Calédonie, en Polynésie française, dans les îles Wallis-et-Futuna et dans les Terres australes et antarctiques françaises pour les demandes, mentionnées à l'art. 1er de ce même décret, qui s'inscrivent dans les procédures qui sont applicables en Nouvelle-Calédonie ou dans ces collectivités.

Ce même décret s'applique aux demandes présentées à compter du 12 nov. 2014 (Décr. préc., art. 3 et 4).

1. L'activité de « roulage libre » relève, selon le véhicule utilisé, de la discipline de sport automobile ou de motocyclisme pour lesquels délégation a été donnée respectivement à la Fédération française du sport automobile et à la Fédération française de motocyclisme, de sorte que cette activité, dès lors qu'elle n'exclut pas les essais ou entraînements à la compétition et qu'elle se déroule sur un circuit dont les caractéristiques techniques permettent ces pratiques, doit être regardée comme entrant dans le champ de l'art. R. 331-35 C. sport. • CE 15 déc. 2010, *Sté du Mas du clos et M. Bardinon : req. n° 331356 ; JS 2011, n° 107, p. 11, note G. Durand ; JS 2011, n° 116, p. 26, chron. E. Honorat.* ♦ En conséquence, les fédérations délégataires sont compétentes pour édicter les règles techniques et de sécurité applicables en application de l'art. R. 331-19 C. sport. • Même arrêt.

2. En cas d'accident survenu sur un circuit, la responsabilité de l'exploitant peut être engagée nonobstant l'homologation préfectorale dont ledit circuit a fait l'objet dans la mesure où l'homologation a été délivrée à une date déterminée et le respect des règles de sécurité devant s'apprécier au jour de l'accident. • Douai, 13 janv. 2011, n° 09/02499*JS 2011, n° 108, p. 10, note G. Durand ; D. 2012. 704 , Panorama Droit du sport, spéc. 710.*

3. Il appartient aux fédérations sportives délégataires d'édicter les règles générales relatives au bruit émis par les véhicules terrestres à moteur participant à des manifestations organisées dans des lieux non ouverts à la circulation publique et, le cas échéant, au ministre de l'intérieur ou au préfet, lors de la procédure d'homologation des circuits de vitesse et d'autorisation des concentrations et manifestations, de définir les conditions d'exercice spécifiques relatives au bruit de ces manifestations. • CE 26 juill. 2011, *Isaffo : req. n° 340806, Dict. Perm. dr. sport 2011, Bull. n° 182, p. 16, obs. D. Rémy.* ♦ L'autorité administrative pouvant légalement se référer, dans l'arrêté d'homologation du circuit, aux règles fédérales. • CE 26 juill. 2011, *Kostmann : req. n° 340579, Dict. Perm. dr. sport 2011, Bull. n° 182, p. 16, obs. D. Rémy.*

Art. R. 331-36 La personne physique ou morale qui demande l'homologation d'un circuit supporte les frais d'étude et de visite nécessaires à l'instruction du dossier. – *[Décr. n° 2006-554 du 16 mai 2006, art. 15.]*

Art. R. 331-37 L'homologation est accordée pour une durée de quatre ans :

1° Par le ministre de l'intérieur, après visite sur place et avis de la Commission nationale d'examen des circuits de vitesse, lorsque la vitesse des véhicules peut dépasser 200 km/h en un point quelconque du circuit ;

2° Par le préfet du département, après visite et avis de la commission départementale de sécurité routière, dans les autres cas.

Une nouvelle homologation est nécessaire lorsque le tracé du circuit fait l'objet d'une modification.

L'autorisation du préfet prévue à l'article R. 331-26 vaut homologation du circuit non permanent sur lequel se déroule une manifestation, pour la seule durée de celle-ci. – *[Décr. n° 2006-554 du 16 mai 2006, art. 16.]*

V. note ss. art. R. 331-35.

Art. R. 331-38 La Commission nationale d'examen des circuits de vitesse comprend huit membres :

1° *(Décr. n° 2010-773 du 8 juill. 2010, art. 3)* « Trois » membres désignés par le ministre de l'intérieur ;

2° Deux membres désignés par les ministres chargés de l'équipement et des transports ;

(Abrogé par Décr. n° 2010-773 du 8 juill. 2010, art. 3) ***« 3° Un membre désigné par le ministre de la défense ; »***

(Décr. n° 2010-773 du 8 juill. 2010, art. 3) « 3° » Un membre désigné par le ministre chargé des sports ;

(Décr. n° 2010-773 du 8 juill. 2010, art. 3) « 4° » Un membre proposé par la Fédération française du sport automobile ;

(Décr. n° 2010-773 du 8 juill. 2010, art. 3) « 5° » Un membre proposé par la Fédération française de motocyclisme.

Les membres de la commission et son président, choisi parmi eux, sont nommés par le ministre de l'intérieur pour un mandat de trois ans renouvelable.

Chaque titulaire a un suppléant nommé dans les mêmes conditions, qui le remplace en cas d'empêchement.

Le rapporteur de la commission est choisi par le président parmi les membres désignés par les ministres chargés de l'équipement et des transports.

Le secrétariat de la commission est assuré par le ministère de l'intérieur. – *[Décr. n° 2006-554 du 16 mai 2006, art. 17.]*

Art. R. 331-39 La commission a notamment pour missions :

1° De vérifier que le circuit répond aux caractéristiques minimales imposées par les règles techniques et de sécurité prévues à l'article R. 331-19 ;

2° De déterminer les aménagements à réaliser par les organisateurs pour assurer notamment la protection des spectateurs assistant à une manifestation, compte tenu de la nature de celle-ci ainsi que du nombre et du type des véhicules engagés ;

3° De proposer, le cas échéant, la modification des dispositions qu'elle estime incompatibles avec les nécessités de la sécurité et de la tranquillité publiques. – *[Décr. n° 2006-554 du 16 mai 2006, art. 18.]*

1. Il incombe au ministre de l'Intérieur, lorsqu'il homologue des circuits de vitesse, de déterminer les prescriptions nécessaires pour assurer non seulement la sécurité des participants et du public mais également la tranquillité publique, compte tenu notamment de l'emplacement du circuit, de la nature des manifestations et du nombre de véhicules susceptibles d'être accueillis sur celui-ci. • CE 1er juill. 2005, *Assoc. de défense de l'environnement des alentours du Vallon de Fontanes : Lebon 299*. ♦ Doit ainsi être annulé l'arrêté préfectoral d'homologation qui ne comporte pas de mesures destinées à rendre compatibles les activités se déroulant sur le circuit en cause avec la tranquillité publique, ensemble l'arrêté autorisant le déroulement d'une manifestation sur le circuit. • TA Rennes, 6 avr. 2006, *Assoc. de recherche et de protection de l'environnement : req. n° 0303740.*

2. Eu égard à l'intensité de la gêne sonore provoquée par les engins utilisant un terrain de motocross et à la durée de cette utilisation, le préfet, en se bornant à prescrire une mesure de protection des habitations avoisinantes par l'établissement d'un écran végétal, n'a pas suffisamment tenu compte de la tranquillité des habitations avoisinantes. • CE 14 févr. 1996, *Assoc. Motocross de Bosville : req. n° 119435.* ♦ N'encourt en revanche pas l'annulation l'arrêté préfectoral ayant renouvelé l'homologation d'une piste de motocross et ayant suffisamment tenu compte de la tranquillité des habitations avoisinantes. • CAA Marseille, 13 avr. 2007, *Motoclub de Goult : req n° 05MA02497.*

3. Le caractère anormal du trouble ne se mesure pas par rapport aux normes édictées par la Féd. fr. de motocyclisme et l'agrément administratif du circuit de vitesse n'exclut pas la réalisation d'un trouble anormal de voisinage résultant de l'usage normal de la piste de compétition. • Poitiers, 18 avr. 2012, RG n° 10/04489 : *JS 2012, n° 123, p. 9, obs. F. Lagarde*.

Art. R. 331-40 La commission entend les représentants des autorités et services locaux intéressés ainsi que le propriétaire et le gestionnaire du circuit.

Elle peut demander une expertise aux services compétents des ministères chargés de l'équipement et des transports et procéder à l'audition de toute personne dont le concours lui paraît utile. – *[Décr. n° 2006-554 du 16 mai 2006, art. 19.]*

Art. R. 331-41 La visite de la commission donne lieu à l'établissement d'un procès-verbal qui propose, si l'avis est favorable, l'homologation du circuit soit pour une épreuve déterminée, soit pour plusieurs types d'épreuve. Ce procès-verbal, susceptible de comporter des prescriptions complémentaires, est communiqué au préfet. – *[Décr. n° 2006-554 du 16 mai 2006, art. 20.]*

Art. R. 331-42 Dans le champ de sa compétence, la commission départementale de sécurité routière exerce les mêmes missions et dispose des mêmes pouvoirs que ceux qui sont dévolus à la Commission nationale d'examen des circuits de vitesse par les articles R. 331-39 à R. 331-41. – *[Décr. n° 2006-554 du 16 mai 2006, art. 21.]*

Art. R. 331-43 L'homologation n'est accordée que si toutes les prescriptions mentionnées à l'article R. 331-41 ont été respectées. – *[Décr. n° 2006-554 du 16 mai 2006, art. 22.]*

V. note ss. art. R. 331-35.

Art. R. 331-44 L'autorité qui a délivré l'homologation peut, à tout moment, vérifier ou faire vérifier le respect des conditions ayant permis l'homologation.

L'homologation peut être rapportée, après audition du gestionnaire, si la commission compétente a constaté qu'une ou plusieurs des conditions qu'elle avait imposées ne sont pas respectées. – *[Décr. n° 2006-554 du 16 mai 2006, art. 23.]*

V. note ss. art. R. 331-35.

SOUS-SECTION 6 DISPOSITIONS PÉNALES

Art. R. 331-45 Hors le cas, sanctionné par l'article L. 411-7 du code de la route, de l'organisation sans autorisation de courses de véhicules terrestres à moteur sur les voies ouvertes à la circulation publique, le fait d'organiser sans la déclaration ou l'autorisation préalables prévues à l'article R. 331-18 du présent code une concentration ou une manifestation de véhicules terrestres à moteur est puni des peines prévues pour les contraventions de la cinquième classe.

Est puni des peines prévues pour les contraventions de la cinquième classe le fait, par l'organisateur, de ne pas respecter ou de ne pas faire respecter les prescriptions figurant dans l'autorisation administrative qui lui a été délivrée.

Est puni de l'amende prévue pour les contraventions de la troisième classe le fait de participer à une concentration ou une manifestation, comportant la participation de véhicules à moteur, non autorisée alors qu'elle était soumise à autorisation en application de l'article R. 331-18 du présent code. – *[Décr. n° 2006-554 du 16 mai 2006, art. 24.]*

SECTION VI ORGANISATION DE MANIFESTATIONS PUBLIQUES DE SPORTS DE COMBAT

(Décr. n° 2016-843 du 24 juin 2016, art. 1er)

COMMENTAIRE

La présente section consacrée à l'organisation de manifestations publiques de sports de combat vient, par le décret n° 2016-843 du 24 juin 2016 (*JO* 26 juin), remplacer l'ancienne section relative à l'organisation de manifestations publiques de boxe dont les dispositions étaient issues du décret n° 62-1321 du 7 novembre 1962. Les manifestations publiques de boxe, au sens de l'ancien article R. 331-47, étaient soumises à un régime d'autorisation préalable en application de l'ancien article R. 331-46. A compter du 1er novembre 2016, les manifestations publiques de sports de combat au sens de l'article R. 331-46 – et non plus les seules manifestations publiques de boxe, de façon à y inclure tous les sports de combat qui se sont développés ces dernières années… – sont soumises à un régime de déclaration, à l'exception de celles prévues à l'article R. 331-47. Le régime déclaratif prévu par ce dernier a été précisé par un arrêté en date du 3 octobre 2016 (*JO* 23 oct.) dont les dispositions figurent sous les articles A. 331-33 du présent code. Un arrêté de la même date relatif aux règles techniques et de sécurité applicables aux manifestations publiques de sports de combat vient insérer une annexe portant le numéro III-28 dans la partie réglementaire fixant les règles applicables aux manifestations relevant de disciplines pour lesquelles aucune fédération n'a reçu de délégation ministérielle (nouvel art. A. 331-36). ❑

Art. R. 331-46 Constitue une manifestation publique de sports de combat régie par la présente section tout combat ou démonstration ouvert ou diffusé au public dans les disciplines pour lesquelles le combat ou la démonstration peut prendre fin, notamment ou exclusivement, lorsqu'à la suite d'un coup porté l'un des adversaires se trouve dans un état le rendant incapable de se défendre et pouvant aller jusqu'à l'inconscience.

Le Décr. n° 2016-843 du 24 juin 2016 s'applique aux manifestations organisées à compter du 1er nov. 2016. Toutefois, les manifestations sportives de boxe autorisées avant cette date restent régies par les dispositions antérieurement en vigueur (Décr. préc., art. 2).

Art. R. 331-47 Les manifestations publiques de sports de combat :

1° Organisées par une fédération sportive délégataire, ses organes régionaux ou départementaux ou par l'un de ses membres ;

2° Relevant d'une discipline dans laquelle cette fédération a reçu la délégation prévue à l'article L. 131-14 ;

3° Et inscrites au calendrier de cette fédération,

ne sont pas soumises à l'obligation d'être préalablement déclarées auprès du préfet du département dans lequel la manifestation est organisée.

Toute autre manifestation publique de sports de combat doit être préalablement déclarée auprès du préfet.

V. note ss. art. R. 331-46.

Art. R. 331-48 Les sportifs, juges, arbitres, entraîneurs, organisateurs et, d'une manière générale, toute personne concourant à l'organisation de ces manifestations doivent respecter les règles édictées par les fédérations en application de l'article R. 131-32 et, lorsqu'elles existent, les dispositions prises par arrêté du ministre chargé des sports visant à limiter les risques auxquels la pratique des sports de combat expose les participants.

V. note ss. art. R. 331-46.

Art. R. 331-49 Le préfet peut interdire la tenue d'une manifestation publique de sports de combat dans les cas et conditions prévus à l'article L. 331-2.

V. note ss. art. R. 331-46.

Art. R. 331-50 La déclaration est accompagnée de l'avis de la fédération délégataire compétente pour édicter les règles techniques et de sécurité de la discipline dans laquelle elle a reçu délégation.

La demande d'avis est adressée, par lettre recommandée avec demande d'avis de réception ou remise en main propre contre récépissé, à la fédération délégataire compétente, préalablement à la déclaration auprès du préfet. La fédération doit rendre son avis dans un délai de quinze jours. Faute d'avoir été émis dans ce délai, l'avis est réputé favorable.

Lorsque la manifestation est organisée par une fédération agréée, ses organes régionaux ou départementaux ou l'un de ses membres, l'avis prévu au premier alinéa est réputé favorable dès lors qu'est en vigueur, dans la discipline faisant l'objet de la manifestation, une convention conclue entre cette fédération et la fédération délégataire compétente garantissant la mise en œuvre par la fédération agréée des règles techniques et de sécurité édictées par la fédération délégataire concernée.

V. note ss. art. R. 331-46.

Art. R. 331-51 Dans les disciplines dans lesquelles aucune fédération n'a reçu délégation, la déclaration est accompagnée d'une déclaration sur l'honneur de l'organisateur de se conformer aux règles techniques et de sécurité prévues par arrêté du ministre chargé des sports.

V. note ss. art. R. 331-46.

Art. R. 331-52 La déclaration de la manifestation est adressée au préfet :

1° Au moins quinze jours avant la date prévue pour la manifestation lorsque celle-ci est organisée par une fédération agréée, ses organes régionaux ou départementaux ou l'un de ses membres ;

2° Au moins un mois avant la date prévue pour la manifestation lorsque celle-ci n'est pas organisée par une personne mentionnée au 1°.

V. note ss. art. R. 331-46.

Art. R. 331-53 La composition du dossier de déclaration et les modalités de son dépôt sont fixées par arrêté du ministre chargé des sports et du ministre de l'intérieur.

V. note ss. art. R. 331-46.

Art. R. 331-54 Sans préjudice des dispositions des articles L. 331-3 et L. 331-6, sont punis des peines prévues pour les contraventions de la cinquième classe :

1° Le fait d'organiser une manifestation publique de sports de combat sans l'avoir déclarée préalablement selon les règles et dans les délais requis ;

2° Le fait de fournir de faux renseignements dans la déclaration préalable.

V. note ss. art. R. 331-46.

SECTION VI *[ANCIENNE]* ORGANISATION DE MANIFESTATIONS PUBLIQUES DE BOXE

Ancien art. R. 331-46 *Toute manifestation publique de boxe doit être autorisée préalablement par le préfet du département.*

L'autorisation délivrée en application du premier alinéa ne fait pas obstacle à l'exercice des pouvoirs de police du maire. – [Décr. n° 62-1321 du 7 nov. 1962, art. 1er.]

Ancien art. R. 331-47 *Constitue une manifestation publique de boxe tout combat ou démonstration de boxe, de tout style, auquel le public est convié à assister, même gratuitement.* – [Décr. n° 62-1321 du 7 nov. 1962, art. 2.]

Ancien art. R. 331-48 *Les boxeurs, juges, arbitres, managers, soigneurs, organisateurs et, d'une manière générale, toutes personnes concourant à l'organisation de manifestations publiques de boxe doivent respecter les dispositions réglementaires visant à limiter les risques auxquels la pratique de la boxe expose la santé et la sécurité des boxeurs.*

Ces dispositions sont prises par arrêté du ministre chargé des sports sur avis de la fédération française de boxe. – [Décr. n° 62-1321 du 7 nov. 1962, art. 3.]

Ancien art. R. 331-49 *Les demandes d'autorisation de manifestations publiques de boxe sont adressées aux préfets des départements où sont prévues les manifestations, au moins vingt jours avant la date prévue pour la manifestation, par lettres recommandées avec accusé de réception.* – [Décr. n° 62-1321 du 7 nov. 1962, art. 4.]

Ancien art. R. 331-50 *Les décisions des autorités saisies sont notifiées aux organisateurs au plus tard dix jours après réception de la demande. Le défaut de réponse dans ce délai équivaut à autorisation.* – [Décr. n° 62-1321 du 7 nov. 1962, art. 5.]

Ancien art. R. 331-51 *Le ministre chargé des sports fixe par arrêté les conditions dans lesquelles doivent être présentées les demandes d'autorisation ainsi que les garanties d'ordre moral, technique et médical exigées des personnes mentionnées à l'article R. 331-48.* – [Décr. n° 62-1321 du 7 nov. 1962, art. 6.]

Ancien art. R. 331-52 *Le fait d'organiser une manifestation publique de boxe sans en avoir demandé l'autorisation est puni de l'amende prévue pour les contraventions de la quatrième classe.*

Le fait de fournir de faux renseignements dans la demande d'autorisation ou d'organiser une manifestation publique de boxe malgré un refus d'autorisation est puni des peines prévues pour les contraventions de la cinquième classe. – [Décr. n° 62-1321 du 7 nov. 1962, art. 7.]

CHAPITRE II SÉCURITÉ DES MANIFESTATIONS SPORTIVES

SECTION PREMIÈRE INTERDICTION DE PÉNÉTRER OU DE SE RENDRE AUX ABORDS D'UNE ENCEINTE OÙ SE DÉROULE UNE MANIFESTATION SPORTIVE

Sur la création d'un traitement automatisé de données à caractère personnel relatif aux personnes interdites de stade, V. Arr. du 28 août 2007 (JO 4 sept.) et avis préalable de la CNIL n° 2007-197 du 10 juill. 2007 (JO 4 sept.).

Art. R. 332-1 Le procureur général ou le procureur de la République près la juridiction ayant prononcé, par décision définitive ou assortie de l'exécution provisoire, la peine complémentaire d'interdiction de pénétrer ou de se rendre aux abords d'une enceinte où se déroule une manifestation sportive prévue à l'article L. 332-11, communique au préfet du département du domicile de la personne condamnée, ou, si celle-ci demeure à Paris, au préfet de police, les informations suivantes :

– l'identité et le domicile de la personne condamnée ;

– la date de la décision ainsi que la durée de la peine complémentaire. – *[Décr. n° 2004-1534 du 30 déc. 2004, art. 1er.]*

Art. R. 332-2 *(Décr. n° 2011-1696 du 1er déc. 2011, art. 1er)* Le préfet auquel les informations ont été transmises les communique, à l'exclusion du domicile, aux fédérations sportives agréées, associations sportives et sociétés sportives qui sont concernées par la peine complémentaire prononcée. Les fédérations les transmettent sans délai aux ligues professionnelles intéressées.

Le préfet peut communiquer ces informations aux associations de supporters. – *[Décr. n° 2004-1534 du 30 déc. 2004, art. 2.]*

Art. R. 332-3 Lorsque la décision de condamnation à la peine complémentaire prévue à l'article L. 332-11, non définitive mais prononcée avec exécution provisoire, est infirmée par la cour d'appel, lorsque la personne condamnée en première instance est relaxée ou lorsque la condamnation définitive est amnistiée, les destinataires des informations mentionnées aux articles R. 332-1 et R. 332-2 en sont informés sans délai selon la même procédure. – *[Décr. nº 2004-1534 du 30 déc. 2004, art. 3.]*

Art. R. 332-4 Pour l'application du troisième alinéa de l'article L. 332-16, l'obligation de répondre à une convocation s'exerce auprès d'une autorité de police ou de gendarmerie dans un service dans le ressort territorial duquel est situé le domicile de la personne intéressée. – *[Décr. nº 2006-288 du 15 mars 2006, art. 1er.]*

V. aussi Circ. nº NOR/INT/D/06/00077/C du 29 août 2006 (application du dispositif des interdictions administratives de stade) (www.interieur.gouv.fr).

Art. R. 332-5 Lorsque la personne faisant l'objet de la mesure prévue au troisième alinéa de l'article L. 332-16 est domiciliée dans un autre département que celui du préfet et, à Paris, du préfet de police ayant prononcé l'interdiction prévue par le premier alinéa du même article, l'arrêté préfectoral renvoie au préfet du département du lieu de ce domicile ou, à Paris, au préfet de police le soin de désigner l'autorité chargée de convoquer la personne intéressée. – *[Décr. nº 2006-288 du 15 mars 2006, art. 2.]*

Art. R. 332-6 Lorsqu'elle est dans l'impossibilité de déférer à une convocation au lieu précisé dans l'arrêté préfectoral, la personne intéressée en informe de façon circonstanciée, sans délai et par tous moyens, l'autorité désignée, qui peut alors au besoin fixer un autre lieu de convocation, dans le même département ou dans un département différent. Le changement de lieu de convocation nécessite, au préalable, l'accord du ou des préfets intéressés. – *[Décr. nº 2006-288 du 15 mars 2006, art. 3.]*

Art. R. 332-7 *(Décr. nº 2011-1696 du 1er déc. 2011, art. 2)* « Pour l'application de l'article L. 332-16, le préfet du département ou, à Paris, le préfet de police communique aux fédérations sportives agréées, associations sportives et sociétés sportives qui sont concernées par la mesure administrative prononcée les informations suivantes : »

1° Le nom, le prénom, la date et le lieu de naissance de la personne faisant l'objet d'une mesure administrative d'interdiction de pénétrer dans des enceintes sportives ou de se rendre à leurs abords ;

2° Les enceintes et abords interdits d'accès ;

3° Le type de manifestations sportives concernées ;

4° La date de l'arrêté préfectoral d'interdiction ainsi que sa durée de validité ;

5° Le cas échéant, l'obligation de répondre, au moment des manifestations sportives objet de l'interdiction, aux convocations de toute autorité ou de toute personne qualifiée désignée par le préfet.

(Décr. nº 2011-1696 du 1er déc. 2011, art. 2) « Le préfet peut communiquer ces informations aux associations de supporters. » – *[Décr. nº 2006-1549 du 8 déc. 2006, art. 1er.]*

Art. R. 332-8 Les fédérations transmettent sans délai ces informations *(Abrogé par Décr. nº 2011-1696 du 1er déc. 2011, art. 3)* ***« aux associations sportives affiliées et »*** aux ligues professionnelles intéressées. – *[Décr. nº 2006-1549 du 8 déc. 2006, art. 2.]*

Art. R. 332-9 Lorsque la mesure administrative d'interdiction de pénétrer dans des enceintes sportives ou de se rendre à leurs abords est suspendue ou annulée par la juridiction administrative, les destinataires des informations mentionnées aux articles R. 332-7 et R. 332-8 en sont informés sans délai selon la même procédure. – *[Décr. nº 2006-1549 du 8 déc. 2006, art. 3.]*

SECTION II **DISSOLUTION OU SUSPENSION D'ACTIVITÉ D'UNE ASSOCIATION OU D'UN GROUPEMENT DE FAIT AYANT POUR OBJET LE SOUTIEN À UNE ASSOCIATION** *(Décr. nº 2010-385 du 16 avr. 2010).*

Art. R. 332-10 Les membres de la Commission nationale consultative de prévention des violences lors des manifestations sportives sont nommés pour une durée de trois ans, renouvelable une fois. – *[Décr. nº 2006-1550 du 8 déc. 2006, art. 1er.]*

Art. R. 332-11 Saisie par le ministre de l'intérieur d'un projet de dissolution d'une association ou d'un groupement de fait mentionnés à l'article L. 332-18, la commission rend son avis dans le mois qui suit sa saisine.

(Décr. nº 2010-385 du 16 avr. 2010) « Saisie par le ministre de l'intérieur d'un projet de suspension d'activité pendant douze mois au plus d'une association ou d'un groupement de fait mentionnés à l'article L. 332-18, la commission rend son avis dans les quinze jours qui suivent sa saisine. »

Le ministre chargé des sports est tenu informé de cette demande d'avis. – *[Décr. nº 2006-1550 du 8 déc. 2006, art. 2.]*

Art. R. 332-12 Le président de la commission définit les modalités de l'instruction de l'affaire et invite les représentants des associations ou des groupements de fait mentionnés par le projet de dissolution *(Décr. nº 2010-385 du 16 avr. 2010)* « ou de suspension d'activité pendant douze mois au plus » à présenter leurs observations écrites ou orales.

Les dirigeants des clubs sportifs concernés sont informés qu'ils peuvent également présenter leurs observations écrites ou orales. – *[Décr. nº 2006-1550 du 8 déc. 2006, art. 3.]*

Art. R. 332-13 Le secrétariat de la commission est assuré par les services du ministère de l'intérieur.

Une copie du procès-verbal prévu à l'article 14 du décret du 8 juin 2006 relatif à la création, à la composition et au fonctionnement de commissions administratives à caractère consultatif est adressée au ministre chargé des sports. – *[Décr. nº 2006-1550 du 8 déc. 2006, art. 4.]*

SECTION III **DISPOSITIONS RELATIVES À LA MISE EN ŒUVRE PAR LES ORGANISATEURS DE MANIFESTATIONS SPORTIVES À BUT LUCRATIF DE TRAITEMENTS AUTOMATISÉS DE DONNÉES À CARACTÈRE PERSONNEL POUR L'APPLICATION DE L'ARTICLE L. 332-1**

(Décr. nº 2016-1954 du 28 déc. 2016, art. 1er)

Art. R. 332-14 Le traitement automatisé de données à caractère personnel, relatives aux manquements aux dispositions des conditions générales de vente ou du règlement intérieur concernant la sécurité, que peut mettre en œuvre tout organisateur de manifestations sportives à but lucratif mentionné à l'article L. 332-1 est soumis aux conditions suivantes.

Ce traitement a pour finalité de contribuer à la sécurité des manifestations sportives en permettant aux organisateurs de refuser ou d'annuler la délivrance de titres d'accès à ces manifestations ou en refuser l'accès aux personnes qui ont contrevenu ou contreviennent aux dispositions des conditions générales de vente ou du règlement intérieur relatives à la sécurité de ces manifestations.

Art. R. 332-15 Seules peuvent être enregistrées dans le traitement prévu à l'article R. 332-14 les données à caractère personnel et informations suivantes :

1° Données d'identification : nom ; prénom ; date et lieu de naissance ; adresse ou lieu de résidence ; adresse électronique ; numéro de téléphone ; numéro de carte d'abonnement et photographie associée, le cas échéant ;

2° Motifs de l'enregistrement constituant un manquement aux dispositions des conditions générales de vente ou du règlement intérieur concernant la sécurité des manifestations sportives, notamment ceux tirés des faits suivants :

a) Acte de provocation à la haine ou à la violence dans l'enceinte sportive ou à ses abords immédiats ;

b) Acte de nature à compromettre la sécurité des personnes et des biens dans l'enceinte sportive ou à ses abords immédiats lors de la manifestation sportive ;

c) Accès à l'enceinte sportive en état d'ivresse manifeste ou sous l'influence manifeste de produits stupéfiants ; introduction et consommation de boissons alcooliques et/ou de produits stupéfiants dans l'enceinte sportive ;

d) Introduction dans l'enceinte sportive de tout objet pouvant constituer une arme ou mettre en péril la sécurité des personnes et des biens ;

3° Décisions prises :

a) Nature de la mesure : suspension, résiliation ou impossibilité de souscrire un nouvel abonnement ; refus de vente d'un titre d'accès ; annulation d'un tel titre ; refus d'accès à une enceinte sportive ;

b) Date de la décision ;

c) Durée de la mesure.

Ces données sont enregistrées par les personnes chargées de la sécurité sous l'autorité de l'organisateur de manifestations sportives à but lucratif.

Art. R. 332-16 Les données et informations à caractère personnel mentionnées à l'article R. 332-15 sont conservées pendant une durée qui ne peut excéder dix-huit mois à compter de leur enregistrement. Au terme de ce délai, ces données sont effacées automatiquement des traitements.

Art. R. 332-17 I. – Ont accès à tout ou partie des données à caractère personnel et informations mentionnées à l'article R. 332-15, dans le cadre de leurs attributions et pour les besoins exclusifs des missions qui leur sont confiées, les employés individuellement désignés par le responsable du traitement et relevant des services chargés de la sécurité, de la billetterie, des affaires juridiques et de l'organisation des manifestations sportives.

II. – Peuvent être destinataires, dans le cadre de leurs attributions et dans la limite du besoin d'en connaître, de tout ou partie des mêmes données et informations :

1° Les agents du service central du renseignement territorial (SCRT) et de la division nationale de lutte contre le hooliganisme (DNLH) de la direction centrale de la sécurité publique (DCSP), individuellement désignés et dûment habilités par leur chef de service ;

2° Les agents des directions départementales de la sécurité publique, individuellement désignés et dûment habilités par le directeur départemental ;

3° Les fonctionnaires de la préfecture de police relevant de la direction de la sécurité de proximité de l'agglomération parisienne, de la direction de l'ordre public et de la circulation et de la direction du renseignement, individuellement désignés et dûment habilités par leur directeur ;

4° Les militaires des groupements de gendarmerie départementale, des régions de gendarmerie et de la sous-direction de l'anticipation opérationnelle (SDAO) de la direction générale de la gendarmerie nationale, individuellement désignés et dûment habilités, respectivement par le commandant de groupement, le commandant de région de gendarmerie ou le sous-directeur de l'anticipation opérationnelle ;

5° Les employés des fédérations sportives délégataires et des ligues professionnelles, relevant des services chargés de la sécurité, de la billetterie, des affaires juridiques et de l'organisation des manifestations sportives individuellement désignés et dûment habilités par leur président, pour les besoins liés aux rencontres organisées par ces organismes.

Art. R. 332-18 Le responsable du traitement procède à l'information des personnes concernées par affichage, envoi ou remise d'un document, ou par tout autre moyen équivalent, en indiquant l'identité du responsable de traitement, la finalité poursuivie par le traitement, le caractère obligatoire des réponses, les conséquences éventuelles d'un défaut de réponse, les destinataires des données, la durée de conservation et les modalités d'exercice des droits des personnes concernées.

Le droit d'opposition prévu à l'article 38 de la loi du 6 janvier 1978 ne s'applique pas au traitement mentionné à l'article R. 332-14.

Les droits d'accès et de rectification prévus par les articles 39 et 40 de la loi du 6 janvier 1978 s'exercent directement auprès du responsable de traitement.

Art. R. 332-19 Les créations, modifications et consultations font l'objet d'un enregistrement comprenant l'identification du consultant ainsi que la date, l'heure et l'objet de la consultation. Les informations relatives aux consultations sont conservées dans le traitement pendant une durée qui ne peut excéder trois ans.

Art. R. 332-20 Les traitements de données à caractère personnel mentionnés à l'article R. 332-14 mis en œuvre par les organisateurs de manifestations sportives à but lucratif font l'objet d'une déclaration auprès de la Commission nationale de l'informatique et des libertés suivant les modalités prévues par les dispositions de l'article 23 de la loi n° 78-17 du 6 janvier 1978 relative à l'informatique, aux fichiers et aux libertés.

CHAPITRE III **RETRANSMISSION DES MANIFESTATIONS SPORTIVES**

SECTION PREMIÈRE **DROIT D'EXPLOITATION** *(Décr. n° 2011-47 du 11 janv. 2011).*

Art. R. 333-1 L'assemblée générale de la fédération sportive est compétente pour statuer sur l'opportunité, l'objet et l'étendue de la cession des droits d'exploitation audiovisuelle mentionnée au premier alinéa de l'article L. 333-2. – *[Décr. n° 2004-699 du 15 juill. 2004, art. 1er.]*

Art. R. 333-2 En cas de cession de la propriété de tout ou partie des droits d'exploitation audiovisuelle dans les conditions prévues à l'article R. 333-1, la ligue professionnelle commercialise à titre exclusif les droits d'exploitation audiovisuelle et de retransmission en direct ou en léger différé, en intégralité ou par extraits, quel que soit le support de diffusion, de tous les matchs et compétitions qu'elle organise. Il en est de même des extraits utilisés pour la réalisation de magazines d'information sportive.

Toutefois, la fédération et la ligue professionnelle conservent la possibilité d'utiliser librement toute image en vue de la réalisation de leurs missions d'intérêt général, telles que l'organisation et le déroulement des compétitions, la formation des arbitres, la promotion de la discipline, l'éducation des jeunes sportifs.

La ligue et les sociétés mentionnées à l'article L. 122-2 arrêtent les modalités de la commercialisation par lesdites sociétés des droits non commercialisés par la ligue et des droits inexploités. Ces modalités doivent respecter les règles de libre concurrence, notamment celles de publicité et de non-discrimination. Elles sont consignées dans un règlement intérieur de la ligue adopté conformément à ses statuts. – *[Décr. n° 2004-699 du 15 juill. 2004, art. 2.]*

Art. R. 333-3 La commercialisation par la ligue des droits mentionnés au premier alinéa de l'article R. 333-2 est réalisée selon une procédure d'appel à candidatures publique et non discriminatoire ouverte à tous les éditeurs ou distributeurs de services intéressés.

L'avis d'appel à candidatures contient des informations relatives au contenu et à l'échéance des contrats en cours portant sur les autres droits d'exploitation audiovisuelle. Il précise également le calendrier de la procédure d'attribution et les modalités d'ouverture des offres des différents candidats.

Les droits sont offerts en plusieurs lots distincts dont le nombre et la constitution doivent tenir compte des caractéristiques objectives des marchés sur lesquels ils sont proposés à l'achat.

Chaque lot est attribué au candidat dont la proposition est jugée la meilleure au regard de critères préalablement définis dans l'avis d'appel à candidatures. *(Décr. n° 2007-1676 du 28 nov. 2007)* « Les contrats sont conclus pour une durée qui ne peut excéder quatre ans. »

La ligue doit rejeter les propositions d'offres globales ou couplées ainsi que celles qui sont assorties d'un complément de prix. – *[Décr. n° 2004-699 du 15 juill. 2004, art. 3.]*

SECTION II **LIBERTÉ DE DIFFUSION**

(Décr. n° 2011-47 du 11 janv. 2011)

Art. R. 333-4 Les brefs extraits d'une manifestation ou d'une compétition sportive diffusés en application de l'article L. 333-7 sont prélevés parmi les images du détenteur du droit d'exploitation établi en France par tout éditeur de services de télévision, pour la diffusion sur son antenne ou sur ses services de médias audiovisuels à la demande qui mettent à disposition le même programme en différé :

a) Si cet éditeur est établi en France ; ou

b) S'il est établi dans un autre État membre de l'Union européenne ou partie à l'accord sur l'Espace économique européen dès lors qu'aucun éditeur de cet État n'a acquis ce droit d'exploitation.

CHAPITRE IV DISPOSITIONS RELATIVES AUX PARIS SPORTIFS

(Décr. n° 2016-760 du 8 juin 2016, art. 2)

COMMENTAIRE

La loi n° 2015-1541 du 27 novembre 2015 visant à protéger les sportifs de haut niveau et professionnels et à sécuriser leur situation juridique et sociale (art. 22) a créé l'article L. 333-1-4 du code du sport, aux termes duquel « *L'organisateur d'une manifestation ou d'une compétition sportive mentionné à l'article L. 331-5 qui interdit à ses acteurs d'engager, directement ou par personne interposée, des mises sur des paris reposant sur cette manifestation ou cette compétition sportive peut, en vue de sanctionner les manquements à cette interdiction, demander à l'Autorité de régulation des jeux en ligne (ARJEL) l'accès à des informations personnelles relatives à des opérations de jeu enregistrées par un opérateur de jeux ou de paris en ligne titulaire de l'agrément prévu à l'article 21 de la loi n° 2010-476 du 12 mai 2010 relative à l'ouverture à la concurrence et à la régulation du secteur des jeux d'argent et de hasard en ligne* ».

Le décret n° 2016-760 du 8 juin 2016, pris après un avis de la Commission nationale de l'informatique et des libertés en date du 19 mai 2016, précise donc d'une part, la nature de ce traitement de données et d'autre part, les conditions dans lesquelles l'ARJEL transmet ces informations aux personnes habilitées après demande des organisateurs.

Ainsi, les traitements de données autorisés par l'article R. 333-5 du code du sport peuvent ainsi porter sur les catégories de données à caractère personnel relatives notamment à l'identité de la personne soumise à interdiction de parier, à sa domiciliation, aux manifestations ou aux compétitions pour lesquelles elle est soumise à une interdiction de parier.

En outre, les organisateurs doivent habiliter un ou des représentants pour traiter les données et les transmettre à l'ARJEL qui procède aux contrôles en rapprochant les fichiers transmis.

A noter que la proposition de loi visant à préserver l'éthique du sport, à renforcer la régulation et la transparence du sport professionnel et à améliorer la compétitivité des clubs, adoptée en première lecture par le Sénat le 26 octobre 2016, entend élargir le champ des interdictions de parier à toutes les compétitions d'une même discipline et non plus seulement à la compétition à laquelle participent les acteurs visés par l'interdiction. ❑

SECTION PREMIÈRE DISPOSITIONS AUTORISANT LES ORGANISATEURS DE MANIFESTATIONS ET COMPÉTITIONS SPORTIVES À METTRE EN œUVRE DES TRAITEMENTS DE DONNÉES À CARACTÈRE PERSONNEL POUR L'APPLICATION DE L'ARTICLE L. 333-1-4

Art. R. 333-5 **Pour l'application des dispositions du premier alinéa de l'article L. 333-1-4, les organisateurs, mentionnés à l'article L. 331-5, de manifestations ou de compétitions sportives pouvant servir de support à des paris peuvent mettre en œuvre un traitement automatisé de données à caractère personnel relatives aux acteurs de ces manifestations ou de ces compétitions.**

La finalité de ce traitement est le contrôle de l'interdiction prévue au premier alinéa de l'article L. 333-1-4, en vue de la mise en œuvre d'une éventuelle procédure de sanction.

L'Autorité de régulation des jeux en ligne est destinataire des données mentionnées au premier alinéa.

Art. R. 333-6 **Les traitements autorisés par l'article R. 333-5 peuvent porter sur les catégories de données à caractère personnel relatives :**

1° A l'identité de la personne soumise à l'interdiction prévue au premier alinéa de l'article L. 333-1-4 (nom de famille, nom d'usage, prénoms, date et lieu de naissance) ;

2° A sa domiciliation (adresse postale et, le cas échéant, adresse électronique) ;

3° Aux manifestations ou aux compétitions pour lesquelles elle est soumise à une interdiction de parier.

Les droits d'accès et de rectification prévus aux articles 39 et 40 de la loi n° 78-17 du 6 janvier 1978 relative à l'informatique, aux fichiers et aux libertés s'exercent auprès des organisateurs de manifestations ou de compétitions sportives dont relèvent les personnes concernées.

Le droit d'opposition prévu à l'article 38 de la même loi ne s'applique pas au présent traitement.

Art. R. 333-7 En application des dispositions du IV de l'article 26 de la loi du 6 janvier 1978 susmentionnée, l'organisateur d'une manifestation ou d'une compétition sportive responsable du traitement de données défini à l'article R. 333-5 adresse à la Commission nationale de l'informatique et des libertés, préalablement à sa mise en œuvre, un engagement de conformité de celui-ci à la description figurant aux articles R. 333-5 et R. 333-6.

Art. R. 333-8 L'organisateur de la manifestation ou de la compétition sportive habilite, parmi ses agents ou représentants disposant des compétences techniques et juridiques adéquates, une ou plusieurs personnes, afin de :

1° Traiter les données contenues dans le traitement mentionné à l'article R. 333-5 ;

2° Transmettre à l'Autorité de régulation des jeux en ligne les demandes de rapprochement mentionnées à l'article R. 333-11 ;

3° Recevoir en réponse les éléments définis à l'article R. 333-12.

Une copie de la décision d'habilitation est transmise à l'Autorité de régulation des jeux en ligne.

Art. R. 333-9 Les résultats transmis par l'Autorité de régulation des jeux en ligne en application de l'article R. 333-12 sont conservés par l'organisateur de la manifestation ou de la compétition sportive durant cinq ans à compter de leur réception par celui-ci.

SECTION II **DISPOSITIONS RELATIVES AUX OPÉRATIONS DE RAPPROCHEMENT DE DONNÉES À CARACTÈRE PERSONNEL RÉALISÉES PAR L'AUTORITÉ DE RÉGULATION DES JEUX EN LIGNE POUR L'APPLICATION DE L'ARTICLE L. 333-1-4**

Art. R. 333-10 L'Autorité de régulation des jeux en ligne définit :

1° La nomenclature des compétitions pouvant servir de support à l'organisation de paris sportifs en ligne qui doit être utilisée pour présenter les informations mentionnées dans le cadre de la demande prévue au 2° de l'article R. 333-8 ;

2° Les modalités techniques de transmission et de traitement de la demande prévue à l'article R. 333-11.

Art. R. 333-11 L'Autorité de régulation des jeux en ligne procède aux contrôles demandés par l'organisateur de manifestation ou de compétition sportive, en rapprochant le fichier transmis par celui-ci du traitement de données à caractère personnel relatives aux opérations de paris sportifs en ligne dont elle dispose en application de l'article 38 de la loi n° 2010-476 du 12 mai 2010 relative à l'ouverture à la concurrence et à la régulation des jeux d'argent et de hasard en ligne.

Art. R. 333-12 Lorsque les opérations informatiques de rapprochement font apparaître que l'un des acteurs de l'une ou de plusieurs des manifestations ou compétitions concernées a méconnu l'interdiction prévue au premier alinéa de l'article L. 333-1-4, l'Autorité de régulation des jeux en ligne transmet les résultats de ces rapprochements aux agents ou représentants mentionnés à l'article R. 333-8.

Ces résultats comportent la mention :

1° Des noms, prénoms, date et lieu de naissance de la personne concernée ;

2° De la manifestation ou de la compétition et de la ou des épreuves sur lesquelles elle a engagé des paris sportifs ;

3° Du détail des opérations de paris sportifs en ligne engagées, notamment leur date de réalisation.

Art. R. 333-13 Le fichier transmis par l'agent ou le représentant de l'organisateur d'une manifestation ou compétition sportive à l'Autorité de régulation des jeux en ligne ainsi que les résultats des opérations informatiques de rapprochement sont conservés par l'Autorité de régulation des jeux en ligne durant un an à compter de l'envoi des résultats à l'organisateur.

Art. R. 333-14 Les droits d'accès aux données mentionnées à l'article R. 333-13 et de rectification de ces données s'exercent auprès du président de l'Autorité de régulation des jeux en ligne dans les conditions prévues aux articles 39 et 40 de la loi n° 78-17 du 6 janvier 1978.

Le droit d'opposition prévu à l'article 38 de la même loi ne s'applique pas à ces données.

LIVRE QUATRIÈME DISPOSITIONS DIVERSES

TITRE PREMIER FINANCEMENT DU SPORT

CHAPITRE UNIQUE

SECTION PREMIÈRE LE FINANCEMENT PAR CONVENTIONS D'OBJECTIFS DES FÉDÉRATIONS SPORTIVES AGRÉÉES

Art. R. 411-1 Les fédérations agréées peuvent recevoir un concours financier de l'État dans des conditions fixées par une convention d'objectifs. – *[L. n° 84-610 du 16 juill. 1984, art. 16, al. 17, phrase 1.]*

V. aussi Circ. NOR : PRMX1001610C du 18 janv. 2010 relative aux relations entre les pouvoirs publics et les associations : conventions d'objectifs et simplification des démarches relatives aux procédures d'agrément (JO 20 janv.).

SECTION II MISSIONS ET FONCTIONNEMENT DU CENTRE NATIONAL POUR LE DÉVELOPPEMENT DU SPORT

COMMENTAIRE

Le Centre national pour le développement du sport (CNDS) a été créé par le décret n° 2006-248 du 2 mars 2006 *(JO 3 mars)*. Son organisation – notamment territoriale – a été modifiée par le décret n° 2009-548 du 15 mai 2009 *(JO 17 mai)*. Le CNDS est un établissement public à caractère administratif qui a remplacé le Fonds national pour le développement du sport (FNDS), compte spécial du Trésor né des modifications apportées par la loi n° 78-988 du 29 décembre 1978 *(JO 30 déc.)* au Fonds national d'aide aux sportifs de haut niveau créé par la loi n° 75-988 du 29 octobre 1975 *(JO 30 oct.)*. Cette évolution est consécutive aux nouvelles dispositions qui régissent les comptes d'affectation spéciale. En effet, selon la loi organique n° 2001-692 du 1er août 2001 relative aux lois de finances *(JO 2 août)*, ces comptes doivent retracer « des opérations budgétaires financées au moyen de recettes particulières qui sont, par nature, en relation directe avec les dépenses concernées ». Certaines recettes du FNDS ne répondaient pas à cette exigence. Il a donc été décidé, à la suite des États généraux du sport de décembre 2002, de créer un établissement public qui se verrait affecter des ressources alimentant alors le FNDS. ❑

SOUS-SECTION 1 DISPOSITIONS GÉNÉRALES

Art. R. 411-2 Le Centre national *(Décr. n° 2009-548 du 15 mai 2009)* « pour le développement » du sport a pour missions, dans le cadre des orientations générales fixées par le ministre chargé des sports, de :

1° Contribuer au développement de la pratique du sport par le plus grand nombre ;
2° Favoriser l'accès au sport de haut niveau et l'organisation de manifestations sportives ;
3° Promouvoir la santé par le sport ;
4° Améliorer la sécurité des pratiques sportives et la protection des sportifs ;
5° Renforcer l'encadrement de la pratique sportive.

Il exerce ces missions par l'attribution de concours financiers, sous forme de subventions d'équipement ou de fonctionnement, au Comité national olympique et sportif français, aux associations sportives, aux collectivités territoriales ou à leurs groupe-

ments, *(Décr. n° 2009-548 du 15 mai 2009)* « aux organismes assurant le fonctionnement des antennes médicales de prévention du dopage mentionnées à l'article L. 232-1, » ainsi qu'aux associations et groupements d'intérêt public qui interviennent dans le domaine des activités physiques et sportives.

***(Décr. n° 2012-474 du 11 avr. 2012, art. 1er)* « Le Centre national pour le développement du sport exerce également ses missions en contribuant au financement des projets de construction ou de rénovation des enceintes sportives destinées à accueillir la compétition sportive dénommée "UEFA Euro 2016" ainsi que des équipements connexes permettant le fonctionnement de celles-ci. A cette fin, il peut conclure des conventions de subventionnement avec toute personne morale de droit public ou privé. »**

Le siège de l'établissement est fixé par arrêté du ministre chargé des sports. – *Les dispositions modifiées par le décret n° 2009-548 du 15 mai 2009 sont applicables dans les îles Wallis-et-Futuna, en Polynésie française et en Nouvelle-Calédonie.*

SOUS-SECTION 2 ORGANISATION ET FONCTIONNEMENT

§ 1er DISPOSITIONS GÉNÉRALES

Il est créé auprès du directeur général du Centre national pour le développement du sport un comité technique d'établissement public compétent pour connaître de toutes les questions intéressant le centre, V. Arr. du 29 juin 2011 (JO 19 août).

Art. R. 411-3 **Le Centre national pour le développement du sport est administré par un conseil d'administration et dirigé par un directeur général.**

***(Décr. n° 2016-191 du 24 févr. 2016, art. 1er-1° et 2°)* « Le conseil d'administration est composé, outre son président, des vingt-trois membres suivants :**

« 1° Cinq membres de droit »

***a)* Le ministre chargé des sports ou son représentant ;**

***b)* Le ministre chargé du budget ou son représentant ;**

***c)* Le président du Comité national olympique et sportif français ou son représentant ;**

***d)* Le directeur des sports ou son représentant ;**

***(Décr. n° 2016-191 du 24 févr. 2016, art. 1er-3° et 4°)* « *e)* Le président du Comité paralympique et sportif français ou son représentant ;**

« 2° Cinq représentants du ministère chargé des sports nommés par le ministre, dont deux chefs des services déconcentrés de l'État chargés de sports ; »

3° Cinq représentants du mouvement sportif nommés par le ministre chargé des sports après désignation par le président du Comité national olympique et sportif français, dont :

***a)* Un président de comité régional olympique et sportif ;**

***b)* Un président de comité départemental olympique et sportif ;**

4° Trois représentants de collectivités territoriales nommés par le ministre chargé des sports :

***a)* Un conseiller régional désigné par l'Association des régions de France ;**

***b)* Un conseiller départemental désigné par l'Assemblée des départements de France ;**

***c)* Un maire ou adjoint au maire désigné par l'Association des maires de France ;**

5° Quatre personnalités qualifiées nommées par le ministre chargé des sports, dont une sur la proposition du président du Comité national olympique et sportif français ;

***(Décr. n° 2016-191 du 24 févr. 2016, art. 1er-5°)* « 6° Un représentant du personnel de l'établissement nommé par le ministre chargé des sports, désigné par le comité technique de l'établissement. »**

Pour chacun des membres titulaires à l'exception du président, des membres de droit et des personnalités qualifiées, un suppléant est désigné dans les mêmes conditions.

***(Décr. n° 2016-191 du 24 févr. 2016, art. 1er-6°)* « Les membres du conseil d'administration mentionnés aux 2°, 3°, 4°, 5° et 6° ainsi que leurs suppléants sont nommés pour une durée de quatre ans, renouvelable une fois*[.]* »**

La perte de la qualité au titre de laquelle un membre a été nommé entraîne sa démission de plein droit du conseil d'administration.

En cas de vacance pour quelque cause que ce soit du siège d'un membre titulaire ou suppléant du conseil d'administration, il est pourvu à son remplacement dans les mêmes conditions, dans un délai de deux mois à compter du début de cette vacance, pour la durée du mandat restant à courir. – *[Décr. n° 2006-248 du 2 mars 2006, art. 3.]*

Art. R.* 411-4 *(Décr. n° 2007-1132 du 24 juill. 2007)* Le président du conseil d'administration du Centre national pour le développement du sport est nommé par décret du Premier ministre pris sur le rapport du ministre chargé des sports après avis du président du Comité national olympique et sportif français, pour une durée de quatre ans renouvelable une fois.

Art. R. 411-5 Le conseil d'administration se réunit au moins deux fois par an sur convocation de son président, qui en fixe l'ordre du jour. En cas d'empêchement ou d'absence du président, le directeur général peut convoquer le conseil d'administration qui désigne en son sein un président de séance.

Le conseil d'administration est en outre réuni de plein droit à la demande de la majorité de ses membres ou du ministre chargé des sports, sur un ordre du jour déterminé, dans le mois suivant la demande.

Le conseil d'administration ne peut délibérer que si la moitié au moins des membres qui le composent est présente ou représentée. Si ce quorum n'est pas atteint, le conseil est à nouveau convoqué sur le même ordre du jour dans un délai de quinze jours. Il délibère alors valablement quel que soit le nombre de membres présents ou représentés.

Les délibérations sont adoptées à la majorité des voix des membres présents ou représentés. En cas de partage égal des voix, celle du président est prépondérante.

Le directeur général, le contrôleur budgétaire et l'agent comptable de l'établissement assistent aux séances du conseil d'administration avec voix consultative. Le président peut inviter à assister à tout ou partie des réunions du conseil toute personne que celui-ci souhaite entendre. – *[Décr. n° 2006-248 du 2 mars 2006, art. 4.]*

Art. R. 411-6 Le conseil d'administration règle par ses délibérations les affaires de l'établissement. Il délibère notamment sur :

1° L'organisation générale de l'établissement ;

2° Le règlement intérieur de l'établissement ;

3° Le rapport annuel d'activité ;

4° Le budget de l'établissement et ses modifications ; il approuve le compte financier de l'établissement et décide de l'affectation des résultats de l'exercice ;

5° Les conditions générales d'emploi et de rémunération du personnel ;

6° Le cadre général de passation des conventions et marchés conclus par l'établissement ;

7° Les catégories de conventions qui, en raison de leur nature ou du montant financier engagé, doivent lui être soumises pour approbation, et celles dont il délègue la responsabilité au directeur général ;

8° L'acceptation ou le refus de dons et legs ; il peut, dans les conditions qu'il détermine, déléguer ces attributions au directeur général ;

9° La participation à des groupements d'intérêt public ;

10° Les projets d'achats d'immeuble, de prise à bail, de ventes et baux d'immeubles ;

11° L'exercice des actions en justice et les transactions ; il peut, dans les conditions qu'il détermine, déléguer ces attributions au directeur général ;

12° Le règlement général de l'établissement qui définit notamment les modalités et les conditions d'attribution et de reversement de ses concours financiers ; – *V. Règl. gén. 27 mars 2006 adopté par le conseil d'administration du CNDS (BOJS n° 6 du 15 avr).*

13° La répartition des concours financiers accordés par l'établissement entre les subventions d'équipement et de fonctionnement ; il détermine la part des crédits destinés aux subventions qu'il attribue au niveau national et la part des crédits destinés aux subventions attribuées au niveau local ; il adopte les directives de l'établissement concernant la répartition des subventions attribuées au niveau local ;

14° La liste des bénéficiaires et les montants des subventions qu'il attribue au niveau national *(Abrogé par Décr. n° 2009-548 du 15 mai 2009, art. 4-1°)* ***« , à l'exception des concours destinés au financement des actions mentionnées à l'alinéa suivant »*** ;

15° *(Abrogé par Décr. n° 2009-548 du 15 mai 2009, art. 4-2°)* ***« Les financements affectés aux actions mentionnées au second alinéa du 1 du III de l'article 53 de la loi du 30 décembre 2005 de finances pour 2006. »***

(Décr. n° 2009-548 du 15 mai 2009) « Il est consulté sur tout projet de convention entre l'État et une ou plusieurs collectivités territoriales dont les dispositions prévoient la réalisation ou la rénovation d'équipements sportifs nécessitant le concours financier de l'établissement. »

Les délibérations du conseil d'administration relatives au règlement général de l'établissement, à son budget, aux modifications de celui-ci *(Abrogé par Décr. n° 2012-1247 du 7 nov. 2012, art. 43-15°, à compter du 1er janv. 2013)* **« *et au compte financier* », ainsi que les délibérations prévues au 13° sont exécutoires en l'absence d'opposition des ministres chargé du budget et des sports dans les quinze jours qui suivent leur réception par chacun de ces ministres. Pour devenir exécutoires, les délibérations prévues aux 9° et 10° doivent recevoir l'approbation expresse du ministre chargé des sports et du ministre chargé du budget.** – *[Décr. n° 2006-248 du 2 mars 2006, art. 5.]*

Les dispositions modifiées par le décret n° 2009-548 du 15 mai 2009 sont applicables dans les îles Wallis-et-Futuna, en Polynésie française et en Nouvelle-Calédonie (Décr. préc., art. 19).

Art. R. 411-7 **Le directeur général assure la gestion de l'établissement pour le fonctionnement duquel il accomplit tous les actes utiles. Il le représente en justice et dans tous les actes de la vie civile. Il est ordonnateur des recettes et des dépenses. Il est la personne responsable des marchés.**

Il nomme aux emplois de l'établissement et a autorité sur le personnel.

Il prépare les délibérations du conseil d'administration et en assure l'exécution. Il lui rend compte, à chaque réunion, de l'activité de l'établissement.

Il notifie aux délégués *(Abrogé par Décr. n° 2009-548 du 15 mai 2009)* **« *régionaux ou* » territoriaux de l'établissement mentionnés aux paragraphes 2, 3 et 4 de la présente sous-section et aux articles R. 421-4, R. 422-3, R. 423-1, R. 424-1, R. 425-1** *(Décr. n° 2009-548 du 15 mai 2009)* **« , R. 426-1** *(Décr. n° 2016-191 du 24 févr. 2016, art. 6)* **« *[,]* R. 427-1, R. 428-1 et R. 429-1 » le montant des crédits à répartir au niveau local ainsi que les directives de l'établissement concernant cette répartition adoptées par le conseil d'administration en application du 13° de l'article R. 411-6.** – *Les dispositions modifiées par le Décr. n° 2009-548 du 15 mai 2009 sont applicables dans les îles Wallis-et-Futuna, en Polynésie française et en Nouvelle-Calédonie.*

Il peut, dans les limites qu'il détermine, déléguer sa signature à des agents de l'établissement et aux délégués de l'établissement mentionnés aux paragraphes 2, 3 et 4 de la présente sous-section et aux articles R. 421-4, R. 422-3, R. 423-1, R. 424-1, R. 425-1 *(Décr. n° 2009-548 du 15 mai 2009)* **« , R. 426-1 »** *(Décr. n° 2016-191 du 24 févr. 2016, art. 6)* **« *[,]* R. 427-1, R. 428-1 et R. 429-1 ».**

Il établit le rapport annuel d'activité, le soumet au conseil d'administration et le transmet, après approbation du conseil d'administration, au ministre chargé des sports. – *[Décr. n° 2006-248 du 2 mars 2006, art. 6, al. 2 à 7.]*

Art. R.* 411-8 *(Décr. n° 2007-1132 du 24 juill. 2007)* **Le directeur général est nommé par décret du Premier ministre pris sur le rapport du ministre chargé des sports, pour une durée de quatre ans renouvelable une fois.**

Art. R. 411-9 **Un comité de programmation est chargé de donner un avis au conseil d'administration sur l'attribution des subventions d'équipement proposées par le directeur général.** – *Le comité de programmation initialement créé pour une durée de cinq ans à compter du 17 mai 2009 (Décr. n° 2009-548 du 15 mai 2009) est pérennisé sur l'ensemble du territoire de la République par le Décr. n° 2014-762 du 2 juill. 2014 (Décr. préc., art. 1er).*

Outre son président, le comité comprend cinq membres nommés par arrêté du ministre chargé des sports :

1° Deux représentants de l'État ;

2° Deux représentants du mouvement sportif désignés par le président du Comité national olympique et sportif français ;

3° Un représentant de l'Association nationale des élus en charge du sport désigné par celle-ci.

Le président du comité de programmation, membre du conseil d'administration de l'établissement, est nommé par arrêté du ministre chargé des sports, sur proposition du président du Comité national olympique et sportif français.

La durée du mandat des membres est de quatre ans. Ce mandat est renouvelable une fois.

Le comité de programmation se réunit au moins deux fois par an sur convocation de son président.

Le directeur général de l'établissement assiste de plein droit avec voix consultative aux réunions du comité de programmation.

Les avis du comité sont adoptés à la majorité des voix des membres présents. En cas de partage égal des voix, celle du président est prépondérante. — *Les dispositions modifiées par le décret n° 2009-548 du 15 mai 2009 sont applicables dans les îles Wallis-et-Futuna, en Polynésie française et en Nouvelle-Calédonie.*

Art. R. 411-10 Les membres du conseil d'administration et du comité de programmation exercent leurs fonctions à titre gratuit. Une indemnité de sujétions particulières, dont le montant annuel est fixé par arrêté des ministres chargés du budget et des sports, peut être attribuée au président du conseil d'administration de l'établissement. Les membres du conseil d'administration et du comité de programmation peuvent bénéficier, pour leur participation aux séances du conseil ou du comité dont ils sont membres, du remboursement de leurs frais de déplacement et de séjour dans les conditions prévues par le décret n° 2006-781 du 3 juillet 2006 fixant les conditions et les modalités de règlement des frais occasionnés par les déplacements temporaires des personnels civils de l'État.

Ils ne peuvent prêter en aucun cas leur concours à l'établissement à titre onéreux.

Ils ne peuvent prendre part aux délibérations du conseil d'administration et du comité de programmation ayant pour objet une question pour laquelle ils ont un intérêt personnel ou qui concerne l'attribution ou le versement d'une subvention à un organisme dans lequel ils exercent une fonction d'administrateur ou de dirigeant. — *[Décr. n° 2006-248 du 2 mars 2006, art. 8.]*

Art. R. 411-11 Les conditions dans lesquelles les services de l'État, en particulier du ministère chargé des sports, apportent leur concours à l'établissement pour l'accomplissement de ses missions, notamment pour l'instruction des demandes de subvention, font l'objet d'une convention passée entre l'établissement et le ministère. — *[Décr. n° 2006-248 du 2 mars 2006, art. 9.] — V. Conv. 20 juill. 2006 (JO 15 août) portant application de l'art. 9 du décret n° 2006-248 du 2 mars 2006 entre le ministère de la jeunesse, des sports et de la vie associative et le CNDS.*

Décret n° 2006-248 du 2 mars 2006,

Portant création du Centre national pour le développement du sport. — L'ensemble du décret à l'exception de l'art. 25, al. 1er et 2, a été abrogé et codifié ss. art. R. 112-2 et R. 411-2 s.

Art. 25 *Al. 1er et 2 abrogés par Décr. n° 2006-248 du 2 mars 2006.*

Le terme du mandat des membres du premier conseil d'administration et du premier comité de programmation, à l'exclusion de celui des membres de droit, est fixé au 30 juin 2009.

Le terme du mandat des membres des premières commissions régionales, départementales et territoriales, à l'exclusion de celui des membres de droit, est également fixé au 30 juin 2009.

Avis du 21 juin 2010,

Relatif à l'approbation de la convention portant application de l'article 9 du décret n° 2006-248 du 2 mars 2006 entre le ministère de la santé et des sports et le Centre national pour le développement du sport.

ANNEXE

CONVENTION PORTANT APPLICATION DE L'ARTICLE 9 DU DÉCRET N° 2006-248 DU 2 MARS 2006

Entre :

Le ministère de la santé et des sports (« le ministère »), représenté par M. Jean-Marie Bertrand, secrétaire général du ministère,

Et :

Le Centre national pour le développement du sport (« le CNDS »), représenté par M. Julien Nizri, directeur général, autorisé aux présentes par la délibération n° 2006-08 du conseil d'administration du CNDS en date du 27 mars 2006,

Il est convenu comme suit :

PRÉAMBULE

L'article 45 de la loi de finances pour 2006 a procédé à la clôture du compte d'affectation spéciale n° 902-17 « Fonds national pour le développement du sport ». L'article 53 de cette même loi dispose que les opérations en compte au titre des chapitres 01, 03 et 06 du FNDS, correspondant aux concours financiers aux collectivités territoriales ou à leurs groupements, aux associations sportives ainsi qu'aux associations et groupements d'intérêt public qui ont pour objet de contribuer au développement du sport et de la pratique sportive sont transférées à l'établissement public chargé du développement du sport.

De même, les opérations en compte au titre du chapitre 12 de ce compte, subventions pour la réalisation d'équipements sportifs, ainsi que les droits et obligations afférents à la gestion des subventions d'équipement sportif aux collectivités territoriales ou à leurs établissements publics relevant des crédits de la mission « Sport, jeunesse et vie associative » du budget général sont transférées à l'établissement public chargé du développement du sport.

L'établissement public chargé du développement du sport a été créé par le décret n° 2006-248 du 2 mars 2006 (« le décret ») intégré au code du sport, portant création du Centre national pour le développement du sport (CNDS), établissement public national à caractère administratif, placé sous la tutelle du Ministre chargé des sports.

Le CNDS a pour mission, dans le cadre des orientations générales fixées par le Ministre chargé des sports, de :

a) Contribuer au développement de la pratique du sport par le plus grand nombre ;

b) Favoriser l'accès au sport de haut niveau et l'organisation de manifestations sportives ;

c) Promouvoir la santé par le sport ;

d) Améliorer la sécurité des pratiques sportives et la protection des sportifs ;

e) Renforcer l'encadrement de la pratique sportive.

Il exerce cette mission par l'attribution de concours financiers, sous forme de subventions d'équipement ou de fonctionnement, au Comité national olympique et sportif français, aux associations sportives, aux collectivités territoriales ou à leurs groupements, aux organismes assurant le fonctionnement des antennes médicales de prévention du dopage mentionnées à l'article L. 232-1, ainsi qu'aux associations et groupements d'intérêt public qui interviennent dans le domaine des activités physiques et sportives.

Modification en cours sur les questions de protection internationale de l'enfance

L'article R. 411-11 du code du sport précise que « Les conditions dans lesquelles les services de l'État, en particulier du ministère chargé des sports, apportent leur concours à l'établissement pour l'accomplissement de ses missions, notamment pour l'instruction des demandes de subvention, font l'objet d'une convention passée entre l'établissement et le ministère. »

Une convention a donc ainsi été signée entre le ministère chargé des sports et le CNDS le 20 juillet 2006 et publiée au *Journal officiel* du 15 août 2006.

Depuis lors, un nouveau décret (n° 2009-548 du 15 mai 2009) a modifié le code du sport, la structure du ministère chargé des sports a évolué et une nouvelle organisation territoriale des services de l'État est rentrée en application à compter du 1er janvier 2010. Le décret n° 2004-374 du 29 avril 2004 relatif aux pouvoirs des préfets, à l'organisation et à l'action des services de l'État dans les régions et départements modifiée en février 2010 et les décrets n° 2009-1484 du 3 décembre 2009 et n° 2009-1540 du 10 décembre 2009 relatifs respectivement aux directions départementales interministérielles et à l'organisation et aux missions des directions régionales de la jeunesse, des sports et de la cohésion sociale ont défini les attributions et compétences des préfets et des services déconcentrés de l'État.

Ainsi, le code du sport prévoit désormais que le CNDS dispose, dans chaque région, d'un délégué territorial, qui est le préfet, ainsi que d'un délégué territorial adjoint, désigné parmi les chefs des services déconcentrés de l'État chargés des sports. Il est constitué dans chaque région d'une commission territoriale du CNDS, coprésidée par le délégué de l'établissement et par le président du Comité régional olympique et sportif, dont le secrétariat est assuré par le service déconcentré de l'État chargé des sports territorialement compétent.

Des dispositions particulières sont prévues en Corse et dans les collectivités d'outre-mer, pour tenir compte des compétences et des caractéristiques de ces collectivités.

Aussi, il est apparu nécessaire d'actualiser la convention de 2006.

Tel est l'objet de la présente convention.

Art. 1er Le CNDS bénéficie du concours des services centraux du ministère, notamment pour ce qui concerne l'application des règles et normes applicables aux équipements sportifs.

Les services centraux du ministère apportent un soutien technique à l'établissement notamment dans les domaines logistique, informatique, procédures de mise en paiement de rémunérations et en matière de communication.

Les agents du CNDS participent à la réalisation des actions de formation initiale et continue organisées par le ministère à l'intention de ses agents.

Les directions régionales de la jeunesse, des sports et de la cohésion sociale apportent, avec l'accord du préfet de région, leur concours au délégué territorial du CNDS ou à son adjoint, pour la mise en œuvre des missions de cet établissement dans leur région notamment pour recevoir et instruire les dossiers de demande de subvention, assurer le suivi et le contrôle des subventions accordées par le CNDS aux associations et collectivités territoriales qui relèvent de leur champ de compétence territorial.

Elles assurent, chacune dans leur région respective, le secrétariat de la commission territoriale du CNDS.

En Corse, cette mise à disposition est limitée à la gestion des subventions d'équipement, qui relèvent seules de la compétence du délégué de l'établissement.

Dans les collectivités d'outre-mer, cette mise à disposition est adaptée à la composition et aux modalités d'intervention de la commission territoriale, telles qu'elles sont fixées par l'arrêté du ministre chargé des sports prévu aux articles R. 421-1 et suivants du code du sport, en tenant compte des caractéristiques de ces collectivités et dans le respect des compétences propres à leurs institutions.

Dans l'exercice de ces missions, les agents concernés des services déconcentrés de l'État sont tenus au secret professionnel. Au titre de ces missions, les agents concernés restent placés, dans les conditions propres à leur statut, sous l'autorité de leur chef de service à qui ils rendent compte de leur activité.

Art. 2 Conformément aux dispositions du 3° de l'article 38 du décret n° 2004-374 du 29 avril 2004 modifié, le préfet de région, délégué territorial du CNDS, peut déléguer sa signature pour les affaires relevant du CNDS aux chefs ou responsables des services déconcentrés des administrations civiles de l'État dans la région. Ces derniers peuvent donner délégation, pour signer les actes relatifs aux affaires pour lesquelles ils ont eux-mêmes reçu délégation, aux agents placés sous leur autorité. Le préfet de région, délégué territorial du CNDS, peut mettre fin à tout ou partie de cette délégation ; il peut également fixer la liste des compétences qu'il souhaite exclure de la délégation que peuvent consentir les chefs ou responsables des services aux agents placés sous leur autorité.

Les actes, arrêtés ou décisions, du préfet de région, délégué territorial du CNDS, accordant des délégations de signature, ou des chefs ou responsables des services déconcentrés des administrations civiles de l'État dans la région accordant des subdélégations de signature pour les affaires relevant du CNDS, sont transmises au directeur général du CNDS pour information accompagnés de spécimens de signature.

Art. 3 Les services déconcentrés de l'État chargés des sports assurent notamment, conformément aux règles fixées par l'établissement :

— la diffusion de l'information sur les possibilités de financement ouvertes par le CNDS auprès de tous les bénéficiaires potentiels ;

— l'instruction des dossiers de demandes de subvention de fonctionnement en liaison avec le délégué de l'établissement ;

— le secrétariat des commissions territoriales de l'établissement ;

— l'instruction des dossiers de demande de subvention pour la réalisation ou la rénovation des équipements sportifs, leur mise en accessibilité et leur transmission, avec l'avis du délégué territorial de l'établissement, au directeur général du CNDS ;

— les contacts techniques et administratifs avec les services centraux du CNDS ;

— le suivi et le contrôle des subventions versées par l'établissement en liaison avec le délégué territorial, ainsi que l'évaluation des actions menées ;

— l'utilisation des applications informatiques mises en place par le CNDS ou installées dans les services centraux du Ministère pour le compte du CNDS ;

— la constitution des dossiers pour les demandes de mise en paiement des subventions, la certification des pièces et la transmission aux services centraux du CNDS ;

— la conservation des dossiers (demandes de subventions, factures...).

Art. 4 Les directeurs régionaux de la jeunesse, des sports et de la cohésion sociale établissent annuellement un bilan de l'activité réalisée au sein de leur service pour le compte du CNDS. Ce bilan d'activité est transmis, par le préfet de région, délégué territorial, au ministre chargé des sports et au directeur général du CNDS.

Art. 5 Les frais afférents au fonctionnement pour les affaires territoriales du CNDS ou aux missions accomplies sur demande du directeur général du CNDS par le chef d'un service déconcentré ou un agent de son service peuvent être pris en charge par l'établissement et payés directement par le CNDS si l'établissement a passé commande ou compensés globalement sur la base d'un forfait détaillé par règlement au ministère après signature d'une convention spécifique annuelle entre le CNDS et le ministère.

Art. 6 Des conventions territoriales sont conclues entre le représentant territorial de l'État et le CNDS précisant les conditions dans lesquelles le représentant de l'État met à la disposition de l'établissement, en tant que de besoin, une partie de ses services. Une convention type territoriale sera élaborée par les services centraux du ministère et le CNDS et sera adressée aux préfets de région.

Art. 7 Le ministère et le CNDS se donnent mutuellement accès aux applications et bases de données informatiques nécessaires à la conduite de leurs actions, en particulier ORASSAMIS, la base de données des équipements sportifs (SES), ainsi que le recensement national des équipements sportifs, espaces et sites de pratique (RES).

Art. 8 L'établissement transmet au ministère, à sa demande, toute information, notamment statistique, en sa possession, relative à la répartition des subventions.

Art. 9 Un temps de travail avec le CNDS est ménagé lors des réunions générales de chefs de service déconcentré chargés des sports organisées par le ministère. Le CNDS prend en charge le surcoût éventuel lié à des demandes spécifiques lors de l'organisation de ces séances.

Les lettres circulaires du directeur général du CNDS sont publiées au *Bulletin officiel* du ministère chargé des sports, lorsqu'il est souhaitable de les porter à la connaissance du public.

Art. 10 La présente convention remplace la convention du 20 juillet 2006 et publiée au *Journal officiel* du 15 août 2006 passée entre le ministère chargé des sports et le Centre national pour le développement du sport.

Art. 11 La présente convention, qui sera publiée au *Journal officiel* de la république française, est établie pour une durée d'un an à compter de sa date de signature. Elle est tacitement reconduite chaque année à partir de sa date anniversaire sauf remise en cause par l'une des deux parties.

§ 2 ORGANISATION TERRITORIALE *(Décr. nº 2009-548 du 15 mai 2009).*

Art. R. 411-12 *(Décr. nº 2012-509 du 18 avr. 2012, art. 10-1º)* **Le préfet de région est le délégué territorial de l'établissement pour son action dans la région, notamment dans les conditions fixées à l'article 59-2 et aux deux premiers alinéas de l'article 59-3 du décret nº 2004-374 du 29 avril 2004 modifié relatif aux pouvoirs des préfets, à l'organisation et à l'action de l'État dans les régions et départements.**

Il est assisté d'un délégué territorial adjoint désigné par le directeur général sur proposition du délégué territorial, parmi les chefs des services déconcentrés de l'État chargés des sports ou leurs adjoints.

Art. R. 411-13 *(Décr. nº 2009-548 du 15 mai 2009)* **« La commission territoriale du Centre national pour le développement du sport instituée dans chaque région comprend :**

« 1º Le délégué territorial de l'établissement ou son représentant ;

« 2º Le délégué territorial adjoint de l'établissement ou son représentant ;

(Décr. nº 2016-191 du 24 févr. 2016, art. 2) **« 3º Dix représentants de l'État désignés par le préfet de région ;**

« 4º Le président du comité régional olympique et sportif dont le ressort territorial comprend le chef-lieu de la région ou son représentant ;

« 5º Cinq représentants du mouvement sportif désignés par le président du comité régional olympique et sportif dont le ressort territorial comprend le chef-lieu de la région ;

« 6º Un conseiller régional désigné par l'Association des régions de France ;

« 7º Un conseiller départemental issu d'un département de la région désigné par l'Assemblée des départements de France ;

« 8º Deux maires ou adjoints au maire de communes de la région désignés par l'Association des maires de France, dont un désigné en accord avec l'Association nationale des élus en charge du sport ;

« 9º Un président d'établissement public de coopération intercommunale de la région désigné par l'Assemblée des communautés de France. »

Les membres de la *(Décr. nº 2009-548 du 15 mai 2009)* **« commission territoriale » autres que les membres de droit sont nommés par le** *(Décr. nº 2009-548 du 15 mai*

2009) « délégué territorial » de l'établissement pour une durée de quatre ans, renouvelable une fois. Pour chacun de ces membres, un suppléant est désigné dans les mêmes conditions. La perte de la qualité au titre de laquelle un membre de la commission a été nommé entraîne sa démission de plein droit.

En cas de vacance pour quelque cause que ce soit du siège d'un membre titulaire ou suppléant de la *(Décr. n° 2009-548 du 15 mai 2009)* « commission territoriale », il est pourvu à son remplacement dans les mêmes conditions, dans un délai d'un mois à compter du début de cette vacance, pour la durée du mandat restant à courir. – *[Décr. n° 2006-248 du 2 mars 2006, art. 11, al. 1er à 10.]*

Art. R. 411-14 Les membres de la *(Décr. n° 2009-548 du 15 mai 2009)* « commission territoriale » exercent leurs fonctions à titre gratuit. Ils peuvent bénéficier, pour leur participation aux séances de la commission dont ils sont membres, du remboursement de leurs frais de déplacement et de séjour dans les conditions prévues par le décret n° 2006-781 du 3 juillet 2006 fixant les conditions et les modalités de règlement des frais occasionnés par les déplacements temporaires des personnels civils de l'État.

Ils ne peuvent en aucun cas prêter leur concours à l'établissement à titre onéreux.

Ils ne peuvent prendre part aux délibérations ayant pour objet une question pour laquelle ils ont un intérêt personnel ou qui concerne l'attribution ou le versement d'une subvention à un organisme dans lequel ils exercent une fonction d'administrateur ou de dirigeant. – *[Décr. n° 2006-248 du 2 mars 2006, art. 11, al. 11 à 13.]*

Art. R. 411-15 *(Décr. n° 2016-191 du 24 févr. 2016, art. 3-1°)* « La commission territoriale du Centre national pour le développement du sport est coprésidée par le délégué territorial ou son adjoint et par le président du comité régional olympique et sportif dont le ressort territorial comprend le chef-lieu de la région ou son représentant. » Elle se réunit au moins deux fois par an sur convocation de ses coprésidents. Son secrétariat est assuré par *(Décr. n° 2009-548 du 15 mai 2009)* « les services déconcentrés de l'État chargés des sports.

« En cas d'absence ou d'empêchement simultané du délégué territorial et du délégué territorial adjoint, la coprésidence de la commission est assurée par un fonctionnaire de catégorie A désigné par le délégué territorial. »

La commission délibère à la majorité des voix des membres présents ou représentés. *(Abrogé par Décr. n° 2016-191 du 24 févr. 2016, art. 3-2°)* ***« Le président du conseil régional, ou son représentant, et les présidents des conseils départementaux des départements de la région, ou leurs représentants,*** *(Décr. n° 2009-548 du 15 mai 2009)* ***« ainsi que deux maires ou adjoints au maire de communes de la région, désignés par l'Association des maires de France, » peuvent assister avec voix consultative aux séances de*** *(Décr. n° 2009-548 du 15 mai 2009)* ***« la commission territoriale » ».*** Les coprésidents de *(Décr. n° 2009-548 du 15 mai 2009)* « la commission territoriale » peuvent également inviter à assister à tout ou partie des réunions toute personne que celle-ci souhaite entendre. – *[Décr. n° 2006-248 du 2 mars 2006, art. 11, al. 14 à 17.]*

Art. R. 411-16 *(Décr. n° 2009-548 du 15 mai 2009)* La commission territoriale définit les priorités régionales du Centre national pour le développement du sport ainsi que les modalités de recueil et d'examen des demandes de subvention relevant de sa compétence territoriale, en cohérence avec les directives de l'établissement concernant la répartition des subventions attribuées au niveau local.

Elle émet un avis sur les critères de répartition des crédits dont le montant est notifié au délégué territorial par le directeur général de l'établissement. Ces critères prennent notamment en compte les caractéristiques démographiques, sportives, géographiques et sociales des territoires concernés.

Elle émet un avis sur les demandes de subventions relevant d'une attribution au niveau local.

Elle adopte son règlement intérieur.

Art. R. 411-17 à R. 411-20 *Abrogés par Décr. n° 2009-548 du 15 mai 2009.*

Art. R. 411-21 *(Décr. n° 2009-548 du 15 mai 2009)* Le délégué territorial :

1° Fixe, en cohérence avec les directives du conseil d'administration mentionnées au 13° de l'article R. 411-6 et après avis de la commission territoriale, les critères de répartition des crédits mentionnés au R. 411-16 ;

2° Décide, après avis de la commission territoriale l'attribution des concours financiers, dans la limite du montant des crédits notifié par le directeur général ou rejette les demandes de subvention ;

3° Décide le reversement de concours financiers dans les conditions prévues par le règlement général de l'établissement ;

4° Signe les conventions relatives aux concours financiers qu'il attribue, sous réserve des compétences du conseil d'administration et du directeur général.

Le délégué territorial transmet au directeur général de l'établissement les décisions d'attribution ou de reversement de subventions en vue de leur mise en paiement ou de leur recouvrement par l'agent comptable de l'établissement.

§ 3 DISPOSITIONS PARTICULIÈRES À LA CORSE

Art. R. 411-22 Conformément au II de l'article L. 4424-8 du code général des collectivités territoriales, le paragraphe 2 de la présente sous-section ne s'applique pas à la Corse et les subventions de fonctionnement destinées aux groupements sportifs locaux sont attribuées à la collectivité territoriale de Corse et affectées par délibération de l'Assemblée de Corse dans les conditions prévues par les dispositions de cet article.

Le préfet de Corse est le délégué territorial de l'établissement pour l'instruction des demandes de subvention d'équipement *(Décr. n° 2012-509 du 18 avr. 2012, art. 10)* « , notamment dans les conditions fixées à l'article 59-2 et aux deux premiers alinéas de l'article 59-3 du décret n° 2004-374 du 29 avril 2004 modifié relatif aux pouvoirs des préfets, à l'organisation et à l'action de l'État dans les régions et départements ». Il est assisté d'un délégué territorial adjoint *(Décr. n° 2009-548 du 15 mai 2009)* « désigné par le directeur général sur proposition du délégué territorial, parmi les chefs des services déconcentrés de l'État chargés des sports ou leurs adjoints ». – *[Décr. n° 2006-248 du 2 mars 2006, art. 16.]*

§ 4 DISPOSITIONS PARTICULIÈRES AUX RÉGIONS ET DÉPARTEMENTS D'OUTRE-MER

Art. R. 411-23 *(Décr. n° 2016-191 du 24 févr. 2016, art. 4-1°)* « En Guadeloupe et à La Réunion, les dispositions du paragraphe 2 de la présente sous-section sont modifiées comme suit : »

La commission territoriale du Centre national pour le développement du sport comprend :

1° Le délégué territorial de l'établissement ou son représentant ;

2° Le délégué territorial adjoint de l'établissement ou son représentant ;

(Décr. n° 2016-191 du 24 févr. 2016, art. 4-2°) « 3° Cinq représentants de l'État désignés par le préfet de région ;

« 4° Le président du comité régional olympique et sportif ou son représentant ;

« 5° Deux représentants du mouvement sportif désignés par le président du comité régional olympique et sportif ;

« 6° Le président du conseil régional ou son représentant ;

« 7° Le président du conseil départemental ou son représentant ;

« 8° Un maire ou adjoint au maire de communes de la région désigné par l'Association des maires de France. »

(Abrogé par Décr. n° 2016-191 du 24 févr. 2016, art. 4-3°) « ***Le président du conseil régional ou son représentant, le président du conseil départemental ou son représentant, et un maire ou adjoint au maire désigné par l'association représentative des maires peuvent assister avec voix consultative aux séances de la commission.*** » – *La commission territoriale du Centre national pour le développement du sport est créée pour une durée de cinq ans à compter du 17 mai 2009 (Décr. n° 2009-548 du 15 mai 2009).*

SOUS-SECTION 3 RÉGIME FINANCIER ET COMPTABLE

Art. R. 411-24 *(Décr. n° 2012-1247 du 7 nov. 2012, art. 43-16°, en vigueur le 1er janv. 2013)* L'établissement est soumis aux dispositions des titres Ier et III du décret n° 2012-1246 du 7 novembre 2012 relatif à la gestion budgétaire et comptable publique.

Ancien art. R. 411-24 ***L'établissement est soumis au régime financier et comptable défini par le décret du*** [sic] ***n° 53-1227 du 10 décembre 1953 relatif à la réglementation comptable applicable***

aux établissements publics nationaux à caractère administratif et par les articles 151 à 189 du décret nº 62-1587 du 29 décembre 1962 portant règlement général sur la comptabilité publique ainsi qu'au contrôle financier prévu par le décret nº 2005-757 du 4 juillet 2005 relatif au contrôle financier au sein des établissements publics administratifs de l'État. – [Décr. nº 2006-248 du 2 mars 2006, art. 20.]

V. aussi Arr. du 21 avr. 2006 (désignation de l'autorité chargée du contrôle financier sur le CNDS) (JO 5 mai).

Art. R. 411-25 *Abrogé par Décr. nº 2012-1247 du 7 nov. 2012, art. 43-17º, à compter du 1er janv. 2013.*

Art. R. 411-26 **Des régies de recettes et des régies d'avances peuvent être créées dans les conditions fixées par le décret nº 92-681 du 20 juillet 1992 relatif aux régies de recettes et aux régies d'avances des organismes publics.** – *[Décr. nº 2006-248 du 2 mars 2006, art. 20.]*

Art. R. 411-27 **Les recettes de l'établissement public comprennent :**

1º Les ressources qui lui sont affectées par les lois de finances ;

2º Les subventions de l'État, des collectivités territoriales et de tout organisme public ou privé ;

3º Le produit des concessions et des occupations de son domaine ;

4º Les rémunérations des services rendus ;

5º Les produits financiers résultant du placement de ses fonds ;

6º Les revenus des biens meubles et immeubles ;

7º Le produit des cessions et des bonis de liquidation ;

8º Le produit des aliénations ;

9º Les dons et legs ;

10º Tout produit ou remboursement provenant de son activité ou de sa gestion. – *[Décr. nº 2006-248 du 2 mars 2006, art. 23.]*

COMMENTAIRE

Les recettes affectées au CNDS par la loi de finances proviennent :

– d'abord, d'un prélèvement de 1,8 %, plafonné, à compter de 2013, à 176,3 millions d'euros et opéré sur les sommes misées sur les jeux exploités par la Française des jeux – FdJ – (CGI, art. 1609 *novovicies*, mod. par la L. nº 2010-1657 du 29 déc. 2010) hors paris sportifs ; un prélèvement complémentaire (0,3 %) est opéré de 2011 à 2015 (plafonné à 24 millions d'euros par an) en vue du financement des projets de construction ou de rénovation des enceintes sportives (ainsi que des équipements connexes) destinées à accueillir l'Euro 2016 ;

– ensuite, de la contribution (5 %) sur la cession des droits de diffusion de manifestations et compétitions sportives aujourd'hui plafonnée à 40,9 millions d'euros (CGI, art. 302 *bis* ZE, App., vº *Fiscalité*) ;

– enfin, du prélèvement (plafonné à 31 millions d'euros) sur les paris sportifs (1,3 % sur les paris en dur et 1,8 % à compter de 2012 sur les paris en ligne) (loi nº 2010-476 du 12 mai 2010) depuis 2010 (CGI, art. 1609 *tricies*).

Il convient de remarquer que la loi de finances pour 2012 (nº 2011-1977 du 28 déc. 2011) a introduit un plafond pour les prélèvements opérés sur les paris sportifs.

En 2014, les recettes affectées au CNDS se sont élevées à 273,6 millions d'euros (près de 176,3 M€ au titre du prélèvement sur les jeux exploités par la FdJ, 24 M€ au titre du prélèvement complémentaire "Euro 2016", 40,9 M€ au titre de la taxe "Buffet" et un peu plus de 11 M€ pour les paris sportifs).

On notera que le montant des recettes du CNDS dépasse le montant des crédits du "Programme Sports" du ministère chargé des sports. ❑

Art. R. 411-28 **Les dépenses de l'établissement public comprennent :**

1º Les frais de personnel de l'établissement ;

2º Les dépenses de fonctionnement et d'investissement de l'établissement ;

3º Les subventions de fonctionnement et d'équipement attribuées conformément aux objectifs et procédures définis par le présent décret ;

4º Les charges qui lui incombent en vertu de la loi ;

5° De façon générale, toutes dépenses nécessaires à son activité. – *[Décr. n° 2006-248 du 2 mars 2006, art. 24.]*

COMMENTAIRE

L'essentiel des dépenses (297,3 M€ pour 2014) est constitué par les subventions versées par le CNDS dans le cadre de ses missions principales, à savoir le développement de la pratique sportive (associations sportives et structures déconcentrées fédérales), l'aménagement du territoire (subventions d'équipement) et la promotion du rayonnement international du sport français (CNOSF et fédérations sportives).

Le CNDS s'est doté d'un règlement général, adopté et modifié par son conseil d'administration, qui, d'une part, arrête les procédures de son fonctionnement et, d'autre part, définit les modalités et les conditions d'attribution et de reversement de ses concours financiers (art. 1er du règlement général). ❑

TITRE DEUXIÈME **DISPOSITIONS APPLICABLES À L'OUTRE-MER**

CHAPITRE PREMIER **DISPOSITIONS APPLICABLES À MAYOTTE**

Art. R. 421-1 **Les dispositions du présent code sont applicables à Mayotte, à l'exception des articles R. 311-1 à R. 311-3, D. 312-1, R. 332-4 à R. 332-6.**

Art. R. 421-2 **Les références à des dispositions non applicables dans la collectivité sont remplacées par les références aux dispositions ayant le même objet qui y sont applicables.**

Art. R. 421-3 **Pour l'application du présent code à Mayotte, le mot : "département" est remplacé par le mot : "collectivité".**

Art. R. 421-4 **Le représentant de l'État à Mayotte est le délégué territorial du Centre national pour le développement du sport. Il est assisté d'un délégué territorial adjoint désigné par le directeur général sur proposition du délégué territorial.**

Dans la collectivité, une commission territoriale du Centre national pour le développement du sport émet un avis sur l'attribution des subventions de fonctionnement destinées aux groupements sportifs locaux, en cohérence avec les directives de l'établissement concernant la répartition des subventions à attribuer au niveau local. La composition et les modalités d'intervention de cette commission sont fixées par arrêté du ministre chargé des sports, en tenant compte des caractéristiques de la collectivité et dans le respect des compétences propres à ses institutions. – *La commission territoriale du Centre national pour le développement du sport est créée pour une durée de cinq ans à compter du 17 mai 2009 (Décr. n° 2009-548 du 15 mai 2009).*

CHAPITRE II **DISPOSITIONS APPLICABLES À SAINT-PIERRE-ET-MIQUELON**

Art. R. 422-1 **Les références à des dispositions non applicables dans la collectivité de Saint-Pierre-et-Miquelon sont remplacées par les références aux dispositions ayant le même objet qui y sont applicables.**

Art. R. 422-2 **Pour l'application du présent code à Saint-Pierre-et-Miquelon, le mot : "département" est remplacé par le mot : "collectivité".**

Art. R. 422-3 **Le préfet de la collectivité territoriale de Saint-Pierre-et-Miquelon est le délégué territorial du Centre national pour le développement du sport. Il est assisté d'un délégué territorial adjoint** *(Décr. n° 2009-548 du 15 mai 2009)* **« désigné par le directeur général sur proposition du délégué territorial ».**

Dans la collectivité territoriale de Saint-Pierre-et-Miquelon, une commission territoriale du Centre national pour le développement du sport est créée. Sa composition est fixée par arrêté du ministre chargé des sports, en tenant compte des caractéristiques de la collectivité.

(Décr. n° 2009-548 du 15 mai 2009) **« Cette commission exerce les compétences dévolues à la commission territoriale mentionnée à l'article R. 411-13, en cohérence**

avec les directives de l'établissement concernant la répartition des subventions attribuées au niveau local. Elle fonctionne selon les règles prévues pour les commissions territoriales. » — *La commission territoriale du Centre national pour le développement du sport est créée pour une durée de cinq ans à compter du 17 mai 2009 (Décr. nº 2009-548 du 15 mai 2009).*

CHAPITRE III DISPOSITIONS APPLICABLES DANS LES ÎLES WALLIS-ET-FUTUNA

Art. R. 423-1 Les articles R. 112-2, R. 411-2 à R. 411-11 et R. 411-24 à R. 411-28 sont applicables dans les îles Wallis-et-Futuna avec les adaptations suivantes :

1° Le représentant de l'État dans les îles Wallis-et-Futuna est le délégué territorial du Centre national pour le développement du sport. Il est assisté d'un délégué territorial adjoint désigné par le directeur général sur proposition du délégué territorial ;

2° Dans la collectivité, une commission territoriale du Centre national pour le développement du sport émet un avis sur l'attribution des subventions de fonctionnement destinées aux groupements sportifs locaux, en cohérence avec les directives de l'établissement concernant la répartition des subventions à attribuer au niveau local. La composition et les modalités d'intervention de cette commission sont fixées par arrêté du ministre chargé des sports, en tenant compte des caractéristiques de la collectivité et dans le respect des compétences propres à ses institutions. — *La commission territoriale du Centre national pour le développement du sport est créée pour une durée de cinq ans à compter du 17 mai 2009 (Décr. nº 2009-548 du 15 mai 2009).*

CHAPITRE IV DISPOSITIONS APPLICABLES EN POLYNÉSIE FRANÇAISE

Art. R. 424-1 Les articles R. 112-2, R. 411-2 à R. 411-11 et R. 411-24 à R. 411-28 sont applicables en Polynésie française avec les adaptations suivantes :

1° Le représentant de l'État en Polynésie française est le délégué territorial du Centre national pour le développement du sport. Il est assisté d'un délégué territorial adjoint désigné par le directeur général sur proposition du délégué territorial ;

2° Dans la collectivité une commission territoriale du Centre national pour le développement du sport émet un avis sur l'attribution des subventions de fonctionnement destinées aux groupements sportifs locaux, en cohérence avec les directives de l'établissement concernant la répartition des subventions à attribuer au niveau local. La composition et les modalités d'intervention de cette commission sont fixées par arrêté du ministre chargé des sports, en tenant compte des caractéristiques de la collectivité et dans le respect des compétences propres à ses institutions. — *La commission territoriale du Centre national pour le développement du sport est créée pour une durée de cinq ans à compter du 17 mai 2009 (Décr. nº 2009-548 du 15 mai 2009).*

Sur l'organisation du sport de haut niveau en Polynésie française, V. Arr. du nº 1617 CM du 27 nov. 2007 (JOPF 6 déc.).

Sur le suivi médical des sportifs de haut niveau en Polynésie française, V. Arr. du nº 135 PR du 24 janv. 2008 (JOPF 31 janv.).

CHAPITRE V DISPOSITIONS APPLICABLES EN NOUVELLE-CALÉDONIE

Art. R. 425-1 Les articles R. 112-2, R. 411-2 à R. 411-11 et R. 411-24 à R. 411-28 sont applicables en Nouvelle-Calédonie avec les adaptations suivantes :

1° Le représentant de l'État en Nouvelle-Calédonie est le délégué territorial du Centre national pour le développement du sport. Il est assisté d'un délégué territorial adjoint désigné par le directeur général sur proposition du délégué territorial ;

2° Dans la collectivité, une commission territoriale du Centre national pour le développement du sport émet un avis sur l'attribution des subventions de fonctionnement destinées aux groupements sportifs locaux, en cohérence avec les directives de l'établissement concernant la répartition des subventions à attribuer au niveau local. La composition et les modalités d'intervention de cette commission sont fixées par arrêté du ministre chargé des sports, en tenant compte des caractéristiques de la collectivité et dans le respect des compétences propres à ses institutions. — *La commission territoriale du Centre national pour le développement du sport est créée pour une durée de cinq ans à compter du 17 mai 2009 (Décr. nº 2009-548 du 15 mai 2009).*

CHAPITRE VI DISPOSITIONS APPLICABLES À SAINT-BARTHÉLEMY

(Décr. n° 2009-548 du 15 mai 2009)

Art. R. 426-1 Les articles R. 112-2, R. 411-2 à R. 411-11 et R. 411-24 à R. 411-28 sont applicables à Saint-Barthélemy avec les adaptations suivantes :

1° Le représentant de l'État à Saint-Barthélemy est le délégué territorial du Centre national pour le développement du sport. Il est assisté d'un délégué territorial adjoint désigné par le directeur général sur proposition du délégué territorial ;

2° Dans la collectivité, une commission territoriale du Centre national pour le développement du sport émet un avis sur l'attribution des subventions de fonctionnement destinées aux groupements sportifs locaux, en cohérence avec les directives de l'établissement concernant la répartition des subventions à attribuer au niveau local. La composition et les modalités d'intervention de cette commission sont fixées par arrêté du ministre chargé des sports, en tenant compte des caractéristiques de la collectivité et dans le respect des compétences propres à ses institutions. – *La commission territoriale du Centre national pour le développement du sport est créée pour une durée de cinq ans à compter du 17 mai 2009 (Décr. n° 2009-548 du 15 mai 2009).*

CHAPITRE VII DISPOSITIONS APPLICABLES À SAINT-MARTIN

(Décr. n° 2009-548 du 15 mai 2009)

Art. R. 427-1 Les articles R. 112-2, R. 411-2 à R. 411-11 et R. 411-24 à R. 411-28 sont applicables à Saint-Martin avec les adaptations suivantes :

1° Le représentant de l'État à Saint-Martin est le délégué territorial du Centre national pour le développement du sport. Il est assisté d'un délégué territorial adjoint désigné par le directeur général sur proposition du délégué territorial ;

2° Dans la collectivité, une commission territoriale du Centre national pour le développement du sport émet un avis sur l'attribution des subventions de fonctionnement destinées aux groupements sportifs locaux, en cohérence avec les directives de l'établissement concernant la répartition des subventions à attribuer au niveau local. La composition et les modalités d'intervention de cette commission sont fixées par arrêté du ministre chargé des sports, en tenant compte des caractéristiques de la collectivité et dans le respect des compétences propres à ses institutions.

La commission territoriale du Centre national pour le développement du sport est créée pour une durée de cinq ans à compter du 17 mai 2009 (Décr. n° 2009-548 du 15 mai 2009).

CHAPITRE VIII DISPOSITIONS APPLICABLES À LA MARTINIQUE

(Décr. n° 2016-191 du 24 févr. 2016, art. 5)

Art. R. 428-1 Le représentant de l'État en Martinique est le délégué territorial du Centre national pour le développement du sport. Il est assisté d'un délégué territorial adjoint désigné par le directeur général sur proposition du délégué territorial.

Dans la collectivité, une commission territoriale du Centre national pour le développement du sport exerce les compétences mentionnées à l'article R. 411-16. La composition de cette commission est fixée par arrêté du ministre chargé des sports, en tenant compte des caractéristiques de la collectivité et dans le respect des compétences propres à ses institutions.

CHAPITRE IX DISPOSITIONS APPLICABLES À LA GUYANE

(Décr. n° 2016-191 du 24 févr. 2016, art. 5)

Art. R. 429-1 Le représentant de l'État en Guyane est le délégué territorial du Centre national pour le développement du sport. Il est assisté d'un délégué territorial adjoint désigné par le directeur général sur proposition du délégué territorial.

Dans la collectivité, une commission territoriale du Centre national pour le développement du sport exerce les compétences mentionnées à l'article R. 411-16. La composition de cette commission est fixée par arrêté du ministre chargé des sports, en tenant compte des caractéristiques de la collectivité et dans le respect des compétences propres à ses institutions.

(Arr. du 28 févr. 2008 [JO 29 avr.])

Arrêté du 28 février 2008,

Relatif aux dispositions réglementaires du code du sport.

Art. 1er L'annexe I au présent arrêté regroupe les dispositions réglementaires (Arrêtés) du code du sport. Les articles identifiés par un "A." correspondent aux dispositions relevant d'un arrêté.

Art. 2 Les références contenues dans les dispositions de nature réglementaire correspondent à des dispositions abrogées par l'article 3 du présent arrêté et sont remplacées par les références correspondantes aux dispositions du code du sport.

Art. 3 Sont abrogés :

1° L'arrêté du 20 octobre 1956 relatif aux polices d'assurances des épreuves ou compétitions sportives sur la voie publique ;

2° L'arrêté du 1er décembre 1959 portant réglementation générale des épreuves et compétitions sportives sur la voie publique ;

3° L'arrêté du 5 mai 1962 relatif à l'assurance des sportifs amateurs ;

4° L'arrêté du 6 juillet 1962 relatif à l'assurance des sportifs amateurs ;

5° L'arrêté du 22 février 1963 relatif à la pratique de la boxe et demandes d'autorisation pour l'organisation de manifestations publiques de boxe ;

6° L'arrêté du 25 octobre 1976 — Examens de formation générale commune aux métiers sportifs de la montagne ;

7° L'arrêté du 2 février 1977 — Organisation de l'Institut national du sport et de l'éducation physique ;

8° L'arrêté du 30 mars 1979 relatif aux conditions à respecter pour les établissements ouverts au public pour l'utilisation d'équidés ;

9° L'arrêté du 18 juillet 1979 — Dispense de l'examen de formation générale commune aux métiers sportifs de la montagne ;

10° L'arrêté du 5 août 1980 — Organisation intérieure de l'École nationale de voile ;

11° L'arrêté du 7 avril 1981 relatif aux dispositions administratives applicables aux piscines et aux baignades aménagées ;

12° L'arrêté du 11 mars 1983 — Dispense de l'examen de formation générale commune aux métiers sportifs de la montagne ;

13° L'arrêté du 7 avril 1983 — Organisation intérieure de l'École nationale de ski et d'alpinisme ;

14° L'arrêté du 14 juin 1983 relatif à la composition et au fonctionnement de la commission de la formation et de l'emploi du Conseil supérieur des sports de montagne ;

15° L'arrêté du 10 mai 1984 relatif aux garanties d'hygiène, de technique et de sécurité dans les salles de judo et d'aïkido ;

16° L'arrêté du 16 octobre 1984 fixant la composition et les conditions de fonctionnement de la commission de l'information et de la sécurité du Conseil supérieur des sports de montagne ;

17° L'arrêté du 8 janvier 1985 — Mesures d'équivalence entre la formation commune du brevet d'État du premier degré d'éducateur sportif et la formation générale commune aux métiers sportifs de la montagne ;

18° L'arrêté du 17 juin 1986 relatif à la composition et au rôle du comité consultatif de l'enseignement sportif de la plongée subaquatique ;

19° L'arrêté du 4 octobre 1989 relatif à la déclaration d'activité, et d'ouverture prévue aux articles 3 et 4 du décret n° 89-685 du 21 septembre 1989 relatif à l'enseignement contre rémunération et à la sécurité des activités physiques et sportives ;

20° L'arrêté du 29 janvier 1990 autorisant le CNOSF à être sous-répartiteur des aides personnalisées ;

21° L'arrêté du 9 juillet 1990 relatif au conseil de perfectionnement de l'École nationale d'équitation ;

22° L'arrêté du 17 juillet 1990 relatif aux garanties de technique et de sécurité que doivent présenter les établissements d'activités physiques et sportives où sont pratiquées des activités de tir aux armes de chasse ;

23° L'arrêté du 26 juin 1991 relatif à la surveillance des activités aquatiques, de baignade ou de natation ;

24° L'arrêté du 26 août 1992 portant application du décret n° 92-753 du 3 août 1992 modifiant le code de la route et relatif à la sécurité des courses et épreuves sportives sur les voies ouvertes à la circulation publique ;

25° L'arrêté du 30 novembre 1992 fixant les contenus et les modalités d'obtention du brevet d'État d'éducateur sportif à trois degrés en application du décret n° 91-260 du 7 mars 1991 ;

26° L'arrêté du 19 janvier 1993 relatif à l'organisation et aux conditions de préparation et de délivrance du brevet d'aptitude professionnelle d'assistant animateur technicien de la jeunesse et des sports ;

27° L'arrêté du 19 janvier 1994 relatif à la création de la commission spécialisée pour la mise en œuvre de dispositions particulières pour personnes handicapées candidates à un brevet d'État d'éducateur sportif ;

28° L'arrêté du 27 mai 1994 relatif aux seuils de compétence de la Commission nationale de sécurité des enceintes sportives en matière d'homologation ;

29° L'arrêté du 4 mai 1995 relatif aux garanties de technique et de sécurité dans les établissements organisant la pratique ou l'enseignement de la nage en eau vive, du canoë, du kayak, du raft ainsi que de la navigation à l'aide de toute autre embarcation propulsée à la pagaie ;

30° L'arrêté du 11 juin 1996 relatif à la procédure d'homologation des enceintes sportives ouvertes au public ;

31° L'arrêté du 2 décembre 1996 relatif aux conditions d'encadrement des activités de ski par les ressortissants d'un État membre ou d'un État partie à l'Espace économique européen exerçant dans le cadre d'une prestation de services ;

32° L'arrêté du 22 avril 1997 relatif aux conditions d'encadrement des activités de plongée par les ressortissants d'un État membre ou d'un État partie à l'Espace économique européen exerçant dans le cadre d'une prestation de services ;

33° L'arrêté du 26 juin 1997 pris en application du décret n° 97-314 du 4 avril 1997 relatif à la reconnaissance des qualifications acquises par les ressortissants des États membres de l'Union européenne et des autres États parties à l'accord sur l'Espace économique européen en vue de l'exercice de l'une des professions ou activités visées à l'article 43 de la loi n° 84-610 du 16 juillet 1984 modifiée relative à l'organisation et à la promotion des activités physiques et sportives ;

34° L'arrêté du 9 février 1998 relatif aux garanties d'encadrement, de technique et de sécurité dans les établissements d'activité physique et sportive qui dispensent un enseignement de la voile ;

35° L'arrêté du 16 février 1998 fixant le contenu et la forme des déclarations mentionnées aux articles 1er et 2 du décret n° 93-112 du 22 janvier 1993 ;

36° L'arrêté du 16 juin 1998 relatif au plan d'organisation de la surveillance et des secours dans les établissements de natation et d'activités aquatiques d'accès payant ;

37° L'arrêté du 22 juin 1998 relatif aux règles techniques et de sécurité dans les établissements organisant la pratique et l'enseignement des activités sportives et de loisir en plongée autonome à l'air ;

38° L'arrêté du 9 décembre 1998 relatif aux garanties de technique et de sécurité dans les établissements d'activités physiques et sportives qui organisent la pratique ou l'enseignement du parachutisme ;

39° L'arrêté du 27 mai 1999 relatif aux garanties de techniques et de sécurité des équipements dans les établissements de baignade d'accès payant ;

40° L'arrêté du 27 septembre 1999 relatif à l'institution et au fonctionnement de la commission professionnelle consultative des métiers du sport et de l'animation ;

41° L'arrêté du 28 avril 2000 fixant la liste des disciplines sportives pour lesquelles un examen médical approfondi est nécessaire en application de l'article 5 de la loi n° 99-223 du 23 mars 1999 relative à la protection de la santé des sportifs et à la lutte contre le dopage ;

42° L'arrêté du 2 octobre 2000 portant création d'une Commission nationale de prévention et de lutte contre la violence dans le sport ;

43° L'arrêté du 14 août 2001 relatif à la composition de la commission d'examen des normes des équipements sportifs ;

44° L'arrêté du 14 août 2001 relatif à la composition de la commission de suivi de l'Observatoire des activités physiques, des pratiques sportives et des métiers du sport ;

45° L'arrêté du 11 février 2002 relatif à la désignation des membres de la Commission nationale de sécurité des enceintes sportives ;

46° L'arrêté du 8 mars 2002 portant création de l'Observatoire national des métiers de l'animation et du sport ;

47° L'arrêté du 18 avril 2002 portant organisation du brevet professionnel de la jeunesse, de l'éducation populaire et du sport délivré par le ministère de la jeunesse et des sports ;

48° L'arrêté du 16 juillet 2002 relatif à la licence d'agent sportif ;

49° L'arrêté du 24 décembre 2002 fixant les conditions d'homologation du programme et des épreuves de l'examen relatif à la licence d'agent sportif ;

50° L'arrêté du 25 juin 2003 fixant le montant prévu au I de l'article 18 de la loi n° 84-610 du 16 juillet 1984 relative à l'organisation et à la promotion des activités physiques et sportives ;

51° L'arrêté du 11 février 2004 fixant la nature et la périodicité des examens médicaux prévus aux articles L. 3621-2 et R. 3621-3 du code de la santé publique ;

52° L'arrêté du 3 mars 2004 fixant la liste des bulletins dans lesquels les décisions réglementaires des fédérations sportives délégataires doivent être publiées ;

53° L'arrêté du 9 juillet 2004 relatif aux règles techniques et de sécurité dans les établissements organisant la pratique et l'enseignement des activités sportives et de loisir en plongée autonome aux mélanges autres que l'air ;

54° L'arrêté du 16 décembre 2004 portant sur la liste des diplômes, titres à finalité professionnelle et certificats de qualification ouvrant droit à l'enseignement, l'animation ou l'encadrement des activités physiques et sportives ou à l'entraînement de ses pratiquants, conformément à l'article L. 363-1 du code de l'éducation ;

55° L'arrêté du 27 juin 2005 relatif à la déclaration d'activité prévue aux articles 12 et 13-1 du décret n° 93-1035 du 31 août 1993 modifié relatif au contrôle de l'enseignement contre rémunération des activités physiques et sportives ;

56° L'arrêté du 27 juin 2005 relatif à la déclaration d'ouverture prévue aux articles 1er et 2 du décret n° 93-1101 du 3 septembre 1993 concernant la déclaration des établissements dans lesquels sont pratiquées des activités physiques et sportives et la sécurité de ces activités ;

57° L'arrêté du 18 avril 2006 portant organisation du Centre national pour le développement du sport dans la collectivité territoriale de Mayotte en application de l'article 19 du décret n° 2006-248 du 2 mars 2006 ;

58° L'arrêté du 24 avril 2006 portant organisation du Centre national pour le développement du sport dans la collectivité territoriale de Saint-Pierre-et-Miquelon en application de l'article 18 du décret n° 2006-248 du 2 mars 2006 ;

59° L'arrêté du 3 mai 2006 portant organisation du Centre national pour le développement du sport en Nouvelle-Calédonie en application de l'article 19 du décret n° 2006-248 du 2 mars 2006 ;

60° L'arrêté du 9 mai 2006 portant organisation du Centre national pour le développement du sport en Polynésie française en application de l'article 19 du décret n° 2006-248 du 2 mars 2006 ;

61° L'arrêté du 31 mai 2006 portant organisation du Centre national pour le développement du sport dans le territoire des îles Wallis-et-Futuna ;

62° L'arrêté du 7 août 2006 pris pour l'application des articles 5, 7 et 14 du décret n° 2006-554 du 16 mai 2006 relatif aux concentrations et manifestations organisées sur les voies ouvertes ou dans les lieux non ouverts à la circulation publique et comportant la participation de véhicules terrestres à moteur ;

63° L'arrêté du 9 octobre 2006 relatif à la déclaration des équipements sportifs prévue à l'article 3 du décret n° 2006-992 du 1er août 2006 ;

64° L'arrêté du 27 octobre 2006 portant application de l'article 11 du décret n° 2006-554 du 16 mai 2006 relatif aux concentrations et manifestations organisées sur les voies ouvertes ou dans les lieux non ouverts à la circulation publique et comportant la participation de véhicules terrestres à moteur ;

65° L'arrêté du 17 novembre 2006 relatif aux modalités d'exercice du contrôle financier sur l'Institut national du sport et de l'éducation physique ;

66° L'arrêté du 17 novembre 2006 relatif aux modalités d'exercice du contrôle financier sur le Centre national pour le développement du sport ;

67° L'arrêté du 17 novembre 2006 relatif aux modalités d'exercice du contrôle financier sur l'École nationale d'équitation ;

68° L'arrêté du 17 novembre 2006 relatif aux modalités d'exercice du contrôle financier sur l'École nationale de ski et d'alpinisme ;

69° L'arrêté du 17 novembre 2006 relatif aux modalités d'exercice du contrôle financier sur l'École nationale de voile ;

70° L'arrêté du 20 novembre 2006 portant organisation du diplôme d'État de la jeunesse, de l'éducation populaire et du sport spécialité perfectionnement sportif délivré par le ministère chargé de la jeunesse et des sports ;

71° L'arrêté du 20 novembre 2006 portant organisation du diplôme d'État supérieur de la jeunesse, de l'éducation populaire et du sport spécialité performance sportive délivré par le ministère chargé de la jeunesse et des sports ;

72° L'arrêté du 12 janvier 2007 relatif aux modalités d'exercice du contrôle financier sur les centres d'éducation populaire et de sport ;

73° L'arrêté du 30 mars 2007 fixant les conditions d'encadrement du canyonisme par les ressortissants d'un État membre de l'Union européenne ou d'un État partie à l'accord sur l'Espace économique européen.

LIVRE PREMIER ORGANISATION DES ACTIVITÉS PHYSIQUES ET SPORTIVES

TITRE PREMIER PERSONNES PUBLIQUES

CHAPITRE PREMIER ÉTAT

(Arr. du 20 avr. 2015)

Le présent chapitre ne comprend pas de disposition réglementaire.

CHAPITRE II ÉTABLISSEMENTS PUBLICS NATIONAUX

(Arr. du 20 avr. 2015)

SECTION UNIQUE LE MUSÉE NATIONAL DU SPORT

Art. A. 112-0 *(Arr. du 1er juin 2015, art. 2-I)* Le siège du Musée national du sport est fixé à Nice (06).

SOUS-SECTION UNIQUE CONTRÔLE BUDGÉTAIRE

Art. A. 112-1 Le Musée national du sport est assujetti au contrôle budgétaire prévu par les articles 220 à 228 du décret n° 2012-1246 du 7 novembre 2012 relatif à la gestion budgétaire et comptable publique, dans les conditions fixées à la présente sous-section.

Art. A. 112-2 En application de l'article 222 du décret n° 2012-1246 du 7 novembre 2012 relatif à la gestion budgétaire et comptable publique, le contrôleur budgétaire assiste avec voix consultative au conseil d'administration de l'établissement. Il est destinataire, dans les mêmes conditions que les autres membres, des documents qui sont communiqués avant chaque séance, ainsi que des comptes rendus et des procès-verbaux.

Le document prévu à l'article A. 112-10 peut ouvrir la possibilité pour le contrôleur budgétaire de participer aux réunions de tout comité, commission ou organe consultatif existant au sein de l'organisme.

Art. A. 112-3 Pour l'examen du budget initial, des budgets rectificatifs et du compte financier, le contrôleur budgétaire est destinataire des projets de documents prévus à l'article 175 du décret n° 2012-1246 du 7 novembre 2012 relatif à la gestion budgétaire et comptable publique préalablement à leur envoi aux membres du conseil d'administration.

Le contrôleur budgétaire est destinataire, après le vote du budget, d'une répartition détaillée des crédits et des prévisions de recettes dans les conditions précisées dans le document prévu à l'article A. 112-10.

Art. A. 112-4 Les comptes rendus de gestion mentionnés au second alinéa de l'article 223 du décret n° 2012-1246 du 7 novembre 2012 relatif à la gestion budgétaire et comptable publique sont transmis au contrôleur budgétaire, au moins deux fois par an, avant le 31 mai et avant le 30 septembre sauf dérogation accordée par celui-ci.

Ils comprennent :

– l'actualisation de la répartition initiale détaillée ;

– la situation détaillée de l'exécution du budget et la prévision d'exécution au 31 décembre ;

– la situation des engagements et, le cas échéant, l'actualisation de la programmation pluriannuelle ;

– l'état détaillé des ressources propres ;

– le plan de trésorerie ;

– une note de synthèse analysant l'exécution des crédits et la prévision des crédits non consommés et identifiant les risques éventuels d'une exécution non soutenable ainsi que les mesures correctrices envisagées.

En outre, sont transmis pour information :

– les accords-cadres ;

– les marchés à bons de commandes *[commande]* ;

– la liste des agents accueillis en position d'activité ;

– la liste des agents mis à disposition contre remboursement.

Art. A. 112-5 En application des dispositions de l'article 223 du décret n° 2012-1246 du 7 novembre 2012 relatif à la gestion budgétaire et comptable publique, le contrôleur budgétaire est notamment destinataire des documents suivants :

– les informations relatives au suivi des objectifs fixés par le ministre chargé des sports au directeur général du Musée national du sport ;

– les documents à caractère stratégique relatifs aux missions du Musée national du sport, ses objectifs, ses moyens et ses engagements financiers ;

– les informations relatives au suivi du contrat de performance et à la contribution du Musée national du sport à la performance du programme budgétaire dont il est opérateur ;

– les documents relatifs à l'organisation, aux procédures internes et au fonctionnement du contrôle interne, notamment comptable et budgétaire du Musée national du sport ainsi que tout document relevant d'une cartographie des risques ;

– les documents relatifs aux politiques des achats, de l'immobilier, des ressources humaines et des systèmes d'information ;

– les rapports d'inspection et d'audit des commissaires aux comptes et des auditeurs internes et externes, ainsi que les plans d'action du Musée national du sport relatifs à la mise en œuvre de leurs recommandations.

Art. A. 112-6 Le contrôleur budgétaire suit la gestion des emplois et des crédits de personnel dans les conditions prévues à l'arrêté du 25 juin 2014 relatif au document prévisionnel de gestion des emplois et des crédits de personnel des organismes.

Art. A. 112-7 Dans les conditions et selon les seuils fixés par le document prévu à l'article A. 112-10, au regard de la qualité du contrôle interne budgétaire :

Sont soumis au visa :

– les décisions générales ou catégorielles relatives aux modalités de recrutement ou de rémunération des personnels ;

– les actes relatifs au recrutement et à la rémunération des agents contractuels visés aux articles 4 et 6 de la loi n° 84-16 du 11 janvier 1984 portant dispositions statutaires relatives à la fonction publique de l'État ;

– les décisions fixant la rémunération des fonctionnaires détachés sur contrat ;

– les acquisitions et aliénations immobilières ;

– les baux autres que les baux domaniaux ;

– les marchés autres que les marchés à bons de commande ;

– les bons de commandes *[commande]* ;

– les décisions et conventions portant attribution de prêts ou de subventions.

Sont soumis à avis préalable :

– les projets de transactions avant transmission au tiers pour signature.

Art. A. 112-8 Le contrôleur budgétaire établit un programme de contrôle *a posteriori* en fonction des risques identifiés qui peuvent porter sur la qualité de la comptabilité budgétaire tenue ou le caractère soutenable de la prévision budgétaire et de son exécution. Il se fonde sur les risques qu'il constate, dans l'exercice de ses missions, lors des travaux relatifs au contrôle interne budgétaire ou dans les conclusions d'audits.

Ce contrôle peut porter sur des actes ou des circuits et procédures de dépenses et de recettes.

Après avis de l'ordonnateur, le contrôleur budgétaire transmet au Musée national du sport le programme de contrôle et l'informe, le cas échéant, des agents placés sous l'autorité du ministre chargé du budget qui l'assisteront.

Le Musée national du sport est tenu de communiquer au contrôleur budgétaire et aux personnes qui l'assistent tous les documents nécessaires à la réalisation du contrôle *a posteriori* au plus tard dans le délai d'un mois.

Les conclusions et recommandations éventuelles du contrôle sont transmises à l'ordonnateur et*[,]* le cas échéant*[,]* au ministre chargé du budget et au ministre de tutelle.

L'ordonnateur indique les mesures qu'il entend mettre en œuvre pour pallier les risques ou défaillances identifiés.

Dans les conditions prévues à l'article A. 112-10, le contrôleur budgétaire peut à tout moment procéder au contrôle *a posteriori* d'un acte particulier non soumis à avis ou visa.

Art. A. 112-9 S'il apparaît au contrôleur budgétaire que la gestion du Musée national du sport remet en cause le caractère soutenable de l'exécution budgétaire au regard de l'autorisation budgétaire, la couverture de ses dépenses obligatoires ou inéluctables, la poursuite de son exploitation ou la qualité de la comptabilité budgétaire, il en informe l'ordonnateur par écrit. Celui-ci lui fait connaître dans les mêmes formes les mesures qu'il envisage de prendre pour rétablir la situation budgétaire.

Le contrôleur budgétaire rend compte de ces échanges au ministre chargé du budget et au ministre de tutelle.

Art. A. 112-10 Après concertation avec l'ordonnateur, le contrôleur budgétaire établit un document fixant la liste détaillée des actes soumis à visa ou avis, les montants des seuils de visa ou d'avis, le format des documents et états à transmettre ainsi que la périodicité et les modalités de leur transmission.

Ce document est transmis à l'ordonnateur, à l'agent comptable, au ministre chargé du budget et au ministre de tutelle.

CHAPITRE III COLLECTIVITÉS TERRITORIALES

(Arr. du 7 avr. 2016, art. 1er)

Le présent chapitre ne comprend pas de dispositions pour les arrêtés.

CHAPITRE IV LES CENTRES DE RESSOURCES, D'EXPERTISE ET DE PERFORMANCE SPORTIVE

SECTION PREMIÈRE CONDITIONS D'EXERCICE DU DROIT DE SUFFRAGE, D'ÉLIGIBILITÉ ET RÈGLES APPLICABLES AU DÉROULEMENT DES SCRUTINS POUR L'ÉLECTION DE MEMBRES AU CONSEIL D'ADMINISTRATION *(Arr. du 13 sept. 2016, art. 1er-1°).*

Art. A. 114-1 Pour l'élection des cinq ou six représentants du personnel, des sportifs et des stagiaires mentionnés au 4° de l'article R. 114-4, il est constitué cinq collèges :

1° Collège des personnels pédagogiques ;

2° Collège des personnels administratifs et des personnels médicaux et paramédicaux ;

3° Collège des personnels ouvriers, techniques et de service ;

4° Collège des sportifs accueillis dans le centre ;

5° Collège des stagiaires en formation.

Art. A. 114-2 Sont électeurs et éligibles au sein des collèges 1° à 3° les personnels titulaires ainsi que les agents contractuels bénéficiant d'un contrat de dix mois au moins à la date de clôture du scrutin, en activité au sein de l'établissement au jour du scrutin.

Ne peuvent participer au scrutin les personnels en position de disponibilité, de congé de longue durée ou de congé parental.

Au sein du collège 4°, ne sont électeurs et éligibles que les sportifs inscrits dans l'établissement à la date de clôture du scrutin.

Au sein du collège 5°, ne sont électeurs et éligibles que les stagiaires inscrits, à la date de clôture du scrutin, à un cycle de formation dispensé par l'établissement portant sur une période d'au moins dix mois.

Les membres d'un collège ne peuvent ni voter dans un autre collège, ni être choisis par les membres d'un autre collège pour les représenter.

Il est établi une liste électorale par collège. Nul ne peut prendre part au vote s'il ne figure sur une liste électorale.

Art. A. 114-3 **Les directeurs des centres de ressources, d'expertise et de performance sportive sont chargés d'établir les listes électorales et d'organiser toutes les opérations afférentes à l'élection des membres élus siégeant au conseil d'administration de leur établissement, dont les modalités pratiques sont précisées en annexe I-0-1** *[Reproduite ci-dessous]*.

Les directeurs des centres de ressources, d'expertise et de performance sportive fixent la date des élections, le lieu ainsi que les heures d'ouverture et de fermeture des scrutins. Les élections ont lieu quatre mois au plus et un mois au moins avant la date d'expiration de la durée du mandat des membres en exercice telle que fixée par l'article R. 114-7 du code du sport.

Le vote a lieu à bulletin secret. Le vote par correspondance ou par procuration est admis.

ANNEXE I-0-1
(Article A. 114-3)

(Arr. du 7 avr. 2016, art. 2)

TITRE Ier ÉTABLISSEMENT DES LISTES ÉLECTORALES

I-1. Le directeur du centre de ressources, d'expertise et de performance sportive établit pour chaque collège la liste des électeurs et des personnes éligibles conformément aux dispositions de la présente annexe et des articles A. 114-1 à A. 114-3.

I-2. Le directeur du centre de ressources, d'expertise et de performance sportive organise la publicité de ces listes, notamment par voie d'affichage. Toute réclamation doit être adressée par lettre recommandée avec avis de réception, dans les huit jours suivant la date de publicité, au directeur du centre de ressources, d'expertise et de performance sportive. Celui-ci statue sur le bienfondé *[bien-fondé]* des réclamations et arrête dans le même délai la liste électorale définitive.

TITRE II ORGANISATION DES OPÉRATIONS DE VOTE

II-1. Calendrier des opérations de vote.

Le calendrier des opérations électorales est fixé ainsi qu'il suit :

— affichage et publication des listes électorales au moins trente jours avant la date du scrutin ;

— dépôt des actes de candidature au moins vingt et un jours avant la date du scrutin ;

— distribution du matériel de vote, au sein de l'établissement, au moins quinze jours avant la date du scrutin ;

— dépouillement de tous les bulletins de vote le jour même du scrutin ;

— proclamation des résultats le jour même du scrutin.

II-2 ***a.*** Organisation matérielle.

Les déclarations de candidatures, précisant les noms des candidats titulaires et suppléants, sont adressées, par lettre recommandée avec avis de réception, ou déposées auprès du directeur contre récépissé.

Chaque candidature doit comprendre à la fois un membre titulaire et un membre suppléant.

Les candidats peuvent accompagner leur candidature d'une profession de foi.

II-2 ***b.*** Matériels de vote.

La confection des bulletins de vote et des enveloppes destinées au vote, qui doivent être d'un modèle unique, notamment lorsque le centre comprend plusieurs sites, incombe au directeur du centre de ressources, d'expertise et de performance sportive.

Le centre de ressources, d'expertise et de performance sportive fait parvenir, en temps utile, aux électeurs, sous enveloppe libellée à leur nom :

— les bulletins de vote ;
— un exemplaire de la présente annexe ;
— le cas échéant, les professions de foi des candidats.

Pour les personnes absentes de l'établissement à cette période, pour quelque raison que ce soit, il sera procédé à un envoi avec avis de réception au domicile de l'électeur, sept jours au moins avant la date de clôture du scrutin.

II-2 *c.* Bureau de vote.

Les électeurs doivent exclusivement utiliser le matériel de vote fourni par le centre.

Le vote, sous peine de nullité, doit être exprimé à l'aide d'un seul bulletin de vote ne comportant ni rature, ni signe distinctif, ni surcharge. Ce bulletin est glissé par l'électeur dans une enveloppe qui, également, ne doit comporter aucun signe de reconnaissance.

Le vote sur place a lieu sur chacun des sites du centre le jour du scrutin.

Le vote par correspondance est admis pour l'ensemble des électeurs. Tous les votes par correspondance sont adressés à la boîte postale ouverte à cette fin au bureau de poste du site siège du centre de ressources, d'expertise et de performance sportive.

Les votes par correspondance sont retirés en bloc au bureau de la poste du siège du centre, la veille de la date fixée pour le vote sur place.

Pour les votes transmis par la poste, l'enveloppe extérieure (enveloppe n° 1), préaffranchie, ne doit comporter aucune autre mention que celles préimprimées. Une seconde enveloppe (enveloppe n° 2), dans laquelle est glissée une troisième enveloppe (enveloppe n° 3) contenant le bulletin de vote, doit comporter, lisiblement écrits : le nom, le prénom, le collège auquel il appartient et la signature de l'électeur.

Les électeurs qui ne peuvent voter personnellement ont la possibilité d'exercer leur droit de vote par un mandataire, en lui donnant procuration écrite pour voter en leur lieu et place.

Le mandataire doit être inscrit sur la même liste électorale que le mandant. Nul ne peut être porteur de plus de deux procurations.

Les opérations électorales se déroulent publiquement dans un local d'accès facile où la liberté et le secret du vote sont assurés, sous le contrôle d'un bureau de vote constitué, pour chacun des sites du centre de ressources, d'expertise et de performance sportive, d'un président et de deux assesseurs choisis par le directeur du centre parmi les électeurs.

Les bulletins de vote et les enveloppes nécessaires sont déposés sur une table distincte de celle où est déposée l'urne.

Le passage par l'isoloir est obligatoire.

Les votants sont appelés à apposer leur signature sur une liste d'émargement, avant que le bulletin ne soit introduit dans l'urne. Les votants doivent pouvoir justifier de leur identité.

Avant le début du vote sur place au site siège du centre, il est procédé au recensement des votes par correspondance.

Le nom des électeurs dont émanent ces enveloppes est émargé sur les listes.

Sont mises à part sans être ouvertes :

— les enveloppes n° 2 non signées ou ne comportant pas le nom, le prénom et le collège de l'électeur ou sur lesquelles ces mentions sont illisibles ;
— les enveloppes n° 3 ou les bulletins de vote trouvés dans l'enveloppe n° 1 sans l'enveloppe n° 2.

Entraînent la nullité du suffrage de l'électeur :

— les enveloppes n° 2 multiples parvenues sous la signature d'un même électeur ;
— les enveloppes n° 3 portant une mention ou un signe distinctif ;
— les enveloppes n° 3 parvenues en nombre multiple sous une même enveloppe n° 2 ;
— les bulletins trouvés dans l'enveloppe n° 2 sans l'enveloppe n° 3.

L'enveloppe contenant le bulletin de vote est introduite dans l'urne.

TITRE III RÉSULTATS

III-1. Opérations de dépouillement.

Les opérations de dépouillement des votes s'effectuent publiquement au bureau de vote.

Le président du bureau de vote veille à ce que le nombre des scrutateurs soit suffisant pour assurer le dépouillement des votes. Le nombre de scrutateurs doit être au moins égal au nombre de personnes constituant le bureau.

Dès la clôture du scrutin, le bureau vérifie que le nombre d'enveloppes recueillies dans l'urne est bien égal au nombre des émargements effectués sur la liste des électeurs.

Chaque membre du bureau signe la liste des électeurs.

Le dépouillement intervient aussitôt après.

Sont notamment considérés comme nuls :

— les enveloppes vides ;

— les bulletins trouvés dans l'urne sans enveloppe ;
— les bulletins ou enveloppes non conformes au modèle type ;
— les bulletins ou enveloppes portant un signe distinctif, des surcharges ou des ratures ;
— les bulletins différents contenus dans une même enveloppe.

Sont déclarés élus, pour chacun des collèges, le ou, pour les centres comportant deux représentants du deuxième collège, les candidats ayant obtenu le plus grand nombre de voix, ainsi que son ou leurs suppléants ; en cas d'égalité du nombre de suffrages obtenus, le ou les candidats les plus âgés sont élus.

Les résultats du vote sur place aux sites autres que le site siège du centre sont consignés dans un procès-verbal signé par le président et ses assesseurs. Ce procès-verbal est immédiatement communiqué, par fax ou document scanné transmis par courriel, au président du bureau de vote du site siège du centre.

Les résultats définitifs sont proclamés par le président du bureau de vote du site siège du centre et consignés dans un procès-verbal récapitulatif du scrutin signé par le président et les assesseurs. Les bulletins nuls ainsi que les enveloppes qui ont été écartées sans être ouvertes sont annexés au procès-verbal.

Le procès-verbal mentionne :

1. Le nombre d'électeurs inscrits ;
2. Le nombre d'électeurs votants ;
3. Le nombre de bulletins blancs ou nuls ;
4. Le nombre de suffrages exprimés ;
5. Le nombre de suffrages recueillis par chaque candidat ;
6. Les difficultés et incidents survenus.

La copie de ce procès-verbal est affichée par les soins du directeur du centre de ressources, d'expertise et de performance sportive.

III-2. Contestations.

Les contestations sur la validité des opérations électorales sont portées devant le directeur du centre de ressources, d'expertise et de performance sportive dans un délai de cinq jours à compter de la proclamation des résultats.

Celui-ci doit statuer dans un délai de huit jours, à l'issue duquel la demande est réputée rejetée.

SECTION II DOCUMENT PRÉVISIONNEL DE GESTION DES EMPLOIS ET DES CRÉDITS DE PERSONNEL

(Arr. du 13 sept. 2016, art. 1er-2°)

Art. A. 114-4 **Le document prévisionnel de gestion des emplois et des crédits de personnel mentionné à l'article R. 114-22, établi par l'ordonnateur du centre de ressources, d'expertise et de performance sportive, est composé de trois tableaux, dont les modèles figurent à l'annexe I-0-2, présentés comme suit :**

— le tableau de suivi des emplois, décrivant les entrées et sorties, dans le courant de l'année, des personnels rémunérés par le centre et des personnels affectés en fonctions au sein du centre sans être rémunérés par lui, ainsi que les prévisions de consommation du plafond d'autorisations d'emplois *[reproduit à l'annexe I-0-2 accessible sur les portails et les applications mobiles Dalloz]* **(tableau I) ;**

— le tableau de suivi des dépenses de personnel, décrivant notamment les prévisions de dépenses de personnel *[reproduit à l'annexe I-0-2 accessible sur les portails et les applications mobiles Dalloz]* **(tableau II) ;**

— le tableau du détail des facteurs d'évolution des dépenses de personnel *[reproduit à l'annexe I-0-2 accessible sur les portails et les applications mobiles Dalloz]* **(tableau III).**

Art. A. 114-5 **Le document prévisionnel de gestion des emplois et des crédits de personnel est transmis au directeur régional chargé de la jeunesse et des sports, pour avis, ainsi qu'au président du conseil régional et au ministre chargé des sports, pour information, avant l'envoi du projet de budget initial aux membres du conseil d'administration.**

Ce document fait l'objet d'actualisations également transmises au directeur régional chargé de la jeunesse et des sports, pour avis, ainsi qu'au président du conseil régional et au ministre chargé des sports, pour information, avant le 15 mai et avant le 15 septembre.

Lors de ces actualisations, seuls les tableaux de suivi des emplois et de suivi des dépenses de personnel sont fournis. Le tableau du détail des facteurs d'évolution des

dépenses de personnel peut cependant être fourni à la demande du directeur régional chargé de la jeunesse et des sports.

Ce document est également actualisé sur la base des données relatives à l'exécution de l'exercice clos et transmis, pour information, au directeur régional chargé de la jeunesse et des sports, au président du conseil régional et au ministre chargé des sports, à l'occasion de l'envoi du compte financier aux membres du conseil d'administration.

Chaque transmission du document prévisionnel de gestion des emplois et des crédits de personnel est accompagnée d'une note de l'ordonnateur portant notamment sur le caractère soutenable des dépenses de personnel, le respect du plafond d'emploi et de la variation d'effectifs prévue en budget initial.

Art. A. 114-6 Le directeur régional chargé de la jeunesse et des sports, le président du conseil régional et le ministre chargé des sports peuvent demander au centre la communication de tout élément permettant d'expliciter le document prévisionnel de gestion des emplois et des crédits de personnel, le cas échéant sous forme d'un document détaillé.

Art. A. 114-7 Dans un délai d'un mois après la transmission du document prévisionnel de gestion des emplois et des crédits de personnel prévu aux deux premiers alinéas de l'article A. 114-5, le directeur régional chargé de la jeunesse et des sports rend un avis sur le caractère soutenable des dépenses de personnel du centre et le respect de ses autorisations d'emplois.

Le directeur régional chargé de la jeunesse et des sports peut demander que lui soit communiqué tout document utile relatif à la gestion des ressources humaines et des rémunérations.

Cet avis est adressé au directeur du centre ainsi qu'au président du conseil régional et au ministre chargé des sports.

En cas d'avis défavorable, le centre doit, dans un délai d'un mois, indiquer au directeur régional chargé de la jeunesse et des sports les mesures qu'il propose de mettre en œuvre afin de rétablir la situation. Ces propositions sont également transmises au président du conseil régional et au ministre chargé des sports.

TITRE DEUXIÈME ASSOCIATIONS ET SOCIÉTÉS SPORTIVES

CHAPITRE PREMIER ASSOCIATIONS SPORTIVES

Art. A. 121-1 Le dépôt de la convention mentionnée à l'article R. 122-5 est accompagné des documents suivants :

1° Les statuts de l'association sportive cédante, ainsi que les bilans et compte de résultat de la dernière saison sportive et le budget de la saison en cours ;

2° Les statuts du cessionnaire, ainsi que les bilans et compte de résultat de la dernière saison sportive et le budget de la saison en cours. – *[Arr. du 16 févr. 1998, art. 1er.]*

CHAPITRE II SOCIÉTÉS SPORTIVES

Art. A. 122-1 Le dépôt de la convention mentionnée à l'article R. 122-5 est accompagné des documents suivants :

1° Les statuts de la société sportive cédante, ainsi que les bilans et compte de résultat de la dernière saison sportive et le budget de la saison en cours ;

2° Les statuts du cessionnaire, ainsi que les bilans et compte de résultat de la dernière saison sportive et le budget de la saison en cours.

TITRE TROISIÈME FÉDÉRATIONS SPORTIVES ET LIGUES PROFESSIONNELLES

CHAPITRE PREMIER FÉDÉRATIONS SPORTIVES

COMMENTAIRE

L'évolution des technologies fait que de plus en plus de fédérations décident de profiter de la possibilité offerte par l'article R. 131-36 du code du sport de faire entrer en vigueur leurs décisions réglementaires par l'effet d'une publication électronique en lieu et place de la traditionnelle publication « papier ». Outre une décision en ce sens de l'assemblée générale (qui prend généralement la forme d'une modification statutaire), cette évolution est subordonnée au respect de contraintes techniques précisées par les articles A. 131-3 et suivants du code du sport ainsi qu'au retrait, par arrêté ministériel pris sur demande des fédérations concernées, des publications « papier » listées à l'article A. 131-1. ❑

Art. A. 131-1 Pour l'application de l'article R. 131-36, les décisions réglementaires des fédérations sportives délégataires sont publiées dans les bulletins dont la liste suit :

Fédération française d'aéromodélisme : Aéromodèles.

Fédération nationale d'aéronautique : Info pilote.

Fédération française d'aérostation : L'Aéronote.

(Abrogé par Arr. du 4 mai 2010) ***« Fédération française d'athlétisme : Infos FFA. »***

Fédération française des sociétés d'aviron : Aviron magazine.

(Abrogé par Arr. du 9 sept. 2010) ***« Fédération française de badminton : Badminton magazine. »***

Fédération française de ball-trap et de tir à balle : Ball-trap magazine.

Fédération française de basketball : Basketball.

Fédération française de billard : Sport billard magazine.

Fédération française de bowling et de sport de quilles : Bulletin d'information fédérales.

Fédération française de boxe : France boxe.

Fédération française de canoë-kayak : Canoë-Kayak information.

Fédération française de course d'orientation : Course orientation magazine.

(Abrogé par Arr. du 9 déc. 2014) ***« Fédération française de cyclisme : La France cycliste. »***

Fédération française de danse : Danse danse danse.

Fédération française d'études et de sports sous-marins : Subaqua.

(Abrogé par Arr. du 29 oct. 2008) ***« Fédération française de football : Foot. »***

Fédération française de giraviation : Le Colibri.

(Abrogé par Arr. du 29 nov. 2010) ***« Fédération française de gymnastique : l'Officiel du gymnaste. »***

Fédération française de handball : Handinfos.

Fédération française handisport : Handisport magazine.

Fédération française de hockey : Hockey express.

Fédération française de jeu de balle au tambourin : A la volée.

Fédération française de judo, jujitsu, kendo et disciplines associées : Judo magazine.

Fédération française de karaté et arts martiaux affinitaires : Officiel karaté magazine.

Fédération française de longue paume : Longue paume infos.

(Abrogé par Arr. du 16 déc. 2010) ***« Fédération française de motocyclisme : France moto magazine. »***

Fédération française motonautique : La lettre motonautique.

(Arr. du 7 mars 2011) **« Fédération française de natation : Natation magazine. »**

Fédération française de parachutisme : FFP contacts.

Fédération française de pêche à la mouche et au lancer : Bulletin de la fédération française de pêche à la mouche et au lancer.

Fédération française de pêche au coup : Pêche de compétition.

Fédération française des pêcheurs en mer : Info/FFPM.

Fédération française de pelote basque : Pilota.

Fédération française de planeur ultra-léger motorisé : ULM info.

Fédération française de la randonnée pédestre : Balises comités.

(Abrogé par Arr. du 2 janv. 2014) ***« Fédération française de rugby : Rugby mag. »***

Fédération française de sauvetage et de secourisme : Préserver et sauver.

Fédération française de savate, boxe française et disciplines associées : La lettre de la savate.

Fédération française de spéléologie : Spelunca.

Fédération française du sport automobile : France auto.

Fédération française du sport boules : Sport boules magazine.

Fédération française des sports de glace : Sports de glace info clubs.

Fédération française de squash : Squash +.

Fédération française de taekwondo et disciplines associées : Taekwondo-hwarangdo.

Fédération française de tennis : Tennis info.
Fédération française de tir : Le tir info.
Fédération française de tir à l'arc : Le tir à l'arc.
Fédération française de twirling-bâton : Twirling magazine.
(Abrogé par Arr. du 29 nov. 2010) ***« Fédération française de voile : Lettre de grand voile. »***
Fédération française de vol libre : Vol passion. – *[Arr. du 3 mars 2004, art. 1er.]*

Art. A. 131-2 Les décisions réglementaires publiées par voie électronique en application du deuxième alinéa de l'article R. 131-36, entrent en vigueur à la date qu'elles fixent ou, à défaut, le lendemain de leur publication.

L'entrée en vigueur de celles de leurs dispositions dont l'exécution nécessite des mesures d'application est reportée à la date d'entrée en vigueur de ces mesures.

Art. A. 131-3 La publication sous forme électronique de ces décisions est mise à la disposition du public de manière gratuite et pendant toute la durée de leur validité.

Art. A. 131-4 L'accès à ces décisions doit être facilité.

Pour ce faire, celles-ci doivent figurer dans un classement chronologique et par thèmes.

Art. A. 131-5 Pour permettre leur recherche, un moteur de recherche basé sur l'indexation du contenu des décisions peut être mis en place afin de faciliter une recherche par mots clés.

Art. A. 131-6 S'agissant du format utilisé pour leur publication :
– les décisions doivent être consultables directement à l'écran sans ajout de logiciels complémentaires hors navigateur ;
– elles doivent pouvoir être consultables hors ligne via un téléchargement sous forme de fichier au standard ouvert visualisable sans logiciel supplémentaire ou à l'aide de logiciels gratuits ;
– aucun système d'exploitation ne doit être imposé.

CHAPITRE II **LIGUES PROFESSIONNELLES**

Le présent chapitre ne comprend pas de dispositions pour les arrêtés.

TITRE QUATRIÈME **ORGANISMES DE REPRÉSENTATION ET DE CONCILIATION**

CHAPITRE PREMIER **LE COMITÉ NATIONAL OLYMPIQUE ET SPORTIF FRANÇAIS**

Art. A. 141-1 Pour l'application de l'article R. 141-4, le Comité national olympique et sportif français, 1 avenue Pierre de Coubertin à Paris 13°, est autorisé à reverser les subventions reçues de l'État à des sportifs de haut niveau au titre des aides personnalisées. – *[Arr. du 29 janv. 1990, art. 1er.]*

CHAPITRE II **AUTRES ORGANISMES DE CONCERTATION**

SECTION PRÉLIMINAIRE **COMMISSION D'EXAMEN DES RÈGLEMENTS FÉDÉRAUX RELATIFS AUX ÉQUIPEMENTS SPORTIFS**

(Arr. du 12 sept. 2011, art. 1er)

Art. A. 142-0 *(Arr. du 14 oct. 2013, art. 1er)* Le contenu de la notice d'impact mentionnée aux articles R. 142-8 à R. 142-10 est fixé en annexe I-1 *[reproduite ci-dessous]*.

ANNEXE I-1
(Article A. 142-0)

NOTICE D'IMPACT PRÉVUE AUX ARTICLES R. 142-8 À R. 142-10

(Arr. du 14 oct. 2013, art. 2)

1. Indication de la fédération et des disciplines concernées au sens de la délégation consentie par le ministre chargé des sports au titre de l'article L. 131-14 du code du sport.

2. Date de la précédente modification ou de l'édiction du règlement.
3. Description du projet de règlement ou de modification envisagé(e) :
— par niveau de classement fédéral des équipements sportifs ;
— par type d'espaces concernés, notamment les espaces d'activité sportive et les vestiaires.

Indiquer explicitement pour chaque niveau de classement fédéral des équipements les dispositions qui font référence à une ou plusieurs préconisations formulées par les fédérations sportives internationale et/ ou européenne.

Joindre à la notice :
— en cas d'édiction : le projet de règlement ;
— en cas de modification :
— le règlement en vigueur publié conformément aux dispositions de l'article R. 142-11 du code du sport ;
— le règlement après insertion des modifications ;
— un tableau synoptique présentant les niveaux de classement fédéral en colonnes et les types d'espaces en lignes.

4. Indication des niveaux de compétition correspondant à chaque niveau de classement fédéral des équipements.

Joindre à la notice un tableau de correspondance des niveaux de compétition avec les niveaux de classement fédéral des équipements.

5. Évaluation du nombre d'équipements susceptibles d'être soumis au projet de règlement ou de modification envisagé(e) :
— pour chaque niveau de classement fédéral, sur une saison sportive ;
— le cas échéant, sur une période de dix saisons sportives (calcul théorique intégrant le nombre de clubs pouvant changer de niveau de classement fédéral à l'issue de chaque saison sportive). S'il y a lieu la taille des équipements sera mentionnée en référence au classement fédéral.

6. Évaluation des conséquences financières qui résulteraient de l'application du projet de règlement pour les clubs sportifs et pour les collectivités territoriales, pour un équipement type, tant en investissement qu'en fonctionnement :
— évaluation du coût moyen d'investissement induit par le projet de règlement ou de modification envisagé(e), pour chaque niveau de classement fédéral, en distinguant les coûts selon qu'ils sont induits par des prescriptions qui relèvent des fédérations sportives mondiale et/ ou européenne, des règles spécifiquement édictées par la fédération délégataire compétente, de la réglementation et de la normalisation non réglementaire ;
— évaluation du coût moyen annuel de fonctionnement induit par le projet de règlement ou de modification envisagé(e), pour chaque niveau de classement fédéral, en distinguant les coûts selon qu'ils sont induits par des prescriptions qui relèvent des fédérations sportives mondiale et/ ou européenne, des règles spécifiquement édictées par la fédération délégataire compétente, de la réglementation et de la normalisation non réglementaire ;
— éléments de calcul de ces coûts, notamment le prix par mètre carré ou le prix unitaire ainsi que les sources de ces éléments de calcul, notamment les statistiques, études ou devis ;
— évaluation du rapport coûts/ bénéfices lié au projet de règlement ou de modification envisagé(e), notamment en ce qui concerne les dispositions relevant de la seule initiative de la fédération délégataire compétente.

7. Évaluation des conséquences urbanistiques et environnementales possibles (impacts sur la voirie, les dessertes, les consommations d'énergie et d'eau, nuisances sonores, pollution lumineuse).

8. Indication des modalités d'application transitoire aux projets en cours et des délais prévus pour la mise en conformité éventuelle des installations existantes avec le projet de règlement ou de modification envisagé(e), pour chaque niveau de classement.

Indiquer notamment les délais prévus concernant les niveaux de classement fédéral des équipements qui font référence à une ou plusieurs préconisations formulées par les fédérations mondiale et/ ou européenne.

9. Justification de la nécessité du projet de règlement ou de modification envisagé(e) et de la proportionnalité de ses exigences au regard :
— de l'évolution des règles techniques de la ou des disciplines intéressées ;
— du niveau des compétitions ;
— des objectifs de sécurité ou des règles édictées par les fédérations internationales, avec indication des évolutions du cadre réglementaire et normatif (notamment la réglementation ou les normes non réglementaires applicables aux équipements concernés et mettre celles-ci en regard des règles fédérales).

10. Teneur des concertations préalablement engagées par la fédération :
— organismes consultés :
— autres fédérations sportives utilisatrices des mêmes types d'équipements sportifs ;

— associations nationales d'élus locaux, de propriétaires et de gestionnaires des types d'équipements sportifs visés ;

— Comité national olympique et sportif français ;

— Comité paralympique et sportif français ;

— organismes représentatifs des entreprises intéressées par les équipements sportifs ;

— autres organismes, le cas échéant ;

— modalités, contenu et délais des concertations ;

— résultats des concertations après un délai minimum de deux mois suivant la saisine, par courrier recommandé avec avis de réception, des organismes consultés, avec copie à la direction des sports du ministère chargé des sports, tout particulièrement en ce qui concerne l'évaluation des conséquences financières du projet et les délais de son application (adresser une copie des lettres de saisine, une synthèse des avis formulés par les organismes consultés accompagnée des copies des courriers, des comptes rendus de réunion ainsi que tout autre élément pertinent).

SECTION PREMIÈRE *[ABROGÉE]* COMMISSION CONSULTATIVE DES ARTS MARTIAUX ET DES SPORTS DE COMBAT

(Abrogée par Arr. du 30 janv. 2015, art. 1er-I)

Art. A. 142-1 (Arr. du 14 mai 2009) *La commission consultative des arts martiaux et des sports de combat est présidée par le ministre chargé des sports ou son représentant.*

Elle comprend, outre son président :

1° Trois représentants du ministre chargé des sports désignés par celui-ci ;

2° (Arr. du 4 janv. 2010) *« Six » représentants désignés sur proposition des présidents des fédérations sportives suivantes :*

a) Un représentant de la Fédération française de karaté et disciplines associées ;

b) Un représentant de la Fédération française de judo, jujitsu, kendo et disciplines associées ;

c) Un représentant de la Fédération française de taekwondo et disciplines associées ;

d) Un représentant de la Fédération de wushu, arts énergétiques et martiaux chinois ;

e) (Arr. du 4 janv. 2010) *« Un représentant de la Fédération française d'aïkido et de budo ;*

« f) Un représentant de la Fédération française d'aïkido, d'aïkibudo et affinitaires ; »

3° Quatre représentants désignés sur proposition des présidents des fédérations sportives suivantes :

a) Un représentant de la Fédération française de boxe ;

b) Un représentant de la Fédération française de savate, boxe française et disciplines associées ;

c) Un représentant de la Fédération française de lutte ;

d) Un représentant de la Fédération française des sports de contact et disciplines associées ;

4° Deux personnalités qualifiées désignées par le ministre chargé des sports pour leurs compétences en matière d'arts martiaux ;

5° Trois personnalités qualifiées désignées par le ministre chargé des sports pour leurs compétences en matière de sports de combat.

Art. A. 142-2 (Arr. du 14 mai 2009) *La commission consultative des arts martiaux et des sports de combat se réunit au moins une fois par an.*

Elle peut également se réunir en collèges restreints respectivement consacrés aux questions relatives aux arts martiaux et aux sports de combat.

Le collège restreint "arts martiaux" est composé de l'ensemble des membres mentionnés à l'article A. 142-1, à l'exception de ceux mentionnés aux 3° et 5°.

Le collège restreint "sports de combats" est composé de l'ensemble des membres mentionnés à l'article A. 142-1, à l'exception de ceux mentionnés aux 2° et 4°.

Art. A. 142-3 (Arr. du 14 mai 2009) *Les membres de la commission sont nommés par arrêté du ministre chargé des sports pour une durée de quatre ans.*

Art. A. 142-4 (Arr. du 14 mai 2009) *La commission établit, en tant que de besoin, un règlement intérieur.*

SECTION II LE CONSEIL SUPÉRIEUR DES SPORTS DE MONTAGNE

SOUS-SECTION 1 LA COMMISSION DE LA FORMATION ET DE L'EMPLOI

Art. A. 142-5 Une commission de la formation et de l'emploi donne au président du conseil supérieur des sports de montagne un avis sur les questions relatives à l'enseignement, l'entraînement, l'animation et l'emploi dans les sports de montagne. Elle traite en particulier des questions relatives à :

1° L'élaboration et l'application des textes réglementaires ;

2° La nature, le contenu et les conditions de délivrance des diplômes ou brevets d'État ;

3° La formation initiale et continue. – *[Arr. du 14 juin 1983, art. 1er.]*

Art. A. 142-6 La commission de la formation et de l'emploi du Conseil supérieur des sports de montagne est composée des personnes suivantes :

1° Le responsable des formations aux métiers du sport au ministère chargé des sports, président ;

2° Le directeur des sports ;

3° Les directeurs départementaux de la jeunesse, des sports et de la vie associative concernés par l'action du pôle national des métiers de l'encadrement du ski et de l'alpinisme ;

4° Le directeur de l'École nationale de ski et d'alpinisme ;

5° Un directeur régional de la jeunesse, des sports et de la vie associative, désigné par le ministre chargé des sports ;

6° Le directeur du *(Décr. no 2011-630 du 3 juin 2011, art. 2)* « centre de ressources, d'expertise et de performance sportives » de Franche-Comté ;

7° Le commandant de l'École militaire de haute montagne ;

8° Un représentant du ministère de l'éducation nationale désigné par le ministre chargé de l'éducation nationale ;

9° Le président de l'organisation professionnelle la plus représentative des moniteurs de ski ;

10° Un membre de l'organisation professionnelle la plus représentative des moniteurs de ski, désigné par son président ;

11° Le président de l'organisation professionnelle la plus représentative des guides ;

12° Le président de l'organisation professionnelle la plus représentative des accompagnateurs en moyenne montagne ;

13° Le président de l'organisation professionnelle la plus représentative des entraîneurs de ski ;

14° Le président de l'organisation professionnelle la plus représentative des pisteurs secouristes ;

15° Le président de la fédération française de ski ;

16° Un membre de la fédération française de ski désigné par son président ;

17° Le président de la fédération française de la montagne ;

18° Un membre de la fédération française de la montagne désigné, par son président ;

19° le président de l'union nationale des centres sportifs de plein air ;

20° Le directeur du tourisme au ministère en charge du tourisme ;

21° Le président de l'organisation professionnelle la plus représentative des moniteurs d'escalade ;

22° Le président de l'association France Ski de fond ;

23° Une personnalité nommée par arrêté du ministre chargé des sports.

Les membres peuvent se faire représenter à l'exception de ceux mentionnés aux 8°, 10°, 16°, 18°, 20° et 23°. – *[Arr. du 14 juin 1983, art. 2.]*

Art. A. 142-7 La commission de la formation et de l'emploi se réunit au moins une fois par an sur convocation de son président ou à la demande d'au moins un tiers de ses membres. – *[Arr. du 14 juin 1983, art. 3.]*

Art. A. 142-8 Au sein de la commission de la formation et de l'emploi, trois sections permanentes sont créées :

1° Une section permanente du ski alpin ;

2° Une section permanente du ski de fond ;

3° Une section permanente de l'alpinisme.

Chaque section se réunit au moins deux fois par an à l'initiative de son président. Elle peut également se réunir à tout moment à la demande soit de son président, soit de quatre de ses membres.

Les sections permanentes traitent des affaires courantes. Elles donnent, chacune en ce qui la concerne, à la demande du président, leur avis sur toute question d'ordre technique présentant un caractère d'urgence. En cas de partage des voix, la voix du président est prépondérante. – *[Arr. du 14 juin 1983, art. 4, al. 1er à 6.]*

Art. A. 142-9 La commission de la formation et de l'emploi comprend en son sein un pôle national des métiers de l'encadrement du ski et de l'alpinisme.

Le pôle a pour mission :

1° D'assurer une veille en matière de contrôle des activités sportives de ski et d'alpinisme et de constituer au niveau national un référent pour les services de l'État ;

2° De concourir à l'information des personnes et des structures en matière d'encadrement des activités sportives du ski et de l'alpinisme ;

3° De participer à la coordination des actions de formation et au traitement des demandes d'équivalences de diplômes étrangers dans le domaine du ski et de l'alpinisme ;

4° D'apporter sa connaissance de terrain et son expertise aux différents acteurs concernés par le ski et l'alpinisme.

Le pôle est coordonné et animé par un délégué national, désigné par le président du pôle.

Il assiste aux réunions des sections permanentes prévues à l'article A. 142-8.

Le délégué national dispose notamment de moyens de fonctionnement spécifiques au sein de la direction départementale de l'Isère relevant du ministre chargé des sports, dimensionnés en conséquence.

Le délégué national établit un rapport annuel d'activité qui est présenté au président du Conseil supérieur des sports de montagne. – *[Arr. du 14 juin 1983, art. 4, al. 7 à 16.]*

Art. A. 142-10 La section permanente du ski alpin est composée des personnes suivantes :

1° Le directeur de l'École nationale de ski et d'alpinisme, président ;

2° Un représentant des enseignants de l'École nationale de ski et d'alpinisme désigné par le directeur de cet établissement ;

3° Le président de la fédération française de ski ;

4° Un représentant de la fédération française de ski désigné par son président ;

5° Le président de l'organisation professionnelle la plus représentative des moniteurs de ski ;

6° Un représentant de l'organisation professionnelle la plus représentative des moniteurs de ski désigné par son président ;

7° Le président de l'Union nationale des centres sportifs de plein air ;

8° Un directeur régional de la jeunesse, des sports et de la vie associative, désigné par le président.

Les membres mentionnés aux 1°, 3°, 5°, 7° et 8° peuvent se faire représenter.

En outre, le président peut faire appel à toute personne dont l'avis est de nature à éclairer les travaux de la section.

Le secrétariat de la section permanente du ski alpin est assuré par l'École nationale de ski et d'alpinisme. – *[Arr. du 14 juin 1983, art. 5.]*

Art. A. 142-11 La section permanente du ski de fond mentionnée à l'article A. 142-8 est composée des personnes suivantes :

1° Le directeur du *(Décr. nº 2011-630 du 3 juin 2011, art. 2)* « centre de ressources, d'expertise et de performance sportives » de Franche-Comté, président ;

2° Un représentant des enseignants du *(Décr. nº 2011-630 du 3 juin 2011, art. 2)* « centre de ressources, d'expertise et de performance sportives » de Franche-Comté désigné par le directeur de cet établissement ;

3° Le président de la fédération française de ski ;

4° Un représentant de la fédération française de ski désigné par son président ;

5° Le président de l'organisation professionnelle la plus représentative des moniteurs de ski ;

6° Un représentant de l'organisation professionnelle la plus représentative des moniteurs de ski désigné par son président ;

7° Le président de l'Union nationale des centres sportifs de plein air ;

8° Un directeur régional de la jeunesse, des sports et de la vie associative désigné par le président.

Les membres mentionnés aux 1°, 3°, 5°, 7° et 8° peuvent se faire représenter.

En outre, le président peut faire appel à toute personne dont l'avis est de nature à éclairer les travaux de la section.

Le secrétariat de la section permanente du ski de fond est assuré par le *(Décr. n° 2011-630 du 3 juin 2011, art. 2)* « centre de ressources, d'expertise et de performance sportives » de Franche-Comté. – *[Arr. du 14 juin 1983, art. 6.]*

Art. A. 142-12 La section permanente de l'alpinisme mentionnée à l'article A. 142-8 est composée des personnes suivantes :

1° Le directeur de l'École nationale de ski et d'alpinisme, président ;

2° Un représentant des enseignants de l'École nationale de ski et d'alpinisme désigné par son directeur ;

3° Le président de l'organisation professionnelle la plus représentative des guides ;

4° Un représentant de l'organisation professionnelle la plus représentative des guides désigné par son président ;

5° Le président de l'organisation professionnelle la plus représentative des accompagnateurs en moyenne montagne ;

6° Le président de l'organisation professionnelle la plus représentative des moniteurs d'escalade ;

7° Un membre de l'organisation professionnelle la plus représentative des accompagnateurs en moyenne montagne désigné par son président ;

8° Le président de la fédération française de la montagne et de l'escalade ;

9° Un représentant de la fédération française de la montagne et de l'escalade désigné par son président ;

10° Le président de l'Union des centres sportifs de plein air ;

11° Un directeur régional de la jeunesse, des sports et de la vie associative choisi par le président.

Les membres mentionnés aux 1°, 3°, 5°, 6°, 8°, 10° et 11° peuvent se faire représenter.

En outre, le président peut faire appel à toute personne dont l'avis est de nature à éclairer les travaux de la section.

Le secrétariat de la section permanente de l'alpinisme est assuré par l'École nationale de ski et d'alpinisme. – *[Arr. du 14 juin 1983, art. 7.]*

Art. A. 142-13 Le pôle mentionné à l'article A. 142-9 est composé des personnes suivantes :

1° Le responsable des formations aux métiers du sport au ministère chargé des sports, président ;

2° Le directeur des sports ;

3° Le délégué national mentionné à l'article A. 142-9 ;

4° Les directeurs départementaux de la jeunesse et des sports et de la vie associative concernés par l'action du pôle national des métiers de l'encadrement du ski et de l'alpinisme ;

5° Le directeur de l'École nationale du ski et de l'alpinisme ;

6° Le directeur du *(Décr. n° 2011-630 du 3 juin 2011, art. 2)* « centre de ressources, d'expertise et de performance sportives » de Franche-Comté ;

7° L'inspecteur coordonnateur des diplômes d'État relatifs au ski alpin délivrés par le ministre chargé des sports ;

8° L'inspecteur coordonnateur des diplômes d'État relatifs au ski de fond délivrés par le ministre chargé des sports ;

9° L'inspecteur coordonnateur des diplômes d'État relatifs à l'alpinisme délivrés par le ministre chargé des sports.

Les personnes mentionnées aux 1°, 2°et 4° à 6° peuvent se faire représenter. – *[Arr. du 14 juin 1983, art. 7 bis.]*

Art. A. 142-14 Les présidents des sections permanentes transmettent les avis de leur section au président de la commission de la formation et de l'emploi. – *[Arr. du 14 juin 1983, art. 8.]*

SOUS-SECTION 2 *[ABROGÉE]* LA COMMISSION DE L'INFORMATION ET DE LA SÉCURITÉ

(Abrogée par Arr. du 30 janv. 2015, art. 1er-II)

Les dispositions réglementaires instituant la commission de l'information et de la sécurité du Conseil supérieur des sports de montagne sont prorogées pour une durée de cinq ans (Décr. n° 2009-621 du 6 juin 2009, Ann.).

Art. A. 142-15 *Une commission de l'information et de la sécurité donne un avis ou fait des propositions au président du Conseil supérieur des sports de montagne sur les questions relatives à l'information, à la prévention et à la sécurité dans le domaine des sports de montagne.*

Elle peut initier ou conduire des travaux, des études et des recherches sur ces questions.

A cette fin, elle est assistée par le Système national d'observation de la sécurité en montagne (SNOSM) dont la mission est de collecter, traiter et analyser les données relatives aux accidents en montagne.

Les travaux de cet organisme sont validés par un comité de pilotage dont la présidence est assurée selon une alternance annuelle par le directeur général de la sécurité civile et de la gestion des crises et par le directeur des sports.

Le Système national d'observation de la sécurité en montagne fournit à la commission de l'information et de la sécurité deux rapports (saison hivernale et saison estivale) relatifs à l'accidentologie et lui propose les axes d'actions prioritaires pour définir une politique de prévention des accidents. – [Arr. du 16 oct. 1984, art. 1er.]

Art. A. 142-16 *La commission de l'information et de la sécurité du Conseil supérieur des sports de montagne est composée des personnes suivantes :*

1° Le directeur général de la sécurité civile et de la gestion des crises, président ;

2° Un représentant du ministre chargé de la défense, qualifié quant aux activités conduites en montagne désigné par le ministre chargé de la défense ;

3° Un représentant du ministre chargé des transports, désigné par le ministre chargé des transports ;

4° Un représentant du ministre chargé de la santé, désigné par le ministre de la santé ;

5° Le directeur général de la gendarmerie nationale ;

6° Le directeur général de la police nationale ;

7° Le délégué aux risques majeurs ;

8° Le directeur des sports ;

9° Le directeur de l'enseignement scolaire ;

10° Le directeur du tourisme ;

11° Le président de la commission de la sécurité des consommateurs ;

12° Le président de l'Association nationale des élus de la montagne ;

13° Le président de l'Association nationale des maires des stations de montagne ;

14° Un représentant du comité de massif du massif des Alpes, désigné par sa commission permanente ;

15° Un représentant du comité de massif du Massif central, désigné par sa commission permanente ;

16° Un représentant du comité de massif du massif jurassien, désigné par sa commission permanente ;

17° Un représentant du comité de massif du massif des Pyrénées, désigné par sa commission permanente ;

18° Un représentant du comité de massif du massif vosgien, désigné par sa commission permanente ;

19° Le président du comité pour le développement, l'aménagement et la protection du massif de Corse ;

20° Le directeur général de l'Institut de veille sanitaire ;

21° Le directeur général de Météo-France ;

22° Le directeur général d'Observation, développement et ingénierie touristiques France ;

23° Le directeur de l'École nationale de ski et d'alpinisme ;

24° Le président de l'Association nationale des chefs de services interministériels de défense et de protection civiles ;

25° Le président de l'Association nationale des directeurs et directeurs adjoints des services d'incendie et de secours ;

26° Le président de l'Association des directeurs des services de pistes ;

27° Le président de l'Association nationale des professionnels de la sécurité des pistes ;

28° Le président de l'Association nationale pour l'étude de la neige et des avalanches ;

29° Le président du Centre d'études et de recherches sur la neige et les avalanches ;

30° Le président du service d'aide médicale urgente de France ;

31° Le président de l'Association nationale des médecins du secours en montagne ;

32° Le président de l'association Médecins de montagne ;

33° Le directeur du Centre national de ski nordique ;

34° Le président de Nordique France ;

35° Le président de la fédération française des clubs alpins et de montagne ;

36° Le président de la fédération française de ski ;

37° Le président de la fédération française de la montagne et de l'escalade ;

38° Le président de la fédération française de randonnée pédestre ;

39° Le président de la fédération française de spéléologie ;

40° Le président de la fédération française de cyclisme ;

41° Le président de la fédération française de vol libre ;

42° Le président de la fédération française de canoë-kayak ;

43° Le président de la fédération française des industries du sport et des loisirs ;

44° Le président de la fédération professionnelle des entreprises du sport et des loisirs ;

45° Le président du Syndicat national des accompagnateurs en montagne ;

46° Le président du Syndicat national des guides de montagne ;

47° Le président du Syndicat national des gardiens de refuge ;

48° Le président du Syndicat national des moniteurs de ski français ;

49° Le président du Syndicat national des moniteurs cyclistes français ;

50° Le président du Syndicat national des moniteurs de vol libre ;

51° Le président du Syndicat national des professionnels de l'escalade et du canyon ;

52° Le président du Syndicat national des professionnels de la spéléologie et du canyon ;

53° Le président du Syndicat national des téléphériques de France ;

54° Le président de l'union nationale des centres sportifs de plein air ;

55° Un représentant des associations locales de secours en montagne, désigné par le directeur général de la sécurité civile et de la gestion des crises ;

56° Le président de la fédération française des sociétés d'assurances ;

57° Le président du groupement des entreprises des mutuelles d'assurances.

Les membres mentionnés aux 1°, 5° à 13°, 19° à 28°, 30° à 54°, 56° et 57° peuvent se faire représenter. — [Arr. du 16 oct. 1984, art. 2.]

Art. A. 142-17 *La commission de l'information et de la sécurité se réunit au moins une fois par an sur convocation de son président ou à la demande d'au moins un tiers de ses membres.*

La commission de l'information et de la sécurité élabore son règlement intérieur. — [Arr. du 16 oct. 1984, art. 3.]

Art. A. 142-18 *Le secrétariat de la commission de l'information et de la sécurité est assuré par la direction de la défense et de la sécurité civiles.* — [Arr. du 16 oct. 1984, art. 4.]

Art. A. 142-19 *Afin d'éclairer ses travaux, la commission de l'information et de la sécurité peut créer en son sein des groupes de travail spécialisés.*

Ces groupes de travail peuvent éventuellement s'adjoindre le concours de toute personne physique ou morale qualifiée par sa compétence. Ils formulent des avis et des propositions au président de la commission. — [Arr. du 16 oct. 1984, art. 5.]

SECTION III LA COMMISSION PROFESSIONNELLE CONSULTATIVE DES MÉTIERS DU SPORT ET DE L'ANIMATION

(Arr. du 10 juin 2009)

Art. A. 142-20 La composition de la commission professionnelle consultative des métiers du sport et de l'animation placée auprès du ministre chargé de la jeunesse et du ministre chargé des sports est fixée comme suit :

1° Huit représentants des employeurs, dont :

a) Un représentant de l'Association des maires de France (AMF) ;

b) Trois représentants du Conseil social du mouvement sportif (COSMOS) ;

c) Trois représentants du Conseil national des employeurs associatifs (CNEA) ;

d) Un représentant du Syndicat national des associations d'employeurs de personnels des centres sociaux et socio-culturels (SNAECSO).

2° Un représentant de chacune des huit organisations syndicales suivantes :

a) Confédération française démocratique du travail (CFDT) ;

b) Confédération française de l'encadrement – Confédération générale des cadres (CFE-CGC) ;

c) Confédération française des travailleurs chrétiens (CFTC) ;

d) Confédération générale du travail (CGT) ;

e) Confédération générale du travail-Force ouvrière (CGT-FO) ;

f) Confédération nationale des éducateurs sportifs et salariés du sport (CNES) ;

g) Fédération nationale des salariés du sport (FNASS) ;

h) Union nationale des syndicats autonomes (UNSA).

3° Douze représentants des pouvoirs publics, dont onze désignés par les ministres concernés :

(Arr. du 28 janv. 2014, art. 1er-1°-a) « *a)* Deux représentants du ministre chargé de la jeunesse et du ministre chargé des sports ; »

b) Un représentant du ministre de l'éducation nationale ;

c) Un représentant du ministre de l'enseignement supérieur ;

d) Un représentant du ministre chargé des affaires sociales ;

(Arr. du 28 janv. 2014, art. 1er-1°-b) « *e)* Un représentant du ministre chargé de la formation professionnelle ; »

f) Un représentant du ministre de l'intérieur ;

g) Un représentant du ministre chargé de l'agriculture ;

h) Un représentant du ministre chargé de la culture ;

i) Un représentant du ministre de la défense ;

(Arr. du 28 janv. 2014, art. 1er-1°-c et d) « *j)* Un représentant du ministre chargé du tourisme ;

« *k)* Un représentant du centre d'études et de recherche sur les qualifications désigné par son président. »

4° *(Arr. du 28 janv. 2014, art. 1er-2°-a)* « Treize » personnalités qualifiées choisies en raison de leur compétence, dans le domaine des qualifications et des formations :

(Arr. du 28 janv. 2014, art. 1er-2°-b) « *a)* Neuf personnalités désignées par le ministre chargé de la jeunesse et le ministre chargé des sports, dont un chef de service déconcentré régional chargé de la jeunesse et des sports ou son représentant, un représentant des établissements de formation mentionnés à l'article L. 211-1 du code du sport, des représentants du corps de l'inspection et des corps des personnels techniques et pédagogiques du ministère chargé de la jeunesse et des sports ; »

b) Deux personnalités proposées, respectivement, par le président du Comité pour les relations nationales et internationales des associations de jeunesse et d'éducation populaire (CNAJEP) et par le président du Comité national olympique et sportif français (CNOSF) ;

c) Un représentant du Centre national de la fonction publique territoriale (CNFPT) ;

(Arr. du 28 janv. 2014, art. 1er-2°-c) « *d)* Un représentant de l'Association des régions de France (ARF). »

Siègent de droit les présidents et vice-présidents des sous-commissions.

Participent également, en tant que de besoin, des experts désignés par le ministre chargé de la jeunesse et le ministre chargé des sports, en liaison avec le président de la commission. La commission peut, en outre, entendre toute personne dont le concours est jugé utile à ses travaux.

Art. A. 142-21 Les membres de la commission professionnelle consultative des métiers du sport et de l'animation sont nommés par le ministre chargé de la jeunesse et par le ministre chargé des sports. Ils cessent d'en faire partie après demande écrite au secrétaire général mentionné à l'article A. 142-27.

Art. A. 142-22 La présidence de la commission professionnelle consultative des métiers du sport et de l'animation est assurée *(Arr. du 28 janv. 2014, art. 2)* « pour deux ans et demi » par l'un de ses membres choisi alternativement dans le collège des employeurs et dans celui des salariés. Le président est assisté d'un vice-président appartenant à l'autre collège. Le président et le vice-président sont élus simultanément, respectivement par les représentants de chacun des deux collèges concernés.

Le collège assurant la première présidence est déterminé par tirage au sort.

En cas d'incapacité du président ou du vice-président à terminer son mandat, le collège d'origine est appelé à en élire un nouveau pour la durée du mandat restant à courir.

Art. A. 142-23 Au sein de la commission professionnelle consultative des métiers du sport et de l'animation, une sous-commission est chargée de traiter les questions relatives aux métiers du sport. Elle est composée de :

1° En ce qui concerne les employeurs :

a) Un représentant de l'Association des maires de France (AMF) ;

b) Quatre représentants du Conseil social du mouvement sportif (COSMOS) ;

c) Trois représentants du Conseil national des employeurs associatifs (CNEA).

2° En ce qui concerne les salariés :

(Arr. du 28 janv. 2014, art. 3) « Huit représentants proposés par les organisations syndicales mentionnées au 2° de l'article A. 142-20. »

Art. A. 142-24 Au sein de la commission professionnelle consultative des métiers du sport et de l'animation, une sous-commission est chargée de traiter les questions relatives aux métiers de l'animation. Elle est composée de :

1° En ce qui concerne les employeurs :

a) Un représentant de l'Association des maires de France (AMF) ;

b) Un représentant du Conseil social du mouvement sportif (COSMOS) ;

c) Trois représentants du Conseil national des employeurs associatifs (CNEA) ;

d) Un représentant du Syndicat national des associations employeurs de personnels des centres sociaux et socio-culturels (SNAECSO).

2° En ce qui concerne les salariés :

Six représentants proposés par les organisations syndicales représentatives du secteur (CFDT, CFE-CGC, CFTC, CGT, CGT-FO, UNSA).

Les représentants des pouvoirs publics et les personnalités qualifiées de la commission plénière participent aux travaux des deux sous-commissions.

Art. A. 142-25 Les sous-commissions rendent compte de leurs travaux à la commission professionnelle consultative des métiers du sport et de l'animation. Elles se réunissent sans condition de quorum.

En outre, la commission professionnelle consultative des métiers du sport et de l'animation peut instituer, pour l'examen de certains problèmes, des sous-commissions temporaires ou permanentes au sein desquelles elle peut faire siéger, en sus de ceux de ses membres qui auront été désignés pour en faire partie, toute personne dont la présence paraîtrait utile aux travaux entrepris.

Art. A. 142-26 La présidence de chaque sous-commission est assurée *(Arr. du 28 janv. 2014, art. 2)* « pour deux ans et demi » par l'un de ses membres choisi alternativement dans le collège des employeurs et dans celui des salariés. Le président est assisté d'un vice-président appartenant à l'autre collège.

Le collège chargé de la première présidence est différent de celui qui assure la première présidence de la commission professionnelle consultative des métiers du sport et de l'animation mentionné à l'article A. 142-22.

Le président et le vice-président sont élus simultanément, respectivement par chacun des deux collèges concernés.

En cas d'incapacité du président ou du vice-président à terminer son mandat, le collège d'origine est appelé à en élire un nouveau pour la durée du mandat restant à courir.

Art. A. 142-27 Un agent de la direction des sports nommé par le ministre chargé de la jeunesse et le ministre chargé des sports exerce les fonctions de secrétaire général de la commission. Il organise le secrétariat des réunions et coordonne les travaux de la commission et des sous-commissions.

Art. A. 142-28 Une instance de coordination, composée des présidents et vice-présidents de la commission plénière et de chaque sous-commission ainsi que du secrétaire général visé à l'article A. 142-27, est créée.

Elle est chargée de la préparation du programme des travaux des sous-commissions et de la commission et d'études particulières.

Art. A. 142-29 Le programme du travail annuel est arrêté, après avis de l'instance de coordination mentionnée à l'article A. 142-28, par accord entre le directeur des sports et le président de la commission professionnelle consultative des métiers du sport et de l'animation. A défaut d'accord, le programme est arrêté par le ministre chargé de la jeunesse et le ministre chargé des sports.

Art. A. 142-30 La commission professionnelle consultative des métiers du sport et de l'animation se réunit au moins deux fois par an. Elle siège valablement si la majorité de ses membres est présente ou représentée. A défaut de quorum, elle se réunit sous un délai de quinze jours et peut délibérer quel que soit le nombre des membres présents.

Art. A. 142-31 La commission est informée régulièrement, et au moins une fois par an, de la suite réservée à ses travaux. La commission édicte un règlement intérieur définissant les modalités de son fonctionnement.

Art. A. 142-32 Les membres de la commission exercent leurs fonctions à titre gratuit. Toutefois, leurs frais de déplacement et de séjour peuvent être remboursés dans les conditions prévues par la réglementation publique en vigueur.

SECTION III *[ABROGÉE]* LA COMMISSION "MÉTIERS DU SPORT ET DE L'ANIMATION"

(Abrogée par Arr. du 14 mai 2009)

SECTION IV *[ABROGÉE]* LE COMITÉ CONSULTATIF DE L'ENSEIGNEMENT SPORTIF DE LA PLONGÉE SUBAQUATIQUE

(Abrogée par Arr. du 14 mai 2009)

COMMENTAIRE

Dans le cadre d'une vaste réforme dépassant le seul cadre du sport visant à supprimer bon nombre de commissions et de comités de toutes sortes, une commission est désormais obligatoirement créée par décret pour une durée maximale de cinq ans, sauf lorsque son existence est prévue par la loi (cf. Décr. n° 2006-672 du 8 juin 2006).

Cette réforme a conduit à la suppression du Comité consultatif de l'enseignement sportif de la plongée subaquatique par l'arrêté du 14 mai 2009. ❑

SECTION V *[ABROGÉE]* LA COMMISSION NATIONALE DE PRÉVENTION ET DE LUTTE CONTRE LA VIOLENCE DANS LE SPORT

(Abrogée par Arr. du 14 mai 2009)

COMMENTAIRE

Dans le cadre d'une vaste réforme dépassant le seul cadre du sport visant à supprimer bon nombre de commissions et de comités de toutes sortes, une commission est désormais obligatoirement créée par décret pour une durée maximale de cinq ans, sauf lorsque son existence est prévue par la loi (cf. Décr. n° 2006-672 du 8 juin 2006).

Cette réforme a conduit à la suppression de la Commission de prévention et de lutte contre la violence dans le sport par l'arrêté du 14 mai 2009. ❑

SECTION VI *[ABROGÉE]* L'OBSERVATOIRE NATIONAL DES MÉTIERS DE L'ANIMATION ET DU SPORT

(Abrogée par Arr. du 30 janv. 2015, art. 1er-III)

Art. A. 142-43 *L'Observatoire national des métiers de l'animation et du sport est placé auprès des ministres chargés de l'éducation nationale, de l'enseignement supérieur, de la jeunesse et des sports.*

L'Observatoire national des métiers de l'animation et du sport a pour mission de conduire des études prospectives, qualitatives et quantitatives en matière d'emploi et de formation dans le domaine des métiers de l'animation et du sport. — [Arr. du 8 mars 2002, art. 1er.]

Art. A. 142-44 *Afin d'assurer sa mission, l'Observatoire national des métiers de l'animation et du sport :*

1° Conçoit et émet des appels d'offres d'études ;

2° Détermine et collecte les informations nécessaires à la connaissance du champ de l'emploi et des formations dans le domaine des métiers de l'animation et du sport ;

3° Publie un répertoire des études et recherches sur l'emploi et les formations dans le domaine des métiers de l'animation et du sport ;

4° Conçoit et réalise des outils de recherche en relation avec ses partenaires nationaux et européens. — [Arr. du 8 mars 2002, art. 2.]

Art. A. 142-45 *L'Observatoire national des métiers de l'animation et du sport comprend dix-huit membres.*

Sa composition est fixée comme suit :

1° Un collège des pouvoirs publics dont les membres sont désignés par les ministres intéressés à raison de :

a) Trois représentants du ministre chargé de la jeunesse et des sports ;

b) Le directeur des sports ;

c) Le directeur de la jeunesse et de l'éducation populaire ;

d) Le directeur en charge de l'emploi et de la formation dans le domaine du sport ;

e) Trois représentants des ministres chargés de l'éducation nationale et de l'enseignement supérieur ;

f) Le directeur de l'enseignement scolaire ;

g) Le directeur de l'enseignement supérieur ;

h) Le directeur de la programmation et du développement.

2° Un collège des partenaires sociaux comprenant, à parité, des représentants d'organisations professionnelles d'employeurs et des salariés désignés, à la demande des ministères concernés, par les commissions intéressées, dans les termes suivants :

a) Deux représentants proposés par la commission professionnelle consultative des métiers du sport et de l'animation ;

b) Deux représentants proposés par la commission paritaire nationale de l'emploi et de la formation de la convention collective nationale de l'animation ;

c) Deux représentants proposés par la commission paritaire nationale de l'emploi et de la formation de la convention collective nationale du sport.

3° Un collège de personnalités qualifiées choisies en raison de leur connaissance de l'emploi et des formations dans le domaine des métiers de l'animation et du sport :

a) Une personnalité qualifiée désignée conjointement par les ministres chargés de l'éducation nationale, de l'enseignement supérieur, de la jeunesse et des sports, assurant les fonctions de président de l'Observatoire national des métiers de l'animation et du sport ;

b) Deux personnalités qualifiées désignées par le ministre chargé des sports ;

c) Deux personnalités qualifiées désignées par les ministres chargés de l'éducation nationale et de l'enseignement supérieur ;

d) Un représentant du Centre d'études et de recherche sur les qualifications (CEREQ) désigné par son directeur.

Les membres de l'Observatoire national des métiers de l'animation et du sport sont nommés par arrêté conjoint des ministres chargés de l'éducation nationale, de l'enseignement supérieur, de la jeunesse et des sports.

La durée de leur mandat est de trois ans renouvelables.

Peuvent également participer, en tant que de besoin, des experts désignés conjointement par les ministres chargés de l'éducation nationale, de l'enseignement supérieur, de la jeunesse et des sports.

Les membres mentionnés au 1°, sauf ceux mentionnés au e), peuvent se faire représenter. – [Arr. du 8 mars 2002, art. 3.]

Art. A. 142-46 *Un secrétaire général désigné par arrêté conjoint des ministres chargés de l'éducation nationale, de l'enseignement supérieur et de la jeunesse et des sports assure le secrétariat de l'Observatoire national des métiers de l'animation et du sport qui est placé auprès du directeur en charge l'emploi et de la formation au ministère chargé des sports.*

Il s'appuie sur quatre chargés de mission, membres de l'Institut national du sport et de l'éducation physique, de l'Institut national de la jeunesse et de l'éducation populaire, du ministère chargé de l'éducation nationale et du ministère chargé de l'enseignement supérieur. – [Arr. du 8 mars 2002, art. 4.]

Art. A. 142-47 *Le programme du travail annuel et l'ordre du jour des séances sont arrêtés par le président de l'Observatoire national des métiers de l'animation et du sport sur proposition du secrétaire général.*

L'Observatoire national des métiers de l'animation et du sport se réunit au moins deux fois par an, dont une au cours du premier trimestre de l'année civile sur convocation du président. – [Arr. du 8 mars 2002, art. 5.]

Art. A. 142-48 *L'Observatoire national des métiers de l'animation et du sport édicte un règlement intérieur définissant les modalités de son fonctionnement.* – [Arr. du 8 mars 2002, art. 6.]

Art. A. 142-49 *L'Observatoire national des métiers de l'animation et du sport établit un rapport annuel d'activité qui est transmis aux ministres chargés de l'éducation nationale, de l'enseignement supérieur, de la jeunesse et des sports qui en assurent la diffusion aux instances relevant de leurs champs de compétences.* – [Arr. du 8 mars 2002, art. 7.]

LIVRE DEUXIÈME **ACTEURS DU SPORT**

TITRE PREMIER **FORMATION ET ENSEIGNEMENT**

CHAPITRE PREMIER **FORMATION AUX PROFESSIONS DU SPORT**

SECTION PREMIÈRE **L'INSTITUT NATIONAL DU SPORT, DE L'EXPERTISE ET DE LA PERFORMANCE** *(Arr. du 12 sept. 2011, art. 1er).*

SOUS-SECTION 1 **CONDITIONS D'EXERCICE DU DROIT DE SUFFRAGE, D'ÉLIGIBILITÉ ET RÈGLES APPLICABLES AU DÉROULEMENT DU SCRUTIN POUR L'ÉLECTION DE MEMBRES AU CONSEIL D'ADMINISTRATION** *(Arr. du 12 sept. 2011, art. 2).*

Art. A. 211-1 *(Arr. du 12 sept. 2011, art. 2)* **Pour l'élection des neuf membres élus au conseil d'administration, il est constitué sept collèges :**

1° Collège des personnels administratifs, techniques, ingénieurs de recherche ou de formation ;

2° Collège des professeurs ou assimilés ;

3° Collège des personnels chargés d'une mission de formation et de recherche relevant du décret n° 2006-733 du 23 juin 2006 relatif aux emplois de cadre supérieur technique ou scientifique de l'Institut national des sports et de l'éducation physique ;

4° Collège des autres enseignants-chercheurs et enseignants ;

5° Collège des sportifs de haut niveau et des stagiaires en formation ;

6° Collège des personnels mentionnés à l'article R. 131-16 du code du sport ;

7° Collège des personnels médicaux et paramédicaux.

Art. A. 211-2 *(Arr. du 12 sept. 2011, art. 2)* **Sont électeurs et éligibles au sein des collèges 1°, 2°, 3°, 4° et 7° les personnels titulaires ainsi que les non-titulaires bénéficiant d'un contrat d'un an au moins en activité au sein de l'établissement au jour du scrutin.**

Ne peuvent participer au scrutin les personnels en position de disponibilité, de congé de longue durée ou de congé parental.

Au sein du collège 5°, ne sont électeurs et éligibles que les sportifs de haut niveau inscrits au sein des pôles France de l'établissement, à la date de clôture du scrutin, et les stagiaires inscrits, à la date de clôture du scrutin, à un cycle de formation dispensé par l'établissement portant sur une période d'au moins dix mois.

Au sein du collège 6° chargé de désigner deux représentants des personnels mentionnés à l'article R. 131-16 du code du sport, sont constitués deux sous-collèges, le premier constitué des responsables des pôles France de l'établissement et le second de l'ensemble des autres personnels mentionnés à l'article R. 131-16 du code du sport exerçant au sein des pôles France de l'établissement. Ces personnels sont électeurs et éligibles dans le sous-collège dont ils relèvent.

Les membres d'un collège ne peuvent ni voter dans un autre collège ni être choisis par un membre d'un autre collège pour le représenter.

Il est établi une liste électorale par collège et sous-collège. Nul ne peut prendre part au vote s'il ne figure sur une liste électorale.

Art. A. 211-3 *(Arr. du 12 sept. 2011, art. 2)* Le directeur général de l'Institut national du sport, de l'expertise et de la performance est chargé d'établir les listes électorales et d'organiser toutes les opérations afférentes à l'élection des membres élus siégeant au conseil d'administration de l'établissement dont les modalités pratiques sont précisées en annexe II-17 *[reproduite sur Dalloz.fr et sur les applications mobiles Dalloz]*.

Le directeur général de l'Institut national du sport, de l'expertise et de la performance fixe la date des élections, le lieu ainsi que les heures d'ouverture et de fermeture des scrutins. Les élections ont lieu quatre mois au plus et un mois au moins avant la date d'expiration de la durée du mandat des membres en exercice telle que fixée par l'article R. 211-4 du code du sport.

Le vote a lieu à bulletin secret. Le vote par correspondance ou par procuration est admis.

Art. A. 211-4 à A. 211-19 *Abrogés par Arr. du 12 sept. 2011, art. 2.*

SOUS-SECTION 2 *[ABROGÉE]* CONTRÔLE FINANCIER

(Abrogée par Arr. du 30 janv. 2015, art. 1er-IV)

Art. A. 211-20 *L'autorité chargée du contrôle financier sur l'Institut national du sport et de l'éducation physique, ci-après dénommée "le contrôleur", exerce une mission générale de surveillance de la gestion de l'établissement. Elle contribue notamment, en vue de leur prévention, à l'identification des risques financiers, directs ou indirects, auxquels l'établissement est susceptible d'être confronté. A cette fin, elle s'appuie sur une analyse des risques et de la performance.*

Dans ce cadre, le contrôleur peut évaluer, en liaison avec l'Institut national du sport et de l'éducation physique, les circuits et procédures mis en place. Il coordonne son intervention avec celle de l'agent comptable au titre du contrôle allégé partenarial. – [Arr. du 17 nov. 2006, art. 1er.]

Art. A. 211-21 *Le contrôleur assiste avec voix consultative au conseil d'administration ainsi qu'à tout comité, commission ou organe consultatif existant en son sein. Il reçoit dans les mêmes conditions que leurs membres les convocations, ordres du jour et tous les documents qui doivent leur être adressés avant chaque séance. Les procès-verbaux lui sont adressés dès leur établissement.*

En accord avec l'établissement, le contrôleur peut également assister aux réunions des autres comités. – [Arr. du 17 nov. 2006, art. 2.]

Art. A. 211-22 *Le contrôleur suit la préparation du budget et de ses décisions modificatives. A cette fin, l'établissement lui communique les informations nécessaires en temps utile. Il reçoit, à l'appui du projet de budget, avec ses annexes, le document de performance, un état retraçant les grandes composantes de la masse salariale et les perspectives la concernant, un échéancier prévisionnel des entrées et sorties de personnel permanent et non permanent. Il est informé des perspectives financières pluriannuelles et reçoit à ce titre une présentation détaillée des opérations d'investissement et de fonctionnement permettant de le renseigner sur la capacité d'engagement de l'établissement.* – [Arr. du 17 nov. 2006, art. 3.]

Art. A. 211-23 *Le contrôleur suit l'exécution du budget de l'établissement. A cette fin, et pour l'exercice de sa mission générale de surveillance de l'établissement, il a accès à tous les documents se rapportant à son activité et à sa gestion. A ce titre, il reçoit notamment, selon une périodicité et des modalités qu'il fixe après consultation de l'établissement, les documents suivants :*

1° La prévision de répartition des crédits ouverts au budget et son actualisation ;

2° Les tableaux de bord relatifs à l'activité de l'établissement ;

3° La situation de l'exécution du budget, en recettes et en dépenses, précisant notamment la consommation des crédits limitativement ouverts ;

4° La situation des engagements ;

5° La situation de trésorerie et l'état des placements ;

6° Les comptes rendus d'exécution des contrats d'objectifs et de moyens et des contrats de performance ;

7° La situation des effectifs ;

8° L'état des recettes propres ;

9° Les informations relatives à la contribution de l'établissement à la performance du programme dont il est opérateur ;

10° Les documents relatifs à l'organisation, aux procédures, au fonctionnement et au contrôle interne de l'établissement, ainsi que tout document relevant d'une cartographie des risques. — [Arr. du 17 nov. 2006, art. 4.]

Art. A. 211-24 *I. — Sont soumis au visa préalable du contrôleur, selon des seuils et des modalités qu'il fixe après consultation de l'établissement :*

1° Les décisions modificatives d'urgence ;

2° Les actes relatifs au recrutement, à la rémunération et à l'avancement du personnel, qu'il s'agisse de mesures générales ou individuelles, de contrats à durée indéterminée ou déterminée, de détachements ou de mises à disposition ;

3° Les acquisitions et aliénations immobilières ;

4° Les contrats, conventions, marchés ou commandes ;

5° Les prêts et subventions ;

6° Les décisions d'attribution de garantie ;

7° Les transactions ;

8° Les placements financiers.

II. — Le contrôleur doit délivrer son visa dans un délai de quinze jours à compter de la réception des projets d'acte ou de décision, accompagnés des pièces justificatives. Ce délai peut être interrompu par toute demande, écrite d'informations complémentaires, nécessaires à l'instruction du dossier, formulée par le contrôleur. En l'absence de réponse de sa part à l'expiration de ce délai, son visa est réputé délivré.

Si le contrôleur refuse son visa, il fait connaître par écrit les raisons de son refus et en informe le ministre chargé du budget. L'ordonnateur ne peut passer outre à un refus de visa que sur autorisation du ministre chargé du budget. — [Arr. du 17 nov. 2006, art. 5.]

Art. A. 211-25 *Le contrôleur peut mettre en place et communiquer à l'établissement un programme annuel de vérification a posteriori. Indépendamment de ce programme, il peut, à tout moment, procéder à la vérification a posteriori d'un acte particulier.*

L'établissement est tenu de communiquer, à la demande du contrôleur, tous les documents nécessaires au bon accomplissement d'une vérification a posteriori. — [Arr. du 17 nov. 2006, art. 6.]

Art. A. 211-26 *S'il apparaît au contrôleur que la gestion de l'établissement remet en cause la soutenabilité de l'exécution budgétaire ou la couverture des charges obligatoires ou inéluctables, il en informe l'ordonnateur par écrit. L'ordonnateur lui fait connaître dans la même forme les mesures qu'il envisage de prendre pour y remédier.*

Le contrôleur peut, en concertation avec l'ordonnateur et le cas échéant sur sa proposition, mettre en place un renforcement des contrôles pour une durée limitée. Il en rend compte au ministre chargé du budget et en informe le ministre chargé des sports. — [Arr. du 17 nov. 2006, art. 7.]

SECTION II L'INSTITUT FRANÇAIS DU CHEVAL ET DE L'ÉQUITATION

Art. A. 211-27 à A. 211-38 *Abrogés par Arr. du 12 sept. 2011, art. 4.*

SECTION III L'ÉCOLE NATIONALE DE VOILE ET DES SPORTS NAUTIQUES

SOUS-SECTION 1 *[ABROGÉE]* FONCTIONNEMENT DE L'ÉCOLE

(Abrogée par Arr. du 30 janv. 2015, art. 1er-V)

Art. A. 211-39 *L'École nationale de voile et des sports nautiques comprend, sous l'autorité du directeur, un département de la formation, un département des stages et un service de l'administration.*

Les chefs de département et le responsable du service de l'administration sont nommés par arrêté du ministre chargé des sports, sur proposition du directeur de l'École nationale de voile et des sports nautiques. — [Arr. du 5 août 1980, art. 1er.]

Art. A. 211-40 *Le département de la formation a pour missions :*

1° De définir le contenu technique et pédagogique des stages de formation et de perfectionnement des personnes relevant du ministère, des stages de formation et de perfectionnement des cadres appartenant aux organismes agréés par l'État, des stages de formation professionnelle, préparant aux diplômes techniques fédéraux, aux brevets d'État ainsi qu'aux diplômes et concours conduisant aux carrières d'enseignant d'éducation physique et sportive ;

2° D'animer et de coordonner les expérimentations et recherches entreprises au sein de l'établissement ;

3° De prendre les contacts utiles avec les secteurs de la recherche extérieurs à l'établissement et de préparer les conventions et accords qui peuvent être passés avec ceux-ci ;

4° D'accueillir en accord avec le ministère des affaires étrangères et le ministère chargé de la coopération des stagiaires étrangers et de leur apporter l'assistance technique et pédagogique.

Le chef de ce département fixe l'encadrement des stages, établit et contrôle l'emploi du temps des enseignants remplaçant le directeur en cas d'absence ou d'empêchement de ce dernier. — [Arr. du 5 août 1980, art. 2.]

Art. A. 211-41 *Le département des stages a pour mission :*

1° D'établir le programme annuel des stages ;

2° D'assurer l'accueil et le séjour des stagiaires ainsi que la préparation matérielle et le fonctionnement des stages et des manifestations sportives.

Le chef de ce département est responsable du service de documentation et de l'audiovisuel et du service des ateliers. — [Arr. du 5 août 1980, art. 3.]

Art. A. 211-42 *Le service de l'administration est chargé de la gestion administrative, financière et comptable de l'établissement.*

Il est placé sous les ordres d'un fonctionnaire de catégorie A du corps de l'administration de l'éducation nationale et de l'enseignement supérieur. — [Arr. du 5 août 1980, art. 4.]

SOUS-SECTION 2 CONTRÔLE BUDGÉTAIRE

(Arr. du 20 avr. 2015)

Art. A. 211-43 L'École nationale de voile et des sports nautiques (ENVSN) est assujettie au contrôle budgétaire prévu par les articles 220 à 228 du décret n° 2012-1246 du 7 novembre 2012 relatif à la gestion budgétaire et comptable publique dans les conditions fixées à la présente sous-section.

Art. A. 211-44 Le contrôleur budgétaire est destinataire, dans les mêmes conditions que les membres des instances auxquelles il peut assister en application de l'article 222 du décret n° 2012-1246 du 7 novembre 2012 relatif à la gestion budgétaire et comptable publique, des documents qui leur sont communiqués avant chaque séance, ainsi que des comptes rendus et des procès-verbaux.

En application du deuxième alinéa du même article, le document prévu à l'article A. 211-49-1 peut ouvrir la possibilité pour le contrôleur budgétaire de compléter la liste des instances concernées.

Art. A. 211-44-1 Pour l'examen du budget initial, des budgets rectificatifs et du compte financier, le contrôleur budgétaire est destinataire des projets de documents prévus à l'article 175 du décret n° 2012-1246 du 7 novembre 2012 relatif à la gestion budgétaire et comptable publique préalablement à leur envoi aux membres de l'organe délibérant.

Art. A. 211-45 Les comptes rendus de gestion mentionnés au second alinéa de l'article 223 du décret n° 2012-1246 du 7 novembre 2012 relatif à la gestion budgétaire et comptable publique sont transmis au contrôleur budgétaire, au moins deux fois par an, avant le 31 mai et avant le 30 septembre sauf dérogation accordée par celui-ci.

Ils comprennent :

– l'actualisation de la répartition initiale détaillée ;

– la situation détaillée de l'exécution du budget et la prévision d'exécution au 31 décembre ;

– la situation des engagements et, le cas échéant, l'actualisation de la programmation pluriannuelle ;

– le plan de trésorerie et la situation des placements ;

– l'état détaillé des recettes propres ;

– une note de synthèse analysant l'exécution des crédits et la prévision des crédits non consommés et identifiant les risques éventuels d'une exécution non soutenable ainsi que les mesures correctrices envisagées.

Si le contrôleur identifie des risques d'une exécution non soutenable, il en informe le ministre chargé du budget et le ministre de tutelle.

Art. A. 211-46 En application des dispositions de l'article 223 du décret n° 2012-1246 du 7 novembre 2012 relatif à la gestion budgétaire et comptable publique, le contrôleur budgétaire est notamment destinataire des documents suivants :

– les informations relatives au suivi des objectifs fixés par le ministre au dirigeant de l'ENVSN ;

– les documents à caractère stratégique relatifs aux missions de l'organisme, ses objectifs, ses moyens et ses engagements financiers ;

– les informations relatives au suivi du contrat de performance et à la contribution de l'organisme à la performance du programme budgétaire concerné ;

– les documents relatifs à l'organisation, aux procédures internes et au fonctionnement du contrôle interne, notamment comptable et budgétaire, ainsi que tout document relevant d'une cartographie des risques ;

– les documents relatifs aux politiques des achats, de l'immobilier, des ressources humaines et des systèmes d'information ;

– le cas échéant, les informations relatives à la création de filiales ;

– les rapports d'inspection et d'audit, ainsi que les plans d'action de l'ENVSN relatifs à la mise en œuvre de leurs recommandations.

Art. A. 211-46-1 Le contrôleur budgétaire suit la gestion des emplois et des crédits de personnel dans les conditions prévues à l'arrêté du 25 juin 2014 relatif au document prévisionnel de gestion des emplois et des crédits de personnel des organismes.

Art. A. 211-47 Dans les conditions et selon les seuils fixés par le document prévu à l'article A. 211-49-1, au regard de la qualité du contrôle interne budgétaire :

Sont soumis au visa :

– les mesures générales ou catégorielles, relatives notamment à la rémunération ou à la gestion du temps de travail et ayant un impact sur la masse salariale de l'ENVSN ;

– les ouvertures de concours ;

– les contrats de recrutement ;

– les conventions de mise à disposition de personnel (les entrées et les sorties) ;

– les entrées par détachement sur contrat ;

– les acquisitions et aliénations immobilières ;

– les baux autres que les baux domaniaux ;

– les conventions et contrats autres que les contrats de recrutement, ainsi que les marchés autres que les marchés à bons de commande ;

– les bons de commande.

Sont soumis à avis préalable :

– les accords-cadres ;

– les marchés à bons de commande ;

– les prêts et subventions ;

– les mesures relatives à l'avancement des personnels ;
– les ruptures conventionnelles de contrat de personnel et les indemnités de départ ;
– les projets de transactions avant transmission au tiers pour signature ;
– les participations et les apports à toute entité dans les cas où ils ne sont pas approuvés par les autorités de tutelle ainsi que les cessions de participation et les retraits d'apports ;
– les emprunts autorisés.

Art. A. 211-48 Le contrôleur budgétaire établit un programme de contrôle *a posteriori* en fonction des risques identifiés qui peuvent porter sur la qualité de la comptabilité budgétaire tenue ou le caractère soutenable de la prévision budgétaire et de son exécution. Il se fonde sur les risques qu'il constate, dans l'exercice de ses missions, lors des travaux relatifs au contrôle interne budgétaire ou dans les conclusions d'audits.

Ce contrôle peut porter sur des actes ou des circuits et procédures de dépenses et de recettes.

Après avis de l'ordonnateur, le contrôleur budgétaire transmet à l'ENVSN le programme de contrôle. Le cas échéant, il lui communique la liste des agents placés sous l'autorité du ministre chargé du budget qui l'assisteront.

L'ENVSN est tenue de communiquer au contrôleur budgétaire et aux personnes qui l'assistent tous les documents nécessaires à la réalisation du contrôle *a posteriori* au plus tard dans le délai d'un mois.

Les conclusions et recommandations éventuelles du contrôle sont transmises à l'ordonnateur et, le cas échéant, au ministre chargé du budget et au ministre de tutelle.

L'ordonnateur indique les mesures qu'il entend mettre en œuvre pour pallier les risques ou défaillances identifiés.

Dans les conditions prévues à l'article A. 211-49-1, le contrôleur budgétaire peut à tout moment procéder au contrôle *a posteriori* d'un acte particulier non soumis à avis ou visa.

Art. A. 211-49 S'il apparaît au contrôleur budgétaire que la gestion de l'École nationale de voile et des sports nautiques met en cause le caractère soutenable de l'exécution budgétaire au regard de l'autorisation budgétaire, la couverture de ses dépenses obligatoires ou inéluctables, la poursuite de son exploitation ou la qualité de la comptabilité budgétaire, il en informe l'ordonnateur par écrit. Celui-ci lui fait connaître dans les mêmes formes les mesures qu'il envisage de prendre pour rétablir la situation budgétaire.

Le contrôleur budgétaire rend compte de ces échanges au ministre chargé du budget et au ministre de tutelle.

Art. A. 211-49-1 Après concertation avec l'ordonnateur, le contrôleur budgétaire établit un document fixant la liste détaillée des actes soumis à visa ou avis, les montants des seuils de visa ou d'avis, le format des documents et états à transmettre ainsi que la périodicité et les modalités de leur transmission.

Ce document est transmis à l'ordonnateur, à l'agent comptable, au ministre chargé du budget et au ministre de tutelle.

SECTION IV **L'ÉCOLE NATIONALE DES SPORTS DE MONTAGNE** *(Arr. du 12 sept. 2011, art. 5).*

SOUS-SECTION 1 **CONDITIONS D'EXERCICE DU DROIT DE SUFFRAGE, D'ÉLIGIBILITÉ ET RÈGLES APPLICABLES AU DÉROULEMENT DU SCRUTIN POUR L'ÉLECTION DE MEMBRES AU CONSEIL D'ADMINISTRATION DE L'ÉCOLE NATIONALE DES SPORTS DE MONTAGNE ET AUX CONSEILS D'ORIENTATION DE L'ÉCOLE NATIONALE DE SKI ET D'ALPINISME ET DU CENTRE NATIONAL DE SKI NORDIQUE ET DE MOYENNE MONTAGNE** *(Arr. du 12 sept. 2011, art. 5).*

Art. A. 211-50 Pour l'élection des neuf membres élus au conseil d'administration, il est constitué neuf collèges :

1° Collège du personnel enseignant de l'École nationale de ski et d'alpinisme ;

2° Collège du personnel enseignant du Centre national de ski nordique et de moyenne montagne ;

3° Collège du personnel administratif de l'École nationale de ski et d'alpinisme ;

4° Collège du personnel administratif du Centre national de ski nordique et de moyenne montagne ;

5° Collège des personnels ouvriers et des personnels techniques et de service de l'École nationale de ski et d'alpinisme ;

6° Collège des personnels ouvriers et des personnels techniques et de service du Centre national de ski nordique et de moyenne montagne ;

7° Collège des personnels médicaux, de recherche et techniciens du sport de haut niveau ;

8° Collège des stagiaires de l'École nationale des sports de montagne ;

9° Collège des sportifs de haut niveau.

Art. A. 211-51 Sont électeurs et éligibles au sein des collèges 1° à 7° les personnels titulaires ainsi que les non-titulaires ayant cumulé au moins douze mois d'activité au titre des contrats passés au cours des deux dernières années à la date du scrutin, en activité au sein de l'établissement au jour du scrutin.

Ne peuvent participer au scrutin les personnels en position de disponibilité, de congé de longue durée ou de congé parental.

Au sein du collège 8°, ne sont électeurs et éligibles que les stagiaires inscrits à la date de clôture du scrutin à un cycle de formation dispensé par l'établissement portant sur une période d'au moins dix mois.

Au sein du collège 9°, ne sont électeurs et éligibles que les sportifs de haut niveau inscrits à la date de clôture du scrutin au sein d'une structure permanente implantée dans l'établissement.

Les membres d'un collège ne peuvent ni voter dans un autre collège ni être choisis par un membre d'un autre collège pour le représenter.

Il est établi une liste électorale par collège. Nul ne peut prendre part au vote s'il ne figure sur une liste électorale.

Art. A. 211-52 Les représentants des personnels exerçant leur activité sur le site de l'École nationale des sports de montagne dénommé "École nationale de ski et d'alpinisme" qui sont élus au conseil d'administration de l'École nationale des sports de montagne sont élus ainsi que leurs suppléants au conseil d'orientation de l'École nationale de ski et d'alpinisme.

Les représentants des stagiaires inscrits à un cycle de formation dispensé sur le site de l'École nationale des sports de montagne dénommé "École nationale de ski et d'alpinisme" ayant obtenu le premier et le deuxième plus grand nombre de suffrages pour l'élection au conseil d'administration de l'École nationale des sports de montagne sont élus ainsi que leurs suppléants au conseil d'orientation de l'École nationale de ski et d'alpinisme.

Art. A. 211-53 Les représentants des personnels exerçant leur activité sur le site de l'École nationale des sports de montagne dénommé "Centre national de ski nordique et de moyenne montagne" qui sont élus au conseil d'administration de l'École nationale des sports de montagne sont élus ainsi que leurs suppléants au conseil d'orientation du Centre national de ski nordique et de moyenne montagne.

Le représentant des stagiaires inscrit à un cycle de formation dispensé sur le site de l'École nationale des sports de montagne dénommé "Centre national de ski nordique et de moyenne montagne" ayant obtenu le plus grand nombre de suffrages pour l'élection au conseil d'administration de l'École nationale des sports de montagne est élu ainsi que son suppléant au conseil d'orientation du Centre national de ski nordique et de moyenne montagne.

Le représentant des sportifs de haut niveau inscrit au sein d'une structure permanente implantée sur le site de l'École nationale des sports de montagne dénommé "Centre national de ski nordique et de moyenne montagne" ayant obtenu le plus grand nombre de suffrages pour l'élection au conseil d'administration de l'École nationale des sports de montagne est élu ainsi que son suppléant au conseil d'orientation du Centre national de ski nordique et de moyenne montagne.

Art. A. 211-54 Le directeur général de l'École nationale des sports de montagne est chargé d'établir les listes électorales et d'organiser toutes les opérations afférentes à l'élection des membres élus siégeant au conseil d'administration de l'établissement dont les modalités pratiques sont précisées en annexe II-17-1 *[reproduite sur Dalloz.fr et sur les applications mobiles Dalloz]*.

Le directeur général de l'École nationale des sports de montagne fixe la date des élections, le lieu ainsi que les heures d'ouverture et de fermeture des scrutins. Les élections ont lieu quatre mois au plus et un mois au moins avant la date d'expiration de la durée du mandat des membres en exercice telle que fixée par l'article D. 211-57 du code du sport.

Le vote a lieu à bulletin secret. Le vote par correspondance ou par procuration est admis.

Art. A. 211-55 *et* A. 211-56 *Abrogés par Arr. du 12 sept. 2011, art. 5.*

SOUS-SECTION 2 CONTRÔLE BUDGÉTAIRE

(Arr. du 20 avr. 2015)

Art. A. 211-57 L'École nationale des sports de montagne (ENSM) est assujettie au contrôle budgétaire prévu par les articles 220 à 228 du décret n° 2012-1246 du 7 novembre 2012 relatif à la gestion budgétaire et comptable publique dans les conditions fixées à la présente sous-section.

Art. A. 211-58 Le contrôleur budgétaire est destinataire, dans les mêmes conditions que les membres des instances auxquelles il peut assister en application de l'article 222 du décret n° 2012-1246 du 7 novembre 2012 relatif à la gestion budgétaire et comptable publique, des documents qui leur sont communiqués avant chaque séance ainsi que des comptes rendus et des procès-verbaux.

En application du deuxième alinéa du même article, le document prévu à l'article A. 211-63-1 peut ouvrir la possibilité pour le contrôleur d'assister à d'autres instances existant au sein de l'organisme.

Art. A. 211-58-1 Pour l'examen du budget initial, des budgets rectificatifs et du compte financier, le contrôleur budgétaire est destinataire des projets de documents prévus à l'article 175 du décret n° 2012-1246 du 7 novembre 2012 relatif à la gestion budgétaire et comptable publique préalablement à leur envoi aux membres de l'organe délibérant.

Art. A. 211-59 Les comptes rendus de gestion mentionnés au second alinéa de l'article 223 du décret n° 2012-1246 du 7 novembre 2012 relatif à la gestion budgétaire et comptable publique sont transmis au contrôleur budgétaire au moins deux fois par an, avant le 31 mai et avant le 30 septembre, sauf dérogation accordée par celui-ci. Ils comprennent :

– l'actualisation de la répartition initiale détaillée ;

– la situation détaillée de l'exécution du budget et la prévision d'exécution au 31 décembre ;

– la situation des engagements et, le cas échéant, l'actualisation de la programmation pluriannuelle ;

– l'état détaillé des ressources propres ;

– le plan de trésorerie et la situation des placements ;

– l'état détaillé des recettes propres ;

– une note de synthèse analysant l'exécution des crédits et la prévision des crédits non consommés et identifiant les risques éventuels d'une exécution non soutenable ainsi que les mesures correctrices envisagées.

Si le contrôleur identifie des risques d'une exécution non soutenable, il en informe le ministre chargé du budget et le ministre de tutelle.

Art. A. 211-60 En application des dispositions de l'article 223 du décret n° 2012-1246 du 7 novembre 2012 relatif à la gestion budgétaire et comptable publique, le contrôleur budgétaire est notamment destinataire des documents suivants :

– les informations relatives au suivi des objectifs fixés par le ministre chargé des sports au dirigeant de l'ENSM ;

– les documents à caractère stratégique relatifs aux missions de l'ENSM, ses objectifs, ses moyens et ses engagements financiers ;
– les informations relatives au suivi du contrat de performance et à la contribution de l'ENSM à la performance du programme budgétaire concerné ;
– les documents relatifs à l'organisation, aux procédures internes et au fonctionnement du contrôle interne, notamment comptable et budgétaire*[,]* de l'ENSM, ainsi que tout document relevant d'une cartographie des risques ;
– les documents relatifs aux politiques des achats, de l'immobilier, des ressources humaines et des systèmes d'information ;
– le cas échéant, les informations relatives à la création de filiales ;
– les rapports d'inspection et d'audit des auditeurs internes et externes ainsi que les plans d'action de l'ENSM relatifs à la mise en œuvre de leurs recommandations.

Art. A. 211-60-1 Le contrôleur budgétaire suit la gestion des emplois et des crédits de personnel dans les conditions prévues à l'arrêté du 25 juin 2014 relatif au document prévisionnel de gestion des emplois et des crédits de personnel des organismes.

Art. A. 211-61 Dans les conditions et selon les seuils fixés par le document prévu à l'article A. 211-63-1, au regard de la qualité du contrôle interne budgétaire :
Sont soumis au visa :
– les mesures générales ou catégorielles, relatives notamment à la rémunération ou à la gestion du temps de travail et ayant un impact sur la masse salariale de l'organisme ;
– les actes relatifs au recrutement, à la rémunération et à l'avancement des cadres dirigeants ;
– les contrats de recrutement et leurs avenants ;
– les entrées par détachement sur contrat ;
– les entrées par mise à disposition donnant lieu à remboursement ;
– les mesures relatives à l'avancement des personnels autres que les mesures liées à l'application des dispositions statutaires ;
– les ruptures conventionnelles de contrat ;
– les indemnités de départ ;
– les conventions et contrats autres que les contrats de recrutement ;
– les marchés autres que les marchés à bons de commande ;
– les bons de commande ;
– les prêts, secours et subventions ;
– les acquisitions et aliénations immobilières ;
– les baux autres que les baux domaniaux.
Sont soumis à avis préalable :
– les accords-cadres ;
– les marchés à bons de commande ;
– les projets de transactions avant transmission au tiers pour signature ;
– les emprunts autorisés et les attributions de garanties ;
– les participations et les apports à toute entité dans les cas où ils ne sont pas approuvés par les autorités de tutelle ainsi que les cessions de participations et les retraits d'apports.

Art. A. 211-62 Le contrôleur budgétaire établit un programme de contrôle *a posteriori* en fonction des risques identifiés, qui peuvent porter sur la qualité de la comptabilité budgétaire tenue ou le caractère soutenable de la prévision budgétaire et de son exécution. Il se fonde sur les risques qu'il constate, dans l'exercice de ses missions, lors des travaux relatifs au contrôle interne budgétaire ou dans les conclusions d'audits.

Ce contrôle peut porter sur des actes ou des circuits et procédures de dépenses et de recettes.

Le contrôleur budgétaire transmet à l'ENSM le programme de contrôle.

L'ENSM est tenue de communiquer au contrôleur budgétaire et aux personnes qui l'assistent tous les documents nécessaires à la réalisation du contrôle *a posteriori* au plus tard dans le délai d'un mois.

Les conclusions et recommandations éventuelles du contrôle sont transmises à l'ordonnateur et, le cas échéant, au ministre chargé du budget et au ministre de tutelle.

L'ordonnateur indique les mesures qu'il entend mettre en œuvre pour pallier les risques ou défaillances identifiés.

Dans les conditions prévues à l'article A. 211-63-1, le contrôleur budgétaire peut à tout moment procéder au contrôle *a posteriori* d'un acte particulier non soumis à avis ou visa.

Art. A. 211-63 S'il apparaît au contrôleur budgétaire que la gestion de l'ENSM remet en cause le caractère soutenable de l'exécution budgétaire au regard de l'autorisation budgétaire, la couverture de ses dépenses obligatoires ou inéluctables, la poursuite de son exploitation ou la qualité de la comptabilité budgétaire, il en informe l'ordonnateur par écrit. Celui-ci lui fait connaître dans les mêmes formes les mesures qu'il envisage de prendre pour rétablir la situation budgétaire.

Le contrôleur budgétaire rend compte de ces échanges au ministre chargé du budget et au ministre de tutelle.

Art. A. 211-63-1 Après concertation avec l'ordonnateur, le contrôleur budgétaire établit un document fixant la liste détaillée des actes soumis à visa ou avis, les montants des seuils de visa ou d'avis, le format des documents et états à transmettre ainsi que la périodicité et les modalités de leur transmission.

Ce document est transmis à l'ordonnateur, à l'agent comptable, au ministre chargé du budget et au ministre de tutelle.

SECTION V *[ABROGÉE]* LES CENTRES DE RESSOURCES, D'EXPERTISE ET DE PERFORMANCE SPORTIVES *(Arr. du 12 sept. 2011, art. 9).*

(Abrogée par Arr. du 7 avr. 2016, art. 3-1°)

Au regard de la logique des textes, il semble que seule la sous-section 2 devait être abrogée. Cependant, l'arrêté du 7 avr. 2016 abroge la présente section V sans préciser de sous-section. Il faut comprendre la section entière.

SOUS-SECTION 1 *[ABROGÉE]* CONTRÔLE BUDGÉTAIRE

(Abrogée par Arr. du 7 avr. 2016, art. 3-1°) (Arr. du 20 avr. 2015)

Art. A. 211-64 *Les centres de ressources, d'expertise et de performance sportives (CREPS) sont assujettis au contrôle budgétaire prévu par les articles 220 à 228 du décret n° 2012-1246 du 7 novembre 2012 relatif à la gestion budgétaire et comptable publique dans les conditions fixées à la présente sous-section.*

Art. A. 211-65 *En application de l'article 222 du décret n° 2012-1246 du 7 novembre 2012 relatif à la gestion budgétaire et comptable publique, le contrôleur budgétaire assiste avec voix consultative au conseil d'administration du CREPS. Il est destinataire, dans les mêmes conditions que les autres membres, des documents qui sont communiqués avant chaque séance, ainsi que des comptes rendus et des procès-verbaux.*

Le document prévu à l'article A. 211-70-1 peut ouvrir la possibilité pour le contrôleur budgétaire de participer aux réunions de tout comité, commission ou organe consultatif existant au sein du CREPS.

Art. A. 211-65-1 *Pour l'examen du budget initial, des budgets rectificatifs et du compte financier, le contrôleur budgétaire est destinataire des projets de documents prévus à l'article 175 du décret n° 2012-1246 du 7 novembre 2012 relatif à la gestion budgétaire et comptable publique préalablement à leur envoi aux membres du conseil d'administration.*

Le contrôleur budgétaire est destinataire, après le vote du budget, d'une répartition détaillée des crédits et des prévisions de recettes dans les conditions précisées dans le document prévu à l'article A. 211-70-1.

Art. A. 211-66 *Les comptes rendus de gestion mentionnés au second alinéa de l'article 223 du décret n° 2012-1246 du 7 novembre 2012 relatif à la gestion budgétaire et comptable publique sont transmis au contrôleur budgétaire, au moins deux fois par an, avant le 31 mai et avant le 30 septembre sauf dérogation accordée par celui-ci.*

Ils comprennent :

— l'actualisation de la répartition initiale détaillée ;

— la situation détaillée de l'exécution du budget et la prévision d'exécution au 31 décembre ;

– la situation des engagements et, le cas échéant, l'actualisation de la programmation pluriannuelle ;
– l'état détaillé des ressources propres ;
– le plan de trésorerie ;
– une note de synthèse analysant l'exécution des crédits et la prévision des crédits non consommés et identifiant les risques éventuels d'une exécution non soutenable ainsi que les mesures correctrices envisagées.
En outre, sont transmis pour information :
– les accords-cadres ;
– les marchés à bons de commandes [commande] *;*
– la liste des agents accueillis en position d'activité ;
– la liste des agents mis à disposition contre remboursement.

Art. A. 211-67 *En application des dispositions de l'article 223 du décret n° 2012-1246 du 7 novembre 2012 relatif à la gestion budgétaire et comptable publique, le contrôleur budgétaire est notamment destinataire des documents suivants :*
– les informations relatives au suivi des objectifs fixés par le ministre chargé des sports au directeur du CREPS ;
– les documents à caractère stratégique relatifs aux missions du CREPS, ses objectifs, ses moyens et ses engagements financiers ;
– les informations relatives au suivi du contrat de performance et à la contribution de l'établissement à la performance du programme budgétaire dont il est opérateur ;
– les documents relatifs à l'organisation, aux procédures internes et au fonctionnement du contrôle interne, notamment comptable et budgétaire[,] *du CREPS ainsi que tout document relevant d'une cartographie des risques ;*
– les documents relatifs aux politiques des achats, de l'immobilier, des ressources humaines et des systèmes d'information ;
– les rapports d'inspection et d'audit des commissaires aux comptes et des auditeurs internes et externes, ainsi que les plans d'action du CREPS relatifs à la mise en œuvre de leurs recommandations.

Art. A. 211-67-1 *Le contrôleur budgétaire suit la gestion des emplois et des crédits de personnel dans les conditions prévues à l'arrêté du 25 juin 2014 relatif au document prévisionnel de gestion des emplois et des crédits de personnel des organismes.*

Art. A. 211-68 *Dans les conditions et selon les seuils fixés par le document prévu à l'article A. 211-70-1, au regard de la qualité du contrôle interne budgétaire :*
Sont soumis au visa :
– les décisions générales ou catégorielles relatives aux modalités de recrutement ou de rémunération des personnels ;
– les actes relatifs au recrutement et à la rémunération des agents contractuels visés aux articles 4 et 6 de la loi n° 84-16 du 11 janvier 1984 portant dispositions statutaires relatives à la fonction publique de l'État ;
– les décisions fixant la rémunération des fonctionnaires détachés sur contrat ;
– les acquisitions et aliénations immobilières ;
– les baux autres que les baux domaniaux ;
– les marchés autres que les marchés à bons de commandes [commande] *;*
– les bons de commandes [commande] *;*
– les décisions et conventions portant attribution de prêts ou de subventions.
Sont soumis à avis préalable :
– les projets de transactions avant transmission au tiers pour signature.

Art. A. 211-69 *Le contrôleur budgétaire établit un programme de contrôle a posteriori en fonction des risques identifiés qui peuvent porter sur la qualité de la comptabilité budgétaire tenue ou le caractère soutenable de la prévision budgétaire et de son exécution. Il se fonde sur les risques qu'il constate, dans l'exercice de ses missions, lors des travaux relatifs au contrôle interne budgétaire ou dans les conclusions d'audits.*
Ce contrôle peut porter sur des actes ou des circuits et procédures de dépenses et de recettes.
Après avis de l'ordonnateur, le contrôleur budgétaire transmet à l'établissement le programme de contrôle et l'informe, le cas échéant, des agents placés sous l'autorité du ministre chargé du budget qui l'assisteront.

L'établissement est tenu de communiquer au contrôleur budgétaire et aux personnes qui l'assistent tous les documents nécessaires à la réalisation du contrôle a posteriori au plus tard dans le délai d'un mois.

Les conclusions et recommandations éventuelles du contrôle sont transmises à l'ordonnateur et, le cas échéant, au ministre chargé du budget et au ministre de tutelle.

L'ordonnateur indique les mesures qu'il entend mettre en œuvre pour pallier les risques ou défaillances identifiés.

Dans les conditions prévues à l'article A. 211-70-1, le contrôleur budgétaire peut à tout moment procéder au contrôle a posteriori d'un acte particulier non soumis à avis ou visa.

Art. A. 211-70 *S'il apparaît au contrôleur budgétaire que la gestion du CREPS remet en cause le caractère soutenable de l'exécution budgétaire au regard de l'autorisation budgétaire, la couverture de ses dépenses obligatoires ou inéluctables, la poursuite de son exploitation ou la qualité de la comptabilité budgétaire, il en informe l'ordonnateur par écrit. Celui-ci lui fait connaître dans les mêmes formes les mesures qu'il envisage de prendre pour rétablir la situation budgétaire.*

Le contrôleur budgétaire rend compte de ces échanges au ministre chargé du budget et au ministre de tutelle.

Art. A. 211-70-1 *Après concertation avec l'ordonnateur, le contrôleur budgétaire établit un document fixant la liste détaillée des actes soumis à visa ou avis, les montants des seuils de visa ou d'avis, le format des documents et états à transmettre ainsi que la périodicité et les modalités de leur transmission.*

Ce document est transmis à l'ordonnateur, à l'agent comptable, au ministre chargé du budget et au ministre de tutelle.

SOUS-SECTION 2 *[ABROGÉE]* CONDITIONS D'EXERCICE DU DROIT DE SUFFRAGE, D'ÉLIGIBILITÉ ET RÈGLES APPLICABLES AU DÉROULEMENT DU SCRUTIN POUR L'ÉLECTION DE MEMBRES AU CONSEIL D'ADMINISTRATION

(Abrogée par Arr. du 7 avr. 2016, art. 3-1°) (Arr. du 12 sept. 2011, art. 9)

Art. A. 211-71 *Pour l'élection des cinq membres élus au conseil d'administration de chacun des centres de ressources, d'expertise et de performance sportives, il est constitué cinq collèges :*

1° Collège des personnels pédagogiques ;
2° Collège des personnels administratifs et des personnels médicaux et paramédicaux ;
3° Collège des personnels ouvriers, techniques et de service ;
4° Collège des sportifs accueillis dans les "pôles France" ou les "pôles Espoirs" ;
5° Collège des stagiaires en formation.

Art. A. 211-72 *Sont électeurs et éligibles au sein des collèges 1° à 3° les personnels titulaires ainsi que les non-titulaires bénéficiant d'un contrat de dix mois au moins à la date de clôture du scrutin, en activité au sein de l'établissement au jour du scrutin.*

Ne peuvent participer au scrutin les personnels en position de disponibilité, de congé de longue durée ou de congé parental.

Au sein du collège 4°, ne sont électeurs et éligibles que les sportifs inscrits, à la date de clôture du scrutin, au sein d'un "pôle France" ou d'un "pôle Espoirs" de l'établissement.

Au sein du collège 5°, ne sont électeurs et éligibles que les stagiaires inscrits, à la date de clôture du scrutin, à un cycle de formation dispensé par l'établissement portant sur une période d'au moins dix mois.

Les membres d'un collège ne peuvent ni voter dans un autre collège, ni être choisis par un membre d'un autre collège pour le représenter.

Il est établi une liste électorale par collège. Nul ne peut prendre part au vote s'il ne figure sur une liste électorale.

Art. A. 211-73 *Les directeurs des centres de ressources, d'expertise et de performance sportives sont chargés d'établir les listes électorales et d'organiser toutes les opérations afférentes à l'élection des membres élus siégeant au conseil d'administration de leur établissement, dont les modalités pratiques sont précisées en annexe II-18* [reproduite sur Dalloz.fr et sur les applications mobiles Dalloz].

Les directeurs des centres de ressources, d'expertise et de performance sportives fixent la date des élections, le lieu ainsi que les heures d'ouverture et de fermeture des scrutins. Les élections ont lieu quatre mois au plus et un mois au moins avant la date d'expiration de la durée du mandat des membres en exercice telle que fixée par l'article D. 211-74 du code du sport.

Le vote a lieu à bulletin secret. Le vote par correspondance ou par procuration est admis.

CHAPITRE II ENSEIGNEMENT DU SPORT CONTRE RÉMUNÉRATION

SECTION PREMIÈRE OBLIGATION DE QUALIFICATION

SOUS-SECTION 1 LISTE DES DIPLÔMES, TITRES À FINALITÉ PROFESSIONNELLE OU CERTIFICATS DE QUALIFICATION

Art. A. 212-1 Les diplômes, titres à finalité professionnelle et certificats de qualification ouvrant droit à l'enseignement, à l'animation ou à l'encadrement d'une activité physique ou sportive considérée ou dans un ensemble d'activités de même nature relatives à un public spécifique, ou à l'entraînement de ses pratiquants contre rémunération, conformément à l'article L. 212-1, figurent au tableau présenté en annexe II-1 *reproduite ci-dessous (Arr. du 22 janv. 2016, art. 2-1°)* « et au tableau annexé à l'arrêté du 22 janvier 2016 fixant la liste des diplômes acquis jusqu'au 31 décembre 2015 ». – *[Arr. du 16 déc. 2004, art. 1er.]*

ANNEXE II-1
(Article A. 212-1)

(Arr. du 22 oct. 2010, mod. par Arr. du 17 févr. 2011 ; Arr. du 19 juill. 2011 ; Arr. du 25 janv. 2012 ; Arr. du 10 juill. 2012 ; Arr. du 12 févr. 2013 ; Arr. du 11 juill. 2013 ; Arr. du 10 févr. 2014 ; Arr. du 2 juill. 2014 ; Arr. du 22 déc. 2014 ; Arr. du 11 mars 2015 ; Arr. du 6 juill. 2015 ; Arr. du 1er oct. 2015 ; Arr. du 15 janv. 2016 ; Arr. du 22 janv. 2016) ; Arr. du 18 avr. 2016 (JO 5 juin) ; Arr. du 23 mai 2016 (JO 22 juin), Arr. du 26 mai 2016, art. 8 (JO 9 juin) ; Arr. du 4 août 2016 (JO 12 août) ; Arr. du 19 sept. 2016 (JO 30 sept.).

A. – Diplômes et titres délivrés par le ministère chargé de l'enseignement supérieur

INTITULÉ DU DIPLÔME	CONDITIONS D'EXERCICE	LIMITES DES CONDITIONS D'EXERCICE
DEUG sciences et techniques des activités physiques et sportives.	Encadrement et animation auprès de tout public des activités physiques ou sportives à un niveau d'initiation, d'entretien ou de loisir.	Toute activité physique ou sportive auprès de tout public, à l'exclusion des pratiques compétitives.
DEUST « activités physiques et sportives adaptées : déficiences intellectuelles, troubles psychiques ».	Encadrement des activités physiques ou sportives auprès de personnes souffrant de déficiences intellectuelles et de troubles psychiques.	Toute activité physique ou sportive visant l'amélioration de l'intégration sociale.
DEUST « activités physiques et sportives et inadaptations sociales ».	Encadrement des activités physiques ou sportives auprès de personnes présentant des inadaptations sociales.	Toute activité physique ou sportive visant l'amélioration de l'intégration sociale.
DEUST « action, commercialisation des services sportifs ».	Encadrement des pratiques physiques liées aux loisirs.	Toute pratique sportive de loisir auprès de tout public, à l'exclusion des personnes ayant un handicap, une déficience intellectuelle ou un trouble psychique.

INTITULÉ DU DIPLÔME	CONDITIONS D'EXERCICE	LIMITES DES CONDITIONS D'EXERCICE
DEUST « manager de club sportif ».	Encadrement des activités physiques ou sportives.	Toute activité physique ou sportive auprès de tout public, à l'exclusion des personnes ayant un handicap, une déficience intellectuelle ou un trouble psychique.
DEUST « métiers de la forme ».	Encadrement pour tout public d'activités physiques dans le secteur des métiers de la forme.	Toute activité physique des métiers de la forme liée au développement et à l'entretien du bien-être et de la santé.
DEUST « pratique et gestion des activités physiques et sportives et de loisirs pour les publics seniors ».	Encadrement des activités physiques ou sportives de publics seniors.	Toute activité sportive adaptée à la prévention du vieillissement, visant à entretenir et à améliorer la condition physique des publics seniors.
DEUST « animation et gestion des activités physiques,sportives ou culturelles ».	Animation auprès de tout public par la découverte des activités physiques, sportives ou culturelles et par l'initiation à ces activités.	Animation auprès de tout public, à l'exclusion : - des groupes constitués de personnes ayant un handicap physique ou sensoriel, une déficience intellectuelle ou un trouble psychique ; - des pratiques compétitives.
Licence professionnelle mention « santé, vieillissement et activités physiques adaptées (licence professionnelle « santé », option « vieillissement et activités physiques adaptées »).	Encadrement et animation auprès de tout public des activités physiques ou sportives à un niveau d'initiation, d'entretien ou de loisir. Encadrement de toute activité physique ou sportive adaptée à la prévention du vieillissement, visant à entretenir et à améliorer la condition physique des publics seniors.	
Licence professionnelle « activités sportives », option « remise en forme et loisirs sportifs associés : responsable d'équipe de projets ».	Encadrement pour tout public d'activités physiques dans le secteur des métiers de la forme.	Toute activité physique des métiers de la forme liée au développement et à l'entretien du bien-être et de la santé.
Licence professionnelle mention « intervention sociale : développement social et médiation par le sport » (licence professionnelle « activités sportives », spécialité « développement social et médiation par le sport »).	Encadrement et animation auprès de tout public des activités physiques ou sportives à un niveau d'initiation, d'entretien ou de loisir.	A l'exclusion : - des groupes constitués de personnes ayant un handicap physique ou sensoriel, une déficience intellectuelle ou un trouble psychique ; - des pratiques compétitives.

INTITULÉ DU DIPLÔME	CONDITIONS D'EXERCICE	LIMITES DES CONDITIONS D'EXERCICE
Licence professionnelle mention « métiers de la forme » (licence professionnelle « activités sportives », spécialité « métiers de la forme »).	Encadrement et animation auprès de tout public des activités physiques ou sportives à un niveau d'initiation, d'entretien ou de loisir. Encadrement auprès de tout public d'activités physiques dans le secteur des métiers de la forme.	
Licence professionnelle mention « animation, gestion et organisation des activités physiques ou sportives » (licence professionnelle « animation, gestion et organisation des activités physiques ou sportives »)	Encadrement et animation auprès de tout public des activités physiques ou sportives à un niveau d'initiation, d'entretien ou de loisir. Enseignement auprès de tout public dans la ou les discipline(s) mentionnée(s) dans l'annexe descriptive au diplôme visée à l'article D. 123-13 du code de l'éducation ou sur l'attestation délivrée par le président de l'université certificatrice.	A l'exclusion des pratiques compétitives.
Licence mention « sciences et techniques des activités physiques et sportives », parcours type « éducation et motricité » (licence « éducation et motricité », filière « sciences et techniques des activités physiques et sportives »).	Encadrement, enseignement et animation des activités physiques ou sportives auprès de tout public à un niveau d'initiation, d'entretien ou de loisir.	A l'exclusion des pratiques compétitives.
Licence mention « sciences et techniques des activités physiques et sportives », parcours type « entraînement sportif » (licence « entraînement sportif », filière « sciences et techniques des activités physiques et sportives »).	Encadrement et animation auprès de tout public des activités physiques ou sportives à un niveau d'initiation, d'entretien ou de loisir. Encadrement de tout public à des fins d'amélioration de la performance ou de développement personnel dans la ou les disciplines mentionnées dans l'annexe descriptive au diplôme visée à l'article D. 123-13 du code de l'éducation ou sur l'attestation délivrée par le président de l'université certificatrice.	
Licence mention « sciences et techniques des activités physiques et sportives », parcours type « activité physique adaptée et santé » (licence « activité physique adaptée et santé », filière « sciences et techniques des activités physiques et sportives »).	Encadrement et animation auprès de tout public des activités physiques ou sportives à un niveau d'initiation, d'entretien ou de loisir. Encadrement des activités physiques ou sportives à destination de différents publics dans une perspective de prévention-santé ou de réadaptation ou d'intégration de personnes présentant l'altération d'une fonction physique ou psychique.	

B. – Diplômes et titres délivrés par le ministère chargé de l'agriculture

Néant.

C. – Diplômes délivrés par le ministre chargé des sports
C.1. – Brevet d'État d'éducateur sportif (BEES)

INTITULÉ DU DIPLÔME	CONDITIONS D'EXERCICE	LIMITES DES CONDITIONS D'EXERCICE
BEES du 3e degré, toutes options.	Enseignement de l'activité visée par l'option considérée, dans tout établissement.	
Diplôme d'AMM du brevet d'État d'alpinisme délivré en application de l'arrêté du 10 mai 1993 relatif au brevet d'État d'alpinisme.	Conduite et encadrement de personnes en espace rural montagnard ainsi que sur des terrains enneigés faciles, vallonnés, de type nordique excluant tout accident de terrain et situés en moyenne montagne. Animation de groupes et enseignement des connaissances et savoir-faire propres à l'activité et au milieu.	A l'exclusion : - des rochers, des glaciers, des canyons et des terrains nécessitant pour la progression l'utilisation du matériel ou des techniques de l'alpinisme ; - de la pratique du ski et activités assimilées. Autorisation d'exercer pour une durée de six ans, renouvelée à l'issue d'un stage de recyclage.
Diplôme d'AMM du brevet d'État d'alpinisme assorti de la qualification « pratique de la moyenne montagne enneigée ».	Conduite et encadrement de personnes en espace rural montagnard ainsi que sur des terrains enneigés faciles, vallonnés, de type nordique excluant tout accident de terrain et situés en moyenne montagne. Animation de groupes et enseignement des connaissances et savoir-faire propres à l'activité et au milieu.	A l'exclusion : - des rochers, des glaciers, des canyons et des terrains nécessitant pour la progression l'utilisation du matériel ou des techniques de l'alpinisme ; - de la pratique du ski et activités assimilées. Autorisation d'exercer pour une durée de six ans, renouvelée à l'issue d'un stage de recyclage.
Diplôme d'AMM du brevet d'État d'alpinisme assorti du brevet national de pisteur-secouriste 2e degré ou option ski alpin 2e degré ou option ski nordique 2e degré.	Conduite et encadrement de personnes en espace rural montagnard ainsi que sur des terrains enneigés faciles, vallonnés, de type nordique excluant tout accident de terrain et situés en moyenne montagne. Animation de groupes et enseignement des connaissances et savoir-faire propres à l'activité et au milieu.	A l'exclusion : - des rochers, des glaciers, des canyons et des terrains nécessitant pour la progression l'utilisation du matériel ou des techniques de l'alpinisme ; - de la pratique du ski et activités assimilées. Autorisation d'exercer pour une durée de six ans, renouvelée à l'issue d'un stage de recyclage.

INTITULÉ DU DIPLÔME	CONDITIONS D'EXERCICE	LIMITES DES CONDITIONS D'EXERCICE
Diplôme d'AMM du brevet d'État d'alpinisme assorti du BEES du 1er degré, option « ski alpin » ou option « ski nordique ».	Conduite et encadrement de personnes en espace rural montagnard ainsi que sur des terrains enneigés faciles, vallonnés, de type nordique excluant tout accident de terrain et situés en moyenne montagne. Animation de groupes et enseignement des connaissances et savoir-faire propres à l'activité et au milieu. Prérogatives conférées aux titulaires du BEES option « ski alpin » ou « ski nordique » selon la spécialité.	A l'exclusion : - des rochers, des glaciers, des canyons et des terrains nécessitant pour la progression l'utilisation du matériel ou des techniques de l'alpinisme ; - de la pratique du ski et activités assimilées. Autorisation d'exercer pour une durée de six ans, renouvelée à l'issue d'un stage de recyclage.
Diplôme d'AMM du brevet d'État d'alpinisme, option « moyenne montagne tropicale ».	Conduite et encadrement de personnes en moyenne montagne tropicale, animation de groupes et enseignement des connaissances et savoir-faire propres à l'activité et au milieu.	A l'exclusion des rochers, des canyons, des terrains nécessitant pour la progression l'utilisation du matériel ou des techniques de l'alpinisme.
Diplôme d'AMM du brevet d'État d'alpinisme, option « moyenne montagne tropicale » assorti du CQC « encadrement du canyon en milieu tropical ».	Encadrement de personnes dans les canyons situés en milieu tropical.	
Diplôme d'AMM du brevet d'État d'alpinisme assorti du CQC « VTT en milieu montagnard ».	Enseignement de l'activité VTT en milieu montagnard.	

C.2. – Brevet d'aptitude professionnelle d'assistant animateur technicien de la jeunesse et des sports (BAPAAT)

INTITULÉ DU DIPLÔME	CONDITIONS D'EXERCICE	LIMITES DES CONDITIONS D'EXERCICE
BAPAAT, options « loisirs du jeune et de l'enfant » ; « loisirs tout public dans les sites et structures d'accueil collectif » ; « loisirs de pleine nature ».		
Supports techniques du BAPAAT		
Bicross.	Initiation au bicross, avec les prérogatives et dans les conditions prévues par l'arrêté du 19 janvier 1993 modifié relatif à l'organisation et aux conditions de préparation et de délivrance du BAPAAT.	

INTITULÉ DU DIPLÔME	CONDITIONS D'EXERCICE	LIMITES DES CONDITIONS D'EXERCICE
Escalade.	Initiation à l'escalade, avec les prérogatives et dans les conditions prévues par l'arrêté du 19 janvier 1993 modifié.	
Poney.	Animation de l'activité poney, avec les prérogatives et dans les conditions prévues par l'arrêté du 19 janvier 1993 modifié.	
Randonnée équestre.	Accompagnement de randonnée équestre avec les prérogatives et dans les conditions prévues par l'arrêté du 19 janvier 1993 modifié.	
Randonnée nautique, raft.	Initiation au raft, avec les prérogatives et dans les conditions prévues par l'arrêté du 19 janvier 1993 modifié.	
Randonnée nautique, canoë-kayak.	Initiation au canoë-kayak, avec les prérogatives et dans les conditions prévues par l'arrêté du 19 janvier 1993 modifié.	
Randonnée nautique, nage en eau vive.	Initiation à la nage en eau vive, avec les prérogatives et dans les conditions prévues par l'arrêté du 19 janvier 1993 modifié.	
Randonnée nautique, kayak en mer.	Initiation au kayak en mer, avec les prérogatives et dans les conditions prévues par l'arrêté du 19 janvier 1993 modifié.	
Spéléologie.	Initiation à la spéléologie, avec les prérogatives et dans les conditions prévues par l'arrêté du 19 janvier 1993 modifié.	
Vélo tout terrain (VTT).	Initiation au VTT, avec les prérogatives et dans les conditions prévues par l'arrêté du 19 janvier 1993 modifié.	
Randonnée pédestre.	Conduite de randonnées pédestres, avec les prérogatives et dans les conditions prévues par l'arrêté du 19 janvier 1993 modifié.	
Course d'orientation.	Encadrement de la course d'orientation, avec les prérogatives et dans les conditions prévues par l'arrêté du 19 janvier 1993 modifié.	
Jeux sportifs collectifs.	Animation des jeux sportifs collectifs, avec les prérogatives et dans les conditions prévues par l'arrêté du 19 janvier 1993 modifié.	

INTITULÉ DU DIPLÔME	CONDITIONS D'EXERCICE	LIMITES DES CONDITIONS D'EXERCICE
Roller skating.	Animation de l'activité roller skating, avec les prérogatives et dans les conditions prévues par l'arrêté du 19 janvier 1993 modifié.	
Tennis de table.	Animation de la pratique du tennis de table, avec les prérogatives et dans les conditions prévues par l'arrêté du 19 janvier 1993 modifié.	
Tir à l'arc.	Animation de la pratique du tir à l'arc, avec les prérogatives et dans les conditions prévues par l'arrêté du 19 janvier 1993 modifié.	
Swin.	Animation de la pratique du swin, avec les prérogatives et dans les conditions prévues par l'arrêté du 19 janvier 1993 modifié.	
Randonnée équestre et brevet d'études professionnelles agricoles, option « activités hippiques, support technique randonnée équestre ».	Conduite de randonnées équestres dans les conditions prévues par l'arrêté du 14 septembre 1993 créant une spécialité « accompagnement de randonnée équestre » du brevet d'études professionnelles agricoles, option « activités hippiques », et fixant les modalités de certification conjointe avec le BAPAAT, support technique « randonnée équestre ».	

C.3. – Brevet professionnel de la jeunesse, de l'éducation populaire et du sport (BP JEPS)

INTITULÉ DU DIPLÔME	CONDITIONS D'EXERCICE	LIMITES DES CONDITIONS D'EXERCICE
BP JEPS, spécialité « activités équestres ».	Conduite de séances et de cycles d'initiation, de découverte et d'animation sportive dans toutes les activités équestres.	
Mentions de la spécialité « activités équestres »		
Équitation	Conduite de séances et de cycles d'enseignement jusqu'au premier niveau de compétition en équitation.	
Tourisme équestre	Conduite de séances et de cycles d'enseignement jusqu'au premier niveau de compétition en tourisme équestre. Accompagnement de randonnées pour tout public et sur tout itinéraire.	

INTITULÉ DU DIPLÔME	CONDITIONS D'EXERCICE	LIMITES DES CONDITIONS D'EXERCICE
Équitation western	Conduite de séances et de cycles d'enseignement jusqu'au premier niveau de compétition en équitation western.	
Équitation de tradition et de travail	Conduite de séances et de cycles d'enseignement jusqu'au premier niveau de compétition en équitation de tradition et de travail.	
Attelage	Conduite de séances et de cycles d'enseignement jusqu'au premier niveau de compétition en attelage.	
BP JEPS, spécialité « activités nautiques ».		
Mentions monovalentes de la spécialité « activités nautiques »		
Aviron et disciplines associées.	Encadrement et animation d'activités de découverte et d'initiation, incluant les premiers niveaux de compétition en aviron et disciplines associées.	
Canoë-kayak et disciplines associées.	Encadrement et animation d'activités de découverte et d'initiation, incluant les premiers niveaux de compétition en canoë-kayak et disciplines associées sur tout support ou embarcation propulsée à la pagaie ou à la nage. Encadrement des activités de canyonisme.	En eau calme. En mer par vent de force 4 au maximum sur le site d'évolution. En eau vive jusqu'en classe III incluse. En eau vive jusqu'en classe III incluse et dans les canyons cotés jusqu'à V1, A5 et E II inclus.
Char à voile.	Encadrement et animation d'activités de découverte et d'initiation incluant les premiers niveaux de compétition en char à voile. Char à voile en pratique assise et allongée, en pratique debout, en pratique tractée, pour tout lieu de pratique de l'activité aménagé et ouvert.	
Glisse aérotractée.	Encadrement et animation d'activités de découverte et d'initiation incluant les premiers niveaux de compétition en glisse aérotractée.	Activités de cerf-volant, de cerf-volant de traction terrestre, de cerf-volant de traction nautique ou de planche nautique ou de planche nautique tractée dite « kitesurf », pour tout public et sur tout lieu nautique ou terrestre de pratique de l'activité.
Motonautisme.	Encadrement et animation d'activités de découverte et d'initiation incluant les premiers niveaux de compétition en motonautisme.	Activités de jet, bateau à moteur, engins tractés, pour tout public et sur tout lieu de pratique de l'activité.

INTITULÉ DU DIPLÔME	CONDITIONS D'EXERCICE	LIMITES DES CONDITIONS D'EXERCICE
Ski nautique et disciplines associées.	Encadrement et animation d'activités de découverte et d'initiation incluant les premiers niveaux de compétition en ski nautique et disciplines associées.	Activités du ski nautique et des disciplines associées (téléski nautique, wake-board, nu-pied et courses) pour tout public et sur tout lieu de pratique de l'activité.
Surf.	Encadrement et animation d'activités de découverte et d'initiation incluant les premiers niveaux de compétition en surf.	Activités de surf (short-board, longboard, body-board, bodysurf, kneeboard, skimboard) pour tout public et sur tout lieu de pratique de l'activité.
Voile.	Encadrement et animation d'activités de découverte et d'initiation, incluant les premiers niveaux de compétition en voile.	Activités de multicoque, dériveur, croisière (jusqu'à 12 milles nautiques d'un abri) et planche à voile pour tout public et sur tout lieu de pratique de l'activité. Au-delà de 12 milles nautiques d'un abri, possibilité d'encadrer en croisière au sein d'une flottille et sous la responsabilité d'un chef de flottille possédant les diplômes requis.

INTITULÉ DU DIPLÔME	CONDITIONS D'EXERCICE	LIMITES DES CONDITIONS D'EXERCICE
Mentions plurivalentes de la spécialité « activités nautiques »		
Groupe A		
Aviron de mer	Encadrement et animation d'activités de découverte et d'initiation incluant les premiers niveaux de compétition en aviron de mer.	Sur des bateaux d'aviron utilisables en mer, pour tout public, sur le milieu marin.
Aviron d'initiation et de découverte.	Encadrement et animation d'activités de découverte et d'initiation.	Sur tout type de bateau, pour tout public, sur des plans d'eau calmes, abrités et délimités.
Groupe B		
Canoë-kayak « eau calme et rivière d'eau vive ».	Encadrement et animation d'activités de découverte et d'initiation incluant les premiers niveaux de compétition en canoë-kayak « eau calme et rivière d'eau vive ».	Pour tout public en eau calme et en rivière jusqu'en classe III incluse.
Canoë-kayak « eau clame, mer et vagues ».	Encadrement et animation d'activités de découverte et d'initiation incluant les premiers niveaux de compétition en canoë-kayak « eau calme, mer et vagues ».	Pour tout public en eau calme et en mer, dans la limite de la navigation en 6e catégorie sur des parcours connus et reconnus, au maximum par vent de force 4 sur le site d'évolution. Conduite de séances d'initiation en kayak de vagues.
Groupe C		
Char à voile d'initiation, et de découverte.	Encadrement et animation d'activités de découverte et d'initiation en char à voile.	Sur tout support (à l'exception des activités tractées), sur des parcours école aménagés.
Groupe D		
Croisière côtière.	Encadrement et animation d'activités de découverte et d'initiation, incluant les premiers niveaux de compétition en croisière côtière.	Sur des voiliers autres que les embarcations légères de plaisance, pour tout public jusqu'à 12 milles nautiques d'un abri. Au-delà, possibilité d'encadrer en croisière au sein d'une flottille et sous la responsabilité d'un chef de flottille possédant les diplômes requis.
Multicoques et dériveurs.	Encadrement et animation d'activités de découverte et d'initiation, incluant les premiers niveaux de compétition en multicoques et dériveurs.	Pour tout public et sur tout lieu de pratique de l'activité.

INTITULÉ DU DIPLÔME	CONDITIONS D'EXERCICE	LIMITES DES CONDITIONS D'EXERCICE
Planche à voile.	Encadrement et animation d'activités de découverte et d'initiation incluant les premiers niveaux de compétition en planche à voile.	Pour tout public et sur tout lieu de pratique de l'activité.
Groupe E		
Ski nautique d'initiation et de découverte.	Encadrement et animation d'activités de découverte et d'initiation en ski nautique.	Activités du ski nautique (bi-ski, wakeboard) pour tout public et sur tout lieu de pratique de l'activité.
Groupe F		
Jet (véhicule nautique à moteur).	Encadrement et animation d'activités de découverte et d'initiation, incluant les premiers niveaux de compétition en jet.	Activités de véhicule nautique à moteur pour tout public et sur tout lieu de pratique de l'activité.
Bateau à moteur d'initiation et de découverte.	Encadrement et animation d'activités de découverte et d'initiation.	Tous types de bateaux définis, pour tout public et sur tout lieu de pratique de l'activité.
Engins tractés.	Encadrement et animation d'activités de découverte et d'initiation, incluant les premiers niveaux de compétition en engins tractés.	Pratique d'engins flottants tractés sur l'eau (bouées, ski, bus, fly fish...) pour tout public et sur tout lieu de pratique de l'activité.
Groupe G		
Parachutisme ascensionnel nautique.	Encadrement et animation d'activités de découverte et d'initiation, incluant les premiers niveaux de compétition en parachutisme ascensionnel nautique.	Avec des voilures hémisphériques à tuyères, dans tous les modes de pratique, pour tout public et sur tout lieu de pratique de l'activité.
BP JEPS, spécialité « activités pugilistiques »		
Mentions de la spécialité « activités pugilistiques »		
Kick boxing.	Encadrement et animation d'activités de kick boxing.	
Muaythaï.	Encadrement et animation d'activités de muaythaï.	
Boxe anglaise.	Encadrement et animation d'activités de boxe anglaise.	
Boxe française, savate.	Encadrement et animation d'activités de boxe française, savate.	
Full contact.	Encadrement et animation d'activités de full contact.	

INTITULÉ DU DIPLÔME	CONDITIONS D'EXERCICE	LIMITES DES CONDITIONS D'EXERCICE
Sports de contact.	Animation d'activités de sports de contact.	A l'exclusion de toute pratique compétitive.
Boxe	Encadrement, animation et apprentissage des différentes formes de pratique de la boxe et préparation aux compétitions.	
BP JEPS, spécialité « pêche de loisirs ».	Encadrement, animation et initiation d'activités de pêche sportive en eau douce.	
BP JEPS, spécialité « sport automobile ».		
Mentions de la spécialité « sport automobile »		
Circuit.	Encadrement et animation d'activités de loisir, d'initiation, de découverte et de préparation à un premier niveau de compétition en circuit.	
Karting.	Encadrement et animation d'activités de loisir, d'initiation, de découverte et de préparation à un premier niveau de compétition en karting.	
Perfectionnement du pilotage.	Encadrement et animation d'activités de loisir, d'initiation, de découverte et de préparation à un premier niveau de compétition en perfectionnement du pilotage.	
Rallye.	Encadrement et animation d'activités de loisir, d'initiation, de découverte et de préparation à un premier niveau de compétition en rallye.	
Tout-terrain.	Encadrement et animation d'activités de loisir, d'initiation, de découverte et de préparation à un premier niveau de compétition en tout-terrain.	
BP JEPS, spécialité « activités physiques pour tous ».	Animation à destination de différents publics à travers notamment la découverte des activités physiques.	Toute activité physique ou sportive auprès de tout public, à l'exclusion des groupes constitués de personnes ayant un handicap physique ou sensoriel, une déficience intellectuelle ou un trouble psychique.
BP JEPS, spécialité « activités gymniques de la forme et de la force ».		

INTITULÉ DU DIPLÔME	CONDITIONS D'EXERCICE	LIMITES DES CONDITIONS D'EXERCICE
Mentions de la spécialité « activités gymniques de la forme et de la force »		
Activités gymniques acrobatiques.	Encadrement et animation d'activités de loisir, d'initiation et de découverte des activités gymniques acrobatiques.	
Activités gymniques d'expression.	Encadrement et animation d'activités de loisir, d'initiation et de découverte des activités gymniques d'expression.	
Forme en cours collectifs.	Encadrement et animation d'activités de loisir, d'initiation et de découverte des activités de forme en cours collectifs.	
Haltère, musculation et forme sur plateau.	Encadrement et animation d'activités de loisir, d'initiation et de découverte des activités haltère, musculation et forme sur plateau.	
BP JEPS, spécialité « activités sports collectifs ».	Conduite de séances et de cycles d'initiation, de découverte et d'animation sportive en sports collectifs.	
Mentions de la spécialité « activités sports collectifs »		
Basket-ball.	Conduite en autonomie d'une séance d'entraînement en basket-ball.	
Football.	Conduite en autonomie d'une séance d'entraînement en football.	
Handball.	Conduite en autonomie d'une séance d'entraînement en handball.	
Hockey sur gazon.	Conduite en autonomie d'une séance d'entraînement en hockey sur gazon.	
Rugby à XIII.	Conduite en autonomie d'une séance d'entraînement en rugby à XIII.	
Rugby à XV.	Conduite en autonomie d'une séance d'entraînement en rugby à XV.	
Volley-ball.	Conduite en autonomie d'une séance d'entraînement en volley-ball.	
BP JEPS, spécialité « vol libre ».		
Mentions de la spécialité « vol libre »		
Parapente.	Encadrement d'actions d'animation, d'initiation et de progression jusqu'à l'autonomie en parapente.	
Deltaplane.	Encadrement d'actions d'animation, d'initiation et de progression jusqu'à l'autonomie en deltaplane.	

INTITULÉ DU DIPLÔME	CONDITIONS D'EXERCICE	LIMITES DES CONDITIONS D'EXERCICE
BP JEPS, spécialité « activités aquatiques et de la natation ».	Enseignement et animation d'activités aquatiques d'éveil, de découverte et de loisirs aquatiques. Apprentissage et enseignement des différentes nages. Surveillance de tout lieu de pratique des activités aquatiques et sauvetage de tout public en milieu aquatique.	Sous réserve de la présentation du certificat quinquennal d'aptitude à l'exercice de la profession de maître nageur sauveteur en cours de validité.
BP JEPS, spécialité « escrime ».	Encadrement et animation d'activités d'éveil à l'escrime et de découverte des trois armes. Encadrement de cycles d'apprentissage et d'enseignement à deux armes, jusqu'au premier niveau de compétition.	
BP JEPS, spécialité « plongée subaquatique ».	Encadrement en autonomie de la randonnée subaquatique. Enseignement et encadrement de la plongée subaquatique, dans les conditions techniques et de sécurité définies aux articles A. 322-71 et suivants du code du sport.	Autorisation d'exercer pour une durée de cinq ans, renouvelée à l'issue d'un stage de recyclage.
BP JEPS, spécialité « parachutisme ».		
Mentions de la spécialité « parachutisme »		
Tandem.	Encadrement en autonomie du tandem, dans les conditions techniques et de sécurité définies aux articles A. 322-147 et suivants du code du sport.	Autorisation d'exercer pour une durée d'une année, renouvelée sur proposition du directeur technique national du parachutisme.
Progression accompagnée en chute libre.	Encadrement en autonomie de la progression accompagnée en chute libre, dans les conditions techniques et de sécurité définies aux articles A. 322-147 et suivants du code du sport.	Autorisation d'exercer pour une durée d'une année, renouvelée sur proposition du directeur technique national du parachutisme.
Progression traditionnelle.	Encadrement en autonomie de la progression traditionnelle, dans les conditions techniques et de sécurité définies aux articles A. 322-147 et suivants du code du sport.	Autorisation d'exercer pour une durée d'une année, renouvelée sur proposition du directeur technique national du parachutisme.
BP JEPS, spécialité « activités du cyclisme ».	Préparation et mise en œuvre de cycles d'animation et d'initiation en vélo.	A l'exclusion de toute pratique compétitive.
Mentions de la spécialité « activités du cyclisme »		
BMX.	Préparation et mise en œuvre de cycles d'apprentissage en BMX.	
Cyclisme traditionnel.	Préparation et mise en œuvre de cycles d'apprentissage en cyclisme traditionnel.	
VTT.	Préparation et mise en œuvre de cycles d'apprentissage en VTT.	

INTITULÉ DU DIPLÔME	CONDITIONS D'EXERCICE	LIMITES DES CONDITIONS D'EXERCICE
BP JEPS, spécialité « lutte et disciplines associées ».	Conduite de séances et de cycles d'initiation, de découverte et d'animation sportive dans toutes les activités de lutte et disciplines associées.	A l'exclusion de toute pratique compétitive au-delà du niveau régional.
Mentions de la spécialité « lutte et disciplines associées »		
Lutte.	Encadrement et animation d'activités de loisir, d'initiation, de découverte et de préparation aux premiers niveaux de compétition régionale en lutte.	
Sambo.	Encadrement et animation d'activités de loisir, d'initiation, de découverte et de préparation aux premiers niveaux de compétition régionale en sambo.	
Grappling.	Encadrement et animation d'activités de loisir, d'initiation, de découverte et de préparation aux premiers niveaux de compétition régionale en grappling.	
Lutte bretonne (gouren).	Encadrement et animation d'activités de loisir, d'initiation, de découverte et de préparation aux premiers niveaux de compétition régionale en lutte bretonne (gouren).	
BP JEPS, spécialité « judo-jujitsu ».	Encadrement et animation d'activités d'éveil, de découverte et d'initiation au judo-jujitsu pour tous les publics. Encadrement et conduite de cycles d'apprentissage, d'enseignement et d'entraînement du judo-jujitsu jusqu'aux premiers niveaux de compétition. Encadrement et conduite de cycles d'apprentissage permettant la préparation aux grades.	
BP JEPS, spécialité « basket-ball ».	Encadrement, enseignement et animation d'activités de découverte, de loisir et d'initiation. Conduite de cycles d'apprentissage jusqu'aux premiers niveaux de compétition en basket-ball.	
BP JEPS, spécialité « patinage sur glace ».	Encadrement, enseignement et animation d'activités de découverte, de loisir et d'initiation. Conduite de cycles d'apprentissage jusqu'aux premiers niveaux de compétition en patinage sur glace.	
BP JEPS, spécialité « rugby à XV ».	Encadrement, enseignement et animation d'activités de découverte, de loisir et d'initiation. Conduite de cycles d'apprentissage jusqu'aux premiers niveaux de compétition en rugby à XV.	

INTITULÉ DU DIPLÔME	CONDITIONS D'EXERCICE	LIMITES DES CONDITIONS D'EXERCICE
BP JEPS, spécialité « golf ».	Encadrement et animation de l'activité golf.	
BP JEPS, spécialité « volley-ball et volley-ball de plage (beach-volley) ».	Encadrement et animation d'activités d'éveil, de découverte et d'initiation en volley-ball et volley-ball de plage (beach-volley) pour tous les publics. Conduite de cycles d'apprentissage, d'enseignement et d'entraînement jusqu'aux premiers niveaux de compétition.	
Unités capitalisables complémentaires (UCC) et certificats de spécialisation (CS) associés aux spécialités du BP JEPS		
UCC « aviron de mer ».	Encadrement et animation d'activités de découverte et d'initiation, incluant les premiers niveaux de compétition en aviron de mer.	Sur des bateaux d'aviron utilisables en mer, pour tout public, sur le milieu marin.
UCC « aviron d'initiation et de découverte ».	Encadrement et animation d'activités de découverte et d'initiation.	Sur tout type de bateau, pour tout public, sur des plans d'eau calmes, abrités et délimités.
UCC « canoë-kayak, eau calme, mer et vagues ».	Encadrement et animation d'activités de découverte et d'initiation, incluant les premiers niveaux de compétition en canoë-kayak, eau calme, mer et vagues.	Pour tout public, en eau calme et en mer, dans la limite de la navigation en 6e catégorie sur des parcours connus et reconnus, au maximum par vent de force 4 sur le site d'évolution. Conduite de séances d'initiation en kayak de vagues.
UCC « canoë-kayak, eau calme et rivière d'eau vive ».	Encadrement et animation d'activités de découverte et d'initiation, incluant les premiers niveaux de compétition en canoë-kayak, eau calme et rivière d'eau vive.	Pour tout public, en eau calme et en rivière, jusqu'en classe III incluse.
UCC « char à voile d'initiation et de découverte ».	Encadrement et animation d'activités de découverte et d'initiation en char à voile.	Sur tout support (à l'exception des activités tractées), sur des parcours école aménagés.
UCC « croisière côtière ».	Encadrement et animation d'activités de découverte et d'initiation, incluant les premiers niveaux de compétition en croisière côtière.	Sur des voiliers autres que les embarcations légères de plaisance, pour tout public, jusqu'à 12 milles nautiques d'un abri. Au-delà, possibilité d'encadrer en croisière au sein d'une flottille et sous la responsabilité d'un chef de flottille possédant les diplômes requis.

INTITULÉ DU DIPLÔME	CONDITIONS D'EXERCICE	LIMITES DES CONDITIONS D'EXERCICE
UCC « multicoques et dériveurs ».	Encadrement et animation d'activités de découverte et d'initiation, incluant les premiers niveaux de compétition en multicoques et dériveurs.	Pour tout public et sur tout lieu de pratique de l'activité.
UCC « cerf-volant ».	Découverte, animation et initiation jusqu'au premier niveau de compétition en cerf-volant.	
UCC « planche à voile ».	Encadrement et animation d'activités de découverte et d'initiation, incluant les premiers niveaux de compétition en planche à voile.	Pour tout public et sur tout lieu de pratique de l'activité.
UCC « ski nautique d'initiation et de découverte ».	Encadrement et animation d'activités de découverte et d'initiation en ski nautique.	Activités du ski nautique (bi-ski, wakeboard) pour tout public et sur tout lieu de pratique de l'activité.
UCC « jet ».	Encadrement et animation d'activités de découverte et d'initiation, incluant les premiers niveaux de compétition en jet.	Toute forme de pratique pour tout public et sur tout lieu de pratique de l'activité.
UCC « bateau à moteur d'initiation et de découverte ».	Encadrement et animation d'activités de découverte et d'initiation.	Tous types de bateaux définis, pour tout public et sur tout lieu de pratique de l'activité.
UCC « engins tractés ».	Encadrement et animation d'activités de découverte et d'initiation, incluant les premiers niveaux de compétition en engins tractés.	Pratique d'engins flottants tractés sur l'eau (bouées, ski, bus, fly fish) pour tout public et sur tout lieu de pratique de l'activité.
UCC « parachutisme ascensionnel nautique ».	Encadrement et animation d'activités de découverte et d'initiation, incluant les premiers niveaux de compétition en parachutisme ascensionnel nautique.	Avec des voilures hémisphériques à tuyères, dans tous les modes de pratique, pour tout public et sur tout lieu de pratique de l'activité.
UCC « pêche de loisir en milieu maritime ».	Conduite de cycles d'apprentissage en pêche de loisir en milieu maritime, jusqu'au premier niveau de compétition.	
UCC « BMX ».	Conduite de cycles d'apprentissage jusqu'au premier niveau de compétition en BMX.	
UCC « vélo tout terrain ».	Conduite de cycles d'apprentissage jusqu'au premier niveau de compétition en vélo tout terrain.	A l'exclusion du vélo tout terrain de descente.
UCC « culturisme ».	Découverte, initiation, animation et perfectionnement jusqu'au premier niveau de compétition en culturisme.	

INTITULÉ DU DIPLÔME	CONDITIONS D'EXERCICE	LIMITES DES CONDITIONS D'EXERCICE
UCC « haltérophilie ».	Découverte, initiation, animation et perfectionnement jusqu'au premier niveau de compétition en haltérophilie.	
UCC « trampoline »,	Découverte, initiation, animation et perfectionnement jusqu'au premier niveau de compétition en trampoline.	
UCC « gymnastique artistique féminine ».	Découverte, initiation, animation et perfectionnement jusqu'au premier niveau de compétition en gymnastique artistique féminine.	
UCC « gymnastique artistique masculine ».	Découverte, initiation, animation et perfectionnement jusqu'au premier niveau de compétition en gymnastique artistique masculine.	
UCC « gymnastique rythmique ».	Découverte, initiation, animation et perfectionnement jusqu'au premier niveau de compétition en gymnastique rythmique.	
UCC « baseball et softball ».	Conduite de cycles d'apprentissage jusqu'au premier niveau de compétition en baseball et softball.	
UCC « flag ».	Conduite de cycles d'initiation et d'apprentissage jusqu'au premier niveau de compétition en flag.	
UCC « football américain ».	Conduite de cycles d'initiation et d'apprentissage jusqu'au premier niveau de compétition en football américain.	
UCC « rugby à XIII ».	Conduite de cycles d'apprentissage jusqu'au premier niveau de compétition en rugby à XIII.	
UCC « triathlon ».	Conduite de cycles d'apprentissage jusqu'au premier niveau de compétition en triathlon.	
UCC « conduite sur glace ».	Encadrement et animation d'activités de loisir, d'initiation, de découverte et de préparation à un premier niveau de compétition en conduite sur glace.	
UCC « conduite de loisir sur quad ».	Encadrement et animation d'activités de loisir, d'initiation, de découverte.	
CS « activités athlétiques »	Découverte, animation et initiation jusqu'au premier niveau de compétition en activités athlétiques.	

INTITULÉ DU DIPLÔME	CONDITIONS D'EXERCICE	LIMITES DES CONDITIONS D'EXERCICE
CS « athlétisme et disciplines associées ».	Encadrement et conduite de séances de découverte et d'initiation des différents groupes de spécialités de l'athlétisme et disciplines associées.	A l'exclusion de toute pratique compétitive.
CS « activités d'escalade ».	Conduite de cycles de découverte, d'animation, d'initiation et d'apprentissage jusqu'au premier niveau de compétition en escalade.	Toutes structures artificielles d'escalade, tous sites naturels d'escalade de blocs ; tous sites naturels d'escalade sportifs limités aux « secteurs découverte » (2) d'une longueur de corde et d'un maximum de 35 mètres de hauteur en partant du sol ; tous parcours aménagés, dont les parcours acrobatiques en hauteur, à l'exclusion de la via ferrata.
CS « sauvetage et sécurité en milieu aquatique ».	Surveillance de tout lieu de pratique des activités aquatiques et sauvetage de tout public en milieu aquatique.	Sous réserve de la présentation du certificat quinquennal d'aptitude à l'exercice de la profession de maître nageur sauveteur en cours de validité.
CS « accompagnement et intégration des personnes en situation de handicap ».	Animation des activités physiques ou sportives : - auprès de groupes intégrant des personnes déficientes motrices, sensorielles ou intellectuelles ; des personnes présentant une souffrance psychique ou éprouvant des difficultés d'adaptation du fait de carences affectives ou éducatives ; - auprès de groupes constitués exclusivement de ces publics.	Auprès de groupes constitués exclusivement de ces publics, cette intervention est réalisée : - à titre ponctuel ; - et en qualité de prestataire pour le compte de la structure employeuse. Les pratiquants demeurent sous la responsabilité éducative et/ou thérapeutique du personnel de la structure spécialisée qui les accompagne.
CS « tennis de table ».	Conduite de cycles d'animation et d'entraînement en tennis de table.	
CS « course d'orientation ».	Conduite de cycles d'animation en course d'orientation.	
CS « escrime ».	Conduite de cycles d'animation en escrime.	
CS « tir à l'arc ».	Conduite de cycles d'animation en tir à l'arc.	
CS « croisière ».	Encadrement de la croisière côtière ou hauturière pour tout public, de jour comme de nuit, dans les limites de navigation du ou des voiliers utilisés jusqu'à 200 milles nautiques d'un abri.	

INTITULÉ DU DIPLÔME	CONDITIONS D'EXERCICE	LIMITES DES CONDITIONS D'EXERCICE
CS « cerf-volant ».	Découverte, animation et initiation jusqu'au premier niveau de compétition en cerf-volant.	
CS « lutte et disciplines associées ».	Conduite de cycles d'initiation en lutte et dans les disciplines associées.	
CS « roller ».	Conduite de cycles de découverte, d'initiation et d'apprentissage en roller.	

C.4. – Diplôme d'État de la jeunesse, de l'éducation populaire et du sport et diplôme d'État supérieur de la jeunesse, de l'éducation populaire et du sport (DE JEPS et DES JEPS)

INTITULÉ DU DIPLÔME	CONDITIONS D'EXERCICE	LIMITES DES CONDITIONS D'EXERCICE
Diplôme d'État de la jeunesse, de l'éducation populaire et du sport, spécialité « perfectionnement sportif », toutes mentions.	Enseignement, animation, encadrement de l'activité visée par la mention considérée ou entraînement de ses pratiquants.	
Diplôme d'État supérieur de la jeunesse, de l'éducation populaire et du sport, spécialité « performance sportive », toutes mentions.	Enseignement, animation, encadrement de l'activité visée par la mention considérée ou entraînement de ses pratiquants.	
DE JEPS, spécialité « perfectionnement sportif », mention « canyonisme ».	Enseignement, animation, encadrement du canyonisme ou entraînement de ses pratiquants.	Autorisation d'exercer pour une durée de six ans, renouvelée à l'issue d'un stage de recyclage.
DE JEPS, spécialité « perfectionnement sportif », mention « parachutisme. »	Enseignement, animation, encadrement du parachutisme ou entraînement de ses pratiquants dans les conditions techniques et de sécurité définies aux articles A. 322-147 et suivants du code du sport.	
DES JEPS, spécialité « performance sportive », mention « parachutisme ».	Enseignement, animation, encadrement du parachutisme ou entraînement de ses pratiquants dans les conditions techniques et de sécurité définies aux articles A. 322-147 et suivants du code du sport.	
DE JEPS, spécialité « perfectionnement sportif », mention « plongée subaquatique ».	Enseignement, animation, encadrement de la plongée subaquatique ou entraînement de ses pratiquants dans les conditions techniques et de sécurité définies aux articles A. 322-71 et suivants du code du sport.	Autorisation d'exercer pour une durée de cinq ans, renouvelée à l'issue d'un stage de recyclage.

INTITULÉ DU DIPLÔME	CONDITIONS D'EXERCICE	LIMITES DES CONDITIONS D'EXERCICE
DES JEPS, spécialité « performance sportive », mention « plongée subaquatique ».	Enseignement, animation, encadrement de la plongée subaquatique ou entraînement de ses pratiquants dans les conditions techniques et de sécurité définies aux articles A. 322-71 et suivants du code du sport.	Autorisation d'exercer pour une durée de cinq ans, renouvelée à l'issue d'un stage de recyclage.
DE JEPS, spécialité « perfectionnement sportif », mention « escalade en milieux naturels ».	Enseignement, animation, encadrement de l'escalade ou entraînement de ses pratiquants.	A l'exclusion des sites naturels situés à une altitude égale ou supérieure à 1 500 m. Autorisation d'exercer pour une durée de six ans, renouvelée à l'issue d'un stage de recyclage.
DE JEPS, spécialité « perfectionnement sportif », mention « escalade ».	Enseignement, animation, encadrement de l'escalade ou entraînement de ses pratiquants.	A l'exclusion des sites naturels situés à une altitude égale ou supérieure à 1 500 m. A l'exclusion de la via ferrata. A l'exclusion de l'escalade pratiquée sur les sites sportifs au-delà du premier relais et terrains d'aventure. Autorisation d'exercer pour une durée de six ans, renouvelée à l'issue d'un stage de recyclage.
DES JEPS, spécialité « performance sportive », mention « escalade ».	Enseignement, animation, encadrement de l'escalade ou entraînement de ses pratiquants.	A l'exclusion des sites naturels situés à une altitude égale ou supérieure à 1 500 m. A l'exclusion de la via ferrata. A l'exclusion de l'escalade pratiquée sur les sites sportifs au-delà du premier relais et terrains d'aventure.
DE JEPS, spécialité « perfectionnement sportif », mention « spéléologie ».	Enseignement, animation, encadrement de la spéléologie ou entraînement de ses pratiquants.	Autorisation d'exercer pour une durée de cinq ans, renouvelée à l'issue d'un stage de recyclage.
Unités capitalisables complémentaires (UCC) et certificats de spécialisation associés au DE JEPS et au DES JEPS		
UCC « baby et mini-volley ».	Enseignement, animation, encadrement du baby et du mini-volley.	
CS « sauvetage et sécurité en milieu aquatique ».	Surveillance de tout lieu de pratique des activités aquatiques et sauvetage de tout public en milieu aquatique.	Sous réserve de la présentation du certificat quinquennal d'aptitude à l'exercice de la profession de maître nageur sauveteur en cours de validité.
CS « canoë-kayak et disciplines associées en mer ».	Encadrement du kayak de mer et des disciplines associées et entraînement des pratiquants.	

INTITULÉ DU DIPLÔME	CONDITIONS D'EXERCICE	LIMITES DES CONDITIONS D'EXERCICE
CS « cerf-volant ».	Découverte, animation et initiation, jusqu'au premier niveau de compétition en cerf-volant.	

C.5. – Diplôme d'État des métiers d'enseignement, d'encadrement et d'entraînement des sports de montagne

INTITULÉ DU DIPLÔME	CONDITIONS D'EXERCICE	LIMITES DES CONDITIONS D'EXERCICE
Diplôme d'État de ski-moniteur national de ski alpin.	Encadrement, animation, enseignement et entraînement du ski alpin et de ses activités dérivées en application de l'ensemble des classes de la progression du ski alpin et de ses activités dérivées définies par la commission de la formation et de l'emploi du Conseil supérieur des sports de montagne.	A l'exclusion des zones glaciaires non balisées et des terrains dont la fréquentation fait appel aux techniques de l'alpinisme. Autorisation d'exercer pour une durée de six ans, renouvelée à l'issue d'un stage de recyclage.
Diplôme d'État de ski-moniteur national de ski nordique de fond.	Encadrement, animation, enseignement et entraînement du ski nordique de fond et de ses activités dérivées en application de l'ensemble des classes de la progression du ski nordique de fond et de ses activités dérivées définies par la commission de la formation et de l'emploi du Conseil supérieur des sports de montagne.	Autorisation d'exercer pour une durée de six ans, renouvelée à l'issue d'un stage de recyclage.
Diplôme d'État d'alpinisme-guide de haute montagne.	Conduite et accompagnement de personnes dans des excursions ou des ascensions de montagne en rocher, neige, glace et terrain mixte. Conduite et accompagnement de personnes dans des excursions de ski de randonnée, ski alpinisme et en ski hors pistes. Enseignement des techniques d'alpinisme, d'escalade et de ski de randonnée, ski alpinisme et ski hors pistes. Entraînement aux pratiques de compétition dans les disciplines précitées.	Autorisation d'exercer pour une durée de six ans, renouvelée à l'issue d'un stage de recyclage.

INTITULÉ DU DIPLÔME	CONDITIONS D'EXERCICE	LIMITES DES CONDITIONS D'EXERCICE
Diplôme d'État d'alpinisme-accompagnateur en moyenne montagne, option « moyenne montagne enneigée ».	Encadrement, conduite, animation, enseignement, entraînement en sécurité de tout public en randonnée pédestre et activités assimilées en moyenne montagne ainsi qu'en terrain enneigé sur des reliefs vallonnés excluant tout accident de terrain important.	A l'exclusion : - des zones glaciaires et des zones de rochers, canyons, terrains nécessitant pour la progression l'utilisation du matériel ou des techniques de l'alpinisme ; - de la pratique de toutes les disciplines du ski et activités dérivées, à l'exception de la raquette à neige ; - de l'exercice professionnel dans les régions à climat tropical et équatorial, en périodes de fortes précipitations fixées par l'autorité publique compétente, sur des terrains escarpés et détrempés. Autorisation d'exercer pour une durée de six ans, renouvelée à l'issue d'un stage de recyclage.
Diplôme d'État d'alpinisme-accompagnateur en moyenne montagne, option « moyenne montagne tropicale et équatoriale ».	Encadrement, conduite, animation, enseignement, entraînement en sécurité de tout public en randonnée pédestre et activités assimilées en moyenne montagne ainsi que dans les régions à climat tropical et équatorial en périodes de fortes précipitations fixées par l'autorité publique compétente, sur des terrains escarpés et détrempés.	A l'exclusion : - des zones glaciaires et des zones de rochers, canyons, terrains nécessitant pour la progression l'utilisation du matériel ou des techniques de l'alpinisme ; - des terrains enneigés. Autorisation d'exercer pour une durée de six ans, renouvelée à l'issue d'un stage de recyclage.

D. – Titres à finalité professionnelle

D-1. Titres à finalité professionnelle délivrés par le ministère chargé de la défense

INTITULÉ DU TITRE	CONDITIONS D'EXERCICE	LIMITES DES CONDITIONS D'EXERCICE
Aide-moniteur d'entraînement physique, militaire et sportif.	Participation à l'animation des activités physiques ou sportives.	Sous le contrôle d'un titulaire de diplôme ou titre de niveau IV.
Moniteur d'entraînement physique, militaire et sportif.	Animation auprès de tout public des activités physiques ou sportives à des fins d'initiation, de découverte, de loisir, de développement et de maintien des capacités physiques individuelles.	Toute activité physique ou sportive auprès de tout public, à l'exclusion des groupes constitués de personnes ayant un handicap physique ou sensoriel, une déficience intellectuelle ou un trouble psychique.
Moniteur-chef d'entraînement physique, militaire et sportif.	Encadrement et coordination auprès de tout public des activités physiques ou sportives.	Toute activité physique ou sportive auprès de tout public, à l'exclusion des groupes constitués de personnes ayant un handicap physique ou sensoriel, une déficience intellectuelle ou un trouble psychique.

D-2. Titres à finalité professionnelle délivrés par la Fédération française d'équitation

INTITULÉ DU TITRE	CONDITIONS D'EXERCICE	LIMITES DES CONDITIONS D'EXERCICE
Animateur poney délivré jusqu'au 1er septembre 2012.	Initiation au poney dans tout établissement.	Sous l'autorité d'un titulaire du brevet d'État d'éducateur sportif du 1er degré, option « équitation-activités équestres », ou du brevet d'État d'éducateur sportif du 2e degré, option « équitation », ou du brevet professionnel de la jeunesse, de l'éducation populaire et du sport, spécialité « activités équestres », toutes mentions.
Animateur assistant d'équitation.	Découverte et initiation dans les activités équestres.	Sous l'autorité d'un titulaire d'une certification de niveau IV ou supérieur dans le domaine des activités équestres. A l'exclusion des pratiques compétitives de niveau amateur et plus.
Accompagnateur de tourisme équestre.	Accompagnement et conduite de randonnées équestres en autonomie dans tout établissement, dans le cadre de parcours identifiés.	

D-3. Titres à finalité professionnelle délivrés par la Fédération française de football.

INTITULÉ DU TITRE	CONDITIONS D'EXERCICE	LIMITES DES CONDITIONS D'EXERCICE
Moniteur de football.	Conduite de cycles d'apprentissage et entraînement de la pratique du football jusqu'au niveau régional.	
Entraîneur de football.	Entraînement en football jusqu'au niveau régional pour tous les publics. Entraînement en football au niveau national pour les publics mineurs.	
Entraîneur formateur de football.	Encadrement et entraînement de joueurs de haut niveau en football dans une structure de préformation ou de formation.	
Entraîneur professionnel de football.	Encadrement et entraînement de joueurs de haut niveau en football dans un club professionnel.	

E. – Certificats de qualification délivrés par les branches professionnelles

E-1. Certificats de qualification délivrés par la Commission paritaire nationale de l'emploi des entreprises équestres (CPNE-EE)

INTITULÉ DU CERTIFICAT	CONDITIONS D'EXERCICE	LIMITES DES CONDITIONS D'EXERCICE
Certificat de qualification professionnelle (CQP) « animateur-soigneur assistant ».	Participation à l'encadrement des pratiquants dans le cadre d'une action d'animation en équitation cheval, en équitation poney ou en tourisme équestre.	Pour les mentions « équitation public poney » et « équitation public cheval », sous le contrôle d'un titulaire du brevet d'État d'éducateur sportif option « équitation » ou du brevet professionnel de la jeunesse, de l'éducation populaire et du sport spécialité « activités équestres » mention équitation. Pour la mention « tourisme équestre », sous le contrôle d'un titulaire du brevet professionnel de la jeunesse, de l'éducation populaire et du sport spécialité « activités équestres » mention « tourisme équestre » ou du brevet de guide de tourisme équestre.
CQP « enseignant animateur d'équitation ».	Conduite en autonomie de séances d'initiation aux pratiques équestres.	

INTITULÉ DU CERTIFICAT	CONDITIONS D'EXERCICE	LIMITES DES CONDITIONS D'EXERCICE
CQP « organisateur de randonnées équestres ».	Initiation aux techniques de la randonnée équestre et conduite de promenades et de randonnées équestres en autonomie.	

E-2. Certificats de qualification délivrés par la Commission paritaire nationale emploi-formation du sport (CPNEF du sport)

INTITULÉ DU CERTIFICAT	CONDITIONS D'EXERCICE	LIMITES DES CONDITIONS D'EXERCICE
CQP « guide de véhicules terrestres motorisés à guidon » (guide de VTM à guidon), option « quad ».	Encadrement en autonomie de randonnées en véhicules terrestres motorisés à guidon (VTM) pour des publics titulaires d'un permis ou d'un brevet délivré par l'État permettant la conduite des VTM à guidon utilisés conformément à l'article R. 221-1 du code de la route.	A l'exclusion de toute activité d'enseignement ou d'entraînement. Dans la limite de six véhicules accompagnés. Sur des parcours connus et reconnus.
CQP « guide de véhicules terrestres motorisés à guidon » (guide de VTM à guidon), option « moto verte ».	Encadrement en autonomie de randonnées en véhicules terrestres motorisés à guidon (VTM) pour des publics titulaires d'un permis ou d'un brevet délivré par l'État permettant la conduite des VTM à guidon utilisés, conformément à l'article R. 221-1 du code de la route.	A l'exclusion de toute activité d'enseignement ou d'entraînement. Dans la limite de six véhicules accompagnés. Sur des parcours connus et reconnus.
CQP « animateur de tir à l'arc ».	Encadrement en autonomie du tir à l'arc, par la découverte et l'animation.	Dans la limite de 12 pratiquants ; Durant la période allant du début des vacances de printemps à la fin des vacances d'été, conformément aux dates du calendrier des vacances scolaires fixé par les ministères de l'enseignement supérieur et de l'éducation nationale ; A l'exclusion du temps scolaire contraint ; Dans les structures de loisirs sportifs, socio-éducatives et de tourisme.

INTITULÉ DU CERTIFICAT	CONDITIONS D'EXERCICE	LIMITES DES CONDITIONS D'EXERCICE
CQP « assistant moniteur de voile »	Animation et initiation à la pratique de la voile.	Sous l'autorité d'un titulaire d'une certification professionnelle des activités physiques ou sportives de niveau IV ou supérieur, le nombre des titulaires du CQP AMV placés sous cette autorité ne pouvant être supérieur à 10, dans la limite de 140 pratiquants encadrés par titulaire d'une certification de niveau IV ou supérieur. A l'exclusion du temps scolaire contraint.
CQP animateur de savate, option « boxe française ».	Encadrement en autonomie de la boxe française auprès de tout public, incluant la mise en œuvre des procédures de passage des grades : kangourous, gants bleu, vert, rouge et blanc.	
CQP animateur de savate, option « canne de combat et bâton ».	Encadrement en autonomie de la canne de combat et bâton auprès de tout public, incluant la mise en œuvre des procédures de passage des pommeaux bleu, vert, rouge, blanc et jaune.	
CQP animateur de savate, option « savate forme ».	Encadrement en autonomie de la savate forme auprès de tout public, incluant la mise en œuvre des procédures de passage des grades : kangourous, gants bleu, vert et rouge.	
CQP animateur de savate, option « savate bâton défense ».	Encadrement en autonomie de la savate bâton défense, incluant la mise en œuvre des procédures de passage des grades : kangourous, gants bleu, vert et rouge et savates bâton bleu, vert, rouge, blanc et jaune	Pour des publics de plus de 16 ans.
CQP « animateur des activités gymniques », mention « activités gymniques acrobatiques ».	Encadrement en autonomie, par la découverte et l'initiation, des activités gymniques acrobatiques, à visée compétitive ou non : activités gymniques au sol, aux agrès ou sur supports élastiques (piste gonflable, fast track, mini-trampoline, trampoline) ; activités gymniques acrobatiques de groupe.	Activité exercée à titre secondaire.

INTITULÉ DU CERTIFICAT	CONDITIONS D'EXERCICE	LIMITES DES CONDITIONS D'EXERCICE
CQP « animateur des activités gymniques », mention « activités d'éveil gymnique pour la petite enfance ».	Encadrement en autonomie, par la découverte et l'initiation, des activités d'éveil gymnique pour la petite enfance : activités gymniques sous forme de parcours de motricité ; activités gymniques d'expression avec ou sans engins ; activités gymniques d'expression avec ou sans support musical.	Activité exercée à titre secondaire.
CQP « animateur des activités gymniques », mention « activités gymniques d'expression et d'entretien ».	Encadrement en autonomie, par la découverte et l'initiation, des activités gymniques d'expression et d'entretien : activités gymniques à dominante cardio-vasculaire ; activités gymniques dansées de groupe avec ou sans engins ; activités gymniques de renforcement musculaire avec ou sans petit matériel ; activités gymniques de renforcement musculaire sur parcours avec agrès ; stretching.	Activité exercée à titre secondaire.
CQP « animateur des activités gymniques », mention « activités gymniques d'expression ».	Encadrement en autonomie, par la découverte et l'initiation des activités gymniques d'expression : activités gymniques dansées de groupe avec ou sans engins jusqu'à un premier niveau de compétition en gymnastique rythmique ; activités gymniques cardio-vasculaires jusqu'à un premier niveau de compétition en gymnastique aérobic.	
CQP « animateur de loisirs sportifs », option « activités gymniques d'entretien et d'expression ».	Encadrement en autonomie, par la découverte et l'animation, des activités gymniques d'entretien et d'expression : techniques cardio ; renforcement musculaire ; techniques douces : activités d'expression.	Sans recours à des appareils de musculation. A l'exclusion des cours individuels. Sous réserve de la présentation de l'attestation de suivi du stage quinquennal de recyclage.
CQP « animateur de loisirs sportifs », option « jeux sportifs et jeux d'opposition ».	Encadrement en autonomie par la découverte et l'animation des jeux sportifs et des jeux d'opposition : arts et éducation par les activités physiques d'opposition ; jeux de raquettes ; jeux de ballons, petits et grands terrains.	A l'exclusion des pratiques compétitives. A l'exclusion de la délivrance de niveaux, de ceintures ou de grades. A l'exclusion des cours individuels. Sous réserve de la présentation de l'attestation de suivi du stage quinquennal de recyclage.

INTITULÉ DU CERTIFICAT	CONDITIONS D'EXERCICE	LIMITES DES CONDITIONS D'EXERCICE
CQP « assistant moniteur de tennis ».	Initiation au tennis, en cours collectif, des jeunes âgés de 18 ans au maximum. L'assistant moniteur de tennis bénéficie du suivi pédagogique d'un référent titulaire d'un diplôme d'État de niveau IV ou supérieur.	A l'exclusion du temps scolaire contraint. A l'exclusion des cours individuels.
CQP « éducateur de grimpe d'arbres ».	Animation et encadrement en autonomie de la grimpe dans les arbres.	Dans la limite de 8 pratiquants.
CQP « technicien sportif régional de basket-ball ».	Entraînement et encadrement en compétition d'équipes évoluant majoritairement aux niveaux régional et départemental.	Activité exercée à titre secondaire ; A l'exclusion des équipes évoluant : en pro A et en pro B ; en nationale masculine 1 et nationale masculine 2 ; en ligue féminine ; en nationale féminine 1 et nationale féminine 2 ; Dans la limite de 2 équipes ; A l'exclusion du temps scolaire contraint.
CQP « assistant moniteur char à voile ».	Initiation à la pratique du char à voile de loisirs dans le support certifié (char assis/allongé, char debout ou char tracté).	Sous l'autorité d'un titulaire d'un diplôme de niveau IV ou supérieur dans la discipline du char à voile, le nombre de titulaires du CQP « assistant moniteur char à voile » placés sous cette autorité, ne pouvant être supérieur à 3 ; Dans la limite de 8 chars ; Vent de force 6 Beaufort maximum ; Jusqu'au niveau 3 des niveaux de la Fédération française de char à voile.
CQP « assistant professeur arts martiaux » délivré jusqu'au 31 août 2016.	Encadrement en autonomie jusqu'au premier niveau de compétition, dans la mention considérée (aïkido, aïkibudo, arts martiaux chinois internes, arts martiaux chinois externes, arts énergétiques chinois, judo-jujitsu, karaté et disciplines associées, kendo et disciplines associées, taekwondo et disciplines associées).	Les mercredis et les samedis pendant l'année scolaire, dans les structures de plus de 200 adhérents. A raison de 4 séances maximum par semaine pendant l'année scolaire, dans les structures de moins de 200 adhérents. A l'exclusion du temps scolaire contraint. A l'exclusion du secteur du tourisme.

INTITULÉ DU CERTIFICAT	CONDITIONS D'EXERCICE	LIMITES DES CONDITIONS D'EXERCICE
CQP « moniteur d'arts martiaux ».	Encadrement en autonomie jusqu'au premier niveau de compétition ou jusqu'au premier niveau de grade, dan ou équivalent pour les disciplines sans compétition, dans la mention considérée (aïkido, aïkibudo, arts martiaux chinois internes, arts martiaux chinois externes, arts énergétiques chinois, judo-jujitsu, karaté et disciplines associées, kendo et disciplines associées, taekwondo et disciplines associées).	A l'exclusion du temps scolaire contraint.
CQP « assistant moniteur motonautique ».	Animation de séances de découverte et d'initiation à la pratique du motonautisme au moyen du support véhicule nautique à moteur (VNM).	Sous l'autorité d'un référent, le titulaire du CQP encadre : - 2 VNM maximum ; - ou 4 VNM à vue du référent. Le référent est titulaire : - d'un diplôme d'État à compétence motonautique de niveau IV ou supérieur ; - ou du brevet fédéral jet 2e degré délivré par la Fédération française motonautique jusqu'au 28 août 2007. Le nombre de titulaires du CQP placés sous l'autorité du référent ne peut être supérieur à 2 ou à 1, dans le cas où il encadre 4 VNM à vue. A l'exclusion du temps scolaire contraint pour le public scolaire.
CQP « moniteur de roller skating » option « patinage artistique et danse ».	Initiation aux activités du roller skating dans les options « patinage artistique et danse », « course », « rink-hockey », « roller in line hockey », « roller acrobatique ». Encadrement en autonomie du patinage artistique et de la danse jusqu'aux premiers niveaux de compétition inclus.	Dans la limite de vingt pratiquants par titulaire du CQP. Dans des espaces dédiés : gymnase, plateau sportif, piste de roller et skatepark.
CQP « moniteur de roller skating » option « course ».	Initiation aux activités du roller skating dans les options « patinage artistique et danse », « course », « rink-hockey », « roller in line hockey », « roller acrobatique ». Encadrement en autonomie de la course jusqu'aux premiers niveaux de compétition inclus.	Dans la limite de vingt pratiquants par titulaire du CQP. Dans tous espaces.

INTITULÉ DU CERTIFICAT	CONDITIONS D'EXERCICE	LIMITES DES CONDITIONS D'EXERCICE
CQP « moniteur de roller skating », option « rink-hockey ».	Initiation aux activités du roller skating dans les options « patinage artistique et danse », « course », « rink-hockey », « roller in line hockey », « roller acrobatique ». Encadrement en autonomie du rink – hockey jusqu'aux premiers niveaux de compétition inclus.	Dans la limite de vingt pratiquants par titulaire du CQP. Dans des espaces dédiés : gymnase, plateau sportif, piste de roller et skatepark.
CQP « moniteur de roller skating », option « roller in line hockey ».	Initiation aux activités du roller skating dans les options « patinage artistique et danse », « course », « rink-hockey », « roller in line hockey », « roller acrobatique ». Encadrement en autonomie du roller in line hockey jusqu'aux premiers niveaux de compétition inclus.	Dans la limite de vingt pratiquants par titulaire du CQP. Dans des espaces dédiés : gymnase, plateau sportif, piste de roller et skatepark.
CQP « moniteur de roller skating », option « roller acrobatique ».	Initiation aux activités du roller skating dans les options « patinage artistique et danse », « course », « rink-hockey », « roller in line hockey », « roller acrobatique ». Encadrement en autonomie du roller acrobatique jusqu'aux premiers niveaux de compétition inclus.	Dans la limite de vingt pratiquants par titulaire du CQP. Dans des espaces dédiés : gymnase, plateau sportif, piste de roller et skatepark.
CQP « moniteur de roller skating », option « skateboard ».	Encadrement en autonomie du skateboard jusqu'aux premiers niveaux de compétition inclus.	Dans la limite de vingt pratiquants par titulaire du CQP. Dans des espaces dédiés : gymnase, plateau sportif, piste de roller et skatepark.
CQP « moniteur de roller skating », option « roller randonnée ».	Initiation aux activités du roller skating dans les options « patinage artistique et danse », « course », « rink-hockey », « roller in line hockey », « roller acrobatique », « roller randonnée ». Encadrement en autonomie du roller randonnée jusqu'aux premiers niveaux de compétition inclus.	Pour l'encadrement en autonomie du roller randonnée jusqu'aux premiers niveaux de compétition inclus : - dans la limite de vingt pratiquants par titulaire du CQP ; - sur voies ouvertes, sous l'autorité de deux titulaires du CQP, dans le cas où le groupe comprend plus de huit pratiquants.
CQP « moniteur d'aviron ».	Encadrement en autonomie des activités de l'aviron jusqu'aux premiers niveaux de compétition inclus.	Dans la limite de vingt pratiquants. Cette limite est ramenée à dix pour la pratique en embarcations individuelles, sauf dans le cas où la zone d'évolution est un périmètre calme, abrité et délimité. Sur les eaux intérieures ou maritimes en fonction de l'option du permis plaisance.

INTITULÉ DU CERTIFICAT	CONDITIONS D'EXERCICE	LIMITES DES CONDITIONS D'EXERCICE
CQP « moniteur de rugby à XV ».	Animation des activités de rugby à XV pour tout public, à des fins de découverte et d'initiation. Encadrement des activités de rugby à XV jusqu'aux premiers niveaux de compétition dans les catégories d'âges des écoles de rugby (7 à 15 ans).	
CQP « initiateur en motocyclisme ».	Encadrement du motocyclisme à des fins de découverte et d'initiation, jusqu'à la maîtrise complète d'un véhicule terrestre motorisé à guidon (moto ou quad).	A l'exclusion des voies ouvertes à la circulation publique. A l'exclusion de toute pratique compétitive.
CQP « moniteur de squash ».	Encadrement des activités de squash, jusqu'aux premiers niveaux de compétition inclus.	
CQP « animateur de tennis de table ».	Encadrement de séances collectives de tennis de table, de l'initiation jusqu'aux premiers niveaux de compétition inclus.	
CQP « moniteur de tir sportif ».	Encadrement en autonomie du tir sportif à des fins de découverte et d'initiation, pour tout public, jusqu'au premier niveau de compétition.	Pour l'activité de découverte : dans la limite de six pratiquants sur le même pas de tir. Pour l'activité d'initiation : dans la limite de dix pratiquants sur le même pas de tir. Sous réserve de la présentation du carnet de tir en cours de validité.
CQP « animateur de badminton ».	Encadrement en autonomie de séances collectives en badminton, de l'initiation jusqu'au premier niveau de compétition.	
CQP « moniteur de football américain et de flag ».	Encadrement en autonomie des activités de découverte et d'initiation de football américain et de flag jusqu'aux premiers niveaux de compétition.	A l'exclusion des championnats nationaux
CQP « technicien sportif de cheerleading ».	Encadrement en autonomie de séances d'entraînement en cheerleading pour tout public.	
CQP « moniteur de canoë-kayak », option « canoë-kayak en eau calme et en eau vive ».	Encadrement en autonomie du canoë-kayak en eau calme et en eau vive pour tout public, sur tout support ou embarcation propulsée à la pagaie dans les conditions techniques et de sécurité définies aux articles A. 322-42 et suivants du code du sport.	A l'exclusion du raft. Jusqu'en classe II incluse, avec des passages de classe III non successifs.

INTITULÉ DU CERTIFICAT	CONDITIONS D'EXERCICE	LIMITES DES CONDITIONS D'EXERCICE
CQP « moniteur de canoë-kayak », option « canoë-kayak en eau calme et en mer »	Encadrement en autonomie du canoë-kayak en eau calme et en mer pour tout public, sur tout support ou embarcation propulsée à la pagaie dans les conditions techniques et de sécurité définies aux articles A. 322-42 et suivants du code du sport.	Jusqu'à 1 mille d'un abri. Par vent de force 3 Beaufort maximum sur le site d'évolution.
CQP « technicien sportif de rugby à XV ».	Encadrement en autonomie de séances d'entraînement en rugby à XV des catégories de moins de 15 ans, jusqu'en fédérale 2.	
CQP « animateur de patinoire », option « hockey sur glace ».	Encadrement en autonomie de séances d'initiation et de découverte des activités en patinoire. Encadrement en autonomie du hockey sur glace jusqu'aux premiers niveaux de compétition, pour un public de moins de treize ans.	
CQP « animateur d'athlétisme », option « école d'athlé ».	Encadrement en autonomie de séances collectives et individuelles d'activités de découverte et d'initiation de l'athlétisme, jusqu'au premier niveau de compétition.	Pour des publics de moins de seize ans. Dans la limite de vingt pratiquants.
CQP « animateur d'athlétisme », option « athlé loisirs ».	Encadrement en autonomie de séances collectives et individuelles d'activités de découverte, d'initiation et d'entretien pour tout public pratiquant l'athlétisme loisirs, dont la marche nordique.	A l'exclusion des pratiques compétitives
CQP « technicien sportif d'athlétisme », option « sprint/ haies ».	Encadrement en autonomie de séances collectives et individuelles d'activités d'apprentissage, d'entraînement et de perfectionnement jusqu'au niveau national, dans les spécialités de l'option : 50 m, 60 m, 100 m, 200 m, 400 m, 60 m haies, 100 m haies, 110 m haies et 400 m haies.	Pour des publics de plus de 14 ans. Dans la limite de 12 pratiquants.
CQP « technicien sportif d'athlétisme », option « sauts ».	Encadrement en autonomie de séances collectives et individuelles d'activités d'apprentissage, d'entraînement et de perfectionnement jusqu'au niveau national, dans les spécialités de l'option : longueur, hauteur, triple saut et perche.	Pour des publics de plus de 14 ans. Dans la limite de 12 pratiquants.
CQP « technicien sportif d'athlétisme », option « lancers ».	Encadrement en autonomie de séances collectives et individuelles d'activités d'apprentissage, d'entraînement et de perfectionnement jusqu'au niveau national dans les spécialités de l'option : disque, poids, marteau et javelot.	Pour des publics de plus de 14 ans. Dans la limite de 12 pratiquants.

INTITULÉ DU CERTIFICAT	CONDITIONS D'EXERCICE	LIMITES DES CONDITIONS D'EXERCICE
CQP « technicien sportif d'athlétisme », option « demi-fond/marche athlétique ».	Encadrement en autonomie de séances collectives et individuelles d'activités d'apprentissage, d'entraînement et de perfectionnement jusqu'au niveau national, dans les spécialités de l'option : 800 m, 1 000 m, 1 500 m, 3 000 m, 3 000 m steeple, 5 000 m, 10 000 m, 5 000 m marche, 20 km marche et 50 km marche.	Pour des publics de plus de 14 ans. Dans la limite de 12 pratiquants.
CQP « technicien sportif d'athlétisme », option « fond/hors stade ».	Encadrement en autonomie de séances collectives et individuelles d'activités d'apprentissage, d'entraînement et de perfectionnement jusqu'au niveau national, dans les spécialités de l'option : courses supérieures au 10 000 m piste et disciplines hors stade (courses sur route, cross-country, courses à pied en nature).	Pour des publics de plus de 14 ans. Dans la limite de 12 pratiquants.
CQP « technicien sportif d'athlétisme », option « épreuves combinées ».	Encadrement en autonomie de séances collectives et individuelles d'activités d'apprentissage, d'entraînement et de perfectionnement jusqu'au niveau national, dans les spécialités de l'option : pentathlon, octathlon, heptathlon, décathlon.	Pour des publics de plus de 14 ans. Dans la limite de 12 pratiquants.
CQP moniteur d'escrime, option « fleuret ».	Encadrement en autonomie des activités de l'escrime sportive au fleuret par la découverte et l'initiation, jusqu'au niveau de compétition régional.	Dans la limite de 20 pratiquants. A l'exclusion du temps scolaire contraint.
CQP moniteur d'escrime, option « épée ».	Encadrement en autonomie des activités de l'escrime sportive à l'épée par la découverte et l'initiation, jusqu'au niveau de compétition régional.	Dans la limite de 20 pratiquants. A l'exclusion du temps scolaire contraint.
CQP moniteur d'escrime, option « sabre ».	Encadrement en autonomie des activités de l'escrime sportive au sabre par la découverte et l'initiation, jusqu'au niveau de compétition régional.	Dans la limite de 20 pratiquants. A l'exclusion du temps scolaire contraint.
CQP moniteur d'escrime, option « artistique ».	Encadrement en autonomie des activités de l'escrime artistique par la découverte et l'initiation, jusqu'au niveau de compétition régional.	Dans la limite de 20 pratiquants. A l'exclusion du temps scolaire contraint.
CQP « animateur d'escalade sur structure artificielle ».	Encadrement en autonomie des activités d'escalade sur structure artificielle d'escalade pour tout public, de l'initiation jusqu'aux premiers niveaux de compétition.	

INTITULÉ DU CERTIFICAT	CONDITIONS D'EXERCICE	LIMITES DES CONDITIONS D'EXERCICE
CQP « moniteur de vol à plat en soufflerie ».	Encadrement en autonomie des activités de vol à plat en soufflerie pour tout public, dans les conditions techniques et de sécurité définies aux articles A. 322-165 et suivants du code du sport et le respect des capacités d'accueil des installations.	Dans la limite d'un pratiquant, dans le cas où les pratiquants ne sont pas autonomes.
CQP « moniteur de vol à plat en soufflerie » assorti de la qualification complémentaire « vol 3 D en soufflerie ».	Encadrement en autonomie des activités de vol à plat en soufflerie et des activités de vol 3 D en soufflerie pour tout public, dans les conditions techniques et de sécurité définies aux articles A. 322-165 et suivants du code du sport et le respect des capacités d'accueil des installations.	Dans la limite d'un pratiquant, dans le cas où les pratiquants ne sont pas autonomes.

F. – Diplômes délivrés par le ministère chargé de la santé

INTITULÉ DU CERTIFICAT	CONDITIONS D'EXERCICE	LIMITES DES CONDITIONS D'EXERCICE
Diplôme de masseur-kinésithérapeute.	Encadrement de la pratique de la gymnastique hygiénique d'entretien ou préventive dans les établissements d'activités physiques et sportives.	Dans le respect de la législation et de la déontologie de la kinésithérapie.

Art. A. 212-1-1 *(Arr. du 18 juill. 2008)* **Pour chacune des options, spécialités ou mentions de chaque diplôme, titre à finalité professionnelle et certificat de qualification inscrit à l'annexe II-1** *[V. cette annexe ss. art. A. 212-1]*, **du présent code** *(Arr. du 22 janv. 2016, art. 2)* **« et au tableau annexé à l'arrêté du 22 janvier 2016 fixant la liste des diplômes acquis jusqu'au 31 décembre 2015 » sont mentionnées les conditions d'exercice de leurs titulaires. Ceux-ci bénéficient de ces conditions d'exercice dans la limite des réglementations particulières susceptibles de s'appliquer à l'activité considérée.**

SOUS-SECTION 2 BREVET D'APTITUDE PROFESSIONNELLE D'ASSISTANT ANIMATEUR TECHNICIEN DE LA JEUNESSE ET DES SPORTS

Art. A. 212-2 La délivrance du diplôme défini à l'article D. 212-11 atteste de l'obtention du niveau requis dans les domaines de compétences communes aux différentes options professionnelles et spécifiques à l'option dont il porte certification. Les domaines de compétences communes et les niveaux qui leur sont attachés sont définis en annexe II-2 *[reproduite sur Dalloz.fr et sur les applications mobiles Dalloz]*.

Pour les différentes options, des annexes à l'arrêté prévu à l'article A. 212-3 décrivent les compétences communes dans leur adaptation à l'option, fixent les compétences spécifiques à celle-ci et précisent, s'il y a lieu, les prérogatives et les conditions d'exercice professionnel établies selon les dispositions générales figurant en annexe II-2. – *[Arr. du 19 janv. 1993, art. 1er.]*

Art. A. 212-3 Le directeur régional de la jeunesse, des sports et de la vie associative décide de l'ouverture de formation dans une option professionnelle créée par arrêté, après étude des possibilités réelles d'accès à l'emploi. – *[Arr. du 19 janv. 1993, art. 2.]*

§ 1er ORGANISATION DE LA FORMATION EN VUE DE L'ACCÈS AU DIPLÔME

Art. A. 212-4 Le volume de la formation comprend de mille cinq cents à deux mille heures d'enseignements généraux, technologiques et professionnels sous réserve des allégements accordés dans les conditions prévues à l'article A. 212-7. Les modalités de l'alternance entre la formation théorique et la formation pratique prévue à l'article D. 212-14 sont liées au mode d'accès à la formation. Toutefois, le volume horaire réservé à la formation théorique ne doit, en aucun cas, être inférieur à 25 % et supérieur à 55 % du volume global. – *[Arr. du 19 janv. 1993, art. 3.]*

Art. A. 212-5 La formation est agréée par le *(Arr. du 11 déc. 2014, art. 1er-1°)* « directeur régional en charge de la jeunesse et des sports ». Le dossier présenté par un organisme de formation à l'appui de la demande d'agrément doit se conformer au cahier des charges des formations au brevet d'aptitude professionnelle d'assistant animateur technicien de la jeunesse et des sports, conçu par le ministre chargé de la jeunesse et des sports.

(Arr. du 11 déc. 2014, art. 1er-2°) « Le défaut de réponse dans un délai de six mois vaut autorisation. »

L'agrément autorise l'équipe pédagogique à valider les acquis en cours de formation.

Le jury, défini à l'article A. 212-14, est seul compétent pour délivrer les attestations certificatives mentionnées aux articles A. 212-8 et A. 212-9. – *[Arr. du 19 janv. 1993, art. 4.]*

En application de l'art. L. 231-5 CRPA, et par exception à l'application du délai de 2 mois prévu à l'art. L. 231-1 du même code, le délai à l'expiration duquel le silence gardé par l'administration vaut décision d'acceptation est fixé à 6 mois pour une demande d'agrément de la formation au brevet d'aptitude professionnelle d'assistant-animateur technicien de la jeunesse et des sports (Décr. n° 2014-1307 du 23 oct. 2014, art. 1er).

Les dispositions du Décr. n° 2014-1307 du 23 oct. 2014 s'appliquent aux demandes présentées à compter du 12 nov. 2014 (Décr. préc., art. 2).

Art. A. 212-6 L'équipe pédagogique associe les formateurs de l'organisme ou des organismes de formation et les membres de la ou des entreprises ou collectivités d'accueil intervenant dans la formation.

Elle définit l'organisation et la structuration modulaire de la formation, ainsi que les modalités de validation des acquis en cours de formation. – *[Arr. du 19 janv. 1993, art. 5.]*

Art. A. 212-7 *(Arr. du 24 déc. 2008)* « Nonobstant les dispositions des articles L. 6313-1 à L. 6313-11 du code du travail relatif au bilan de compétences, l'équipe pédagogique procède à l'entrée en formation à un positionnement des acquis du candidat. Au préalable, le candidat aura fourni à l'équipe pédagogique un dossier comprenant les pièces suivantes :

« – une lettre de motivation ;

« – son *curriculum vitae* reprenant en particulier les étapes de sa formation et, le cas échéant, son expérience professionnelle ;

« – les certificats d'exercice établis par les employeurs ;

« – une copie conforme de ses diplômes ;

« – un certificat médical de non-contre-indication à la pratique des activités correspondant aux supports techniques choisis et datant de moins de trois mois à l'inscription ;

« – l'unité d'enseignement "prévention et secours civiques de niveau 1" (PSC1) ou tout titre équivalent. »

Le jury, défini à l'article A. 212-14, valide, le cas échéant, les acquis du candidat au vu du positionnement établi par l'équipe pédagogique et décide, sur proposition de celle-ci, des allégements de formation correspondants.

L'équipe pédagogique définit des parcours individualisés de formation en fonction des allégements accordés dans les conditions prévues à l'alinéa précédent. – *[Arr. du 19 janv. 1993, art. 6.]*

Art. A. 212-8 Il est délivré au candidat à l'entrée en formation un livret de formation professionnelle complété tout au long de la formation par le jury, l'équipe pédagogique et le candidat. – *[Arr. du 19 janv. 1993, art. 7.]*

§ 2 DÉLIVRANCE DU DIPLÔME

Art. A. 212-9 Le diplôme est délivré à la suite d'un examen organisé sous la forme d'épreuves qui visent à vérifier les acquis du candidat dans les domaines de compétences communes et spécifiques dont il porte certification ainsi que la capacité du candidat à intégrer ces acquis dans une pratique professionnelle.

Seuls peuvent se présenter à l'examen ou se représenter en cas d'échec les candidats qui possèdent un livret de formation professionnelle complet, attestant de la validation des acquis dans tous les domaines de compétences communes et spécifiques. Il comporte, en particulier, une attestation certificative de niveau de pratique personnelle pour chaque support technique validé et l'attestation de formation aux premiers secours.

L'inscription à l'examen se fait auprès du directeur régional de la jeunesse, des sports et de la vie associative ayant agréé la formation. – *[Arr. du 19 janv. 1993, art. 8.]*

Art. A. 212-10 L'examen conduisant à la délivrance du diplôme comprend deux épreuves :

1° Épreuve n° 1 : une mise en situation professionnelle, incluant un échange entre le jury et le candidat, s'inscrivant dans le projet professionnel du candidat et se déroulant au sein de la ou de l'une des structures d'accueil où il effectue sa formation ou au sein d'une structure choisie par le jury en fonction de l'option considérée. Cette épreuve se déroule en cours ou à l'issue de la formation à une période proposée par l'organisme de formation lors de la demande d'agrément.

2° Épreuve n° 2 : un entretien de synthèse avec le jury, d'une durée minimum de trente minutes, portant sur le parcours de formation et l'expérience professionnelle du candidat et s'appuyant notamment sur son livret de formation professionnelle. – *[Arr. du 19 janv. 1993, art. 9.]*

Art. A. 212-11 Chaque épreuve définie à l'article A. 212-10 est notée sur 20.

Seuls peuvent se présenter à l'épreuve n° 2 les candidats ayant obtenu une note supérieure ou égale à 10 à l'épreuve n° 1. Cette note est valable trois ans. Cette validité peut être prolongée à titre exceptionnel par le président du jury.

Le diplôme est délivré aux candidats ayant obtenu une note moyenne supérieure ou égale à 10 sur 20. – *[Arr. du 19 janv. 1993, art. 10.]*

Art. A. 212-12 Un candidat déjà titulaire du brevet d'aptitude professionnelle aux fonctions d'assistant animateur technicien de la jeunesse et des sports peut obtenir la certification d'une ou de plusieurs options supplémentaires. Dans ce cas, le parcours individualisé de formation et l'examen, qui comprend une épreuve de mise en situation professionnelle et un entretien avec le jury, sont adaptés dans leur contenu et leurs objectifs en fonction de la ou des options professionnelles présentées. – *[Arr. du 19 janv. 1993, art. 11.]*

Art. A. 212-13 L'examen est organisé dans le cadre d'une région sous l'autorité du directeur régional de la jeunesse, des sports et de la vie associative.

Des épreuves de remplacement peuvent être organisées à l'intention des candidats régulièrement inscrits à l'examen et empêchés de s'y présenter, soit pour raison de santé dûment constatée, soit pour obligations militaires dûment certifiées, soit pour cause de force majeure laissée à l'appréciation du directeur régional de la jeunesse, des sports et de la vie associative. – *[Arr. du 19 janv. 1993, art. 12.]*

Art. A. 212-14 Le jury, présidé par le directeur régional de la jeunesse, des sports et de la vie associative ou son représentant, est désigné par le directeur régional de la jeunesse, des sports et de la vie associative. Il est souverain dans ses évaluations et délibérations dans le cadre de la réglementation en vigueur.

Outre le président, il comprend à parts égales :

1° Des membres de l'administration ;

2° Des membres choisis, notamment :

– pour un tiers parmi les employeurs concernés par les activités couvertes par les options professionnelles ;

– pour un tiers parmi les organismes de formation ;

– pour un tiers parmi les salariés concernés par les activités couvertes par les options professionnelles.

Si l'une des proportions n'est pas atteinte à la suite de l'absence d'un ou de plusieurs de ses membres, le jury pourra néanmoins délibérer valablement.

Le jury peut désigner en son sein des sous-commissions. Il délibère sur les rapports établis par les sous-commissions.

Le jury peut, en tant que de besoin, faire appel à des experts particulièrement qualifiés au regard de l'option et du ou des support(s) technique(s) considérés. – *[Arr. du 19 janv. 1993, art. 13.]*

§ 3 DISPOSITIONS TRANSITOIRES

Art. A. 212-15 Le ministre chargé de la jeunesse et des sports fixe, par instruction, les conditions dans lesquelles peut être attribué le diplôme aux candidats ayant suivi une formation expérimentale mise en place sous son autorité. – *[Arr. du 19 janv. 1993, art. 14.]*

Art. A. 212-16 Les candidats justifiant d'un exercice professionnel dans les fonctions définies aux articles D. 212-11 et D. 212-13, d'une durée de deux ans minimum, dans les quatre années précédant la date de création de l'option considérée, peuvent bénéficier d'une dispense de formation.

Les candidats doivent déposer leur demande de dispense auprès du directeur régional de la jeunesse, des sports et de la vie associative dans un délai d'un an à compter de la date de publication de l'arrêté créant l'option. Cette demande est accompagnée d'un dossier comprenant au minimum une lettre de motivation, un curriculum vitae reprenant, en particulier, les étapes de leur formation et de leur expérience professionnelles, une copie certifiée conforme de leur(s) diplôme(s), le ou les certificat(s) d'exercice établi(s) par le ou les employeur(s), la ou les attestation(s) justifiant de leur niveau de pratique personnelle dans le ou les support(s) technique(s) utilisé(s) et un certificat médical de non-contre-indication à la pratique de la ou des activité(s) correspondant à ce ou ces support(s) technique(s).

Le diplôme est délivré aux candidats ayant satisfait à un examen organisé suivant les dispositions des articles A. 212-10 à A. 212-14. Toutefois, le jury peut décider de noter la première épreuve en s'appuyant sur l'expérience professionnelle du candidat telle que décrite dans le dossier mentionné à l'alinéa précédent. – *[Arr. du 19 janv. 1993, art. 15.]*

§ 4 VALIDATION DES ACQUIS DE L'EXPÉRIENCE

(Arr. du 24 déc. 2008)

Art. A. 212-16-1 La validation des acquis de l'expérience est effectuée par le jury défini par l'article A. 212-14.

Art. A. 212-16-2 Le dossier de candidature est composé comme suit :

– une première partie relative à la recevabilité de la demande (ou livret de recevabilité) ;

– une notice explicative accompagnant le livret de recevabilité ;

– une seconde partie relative à la description et à l'analyse des activités réalisées par le candidat ;

– un guide méthodologique.

Le candidat complète et transmet la première partie de son dossier avec les pièces justificatives attestant de la durée et de la nature de son expérience au directeur régional de la jeunesse, des sports et de la vie associative de son lieu de domicile, qui se prononce sur la recevabilité de sa demande.

La décision de recevabilité est fondée sur deux critères : la durée de l'expérience exigée et le rapport direct avec le diplôme visé.

Art. A. 212-16-3 Le candidat dont la demande est déclarée recevable conformément aux dispositions de l'article A. 212-16-2 dépose son dossier complet (première et deuxième partie) auprès du jury du diplôme.

Il joint à son dossier les pièces suivantes :

– une copie de l'attestation de recensement et du certificat individuel de participation à l'appel de préparation à la défense pour les Français de moins de vingt-cinq ans ;

– un certificat médical de non-contre-indication à la pratique des activités correspondant aux supports techniques choisis et datant de moins de trois mois à la date limite de dépôt du dossier ;

– l'unité d'enseignement "prévention et secours civiques de niveau 1" (PSC1) ou tout titre équivalent.

Le jury vérifie si les acquis dont fait état le candidat dans son dossier correspondent aux compétences définies en annexe II-2 et, le cas échéant, les valide intégralement ou partiellement.

Art. A. 212-16-4 Le jury propose au directeur régional de la jeunesse, des sports et de la vie associative la validation des épreuves, qui notifie sa décision au candidat. Le directeur régional de la jeunesse, des sports et de la vie associative délivre le diplôme au candidat ayant réussi l'ensemble des épreuves.

SOUS-SECTION 2 *BIS* DISPOSITIONS GÉNÉRALES ET COMMUNES AU BREVET PROFESSIONNEL, AU DIPLÔME D'ÉTAT ET AU DIPLÔME D'ÉTAT SUPÉRIEUR DE LA JEUNESSE, DE L'ÉDUCATION POPULAIRE ET DU SPORT (BPJEPS, DEJEPS, DESJEPS) ET À LEURS CERTIFICATS COMPLÉMENTAIRES

(Arr. du 21 déc. 2015, art. 1er, en vigueur le 1er janv. 2016)

§ 1er LE JURY

Art. A. 212-17 Un jury par mention ou par certificat complémentaire est constitué par le directeur régional de la jeunesse, des sports et de la cohésion sociale.

Art. A. 212-18 Les experts mentionnés au dernier alinéa de l'article R. 212-10-1 sont choisis par le directeur régional de la jeunesse, des sports et de la cohésion sociale en raison de leur expérience, de leurs compétences et de leur niveau technique dans le domaine considéré par le diplôme visé.

Art. A. 212-19 Il est mis fin par le directeur régional de la jeunesse, des sports et de la cohésion sociale aux fonctions d'un membre du jury en cas :

– d'empêchement constaté par lui ;

– de démission ;

– de manquement aux règles déontologiques du jury ou pour trois absences non justifiées.

Dans ce cas, le directeur régional de la jeunesse, des sports et de la cohésion sociale procède à la désignation d'un nouveau membre du jury.

Art. A. 212-20 En l'absence de proposition des organisations représentatives mentionnées à l'article R. 212-10-2, deux mois après leur saisine, le directeur régional de la jeunesse, des sports et de la cohésion sociale désigne de façon paritaire des représentants qualifiés dans le champ de l'animation ou du sport.

Art. A. 212-21 Le directeur régional de la jeunesse, des sports et de la cohésion sociale peut autoriser les membres de jury mentionnés à l'article R. 212-10-2 à utiliser les moyens de communication audiovisuelle en application des dispositions de l'ordonnance n° 2014-1329 du 6 novembre 2014.

Les membres qui participent aux réunions et délibérations du jury par ces moyens de communication sont réputés présents. Pour ces derniers, il est mentionné, sur la liste de présence, en face de leur nom, "à distance".

Art. A. 212-22 Les moyens de communication audiovisuelle utilisés pour les réunions et délibérations des jurys doivent garantir une participation effective, continue et en temps réel de l'ensemble des membres du jury, qu'ils soient ou non physiquement présents, et permettre leur identification à tout moment.

Art. A. 212-23 Le directeur régional de la jeunesse, des sports et de la cohésion sociale prend toutes les dispositions pour garantir que seules les personnes autorisées

ont accès aux salles équipées de matériel de communication audiovisuelle, lorsqu'elles sont utilisées par le jury et pour s'assurer d'un niveau suffisant de sécurité et de confidentialité des débats.

Art. A. 212-24 **Les membres de *[du]* jury qui participent aux réunions et délibérations par des moyens de communication audiovisuelle, assistent à la réunion dans son intégralité, de l'ouverture de la séance jusqu'à la prise de la décision finale, sauf difficulté technique insurmontable.**

Le président de *[du]* jury veille à ce qu'ils puissent participer à la réunion dans les mêmes conditions que les personnes physiquement présentes et disposer de tous les éléments d'appréciation nécessaires aux délibérations.

En cas d'interruption de la communication, au cours de la réunion, avec la ou les personnes qui participent à distance, les délibérations sont suspendues par le président du jury et reprennent sur sa décision.

Art. A. 212-25 **En application de l'article R. 212-10-3, certaines épreuves certificatives peuvent être organisées à distance par des moyens de communication audiovisuelle au bénéfice des candidats en raison de leur éloignement géographique. Le directeur régional de la jeunesse, des sports et de la cohésion sociale détermine la ou les situations d'épreuves pour lesquelles il est recouru à ces modalités techniques, les modalités de passage ainsi que les candidats concernés.**

Art. A. 212-26 **Les épreuves certificatives visées à l'article R. 212-10-5 se déroulent en présence d'au moins deux personnes chargées d'évaluer les compétences des candidats et désignées par le directeur régional de la jeunesse, des sports et de la cohésion sociale parmi les membres du jury ou les experts ou les évaluateurs proposés par l'organisme de formation.**

Art. A. 212-27 **L'objet, la nature, les modalités et la durée des épreuves certificatives déléguées à l'organisme de formation en application de l'article R. 212-10-8 sont fixés par le directeur régional de la jeunesse, des sports et de la cohésion sociale dans la décision d'habilitation.**

Art. A. 212-28 **Les membres du jury ou experts mentionnés à l'article R. 212-10-2 doivent communiquer sans délai au directeur régional de la jeunesse, des sports et de la cohésion sociale toute constatation de non-conformité du déroulement des épreuves certificatives déléguées à l'organisme de formation. Dans ce cas, le directeur régional de la jeunesse, des sports et de la cohésion sociale peut demander à l'organisme de formation d'organiser à nouveau la ou les épreuves certificatives pour le ou les candidats concernés.**

§ 2 L'HABILITATION

Art. A. 212-29 **Le contenu du cahier des charges prévu à l'article R. 212-10-9 est fixé à l'annexe II-2-1** *[reproduite ci-dessous]*.

ANNEXE II-2-1

CAHIER DES CHARGES

(Arr. du 21 déc. 2015, en vigueur le 1er janv. 2016)

Titre, qualité, coordonnées du déclarant

Partie 1re : *CLAUSES GÉNÉRALES.*

1-1. L'identification de l'organisme de formation

— raison sociale : dénomination, adresse, téléphone, courriel

— statut juridique

— attestation d'assurances concernant l'activité de formation

— directeur de l'organisme de formation (identité, adresse, téléphone, courriel)

Les éléments fournis sous forme de fiches par l'organisme de formation doivent permettre d'apprécier :

1-2. La capacité de l'organisme de formation de répondre au cadre général de la formation professionnelle

— être déclaré auprès de la DIRECCTE et en conformité avec les formalités inhérentes à cet enregistrement :

— fournir le numéro d'activité délivré et le dernier bilan pédagogique et financier transmis à la DIRECCTE (L. 6352-11, R 6352-23 du code du travail)

— fournir copie de la convention de formation type utilisée entre l'organisme de formation, l'entreprise d'accueil et le stagiaire

— respecter les dispositions du code du travail mentionnées aux articles L. 6352-3 à L. 6352-5, L. 6353-1, L. 6353-8 et L. 6353-9 :

— fournir le règlement intérieur applicable aux stagiaires

— préciser comment est assurée la représentation des stagiaires

1-3. La capacité de l'organisme de formation d'assurer le suivi administratif et financier des stagiaires, de répondre à leurs questions et sollicitations avant l'inscription, pendant la formation et à l'issue de celle-ci

— disposer d'outils d'information et de modalités d'information dédiés aux stagiaires :

— décrire les modalités d'information des stagiaires (fiches type, site internet, journées portes ouvertes, séances d'information, rendez-vous personnels...)

— disposer d'un secrétariat dédié, de permanences, de référents...

— fournir l'organigramme général de l'organisme de formation

— fournir l'organigramme détaillé et nominatif du secteur formation

— accompagner les stagiaires dans la recherche de financement ou de stage

— préciser les nom(s), prénom(s) et qualité(s) de la (des) personne(s) chargée(s) d'accompagner les stagiaires pour la recherche de financement ou d'alternance

— présenter les outils de suivi de l'insertion des stagiaires

1-4. La capacité de l'organisme de formation d'assurer la formation des stagiaires et de disposer de moyens techniques, pédagogiques et d'encadrement dédiés aux actions de formation

— décrire les outils généraux à disposition de la formation : centre documentaire, publications, site internet, FOAD...

— décrire les modalités de choix des entreprises et de collaboration avec les tuteurs

— décrire le dispositif d'évaluation interne pour les sessions de formation

1-5. La capacité de respecter et faire apparaître de manière lisible dans le parcours de formation l'apprentissage par les stagiaires de la dimension éducative et citoyenne de la profession

— présenter comment les stagiaires sont formés :

— à la connaissance des principes de la laïcité

— à la prise en compte des diversités

— à la prise en compte du développement durable et de la transition écologique

— fournir le projet pédagogique s'il existe ou expliciter les orientations éducatives et pédagogiques de l'organisme

Les établissements publics de formation relevant du ministère chargé des sports et les centres de formation des apprentis demandant une habilitation sont réputés remplir les clauses 1-2, 1-3, 1-4 et 1-5.

Pour les organismes de formation en cours d'habilitation quinquennale, les clauses générales seront réputées remplies si une nouvelle habilitation est demandée. Si le dossier est déposé dans une autre région que celle qui a accordé la première habilitation, les éléments du dossier seront cependant transmis pour information.

Partie 2 : *CLAUSES PARTICULIÈRES.*

Diplôme, spécialité, mention ou certificat complémentaire pour lequel est demandée l'habilitation

Les éléments fournis sous forme de fiches par l'organisme de formation doivent permettre d'apprécier :

2-1. L'adéquation des lieux de la formation

— coordonnées du lieu de formation (adresse, téléphone, courriel)

— coordonnées du coordonnateur de la formation (nom, prénom, qualité, téléphone et courriel)

— liste des équipements mobilisés (salles et capacité de ces salles, centre documentaire, salle informatique, lieux de pratiques...)

— présenter les moyens pédagogiques affectés à la réalisation d'une session (matériel mobile et permanent, espaces, équipements informatiques...)

— avis de la commission départementale de sécurité et d'accessibilité

2-2. La capacité de l'organisme de formation à identifier des objectifs pédagogiques et à adapter son offre au public formé et à l'emploi visé, ainsi qu'à être cohérent dans ses moyens pédagogiques, techniques et d'encadrement dédiés à la formation

— présenter le public ciblé, les critères de sélection envisagés, les modalités du positionnement, l'intégration des stagiaires en parcours partiel

— fournir une fiche présentant les éventuels services annexes (restauration, hébergement, salles de repos, de convivialité, accessibilité...)

— si l'organisme de formation organise les tests d'exigences préalables (TEP), fournir une fiche présentant les modalités et le calendrier retenus pour la première session

— joindre le ruban pédagogique, adapté aux attendus du diplôme, prévu pour la première session, décrivant la progression pédagogique et faisant apparaître les périodes d'alternance, la montée en puissance de la responsabilisation du stagiaire, les contenus abordés

— présenter les certifications et le calendrier retenu pour la première session

— préciser le nombre de sessions commençant sur une seule année civile, leur planification sur l'année, l'effectif minimal et maximal prévu par session (en équivalent temps plein), le calendrier de la première session (avec les dates de positionnement)

— le cas échéant, fournir la liste des organismes sous traitants des contenus de formation (intitulé, raison sociale, adresse, contenus de formation envisagés, lieux de formation en référence au point 2-1)

— présenter un budget prévisionnel dédié à la première session de formation en adéquation avec les publics et les objectifs pédagogiques

2-3. La capacité de l'organisme de formation à mettre en place un système de suivi pédagogique et d'évaluation adapté dès l'entrée en formation, la description des moyens pédagogiques et techniques

— Fournir une fiche de présentation du coordonnateur pédagogique précisant nom, prénom, qualification, expérience, quotité de temps de travail consacré à la coordination (environ 0,5 ETP sur la durée de la session) ainsi que les modalités de mise en œuvre de cette coordination.

Le coordonnateur pédagogique disposera :

— des qualifications exigées par l'arrêté du diplôme pour lequel est demandée l'habilitation

— ou, quand l'arrêté ne le précise pas,

— d'un diplôme au moins du niveau du diplôme pour lequel est demandée l'habilitation et d'une expérience de formateur ou de coordonnateur (fournir CV et justificatifs de diplôme)

— ou de trois années d'expérience de formateur ou de coordonnateur et la maîtrise de l'activité visée par le diplôme (fournir CV et justificatifs)

— d'une équipe pédagogique qu'il anime et coordonne : décrire la composition de l'équipe et ses modalités de fonctionnement

— décrire l'organisation de l'alternance entre les temps de formation théorique en centre de formation et pratique en entreprise et le suivi de cette alternance

— présenter les méthodes de positionnement et d'individualisation des parcours de formation ainsi que les dates retenues pour la première session

2-4. La qualité des titres, diplômes et certificats de qualifications professionnelles des personnels en charge de la réalisation des actions et leur cohérence avec les formations proposées

— Fournir la liste des formateurs comportant nom, prénom, qualification, contenus enseignés, statut (employé permanent, vacataire, prestataire...), et présenter les rôles de chacun dans la formation visée ainsi que les modalités d'encadrement des intervenants ponctuels

L'équipe de formateurs disposera de permanents détenant :

— des qualifications exigées par l'arrêté du diplôme pour lequel est demandée l'habilitation

— ou, quand l'arrêté ne le précise pas, au moins le niveau du diplôme visé et/ou l'expertise du métier visé

2-5. La capacité à mobiliser des structures accueillant les personnes en formation pour la réalisation de leur alternance en entreprise et donc

— **à disposer d'un réseau et de ressources en lien avec le diplôme visé :** fournir la liste des professionnels, employeurs, experts en lien avec le diplôme et la mention pouvant être sollicitées comme tuteurs, experts ou évaluateurs... et préciser les modalités de mobilisation de ce réseau

— **à assurer le suivi de l'alternance par un dispositif tutoral :** présenter le dispositif de tutorat faisant apparaître :

— les liens de pertinence entre les séquences de formation en centre et la formation en entreprise (objectifs et contenus de formation confiés aux entreprises)

— les modalités et outils de travail avec les tuteurs, organisation de la progressivité de la montée en responsabilité, le soutien, la remédiation...

— les critères retenus pour le choix des tuteurs, les exigences qui leur sont imposées

— les modalités de formation et de suivi des tuteurs

2-6. La capacité à organiser des certifications conformes aux textes réglementaires et à assurer l'équité des stagiaires

— fournir une fiche détaillant les modalités de certification (regroupements, contexte, durée, supports, évaluateurs, dates envisagées pour la première session, lieux...)

— fournir la liste des évaluateurs pressentis pour la première session pour les épreuves certificatives déléguées et préciser les critères de choix des évaluateurs

— fournir les grilles de certification utilisées et les documents fournis aux évaluateurs lorsque les épreuves certificatives sont déléguées

— préciser les modalités des épreuves de rattrapage

— préciser les conditions de présentation des candidats aux épreuves de certification (gestion des absences, identité, convocations...)

Les fédérations nationales délégataires et leurs organes déconcentrés demandant une habilitation dans un diplôme portant sur leur discipline sont réputés remplir les clauses 2-4 et 2-5 pour les formateurs de la fédération et les intervenants conseillers techniques sportifs (CTS), conseillers techniques nationaux (CTN)... les éléments du dossier seront cependant transmis pour information.

Les établissements publics de formation relevant du ministère chargé des sports demandant une habilitation sont réputés remplir la clause 2-1.

Les établissements publics de formation relevant du ministère chargé des sports lorsqu'ils sont inscrits sur la liste mentionnée à l'article A. 212-175-11 du code du sport sont réputés remplir les clauses 2-3, 2-4, 2-5 pour les formations relevant de l'environnement spécifique.

Art. A. 212-30 Tout organisme de formation doit répondre à l'ensemble des clauses, générales et particulières, du cahier des charges pour être habilité.

L'organisme de formation habilité est réputé remplir les clauses générales pour toute nouvelle demande d'habilitation. Il doit cependant en communiquer les éléments lorsqu'il dépose une demande d'habilitation dans une autre région.

Tout organisme de formation doit pouvoir justifier durant son habilitation remplir les exigences du cahier des charges.

L'organisme de formation doit tenir à disposition du directeur régional de la jeunesse, des sports et de la cohésion sociale aux fins de contrôle sur place ou sur pièce :

– l'entier dossier d'inscription du candidat ;

– toutes les pièces justificatives des engagements pris dans son dossier d'habilitation.

Art. A. 212-31 L'avis consultatif du directeur technique national mentionné à l'article R. 212-10-12 est réputé favorable en l'absence de réponse dans le délai de deux mois suivant sa saisine par le directeur régional de la jeunesse, des sports et de la cohésion sociale.

Art. A. 212-32 La décision d'habilitation de l'organisme de formation délivrée par le directeur régional de la jeunesse, des sports et de la cohésion sociale fixe notamment :

1° L'effectif maximal de stagiaires en parcours complet de formation pour une session ;

2° L'effectif minimal qui est fixé à huit stagiaires en parcours complet de formation pour une session. A titre dérogatoire, un organisme de formation désirant ouvrir une session de formation comportant moins de huit stagiaires doit au préalable en avoir obtenu l'accord exprès du directeur régional de la jeunesse, des sports et de la cohésion sociale ;

3° Le nombre maximal de sessions commençant sur une année. A la demande de l'organisme de formation, ce nombre de sessions peut être modifié à la hausse avec l'accord exprès du directeur régional de la jeunesse, des sports et de la cohésion sociale, qui, au vu du calendrier prévisionnel des sessions, peut demander, sur le fondement des articles R. 212-10-11 et R. 212-10-13, à l'organisme de formation tout élément permettant de démontrer sa capacité à dispenser une formation offrant des garanties de réussite.

Art. A. 212-33 Conformément à l'article R. 212-10-13, l'organisme de formation habilité doit :

1° Déposer auprès de la direction régionale de la jeunesse, des sports et de la cohésion sociale un calendrier annuel prévisionnel des sessions de formation dans les conditions définies par le directeur régional de la jeunesse, des sports et de la cohésion sociale ;

2° Procéder à la déclaration de chaque session de formation ;

3° Renseigner l'outil national de suivi des inscriptions et des résultats aux épreuves certificatives conformément aux dispositions transmises par le directeur régional de la jeunesse, des sports et de la cohésion sociale.

Art. A. 212-34 En cas de refus du directeur régional de la jeunesse, des sports et de la cohésion sociale opposé à la demande de renouvellement de l'habilitation prévue à l'article R. 212-10-14, l'organisme de formation peut déposer une nouvelle demande d'habilitation conformément aux dispositions des articles R. 212-10-8 à R. 212-10-13.

§ 3 LES MODALITÉS DE LA FORMATION

SOUS-§ 1er *LES CONDITIONS D'INSCRIPTION DES CANDIDATS*

Art. A. 212-35 Pour les tests d'exigences préalables mentionnés à l'article R. 212-10-17, le dossier d'inscription des candidats est déposé un mois avant la date fixée pour les épreuves auprès d'un organisme de formation chargé de les organiser, qui en contrôle la conformité.

Le dossier comprend les pièces suivantes :

1° Une fiche d'inscription avec photographie ;

2° La photocopie d'une pièce d'identité en cours de validité ;

3° La ou les attestations justifiant de l'allègement de certaines épreuves fixées par l'arrêté portant création de la spécialité, de la mention du diplôme, ou du certificat complémentaire visé ;

4° Un certificat médical de non contre-indication à la pratique sportive datant de moins d'un an, sauf disposition contraire prévue par l'arrêté portant création de la spécialité, de la mention ou du certificat complémentaire visé ;

5° En outre, pour les personnes en situation de handicap, l'avis d'un médecin agréé par la Fédération française handisport ou par la Fédération française de sport adapté ou désigné par la commission des droits et de l'autonomie des personnes handicapées sur la nécessité d'aménager le cas échéant les tests d'exigences préalables selon la certification visée.

Art. A. 212-36 Pour l'inscription dans une formation, le dossier du candidat est déposé auprès de l'organisme de formation, qui en contrôle la conformité, un mois avant la date fixée pour l'entrée en formation du candidat.

Tout dossier incomplet est rejeté par l'organisme de formation.

Le dossier comprend les pièces suivantes :

1° Une fiche d'inscription avec photographie ;

2° La photocopie d'une pièce d'identité en cours de validité ;

(Arr. du 9 déc. 2016, art. 1er) « 3° Une copie de l'attestation de recensement ou du certificat individuel de participation à la journée défense et citoyenneté » ;

4° La ou les attestations justifiant de la satisfaction aux exigences préalables fixées par l'arrêté portant création de la spécialité, de la mention du diplôme, ou du certificat complémentaire visé ;

5° Les pièces justifiant des dispenses et équivalences de droit ;

6° Pour une inscription à un certificat complémentaire, la photocopie du diplôme autorisant l'inscription en formation ou une attestation d'inscription à la formation conduisant à ce diplôme ;

7° La ou les autres pièces prévues par l'arrêté portant création de la spécialité, de la mention, ou du certificat complémentaire visé ;

8° En outre, pour les personnes en situation de handicap, l'avis d'un médecin agréé par la Fédération française handisport ou par la Fédération française de sport adapté ou désigné par la commission des droits et de l'autonomie des personnes handicapées sur la nécessité d'aménager le cas échéant la formation ou les épreuves certificatives selon la certification visée.

Art. A. 212-37 En application du 4° de l'article R. 212-10-13, la demande d'inscription est transmise par l'organisme de formation au directeur régional de la jeunesse, des sports et de la cohésion sociale au plus tard le jour de l'entrée en formation du candidat, accompagnée des pièces visées aux 2°, 5°, 6°, 8° de l'article A. 212-36 et d'une attestation de complétude du dossier du candidat.

L'inscription de chaque candidat est validée par le directeur régional de la jeunesse, des sports et de la cohésion sociale, au plus tard un mois après son entrée en formation.

Art. A. 212-38 Au plus tard un mois après la date d'ouverture de la session, l'organisme de formation adresse au directeur régional de la jeunesse, des sports et de la cohésion sociale :

1° La liste des entreprises d'accueil pour chaque inscrit et la liste de leurs tuteurs ;

2° Le planning définitif du déroulement de la session.

Art. A. 212-39 En application du 9° de l'article R. 212-10-13, l'organisme de formation communique à la direction régionale de la jeunesse, des sports et de la cohésion sociale :

– dans le mois suivant la fin de chaque session, un bilan quantitatif et qualitatif suivant le modèle figurant à l'annexe II-2-2 *[reproduite ci-dessous]* ;

– dans la cinquième année d'habilitation et dans les conditions et le calendrier fixés par le directeur régional de la jeunesse, des sports et de la cohésion sociale, un bilan des actions de formation réalisées pendant la période d'habilitation permettant d'en apprécier la qualité ainsi qu'un bilan d'insertion des diplômés.

ANNEXE II-2-2

(Arr. du 21 déc. 2015, en vigueur le 1er janv. 2016)

BILAN PÉDAGOGIQUE ET ADMINISTRATIF DE LA SESSION DE FORMATION		
A renseigner et joindre à la DRJSCS un mois après la fin de la session		
ORGANISME DE FORMATION		
DIPLÔME		
SPÉCIALITÉ		
MENTION		
NUMÉRO D'HABILITATION		
DATE DE LA SESSION	DU	AU

BILAN QUANTITATIF DE LA SESSION DE FORMATION		
Nombre de stagiaires inscrits...	dont	... en parcours complets.
		... en parcours incomplets.
Nombre de diplômés...	Nombre de certifications partielles acquises...	
Nombre d'abandons...	Raisons principales :	
Volume horaire pour un parcours complet...	dont	... en centre.
		... en entreprise.

BILAN QUALITATIF DE LA SESSION DE FORMATION	
Par rapport aux contenus pédagogiques	Par rapport aux moyens pédagogiques utilisés
Par rapport aux modalités du suivi de l'alternance	Par rapport aux modalités certificatives proposées
Par rapport à la cohorte de stagiaires	Par rapport à l'insertion/prospective/sorties vers l'emploi des stagiaires

BILAN QUALITATIF DE LA SESSION DE FORMATION
Avis général sur le déroulement de la session
Changements souhaités pour la session suivante (demande d'accord exprès de la DRJSCS)
CADRE RÉSERVÉ À LA DRJSCS

SOUS-§ 2 *L'HARMONISATION NATIONALE*

Art. A. 212-40 L'harmonisation nationale prévue à l'article R. 212-10-18 s'appuie :

– sur les directeurs régionaux de la jeunesse, des sports et de la cohésion sociale, chargés d'établir les calendriers régionaux des tests d'exigences préalables ;

– sur les coordonnateurs nationaux désignés pour une période de trois ans par le directeur des sports après appel à candidature et après avis, pour les disciplines sportives, du directeur technique national de la fédération ayant reçu délégation pour la discipline concernée.

Peuvent être désignés pour l'exercice d'une fonction de coordonnateur national les personnels membres d'un des corps suivants, en position normale d'activité au sein d'un service et disposant de compétences en matière sportive, de jeunesse ou de formation professionnelle :

– inspecteurs généraux de la jeunesse et des sports ;

– inspecteurs de la jeunesse et des sports ;

– conseillers techniques et pédagogiques supérieurs.

Sous l'autorité du directeur des sports, les coordonnateurs nationaux participent à :

– l'élaboration des textes de référence concernant les diplômes professionnels qu'ils ont à suivre ;

– la coordination de l'offre des tests d'exigences préalables à l'entrée en formation sur le territoire national ;

– l'harmonisation de la mise en œuvre de ces diplômes ;

– l'évaluation du dispositif de certifications.

SOUS-§ 3 *LA VALIDATION DES ACQUIS DE L'EXPÉRIENCE*

Art. A. 212-41 Lorsque la certification est réalisée par la validation des acquis de l'expérience, le dossier de candidature est composé comme suit :

– une première partie relative à la recevabilité de la demande (ou livret de recevabilité) ;

– une notice explicative accompagnant le livret de recevabilité ;

– une seconde partie relative à la description et à l'analyse des activités réalisées par le candidat ;

– un guide méthodologique.

Le candidat complète et transmet la première partie de son dossier avec les pièces justificatives attestant de la durée et de la nature de son expérience au directeur régional de la jeunesse, des sports et de la cohésion sociale de son lieu de domicile, qui se prononce sur la recevabilité de sa demande.

La décision de recevabilité est fondée sur deux critères : la durée de l'expérience exigée et le rapport direct avec le diplôme visé.

En outre, le candidat à un diplôme permettant l'encadrement d'activités s'exerçant en environnement spécifique, définies à l'article R. 212-7, doit satisfaire aux exigences techniques préalables à l'entrée dans la formation pour l'obtention de ce diplôme.

Art. A. 212-42 Le candidat dont la demande est déclarée recevable, conformément aux dispositions de l'article A. 212-41, dépose un dossier (première et seconde parties) auprès du directeur régional de la jeunesse, des sports et de la cohésion sociale, organisateur du jury du diplôme visé, au plus tard deux mois avant la date du jury.

Ce dossier est composé des pièces suivantes :

(Arr. du 9 déc. 2016, art. 2) « 1° Une copie de l'attestation de recensement ou du certificat individuel de participation à la journée défense et citoyenneté » ;

2° L'attestation de l'unité d'enseignement "prévention et secours civiques de niveau 1" (PSC1) ou tout titre équivalent pour les candidats à un diplôme nécessitant sa possession ;

3° En outre, pour les personnes en situation de handicap, l'avis d'un médecin agréé par la Fédération française handisport ou par la Fédération française de sport adapté ou désigné par la commission des droits et de l'autonomie des personnes handicapées sur la nécessité le cas échéant d'aménager l'épreuve selon la certification visée.

Seuls les dossiers complets sont présentés au jury.

Le jury vérifie si les acquis dont fait état le candidat dans son dossier correspondent aux compétences exigées par le référentiel du diplôme visé et, le cas échéant, les valide intégralement ou partiellement.

Art. A. 212-43 Peuvent être exclues de la validation des acquis de l'expérience ou soumises à restrictions spéciales certaines compétences liées aux conditions de sécurité particulières, tant pour les pratiquants que pour les tiers, dans l'exercice d'activités se déroulant dans un environnement spécifique définies aux articles R. 212-7 à R. 212-10. Elles font l'objet d'une validation dans le cadre d'un cursus de formation mis en œuvre par la voie des unités capitalisables par un établissement visé au premier alinéa de l'article L. 212-2 ayant reçu l'habilitation dans une mention du diplôme donné.

Les modalités d'exclusion de la validation des acquis de l'expérience et de certification de ces compétences sont fixées par l'arrêté créant la mention du diplôme.

SOUS-§ 4 *LES PERSONNES EN SITUATION DE HANDICAP*

Art. A. 212-44 Pour les personnes en situation de handicap, le directeur régional de la jeunesse, des sports et de la cohésion sociale peut décider d'aménager les tests d'entrée en formation, le cursus de formation et les épreuves d'évaluation certificative.

Cette décision est prise au vu de l'avis mentionné au 5° de l'article A. 212-35, ou au 8° de l'article A. 212-36 ou au 3° de l'article A. 212-42.

Elle est communiquée à l'organisme de formation concerné qui doit mettre en place ces aménagements.

Art. A. 212-45 Le directeur régional de la jeunesse, des sports et de la cohésion sociale examine la compatibilité du handicap justifiant les aménagements mentionnés à l'article A. 212-44 avec l'exercice professionnel de l'activité du diplôme après avis d'un médecin agréé par la Fédération française handisport ou par la Fédération française de sport adapté ou désigné par la commission des droits et de l'autonomie des personnes handicapées.

Le directeur régional de la jeunesse, des sports et de la cohésion sociale peut apporter une restriction aux conditions d'exercice ouvertes par la possession du diplôme.

SOUS-SECTION 3 BREVET PROFESSIONNEL DE LA JEUNESSE, DE L'ÉDUCATION POPULAIRE ET DU SPORT

(Arr. du 27 avr. 2016, art. 1er et 2-III, en vigueur le 1er sept. 2016)

Les dispositions de la présente sous-section ne sont pas applicables aux spécialités du brevet professionnel de la jeunesse, de l'éducation populaire et du sport existantes avant son entrée en vigueur (Arr. du 27 avr. 2016, art. 2-IV, en vigueur le 1er sept. 2016).

Arrêté du 27 avril 2016,

Relatif au brevet professionnel de la jeunesse, de l'éducation populaire et du sport (JO 29 avr.).

Art. 2 I. — Le titulaire de l'une des spécialités du brevet professionnel de la jeunesse, de l'éducation populaire et du sport existantes avant l'entrée en vigueur du présent arrêté obtient de droit les unités capitalisables (UC) 1 et 2 mentionnées à l'article A. 212-47-2 du code du sport dans sa rédaction issue du présent arrêté.

II. — 1° Le titulaire d'au moins trois des quatre (UC) transversales (UC1, UC2, UC3, UC4), en état de validité et quel qu'en soit le mode d'acquisition, obtient de droit les UC1 et UC2 mentionnées à l'article A. 212-47-2 du code du sport dans sa rédaction issue du présent arrêté ;

2° Le titulaire d'au moins trois des six unités capitalisables suivantes : UC5, UC6, UC7, UC8, UC9, UC10 en état de validité, quel qu'en soit le mode d'acquisition et lorsque l'arrêté portant organisation de la mention visé*[e]* à l'article A. 212-47 dans sa rédaction issue du présent arrêté le prévoit, peut obtenir une ou les deux UC de la mention (UC3 et UC4) visées à l'article A. 212-47-2 du code du sport dans sa rédaction issue du présent arrêté. La demande est adressée au directeur régional de la jeunesse*[,]* des sports et de la cohésion sociale ou au directeur de la jeunesse, des sports et de la cohésion sociale. Celui-ci délivre une ou les deux UC, sur proposition du jury de mention, au moyen d'un dossier établi par le demandeur relatif à son expérience et ses qualifications. [...]

§ 1er SPÉCIALITÉ "ANIMATEUR"

Art. A. 212-46 **L'organisation de la spécialité "animateur" du brevet professionnel de la jeunesse, de l'éducation populaire et du sport mentionnée à l'article D. 212-21 est fixée par l'arrêté en date du 27 avril 2016 (NOR : VJSF1603369A) s'y rapportant** *[reproduit ci-dessous]*.

Arrêté du 27 avril 2016,

Portant organisation de la spécialité « animateur » du brevet professionnel de la jeunesse, de l'éducation populaire et du sport (JO 29 avr.).

Art. 1er La spécialité "animateur" du brevet professionnel de la jeunesse, de l'éducation populaire et du sport mentionnée à l'article D. 212-21 du code du sport est organisée en mention liée à un champ particulier définie par arrêté.

Cet arrêté précise notamment :

— les exigences préalables à l'entrée en formation ;

— les exigences préalables à la mise en situation professionnelle ;

— les modalités des épreuves certificatives au cours de la session de formation ;

— les dispenses et équivalences avec d'autres certifications.

Art. 2 Lorsque la formation est suivie dans le cadre de la formation initiale, sa durée minimale est de 900 heures dont 600 heures en centre. Le parcours à l'entrée en formation est défini par l'organisme de formation à l'issue du positionnement. Le positionnement peut notamment permettre d'individualiser les parcours de formation par des contenus et des durées adaptés.

Art. 3 Les quatre unités capitalisables (UC) constitutives du référentiel de certification du brevet professionnel de la jeunesse, de l'éducation populaire et du sport*[,]* définies à l'article D. 212-25 du code du sport, sont définies par les compétences professionnelles et les objectifs intermédiaires (OI) de premier rang suivants :

Dans les deux unités capitalisables (UC) transversales :

UC1 : Encadrer tout public dans tout lieu et toute structure :

— OI-1-1 : Communiquer dans les situations de la vie professionnelle ;

— OI-1-2 : Prendre en compte les caractéristiques des publics dans leurs environnements dans une démarche d'éducation à la citoyenneté ;

— OI-1-3 : Contribuer au fonctionnement d'une structure.

UC2 : Mettre en œuvre un projet d'animation s'inscrivant dans le projet de la structure :

— OI-2-1 : Concevoir un projet d'animation ;
— OI-2-1 *[OI-2-2]* : Conduire un projet d'animation ;
— OI-2-3 : Évaluer un projet d'animation.

Dans les deux unités capitalisables (UC) de la mention :

UC3 : Conduire une action d'animation dans les activités de la mention ou de direction d'un accueil collectif de mineurs :
— OI-3-1 : Organiser, gérer et évaluer les activités ;
— OI-3-2 : Encadrer un groupe ou une équipe dans le cadre des activités de la mention ;
— OI-3-3 : Accueillir les publics.

UC4 : Mobiliser les démarches d'éducation populaire pour mettre en œuvre des activités d'animation dans le champ de la mention ou de l'option :
— OI-4-1 : Situer son activité d'animation dans un territoire ;
— OI-4-2 : Maîtriser les outils et techniques de la mention ou de l'option ;
— OI-4-3 : Conduire les activités d'animation.

Art. 4 La situation d'évaluation certificative des unités capitalisables transversales 1 (UC 1) et 2 (UC2) est réalisée au moyen de la production d'un document écrit personnel et d'un entretien prévus au 1° de l'article D. 212-28 du code du sport. Dans les conditions fixées par le directeur régional de la jeunesse, des sports et de la cohésion sociale ou par le directeur de la jeunesse, des sports et de la cohésion sociale, le candidat transmet au directeur ou à l'organisme de formation un document écrit personnel explicitant la conception, la mise en œuvre et la réalisation d'un projet d'animation dans la structure d'alternance pédagogique. Ce document constitue le support de l'entretien qui permet de vérifier l'acquisition des compétences. L'entretien se déroule sur une durée de 40 minutes au maximum comprenant une présentation orale par le candidat d'une durée de vingt minutes au maximum.

Art. 5 Pour chaque épreuve certificative non validée, le candidat bénéficie d'une seconde session d'évaluation au cours de la session de formation.

Art. 6 I. — Le titulaire de l'une des spécialités du brevet professionnel de la jeunesse, de l'éducation populaire et du sport existantes avant l'entrée en vigueur du présent arrêté obtient de droit les unités capitalisables (UC) 1 et 2 du diplôme mentionné à l'article 1er du présent arrêté.

II. — 1° Le titulaire d'au moins trois des quatre UC transversales en état de validité (UC1, UC2, UC3, UC4), quel qu'en soit le mode d'acquisition, obtient de droit les UC1 et UC2 du diplôme mentionné à l'article 1er du présent arrêté ;

2° Le titulaire d'au moins trois des six UC suivantes*[:]* UC5, UC6, UC7, UC8, UC9 et UC10, en état de validité et quel qu'en soit le mode d'acquisition*[,]* peut obtenir, lorsque l'arrêté portant organisation de la mention visé*[e]* à l'article 1er du présent arrêté le prévoit, une ou les deux UC de la mention (UC3 et UC4) visées à l'article 3 du présent arrêté, sur demande adressée au directeur régional de la jeunesse*[,]* des sports et de la cohésion sociale ou au directeur de la jeunesse, des sports et de la cohésion sociale. Celui-ci délivre une ou les deux unités capitalisables, sur proposition du jury de mention, au moyen d'un dossier établi par le demandeur relatif à son expérience et ses qualifications.

III. — Les dispositions du présent arrêté s'appliquent à compter du 1er septembre 2016.

IV. — Les dispositions de l'article 1er du présent arrêté ne sont pas applicables aux spécialités du brevet professionnel de la jeunesse, de l'éducation populaire et du sport existantes avant son entrée en vigueur.

§ 2 SPÉCIALITÉ "ÉDUCATEUR SPORTIF"

Art. A. 212-47 La spécialité "éducateur sportif" du brevet professionnel de la jeunesse, de l'éducation populaire et du sport est organisée en mention disciplinaire, ou pluridisciplinaire définie par arrêté. Dans le cas d'une mention pluridisciplinaire, le diplôme peut être délivré au titre d'une option.

Cet arrêté précise notamment :
– les exigences préalables à l'entrée en formation ;
– les exigences préalables à la mise en situation professionnelle ;
– les modalités des épreuves certificatives au cours de la session de formation ;
– les dispenses et équivalences avec d'autres certifications ;
– le cas échéant, les conditions de la vérification du maintien des acquis professionnels liés à la sécurité des pratiquants et des tiers.

Lorsque le diplôme vise l'encadrement d'une discipline faisant l'objet d'une délégation à une fédération, l'arrêté prévoit l'avis consultatif du directeur technique mentionné à l'article R. 212-10-12.

Art. A. 212-47-1 Lorsque la formation est suivie dans le cadre de la formation initiale, sa durée minimale est de 900 heures dont 600 heures en centre.

Le parcours à l'entrée en formation est défini par l'organisme de formation à l'issue du positionnement. Le positionnement peut notamment permettre d'individualiser les parcours de formation par des contenus et des durées adaptés.

Art. A. 212-47-2 Les quatre unités capitalisables (UC) constitutives du brevet professionnel de la jeunesse, de l'éducation populaire et du sport sont définies par les compétences professionnelles et les objectifs intermédiaires (OI) de premier rang suivants :

Dans les deux unités capitalisables (UC) transversales :

UC1 : Encadrer tout public dans tout lieu et toute structure :

– OI-1-1 : Communiquer dans les situations de la vie professionnelle ;

– OI-1-2 : Prendre en compte les caractéristiques des publics dans leurs environnements dans une démarche d'éducation à la citoyenneté ;

– OI-1-3 : Contribuer au fonctionnement d'une structure.

UC2 : Mettre en œuvre un projet d'animation s'inscrivant dans le projet de la structure :

– OI-2-1 : Concevoir un projet d'animation ;

– OI-2-1 *[OI-2-2]* : Conduire un projet d'animation ;

– OI-2-3 : Évaluer un projet d'animation.

Dans les deux unités capitalisables (UC) de la mention :

UC3 : Conduire une séance, un cycle d'animation ou d'apprentissage dans le champ de la mention :

– OI-3-1 : Concevoir la séance, le cycle d'animation ou d'apprentissage ;

– OI-3-2 : Conduire la séance, le cycle d'animation ou d'apprentissage ;

– OI-3-3 : Évaluer la séance, le cycle d'animation ou d'apprentissage ;

UC4 : Mobiliser les techniques de la mention ou de l'option pour mettre en œuvre une séance, un cycle d'animation ou d'apprentissage :

– OI-4-1 : Conduire une séance ou un cycle en utilisant les techniques de la mention ou de l'option ;

– OI-4-2 : Maîtriser et faire appliquer les règlements de la mention ou de l'option ;

– OI-4-3 : Garantir des conditions de pratique en sécurité.

Art. A. 212-47-3 La situation d'évaluation certificative des unités capitalisables transversales 1 (UC 1) et 2 (UC 2) est réalisée au moyen de la production d'un document écrit personnel et d'un entretien prévus au 1° de l'article D. 212-28. Dans les conditions fixées par le directeur régional de la jeunesse*[,]* des sports et de la cohésion sociale ou par le directeur de la jeunesse, des sports et de la cohésion sociale, le candidat transmet au directeur ou à l'organisme de formation un document écrit personnel explicitant la conception, la mise en œuvre et la réalisation d'un projet d'animation dans la structure d'alternance pédagogique. Ce document constitue le support de l'entretien qui permet de vérifier l'acquisition des compétences. L'entretien se déroule sur une durée de 40 minutes au maximum comprenant une présentation orale par le candidat d'une durée de vingt minutes au maximum.

Art. A. 212-47-4 Pour chaque épreuve certificative non validée, le candidat bénéficie d'une seconde session d'évaluation au cours de la session de formation.

SOUS-SECTION 4 DIPLÔME D'ÉTAT DE LA JEUNESSE, DE L'ÉDUCATION POPULAIRE ET DU SPORT

(Arr. du 21 déc. 2015, art. 3, en vigueur le 1er janv. 2016)

§ 1er SPÉCIALITÉ "ANIMATION SOCIO-ÉDUCATIVE OU CULTURELLE"

Art. A. 212-48 L'organisation de la spécialité "animation socio-éducative ou culturelle" du diplôme d'État de la jeunesse, de l'éducation populaire et du sport mentionné à l'article D. 212-35 est fixée par l'arrêté du 20 novembre 2006 s'y rapportant.

§ 2 SPÉCIALITÉ "PERFECTIONNEMENT SPORTIF"

Art. A. 212-49 La spécialité "perfectionnement sportif" du diplôme d'État de la jeunesse, de l'éducation populaire et du sport confère à son titulaire les compétences suivantes, attestées par le référentiel de certification :

– concevoir des programmes de perfectionnement sportif ;

– coordonner la mise en œuvre d'un projet de perfectionnement dans un champ disciplinaire ;

– conduire une démarche de perfectionnement sportif ;

– conduire des actions de formation.

Le référentiel professionnel et le référentiel de certification mentionnés aux articles D. 212-37 et D. 212-38 figurent respectivement aux annexes II-3 et II-4 *[reproduites sur Dalloz.fr et sur les applications mobiles Dalloz]* 🏛.

Lorsque la formation est suivie dans le cadre de la formation initiale, sa durée minimale est de 1 200 heures dont 700 heures en centre de formation.

Art. A. 212-49-1 *(Arr. du 2 mai 2016, art. 1er-1°)* L'avis consultatif du directeur technique national mentionné à l'article R. 212-10-12 est exigé pour l'habilitation des organismes de formation préparant à la spécialité "perfectionnement sportif" du diplôme d'État de la jeunesse, de l'éducation populaire et du sport.

Art. A. 212-50 La spécialité "perfectionnement sportif" du diplôme d'État de la jeunesse, de l'éducation populaire et du sport est organisée en mentions disciplinaires.

Sont précisées, notamment :

– les exigences préalables à l'entrée en formation ;

– les exigences préalables à la mise en situation pédagogique définies en termes d'objectifs intermédiaires des unités capitalisables ;

– les dispenses et équivalences avec d'autres certifications.

Art. A. 212-51 Les quatre unités capitalisables constitutives du référentiel de certification du diplôme, définies à l'article D. 212-41, sont définies par les objectifs terminaux d'intégration suivants :

Dans les deux unités capitalisables transversales, quelle que soit la spécialité :

– UC 1 : EC de concevoir un projet d'action ;

– UC 2 : EC de coordonner la mise en œuvre d'un projet d'action.

Dans les deux unités capitalisables de la mention :

– UC 3 : EC de conduire une démarche de perfectionnement sportif dans une discipline ;

– UC 4 : EC d'encadrer la discipline sportive définie dans la mention en sécurité.

Art. A. 212-52 *(Arr. du 12 juill. 2016, art. 1er-1°)* La situation d'évaluation certificative des unités capitalisables transversales quelle que soit la spécialité (UC1 et UC2) est réalisée au moyen d'un document écrit personnel de vingt pages au maximum et d'une soutenance orale suivie d'un entretien.

Dans les conditions fixées par le directeur régional de la jeunesse des sports et de la cohésion sociale ou par le directeur de la jeunesse, des sports et de la cohésion sociale, le candidat transmet au directeur ou à l'organisme de formation un document écrit personnel de vingt pages au maximum retraçant une expérience de conception et de coordination de la mise en œuvre de programmes de perfectionnement sportif dans le champ disciplinaire défini dans la mention assortie de son évaluation. Ce document fait l'objet d'une soutenance orale par le candidat pendant une durée de 20 minutes au maximum suivie d'un entretien d'une durée de 40 minutes au maximum permettant de vérifier l'acquisition des compétences par le jury mentionné à l'article R. 212-10-1. Le candidat peut, lors de la soutenance, utiliser un support vidéo.

Cette situation d'évaluation certificative permet l'évaluation distincte des unités capitalisables UC1 et UC2.

Les dispositions de l'Arr. du 12 juill. 2016 ne s'appliquent pas aux sessions de formations ouvertes avant la date de publication de ce même Arr. (Arr. préc., art. 3).

Ancien art. A. 212-52 *Les situations d'évaluation certificative doivent comporter au minimum :*

— une évaluation des compétences dans une ou plusieurs situations d'activité recouvrant les objectifs terminaux d'intégration des unités capitalisables de la spécialité et de la mention (UC 3 et UC 4) ;

— la production d'un document écrit personnel retraçant une expérience de conception et de coordination de la mise en œuvre de programmes de perfectionnement sportif dans le champ disciplinaire défini dans la mention assortie de son évaluation et soutenu devant une commission du jury mentionnée à l'article précédent, qui permettra l'évaluation des unités capitalisables transversales (UC 1 et UC 2).

Le processus de certification doit permettre l'évaluation distincte de chaque unité capitalisable.

V. note ss. art. A. 212-52.

Art. A. 212-52 *bis* *(Arr. du 12 juill. 2016, art. 1er-2°)* **La situation d'évaluation certificative des unités capitalisables de la mention (UC3 et UC4) comporte une ou deux épreuves dont l'une au moins consiste en une mise en situation professionnelle d'encadrement. Cette situation d'évaluation certificative permet l'évaluation distincte des unités capitalisables UC3 et UC4.**

V. note ss. art. A. 212-52.

Art. A. 212-52-1 *(Arr. du 2 mai 2016, art. 1er-2°)* **Pour l'inscription dans une formation préparant à la spécialité "perfectionnement sportif" du diplôme d'État de la jeunesse, de l'éducation populaire et du sport, le dossier du candidat mentionné à l'article A. 212-36 est complété par la production de l'attestation "prévention et secours civiques de niveau 1" (PSC 1) ou de l'une des attestations suivantes :**

— "attestation de formation aux premiers secours" (AFPS) ;

— "premiers secours en équipe de niveau 1" (PSE 1) en cours de validité ;

— "premiers secours en équipe de niveau 2" (PSE 2) en cours de validité ;

— "attestation de formation aux gestes et soins d'urgence" (AFGSU) de niveau 1 ou de niveau 2 en cours de validité ;

— "certificat de sauveteur secouriste du travail (STT)" en cours de validité.

SOUS-SECTION 5 DIPLÔME D'ÉTAT SUPÉRIEUR DE LA JEUNESSE, DE L'ÉDUCATION POPULAIRE ET DU SPORT

(Arr. du 21 déc. 2015, art. 4, en vigueur le 1er janv. 2016)

§ 1er SPÉCIALITÉ "ANIMATION SOCIO-ÉDUCATIVE OU CULTURELLE"

Art. A. 212-53 **L'organisation de la spécialité "animation socio-éducative ou culturelle" du diplôme d'État supérieur de la jeunesse, de l'éducation populaire et du sport est fixée par l'arrêté du 20 novembre 2006 s'y rapportant.**

§ 2 SPÉCIALITÉ "PERFORMANCE SPORTIVE"

Art. A. 212-54 **Il est créé une spécialité "performance sportive" du diplôme d'État supérieur de la jeunesse, de l'éducation populaire et du sport qui confère à son titulaire les compétences suivantes attestées par le référentiel de certification :**

— préparer le projet stratégique de performance dans un champ disciplinaire ;

— piloter un système d'entraînement ;

— diriger le projet sportif ;

— évaluer le système d'entraînement ;

— organiser des actions de formation de formateurs dans le cadre des réseaux professionnels de l'organisation.

Le référentiel professionnel et le référentiel de certification mentionnés aux articles D. 212-53 et D. 212-54 figurent respectivement aux annexes II-3-1 et II-4-1 *[reproduites sur Dalloz.fr et sur les applications mobiles Dalloz]* **.**

Lorsque la formation est suivie dans le cadre de la formation initiale, sa durée minimale est de 1 200 heures dont 700 heures en centre de formation.

Art. A. 212-54-1 *(Arr. du 2 mai 2016, art. 2-1°)* **L'avis consultatif du directeur technique national mentionné à l'article R. 212-10-12 est exigé pour l'habilitation des**

organismes de formation préparant à la spécialité "performance sportive" du diplôme d'État supérieur de la jeunesse, de l'éducation populaire et du sport.

Art. A. 212-55 La spécialité "performance sportive" du diplôme d'État supérieur de la jeunesse, de l'éducation populaire et du sport est organisée en mentions disciplinaires définies par arrêté.

Cet arrêté précise notamment, le cas échéant :

– les exigences préalables à l'entrée en formation ;

– les exigences préalables à la mise en situation pédagogique, définies en termes d'objectifs intermédiaires des unités capitalisables ;

– les dispenses et équivalences avec d'autres certifications.

Art. A. 212-56 Les quatre unités capitalisables constitutives du référentiel de certification du diplôme, définies à l'article D. 212-57, sont définies par les objectifs terminaux d'intégration suivants :

Dans les deux unités capitalisables transversales quelle que soit la spécialité :

– UC 1 : EC de construire la stratégie d'une organisation du secteur ;

– UC 2 : EC de gérer les ressources humaines et financières d'une organisation du secteur.

Dans les deux unités capitalisables de la mention :

– UC 3 : EC de diriger un système d'entraînement dans une discipline ;

– UC 4 : EC d'encadrer la discipline définie dans la mention en sécurité.

Art. A. 212-57 *(Arr. du 12 juill. 2016, art. 2-1°)* La situation d'évaluation certificative des unités capitalisables transversales quelle que soit la spécialité (UC1 et UC2) est réalisée au moyen d'un document écrit personnel de vingt pages au maximum et d'une soutenance orale suivie d'un entretien.

Dans les conditions fixées par le directeur régional de la jeunesse des sports et de la cohésion sociale ou par le directeur de la jeunesse, des sports et de la cohésion sociale, le candidat transmet au directeur ou à l'organisme de formation un document écrit personnel de vingt pages au maximum retraçant une expérience de conception et de coordination de la mise en œuvre de programmes de performance sportive dans le champ disciplinaire défini dans la mention assortie de son évaluation. Ce document fait l'objet d'une soutenance orale par le candidat pendant une durée de 20 minutes au maximum suivie d'un entretien d'une durée de 40 minutes au maximum permettant de vérifier l'acquisition des compétences par le jury mentionné à l'article R. 212-10-1. Le candidat peut, lors de la soutenance, utiliser un support vidéo.

Cette situation d'évaluation certificative permet l'évaluation distincte des unités capitalisables UC1 et UC2.

V. note ss. art. A. 212-52.

Ancien art. A. 212-57 *Les situations d'évaluation certificative doivent comporter, au minimum :*

– une évaluation des compétences dans une ou plusieurs situations d'activité recouvrant les objectifs terminaux d'intégration des unités capitalisables de la spécialité et de la mention (UC 3 et UC 4) ;

– la production d'un document écrit personnel retraçant une expérience de direction de projet sportif assortie de son évaluation, et soutenu devant une commission du jury mentionnée à l'article précédent qui permettra l'évaluation des unités capitalisables transversales (UC 1 et UC 2).

Le processus de certification doit permettre l'évaluation distincte de chaque unité capitalisable.

V. note ss. art. A. 212-52.

Art. A. 212-57 *bis* *(Arr. du 12 juill. 2016, art. 2-2°)* La situation d'évaluation certificative des unités capitalisables de la mention (UC3 et UC4) comporte une ou deux épreuves dont l'une au moins consiste en une mise en situation professionnelle d'encadrement. Cette situation d'évaluation certificative permet l'évaluation distincte des unités capitalisables UC3 et UC4.

V. note ss. art. A. 212-52.

Art. A. 212-57-1 *(Arr. du 2 mai 2016, art. 2-2°)* Pour l'inscription dans une formation préparant à la spécialité "performance sportive" du diplôme d'État supérieur de la jeunesse, de l'éducation populaire et du sport, le dossier du candidat mentionné à

l'article A. 212-36 est complété par la production de l'attestation "prévention et secours civiques de niveau 1" (PSC 1) ou de l'une des attestations suivantes :
– "attestation de formation aux premiers secours" (AFPS) ;
– "premiers secours en équipe de niveau 1" (PSE 1) en cours de validité ;
– "premiers secours en équipe de niveau 2" (PSE 2) en cours de validité ;
– "attestation de formation aux gestes et soins d'urgence" (AFGSU) de niveau 1 ou de niveau 2 en cours de validité ;
– "certificat de sauveteur secouriste du travail (STT)" en cours de validité.

SOUS-SECTION 6 BREVET D'ÉTAT D'ÉDUCATEUR SPORTIF

§ 1er PRÉSENTATION DU DIPLÔME

Art. A. 212-102 *(Arr. du 30 janv. 2015, art. 2-I)* Le troisième degré du brevet d'État d'éducateur sportif mentionné à l'article D. 212-70 est un diplôme professionnel.

Il atteste de l'aptitude et de la qualification de son titulaire à enseigner les activités physiques et sportives sous toutes les formes, notamment d'accompagnement, d'animation, d'initiation ou d'entraînement.

En outre, il confère à son titulaire :
– la qualification nécessaire à l'organisation et à la promotion des activités physiques et sportives, dans une option sportive ;
– la qualification nécessaire au perfectionnement technique et à la formation des cadres dans une option sportive, ainsi qu'une qualification approfondie en gestion et promotion des activités physiques et sportives ;
– la qualification nécessaire pour l'expertise et la recherche.

Le brevet d'État d'éducateur sportif comprend :
1° Une partie commune à l'ensemble des options ;
2° Une partie spécifique à chaque option.

Le brevet d'État d'éducateur sportif est délivré, sous réserve des dispositions des articles A. 212-103 et A. 212-104, au vu des attestations de réussite à la partie commune et à la partie spécifique.

Les formations évaluées en contrôle continu des connaissances et en modulaire peuvent se préparer par la formation en alternance et notamment par la voie de l'apprentissage.

Art. A. 212-103 La partie commune du brevet d'État d'éducateur sportif s'obtient :
1° Soit par la réussite à un examen ;
2° Soit à l'issue d'une formation relevant du ministre chargé des sports et évaluée en contrôle continu des connaissances. Le candidat à cette formation subit une ou plusieurs épreuves de sélection ;
3° Soit sur présentation d'une ou plusieurs qualifications sanctionnant les mêmes capacités. – *[Arr. du 30 nov. 1992, art. 2.]*

Art. A. 212-104 La partie spécifique du brevet d'État d'éducateur sportif s'obtient :
1° Soit par la réussite à un examen ; pour le brevet d'État d'éducateur sportif du premier degré, le candidat doit obtenir l'attestation de réussite à la partie commune avant de s'inscrire à la partie spécifique ;

Lorsqu'une préparation à l'examen est organisée dans le cadre d'un cycle de formation faisant l'objet d'une convention entre l'organisme ou l'établissement de formation ou l'université et le directeur régional de la jeunesse, des sports et de la vie associative, elle donne lieu à la délivrance d'un livret de formation, à l'issue d'un stage de préqualification organisé sous la responsabilité du directeur régional de la jeunesse, des sports et de la vie associative.

Cette disposition vise notamment les étudiants inscrits dans les filières de formation en relation avec l'animation, l'organisation et la gestion des activités physiques et sportives, les titulaires d'un contrat de travail avec formation obligatoire (contrat d'apprentissage, contrat d'insertion en alternance) ainsi que les titulaires d'un contrat de travail relevant de la loi n° 97-940 du 16 octobre 1997 relative au développement d'activités pour l'emploi des jeunes.

2° Soit à l'issue d'une formation évaluée en contrôle continu des connaissances, incluant un stage pédagogique en situation. Le candidat à cette formation subit une ou plusieurs épreuves de sélection et se voit délivrer un livret de formation ;

3° Soit à l'issue d'une formation modulaire, qui comprend :

a) Un test de sélection ;

b) Un stage de préformation évalué par le directeur régional de la jeunesse, des sports et de la vie associative donnant lieu à la délivrance d'un livret de formation ;

c) Un stage pédagogique en situation ;

d) Des unités de formation ;

e) Un examen final, pour lequel le candidat doit produire lors de l'inscription l'attestation de réussite à la partie commune et avoir suivi le stage pédagogique en situation ainsi que les unités de formation pour s'inscrire à l'examen final.

Dans chaque option sportive, un ou des arrêtés, pris en application de l'article D. 212-72, déterminent le contenu de la partie spécifique. – *[Arr. du 30 nov. 1992, art. 3.]*

Art. A. 212-105 Les sportifs mentionnés au quatrième paragraphe de l'article D. 212-73 peuvent obtenir le brevet d'État d'éducateur sportif du premier et du deuxième degré à l'issue d'une formation aménagée et évaluée en contrôle continu des connaissances, qui leur est réservée, et qui comprend :

1° Une épreuve spéciale sanctionnée par la délivrance d'un livret de formation ;

2° Des unités de formation ;

3° Une évaluation terminale de synthèse.

Les unités de formation et l'examen terminal portent sur les programmes de la partie commune et de la partie spécifique de l'option correspondante. – *[Arr. du 30 nov. 1992, art. 4.]*

Art. A. 212-106 Le livret de formation constitue le certificat de préqualification au sens de l'article R. 212-75. Il atteste de la qualité d'éducateur sportif stagiaire ainsi que de l'aptitude à encadrer les activités relevant de l'option concernée.

Les conditions de suivi pédagogique sont définies par :

– la convention de stage pédagogique en situation prévue par les articles A. 212-134 et A. 212-146 pour les personnes inscrites dans une formation modulaire ou en contrôle continu des connaissances ;

– la convention fixant les modalités d'encadrement pédagogique en situation pour les personnes suivant une formation comportant une mise en situation professionnelle ;

– la convention fixant les modalités d'encadrement pédagogique en situation pour les personnes titulaires d'un contrat de travail.

La convention est signée par :

– l'organisme de formation ;

– la structure d'accueil ou, le cas échéant, l'employeur ;

– et le directeur régional de la jeunesse, des sports et de la vie associative. – *[Arr. du 30 nov. 1992, art. 5.]*

Art. A. 212-107 Le stage de préqualification mentionné à l'article A. 212-104 a pour objet de vérifier l'aptitude du candidat et lui faire acquérir des compétences en matière d'animation et de sécurité qui lui permettront de participer, dans le cadre de la formation, à l'encadrement de l'activité correspondant à l'option choisie. – *[Arr. du 30 nov. 1992, art. 5-1.]*

§ 2 CONDITIONS ET FORMALITÉS D'INSCRIPTION

Art. A. 212-108 L'unité d'enseignement "prévention et secours civiques" de niveau 1/PSC1 ou tout titre équivalent est exigé pour l'inscription à l'examen de la partie commune et aux tests ou épreuves de sélection.

Le candidat dispensé de l'examen de la partie commune doit présenter l'attestation de formation aux premiers secours lors de son inscription à l'une des modalités d'obtention de la partie spécifique prévues à l'article A. 212-104. – *[Arr. du 30 nov. 1992, art. 6.]*

Art. A. 212-109 Le candidat à la partie commune et à la partie spécifique du brevet d'État d'éducateur sportif à trois degrés doit satisfaire aux conditions prévues à l'article

D. 212-74 et fournir un dossier d'inscription comprenant, en sus des pièces mentionnées à l'article A. 212-108, les pièces suivantes :

1° Une fiche d'inscription normalisée ;

2° Une fiche individuelle d'état civil datant de moins de trois mois à la date de clôture de l'inscription ;

3° Deux photos d'identité ;

4° Trois enveloppes timbrées ;

5° Un certificat médical de non-contre-indication à la pratique et à l'enseignement de l'option sportive concernée datant de moins de trois mois à la date de clôture de l'inscription à la partie spécifique, le cas échéant :

7° *[6°]* Les pièces complémentaires éventuellement prévues par les arrêtés pris en application de l'article D. 212-72 ;

8° *[7°]* Le cas échéant, une copie certifiée conforme de la licence de sciences et techniques des activités physiques et sportives (STAPS) mention ″entraînement sportif ;

9° *[8°]* Pour les personnes handicapées, l'avis de la commission prévue aux articles A. 212-159 à A. 212-162 ;

10° *[9°]* L'attestation de réussite à la partie commune du brevet d'État d'éducateur sportif du premier degré, ou tout titre admis en équivalence, pour s'inscrire à la partie spécifique du brevet d'État d'éducateur sportif du premier degré, organisée sous forme d'examen ;

11° *[10°]* L'attestation de réussite au test de sélection ou l'attestation de dispense prévue à l'article A. 212-149, pour l'inscription au stage de préformation du brevet d'État d'éducateur sportif organisé sous forme modulaire ;

12° *[11°]* Une attestation certifiant la qualité d'athlète de haut niveau, au titre de la fédération sportive concernée par l'option sportive mentionnée à l'article D. 212-70, titulaire de la délégation instituée à l'article L. 131-14 ;

13° *[12°]* Une attestation de la fédération sportive concernée par l'option sportive mentionnée à l'article D. 212-70, titulaire de la délégation instituée à l'article L. 131-14, précisant le ou les titres sportifs permettant au candidat de bénéficier des points de bonification prévus au présent code, ainsi que l'année d'obtention de ces titres ;

14° *[13°]* Une copie du brevet d'État du premier degré d'éducateur sportif ou d'un titre admis en équivalence, pour s'inscrire aux épreuves du deuxième degré du brevet d'État d'éducateur sportif ;

15° *[14°]* Une copie du brevet d'État du deuxième degré d'éducateur sportif ou d'un titre admis en équivalence, pour s'inscrire aux épreuves du troisième degré du brevet d'État d'éducateur sportif.

En outre, les sportifs mentionnés au quatrième paragraphe de l'article D. 212-73 doivent présenter :

– pour l'aviron et le canoë-kayak : une attestation d'aptitude à effectuer, sans limite de temps, un parcours de 200 mètres nage libre, départ plongé ;

– pour la natation : une copie certifiée conforme de l'attestation de formation complémentaire aux premiers secours avec matériel (AFCPSM) ;

– pour le ski nautique et la voile : une copie certifiée conforme du permis nécessaire pour la conduite des bateaux à moteur en mer conforme à la réglementation en vigueur. – *[Arr. du 30 nov. 1992, art. 7.]*

Art. A. 212-110 Par dérogation, peuvent s'inscrire à la partie spécifique, sous réserve de présenter l'attestation de formation aux premiers secours ou un titre équivalent et de satisfaire aux conditions définies au premier alinéa de l'article A. 212-122, les candidats cités au troisième paragraphe du 1° de l'article A. 212-104. – *[Arr. du 30 nov. 1992, art. 7-1.]*

Art. A. 212-111 I. – Le dossier d'inscription, prévu à l'article A. 212-109, devra être adressé pour chaque degré du brevet d'État d'éducateur sportif au service examinateur de la session d'examen, au plus tard deux mois avant la date fixée pour les examens et épreuves suivants :

1° L'examen de la partie commune prévu à l'article A. 212-103 ;

2° L'examen de la partie spécifique prévu à l'article A. 212-104 ;

3° Les épreuves de sélection pour l'accès aux formations en contrôle continu des connaissances prévues aux articles A. 212-103 et A. 212-104 ;

4° L'épreuve spéciale prévue à l'article A. 212-105 ;

5° Le test de sélection et l'examen de préformation de la formation modulaire prévus à l'article A. 212-104.

II. – L'examen final de la formation modulaire pour les titulaires de la licence de sciences et techniques des activités physiques et sportives (STAPS) mention "entraînement sportif".

Pour faire acte de candidature à l'examen final de la formation modulaire prévu à l'article A. 212-147, le candidat, à l'exception des titulaires de la licence de sciences et techniques des activités physiques et sportives (STAPS) mention "entraînement sportif", doit adresser un dossier complémentaire au service organisateur de la session d'examen, deux mois au moins avant la date fixée pour le début des épreuves, comprenant :

1° La photocopie du livret de formation, faisant foi des étapes franchies ;

2° L'attestation de réussite à la partie commune du brevet d'État d'éducateur sportif du premier degré ou tout titre admis en équivalence ;

3° Deux enveloppes timbrées portant le nom, le prénom et l'adresse du candidat ;

4° Un certificat médical de non-contre-indication à la pratique et à l'enseignement de l'option sportive concernée datant de moins de trois mois à la date de clôture de l'inscription, le cas échéant, pour les personnes handicapées, l'avis de la commission prévue aux articles A. 212-159 à A. 212-162.

Le rapport de stage pédagogique en situation prévu à l'article A. 212-134 et, éventuellement, le rapport de stage du candidat sont remis au président du jury au plus tard au début des épreuves de l'examen final. – *[Arr. du 30 nov. 1992, art. 8.]*

§ 3 COMPOSITION DU JURY

Art. A. 212-112 Le jury des épreuves conduisant à l'obtention de la partie commune est composé des personnes suivantes :

1° En ce qui concerne le brevet d'État d'éducateur sportif du premier degré, organisé sous forme d'examen et de contrôle continu des connaissances :

a) Le directeur régional de la jeunesse, des sports et de la vie associative ou son représentant, membre de l'un des corps de l'inspection de la jeunesse et des sports, ou directeur départemental de la jeunesse, des sports et de la vie associative, ou directeur d'un établissement public d'enseignement relevant du ministre chargé des sports, président ;

b) Un ou plusieurs membres de l'un des corps de l'inspection de la jeunesse et des sports ;

c) Un ou plusieurs cadres techniques et pédagogiques relevant du ministre chargé des sports ;

d) Une ou plusieurs personnalités qualifiées, dont un ou plusieurs membres de l'enseignement supérieur lorsque la formation a fait l'objet d'une convention avec l'université ;

2° En ce qui concerne le brevet d'État d'éducateur sportif du deuxième degré, organisé sous forme d'examen et de contrôle continu des connaissances :

a) Le directeur régional de la jeunesse, des sports et de la vie associative ou son représentant, membre de l'un des corps de l'inspection de la jeunesse et des sports, ou directeur départemental de la jeunesse, des sports et de la vie associative, ou directeur d'un établissement public d'enseignement relevant du ministre chargé des sports, président ;

b) Le président du comité régional olympique et sportif (C.R.O.S.) ou son représentant ;

c) Un ou plusieurs membres de l'un des corps de l'inspection de la jeunesse et des sports ;

d) Un ou plusieurs cadres techniques et pédagogiques relevant du ministre chargé des sports ;

e) Une ou plusieurs personnalités qualifiées ;

3° En ce qui concerne le brevet d'État d'éducateur sportif du troisième degré, organisé sous forme d'examen et de contrôle continu :

a) Le ministre chargé des sports ou son représentant, président ;

b) Le directeur de l'Institut national du sport et de l'éducation physique (I.N.S.E.P.) ou son représentant ;

c) Le président du Comité national olympique et sportif français (C.N.O.S.F.), ou son représentant ;

d) Un membre de l'un des corps de l'inspection de la jeunesse et des sports ;

e) Le directeur technique national de la fédération sportive concernée par l'option sportive mentionnée à l'article D. 212-70, fédération titulaire de la délégation instituée à l'article L. 131-14, ou son représentant ;

f) Un membre de l'enseignement supérieur ;

g) Une ou plusieurs personnalités qualifiées. – *[Arr. du 30 nov. 1992, art. 9.]*

Art. A. 212-113 Le jury des épreuves conduisant à l'obtention de la partie spécifique est composé des personnes suivantes :

1° En ce qui concerne le brevet d'État d'éducateur sportif du premier degré, organisé sous forme d'examen, de contrôle continu des connaissances et de formation modulaire :

a) Le directeur régional de la jeunesse, des sports et de la vie associative ou son représentant, membre de l'un des corps de l'inspection de la jeunesse et des sports, ou directeur départemental de la jeunesse, des sports et de la vie associative, ou directeur d'un établissement public d'enseignement relevant du ministre chargé des sports, président ;

b) Un représentant de chaque fédération sportive délégataire concernée par l'option sportive mentionnée à l'article D. 212-70, ou son représentant ;

c) Un ou plusieurs cadres techniques et pédagogiques relevant du ministre chargé des sports ;

d) Une ou plusieurs personnalités qualifiées ;

e) En tant que de besoin, un ou plusieurs membres du personnel enseignant de l'enseignement supérieur ;

f) Un ou plusieurs représentants d'une organisation de professionnels de l'enseignement dans l'option sportive concernée.

A l'exception des épreuves ou test de sélection et de l'examen de préformation de la formation modulaire, la composition des différents jurys est complétée par un représentant d'une organisation d'employeurs dans le domaine concerné.

2° En ce qui concerne le brevet d'État d'éducateur sportif du deuxième degré, organisé sous forme d'examen, de contrôle continu des connaissances et de formation modulaire :

a) Le directeur régional de la jeunesse, des sports et de la vie associative ou le membre d'un des corps de l'inspection de la jeunesse et des sports chargé par le ministre de la coordination nationale de l'option sportive, ou son représentant, président ;

b) Un membre de l'un des corps de l'inspection de la jeunesse, des sports et de la vie associative, le directeur d'un établissement public relevant du ministre chargé des sports ayant assuré la formation ;

c) Un représentant de chaque fédération sportive délégataire concernée par l'option sportive mentionnée à l'article D. 212-70, ou son représentant ;

d) Le directeur technique national de chaque fédération sportive délégataire concernée par l'option sportive mentionnée à l'article D. 212-70 ou son représentant ;

e) Un ou plusieurs cadres techniques et pédagogiques relevant du ministre chargé des sports ;

f) Une ou plusieurs personnalités qualifiées, un ou plusieurs représentants d'une organisation de professionnels de l'enseignement dans l'option sportive concernée.

A l'exception des épreuves ou test de sélection et de l'examen de préformation de la formation modulaire, la composition des différents jurys est complétée par un représentant d'une organisation d'employeurs dans le domaine concerné.

2° *bis* – En l'absence de fédération sportive agréée ou délégataire ou en cas de carence dûment constatée par le ministre chargé des sports empêchant la désignation du représentant de la fédération sportive et du directeur technique national, le jury délibère valablement.

3° En ce qui concerne le brevet d'État d'éducateur sportif du troisième degré, organisé sous forme d'examen, de contrôle continu des connaissances et de formation modulaire :

a) Le ministre chargé des sports ou son représentant, président ;

b) Le directeur de l'I.N.S.E.P. ou son représentant ;

c) Le membre de l'un des corps de l'inspection de la jeunesse et des sports chargé par le ministre de la coordination nationale de l'option sportive concernée ;

d) Le directeur technique national de la fédération sportive délégataire concernée par l'option sportive mentionnée à l'article D. 212-70, ou son représentant ;

e) Un membre de l'enseignement supérieur ;

f) Une ou plusieurs personnalités qualifiées. – *[Arr. du 30 nov. 1992, art. 10.]*

Art. A. 212-114 Le jury du brevet d'État d'éducateur sportif des premier et deuxième degrés réuni à l'issue d'une formation réservée aux candidats mentionnés au quatrième paragraphe de l'article D. 212-73 est composé des personnes suivantes :

1° Le directeur régional de la jeunesse, des sports et de la vie associative ou son représentant, membre de l'un des corps de l'inspection de la jeunesse et des sports, ou directeur départemental de la jeunesse, des sports et de la vie associative, ou directeur de l'établissement public d'enseignement relevant du ministre chargé des sports dans lequel est organisée la formation, président, le membre de l'un des corps de l'inspection de la jeunesse et des sports chargé par le ministre de la coordination nationale de l'option sportive concernée ;

2° Le directeur technique national de la fédération sportive délégataire concernée par l'option sportive mentionnée à l'article D. 212-70, ou son représentant ;

3° Un ou plusieurs cadres techniques et pédagogiques relevant du ministre chargé des sports ;

4° Une ou plusieurs personnalités qualifiées. – *[Arr. du 30 nov. 1992, art. 11.]*

§ 4 POINTS DE BONIFICATION POUR TITRES SPORTIFS

Art. A. 212-115 Des points de bonification sont attribués au candidat, à la partie commune du brevet d'État d'éducateur sportif du premier degré, lorsque celui-ci possède un ou des titres sportifs énumérés en annexe II-5 *[reproduite sur Dalloz.fr et sur les applications mobiles Dalloz 🏛]*.

Le candidat inscrit à la formation mentionnée à l'article A. 212-105 ne peut pas en bénéficier.

Les points de bonification sont à ajouter au total général des points obtenus.

Ces titres sportifs doivent être acquis en qualité de licencié d'une fédération sportive délégataire concernée par l'option sportive mentionnée à l'article D. 212-70. – *[Arr. du 30 nov. 1992, art. 12.]*

§ 5 NATURE DES ÉPREUVES DE L'EXAMEN CONDUISANT À LA DÉLIVRANCE DU BREVET D'ÉTAT D'ÉDUCATEUR SPORTIF À TROIS DEGRÉS

SOUS-§ 1er PARTIE COMMUNE

Art. A. 212-116 (Abrogé par Arr. du 1er juin 2015, art. 1er-I) ***Le candidat à la partie commune du brevet d'État d'éducateur sportif du premier degré doit satisfaire à des épreuves portant sur le programme des connaissances fixé en annexe II-6*** [reproduite sur Dalloz.fr et sur les applications mobiles Dalloz 🏛] ***au présent code. Cet examen comprend :***

A. – Une épreuve écrite (durée : deux heures ; coefficient 2).

L'épreuve écrite comporte deux questions (notées sur 20, affectées chacune d'un coefficient 1) relatives à l'activité du pratiquant. Pour répondre à ces questions, le candidat fait référence aux connaissances issues des sciences biologiques et des sciences humaines, nécessaires à l'éducateur sportif.

B. – Une épreuve orale (préparation : une heure, exposé : dix minutes maximum par thème ; coefficient 2).

L'épreuve orale comporte plusieurs questions portant sur trois thèmes :

– le cadre institutionnel, socio-économique et juridique dans lequel s'inscrit la pratique des activités physiques et sportives ;

— gestion, promotion, communication liées aux champs d'activité des activités physiques et sportives (A.P.S.) ;
— l'esprit sportif. — [Arr. du 30 nov. 1992, art. 13.]

Art. A. 212-117 (Abrogé par Arr. du 1er juin 2015, art. 1er-I) *Le candidat ayant obtenu, pour l'ensemble des épreuves définies à l'article A. 212-116, une moyenne égale ou supérieure à 10 sur 20 est proposé à l'admission définitive à l'examen de la partie commune du brevet d'État du premier degré et reçoit une attestation de réussite.* — [Arr. du 30 nov. 1992, art. 14.]

Art. A. 212-118 (Abrogé par Arr. du 1er juin 2015, art. 1er-I) *Le candidat à l'examen de la partie commune du brevet d'État d'éducateur sportif du deuxième degré doit satisfaire à des épreuves portant sur le programme des connaissances fixé en annexe II-7 au présent code. Cet examen comprend :*

A. — Trois épreuves écrites (coefficient 3) :

Une épreuve de culture générale. Partant d'une question ou de l'analyse d'un texte, cette épreuve conduit à développer une réflexion sur le phénomène sportif permettant de juger des qualités de réflexion, de synthèse et de rédaction du candidat (notée sur 20 ; durée : trois heures ; coefficient 1) ;

Une épreuve relative à l'optimisation de la performance. Dans cette épreuve, le candidat développe son analyse en faisant notamment référence aux données scientifiques (notée sur 20 ; durée : trois heures ; coefficient 1) ;

Une composition au choix du candidat relative à la formation des cadres ou à la promotion des activités physiques et sportives (notée sur 20 ; durée : trois heures ; coefficient 1).

B. — Trois épreuves orales (coefficient 3) :

Une interrogation portant sur le sport dans son environnement socio-économique et juridique (notée sur 20 ; préparation : une heure maximum, exposé et entretien : trente minutes maximum ; coefficient 1) ;

Une question se rapportant aux situations rencontrées par le pratiquant sur le terrain. Les sciences biologiques et les sciences humaines servent de référence au candidat pour son exposé (notée sur 20 ; préparation : une heure maximum, exposé et entretien : trente minutes maximum ; coefficient 1) ;

Une épreuve de langue destinée à vérifier les connaissances du candidat dans l'une des langues vivantes suivantes : anglais, allemand, espagnol, italien.

Le candidat doit présenter au jury un choix de textes sur le sport (revues, journaux, articles de presse, extraits d'articles ou autres publications).

L'ensemble de ces textes représente dix à quinze pages de format 21 × 29,7.

Lors de cette épreuve, le candidat prépare un commentaire écrit d'une vingtaine de lignes d'un texte choisi par le jury parmi les textes présentés. Ce travail sert d'introduction à un dialogue entre le candidat et le jury (notée sur 20 ; préparation : quarante minutes maximum, durée de l'entretien : trente minutes maximum ; coefficient 1).

C. — Une épreuve (coefficient 1) au choix du candidat parmi :

Une épreuve orale de gestion portant au choix du candidat sur :

— la gestion budgétaire d'une association ou d'une structure privée ouverte à la pratique des activités physiques et sportives ;
— la gestion de personnels ;
— les données budgétaires d'une collectivité locale ou de l'État en relation avec les activités physiques et sportives.

A partir d'un dossier de quinze pages maximum remis lors de l'examen relatif à l'un de ces thèmes, le candidat présente au jury une situation concrète qui sert de point de départ à l'entretien (notée sur 20 ; durée : trente minutes maximum) ;

Une épreuve pratique portant sur le traitement informatique de données. A partir d'une situation concrète relative aux activités physiques et sportives choisie par le jury le candidat propose une solution à l'aide de logiciels connus (notée sur 20 ; préparation : une heure maximum ; durée : trente minutes maximum). — [Arr. du 30 nov. 1992, art. 15.]

Art. A. 212-119 (Abrogé par Arr. du 1er juin 2015, art. 1er-I) *Le candidat ayant obtenu, pour l'ensemble des épreuves définies à l'article A. 212-118, une moyenne égale ou supérieure à 10 sur 20 est proposé à l'admission définitive à l'examen de la partie commune du brevet d'État d'éducateur sportif du deuxième degré et reçoit une attestation de réussite.* — [Arr. du 30 nov. 1992, art. 16.]

Art. A. 212-120 Le candidat à l'examen de la partie commune du brevet d'État d'éducateur sportif du troisième degré doit satisfaire à des épreuves portant sur le programme des connaissances fixé en annexe II-8 *[reproduite sur Dalloz.fr et sur les applications mobiles Dalloz]* au présent code. Cet examen comprend :

A. — La soutenance d'un mémoire relatif à une recherche sur un aspect d'une discipline sportive en s'appuyant notamment sur les sciences biologiques ou les sciences humaines (durée : une heure ; coefficient 4).

Le sujet de mémoire doit être soumis par le candidat à l'approbation du ministre chargé des sports.

Huit exemplaires sont envoyés au secrétariat du lieu d'examen au moins deux mois avant la date prévue pour la soutenance.

Le document doit comprendre quarante pages minimum dactylographiées (page de format 21 × 29,7 recto seulement).

B. — Une interrogation de langue vivante étrangère (coefficient 1) au choix parmi l'anglais, l'allemand, l'espagnol, l'italien qui comprend :

— la traduction en français d'un texte d'une vingtaine de lignes dactylographiées maximum (page de format 21 × 29,7) (préparation : une heure maximum). Le candidat est jugé tant sur la pertinence de la traduction que sur la compréhension du texte ;

— un entretien avec le jury (durée : trente minutes maximum). Le candidat doit prouver une connaissance parlée de la langue étrangère considérée tant du point de vue de la compréhension que du point de vue de l'expression.

L'entretien peut se référer au texte de la traduction ou peut être élargi à des problèmes généraux du sport.

C. — Une épreuve au choix parmi (coefficient 1) :

— une épreuve de langue destinée à vérifier sa connaissance d'une langue vivante étrangère distincte de celle choisie à l'épreuve B, parmi les langues suivantes : anglais, allemand, espagnol, italien. Le candidat doit présenter au jury un choix de textes sur le sport (revues, journaux, articles de presse, extraits d'article ou autres publications). L'ensemble de ces textes représente dix à quinze pages de format 21 x 29,7.

Lors de cette épreuve, le candidat prépare un commentaire écrit d'une vingtaine de lignes d'un texte choisi par le jury parmi les textes présentés. Ce travail sert d'introduction à un dialogue entre le candidat et le jury (préparation : quarante minutes maximum ; entretien : trente minutes maximum) ;

— une épreuve pratique d'informatique portant sur la conception d'une base de données ou d'un programme en tant qu'outil d'analyse des activités physiques et sportives (à partir de logiciels connus) (notée sur 20 ; préparation : une heure maximum ; durée : une heure) ;

— une épreuve de gestion portant sur la gestion d'une fédération ou sur les finances publiques. Le candidat présente un dossier de quinze pages maximum remis lors de l'inscription relatif à une situation concrète qui sert de point de départ à l'entretien (notée sur 20 ; durée : trente minutes maximum). — *[Arr. du 30 nov. 1992, art. 17.]*

Art. A. 212-121 Le candidat ayant obtenu pour l'ensemble des épreuves définies à l'article A. 212-120 une moyenne égale ou supérieure à 10 sur 20 est proposé à l'admission définitive à l'examen de la partie commune du brevet d'État d'éducateur sportif du troisième degré et reçoit une attestation de réussite. — *[Arr. du 30 nov. 1992, art. 18.]*

SOUS-§ 2 PARTIE SPÉCIFIQUE

Art. A. 212-122 Pour se présenter à la partie spécifique du brevet d'État d'éducateur sportif à trois degrés, un niveau de pratique du candidat peut être exigé dans les conditions fixées par arrêté pris en application de l'article D. 212-72.

La formation spécifique comprend un enseignement sur le sport pour les personnes handicapées.

Cette formation est donnée en collaboration avec les fédérations sportives titulaires de la délégation instituée à l'article L. 131-14 pour la pratique des activités physiques et sportives par des personnes handicapées. — *[Arr. du 30 nov. 1992, art. 19.]*

Art. A. 212-123 Le candidat à la partie spécifique du brevet d'État d'éducateur sportif du premier degré doit satisfaire à une épreuve générale, une épreuve pédagogique et une épreuve technique, à l'exception du candidat titulaire de la licence de sciences et techniques des activités physiques et sportives (STAPS) mention "entraînement sportif", qui est dispensé de l'épreuve générale et de l'épreuve pédagogique.

Pour les options à spécialités sportives multiples, un choix parmi une ou plusieurs spécialités peut être prévu.

Une épreuve générale (coefficient 4) comprenant :

– un écrit portant sur les aspects techniques du sport concerné (noté sur 20 ; durée : trois heures ; coefficient 2) ;

– un oral portant sur l'environnement socio-économique et juridique du sport ou des sports concernés par l'option sportive mentionnée à l'article D. 212-70, (notée sur 20 ; préparation : trente minutes maximum ; exposé : trente minutes maximum ; coefficient 2).

Une épreuve pédagogique (coefficient 4) comprenant :

– la présentation et la conduite d'une ou plusieurs séances portant sur la pratique de l'option sportive concernée (coefficient 3). Le candidat bénéficie d'un temps de préparation d'une heure maximum, lui permettant notamment de faire une présentation écrite de la séance. Il est jugé sur le choix des outils didactiques, des méthodes pédagogiques et des attitudes d'enseignement ;

– un entretien avec le jury de l'épreuve pédagogique (coefficient 1). La conduite de l'entretien par le jury doit permettre au candidat de justifier sa démarche pédagogique et d'effectuer l'analyse critique de la ou des séances réalisées.

Une épreuve technique (coefficient 4) comprenant :

– une épreuve comportant la réalisation d'une ou de plusieurs prestations physiques relatives à l'option sportive choisie (notée sur 20 ; coefficient 3).

Pour certaines spécialités, des dispositions particulières figurant dans les arrêtés pris en application de l'article D. 212-72 peuvent permettre d'exiger que l'épreuve soit subie selon les règles d'acquisition d'un classement ou d'un grade se rapportant à un niveau de pratique attesté par la fédération sportive délégataire concernée par l'option sportive mentionnée à l'article D. 212-70.

Toutefois le candidat peut être dispensé de l'épreuve technique s'il fournit une attestation de performance réalisée dans les conditions prévues par l'arrêté pris en application de l'article D. 212-72. Dans ce cas, le candidat se voit attribuer une note conformément aux dispositions définies par l'arrêté établissant le programme de la partie spécifique de l'option concernée ;

– un oral portant sur les règlements techniques de chaque fédération sportive délégataire concernée par l'option sportive mentionnée à l'article D. 212-70 (notée sur 20 ; préparation : trente minutes maximum ; exposé : trente minutes maximum ; coefficient 1). – *[Arr. du 30 nov. 1992, art. 20.]*

Art. A. 212-124 Le candidat ayant obtenu, pour l'ensemble des épreuves définies à l'article A. 212-123, une moyenne égale ou supérieure à 10 sur 20 est proposé à l'admission définitive du brevet d'État d'éducateur sportif du premier degré.

Le candidat qui a obtenu pour l'ensemble des épreuves définies à l'article A. 212-123 une moyenne inférieure à 10 sur 20 peut sur demande écrite conserver le bénéfice de la note à l'épreuve (générale, pédagogique et/ou technique) dans laquelle ou lesquelles il a obtenu une note supérieure ou égale à la moyenne.

Dans le cas où les arrêtés spécifiques, mentionnés à l'article A. 212-104, le prévoient, toute note inférieure ou égale à 6 à une épreuve (générale, pédagogique ou technique) peut être déclarée éliminatoire par le jury. – *[Arr. du 30 nov. 1992, art. 21.]*

Art. A. 212-125 Le candidat à la partie spécifique du brevet d'État d'éducateur sportif du deuxième degré doit satisfaire à une épreuve générale, une épreuve pédagogique et une épreuve technique.

Une épreuve générale (coefficient 3) comprenant :

– un écrit portant sur l'ensemble des dimensions de la pratique de haut niveau de l'option sportive concernée (noté sur 20 ; durée : trois heures ; coefficient 2) ;

– un oral portant sur l'organisation et la réglementation nationale et internationale de l'option sportive concernée (noté sur 20 ; préparation : trente minutes ; exposé : trente minutes ; coefficient 1).

Une épreuve pédagogique (coefficient 4) comprenant :

– la présentation et la conduite d'une ou plusieurs séances de perfectionnement et/ou d'entraînement (coefficient 3).

Ces séances portent sur la pratique de l'option sportive concernée et s'adressent à des éducateurs et/ou à des pratiquants. Le candidat bénéficie d'un temps de préparation d'une heure maximum, lui permettant notamment de faire une présentation écrite de chaque séance. Il est jugé sur le texte de présentation du contenu technique et pédagogique ainsi que sur la conduite des séances ;

– un entretien avec le jury (durée : trente minutes ; coefficient 1).

Celui-ci porte sur la préparation et la présentation d'un rapport sur l'organisation et la conception d'un stage ou d'un cycle de stages de formation de cadres régionaux. Ce rapport est le compte rendu d'un stage que le candidat a réellement dirigé ou auquel il a été associé dans les trois ans précédant l'examen. Des moyens audiovisuels peuvent être utilisés.

Une épreuve technique (coefficient 2) : Cette épreuve comporte la réalisation d'une ou de plusieurs difficultés techniques relatives à l'option sportive choisie.

Pour certaines spécialités, des dispositions particulières figurant dans les arrêtés pris en application de l'article D. 212-72 peuvent permettre d'exiger que l'épreuve soit subie selon les règles d'acquisition d'un classement ou d'un grade se rapportant à un niveau de pratique attesté par la fédération sportive délégataire concernée par l'option sportive mentionnée à l'article D. 212-70.

Toutefois, le candidat peut être dispensé de l'épreuve technique s'il fournit un certificat, signé par le directeur technique national, attestant qu'il a déjà satisfait à l'exécution de ces difficultés dans les conditions prévues par l'arrêté pris en application de l'article D. 212-72 relatif à l'organisation et aux conditions de préparation et de délivrance du brevet d'État d'éducateur sportif. Dans ce cas, le candidat se voit attribuer une note conformément au barème publié dans l'arrêté définissant le programme de la partie spécifique de l'option sportive concernée.

S'il s'agit de la même épreuve que celle subie à l'examen du brevet d'État d'éducateur sportif du premier degré, le candidat peut conserver le bénéfice de la performance prise en compte lors de l'examen du premier degré du brevet d'État d'éducateur sportif. – *[Arr. du 30 nov. 1992, art. 22.]*

Art. A. 212-126 Le candidat ayant obtenu une moyenne égale ou supérieure à 10 sur 20 pour l'ensemble des épreuves définies à l'article A. 212-125 est proposé à l'admission définitive à l'examen de la partie spécifique et reçoit une attestation de réussite.

Le candidat qui a obtenu à l'ensemble des épreuves définies à l'article A. 212-125 une moyenne inférieure à 10 sur 20 peut, sur demande écrite, conserver le bénéfice de la note aux épreuves dans lesquelles il a obtenu une note supérieure ou égale à la moyenne.

Dans le cas où les arrêtés spécifiques, mentionnés à l'article A. 212-104, le prévoient, toute note inférieure ou égale à 6 à une épreuve (générale, pédagogique ou technique) peut être déclarée éliminatoire par le jury. – *[Arr. du 30 nov. 1992, art. 23.]*

Art. A. 212-127 Le candidat à la partie spécifique du brevet d'État d'éducateur sportif du troisième degré doit satisfaire aux épreuves suivantes :

A. – Organisation, direction et enseignement en situation de responsabilité d'au moins deux stages nationaux d'une durée minimale de trente-cinq heures chacun, sous le contrôle du directeur technique national ou de son représentant (coefficient 3).

Ces stages portent sur :

– l'entraînement d'athlètes ;

– la formation de cadres.

Le candidat est jugé sur la conception, l'organisation, le déroulement de ces stages et sur le rapport qu'il en effectue.

La note globale définitive est attribuée d'après le rapport général établi par le directeur technique national ou son représentant ou, à défaut, par le cadre technique de haut niveau mentionné.

B. – Soutenance d'un mémoire portant sur une étude prospective de l'organisation de l'option sportive en ce qui concerne les compétitions, la formation des cadres, la détection, la sélection et la préparation de sportifs de haut niveau sous leurs aspects techniques, administratifs et sociaux. Ce document doit comprendre vingt-cinq pages au minimum (durée : une heure ; coefficient 3). – *[Arr. du 30 nov. 1992, art. 24.]*

Art. A. 212-128 Le candidat ayant obtenu une moyenne égale ou supérieure à 10 sur 20 pour l'ensemble des épreuves définies à l'article A. 212-127 est proposé à l'admission définitive de la partie spécifique et reçoit une attestation de réussite.

Dans le cas où les arrêtés spécifiques, mentionnés à l'article A. 212-104, le prévoient, toute note inférieure ou égale à 6 à une épreuve (générale, pédagogique ou technique) peut être déclarée éliminatoire par le jury. – *[Arr. du 30 nov. 1992, art. 25.]*

§ 6 NATURE DU CONTRÔLE CONTINU DES CONNAISSANCES CONDUISANT AU BREVET D'ÉTAT D'ÉDUCATEUR SPORTIF À TROIS DEGRÉS AU COURS D'UNE FORMATION RELEVANT DU MINISTRE CHARGÉ DES SPORTS

Art. A. 212-129 La formation conduisant au brevet d'État d'éducateur sportif à trois degrés par un contrôle continu des connaissances, au cours d'une formation relevant du ministre chargé des sports, est soumise à l'agrément du directeur régional de la jeunesse, des sports et de la vie associative.

La formation est organisée dans le cadre du service public de formation coordonné par le directeur régional de la jeunesse, des sports et de la vie associative. Elle est réalisée par une équipe de formation dont les membres sont désignés par le chef de l'établissement ou du service concerné. – *[Arr. du 30 nov. 1992, art. 26.]*

Art. A. 212-130 Le directeur régional de la jeunesse, des sports et de la vie associative, au vu des acquis professionnels ou des qualifications reconnues sanctionnant les mêmes compétences, peut valider ces acquis ou dispenser de tout ou partie de la formation et de l'évaluation. – *[Arr. du 30 nov. 1992, art. 28.]*

Art. A. 212-131 La formation conduisant à l'obtention de la partie commune du brevet d'État d'éducateur sportif à trois degrés sous forme de contrôle continu des connaissances se déroule, après réussite à une ou plusieurs épreuves de sélection.

Pour la partie commune du brevet d'État d'éducateur sportif du premier degré :

– soit au cours d'un stage d'une durée minimum de 160 heures pouvant s'échelonner sur une période de douze semaines maximum ;

– soit au cours d'un stage d'une durée minimum de 200 heures réparties sur une période de neuf mois maximum.

Pour la partie commune du brevet d'État d'éducateur sportif du deuxième degré :

– soit au cours d'un stage d'une durée minimum de 300 heures pouvant s'échelonner sur une période de vingt-cinq semaines maximum ;

– soit au cours d'un stage d'une durée minimum de 350 heures réparties sur une période d'un an maximum.

Pour la partie commune du brevet d'État d'éducateur sportif du troisième degré :

– soit au cours d'un stage d'une durée minimum de 300 heures pouvant s'échelonner sur une période de vingt-cinq semaines maximum ;

– soit au cours d'un stage d'une durée minimum de 350 heures réparties sur une période d'un an maximum.

Cette formation peut être fractionnée en plusieurs unités de formation correspondant aux différentes parties du programme citées en annexe II-6 pour le premier degré, en annexe II-7 pour le deuxième degré et en annexe II-8 pour le troisième degré du présent code *[annexes reproduites sur Dalloz.fr et sur les applications mobiles Dalloz 🏛]*.

Le jury, conforme à l'article A. 212-112 établit la liste des personnes proposées à l'admission définitive, au vu des résultats obtenus lors du contrôle continu des connaissances de la partie commune. Le candidat reçoit une attestation de réussite.

La partie commune ne peut être obtenue si une note inférieure à 10 sur 20 est attribuée à l'une des unités de formation qui la compose. Le candidat peut garder le bénéfice de la ou des unités de formation, pour laquelle ou lesquelles il a obtenu une note égale ou supérieure à 10 sur 20 pour une formation s'effectuant dans le même établissement. – *[Arr. du 30 nov. 1992, art. 29.]*

Art. A. 212-132 Le candidat à la formation spécifique évaluée par un contrôle continu des connaissances qui a subi avec succès les épreuves de sélection reçoit un livret de formation délivré par le directeur régional de la jeunesse, des sports et de la vie associative. Cette formation peut être fractionnée en une ou plusieurs unités de formation et se déroule dans les conditions prévues dans les arrêtés pris en application de l'article D. 212-127.

La formation spécifique comprend un enseignement sur le sport pour les personnes handicapées. Cette formation est donnée en collaboration avec les fédérations sportives, titulaires de la délégation instituée à l'article L. 131-14, pour la pratique des activités physiques et sportives par des personnes handicapées. – *[Arr. du 30 nov. 1992, art. 30.]*

Art. A. 212-133 Les modalités d'organisation des épreuves de sélection sont fixées par le chef de l'établissement ou du service concerné.

Chaque étape de la formation fait l'objet d'une évaluation par l'équipe de formateurs. La décision relative à cette évaluation doit être portée sur le livret de formation. – *[Arr. du 30 nov. 1992, art. 31.]*

Art. A. 212-134 Le stage pédagogique en situation qui est inclus dans la formation à la partie spécifique a pour objet de mettre le stagiaire en situation de responsabilité dans une structure d'animation, d'enseignement ou d'entraînement agréée par le directeur régional de la jeunesse, des sports et de la vie associative conformément au 3° de l'article R. 212-79 et dans les conditions fixées à l'article A. 212-136.

Il s'effectue dans sa totalité en présence de pratiquants, sous le contrôle d'un conseiller de stage désigné selon les modalités définies à l'article A. 212-135. – *[Arr. du 30 nov. 1992, art. 32.]*

Art. A. 212-135 Le conseiller de stage est désigné par le directeur régional de la jeunesse, des sports et de la vie associative après consultation des personnes mentionnées à l'article A. 212-136.

Il est titulaire au minimum du brevet d'État d'éducateur sportif du premier degré de l'option sportive concernée ou d'un titre ou diplôme admis en équivalence, pour les formations du premier degré.

Il est titulaire au minimum du brevet d'État d'éducateur sportif du deuxième degré de l'option sportive concernée ou d'un titre ou diplôme admis en équivalence, pour les formations du deuxième degré.

Le conseiller de stage a pour rôle de préparer le stagiaire à ses futures fonctions et de le conseiller dans les domaines technique et pédagogique, dans le respect des règles techniques et déontologiques de la ou des disciplines sportives concernées. Il rédige un rapport en fin de stage pédagogique en situation et le joint au livret de formation du candidat.

Il peut exercer cette fonction auprès de deux stagiaires maximum. – *[Arr. du 30 nov. 1992, art. 33.]*

Art. A. 212-136 Le directeur régional de la jeunesse, des sports et de la vie associative agrée les structures d'animation, d'enseignement ou d'entraînement dans lesquelles se déroule le stage pédagogique en situation ainsi que les unités de formation après consultation d'une commission composée des personnes suivantes :

– un cadre technique spécialiste de l'option sportive concernée ;

– un représentant de la (des) fédération(s) sportive(s) concernée(s) ;

– un représentant d'une organisation d'éducateurs sportifs diplômés d'État dans l'option sportive concernée ;

– toute personne susceptible d'éclairer les travaux de cette commission.

Une convention dont le contenu est fixé par l'annexe II-9 *[reproduite sur Dalloz.fr et sur les applications mobiles Dalloz]* est établie avant le début du stage pédagogique en situation entre le (ou les) représentant(s) de la (ou des) structure(s) mentionnée(s) à l'article A. 212-133 et le chef de l'établissement ou du service responsable de la formation. – *[Arr. du 30 nov. 1992, art. 34.]*

Art. A. 212-137 Le jury, conforme à l'article A. 212-113, et dans une composition identique à celui des épreuves de sélection, établit la liste des personnes admises au brevet d'État d'éducateur sportif à trois degrés, au vu des résultats obtenus lors du contrôle continu des connaissances et au vu du dossier individuel de chaque candidat. Ce dossier comprend le livret de formation. – *[Arr. du 30 nov. 1992, art. 35.]*

Art. A. 212-138 Après délibération du jury, le candidat qui a échoué à une ou plusieurs unités de formation de la partie spécifique peut être autorisé par le directeur régional de la jeunesse, des sports et de la vie associative à suivre cette ou ces unités de formation sans avoir à refaire l'ensemble de la formation, dans le cadre :

– soit d'une autre session de formation relevant du ministère chargé des sports organisée sous la forme d'un contrôle continu des connaissances. Dans ce cas, le candidat doit suivre cette ou ces unités de formation au sein de l'établissement dans lequel il a suivi la formation. Si celle-ci n'est pas reconduite par le centre de formation, le directeur régional de la jeunesse, des sports et de la vie associative peut autoriser le candidat à compléter sa formation dans un autre centre relevant du ministère chargé des sports ;

– soit d'une formation modulaire conduisant à la délivrance du brevet d'État d'éducateur sportif du 1er degré dans la même option, en bénéficiant de la dispense ou des allégements suivants :

1° les épreuves de sélection de la formation en contrôle continu des connaissances passées avec succès dispensent du test de sélection de la formation modulaire ;

2° le candidat ayant validé des unités de formation dans le cadre du contrôle continu des connaissances est allégé des unités de formation correspondantes dans le cadre de la formation modulaire ;

3° le candidat ayant suivi le stage pédagogique en situation dans le cadre du contrôle continu des connaissances est allégé de ce stage dans le cadre de la formation modulaire. Cependant, il doit produire le rapport de stage exigé pour l'examen final de la formation modulaire. – *[Arr. du 30 nov. 1992, art. 36.]*

Art. A. 212-139 La formation évaluée par un contrôle continu des connaissances et portant sur la partie commune et la partie spécifique se déroule conformément aux dispositions des articles A. 212-129 à A. 212-138 précisant la nature des épreuves conduisant à l'obtention du brevet d'État d'éducateur sportif à trois degrés par un contrôle continu des connaissances. – *[Arr. du 30 nov. 1992, art. 37.]*

§ 7 NATURE DES ÉPREUVES CONDUISANT À LA DÉLIVRANCE DU BREVET D'ÉTAT D'ÉDUCATEUR SPORTIF À TROIS DEGRÉS À L'ISSUE D'UNE FORMATION MODULAIRE

Art. A. 212-140 Des arrêtés pris en application de l'article D. 212-72 déterminent les modalités de la formation modulaire particulières à chaque option. Ils peuvent prévoir un ordre particulier de passage des unités de formation et conditionner l'accès au stage pédagogique en situation. – *[Arr. du 30 nov. 1992, art. 38.]*

Art. A. 212-141 Le candidat titulaire d'une licence de sciences et techniques des activités physiques et sportives (STAPS) mention "entraînement sportif" est dispensé du test de sélection, du stage de préformation et de l'intégralité du cursus de formation. Il se présente directement à l'examen final. – *[Arr. du 30 nov. 1992, art. 38-1.]*

Art. A. 212-142 Sous réserve des dispositions des arrêtés spécifiques, le test de sélection est organisé sous forme d'une ou de plusieurs épreuves d'évaluation de niveau sous la responsabilité du directeur régional de la jeunesse, des sports et de la vie associative. En cas de succès, celui-ci délivre une attestation de réussite. – *[Arr. du 30 nov. 1992, art. 39.]*

Art. A. 212-143 Le stage de préformation est organisé sous la responsabilité du directeur régional de la jeunesse, des sports et de la vie associative. Il a pour objet d'apprécier les capacités techniques et pédagogiques du candidat, et de vérifier ses compétences en matière d'animation et de sécurité lui permettant de participer à l'encadrement de l'activité correspondant à l'option choisie. En outre, il permet de préciser ses besoins en formation et de valider d'éventuels acquis en vue d'allégements. Le stage est évalué selon des modalités définies par le directeur régional de la jeunesse, des sports et de la vie associative. – *[Arr. du 30 nov. 1992, art. 40.]*

Art. A. 212-144 Les candidats ayant satisfait aux épreuves de l'examen prévu à l'article A. 212-143 reçoivent un livret de formation délivré par le directeur régional de la jeunesse, des sports et de la vie associative du lieu où s'est déroulé l'examen de préformation. – *[Arr. du 30 nov. 1992, art. 41.]*

Art. A. 212-145 Des unités de formation sont mises en place dans le cadre de structures agréées par le directeur régional de la jeunesse, des sports et de la vie associative *[directeur régional de la jeunesse, des sports et de la cohésion sociale]* selon les modalités identiques à celles prévues à l'article A. 212-136.

La formation spécifique comprend un enseignement sur le sport pour les personnes handicapées. Cette formation est donnée en collaboration avec les fédérations sportives, titulaires de la délégation instituée à l'article L. 131-14, pour la pratique des activités physiques et sportives par des personnes handicapées.

Pour se présenter à l'examen final du premier degré, prévu à l'article A. 212-147, le candidat doit avoir suivi une ou plusieurs unités de formation dans chacun des domaines obligatoires suivants :

I – Initiation et perfectionnement technique ;

II – Pédagogie de la pratique sportive de compétition ;

III – Pédagogie adaptée à des pratiques de loisir sportif ;

IV – Environnement du sport concerné : réglementation, milieu naturel, environnement économique et social.

Pour se présenter à l'examen final du deuxième degré prévu à l'article A. 212-147, le candidat doit avoir suivi une ou plusieurs unités de formation dans chacun des domaines obligatoires suivants :

I – Approfondissement technique ;

II – Management et entraînement à la compétition ;

III – Formation de cadres ;

IV – Environnement du sport concerné.

Pour se présenter à l'examen final du troisième degré prévu à l'article A. 212-147, le candidat doit avoir subi une ou plusieurs unités de formation dans chacun des domaines obligatoires suivants :

I – Étude prospective ;

II – Mémoire, recherche et méthodologie ;

III – Langues étrangères.

Par ailleurs, il doit avoir encadré au moins deux stages nationaux.

Les arrêtés spécifiques peuvent, en fonction de l'option sportive dans les trois degrés, proposer des domaines obligatoires ou facultatifs en plus des domaines ci-dessus. – *[Arr. du 30 nov. 1992, art. 42.]*

Art. A. 212-146 Le stage pédagogique se déroule dans les conditions prévues à l'article A. 212-134. – *[Arr. du 30 nov. 1992, art. 43.]*

Art. A. 212-147 L'examen final comprend trois épreuves.

Une épreuve générale (durée : précisée dans les arrêtés spécifiques ; coefficient 4) comprenant :

a) Un écrit portant sur les aspects techniques du sport concerné (noté sur 20 ; coefficient 2) ;

b) Un oral relatif à l'environnement économique ou social du sport concerné (noté sur 20 ; coefficient 2).

Pour les disciplines de pleine nature, cet oral relatif à l'environnement peut intégrer la connaissance du milieu naturel.

Une épreuve pédagogique (coefficient 4) comprenant :

– la présentation et conduite de séance(s) (notée sur 20 ; coefficient 3).

Cette ou ces séances portent sur la pratique de l'option sportive concernée. Le candidat bénéficie d'un temps de préparation d'un maximum d'une heure lui permettant de faire une présentation écrite de la ou des séquences ; il est jugé sur le choix des outils didactiques, des méthodes pédagogiques et des attitudes d'enseignement ;

– un entretien avec le jury (noté sur 20 ; durée minimum : quinze minutes ; coefficient 1). La conduite de l'entretien par le jury doit permettre au candidat d'expliquer la démarche pédagogique et de faire l'analyse critique de la ou des séances.

Une épreuve technique (coefficient 4) comprenant :

– un test pratique (noté sur 20 ; coefficient 3). Ce test comporte la réalisation d'une ou de plusieurs difficultés techniques relatives à l'option sportive choisie.

Pour certaines spécialités, des dispositions particulières figurant dans les arrêtés pris en application de l'article D. 212-127 peuvent permettre d'exiger que l'épreuve soit subie selon les règles d'acquisition d'un classement ou d'un grade se rapportant à un niveau de pratique attesté par la fédération sportive concernée par l'option sportive mentionnée à l'article D. 212-70. Cette fédération est titulaire de la délégation instituée à l'article L. 131-14.

Toutefois, le candidat peut être dispensé de l'épreuve technique s'il fournit une attestation de performance réalisée dans les conditions prévues par l'arrêté spécifique et qui est convertie en note.

– un oral portant sur les règlements techniques de la ou des fédérations sportives concernées par l'option sportive mentionnées à l'article D. 212-70. Cette fédération est titulaire de la délégation instituée à l'article L. 131-14 (noté sur 20 ; durée minimum : quinze minutes ; coefficient 1).

Toutefois, lorsque les arrêtés spécifiques le prévoient, une épreuve liée à l'exercice professionnel peut faire l'objet d'une évaluation.

Le candidat titulaire de la licence de sciences et techniques des activités physiques et sportives (STAPS) mention "entraînement sportif" est dispensé de l'épreuve générale, de l'épreuve pédagogique et, lorsqu'elle existe, de l'épreuve liée à l'exercice professionnel. – *[Arr. du 30 nov. 1992, art. 44.]*

Art. A. 212-148 Le candidat qui a obtenu une moyenne égale ou supérieure à 10 sur 20 aux épreuves définies à l'article A. 212-147 est proposé à l'admission définitive du brevet d'État d'éducateur sportif à trois degrés.

Pour certaines options sportives, une ou des unités de formation mentionnées à l'article A. 212-145 peuvent être sanctionnées par une épreuve notée sur 20. Dans ce cas, les arrêtés spécifiques précisent les conditions d'admission définitive.

Le candidat ajourné peut conserver sur sa demande écrite le bénéfice de la note à l'épreuve (générale, pédagogique et/ou technique) dans laquelle il a obtenu une note supérieure ou égale à 10 sur 20.

Dans le cas où les arrêtés spécifiques, mentionnés à l'article A. 212-104, le prévoient, toute note inférieure ou égale à 6 à une épreuve (générale, pédagogique ou technique) peut être déclarée éliminatoire par le jury. – *[Arr. du 30 nov. 1992, art. 45.]*

Art. A. 212-149 Pour chaque option sportive, l'arrêté spécifique fixe, le cas échéant, la liste des diplômes ou attestations qui peuvent dispenser du test de sélection, du stage et de l'examen de préformation, d'une ou plusieurs unités de formation mentionnées à l'article A. 212-145, de tout ou partie du stage pédagogique en situation ainsi que d'une ou plusieurs épreuves de l'examen final. – *[Arr. du 30 nov. 1992, art. 46.]*

Art. A. 212-150 Le candidat ayant débuté une formation en contrôle continu des connaissances et qui a été autorisé par le président du jury mentionné à l'article A. 212-113 à suivre une formation modulaire bénéficie des allégements prévus à l'article A. 212-138. – *[Arr. du 30 nov. 1992, art. 47.]*

§ 8 NATURE DES ÉPREUVES CONDUISANT À LA DÉLIVRANCE DU BREVET D'ÉTAT D'ÉDUCATEUR SPORTIF DES PREMIER ET DEUXIÈME DEGRÉS ET RÉSERVÉES AUX CANDIDATS ÉTANT OU AYANT ÉTÉ SPORTIFS DE HAUT NIVEAU

Art. A. 212-151 Le brevet d'État d'éducateur sportif du premier degré et du deuxième degré peut être délivré aux candidats étant ou ayant été sportifs de haut niveau dans les conditions fixées à l'article D. 212-73, après avoir suivi une formation en contrôle continu des connaissances organisée par un établissement public d'enseignement relevant du ministre chargé des sports.

L'option sportive du brevet d'État d'éducateur sportif doit correspondre à la discipline dans laquelle le candidat est ou a été inscrit sur la liste nationale des sportifs de haut niveau.

Cette formation a pour le brevet d'État d'éducateur sportif premier degré un volume horaire minimal de cent quatre-vingt-dix heures et pour le brevet d'État d'éducateur sportif deuxième degré un volume horaire minimal de deux cent quarante heures, sauf allégement prévu à l'article A. 212-153 et ne distingue pas partie commune et partie spécifique. Elle se déroule à l'issue d'un stage d'orientation et de sélection dans les conditions prévues à l'article A. 212-152. – *[Arr. du 30 nov. 1992, art. 48.]*

Art. A. 212-152 Une épreuve spéciale destinée à évaluer les connaissances du candidat est organisée au cours d'un stage d'orientation et de sélection de quarante heures. Ce stage doit permettre à l'équipe des formateurs d'apprécier le niveau technique et les motivations du stagiaire, d'effectuer un bilan de ses connaissances avant l'entrée en formation et de construire un plan de formation individualisé.

Le candidat qui a réussi avec succès l'épreuve spéciale reçoit un livret de formation délivré par le directeur régional de la jeunesse, des sports et de la vie associative dont relève l'établissement public d'enseignement qui assure la formation. – *[Arr. du 30 nov. 1992, art. 49.]*

Art. A. 212-153 A l'issue de l'épreuve spéciale mentionnée à l'article A. 212-152, le jury peut décider d'alléger la formation du candidat de tout ou partie des unités de formation. – *[Arr. du 30 nov. 1992, art. 50.]*

Art. A. 212-154 La formation pour le brevet d'État d'éducateur sportif premier degré comprend :

– une unité de formation Animation et entraînement (durée minimale : quarante heures) ;

– une unité de formation Organisation (durée minimale : quarante heures) ;

– une unité de formation Pédagogie d'une durée minimale de cent dix heures : cette unité comprend un stage en situation d'une durée minimale de cinquante heures ;

La formation pour le brevet d'État d'éducateur sportif deuxième degré comprend :

– une unité de formation Entraînement (durée minimale : quatre-vingts heures ; cette unité comprend un stage en situation de quarante heures) ;

– une unité de formation Gestion et management (durée minimale : quatre-vingts heures) ;

– une unité de formation de cadres (durée minimale : quatre-vingts heures ; cette unité comprend un stage en situation de formation de cadres régionaux, de quarante heures) ;

– une unité de formation facultative au choix :

– langue vivante ;

– informatique.

La formation pour le premier et le deuxième degré comprend un enseignement sur le sport pour les personnes handicapées. Cette formation est donnée en collaboration avec les fédérations sportives, titulaires de la délégation instituée à l'article L. 131-14, pour la pratique des activités physiques et sportives par des personnes handicapées.

Chaque étape de la formation pour le premier et le deuxième degré fait l'objet d'une évaluation par l'équipe de formateurs. Cette évaluation doit être portée sur le livret de formation. – *[Arr. du 30 nov. 1992, art. 51.]*

Art. A. 212-155 Les stages en situation, mentionnés à l'article A. 212-154, ont pour objet de mettre le stagiaire en situation de responsabilité dans une structure d'entraînement et de formation, agréée par le directeur régional de la jeunesse, des sports et de la vie associative conformément à l'article R. 212-79.

Il s'effectue dans sa totalité en présence de pratiquants, sous contrôle d'un conseiller de stage désigné selon les modalités définies à l'article A. 212-135. – *[Arr. du 30 nov. 1992, art. 52.]*

Art. A. 212-156 L'évaluation terminale de synthèse pour le premier et le deuxième degré est organisée à l'issue de la formation. Elle consiste à partir d'un cas pratique soumis au candidat en une épreuve d'entretien (notée sur 20 ; préparation : deux heures ; exposé : vingt minutes ; entretien : trente minutes). – *[Arr. du 30 nov. 1992, art. 53.]*

Art. A. 212-157 Le jury, conforme à l'article A. 212-144, établit la liste des personnes admises au brevet d'État d'éducateur sportif du premier degré et du deuxième degré, au vu des résultats obtenus lors de l'évaluation terminale de synthèse et au vu du dossier individuel de chaque candidat. Ce dossier comprend le livret de formation.

Après délibération du jury, le candidat qui a échoué à une ou plusieurs unités de formation et/ou à l'évaluation terminale de synthèse peut être autorisé par le directeur régional de la jeunesse, des sports et de la vie associative à suivre cette ou ces unités de formation sans avoir à refaire l'ensemble de la formation – *[Arr. du 30 nov. 1992, art. 54.]*

§ 9 DISPOSITIONS PARTICULIÈRES EN FAVEUR DES PERSONNES HANDICAPÉES

Art. A. 212-158 La commission spécialisée habilitée à proposer la mise en œuvre de dispositions particulières pour les personnes handicapées candidates à un brevet d'État d'éducateur sportif est présidée par le responsable en charge de l'emploi et des formations au ministère chargé des sports, ou son représentant. – *[Arr. du 19 janv. 1994, art. 1er.]*

Art. A. 212-159 La commission prévue à l'article A. 212-158 est saisie par le directeur régional de la jeunesse, des sports et de la vie associative sur la demande des personnes handicapées qui désirent que des adaptations soient apportées à l'organisation de l'examen ou de la formation conduisant au brevet d'État d'éducateur sportif à trois degrés. – *[Arr. du 30 nov. 1992, art. 55.]*

Art. A. 212-160 Cette commission comprend :

1° Le directeur technique national de la fédération française handisport, ou son représentant, ou le directeur technique national de la fédération française du sport adapté, ou son représentant, selon la nature du handicap ;

2° Le directeur technique national de la fédération sportive concernée par l'option du brevet d'État d'éducateur sportif choisie par le candidat ;

3° Un membre de l'un des corps de l'inspection de la jeunesse et des sports, ou directeur départemental de la jeunesse, des sports et de la vie associative ou directeur d'un établissement public d'enseignement relevant du ministre chargé des sports en charge du brevet d'État d'éducateur sportif, option sport pour handicapés physiques et sensoriels ;

4° Un membre de l'un des corps de l'inspection de la jeunesse et des sports, ou directeur départemental de la jeunesse, des sports et de la vie associative ou directeur d'un établissement public d'enseignement relevant du ministre chargé des sports en charge du brevet d'État d'éducateur sportif, option activités physiques et sportives adaptées ;

5° Un médecin désigné par le ministre chargé des sports après avis de la fédération française handisport ;

6° Un médecin désigné par le ministre chargé des sports après avis de la fédération française du sport adapté ;

7° Un médecin de la fédération sportive concernée par l'option du brevet d'État d'éducateur sportif choisie par le candidat ;

8° Deux personnalités qualifiées.

La commission peut, en outre, entendre toute personne dont le concours est jugé utile à ses travaux. – *[Arr. du 19 janv. 1994, art. 2.]*

Art. A. 212-161 Au vu des attestations médicales présentées par le candidat, la sous-commission spécialisée formule un avis relatif à :

– la compatibilité entre le handicap présenté et les contraintes de l'exercice professionnel dans l'option sportive choisie, le cas échéant, indique les restrictions aux prérogatives du diplôme délivré ;

– la compatibilité entre le handicap présenté et les épreuves conduisant à l'obtention du brevet d'État d'éducateur sportif à trois degrés dans l'option sportive choisie et propose, le cas échéant, l'aménagement d'une ou plusieurs épreuves du brevet d'État d'éducateur sportif à trois degrés – *[Arr. du 30 nov. 1992, art. 56.]*

Art. A. 212-162 Au vu de l'avis rendu par la sous-commission spécialisée, le directeur régional de la jeunesse, des sports et de la vie associative décide de l'aménagement éventuel de la formation ou de l'examen conduisant à l'obtention du brevet d'État d'éducateur sportif à trois degrés dans l'option sportive choisie. – *[Arr. du 30 nov. 1992, art. 57.]*

§ 10 DISPOSITIONS GÉNÉRALES

Art. A. 212-163 Le président du jury du brevet d'État d'éducateur sportif à trois degrés peut, à tout moment, décider de suspendre le déroulement des épreuves, notamment pour raison de sécurité. – *[Arr. du 30 nov. 1992, art. 58.]*

Art. A. 212-164 L'attestation de qualification et d'aptitude aux fonctions mentionnées à l'article L. 212-1 est délivrée par le ministre chargé des sports, après avis d'un jury qualifié composé de la façon suivante :

1° Le directeur des sports ou son représentant, président ;

2° Le directeur technique national de la discipline concernée, ou, s'il n'existe pas de direction technique, un cadre technique désigné par le ministre chargé des sports ;

3° Un membre de l'un des corps d'inspection de la jeunesse et des sports chargé par le ministre de la coordination nationale du brevet d'État d'éducateur sportif à trois degrés de l'option sportive concernée ;

4° Un ou plusieurs représentants d'une organisation de professionnels d'éducateurs sportifs diplômés d'État dans l'option sportive concernée ou son représentant ;

5° Un ou plusieurs représentants d'une organisation d'employeurs dans le domaine considéré ;

6° Le cas échéant, le directeur de l'établissement national spécialisé dans l'option sportive concernée.

Le jury pourra demander au candidat d'être présent lors de l'étude de son dossier. – *[Arr. du 30 nov. 1992, art. 59.]*

Art. A. 212-165 L'attestation de qualification et d'aptitude peut être délivrée, dans des conditions définies par arrêté spécifique à chaque discipline, aux personnes pouvant justifier :

– d'une expérience professionnelle confirmée et attestée ;

– de titre sportif, de diplôme, de certification, de compétence, permettant d'identifier le niveau des connaissances et capacités professionnelles correspondant aux niveaux évalués par le brevet d'État d'éducateur sportif à trois degrés. – *[Arr. du 30 nov. 1992, art. 60.]*

Art. A. 212-166 Le candidat mentionné à l'article A. 212-165 désirant obtenir l'attestation de qualification et d'aptitude constitue un dossier comprenant :

1° Une demande sur papier libre ;

2° Une fiche individuelle d'état civil datant de moins de trois mois ;

3° Un certificat médical de non-contre-indication à la pratique et à l'enseignement du sport concerné ;

4° Un extrait du casier judiciaire ;

5° Toutes pièces permettant de justifier le niveau de connaissances, l'expérience et les capacités professionnelles du candidat ;

6° Toutes pièces permettant d'apprécier les titres dont le candidat prétend se prévaloir.

Ce dossier sera déposé à la direction départementale de la jeunesse, des sports et de la vie associative du lieu de domicile du candidat. Il fait l'objet d'un avis du directeur régional de la jeunesse, des sports et de la vie associative, puis est transmis au directeur des sports afin d'être soumis au jury qualifié mentionné à l'article A. 212-164. – *[Arr. du 30 nov. 1992, art. 61.]*

Art. A. 212-167 Les titres et diplômes reconnus comme ayant des prérogatives équivalentes à chacun des degrés du brevet d'État d'éducateur sportif sont énumérés en annexe II-10 *[reproduite sur Dalloz.fr et sur les applications mobiles Dalloz]* du présent code.

Les dispenses permettant des allégements de formation ou d'examen sont énumérées en annexe II-11 *[reproduite sur Dalloz.fr et sur les applications mobiles Dalloz]* au présent code. – *[Arr. du 30 nov. 1992, art. 62.]*

§ 11 VALIDATION DES ACQUIS DE L'EXPÉRIENCE

(Arr. du 24 déc. 2008)

Art. A. 212-167-1 La validation des acquis de l'expérience est effectuée par le jury défini par l'article A. 212-113.

Art. A. 212-167-2 Le dossier de candidature est composé comme suit :

– une première partie relative à la recevabilité de la demande (ou livret de recevabilité) ;

– une notice explicative accompagnant le livret de recevabilité ;

– une seconde partie relative à la description et à l'analyse des activités réalisées par le candidat ;

– un guide méthodologique.

Le candidat complète et transmet la première partie de son dossier avec les pièces justificatives attestant de la durée et de la nature de son expérience au directeur régional de la jeunesse, des sports et de la vie associative de son lieu de domicile, qui se prononce sur la recevabilité de sa demande.

La décision de recevabilité est fondée sur deux critères : la durée de l'expérience exigée et le rapport direct avec le diplôme visé.

En outre, le candidat à un diplôme permettant l'encadrement d'activités s'exerçant en environnement spécifique, définies à l'article R. 212-7, doit satisfaire aux exigences techniques préalables à l'entrée dans la formation ou à l'inscription à l'examen pour l'obtention de ce diplôme.

Art. A. 212-167-3 Le candidat dont la demande est déclarée recevable, conformément aux dispositions de l'article A. 212-114-2, dépose son dossier complet (première et deuxième partie) auprès du jury du diplôme demandé.

Il joint à son dossier les pièces suivantes :

– une copie de l'attestation de recensement et du certificat individuel de participation à l'appel de préparation à la défense pour les Français de moins de vingt-cinq ans ;

– l'unité d'enseignement "prévention et secours civiques de niveau 1" (PSC1) ou tout titre équivalent ;

– un certificat médical de non-contre-indication à la pratique sportive et à l'enseignement de l'option concernée datant de moins de trois mois à la date limite de dépôt du dossier ;

– pour les personnes handicapées, l'avis de la commission prévue aux articles A. 212-159 à A. 212-162.

Le jury vérifie si les acquis dont fait état le candidat dans son dossier correspondent aux programmes mentionnés dans les annexes II-6, II-7 et II-8 du présent code, pour la partie commune, et aux compétences définies par les arrêtés de chaque option, pris en application de l'article D. 212-72, pour la partie spécifique, et, le cas échéant, les valide intégralement ou partiellement.

Art. A. 212-167-4 Peuvent être exclues de la validation des acquis de l'expérience ou soumises à restrictions spéciales certaines compétences liées aux conditions de sécurité particulières, tant pour les pratiquants que pour les tiers, dans l'exercice d'activités s'exerçant en environnement spécifique, définies à l'article R. 212-7.

Les modalités d'exclusion de la validation des acquis de l'expérience et de certification de ces compétences sont prévues dans l'arrêté créant l'option du diplôme.

Art. A. 212-167-5 Le jury propose la validation des épreuves au directeur régional de la jeunesse, des sports et de la vie associative, qui notifie sa décision au candidat.

SOUS-SECTION 7 FORMATION GÉNÉRALE COMMUNE AUX MÉTIERS D'ENSEIGNEMENT, D'ENCADREMENT ET D'ENTRAÎNEMENT DES SPORTS DE MONTAGNE

(Arr. du 1er oct. 2012, art. 4-II, et Arr. du 11 janv. 2013 art. 2, en vigueur le 1er oct. 2015)

Art. A. 212-168 La formation générale commune aux métiers d'enseignement, d'encadrement et d'entraînement des sports de montagne est organisée suivant les modalités définies par le présent code.

Art. A. 212-169 La formation générale commune aux métiers d'enseignement, d'encadrement et d'entraînement des sports de montagne est assurée par l'École nationale des sports de montagne.

L'École nationale des sports de montagne peut déléguer l'organisation de la formation générale commune aux métiers d'enseignement, d'encadrement et d'entraînement des sports de montagne à un établissement ou un autre organisme de formation conventionné à cet effet, après avis des sections permanentes du ski alpin, du ski de fond et de l'alpinisme de la commission de la formation et de l'emploi du Conseil supérieur des sports de montagne, réunies en formation commune.

Art. A. 212-170 Peuvent s'inscrire à la formation générale commune aux métiers d'enseignement, d'encadrement et d'entraînement des sports de montagne les candidats âgés de dix-sept ans révolus à la date d'entrée en formation. Le dossier d'inscription, dont la composition est fixée en annexe II-20 *[reproduite ci-dessous]*, est déposé auprès de l'École nationale des sports de montagne, deux mois au moins avant la date d'entrée en formation et comprend notamment :

1° L'attestation de réussite à l'unité d'enseignement "prévention et secours civiques de niveau 1" (PSC 1) ou son équivalent ;

2° Selon les cas, l'une des attestations de réussite suivantes :

– l'attestation de réussite à l'examen probatoire du diplôme d'accompagnateur en moyenne montagne du brevet d'État d'alpinisme ;

– l'attestation de réussite au test technique d'accès du brevet d'État d'éducateur sportif du premier degré option "ski alpin" ;

– l'attestation de réussite au test technique d'accès du brevet d'État d'éducateur sportif du premier degré option "ski nordique de fond" ;

– l'attestation de réussite au test technique d'accès du diplôme d'État de ski

– moniteur national de ski alpin ;

– l'attestation de réussite à l'examen probatoire du diplôme de guide de haute montagne du brevet d'État d'alpinisme.

ANNEXE II-20

Composition du dossier d'inscription à la formation générale commune aux métiers d'enseignement, d'encadrement et d'entraînement des sports de montagne

(Arr. du 1er oct. 2012, art. 3 et 4-III, en vigueur le 13 oct. 2012)

Le dossier comprend les pièces suivantes :

— une demande d'inscription établie sur un imprimé normalisé ;

— une photographie d'identité récente ;

— pour les personnes mineures, l'autorisation des représentants légaux ;

— pour les candidats de nationalité française nés à partir de 1979 pour les hommes et à partir de 1983 pour les femmes, une photocopie de l'attestation de recensement ou du certificat individuel de participation à la journée défense et citoyenneté ;

— un certificat médical de non-contre-indication à la pratique et à l'enseignement du sport datant de moins de trois mois ;

— deux enveloppes autocollantes de format 21 × 14 cm affranchies au tarif en vigueur et libellées au nom et à l'adresse du candidat ;

— l'attestation de réussite à l'unité d'enseignement "prévention et secours civiques de niveau 1" (PSC 1) ou son équivalent ;

— selon les cas :

— l'attestation de réussite à l'examen probatoire du diplôme d'accompagnateur en moyenne montagne du brevet d'État d'alpinisme ;

— l'attestation de réussite au test technique d'accès du brevet d'État d'éducateur sportif du premier degré, option "ski alpin" ;

— l'attestation de réussite au test technique d'accès du brevet d'État d'éducateur sportif du premier degré, option "ski nordique de fond" ;

— l'attestation de réussite au test technique d'accès du diplôme d'État de ski - moniteur national de ski alpin ;

— l'attestation de réussite à l'examen probatoire du diplôme de guide de haute montagne du brevet d'État d'alpinisme.

Art. A. 212-171 **Le cursus de formation, d'une durée minimale de trente-cinq heures, est articulé autour des cinq thématiques suivantes :**

1° Thématique 1 : cadre réglementaire des métiers d'enseignement, d'encadrement et d'entraînement des sports de montagne ;

2° Thématique 2 : approche de l'activité économique et touristique des sports de montagne ;

3° Thématique 3 : connaissance du milieu naturel montagnard ;

4° Thématique 4 : accueil des différents publics, dont le public scolaire, en milieu montagnard ;

5° Thématique 5 : physiologie de l'effort adaptée aux sports de montagne.

La formation est coordonnée par un responsable pédagogique désigné par l'École nationale des sports de montagne.

Art. A. 212-172 **La formation générale commune aux métiers d'enseignement, d'encadrement et d'entraînement des sports de montagne est évaluée au moyen d'une épreuve écrite de trois heures, transversale à l'ensemble des thématiques abordées au cours de la formation, mentionnées à l'article A. 212-171 (notée sur 20).**

Art. A. 212-173 **Le jury de l'épreuve est présidé par le directeur régional de la jeunesse et des sports et de la cohésion sociale territorialement compétent ou son représentant, fonctionnaire de catégorie A appartenant à un corps relevant du ministère chargé des sports. Outre le responsable pédagogique mentionné à l'article A. 212-171, il comprend un représentant de l'École nationale des sports de montagne, des agents de l'État et un représentant de chaque organisation professionnelle nationale la plus représentative des métiers d'enseignement, d'encadrement et d'entraînement des sports de montagne, désigné par son président.**

Art. A. 212-174 **La formation générale commune aux métiers d'enseignement, d'encadrement et d'entraînement des sports de montagne peut être obtenue par la voie de la validation des acquis de l'expérience.**

Les candidats souhaitant déposer une demande de validation des acquis de l'expérience doivent être titulaires de l'attestation de réussite mentionnée au 1° de l'article A. 212-170 et de l'une des attestations de réussite mentionnées au 2° du même article.

Art. A. 212-175 **Les candidats titulaires de l'attestation de réussite aux épreuves de l'examen de la formation générale commune aux métiers sportifs de la montagne ou de l'attestation de réussite aux épreuves de l'examen de la partie commune du brevet d'État d'éducateur sportif sont dispensés de la formation générale commune aux métiers d'enseignement, d'encadrement et d'entraînement des sports de montagne.**

Les candidats titulaires de l'attestation de réussite à l'épreuve de la formation générale commune aux métiers d'enseignement, d'encadrement et d'entraînement des sports de montagne sont dispensés de l'examen de la formation générale commune aux métiers sportifs de la montagne ou de l'examen de la partie commune du brevet d'État d'éducateur sportif.

SOUS-SECTION 7 *[ANCIENNE]* FORMATION GÉNÉRALE COMMUNE AUX MÉTIERS DE LA MONTAGNE *(Arr. du 1er oct. 2012, art. 1er-1°).*

La présente sous-section est abrogée à compter du 1er oct. 2015 et remplacée par une nouvelle sous-section 7 reproduite infra (Arr. du 1er oct. 2012, art. 4-I et II).

§ 1er *[ANCIEN]* FORMATION GÉNÉRALE COMMUNE AUX MÉTIERS SPORTIFS DE LA MONTAGNE *(Arr. du 1er oct. 2012, art. 1er-2°).*

Ancien art. A. 212-168 *La formation générale commune aux métiers sportifs de la montagne instituée par l'article D. 212-67 est organisée suivant les modalités définies par le présent code.*

Les examens de formation générale commune aux métiers sportifs de la montagne sont indépendants de ceux de la formation spécifique prévue à l'article D. 212-67. – [Arr. du 25 oct. 1976, art. 1er.]

Ancien art. A. 212-169 *Les candidats aux examens de formation générale commune doivent être âgés de dix-sept ans au moins au 1er janvier de l'année de l'examen sauf dérogation d'un an pouvant être accordée par le ministre chargé des sports. Ils adressent au directeur départemental de la jeunesse, des sports et de la vie associative du lieu de leur domicile, deux mois au moins avant la date fixée pour l'examen, un dossier comprenant les pièces suivantes :*

1° Un formulaire de candidature à l'examen de formation générale commune établie sur papier libre ; cette demande sera accompagnée de deux photographies d'identité et d'une enveloppe timbrée portant le nom, le prénom et l'adresse du candidat.

Le candidat devra indiquer la langue vivante étrangère pour laquelle il désire éventuellement subir l'épreuve facultative ;

2° Une fiche individuelle d'état civil datant de moins de trois mois ;

3° Un certificat médical d'aptitude à la pratique et à l'enseignement du sport datant de moins de trois mois ;

4° Une copie ou une photographie certifiée conforme du brevet national de secourisme délivré par la sécurité civile ;

5° Soit l'attestation de réussite à l'examen technique de la formation spécifique du premier degré ou de l'option "moniteur de ski alpin pour enfants" du brevet d'État de ski ;

Soit l'attestation de réussite à l'examen probatoire du diplôme d'accompagnateur en moyenne montagne du brevet d'État d'alpinisme ;

Soit l'attestation de réussite au test technique du brevet d'État d'éducateur sportif du premier degré de l'option de ski alpin ;

Soit l'attestation de réussite à l'examen probatoire du diplôme de moniteur d'escalade du brevet d'État d'alpinisme ;

Soit l'attestation de réussite au test technique d'entrée en formation du brevet fédéral d'éducateur des sports de traineau et de ski pulka scandinave (premier degré) ;

Soit l'attestation de réussite à l'examen probatoire du diplôme d'aspirant-guide.

Tout dossier de candidature incomplet sera refusé. – [Arr. du 25 oct. 1976, art. 2.]

Ancien art. A. 212-170 *1° Une épreuve écrite comportant deux questions :*

a) L'une ayant trait à l'évolution du sport dans la société contemporaine, au développement des sports de montagne et à l'enseignement ou l'encadrement de ces sports ;

b) L'autre relative à l'organisation et à la réglementation du sport en France.

(Durée : deux heures ; notation : sur 20 points ; coefficient 1.)

2° Trois interrogations orales portant sur :

a) La connaissance du milieu montagnard et les notions d'écologie ;

b) La topologie et l'orientation (notions nécessaires à la conduite d'une excursion en montagne) ;

c) Les notions d'anatomie et de physiologie appliquées aux sports, et notamment aux sports de montagne.

Pour chaque interrogation, le candidat tire au sort une question et bénéficie de trente minutes de préparation.

Notation : sur 20 points (pour chacune des interrogations orales) ; coefficient 1.

3° Un entretien portant sur la pédagogie générale et la conduite des groupes, ainsi que sur l'expérience personnelle du candidat dans ce domaine (durée : trente minutes ; notation : sur 20 points ; coefficient 1).

4° Une épreuve orale de langue vivante étrangère sous forme d'une conversation du candidat avec le jury en partant d'une question ou d'un texte relatifs aux sports de montagne (durée : vingt minutes ; notation : sur 20 points ; coefficient 1). – [Arr. du 25 oct. 1976, art. 3.]

Ancien art. A. 212-171 *Les jurys chargés d'examiner les candidats aux épreuves de formation générale commune aux métiers sportifs de la montagne sont présidés par un inspecteur général de la jeunesse et des sports.*

Les membres des jurys sont nommés par le ministre chargé des sports sur proposition du président. Ils sont choisis parmi les membres du corps de l'inspection de la jeunesse et des sports, les membres de l'enseignement public, des agents du relevant du ministre chargé des sports et des organisations professionnelles concernées. – [Arr. du 25 oct. 1976, art. 5.]

Ancien art. A. 212-172 *A l'issue des épreuves, le jury fixe la liste des candidats ayant obtenu la moyenne de 10 sur 20 pour l'ensemble des épreuves et en fait la proposition au ministre chargé des sports en vue de l'admission définitive des candidats aux examens de formation générale commune aux métiers sportifs de la montagne.* – [Arr. du 25 oct. 1976, art. 6.]

Ancien art. A. 212-173 *Sont dispensées de subir les épreuves de l'examen de formation générale commune aux métiers sportifs de la montagne prévues aux articles A. 212-167 à A. 212-172 :*

1° Les personnes titulaires du brevet de capacité à l'enseignement du ski ;

2° Les personnes titulaires du brevet d'assistant moniteur de ski ;

3° Les professeurs et les professeurs adjoints d'éducation physique et sportive titulaires ayant choisi l'option "ski alpin" ou l'option "ski nordique de fond" ;

4° Les professeurs adjoints d'éducation physique et sportive titulaires ayant choisi l'option "ski alpin" ou l'option "ski nordique de fond" ;

5° Les professeurs et les professeurs adjoints d'éducation physique et sportive titulaires ayant choisi l'option "escalade". – [Arr. du 18 juill. 1979, art. 1er à 4, et Arr. du 11 mars 1983, art. 1er et 2.]

Ancien art. A. 212-174 *Les personnes titulaires du brevet d'État de ski dans les options "ski alpin (1er degré)", "moniteur de ski alpin pour enfants" et "ski nordique de fond (1er degré)" obtenu en application d'une réglementation antérieure à celle mise en place par les arrêtés du 29 octobre 1982 et du 8 novembre 1983 et qui sont candidates à la formation spécifique du brevet d'État d'éducateur sportif du premier degré mentionné à l'article A. 212-123 sont dispensées de la formation commune de ce dernier brevet d'État.* – [Arr. du 8 janv. 1985, art. 1er.]

Ancien art. A. 212-175 *La partie commune du brevet d'État d'éducateur sportif du premier degré défini à l'article A. 212-117 et la formation générale commune aux métiers sportifs de la montagne sont équivalentes.* – [Arr. du 8 janv. 1985, art. 2.]

§ 2 *[ANCIEN]* FORMATION GÉNÉRALE COMMUNE AUX MÉTIERS D'ENSEIGNEMENT, D'ENCADREMENT ET D'ENTRAÎNEMENT DES SPORTS DE MONTAGNE

(Arr. du 1er oct. 2012, art. 4-I et Arr. du 11 janv. 2013, art. 1er-II)

Le présent paragraphe est abrogé à compter du 1er oct. 2015 (Arr. du 1er oct. 2012, art. 4-I).

Ancien art. A. 212-175-1-1 *La formation générale commune aux métiers d'enseignement, d'encadrement et d'entraînement des sports de montagne est organisée suivant les modalités définies par le présent code.*

Ancien art. A. 212-175-1-2 *La formation générale commune aux métiers d'enseignement, d'encadrement et d'entraînement des sports de montagne est assurée par l'École nationale des sports de montagne.*

L'École nationale des sports de montagne peut déléguer l'organisation de la formation générale commune aux métiers d'enseignement, d'encadrement et d'entraînement des sports de montagne à un établissement ou [à] *un autre organisme de formation conventionné à cet effet, après avis des sections permanentes du ski alpin, du ski de fond et de l'alpinisme de la commission de la formation et de l'emploi du Conseil supérieur des sports de montagne, réunies en formation commune.*

Ancien art. A. 212-175-1-3 *Peuvent s'inscrire à la formation générale commune aux métiers d'enseignement, d'encadrement et d'entraînement des sports de montagne, les candidats âgés de dix-sept ans révolus à la date d'entrée en formation. Le dossier d'inscription, dont la composition est fixée en annexe II-20* [reproduite ss. nouvel art. A. 212-170], *est déposé auprès de l'École nationale des sports de montagne, deux mois au moins avant la date d'entrée en formation et comprend notamment :*

1° L'attestation de réussite à l'unité d'enseignement "prévention et secours civiques de niveau 1" (PSC 1) ou son équivalent ;

2° Selon les cas, l'une des attestations de réussite suivantes :

– l'attestation de réussite à l'examen probatoire du diplôme d'accompagnateur en moyenne montagne du brevet d'État d'alpinisme ;

– l'attestation de réussite au test technique d'accès du brevet d'État d'éducateur sportif du premier degré option "ski alpin" ;

– l'attestation de réussite au test technique d'accès du brevet d'État d'éducateur sportif du premier degré option "ski nordique de fond" ;

— l'attestation de réussite au test technique d'accès du diplôme d'État de ski-moniteur national de ski alpin ;

— l'attestation de réussite à l'examen probatoire du diplôme de guide de haute montagne du brevet d'État d'alpinisme.

Ancien art. A. 212-175-1-4 *Le cursus de formation, d'une durée minimale de trente-cinq heures, est articulé autour des cinq thématiques suivantes :*

1° Thématique 1 : cadre juridique des métiers d'enseignement, d'encadrement et d'entraînement des sports de montagne ;

2° Thématique 2 : approche de l'activité économique et touristique des sports de montagne ;

3° Thématique 3 : connaissance du milieu naturel montagnard ;

4° Thématique 4 : accueil des différents publics, dont le public scolaire, en milieu montagnard ;

5° Thématique 5 : physiologie de l'effort adaptée aux sports de montagne.

La formation est coordonnée par un responsable pédagogique désigné par l'École nationale des sports de montagne.

Ancien art. A. 212-171-1-5 *La formation générale commune aux métiers d'enseignement, d'encadrement et d'entraînement des sports de montagne est évaluée au moyen d'une épreuve écrite de trois heures, transversale à l'ensemble des thématiques abordées au cours de la formation, mentionnées à l'article A. 212-175-1-4 (notée sur 20).*

Ancien art. A. 212-175-1-6 *Le jury de l'épreuve est présidé par le directeur régional de la jeunesse et des sports et de la cohésion sociale territorialement compétent ou son représentant, fonctionnaire de catégorie A appartenant à un corps relevant du ministère chargé des sports. Outre le responsable pédagogique mentionné à l'article A. 212-175-1-4, il comprend un représentant de l'École nationale des sports de montagne, des agents de l'État et un représentant de chaque organisation professionnelle nationale la plus représentative des métiers d'enseignement, d'encadrement et d'entraînement des sports de montagne, désigné par son président.*

Ancien art. A. 212-175-1-7 *La formation générale commune aux métiers d'enseignement, d'encadrement et d'entraînement des sports de montagne peut être obtenue par la voie de la validation des acquis de l'expérience.*

Les candidats souhaitant déposer une demande de validation des acquis de l'expérience doivent être titulaires de l'attestation de réussite mentionnée au 1° de l'article A. 212-175-1-3 et de l'une des attestations de réussite mentionnées au 2° du même article.

Ancien art. A. 212-175-1-8 *Les candidats titulaires de l'attestation de réussite aux épreuves de l'examen de la formation générale commune aux métiers sportifs de la montagne ou de l'attestation de réussite aux épreuves de l'examen de la partie commune du brevet d'État d'éducateur sportif sont dispensés de la formation générale commune aux métiers d'enseignement, d'encadrement et d'entraînement des sports de montagne.*

Les candidats titulaires de l'attestation de réussite à l'épreuve de la formation générale commune aux métiers d'enseignement, d'encadrement et d'entraînement des sports de montagne sont dispensés de l'examen de la formation générale commune aux métiers sportifs de la montagne ou de l'examen de la partie commune du brevet d'État d'éducateur sportif.

SOUS-SECTION 8 COMMISSION DE RECONNAISSANCE DES QUALIFICATIONS

(Arr. du 28 oct. 2009)

Art. A. 212-175-9 *Cet art. est devenu l'art. D. 212-84-1 (Décr. n° 2014-1452 du 4 déc. 2014, art. 2-II).*

Art. A. 212-175-10 La commission édicte un règlement intérieur sur proposition de son président. Le secrétariat de la commission est assuré par la sous-direction de l'emploi et des formations de la direction des sports.

L'art. A. 212-175-2 est devenu l'art. A. 212-175-10 (Arr. du 11 janv. 2013, art. 3).

SOUS-SECTION 9 ORGANISATION DES FORMATIONS CONDUISANT AUX DIPLÔMES PORTANT SUR LES ACTIVITÉS PHYSIQUES ET SPORTIVES S'EXERÇANT EN ENVIRONNEMENT SPÉCIFIQUE

(Arr. du 11 sept. 2013)

Art. A. 212-175-11 Sont inscrits sur la liste mentionnée à l'article R. 212-8 les établissements mettant en œuvre les clauses générales du cahier des charges prévu à l'annexe II-21 *[reproduite sur Dalloz.fr et sur les applications mobiles Dalloz]* ainsi que les clauses particulières prévues à cette annexe pour les formations correspondant à un ou plusieurs environnements spécifiques.

Art. A. 212-175-12 Pour les formations correspondant à un ou plusieurs environnements spécifiques, l'habilitation prévue aux articles R. 212-32, R. 212-48, R. 212-64 et R. 212-69-2 ne peut être délivrée aux établissements ne figurant pas sur la liste mentionnée à l'article A. 212-175-11.

Art. A. 212-175-13 En cas de manquement aux obligations du cahier des charges mentionné à l'article A. 212-175-11, une mise en demeure est adressée à l'établissement. Celui-ci dispose au maximum d'une année pour se mettre en conformité.

Art. A. 212-175-14 L'établissement mettant en œuvre des formations pour un environnement spécifique donné participe, sous l'autorité du directeur des sports, à toute instance qu'il convoque relative à cet environnement.

SOUS-SECTION 10 COMMISSIONS SPÉCIALISÉES DES DANS ET GRADES ÉQUIVALENTS

(Arr. du 5 août 2016, art. 1er et 2, en vigueur le 1er avr. 2017)

§ 1er FÉDÉRATIONS SPORTIVES DISPOSANT D'UNE COMMISSION SPÉCIALISÉE DES DANS ET GRADES ÉQUIVALENTS

Art. A. 212-175-15 La liste des fédérations dont les commissions spécialisées des dans et grades équivalents délivrent des dans ou grades équivalents est la suivante :

Union des fédérations d'aïkido ;
Fédération française de judo, jujitsu, kendo et disciplines associées ;
Fédération française de taekwondo et disciplines associées ;
Fédération française de karaté et disciplines associées.

Les mandats en cours des membres des commissions spécialisées des dans et grades équivalents de l'Union des fédérations d'aïkido, de la Fédération française de judo, jujitsu, kendo et disciplines associées, de la Fédération française de taekwondo et disciplines associées et de la Fédération française de karaté et disciplines associées expirent au plus tard le 1er avr. 2017 (Arr. du 5 août 2016, art. 2).

§ 2 COMPOSITION DES COMMISSIONS SPÉCIALISÉES DES DANS ET GRADES ÉQUIVALENTS

Art. A. 212-175-16 Les fédérations mentionnées à l'article A. 212-175-15 désignent les membres des commissions spécialisées des dans et grades équivalents dont la composition est la suivante :

— deux tiers de membres représentant la fédération parmi lesquels un président désigné par la fédération et le directeur technique national ;

— un tiers de membres représentant les fédérations multisports, affinitaires, scolaires et universitaires concernées, proportionnellement au nombre de leurs licenciés respectifs. Cette répartition proportionnelle se fait au plus fort reste. A cette fin, les fédérations mentionnées à l'article A. 212-175-15 établissent un tableau récapitulatif du nombre de pratiquants licenciés de la ou des disciplines concernées pour chaque fédération multisports, affinitaire, scolaire et universitaire concernée.

V. note ss. art. A. 212-175-15.

Art. A. 212-175-17 Les membres des commissions spécialisées des dans et grades équivalents doivent être titulaires d'un 6e dan ou d'un grade équivalent. A défaut, des membres titulaires d'un 5e dan ou d'un 4e dan ou d'un grade équivalent peuvent être désignés.

V. note ss. art. A. 212-175-15.

Art. A. 212-175-18 La durée du mandat des membres des commissions spécialisées des dans et grades équivalents est identique à celle du mandat des instances dirigeantes des fédérations mentionnées à l'article A. 212-175-15.

V. note ss. art. A. 212-175-15.

Art. A. 212-175-19 Les fédérations mentionnées à l'article A. 212-175-15 informent le ministre chargé des sports des conditions nécessaires à la présentation d'un passage de dan ou de grade équivalent.

V. note ss. art. A. 212-175-15.

SECTION II **OBLIGATION DE DÉCLARATION D'ACTIVITÉ**

SOUS-SECTION 1 **PRINCIPES**

Art. A. 212-176 *(Arr. du 23 oct. 2013, art. 1er)* La déclaration prévue aux articles R. 212-85 et R. 212-87, dont un exemplaire type figure à l'annexe II-12 *[reproduite sur Dalloz.fr et sur les applications mobiles Dalloz]*, comporte les nom, prénoms, date et lieu de naissance, nationalité, coordonnées et domicile des intéressés. Pour les personnes nées à l'étranger, elle comporte également les noms et prénoms du père et de la mère. Elle fait mention des diplômes, titres à finalité professionnelle et certificats de qualification professionnelle, de leur date et lieu d'obtention ainsi que de la date de la dernière révision si la qualification est soumise à révision. Le cas échéant, elle fait mention de l'autorisation d'exercice, de l'équivalence de diplôme ou, pour les personnes en formation, de la qualification préparée, des stages pratiques et des dates du livret de formation.

(Arr. du 26 mai 2016, art. 1er) « Sont jointes à cette déclaration une copie d'une pièce d'identité en cours de validité, une photographie d'identité conforme aux spécifications de la norme ISO/IEC 19794-5 :2005, une déclaration sur l'honneur attestant de l'exactitude des informations figurant dans le formulaire de déclaration et une copie de chacun des diplômes, titres, certificats invoqués. » Le cas échéant, sont jointes une copie de l'autorisation d'exercice, de l'équivalence de diplôme ou, pour les personnes en formation, l'attestation justifiant des exigences minimales préalables à la mise en situation pédagogique et toute pièce justifiant du tutorat. – *[Arr. du 27 juin 2005, art. 1er.]*

Art. A. 212-177 *(Arr. du 26 mai 2016, art. 2)* Il appartient à l'autorité administrative, en demandant la délivrance du bulletin n° 2 du casier judiciaire et les informations contenues dans le fichier judiciaire national automatisé des auteurs d'infractions sexuelles ou violentes, de s'assurer que la personne qui déclare exercer contre rémunération l'activité mentionnée à l'article L. 212-1 n'a pas fait l'objet d'une condamnation pour crime ou pour l'un des délits mentionnés à l'article L. 212-9.

Art. A. 212-178 Toute personne exerçant ou désirant exercer les fonctions relevant de l'article L. 212-1 doit être en mesure de présenter au service chargé de l'instruction du dossier de déclaration un certificat médical de non contre-indication à la pratique et à l'encadrement de ces activités physiques ou sportives datant de moins d'un an au jour du dépôt du dossier. *(Arr. du 26 mai 2016, art. 3)* « Elle doit être en mesure de présenter à l'autorité administrative l'original du certificat médical présenté lors de la déclaration pendant la durée de validité de sa carte professionnelle. » – *[Arr. du 27 juin 2005, art. 3.]*

Art. A. 212-179 Lors du renouvellement de la déclaration, toute personne désirant poursuivre l'exercice des fonctions relevant de l'article L. 212-1 produit un certificat de non contre-indication à la pratique et à l'encadrement des activités physiques ou sportives datant de moins d'un an au jour du dépôt du dossier et est dispensée de la production des pièces justificatives énumérées au deuxième alinéa de l'article A. 212-176.

Toutefois, l'intéressé est tenu d'informer le préfet de tout changement de domicile.

Le préfet doit en outre renouveler les vérifications mentionnées à l'article A. 212-177. – *[Arr. du 27 juin 2005, art. 4.]*

Art. A. 212-180 Un formulaire type de déclaration des personnes désirant enseigner, encadrer ou animer les activités physiques ou sportives, ou entraîner ses pratiquants, contre rémunération figure en annexe II-12 au présent code. Le souscripteur atteste sur l'honneur l'exactitude et la sincérité des informations portées sur le formulaire. – *[Arr. du 27 juin 2005, art. 5.]*

Art. A. 212-181 Les personnes ayant déclaré leur activité conformément aux dispositions de l'arrêté du 12 janvier 1994 conservent le bénéfice de cette déclaration pour la durée de trois ans initialement prévue par l'article R. 212-86. Au terme de cette période, elles procèdent au renouvellement de leur déclaration conformément aux modalités prévues par le présent code et pour une durée de cinq ans. – *[Arr. du 27 juin 2005, art. 6.]*

SOUS-SECTION 2 RESSORTISSANTS D'UN ÉTAT MEMBRE DE LA COMMUNAUTÉ EUROPÉENNE OU D'UN AUTRE ÉTAT PARTIE À L'ACCORD SUR L'ESPACE ÉCONOMIQUE EUROPÉEN SOUHAITANT S'ÉTABLIR EN FRANCE OU Y EXERCER DANS LE CADRE D'UNE PRESTATION DE SERVICES

(Arr. du 30 oct. 2009)

§ 1er DÉCLARATION D'ACTIVITÉ DES RESSORTISSANTS D'UN ÉTAT MEMBRE DE LA COMMUNAUTÉ EUROPÉENNE OU D'UN AUTRE ÉTAT PARTIE À L'ACCORD SUR L'ESPACE ÉCONOMIQUE EUROPÉEN SOUHAITANT S'ÉTABLIR EN FRANCE OU Y EXERCER DANS LE CADRE D'UNE PRESTATION DE SERVICES

SOUS-§ 1er PIÈCES NÉCESSAIRES À LA DÉCLARATION D'ACTIVITÉ DES RESSORTISSANTS D'UN ÉTAT MEMBRE DE LA COMMUNAUTÉ EUROPÉENNE OU D'UN AUTRE ÉTAT PARTIE À L'ACCORD SUR L'ESPACE ÉCONOMIQUE EUROPÉEN SOUHAITANT S'ÉTABLIR EN FRANCE

Art. A. 212-182 Un exemplaire du formulaire nécessaire à la déclaration prévue à l'article R. 212-88 figure en annexe II-12-2-*a* *[reproduite sur Dalloz.fr et sur les applications mobiles Dalloz]*. Ce formulaire précise la liste des pièces nécessaires à cette déclaration.

Art. A. 212-182-1 Un exemplaire du formulaire nécessaire au renouvellement de la déclaration prévue à l'article R. 212-88 figure en annexe II-12-2-*b* *[reproduite sur Dalloz.fr et sur les applications mobiles Dalloz]*. Ce formulaire précise la liste des pièces nécessaires au renouvellement de cette déclaration.

Lors de ce renouvellement, il appartient au préfet de département de s'assurer que le déclarant n'a pas fait l'objet d'une condamnation pour crime ou pour l'un des délits mentionnés à l'article L. 212-9 en demandant aux services judiciaires un extrait du casier judiciaire (bulletin n° 2) datant de moins de trois mois.

SOUS-§ 2 PIÈCES NÉCESSAIRES À LA DÉCLARATION D'ACTIVITÉ DES RESSORTISSANTS D'UN ÉTAT MEMBRE DE LA COMMUNAUTÉ EUROPÉENNE OU D'UN AUTRE ÉTAT PARTIE À L'ACCORD SUR L'ESPACE ÉCONOMIQUE EUROPÉEN SOUHAITANT EXERCER EN FRANCE DANS LE CADRE D'UNE PRESTATION DE SERVICES

Art. A. 212-182-2 Un exemplaire du formulaire nécessaire à la déclaration prévue à l'article R. 212-92 figure en annexe II-12-3 *[reproduite sur Dalloz.fr et sur les applications mobiles Dalloz]*. Ce formulaire précise la liste des pièces nécessaires à cette déclaration.

§ 2 SKI

(Arr. du 31 oct. 2014, art. 2)

SOUS-§ 1er SKI ALPIN ET ACTIVITÉS DÉRIVÉES

Art. A. 212-183 Les dispositions du présent paragraphe ne s'appliquent pas aux ressortissants d'un État membre de la Communauté européenne ou d'un autre État partie à l'accord sur l'Espace économique européen qui souhaitent assurer l'encadrement, l'animation, l'enseignement et l'entraînement du snowboard exclusivement et sont soumis aux dispositions du titre XII de l'arrêté du 11 avril 2012 modifié relatif à la formation spécifique du diplôme d'État de ski-moniteur national de ski alpin.

Art. A. 212-184 En application des dispositions des articles R. 212-88 et R. 212-92, les ressortissants d'un État membre de la Communauté européenne ou d'un autre État partie à l'accord sur l'Espace économique européen qui souhaitent assurer l'encadrement, l'animation, l'enseignement et l'entraînement du ski alpin et de ses activités dérivées, dans le cadre de la liberté d'établissement ou de la libre prestation de services, se déclarent au préfet du département de l'Isère.

Les dossiers de déclaration sont transmis par le préfet au Pôle national des métiers de l'encadrement du ski et de l'alpinisme mentionné à l'article 142-9. Ce dernier s'assure de leur recevabilité et les transmet pour avis à la section permanente du ski alpin de la commission de la formation et de l'emploi du Conseil supérieur des sports de montagne.

Art. A. 212-185 Pour l'encadrement du ski alpin et de ses activités dérivées, la différence substantielle au sens de l'article R. 212-90-1 et du 3° de l'article R. 212-93, susceptible d'exister entre la qualification professionnelle du déclarant et la qualification professionnelle requise sur le territoire national, est appréciée en référence à la formation du diplôme d'État de ski-moniteur national de ski alpin, en tant qu'elle intègre :

– les compétences techniques de sécurité ;

– les connaissances théoriques et pratiques et les compétences en matière de sécurité.

Art. A. 212-186 Dans le cadre de la liberté d'établissement, lorsque le préfet estime, après avis de la section permanente du ski alpin de la commission de la formation et de l'emploi du Conseil supérieur des sports de montagne, transmis au Pôle national des métiers de l'encadrement du ski et de l'alpinisme, qu'il existe une différence substantielle, il saisit la commission de reconnaissance des qualifications mentionnée à l'article R. 212-84, en joignant au dossier l'avis de la section permanente. Après s'être prononcée sur l'existence d'une différence substantielle, la commission de reconnaissance des qualifications propose, le cas échéant, au préfet de soumettre le déclarant à tout ou partie de l'épreuve d'aptitude prévue à l'article R. 212-90-1.

Art. A. 212-187 Dans le cadre de la libre prestation de services, lorsque le préfet estime, après avis de la section permanente du ski alpin de la commission de la formation et de l'emploi du Conseil supérieur des sports de montagne transmis au Pôle national des métiers de l'encadrement du ski et de l'alpinisme, qu'il existe une différence substantielle, il peut décider de soumettre le déclarant à tout ou partie de l'épreuve d'aptitude prévue au 3° de l'article R. 212-93.

Art. A. 212-188 L'épreuve d'aptitude à laquelle le préfet peut décider de soumettre en tout ou en partie le déclarant, dans les conditions prévues à l'article R. 212-90-1 et au 3° de l'article R. 212-93, vise à vérifier la capacité du déclarant à encadrer les pratiquants en sécurité. Elle comporte deux tests :

1° L'épreuve de l'eurotest prévue au titre VII et à l'annexe V de l'arrêté du 11 avril 2012 modifié relatif à la formation spécifique du diplôme d'État de ski-moniteur national de ski alpin qui constitue le test technique de sécurité ;

2° Le test eurosécurité prévu au titre X et à l'annexe VII-3 de l'arrêté du 11 avril 2012 modifié relatif à la formation spécifique du diplôme d'État de ski-moniteur national de ski alpin, qui constitue le test de vérification des connaissances théoriques et pratiques et des compétences en matière de sécurité.

Dans le cas où le déclarant est soumis aux deux tests, l'eurotest est évalué en premier lieu. En cas d'échec, le déclarant ne peut pas se présenter à l'eurosécurité.

Le contenu de l'épreuve d'aptitude est fixé en annexe II-16-4 *[reproduite sur Dalloz.fr et sur les applications mobiles Dalloz]*.

Art. A. 212-189 Sont réputés avoir la capacité de mobiliser les compétences techniques de sécurité les déclarants ayant obtenu un classement égal ou inférieur à cent points pour les hommes et quatre-vingt-cinq points pour les femmes, sur l'échelle correspondant aux disciplines techniques du ski alpin (slalom ou slalom géant) fixée par la Fédération internationale de ski. Ils sont dispensés de l'épreuve de l'eurotest.

Ce classement, attesté par le président de la fédération nationale du déclarant ou son représentant, doit avoir été acquis dans les cinq années précédant la déclaration.

Art. A. 212-190 L'épreuve d'aptitude est organisée à l'échelon national sous la responsabilité de l'École nationale des sports de montagne, site de l'École nationale de ski et d'alpinisme, en relation avec les directeurs régionaux de la jeunesse, des sports et de la cohésion sociale concernés, aux lieux et dates fixées *[fixés]* annuellement par la section permanente du ski alpin de la commission de la formation et de l'emploi du Conseil supérieur des sports de montagne.

Art. A. 212-191 Le jury de l'épreuve d'aptitude est le jury prévu à l'article 16 de l'arrêté du 11 avril 2012 modifié relatif à la formation spécifique du diplôme d'État de ski-moniteur national de ski alpin.

Parmi les membres du jury, le président désigne une commission chargée d'évaluer le test eurosécurité, composée de techniciens qualifiés titulaires d'un des diplômes définis à l'annexe IX de l'arrêté du 11 avril 2012 modifié relatif à la formation spécifique du diplôme d'État de ski-moniteur national de ski alpin. Elle propose au jury les résultats de son évaluation.

Art. A. 212-192 Dans le cas où le préfet estime qu'il n'existe pas de différence substantielle ou lorsqu'une différence substantielle a été identifiée et que le déclarant a satisfait à l'épreuve d'aptitude, le préfet délivre au déclarant une attestation de libre établissement et une carte professionnelle d'éducateur sportif ou un récépissé de déclaration de prestation de services qui portent mention des conditions d'exercice suivantes :

Encadrement, animation, enseignement et entraînement du ski alpin et de ses activités dérivées en application de l'ensemble des classes de la progression du ski alpin et de ses activités dérivées définies par la commission de la formation et de l'emploi du Conseil supérieur des sports de montagne, à l'exclusion des zones glaciaires non balisées et des terrains dont la fréquentation fait appel aux techniques de l'alpinisme, dans les conditions prévues par l'arrêté du 11 avril 2012 modifié relatif à la formation spécifique du diplôme d'État de ski-moniteur national de ski alpin. Autorisation d'exercer pour une durée de six ans, renouvelée à l'issue d'un stage de recyclage.

Par encadrement et animation, on entend notamment l'activité d'accompagnement sur pistes et hors des pistes.

SOUS-§ 2 SKI NORDIQUE DE FOND ET ACTIVITÉS DÉRIVÉES

Art. A. 212-192-1 En application des dispositions des articles R. 212-88 et R. 212-92, les ressortissants d'un État membre de la Communauté européenne ou d'un autre État partie à l'accord sur l'Espace économique européen qui souhaitent assurer l'encadrement, l'animation, l'enseignement et l'entraînement du ski nordique de fond et de ses activités assimilées, dans le cadre de la liberté d'établissement ou de la libre prestation de services, se déclarent au préfet du département de l'Isère.

Les dossiers de déclaration sont transmis par le préfet au Pôle national des métiers de l'encadrement du ski et de l'alpinisme mentionné à l'article 142-9. Ce dernier s'assure de leur recevabilité et les transmet pour avis à la section permanente du ski de fond de la commission de la formation et de l'emploi du Conseil supérieur des sports de montagne.

Art. A. 212-192-2 Pour l'encadrement du ski nordique de fond et de ses activités dérivées, la différence substantielle, au sens de l'article R. 212-90-1 et du 3° de l'article R. 212-93, susceptible d'exister entre la qualification professionnelle du déclarant et la qualification professionnelle requise sur le territoire national, est appréciée en référence à la formation du diplôme d'État de ski-moniteur national de ski nordique de fond en tant qu'elle intègre :

– les compétences techniques de sécurité ;
– les connaissances théoriques et pratiques et les compétences en matière de sécurité.

Art. A. 212-192-3 Dans le cadre de la liberté d'établissement, lorsque le préfet estime, après avis de la section permanente du ski de fond de la commission de la formation et de l'emploi du Conseil supérieur des sports de montagne transmis au Pôle national des métiers de l'encadrement du ski et de l'alpinisme, qu'il existe une différence substantielle, il saisit la commission de reconnaissance des qualifications mentionnée à l'article R. 212-84, en joignant au dossier l'avis de la section permanente. Après s'être prononcée sur l'existence d'une différence substantielle, la commission de reconnaissance des qualifications propose, le cas échéant, au préfet de soumettre le déclarant à tout ou partie de l'épreuve d'aptitude prévue à l'article R. 212-90-1.

Art. A. 212-192-4 Dans le cadre de la libre prestation de services, lorsque le préfet estime, après avis de la section permanente du ski de fond de la commission de la formation et de l'emploi du Conseil supérieur des sports de montagne transmis au Pôle national des métiers de l'encadrement du ski et de l'alpinisme, qu'il existe une différence substantielle, il peut décider de soumettre le déclarant à tout ou partie de l'épreuve d'aptitude prévue au 3° de l'article R. 212-93.

Art. A. 212-192-5 L'épreuve d'aptitude à laquelle le préfet peut décider de soumettre en tout ou en partie le déclarant, dans les conditions prévues à l'article R. 212-90-1 et au 3° de l'article R. 212-93, vise à vérifier la capacité du déclarant à encadrer les pratiquants en sécurité. Elle comporte deux tests :

1° L'épreuve de performance du test de capacité technique prévu au titre VII de l'arrêté du 26 avril 2013 modifié relatif à la formation spécifique du diplôme d'État de ski-moniteur national de ski nordique de fond, qui constitue le test technique de sécurité ;

2° Un test de vérification des connaissances théoriques et pratiques et des compétences en matière de sécurité.

Dans le cas où le déclarant est soumis aux deux tests, l'épreuve de performance du test de capacité technique est évaluée en premier lieu. En cas d'échec, le déclarant ne peut pas se présenter au second test.

Le contenu de l'épreuve d'aptitude est fixé en annexe II-16-5 *[reproduite sur Dalloz.fr et sur les applications mobiles Dalloz]*.

Art. A. 212-192-6 Sont réputés avoir la capacité de mobiliser les compétences techniques de sécurité les déclarants ayant obtenu un classement égal ou inférieur à deux cents points pour les hommes et deux cent cinquante points pour les femmes sur l'échelle correspondant au classement "distance" fixée par la Fédération internationale de ski. Ils sont dispensés du test technique de sécurité.

Ce classement, attesté par le président de la fédération nationale du déclarant ou son représentant, doit avoir été acquis dans les cinq années précédant la déclaration.

Art. A. 212-192-7 L'épreuve d'aptitude est organisée à l'échelon national sous la responsabilité de l'École nationale des sports de montagne, site du Centre national de ski nordique et de moyenne montagne en relation avec les directeurs régionaux de la jeunesse, des sports et de la cohésion sociale concernés, aux lieux et dates fixées *[fixés]* annuellement par la section permanente du ski de fond de la commission de la formation et de l'emploi du Conseil supérieur des sports de montagne.

Art. A. 212-192-8 Le jury de l'épreuve d'aptitude est le jury prévu à l'article 16 de l'arrêté du 26 avril 2013 modifié relatif à la formation spécifique du diplôme d'État de ski-moniteur national de ski nordique de fond.

Parmi les membres du jury, le président désigne une commission chargée d'évaluer le test de vérification des connaissances théoriques et pratiques et des compétences en matière de sécurité, composée de techniciens qualifiés titulaires d'un des diplômes définis à l'annexe IX de l'arrêté du 26 avril 2013 modifié relatif à la formation spécifique du diplôme d'État de ski-moniteur national de ski nordique de fond. Elle propose au jury les résultats de son évaluation.

Art. A. 212-192-9 Dans le cas où le préfet estime qu'il n'existe pas de différence substantielle ou lorsqu'une différence substantielle a été identifiée et que le déclarant a satisfait à l'épreuve d'aptitude, le préfet délivre au déclarant une attestation de libre établissement et une carte professionnelle d'éducateur sportif ou un récépissé de déclaration de prestation de services qui portent mention des conditions d'exercice suivantes :

Encadrement, animation, enseignement et entraînement du ski nordique de fond et de ses activités dérivées en application de l'ensemble des classes de la progression du ski nordique de fond et de ses activités dérivées définies par la commission de la formation et de l'emploi du Conseil supérieur des sports de montagne dans les conditions prévues par l'arrêté du 26 avril 2013 relatif à la formation spécifique du diplôme d'État de ski-moniteur national de ski nordique de fond. Autorisation d'exercer pour une durée de six ans, renouvelée à l'issue d'un stage de recyclage.

Par encadrement et animation, on entend notamment l'activité d'accompagnement sur pistes et hors des pistes.

§ 3 PLONGÉE SUBAQUATIQUE

SOUS-§ 1er DÉCLARATION

(Arr. du 18 janv. 2010, art. 1er)

Art. A. 212-193 En application des dispositions des articles R. 212-88 et R. 212-92, les ressortissants d'un État membre de la Communauté européenne ou d'un autre État partie à l'accord sur l'Espace économique européen qui souhaitent assurer l'encadrement, l'animation, l'enseignement ou l'entraînement de la plongée subaquatique dans le cadre de la liberté d'établissement ou de la libre prestation de services se déclarent au préfet de la région Provence-Alpes-Côte d'Azur.

SOUS-§ 2 DIFFÉRENCE SUBSTANTIELLE

(Arr. du 18 janv. 2010, art. 1er)

Art. A. 212-194 La différence substantielle au sens de l'article R. 212-90-1 et du 3° de l'article R. 212-93 susceptible d'exister entre la qualification professionnelle du déclarant et la qualification professionnelle requise sur le territoire national est appréciée en référence *(Arr. du 7 janv. 2014, art. 1er-1°)* « au brevet professionnel de la jeunesse, de l'éducation populaire et du sport spécialité "plongée subaquatique" ou au diplôme d'État de la jeunesse, de l'éducation populaire et du sport spécialité "perfectionnement sportif", mention "plongée subaquatique" », en tant *(Arr. du 7 janv. 2014, art. 1er-2°)* « qu'ils intègrent » les compétences techniques de sécurité et les connaissances théoriques et pratiques en matière de sécurité.

SOUS-§ 3 ÉPREUVE D'APTITUDE

(Arr. du 18 janv. 2010, art. 1er)

Art. A. 212-195 L'épreuve d'aptitude à laquelle le préfet peut décider de soumettre en tout ou en partie le déclarant, dans les conditions prévues aux articles R. 212-90-1 et au 3° de l'article R. 212-93 permet de vérifier la capacité du candidat à encadrer les pratiquants en sécurité. Elle comporte deux tests :

1° Un test technique de sécurité ;

2° Un test de vérification des connaissances théoriques et pratiques en matière de sécurité.

Dans le cas où le déclarant est soumis aux deux tests, le test technique de sécurité est évalué en premier lieu. En cas d'échec, le déclarant ne peut pas se présenter au test de vérification des connaissances théoriques et pratiques en matière de sécurité.

Le contenu de l'épreuve d'aptitude est fixé en annexe II-16-3 *reproduite sur Dalloz.fr et sur les applications mobiles Dalloz*].

Art. A. 212-196 L'épreuve d'aptitude est organisée, pour l'ensemble du territoire national, sous l'autorité du préfet de la région Provence-Alpes-Côte d'Azur par les *(Décr. n° 2011-630 du 3 juin 2011, art. 2)* « centres de ressources, d'expertise et de performance sportives » de Provence-Alpes-Côte d'Azur, de Montpellier, de Bordeaux, de La Réunion et des Antilles-Guyane.

Art. A. 212-197 Le déclarant est évalué par un jury désigné et présidé par le chef de service déconcentré régional de l'État chargé des sports de la région dans laquelle est situé l'établissement mentionné à l'article A. 212-96 ou son représentant et comprenant :

– un représentant de la Fédération française d'études et sports sous-marins ;

– au moins un représentant de l'organisation professionnelle d'employeurs ou de salariés la plus représentative ;

(Arr. du 7 janv. 2014, art. 2) « – en tant que de besoin, un ou plusieurs techniciens qualifiés titulaires du brevet d'État d'éducateur sportif du premier degré, option "plongée subaquatique", du diplôme d'État de la jeunesse, de l'éducation populaire et du sport spécialité "perfectionnement sportif", mention "plongée subaquatique" ou du diplôme d'État supérieur de la jeunesse, de l'éducation populaire et du sport, spécialité "performance sportive", mention "plongée subaquatique" ».

SOUS-§ 4 CONDITIONS D'EXERCICE

(Arr. du 18 janv. 2010, art. 1er)

Art. A. 212-198 Dans le cas où le préfet estime qu'il n'existe pas de différence substantielle ou lorsqu'une différence substantielle a été identifiée et que le déclarant a satisfait à l'épreuve d'aptitude, le préfet délivre au déclarant une carte professionnelle d'éducateur sportif ou un récépissé de déclaration de prestation de services *(Arr. du 7 janv. 2014, art. 3)* « qui portent mention de l'une des conditions d'exercice suivantes :

« – encadrement en autonomie de la randonnée subaquatique, enseignement et encadrement de la plongée subaquatique dans les conditions techniques et de sécurité définies aux articles A. 322-71 et suivants du code du sport ; ou

« – enseignement, animation, encadrement de la plongée subaquatique ou entraînement de ses pratiquants dans les conditions techniques et de sécurité définies aux articles A. 322-71 et suivants du code du sport ».

§ 4 *[ABROGÉ]* CANYONISME

(Abrogé par Arr. du 26 mai 2010, art. 13)

Art. A. 212-203 à A. 212-208 *Abrogés par Arr. du 26 mai 2010, art. 13.*

§ 5 PARACHUTISME

(Arr. du 21 déc. 2009, art. 1er)

SOUS-§ 1er DÉCLARATION

Art. A. 212-209 En application des dispositions des articles R. 212-88 et R. 212-92, les ressortissants d'un État membre de la Communauté européenne ou d'un autre État partie à l'accord sur l'Espace économique européen qui souhaitent assurer l'encadrement, l'animation, l'enseignement ou l'entraînement du parachutisme dans le cadre de la liberté d'établissement ou de la libre prestation de services se déclarent au préfet de la région Provence-Alpes-Côte d'Azur.

SOUS-§ 2 DIFFÉRENCE SUBSTANTIELLE

Art. A. 212-210 La différence substantielle au sens des articles R. 212-90-1 et du 3° de l'article R. 212-93, susceptible d'exister entre la qualification professionnelle du déclarant et la qualification professionnelle requise sur le territoire national, est appréciée en référence à la formation *(Arr. du 7 janv. 2014, art. 1er-1°)* « du brevet professionnel de la jeunesse de l'éducation populaire et du sport (BPJEPS) spécialité "parachutisme" dans l'une des mentions suivantes : progression traditionnelle (TRAD), progression accompagnée (PAC) parachute biplace (TANDEM) ou, en référence à la formation du diplôme d'État de la jeunesse, de l'éducation populaire et du sport (DEJEPS) spécialité "perfectionnement sportif" dans la mention suivante : "parachutisme", », en tant *(Arr. du 7 janv. 2014, art. 1er-2°)* « qu'ils intègrent » les connaissances théoriques et pratiques en matière de sécurité et les compétences techniques de sécurité *(Abrogé par Arr. du 7 janv. 2014, art. 1er-3°)* *« , dans l'une des trois spécialités suivantes :*

« – la progression traditionnelle (TRAD) ;

« – la progression accompagnée en chute (PAC) ;

« – le parachute biplace (tandem) ».

SOUS-§ 3 ÉPREUVE D'APTITUDE

Art. A. 212-211 L'épreuve d'aptitude à laquelle le préfet peut décider de soumettre en tout ou en partie le déclarant, dans les conditions prévues à l'article R. 212-90-1 et au 3° de l'article R. 212-93, vise à vérifier la capacité du déclarant à encadrer les pratiquants en sécurité dans l'une *(Arr. du 7 janv. 2014, art. 2-1°)* « des trois mentions du brevet professionnel de la jeunesse de l'éducation populaire et du sport (BPJEPS) spécialité "parachutisme" ou dans la mention du diplôme d'État de la jeunesse, de l'éducation populaire et du sport (DEJEPS) spécialité "perfectionnement sportif" figurant » à l'article A. 212-210. Pour chacune de *(Arr. du 7 janv. 2014, art. 2-2°)* « ces mentions », elle comporte deux tests :

1° Un test de vérification des connaissances théoriques et pratiques en matière de sécurité ;

2° Un test technique de sécurité.

Dans le cas où le déclarant est soumis aux deux tests, le test de vérification des connaissances théoriques et pratiques en matière de sécurité est évalué en premier lieu. En cas d'échec, le déclarant ne peut pas se présenter au test technique de sécurité.

Le contenu de l'épreuve d'aptitude est fixé en annexe II-16-1 *[reproduite sur Dalloz.fr et sur les applications mobiles Dalloz]*.

Art. A. 212-212 L'épreuve d'aptitude est organisée pour l'ensemble du territoire national sous l'autorité du préfet de la région Provence-Alpes-Côte d'Azur, par le centre de ressources, d'expertise et de performance sportives de Provence-Alpes-Côte d'Azur.

Art. A. 212-213 Le déclarant est évalué par un jury désigné et présidé par le chef de service déconcentré régional de l'État chargé des sports de Provence-Alpes-Côte d'Azur ou son représentant et comprenant :

– un représentant de la Fédération française de parachutisme ;

– un ou plusieurs représentants des organisations professionnelles ;

– un ou plusieurs techniciens qualifiés titulaires au minimum d'un diplôme d'État de niveau IV en parachutisme.

SOUS-§ 4 CONDITIONS D'EXERCICE

Art. A. 212-214 Dans le cas où le préfet estime qu'il n'existe pas de différence substantielle ou lorsqu'une différence substantielle a été identifiée et que le déclarant a satisfait à l'épreuve d'aptitude, le préfet délivre au déclarant une carte professionnelle d'éducateur sportif ou un récépissé de déclaration de prestation de services qui portent *(Arr. du 7 janv. 2014, art. 3-1°)* « inscription », selon la *(Arr. du 7 janv. 2014, art. 3-1°)* « mention », des conditions d'exercice suivantes :

(Arr. du 7 janv. 2014, art. 3-2° à 5°) « *a)* Mention "progression traditionnelle : Enseignement de la progression traditionnelle dans tout établissement" (BPJEPS) ;

« *b)* Mention "progression accompagnée en chute (PAC) : Enseignement de la progression accompagnée en chute dans tout établissement" (BPJEPS) ;

« *c)* Mention : "parachute biplace (tandem) : Enseignement du parachute biplace (tandem) dans tout établissement" (BPJEPS) ;

« *d)* Mention "parachutisme : Enseignement, animation, encadrement du parachutisme ou entraînement de ses pratiquants" (DEJEPS). »

§ 6 SPÉLÉOLOGIE

(Arr. du 21 déc. 2009, art. 1er)

SOUS-§ 1er DÉCLARATION

Art. A. 212-215 En application des dispositions des articles R. 212-88 et R. 212-92, les ressortissants d'un État membre de la Communauté européenne ou d'un autre État partie à l'accord sur l'Espace économique européen qui souhaitent assurer l'encadrement, l'animation, l'enseignement ou l'entraînement de la spéléologie dans le cadre de la liberté d'établissement ou de la libre prestation de services se déclarent au préfet *(Arr. du 1er juin 2015, art. 2-II)* « du département de l'Isère ».

(Arr. du 3 févr. 2016, art. 1er) « Les dossiers de déclaration sont transmis par le préfet au Pôle national des métiers de l'encadrement du ski et de l'alpinisme mentionné à l'article A. 142-9. Ce dernier s'assure de leur recevabilité et sollicite les trois avis suivants :

« – l'avis du centre de ressources, d'expertise et de performance sportive de Rhône-Alpes ;

« – l'avis de l'organisation professionnelle la plus représentative ;

« – l'avis de la Fédération française de spéléologie.

« L'avis sollicité est transmis dans le délai de huit jours ouvrés au Pôle national des métiers de l'encadrement du ski et de l'alpinisme. A défaut, l'avis est réputé favorable. »

SOUS-§ 2 DIFFÉRENCE SUBSTANTIELLE

Art. A. 212-216 La différence substantielle au sens de l'article R. 212-90-1 et du 3° de l'article R. 212-93 susceptible d'exister entre la qualification professionnelle du déclarant et la qualification professionnelle requise sur le territoire national est appréciée en référence *(Arr. du 3 févr. 2016, art. 2-1°)* « à la formation du diplôme d'État de la jeunesse, de l'éducation populaire et du sport spécialité "perfectionnement sportif" mention "spéléologie" » en tant *(Arr. du 3 févr. 2016, art. 2-2°)* « qu'il intègre » les connaissances théoriques et pratiques en matière de sécurité et les compétences techniques de sécurité.

SOUS-§ 3 ÉPREUVE D'APTITUDE

Art. A. 212-217 L'épreuve d'aptitude à laquelle le préfet peut décider de soumettre en tout ou en partie le déclarant, dans les conditions prévues à l'article R. 212-90-1 et au 3° de l'article R. 212-93 vise à vérifier la capacité du déclarant à encadrer les pratiquants en sécurité. Elle comporte deux tests :

1° Un test de vérification des connaissances théoriques et pratiques en matière de sécurité ;

2° Un test technique de sécurité.

Dans le cas où le déclarant est soumis aux deux tests, le test de vérification des connaissances théoriques et pratiques en matière de sécurité est évalué en premier lieu. En cas d'échec, le déclarant ne peut pas se présenter au test technique de sécurité.

Le contenu de l'épreuve d'aptitude est fixé en annexe II-16-2 *[reproduite sur Dalloz.fr et sur les applications mobiles Dalloz 🏛]*.

Art. A. 212-218 L'épreuve d'aptitude est organisée pour l'ensemble du territoire national sous l'autorité du préfet de la région *(Arr. du 3 févr. 2016, art. 3-1°)* « Auvergne*[-]* » Rhône-Alpes, par le *(Décr. n° 2011-630 du 3 juin 2011, art. 2)* « centre de ressources, d'expertise et de performance sportive » de *(Arr. du 3 févr. 2016, art. 3-2°)* « Rhône-Alpes », site de Vallon-Pont-d'Arc.

Art. A. 212-219 Le déclarant est évalué par un jury désigné et présidé par le chef de service déconcentré régional de l'État chargé des sports de *(Arr. du 3 févr. 2016, art. 4-1°)* « Auvergne*[-]* » Rhône-Alpes ou son représentant et comprenant :

– le responsable du site de Vallon-Pont-d'Arc du *(Décr. n° 2011-630 du 3 juin 2011, art. 2)* « centre de ressources, d'expertise et de performance sportive » de *(Arr. du 3 févr. 2016, art. 4-2°)* « Rhône-Alpes » ou son représentant ;

– au moins un représentant des organisations professionnelles les plus représentatives ;

– deux représentants de la Fédération française de spéléologie dont le directeur technique national ou son représentant ;

– un ou plusieurs techniciens qualifiés titulaires au minimum d'un diplôme d'État de *(Arr. du 3 févr. 2016, art. 4-3°)* « niveau III » en spéléologie.

SOUS-§ 4 CONDITIONS D'EXERCICE

Art. A. 212-220 Dans le cas où le préfet estime qu'il n'existe pas de différence substantielle ou lorsqu'une différente substantielle a été identifiée et que le déclarant a satisfait à l'épreuve d'aptitude, le préfet délivre au déclarant une carte professionnelle d'éducateur sportif ou un récépissé de déclaration de prestation de services qui portent mention des conditions d'exercice suivantes : "Enseignement de la spéléologie dans toutes cavités, lieux d'entraînement pour tout public et dans le respect du milieu naturel", *(Arr. du 3 févr. 2016, art. 5)* « "Autorisation d'exercer pour une durée de six ans, renouvelée à l'issue d'un stage de recyclage" ».

§ 7 ALPINISME-GUIDE DE HAUTE MONTAGNE

(Arr. du 18 janv. 2010, art. 1er)

SOUS-§ 1er DÉCLARATION

Art. A. 212-221 En application des dispositions des articles R. 212-88 et R. 212-92, les ressortissants d'un État membre de la Communauté européenne ou d'un autre État partie à l'accord sur l'Espace économique européen qui souhaitent assurer l'encadrement, l'animation, l'enseignement ou l'entraînement de l'alpinisme par l'activité de guide de haute montagne dans le cadre de la liberté d'établissement ou de la libre prestation de services se déclarent au préfet *(Arr. du 24 déc. 2015, art. 1er)* « du département de l'Isère ».

Les dossiers de déclaration sont transmis par le préfet au Pôle national des métiers de l'encadrement du ski et de l'alpinisme mentionné à l'article A. 142-9. Ce dernier s'assure de leur conformité et les transmet pour avis à la section permanente de l'alpinisme de la commission de la formation et de l'emploi du Conseil supérieur des sports de montagne.

SOUS-§ 2 DIFFÉRENCE SUBSTANTIELLE

Art. A. 212-222 Pour l'encadrement de l'alpinisme par l'activité de guide de haute montagne, la différence substantielle au sens de l'article R. 212-90-1 et du 3° de l'article R. 212-93, susceptible d'exister entre la qualification professionnelle du déclarant et la qualification professionnelle requise sur le territoire national, est appréciée en référence à la formation du diplôme de guide de haute montagne du brevet d'État d'alpinisme en tant qu'elle intègre :

– les connaissances théoriques et pratiques en matière de sécurité ;
– les compétences techniques de sécurité.

Art. A. 212-223 Dans le cadre de la liberté d'établissement, lorsque le préfet estime, après avis de la section permanente de l'alpinisme de la commission de la formation et de l'emploi du Conseil supérieur des sports de montagne, transmis au Pôle national des métiers de l'encadrement du ski et de l'alpinisme, qu'il existe une différence substantielle, il saisit la commission de reconnaissance des qualifications mentionnée à l'article R. 212-84, en joignant au dossier l'avis de la section permanente. Après s'être prononcée sur l'existence d'une différence substantielle, la commission de reconnaissance des qualifications propose, le cas échéant, au préfet de soumettre le déclarant à tout ou partie de l'épreuve d'aptitude prévue à l'article R. 212-90-1.

Art. A. 212-224 Dans le cadre de la libre prestation de services, lorsque le préfet estime, après avis de la section permanente de l'alpinisme de la commission de la formation et de l'emploi du Conseil supérieur des sports de montagne transmis au Pôle national des métiers de l'encadrement du ski et de l'alpinisme, qu'il existe une différence substantielle, il peut décider de soumettre le déclarant à tout ou partie de l'épreuve d'aptitude prévue au 3° de l'article R. 212-93.

SOUS-§ 3 ÉPREUVE D'APTITUDE

Art. A. 212-225 L'épreuve d'aptitude à laquelle le préfet peut décider de soumettre en tout ou en partie le déclarant, dans les conditions prévues à l'article R. 212-90-1 et au 3° de l'article R. 212-93, vise à vérifier la capacité du déclarant à encadrer les pratiquants en sécurité. Elle comporte deux tests :

1° Un test de vérification des connaissances théoriques et pratiques en matière de sécurité ;

2° Un test technique de sécurité.

Dans le cas où le déclarant est soumis aux deux tests, le test de vérification des connaissances théoriques et pratiques en matière de sécurité est évalué en premier lieu. En cas d'échec, le déclarant ne peut pas se présenter au second test.

Le contenu de l'épreuve d'aptitude est fixé en annexe II-16-6 *[reproduite sur Dalloz.fr et sur les applications mobiles Dalloz]*.

Art. A. 212-226 L'épreuve d'aptitude est organisée pour l'ensemble du territoire national, sous l'autorité du préfet de la région Rhône-Alpes, par l'École nationale de ski et d'alpinisme aux lieux et dates fixées annuellement par la section permanente de l'alpinisme de la commission de la formation et de l'emploi du Conseil supérieur des sports de montagne.

Art. A. 212-227 Le déclarant est évalué par un jury désigné par le chef de service déconcentré régional de l'État chargé des sports de Rhône-Alpes et comprenant :

– le délégué du Pôle national des métiers de l'encadrement du ski et de l'alpinisme ou son représentant, président du jury ;

– un représentant de l'École nationale de ski et d'alpinisme ;

– un représentant de la Fédération française de la montagne et de l'escalade ;

– un représentant de l'organisation professionnelle la plus représentative ;

– un ou plusieurs techniciens qualifiés, titulaires du diplôme de guide de haute montagne du brevet d'État d'alpinisme ou d'un diplôme équivalent reconnu par les États membres de la Communauté européenne ou les autres États parties à l'accord sur l'Espace économique européen ayant ratifié la plate-forme professionnelle de l'Union internationale des associations de guides de montagne.

SOUS-§ 4 CONDITIONS D'EXERCICE

Art. A. 212-228 Dans le cas où le préfet estime qu'il n'existe pas de différence substantielle ou lorsqu'une différence substantielle a été identifiée et que le déclarant a satisfait à l'épreuve d'aptitude, le préfet délivre au déclarant une attestation de libre établissement et une carte professionnelle d'éducateur sportif ou un récépissé de déclaration de prestation de services qui portent mention des conditions d'exercice suivantes :

Conduite et accompagnement de personnes dans des excursions ou des ascensions de montagne en rocher, neige, glace et terrain mixte. Conduite et accompagnement de personnes dans des excursions de ski de randonnée, ski alpinisme et en ski hors pistes. Enseignement des techniques d'alpinisme, d'escalade et de ski de randonnée, ski alpinisme et ski hors pistes. Entraînement aux pratiques de compétition dans les disciplines précitées. Autorisation d'exercer pour une durée de six ans renouvelée à l'issue d'un stage de recyclage.

TITRE DEUXIÈME SPORTIFS

CHAPITRE PREMIER SPORT DE HAUT NIVEAU

Le présent chapitre ne comprend pas de dispositions pour les arrêtés.

CHAPITRE II SPORT PROFESSIONNEL

SECTION UNIQUE AGENTS SPORTIFS

Art. A. 222-1 *(Arr. du 19 sept. 2011, art. 1er)* Les fédérations concernées par l'application des articles R. 222-1 à R. 222-42 qui constituent une commission des agents sportifs et désignent un délégué aux agents sportifs figurent sur la liste qui suit :

Fédération française d'athlétisme ;
Fédération française de basket-ball ;
Fédération française de boxe ;
Fédération française de cyclisme ;
Fédération française de football ;
Fédération française de gymnastique ;
Fédération française de golf ;
Fédération française de handball ;
Fédération française de hockey sur glace ;
Fédération française de motocyclisme ;
Fédération française de natation ;
Fédération française de rugby ;
Fédération française de rugby à XIII ;

Fédération française de pelote basque ;
Fédération française de surf ;
Fédération française de tennis ;
Fédération française de voile ;
Fédération française de volley-ball.

Art. A. 222-2 *(Arr. du 15 mars 2012, art. 1er)* Lorsqu'un agent sportif met en rapport les parties intéressées à la conclusion d'un contrat de travail relatif à l'exercice rémunéré d'une activité sportive ou d'entraînement, sa rémunération est calculée en pourcentage de la rémunération brute telle que définie à l'article A. 222-5.

Art. A. 222-3 *(Arr. du 15 mars 2012, art. 1er)* Lorsqu'un agent sportif met en rapport les parties intéressées à la conclusion d'un contrat relatif à l'exercice rémunéré d'une activité sportive ou d'entraînement, à l'exception de celui visé à l'article A. 222-2, sa rémunération est calculée en pourcentage du montant hors taxe de ce contrat tel que défini à l'article A. 222-5.

Art. A. 222-4 *(Arr. du 15 mars 2012, art. 1er)* Lorsqu'un agent sportif met en rapport les parties intéressées à la conclusion d'un contrat qui prévoit la conclusion d'un des contrats mentionnés aux articles A. 222-2 et A. 222-3, sa rémunération est calculée en pourcentage du montant hors taxe de ce contrat tel que défini à l'article A. 222-5.

Art. A. 222-5 *(Arr. du 15 mars 2012, art. 1er)* La rémunération brute mentionnée à l'article A. 222-2 est celle prévue au contrat de travail et soumise aux cotisations sociales au sens de l'article L. 242-1 du code de la sécurité sociale.

Le montant hors taxe mentionné aux articles A. 222-3 et A. 222-4 est celui qui sert d'assiette au calcul de la taxe sur la valeur ajoutée telle que définie aux articles 266 à 268 *ter* du code général de impôts.

Art. A. 222-6 *(Arr. du 15 mars 2012, art. 1er)* Lorsqu'un avenant à un contrat de travail relatif à l'exercice rémunéré d'une activité sportive ou d'entraînement ayant pour objet une augmentation de la rémunération brute d'un sportif ou d'un entraîneur est conclu, la rémunération de l'agent sportif ayant mis en rapport les parties à cet avenant ne peut excéder 10 % de la différence entre la rémunération brute prévue par l'avenant au contrat de travail et la rémunération brute qui devait être versée en application du contrat dans sa rédaction antérieure à l'entrée en vigueur de l'avenant sur la durée du contrat restant à exécuter.

Lorsque la fédération fait application des dispositions du sixième alinéa de l'article L. 222-17, la rémunération de l'agent ne peut excéder le pourcentage ainsi fixé.

SOUS-SECTION 1 *[ABROGÉE]* MODALITÉS D'INSCRIPTION À L'EXAMEN D'AGENT SPORTIF

(Abrogée par Arr. du 24 juin 2011, art. 1er)

SOUS-SECTION 2 *[ABROGÉE]* HOMOLOGATION DU PROGRAMME DES ÉPREUVES DE L'EXAMEN RELATIF À LA LICENCE D'AGENT SPORTIF

(Abrogée par Arr. du 24 juin 2011, art. 1er)

TITRE TROISIÈME SANTÉ DES SPORTIFS ET LUTTE CONTRE LE DOPAGE

CHAPITRE PREMIER SUIVI MÉDICAL DES SPORTIFS

SECTION PREMIÈRE EXAMEN MÉDICAL APPROFONDI POUR LA DÉLIVRANCE DE LA PREMIÈRE LICENCE DANS CERTAINES DISCIPLINES SPORTIVES

Art. A. 231-1 (Abrogé par Arr. du 13 juin 2016, art. 2) *En application de l'article L. 231-2, la liste des disciplines sportives nécessitant un examen médical approfondi et spécifique en vue d'obtenir la délivrance d'une première licence sportive est fixée ainsi qu'il suit :*

1° Sports de combat pour lesquels la mise "hors de combat" est autorisée ;

2° Alpinisme de pointe ;
3° Sports utilisant des armes à feu ;
4° Sports mécaniques ;
5° Sports aériens, à l'exception de l'aéromodélisme ;
6° Sports sous-marins.
Cet examen donne lieu à un certificat médical attestant l'absence de contre-indication à la pratique des activités physiques et sportives. — [Arr. du 28 avr. 2000, art. 1er.]

Art. A. 231-2 (Abrogé par Arr. du 13 juin 2016, art. 2) *Les qualifications reconnues par l'ordre ainsi que les diplômes nationaux ou d'université que doivent posséder les médecins amenés à réaliser les examens dans les disciplines prévues à l'article A. 231-1 sont précisés par le règlement préparé par la commission médicale de chaque fédération sportive concernée, adopté par le comité directeur de la fédération ou, le cas échéant, par le conseil fédéral et approuvé par le ministre chargé des sports.* — [Arr. du 28 avr. 2000, art. 2.]

SECTION II **SPORTIFS INSCRITS SUR LISTE**

(Arr. du 13 juin 2016, art. 1er)

SOUS-SECTION 1 **SPORTIFS DE HAUT NIVEAU**

Art. A. 231-3 Dans les deux mois qui suivent la première inscription sur la liste des sportifs de haut niveau et annuellement pour les inscriptions suivantes, les sportifs de haut niveau doivent se soumettre à :

1° Un examen médical réalisé par un médecin du sport comprenant :

a) Un examen clinique avec interrogatoire et examen physique selon les recommandations de la Société française de médecine de l'exercice et du sport ;

b) Un bilan diététique et des conseils nutritionnels ;

c) Un bilan psychologique visant à dépister des difficultés psychopathologiques pouvant être liées à la pratique sportive intensive ;

d) La recherche indirecte d'un état de surentraînement via un questionnaire élaboré selon les recommandations de la Société française de médecine de l'exercice et du sport ;

2° Un électrocardiogramme de repos.

A la demande du médecin du sport et sous sa responsabilité, les bilans psychologique et diététique mentionnés au 1° peuvent être effectués respectivement par un psychologue clinicien ou un diététicien.

SOUS-SECTION 2 **SPORTIFS ESPOIRS ET DES COLLECTIFS NATIONAUX**

Art. A. 231-4 Le contenu et la mise en œuvre de la surveillance médicale des sportifs Espoirs et des sportifs des collectifs nationaux mentionnés à l'article L. 221-2 doivent tenir compte :

1° De l'âge du sportif ;
2° De la charge d'entraînement du sportif ;
3° Des contraintes physiques spécifiques de la discipline sportive ;
4° De la morbidité et des risques inhérents à la pratique de la discipline sportive.

CHAPITRE II **LUTTE CONTRE LE DOPAGE HUMAIN**

Le présent chapitre ne comprend pas de dispositions pour les arrêtés.

TITRE QUATRIÈME **LUTTE CONTRE LE DOPAGE ANIMAL**

Le présent titre ne comprend pas de dispositions pour les arrêtés.

LIVRE TROISIÈME **PRATIQUE SPORTIVE**

TITRE PREMIER **LIEUX DE PRATIQUES SPORTIVES**

CHAPITRE PREMIER **SPORTS DE NATURE**

Le présent chapitre ne comprend pas de dispositions pour les arrêtés.

CHAPITRE II ÉQUIPEMENTS SPORTIFS

SECTION PREMIÈRE DISPOSITIONS COMMUNES

Art. A. 312-1 La déclaration prévue à l'article R. 312-4 mentionne :

1° Les nom, prénoms, adresse, numéro de téléphone et adresse électronique du propriétaire de l'équipement déclaré ;

(Abrogé par Arr. du 30 janv. 2015, art. 1er-XII-1°) « ***2° Le cas échéant, les nom, prénoms, numéro de téléphone et adresse électronique de la personne auprès de laquelle les informations sont vérifiées et complétées ;*** »

3° Les caractéristiques générales de l'équipement déclaré ;

4° Les caractéristiques spécifiques de l'équipement déclaré ;

5° Les activités physiques et/ou sportives qui y sont praticables.

Un modèle de déclaration est joint à l'annexe III-1 *[reproduite sur Dalloz.fr et sur les applications mobiles Dalloz]* *(Abrogé par Arr. du 30 janv. 2015, art. 1er-XII-2°)* « ***(formulaire CERFA n° 13436*01)*** ». – *[Arr. du 9 oct. 2006, art. 1er et 2.]*

SECTION II INSTALLATIONS FIXES

Art. A. 312-2 Les pièces constitutives de la demande d'homologation mentionnées à l'article R. 312-9 sont adaptées aux fins de permettre à la commission consultative départementale de sécurité et d'accessibilité et, le cas échéant, à la Commission nationale de sécurité des enceintes sportives de formuler un avis quant au respect par le propriétaire des règles de sécurité résultant du code de la construction et de l'habitation. – *[Arr. du 11 juin 1996, art. 1er.]*

Art. A. 312-3 Dans le cas des enceintes sportives à construire, la demande d'homologation est présentée selon les modalités suivantes :

a) Huit mois au moins avant l'ouverture de l'enceinte au public, la demande d'homologation est déposée ou adressée, accompagnée des pièces suivantes :

1° Un dossier d'information générale ;

2° Les conclusions du rapport initial du contrôleur technique relatif à la solidité, après examen des documents de conception, dans les conditions fixées aux articles R. 111-39 et R. 111-40 du code de la construction et de l'habitation ;

3° Un plan de situation élargi ;

4° Le plan de masse et des abords ;

5° Le ou les plan(s) des tribunes ;

6° Le plan des aires de jeux ;

7° Le plan des locaux et des espaces réservés :

a) aux forces de police et/ou de gendarmerie nationales ;

b) aux services d'incendie et de secours ;

c) au service d'aide médicale urgente ;

d) au dispositif de prévention secouriste et/ou médicale ;

8° La description des moyens d'étude et de contrôle dont le maître d'ouvrage s'entoure pour la bonne réalisation des installations ; – *V. aussi Instr. n° 99-033 JS du 10 févr. 1999 (BOJS n° 3 du 31 mars).*

9° Le rapport initial du contrôleur technique relatif à la sécurité contre les risques d'incendie et de panique, émis dans les conditions fixées à l'article R. 111-39 et R. 111-40 du code de la construction et de l'habitation, après examen des documents de conception ;

Le cas échéant :

10° Le dossier relatif à la capacité additionnelle ;

11° Le dossier relatif à l'aménagement du poste de surveillance ;

12° L'indication, la référence et le contenu des autorisations administratives obtenues ou sollicitées ;

b) A la réception des travaux, la demande d'homologation est complétée par les documents suivants :

13° Les attestations d'assurances de travaux obligatoires mentionnées au titre Ier du livre Ier du code de la construction et de l'habitation ;

14° L'attestation du bureau de contrôle précisant que la mission de solidité a bien été exécutée ; elle est complétée par les relevés de conclusions des rapports de contrôle attestant de la solidité de l'ouvrage ;

15° L'attestation par laquelle le maître de l'ouvrage certifie avoir fait effectuer l'ensemble des contrôles et vérifications techniques relatifs à la solidité conformément aux textes en vigueur.

Le contenu des pièces mentionnées aux 1°, 3° à 8°, 10° et 11° est explicité à l'annexe III-2 *[reproduite sur Dalloz.fr et sur les applications mobiles Dalloz]* du présent code. – *[Arr. du 11 juin 1996, art. 2.]*

Art. A. 312-4 La demande d'homologation comporte dans le cas des enceintes *(Arr. du 30 janv. 2015, art. 2-III)* « existantes », les documents suivants :

1° Les pièces mentionnées aux 4° à 7°, et, le cas échéant, 8°, 10° et 11°, désignées à l'article A. 311-3, mises à jour, originelles ou reconstituées par un maître d'œuvre justifiant d'une assurance professionnelle et d'un diplôme reconnu par l'État ;

2° Le résultat du contrôle effectué par la commission compétente en matière de sécurité contre les risques d'incendie et de panique et la décision à l'exploitant notifiés par le maire, à l'issue de la visite de réception mentionnée au deuxième alinéa de l'article R. 123-45 du code la construction et de l'habitation (pièce 16) ;

3° Le cas échéant, le résultat du contrôle effectué par la commission compétente en matière de sécurité contre les risques d'incendie et de panique lors de sa dernière visite et la décision à l'exploitant notifiés par le maire en application des articles R. 123-48 et R. 123-49 du code la construction et de l'habitation (pièce 17). – *[Arr. du 11 juin 1996, art. 3.]*

Art. A. 312-5 Le propriétaire de l'enceinte sportive joint à la demande d'homologation toute pièce que le préfet juge nécessaire à l'information de la commission consultative départementale de sécurité et d'accessibilité et, le cas échéant, de la Commission nationale de sécurité des enceintes sportives, après consultation de ces instances. – *[Arr. du 11 juin 1996, art. 5.]*

Art. A. 312-6 La demande d'homologation et le dossier qui l'accompagne, signés par le propriétaire, sont établis en trois exemplaires ; ce chiffre est porté à six pour les catégories d'enceintes sportives soumises à l'avis de la Commission nationale de sécurité des enceintes sportives. – *[Arr. du 11 juin 1996, art. 6.]*

Art. A. 312-7 La demande d'homologation et les documents annexés sont adressés par pli recommandé avec demande d'avis de réception postal ou déposés contre décharge à la préfecture du département dans lequel la construction est envisagée ou dans lequel l'ouvrage est implanté. – *[Arr. du 11 juin 1996, art. 7.]*

Art. A. 312-8 Toute nouvelle demande d'homologation s'effectue dans les conditions et selon une procédure analogue à celle prévue pour l'octroi de l'homologation initiale :

– dans le cas d'une modification permanente de l'enceinte ou de son aménagement, les pièces désignées à l'article A. 312-3 sont produites pour la partie d'ouvrage modifiée ;

– dans le cas d'une modification de l'environnement, les pièces, le cas échéant actualisées, énumérées à l'article A. 312-4 sont produites ainsi qu'un document précisant la nature de la modification (pièce 18).

Dans les deux cas, il est joint à la nouvelle demande une copie d'un registre d'homologation dont le contenu est déterminé à l'annexe III-3 *[reproduite sur Dalloz.fr et sur les applications mobiles Dalloz]* du présent code. – *[Arr. du 11 juin 1996, art. 8.]*

Art. A. 312-9 Dans les établissements sportifs assujettis à homologation, il est affiché d'une façon apparente et inaltérable, près des entrées principales, un "avis d'homologation" dont le modèle est reproduit à l'annexe III-4 *[reproduite sur Dalloz.fr et sur les applications mobiles Dalloz]* du présent code.

Cet avis est dûment rempli par le propriétaire ou l'exploitant, sous leur responsabilité, en fonction des renseignements figurant dans l'arrêté d'homologation. Il comporte les indications suivantes :

– la date de signature et le numéro de l'arrêté préfectoral d'homologation ;

– l'effectif maximal de spectateurs dans les installations existantes et prévu en cas d'extension provisoire ;

– l'effectif maximal de spectateurs assis en tribune et par zone ;

– l'effectif maximal de spectateurs debout hors tribune et par zone. – *[Arr. du 11 juin 1996, art. 9.]*

SECTION III **LA COMMISSION NATIONALE DE SÉCURITÉ DES ENCEINTES SPORTIVES**

Art. A. 312-10 La Commission nationale de sécurité des enceintes sportives, mentionnée à l'article R. 312-22, comprend, outre son président :

1° Sept représentants de l'État, membres de droit.

a) Deux représentants du ministre chargé des sports :

– le chef du bureau chargé de l'équipement, de la direction des sports ou son représentant ;

– le chef du bureau chargé des affaires juridiques, de la direction des sports ou son représentant.

(Arr. du 22 juill. 2013, art. 1er) « *b)* Trois représentants du ministre de l'intérieur :

« – le directeur de la défense et de la sécurité civile ou son représentant ;

« – le directeur général de la police nationale ou son représentant ;

« – le directeur général de la gendarmerie nationale ou son représentant. »

c) Un représentant du ministre chargé de l'équipement :

– le directeur général de l'urbanisme, de l'habitat et de la construction ou son représentant.

(Abrogé par Arr. du 22 juill. 2013, art. 1er) « ***d) Un représentant du ministre chargé de la défense :***

« – le directeur général de la gendarmerie nationale ou son représentant. »

e) Un représentant du ministre chargé de la santé :

– le directeur général de l'offre de soins ou son représentant.

2° Quatre membres nommés par arrêté du ministre chargé des sports.

a) Deux membres désignés sur proposition du Comité national olympique et sportif français représentant le mouvement sportif.

b) Un membre désigné sur proposition de l'Association des maires de France.

c) Un membre désigné sur proposition de l'organisme le plus représentatif des professionnels de la construction d'équipements sportifs. – *[Arr. du 11 févr. 2002, art. 1er.]*

Art. A. 312-11 Le préfet prononce, après avis de la Commission nationale de sécurité des enceintes sportives, l'homologation des enceintes sportives de plein air dont la capacité d'accueil est égale ou supérieure à *(Arr. du 29 avr. 2014, art. 1er)* « 15 000 » spectateurs et des enceintes sportives couvertes dont la capacité d'accueil est égale ou supérieure à 8 000 spectateurs. – *[Arr. du 27 mai 1994, art. 1er.]*

Les dispositions de l'Arr. du 29 avr. 2014 s'appliquent aux demandes d'homologation déposées à compter du 1er juill. 2014 (Arr. préc., art. 2).

Art. A. 312-12 Le préfet saisit la Commission nationale de sécurité des enceintes sportives de la demande d'homologation accompagnée des documents annexés et de l'avis de la commission consultative départementale de sécurité et d'accessibilité. – *[Arr. du 27 mai 1994, art. 2.]*

TITRE DEUXIÈME **OBLIGATIONS LIÉES AUX ACTIVITÉS SPORTIVES**

CHAPITRE PREMIER **OBLIGATION D'ASSURANCE**

Le présent chapitre ne comprend pas de dispositions pour les arrêtés.

CHAPITRE II GARANTIES D'HYGIÈNE ET DE SÉCURITÉ

SECTION PREMIÈRE DISPOSITIONS GÉNÉRALES

(Arr. du 26 mai 2016, art. 4)

§ 1er CONTRÔLE DE L'EXPLOITANT D'UN ÉTABLISSEMENT D'ACTIVITÉS PHYSIQUES OU SPORTIVES

Art. A. 322-1 Il appartient à l'autorité administrative, en demandant la délivrance du bulletin n° 2 du casier judiciaire et les informations contenues dans le fichier judiciaire national automatisé des auteurs d'infractions sexuelles ou violentes, de s'assurer que l'exploitant d'un établissement mentionné à l'article L. 322-1 n'a pas fait l'objet d'une condamnation pour crime ou pour l'un des délits mentionnés à l'article L. 212-9.

Les annexes III-5 et III-6 sont abrogées (Arr. du 26 mai 2016, art. 12).

Art. A. 322-2 L'autorité administrative peut s'opposer à l'ouverture ou prononcer la fermeture temporaire ou définitive d'un établissement dont l'exploitant a refusé de lui transmettre les informations permettant de contrôler le respect, par ce dernier, de la garantie prévue à l'article L. 322-1.

V. note ss. art. R. 322-1.

§ 2 INFORMATION DES PRATIQUANTS

Art. A. 322-3 Le pratiquant est informé, par tout moyen, des capacités requises pour la pratique d'une activité physique ou sportive organisée par l'établissement.
V. note ss. art. R. 322-1.

SECTION II ÉTABLISSEMENTS DE NATATION ET D'ACTIVITÉS AQUATIQUES ET NAUTIQUE *(Arr. du 9 sept. 2015, art. 1er-I).*

SOUS-SECTION PRÉLIMINAIRE DISPOSITIONS COMMUNES

(Arr. du 9 sept. 2015, art. 1er-II)

COMMENTAIRE

L'exploitant d'un établissement qui organise l'activité de canoë, de kayak, de raft, de nage en eau vive, ou de voile doit demander au pratiquant, avant l'accès à l'activité, d'attester de sa capacité à savoir nager vingt-cinq mètres et à s'immerger. Il appartient aux fédérations délégataires des activités mentionnées d'édicter les règles de sécurité qui permettent la pratique de ces activités nautiques lorsque la personne ne peut attester de sa capacité à nager. ❑

Art. A. 322-3-1 Pour la pratique des activités sportives mentionnées aux articles A. 322-42 et A. 322-64, l'exploitant d'un établissement qui organise l'une de ces activités demande au pratiquant soit :

1° D'attester de sa capacité à savoir nager vingt-cinq mètres et à s'immerger. Lorsque le pratiquant n'a pas la capacité juridique, son représentant légal atteste de cette capacité ;

2° De présenter un certificat qui mentionne la réussite au test prévu à l'article A. 322-3-2 *(Arr. du 8 juill. 2016, art. 3)* « ou la réussite au test prévu au 1° du I de l'article 3 de l'arrêté 25 avril 2012 portant application de l'article R. 227-13 du code de l'action sociale et des familles » ;

3° De présenter un des certificats mentionnés à l'article A. 322-3-3.

Lorsque le pratiquant ne peut fournir cette attestation ou l'un de ces certificats, il doit se soumettre au test prévu à l'article A. 322-3-2.

Art. A. 322-3-2 I. — Le test mentionné à l'article A. 322-3-1 permet de s'assurer que le pratiquant est apte à :

— effectuer un saut dans l'eau ;

— réaliser une flottaison sur le dos pendant cinq secondes ;

– réaliser une sustentation verticale pendant cinq secondes ;
– nager sur le ventre pendant vingt mètres ;
– franchir une ligne d'eau ou passer sous une embarcation ou un objet flottant.

Ce test peut être réalisé avec ou sans brassière de sécurité.

II. – La réussite au test prévu au I est constatée selon le cas par :

1° Une personne titulaire d'une qualification relevant de l'article L. 212-1 dans l'une des activités sportives mentionnées aux articles A. 322-42 et A. 322-64 ;

2° Une personne mentionnée à l'article L. 212-3 ;

3° Une personne titulaire d'une qualification mentionnée à l'article A. 322-8.

III. – Un certificat attestant de la réussite au test prévu au I est remis au pratiquant ou à son représentant légal.

Art. A. 322-3-3 Les certificats mentionnés au 3° de l'article A. 322-3-1 sont les suivants :

1° Le certificat attestant de la réussite au test commun aux fédérations sportives agréées ayant la natation en partage et répondant aux exigences mentionnées au I de l'article A. 322-3-2 ;

2° L'attestation scolaire prévue à l'article D. 312-47-2 du code de l'éducation.

Art. A. 322-3-4 Les fédérations qui ont reçu délégation pour les activités sportives mentionnées aux articles A. 322-42 et A. 322-64 édictent les règles de sécurité permettant la pratique des personnes qui ne peuvent pas fournir l'attestation ou les certificats prévus à l'article A. 322-3-1 ni réaliser le test mentionné à l'article A. 322-3-2.

Les établissements mentionnés aux articles A. 322-42 et A. 322-64 peuvent organiser la pratique de ces personnes conformément aux règles de sécurité prévues au premier alinéa.

Art. A. 322-3-5 *(Arr. du 31 mars 2016, art. 1er et 4, en vigueur le 15 mai 2016)* Dans chaque établissement organisant la pratique d'activités nautiques mentionné à la sous-section 2, en un lieu visible de tous, un tableau affiche une carte des espaces de pratique couramment utilisés mentionnant :

– les zones interdites, dangereuses, ou réservées à différents usages ;
– les limites autorisées de la navigation et leur balisage.

Pour les parcours en rivière, cette carte mentionne la classe du parcours en référence aux critères de classement prévus à l'annexe III-12 *[reproduite sur Dalloz.fr et sur les applications mobiles Dalloz]*.

SOUS-SECTION 1 ÉTABLISSEMENTS ORGANISANT LA PRATIQUE D'ACTIVITÉS AQUATIQUES ET DE BAIGNADES *(Arr. du 9 sept. 2015, art. 1er-III)*.

§ 1er OBLIGATION DE DÉCLARATION

COMMENTAIRE

Conformément à l'article L. 1332-1 du code de la santé publique, toute personne qui procède à l'installation d'une piscine, d'une baignade artificielle ou à l'aménagement d'une baignade, publique ou privée à usage collectif, doit en faire, avant l'ouverture, la déclaration à la mairie du lieu de son implantation. Toute modification des installations d'une piscine ou d'une baignade aménagée devra elle aussi être déclarée (art. A. 322-5 C. sport). Cette déclaration permet, notamment, à la commune de recenser, chaque année, toutes les eaux de baignades au sens des dispositions de l'article L. 1332-2 du code de la santé publique (V. App., v° *Baignades et piscines*).

Art. A. 322-4 La déclaration d'ouverture *(Arr. du 28 juill. 2015)* « initiale » d'une piscine ou d'une baignade aménagée prévue à l'article L. 1332-1 du code de la santé publique doit être accompagnée d'un dossier justificatif. Ces documents sont établis suivant les modalités définies à l'annexe III-7 *[reproduite sur Dalloz.fr et sur les applications mobiles Dalloz]* du présent code. Ils sont adressés en trois exemplaires à la mairie du lieu d'implantation de l'établissement au plus tard deux mois avant la date prévue pour l'ouverture de l'installation. Le maire délivre un récépissé de réception ; il transmet, dans le délai d'une semaine après réception, deux exemplaires au préfet. – *[Arr. du 7 avr. 1981, art. 1er.]*

Art. A. 322-5 Lorsque les installations d'une piscine ou d'une baignade aménagée subissent des modifications, ces dernières doivent être déclarées selon la procédure prévue à l'article A. 322-4. – *[Arr. du 7 avr. 1981, art. 3.]*

Art. A. 322-6 Le règlement intérieur de chaque piscine comporte au moins les prescriptions figurant en annexe III-8 *[reproduite sur Dalloz.fr et sur les applications mobiles Dalloz 🏛]* du présent code. Il est affiché de manière visible pour les usagers. – *[Arr. du 7 avr. 1981, art. 4.]*

Art. A. 322-7 Dans les piscines, un dossier technique complet et à jour comportant plans et descriptifs des installations est tenu à la disposition des agents visés à l'article L. 1332-5 du code de la santé publique. – *[Arr. du 7 avr. 1981, art. 5.]*

§ 2 OBLIGATION DE SURVEILLANCE

Art. A. 322-8 Les diplômes prévus à l'article D. 322-11 et qui permettent la surveillance des baignades ouvertes gratuitement au public, aménagées et réglementairement autorisées sont :

– les diplômes conférant le titre de maître nageur sauveteur ;

– le brevet national de sécurité et de sauvetage aquatique. – *[Arr. du 26 juin 1991, art. 1er.]*

COMMENTAIRE

V. commentaire sous l'article D. 322-11.

Art. A. 322-9 Le diplôme mentionné au deuxième alinéa de l'article D. 322-13 et qui permet d'assister les personnels portant le titre de maître nageur sauveteur est le brevet national de sécurité et de sauvetage aquatique. – *[Arr. du 26 juin 1991, art. 2.]*

Art. A. 322-10 La déclaration prévue à l'article D. 322-13 est établie en trois exemplaires. Elle comporte les nom, prénom, date et lieu de naissance, domicile des intéressés, ainsi que leurs titres et diplômes.

Doivent y être joints une fiche d'état civil datant de moins de trois mois, une copie de chacun des titres et diplômes invoqués ainsi qu'un certificat médical datant de moins de trois mois attestant que l'intéressé ne présente aucune contre-indication apparente à la pratique de la natation et du sauvetage, ainsi qu'à la surveillance des usagers des établissements visés par l'article D. 322-12.

Ce certificat médical dont le modèle est fixé à l'annexe III-9 *[reproduite sur Dalloz.fr et sur les applications mobiles Dalloz 🏛]* au présent code devra être renouvelé tous les ans. A défaut de renouvellement, l'intéressé ne peut assurer les fonctions mentionnées à l'article D. 322-13. – *[Arr. du 26 juin 1991, art. 3.]*

Art. A. 322-11 Lors de l'accroissement saisonnier des risques, le préfet peut autoriser par arrêté du personnel titulaire du diplôme mentionné à l'article A. 322-8 à surveiller un établissement de baignade d'accès payant, lorsque l'exploitant de l'établissement concerné a préalablement démontré qu'il n'a pu recruter du personnel portant le titre de maître nageur sauveteur.

L'autorisation est délivrée pour une durée qui ne peut être inférieure à un mois ni supérieure à quatre mois. Elle peut être retirée à tout moment en cas d'urgence ou d'atteinte à la sécurité des personnes. – *[Arr. du 26 juin 1991, art. 4.]*

V. aussi Circ. n° 2011-090 EN du 7 juill. 2011 relative à l'enseignement de la natation dans les établissements scolaires du premier et second degré (BOEN n° 28 du 14 juill.) ; Arr. du 6 avr. 1998 relatif aux sapeurs-pompiers volontaires recrutés pour la surveillance des baignades et des activités nautiques (JO 16 avr.).

§ 3 PLAN D'ORGANISATION DE LA SURVEILLANCE ET DES SECOURS

V. App., v° Baignades et piscines.

Art. A. 322-12 Le plan d'organisation de la surveillance et des secours mentionné à l'article D. 322-16 est établi par l'exploitant de l'établissement de baignade d'accès payant. Il prend place dans l'organisation générale de la sécurité dans l'établissement.

Il regroupe pour un même établissement l'ensemble des mesures de prévention des accidents liés aux activités aquatiques, de baignades et de natation et de planification des secours et a pour objectif :

– de prévenir les accidents liés aux dites activités par une surveillance adaptée aux caractéristiques de l'établissement ;

– de préciser les procédures d'alarme à l'intérieur de l'établissement et les procédures d'alerte des services de secours extérieurs ;

– de préciser les mesures d'urgence définies par l'exploitant en cas de sinistre ou d'accident. – *[Arr. du 16 juin 1998, art. 1er.]*

Art. A. 322-13 Le plan d'organisation de la surveillance et des secours, dont un exemple de présentation est proposé à l'annexe III-10 *[reproduite sur Dalloz.fr et sur les applications mobiles Dalloz]*, comprend l'ensemble des éléments suivants :

1° Un descriptif accompagné d'un plan d'ensemble des installations situant notamment :

– les bassins, toboggans et équipements particuliers ;

– les zones de surveillance ;

– les postes de surveillance ;

– l'emplacement des matériels de recherche, de sauvetage et de secours ;

– les lieux de stockage des produits chimiques ;

– les commandes d'arrêt des pompes et les organes de coupure des fluides ;

– les moyens de communication intérieure et les moyens d'appel des secours extérieurs ;

– les voies d'accès des secours extérieurs ;

2° Les caractéristiques des bassins et des zones d'évolution du public ;

3° L'identification du matériel de secours disponible pendant les heures d'ouverture au public ;

4° L'identification des moyens de communication dont dispose l'établissement.

Il comprend également un descriptif du fonctionnement général de l'établissement, à savoir notamment :

– les horaires d'ouverture au public ;

– les types de fréquentation et les moments de forte fréquentation prévisibles. – *[Arr. du 16 juin 1998, art. 2.]*

Art. A. 322-14 En fonction des éléments mentionnés à l'article A. 322-13, et pour chaque plage horaire identifiée correspondant à un même type d'organisation défini, le plan d'organisation de la surveillance et des secours détermine les modalités d'organisation de la surveillance.

Il fixe ainsi le nombre et la qualification de la ou des personnes affectées à la surveillance des zones définies.

Il fixe le nombre de pratiquants pouvant être admis simultanément dans l'établissement de baignade pour y pratiquer les activités considérées. – *[Arr. du 16 juin 1998, art. 3.]*

Art. A. 322-15 Le plan d'organisation de la surveillance et des secours peut prévoir l'organisation par l'exploitant d'exercices périodiques de simulation de la phase d'alarme, permettant l'entraînement des personnels aux opérations de recherche et de sauvetage. – *[Arr. du 16 juin 1998, art. 4.]*

Art. A. 322-16 Le plan d'organisation de la surveillance et des secours, *(Arr. du 26 mai 2016, art. 5)* « transmis dans les conditions prévues à l'article D. 322-16 », doit être obligatoirement connu de tous les personnels permanents ou occasionnels de l'établissement.

L'exploitant doit s'assurer que ces personnels sont en mesure de mettre en application ledit plan. – *[Arr. du 16 juin 1998, art. 5.]*

Art. A. 322-17 Un extrait de ce plan est affiché dans un lieu visible de tous, notamment en bordure des bains. Les usagers doivent pouvoir, en particulier, prendre connaissance des dispositions relatives aux procédures d'alarme. A cet effet, les consignes doivent être facilement lisibles. – *[Arr. du 16 juin 1998, art. 6.]*

V. aussi Instr. n° 99-034 JS du 11 févr. 1999 (BOJS n° 3 du 31 mars).

§ 4 NORMES D'HYGIÈNE ET DE SÉCURITÉ

Art. A. 322-18 Les normes d'hygiène et de sécurité applicables aux piscines sont fixées par l'arrêté du 7 avril 1981 relatif aux dispositions techniques applicables aux piscines modifié et l'arrêté du 29 novembre 1991 relatif aux règles d'hygiène et de sécurité applicables aux piscines et aux baignades aménagées, modifié.

§ 5 GARANTIES DE TECHNIQUES ET DE SÉCURITÉ

Art. A. 322-19 Les garanties de techniques et de sécurité des équipements dans les établissements mentionnés à l'article D. 322-12, où sont pratiquées des activités aquatiques, de baignade ou de natation, sont régies par le présent paragraphe.

Elles ne font pas obstacle aux dispositions relatives à la sécurité du public et à l'accessibilité des personnes handicapées imposées dans les établissements recevant du public. – *[Arr. du 27 mai 1999, art. 2.]*

Art. A. 322-20 Tout équipement ou matériel nécessitant une utilisation particulière comporte un panneau compréhensible par tous, précisant la manière correcte de s'en servir, ainsi que les usages et zones interdits ou les précautions d'utilisation. Ce panneau est placé suffisamment en amont du circuit de circulation pour éviter qu'un baigneur ne s'y engage inconsidérément.

Toute mesure est prise pour permettre aux utilisateurs d'apprécier les risques auxquels ils s'exposent en fonction de l'équipement et de leurs capacités. – *[Arr. du 27 mai 1999, art. 3.]*

Art. A. 322-21 L'ensemble des sols qui sont accessibles pieds-nus et ceux des radiers des bassins dont la profondeur est inférieure à 1,50 mètre sont antidérapants mais non abrasifs.

Pour éviter la stagnation de l'eau, les pentes des plages sont comprises entre 3 % et 5 % ; les siphons de sols sont en nombre suffisant et disposés en conséquence.

Les éléments en saillies tels que banquettes, jardinières, gaines, situés à une hauteur inférieure à 2,50 mètres sont conçus pour ne présenter aucune arête vive ou coupante et sont protégés. – *[Arr. du 27 mai 1999, art. 4.]*

Art. A. 322-22 La conception des équipements et matériels utilisés pour la pratique des activités aquatiques, de baignade ou de natation, et notamment celle de leurs fixations et ancrages, est adaptée à l'usage prévisible de ces équipements. – *[Arr. du 27 mai 1999, art. 5.]*

Art. A. 322-23 Chaque matériel, activité ou animation, est pourvu d'un espace de protection. Cet espace de protection comprend l'aire d'évolution et éventuellement une aire de réception ainsi que les zones de circulation nécessaires aux usagers. Les espaces de protection de deux activités différentes, à l'exception des zones de circulation, ne peuvent se chevaucher.

Lorsque le risque de chute est inhérent à une activité ou lorsque la chute fait partie intégrante d'une activité se déroulant au-dessus de l'eau, la réception ne peut se faire que dans une zone où la profondeur d'eau est adaptée au type de chute et à sa hauteur. – *[Arr. du 27 mai 1999, art. 6.]*

Art. A. 322-24 Les parois et le fond des bassins sont de couleur claire afin de permettre l'organisation de la surveillance et des secours visée à l'article D. 322-16.

Lorsque la turbidité de l'eau d'un bassin est telle que le fond n'est plus visible, ce bassin est immédiatement évacué. – *[Arr. du 27 mai 1999, art. 7.]*

Art. A. 322-25 Les profondeurs minimale et maximale d'eau de chaque bassin sont indiquées de telle manière qu'elles soient visibles depuis les plages et les bassins.

Les plots de départ ne peuvent être installés lorsque la profondeur d'eau dans la zone de plongeon est inférieure à 1,80 mètre.

Une pataugeoire est un bassin destiné aux enfants dont la profondeur d'eau n'excède pas 0,40 mètre. Cette profondeur d'eau maximale est ramenée à 0,20 mètre à la périphérie du bassin. – *[Arr. du 27 mai 1999, art. 8.]*

Art. A. 322-26 Dans les parties de bassin où la profondeur n'excède pas 1,50 mètre, la pente du radier des bassins ne dépasse pas 0,10 mètre par mètre. Dans ces zones le bassin ne présente pas de brusque changement de profondeur.

La pente du radier des pataugeoires ne dépasse pas 0,05 mètre par mètre. – *[Arr. du 27 mai 1999, art. 9.]*

Art. A. 322-27 Les bouches de reprise des eaux placées dans le radier et les parois des bassins sont conçues de manière à éviter qu'un baigneur ne puisse les obstruer complètement ou s'y trouver retenu. Elles sont munies de grilles comportant un système de verrouillage interdisant leur ouverture par les baigneurs. Ce système de verrouillage fait l'objet d'une vérification périodique.

Tous les orifices accessibles aux baigneurs sont conçus pour éviter qu'un baigneur ne puisse s'y blesser. – *[Arr. du 27 mai 1999, art. 10.]*

Art. A. 322-28 La sortie des bassins se fait au moyen d'échelles, d'escaliers ou de plans inclinés en pente douce.

Les escaliers d'accès à l'eau sont aménagés :

– soit dans l'emprise de la plage. Ils sont alors munis de main courante. Le défoncé est équipé, sur ses parties latérales, d'une barrière de protection ;

– soit à l'intérieur de la zone d'évolution du bassin. Lorsque l'escalier n'est pas compris entre deux parois verticales, les extrémités latérales et les nez de marches ne doivent pas présenter d'angle vif.

Les marches d'escalier ont un giron qui ne doit pas être inférieur à 0,25 mètre ; leur hauteur n'excède pas 0,20 mètre pour les marches immergées sous moins d'un mètre d'eau.

Ces chiffres sont ramenés respectivement à 0,12 mètre et 0,20 mètre pour les pataugeoires. – *[Arr. du 27 mai 1999, art. 11.]*

Art. A. 322-29 Un sas est un dispositif permettant, depuis une installation couverte, d'accéder à un bassin de plein-air sans avoir à sortir de l'eau.

La profondeur d'eau du bassin dans lequel le sas débouche est affichée en un lieu visible des utilisateurs, à l'entrée du sas. – *[Arr. du 27 mai 1999, art. 12.]*

Art. A. 322-30 Les rebords ainsi, éventuellement, que les parois des bassins sont aménagés de façon à permettre aux nageurs d'y prendre appui. – *[Arr. du 27 mai 1999, art. 13.]*

Art. A. 322-31 La conception des dispositifs permettant une modification des bassins, tels que les fonds, quais et murs mobiles, ou de tout dispositif immergé ne présente pas quelle que soit leur position de danger pour les baigneurs. – *[Arr. du 27 mai 1999, art. 14.]*

Art. A. 322-32 Les fonds mobiles sont soit conçus de façon que leur raccordement au radier du bassin respecte la pente prévue pour les bassins, soit munis d'un dispositif remédiant au danger créé à leur périphérie par le brusque changement de profondeur. Ils ne permettent pas le passage d'un baigneur en dessous.

La profondeur d'eau correspondant à leur position est affichée en un lieu visible de tous.

Les manœuvres de ces équipements sont effectuées hors de la présence du public. – *[Arr. du 27 mai 1999, art. 15.]*

Art. A. 322-33 Sont concernés par les présentes dispositions les toboggans dans lesquels l'usager glisse sur un film d'eau généré à cet effet. Ils sont conformes à toute transposition nationale de la norme NF EN 1069, parties 1 et 2. – *[Arr. du 27 mai 1999, art. 16.]*

Art. A. 322-34 Les toboggans aquatiques d'une hauteur inférieure à 2 mètres sont conçus pour que l'usager ne puisse se blesser et reste dans le parcours de glissade prévu par le fabricant. – *[Arr. du 27 mai 1999, art. 17.]*

Art. A. 322-35 L'accès au toboggan comprend une zone d'attente et un escalier d'accès.

La zone d'attente est conçue pour assurer la fluidité de la circulation des usagers et éviter les bousculades.

Elle est matérialisée et comporte des mains courantes séparant les files d'attente. Un rétrécissement permet d'accéder à l'escalier par une file unique.

L'escalier est conçu pour le passage d'une personne à la fois.

La régulation du départ des usagers pour la descente est adaptée à la difficulté du toboggan et à sa fréquentation. – *[Arr. du 27 mai 1999, art. 18.]*

Art. A. 322-36 Les plongeoirs sont des aires d'élan et d'appel pour la pratique du plongeon. Ils comprennent :

– les tremplins de 1 et 3 mètres ;

– les plates-formes de 1 mètre, 3 mètres, 5 mètres, 7,50 mètres et 10 mètres.

Les gabarits de sécurité aériens et subaquatiques, les distances minimales entre plongeoirs et bords latéraux des bassins ainsi que les autres dispositions techniques sont précisés à l'annexe III-11 *[reproduite sur Dalloz.fr et sur les applications mobiles Dalloz]* au présent code. – *[Arr. du 27 mai 1999, art. 19.]*

Art. A. 322-37 Lorsqu'un appareillage permet de générer artificiellement des vagues, un drapeau de couleur orange est hissé avant et pendant la production des vagues et signale l'interdiction de plonger.

En période de production des vagues, un bouton d'arrêt d'urgence de cet appareillage est placé sur le lieu de surveillance des bassins.

Les caissons nécessaires à la formation des vagues sont inaccessibles au public.

Dans la zone de production des vagues, des dispositifs permettent aux baigneurs de s'accrocher en périphérie des bassins. La conception de ces dispositifs tient compte de la présence de vagues et du nombre des baigneurs susceptibles de les utiliser. – *[Arr. du 27 mai 1999, art. 20.]*

Art. A. 322-38 L'entrée et la sortie des bassins à remous sont équipées d'une main courante. – *[Arr. du 27 mai 1999, art. 21.]*

Art. A. 322-39 Les rivières à bouées ou à courant sont des bassins, avec ou sans dénivellation, utilisés avec ou sans bouée et dans lesquels un courant artificiel est organisé.

Leur parcours comporte, à intervalles réguliers, des zones calmes avec points d'appui aménagés. Lorsque ce parcours constitue une boucle fermée, une zone est aménagée pour permettre aux baigneurs de sortir de la rivière.

Le parcours et ses difficultés, les précautions d'utilisation, usages obligatoires ou recommandés et interdictions sont affichés en un lieu visible des utilisateurs. – *[Arr. du 27 mai 1999, art. 22.]*

Art. A. 322-40 Sous réserve des dispositions de l'article A. 322-41, les exploitants des établissements existants au 6 juillet 1999 doivent se conformer aux dispositions de l'article A. 322-20, du deuxième alinéa de l'article A. 322-24, du premier alinéa de l'article A. 322-25, de l'article A. 322-27, du deuxième alinéa de l'article A. 322-29, des deuxième et troisième alinéas de l'article A. 322-32, des articles A. 322-33, A. 322-37 et A. 322-38. – *[Arr. du 27 mai 1999, art. 24.]*

Art. A. 322-41 La modification d'un établissement existant au 6 juillet 1999, qui vise à intervenir sur tout ou partie des équipements prévus aux articles A. 322-21, A. 322-23, A. 322-26, A. 322-28, A. 322-30, A. 322-31, A. 322-35, A. 322-36, A. 322-39 et des deuxième et troisième alinéas de l'article A. 322-25, doit avoir pour effet de rendre la partie de l'établissement qui sera modifiée conforme aux dispositions du présent code. – *[Arr. du 27 mai 1999, art. 25.]*

SOUS-SECTION 2 ÉTABLISSEMENTS ORGANISANT LA PRATIQUE DE CERTAINES ACTIVITÉS NAUTIQUES

(Arr. du 31 mars 2016, art. 2 et 4, en vigueur le 15 mai 2016)

§ 1er DISPOSITIONS PRÉLIMINAIRES

Art. A. 322-42 Relèvent de la présente sous-section les établissements mentionnés à l'article L. 322-2, qui organisent la pratique du canoë, du kayak, du raft, de la nage en eau vive ainsi que la navigation à l'aide de toute autre embarcation propulsée à la pagaie, à l'exception du stand-up paddle board.

Les fédérations ayant reçu délégation pour les disciplines mentionnées au premier alinéa et qui ont défini les normes de sécurité ne relèvent pas de la présente sous-section pour les activités organisées pour leurs licenciés. Il en est de même pour les membres ainsi que les organes déconcentrés de ces fédérations.

Art. A. 322-43 Est considéré comme une embarcation toute construction ou objet flottant.

§ 2 CONDITIONS DE PRATIQUE

Art. A. 322-44 L'organisation des activités tient compte des conditions météorologiques et hydrologiques et du niveau des pratiquants.

Dans le cas où l'évolution des conditions météorologiques ou hydrologiques est susceptible de mettre en péril la santé ou la sécurité des pratiquants, l'exploitant de l'établissement adapte ou annule les activités.

§ 3 DISPOSITIONS RELATIVES AU MATÉRIEL ET ÉQUIPEMENT

Art. A. 322-45 Les matériels et les équipements sont bien entretenus.

Art. A. 322-46 Une embarcation est :

– équipée et aménagée pour flotter même pleine d'eau ;

– conçue pour permettre au pratiquant de se désolidariser facilement de son embarcation en cas de retournement et protéger le pratiquant des risques d'enfoncement et de coincement consécutifs à un choc.

En outre, une embarcation gonflable :

– ne doit pas accueillir plus de treize personnes ;

– est conçue pour résister aux chocs prévisibles ;

– comporte un nombre suffisant de compartiments afin de flotter, en cas de destruction de l'un d'eux, horizontalement en soutenant le poids de l'équipage et les charges embarquées ;

– est équipée de lignes de vie extérieures tendues ainsi que d'un cordage d'amarrage lorsque celle-ci est destinée à embarquer plus de trois personnes.

En mer, pour les embarcations spécifiques au kayak de vague, un système d'attache élastique relie le pagayeur à son embarcation.

Le flotteur de nage en eau vive est insubmersible.

Art. A. 322-47 Les pratiquants sont équipés :

1° D'un gilet de sécurité répondant aux normes :

a) ISO 12402-5 ou NF EN 393 ;

b) ISO 12402-4 ou NF EN 395 pour les personnes de moins de 25 kg ou les pratiquants utilisant une embarcation gonflable en rivière à partir de la classe III ;

2° De chaussures fermées ;

3° D'un casque de protection répondant à la norme NF EN 1385 pour les activités en rivière à partir de la classe III ;

4° De vêtements de protection adaptés aux conditions de pratique du moment.

Pour les activités encadrées sur un plan d'eau calme ou en mer, l'encadrant peut rendre le port de ces équipements facultatifs lorsque les conditions de pratique le permettent.

Quelles que soient les circonstances, à l'exception des embarcations qui ne le permettent pas, le gilet est disponible à bord.

Les pratiquants de nage en eau vive sont toujours revêtus d'une combinaison et de chaussons isothermiques.

§ 4 DISPOSITIONS RELATIVES À L'ENCADREMENT DE LA PRATIQUE

Art. A. 322-48 Le nombre de pratiquants pour un encadrant est déterminé par celui-ci en fonction de sa compétence, du niveau des pratiquants, des conditions du milieu ainsi que des caractéristiques de l'activité.

Ce nombre ne peut toutefois excéder seize personnes.

Art. A. 322-49 Dans le cas où l'évolution des conditions météorologiques ou hydrologiques est susceptible de mettre en péril la santé ou la sécurité des pratiquants, l'encadrant adapte ou annule les activités.

Art. A. 322-50 L'encadrement s'effectue à partir ou à proximité d'une embarcation adaptée.

L'encadrant a en permanence à sa disposition :

– un bout de remorquage pour les activités organisées en mer ;

– une corde de sécurité flottante, un système de remorquage largable et un couteau pour les activités organisées en rivière, à partir de la classe III ;

– une corde de sécurité flottante, un système de remorquage largable, un couteau, des mousquetons et une longe de redressement pour les activités organisées en rivière avec des embarcations gonflables.

Art. A. 322-51 Lorsque les conditions l'exigent, l'encadrant dispose d'un moyen de communication.

Art. A. 322-52 En l'absence de classement publié au bulletin officiel de la fédération délégataire compétente, l'encadrant détermine lui-même, au regard des critères de classement prévus à l'annexe III-12 *[reproduite sur Dalloz.fr et sur les applications mobiles Dalloz]*, le classement du parcours en rivière sur lequel il s'engage.

SOUS-SECTION 2 *[ABROGÉE]* ÉTABLISSEMENTS ORGANISANT LA PRATIQUE DE CERTAINES ACTIVITÉS NAUTIQUES

(Abrogée par Arr. du 31 mars 2016, art. 4, à compter du 1er juill. 2016)

§ 1er *[ABROGÉ]* CHAMP D'APPLICATION

Art. A. 322-42 ***Relèvent de la présente section les établissements visés à l'article L. 322-2, qui organisent la pratique du canoë, du kayak, du raft, de la nage en eau vive ainsi que la navigation à l'aide de toute autre embarcation propulsée à la pagaie.*** – [Arr. du 4 mai 1995, art. 1er.]

Les dispositions des art. A. 322-42 à A. 322-63 restent applicables jusqu'au 1er juill. 2016 aux activités mentionnées aux annexes 3 et 10 de l'Arr. du 25 avr. 2012 portant application de l'art. R. 227-13 CASF (Arr. du 31 mars 2016, art. 4).

§ 2 *[ABROGÉ]* PRATIQUE DU CANOË, DU KAYAK ET DE LA NAGE EN EAU VIVE

V. Instr. no 95-118 JS du 3 juill. 1995 (BOJS 1995, nos 6 et 8).

Art. A. 322-43 ***Dans chaque établissement, en un lieu visible de tous, un tableau affiche les règlements en vigueur ainsi qu'une carte du plan d'eau ou de la rivière couramment utilisés mentionnant :***

– les zones interdites, dangereuses, ou réservées à différents usages ;

– les limites autorisées de la navigation et leur balisage ;

– les caractéristiques des parcours de rivière accessibles, compte tenu des différentes conditions hydrologiques, en référence aux critères de classement prévus à l'annexe III-12 [reproduite sur Dalloz.fr et sur les applications mobiles Dalloz] ***au présent code ainsi que la copie de cette annexe.***

Est en outre dispensée aux pratiquants une information portant sur les capacités requises, compte tenu des risques que peut présenter l'activité dans laquelle ils s'engagent. – [Arr. du 4 mai 1995, art. 2.]

V. note ss. art. A. 322-42.

Art. A. 322-44 *(Abrogé par Arr. du 9 sept. 2015, art. 2-I)* « ***Les pratiquants majeurs ou leur représentant légal pour les mineurs attestent de leur aptitude à nager au moins 25 mètres et à s'immerger, ou présentent un certificat d'une autorité qualifiée.*** »

Les enfants de moins de douze ans sont encadrés ou accompagnés. – *[Arr. du 4 mai 1995, art. 3 et 4.]*

Art. A. 322-45 ***L'organisation des activités tient compte des conditions météorologiques et hydrologiques et du niveau des pratiquants et des cadres. Lorsque les conditions d'isolement l'exigent, le responsable de l'activité détermine avant le départ le parcours qu'il projette ainsi que l'heure probable de retour et communique ces informations à une personne chargée de l'assistance à terre.***

Dans le cas où l'évolution des conditions météorologiques ou hydrologiques est susceptible de mettre en péril la sécurité et la santé des pratiquants, le responsable de l'activité ou l'encadrant adapte ou annule le programme. – [Arr. du 4 mai 1995, art. 5.]

V. note ss. art. A. 322-42.

Art. A. 322-46 *Le nombre de pratiquants pour un cadre est déterminé en fonction du niveau des pratiquants, de la compétence de l'encadrement, des conditions du milieu et des caractéristiques de l'activité.*

Dans un périmètre abrité et délimité, le nombre maximal de pratiquants peut atteindre seize par cadre.

Ce nombre est réduit dans tous les autres cas.

En rivière, à partir de la classe III, une réduction importante des effectifs et une organisation spécifique visant à faire participer les pratiquants à la sécurité doivent être mises en place.

A l'exclusion de celles qui sont organisées dans les aires aménagées et délimitées, l'effectif d'une séance ne peut en aucun cas dépasser six pratiquants par cadre dans les rivières de classe IV et plus. – [Arr. du 4 mai 1995, art. 6.]

V. note ss. art. A. 322-42.

Art. A. 322-47 *L'encadrement s'effectue à partir ou à proximité d'une embarcation adaptée à l'animation et à la sécurité.* – [Arr. du 4 mai 1995, art. 7.]

V. note ss. art. A. 322-42.

Art. A. 322-48 *Les matériels et les équipements sont conformes à la réglementation en vigueur et bien entretenus.* – [Arr. du 4 mai 1995, art. 8.]

V. note ss. art. A. 322-42.

Art. A. 322-49 *L'embarcation est équipée et aménagée pour flotter même pleine d'eau, en soutenant le poids de l'équipage et les charges embarquées.*

Le flotteur de nage en eau vive est insubmersible. – [Arr. du 4 mai 1995, art. 9.]

V. note ss. art. A. 322-42.

Art. A. 322-50 *A l'exception des flotteurs de nage en eau vive, des embarcations de course en ligne et des kayaks de polo, l'embarcation est munie à chaque extrémité d'un système de préhension permettant de tirer facilement l'embarcation pleine d'eau.*

L'équipement intérieur protège le pratiquant des risques d'enfoncement et de coincement consécutifs à un choc.

La conception de l'embarcation et l'équipement permettent une sortie facile du bateau. – [Arr. du 4 mai 1995, art. 10.]

V. note ss. art. A. 322-42.

Art. A. 322-51 *Les pratiquants sont équipés :*

1° D'un gilet de sécurité répondant aux conditions prévues en annexe III-13 [reproduite sur Dalloz.fr et sur les applications mobiles Dalloz 🏛] *au présent code ;*

2° De chaussures fermées ;

3° D'un casque de protection à partir de la classe III ou si les conditions le rendent nécessaire.

En rivière de classe IV et plus, le casque recouvre l'ensemble de la boîte crânienne ;

4° De vêtements de protection adaptés aux conditions de pratique du moment.

En outre, les pratiquants de nage en eau vive sont toujours revêtus d'une combinaison isothermique.

Lorsque les conditions de pratique le permettent, la personne qui encadre la séance peut rendre ces équipements facultatifs en eau calme.

Dans tous les cas, le gilet doit être disponible à bord.

Les gilets et les casques sont munis du marquage "CE". – [Arr. du 4 mai 1995, art. 11.]

V. note ss. art. A. 322-42.

Art. A. 322-52 *Lorsque l'activité est encadrée, le cadre est équipé comme les pratiquants.*

En rivière à partir de la classe III, ou lorsque les conditions hydrologiques l'exigent, il a en permanence à sa disposition une corde de sécurité flottante, un système de remorquage largable et un couteau.

Lorsque les conditions d'isolement l'exigent, il a à sa disposition une trousse de secours. – [Arr. du 4 mai 1995, art. 12.]

V. note ss. art. A. 322-42.

§ 3 *[ABROGÉ]* PRATIQUE AVEC DES EMBARCATIONS GONFLABLES

Art. A. 322-53 *Les dispositions de l'article A. 322-43 et du 2e alinéa de l'article A. 322-44 ainsi que les dispositions des articles A. 322-45, A. 322-47 et A. 322-51 s'appliquent au présent paragraphe.* – [Arr. du 4 mai 1995, art. 13, 14 et 18.]

V. note ss. art. A. 322-42.

Art. A. 322-54 *Le nombre de pratiquants pour un cadre est déterminé en fonction du niveau des pratiquants, de la compétence de l'encadrement, des conditions du milieu et des caractéristiques de l'activité.*

Dans un périmètre abrité et délimité, le nombre maximal de pratiquants peut atteindre seize par cadre.

Ce nombre est réduit dans les autres cas.

En rivière, à partir de la classe III, une réduction importante des effectifs et une organisation spécifique visant à faire participer les pratiquants à la sécurité doivent être mises en place.

A l'exclusion de celles qui sont organisées dans les aires aménagées et délimitées, l'effectif d'une séance organisée avec des embarcations de moins de quatre personnes embarquées ne peut en aucun cas dépasser six pratiquants par cadre dans les rivières de classe IV et plus. – [Arr. du 4 mai 1995, art. 15.]

V. note ss. art. A. 322-42.

Art. A. 322-55 *Les matériels et les équipements sont conformes à la réglementation en vigueur et bien entretenus.*

Les embarcations gonflables et insubmersibles non motorisées, conduites à l'aviron ou à la pagaie, et notamment les rafts, ne doivent pas accueillir plus de douze personnes. – [Arr. du 4 mai 1995, art. 16.]

V. note ss. art. A. 322-42.

Art. A. 322-56 *Le tissu composant l'embarcation permet à celle-ci, en fonction de l'utilisation pour laquelle elle est prévue, de résister aux chocs.*

L'embarcation comporte un nombre suffisant de compartiments afin de flotter, en cas de destruction de l'un d'eux, horizontalement en soutenant le poids de l'équipage et les charges embarquées.

L'embarcation destinée à embarquer plus de trois personnes est équipée de lignes de vie extérieures tendues ainsi que d'un cordage d'amarrage.

L'équipement intérieur ne retient pas les passagers en cas de chavirage. – [Arr. du 4 mai 1995, art. 17.]

V. note ss. art. A. 322-42.

Art. A. 322-57 *Lorsque l'activité est encadrée, le cadre est équipé comme les pratiquants.*

Il a en permanence à sa disposition une corde de sécurité flottante, un système de remorquage largable, un couteau, des mousquetons et une longe de redressement.

Le responsable de l'établissement doit prévoir pour chaque embarcation ou groupe d'embarcations :

– un gonfleur et un kit de réparation, suivant l'accessibilité de la rivière ;

– une pagaie ou un aviron de rechange ;

– une trousse de secours lorsque les conditions d'isolement l'exigent. – [Arr. du 4 mai 1995, art. 19.]

V. note ss. art. A. 322-42.

§ 4 *[ABROGÉ]* PRATIQUE EN MER

Art. A. 322-58 *Les dispositions des articles A. 322-44 à A. 322-45 ainsi que les dispositions de l'article A. 322-47 s'appliquent aux établissements concernés par le présent paragraphe.* – [Arr. du 4 mai 1995, art. 21, 22 et 24.]

V. note ss. art. A. 322-42.

Art. A. 322-59 *Dans chaque établissement, en un lieu visible de tous, un tableau affiche les règlements en vigueur concernant la navigation maritime pratiquée, ainsi qu'une carte de l'espace couramment utilisé mentionnant :*

Les zones interdites ou dangereuses ;

Les limites autorisées de navigation et le plan de balisage ;

Les données météorologiques du moment.

Est en outre dispensée aux pratiquants une information portant notamment sur les capacités requises de ces derniers, compte tenu des risques que peut présenter l'activité dans laquelle ils s'engagent. – [Arr. du 4 mai 1995, art. 20.]

V. note ss. art. A. 322-42.

Art. A. 322-60 *Le nombre de pratiquants pour un cadre est déterminé en fonction du niveau des pratiquants, de la compétence de l'encadrement, des conditions du milieu et des caractéristiques de l'activité.*

Dans un périmètre abrité et délimité, le nombre maximal de pratiquants peut atteindre seize par cadre.

Ce nombre est réduit dans tous les autres cas.

De plus, par vent de force supérieure à 3 Beaufort ou par mer agitée, une réduction importante des effectifs et une organisation spécifique visant à faire participer les pratiquants à la sécurité doivent être mises en place. – [Arr. du 4 mai 1995, art. 23.]

V. note ss. art. A. 322-42.

Art. A. 322-61 *Les matériels et les équipements sont conformes à la réglementation en vigueur.*

Pour les embarcations spécifiques au kayak de vague, un système d'attache élastique relie le pagayeur à son embarcation. – [Arr. du 4 mai 1995, art. 25 et 26.]

V. note ss. art. A. 322-42.

Art. A. 322-62 *Les pratiquants sont équipés :*

1° D'un gilet de sécurité répondant aux conditions prévues en annexe III-13 au présent code ;

2° De chaussures fermées ;

3° De vêtements de protection adaptés aux conditions de pratique du moment. Lorsque les conditions de pratique le permettent, la personne qui encadre la séance peut rendre le port de ces équipements facultatif.

Quelles que soient les circonstances, sauf pour certains engins de plage qui ne le permettent pas, le gilet est disponible à bord. – [Arr. du 4 mai 1995, art. 27.]

V. note ss. art. A. 322-42.

Art. A. 322-63 *Lorsque l'activité est encadrée, le cadre est équipé comme les pratiquants.*

Il a en permanence à sa disposition un bout de remorquage et, lorsque les conditions d'isolement l'exigent, une trousse de secours et une pagaie de rechange. – [Arr. du 4 mai 1995, art. 28.]

V. note ss. art. A. 322-42.

V. aussi Instr. 95-118 JS du 3 juill. 1995 relative à la sécurité des sports d'eau vive (BOJS n° 6 du 30 juin et n° 8 du 31 août) ; Instr. n° 98-104 JS du 22 juin 1998 relative aux recommandations pour la pratique de la descente de canyon (BOJS n° 7 du 31 juill.).

SOUS-SECTION 3 ÉTABLISSEMENTS QUI DISPENSENT UN ENSEIGNEMENT DE LA VOILE

Art. A. 322-64 Les établissements d'activités physiques ou sportives qui dispensent un enseignement de la voile sur tous types d'embarcations de plaisance présentent les garanties d'encadrement, de technique et de sécurité définies par la présente sous-section.

Sauf dispositions contraires, les établissements ayant leur activité sur les plans d'eau intérieurs sont soumis aux mêmes règles que les centres et établissements fonctionnant en eaux maritimes. – *[Arr. du 9 févr. 1998, art. 1er.]*

Art. A. 322-65 L'implantation des établissements prévus à l'article A. 322-64 doit être adaptée aux finalités de l'enseignement.

Le règlement intérieur de l'établissement définit le ou les bassins et zones de navigation utilisables. Il définit également de manière distincte ces zones et bassins en fonction des activités pratiquées : école de croisière, plaisance légère, activités particulières telles que le funboard dans les vagues ou le funboard de vitesse.

Les bassins et zones de navigation sont choisis pour que les pratiquants de plaisance légère et d'activités particulières puissent naviguer sous surveillance appropriée dans le cadre d'une zone définie et, à chaque fois que possible, balisée ou, à défaut, nettement délimitée.

Pour l'enseignement de la croisière, les programmes de navigation sont choisis dans les bassins de navigation retenus par l'établissement, en fonction des niveaux des pratiquants, des objectifs à atteindre, des navires utilisés et des conditions météorologiques prévisibles.

Ces limites peuvent être élargies ponctuellement sous réserve d'une déclaration préalable auprès de l'autorité administrative compétente.

Le plan du ou des bassins et zones de navigation utilisés assorti des mentions prévues à l'article A. 322-66 est joint à la déclaration prévue par l'article R. 322-1. – *[Arr. du 9 févr. 1998, art. 2.]*

Art. A. 322-66 Dans chaque établissement, en un lieu visible de tous, sont affichés les conseils de secours, le règlement intérieur de l'établissement, ainsi qu'un plan du ou des bassins et zones de navigation couramment utilisés et mentionnant notamment :

– les limites autorisées de navigation et, le cas échéant, leur balisage ou délimitation naturelle ou artificielle ;

– les zones interdites ou dangereuses avec mention de la nature du danger et, le cas échéant, les conditions susceptibles d'accentuer ou de créer un caractère de dangerosité ;

– les zones réservées à d'autres usages ou communes avec d'autres usages.

Les personnes mineures doivent être porteuses d'une autorisation de leurs parents ou de la personne assurant leur tutelle pour pratiquer les activités.

(Abrogé par Arr. du 9 sept. 2015, art. 2-II) ***« Les pratiquants majeurs et les représentants légaux pour leurs enfants mineurs attestent de l'aptitude du pratiquant à s'immerger et à nager au moins 25 mètres pour les moins de seize ans, et à plonger et à nager au moins 50 mètres à partir de seize ans. Ils peuvent présenter un certificat d'une autorité qualifiée. A défaut d'attestation, le pratiquant peut être soumis à un test correspondant aux conditions de sa pratique. Il s'agit d'un parcours, réalisé avec une brassière lorsqu'il y a lieu, visant à vérifier l'absence de réaction de panique du pratiquant. Ce parcours comprend au minimum une immersion complète à partir d'une embarcation ou d'un ponton, suivie de 20 mètres de propulsion, et un rétablissement sur un ponton ou une embarcation. »***

Les pratiquants, même occasionnels, sont informés sur les capacités requises pour la pratique de l'activité dans laquelle ils s'engagent.

Lors de l'accueil et pendant la durée de leur activité dans l'établissement, les stagiaires et pratiquants reçoivent une information adaptée à leur niveau de pratique et dans un langage qui leur est compréhensible sur les présentes dispositions ainsi que sur le règlement et les consignes de sécurité de l'établissement. – *[Arr. du 9 févr. 1998, art. 3.]*

Art. A. 322-67 Dans chaque établissement, l'exploitant désigne une personne responsable technique qualifiée chargée d'assurer le déroulement de l'enseignement dans les conditions définies par la présente sous-section. Plusieurs responsables techniques qualifiés peuvent être nommés, chargés chacun d'assurer la responsabilité technique respective d'une partie des activités nautiques enseignées.

Pour l'enseignement en plaisance légère, l'encadrement s'effectue à partir ou à proximité d'une embarcation adaptée à l'animation pédagogique et à l'intervention immédiate, à l'exception des activités nautiques comme le funboard, qui supposent un dispositif d'intervention particulier.

Le personnel d'encadrement rémunéré des établissements est titulaire d'une qualification conforme à l'article L. 212-1.

L'encadrement pédagogique bénévole des établissements dépendant d'une fédération ou d'un organisme national agréé en application de l'article R. 131-3 est titulaire d'une qualification définie par cet organisme pour l'activité concernée.

Dans les autres établissements, l'exploitant détermine et vérifie sous sa propre responsabilité les niveaux de qualification ou de compétences requis en fonction de l'activité proposée.

Le nombre maximum d'embarcations ou planches à voile par enseignant est défini par le responsable technique en fonction du niveau des pratiquants, des caractéristiques de l'activité enseignée, de la compétence de l'enseignant, des conditions topographiques, climatiques et météorologiques, des embarcations utilisées et du dispositif de surveillance et d'intervention. Dans tous les cas, ce nombre ne peut dépasser 15 embarcations par enseignant. Si un groupe de pratiquants comprend plus de 3 enfants de moins de douze ans, ce nombre maximum est fixé à 10 embarcations par enseignant. Si un groupe de pratiquants comprend plus de 3 enfants de moins de huit ans, ce nombre maximum est fixé à 7 embarcations par enseignant. – *[Arr. du 9 févr. 1998, art. 4.]*

Art. A. 322-68 L'organisation des activités d'enseignement tient compte du milieu, des conditions climatiques et météorologiques, du niveau des pratiquants, des compétences de l'encadrement et du dispositif de surveillance et d'intervention mobilisable.

Le responsable technique qualifié pour l'enseignement décide de l'adaptation ou de l'annulation des activités en cas d'évolution des conditions afin de garantir la plus grande efficacité du dispositif de surveillance et d'intervention. – *[Arr. du 9 févr. 1998, art. 5.]*

Art. A. 322-69 Les matériels et les équipements nautiques collectifs et individuels des établissements et fournis par eux sont conformes à la réglementation en vigueur et correctement entretenus. En outre, ils sont appropriés aux finalités de l'enseignement et au dispositif de surveillance et d'intervention.

Les brassières non munies du marquage "CE" ne peuvent en aucun cas être mises à disposition des pratiquants.

Le responsable technique prévu à l'article A. 322-67 s'assure périodiquement de l'état de bon entretien des équipements individuels et collectifs, de leur aptitude à remplir leur fonction et de leur bonne adaptation aux pratiques et aux compétences des pratiquants concernés.

Les embarcations de plaisance soumises à immatriculation et utilisées en eaux maritimes font l'objet d'une vérification annuelle conformément à la réglementation en vigueur.

Sur les navires de croisière, les gilets de sauvetage doivent être aisément disponibles à bord et capelés à discrétion du chef de bord. Le port du gilet est obligatoire en navigation pour les enfants de moins de douze ans lorsqu'ils sont sur le pont.

Dans les autres cas de navigation, le port de la brassière est obligatoire pour toutes les personnes embarquées de moins de seize ans, sauf en planche à voile, où seul le port d'un vêtement isothermique est obligatoire dès que la température de l'eau est inférieure à 18 degrés.

Toutefois, au-delà de seize ans révolus, l'obligation du port d'une brassière ou d'un vêtement isothermique est laissée à l'appréciation du responsable technique qualifié prévu à l'article A. 322-68 en fonction du niveau de compétence des pratiquants accueillis, des conditions climatiques et météorologiques, des embarcations utilisées et du dispositif de surveillance et d'intervention. – *[Arr. du 9 févr. 1998, art. 6.]*

Art. A. 322-70 Le dispositif de surveillance et d'intervention à prévoir pour chaque établissement tient compte des types d'activités proposés à l'enseignement par l'établissement intéressé et des compétences des pratiquants auxquels ces enseignements sont proposés. Il est conforme aux réglementations en vigueur concernant la circulation ou la navigation dans les eaux maritimes ou intérieures françaises.

Les moyens nautiques et terrestres de surveillance et d'intervention mis en œuvre pour l'enseignement de la voile légère sont adaptés aux caractéristiques des bassins et zones de navigation, aux finalités de l'enseignement, aux équipements mis à disposition des pratiquants et à leur compétence. Les établissements utilisant un même plan d'eau ou des plans d'eau voisins prennent toutes mesures pour coordonner leurs moyens d'intervention. De plus, toutes dispositions sont prises pour recourir à des moyens extérieurs en cas de nécessité.

Chaque établissement est équipé d'une liaison téléphonique. Les adresses et numéros de téléphone des personnes et organismes à contacter en cas d'urgence, ainsi que les modalités d'accès à la ligne téléphonique sont affichés en bonne place à proximité du poste téléphonique. L'emplacement et l'accès au poste téléphonique utilisable pour prévenir les secours sont indiqués en bonne place. – *[Arr. du 9 févr. 1998, art. 7.]*

SECTION III ÉTABLISSEMENTS ORGANISANT LA PRATIQUE DE LA PLONGÉE SUBAQUATIQUE

(Arr. du 5 janv. 2012, en vigueur le 1er avr. 2012)

Art. A. 322-71 Les dispositions de la présente section s'appliquent aux établissements mentionnés à l'article L. 322-2 qui organisent la pratique de la plongée subaquatique.

Elles ne sont pas applicables à la plongée archéologique, à la plongée souterraine ainsi qu'aux parcours balisés d'entraînement et de compétition d'orientation subaquatique.

SOUS-SECTION 1 DISPOSITIONS COMMUNES AUX ÉTABLISSEMENTS ORGANISANT LA PRATIQUE DE LA PLONGÉE SUBAQUATIQUE À L'AIR, À L'OXYGÈNE OU AUX MÉLANGES AUTRES QUE L'AIR

Art. A. 322-72 Sur le site de l'activité subaquatique, la pratique de la plongée est placée sous la responsabilité d'un directeur de plongée présent sur le lieu de mise à l'eau ou d'immersion de la palanquée.

Il est responsable techniquement de l'organisation, des dispositions à prendre pour assurer la sécurité des plongeurs et du déclenchement des secours.

Il s'assure de l'application des règles et procédures en vigueur.

Il fixe les caractéristiques de la plongée et établit une fiche de sécurité comprenant notamment les noms, les prénoms, les aptitudes des plongeurs et leur fonction dans la palanquée ainsi que les différents paramètres prévus et réalisés relatifs à la plongée. Cette fiche est conservée une année par tout moyen par l'établissement.

Le directeur de plongée est titulaire d'une qualification mentionnée à l'annexe III-15 *a*

Lors d'une plongée aux mélanges, le directeur de plongée justifie également des aptitudes P N-C ou PTH-120 correspondant aux mélanges utilisés conformément aux annexes III-17 *a* et III-18 *a* *[reproduites sur Dalloz.fr et sur les applications mobiles Dalloz]*.

Art. A. 322-73 Plusieurs plongeurs qui effectuent ensemble une plongée présentant les mêmes caractéristiques de durée, de profondeur et de trajet, y compris s'ils respirent des mélanges différents, constituent une palanquée.

Lorsque la palanquée est composée de plongeurs justifiant d'aptitudes différentes ou respirant des mélanges différents, elle ne doit pas dépasser les conditions maximales d'évolution accessibles au plongeur justifiant des aptitudes les plus restrictives ou du mélange le plus contraignant.

Les plongeurs mineurs ne sont pas autorisés à évoluer en autonomie.

Art. A. 322-74 Lorsqu'en milieu naturel la palanquée en immersion est dirigée par une personne l'encadrant, celle-ci est titulaire d'une qualification mentionnée à l'annexe III-15 *b* *[reproduite sur Dalloz.fr et sur les applications mobiles Dalloz]*. Cette personne est responsable du déroulement de la plongée et s'assure que ses caractéristiques sont adaptées aux circonstances et aux aptitudes des plongeurs.

Lorsqu'au moins un des plongeurs encadrés ou la personne encadrant la palanquée utilise un mélange autre que l'air, cette dernière justifie également des aptitudes correspondant aux mélanges utilisés conformément aux annexes III-17 *b*, III-17 *c*, III-18 *b* et III-18 *c* *[reproduites sur Dalloz.fr et sur les applications mobiles Dalloz]*.

Art. A. 322-75 Au sens de la présente section, la plongée en exploration correspond à la pratique de la plongée en dehors de toute action d'enseignement.

Art. A. 322-76 En fonction des gaz utilisés, du niveau de qualification de l'encadrement et des aptitudes des plongeurs, les espaces d'évolution sont définis comme suit :

Espace de 0 à 6 mètres ;
Espace de 0 à 12 mètres ;
Espace de 0 à 20 mètres ;
Espace de 0 à 40 mètres ;
Espace de 0 à 60 mètres ;
(Arr. du 6 avr. 2012, art. 1er-1°) « Espace de 0 à 70 mètres » ;
Espace de 0 à 80 mètres ;
Espace au-delà de 80 mètres.

La plongée subaquatique à l'air est limitée à 60 mètres.

(Abrogé par Arr. du 6 avr. 2012, art. 1er-2°) « La pratique de la plongée subaquatique au nitrox est limitée à 60 mètres ».

L'encadrement de la plongée subaquatique aux mélanges trimix ou héliox est limité à 80 mètres.

La pratique de la plongée subaquatique en autonomie aux mélanges trimix ou héliox est limitée à 120 mètres.

(Arr. du 6 avr. 2012, art. 1er-3°) « La teneur en oxygène du nitrox détermine l'espace d'évolution. »

Art. A. 322-77 Le plongeur justifie, auprès du directeur de plongée, des aptitudes mentionnées aux annexes III-14 *a*, III-17 *a* ou III-18 *a*, notamment par la présentation d'un brevet ou diplôme et, le cas échéant, d'un carnet de plongée permettant d'évaluer son expérience. *[Annexes reproduites sur Dalloz.fr et sur les applications mobiles Dalloz].*

En l'absence de cette justification, le directeur de plongée organise l'évaluation des aptitudes de l'intéressé à l'issue d'une ou plusieurs plongées.

Le plongeur titulaire d'un brevet mentionné à l'annexe III-14 *b* *[reproduite sur Dalloz.fr et sur les applications mobiles Dalloz]* justifie des aptitudes correspondantes.

Au sens de la présente section, les aptitudes sont définies comme suit :

– les aptitudes à plonger encadré à l'air : PE ;
– les aptitudes à plonger en autonomie à l'air : PA ;
– les aptitudes à plonger en utilisant un mélange au nitrox : PN ;
– les aptitudes à plonger en utilisant un mélange au trimix ou à l'héliox : PTH.

(Arr. du 6 avr. 2012, art. 2) « Dans l'espace de 0 à 40 mètres, pour justifier des aptitudes PE-12 à PE-40 et des aptitudes à plonger au nitrox, les personnes en situation de handicap peuvent bénéficier d'une assistance adaptée en encadrement ou en matériel pour évoluer en palanquée encadrée. »

Art. A. 322-78 I. – Les pratiquants ont à leur disposition sur le lieu de mise à l'eau ou d'immersion un plan de secours ainsi que le matériel de secours suivant :

– un moyen de communication permettant de prévenir les secours. Une VHF est nécessaire lorsque la plongée se déroule en mer au départ d'une embarcation support de plongée ;
– de l'eau douce potable ;
– un ballon auto-remplisseur à valve unidirectionnelle avec sac de réserve d'oxygène et trois masques (grand, moyen, petit) ;
– un masque à haute concentration ;
– un ensemble d'oxygénothérapie médicale normobare d'une capacité suffisante pour permettre, en cas d'accident, une prise en charge adaptée à la situation jusqu'à l'arrivée des secours médicaux, avec manodétendeur, débit-litre et tuyau de raccordement au ballon auto-remplisseur à valve unidirectionnelle ou au masque à haute concentration ;
– une couverture isothermique ;
– des fiches d'évacuation selon un modèle type en annexe III-19 *[reproduite sur Dalloz.fr et sur les applications mobiles Dalloz].*

Le plan de secours est un document écrit, adapté au lieu et à la plongée pratiquée, régulièrement mis à jour et porté à la connaissance du directeur de plongée, des personnes encadrant les palanquées et des plongeurs autonomes. Il précise notamment les modalités d'alerte en cas d'accident, les coordonnées des services de secours et les procédures d'urgence à appliquer en surface à la victime.

II. – Ils ont en outre le matériel d'assistance suivant :

– une bouteille d'air de secours équipée de son détendeur et, en cas de plongée effectuée avec un mélange respiratoire autre que l'air, une ou plusieurs bouteilles de secours équipées de détendeurs, dont le contenu prévu par le plan de secours est adapté à la plongée organisée ;
– un moyen de rappeler un plongeur en immersion depuis la surface, lorsque la plongée se déroule en milieu naturel, au départ d'une embarcation ;
– une tablette de notation immergeable ;
– en milieu naturel, au-delà de la profondeur de 6 mètres, un jeu de tables de décompression.
III. – Le matériel de secours est régulièrement vérifié et correctement entretenu.

Art. A. 322-79 L'activité de plongée est matérialisée selon la réglementation en vigueur.

Art. A. 322-80 Chaque bouteille ou ensemble de bouteilles d'un même gaz respirable est muni d'un manomètre ou d'un système équivalent permettant d'indiquer la pression au cours de la plongée.
En milieu naturel, chaque plongeur équipé d'un appareil à circuit ouvert est muni d'un système gonflable au moyen de gaz comprimé lui permettant de regagner la surface et de s'y maintenir.
En milieu naturel, chaque plongeur encadré au-delà de 20 mètres et chaque plongeur en autonomie est muni :
– d'un équipement de plongée permettant d'alimenter en gaz respirable un équipier sans partage d'embout ;
– d'équipements permettant de contrôler les caractéristiques personnelles de sa plongée et de sa remontée.
En milieu naturel, la personne encadrant la palanquée est munie :
– d'un équipement de plongée avec deux sorties indépendantes et deux détendeurs complets ;
– d'un système gonflable au moyen de gaz comprimé lui permettant de regagner la surface et de s'y maintenir ;
– d'équipements permettant de contrôler les caractéristiques de la plongée et de la remontée de sa palanquée.
En milieu naturel, chaque palanquée dispose d'un parachute de palier.

Art. A. 322-81 Les matériels subaquatiques et équipements nautiques utilisés par les plongeurs sont régulièrement vérifiés et correctement entretenus.
Les tubas et les détendeurs mis à disposition des plongeurs par les établissements sont désinfectés avant chaque plongée en cas de changement d'utilisateur.

SOUS-SECTION 2 DISPOSITIONS RELATIVES AUX ÉTABLISSEMENTS ORGANISANT LA PRATIQUE DE LA PLONGÉE SUBAQUATIQUE À L'AIR

Art. A. 322-82 Les conditions de pratique de la plongée à l'air sont précisées par les annexes III-16 *a* et III-16 *b* *[reproduites sur Dalloz.fr et sur les applications mobiles Dalloz]*.

Art. A. 322-83 Une palanquée constituée de débutants peut évoluer dans l'espace de 0 à 6 mètres.
En cours de formation technique conduisant aux aptitudes PE-12 ou PE-20, la palanquée peut évoluer respectivement dans l'espace de 0 à 12 mètres ou dans l'espace de 0 à 20 mètres, sous la responsabilité d'un enseignant de niveau 2 (E2) mentionné à l'annexe III-15 *b* *[reproduite sur Dalloz.fr et sur les applications mobiles Dalloz]*.

Art. A. 322-84 Une palanquée constituée de plongeurs justifiant des aptitudes PE-12 peut évoluer dans l'espace de 0 à 12 mètres sous la responsabilité de la personne encadrant la palanquée.
Une palanquée constituée de plongeurs en cours de formation technique conduisant aux aptitudes PE-20 peut évoluer dans l'espace de 0 à 20 mètres, sous la responsabilité d'un enseignant de niveau 2 (E2) mentionné à l'annexe III-15 *b* *[reproduite sur Dalloz.fr et sur les applications mobiles Dalloz]*.

Art. A. 322-85 Une palanquée constituée de plongeurs justifiant des aptitudes PE-20 peut évoluer dans l'espace de 0 à 20 mètres sous la responsabilité de la personne encadrant la palanquée. En cours de formation technique conduisant aux aptitudes PE-40, la palanquée peut évoluer dans l'espace de 0 à 40 mètres, sous la responsabilité d'un enseignant de niveau 3 (E3) mentionné à l'annexe III-15 *b* *[reproduite sur Dalloz.fr et sur les applications mobiles Dalloz]*.

Art. A. 322-86 Une palanquée constituée de plongeurs justifiant des aptitudes PE-40 peut évoluer dans l'espace de 0 à 40 mètres sous la responsabilité de la personne encadrant la palanquée.

En cours de formation technique conduisant à un brevet délivré par la Fédération française d'études et de sports sous-marins, la Fédération sportive et gymnique du travail, l'Union nationale des centres sportifs de plein air, l'Association nationale des moniteurs de plongée, le Syndicat national des moniteurs de plongée ou la Confédération mondiale des activités subaquatiques justifiant des aptitudes PE-60, la palanquée peut évoluer dans l'espace de 0 à 60 mètres sous la responsabilité d'un enseignant de niveau 4 (E4) mentionné à l'annexe III-15 *b* *[reproduite sur Dalloz.fr et sur les applications mobiles Dalloz]*.

Art. A. 322-87 Une palanquée constituée de plongeurs titulaires d'un brevet délivré par la Fédération française d'études et de sports sous-marins, la Fédération sportive et gymnique du travail, l'Union nationale des centres sportifs de plein air, l'Association nationale des moniteurs de plongée, le Syndicat national des moniteurs de plongée ou la Confédération mondiale des activités subaquatiques justifiant des aptitudes PE-60 peut évoluer dans l'espace de 0 à 60 mètres sous la responsabilité de la personne encadrant la palanquée enseignant de niveau 4 (E4) mentionné à l'annexe III-15 *b* *[reproduite sur Dalloz.fr et sur les applications mobiles Dalloz]*.

Art. A. 322-88 Les plongeurs majeurs justifiant des aptitudes PA-12 sont, sur décision du directeur de plongée, autorisés à plonger en autonomie dans l'espace de 0 à 12 mètres.

Les plongeurs majeurs justifiant des aptitudes PA-20 sont, sur décision du directeur de plongée, autorisés à plonger en autonomie dans l'espace de 0 à 20 mètres.

Les plongeurs majeurs justifiant des aptitudes PA-40 sont, sur décision du directeur de plongée, autorisés à plonger en autonomie dans l'espace de 0 à 40 mètres.

Art. A. 322-89 Les plongeurs majeurs titulaires d'un brevet délivré par la Fédération française d'études et de sports sous-marins, la Fédération sportive et gymnique du travail, l'Union nationale des centres sportifs de plein air, l'Association nationale des moniteurs de plongée, le Syndicat national des moniteurs de plongée ou la Confédération mondiale des activités subaquatiques justifiant des aptitudes PA-60 sont, sur décision du directeur de plongée, autorisés à plonger en autonomie dans l'espace de 0 à 60 mètres.

SOUS-SECTION 3 DISPOSITIONS RELATIVES AUX ÉTABLISSEMENTS ORGANISANT LA PRATIQUE DE LA PLONGÉE SUBAQUATIQUE À L'OXYGÈNE OU AUX MÉLANGES AUTRES QUE L'AIR

§ 1er DISPOSITIONS GÉNÉRALES RELATIVES À L'OXYGÈNE OU AUX MÉLANGES AUTRES QUE L'AIR

Art. A. 322-90 Les gaz et mélanges respiratoires sont les suivants :

1° Mélanges binaires :

— le nitrox est un mélange respiratoire composé d'oxygène et d'azote dans des proportions différentes de celle *[celles]* de l'air ;

— l'héliox est un mélange respiratoire composé d'oxygène et d'hélium ;

2° Mélanges ternaires : le trimix, mélange respiratoire composé d'oxygène, d'azote et d'hélium ;

3° L'oxygène pur, utilisable dans les recycleurs et en décompression.

Art. A. 322-91 Les conditions de pratique de la plongée à l'oxygène et aux mélanges autres que l'air sont précisées par les annexes III-17 *a*, III-17 *b*, III-17 *c*, III-18 *a*, III-18 *b* et III-18 *c* *[reproduites sur Dalloz.fr et sur les applications mobiles Dalloz]*.

Art. A. 322-92 La valeur de la pression partielle minimale d'oxygène inspiré par le plongeur est limitée à 160 hectopascals (0,16 bar). La valeur de la pression partielle maximale d'oxygène inspiré par le plongeur en immersion est limitée à 1 600 hectopascals (1,6 bar).

Art. A. 322-93 Les bouteilles sont identifiées selon les gaz contenus.

Le fabricant ou le distributeur d'un mélange respiratoire autre que l'air mentionne sur la fiche d'identification de chaque bouteille et sur le registre de l'établissement les informations suivantes :

– le pourcentage d'oxygène analysé et la composition théorique du mélange gazeux ;
– la date de l'analyse ;
– le nom du fabricant ou du distributeur.

Avant la plongée, l'utilisateur final complète la fiche d'identification de chaque bouteille par les informations suivantes :

– la pression du mélange gazeux de la bouteille ;
– le pourcentage d'oxygène analysé et la composition du mélange ;
– la profondeur maximale d'utilisation du mélange ;
– la date de l'analyse ;
– son nom ou ses initiales.

Art. A. 322-94 Lorsque la plongée est réalisée avec des recycleurs, ceux-ci font l'objet d'une certification selon les normes en vigueur.

Après avoir suivi une formation qualifiante, adaptée au recycleur considéré, de la Fédération française d'études et de sports sous-marins, de la Fédération sportive et gymnique du travail, de l'Union nationale des centres sportifs de plein air, de l'Association nationale des moniteurs de plongée ou du Syndicat national des moniteurs de plongée ou reconnue par le fabricant du recycleur, l'utilisateur d'un recycleur peut accéder aux prérogatives définies par la présente section s'il justifie des aptitudes correspondant à l'espace d'évolution et aux mélanges gazeux utilisés.

Lors d'une plongée avec un recycleur organisée au-delà de 6 mètres, les plongeurs doivent avoir accès à un système respiratoire de secours en circuit ouvert délivrant un ou plusieurs mélanges respirables autorisant le retour en surface.

En milieu naturel, lorsque la personne encadrant la palanquée utilise un recycleur, le système respiratoire de secours doit être indépendant du recycleur.

§ 2 DISPOSITIONS PARTICULIÈRES AU NITROX

Art. A. 322-95 La pratique de la plongée aux mélanges nitrox est soumise à la justification d'aptitudes nitrox pour les plongeurs et la personne encadrant la palanquée conformément au tableau figurant à l'annexe III-17 *a* *[reproduite sur Dalloz.fr et sur les applications mobiles Dalloz]*.

Les conditions de pratique de la plongée aux mélanges nitrox sont précisées par les annexes III-17 *b* et III-17 *c* *[reproduites sur Dalloz.fr et sur les applications mobiles Dalloz]*.

§ 3 DISPOSITIONS PARTICULIÈRES AU TRIMIX ET À L'HÉLIOX

Art. A. 322-96 La pratique de la plongée aux mélanges trimix ou héliox est soumise à la justification des aptitudes par les plongeurs et la personne encadrant la palanquée conformément au tableau figurant à l'annexe III-18 *a*.

Les conditions de pratique de la plongée aux mélanges trimix ou héliox sont précisées par les annexes III-18 *b* et III-18 *c* *[reproduites sur Dalloz.fr et sur les applications mobiles Dalloz]*.

Art. A. 322-97 En complément du matériel énoncé à l'article A. 322-78, l'organisation d'une plongée au mélange trimix ou héliox impose la présence sur le lieu de mise à l'eau ou d'immersion des équipements suivants :

– une ligne lestée de descente et de remontée pouvant également être utilisée pour la décompression ;

– une copie de la ou des planifications de plongées prévues ;

– un support logistique ou une embarcation support de pratique avec une personne en surface habilitée pour la manœuvrer.

SOUS-SECTION 4 DISPOSITIONS DIVERSES

Art. A. 322-98 La plongée dans une piscine ou fosse de plongée dont la profondeur excède 6 mètres est soumise aux dispositions relatives à la plongée en milieu naturel.

Par dérogation aux dispositions des sous-sections 1 et 2, lorsque la plongée se déroule en piscine ou fosse de plongée dont la profondeur n'excède pas 6 mètres, le directeur de plongée est titulaire au minimum du niveau d'enseignement 1 (E1) mentionné à l'annexe III-15 *b*. Le directeur de plongée autorise les plongeurs justifiant des aptitudes PE-12 à plonger en autonomie et les guides de palanquée (GP) ou les plongeurs niveau 4 (P4) à effectuer les baptêmes.

(Arr. du 6 avr. 2012, art. 3) « Par dérogation aux dispositions de l'article A. 322-72 du code du sport, lorsque la plongée se déroule en piscine ou fosse de plongée dont la profondeur n'excède pas 6 mètres, la fiche de sécurité n'est pas obligatoire. »

Art. A. 322-99 Sur décision de l'exploitant de l'établissement d'activités physiques ou sportives, une palanquée constituée de plongeurs titulaires d'un brevet délivré par la Fédération française d'études et de sports sous-marins, la Fédération sportive et gymnique du travail, l'Union nationale des centres sportifs de plein air, l'Association nationale des moniteurs de plongée, le Syndicat national des moniteurs de plongée ou la Confédération mondiale des activités subaquatiques justifiant des aptitudes PA-60 peut évoluer dans l'espace de 0 à 40 mètres en l'absence de directeur de plongée.

(Arr. du 6 avr. 2012, art. 4) « L'exploitant est informé, avant la plongée, du choix du site de l'activité subaquatique par les plongeurs. Il entérine l'organisation mise en œuvre pour assurer la sécurité des plongeurs et le déclenchement des secours. »

Art. A. 322-100 Exerce la fonction de conseiller à la prévention hyperbare pour les plongées dans l'espace de 0 à 40 mètres, en application des dispositions de l'article R. 322-41, le titulaire de l'un des diplômes suivants :

– brevet d'État d'éducateur sportif 1er degré, option plongée subaquatique ;

– diplôme d'État de la jeunesse, de l'éducation populaire et du sport spécialité perfectionnement sportif, mention plongée subaquatique ;

– diplôme d'État supérieur de la jeunesse, de l'éducation populaire et du sport spécialité performance sportive, mention plongée subaquatique.

Exerce la fonction de conseiller à la prévention hyperbare pour les plongées au-delà de 40 mètres, dans les limites prévues par la présente section et en application des dispositions de l'article R. 322-41, le titulaire de l'un des diplômes suivants :

– brevet d'État d'éducateur sportif 2e degré, option plongée subaquatique ;

– diplôme d'État de la jeunesse, de l'éducation populaire et du sport spécialité perfectionnement sportif, mention plongée subaquatique ;

– diplôme d'État supérieur de la jeunesse, de l'éducation populaire et du sport spécialité performance sportive, mention plongée subaquatique.

Art. A. 322-101 Pour l'application de la présente section, la pratique de l'apnée est soumise aux dispositions de l'article A. 322-81 et du I de l'article A. 322-78.

(Arr. du 6 avr. 2012, art. 5) « Par dérogation au I de l'article A. 322-78, pour la pratique de l'apnée dans l'espace de 0 à 6 mètres, les pratiquants ont à leur disposition sur le lieu de mise à l'eau ou d'immersion un plan de secours ainsi que le matériel de secours suivant :

« – un moyen de communication permettant de prévenir les secours. Une VHF est nécessaire lorsque la plongée se déroule en mer au départ d'une embarcation support de plongée ;

« – des fiches d'évacuation selon un modèle type en annexe III-19 *[reproduite sur Dalloz.fr et sur les applications mobiles Dalloz]*. »

SECTION IV ÉTABLISSEMENTS OUVERTS AU PUBLIC POUR L'UTILISATION D'ÉQUIDÉS

Art. A. 322-116 Sont considérés comme établissements ouverts au public pour l'utilisation d'équidés les établissements qui mettent des équidés à la disposition des particuliers ou qui reçoivent des équidés appartenant à des tiers ainsi que les établissements où sont stationnés des équidés et fréquentés par des tiers. – *[Arr. du 30 mars 1979, art. 1er.]*

§ 1er DÉCLARATION

Art. A. 322-117 Tout établissement prévu à l'article A. 322-116 doit faire l'objet d'une déclaration adressée en double exemplaire au directeur des haras de la circonscription qui transmet l'un d'eux au directeur départemental des services vétérinaires.

Il est délivré un récépissé de la déclaration.

Le modèle de cette déclaration figure en annexe III-21 *[reproduite sur Dalloz.fr et sur les applications mobiles Dalloz 🏛]* du présent code. – *[Arr. du 30 mars 1979, art. 2.]*

Art. A. 322-118 La déclaration doit être effectuée avant l'ouverture de l'établissement. – *[Arr. du 30 mars 1979, art. 3.]*

Art. A. 322-119 Sont dispensés de la déclaration visée à l'article A. 322-117 :

– les établissements hippiques existant au 3 avril 1979 et classés conformément à la réglementation applicable alors ;

– les établissements professionnels existant à la même date et dont l'exploitant est titulaire d'une carte d'identité professionnelle délivrée à cet effet par le ministre chargé de l'agriculture ;

– les établissements d'entraînement de chevaux de courses dirigés par une personne titulaire d'une licence délivrée à cet effet par la Société d'encouragement pour l'amélioration des races de chevaux en France ou la Société des steeple-chases de France ou la Société d'encouragement à l'élevage du cheval français ;

– les établissements ouverts au public pour l'utilisation d'équidés agréés par le ministre chargé de l'agriculture. Cet agrément est délivré après avis du Conseil hippique régional, s'il s'agit de la pratique de l'équitation. – *[Arr. du 30 mars 1979, art. 4.]*

Art. A. 322-120 Toute transformation de l'établissement concernant la sécurité, l'hygiène, l'enseignement, les normes techniques et l'état de la cavalerie doit être portée sans délai à la connaissance du directeur des haras de la circonscription concernée. – *[Arr. du 30 mars 1979, art. 5.]*

Art. A. 322-121 Lorsqu'un établissement déclaré change d'exploitant, le successeur doit en faire immédiatement la déclaration au directeur des haras de la circonscription concernée. – *[Arr. du 30 mars 1979, art. 6.]*

Art. A. 322-122 L'exploitant d'un établissement ouvert au public qui n'a pas satisfait aux formalités de déclaration dans les conditions fixées par le présent code est passible des sanctions administratives et pénales prévues par le décret n° 79-264 du 30 mars 1979 pris pour l'application de la loi n° 76-629 du 10 juillet 1976 relative à la protection de la nature et concernant le contrôle des établissements ouverts au public pour l'utilisation d'équidés. – *[Arr. du 30 mars 1979, art. 7.]*

§ 2 CONDITION À RESPECTER

Art. A. 322-123 Les établissements visés à l'article A. 322-116 sont placés sous la surveillance du représentant de l'État dans le département. Ils sont soumis à un contrôle de conformité et à des inspections ultérieures. – *[Arr. du 30 mars 1979, art. 8.]*

Art. A. 322-124 Les exploitants ou les personnels des établissements ouverts au public pour l'utilisation d'équidés doivent posséder des connaissances suffisantes pour l'entretien et l'utilisation des équidés. Ces connaissances, à défaut d'être attestées par un diplôme reconnu par le ministre chargé de l'agriculture, sont vérifiées par le directeur des haras de la circonscription concernée. – *[Arr. du 30 mars 1979, art. 9.]*

§ 3 MESURES DE SÉCURITÉ GÉNÉRALE

Art. A. 322-125 Les établissements ouverts au public pour l'utilisation des équidés devront, pour réaliser cette activité, respecter les règles suivantes : leur implantation doit être compatible avec le cadre de leur environnement, la circulation routière, les accès et les possibilités de sorties des cavaliers. La conception d'ensemble des locaux, écuries, manèges, des installations extérieures, carrière, piste d'entraînement, prairies et enclos et des voies de circulation intérieure, doit être compatible avec la nature de l'activité exercée. Les matériaux de construction et les clôtures doivent être conçus de façon à ne pas être une cause d'accident pour les personnes et les animaux : l'usage des fils de fer barbelés est en particulier interdit. – *[Arr. du 30 mars 1979, art. 10.]*

Art. A. 322-126 A l'intérieur des installations, la surface disponible, le cubage d'air, l'aération, l'éclairage et la protection contre les intempéries doivent être suffisants : les équidés doivent être hébergés dans des locaux leur assurant de bonnes conditions de stabulation ; en particulier, la dimension au sol des boxes et stalles doit permettre à l'animal de se coucher. L'état et les matériaux de construction des installations intérieures, notamment des boxes, des séparations de boxe et des stalles ne doivent pas présenter d'éléments dangereux tels que des aspérités métalliques. – *[Arr. du 30 mars 1979, art. 11.]*

Art. A. 322-127 L'état du matériel utilisé, de la sellerie et du harnachement ne doit mettre en danger ni la sécurité des cavaliers, ni la santé du cheval. Les cuirs et les aciers doivent être tenus en constant état de propreté. Toute pièce détériorée ou usagée doit être remplacée ou réparée. – *[Arr. du 30 mars 1979, art. 12.]*

Art. A. 322-128 Il ne doit pas être demandé à un équidé un travail auquel il n'est ni apte, ni préparé, risquant de mettre en danger sa santé et la sécurité du cavalier. – *[Arr. du 30 mars 1979, art. 13.]*

Art. A. 322-129 Il y a lieu de prévoir un matériel de secours de première urgence et un nombre suffisant d'extincteurs et de prises d'eau, ainsi qu'une voie d'accès pour les véhicules de pompiers. – *[Arr. du 30 mars 1979, art. 14.]*

Art. A. 322-130 D'autres éléments d'appréciation peuvent être retenus en fonction de l'activité exercée. En particulier, les établissements définis à l'article 1er de l'arrêté du 4 janvier 1971, modifié par l'arrêté du 9 mai 1974, relatif au classement des établissements hippiques doivent respecter les normes de sécurité leur permettant d'obtenir cent vingt points au moins au critère de sécurité dans le cadre de la réglementation relative au classement des établissements hippiques. – *[Arr. du 30 mars 1979, art. 15.]*

§ 4 MESURES D'HYGIÈNE GÉNÉRALE

Art. A. 322-131 Toutes les installations ainsi que le matériel utilisé doivent être tenus dans un parfait état de propreté et d'entretien.

L'évacuation des eaux résiduaires doit se faire dans les conditions prévues par le règlement sanitaire départemental.

Les écuries et le matériel utilisé doivent être désinfectés au moins une fois par an. Après le départ d'un équidé, la place d'écurie libérée doit immédiatement être désinfectée. – *[Arr. du 30 mars 1979, art. 16.]*

Art. A. 322-132 Les litières doivent être quotidiennement entretenues et renouvelées le plus souvent possible.

Le fumier doit être stocké sur des aires spécialement aménagées à cet effet et convenablement situées conformément aux dispositions prévues par le règlement sanitaire départemental. – *[Arr. du 30 mars 1979, art. 17.]*

Art. A. 322-133 La protection des équidés contre les insectes et les rongeurs doit être assurée périodiquement au moins une fois par an. – *[Arr. du 30 mars 1979, art. 18.]*

Art. A. 322-134 En cas d'injection, dans le cadre des traitements et soins vétérinaires, les aiguilles ne doivent être utilisées qu'une seule fois. Les autres instruments doivent être désinfectés après chaque usage. – *[Arr. du 30 mars 1979, art. 19.]*

§ 5 MESURES CONCERNANT L'ENTRETIEN EN L'ÉTAT DE LA CAVALERIE

Art. A. 322-135 En vue des contrôles, chaque établissement doit tenir et présenter à la requête des agents des services habilités un registre de présence numéroté sur lequel sont inscrits les équidés.

Les mentions ci-après doivent y être portées au fur et à mesure des mouvements d'entrée et de sortie dans l'effectif : nom de l'animal, numéro du document d'accompagnement, date d'entrée dans l'établissement, lieu de provenance, date de sortie et destination.

A défaut du document d'accompagnement, il y a lieu de mentionner sur le registre : l'identification complète de l'animal, les tests de laboratoires, les inoculations effectuées à titre officiel et les vaccinations reçues : nature, date, résultats, rappel. – *[Arr. du 30 mars 1979, art. 20.]*

Art. A. 322-136 Les équidés doivent être tenus en bon état d'entretien physique : la nourriture et l'abreuvement doivent leur être dispensés en qualité et quantité en fonction de l'activité de l'animal ; le pansage et les soins habituels doivent être effectués régulièrement ; la ferrure doit être adaptée au travail de chaque cheval et l'état des pieds examiné régulièrement. – *[Arr. du 30 mars 1979, art. 21.]*

Art. A. 322-137 En cas de blessures et atteintes graves, un vétérinaire doit être consulté. En cas de blessures superficielles, frottements échauffements, coupures ou autres atteintes bénignes, les premiers soins élémentaires doivent être immédiatement apportés. – *[Arr. du 30 mars 1979, art. 22.]*

Art. A. 322-138 Pour chaque nouvel équidé introduit dans l'effectif de l'établissement, il peut être exigé par décision préfectorale un certificat sanitaire attestant la provenance du cheval, son état de bonne santé et l'absence de maladie contagieuse dans l'élevage ou l'établissement d'origine.

Toutes les précautions doivent être prises pour éviter le contact des animaux nouvellement introduits entre eux, et avec ceux qui se trouvent déjà dans l'établissement. – *[Arr. du 30 mars 1979, art. 23.]*

Art. A. 322-139 Les animaux usés, malades ou blessés, ainsi que les juments en état de gestation avancée, ne doivent pas être utilisés. – *[Arr. du 30 mars 1979, art. 24.]*

Art. A. 322-140 Il est interdit de laisser les animaux à l'attache exposés en plein soleil ou aux intempéries ; les chevaux ne doivent pas rester sellés et bridés en dehors des heures de travail. – *[Arr. du 30 mars 1979, art. 25.]*

SECTION V *[ABROGÉE]* SALLES OÙ SONT PRATIQUÉS LES ARTS MARTIAUX

(Arr. du 25 sept. 2009, en vigueur le 1er janv. 2010) (Abrogé par Arr. du 26 mai 2016, art. 6).

Art. A. 322-141 (Abrogé par Arr. du 1er juin 2015, art. 1er-II) (Arr. du 25 sept. 2009, en vigueur le 1er janv. 2010) *Toute salle où sont pratiqués les arts martiaux doit présenter les garanties minimales d'hygiène, de technique et de sécurité suivantes :*

1° Aire de travail :

Surface minimum du tapis : 25 mètres carrés sans obstacle tel que pilier ou colonne et largeur minimum : 3,50 mètres ;

Au-dessus de six couples pratiquants, cette surface sera augmentée de 4 mètres carrés par couple ;

2° Équipement de la salle :

– hauteur minimum sous plafond, poutre ou tout autre obstacle tel qu'éclairage : 2,50 mètres ;

– protection de la salle par le capitonnage des obstacles de toute nature (angles, piliers, radiateurs) situés à une distance inférieure à 1 mètre du tapis, et ce sur une hauteur de 1,50 mètre en partant du sol ;

– les matériaux de protection doivent correspondre aux normes de sécurité en vigueur ;

– interdiction du verre armé dans le vitrage ;

3° Dispositions diverses :

– existence d'un nécessaire médical de premier secours en vue des premiers soins à apporter en cas d'accident ;

– existence d'un téléphone et affichage à proximité de ce téléphone des numéros d'appel du SAMU, des pompiers, du médecin et d'un responsable de la salle ou du club, de l'hôpital, de l'ambulance.

SECTION VI ÉTABLISSEMENTS DE PRATIQUE DE TIR AUX ARMES DE CHASSE

Art. A. 322-142 Les établissements permanents ou les installations temporaires dans lesquels sont pratiquées des activités de tir aux armes de chasse constituent des établissements d'activités physiques ou sportives au sens de l'article L. 322-2.

(Abrogé par Arr. du 26 mai 2016, art. 7-1°) ***« Leur ouverture fait l'objet de la déclaration prévue à l'article R. 322-1.***

« Pour les installations temporaires, la date de dépôt de la déclaration est ramenée à quinze jours avant l'ouverture. » *— [Arr. du 17 juill. 1990, art. 1er.]*

Art. A. 322-143 *(Arr. du 26 mai 2016, art. 7-2°-a)* « L'exploitant réalise un plan comportant » la désignation de l'emplacement retenu, les dates d'utilisation et un croquis indiquant la situation des appareils de lancement, l'orientation des tirs, les voies d'accès, les protections prévues et l'emplacement réservé au public.

(Arr. du 26 mai 2016, art. 7-2°-b) « Ce plan est transmis au préfet de département quinze jours avant l'ouverture de l'établissement ainsi qu'après chaque modification. »

Si aucun obstacle ne fait office d'écran protecteur, une distance minimale de 250 mètres dans la direction normale du tir doit séparer des routes et habitations riveraines tout établissement d'activités physiques ou sportives où sont pratiquées des activités de tir aux armes de chasse. *— [Arr. du 17 juill. 1990, art. 2.]*

Art. A. 322-144 Toutes les précautions nécessaires sont prises afin de garantir à l'extérieur des établissements ou installations la sécurité des riverains et à l'intérieur la protection du public, des tireurs et du personnel opérant sur les stands, tant en ce qui concerne les équipements techniques mis à la disposition des tireurs et leur maniement qu'en ce qui concerne les risques de ricochets, de projectiles perdus et de retombées de plombs ou de fragments de plateaux, par référence aux règlements techniques déposés par la Fédération française de ball-trap auprès du ministre de l'intérieur et du ministre chargé des sports. *— [Arr. du 17 juill. 1990, art. 3.]*

Art. A. 322-145 Pour l'exécution des tirs et au cours des épreuves ou des tirs d'entraînement, les pratiquants, sous la responsabilité de l'exploitant de l'établissement ou de l'installation, observent les règles de sécurité suivantes :

– retirer les bretelles des fusils ;

– ne faire des essais d'épaulement de fusil fermé, même vide, que sur le pas de tir et uniquement dans la direction normale de tir ;

– ne charger l'arme qu'à son tour, l'arme basculée ou la culasse ouverte ;

– ne se retourner en aucun cas vers le public, que l'arme soit ou non chargée ;

– en cas d'interruption du tir, basculer ou ouvrir les fusils sur le pas de tir et retirer les cartouches.

Ces règles de sécurité sont affichées de manière lisible en un lieu accessible à tous. *— [Arr. du 17 juill. 1990, art. 4.]*

Art. A. 322-146 Le préfet peut s'opposer à l'ouverture ou prononcer la fermeture des établissements ou installations qui ne présentent pas les garanties de sécurité prévues par le présent code après consultation éventuelle des organismes locaux représentatifs de la Fédération française de ball-trap.

Il peut également s'opposer à l'ouverture de tout établissement ou installation si la responsabilité civile de l'organisateur et de chacun des participants n'est pas garantie par la souscription d'une assurance pour l'ensemble des activités de tir aux armes de chasse. *— [Arr. du 17 juill. 1990, art. 5.]*

V. aussi Instr. du 18 févr. 1991 relative à la réglementation du ball-trap (BOJS n° 4 du 25 avr.) ; Circ. INT du 24 mars 1992 relative à la réglementation du ball-trap (BOINT du 31 mars) ; Décr. n° 2013-700 du 30 juill. 2013.

SECTION VII ÉTABLISSEMENTS ORGANISANT LA PRATIQUE DU PARACHUTISME OU L'ACTIVITÉ DE CHUTE LIBRE EN SOUFFLERIE

(Arr. du 25 mars 2016, en vigueur le 1er mai 2016)

§ 1er CHAMP D'APPLICATION

Art. A. 322-147 La présente section s'applique aux établissements qui organisent la pratique du parachutisme sportif ou l'activité de chute libre en soufflerie.

§ 2 LES SÉANCES DE SAUT

Art. A. 322-148 L'âge minimum requis pour la pratique du parachutisme sportif est de quinze ans.

A l'exception des licenciés de la fédération ayant reçu délégation pour le parachutisme, les pratiquants doivent présenter, lors de leur inscription, un certificat médical de non contre-indication à la pratique du parachutisme mentionné à l'article L. 231-2-3. Les pratiquants mineurs doivent présenter en outre une autorisation écrite de leurs représentants légaux.

Art. A. 322-149 L'organisation des séances de saut tient compte des conditions aérologiques et météorologiques. Dans le cas où l'évolution de ces conditions est susceptible de mettre en péril la sécurité et la santé des pratiquants, le responsable de la séance de saut l'adapte ou l'annule.

Art. A. 322-150 Les sauts effectués par les débutants sont précédés d'une formation obligatoire, adaptée à la nature du saut.

Peuvent seuls être pratiqués lors du premier saut par les débutants :

1° Le saut à ouverture automatique avec utilisation d'un parachute de type "tout dans le dos" dont l'ouverture du conteneur principal est assurée par une sangle reliée à l'aéronef. Il est effectué à partir d'une hauteur minimale de mille mètres ;

2° Le saut à ouverture commandée, où l'élève est accompagné en chute libre par deux moniteurs. Ce saut est effectué d'une hauteur minimale de trois mille mètres ;

3° Le saut en tandem avec utilisation d'un parachute biplace supportant le poids d'un élève et d'un moniteur, effectué à partir d'une hauteur minimale de largage de trois mille mètres.

Art. A. 322-151 Tous les sauts réalisés sont répertoriés sur un carnet spécifique, détenu par l'élève, sur lequel les moniteurs attestent les aptitudes acquises :

1° Hors de la progression accompagnée en chute, les élèves effectuent d'abord des sauts en ouverture automatique qui leur permettent de démontrer leur aptitude à effectuer des sorties stables et à simuler l'action d'ouverture. Ils doivent effectuer un minimum de quatre sauts en ouverture automatique avant d'accéder à la chute libre. Dès l'accès à la chute libre, la hauteur de largage et l'exercice demandé doivent permettre à l'élève d'effectuer son ouverture à la hauteur minimale de mille deux cent mètres ;

2° Les élèves suivant une progression accompagnée en chute doivent être accompagnés en chute par un ou deux moniteurs aussi longtemps qu'ils n'ont pas démontré leur aptitude à stabiliser des sorties non tenues, à effectuer des chutes stables prolongées, à maîtriser un "retour face sol" après un "passage dos" volontaire, à apprécier correctement leur hauteur et ouvrir leur parachute à une hauteur prédéterminée. Le premier saut s'effectue toujours accompagné de deux moniteurs. Ils doivent en outre avoir effectué un minimum de six sauts accompagnés avant d'effectuer un saut non accompagné. La hauteur de parachutage ne doit pas être inférieure à trois mille mètres et la hauteur d'ouverture ne doit pas être inférieure à mille deux cents mètres ;

3° L'utilisation du tandem est possible à tous les stades de la progression de l'élève. La hauteur de parachutage ne doit pas être inférieure à trois mille mètres et la hauteur d'ouverture ne doit pas être inférieure à mille cinq cents mètres.

Art. A. 322-152 Le pratiquant autonome au sein d'un établissement répertorie ses sauts sur un carnet spécifique régulièrement visé par un moniteur ayant les qualifications requises. Il doit totaliser cent sauts minimum et avoir démontré les aptitudes suivantes :

– savoir s'intégrer dans une séance de pratique autonome ;

– être capable de veiller à la sécurité du largage en séance de pratique autonome ;

– maîtriser la chute libre ;

– être capable de concevoir et réaliser son programme de navigation sous voile de l'ouverture du parachute jusqu'à l'atterrissage ;

– être capable de plier sa voile principale et de contrôler son équipement ;

– avoir les connaissances théoriques fondamentales liées à l'activité.

Art. A. 322-153 Les sauts mentionnés au présent article ne sont pas autorisés pour les élèves mentionnés à l'article A. 322-150 et en progression mentionnés à l'article A. 322-151. Ils sont organisés selon les caractéristiques suivantes :

1° Sauts sur l'eau :

– les participants doivent posséder une bonne maîtrise de la natation. Ils sont équipés d'un système d'aide à la flottaison et reçoivent une formation spécifique ;

– la récupération des parachutistes et de leurs équipements est assurée par un nombre d'embarcations en fonction de celui des personnes et des matériels à récupérer ;

2° Sauts de nuit : les participants doivent être repérables et être en mesure de déterminer leur hauteur d'ouverture. La zone d'atterrissage est éclairée ;

3° Sauts avec surface additionnelle rigide :

– un système de libération de l'équipement est obligatoire ;

– pour l'ensemble des sauts visés au présent article, le coupe-sangles est obligatoire.

Art. A. 322-154 Sauf exceptions prévues au 1° de l'article A. 322-150 et à l'article A. 322-151, la hauteur minimale du jet de l'extracteur de la voile principale est de 850 mètres.

En fonction des caractéristiques de la zone de sauts et des conditions aérologiques, la vitesse maximale du vent au sol ne peut excéder celle fixée par la fédération ayant reçu délégation pour le parachutisme. Dans tous les cas, elle ne peut excéder onze mètres par seconde.

§ 3 LES ZONES D'ATTERRISSAGE

Art. A. 322-155 L'exploitant de l'établissement doit obtenir les autorisations du propriétaire du terrain. Les secours doivent pouvoir accéder à la zone d'atterrissage.

Préalablement au premier saut dans l'établissement, les pratiquants reçoivent une formation sur la zone de sauts et ses caractéristiques : vents dominants, consignes d'atterrissage, zones de dégagement, obstacles à éviter.

Plusieurs établissements peuvent utiliser la même zone d'atterrissage. Pour ce faire et préalablement au début des activités, s'ils n'utilisent pas les mêmes moyens aériens, la fédération ayant reçu délégation pour le parachutisme élabore un protocole de coordination au regard de ses règles techniques et de sécurité, qu'elle communique à l'autorité administrative.

Art. A. 322-156 Pour les sauts définis aux 1° et 2° des articles A. 322-150 et A. 322-151, la zone d'atterrissage est dégagée et mesure au moins cent mètres de diamètre. En outre, son environnement permet des atterrissages hors zone en sécurité. Pour les sauts définis aux 3° des articles A. 322-150 et A. 322-151, la zone est dégagée et mesure au moins cinquante mètres de diamètre.

§ 4 LES ÉQUIPEMENTS

Art. A. 322-157 Le port d'un casque est obligatoire pour les sauts définis aux 1° et 2° des articles A. 322-150 et A. 322-151.

Les équipements vestimentaires et équipements annexes doivent permettre l'accès aux commandes fonctionnelles d'ouverture des parachutes et la mise en œuvre de la procédure de secours. Tout équipement de prise de vues embarqué qui présente un risque d'accrochage doit être équipé d'un système de désolidarisation rapide en cas d'accrochage.

L'emport d'un altimètre est obligatoire.

Un coupe-sangles est disponible dans l'aéronef.

Les pratiquants de voile contact et de tandem emportent un coupe-sangles.

Art. A. 322-158 A l'exception des sauts définis au 3° de l'article A. 322-150 où l'élève est équipé d'un harnais passager spécifiquement conçu pour l'activité, aucun saut ne peut être effectué si le parachutiste n'est équipé d'un sac harnais, d'une voilure principale, d'une voilure de secours et d'un déclencheur de sécurité.

Pour les sauts définis à l'article A. 322-150, le sac harnais est obligatoirement de type "tout dans le dos", la voilure principale est libérable et de type "aile", la voilure de secours est de type "aile".

Le parachute de secours doit être plié au minimum une fois par an. La maintenance et le pliage du parachute de secours doivent être effectués par un titulaire d'un diplôme, titre à finalité professionnelle ou certificat de qualification, inscrit au répertoire national des certifications professionnelles ou reconnu par la fédération ayant reçu délégation pour le parachutisme.

Pour tous types de sauts, l'emport d'un déclencheur de sécurité activé, relié au parachute de secours, est obligatoire.

§ 5 L'ENCADREMENT

Art. A. 322-159 L'encadrement est adapté à la nature de l'activité, au niveau et au nombre des pratiquants.

Art. A. 322-160 Pour les séances de saut encadrées définies aux 1° et 2° des articles A. 322-150 et A. 322-151, l'encadrement est composé d'au moins deux moniteurs dont l'un au moins, qu'il soit ou non rémunéré, possède le diplôme requis par l'article L. 212-1, l'autre pouvant posséder soit ce diplôme, soit, s'il agit à titre bénévole, le brevet de moniteur fédéral de parachutisme, adapté au type de saut effectué délivré par la fédération ayant reçu délégation pour le parachutisme. Au moins un de ces deux moniteurs ou une autre personne qualifiée comme défini précédemment doit être au sol.

Un moniteur accompagne dans l'aéronef les élèves effectuant des sauts en ouverture automatique ou n'ayant pas encore démontré leurs aptitudes au respect de la sécurité à bord de l'aéronef et lors du largage.

Art. A. 322-161 Les séances de sauts définies au 3° des articles A. 322-150 et A. 322-151 ainsi qu'à l'article A. 322-152 nécessitent au minimum la présence de deux parachutistes autonomes désignés, l'un au sol, l'autre en vol, qui coordonnent, en liaison avec le pilote, les conditions générales du largage. Toutefois, le moniteur tandem peut assurer seul, en vol, la sécurité de son largage.

A bord de l'aéronef, en chute libre et sous voilure, le moniteur tandem ne peut se voir confier aucune autre mission que celle d'enseignement dispensé à son élève.

§ 6 LES MOYENS MATÉRIELS

Art. A. 322-162 Les moyens techniques sont adaptés à la nature de l'activité, au niveau et au nombre des pratiquants.

Art. A. 322-163 Tout établissement dispose des moyens matériels suivants :

1° Un plan ou une vue aérienne de la zone d'atterrissage permettant de repérer les obstacles éventuels situés aux abords de la zone d'atterrissage. Celui-ci doit être affiché en un lieu visible de tous les pratiquants ;

2° Une manche à air ou une flamme indiquant le vent ;

3° Une liaison radio sol-air avec le pilote de l'aéronef ;

4° Un anémomètre ;

5° Un moyen d'alerte des secours ;

6° Une paire de jumelles binoculaires.

§ 7 LES PROCÉDURES D'ENQUÊTE EN CAS D'ACCIDENT

Art. A. 322-164 Outre le préfet du département, l'exploitant de l'établissement informe, sous quarante-huit heures, le ministre chargé des sports de tout accident grave survenu dans l'établissement, en précisant l'identité de la victime, les circonstances et le lieu de l'accident.

Un accident mortel ou un accident corporel grave de parachutisme donne lieu à une enquête, déclenchée par le ministre chargé des sports ou par le préfet du département du lieu de l'accident. Un expert est désigné pour effectuer les investigations nécessaires sur place et rédiger un rapport de première information.

§ 8 LA PRATIQUE DE L'ACTIVITÉ DE CHUTE LIBRE EN SOUFFLERIE

SOUS-§ 1er LES SÉANCES DE VOL

Art. A. 322-165 Pour la pratique de la chute libre en soufflerie, les limitations d'âge, de poids et de taille des pratiquants sont définies par l'exploitant de l'établissement en fonction des caractéristiques de la machine. Toutefois l'âge du pratiquant ne peut être inférieur à cinq ans.

L'exploitant de l'établissement informe les pratiquants, préalablement au début de l'activité, des pathologies pouvant présenter des contre-indications.

Les pratiquants mineurs doivent pouvoir justifier d'une autorisation de leurs représentants légaux.

Art. A. 322-166 L'organisation des séances de vol est adaptée à la nature de l'entraînement, au niveau et au nombre des pratiquants.

1° Pour tous les types d'activités, un opérateur doit être présent hors de la veine d'air ;

2° Pour tous les types d'activités, un moniteur doit être présent dans la veine d'air ou à proximité permettant une intervention immédiate ;

3° Pour tout pratiquant dont la phase d'apprentissage le requiert, un moniteur doit être présent dans la veine d'air.

Art. A. 322-167 Les pratiquants autonomes doivent avoir démontré les aptitudes suivantes :

– avoir la maîtrise de l'entrée et de la sortie du flux d'air ;
– avoir la maîtrise de la stabilité sur les axes de lacet et de roulis ;
– avoir la maîtrise des dérapages avant, arrière et latéraux ;
– avoir la maîtrise des rotations autour de l'axe de lacet ;
– avoir la maîtrise des variations de hauteur ;
– avoir la maîtrise du retour face sol.

Art. A. 322-168 L'autonomie est attestée par un certificat, délivré par un moniteur, comportant la date, le nom et le prénom du pratiquant. Ce certificat comporte également le nom, le prénom, les qualifications et la signature du moniteur. Un suivi des pratiquants*[,]* renseigné sur un carnet de vol, atteste de leur niveau de pratique et des techniques maîtrisées.

SOUS-§ 2 LES MACHINES

Art. A. 322-169 Les machines utilisées par les exploitants sont adaptées à la nature des activités proposées. Leurs conceptions et réalisations doivent permettre l'intervention des secours extérieurs.

SOUS-§ 3 LES ÉQUIPEMENTS

Art. A. 322-170 Les pratiquants doivent être munis au minimum :

1° D'une combinaison mono pièce interdisant le départ intempestif d'éléments solides dans le flux d'air ;

2° D'un casque à coque dure.

SOUS-§ 4 L'ENCADREMENT

Art. A. 322-171 Pour les séances de vol telles que définies aux 1° et 2° de l'article A. 322-166 et au 2° de l'article A. 322-166, l'encadrement comprend au minimum :

1° Un moniteur titulaire d'un diplôme, titre à finalité professionnelle ou certificat de qualification, requis par l'article L. 212-1, permettant l'enseignement de la chute libre en soufflerie, qui encadre dans la veine d'air ou à l'entrée de la veine d'air.

2° Un opérateur habilité par l'exploitant à la conduite de la machine dès lors que la conception de l'installation ou l'organisation des séances de vol ne permet pas au moniteur d'avoir accès aux dispositifs de conduite et d'arrêt d'urgence.

L'opérateur à la machine doit être capable d'alerter les secours et de prodiguer les premiers soins en attente de l'arrivée des services de secours. Il doit être titulaire au moins de l'unité d'enseignement "prévention et secours civiques de niveau 1 (PSC 1)" ou équivalent.

SECTION VIII **PRÉVENTION DES RISQUES RÉSULTANT DE L'USAGE DES ÉQUIPEMENTS DE PROTECTION INDIVIDUELLE POUR LA PRATIQUE SPORTIVE OU DE LOISIRS**

(Arr. du 16 févr. 2010, art. 1er, en vigueur le 1er juill. 2010)

Art. A. 322-176 En application de l'article R. 322-27 du code du sport, les équipements de protection individuelle soumis aux dispositions du code du sport, par type d'articles définis à l'annexe III-3 (partie décrets) *[reproduite ss. art. R. 322-27]* du code du sport, figurent en annexe III-26 (partie arrêtés) *[reproduite ci-dessous]*.

ANNEXE III-26

Équipements de protection individuelle soumis aux dispositions du code du sport

(Arr. du 16 févr. 2010, art. 1er, en vigueur le 1er juill. 2010)

1. Articles de protection de la tête :

— casques destinés à un usage sportif avec, le cas échéant, leurs mentonnières, à l'exception des casques destinés aux usagers de véhicules à moteur à deux ou trois roues pour utilisation sur la voie publique, et de ceux destinés à l'équitation ;

— couvre-chefs légers pour la protection du cuir chevelu.

2. Articles de protection de tout ou partie de la face :

— protège-dents ;

— écrans faciaux ;

— masques-grilles ;

— visières, à l'exception des visières de casques destinés aux usagers de véhicules à moteur à deux ou trois roues pour utilisation sur la voie publique.

3. Articles de protection de l'œil :

— articles de protection de l'œil contre le rayonnement solaire, y compris ceux servant à observer les éclipses solaires ;

— articles de protection de l'œil utilisés dans les solariums ;

— articles de protection de l'œil contre les chocs et les projections destinés à un usage sportif ou de loisirs ;

— lunettes et masques de natation et de plongée.

4. Articles de protection de l'oreille :

— coques ;

— bandeaux intégrant une protection contre les chocs mécaniques et les agressions physiques.

5. Articles de protection du tronc :

— tours de cou et autres équipements de protection des vertèbres cervicales ;

— plastrons ;

— carapaces dorsales ;

— protège-coccyx ;

— coquilles ;

— sellettes comportant des parties fixes ou amovibles assurant une protection contre les chocs mécaniques et les agressions physiques ;

— vêtements assurant une protection contre les chocs mécaniques et les agressions physiques, comportant éventuellement des parties amovibles ;

— équipements de prévention des abrasions superficielles et des échauffements.

6. Articles de protection des membres supérieurs :

— épaulières ;

— coudières ;

— protège-poignets ;

— protège-avant-bras ;

— protège-paumes ;

— gants et vêtements assurant une protection contre les chocs mécaniques et les agressions physiques, comportant éventuellement des parties amovibles ;

— équipements de prévention des abrasions superficielles et des échauffements.

7. Articles de protection des membres inférieurs :

— protège-genoux ;

— protège-tibias ;

— protège-chevilles ;

— chaussures et vêtements assurant une protection contre les chocs mécaniques et les agressions physiques, comportant éventuellement des parties amovibles ;

— équipements de prévention des abrasions superficielles et des échauffements.

8. Articles de protection contre les glissades :

— crampons à neige ou à glace.

9. Articles de prévention des noyades :

— bouées destinées à la navigation de plaisance.

10. Articles d'aide à la flottabilité :

— maillots de bain avec flotteurs intégrés ;

— brassards destinés à l'apprentissage de la natation ;

— brassières et gilets destinés à l'apprentissage de la natation.

11. Accessoires de signalisation visuelle :
— bracelets rétro-réfléchissants, fluorescents ou lumineux ;
— pendentifs rétro-réfléchissants, fluorescents ou lumineux.

Art. A. 322-177 En application de l'article R. 322-37 du code du sport, le responsable de la location ou de la mise à disposition réitérée d'un équipement de protection individuelle d'occasion établit pour chaque matériel une fiche de gestion dont le contenu est défini en annexe III-27 (partie arrêtés) *[reproduite sur Dalloz.fr et sur les applications mobiles Dalloz]*, **afin d'établir le maintien en conformité de l'équipement concerné.**

Cette fiche est conservée pendant les trois ans suivant la mise au rebut de l'équipement ou sa sortie du stock.

TITRE TROISIÈME MANIFESTATIONS SPORTIVES

CHAPITRE PREMIER ORGANISATION DES MANIFESTATIONS SPORTIVES

SECTION PREMIÈRE RÔLE DES FÉDÉRATIONS

La présente section ne comprend pas de dispositions pour les arrêtés.

SECTION II AUTORISATION ET DÉCLARATION PRÉALABLE

SOUS-SECTION 1 DISPOSITIONS GÉNÉRALES

Art. A. 331-1 Le montant de la valeur des prix prévu au premier alinéa du I de l'article L. 331-5, au-delà duquel l'organisation de la manifestation sportive est, dans les conditions précisées par ledit article, subordonnée à l'agrément de la fédération sportive délégataire, est fixé à 3 000 euros. – *[Arr. du 25 juin 2003, art. 1er.]*

COMMENTAIRE

L'article A. 331-1 du code du sport est issu de l'arrêté du 25 juin 2003 qui a fait passer le montant de la valeur des prix (en argent ou en nature) prévu à l'article L. 331-5 du code du sport de 1 524,49 € (10 000 F en vertu de l'arrêté du 15 mai 1986) à 3 000 €.

Mais ce n'est pas tant le montant qui doit attirer l'attention, d'autant plus qu'il n'avait pas été réévalué depuis plus de quinze ans, mais le fait que ce texte envisage non pas l'autorisation de la fédération délégataire mais son agrément. Or, comme ce point a déjà été souligné (V. commentaire ss. art. L. 331-5 C. sport), à l'agrément fédéral a été substitué un régime d'autorisation par la loi n° 2000-627 du 6 juillet 2000. L'explication nous est livrée par le visa de l'arrêté : l'article dont il est fait état est non l'article 18 de la loi du 16 juillet 1984 [devenu art. L. 331-5 C. sport] tel que modifié par la loi du 6 juillet 2000 mais celui-ci dans sa rédaction issue de la loi du 13 juillet 1992. Est donc visé l'article dans sa rédaction antérieure. Il faut donc en conclure que le rédacteur du décret a considéré que les modifications apportées par la loi de 2000 ne sont pas encore applicables. La raison doit tenir au défaut de parution du décret d'application qui doit fixer les dispositions obligatoires devant comprendre le contrat liant l'organisateur à la fédération délégataire, condition (non exclusive) à l'autorisation de la manifestation. ❑

SOUS-SECTION 2 MANIFESTATIONS SPORTIVES SUR LES VOIES PUBLIQUES OU OUVERTES À LA CIRCULATION PUBLIQUE NE COMPORTANT PAS LA PARTICIPATION DE VÉHICULES À MOTEUR

(Arr. du 3 mai 2012, art. 2, en vigueur le 8 juin 2012).

V. aussi Circ. intermin. n° DS/2012/305 et n° DMAT/2012/000646 du 2 août 2012 concernant l'application du décret n° 2012 du 5 mars 2012 relatif aux manifestations sportives sur les voies publiques ou ouvertes à la circulation publique, ainsi que de ses arrêtés d'application des 14 mars, 28 mars et 3 mai 2012 (BOJS 31 août 2012, n° 7).

Art. A. 331-2 Tout dossier de déclaration de manifestation sportive présenté par l'organisateur comprend :

1° Les nom, adresse et coordonnées de l'organisateur ;

2° La date et les horaires auxquels se déroule la manifestation ;

3° La nature et les modalités d'organisation de la manifestation, notamment son programme et son règlement ;

4° Dans les cas où l'itinéraire est imposé aux participants, un plan des voies empruntées sur lequel figurent les points de rassemblement ou de contrôle préalablement définis (à joindre) ;

5° Le nombre maximal de participants à la manifestation ainsi que, le cas échéant, le nombre de véhicules d'accompagnement ;

6° Le recensement des dispositions assurant la sécurité et la protection des participants et des tiers ;

7° Une attestation de police d'assurance souscrite par l'organisateur de la manifestation, qui doit être présentée à l'autorité administrative au plus tard six jours francs avant le début de la manifestation.

L'organisateur de la manifestation transmet le dossier complet de déclaration au préfet territorialement compétent, au plus tard un mois avant la date prévue pour son organisation. Si la manifestation se déroule sur plusieurs départements, le dossier est adressé à chaque préfet de département traversé.

Art. A. 331-3 Tout dossier de demande d'autorisation de manifestation sportive présenté par l'organisateur comprend :

1° Les nom, adresse et coordonnées de l'organisateur ;

2° La date et les horaires auxquels se déroule la manifestation ;

3° Un plan détaillé des voies et des parcours empruntés ;

4° Le nombre maximal de participants à la manifestation ;

5° La nature et les modalités d'organisation de la manifestation, notamment son règlement particulier, tel qu'il résulte des règles techniques et de sécurité mentionnées à l'article R. 331-7 ;

6° L'avis de la fédération délégataire concernée ou, à défaut d'avis rendu, la preuve de l'envoi par lettre recommandée avec accusé de réception, de la demande d'avis déposée auprès de celle-ci, dans les conditions prévues à l'article R. 331-9-1 ;

7° Le nombre approximatif de spectateurs attendus à la manifestation ;

8° Le recensement des dispositions assurant la sécurité et la protection des participants et des tiers ;

9° Une attestation de police d'assurance souscrite par l'organisateur de la manifestation qui couvre sa responsabilité civile, celle des participants à la manifestation et de toute personne nommément désignée par l'organisateur qui prête son concours à l'organisation de celle-ci. Cette attestation de police d'assurance doit être présentée à l'autorité administrative au plus tard six jours francs avant le début de la manifestation. Le non-respect de ce délai entraîne le refus d'autorisation par l'autorité administrative compétente.

L'organisateur de la manifestation est tenu de transmettre le dossier complet au préfet territorialement compétent pour délivrer l'autorisation, ainsi qu'à chaque préfet de département traversé, au plus tard trois mois avant la date prévue pour son organisation. Si la manifestation se déroule dans le cadre d'un seul département, ce délai est réduit à deux mois.

Art. A. 331-4 Si les manifestations soumises à autorisation portent sur vingt départements et plus, la demande d'autorisation est transmise par l'organisateur, dans le délai minimal de trois mois, à chaque préfet de département traversé et au ministre de l'intérieur.

Art. A. 331-5 *(Arr. du 3 mai 2013)* Le calendrier de la fédération sportive sous l'égide de laquelle l'épreuve a été placée indique les avis rendus en application de l'article R. 331-9-1.

La fédération indique sur ce calendrier et selon ses propres modalités, pour chaque manifestation inscrite, si l'avis délivré par la fédération délégataire est favorable ou s'il n'a pas été rendu.

Le calendrier de la fédération concernée et l'indication sur celui-ci de l'avis s'y rapportant constituent la modalité de publication prévue à l'article R. 331-9-1.

SOUS-SECTION 3 DISPOSITIONS PARTICULIÈRES POUR LES MANIFESTATIONS DE VÉHICULES TERRESTRES À MOTEUR

Art. A. 331-16 *Abrogé par Arr. du 3 mai 2012, art. 3, à compter du 8 juin 2012.*

Art. A. 331-17 Tout dossier de déclaration *(Arr. du 3 mai 2012, art. 3-2°-a, en vigueur le 8 juin 2012)* « de concentration présenté par l'organisateur » comprend :

1° La date et les horaires auxquels se déroule la concentration des véhicules terrestres à moteur ;

2° Les modalités d'organisation de la concentration ;

3° Dans les cas où l'itinéraire est imposé aux participants, un plan des voies empruntées sur lequel figurent les points de rassemblement préalablement définis (à joindre) ;

4° Le nombre maximal de véhicules qui participent à cette concentration ainsi que le nombre de véhicules d'accompagnement ;

5° Le nombre *(Arr. du 3 mai 2012, art. 3-2°-a, en vigueur le 8 juin 2012)* « approximatif » de spectateurs attendus ;

6° Le recensement des dispositions assurant la sécurité et la protection des participants et des tiers ainsi que les mesures prises par l'organisateur pour garantir la tranquillité publique pendant toute la durée de cette concentration ;

7° Une attestation de police d'assurance souscrite par l'organisateur de ladite concentration.

L'organisateur de cette concentration transmet *(Abrogé par Arr. du 3 mai 2012, art. 3-2°-c, à compter du 8 juin 2012) « en trois exemplaires »* le dossier complet au préfet territorialement compétent au plus tard deux mois avant la date prévue pour son organisation. Si la concentration se déroule sur plusieurs départements, le dossier est adressé *(Abrogé par Arr. du 3 mai 2012, art. 3-2°-c, à compter du 8 juin 2012) « en trois exemplaires »* à chaque préfet de département traversé. – *[Arr. du 7 août 2006, art. 2.]*

Art. A. 331-18 Tout dossier de demande d'autorisation *(Arr. du 3 mai 2012, art. 3, en vigueur le 8 juin 2012)* « de concentration ou de manifestation présenté par l'organisateur » comprend :

I. – Pour l'organisation d'une manifestation de véhicules terrestres à moteur :

1° La date et les horaires auxquels se déroule cette manifestation, accompagnés d'un document spécifique en précisant ses modalités et ses caractéristiques ;

2° Un plan détaillé des voies et des parcours empruntés et un plan masse dès lors qu'il s'agit d'une manifestation se déroulant sur un circuit ;

3° Le nombre maximal de véhicules qui participent à cette manifestation ;

4° Le règlement particulier applicable à ladite manifestation tel qu'il résulte des règles techniques et de sécurité mentionnées à l'article R. 331-19 ;

5° Le nombre maximal de spectateurs attendus à cette manifestation ;

6° Le recensement des dispositions assurant la sécurité et la protection des participants et des tiers ainsi que les mesures prises par l'organisateur pour garantir la tranquillité publique pendant toute la durée de la manifestation ;

7° Les nom et qualités de la personne désignée comme "organisateur technique" par l'organisateur de la manifestation qui est chargée de s'assurer que les règles techniques et de sécurité prescrites par l'autorité administrative compétente après avis de la commission départementale de la sécurité routière sont respectées ;

8° Une attestation de police d'assurance souscrite par l'organisateur de la manifestation qui couvre sa responsabilité civile, celle des participants à la manifestation et de toute personne nommément désignée par l'organisateur qui prête son concours à l'organisation de celle-ci. Cette attestation de police d'assurance doit être présentée à l'autorité administrative au plus tard six jours francs avant le début de la manifestation. Le non-respect de ce délai entraîne le refus d'autorisation par l'autorité administrative compétente ;

(Arr. du 28 mars 2012, art. 1er, en vigueur le 8 juin 2012) « 9° Si l'itinéraire prévoit un ou plusieurs parcours de liaison au sens de l'article R. 331-21, la liste des participants comportant leur nom, prénom, date et lieu de naissance, numéro de permis de

conduire, nationalité et adresse de domicile ainsi que le numéro d'inscription de leur véhicule délivré par l'organisateur. Cette liste doit être présentée à l'autorité préfectorale au moins six jours francs avant le début de la manifestation. L'organisateur doit veiller à ce que le numéro d'inscription attribué soit reporté sur le véhicule correspondant, de manière clairement lisible et visible, à l'avant et à l'arrière pour les véhicules de catégorie M, à l'arrière ou sur un dossard porté par le conducteur pour les véhicules de catégorie L, au sens de l'article R. 311-1 du code de la route. A défaut du respect de l'ensemble des dispositions définies par le présent alinéa, la dérogation prévue à l'article R. 411-29 du même code n'est pas applicable. »

(Arr. du 4 mai 2016, art. 1er) « Lorsque la demande d'autorisation porte sur une manifestation se déroulant sur des terrains ou des parcours fermés de manière permanente à la circulation publique et non soumis à la procédure prévue à l'article L. 421-2 du code de l'urbanisme, le dossier de demande d'autorisation comprend un formulaire, complétant l'évaluation des incidences Natura 2000 prévue en application de l'article R. 414-19 du code de l'environnement, décrivant les impacts de la manifestation sur l'environnement ainsi que les mesures proposées dès lors que le budget de la manifestation dépasse 100 000 €. Les mesures préventives et correctives sont à la charge de l'organisateur et sont prescrites par le préfet territorialement compétent. Le formulaire reprend le modèle figurant à l'annexe III-21-2 du code du sport *[reproduite ss. art. A. 331-25]*. »

L'organisateur de cette manifestation est tenu de transmettre *(Abrogé par Arr. du 3 mai 2012, art. 3, à compter du 8 juin 2012)* ***« en trois exemplaires »*** le dossier complet de demande d'autorisation au préfet territorialement compétent au plus tard trois mois avant la date prévue pour son organisation. Si cette manifestation se déroule sur un terrain homologué, ce délai est réduit à deux mois.

II. – Pour l'organisation d'une concentration de véhicules terrestres à moteur dont le nombre est égal ou supérieur à deux cents véhicules automobiles ou quatre cents véhicules à moteur de deux ou quatre roues, y compris les véhicules d'accompagnement :

1° La date et les horaires auxquels se déroule la concentration des véhicules terrestres à moteur ;

2° Les modalités d'organisation de la concentration ;

3° Au cas où l'itinéraire est imposé aux participants, il sera joint un plan des voies empruntées sur lequel figureront les points de rassemblement préalablement définis ;

4° Le nombre maximal de véhicules qui participent à cette concentration ainsi que le nombre de véhicules d'accompagnement ;

5° Le nombre maximal de spectateurs attendus aux points de rassemblement ;

6° Le recensement des dispositions assurant la sécurité et la protection des participants et des tiers ainsi que les mesures prises par l'organisateur pour garantir la tranquillité publique pendant toute la durée de cette concentration ;

7° Une attestation de police d'assurance souscrite par l'organisateur de la concentration.

L'organisateur de cette concentration est tenu de transmettre *(Abrogé par Arr. du 3 mai 2012, art. 3, à compter du 8 juin 2012)* ***« en trois exemplaires »*** le dossier complet de demande d'autorisation au préfet territorialement compétent au plus tard trois mois avant la date prévue pour son organisation. – *[Arr. du 7 août 2006, art. 3.]*

Art. A. 331-19 Si les manifestations ou concentrations soumises à autorisation portent sur vingt départements et plus, la demande d'autorisation est transmise par l'organisateur, dans le délai minimal de trois mois, *(Abrogé par Arr. du 3 mai 2012, art. 3, à compter du 8 juin 2012)* ***« en trois exemplaires »*** à chaque préfet de département traversé et *(Abrogé par Arr. du 3 mai 2012, art. 3, à compter du 8 juin 2012)* ***« en un seul exemplaire »*** au ministre de l'intérieur. – *[Arr. du 7 août 2006, art. 4.]*

Art. A. 331-20 L'organisateur d'un ensemble de manifestations de même nature qui se déroulent en un même circuit, terrain ou parcours peut présenter ses demandes à l'autorité administrative compétente regroupées en un même dossier de demande préalable d'autorisation tel que défini au I de l'article A. 331-18 ; *[.]*– *[Arr. du 28 févr. 2008, art. 5.]*

Art. A. 331-21 La personne physique ou morale qui demande l'homologation d'un circuit ou son renouvellement doit constituer un dossier, qui comprend :

1° Un plan masse du circuit ou un plan des voies utilisées conforme aux règles techniques mentionnées à l'article R. 331-19 ainsi qu'un dossier présentant notamment les dispositions prévues pour assurer la sécurité des personnes et la tranquillité publique ;

2° Le ou les types de véhicules autorisés à utiliser ledit circuit ;

3° Les nom, prénom et adresse du gestionnaire du circuit.

Le demandeur est tenu de transmettre en trois exemplaires le dossier complet de demande d'homologation à l'autorité administrative au plus tard trois mois avant la date prévue pour sa première utilisation ou, en cas de renouvellement, avant la date de péremption de cette dernière. – *[Arr. du 7 août 2006, art. 6.]*

SOUS-SECTION 4 DISPOSITION CONCERNANT LES MANIFESTATIONS SPORTIVES VISÉES À L'ARTICLE R. 331-19 *(Arr. du 4 août 2008)*.

Art. A. 331-22 Les disciplines mentionnées au deuxième alinéa de l'article *(Arr. du 18 juill. 2008)* « R. 331-19 » du code du sport sont regroupées dans quatre catégories correspondant aux annexes III-22 à III-25 :

– les manifestations de véhicules terrestres à moteur dans lesquelles la vitesse est l'un des éléments essentiels du classement, et qui ne sont pas incluses dans les disciplines faisant l'objet de la délégation attribuée par le ministère chargé des sports à la Fédération française du sport automobile ou à la Fédération française de motocyclisme ;

– les épreuves de véhicules automobiles dans lesquelles le contact entre véhicules est autorisé ;

– les épreuves d'acrobatie avec motocycles ;

– les autres manifestations.

V. Annexes III-22 à III-25 ss. art. A. 331-23.

Art. A. 331-23 Les disciplines concernées, les caractéristiques minimales de la piste ou du terrain d'évolution, les conditions minimales de sécurité pour le public et les participants, ainsi que les dispositions à prendre en matière d'encadrement médical et de secours incendie sont définies dans les annexes III-22 à III-25 relatives à chacune de ces catégories.

ANNEXE III-22

LES MANIFESTATIONS DE VÉHICULES TERRESTRES À MOTEUR DANS LESQUELLES LA VITESSE EST L'UN DES ÉLÉMENTS ESSENTIELS DU CLASSEMENT, ET QUI NE SONT PAS INCLUSES DANS LES DISCIPLINES FAISANT L'OBJET DE LA DÉLÉGATION ATTRIBUÉE PAR LE MINISTÈRE CHARGÉ DES SPORTS À LA FÉDÉRATION FRANÇAISE DU SPORT AUTOMOBILE OU À LA FÉDÉRATION FRANÇAISE DE MOTOCYCLISME

(Arr. du 28 févr. 2008)

Définition

Sont notamment concernées les courses de tracteurs, de moissonneuses-batteuses ou d'autres engins terrestres motorisés, quel que soit le nombre de roues ou le mode de propulsion.

Règles relatives au circuit ou parcours

La nature du revêtement et la longueur du circuit sont libres. La largeur doit au minimum être en tout point égal à 3 fois au moins la largeur maximale des engins utilisés de façon à permettre un dépassement d'autres concurrents, lorsque celui-ci est possible. Lorsqu'il s'agit d'un parcours sur lequel les véhicules évoluent individuellement, la largeur peut être ramenée à 2 fois au moins la largeur maximale du véhicule. La piste doit être dépourvue de tout obstacle ou élément susceptibles de présenter un risque particulier pour les participants.

Dès lors que ces courses se déroulent sur des circuits non permanents et que la vitesse qui peut y être atteinte est toujours inférieure à 200 km/h, l'autorisation préfectorale de la manifestation vaut homologation du circuit pour la seule durée de la manifestation, conformément à ce que prévoit l'article R. 331-37 du code du sport.

Règles relatives aux engins utilisés

Il convient de s'assurer que :

— les accessoires susceptibles de présenter un danger particulier pour le pilote ou son passager à l'intérieur du poste de pilotage sont protégés ou démontés ;

— un système de harnachement du pilote sur son siège est prévu sauf pour les motos et les quads ;
— en matière de bruit, la limite maximale de 100 dB (A) n'est pas franchie.

Règles relatives aux concurrents ou participants

Aptitude médicale :
— les participants doivent présenter un certificat médical de non-contre-indication à la pratique des sports mécaniques de moins d'un an ;
Aptitude à la conduite :
— les participants doivent présenter le permis de conduire nécessaire à la conduite de l'engin utilisé puisqu'ils ne peuvent bénéficier de la dérogation prévue à l'article R. 221-16 du code de la route ;
Équipements personnels de sécurité :
— au minimum, les participants doivent être équipés d'un casque homologué.

Règles relatives à l'encadrement

Aucune formation spécifique n'étant mise en place pour ce type de manifestations *[manifestation]*, aucune qualification particulière ne peut être exigée. Le directeur de course doit être titulaire du permis de conduire.
Doivent au minimum être présents lors de la manifestation un directeur de course et des commissaires de pistes *[piste]* en nombre suffisant compte tenu de la longueur du circuit.
Médical :
— l'encadrement médical doit être adapté aux risques encourus par les participants en fonction de la vitesse atteinte par les engins. Au minimum, une équipe de secouristes doit être présente sur la piste. L'accessibilité des services de secours (ambulances, pompiers et médecins) au lieu de la manifestation doit être assurée de façon permanente durant toute la durée de la manifestation.

Dispositions relatives à la protection du public

La protection du public doit être adaptée à la vitesse atteinte par les engins utilisés, ainsi qu'au poids et à la taille de ceux-ci. Il convient de se rapporter aux règles techniques et de sécurité définies par la Fédération française du sport automobile ou la Fédération française de motocyclisme pour des disciplines voisines, notamment, en fonction de la vitesse et de l'inertie des engins, les mesures de protection du public prévues pour :
— les disciplines courses de côte ou karting, lorsque les engins évoluent sur bitume ;
— les disciplines circuits tout-terrain ou trial 4 × 4, lorsque les engins évoluent sur circuit tout-terrain.
doivent en particulier être prévus, en nombre suffisant et à des emplacements adaptés, des extincteurs appropriés aux risques.

Dispositions diverses

Ces manifestations sont soumises à toutes les dispositions, notamment d'assurance et de dépôt des dossiers, prévues par les articles R. 331-18 à R. 331-44 du code du sport.

ANNEXE III-23

LES ÉPREUVES DE VÉHICULES AUTOMOBILES DANS LESQUELLES LE CONTACT ENTRE VÉHICULES EST AUTORISÉ

(Arr. du 28 févr. 2008)

Définition

Manifestations se déroulant sur circuit avec des véhicules généralement usagés, dans lesquelles le contact entre les véhicules est autorisé.

Règles relatives au circuit ou parcours

Le circuit est généralement en terre et sa longueur reste inférieure à 500 mètres, la largeur doit au minimum être en tous points égale à 3 fois au moins la largeur maximale des véhicules utilisés de façon à permettre un dépassement d'autres concurrents (8 mètres minimum conseillés). Les lignes droites sont très courtes (25 mètres) de façon à éviter que les véhicules ne prennent trop de vitesse. La piste doit être dépourvue de tout obstacle ou élément susceptibles de présenter un risque particulier pour les participants.

En règle générale ces manifestations se déroulent sur des circuits non permanents et la vitesse qui peut y être atteinte est toujours inférieure à 200 km/h. Elles relèvent donc en ce qui concerne l'homologation du circuit des dispositions du dernier paragraphe de l'article R. 331-37 du code du sport, c'est-à-dire que l'autorisation préfectorale de la manifestation vaut homologation du circuit pour la seule durée de la manifestation.

Règles relatives aux engins utilisés

Il convient de s'assurer que :

— les accessoires susceptibles de présenter un danger particulier pour le pilote ou son passager à l'intérieur du poste de pilotage sont protégés ou démontés ;

— qu'un système de harnachement du pilote sur son siège est prévu ;

— en matière de bruit, que la limite maximale de 100 dB(A) n'est pas franchie.

Règles relatives aux concurrents ou participants

Aptitude médicale :

— les participants doivent présenter un certificat médical de non-contre-indication à la pratique des sports mécaniques de moins d'un an ;

Aptitude à la conduite :

— les participants doivent présenter le permis de conduire nécessaire à la conduite de l'engin utilisé puisqu'ils ne peuvent bénéficier de la dérogation prévue à l'article R. 221-16 du code de la route ;

Équipements personnels de sécurité :

— au minimum, les participants doivent être équipés d'un casque homologué.

Règles relatives à l'encadrement

Aucune formation spécifique n'étant mise en place pour ce type de manifestations, aucune qualification particulière ne peut être exigée. Le directeur de course doit être titulaire du permis de conduire.

Doivent au minimum être présents lors de la manifestation un directeur de course et des commissaires de pistes *[piste]* en nombre suffisant compte tenu de la longueur du circuit.

Médical :

— l'encadrement médical doit être adapté aux risques encourus par les participants en fonction de la vitesse atteinte par les engins, au minimum, une équipe de secouristes doit être présente sur la piste. L'accessibilité des services de secours (ambulances, pompiers et médecins) au lieu de la manifestation doit être assurée de façon permanente durant toute la durée de la manifestation.

Dispositions relatives à la protection du public

La protection du public doit être adaptée à la vitesse atteinte par les véhicules utilisés. Il convient donc de se rapporter aux règles de sécurité définies par la Fédération française du sport automobile pour des disciplines voisines, notamment, en fonction de la vitesse et de l'inertie des engins, les mesures de protection du public prévues pour :

— les disciplines courses de côte ou karting, lorsque les engins évoluent sur bitume ;

— les disciplines circuits tout-terrain ou trial 4 × 4, lorsque les engins évoluent sur circuit tout-terrain.

Doivent en particulier être prévus, en nombre suffisant et à des emplacements adaptés, des extincteurs appropriés aux risques.

Dispositions diverses

Ces manifestations sont soumises à toutes les dispositions, notamment d'assurance et de dépôt des dossiers, prévues par les articles R. 331-18 à R. 331-44 du code du sport.

ANNEXE III-24

Les épreuves d'acrobatie avec motocycles

(Arr. du 28 févr. 2008)

Définition

Manifestations présentant des acrobaties sur des motocycles.

Règles relatives au circuit ou parcours

La longueur et la nature du sol de la piste sont libres. La largeur minimale de celle-ci est de 4 mètres.

Règles relatives aux engins utilisés

Motos solo et quads :

— les accessoires susceptibles de présenter un danger particulier pour le pilote doivent être protégés ou démontés ;

— en matière de bruit, la limite maximale de 100 dB (A) ne doit pas être franchie.

Règles relatives aux concurrents ou participants

Aptitude médicale :

— les participants doivent présenter un certificat médical de non-contre-indication à la pratique des sports mécaniques ;

Aptitude à la conduite :

— les participants doivent présenter le permis de conduire nécessaire à la conduite de l'engin utilisé puisqu'ils ne peuvent bénéficier de la dérogation prévue à l'article R. 221-16 du code de la route ;

Équipements personnels de sécurité :

— les participants doivent être équipés de casque homologué, de gants, de chaussures montantes couvrant la malléole, d'un blouson revêtu d'une matière résistante et ignifugée doté de renforts et de protection *[protections]*, de coudières, de genouillères, de pantalons au minimum en toile forte et couvrant l'intégralité de la jambe (cuir ou équivalents recommandés). Les protections dorsales sont conseillées.

Règles relatives à l'encadrement

Aucune formation spécifique n'étant mise en place pour ce type de manifestations, aucune qualification particulière ne peut être exigée.

Doivent au minimum être présents lors de la manifestation, un directeur de course et des commissaires de pistes en nombre suffisant.

Médical :

— une équipe de secouristes doit être présente sur la piste. L'accessibilité des services de secours (ambulances, pompiers et médecins) au lieu de la manifestation doit être assurée de façon permanente durant toute la durée de la manifestation.

Dispositions relatives à la protection du public

La protection du public sera assurée par :

— un rang de barrières à 10 mètres de la piste d'évolution, ou

— un double barriérage dont le premier rang se situera en bordure et sera renforcé par une barrière perpendiculaire toutes les quatre barrières ; dans ce cas, le public sera positionné derrière le deuxième rang de barrières situé à 2,5 mètres du premier, ou

— l'utilisation de séparateurs d'autoroute en plastique en premier rang de protection contenant chacun 100 litres d'eau. Un barriérage situé à 2 mètres des séparateurs devra être mis en place et le public se tiendra derrière.

Dans tous les cas, les barrières doivent être solidaires les unes des autres.

Doivent être également prévus, en nombre suffisant et à des emplacements adaptés, des extincteurs appropriés aux risques.

Dispositions diverses

Ces manifestations sont soumises à toutes les dispositions, notamment d'assurance et de dépôt des dossiers, prévues par les articles R. 331-18 à R. 331-44 du code du sport.

ANNEXE III-25

LES AUTRES MANIFESTATIONS AVEC ENGINS TERRESTRES À MOTEUR

(Arr. du 28 févr. 2008)

Définition

Manifestations avec engins terrestres à moteur non réglementées dans les autres annexes, telles que le tracteur pulling.

Règles relatives au circuit ou parcours

L'espace d'évolution doit être fermé à la circulation publique et être dépourvu de tout obstacle ou élément susceptibles de présenter un risque particulier pour les participants.

En règle générale ces manifestations se déroulent sur des circuits non permanents et la vitesse qui peut y être atteinte est toujours inférieure à 200 km/h Elles relèvent donc en ce qui concerne l'homologation du circuit des dispositions du dernier paragraphe de l'article R. 331-37 du code du sport, c'est-à-dire que l'autorisation préfectorale de la manifestation vaut homologation du circuit pour la seule durée de la manifestation.

Nota. — Pour le tracteur pulling, voir les plans joints en annexe.

Règles relatives aux engins utilisés

Il convient de s'assurer que :

— les accessoires susceptibles de présenter un danger particulier pour le pilote ou son passager à l'intérieur du poste de pilotage sont protégés ou démontés ;

— un système de harnachement du pilote sur son siège est prévu sauf pour les motos et les quads ;

— en matière de bruit, la limite maximale de 100 dB (A) n'est pas franchie.

Règles relatives aux concurrents ou participants

Aptitude médicale :

— les participants doivent présenter un certificat médical de non-contre-indication à la pratique des sports mécaniques de moins d'un an ;

Aptitude à la conduite :

— les participants doivent présenter le permis de conduire nécessaire à la conduite de l'engin utilisé puisqu'ils ne peuvent bénéficier de la dérogation prévue à l'article R. 221-16 du code de la route ;

— équipements personnels de sécurité : au minimum, les participants doivent être équipés d'un casque homologué.

Règles relatives à la qualification de l'encadrement

Aucune formation spécifique n'étant mise en place pour ce type de manifestations, aucune qualification particulière ne peut être exigée. Le directeur de course doit être titulaire du permis de conduire.

Doivent au minimum être présents lors de la manifestation un directeur de course et des commissaires de pistes *[piste]* en nombre suffisant compte tenu de la longueur du circuit.

Médical :

— l'encadrement médical doit être adapté aux risques encourus par les participants en fonction de la vitesse atteinte par les engins, au minimum, une équipe de secouristes doit être présente sur la piste. L'accessibilité des services de secours (ambulances, pompiers et médecins) au lieu de la manifestation doit être assurée de façon permanente durant toute la durée de la manifestation.

Dispositions relatives à la protection du public

La protection du public doit être adaptée à la vitesse atteinte par les engins utilisés, ainsi qu'au poids et à la taille de ceux-ci. Il convient donc de se rapporter aux règles de sécurité définies par la Fédération française du sport automobile ou la Fédération française de motocyclisme pour des disciplines voisines, notamment, en fonction de la vitesse et de l'inertie des engins, les mesures de protection du public prévues pour :

— les disciplines courses de côte ou karting, lorsque les engins évoluent sur bitume ;

— les disciplines circuits tout-terrain ou trial 4 × 4, lorsque les engins évoluent sur circuit tout-terrain.

Doivent en particulier être prévus, en nombre suffisant et à des emplacements adaptés, des extincteurs appropriés aux risques.

Dispositions diverses

Ces manifestations sont soumises à toutes les dispositions, notamment d'assurance et de dépôt des dossiers, prévues par les articles R. 331-18 à R. 331-44 du code du sport.

Plan piste tracteur pulling *(Plan de coupe, consulter le plan au JO 29 avr. 2008)*.

SECTION III OBLIGATIONS D'ASSURANCE DES ORGANISATEURS DE MANIFESTATIONS SPORTIVES

SOUS-SECTION 1 MANIFESTATIONS SPORTIVES SUR LES VOIES PUBLIQUES OU OUVERTES À LA CIRCULATION PUBLIQUE NE COMPORTANT PAS LA PARTICIPATION DE VÉHICULES À MOTEUR *(Arr. du 3 mai 2012, art. 4, en vigueur le 8 juin 2012).*

Art. A. 331-24 (Abrogé par Arr. du 30 janv. 2015, art. 1er-XIII) (Arr. du 4 août 2008) ***Les conditions générales des polices d'assurances souscrites par les organisateurs d'épreuves ou compétitions sportives, en application des dispositions des articles R. 331-6 à*** (Arr. du 3 mai 2012, art. 4, en vigueur le 8 juin 2012) ***« R. 331-17-2 », devront être conformes au modèle de l'annexe III-21-1 du présent code.***

Art. A. 331-25 *(Arr. du 4 août 2008)* **Le montant minimum des garanties** *(Arr. du 3 mai 2012, art. 4, en vigueur le 8 juin 2012)* **« d'assurance prévues à l'article R. 331-14 » est fixé :**

– pour la réparation des dommages corporels à 6 100 000 euros par sinistre ;

– pour la réparation des dommages matériels à 15 000 euros par sinistre.

ANNEXE III-21-1

(Art. A. 331-24 et A. 331-25 du code du sport)

POLICE D'ASSURANCE DE LA RESPONSABILITÉ CIVILE POUR LES MANIFESTATIONS SPORTIVES SUR LA VOIE PUBLIQUE

(Arr. du 4 août 2008)

Conditions générales

Le présent contrat est régi par le code des assurances et par les conditions générales et particulières ci-après.

Objet et étendue de l'assurance

1 Le présent contrat a pour objet de garantir, conformément aux prescriptions des articles R. 331-6 à R. 331-17 du code du sport, en cas d'accident, d'incendie ou d'explosion survenus au cours de toute manifestation sportive désignée aux conditions particulières ou des essais prévus au programme officiel de cette manifestation :

1° Les conséquences pécuniaires de la responsabilité civile pouvant incomber à l'organisateur ou aux concurrents du fait des dommages corporels ou matériels causés aux spectateurs, aux tiers, aux concurrents, mais seulement pour ces derniers lorsqu'il s'agit d'épreuves ne comportant pas, sur la totalité de leurs parcours, un usage privatif de la voie publique ;

2° Les conséquences pécuniaires de la responsabilité civile pouvant incomber à l'organisateur ou aux concurrents envers les agents de l'État ou de toute autre collectivité publique participant au service d'ordre, à l'organisation ou au contrôle de la manifestation sportive, ou envers leurs ayants droit du fait des dommages corporels ou matériels causés auxdits agents ;

3° Les conséquences pécuniaires de la responsabilité civile pouvant incomber à l'État, aux départements et aux communes pour tous les dommages causés aux tiers ou à l'organisateur par les fonctionnaire *[,]* agents ou militaires mis à disposition de ce dernier ou leur matériel.

2 *Exclusions.* Le présent contrat ne garantit pas :

1° Les accidents occasionnés par les grèves, émeutes ou mouvements populaires, ou par une guerre civile ou étrangère, ou par la désintégration du noyau atomique ;

2° La responsabilité d'un assuré du fait d'un accident résultant de sa faute intentionnelle ou dolosive ;

3° La responsabilité de l'organisateur ou d'un concurrent à l'égard des personnes visées au paragraphe *a* de l'article 18 relatif à la définition de l'organisateur ;

4° La responsabilité de l'organisateur ou d'un concurrent du fait d'un accident à l'égard des préposés, salariés ou auxiliaires lorsque ceux-ci bénéficient, à l'occasion de cet accident, de la législation sur les accidents du travail ;

5° Les sanctions pénales pécuniaires.

3 *Limite de garantie.* La garantie du présent contrat est accordée, en ce qui concerne les dommages corporels, sans limitation de somme et, en ce qui concerne les dommages matériels, à concurrence pour chaque sinistre au cours d'une manifestation sportive de la somme indiquée aux conditions particulières. Une franchise d'avarie pour les dommages matériels peut être prévue aux conditions particulières.

Les frais de procès, de quittance et autres frais de règlement ne viendront pas en réduction de la somme garantie. Toutefois, en cas de condamnation supérieure à cette somme, ils seront supportés par l'assureur et par l'assuré dans la proportion de leur part respective dans la condamnation.

Formation et durée du contrat

4 Le présent contrat est souscrit pour la durée prévue aux conditions particulières.

Il est parfait dès sa signature par les parties. L'assureur pourra en poursuivre dès ce moment l'exécution, mais il ne prend effet qu'à la date indiquée aux conditions particulières.

Les renvois et surcharges aux conditions particulières ne seront valables que s'ils ont été validés par les signatures des parties.

Lorsqu'il est stipulé aux conditions particulières que le contrat garantit tout ou partie des manifestations sportives organisées au cours d'une période donnée par le souscripteur ou par les organismes visés aux articles R. 331-7 et R. 331-17 du code du sport, il produit ses effets, pour chaque manifestation, selon les modalités prévues aux conditions particulières ; l'assureur doit délivrer au souscripteur ou à l'organisme intéressé qui le lui demande une déclaration attestant l'existence de cette garantie.

5 *Résiliation.* Le contrat peut être résilié avant sa date d'expiration normale :

a) En cas d'aggravation du risque ;

b) En cas d'omission ou d'inexactitude dans la déclaration du risque ;

c) En cas de retrait total d'agrément ;

Et, en outre, si les conditions particulières contiennent la stipulation visée au dernier alinéa de l'article 4 :

d) En cas de non-paiement des primes dues ;

e) Après sinistre.

Toute résiliation du contrat par l'assureur doit, pour être valable, être notifiée par lettre recommandée simultanément au souscripteur et à l'autorité administrative habilitée à autoriser toute manifestation sportive prévue aux conditions particulières ou, dans le cas visé au deuxième alinéa de l'article 4, toute manifestation sportive non terminée ou annulée ayant donné lieu à délivrance de l'attestation prévue au même alinéa.

6 *Déclaration du risque.* Le présent contrat est établi d'après les déclarations du souscripteur, qui doit, conformément aux dispositions prévues par le code des assurances, déclarer tous les éléments d'appréciation du risque connus de lui.

Dans le cas de contrat à applications multiples visé au dernier alinéa de l'article 4, le souscripteur doit, en outre, fournir à l'assureur les renseignements que celui-ci lui demanderait.

Quand les circonstances dont la déclaration est prévue à l'alinéa qui précède ou aux conditions particulières sont modifiées par le fait de l'assuré ou des fédérations sportives, le souscripteur doit en faire la déclaration immédiate à l'assureur.

Lorsque la modification constitue une aggravation telle que, si le nouvel état avait existé lors de la souscription, l'assureur n'aurait pas contracté ou ne l'aurait fait que moyennant une prime plus élevée, la déclaration doit être faite, sous peine des conditions prévues par le code des assurances soit de résilier le contrat par lettre recommandée, soit de proposer un nouveau taux de prime ; si le souscripteur n'accepte pas ce nouveau taux, l'assureur peut résilier le contrat.

7 *Prime.* La prime est, selon ce qui est indiqué aux conditions particulières, fixée à forfait ou ajustable.

Les frais accessoires dont le montant est fixé aux conditions particulières ainsi que tous impôts et taxes existants ou pouvant être établis soit sur la prime, soit sur les sommes assurées et dont la récupération n'est pas interdite sont à la charge du souscripteur.

Dans le cas de contrat à applications multiples visé au dernier alinéa de l'article 4, à défaut de payement d'une prime exigible, l'assureur peut, moyennant préavis de vingt jours, adressé par lettre recommandée simultanément au souscripteur et à l'autorité administrative visée à l'article 5 (dernier alinéa), suspendre la garantie, sans préjudice du droit pour lui de résilier le contrat dix jours après la prise d'effet de la suspension ou d'en poursuivre l'exécution en justice.

8 *Prime ajustable.* Si la prime est stipulée ajustable en fonction d'éléments variables, elle est déterminée en appliquant à ses éléments le tarif précisé aux conditions particulières ; elle est exigible dans les huit jours suivant celui où le souscripteur aura été informé de son montant.

Le souscripteur doit déclarer à l'assureur dans les huit jours suivant le dernier jour de la manifestation les éléments variables dont la déclaration est prévue aux conditions particulières.

En cas d'erreur ou d'omission dans cette déclaration, les sanctions prévues par le code des assurances pourront être appliquées, le souscripteur devant, notamment, couvrir l'insuffisance de prime constatée et payer une indemnité égale à la moitié de cette insuffisance.

9 Si une manifestation sportive n'a pu avoir lieu, le souscripteur pourra obtenir soit l'annulation des effets du contrat en ce qui concerne cette manifestation (la prime forfaitaire ou provisoire étant alors remboursée sous déduction du minimum de frais prévu aux conditions particulières), soit le report de ces effets à une date ultérieure.

10 L'assureur peut faire procéder, par des délégués de son choix, à la vérification des déclarations du souscripteur et à l'inspection des objets constituant directement ou indirectement les risques couverts par le présent contrat ; le souscripteur doit faciliter à l'assureur l'exercice de son droit de contrôle.

Sinistres

11 *Déclaration de sinistre.*

Le souscripteur doit, sous peine de déchéance, et sauf cas fortuit ou de force majeure, déclarer les sinistres à l'assureur dans un délai maximum de cinq jours à compter de la date où il en a eu connaissance.

Il doit, en outre, lui faire connaître les circonstances, les causes connues ou présumées du sinistre, la nature et l'importance des dommages ainsi que les noms et domiciles des personnes lésées et, si possible, des témoins.

En cas de fausse déclaration faite sciemment sur la date, les circonstances et les conséquences apparentes du sinistre, le souscripteur est déchu de son droit à la garantie pour ce sinistre.

12 *Assignation, transaction.* L'assuré dont la responsabilité est engagée par un sinistre doit transmettre à l'assureur tous avis, lettres, convocations, assignations, actes extra-judiciaires et pièces de procédure qui lui seraient signifiés à quelque requête que ce soit pour que l'assureur puisse répondre en temps utile, sous peine pour l'assuré, en cas de retard, de devoir à l'assureur une indemnité proportionnée au préjudice qui pourrait en résulter pour celui-ci.

L'assureur a, dans la limite de sa garantie, le droit de transiger avec les tiers lésés et reçoit, à cet effet, de l'assuré tous les pouvoirs nécessaires pour représenter ce dernier auprès de ces tiers.

Aucune reconnaissance de responsabilité, aucune transaction intervenant en dehors de l'assureur ne lui seront opposables. Toutefois, n'est pas considéré comme une reconnaissance de responsabilité l'aveu d'un fait matériel, ni le seul fait d'avoir procuré à une victime un secours urgent lorsqu'il s'agit d'un acte d'assistance que toute personne a le devoir moral d'accomplir.

13 *Procédure.* En cas d'action portée devant les juridictions civiles, commerciales ou administratives et dirigée contre l'assuré, l'assureur, dans les limites de sa garantie, assure la défense de l'assuré et dirige le procès.

En cas d'action portée devant les juridictions pénales, si la ou les victimes n'ont pas été désintéressées, l'assureur se réserve, dans les limites de sa garantie, la faculté de diriger la défense ou de s'y associer.

En ce qui concerne les voies de recours :

a) Devant les juridictions civiles, commerciales ou administratives, l'assureur en a le libre exercice ;

b) Devant les juridictions pénales, l'assureur pourra toujours, au nom de l'assuré civilement responsable, exercer dans les limites de sa garantie toutes les voies de recours. Si l'assuré a été cité comme prévenu, l'assureur ne pourra toutefois exercer lesdites voies de recours qu'avec son accord, exception faite du pourvoi en cassation lorsqu'il est limité aux intérêts civils.

Lorsqu'il s'agit d'une responsabilité visée au paragraphe 3° de l'article 1er, l'assureur doit, si l'autorité administrative intéressée le demande, décliner la compétence des juridictions de droit commun et accepter l'intervention des autorités administratives compétentes dans la direction du procès chaque fois que cette intervention est nécessaire aux termes de la législation en vigueur.

Détermination et payement du montant de l'indemnité

14 *Payement de l'indemnité.* Toute indemnité exigible est payable dans les quinze jours qui suivent l'accord des parties ou la décision passée en force de chose jugée.

Si l'indemnité allouée à une victime ou à ses ayants droit consiste en une rente et si une acquisition de titres est ordonnée pour sûreté de son payement, l'assureur procède à la constitution de cette garantie. Si aucune garantie spéciale n'est ordonnée par une décision judiciaire, la valeur de la rente en capital est calculée d'après les règles applicables pour le calcul de la réserve mathématique de cette rente.

15 *Déchéance et clauses de non-opposables.* Ne sont pas opposables aux victimes, ni à leurs ayants droit :

a) Les déchéances ;

b) La réduction de l'indemnité consécutive à la non-déclaration de l'une des aggravations de risques prévues à l'article 6.

Dans les cas visés à l'alinéa précédent, l'assureur aura droit au remboursement, par le souscripteur ou l'assuré dont le manquement a provoqué la déchéance ou la réduction, des sommes qu'il aura dû payer ou mettre en réserve.

Toute clause ajoutée ayant pour effet de restreindre la garantie des présentes conditions générales sera de nul effet.

Dispositions diverses

16 *Subrogation.* L'assureur est subrogé jusqu'à concurrence de l'indemnité payée par lui dans les droits et actions qui peuvent appartenir à l'assuré contre les tiers responsables du dommage.

Si la subrogation ne peut plus, du fait de l'assuré, s'opérer en faveur de l'assureur, celui-ci aura un droit de recours contre l'assuré dans la mesure même où aurait pu s'exercer la subrogation.

Sauf dans le cas prévu par l'alinéa ci-dessus, l'assureur renonce, en cas de sinistre, à tous recours qu'il serait en droit d'exercer contre l'État et les autorités municipales ou départementales, ainsi que contre toute personne ou service relevant desdites autorités à titre quelconque.

Sous la même exception, il renonce à tout recours, du fait d'un événement garanti par le présent contrat, contre une personne dont la responsabilité est assurée par ce dernier.

17 Toute action dérivant du présent contrat est prescrite par deux ans à compter de l'événement qui y donne naissance, dans les conditions prévues par le code des assurances.

18 *Définitions.* Pour l'application du présent contrat, on entend par :

Organisateur.

a) Les personnes morales visées aux articles R. 331-7 et R. 331-17 du code du sport ;

b) Les dirigeants statutaires des organismes visés au *a* lorsque ces dirigeants sont chargés d'une mission quelconque pendant le déroulement de la manifestation sportive ou des essais préalables ;

c) Pendant leur service, les préposés ou salariés des personnes visées aux paragraphes *a* et *b* ci-dessus et tous les auxiliaires, à un titre quelconque, de ces personnes.

Concurrents. Les coureurs ou participants valablement engagés pour prendre part aux compétitions des manifestations sportives, ainsi que les personnes leur apportant normalement leur concours à l'occasion de ces manifestations.

Assuré. L'organisateur, les concurrents, l'État, les départements et communes dans la mesure où ces derniers participent au service d'ordre, à l'organisation ou au contrôle de la manifestation sportive.

Fonctionnaires, agents et militaires. Tous ces fonctionnaires de l'État, des départements, des communes, chargés par les administrations dont ils dépendent d'exercer une fonction au cours et à l'occasion de la manifestation sportive, et tous agents ou militaires composant le service d'ordre.

Matériel. Le matériel utilisé par les fonctionnaires, agents et militaires du service d'ordre — y compris notamment les véhicules de toute nature et les engins aériens de surveillance — mis à la disposition de l'organisateur.

ANNEXE III-21-2

FORMULAIRE D'ÉVALUATION DES IMPACTS SUR L'ENVIRONNEMENT POUR LES ÉPREUVES ET COMPÉTITIONS DE SPORTS MOTORISÉS SUR LES VOIES NON OUVERTES À LA CIRCULATION PUBLIQUE EN COMPLÉMENT DE LA DEMANDE D'AUTORISATION ET COMPLÉTANT L'ÉVALUATION DES INCIDENCES NATURA 2000 (EN APPLICATION DE L'ARTICLE R. 331-24-1 DU CODE DU SPORT)

(Arr. du 4 mai 2016)

Nom de l'épreuve ou de la compétition de sports motorisés :

Demande au titre de la demande d'autorisation de concentration ou de manifestation d'une épreuve ou d'une compétition de sports motorisés en date du ....

Ce document complète l'évaluation des incidences Natura 2000 dès lors que le budget de la manifestation sportive dépasse 100 000 €. Il doit donc être impérativement annexé à l'évaluation des incidences Natura 2000 en complément de la demande d'autorisation.

1. Analyse des impacts potentiels de la manifestation sur l'environnement

Analyse des incidences sur l'environnement notamment celles relatives à la qualité de vie des riverains, de l'air, de l'eau, du sol si elles n'ont pas été fournies préalablement dans le cadre de la demande d'autorisation ou de l'évaluation des incidences Natura 2000. Elles servent ainsi d'éléments complémentaires dans le cadre de l'instruction de la demande d'autorisation.

Nota. — Informations disponibles sur les sites :

http ://inpn.mnhn.fr/site/natura2000/listeSites

http ://www.geoportail.gouv.fr/actualite/219/carte-des-espaces-proteges-de-la-france-metropolitaine ou en mairie/établissement intercommunal en charge de l'urbanisme (pour mémoire : informations également disponibles en DREAL, DDT[M]

ou auprès d'associations locales de protection de l'environnement).

Les différents éléments composant la manifestation (parcours, cheminement, lieux de stationnement, localisation des spectateurs...) se situent-ils dans ou à proximité de ?

	OUI	NON	COMMENTAIRES
Zone naturelle d'intérêt écologique faunistique et floristique de type 1 (ZNIEFF 1) ou 2 (ZNIEFF 2)			
Sites gérés par un conservatoire d'espaces naturels ou le Conservatoire du littoral			
Réserve nationale de chasse et de faune sauvage			
Arrêtés de protection de biotope			
Zone importante pour la conservation des oiseaux (ZICO)			
Réserve biologique			
Zone humide d'importance internationale (Ramsar) ou zone humide prioritaire identifiée dans un SAGE			
Parc naturel national ou régional ou réserve naturelle nationale ou régionale			
Monument historique (site classé ou inscrit) ou site classé au patrimoine mondial de l'UNESCO			
Zone de montagne			
Territoire d'une commune du littoral ou bande littorale des 100 m			
Territoire couvert par un plan de prévention du bruit arrêté ou en cours d'élaboration			

Impacts potentiels et mesures prévues :.

LA MANIFESTATION SPORTIVE...	INCIDENCES		DE QUELLE NATURE ? appréciez l'impact potentiel DESCRIPTION DES MESURES préventives et/ou correctives prévues	
	oui	non		
Est-elle susceptible d'entraîner des perturbations, des dégradations, des destructions de la biodiversité existante : faune, flore, habitats, sols, eau, continuités écologiques ?				
Est-elle source de bruit ?				

Engendre-t-elle des nuisances olfactives ?				
Engendre-t-elle des vibrations ?				
Engendre-t-elle des émissions lumineuses ?				
Engendre-t-elle des rejets polluants dans l'air ?				
Produit-elle des déchets ?				
Autres (à préciser)...				

2. Consignes environnementales spécifiques

Indication des consignes environnementales spécifiques données aux participants, aux spectateurs et aux encadrants — Hors cahier des charges de cette manifestation ou règles techniques et de sécurité (RTS) mises en place par les différentes fédérations concernées (joints à la demande d'autorisation).

Peuvent ainsi être notamment concernés : la protection des riverains, le balisage amovible, la collecte des déchets, le stationnement des véhicules (encadrants, participants, spectateurs) prévus en dehors des espaces naturels sensibles ou protégés, la mise en place éventuellement d'une navette temporaire, etc.

....

A (lieu) : .... le (date) : .... Signature : ....

Art. A. 331-26 *à* A. 331-31 *Abrogés par Arr. du 4 août 2008.*

SOUS-SECTION 2 ÉPREUVES OU MANIFESTATIONS COMPORTANT LA PARTICIPATION DE VÉHICULES TERRESTRES À MOTEUR

Art. A. 331-32 Le montant minimum des garanties prévues par la police d'assurance visée à l'article R. 331-30 est fixé :

— pour la réparation des dommages corporels autres que ceux relevant de la responsabilité civile automobile, à 6 100 000 euros par sinistre ;

— pour la réparation des dommages matériels autres que ceux relevant de la responsabilité civile automobile, à 500 000 euros par sinistre. – *[Arr. du 27 oct. 2006, art. 1er.]*

SECTION IV ORGANISATION DE MANIFESTATIONS PUBLIQUES DE SPORTS DE COMBAT

(Arr. du 3 oct. 2016, art. 1er)

Art. A. 331-33 *(Arr. du 3 oct. 2016, art. 1er)* Toute déclaration d'organisation d'une manifestation publique de sports de combat organisée dans une discipline pour laquelle une fédération a reçu délégation mentionne :

1° La date, l'heure, l'intitulé et le lieu fixés pour la manifestation ;

2° Les nom, prénom, profession, nationalité, date et lieu de naissance, adresse électronique, téléphone et domicile :

a) De l'organisateur de la manifestation ;

b) Des sportifs engagés ;

c) Des juges, arbitres, entraîneurs, organisateurs et, d'une manière générale*[,]* de toute personne qui concourt à l'organisation de la manifestation ;

3° L'avis favorable de la fédération délégataire compétente pour édicter les règles techniques et de sécurité ;

4° L'attestation que l'organisateur a souscrit les garanties d'assurance mentionnées à l'article L. 331-9.

Cette déclaration est transmise au préfet par lettre recommandée avec demande d'avis de réception ou par tout moyen permettant d'en garantir l'émission et la réception.

Le présent arrêté s'applique aux manifestations organisées à compter du 1er nov. 2016. Toutefois, les manifestations sportives de boxe autorisées avant cette date restent régies par les dispositions antérieurement en vigueur (Arr. du 23 oct. 2016, art. 2).

Art. A. 331-34 *(Arr. du 3 oct. 2016, art. 1er)* Dans les disciplines pour lesquelles aucune fédération n'a reçu délégation, outre le respect des formalités prévues à l'article A. 331-33, la déclaration comprend :

1° Le bulletin numéro 3 du casier judiciaire pour chacune des personnes mentionnées à l'article A. 331-33 ;

2° Pour chaque sportif engagé, un certificat médical de moins de trois mois qui mentionne l'absence de contre-indication à la pratique de la discipline concernée ;

3° Le descriptif du dispositif de sécurité et de secours de la manifestation ;

4° Le règlement technique et de sécurité de la manifestation accompagné d'une déclaration sur l'honneur de l'organisateur que ce règlement technique et de sécurité de la manifestation est conforme aux règles techniques et de sécurité mentionnées à l'article A. 331-36.

V. note ss. art. A. 331-33.

Art. A. 331-35 *(Arr. du 3 oct. 2016, art. 1er)* Sont dispensés de la formalité prévue au 3° de l'article A. 331-33, les fédérations sportives agréées, leurs organes régionaux ou départementaux et leurs membres, dès lors qu'il existe dans la discipline faisant l'objet de la manifestation la convention mentionnée à l'article R. 331-50. Cette convention doit être jointe au dossier.

Sont dispensés des formalités prévues aux 1° et 2° de l'article A. 331-34, les fédérations sportives agréées, leurs organes régionaux ou départementaux et leurs membres.

V. note ss. art. A. 331-33.

Art. A. 331-36 *(Arr. du 3 oct. 2016, art. 1er)* Dans les disciplines pour lesquelles aucune fédération n'a reçu délégation les règles techniques et de sécurité applicables aux manifestations publiques de sports de combat sont prévues à l'annexe III-28 *[reproduit ss. art. A. 322-177]*.

V. note ss. art. A. 331-33.

CHAPITRE II **SÉCURITÉ DES MANIFESTATIONS SPORTIVES**

SECTION PREMIÈRE **ORGANISATION D'ÉPREUVES ET COMPÉTITIONS SPORTIVES SUR LA VOIE PUBLIQUE** *(Arr. du 4 août 2008).*

Art. A. 331-37 La signalisation de la priorité de passage d'une compétition ou épreuve sportive autorisée dans les conditions prévues à l'article R. 411-30 du code de la route est assurée selon les modalités définies par la présente sous-section.

Art. A. 331-38 Les personnes proposées par les organisateurs des épreuves et compétitions sportives pour signaler la priorité de passage prévue à l'article R. 411-30 du code de la route sont agréées par l'autorité administrative. *(Arr. du 3 mai 2012, art. 5, en vigueur le 8 juin 2012)* « Elles peuvent être fixes ou mobiles. » Elles prennent le nom de "signaleur". L'arrêté qui autorise l'épreuve mentionne *(Arr. du 3 mai 2012, art. 5, en vigueur le 8 juin 2012)* « le nom » des signaleurs désignés pour l'épreuve.

Art. A. 331-39 Les signaleurs doivent être identifiables par les usagers de la route au moyen d'un *(Arr. du 3 mai 2012, art. 5, en vigueur le 8 juin 2012)* « gilet de haute visibilité, mentionné à l'article R. 416-19 du code de la route » et être *(Arr. du 3 mai 2012, art. 5, en vigueur le 8 juin 2012)* « à même de produire, dans de brefs délais, une » copie de l'arrêté autorisant la course.

Art. A. 331-40 La signalisation utilisée est celle qui sert à régler manuellement la circulation, telle qu'elle est définie au livre Ier, huitième partie, de l'instruction interministérielle relative à la signalisation routière : piquet mobile à deux faces, modèle K10 (un par signaleur).

Pourront, en outre, être utilisés les barrages modèle K2, présignalés, signalant un obstacle de caractère temporaire et sur lesquels le mot "Course" sera inscrit.

(Arr. du 3 mai 2012, art. 5, en vigueur le 8 juin 2012) « Le cas échéant, les voitures ouvreuses doivent être surmontées d'un panneau signalant le début de la course et les voitures-balais d'un panneau du même type signalant la fin de course. Les signaleurs occupant ces véhicules peuvent utiliser des porte-voix. »

Art. A. 331-41 Les équipements prévus à l'article *(Arr. du 3 mai 2012, art. 5, en vigueur le 8 juin 2012)* « A. 331-40 » doivent être fournis par l'organisateur.

Art. A. 331-42 *(Arr. du 3 mai 2012, art. 5, en vigueur le 8 juin 2012)* Les délais dans lesquels les signaleurs devront être présents et les équipements, prévus à l'article A. 331-40, mis en place, avant le passage théorique de la course et retirés après le passage du véhicule annonçant la fin de la course, peuvent être fixés par l'arrêté qui autorise l'épreuve.

CHAPITRE III RETRANSMISSION DES MANIFESTATIONS SPORTIVES

Le présent chapitre ne comprend pas de dispositions pour les arrêtés.

LIVRE QUATRIÈME DISPOSITIONS DIVERSES

TITRE PREMIER FINANCEMENT DU SPORT

CHAPITRE UNIQUE

SECTION PREMIÈRE LE FINANCEMENT PAR CONVENTIONS D'OBJECTIFS DES FÉDÉRATIONS SPORTIVES AGRÉÉES

La présente section ne comprend pas de dispositions pour les arrêtés.

SECTION II CONTRÔLE BUDGÉTAIRE SUR LE CENTRE NATIONAL POUR LE DÉVELOPPEMENT DU SPORT

(Arr. du 20 avr. 2015)

Art. A. 411-1 Le Centre national pour le développement du sport (CNDS) est assujetti au contrôle budgétaire prévu par les articles 220 à 228 du décret n° 2012-1246 du 7 novembre 2012 relatif à la gestion budgétaire et comptable publique dans les conditions fixées à la présente section.

Art. A. 411-2 En application de l'article 222 du décret n° 2012-1246 du 7 novembre 2012 relatif à la gestion budgétaire et comptable, le contrôleur budgétaire peut assister au conseil d'administration de l'établissement avec voix consultative. Il est destinataire, dans les mêmes conditions que les autres membres, des documents qui sont communiqués avant chaque séance, ainsi que des comptes rendus et des procès-verbaux.

Le document prévu à l'article A. 411-10 peut ouvrir la possibilité pour le contrôleur budgétaire de participer aux réunions de tout comité, commission ou organe consultatif existant au sein de l'établissement.

Art. A. 411-3 Pour l'examen du budget initial, des budgets rectificatifs et du compte financier, le contrôleur budgétaire est destinataire des projets de documents prévus à l'article 175 du décret n° 2012-1246 du 7 novembre 2012 relatif à la gestion budgétaire et comptable préalablement à leur envoi aux membres du conseil d'administration.

Le contrôleur budgétaire est destinataire, après le vote du budget, d'une répartition détaillée des crédits et des prévisions de recettes dans les conditions précisées dans le document prévu à l'article A. 411-10.

Art. A. 411-4 Les comptes rendus de gestion mentionnés au second alinéa de l'article 223 du décret n° 2012-1246 du 7 novembre 2012 relatif à la gestion budgétaire et comptable sont transmis au contrôleur budgétaire, au moins deux fois par an, avant le 31 mai et avant le 30 septembre sauf dérogation accordée par celui-ci.

Ils comprennent :

— l'actualisation de la répartition initiale détaillée ;

— la situation détaillée de l'exécution du budget et la prévision d'exécution au 31 décembre ;

— la situation des engagements et, le cas échéant, l'actualisation de la programmation pluriannuelle ;

– le plan de trésorerie ;
– une note de synthèse analysant l'exécution des crédits et la prévision des crédits non consommés et identifiant les risques éventuels d'une exécution non soutenable ainsi que les mesures correctrices envisagées.
En outre, sont transmis pour information :
– les accords-cadres ;
– les marchés à bons de commande ;
– un état récapitulatif des engagements juridiques résultant des conventions et décisions portant attributions de subvention prises par les délégués territoriaux*[,]* accompagné d'un échéancier des besoins en crédits de paiement associés ;
– la liste des agents mis à disposition contre remboursement ;
– la liste des agents accueillis en position d'activité.

Art. A. 411-5 En application des dispositions de l'article 223 du décret n° 2012-1246 du 7 novembre 2012 relatif à la gestion budgétaire et comptable publique, le contrôleur budgétaire est notamment destinataire des documents suivants :
– les informations relatives au suivi des objectifs fixés par le ministre chargé des sports au directeur général du CNDS ;
– les documents à caractère stratégique relatifs aux missions du CNDS, ses objectifs, ses moyens et ses engagements financiers ;
– les informations relatives au suivi du contrat de performance et à la contribution du CNDS à la performance du programme budgétaire dont il est opérateur ;
– les documents relatifs à l'organisation, aux procédures internes et au fonctionnement du contrôle interne, notamment comptable et budgétaire*[,]* du CNDS ainsi que tout document relevant d'une cartographie des risques ;
– les documents relatifs aux politiques des achats, de l'immobilier, des ressources humaines et des systèmes d'information ;
– les rapports d'inspection et d'audit des commissaires aux comptes et des auditeurs internes et externes, ainsi que les plans d'action du CNDS relatifs à la mise en œuvre de leurs recommandations.

Art. A. 411-6 Le contrôleur budgétaire suit la gestion des emplois et des crédits de personnel dans les conditions prévues à l'arrêté du 25 juin 2014 relatif au document prévisionnel de gestion des emplois et des crédits de personnel des organismes.

Art. A. 411-7 Dans les conditions et selon les seuils fixés par le document prévu à l'article A. 411-10, au regard de la qualité du contrôle interne budgétaire :
Sont soumis au visa :
– les décisions générales ou catégorielles relatives aux modalités de recrutement ou de rémunération des personnels ;
– les actes relatifs au recrutement et à la rémunération des agents contractuels visés aux articles 4 et 6 de la loi n° 84-16 du 11 janvier 1984 modifiée portant dispositions statutaires relatives à la fonction publique de l'État ;
– les actes relatifs à la rémunération des fonctionnaires détachés sur un contrat de droit public ;
– les acquisitions et aliénations immobilières ;
– les baux autres que les baux domaniaux ;
– les marchés autres que les marchés à bons de commande ;
– les bons de commandes *[commande]* ;
– les conventions ou décisions portant attribution de prêts ou de subvention prises par l'ordonnateur principal du CNDS.
Sont soumis à avis préalable :
– les projets de transactions avant transmission au tiers pour signature.

Art. A. 411-8 Le contrôleur budgétaire établit un programme de contrôle *a posteriori* en fonction des risques identifiés qui peuvent porter sur la qualité de la comptabilité budgétaire tenue ou le caractère soutenable de la prévision budgétaire et de son exécution. Il se fonde sur les risques qu'il constate, dans l'exercice de ses missions, lors des travaux relatifs au contrôle interne budgétaire ou dans les conclusions d'audits.
Ce contrôle peut porter sur des actes ou des circuits et procédures de dépenses et de recettes.

Après avis de l'ordonnateur, le contrôleur budgétaire transmet au CNDS le programme de contrôle et l'informe, le cas échéant, des agents placés sous l'autorité du ministre chargé du budget qui l'assisteront.

Le CNDS est tenu de communiquer au contrôleur budgétaire et aux personnes qui l'assistent tous les documents nécessaires à la réalisation du contrôle *a posteriori* au plus tard dans le délai d'un mois.

Les conclusions et recommandations éventuelles du contrôle sont transmises à l'ordonnateur et*[,]* le cas échéant*[,]* au ministre chargé du budget et au ministre de tutelle.

L'ordonnateur indique les mesures qu'il entend mettre en œuvre pour pallier les risques ou défaillances identifiés.

Dans les conditions prévues à l'article A. 411-10, le contrôleur budgétaire peut à tout moment procéder au contrôle *a posteriori* d'un acte particulier non soumis à avis ou visa.

Art. A. 411-9 S'il apparaît au contrôleur budgétaire que la gestion du CNDS remet en cause le caractère soutenable de l'exécution budgétaire au regard de l'autorisation budgétaire, la couverture de ses dépenses obligatoires ou inéluctables, la poursuite de son exploitation ou la qualité de la comptabilité budgétaire, il en informe l'ordonnateur par écrit. Celui-ci lui fait connaître dans les mêmes formes les mesures qu'il envisage de prendre pour rétablir la situation budgétaire.

Le contrôleur budgétaire rend compte de ces échanges au ministre chargé du budget et au ministre de tutelle.

Art. A. 411-10 Après concertation avec l'ordonnateur, le contrôleur budgétaire établit un document fixant la liste détaillée des actes soumis à visa ou avis, les montants des seuils de visa ou d'avis, le format des documents et états à transmettre ainsi que la périodicité et les modalités de leur transmission.

Ce document est transmis à l'ordonnateur, à l'agent comptable, au ministre chargé du budget et au ministre de tutelle.

TITRE DEUXIÈME **DISPOSITIONS APPLICABLES À L'OUTRE-MER**

CHAPITRE PREMIER **DISPOSITIONS APPLICABLES À MAYOTTE**

Art. A. 421-1 *(Arr. du 30 janv. 2015, art. 2-IV)* « A Mayotte », le préfet est le délégué territorial du Centre national pour le développement du sport.

Il est assisté d'un délégué territorial adjoint désigné par le directeur général de l'établissement sur proposition du délégué territorial. – *[Arr. du 18 avr. 2006, art. 1er.]*

Art. A. 421-2 I. – *(Arr. du 30 janv. 2015, art. 2-V)* « A Mayotte »*[,]* la commission territoriale du Centre national pour le développement du sport comprend :

Outre le délégué de l'établissement, membre de droit, ou son représentant :

1° D'une part :

a) Le directeur de la jeunesse, des sports et de la vie associative, membre de droit, ou son représentant ;

(Arr. du 4 mars 2016, art. 1er-1°) « *b)* Cinq agents de l'État désignés par le préfet ; »

2° D'autre part :

a) Le président du comité régional olympique et sportif de Mayotte, membre de droit, ou son représentant ;

b) Deux représentants du mouvement sportif désignés par le président du comité régional olympique et sportif. L'un de ces représentants est issu d'une discipline *(Arr. du 4 mars 2016, art. 1er-2°)* « olympique ; »

(Arr. du 4 mars 2016, art. 1er-3°) « *c)* Deux élus du conseil départemental de Mayotte ou leurs représentants ;

« *d)* Un maire ou un maire adjoint désigné par le président de l'Association des maires de France. »

II. – Les membres de la commission territoriale autres que les membres de droit sont nommés par le délégué territorial de l'établissement. Pour chacun de ces membres, un suppléant est désigné dans les mêmes conditions.

A l'exception des membres de droit, les membres de la commission ainsi que leurs suppléants sont nommés pour une durée de quatre ans, renouvelable une fois. La perte de la qualité au titre de laquelle un membre de cette commission a été nommé entraîne sa démission de plein droit. – *[Arr. du 18 avr. 2006, art. 2, al. 1er à 9 et 11.]*

Art. A. 421-3 La commission territoriale du Centre national pour le développement du sport est coprésidée par le délégué territorial ou son représentant et par le président du comité régional olympique et sportif ou son représentant. Son secrétariat est assuré par la direction de la jeunesse et des sports.

La commission se réunit sur convocation de ses coprésidents.

(Abrogé par Arr. du 4 mars 2016, art. 2) ***« Le président du conseil départemental ou son représentant, un maire ou un maire adjoint désigné par le président de l'Association des maires de Mayotte et le directeur du service de la jeunesse, des sports et de la vie associative*** *(Arr. du 30 janv. 2015, art. 2-VI)* ***« [de] Mayotte » assistent avec voix consultative aux séances de la commission territoriale. »***

Le délégué territorial et le président du comité régional olympique et sportif peuvent également inviter à assister à tout ou partie des réunions de la commission territoriale toute personne que celle-ci souhaite entendre.

Les délibérations de la commission territoriale ne sont pas publiques.

Les membres de la commission territoriale ne peuvent prendre part aux délibérations ayant pour objet une question à laquelle ils ont un intérêt personnel ou qui concerne l'attribution ou le versement d'une subvention à un organisme dans lequel ils exercent une fonction d'administrateur ou de dirigeant.

La commission délibère à la majorité des membres présents ou représentés. – *[Arr. du 18 avr. 2006, art. 2, al. 10 et 12 à 15.]*

Art. A. 421-4 La commission territoriale du Centre national pour le développement du sport définit les priorités territoriales en cohérence avec les directives de l'établissement concernant la répartition des subventions attribuées au niveau local et dans le respect des compétences *(Arr. du 30 janv. 2015, art. 2-VI)* « *[de]* Mayotte ».

Elle émet un avis sur l'attribution des subventions de fonctionnement destinées aux associations sportives locales. – *[Arr. du 18 avr. 2006, art. 3.]*

Art. A. 421-5 Après avis de la commission territoriale, le délégué territorial :

1° Décide l'attribution des concours financiers, dans la limite du montant des crédits notifié par le directeur général, ou rejette les demandes de subvention ;

2° Décide le reversement de concours financiers dans les conditions prévues par le règlement général de l'établissement ;

3° Signe les conventions relatives aux concours financiers qu'il attribue, sous réserve des compétences du conseil d'administration et du directeur général.

Le délégué territorial transmet au directeur général de l'établissement les décisions d'attribution ou de reversement de subventions en vue de leur mise en paiement ou de leur recouvrement par l'agent comptable de l'établissement. – *[Arr. du 18 avr. 2006, art. 4.]*

CHAPITRE II DISPOSITIONS APPLICABLES À SAINT-PIERRE-ET-MIQUELON

Art. A. 422-1 La commission territoriale du Centre national pour le développement du sport comprend :

– outre son président, qui est le délégué territorial de l'établissement, membre de droit, ou son représentant :

1° D'une part :

a) Le directeur territorial de la jeunesse, des sports et de la vie associative, membre de droit, ou son représentant ;

b) Un agent de la direction territoriale de la jeunesse et des sports, désigné par le directeur de la jeunesse, des sports et de la vie associative ;

2° D'autre part :

– deux représentants du mouvement sportif élus parmi les associations [ou sociétés sportives] affiliés à des fédérations françaises agréées.

Les membres de la commission territoriale autres que les membres de droit sont nommés par le délégué territorial de l'établissement. Pour chacun de ces membres, un suppléant est désigné dans les mêmes conditions.

Le président du conseil départemental ou son représentant, le maire de Saint-Pierre et celui de Miquelon ou leurs représentants assistent avec voix consultative aux séances de la commission territoriale. – *[Arr. du 24 avr. 2006, art. 1er.]*

CHAPITRE III DISPOSITIONS APPLICABLES À WALLIS-ET-FUTUNA

Art. A. 423-1 Dans le territoire des îles Wallis-et-Futuna, l'administrateur supérieur, chef du territoire, est le délégué territorial du Centre national pour le développement du sport.

Il est assisté d'un délégué territorial adjoint désigné par le directeur général de l'établissement sur proposition du délégué territorial. – *[Arr. du 31 mai 2006, art. 1er.]*

Art. A. 423-2 I. – La commission territoriale du Centre national pour le développement du sport dans le territoire des îles Wallis-et-Futuna comprend :

1° Outre son président, qui est le délégué territorial de l'établissement, membre de droit, ou son représentant ;

2° Le directeur territorial de la jeunesse et des sports, membre de droit, ou son représentant ;

3° Deux agents de la direction territoriale de la jeunesse et des sports, désignés par le directeur territorial de la jeunesse, des sports et de la vie associative ;

4° Le président du comité territorial olympique et sportif des îles Wallis-et-Futuna, membre de droit ou son représentant ;

5° Un représentant du mouvement sportif désigné par le président du comité territorial olympique et sportif ;

6° Le président de l'assemblée territoriale des îles Wallis-et-Futuna, membre de droit, ou son représentant ;

7° Un membre de l'assemblée territoriale des îles Wallis-et-Futuna, désigné par le président de cette assemblée.

II. – Les membres de la commission territoriale autres que les membres de droit sont nommés par le délégué territorial de l'établissement. Pour chacun de ces membres, un suppléant est désigné dans les mêmes conditions.

A l'exception des membres de droit, les membres de la commission ainsi que leurs suppléants sont nommés pour une durée de quatre ans, renouvelable une fois. La perte de la qualité au titre de laquelle un membre de cette commission a été nommé entraîne sa démission de plein droit. Un arrêté de l'administrateur supérieur, chef du territoire, fixe le terme du mandat des membres de la première commission territoriale afin de tenir compte du calendrier des Jeux du Pacifique Sud. – *[Arr. du 31 mai 2006, art. 2, al. 1er à 10.]*

Art. A. 423-3 La commission territoriale du Centre national pour le développement du sport se réunit sur convocation du délégué territorial. Son secrétariat est assuré par la direction territoriale de la jeunesse et des sports des îles Wallis-et-Futuna.

Le délégué territorial, le président du comité territorial olympique et sportif et le président de l'assemblée territoriale des îles Wallis-et-Futuna peuvent également inviter à assister à tout ou partie des réunions toute personne que celle-ci souhaite entendre.

Les membres de la commission territoriale ne peuvent prendre part aux délibérations ayant pour objet une question à laquelle ils ont un intérêt personnel ou qui concerne l'attribution ou le versement d'une subvention à un organisme dans lequel ils exercent une fonction d'administrateur ou de dirigeant.

Les délibérations de la commission territoriale ne sont pas publiques.

La commission délibère à la majorité des membres présents ou représentés : en cas de partage égal des voix, celle du président est prépondérante. – *[Arr. du 31 mai 2006, art. 2, al. 11 à 14.]*

Art. A. 423-4 La commission territoriale du Centre national pour le développement du sport définit la stratégie territoriale en cohérence avec les directives de l'établissement concernant la répartition des subventions attribuées au niveau local et dans le respect des compétences du territoire des îles Wallis-et-Futuna.

Elle émet un avis sur l'attribution des subventions de fonctionnement destinées aux associations sportives locales.

Elle veille à la cohérence territoriale de l'intervention du Centre national pour le développement du sport. – *[Arr. du 31 mai 2006, art. 3.]*

Art. A. 423-5 Le montant global des subventions de fonctionnement destinées aux associations sportives des îles Wallis-et-Futuna, déterminé par le conseil d'administration du Centre national pour le développement du sport, est attribué au territoire des îles Wallis-et-Futuna.

Après avis de la commission territoriale, l'administrateur supérieur, chef du territoire, procède à l'affectation des subventions aux associations sportives des îles Wallis-et-Futuna.

L'administrateur supérieur, chef du territoire, transmet au directeur général du Centre national pour le développement du sport un compte rendu annuel détaillé de l'utilisation des moyens attribués au territoire des îles Wallis-et-Futuna par l'établissement portant notamment la liste des associations destinataires, les disciplines sportives et les actions concernées. – *[Arr. du 31 mai 2006, art. 4.]*

CHAPITRE IV **DISPOSITIONS APPLICABLES EN POLYNÉSIE FRANÇAISE**

Art. A. 424-1 I. – La commission du Centre national pour le développement du sport en Polynésie française comprend de façon paritaire :

1° Outre le haut-commissaire de la République en Polynésie française, *(Abrogé par Arr. du 30 janv. 2015, art. 2-VII) « le »* délégué territorial du Centre national pour le développement du sport et le délégué territorial adjoint, membres de droit :

a) D'une part, quatre représentants de la Polynésie française, dont le président de la Polynésie française, membres de droit, ou son représentant ;

b) D'autre part, quatre représentants du mouvement sportif, dont le président du comité olympique de Polynésie française, membre de droit, ou son représentant.

La commission du Centre national pour le développement du sport en Polynésie française est présidée par le président de la Polynésie française ou son représentant.

II. – Le président de la Polynésie française désigne les représentants de la Polynésie française à la commission.

Le président du comité olympique de Polynésie française désigne les représentants du mouvement sportif dont un, au moins, est issu d'une discipline olympique.

Les membres de la commission du Centre national pour le développement du sport en Polynésie française autres que les membres de droit sont nommés par le président de la Polynésie française. Pour chacun de ces membres, un suppléant est désigné dans les mêmes conditions.

A l'exception des membres de droit, les membres de la commission ainsi que leurs suppléants sont nommés pour une durée de quatre ans, renouvelable une fois.

Toutefois, le mandat des membres de la première commission prend fin le 31 décembre 2011.

La perte de la qualité au titre de laquelle un membre de cette commission a été nommé entraîne sa démission de plein droit. – *[Arr. du 9 mai 2006, art. 1er, al. 1er à 11.]*

Art. A. 424-2 La commission du Centre national pour le développement du sport se réunit sur convocation de son président. Son secrétariat est assuré par la Polynésie française.

Le président de la commission peut inviter à assister à tout ou partie des réunions de la commission toute personne que celle-ci souhaite entendre.

Les délibérations de la commission ne sont pas publiques.

Les membres de la commission ne peuvent prendre part aux délibérations ayant pour objet une question à laquelle ils ont un intérêt personnel ou qui concerne l'attribution ou le versement d'une subvention à un organisme dans lequel ils exercent une fonction d'administrateur ou de dirigeant.

La commission délibère à la majorité des membres présents ou représentés. En cas de partage égal des voix, le président dispose d'une voix prépondérante.

La commission peut adopter dans le cadre d'un règlement intérieur toute mesure utile à son fonctionnement. – *[Arr. du 9 mai 2006, art. 1er, al. 12 à 16.]*

Art. A. 424-3 La commission du Centre national pour le développement du sport en Polynésie française définit, en cohérence avec les directives de l'établissement et dans le respect des compétences de la Polynésie française, les priorités et critères concernant la répartition des subventions attribuées au niveau local.

Elle émet un avis sur l'attribution des subventions de fonctionnement destinées aux associations sportives locales de Polynésie française. – *[Arr. du 9 mai 2006, art. 2.]*

Art. A. 424-4 Le montant global des subventions de fonctionnement destinées aux associations sportives de Polynésie française, déterminé par le conseil d'administration du Centre national pour le développement du sport, est attribué à la Polynésie française.

Après avis de la commission, le président de la Polynésie française procède à l'affectation des subventions aux associations sportives de Polynésie française.

Le président de la Polynésie française transmet au directeur général du Centre national pour le développement du sport un compte rendu annuel de l'utilisation des moyens attribués à la Polynésie française par l'établissement. – *[Arr. du 9 mai 2006, art. 3.]*

CHAPITRE V DISPOSITIONS APPLICABLES EN NOUVELLE-CALÉDONIE

Art. A. 425-1 En Nouvelle-Calédonie, le haut-commissaire de la République est le délégué territorial du Centre national pour le développement du sport.

Il est assisté d'un délégué territorial adjoint désigné par le directeur général de l'établissement, sur proposition du délégué territorial. – *[Arr. du 3 mai 2006, art. 1er.]*

Art. A. 425-2 I. – La commission territoriale du Centre national pour le développement du sport comprend de façon paritaire, outre *(Abrogé par Arr. du 21 mars 2011, art. 2) « son président, qui est »* le délégué territorial de l'établissement, membre de droit, ou son représentant :

1° D'une part :

a) Le directeur de la jeunesse, des sports et de la vie associative de la Nouvelle-Calédonie, membre de droit, ou son représentant ;

(Arr. du 4 mars 2016, art. 3-1°) « *b)* Trois agents de l'État désignés par le haut-commissaire de la République ; »

2° D'autre part :

a) Le président du comité territorial olympique et sportif de la Nouvelle-Calédonie, membre de droit, ou son représentant ;

b) Deux représentants du mouvement sportif désignés par le président du comité territorial olympique et sportif. L'un de ces représentants est issu d'une discipline *(Arr. du 4 mars 2016, art. 3-2°)* « olympique ; »

(Arr. du 4 mars 2016, art. 3-3°) « *c)* Le président du gouvernement de Nouvelle-Calédonie, membre de droit, ou son représentant. »

(Arr. du 21 mars 2011, art. 2) « La commission territoriale est coprésidée par le délégué territorial de l'établissement ou son représentant et par le président du comité territorial olympique et sportif de la Nouvelle-Calédonie ou son représentant. »

II. – Les membres de la commission territoriale autres que les membres de droit sont nommés par le délégué territorial de l'établissement. Pour chacun de ces membres, un suppléant est désigné dans les mêmes conditions.

A l'exception des membres de droit, les membres de la commission ainsi que leurs suppléants sont nommés pour une durée de quatre ans, renouvelable une fois. La perte de la qualité au titre de laquelle un membre de cette commission a été nommé entraîne sa démission de plein droit. Un arrêté du haut-commissaire fixe le terme du mandat des membres de la première commission territoriale afin de tenir compte du calendrier des Jeux du Pacifique Sud. – *[Arr. du 3 mai 2006, art. 2.]*

Art. A. 425-3 La commission territoriale du Centre national pour le développement du sport se réunit sur convocation du délégué territorial. Son secrétariat est assuré par la direction de la jeunesse et des sports de la Nouvelle-Calédonie.

(Abrogé par Arr. du 4 mars 2016, art. 4) « Le président du gouvernement de Nouvelle-Calédonie, ou son représentant, et » Les présidents des assemblées de province, ou leurs représentants, assistent avec voix consultative aux séances de la commission territoriale.

Le délégué territorial et le président du comité territorial olympique et sportif peuvent également inviter à assister à tout ou partie des réunions de la commission territoriale toute personne que celle-ci souhaite entendre.

Les délibérations de la commission territoriale ne sont pas publiques.

Les membres de la commission territoriale ne peuvent prendre part aux délibérations ayant pour objet une question à laquelle ils ont un intérêt personnel ou qui concerne l'attribution ou le versement d'une subvention à un organisme dans lequel ils exercent une fonction d'administrateur ou de dirigeant.

La commission délibère à la majorité des membres présents ou représentés. – *[Arr. du 3 mai 2006, art. 2, al. 10 et 12 à 15.]*

Art. A. 425-4 La commission territoriale du Centre national pour le développement du sport définit les priorités territoriales en cohérence avec les directives de l'établissement concernant la répartition des subventions attribuées au niveau local et dans le respect des compétences de la Nouvelle-Calédonie.

Elle émet un avis sur la répartition des crédits dont le montant est notifié au délégué territorial par le directeur général de l'établissement entre, d'une part, les interventions relevant du niveau territorial et, d'autre part, les interventions relevant des propositions faites par chacun des services des sports des assemblées de province.

Elle émet un avis sur l'attribution des subventions de fonctionnement destinées aux associations sportives locales.

Elle veille à la cohérence territoriale de l'intervention du Centre national pour le développement du sport. – *[Arr. du 3 mai 2006, art. 3.]*

Art. A. 425-5 Après avis de la commission territoriale, le délégué territorial fixe la répartition des crédits qui lui sont notifiés par le directeur général de l'établissement entre, d'une part, les interventions relevant du niveau territorial et, d'autre part, les interventions relevant des propositions faites par chacun des services des sports des assemblées de province.

Après avis de la commission territoriale, le délégué territorial :

1° Décide l'attribution des concours financiers dans la double limite du montant des crédits notifié par le directeur général et des montants répartis par niveau conformément au premier alinéa, ou rejette les demandes de subvention ;

2° Décide le reversement de concours financiers dans les conditions prévues par le règlement général de l'établissement ;

3° Signe les conventions relatives aux concours financiers qu'il attribue, sous réserve des compétences du conseil d'administration et du directeur général.

Le délégué territorial transmet au directeur général de l'établissement les décisions d'attribution ou de reversement de subventions en vue de leur mise en paiement ou de leur recouvrement par l'agent comptable de l'établissement. – *[Arr. du 3 mai 2006, art. 4.]*

CHAPITRE VI **DISPOSITIONS APPLICABLES À SAINT-BARTHÉLEMY**

(Arr. du 29 juill. 2011)

Art. A. 426-1 La commission mentionnée au 2° de l'article R. 426-1 est la commission territoriale de Guadeloupe du Centre national pour le développement du sport, à laquelle sont invités, avec voix consultative, un représentant du mouvement sportif issu d'associations sportives agréées ayant leur siège et leur activité à Saint-Barthélemy, désigné par le représentant de l'État, ainsi que le président du conseil territorial ou son représentant. Cette commission est compétente pour émettre un avis sur l'attribution des subventions destinées aux associations sportives locales, en cohérence avec les directives de l'établissement concernant la répartition des subventions à attribuer au niveau local.

CHAPITRE VII **DISPOSITIONS APPLICABLES À SAINT-MARTIN**

(Arr. du 29 juill. 2011)

Art. A. 427-1 La commission mentionnée au 2° de l'article R. 427-1 est la commission territoriale de Guadeloupe du Centre national pour le développement du sport, à laquelle sont invités, avec voix consultative, un représentant du mouvement sportif issu d'associations sportives agréées ayant leur siège et leur activité à Saint-Martin, désigné par le représentant de l'État, ainsi que le président du conseil territorial ou son représentant. Cette commission est compétente pour émettre un avis sur l'attribution des subventions destinées aux associations sportives locales, en cohérence avec les directives de l'établissement concernant la répartition des subventions à attribuer au niveau local.

CHAPITRE VIII DISPOSITIONS APPLICABLES À LA MARTINIQUE

(Arr. du 4 mars 2016, art. 1er)

Art. A. 428-1 La commission territoriale du Centre national pour le développement du sport en Martinique comprend :

1° Le délégué territorial de l'établissement ou son représentant ;

2° Le délégué territorial adjoint de l'établissement ou son représentant ;

3° Cinq représentants de l'État désignés par le préfet ;

4° Le président du comité régional olympique et sportif ou son représentant ;

5° Deux représentants du mouvement sportif désignés par le président du comité régional olympique et sportif ;

6° Deux élus de la collectivité territoriale de Martinique ou leurs représentants ;

7° Un maire ou adjoint au maire de communes de la Martinique désigné par l'Association des maires de France.

CHAPITRE IX DISPOSITIONS APPLICABLES À LA GUYANE

(Arr. du 4 mars 2016, art. 1er)

Art. A. 429-1 La commission territoriale du Centre national pour le développement du sport en Guyane comprend :

1° Le délégué territorial de l'établissement ou son représentant ;

2° Le délégué territorial adjoint de l'établissement ou son représentant ;

3° Cinq représentants de l'État désignés par le préfet ;

4° Le président du comité régional olympique et sportif ou son représentant ;

5° Deux représentants du mouvement sportif désignés par le président du comité régional olympique et sportif ;

6° Deux élus de la collectivité territoriale de Guyane ou leurs représentants ;

7° Un maire ou adjoint au maire de communes de la Guyane désigné par l'Association des maires de France.

APPENDICE

ACTES ADMINISTRATIFS

COMMENTAIRE

L'existence d'une rubrique « Actes administratifs » ne doit pas ou plus surprendre. « Affaire privée » à l'origine et encore très largement aujourd'hui, les activités sportives présentent une « dimension publique » non négligeable. Deux phénomènes y concourent. D'une part, d'un point de vue organique, on soulignera que les personnes publiques interviennent déjà depuis longtemps dans le domaine, soit en partenariat avec les personnes privées (financement, équipements sportifs…), soit directement en tant qu'« offreurs » d'activités sportives (animation, enseignement, manifestations…) (V. App., v° *Collectivités territoriales*). D'autre part, d'un point de vue fonctionnel, les fédérations sportives, instances en charge de la promotion et de l'organisation d'une ou de plusieurs disciplines sportives, appartiennent à la catégorie des personnes privées gérant des missions de service public. En effet, le législateur, après le juge administratif, qualifie certaines missions exercées par les fédérations sportives de « service public ».

Ainsi, régies d'abord par des règles de droit privé prises par les institutions sportives, les activités sportives le sont aussi par un grand nombre d'actes administratifs. Ceux-ci émanent bien sûr des autorités publiques (État, collectivités territoriales et leurs établissements publics), dans le cadre de l'exercice soit de leurs missions de service public (en matière, par exemple, d'enseignement de l'EPS, d'organisation d'activités sportives…), soit de leurs pouvoirs de police administrative (générale ou spéciale, par exemple, respectivement en matière de police de la circulation sur les voies publiques ou des épreuves et compétitions sur la voie publique). De tels actes peuvent émaner aussi d'autorités privées. En effet, il résulte de l'application de la théorie du service public un phénomène de publicisation des actes des fédérations sportives. En application des critères matériels de l'acte administratif, un acte pris par une personne de droit privé dans le cadre d'une mission de service public et révélant la mise en œuvre d'une prérogative de puissance publique est réputé de nature administrative. Une remarquable construction jurisprudentielle en découle. Néanmoins, il convient de préciser, concernant les deux critères susmentionnés, d'une part, que seules certaines missions fédérales sont qualifiées de service public (V. art. L. 131-8 C. sport) et, d'autre part, que seules les décisions des fédérations délégataires, puisque bénéficiant d'un monopole de droit en vertu de l'article L. 131-14 du code du sport, ainsi que celles de leurs structures déconcentrées territoriales ou des ligues professionnelles qu'elles ont constituées en application de l'article L. 132-1 du code du sport, peuvent traduire l'exercice d'une prérogative de puissance publique.

Le phénomène de publicisation des actes des fédérations sportives est venu grossir les rangs des actes administratifs dans le domaine du sport. Il concerne de nombreuses décisions individuelles (décisions disciplinaires, délivrance de licence, décisions de sélection ou encore d'homologation…) et réglementaires (réglementations fédérales : règlements administratifs, règlements sportifs, règlements des compétitions…).

Qualifiés d'administratifs, les actes doivent respecter les exigences du principe de légalité. Autrement dit, ils doivent se conformer aux normes constituant le bloc de la légalité administrative (ensemble fortement hiérarchisé de règles de sources diverses : normes issues de la Constitution, des traités internationaux, de la loi, de la jurisprudence administrative, des règlements administratifs…).

Ces actes sont bien évidemment soumis au régime de l'acte administratif. De très nombreuses règles viennent régir la vie juridique de l'acte administratif : son élaboration (règles de compétence, de forme et de procédure), son entrée en vigueur (par sa publication ou sa notification), son application (avec la force exécutoire qui le caractérise), sa modification ou enfin sa disparition.

Les textes qui régissent l'action administrative, et donc s'imposent aux « autorités administratives » et à leurs actes, ont, dans un souci de simplification des relations entre l'administration et les citoyens, fait l'objet d'une codification, à compter du 1er janvier 2016, au sein du code des relations entre le public et l'administration, par la voie d'une ordonnance n° 2015-1341 du 23 octobre 2015 (*JO 25 oct.*) pour ce qui concerne les dispositions législatives (conformément à l'habilitation donnée par l'article 3 de loi n° 2013-1005 du 12 févr. 2013 habilitant le Gouvernement à simplifier les relations entre l'administration et les citoyens), et d'un décret n° 2015-1342 du 23 octobre 2015 (*JO 25 oct.*) s'agissant des dispositions réglementaires.

Ce code, qui propose de manière inédite une numérotation continue des dispositions législatives et réglementaires, comprend ainsi les principales dispositions des grandes lois relatives aux droits des administrés adoptées dans le souci croissant de garantir une meilleure information des administrés sur leurs droits, sur les données qui les concernent et, plus globalement, qui organisent la transparence de l'administration.

Tel était l'objectif principal poursuivi par la loi n° 2000-321 du 12 avril 2000 relative aux droits des citoyens dans leurs relations avec les administrations *(JO 13 avr.)*, dont de nombreuses dispositions ont été codifiées. Outre les dispositions nouvelles qu'elle comporte, cette loi apporte quelques modifications plus ou moins substantielles à des textes antérieurs épousant des objectifs communs : la loi n° 73-6 du 3 janvier 1973 instituant un médiateur de la République *(JO 4 janv. ; rect. 6 janv.)*, dispositions abrogées depuis par la loi n° 2011-334 du 29 mars 2011 relative au Défenseur des droits *(JO 30 mars)*, celle n° 78-17 du 6 janvier 1978 relative à l'informatique, aux fichiers et aux libertés *(JO 7 janv.)*, celle n° 78-753 du 17 juillet 1978 portant diverses mesures d'amélioration des relations entre l'administration et le public *(JO 18 janv.)*, celle n° 79-18 du 3 janvier 1979 sur les archives *(JO 5 janv.)*. A ce cortège de textes, il faut ajouter, toujours en ce domaine, la loi n° 79-587 du 11 juillet 1979 relative à la motivation des actes administratifs et à l'amélioration des relations entre l'administration et le public *(JO 12 juill.)*, dont les principales dispositions ont été codifiées.

La loi n° 78-753 du 17 juillet 1978, dont les principales dispositions figurent pour leur part au sein du livre III du nouveau code relatif à l'accès aux documents administratifs et à la réutilisation des informations publiques (V. dispositions reproduites ci-dessous), consacre la liberté d'accès aux documents administratifs. Elle organise précisément ce droit d'accès et place le dispositif sous l'égide de la Commission d'accès aux documents administratifs (CADA). Les autorités mentionnées à l'article L. 300-2 du code des relations entre le public et l'administration, parmi lesquelles figurent les organismes de droit privé chargés de la gestion d'un service public, sont tenues de communiquer les documents administratifs qu'elles détiennent aux personnes qui en font la demande. Plusieurs points méritent d'être plus spécialement mis en évidence.

D'abord, la notion de document administratif ne se confond pas avec celle d'acte administratif. Le document administratif est défini assez largement par l'article L. 300-2 susmentionné qui se présente sous la forme d'une longue énumération – non exhaustive – de documents considérés comme tels. La notion de document administratif et donc de « document communicable » est sans nul doute l'une des principales difficultés attachées à la liberté d'accès consacrée par la loi. Le juge administratif a été amené, à plusieurs reprises, à se prononcer sur le caractère communicable de documents émanant de fédérations sportives ou de leurs structures déconcentrées. Ont été considérés comme communicables différents documents notamment financiers et comptables au motif qu'ils retraçaient les conditions dans lesquelles les fédérations sportives exerçaient leurs missions de service public ou s'y rattachaient directement (V. jurisprudence ; V. aussi les divers avis rendus par la CADA en la matière consultables sur son site Internet www.cada.fr).

Ensuite, tous les documents administratifs au sens de l'article premier de la loi ne sont pas librement communicables. En effet, certains documents sont expressément exclus du droit à communication (art. L. 311-5), et d'autres ne sont communicables qu'aux seuls intéressés motif pris des données personnelles y figurant (art. L. 311-6).

Enfin, il convient de souligner le rôle important joué par la CADA en la matière. Cette autorité administrative indépendante préside à la mise en œuvre de la liberté d'accès. Elle peut être saisie pour avis par une personne qui s'est vu refuser la communication d'un document. Sa saisine est même un préalable obligatoire à celle du juge administratif (art. L. 342-1).

La loi n° 79-587 du 11 juillet 1979, dont les principales dispositions ont été codifiées au titre Ier du livre II du code des relations entre le public et l'administration relatives à la motivation et à la signature des actes administratifs (V. art. L. 211-1 s. reproduits ci-après), pose l'exigence de la motivation des décisions administratives individuelles défavorables. Dans l'énumération donnée par l'article L. 211-2 du code des relations entre le public et l'administration figurent, au titre des décisions devant être motivées, notamment celles restreignant l'exercice des libertés publiques, infligeant une sanction, subordonnant l'octroi d'une autorisation à des conditions restrictives ou imposant des sujétions, ou encore retirant ou abrogeant une décision créatrice de droits. Il en résulte qu'un grand nombre de décisions prises dans le domaine sportif, tant par les autorités publiques que bien évidemment privées, entrent dans le domaine d'application de la loi. L'exemple le plus connu concerne les décisions infligeant une sanction, telles les décisions disciplinaires prises par les commissions de discipline des fédérations sportives (obligation de motivation rappelée par le règlement disciplinaire type des fédérations sportives agréées, annexe I-6 partie réglementaire, du code du sport).

En outre, on soulignera que la loi précitée du 12 avril 2000 prévoit, à son article 24, et désormais à l'article L. 121-1 du code des relations entre le public et l'administration, que les décisions individuelles devant être motivées en application de la loi de 1979 sont soumises à une procédure contradictoire particulière (sous réserve des nombreuses exclusions apportées à son champ d'application). La loi consacre ici, pour étendre son domaine d'application (notamment aux collectivités territoriales et aux organismes de droit privé chargés de la gestion d'un service public administratif), le principe de la contradiction prévu par le décret n° 83-1025 du 28 novembre 1983 *(JO 3 déc.)* et dont les dispositions relatives à la procédure administrative non contentieuse ont été abrogées.

On notera également que la loi du 12 avril 2000 a été modifiée par la loi n° 2013-1005 du 12 novembre 2013 habilitant le Gouvernement à simplifier les relations entre l'administration et les citoyens *(JO 13 nov.)* qui, entre autres dispositions, vient renverser le principe selon lequel le silence gardé pendant deux mois vaut décision implicite de rejet. Ainsi, depuis le 12 novembre 2014, s'agissant des demandes adressées à l'État et, à compter du 12 novembre 2015, pour celles adressées à des organismes en charge d'une mission de service public (dont les fédérations et les ligues professionnelles), c'est le principe inverse qui est consacré (le silence pendant 2 mois valant décision implicite d'acceptation – principe dit du « SVA » pour « silence vaut acceptation » inscrit désormais à l'art. L. 231-1 du code des relations entre le public et l'administration).

La loi prévoit à l'article L. 231-4 toutefois des dérogations (par exemple, lorsque la demande ne tend pas à l'adoption d'une décision présentant le caractère d'une décision individuelle ou lorsqu'elle ne s'inscrit pas dans une procédure prévue par un texte législatif ou réglementaire ou présente le caractère d'une réclamation ou d'un recours administratif). De plus, il est prévu que des décrets peuvent, pour certaines décisions, écarter l'application du nouveau principe, lorsqu'une acception implicite ne serait pas compatible avec le respect des engagements de la France ou la protection de la sécurité nationale notamment (art. L. 231-4) ou pour des motifs de bonne administration (art. L. 231-5), ou fixer des délais différents emportant rejet ou acceptation de la demande (art. L. 231-6).

C'est ainsi que, dans le domaine du sport, certaines demandes restent soumises à la règle de la décision implicite de rejet à l'expiration d'un délai de deux, trois ou six mois (V. ci-après). Citons ainsi quatre décrets du 23 octobre 2014 (nos 2014-1294, 2014-1306, 2014-1307 et 2014-1308, *JO 1er nov.*) et deux décrets nos 2015-1455, 2015-1459 du 10 novembre 2015 (*JO 11 nov.*).

Le dernier décret cité (n° 2015-1459) prévoit ainsi à titre d'exemple que les autorisations d'ouverture au public des installations provisoires aménagées dans une enceinte sportive régies par les articles L. 312-12 et R. 312-20 du code du sport restent soumises au principe selon lesquels le silence vaut rejet.

Voir aussi les décrets nos 2015-1462 du 10 novembre 2015 (*JO 11 nov.*) et 2015-1752 du 24 décembre 2015 (*JO 26 déc.*) impactant les procédures des fédérations sportives et des ligues professionnelles (V. Comm. ss art. R. 131-46, et art. R. 132-18).

On notera également que le code des relations entre le public et l'administration comprend aussi des dispositions relatives au droit des usagers de saisir l'administration par voie électronique – ou « SVE » – (V. art. L. 112-8 s.) applicable aux instances sportives chargées d'une mission de service public depuis le 7 novembre 2016 au terme d'un délai différé d'entrée en vigueur de deux ans en application de l'ordonnance n° 2014-1330 du 6 novembre 2014 (*JO 7 nov.*). En application de ce principe, toute personne, dès lors qu'elle s'est identifiée préalablement auprès d'une administration, peut, dans des conditions déterminées par décret en Conseil d'État, adresser à celle-ci, par voie électronique, une demande, une déclaration, un document ou une information, ou lui répondre par la même voie. Cette administration est alors régulièrement saisie et traite cet envoi sans demander sa confirmation ou sa répétition sous une autre forme (V. art. L. 112-8). Les conditions d'application de ce nouveau principe ont été précisées en vue de cette entrée en vigueur au 7 novembre 2016 par le décret n° 2016-1411 du 20 octobre 2016. Par ailleurs, l'article L. 112-10 du code des relations entre le public et l'administration prévoit que l'application de ce principe peut être écartée, par décret en Conseil d'État, pour des motifs d'ordre public, de défense et de sécurité nationale, de bonne administration, ou lorsque la présence personnelle du demandeur apparaît nécessaire.

Enfin, dans un souci de simplification et de sécurité juridique, ce code consacre la règle jurisprudentielle concernant le retrait d'un acte individuel créateur de droit issue du célèbre arrêt *Ternon* (CE, ass., 26 oct. 2001, *n° 197018*), en vertu de laquelle l'administration peut retirer un tel acte à la double condition qu'il soit illégal et que le retrait intervienne dans un délai de quatre mois suivant son édiction (art. L. 243-3).

Les principales dispositions du code des relations entre le public et l'administration sont reproduites ci-après. ❑

Codes des relations entre le public et l'administration

DISPOSITIONS PRÉLIMINAIRES

Art. L. 100-1 **Le présent code régit les relations entre le public et l'administration en l'absence de dispositions spéciales applicables.**

Sauf dispositions contraires du présent code, celui-ci est applicable aux relations entre l'administration et ses agents.

Art. L. 100-2 **L'administration agit dans l'intérêt général et respecte le principe de légalité. Elle est tenue à l'obligation de neutralité et au respect du principe de laïcité. Elle se conforme au principe d'égalité et garantit à chacun un traitement impartial.**

Art. L. 100-3 **Au sens du présent code et sauf disposition contraire de celui-ci, on entend par :**

1° Administration : les administrations de l'État, les collectivités territoriales, leurs établissements publics administratifs et les organismes et personnes de droit public et de droit privé chargés d'une mission de service public administratif, y compris les organismes de sécurité sociale ;

2° Public :

***a)* Toute personne physique ;**

***b)* Toute personne morale de droit privé, à l'exception de celles qui sont chargées d'une mission de service public lorsqu'est en cause l'exercice de cette mission.**

Loi n° 2000-321 du 12 avril 2000,

Relative aux droits des citoyens dans leurs relations avec les administrations.

Art. 1er Sont considérés comme autorités administratives au sens de la présente loi les administrations de l'État, les collectivités territoriales, les établissements publics à caractère administratif, les organismes de sécurité sociale et les autres organismes chargés de la gestion d'un service public administratif.

Constitue une autorité administrative au sens de l'article 1er de la loi du 12 avril 2000 une ligue régionale d'une fédération sportive. Il s'ensuit que les fédérations sportives et leurs organes déconcentrés sont soumis aux dispositions de la loi du 12 avril 2000. • CAA Nantes, 18 nov. 2010, *Assoc. l'Églantine Vierzon football*, n° 09NT01342 : *JS n° 107, p. 11, obs. F. Lagarde.*

Dispositions relatives aux échanges avec l'administration

Les dispositions ci-après reproduites sont pour la plupart issues de la L. n° 2000-321 du 12 avr. 2000 relative aux droits des citoyens dans leurs relations avec les administrations

TITRE PREMIER LES DEMANDES DU PUBLIC ET LEUR TRAITEMENT

(Ord. n° 2015-1341 du 23 oct. 2015, en vigueur le 1er janv. 2016 ; Décr. n° 2015-1342 du 23 oct. 2015, en vigueur le 1er janv. 2016)

Art. L. 110-1 Sont considérées comme des demandes au sens du présent code les demandes et les réclamations, y compris les recours gracieux ou hiérarchiques, adressées à l'administration.

CHAPITRE II *MODALITÉS DE SAISINE ET D'ÉCHANGES*

SOUS-SECTION 2 *DÉLIVRANCE D'UN ACCUSÉ DE RÉCEPTION PAR L'ADMINISTRATION*

Art. L. 112-2 Les dispositions de la présente sous-section ne sont pas applicables aux relations entre l'administration et ses agents.

Art. L. 112-3 Toute demande adressée à l'administration fait l'objet d'un accusé de réception.

Les dispositions de l'alinéa précédent ne sont pas applicables :

1° Aux demandes abusives, notamment par leur nombre ou leur caractère répétitif ou systématique ;

2° Aux demandes, définies par décret en Conseil d'État, pour lesquelles l'administration dispose d'un bref délai pour répondre ou qui n'appellent pas d'autre réponse que le service d'une prestation ou la délivrance d'un document prévus par les lois ou règlements.

Les modalités d'application du présent article sont fixées par décret en Conseil d'État.

Art. R. 112-4 L'accusé de réception prévu à l'article L. 112-3 n'est pas délivré :

1° Lorsqu'une décision implicite ou expresse est acquise en vertu des lois et règlements au profit du demandeur, au terme d'un délai inférieur ou égal à quinze jours à compter de la date de réception de la demande ;

2° Lorsque la demande tend à la délivrance d'un document ou au service d'une prestation prévus par les lois et règlements pour laquelle l'administration ne dispose d'aucun autre pouvoir que celui de vérifier que le demandeur remplit les conditions légales pour l'obtenir.

Art. R. 112-5 L'accusé de réception prévu par l'article L. 112-3 comporte les mentions suivantes :

1° La date de réception de la demande et la date à laquelle, à défaut d'une décision expresse, celle-ci sera réputée acceptée ou rejetée ;

2° La désignation, l'adresse postale et, le cas échéant, électronique, ainsi que le numéro de téléphone du service chargé du dossier ;

3° Le cas échéant, les informations mentionnées à l'article L. 114-5, dans les conditions prévues par cet article.

Il indique si la demande est susceptible de donner lieu à une décision implicite de rejet ou à une décision implicite d'acceptation. Dans le premier cas, l'accusé de réception mentionne les délais et les voies de recours à l'encontre de la décision. Dans le second cas, il mentionne la possibilité offerte au demandeur de se voir délivrer l'attestation prévue à l'article L. 232-3.

....

CHAPITRE IV *DILIGENCES DE L'ADMINISTRATION*

SECTION PREMIÈRE *TRANSMISSION À L'AUTORITÉ COMPÉTENTE*

Art. L. 114-2 Lorsqu'une demande est adressée à une administration incompétente, cette dernière la transmet à l'administration compétente et en avise l'intéressé.

Art. L. 114-3 Le délai au terme duquel est susceptible d'intervenir une décision implicite de rejet court à compter de la date de réception de la demande par l'administration initialement saisie.

Le délai au terme duquel est susceptible d'intervenir une décision implicite d'acceptation ne court qu'à compter de la date de réception de la demande par l'administration compétente. Si cette administration informe l'auteur de la demande qu'il n'a pas fourni l'ensemble des informations ou pièces exigées par les textes législatifs et réglementaires en vigueur, le délai ne court qu'à compter de la réception de ces informations ou pièces.

Art. L. 114-4 L'accusé de réception est délivré dans tous les cas par l'administration compétente.

SECTION II *DEMANDES DE RÉGULARISATION DES DOSSIERS INCOMPLETS OU IRRÉGULIERS*

Art. L. 114-5 Lorsqu'une demande adressée à l'administration est incomplète, celle-ci indique au demandeur les pièces et informations manquantes exigées par les textes législatifs et réglementaires en vigueur. Elle fixe un délai pour la réception de ces pièces et informations.

Le délai mentionné à l'article L. 114-3 au terme duquel, à défaut de décision expresse, la demande est réputée acceptée ne court qu'à compter de la réception des pièces et informations requises.

Le délai mentionné au même article au terme duquel, à défaut de décision expresse, la demande est réputée rejetée est suspendu pendant le délai imparti pour produire les pièces et informations requises. Toutefois, la production de ces pièces et informations avant l'expiration du délai fixé met fin à cette suspension.

La liste des pièces et informations manquantes, le délai fixé pour leur production et la mention des dispositions prévues, selon les cas, au deuxième ou au troisième alinéa du présent article figurent dans l'accusé de réception prévu à l'article L. 112-3. Lorsque celui-ci a déjà été délivré, ces éléments sont communiqués par lettre au demandeur.

Art. L. 114-6 Lorsqu'une demande adressée à une administration est affectée par un vice de forme ou de procédure faisant obstacle à son examen et que ce vice est susceptible d'être couvert dans les délais légaux, l'administration invite l'auteur de la demande à la régulariser en lui indiquant le délai imparti pour cette régularisation, les formalités ou les procédures à respecter ainsi que les dispositions légales et réglementaires qui les prévoient.

Les délais de recours ne sont pas opposables à l'auteur de la demande lorsque la réponse de l'administration ne comporte pas les indications mentionnées à l'alinéa précédent.

TITRE DEUXIÈME **LE DROIT DE PRÉSENTER DES OBSERVATIONS AVANT L'INTERVENTION DE CERTAINES DÉCISIONS**

Art. L. 120-1 Le présent titre est applicable, outre aux administrations mentionnées au 1° de l'article L. 100-3, aux organismes et personnes chargés d'une mission de service public industriel et commercial, pour les décisions qu'ils prennent au titre de cette mission.

CHAPITRE PREMIER *DÉCISIONS SOUMISES AU RESPECT D'UNE PROCÉDURE CONTRADICTOIRE PRÉALABLE*

(Ord. n° 2015-1341 du 23 oct. 2015, en vigueur le 1er janv. 2016)

Art. L. 121-1 Exception faite des cas où il est statué sur une demande, les décisions individuelles qui doivent être motivées en application de l'article L. 211-2, ainsi que les décisions qui, bien que non mentionnées à cet article, sont prises en considération de la personne, sont soumises au respect d'une procédure contradictoire préalable.

Art. L. 121-2 Les dispositions de l'article L. 121-1 ne sont pas applicables :

1° En cas d'urgence ou de circonstances exceptionnelles ;

2° Lorsque leur mise en œuvre serait de nature à compromettre l'ordre public ou la conduite des relations internationales ;

3° Aux décisions pour lesquelles des dispositions législatives ont instauré une procédure contradictoire particulière ;

4° Aux décisions prises par les organismes de sécurité sociale et par l'institution visée à l'article L. 5312-1 du code du travail, sauf lorsqu'ils prennent des mesures à caractère de sanction.

Les dispositions de l'article L. 121-1, en tant qu'elles concernent les décisions individuelles qui doivent être motivées en application de l'article L. 211-2, ne sont pas applicables aux relations entre l'administration et ses agents.

CHAPITRE II *SIGNATURE*

(Ord. n° 2015-1341 du 23 oct. 2015, en vigueur le 1er janv. 2016)

Art. L. 212-1 Toute décision prise par une administration comporte la signature de son auteur ainsi que la mention, en caractères lisibles, du prénom, du nom et de la qualité de celui-ci.

1. Le procès-verbal d'une décision disciplinaire qui comporte les noms et qualités du président et du secrétaire de la commission disciplinaire mais pas la signature dudit président ne respecte pas les dispositions de l'art. 4 de la loi du 12 avr. 2000 (codifié à l'art. L. 212-1 CRPA). Une telle violation entache la décision litigieuse d'illégalité. • CAA Nantes, 18 nov. 2010, *Association l'Églantine Vierzon football.*

2. Un document annexé à un courrier daté et signé ne constitue pas une décision au sens du second al. de l'art. 4 de la loi du 12 avr. 2000. Les prescriptions posées par ce dernier ne lui sont, par voie de conséquence, pas applicables. • CE 9 nov. 2011, *Assoc. « Butte Paillade 91 »*, n° 347359 : *AJDA 2012. 655, obs. M. Cresp ; JCP Adm. 2012. 2167, note Ch. Dudognon.*

3. L'avis rendu par le comité d'experts mentionné à l'art. L. 232-2 C. sport et placé auprès de l'Agence française de lutte contre le dopage ne constitue pas une décision administrative soumise aux prévisions de l'art. 4 de la loi du 12 avr. 2000 alors même qu'il lie l'AFLD quant à sa décision sur la demande d'autorisation d'usage à des fins thérapeutiques qui lui est adressée. • CE 19 juin 2013, *M. et Mme B.*, n° 363376.

Art. L. 212-2 Sont dispensés de la signature de leur auteur, dès lors qu'ils comportent ses prénom, nom et qualité ainsi que la mention du service auquel celui-ci appartient, les actes suivants :

1° Les décisions administratives qui sont notifiées au public par l'intermédiaire d'un téléservice conforme à l'article L. 112-9 et aux articles 9 à 12 de l'ordonnance n° 2005-1516 du 8 décembre 2005 relative aux échanges électroniques entre les usagers et les autorités administratives et entre les autorités administratives ainsi que les actes préparatoires à ces décisions ;

2° Quelles que soient les modalités selon lesquelles ils sont portés à la connaissance des intéressés, les avis à tiers détenteur, les oppositions à tiers détenteur, les oppositions administratives ainsi que les saisies à tiers détenteur, adressés tant au tiers saisi qu'au redevable, les lettres de relance relatives à l'assiette ou au recouvrement, les mises en demeure de souscrire une déclaration ou d'effectuer un paiement, les décisions d'admission totale d'une réclamation et les demandes de documents et de renseignements pouvant être obtenus par la mise en œuvre du droit de communication prévu au chapitre II du titre II de la première partie du livre des procédures fiscales.

Art. L. 212-3 Les décisions de l'administration peuvent faire l'objet d'une signature électronique. Celle-ci n'est valablement apposée que par l'usage d'un procédé, conforme aux règles du référentiel général de sécurité mentionné au I de l'article 9 de l'ordonnance n° 2005-1516 du 8 décembre 2005 relative aux échanges électroniques entre les usagers et les autorités administratives et entre les autorités administratives, qui permette l'identification du signataire, garantisse le lien de la signature avec la décision à laquelle elle s'attache et assure l'intégrité de cette décision.

TITRE TROISIÈME LES DÉCISIONS IMPLICITES

(Ord. n° 2015-1341 du 23 oct. 2015, en vigueur le 1er janv. 2016 ; Décr. n° 2015-1342 du 23 oct. 2015, en vigueur le 1er janv. 2016)

CHAPITRE PREMIER *RÉGIMES DE DÉCISIONS IMPLICITES*

(Ord. n° 2015-1341 du 23 oct. 2015, en vigueur le 1er janv. 2016 ; Décr. n° 2015-1342 du 23 oct. 2015, en vigueur le 1er janv. 2016)

SECTION PREMIÈRE *PRINCIPE DU SILENCE VALANT ACCEPTATION*

Art. L. 231-1 Le silence gardé pendant deux mois par l'administration sur une demande vaut décision d'acceptation.

Art. D. 231-2 La liste des procédures pour lesquelles le silence gardé sur une demande vaut décision d'acceptation est publiée sur un site internet relevant du Premier ministre. Elle mentionne l'autorité à laquelle doit être adressée la demande ainsi que le délai au terme duquel l'acceptation est acquise.

Art. D. 231-3 La liste mentionnée à l'article D. 231-2 est publiée sur le site internet dénommé "legifrance.gouv.fr".

SECTION II *EXCEPTIONS*

SOUS-SECTION 1 *EXCEPTIONS À LA RÈGLE DU SILENCE VALANT ACCEPTATION*

Art. L. 231-4 Par dérogation à l'article L. 231-1, le silence gardé par l'administration pendant deux mois vaut décision de rejet :

1° Lorsque la demande ne tend pas à l'adoption d'une décision présentant le caractère d'une décision individuelle ;

2° Lorsque la demande ne s'inscrit pas dans une procédure prévue par un texte législatif ou réglementaire ou présente le caractère d'une réclamation ou d'un recours administratif ;

3° Si la demande présente un caractère financier sauf, en matière de sécurité sociale, dans les cas prévus par décret ;

4° Dans les cas, précisés par décret en Conseil d'État, où une acceptation implicite ne serait pas compatible avec le respect des engagements internationaux et européens de la France, la protection de la sécurité nationale, la protection des libertés et des principes à valeur constitutionnelle et la sauvegarde de l'ordre public ;

5° Dans les relations entre l'administration et ses agents.

Art. L. 231-5 Eu égard à l'objet de certaines décisions ou pour des motifs de bonne administration, l'application de l'article L. 231-1 peut être écartée par décret en Conseil d'État et en conseil des ministres.

SOUS-SECTION 2 *DÉLAIS DIFFÉRENTS D'ACQUISITION DE LA DÉCISION IMPLICITE D'ACCEPTATION OU DE REJET*

Art. L. 231-6 Lorsque l'urgence ou la complexité de la procédure le justifie, un délai différent de ceux prévus aux articles L. 231-1 et L. 231-4 peut être fixé par décret en Conseil d'État.

V. Comm. App., Actes administratifs, et Comm. ss. art. R. 131-46 C. sport pour des exemples de décrets pris en application des art. L. 231-4 à L. 231-6 CRPA.

CHAPITRE II *GARANTIES PROCÉDURALES*

(Ord. nº 2015-1341 du 23 oct. 2015, en vigueur le 1er janv. 2016)

SECTION PREMIÈRE *DÉLIVRANCE D'UNE ATTESTATION ET ACCOMPLISSEMENT DE MESURES DE PUBLICITÉ*

Art. L. 232-1 La présente section n'est pas applicable aux relations entre l'administration et ses agents.

Art. L. 232-2 Dans le cas où la décision demandée peut être acquise implicitement et doit faire l'objet d'une mesure de publicité à l'égard des tiers lorsqu'elle est expresse, la demande est publiée par les soins de l'administration, le cas échéant par voie électronique, avec l'indication de la date à laquelle elle sera réputée acceptée si aucune décision expresse n'est intervenue.

Art. L. 232-3 La décision implicite d'acceptation fait l'objet, à la demande de l'intéressé, d'une attestation délivrée par l'administration.

SECTION II *COMMUNICATION DES MOTIFS*

Art. L. 232-4 Une décision implicite intervenue dans les cas où la décision explicite aurait dû être motivée n'est pas illégale du seul fait qu'elle n'est pas assortie de cette motivation.

Toutefois, à la demande de l'intéressé, formulée dans les délais du recours contentieux, les motifs de toute décision implicite de rejet devront lui être communiqués dans le mois suivant cette demande. Dans ce cas, le délai du recours contentieux contre ladite décision est prorogé jusqu'à l'expiration de deux mois suivant le jour où les motifs lui auront été communiqués.

Une décision implicite de rejet du CNOSF quant à la communication de documents comptables est entachée d'illégalité faute d'avoir communiqué les motifs de sa décision à l'association demanderesse. • CE 10 janv. 2007, *CNOSF*, n° 280069.

Dispositions relatives à l'accès aux documents administratifs

Issues principalement de la L. n° 78-753 du 17 juill. 1978 portant diverses mesures d'amélioration des relations entre l'administration et le public et diverses dispositions d'ordre administratif, social et fiscal.

LIVRE TROISIÈME L'ACCÈS AUX DOCUMENTS ADMINISTRATIFS ET LA RÉUTILISATION DES INFORMATIONS PUBLIQUES

(Ord. n° 2015-1341 du 23 oct. 2015, en vigueur le 1er janv. 2016 ; Décr. n° 2015-1342 du 23 oct. 2015, en vigueur le 1er janv. 2016)

Art. L. 300-1 Le droit de toute personne à l'information est précisé et garanti par les dispositions des titres Ier, III et IV du présent livre en ce qui concerne la liberté d'accès aux documents administratifs.

Art. L. 300-2 Sont considérés comme documents administratifs, au sens des titres Ier, III et IV du présent livre, quels que soient leur date, leur lieu de conservation, leur forme et leur support, les documents produits ou reçus, dans le cadre de leur mission de service public, par l'État, les collectivités territoriales ainsi que par les autres personnes de droit public ou les personnes de droit privé chargées d'une telle mission. Constituent de tels documents notamment les dossiers, rapports, études, comptes rendus, procès-verbaux, statistiques, instructions, circulaires, notes et réponses ministérielles, correspondances, avis, prévisions *(L. n° 2016-1321 du 7 oct. 2016, art. 2-I)* « , codes sources » et décisions.

Les actes et documents produits ou reçus par les assemblées parlementaires sont régis par l'ordonnance n° 58-1100 du 17 novembre 1958 relative au fonctionnement des assemblées parlementaires.

1. Les demandes de conciliation déposées devant le Comité national olympique et sportif français, ainsi que les avis rendus par le ou les conciliateurs conformément à l'art. 19 de la loi du 16 juill. 1984 modifiée ne sont pas au nombre des documents visés à l'art. 1er de la loi du 17 juill. 1978 (codifié à l'art. L. 300-2 du code des relations entre le public et l'administration) et ne sont donc pas communicables de plein droit aux personnes qui en font la demande, dès lors, d'une part, qu'ils comportent nécessairement des indications nominatives et, d'autre part, que leur communication pourrait porter atteinte au déroulement des procédures engagées devant les juridictions ou des opérations préliminaires à de telles procédures. • TA Paris, 2 juill. 1996, *Le Sain : req. n° 9508850/6*, confirmé par • CAA Paris, 28 juill. 1998, *Le Sain : req. n° 96PA03367.*

2. La liste mentionnant le nom des licenciés de la Fédération française d'athlétisme ayant obtenu une carte d'accès à l'Institut national du sport et de l'éducation physique (INSEP) ne constitue pas un document de caractère nominatif au sens de l'art. 1er de la loi du 17 juill. 1978, en sorte que la requérante est en droit d'en obtenir la communication. • TA Paris, 9 avr. 1996, *Moyon de Baecque : req. n° 9500321/6.*

3. La Fédération française de karaté, taekwondo et arts martiaux affinitaires ayant le caractère d'organisme de droit privé chargé de la gestion d'un service public au sens de l'art. 2 de la loi du 17 juill. 1978, une personne licenciée de cette fédération est en droit d'obtenir communication des documents nominatifs la concernant figurant en annexe d'une lettre adressée à un journal sportif par le président de ladite fédération. • CE 12 juill. 1995, *Féd. fr. de karaté, taekwondo et arts martiaux affinitaires : req. n° 158939.*

4. Les documents relatifs à l'élection d'un organe délibérant d'une fédération sportive relèvent du fonctionnement interne de cette dernière. Ils ne sont pas des documents administratifs communicables faute d'un lien suffisamment direct avec la mission de service public impartie à la fédération. • CE 24 avr. 2013, *Mme A. : req. n° 338649.* ♦ La cour administrative d'appel de Paris avait estimé le contraire, dans un arrêt de 2001, considérant que les documents sollicités, relatifs aux élections du comité directeur de la Fédération française de karaté, taekwondo et arts martiaux affinitaires, se rattachent directement aux conditions dans lesquelles cet organisme exerce, par l'intermédiaire notamment de ses dirigeants désignés conformément à ses statuts, les missions de service public qui lui sont confiées, et présentent de ce fait par leur nature et leur objet le caractère de documents administratifs. • CAA Paris, 11 oct. 2001, *Le Sain : req. n° 99PA02986.*

5. Constituent par leur nature ou leur objet des documents administratifs : les documents comptables d'une fédération sportive ou d'une ligue régionale. • CAA Paris, 12 oct. 2000, *Marmurek : req. n° 99PA01684* • TA Lyon, 7 févr. 2002, *Duquesne : req. n° 0104039.* ♦ ... Un document comptable établi à la demande d'un organisme de droit privé chargé de la gestion d'un service public [en l'espèce, la ligue de karaté de Bourgogne] par un prestataire extérieur. • CE 6 oct. 2008, *Fromentin : req. n° 289389* ♦ ... Les conventions d'objectifs des fédérations sportives visées à l'art. R. 411-1 C. sport • TA Paris, 3 févr. 2016, n° 1513538.

TITRE PREMIER LE DROIT D'ACCÈS AUX DOCUMENTS ADMINISTRATIFS

(Ord. n° 2015-1341 du 23 oct. 2015, en vigueur le 1er janv. 2016 ; Décr. n° 2015-1342 du 23 oct. 2015, en vigueur le 1er janv. 2016)

SECTION PREMIÈRE *ÉTENDUE DU DROIT À COMMUNICATION*

Art. L. 311-1 **Sous réserve des dispositions des articles L. 311-5 et L. 311-6, les administrations mentionnées à l'article L. 300-2 sont tenues** *(L. n° 2016-1321 du 7 oct. 2016, art. 3-2°)* **« de publier en ligne ou » de communiquer les documents administratifs qu'elles détiennent aux personnes qui en font la demande, dans les conditions prévues par le présent livre.**

Art. L. 311-2 **Le droit à communication ne s'applique qu'à des documents achevés.**

Le droit à communication ne concerne pas les documents préparatoires à une décision administrative tant qu'elle est en cours d'élaboration. Cependant, les avis, prévus par les textes législatifs ou réglementaires, au vu desquels est prise une décision rendue sur une demande tendant à bénéficier d'une décision individuelle créatrice de droits, sont communicables à l'auteur de cette demande dès leur envoi à l'autorité compétente pour statuer sur la demande. Lorsque les motifs de l'avis n'y figurent pas, ceux-ci doivent être également communiqués au demandeur en cas d'avis défavorable.

Par dérogation aux dispositions de l'alinéa précédent, les avis qui se prononcent sur les mérites comparés de deux ou plusieurs demandes dont l'administration a été saisie ne sont pas communicables tant que la décision administrative qu'ils préparent n'a pas été prise.

Le droit à communication ne s'exerce plus lorsque les documents font l'objet d'une diffusion publique.

Le dépôt aux archives publiques des documents administratifs communicables aux termes du présent chapitre ne fait pas obstacle au droit à communication à tout moment desdits documents.

Lorsqu'une administration mentionnée à l'article L. 300-2 est saisie d'une demande de communication portant sur un document administratif qu'elle ne détient pas mais qui est détenu par une autre administration mentionnée au même article, elle la transmet à cette dernière et en avise l'intéressé.

Lorsqu'une administration mentionnée à l'article L. 300-2, ou la Commission d'accès aux documents administratifs, est saisie d'une demande de communication d'un document administratif susceptible de relever de plusieurs des régimes d'accès mentionnés aux articles L. 342-1 et L. 342-2, il lui appartient de l'examiner d'office au regard de l'ensemble de ces régimes, à l'exception du régime organisé par l'article L. 213-3 du code du patrimoine.

L'administration n'est pas tenue de donner suite aux demandes abusives, en particulier par leur nombre ou leur caractère répétitif ou systématique.

Un document perd son caractère de document préparatoire et acquiert celui de document administratif dès lors que le processus décisionnel auquel il est intégré est achevé ou qu'il apparait de façon certaine qu'aucune décision n'interviendra à la suite de ce dernier ; les correspondances entre deux commissions au sujet d'une procédure disciplinaire deviennent donc communicables si aucune décision n'a a été prise à l'issue du délai de 6 mois à compter de l'engagement des poursuites disciplinaires qui était imparti aux commissions disciplinaires de la fédération concernée pour se prononcer. • TA Versailles, 29 juill. 2013, n° 1104301.

Art. L. 311-3 **Sous réserve des dispositions de la loi n° 78-17 du 6 janvier 1978 relative à l'informatique, aux fichiers et aux libertés, concernant les données à caractère personnel figurant dans des fichiers, toute personne a le droit de connaître les informations contenues dans un document administratif dont les conclusions lui sont opposées.**

Sur sa demande, ses observations à l'égard desdites conclusions sont obligatoirement consignées en annexe au document concerné.

L'utilisation d'un document administratif au mépris des dispositions ci-dessus est interdite.

Art. L. 311-4 Les documents administratifs sont communiqués *(L. nº 2016-1321 du 7 oct. 2016, art. 8-I)* « ou publiés » sous réserve des droits de propriété littéraire et artistique.

Art. L. 311-5 Ne sont pas communicables :

1° Les avis du Conseil d'État et des juridictions administratives, les documents de la Cour des comptes mentionnés à l'article L. 141-10 du code des juridictions financières et les documents des chambres régionales des comptes mentionnés à l'article L. 241-6 du même code, les documents élaborés ou détenus par l'Autorité de la concurrence dans le cadre de l'exercice de ses pouvoirs d'enquête, d'instruction et de décision, les documents élaborés ou détenus par la Haute Autorité pour la transparence de la vie publique dans le cadre des missions prévues à l'article 20 de la loi n° 2013-907 du 11 octobre 2013 relative à la transparence de la vie publique, les documents préalables à l'élaboration du rapport d'accréditation des établissements de santé prévu à l'article L. 6113-6 du code de la santé publique, les documents préalables à l'accréditation des personnels de santé prévue à l'article L. 1414-3-3 du code de la santé publique, les rapports d'audit des établissements de santé mentionnés à l'article 40 de la loi n° 2000-1257 du 23 décembre 2000 de financement de la sécurité sociale pour 2001 et les documents réalisés en exécution d'un contrat de prestation de services exécuté pour le compte d'une ou de plusieurs personnes déterminées ;

2° Les autres documents administratifs dont la consultation ou la communication porterait atteinte :

a) Au secret des délibérations du Gouvernement et des autorités responsables relevant du pouvoir exécutif ;

b) Au secret de la défense nationale ;

c) A la conduite de la politique extérieure de la France ;

d) A la sûreté de l'État, à la sécurité publique ou à la sécurité des personnes ;

e) A la monnaie et au crédit public ;

f) Au déroulement des procédures engagées devant les juridictions ou d'opérations préliminaires à de telles procédures, sauf autorisation donnée par l'autorité compétente ;

g) A la recherche, par les services compétents, des infractions fiscales et douanières ;

h) Ou sous réserve de l'article L. 124-4 du code de l'environnement, aux autres secrets protégés par la loi.

Art. L. 311-6 Ne sont communicables qu'à l'intéressé les documents administratifs :

1° Dont la communication porterait atteinte à la protection de la vie privée, au secret médical et au secret en matière commerciale et industrielle ;

2° Portant une appréciation ou un jugement de valeur sur une personne physique, nommément désignée ou facilement identifiable ;

3° Faisant apparaître le comportement d'une personne, dès lors que la divulgation de ce comportement pourrait lui porter préjudice.

Les informations à caractère médical sont communiquées à l'intéressé, selon son choix, directement ou par l'intermédiaire d'un médecin qu'il désigne à cet effet, dans le respect des dispositions de l'article L. 1111-7 du code de la santé publique.

Art. L. 311-7 Lorsque la demande porte sur un document comportant des mentions qui ne sont pas communicables en application des articles L. 311-5 et L. 311-6 mais qu'il est possible d'occulter ou de disjoindre, le document est communiqué au demandeur après occultation ou disjonction de ces mentions.

Art. L. 311-8 Les documents administratifs non communicables au sens du présent chapitre deviennent communicables au terme des délais et dans les conditions fixés par les articles L. 213-1 et L. 213-2 du code du patrimoine. Avant l'expiration de ces délais et par dérogation aux dispositions du présent article, la consultation de ces documents peut être autorisée dans les conditions prévues par l'article L. 213-3 du même code.

SECTION II *MODALITÉS DU DROIT À COMMUNICATION*

Art. L. 311-9 L'accès aux documents administratifs s'exerce, au choix du demandeur et dans la limite des possibilités techniques de l'administration :

1° Par consultation gratuite sur place, sauf si la préservation du document ne le permet pas ;

2° Sous réserve que la reproduction ne nuise pas à la conservation du document, par la délivrance d'une copie sur un support identique à celui utilisé par l'administration ou compatible avec celui-ci et aux frais du demandeur, sans que ces frais puissent excéder le coût de cette reproduction, dans des conditions prévues par décret ;

3° Par courrier électronique et sans frais lorsque le document est disponible sous forme électronique.

1. Est considérée comme un refus de communication la proposition d'une Ligue régionale de transmettre une copie des documents sur un support informatique moyennant le paiement préalable d'une somme qui excède le montant maximal prévu par voie réglementaire. • CE 21 janv. 2008, *La ligue de Normandie de karaté et arts martiaux,* n° 287721.

2. Une ligue régionale n'est pas tenue d'enregistrer les documents à communiquer à l'aide d'un autre logiciel ou sous un format différent de celui qu'elle utilise. • CE 17 févr. 2010, *Ligue de karaté de Bourgogne,* n° 289389.

TITRE QUATRIÈME **LA COMMISSION D'ACCÈS AUX DOCUMENTS ADMINISTRATIFS**

(Ord. n° 2015-1341 du 23 oct. 2015, en vigueur le 1er janv. 2016 ; Décr. n° 2015-1342 du 23 oct. 2015, en vigueur le 1er janv. 2016)

Art. L. 340-1 La Commission d'accès aux documents administratifs est une autorité administrative indépendante.

Elle est chargée de veiller au respect de la liberté d'accès aux documents administratifs et aux archives publiques ainsi qu'à l'application du chapitre II de la loi n° 78-753 du 17 juillet 1978 portant diverses mesures d'amélioration des relations entre l'administration et le public et diverses dispositions d'ordre administratif, social et fiscal relatif à la réutilisation des informations publiques dans les conditions prévues par cette loi, par le présent livre et par le titre Ier du livre II du code du patrimoine.

CHAPITRE PREMIER ***COMPOSITION ET FONCTIONNEMENT DE LA COMMISSION D'ACCÈS AUX DOCUMENTS ADMINISTRATIFS***

Art. L. 341-1 La commission comprend onze membres :

1° Un membre du Conseil d'État, d'un grade au moins égal à celui de conseiller, président, un magistrat de la Cour de cassation et un magistrat de la Cour des comptes en activité ou honoraire, désignés respectivement par le vice-président du Conseil d'État, le premier président de la Cour de cassation et le premier président de la Cour des comptes ;

2° Un député et un sénateur, désignés respectivement par le président de l'Assemblée nationale et le président du Sénat ;

3° Un élu d'une collectivité territoriale, désigné par le président du Sénat ;

4° Un professeur de l'enseignement supérieur, en activité ou honoraire, proposé par le président de la commission ;

5° Une personnalité qualifiée en matière d'archives, proposée par le directeur général des patrimoines ;

6° Une personnalité qualifiée en matière de protection des données à caractère personnel, proposée par le président de la Commission nationale de l'informatique et des libertés ;

7° Une personnalité qualifiée en matière de concurrence et de prix, proposée par le président de l'Autorité de la concurrence ;

8° Une personnalité qualifiée en matière de diffusion publique d'informations.

Un suppléant est désigné dans les mêmes conditions pour chacun des membres.

Chacune des autorités appelées à désigner ou proposer un membre de la commission en application du présent article fait en sorte que, après cette désignation ou cette proposition, l'écart entre le nombre de femmes et d'hommes parmi l'ensemble des membres, d'une part, et parmi les membres titulaires, d'autre part, ne soit pas supérieur à un.

Les membres de la commission sont nommés par décret du Premier ministre. Leur mandat est, à l'exception de ceux mentionnés aux 2° et 3°, qui siègent pour la durée du mandat au titre duquel ils ont été désignés, d'une durée de trois ans. Ce mandat est renouvelable.

La commission comprend en outre, avec voix consultative, le Défenseur des droits ou son représentant.

Un commissaire du Gouvernement, désigné par le Premier ministre, siège auprès de la commission et assiste à ses délibérations, sauf lorsque la commission se prononce en application des dispositions de l'article 18 de la loi n° 78-753 du 17 juillet 1978 portant diverses mesures d'amélioration des relations entre l'administration et le public et diverses dispositions d'ordre administratif, social et fiscal ou de l'article L. 342-3 du présent code.

En cas de partage égal des voix, celle du président de la commission est prépondérante.

Un décret en Conseil d'État détermine les modalités de fonctionnement de la commission. Il fixe notamment les cas et les conditions dans lesquels la commission peut délibérer en formation restreinte.

....

CHAPITRE II *ATTRIBUTIONS DE LA COMMISSION D'ACCÈS AUX DOCUMENTS ADMINISTRATIFS*

Art. L. 342-1 La Commission d'accès aux documents administratifs émet des avis lorsqu'elle est saisie par une personne à qui est opposé un refus de communication d'un document administratif en application du titre Ier, un refus de consultation ou de communication des documents d'archives publiques, à l'exception des documents mentionnés au *c* de l'article L. 211-4 du code du patrimoine et des actes et documents produits ou reçus par les assemblées parlementaires, ou une décision défavorable en matière de réutilisation d'informations publiques.

La saisine pour avis de la commission est un préalable obligatoire à l'exercice d'un recours contentieux.

Art. L. 342-2 La commission est également compétente pour connaître des questions relatives :

A. – A l'accès aux documents administratifs et à la réutilisation des informations publiques relevant des dispositions suivantes :

1° L'article 2449 du code civil ;

2° L'article 79 du code civil local d'Alsace-Moselle ;

3° Les articles L. 2121-26, L. 3121-17, L. 4132-16, L. 5211-46, L. 5421-5, L. 5621-9 et L. 5721-6 du code général des collectivités territoriales ;

4° Les articles L. 28, L. 68 et L.O. 179 du code électoral ainsi que les dispositions de ce code relatives au registre des procurations ;

5° Les dispositions du code rural et de la pêche maritime relatives aux listes électorales des chambres départementales d'agriculture ;

6° Les dispositions du code forestier relatives aux listes électorales des centres régionaux de la propriété forestière ;

7° Les articles L. 121-5, L. 123-1 à L. 123-19, L. 213-13 et L. 332-29 du code de l'urbanisme ;

8° Les chapitres III et IV du titre II du livre Ier du code de l'environnement ;

9° Les articles L. 225-3, L. 225-5 et L. 330-2 à L. 330-5 du code de la route ;

10° Les dispositions du code de la voirie routière relatives aux enquêtes publiques en matière de classement, d'ouverture, de redressement, de fixation de la largeur et de déclassement des voies communales ;

11° Le *a* et le *b* de l'article L. 104 et les articles L. 106, L. 111 et L. 135 B du livre des procédures fiscales ;

12° L'article L. 107 A du livre des procédures fiscales ;

13° L'article L. 421-8 du code de l'action sociale et des familles ;

14° Les articles L. 1111-7 et L. 1131-1 du code de la santé publique ;

15° L'article L. 161-37 du code de la sécurité sociale ;

16° L'article 10 de la loi n° 2000-321 du 12 avril 2000 relative aux droits des citoyens dans leurs relations avec les administrations ;

17° L'article 17 de la loi du 31 décembre 1913 sur les monuments historiques ;

18° Les dispositions relatives à la conservation du cadastre ;

19° L'article 5 de la loi du 1er juillet 1901 relative au contrat d'association ;

20° L'article 12 de la loi du 1er mai 1889, révisée par la loi du 20 mai 1898, sur les associations coopératives de production et de consommation ;

21° Les dispositions relatives aux procès-verbaux des séances de la commission de surveillance et de contrôle des publications destinées à la jeunesse.

B. – A l'accès aux informations détenues par les exploitants d'une installation nucléaire de base et les personnes responsables de transport de substances radioactives dans les conditions définies aux articles L. 125-10 et L. 125-11 du code de l'environnement.

C. – A la réutilisation des informations publiques relevant du chapitre III du titre II de la loi du 1er juin 1924 mettant en vigueur la législation civile française dans les départements du Bas-Rhin, du Haut-Rhin et de la Moselle.

Art. L. 342-3 La commission, lorsqu'elle est saisie par une administration mentionnée à l'article L. 300-2, peut, au terme d'une procédure contradictoire, infliger à l'auteur d'un

manquement aux prescriptions du chapitre II de la loi n° 78-753 du 17 juillet 1978 portant diverses mesures d'amélioration des relations entre l'administration et le public et diverses dispositions d'ordre administratif, social et fiscal relatif à la réutilisation des informations publiques les sanctions prévues par l'article 18 de cette même loi.

Art. R. 342-4 La commission peut être consultée par les autorités mentionnées à l'article L. 300-2 sur toutes questions relatives à l'application des titres Ier, II et IV du présent livre et du titre Ier du livre II du code du patrimoine.

Les demandes de consultation sont formées auprès de la commission par lettre, télécopie ou voie électronique. Elles sont accompagnées, le cas échéant, du ou des documents sur lesquels l'autorité souhaite interroger la commission.

Art. R. 342-5 La commission peut proposer au Gouvernement toute modification des dispositions législatives ou réglementaires relatives au droit d'accès aux documents administratifs ou au droit de réutilisation des informations publiques ainsi que toute mesure de nature à en faciliter l'exercice.

ALCOOL ET TABAC

BIBL. GÉN. ▶ *RJ éco. sport 1992, n° spéc. (20)* ; Sport-Alcool-Tabac, V. notamment F. Caballero, Tabac, alcool et parrainage sportif, *p. 25* ; E. Wagner, Le parrainage et le mécénat sportif face à la lutte contre le tabagisme et l'alcoolisme, *p. 99*. – S. Duteil, Les grands événements sportifs à l'épreuve de la loi Évin grâce à la publicité virtuelle, *Gaz. Pal. 2003, n° 40, p. 1271*. – F. Gras, Sport et parrainage par des marques d'alcool et de tabac, *Légicom, juill. 2000, p. 97*. – F. Lagarde, Débits de boissons, *in Dict. jur. du sport, Dalloz, Juriséditions, 2013, p. 124* – Parrainage, *in Dict. perm. Droit du sport, Éd. Législatives, 2004*.

COMMENTAIRE

En France, la réglementation applicable à l'alcool et au tabac est issue, pour l'essentiel, de la loi n° 91-32 du 10 janvier 1991, plus connue sous le nom de loi « Évin ». Après avoir figuré pour partie dans le code des débits de boissons, cette loi a logiquement trouvé sa place dans le code de la santé publique (Ord. n° 2000-548 du 15 juin 2000, *JO 29 juin*). Ce dernier consacre ainsi, dans sa troisième partie, un livre III à la lutte contre l'alcoolisme et un livre V à la lutte contre le tabagisme.

Dans le domaine du sport, les restrictions imposées par la loi concernent, d'une part, la vente et la distribution de boissons alcoolisées dans les installations sportives (I), d'autre part, la publicité et le parrainage publicitaire en faveur de l'alcool et du tabac (II). En ce qui concerne les opérations de mécénat sportif par des producteurs d'alcool ou de tabac, celles-ci sont envisageables sous certaines conditions (III).

I. LA VENTE ET LA DISTRIBUTION DE BOISSONS ALCOOLISÉES DANS LES INSTALLATIONS SPORTIVES

L'article L. 3335-4 du code de la santé publique interdit la vente et la distribution de boissons alcooliques de plus de 1,2 degré (groupes 3 à 5) dans les stades, dans les salles d'éducation physique, les gymnases et d'une manière générale, dans tous les établissements d'activités physiques et sportives.

Des dérogations sont toutefois possibles, notamment au bénéfice des groupements sportifs agréés qui en font la demande, dans la limite de dix autorisations annuelles d'une durée de 48 heures chacune (s'agissant des clubs omnisports, les dix autorisations doivent s'entendre comme concernant la structure mère, à charge pour elle de les répartir entre ses différentes sections, V. Circ. NOR/INT/D/99/00243/C du 6 déc. 1999).

Le nombre de dérogations annuelles avait été porté de 1 à 10 par le décret n° 96-704 du 8 août 1996 modifiant le décret n° 92-880 du 26 août 1992. Saisi d'un recours de la Fédération nationale de l'industrie hôtelière, le Conseil d'État avait annulé ces dispositions réglementaires, estimant qu'elles altéraient la portée de l'interdiction de vente et de distribution de boissons alcoolisées dans les enceintes sportives et qu'elles méconnaissaient l'objectif poursuivi par le législateur qui entendait notamment assurer la protection de la santé publique, et plus spécialement celle des jeunes (CE, sect., 30 nov. 1998, *Féd. nat. de l'industrie hôtelière : Lebon 450*). Cette décision a immédiatement conduit le gouvernement à modifier la loi, afin de rétablir le régime des dix dérogations annuelles (L. n° 98-1267 du 30 déc. 1998, art. 21, *JO 31 déc.*).

Depuis la loi de finances n° 2000-1352 du 30 décembre 2000, ces dérogations temporaires sont accordées par le maire (et non plus par le préfet, sauf à Paris où le préfet de police demeure compétent). Elles ne peuvent concerner que la vente et la distribution des boissons du troisième groupe.

Sur les conditions d'octroi des dérogations temporaires au bénéfice des groupements sportifs agréés, V. CSP, art. D. 3335-16 à D. 3335-18.

II. LA PUBLICITÉ ET LE PARRAINAGE PUBLICITAIRE EN FAVEUR DU TABAC ET DES BOISSONS ALCOOLIQUES

Les législations des États membres de l'Union européenne en matière de publicité et de parrainage publicitaire en faveur du tabac et surtout de l'alcool sont relativement disparates. La France se distingue par une réglementation particulièrement contraignante. Ces disparités peuvent constituer une source d'entraves à la libre circulation entre les États membres des produits ou services servant de supports à cette publicité ou ce parrainage, notamment lorsque ces opérations ont des effets transfrontaliers.

A. LE CAS DU TABAC

L'article L. 3512-2 du code de la santé publique interdit la publicité, directe ou indirecte, ainsi que toute opération de parrainage publicitaire en faveur du tabac, des produits du tabac et des ingrédients du tabac. La seule dérogation applicable dans le domaine du sport concerne le cas particulier des retransmissions télévisées de compétitions de sports mécaniques se déroulant dans des pays où la publicité pour le tabac est autorisée (CSP, art. L. 3512-6).

Le non-respect de cette interdiction est passible d'une amende de 100 000 euros. Le maximum de l'amende peut être porté à 50 % du montant des dépenses consacrées à l'opération illégale (CSP, art. L. 3515-3).

Sur le plan communautaire, la directive « tabac » (Dir. n° 2003/33/CE du Parlement européen et du Conseil du 26 mai 2003 concernant le rapprochement des dispositions législatives, réglementaires et administratives des États membres en matière de publicité et de parrainage en faveur des produits du tabac) impose des restrictions tout aussi importantes. Elle pose en principe l'interdiction de la publicité en faveur du tabac dans la presse écrite (à l'exception des publications exclusivement destinées aux professionnels du tabac) et à la radio (la publicité et le parrainage télévisés en faveur du tabac sont interdits par la Dir n° 2010/13/UE du Parlement européen et du Conseil du 10 mars 2010 visant la coordination de certaines dispositions législatives, réglementaires et administratives des États membres relatives à la fourniture de services de médias audiovisuels, dite directive services de médias audiovisuels).

La directive de 2003 interdit également le parrainage de manifestations (sportives notamment) ou d'activités concernant plusieurs États membres ou ayant d'autres effets transfrontaliers (comme par exemple les grands prix de Formule 1).

En revanche, les autres formes de publicité, telles que la publicité indirecte, et le parrainage de manifestations ou d'activités n'ayant pas d'effets transfrontaliers n'entrent pas dans le champ de la directive. Dans le respect du Traité, les États membres restent compétents pour régir ces questions, comme ils l'estiment nécessaire pour assurer la protection de la santé humaine.

Au plan international, la France a ratifié la convention-cadre pour la lutte antitabac de l'Organisation mondiale pour la santé (OMS), adoptée le 21 mai 2003 et entrée en vigueur le 27 février 2005. Il y est prévu notamment que les États signataires s'engagent à instaurer une interdiction globale de toute publicité, promotion et parrainage en faveur du tabac.

Avec l'apparition des produits électroniques de vapotage (cigarette électronique), la question s'est posée de l'application à ce type de produit des règles du code de la santé publique relatives à la lutte contre le tabagisme, notamment en matière de publicité et de parrainage. Dans une circulaire de septembre 2014, la ministre de la Santé a opté pour une interprétation extensive de la loi. Il y est indiqué en effet que « toute publicité pour un dispositif électronique de vapotage ou pour une recharge de liquide destinée à être utilisée avec un tel produit, dans la mesure où il rappelle, par sa présentation (goût, slogan, etc.), son appellation (dénomination, logo de marque, etc.) ou son graphisme (visuel publicitaire, forme du modèle, etc.) le tabac, un produit du tabac ou l'acte de fumer, est prohibée, même dans les cas où le dispositif ou la recharge ne contiendrait pas de nicotine ». Ainsi, selon la ministre, la publicité pour une marque de cigarette électronique est possible à condition de ne pas constituer une publicité indirecte pour le tabac (Circ. n° DGS/MC2/2014/273 du 25 sept. 2014 relative à l'encadrement de la publicité des dispositifs électroniques de vapotage).

Quoi qu'il en soit, l'interdiction de la publicité pour la cigarette électronique ne fera plus débat à compter du 20 mai 2016 en raison de l'entrée en vigueur à cette date de la directive 2014/40/UE du 3 avril 2014 relative au rapprochement des dispositions législatives, réglementaires et administratives des États membres en matière de fabrication, de présentation et de vente des produits du tabac et des produits connexes (abrogeant la dir. 2001/37/CE). En effet, celle-ci prévoit expressément, dans son article 20, l'interdiction de la publicité directe ou indirecte pour ce produit sur internet, dans la presse, à la radio, à la télévision ainsi que dans le cadre d'opérations de parrainage. Cette interdiction a été relayée en France par la loi n° 2016-41 du 26 janvier 2016 de modernisation de notre système de santé (art. 23 ; CSP, art. L. 3513-4)

B. LE CAS DE L'ALCOOL

L'article L. 3323-2 interdit la publicité, directe ou indirecte, ainsi que le parrainage publicitaire en faveur des boissons alcooliques de plus de 1,2 degré.

Le texte prévoit quelques dérogations en matière de publicité : presse écrite (à l'exception des publications pour la jeunesse), radio (le mercredi entre 0 h et 7 h, les autres jours entre 0 h et 17 h), etc. Aucune de ces dérogations ne concerne spécifiquement la publicité sur le lieu des manifestations sportives. Cependant, l'une d'entre elles (art. L. 3323-2-3°) autorise la publicité en faveur de l'alcool sous forme « d'affiches et d'enseignes ». Depuis la loi du 8 août 1994, cette dérogation n'est plus limitée comme auparavant aux seules « zones de production » et peut donc, *a priori*, s'appliquer en tous lieux. Une publicité pour une boisson alcoolisée, sous la forme d'un panneau statique, apposée dans un équipement sportif, apparaît par conséquent licite au regard du droit positif. L'Autorité de régulation professionnelle de la publicité (ARPP) recommande toutefois aux annonceurs de s'abstenir volontairement d'user de leur droit de publicité par affichage sur les terrains de sport français, à l'occasion de manifestations sportives (Recommandation, juin 2010).

En 2009, le législateur est venu combler un vide juridique en autorisant la publicité en faveur des boissons alcoolisées sur internet, à l'exclusion toutefois des sites édités par des associations, sociétés et fédérations sportives ou des ligues professionnelles (L. n° 2009-879 du 21 juill. 2009, portant réforme de l'hôpital et relative aux patients, à la santé et aux territoires, *JO 22 juill.*, CSP, art. L. 3323-2-9°).

La télévision ne fait pas partie des supports autorisés par la loi. La publicité télévisée en faveur des boissons alcoolisées de plus de 1,2 degré est donc interdite en France, ce que confirme l'article 8 du décret n° 92-280 du 27 mars 1992 relatif à la publicité et au parrainage à la télévision.

Cette interdiction doit-elle s'appliquer également à la diffusion en France d'images télévisées d'un événement sportif laissant apparaître des publicités statiques en faveur de boissons alcooliques, alors même que ces publicités sont licites au regard de la législation du pays où se déroule l'événement ?

Dans un premier temps, le Conseil supérieur de l'audiovisuel (CSA) a adopté sur cette question une position très rigide, estimant que les images litigieuses constituaient des publicités télévisées illicites, ce qui a conduit les chaînes de télévision nationales, au début des années 1990, à annuler la retransmission de nombreux événements sportifs.

Pour pallier cette insécurité juridique, le CSA a assoupli sa position en proposant aux diffuseurs français de respecter un code de bonne conduite, dont l'intérêt essentiel est de distinguer, quant à l'application de la loi, entre les manifestations multinationales (dont les images ont vocation à être diffusées dans un grand nombre de pays et ne peuvent pas être considérées comme visant principalement le public français) et les manifestations binationales (qui opposent deux équipes ou deux sportifs dont un est français et qui visent spécifiquement le public français).

Les premières peuvent être librement retransmises par les chaînes de télévision françaises, quand bien même des publicités en faveur de boissons alcoolisées viendraient à apparaître à l'écran.

En revanche, concernant les secondes, il est indiqué que l'ensemble des parties soumises à la loi française qui contractent avec le détenteur des droits de retransmission doivent mettre en œuvre les moyens disponibles, s'il en existe, pour prévenir l'apparition à l'antenne de publicités pour des boissons alcooliques.

Le juge communautaire a été saisi, sur renvoi de la Cour de cassation française (Com. 19 nov. 2002 : *pourvoi n° 97-21.291*) et sur plainte de la Commission européenne. Par deux arrêts en date du 13 juillet 2004, la Cour de justice des Communautés européennes a estimé que ni l'article 59 du traité CE (devenu l'art. 49) ni la directive n° 89/552/CEE du Conseil du 3 octobre 1989 visant à la coordination de certaines dispositions législatives réglementaires et administratives des États membres relatives à l'exercice d'activités de radiodiffusion télévisuelle ne s'opposent à ce qu'un État membre interdise la publicité télévisée pour des boissons alcooliques commercialisées dans cet État, dans la mesure où est concernée la publicité télévisée indirecte résultant de l'apparition à l'écran de panneaux qui sont visibles lors de la retransmission de manifestations sportives binationales ayant lieu sur le territoire d'autres États membres. Et de préciser qu'une telle publicité télévisée indirecte ne doit pas être qualifiée de publicité télévisée au sens de la directive susvisée (CJCE 13 juill. 2004, *SA Bacardi France c/ Sté TF1, aff. C-429/02* et *Commission c/ République française, aff. C-262/02*). La Cour de Luxembourg « valide » ainsi les dispositions interprétatives du code de bonne conduite (V. Lettre du CSA du 10 juill. 2001), au regard des principes communautaires de libre prestation de services et de libre circulation des émissions télévisuelles au sein de l'Union européenne.

La loi limite non seulement les supports de publicité autorisés, mais également les mentions qui peuvent figurer sur ces supports. L'article L. 3323-4 prévoit ainsi que la publicité autorisée pour les boissons alcooliques est limitée à l'indication du degré volumique d'alcool, de l'origine, de la dénomination, de la composition du produit, du nom et de l'adresse du fabricant, des agents et des dépositaires ainsi que du mode d'élaboration, des modalités de vente et du mode de consommation du produit. Cette publicité peut encore comporter des références relatives aux terroirs de production, aux distinctions obtenues, aux appellations d'origine ou aux indications géographiques, ainsi que des références objectives relatives à la couleur et aux caractéristiques olfactives et gustatives (sur l'appréciation de ces mentions, V. notamment : Civ. 1re, 1er juill. 2015, n° 14-17.378). Elle ne saurait, en revanche, associer un événement sportif, même de manière allusive, à une consommation d'alcool (V. TGI Paris, 2 oct. 2007 : *note 5 ss. art. L. 3323-2*).

Il est à noter enfin que les restrictions en matière de publicité pour les boissons alcooliques ont été récemment assouplies par le législateur, sous la pression du lobby des producteurs de vin. L'article L. 3323-3-1 du code de la santé publique, issu de la loi n° 2016-41 du 26 janvier 2016 de modernisation de notre système de santé (art. 13), dispose en effet que « ne sont pas considérés comme une publicité ou une propagande les contenus, images, représentations, descriptions, commentaires ou références relatifs à une région de production, à une toponymie, à une référence ou à une indication géographique, à un terroir, à un itinéraire, à une zone de production, au savoir-faire, à l'histoire ou au patrimoine culturel, gastronomique ou paysager liés à une boisson alcoolique disposant d'une identification de la qualité ou de l'origine, ou protégée au titre de l'article L. 665-6 du code rural et de la pêche maritime ».

III. LE MÉCÉNAT SPORTIF PAR LES ALCOOLIERS ET LES CIGARETTIERS

A. LE CAS DU TABAC

Depuis la loi n° 2016-41 du 26 janvier 2016, il n'est plus possible pour un cigarettier d'initier une opération de mécénat. En effet, l'article L. 3512-4 du code de la santé publique interdit non seulement désormais toute opération de parrainage, mais également toute opération de mécénat lorsqu'elle est effectuée par les fabricants, les importateurs ou les distributeurs de produits du tabac ou lorsqu'elle a pour objet ou pour effet la propagande ou la publicité directe ou indirecte en faveur du tabac, des produits du tabac et des ingrédients du tabac. Cette interdiction s'applique également aux opérations de mécénat ayant pour objet ou pour effet la propagande ou la publicité directe ou indirecte en faveur de produits du vapotage (CSP, art. L. 3513-4).

B. LE CAS DE L'ALCOOL

Le mécénat par des entreprises de boissons alcoolisées est expressément autorisé, sous certaines conditions.

L'article L. 3323-6, dans sa rédaction issue de la loi n° 2003-709 du 1er août 2003 (art. 23), énonce que « le ou les initiateurs d'une opération de mécénat peuvent faire connaître leur participation par la voie exclusive de mentions écrites dans les documents diffusés à l'occasion de cette opération... ».

En autorisant le mécène à faire mention de son nom, le législateur de 2003 a clairement entendu relancer le mécénat des alcooliers.

Il appartiendra cependant aux tribunaux de préciser, à défaut de renvoi de la loi à un texte réglementaire, ce qu'il convient d'entendre par « mentions écrites ». A l'occasion des débats parlementaires, il a été indiqué que la seule mention autorisée serait celle du nom. La reproduction du logo ou des signes distinctifs de l'entreprise pourrait ainsi entraîner une requalification de l'opération en parrainage publicitaire. Le juge devra également préciser quels sont les documents qui, diffusés à l'occasion de la manifestation, pourront recevoir le nom du mécène. ❑

ALCOOL

Code de la santé publique

(Ord. n° 2000-548 du 15 juin 2000)

PARTIE LÉGISLATIVE

LIVRE III **Lutte contre l'alcoolisme**

TITRE II **Boissons**

CHAPITRE III *Publicité des boissons*

Art. L. 3323-2 La propagande ou la publicité, directe ou indirecte, en faveur des boissons alcooliques dont la fabrication et la vente ne sont pas interdites sont autorisées exclusivement :

1° Dans la presse écrite à l'exclusion des publications destinées à la jeunesse, définies au premier alinéa de l'article 1er de la loi n° 49-956 du 16 juillet 1949 sur les publications destinées à la jeunesse *[C. pén.]* ;

2° Par voie de radiodiffusion sonore pour les catégories de radios et dans les tranches horaires déterminées par décret en Conseil d'État ;

3° Sous forme d'affiches et d'enseigne ; sous forme d'affichettes et d'objets à l'intérieur des lieux de vente à caractère spécialisé, dans des conditions définies par décret en Conseil d'État ;

4° Sous forme d'envoi par les producteurs, les fabricants, les importateurs, les négociants, les concessionnaires ou les entrepositaires, de messages, de circulaires commerciales, de catalogues et de brochures, dès lors que ces documents ne comportent que les mentions prévues à l'article L. 3323-4 et les conditions de vente des produits qu'ils proposent ;

5° Par inscription sur les véhicules utilisés pour les opérations normales de livraison des boissons, dès lors que cette inscription ne comporte que la désignation des produits ainsi que le nom et l'adresse du fabricant, des agents ou dépositaires, à l'exclusion de toute autre indication ;

6° En faveur des fêtes et foires traditionnelles consacrées à des boissons alcooliques locales et à l'intérieur de celles-ci, dans des conditions définies par décret ;

7° En faveur des musées, universités, confréries ou stages d'initiation œnologique à caractère traditionnel ainsi qu'en faveur de présentations, de dégustations, dans des conditions définies par décret ;

8° Sous forme d'offre, à titre gratuit ou onéreux, d'objets strictement réservés à la consommation de boissons contenant de l'alcool, marqués à leurs noms, par les producteurs et les fabricants de ces boissons, à l'occasion de la vente directe de leurs produits aux consommateurs et aux distributeurs ou à l'occasion de la visite touristique des lieux de fabrication ;

(L. n° 2009-879 du 21 juill. 2009, art. 97) « 9° Sur les services de communications en ligne à l'exclusion de ceux qui, par leur caractère, leur présentation ou leur objet, apparaissent comme principalement destinés à la jeunesse, ainsi que ceux édités par des associations, sociétés et fédérations sportives ou des ligues professionnelles au sens du code du sport, sous réserve que la propagande ou la publicité ne soit ni intrusive ni interstitielle. »

Toute opération de parrainage est interdite lorsqu'elle a pour objet ou pour effet la propagande ou la publicité, directe ou indirecte, en faveur des boissons alcooliques.

1. L'art. L. 17 C. déb. boiss. dans sa rédaction telle qu'elle résulte de la loi du 10 janv. 1991 régit la diffusion des messages publicitaires reçus sur un écran de télévision en France à l'occasion de manifestations sportives, peu important que l'apposition des panneaux filmés soit effectuée sur un stade étranger. • Paris, 23 sept. 1997 : *D. 1998. Somm. 125, obs. Hassler et Lapp*. ♦ V. *Contra* : • TGI Paris, 27 févr. 1991 : *JCP 1992. II. 21809, note Le Tourneau,* (jugement ayant considéré que les images télévisées de la Coupe du monde de football, retransmises en France par trois sociétés de télévision, faisant apparaître des marques de boissons alcoolisées ne constituaient pas un message publicitaire relevant de l'interdiction édictée par l'art. L. 17 C. déb. boiss., dès lors qu'aucun des éléments constitutifs d'un tel message n'était réuni, notamment l'interruption du programme en cours et l'annonce claire de sa diffusion immédiate à l'antenne).

2. Le « code de bonne conduite » du 28 mars 1995 (cf. ci-dessous Lettre du CSA du 10 juill. 2001), établi à l'initiative du ministère de la jeunesse et des sports, entre les partenaires concernés, dont le CSA, distingue deux régimes, selon qu'il s'agit « de manifestations multinationales » ou « d'autres manifestations se déroulant à l'étranger ». • Paris, 23 sept. 1997 : *préc. note 1.* ♦ Ainsi n'est-il institué à la charge des diffuseurs français aucune obligation particulière en ce qui concerne les premières de ces manifestations dont les images qui sont retransmises dans un grand nombre de pays ne peuvent être considérées comme visant principalement le public français et dont lesdits diffuseurs ne maîtrisent pas les conditions de prise de vue. • Même arrêt. ♦ En revanche, la seconde catégorie de rencontres sportives prend en considération le fait que la retransmission vise spécifiquement le public français et impose, en conséquence, à tous ceux qui contractent avec le détenteur des droits de retransmission de mettre en œuvre les moyens disponibles pour prévenir l'apparition à l'écran de marques commerciales de boissons alcooliques. • Même arrêt. ♦ Conf. par : • Com. 5 avr. 2005 : *Bull. civ. IV, n° 80.*

3. La Cour de justice des Communautés européennes, saisie à titre préjudiciel, a dit pour droit (CJUE, 13 juill. 2004, aff. C-429/02 et C-262/02) que ni la Dir. n° 89/552/CEE du Conseil du 3 oct. 1989, ni l'art. 49 du traité CE ne s'opposent à ce qu'un État membre interdise la publicité télévisée pour des boissons alcooliques commercialisées dans cet État dans la mesure où est concernée la publicité télévisée indirecte résultant de l'apparition à l'écran de panneaux qui sont visibles lors de la retransmission de manifestations sportives binationales (cf. ci-dessous Lettre du CSA du 10 juill. 2001) ayant lieu sur le territoire d'autres États membres. • Com. 5 avr. 2005 : *préc. note 2.*

4. N'a pas le caractère d'une décision faisant grief susceptible de faire l'objet d'un recours pour excès de pouvoir la lettre par laquelle le président du Conseil supérieur de l'audiovisuel (CSA) a indiqué au président d'une chaîne de télévision, d'une part, que le conseil avait constaté, à l'occasion de la retransmission télévisée de manifestations sportives se déroulant à l'étranger, des pratiques publicitaires concernant des boissons alcoolisées qui méconnaissaient les dispositions de l'art. L. 17 et, d'autre part, qu'il appartenait à la chaîne de « négocier avec la Fédération française de football la garantie absolue que le dispositif publicitaire implanté dans le champ des caméras à destination du public français ne comporte plus aucune marque de boisson alcoolisée ». • CE 4 oct. 1996, *Conseil interprofessionnel du vin de Bordeaux et a. : Lebon 381 ; D. 1997. Somm. 195, obs. Lachaume .*

5. Sont exclues du champ de la publicité licite en faveur des boissons alcooliques, l'élaboration par les publicitaires, ou l'exploitation, et la présentation par la publicité, de moments festifs associant un événement public, telle la Coupe du monde de rugby 2007, à une consommation d'alcool ; par conséquent, constituent un trouble manifestement illicite les différents visuels diffusés par la société Heineken à l'occasion de la Coupe du monde de rugby 2007 en France, associant cet événement sportif à la consommation de bière Heineken. • TGI Paris, réf., 2 oct. 2007, *Assoc. nationale de prévention en alcoologie et addictologie (ANPAA) c/ SAS Heineken Entreprise : inédit.* ♦ Conf. par : • Paris, 13 févr. 2008, 07/17589 : *Cah. dr. sport, n° 11, p. 194, note Gil et Forti.* Dans cet arrêt, la cour indique que les mentions autorisées par l'article L. 3323-4 du code la santé publique ne visent qu'à permettre la description du produit et non celle de l'acte ou des effets de consommation, des indications objectives et non subjectives, à des fins informatives et non incitatives ; qu'en conséquence le slogan *For a frescher world*, qui associe la consommation de bière à l'amélioration du monde, excède, par son caractère incitatif, les prévisions de l'article susvisé. ♦ V. aussi • Paris, 13 février 2008, n° 08/00245 : *D. 2008. 1736, note Agostini* ; *JCP E, 2008, n° 20, p. 1626, étude Gleise,* condamnant la présence du même slogan sur le site Internet de la société Heineken.

Lettre du CSA du 10 juillet 2001,

Concernant les principes relatifs à la retransmission sur les chaînes de télévision françaises d'événements sportifs comportant des panneaux publicitaires en faveur des boissons alcoolisées.

Le document reproduit ci-après, intitulé : "Principes relatifs à la retransmission sur les chaînes de télévision françaises d'événements sportifs comportant des panneaux publicitaires en faveur de boissons alcoolisées" et plus communément appelé "code de bonne conduite", annule et remplace la précédente version du même document, publié au Bulletin officiel du ministère de la jeunesse et des sports n° 3 du 31 mars 1995, pages 1 à 3.

Ce code de bonne conduite a été validé par la Cour de justice des Communautés européennes en 2004 (CJCE 13 juill. 2004, Commission c/ France, aff. C-262/02).

Préambule : Dans l'attente d'une jurisprudence plus précise sur l'application des dispositions de l'article L. 3323-2 du code de la santé publique aux retransmissions de manifestations sportives, ainsi que sur leur combinaison avec le principe de la liberté d'information, les principes ci-après énoncés sont admis comme lecture volontairement acceptée conforme à la bonne foi et aux objectifs de santé publique poursuivis par la loi.

Premier principe : *Épreuves se déroulant en France.*

La présence de panneaux publicitaires en faveur des boissons alcoolisées dans des lieux affectés aux manifestations sportives exige une particulière attention concernant l'éventuelle retransmission de ces manifestations.

Il est pris acte que les retransmissions effectuées par les diffuseurs de manifestations sportives se déroulant en France sont actuellement conformes aux principes de bonne foi et de santé publique rappelés par le présent document. Les annonceurs, les organisateurs de manifestations sportives et les diffuseurs s'engagent à faire leurs meilleurs efforts afin de maintenir pour l'avenir l'équilibre ainsi atteint.

Deuxième principe : *Épreuves se déroulant à l'étranger.*

Le cas des manifestations sportives se déroulant à l'étranger doit être apprécié en tenant compte de la situation concrète des annonceurs, des différents intermédiaires, en particulier des régisseurs de publicité, des organisateurs ainsi que des diffuseurs.

D'une façon générale, la présence de publicités pour des boissons alcoolisées lors de manifestations sportives se déroulant à l'étranger et dont la retransmission en France serait susceptible, s'il en était la preuve de complaisance, d'engendrer des risques de contentieux, doit susciter la vigilance de chacun d'entre nous. Une égale vigilance s'impose à l'égard de toutes les boissons alcoolisées, qu'elles soient françaises ou étrangères. Les producteurs et annonceurs français ne peuvent faire l'objet d'un traitement différent de celui de leurs concurrents étrangers, dans les seules limites de la loi nationale du lieu de la manifestation.

Le diffuseur doit avoir pour objectif premier l'information à caractère sportif. Il doit s'abstenir de faire preuve de complaisance à l'égard des publicités litigieuses, ne participer en aucune manière à leur mise en place ni trouver un intérêt quelconque dans leur diffusion et éviter que les moyens techniques dont il dispose ne favorisent leur visualisation. En vue d'éviter d'éventuels contournements de la législation française, il paraît possible de distinguer, selon que le public français est prioritairement visé ou non, deux cas : celui des manifestations multinationales et celui des manifestations binationales.

1 *Manifestations multinationales.*

Les manifestations multinationales, dont les images ont vocation à être diffusées dans un grand nombre de pays, ne peuvent pas être considérées comme visant principalement le public français et peuvent par conséquent être librement retransmises par les chaînes de télévision françaises quand bien même des publicités en faveur de boissons alcoolisées viendraient à apparaître sur l'écran. Les diffuseurs français, lorsqu'ils diffusent des images dont ils ne maîtrisent pas les conditions de prises de vue, ne sauraient être suspectés de complaisance à l'égard des publicités litigieuses.

2 *Manifestations binationales.*

Les manifestations binationales, qui opposent deux équipes ou deux sportifs dont un est français, visent spécifiquement le public français. Lorsque la législation du pays d'accueil de l'épreuve autorise la publicité en faveur des boissons alcoolisées sur les lieux de compétition, il appartient à l'ensemble des parties soumises à la loi française qui contractent avec le détenteur des droits de retransmission de mettre en œuvre les moyens disponibles, s'il en existe, pour prévenir l'apparition à l'antenne de publicités pour les boissons alcoolisées. C'est ainsi, notamment, que :

— le diffuseur français doit, au moment où il acquiert les droits de retransmission, informer ses partenaires étrangers de la législation française et des présents principes ;

— le diffuseur français doit s'enquérir, selon ses possibilités matérielles, préalablement à la diffusion de la manifestation, auprès du détenteur des droits de retransmission, des publicités qui figureront sur le lieu de la manifestation ;

— s'il en a la possibilité contractuelle et pour autant que la nature de la compétition et la configuration des lieux s'y prêtent, le diffuseur français peut recourir à ses propres moyens techniques afin d'éviter une mise en évidence télévisée indue des panneaux publicitaires en faveur des boissons alcoolisées.

Si, malgré ses efforts et sa bonne foi, le diffuseur ou toute autre partie soumise à la loi française échoue dans ses négociations, il en informe le Conseil supérieur de l'audiovisuel, qui ne s'opposera pas à la retransmission de l'épreuve.

Relevant de la catégorie des épreuves binationales, sauf exception due à la notoriété particulière d'une des deux équipes ou d'un des deux sportifs impliqués :

— les matches amicaux ;

— les matches qualificatifs pour les phases finales ;

— les matches précédant les seizièmes de finales de la coupe dite de l'UEFA de football (C2).

Pour l'application du présent code, on entend par « notoriété particulière », la renommée dont jouit hors de son pays d'origine une équipe nationale, un club ou un sportif, français ou étranger.

Le diffuseur français ou toute autre partie concernée peut, à tout moment, saisir pour avis le Conseil supérieur de l'audiovisuel sur les conditions d'application du présent code, en particulier aux fins d'une demande de qualification d'une manifestation sportive. Le conseil rend son avis dans un délai maximum de trois semaines.

Dans les deux cas, lorsque le diffuseur français capte lui-même les images ou insère des images qui lui sont propres dans celles produites par une chaîne étrangère, il doit éviter, autant que faire se peut, de montrer à cette occasion des publicités en faveur de boissons alcoolisées.

Le diffuseur français qui reprend de courts extraits d'images préalablement diffusés par un autre diffuseur français doit faire preuve de discernement dans le choix de ces extraits et éviter, autant que faire se peut, ceux aux cours desquels sont visibles des panneaux en faveur de boissons alcoolisées.

TITRE III **Débits de boissons**

CHAPITRE V *Zones protégées*

Art. L. 3335-1 Le représentant de l'État dans le département peut prendre des arrêtés pour déterminer sans préjudice des droits acquis, les distances auxquelles les débits de boissons à consommer sur place ne pourront être établis autour des édifices et établissements suivants dont l'énumération est limitative :

....

5. Stades, piscines, terrains de sport publics ou privés ;

....

Ces distances sont calculées *(L. n° 2007-1787 du 20 déc. 2007, art. 24)* « selon la ligne droite au sol reliant les accès les plus rapprochés de l'établissement protégé et du débit de boissons ». Dans ce calcul, la dénivellation en dessus et au-dessous du sol, selon que le débit est installé dans un édifice en hauteur ou dans une infrastructure en sous-sol, doit être prise en ligne de compte.

L'intérieur des édifices et établissements en cause est compris dans les zones de protection ainsi déterminées.

Les arrêtés du représentant de l'État dans le département prévus par le présent article interviennent obligatoirement pour les édifices visés aux 3 et 5 ci-dessus.

(L. n° 2007-1787 du 20 déc. 2007, art. 24) « L'existence de débits de boissons à consommer sur place régulièrement installés ne peut être remise en cause pour des motifs tirés du présent article.

« Dans les communes où il existe au plus un débit de boissons à consommer sur place, le représentant de l'État dans le département peut autoriser, après avis du maire, l'installation d'un débit de boissons à consommer sur place dans les zones faisant l'objet des dispositions du présent article lorsque les nécessités touristiques ou d'animation locale le justifient. »

....

Art. L. 3335-4 La vente et la distribution de boissons des groupes *(Ord. n° 2015-1682 du 17 déc. 2015, art. 12-11°, en vigueur le 1er janv. 2016)* « 3 » à 5 définis à l'article L. **3321-1** est interdite dans les stades, dans les salles d'éducation physique, les gymnases et d'une manière générale, dans tous les établissements d'activités physiques et sportives.

Des dérogations peuvent être accordées par arrêté des ministres chargés de la santé et du tourisme pour des installations qui sont situées dans des établissements classés hôtels *(L. n° 2009-888 du 22 juill. 2009, art. 21-III)* « de tourisme ou dans des restaurants ». — *V. ci-dessous Arr. du 22 août 1991.*

(L. n° 2000-1352 du 30 déc. 2000, art. 18) « Sous réserve des décisions de justice passées en force de chose jugée, le maire peut, par arrêté, et dans les conditions fixées par décret *[V. art. D. 3335-16 à D. 3335-18]*, accorder des autorisations dérogatoires temporaires, d'une durée de quarante-huit heures au plus, à l'interdiction de vente à consommer sur place ou à emporter et de distribution des boissons *(Ord. n° 2015-1682 du 17 déc. 2015, art. 12-11°, en vigueur le 1er janv. 2016)* « du troisième groupe » sur les stades, dans les salles d'éducation physique, les gymnases et les établissements d'activités physiques et sportives définies par la loi n° 84-610 du 16 juillet 1984 relative à l'organisation et à la promotion des activités physiques et sportives, en faveur :

« *a)* Des *(Ord. n° 2006-596 du 23 mai 2006, art. 5-2°)* « associations sportives agréées conformément à l'article L. 121-4 du code du sport et dans la limite des dix autorisations annuelles pour chacune desdites associations » qui en fait la demande ;

« *b)* Des organisateurs de manifestations à caractère agricole dans la limite de deux autorisations annuelles par commune ;

« *c)* Des organisateurs de manifestations à caractère touristique dans la limite de quatre autorisations annuelles, au bénéfice des stations classées et des communes touristiques *(L. n° 2009-888 du 22 juill. 2009, art. 26-III)* « relevant de la section II du chapitre III du titre III du livre Ier du code du tourisme ». »

PARTIE RÉGLEMENTAIRE

(Décr. n° 2003-462 du 21 mai 2003)

Art. D. 3335-16 Les dérogations mentionnées à l'article L. 3335-4 *[V. cet art.]* font l'objet d'arrêtés annuels du maire de la commune dans laquelle sera situé le débit de boissons dont l'ouverture temporaire est sollicitée.

Les demandes de dérogation ne sont recevables que si les fédérations sportives ou les groupements pouvant y prétendre les adressent au plus tard trois mois avant la date de la manifestation prévue. Ces demandes précisent la date et la nature des événements pour lesquels une dérogation est sollicitée.

Toutefois, en cas de manifestation exceptionnelle, le maire peut accorder une dérogation au vu de la demande adressée au moins quinze jours avant la date prévue de cette manifestation.

Art. D. 3335-17 Pour chaque dérogation sollicitée, la demande doit préciser les conditions de fonctionnement du débit de boissons et les horaires d'ouverture souhaités ainsi que les catégories de boissons concernées.

Il est statué sur ces points dans l'arrêté municipal d'autorisation.

Art. D. 3335-18 Tout établissement mentionné à l'article D. 3335-16 qui ouvre un débit de boissons sans l'autorisation du maire ou sans respecter les conditions fixées par la dérogation temporaire est soumis aux procédures énoncées aux articles 4 et 5 du décret n° 93-1101 du 3 septembre 1993 concernant la déclaration des établissements dans lesquels sont pratiquées des activités physiques et sportives et la sécurité de ces activités.

(Ord. n° 2006-596 du 23 mai 2006, art. 3-I) « L'exploitation de ces débits de boissons temporaires, autorisés à titre dérogatoire, s'opère dans le cadre des obligations prévues par les articles L. 332-3 à L. 332-5 du code du sport. »

Arrêté du 22 août 1991,

Relatif aux modalités d'octroi des dérogations prévues à l'article L. 49-1-2 du code des débits de boissons et des mesures contre l'alcoolisme [CSP, art. L. 3335-4] au profit des établissements classés hôtels ou restaurants de tourisme intégrés à des installations sportives.

Art. 1er Les hébergements touristiques classés dotés d'installations sportives réservées à leur clientèle bénéficient d'une dérogation permanente pour l'exploitation d'une licence de débits de boissons de plus de 1,2 p. 100 vol. à consommer sur place.

Art. 2 Les restaurants classés de tourisme dotés d'une installation sportive peuvent solliciter une dérogation pour l'exploitation d'un débit de boissons de plus de 1,2 p. 100 vol. à consommer sur place, sous réserve de répondre aux exigences suivantes :

– liberté d'accès à une clientèle touristique française et étrangère ;

– accueil assuré par une personne au moins bilingue ;

– mise à disposition de matériel de location ;

– présence de vestiaires et d'installations sanitaires conformes ;

– participation à des actions promotionnelles en relation avec les autres partenaires du tourisme professionnel ou institutionnel.

Art. 3 Les installations sportives publiques ou privées disposant d'un restaurant classé de tourisme peuvent solliciter une dérogation pour l'exploitation d'un débit de boissons de plus de 1,2 p. 100 vol. à consommer sur place, sous réserve de répondre aux exigences suivantes :

– liberté d'accès à une clientèle touristique française et étrangère ;

– accueil assuré par une personne au moins bilingue ;

– possibilité donnée à la clientèle touristique de passage d'utiliser les installations dans un délai qui ne peut excéder quarante-huit heures, lorsqu'un système de réservation est mis en place ;

– mise à disposition de matériel de location ;

– possibilité de leçons particulières ou collectives, ou bien de stages pour la clientèle régulière ou de passage ;

– libre accès de la clientèle régulière ou de passage aux manifestations sportives organisées par l'établissement.

II TABAC

Code de la santé publique

(Ord. n° 2000-548 du 15 juin 2000)

PARTIE LÉGISLATIVE

LIVRE V **Lutte contre le tabagisme et lutte contre le dopage** *(Ord. n° 2006-596 du 23 mai 2006, art. 5-3°).*

TITRE PREMIER **Lutte contre le tabagisme** *(Ord. n° 2006-596 du 23 mai 2006, art. 5-4°).*

CHAPITRE PREMIER ***Dispositions communes***

Art. L. 3511-3 La propagande ou la publicité, directe ou indirecte, en faveur du tabac *(L. n° 2003-715 du 31 juill. 2003, art. 4-I)* « , des produits du tabac » *(L. n° 2016-41 du 26 janv. 2016, art. 23-I-1°, en vigueur le 20 mai 2016)* « , des ingrédients définis au deuxième alinéa de l'article L. 3511-1, des dispositifs électroniques de vapotage et des flacons de recharge qui

leur sont associés, *[ancienne rédaction : ou des ingrédients définis au deuxième alinéa de l'article L. 3511-1]* **», ainsi que toute distribution gratuite** *(L. nº 2004-806 du 9 août 2004, art. 38-I)* **« ou vente d'un produit du tabac à un prix »** *(L. nº 2010-1658 du 29 déc. 2010, art. 73-IV)* **« inférieur à celui mentionné à l'article 572 du code général des impôts » sont interdites.**

(...)

Toute opération de parrainage *(L. nº 2016-41 du 26 janv. 2016, art. 23-I-4º-a)* **« ou de mécénat » est interdite** *(L. nº 2016-41 du 26 janv. 2016, art. 23-I-4º-b)* **« lorsqu'elle est effectuée par les fabricants, les importateurs ou les distributeurs de produits du tabac ou » lorsqu'elle a pour objet ou pour effet la propagande ou la publicité directe ou indirecte en faveur du tabac** *(L. nº 2016-41 du 26 janv. 2016, art. 23-I-4º-c)* **« , des ingrédients définis au deuxième alinéa de l'article L. 3511-1, des dispositifs électroniques de vapotage ou des flacons de recharge qui leur sont associés.**

1. On entend par publicité, au sens de l'art. L. 3511-3 [L. 3512-4], tout acte, quelle qu'en soit sa finalité, ayant pour effet de rappeler des produits du tabac ou leurs marques. • Crim. 18 mars 2003 : *Bull. crim. nº 72.* ♦ Il s'ensuit que doit être considérée comme une publicité illicite la publication, dans une revue, de reportages sur des compétitions de sport mécanique illustrés par des photographies des véhicules et de leurs pilotes sur lesquelles apparaissent les noms des marques de cigarettes sponsorisant les différentes écuries. • Même arrêt.

2. L'interdiction par l'art. L. 3511-3 CSP [L. 3512-4] de la propagande ou de la publicité, directe ou indirecte, en faveur du tabac n'est pas contraire à l'art. 10 Conv. EDH garantissant le droit à la liberté d'expression dès lors qu'elle constitue une mesure nécessaire à la protection de la santé publique. • Crim. 19 juin 2007 : *pourvoi nº 06-88.014.* ♦ Conf. par : • CEDH 5 mars 2009, *Hachette Filipacchi Presse Automobile et Dupuy c/ France : req. nº 13353/05* • 5 mars 2009, *Sté de Conception de Presse et d'Édition et Ponson c/ France,* req. nº 26935/05 : *RJ éco. sport 2009, nº 92, p. 83, obs. François*, jugeant que, si la condamnation des requérants pour publicité illicite en faveur du tabac en raison de photos publiées dans des magazines de presse représentant un célèbre pilote automobile de Formule 1 floqué d'une marque de tabac sur sa combinaison, constitue une « ingérence » dans le droit à la liberté d'expression, une telle ingérence poursuit un but légitime, à savoir la protection de la santé publique, et doit être regardée comme « nécessaire dans une société démocratique » pour atteindre ce but.

3. Une société de droit suisse productrice de tabac, qui a conclu un contrat de parrainage avec l'organisateur d'un tournoi de tennis se déroulant en Suisse, ne se rend pas coupable du délit de complicité de publicité illicite en faveur du tabac à l'occasion de la diffusion de ce tournoi en France par des chaînes de télévision, dès lors que cette diffusion est sans lien avec le contrat de parrainage litigieux et que le cigarettier, dont la marque a parrainé le tournoi, n'a pas été partie aux contrats de diffusion et n'est pas intervenu dans les modalités de retransmission en France. • Crim. 24 févr. 2015, nº 13-87.970.

Art. L. 3511-5 La retransmission des compétitions de sport mécanique qui se déroulent dans des pays où la publicité pour le tabac est autorisée peut être assurée par les chaînes de télévision.

V. aussi Dir. nº 2003/33/CE du 26 mai 2003 concernant le rapprochement des dispositions législatives, réglementaires et administratives des États membres en matière de publicité et de parrainage en faveur des produits du tabac (JOCE L 152 du 20 juin 2003 ; Délib. CSA nº 2008-51 du 17 juin 2008 relative à l'exposition des produits du tabac, des boissons alcooliques et des drogues illicites à l'antenne des services de radiodiffusion et de télévision).

1. Interprétation. La dérogation apportée par l'art. L. 3511-5 CSP [L. 3512-6] à la loi générale portant interdiction de la publicité pour le tabac doit s'interpréter au regard des objectifs de protection de la santé publique poursuivis de manière globale par le législateur en matière de lutte contre le tabagisme. Il en résulte que, bien que n'ayant pas expressément fait de distinction entre le direct et le différé ni précisé le terme de « compétition », l'art. L. 3511-5 [L. 3512-6] entend limiter l'autorisation donnée aux chaînes de télévision de retransmettre les compétitions de sport mécanique aux strictes nécessités de l'information sportive sur la course et son environnement, donnée en temps réel ou dans des situations proches du temps réel ; cette autorisation ne saurait donc s'étendre aux diverses rediffusions d'images intervenant plusieurs heures ou plusieurs jours après l'épreuve dans des conditions où il est techniquement possible de sélectionner les plans ou d'intervenir pour éviter ou dissimuler les références aux marques de produits du tabac ou logos rappelant ces marques. • Paris, 24 sept. 2007, *Sté France Télévisions et a. c/ Comité national contre le tabagisme (CNCT) : inédit* ; Conf. par : • Crim. 14 mai 2008 : *Bull. crim. nº 118 ; Légipresse 2008 III, nº 255, p. 167, note Bigot.*

2. Presse écrite. La différence de traitement introduite entre la presse écrite et les chaînes de télévision par l'art. L. 3511-5 CSP [L. 3512-6], qui autorise ces dernières à retransmettre les compétitions de sport mécanique se déroulant dans les pays où la publicité en faveur du tabac est licite, procède d'une distinction objective et proportionnée aux buts légitimes poursuivis par la loi. • Crim. 19 juin 2007 : *pourvoi n° 06-88.014 ; Cah. dr. sport 2007, n° 9, p. 180, note Gil.* ♦ Conf. par : • CEDH 5 mars 2009 : *préc. note 2 ss. art. L. 3511-3.*

3. Nature du dommage. Constitue une publicité indirecte en faveur du tabac au sens de l'art. 2 de la loi du 9 juill. 1976 modifiée par la loi du 10 janv. 1991 [CSP, art. L. 3511-3 devenu L. 3512-6], l'apparition sur les écrans, à l'occasion de la retransmission télévisée du rallye automobile Paris-Moscou-Pékin qui s'est déroulé sur le territoire national, des logos d'une marque de tabac apposés sur les véhicules participant à la manifestation. • Crim. 11 avr. 1996 : *Bull. crim. n° 159.* ♦ En conséquence, doit être condamnée pour publicité illicite en faveur du tabac la personne qui a signé pour le constructeur automobile le contrat de parrainage avec la société propriétaire de la marque litigieuse. • Même arrêt.

4. Lieu du dommage et juge compétent. Une cour d'appel, après avoir relevé que le dommage tenait à la parution dans la presse écrite et à la diffusion par la télévision d'images de véhicules et de combinaisons de pilotes et équipiers portant des logos et dénominations de marques de tabac et que ces images ont été diffusées, notamment dans le ressort du juge saisi, a pu en déduire que ce dommage avait été subi au lieu du tribunal saisi en première instance qui était donc compétent, peu important que le fait dommageable se soit également produit dans le ressort d'autres tribunaux, fût-ce sur l'ensemble du territoire national. • Civ. 2e, 25 oct. 1995 : *Bull. civ. II, n° 255 ; D. 1995. IR 262.*

5. Trouble manifestement illicite. C'est dans l'exercice de son pouvoir souverain qu'une cour d'appel, statuant en référé, après avoir rappelé que la publicité faite par un constructeur automobile en faveur du tabac était contraire à la législation en vigueur en France, a retenu, sans avoir à se prononcer sur le fondement de l'art. 1382 C. civ., qu'en apposant en toute connaissance de cause sur ses voitures et tenues de ses équipages une marque de tabac, ce constructeur avait commis un trouble manifestement illicite et que ce trouble, par l'importante couverture médiatique dont bénéficiait l'événement, s'était manifesté en France. • Civ. 2e, 25 oct. 1995 : *préc. note 4.* ♦ Sur la reconnaissance d'un trouble manifestement illicite, V. déjà : • Paris, réf., 20 janv. 1986 : *RJ éco. sport 1987, n° 2, p. 110, obs. F. Alaphilippe* (images du rallye automobile Paris-Dakar) • TGI Nanterre, réf., 12 juin 1986 : *RJ éco. sport 1987, n° 2, p. 110, obs. F. Alaphilippe* (images de la Coupe du monde de football disputée au Mexique).

ARBITRAGE JURIDICTIONNEL

BIBL. GÉN. ▶ F. Alaphilippe, Requiem pour une mission d'arbitrage, *in* Droit du sport : la loi n° 84-610 du 16 juillet 1984, *Dalloz 1984, p. 37.* – C. Amson, Le contentieux du dopage et le Tribunal arbitral du sport, *Gaz. Pal. 2005, nos 37 à 39, p. 2.* – J. Barthélémy, L'arbitrage des conflits du travail : une solution pour le sport, *JS 2013, n° 129, p. 27.* – M. Bernasconi et A. Rigozzi, Actes du colloque « Sport Governance, Football Disputes, Doping and CAS Arbitration » (Lausanne 2008), *Éd. Weblaw, Berne, 2009,* (avec notamment la contribution de G. Simon, La partie intimée dans la procédure d'appel des litiges du football, *p. 155*). – M. Bernasconi, Actes du colloque « International Sports Law and Jurisprudence of the CAS » (Lausanne 2012), *Éd. Weblaw, Berne, 2014.* – A. Rigozzi/B. Quinn, Evidentiary Issues Before CAS, *p. 1.* – P. M. Patocchi, Les mesures provisionnelles en arbitrage international, *p. 55.* – L. Handschin, Good governance : Lessons For Sports Organizations ?, *p. 117.* – D. Mavromati, National Disputes Before CAS, *p. 149.* – A. Bell/A. Traverso, UEFA Club Licensing and Financial Fair Play Regulations, *p. 231.* – M. Bernasconi, CAS Jurisprudence in Football Issues (2010-2012) : Transfer of Minors and Solidarity Contribution, *p. 265.* – I. S. Blackshaw, La médiation du TAS pour régler les différends dans le domaine du sport, *in Nouvelles du TAS, n° 3, nov. 2005, p. 4.* – C. Chaussard, Les voies de règlement des litiges sportifs. Essai sur la coexistence des différentes formes de justice, *Thèse Dijon, 2006.* – C. Chaussard, M. Maisonneuve, M. Peltier et G. Simon, Chronique de jurisprudence arbitrale en matière sportive, *Rev. arb. 2008, n° 3. 535 ; ibid. 2009, n° 3. 601.* – Conseil de l'Europe, Justice d'État et résolution des litiges par les institutions sportives, *Actes du séminaire sur le sport et le droit (Paris, 25-26 oct. 1995), Strasbourg, 1996, et notamment les contributions de M. Coccia, p. 19, et de P. Collomb, p. 11.* – A. De Fontmichel et C. Fillon, Le tribunal arbitral du sport, garant de l'ordre juridique sportif, *Journ. Sociétés avr. 2012.* – J.-P. Dubey, Panorama des sentences du Tribunal arbitral du sport rendues en 2008, *RJ éco. sport 2008, n° 89, p. 71* ; Panorama 2009 des sentences du Tribunal arbitral du sport, *JS 2010, n° 99, p. 27* ; Panorama 2010 des sentences du Tribunal arbitral du sport, *JS 2011, n° 110, p. 24* ; Panorama 2011 des sentences du TAS, *JS 2012, n° 121, p. 30* ; Panorama 2012 des sentences du TAS, *JS 2013, n° 132, p. 26.* – Ch. Dudognon, Les sources du droit du sport, *Thèse Limoges, 2007.* – B. Foucher, La conciliation et l'arbitrage comme mode alternatif pour échapper aux contraintes externes, *RJ éco. sport 2001, n° 61, p. 84*. - J. Guillaume et E. Loquin, Chronique des sentences arbitrales, *JDI (Clunet) 2014, p. 351*. - D. Hascher, E. Loquin et G. Simon, Chronique des sentences arbitrales, *JDI (Clunet) 2001, p. 233 ; ibid. 2002, p. 319 ; ibid. 2003, p. 261 ; ibid. 2004, p. 289 ; ibid. 2005, p. 1302 ; ibid. 2007, p. 191 ; ibid. 2008, p. 233 ; ibid. 2009, p. 217, ibid. 2010, p. 199 ; ibid. 2011, p. 179*. - J.-P. Karaquillo, Un « pluralisme judiciaire complémentaire » original : la résolution par les institutions sportives et par les juridictions d'État de certains « litiges sportifs », *D. 1996. Chron. 87* ; L'arbitrage juridictionnel dans le sport français, *RJ éco. sport 1991, n° 18, p. 3* ; *in* Actes du symposium international sur le sport et la loi (Fondation internationale d'athlétisme), *Monaco, 31 janv.-2 févr. 1991, p. 29* (arbitrage en matière sportive) ; Règles de droit et Tribunal arbitral du sport - Réflexions sur une construction contentieuse du pluralisme juridique, *in* Libres propos sur les sources du droit, *Mélanges Jestaz, Dalloz 2006, p. 293* ; Chambre arbitrale du sport (CAS), *in Dict. jur. du sport, Dalloz, Juriséditions, 2013, p. 58*. - A. Lacabarats, Tribunal arbitral du sport (TAS), *in Dict. jur. du sport, Dalloz, Juriséditions, 2013, p. 326*. - F. Lajat, La chambre arbitrale du sport du CNOSF, *JS 2013, n° 129, p. 18*. - F. Latty, La *lex sportiva*. Recherche sur le droit transnational, Université Paris X-Nanterre, 2005, *Études de droit international, Leiden, Martinus Nijhoff Publishers, 2007*. - E. Loquin, Chronique des sentences arbitrales, *JDI (Clunet) 2012, p. 369 ; ibid. 2013, p. 273*. - K. M'Baye, Le Tribunal arbitral du sport, *in* Sport, droit et relations internationales, *Economica, 1988, p. 95*. - M. Maisonneuve, L'arbitrage des litiges sportifs, *Thèse Paris I, 2007, Bibliothèque de droit public, LGDJ, 2011* ; La Chambre arbitrale du sport, *RJ éco. sport 2008, n° 88*. - M. Maisonneuve, S. Besson, F. Latty et M. Peltier, Chronique de jurisprudence arbitrale en matière sportive, *Rev. arb. 2014, p. 667*. - M. Maisonneuve, C. Chaussard, F. Kessler, M. Peltier, Chronique de jurisprudence arbitrale en matière sportive, *Rev. arb. 2010, p. 601*. - M. Maisonneuve, S. Besson, M. Peltier, Chronique de jurisprudence arbitrale en matière sportive, *Rev. arb. 2011, p. 801*. - D. Mavromati et M. Reeb, The Code of the Court of Arbitration for Sport - Commentary, Cases and Materials, *Wolters Kluwer, 2015*. - A. Pinna, Les vicissitudes du Tribunal arbitral du sport. Contribution à l'étude de l'arbitrage des sanctions disciplinaires, *Gaz. Pal. 2004, n° 140, p. 31* ; Le concept de la jurisprudence arbitrale et son application à la matière sportive, *Gaz. Pal. 2006, n° 288, p. 23*. - M. Reeb, Les cahiers de l'arbitrage. Jurisprudence du TAS en matière de dopage, *Rev. olymp., févr./mars 1998, n° 16, p. 67 ;* Recueil des sentences du TAS 1986-1998, *Staempfli éd., Berne, 1998 ;* Le Tribunal arbitral du sport, son histoire et son fonctionnement, *JDI (Clunet), 2001, p. 234 ;* Recueil des sentences du TAS 1998-2000, *Kluwer Law International éd., 2002* ; Recueil des sentences du TAS 2001-2003, *Kluwer Law International éd., Staempfli éd., 2004*. - A. Rigozzi, L'arbitrabilité des litiges sportifs, *Bull. de l'Association suisse de l'Arbitrage (ASA), 2003, n° 3, p. 501* ; L'arbitrage international en matière de sport, *Thèse Genève 2004, Bruylant, LGDJ, Helbing & Lichtenhahn, 2005 ;* Le fonctionnement du Tribunal arbitral du sport, *Gaz. Pal. 2006, n° 288, p. 30* ; Le droit applicable à l'arbitrage et l'internationalité du litige, *ibid. 2006, n° 288, p. 32*. - A. Rigozzi et M. Bernasconi, Actes du colloque « The Proceedings before the Court of Arbitration for sport » (Lausanne 2006), *Éd. Weblaw, Berne, 2007* (avec notamment les contributions de D. Oswald, Tribunal arbitral ou tribunal ordinaire, *p. 3* ; F. Carrard, Arbitrage *vs* médiation, *p. 13* ; B. Foucher, Le système de la conciliation dansla résolution des litiges sportifs, *p. 19* ; J.-P. Karaquillo, Le rôle du TAS en tant qu'instance d'appel externe aux fédérations sportives, *p. 33* ; J.-P. Rochat et S. Cuendet, Ce que les parties devraient savoir lorsqu'elles procèdent devant le TAS : questions pratiques choisies, *p. 45* ; E. Loquin, L'utilisation par les arbitres du TAS des principes généraux du droit et le développement d'une *Lex sportiva, p. 85* ; M. Reeb, Le modèle de la chambre *ad hoc* du TAS aux Jeux olympiques, *p. 177* ; J. Ibarrola, La jurisprudence du TAS en matière de football, *p. 241*). - A. Rigozzi et M. Bernasconi, Actes du colloque « *CAS Jurisprudence and New Developments in International Sports Law* » (Lausanne 2010), *Éd. Weblaw, Berne, 2012* (avec notamment les contributions de M. Reeb, Les modifications essentielles apportées au Code de l'arbitrage en matière de sport entre le 1er janvier 2010 et le 1er janvier 2012, p. 1 ; U. Haas et D. Boccucci, *The New Regime of Sanctions for Anti-Doping Rule Violations under the World Anti-Doping Code 2009, p. 53* ; P. Verbiest, *The biological passport : some legal aspects, p. 127* ; P. Scotney, *What is the position of State Authorities in tackling betting related corruption ?, p. 153* ; J.-P. Dubey, La jurisprudence du TAS en matière de football (sauf l'art. 17 RSTJ), *p. 211* ; J. Räker, *The jurisprudence of CAS with respect to art. 17 RSTP, p. 237*). - A. Rigozzi, E. Hasler et M. Noth, *Sports Arbitration under the CAS Rules, in M. Arroyo (éd.), Arbitration in Switzerland, The Practitioner's Guide, Éd. Kluwer Law International, 2013, p. 883*. - G. Schwaar, *in* Symposium international sur le sport et la loi (Fondation internationale d'athlétisme), *Monaco, 31 janv.-2 févr. 1991, p. 34* (arbitrage devant le TAS). - G. Simon, L'arbitrage des conflits sportifs, *Rev. arb. 1995. 185*. - A. Rigozzi, D. Sprumont et Y. Hafner, Citius, Altius, Fortius - Mélanges en l'honneur de Denis Oswald, *Helbing Lichtenhahn, Bâle, 2012*, (avec notamment la contribution de M. Maisonneuve, Les caractères du droit français du sport). - L. Weiller, Les grands principes du droit de l'arbitrage et leur application en matière sportive, *JS 2013, n° 129, p. 22* . - Tribunal arbitral du sport, Droit et sport, Actes de la conférence internationale *(Lausanne, 13-14 sept. 1993) ; Nouvelles du TAS, n° 1, juin 2004.* - Tribunal arbitral du sport, *in Dict. perm. dr. sport (mise à jour périodique).*

▶ La justice sportive (arbitrage et conciliation), *RJ éco. sport 1994, n° spéc. (31),* (avec notamment F. Alaphilippe, Conflits sportifs et accès à la justice, *ibid. p. 7.* - A. Callucci, La clause compromissoire et l'arbitrage dans le système juridique sportif italien, *ibid. p. 125.* - F. Fallon, L'arbitrage dans le sport en Belgique, *ibid. p. 115* ; K. M'Baye, Le TAS, *ibid. p. 19.* - D. Oswald, Par quels tribunaux les sportifs doivent-ils être jugés ?, *ibid. p. 15.* - G. Rasquin, L'arbitrage sportif au Luxembourg, *ibid. p. 121).*

▶ Bulletin TAS, en ligne sur www.tas-cas.org.

COMMENTAIRE

Tout arbitrage révèle une intervention impartiale d'un tiers en vue de réguler une activité. Mais tout arbitrage, en particulier dans le domaine de l'activité sportive, n'est pas un arbitrage juridictionnel. Ce dernier a une identité propre, dont les traits accusent de notables originalités lorsqu'il constitue un mode de règlement des litiges sportifs.

1. Dans l'arbitrage juridictionnel des litiges sportifs comme dans tout autre arbitrage juridictionnel, la fonction de l'arbitre est de dire le droit, par voie de sentences, afin, généralement, de trancher un litige né d'une prétention juridique qui lui a été soumise. Et cette fonction ne revêt « l'habit juridictionnel » qu'à la condition que l'arbitre soit indépendant et impartial et que les actes accomplis dans l'exercice de sa mission le soient selon une procédure rigoureuse, protectrice des parties au différend. Mode alternatif au règlement des litiges sportifs par le juge étatique, l'arbitrage juridictionnel des litiges sportifs ne doit pas être confondu avec les missions confiées à des organes créés en leur sein par certaines fédérations sportives internationales et, parfois, recensés par celles-ci dans leurs statuts et règlements sous l'appellation « juridictions ». Il est également douteux que la dénomination Comité ou Tribunal arbitral retenue par certaines fédérations sportives internationales (en athlétisme jusqu'en 2001, projet du football abandonné en 2002, volley-ball) suffise à faire reconnaître ces instances comme de véritables juridictions arbitrales. Il n'est pas en effet certain que de tels organes internes d'une fédération sportive répondent entièrement, en considération notamment des litiges qui leur sont soumis, au critère d'indépendance que requiert une juridiction.

2. Reste que l'arbitrage juridictionnel des litiges sportifs, après avoir fait une apparition timide au début des années 1980-1990 avec la création du Tribunal arbitral du sport (TAS), de la Commission belge d'arbitrage pour le sport (en 1991), de la Commission luxembourgeoise d'arbitrage pour le sport (en 1994), est devenu, depuis le début des années 2000, une pratique courante attentivement observée à partir d'une prolifération de dossiers soumis au TAS et de la naissance, dans un nombre croissant de territoires nationaux, d'instances d'arbitrage, telles l'Association américaine d'arbitrage en matière de dopage (2001), le Centre de règlement des différends sportifs au Canada (2003), l'Agence japonaise d'arbitrage sportif (2003) et, en France, la Chambre arbitrale du sport du CNOSF (2008).

3. Seule instance compétente pour régler les litiges sportifs internationaux, le TAS a, à l'évidence, une place à part qui suscite une curiosité d'autant plus soutenue que ses sentences font l'objet de publications fréquentes. Créée, après mûres réflexions, dans la continuité du préalable obligatoire de conciliation, la Chambre arbitrale du sport du CNOSF est, quant à elle, une illustration d'instance arbitrale chargée de régler les litiges sportifs nationaux.

Le « caractère arbitral » est également reconnu à d'autres instances internationales, à savoir le Tribunal arbitral de la Fédération internationale de basket-ball (FIBA) et le Tribunal arbitral du *Contract Recognition Board* de la Fédération internationale de l'automobile (FIA), mais ces derniers tranchent exclusivement des litiges contractuels (Bib., Thèse M. Maisonneuve, p. 62). ❑

I Arbitrage international devant le Tribunal arbitral du sport (TAS)

Code de l'arbitrage en matière de sport

(Version entrée en vigueur le 1er janvier 2016)

COMMENTAIRE

1. La création, en 1983, à l'occasion de la 86e session du CIO à New Dehli, du TAS, dont les statuts sont entrés en vigueur le 30 juin 1984, est due à l'initiative du président du Comité International Olympique (CIO) Juan Antonio Samaranch, et découle d'un projet élaboré par le juge Kéba M'Baye. A l'origine administré par le CIO, le TAS s'en est judicieusement détaché, sur incitation du Tribunal fédéral suisse, en étant, à partir du 22 novembre 1994, administré par une fondation de droit suisse, le Conseil international de l'arbitrage en matière de sport (CIAS), composé de 20 juristes nommés pour quatre ans renouvelables, garant « de son indépendance et de la sauvegarde des droits des parties » et chargé d'en assurer le financement.

Le TAS, avec comme président le juge Kéba M'Baye (1984-2007), puis Me Mino Auletta (2008-2010), et enfin John Coates (depuis 2011), exerce ses fonctions autour d'arbitres indépendants (60 dans un premier temps, aujourd'hui près de 300), avec l'aide d'un greffe dirigé successivement par MM. Gilbert Schwaar, Jean-Philippe Rochat et Matthieu Reeb en qualité de Secrétaire général. Situé à Lausanne, le TAS dispose, depuis 1996, de deux bureaux décentralisés pour l'Amérique du Nord à New York et pour l'Océanie à Sydney.

2. L'examen du code de l'arbitrage en matière de sport révèle :

– l'existence de deux chambres arbitrales, la chambre arbitrale ordinaire et la chambre arbitrale d'appel, ainsi que six chambres *ad hoc* pour les Jeux olympiques, les Jeux du Commonwealth, les Jeux asiatiques, les Jeux asiatiques de plage, les championnats d'Europe des Nations de football et les coupes du monde de football et, en corollaire, la mise en œuvre de procédures contentieuses appropriées aux litiges qui leur sont déférés ;

– que les litiges soumis au TAS portent « sur des questions de principe relatives au sport ou sur des intérêts pécuniaires ou autres mis en jeu à l'occasion de la pratique ou du développement du sport et, d'une façon générale, de toute activité relative au sport » (art. R. 27 du code de l'arbitrage en matière de sport) ;

– que les litiges relatifs à une décision d'une fédération, association ou autres organismes sportifs, relèvent de la chambre arbitrale d'appel, les autres litiges revenant à la chambre arbitrale ordinaire ;

– que le TAS ne peut être saisi que s'il existe une clause arbitrale insérée dans un contrat ou un règlement ou une convention d'arbitrage ultérieure (en ce qui concerne la procédure arbitrale ordinaire), ou lorsque les statuts ou règlements d'une fédération, association ou autre organisme sportif le prévoient (pour ce qui est de la procédure arbitrale d'appel).

3. Il est également utile de souligner que l'indépendance et l'impartialité du TAS ont été fermement consacrées par le Tribunal fédéral suisse dans deux remarquables et fouillées décisions du 15 mars 1993 (V. D. Lévy, *RJ éco. sport 1994, no spéc. (31), p. 37*) et du 27 mai 2003 (V. *Nouvelles du TAS no 1, juin 2004. 9, comm. A. Plantey*). Dans l'une et l'autre de ces deux querelles où, pour la première, la Fédération équestre internationale et, dans la seconde, le CIO, étaient parties, le Tribunal fédéral suisse, après une analyse minutieuse, tant de l'administration et du fonctionnement du TAS que de la constitution de la liste des arbitres, a pu constater que le TAS n'entretenait pas avec la FEI (première affaire) et avec le CIO (seconde affaire) de liens organiques et économiques de nature à suspecter son indépendance à leur égard. ❑

I Statut des organes concourant au règlement des litiges en matière de sport

A *Dispositions communes*

S 1 Afin d'assurer le règlement des litiges en matière de sport par la voie de l'arbitrage et de la médiation, il est créé deux organes :
– le Conseil international de l'arbitrage en matière de sport (CIAS)
– le Tribunal arbitral du sport (TAS).

Les litiges auxquels une fédération, association ou autre organisme sportif est partie ne relèvent de l'arbitrage au sens du présent Code que dans la mesure où les statuts ou règlements desdits organismes sportifs ou une convention particulière le prévoient.

Le siège du CIAS et du TAS est à Lausanne, Suisse.

S 2 Le CIAS a pour mission de favoriser le règlement des litiges en matière de sport par la voie de l'arbitrage ou de la médiation et de sauvegarder l'indépendance du TAS et les droits des parties. Il est également responsable de l'administration et du financement du TAS.

S 3 Le TAS dispose d'une liste d'arbitres afin de permettre la résolution des litiges survenant dans le domaine du sport par la voie de l'arbitrage, assuré par des Formations composées d'un ou de trois arbitres.

Le TAS est composé d'une Chambre d'arbitrage ordinaire et d'une Chambre arbitrale d'appel.

Le TAS dispose d'une liste de médiateurs afin de permettre la résolution des litiges survenant dans le domaine du sport par la voie de la médiation. La procédure de médiation est régie par le Règlement de médiation du TAS.

B *Le Conseil international de l'arbitrage en matière de sport (CIAS)*

1 *Composition*

S 4 Le CIAS est composé de vingt membres, juristes expérimentés, désignés de la manière suivante :

a. quatre membres sont désignés par les Fédérations Internationales (FI), à savoir trois par l'Association des FI olympiques d'été (ASOIF) et un par l'Association des FI olympiques d'hiver (AIOWF), choisis en leur sein ou en dehors ;

b. quatre membres sont désignés par l'Association des Comités Nationaux Olympiques (ACNO), choisis en son sein ou en dehors ;

c. quatre membres sont désignés par le Comité International Olympique (CIO), choisis en son sein ou en dehors ;

d. quatre membres sont désignés par les douze membres du CIAS figurant ci-dessus, après des consultations appropriées, en vue de sauvegarder les intérêts des athlètes ;

e. quatre membres sont désignés par les seize membres du CIAS figurant ci-dessus, choisis parmi des personnalités indépendantes des organismes désignant les autres membres du CIAS.

S 5 Les membres du CIAS sont désignés pour une ou plusieurs période(s) renouvelable(s) de quatre ans. Les nominations doivent avoir lieu au cours de la dernière année de chaque cycle de quatre ans.

Lors de leur désignation, les membres du CIAS signent une déclaration selon laquelle ils/elles exerceront leur fonction à titre personnel, en toute objectivité et indépendance, et en conformité avec les dispositions du présent Code. Ils/elles sont, en particulier, tenu(e)s à l'obligation de confidentialité prévue à l'article R 43.

Les membres du CIAS ne peuvent figurer sur la liste des arbitres ou des médiateurs du TAS, ni agir comme conseil d'une partie dans une procédure devant le TAS.

Si un membre du CIAS démissionne, décède ou est empêché d'assurer ses fonctions pour toute autre cause, il/elle est remplacé(e), pour la période restante de son mandat, selon les modalités applicables à sa désignation.

Le CIAS peut attribuer le titre de Membre Honoraire à un ancien membre du CIAS ayant contribué de manière exceptionnelle au développement du CIAS ou du TAS. Le titre de Membre Honoraire peut être attribué à titre posthume.

2 *Attributions*

S 6 Le CIAS exerce les fonctions suivantes :

1. Il adopte et modifie le présent Code ;

2. Il élit en son sein, pour une ou plusieurs période(s) renouvelable(s) de quatre ans :

• le Président ;

• deux Vice-président(e)s chargé(e)s de suppléer le/la Président(e) le cas échéant, selon l'ordre de leur âge ; si le poste de Président(e) devient vacant, le/la doyen(ne) des Vice-président(e)s exerce les fonctions et les responsabilités de Président(e) jusqu'à l'élection d'un(e) nouveau(-elle) Président(e) ;

• le/la Président(e) de la Chambre d'arbitrage ordinaire et le/la Président(e) de la Chambre arbitrale d'appel du TAS ;

• les suppléant(e)s des deux Président(e)s de chambre qui peuvent remplacer ces derniers(-ières) en cas d'empêchement ;

L'élection du/de la Président(e) et celle des Vice-président(e)s ont lieu après consultation avec le CIO, l'ASOIF, l'AIOWF et l'ACNO.

L'élection du/de la Président(e), celle des Vice-président(e)s, des Président(e)s de chambre et de leurs suppléant(e)s ont lieu lors de la réunion du CIAS suivant la nomination des membres du CIAS pour une période de quatre ans ;

3. Il désigne les arbitres constituant la liste des arbitres du TAS et les médiateurs(-rices) constituant la liste des médiateurs du TAS ; il peut également les retirer de ces listes ;

4. Il tranche les questions de récusation et de révocation des arbitres et exerce les autres fonctions que lui confère le Règlement de procédure ;

5. Il est responsable du financement du TAS. A cet effet, en particulier :

5.1 il reçoit et gère les fonds affectés à son fonctionnement ;

5.2 il approuve le budget du TAS préparé par le Greffe du TAS ;

5.3 il approuve les comptes annuels du TAS préparés par le Greffe du TAS ;

6. Il nomme le/la Secrétaire Général(e) du TAS et peut mettre fin à ses fonctions sur proposition du/de la Président(e) ;

7. Il exerce la haute surveillance sur les activités du Greffe du TAS ;

8. Il peut créer des structures d'arbitrage régionales ou locales, permanentes ou *ad hoc* ;

9. Il peut créer un fonds d'assistance pour faciliter l'accès à l'arbitrage du TAS de personnes physiques dépourvues de moyens financiers suffisants et peut créer un guide d'assistance judiciaire du TAS déterminant les modalités d'usage du fonds ;

10. Il peut prendre toute autre mesure qu'il juge utile pour assurer la protection des droits des parties et favoriser le règlement des litiges relatifs au sport par la voie de l'arbitrage et de la médiation.

S 7 Le CIAS exerce ses fonctions soit lui-même, soit par la voie de son Bureau, lequel est constitué du/de la Président(e), des deux Vice-Président(e)s du CIAS, du/de la Président(e) de la Chambre d'arbitrage ordinaire et du/de la Président(e) de la Chambre arbitrale d'appel du TAS.

Le CIAS ne peut déléguer au Bureau les fonctions énumérées à l'article S6 paragraphes 1, 2, 5.2 et 5.3.

3 *Fonctionnement*

S 8 1. Le CIAS se réunit chaque fois que l'activité du TAS le requiert, mais au moins une fois par an.

Le CIAS délibère valablement lorsqu'au moins la moitié des membres participent à la prise de décision. Les décisions sont prises lors des réunions ou par voie de circulation à la majorité simple des votes exprimés. Les abstentions et les bulletins blancs ou nuls ne sont pas pris en compte dans le calcul de la majorité requise. Le vote par procuration n'est pas autorisé. Le vote a lieu à bulletin secret si le/la Président(e) le décide ou à la demande d'au moins un quart des membres présents. En cas d'égalité, la voix du/de la Président(e) est prépondérante.

2. Toute modification du présent Code requiert une majorité des deux tiers des membres du CIAS. Pour le surplus, les dispositions de l'article S8.1 ci-dessus sont applicables.

3. Tout membre du CIAS peut faire acte de candidature à la Présidence du CIAS. Toute candidature doit être adressée par écrit au/à la Secrétaire Général(e) au plus tard quatre mois avant la réunion pour l'élection.

L'élection du/de la Président(e) du CIAS a lieu lors de la réunion du CIAS suivant la nomination des membres du CIAS pour une période de quatre ans. Le *quorum* pour cette élection est atteint si au moins trois quarts des membres participent au vote. Le/la Président(e) est élu(e) à la majorité absolue des membres présents. S'il y a plusieurs candidat(e)s à la fonction de Président(e) du CIAS, plusieurs tours de scrutin seront organisés. Si la majorité absolue n'est pas atteinte, le/la candidat(e) ayant obtenu le nombre de voix le moins élevé à l'issue de chaque tour de scrutin est éliminé(e). En cas d'égalité entre deux ou plusieurs candidat(e)s, un vote entre ces candidat(e)s est organisé et le/la candidat(e) ayant obtenu le nombre de voix le moins élevé est éliminé(e). Si, à la suite de ce vote supplémentaire, l'égalité persiste, le/la/les candidat(e)(s) le/la/les plus âgé(e)(s) est (sont) sélectionné(e)(s).

Si le *quorum* n'est pas atteint ou si le/la dernier(-ière) candidat(e) issu(e) des tours de scrutin, ou le/la seul(e) candidat(e), n'obtient pas la majorité absolue au dernier tour de scrutin, le/la Président(e) en fonction continue son mandat jusqu'à ce qu'une nouvelle élection soit organisée. La nouvelle élection doit intervenir dans un délai de quatre mois à compter de l'élection infructueuse et conformément aux règles ci-dessus, sauf que le/la Président(e) est élu(e) à la majorité simple lorsque deux candidat(e)s ou moins restent en lice.

L'élection a lieu à bulletin secret. Une élection par voie de circulation n'est pas autorisée.

4. Le/la Secrétaire Général(e) du TAS participe à la prise de décisions avec voix consultative et fonctionne comme Secrétaire du CIAS.

S 9 Le/la Président(e) du CIAS est également Président(e) du TAS. C'est à lui/elle qu'incombent les tâches administratives courantes relevant du CIAS.

S 10 Le Bureau du CIAS se réunit sur convocation du/de la Président(e) du CIAS.

Le/la Secrétaire Général(e) du TAS participe à la prise de décisions avec voix consultative et fonctionne comme Secrétaire du Bureau.

Le Bureau délibère valablement si trois de ses membres participent à la prise de décisions. Les décisions sont prises lors des réunions ou par voie de circulation à la majorité simple des votants, la voix du/de la Président(e) étant prépondérante en cas d'égalité.

S 11 Un membre du CIAS ou du Bureau peut être récusé lorsque les circonstances permettent de douter légitimement de son indépendance à l'égard d'une partie à un arbitrage qui doit faire l'objet d'une décision du CIAS ou du Bureau en vertu de l'article S 6, paragraphe 4. Il/elle doit se récuser spontanément lorsqu'une décision a pour objet un arbitrage dans lequel figure, comme partie, un organisme sportif auquel il/elle appartient ou dans lequel un membre du cabinet d'avocats auquel il/elle appartient est arbitre ou conseil.

Le CIAS, à l'exception du membre dont la récusation est demandée, détermine les modalités de la procédure de récusation.

Le membre récusé ne participe pas aux délibérations concernant l'arbitrage en question et ne reçoit aucune information au sujet de l'activité du CIAS et du Bureau concernant cet arbitrage.

C *Le Tribunal arbitral du sport (TAS)*

1 *Mission*

S 12 Le TAS constitue des Formations ayant la responsabilité de permettre, par la voie de l'arbitrage et/ou de la médiation, la résolution des litiges survenant dans le domaine du sport conformément au Règlement de procédure (articles R 27 et suivants).

A cet effet, le TAS fournit l'infrastructure nécessaire, veille à la constitution des Formations et supervise la gestion efficace des procédures.

Les Formations sont notamment chargées :

a. de trancher les litiges qui leur sont soumis par la voie de l'arbitrage ordinaire ;

b. de trancher, par la voie de la procédure arbitrale d'appel, des litiges concernant des décisions de fédérations, associations ou autres organismes sportifs, dans la mesure où les statuts ou règlements desdits organismes sportifs ou une convention particulière le prévoient ;

c. de trancher les litiges qui leur sont soumis par la voie de la médiation.

2 *Arbitres et médiateurs*

S 13 Les personnalités désignées par le CIAS, conformément à l'article S 6, paragraphe 3, figurent sur la liste du TAS pendant une ou plusieurs période(s) renouvelable(s) de quatre ans. Le CIAS procède à la révision générale de cette liste tous les quatre ans ; la nouvelle liste entre en vigueur le 1er janvier de l'année suivant son adoption.

Les arbitres doivent être au nombre de cent cinquante au moins et les médiateurs(-rices) au nombre de cinquante au moins.

S 14 En constituant la liste des arbitres du TAS, le CIAS devra faire appel à des personnalités ayant une formation juridique appropriée, une compétence reconnue en matière de droit du sport et/ou d'arbitrage international, une bonne connaissance du sport en général et la maîtrise d'au moins une des langues de travail du TAS, dont les noms et qualifications sont portés à l'attention du CIAS, notamment par le CIO, les FI, les CNO, ainsi que par les commissions d'athlètes du CIO, des FI et des CNO. Le CIAS peut identifier les arbitres ayant une spécialisation particulière pour traiter certains types de litiges.

En constituant la liste des médiateurs(-rices) du TAS, le CIAS veille à nommer des personnalités ayant de l'expérience dans le domaine de la médiation et une bonne connaissance du sport en général.

S 15 Le CIAS publie les listes des arbitres et des médiateurs(-rices) du TAS, ainsi que toute modification ultérieure de ces listes.

S 16 Lors de la désignation des arbitres et des médiateurs(-rices), le CIAS prend en considération la représentation continentale et les différentes cultures juridiques.

S 17 Sous réserve des dispositions du Règlement de procédure (articles R 27 et suivants), si un/une arbitre du TAS démissionne, décède ou est incapable d'assumer ses fonctions pour toute autre cause, il/elle peut être remplacé(e), pour la période restante de son mandat, selon les modalités applicables à sa désignation.

S 18 Les arbitres figurant sur la liste du TAS peuvent siéger dans des Formations relevant de l'une ou l'autre des chambres du TAS.

Lors de leur désignation, les arbitres et les médiateurs(-rices) du TAS signent une déclaration officielle selon laquelle ils/elles exerceront leurs fonctions à titre personnel, en toute objectivité, indépendance et impartialité, et en conformité avec les dispositions du présent Code.

Les arbitres et médiateurs(-rices) du TAS ne peuvent pas agir comme conseil d'une partie devant le TAS.

S 19 Les arbitres et médiateurs(-rices) du TAS sont tenu(e)s à l'obligation de confidentialité prévue dans le présent Code et notamment ne doivent pas divulguer à des tiers des faits ou autres informations ayant trait à des procédures du TAS.

Le CIAS peut retirer, provisoirement ou définitivement, un(e) arbitre ou un(e) médiateur(-rice) de la liste des membres du TAS s'il/elle viole une disposition du présent Code ou si son action porte atteinte à la réputation du CIAS et/ou du TAS.

3 *Organisation du TAS*

S 20 Le TAS est composé de deux chambres arbitrales, soient la Chambre d'arbitrage ordinaire et la Chambre arbitrale d'appel.

a. **La Chambre d'arbitrage ordinaire** constitue des Formations ayant pour mission de résoudre les litiges soumis à la procédure ordinaire et exerce, par l'intermédiaire de son/sa Président(e) ou de son/sa suppléant(e), toutes les autres fonctions relatives au déroulement efficace de la procédure conformément au Règlement de procédure (articles R 27 et suivants) ;

b. **La Chambre arbitrale d'appel** constitue des Formations ayant pour mission de résoudre les litiges concernant des décisions de fédérations, associations ou autres organismes sportifs dans la mesure où les statuts ou règlements desdits organismes sportifs ou une convention particulière le prévoient. Elle exerce, par l'intermédiaire de son/sa Président(e) ou de son/sa suppléant(e), toutes les autres fonctions relatives au déroulement efficace de la procédure conformément au Règlement de procédure (articles R 27 et suivants).

Les arbitrages soumis au TAS sont attribués par le Greffe du TAS à la Chambre appropriée. Cette attribution ne peut pas être contestée par les parties ou invoquée par elles comme une cause d'irrégularité. En cas de changement de circonstances au cours de la procédure, le Greffe du TAS, après consultation de la Formation, peut attribuer l'arbitrage à l'autre chambre. Une telle réattribution n'a pas d'effet sur la composition de la Formation ou sur la validité des actes de procédure, des décisions ou ordonnances ayant eu lieu avant la réattribution.

Le système de médiation du TAS est mis en œuvre conformément au Règlement de médiation du TAS.

S 21 Le/la Président(e) de l'une ou l'autre des chambres du TAS peut être récusé(e) lorsque les circonstances permettent légitimement de douter de son indépendance ou de son impartialité à l'égard d'une des parties à un arbitrage attribué à sa chambre. Il/elle doit se récuser spontanément lorsqu' *[lorsque]* est attribué à sa chambre un arbitrage dans lequel figure, comme partie, un organisme sportif auquel il/elle appartient ou dans lequel un membre du cabinet d'avocats auquel il/elle appartient est arbitre ou conseil.

Le CIAS détermine les modalités de la procédure de récusation. Le/la Président(e) récusé(e) ne participe pas à cette discussion.

Lorsque le/la Président(e) d'une des chambres est récusé(e), les fonctions relatives au déroulement efficace de la procédure qui lui sont dévolues par le Règlement de procédure (articles R 27 et suivants) sont exercées par son/sa suppléant(e) ou par le/la Président(e) du TAS si le/la suppléant(e) est également récusé(e). Les personnes récusées ne reçoivent aucune information concernant l'activité du TAS au sujet de l'arbitrage ayant entraîné la récusation.

S 22 Le TAS comprend un Greffe composé du/de la Secrétaire Général(e) et de Conseillers(-ières) qui représentent le/la Secrétaire Général(e) en cas de besoin.

Le Greffe du TAS exerce les fonctions qui lui sont dévolues par le présent Code.

D *Dispositions diverses*

S 23 Le présent Statut est complété par un Règlement de procédure adopté par le CIAS.

S 24 Le texte français et le texte anglais font foi. En cas de divergence, le texte français prévaut.

S 25 Le présent Statut peut être modifié par décision du CIAS conformément à l'article S 8.

S 26 Le présent Statut et le Règlement de procédure entrent en vigueur par décision du CIAS, acquise à la majorité des deux tiers.

II Règlement de procédure

A *Dispositions générales*

R 27 *Application du Règlement de procédure.* Le présent Règlement de procédure s'applique lorsque les parties sont convenues de soumettre au TAS un litige relatif au sport. Une telle soumission peut résulter d'une clause arbitrale figurant dans un contrat ou un règlement ou d'une convention d'arbitrage ultérieure (procédure d'arbitrage ordinaire), ou avoir trait à l'appel d'une décision rendue par une fédération, une association ou un autre organisme sportif lorsque les statuts ou règlements de cet organisme ou une convention particulière prévoient l'appel au TAS (procédure arbitrale d'appel).

Ces litiges peuvent porter sur des questions de principe relatives au sport ou sur des questions pécuniaires ou autres relatives à la pratique ou au développement du sport et peut *[peuvent]* inclure plus généralement toute activité ou affaire relative au sport.

R 28 *Siège.* Le siège du TAS et de chaque Formation est fixé à Lausanne, Suisse. Toutefois, si les circonstances le justifient, le/la Président(e) de la Formation peut décider, après consultation des parties, qu'une audience se tiendra dans un autre lieu et en fixe les modalités.

R 29 *Langue.* Les langues de travail du TAS sont le français et l'anglais. A défaut d'accord des parties, le/la Président(e) de la Formation ou, s'il/elle n'est pas encore nommé(e), le/la Président(e) de la Chambre concernée choisit, au début de la procédure, une de ces deux langues comme langue de l'arbitrage, en tenant compte de l'ensemble des circonstances qu'il juge pertinentes. La procédure se déroule ensuite exclusivement dans cette langue, sauf accord contraire entre les parties et la Formation.

Les parties peuvent demander qu'une langue autre que le français ou l'anglais soit choisie, sous réserve de l'accord de la Formation et du Greffe du TAS. En cas d'accord, le Greffe du TAS détermine avec la Formation les conditions relatives au choix de la langue ; la Formation peut ordonner que tout ou partie des frais de traduction et d'interprétation soit mis à la charge des parties. Si une audience doit avoir lieu, la Formation peut autoriser une partie d'utiliser une langue autre que celle choisie pour l'arbitrage, à la condition qu'elle fournisse, à ses frais, un service d'interprétation vers et depuis la langue officielle de l'arbitrage.

La Formation ou, si elle n'est pas déjà constituée, le/la Président(e) de Chambre peut ordonner que tous les documents soumis dans des langues différentes de celle de la procédure soient accompagnés d'une traduction certifiée dans la langue de la procédure.

R 30 *Représentation et assistance.* Les parties peuvent se faire représenter ou assister par des personnes de leur choix. Les noms, adresses, adresses électroniques, numéros de téléphone et de télécopie des personnes représentant les parties sont communiqués au Greffe du TAS, à l'autre partie et à la Formation dès sa constitution. Toute partie représentée par un(e) conseil ou une autre personne doit fournir une confirmation écrite d'un tel mandat de représentation au Greffe du TAS.

R 31 *Notifications et communications.* Le Greffe du TAS effectue les notifications et les communications que le TAS ou la Formation destine aux parties. Les notifications et les communications sont faites à l'adresse figurant dans la requête d'arbitrage ou la déclaration d'appel, ou à toute adresse indiquée ultérieurement.

Les sentences, ordonnances et autres décisions du TAS et de la Formation sont notifiées par courrier et/ou par télécopie et/ou par courrier électronique, mais au moins par un moyen permettant la preuve de la réception.

La requête d'arbitrage, la déclaration d'appel et tout autre mémoire écrit, imprimé ou sauvegardé sur support numérique, doivent être déposés par courrier au Greffe du TAS par les parties en autant d'exemplaires qu'il y a d'autres parties et d'arbitres, plus un exemplaire pour le TAS, faute de quoi le TAS ne procède pas. S'ils sont transmis par avance par télécopie ou par courrier électronique à l'adresse électronique officielle du TAS (procedures@tas-cas.org), le dépôt est valable dès réception de la télécopie ou du courrier électronique par le Greffe du TAS mais à condition que le mémoire et ses copies soient également déposés par courrier le premier jour ouvrable suivant l'expiration du délai applicable, comme mentionné ci-dessus.

Le dépôt des mémoires susmentionnés par courrier électronique est autorisé conformément aux conditions prévues par le guide du TAS sur le dépôt par voie électronique.

Les pièces annexées à tout mémoire écrit peuvent être envoyées au Greffe du TAS par courrier électronique, à condition qu'elles soient mentionnées sur une liste et que chaque pièce puisse être clairement identifiée ; le Greffe du TAS peut ensuite les transmettre de la même manière. Toutes les autres communications émanant des parties et destinées au TAS ou à la Formation doivent être transmises par courrier, télécopie ou courrier électronique au Greffe du TAS.

R 32 *Délais.* Les délais fixés en vertu du présent Code commencent à courir le jour suivant celui de la réception de la notification effectuée par le TAS. Les jours fériés et non ouvrables sont compris dans le calcul des délais. Les délais fixés en vertu du présent Code sont respectés si les communications effectuées par les parties sont expédiées le jour de l'échéance avant minuit, heure du lieu de leur propre domicile ou, si représentées, du domicile de leur conseil principal. Si le dernier jour du délai imparti est férié ou non ouvrable au lieu d'où le document doit être envoyé, le délai expire à la fin du premier jour ouvrable suivant.

Sur requête motivée et après consultation de l'autre ou des autres partie(s), le/la Président(e) de la Formation ou, s'il/elle n'est pas encore nommé(e), le/la Président(e) de la Chambre concernée peut prolonger les délais fixés par le présent Règlement de procédure, à l'exception du délai pour le dépôt de la déclaration d'appel, si les circonstances le justifient et à condition que le délai initial n'ait pas déjà expiré. A l'exception du délai pour la déclaration d'appel, le/la Secrétaire Général(e) du TAS statue sur toute requête visant à obtenir une première prolongation de délai n'excédant pas cinq jours, sans consultation de l'autre ou des autres partie(s).

La Formation ou, si elle n'a pas encore été constituée, le/la Président(e) de la Chambre concernée peut, sur requête motivée, suspendre un arbitrage en cours pour une durée limitée.

R 33 *Indépendance et qualifications des arbitres.* Tout arbitre doit être et demeurer impartial(e) et indépendant(e) des parties et a l'obligation de révéler immédiatement toute circonstance susceptible de compromettre son indépendance à l'égard des parties ou de l'une d'elles.

Tout arbitre doit figurer sur la liste établie par le CIAS en vertu du Statut faisant partie du présent Code, maîtriser la langue de l'arbitrage et avoir la disponibilité nécessaire pour mener l'arbitrage à son terme dans les meilleurs délais.

R 34 *Récusation.* Un(e) arbitre peut être récusé(e) lorsque les circonstances permettent de douter légitimement de son indépendance ou de son impartialité. La récusation doit être requise dans les sept jours suivant la connaissance de la cause de récusation.

La récusation est de la compétence du Bureau du CIAS qui peut décider librement de renvoyer un cas au CIAS. La récusation d'un(e) arbitre doit être demandée par une partie, sous forme d'une requête motivée, déposée au Greffe du TAS. Le Bureau du CIAS ou le CIAS tranche, après avoir invité l'autre (les autres) partie(s), l'arbitre concerné(e) et les autres arbitres éventuel(le)s à prendre position par écrit. Ces observations sont communiquées par le Greffe du TAS aux parties et, le cas échéant, aux autres arbitres. Le Bureau du CIAS ou le CIAS rend une décision sommairement motivée et peut décider de la publier.

R 35 *Révocation.* Tout(e) arbitre peut être révoqué(e) par le CIAS s'il/elle refuse ou s'il/elle est empêché(e) d'exercer ses fonctions ou s'il/elle ne remplit pas ses fonctions conformément au présent Code dans un délai raisonnable. Le CIAS peut exercer ce pouvoir par l'intermédiaire de son Bureau. Le CIAS invite les parties, l'arbitre concerné(e) et les autres arbitres éventuel(le)s à prendre position par écrit et rend une décision sommairement motivée. La révocation d'un(e) arbitre ne peut pas être demandée par une partie.

R 36 *Remplacement.* En cas de démission, décès, récusation ou révocation d'un(e) arbitre, celui/celle-ci est remplacé(e) selon les modalités applicables à sa désignation. Si, dans le délai fixé par le Greffe du TAS, la partie demanderesse/appelante ne nomme aucun arbitre pour remplacer l'arbitre initialement désigné, l'arbitrage ne sera pas mis en œuvre ou, s'il a déjà été mis en œuvre, sera clôturé. Sauf convention contraire des parties ou décision contraire de la Formation, la procédure se poursuit sans répétition des actes de procédure antérieurs au remplacement.

R 37 *Mesures provisionnelles et conservatoires.* Aucune partie ne peut requérir des mesures provisionnelles et conservatoires selon le présent Règlement de procédure avant que toutes les voies de droit interne à la fédération ou organisation sportive concernée n'aient été épuisées.

Lors du dépôt de la requête de mesures provisionnelles, la partie requérante verse un droit de Greffe de CHF 1000.–, faute de quoi le TAS ne procède pas. Le droit de Greffe reste acquis au TAS. Le droit de Greffe du TAS ne doit pas être payé à nouveau au moment du dépôt de la requête d'arbitrage ou de la déclaration d'appel dans la même procédure.

Le/la Président(e) de la Chambre concernée, avant la transmission du dossier à la Formation, puis la Formation peuvent, sur requête d'une partie, ordonner des mesures provisionnelles ou conservatoires. Par la soumission au présent Règlement de procédure d'un litige relevant de la procédure d'arbitrage ordinaire ou de la procédure arbitrale d'appel, les parties renoncent à requérir de telles mesures auprès des autorités ou tribunaux étatiques.

Saisi(e) d'une requête de mesures provisionnelles, le/la Président(e) de la Chambre concernée ou la Formation invite la/les autre(s) partie(s) à se prononcer dans les dix jours ou dans un délai plus court si les circonstances l'exigent. Le/la Président(e) de la Chambre concernée ou la Formation rend une ordonnance à bref délai et statue en premier lieu sur la compétence du TAS *prima facie*. Le/la Président(e) de la Chambre concernée peut mettre fin à une procédure d'arbitrage s'il/elle décide que le TAS n'est manifestement pas compétent. En cas d'extrême urgence, le/la Président(e) de la Chambre concernée, avant la transmission du dossier à la Formation, puis le/la Président(e) de la Formation peuvent rendre une ordonnance sur simple présentation de la requête, sous réserve de la détermination ultérieure de la partie adverse.

Pour décider de l'octroi de mesures provisionnelles, le/la Président(e) de la Chambre ou la Formation prend en considération le risque de dommage irréparable qu'encourt la partie requérante, les chances de succès de la demande au fond et l'importance des intérêts de la partie requérante par comparaison à ceux de la partie défenderesse/intimée.

La procédure de mesures provisionnelles et les mesures provisionnelles éventuellement déjà octroyées sont automatiquement annulées si la partie qui les a demandées ne dépose pas de requête d'arbitrage dans les 10 jours suivant le dépôt de la demande de mesures provisionnelles (procédure ordinaire) ou de déclaration d'appel dans le délai prévu à l'article R49 du Code (procédure d'appel). Ces délais ne peuvent pas être prolongés.

Les mesures provisionnelles ou conservatoires peuvent être subordonnées à la fourniture de sûretés.

B *Dispositions particulières à la procédure d'arbitrage ordinaire*

R 38 *Requête d'arbitrage.* La partie qui entend recourir à l'arbitrage du TAS selon le présent Règlement de procédure (partie demanderesse), soumet au Greffe du TAS une requête comprenant les éléments suivants :

– le nom et l'adresse complète de la (des) partie(s) défenderesse(s) ;

– une brève description des faits et moyens de droit, y compris une description des questions soumises au TAS en vue d'une solution ;

– ses prétentions ;

– la copie du contrat contenant la convention d'arbitrage ou de toute pièce prévoyant l'arbitrage selon le présent Règlement de procédure ;

– toutes les indications utiles concernant le nombre et le choix du ou des arbitres ; si la convention d'arbitrage en question prévoit trois arbitres, le nom de l'arbitre choisi par la partie demanderesse parmi les personnes figurant sur la liste des arbitres du TAS.

Lors de la soumission de la requête, la partie demanderesse verse le droit de Greffe prévu à l'article R 64.1.

Si les conditions ci-dessus ne sont pas remplies au moment du dépôt de la requête d'arbitrage, le Greffe du TAS peut fixer un unique et bref délai à la partie demanderesse pour compléter la requête, faute de quoi le Greffe du TAS ne procède pas.

R 39 *Mise en œuvre de l'arbitrage par le TAS et réponse - Compétence du TAS.* Sauf s'il apparaît d'emblée qu'il n'existe manifestement pas de convention d'arbitrage se référant au TAS, le Greffe du TAS prend toute disposition utile pour la mise en œuvre de l'arbitrage. Il communique la demande à la partie défenderesse, interpelle le cas échéant les parties sur le choix du droit applicable au fond du litige et fixe à la partie défenderesse des délais pour formuler toutes indications utiles concernant le nombre et le choix du ou des arbitres figurant sur la liste des arbitres du TAS, ainsi que pour soumettre une réponse à la demande d'arbitrage. La réponse doit comprendre les éléments suivants :

– une brève description des moyens de défense ;

– toute exception d'incompétence ;

– toute demande reconventionnelle.

La partie défenderesse peut demander que le délai pour le dépôt de la réponse soit fixé après le paiement par la partie défenderesse de sa part de l'avance de frais prévue à l'article R 64.2 du présent Code.

La Formation statue sur sa propre compétence, sans égard à une action ayant le même objet déjà pendante entre les mêmes parties devant un autre tribunal étatique ou arbitral, sauf si des motifs sérieux commandent de suspendre la procédure..

Lorsqu'une exception d'incompétence est soulevée, le Greffe du TAS ou la Formation, si celle-ci est déjà constituée, invite les parties à se déterminer par écrit au sujet de la compétence du TAS. La Formation statue sur sa compétence soit dans une décision incidente, soit dans une sentence au fond.

Lorsqu'une partie dépose une demande d'arbitrage relative à une convention d'arbitrage et à des faits similaires à ceux faisant l'objet d'une procédure ordinaire déjà en cours devant le TAS, le/la Président(e) de la Formation, ou s'il/elle n'a pas encore été nommé(e), le/la Président(e) de la Chambre peut, après consultation avec les parties, décider de joindre les deux procédures.

R 40 *Constitution de la Formation.*

R 40.1 *Nombre d'arbitres.* La Formation est composée d'un(e) ou trois arbitres. Si la convention d'arbitrage ne précise pas le nombre d'arbitres, le/la Président(e) de la Chambre en décide en tenant compte des circonstances de l'affaire. Le/la Président(e) de Chambre peut alors choisir de nommer un(e) arbitre unique lorsque la partie demanderesse le requiert et que la partie défenderesse ne paie pas sa part des avances de frais dans le délai fixé par le Greffe du TAS.

R 40.2 *Désignation des arbitres.* Les parties conviennent du mode de désignation des arbitres figurant sur la liste du TAS. A défaut de convention, les arbitres sont désigné(e)s selon les alinéas suivants.

Si, en vertu de la convention d'arbitrage ou d'une décision du/de la Président(e) de la Chambre, il y a lieu de désigner un(e) arbitre unique, les parties le/la désignent d'entente dans un délai de quinze jours fixé par le Greffe du TAS après réception de la requête. A défaut d'entente dans ce délai, le/la Président(e) de la Chambre procède à la désignation.

Si, en vertu de la convention d'arbitrage ou d'une décision du/de la Président(e) de la Chambre, il y a lieu de désigner trois arbitres, la partie demanderesse désigne un(e) arbitre dans la requête ou dans le délai fixé lors de la décision sur le nombre d'arbitres, à défaut de quoi la requête d'arbitrage est réputée retirée. La partie défenderesse désigne un(e) arbitre dans le délai fixé par le Greffe du TAS dès réception de la requête. A défaut d'une telle désignation, le/la Président(e) de la Chambre procède à la désignation en lieu et place de la partie défenderesse. Les deux arbitres ainsi désigné(e)s choisissent d'entente le/la Président(e) de la Formation dans un délai fixé par le Greffe du TAS. A défaut d'entente dans ce délai, le/la Président(e) de la Chambre désigne le/la Président(e) de la Formation.

R 40.3 *Confirmation des arbitres et transmission du dossier.* Les arbitres désigné(e)s par les parties ou par d'autres arbitres ne sont réputé(e)s nommé(e)s qu'après confirmation par le/la Président(e) de la Chambre, qui s'assure que l'arbitre répond aux conditions de l'article R 33.

Lorsque la Formation est constituée, le Greffe du TAS constate la constitution et transmet le dossier aux arbitres, à moins qu'aucune des parties n'ait versé l'avance de frais prévue à l'article R64.2 du présent Code.

Un(e) greffier(-ère) *ad hoc* indépendant(e) des parties peut être nommé(e) pour assister la Formation. Ses honoraires sont inclus dans les frais d'arbitrage.

R 41 *Arbitrage multipartite.*

R 41.1 *Pluralité de demandeurs/défendeurs.* Lorsque la requête d'arbitrage nomme plusieurs parties demanderesses et/ou parties défenderesses, le TAS constitue la Formation en fonction du nombre d'arbitres et selon le mode de désignation convenus entre toutes les parties. A défaut d'une telle convention, le/la Président(e) de la Chambre détermine le nombre d'arbitres selon l'article R 40.1.

S'il y a lieu de désigner un(e) arbitre unique, l'article R40.2 s'applique. S'il y a lieu de désigner trois arbitres et qu'il y a plusieurs parties demanderesses, celles-ci désignent conjointement un(e) arbitre. S'il y a lieu de désigner trois arbitres et qu'il y a plusieurs parties défenderesses, celles-ci désignent conjointement un(e) arbitre. A défaut de telles désignations conjointes, le/la Président(e) de la Chambre procède à cette désignation spécifique.

S'il y a trois parties ou plus ayant des intérêts divergents, les deux arbitres sont désigné(e)s conformément à la convention des parties. A défaut d'accord entre les parties, les arbitres sont désigné(e)s par le/la Président(e) de la Chambre selon l'article R 40.2.

Dans tous les cas, les arbitres choisissent le/la Président(e) de la Formation selon l'article R 40.2.

R 41.2 *Appel en cause.* Si une partie défenderesse désire faire participer un tiers comme partie à l'arbitrage, elle doit l'indiquer dans sa réponse, motifs à l'appui, et soumettre un exemplaire supplémentaire de sa réponse. Le Greffe du TAS transmet cet exemplaire à la personne dont la participation est requise et lui fixe un délai pour se déterminer sur sa participation et soumettre une réponse au sens de l'article R39. Il fixe également un délai pour que la partie demanderesse prenne position sur la participation du tiers.

R 41.3 *Intervention.* Si un tiers désire participer comme partie à l'arbitrage, il doit soumettre au Greffe du TAS une demande à cet effet, motifs à l'appui, dans un délai de dix jours suivant le moment où le tiers intervenant apprend l'existence de l'arbitrage mais avant l'audience ou avant la clôture de la procédure écrite si aucune audience n'a lieu. Le Greffe du TAS transmet un exemplaire de cette demande aux parties et leur fixe un délai pour se déterminer sur la participation du tiers et pour soumettre, dans la mesure applicable, une réponse au sens de l'article R 39.

R 41.4 *Dispositions communes à l'appel en cause et à l'intervention.* Un tiers ne peut participer à l'arbitrage que s'il est lié par la convention d'arbitrage ou si lui-même et les autres parties y consentent par écrit.

A l'échéance des délais fixés en vertu des articles R41.2 et R41.3, le/la Président(e) de la Chambre ou la Formation, si elle est déjà constituée, décide de la participation du tiers, en prenant notamment en considération l'existence *prima facie* d'une convention d'arbitrage telle que mentionnée à l'article R 39. La décision du/de la Président(e) de Chambre ne préjuge pas de la décision de la Formation sur cette même question.

Si le/la Président(e) de la Chambre admet la participation du tiers, le TAS constitue la Formation en fonction du nombre d'arbitres et selon le mode de désignation convenu entre toutes les parties. A défaut d'accord entre les parties, le/la Président(e) de la Chambre détermine le nombre d'arbitres selon l'article R 40.1. S'il y a lieu de désigner un(e) arbitre unique, l'article R40.2 s'applique. S'il y a lieu de désigner trois arbitres, les arbitres sont désigné(e)s par le/la Président(e) de la Chambre et choisissent le/la Président(e) de la Formation selon l'article R 40.2.

Quelle que soit la décision de la Formation sur la participation du tiers, la constitution de la Formation ne peut plus être remise en cause. Si la Formation admet la participation, elle règle, le cas échéant, les modalités procédurales particulières pouvant en résulter.

Après examen des observations des parties concernées, la Formation détermine le statut du tiers intéressé et ses droits dans la procédure.

Après examen des observations des parties concernées, la Formation peut autoriser le dépôt de mémoires *amicus curiae*, selon les termes et conditions qu'elle aura déterminés.

R 42 *Conciliation.* Le/la Président(e) de la Chambre, avant la transmission du dossier à la Formation, puis la Formation peuvent en tout temps tenter de résoudre le litige par la voie de la conciliation. Toute transaction peut faire l'objet d'une sentence arbitrale rendue d'accord entre les parties.

R 43 *Confidentialité.* La procédure instituée selon le présent Règlement de procédure est confidentielle. Les parties, les arbitres et le TAS s'engagent à ne pas divulguer à des tiers des faits ou autres informations ayant trait au litige ou à la procédure sans la permission du TAS. Les sentences ne sont pas publiées, sauf si toutes les parties y consentent ou si le/la Président(e) de la Chambre le décide.

R 44 *Procédure devant la Formation.*

R 44.1 *Instruction écrite.* La procédure devant la Formation comprend l'instruction écrite et, en principe, une audience. Dès réception du dossier et s'il y a lieu, le/la Président(e) de la Formation fixe les modalités de la procédure écrite. Celle-ci comprend en principe un mémoire, un contre-mémoire et, si les circonstances l'exigent, une réplique et une duplique. Dans le mémoire et le contre-mémoire, les parties peuvent formuler des demandes non comprises dans la requête ou la réponse. Par la suite, une partie ne peut plus formuler de nouvelles demandes sans l'accord de l'autre partie.

Les parties produisent avec leurs écritures toutes les pièces dont elles entendent se prévaloir. Après les échanges d'écritures, les parties ne sont plus admises à produire des pièces, sauf entente ou si la Formation l'autorise en raison de circonstances exceptionnelles.

Dans leurs écritures, les parties indiquent les noms des témoins qu'elles désirent faire entendre, en incluant un bref résumé de leur témoignage présumé, et les noms des expert(e)s, avec mention de leur domaine d'expertise, et formulent toute autre offre de preuve. Les éventuels témoignages écrits doivent être déposés avec les écritures des parties, sauf si le/la Président(e) de la Formation en décide autrement.

Si une demande reconventionnelle et/ou une exception d'incompétence est déposée, le Greffe du TAS fixe un délai à la partie demanderesse pour le dépôt de la réponse à la demande reconventionnelle et/ou à l'exception d'incompétence.

R 44.2 *Instruction orale.* Si une audience doit être tenue, le/la Président(e) de la Formation fixe les modalités de l'instruction orale dès que possible, ainsi que la date de l'audience. L'instruction orale comprend en principe une audience au cours de laquelle la Formation entend les parties, les témoins et les expert(e)s ainsi que les plaidoiries finales des parties, la partie défenderesse ayant la parole le dernier.

Le/la Président(e) de la Formation dirige les débats et veille à ce qu'ils soient concis et limités à l'objet des présentations écrites, dans la mesure où celles-ci sont pertinentes. Les débats ont lieu à huis clos, sauf accord contraire des parties. Ils peuvent faire l'objet d'un procès-verbal. Toute personne entendue peut se faire assister d'un(e) interprète aux frais de la partie qui la fait entendre.

Les parties amènent et font entendre uniquement les témoins ou expert(e)s qu'elles ont désignés dans leurs écritures. Les parties sont responsables de la disponibilité et des frais des témoins et expert(e)s qu'elles ont appelés à comparaître.

Le/la Président(e) de la Formation peut décider de tenir une audience par vidéo-conférence ou entendre certaines parties, témoins et experts par télé-conference ou vidéo-conférence. Avec l'accord des parties, il/elle peut également dispenser un témoin ou expert(e) de comparaître si le témoin ou expert(e) en question a déposé une déclaration écrite au préalable.

La Formation peut limiter ou refuser la comparution d'un témoin ou d'un(e) expert(e) au motif que son témoignage, ou une partie de celui-ci, n'est pas pertinent.

Avant d'entendre un témoin, expert(e) ou interprète, la Formation invite solennellement cette personne à dire la vérité, sous menace de sanction pour faux témoignage.

Après l'instruction orale, les parties ne sont plus admises à produire des écritures, sauf si la Formation l'ordonne.

Après avoir consulté les parties, la Formation peut, si elle s'estime suffisamment informée, ne pas tenir d'audience.

R 44.3 *Actes d'instruction ordonnés par la Formation.* Chaque partie peut demander à la Formation d'ordonner que l'autre partie produise des pièces en sa possession ou sous son contrôle. La partie demandant la production doit rendre vraisemblable l'existence et la pertinence de ces pièces.

La Formation peut en tout temps, si elle l'estime utile pour compléter les présentations des parties, requérir la production de pièces supplémentaires, ordonner l'audition de témoins, commettre et entendre des expert(e)s ou procéder à tout autre acte d'instruction. La Formation peut ordonner aux parties de contribuer aux éventuels frais supplémentaires liés à l'audition de témoins et expert(e)s.

La Formation consulte les parties sur le choix et la mission de l'expert(e). L'expert(e) doit être indépendant(e) des parties. Avant de le/la nommer, la Formation l'invite à révéler immédiatement toute circonstance éventuelle susceptible de compromettre son indépendance à l'égard des parties ou de l'une d'elles.

R 44.4 *Procédure accélérée.* Avec l'accord des parties, le/la Président(e) de la Chambre ou la Formation peut recourir à une procédure accélérée et en fixe les modalités.

R 44.5 *Défaut.* Si la partie demanderesse ne dépose pas son mémoire conformément à l'article R44.1 du présent Code, la requête d'arbitrage est réputée retirée.

Si la partie défenderesse ne dépose pas son contre-mémoire conformément à l'article R44.1 du présent Code, la Formation peut néanmoins poursuivre la procédure d'arbitrage et rendre une sentence.

Si l'une des parties, ou l'un de ses témoins, bien que régulièrement convoqué(e), ne se présente pas à l'audience, la Formation peut néanmoins tenir l'audience et rendre une sentence.

R 45 *Droit applicable au fond.* La Formation statue selon les règles de droit choisies par les parties ou, à défaut de choix, selon le droit suisse. Les parties peuvent autoriser la Formation à statuer en équité.

R 46 *Sentence.* La sentence est rendue à la majorité ou, à défaut de majorité, par le/la Président(e) de la Formation seul(e). La sentence est écrite, datée et signée. Elle est sommairement motivée, sauf si les parties en conviennent autrement. La seule signature du/de la Président(e) de la Formation ou celles des deux co-arbitres, si le/la Président(e) ne signe pas, sont suffisantes. Avant la signature de la sentence, celle-ci doit être transmise au/à la Secrétaire Général(e) du TAS qui peut procéder à des rectifications de pure forme et attirer l'attention de la Formation sur des questions de principe fondamentales. Les éventuelles opinions dissidentes ne sont pas reconnues par le TAS et ne sont pas notifiées.

La Formation peut décider de communiquer aux parties le dispositif de la sentence avant la motivation. La sentence est exécutoire dès communication écrite du dispositif par courrier, télécopie et/ou courrier électronique.

La sentence notifiée par le Greffe du TAS est définitive et exécutoire, sous réserve de recours selon les circonstances, conformément au droit suisse, dans un délai de 30 jours à compter de la notification de la sentence originale. Elle n'est susceptible d'aucun recours dans la mesure où les parties n'ont ni domicile, ni résidence habituelle, ni établissement en Suisse et ont expressément renoncé au recours dans la convention d'arbitrage ou dans un accord conclu ultérieurement, notamment en début de procédure.

C *Dispositions particulières à la procédure arbitrale d'appel*

R 47 *Appel.* Un appel contre une décision d'une fédération, association ou autre organisme sportif peut être déposé au TAS si les statuts ou règlements dudit organisme sportif le prévoient ou si les parties ont conclu une convention d'arbitrage particulière et dans la mesure aussi où la partie appelante a épuisé les voies de droit préalables à l'appel dont il dispose en vertu des statuts ou règlements dudit organisme sportif.

Il peut être fait appel au TAS d'une sentence rendue par le TAS agissant en qualité de tribunal de première instance, si un tel double degré de juridiction est expressément prévu par les règles de la fédération ou organisme sportif concerné.

R 48 *Déclaration d'appel.* La partie appelante soumet au TAS une déclaration d'appel comprenant les éléments suivants :

– le*[s]* nom*[s]* et l'adresse complète de la ou des partie(s) intimée(s) ;
– une copie de la décision attaquée ;
– les prétentions de la partie appelante ;
– la désignation de l'arbitre choisi par la partie appelante sur la liste des arbitres du TAS, sauf si la partie appelante demande la nomination d'un(e) arbitre unique ;
– le cas échéant, une requête d'effet suspensif motivée ;
– une copie des dispositions statutaires ou réglementaires ou de la convention particulière prévoyant l'appel au TAS.

Lors de la soumission de la requête, la partie appelante verse le droit de Greffe prévu à l'article R 64.1 ou à l'article R 65.2.

Si les conditions ci-dessus ne sont pas remplies au moment du dépôt de la déclaration d'appel, le Greffe du TAS fixe un unique et bref délai à la partie appelante pour compléter sa déclaration d'appel, faute de quoi le Greffe du TAS ne procède pas.

R 49 *Délai d'appel.* En l'absence de délai d'appel fixé par les statuts ou règlements de la fédération, de l'association ou de l'organisme sportif concerné ou par une convention préalablement conclue, le délai d'appel est de vingt-et-un jours dès la réception de la décision faisant l'objet de l'appel. Le/la Président(e) de Chambre n'ouvre pas de procédure si la déclaration d'appel est manifestement tardive et doit notifier cette décision à la personne qui l'a déposée. Lorsqu'une procédure est mise en œuvre, une partie peut demander au/à la Président(e) de Chambre ou au/à la Président(e) de la Formation, si une Formation a déjà été constituée, de la clôturer si la déclaration d'appel est tardive. Le/la Président(e) de Chambre ou le/la Président(e) de la Formation rend sa décision après avoir invité les autres parties à se déterminer.

R 50 *Nombre d'arbitres.* L'appel est soumis à une Formation de trois arbitres, sauf si les parties sont convenues de recourir à un(e) arbitre unique ou, en cas d'absence d'accord entre les parties concernant le nombre d'arbitres, si le/la Président(e) de la Chambre décide de soumettre l'appel à un(e) arbitre unique, compte tenu des circonstances de l'affaire, parmi lesquelles le fait que la partie intimée ait payé ou non sa part des avances de frais dans le délai fixé par le Greffe du TAS.

Lorsque deux ou plusieurs affaires ont manifestement le même objet, le/la Président(e) de la Chambre peut inviter les parties à s'entendre pour qu'une seule Formation connaisse de ces affaires ; en cas de désaccord entre les parties, le/la Président(e) de la Chambre décide.

R 51 *Motivation de l'appel.* Dans les dix jours suivant l'expiration du délai d'appel, la partie appelante soumet au Greffe du TAS un mémoire contenant une description des faits et des moyens de droit fondant l'appel, accompagné de toutes les pièces et offres de preuves qu'elle entend invoquer. Alternativement, la partie appelante doit informer par écrit le Greffe du TAS dans le même délai que la déclaration d'appel doit être considérée comme mémoire d'appel. L'appel est réputé avoir été retiré si la partie appelante ne se conforme pas à ce délai.

Dans ses écritures, la partie appelante indique les noms des témoins, en incluant un bref résumé de leur témoignage présumé, et les noms des expert(e)s, avec mention de leur domaine d'expertise, qu'elle désire faire entendre, et formule toute autre offre de preuve. Les éventuels témoignages écrits doivent être déposés avec le mémoire d'appel, sauf si le/la Président(e) de la Formation en décide autrement.

R 52 *Mise en œuvre de l'arbitrage par le TAS.* Sauf s'il apparaît d'emblée qu'il n'existe manifestement pas de convention d'arbitrage se référant au TAS, que la convention n'a manifestement aucun lien avec le litige en question ou que les voies de recours internes dont dispose la partie appelante n'ont manifestement pas été épuisées, le TAS prend toute disposition utile pour la mise en œuvre de l'arbitrage. Le Greffe du TAS communique la déclaration d'appel à la partie intimée et le/la Président(e) de la Chambre procède à la constitution de la Formation selon les articles R 53 et R 54. Le cas échéant, ce/cette dernier(-ière) statue également à bref délai sur l'effet suspensif ou sur la demande de mesures provisionnelles.

Le Greffe du TAS envoie une copie de la déclaration d'appel et du mémoire d'appel à l'autorité qui a rendu la décision attaquée, pour information.

Le Greffe du TAS peut annoncer publiquement l'ouverture d'une procédure arbitrale d'appel ainsi que, ultérieurement et le cas échéant, la composition de la Formation arbitrale et la date de l'audience, sauf si les parties en conviennent autrement.

Avec l'accord des parties, la Formation ou, si celle-ci n'est pas encore constituée, le/la Président(e) de Chambre peut recourir à une procédure accélérée et en fixer les modalités.

Lorsqu'une partie dépose une déclaration d'appel relative à une décision à l'égard de laquelle une procédure d'appel est déjà en cours devant le TAS, le/la Président(e) de la Formation, ou s'il/elle n'a pas encore été nommé(e), le/la Président(e) de la Chambre peut, après consultation écrite avec les parties, décider de joindre les deux procédures.

R 53 *Nomination d'arbitre par l'intimé.* Sauf si les parties sont convenues de recourir à un(e) arbitre unique ou si le/la Président(e) de la Chambre estime que l'appel devrait être soumis à un(e) arbitre unique, la partie intimée désigne un(e) arbitre dans les dix jours suivant la réception de la déclaration d'appel. A défaut de désignation dans ce délai, le/la Président(e) de la Chambre procède à la désignation.

R 54 *Nomination de l'arbitre unique ou du Président et confirmation des arbitres par le TAS.* Si les parties sont convenues de recourir à un(e) arbitre unique ou si le/la Président(e) de la Chambre estime que l'appel doit être soumis à un(e) arbitre unique, le/la Président(e) de la Chambre désigne l'arbitre unique dès réception de la déclaration d'appel ou dès qu'une décision sur le nombre d'arbitres est rendue.

S'il y a lieu de recourir à trois arbitres, le/la Président(e) de la Chambre désigne le/la Président(e) de la Formation dès la désignation de l'arbitre de la partie intimée et après consultation des arbitres. Les arbitres désigné(e)s par les parties ne sont réputé(e)s nommé(e)s qu'après confirmation par le/la Président(e) de la Chambre. Avant de procéder à cette confirmation, le/la Président(e) de la Chambre s'assure que les arbitres répondent aux conditions de l'article R 33.

Lorsque la Formation est constituée, le Greffe du TAS constate la constitution de la Formation et transmet le dossier aux arbitres, à moins qu'aucune des parties n'ait versé l'avance de frais prévue à l'article R 64.2 du présent Code.

Un(e) greffier(-ère) *ad hoc* indépendant(e) des parties peut être nommé(e) pour assister la Formation. Ses honoraires sont inclus dans les frais d'arbitrage.

L'article R41 est applicable *mutatis mutandis* à la procédure arbitrale d'appel, sauf que le/la Président(e) de la Formation est nommé(e) par le/la Président(e) de la Chambre arbitrale d'appel du TAS.

R 55 *Réponse de la partie intimée – Compétence du TAS.* Dans les vingt jours suivant la réception de la motivation de l'appel, la partie intimée soumet au Greffe du TAS une réponse comprenant les éléments suivants :

– une description des moyens de défense ;

– toute exception d'incompétence ;

– toutes les pièces et offres de preuves que la partie intimée entend invoquer ;

– les noms des témoins, en incluant un bref résumé de leur témoignage présumé ; les éventuels témoignages écrits doivent être déposés avec la réponse, sauf si le/la Président(e) de la Formation en décide autrement.

– les noms des expert(e)s, avec mention de leur domaine d'expertise, qu'elle désire faire entendre, et formule toute autre offre de preuve.

Si la partie intimée ne dépose pas sa réponse dans le délai imparti, la Formation peut néanmoins poursuivre la procédure d'arbitrage et rendre une sentence.

La partie intimée peut demander que le délai pour le dépôt de la réponse soit fixé après le paiement par la partie appelante de sa part de l'avance de frais prévue à l'article R64.2.

La Formation statue sur sa propre compétence. Elle statue sur sa compétence sans égard à une action ayant le même objet déjà pendante entre les mêmes parties devant un autre tribunal étatique ou arbitral, sauf si des motifs sérieux commandent de suspendre la procédure.

Lorsqu'une exception d'incompétence est soulevée, le Greffe du TAS ou la Formation, si celle-ci est déjà constituée, invite les parties à se déterminer par écrit au sujet de la compétence du TAS. La Formation statue sur sa compétence soit dans une décision incidente, soit dans une sentence au fond.

R 56 *Caractère complet de la motivation d'appel et de la réponse – Conciliation.* Sauf accord contraire des parties ou décision contraire du/de la Président(e) de la Formation commandée par des circonstances exceptionnelles, les parties ne sont pas admises à compléter ou modifier leurs conclusions ou leur argumentation, ni à produire de nouvelles pièces, ni à formuler de nouvelles offres de preuves après la soumission de la motivation d'appel et de la réponse.

La Formation peut en tout temps tenter de résoudre le litige par voie de conciliation. Toute transaction peut être intégrée dans une sentence arbitrale d'accord entre parties.

R 57 *Pouvoir d'examen – Instruction orale.* La Formation revoit les faits et le droit avec plein pouvoir d'examen. Elle peut soit rendre une nouvelle décision se substituant à la décision attaquée, soit annuler cette dernière et renvoyer la cause à l'autorité qui a statué en dernier. Le/la Président(e) de la Formation peut demander la communication du dossier de la fédération, association ou autre organisme sportif ayant rendu la décision attaquée. Dès transmission du dossier, le/la Président(e) de la Formation fixe les modalités de l'audience pour l'audition des parties, des témoins et des expert(e)s, ainsi que pour les plaidoiries.

Après avoir consulté les parties, la Formation peut, si elle s'estime suffisamment informée, ne pas tenir d'audience. Lors de l'audience, les débats ont lieu à huis clos, sauf accord contraire des parties.

La Formation peut exclure des preuves présentées par les parties si ces dernières pouvaient en disposer ou si elles auraient raisonnablement pu les découvrir avant que la décision attaquée ne soit rendue. Au surplus, les articles R 44.2 et R 44.3 s'appliquent.

Si l'une des parties, ou l'un de ses témoins, bien que régulièrement convoqué(e), ne se présente pas à l'audience, la Formation peut néanmoins tenir l'audience et rendre une sentence.

R 58 *Droit applicable au fond.* La Formation statue selon les règlements applicables et, subsidiairement, selon les règles de droit choisies par les parties, ou à défaut de choix, selon le droit du pays dans lequel la fédération, association ou autre organisme sportif ayant rendu la décision attaquée a son domicile ou selon les règles de droit que la Formation estime appropriées. Dans ce dernier cas, la décision de la Formation doit être motivée.

R 59 *Sentence.* La sentence est rendue à la majorité ou, à défaut de majorité, par le/la Président(e) seul(e). Elle est écrite, datée et signée. Elle est sommairement motivée. La seule signature du/de la Président(e) de la Formation ou celles des deux co-arbitres, si le/la Président(e) ne signe pas, sont suffisantes.

Avant la signature de la sentence, celle-ci doit être transmise au/à la Secrétaire Général(e) du TAS qui peut procéder à des rectifications de pure forme et attirer l'attention de la Formation sur des questions de principe fondamentales. Les éventuelles opinions dissidentes ne sont pas reconnues par le TAS et ne sont pas notifiées.

La Formation peut décider de communiquer aux parties le dispositif de la sentence avant la motivation. La sentence est exécutoire dès communication écrite du dispositif par courrier, télécopie et/ou courrier électronique.

La sentence, notifiée par le Greffe du TAS, tranche définitivement le litige, sous réserve de recours selon les circonstances, conformément au droit suisse, dans un délai de 30 jours à compter de la notification de la sentence originale. Elle n'est susceptible d'aucun recours dans la mesure où les parties n'ont ni domicile, ni résidence habituelle, ni établissement en Suisse et ont expressément renoncé au recours dans la convention d'arbitrage ou dans un accord écrit conclu ultérieurement, notamment en début de procédure.

Le dispositif de la sentence doit être communiqué aux parties dans les trois mois suivant le transfert du dossier à la Formation. Ce délai peut être prolongé par le/la Président(e) de la Chambre sur demande motivée du/de la Président(e) de la Formation.

Une copie du dispositif de la sentence, s'il y en a un, et de la sentence complète sont communiquées à l'autorité ou organisation sportive ayant rendu la décision attaquée, pour autant que cet organisme ne soit pas partie à la procédure.

La sentence, un résumé et/ou un communiqué de presse faisant état de l'issue de la procédure est publié par le TAS, sauf si les parties conviennent que l'arbitrage doit rester confidentiel. En tout état de cause, les autres éléments du dossier de la procédure restent confidentiels.

D *Dispositions particulières à la procédure consultative*

R 60 à R 62 *Abrogés.*

E *Interprétation*

R 63 Une partie peut, au plus tard dans un délai de 45 jours suivant la notification de la sentence, demander au TAS l'interprétation d'une sentence rendue dans une procédure d'arbitrage ordinaire ou dans une procédure arbitrale d'appel lorsque le dispositif de cette sentence est peu clair, incomplet, équivoque ou que ses éléments sont contradictoires entre eux ou avec les motifs ou lorsque la sentence contient des erreurs de rédaction ou de calcul.

Lorsque le TAS est saisi d'une demande d'interprétation, le/la Président(e) de la Chambre concernée examine s'il y a lieu à interprétation. Dans l'affirmative, il/elle transmet la demande d'interprétation à la Formation ayant rendu la sentence. Les membres de la Formation empêchés sont remplacés conformément à l'article R36. La Formation statue sur la demande dans le mois suivant la transmission de la demande d'interprétation.

F *Frais de la procédure d'arbitrage*

R 64 *En général.*

R 64.1 Lors du dépôt de la requête/déclaration d'appel, la partie demanderesse/appelante verse un droit de Greffe de CHF 1000.–, faute de quoi le TAS ne procède pas. Ce droit de Greffe reste acquis au TAS. La Formation en tient compte dans le décompte final des frais.

Si une procédure d'arbitrage est clôturée avant qu'une Formation n'ait pu être constituée, le/la Président(e) de Chambre statue sur les frais dans l'ordonnance de clôture. Cependant, il/elle ne peut ordonner le paiement de dépens que sur requête d'une partie et après que toutes les parties ont eu la possibilité de déposer des écritures concernant la question des frais et dépens.

R 64.2 Lors de la constitution de la Formation, le Greffe du TAS fixe, sous réserve de modifications ultérieures, le montant, les modalités et les délais de paiement de l'avance de frais. L'introduction de demandes reconventionnelles éventuelles ou de nouvelles demandes peut entraîner la fixation d'avances de frais complémentaires.

Pour fixer le montant de la provision, le Greffe du TAS estime les frais d'arbitrage qui seront supportés par les parties conformément à l'article R64.4. L'avance de frais est versée à parts égales par la/les partie(s) demanderesse(s)/appelante(s) et la/les partie(s) défenderesse(s)/intimée(s). Si une partie ne verse pas sa part, une autre peut le faire à sa place ; en cas de non-paiement de la totalité de l'avance de frais dans le délai fixé par le TAS, la demande/déclaration d'appel est réputée retirée et le TAS met un terme à l'arbitrage ; cette disposition s'applique également *mutatis mutandis* aux éventuelles demandes reconventionnelles.

R 64.3 Chaque partie paie les frais de ses propres témoins, expert(e)s ou interprètes.

Si la Formation commet un(e) expert(e) ou un(e) interprète ou ordonne l'audition d'un témoin, elle règle, le cas échéant, les modalités d'une provision.

R 64.4 A la fin de la procédure, le Greffe du TAS arrête le montant définitif des frais de l'arbitrage qui comprennent :

– le droit de Greffe du TAS,
– les frais administratifs du TAS calculés selon le barème du TAS,
– les frais et honoraires des arbitres,
– les honoraires du/de la greffier(-ère), le cas échéant, calculés selon le barème du TAS,
– une participation aux débours du TAS et
– les frais de témoins, expert(e)s et interprètes.

Le décompte final des frais de l'arbitrage peut soit figurer dans la sentence, soit être communiqué aux parties séparément. Les avances de frais déjà payées par les parties ne sont pas remboursées par le TAS, à l'exception de la part excédant le montant total des frais d'arbitrage.

R 64.5 Dans la sentence arbitrale, la Formation détermine quelle partie supporte les frais de l'arbitrage ou dans quelle proportion les parties en partagent la charge. En principe, et sans qu'une requête spécifique d'une partie ne soit nécessaire, la Formation peut librement ordonner à la partie qui succombe de verser une contribution aux frais d'avocat de l'autre partie, ainsi qu'aux frais encourus par cette dernière pour les besoins de la procédure, notamment les frais de témoins et d'interprète. Lors de la condamnation aux frais d'arbitrage et d'avocat, la Formation tient compte de la complexité et du résultat de la procédure, ainsi que du comportement et des ressources des parties.

R 65 *Appels contre des décisions rendues par des fédérations internationales dans le cadre d'affaires disciplinaires.*

R 65.1 Le présent article R 65 est applicable aux appels contre des décisions de nature exclusivement disciplinaire rendues par une fédération ou une organisation sportive internationale. En cas d'objection d'une partie concernant l'application du présent article, le Greffe du TAS peut exiger le paiement d'une avance de frais conformément à l'article R64.2 en attendant une décision de la Formation sur ce point.

R 65.2 Sous réserve des articles R 65.2 al. 2 et R 65.4, la procédure est gratuite. Les frais et honoraires des arbitres, calculés selon le barème du TAS, ainsi que les frais du TAS sont à la charge du TAS.

Lors du dépôt de la déclaration d'appel, la partie appelante verse un droit de Greffe de CHF 1000.–, faute de quoi le TAS ne procède pas et l'appel est réputé retiré. Ce droit de Greffe reste acquis au TAS.

Si une procédure d'arbitrage est clôturée avant qu'une Formation n'ait pu être constituée, le/la Président(e) de Chambre statue sur les frais dans l'ordonnance de clôture. Cependant, il/elle ne peut ordonner le paiement de dépens que sur requête d'une partie et après que toutes les parties ont eu la possibilité de déposer des écritures concernant la question des frais et dépens.

R 65.3 Chaque partie paie les frais de ses propres témoins, expert(e)s ou interprètes. Dans la sentence arbitrale, sans qu'une requête spécifique d'une partie ne soit nécessaire, la Formation peut librement ordonner à la partie qui succombe de verser une contribution aux frais d'avocat de l'autre partie, ainsi qu'aux frais encourus par cette dernière pour les besoins de la procédure, notamment les frais de témoins et d'interprète. Lors de la condamnation aux frais d'arbitrage et d'avocat, la Formation tient compte de la complexité et du résultat de la procédure, du comportement et des ressources financières des parties.

R 65.4 Si les circonstances le justifient, notamment le fait que le litige disciplinaire ait un caractère économique prépondérant ou le fait que la fédération ayant rendu la décision attaquée ne soit pas signataire de la Convention constituant le CIAS, le/la Président(e) de la Chambre arbitrale d'appel peut, d'office ou sur demande du/de la Président(e) de la Formation, appliquer l'article R64 à une procédure arbitrale d'appel.

R 66 *Procédure consultative.*

[Abrogé].

G *Dispositions diverses*

R 67 Le présent Règlement de procédure est applicable à toutes les procédures mises en œuvre par le TAS à compter du 1er janvier 2016. Les procédures en cours au 1er janvier 2016 restent soumises au Règlement de procédure en vigueur avant le 1er janvier 2016, sauf si les deux parties demandent l'application du présent Règlement de procédure.

R 68 Ni les arbitres du TAS, ni les médiateurs(-rices) du TAS, ni le CIAS et ses membres, ni le TAS et ses employé(e)s peuvent être tenus pour responsables envers toute personne de tout acte ou omission en relation avec toute procédure du TAS.

R 69 Le texte français et le texte anglais font foi. En cas de divergence, le texte français prévaut.

R 70 Le présent Règlement de procédure peut être modifié, conformément à l'article S 8.

Plan des annotations

Les données, et plus particulièrement les données chiffrées transcrites ci-dessous, ont été fournies par le Greffe du TAS et sont publiées grâce à la bienveillance de Me Reeb, son Secrétaire général.

I. OBSERVATIONS GÉNÉRALES

A. STATISTIQUES

1. Depuis l'entrée en vigueur du Code de l'arbitrage en matière de sport (22 nov. 1994) et jusqu'au 31 déc. 2013, 3402 affaires ont été enregistrées au greffe du TAS (458 selon la procédure ordinaire, 2836 selon la procédure d'appel, 27 au titre de la procédure consultative et 81 dans le cadre des procédures *ad hoc* lors des grandes manifestations sportives telles que les Jeux olympiques). Sur ces 3402 dossiers, 2192 ont abouti à une sentence arbitrale ou à un avis, 300 ont donné lieu à une décision du TAS autre qu'une sentence (ex. : déclaration d'incompétence), 637 ont été retirés et 273 étaient pendants au 31 déc. 2013.

2. Seules certaines sentences, parmi les plus significatives, de la « jurisprudence du TAS » ont été retenues. Elles restent d'ailleurs, en général, dans la continuité de celles déjà présentées en 2001, 2005, 2009, 2010, 2011, 2012, 2013, 2014, 2015 et 2016 (dans les 2e, 3e, 4e, 5e, 6e, 7e, 8e, 9e, 10e et 11e éd. du code du sport **Dalloz**).

3. Les sentences (il est vrai trèspeu nombreuses) rendues dans des affaires de dopage en application d'une procédure en première instance propre à l'Océanie par le bureau décentralisé de Sydney, de même que les avis consultatifs, n'ont pas été relevés.

B. COMPÉTENCE DU TAS

4. Pour que le TAS ait la compétence de se saisir d'un appel, il doit exister une convention d'arbitrage spécifique entre les parties ou alors la compétence du TAS doit être expressément reconnue dans les statuts ou règlements de l'organisation sportive concernée. * Sentence TAS, 31 juill. 2013, 2013/A/3199. ♦ V. aussi Sentences TAS * 20 févr. 2009, 2008/A/1602 * 9 sept. 2010, 2009/A/1910 * 4 nov. 2009, 2008/A/1708 * 24 janv. 2006, 2005/A/952.

5. Les Statuts FIFA ou UEFA constituent une simple instruction pour les fédérations et les ligues d'introduire dans leur propre réglementation une disposition pourvoyant à l'arbitrage du TAS. Toutefois, ils ne confèrent pas par eux-mêmes la compétence au TAS pour connaître des appels contre des décisions prises par des fédérations nationales ou des ligues. * Sentence TAS, 31 juill. 2013, 2013/A/3199. ♦ V. aussi Sentences TAS * 15 déc. 2004, 2004/A/676 * 24 janv. 2006, 2005/A/952 * 7 mars 2003, 2002/O/422 * 23 févr. 2011, 2010/A/2170 et 2010/A/2171. ♦ Ainsi, si ni les statuts ni les règlements d'une fédération nationale ne confèrent la compétence au TAS de connaître des litiges entre cette fédération et un club en ce qui concerne le refus d'octroyer une licence pour participer aux compétitions de l'UEFA, le TAS ne peut se saisir d'un appel dirigé contre ce refus. * Sentence TAS, 31 oct. 2014, 2014/A/3629. ♦ Toutefois, les Statuts FIFA établissent clairement une distinction entre les appels au TAS en matière de dopage et les appels au TAS dans les autres domaines. En matière de dopage, les Statuts FIFA prévoient que la FIFA et l'AMA peuvent déposer un recours auprès du TAS contre toute décision définitive et contraignante en interne, prise en matière de dopage. Cette différence dans la formulation a été reconnue par le TAS comme une référence expresse lui conférant la compétence en la matière. * Sentence TAS, 14 juin 2013, 2013/A/3058. ♦ V. aussi Sentences TAS * 9 sept. 2010, 2009/A/1910 * 11 sept. 2008, 2007/A/1370 & 1376.

6. C'est l'intention des parties qui détermine le champ d'application objectif d'une clause d'arbitrage. En cas de doute sur l'intention des parties, il existe une présomption que le tribunal arbitral compétent doit se prononcer sur tous les litiges existant entre les parties. En d'autres termes, une clause d'arbitrage doit être interprétée de manière large une fois que sa validité a été établie. Une telle interprétation découle du principe de l'efficacité procédurale. * Sentence TAS, 7 oct. 2013, 2013/A/3047. ♦ Comme la clause d'arbitrage, le terme « appel » doit être interprété de manière large. Il englobe non seulement le cas où une partie demande l'annulation d'une décision, mais également celui où elle demande que la décision de l'autorité inférieure soit remplacée par une autre décision de l'autorité d'appel. * Même sentence.

7. La compétence du TAS – concernant la validité d'une convention d'arbitrage ou d'une clause d'arbitrage – est à apprécier par référence à la loi suisse, à laquelle le TAS est soumis. * Sentence TAS, 23 mai 2003, 2002/A/431. ♦ En vertu de l'art. 186, al. 1, de la loi fédérale du 18 déc. 1987 sur le droit international privé (LDIP), le tribunal arbitral statue sur sa propre compétence. Une objection d'incompétence doit être soulevée à tout le moins avant tout argument sur le fond du litige. Les parties ont toutefois la possibilité de convenir de l'obligation de soulever cette exception plus tôt dans la procédure, par exemple par référence à un règlement d'arbitrage. En vertu de l'art. R. 55 du code de l'arbitrage en matière de sport, l'intimé doit soulever toute exception d'incompétence au plus tard dans sa réponse. * Sentence TAS, 5 juill. 2013, 2013/A/3194. ♦ Mis à part le cas où la partie intimée (ou l'une des parties intimées) fait défaut, le tribunal arbitral examine sa compétence seulement si une exception d'incompétence est soulevée et non *ex officio*. * Même sentence.

8. Pour être arbitrable – et dès lors fonder la

compétence du TAS –, le litige doit être de nature patrimoniale en vertu de l'art. 177 de la LDIP. Selon le Trib. féd. suisse, entrent dans le champ d'application de cette disposition toutes les prétentions qui ont une valeur pécuniaire pour les parties, à titre d'actif ou de passif, autrement dit les droits qui présentent, pour l'une au moins des parties, un intérêt pouvant être apprécié en argent (ATF 118 II 353, c.3.b). Dès lors, un litige portant sur l'élection au poste de président d'une confédération de football présente un caractère patrimonial dans la mesure où, même s'il ne perçoit aucun salaire, le président de la confédération en question dispose de multiples avantages appréciables en argent, comme la possibilité d'établir dans sa ville de résidence un bureau jouissant de tous les avantages et prérogatives accordés aux organisations internationales, une prime annuelle octroyée à tous les membres du Comité exécutif de la confédération en question ou encore d'autres avantages inhérents à la fonction de président de la confédération, à l'instar de celle de chef d'État ou de diplomate de haut rang. * Sentence TAS, 5 mars 2013, 2012/A/3027.

9. En application de l'article R27 du Code de l'arbitrage en matière de sport, le TAS connaît des litiges ayant un lien avec le sport et ce, même si la relation avec le sport n'apparaît pas comme évidente au premier abord, un lien ténu semblant à même de justifier une relation suffisante avec le sport. * Sentence TAS, 5 mars 2013, 2012/A/3027. ♦ Relève de la compétence du Tribunal arbitral du sport le différend privé, portant sur des intérêts pécuniaires, opposant une personne physique à une personne morale, aptes l'une et l'autre à compromettre, et né à l'occasion de la pratique du sport. * Sentence TAS, 31 mars 1992, 91/45. ♦ Le TAS est également compétent pour connaître d'un litige découlant de cette même activité et mettant aux prises une association nationale membre d'une fédération sportive internationale, par référence aux dispositions du statut du TAS et aux règles de constitution de l'instance internationale concernée. * Sentence TAS, 24 sept. 1991, 90/44. ♦ ... Ou d'un différend qui a des liens avec l'activité sportive quand bien même ceux-ci seraient insuffisants, dès lors que les parties le lui soumettent et que les arbitres désignés ne refusent pas de s'en saisir. * Sentence TAS, 30 nov. 1992, 92/81. ♦ ... Ou encore d'un litige concernant l'élection à la présidence d'une confédération de football, confédération qui régit et promeut le sport du football sur son continent. * Sentence TAS, 5 mars 2013, 2012/A/3027.

10. Les dispositions d'un droit national ne permettent pas de conclure à l'incompétence du TAS dans une affaire de dopage impliquant une fédération sportive internationale. * Sentence TAS, 19 déc. 2006, 2006/A/1119. ♦ De même est admis l'appel interjeté par une fédération sportive internationale en ce qu'il doit être considéré contre la décision implicite par laquelle une fédération sportive nationale s'est appropriée, dans l'ordre sportif international, la décision d'une autorité publique. * Sentence TAS, 23 mai 2007, 2006/A/1159. ♦ Le TAS est également compétent pour connaître d'un litige né d'une décision d'une instance organiquement dépendante d'une fédération sportive nationale liée par les dispositions de la fédération sportive internationale relatives à la saisine obligatoire du TAS. * Sentences TAS, 11 sept. 2008, 2007/A/1370 et 1376 : *Rev. arbitrage n° 3, 2009. 605, obs. M. Maisonneuve.*

11. La question de la représentativité légale d'une fédération nationale induit celle de la qualité de la partie appelante et, par voie de conséquence, celle de la compétence du TAS au regard des statuts de la fédération internationale. Soit l'appelante représente valablement la fédération nationale et le litige qui se noue entre elle et la fédération internationale relève bien de la compétence du TAS sur le fondement des statuts de la fédération internationale, soit l'appelante ne représente pas valablement la fédération nationale et le litige ne se noue plus entre des parties pour lesquelles les statuts prévoient la compétence du TAS. Cependant, le fait que la partie appelante se présente comme étant *prima facie* la fédération nationale ouvre *a priori* une compétence de principe du TAS. Cette analyse permet de distinguer la question de la compétence du TAS de celle de la recevabilité du recours. C'est en effet parce que l'appelante se présente comme étant la fédération nationale que la compétence du TAS doit être admise *prima facie*, quitte à ce que la formation arbitrale, en appréciant ensuite les éléments de l'affaire, écarte la recevabilité du recours en se fondant sur un éventuel défaut de qualité pour agir de l'appelante résultant notamment d'un vice de représentation légale de la fédération nationale. * Sentence TAS, 13 sept. 2011, 2011/A/2371.

12. L'affiliation d'un athlète à une fédération nationale elle-même affiliée à une fédération internationale et soumise aux règles de celle-ci emporte la soumission de l'athlète aux règles de la fédération internationale, y compris à une clause fondant la compétence du TAS comprise dans ces règles. La compétence du TAS à l'égard de l'athlète est ainsi justifiée par l'adhésion de ce dernier à la fédération nationale et la référence aux règles des compétitions de la fédération internationale contenues dans les statuts de la fédération nationale. * Sentence TAS, 10 nov. 2011, 2011/A/2340.

13. En revanche, échappent à la compétence du TAS les litiges de nature purement sportifs, ou principalement sportifs, qu'une fédération sportive continentale a, expressément, lors de son adhésion au TAS, entendu exclure du champ d'application de la compétence de ce dernier. * Sentence TAS, 9 oct. 1998, 98/1999. ♦ Il n'en est pas de même, bien qu'un règlement d'une fédération internationale interdise un contrôle juridictionnel de l'application des règles du jeu, dès lors qu'il ne s'agit pas d'un recours relatif à l'application des lois du jeu mais à l'application des règles du règlement fédéral visant à traiter d'un forfait découlant de l'alignement d'un joueur suspendu à la suite d'une faute contre le jeu. * Sentence TAS, 12 nov. 2009, 2009/A/1935 : *Rev. arb. 2010. 606, obs. Peltier ; JDI (Clunet) 2010. 260, obs. Loquin.*

14. Le fait pour le TAS de s'abstenir de contrôler les décisions touchant aux règles de jeu n'est pas une question de compétence, mais d'autolimitation arbitrale, en d'autres termes de pouvoir d'examen de la formation. * Sentence TAS, 7 févr. 2011, 2010/A/2090 : *Rev. arb. 2011. 805, obs. Maisonneuve.* ♦ V. notes 40 à 46.

15. Sur l'articulation entre la compétence des juridictions françaises et celle du TAS, V. aussi note 41 ss. art. L. 131-15.

C. MESURES PROVISIONNELLES

16. D'après une jurisprudence constante du TAS, afin de décider s'il se justifie ou non de surseoir à l'exécution d'une sanction, il convient de prendre en considération les éléments suivants : (i) si le requérant est exposé à un dommage sérieux et difficilement réparable ; (ii) si l'appel présente *prima facie* des chances raisonnables de succès ; (iii) si l'intérêt du requérant du point de vue du risque de dommage auquel il peut être exposé prévaut sur ceux de la partie citée au maintien du *statu quo*. Ces trois conditions sont en principe cumulatives. * Ord. TAS, 14 nov. 2011, *2011/A/2543.* ♦ V. aussi Ord. TAS, 15 mai 1997, *97/169* * 10 mars 1998, *98/190* * 26 mai 2000, *2000/A/274 ES* * 20 août 2008, *2008/A/1631* * 13 mars 2012, *2012/A/2729.*

17. Le TAS ne peut ordonner des mesures provisionnelles que s'il est compétent pour juger du fond du litige. Cette condition pose la question de savoir si la partie requérante doit établir la compétence du TAS ou s'il suffit qu'elle la rende vraisemblable. Si, pour d'évidentes raisons de célérité, on ne saurait être trop exigeant vis-à-vis du requérant et si, avant la transmission du dossier à la Formation, le Président de la Chambre ne procédera, par définition, qu'à un examen *prima facie* de la question de la compétence, la Formation doit procéder à un examen aussi complet que possible de sa compétence, notamment dans le cadre de la procédure d'appel. *Ord. TAS, 20 août 2008 : *2008/A/1631.*

18. En principe, l'autorité compétente pour statuer au fond a la compétence pour lever les mesures provisionnelles ordonnées par un tribunal étatique. Dès lors que les mesures provisionnelles deviennent caduques lorsqu'une décision finale est prise sur le fond, une décision formelle de levée des mesures n'est habituellement pas nécessaire. Néanmoins, si des tierces parties sont affectées par ces mesures provisionnelles, une décision formelle sera appropriée. * Sentence TAS, 31 janv. 2012 : *2011/O/2574.*

D. RECOURS ULTÉRIEURS

19. Au 31 déc. 2014, environ 130 sentences avaient fait l'objet de recours devant le Tribunal fédéral suisse pour les motifs prévus à l'article 190 al. 2 de la Loi suisse sur le droit international privé (LDIP). Dix de ces recours ont été admis et les sentences totalement ou partiellement annulées :

– le TAS s'étant déclaré à tort compétent (art. 190, al. 2, *lit. b* LDIP). • T. Féd., 6 nov. 2009, *A... : n° 4A_.358/2009.* ♦ V. également : • T. Féd., 3 mai 2010, *Athletics South Africa : n° 4A.456/2009* • T. Féd., 8 mars 2012, *International Ice Hockey Federation (IIHF) : n° 4A_627/2011* • T. Féd., 17 janv. 2013, *FC X. : n° 4A_244/2012* • T. Féd., 28 août 2014, *A... : n° 4A_6/2014.*

– violation du principe *ne ultra* ou *infra petita* (art. 190 al. 2 *lit. c* LDIP), le TAS ne s'étant en l'occurrence pas prononcé *(infra petita)* sur un des arguments soulevés par le requérant. • T. Féd., 22 mars 2007, *X.*, n° 4P. 172/2006 : *Rev. arb. 2008. 570.*

– violation du droit d'être entendu (art. 190 al. 2 *lit. d* LDIP), 1) le TAS ayant appliqué une loi que les parties n'avaient pas invoqué et qu'elles ne pouvaient pas s'attendre à voir appliquée. • T. Féd., 9 févr. 2009, *M. X.*, n° 4A_400/2008 : *Rev. arb. 2009. 641, note Chaussard ; ibid. 2009. 862, note Tschanz et Fellrath ; ibid. 2010. 3, art. Chainais* ; 2) le TAS ayant invité les parties à se déterminer sur la répartition et le montant des dépens mais ayant rendu trois jours plus tard sa décision au fond sur la question des frais également sans donner suite à la requête des parties d'obtenir un délai pour faire valoir leurs arguments à ce sujet. • T. Féd., 17 mars 2011, *Féd. internationale des Échecs (FIDE)*, n° 4A_600/2010 : *Rev. arb. 2011. 828, note Besson.*

– violation de l'ordre public (art. 190 al. 2 *lit. e* LDIP), 1) procédural, l'affaire ayant déjà été jugée par le Tribunal de commerce de Zurich (violation du principe de la *res judicata*). • T. Féd., 13 avr. 2010, *Atlético de Madrid*, n° 4A_490/2009 : *Rev. arb. 2010. 637, note Kessler ; ibid. 902, note Tschanz et Fellrath ; Cah. arb. 2010. 825, note Rigozzi ; ibid. 2011. 1093, note Poncet.* ; 2) matériel :, l'atteinte à la liberté économique du joueur ayant été jugée excessive (violation de l'art. 27 du C. civ. suisse : protection de la personnalité contre des engagements excessifs). • T. Féd., 27 mars 2012, *Francelino da Silva Matuzalem*, n° 4A_558/2011 : *Rev. arb. 2012. 668, note Maisonneuve ; Cah. arb. 2012. 962, note Rigozzi et Haas ; Bull. ASA 2012. 603, note Burger.*

II. PROCÉDURE ARBITRALE ORDINAIRE

A. RECEVABILITÉ

20. En l'absence, tant dans le Statut et le Règlement du TAS que dans la constitution de la fédération sportive internationale partie au différend, de prescriptions particulières relatives au délai d'introduction de la demande d'arbitrage, tout recours doit être formulé dans un délai raisonnable interprété en tenant compte des circonstances de chaque espèce. Tel est le cas lorsque la période de temps qui s'est écoulée entre la décision incriminée et la requête est de quatre mois. * Sentence TAS, 24 sept. 1991, 90/44.

B. FOND DU LITIGE

1° CONTRAT

a. Commercial

21. Par interprétation du droit suisse, en l'occurrence applicable, n'est pas valable et est donc nulle, la résiliation par une fédération sportive internationale de la convention l'unissant à une compagnie de radiodiffusion. A défaut de volonté de rompre clairement exprimée par la fédération défenderesse, le contrat ne pouvait en effet, contrairement aux affirmations de cette dernière, prendre fin « automatiquement » du seul fait du retard de paiement de l'organe de radiodiffusion demandeur. Pour injustifiée qu'elle soit, la résiliation ne peut donner lieu à réparation des dommages allégués – manque à gagner, atteinte au prestige – en l'absence de preuves précises propres à étayer la prétention de la demanderesse, compte tenu au demeurant qu'il existe, en l'espèce, une faute du lésé en rapport de causalité avec le préjudice. L'autorisation de faire connaître l'issue du litige suffit à satisfaire les prétentions exposées. * Sentence TAS, 31 juill. 1990, 89/27. ♦ Usuellement identifié à un « contrat de fournisseur » à durée déterminée, un contrat de parrainage publicitaire par lequel un sportif s'engage à participer à l'activité de relations publiques d'une société diffusant des équipements sportifs ne peut être résilié unilatéralement, à tout moment, que pour justes motifs. * Sentence TAS, 31 mars 1992, 91/45. ♦ Aussi, aucun événement imprévisible ou aucune rupture de confiance ou arguments rendant impossible la bonne exécution du contrat n'étant démontré, le TAS considère, d'une part, que la rupture avant terme du rapport contractuel par la société défenderesse n'étant pas justifiée, cette dernière reste tenue, en réparation du préjudice subi, au paiement des indemnités mensuelles dues au sportif demandeur de même que de ses primes spéciales aux résultats et, d'autre part, qu'il convient cependant de réduire les dommages-intérêts payables par la défenderesse d'un quart en raison d'une négligence fautive du demandeur ayant contribué à causer le dommage. * Même sentence.

b. De travail

22. Il ressort tant de l'expression de la volonté des parties que de l'application du principe de la bonne foi, que le contrat liant un entraîneur à un club court sur une durée de deux ans. En conséquence, la résiliation par ce dernier après un an du rapport contractuel impose l'allocation de dommages-intérêts, la crainte d'un risque financier ne suffisant pas à la justifier. * Sentence TAS, 15 juill. 1989, 87/10.

2° NATIONALITÉ

23. La réglementation adoptée par une fédération sportive internationale, en l'occurrence la Fédération internationale de basket-ball (FIBA), constitue une réglementation de droit privé ayant une vocation internationale à s'appliquer dans le domaine des règles de sport régissant la discipline sportive considérée, en l'espèce le basket-ball, sans recourir à l'application de telle ou telle loi nationale au fond. En conséquence, le litige concernant la double nationalité d'un joueur est à régler par application du droit fédératif qui impose des restrictions qui répondent à un objectif légitime ne constituant pas une atteinte disproportionnée à la pratique sportive * Sentence TAS, 25 mars 1993, 92/80 : *JDI (Clunet) 2001. 1242, obs. E. Loquin.* ♦ S'agissant de vérifier la nationalité d'un mineur en cas de conflit entre deux nationalités, la norme applicable est celle contenue dans les règlements de la fédération sportive internationale concernée, ici la Fédération internationale de football association (FIFA), et non le droit étatique auquel est rattaché le sportif mineur. * Sentence TAS, 26 mai 2008, 2007/A/1358 : *JDI (Clunet) 2009. 1255, obs. E. Loquin.*

3° DOPAGE

24. Est non valable et inapplicable la règle du CIO interdisant aux athlètes ayant été suspendus pour une période de plus de six mois en raison d'une violation des règles antidopage de participer aux prochains Jeux olympiques suivant l'expiration de leur suspension. Cette règle – qui n'est pas une règle d'éligibilité, mais une véritable sanction disciplinaire – contrevient au code mondial antidopage (CMA) car elle ajoute une période d'inéligibilité supplémentaire (la durée des Jeux) à celle déjà prévue par l'article 10 CMA, en contrariété avec l'article 23.2.2 CMA prescrivant que les signataires du CMA (dont le CIO) doivent accepter ses dispositions impératives (dont l'article 10 CMA) sans changement de fond. La règle contrevient également au principe de l'interdiction du prononcé d'une double peine (*ne bis in idem),* son but étant identique à celui de l'article 10 CMA (sanction d'un comportement indésirable de l'athlète), la sanction étant imputable au même comportement (violation d'une règle antidopage) et entraînant la même conséquence (inéligibilité). * Sentence TAS, 4 oct. 2011, 2011/O/2422.

4° RÉGLEMENTATION FÉDÉRALE (INTERPRÉTATION, APPRÉCIATION...)

25. Un règlement d'une fédération sportive européenne fixant des limites à la fusion et à l'acquisition de clubs professionnels n'est pas couvert par une « exception sportive » le soustrayant à l'application du droit de l'Union européenne. A l'examen, le règlement discuté apparaît compatible avec les règles du droit de la concurrence de l'Union européenne, et plus spécialement des art. 81 et 82 du Traité. Précisément, en cherchant exclusivement à protéger l'intégrité sportive des compétitions européennes entre les clubs, la fédération continentale ne vise pas à restreindre la concurrence. En permettant, au contraire, tout à la fois d'accroître la concurrence économique entre les propriétaires de clubs et la concurrence économique et sportive entre les clubs eux-mêmes, le règlement en cause est légitime et proportionné au but poursuivi. * Sentence TAS, 20 août 1999, 98/200.

26. Le conseil d'une fédération internationale n'est pas habilité à modifier une disposition réglementaire conduisant, en l'espèce, à adopter de nouvelles dispositions relatives à la publicité s'agissant des courses. Une telle modification, sans garantie d'un contrôle du pouvoir réglementaire du conseil, viole les règles de procédures inscrites dans la réglementation fédérale. En l'état, le règlement d'exécution reste en vigueur, de même que la procédure de reconsidération qui demeure ouverte aux fédérations sportives nationales affiliées. * Sentence TAS, 29 août 1997, 97/168. ♦ Une assemblée générale ordinaire d'une fédération internationale ne peut imposer aux fédérations nationales affiliées la suppression de compétitions sportives d'une discipline figurant dans l'objet social de ladite fédération. Une telle mesure implique une modification des statuts et n'aurait pu, ainsi, être prise que par l'assemblée générale extraordinaire. Il en résulte l'annulation de la décision contestée. * Sentence TAS, 4 avr. 2000, 99/O/229.

III. PROCÉDURE ARBITRALE D'APPEL

A. RECEVABILITÉ

27. V. notes 4 à 14.

1° DÉLAI

28. Est recevable le pourvoi en appel, par une déclaration télécopiée déposée dans le délai fixé par le règlement général de la fédération sportive internationale défenderesse. * Sentence TAS, 25 févr. 1992, 91/56. ♦ Doit être, aussi, considéré, en cas d'incertitude dans le contenu d'un règlement fédéral international, que le point de départ du délai d'appel devant le TAS est le jour de la réception de la décision complète critiquée et non le jour de la notification d'extraits de cette dernière. * Sentence TAS, 20 nov. 1998, 98/203. ♦ L'appelant ayant agi délibérément devant une juridiction incompétente ne peut prétendre à un nouveau délai d'appel en vertu de l'application par analogie de l'art. 139 du code des obligations suisses. * Sentence TAS, 6 mars 2006, 2005/A/953. ♦ L'appel déposé auprès du TAS est légitime eu égard au refus de statuer ou au retard injustifié à le faire de la part d'une fédération internationale. * Sentence TAS, 22 mai 2007, 2006/A/1163. ♦ Il n'est pas nécessaire qu'une décision contienne les motifs pour pouvoir faire l'objet d'un appel. * Sentences TAS, 18 juin 2009, 2008/A/1705 * 12 oct. 2009, 2009/A/1781.

29. L'art. R. 49 du code de l'arbitrage en matière de sport n'est pas limité aux appels contre des décisions annulables. D'abord, rien dans sa formulation n'indique que cette disposition aurait un champ d'application aussi limité. Ensuite, l'argument selon lequel l'art. R49 du Code doit être appliqué à la lumière de l'art. 75 C. civ. suisse (CC) et une distinction opérée à cet effet entre décisions nulles (non soumises à un délai d'appel), d'un côté, et annulables (soumises au délai de l'art. 75 CC), de l'autre, ne peut tout simplement pas s'accorder avec ce qu'a dû être l'intention des rédacteurs de l'art. R49 puisque cette disposition a pour vocation de s'appliquer à toutes les parties déposant un appel devant le TAS, quel que soit le droit matériel applicable au litige. En d'autres termes, sous réserve que les parties soient admises à convenir d'un autre délai, l'art. R49 du code a pour but de fixer un seuil d'admissibilité pour tous les appels sans référence au droit matériel applicable au litige ; il n'a pas pour objectif de modifier le droit applicable au fond. Que ce dernier opère une distinction entre décisions nulles et annulables ne change rien dès lors que l'art. R49 n'a trait qu'à la recevabilité des demandes devant le TAS et non au bien-fondé d'une prétention en particulier. * Sentence TAS, 3 juill. 2012, 2011/A/2360 et 2392. ♦ Le droit suisse donne clairement la préséance à la volonté des parties en ce qui concerne la procédure applicable aux arbitrages internationaux soumis à la Loi suisse sur le droit international privé (LDIP). Dès lors que le délai de 21 jours prévu à l'art. R49 du code fait partie des règles procédurales choisies par les parties à la procédure arbitrale d'appel devant le TAS, il s'applique même s'il existe d'autres délais pour intenter une action devant les tribunaux suisses, notamment celui de 30 jours de l'art. 75 CC. Par conséquent, la qualification d'une décision de « nulle » ou « annulable » et les effets d'une telle qualification sur le délai d'appel prévu à l'art. 75 CC n'ont pas de pertinence pour la recevabilité procédurale d'un appel en vertu de l'art. R49 du Code. * Même sentence.

30. L'art. 15 du Règl. FIFA de la Commission du Statut du Joueur et de la Chambre de Résolution des Litiges, aux termes duquel une décision sans motifs devient définitive et contraignante si la partie concernée ne demande pas les motifs de la décision dans les 10 jours qui suivent sa notification, est compatible avec les principes fondamentaux appartenant à l'ordre public et ne porte atteinte ni à un droit fondamental, ni à une disposition impérative du droit suisse. Cet article répond à un but légitime, a été bien accueilli dans la communauté du football international et est similaire aux dispositions que l'on peut trouver en matière d'accès aux tribunaux étatiques * Sentence TAS, 30 mars 2012, 2011/A/2563. ♦ L'art. 15 du Règl. FIFA n'est pas non plus en contradiction avec les Statuts de la FIFA. Il a pour effet de prolonger *de facto* le délai de 21 jours prévu dans les Statuts pour attaquer la décision ; après avoir demandé les motifs de la décision, une partie disposera de plusieurs semaines pour décider si elle dépose ou non un appel. Non seulement le délai de 21 jours pour ce faire reste le même, mais en pratique, il est étendu au prorata du temps que prend la FIFA pour rendre les motifs de la décision. * Même sentence. ♦ Aussi bien d'un point de vue subjectif qu'objectif, l'article 15 du Règl. FIFA doit s'interpréter en ce sens qu'une partie désireuse de déposer un appel contre une décision de la FIFA doit d'abord en demander les motifs. Si elle ne le fait pas dans le délai de 10 jours indiqué, la FIFA ainsi que les autres parties affectées par la décision de la FIFA peuvent partir du principe que la partie a renoncé à son droit d'interjeter appel. * Même sentence.

2° NATURE DE LA DÉCISION OU DE LA MESURE ATTAQUÉE

31. La nature de la mesure contestée conditionne la recevabilité de l'appel. Un recours ne peut être dirigé qu'à l'encontre d'une mesure ou d'un acte qui a un caractère décisionnel, à savoir qui traduit la manifestation unilatérale de la volonté d'une personne autorisée. L'acte décisionnel a alors pour effet de modifier la situation juridique de la ou des personnes auxquelles il s'applique, ce qui justifie précisément la possibilité de pouvoir faire un recours pour le contester. En revanche, la mesure qui a un caractère informatif, déclaratif ou encore un caractère préparatoire, préalable à une prise de décision ne traduit pas la manifestation de la volonté unilatérale de son auteur de modifier une situation juridique. Elle n'a pas un caractère décisionnel et ne peut, dès lors, être susceptible de recours. * Sentence TAS, 13 sept. 2011, 2011/A/2371.

32. Un acte de reconnaissance aux termes duquel une fédération internationale confirme une sanction prononcée par une autorité nationale et étend la portée immédiate de ladite sanction du niveau national au niveau international doit être considéré comme une décision formelle. Cet acte crée en effet des conséquences directes pour l'athlète puisqu'il confirme non seulement la sanction prononcée par l'autorité nationale compétente, mais étend également la portée immédiate de la sanction au niveau international. Il confère par là même une publicité beaucoup plus importante aux faits reprochés à l'athlète et modifie l'impact de la sanction. Il ne s'agit donc pas du simple constat d'une décision interne. * Sentence TAS, 22 janv. 2010, 2009/A/1820 : *JDI (Clunet) 2012. 369, obs. Loquin.*

33. Un différend échappe à tout contrôle juridictionnel dans la mesure où il vise une mesure de nature discrétionnaire, en l'espèce la non-désignation d'un arbitre, d'une fédération sportive internationale. * Même sentence. ♦ Toutefois, lorsque la décision contestée est de nature ambiguë, le TAS accepte de recevoir la requête tout en exerçant son office avec retenue dès lors que la décision lui paraît être une décision d'ordre technique. Il se limite alors à examiner si une telle décision a été prise de manière abusive ou si elle est entachée d'une erreur manifeste d'appréciation. Il rejette la demande quand n'est pas rapportée la preuve que la fédération internationale en cause a interprété et applique faussement ou abusivement une disposition technique de son règlement. * Sentence TAS, 5 févr. 2004, 2003/A/490. ♦ Les arbitres n'ont pas à apprécier l'application des règles du jeu. Ainsi en est-il d'une décision de disqualification d'un athlète par un jury de terrain par une fédération internationale dès lors que le requérant n'apporte pas la preuve, ni de la mauvaise foi, ni d'un éventuel fait de corruption pouvant justifier le contrôle et l'annulation de la sanction. * Sentence TAS, 6 mars 2009, 2008/A/1641 : *Rev. arb. 2009. 613, obs. Chaussard.* ♦ A l'examen de la réglementation de la fédération sportive continentale partie à l'instance, la mesure de suspension de stade est de nature purement sportive et échappe dès lors à la compétence du TAS. * Sentence TAS, 9 oct. 1998, 98/199.

3° PRÉTENTIONS DES PARTIES

34. Une demande reconventionnelle est une demande portant sur un objet autre que l'appel et non pas une simple réponse à l'appel. La demande qui tend à faire annuler la suspension de deux ans et la disqualification décidées en première instance doit donc être qualifiée de véritable demande reconventionnelle et non pas de simple réponse dès lors que l'objet de l'appel est uniquement de demander une sanction sous forme d'amende et le remboursement des frais engagés pour le contrôle antidopage. * Sentence TAS, 18 févr. 2011, 2010/A/2101.

35. Selon les principes généraux applicables à l'arbitrage international ainsi que l'article 186 de la LDIP suisse, toute demande reconventionnelle doit entrer dans le champ d'application de la clause d'arbitrage. Dès lors, si les prétentions contenues dans la demande reconventionnelle n'ont jamais fait l'objet de la procédure clôturée par la décision qui fait l'objet de l'appel devant le TAS, elles n'entrent pas dans le champ de la clause d'arbitrage sur laquelle la compétence du TAS est fondée. * Sentence TAS, 5 juill. 2010, 2009/A/1968.

36. La version du code entrée en vigueur le 1er janvier 2010 ne confère plus aux intimés la possibilité de déposer de demande reconventionnelle. En d'autres termes, l'objet de toute demande reconventionnelle doit être inclus dans un appel séparé contre la décision contestée, ce qui signifie que les délais sont ceux qui s'appliquent aux appels en vertu de l'art. R. 49 du code de l'arbitrage en matière de sport. * Sentences TAS, 2 févr. 2011, 2010/A/2108 * 15 sept. 2011, 2010/A/2193 ♦ Même si la demande reconventionnelle est clairement inadmissible en application des règles en vigueur, peut-elle être admise du fait que l'intimé a été induit en erreur par le contenu d'un document intitulé « Directions » inclus par la fédération internationale avec la notification de la décision et se référant aux règles du TAS en vigueur avant le 1er janvier 2010 (*i.e.* l'« édition 2004 ») ? En ce sens, il pourrait être avancé que l'intimé était de bonne foi. Toutefois, en vertu de la jurisprudence du Tribunal fédéral suisse, la protection de la bonne foi cesse lorsqu'une partie ou son représentant légal aurait pu ou dû réaliser que l'indication donnée par l'autorité adjudicatrice était incorrecte simplement en consultant la réglementation en vigueur. * Sentence TAS, 15 sept. 2011, 2010/A/2193.

4° ÉPUISEMENT DES VOIES DE RECOURS INTERNES

37. L'épuisement préalable des voies de recours internes est une condition nécessaire à la recevabilité du recours porté devant le TAS. * Sentence TAS, 22 mai 2007, 2006/A/1163. ♦ Mais l'existence d'une décision interne définitive et contraignante doit être appréciée en considération des circonstances de l'espèce. * Sentences TAS, 15 sept. 2008, 2008/A/1583 * 22 oct. 2008, 2008/A/1631.

38. Une fédération nationale ne saurait priver un club de la possibilité de soumettre à une institution judiciaire neutre et indépendante le litige qui l'oppose à ladite fédération au motif que l'autorité supposée trancher le litige au fond refuse de le faire et se contente de renvoyer le club devant un organe juridictionnel inférieur. En ce sens, le TAS a déjà eu l'occasion de rappeler qu'il n'est pas raisonnable d'exiger d'un club qu'il subisse plusieurs « allers et retours » entre les autorités sportives nationales et qu'il demeure ainsi bloqué au stade de la procédure interne. Ce principe s'applique à plus forte raison lorsque l'appelant peut s'attendre à ce que les « allers et retours » précités soient stériles en ce sens qu'ils ne permettent pas de trancher la question de fond, d'une part, et, d'autre part, lorsque l'état de fait connu de l'autorité censée trancher le litige est identique à celui connu de l'autorité inférieure à laquelle la cause est inutilement renvoyée. * Ord. TAS, 20 août 2008, 2008/A/1631 * Sentence TAS, 15 juill. 2008, 2008/A/1583 et 1584.

5° PROCÉDURE ACCÉLÉRÉE

39. Si les parties se sont mises d'accord pour la mise en œuvre d'une procédure accélérée, le calendrier de procédure doit être strictement respecté. Dès lors, une réplique ou d'ultimes observations non prévues par les règles de procédure fixées dans le calendrier doivent être écartées des débats. * Sentence TAS, 11 avr. 2011, 2010/A/2309.

B. POUVOIR D'EXAMEN DU TAS

40. La formation arbitrale jouissant d'un pouvoir d'examen complet en fait et en droit en vertu de l'art. R. 57 du code de l'arbitrage en matière de sport, elle revoit donc les faits ainsi que les arguments juridiques que les parties souhaitent soulever *de novo* et les apprécie librement. * Sentences TAS, 20 nov. 2007, 2007/A/1267 * 19 mai 2009, 2008/A/1747 * 5 mai 2010, 2009/A/1960 et 1961 * 14 mars 2011, 2010/A/2201.

41. L'effet dévolutif du recours devant le TAS est établi tant par les textes régissant cette autorité (art. R. 57 du code de l'arbitrage en matière de sport) que par la jurisprudence constante du TAS, en vertu de laquelle l'essence même de l'appel consiste précisément dans la faculté de conduire à nouveau un procès du début à la fin et de permettre à l'instance de rendre une nouvelle décision, fondée sur un état de fait qu'elle aura elle-même établi. * Sentences TAS, 19 mars 2002, 2001/A/340 * 5 mai 2010, 2009/A/1960 et 1961.

42. L'admission d'un pouvoir d'examen qui n'est pas restreint est en outre confortée par les mesures d'instruction étendues que la formation arbitrale est autorisée à ordonner aux termes de l'art. R. 44.3, al. 2, du code de l'arbitrage en matière de sport. Cette large capacité d'instruction démontre l'existence d'un plein pouvoir d'examen de l'affaire, notamment en ce qui concerne les faits. * Sentences TAS, 15 févr. 2011, 2010/A/2104 * 14 mars 2011, 2010/A/2201 * 22 déc. 2011, 2011/A/2494.

43. La compétence du TAS a été reconnue par le Tribunal fédéral suisse comme une alternative valable à celle des tribunaux ordinaires. Toutefois, la compétence du TAS – et l'exclusion de la compétence concurrente des tribunaux ordinaires qui l'accompagne souvent dans les statuts des organisations sportives – ne peut être imposée au détriment des droits fondamentaux d'un athlète. En d'autres termes, un athlète doit pouvoir obtenir dans un arbitrage devant le TAS à tout le moins le même niveau de protection de ses droits que devant une juridiction étatique. Dans ce contexte, une restriction importante du pouvoir d'examen des formations arbitrales du TAS prévue par la réglementation d'une organisation sportive pourrait être insatisfaisante si elle empêchait l'athlète d'obtenir au moins le même niveau d'examen que devant la juridiction étatique. En Suisse, siège de l'association sportive, cela signifie qu'un pouvoir d'examen de nature cassatoire comme celui de l'art. 75 C. civ. suisse serait accepté ; en revanche, une disposition limitant le pouvoir d'examen des formations du TAS à l'arbitraire n'est pas compatible avec les dispositions impératives du droit suisse et avec l'ordre public suisse. Dans un tel cas en effet, le contrôle juridictionnel n'est pas exercé dans son entier, ce qui pourrait laisser la porte ouverte à un contrôle plus complet par les juridictions ordinaires, comme si le litige en question n'était pas couvert du tout par une clause d'arbitrage. * Sentence TAS, 2 mai 2013, 2012/A/3031.

44. Malgré le plein pouvoir d'examen dont il dispose, le TAS ne peut que juger le différend tel qu'il est défini par la portée de la décision contestée et sa compétence est limitée par la portée objective et subjective de cette même décision. * Sentence TAS, 15 févr. 2011, 2010/A/2104. ♦ Dès lors, de nouvelles prétentions formulées seulement en appel et non devant la précédente instance sont en principe inadmissibles. Toutefois, par exception à ce principe, des prétentions qui, pour des raisons fondées, ne pouvaient pas avoir été formulées devant la précédente instance mais l'auraient été si ces raisons n'avaient pas existé doivent être admises. C'est le cas par exemple si la condition suspensive à l'octroi d'un montant auquel la partie prétend – le gain de la Coupe nationale – ne s'est réalisée que dans le courant de la procédure d'appel. * Sentence TAS, 31 mai 2013, 2012/A/2874. ♦ Lorsque l'essence d'un litige est entre deux fédérations nationales, la première (l'appelante) estimant que la seconde a fait jouer un joueur non qualifié lors d'une rencontre qualificative pour la phase finale d'une compétition et ayant réclamé par voie de protêt auprès de sa Confédération de gagner les matches par forfait et de remplacer la seconde fédération nationale à la phase finale, mais que la Confédération a jugé le protêt inadmissible car n'ayant pas été déposé en conformité avec sa réglementation, la première fédération doit attraire la seconde dans la procédure devant le TAS si elle entend que l'entier de ses prétentions soit revu par le TAS. Si l'appelante ne dirige son appel que contre la Confédération et non également contre l'autre fédération nationale, le pouvoir d'examen du TAS est alors limité à la révision de la décision de la Confédération. En rendant une décision qui réglerait la question du gain des matches par forfait et du remplacement de l'autre fédération lors de la phase finale de la compétition, le TAS léserait les droits d'une tierce partie qui n'est pas impliquée dans la procédure devant lui. * Sentence TAS, 1er mars 2012, 2011/A/2654.

45. Le pouvoir d'examen du TAS sur l'acte de reconnaissance par lequel une fédération internationale confirme une sanction prononcée par une autorité nationale et en étend la portée au niveau international doit-il être exercé *a minima*, la formation arbitrale se limitant à vérifier, d'une part, que cet acte de reconnaissance a été régulièrement édicté et, d'autre part, que ledit acte n'étend pas une sanction qui aurait été prise au mépris et en violation des règles de procédures disciplinaires les plus élémentaires, ou doit-il au contraire être plus approfondi pour vérifier, d'une part, que cet acte de reconnaissance a bien toujours été régulièrement édicté et, d'autre part, qu'il n'étend pas une sanction qui ne respecterait pas seulement des conditions de forme, mais aussi des conditions de fond. C'est la seconde option qui doit être privilégiée, le contrôle ne devant toutefois pas se confondre avec le contrôle de la décision initiale, pas plus qu'il ne doit servir de mécanisme d'appel ou de cassation à l'encontre des décisions juridictionnelles ayant déjà pu opérer un contrôle sur cette décision. * Sentence TAS, 22 janv. 2010, 2009/A/1820 : *JDI (Clunet) 2012. 369, obs. Loquin.*

46. Le fait pour le TAS de s'abstenir de contrôler les décisions touchant aux règles de jeu n'est pas une question de compétence, mais d'autolimitation arbitrale, en d'autres termes de pouvoir d'examen de la formation. Cette autolimitation se justifie par le souci de respecter l'autonomie des officiels, d'éviter l'interruption des compétitions en cours, d'assurer la certitude de l'issue de la compétition, et par le relatif manque de perspective et/ou d'expérience des organes de recours par rapport aux officiels de terrain. En tout état de cause, il s'agit d'éviter de réécrire les résultats du match ou de redéfinir les sanctions imposées pendant la compétition. Toutefois, cette autolimitation ne s'applique pas lorsqu'il est établi que les décisions concernées ont été viciées par partialité, malveillance, mauvaise foi, arbitraire ou erreur de droit. * Sentence TAS, 7 févr. 2011, 2010/A/2090 : *Rev. arb. 2011. 805, obs. Maisonneuve.* ♦ Lorsque la décision d'un officiel est sujette à un recours complet auprès d'un organe d'appel pendant, immédiatement après ou même peu de temps après la fin de la compétition ayant donné lieu à la décision contestée, la théorie des décisions touchant aux règles de jeu s'applique. En revanche, lorsque l'organe d'appel s'est déterminé sur la décision de jeu de manière éloignée dans le temps et l'espace, et que sa compétence était établie par ses propres règles, la théorie ne s'applique pas et le TAS peut contrôler la décision de l'organe d'appel. * Même sentence.

C. DROIT APPLICABLE

47. Le siège du TAS se trouvant en Suisse, ce sont les dispositions du chapitre 12 relatif à l'arbitrage international de la Loi fédérale sur le droit international privé (LDIP) qui sont applicables si au moins l'une des parties n'avait, au moment de la conclusion de la convention d'arbitrage, ni son domicile, ni sa résidence habituelle en Suisse. Au chapitre 12 de la LDIP, le droit applicable au fond est régi par l'article 187, al. 1, LDIP qui prévoit que le « tribunal arbitral statue selon les règles de droit choisies par les parties ou, à défaut de choix, selon les règles de droit avec lesquelles la cause présente les liens les plus étroits ». Peuvent être choisies par les parties non seulement une loi nationale mais encore une loi non nationale, comme les règles et règlements d'associations internationales sportives. * Sentences TAS, 5 mai 2010, 2009/A/1960 et 1961. ♦ L'élection de droit contenue dans une disposition d'un contrat auquel une des parties concernées n'a pas donné son accord ne constitue pas un accord des parties sur le droit applicable. * Mêmes sentences.

48. Une élection de droit peut aussi être indirecte, par exemple lorsque les parties se soumettent à un règlement d'arbitrage (en l'occurrence le code de l'arbitrage en matière de sport) qui contient lui-même des dispositions au sujet de la désignation du droit applicable (par son art. R. 58). Une élection de droit tacite et indirecte par renvoi au règlement d'une institution d'arbitrage est admise. * Sentences TAS, 5 mai 2010, 2009/A/1960 et 1961. ♦ Un joueur de football professionnel, en cette qualité, est notamment tenu de respecter les statuts et les règlements de la fédération internationale. En tant que tels, des clubs de football, membres de leurs fédérations nationales respectives, elles-mêmes affiliées à la fédération internationale, ont pris l'engagement de respecter la réglementation établie par leur fédération nationale et ce faisant, se sont soumis indirectement aux directives de la fédération internationale. En tout état de cause, si toutes les parties ont expressément accepté de procéder devant la fédération internationale, puis devant le TAS, elles ont consenti à se soumettre à la réglementation de la fédération internationale et à celle du TAS. Il résulte de ce qui précède que les parties ont, à tout le moins tacitement, indirectement et de façon subséquente à la conclusion des rapports de travail, choisi de se soumettre aux divers règlements de la fédération internationale, lesquels doivent être appliqués en premier lieu. * Mêmes sentences.

D. AUTRES QUESTIONS DE PROCÉDURE

1° GARANTIES PROCÉDURALES

49. Le principe de l'égalité des armes – l'un des éléments de la notion plus large de procès équitable consacrée par l'article 6, § 1, CEDH – requiert que chaque partie se voie offrir une possibilité raisonnable de présenter sa cause dans des conditions qui ne la placent pas dans une situation de net désavantage par rapport à son adversaire. Ce principe ne s'applique toutefois pas de façon absolue et son respect dépend des particularités de chaque cas d'espèce, ce dont il faut tenir compte lors de la balance des intérêts divergents en jeu. En l'occurrence, il ne s'applique entre un athlète et la fédération internationale qu'à partir de la deuxième procédure (de contrôle internationale) des règles antidopage par la fédération internationale n'ayant pas pu intervenir dans la première procédure (nationale). A ce titre, l'octroi d'un délai d'appel plus long à la fédération nationale qu'à l'athlète ne viole pas le principe de l'égalité des armes, l'athlète étant déjà parfaitement au courant du dossier le concernant depuis la procédure nationale, alors que la fédération internationale doit pouvoir disposer du temps nécessaire pour étudier le cas et décider si elle souhaite former un appel, étant précisé qu'elle doit en outre tenir compte de l'intérêt général de la discipline sportive qu'elle représente et respecter les modalités de prise de décision prévues par ses statuts. * Sentence TAS, 10 nov. 2011, 2011/A/2340.

2° MESURES D'INSTRUCTION COMPLÉMENTAIRES

50. L'art. 8 C. civ. suisse répartit le fardeau de la preuve et détermine sur cette base qui doit assumer les conséquences de l'échec de la preuve. Si une partie entend alléguer un fait ou contester une preuve apportée par l'autre partie, elle ne peut se limiter à de vagues recherches ou se contenter d'inviter la formation arbitrale à procéder elle-même à des mesures d'investigation afin de combler les lacunes dans les preuves qu'il lui appartenait d'apporter à l'appui de son appel. * Sentence TAS, 15 mai 2012, 2011/A/2616.

E. QUALITÉ DE PARTIE

51. Lorsqu'un joueur a été sanctionné, à la suite d'un match disputé avec sa sélection nationale, d'une interdiction de stade et d'une interdiction d'exercer « toute activité relative au football » pour une durée de quatre mois, le club dudit joueur, même s'il n'était pas partie à la procédure devant les autorités disciplinaires de la FIFA, doit avoir la légitimation active pour former appel de la décision afin de défendre ses intérêts juridiquement protégés, notamment financiers, et ce même si ces intérêts ne sont devenus actuels qu'après que la décision contestée a été rendue. * Sentence TAS, 14 août 2014, 2014/A/3665, 3666 et 3667.

52. Une partie possède la légitimation passive si et seulement si elle a un intérêt au litige parce qu'elle fait l'objet d'une demande à son encontre devant le TAS. Les procédures disciplinaires d'une association sportive sont principalement destinées à protéger un intérêt essentiel de l'association et de ses membres (directs et indirects), à savoir le respect des règles de l'association et des décisions rendues par ses organes ou par le TAS. En conséquence, dans un appel contre une décision de l'association par laquelle des sanctions disciplinaires ont été imposées à une partie pour ne pas s'être conformée à une décision des organes de l'association ou du TAS mettant fin à un litige (qui peut être d'une autre nature, par exemple contractuelle) opposant cette partie à une autre, seule l'association possède la légitimation passive, à l'exclusion de l'autre partie. * Sentences TAS, 24 oct. 2013, 2012/A/3032. * 23 févr. 2009, 2008/A/1620 * 14 mai 2009, 2007/A/136.

53. En vertu de l'art. R. 48, al. 3, du Code de l'arbitrage en matière de sport, un unique et bref délai peut être fixé à l'appelant pour compléter sa déclaration d'appel si les conditions fixées à l'art. R. 48, al. 1, du Code ne sont pas remplies. Cette disposition n'est toutefois destinée qu'à aider l'appelant s'il omet de fournir certains éléments formels de la déclaration d'appel et non à réparer une erreur matérielle comme la désignation de la mauvaise partie en tant qu'intimée. * Sentences TAS, 24 oct. 2013, 2012/A/3032 * 23 févr. 2009, 2008/A/1620.

54. Lorsque la mauvaise partie est attaquée dans une procédure d'appel devant le TAS, par exemple une partie qui n'a pas la légitimation passive, l'appel doit être rejeté sur le fond et non considéré comme inadmissible dès lors que l'absence de légitimation passive n'est pas une question ayant trait à la recevabilité de l'appel, mais bien une question de fond (V. Arrêt du Trib. féd. suisse, ATF 126 III 59 consid. 1a). * Sentence TAS, 24 oct. 2013, 2012/A/3032.

55. Les athlètes restent soumis à la juridiction des autorités disciplinaires de leur discipline pour des actes commis pendant qu'ils étaient titulaires d'une licence même si la procédure disciplinaire à leur encontre est initiée ou continue après qu'ils ont cessé de détenir la licence. Ils peuvent donc avoir la qualité d'intimé dans une telle procédure. * Sentence TAS, 9 févr. 2012, 2010/A/2083.

F. FOND DU LITIGE

1° DOPAGE

a. Régularité de la procédure

56. Doit être annulée pour non-respect du droit d'être entendu la décision d'une fédération sportive internationale disqualifiant une sportive et l'interdisant de participer pendant trois mois à toutes compétitions, prise sans explication de la personne incriminée et sans réelle instruction. * Sentence TAS, 10 févr. 1992, 91/53. ♦ Mais ce « droit de la défense » n'est pas violé lorsque les litigants ont pu s'exprimer par la voie d'une procédure écrite, après avoir renoncé à la procédure orale ordinaire. * Sentence TAS, 27 févr. 1993, 92/84. ♦ Ou encore quand l'intéressé ne s'est pas volontairement présenté à l'audience. * Sentence TAS, 15 avr. 1998, 97/175.

57. Le non-respect de l'obligation qui impose qu'un analyste différend procède à l'examen de l'échantillon B a pour conséquence l'annulation de la sanction disciplinaire pour violation des règles fondamentales tendant à garantir les droits des personnes soumises à des contrôles antidopage. * Sentence TAS, 19 déc. 2006, 2006/A/1119. ♦ De même, lorsque la procédure suivie n'a pas offert à l'athlète une opportunité raisonnable d'assister à l'ouverture et à l'analyse de l'échantillon B. * Sentence TAS, 13 mars 2009, 2008/A/1607. ♦ Sauf si la preuve du dopage ne découle pas de l'analyse des échantillons mais d'autres preuves. *Sentence TAS, 18 nov. 2009, 2008/A/1718-1724.

58. Le passeport biologique de l'athlète n'a pas introduit de nouvelle interdiction, mais représente seulement une nouvelle méthode de dépistage du dopage sanguin, déjà interdit par d'autres normes. De nouvelles méthodes scientifiques, même si les normes antidopage ne les mentionnent pas expressément, peuvent être utilisées à tout moment pour prouver des violations passées, avec pour seules limitations le terme d'utilisation des échantillons pour la lutte contre le dopage (fixée à huit ans) et le commencement des procédures disciplinaires dans les délais requis. Par conséquent, le recours à de nouvelles méthodes ne constitue pas un cas d'application rétroactive de normes, dès lors que les normes sanctionnant une conduite comme acte de dopage étaient en vigueur avant la réalisation de cette conduite. A défaut, on ne pourrait pas bénéficier des progrès technologiques pour découvrir des actes de dopage passés inaperçus en raison des limites des méthodes précédentes * Sentence TAS, 8 mars 2011, 2010/A/2178. ♦ De même, les limites de décision s'appliquant aux analyses de détection de l'hormone de croissance (hGH) ne sont pas des règles en tant que telles, dans le sens où elles ne définissent pas ce qui constitue une violation des règles antidopage. Elles sont décrites comme des « lignes directrices » et constituent simplement des chiffres sur lesquels il est possible de se fonder au moyen de preuves afin de déterminer si une violation des règles antidopage a, ou non, eu lieu en application des règles. Il ne s'agit donc pas de règles, mais de moyens de preuve ; or, la règle interdisant l'application rétroactive des lois ne s'applique pas aux questions de preuve. * Sentence TAS, 20 nov. 2014, 2014/A/3488.

b. Faute disciplinaire

1. Utilisation par un sportif de substances interdites

59. La découverte, dans les urines ou le sang d'un athlète, d'une substance prohibée justifie la disqualification automatique en vertu d'une responsabilité objective, pour faute présumée, du sportif en cause, sans que ce dernier puisse renverser cette présomption de culpabilité, seule à même de préserver l'équité sportive. * Sentence TAS, 16 avr. 1996, 95/141. ♦ Dans le même sens, * Sentences TAS, 14 janv. 1998, 97/180 * 17 mars 1999, 98/214 * 22 mars 2004, 2003/A/493. ♦ Et il est indifférent que l'absorption de substances interdites ait été le résultat de négligences du sportif. * Sentence TAS, 11 mars 2004, 2003/A/484. ♦ Ou que les stimulants interdits (compléments alimentaires) aient été fournis par un médecin du club à d'autres joueurs du club du joueur contrôlé positif. * Sentences TAS, 11 sept. 2008, 2007/A/1370 et 1376 : *Rev. arb. 2009. 605, obs. Maisonneuve.* ♦ Mais encore faut-il pour qu'une disqualification soit justifiée, que lorsque le règlement de la fédération internationale concernée ne prévoit de sanction qu'en cas de contrôle positif lors d'une compétition, le sportif n'ait pas été contrôlé positif hors compétition. * Sentence TAS, 20 déc. 1999, 99/4/230. ♦ Ne peut échapper à sanction le sportif qui conteste la fiabilité des analyses effectuées par un laboratoire accrédité par l'AMA sans démontrer qu'un écart par rapport aux standards internationaux était survenu. * Sentence TAS, 30 juin 2008, 2007/A/1394.

60. En revanche, dès lors que des faits certains et précis de dopage ne sont pas établis sur la base d'un dossier complet, doit être rejetée la demande d'exclusion d'une équipe désirant participer à une épreuve sportive. * Sentence TAS, 29 juin 2006, 2006/O/1111. ♦ Viole également le principe « pas de peine sans culpabilité » et le principe d'égalité la fédération internationale qui exclut un sportif professionnel d'un championnat du monde sur une simple suspicion de pratique dopante. * Sentence TAS, 23 nov. 2007, 2007/O/1381.

61. Les laboratoires doivent toujours utiliser les méthodes reflétant l'état des connaissances le plus récent, en particulier dans les périodes de transition entre l'utilisation d'un document technique effectif et l'entrée en vigueur d'un nouveau document technique. * Sentence TAS, 14 mars 2011, 2010/A/2201. ♦ Dans le même sens * Sentences TAS, 22 janv. 2010, 2009/A/1820 : *JDI (Clunet) 2012. 369, obs. Loquin.* * 30 juill. 2010, 2009/A/2018.

2. Non-présentation au contrôle antidopage

62. Le retard au contrôle antidopage et le fait que les sportifs aient été pendant un certain laps de temps hors de vue des agents du contrôle antidopage constituent un refus de se présenter au contrôle qui doit être sanctionné d'une suspension. Il importe peu que ces sportifs se soient présentés au contrôle dans le temps imparti et que les analyses se soient révélées négatives. * Sentence TAS, 29 janv. 2009, 2008/A/1587 : *RJ éco. sport 2009, n° 90, p. 51, obs. Rocipon.*

3. Absorption par un animal de substances interdites

63. S'il suffit, pour que la personne responsable se voie infliger une sanction, que les analyses effectuées aient permis de détecter la présence d'un produit interdit, il n'en est pas moins vrai que cette présomption est susceptible d'être renversée par la preuve contraire, la peine disciplinaire n'étant alors plus justifiée et devant être annulée. Tel est le cas quand il est démontré que la procédure de prélèvement a été viciée. * Sentence TAS, 25 févr. 1992, 91/56. ♦ Tel est, aussi, le cas, quand il est avéré que la personne responsable n'a pas été présente ou représentée au moment de l'ouverture des échantillons testés de l'urine prélevée lors d'un contrôle antidopage. * Sentence TAS, 20 oct. 2003, 2003/A/477. ♦ ... Ou quand les méthodes d'analyses sont imparfaites. * Sentence TAS, 13 août 1992, 92/70. ♦ ... Ou que les résultats des contrôles ne sont pas confirmés lors d'une « contre-expertise ». * Sentence TAS, 15 oct. 1992, 92/63.

64. Quand bien même le concurrent en cause n'a agi ni intentionnellement, ni même avec négligence, le fait, non contesté, d'utilisation d'un produit interdit conduit justement, pour des considérations d'équité dans la compétition sportive, à disqualification afin, plus précisément, de préserver l'égalité entre les concurrents. * Sentences TAS, 11 mars 1996, 95/147. ♦ Dans le même sens. * Sentence TAS, 9 déc. 1998, 94/126 * 4 janv. 1999, 98/204.

65. La présence d'un produit interdit dans l'organisme d'un cheval doit entraîner la disqualification automatique du cavalier, quelle que soit la raison de la présence du produit. Cette disqualification automatique sans moyen de disculpation ne viole pas le droit à l'égalité de traitement entre compétiteurs mais, au contraire, le conforte. Ce principe de responsabilité objective a par ailleurs été « codifié et harmonisé » dans le code mondial antidopage adopté en 2003 par l'Agence mondiale antidopage. Le cavalier n'a pas, au demeurant, apporté la preuve que le produit interdit a pénétré dans l'organisme du cheval sans qu'il ne soit responsable d'un acte intentionnel. * Sentence TAS, 21 nov. 2006, 2006/A/1063. ♦ La présomption d'innocence prévue à l'art. 6 CEDH n'est pas applicable à une sanction disciplinaire qui n'est pas simplement destinée à réprimer mais aussi à préserver l'égalité entre sportifs participant à une compétition. * Même sentence.

c. Preuve

1. Fardeau de la preuve

66. Les règles sur le fardeau de la preuve relèvent de la *lex causae*, c'est-à-dire du droit applicable au fond du litige. * Sentences TAS, 6 févr. 2012, 2011/A/2384 et 2386 : *Rev. arb. 2012. 660, obs. Peltier.*

67. Le droit pénal n'étant pas applicable aux procédures antidopage qui relèvent du droit privé, la présomption de dopage et le renversement du fardeau de la preuve sont des problèmes qui ne peuvent pas être réglés à la lumière des notions propres au droit pénal, telles que la présomption d'innocence et le principe « *in dubio pro reo* ». * Sentences TAS, 25 nov. 2009, 2009/A/1912-1913 * 14 mars 2011, 2010/A/2201.

68. Selon la jurisprudence constante du TAS, les exigences quant au fardeau de la preuve reposant sur l'athlète pour établir qu'il n'aurait commis aucune faute ou négligence sont extrêmement élevées. Les sportifs doivent par conséquent démontrer qu'ils ont respecté un très haut degré de vigilance ou une prudence extrême. * Sentence TAS, 21 mai 2012, 2011/A/2585.

69. Le fardeau de la preuve passe de l'athlète à l'organisation antidopage lorsque l'athlète établit des faits à partir desquels une instance de révision pourrait raisonnablement déduire un possible lien de causalité entre l'écart des Standards internationaux pour les contrôles et la présence d'une substance interdite dans l'échantillon de l'athlète. Le lien de causalité doit être plus que simplement hypothétique mais il n'a pas besoin d'être probable, tant qu'il est plausible. * Sentence TAS, 24 févr. 2014, 2014/A/3487.

2. Degré de preuve

70. Le degré de preuve exigé de l'organisation antidopage est « la satisfaction de l'instance d'audition ». La nécessité d'une preuve « au-delà de tout doute raisonnable » est réservée à la matière pénale, et n'est pas prévue par le code mondial antidopage (CMA). * Sentences TAS, 25 nov. 2009, 2009/A/1912-1913.

71. Afin de bénéficier d'une élimination ou d'une réduction de la période de suspension pour des substances spécifiées, un coureur doit établir : a) comment la substance spécifiée a pénétré dans son organisme ou est arrivée en sa possession ; et b) que ladite substance spécifiée n'était pas destinée à améliorer ses performances sportives ou à masquer l'usage d'une substance améliorant ses performances. Concernant la première condition, un athlète peut établir comment la substance spécifiée s'est retrouvée dans son organisme par la prépondérance des probabilités. Partant, l'instance d'audition doit simplement estimer l'explication du sportif concernant la présence de la substance spécifiée plus probable qu'improbable. En ce qui concerne la seconde condition, l'instance d'audition doit être pleinement satisfaite par les circonstances objectives de l'espèce que le coureur, en prenant ou en possédant une substance spécifiée, n'avait pas l'intention d'augmenter ses performances sportives. * Sentence TAS, 13 mars 2014, 2013/A/3320.

72. S'il existe plusieurs possibilités pouvant expliquer la façon dont la substance prohibée a pénétré l'organisme du sportif, celui-ci doit, en vertu du principe de la prépondérance des probabilités prévu par le code mondial antidopage, démontrer que l'explication qu'il fournit a plus de chances d'être la bonne que l'inverse. * Sentences TAS, 17 déc. 2009, 2009/A/1926 et 1930. ♦ Si, après avoir attentivement considéré tous les scénarios invoqués par les parties pour déterminer comment la substance interdite a pénétré dans le système de l'athlète, plusieurs d'entre eux sont possibles, ils doivent être mis en balance pour déterminer si le plus plausible est celui soutenu par l'athlète. Toutefois, dans la situation extrême où plusieurs théories sont considérées comme également plausibles, le fardeau de la preuve – en l'occurrence le risque qu'un certain fait sur lequel une partie se fonde ne peut pas être établi – incombe à l'athlète. Dès lors, c'est seulement si la théorie avancée par l'athlète est considérée comme celle qui est la plus plausible parmi plusieurs scénarios possibles, ou si elle constitue le seul scénario possible, que l'athlète doit être considéré comme ayant établi par la prépondérance des probabilités comment la substance est entrée dans son organisme, puisque dans ces situations le scénario qu'il défend aura atteint les nécessaires 51 % de chances de s'être produit. * Sentence TAS, 6 févr. 2012, 2011/A/2384 et 2386 : *Rev. arb. 2012. 660, obs. Peltier.*

3. Moyen de preuve

73. La preuve du dopage peut être apportée indirectement par tout moyen fiable, tel que le suivi longitudinal. * Sentences TAS, 25 nov. 2009, 2009/A/1912-1913. ♦ ... Ou une analyse ADN démontrant la falsification des échantillons. * Sentences TAS, 13 nov. 2009, 2008/A/1572, 1632 et 1659 * 18 nov. 2009, 2008/A/1718-1724. ♦ ... Ou le passeport biologique de l'athlète. * Sentences TAS, 8 mars 2011, 2010/A/2178 * 14 juin 2011, 2010/A/2308 et 2011/A/2335.

74. Ce n'est pas la fonction d'une formation arbitrale que de remplacer des experts scientifiques ou de tenter de répéter les exercices accomplis par ces experts. En outre, tout tribunal confronté à un conflit d'expertises doit aborder ces preuves avec prudence et en étant conscient de son manque de connaissance dans le domaine examiné. Au regard des dispositions s'appliquant en matière de fardeau et de degré de la preuve, le rôle d'une formation arbitrale lorsqu'elle applique ces standards en tant qu'autorité d'appel consiste à déterminer si les évaluations des experts sont correctement basées sur les faits de l'affaire et si l'appréciation par les experts des conclusions à tirer de ces faits est également correcte. En accomplissant cette tâche, la formation arbitrale doit déterminer lequel, parmi des avis d'experts potentiellement concurrents, il considère comme étant le plus convaincant. * Sentence TAS, 20 nov. 2014, 2014/A/3488.

d. Sanction disciplinaire

1. Autorisation d'usage de substances interdites à des fins thérapeutiques (AUT)

75. Doit être annulée la décision du comité d'autorisation d'usage à des fins thérapeutiques (CAUT) de l'Agence mondiale antidopage qui s'est octroyé un pouvoir discrétionnaire dans l'application des critères d'autorisation réglementaires. * Sentence TAS, 13 mars 2006, 2005/A/965. ♦ Malgré l'appui de certifications médicales attestant qu'un sportif, contrôlé positif, a utilisé un produit dopant à des fins thérapeutiques, ce sportif ne peut être disculpé dans la mesure où il n'a ni sollicité d'autorisation d'utilisation du produit en cause, ni signalé, sur le formulaire prévu à cet effet, au cours des prélèvements opérés, l'usage de ce produit. * Sentence TAS, 3 nov. 2006, 2006/A/1033.

2. Harmonisation des sanctions disciplinaires

76. La mise en œuvre des sanctions pour violation des principes de lutte contre le dopage doit s'opérer dans un souci de contrecarrer efficacement l'utilisation des substances interdites dans les compétitions nationales et internationales tout en préservant les droits fondamentaux des nations démocratiques. Dans cet esprit, une coordination complémentaire et harmonieuse des réglementations d'État et les réglementations fédérales commande qu'une fédération internationale puisse remettre en cause une décision par laquelle une fédération nationale, pour des considérations procédurales ou autres, n'a pas sanctionné, ou a sanctionné insuffisamment, un sportif pourtant contrôlé positif. * Sentence TAS, 17 mars 1999, 98/214. ♦ Dans le même sens * Sentence TAS, 23 mai 2003, 2002/A/431. ♦ V. aussi : * Sentence TAS, 23 mai 2007, 2006/A/1159.

3. Portée territoriale des sanctions disciplinaires

77. Dès lors qu'une autorité publique nationale ne reconnaît pas sur son territoire l'effet des sanctions prononcées par une fédération sportive internationale, celles-ci sont uniquement opposables dans l'ordre sportif international. * Sentence TAS, 23 mai 2007, 2006/A/1159.

4. Application du principe de faveur *(lex mitior)*

78. Toute mesure disciplinaire doit être prononcée par application du principe selon lequel la peine en vigueur au moment du jugement si elle est plus douce que la peine en vigueur au moment de la faute, doit être la sanction prescrite (principe de la loi la plus douce). * Sentence TAS, 20 janv. 2004, 2003/A/447. ♦ Dans le même sens : * Sentences TAS, 20 oct. 2003, 2003/A/459 * 9 févr. 2004, 2003/A/507 * 10 juill. 2012, 2011/A/2677.

5. Légalité de la sanction

79. Faute d'être clairement applicable en vertu d'une réglementation ou d'une disposition contractuelle, est dépourvu de base légale le principe du paiement, par les sportifs ayant fait l'objet d'une suspension pour dopage, d'une « contribution à la lutte contre le dopage » conditionnant leur réadmission en compétition à l'issue de leur période de suspension. * Sentence TAS, 23 juill. 2009, 2008/A/1458.

6. Bien-fondé de la sanction

80. La sanction doit correspondre à la faute constatée. Il n'en est pas de la sorte quand les faits imputés à un sportif ne sont pas conformes à la réalité. Il convient, alors, après les avoir requalifiés de « revoir » la décision de la fédération sportive internationale (continentale) contestée et de prononcer une sanction adéquate telle que prescrite dans les règlements disciplinaires de celle-ci. * Sentence TAS, 2 févr. 2001, 2000/A/290.

7. Adéquation de la sanction

* Principe

81. Dans des circonstances tout à fait exceptionnelles, un athlète pourra, en cas d'infraction aux règles antidopage, se prévaloir d'une absence de faute ou d'une négligence significative pour obtenir une réduction de sa sanction, sans pour autant se contenter de faire uniquement des déclarations. * Sentence TAS, 23 mai 2007, 2006/A/1159. ♦ Selon le Tribunal fédéral suisse, il n'y a rien d'insoutenable à imposer à un sportif qui veut obtenir une suppression ou une réduction de la peine disciplinaire l'obligation de démontrer comment la substance interdite s'est retrouvée dans son organisme. S'il suffisait à l'intéressé de plaider son ignorance à ce sujet pour parvenir à ce résultat, la lutte contre le fléau du dopage s'en trouverait singulièrement compliquée. * Sentence TAS, 15 mai 2012, 2011/A/2616.

82. Toute mesure disciplinaire est appréciée en application du principe de proportionnalité. L'effectivité de ce dernier principe est analysée en tenant compte des circonstances de chaque cause. * Sentence TAS, 14 janv. 1999, 97/180. ♦ Il appartient aux formations du TAS de vérifier le respect du principe de proportionnalité des sanctions au regard des circonstances particulières des cas d'espèce. * Sentence TAS, 10 janv. 2006, 2005/A/922.

*Applications

83. N'est pas prononcée au mépris du principe de proportionnalité une sanction subie par des sportifs qui n'ont pas ingéré les substances interdites à leur insu, l'organe disciplinaire ne méconnaissant pas pour autant ni qu'il s'agissait d'un premier délit, ni les conséquences que la durée de la suspension infligée aurait sur leur carrière. * Sentence TAS, 14 janv. 1999, 97/180. ♦ Il est aussi conforme au principe de proportionnalité qu'une sanction financière (amende) soit ajoutée à la sanction disciplinaire (suspension de deux ans), pour autant que le montant de l'amende reste, lui aussi, proportionné. * Sentences TAS, 4 oct. 2010, 2010/A/2063 * 18 févr. 2011, 2010/A/2101 * 23 déc. 2011, 2011/A/2325 * 29 déc. 2011, 2011/A/2349. ♦ Ne peut prétendre à une réduction de la suspension qui lui a été infligée un sportif qui ne rapporte pas la preuve de ses affirmations selon lesquelles il aurait été contaminé involontairement par le fait de manipulations de son entraîneur. * Sentence TAS, 4 déc. 2006, 2006/A/1038. ♦ Le sportif n'établissant aucunement que la violation aux règles antidopage était due à une faute ou négligence significative ne peut prétendre, en se fondant sur le principe de proportionnalité, à l'annulation de la sanction prononcée. * Sentence TAS, 10 janv. 2006, 2005/A/922. ♦ Ni l'âge du sportif sanctionné, ni la durée de la suspension infligée ne constituent, en l'espèce, des circonstances particulières permettant de constater une atteinte au principe de proportionnalité et de s'écarter de la sanction standard inscrite dans les textes de la fédération internationale l'ayant prononcée. * Sentence TAS, 31 août 2006, 2006/A/1035. ♦ Aucune donnée subjective particulière n'autorise à dire qu'une sanction prononcée par une fédération sportive internationale est disproportionnée et doit être réduite quand le sportif concerné n'apporte pas la preuve d'une absence de faute ou de négligence significative qui aurait pu permettre l'annulation ou l'allégement de la suspension encourue. * Sentence TAS, 3 nov. 2006, 2006/A/1033. ♦ Est appropriée la suspension pour violation des règles antidopage prise par une fédération nationale à l'encontre d'un sportif pour transmission tardive de modifications de localisation. * Sentence TAS, 22 janv. 2008, 2008/A/1612.

84. A l'opposé, le principe de proportionnalité est violé quand les juges disciplinaires n'ont pas pris en compte dans le prononcé des sanctions le fait que le sportif visé n'a jamais été auparavant sanctionné et qu'il a, de l'avis de tous, une excellente moralité, honnêteté et intégrité personnelle. * Sentences TAS, 15 avr. 1996, 95/141 * 19 déc. 2003, 2003/A/505. ♦ ... Ou quand il est établi que ce dernier a été induit en erreur. * Sentence TAS, 10 sept. 1992, 92/73. ♦ ... Ou a ponctuellement absorbé des produits prohibés dans des circonstances et pour des raisons inexpliquées. * Sentence TAS, 17 mars 1999, 98/214. ♦ ... Ou qu'il a été utilisé des produits interdits sur prescription thérapeutique, après en avoir averti les autorités sportives. * Sentence TAS, 14 févr. 1996, 95/142. ♦ ... Ou par défaut de vigilance. * Sentences TAS, 7 oct. 2003, 2002/A/464 * 8 oct. 2003, 2003/A/503 * 18 mars 2004, 2003/A/521. ♦ Il en est également différemment étant donné la situation sociale et économique du sportif. * Sentence TAS, 5 mars 2004, 2003/A/522. ♦ ... Ou étant donné l'âge et l'absence d'antécédents fautifs du joueur. * Sentence TAS, 18 juin 2004, 2004/A/569.

85. N'est également ni proportionnée au comportement reproché à un athlète, ni tout à fait conforme au but à la fois répressif et éducatif recherché par les règles antidopage d'une fédération sportive internationale l'application stricte de ces règles à cet athlète dont la faute résulte d'une négligence isolée et qui, de plus, a par différentes démarches tenté d'expier la négligence commise et qui, enfin, s'est vu confisquer les médailles d'or et d'argent obtenues lors de participation aux championnats du monde et privé de participation aux Jeux olympiques. * Sentence TAS, 11 sept. 2007, 2007/A/1252. ♦ Doit aussi être réduite la sanction de suspension prononcée contre un athlète dont il est prouvé qu'il n'a pris une substance interdite que dans la seule intention de se soigner et d'améliorer ses performances scolaires. * Sentence TAS, 6 juin 2008, 2008/A/1461.

8. Réduction de la sanction en cas d'ingestion d'une substance spécifiée

86. En application de l'art. 10.4 du code mondial antidopage (CMA), deux conditions doivent être satisfaites pour que la période d'inéligibilité puisse être réduite : en premier lieu, l'athlète doit être en mesure d'établir comment la substance spécifiée est entrée dans son corps et, en second lieu, que cette substance spécifiée ne visait pas à améliorer sa performance sportive. L'utilisation de l'adjectif démonstratif « cette » suggère que la substance spécifiée dans la deuxième condition se réfère à la substance spécifiée dans la première condition sous la forme dans laquelle il a été établi qu'elle était entrée dans le corps de l'athlète. La seconde condition ne requiert donc, de la part de l'athlète, non pas tant de prouver que la substance elle-même, mais plutôt de prouver que la substance sous la forme dans laquelle il l'a ingérée (qu'il s'agisse de la substance spécifiée elle-même, par exemple en cas d'ingestion de cannabis, ou du produit dont la substance spécifiée n'est qu'un ingrédient, par exemple en cas d'ingestion d'un complément alimentaire) ne visait pas à améliorer sa performance sportive. * Sentence TAS, 3 oct. 2012, 2012/A/2804.

87. L'ignorance d'un athlète qu'un produit contient une substance spécifiée ne peut suffire à établir l'absence d'intention d'améliorer sa performance de manière à bénéficier de la sanction réduite de l'art. 10.4 CMA. Cela aboutirait au résultat absurde de récompenser les athlètes pour être – et rester – ignorants des propriétés des produits qu'ils ingèrent, ce qui est contraire à un objectif fondamental de la lutte antidopage, à savoir d'inciter les athlètes de prendre une part active à leur propre information. * Sentence TAS, 22 nov. 2013, 2012/A/3029.

88. Il y a intention d'améliorer sa performance lorsqu'un athlète ingère une substance pour l'aider à récupérer d'un précédent effort physique ou à se préparer en vue d'une performance sportive. Il n'est dès lors pas possible de faire valoir que l'ingestion, une heure avant une course, d'un stimulant destiné à récupérer de la fatigue induite par l'entraînement de la veille ne bénéficie pas à l'athlète. * Sentence TAS, 2 mai 2014, 2013/A/3361.

89. En omettant de vérifier si la « diméthylamilamine », dont le nom figure sur une boîte de complément alimentaire, est la même substance que la « diméthylpentylamine » qui figure sur la liste 2011 de l'AMA, un athlète prend le risque d'ingérer une substance spécifiée lorsqu'il consomme un complément alimentaire et dès lors d'améliorer sa performance sportive. Autrement dit, le simple dol éventuel suffit pour démontrer l'intention de l'athlète d'améliorer sa performance, ce qui entraîne l'impossibilité d'appliquer une quelconque réduction de la sanction en cas d'ingestion d'une substance spécifiée. * Sentence TAS, 10 juill. 2012, 2011/A/2677.

9. Réduction de la sanction pour aide substantielle en matière de lutte antidopage

90. Une réduction de sanction n'est pas justifiée lorsque l'aide apportée par un athlète n'a pas été substantielle et n'a pas aidé à découvrir une violation des règles antidopage commise par une autre personne. * Sentence TAS, 6 juin 2008, 2008/A/1461. ♦ La découverte ou l'établissement de la violation commise par une tierce personne doit être le résultat direct de l'information fournie par l'athlète. Une simple intention de coopération pouvant éventuellement avoir pour résultat la découverte d'une infraction n'est pas suffisante pour bénéficier d'une réduction de sanction. * Sentence TAS, 17 avr. 2012, 2011/A/2678. ♦ La réduction de sanction doit être en adéquation avec l'étendue et l'efficacité de la collaboration. * Sentence TAS, 26 mai 2008, 2007/A/1368.

10. Première ou seconde infraction

91. Il ressort clairement du code mondial antidopage (CMA) 2009 et de la jurisprudence du TAS qu'en principe, des décisions rendues avant l'entrée en vigueur du CMA peuvent être considérées comme des premières violations lorsqu'il s'agit de calculer la période d'inéligibilité. Toutefois, en vertu du principe de la *lex mitior*, un athlète doit pouvoir bénéficier de la sanction la plus favorable, même si la disposition la prévoyant a été adoptée après la commission de l'infraction. Dès lors, lorsqu'il s'agit d'évaluer si l'infraction en cause est une première ou une seconde infraction, une sanction préalablement prononcée pour avoir ingéré hors compétition une substance qui, selon les règles aujourd'hui applicables, n'est plus interdite qu'en compétition, ne doit pas être prise en compte. * Sentence TAS, 9 févr. 2012, 2010/A/2083.

11. Changement de fond du régime des sanctions interdit

92. La règle de la « neutralisation » telle qu'elle apparaît dans la réglementation de l'UCI – aux termes de laquelle, lorsqu'un coureur a été sanctionné pour une violation des règles antidopage d'une suspension de deux ans ou plus (qu'elle soit assortie d'un sursis ou pas), il n'est pas tenu compte de ses points, places ou victoires pendant une période de deux ans, dès le lendemain de sa suspension effective, pour le calcul de la valeur sportive de son équipe – s'apparente à un boycott qui a clairement l'effet d'une sanction à l'encontre du coureur et a un impact sur la liberté de l'équipe de conclure un contrat et de choisir les coureurs qu'elle veut. A l'instar de la « Règle d'Osaka » jugée non valable et inapplicable par le TAS (V. note 24), elle constitue une sanction disciplinaire additionnelle non prévue par l'art. 10 du code mondial antidopage (CMA) et, à ce titre, un changement de fond interdit par l'art. 23.2.2 CMA. * Sentence TAS, 11 oct. 2013, 2012/A/3055.

93. Un régime de sanctions adopté par une organisation antidopage nationale signataire du CMA qui, contrairement à ce dernier, ne fait aucune distinction entre contrôles en compétition et contrôles hors compétition et qui, de la même façon, ne différencie pas entre substances interdites en compétition seulement (comme les drogues « sociales ») et substances interdites en tout temps, n'est pas compatible avec l'art. 10 CMA. Dans le cas où une substance interdite en compétition seulement par le CMA est découverte dans les échantillons corporels d'un athlète lors d'un contrôle hors compétition, la différence de régime aboutit en effet à rendre l'athlète responsable de la présence de cette substance dans ses échantillons indépendamment du fait qu'elle n'est interdite qu'en compétition, avec pour conséquence que l'athlète peut être déclaré inéligible pour une longue période (par exemple, si c'est une deuxième violation antidopage) au lieu d'être blanchi de toute infraction. Il s'agit donc d'un changement de fond interdit par l'art. 23.2.2 CMA. * Sentence TAS, 4 févr. 2014, 2012/A/2869.

2° MAUVAIS TRAITEMENT À ANIMAL

a. Faute

94. Le mauvais traitement à animal est défini, par les règlements d'une fédération sportive internationale, comme le fait d'infliger intentionnellement à ce dernier une souffrance ou un inconfort inutile. En conséquence, en l'hypothèse, un faisceau d'indices clairs et concordants suffit à établir les faits reprochés dont le déroulement n'est pas contesté de manière convaincante par les intéressés. * Sentence TAS, 27 mars 1998, 96/166. ♦ En revanche, l'intention fautive n'est pas démontrée lorsque les preuves fournies ne sont pas suffisantes pour considérer les actes incriminés comme réalisés. * Sentence TAS, 24 juill. 2000, 99/A/253.

b. Régularité de la procédure

95. Le changement de présidence est, en certaines circonstances, susceptible d'entacher substantiellement la procédure disciplinaire mise en œuvre. * Sentence TAS, 24 juill. 2000, 99/A/253. ♦ De même que le refus opposé de recevoir des propositions d'expertises complémentaires est une atteinte aux droits de la défense. * Même sentence.

96. Mais des imperfections de procédure, aussi réelles soient-elles, peuvent ne pas être déterminantes. * Sentence TAS, 2 févr. 2001, 2000/A/290. ♦ Au demeurant, le TAS, en appréciant les faits et le droit avec pleins pouvoirs d'examen, a la faculté de « couvrir » les irrégularités reprochées. * Sentence TAS, 5 févr. 2004, 2003/A/490.

3° CORRUPTION ET MATCHS TRUQUÉS

a. Régularité de la procédure

97. La peine disciplinaire, bien que fondée sur de justes motifs tenant à des atteintes aux principes de loyauté, de probité et d'esprit sportif (tenant à des faits avérés de corruption), prononcée par un organe incompétent d'une fédération sportive continentale et en violation de ses propres statuts est nulle et de nul effet, et pas simplement annulable, en raison des conséquences graves qui s'attachent au non-respect de ses règlements par la fédération considérée. * Sentence TAS, 22 juill. 1998, 98/185.

98. Les traités internationaux relatifs aux droits de l'homme, par exemple la CEDH, ont pour mission de protéger les droits fondamentaux des individus vis-à-vis des autorités gouvernementales et sont en principe inapplicables *per se* dans des procédures disciplinaires conduites par des autorités sportives dès lors que, juridiquement parlant, il s'agit d'entités purement privées. C'est aussi la position du Tribunal fédéral suisse. Toutefois, certaines garanties octroyées en rapport avec des procédures de droit civil par l'art. 6, al. 1, CEDH sont indirectement applicables même devant un tribunal arbitral, et à plus forte raison dans des affaires disciplinaires. Il revient en effet à la Suisse, en tant que partie à la Convention, de s'assurer que ses juges, lorsqu'ils revoient une sentence arbitrale (au moment de son exécution ou à l'occasion d'un recours à son encontre), vérifient que les parties à un arbitrage soient mises au bénéfice d'une procédure équitable dans un laps de temps raisonnable et soient jugées par un tribunal arbitral indépendant et impartial. Ces principes procéduraux font dès lors partie de l'ordre public procédural suisse. * Sentences TAS, 24 févr. 2012, 2011/A/2426 * 8 mars 2012, 2011/A/2425 : *Rev. arb. 2012. 662, obs. Peltier.*

b. Preuve

1. Admissibilité de la preuve

99. La compétence de l'association sportive ne repose pas sur le droit public ou pénal, mais sur le droit civil. Le Tribunal fédéral suisse a notamment souligné que l'appréciation des preuves ne saurait suivre les principes propres à la procédure pénale. Toutefois, l'ordre public procédural tel que défini par la jurisprudence du Tribunal fédéral doit être respecté (procédure équitable, menée dans un délai raisonnable par un tribunal indépendant et impartial). Le fait d'exposer au grand jour des pratiques illégales liées à des manifestations sportives importantes – que ce soit la corruption, le dopage ou des matches truqués – relève de l'intérêt public. A cet égard, tenant compte de la jurisprudence de la CEDH, il n'est pas évident de considérer que la conduite de journalistes – quand bien même sournoise – serait illégale. Par ailleurs, le simple fait pour une preuve d'avoir été obtenue de manière illégale – en l'occurrence par le biais d'enregistrements effectués à l'insu de la personne soupçonnée de ces pratiques illégales – n'empêche pas nécessairement sa prise en compte par un tribunal arbitral international ayant son siège en Suisse. Ainsi, le pouvoir discrétionnaire de l'arbitre de décider de l'admissibilité de la preuve n'est limité que par l'ordre public procédural. Or, l'utilisation de preuves illicites ne relève pas automatiquement de l'ordre public suisse qui est atteint uniquement en présence d'une contradiction insupportable avec le sentiment de justice, de telle sorte que la décision apparaît incompatible avec les valeurs reconnues dans un État de droit. En tout état de cause, les journalistes ayant agi comme « chiens de garde » dans l'intérêt public, l'ordre public procédural suisse n'a pas été atteint et les enregistrements sont admissibles comme moyen de preuve. * Sentences TAS, 8 mars 2012,

2011/A/2433 * 24 févr. 2012, 2011/A/2426 * 8 mars 2012, 2011/A/2425 : *Rev. arb. 2012. 662, obs. Peltier.*

100. L'art. 96 du Code disciplinaire de la FIFA dispose que tous les moyens de preuve peuvent être produits, mais que doivent être refusés ceux qui ont été obtenus de manière contraire à la dignité humaine, c'est-à-dire qui résultent de ou sont connectés à des actes de violence physique ou psychologique, de brutalité ou de quelque autre forme de traitement inhumain ou dégradant. Ce n'est pas le cas d'enregistrements vidéo ou audio obtenus au cours d'un rendez-vous librement convenu, confortablement tenu au bar d'un hôtel, sans aucune violence ou menace et qui ne montrent pas les parties concernées dans une situation dégradante. * Sentence TAS, 8 mars 2012, 2011/A/2425 : *Rev. arb. 2012. 662, obs. Peltier.*

2. Degré de preuve

101. En matière de corruption comme dans les autres matières relevant du droit disciplinaire, le degré de preuve appliqué par les formations arbitrales du TAS est celui de la « satisfaction de l'instance d'audition ». Ce degré de la preuve est plus élevé que le standard civil de simple « prépondérance des probabilités », mais moins important que le standard pénal de « preuve allant au-delà du doute raisonnable ». * Sentences TAS, 8 mars 2012, 2011/A/2433 * 24 févr. 2012, 2011/A/2426 * 8 mars 2012, 2011/A/2425 : *Rev. arb. 2012. 662, obs. Peltier* * 7 oct. 2013, 2013/A/3047 * 23 janv. 2014, 2013/A/3258 : Rev. arb. 2014. 685, obs. Latty.

c. Conditions matérielles de l'infraction

102. L'infraction de corruption au sens de l'art. 11, al. 1, du Code d'éthique de la FIFA est réalisée s'il est établi à la satisfaction de la formation arbitrale qu'un cadeau ou un autre avantage a été offert, qu'il est manifeste que le destinataire du cadeau ou de l'autre avantage avait bien compris que ses interlocuteurs cherchaient à l'inciter à se comporter malhonnêtement en faveur d'un tiers et que ce destinataire n'a pas activement et catégoriquement refusé l'offre inappropriée qui lui était faite. * Sentence TAS, 8 mars 2012, 2011/A/2433 : *Rev. arb. 2012. 662, obs. Peltier.* ♦ L'avantage n'a pas besoin d'être matérialisé dès lors qu'il suffit qu'il soit « offert » ou « promis » ; la forme de l'avantage n'a pas plus d'importance : il peut s'agir d'argent comme d'une autre forme de bénéfice, même non quantifiable économiquement (par exemple de l'avancement). Il n'y a pas non plus d'indication que l'avantage doive profiter directement à la personne soupçonnée d'en avoir bénéficié ; il peut aussi aller à un tiers ou à une organisation désignée par elle ou qui lui est proche. Dans le cas contraire, il serait trop facile pour la personne concernée d'échapper à sa responsabilité disciplinaire en redirigeant l'avantage vers cette personne ou organisation tierce. * Sentence TAS, 24 févr. 2012, 2011/A/2426 : *Rev. arb. 2012. 662, obs. Peltier.*

103. L'art. 2.08 du Règlement de l'UEFA Europa League 2013/2014 prescrit que si l'UEFA conclut, à sa propre satisfaction, qu'un club a été impliqué, directement ou indirectement, dans une activité propre à influencer de manière illicite le résultat d'un match au niveau national ou international, elle déclare que ce club n'est pas admis à participer à la compétition. L'interprétation de l'expression « propre à » a pour résultat qu'il n'est pas nécessaire d'établir que l'activité a atteint son objectif ou même qu'elle est allée bien loin. Pour que l'infraction soit réalisée, il suffit qu'il y ait eu tentative. * Sentence TAS, 23 janv. 2014, 2013/A/3258 : *Rev. arb. 2014. 685, obs. Latty.* ♦ Au vu de son large champ d'application, une activité apparaissant licite au premier abord peut néanmoins contrevenir à l'art. 2.08 si, une fois considérées toutes les circonstances du cas d'espèce, cette activité peut avoir une influence sur le résultat d'un match en particulier. Une telle interprétation est également en phase avec le principe de tolérance zéro en matière de matches truqués qui constitue l'une des valeurs les plus importantes en matière de football et dont le respect est indispensable pour la protection et l'amélioration de l'intégrité du jeu. * Même sentence.

d. Proportionnalité de la sanction

104. La sanction imposée à un athlète ne doit pas être disproportionnée en regard de l'infraction commise et doit toujours refléter la mesure de la faute de l'athlète. Le trucage de matchs est la plus grave infraction de corruption : il met en danger l'intégrité du sport professionnel ainsi que l'intégrité physique et morale des athlètes, et constitue une violation du principe de l'équité des compétitions sportives. Lorsqu'il est mis en balance avec celui du sportif à pouvoir exercer sa profession, cet intérêt doit être considéré comme prépondérant. Une sanction de suspension à vie ne viole donc pas l'ordre public et n'est pas disproportionnée par rapport à la gravité des infractions commises. En revanche, une suspension à vie est suffisamment sévère ; une amende imposée en sus ne serait pas appropriée. * Sentences TAS, 5 sept. 2012, 2011/A/2621 * 23 mars 2012, 2011/A/2490.

4° AGENT SPORTIF

105. Une convention d'honoraires conclue entre un agent sportif et un club sportif prévoyant le versement, par celui-ci à celui-là, d'une partie des honoraires à « la revente du joueur », et celle-ci s'étant réalisée, le club est débiteur de la somme convenue, dès lors que ce club a reçu une contribution financière pour le transfert du joueur lié à l'opération vers un club tiers. * Sentence TAS, 28 avr. 2008, 2007/A/1309.

106. S'il est vrai que, aux termes du règlement FIFA des agents de joueurs, les joueurs et les clubs ont l'obligation de recourir uniquement à des agents licenciés officiels lors de négociations de contrat de travail, les dispositions topiques du Règlement ne subordonnent pas, en revanche, le non-respect de ces conditions à la nullité des contrats qui auraient été conclus avec l'assistance d'agents non licenciés. * Sentence TAS, 31 juill. 2013, 2013/A/3088.

107. Est justifiée la suspension de licence prononcée, sur le fondement de sa réglementation par une fédération internationale, à l'encontre d'un agent sportif condamné par une juridiction pénale nationale pour des faits répréhensibles dans l'exercice de son activité professionnelle, dans la mesure où cette décision judiciaire avait entaché la réputation de l'intéressé qui ne remplissait plus dès lors les obligations de parfaite réputation imposées par les dispositions fédérales. Toutefois, la durée de la suspension doit être réduite étant donné l'ancienneté des faits réprimés et l'absence d'antécédents judiciaires et disciplinaires de l'agent. * Sentence TAS, 22 avr. 2007, 2007/A/1198.

5° CONTRAT DE TRAVAIL À DURÉE DÉTERMINÉE D'UN SPORTIF

a. Existence du contrat de travail

108. S'il est vrai qu'une convention de formation et un contrat de joueur en formation (contrat d'aspirant) sont de nature différente, seul le second répondant à la qualification de contrat de travail, il n'empêche que ces deux types de contrat dépendent l'un de l'autre. En conséquence, la situation d'un joueur en formation doit être appréciée en tenant compte de l'ensemble des obligations qu'il avait souscrites lors de la conclusion de ses deux contrats. * Sentence TAS, 28 oct. 2005, 2004/A/791.

109. Pour qu'une convention de formation constitue un contrat de nature professionnelle, elle doit être passée par écrit et il doit être établi que le joueur perçoit, sur la base de ce document, une indemnité supérieure à ses frais effectifs. Si tel n'est pas le cas, la convention de formation ne constitue pas un contrat de nature professionnelle et une éventuelle violation des obligations en découlant (directement ou indirectement) ne saurait être sanctionnée par une disposition du règlement d'une fédération sportive internationale ne s'appliquant qu'aux joueurs professionnels. * Sentence TAS, 15 févr. 2011, 2010/A/2104.

110. Reconnaître force de loi à un « contrat plan de carrière » par lequel un joueur mineur s'engage à signer ultérieurement un contrat non-amateur (de travail) pour une durée supérieure à trois ans reviendrait à permettre de contourner les dispositions du règlement d'une fédération sportive internationale qui interdisent la conclusion d'un tel contrat par un joueur qui n'a pas dix-huit ans révolus. Un tel « contrat plan de carrière » doit être déclaré nul. * Sentence TAS, 15 févr. 2011 : *préc. note* 109.

b. Conclusion du contrat de travail (validité du contrat)

111. Doit être considéré comme invalide pour cause de vice du consentement dû au comportement dolosif d'un sportif le contrat de travail conclu entre ce dernier et un club sportif professionnel à qui, en violation de son devoir contractuel de bonne foi, le sportif n'avait pas indiqué qu'il avait fait, antérieurement à la signature du contrat, l'objet d'un contrôle antidopage qui s'est traduit postérieurement par une suspension disciplinaire d'un an. * Sentence TAS, 25 janv. 2007, 2006/A/1144.

112. L'option unilatérale de reconduction du contrat au seul bénéfice d'un club employeur, insérée dans un contrat de travail unissant ce club à deux de ses joueurs, est contraire aux principes fondamentaux du droit, dont la liberté du travail et la liberté contractuelle. Ce contrat, assorti au demeurant d'une clause dite « de rébellion » privant les joueurs de toutes prestations salariales et de la possibilité de s'entraîner, renouvelé par application de cette option est en conséquence sans effet. * Sentence TAS, 12 juill. 2006, 2005/A/983 et 984. ♦ Dans un sens analogue : * Sentence TAS, 19 janv. 2007, 2006/A/1082 et 1104.

113. Est assimilée à la conclusion d'un nouveau contrat de travail à durée déterminée la conclusion d'un protocole d'accord prévoyant la prolongation d'un contrat de travail à durée déterminée pour une saison additionnelle. * Sentence TAS, 19 janv. 2007, 2006/A/1082 et 1104.

c. Rupture du contrat de travail

1. Imputabilité de la rupture

114. Le règlement, applicable en l'espèce, d'une fédération sportive internationale ne distinguant pas entre le joueur rompant avant terme directement sans droit le contrat le liant à son club et le joueur mettant fin prématurément à ce lien du fait de la commission d'une infraction, il s'ensuit que la résiliation unilatérale du contrat sans justes motifs est imputable au joueur qui convient avoir gravement violé ses obligations contractuelles, bien que le club ait pris l'initiative de la rupture. * Sentence TAS, 15 déc. 2005, 2005/A/876. ♦ Est imputable à un club la rupture anticipée du contrat de travail à durée déterminée de deux joueurs qui ont quitté ce club qui, en arguant sans le démontrer, que le salaire de ces joueurs était quérable et non portable, n'a pas réglé depuis plusieurs mois les rémunérations contractuellement dues. * Sentences TAS, 21 déc. 2004, 2004/A/596 et 597.

2. Justification de la rupture

115. Est justifiée la rupture avant terme d'un contrat de travail à durée déterminée à l'initiative de joueurs auxquels un club n'a pas, pendant plusieurs mois, versé les rémunérations contractuellement convenues. * Sentences TAS, 21 déc. 2004, 2004/A/596 et 597.

116. La résiliation anticipée et immédiate d'un contrat de travail à durée déterminée d'un joueur par un club en raison de ses performances sportives insuffisantes doit être considérée comme une résiliation sans juste cause. * Sentences TAS, 19 déc. 2007, 2007/A/1233 et 1234. ♦ V. aussi notes 73, 90 et 94. ♦ Le club qui résilie immédiatement le contrat de travail à durée déterminée d'un joueur étranger pour lequel il n'a pu obtenir une autorisation de travail doit en assumer le risque en versant au joueur une indemnité correspondant au préjudice subi. * Sentence TAS, 21 oct. 2005, 2005/A/865. ♦ La clause de reconduction d'un contrat de travail à durée déterminée ne peut à elle seule constituer un juste motif permettant à un joueur de ne pas entrer au service auprès de son nouveau club avec qui il a signé un contrat de travail. * Sentences TAS, 19 janv. 2007, 2006/A/1082 et 1104.

d. Conséquences du non-respect d'engagements contractuels

1. Hypothèse générale

117. Il serait inéquitable et peu protecteur des intérêts d'un joueur salarié qui subit une résiliation unilatérale de son contrat avant la date d'expiration telle que contractuellement indiquée, consécutivement à un refus d'autorisation de travail, qu'il ne soit pas indemnisé. Plus précisément, le code suisse des obligations, applicable en l'espèce, commande un dédommagement du joueur du fait que son club n'a pas agi avec la prudence élémentaire requise en l'occurrence. Il résulte du risque réalisé un préjudice certain pour le salarié correspondant à l'atteinte à sa carrière professionnelle et à sa vie personnelle perturbée. * Sentence TAS, 21 oct. 2005, 2005/A/865.

118. L'inexécution répétée par un club de l'une de ses principales obligations contractuelles libère les joueurs qui la subissent du lien contractuel qui les unit à ce club. Elle leur permet de s'engager dans d'autres clubs de leur choix, sans pour autant que ceux-ci deviennent créanciers d'indemnités de transfert. * Sentences TAS, 21 déc. 2004, 2004/A/596 et 597.

119. La clause d'indemnisation contenue dans un contrat de travail à durée déterminée entre un club et un joueur est valable dans son principe. Elle ne viole pas l'ordre public. Mais est juridiquement fondée au regard du droit suisse la réduction de la clause d'indemnité forfaitaire en prenant en considération la situation particulière dans laquelle se trouvait le joueur débiteur de l'indemnité. Il n'est en effet pas acceptable qu'un montant exorbitant d'une clause pénale entrave la liberté d'un joueur au point de rendre pratiquement impossible tout transfert dans un autre club. * Sentences TAS, 19 janv. 2007, 2006/A/1082 et 1104.

2. Hypothèse particulière (football : application des règlements de la FIFA)

* L'engagement contractuel étranger à l'existence d'un contrat de travail

120. La disposition du règlement prévoyant les conséquences du non-respect d'engagements contractuels ne trouve pas à s'appliquer lorsque le joueur n'est pas ou plus lié à un club par un contrat de travail. La disposition en question s'inscrivant dans une section intitulée « Stabilité contractuelle entre professionnels et clubs », il en résulte qu'elle ne peut s'appliquer qu'à la violation d'un contrat écrit prévoyant une rémunération supérieure aux frais effectifs encourus par le joueur dans l'exercice de son activité footballistique, conformément à la définition donnée du joueur professionnel dans ce même règlement. La portée limitée de la disposition en question est, par ailleurs, parfaitement en phase avec le but même du système de règlement des litiges de la FIFA, à savoir s'assurer du respect des contrats de travail conclus avec des joueurs professionnels durant la validité de ces accords, plutôt que de lier ces mêmes joueurs à leur club au-delà de cette validité. A l'inverse, dans l'hypothèse où cette disposition devrait permettre de sanctionner un joueur qui n'est plus lié à un club par aucun contrat de travail, le résultat obtenu serait alors diamétralement opposé au but recherché et irait au-delà de ce qui est nécessaire pour garantir le principe fondamental de la stabilité contractuelle et de la sécurité du droit. * Sentence TAS, 15 févr. 2011, 2010/A/2104.

121. Ne viole aucun engagement contractuel le joueur de football qui, à l'expiration d'un contrat de stagiaire, s'est engagé par contrat de travail à durée déterminée avec un club étranger, à défaut de propositions précises de contrat faites par son club français formateur. Des actions civiles et disciplinaires ne peuvent dès lors être formées à son encontre. * Sentence TAS, 31 oct. 2005, 2004/A/761.

122. Manque à ses obligations contractuelles le joueur de football qui, à l'expiration d'un contrat d'aspirant (contrat d'emploi formation), s'engage avec un autre club, alors qu'il avait auparavant promis de se lier avec son club formateur en acceptant que coïncident la durée de sa convention de formation et celles des contrats de joueur en formation (contrat d'aspirant, puis contrat de stagiaire). Il revient à la fédération sportive internationale en cause d'apprécier les conséquences de cette violation. * Sentence TAS, 28 oct. 2005, 2004/A/791.

* L'engagement contractuel lié à l'existence d'un contrat de travail

123. N'est pas justifiée par un accord verbal de son club, non avéré, la rupture unilatérale sans juste motif et sans juste cause opérée par un joueur de football au cours de la période de stabilité prévue par les règlements d'une fédération sportive internationale. * Sentences TAS, 11 mars 2005, 2004/A/708, 709 et 713. ♦ Concernant, aussi, des ruptures unilatérales injustifiées en dehors de cette période de stabilité (dite période protégée), V. : * Sentences TAS, 31 janv. 2008, 2007/A/1314 et 2007/A/1315.

124. Il découle de telles ruptures l'attribution d'une réparation financière. * Sentences TAS, 5 déc. 2005, 2004/A/902 et 903. ♦ V. aussi sentences citées note 96.

125. Il appartient au club qui allègue avoir subi un dommage d'apporter la preuve de sa réalité et de son étendue. * Sentence TAS, 11 mars 2005, 2004/A/791 * 8 déc. 2005, 2004/A/799.

126. L'indemnité pour rupture injustifiée du contrat de travail à durée déterminée d'un footballeur ne doit pas être confondue avec l'indemnité de formation due au club formateur. L'indemnité de formation n'est pas intégrée dans l'indemnité de rupture sans juste motif et juste cause. * Sentence TAS, 28 oct. 2005, 2004/A/791. ♦ Dans le même sens : V. sentences citées notes 90 et 95. ♦ *Contra* : * Sentence TAS 27 août 2004, 2003/O/530.

127. Un joueur de football ressortissant de l'Union européenne qui rompt unilatéralement, avant son terme, son contrat de travail à durée déterminée sans juste cause en dehors de la période protégée édictée par la fédération internationale doit à son club d'origine, sur le fondement des règlements de la fédération considérée, une indemnité équivalente au solde de la rémunération contractuelle due au joueur au moment de la date de résiliation (valeur résiduelle du contrat). La valeur de remplacement du joueur ne peut, en l'espèce, être prise en compte pour le calcul de cette indemnité. * Sentences TAS, 30 janv. 2008, 2007/A/1298, 1299 et 1300. ♦ Elle peut en revanche être prise en compte si le club peut démontrer non seulement que le joueur remplaçant et le joueur remplacé évoluent plus ou moins au même poste sur le terrain, ce qui sera plus facile dans le cas d'un gardien de but, mais encore que le club a décidé d'engager le nouveau joueur parce que l'ancien avait rompu son contrat et qu'il existe un lien entre la somme de transfert payée pour le nouveau joueur et la résiliation prématurée par l'ancien joueur. Dans certains cas exceptionnels, la valeur de remplacement de deux joueurs peut même être considérée pour le calcul de l'indemnité. * Sentences TAS, 19 mai 2009, 2008/A/1519 et 1520 * 28 févr. 2011, 2010/A/2145, 2146 et 2147.

128. Le montant de l'indemnité de rupture due par un joueur qui a rompu unilatéralement son contrat de travail en dehors de la période protégée équivaut à la perte de services du joueur (valeur annuelle sur le marché des transferts plus salaire annuel moyen du joueur sur la base de ses nouveaux contrats, somme de laquelle est retiré le montant des salaires que le club quitté n'a pas eu à acquitter) à laquelle s'ajoute une indemnité additionnelle liée à la spécificité du sport et aux circonstances de la rupture. * Sentences TAS, 19 mai 2009, 2008/A/1519 et 1520. ♦ Dès lors que, en cours de contrat de travail, le transfert d'un joueur fait l'objet d'un accord entre les deux clubs concernés, le montant de l'indemnité de transfert représente de manière fiable la valeur que l'ex-employeur attribue aux services de son employé et le prix auquel il est disposé à y renoncer. La situation est comparable lorsqu'il n'y a pas de contrat de transfert en raison de la rupture unilatérale du joueur, mais que les négociations en vue d'un accord à l'amiable entre les clubs concernés sont très avancées. * Sentences TAS, 5 mai 2010, 2009/A/1960 et 1961.

129. La rémunération ne constitue que l'un des paramètres (non exhaustifs) permettant de déterminer la quotité de l'indemnité censée couvrir le dommage causé à l'employeur à la suite de la perte des services du joueur. Alors que la rémunération sous l'ancien contrat pourra donner des indications utiles sur la valeur attribuée par l'ex-employeur aux services du joueur, les salaires convenus avec le nouvel employeur peuvent donner des éléments de réponse quant à la valeur du marché des services du joueur et quant à savoir ce qui a motivé l'employé à rompre son contrat de manière unilatérale et prématurée. * Sentence TAS, 5 mai 2010, 2009/A/1960 et 1961.

130. Afin d'évaluer le dommage économique subi par un club du fait du départ d'un joueur, il est utile de prendre en compte, eu égard à la spécificité du sport, la nature particulière du dommage occasionné. En conséquence le capital constitué par le joueur ne peut être entièrement pris en compte s'agissant du calcul de l'indemnité pour rupture de contrat. * Sentence TAS, 26 mai 2008, 2007/A/1358.

131. Doivent être confirmées les sanctions disciplinaires prises, tant à l'encontre du joueur de football auteur d'une rupture injustifiée pendant la période de stabilité convenue par une disposition d'une fédération sportive internationale qu'à l'encontre du club avec lequel ce joueur a contracté concomitamment à la rupture. * Sentences TAS, 11 mars 2005, 2004/A/708, 709 et 713. ♦ Les ruptures de contrat ou les licenciements qui interviennent pendant la période de stabilité (dite période protégée) sont considérés comme étant particulièrement répréhensibles et sont d'ailleurs frappés de sanctions sportives. C'est pourquoi il y a lieu d'en tenir compte non seulement pour fixer la sanction mais également en tant que facteur aggravant pour déterminer la quotité de l'indemnité de rupture due par un joueur qui a rompu unilatéralement son contrat de travail. * Sentences TAS, 5 mai 2010, 2009/A/1960 et 1961.

3. Responsabilité disciplinaire

132. Bien qu'il existe un large consensus pour admettre que le principe de droit pénal *nulla poena sine culpa* est un des principes fondamentaux s'appliquant également aux relations entre une association sportive et un athlète ou un club, ce principe ne s'applique pas à chaque mesure ayant un caractère disciplinaire prise par l'association. Le TAS a constamment jugé qu'un athlète ou un club pouvait être disqualifié sans faute, quand bien même une telle disqualification peut être douloureuse pour la personne touchée. * Sentence TAS, 14 janv. 2014, 2013/A/3094.

133. Une disposition des règlements d'une confédération continentale prévoyant une responsabilité objective imposée aux associations membres et aux clubs pour le fait de tiers, il en découle qu'un club répond même en l'absence de faute du comportement répréhensible de ses joueurs, officiels, membres, supporters ou toute autre personne chargée d'exercer une fonction lors d'un match qu'il organise. * Sentences TAS, 3 juin 2003, 2002/A/423 * 9 févr. 2007, 2007/A/1217 * 20 nov. 2008, 2008/A/1688. ♦ Mais la formation arbitrale se réserve la possibilité d'apprécier l'adéquation des sanctions infligées. * Sentence TAS, 20 nov. 2008, 2008/A/1688.

134. Le principe de la responsabilité objective d'un club pour le comportement de ses supporters remplit une fonction préventive et dissuasive. Son but n'est pas de punir le club lui-même, alors que celui-ci peut n'avoir rien à se reprocher, mais de transférer au club la responsabilité du comportement fautif de ses supporters. * Sentences TAS, 7 oct. 2013, 2013/A/3047 * 14 janv. 2014, 2013/A/3094. ♦ Les obligations du club recevant en matière de sécurité et la responsabilité objective d'un club pour le comportement de ses supporters sont deux éléments différents qui peuvent entraîner différentes sanctions. Le fait que le club recevant n'ait pas rempli certaines de ses obligations en matière d'ordre et de sécurité, manquements pour lesquels il a été sanctionné, n'empêche pas l'application du principe de responsabilité objective du club visiteur pour le comportement de ses supporters. * Sentence TAS, 7 oct. 2013, 2013/A/3047.

6° CONTRAT DE TRANSFERT

a. Joueurs mineurs

135. En matière de transferts internationaux, le joueur de football mineur fait l'objet d'une protection particulière qui ne contrevient ni aux règles d'ordre public suisse ou international, ni aux règles du droit communautaire. * Sentence TAS, 22 déc. 2011, 2011/A/2494. ♦ Les trois exceptions au principe de l'interdiction des transferts internationaux avant l'âge de dix-huit ans doivent être interprétées de façon stricte dès lors qu'elles dérogent à une règle essentielle qui a pour objectif de protéger un bien juridique aussi fondamental que celui de la sécurité des joueurs mineurs et d'éviter toute forme d'abus liés à leur condition de jeunes footballeurs. * Sentences TAS, 24 août 2011, 2010/A/2354 * 22 déc. 2011, 2011/A/2494. ♦ Il existe toutefois une exception non écrite dans le Règlement FIFA du Statut et du Transfert des Joueurs autorisant le joueur disposant de la nationalité de l'un des pays membres de l'UE ou de l'EEE à bénéficier d'une des exceptions au principe de l'interdiction des transferts internationaux avant l'âge de dix-huit ans, en l'occurrence la deuxième (V. note 137), à la condition que son nouveau club garantisse son éducation scolaire et sa formation sportive. * Sentence TAS, 11 janv. 2013, 2011/A/2862 : *Rev. arbitrage n° 3, 2013. 795, obs. F. Latty.* ♦ Une autre exception non écrite concerne les étudiants. * Sentence TAS, 6 mars 2009, 2008/A/1485.

136. Selon l'une des exceptions au principe, le transfert international d'un joueur de moins de dix-huit ans est autorisé si les parents du joueur s'installent dans le pays du nouveau club pour des raisons étrangères au football. Le terme de « parents », s'il est concevable d'imaginer qu'il couvre des filiations allant au-delà des parents naturels, n'englobe en tout cas pas la tante d'un joueur. * Sentence TAS, 24 août 2011, 2010/A/2354. ♦ Quant à la notion de « raisons étrangères au football », elle fait dans une large mesure allusion à l'installation dans un pays étranger de personnes jouissant d'une formation spécifique, parfois hautement qualifiée, dont l'évolution de la carrière professionnelle implique la prise de fonction à l'étranger. Tel n'est assurément pas le cas pour des parents qui ont dû accepter, pour subvenir à leurs obligations d'entretien, un emploi d'agent de maintenance ne requérant pas une telle formation et correspondant pas à leur formation dans leur pays d'origine, voire qui sont sans emploi. * Sentence TAS, 22 déc. 2011, 2011/A/2494. ♦ L'intérêt financier est également un indicateur à prendre en considération dans les motivations ayant entraîné le déménagement. Il n'apparaît pas de manière convaincante lorsqu'il ressort des données probatoires fournies que le salaire des parents est presque exclusivement consacré à la location du logement familial et que seule la vente de leurs biens personnels a permis aux parents de réunir les économies suffisantes pour parvenir à vivre dans le pays du nouveau club. * Même sentence.

137. Aux termes d'une deuxième exception au principe, le transfert international d'un joueur de moins de dix-huit ans est autorisé s'il a lieu à l'intérieur de l'Union européenne (UE) ou au sein de l'Espace économique européen (EEE) pour les joueurs âgés de seize à dix-huit ans. Cette exception ne peut dès lors s'appliquer pour un joueur de Bosnie Herzégovine qui n'est membre ni de l'UE ni de l'EEE ; elle ne peut s'appliquer non plus par analogie au regard de l'Accord de stabilisation et d'association conclu entre les Communautés européennes et la Bosnie-et-Herzégovine, l'Accord ne contenant que des dispositions sur le libre-échange et non sur la libre circulation. * Sentence TAS, 24 août 2011, 2010/A/2354. ♦ Elle trouve en revanche à s'appliquer pour un transfert même en dehors de l'UE, en l'occurrence d'Argentine vers la France, pour un joueur possédant la double nationalité argentine et italienne, en vue de respecter le principe de liberté de circulation résultant du droit de l'UE. * Sentence TAS, 11 janv. 2013, 2011/A/2862 : *Rev. arbitrage n° 3, 2013. 795, obs. F. Latty.*

b. Indemnités de formation

138. Une indemnité de formation est due même après que le contrat de travail a expiré et sans égard au fait qu'un nouveau contrat a été proposé au joueur par le club formateur. Toutefois, pour la catégorie particulière des « joueurs transférés d'une association à une autre dans la zone UE/EEE », aucune indemnité de formation n'est due au club formateur si le joueur est transféré à la fin de son contrat et si le club formateur n'a pas offert au joueur un « nouveau » contrat avant l'expiration du contrat en cours. Exception à l'exception prévue pour la zone UE/EEE, même si son ancien club formateur n'a pas offert de « nouveau » contrat au joueur, il peut toujours « justifier le droit à une telle indemnité ». * Sentence TAS, 22 avr. 2015, 2014/A/3710.

139. Le droit réglementaire du club formateur d'offrir un nouveau contrat de travail à un joueur au moins 60 jours avant l'expiration du contrat en cours ne peut pas être supplanté par la conclusion d'un contrat de travail entre le joueur et un club tiers avant la limite des 60 jours. La conclusion d'un tel contrat est en effet une *res inter alios acta* qui ne peut pas affecter les intérêts du club formateur, qui n'est pas informé de l'existence de ce contrat. La seule exception serait la mauvaise foi du club formateur. * Sentence TAS, 22 avr. 2015 : *préc. note* 138.

140. L'art. 6, § 3, de l'Annexe 4 du Règlement FIFA du statut et du transfert des joueurs ne requiert pas que le club formateur montre un véritable intérêt envers le joueur pour obtenir une indemnité de formation. La condition de l' « intérêt véritable » issue de la jurisprudence du TAS n'est applicable que si aucun contrat n'est proposé. * Sentence TAS, 22 avr. 2015 : *préc. note* 138.

141. Le prêt d'un joueur ne doit pas être considéré comme un transfert permanent au sens du Règlement FIFA du statut et du transfert des joueurs et n'interrompt pas la chaîne de la période de formation en vue du calcul de l'indemnité de formation. Cela signifie que le montant de l'indemnité de formation que le club formateur est en droit de recevoir doit être calculé depuis le premier enregistrement du joueur avec le club formateur jusqu'à la date de son transfert définitif au club qui devra s'acquitter de l'indemnité de formation, sous réserve de l'exclusion de la période pendant laquelle le joueur a été prêté à un troisième club. * Sentence TAS, 22 avr. 2015 : *préc. note* 138.

c. Contribution de solidarité

142. Le système de la contribution de solidarité actuellement en place, applicable aux seuls transferts internationaux, ne viole pas le droit de la concurrence de l'UE dès lors qu'il ne restreint pas la concurrence. Une telle conclusion concerne à la fois l'existence d'un mécanisme prévoyant le paiement d'une contribution de solidarité dans le cas d'un transfert international et l'absence dans un système fédératif national d'un mécanisme similaire à appliquer aux transferts internes. * Sentence TAS, 28 nov. 2007, 2007/A/1287.

7° FAIR-PLAY FINANCIER

a. Objectifs de la réglementation

143. Le Règlement de l'UEFA sur l'octroi de licence aux clubs et le fair-play financier a en particulier pour objectif de promouvoir le fair-play dans les compétitions interclubs de l'UEFA en améliorant la capacité financière et économique des clubs, en augmentant leur transparence et leur crédibilité et en garantissant que les clubs s'acquittent de leurs dettes envers les joueurs, les administrations sociales et fiscales ainsi que les autres clubs dans les délais. * Sentence TAS, 22 juin 2012, 2012/A/2821.

b. Compétence de l'UEFA

144. La compétence de la FIFA de traiter un litige relatif à un transfert doit être distinguée de la compétence de l'UEFA de connaître d'un litige relatif à une violation du Règlement de l'UEFA sur l'octroi de licence aux clubs et le fair-play financier, même si les arriérés de paiement qui ont entraîné la sanction de l'UEFA sont consécutifs au litige financier né de la violation du contrat de transfert. * Sentence TAS, 8 mai 2012, 2012/A/2702.

c. Régularité de la procédure

145. L'UEFA ne saurait devoir accepter chaque décision d'une fédération ou association d'octroyer une licence à l'un de ses clubs. Elle doit pouvoir disposer du droit de contester l'attribution tant à l'encontre du bénéficiaire de la licence (le club) que du bailleur de licence (la fédération ou association). Toutefois, rien dans le Règlement de l'UEFA sur l'octroi de licence aux clubs et le fair-play financier n'oblige l'UEFA à introduire à chaque fois une action contre le bailleur de licence afin de sanctionner le bénéficiaire de la licence. * Sentence TAS, 29 juin 2012, 2012/A/2824.

d. Arriérés de paiement

1. Obligation de présentation

146. L'obligation de présentation a pour objectif de garantir que les clubs participant à une compétition de l'UEFA aient un niveau de gestion et d'organisation approprié, qu'ils améliorent leurs performances économiques et financières en renforçant leur transparence et leur crédibilité ainsi qu'en accordant l'importance nécessaire à la protection des créanciers, et qu'ils promeuvent le fair-play financier dans les compétitions interclubs de l'UEFA. * Sentence TAS, 22 juin 2012, 2012/A/2821. ♦ L'obligation de présentation est primordiale afin de permettre à l'UEFA d'évaluer la situation financière des clubs participant à ses compétitions ; pour cette raison, la présentation doit être correcte et précise, et la fourniture d'informations trompeuses à l'UEFA est absolument proscrite. * Même sentence.

2. Lois nationales

147. Sous le régime du Règlement de l'UEFA sur l'octroi de licence aux clubs et le fair-play financier, les lois nationales ne sont pas pertinentes et ne peuvent pas être prises en considération lorsqu'il s'agit de juger de questions liées à l'octroi de licences. * Sentence TAS, 8 mai 2012, 2012/A/2702.

148. Il n'est pas obligatoire que la question de l'existence d'une obligation et celle de la date à laquelle cette obligation est due soient gouvernées par la même loi. En vertu du principe de la liberté d'association, l'association peut prévoir dans sa propre réglementation qu'un ensemble de règles différent s'applique aux deux questions. Cela est d'autant plus vrai si l'association en question, en l'occurrence l'UEFA, a pour objectif de créer un terrain de jeu uniforme dans les compétitions interclubs internationales. L'idée de définir de manière uniforme – et indépendamment de l'endroit où un club est domicilié – le terme d'« arriérés » n'est, dès lors, pas arbitraire, mais au contraire parfaitement en ligne avec le principe de la liberté d'association. * Sentence TAS, 11 juin 2013, 2013/A/3067. ♦ Si le terme d'« arriérés » n'était pas défini dans le Règlement de l'UEFA sur l'octroi de licence aux clubs et le fair-play financier, il serait difficile de savoir à quelles conséquences le terme d'« arriérés » utilisé dans le Règlement fait référence. * Même sentence. ♦ Le Règlement ne définit pas les « arriérés » comme étant seulement des dettes contractuelles ; toutes sortes d'autres obligations, y compris des dettes statutaires (par exemple des dettes à l'égard des administrations fiscales), sont également comprises dans la définition. Le terme d'« arriérés » doit donc être interprété de manière autonome, c'est-à-dire sans référence à une loi nationale. * Même sentence. ♦ Le recours à une loi nationale dans le contexte du Règlement de l'UEFA sur l'octroi de licence aux clubs et le fair-play financier n'est légitime que (i) s'il est nécessaire pour l'application dudit Règlement et (ii) lorsque le recours aux lois nationales ne fait pas obstacle à l'objectif même du Règlement. * Même sentence.

3. Extension du délai de paiement

149. Une extension du délai de paiement n'est acceptée que s'il existe une claire manifestation de volonté de la part du créancier à ce sujet. * Sentence TAS, 11 juin 2013, 2013/A/3067. ♦ Cette manifestation de volonté doit être exprimée par écrit. * Même sentence.

e. Périmètre de reporting

150. Selon le Règlement de l'UEFA sur l'octroi de licence aux clubs et le fair-play financier, le périmètre de reporting doit inclure toutes les entités qui comptabilisent dans leurs livres la rémunération versée aux employés en vertu d'obligations contractuelles ou légales (art. 46 *bis*, al. 2). Dès lors, il doit également inclure une entité tierce qui a conclu avec un club une convention aux termes de laquelle ladite entité est contractuellement tenue de verser des bonus de performance qui constituent une part de la rémunération globale des employés du club. * Sentence TAS, 28 janv. 2014, 2013/A/3453.

151. Une entité peut être exclue du périmètre de reporting uniquement si elle est non significative par rapport à l'ensemble du groupe formé par le candidat à la licence (art. 46 *bis*, al. 4). Le terme « non significative » désigne en principe des entités qui tombent dans le périmètre de reporting mais qui n'exercent aucune influence notable sur les opérations et activités mentionnées aux al. 2 et 3 de l'art. 46 *bis* du Règlement. Il doit nécessairement être interprété de manière stricte dès lors qu'il constitue une exception à la règle générale. A cet égard, une entité en charge du paiement aux joueurs de bonus de performance de l'ordre de 4 millions d'euros par saison sur une période contractuelle de 5 ans ne peut pas être considérée comme « non significative ». * Sentence TAS, 28 janv. 2014, 2013/A/3453. ♦ Au vu du rapport entre la règle de base de l'article 46 *bis*, al. 2 et 3, et l'exception de l'art. 46 *bis*, al. 4, le fardeau de la preuve des faits qui aboutissent à classer une entité comme « non significative » revient au club. C'est donc lui qui doit établir de manière convaincante que la présence et les activités de l'entité sont effectivement secondaires. * Même sentence.

152. Les clubs doivent être empêchés de tenter de contourner les règles du fair-play financier en utilisant des entités tierces pour y transférer leurs obligations en matière de paiement de leur rémunération aux employés. Les principaux objectifs du Règlement de l'UEFA sur l'octroi de licence aux clubs et le fair-play financier seraient mis en danger si les clubs pouvaient transférer leurs obligations en dehors du noyau des structures du club dans le but d'échapper aux exigences de contrôle du système mis en place par le Règlement. * Sentence TAS, 28 janv. 2014, 2013/A/3453.

f. Sanction

1. Type de sanction

153. Une sanction qui combine une amende raisonnable et une exclusion potentielle d'une future compétition constitue un moyen approprié de sanctionner les clubs qui ne respectent pas le Règlement de l'UEFA sur l'octroi de licence aux clubs et le fair-play financier. Pour qu'elle soit suffisamment dissuasive, une amende seule devrait nécessairement être très élevée, ce qui aurait un effet contraire sur les finances du club et contreviendrait aux objectifs de la réglementation. A l'inverse, lorsque l'exclusion d'un club en contravention avec la réglementation est suspendue jusqu'au paiement des arriérés dans un certain délai, l'imposition d'une amende est nécessaire afin de dissuader les clubs d'abuser du système en retardant régulièrement les paiements jusqu'à un délai imposé ultérieurement. * Sentence TAS, 28 janv. 2014, 2013/A/3453.

2. Proportionnalité de la sanction

154. Le Règlement disciplinaire de l'UEFA octroie un large pouvoir discrétionnaire à l'organe de jugement en matière de sanctions ; toute circonstance aggravante ou atténuante doit être prise en compte. * Sentence TAS, 8 mai 2012, 2012/A/2702. ♦ Le fait qu'une autre sanction aurait pu être infligée ne rend pas celle effectivement prononcée disproportionnée. * Sentence TAS, 29 juin 2012, 2012/A/2824.

155. Induire l'UEFA en erreur, c'est-à-dire ne pas présenter des dettes correctes et précises, est un élément décisif pour conclure qu'une exclusion sans sursis n'est pas disproportionnée. * Sentence TAS, 22 juin 2012, 2012/A/2821.

156. Même si l'UEFA fait valoir que le simple fait d'avoir des arriérés de paiement doit aboutir à une suspension sans sursis d'une saison au moins, le Règlement de l'UEFA sur l'octroi de licence aux clubs et le fair-play financier ne prévoit pas de sanction standard comme c'est le cas pour certaines infractions prévues dans le Règlement disciplinaire. Il appartient donc à l'organe de jugement d'apprécier les circonstances spécifiques du cas d'espèce pour décider de la sanction. * Sentence TAS, 22 juin 2012, 2012/A/2821.

III Règlement d'arbitrage pour les Jeux olympiques

Art. 1er *Application du présent règlement et compétence du Tribunal arbitral du sport (TAS).* Le présent règlement a pour but d'assurer, dans l'intérêt des athlètes et du sport, la résolution par la voie de l'arbitrage des litiges couverts par la Règle 61 de la Charte Olympique, dans la mesure où ils surviennent pendant les Jeux olympiques ou pendant une période de dix jours précédant la Cérémonie d'ouverture des Jeux olympiques.

Dans le cas d'une demande d'arbitrage contre une décision rendue par le CIO, par un CNO, par une Fédération Internationale ou par le Comité d'organisation des Jeux olympiques, le demandeur doit, avant de déposer sa demande, avoir épuisé les voies de recours internes dont il dispose en vertu des statuts ou règlements de l'organisme sportif concerné, à moins que le temps nécessaire à l'épuisement des voies de recours internes ne rende inefficace un recours à la Chambre *ad hoc* du TAS.

Art. 2 *Chambre ad hoc.* Pour la période déterminée à l'article premier, le CIAS établit une Chambre *ad hoc* du TAS (ci-après la "Chambre *ad hoc*") ayant pour mission de procurer la solution arbitrale des différends visés à l'article premier par l'intermédiaire de formations mises en œuvre conformément au présent règlement.

La Chambre *ad hoc* comprend des arbitres figurant sur une liste spéciale, un président et un greffe.

Art. 3 *Liste spéciale d'arbitres.* Le CIAS, agissant par l'intermédiaire de son Bureau, établit la liste spéciale d'arbitres prévue à l'article 2.

Cette liste spéciale comprend uniquement des arbitres qui figurent sur la liste générale des arbitres du TAS et qui sont présents aux J.O.

La liste spéciale d'arbitres est publiée avant l'ouverture des J.O. Elle peut être modifiée ultérieurement par le Bureau du CIAS en cas de besoin.

Art. 4 *Présidence.* Le Bureau du CIAS élit le Président et le Co-président de la Chambre *ad hoc* parmi les membres du CIAS. Le Président assume les fonctions qui lui sont dévolues par le présent règlement et toutes autres utiles au bon fonctionnement de la Chambre *ad hoc*. Le Co-président peut suppléer le Président en tout temps.

Le Président et le Co-président doivent être indépendants des parties et, au besoin, se récuser l'un en faveur de l'autre.

Art. 5 *Greffe.* Le TAS établit un greffe de la Chambre *ad hoc* sur le site des Jeux olympiques. Ce greffe est placé sous la responsabilité du Secrétaire général du TAS.

Art. 6 *Langue de l'arbitrage.* La langue de l'arbitrage est l'anglais ou le français, conformément à la décision du Président de la Chambre *ad hoc*.

Art. 7 *Siège de l'arbitrage et droit régissant l'arbitrage.* Le siège de la Chambre *ad hoc* et de chaque formation est fixé à Lausanne, Suisse. Toutefois, la Chambre *ad hoc* et chaque formation peuvent accomplir tous les actes relevant de leur mission sur le site des Jeux olympiques ou en tout autre lieu qu'elles jugent approprié.

L'arbitrage est régi par le chapitre 12 de la Loi Suisse sur le Droit International Privé.

Art. 8 *Représentation et assistance.* Les parties peuvent se faire représenter ou assister par les personnes de leur choix dans la mesure où les circonstances le permettent, notamment au regard du délai fixé pour la sentence. Les noms, adresses, numéros de téléphone et de télécopie et autres moyens écrits de communication électronique des personnes représentant les parties figurent dans la demande mentionnée à l'article 10 ou sont communiqués en début d'audience.

Art. 9 *Notifications et communications. a)* Les notifications et communications émanant de la Chambre *ad hoc* (formation, présidence ou greffe) sont effectuées comme suit :

– au demandeur : par remise à l'adresse sur les lieux des J.O. figurant dans la demande, ou par télécopie ou à l'adresse électronique indiquée dans la demande, ou à défaut d'indication dans la demande, par dépôt au Greffe ;

– au défendeur : par remise, télécopie ou courrier électronique adressé à son bureau ou lieu de séjour sur l'emplacement des J.O.

La Chambre *ad hoc* peut également effectuer des communications et notifications par téléphone, confirmées ultérieurement par écrit ou par courrier électronique. En cas d'omission de confirmation écrite, la communication est néanmoins valable si son destinataire en a effectivement eu connaissance.

b) Les notifications et communications émanant des parties sont effectuées par dépôt au Greffe ou par télécopie, sous réserve du dépôt de la demande mentionnée à l'article 10 qui est effectuée par remise au Greffe contre reçu.

Art. 10 *Demande.* Toute personne physique ou morale qui entend saisir la Chambre *ad hoc* du TAS d'un litige au sens de l'article premier du présent règlement, dépose une demande écrite au Greffe.

La demande doit comprendre :

– une copie de la décision contestée, le cas échéant ;

– une brève description des faits et des moyens de droit fondant la demande ;

– les prétentions du demandeur ;

– le cas échéant, une requête tendant à l'octroi de l'effet suspensif ou de toute autre mesure provisionnelle revêtant une extrême urgence ;

– toutes explications utiles sur le fondement de la compétence du TAS ;

– l'adresse du demandeur sur les lieux des J.O. et, le cas échéant, les numéros de télécopie et l'adresse électronique auxquels le demandeur peut être atteint pour les besoins de la procédure ainsi que, le cas échéant, les mêmes indications pour la personne représentant le demandeur.

La demande doit être rédigée en anglais ou en français. Une formule-type de demande est à disposition des parties au Greffe.

Pour autant que les Comités Nationaux Olympiques concernés ne sont pas parties à la procédure et ne reçoivent pas un exemplaire de la demande en cette qualité, celle-ci leur est communiquée à titre d'information.

Art. 11 *Constitution de la Formation.* Dès le dépôt de la demande, le Président de la Chambre *ad hoc* constitue une Formation composée de trois arbitres figurant sur la liste spéciale au sens de l'article 2 ci-dessus (la "Formation") et en désigne le Président.

Si cela paraît approprié selon les circonstances, le Président de la chambre *ad hoc* peut, en vertu de sa seule appréciation, nommer un arbitre unique.

Si une demande d'arbitrage est déposée et qu'elle est connexe à un arbitrage pendant devant la Chambre *ad hoc*, le Président de la Chambre *ad hoc* peut attribuer le second litige à la Formation nommée pour trancher le premier litige. Pour décider d'une telle attribution, le Président de la Chambre *ad hoc* prendra en considération toutes les circonstances, y compris la connexité entre les deux affaires et l'avancement de la procédure dans la première affaire.

Le Greffe communique la demande à la Formation.

Art. 12 *Indépendance et qualifications des arbitres.* Tout arbitre doit avoir une formation juridique et avoir une compétence reconnue en matière de sport. Il doit être indépendant des parties et a l'obligation de révéler immédiatement toute circonstance susceptible de compromettre son indépendance.

Tout arbitre doit être présent pendant toute la durée des J.O. et se mettre en tout temps à la disposition de la Chambre *ad hoc.* Les mêmes obligations s'appliquent au président de la Chambre *ad hoc.*

Aucun arbitre ne peut agir en qualité de conseil pour une partie ou tout autre tiers intéressé devant la chambre *ad hoc.*

Art. 13 *Récusation et révocation des arbitres.* Un arbitre doit se récuser spontanément ou, à défaut, peut être récusé par une partie si les circonstances permettent de douter légitimement de son indépendance. Le Président de la Chambre *ad hoc* est compétent pour connaître de toute demande de récusation présentée par une partie. Il tranche sans délai après avoir donné l'occasion aux parties et à l'arbitre concerné de s'exprimer, dans la mesure où les circonstances le permettent. La récusation doit être requise dès connaissance du motif de récusation.

Tout arbitre peut être révoqué par le Président de la Chambre *ad hoc* s'il est empêché d'accomplir sa mission ou s'il n'exerce pas ses fonctions conformément au présent règlement.

En cas de récusation spontanée ou si le Président de la Chambre *ad hoc* admet la récusation requise par une partie ou procède à la révocation d'un arbitre, le Président de la Chambre *ad hoc* désigne sans délai un arbitre remplaçant l'arbitre récusé ou révoqué.

Art. 14 *Effet suspensif ou mesures provisionnelles d'extrême urgence.* En cas d'extrême urgence, le Président de la Chambre *ad hoc* ou la Formation, si elle est déjà constituée, peut statuer sur une demande tendant à la suspension des effets de la décision contestée ou à l'obtention de toute autre mesure provisionnelle sans audition préalable du défendeur. La décision octroyant de telles mesures cesse de déployer ses effets au plus tard lorsque la Formation rend une décision au sens de l'article 20 du présent règlement.

Pour décider de l'octroi de mesures provisionnelles, le Président de la Chambre *ad hoc* ou la Formation prend en considération le risque de dommage irréparable qu'encourt le demandeur, les chances de succès de la demande au fond et l'importance des intérêts du demandeur par comparaison à ceux du défendeur ou à ceux d'autres membres de la communauté olympique.

Art. 15 *Procédure devant la Formation. a)* Exception d'incompétence

Toute exception d'incompétence de la Formation doit être soulevée d'entrée de cause et, au plus tard, au début de l'audience.

b) Modalités de la procédure

La Formation organise la procédure selon les modalités qu'elle estime appropriées en tenant compte des besoins et des circonstances spécifiques de la cause, des intérêts des parties, en particulier de leur droit d'être entendu, ainsi que des impératifs particuliers de rapidité et d'efficacité propres à la présente procédure *ad hoc.* La Formation a le contrôle de la procédure probatoire.

c) Audience

Sauf si elle considère un autre mode de procéder plus approprié, la Formation, dès réception de la demande, convoque les parties à une audience à très brève échéance. Elle joint copie de la demande à la convocation adressée au défendeur.

A l'audience, la Formation entend les parties et procède aux mesures d'instruction utiles. Les parties produisent à l'audience toutes les preuves dont elles entendent faire état et amènent les témoins qui sont entendus sur-le-champ.

Si elle s'estime suffisamment informée, la Formation peut ne pas tenir d'audience et rendre une sentence immédiatement.

d) Autres mesures probatoires

Si une partie requiert une mesure probatoire supplémentaire, que légitimement elle n'était pas en état de produire à l'audience, la Formation peut l'ordonner dans la mesure nécessaire à la résolution du litige.

La Formation peut, à tout moment, procéder à toute mesure d'instruction utile. Elle peut en particulier nommer un expert et ordonner la production de documents, informations ou autres preuves. Elle a également le pouvoir discrétionnaire d'admettre ou d'exclure toute offre de preuve des parties et d'apprécier librement les preuves. La Formation informe les parties en conséquence.

e) Défaut

Si les parties ou l'une d'elles ne se présentent pas à l'audience ou ne donne pas suite aux injonctions, convocations ou autres communications de la Formation, celle-ci peut néanmoins procéder.

Art. 16 *Pouvoir d'examen de la Formation.* La Formation examine les faits fondant la demande avec plein pouvoir d'examen.

Art. 17 *Droit applicable.* La Formation statue en vertu de la Charte olympique, des règlements applicables, des principes généraux du droit et des règles de droit dont elle estime l'application appropriée.

Art. 18 *Délai dans lequel une décision est rendue.* La Formation rend une décision dans un délai de 24 heures à compter du dépôt de la demande. A titre exceptionnel, ce délai peut être prolongé par le Président de la Chambre *ad hoc* si les circonstances l'exigent.

Art. 19 *Prise de décision, forme et communication de la décision.* La décision est prise à la majorité ou, à défaut, par le président de la Formation. Elle est écrite, datée et signée par le Président de la Formation et, en principe, sommairement motivée. Avant la signature, la sentence est revue par le Président de la Chambre *ad hoc* qui peut procéder à des modifications de forme et, sans pour autant porter atteinte à la liberté de décision de la Formation, attirer l'attention de celle-ci sur des questions de fond.

Elle est communiquée aux parties sans délai. La Formation peut communiquer le dispositif avant la motivation. La sentence est exécutoire dès le prononcé du dispositif.

Pour autant que les Comités Nationaux Olympiques concernés ne sont pas parties à la procédure et ne reçoivent pas un exemplaire de la sentence en cette qualité, celle-ci leur est communiquée à titre d'information.

Art. 20 *Contenu et portée de la décision. a)* Choix entre sentence finale ou renvoi

En tenant compte de l'ensemble des circonstances de la cause, y inclus les prétentions du demandeur, la nature et la complexité du litige, l'urgence d'une résolution, l'importance des mesures d'instruction nécessaires et des questions de droit à trancher, le droit des parties d'être entendues et l'état du dossier à l'issue de la procédure *ad hoc*, la Formation peut soit rendre une sentence finale, soit renvoyer le litige à l'arbitrage du TAS, selon le Code de l'arbitrage en matière de sport. La Formation peut aussi rendre une sentence au fond sur partie du litige et renvoyer la partie non résolue du litige à la procédure habituelle du TAS.

b) Mesures provisionnelles en cas de renvoi

Si elle renvoie le litige à la procédure habituelle du TAS, la Formation peut, même en l'absence de requête des parties à cet effet, prononcer des mesures provisionnelles qui déploient leurs effets jusqu'à décision contraire des arbitres dans la procédure habituelle du TAS.

c) Renvoi

Si la Formation renvoie le litige à la procédure habituelle du TAS, les dispositions suivantes s'appliquent :

i) La Formation peut soit fixer un délai au demandeur pour saisir le TAS selon les articles R38 ou R48 du Code de l'arbitrage en matière de sport, soit prévoir le renvoi d'office. Dans les deux cas, les délais fixés par les statuts ou règlements de l'organisme dont la décision est contestée ou par l'article R49 du Code de l'arbitrage en matière de sport ne s'appliquent pas.

ii) Le Greffe du TAS attribue l'arbitrage en fonction de sa nature soit à la Chambre d'arbitrage ordinaire, soit à la Chambre arbitrale d'appel.

iii) La Formation constituée pendant les J.O. reste saisie du litige pour les besoins de la procédure habituelle du TAS et, par la soumission au présent règlement, les parties renoncent à invoquer toute disposition contraire du Code de l'arbitrage en matière de sport ou de leur convention concernant le nombre d'arbitres et le mode de constitution de la Formation.

iv) En cas de renvoi d'office, le Greffe du TAS prend toute disposition utile pour la mise en œuvre de la procédure habituelle du TAS compte tenu, en particulier, de la présente disposition.

Art. 21 *Caractère exécutoire ; absence de voies de recours.* La décision est immédiatement exécutoire. Elle ne peut faire l'objet d'aucun appel ou autre voie de droit.

Art. 22 *Gratuité de la procédure.* Les services de la Chambre *ad hoc* du TAS, y compris l'utilisation de ses installations et les prestations des arbitres à l'égard des parties sont gratuites.

En revanche, les parties doivent s'acquitter de leurs propres frais, y inclus frais d'avocats, d'experts, de témoins et d'interprètes.

Art. 23 *Dispositions diverses.* Le texte anglais et le texte français font foi. En cas de divergence, le texte français prévaut.

Le présent règlement a été adopté par le CIAS à New Delhi le 14 octobre 2003 sur la base de la Règle 61 de la Charte Olympique et des articles S6, paragraphes 1, 8 et 10, S8, S23 et R69 du Code de l'arbitrage en matière de sport. Il fait partie intégrante du Code de l'arbitrage en matière de sport.

Le présent règlement peut être modifié par le CIAS conformément à l'article S8 du Code de l'arbitrage en matière de sport.

A. COMPÉTENCE DE LA CHAMBRE AD HOC

1. En application de l'art. 1, § 1, du Règlement d'arbitrage pour les Jeux olympiques, la compétence *ratione temporis* de la Chambre *ad hoc* est donnée lorsque les litiges couverts par la Règle 61 de la Charte olympique surviennent pendant les Jeux olympiques ou pendant une période de dix jours précédant la Cérémonie d'ouverture des Jeux olympiques. La question qui se pose est alors de déterminer la date à laquelle le litige est survenu, en précisant d'emblée que cette date ne se confond pas avec celle à laquelle la demande d'arbitrage est déposée, le litige devant être distingué de l'action. En général, un litige survient au moment où la décision contestée est rendue. Il peut toutefois survenir plus tard dans certains cas particuliers, par exemple lorsque la décision ne s'explique pas d'elle-même et requiert des précisions pour que les parties se rendent compte avec certitude qu'elles sont en désaccord. Dans ces cas particuliers, toutefois, des justifications valables doivent être avancées pour qu'une date ultérieure à la date de la décision soit retenue ; un état général de détresse du destinataire d'une décision de non-sélection ne constitue pas une telle justification. * Sentence TAS, 12 fév. 2014, OG 14/003.

B. DÉCISION D'ARBITRE OU DE JUGE SPORTIF

2. La décision d'un arbitre, confirmée par l'instance compétente d'une fédération internationale, est une mesure purement technique insusceptible, en elle-même, d'être réexaminée par la formation *ad hoc* du TAS. Il en serait autrement si était démontré, par ailleurs, un abus ou un acte de malveillance à l'égard de l'athlète requérant, ce qui en l'espèce n'a pas été le cas. * Sentence TAS, 1er août 1996, JO 96/006. ♦ Il n'y a pas non plus abus ou acte de malveillance lorsque l'athlète estime que l'arbitre a appliqué la mauvaise disposition réglementaire, mais que la formation *ad hoc* juge que tel n'était pas le cas. * Sentence TAS, 11 août 2012, OG 12/010. ♦ Tel est le cas, en revanche, d'une décision entourant la sélection d'arbitres pour un match qualificatif pour les Jeux de Pékin où il était prouvé que les arbitres avaient fait preuve de parti pris. * Sentence TAS, 20 mai 2008, 2008/O/1483.

C. RETRAIT D'ACCRÉDITATION

3. Le retrait d'accréditation à trois membres de sa délégation par un comité national olympique est, par référence à la Charte olympique (art. 66 et texte d'application 7 pour la règle 49) nul et non avenu, à défaut de consentement de la Commission exécutive du Comité International Olympique. Les intéressés, demandeurs, continuent donc à jouir de tous les droits et privilèges liés à leur statut officiel aux Jeux olympiques. * Sentence TAS, 27 juill. 1996, OG 96/002.

D. PARTICIPATION D'ATHLÈTES À UNE ÉPREUVE

4. Est injustifiée, et est en conséquence rejetée, la contestation de l'inscription tardive d'un athlète, déjà inscrit pour participer à d'autres épreuves, à une épreuve des Jeux olympiques organisée dans sa discipline sportive, dès lors qu'aucune disposition claire du règlement applicable n'a été violée. De plus, la pratique habituellement suivie en cas d'inscriptions imparfaites dans la forme est, au demeurant, conforme au guide d'inscription du Comité International Olympique et ne conduit pas à créer un préjudice inacceptable pour les autres concurrents. * Sentence TAS, 22 juill. 1996, OG 96/001.

5. Une décision consistant à imposer un nouveau tirage au sort aux athlètes afin de tenir compte de circonstances particulières propres aux requérants et dues à la seule incurie ou manque de diligence de tiers serait excessive à l'égard des autres athlètes qualifiés et sélectionnés et à l'égard de la fédération internationale et de l'organisateur concernés à qui ne peut être imputable aucune responsabilité. Cette mesure qui, au demeurant, n'apparaît ni contraire aux exigences de proportionnalité ni à l'égalité de traitement entre les athlètes, ne constitue qu'une rigoureuse application d'un règlement sportif international conforme au principe de la légalité et aux principes généraux du droit. * Sentence TAS, 18 sept. 2000, OG 00/004.

6. La décision d'une fédération internationale de suspendre un athlète, en vue de participer aux Jeux olympiques de Sydney, n'a aucune valeur juridique et doit être annulée. Le simple fait de ne pas avoir donné au sportif la possibilité d'être entendu, ainsi que la partialité de l'organe auteur de la mesure disciplinaire, entraînent la nullité de la décision comme a pu d'ailleurs en juger la Cour suprême du pays de la fédération nationale de l'athlète en cause. * Sentence TAS, 12 sept. 2000, OG 00/002. ♦ Une fédération internationale ne peut s'opposer à la participation d'une sportive aux Jeux olympiques de Pékin pour le compte d'un pays dont elle venait d'acquérir la nationalité en considérant qu'elle n'avait pas eu de résidence permanente dans ce pays pendant les douze derniers mois avant ces Jeux, alors que cette athlète avait reçu l'autorisation expresse de la Fédération internationale d'être inscrite aux Jeux olympiques par le Comité national olympique du pays considéré. * Sentence TAS, 1er août 2008, OG 08/002.♦ En revanche, un athlète ayant concouru pour un pays depuis moins de trois ans ne peut, conformément à la règle 42 de la Charte olympique, représenter un autre pays aux Jeux olympiques à défaut de l'accord des Comités nationaux olympiques des pays et de la Fédération internationale concernés. * Sentence TAS, 8 août 2008, OG 08/006.

E. PROCÉDURE ET CRITÈRES DE SÉLECTION

7. Une fédération nationale possède assurément un certain pouvoir discrétionnaire dans la sélection ou non des athlètes appelés à faire partie de l'équipe nationale, à tout le moins lorsque la décision est basée sur des critères purement techniques. Lorsque les décisions relatives aux sélections sont prises de manière appropriée, il n'y a donc en général pas de place pour un réexamen. Cependant, le pouvoir discrétionnaire ne peut pas être à ce point étendu qu'il en devienne arbitraire. * Sentences TAS, 25 juill. 2012, OG 12/001 * 1er août 2012, OG 12/006. ♦ C'est le cas lorsque le comité national olympique se retranche derrière l'absence de recommandation de la part de la fédération nationale concernée pour ne pas sélectionner un athlète, alors qu'il savait ou aurait dû savoir que l'attitude de la fédération nationale en question était indéfendable dès lors que toutes les questions relatives à la sélection de cet athlète avaient été réglées en faveur de ce dernier dans une sentence préalable du TAS. * Sentence TAS, 25 juill. 2012, OG 12/001. ♦ Cela ne signifie en revanche pas qu'une fédération nationale ne pourra jamais exclure un athlète de sa sélection nationale s'il est soupçonné de dopage. Toutefois, une telle exclusion exercée à titre préventif pour des motifs éthiques et avant toute sanction disciplinaire devra être clairement prévue dans les règles de sélection applicables. En l'absence d'une disposition expresse, l'athlète peut légitimement s'attendre à ce que, une fois sélectionné selon la procédure applicable, il puisse participer à la compétition. * Sentence TAS, 1er août 2012, OG 12/006.

8. La procédure de sélection d'athlètes n'a pas un caractère disciplinaire et n'est pas une sanction. Dès lors, un athlète contestant la manière dont la procédure s'est déroulée n'a pas à épuiser les voies de recours internes dont il dispose préalablement en vertu des règlements sportifs qui lui sont applicables si ces derniers ne prévoient un appel interne que pour les affaires disciplinaires. Dans un tel cas, la voie d'un appel à la Chambre *ad hoc* du TAS lui est ouverte. * Sentence TAS, 12 févr. 2014, OG 14/003.

F. DISQUALIFICATION (APRÈS CONTRÔLE ANTIDOPAGE)

9. Est fondé l'appel de deux athlètes contre une décision de disqualification et de privation de médailles, prise après utilisation d'un produit considéré comme un stimulant alors que la substance absorbée n'est pas expressément citée comme substance interdite par le code médical du CIO. Il n'en aurait été différemment que si avait été administrée la preuve que le produit utilisé était un produit stimulant. * Sentence TAS, 4 août 1996, OG 96/003-004.

10. N'est, en revanche, pas justifié l'appel contre une décision d'invalidation du résultat obtenu et de retrait de médaille d'un athlète contrôlé positif. Pour autant doit être confirmée la mesure des instances du CIO consistant, étant donné les circonstances quant à la prise des produits interdits, à ne pas prononcer d'autres sanctions disciplinaires à l'encontre de l'athlète en cause. * Sentence TAS, 28 sept. 2000, OG 00/011.

G. PUBLICITÉ

11. N'est pas fondée la demande d'une fédération sportive nationale prétendant que les logos apposés sur les équipements de ses athlètes ne contreviennent pas à la Charte olympique. Il est simplement recommandé, quand bien même le règlement considéré n'aurait pas été correctement appliqué par d'autres délégations nationales, de veiller à ce que l'égalité de traitement soit respectée et que les athlètes aient connaissance des différentes données leur permettant de ne pas violer les réglementations applicables. * Sentence TAS, 30 sept. 2000, OG 10/004.

IV Règlement de médiation du TAS

COMMENTAIRE

Conformément aux articles S2 et S6, paragraphe 10, du code de l'arbitrage en matière de sport, le Conseil international de l'arbitrage en matière de sport adopte le présent règlement de médiation. ❑

A *Définition*

Art. 1er La médiation du TAS est une procédure non contraignante et informelle, fondée sur une convention de médiation, dans laquelle chaque partie prend l'engagement de chercher en toute bonne foi à négocier avec l'autre partie et avec l'aide d'un médiateur du TAS pour parvenir à résoudre un litige ayant un lien avec le sport.

La médiation du TAS est prévue uniquement pour la résolution de litiges relevant de la procédure ordinaire du TAS. Tous les litiges relatifs à des affaires disciplinaires, de même que les affaires de dopage, sont expressément exclus de la médiation du TAS.

Art. 2 On entend par convention de médiation, l'accord en vertu duquel les parties sont convenues de soumettre à la médiation un litige ayant un lien avec le sport qui est déjà survenu ou qui peut survenir entre elles.

Une convention de médiation peut être rédigée sous la forme d'une clause de médiation insérée dans un contrat ou sous la forme d'une convention séparée.

B *Champ d'application du règlement*

Art. 3 Lorsqu'une convention de médiation prévoit une médiation conformément au règlement de médiation du TAS, ce règlement sera réputé faire partie intégrante de cette convention de médiation. A moins que les parties n'en soient convenues autrement, ce règlement est appliqué dans sa version en vigueur à la date de l'introduction de la requête de médiation.

Les parties peuvent cependant convenir d'appliquer d'autres règles de procédure.

C *Introduction de la procédure de médiation*

Art. 4 Une partie qui souhaite introduire une procédure de médiation adresse à cet effet une demande écrite au greffe du TAS. Elle en adresse simultanément copie à l'autre partie.

La requête doit contenir : l'identité des parties et de leurs représentants (nom, adresse, n° de téléphone et n° de fax), une copie de la convention de médiation et une brève description du litige.

Au moment de l'introduction de la requête, le requérant s'acquitte des frais administratifs prévus à l'article 14 du présent règlement.

La date d'introduction de la procédure de médiation est la date à laquelle la requête de médiation est reçue par le greffe du TAS.

Le greffe du TAS informe immédiatement les parties de la date à laquelle la procédure de médiation a été introduite. Il fixe un délai à l'autre partie pour payer la part des frais administratifs à sa charge conformément à l'article 14 du présent règlement.

D *Nomination du médiateur*

Art. 5 Le CIAS dresse la liste des médiateurs, choisis parmi les arbitres du TAS ou en dehors de ceux-ci.

Les personnalités désignées par le CIAS figurent sur la liste des médiateurs pour une période renouvelable de quatre ans.

Art. 6 A moins que les parties ne se soient entendues sur la personne du médiateur, celui-ci est choisi par le président du TAS sur la liste des médiateurs et nommé par lui après consultation avec les parties.

En acceptant sa nomination, tout médiateur s'engage à consacrer à la procédure de médiation le temps nécessaire pour qu'elle puisse être conduite avec célérité.

Le médiateur doit être et demeurer indépendant des parties. Il a l'obligation de révéler toute circonstance susceptible de compromettre son indépendance à l'égard des parties ou de l'une d'elles.

Les parties dûment informées peuvent cependant autoriser le médiateur à continuer sa mission par une déclaration signée, séparée ou conjointe.

En cas d'opposition de l'une des parties ou d'office lorsqu'il estime n'être pas à même de mener la médiation à bonne fin, le médiateur renonce à la mission et en avise le président du TAS qui procède à son remplacement, après consultation des parties.

E *Représentation des parties*

Art. 7 Les parties peuvent se faire représenter ou assister dans leurs réunions avec le médiateur.

En cas de représentation, la partie représentée doit révéler à l'avance à l'autre partie et au TAS l'identité du représentant.

Le représentant doit être investi du pouvoir de régler le litige lui-même sans en référer au représenté.

F *Déroulement de la procédure de médiation*

Art. 8 La procédure de médiation se déroule de la manière décidée par les parties. A défaut d'accord entre les parties, le médiateur décide de la procédure de médiation.

Dès que possible, le médiateur fixe les modalités et les délais dans lesquels chaque partie soumet au médiateur et à l'autre partie un résumé du litige comprenant les éléments suivants :

– une brève description des faits et moyens de droit, y compris une description des questions soumises au médiateur en vue d'une solution ;

– une copie de la convention de médiation.

Chaque partie doit coopérer en toute bonne foi avec le médiateur et s'engager à lui garantir la libre exécution de son mandat, pour arriver à une solution rapide du litige. Le médiateur peut faire toute suggestion en ce sens. Il peut se réunir séparément avec l'une des parties s'il l'estime nécessaire.

G *Rôle du médiateur*

Art. 9 Le médiateur favorise le règlement des questions en litige de la manière qu'il estime appropriée. Pour ce faire il :

a) identifie les questions faisant l'objet du litige ;

b) facilite la discussion entre les parties sur ces questions ;

c) propose des solutions.

Toutefois, le médiateur ne peut imposer une solution du litige aux parties.

H *Confidentialité*

Art. 10 Le médiateur, les parties, leurs représentants et conseillers, tout expert ou toute autre personne assistant aux réunions entre les parties ne doivent pas révéler à des tiers une information tirée de la procédure de médiation sauf si la loi le requiert.

Sous leur propre responsabilité, les parties s'engagent à ne pas amener le médiateur à divulguer des dossiers, rapports ou autres documents ou à témoigner au sujet de la médiation dans une procédure d'arbitrage ou judiciaire.

Toute information reçue d'une partie ne peut être révélée par le médiateur à l'autre partie qu'avec le consentement de la partie concernée.

Les réunions ne font l'objet d'aucun enregistrement quel qu'il soit. Tous les documents doivent être restitués à la partie qui les a fournis à la clôture de la médiation, sans qu'aucune copie n'en soit conservée.

Les parties s'interdisent d'invoquer dans une procédure arbitrale ou judiciaire :

a) toutes opinions exprimées ou toutes suggestions formulées par l'une des parties quant à un éventuel règlement du litige ;

b) tous aveux faits par l'une des parties au cours de la procédure de médiation ;

c) tous documents, notes ou autres informations obtenus au cours de la procédure de médiation ;

d) toutes propositions présentées ou toutes opinions exprimées par le médiateur ;

e) le fait qu'une partie se soit ou non déclarée prête à accepter une proposition.

I *Clôture de la médiation*

Art. 11 Chaque partie ou le médiateur peut mettre un terme à la médiation en tout temps.

La procédure de médiation prend fin :

a) par la signature d'une transaction par les parties ;

b) par une déclaration écrite du médiateur, si celui-ci estime que la poursuite de la médiation n'est plus appropriée ;

c) par une déclaration écrite d'une partie ou des parties constatant que la procédure de médiation est terminée.

J *Transaction*

Art. 12 La transaction est rédigée par le médiateur et signée par le médiateur et les parties.

Chaque partie en reçoit copie. En cas d'inexécution, elle peut s'en prévaloir devant une instance arbitrale ou judiciaire.

Une copie de la transaction est transmise et classée au greffe du TAS.

K *Échec de la médiation*

Art. 13 **Les parties peuvent recourir à l'arbitrage lorsque le litige n'a pas été résolu par la voie de la médiation, à condition qu'il existe entre elles une convention ou une clause d'arbitrage.**

La clause d'arbitrage peut être insérée dans la convention de médiation. Dans ce cas, la procédure accélérée prévue à l'article 44, al. 4, du code de l'arbitrage en matière de sport peut être appliquée.

Le médiateur, en cas d'échec de la médiation, ne doit pas accepter une nomination en qualité d'arbitre dans une procédure d'arbitrage concernant les parties impliquées dans le même litige.

L *Frais*

Art. 14 **Chaque partie s'acquitte auprès du greffe du TAS des frais administratifs fixés par ce greffe dans le délai prévu à l'article 4 du présent règlement. A défaut de paiement de ces frais, la procédure de médiation n'est pas mise en œuvre.**

Les parties supportent leurs propres frais de médiation.

A moins que les parties n'en décident autrement, les frais définitifs de la médiation qui comprennent l'émolument du TAS, les frais et honoraires du médiateur calculés selon le barème du TAS, une participation aux frais ou débours du TAS, les frais de témoins, d'experts et d'interprètes, sont payés par les parties à parts égales.

Le greffe du TAS peut demander aux parties de déposer un montant égal à titre de provision pour la médiation.

II Arbitrage national devant la Chambre arbitrale du sport (CAS) du Comité national olympique et sportif français

Règlement de la Chambre arbitrale du sport

Entré en vigueur le 23 janv. 2008.

COMMENTAIRE

1. L'institution d'une procédure d'arbitrage au sein du Comité national olympique et sportif français (CNOSF) n'est pas récente. Dès 1975, le législateur (dans l'art. 14 de la loi du 29 oct. 1975 relative au développement de l'éducation physique et du sport, *JO 30 oct.*) énonçait : « Le Comité national olympique et sportif français arbitre, à leur demande, les litiges opposant les licenciés, groupements et fédérations ». Seulement, la mission que le CNOSF s'était vu octroyées n'était que facultative et ne pouvait être mise en œuvre, à défaut du décret d'application annoncé par le texte législatif.

Telles ont été les observations conjuguées du tribunal administratif de Toulouse le 16 juin 1982, puis du Conseil d'État le 16 mars 1984, pour rejeter la requête de deux licenciés de la Fédération française d'études et de sports sous-marins contestant la légalité de la décision implicite du CNOSF de refuser de souscrire à leur demande d'arbitrage dans leur conflit avec leur fédération (V. CE 16 mars 1984 (2 arrêts), *Moreteau et Letellier* ; L'activité sportive dans les balances de la justice, *T. 2, Dalloz, n° 82, p. 243, obs. J.-P. Théron*).

Bien que la loi du 16 juillet 1984 relative à l'organisation et à la promotion des activités physiques et sportives n'ait fait référence qu'à une soumission « des conflits opposant les licenciés, les groupements sportifs et les fédérations au Comité national olympique et sportif français aux fins de conciliation », ce dernier se reconnaissait, en application de l'article 2 de ses statuts, une mission d'arbitrage, à la demande des litigants, « afin de faciliter le règlement des conflits nés au sein du Mouvement sportif ». Bien qu'utilisée à deux reprises, dans une affaire de volley-ball et une de football, dans la période 1993-2001, en étant prise en charge par la Conférence des conciliateurs du CNOSF, cette procédure n'a pourtant guère connu de succès.

Il a fallu attendre les années 2005-2006 pour que soit créée, auprès du CNOSF, une instance d'arbitrage. Plus exactement sous l'impulsion de trois membres de la Conférence des conciliateurs (MM. B. Foucher, A. Lacabarats et P. Missika) et d'un chargé de mission à la conciliation (M. V. Chaumet-Riffaud), a été érigée une Chambre arbitrale du sport (CAS), officialisée lors de l'assemblée générale du CNOSF le 23 mai 2007 et dont le règlement a été adopté par son conseil d'administration le 23 janvier 2008.

2. Opérationnelle dès cette date, la CAS n'a eu une réelle effectivité qu'à compter du 15 mai 2008, date à laquelle les 40 premiers arbitres sollicités, sur proposition du Comité de déontologie du CNOSF, ont été réunis. Elle compte à ce jour 44 arbitres.

Organisée à partir d'un comité de désignation (composé du président de la chambre et de deux vice-présidents) chargé de statuer sur toute question relative à la nomination des arbitres, cette Chambre arbitrale du sport étend sa compétence à « la résolution des litiges nés à l'occasion de la pratique ou du développement du sport et, d'une façon générale, de toute activité se rattachant directement ou indirectement au sport », à l'exclusion des litiges rattachés au préalable obligatoire de conciliation (V. art. 1er du Règlement de la CAS).

C'est dire que la CAS :
– ne peut se saisir des litiges qui relèvent du droit public qui sont soumis au contentieux administratif de la légalité (notamment les litiges où sont contestés des actes d'une fédération sportive nationale révélant l'usage de prérogatives de puissance publique) ;
– est compétente pour trancher les contentieux attachés au droit privé, tels que les litiges contractuels (litiges liés à la conclusion, l'exécution ou à la cessation de contrats de parrainage publicitaire, d'exploitation commerciale d'épreuves sportives, litiges entre un agent sportif et un sportif ou un club, ...) ne relevant pas d'une compétence exclusive d'une juridiction publique, les litiges relatifs à une responsabilité civile contractuelle ou délictuelle.

Deux remarques pour conclure : la première, pour rappeler que la CAS ne peut être saisie que par une personne, physique ou morale, y ayant intérêt, munie de la capacité à compromettre et que le litige qui lui est soumis doit l'être en vertu d'un compromis ou d'une clause compromissoire (art. 3 du Règlement de la CAS), la seconde, pour préciser que dans leur volonté d'assurer l'indépendance des arbitres, les initiateurs de la CAS ont prévu que les arbitres sont désignés sur proposition du Comité de déontologie du CNOSF, leur nomination étant ensuite validée par le conseil d'administration du CNOSF. Ajoutons, sur ce dernier point, que devra rapidement venir le temps où l'administration et le financement de la CAS se détacheront d'avantage qu'à ce jour du CNOSF (à l'exemple du TAS depuis la mise en place du CIAS) pour qu'aucun soupçon de dépendance – serait-il contestable – ne puisse être soulevé. ❑

ARBITRAGES DU CNOSF RENDUS AVANT LA MISE EN PLACE DE LA CHAMBRE ARBITRALE DU SPORT

1. Sentences rendues en application du règlement intérieur du CNOSF qui disposait : « Pour tout litige à caractère privé, né d'une autorité sportive ou liée au sport et portant sur des droits dont elles ont la libre disposition, les parties peuvent se mettre d'accord et conclure un compromis afin de soumettre leur conflit à une commission arbitrale composée de personnes figurant sur la liste des conciliateurs ».

2. Litige né de l'inexécution d'un accord de partenariat financier conclu entre une fédération sportive nationale et un club organisateur d'une épreuve sportive fédérale. La fédération sportive nationale qui n'a pas respecté les engagements financiers qu'elle avait souscrits à l'égard d'un club organisateur d'un tournoi est tenue au paiement d'une dette au profit de ce dernier, équivalente aux frais pris en charge par ce club et au préjudice causé par l'insuffisance de la dotation fournie. La fédération ne peut pertinemment objecter que les obligations qu'elle s'était engagée à réaliser incombaient en réalité à une société partenaire de l'événement sportif dans la mesure où aucun contrat ne liait le club organisateur à cette société. Il appartenait seulement à la fédération de se retourner contre ladite société. Toutefois, la fédération étant créancière du club organisateur, il y a lieu d'opérer une compensation entre la dette du club et la dette de la fédération, au constat que les deux dettes sont d'un montant identique. * Sentence CNOSF, 27 août 1993.

3. Litige relatif aux conditions juridiques et financières du transfert d'un joueur. Est débiteur d'une somme correspondant à une indemnité de transfert effectivement et indûment perçue le club sportif auquel le joueur n'appartenait plus au jour de sa mutation. Ce club ne peut prétendre de la part du club ayant accueilli le joueur à une quelconque indemnité dès lors que ce joueur n'avait avec lui, au jour de son transfert, aucun lien juridique. Au demeurant, la créance en restitution de ce club au profit du club où le joueur en cause a été muté ne peut être compensée par une créance certaine, liquide et exigible qu'il affirme détenir concernant un autre joueur, sans pour autant en apporter la démonstration. En conséquence, le club débiteur devra restituer au club payeur indu de l'indemnité de transfert la somme correspondant à son montant sans délai de paiement étant donné l'absence de difficultés financières particulières invoquées par ce club débiteur. * Sentence CNOSF, 20 juin 1997.

Dispositions préliminaires

Art. 1er *La Chambre arbitrale du sport.* Dans le but de faciliter la résolution des litiges nés à l'occasion de la pratique ou du développement du sport et, d'une façon générale, de toute activité se rattachant directement ou indirectement au sport, et sans méconnaître le principe du préalable obligatoire de conciliation éventuellement applicable, il est créé une institution d'arbitrage dénommée Chambre arbitrale du sport.

La Chambre arbitrale du sport a pour mission de résoudre les litiges et les différends qui lui sont soumis par les parties, notamment les fédérations sportives ainsi que les organes nationaux, régionaux et départementaux, les groupements sportifs qui leur sont affiliés et leurs licenciés, portant sur des droits dont ils ont la libre disposition.

Le président de la conférence des conciliateurs du Comité national olympique et sportif français (CNOSF) assume également la présidence de la Chambre arbitrale du sport ; il est assisté de deux vice-présidents qu'il désigne parmi les arbitres figurant sur la liste de la Chambre arbitrale du sport.

La Chambre arbitrale du sport est constituée par un "secrétariat" qui est l'organe administratif de la Chambre arbitrale du sport et par un "comité de désignation ", composé du président de la chambre et de ses deux vice-présidents, qui a compétence pour statuer sur toutes questions relatives à la nomination des arbitres.

Art. 2 *Définitions.* Dans les articles suivants :

– l'expression "formation arbitrale" désigne indifféremment l'intervention d'un arbitre unique ou l'intervention d'un collège arbitral composé de trois arbitres.

– l'expression "demandeur" et "défendeur" s'entend d'un ou plusieurs demandeurs ou défendeurs,

– l'expression "sentence" s'entend indistinctement pour une sentence partielle ou finale,

– la "clause compromissoire" est la stipulation par laquelle les parties à un contrat s'engagent, dès conclusion de celui-ci, à soumettre à l'arbitrage les contestations qui pourraient naître à l'occasion de son exécution,

– le "compromis" est la convention par laquelle les parties à un litige déjà né décident de soumettre à l'arbitrage sa résolution.

Introduction de la procédure

Art. 3 *Dispositions générales.* La Chambre arbitrale du sport a compétence pour organiser l'arbitrage de tout différend ou litige qui lui est soumis en vertu d'un compromis ou d'une clause compromissoire.

Dans tous les cas, la saisine de la Chambre arbitrale du sport emporte de plein droit l'application des dispositions du présent règlement.

Peut saisir la Chambre arbitrale du sport, à condition d'y avoir intérêt, toute personne physique ou morale ayant la capacité ou le pouvoir de compromettre.

Art. 4 *Du compromis.* Le compromis contient les noms, qualités et adresses des parties, l'objet de l'arbitrage et le renvoi pour l'organisation et l'administration de celui-ci au règlement de la Chambre arbitrale du sport.

Les parties au compromis adressent leur demande en autant d'exemplaires que prévu à l'article 14.1 du présent réglement, et versent le droit de greffe en vigueur à la date d'introduction de la procédure d'arbitrage.

Art. 5 *De la clause compromissoire.*

5.1 Introduction de la demande d'arbitrage

1. La demande d'arbitrage comporte les noms et dénominations complètes, qualités et adresses de chacune des parties, un exposé sommaire de la nature et des circonstances du litige à l'origine de la demande, l'objet de la demande et, notamment, les mesures réclamées (condamnation pécuniaire, exécution d'une obligation, etc.).

2. A défaut de mention dans la clause compromissoire le demandeur doit préciser s'il entend obtenir la désignation d'un arbitre unique ou d'un collège arbitral. Dans ce cas il indique le nom de l'arbitre qu'il souhaite désigner.

3. Le demandeur adresse sa demande au Secrétariat et doit verser simultanément le droit de greffe en vigueur à la date d'introduction de la procédure d'arbitrage conformément aux dispositions de l'article 27. Si le demandeur ne satisfait pas à l'une de ces conditions, la demande ne sera pas examinée, sans préjudice du droit du demandeur de la présenter à nouveau.

4. Dans les huit jours de la réception de la demande, le Secrétariat notifie à la partie défenderesse, pour réponse, une copie de la demande et des pièces.

5.2 Réponse à la demande d'arbitrage

1. Le défendeur adresse, dans un délai de trente jours à compter de la réception de la demande d'arbitrage envoyée par le secrétariat, une réponse contenant notamment ses noms et dénominations complets, qualités et adresse, ses commentaires sur la nature et les circonstances du litige à l'origine de la demande, sa position sur les mesures sollicitées, toute indication utile concernant le nombre des arbitres et leur choix au vu des propositions formulées par le demandeur (avec indication de celui qu'il souhaite désigner dans le cas de pluralité d'arbitres).

2. Le secrétariat peut accorder au défendeur une prorogation de délai pour soumettre sa réponse. Pour être examinée, celle-ci devra impérativement répondre aux propositions qui auront été formulées concernant le nombre des arbitres et leur choix.

3. Copie de la réponse et des pièces annexées est communiquée par le secrétariat au demandeur dans les huit jours de leur réception.

4. Toute demande reconventionnelle formée par un défendeur doit l'être avec sa réponse et contenir notamment :

a) un exposé sommaire de la nature et des circonstances du litige à l'origine de la demande reconventionnelle ;

b) une indication de l'objet de la demande reconventionnelle et, notamment, les mesures réclamées (condamnation pécuniaire, exécution d'une obligation, etc.).

5. Le demandeur peut présenter un mémoire en réponse, dans un délai de trente jours à partir de la réception de la ou des demandes reconventionnelles, communiquées par le Secrétariat. Le secrétariat peut proroger ce délai.

Art. 6 *Effet de la convention d'arbitrage.* 1. Le fait pour les parties de mettre en œuvre un arbitrage organisé par la Chambre arbitrale du sport leur impose de se soumettre au règlement en vigueur à la date de la saisine, à moins qu'elles ne décident de se soumettre au règlement en vigueur à la date de la signature de la convention ou du contrat lui ayant attribué compétence.

2. A défaut de réponse du défendeur à la demande d'arbitrage dans les conditions prévues à l'article 5.2, où lorsqu'une des parties conteste par un ou plusieurs moyens l'existence, la validité ou la portée de la convention d'arbitrage, le président de la Chambre arbitrale du sport peut décider que l'arbitrage aura lieu s'il reconnaît de prime abord l'existence d'une convention d'arbitrage visant le règlement. Cette décision ne saurait préjuger ou lier de quelque manière que ce soit la formation arbitrale quant à la recevabilité du ou des moyens ainsi allégués.

En pareille hypothèse, la Formation arbitrale tranchera préalablement l'exception d'incompétence soulevée. En cas d'admission de l'exception soulevée, les parties en sont aussitôt informées.

3. L'arbitrage a lieu nonobstant le refus ou l'abstention d'une partie d'y participer.

4. La clause d'arbitrage reste valide même en cas d'invocation de la nullité ou de l'inexistence du contrat principal.

5. Par la soumission de leur différend au présent Règlement, les parties sont réputées avoir renoncé à toutes voies de recours auxquelles elles peuvent valablement renoncer.

Constitution de la formation arbitrale

Art. 7 *Dispositions générales.* 1. Seules peuvent être désignées comme arbitre dans une affaire les personnes figurant sur la liste établie par le conseil d'administration du CNOSF, sur proposition de son comité de déontologie. Cette liste peut être complétée en tant que de besoin. Tout arbitre désigné par une partie devra faire l'objet d'une décision de confirmation par le Comité de désignation. Cette confirmation devra intervenir dans les huit jours de la notification de sa désignation.

2. Tout arbitre doit être et demeurer indépendant des parties. En acceptant sa mission, l'arbitre s'engage à l'accomplir jusqu'à son terme.

3. Avant sa désignation ou sa confirmation, l'arbitre pressenti signe une déclaration d'indépendance par laquelle il notifie au secrétariat, si besoin, les faits ou circonstances qui seraient de nature à mettre en cause son indépendance dans l'esprit des parties. En pareil cas, le Secrétariat communique ces informations par écrit aux parties qui disposent alors d'un délai maximum de quinze jours pour faire connaître leurs observations éventuelles.

4. De même, lorsque des faits ou circonstances de nature identique surviendraient pendant l'arbitrage, l'arbitre concerné doit en informer immédiatement par écrit le Secrétariat et les parties.

5. Le comité de désignation statue sans recours sur la nomination, la confirmation, la récusation ou le remplacement d'un arbitre. Les décisions du Comité de désignation relatives à la composition de la Formation arbitrale sont sans recours. Il en est de même des décisions intervenues en matière de récusation prévues par l'article 10 ci-après.

Art. 8 *Nombre d'arbitres.* 1. Les différends sont tranchés par un arbitre unique ou par trois arbitres constitués en collège, au libre choix des parties en litige.

2. Si la convention d'arbitrage ne précise pas le nombre d'arbitres, le Comité de désignation en décide, en tenant compte de l'importance du litige, la procédure de désignation sera en ce cas celle prévue aux alinéas 3, 4 et 5 du présent article.

3. Si les parties conviennent que le différend sera tranché par un arbitre unique, elles disposent de la faculté de le désigner d'un commun accord. A défaut d'accord entre les parties dans un délai de trente jours à compter de la réception de la notification de la demande d'arbitrage par le défendeur ou dans toute nouvelle prorogation de délai accordée par le secrétariat, l'arbitre unique est nommé par le comité de désignation.

4. Si les parties conviennent que le différend sera tranché par un collège arbitral, chacune des parties, dans la demande d'arbitrage et dans la réponse à celle-ci, désigne un arbitre. Si l'une des parties s'abstient de désigner un arbitre, le comité de désignation procédera à cette nomination dans les conditions de délai prévues à l'alinéa précédent.

5. Le troisième arbitre est nommé par les arbitres désignés par les parties sur une liste de trois arbitres proposés par le Comité de désignation. Cette désignation devra intervenir dans les quinze jours de la confirmation du deuxième arbitre. Le troisième arbitre assume la présidence de la Formation arbitrale. A défaut d'accord des arbitres, ce dernier sera désigné par le comité de désignation dans les huit jours suivant l'expiration du délai ci-dessus prévu.

Art. 9 *Pluralité de parties.* En cas de pluralité de demandeurs ou de défendeurs, le litige reste soumis à l'intervention d'un ou trois arbitres dans les mêmes délais que ceux fixés à l'article 8. Lorsque le litige est soumis à trois arbitres, les demandeurs conjointement, les Défendeurs conjointement, désignent un arbitre. A défaut d'accord constaté entre les parties, le Comité de désignation procédera à la nomination de tous les arbitres.

Art. 10 *Récusation des arbitres.* La demande de récusation est introduite par l'envoi au secrétariat d'une requête accompagnée des pièces justificatives et précisant les faits et circonstances sur lesquels est fondée cette demande.

Cette requête doit être envoyée par une partie, à peine de forclusion :

– au plus tard dans les trente jours suivant la réception par celle-ci de la notification de la confirmation de l'arbitre ;

– ou dans les trente jours suivant la date à laquelle la partie introduisant la récusation a été informée des faits et circonstances qu'elle invoque à l'appui de sa demande de récusation, si cette date est postérieure à la réception de la notification susvisée.

Dès réception de cette demande, le Secrétariat notifie à l'arbitre dont la récusation est demandée, aux autres parties et aux autres membres de la formation, les motifs de cette demande. Les parties et les arbitres disposent d'un délai de quinze jours pour présenter leurs observations. A l'issue de ce délai, le comité de désignation se prononce sur la recevabilité et le bien-fondé de la demande de récusation.

Art. 11 *Remplacement des arbitres.* 1. Le comité de désignation organise le remplacement d'un arbitre en cas de décès, de récusation, de démission ou d'empêchement, selon les modalités fixées à l'article 8.

2. Lorsque le litige doit être tranché par un collège arbitral et que l'événement justifiant le remplacement d'un arbitre survient après la clôture des débats, le comité de désignation dis-

pose de la faculté de ne pas y pourvoir. Dans ce cas, la procédure se poursuit avec les autres membres du collège arbitral restants jusqu'au prononcé de la sentence.

3. En cas de remplacement, le délai d'arbitrage est suspendu de plein droit depuis le jour de l'événement qui a justifié le remplacement jusqu'à la décision de confirmation du nouvel arbitre par le Comité de désignation.

Procédure arbitrale

Art. 12 *Saisine de la formation arbitrale.* La formation arbitrale est saisie par le secrétariat des demandes après versement du droit de greffe prévu à l'article 27.

De même, lorsque le Secrétariat fixe la provision sur les frais administratifs, et que celle-ci n'est pas versée par les parties dans le délai qui leur est accordé, la procédure est suspendue.

Art. 13 *Lieu de l'arbitrage.* A moins qu'il n'en ait été disposé autrement par les parties, la Formation arbitrale peut tenir des audiences et réunions en tout lieu de son choix.

Art. 14 *Notifications ou communications écrites – Délais.* 1. Tout mémoire et autre communication écrite présentés par toute partie, ainsi que toute pièce annexe, doivent être fournis en autant d'exemplaires qu'il y a de parties, plus un pour chaque arbitre et un pour le secrétariat. Un exemplaire de toutes les communications faites par la formation arbitrale aux parties est transmis au secrétariat.

2. Toutes les notifications ou communications du secrétariat et de la formation arbitrale sont faites à la dernière adresse de la partie qui en est le destinataire.

3. La communication de pièces afférentes à l'arbitrage pourra être faite par tout moyen permettant d'en rapporter la preuve, par courrier, télécopie, courriel ou par tout autre moyen de télécommunication permettant de fournir une justification de la réception.

4. La notification de la sentence sera effectuée par lettre recommandée avec accusé de réception.

5. Les délais commencent à courir le jour suivant celui où la notification ou la communication est considérée comme faite selon les paragraphes précédents. Si le délai expire un jour férié, ce dernier est prorogé au jour ouvrable suivant.

Art. 15 *Représentation et comparution.* Les parties peuvent comparaître en personne, être assistées ou représentées par toute personne de leur choix. Toute personne autre qu'un avocat doit justifier d'un pouvoir spécial.

Art. 16 *Règles afférentes à la procédure.* Le présent Règlement organise la procédure suivie devant la formation arbitrale.

En toute circonstance, la formation arbitrale conduit la procédure dans le respect du principe du contradictoire, de manière équitable et impartiale, et veille à ce que chaque partie ait eu la possibilité d'être suffisamment entendue.

La formation arbitrale statue en toute hypothèse en premier et dernier ressort.

Art. 17 *Règles de droit applicables.* Le choix des règles de droit appartient aux parties. A défaut, le litige sera soumis au droit français.

La formation arbitrale statue en amiable compositeur si les parties l'ont décidé expressément.

Art. 18 *Mission de la Formation arbitrale et déroulement de la procédure.* 1. La formation arbitrale est juge de sa compétence et de la validité de sa saisine.

2. Dans les trente jours de la remise du dossier par le Secrétariat, la formation arbitrale établit l'acte de mission au regard des dernières prétentions et des pièces transmises par les parties.

Dans les huit jours de son établissement l'acte de mission doit être signé par les parties et par l'Arbitre ou le collège arbitral. Une prorogation de ces délais peut être accordée à titre exceptionnel par le président de la Chambre arbitrale du sport.

3. Le refus d'une partie de signer l'acte de mission est sans effet sur la poursuite de la procédure.

4. L'acte de mission fixe le calendrier prévisionnel de la procédure. Toute modification ultérieure de ce calendrier sera communiquée au Secrétariat et aux parties.

5. Après la signature de l'acte de mission, les demandes nouvelles ne pourront être présentées qu'avec l'autorisation préalable de la formation arbitrale.

6. La formation arbitrale examine le litige dans les meilleurs délais. La formation arbitrale peut décider d'entendre des témoins et des experts désignés par les parties, elle peut également ordonner toute mesure d'instruction lui paraissant nécessaire ainsi que la comparution

de toute personne susceptible de l'éclairer dans l'examen du litige. Lorsqu'une mesure d'instruction a été ordonnée, le délai d'arbitrage est suspendu jusqu'à l'achèvement de cette mesure.

7. La formation arbitrale peut, dès sa saisine, d'office ou à la demande de l'une des parties, ordonner toute mesure conservatoire ou provisoire. Elle peut cependant la subordonner à la constitution de garanties adéquates par la partie ayant formé la demande. En cas d'admission d'une telle demande celle-ci fait l'objet d'une sentence non susceptible de recours.

Art. 19 *Confidentialité.* La procédure instituée selon le présent règlement est confidentielle. Les parties, les arbitres et la Chambre arbitrale du sport s'engagent à ne pas divulguer à des tiers des faits ou autres informations ayant trait au litige et à la procédure. Les sentences ne sont pas publiées, sauf si la sentence elle-même le prévoit ou si toutes les parties y consentent.

Art. 20 *Clôture des débats et audience.* La formation arbitrale prononce la clôture des débats lorsqu'elle s'estime suffisamment informée. A compter de la clôture, aucune écriture et/ou pièces ne peuvent être échangées, sauf à la demande ou avec l'autorisation de la Formation arbitrale.

La formation arbitrale a la faculté de proposer aux parties de statuer sans audience de plaidoirie au vu des mémoires et des pièces échangés.

Dans les autres cas, la formation fixe la date des plaidoiries. A l'issue de cette audience de plaidoirie, la formation indique aux parties la date à laquelle la sentence sera rendue. Tout report de cette date devra être motivé.

Sentence

Art. 21 *Délai dans lequel la sentence arbitrale doit être rendue.* Les sentences sont rendues dans un délai de six mois à compter de la signature de l'acte de mission par le Président de la Formation arbitrale.

Toutefois, la Formation peut par décision motivée décider de proroger ce délai. En aucun cas la sentence ne peut être rendue plus de douze mois après la signature de l'acte de mission.

Art. 22 *Établissement de la sentence.* En cas de pluralité d'arbitres, la sentence est rendue à la majorité des membres composant la Formation arbitrale.

Dans l'hypothèse prévue par l'article 11.2 *in fine,* le Président de la Formation arbitrale statuera seul à défaut d'accord entre les membres du Collège.

La sentence doit être motivée et est réputée rendue à la date qu'elle mentionne.

Art. 23 *Sentence d'homologation.* Si les parties conviennent d'un accord mettant fin de manière définitive au litige alors que la Formation arbitrale est saisie du dossier dans les termes de l'article 12, la Formation arbitrale peut, à la demande des parties, rendre une sentence dite d'homologation.

Art. 24 *Notification et caractère exécutoire de la sentence.* 1. Après règlement intégral des frais d'arbitrage à la Chambre arbitrale du sport par les parties ou l'une d'entre elles, la sentence est notifiée aux parties par le Secrétariat.

2. En cas de pluralité d'arbitres, et si l'un d'eux refuse de signer la sentence, il en est fait mention par les autres au moment de leur signature. En pareil cas, la sentence sera réputée signée par tous les arbitres.

3. Toute sentence arbitrale revêt un caractère obligatoire pour les parties, lesquelles s'engagent par l'acceptation des dispositions du présent Règlement à l'exécuter sans délai.

4. La sentence arbitrale détermine la répartition des frais et honoraires afférents à l'arbitrage (frais administratifs, frais d'expertise, honoraires des arbitres).

5. Elle peut également mettre à la charge de la partie qui succombe tout ou partie des frais et honoraires supportés par l'autre partie.

Art. 25 *Correction et interprétation de la sentence.* 1. La Formation arbitrale peut, d'office ou à la requête de l'une des parties, corriger toute erreur matérielle qui affecterait sa sentence.

Elle peut également être saisie d'une demande d'interprétation. Toute demande, en rectification d'une erreur ou en interprétation de la sentence, doit être adressée au Secrétariat dans les trente jours suivant la notification de la sentence aux parties.

2. La décision de corriger ou d'interpréter la sentence est rendue sous forme d'une sentence complémentaire qui fera partie intégrante de la sentence initiale.

3. La formation arbitrale qui a omis de statuer sur un chef de demande peut également compléter sa sentence. Elle est à nouveau saisie à cette fin par le secrétariat, à la demande de l'une ou l'autre partie, si cette saisine est encore matériellement possible et dans un délai de trente jours à compter de la notification de la sentence telle que prévue à l'article 24.

4. Dans les cas prévus au présent article la formation arbitrale statue au plus tard dans les trois mois de sa saisine.

Art. 26 *Procédure d'urgence.* Toute partie peut requérir que le litige soit examiné selon une procédure d'urgence. Dans ce cas, la formation arbitrale met en œuvre toutes les mesures nécessaires à un traitement rapide du litige.

Frais

Art. 27 *Droit de greffe.* Lors du dépôt d'une demande d'arbitrage, le demandeur verse en même temps un droit de greffe d'un montant de cinq cents (500) euros. A défaut du versement de cette somme dans les quinze jours de sa saisine, la Chambre arbitrale du sport considérera la demande comme retirée. En tout état de cause, cette somme reste acquise à la Chambre arbitrale du sport.

Art. 28 *Frais de l'arbitrage.* Les frais d'arbitrage comprennent les frais administratifs de la Chambre arbitrale du sport, les frais d'expertise ainsi que les honoraires des arbitres tels que fixés ci-dessous.

A. *Frais administratifs*

1. Les frais administratifs visent à couvrir les frais de fonctionnement de la Chambre Arbitrale du Sport dans la mise en œuvre d'un arbitrage.

2. Lorsque les demandes formulées par les parties évaluent la somme sur laquelle porte le litige, le montant des frais administratifs est fixé selon le barème figurant en annexe, sans préjudice toutefois pour le secrétariat d'en réviser le quantum, s'il lui apparaît que la somme évaluée par les parties ne correspond manifestement pas à celle sur laquelle porte, en réalité, le litige.

3. Lorsque les demandes formulées par les parties n'évaluent pas la somme sur laquelle porte le litige, le secrétariat estime le montant des frais administratifs selon ce qui lui apparaît le plus approprié, à partir des éléments de l'affaire.

4. Dans tous les cas, le secrétariat estime, lors de la constitution de la formation arbitrale, le montant de la provision sur les frais administratifs que les parties auront à verser pour couvrir les frais d'arbitrage jusqu'à l'établissement de l'acte de mission. La provision est acquittée à parts égales par la partie demanderesse et la partie défenderesse. En cas de défaillance ou de refus de l'une des parties de verser la part qui lui incombe, l'autre partie peut se substituer à la partie défaillante.

5. Lorsque le défendeur dépose une demande reconventionnelle, le secrétariat, si l'une des parties le demande, peut fixer des provisions distinctes pour la demande principale et la demande reconventionnelle.

6. Une fois la procédure close, le Secrétariat arrête le montant définitif des frais de l'arbitrage qui comprend notamment le versement du droit de greffe, les frais administratifs de la Chambre arbitrale du sport déterminés à partir du barème figurant en annexe et les frais et honoraires des arbitres. Le décompte final des frais de l'arbitrage figurera dans un document annexé à la sentence.

B. *Honoraires des arbitres*

1. Lors de la constitution de la formation arbitrale, le secrétariat estime le montant des honoraires d'arbitrage en se fondant sur la base du temps qui devra être raisonnablement consacré par les arbitres dans le cadre de l'exécution de leur mission.

Le taux horaire des honoraires des arbitres est fixé à cent cinquante (150) euros hors taxes.

2. En cours de procédure, si les circonstances le rendent nécessaire en raison de la complexité de l'affaire et de l'importance des montants en jeu, le Président de la Chambre arbitrale du sport peut décider, sur proposition du Secrétariat et par décision motivée, de réduire ou d'accroître le montant des honoraires dus par stricte application du taux horaire prédéterminé.

C. *Frais d'expertise et autres*

1. Chaque partie avance les frais de ses propres témoins, experts ou interprètes.

2. Si la formation arbitrale doit, dans le cadre de l'instruction de la cause, commettre un expert ou ordonner l'audition d'un témoin, elle indique dans sa décision à qui incombera le versement des frais afférents à la mesure ordonnée.

3. La charge définitive de ces frais est déterminée dans la sentence par renvoi à l'article 24.

ANNEXE

AU RÈGLEMENT DE LA CHAMBRE ARBITRALE DU SPORT CONCERNANT LES FRAIS D'ARBITRAGE

1. Le secrétariat, après avoir reçu notification du projet de sentence par la formation arbitrale, fixe les honoraires des arbitres en se fondant sur le nombre d'heures qu'ils déclarent avoir consacré à l'affaire.

2. En application de l'article 24 du règlement, la formation arbitrale liquide l'ensemble des frais d'arbitrage définis à l'article 28 du règlement, y compris les frais administratifs figurant au barème ci-après, et en répartit la charge.

3. Les dispositions concernant le présent barème peuvent, en cas de nécessité, être modifiées en cours d'année par le Conseil d'administration du CNOSF, à charge pour ce dernier d'en rendre compte à la prochaine assemblée générale.

4. Au cas où une procédure arbitrale se termine par une sentence d'homologation, le Secrétariat, tenant compte de tous les éléments en sa possession, détermine, comme il lui paraît approprié, les honoraires des arbitres et les frais administratifs.

Barème des frais d'administration	Montant litigieux	Frais administratifs
	inférieur à 100 000 €	1 000 euros
	de 100 001 € à 500 000 €	2 000 euros
	de 500 001 € à 1 000 000 €	3 000 euros
	au-delà de 1 000 001 €	4 000 euros

1. Sur la compétence de la CAS au vu des termes d'une clause compromissoire insérée dans un contrat conclu entre un organisateur privé d'épreuve sportive et la société dont relève une équipe sportive, à propos d'un litige concernant la participation d'un des sportifs de ladite équipe à l'une des épreuves organisées par l'organisateur, V. : • TGI Paris, réf., 30 juin 2009, *X et a. c/ Y : req. n° 09/01560.*

ARBITRAGES RENDUS DEPUIS LA MISE EN PLACE DE LA CHAMBRE ARBITRALE DU SPORT

1°. Litige né du refus d'un organisateur d'une manifestation sportive internationale d'inscrire un sportif à l'épreuve qu'il organise

2. Après avoir précisé qu'une société était dans son rôle d'organisateur en veillant à la renommée de l'épreuve qu'elle organise afin de préserver l'image de cette dernière, la formation arbitrale de la CAS a considéré, dans la mission d'appréciation qui est la sienne, que compte tenu des éléments en présence, les faits reprochés au sportif, bien que particulièrement déplorables, n'étaient pas de nature à porter atteinte à l'image et à la réputation de l'épreuve et, en conséquence, n'étaient pas à même de justifier la décision de l'organisateur d'interdire au sportif de participer à celle-ci. * Sentence CAS, 3 août 2009 : *n° 3-01/2009.*

2°. Litige né du non-respect d'une obligation contractée en vue de l'organisation d'un tournoi sportif

3. Les arbitres constituant la formation arbitrale de la CAS ont pu constater qu'un entrepreneur individuel s'était engagé à prendre en charge tous les frais d'organisation et de promotion d'un tournoi dont il s'était vu déléguer l'organisation matérielle par une association administrant et contrôlant cette épreuve, cet entrepreneur s'obligeant plus spécialement à garantir la dotation minimale du tournoi fixée par l'association et le promoteur de l'épreuve. A l'examen des données contractuelles de l'espèce, il a été jugé que l'entrepreneur en cause devait régler le montant de la dotation, soit en trouvant des sponsors, soit en puisant dans ses fonds personnels, et que, à défaut d'avoir versé les sommes contractuellement prévues, il devait être condamné à rembourser à l'association lesdites sommes représentant la dotation que cette dernière avait avancée sur sa trésorerie propre. * Sentence CAS, 10 nov. 2011 : *n° 5-02/2011.*

ASSOCIATIONS

BIBL. GÉN. ▸ P.-H. Dutheil (sous dir.), Droit des associations et fondations, *Juriscorpus, Dalloz, 2015*. – E. Alfandari, Associations, *Dalloz, 2004*. – R. Brichet, Associations et syndicats, *Litec, 1992*. – X. Delsol, L'évolution du droit associatif depuis vingt ans, *Gaz. Pal. 2001, n° 350, p. 8*. – Associations, Fondations, Congrégations, *Éd. Francis Lefebvre, coll. Mémento pratique, 2010-2011*. – Y. Mayaud et G. Sousi (sous dir.), Lamy Associations, *Lamy, 1995*. – J.-F. Merlet, Une grande loi de la IIIe République : la loi du 1er juillet 1901, *LGDJ, 2001*. – J. Morange, La liberté d'association en droit public français, *PUF, 1977* ; Naissance et évolution de la loi du 1er juillet 1901, *RJ éco. sport 2001, n° 61, p. 19*. – F. Peyer, Association sportive, *in Dict. jur. du sport, Dalloz, Juriséditions, 2013, p. 36*. – Associations sportives : création et fonctionnement, *in Dict. perm. dr. sport (mise à jour périodique)*.

COMMENTAIRE

Le statut juridique de l'association de la loi de 1901 est le statut de base de l'organisation du sport en France : statut « classique » (mais bien évidemment non exclusif) des organisateurs d'activités sportives (clubs, organisateurs de manifestations sportives…) mais aussi statut des instances en charge de la promotion et de l'organisation des activités sportives (fédérations nationales et leurs structures déconcentrées, mais aussi fédérations internationales ayant leur siège social en France).

Le régime juridique de l'association est régi, dans ses bases fondamentales, par la loi du 1er juillet 1901 relative au contrat d'association (V. ci-dessous) et le décret du 16 août 1901 portant règlement d'administration publique pour l'exécution de la loi du 1er juillet 1901 (V. ci-dessous).

La loi de 1901 est très souvent qualifiée de « loi de liberté ». Elle ne donne, en effet, qu'un cadre général aux associations et ne comporte que quelques dispositions qui encadrent notamment leur vie juridique. Le principe fondateur est celui de la liberté d'association, principe élevé au rang de principe fondamental reconnu par les lois de la République par le Conseil constitutionnel *(Cons. const., 16 juill. 1971, n° 71-44 DC : Rec. p. 23)*. Si la loi de 1901 a été à plusieurs reprises modifiée, jamais ces modifications ne sont venues remettre en cause les principes sur lesquels elle repose et donc porter atteinte au libéralisme qui domine le régime juridique de l'association.

Le caractère libéral de la législation a été maintes fois souligné. Point n'est besoin ici de développer cet aspect bien connu. On se bornera à rappeler que cette liberté concerne tant la création de l'association que son organisation et son fonctionnement. Les règles qui régissent ceux-ci sont laissées, en principe et pour l'essentiel, à la liberté contractuelle et ont pour support les statuts de l'association ainsi que, le cas échéant, son règlement intérieur. On soulignera cependant que la liberté peut ne pas être totale en la matière. De ce point de vue, il convient de rappeler que seule la liberté d'association (dans ses dimensions de libre création et de libre accès à la personnalité morale) est parée d'une protection constitutionnelle. Ainsi, des dispositions législatives – atteintes à la liberté contractuelle obligent – peuvent venir encadrer ou limiter les autres « libertés », et notamment la liberté d'organisation, consacrées dans le cadre du régime juridique de l'association. La partie législative du code du sport en offre quelques illustrations de choix.

Néanmoins, outre le cadre issu de la loi du 1er juillet 1901, un grand nombre de règles peuvent trouver à s'appliquer aux associations. D'abord, bien sûr, en tant que convention, l'association est régie, selon les termes mêmes de l'article 1er de la loi de 1901, quant à sa validité, « par les principes généraux du droit applicables aux contrats et obligations ». Ensuite, et au-delà des dispositions du droit des contrats, l'encadrement juridique des associations est à géométrie (très) variable. Ses contours sont déterminés en fonction de nombreux paramètres : le secteur dans lequel elles évoluent ou les activités qu'elles prennent en charge dès lors que des règles particulières ont été élaborées, la nature (économique voire lucrative, par exemple) des activités qu'elles gèrent, les moyens humains (en tant qu'employeur, par exemple) et financiers (en tant qu'organisme subventionné, par exemple) dont elles disposent… En quelques mots, à chaque association son cadre juridique.

Les évolutions les plus marquantes du « droit des associations » résident sans nul doute dans la prise en compte de deux phénomènes : l'intervention croissante des associations dans le secteur économique et les rapports fréquents (et déjà très anciens) entretenus entre les associations et les collectivités publiques.

Les objectifs poursuivis par ces évolutions législatives sont en partie très largement analogues : souci de transparence juridique et financière, rigueur de gestion, nécessité d'un contrôle plus étroit…

Ainsi de nombreuses dispositions ont été prises pour imposer aux (à certaines) associations des contraintes particulières : des obligations comptables et la nomination d'un commissaire aux comptes dès lors qu'elles dépassent certains seuils *(art. L. 612-1 et R. 612-1 s. C. com.)* ou perçoivent une ou des subventions excédant un certain montant *(art. L. 612-4 et D. 612-5 C. com.)* ; application du mécanisme dit des conventions réglementées *(art. L. 612-5, R. 612-6 et R. 612-7 C. com.)* ; une obligation de convention de subvention si son montant dépasse un certain seuil et production d'un compte rendu financier en cas d'affectation *(art. 10 de la L. n° 2000-321 du 12 avr. 2000 mod. et Décr. n° 2001-495 du 6 juin 2001)* ; publication des comptes annuels et du rapport du commissaire aux comptes *(art. L. 612-4 C. com.)*.

Si les dispositions applicables aux associations ayant des activités économiques sont finalement assez récentes, celles prises en matière de financement public des associations viennent compléter un arsenal d'exigences dont certaines d'entre elles sont très anciennes : contrôle des délégués de la collectivité territoriale *(art. L. 1611-4 CGCT, issu du Décr.-L. du 30 oct. 1935)*, communication de documents comptables et financiers *(idem concernant le financement par les collectivités territoriales ; art. 14 du Décr.-L. du 25 juin 1934 modifié concernant le financement de l'État)*. ❑

V. aussi Circ. n° 5811 SG du 29 sept. 2015 relative aux nouvelles relations entre les pouvoirs publics et les associations.

1. Qualité de membre. Le fait d'être titulaire d'une licence fédérale accordée par l'intermédiaire d'une association et d'avoir l'autorisation d'accès au stand de tir donnée par le seul président de l'association sont insuffisants à conférer la qualité de membre de l'association dès lors que les statuts prévoient, notamment, un agrément préalable du comité de direction. • Bordeaux, 4 juill. 2013, *Association Tir Sportif Rupificaldien : n° 12/01114.*

2. Dès lors que les statuts stipulent que la qualité de membre de la fédération se perd par la démission ou la radiation, laquelle est prononcée pour défaut de paiement des cotisations, le défaut de paiement ne suffit donc pas à lui seul à faire perdre de plein droit au club sa qualité de membre, laquelle n'est perdue qu'à l'issue de la décision de radiation. • Dijon, 25 juin 2015, *École de tir de Vesoul,* n° 14/01146.

3. L'exclusion d'un pratiquant de l'association effectuée en violation des dispositions statutaires en matière disciplinaire, du respect du contradictoire et du droit d'être assisté d'un défenseur de son choix constitue un trouble manifestement illicite qu'il y a lieu de faire cesser en constatant la qualité de membre de l'association du pratiquant et non en suspendant le refus d'agrément dénué de toute valeur juridique. • Poitiers, 22 mai 2015, *Association sportive et artistique rochelaise multisports,* n° 14/04379.

4. Administration. Dès lors qu'il découle des statuts de l'association que l'élection du comité directeur ne peut procéder que de l'assemblée générale, et faute pour l'assemblée d'avoir décidé de la solution à donner au problème qui lui était posé (égalité des voix entre douze candidats pour un poste à pouvoir), seule la réunion d'une nouvelle assemblée générale peut décider de la suite à réserver au vote, le cas échéant en décidant de l'organisation d'un nouveau scrutin ou de l'application des principes subsidiaires, tel celui du privilège de l'âge. • Reims, 9 juill. 2013, *Association Reims Karting Club : n° 13/00854.*

5. Dès lors que l'article des statuts, relatif à la rémunération pouvant être allouée aux administrateurs, prévoit que la décision doit être prise à la majorité des deux tiers de l'assemblée générale et non à la majorité des deux tiers des membres présents ou représentés, il convient de considérer que la résolution adoptée par l'assemblée générale de l'association qui n'a pas comptabilisé les abstentionnistes, a bien été adoptée à la majorité requise. • Paris, 26 juin 2014 : *n° 13/13388.*

6. L'impossibilité de déterminer les instances dirigeantes de l'association, les agissements de plusieurs factions se réclamant du pouvoir de prendre les décisions au sein de la personne morale, justifie la décision de désignation d'un administrateur provisoire. • Fort-de-France, 4 juill. 2014 : *n° 13/00804.*

7. Une assemblée générale, irrégulièrement convoquée suite au non-respect des délais statutaires, ne peut valablement délibérer, et entraîne l'annulation des décisions prises par cette assemblée. • Douai, 23 juill. 2015, *Association futsal club béthunois,* n° 14/03816.

Code général des collectivités territoriales

Dispositions financières et comptables. Principes généraux

Art. L. 1611-4 Toute association, œuvre ou entreprise ayant reçu une subvention peut être soumise au contrôle des délégués de la collectivité qui l'a accordée.

Tous groupements, associations, œuvres ou entreprises privées qui ont reçu dans l'année en cours une ou plusieurs subventions sont tenus de fournir à l'autorité qui a mandaté la subvention une copie certifiée de leurs budgets et de leurs comptes de l'exercice écoulé, ainsi que tous documents faisant connaître les résultats de leur activité. – *[Décr. 30 oct. 1935, art. 1er et 2.]*

(L. n° 2009-526 du 12 mai 2009, art. 84) « Il est interdit à tout groupement ou à toute association, œuvre ou entreprise ayant reçu une subvention d'en employer tout ou partie en subventions à d'autres associations, œuvres ou entreprises, sauf lorsque cela est expressément prévu dans la convention conclue entre la collectivité territoriale et l'organisme subventionné. »

COMMENTAIRE

L'ajout par la loi n° 2009-526 du 12 mai 2009 du 3e alinéa en vertu duquel les institutions – et, en particulier, les associations – qui sont bénéficiaires de subventions ne peuvent les employer sous la forme de subventions à d'autres associations, œuvres ou entreprises est la transposition au financement des collectivités territoriales d'une règle prévue depuis longtemps en matière de financement d'État (art. 15, du Décr.-L. du 2 mai 1938 relatif au budget). Cette règle d'interdiction de reversement de tout ou partie d'une subvention est justifiée par une exigence de transparence. Elle est assortie, comme d'ailleurs s'agissant du financement d'État (l'autorisation formelle du ministre est requise), d'une dérogation par prévision expresse dans la convention conclue entre la collectivité et l'organisme considéré. ❑

Code de commerce

PARTIE LÉGISLATIVE

LIVRE VI **Des difficultés des entreprises**

TITRE PREMIER **De la prévention des difficultés des entreprises**

CHAPITRE II ***Des dispositions applicables aux personnes morales de droit privé non commerçantes ayant une activité économique***

Art. L. 612-1 Les personnes morales de droit privé non commerçantes ayant une activité économique dont le nombre de salariés, le montant hors taxes du chiffre d'affaires ou les ressources et le total du bilan dépassent, pour deux de ces critères, des seuils fixés par décret en Conseil d'État, doivent établir chaque année un bilan, un compte de résultat et une annexe. Les modalités d'établissement de ces documents sont précisées par décret. – *V. ci-dessous C. com., art. R. 612-1.*

Ces personnes morales sont tenues de nommer au moins un commissaire aux comptes et un suppléant *(Abrogé par L. n° 2005-845 du 26 juill. 2005, art. 11-I) « choisis sur la liste mentionnée à l'article (L. n° 2003-706 du 1er août 2003) « L. 822-1 » qui exercent leurs fonctions dans les conditions prévues par le livre II, titres Ier et II, sous réserve des règles qui leur sont propres. Les dispositions de l'article L. 242-27 sont applicables ».*

(Ord. n° 2006-1225 du 5 oct. 2006, art. 6-III) « Pour les coopératives agricoles et *[les]* sociétés d'intérêt collectif agricole qui n'ont pas la forme commerciale et *(Ord. n° 2009-80 du 22 janv. 2009, art. 9)* « dont les titres financiers ne sont pas admis aux négociations sur un marché réglementé », cette obligation peut être satisfaite, dans les conditions définies à l'article L. 527-1-1 du code rural et de la pêche maritime, par le recours au service d'une fédération agréée pour la révision mentionnée à l'article L. 527-1 du même code. »

Les peines prévues par l'article L. 242-8 sont applicables aux dirigeants des personnes morales mentionnées au premier alinéa du présent article qui n'auront pas, chaque année, établi un bilan, un compte de résultat et une annexe.

(Abrogé par L. n° 2005-845 du 26 juill. 2005, art. 11-I) « Les dispositions des articles L. 242-25 et L. 242-28 sont également applicables à ces dirigeants. »

Même si les seuils visés au premier alinéa ne sont pas atteints, les personnes morales de droit privé non commerçantes ayant une activité économique peuvent nommer un commissaire aux comptes et un suppléant dans les mêmes conditions que celles prévues au deuxième alinéa. Dans ce cas, le commissaire aux comptes et son suppléant sont soumis aux mêmes obligations, encourent les mêmes responsabilités civile et pénale et exercent les mêmes pouvoirs que s'ils avaient été désignés en application du premier alinéa. – *[L. n° 84-148 du 1er mars 1984, art. 27.]*

Art. L. 612-2 Les personnes morales de droit privé non commerçantes ayant une activité économique dont, soit le nombre de salariés, soit le montant hors taxes du chiffre d'affaires ou les ressources dépassent un seuil défini par décret en Conseil d'État, sont tenues d'établir une situation de l'actif réalisable et disponible, valeurs d'exploitation exclues, et du passif exigible, un compte de résultat prévisionnel, un tableau de financement et un plan de financement. – *V. ci-dessous, art. R. 612-3 C. com.*

La périodicité, les délais et les modalités d'établissement de ces documents sont précisés par décret.

Ces documents sont analysés dans des rapports écrits sur l'évolution de la personne morale, établis par l'organe chargé de l'administration. Ces documents et rapports sont communiqués simultanément au commissaire aux comptes, au comité d'entreprise *(L. n° 2005-845 du 26 juill. 2005, art. 11-II)* « ou, à défaut, aux délégués du personnel » et à l'organe chargé de la surveillance, lorsqu'il en existe.

En cas de non-observation des dispositions prévues aux alinéas précédents ou si les informations données dans les rapports visés à l'alinéa précédent appellent des observations de sa part, le commissaire aux comptes le signale dans un rapport écrit qu'il communique à l'organe chargé de l'administration ou de la direction. Ce rapport est communiqué au comité d'entreprise *(L. n° 2005-845 du 26 juill. 2005, art. 11-II)* « ou, à défaut, aux délégués du personnel ». Il est donné connaissance de ce rapport à la prochaine réunion de l'organe délibérant. – *[L. n° 84-148 du 1er mars 1984, art. 28.]*

Art. L. 612-3 Lorsque le commissaire aux comptes d'une personne morale visée *(L. n° 2005-845 du 26 juill. 2005, art. 11-III)* « aux articles L. 612-1 et L. 612-4 » relève, à l'occasion de l'exercice de sa mission, des faits de nature à compromettre la continuité de l'exploitation de cette personne morale, il en informe les dirigeants de la personne morale dans des conditions fixées par décret en Conseil d'État.

(L. n° 2005-845 du 26 juill. 2005, art. 11-III) « A défaut de réponse dans un délai fixé par décret en Conseil d'État, ou si celle-ci ne permet pas d'être assuré de la continuité de l'exploitation, le commissaire aux comptes invite, par un écrit dont la copie est transmise au président du tribunal de grande instance, les dirigeants à faire délibérer l'organe collégial de la personne morale sur les faits relevés. Le commissaire aux comptes est convoqué à cette séance. La délibération de l'organe collégial est communiquée au comité d'entreprise ou, à défaut, aux délégués du personnel et au président du tribunal de grande instance. »

(L. n° 2011-525 du 17 mai 2011, art. 62-I-3°) « Lorsque l'organe collégial de la personne morale n'a pas été réuni pour délibérer sur les faits relevés ou lorsque le commissaire aux comptes n'a pas été convoqué à cette séance » *(L. n° 2005-845 du 26 juill. 2005, art. 11-III)* « ou si le commissaire aux comptes constate qu'en dépit des décisions prises la continuité de l'exploitation demeure compromise, une assemblée générale est convoquée dans des conditions et délais fixés par décret en Conseil d'État. Le commissaire aux comptes établit un rapport spécial qui est présenté à cette assemblée. Ce rapport est communiqué au comité d'entreprise ou, à défaut, aux délégués du personnel. »

Si, à l'issue de la réunion de l'assemblée générale, le commissaire aux comptes constate que les décisions prises ne permettent pas d'assurer la continuité de l'exploitation, il informe de ses démarches le président du tribunal et lui en communique les résultats. – *[L. n° 84-148 du 1er mars 1984, art. 29.] – V. ci-dessous, art. R. 612-4 C. com.*

(L. n° 2011-525 du 17 mai 2011, art. 62-I-3°) « Dans un délai de six mois à compter du déclenchement de la procédure, le commissaire aux comptes peut en reprendre le cours au point où il avait estimé pouvoir y mettre un terme lorsque, en dépit des éléments ayant motivé son appréciation, la continuité de l'exploitation demeure compromise et que l'urgence commande l'adoption de mesures immédiates. »

(L. n° 2005-845 du 26 juill. 2005, art. 11-III) « Les dispositions du présent article ne sont pas applicables lorsqu'une procédure de conciliation ou de sauvegarde a été engagée *(Ord. n° 2008-1345 du 18 déc. 2008, art. 10)* « par le débiteur » en application des articles L. 611-6 et L. 620-1. »

L'art. 62-I de la L. nº 2011-525 du 17 mai 2011 est applicable aux procédures en cours à la date de la publication de cette loi (JO 18 mai). Il est applicable en Polynésie française, en Nouvelle-Calédonie et dans les îles Wallis-et-Futuna (L. préc., art. 62-II et 200).

Art. L. 612-4 *(Ord. nº 2005-856 du 28 juill. 2005, art. 5)* **« Toute association ayant reçu annuellement des autorités administratives, au sens de l'article 1er de la loi du 12 avril 2000, ou des établissements publics à caractère industriel et commercial une ou plusieurs subventions** *(L. nº 2014-856 du 31 juill. 2014, art. 60)* **« en numéraire » dont le montant global dépasse un seuil fixé par décret, doit établir des comptes annuels comprenant un bilan, un compte de résultat et une annexe dont les modalités d'établissement sont fixées par décret. Ces associations doivent assurer, dans des conditions déterminées par décret en Conseil d'État, la publicité de leurs comptes annuels et du rapport du commissaire aux comptes. »** — *Les dispositions de l'Ord. nº 2005-856 du 28 juill. 2005 sont applicables aux exercices comptables des associations ouverts à compter du 1er janv. 2006 (Ord. nº 2005-856 du 28 juill. 2005, art. 9). — V. ci-dessous C. com., art. D. 612-5.*

Ces mêmes associations sont tenues de nommer au moins un commissaire aux comptes et un suppléant*[.] (Abrogé par L. nº 2005-845 du 26 juill. 2005, art. 11-IV)* ***« choisis sur la liste mentionnée à l'article** (L. nº 2003-706 du 1er août 2003)* ***« L. 822-1 » qui exercent leurs fonctions dans les conditions prévues par le livre II sous réserve des règles qui leur sont propres. Les dispositions de l'article L. 242-27 sont applicables. »*** — *[L. nº 84-148 du 1er mars 1984, art. 29 bis.]*

(L. nº 2014-856 du 31 juill. 2014, art. 78) **« Les peines prévues à l'article L. 242-8 sont applicables aux dirigeants des associations mentionnées au premier alinéa du présent article qui n'ont pas, chaque année, établi un bilan, un compte de résultat et une annexe.**

« A la demande de tout intéressé, le président du tribunal, statuant en référé, peut enjoindre sous astreinte aux dirigeants de toute association mentionnée au premier alinéa d'assurer la publicité des comptes annuels et du rapport du commissaire aux comptes. Le président peut, dans les mêmes conditions et à cette même fin, désigner un mandataire chargé d'effectuer ces formalités. »

COMMENTAIRE

L'obligation de publication des comptes et du rapport du commissaire aux comptes qui résulte de l'ordonnance nº 2005-856 du 28 juillet 2005 est devenue effective avec la publication du décret nº 2009-540 du 14 mai 2009 et son arrêté d'application du 2 juin 2009. Les associations concernées doivent assurer la publicité, dans les conditions déterminées par les textes précités, sur le site internet de la direction des Journaux officiels (formulaire d'enregistrement en ligne). ❑

Art. L. 612-5 *(L. nº 2001-420 du 15 mai 2001)* **Le représentant légal ou, s'il en existe un, le commissaire aux comptes d'une personne morale de droit privé non commerçante ayant une activité économique ou d'une association visée à l'article L. 612-4 présente à l'organe délibérant ou, en l'absence d'organe délibérant, joint aux documents communiqués aux adhérents un rapport sur les conventions passées directement ou par personne interposée entre la personne morale et l'un de ses administrateurs ou l'une des personnes assurant un rôle de mandataire social.**

Il est de même des conventions passées entre cette personne morale et une *(Ord. nº 2008-1345 du 18 déc. 2008, art. 11)* **« autre personne morale » dont un associé indéfiniment responsable, un gérant, un administrateur, le directeur général, un directeur général délégué, un membre du directoire ou du conseil de surveillance, un actionnaire disposant d'une fraction des droits de vote supérieure à 10 % est simultanément administrateur ou assure un rôle de mandataire social de ladite personne morale.**

L'organe délibérant statue sur ce rapport.

Un décret en Conseil d'État précise les conditions dans lesquelles le rapport est établi. — *V. ci-dessous, art. R. 612-6 s C. com.*

Une convention non approuvée produit néanmoins ses effets. Les conséquences préjudiciables à la personne morale résultant d'une telle convention peuvent être mises à la charge, individuellement ou solidairement selon le cas, de l'administrateur ou de la personne assurant le rôle de mandataire social.

(L. nº 2003-706 du 1er août 2003) **« Les dispositions du présent article ne sont pas applicables aux conventions courantes conclues à des conditions normales qui, en raison de leur objet ou de leurs implications financières, ne sont significatives pour aucune des parties. »**

PARTIE RÉGLEMENTAIRE

LIVRE VI Des difficultés des entreprises

TITRE PREMIER De la prévention des difficultés des entreprises

CHAPITRE II *Des dispositions applicables aux personnes morales de droit privé non commerçantes ayant une activité économique*

Art. R. 612-1 Les personnes morales de droit privé non commerçantes ayant une activité économique, mentionnées à l'article L. 612-1, sont tenues d'établir des comptes annuels et de désigner au moins un commissaire aux comptes et un suppléant lorsqu'elles dépassent, à la fin de l'année civile ou à la clôture de l'exercice, les chiffres ci-dessous fixés pour deux des trois critères suivants :

1° Cinquante pour le nombre de salariés ; les salariés pris en compte sont ceux qui sont liés à la personne morale par un contrat de travail à durée indéterminée ; le nombre de salariés est égal à la moyenne arithmétique des effectifs à la fin de chaque trimestre de l'année civile ou de l'exercice comptable lorsque celui-ci ne coïncide pas avec l'année civile ;

2° 3 100 000 € pour le montant hors taxes du chiffre d'affaires ou des ressources ; le montant hors taxes du chiffre d'affaires est égal au montant des ventes de produits et services liés à l'activité courante ; le montant des ressources est égal au montant des cotisations, subventions et produits de toute nature liés à l'activité courante ; *(Abrogé par Décr. n° 2012-721 du 9 mai 2012, art. 6-1°) « toutefois, pour les associations professionnelles ou interprofessionnelles collectant la participation des employeurs à l'effort de construction, le montant des ressources, qui s'entendent des sommes recueillies au sens de l'article R. 313-25 du code de la construction et de l'habitation, est fixé à 750 000 € ; »*

3° 1 550 000 € pour le total du bilan ; celui-ci est égal à la somme des montants nets des éléments d'actif.

Les personnes morales mentionnées au premier alinéa ne sont plus tenues à l'obligation d'établir des comptes annuels lorsqu'elles ne dépassent pas les chiffres fixés pour deux des trois critères définis ci-dessus pendant deux exercices successifs. Il est mis fin dans les mêmes conditions au mandat du commissaire aux comptes par l'organe délibérant appelé à statuer sur les comptes annuels.

Les dispositions du présent article relatives à l'établissement de comptes annuels ou à la désignation d'un commissaire aux comptes s'appliquent sans préjudice des dispositions réglementaires propres à certaines formes de personnes morales entrant dans l'une des catégories mentionnées à l'article L. 612-1. – *[Décr. n° 2005-1677 du 28 déc. 2005, art. 44.]*

Art. R. 612-2 Les comptes annuels comprennent un bilan, un compte de résultat et une annexe. Ils sont établis selon les principes et méthodes comptables définis aux articles L. 123-12 et suivants et aux articles R. 123-172 à R. 123-208 pris pour leur application, sous réserve des adaptations que rend nécessaires la forme juridique ou la nature de l'activité de ces personnes morales. Les plans comptables applicables à ces personnes morales sont fixés par *(Ord. n° 2009-79 du 22 janv. 2009, art. 6)* « règlement de l'Autorité des normes comptables ». Si des particularités d'activité, de structure ou d'opérations le justifient, des adaptations peuvent être apportées, dans les mêmes formes, aux dispositions de ces plans comptables.

Les comptes annuels sont soumis, en même temps qu'un rapport de gestion, à l'approbation de l'organe délibérant au plus tard dans les six mois de la clôture de l'exercice et transmis aux commissaires aux comptes quarante-cinq jours au moins avant la réunion à laquelle ils doivent être approuvés. Le délai de six mois peut être prolongé à la demande du représentant légal de la personne morale, par ordonnance du président du tribunal de grande instance, statuant sur requête. – *[Décr. n° 2005-1677 du 28 déc. 2005, art. 45.]*

Art. R. 612-3 Les personnes morales de droit privé non commerçantes ayant une activité économique qui, à la fin de l'année civile ou à la clôture de l'exercice, comptent trois cents salariés ou plus ou dont le montant du chiffre d'affaires hors taxes ou des ressources est supérieur ou égal à 18 000 000 €, sont tenues d'établir les documents mentionnés à l'article L. 612-2. Ces critères sont définis selon les dispositions prévues à l'article R. 612-1.

Elles ne sont plus tenues à cette obligation lorsqu'elles ne dépassent aucun des chiffres fixés pour ces critères pendant deux exercices successifs.

Les dispositions des articles R. 232-3 à R. 232-7 sont applicables, sous réserve des adaptations que rend nécessaires la forme juridique de ces personnes morales. – *[Décr. n° 2005-1677 du 28 déc. 2005, art. 46.]*

Art. R. 612-4 Lorsque le commissaire aux comptes met en œuvre la procédure d'alerte prévue à l'article L. 612-3, il est fait application soit des dispositions des articles R. 234-1 et suivants si la personne morale a un organe collégial chargé de l'administration distinct de l'organe chargé de la direction, soit des articles *(Décr. n° 2007-812 du 10 mai 2007, art. 6)* « R. 234-5 » et suivants dans les autres cas.

Pour l'application de ces deux dispositions, le président du tribunal compétent est celui du tribunal de grande instance. – *[Décr. n° 2005-1677 du 28 déc. 2005, art. 47.]*

Art. D. 612-5 Le montant visé au premier alinéa de l'article L. 612-4 est fixé à 153 000 €. – *[Décr. n° 2006-335 du 21 mars 2006, art. 1er.] – Le Décr. n° 2006-335 du 21 mars 2006, dont l'art. 1er est codifié à l'art. D. 612-5 C. com., est applicable aux exercices comptables des associations ouverts à compter du 1er janv. 2006 (Décr. préc., art. 4).*

Art. R. 612-6 Le rapport mentionné au premier alinéa de l'article L. 612-5 contient :

1° L'énumération des conventions soumises à l'approbation de l'organe délibérant ou jointes aux documents communiqués aux adhérents en l'absence d'organe délibérant ;

2° Le nom des administrateurs intéressés ou des personnes intéressées assurant un rôle de mandataire social ;

3° La désignation de la personne ayant passé une convention dans les conditions du deuxième alinéa de l'article L. 612-5 ;

4° La nature et l'objet desdites conventions ;

5° Les modalités essentielles de ces conventions notamment l'indication des prix ou tarifs pratiqués, des ristournes et commissions consenties, des délais de paiement accordés, des intérêts stipulés, des sûretés conférées et, le cas échéant, toutes autres indications permettant à l'organe délibérant ou aux adhérents d'apprécier l'intérêt qui s'attachait à la conclusion des conventions analysées. – *[Décr. n° 2005-1677 du 28 déc. 2005, art. 48.]*

Art. R. 612-7 Lorsque le rapport est établi par le commissaire aux comptes, le représentant légal de la personne morale avise ce dernier des conventions mentionnées à l'article L. 612-5 dans le délai d'un mois à compter de la conclusion desdites conventions. – *[Décr. n° 2005-1677 du 28 déc. 2005, art. 49.]*

Loi du 1er juillet 1901,

Relative au contrat d'association.

TITRE PREMIER

Art. 1er L'association est la convention par laquelle deux ou plusieurs personnes mettent en commun d'une façon permanente leurs connaissances ou leur activité dans un but autre que de partager des bénéfices. Elle est régie, quant à sa validité, par les principes généraux du droit applicables aux contrats et obligations.

Art. 2 Les associations de personnes pourront se former librement sans autorisation ni déclaration préalable, mais elles ne jouiront de la capacité juridique que si elles se sont conformées aux dispositions de l'article 5.

Art. 2 *bis* *(L. n° 2017-86 du 27 janv. 2017, art. 43)* Tout mineur peut librement devenir membre d'une association dans les conditions définies par la présente loi.

Tout mineur âgé de moins de seize ans, sous réserve d'un accord écrit préalable de son représentant légal, peut participer à la constitution d'une association et être chargé de son administration dans les conditions prévues à l'article 1990 du code civil. Il peut également accomplir, sous réserve d'un accord écrit préalable de son représentant légal, tous les actes utiles à l'administration de l'association, à l'exception des actes de disposition.

Tout mineur âgé de seize ans révolus peut librement participer à la constitution d'une association et être chargé de son administration dans les conditions prévues à l'article 1990 du code civil. Les représentants légaux du mineur en sont informés sans délai par l'association, dans des conditions fixées par décret. Sauf opposition expresse du représentant légal, le mineur peut accomplir seul tous les actes utiles à l'administration de l'association, à l'exception des actes de disposition.

Art. 3 Toute association fondée sur une cause ou en vue d'un objet illicite, contraire aux lois, aux bonnes mœurs, ou qui aurait pour but de porter atteinte à l'intégrité du territoire national et à la forme républicaine du Gouvernement, est nulle et de nul effet.

Art. 4 Tout membre d'une association *(Abrogé par L. n° 2012-387 du 22 mars 2012, art. 125)* ***« qui n'est pas formée pour un temps déterminé »*** peut s'en retirer en tout temps, après payement des cotisations échues et de l'année courante, nonobstant toute clause contraire.

1. Hormis les cas où la loi en décide autrement, nul n'est tenu d'adhérer à une association régie par la L. du 1er juill. 1901, ou, y ayant adhéré, d'en demeurer membre. Par suite, viole l'art. 4 de cette loi la cour d'appel qui, relevant que le « règlement de construction » repris à l'acte d'acquisition fait obligation à tout propriétaire de lot d'être adhérent au club constitué sous forme d'association pour administrer l'ensemble attractif, sportif et culturel du lotissement, retient que toute démission du club doit être concomitante à l'aliénation du lot. • Cass., ass. plén., 9 févr. 2001 : *Bull. civ. n° 3 ; D. 2001. 1493, note Alfandari.*

2. Il résulte de l'art. 1134 C. civ. ensemble les art. 11 de la Conv. EDH et 4 de la loi du 1er juillet 1901, que nul n'est tenu d'adhérer à une association régie par la loi 1901 ou, y ayant adhéré, d'en demeurer membre, que tout membre d'une association, qui n'est pas formée pour un temps déterminé, peut s'en retirer en tout temps après paiement des cotisations échues et de l'année courante, nonobstant toute clause contraire. Les dispositions statutaires entravant la liberté de ne pas adhérer à une association ou de s'en retirer en tout temps sont entachées de nullité absolue. • Civ. 1re, 11 mars 2014, n° 13-14.341 : *RTD civ. 2014. 653, obs. H. Barbier.*

Art. 5 Toute association qui voudra obtenir la capacité juridique prévue par l'article 6 devra être rendue publique par les soins de ses fondateurs.

(L. n° 71-604 du 20 juill. 1971) « La déclaration préalable en sera faite *(Ord. n° 2015-904 du 23 juill. 2015, art. 1er-1°)* « au représentant de l'État dans le département » où l'association aura son siège social. Elle fera connaître le titre et l'objet de l'association, le siège de ses établissements et les noms, professions, *(L. n° 81-909 du 9 oct. 1981)* « domiciles et nationalités » de ceux qui, à un titre quelconque, sont chargés *(Ord. n° 2005-856 du 28 juill. 2005)* « de son administration. Un exemplaire des statuts est joint » à la déclaration. Il sera donné récépissé de celle-ci dans le délai de cinq jours. »

(L. n° 81-909 du 9 oct. 1981) « Lorsque l'association aura son siège social à l'étranger, la déclaration préalable prévue à l'alinéa précédent sera faite *(Ord. n° 2015-904 du 23 juill. 2015, art. 1er-1°)* « au représentant de l'État dans le département » où est situé le siège de son principal établissement. »

(L. n° 71-604 du 20 juill. 1971) « L'association n'est rendue publique que par une insertion au *Journal officiel*, sur production de ce récépissé. »

Les associations sont tenues de faire connaître, dans les trois mois, tous les changements survenus dans leur *(Ord. n° 2005-856 du 28 juill. 2005)* « administration », ainsi que toutes les modifications apportées à leurs statuts.

Ces modifications et changements ne sont opposables aux tiers qu'à partir du jour où ils auront été déclarés.

(Abrogé par Ord. n° 2015-904 du 23 juill. 2015, art. 1er-2°) ***« Les modifications et changements seront en outre consignés sur un registre spécial qui devra être présenté aux autorités administratives ou judiciaires chaque fois qu'elles en feront la demande. »***

Le 2° de l'art. 1er, l'art. 3 dans ses dispositions relatives aux associations régies par la loi au 1er juill. 1901 relative au contrat d'association et les art. 4, 7, 8 et 9 de l'Ord. n° 2015-904 du 23 juill. 2015 sont applicables dans les collectivités d'outre-mer régies par l'art. 74 de la Constitution et en Nouvelle-Calédonie (Ord. préc., art. 15-I).

Art. 6 *(L. n° 48-1001 du 23 juin 1948 ; L. n° 87-571 du 23 juill. 1987)* « Toute association régulièrement déclarée peut, sans aucune autorisation spéciale, ester en justice, recevoir des dons manuels ainsi que des dons des établissements d'utilité publique, » acquérir à titre onéreux, posséder et administrer, en dehors des subventions de l'État, des régions, des départements, des communes et de leurs établissements publics :

1° Les cotisations de ses membres *(Abrogé par L. n° 2012-387 du 22 mars 2012, art. 126)* ***« ou les sommes au moyen desquelles ces cotisations ont été rédimées, ces sommes ne pouvant être supérieures à 16 euros »*** ;

2° Le local destiné à l'administration de l'association et à la réunion de ses membres ;

3° Les immeubles strictement nécessaires à l'accomplissement du but qu'elle se propose.

(L. n° 2014-856 du 31 juill. 2014, art. 74-I) « Les associations déclarées depuis trois ans au moins et dont l'ensemble des activités est mentionné au *b* du 1 de l'article 200 du code général des impôts peuvent en outre :

« *a)* Accepter les libéralités entre vifs ou testamentaires, dans des conditions fixées à l'article 910 du code civil ;

« *b)* Posséder et administrer tous immeubles acquis à titre gratuit.

« Les cinquième à septième alinéas du présent article s'appliquent sans condition d'ancienneté aux associations ayant pour but exclusif l'assistance, la bienfaisance ou la recherche scientifique ou médicale déclarées avant la date de promulgation de la loi n° 2014-856 du 31 juillet 2014 relative à l'économie sociale et solidaire et qui avaient, à cette même date, accepté une libéralité ou obtenu une réponse favorable à une demande faite sur le fondement du V de l'article 111 de la loi n° 2009-526 du 12 mai 2009 de simplification et de clarification du droit et d'allégement des procédures. »

1. Devant le juge administratif, en l'absence, dans les statuts d'une association ou d'un syndicat, de stipulation réservant expressément à un autre organe la capacité de décider de former une action devant le juge administratif, celle-ci est régulièrement engagée par l'organe tenant des mêmes statuts le pouvoir de représenter en justice cette association ou ce syndicat. • CE, sect., 3 mars 1998, *Féd. de la plasturgie,* req. nos 177962, 180754 et 183067 : *Lebon 127* ; *AJDA 1998.413* ; *D. 1999.69*. ♦ … Sol. conf par : • CE, Ass., 5 mars 1999, *Confédération nationale des groupes autonomes de l'enseignement public,* req. n° 132023 : *AJDA 1999.420* ; *RTD civ. 1999.729*. ♦ … et en matière sportive : • CE 6 oct. 1999, *Formation fédérale de taekwondo,* req. nos 196556 196569, 196579, 199555 : *Rép. Contentieux admnistratif, Délai, n° 392.* ♦ …Sol. identique devant le juge judiciaire : • Soc. 16 janv. 2008 : *D. 2008 AJ 426 et 2051, note Rodriguez.*

2. Dans le silence des statuts sur ce point, l'action ne peut être régulièrement engagée que par l'assemblée générale, laquelle peut ainsi décider de former un recours pour excès de pouvoir contre les décisions contestées et autoriser son président à ester en justice, celui-ci ayant alors qualité pour agir. • CAA Bordeaux, 16 juill. 2013, *Ligue Midi-Pyrénées de football,* req. n° 12BX01260 : *Dict. perm. dr. sport 2013, Bull. n° 205, p. 11, obs. D. Rémy.*

3. Toutefois, lorsque les statuts d'une association prévoient expressément que son président a qualité pour agir en justice au nom de l'association après autorisation du conseil d'administration, il n'est pas justifié de la qualité pour agir du président en l'absence de production de l'extrait du registre des délibérations ou du procès-verbal de la réunion du conseil d'administration l'autorisant à ester, une simple attestation en ce sens établie par le président lui-même. • CAA Nancy, 4 juin 2012, *Ass. Racing club de Strasbourg omnisport,* req. n° 11NC01091 : *Dict. perm. dr. sport 2012 ; Bull. n° 193, p. 2, note P. Juillet et D. Rémy.*

4. Alors que la cour administrative d'appel de Versailles a rejeté l'appel formé par le président de la Ligue de football professionnel pour ne pas avoir informé ses instances dirigeantes en violation de l'art. 31 des statuts de la Ligue (CAA Versailles, 5 févr. 3013, *LFP, n° 12VE00089*), le Conseil d'État fait prévaloir une interprétation libérale de cette disposition statutaire en jugeant que la formalité, tenant à la simple information *a posteriori* du bureau et du conseil d'administration sur les actions en justice engagées, n'est pas prescrite à peine d'irrecevabilité des actions introduites devant la juridiction administrative. • CE 18 juin 2014, req. n° 368912 : *Lebon T à mentionner.*

5. V. aussi note 34 ss. art. L. 131-8 C. sport.

Art. 7 *(L. n° 71-604 du 20 juill. 1971)* « En cas de nullité prévue par l'article 3, la dissolution de l'association est prononcée par le tribunal de grande instance, soit à la requête de tout intéressé, soit à la diligence du ministère public. Celui-ci peut assigner à jour fixe et le tribunal, sous les sanctions prévues à l'article 8, ordonner par provision et nonobstant toute voie de recours, la fermeture des locaux et l'interdiction de toute réunion des membres de l'association. »

(Abrogé par L. n° 2012-387 du 22 mars 2012, art. 127) ***« En cas d'infraction aux dispositions de l'article 5, la dissolution peut être prononcée à la requête de tout intéressé ou du ministère public. »***

Le juge civil applique aux associations le 2e al. de l'art. 1844-7 C. civ. selon lequel la société prend fin par la réalisation ou l'extinction de son objet. Ainsi, la décision de la Fédération française d'aviron de retirer à la Ligue de Guadeloupe des sociétés d'aviron la reconnaissance dont elle bénéficiait jusqu'alors entraîne la disparition de l'objet social de la Ligue régionale et conduit au prononcé de sa dissolution. • TGI Basse-Terre, 22 mai 2014 : *n° 14/00291.*

Art. 8 Seront punis des peines d'amende prévues pour les contraventions de la 5e classe, en première infraction et en récidive, ceux qui auront contrevenu aux dispositions de l'article 5.

Seront punis *(L. n° 2001-504 du 12 juin 2001)* « de trois ans d'emprisonnement et de 45 000 euros d'amende », les fondateurs, directeurs ou administrateurs de l'association qui se serait maintenue ou reconstituée illégalement après le jugement de dissolution.

Seront punies de la même peine les personnes qui auront favorisé la réunion des membres de l'association dissoute, en consentant l'usage d'un local dont elles disposent.

Art. 9 En cas de dissolution volontaire, statutaire ou prononcée par justice, les biens de l'association seront dévolus conformément aux statuts ou, à défaut de dispositions statutaires, suivant les règles déterminées en assemblée générale.

Art. 9 *bis* *(L. n° 2014-856 du 31 juill. 2014, art. 71-1°)* I. – La fusion de plusieurs associations est décidée par des délibérations concordantes adoptées dans les conditions requises par leurs statuts pour leur dissolution. Lorsque la fusion est réalisée par voie de création d'une nouvelle association, le projet de statuts de la nouvelle association est approuvé par délibérations concordantes de chacune des associations qui disparaissent et il n'y a pas lieu à approbation de l'opération par la nouvelle association.

La scission d'une association est décidée dans les conditions requises par ses statuts pour sa dissolution. Lorsque la scission est réalisée par apport à une nouvelle association, le projet de statuts de la nouvelle association est approuvé par délibération de l'association scindée et il n'y a pas lieu à approbation de l'opération par la nouvelle association.

L'apport partiel d'actif entre associations est décidé par des délibérations concordantes adoptées dans les conditions requises par leurs statuts.

Les associations qui participent à l'une des opérations mentionnées aux trois premiers alinéas établissent un projet de fusion, de scission ou d'apport partiel d'actif, qui fait l'objet d'une publication sur un support habilité à recevoir des annonces légales, dans des conditions et délais fixés par voie réglementaire.

Lorsque la valeur totale de l'ensemble des apports est d'un montant au moins égal à un seuil fixé par voie réglementaire, les délibérations prévues aux trois premiers alinéas sont précédées de l'examen d'un rapport établi par un commissaire à la fusion, à la scission ou aux apports, désigné d'un commun accord par les associations qui procèdent à l'apport. Le rapport se prononce sur les méthodes d'évaluation et sur la valeur de l'actif et du passif des associations concernées et expose les conditions financières de l'opération. Pour l'exercice de sa mission, le commissaire peut obtenir, auprès de chacune des associations, communication de tous documents utiles et procéder aux vérifications nécessaires.

II. – La fusion ou la scission entraîne la dissolution sans liquidation des associations qui disparaissent et la transmission universelle de leur patrimoine aux associations bénéficiaires, dans l'état où il se trouve à la date de réalisation définitive de l'opération. L'apport partiel d'actif n'entraîne pas la dissolution de l'association qui apporte une partie de son actif.

Les membres des associations qui disparaissent acquièrent la qualité de membres de l'association résultant de la fusion ou de la scission.

Les articles L. 236-14, L. 236-20 et L. 236-21 du code de commerce sont applicables aux fusions ou aux scissions d'associations.

III. – Sauf stipulation contraire du traité d'apport, la fusion, la scission ou l'apport partiel d'actif prend effet :

1° En cas de création d'une ou de plusieurs associations nouvelles, à la date de publication au *Journal officiel* de la déclaration de la nouvelle association ou de la dernière d'entre elles ;

2° Lorsque l'opération entraîne une modification statutaire soumise à une approbation administrative, à la date d'entrée en vigueur de celle-ci ;

3° Dans les autres cas, à la date de la dernière délibération ayant approuvé l'opération.

IV. – Lorsqu'une association bénéficiant d'une autorisation administrative, d'un agrément, d'un conventionnement ou d'une habilitation participe à une fusion, à une scission ou à un apport partiel d'actif et qu'elle souhaite savoir si l'association résultant de la fusion ou de la scission ou bénéficiaire de l'apport bénéficiera de l'autorisation, de l'agrément, du conventionnement ou de l'habilitation pour la durée restant à courir, elle peut interroger l'autorité administrative, qui se prononce sur sa demande :

1° Si elles existent, selon les règles prévues pour autoriser la cession de l'autorisation, de l'agrément, du conventionnement ou de l'habilitation ;

2° Dans les autres cas, dans les conditions et délais prévus pour accorder l'autorisation, l'agrément, le conventionnement ou l'habilitation.

Le présent IV n'est pas applicable à la reconnaissance d'utilité publique.

V. – Un décret en Conseil d'État fixe les modalités d'application du présent article.

TITRE II

Art. 10 *(L. n° 87-571 du 23 juill. 1987)* Les associations peuvent être reconnues d'utilité publique par décret en Conseil d'État à l'issue d'une période probatoire de fonctionnement d'une durée au moins égale à trois ans.

La reconnaissance d'utilité publique peut être retirée dans les mêmes formes.

La période probatoire de fonctionnement n'est toutefois pas exigée si les ressources prévisibles sur un délai de trois ans de l'association demandant cette reconnaissance sont de nature à assurer son équilibre financier.

V. art. L. 131-8 C. sport : les fédérations sportives agréées sont dispensées des procédures de reconnaissance d'utilité publique, cette qualité leur est reconnue de plein droit.

Art. 11 *(L. nº 2014-856 du 31 juill. 2014, art. 76)* Les associations reconnues d'utilité publique peuvent faire tous les actes de la vie civile qui ne sont pas interdits par leurs statuts.

Les actifs éligibles aux placements des fonds de ces associations sont ceux autorisés par le code de la sécurité sociale pour la représentation des engagements réglementés des institutions et unions exerçant une activité d'assurance.

Les associations reconnues d'utilité publique peuvent accepter les libéralités entre vifs et testamentaires, dans les conditions fixées à l'article 910 du code civil.

Art. 12 *(L. nº 2014-856 du 31 juill. 2014, art. 71-2º)* La dissolution sans liquidation de l'association reconnue d'utilité publique qui disparaît du fait d'une fusion ou d'une scission est approuvée par décret en Conseil d'État. Ce même décret abroge le décret de reconnaissance d'utilité publique de l'association absorbée.

TITRE III

....

Art. 17 Sont nuls tous actes entre vifs ou testamentaires, à titre onéreux ou gratuit, accomplis soit directement, soit par personne interposée, ou toute autre voie indirecte, ayant pour objet de permettre aux associations légalement ou illégalement formées de se soustraire aux dispositions des articles 2, 6, 9, 11, 13, 14 et 16.

Al. 2 abrogé par L. 8 avr. 1942.

La nullité pourra être prononcée soit à la diligence du ministère public, soit à la requête de tout intéressé.

....

Art. 20 Un décret déterminera les mesures propres à assurer l'exécution de la présente loi. *– V. Décr. 16 août 1901 ss. art. 21 bis L. 1er juill. 1901.*

Art. 21 Sont abrogés les articles 291, 292, 293 du code pénal, ainsi que les dispositions de l'article 294 du même code relatives aux associations ; l'article 20 de l'ordonnance du 5-8 juillet 1820 ; la loi du 10 avril 1834 ; l'article 13 du décret du 28 juillet 1848 ; l'article 7 de la loi du 30 juin 1881 ; la loi du 14 mars 1872 ; le paragraphe 2, article 2, de la loi du 24 mai 1825 ; le décret du 31 janvier 1852 et, généralement, toutes les dispositions contraires à la présente loi.

Il n'est en rien dérogé pour l'avenir aux lois spéciales relatives aux syndicats professionnels, aux sociétés de commerce et aux sociétés de secours mutuels.

Art. 21 *bis* *(Ord. nº 2015-904 du 23 juill. 2015, art. 14-I-2º)* « I. – » *(L. nº 2009-970 du 3 août 2009, art. 10-III)* « La présente loi est applicable dans les collectivités d'outre-mer régies par l'article 74 de la Constitution et en Nouvelle-Calédonie, à l'exception de son article 18 et sous réserve des dispositions suivantes : »

(Abrogé par Ord. nº 2015-904 du 23 juill. 2015, art. 14-I-1º) « I. – Pour l'application de la présente loi à Mayotte :

« 1º A l'article 5, les références à la préfecture du département et à la sous-préfecture de l'arrondissement sont remplacées par la référence à la préfecture ;

« 2º A l'article 6, les mots : "des régions, des départements" sont remplacés par les mots : "(L. nº 2014-856 du 31 juill. 2014, art. 96-II-1º) « du Département »" ; »

(Abrogé par L. nº 2014-856 du 31 juill. 2014, art. 96-II-2º) « 3º A l'article 7, la référence au tribunal de grande instance est remplacée par la référence au tribunal de première instance. »

II. – Pour l'application de la présente loi à Saint-Barthélemy, à Saint-Martin et à Saint-Pierre-et-Miquelon :

(Ord. nº 2015-904 du 23 juill. 2015, art. 14-I-3º) « 1º A l'article 5, la référence au représentant de l'État dans le département est remplacée par la référence au représentant de l'État dans la collectivité territoriale ; »

2º A l'article 6, les mots : "des régions, des départements" sont remplacés par les mots : "de la collectivité" ;

3º A l'article 15, la référence au préfet est remplacée par la référence au représentant de l'État.

III. — Pour l'application de la présente loi dans les îles Wallis-et-Futuna :

(Ord. n° 2015-904 du 23 juill. 2015, art. 14-I-4°-a) « 1° Aux articles 5 et 15, les références au représentant de l'État dans le département et au préfet sont remplacées par la référence à l'administrateur supérieur des îles Wallis-et-Futuna » ;

2° A l'article 6 :

a) Les mots : "des régions, des départements, des communes" sont remplacés par les mots : "des îles Wallis-et-Futuna, des circonscriptions territoriales" ;

b) Après les mots : "16 euros" sont insérés les mots : "ou à un montant équivalent en monnaie locale" ;

3° A l'article 7, la référence au tribunal de grande instance est remplacée par la référence au tribunal de première instance ;

4° A l'article 8, après les mots : "45 000 euros" sont insérés les mots : "ou d'un montant équivalent en monnaie locale" ;

5° A l'article 11, les mots : "en titres pour lesquels est établi le bordereau de références nominatives prévu à l'article 55 de la loi n° 87-416 du 17 juin 1987 sur l'épargne" sont supprimés ;

(Abrogé par Ord. n° 2015-904 du 23 juill. 2015, art. 14-I-4°-b) ***« 6° A l'article 15, la référence au préfet est remplacée par la référence à l'administrateur supérieur ; »***

7° Abrogé par L. n° 2009-970 du 3 août 2009, art. 10-III.

IV. — Pour l'application de la présente loi en Polynésie française :

(Ord. n° 2015-904 du 23 juill. 2015, art. 14-I-5°-a) « 1° Aux articles 5 et 15, les références au représentant de l'État dans le département et au préfet sont remplacées par la référence au haut-commissaire de la République en Polynésie française ».

2° A l'article 6 :

a) Les mots : "des régions, des départements" sont remplacés par les mots : "de la Polynésie française" ;

b) Après les mots : "16 euros" sont insérés les mots : "ou à un montant équivalent en monnaie locale" ;

3° A l'article 7, la référence au tribunal de grande instance est remplacée par la référence au tribunal de première instance ;

4° A l'article 8, après les mots : "45 000 euros" sont insérés les mots : "ou d'un montant équivalent en monnaie locale" ;

5° A l'article 11, les mots : "en titres pour lesquels est établi le bordereau de références nominatives prévu à l'article 55 de la loi n° 87-416 du 17 juin 1987 sur l'épargne" sont supprimés ;

6° A l'article 15, la référence au préfet est remplacée par la référence au haut-commissaire de la République.

V. — Pour l'application de la présente loi en Nouvelle-Calédonie :

(Ord. n° 2015-904 du 23 juill. 2015, art. 14-I-6°-a) « 1° Aux article 5 et 15, les références au représentant de l'État dans le département et au préfet sont remplacées par la référence au haut-commissaire de la République en Nouvelle-Calédonie. »

2° A l'article 6 :

a) Les mots : "des régions, des départements" sont remplacés par les mots : "de la Nouvelle-Calédonie ou de ses provinces" ;

b) Après les mots : "16 euros" sont insérés les mots : "ou à un montant équivalent en monnaie locale" ;

3° A l'article 7, la référence au tribunal de grande instance est remplacée par la référence au tribunal de première instance ;

4° A l'article 8, après les mots : "45 000 euros" sont insérés les mots : "ou d'un montant équivalent en monnaie locale" ;

5° A l'article 11, les mots : "en titres pour lesquels est établi le bordereau de références nominatives prévu à l'article 55 de la loi n° 87-416 du 17 juin 1987 sur l'épargne" sont supprimés.

(Abrogé par Ord. n° 2015-904 du 23 juill. 2015, art. 14-I-6°-b) ***« 6° A l'article 15, la référence au préfet est remplacée par la référence au haut-commissaire de la République. »***

Les dispositions des 3°, 4° et 5° du I de l'art. 14 de l'Ord. n° 2015-904 du 23 juill. 2015 sont respectivement applicables dans les îles Wallis-et-Futuna, en Polynésie française et en Nouvelle-Calédonie et celles du II sont applicables dans les îles Wallis-et-Futuna et en Nouvelle-Calédonie (Ord. préc., art. 14-IV).

Décret du 16 août 1901,

Portant règlement d'administration publique pour l'exécution de la loi du 1er juillet 1901 relative au contrat d'association.

TITRE Ier. DES ASSOCIATIONS

CHAPITRE Ier. *ASSOCIATIONS DÉCLARÉES*

Art. 1er La déclaration prévue par l'article 5, paragraphe 2, de la loi du 1er juillet 1901 *[V. ci-dessus]* est faite par ceux qui, à un titre quelconque, sont chargés de l'administration *(Abrogé par Décr. nº 2007-807 du 11 mai 2007)* « *ou de la direction* » de l'association.

Dans le délai d'un mois, elle est rendue publique par leurs soins au moyen de l'insertion au *Journal officiel* d'un extrait contenant la date de la déclaration, le titre et l'objet de l'association, ainsi que l'indication de son siège social.

Al. 3 abrogé par Décr. nº 81-404 du 24 avr. 1981.

Art. 2 Toute personne a droit de prendre communication sans déplacement, au secrétariat de la préfecture ou de la sous-préfecture, des statuts et déclarations ainsi que des pièces faisant connaître les modifications de statuts et les changements survenus dans l'administration *(Abrogé par Décr. nº 2007-807 du 11 mai 2007)* « *ou la direction* ». Elle peut même s'en faire délivrer à ses frais expédition ou extrait.

Art. 3 Les déclarations relatives aux changements survenus dans l'administration *(Abrogé par Décr. nº 2007-807 du 11 mai 2007)* « *ou la direction* » de l'association mentionnent :

1° Les changements de personnes chargées de l'administration *(Abrogé par Décr. nº 2007-807 du 11 mai 2007)* « *ou de la direction* » ;

2° Les nouveaux établissements fondés ;

3° *(Décr. nº 81-404 du 24 avr. 1981)* « Le changement d'adresse du siège social » ;

4° Les acquisitions ou aliénations du local et des immeubles spécifiés à l'article 6 de la loi du 1er juillet 1901 ; un état descriptif, en cas d'acquisition, et l'indication des prix d'acquisition ou d'aliénation doivent être joints à la déclaration.

Art. 4 *(Décr. nº 81-404 du 24 avr. 1981)* « Pour les associations dont le siège est à Paris », les déclarations et les dépôts de pièces annexées sont faits à la préfecture de police.

Art. 5 Le récépissé de toute déclaration contient l'énumération des pièces annexées ; il est daté et signé *(Décr. nº 81-404 du 24 avr. 1981)* « par le préfet, le sous-préfet ou leur délégué ».

Art. 6 Les modifications apportées aux statuts et les changements survenus dans l'administration *(Abrogé par Décr. nº 2007-807 du 11 mai 2007)* « *ou la direction* » de l'association sont transcrits sur un registre tenu au siège de toute association déclarée ; les dates des récépissés relatifs aux modifications et changements sont mentionnées au registre.

La présentation dudit registre aux autorités administratives ou judiciaires, sur leur demande, se fait sans déplacement au siège social.

Art. 7 Les unions d'associations ayant une administration *(Abrogé par Décr. nº 2007-807 du 11 mai 2007)* « *ou une direction* » centrale sont soumises aux dispositions qui précèdent. Elles déclarent, en outre, le titre, l'objet et le siège des associations qui les composent. Elles font connaître dans les trois mois les nouvelles associations adhérentes.

CHAPITRE II. *ASSOCIATIONS RECONNUES D'UTILITÉ PUBLIQUE*

Art. 8 Les associations qui sollicitent la reconnaissance d'utilité publique doivent avoir rempli au préalable les formalités imposées aux associations déclarées.

Art. 9 La demande en reconnaissance d'utilité publique est signée de toutes les personnes déléguées à cet effet par l'assemblée générale.

Art. 10 Il est joint à la demande :

1° Un exemplaire du *Journal officiel* contenant l'extrait de la déclaration ;

2° Un exposé indiquant l'origine, le développement, le but d'intérêt public de l'œuvre ;

3° Les statuts de l'association en double exemplaire ;

4° La liste de ses établissements avec indication de leur siège ;

5° La liste des membres de l'association avec l'indication de leur âge, de leur nationalité, de leur profession et de leur domicile, ou, s'il s'agit d'une union, la liste des associations qui la composent avec l'indication de leur titre, de leur objet et de leur siège ;

6° Le compte financier du dernier exercice ;

7° Un état de l'actif mobilier et immobilier et du passif ;

8° Un extrait de la délibération de l'assemblée générale autorisant la demande en reconnaissance d'utilité publique.

Ces pièces sont certifiées sincères et véritables par les signataires de la demande.

Art. 11 Les statuts contiennent :

1° L'indication du titre de l'association, de son objet, de sa durée et de son siège social ;

2° Les conditions d'admission et de radiation de ses membres ;

3° Les règles d'organisation et de fonctionnement de l'association et de ses établissements, ainsi que la détermination des pouvoirs conférés aux membres chargés de l'administration *(Abrogé par Décr. n° 2007-807 du 11 mai 2007)* « *ou de la direction* », les conditions de modification des statuts et de la dissolution de l'association ;

4° L'engagement de faire connaître dans les trois mois à la préfecture ou à la sous-préfecture tous les changements survenus dans l'administration *(Abrogé par Décr. n° 2007-807 du 11 mai 2007)* « *ou la direction* » et de présenter sans déplacement les registres et pièces de comptabilité, sur toute réquisition du préfet, à lui-même ou à son délégué ;

5° Les règles suivant lesquelles les biens seront dévolus en cas de dissolution volontaire, statutaire, prononcée en justice ou par décret ;

6° Le prix maximum des rétributions qui seront perçues à un titre quelconque dans les établissements de l'association où la gratuité n'est pas complète.

Art. 12 La demande est adressée au ministre de l'intérieur ; il en est donné récépissé daté et signé avec indication des pièces jointes.

(Décr. n° 81-404 du 24 avr. 1981) « Le ministre fait procéder, s'il y a lieu, à l'instruction de la demande. Il peut provoquer l'avis du conseil municipal de la commune où l'association a son siège et demander un rapport au préfet. »

Après avoir consulté les ministres intéressés, il transmet le dossier au Conseil d'État.

Art. 13 Une copie du décret de reconnaissance d'utilité publique est transmise au préfet ou au sous-préfet pour être jointe au dossier de la déclaration ; ampliation du décret est adressée par ses soins à l'association reconnue d'utilité publique.

Art. 13-1 *(Décr. n° 80-1074 du 17 déc. 1980)* Les modifications apportées aux statuts ou la dissolution volontaire d'une association reconnue d'utilité publique prennent effet après approbation donnée par décret en Conseil d'État pris sur le rapport du ministre de l'intérieur.

Toutefois, l'approbation peut être donnée par arrêté du ministre de l'intérieur à condition que cet arrêté soit pris conformément à l'avis du Conseil d'État.

Par dérogation aux dispositions qui précèdent, la modification des statuts portant sur le transfert à l'intérieur du territoire français du siège de l'association prend effet après approbation du ministre de l'intérieur.

Les recours dirigés contre les refus d'approbation, par le ministre de l'Intérieur, des modifications apportées aux statuts d'une fédération sportive reconnue d'utilité publique ne présentent pas un caractère réglementaire. En conséquence, ils ne relèvent pas de la compétence du Conseil d'État en premier et dernier ressort mais de celle du tribunal administratif. • CE 4 juill. 2012, *Féd. fr. gymnastique,* req. n° 354892 : *Dict. perm. dr. sport 2012, Bull. n° 192, p. 10, obs. D. Rémy.*

CHAPITRE III. *DISPOSITIONS COMMUNES AUX ASSOCIATIONS DÉCLARÉES ET AUX ASSOCIATIONS RECONNUES D'UTILITÉ PUBLIQUE*

Art. 14 Si les statuts n'ont pas prévu les conditions de liquidation et de dévolution des biens d'une association en cas de dissolution, par quelque mode que ce soit, ou si l'assemblée générale qui prononce la dissolution volontaire n'a pas pris de décision à cet égard, le tribunal, à la requête du ministère public, nomme un curateur. Ce curateur provoque, dans le délai déterminé par le tribunal, la réunion d'une assemblée générale dont le mandat est uniquement de statuer sur la dévolution des biens ; il exerce les pouvoirs conférés par l'article 813 du code civil aux curateurs des successions vacantes.

Art. 15 Lorsque l'assemblée générale est appelée à se prononcer sur la dévolution des biens, quel que soit le mode de dévolution, elle ne peut, conformément aux dispositions de l'article 1er de la loi du 1er juillet 1901, attribuer aux associés, en dehors de la reprise des apports, une part quelconque des biens de l'association.

V. la suite de ce texte sur Dalloz.fr et les applications mobiles Dalloz.

....

Art. 21 *ter* *(Ord. n° 2015-904 du 23 juill. 2015, art. 14-II)* Pour l'application de la présente loi à Mayotte :

1° A l'article 5, la référence au département est remplacée par la référence au Département de Mayotte ;

2° A l'article 6, les mots : "des régions, des départements" sont remplacés par les mots : "du Département".

Décret-loi du 25 juin 1934,

Relatif aux subventions aux sociétés privées.

....

Art. 1er *(Décr.-L. 2 mai 1938)* Toute association, société ou collectivité privée qui reçoit une subvention de l'État est tenue de fournir ses budgets et comptes au ministre qui accorde la subvention.

Elle peut, en outre, être invitée à présenter les pièces justificatives des dépenses et tous autres documents dont la production serait jugée utile.

Tout refus de communication entraînera la suppression de la subvention.

Le président du comité de contrôle financier et le contrôleur des dépenses engagées près le département ministériel intéressé peuvent obtenir communication des documents sus-indiqués.

....

Décret-loi du 2 mai 1938,

Relatif au budget.

....

Art. 15 Il est interdit à toute association, société ou collectivité ayant reçu une subvention, d'en employer tout ou partie en subventions à d'autres associations, sociétés, collectivités privées ou œuvres, sauf autorisation formelle du ministre visée par le contrôleur des dépenses engagées.

Les bénéficiaires de ces dérogations seront soumis dans les mêmes conditions au contrôle prévu par l'article précédent.

V. aussi art. L. 141-1 C. sport autorisant le CNOSF à être sous-répartiteur des aides personnalisées attribuées aux sportifs de haut niveau ; s'agissant des subventions des collectivités territoriales, V. art. L. 1611-4, al. 3, CGCT [reproduit supra].

....

Loi n° 87-571 du 23 juillet 1987,

Sur le développement du mécénat.

Art. 4-1 *(L. n° 2009-526 du 12 mai 2009, art. 138)* « Tout organisme bénéficiaire de dons de personnes physiques ou morales ouvrant droit, au bénéfice des donateurs, à un avantage fiscal *(Abrogé par L. n° 2009-1674 du 30 déc. 2009, art. 114)* ***« au titre de l'impôt sur le revenu ou de l'impôt sur les sociétés, »*** doit assurer, dans des conditions déterminées par décret en Conseil d'État, la publicité par tous moyens et la certification de ses comptes annuels au-dessus d'un montant de dons de 153 000 euros par an. »

Les dispositions de l'alinéa qui précède ne sont pas applicables aux associations et fondations. Lorsque le montant annuel des dons reçus excède un seuil fixé par décret *[montant fixé à 153 000 euros par Décr. n° 2007-644 du 30 avr. 2007 ; les dispositions du Décr. préc. sont applicables aux exercices comptables des associations et fondations ouverts à compter du 1er janv. 2007]*, celles-ci sont soumises aux prescriptions de l'article L. 612-4 du code de commerce *[V. ci-dessus]*.

Loi n° 2000-321 du 12 avril 2000,

Relative aux droits des citoyens dans leurs relations avec les administrations.

Art. 1er Sont considérés comme autorités administratives au sens de la présente loi les administrations de l'État, les collectivités territoriales, les établissements publics à caractère administratif, les organismes de sécurité sociale et les autres organismes chargés de la gestion d'un service public administratif.

....

Art. 10 Les budgets et les comptes des autorités administratives mentionnées à l'article 1er et dotées de la personnalité morale sont communicables à toute personne qui en fait la demande, dans les conditions prévues par la loi n° 78-753 du 17 juillet 1978 précitée *[V. App., v° Actes administratifs]*.

La communication de ces documents peut être obtenue tant auprès de l'autorité administrative concernée que de celles qui les détiennent.

(Ord. n° 2015-904 du 23 juill. 2015, art. 7) « Les demandes de subvention présentées par les associations auprès d'une autorité administrative ou d'un organisme chargé de la gestion d'un service public industriel et commercial mentionné au premier alinéa de l'article 9-1 sont établies selon un formulaire unique dont les caractéristiques sont précisées par décret. »

L'autorité administrative *(L. n° 2014-856 du 31 juill. 2014, art. 59-2°-a)* « ou l'organisme chargé de la gestion d'un service public industriel et commercial mentionné au premier alinéa de l'article 9-1 » qui attribue une subvention doit, lorsque cette subvention dépasse un seuil défini par décret *[montant fixé à 23 000 euros par Décr. n° 2001-495 du 6 juin 2001]*, conclure une convention avec l'organisme de droit privé qui en bénéficie, définissant l'objet, le montant *(L. n° 2014-856 du 31 juill. 2014, art. 59-2°-b)* « , les modalités de versement » et les conditions d'utilisation de la subvention attribuée. *(L. n° 2003-590 du 2 juill. 2003)* « Cette disposition ne s'applique pas aux organismes qui bénéficient de subventions pour l'amélioration, la construction, l'acquisition et l'amélioration des logements locatifs sociaux prévues au livre III du code de la construction et de l'habitation. »

(L. n° 2014-626 du 18 juin 2014, art. 37) « L'autorité administrative *(L. n° 2014-856 du 31 juill. 2014, art. 59-2°-a)* « ou l'organisme chargé de la gestion d'un service public industriel et commercial mentionné au premier alinéa de l'article 9-1 » qui attribue une subvention dépassant le seuil mentionné au *(L. n° 2016-1321 du 7 oct. 2016, art. 18-I-1°)* « quatrième » alinéa du présent article à une société commerciale peut prévoir, dans les conditions d'utilisation, une clause relative au versement de dividendes, au sens de l'article L. 232-12 du code de commerce, ou au versement de rémunérations ou avantages de toute nature accordés aux mandataires sociaux pendant toute la durée de la convention et jusqu'à trois ans après la fin de la convention. *(L. n° 2014-856 du 31 juill. 2014, art. 59-2°-c)* « L'autorité ou l'organisme mentionné à la première phrase du présent alinéa » peut émettre un titre exécutoire pour obtenir le remboursement de tout ou partie de la subvention si le montant des versements, mentionnés à la première phrase du présent alinéa, effectués par cette société dépasse le montant maximal fixé par la convention. Le montant du remboursement ne peut excéder le montant total de ces versements, effectués depuis le début de la convention. »

Lorsque la subvention est affectée à une dépense déterminée, l'organisme de droit privé bénéficiaire doit produire un compte rendu financier qui atteste de la conformité des dépenses effectuées à l'objet de la subvention. Le compte rendu financier est déposé auprès de l'autorité administrative *(L. n° 2014-856 du 31 juill. 2014, art. 59-2°-d)* « ou l'organisme chargé de la gestion d'un service public industriel et commercial mentionné au premier alinéa de l'article 9-1 » qui a versé la subvention dans les six mois suivant la fin de l'exercice pour lequel elle a été attribuée.

Le budget et les comptes de tout organisme de droit privé ayant reçu une subvention, la convention prévue au présent article et le compte rendu financier de la subvention doivent être communiqués à toute personne qui en fait la demande par l'autorité administrative *(L. n° 2014-856 du 31 juill. 2014, art. 59-2°-a)* « ou l'organisme chargé de la gestion d'un service public industriel et commercial mentionné au premier alinéa de l'article 9-1 » ayant attribué la subvention ou *(L. n° 2014-856 du 31 juill. 2014, art. 59-2°-e)* « par les autorités administratives qui détiennent ces documents », dans les conditions prévues par la loi n° 78-753 du 17 juillet 1978 précitée.

Les organismes de droit privé ayant reçu annuellement de l'ensemble des autorités administratives *(L. n° 2014-856 du 31 juill. 2014, art. 59-2°-f)* « ou des organismes chargés de la gestion d'un service public industriel et commercial » une subvention supérieure à un montant fixé par décret *[montant fixé à 153 000 euros par Décr. n° 2001-495 du 6 juin 2001]* doivent déposer à la préfecture du département où se trouve leur siège social leur budget, leurs comptes, les conventions prévues au présent article et, le cas échéant, les comptes rendus financiers des subventions reçues pour y être consultés.

(Ord. n° 2005-856 du 28 juill. 2005, art. 6, en vigueur le 1er janv. 2006) « La formalité de dépôt en préfecture, prévue à l'alinéa précédent, n'est pas exigée des organismes ayant le

statut d'association ou de fondation. Les fondations sont soumises aux obligations de publicité prévues pour les associations au premier alinéa de l'article L. 612-4 du code de commerce. »

(L. n° 2016-1321 du 7 oct. 2016, art. 18-I-2°) **« L'autorité administrative ou l'organisme chargé de la gestion d'un service public industriel et commercial mentionné au premier alinéa de l'article 9-1 de la présente loi qui attribue une subvention dépassant le seuil mentionné au quatrième alinéa du présent article rend accessible, sous forme électronique, dans un standard ouvert aisément réutilisable et exploitable par un système de traitement automatisé, les données essentielles de la convention de subvention, dans des conditions fixées par voie réglementaire. »** — *Ces dispositions sont applicables aux exercices comptables des associations et fondations ouverts à compter du 1er janv. 2006 (Ord. n° 2005-856 du 28 juill. 2005, art. 9).*

Le 2° de l'art. 1er, l'art. 3 dans ses dispositions relatives aux associations régies par la loi au 1er juill. 1901 relative au contrat d'association et les art. 4, 7, 8 et 9 de l'Ord. n° 2015-904 du 23 juill. 2015 sont applicables dans les collectivités d'outre-mer régies par l'art. 74 de la Constitution et en Nouvelle-Calédonie (Ord. préc., art. 15-I).

....

Décret n° 2009-540 du 14 mai 2009,

Portant sur les obligations des associations et des fondations relatives à la publicité de leurs comptes annuels.

Art. 1er **Les associations et fondations soumises aux prescriptions du premier alinéa de l'article L. 612-4 du code de commerce assurent la publicité de leurs comptes annuels et du rapport du commissaire aux comptes sur le site internet de la** *(Décr. n° 2010-31 du 11 janv. 2010, art. 3)* **« Direction de l'information légale et administrative ».**

A cette fin, elles transmettent par voie électronique à la *(Décr. n° 2010-31 du 11 janv. 2010, art. 3)* **« direction de l'information légale et administrative », dans les trois mois à compter de l'approbation des comptes par l'organe délibérant statutaire, les documents mentionnés audit alinéa et, le cas échéant, ceux prévus au quatrième alinéa de l'article 4 de la loi du 7 août 1991 susvisée. Un arrêté du Premier ministre fixe les modalités de cette transmission.**

Ces documents sont publiés sous forme électronique par la *(Décr. n° 2010-31 du 11 janv. 2010, art. 3)* **« direction de l'information légale et administrative », dans des conditions de nature à garantir leur authenticité et leur accessibilité gratuite.**

Cette prestation donne lieu à rémunération pour service rendu dans les conditions prévues par le décret susvisé du 31 août 2005.

Art. 2 *[Dispositions modificatrices]*

Art. 3 **Pour les comptes annuels des exercices comptables ouverts à compter du 1er janvier 2006 et approuvés avant la publication de l'arrêté mentionné au deuxième alinéa de l'article 1er, le délai de transmission prévu au même alinéa court à compter de cette publication.**

Arrêté du 2 juin 2009,

Portant sur les obligations des associations et des fondations relatives à la publicité de leurs comptes annuels.

Art. 1er **Les informations à diffuser en application du décret du 14 mai 2009 susvisé sont déposées, dans un format exclusivement PDF, via un formulaire d'enregistrement en ligne disponible sur le site de la** *(Décr. n° 2010-31 du 11 janv. 2010, art. 3)* **« Direction de l'information légale et administrative ».**

Les présentes dispositions entrent en vigueur à compter du 6 juillet 2009.

BAIGNADES ET PISCINES

BIBL. GÉN. ▶ Natation et baignades, *in Dict. perm. dr. sport (mise à jour périodique).* – J.-P. VIAL, Piscine et baignades : guide de la responsabilité, *Territorial, éd. 2008, PUS* ; Noyade d'un enfant dans une piscine municipale : *Cah. dr. sport 2011, n° 23, p. 129.*

COMMENTAIRE

Par la directive n° 2006-7 du 15 février 2006, l'Union européenne a fixé des règles pour la surveillance, l'évaluation et la gestion de la qualité des eaux de baignade ainsi que la fourniture d'informations sur la qualité des eaux.

Les dispositions de cette directive ont été transposées dans la loi sur l'eau et les milieux aquatiques du 30 décembre 2006 (n° 2006-1772 du 30 déc. 2006) qui a modifié les articles L. 1332-1 à L. 1332-9 du code de la santé publique. Le dispositif législatif ainsi rénové institue à la charge des communes le contrôle des baignades. A ce titre, elles sont chargées de recenser chaque année les eaux de baignade, les sources possibles de leur pollution et assurer l'information régulière du public.

Plus généralement, on rappellera que la sécurité des lieux de baignade incombe avant tout au maire en vertu de son pouvoir de police générale (art. L. 2212-1 et L. 2212-2 CGCT). D'ailleurs, les établissements de baignade d'accès payant ou les baignades aménagées et réglementairement autorisées doivent faire l'objet, avant leur ouverture, d'une déclaration préalable à la mairie et à la préfecture.

Le pouvoir du maire s'exerce sur tout le territoire de la commune et ce, quel que soit le type de baignade (publique ou privée, d'accès payant ou gratuit). Sur le littoral, le maire exerce la police des baignades et des activités aquatiques pratiquées à partir du rivage jusqu'à une limite fixée à trois cents mètres à compter de la limite des eaux (art. L. 2213-23 CGCT).

D'une manière générale, le maire est tenu d'informer le public des dangers existants par une signalisation appropriée et de prendre toutes les mesures préventives nécessaires à une intervention rapide des secours en cas d'accident. Ces obligations concernent aussi bien les zones aménagées que les zones non surveillées mais habituellement fréquentées.

Par exemple, les baignades aménagées et réglementairement autorisées doivent faire l'objet d'une signalisation spécifique : drapeaux de couleur pour indiquer le degré de dangerosité de la baignade, affiches et fléchage indiquant l'emplacement du poste de secours, des engins de sauvetage, etc.

Pour les autres zones de baignade, non interdites, il n'y a aucune obligation de signalisation. Toutefois, par souci de prudence, le maire indique parfois que la baignade se fait aux risques et périls des usagers. Enfin, les baignades interdites doivent être signalées par des pancartes visibles sur lesquelles doit apparaître l'arrêté municipal d'interdiction.

S'agissant de la responsabilité des communes en matière de signalisation des dangers sur les lieux de baignade, V. App., v° *Responsabilité administrative*. ❑

Code de la santé publique

PARTIE LÉGISLATIVE

(Ord. n° 2000-548 du 15 juin 2000)

LIVRE III **Protection de la nature et environnement**

TITRE III **Prévention des risques sanitaires liés aux milieux et sécurité sanitaire environnementale**

CHAPITRE II ***Piscines et baignades***

Art. L. 1332-1 *(L. n° 2006-1772 du 30 déc. 2006, art. 42)* **« Toute personne qui procède à l'installation d'une piscine, d'une baignade artificielle ou à l'aménagement d'une baignade, publique ou privée à usage collectif, doit en faire, avant l'ouverture, la déclaration à la mairie du lieu de son implantation. »**

Cette déclaration, accompagnée d'un dossier justificatif, comporte l'engagement que l'installation de la piscine ou l'aménagement de la baignade satisfait aux normes d'hygiène et de sécurité fixées par *(L. n° 2006-1772 du 30 déc. 2006, art. 42)* **« les décrets mentionnés aux articles L. 1332-7 et L. 1332-8.**

« La commune recense, chaque année, toutes les eaux de baignade au sens des dispositions de l'article L. 1332-2, qu'elles soient aménagées ou non, et cela pour la première fois avant le début de la première saison balnéaire qui suit une date fixée par décret. La commune encourage la participation du public à ce recensement. »

Art. L. 1332-2 *(L. n° 2006-1772 du 30 déc. 2006, art. 42)* **Au titre du présent chapitre, est définie comme eau de baignade toute partie des eaux de surface dans laquelle la commune**

s'attend à ce qu'un grand nombre de personnes se baignent et dans laquelle l'autorité compétente n'a pas interdit la baignade de façon permanente. Ne sont pas considérés comme eau de baignade :

– les bassins de natation et de cure ;

– les eaux captives qui sont soumises à un traitement ou sont utilisées à des fins thérapeutiques ;

– les eaux captives artificielles séparées des eaux de surface et des eaux souterraines.

Art. L. 1332-3 *(L. n° 2006-1772 du 30 déc. 2006, art. 42)* Est considéré comme personne responsable d'une eau de baignade le déclarant de la baignade selon les dispositions de l'article L. 1332-1, ou, à défaut de déclarant, la commune ou le groupement de collectivités territoriales compétent sur le territoire duquel se situe l'eau de baignade.

La personne responsable d'une eau de baignade, sous le contrôle du représentant de l'État dans le département :

– définit la durée de la saison balnéaire ;

– élabore, révise et actualise le profil de l'eau de baignade qui comporte notamment un recensement et une évaluation des sources possibles de pollution de l'eau de baignade susceptibles d'affecter la santé des baigneurs, et précise les actions visant à prévenir l'exposition des baigneurs aux risques de pollution ;

– établit un programme de surveillance portant sur la qualité, pour chaque eau de baignade, avant le début de chaque saison balnéaire ;

– prend les mesures réalistes et proportionnées qu'elle considère comme appropriées, en vue d'améliorer la qualité de l'eau de baignade *(L. n° 2011-302 du 22 mars 2011, art. 9)* « , de prévenir l'exposition des baigneurs à la pollution, de réduire le risque de pollution et d'améliorer le classement de l'eau de baignade » ;

– analyse la qualité de l'eau de baignade ;

– assure la fourniture d'informations au public, régulièrement mises à jour, sur la qualité de l'eau de baignade et sa gestion, et encourage la participation du public à la mise en œuvre des dispositions précédentes ;

– informe le maire de la durée de saison balnéaire de l'eau de baignade, de son profil et des modalités de l'information et de la participation du public.

(Ord. n° 2010-177 du 23 févr. 2010, art. 7-14°) « Elle est tenue de se soumettre au contrôle sanitaire organisé par l'agence régionale de santé dans les conditions prévues au présent chapitre et selon les modalités définies à l'article L. 1321-5. »

Art. L. 1332-4 Sans préjudice de l'exercice des pouvoirs de police appartenant aux diverses autorités administratives, l'utilisation d'une piscine ou d'une *(L. n° 2006-1772 du 30 déc. 2006, art. 42)* « eau de baignade » peut être interdite par les autorités administratives si les conditions matérielles d'aménagement ou de fonctionnement portent atteinte à la santé ou à la sécurité des utilisateurs ainsi qu'à l'hygiène ou à la salubrité publique, ou si l'installation n'est pas conforme aux normes prévues ou n'a pas été mise en conformité avec celles-ci dans le délai déterminé par les autorités administratives.

(L. n° 2006-1772 du 30 déc. 2006, art. 42) « Le responsable de l'eau de baignade et le maire par avis motivé peuvent décider de la fermeture préventive et temporaire du site de baignade en cas de danger susceptible d'affecter la santé des baigneurs, sous réserve d'informer le public des causes et de la durée de la fermeture.

« En cas d'inobservation des dispositions prévues par les articles L. 1332-1, L. 1332-3, le présent article et les articles L. 1332-7 et L. 1332-8 ou des règlements et décisions individuelles pris pour leur application, *(Ord. n° 2010-177 du 23 févr. 2010, art. 7-15°)* « le représentant de l'État dans le département sur le rapport du directeur général de l'agence régionale de santé » met en demeure la personne responsable de la piscine, de la baignade artificielle ou de l'eau de baignade concernée d'y satisfaire dans un délai déterminé. »

V. aussi Circ. intermin. 9 mai 1983 relative aux piscines et à la mise en conformité des installations existantes (JONC 13 août 1983).

Pour un arrêt confirmant que l'existence de la police spéciale des baignades dévolue au préfet n'a pas pour effet de dispenser le maire de l'obligation de prendre les mesures nécessaires pour prévenir les atteintes à la sécurité publique qui pourraient résulter des « pollutions de toute nature », V. : • CE 30 juill. 1997, *Assoc. « Nos enfants et leur sécurité » : req. n° 150740.* ♦ V. aussi : • CAA Nantes, 8 juill. 1999, *Ville de Rennes : req. n° 96NT01891.*

Art. L. 1332-5 *(L. n° 2006-1772 du 30 déc. 2006, art. 42)* Le contrôle des dispositions applicables aux piscines et aux baignades aménagées est assuré par *(Ord. n° 2010-177 du*

23 févr. 2010, art. 7-16° et 19-I-5°) « les agents mentionnés aux articles L. 1421-1 et L. 1435-7 ainsi que par les agents du ministère chargé des sports.

« L'évaluation de la qualité et le classement de l'eau de baignade sont effectués par le directeur général de l'agence régionale de santé à partir des analyses réalisées en application du présent chapitre, notamment au titre du contrôle sanitaire. Le directeur général de l'agence transmet les résultats du classement au représentant de l'État dans le département, qui les notifie à la personne responsable de l'eau et au maire. »

Art. L. 1332-6 *(L. n° 2006-1772 du 30 déc. 2006, art. 42)* Les frais correspondant aux obligations de la personne responsable de l'eau de baignade prévues par l'article L. 1332-3 et au contrôle sanitaire dans les conditions définies à l'article L. 1321-5 sont à la charge de cette personne.

Les départements peuvent participer financièrement aux opérations de gestion des eaux de baignade, comportant l'élaboration des profils des eaux de baignade, du programme de surveillance et d'information et de participation du public, réalisées par la commune ou le groupement de collectivités territoriales compétent.

Art. L. 1332-7 *(L. n° 2006-1772 du 30 déc. 2006, art. 42)* Sont déterminées par décret les modalités d'application du présent chapitre relatives aux eaux de baignade, et notamment :

1° Les règles sanitaires auxquelles doivent satisfaire les eaux de baignade en fonction notamment de la nature, de l'usage et de la fréquentation des installations, et suivant qu'il s'agit d'installations existantes ou à créer ;

2° Les modalités relatives à la définition de la saison balnéaire, à l'élaboration, la révision et l'actualisation des profils des eaux de baignade, au programme de surveillance, à l'information et à la participation du public, aux normes, méthodes et pratiques d'analyse harmonisées relatives à la qualité des eaux de baignade, au classement des eaux de baignade ainsi qu'au contrôle *(Ord. n° 2010-177 du 23 févr. 2010, art. 7-17°)* « sanitaire exercé par l'agence régionale de santé » ;

3° La nature, l'objet et les modalités de transmission des renseignements que fournit la personne responsable de l'eau de baignade au *(Ord. n° 2010-177 du 23 févr. 2010, art. 7-17°)* « directeur général de l'agence régionale de santé et les modalités selon lesquelles celui-ci les transmet au représentant de l'État dans le département ».

Art. L. 1332-8 *(L. n° 2006-1772 du 30 déc. 2006, art. 42)* La personne responsable d'une piscine ou d'une baignade artificielle est tenue de surveiller la qualité de l'eau et d'informer le public sur les résultats de cette surveillance, de se soumettre à un contrôle sanitaire, de respecter les règles et les limites de qualité fixées par décret, et de n'employer que des produits et procédés de traitement de l'eau, de nettoyage et de désinfection efficaces et qui ne constituent pas un danger pour la santé des baigneurs et du personnel chargé de l'entretien et du fonctionnement de la piscine ou de la baignade artificielle.

Sont déterminées par décret les modalités d'application du présent chapitre relatives aux piscines et aux baignades artificielles, et notamment les règles sanitaires, de conception et d'hygiène, auxquelles doivent satisfaire les piscines et les baignades artificielles.

Art. L. 1332-9 *(L. n° 2006-1772 du 30 déc. 2006, art. 42)* Les frais correspondant aux obligations de la personne responsable d'une piscine ou d'une baignade artificielle prévues au présent chapitre sont à la charge de cette personne.

Les conditions relatives aux dépenses du contrôle sanitaire sont définies à l'article L. 1321-5.

COMMENTAIRE

Le code de la santé publique distingue les règles d'hygiène et de sécurité applicables aux piscines (CSP, art. D. 1332-1 s. et Arr. du 7 avr. 1981) de celles qui régissent les eaux de baignade.

S'agissant des eaux de baignade, il est opéré un suivi régulier de leur qualité par la réalisation de fréquentes analyses. Ce contrôle sanitaire, mis en œuvre par les agences régionales de santé, porte sur l'ensemble des zones accessibles au public où la baignade est habituellement pratiquée par un nombre important de baigneurs. L'information du public sur la qualité de ces eaux et les conditions de sécurité liées aux activités s'effectuant par voie d'affichage en mairie et/ou sur les sites de baignade.

Quant aux piscines, les règles sanitaires visent, principalement, l'alimentation en eau, le circuit de traitement de l'eau, son évacuation, les risques de pollution (désinfection des eaux, installations sanitaires), etc. A l'instar des eaux de baignade, les analyses de surveillance de la qualité des eaux sont effectuées au moins une fois par mois, par l'agence régionale de santé, le respect des normes dans ce domaine constituant pour l'exploitant une obligation de résultat. Font également l'objet d'une réglementation assez sévère la capacité d'accueil des établissements, l'accès aux plages de la piscine ou bien encore la qualité de l'air.

S'agissant des moyens de secours applicables aux piscines et baignades aménagées, le code de la santé publique (art. D. 1332-8 et D. 1332-41) impose la présence d'un poste de secours situé à proximité directe des plages, ceci afin de permettre une intervention rapide. Pour les établissements d'accès payant, le dispositif général de sécurité est défini par le plan d'organisation de la surveillance et des secours (POSS) établi par l'exploitant de l'établissement de baignade et dans lequel sont fixés, notamment, en fonction de la configuration de l'établissement, le nombre de personnes chargées de la surveillance et le nombre de personnes pouvant être admises simultanément. Le POSS est transmis au préfet du département deux mois avant l'ouverture de l'établissement ainsi qu'après chaque modification (V. art. D. 322-16 et A. 322-12 s. C. sport).

S'agissant des piscines couvertes ou de plein air, elles doivent également répondre aux normes de sécurité contre l'incendie dans les établissements recevant du public.

Enfin, des garanties de technique et de sécurité des équipements portant notamment sur le carrelage des sols, les escaliers d'accès à l'eau, les toboggans aquatiques, les plongeoirs, les bouches de reprise des eaux, l'affichage des profondeurs maximales et minimales de l'eau, etc., doivent également être respectées par les exploitants d'établissement de baignade. ❑

PARTIE RÉGLEMENTAIRE

(Décr. n° 2003-462 du 21 mai 2003)

LIVRE III **Protection de la nature et environnement**

TITRE III **Prévention des risques sanitaires liés à l'environnement et au travail** *(Décr. n° 2006-676 du 8 juin 2006, art. 2)*.

CHAPITRE II *Piscines et baignades*

SECTION I *Règles sanitaires applicables aux piscines*

(Décr. n° 2008-990 du 18 sept. 2008)

Art. D. 1332-1 **Les normes définies dans la présente section s'appliquent aux piscines** *(Abrogé par Décr. n° 2008-990 du 18 sept. 2008)* ***« et aux baignades aménagées »*** **autres que celles réservées à l'usage personnel d'une famille.**

Une piscine est un établissement ou une partie d'établissement qui comporte un ou plusieurs bassins artificiels utilisés pour les activités de bain ou de natation. Les piscines thermales et les piscines des *(Décr. n° 2008-376 du 17 avr. 2008, art. 2-I)* **« établissements de santé autorisés à dispenser des soins de suite et de réadaptation », d'usage exclusivement médical, ne sont pas soumises aux dispositions de la présente section.**

(Abrogé par Décr. n° 2008-990 du 18 sept. 2008) ***« Une baignade aménagée comprend, d'une part, une ou plusieurs zones d'eau douce ou d'eau de mer dans lesquelles les activités de bain ou de natation sont expressément autorisées, d'autre part, une portion de terrain contiguë à cette zone sur laquelle des travaux ont été réalisés afin de développer ces activités. »***

Art. D. 1332-2 **L'eau des bassins des piscines doit répondre aux normes physiques, chimiques et microbiologiques suivantes :**

1° Sa transparence permet de voir parfaitement au fond de chaque bassin les lignes de nage ou un repère sombre de 0,30 mètre de côté, placé au point le plus profond ;

2° Elle n'est pas irritante pour les yeux, la peau et les muqueuses ;

3° La teneur en substance oxydable au permanganate de potassium à chaud en milieu alcalin exprimée en oxygène ne doit pas dépasser de plus de 4 mg/l la teneur de l'eau de remplissage des bassins ;

4° Elle ne contient pas de substances dont la quantité serait susceptible de nuire à la santé des baigneurs ;

5° Le pH est compris entre 6,9 et 8,2 ;

6° Le nombre de bactéries aérobies revivifiables à 37° C dans un millilitre est inférieur à 100 ;

7° Le nombre de coliformes totaux dans 100 millilitres est inférieur à 10 avec absence de coliformes fécaux dans 100 millilitres ;

8° Elle ne contient pas de germes pathogènes, notamment pas de staphylocoques pathogènes dans 100 ml pour 90 % des échantillons.

Art. D. 1332-3 Les ministres concernés déterminent par arrêté pris après avis *(Décr. nº 2006-1677 du 22 déc. 2006 ; Décr. nº 2011-385 du 11 avr. 2011, art. 4)* « de l'Agence nationale de sécurité sanitaire de l'alimentation, de l'environnement et du travail » les produits et les procédés qui permettent de satisfaire aux exigences prévues *(Décr. nº 2008-990 du 18 sept. 2008)* « à l'article D. 1332-2 ». Le silence gardé pendant plus de six mois sur la demande d'autorisation d'utilisation de ces produits et procédés vaut décision de rejet.

(Décr. nº 2006-1677 du 22 déc. 2006, art. 2-II) « Les dispositions du présent article ne s'appliquent pas aux produits *(Décr. nº 2016-859 du 29 juin 2016, art. 2-2°, en vigueur le 1er juill. 2016)* « autorisés à l'issue d'une procédure d'autorisation de mise à disposition sur le marché en application du règlement (UE) n° 528/2012 du 22 mai 2012 ». – *[Anc. art. D. 1332-4 ; V. ci-dessous, Arr. du 7 avr. 1981, art. 5.]*

Art. D. 1332-4 L'eau des bassins doit être filtrée, désinfectée et désinfectante.

L'alimentation en eau des bassins doit être assurée à partir d'un réseau de distribution publique. Toute utilisation d'eau d'une autre origine doit faire l'objet d'une autorisation prise par arrêté préfectoral sur proposition du *(Décr. nº 2010-344 du 31 mars 2010, art. 47)* « directeur général de l'agence régionale de santé » après avis du conseil départemental de l'environnement et des risques sanitaires et technologiques. – *[Anc. art. D. 1332-5.]*

Art. D. 1332-5 Sauf pour les pataugeoires et les bassins à vagues, pendant la période de production des vagues, la couche d'eau superficielle des bassins est éliminée ou reprise en continu pour au moins 50 % des débits de recyclage définis à l'article *(Décr. nº 2008-990 du 18 sept. 2008)* « D. 1332-6 », par un dispositif situé à la surface. Les écumeurs de surface ne peuvent être installés que dans les bassins dont la superficie du plan d'eau est inférieure ou égale à 200 mètres carrés ; il doit, dans ce cas, y avoir au moins un écumeur de surface pour 25 mètres carrés de plan d'eau. – *[Anc. art. D. 1332-6.]*

Art. D. 1332-6 L'installation de recyclage et de traitement est dimensionnée pour pouvoir fournir, à tout moment et à chaque bassin qu'elle alimente, un débit d'eau filtrée et désinfectée de qualité conforme aux normes fixées à l'article D. 1332-2. Pour les piscines dont la surface totale de plan d'eau est supérieure à 240 mètres carrés, cette installation assure une durée du cycle de l'eau inférieure ou égale à :

1° Huit heures pour un bassin de plongeon ou une fosse de plongée subaquatique ;

2° Trente minutes pour une pataugeoire ;

3° Une heure trente pour les autres bassins ou parties de bassins de profondeur inférieure ou égale à 1,50 mètre ;

4° Quatre heures pour les autres bassins ou parties de bassins de profondeur supérieure à 1,50 mètre.

Des débitmètres permettent de s'assurer que l'eau de chaque bassin est recyclée conformément aux dispositions du présent article.

Il peut n'être réalisé qu'une seule installation de traitement de l'eau pour plusieurs bassins, à condition que chaque bassin possède ses propres dispositifs d'alimentation et d'évacuation et que les apports de désinfectant correspondent aux besoins. Toutes dispositions sont prises pour que les réparations puissent être effectuées sur les canalisations et les appareils de traitement de l'eau sans qu'une vidange générale soit nécessaire.

Des robinets de puisage d'accès facile, à fins de prélèvements, doivent être installés au moins avant filtration et injection de réactifs, immédiatement avant l'entrée de l'eau dans chaque filtre, après filtration et avant injection de désinfectant, le plus près possible de l'arrivée à chaque bassin, sur la vidange des filtres.

Les eaux coulant sur les plages ne doivent pas pouvoir pénétrer dans un bassin. Elles sont évacuées par un dispositif spécial distinct du circuit emprunté par l'eau des bassins. – *[Anc. art. D. 1332-7.]*

Art. D. 1332-7 L'assainissement des établissements doit être réalisé de manière à éviter tout risque de pollution des eaux de baignade.

La conception et le nombre des installations sanitaires, déterminé en fonction de la capacité d'accueil de l'installation, doivent être conformes aux dispositions de l'annexe 13-6. – *V. cette annexe sur Dalloz.fr et sur les applications mobiles Dalloz* ⌂. – *[Anc. art. D. 1332-8.]*

Art. D. 1332-8 Les piscines *(Abrogé par Décr. n° 2008-990 du 18 sept. 2008)* « *et les baignades aménagées* » comprennent un poste de secours situé à proximité directe des plages. – *[Anc. art. D. 1332-9.]*

Art. D. 1332-9 La capacité d'accueil de l'établissement, fixée par le maître d'ouvrage, doit être affichée à l'entrée. Elle distingue les fréquentations maximales instantanées en baigneurs et en autres personnes.

La fréquentation maximale instantanée en baigneurs présents dans l'établissement ne doit pas dépasser trois personnes pour 2 mètres carrés de plan d'eau en plein air et une personne par mètre carré de plan d'eau couvert. Pour l'application du présent article, la surface des pataugeoires et celle des bassins de plongeon ou de plongée réservés en permanence à cet usage ne sont pas prises en compte dans le calcul de la surface des plans d'eau.

Les personnes autres que les baigneurs, notamment les spectateurs, visiteurs ou accompagnateurs, ne peuvent être admises dans l'établissement que si des espaces distincts des zones de bain et comportant un équipement sanitaire spécifique ont été prévus à cette fin. – *[Anc. art. D. 1332-10.]*

Art. D. 1332-10 Dans les établissements où la superficie des bassins est supérieure ou égale à 240 mètres carrés, les accès aux plages en provenance des locaux de déshabillage comportent un ensemble sanitaire comprenant des cabinets d'aisance, des douches corporelles et des pédiluves ou des rampes d'aspersion pour pieds alimentées en eau désinfectante. Les autres accès aux plages comportent des pédiluves et, si nécessaire, des douches corporelles. Les pédiluves sont conçus de façon que les baigneurs ne puissent les éviter. Ils sont alimentés en eau courante et désinfectante non recyclée et vidangés quotidiennement. – *[Anc. art. D. 1332-11.]*

Art. D. 1332-11 Les revêtements de sol rapportés, semi-fixes ou mobiles, notamment les caillebotis, sont interdits, exception faite des couvertures de goulotte. – *[Anc. art. D. 1332-12.]*

Art. D. 1332-12 Un arrêté préfectoral fixe, selon les types d'installation, la nature et la fréquence des analyses de surveillance de la qualité des eaux que doivent réaliser les responsables des installations. Toutefois, cette fréquence ne doit pas être inférieure, pour les piscines, à une fois par mois.

Les prélèvements d'échantillons sont effectués à la diligence de *(Décr. n° 2010-344 du 31 mars 2010, art. 47)* « l'agence régionale de santé ». Ils sont analysés par un laboratoire agréé par le ministre chargé de la santé. Les frais correspondants sont à la charge du déclarant de la piscine. Le silence gardé pendant plus de six mois sur la demande d'agrément d'un laboratoire vaut décision de rejet.

Les résultats, transmis à *(Décr. n° 2010-344 du 31 mars 2010, art. 47)* « l'agence régionale de santé », sont affichés par le déclarant de manière visible pour les usagers.

Les méthodes d'analyse employées par les laboratoires doivent être soit les méthodes de référence fixées par un arrêté du ministre chargé de la santé *(Décr. n° 2006-1677 du 22 déc. 2006, art. 1er-II ; Décr. n° 2011-385 du 11 avr. 2011, art. 4)* « dont il peut saisir pour avis l'Agence nationale de sécurité sanitaire de l'alimentation, de l'environnement et du travail », soit des méthodes conduisant à des résultats équivalents. – *V. ci-dessous, Arr. du 29 nov. 1991.*

Art. D. 1332-13 Lorsque l'une au moins des normes de la présente section n'est pas respectée, le préfet *(Décr. n° 2010-344 du 31 mars 2010, art. 47)* « , sur le rapport du directeur général de l'agence régionale de santé, » peut interdire ou limiter l'utilisation de l'établissement ou de la partie concernée de celui-ci. L'interdiction ne peut être levée que lorsque le déclarant a fait la preuve que ces normes sont de nouveau respectées.

(Décr. n° 2008-990 du 18 sept. 2008) « L'application des dispositions de la présente section ne peut avoir pour effet de dégrader directement ou indirectement la qualité des eaux des piscines. » – *[Anc. art. D. 1332-15.]*

SECTION II ***Règles sanitaires applicables aux eaux de baignade*** *(Décr. n° 2008-990 du 18 sept. 2008).*

COMMENTAIRE

A la suite de la demande de la Commission européenne, qui a considéré le 28 septembre 2010 que les autorités françaises n'avaient pas correctement transposé la directive 2006/7/CE du 15 février 2006 concernant la gestion de la qualité des eaux de baignade, les dispositions relatives aux règles sanitaires applicables aux eaux de baignade ont été amendées (Décr. n° 2011-1239 du 4 oct. 2011, Arr. du 4 oct. 2011 (JO 6 oct.) et Instr. DGS/EA4 n° 2011-264 du 1er juill. 2011). Les principales modifications apportées visent, d'une part, à clarifier les obligations qui incombent aux personnes responsables d'une eau de baignade classée temporairement comme étant de qualité « insuffisante » (CSP, art. D. 1332-29) et, d'autre part, à préciser le contenu du contrôle sanitaire effectué par les agences régionales de santé (ARS) qui ont repris les missions des anciennes Directions régionales des affaires sanitaires et sociales (DRASS) et Directions départementales des affaires sanitaires et sociales (DDASS). Ce contrôle sanitaire comprend, notamment, l'inspection des eaux de baignade, le contrôle des mesures de gestion et de sécurité sanitaire mises en œuvre par la personne responsable de l'eau de baignade et le maire, notamment l'information du public et les mesures d'interdiction de baignade ainsi que la réalisation de prélèvements et d'analyses de la qualité de l'eau de baignade, des contrôles visuels de pollution et l'interprétation sanitaire de leurs résultats (CSP, art. D. 1332-23). ❑

Art. D. 1332-14 **Les dispositions de la présente section s'appliquent aux eaux de baignade définies à l'article L. 1332-2. Leur application ne peut avoir pour effet de dégrader directement ou indirectement la qualité des eaux des baignades.**

Art. D. 1332-15 **1° Une eau de baignade est caractérisée par une zone où l'eau est de qualité homogène.**

2° La saison balnéaire définie pour chaque eau de baignade est la période pendant laquelle la présence d'un grand nombre de baigneurs est prévisible. Lorsque la saison balnéaire s'étend sur l'année entière, elle commence le 1er octobre et s'achève le 30 septembre.

3° Un grand nombre de baigneurs correspond à une fréquentation estimée élevée, compte tenu notamment des tendances passées ou des infrastructures et des services mis à disposition ou de toute autre mesure prise pour encourager la baignade.

4° Une pollution correspond à la présence :

– d'une contamination microbiologique en *Escherichia coli*, en entérocoques intestinaux ou en micro-organismes pathogènes ;

– ou d'autres organismes tels que les cyanobactéries, de macroalgues ou de phytoplancton marin ;

– ou de déchets tels que, notamment, résidus goudronneux, verre, plastique ou caoutchouc, affectant la qualité des eaux de baignade et présentant un risque pour la santé des baigneurs.

5° Une pollution à court terme est une contamination microbiologique portant sur les paramètres *Escherichia coli* ou entérocoques intestinaux ou sur des micro-organismes pathogènes qui a des causes aisément identifiables, qui ne devrait normalement pas affecter la qualité des eaux de baignade pendant plus de soixante-douze heures environ à partir du moment où la qualité de ces eaux a commencé à être affectée.

6° Une situation anormale est un événement ou une combinaison d'événements affectant la qualité des eaux de baignade à un endroit donné et ne se produisant généralement pas plus d'une fois tous les quatre ans en moyenne.

7° Les mesures de gestion adéquates en cas de pollution sont les mesures visant à prévenir l'exposition des baigneurs à la pollution, à améliorer la qualité de l'eau de baignade et à assurer la fourniture d'informations au public, régulièrement mises à jour, sur la qualité de l'eau de baignade et sa gestion. Elles relèvent des obligations qui incombent à la personne responsable de l'eau de baignade aux termes de l'article L. 1332-3.

Art. D. 1332-16 **La procédure de recensement engagée par la commune, prévue à l'article L. 1332-1, vise à établir avant chaque saison balnéaire la liste des eaux de baignade soumises aux dispositions de la présente section. Cette procédure prévoit les modalités d'information et de participation du public pendant la saison balnéaire qui précède.**

La commune engage, chaque année, la procédure de recensement des eaux de baignade définies à l'article L. 1332-2 situées sur son territoire au plus tard le 1er juillet *(Décr. n° 2011-1239 du 4 oct. 2011, art. 1er-1°)* **« ou, dans les départements d'outre-mer, à Mayotte, à Saint-Barthélemy et à Saint-Martin, au plus tard le 1er novembre ».**

La commune informe le public de la mise en œuvre de cette procédure et de ses modalités par affichage en mairie et, dans la mesure du possible, à proximité des eaux dans lesquelles la baignade est habituellement pratiquée. Durant la période allant du 1er juillet au 30 septembre de chaque année *(Décr. n° 2011-1239 du 4 oct. 2011, art. 1er-1°)* **« ou, dans les départements d'outre-mer, à Mayotte, à Saint-Barthélemy et à Saint-Martin, du 1er novem-**

bre au 31 janvier », le public peut faire part de ses observations sur les eaux qu'il considère comme pouvant être qualifiées d'eau de baignade lors de la saison balnéaire suivante. Ces observations sont consignées sur un registre mis à la disposition du public en mairie, où il est conservé un an. La commune élabore une synthèse des observations exprimées par le public.

La commune informe les déclarants de baignades aménagées définies à l'article D. 1332-39, ouvertes lors de la saison balnéaire en cours que, sauf opposition écrite de leur part au plus tard le 30 novembre de l'année en cours *(Décr. n° 2011-1239 du 4 oct. 2011, art. 1er-1°)* « ou, dans les départements d'outre-mer, à Mayotte, à Saint-Barthélemy et à Saint-Martin, au plus tard le 31 mars de l'année en cours », leur baignade sera inscrite dans la liste des eaux de baignade recensées par la commune pour la saison balnéaire suivante et que la durée prévisible de la saison balnéaire suivante sera la durée effective de la saison balnéaire en cours.

Les personnes souhaitant ouvrir une baignade aménagée sur le territoire de la commune durant la saison balnéaire suivante en font la déclaration, prévue à l'article L. 1332-1, auprès de la commune au plus tard le 30 novembre de l'année en cours *(Décr. n° 2011-1239 du 4 oct. 2011, art. 1er-1°)* « ou, dans les départements d'outre-mer, à Mayotte, à Saint-Barthélemy et à Saint-Martin, au plus tard le 31 mars de l'année en cours ». Cette déclaration précise la durée prévisible de la saison balnéaire suivante.

Le préfet met en demeure le maire de la commune de satisfaire à ces obligations lorsque la commune ne respecte pas les modalités de recensement prévues au présent article.

Art. D. 1332-17 La commune établit la liste des eaux de baignade recensées pour la saison balnéaire suivante, sur la base de la synthèse des observations exprimées par le public, des réponses des déclarants de baignade aménagée et des eaux de baignade dont la commune est responsable. Cette liste inclut les eaux de baignade de la saison balnéaire précédente. Toutefois, les eaux de baignade dont les caractéristiques ont été modifiées et pour lesquelles la définition d'une eau de baignade prévue à l'article L. 1332-2 ne s'applique plus peuvent être exclues de cette liste, sous réserve qu'une justification soit apportée.

Les informations à fournir par la commune pour chaque eau de baignade sont les suivantes :

1° Nom du site ;

2° Nom de la commune et numéro INSEE ;

3° Nom de la personne physique ou morale responsable de l'eau de baignade ;

4° Coordonnées géographiques de l'eau de baignade ;

5° Baignade aménagée ou non aménagée ;

6° Type d'eau : eau douce, eau salée ;

7° Durée et dates prévisibles de la saison balnéaire.

Art. D. 1332-18 La liste des eaux de baignade, telle que résultant de la procédure de recensement prévue à l'article D. 1332-16 ainsi que toute modification de cette liste par rapport à l'année précédente, accompagnée de sa motivation, les informations mentionnées à l'article D. 1332-17 ainsi que la synthèse des observations du public sont communiquées par la commune au préfet *(Décr. n° 2010-344 du 31 mars 2010, art. 48)* « et au directeur général de l'agence régionale de santé » au plus tard le 31 janvier de chaque année *(Décr. n° 2011-1239 du 4 oct. 2011, art. 1er-2°)* « ou, dans les départements d'outre-mer, à Mayotte, à Saint-Barthélemy et à Saint-Martin, au plus tard le 31 mai ».

En l'absence de transmission au préfet par la commune de la liste des eaux de baignade issues du recensement dans les délais fixés ci-dessus ou en l'absence de transmission de la justification d'une exclusion d'une eau de baignade, la liste des eaux de baignade de la saison balnéaire précédente ainsi que les dates de la saison balnéaire sont reconduites par le préfet.

Art. D. 1332-19 Les eaux de baignade recensées sont inscrites au registre des zones protégées mentionné à l'article R. 212-4 du code de l'environnement. Le préfet de département transmet au préfet coordonnateur de bassin la liste des eaux de baignade recensées dans son département.

Le préfet notifie chaque année au ministre chargé de la santé, au plus tard le 30 avril *(Décr. n° 2011-1239 du 4 oct. 2011, art. 1er-3°)* « ou, pour les départements d'outre-mer, Mayotte, Saint-Barthélemy et Saint-Martin, au plus tard le 31 août », la liste des eaux recensées comme eaux de baignade dans son département, ainsi que les motifs de toute modification apportée à la liste de l'année précédente.

Art. D. 1332-20 Chaque personne responsable d'une eau de baignade élabore le profil de celle-ci prévu à l'article L. 1332-3. Ce profil comprend notamment les éléments suivants :

1° Une description des caractéristiques physiques, géographiques et hydrogéologiques des eaux de baignade et des autres eaux de surface du bassin versant des eaux de baignade concernées, qui pourraient être sources de pollution *(Décr. n° 2011-1239 du 4 oct. 2011, art. 1er-4°)* « pertinentes aux fins de l'objectif de la présente section et tel que prévu par la directive 2000/60/CE du Parlement européen et du Conseil du 23 octobre 2000 établissant un cadre pour une politique communautaire dans le domaine de l'eau » ;

2° Une identification et une évaluation des sources de pollution qui pourraient affecter la qualité des eaux de baignade et altérer la santé des baigneurs ;

3° Une évaluation du potentiel de prolifération des cyanobactéries ;

4° Une évaluation du potentiel de prolifération des macroalgues et du phytoplancton ;

5° Si l'évaluation des sources de pollution *(Décr. n° 2011-1239 du 4 oct. 2011, art. 1er-4°)* « mentionnées au 2° » laisse apparaître un risque de pollution à court terme définie à l'article D. 1332-15, les informations suivantes :

a) La nature, la cause, la fréquence et la durée prévisibles de la pollution à court terme à laquelle on peut s'attendre ;

(Décr. n° 2011-1239 du 4 oct. 2011, art. 1er-4°) « *b)* Le détail de toutes les sources de pollution restantes, y compris des mesures de gestion prises et du calendrier prévu pour leur élimination ; »

c) Les mesures de gestion qui seront prises durant la pollution à court terme et l'identité et les coordonnées des instances responsables de la mise en œuvre de ces mesures ;

6° Si l'évaluation des sources de pollution laisse apparaître soit un risque de pollution par des cyanobactéries, des macroalgues, du phytoplancton ou des déchets, soit un risque de pollution entraînant une interdiction ou une décision de fermeture du site de baignade durant toute une saison balnéaire au moins, les informations suivantes :

a) Le détail de toutes les sources de pollution ;

b) Les mesures de gestion qui seront prises pour éviter, réduire et éliminer les sources de pollution et leur calendrier de mise en œuvre ;

7° L'emplacement du ou des points de surveillance ;

8° Les données pertinentes disponibles, obtenues lors des surveillances et des évaluations effectuées en application des dispositions de la présente section et du code de l'environnement.

Les informations mentionnées aux 1°, 2° et 6° sont également fournies sur une carte détaillée, lorsque cela est faisable.

Pour les eaux de baignade contiguës soumises à des sources de pollution communes, un profil commun peut être établi par la ou les personnes responsables des eaux de baignade.

Art. D. 1332-21 La personne responsable de l'eau de baignade élabore, en vue de sa diffusion au public, un document de synthèse correspondant à la description générale de l'eau de baignade fondée sur le profil de celle-ci.

La personne responsable de l'eau de baignade transmet au maire le profil et le document de synthèse, accompagnés, le cas échéant, de toute autre information utile.

Le maire transmet au *(Décr. n° 2010-344 du 31 mars 2010, art. 48)* « directeur général de l'agence régionale de santé » l'ensemble des profils et des documents de synthèse relatifs aux eaux de baignade de sa commune, élaborés par les personnes responsables d'eaux de baignade.

Le *(Décr. n° 2010-344 du 31 mars 2010, art. 48)* « directeur général de l'agence régionale de santé » peut demander communication de toute autre information nécessaire, notamment en cas de risque de pollution particulier. — *La transmission du profil et du document de synthèse par la personne responsable de l'eau de baignade au maire est applicable au plus tard le 1er déc. 2010 ou, pour les sites recensés après cette date, avant le début de la première saison balnéaire. — La transmission de l'ensemble des profils et documents de synthèse par le maire au directeur général de l'agence de santé régionale est applicable au plus tard le 1er févr. 2011 ou avant le début de la première saison balnéaire d'ouverture, pour les sites recensés après la saison balnéaire 2010 (Décr. n° 2008-990 du 18 sept. 2008, art. 6).*

Art. D. 1332-22 Le profil des eaux de baignade classées, en application de l'article D. 1332-27, comme étant de qualité "bonne", "suffisante", ou "insuffisante", doit être révisé régulièrement afin de le mettre à jour. La fréquence et l'ampleur des révisions doivent être adaptées à la nature, à la fréquence et à la gravité des risques de pollution auxquels est exposée l'eau de baignade.

Il est procédé à une révision prévoyant un réexamen de tous les éléments du profil au moins :

— tous les quatre ans pour les eaux de baignade classées comme étant de qualité "bonne" ;

– tous les trois ans pour les eaux de baignade classées comme étant de qualité "suffisante" ;

– tous les deux ans pour les eaux de baignade classées comme étant de qualité "insuffisante".

Le profil d'une eau de baignade classée précédemment comme étant de qualité "excellente" ne doit être réexaminé et, le cas échéant, mis à jour que si le classement passe à la qualité "bonne", "suffisante" ou "insuffisante". Le réexamen doit porter sur tous les éléments du profil.

En cas de travaux de construction importants ou de changements importants dans les infrastructures, effectués dans les zones de baignade ou à proximité, le profil des eaux de baignade doit être mis à jour avant le début de la saison balnéaire suivante.

Les mises à jour et les révisions des profils prévues au présent article sont transmises au maire et au *(Décr. n° 2010-344 du 31 mars 2010, art. 48)* « directeur général de l'agence régionale de santé » dans les conditions fixées à l'article D. 1332-21. – *V. note ss. art. D. 1332-21.*

Art. D. 1332-23 *(Décr. n° 2011-1239 du 4 oct. 2011, art. 1er-5°)* Le programme de surveillance établi par la personne responsable de l'eau de baignade prévu à l'article L. 1332-3 comporte, au minimum, une surveillance visuelle quotidienne pendant la saison balnéaire. Il peut également comporter un suivi d'indicateurs sélectionnés sur la base du profil de l'eau, permettant de détecter une pollution à court terme.

Le contrôle sanitaire, mentionné à l'article L. 1332-3, effectué par le directeur général de l'agence régionale de santé comprend toute opération de vérification du respect des dispositions législatives et réglementaires relatives à la sécurité sanitaire des eaux de baignade.

Il comprend notamment :

1° L'inspection des eaux de baignade ;

2° Le contrôle des mesures de gestion et de sécurité sanitaire mises en œuvre par la personne responsable de l'eau de baignade et le maire, notamment l'information du public et les mesures d'interdiction de baignade ;

3° La réalisation de prélèvements et d'analyses de la qualité de l'eau de baignade, des contrôles visuels de pollution et l'interprétation sanitaire de leurs résultats.

Le contenu du programme d'analyses du contrôle sanitaire, ses modalités d'adaptation et les fréquences de prélèvements et d'analyses sont précisés par arrêté du ministre chargé de la santé.

Dans le cadre du contrôle sanitaire, chaque eau de baignade fait l'objet d'un prélèvement effectué entre dix et vingt jours avant le début de chaque saison balnéaire. Compte tenu de ce prélèvement, la fréquence d'échantillonnage de chaque eau de baignade, définie dans le cadre du contrôle sanitaire, ne peut être inférieure à quatre prélèvements et analyses par saison balnéaire.

Toutefois, dans le cas d'une eau de baignade pour laquelle la saison balnéaire ne dépasse pas huit semaines ou qui est située dans une région soumise à des contraintes géographiques particulières, la fréquence d'échantillonnage est limitée à trois échantillons prélevés et analysés par saison balnéaire.

Les prélèvements prévus dans le cadre du contrôle sanitaire des eaux de baignade sont réalisés en des points, définis par l'agence régionale de santé, où l'on s'attend à trouver le plus de baigneurs ou qui présentent le plus grand risque de pollution, compte tenu du profil de l'eau.

Le directeur général de l'agence régionale de santé peut, selon les modalités prévues par l'arrêté du ministre chargé de la santé mentionné au présent article, modifier le programme d'analyse du contrôle sanitaire des eaux de baignade s'il estime que les risques liés à la qualité de l'eau de baignade le nécessitent.

Art. D. 1332-24 Les prélèvements et analyses d'eau *(Décr. n° 2011-1239 du 4 oct. 2011, art. 1er-6°)* « prévues dans le cadre du contôle sanitaire » sont réalisés par un ou plusieurs laboratoires agréés par le ministre chargé de la santé dans les conditions prévues à l'article L. 1332-6. Les résultats sont transmis par le laboratoire *(Décr. n° 2011-1239 du 4 oct. 2011, art. 1er-6°)* « au directeur général de l'agence régionale de santé qui en informe la personne responsable de l'eau de baignade et le maire » dans les plus brefs délais. Les prélèvements peuvent également être réalisés par les agents de *(Décr. n° 2010-344 du 31 mars 2010, art. 48)* « l'agence régionale de santé ».

(Abrogé par Décr. n° 2011-1239 du 4 oct. 2011, art. 1er-6°) ***« La personne responsable de l'eau de baignade assure la surveillance visuelle de la pollution de l'eau de baignade, prévue au deuxième alinéa de l'article D. 1332-23. »***

Les modalités de prélèvements et la nature des analyses de surveillance de la qualité des eaux de baignade sont fixées par arrêté du ministre de chargé de la santé. — *Dispositions applicables à compter du 1er janv. 2010.*

V. Arr. du 22 sept. 2008 (JO 25 sept.) relatif à la fréquence d'échantillonnage et aux modalités d'évaluation de la qualité et de classement des eaux de baignade, mod. par Arr. du 4 oct. 2011 (JO 6 oct.).

V. également Arr. du 23 sept. 2008 (JO 25 sept.) relatif aux règles de traitement des échantillons et aux méthodes de référence pour les analyses d'eau dans le cadre de la surveillance de la qualité des eaux de baignade.

Art. D. 1332-25 La personne responsable de l'eau de baignade établit les procédures nécessaires à la mise en œuvre des mesures de gestion prévues afin de prévenir et gérer les pollutions à court terme. — *Al. 1er applicable à compter du 1er janv. 2011.*

La personne responsable d'une eau de baignade informe le maire et le *(Décr. n° 2010-344 du 31 mars 2010, art. 48)* « directeur général de l'agence régionale de santé » dès qu'elle a connaissance de situations ayant ou pouvant avoir une incidence négative sur la qualité d'une eau de baignade et sur la santé des baigneurs. Elle transmet au maire et au *(Décr. n° 2010-344 du 31 mars 2010, art. 48)* « directeur général de l'agence régionale de santé » des informations générales sur les conditions susceptibles de conduire à une pollution à court terme, la probabilité de survenue d'une telle pollution et sa durée probable, ses sources et les mesures prises en vue de prévenir l'exposition des baigneurs à ces pollutions et d'éviter, réduire ou éliminer les sources de pollution. La personne responsable de l'eau de baignade prend les mesures de gestion adéquates afin d'améliorer la qualité de l'eau de baignade, d'assurer l'information du public et de prévenir l'exposition des baigneurs à la pollution, y compris la fermeture préventive et temporaire du site.

La personne responsable de l'eau de baignade signale également, dans les meilleurs délais, au maire et au *(Décr. n° 2010-344 du 31 mars 2010, art. 48)* « directeur général de l'agence régionale de santé » toute situation anormale telle que définie à l'article D. 1332-15. Dans ce cas, *(Décr. n° 2011-1239 du 4 oct. 2011, art. 1er-7°)* « le programme d'analyses du contrôle sanitaire » de l'eau de baignade prévu à l'article D. 1332-23 peut être suspendu.

(Décr. n° 2010-344 du 31 mars 2010, art. 48) « Le directeur général de l'agence régionale de santé transmet au préfet les informations qu'il reçoit en application du présent article, accompagnées de ses observations. »

Art. D. 1332-26 Lorsque le profil d'une eau de baignade défini à l'article D. 1332-20 indique :

— un risque potentiel de prolifération de cyanobactéries, c'est-à-dire d'accumulation de cyanobactéries sous la forme d'efflorescences, de nappes ou d'écume ;

— ou une tendance à la prolifération de macroalgues ou de phytoplancton marin,

la personne responsable de l'eau de baignade en assure une surveillance appropriée, détermine si leur présence est acceptable pour la santé publique et identifie en temps utile les risques sanitaires et les mesures de gestion adéquates qu'ils nécessitent. *(Décr. n° 2011-1239 du 4 oct. 2011, art. 1er-8°)* « Elle en informe le directeur général de l'agence régionale de santé. »

En cas de prolifération de cyanobactéries, de macroalgues ou de phytoplancton marin et lorsqu'un risque sanitaire a été identifié ou est présumé, la personne responsable de l'eau de baignade prend immédiatement les mesures de gestion adéquates visant notamment à prévenir l'exposition des baigneurs et en informe le public. — *Entrée en vigueur le 1er janv. 2011.*

Art. D. 1332-27 A l'issue de chaque saison balnéaire, le *(Décr. n° 2010-344 du 31 mars 2010, art. 48)* « directeur général de l'agence régionale de santé » évalue la qualité de chaque eau de baignade sur la base de l'ensemble des données relatives à la qualité de l'eau recueillies *(Décr. n° 2011-1239 du 4 oct. 2011, art. 1er-9°)* « dans le cadre du contrôle sanitaire » conformément aux dispositions des articles D. 1332-23 et D. 1332-24, pendant la saison balnéaire de l'année en cours et les trois saisons balnéaires précédentes.

A la suite de l'évaluation de la qualité de chaque eau de baignade et en considérant les mesures de gestion prises au cours de la période concernée, le *(Décr. n° 2010-344 du 31 mars 2010, art. 48)* « directeur général de l'agence régionale de santé » classe les eaux de baignade comme étant, selon le cas, de qualité : "insuffisante", "suffisante", "bonne" ou "excellente".

Les modalités de l'évaluation et du classement de la qualité des eaux sont fixées par arrêté des ministres chargés de la santé et de l'environnement et du ministre de l'intérieur. — *Dispositions applicables à compter de la fin de la saison balnéaire 2013.*

Art. D. 1332-28 La personne responsable d'une eau de baignade prend les mesures appropriées, réalistes et proportionnées, pour que l'eau de baignade soit au moins de qualité "suffisante" *(Décr. n° 2011-1239, du 4 oct. 2011, art. 1er-10)* « et en vue d'atteindre la qualité "excellente" ou "bonne" ». Elle porte l'ensemble de ces mesures à la connaissance, à leur demande, du maire et du *(Décr. n° 2010-344 du 31 mars 2010, art. 48)* « directeur général de l'agence régionale de santé ».

(Décr. n° 2014-1044 du 12 sept. 2014, art. 1er-I) « A la fin de la saison balnéaire 2015, toutes les eaux de baignade sont au moins de qualité "suffisante". »

Art. D. 1332-29 *(Décr. n° 2011-1239 du 4 oct. 2011, art. 1er-11°)* Sans préjudice de l'exigence prévue à l'article D. 1332-28, le classement temporaire d'une eau de baignade comme étant de qualité insuffisante est permis, sans pour autant entraîner la non-conformité à la présente section.

La personne responsable d'une eau de baignade classée temporairement comme étant de qualité « insuffisante » est tenue de prendre les mesures suivantes, avec effet à partir de la saison balnéaire qui suit le classement :

a) Des mesures de gestion adéquates, comprenant une interdiction de baignade ou un avis déconseillant la baignade, en vue d'éviter que les baigneurs ne soient exposés à une pollution ;

b) L'identification des causes et des raisons pour lesquelles une qualité "suffisante" n'a pu être atteinte ;

c) Des mesures adéquates pour éviter, réduire ou éliminer les sources de pollution ;

d) L'avertissement du public par un signal simple et clair, ainsi que son information des causes de la pollution et des mesures adoptées sur la base du profil des eaux de baignade.

Les informations relatives aux mesures prises mentionnées aux *a* à *d* sont transmises au maire et au directeur général de l'agence régionale de santé par la personne responsable d'une eau de baignade.

Art. D. 1332-30 Lorsqu'une eau de baignade est classée comme étant de qualité "insuffisante" pendant cinq années consécutives, une décision de fermeture du site de baignade est prise par la personne responsable de l'eau de baignade pour une durée couvrant au moins toute la saison balnéaire suivante.

Si la personne responsable de l'eau de baignade estime qu'il est impossible ou exagérément coûteux d'atteindre l'état de qualité "suffisante", elle peut, le cas échéant, prendre une décision de fermeture du site de baignade avant le délai de cinq ans.

La personne responsable d'une eau de baignade informe le maire de la décision de fermeture de son site de baignade ainsi que de la durée et des motifs de cette décision. Ce dernier les communique au préfet aux fins de modification de la liste des eaux de baignade prévue à l'article D. 1332-17 *(Décr. n° 2010-344 du 31 mars 2010, art. 48)* « ainsi qu'au directeur général de l'agence régionale de santé ». — *Dispositions applicables à compter de la fin de la saison balnéaire 2013.*

Art. D. 1332-31 Lorsque la personne responsable d'une eau de baignade est une commune ou un groupement de collectivités, les transmissions d'informations prévues aux articles D. 1332-21 *(Décr. n° 2011-1239 du 4 oct. 2011, art. 1er-12°)* « , D. 1332-22 », D. 1332-24 et D. 1332-28 à D. 1332-30 s'effectuent directement entre la personne responsable de l'eau de baignade et le préfet. *(Décr. n° 2010-344 du 31 mars 2010, art. 48)* « Le directeur général de l'agence régionale de santé transmet au préfet les informations qu'il reçoit en application de ces articles, accompagnées de ses observations. »

Art. D. 1332-32 La personne responsable de l'eau de baignade met à la disposition du public par affichage, durant la saison balnéaire, à un endroit facilement accessible et situé à proximité immédiate de chaque eau de baignade et, le cas échéant, par tout autre moyen de communication approprié, les informations suivantes, en français et éventuellement dans d'autres langues :

1° Le classement de l'eau de baignade établi à la fin de la saison balnéaire précédente et, le cas échéant, tout avis déconseillant ou interdisant la baignade, au moyen d'un signe ou d'un symbole simple et clair ;

2° Les résultats des analyses du dernier prélèvement réalisé *(Décr. n° 2011-1239 du 4 oct. 2011, art. 1er-13°)* « au titre du contrôle sanitaire », accompagnés de leur interprétation sanitaire prévue au 2° de l'article D. 1332-36, dans les plus brefs délais ;

3° Le document de synthèse prévu à l'article D. 1332-21 donnant une description générale de l'eau de baignade et de son profil ;

4° L'indication, le cas échéant, que l'eau de baignade est exposée à des pollutions à court terme, le nombre de jours pendant lesquels la baignade a été interdite au cours de la saison balnéaire précédente en raison d'une pollution à court terme et l'avertissement chaque fois qu'une pollution à court terme est prévue ou se produit pendant la saison balnéaire en cours ;

5° Des informations sur la nature et la durée prévue des situations anormales au cours de tels événements ;

6° En cas d'interdiction ou de décision de fermeture du site de baignade, un avis d'information au public qui en explique les raisons ;

7° En cas d'interdiction ou de décision de fermeture du site de baignade durant toute une saison balnéaire au moins, un avis d'information au public expliquant les raisons pour lesquelles la zone concernée n'est plus une eau de baignade ;

8° Les sources où des informations complémentaires peuvent être fournies. — *Les informations prévues aux 3°, 4°, 7° et 8° sont mises à disposition du public à compter du 1er janv. 2012.*

Art. D. 1332-33 Le *(Décr. n° 2010-344 du 31 mars 2010, art. 48)* « directeur général de l'agence régionale de santé » diffuse les informations prévues à l'article D. 1332-32 ainsi que les informations suivantes par les moyens de communication et les technologies appropriés, y compris l'internet, si nécessaire en plusieurs langues :

— la liste recensant les eaux de baignade du département mentionnée à l'article D. 1332-19, qui doit être disponible chaque année avant le début de la saison balnéaire ;

— le classement de chaque eau de baignade au cours des trois dernières années, son profil et les résultats *(Décr. n° 2011-1239 du 4 oct. 2011, art. 1er-14°)* « du contrôle sanitaire » ;

— les informations prévues aux articles D. 1332-25 et *(Décr. n° 2011-1239 du 4 oct. 2011, art. 1er-14°)* « D. 1332-29 ».

Le *(Décr. n° 2010-344 du 31 mars 2010, art. 48)* « directeur général de l'agence régionale de santé » veille à une diffusion, dans les meilleurs délais, de toute mise à jour des informations énumérées au présent article. — *Les informations prévues au présent art. sont mises à disposition du public à compter du 1er janv. 2012.*

Art. D. 1332-34 Les communes et les personnes responsables d'eaux de baignade veillent à ce que le public soit associé à la mise en œuvre des dispositions prévues par la présente section, en l'informant des modalités possibles de participation en recueillant ses suggestions, remarques ou réclamations.

Art. D. 1332-35 *(Décr. n° 2008-990 du 18 sept. 2008)* Le maire s'assure du respect par les personnes responsables des eaux de baignade, autres que la commune ou le groupement de collectivités, des obligations qui leur incombent en application des dispositions de la présente section.

Le maire met en demeure la personne responsable de l'eau de baignade mentionnée au premier alinéa de répondre sans délai aux réserves qu'il émet sur :

1° Les dates prévisibles de début et de fin de saison balnéaire déterminées selon la définition figurant à l'article D. 1332-15 et transmises dans les conditions définies à l'article D. 1332-16 ;

2° Les profils lors de leur élaboration, leur révision et leur actualisation, déterminés selon les règles définies aux articles D. 1332-20 et D. 1332-22 et transmis dans les conditions définies aux articles D. 1332-21 et D. 1332-22 ;

(Abrogé par Décr. n° 2011-1239 du 4 oct. 2011, art. 1er-15°) « ***3° Le programme de surveillance et les points de surveillance tels que définis à l'article D. 1332-23 ;*** »

3° Les raisons justifiant une décision de fermeture lorsque les eaux de baignade sont de qualité "insuffisante", conformément à l'article D. 1332-30. — *Le 4° devient le 3° (Décr. n° 2011-1239 du 4 oct. 2011, art. 1er-15°).*

En ce qui concerne *(Décr. n° 2011-1239 du 4 oct. 2011, art. 1er-15°)* « le 1° », les observations du maire sont transmises à la personne responsable de l'eau de baignade avant la date prévue pour le début de la saison balnéaire.

Le préfet est informé par le maire des nouvelles informations communiquées par la personne responsable de l'eau de baignade dans les conditions susvisées.

Art. D. 1332-36 *(Décr. n° 2008-990 du 18 sept. 2008)* Le préfet fait connaître au maire le cas échéant ses observations sur les informations mentionnées aux 1°, 2° *(Décr. n° 2011-1239 du 4 oct. 2011, art. 1er-17°)* « et 3° » de l'article D. 1332-35.

En ce qui concerne *(Décr. n° 2011-1239 du 4 oct. 2011, art. 1er-17°)* « le 1° » de l'article D. 1332-35, les observations du préfet sont transmises avant la date prévue pour le début de la saison balnéaire.

Ces observations sont communiquées par le maire à la personne responsable de l'eau de baignade concernée.

La personne responsable de l'eau de baignade répond sans délai au préfet, ainsi qu'au maire si la personne responsable de l'eau de baignade n'est ni la commune ni le groupement de collectivités. – *[Anc. art. D. 1332-37.]*

Art. D. 1332-37 Le *(Décr. n° 2010-344 du 31 mars 2010, art. 48)* « directeur général de l'agence régionale de santé » adresse chaque année avant le 15 octobre au ministre chargé de la santé, aux fins de rapport à la Commission européenne, les résultats de la surveillance, l'évaluation de la qualité des eaux de baignade *(Décr. n° 2010-344 du 31 mars 2010, art. 48)* « de son ressort » ainsi qu'une description des mesures de gestion qui ont été prises. – *[Anc. art. D. 1332-38.]*

Art. D. 1332-38 *(Décr. n° 2011-1239 du 4 oct. 2011, art. 1er-18°)* Lorsqu'un bassin hydrographique induit des incidences transfrontalières sur la qualité des eaux de baignade, les préfets coordonnateurs de bassin coopèrent avec les personnes concernées des autres États membres de l'Union européenne de manière appropriée à la mise en œuvre de la présente section, y compris au moyen d'un échange approprié d'informations et d'actions conjointes visant à contrôler ces incidences.

Art. D. 1332-38-1 *(Décr. n° 2011-1239 du 4 oct. 2011, art. 1er-18°)* Pour l'application du présent chapitre à Saint-Barthélemy et à Saint-Martin, les références au président du conseil territorial, à la collectivité territoriale et à l'hôtel de la collectivité se substituent respectivement aux références au maire, à la commune et à la mairie.

SECTION III *Baignades aménagées*

(Décr. n° 2008-990 du 18 sept. 2008)

Art. D. 1332-39 Une baignade aménagée comprend une portion de terrain contiguë à une eau de baignade sur laquelle des aménagements ont été réalisés afin de favoriser la pratique de la baignade.

Art. D. 1332-40 La composition du dossier justificatif accompagnant la déclaration, mentionnée à l'article L. 1332-1, d'une personne qui procède à l'aménagement d'une baignade, publique ou privée à usage collectif, est [fixée] par un arrêté des ministres chargés de la santé et de l'environnement et du ministre de l'intérieur.

Art. D. 1332-41 Les baignades aménagées comprennent un poste de secours situé à proximité directe des plages.

Art. D. 1332-42 Des cabinets d'aisance, dont l'emplacement est signalé, sont installés à proximité des baignades aménagées ; ils sont au moins au nombre de deux. L'assainissement des installations est réalisé de manière à éviter tout risque de pollution des eaux de baignade.

V. CSP, art. D. 1513-1 à 1513-3, reproduits sur Dalloz.fr et sur les applications mobiles Dalloz.

Arrêté du 7 avril 1981,

Relatif aux dispositions techniques applicables aux piscines.

Art. 1er Les dispositions suivantes sont applicables aux piscines visées à l'article 1er du décret n° 81-324 du 7 avril 1981 *[fixant les normes d'hygiène et de sécurité applicables aux piscines et aux baignades aménagées, V. art. D. 1332-1 CSP]*.

Art. 2 L'apport d'eau neuve au circuit des bassins doit se faire en amont de l'installation de traitement par surverse dans un bac de disconnexion.

(Arr. du 18 janv. 2002) « Dans des situations particulières, le représentant de l'État peut autoriser le remplacement du bac de disconnexion par un disconnecteur à zone de pression réduite contrôlable.

« Le dossier de demande doit comporter la description des installations, les éléments techniques et économiques justifiant l'emploi du dispositif, un engagement du responsable de l'installation sur la maintenance et la vérification périodique de l'appareil au moins deux fois par an.

« Le dispositif doit être installé de telle sorte qu'il ne subisse aucune contre-pression ou charge à son aval avec une sécurité de 0,50 m au-dessus du plus haut niveau d'eau possible de l'installation qu'il alimente. Son accès doit être facile et son dégagement doit permettre d'effectuer les tests, les réparations, les opérations de pose ou de dépose sans difficulté. »

Toutes dispositions doivent être prises pour éviter la contamination de l'eau des réseaux de distribution par celle des circuits intérieurs des piscines et celle des bassins par des eaux usées.

Art. 3 Un renouvellement de l'eau des bassins à raison d'au moins 0,03 mètre cube par baigneur ayant fréquenté l'installation doit être effectué chaque jour d'ouverture ; cette valeur peut être augmentée par le préfet lorsque les résultats d'analyses font apparaître que l'eau d'un bassin est de qualité insuffisante.

Un ou plusieurs compteurs totalisateurs réservés exclusivement à l'enregistrement des renouvellements journaliers sont installés.

Art. 4 Chaque filtre est muni d'un dispositif de contrôle de l'encrassement. Dans le cas de décolmatage non automatique, une alarme doit avertir que la perte de charge limite est atteinte.

Le débit du filtre encrassé doit être au minimum égal à 70 % de celui du filtre propre.

Après chaque lavage ou décolmatage d'un filtre, l'eau filtrée est, pendant quelques minutes, soit recyclée directement sur le filtre, soit éliminée.

Les filtres sont munis d'un dispositif permettant de les vidanger totalement. Ils comportent au moins une ouverture pouvant être manœuvrée facilement et suffisante pour permettre une visite complète. L'implantation des filtres dans le local technique est telle que ces ouvertures sont d'un accès aisé.

Art. 5 Les produits ou procédés de traitement qui peuvent être employés pour la désinfection des eaux figurent ci-après :

(Arr. du 18 janv. 2002) « 1. Produits chlorés

« – chlore gazeux ;

« – eau de Javel.

« Les composés qui contiennent de l'acide trichloroisocyanurique ou du dichloroisocyanurate de sodium ou de potassium ou de l'hypochlorite de calcium et qui figurent sur une liste établie par le ministre chargé de la santé. De l'acide isocyanurique peut être ajouté aux produits chlorés.

« L'eau des bassins, traitée sans acide isocyanurique, doit avoir :

« – une teneur en chlore libre actif supérieure ou égale à 0,4 et inférieure ou égale à 1,4 milligramme par litre ;

« – une teneur en chlore total n'excédant pas de plus de 0,6 milligramme par litre la teneur en chlore libre ;

« – un pH supérieur ou égal à 6,9 et inférieur ou égal à 7,7.

« L'eau des bassins, traitée au chlore en présence d'acide isocyanurique, doit avoir :

« – une teneur en chlore disponible au moins égale à 2 milligrammes par litre mesurée avec le diéthylparaphénylènediamine (DPD) ;

« – une teneur en chlore total n'excédant pas de plus de 0,6 milligramme par litre la teneur en chlore disponible ;

« – un pH supérieur ou égal à 6,9 et inférieur ou égal à 7,7 ;

« – une teneur en acide isocyanurique inférieure ou égale à 75 milligrammes par litre. »

2. Brome

L'eau des bassins doit avoir :

Une teneur en brome supérieure ou égale à 1 milligramme par litre et inférieure ou égale à 2 milligrammes par litre ;

Un pH supérieur ou égal à 7,5 et inférieur ou égal à 8,2.

3. Ozone

L'ozonation de l'eau doit être effectuée en dehors des bassins. A l'arrivée dans les bassins, l'eau ne doit plus contenir d'ozone. Entre le point d'injection de l'ozone et le dispositif de désozonation, l'eau doit, pendant au moins quatre minutes, contenir un taux résiduel minimal de 0,4 milligramme par litre d'ozone. Après désozonation, une adjonction d'un autre désinfectant autorisé compatible doit être effectuée dans les conditions qui lui sont applicables.

(Arr. du 18 janv. 2002) « 4. Chlorhydrate de polyhexaméthylène biguanide (PHMB)

« L'autorisation est donnée pour une durée d'un an à dater de la publication du présent arrêté, pour les produits comportant cette molécule figurant sur une liste établie par le ministre chargé de la santé.

« Pendant cette période, les analyses microbiologiques des eaux ainsi traitées doivent être complétées par la recherche de *Pseudomonas aeruginosa* et les dénombrements bactériens à 22°C et 37°C.

« L'eau des bassins doit avoir :

« – une teneur en PHMB comprise entre 30 milligrammes par litre et inférieure ou égale à 45 milligrammes par litre ;

« – un pH supérieur ou égal à 6,9 et inférieur ou égal à 7,5. »

Art. 5 *bis* *(Arr. du 18 janv. 2002)* Pour respecter les dispositions prévues à l'article 5 du présent arrêté, concernant la teneur en chlore total de l'eau, il peut être fait appel à des produits ou procédés qui permettent de réduire la teneur en chlore combiné dans les bassins.

La liste des produits ou procédés utilisables est établie par le ministre chargé de la santé.

Art. 6 L'injection des produits chimiques ne doit pas se faire directement dans les bassins. Le dispositif d'injection qui assure, si nécessaire, une dissolution, doit être asservi au fonctionnement des pompes de recyclage de l'eau des bassins concernés. Toutes précautions doivent être prises pour le stockage des produits et leur manipulation.

Art. 7 *(Arr. du 18 janv. 2002)* Lorsqu'ils sont légalement utilisés dans un État membre de l'Union européenne ou dans un État membre faisant partie contractante de l'accord instituant l'Espace économique européen disposant d'un mode de contrôle garantissant un niveau de protection de la santé publique équivalent à celui garanti par la réglementation française, des produits ou des procédés, non inscrits sur les listes établies en application du présent arrêté par le ministre chargé de la santé, peuvent également être utilisés après avoir été déclarés selon la procédure définie à l'article 8 du présent arrêté. Les critères d'évaluation utilisés par l'État membre doivent être comparables à ceux définis à l'article 8 du présent arrêté.

Art. 8 *(Arr. du 18 janv. 2002)* Les déclarations visées à l'article 7 sont transmises au ministère chargé de la santé qui consulte *(Arr. du 28 sept. 2007)* « l'Agence française de sécurité sanitaire de l'environnement et du travail », en vue d'une évaluation de l'efficacité et des risques que les produits ou les procédés peuvent directement ou indirectement entraîner pour la santé.

L'évaluation est effectuée en considérant :

1. L'intérêt potentiel technologique du produit ou du procédé ;

2. La composition précise du produit ou le descriptif détaillé du procédé ;

3. Les cinétiques de réaction mises en jeu ou les principes de fonctionnement ;

4. La toxicité à court, moyen et long terme du produit ou du procédé lui-même et des sous-produits de réaction éventuellement formés ainsi que la vérification de leur innocuité pour les personnes au contact ;

5. L'efficacité du produit, vis-à-vis des micro-organismes, dans les conditions d'utilisation préconisées ;

6. Les réactions éventuelles avec les autres composés chimiques habituellement présents dans les établissements de natation comme les produits de nettoyage et de désinfection des sols, les produits additifs de traitement de l'eau (algicides,...) et les matières organiques ;

7. Les résultats d'essais en vraie grandeur selon un protocole validé par *(Arr. du 28 sept. 2007)* « l'Agence française de sécurité sanitaire de l'environnement et du travail ».

Le dossier joint à la demande doit être établi selon les dispositions de l'annexe du présent arrêté et notamment être accompagné des éléments descriptifs du mode de contrôle par l'État membre, en particulier de la procédure d'évaluation utilisée.

Art. 9 *(Arr. du 18 janv. 2002)* L'avis donné par *(Arr. du 28 sept. 2007)* « l'Agence française de sécurité sanitaire de l'environnement et du travail », en application de l'article 8 ci-dessus, précise, si nécessaire, les conditions d'utilisation et les valeurs limites correspondantes à respecter dans l'eau après traitement.

L'avis de *(Arr. du 28 sept. 2007)* « l'Agence française de sécurité sanitaire de l'environnement et du travail » et la décision du ministre chargé de la santé sont notifiés au demandeur dans un délai maximum de quatre mois suivant la date de réception de la demande accompagnée du dossier complet tel que défini en annexe du présent arrêté. Lorsque cet avis ou cette décision sont défavorables, ils doivent être motivés. Le ministre chargé de la santé modifie en conséquence les listes établies en application au présent arrêté.

Art. 10 *(Arr. du 7 sept. 2016)* La vidange complète des bassins, à l'exception des pataugeoires et des bains à remous, est assurée au moins une fois par an.

La vidange complète des pataugeoires et des bains à remous est assurée au moins deux fois par an.

Toutefois, le préfet, sur proposition du directeur général de l'agence régional de santé, peut demander la vidange d'un bassin lorsque son état de propreté n'est pas suffisant, lorsque l'eau n'est pas conforme aux normes de qualité, après désinsectisation ou en présence de toute anomalie entraînant un danger pour la santé des usagers.

L'exploitant avertit par écrit l'agence régionale de santé au moins quarante-huit heures avant d'effectuer les vidanges périodiques.

Art. 11 *(Arr. du 18 janv. 2002)* Chaque établissement est doté d'un carnet sanitaire paginé à l'avance et visé par la direction départementale des affaires sanitaires et sociales.

Chaque jour y sont notés :

La fréquentation de l'établissement ;

Au moins deux fois, la transparence, le pH, la teneur en désinfectant, la température de l'eau des bassins. Les valeurs des paramètres sont mesurées ou relevées par des méthodes adaptées à l'aide de moyens propres à l'établissement ;

Le relevé des compteurs d'eau ;

Les observations relatives notamment aux vérifications techniques, au lavage des filtres, à la vidange des bassins, à la vidange ou à la visite des filtres, au renouvellement des stocks de désinfectants, au remplissage des cuves de réactifs, aux incidents survenus.

Si un stabilisant est utilisé, sa concentration dans l'eau des bassins doit être mesurée chaque semaine.

Lorsque l'installation hydraulique est équipée d'un disconnecteur à zone de pression réduite contrôlable, les opérations de maintenance et de vérifications de cet appareil sont consignées sur le carnet sanitaire.

Art. 12 *(Arr. du 18 janv. 2002)* Les résultats affichés par l'exploitant sont accompagnés du rapport et des conclusions établis par la DDASS, sur la tenue et le fonctionnement de l'établissement.

Art. 13 *(Arr. du 18 janv. 2002)* L'arrêté du 13 juin 1969 fixant les règles de sécurité et d'hygiène applicables aux établissements de natation ouverts au public est abrogé.

ANNEXE

Éléments constitutifs du dossier de demande d'autorisation d'utilisation pour des produits ou procédés de désinfection des eaux de piscine

(Arr. du 18 janv. 2002)

Ce dossier est à fournir en trois exemplaires et en français.

Il est communiqué au ministre chargé de la santé.

Il comprend dans l'ordre suivant :

I. Dossier type

1. Le nom ou la raison sociale et l'adresse du demandeur.
2. La désignation et la fonction du produit ou du procédé faisant l'objet de la demande.
3. La présentation des arguments (technique ou de tout autre nature) en faveur de l'emploi du produit ou du procédé.
4. La copie éventuelle des brevets d'invention.
5. Les références bibliographiques et autorisations étrangères ainsi que les notices, fiches techniques et commerciales concernant le produit ou le procédé.
6. La composition détaillée du produit avec la nature exacte des constituants (sous enveloppe avec la mention « confidentiel »).
7. Les méthodes d'analyse du produit permettant de vérifier sa composition.
8. Les études permettant de connaître la toxicité à court, moyen et long terme.
9. Le mode d'emploi exact comportant les conditions de préparation, le mode de mise en œuvre ainsi que les précautions à prendre pour le stockage, la manipulation du produit.
10. Les concentrations (minimale et maximale) préconisées dans l'eau des bassins.
11. Les études portant sur la stabilité du produit.
12. Les études portant sur l'efficacité du produit (aux concentrations d'utilisation préconisées) vis-à-vis des micro-organismes et en particulier : *Escherichia coli, Staphylococcus aureus, Pseudomonas aeruginosa, Legionella*, virus, amibes "libres".
13. La variation de cette efficacité en fonction des caractéristiques de l'eau et notamment de la température, du pH et de la dureté totale.
14. Les méthodes de contrôle au laboratoire et sur « le terrain » de la teneur en produit de l'eau.
15. Les réactions éventuelles avec les composés chimiques, en particulier avec les produits de nettoyage et de désinfection des sols, les produits additifs de traitement de l'eau (algicides,...) et les matières organiques.
16. L'existence éventuelle d'incompatibilités du produit avec la nature des filtres habituellement utilisés en piscine.

17. Les effets possibles, en cas de vidange du bassin, sur la faune et la flore du milieu récepteur ou des dispositifs d'épuration.

18. Si le produit a déjà été utilisé en piscine : résultats des contrôles analytiques.

II. Dossier réduit

(produit ou procédé légalement utilisé dans un État membre de l'Union européenne)

1. Le nom ou la raison sociale et l'adresse du demandeur.
2. La désignation et la fonction du produit ou du procédé faisant l'objet de la demande.
3. La copie éventuelle des brevets d'invention.
4. La composition détaillée du produit avec la nature exacte des constituants (sous enveloppe avec la mention « confidentiel »).
5. Quand il existe, l'extrait de la réglementation nationale, du document officiel ou tout document descriptif du mode de contrôle par l'État membre, définissant la procédure d'évaluation d'efficacité, accompagné d'un résumé en langue française.
6. L'avis de l'organisme scientifique ayant procédé à l'évaluation d'efficacité du produit ou du procédé accompagné de la traduction en français.
7. Quand elles existent, la référence de l'acte officiel délivré dans l'État membre et copies des documents officiels accompagnées de leur traduction en français.
8. Le mode d'emploi exact comportant les conditions de préparation, le mode de mise en œuvre ainsi que les précautions à prendre pour le stockage, la manipulation du produit.
9. Les méthodes de contrôle au laboratoire et sur « le terrain » de la teneur en produit de l'eau.
10. L'existence éventuelle d'incompatibilités du produit avec la nature des filtres habituellement utilisés en piscine.
11. Les effets possibles, en cas de vidange du bassin, sur la faune et la flore du milieu récepteur ou des dispositifs d'épuration.
12. Les concentrations (minimale et maximale) préconisées dans l'eau des bassins.

Arrêté du 29 novembre 1991,

Relatif aux règles d'hygiène et de sécurité applicables aux piscines et aux baignades aménagées.

Art. 1er **Les méthodes de référence pour la réalisation des analyses effectuées en application des articles 12 et 14-2 du décret du 7 avril 1981 modifié susvisé** *[n° 81-324 fixant les normes d'hygiène et de sécurité applicables aux piscines et aux baignades aménagées, V. art. D. 1332-14 et D. 1332-17 CSP]* **sont celles citées dans l'annexe du présent arrêté.**

Art. 2 Lorsque le laboratoire utilise une méthode autre que celle de référence, le directeur du laboratoire doit s'assurer qu'elle conduit à des résultats équivalents ou comparables à ceux obtenus avec la méthode de référence.

Art. 3 Lorsqu'il est fait application des articles 3 et 14-1 du décret du 7 avril 1981 modifié susvisé *[art. D. 1332-5 et D. 1332-16, CSP]*, **le préfet transmet un dossier technique au ministre chargé de la santé (direction générale de la santé). Ce dossier doit être transmis immédiatement après la prise de décision de dérogation en précisant les motifs et les délais.**

Après examen du dossier, le ministre chargé de la santé l'adresse au secrétariat général du comité interministériel pour les questions de coopération économique européenne, pour information de la Commission des Communautés européennes, via la représentation permanente de la France auprès de la Communauté économique européenne.

ANNEXE

MÉTHODES DE RÉFÉRENCE POUR L'ANALYSE DES EAUX DE BAIGNADE

(Annexe modifiée par Arr. du 11 sept. 1995)

Paramètres	Méthodes d'analyse
Coliformes totaux.	Filtration sur membrane et culture sur milieu approprié tel que gélose lactosée au tergitol, gélose d'endo, bouillon au teepol 0,4 %, repiquage et identification des colonies suspectes. Températures d'incubation adaptée à la recherche des coliformes totaux.

Paramètres	Méthodes d'analyse
Escherichia coli.	Norme Afnor T 90-433.
Streptocoques fécaux (entérocoques).	Norme Afnor T 90-432.
Salmonelles.	Concentration par filtration sur membrane. Inoculation sur milieu type. Enrichissement, repiquage sur gélose d'isolement identification.
Entérovirus.	Concentration par filtration, par floculation ou par centrifugation et confirmation.
pH.	Électrométrie avec calibration aux pH 7 et 9.
Coloration.	Photométrie aux étalons de l'échelle Pt. Co.
Huiles minérales.	Inspection visuelle et olfactive ou extraction sur un volume suffisant et pesée du résidu sec.
Substances tensio-actives réagissant au bleu de méthylène.	Inspection visuelle ou spectrophotométrie d'absorption au bleu de méthylène.
Phénols (indices phénols).	Vérification de l'absence d'odeur spécifique due au phénol ou spectrophotométrie d'absorption. Méthode à la 4-aminoantipyrine (4-AAP).
Transparence.	Disque de Secchi.
Résidus goudronneux et matières flottantes telles que : bois, plastiques, bouteilles, récipients en verre, en plastique, en caoutchouc et en toute autre matière.	Inspection visuelle.
Oxygène dissous.	Méthode de Winkler ou méthode électrométrique (oxygène-mètre).
Ammoniaque.	Spectrophotométrie d'absorption, réactif de Nessler, ou méthode au bleu indophénol.
Azote Kjeldahl.	Méthode de Kjeldahl.
Pesticides (parathion, HCH, dieldrine).	Extraction par solvants appropriés et détermination chromatographique.
Métaux lourds tels que : Arsenic ; Cadmium ; Chrome VI ; Plomb I ; Mercure.	Absorption atomique éventuellement précédée d'une extraction.
Cyanures.	Spectrophotométrie d'absorption à l'aide de réactif spécifique.
Nitrates et phosphates.	Spectrophotométrie d'absorption à l'aide de réactif spécifique.

COLLECTIVITÉS TERRITORIALES

V. aussi, concernant le statut des agents de la filière sportive territoriale, la responsabilité des élus et agents locaux, App., v° Responsabilité administrative ; ... les sociétés d'économie mixte, CGCT, art. L. 1525-1, App., v° Sociétés.

BIBL. GÉN. ► P. Arnaud, Genèse des politiques sportives publiques : le cas français, *RFAP 2001, n° 97, p. 29*. – B. Astier, Le rôle des régions, *RJ éco. sport 1992, n° 21, p. 3*. – P. Bayeux, Les relations entre collectivités locales et clubs sportifs, *PUS, 2006*. – J.-F. Bourg et J.-F. Nys, Clubs sportifs et collectivités territoriales : enjeux, modèles, partenariats, stratégies, *PUS, 2012*. – P. Collomb (dir.), Sport et décentralisation, *Economica, 1988*. – C. Delahaye-Marzin, Collectivités territoriales (politiques sportives), *in Dict. jur. du sport, Dalloz, Juriséditions, 2013, p. 71* ; Collectivités territoriales (sport professionnel), *ibid., p. 77*. – J. Fialaire, Les collectivités territoriales et le sport, *Encyclopédie des collectivités locales, chap. 11, Dalloz, déc. 2013*. – B. Halba, Financement public du sport en France et en Europe. Justification et éléments de comparaison, *RFAP 2001, n° 97, p. 67*. – M. Honta, Politique et administration du sport : le rôle des régions (1982-1997), *RJ éco. sport 2001, n° 58, p. 88*. – J.-F. Lachaume, *in* Droit du sport : la loi du 13 juillet 1992, *Dalloz 1994, p. 67* (gestion des équipements sportifs) ; Les incidences de la loi du 6 juillet 2000 sur l'intervention des collectivités territoriales dans le domaine des activités physiques et sportives, *RJ éco. sport 2000, n° 57, p. 52*. – P.-J. Quillien, Relations financières entre les collectivités territoriales et les clubs sportifs, *JCP A 2003, n° 5, p. 111*. – C. Lapeyre, Les collectivités locales et le sport après les lois de décentralisation, *RD publ. 1987. 1602*. – Les collectivités territoriales et les clubs sportifs professionnels, *Rapport de la Cour des comptes, déc. 2009*. – J. Morange (dir.), Sport et collectivités locales, *Sirey, Bibliothèque des collectivités locales, 1984*. – A. Sauviat, Intercommunalité, *in Dict. jur. du sport, Dalloz, Juriséditions, 2013, p. 204*. – Théron, Sport et collectivités territoriales, *J.-Cl. Coll. territoriales, 1994, Fasc. 680 ;* Sport et décentralisation, *RJ éco. sport 1989, n° 8, p. 3*. – J.-P. Théron (dir.), *Dalloz, Droit et économie du sport, 1993,* Sport et collectivités locales. – D. Vailleau, Réforme des collectivités territoriales, *JS 2010, n° 94, p. 38*.

COMMENTAIRE

Les collectivités territoriales interviennent de manière importante dans le domaine des activités sportives. Les domaines d'intervention sont fort divers. L'ensemble des formes de pratiques sportives sont couvertes : sport éducatif et d'insertion, loisirs (de quartier ou nature), de compétition (sport de haut niveau et sport professionnel compris)… Les formes d'intervention peuvent aussi être très variées : organisation d'activités sportives (animation et enseignement dans le cadre, par exemple, d'écoles municipales de sport ; organisation de manifestations sportives…), aides aux groupements sportifs (subventions bien sûr, mais aussi notamment mises à disposition d'équipements et/ou de personnel), construction et souvent exploitation d'équipements sportifs. Il convient de rappeler, concernant ce dernier point, que les collectivités territoriales, et principalement les communes, sont propriétaires de la grande majorité des équipements sportifs.

La relation entre sport et collectivités territoriales bien qu'ancienne n'a finalement été prise en compte par les textes que récemment et, au demeurant, très partiellement. Les lois de décentralisation n'envisagent pas la question sportive ou si peu (V., néanmoins, l'article L. 361-1 du code de l'environnement, concernant les plans départementaux des itinéraires de randonnée, issu de la loi n° 83-663 du 22 juillet 1983 ; et l'ancien article 14 de cette même loi, aujourd'hui codifié aux articles L. 212-4, L. 213-2 et L. 214-6 du code de l'éducation (V. App., v° *Enseignement des APS*) s'agissant de la répartition des charges des équipements scolaires entre les collectivités).

Mais si le sport ne figure pas dans les compétences transférées aux collectivités territoriales, il reste que les activités sportives peuvent, comme toute autre activité, être indirectement concernées, en tant que secteur d'intervention ou encore en tant que moyen d'action, par l'exercice desdites compétences par les collectivités (par exemple, en matière d'action sociale, de formation professionnelle, d'aménagement du territoire…).

C'est dans le cadre de la « clause générale de compétence » (V. art. L. 2121-29 CGCT s'agissant de la commune) dont bénéficient les collectivités territoriales que leurs actions, dans le domaine sportif, sont menées.

Simplement mentionnées dans l'article premier de la loi n° 84-610 du 16 juillet 1984, dans sa version initiale, les collectivités territoriales ont fait ensuite l'objet d'un chapitre (le III *bis*) créé par la loi n° 92-652 du 13 juillet 1992. L'essentiel de ce chapitre est repris en tant que tel dans le code du sport (chap. III du titre Ier du livre Ier).

Les évolutions récentes qui méritent d'être soulignées ici concernent les aspects « structurels » de l'intervention des collectivités territoriales avec la simplification et le développement de l'intercommunalité. Le cadre juridique de celle-ci a été rénové et simplifié principalement par les lois n° 92-125 du 6 février 1992 (loi Joxe, *JO 8 févr.*) et n° 99-586 du 12 juillet 1999 (loi Chevènement, *JO 13 juill.*). Deux catégories de structures intercommunales doivent être distinguées : celles sans fiscalité propre (qui repose essentiellement sur les syndicats à vocation unique, à vocation multiple et mixtes) et celles à fiscalité propre (les communautés de communes instituées par la loi n° 92-125 du 6 février 1992, les communautés d'agglomération instituées par la loi n° 99-586 du 12 juillet 1999, les communautés urbaines instituées par la loi n° 66-1069 du 12 juillet 1966 et les métropoles créées par la loi n° 2010-1563 du 16 décembre 2010). On notera simplement, concernant la seconde catégorie, que parmi les compétences (de plein droit ou facultatives selon l'établissement public de coopération intercommunale concerné) figurent la construction, l'aménagement et la gestion d'équipements sportifs.

La loi n° 2010-1563 du 16 décembre 2010 *(JO 16 déc.)* portant réforme des collectivités territoriales est venue aménager l'intervention de ces dernières dans le domaine du sport. Intervenant jusqu'alors dans le cadre de leur clause de compétence générale, les collectivités territoriales devaient intervenir, à compter du 1er janvier 2015, sur la base d'une compétence partagée. Le second alinéa de l'article L. 1111-4 du code général des collectivités territoriales prévoyait que « les compétences en matière de tourisme, de culture et de sport sont partagées entre les communes, les départements et les régions ». Il faut souligner que la réforme avait supprimé la clause de compétence générale des départements et des régions qui se voyaient dotés de compétences exclusives. Toutefois, une compétence partagée pouvait être prévue par la loi, à titre exceptionnel, entre plusieurs catégories de collectivités.

La loi n° 2014-58 du 27 janvier 2014 de modernisation de l'action publique territoriale et d'affirmation des métropoles (loi dite « MAPTAM ») est venue rétablir la clause générale de compétence des départements et des régions ainsi qu'introduire la notion de « chef de file » sans toutefois désigner une collectivité dans le domaine du sport.

Après l'adoption de la loi n° 2015-29 du 16 janvier 2015 relative à la délimitation des régions *(JO 17 janv.)* – avec le passage à treize régions métropolitaines –, la loi n° 2015-991 du 7 août 2015 portant nouvelle organisation territoriale de la République (dite NOTRe) est venue de nouveau supprimer la clause générale de compétence pour les départements et les régions, et clarifier les compétences entre les différentes collectivités territoriales. En vertu du nouvel article L. 1111-4 du code général des collectivités territoriales, la compétence sport (avec les compétences en matière de culture, de tourisme et de promotion des langues régionales et d'éducation populaire) est partagée entre les communes, les départements, les régions et les collectivités à statut particulier. On soulignera que l'amendement d'origine sénatoriale qui avait prévu de créer une commission « Sport et culture » au sein des Conférences territoriales de l'action publique (CTAP) n'a finalement pas été maintenu dans le texte final de la loi NOTRe (sur les CTAP, V. les art. L. 1111-9-1 s. CGCT issus de la loi MAPTAM précitée). Il convient également de rappeler que la loi NOTRe a transféré la gestion des centres de ressources, d'expertise et de performance sportive (CREPS) aux régions (V. art. L. 114-1 s. C. sport). ❑

Code général des collectivités territoriales

Libre administration des collectivités territoriales

Art. L. 1111-4 La répartition des compétences entre les collectivités territoriales et l'État s'effectue, dans la mesure du possible, en distinguant celles qui sont mises à la charge de l'État et celles qui sont dévolues aux communes, aux départements ou aux régions de telle sorte que chaque domaine de compétences ainsi que les ressources correspondantes soient affectés en totalité soit à l'État, soit aux communes, soit aux départements, soit aux régions.

(Abrogé par L. n° 2014-58 du 27 janv. 2014, art. 1er-I-5°) (L. n° 2010-1563 du 16 déc. 2010, art. 73-IV, en vigueur le 1er janv. 2015) ***« Les compétences attribuées par la loi aux collectivités territoriales le sont à titre exclusif. Toutefois, la loi peut, à titre exceptionnel, prévoir qu'une compétence est partagée entre plusieurs catégories de collectivités territoriales. Les compétences en matière de tourisme, de culture et de sport sont partagées entre les communes, les départements et les régions.***

« Lorsque la loi a attribué à une catégorie de collectivités territoriales une compétence exclusive, les collectivités territoriales relevant d'une autre catégorie ne peuvent intervenir dans aucun des domaines relevant de cette compétence. »

(L. n° 2015-991 du 7 août 2015, art. 104) « **Les compétences en matière** *(L. n° 2017-86 du 27 janv. 2017, art. 201)* « **de promotion de l'égalité entre les femmes et les hommes,** » **de culture, de sport, de tourisme, de promotion des langues régionales et d'éducation populaire sont partagées entre les communes, les départements, les régions et les collectivités à statut particulier.**

« **Les politiques publiques en faveur de la jeunesse menées par l'État, les régions, les départements, les communes et les collectivités à statut particulier peuvent faire l'objet d'un débat au sein de la conférence territoriale de l'action publique mentionnée à l'article L. 1111-9-1. Ce débat porte notamment sur l'articulation et la coordination de ces politiques entre les différents niveaux de collectivités et l'État.** »

Les communes, les départements et les régions financent par priorité les projets relevant des domaines de compétences qui leur ont été dévolus par la loi. Les décisions prises par les collectivités *(L. n° 2010-1563 du 16 déc. 2010, art. 58-1°)* « **territoriales** » **d'accorder ou de refuser une aide financière à une autre collectivité** *(L. n° 2010-1563 du 16 déc. 2010, art. 58-1°)* « **territoriale** » **ne peuvent avoir pour effet l'établissement ou l'exercice d'une tutelle, sous quelque forme que ce soit, sur celle-ci. Ces dispositions s'appliquent aux décisions prises après le 1er avril 1991.** – *[L. n° 83-8 du 7 janv. 1983, art. 3.]*

(L. n° 2010-1563 du 16 déc. 2010, art. 58-2°) « **L'attribution par une collectivité territoriale à une autre collectivité territoriale d'une aide financière ne peut être subordonnée à des conditions tenant à l'appartenance de la collectivité bénéficiaire à une association, à un établissement public de coopération intercommunale ou à un syndicat mixte, existant ou à créer.** »

Avant la fin de la deuxième année suivant l'entrée en vigueur, le 1er janv. 2015, de l'art. 73 de la L. n° 2010-1563 du 16 déc. 2010, un comité composé de représentants du Parlement, des collectivités territoriales et des administrations compétentes de l'État et présidé par un représentant élu des collectivités territoriales procède à l'évaluation de la mise en œuvre des art. L. 1111-4, L. 1111-8, L. 1111-9, L. 1111-10, L. 1611-8, L. 3211-1 et L. 4221-1 CGCT, dans leur rédaction issue des art. 73 à 77 de ladite loi, et propose les mesures d'adaptation qu'il juge nécessaires. Un décret en Conseil d'État détermine les règles d'organisation et de fonctionnement de ce comité. Le rapport établi par ce comité est transmis au Premier ministre ainsi qu'au Parlement. Au vu de ce rapport et dans les six mois qui suivent sa transmission, la loi précise et adapte le dispositif de répartition des compétences des collectivités territoriales (L. préc., art. 73-VI).

Domaine public

Art. L. 1311-1 *(Ord. n° 2006-460 du 21 avr. 2006, art. 3-VII)* **Conformément aux dispositions de l'article L. 3111-1 du code général de la propriété des personnes publiques, les propriétés qui relèvent du domaine public des collectivités territoriales, de leurs établissements publics et de leurs groupements sont inaliénables et imprescriptibles.**

Toutefois, les propriétés qui relèvent de ce domaine peuvent être cédées dans les conditions fixées à l'article L. 3112-1 du code général de la propriété des personnes publiques ou échangées dans les conditions fixées aux articles L. 3112-2 et L. 3112-3 du même code.

L'art. L. 1311-1 est applicable à Saint-Pierre-et-Miquelon (Ord. n° 2006-460 du 21 avr. 2006, art. 6).

1. L'organisation et le développement des activités sportives présente un caractère d'utilité générale, ainsi que cela résulte notamment de l'art. 1er de la L. n° 84-610 du 16 juill. 1984 [art. L. 100-1 C. sport], de sorte que les installations qui sont destinées à la pratique des sports, spécialement aménagées à cette fin, et appartiennent aux collectivités publiques doivent être regardées comme étant affectées à un service public et constituent, de ce fait, des dépendances du domaine public de ces collectivités ; la circonstance que de tels équipements soient loués à une association sportive ne modifie pas leur destination principale. • CAA Marseille, 5 févr. 2001, *Préfet des Alpes-Maritimes : req. n° 97MA05293.* ♦ Sur l'appartenance au domaine public de stades municipaux en raison de leur affectation à un service public, V. aussi : • CE 13 juill. 1961, *Ville de Toulouse c/ Toulouse Football Club : Lebon 513 ; AJDA 1961, chron. J.-M. Galabert et Gentot* • CAA Nantes, 15 nov. 2013, *Assoc. Stade nantais Université Club et a.,* req. n° 11NT02688 : *AJDA 2014. 562, note F. Lagarde*. ♦ Sur l'appartenance au domaine public d'un centre équestre municipal en raison de son affectation à l'usage direct du public et à un service public. • CAA Douai, 11 juin 2015, *SARL Centre équestre et poney club de Seclin,* n° 13DA01833. ♦ Jugé toutefois que la gestion d'une enceinte sportive ne constitue pas, par nature, une activité de service public. • CAA Paris, 11 avr. 2013, *Assoc. Racing Club de France : req. n° 12PA01504.* ♦ V. note 5. ♦ Sur l'appartenance au domaine public des terrains d'assiette et du sous-sol d'une piste de ski alpin ayant fait l'objet d'une autorisation d'aménagement en vertu de l'art. L. 445-2 C. urb. alors en vigueur [art. L. 473-1 C. urb.] en raison de son affectation à un service public (industriel et commercial). • CE, sect., 28 avr. 2014, *Cne de Val-d'Isère*, n° 349420 : *AJDA 2014. 1258, chron. A. Bretonneau et J. Lessi ; JCP Adm. 2014. Actu. 384, obs. L. Erstein ibid. 2235, note M. Cornille ; Dr. adm. 2014. Comm. 50, note G. Éveillard ; AJCT 2014, n° 507, obs. N. Josselin et C. Logeat.*

2. Le contrat par lequel une commune a donné à bail à une association, pour une durée de 79 ans et un loyer d'un euro, un ensemble immobilier destiné à la pratique de l'aviron n'a pas pour objet d'autoriser l'occupation du domaine public communal et ne saurait, par suite, être qualifié de contrat administratif en application de l'art. L. 2331-1 CGPPP. En effet, cet ensemble immobilier n'est affecté ni à l'usage direct du public, dès lors que son utilisation est réservée aux membres de l'association, ni à un service public en dépit des aménagements indispensables à la pratique de l'aviron dont il a fait l'objet ; ainsi, si l'association a une activité d'intérêt général, elle ne peut en l'espèce être regardée, eu égard à ses modalités d'organisation et de fonctionnement, notamment à l'absence de tout contrôle de la commune et de toute définition par celle-ci d'obligations particulières auxquelles elle serait soumise, comme chargée d'une mission de service public qui lui aurait été confiée par la commune. • T. confl. 13 oct. 2014, *SA Axa France c/ MAIF*, req. n° C3963 : *JCP Adm. 2015. 2010, comm. H. Pauliat ; AJDA 2014. 2180, chron. J. Lessi et L. Dutheillet de Lamothe ; Cah. dr. sport 2014, n° 38, p. 72, note J.-C. Lapouble.* ♦ V. aussi, dans le même sens, pour un club équestre bénéficiant de parcelles et d'installations municipales dans le cadre d'un bail emphytéotique. • CAA Bordeaux, 3 nov. 2016, *Assoc. Sté hippique de Saint-Seurin-Sur-L'isle* : n° 14BX02699.

3. Jugé que des locaux municipaux aménagés spécialement pour accueillir la pratique de l'aviron, activité dont la promotion et le développement sont d'intérêt général d'après l'art. L. 100-1 C. sport, font partie du domaine public de la commune ; en effet, il ressort des relations entre celle-ci et le club d'aviron que ces locaux étaient le siège d'une activité de service public reconnue par la commune, à la différence du cas dont a eu à connaître le Tribunal des conflits dans sa décision du 13 oct. 2014 (V. *supra*, note 2). • CAA Lyon, 25 févr. 2016, *Assoc. Les Régates Sénonaises* : n° 15LY01792.

4. Sont justifiés la décision d'un maire de mettre fin à la convention d'occupation du domaine public dont bénéficiait une association sportive, ainsi que le jugement prononçant son expulsion, dès lors que l'occupation de l'équipement sportif par cette association était de nature à compromettre le fonctionnement du service public et à porter atteinte à la sécurité des autres usagers de l'équipement. • CAA Lyon, 20 nov. 2000, *Assoc. poing boxe américaine : req. n° 00LY01096.*

5. Il y a lieu, en application de l'art. R. 811-15 CJA, de prononcer le sursis à exécution d'un jugement du tribunal administratif de Paris (• TA Paris, 31 mars 2009, *Sté Paris Tennis : AJDA 2009. 1149, note Dreyfus*) ayant considéré que la convention conclue en 2004 entre la Ville de Paris et l'Association Paris-Jean-Bouin pour l'utilisation du complexe sportif Jean-Bouin n'était pas une simple convention d'occupation du domaine public mais une convention de délégation de service public qui aurait dû être précédée de la procédure de publicité et de mise en concurrence prévue aux art. L. 1411-1 s. CGCT ; en effet, le moyen soulevé par l'association tiré de ce que la convention litigieuse ne pouvait être qualifiée de délégation de service public doit être regardé, en l'état de l'instruction comme sérieux et de nature à justifier la suspension du jugement. • CE 13 janv. 2010, *Assoc. Paris-Jean-Bouin et Ville de Paris : req. nos 329576 et 329625.* ♦ Le Conseil d'État a confirmé au fond sa position, en jugeant que la cour administrative d'appel de Paris (arrêt du 25 mars 2010, req. nos 09PA01920, 09PA02632 et 09PA03008) avait inexactement qualifié la convention litigieuse en estimant qu'elle avait le caractère d'une délégation de service public, alors qu'il résulte de l'ensemble des stipulations de ladite convention et de ses annexes que celles-ci ne traduisent pas l'organisation, par la ville de Paris, d'un service public ni la dévolution de sa gestion à l'Association Paris-Jean-Bouin. • CE, sect., 3 déc. 2010, *Ville de Paris, Assoc. Paris-Jean-Bouin*, req. n° 338272 : *Lebon 472, concl. N. Escaut ; AJDA 2011. 21, note E. Glaser ; JCP Adm. 2011. 2043, note Devès ; ibid. 2239, chron. C. Chamard-Heim ; Contrats Marchés publ. 2011, comm. 25, note G. Eckert ; Dr. adm. 2011. Comm. 17, note Brenet et Melleray.* ♦ Dans le même sens, à propos du contrat par lequel la ville de Paris a confié la gestion du stade du Parc des Princes à une société d'exploitation, V. : • CE, 11 juill. 2011, *Gilles*, req. n° 339409 : *BJCP 2011, n° 78, p. 341, concl. Boulouis et obs. R.S. ; Contrats-Marchés publ. 2011, Comm. 301, note Eckert.* ♦ Dans ces deux affaires, le Conseil d'État a relevé notamment que la seule présence de clubs sportifs professionnels sans autres contraintes que celles de la mise à disposition de l'équipement sportif ne caractérise pas à elle seule une mission de service public.

6. Aucune disposition législative ou réglementaire ni aucun principe n'imposent à une personne publique d'organiser une procédure de publicité préalable à la délivrance d'une autorisation ou à la passation d'un contrat d'occupation d'une dépendance du domaine public, ayant dans l'un ou l'autre cas pour seul objet l'occupation d'une telle dépendance ; qu'il en va ainsi même lorsque l'occupant de la dépendance domaniale est un opérateur sur un marché concurrentiel. • CE 3 déc. 2010, *Ville de Paris, Ass. Paris Jean-Bouin,* req. n° 338272 : *préc. note 5.* ♦ V. aussi : • CAA Paris, 11 avr. 2013, *Assoc. Racing Club de France : préc. note 1* ♦ Si l'autorité gestionnaire du domaine peut, dans le silence des textes, mettre en œuvre une procédure de publicité ainsi que, le cas échéant, de mise en concurrence, afin de susciter des offres concurrentes, elle est alors seulement tenue de respecter les règles qu'elle a elle-même instituées, qui doivent elles-mêmes ne pas entraîner d'atteinte à l'égalité de traitement des candidats déclarés et aux principes du droit de la concurrence. • Même arrêt.

7. Selon l'art. L. 2141-1 CGPPP, un bien d'une personne publique qui n'est plus affecté à un service public ou à l'usage direct du public, ne fait plus partie du domaine public à compter de l'intervention de l'acte administratif constatant son déclassement ; jugé qu'il ne résulte pas de ces dispositions, ni d'aucun autre texte ni principe, que l'utilisation d'un bien faisant partie du domaine public fasse obstacle à ce que la personne publique qui en est propriétaire procède, y compris de manière implicite, à sa désaffectation. Ainsi, la circonstance que des équipements sportifs et sociaux étaient encore utilisés avant leur fermeture par la commune est sans influence sur la légalité de la décision de celle-ci constatant leur désaffectation. • CAA Douai, 25 juin 2015, *Assoc. Comité de sauvegarde du parc Croix-Beaumont et du patrimoine croisien,* n° 14DA00398.

8. Eu égard aux exigences qui découlent tant de l'affectation normale du domaine public que des impératifs de protection et de bonne gestion de ce domaine, l'existence de relations contractuelles en autorisant l'occupation privative ne peut se déduire de sa seule occupation effective, même si celle-ci a été tolérée par l'autorité gestionnaire et a donné lieu au versement de redevances domaniales ; par conséquent, une convention d'occupation du domaine public ne peut être tacite et doit revêtir un caractère écrit. • CE 19 juin 2015, *Sté immobilière du port de Boulogne :* n° 369558.

Code général de la propriété des personnes publiques

Art. L. 2125-1 Toute occupation ou utilisation du domaine public d'une personne publique mentionnée à l'article L. 1 donne lieu au paiement d'une redevance *(L. n° 2007-1822 du 24 déc. 2007, art. 40-IV)* « sauf lorsque l'occupation ou l'utilisation concerne l'installation par l'État des équipements visant à améliorer la sécurité routière » *(L. n° 2010-1658 du 29 déc. 2010, art. 49-III)* « ou nécessaires à la liquidation et au constat des irrégularités de paiement de toute taxe perçue au titre de l'usage du domaine public routier ».

Par dérogation aux dispositions de l'alinéa précédent, l'autorisation d'occupation ou d'utilisation du domaine public peut être délivrée gratuitement :

1° Soit lorsque l'occupation ou l'utilisation est la condition naturelle et forcée de l'exécution de travaux ou de la présence d'un ouvrage, intéressant un service public qui bénéficie gratuitement à tous ;

2° Soit lorsque l'occupation ou l'utilisation contribue directement à assurer la conservation du domaine public lui-même.

(L. n° 2015-991 du 7 août 2015, art. 17-III et 135) « 3° Soit lorsque l'occupation ou l'utilisation contribue directement à assurer l'exercice des missions des services de l'État chargés de la paix, de la sécurité et de l'ordre publics ou du contrôle aux frontières dans les aéroports, les ports et les gares ;

(L. n° 2015-991 du 7 août 2015, art. 17-III) « 4° Soit lorsque l'occupation ou l'utilisation permet l'exécution de travaux relatifs à une infrastructure de transport public ferroviaire ou guidé. »

(L. n° 2009-526 du 12 mai 2009, art. 121) « En outre, l'autorisation d'occupation ou d'utilisation du domaine public peut être délivrée gratuitement aux associations à but non lucratif qui concourent à la satisfaction d'un intérêt général ; »

. . . .

Art. L. 2125-3 La redevance due pour l'occupation ou l'utilisation du domaine public tient compte des avantages de toute nature procurés au titulaire de l'autorisation.

1. Les redevances pour occupation privative d'une dépendance domaniale doivent être calculées en tenant compte des avantages de toute nature qu'elle procure à son bénéficiaire et, le cas échéant, à titre indicatif, de sa valeur locative ; les avantages tirés de l'occupation d'un complexe sportif [en l'occurrence le stade de Gerland à Lyon, mis à la disposition de la société sportive Olympique lyonnais] s'apprécient notamment au regard des recettes tirées de son utilisation telles que la vente des places et des produits dérivés aux spectateurs, la location des emplacements publicitaires et des charges que la collectivité publique supporte telles que les amortissements, l'entretien et la maintenance calculés au prorata de l'utilisation d'un tel équipement. • CAA Lyon, 12 juill. 2007, *Ville de Lyon : AJDA 2007. 2312, note Besle*. ♦ V. déjà, toujours sur les modalités de calcul de la redevance due par l'Olympique lyonnais à la ville de Lyon pour l'occupation du stade de Gerland : • TA Lyon, 10 mars 2005, *Lavaurs : AJDA 2005. 1474, note F. Lagarde* ♦ Pour d'autres affaires concernant la détermination de la redevance due pour l'occupation de complexes sportifs, V. : • TA Lyon, 23 nov. 2012, *Bernard : req. n° 1100384* (jugeant insuffisant le montant de la redevance demandée par la ville de Villeurbanne au club de l'ASVEL pour l'occupation de la salle multisports l'Astroballe) • CAA Lyon, 28 févr. 2013, *Communauté d'agglomération Grenoble-Alpes-Métropole : req. n° 12LY00820* (jugeant insuffisant le montant de la redevance demandée par la communauté d'agglomération Grenoble-Alpes-Métropole à la SASP Grenoble Foot 38 pour l'occupation du stade des Alpes) • CAA Paris, 17 oct. 2013, *Ville de Paris, Féd. fr. de tennis : req. n°s 13PA00011 et 13PA01382* (jugeant insuffisant le montant de la redevance demandée par la ville de Paris à la Fédération française de tennis pour l'occupation et l'exploitation du site de Roland-Garros). ♦ Sur l'insuffisance du montant de la redevance d'occupation du domaine public demandée à une société privée pour l'organisation d'une course pédestre, cette redevance ayant été calculée en tenant compte des seules recettes provenant des frais d'inscription sans prendre en compte les recettes publicitaires ou encore des avantages liés à la mise à disposition gratuite d'équipements par la commune. • CAA Nancy, 21 juin 2016, *M. C... :* n° 15NC02284.

2. Eu égard à l'intérêt public qui s'attache à ce que les collectivités publiques optimisent la valorisation de leurs dépendances domaniales, il y a lieu, pour apprécier si la redevance réclamée en contrepartie de la mise à disposition de dépendances de leur domaine public n'est pas manifestement insuffisante, de tenir compte des éventuelles conséquences économiques favorables, directes ou indirectes, que doit procurer à cette collectivité l'activité autorisée dans le cadre d'une convention portant autorisation d'occupation temporaire du domaine public • CAA Paris, 17 oct. 2013, *Ville de Paris, Féd. fr. de tennis : préc. note 1.*

3. L'objet d'une subvention attribuée par une collectivité territoriale à une autre collectivité territoriale est de diminuer pour cette dernière la charge de l'investissement ; dès lors la circonstance que la communauté d'agglomération Grenoble-Alpes-Métropole n'a pas, pour fixer la redevance due par un club de football professionnel pour l'occupation de son stade de football, tenu compte du montant de la subvention versée par la région Rhône-Alpes pour la réalisation de ce stade et a gardé la subvention pour elle n'est pas de nature à établir que ladite subvention serait dépourvue d'intérêt régional. • CAA Lyon, 7 janv. 2011, *B. et A. : req. n° 09LY00444.*

Art. L. 1311-2 *(Ord. n° 2015-899 du 23 juill. 2015, art. 101-II-1°, en vigueur à une date fixée par voie réglementaire et au plus tard le 1er avr. 2016)* **Un bien immobilier appartenant à une collectivité territoriale peut faire l'objet d'un bail emphytéotique prévu à l'article L. 451-1 du code rural et de la pêche maritime en vue de la réalisation d'une opération d'intérêt général relevant de sa compétence ou en vue de l'affectation à une association cultuelle d'un édifice du culte ouvert au public. Ce bail emphytéotique est dénommé bail emphytéotique administratif.**

Un tel bail peut être conclu même si le bien sur lequel il porte, en raison notamment de l'affectation du bien résultant soit du bail ou d'une convention non détachable de ce bail, soit des conditions de la gestion du bien ou du contrôle par la personne publique de cette gestion, constitue une dépendance du domaine public, sous réserve que cette dépendance demeure hors du champ d'application de la contravention de voirie.

Un tel bail ne peut avoir pour objet l'exécution de travaux, la livraison de fournitures, la prestation de services, ou la gestion d'une mission de service public, avec une contrepartie économique constituée par un prix ou un droit d'exploitation, pour le compte ou pour les besoins d'un acheteur soumis à l'ordonnance n° 2015-899 du 23 juillet 2015 relative aux marchés publics ou d'une autorité concédante *(Ord. n° 2016-65 du 29 janv. 2016, art. 57, en vigueur le 1er avr. 2016)* **« soumise à l'ordonnance n° 2016-65 du 29 janvier 2016 relative aux contrats de concession** *[V.* ***C. marchés****]* **».**

Dans le cas où un tel bail serait nécessaire à l'exécution d'un contrat de la commande publique, ce contrat prévoit, dans le respect des dispositions du présent code, les conditions de l'occupation du domaine.

Sous réserve de son entrée en vigueur à une date fixée par voie réglementaire et au plus tard le 1er avr. 2016, l'Ord. n° 2015-899 du 23 juill. 2015 s'applique aux marchés publics ainsi qu'aux contrats qui relèvent de cette Ord. pour lesquels une consultation est engagée ou un avis d'appel public à la concurrence a été envoyé à la publication à compter du 1er janv. 2016 (Ord. préc., art. 103).

Les dispositions issues de l'Ord. n° 2016-65 du 29 janv. 2016 entrent en vigueur à une date fixée par voie réglementaire et au plus tard le 1er avr. 2016. Le Décr. n° 2016-86 du 1er févr. 2016 a fixé cette date au 1er avr. 2016. L'Ord. et le Décr. préc. s'appliquent aux contrats de concession pour lesquels une consultation est engagée ou un avis de concession est envoyé à la publication à compter de leur date d'entrée en vigueur (Ord. préc., art. 78, et Décr. préc., art. 55).

1. Un contrat comportant occupation du domaine public et confiant à une association sportive le soin de réaliser des constructions sur ce domaine peut être regardé comme ayant le caractère d'un bail emphytéotique administratif ; toutefois, ce bail ne comportant aucune clause relative à la gestion de l'équipement existant ou à construire, ni au contrôle de la collectivité sur la conception et la réalisation des travaux n'a pas, par lui-même, et en l'absence de tout autre document contractuel avec lequel il formerait un tout indissociable, pour objet de confier à l'association la gestion d'un service public ; il en résulte que le contrat litigieux n'a pas le caractère d'une délégation de service public au sens des dispositions de la L. du 29 janv. 1993. • CAA Marseille, 5 févr. 2001, *Préfet des Alpes-Maritimes : req. n° 97MA05293.*

2. Un bail emphytéotique administratif doit être requalifié en concession de travaux publics, au sens de la dir. n° 2004/18/CE du 31 mars 2004, dès lors qu'il prévoit la réalisation d'ouvrages (il s'agissait en l'espèce du projet de rénovation de la piscine Molitor à Paris) répondant aux besoins précisés par le pouvoir adjudicateur. • TA Paris, réf., 3 févr. 2009, *Sté Ken Club : Contrats Marchés publ. 2009, n° 99, obs. Eckert.*

Délégation de service public

Art. L. 1411-1 *(Ord. n° 2016-65 du 29 janv. 2016, art. 58-2°, en vigueur le 1er avr. 2016)* **Une délégation de service public est un contrat de concession au sens de l'ordonnance n° 2016-65 du 29 janvier 2016 relative aux contrats de concession, conclu par écrit, par lequel une autorité délégante confie la gestion d'un service public à un ou plusieurs opérateurs économiques, à qui est transféré un risque lié à l'exploitation du service, en contrepartie soit du droit d'exploiter le service qui fait l'objet du contrat, soit de ce droit assorti d'un prix.**

La part de risque transférée au délégataire implique une réelle exposition aux aléas du marché, de sorte que toute perte potentielle supportée par le délégataire ne doit pas être purement nominale ou négligeable. Le délégataire assume le risque d'exploitation lorsque, dans des conditions d'exploitation normales, il n'est pas assuré d'amortir les investissements ou les coûts qu'il a supportés, liés à l'exploitation du service.

Le délégataire peut être chargé de construire des ouvrages, de réaliser des travaux ou d'acquérir des biens nécessaires au service public.

Les dispositions issues de l'Ord. n° 2016-65 du 29 janv. 2016 entrent en vigueur à une date fixée par voie réglementaire et au plus tard le 1er avr. 2016. Le Décr. n° 2016-86 du 1er févr. 2016 a fixé cette date au 1er avr. 2016. L'Ord. et le Décr. préc. s'appliquent aux contrats de concession pour lesquels une consultation est engagée ou un avis de concession est envoyé à la publication à compter de leur date d'entrée en vigueur (Ord. préc., art. 78, et Décr. préc., art. 55).

1. V. note 5 ss. art. L. 1311-1.

2. La convention par laquelle la ville de Paris confère à une société le droit d'occuper une dépendance de son domaine public, moyennant une redevance annuelle, pour y gérer à ses risques et périls l'activité de centre sportif à laquelle cette dépendance est dédiée ne s'analyse pas comme une convention de délégation de service public, dès lors que ladite société n'est titulaire d'aucune prérogative de puissance publique et que la ville ne lui a pas assigné d'objectifs ou obligations en matière sportive relevant d'une mission de service public, notamment par des prescriptions relatives aux horaires d'ouverture ou aux tarifs, par la définition des activités sportives à y accueillir, ou par l'obligation de fréquentation par des publics spécifiques ou d'accueil d'un Club résident. • CAA Paris, 11 avr. 2013, *Assoc. Racing club de France : req. n° 12PA01504.*

3. Un contrat par lequel une communauté de communes confie à une entreprise la gestion d'un centre nautique et de loisirs sous la forme d'un contrat de régie intéressée peut être passé selon le code des marchés publics ; en effet, un contrat de régie intéressée ne constitue pas une délégation de service public dès lors que le cocontractant de la personne publique n'encourt que des risques limités et que l'intéressement prévu dans le contrat n'était pas de nature à rendre la rémunération « comme substantiellement assurée par les résultats de l'exploitation ». • TA Besançon, réf., 26 nov. 2001, *Sté Gesclub c/ Cté de cnes du Val-de-Morteau : AJDA 2002. 338, note Raymundie.*

4. Sur la qualification de contrat de délégation de service public d'un contrat par lequel une commune a confié l'exploitation d'un palais des sports et des spectacles à une société, d'une part au regard de l'existence d'une mission de service public (contrôle de la commune sur la programmation des spectacles et contraintes liées à l'occupation de l'équipement par les équipes sportives de la ville), et d'autre part en raison du fait que la rémunération de la société était substantiellement liée à l'exploitation. • CE 19 nov. 2010, *Cts Dingreville*, req. n° 320169 : *BJCP 2011, n° 75, p. 95, concl. Dacosta ; Contrats Marchés publ. 2011. Comm. 22, note Eckert ; AJCT 2011. 85, note O. Didriche*.

Loi n° 2009-888 du 22 juillet 2009,

De développement et de modernisation des services touristiques.

TITRE II. MODERNISER ET RÉNOVER L'OFFRE TOURISTIQUE

CHAPITRE VI. *GRANDS STADES ET ÉQUIPEMENTS SPORTIFS*

Art. 28 I. — Les enceintes sportives figurant sur une liste fixée par arrêté du ministre chargé des sports, destinées à permettre l'organisation en France d'une compétition sportive internationale ou à recevoir, à titre habituel, des manifestations sportives organisées par une fédération sportive délégataire au sens de l'article L. 131-14 du code du sport ou une ligue professionnelle au sens de l'article L. 132-1 du même code sans condition de discipline et de capacité, ainsi que les équipements connexes permettant le fonctionnement de ces enceintes, sont déclarés d'intérêt général, quelle que soit la propriété privée ou publique de ces installations, après avis de l'ensemble des conseils municipaux des communes riveraines directement impactées par leur construction. Ces conseils municipaux se prononcent dans un délai de deux mois à compter de leur saisine par le représentant de l'État dans le département, qui établit la liste des communes impactées.

II. — Les collectivités territoriales peuvent réaliser ou concourir à la réalisation des ouvrages et équipements nécessaires au fonctionnement et à la desserte des installations mentionnées au I.

Les groupements de ces collectivités sont autorisés à réaliser ou concourir à la réalisation de ces ouvrages et équipements dans les mêmes conditions.

La déclaration instituée par l'art. 28 de la loi du 22 juill. 2009 a pour objet de reconnaître à une enceinte sportive, quel qu'en soit le statut, un intérêt général tenant au rayonnement des grandes compétitions internationales et au développement du sport de très haut niveau, en vue de faciliter sa réalisation effective et le bon déroulement des procédures administratives qu'elle nécessite ; une telle déclaration d'intérêt général, pour autant, ne se substitue à aucune de ces procédures, qu'il s'agisse, notamment, de celles afférentes à la déclaration d'utilité publique lorsqu'elle se révèle indispensable à l'acquisition des terrains nécessaires, ou de celles relatives aux autorisations d'urbanisme ; elle ne préjuge pas davantage des modalités de financement des installations déclarées d'intérêt général, de l'adaptation des documents d'urbanisme ou de l'évolution des infrastructures et services publics impliqués par la réalisation du projet, ni n'est censée procéder d'une appréciation intégrant, en contrepartie de la réponse apportée à un besoin collectif, les éventuels inconvénients dudit projet au regard du droit de propriété, des finances publiques, des déplacements urbains, de la sécurité ou de l'environnement ; par suite, le dossier de déclaration d'intérêt général établi par le porteur du projet n'a d'autres justifications à apporter que celles tenant aux caractéristiques essentielles de celui-ci et de son importance sur le plan sportif. • CAA Lyon, 11 juin 2013, *M. C.*, n° 12LY02461 : *AJDA 2013. 1515, chron. A. Samson-Dye*.

Aides aux entreprises

Art. L. 1511-1 *(L. n° 2004-809 du 13 août 2004, art. 1er-I-2°, en vigueur le 1er janv. 2005) (Abrogé par L. n° 2015-991 du 7 août 2015, art. 2-I-2° et IV, à compter du 1er janv. 2016)* ***« La région coordonne sur son territoire les actions de développement économique des collectivités territoriales et de leurs groupements, sous réserve des missions incombant à l'État. »***

Le conseil régional établit un rapport relatif aux aides et régimes d'aides mis en œuvre sur son territoire au cours de l'année civile, dans les conditions prévues au présent chapitre, par les collectivités territoriales et leurs groupements. A cette fin, ces collectivités et groupe-

ments transmettent, avant le 30 mars de chaque année, toutes les informations relatives aux aides et régimes d'aides mis en œuvre dans leur ressort au titre de l'année civile précédente.

Ce rapport est communiqué au représentant de l'État dans la région avant le 30 juin *[nouvelle rédaction issue de la L. n° 2015-991 du 7 août 2015, art. 3-I-1°-a et III, en vigueur le 1er janv. 2016 : « 31 mai »]* **de l'année suivante et, sur leur demande, aux collectivités précitées. Les informations contenues dans ce rapport permettent à l'État de remplir ses obligations au regard du droit communautaire.**

Ce rapport présente les aides et régimes d'aides mis en œuvre sur le territoire régional au cours de l'année civile et en évalue les conséquences économiques et sociales.

(L. n° 2015-991 du 7 août 2015, art. 3-I-1°-b et III, en vigueur le 1er janv. 2016) **« Ce rapport donne lieu à un débat devant le conseil régional. »**

(Abrogé par L. n° 2015-991 du 7 août 2015, art. 2-I-2° et IV, à compter du 1er janv. 2016) ***« En cas d'atteinte à l'équilibre économique de tout ou partie de la région, le président du conseil régional, de sa propre initiative ou saisi par le représentant de l'État dans la région, organise une concertation avec les présidents des conseils départementaux, les maires et les présidents des groupements de collectivités territoriales intéressés, et inscrit la question à l'ordre du jour de la prochaine réunion du conseil régional ou de la commission permanente. Les avis et propositions des présidents de conseil départemental, des maires et des présidents des groupements de collectivités territoriales intéressés sont communiqués au cours de ce débat. »***

1. Doit être annulée la délibération d'un conseil général accordant une subvention à une association dont l'objet est la promotion, les opérations publicitaires et la médiatisation des opérations de sponsoring en faveur d'une SARL et la promotion d'une équipe engagée par cette société dans un rallye automobile ; en effet, cette subvention, qui ne peut être regardée comme ayant été accordée en contrepartie d'une prestation de « promotion » au bénéfice du département, consiste en réalité en une aide versée à la SARL, qui en est le bénéficiaire effectif par l'intermédiaire de l'association. Cette aide n'ayant pas eu pour objet « la création ou l'extension d'activité économique, elle n'entrait pas, dès lors, dans le champ des prévisions de la loi du 7 janv. 1982 [CGCT, art. L. 1511-1 s.]. • CE 26 juin 1996, *Dpt de l'Yonne : JCP 1997. II. 22777, note Peyrical.*

2. Ne viole pas les dispositions de la loi du 7 janv. 1982 [CGCT, art. L. 1511-1 s.] la délibération d'un conseil municipal décidant d'accorder un prêt de 2,5 MF à une association sportive, dès lors que cette association, qui gère le centre de formation des équipes amateurs et la section amateur du club de football de la ville et dont les recettes proviennent presque exclusivement des subventions qui lui sont accordées par la région et la ville, ne saurait être regardée comme une entreprise au sens des dispositions précitées. • CE 31 mai 2000, *Ville de Dunkerque : Lebon 218 ; Gaz. cnes 28 août 2000, p. 63, concl. Courtial ; AJDA 2000. 939, note F. Chouvel.* ♦ Comp. : • TA Dijon, 27 nov. 1990, *Préfet de Saône-et-Loire : Lebon 511 ; LPA 12 août 1991, p. 15, note Chouvel* (jugement ayant estimé qu'en accordant des avances de trésorerie sans intérêt à plusieurs clubs de football de deuxième division, un conseil général a attribué des aides directes en méconnaissance de la loi).

Loi n° 2011-617 du 1er juin 2011,

Relative à l'organisation du championnat d'Europe de football de l'UEFA en 2016.

Art. 1er Les projets de construction ou de rénovation des enceintes sportives destinées à accueillir l'UEFA Euro 2016 ainsi que des équipements connexes permettant le fonctionnement de celles-ci, réalisés sous le régime du bail emphytéotique administratif, sont éligibles aux mêmes subventions, redevances et autres participations financières que s'ils étaient soumis au régime de la loi n° 85-704 du 12 juillet 1985 relative à la maîtrise d'ouvrage publique et à ses rapports avec la maîtrise d'œuvre privée.

Les modalités de l'échéancier de versement de ces subventions, redevances et autres participations financières peuvent être adaptées à la durée du bail emphytéotique administratif.

Art. 2 Par dérogation aux dispositions de l'article L. 1511-2 du code général des collectivités territoriales, les collectivités territoriales et leurs groupements peuvent apporter des aides aux projets de construction ou de rénovation des enceintes sportives destinées à accueillir l'UEFA Euro 2016 ainsi que des équipements connexes permettant le fonctionnement de celles-ci. Les articles L. 113-1 à L. 113-3 et L. 122-11 du code du sport ne s'appliquent pas aux aides accordées à ce titre.

Art. 3 Par dérogation aux dispositions du code de justice administrative déterminant les compétences des juridictions de premier ressort, les contrats passés par les personnes morales de droit public en lien avec la construction ou la rénovation des enceintes sportives destinées à accueillir l'UEFA Euro 2016 et des équipements connexes permettant le fonctionnement de celles-ci ainsi qu'avec l'organisation et le déroulement de cette même compétition peuvent prévoir le recours à l'arbitrage avec application de la loi française.

En adoptant les dispositions des art. 1er et 2 de la loi du 1er juin 2011, le législateur a entendu faciliter le financement par les collectivités territoriales et leurs groupements des projets de construction ou de rénovation des enceintes sportives destinées à accueillir les équipes nationales concourant au championnat d'Europe de football organisé par l'UEFA en 2016 ; la différence de traitement qui en résulte entre les projets de construction ou de rénovation des enceintes sportives, selon qu'elles sont destinées à accueillir ou non ce championnat, et par voie de conséquence, entre les collectivités territoriales et leurs groupements, selon qu'une enceinte sportive destinée à l'accueillir se situe ou non sur leur territoire, est en rapport direct avec l'objet de la loi qui l'établit ; la réalisation de ces projets de construction ou de rénovation répond à un motif d'intérêt général ; le choix du législateur de réserver le bénéfice des modalités particulières de financement qu'il a prévues aux seules enceintes sportives destinées à accueillir le championnat d'Europe de football obéit, au regard de l'objectif recherché, à des critères objectifs et rationnels. Par conséquent, le dispositif contesté ne méconnaît pas le principe d'égalité devant la loi. • CAA Douai, 6 oct. 2015, *M. D... et a.*, n° 15DA00340 QPC.

Dispositions financières et comptables : principes généraux

Art. L. 1611-8 *(L. n° 2010-1563 du 16 déc. 2010, art. 77-I)* **La délibération du département ou de la région tendant à attribuer une subvention d'investissement ou de fonctionnement à un projet décidé ou subventionné par une collectivité territoriale ou un groupement de collectivités territoriales s'accompagne d'un état récapitulatif de l'ensemble des subventions attribuées à ce même projet par les collectivités territoriales.**

(Abrogé par L. n° 2014-58 du 27 janv. 2014, art. 1er-I-5°) ***« A compter du 1er janvier 2015, à défaut d'adoption dans la région concernée du schéma d'organisation des compétences et de mutualisation des services prévu au I de l'article L. 1111-9, aucun projet ne peut bénéficier d'un cumul de subventions d'investissement ou de fonctionnement accordées par un département et une région, sauf s'il est décidé par une commune dont la population est inférieure à 3 500 habitants ou un établissement public de coopération intercommunale à fiscalité propre dont la population est inférieure à 50 000 habitants. Cette disposition n'est pas applicable aux subventions de fonctionnement accordées dans les domaines de la culture, du sport et du tourisme.***

« La délibération visée au premier alinéa du présent article est nulle lorsque l'état récapitulatif qui lui est annexé prévoit, au profit d'un même projet, un cumul de subventions contraire aux dispositions du présent article. »

V. note ss. art. L. 1111-4.

Par dérogation aux dispositions de l'art. L. 1611-8 CGCT, les collectivités territoriales peuvent financer toute opération figurant dans les contrats de projet État-région et toute opération dont la maîtrise d'ouvrage relève de l'État ou de ses établissements publics (L. n° 2010-1563 du 16 déc. 2010, art. 77-II).

Conseil municipal. Fonctionnement

Art. L. 2121-10 **Toute convocation est faite par le maire. Elle indique les questions portées à l'ordre du jour. Elle est mentionnée au registre des délibérations, affichée ou publiée.** *(L. n° 2004-809 du 13 août 2004, art. 125-I, en vigueur le 1er janv. 2005)* **« Elle est adressée par écrit »** *(L. n° 2015-991 du 7 août 2015, art. 84-1°)* **« au domicile des conseillers municipaux ou, s'ils en font la demande, envoyée à une autre adresse ou transmise de manière dématérialisée ».** — *[C. communes, art. L. 121-10-I.]*

....

Art. L. 2121-12 **Dans les communes de 3 500 habitants et plus, une note explicative de synthèse sur les affaires soumises à délibération doit être adressée avec la convocation aux membres du conseil municipal.**

Si la délibération concerne un contrat de service public, le projet de contrat ou de marché accompagné de l'ensemble des pièces peut, à sa demande, être consulté à la mairie par tout conseiller municipal dans les conditions fixées par le règlement intérieur.

Le délai de convocation est fixé à cinq jours francs. En cas d'urgence, le délai peut être abrégé par le maire sans pouvoir être toutefois inférieur à un jour franc.

Le maire en rend compte dès l'ouverture de la séance au conseil municipal, qui se prononce sur l'urgence et peut décider le renvoi de la discussion, pour tout ou partie, à l'ordre du jour d'une séance ultérieure.

(L. n° 2015-992 du 17 août 2015, art. 142) **« Le présent article est également applicable aux communes de moins de 3 500 habitants lorsqu'une délibération porte sur une installation mentionnée à l'article L. 511-1 du code de l'environnement. »** – *[C. communes, art. L. 121-10-III.]*

Est adoptée dans des conditions irrégulières une délibération d'un conseil municipal accordant une subvention à un club sportif dès lors que la convocation de ses membres ne respecte pas les formalités exigées par les dispositions des art. L. 2121-10 s. CGCT (convocations envoyées au domicile des conseillers municipaux dans un délai de cinq jours francs avant la réunion). • CAA Versailles, 11 févr. 2010, *Assoc. Réal de Villepinte Vert Galant section handball : req. n° 09VE00406.* ♦ V., s'agissant de l'annulation d'une délibération en raison du défaut de remise de la note explicative de synthèse aux membres du conseil municipal, • CE 20 juin 2012, *Cne de Dijon,* req. n° 342666 : *AJCT 2012.560*.

Conseil municipal. Attributions

Art. L. 2121-29 **Le conseil municipal règle par ses délibérations les affaires de la commune.**

Il donne son avis toutes les fois que cet avis est requis par les lois et règlements, ou qu'il est demandé par le représentant de l'État dans le département. – *[Anc. art. L. 121-26, al. 1er et 2, C. communes.]*

Lorsque le conseil municipal, à ce régulièrement requis et convoqué, refuse ou néglige de donner avis, il peut être passé outre. – *[Anc. art. L. 121-28, al. 2, C. communes.]*

Le conseil municipal émet des vœux sur tous les objets d'intérêt local. – *[Anc. art. L. 121-26, al. 4, C. communes.]*

1. Intérêt communal. Est légale la délibération d'un conseil municipal décidant d'accorder une avance remboursable à une association sportive, dès lors que les activités de cette association présentent un caractère d'utilité publique communale, du fait de leur contribution au développement de la pratique locale du sport et notamment du concours apporté par les joueurs de la section professionnelle de football à l'entraînement d'équipes amateurs. • CE 10 janv. 1968, *Eber et Lévy : Lebon 27.*

2. Eu égard aux retombées médiatiques, touristiques et financières retirées tant par la commune que par ses habitants, de l'organisation, sur son territoire, d'une étape du rallye Paris-Dakar, la subvention accordée à des associations dans le but de participer à l'organisation ainsi qu'au financement de ladite manifestation présente un intérêt communal suffisant. • CAA Marseille, 10 déc. 2007, *Cne de Narbonne,* n° 02MA00284 : *BJCL 2008. 351, concl. E. Paix.*

3. La prise en charge des frais de transport et autres frais annexes impliqués par les déplacements d'une équipe municipale de handball présentent un caractère d'intérêt public communal, c'est à bon droit qu'un conseil municipal a pu décider que de tels frais seraient réglés directement par le budget de la commune ; aucune disposition législative ou réglementaire n'impose en effet qu'une telle intervention prenne la forme d'une subvention à une personne morale. • TA Versailles, 10 avr. 1998, *Préfet de Seine-et-Marne c/ Cne de Pontault-Combault : req. n° 914630.*

4. Remboursement de subventions. Justifie sa décision la cour d'appel qui, pour débouter une commune de ses demandes tendant à l'allocation, en réparation de son préjudice, du montant des subventions versées à un club de football en 1995, 1996 et 1997, retient que la partie civile avait une connaissance exacte de la situation financière de cette société lors du vote de chacune des subventions dont le remboursement est demandé et que les infractions de faux et usage n'ont en rien influencé la décision de la commune dans le cadre de l'attribution de ces subventions pendant trois années. • Crim. 18 sept. 2002 : *D. 2003. Somm. 2536, obs. A. Lacabarats*.

5. Responsabilité communale. Constitue un comportement de nature à engager la responsabilité de la commune le fait de subordonner l'octroi d'une subvention à l'obtention préalable d'un prêt bancaire alors qu'elle ne pouvait ignorer qu'un tel prêt nécessiterait l'engagement personnel du président et que son remboursement ne pourrait être réalisé que grâce aux subventions annuelles de la commune, subventions qui ont été par la suite interrompues par la commune, cette dernière ayant de plus suscité la création d'un nouveau club de football. • CE 16 févr. 2005, *X. c/ Cne de Sarreguemines : RJ éco. sport 2005, n° 77, obs. J.-P. Boucheron et F. Lagarde ; Gaz. cnes 12 sept. 2005, obs. Meyer.* ♦ V. aussi • CAA Paris, 18 déc. 2007, *Cne d'Asnières-sur-Seine,* n° 06PA03200 : *Cah. dr. sport 2008, n° 11, p. 149, note F. Colin.* ♦ Sur la responsabilité d'une commune qui, assumant la direction effective d'une association sportive, a commis des fautes de gestion en continuant à verser des subventions à cette association dont elle connaissait pourtant les difficultés financières, ce qui a abouti à masquer son état de cessation des paiement et contribué à la poursuite d'une activité gravement déficitaire : • CAA Marseille, 10 mars 2011, *Cne de Nice : req. n° 09MA00119.*

L'annulation, pour vice de forme, d'une délibération attribuant une subvention à une association entraîne, pour la commune, l'obligation d'indemniser l'association pour le préjudice causé. • CE 20 juin 2012, *Cne de Dijon,* req. n° 342666 : *AJCT 2012. 560.*

6. Une commune ne commet aucune faute de nature à engager sa responsabilité à l'égard d'une association de handball en résiliant une convention de partenariat prévoyant notamment le versement de subventions, dès lors que ladite association n'a pas respecté ses obligations contractuelles, et notamment les exigences imposées par la commune en matière d'équilibre financier. • CAA Versailles, 17 mars 2016, *Assoc. Real Villepinte Vert Galant :* n° 14VE02296.

Information et participation des habitants

Art. L. 2144-3 Des locaux communaux peuvent être utilisés par les associations *(Abrogé par L. n° 2016-1088 du 8 août 2016, art. 27-II-1°)* **« ,** ***syndicats*** **» ou partis politiques qui en font la demande.**

Le maire détermine les conditions dans lesquelles ces locaux peuvent être utilisés, compte tenu des nécessités de l'administration des propriétés communales, du fonctionnement des services et du maintien de l'ordre public.

Le conseil municipal fixe, en tant que de besoin, la contribution due à raison de cette utilisation.

(L. n° 2016-1088 du 8 août 2016, art. 27-II-2°) **« Les locaux communaux peuvent également être mis à la disposition des organisations syndicales, dans les conditions prévues à l'article L. 1311-18. »** – *[Ancien art. L. 318-2 C. communes.]*

1. Principe d'égalité entre usagers. Doit être annulée, en ce qu'elle porte atteinte au principe d'égalité entre usagers, la décision d'un maire refusant aux adhérents d'une association sportive l'accès à un stand de tir en raison de l'existence d'une convention de mise à disposition à titre exclusif au profit d'une autre association sportive ; en effet, la circonstance que cette dernière association compte davantage de pratiquants que la première ne constitue pas, au regard de la destination des locaux communaux en cause et dès lors qu'il est constant que lesdites associations sont toutes deux adhérentes à la Fédération française de tir, une différence de situation de nature à justifier que l'association requérante soit privée de tout accès au stand de tir. • CE 8 avr. 1998, *Fréquelin : RJ éco. sport 1998, n° 49, obs. Lachaume.* ♦ V. aussi : • CAA Bordeaux, 15 juill. 2016, *Assoc. "Le tigre mondavezanais club",* n° 14BX03314 : *JS 2016, n° 169, p. 10 ; Dict. perm. dr. sport 2016, Bull. oct. 2016, p. 5* • CAA Lyon, 15 févr. 2011, *Ville de Beaune,* req. n° 09LY02947 : *JS 2011, n° 108, p. 8, obs. Lagarde.* • CAA Paris, 20 févr. 1992, *Assoc. l'Entente sportive levalloisienne : req. n° 89PA02184.* • TA Toulouse, réf., 15 déc. 2007, *Assoc. Blagnac Constellation Gym : Dict. perm. dr. sport 2008, Bull., n° 143, p. 6081.*

2. Méconnaît également le principe d'égalité entre usagers la délibération d'un conseil municipal réservant aux seules associations subventionnées, aux comités d'entreprise et aux habitants de la commune l'utilisation gratuite des salles municipales des sports, une telle délibération n'étant pas justifiée par des motifs tenant à la bonne gestion du domaine public communal, à l'affectation des immeubles concernés ou à l'intérêt général. • CAA Nantes, 30 déc. 1999, *Ville d'Argentan : req. n° 97NT00499.*

3. Responsabilité de la commune. Un refus illégal d'accès aux installations sportives communales opposé à une association sportive constitue une faute de nature à engager la responsabilité de la commune. En l'espèce, cette dernière doit être condamnée à réparer le préjudice résultant, pour ladite association, de la baisse du nombre de ses membres licenciés, et donc de ses cotisations, de l'amende qui lui a été infligée par la fédération ainsi que de l'annulation de deux tournois. • CAA Nantes, 30 déc. 1999, *Ville d'Argentan : req. n° 98NT00125.* ♦ V. aussi : • CAA Nancy, 3 févr. 2005, *Cne de Kerbach c/ Assoc. « Club Forme et détente » : req. n° 00NC01522.*

4. Retrait d'une autorisation d'occupation. Le fait, pour une association sportive, de continuer à occuper illégalement des locaux communaux malgré une décision de fermeture ordonnant la libération des lieux, peut justifier une mesure d'expulsion sous astreinte des occupants sans titre, en raison notamment du trouble causé à l'ordre public et de l'impossibilité dans laquelle se trouve la commune de remettre ces locaux à la disposition de nouvelles associations sportives. • CE 4 avr. 1990, *Assoc. Pétanque Hermitage et a. c/ Cne de Saint-Martin-d'Hères : D. 1991. Somm. 277, obs. Lachaume.*

5. Suspension de créneaux horaires mis à disposition pour l'utilisation de locaux communaux. Ne fait pas une exacte appréciation des faits le maire qui estime que la décision de suspension des créneaux horaires mis à disposition d'une association pour l'utilisation de locaux et équipements communaux était justifiée par le souci de maintenir l'ordre public au motif que ladite association n'était pas agréée par la DDJS et que l'activité d'enseignement d'un sport dangereux n'était pas prise en charge par des personnes titulaires d'un diplôme d'éducateur sportif. • CAA Paris, 30 juin 2005, *Assoc. de taekwondo de Vauréal : req. n° 01PA02232.* ♦ La décision d'un maire retirant à une association de karaté ses créneaux horaires d'utilisation d'un dojo municipal fait partie des décisions individuelles défavorables qui doivent être motivées en application de l'art. 1er de la loi du 11 juill. 1979 relative à la motivation des actes administratifs. • CAA Versailles, 6 nov. 2014, *Cne de Gournay-sur-Marne,* req. n° 12VE02243 : *JS 2014, n° 149, p. 8, obs. F. Lagarde.*

Police municipale

Art. L. 2212-2 La police municipale a pour objet d'assurer le bon ordre, la sûreté, la sécurité et la salubrité publiques. Elle comprend notamment :

1° Tout ce qui intéresse la sûreté et la commodité du passage dans les rues, quais, places et voies publiques, ce qui comprend le nettoiement, l'éclairage, l'enlèvement des encombrements, la démolition ou la réparation des édifices *(L. n° 2008-1350 du 19 déc. 2008)* **« et monuments funéraires » menaçant ruine, l'interdiction de rien exposer aux fenêtres ou autres parties des édifices qui puisse nuire par sa chute ou celle de rien jeter qui puisse endommager les passants ou causer des exhalaisons nuisibles** *(L. n° 2001-1062 du 15 nov. 2001)* **« ainsi que le soin de réprimer les dépôts, déversements, déjections, projections de toute matière ou objet de nature à nuire, en quelque manière que ce soit, à la sûreté ou à la commodité du passage ou à la propreté des voies susmentionnées » ;**

2° Le soin de réprimer les atteintes à la tranquillité publique telles que les rixes et disputes accompagnées d'ameutement dans les rues, le tumulte excité dans les lieux d'assemblée publique, les attroupements, les bruits, *(L. n° 2007-297 du 5 mars 2007, art. 18)* **« les troubles » de voisinage, les rassemblements nocturnes qui troublent le repos des habitants et tous actes de nature à compromettre la tranquillité publique ;**

3° Le maintien du bon ordre dans les endroits où il se fait de grands rassemblements d'hommes, tels que les foires, marchés, réjouissances et cérémonies publiques, spectacles, jeux, cafés, églises et autres lieux publics ;

4° L'inspection sur la fidélité du débit des denrées qui se vendent au poids ou à la mesure et sur la salubrité des comestibles exposés en vue de la vente ;

5° Le soin de prévenir, par des précautions convenables, et de faire cesser, par la distribution des secours nécessaires, les accidents et les fléaux calamiteux ainsi que les pollutions de toute nature, tels que les incendies, les inondations, les ruptures de digues, les éboulements de terre ou de rochers, les avalanches ou autres accidents naturels, les maladies épidémiques ou contagieuses, les épizooties, de pourvoir d'urgence à toutes les mesures d'assistance et de secours et, s'il y a lieu, de provoquer l'intervention de l'administration supérieure ;

6° Le soin de prendre provisoirement les mesures nécessaires contre les personnes atteintes de troubles mentaux dont l'état pourrait compromettre la morale publique, la sécurité des personnes ou la conservation des propriétés ;

7° Le soin d'obvier ou de remédier aux événements fâcheux qui pourraient être occasionnés par la divagation des animaux malfaisants ou féroces ;

(Abrogé par L. n° 2014-1545 du 20 déc. 2014, art. 11-1°) ***« 8° Le soin de réglementer la fermeture annuelle des boulangeries, lorsque cette fermeture est rendue nécessaire pour l'application de la législation sur les congés payés, après consultation des organisations patronales et ouvrières, de manière à assurer le ravitaillement de la population. »***

COMMENTAIRE

Les autorités administratives, notamment le maire, interviennent fréquemment pour réglementer la pratique des activités sportives ou de loisirs. La plupart du temps, le motif invoqué est la sécurité des pratiquants (V. par ex. sur la légalité d'un arrêté municipal interdisant la pratique de la planche à roulettes : CE 18 nov. 2003 : *Bull. crim. n° 215*... Ou interdisant la circulation des équidés dans un parc : CAA Lyon, 17 avr. 2003 : *req. n° 98LY02407* ... Ou sur certaines sections des bords d'un fleuve : CAA Nantes, 30 juin 2005, *Cne de Sainte-Gemmes-sur-Loire : req. n° 04NT00846*...). Mais d'autres motifs, telle que la tranquillité publique (V. par ex. pour un arrêté municipal réglementant la pratique de l'aéromodélisme : CE 8 mars 1993, *Cne de Molières : JCP 1993. II. 22157, note Lascombe et Vandendriessche*... Ou sur l'obligation faite au maire d'une commune de réglementer l'activité d'un stand de tir : CE 8 juill. 1992, *Ville de Chevreuse : Lebon 281* ...), ou la salubrité publique (V. par ex. pour un arrêté municipal interdisant aux spéléologues de plonger dans le siphon terminal d'un gouffre : TA Grenoble, 13 oct. 1999, *Comité départemental de spéléologie de l'Isère : Coll. terr. 2000, n° 13, obs. Célérier*...) peuvent justifier l'édiction d'une réglementation locale de police. Il faut rappeler toutefois que les autorités locales de police ne sauraient soumettre une activité sportive à un régime de déclaration ou d'autorisation administrative préalable (V. par ex. CE 22 janv. 1982, *Assoc. Foyer de ski de fond de Crévoux : Lebon 30*). Pour une jurisprudence exhaustive sur le pouvoir de police municipale, V. *CGCT* (éd. 2016), annotations ss. art. L. 2212-2 (V. également les annotations App., v° *Responsabilité administrative*). ❑

Art. L. 2212-9 *Abrogé par Ord. n° 2012-351 du 12 mars 2012, art. 19-5°, à compter du 1er mai 2012. — V. désormais CSI, art. L. 512-3 reproduit infra.*

Code de la sécurité intérieure

Art. L. 512-3 Lors d'une manifestation exceptionnelle, notamment à caractère culturel, récréatif ou sportif, à l'occasion d'un afflux important de population ou en cas de catastrophe naturelle, les maires de communes limitrophes ou appartenant à une même agglomération peuvent être autorisés à utiliser en commun, sur le territoire d'une ou plusieurs communes, pour un délai déterminé, tout ou partie des moyens et des effectifs de leurs services de police municipale. Cette faculté s'exerce exclusivement en matière de police administrative.

Cette utilisation en commun des moyens et effectifs est autorisée par arrêté du représentant de l'État dans le département qui en fixe les conditions et les modalités au vu des propositions des maires des communes concernées. — *[CGCT, art. L. 2212-9.]*

Art. L. 2213-23 Le maire exerce la police des baignades et des activités nautiques pratiquées à partir du rivage avec des engins de plage et des engins non immatriculés. Cette police s'exerce en mer jusqu'à une limite fixée à 300 mètres à compter de la limite des eaux.

Le maire réglemente l'utilisation des aménagements réalisés pour la pratique de ces activités. Il pourvoit d'urgence à toutes les mesures d'assistance et de secours.

Le maire délimite une ou plusieurs zones surveillées dans les parties du littoral présentant une garantie suffisante pour la sécurité des baignades et des activités mentionnées ci-dessus. Il détermine des périodes de surveillance. Hors des zones et des périodes ainsi définies, les baignades et activités nautiques sont pratiquées aux risques et périls des intéressés.

Le maire est tenu d'informer le public par une publicité appropriée, en mairie et sur les lieux où elles se pratiquent, des conditions dans lesquelles les baignades et les activités nautiques sont réglementées *(Abrogé par L. n° 2006-1772 du 30 déc. 2006, art. 42-X)* « ***, ainsi que des résultats des contrôles de la qualité des eaux de ces baignades accompagnés des précisions nécessaires à leur interprétation*** ».

Finances communales. Publicité des budgets et comptes

Art. L. 2313-1 Les budgets de la commune restent déposés à la mairie et, le cas échéant, à la mairie annexe où ils sont mis sur place à la disposition du public dans les quinze jours qui suivent leur adoption ou éventuellement leur notification après règlement par le représentant de l'État dans le département.

Le public est avisé de la mise à disposition de ces documents par tout moyen de publicité au choix du maire.

Dans les communes de 3 500 habitants et plus, les documents budgétaires, sans préjudice des dispositions de l'article L. 2343-2, sont assortis en annexe :

1° De données synthétiques sur la situation financière de la commune ;

(Ord. n° 2005-1027 du 26 août 2005, art. 10-1°, en vigueur le 1er janv. 2006) « 2° De la liste des concours attribués par la commune sous forme de prestations en nature ou de subventions. Ce document est joint au seul compte administratif ; »

« 3° De la présentation agrégée des résultats afférents au dernier exercice connu du budget principal et des budgets annexes de la commune. Ce document est joint au seul compte administratif ;

« 4° De la liste des organismes pour lesquels la commune :

« *a)* détient une part du capital ;

« *b)* a garanti un emprunt ;

« *c)* a versé une subvention supérieure à 75 000 € ou représentant plus de 50 % du produit figurant au compte de résultat de l'organisme.

« La liste indique le nom, la raison sociale et la nature juridique de l'organisme ainsi que la nature et le montant de l'engagement financier de la commune. » ....

(L. n° 2015-991 du 7 août 2015, art. 107-II-A-5°, en vigueur le 1er août 2015) « Une présentation brève et synthétique retraçant les informations financières essentielles est jointe au budget primitif et au compte administratif afin de permettre aux citoyens d'en saisir les enjeux.

« La présentation prévue au précédent alinéa ainsi que le rapport adressé au conseil municipal à l'occasion du débat sur les orientations budgétaires de l'exercice prévu à l'article L. 2312-1, la note explicative de synthèse annexée au budget primitif et celle annexée au compte administratif, conformément à l'article L. 2121-12, sont mis en ligne sur le site internet de la commune, lorsqu'il existe, après l'adoption par le conseil municipal des délibérations auxquelles ils se rapportent et dans des conditions prévues par décret en Conseil d'État. »

....

Dans un délai de cinq ans suivant la promulgation L. n° 2015-991 du 7 août 2015, les collectivités territoriales et les établissements publics de coopération intercommunale à fiscalité propre de plus de 50 000 habitants transmettent au représentant de l'État leurs documents budgétaires par voie numérique, selon des modalités fixées par décret.

Les 2°, 4°, 5° et 10° du A du II de l'art. 107 de la L. n° 2015-991 du 7 août 2015 sont applicables à compter du 1er août 2015 en Polynésie française (L. préc., art. 107-III et IV°, en vigueur le 1er août 2015).

Finances communales. Dépenses obligatoires

Art. L. 2321-2 Les dépenses obligatoires comprennent notamment :

....

7° Les dépenses de personnel et de matériel relatives au service d'incendie et de secours.

Code général des collectivités territoriales

PARTIE RÉGLEMENTAIRE

Art. R. 2321-6 Peuvent faire l'objet du remboursement des frais de secours prévu au 7° de l'article L. 2321-2, les activités sportives ci-après :

1° Ski alpin ;

2° Ski de fond. – *[Décr. n° 87-141 du 3 mars 1987.]*

Art. R. 2321-7 Les délibérations du conseil municipal fixant les conditions du remboursement des frais de secours font l'objet d'une publicité par affichage en mairie et dans tous les lieux où sont apposées les consignes relatives à la sécurité et, d'une manière générale, à la pratique du ski alpin et du ski de fond. – *[Décr. n° 87-141 du 3 mars 1987.]*

V. aussi Circ. du 4 déc. 1990 relative au remboursement des frais de secours pour le ski alpin et le ski de fond (JO 29 janv. 1991).

Finances communales. Recettes de la section de fonctionnement

Art. L. 2331-4 Les recettes non fiscales de la section de fonctionnement peuvent comprendre :

....

11° *(L. n° 2006-437 du 14 avr. 2006, art. 33)* « Le produit de la redevance pour l'accès aux sites nordiques dédiés de ski de fond balisées et aux loisirs de neige autres que le ski alpin » ;

....

15° *(L. n° 2006-1771 du 30 déc. 2006, art. 163-II)* « Le remboursement des frais engagés à l'occasion d'opérations de secours consécutives à la pratique de toute activité sportive ou de loisirs. Cette participation, que les communes peuvent exiger sans préjudice des dispositions applicables aux activités réglementées, aux intéressés ou à leurs ayants droit, peut porter sur tout ou partie des dépenses et s'effectue dans les conditions déterminées par les communes.

« Les communes sont tenues d'informer le public des conditions d'application du premier alinéa du présent 15° sur leur territoire, par un affichage approprié en mairie et, le cas échéant, dans tous les lieux où sont apposées les consignes relatives à la sécurité » ;

....

Il résulte des dispositions de l'art. L. 2331-4 CGCT qu'une commune ne peut demander le remboursement des frais de secours liés à la pratique d'une activité sportive que s'il existe une délibération du conseil municipal ayant fait l'objet d'un affichage en mairie et dans les lieux où sont apposées les consignes relatives à la sécurité, approuvant le principe et les conditions de remboursement desdits frais. • CAA Marseille, 14 mars 2014 : *req. n° 12MA00922.*

Taxe communale sur les entreprises exploitant des engins de remontées mécaniques

Art. L. 2333-49 Les entreprises exploitant des engins de remontée mécanique peuvent être assujetties en zone de montagne à une taxe communale portant sur les recettes brutes provenant de la vente des titres de transport et dont le produit est versé au budget communal.

Le montant de la taxe est inclus dans le prix du titre de transport et perçu sur l'usager.

L'assiette de la taxe ne comprend ni le montant de celle-ci, ni celui de la taxe départementale prévue à l'article L. 3333-4 *[V. ci-dessous]*.

Elle est recouvrée par la commune comme en matière de taxe sur le chiffre d'affaires dans les conditions fixées par décret en Conseil d'État. – *[L. n° 85-30 du 9 janv. 1985, art. 85.]*

Art. L. 2333-50 La taxe communale est instituée par délibération du conseil municipal qui en fixe le taux dans la limite de 3 p. 100 des recettes brutes provenant de la vente des titres de transport. – *[L. n° 85-30 du 9 janv. 1985, art. 86, al. 1er.]*

Art. L. 2333-51 Si l'exploitation des remontées mécaniques s'étend sur plusieurs communes ou plusieurs départements, la répartition de l'assiette de la taxe visée à l'article L. 2333-49 entre lesdites communes ou lesdits départements est fixée, à défaut d'accord entre eux, par le représentant de l'État dans des conditions fixées par décret en Conseil d'État. – *[L. n° 85-30 du 9 janv. 1985, art. 87, al. 1er.]*

Art. L. 2333-52 Les communes ou les établissements publics de coopération intercommunale qui percevaient à la date du 31 décembre 1983 la taxe spéciale *(L. n° 2001-1275 du 28 déc. 2001)* « portant sur les recettes brutes provenant de la vente des titres de transport par les entreprises exploitant des engins de remontées mécaniques » sur la base d'un taux supérieur à 3 p. 100 se voient attribuer par le département, lorsque celui-ci perçoit la taxe visée à l'article L. 3333-4 *[V. ci-dessous]*, une dotation égale à la différence entre le produit de la taxe au taux de 3 p. 100 et celui de la taxe au taux antérieurement fixé. Toutefois, il n'en est ainsi que si les communes concernées appliquent le taux de 3 p. 100 pour la taxe créée par l'article L. 2333-49. Cette dotation est versée trimestriellement.

Lorsque les communes ou les établissements publics de coopération intercommunale, qui percevaient, à la date du 31 décembre 1983, la taxe spéciale visée *(L. n° 2001-1275 du 28 déc. 2001)* « au premier alinéa » au taux de 5 p. 100, appliquent au taux de 3 p. 100 la taxe créée par l'article L. 2333-49, le département peut, s'il a lui-même voté la même taxe au taux de 2 p. 100, plutôt que de verser la dotation prévue à l'alinéa précédent subroger le groupement de communes ou la commune pour percevoir ladite taxe qui lui revient de droit.

Lorsque le département ne perçoit pas la taxe ci-dessus, ces communes ou établissements publics de coopération intercommunale peuvent percevoir la taxe au taux qu'ils avaient fixé pour la taxe spéciale *(L. n° 2001-1275 du 28 déc. 2001)* « visée au premier alinéa » au titre de l'exercice budgétaire 1983. – *[L. n° 85-30 du 9 janv. 1985, art. 88.]*

Art. L. 2333-53 Le produit annuel de la taxe communale est affecté, sous réserve des dispositions prévues au premier alinéa de l'article L. 2333-52 :

1° A des interventions favorisant le développement agricole *(L. n° 2005-157 du 23 févr. 2005, art. 183-I)* « et forestier » en montagne ;

2° Aux dépenses d'équipement, de services, de promotion et de formation induites par le développement du tourisme en montagne et les besoins des divers types de clientèle ainsi qu'à l'amélioration des accès ferroviaires et routiers ;

3° Aux dépenses de développement d'un tourisme d'initiative locale en montagne et des activités qui y contribuent ;

4° A des charges engagées par les clubs locaux de ski pour la formation technique de leurs jeunes adhérents ;

5° Au financement d'actions de prévention des accidents en montagne conduites par des organismes compétents en la matière, et notamment par les sociétés de secours en montagne.

(L. n° 2005-157 du 23 févr. 2005, art. 183-II) « 6° Aux dépenses d'équipement et de mise en valeur touristique des espaces forestiers présentant l'une des garanties de gestion durable mentionnées aux articles 124-1 à 124-4 du code forestier ;

« 7° Aux travaux de protection contre l'érosion naturelle des sols, la prévention des avalanches ou la défense des forêts contre les incendies qui incombent à la commune en application du 5° de l'article L. 2212-2. » – *[L. n° 85-30 du 9 janv. 1985, art. 89.]*

V. aussi CGCT, art. R. 2333-70 à R. 2333-73. – **CGCT**.

Redevance d'accès aux pistes de ski de fond balisées

Art. L. 2333-81 *(L. n° 2006-437 du 14 avr. 2006, art. 33)* « Une redevance pour l'accès aux installations et aux services collectifs d'un site nordique dédié à la pratique du ski de fond et aux loisirs de neige non motorisés autres que le ski alpin et destinés à favoriser la pratique de ces activités peut être instituée par délibération du conseil municipal de la commune dont le territoire supporte un tel site, ou de l'établissement de coopération intercommunale compétent, dès lors que le site comporte un ou plusieurs itinéraires balisés et des équipements d'accueil ainsi que, le cas échéant, d'autres aménagements spécifiques, et qu'il fait l'objet d'une maintenance régulière, notamment d'un damage adapté des itinéraires. Chaque année, une délibération fixe le montant de la redevance et les conditions de sa perception. »

Dans le cas d'installations s'étendant sur plusieurs communes, le montant et les conditions de perception de la redevance sont fixés sur délibérations conjointes des conseils municipaux concernés. – *[L. n° 85-30 du 9 janv. 1985, art. 81.]*

(L. n° 2006-437 du 14 avr. 2006, art. 33) « L'accès libre et gratuit au milieu naturel est maintenu sur tout site nordique comportant des itinéraires de ski de fond ou de loisirs de neige non motorisés soumis à redevance d'accès, dans le respect des droits des propriétaires, des règlements de police en vigueur ainsi que des aménagements et du damage des itinéraires. »

V. aussi art. L. 5211-25 et L. 5722-5.

Art. L. 2333-82 Le produit de la redevance instituée par l'article L. 2333-81 est affecté à l'entretien et à l'extension des pistes ainsi qu'aux opérations tendant à assurer le développement et la promotion du ski de fond *(L. n° 2006-437 du 14 avr. 2006, art. 33)* « et des loisirs de neige non motorisés pratiqués sur le site nordique ». – *[L. n° 85-30 du 9 janv. 1985, art. 82.]*

Art. L. 2333-83 L'association départementale, interdépartementale ou régionale créée *(Ord. n° 2004-1391 du 20 déc. 2004, art. 4-2°)* « en application des articles L. 342-27 à L. 342-29 du code du tourisme » peut percevoir, pour le compte et à la demande des communes concernées la redevance prévue à l'article L. 2333-81. – *[L. n° 85-30 du 9 janv. 1985, art. 84, al. 3.]*

Paris, Lyon, Marseille

Art. L. 2511-16 *(L. n° 2002-276 du 27 févr. 2002)* « Le conseil d'arrondissement délibère sur l'implantation et le programme d'aménagement des équipements de proximité, définis comme les équipements à vocation éducative, sociale, culturelle, sportive et d'information de la vie locale qui ne concernent pas l'ensemble des habitants de la commune ou les habitants de plusieurs arrondissements, ou qui n'ont pas une vocation nationale. La réalisation des équipements est subordonnée à une décision du conseil municipal prise dans les conditions prévues à l'article L. 2511-36. »

Le conseil d'arrondissement gère les équipements *(L. n° 2002-276 du 27 févr. 2002)* « de proximité », sous réserve des dispositions de l'article L. 2511-21. Lorsque ces équipements sont réalisés dans le cadre d'une opération d'aménagement prévue au *(L. n° 2002-276 du 27 févr. 2002)* « troisième » alinéa de l'article L. 2511-15, leur gestion relève de la compétence du conseil d'arrondissement après leur achèvement.

Toutefois, les équipements dont la gestion a été confiée à des tiers avant le 5 octobre 1982 demeurent de la compétence du conseil municipal, pour la durée de la convention passée avec le gestionnaire ainsi qu'en cas de renouvellement de celle-ci par le conseil municipal. En outre, certains équipements relevant de l'une des catégories mentionnées au premier alinéa peuvent, en raison de leur nature ou de leurs modalités de gestion, demeurer de la compétence du conseil municipal, lorsqu'il en est décidé ainsi par arrêté du représentant de l'État dans le département, pris après avis du président du tribunal administratif.

Le conseil d'arrondissement supporte les dépenses de fonctionnement, à l'exclusion des dépenses de personnel et des frais financiers, relatives à la gestion des équipements transférés en application des alinéas précédents, ainsi que celles relatives aux locaux administratifs, aux biens mobiliers et aux matériels mis à sa disposition pour l'exercice de ses attributions.

(L. n° 2002-276 du 27 févr. 2002) « Le conseil d'arrondissement supporte par ailleurs les dépenses d'investissement afférentes aux équipements visés ci-dessus pour lesquelles les marchés de travaux correspondants peuvent être passés sans formalités préalables en raison de leur montant, ainsi que celles nécessitées par les travaux d'urgence au titre de ces mêmes équipements dans la limite, dans un cas comme dans l'autre, des crédits ouverts dans l'état spécial en application de l'article L. 2511-36-1.

« Par délibération-cadre annuelle du conseil municipal, et dans les cas et conditions qu'il détermine, le conseil d'arrondissement peut également être autorisé à effectuer, dans la limite des crédits ouverts dans l'état spécial en application de l'article L. 2511-36-1, des dépenses d'investissement afférentes à des équipements autres que ceux visés ci-dessus et pour lesquelles les marchés de travaux correspondants peuvent être passés sans formalités préalables en raison de leur montant. »

Dispositions spécifiques à la commune de Paris

Art. L. 2512-14 *(L. n° 2002-276 du 27 févr. 2002)* Les pouvoirs conférés au maire par le premier alinéa de l'article L. 2213-1 et par les articles L. 2213-2 à L. 2213-6 sont, à Paris, exercés par le maire de Paris sous réserve des dispositions ci-après.

Pour les motifs d'ordre public ou liés à la sécurité des personnes et des biens ou pour assurer la protection du siège des institutions de la République et des représentations diplomatiques, le préfet de police détermine, de façon permanente ou temporaire, des sites où il réglemente les conditions de circulation et de stationnement dans certaines voies ou portions de voies, ou en réserve l'accès à certaines catégories d'usagers ou de véhicules.

Des dispositions de même nature et à caractère temporaire peuvent également être arrêtées par le préfet de police, après avis du maire de Paris, en cas de manifestation de voie publique à caractère revendicatif, festif, sportif ou culturel.

(L. n° 2014-58 du 27 janv. 2014, art. 62-I-5°) « Sur les axes permettant d'assurer la continuité des itinéraires principaux dans l'agglomération parisienne et la région d'Île-de-France, dont la liste est fixée par décret, les règles de circulation et de stationnement sont déterminées par le maire de Paris après avis conforme du préfet de police. Lorsque cet avis est défavorable, il est motivé au regard des enjeux du projet présenté par le maire de Paris. »

Pour l'application des dispositions du présent article, le contrôle administratif et le pouvoir de substitution sont exercés, au nom de l'État, par le préfet de police.

En outre, les pouvoirs conférés par le code de la route au préfet sont exercés à Paris par le préfet de police.

L'exécution des dispositions *(Ord. n° 2006-460 du 21 avr. 2006, art. 3-VII)* « des alinéas précédents » est assurée par les fonctionnaires de la police nationale ou, le cas échéant, en matière de circulation ou de stationnement, par des agents de la ville de Paris placés sous l'autorité du préfet de police.

Transfert de compétence des conseils généraux aux conseils de métropole

Art. L. 3211-1-1 (Abrogé par L. n° 2015-991 du 7 août 2015, art. 90-I-2°) (L. n° 2014-58 du 27 janv. 2014, art. 47-1°) *Le conseil départemental peut, à son initiative ou saisi d'une demande en ce sens du conseil d'une métropole, transférer à celle-ci, dans les limites de son territoire, les compétences suivantes :*

1° Les compétences exercées par le département en matière de développement économique en application des articles L. 3231-1 à L. 3231-3, L. 3231-4, L. 3231-5 et L. 3231-7, ou une partie d'entre elles ;

2° Les compétences exercées par le département en matière de personnes âgées et d'action sociale en application des articles L. 113-2, L. 121-1 et L. 121-2 du code de l'action sociale et des familles, ou une partie d'entre elles ;

3° La compétence en matière de construction, de reconstruction, d'aménagement, d'entretien et de fonctionnement des collèges. A ce titre, la métropole assure l'accueil, la restauration, l'hébergement ainsi que l'entretien général et technique, à l'exception des missions d'encadrement et de surveillance des élèves, dans les collèges dont elle a la charge ;

4° Les compétences exercées par le département en matière de tourisme en application du chapitre II du titre III du livre Ier du code du tourisme, en matière culturelle en application des articles L. 410-2 à L. 410-4 du code du patrimoine et en matière de construction, d'exploitation et d'entretien des équipements et infrastructures destinés à la pratique du sport, ou une partie d'entre elles.

Taxe départementale sur les entreprises exploitant des engins de remontées mécaniques

Art. L. 3333-4 Les entreprises exploitant des engins de remontée mécanique peuvent être assujetties en zone de montagne à une taxe départementale portant sur les recettes brutes provenant de la vente des titres de transport et dont le produit est versé au budget départemental.

Le montant de la taxe départementale est inclus dans le prix du titre de transport et perçu sur l'usager.

L'assiette de la taxe départementale ne comprend ni le montant de celle-ci, ni celui de la taxe communale prévue à l'article L. 2333-49 *[V. ci-dessus]*.

La taxe départementale est recouvrée par le département comme en matière de taxe sur le chiffre d'affaires dans les conditions fixées par décret en Conseil d'État. – *[L. n° 85-30 du 9 janv. 1985, art. 85.]*

Art. L. 3333-5 La taxe départementale est instituée par délibération du conseil départemental qui en fixe le taux dans la limite de 2 p. 100 des recettes brutes provenant de la vente des titres de transport. – *[L. n° 85-30 du 9 janv. 1985, art. 86, al. 2.]*

Art. L. 3333-6 Si l'exploitation des remontées mécaniques s'étend sur plusieurs communes ou plusieurs départements, la répartition de l'assiette de la taxe visée à l'article L. 3333-4 est fixée, à défaut d'accord entre eux, par le représentant de l'État dans des conditions fixées par décret en Conseil d'État. – *[L. n° 85-30 du 9 janv. 1985, art. 87, al. 1er.]*

Art. L. 3333-7 Le produit annuel de la taxe départementale est affecté, sous réserve des dispositions prévues au premier alinéa de l'article L. 2333-52 *[V. ci-dessus]* :

1° A des interventions favorisant le développement agricole en montagne ;

2° Aux dépenses d'équipement, de services, de promotion et de formation induites par le développement du tourisme en montagne et les besoins des divers types de clientèle ainsi qu'à l'amélioration des accès ferroviaires et routiers ;

3° Aux dépenses de développement d'un tourisme d'initiative locale en montagne et des activités qui y contribuent ;

4° A des charges engagées par les clubs locaux de ski pour la formation technique de leurs jeunes adhérents ;

5° Au financement d'actions de prévention des accidents en montagne conduites par des organismes compétents en la matière, et notamment par les sociétés de secours en montagne. – *[L. n° 85-30 du 9 janv. 1985, art. 89.]*

V. aussi **CGCT**, *art. R. 3333-2 et R. 3333-3.*

Métropole de Lyon

Art. L. 3611-1 *(L. n° 2014-58 du 27 janv. 2014, art. 26-I)* Il est créé une collectivité à statut particulier, au sens de l'article 72 de la Constitution, dénommée "métropole de Lyon", en lieu et place de la communauté urbaine de Lyon et, dans les limites territoriales précédemment reconnues à celle-ci, du département du Rhône.

Sous réserve de la publication de l'ord. mentionnée à l'art. 39 de la L. n° 2014-58 du 27 janv. 2014 dans les douze mois suivant sa promulgation, le présent livre entre en vigueur le 1er janv. 2015 (L. préc., art. 36-I).

Art. L. 3611-2 *(L. n° 2014-58 du 27 janv. 2014, art. 26-I)* La métropole de Lyon forme un espace de solidarité pour élaborer et conduire un projet d'aménagement et de développement économique, écologique, éducatif, sportif, culturel et social de son territoire, afin d'en améliorer la compétitivité et la cohésion.

Elle assure les conditions de son développement économique, social et environnemental au moyen des infrastructures, réseaux et équipements structurants métropolitains.

V. note ss. CGCT, art. L. 3611-1.

Conseil régional. Compétences

Art. L. 4221-1 *(L. n° 2014-58 du 27 janv. 2014, art. 1er-I-3°)* « Le conseil régional règle par ses délibérations les affaires de la région *(L. n° 2015-991 du 7 août 2015, art. 1er-3°-a)* « dans les domaines de compétences que la loi lui attribue ».

(Abrogé par L. n° 2015-991 du 7 août 2015, art. 1er-3°-b) « Il statue sur tous les objets sur lesquels il est appelé à délibérer par les lois et règlements et sur tous les objets d'intérêt régional dont il est saisi. »

« Il a compétence pour promouvoir le développement économique, social, sanitaire, culturel et scientifique de la région *(L. n° 2015-991 du 7 août 2015, art. 1er-3°-c)* « , le soutien à l'accès au logement et à l'amélioration de l'habitat, le soutien à la politique de la ville et à la rénovation urbaine et le soutien aux politiques d'éducation » et l'aménagement *(L. n° 2015-991 du 7 août 2015, art. 1er-3°-d)* « et l'égalité de ses territoires », ainsi que pour assurer la préservation de son identité et la promotion des langues régionales, dans le respect de l'intégrité, de l'autonomie et des attributions des départements et des communes. »

Il peut engager des actions complémentaires de celles de l'État, des autres collectivités territoriales et des établissements publics situés dans la région, dans les domaines et les conditions fixés par les lois déterminant la répartition des compétences entre l'État, les communes, les départements et les régions.

(L. n° 2015-991 du 7 août 2015, art. 1er-3°-e) « Un conseil régional ou, par délibérations concordantes, plusieurs conseils régionaux peuvent présenter des propositions tendant à modifier ou à adapter des dispositions législatives ou réglementaires, en vigueur ou en cours d'élaboration, concernant les compétences, l'organisation et le fonctionnement d'une, de plusieurs ou de l'ensemble des régions.

« Les propositions adoptées par les conseils régionaux en application du quatrième alinéa du présent article sont transmises par les présidents de conseil régional au Premier ministre et au représentant de l'État dans les régions concernées. »

1. Relève de la juridiction administrative le litige relatif à une convention confiant pour trois ans à une société gérée par un navigateur la mission d'assurer, à l'occasion de courses ou d'événements nautiques auxquels ce navigateur participait, la promotion de l'image d'une région par ses actions de publicité et de communication, ladite société participant ainsi à l'exécution même du service public. • T. confl. 22 janv. 2001, *Sté Multicom : JCP 2001. II. 10650, note Fort.* ♦ V. déjà, sur le caractère administratif d'un contrat confiant à une société la conception et l'exécution des opérations de communication et de publicité envisagées pour promouvoir l'image d'un département à l'occasion d'une manifestation sportive, • T confl. 5 juill. 1999, *Sté International Management Group : Lebon 463.*

2. En l'absence de tout lien entre la subvention accordée par la région Rhône-Alpes à la communauté d'agglomération de Grenoble pour la construction d'un stade et les conditions de la mise à la disposition d'un club professionnel de football de cet équipement, le requérant n'est pas fondé à soutenir que cette subvention constituerait une aide illégale à une entreprise privée. • CAA Lyon, 7 janv. 2011, *B. et A. : req. n° 09LY00444.*

3. S'il est loisible à une personne publique, une région en l'occurrence, qui souhaite instituer un dispositif d'aide ou de subvention de déterminer des critères d'attribution, le principe d'égalité devant la loi posé notamment à l'art. 6 de la DDH à laquelle renvoie le Préambule de la Constitution implique que les critères ainsi définis, s'ils distinguent différentes catégories d'administrés, se fondent sur des différences de situation objectives en rapport direct avec l'objet de l'aide ou de la subvention. En l'espèce, est illégale la décision du président d'un conseil régional refusant d'attribuer à un sportif une aide financière régionale au motif qu'il relevait d'une catégorie exclue du dispositif de cette aide, alors qu'il ne ressort pas des pièces du dossier qu'il existerait une différence de situation objective entre les sportifs apparentant aux différentes catégories prévues dans ce dispositif qui soit en rapport avec l'objet de l'aide en cause. • CAA Douai, 7 janv. 2015, *Région Nord-Pas-de-Calais,* n° 13DA01509.

Établissements publics de coopération intercommunale. Remontées mécaniques

Art. L. 5211-22 *(L. n° 99-586 du 12 juill. 1999)* Lorsque des remontées mécaniques sont exploitées par un établissement public de coopération intercommunale, la taxe communale peut être instituée et perçue directement par cet établissement avec l'accord des communes concernées. – *[L. n° 85-30 du 9 janv. 1985, art. 87, al. 2.]*

....

Art. L. 5211-25 *(L. n° 99-586 du 12 juill. 1999)* Par dérogation aux dispositions du deuxième alinéa de l'article L. **2333-81** *[V. ci-dessus]* et si aucune commune territorialement concernée ne s'y oppose, lorsqu'un établissement public de coopération intercommunale, existant ou créé à cette fin, a reçu compétence pour la création et la gestion de pistes de ski de fond *(L. n° 2016-1888 du 28 déc. 2016, art. 70-II)* « et des loisirs de neige non motorisés autres que le ski alpin », l'assemblée délibérante décide la création de la redevance visée à l'article L. **2333-81** et en fixe le taux. La redevance est perçue à son profit. — *[L. n° 85-30 du 9 janv. 1985, art. 83.]*

Communauté de communes. Compétences

Art. L. 5214-16 I. — La communauté de communes exerce de plein droit au lieu et place des communes membres *(L. n° 2015-991 du 7 août 2015, art. 64-I-1°-a)* « les compétences relevant de chacun des groupes suivants : »

(L. n° 2014-366 du 24 mars 2014, art. 136-I-1°-b) « 1° Aménagement de l'espace pour la conduite d'actions d'intérêt communautaire ; schéma de cohérence territoriale et schéma de secteur ; plan local d'urbanisme, document d'urbanisme en tenant lieu et carte communale ; » — *Sur les conditions de ce transfert de compétences, V. L. n° 2014-366 du 24 mars 2014, art. 136-II à IV, infra.*

(L. n° 2015-991 du 7 août 2015, art. 64-I-1°-b) « 2° Actions de développement économique dans les conditions prévues à l'article L. **4251-17** ; création, aménagement, entretien et gestion de zones d'activité industrielle, commerciale, tertiaire, artisanale, touristique, portuaire ou aéroportuaire ; politique locale du commerce et soutien aux activités commerciales d'intérêt communautaire ; promotion du tourisme, dont la création d'offices de tourisme ; »

(L. n° 2014-58 du 27 janv. 2014, art. 56-I-1°-a et 59-II, en vigueur le 1er janv. 2018) « 3° Gestion des milieux aquatiques et prévention des inondations, dans les conditions prévues à l'article L. **211-7** du code de l'environnement. »

(L. n° 2015-991 du 7 août 2015, art. 64-I-1°-c) « 4° Aménagement, entretien et gestion des aires d'accueil des gens du voyage *(L. n° 2017-86 du 27 janv. 2017, art. 148)* « et des terrains familiaux locatifs définis aux 1° à 3° du II de l'article 1er de la loi n° **2000-614** du 5 juillet 2000 relative à l'accueil et à l'habitat des gens du voyage » ;

« 5° Collecte et traitement des déchets des ménages et déchets assimilés. »

(L. n° 2015-991 du 7 août 2015, art. 64-IV-1°, en vigueur le 1er janv. 2020) « 6° Assainissement ; »

(L. n° 2016-1888 du 28 déc. 2016, art. 69-II-1°) « Par dérogation au 2° du présent I, les communes touristiques érigées en stations classées de tourisme en application des articles L. **133-13** et L. **151-3** du code du tourisme ou qui ont engagé, au plus tard le 1er janvier 2017, une démarche de classement en station classée de tourisme peuvent décider, par délibération prise avant cette date, de conserver l'exercice de la compétence "promotion du tourisme, dont la création d'offices de tourisme".

« L'engagement d'une démarche de classement au sens de l'alinéa précédent est matérialisé, avant le 1er janvier 2017 :

« *a)* Soit par le dépôt auprès du représentant de l'État dans le département d'un dossier de classement de la commune en station classée de tourisme ;

« *b)* Soit par une délibération du conseil municipal qui décide de préparer, en vue d'un dépôt avant le 1er janvier 2018, un dossier de classement de la commune en station classée de tourisme ;

« *c)* Soit par une délibération du conseil municipal qui décide de préparer, en vue d'un dépôt avant le 1er janvier 2018, un dossier de classement de son office de tourisme dans la catégorie requise pour remplir les critères de classement de la commune en station classée de tourisme. La démarche doit être complétée dans ce cas par le dépôt d'un dossier de classement en station classée de tourisme dans l'année qui suit, le cas échéant, le classement de l'office de tourisme.

« En l'absence de dépôt auprès du représentant de l'État dans le département des demandes de classement avant les échéances fixées aux quatre alinéas précédents ou lorsqu'une des demandes de classement a été rejetée par l'autorité administrative compétente, la délibération de la commune touristique par laquelle elle a décidé de conserver la compétence "promotion du tourisme, dont la création d'offices de tourisme" cesse de produire ses effets et la compétence est exercée par la communauté de communes en lieu et place de la commune. »

II. — *(L. n° 2015-991 du 7 août 2015, art. 64-I-2°-a)* « La communauté de communes doit par ailleurs exercer, au lieu et place des communes, pour la conduite d'actions d'intérêt communautaire, les compétences relevant d'au moins trois des neuf *[nouvelle rédaction issue de la L. n° 2015-991 du 7 août 2015, art. 64-IV-2°, en vigueur le 1er janv. 2020 : « sept »]* groupes suivants : »

1° Protection et mise en valeur de l'environnement, le cas échéant dans le cadre de schémas départementaux *(L. n° 2005-781 du 13 juill. 2005, art. 21)* « et soutien aux actions de maîtrise de la demande d'énergie » ;

2° Politique du logement et du cadre de vie ;

(L. n° 2014-173 du 21 févr. 2014, art. 11-I-6°-b) « 2° *bis* En matière de politique de la ville : élaboration du diagnostic du territoire et définition des orientations du contrat de ville ; animation et coordination des dispositifs contractuels de développement urbain, de développement local et d'insertion économique et sociale ainsi que des dispositifs locaux de prévention de la délinquance ; programmes d'actions définis dans le contrat de ville ; »

3° Création, aménagement et entretien de la voirie ;

(L. n° 2010-788 du 12 juill. 2010, art. 51-2°) « Lorsque la communauté de communes exerce la compétence "création, aménagement et entretien de la voirie communautaire" et que son territoire est couvert par un plan de déplacements urbains, la circulation d'un service de transport collectif en site propre entraîne l'intérêt communautaire des voies publiques supportant cette circulation et des trottoirs adjacents à ces voies. Toutefois, *(L. n° 2015-991 du 7 août 2015, art. 64-I-2°-b)* « le conseil » de la communauté de communes statuant dans les conditions prévues au IV du présent article *(L. n° 2015-991 du 7 août 2015, art. 64-I-2°-b)* « peut », sur certaines portions de trottoirs adjacents, décider de limiter l'intérêt communautaire aux seuls équipements affectés au service de transports collectifs ; »

4° Construction, entretien et fonctionnement d'équipements culturels et sportifs *(L. n° 2015-991 du 7 août 2015, art. 64-I-2°-c)* « d'intérêt communautaire » et d'équipements de l'enseignement préélémentaire et élémentaire *(L. n° 2015-991 du 7 août 2015, art. 64-I-2°-c)* « d'intérêt communautaire » ;

(L. n° 2005-32 du 18 janv. 2005, art. 60-I-2°) « 5° Action sociale d'intérêt communautaire.

(Abrogé par L. n° 2015-991 du 7 août 2015, art. 64-I-2°-g) « Lorsque la communauté de communes exerce la compétence action sociale d'intérêt communautaire, elle peut en confier la responsabilité pour tout ou partie à un centre intercommunal d'action sociale constitué dans les conditions fixées à l'article L. 123-5 du code de l'action sociale et des familles. » *(L. n° 2015-991 du 7 août 2015, art. 64-I-2°-d)* « Lorsque la communauté de communes exerce cette compétence, elle peut en confier la responsabilité, pour tout ou partie, à un centre intercommunal d'action sociale constitué dans les conditions fixées à l'article L. 123-4-1 du code de l'action sociale et des familles ; »

(L. n° 2015-991 du 7 août 2015, art. 64-I-2°-e et f) (Abrogé par L. n° 2015-991 du 7 août 2015, art. 64-IV-3°, à compter du 1er janv. 2020) « 6° Assainissement ;

« 7° Eau ; »

« 8° Création et gestion de maisons de services au public et définition des obligations de service public y afférentes en application de l'article 27-2 de la loi n° 2000-321 du 12 avril 2000 relative aux droits des citoyens dans leurs relations avec les administrations. »

(L. n° 2006-1772 du 30 déc. 2006, art. 64-2°) « 6° Tout ou partie de l'assainissement. »

(L. n° 99-586 du 12 juill. 1999) « III. — La définition des compétences transférées au sein de chacun des groupes est fixée par la majorité qualifiée requise pour la création de la communauté.

« IV. — *(L. n° 2014-58 du 27 janv. 2014, art. 71-IX-2°)* « Lorsque l'exercice des compétences mentionnées aux I et II est subordonné à la reconnaissance de leur intérêt communautaire, cet intérêt est déterminé » *(L. n° 2015-991 du 7 août 2015, art. 81-1° et 134-I, applicable en Polynésie française)* « par le conseil de la communauté de communes à la majorité des deux tiers. »

(L. n° 2004-809 du 13 août 2004, art. 164-I) « Il est défini au plus tard deux ans après l'entrée en vigueur de l'arrêté prononçant le transfert de compétence. A défaut, la communauté de communes exerce l'intégralité de la compétence transférée. »

V. — *(L. n° 2004-809 du 13 août 2004, art. 186-I)* « Afin de financer la réalisation ou le fonctionnement d'un équipement, des fonds de concours peuvent être versés entre la communauté de communes et les communes membres après accords concordants exprimés à la majorité simple du conseil communautaire et des conseils municipaux concernés.

« Le montant total des fonds de concours ne peut excéder la part du financement assurée, hors subventions, par le bénéficiaire du fonds de concours. »

(L. n° 2000-1208 du 13 déc. 2000, art. 64) « VI. — La communauté de communes, lorsqu'elle est dotée d'une compétence dans ce domaine, peut exercer le droit de préemption urbain dans les périmètres fixés, après délibération concordante de la ou des communes concernées, par le conseil de communauté pour la mise en œuvre de la politique communautaire d'équilibre social de l'habitat. »

(L. nº 2007-297 du 5 mars 2007, art. 3-II) **« VII. — Par convention passée avec le département, une communauté de communes peut exercer directement tout ou partie des compétences qui, dans le domaine de l'action sociale, sont attribuées au département en vertu des articles L. 121-1 et L. 121-2 du code de l'action sociale et des familles.**

« La convention précise l'étendue et les conditions financières de la délégation de compétence, ainsi que les conditions dans lesquelles les services départementaux correspondants sont mis à la disposition de la communauté de communes. » — *[C. communes, art. L. 167-3, al. 1er à 9.]*

Les communautés urbaines, les communautés d'agglomération et les communautés de communes existant à la date d'entrée en vigueur de la loi nº 2004-809 du 13 août 2004 et qui n'auraient pas procédé à la reconnaissance de l'intérêt communautaire nécessaire à l'exercice d'une compétence transférée disposent d'un délai de deux ans pour y procéder. A défaut, l'intégralité de la compétence est transférée à l'établissement public. Le représentant de l'État procède alors à la modification des statuts de l'établissement public (L. préc., art. 164-IV, JO 17 août ; mod. par L. nº 2005-781 du 13 juill. 2005, art. 18).

La communauté de communes ou la communauté d'agglomération existant à la date de publication de la présente loi, ou celle créée ou issue d'une fusion après la date de publication de la L. nº 2014-366 du 24 mars 2014, et qui n'est pas compétente en matière de plan local d'urbanisme, de documents d'urbanisme en tenant lieu ou de carte communale le devient le lendemain de l'expiration d'un délai de trois ans à compter de la publication de ladite loi. Si, dans les trois mois précédant le terme du délai de trois ans mentionné précédemment, au moins 25 % des communes représentant au moins 20 % de la population s'y opposent, ce transfert de compétences n'a pas lieu.

Si, à l'expiration d'un délai de trois ans à compter de la publication de la L. nº 2014-366 du 24 mars 2014, la communauté de communes ou la communauté d'agglomération n'est pas devenue compétente en matière de plan local d'urbanisme, de documents d'urbanisme en tenant lieu ou de carte communale, elle le devient de plein droit le premier jour de l'année suivant l'élection du président de la communauté consécutive au renouvellement général des conseils municipaux et communautaires, sauf si les communes s'y opposent dans les conditions prévues au premier alinéa du présent II.

Si, à l'expiration d'un délai de trois ans à compter de la publication de la L. nº 2014-366 du 24 mars 2014, la communauté de communes ou la communauté d'agglomération n'est pas devenue compétente en matière de plan local d'urbanisme, de documents d'urbanisme en tenant lieu ou de carte communale, l'organe délibérant de l'établissement public de coopération intercommunale peut également à tout moment se prononcer par un vote sur le transfert de cette compétence à la communauté. S'il se prononce en faveur du transfert, cette compétence est transférée à la communauté, sauf si les communes membres s'y opposent dans les conditions prévues au premier alinéa du présent II, dans les trois mois suivant le vote de l'organe délibérant de l'établissement public de coopération intercommunale à fiscalité propre.

Dans les trois ans qui suivent la publication de la L. nº 2014-366 du 24 mars 2014, les communes membres d'une communauté de communes ou d'une communauté d'agglomération peuvent transférer la compétence en matière de plan local d'urbanisme, de documents d'urbanisme en tenant lieu ou de carte communale, mentionnée au II du présent article, selon les modalités prévues à l'article L. 5211-17 du code général des collectivités territoriales.

Si une commune membre de la communauté de communes ou de la communauté d'agglomération a engagé, avant la date de transfert de la compétence, une procédure d'élaboration, de révision, de modification ou de mise en compatibilité avec une déclaration de projet d'un plan local d'urbanisme, d'un document d'urbanisme en tenant lieu ou d'une carte communale, la communauté de communes ou la communauté d'agglomération devenue compétente peut décider, en accord avec cette commune, de poursuivre sur son périmètre initial ladite procédure. (L. préc., art. 136-II à IV).

Les dispositions des art. L. 5214-16 et L. 5216-5 CGCT telles qu'issues de la L. nº 2015-991 du 7 août 2015 sont applicables en Polynésie française (L. préc., art. 134-I et II).

Communauté urbaine. Compétences

Art. L. 5215-20 *(L. nº 99-586 du 12 juill. 1999)* **I. — La communauté urbaine exerce de plein droit, au lieu et place des communes membres, les compétences suivantes :**

1º En matière de développement et d'aménagement économique, social et culturel de l'espace communautaire :

***a)* Création, aménagement, entretien et gestion de zones d'activité industrielle, commerciale, tertiaire, artisanale, touristique, portuaire ou aéroportuaire ;**

b) Actions de développement économique ;

c) Construction ou aménagement, entretien, gestion et animation d'équipements, de réseaux d'équipements ou d'établissements culturels, socioculturels, socio-éducatifs, sportifs, lorsqu'ils sont d'intérêt communautaire ;

d) Lycées et collèges dans les conditions fixées *(Ord. n° 2003-1212 du 18 déc. 2003, art. 6-VII)* « au titre Ier du livre II et au chapitre Ier du titre II du livre IV ainsi qu'à l'article L. 521-3 du code de l'éducation » ;

(L. n° 2014-58 du 27 janv. 2014, art. 71-I-1°) « *e)* Promotion du tourisme, dont la création d'offices de tourisme ;

« *f)* Programme de soutien et d'aides aux établissements d'enseignement supérieur et de recherche et aux programmes de recherche ; »

2° En matière d'aménagement de l'espace communautaire :

a) *(Ord. n° 2003-1212 du 18 déc. 2003, art. 6-VII)* « Schéma de cohérence territoriale » et schéma de secteur ; *(Ord. n° 2003-1212 du 18 déc. 2003, art. 6-VII)* « plan local d'urbanisme » et documents d'urbanisme en tenant lieu ; *(L. n° 2014-58 du 27 janv. 2014, art. 71-I-2°-a)* « définition, création et réalisation d'opérations d'aménagement d'intérêt communautaire, au sens de l'article L. 300-1 du code de l'urbanisme » ; et après avis des conseils municipaux, constitution de réserves foncières *(Abrogé par L. n° 2014-58 du 27 janv. 2014, art. 71-I-2°-a) « d'intérêt communautaire »* ;

(L. n° 2014-58 du 27 janv. 2014, art. 71-I-2°-b) « *b)* Organisation de la mobilité au sens des articles L. 1231-1, L. 1231-8 et L. 1231-14 à L. 1231-16 du code des transports, sous réserve de l'article L. 3421-2 du même code ; création, aménagement et entretien de voirie ; signalisation ; parcs et aires de stationnement ; plan de déplacements urbains ; »

(Abrogé par L. n° 2014-58 du 27 janv. 2014, art. 71-I-2°-c) « c) Prise en considération d'un programme d'aménagement d'ensemble et détermination des secteurs d'aménagement au sens du code de l'urbanisme ; »

3° En matière d'équilibre social de l'habitat sur le territoire communautaire :

a) Programme local de l'habitat ;

b) Politique du logement *(Abrogé par L. n° 2014-58 du 27 janv. 2014, art. 71-I-3°) « d'intérêt communautaire »* ; *(L. n° 2000-1208 du 13 déc. 2000, art. 64)* « aides financières au logement social *(Abrogé par L. n° 2014-58 du 27 janv. 2014, art. 71-I-3°) « d'intérêt communautaire »* ; actions en faveur du logement social *(Abrogé par L. n° 2014-58 du 27 janv. 2014, art. 71-I-3°) « d'intérêt communautaire »* ; action en faveur du logement des personnes défavorisées *(Abrogé par L. n° 2014-58 du 27 janv. 2014, art. 71-I-3°) « par des opérations d'intérêt communautaire »* ;

c) Opérations programmées d'amélioration de l'habitat, actions de réhabilitation et résorption de l'habitat insalubre *(Abrogé par L. n° 2014-58 du 27 janv. 2014, art. 71-I-4°) « , lorsqu'elles sont d'intérêt communautaire »* ;

(L. n° 2014-173 du 21 févr. 2014, art. 11-I-9°) « 4° En matière de politique de la ville : élaboration du diagnostic du territoire et définition des orientations du contrat de ville ; animation et coordination des dispositifs contractuels de développement urbain, de développement local et d'insertion économique et sociale ainsi que des dispositifs locaux de prévention de la délinquance ; programmes d'actions définis dans le contrat de ville ; »

5° En matière de gestion des services d'intérêt collectif :

a) Assainissement et eau ;

b) *(L. n° 2008-1350 du 19 déc. 2008)* « Création, extension et translation des cimetières, ainsi que création et extension des crématoriums et des sites cinéraires » ; — *Dans un délai de cinq ans à compter de la publication de L. n° 2008-1350 du 19 déc. 2008, les communes ou les établissements publics de coopération intercommunale compétents en matière de cimetières reprennent la gestion directe des sites cinéraires qui ne sont pas contigus à un crématorium (L. préc., art. 23-III).*

c) Abattoirs, abattoirs marchés et marchés d'intérêt national ;

d) Services d'incendie et de secours, dans les conditions fixées au chapitre IV du titre II du livre IV de la première partie ;

(L. n° 2014-58 du 27 janv. 2014, art. 71-I-5°) « *e)* Contribution à la transition énergétique ;

« *f)* Création, aménagement, entretien et gestion de réseaux de chaleur ou de froid urbains ;

« *g)* Concessions de la distribution publique d'électricité et de gaz ;

« *h)* Création et entretien des infrastructures de charge de véhicules électriques ; »

6° En matière de protection et mise en valeur de l'environnement et de politique du cadre de vie :

a) *(Ord. n° 2010-1579 du 17 déc. 2010, art. 24-XIV)* « Collecte et traitement » des déchets des ménages et déchets assimilés ;

b) Lutte contre la pollution de l'air ;

c) Lutte contre les nuisances sonores ;

(L. n° 2005-781 du 13 juill. 2005, art. 22) « *d)* Soutien aux actions de maîtrise de la demande d'énergie ; »

(L. n° 2014-58 du 27 janv. 2014, art. 56-I-3° et 59-II, en vigueur le 1er janv. 2018) « *e)* Gestion des milieux aquatiques et prévention des inondations, dans les conditions prévues à l'article L. 211-7 du code de l'environnement ; » — *Les communes et leurs établissements publics de coopération intercommunale à fiscalité propre peuvent, à compter de la date d'entrée en vigueur de la L. n° 2014-58 du 27 janv. 2014, mettre en œuvre par anticipation cet al. (L. préc., art. 59-II, mod. par L. n° 2015-991 du 7 août 2015, art. 76-II-2°).*

(L. n° 2014-58 du 27 janv. 2014, art. 71-I-6°) « 7° Aménagement, entretien et gestion des aires d'accueil des gens du voyage » *(L. n° 2017-86 du 27 janv. 2017, art. 148)* « et des terrains familiaux locatifs définis aux 1° à 3° du II de l'article 1er de la loi n° 2000-614 du 5 juillet 2000 relative à l'accueil et à l'habitat des gens du voyage ».

Lorsque l'exercice des compétences mentionnées au présent paragraphe est subordonné à la reconnaissance de leur intérêt communautaire, cet intérêt est déterminé *(L. n° 2015-991 du 7 août 2015, art. 81-3°)* « par le conseil de la communauté urbaine à la majorité des deux tiers ». *(L. n° 2004-809 du 13 août 2004, art. 164-II)* « Il est défini au plus tard deux ans après l'entrée en vigueur de l'arrêté prononçant le transfert de compétence. A défaut, la communauté urbaine exerce l'intégralité de la compétence transférée. »

(Abrogé par L. n° 2009-967 du 3 août 2009, art. 51-III) « ***II. — La communauté urbaine peut transférer certaines de ses compétences à un syndicat mixte dont le périmètre inclut en totalité le périmètre communautaire après création du syndicat ou adhésion de la communauté.*** »

III. — Par convention passée avec le département, une communauté urbaine peut exercer pour le département tout ou partie des compétences *(L. n° 2007-297 du 5 mars 2007, art. 3-II)* « qui, dans le domaine de l'action sociale, sont attribuées au département en vertu des articles L. 121-1 et L. 121-2 du code de l'action sociale et des familles.

« La convention précise l'étendue et les conditions financières de la délégation ainsi que les conditions dans lesquelles les services départementaux correspondants sont mis à la disposition de la communauté urbaine. »

(L. n° 2010-788 du 12 juill. 2010, art. 51-4°) « IV. — Par convention passée avec le département, une communauté urbaine dont le plan de déplacements urbains comprend la réalisation d'un service de transport collectif en site propre empruntant des voiries départementales ou prévoit sa réalisation peut, dans le *(L. n° 2015-991 du 7 août 2015, art. 18-II-10°)* « ressort territorial de l'autorité organisatrice de la mobilité », exercer en lieu et place du département tout ou partie des compétences qui, dans le domaine de la voirie, sont attribuées au département en vertu des articles L. 131-1 à L. 131-8 du code de la voirie routière. Le refus du conseil départemental de déléguer tout ou partie de ces compétences doit être motivé par délibération. La convention précise l'étendue et les conditions financières de la délégation de compétence ainsi que les conditions dans lesquelles les services départementaux correspondants sont mis à la disposition de la communauté urbaine. »

(L. n° 2014-58 du 27 janv. 2014, art. 71-II) « V. — Le conseil de la communauté urbaine est consulté lors de l'élaboration, de la révision et de la modification des schémas et documents de planification en matière d'aménagement, de développement économique et d'innovation, d'enseignement supérieur et de recherche, de transports et d'environnement, dont la liste est fixée par décret en Conseil d'État et qui relèvent de la compétence de l'État, d'une collectivité territoriale ou de leurs établissements publics, lorsque ces schémas et documents ont une incidence ou un impact sur le territoire de la communauté urbaine.

« Le conseil de la communauté urbaine est consulté par le conseil régional lors de l'élaboration du contrat de plan conclu entre l'État et la région en application du chapitre III du titre Ier de la loi n° 82-653 du 29 juillet 1982 portant réforme de la planification, afin de tenir compte des spécificités de son territoire. »

Communauté d'agglomération. Compétences

Art. L. 5216-5 I. — La communauté d'agglomération exerce de plein droit au lieu et place des communes membres les compétences suivantes :

(L. n° 2015-991 du 7 août 2015, art. 66-I-1°-a) « 1° En matière de développement économique : actions de développement économique dans les conditions prévues à l'article L. 4251-17 ; création, aménagement, entretien et gestion de zones d'activité industrielle, commerciale, tertiaire, artisanale, touristique, portuaire ou aéroportuaire ; politique locale du commerce et soutien aux activités commerciales d'intérêt communautaire ; promotion du tourisme, dont la création d'offices de tourisme ; »

2° En matière d'aménagement de l'espace communautaire : *(Ord. n° 2003-1212 du 18 déc. 2003, art. 6-XI)* « schéma de cohérence territoriale » et schéma de secteur ; *(L. n° 2014-366 du 24 mars 2014, art. 136-I-2°)* « plan local d'urbanisme, document d'urbanisme en tenant lieu et carte communale ; » création et réalisation de zones d'aménagement concerté d'intérêt communautaire ; organisation *(L. n° 2014-58 du 27 janv. 2014, art. 51-5°-a)* « de la mobilité au sens du titre III du livre II de la première partie du code des transports, sous réserve de l'article L. 3421-2 du même code ». *(Abrogé par L. n° 2014-58 du 27 janv. 2014, art. 51-5°-b) (L. n° 2010-788 du 12 juill. 2010, art. 51-6°)* ***« A ce titre, elle peut organiser un service de mise à disposition de bicyclettes en libre-service ; »***

3° *(L. n° 2000-1208 du 13 déc. 2000, art. 64)* « En matière d'équilibre social de l'habitat : programme local de l'habitat ; politique du logement d'intérêt communautaire ; actions et aides financières en faveur du logement social d'intérêt communautaire ; réserves foncières pour la mise en œuvre de la politique communautaire d'équilibre social de l'habitat ; action, par des opérations d'intérêt communautaire, en faveur du logement des personnes défavorisées ; amélioration du parc immobilier bâti d'intérêt communautaire ; »

(L. n° 2014-173 du 21 févr. 2014, art. 11-I-12°) « 4° En matière de politique de la ville : élaboration du diagnostic du territoire et définition des orientations du contrat de ville ; animation et coordination des dispositifs contractuels de développement urbain, de développement local et d'insertion économique et sociale ainsi que des dispositifs locaux de prévention de la délinquance ; programmes d'actions définis dans le contrat de ville.

« Dans les départements et collectivités d'outre-mer : dispositifs contractuels de développement urbain, de développement local et d'insertion économique et sociale d'intérêt communautaire ; dispositifs locaux, d'intérêt communautaire, de prévention de la délinquance ; »

(L. n° 2014-58 du 27 janv. 2014, art. 56-I-2° et 59-II, en vigueur le 1er janv. 2018) « 5° Gestion des milieux aquatiques et prévention des inondations, dans les conditions prévues à l'article L. 211-7 du code de l'environnement ; » — *Les communes et leurs établissements publics de coopération intercommunale à fiscalité propre peuvent, à compter de la date d'entrée en vigueur de la L. n° 2014-58 du 27 janv. 2014, mettre en œuvre par anticipation cet al. (L. préc., art. 59-II, mod. par L. n° 2015-991 du 7 août 2015, art. 76-II-2°).*

(L. n° 2015-991 du 7 août 2015, art. 66-I-1°-b) « 6° En matière d'accueil des gens du voyage : aménagement, entretien et gestion des aires d'accueil *(L. n° 2017-86 du 27 janv. 2017, art. 148)* « et des terrains familiaux locatifs définis aux 1° à 3° du II de l'article 1er de la loi n° 2000-614 du 5 juillet 2000 relative à l'accueil et à l'habitat des gens du voyage » ;

« 7° Collecte et traitement des déchets des ménages et déchets assimilés ; »

(L. n° 2015-991 du 7 août 2015, art. 66-II-1°-a, en vigueur le 1er janv. 2020) « 8° Eau ;

« 9° Assainissement. »

(L. n° 2016-1888 du 28 déc. 2016, art. 69-II-2°) « Par dérogation au 1° du présent I, les communes touristiques érigées en stations classées de tourisme en application des articles L. 133-13 et L. 151-3 du code du tourisme ou qui ont engagé, au plus tard le 1er janvier 2017, une démarche de classement en station classée de tourisme peuvent décider, par délibération prise avant cette date, de conserver l'exercice de la compétence "promotion du tourisme, dont la création d'offices de tourisme".

« L'engagement d'une démarche de classement au sens de l'alinéa précédent est matérialisé, avant le 1er janvier 2017 :

« *a)* Soit par le dépôt auprès du représentant de l'État dans le département d'un dossier de classement de la commune en station classée de tourisme ;

« *b)* Soit par une délibération du conseil municipal qui décide de préparer, en vue d'un dépôt avant le 1er janvier 2018, un dossier de classement de la commune en station classée de tourisme ;

« *c)* Soit par une délibération du conseil municipal qui décide de préparer, en vue d'un dépôt avant le 1er janvier 2018, un dossier de classement de son office de tourisme dans la catégorie requise pour remplir les critères de classement de la commune en station classée de tourisme. La démarche doit être complétée dans ce cas par le dépôt d'un dossier de classement en station classée de tourisme dans l'année qui suit, le cas échéant, le classement de l'office de tourisme.

« En l'absence de dépôt auprès du représentant de l'État dans le département des demandes de classement avant les échéances fixées aux quatre alinéas précédents ou lorsqu'une des demandes de classement a été rejetée par l'autorité administrative compétente, la délibération de la commune touristique par laquelle elle a décidé de conserver la compétence "promotion du tourisme, dont la création d'offices de tourisme" cesse de produire ses effets et la compétence est exercée par la communauté d'agglomération en lieu et place de la commune. »

II. – La communauté d'agglomération doit en outre exercer au lieu et place des communes au moins trois compétences parmi les *(L. n° 2015-991 du 7 août 2015, art. 66-I-2°-a)* « sept *[nouvelle rédaction issue de la L. n° 2015-991 du 7 août 2015, art. 66-II-1°-b, en vigueur le 1er janv. 2020 : cinq]* » suivantes :

1° Création ou aménagement et entretien de voirie d'intérêt communautaire ; création ou aménagement et gestion de parcs de stationnement d'intérêt communautaire ;

(L. n° 2010-788 du 12 juill. 2010, art. 51-6°) « Lorsque la communauté d'agglomération exerce la compétence "création ou aménagement et entretien de voirie communautaire" et que son territoire est couvert par un plan de déplacements urbains, la circulation d'un service de transport collectif en site propre entraîne l'intérêt communautaire des voies publiques supportant cette circulation et des trottoirs adjacents à ces voies. Toutefois, l'organe délibérant de l'établissement public de coopération intercommunale peut, sur certaines portions de trottoirs adjacents, limiter l'intérêt communautaire aux seuls équipements affectés au service de transport collectif. »

(L. n° 2015-991 du 7 août 2015, art. 66-I-2°-b) « 2° Assainissement ; »

3° Eau ;

A compter du 1er janv. 2020, les 2° et 3° du II sont abrogés (L. n° 2015-991 du 7 août 2015, art. 66-I-1°-c)

4° En matière de protection et de mise en valeur de l'environnement et du cadre de vie : lutte contre la pollution de l'air, lutte contre les nuisances sonores, *(L. n° 2005-781 du 13 juill. 2005, art. 23)* « soutien aux actions de maîtrise de la demande d'énergie *(Abrogé par L. n° 2015-991 du 7 août 2015, art. 66-I-2°-c)* « , *(Ord. n° 2010-1579 du 17 déc. 2010, art. 24-XV)* ***« collecte et traitement » des déchets des ménages et déchets assimilés ou partie de cette compétence dans les conditions fixées par l'article L. 2224-13*** » ;

5° Construction, aménagement, entretien et gestion d'équipements culturels et sportifs d'intérêt communautaire ;

(L. n° 2005-32 du 18 janv. 2005, art. 60-II-2°) « 6° Action sociale d'intérêt communautaire.

« Lorsque la communauté d'agglomération exerce la compétence action sociale d'intérêt communautaire, elle peut en confier la responsabilité pour tout ou partie à un centre intercommunal d'action sociale constitué dans les conditions fixées à l'article *(L. n° 2015-991 du 7 août 2015, art. 79-II)* « L. 123-4-1 » du code de l'action sociale et des familles ; »

(L. n° 2015-991 du 7 août 2015, art. 66-I-2°-d) « 7° Création et gestion de maisons de services au public et définition des obligations de service au public y afférentes en application de l'article 27-2 de la loi n° 2000-321 du 12 avril 2000 relative aux droits des citoyens dans leurs relations avec les administrations. »

Le choix de ces compétences est arrêté par décision des conseils municipaux des communes intéressées dans les conditions de majorité qualifiée requise pour la création.

(L. n° 2000-1208 du 13 déc. 2000, art. 64) « II *bis*. – La communauté d'agglomération est titulaire du droit de préemption urbain dans les périmètres fixés, après délibération concordante de la ou des communes concernées, par le conseil de communauté pour la mise en œuvre de la politique communautaire d'équilibre social de l'habitat. »

III. – Lorsque l'exercice des compétences mentionnées aux I et II du présent article est subordonné à la reconnaissance de leur intérêt communautaire, cet intérêt est déterminé *(L. n° 2015-991 du 7 août 2015, art. 81-2° et 134-I, applicable en Polynésie française)* « par le conseil de la communauté d'agglomération à la majorité des deux tiers ». *(L. n° 2004-809 du 13 août 2004, art. 164-III)* « Il est défini au plus tard deux ans après l'entrée en vigueur de l'arrêté prononçant le transfert de compétence. A défaut, la communauté d'agglomération exerce l'intégralité de la compétence transférée. »

(Abrogé par L. n° 2009-967 du 3 août 2009, art. 51-III) ***« IV. – La communauté d'agglomération peut transférer certaines de ses compétences à un syndicat mixte dont le périmètre inclut en totalité le périmètre communautaire après création du syndicat ou adhésion de la communauté. »***

V. – Par convention passée avec le département, une communauté d'agglomération peut exercer pour le département tout ou partie des compétences *(L. n° 2007-297 du 5 mars 2007, art. 3-II)* « qui, dans le domaine de l'action sociale, sont attribuées au département en vertu des articles L. 121-1 et L. 121-2 du code de l'action sociale et des familles.

« La convention précise l'étendue et les conditions financières de la délégation ainsi que les conditions dans lesquelles les services départementaux correspondants sont mis à la disposition de la communauté d'agglomération. »

VI. – *(L. n° 2004-809 du 13 août 2004, art. 186-II)* « Afin de financer la réalisation ou le fonctionnement d'un équipement, des fonds de concours peuvent être versés entre la communauté d'agglomération et les communes membres après accords concordants exprimés à la majorité simple du conseil communautaire et des conseils municipaux concernés.

« Le montant total des fonds de concours ne peut excéder la part du financement assurée, hors subventions, par le bénéficiaire du fonds de concours. »

(L. n° 2010-788 du 12 juill. 2010, art. 51-6°) « VII. – Par convention passée avec le département, une communauté d'agglomération dont le plan de déplacements urbains comprend un service de transport collectif en site propre empruntant des voiries départementales ou prévoit sa réalisation peut, dans le *(L. n° 2015-991 du 7 août 2015, art. 18-II-10°)* « ressort territorial de l'autorité organisatrice de la mobilité », exercer en lieu et place du département tout ou partie des compétences qui, dans le domaine de la voirie, sont attribuées au département en vertu des articles L. 131-1 à L. 131-8 du code de la voirie routière. Le refus du conseil départemental de déléguer tout ou partie de ces compétences doit être motivé par délibération. La convention précise l'étendue et les conditions financières de la délégation de compétence ainsi que les conditions dans lesquelles les services départementaux correspondants sont mis à la disposition de la communauté d'agglomération. »

V. note ss. art. L. 5214-16.

Les dispositions des art. L. 5214-16 et L. 5216-5 CGCT telles qu'issues de la L. n° 2015-991 du 7 août 2015 sont applicables en Polynésie française (L. préc., art. 134-I et II).

Une communauté d'agglomération ne peut légalement attribuer une subvention à un club sportif, à l'occasion d'une manifestation sportive importante, dès lors qu'elle ne dispose d'aucune compétence en matière de sport et qu'une telle subvention, versée au titre de la promotion de l'agglomération, ne saurait se rattacher à sa compétence de plein droit en matière de développement économique. • CAA Bordeaux, 28 avr. 2009, *Cté d'agglomération Bayonne-Anglet-Biarritz : req. n° 08BX00062.*

Métropoles. Compétences

SECTION II *Compétences*

……………………………………………………………………………………

Art. L. 5217-4 La métropole est substituée de plein droit à l'établissement public de coopération intercommunale à fiscalité propre dont la transformation est mentionnée à l'article L. 5217-1.

La substitution de la métropole à l'établissement public de coopération intercommunale est opérée dans les conditions prévues aux deux derniers alinéas de l'article L. 5211-41.

Art. L. 5217-5 Les biens et droits à caractère mobilier ou immobilier situés sur le territoire de la métropole et utilisés pour l'exercice des compétences transférées mentionnées au I de l'article L. 5217-2 sont mis de plein droit à disposition de la métropole par les communes membres. Un procès-verbal établi contradictoirement précise la consistance et la situation juridique de ces biens et droits.

Les biens et droits mentionnés au premier alinéa du présent article sont transférés dans le patrimoine de la métropole au plus tard un an après la date de la première réunion du conseil de la métropole.

Les biens et droits appartenant au patrimoine de l'établissement public de coopération intercommunale à fiscalité propre transformé en application de l'article L. 5217-4 sont transférés à la métropole en pleine propriété. Lorsque les biens étaient mis, par les communes, à disposition de cet établissement public, en application des articles L. 1321-1 et L. 1321-2, le transfert de propriété est opéré entre la ou les communes concernées et la métropole.

A défaut d'accord amiable, un décret en Conseil d'État procède au transfert définitif de propriété. Il est pris après avis d'une commission dont la composition est fixée par arrêté du ministre chargé des collectivités territoriales et qui comprend des maires des communes concernées par un tel transfert, le président du conseil de la métropole et des présidents d'organe délibérant d'établissements publics de coopération intercommunale à fiscalité propre. La commission élit son président en son sein.

Les transferts sont réalisés à titre gratuit et ne donnent lieu au paiement d'aucune indemnité ou taxe, ni d'aucuns droit, salaire ou honoraires.

La métropole est substituée de plein droit, pour l'exercice des compétences transférées, aux communes membres et à l'établissement public de coopération intercommunale transformé en application de l'article L. 5217-4, dans l'ensemble des droits et obligations attachés aux biens mis à disposition en application du premier alinéa du présent article et transférés à la métropole en application du présent article ainsi que, pour l'exercice de ces compétences sur le territoire métropolitain, dans toutes leurs délibérations et tous leurs actes.

Les contrats sont exécutés dans les conditions antérieures jusqu'à leur échéance, sauf accord contraire des parties. Les cocontractants sont informés de la substitution de personne morale par le conseil de la métropole. La substitution de personne morale dans les contrats en cours n'entraîne aucun droit à résiliation ou à indemnisation pour le cocontractant.

SECTION III *Régime juridique*

Art. L. 5217-6 Le conseil de la métropole est présidé par le président du conseil de la métropole. Il est composé de conseillers métropolitains.

Le renouvellement général des conseils des métropoles créées par les art. L. 5217-1, L. 5218-1 et L. 5219-1 CGCT dans leur rédaction résultant de la L. n° 2014-58 du 27 janv. 2014, à l'occasion du renouvellement général des conseils municipaux suivant leur mise en place, est effectué au suffrage universel direct suivant des modalités particulières fixées par la loi avant le 1er janv. 2017 (L. préc., art. 54).

Art. L. 5217-7 I. – Les articles L. 5215-16 à L. 5215-18, L. 5215-21, L. 5215-26 à L. 5215-29, L. 5215-40 et L. 5215-42 sont applicables aux métropoles.

Pour l'application de l'article L. 5211-17, les conditions de majorité requises sont celles prévues à l'article L. 5211-5.

II. – Lorsqu'une partie des communes membres d'un syndicat de communes ou d'un syndicat mixte fait partie d'une métropole, du fait de la création de cette métropole, de la fusion d'établissements publics de coopération intercommunale pour constituer une métropole ou de la transformation d'un établissement public de coopération intercommunale en métropole, et que cette métropole est incluse en totalité dans le syndicat, cette création, cette fusion ou cette transformation vaut retrait du syndicat des communes membres de la métropole pour les compétences mentionnées au I de l'article L. 5217-2 que le syndicat exerce. Ce retrait s'effectue dans les conditions fixées à l'article L. 5211-25-1 et au troisième alinéa de l'article L. 5211-19. A défaut d'accord entre l'organe délibérant du syndicat et le conseil municipal concerné sur la répartition des biens ou du produit de leur réalisation et du solde de l'encours de la dette mentionnés au 2° de l'article L. 5211-25-1, cette répartition est fixée par arrêté du ou des représentants de l'État dans le ou les départements concernés. Cet arrêté est pris dans un délai de six mois suivant la saisine du ou des représentants de l'État dans le ou les départements concernés par l'organe délibérant de l'établissement public de coopération intercommunale ou de l'une des communes concernées.

Pour l'exercice des compétences transférées autres que celles mentionnées au I de l'article L. 5217-2, la métropole est substituée au sein du syndicat aux communes qui la composent. Cette substitution ne modifie pas les attributions du syndicat de communes, qui devient syndicat mixte au sens de l'article L. 5711-1, ou du syndicat mixte intéressé. Elle ne modifie pas non plus le périmètre dans lequel ce syndicat exerce ses compétences.

III. – Lorsqu'une partie des communes membres d'un syndicat de communes ou d'un syndicat mixte est associée avec des communes extérieures à ce syndicat dans une métropole, du fait de la création de cette métropole, de la fusion d'établissements publics de coopération intercommunale pour constituer une métropole ou de la transformation d'un établissement public de coopération intercommunale en métropole, cette création, cette fusion ou cette transformation vaut retrait du syndicat des communes membres de la métropole pour les compétences transférées et dans les conditions prévues au premier alinéa du II. Elle vaut substitution de la métropole aux communes pour les compétences transférées et dans les conditions prévues au second alinéa du même II.

IV. – Lorsque le périmètre d'une métropole est étendu par adjonction d'une ou de plusieurs communes membres d'un ou de plusieurs syndicats de communes ou syndicats mixtes, cette extension vaut retrait des communes des syndicats ou substitution de la métropole aux communes au sein des syndicats dans les cas et conditions prévus aux II et III.

Lorsque les compétences d'une métropole sont étendues, conformément à l'article L. 5211-17, à des compétences antérieurement déléguées par tout ou partie des communes qui la composent à un ou plusieurs syndicats de communes ou syndicats mixtes, la métropole est substituée à ces communes au sein du ou des syndicats dans les conditions mentionnées au second alinéa du II du présent article.

(L. n° 2015-991 du 7 août 2015, art. 67-4°-a) « IV *bis*. – Par dérogation aux II à IV du présent article, lorsqu'un syndicat exerçant une compétence en matière d'eau ou d'assainissement regroupe des communes appartenant à trois établissements publics de coopération intercommunale à fiscalité propre au moins à la date du transfert de cette compétence à la métropole, la métropole est substituée, au sein du syndicat, aux communes qui la composent, dans les conditions prévues au second alinéa du II. Toutefois, après avis de la com-

mission départementale de la coopération intercommunale, le représentant de l'État peut autoriser la métropole à se retirer du syndicat au 1er janvier de l'année qui suit la date du transfert de la compétence, dans les conditions prévues au premier alinéa du même II. »

(L. n° 2016-1087 du 8 août 2016, art. 63-I-3°, en vigueur le 1er janv. 2018) « IV *ter*. — Par dérogation aux II, III et IV du présent article, pour la compétence en matière de gestion des milieux aquatiques et de prévention des inondations mentionnée à l'article L. 211-7 du code de l'environnement, lorsqu'une partie des communes d'un syndicat de communes ou d'un syndicat mixte fait partie d'une métropole dont le périmètre est totalement ou partiellement inclus dans le périmètre de ce syndicat, la métropole est substituée au sein du syndicat aux communes qui la composent, dans les conditions prévues au second alinéa du II du présent article. » — *V. la 2e note ss. le présent art.*

V. — Lorsque la métropole est substituée à des communes au sein d'un syndicat de communes ou d'un syndicat mixte pour l'exercice d'une compétence, *(L. n° 2015-991 du 7 août 2015, art. 71-1°)* « le nombre de sièges des représentants de la métropole est proportionnel à la part relative de la population des communes auxquelles la métropole est substituée, sans pouvoir excéder la moitié du nombre total de sièges ».

VI. — Par dérogation aux II à V du présent article, lorsqu'une partie des communes d'un syndicat de communes ou d'un syndicat mixte fait partie d'une métropole dont le périmètre est totalement ou partiellement inclus dans le périmètre de ce syndicat, la métropole est substituée, au sein du syndicat, pour la compétence d'autorité concédante de la distribution publique d'électricité prévue au *g* du 6° du I de l'article L. 5217-2, aux communes qui la composent, par dérogation au premier alinéa du I de l'article L. 5215-22. Cette substitution ne modifie pas les attributions du syndicat de communes, qui devient un syndicat mixte, au sens de l'article L. 5711-1, ou du syndicat mixte intéressé. Elle ne modifie pas non plus le périmètre dans lequel ce syndicat exerce ses compétences. Le nombre de *(L. n° 2015-991 du 7 août 2015, art. 71-2°)* « sièges » dont disposent les représentants de la métropole dans le comité syndical est proportionnel à la population des communes que la métropole représente au titre de cette compétence, sans pouvoir excéder la moitié du nombre total de *(L. n° 2015-991 du 7 août 2015, art. 71-2°)* « sièges ». Les statuts des syndicats mixtes existant à la date de promulgation de la loi n° 2014-58 du 27 janvier 2014 de modernisation de l'action publique territoriale et d'affirmation des métropoles doivent être mis en conformité avec le présent VI dans un délai de six mois à compter de la publication de la même loi.

(L. n° 2015-991 du 7 août 2015, art. 67-4°-b) « VII. — Le présent article est également applicable lorsqu'un établissement public de coopération intercommunale fusionné pour constituer la métropole était membre d'un syndicat mixte. »

Les dispositions issues de l'art. 67 de la L. n° 2015-991 du 7 août 2015 sont applicables en Polynésie française (L. préc., art. 134-I).

Les communes et leurs établissements publics de coopération intercommunale qui appliquent la possibilité prévue au second al. du II de l'art. 59 de la L. n° 2014-58 du 27 janv. 2014 de modernisation de l'action publique territoriale et d'affirmation des métropoles peuvent, à compter de la date d'entrée en vigueur la L. n° 2016-1087 du 8 août 2016, mettre en œuvre par anticipation les I et II de l'art. 63 de cette même loi (L. préc., art. 63-III).

La métropole du Grand Paris

Art. L. 5219-1 *(L. n° 2014-58 du 27 janv. 2014, art. 12-I)* I. — Il est créé au 1er janvier 2016 un établissement public de coopération intercommunale à fiscalité propre à statut particulier dénommé "la métropole du Grand Paris", qui regroupe :

1° La commune de Paris ;

2° L'ensemble des communes des départements des Hauts-de-Seine, de la Seine-Saint-Denis et du Val-de-Marne ;

3° Les communes des autres départements de la région d'Île-de-France appartenant au 31 décembre 2014 à un établissement public de coopération intercommunale comprenant au moins une commune des départements des Hauts-de-Seine, de la Seine-Saint-Denis et du Val-de-Marne et dont le conseil municipal a délibéré favorablement avant le 30 septembre 2014 ;

4° Toute commune en continuité avec au moins une commune répondant aux conditions fixées au 2°, dont le conseil municipal a délibéré favorablement avant le 30 septembre 2014, à la condition que les deux tiers des communes de l'établissement public de coopération intercommunale à fiscalité propre auquel elle appartient représentant au moins la moitié de la population ou la moitié des communes représentant les deux tiers de la population de l'établissement public de coopération intercommunale à fiscalité propre ne s'y soient pas opposées par délibération avant le 31 décembre 2014 ;

(L. n° 2015-991 du 7 août 2015, art. 59-II-2°-a) « 5° L'ensemble des communes membres d'un même établissement public de coopération intercommunale à fiscalité propre dans le périmètre duquel se trouvent des infrastructures aéroportuaires ou ayant fait l'objet d'un arrêté de rattachement à cet établissement pris par le représentant de l'État dans le ou les départements concernés à la date de promulgation de la loi n° 2015-991 du 7 août 2015 portant nouvelle organisation territoriale de la République, et dont au moins deux tiers des conseils municipaux des communes intéressées représentant plus de la moitié de la population ou au moins la moitié des conseils municipaux des communes intéressées représentant au moins deux tiers de la population se sont prononcés favorablement dans un délai d'un mois à compter de cette promulgation. Toutefois, si une infrastructure aéroportuaire se trouve sur le périmètre de plusieurs établissements publics de coopération intercommunale à fiscalité propre, l'adhésion des communes n'est possible que si les majorités qualifiées nécessaires sont réunies dans tous les établissements publics comprenant au moins deux communes accueillant sur leur territoire des infrastructures aéroportuaires. »

Un décret constate le périmètre de la métropole et fixe l'adresse de son siège. Il désigne le comptable public de la métropole.

Toutes les modifications ultérieures relatives à l'adresse du siège, à la désignation du comptable public ou au transfert de compétences supplémentaires sont prononcées par arrêté du représentant de l'État dans la région d'Île-de-France dans les conditions prévues aux articles L. 5211-17 et L. 5211-20.

La métropole du Grand Paris est constituée en vue de la définition et de la mise en œuvre d'actions métropolitaines afin d'améliorer le cadre de vie de ses habitants, de réduire les inégalités entre les territoires qui la composent, de développer un modèle urbain, social et économique durable, moyens d'une meilleure attractivité et compétitivité au bénéfice de l'ensemble du territoire national. La métropole du Grand Paris élabore un projet métropolitain. Les habitants sont associés à son élaboration selon les formes déterminées par le conseil de la métropole sur proposition du conseil de développement.

Ce projet métropolitain définit les orientations générales de la politique conduite par la métropole du Grand Paris. Il participe à la mise en œuvre du schéma directeur de la région d'Île-de-France. Il comporte un diagnostic général, social, économique et environnemental du territoire métropolitain, des orientations stratégiques pour le développement de la métropole ainsi que des domaines d'intervention prioritaires. Le projet métropolitain peut être élaboré avec l'appui de *(Décr. n° 2015-980 du 31 juill. 2015, art. 1er-II)* « Grand Paris Aménagement », de l'Atelier international du Grand Paris, des agences d'urbanisme et de toute autre structure utile.

II. — La métropole du Grand Paris est soumise au chapitre VII du présent titre Ier, sous réserve des dispositions du présent chapitre. Elle exerce de plein droit, en lieu et place de ses communes membres, les compétences suivantes :

(L. n° 2015-991 du 7 août 2015, art. 59-II-2°-b) « 1° A compter du 1er janvier 2017, en matière d'aménagement de l'espace métropolitain : »

a) Élaboration du schéma de cohérence territoriale *(Abrogé par L. n° 2015-991 du 7 août 2015, art. 59-II-2°-c)* ***« et des schémas de secteur ; approbation du plan local d'urbanisme et documents d'urbanisme en tenant lieu, élaborés dans les conditions prévues au IV du présent article »*** ; définition, création et réalisation d'opérations d'aménagement d'intérêt métropolitain mentionnées à l'article L. 300-1 du code de l'urbanisme ; actions de restructuration urbaine *(L. n° 2015-991 du 7 août 2015, art. 59-II-2°-c)* « d'intérêt métropolitain » ; actions de valorisation du patrimoine naturel et paysager ; constitution de réserves foncières d'intérêt métropolitain ;

(L. n° 2015-991 du 7 août 2015, art. 59-II-2°-d et e) « *b)* Élaboration d'un schéma métropolitain d'aménagement numérique, dans les conditions prévues aux premier et *(L. n° 2016-1321 du 7 oct. 2016, art. 69-2°)* « quatrième » alinéas de l'article L. 1425-2 du présent code. La métropole du Grand Paris et les personnes publiques ayant établi des schémas directeurs territoriaux d'aménagement numérique mentionnés au même article L. 1425-2 se coordonnent afin d'élaborer une stratégie d'aménagement numérique cohérente de leur territoire commun ;

« 2° A compter du 1er janvier 2017, en matière de politique locale de l'habitat : »

a) Programme local de l'habitat ou document en tenant lieu ;

b) Politique du logement ; aides financières au logement social ; actions en faveur du logement social ; actions en faveur du logement des personnes défavorisées ;

c) Amélioration du parc immobilier bâti *(L. n° 2015-991 du 7 août 2015, art. 59-II-2°-f)* « d'intérêt métropolitain », réhabilitation et résorption de l'habitat insalubre *(L. n° 2015-991 du 7 août 2015, art. 59-II-2°-f)* « d'intérêt métropolitain » ;

d) Aménagement, entretien et gestion des aires d'accueil des gens du voyage *(L. n° 2017-86 du 27 janv. 2017, art. 148)* « et des terrains familiaux locatifs définis aux 1° à 3° du II de l'article 1er de la loi n° 2000-614 du 5 juillet 2000 relative à l'accueil et à l'habitat des gens du voyage » ;

(Abrogé par L. n° 2015-991 du 7 août 2015, art. 59-II-2°-g) (L. n° 2014-173 du 21 févr. 2014, art. 11-I-13°) « 3° En matière de politique de la ville :

« a) Élaboration du diagnostic du territoire et définition des orientations du contrat de ville ;

« b) Animation et coordination des dispositifs contractuels de développement urbain, de développement local et d'insertion économique et sociale ainsi que des dispositifs locaux de prévention de la délinquance ;

« c) Programmes d'actions définis dans le contrat de ville ; »

4° En matière de développement et d'aménagement économique, social et culturel :

a) Création, aménagement et gestion des zones d'activité industrielle, commerciale, tertiaire, artisanale, touristique, portuaire ou aéroportuaire d'intérêt métropolitain ;

b) Actions de développement économique d'intérêt métropolitain ;

(L. n° 2015-991 du 7 août 2015, art. 59-II-2°-h) « *c)* Construction, aménagement, entretien et fonctionnement de grands équipements culturels et sportifs de dimension internationale ou nationale ; »

d) Participation à la préparation des candidatures aux grands événements internationaux culturels, artistiques et sportifs, accueillis sur son territoire.

L'exercice des compétences prévues au présent 4° prend en compte les orientations définies dans les documents stratégiques élaborés par le conseil régional ;

[...]

....

Communauté et syndicat d'agglomération nouvelle. Compétences

Art. L. 5333-5 *(Abrogé par L. n° 2010-1563 du 16 déc. 2010, art. 31-I-18°) « La communauté ou »* Le syndicat d'agglomération nouvelle peut assurer la gestion de services et l'exécution de tous travaux ou études pour le compte des communes membres dans les conditions fixées par convention avec la ou les communes intéressées. Ils peuvent *[il peut]* demander, dans des conditions fixées par convention, à une ou plusieurs communes d'assurer pour son compte certaines prestations de services et, le cas échéant, certains investissements. Ces conventions sont adoptées à la majorité des deux tiers des membres *(Abrogé par L. n° 2010-1563 du 16 déc. 2010, art. 31-I-18°) « du conseil d'agglomération ou »* du comité syndical. – *[L. n° 83-636 du 13 juill. 1983, art. 20.]*

Un syndicat d'agglomération nouvelle ne peut accorder des subventions ou prendre directement en charge des dépenses destinées au financement de manifestations d'ordre culturel, sportif ou social que si une convention relative à la gestion des services ou à l'exécution des travaux ou études a été préalablement conclue entre le syndicat et les communes membres dans les domaines concernés. • CE 5 juill. 1996, *Synd. d'agglomération nouvelle de Saint-Quentin-en-Yvelines : Lebon 264 ; D. 1998. Somm. 33, obs. Lachaume.*

Syndicat mixte. Remontées mécaniques

Art. L. 5722-5 Par dérogation aux dispositions du second alinéa de l'article L. 2333-81 et si aucune commune territorialement concernée ne s'y oppose, lorsqu'un syndicat mixte, existant ou créé à cette fin, a reçu compétence pour la création et la gestion *(L. n° 2006-437 du 14 avr. 2006, art. 33)* « d'un site nordique dédié à la pratique du ski de fond et aux loisirs de neige non motorisés autres que le ski alpin », l'assemblée délibérante décide la création de la redevance visée à l'article L. 2333-81 et en fixe le taux. La redevance est perçue à son profit. – *[L. n° 85-30 du 9 janv. 1985, art. 83.]*

Code de l'éducation

Écoles et classes élémentaires et maternelles. Compétences des communes

V. C. éduc., art. L. 212-4, App., v° Enseignement des APS.

Utilisation des locaux scolaires. Compétences des communes

V. C. éduc., art. L. 212-15, App., v° Enseignement des APS.

Collèges. Compétences des départements

V. C. éduc., art. L. 213-2, App., v° Enseignement des APS.

Lycées. Compétences des régions

V. C. éduc., art. L. 214-6, App., v° Enseignement des APS.

Compétences communes aux collectivités territoriales

V. C. éduc., art. L. 216-1, App., v° Enseignement des APS.

COMITÉ INTERNATIONAL OLYMPIQUE

Le copyright sur la Charte olympique appartient au CIO. Elle ne peut pas être reproduite sans l'autorisation préalable écrite du CIO. Une copie de la Charte olympique est consultable sur le site internet du CIO (www.olympic.org). La dernière version de la Charte date du 2 août 2016 (129e Session du CIO, Rio).

COMMENTAIRE

Érigé par la Charte olympique en autorité suprême du mouvement olympique, le Comité International Olympique (CIO) ne possède pas pour autant la personnalité juridique internationale. Mais il n'est pas, cependant, une organisation non gouvernementale identique aux autres.

I. UNE ORGANISATION INTERNATIONALE NON GOUVERNEMENTALE SOUMISE AU DROIT SUISSE

a. Une organisation internationale non gouvernementale

Il n'est guère d'observateur des activités sportives qui ne sache que c'est le 23 juin 1894, à l'initiative de Pierre de Coubertin, que fut créé (au 2e Congrès athlétique international à la Sorbonne) le Comité International Olympique, dans « la foulée » du rétablissement des Jeux olympiques.

Plus rares sont ceux qui sont informés que les membres élus du CIO sont exclusivement des personnes physiques (le CIO comprend à ce jour 91 membres actifs, 36 membres honoraires, 1 président honoraire et 1 membre d'honneur), le président étant l'Allemand Thomas Bach (qui a succédé au Belge Jacques Rogge) élu le 10 septembre 2013 à Buenos Aires lors de la 125e session du CIO. Le nombre de membres du CIO ne peut excéder un total de 115, sous réserve du texte d'application de la Règle 16 relatif à l'éligibilité des membres du CIO, à la procédure d'élection, au président d'honneur, aux membres honoraires et aux membres d'honneur parmi lesquels des athlètes, des dirigeants de fédérations internationales et de comités nationaux olympiques, qui sont ses représentants dans les États dont ils sont les ressortissants sans, par conséquent être les représentants de ces États. Il en découle, en corollaire, que, en principe, ces membres « n'accepteront pas de la part de gouvernements, d'organisations ou de tiers aucun mandat et aucune instruction susceptible d'entraver leur liberté d'action et de vote » (Charte olympique, art. 16.1.5).

Autorité suprême du mouvement olympique, le CIO, qui reconnaît les Fédérations internationales et les Comités nationaux olympiques qui conviennent d'être guidés par la Charte olympique, est défini par cette dernière comme une organisation internationale non gouvernementale à but non lucratif (Charte olympique, art. 15) qui représente le mouvement olympique regroupant « les organisations, les athlètes et autres personnes qui se soumettent à la Charte olympique » (Charte olympique, art. 1.1).

Les membres du CIO se réunissent en une assemblée générale (dénommée « sessions ») qui détermine les taches que doit mettre en œuvre la commission exécutive (avec le président, doté d'un rôle prépondérant et de missions spécifiques, quatre vice-présidents et dix autres membres).

Des congrès avec l'ensemble du mouvement olympique sont périodiquement réunis. Des commissions *ad hoc* constituées avec des fonctions précises (commissions pour l'élection des membres du CIO, commission médicale et scientifique, commissions d'évaluation des villes candidates, commission d'éthique...). Au demeurant, en concrétisation de ses nombreuses actions, le CIO a été à l'initiative de la création du Tribunal arbitral du sport (V. App., v° *Arbitrage juridictionnel*) et de l'Agence mondiale antidopage (V. App., v° *Dopage Textes internationaux*).

Il n'est pas de propos de reprendre, avec minutie, les missions du CIO (pour des précisions, V. le texte de la Charte olympique). Simplement, notons :

– qu'il est responsable de l'organisation des Jeux olympiques et qu'il en est le propriétaire ;

– qu'il est, plus généralement, chargé d'encourager, de collaborer à la promotion des activités sportives au service de l'humanité et de guider le sport mondial et ses dirigeants vers l'idéal olympique.

Au-delà des affirmations de la Charte olympique, le CIO, en tant que groupement de personnes privées venues de pays différents poursuivant des finalités internationales, non lucratives, se rattache sûrement à la notion d'organisation non gouvernementale internationale.

b. Une association de droit suisse

Ayant son siège à Lausanne (en Suisse), le CIO, constitué sous structure associative, est une association de droit suisse ayant la personnalité juridique et dotée, il est vrai, de privilèges qui, à l'évidence, sont dus à sa « stature » internationale et à ses activités universelles. Il a ainsi été arrêté, par le Conseil fédéral suisse, le 8 juillet 1981 et le 17 septembre 1981, puis, par décision du 23 juin 1999 de ce même Conseil, confortée par un accord du 1er novembre 2000, que « l'Administration fédérale des contributions prendra les mesures en sa compétence pour que le CIO soit exonéré de l'impôt pour la défense nationale et soustrait aux dispositions réglementaires limitant le nombre des étrangers qui exercent une activité lucrative » (V. Kéba M'Baye, La nature juridique du CIO, *in* Sport et Droit des relations internationales, dir. P. Collomb, *Economica, 1988, p. 91*).

II. UNE ORGANISATION INTERNATIONALE NON GOUVERNEMENTALE POURVUE D'INFLUENCES PARTICULIÈRES

a. Le CIO et les fédérations sportives internationales et les comités nationaux olympiques

S'il est vrai qu'il n'y a pas de rapports organiques entre le CIO et les fédérations sportives internationales, il n'empêche que presque toutes sont réellement attachées à leur reconnaissance par le CIO et ne manquent pas de l'indiquer expressément dans leurs statuts en raison, sans doute, « de la force d'attraction que représentent les Jeux olympiques » (V. F. Latty, La *lex sportiva*, V. Bibl.) et des prérogatives d'organisation des disciplines sportives considérées qui en résultent.

Pour ce qui est des comités nationaux olympiques, ils ne peuvent répondre à cette appellation et aux missions olympiques s'y rattachant qu'autant que leurs statuts et les règles qui les gouvernent ont reçu l'approbation du CIO.

b. Le CIO et les organisations intergouvernementales et les États

Ici aussi, la réflexion ne saurait être que panoramique. Mais comment ne pas souligner que plusieurs des actions menées par le CIO, ainsi que son influence au travers des Jeux olympiques, lui octroient, de fait, le positionnement d'une association munie de la personnalité juridique internationale sans pour autant que son autonomie en soit limitée ?

Dans sa mission d'aides et de solidarités sportives internationales, le CIO noue avec de multiples organisations inter-gouvernementales (OMS, UNESCO, BIT, UNICEF, HCR, CONFEJES, ...) des relations de coopération (V., pour une analyse quasi exhaustive, Fr. Latty, Le Comité International Olympique et le Droit international, Avant-propos A. Pellet, préface Kéba M'Baye, *Montchrestien, Musée olympique, Lausanne, 2001*) par la voie d'accords internationaux permettant, pour certains, la réalisation d'objectifs ponctuels déterminés (exemples : avec l'OMS, envoi de vivres en Bosnie-Herzégovine, en Angola et au Rwanda pendant les Jeux olympiques de Lillehammer ; avec le PNUCID, organisation d'une Conférence internationale, à Rome, Le sport contre la drogue).

Parfois, aussi, sont conclus des accords avec des États, liés plus spécialement à l'olympisme, tels que ceux signés avec la Grèce s'agissant de la création du Centre international pour la trêve olympique, avec l'Australie pour mettre en place un contrôle transparent et fiable des résultats des contrôles antidopage, avec la Suisse relatif au statut du CIO en Suisse.

Ses missions universelles d'intérêt général, ainsi que son rôle dans l'attribution des Jeux olympiques, font également que le CIO jouit d'une considération internationale dont, hormis peut-être la Croix-Rouge internationale, aucune autre ONG ne peut s'enorgueillir.

Le traité de Nairobi de 1981, sur la protection des emblèmes olympiques, en atteste. Les actes d'allégeance aux règles de la Charte olympique auxquels souscrivent les chefs d'État lors d'une candidature à l'organisation des Jeux olympiques en sont une éclatante preuve, quand bien même dans les faits les engagements souscrits par les États s'avèrent, parfois, d'application délicate, par manque de moyens coercitifs pertinents, dès lors que la ville organisatrice des Jeux olympiques a été choisie. ❑

Charte olympique

En vigueur au 2 août 2016. - Reproduction autorisée par le Comité International Olympique.

COMMENTAIRE

Chacun connaît l'existence de la Charte olympique. Bien peu en mesurent la finalité, le contenu et la portée.

1. La Charte olympique, le Comité International Olympique et les Jeux olympiques sont, aux yeux de tous, fort justement indissociables. Et pourtant, la première réelle édition de ce prestigieux et universellement renommé « bréviaire » des activités sportives – du sport – est postérieure au rétablissement, le 23 juin 1894 (au deuxième Congrès athlétique international, à la Sorbonne) par Pierre de Coubertin, des Jeux olympiques et à la naissance du Comité International Olympique. C'est, en effet, au Congrès de Paris de 1914 qu'a été rédigée une Charte olympique dont la création définitive a été « officialisée » en 1921 après les Jeux olympiques d'Anvers (de 1920). Plusieurs fois modifiée, la dernière édition de la Charte olympique est entrée en vigueur le 2 août 2016.

2. La lecture de la Charte olympique est, en elle-même, riche d'enseignements. Elle apprend :

– que la Charte olympique est la codification des principes fondamentaux, des règles et des textes d'application adoptés par le CIO ; qu'elle régit l'organisation et le fonctionnement du Mouvement olympique et fixe les conditions de la célébration des Jeux olympiques.

– que les principes fondamentaux ainsi que les règles, qui constituent ensemble un corps de règles, énoncent les préceptes qui gouvernent le Mouvement olympique, voire plus encore à certains égards et conditions le Mouvement sportif non olympique, et que les textes d'application sont identifiables à « un règlement du CIO qui complète certaines règles ou explicite celles dont l'interprétation ou l'application pourraient soulever quelques difficultés » (V. Kéba M'Baye, La nature du CIO, *in* Sport, Droit et Relations internationales, dir. P. Collomb, *Economica, 1988, p. 72*).

– qu'au-delà du sport, mais par le sport, le Mouvement olympique a aussi pour finalité de participer à l'éducation de la jeunesse, de lutter contre les discriminations, de développer l'esprit d'amitié, de solidarité, de compréhension mutuelle, de *fair-play* et de non-violence. ❑

BIBL. GÉN. ▸ G. Bernasconi, Le CIO et les organisations internationales, entre recherche de légitimité et défense du territoire, *RJ éco. sport 2008, n° 86, p. 7*. - E. Bournazel, Charte olympique, *in Dict. jur. du sport, Dalloz, Juriséditions, 2013, p. 61* ; Comité International Olympique (CIO), *ibid., p. 84*. - L. Chabaud, Jeux olympiques, *in Dict. jur. du sport, Dalloz, Juriséditions, 2013, p. 208*. - P. Collomb (dir.), *Economica, 1988,* Sport, droit et relations internationales, V. notamment K. M'Baye, La nature juridique du Comité International Olympique, *p. 69*. - Ch.

DUDOGNON, Les sources du droit du sport, *Thèse, Limoges, 2007, dact.* - P. ISSERT, Aspects de la présence française dans les institutions sportives internationales, *RJ éco. sport 2007, n° 83, p. 7*. - F. LATTY, Le Comité International Olympique et le droit international, *Montchrestien, éd. 2001. - La lex sportiva.* Recherche sur le droit transnational, Université Paris X-Nanterre, 2005, *Études de droit international, Leiden, Martinus Nijhoff Publishers, 2007.* - S. PISAR, Les Jeux olympiques et le droit, *Rev. olymp., 1995, n° 10.* - L. SINANIAN, Comité d'organisation des Jeux olympiques (COJO), *in Dict. jur. du sport, Dalloz, Juriséditions, 2013, p. 90.* - Fédération sportive internationale, *in Dict. perm. dr. sport (mise à jour périodique).*

Introduction à la Charte olympique

La Charte olympique est la codification des principes fondamentaux de l'Olympisme, des règles et des textes d'application adoptés par le Comité International Olympique (CIO). Elle régit l'organisation, les actions et le fonctionnement du Mouvement olympique et fixe les conditions de la célébration des Jeux olympiques. Par essence, la Charte olympique a trois objectifs principaux :

a) la Charte olympique, en tant que document de base de nature constitutionnelle, fixe et rappelle les principes fondamentaux et les valeurs essentielles de l'Olympisme ;

b) la Charte olympique sert également de statuts au Comité International Olympique ;

c) de plus, la Charte olympique définit les droits et les obligations réciproques des trois principales parties constitutives du Mouvement olympique, soit le Comité International Olympique, les Fédérations internationales et les comités ntionaux olympiques, ainsi que les comités d'organisation des Jeux olympiques, qui doivent tous se conformer à la Charte olympique.

Note : Dans la Charte olympique, le genre masculin employé en relation avec toute personne physique (par exemple, les noms tels que président, vice-président, directeur, membre, dirigeant, officiel, chef de mission, participant, concurrent, athlète, juge, arbitre, membre d'un jury, attaché, candidat, personnel, ou les pronoms tels qu'il, ils et eux) doit, sauf disposition spécifique contraire, être compris comme incluant le genre féminin.

A moins qu'il en soit expressément prévu autrement par écrit, une année au sens de la Charte olympique signifie une année civile, commençant le 1er janvier et prenant fin le 31 décembre.

Préambule

L'Olympisme moderne a été conçu par Pierre de Coubertin, à l'initiative duquel le Congrès international athlétique de Paris s'est réuni en juin 1894. Le Comité International Olympique (CIO) s'est constitué le 23 juin 1894. Les premiers Jeux olympiques (Jeux de l'Olympiade) des temps modernes furent célébrés à Athènes, en Grèce, en 1896. en 1914, le drapeau olympique présenté par Pierre de Coubertin au Congrès de Paris fut adopté. Il est composé des cinq anneaux entrelacés qui représentent l'union des cinq continents et la rencontre des athlètes du monde entier aux Jeux olympiques. Les premiers Jeux olympiques d'hiver furent célébrés à Chamonix, en France, en 1924.

Principes fondamentaux de l'Olympisme

1 L'Olympisme est une philosophie de vie, exaltant et combinant en un ensemble équilibré les qualités du corps, de la volonté et de l'esprit. Alliant le sport à la culture et à l'éducation, l'Olympisme se veut créateur d'un style de vie fondé sur la joie dans l'effort, la valeur éducative du bon exemple, la responsabilité sociale et le respect des principes éthiques fondamentaux universels.

2 Le but de l'Olympisme est de mettre le sport au service du développement harmonieux de l'humanité en vue de promouvoir une société pacifique, soucieuse de préserver la dignité humaine.

3 Le Mouvement olympique est l'action concertée, organisée, universelle et permanente, exercée sous l'autorité suprême du CIO, de tous les individus et entités inspirés par les valeurs de l'Olympisme. Elle s'étend aux cinq continents. elle atteint son point culminant lors du rassemblement des athlètes du monde au grand festival du sport que sont les Jeux olympiques. Son symbole est constitué de cinq anneaux entrelacés.

4 La pratique du sport est un droit de l'homme. Chaque individu doit avoir la possibilité de faire du sport sans discrimination d'aucune sorte et dans l'esprit olympique, qui exige la compréhension mutuelle, l'esprit d'amitié, de solidarité et de fair-play.

5 Reconnaissant que le sport est pratiqué dans le cadre de la société, les organisations sportives au sein du Mouvement olympique auront les droits et obligations inhérents à l'autono-

mie, à savoir le libre établissement et le contrôle des règles du sport, la définition de leur structure et gouvernance, la jouissance du droit à des élections libres de toutes influences extérieures et la responsabilité de veiller à ce que les principes de bonne gouvernance soient appliqués.

6 La jouissance des droits et libertés reconnus dans la présente Charte olympique doit être assurée sans discrimination d'aucune sorte, notamment en raison de la race, la couleur, le sexe, l'orientation sexuelle, la langue, la religion, les opinions politiques ou autres, l'origine nationale ou sociale, la fortune, la naissance ou toute autre situation.

7 L'appartenance au Mouvement olympique exige le respect de la Charte olympique et la reconnaissance par le CIO.

1. *Le Mouvement olympique*

1 *Composition et organisation générale du Mouvement olympique.*

1 Sous l'autorité suprême et la conduite du Comité International Olympique, le Mouvement olympique comprend les organisations, les athlètes et les autres personnes qui se soumettent à la Charte olympique. Le but du Mouvement olympique est de contribuer à la construction d'un monde meilleur et pacifique en éduquant la jeunesse par le biais d'une pratique sportive en accord avec l'Olympisme et ses valeurs.

2 Les trois principales parties constitutives du Mouvement olympique sont le Comité International Olympique (CIO), les Fédérations Internationales de sports (FI), et les Comités Nationaux Olympiques (CNO).

3 Outre ses trois principales parties constitutives, le Mouvement olympique comprend aussi les comités d'organisation des Jeux olympiques (COJO), les associations nationales, les clubs et les personnes appartenant aux FI et aux CNO, en particulier les athlètes dont les intérêts constituent un élément fondamental de l'action du Mouvement olympique, ainsi que les juges, arbitres, entraîneurs et autres officiels et techniciens du sport. Il englobe aussi les autres organisations et institutions reconnues par le CIO.

4 Toute personne ou organisation appartenant à quelque titre que ce soit au Mouvement olympique est liée par les dispositions de la Charte olympique et doit respecter les décisions du CIO.

2 *Mission et rôle du CIO.*

La mission du CIO est de promouvoir l'Olympisme à travers le monde et de diriger le Mouvement olympique. Le rôle du CIO est :

1 d'encourager et soutenir la promotion de l'éthique et de la bonne gouvernance dans le sport ainsi que l'éducation de la jeunesse par le sport, et de s'attacher à ce que l'esprit de fair-play règne dans le sport et que la violence en soit bannie ;

2 d'encourager et soutenir l'organisation, le développement et la coordination du sport et des compétitions sportives ;

3 d'assurer la célébration régulière des Jeux olympiques ;

4 de coopérer avec les organisations et les autorités publiques ou privées compétentes aux fins de mettre le sport au service de l'humanité et de promouvoir ainsi la paix ;

5 d'agir dans le but de renforcer l'unité du Mouvement olympique, de protéger son indépendance et de préserver l'autonomie du sport ;

6 de s'opposer à toute forme de discrimination affectant le Mouvement olympique ;

7 d'encourager et soutenir la promotion des femmes dans le sport, à tous les niveaux et dans toutes les structures, dans le but de mettre en œuvre le principe de l'égalité entre hommes et femmes ;

8 de protéger les athlètes intègres et la probité du sport en dirigeant la lutte contre le dopage et en prenant des mesures contre toute forme de manipulation des compétitions et de corruption qui s'y rapporte ;

9 d'encourager et soutenir les mesures relatives aux soins médicaux et à la santé des athlètes ;

10 de s'opposer à toute utilisation abusive politique ou commerciale du sport et des athlètes ;

11 d'encourager et soutenir les efforts des organisations sportives et des autorités publiques pour assurer l'avenir social et professionnel des athlètes ;

12 d'encourager et soutenir le développement du sport pour tous ;

13 d'encourager et soutenir une approche responsable des problèmes d'environnement, de promouvoir le développement durable dans le sport et d'exiger que les Jeux olympiques soient organisés en conséquence ;

14 de promouvoir un héritage positif des Jeux olympiques pour les villes et les pays hôtes ;

15 d'encourager et soutenir les initiatives qui intègrent le sport à la culture et à l'éducation ;

16 d'encourager et soutenir les activités de l'Académie internationale olympique (AIO) et d'autres institutions qui se consacrent à l'éducation olympique.

Texte d'application de la Règle 2.

1. La commission exécutive du CIO peut accorder le patronage du CIO, aux termes et aux conditions qu'elle considère appropriés, à des compétitions internationales multisportives – de niveau régional, continental ou mondial – à la condition qu'elles se déroulent dans le respect de la Charte olympique et soient organisées sous le contrôle de CNO ou d'associations reconnues par le CIO, avec l'assistance des FI concernées et conformément à leurs règles techniques.

2. La commission exécutive du CIO peut accorder le patronage du CIO à d'autres manifestations, à condition qu'elles soient conformes au but du Mouvement olympique.

3 *Reconnaissance par le CIO.*

1 Le CIO peut reconnaître dans les formes les parties constitutives du Mouvement olympique.

2 Le CIO peut reconnaître au titre de CNO des organisations sportives nationales dont l'activité est liée à sa mission et à son rôle. Le CIO peut aussi reconnaître des associations de CNO formées au niveau continental ou mondial. Tous les CNO et les associations de CNO devront avoir, dans la mesure du possible, le statut de personne juridique. Ils devront se conformer à la Charte olympique. Leurs statuts sont soumis à l'approbation du CIO.

3 Le CIO peut reconnaître des FI et des associations de FI.

4 La reconnaissance des associations de FI ou de CNO n'affecte en rien le droit de chaque FI et de chaque CNO de traiter directement avec le CIO et vice-versa.

5 Le CIO peut reconnaître des organisations non gouvernementales en relation avec le sport, opérant au niveau international et dont les statuts et les activités sont conformes à la Charte olympique.

6 Dans chaque cas, les effets de la reconnaissance sont déterminés par la commission exécutive du CIO.

7 La reconnaissance par le CIO peut être provisoire ou définitive. La reconnaissance provisoire, ou son retrait, est décidée par la commission exécutive du CIO pour une durée déterminée ou indéterminée. La commission exécutive du CIO peut déterminer à quelles conditions une reconnaissance provisoire peut prendre fin. Une reconnaissance définitive, ou son retrait, est décidée par la session. Tous les détails des procédures de reconnaissance sont déterminés par la commission exécutive du CIO.

4 *Congrès olympique.*

Le Congrès olympique réunit les représentants des parties constitutives du Mouvement olympique à intervalles déterminés par le CIO ; il est convoqué par le président du CIO ; son rôle est consultatif.

Texte d'application de la Règle 4.

1. Le Congrès olympique est convoqué par le président, sur décision de la Session, et organisé par le CIO en un lieu et une date fixés par la session. Le président préside le Congrès et en arrête la procédure.

2. Le Congrès olympique réunit les membres, le président d'honneur, les membres honoraires et les membres d'honneur du CIO, ainsi que les délégués représentant les FI et les CNO ; il peut aussi comprendre les représentants d'organisations reconnues par le CIO. En outre, assistent au Congrès olympique les athlètes et les personnalités invités personnellement ou à titre de représentants.

3. La commission exécutive du CIO établit l'ordre du jour du Congrès olympique après consultation des FI et des CNO.

5 *Solidarité olympique.*

La Solidarité olympique a pour but d'organiser l'assistance aux CNO, particulièrement à ceux qui en ont le plus grand besoin. Cette assistance prend la forme de programmes élaborés en commun par le CIO et les CNO avec l'assistance technique des FI, si nécessaire.

TEXTE D'APPLICATION DE LA RÈGLE 5.

Les objectifs des programmes adoptés par la Solidarité Olympique sont de contribuer à :

1. promouvoir les principes fondamentaux de l'Olympisme ;

2. assister les CNO dans la préparation de leurs athlètes et de leurs équipes en vue de leur participation aux Jeux olympiques ;

3. développer les connaissances techniques sportives des athlètes et des entraîneurs ;

4. améliorer le niveau technique des athlètes et des entraîneurs en coopération avec les CNO et les FI, y compris par le moyen de bourse ;

5. former des administrateurs sportifs ;

6. collaborer avec les organisations et les entités poursuivant ces objectifs, en particulier par l'éducation olympique et la propagation du sport ;

7. créer, en cas de besoin, des installations sportives simples, fonctionnelles et économiques en coopération avec les organismes nationaux ou internationaux ;

8. soutenir l'organisation de compétitions de niveau national, régional et continental régies ou patronnées par les CNO et assister les CNO dans l'organisation, la préparation et la participation de leurs délégations aux Jeux régionaux et continentaux ;

9. encourager les programmes conjoints de coopération bilatérale ou multilatérale entre CNO ;

10. inciter les gouvernements et les organisations internationales à inclure le sport dans l'aide officielle au développement.

Ces programmes sont administrés par la commission de la Solidarité Olympique.

6 *Jeux olympiques.*

1. Les Jeux olympiques sont des compétitions entre athlètes, en épreuves individuelles ou par équipes et non entre pays. Ils réunissent les athlètes sélectionnés par leurs CNO respectifs, dont les inscriptions ont été acceptées par le CIO. Les athlètes concourent sous la direction technique des FI concernées.

2. Les Jeux olympiques sont constitués des Jeux de l'Olympiade et des Jeux olympiques d'hiver. Seuls les sports qui se pratiquent sur la neige ou sur la glace sont considérés comme sports d'hiver.

TEXTE D'APPLICATION DE LA RÈGLE 6.

1. Une Olympiade est une période de quatre années civiles consécutives, commençant le premier janvier de la première année et se terminant le 31 décembre de la quatrième année.

2. Les Olympiades se comptent à partir des premiers Jeux de l'Olympiade célébrés à Athènes en 1896. La XXIXe Olympiade a commencé le 1er janvier 2008.

3. Les Jeux olympiques d'hiver sont numérotés dans l'ordre dans lequel ils sont tenus.

7 *Droits sur les Jeux olympiques et les propriétés olympiques.*

1. En tant que chef de file du Mouvement olympique, le CIO est chargé de promouvoir les valeurs du Mouvement olympique, d'apporter un soutien matériel aux efforts visant à organiser et à faire connaître les Jeux olympiques, et d'assister les FI, les CNO et les athlètes dans leurs préparatifs pour les Jeux olympiques. Le CIO détient tous les droits sur les Jeux olympiques et les propriétés olympiques citées dans la présente Règle, lesquels droits sont susceptibles de générer des revenus pour les fins susmentionnées. Il est dans le meilleur intérêt du Mouvement olympique et des parties constitutives qui bénéficient de ces revenus que tous les droits et propriétés olympiques se voient accorder la meilleure protection possible par toutes les personnes concernées et que leur usage soit approuvé par le CIO.

2. Les Jeux olympiques sont la propriété exclusive du CIO qui est titulaire de tous les droits et toutes les données s'y rapportant, notamment et sans restriction, tous les droits relatifs (i) à l'organisation, l'exploitation et la commercialisation des Jeux olympiques, (ii) à la saisie d'images fixes et de séquences filmées des Jeux olympiques pour une utilisation par les médias, (iii) au dépôt des enregistrements audiovisuels des Jeux olympiques, et (iv) à la diffusion, transmission, retransmission, reproduction, présentation, distribution, mise à disposition ou autre communication au public, par quelque moyen que ce soit, existant ou à venir, des œuvres ou signaux contenant des enregistrements audiovisuels des Jeux olympiques.

3. Le CIO fixera les conditions d'accès et d'utilisation des données relatives aux Jeux olympiques et aux compétitions et prestations sportives intervenues dans le cadre de ces Jeux.

4. Le symbole, le drapeau, la devise, l'hymne, les identifications (y compris, mais sans s'y restreindre, "Jeux olympiques" et "Jeux de l'Olympiade"), les désignations, les emblèmes, la flamme et les flambeaux (ou les torches) olympiques, tels que définis aux Règles 8-14 ci-dessous, ainsi que toute œuvres musicale ou audiovisuelle, création ou objet commandés en relation avec les Jeux olympiques par le CIO, les CNO et/ou les COJO pourront, par commodité, être collectivement ou individuellement désignés par l'expression "propriétés olympiques". L'ensemble des droits sur les propriétés olympiques, ainsi que tous les droits d'usage y relatifs, sont la propriété exclusive du CIO, y compris, mais sans s'y restreindre, en ce qui concerne leur usage à des fins lucratives, commerciales ou publicitaires. Le CIO peut céder une licence sur tout ou partie de ses droits aux termes et conditions fixés par la commission exécutive du CIO.

Le CNOSF étant, en vertu de l'art. 17-2 de la Charte olympique [art. 7], chargé de poursuivre dans son pays, pour le compte du CIO, la protection du terme « olympique », élément distinctif des marques de renommée « Jeux olympiques » et « olympique », cette mission dont l'exécution le qualifie à maintenir avec le CIO les relations adéquates régies par la charte suffit à le rendre recevable dans son action tendant à l'application des dispositions de l'art. L. 713-5 CPI. • Com. 29 juin 1999 : *Bull. civ. IV, n° 143 ; D. 2000. 185, note Buffet Delmas d'Autane*. ♦ La règle 7. 4 de la Charte olympique et son texte d'application attribuent à chaque comité national olympique la charge de faire respecter dans son pays le symbole olympique (les anneaux entrelacés), la devise, les emblèmes, les désignations ♦ ... En conséquence, le CNOSF a un intérêt à agir en défense d'un pictogramme créé pour les Jeux olympiques d'hiver de Turin inséré sur le site de l'intimé, rédigé en français et faisant référence à l'euro, manifestement dirigé vers le public français. • Paris, 21 janv. 2011, *Assoc. Comité national olympique et sportif français c/ Sté de droit maltais Interwetten Malta Ltd : req. n° 09/20261.*

8 *Le symbole olympique.*

Le symbole olympique se compose de cinq anneaux entrelacés de dimensions égales (les anneaux olympiques), employés seuls, en une ou cinq couleurs. Lorsque la version en cinq couleurs est utilisée, les couleurs sont, de gauche à droite, le bleu, le jaune, le noir, le vert et le rouge. Les anneaux sont entrelacés de gauche à droite ; l'anneau bleu, le noir et le rouge se trouvent en haut, le jaune et le vert en bas, conformément à la reproduction graphique ci-dessous. Le symbole olympique exprime l'activité du Mouvement olympique et représente l'union des cinq continents et la rencontre des athlètes du monde entier aux Jeux olympiques.

9 *Le drapeau olympique.*

Le drapeau olympique est à fond blanc, sans bordure. Le symbole olympique dans ses cinq couleurs figure en son centre.

10 *La devise olympique.*

La devise olympique "*Citius - Altius - Fortius*" exprime les aspirations du Mouvement olympique.

11 *Les emblèmes olympiques.*

Un emblème olympique est un dessin intégré associant les anneaux olympiques à un autre élément distinctif.

12 *L'hymne olympique.*

L'hymne olympique est l'œuvre musicale dénommée "Hymne olympique", composée par Spiro Samara.

13 *La flamme olympique, les flambeaux (ou torches) olympiques.*

1 La flamme olympique est la flamme qui est allumée à Olympie sous l'autorité du CIO.

2 Un flambeau (ou torche) olympique est un flambeau (ou torche) portable ou sa réplique, approuvé par le CIO et destiné à la combustion de la flamme olympique.

14 *Les désignations olympiques.*

Une désignation olympique est une représentation visuelle ou sonore d'une association, relation, ou autre lien, avec les Jeux olympiques, le Mouvement olympique ou l'une de ses parties constitutives.

TEXTE D'APPLICATION DES RÈGLES 7-14.

1. Protection juridique

1.1 Le CIO peut prendre toutes les mesures appropriées pour obtenir à son profit la protection juridique des droits sur les Jeux olympiques et sur toute propriété olympique.

1.2 Chaque CNO est responsable envers le CIO du respect, dans son pays, des Règles 7-14 et des TAR 7-14. Il prendra des mesures pour interdire tout usage des propriétés olympiques qui serait contraire à ces Règles ou *[à]* leurs Textes d'application. Il entreprendra aussi d'obtenir, au bénéfice du CIO, la protection des propriétés olympiques du CIO.

1.3 Lorsque le droit national ou le dépôt d'une marque ou tout autre acte juridique accorde à un CNO la protection juridique du symbole olympique ou de toute autre propriété olympique, ce CNO ne peut exercer les droits qui en découlent qu'en accord avec la Charte olympique et les instructions reçues du CIO.

1.4 Un CNO peut en tout temps requérir l'assistance du CIO pour obtenir la protection juridique de toute propriété olympique et pour le règlement de tout différend qui pourrait se présenter à cet égard avec des tiers.

1.5 Le CIO peut en tout temps requérir l'assistance d'un CNO pour obtenir la protection juridique de toute propriété olympique et pour le règlement de tout différend qui pourrait se présenter à cet égard avec des tiers.

2. Utilisation des propriétés olympiques par le CIO ou par des tiers autorisés ou sous licence du CIO

2.1 Le CIO peut créer un ou plusieurs emblèmes olympiques qu'il peut utiliser à sa discrétion.

2.2 Le symbole olympique, les emblèmes olympiques et toute autre propriété olympique du CIO peuvent être exploités par le CIO ou *[par]* une personne autorisée par le CIO, dans le pays d'un CNO, pour autant que les conditions suivantes soient respectivement remplies :

> **2.2.1** pour tous les contrats de parrainage et de fournisseur et toutes les initiatives commerciales autres que celles auxquelles il est fait référence au paragraphe 2.2.2 ci-dessous, cette exploitation ne doit porter aucun préjudice sérieux aux intérêts du CNO concerné et la décision sera prise par le CIO en consultation avec ce CNO qui recevra une part du produit net provenant de cette exploitation ;
>
> **2.2.2** pour tout contrat de licence, le CNO doit recevoir la moitié de tous les revenus nets d'une telle exploitation, après déduction de toutes les taxes et débours qui s'y rapportent. Le CNO sera informé à l'avance d'une telle exploitation.

2.3 Le CIO, à sa seule discrétion, peut autoriser les radio-télédiffuseurs des Jeux olympiques à utiliser le symbole olympique, les emblèmes olympiques ou d'autres propriétés olympiques du CIO et du COJO pour promouvoir les retransmissions des Jeux olympiques. Les dispositions des paragraphes 2.2.1 et 2.2.2 de ce Texte d'application ne s'appliquent pas à cette autorisation.

3. Utilisation du symbole, du drapeau, de la devise et de l'hymne olympiques

3.1 Sous réserve du paragraphe 2.2 de ce Texte d'application, le CIO peut utiliser le symbole, le drapeau, la devise et l'hymne olympiques à sa discrétion.

3.2 Les CNO ne peuvent utiliser le symbole, le drapeau, la devise et l'hymne olympiques que dans le cadre de leurs activités non lucratives, pour autant que cette utilisation contribue au développement du Mouvement olympique et ne porte pas atteinte à sa dignité et pour autant que les CNO concernés aient obtenu l'accord préalable de la commission exécutive du CIO.

4. Création et utilisation d'un emblème olympique par un CNO ou un COJO

4.1 Un emblème olympique peut être créé par un CNO ou un COJO moyennant l'approbation du CIO.

4.2 Le CIO peut approuver le dessin d'un emblème olympique pour autant qu'il considère que cet emblème se distingue des autres emblèmes olympiques.

4.3 La surface couverte par le symbole olympique inclus dans un emblème olympique n'excédera pas le tiers de la surface totale de cet emblème. Le symbole olympique inclus dans un emblème olympique doit apparaître dans sa totalité et ne pas être modifié d'une quelconque façon.

4.4 En plus de ce qui précède, l'emblème olympique d'un CNO doit remplir les conditions suivantes :

4.4.1 l'emblème doit être dessiné de telle sorte qu'il soit clairement identifié comme étant lié au pays du CNO concerné ;

4.4.2 l'élément distinctif de l'emblème ne peut se limiter au seul nom – ou à l'abréviation dudit nom – du pays du CNO concerné ;

4.4.3 l'élément distinctif de l'emblème ne doit pas faire référence aux Jeux olympiques ou à une date ou manifestation particulière qui lui conférerait une limite dans le temps ;

4.4.4 l'élément distinctif de l'emblème ne doit pas contenir de devises, désignations ou autres expressions génériques qui donnent l'impression d'être de caractère universel ou international.

4.5 En plus des dispositions contenues aux paragraphes 4.1, 4.2 et 4.3 ci-dessus, l'emblème olympique d'un COJO doit remplir les conditions suivantes :

4.5.1 l'emblème doit être dessiné de telle sorte qu'il soit clairement identifiable comme étant lié aux Jeux olympiques organisés par le COJO concerné ;

4.5.2 l'élément distinctif de l'emblème ne peut être limité au seul nom – ou à l'abréviation dudit nom – du pays du COJO concerné ;

4.5.3 l'élément distinctif de l'emblème ne doit pas contenir de devises, désignations ou autres expressions génériques qui donnent l'impression d'être de caractère universel ou international.

4.6 Tout emblème olympique qui a été approuvé par le CIO avant l'entrée en vigueur des dispositions qui précèdent conservera sa validité.

4.7 Chaque fois que et partout où cela est possible, l'emblème olympique d'un CNO doit être susceptible d'enregistrement, c'est-à-dire de protection juridique, dans son pays. Le CNO doit procéder à cet enregistrement dans les six mois suivant l'approbation de cet emblème par le CIO et fournir au CIO la preuve de cet enregistrement. L'approbation d'emblèmes olympiques par le CIO peut être retirée si les CNO concernés ne prennent pas toutes les mesures possibles pour protéger leurs emblèmes olympiques et informer le CIO de cette protection. De même, les COJO doivent protéger leurs emblèmes olympiques conformément aux instructions du CIO. Aucune protection obtenue par les CNO et les COJO ne peut être invoquée contre le CIO.

4.8 L'utilisation d'un emblème olympique à des fins publicitaires, commerciales ou lucratives, quelles qu'elles soient, doit être conforme aux conditions fixées aux paragraphes 4.9 et 4.10 ci-dessous.

4.9 Tout CNO ou COJO qui désire utiliser son emblème olympique à des fins publicitaires, commerciales ou lucratives, quelles qu'elles soient, soit directement ou par l'intermédiaire de tiers, doit respecter ce Texte d'application et le faire respecter par ces tiers.

4.10 Tous les contrats et les arrangements, y compris ceux conclus par un COJO, seront signés ou approuvés par le CNO concerné et seront régis par les principes suivants :

4.10.1 l'utilisation de l'emblème olympique d'un CNO ne sera valable que dans le pays dudit CNO ; cet emblème tout comme tous les autres symboles, emblèmes, marques ou désignations d'un CNO qui font référence à l'Olympisme ne peuvent être utilisés à des fins publicitaires, commerciales ou lucratives, quelles qu'elles soient, dans le pays d'un autre CNO sans le consentement préalable écrit de ce CNO ;

4.10.2 de même, l'emblème olympique d'un COJO, ainsi que tous les autres symboles, emblèmes, marques ou désignations d'un COJO qui font référence à l'Olympisme ne peuvent être utilisés à des fins publicitaires, commerciales ou lucratives, quelles qu'elles soient, dans le pays d'un CNO sans le consentement préalable écrit de ce CNO ;

4.10.3 dans tous les cas, la durée de validité de tout contrat conclu par un COJO ne doit pas aller au-delà du 31 décembre de l'année des Jeux olympiques concernés ;

4.10.4 l'utilisation d'un emblème olympique doit contribuer au développement du Mouvement olympique et ne doit pas porter atteinte à sa dignité ; l'association sous quelque forme que ce soit entre un emblème olympique et des produits ou des services est interdite si cette association est incompatible avec les principes fondamentaux de l'Olympisme ou le rôle du CIO tel qu'il est fixé par la Charte olympique ;

4.10.5 à la demande du CIO, tout CNO ou COJO fournira une copie de tout contrat auquel il est partie.

5. Philatélie

Le CIO encourage, en collaboration avec les CNO des pays concernés, l'utilisation du symbole olympique sur les timbres postaux émis en liaison avec le CIO par l'autorité nationale compétente, sous réserve des conditions fixées par le CIO.

6. Œuvres commandées en relation avec les Jeux olympiques

Le COJO et le CNO de la ville et du pays hôtes s'assureront que la procédure ayant pour but de désigner le CIO en tant que titulaire des droits de propriété de toute œuvre musicale ou audiovisuelle, création ou objet commandés en relation avec les Jeux olympiques se déroule à la satisfaction du CIO.

2. *Le Comité International Olympique (CIO)*

15 *Statut juridique.*

1 Le CIO est une organisation internationale non gouvernementale, à but non lucratif, de durée illimitée, à forme d'association dotée de la personnalité juridique, reconnue par le Conseil fédéral suisse conformément à un accord conclu en date du 1er novembre 2000.

2 Son siège est à Lausanne (Suisse), capitale olympique.

3 Le but du CIO est de remplir la mission, le rôle et les responsabilités que lui assigne la Charte olympique.

4 Afin de pouvoir accomplir sa mission et remplir son rôle, le CIO peut constituer, acquérir ou de toute autre manière contrôler d'autres entités juridiques, telles que des fondations ou sociétés.

16 *Membres.*

1 Composition du CIO – éligibilité, recrutement, élection, réception et statut des membres du CIO

1.1 Les membres du CIO sont des personnes physiques. Le nombre des membres du CIO ne peut excéder un total de 115, sous réserve du TAR 16. Le CIO est composé :

1.1.1 d'une majorité de membres dont la qualité de membre n'est pas liée à une fonction ou position spécifique, cinq membres au plus parmi ceux-ci pouvant être élus dans des cas spéciaux ; leur nombre ne peut excéder un total de 70 ; à l'exception des cinq membres mentionnés ci-dessus, le TAR 16.2.2.5 sera applicable et il ne peut y avoir plus d'un seul de ces membres ressortissant d'un même pays tel que défini au et sous réserve du TAR 16 ;

1.1.2 d'athlètes actifs, tel que défini au TAR 16.2.2.2, dont le nombre ne peut excéder le total de 15 ;

1.1.3 de présidents ou de personnes occupant une fonction exécutive ou dirigeante au plus haut niveau au sein de FI, d'associations de FI ou d'autres organisations reconnues par le CIO, dont le nombre ne peut excéder un total de 15 ;

1.1.4 de présidents ou de personnes occupant une fonction exécutive ou dirigeante au plus haut niveau au sein de *[d'un]* CNO, ou d'associations mondiales ou continentales de CNO, dont le nombre ne peut excéder le total de 15 ; il ne peut y avoir au sein du CIO plus d'un seul de ces membres ressortissant d'un même pays.

1.2 Le CIO recrute et élit ses membres parmi les personnes éligibles qu'il juge qualifiées, conformément au TAR 16.

1.3 Le CIO admet ses nouveaux membres lors d'une cérémonie au cours de laquelle ceux-ci s'engagent à remplir leurs obligations en prêtant le serment suivant :

« Admis à l'honneur de faire partie du Comité International Olympique, et me déclarant conscient des responsabilités qui m'incombent à ce titre, je m'engage à servir le Mouvement olympique dans toute la mesure de mes moyens, à respecter et à faire respecter toutes les dispositions de la Charte olympique et les décisions du Comité International Olympique, que je considère comme étant sans appel de ma part, à me conformer au Code d'éthique, à demeurer étranger à toute influence politique ou commerciale comme à toute considération de race ou de religion, à lutter contre toute forme de discrimination et à promouvoir en toute circonstance les intérêts du Comité International Olympique et du Mouvement olympique ».

1.4 Les membres du CIO représentent et soutiennent les intérêts du CIO et du Mouvement olympique dans leur pays et dans les organisations du Mouvement olympique au service desquelles ils se trouvent.

1.5 Les membres du CIO n'accepteront de la part de gouvernements, d'organisations ou de tiers aucun mandat et aucune instruction susceptible d'entraver leur liberté d'action et de vote.

1.6 Les membres du CIO ne sont pas personnellement responsables des dettes ou des obligations du CIO.

1.7 Sous réserve de la Règle 16.3, chaque membre du CIO est élu pour une période de 8 ans et peut être réélu pour une ou plusieurs périodes successives de 8 ans. La procédure de réélection est établie par la commission exécutive du CIO.

2 Obligations

Chaque membre du CIO a les obligations suivantes :

2.1 se conformer à la Charte olympique, au Code d'éthique et aux autres règles du CIO ;

2.2 participer aux Sessions ;

2.3 participer aux travaux des commissions du CIO auxquelles il a été nommé ;

2.4 contribuer au développement et à la promotion du Mouvement olympique ;

2.5 contrôler, dans son pays et dans l'organisation du Mouvement olympique au service de laquelle il se trouve, l'application des programmes du CIO ;

2.6 renseigner le président, à sa demande, sur le développement et la promotion du Mouvement olympique et ses besoins dans son pays et dans l'organisation du Mouvement olympique au service de laquelle il se trouve ;

2.7 informer le président, sans délai, de tous les événements susceptibles d'entraver l'application de la Charte olympique ou de porter atteinte de toute autre manière au Mouvement olympique dans son pays ou dans l'organisation du Mouvement olympique au service de laquelle il se trouve ;

2.8 accomplir les autres tâches qui lui sont assignées par le président.

3. Sortie

La qualité de membre du CIO se perd dans les circonstances suivantes :

3.1 Démission

Tout membre du CIO peut renoncer à sa qualité de membre en tout temps, en présentant sa démission par écrit au président du CIO. Avant de prendre acte d'une telle démission la commission exécutive du CIO peut demander à entendre le membre démissionnaire.

3.2 Non-réélection

Tout membre du CIO perd sa qualité de membre sans autre formalité s'il n'est pas réélu conformément à la Règle 16.1.7, et au TAR 16.2.5, et, le cas échéant, au TAR 16.2.6.2.

3.3 Limite d'âge

3.3.1 Tout membre du CIO perd sa qualité de membre à la fin de l'année civile au cours de laquelle il atteint l'âge de 70 ans, sous réserve de l'alinéa 3.3.2 ci-dessous et du TAR 16.2.6.1.

3.3.2 Report de la limite d'âge :

3.3.2.1 La Session peut, sur proposition de la commission exécutive du CIO, reporter la limite d'âge pour un membre du CIO qui n'est pas soumis aux dispositions transitoires prévues dans le TAR 16.2.6.1.

3.3.2.2 Il ne pourra y avoir à aucun moment plus de cinq membres du CIO au bénéfice d'un report de la limite d'âge.

3.3.2.3 Aucune prolongation ne sera accordée pour une période de plus de quatre ans.

3.3.2.4 Le vote de la Session se déroulera au scrutin secret et à la majorité des votes émis.

3.4 Défection aux Sessions ou défaut de participation active aux travaux du CIO

Tout membre du CIO perdra sa qualité de membre sans autre déclaration de sa part si, sous réserve d'un cas de force majeure, ce membre n'assiste pas aux Sessions ou ne prend pas activement part aux travaux du CIO pendant deux années consécutives. En pareil cas, la perte de la qualité de membre sera constatée par une décision de la Session, sur proposition de la commission exécutive du CIO.

3.5 Changement de domicile ou de centre d'intérêt principal

Tout membre du CIO défini à la Règle 16.1.1.1 perdra sa qualité de membre s'il transfert son domicile ou son centre d'intérêt principal dans un pays autre que celui qui était le sien lors de son élection.

En pareil cas, la perte de la qualité de membre sera constatée par une décision de la Session, sur proposition de la commission exécutive du CIO.

3.6 Membre élu à titre d'athlète actif

Tout membre du CIO défini à la Règle 16.1.1.2 perd sa qualité de membre dès qu'il n'est plus membre de la commission des athlètes du CIO.

3.7 Présidents et personnes occupant une fonction exécutive ou dirigeante au plus haut niveau au sein de *[d'un]* CNO, d'associations mondiales ou continentales de CNO, de FI ou d'associations de FI ou d'autres organisations reconnues par le CIO.

Tout membre du CIO tel que défini à la Règle 16.1.1.3 ou à la Règle 16.1.1.4 perd sa qualité de membre dès qu'il cesse d'exercer la fonction qui était la sienne lors de son élection.

3.8 Exclusion

3.8.1 Un membre du CIO peut être exclu par décision de la Session si ce membre a trahi son serment ou si la Session considère qu'il a négligé ou sciemment compromis les intérêts du CIO ou que, d'une façon quelconque, il a démérité.

3.8.2 La décision d'exclusion d'un membre du CIO est prise par la Session sur proposition de la commission exécutive du CIO. Une telle décision requiert la majorité des deux tiers des votes émis. Le membre concerné a le droit d'être entendu ; le droit d'être entendu signifie le droit d'être informé des charges et le droit de comparaître en personne ou de présenter une défense écrite.

3.8.3 Jusqu'à la décision de la Session sur une proposition d'exclusion, la commission exécutive du CIO peut suspendre provisoirement le membre concerné et le priver de tout ou partie des droits, prérogatives et fonctions attachés à sa qualité de membre.

3.8.4 Un membre exclu du CIO ne peut être membre d'un CNO, d'une association de CNO ou d'un COJO.

4. Président d'honneur – membres honoraires – membres d'honneur

4.1 Sur proposition de la commission exécutive du CIO, la Session peut élire au titre de président d'honneur un membre du CIO qui a rendu des services exceptionnels en tant que président du CIO. Le président d'honneur a le droit de donner son avis.

4.2 Tout membre du CIO qui en sort après avoir servi le CIO pendant au moins dix ans et lui avoir rendu des services exceptionnels peut, sur proposition de la commission exécutive du CIO, être élu membre honoraire du CIO par la Session.

4.3 Sur proposition de la commission exécutive du CIO, la Session peut élire au titre de membre d'honneur de hautes personnalités extérieures au CIO qui lui ont rendu des services particulièrement éminents.

4.4 Le président d'honneur, les membres honoraires et les membres d'honneur sont élus à vie. Ils n'ont pas le droit de vote et ne sont éligibles à aucun poste du CIO. Les dispositions des Règles 16.1.1 – 1.5, 16.1.7, 16.2, 16.3 et du TAR 16.1 et 16.2 ne leur sont pas applicables. Leur qualité peut leur être retirée par décision de la Session.

Texte d'application de la Règle 16.

1. Éligibilité

Toute personne physique âgée de 18 ans ou plus est éligible au titre de membre du CIO, pourvu que :

1.1 la candidature de cette personne soit déposée conformément au paragraphe 2.1 ci-dessous ;

1.2 cette personne remplisse les conditions fixées au paragraphe 2.2 ci-dessous ;

1.3 cette candidature ait été examinée et ait fait l'objet d'un rapport de la commission pour l'élection des membres ;

1.4 l'élection de cette personne soit proposée à la Session par la commission exécutive du CIO.

2. Procédure d'élection des membres du CIO

2.1 Dépôt des candidatures en vue de l'élection au titre de membre du CIO

Les personnes et organisations suivantes ont le droit de déposer des candidatures en vue de l'élection au titre de membre du CIO : les membres du CIO, les FI, les associations de FI, les CNO, les associations continentales ou mondiales de CNO et les autres organisations reconnues par le CIO.

2.2 Admission des candidats

Pour être admises, toutes les candidatures doivent être soumises par écrit au président et remplir les conditions suivantes :

2.2.1 Toute personne ou organisation soumettant une candidature en vue de l'élection au titre de membre du CIO doit clairement indiquer, pour chaque candidature, si le candidat est proposé au titre d'athlète actif conformément au paragraphe 2.2.2 ci-dessous ou si la candidature est liée à une fonction que le candidat exerce au sein de l'une des organisations citées aux paragraphes 2.2.3 ou 2.24 ci-dessous, ou si la candidature concerne un individu indépendant conformément au paragraphe 2.2.5 ci-dessous.

2.2.2 Si le candidat est proposé au titre d'athlète actif au sens de la Règle 16.1.1.2, ce candidat doit avoir été élu ou nommé à la commission des athlètes du CIO au plus tard lors de l'édition des Jeux de l'Olympiade ou des Jeux olympiques d'hiver suivant les derniers Jeux olympiques auxquels ce candidat a participé.

2.2.3 Si la candidature est liée à une fonction au sein d'une FI ou d'une association de FI, ou d'une organisation reconnue par le CIO conformément à la Règle 3.5, le candidat doit y tenir la position de président ou être une personne y occupant une fonction exécutive ou dirigeante au plus haut niveau.

2.2.4 Si la candidature est liée à une fonction au sein d'un CNO ou d'une association mondiale ou continentale de CNO, le candidat doit y tenir la position de président ou être une personne y occupant une fonction exécutive ou dirigeante au plus haut niveau.

2.2.5 Toute autre proposition de candidature doit concerner un individu indépendant ressortissant d'un pays dans lequel cette personne a son domicile ou son centre d'intérêts *[d'intérêt]* principal et dans lequel il existe un CNO.

2.3 La commission pour l'élection des membres du CIO

2.3.1 Sous réserve des instructions de la commission exécutive du CIO, la commission des candidatures du CIO est chargée de préparer les profils et de proposer des candidats de manière à assurer une composition variée et équilibrée du CIO. A cette fin, la commission des candidatures du CIO doit examiner et évaluer toutes les candidatures à l'élection au titre de membre du CIO conformément au TAR 21.3 et, pour chaque candidature, fournir un rapport écrit à la commission exécutive du CIO dans les délais fixés à cet effet par le président du CIO.

2.3.2 La commission des candidatures recueille toutes les informations utiles sur le candidat, notamment sur sa carrière et ses activités sportives ; la commission peut demander au candidat de fournir des références de personnalités auprès desquelles elle peut s'informer ; elle peut aussi se procurer des renseignements et avis auprès d'autres personnalités et organisations ; la commission peut également inviter un candidat pour un entretien.

2.3.3 La commission des candidatures du CIO vérifie l'éligibilité, l'origine et l'admissibilité de chaque candidature et, si nécessaire, la qualité d'athlète actif du candidat ou la fonction à laquelle la candidature est liée.

2.3.4 En évaluant les candidatures liées à une fonction au sein d'une FI ou d'un CNO, la commission des candidatures du CIO tiendra compte également de l'existence, au sein de la FI ou du CNO du candidat, d'une commission des athlètes qui soit conforme aux dispositions du CIO applicables, et de la conformité de ladite FI ou dudit CNO avec la Charte olympique et le code mondial antidopage.

2.3.5 La commission des candidatures du CIO doit comprendre au moins un représentant de la commission d'éthique du CIO et un représentant de la commission des athlètes du CIO.

2.4 Procédure devant la commission exécutive du CIO

2.4.1 La commission exécutive du CIO est seule compétente pour proposer une candidature à la Session. Lorsqu'elle décide de proposer une candidature, la commission exécutive du CIO soumet à la Session, au plus tard un mois avant son ouverture, une proposition écrite à laquelle est attaché le rapport de la commission pour l'élection des membres. La commission exécutive du CIO peut entendre un candidat. Elle peut proposer plusieurs candidatures à l'élection d'un seul membre.

2.4.2 La procédure d'examen des candidatures proposées au titre d'athlètes actifs en application des paragraphes 2.2.1 et 2.2.2 ci-dessus peut être accélérée et il pourra être dérogé aux délais prescrits au paragraphe 2.4.1 ci-dessus dans la mesure nécessaire pour permettre l'élection rapide, au titre de membre du CIO, des athlètes actifs nouvellement élus à la commission des athlètes du CIO.

2.5 Procédure devant la Session

2.5.1 La Session est seule compétente pour élire un membre du CIO.

2.5.2 Le président de la commission pour l'élection des membres a le droit de communiquer à la Session l'avis de ladite commission.

2.5.3 Toutes les candidatures à l'élection au titre de membre du CIO proposées par la commission exécutive du CIO sont soumises au vote de la Session ; celle-ci vote au scrutin secret ; les décisions sont prises à la majorité des votes émis.

2.6 Dispositions transitoires

Les droits acquis des membres du CIO dont l'élection a pris effet avant la date de clôture de la 110e Session (11 décembre 1999) sont préservés comme il suit :

2.6.1 Tout membre du CIO dont l'élection a pris effet avant la date de clôture de la 110e Session (11 décembre 1999) doit se retirer avant la fin de l'année civile durant laquelle il atteint l'âge de 80 ans, sauf s'il a été élu avant 1966.

Si un membre atteint cette limite d'âge durant son mandat de président, vice-président ou membre de la commission exécutive du CIO, son retrait prendra effet à la clôture de la Session suivante.

2.6.2 La limite d'un seul membre ressortissant de chaque pays fixée par la Règle 16.1.1.1, en sa dernière phrase, ne s'applique pas aux membres du CIO dont l'élection a pris effet avant la date de clôture de la 110e Session (11 décembre 1999).

3. Registre des membres

La commission exécutive du CIO tient à jour un registre de tous les membres du CIO, président d'honneur, membres honoraires et membres d'honneur. Le registre précise l'origine de la candidature de chaque membre et indique si la candidature du membre a été soumise au titre d'athlète actif ou est liée à une autre fonction, ou a été soumise au titre d'individu indépendant.

4. Président d'honneur – membres honoraires – membres d'honneur

4.1 Le président d'honneur est invité à assister aux Jeux olympiques, aux Congrès olympiques, aux Sessions et aux réunions de la commission exécutive du CIO, où une place lui est réservée à côté du président. Il a le droit de donner son avis.

4.2 Les membres honoraires sont invités à assister aux Jeux olympiques, aux Congrès olympiques et aux Sessions, où une place est réservée à chacun d'entre eux ; ils donnent leur avis lorsque le président le sollicite.

4.3 Les membres d'honneur sont invités à assister aux Jeux olympiques et aux Congrès olympiques, où une place est réservée à chacun d'entre eux. Le président peut aussi les inviter à assister à d'autres réunions ou manifestations du CIO.

17 *Organisation.*

Les attributions du CIO sont exercées par ses organes, soit :

1. la Session,

2. la commission exécutive,

3. le président.

18 *La Session.*

1. La Session est l'assemblée générale des membres du CIO. Elle est l'organe suprême du CIO. Ses décisions sont définitives. Une Session ordinaire a lieu une fois par an. Des Sessions extraordinaires peuvent être convoquées par le président ou à la demande écrite d'au moins un tiers des membres.

2. Les pouvoirs de la Session sont les suivants :

2.1 adopter ou modifier la Charte olympique ;

2.2 élire les membres du CIO, le président d'honneur, les membres honoraires et les membres d'honneur ;

2.3 élire le président, les vice-présidents, et tous les autres membres de la commission exécutive ;

2.4 élire la ville hôte des Jeux olympiques ;

2.5 élire la ville dans laquelle se tient une Session ordinaire, le président ayant l'autorité de déterminer la ville dans laquelle se tient une Session extraordinaire ;

2.6 approuver le rapport et les comptes annuels du CIO ;

2.7 nommer les réviseurs du CIO ;

2.8 décider de l'octroi ou du retrait par le CIO de la reconnaissance définitive des CNO, des associations de CNO, des FI, des associations de FI et d'autres organisations ;

2.9 exclure les membres du CIO et retirer leur statut au président d'honneur, aux membres honoraires et aux membres d'honneur ;

2.10 résoudre et décider de toutes les autres questions qui lui sont attribuées de par la loi ou la Charte olympique.

3. Le quorum requis pour une Session est égal à la moitié du nombre total des membres du CIO, plus un. Les décisions de la Session sont prises à la majorité des votes émis ; cependant, une majorité des deux tiers des votes émis est requise pour toute modification des principes fondamentaux de l'Olympisme ou des Règles de la Charte olympique ou pour d'autres cas prévus par la Charte olympique.

4. Chaque membre dispose d'une voix. Les abstentions et les bulletins blancs ou nuls ne sont pas pris en considération pour le décompte de la majorité requise. Le vote par procuration n'est pas admis. Le vote a lieu au scrutin secret lorsque la Charte olympique le prévoit, ou si le président de séance en décide ainsi, ou à la demande d'au moins un quart des membres présents. En cas d'égalité, le président de séance décide.

5. Les dispositions des Règles 18.3 et 18.4 sont applicables aux élections, qu'il s'agisse d'élection de personnes ou de villes hôtes. Toutefois, lorsqu'il n'y a, ou qu'il ne reste, que deux candidats, le candidat qui obtient le plus grand nombre de voix est déclaré élu.

6. La Session peut déléguer des pouvoirs à la commission exécutive du CIO.

TEXTE D'APPLICATION DE LA RÈGLE *18*.

1. La commission exécutive du CIO est responsable de l'organisation et de la préparation de toutes les Sessions, y compris de toutes les questions financières s'y rapportant.

2. La notification des dates d'une Session ordinaire sera transmise aux membres du CIO au moins six mois avant l'ouverture de ladite Session. La Session est formellement convoquée au moins trente jours avant sa tenue si c'est une Session ordinaire et au moins dix jours avant sa tenue si c'est une Session extraordinaire, par ordre du président accompagné d'un ordre du jour qui énonce les objets qui seront traités à cette assemblée.

3. Le président, ou en son absence ou incapacité, le vice-président présent le plus ancien dans cette fonction ou, en son absence ou incapacité, le membre de la commission exécutive du CIO présent le plus ancien dans cette fonction, préside la Session.

4. Toute décision de la Session, y compris les décisions sur les modifications de la Charte olympique, entre en vigueur immédiatement s'il n'en est pas décidé autrement par la Session. Un objet qui ne figure pas à l'ordre du jour d'une Session peut donner lieu à une discussion si un tiers des membres le demande ou si le président de séance l'autorise.

5. Tout membre du CIO doit s'abstenir de prendre part à un vote dans les circonstances suivantes :

5.1 lorsque le vote porte sur l'élection d'une ville hôte des Jeux olympiques à laquelle une ville du pays dont il est ressortissant est candidate ;

5.2 lorsque le vote porte sur le choix du lieu d'une Session, d'un Congrès olympique ou de toute autre réunion ou manifestation pour lesquels une ville ou toute autre collectivité publique du pays dont il est ressortissant est candidate ;

5.3 lorsque le vote porte sur l'élection, en qualité de membre du CIO, d'un candidat ressortissant du même pays que ce membre ;

5.4 lorsque le vote porte sur l'élection, à un poste quelconque de la commission exécutive du CIO ou à toute autre fonction, d'un candidat ressortissant du même pays que ce membre ;

5.5 lorsque le vote porte sur tout autre objet concernant le pays ou le CNO du pays dont il est ressortissant.

En cas de doute, le président de séance décide de la participation au vote du membre concerné.

6. Le président établit les règlements pour toutes les élections, sauf pour l'élection du président, pour laquelle les règlements sont établis par la commission exécutive du CIO.

7. Toute question de procédure relative aux Sessions et aux élections qui n'est pas traitée dans la Charte olympique est tranchée par le président.

8. En cas d'urgence, une résolution ou une décision peut être soumise, par le président ou la commission exécutive du CIO, au vote par correspondance, téléfax ou courrier électronique compris, des membres du CIO.

9. Les procès-verbaux de toutes les réunions et desautres débats de la Session sont établis sous l'autorité du président.

19 *La commission exécutive du CIO.*

1. Composition

La commission exécutive du CIO est constituée du président, de quatre vice-présidents et de dix autres membres. Le choix de ses membres reflétera la composition de la Session. Lors de chaque élection, la Session veillera au respect du principe énoncé ci-dessus.

2. Élection, durée des mandats, renouvellement et vacances

2.1 Tous les membres de la commission exécutive du CIO sont élus par la Session, au scrutin secret, à la majorité des votes émis.

2.2 La durée des mandats des vice-présidents et des dix autres membres de la commission exécutive du CIO est de quatre ans. Un membre peut exercer au maximum deux mandats consécutifs au sein de la commission exécutive du CIO, quelle que soit la fonction à laquelle il a été élu.

2.3 Dans le cas où un membre aurait accompli deux mandats consécutifs, conformément à la Règle 19.2.2 ci-dessus, il peut être élu à nouveau membre de la commission exécutive après un intervalle minimal de deux ans. Cette disposition ne s'applique pas à l'élection au poste de président, pour lequel il n'y a pas de période d'attente.

2.4 en cas de vacance de tout autre poste que celui de président, la Session suivante élit un membre à ce poste. Ce membre est élu pour un mandat de quatre ans.

2.5 Tous les membres de la commission exécutive du CIO commencent ou renouvellent leur mandat à la fin de la Session qui les a élus. Leur mandat se termine à la fin de la Session ordinaire qui se tient pendant l'année au cours de laquelle ce mandat expire.

2.6 Aux fins de la présente Règle, une année signifie la période entre deux Sessions ordinaires consécutives.

3. Pouvoirs, responsabilités et fonctions

La commission exécutive du CIO assume la responsabilité générale de l'administration du CIO et la gestion de ses affaires. En particulier, elle remplit les fonctions suivantes :

3.1 elle contrôle le respect de la Charte olympique ;

3.2 elle approuve toutes les dispositions de gouvernance interne relatives à son organisation ;

3.3 elle établit un rapport annuel comprenant les comptes annuels et le soumet à la Session en même temps que le rapport de révision ;

3.4 elle soumet à la Session un rapport sur toute proposition de modification des Règles ou des Textes d'application ;

3.5 elle soumet à la Session les noms des personnes dont elle recommande l'élection au sein du CIO ;

3.6 elle établit et supervise la procédure d'admission et de sélection des candidatures pour l'organisation des Jeux olympiques ;

3.7 elle établit l'ordre du jour des Sessions ;

3.8 sur proposition du président, elle nomme – ou licencie – le directeur général. Le président décide de sa rétribution et peut prendre des sanctions ;

3.9 elle arrange la conservation des procès-verbaux, rapports et autres archives du CIO en accord avec la loi, y compris les procès-verbaux de toutes les Sessions, de la commission exécutive du CIO et des autres commissions ou groupes de travail ;

3.10 elle prend toutes les décisions et édicte les réglementations du CIO, qui sont légalement contraignantes, dans la forme qu'elle estime la plus appropriée, telle que codes, règlements, normes, directives, guides, manuels, instructions, conditions et autres décisions, y compris, en particulier, mais sans s'y limiter, toutes les dispositions nécessaires à la bonne mise en application de la Charte olympique et à l'organisation des Jeux olympiques ;

3.11 elle organise des réunions périodiques avec les FI et les CNO, au moins une fois tous les deux ans. Ces réunions sont présidées par le président du CIO qui en établit la procédure et l'ordre du jour après consultation des organes concernés ;

3.12 elle crée et confère les distinctions honorifiques du CIO ;

3.13 elle exerce toutes les compétences et remplit toutes les fonctions qui ne sont pas de par la loi ou la Charte olympique attribuées à la Session ou au président.

4. Délégation de pouvoirs

La commission exécutive du CIO peut déléguer des pouvoirs à un ou *[à]* plusieurs de ses membres, aux commissions du CIO, aux membres de l'administration du CIO, à d'autres entités ou à des tiers.

Texte d'application de la Règle 19.

1. Le président est responsable de l'organisation et de la préparation de toutes les réunions de la commission exécutive du CIO. Il peut à cet effet déléguer tout ou partie de ses pouvoirs au directeur général.

2. La commission exécutive du CIO se réunit sur convocation du président ou à la demande de la majorité de ses membres, communiquée au moins dix jours avant sa tenue. La convocation doit indiquer les questions qui seront traitées lors de la réunion.

3. Le président ou, en son absence ou incapacité, le vice-président présent le plus ancien à cette fonction ou, en l'absence ou l'incapacité de ce dernier, le membre de la commission exécutive le plus ancien à cette fonction, préside la séance de la commission exécutive du CIO.

4. Le quorum requis pour une réunion de la commission exécutive du CIO est de huit.

5. Les décisions de la commission exécutive du CIO sont prises à la majorité des votes émis.

6. Chaque membre dispose d'une voix. Les abstentions ou les votes blancs ou nuls ne sont pas pris en considération pour le décompte de la majorité requise. Le vote par procuration n'est pas admis. Le vote a lieu au scrutin secret si la Charte olympique le requiert, ou si le président de séance en décide ainsi, ou si un quart des membres présents au moins le demande. En cas d'égalité, le président de séance décide.

7. Un membre de la commission exécutive du CIO doit s'abstenir de prendre part à un vote dans les circonstances énumérées au TAR 18.5.

En cas de doute, le président de séance décide de la participation au vote du membre concerné.

8. Toute question de procédure concernant les réunions de la commission exécutive du CIO qui n'est pas traitée dans la Charte olympique est tranchée par le président.

9. La commission exécutive du CIO peut tenir ses réunions sous la forme de téléconférences ou de vidéoconférences.

10. En cas d'urgence, une résolution ou une décision peut être soumise par le président au vote par correspondance, téléfax ou courrier électronique compris, des membres de la commission exécutive du CIO.

11. Les procès-verbaux de toutes les réunions et *[des]* autres débats sont établis sous l'autorité du président.

20 *Le président.*

1. La Session élit, au scrutin secret, un président parmi ses membres pour un mandat de huit ans, renouvelable une seule fois pour quatre ans.

2. Le président représente le CIO et préside toutes ses activités.

3. Le président peut agir ou prendre une décision au nom du CIO lorsque les circonstances ne permettent pas à la Session ou à la commission exécutive du CIO de le faire. De telles actions ou décisions doivent être rapidement soumises à la ratification de l'organe compétent.

4. Si le président est incapable de remplir les devoirs de sa charge, le vice-président le plus ancien dans cette fonction le remplace jusqu'à ce que le président retrouve sa capacité ou, s'il est en cas d'incapacité permanente, jusqu'à l'élection d'un nouveau président lors de la Session suivante. Ce nouveau président est élu pour un mandat de huit ans, renouvelable une seule fois pour quatre ans.

Texte d'application de la Règle 20.

Les candidatures à l'élection du président sont déclarées trois mois avant la date d'ouverture de la Session à laquelle l'élection doit avoir lieu. Toutefois, ce délai peut être modifié par une décision de la commission exécutive du CIO si, à son opinion, les circonstances justifient une telle modification.

21 *Commissions du CIO.*

Des commissions du CIO peuvent être créées dans le but de conseiller la Session, la commission exécutive ou le président, selon les cas. Le président établit des commissions permanentes ou d'autres commissions institutionnelles ou *ad hoc* et des groupes de travail chaque fois que cela apparaît nécessaire. Sauf disposition contraire expresse prévue dans la Charte olympique ou dans des réglementations particulières établies par la commission exécutive du CIO, le président établit leur acte de mission, désigne leurs membres et décide de leur dissolution lorsqu'il estime leur mandat rempli. Aucune réunion de commission ou de groupe de travail ne peut avoir lieu sans l'accord préalable du président, sauf lorsqu'il en est expressément prévu autrement dans la Charte olympique ou dans des réglementations particulières établies par la commission exécutive du CIO. Le président est membre de droit de toutes les commissions et de tous les groupes de travail et il aura la préséance lorsqu'il assiste à l'une de leurs réunions.

Texte d'application de la Règle 21.

1. La commission des athlètes

Il sera constitué une commission des athlètes du CIO dont la majorité des membres sera formée d'athlètes élus par les athlètes participant aux Jeux olympiques. Les élections auront lieu lors des Jeux de l'Olympiade et des Jeux olympiques d'hiver, conformément au règlement établi par la commission exécutive du CIO, en consultation avec la commission des athlètes, et transmis aux FI et aux CNO au plus tard une année avant les Jeux olympiques au cours desquels aura lieu cette élection.

Tous les règlements et procédures de la commission des athlètes du CIO seront adoptés par la commission exécutive du CIO après consultation de la commission des athlètes du CIO.

2. La commission d'éthique

La commission d'éthique du CIO est constituée conformément à la Règle 22 et au TAR 22.

3. La commission pour l'élection des membres du CIO

Afin d'examiner toutes les candidatures en vue de l'élection des membres du CIO, une commission pour l'élection des membres du CIO sera constituée conformément au TAR 16.2.3.

Toutes les dispositions et procédures de la commission pour l'élection des membres du CIO seront adoptées par la commission exécutive du CIO après consultation de la commission pour l'élection des membres.

4. La commission de la Solidarité olympique

La commission de la Solidarité olympique est constituée aux fins d'accomplir les tâches qui lui sont attribuées selon la Règle 5 et le TAR 5.

5. Les commissions d'évaluation des villes candidates

Afin d'examiner les candidatures des villes candidates à l'organisation des Jeux de l'Olympiade et des Jeux olympiques d'hiver, le président établit deux commissions d'évaluation des villes candidates conformément au TAR 33.2.2.

6. Les commissions de coordination des Jeux olympiques

Afin de contribuer à améliorer l'organisation des Jeux olympiques et la coopération entre le CIO, les COJO, les FI et les CNO, le président établit des commissions de coordination conformément à la Règle 37 et au TAR 37.

7. La commission médicale et scientifique

7.1 Le président constitue une commission médicale et scientifique dont l'acte de mission comprendra les fonctions suivantes :

7.1.1 appliquer le code mondial antidopage et toutes les autres règles antidopage du CIO, en particulier à l'occasion des Jeux olympiques ;

7.1.2 élaborer des directives relatives aux soins médicaux et à la santé des athlètes.

7.2 Les membres de la commission médicale et scientifique n'exerceront aucune fonction médicale, quelle qu'elle soit, au sein de la délégation d'un CNO pendant les Jeux olympiques ni ne participeront aux discussions relatives au non-respect du code mondial antidopage par des membres de leurs délégations nationales respectives.

8. Procédure

Chaque commission du CIO est présidée par un membre du CIO. Les commissions peuvent se réunir par téléconférences ou par vidéoconférences.

22 *Commission d'éthique du CIO.*

La commission d'éthique du CIO est chargée de définir et mettre à jour un cadre de principes éthiques comprenant un Code d'éthique fondé sur les valeurs et les principes défendus dans la Charte olympique, dont ledit code fait partie intégrante. En outre, elle enquête sur les plaintes déposées en relation avec la méconnaissance de ces principes éthiques, y compris les cas de violations *[violation]* du Code d'éthique, et propose si nécessaire des sanctions à la commission exécutive du CIO.

Le président et les membres de la commission d'éthique du CIO sont élus par la Session, au scrutin secret, à la majorité des votes émis.

TEXTE D'APPLICATION DE LA RÈGLE 22.

1. La composition et l'organisation de la commission d'éthique du CIO sont prévues par son statut.

2. Toute modification du Code d'éthique, du statut de la commission d'éthique du CIO et de tout autre règlement et texte d'application émanant de la commission d'éthique du CIO est soumise à l'approbation de la commission exécutive du CIO.

23 *Langues.*

1. Les langues officielles du CIO sont le français et l'anglais.

2. A toutes les Sessions, une interprétation simultanée doit être fournie en français, anglais, allemand, espagnol, russe et arabe.

3. en cas de divergence entre le texte français et le texte anglais de la Charte olympique et de tout autre document du CIO, le texte français fera foi sauf disposition expresse écrite contraire.

24 *Ressources du CIO.*

1. Le CIO peut accepter des dons et legs et rechercher toutes autres ressources lui permettant de remplir ses tâches. Il perçoit des revenus provenant de l'exploitation de ses droits, y compris, mais sans s'y restreindre, ses droits de télévision, de sponsoring, de licences et de propriétés olympiques, ainsi que de la célébration des Jeux olympiques.

2. Dans le but de favoriser le développement du Mouvement olympique, le CIO peut accorder une partie de ses revenus aux FI, aux CNO, y compris la Solidarité olympique, ainsi qu'aux COJO.

3. *Les Fédérations internationales (FI)*

25 *Reconnaissance des FI.*

Afin de développer et de promouvoir le Mouvement olympique, le CIO peut reconnaître au titre de FI des organisations internationales non gouvernementales qui administrent un ou plusieurs sports au plan mondial et qui comprennent des organisations administrant ces sports au niveau national.

Les statuts, les pratiques et les activités des FI au sein du Mouvement olympique doivent être conformes à la Charte olympique, en particulier en ce qui concerne l'adoption et la mise en œuvre du code mondial antidopage. Sous réserve de ce qui précède, chaque FI conserve son indépendance et son autonomie dans l'administration de son sport.

26 *Mission et rôle des FI au sein du Mouvement olympique.*

1. La mission et le rôle des FI au sein du Mouvement olympique sont :

1.1 d'établir et *[de]* mettre en vigueur, conformément à l'esprit olympique, les règles relatives à la pratique de leurs sports respectifs et de veiller à leur application ;

1.2 d'assurer le développement de leur sport dans le monde entier ;

1.3 de contribuer à la réalisation des buts fixés dans la Charte olympique, notamment par la diffusion de l'Olympisme et de l'éducation olympique ;

1.4 d'aider le CIO à analyser les candidatures à l'organisation des Jeux olympiques pour leurs sports respectifs ;

1.5 d'assumer la responsabilité du contrôle et de la direction de leur sport aux Jeux olympiques ;

1.6 pour les autres compétitions multisportives internationales placées sous le patronage du CIO, les FI peuvent assumer ou déléguer la responsabilité du contrôle et de la direction de leur sport ;

1.7 de fournir une assistance technique pour la mise en œuvre des programmes de la Solidarité olympique ;

1.8 d'encourager et *[de]* soutenir les mesures relatives aux soins médicaux et à la santé des athlètes.

2. De plus, les FI ont le droit de :

2.1 formuler des propositions à l'intention du CIO en ce qui concerne la Charte olympique et le Mouvement olympique ;

2.2 collaborer à la préparation des Congrès olympiques ;

2.3 participer, à la demande du CIO, aux activités des commissions du CIO.

4 *Les Comités Nationaux Olympiques (CNO)*

27 *Mission et rôle des CNO.*

1. La mission des CNO est de développer, promouvoir et protéger le Mouvement olympique dans leurs pays respectifs, conformément à la Charte olympique.

2. Le rôle des CNO est de :

2.1 promouvoir les principes fondamentaux et les valeurs de l'Olympisme dans leurs *[leur]* pays, particulièrement dans les domaines du sport et de l'éducation, en soutenant des programmes d'éducation olympique à tous les niveaux dans les écoles, les institutions d'éducation sportive et physique et les universités, ainsi qu'en encourageant la création d'institutions consacrées à l'éducation olympique, telles que les académies nationales olympiques, les musées olympiques et les autres programmes, notamment culturels, en relations avec le Mouvement olympique ;

2.2 assurer le respect de la Charte olympique dans leur pays ;

2.3 encourager le développement du sport de haut niveau ainsi que du sport pour tous ;

2.4 aider la formation des cadres sportifs en organisant des cours et s'assurer que ces cours contribuent à la propagation des principes fondamentaux de l'Olympisme ;

2.5 agir contre toute forme de discrimination et de violence dans le sport ;

2.6 adopter et mettre en œuvre le code mondial antidopage ;

2.7 encourager et soutenir les mesures relatives aux soins médicaux et à la santé des athlètes.

3. Les CNO ont compétence exclusive pour représenter leurs pays respectifs aux Jeux olympiques et aux compétitions multisportives régionales, continentales ou mondiales patronnées par le CIO. En outre, chaque CNO a l'obligation de participer aux Jeux de l'Olympiade en y envoyant des athlètes.

4. Les CNO ont compétence exclusive pour sélectionner et désigner la ville qui peut présenter sa candidature à l'organisation des Jeux olympiques dans leurs pays respectifs.

5. Afin de remplir leur mission, les CNO peuvent collaborer avec des organismes gouvernementaux, avec lesquels ils développeront des relations harmonieuses. Cependant, ils ne s'associeront à aucune activité qui serait contraire à la Charte olympique. Les CNO peuvent aussi coopérer avec des organismes non gouvernementaux.

6. Les CNO doivent préserver leur autonomie et résister à toutes les pressions, y compris, mais sans s'y restreindre, les pressions politiques, juridiques, religieuses ou économiques qui pourraient les empêcher de se conformer à la Charte olympique.

7. Les CNO ont le droit de :

7.1 se désigner, s'identifier ou faire référence à eux-mêmes en tant que "Comités Nationaux Olympiques" (CNO), désignation ou identification qui sera comprise dans leur nom ou à laquelle il sera fait référence ;

7.2 envoyer des concurrents, des officiels et autre*[s]* personnel*[s]* d'équipe aux Jeux olympiques conformément à la Charte olympique ;

7.3 bénéficier de l'aide de la Solidarité olympique ;

7.4 faire usage de certaines propriétés olympiques sur autorisation du CIO et conformément aux Règles 7-14 et aux TAR 7-14 ;

7.5 prendre part aux activités régies ou patronnées par le CIO, y compris les jeux régionaux ;

7.6 appartenir aux associations de CNO reconnues par le CIO ;

7.7 formuler des propositions à l'intention du CIO en ce qui concerne la Charte olympique et le Mouvement olympique, y compris l'organisation des Jeux olympiques ;

7.8 exprimer leurs avis sur les candidatures à l'organisation des Jeux olympiques ;

7.9 participer, à la demande du CIO, aux activités des commissions du CIO ;

7.10 collaborer à la préparation des Congrès olympiques ;

7.11 exercer les autres droits qui leur sont conférés par la Charte olympique ou le CIO.

8. Le CIO aide les CNO à accomplir leur mission par le biais de ses divers départements et de la Solidarité olympique.

9. en dehors des mesures et sanctions prévues en cas de transgression de la Charte olympique, la commission exécutive du CIO peut prendre toutes décisions appropriées pour la protection du Mouvement olympique dans le pays d'un CNO, notamment la suspension ou le retrait de la reconnaissance d'un tel CNO, si la constitution, la législation, ou d'autres réglementations en vigueur dans ce pays, ou tout acte d'un organisme gouvernemental ou de toute autre entité, ont pour effet d'entraver l'activité du CNO ou la formation ou l'expression de sa volonté. Avant de prendre une telle décision, la commission exécutive du CIO offrira au CNO concerné la possibilité d'être entendu.

28 *Composition des CNO.*

1. quelle que soit leur composition, les CNO doivent comprendre :

1.1 tous les membres du CIO dans leur pays, s'il y en a. Ces membres ont le droit de vote aux assemblées générales du CNO. En outre, les membres du CIO dans le pays, auxquels il est fait référence à la Règle 16, paragraphes 1.1.1 et 1.1.2, sont membres de droit de l'organe exécutif du CNO, au sein duquel ils ont le droit de vote ;

1.2 toutes les fédérations nationales affiliées aux FI régissant des sports inclus dans le programme des Jeux olympiques ou leurs représentants ;

1.3 des représentants élus des athlètes. Ces représentants doivent avoir pris part aux Jeux olympiques. Ils doivent se retirer de leur poste au plus tard à la fin de la troisième Olympiade qui suit les derniers Jeux olympiques auxquels ils ont participé. A la demande d'un CNO, la commission exécutive du CIO peut accorder une dérogation à l'obligation pour lesdits représentants d'avoir pris part aux Jeux olympiques.

2. Les CNO peuvent comprendre comme membres :

2.1 des fédérations nationales affiliées aux FI reconnues par le CIO et dont les sports ne sont pas compris dans le programme des Jeux olympiques ;

2.2 des groupes multisportifs et d'autres organisations à vocation sportive, ou leurs représentants, ainsi que des personnes possédant la nationalité du pays et susceptibles de renforcer l'efficacité du CNO ou ayant rendu des services éminents à la cause du sport et de l'Olympisme.

3. La majorité votante d'un CNO et de son organe exécutif devra être constituée par les votes émis par les fédérations nationales auxquelles il est fait référence au paragraphe 1.2 ci-dessus, ou leurs représentants. Pour les questions relatives aux Jeux olympiques, seuls les votes émis par ces fédérations et par les membres de l'organe exécutif du CNO sont pris en considération. Sous réserve de l'approbation de la commission exécutive du CIO, un CNO peut aussi comprendre dans sa majorité votante, ainsi que prendre en considération quant aux questions relatives aux Jeux olympiques, les votes émis par les membres du CIO aux-

quels il est fait référence au paragraphe 1.1 ci-dessus et par les représentants élus des athlètes auxquels il est fait référence au paragraphe 1.3 ci-dessus.

4. Les gouvernements et autres autorités publiques ne désigneront aucun membre d'un CNO. Toutefois, un CNO peut décider, à sa discrétion, d'élire comme membres des représentants de ces autorités.

5. La juridiction territoriale d'un CNO doit coïncider avec les limites du pays dans lequel il est établi et a son siège.

TEXTE D'APPLICATION DES RÈGLES 27 ET 28.

1. Procédure de reconnaissance des CNO

1.1 Une organisation sportive nationale candidate à la reconnaissance du statut de CNO doit déposer auprès du CIO une demande démontrant que le candidat remplit toutes les conditions requises par la Charte olympique, en particulier la Règle 28 et le*[s]* TAR 27 et 28.

1.2 Preuve devra être faite que les fédérations nationales qui sont membres du CNO exercent une activité sportive spécifique, réelle et durable dans leur pays et au plan international, en particulier en organisant et en participant à des compétitions et en mettant en œuvre des programmes d'entraînement pour les athlètes. Un CNO ne reconnaîtra pas plus d'une fédération nationale pour chaque sport régi par une FI. Ces fédérations nationales ou les représentants qu'elles ont choisis doivent constituer la majorité votante du CNO et de son organe exécutif. Au moins cinq des fédérations nationales comprises dans un CNO doivent être affiliées à des FI régissant des sports inclus au programme des Jeux olympiques.

1.3 L'approbation des statuts du candidat par la commission exécutive du CIO est une condition à sa reconnaissance. La même condition vaut pour tout changement ou toute modification subséquente des statuts. Ces statuts devront en tout temps être conformes à la Charte olympique, à laquelle ils doivent expressément faire référence. En cas de doute sur la signification ou l'interprétation des statuts d'un CNO, ou de contradiction entre ces statuts et la Charte olympique, cette dernière prévaut.

1.4 Chaque CNO tiendra une assemblée générale de ses membres au moins une fois par année, conformément aux statuts du CNO. Les CNO incluront en particulier dans l'ordre du jour de leurs assemblées générales la présentation de rapports annuels et d'états financiers révisés ainsi que, le cas échéant, l'élection des dirigeants et des membres de l'organe exécutif.

1.5 Les dirigeants et les membres de l'organe exécutif d'un CNO doivent être élus, conformément aux statuts du CNO, pour un mandat qui ne dépasse pas quatre ans ; ils sont rééligibles.

1.6 Les membres d'un CNO, à l'exception des administrateurs sportifs professionnels, n'accepteront aucune sorte de compensation ou de gratification en relation avec leurs services ou l'accomplissement de leurs fonctions. Ils peuvent se faire rembourser leurs frais de transport et de séjour ainsi que toutes les dépenses justifiées liées à l'exercice de leurs fonctions.

1.7 Le retrait ou la perte de la reconnaissance d'un CNO entraîne la perte de tous les droits qui lui sont conférés par la Charte olympique ou le CIO.

2. Tâches des CNO

Les CNO accomplissent les tâches suivantes :

2.1 Ils constituent, organisent et dirigent leurs délégations respectives aux Jeux olympiques et aux compétitions multisportives régionales, continentales ou mondiales patronnées par le CIO. Ils décident de l'inscription des athlètes proposés par leurs fédérations nationales respectives. Cette sélection sera fondée non seulement sur les performances sportives d'un athlète mais aussi sur son aptitude à servir de modèle aux jeunes sportifs de son pays. Les CNO doivent s'assurer que les inscriptions proposées par les fédérations nationales sont conformes, à tous égards, aux dispositions de la Charte olympique.

2.2 Ils pourvoient à l'équipement, aux moyens de transport et au logement des membres de leurs délégations. Ils contractent pour celles-ci les assurances adéquates couvrant les risques de décès, d'invalidité, de maladie, les frais médicaux et pharmaceutiques et leurs responsabilités vis-à-vis des tiers. Ils sont responsables du comportement des membres de leurs délégations.

2.3 Ils ont le pouvoir unique et exclusif de prescrire et de déterminer les tenues et les uniformes à porter et l'équipement à utiliser par les membres de leurs délégations à l'occasion des Jeux olympiques et en relation avec toutes les compétitions et cérémonies qui y sont liées.

Ce pouvoir exclusif ne s'étend pas à l'équipement spécialisé utilisé par les athlètes de leurs délégations durant les compétitions sportives. A cet effet, on entend par équipement spécialisé l'équipement reconnu par le CNO concerné comme ayant une incidence matérielle sur la performance des athlètes, en raison de ses caractéristiques techniques. Toute publicité en relation avec tout équipement spécialisé doit être soumise à l'approbation du CNO concerné s'il y est fait référence, expressément ou implicitement, aux Jeux olympiques.

2.4 Ils assistent le CIO quant à la protection des propriétés olympiques sur leurs territoires respectifs.

3. Recommandations

Il est recommandé aux CNO :

3.1 d'organiser régulièrement – si possible chaque année – une journée ou une semaine olympique destinée à promouvoir le Mouvement olympique ;

3.2 d'inclure dans leurs activités la promotion de la culture et des arts dans les domaines du sport et de l'Olympisme ;

3.3 de participer aux programmes de la Solidarité olympique ;

3.4 de rechercher des sources de financement de manière compatible avec les principes fondamentaux de l'Olympisme.

4. Liaison entre les CNO et le COJO – Chefs de mission

Pendant les Jeux olympiques, les concurrents, officiels d'équipe et autres membres du personnel d'équipe de chaque CNO sont placés sous la responsabilité d'un chef de mission nommé par son CNO et dont la mission est, en plus de toute autre fonction qui lui est attribuée par son CNO, d'assurer la liaison avec le CIO, les FI et le COJO.

5. Chefs de mission

Durant la période des Jeux olympiques, le chef de mission séjourne au village olympique et a accès à toutes les installations médicales, d'entraînement et de compétition, de même qu'aux centres des médias et aux hôtels de la famille olympique.

6. Attachés

Chaque CNO peut nommer un attaché afin de faciliter la coopération avec le COJO. L'attaché agit en tant qu'intermédiaire entre le COJO et son CNO, afin d'aider à résoudre les problèmes pratiques tels que les voyages et le logement. Durant la période des Jeux olympiques, l'attaché doit être accrédité comme membre de sa délégation.

29 *Les fédérations nationales.*

Pour être reconnue par un CNO et être acceptée comme membre de ce CNO, une fédération nationale doit exercer une activité sportive spécifique, réelle et durable, être affiliée à une FI reconnue par le CIO et être régie par et se conformer dans tous ses aspects à la Charte olympique ainsi qu'aux règles de sa FI.

30 *Pays et nom d'un CNO.*

1. Dans la Charte olympique, l'expression "pays" signifie un État indépendant reconnu par la communauté internationale.

2. La dénomination d'un CNO doit correspondre aux limites territoriales et à la tradition de son pays et sera soumise à l'approbation de la commission exécutive du CIO.

31 *Drapeau, emblème et hymne d'un CNO.*

Le drapeau, l'emblème et l'hymne adoptés par un CNO pour être utilisés en relation avec ses activités, y compris les Jeux olympiques, seront soumis à l'approbation de la commission exécutive du CIO.

5. *Les Jeux olympiques*

I. Célébration, organisation et administration des Jeux olympiques

32 *Célébration des Jeux olympiques.*

1. Les Jeux de l'Olympiade sont célébrés durant la première année d'une Olympiade, les Jeux olympiques d'hiver durant sa troisième année.

2. L'honneur et la responsabilité d'être hôte des Jeux olympiques sont confiés par le CIO à une ville qui est élue ville hôte des Jeux olympiques.

3. Les dates des Jeux olympiques sont déterminées par la commission exécutive du CIO.

4. La non-célébration des Jeux olympiques au cours de l'année dans laquelle ils doivent se tenir entraîne l'annulation des droits de la ville hôte, sans préjudice de tous les autres droits du CIO.

5. Tout excédent financier obtenu par une ville hôte, un COJO ou le CNO du pays de la ville hôte et résultant de la célébration des Jeux olympiques sera employé au développement du Mouvement olympique et du sport.

Texte d'application de la Règle 32.

La durée des compétitions des Jeux olympiques ne dépassera pas seize jours sauf autorisation contraire donnée par la FI concernée et la commission exécutive du CIO, auquel cas certaines compétitions et épreuves éliminatoires pourraient être organisées avant la cérémonie d'ouverture.

33 ***Élection de la ville hôte.***

1. L'élection de toute ville hôte est la prérogative de la Session.

2. La commission exécutive du CIO détermine la procédure à suivre jusqu'à ce que l'élection par la Session ait lieu. Sauf circonstances exceptionnelles, cette élection a lieu sept ans avant la célébration des Jeux olympiques.

3. Le gouvernement national du pays de toute ville requérante doit remettre au CIO un acte légalement contraignant par lequel ce gouvernement garantit et prend l'engagement que le pays et ses autorités publiques se conformeront à la Charte olympique et la respecteront.

4. L'élection de la ville hôte a lieu dans un pays qui n'a pas de ville candidate à l'organisation des Jeux olympiques en question.

Texte d'application de la Règle 33.

1. Procédure de candidature à l'organisation des Jeux olympiques – villes candidates

1.1 Les autorités publiques compétentes d'une ville peuvent, avec l'approbation du CNO du pays concerné, soumettre une candidature à l'organisation des Jeux olympiques, auquel cas la ville est considérée comme ville candidate. Ces autorités et le CNO doivent garantir que les Jeux olympiques seront organisés à la satisfaction du CIO et aux conditions exigées par celui-ci.

1.2 Au cas où il y aurait dans un pays plusieurs villes candidates potentielles pour organiser les mêmes Jeux olympiques, une seule ville peut se présenter, selon la décision du CNO du pays concerné.

1.3 Depuis le jour où une ville soumet au CIO sa candidature pour organiser des Jeux olympiques, le CNO du pays de la ville supervisera les actions et le comportement de la ville en ce qui concerne la candidature de cette dernière à l'organisation des Jeux olympiques, et en sera conjointement responsable.

1.4 Toutes les villes candidates se conformeront à la Charte olympique et à toute autre règle ou exigence édictée par la commission exécutive du CIO, ainsi qu'à toutes les normes techniques édictées par les FI pour leurs sports respectifs.

1.5 Toutes les villes candidates se conformeront à une procédure de candidature, telle que déterminée par la commission exécutive du CIO et conduite sous l'autorité de cette dernière.

2. Villes candidates – évaluation

2.1 Le président du CIO nomme une commission d'évaluation des villes candidates pour chaque édition des Jeux olympiques. Chacune de ces commissions comprendra des membres du CIO, des représentants des FI, des CNO, de la commission des athlètes et du Comité International Paralympique (IPC). Les ressortissants des pays des villes candidates ne peuvent être admis comme membres de la commission d'évaluation. La commission d'évaluation peut se faire assister par des experts.

2.2 Chaque commission d'évaluation étudiera les candidatures de toutes les villes candidates, inspectera les sites et remettra à tous les membres du CIO un rapport écrit sur toutes les candidatures, au plus tard un mois avant la date d'ouverture de la Session qui élira la ville hôte des Jeux olympiques. Ce rapport comportera une analyse des risques et des opportunités de chaque candidature, ainsi que de la durabilité du projet et de son héritage.

2.3 Toutes les villes candidates fourniront les garanties financières requises par la commission exécutive du CIO, qui déterminera si ces garanties doivent être fournies par la ville elle-même, ou par toute autre collectivité publique locale, régionale ou nationale compétente, ou par des tiers quelconques.

3. Élection de la ville hôte – signature du contrat ville hôte

3.1 A la suite de la remise du rapport de la commission d'évaluation, la commission exécutive du CIO arrêtera la liste finale des villes candidates retenues pour être soumises au vote de la Session pour l'élection.

3.2 L'élection de la ville hôte a lieu après que la Session a pris connaissance du rapport de la commission d'évaluation.

3.3 Le CIO conclut un contrat écrit avec la ville hôte et le CNO de son pays. À la discrétion du CIO, d'autres autorités locales, régionales ou nationales, ainsi que, le cas échéant, d'autres CNO et autorités locales, régionales ou nationales situées en dehors du pays hôte, pourront également être parties à ce contrat. Ce contrat, communément appelé le Contrat ville hôte, est signé par toutes les parties immédiatement après l'élection de la ville hôte.

34 *Emplacement, lieux et sites des Jeux olympiques.*

Toutes les compétitions sportives, y compris les cérémonies d'ouverture et de clôture, doivent, en principe, avoir lieu dans la ville hôte des Jeux olympiques. La commission exécutive du CIO peut, à sa discrétion, autoriser :

– l'organisation de compétitions sportives préliminaires dans une (ou plusieurs) ville(s) autre(s) que la ville hôte ou, dans des circonstances exceptionnelles, située(s) en dehors du pays hôte, notamment pour des raisons de durabilité.

– l'organisation de sports entiers, disciplines ou épreuves dans une (ou plusieurs) ville(s) autre(s) que la ville hôte ou, dans des cas exceptionnels, située(s) en dehors du pays hôte, notamment pour des raisons géographiques et de durabilité.

Texte d'application de la Règle 34.

1. Toute demande d'organisation d'une épreuve, d'une discipline ou d'une autre compétition sportive dans une autre ville ou un autre lieu que la ville hôte elle-même doit comporter le ou les motif(s) de cette demande et être présentée par écrit à l'approbation de la commission exécutive du CIO. Cette demande doit être faite avant la visite de la commission d'évaluation des villes candidates, sauf autre accord de la commission exécutive du CIO.

2. L'organisation, le déroulement et la couverture médiatique des Jeux olympiques ne doivent pas être compromis de quelque façon que ce soit par la tenue d'une autre manifestation dans la ville hôte ou sa région ou dans d'autres lieux ou sites de compétition.

35 *Comité d'organisation.*

L'organisation des Jeux olympiques est confiée par le CIO au CNO du pays de la ville hôte ainsi qu'à la ville hôte même. Le CNO sera responsable de la mise en place dans ce but d'un comité d'organisation (COJO) qui, dès le moment de sa constitution, doit rendre compte directement à la commission exécutive du CIO.

Texte d'application de la Règle 35.

1. Le COJO sera doté de la personnalité juridique dans son pays.

2. L'organe exécutif du COJO devra comprendre :

— le membre ou les membres du CIO dans le pays auxquels il est fait référence à la Règle 16.1.1.1 ;

— le président et le secrétaire général du CNO ;

— au moins un membre représentant la ville hôte et désigné par celle-ci.

L'organe exécutif du COJO peut aussi comprendre des représentants des autorités publiques ainsi que d'autres personnalités.

3. Dès sa constitution et jusqu'à la fin de sa liquidation, le COJO devra mener toutes ses activités conformément à la Charte olympique, au contrat conclu entre le CIO, le CNO et la ville hôte, ainsi qu'à tout autre règlement ou instruction de la commission exécutive du CIO.

36 *Responsabilités – Retrait de l'organisation des Jeux olympiques.*

1. Le CNO, le COJO et la ville hôte sont conjointement et solidairement responsables de tous les engagements contractés individuellement ou collectivement en relation avec l'organisation et le déroulement des Jeux olympiques, sauf pour ce qui concerne la responsabilité financière de l'organisation et du déroulement de ces jeux, laquelle sera entièrement assumée conjointement ou solidairement par la ville hôte et le COJO, sans préjudice de toute responsabilité de toute autre partie, en particulier telle que pouvant résulter de toute garantie fournie conformément au TAR 33. Le CIO n'encourra aucune responsabilité financière quelle qu'elle soit en rapport avec l'organisation et le déroulement des Jeux olympiques.

2. En cas de non-respect de la Charte olympique ou d'autres réglementations ou instructions du CIO, ou en cas de violation des obligations contractées par le CNO, le COJO ou la ville hôte, le CIO est en droit de retirer, en tout temps et avec effet immédiat, l'organisation des Jeux olympiques à la ville hôte, au COJO et au CNO, sans préjudice de la réparation de tout dommage ainsi causé au CIO. Dans ce cas, le CNO, le COJO, la ville hôte, le pays hôte et toutes leurs autorités gouvernementales ou autres autorités, ou toute autre partie, que ce soit au niveau communal, local, étatique, provincial, ou autre niveau régional ou national, n'auront envers le CIO aucun droit à une quelconque forme d'indemnisation.

37 *Commission de coordination des Jeux olympiques.*

Afin d'améliorer l'organisation des Jeux olympiques et la coopération entre le CIO, le COJO, les FI et les CNO, le président du CIO créera une commission de coordination des Jeux olympiques (commission de coordination). La commission de coordination comprendra des représentants du CIO, des FI, des CNO et des athlètes. Le président de la commission de coordination gérera et mettra en œuvre les relations de travail entre ces parties.

Texte d'application de la Règle 37.

1. Mandat de la commission de coordination

1.1 superviser les progrès du COJO et le conseiller s'agissant de la planification, de l'organisation, du déroulement et du financement des Jeux olympiques ainsi que de sa collaboration avec les autorités publiques compétentes ;

1.2 procéder à des visites d'inspection sur place des installations de compétition, d'entraînement et autres ;

1.3 faire rapport à la commission exécutive du CIO sur l'état d'avancement des préparatifs des Jeux olympiques, en particulier s'agissant des progrès, des difficultés et des risques ;

1.4 créer, sous réserve de l'approbation de la commission exécutive du CIO, des groupes de travail spécialisés dans le but d'examiner des domaines précis liés à l'organisation des Jeux olympiques ;

1.5 préparer, après les Jeux olympiques, pour la commission exécutive du CIO, un rapport sur l'organisation de ceux-ci ; et

1.6 exercer toute compétence supplémentaire conférée par la commission exécutive du CIO ou en exécuter toute autre instruction.

2. En présence d'une question que la commission de coordination considère ne pas pouvoir résoudre, ou lorsqu'une partie refuse d'agir conformément à la décision qui a été prise dans ce domaine, elle communiquera immédiatement cette question et les circonstances complètes y afférentes à la commission exécutive du CIO qui prendra la décision finale.

3. Aux Jeux olympiques, les tâches de la commission de coordination seront assumées par la commission exécutive du CIO. Le président de la commission de coordination sera présent aux réunions de coordination journalières avec le COJO.

38 *Village olympique.*

Dans le but de réunir dans un même lieu tous les concurrents, officiels et autre personnel d'équipe, le COJO mettra à disposition un village olympique pour une période déterminée par la commission exécutive du CIO.

Texte d'application de la Règle 38.

1. Le village olympique devra remplir toutes les exigences établies par la commission exécutive du CIO.

2. Les contingents pour les officiels et autre personnel d'équipe logés au village olympique seront établis par la commission exécutive du CIO.

3. Au cas où le CIO autoriserait le COJO à organiser des épreuves dans tout autre lieu que la ville hôte, le COJO peut être tenu de fournir des logements, services et autres installations appropriées, conformément aux exigences établies par la commission exécutive du CIO.

4. Le COJO prendra à sa charge tous les frais de repas et de logement des concurrents, officiels ou autre personnel d'équipe dans le village olympique et les autres lieux d'hébergement tels que requis ci-dessus, ainsi que leurs frais de transport local.

39 *Programme culturel.*

Le COJO organisera un programme de manifestations culturelles qui doit couvrir au moins toute la période d'ouverture du village olympique. Ce programme sera soumis à l'approbation préalable de la commission exécutive du CIO.

II. La participation aux Jeux olympiques

40 *Participation aux Jeux olympiques.*

Pour participer aux Jeux olympiques, un concurrent, officiel d'équipe ou autre membre du personnel d'équipe doit se conformer à la Charte olympique et au code mondial antidopage, y compris aux conditions de participation établies par le CIO, ainsi qu'aux règles de la FI concernée telles qu'approuvées par le CIO ; le concurrent, officiel d'équipe ou autre membre du personnel d'équipe doit également être inscrit par son CNO.

Texte d'application de la Règle 40.

1. Chaque FI établit les règles de participation aux Jeux olympiques propres à son sport, y compris les critères de qualification, en conformité avec la Charte olympique. Ces critères doivent être soumis à l'approbation de la commission exécutive du CIO.

2. L'application des critères de qualification incombe aux FI, aux fédérations nationales qui leur sont affiliées et aux CNO dans les domaines de leurs responsabilités respectives.

3. Sauf autorisation de la commission exécutive du CIO, aucun concurrent, officiel d'équipe ou autre membre du personne*[l]* d'équipe qui participe aux Jeux olympiques ne doit permettre que sa personne, son nom, son image ou ses performances sportives soient exploités à des fins publicitaires pendant les Jeux olympiques.

4. L'inscription ou la participation d'un concurrent aux Jeux olympiques ne peut être conditionnée à aucune contrepartie financière.

41 *Nationalité des concurrents.*

1. Tout concurrent aux Jeux olympiques doit être ressortissant du pays du CNO qui l'inscrit.

2. Toutes les questions relatives à la détermination du pays qu'un concurrent peut représenter aux Jeux olympiques seront résolues par la commission exécutive du CIO.

Texte d'application de la Règle 41.

1. Un concurrent qui est simultanément ressortissant de deux ou de plusieurs pays peut représenter l'un d'entre eux, à son choix. Toutefois, après avoir représenté un pays aux Jeux olympiques, à des jeux continentaux ou régionaux ou à des championnats mondiaux ou régionaux reconnus par la FI compétente, il ne peut représenter un autre pays, s'il ne remplit pas les conditions énoncées au paragraphe 2 ci-dessous qui s'appliquent aux personnes ayant changé de nationalité ou acquis une nouvelle nationalité.

2. Un concurrent qui a représenté un pays aux Jeux olympiques, à des jeux continentaux ou régionaux ou à des championnats mondiaux ou régionaux reconnus par la FI compétente et qui a changé de nationalité ou acquis une nouvelle nationalité peut participer aux Jeux olympiques pour y représenter son nouveau pays à condition qu'un délai d'au moins trois ans se soit écoulé depuis que le concurrent a représenté son ancien pays pour la dernière fois. Cette période peut être réduite ou même supprimée, avec l'accord des CNO et de la FI concernés, par la commission exécutive du CIO, qui prend en compte les circonstances de chaque cas.

3. Si un État associé, une province ou un département d'outre-mer, un pays ou une colonie acquiert son indépendance, si un pays est incorporé dans un autre pays en raison d'un changement de frontière, si un pays fusionne avec un autre pays, ou si un nouveau CNO est reconnu par le CIO, un concurrent peut continuer à représenter le pays auquel il appartient ou appartenait. Toutefois, il peut, s'il le préfère, choisir de représenter son pays ou être inscrit aux Jeux olympiques par son nouveau CNO s'il en existe un. Ce choix particulier ne peut être fait qu'une fois.

4. En outre, dans tous les cas dans lesquels un concurrent serait admis à participer aux Jeux olympiques en y représentant un pays autre que le sien ou en ayant le choix quant au pays qu'il entend représenter, la commission exécutive du CIO peut prendre toute décision de nature générale ou individuelle en ce qui concerne les questions de nationalité, de citoyenneté, de domicile ou de résidence de tout concurrent, y compris la durée de tout délai d'attente.

42 *Limite d'âge.*
Il ne peut y avoir pour les concurrents aux Jeux olympiques aucune limite d'âge autre que celles stipulées dans les règles de compétition d'une FI telles qu'approuvées par la commission exécutive du CIO.

43 *Code mondial antidopage.*
Le code mondial antidopage est obligatoire pour l'ensemble du Mouvement olympique.

44 *Invitations et inscriptions.*
1. Les invitations à prendre part aux Jeux olympiques seront envoyées par le CIO à tous les CNO une année avant la cérémonie d'ouverture.
2. Seuls des CNO reconnus par le CIO peuvent soumettre des inscriptions aux Jeux olympiques.
3. Toute inscription est soumise à l'approbation du CIO, qui peut, à sa discrétion, à tout moment refuser une inscription sans indication de motifs. Personne ne peut se prévaloir du droit de participer aux Jeux olympiques.
4. Un CNO n'inscrira des concurrents que sur les recommandations d'inscription émanant de fédérations nationales. Si le CNO les approuve, il transmet ces inscriptions au COJO. Le COJO doit en accuser réception. Les CNO doivent enquêter sur la validité des inscriptions proposées par les fédérations nationales et s'assurer que nul n'a été écarté pour des raisons raciales, religieuses, politiques ou en raison d'autres formes de discrimination.
5. Les CNO n'enverront aux Jeux olympiques que des concurrents convenablement préparés pour des compétitions internationales de haut niveau. Par l'entremise de sa FI, une fédération nationale peut demander que la commission exécutive du CIO réexamine la décision d'un CNO sur une question d'inscription. La décision de la commission exécutive du CIO sera définitive.

Texte d'application de la Règle 44.

1. La commission exécutive du CIO détermine le nombre de participants aux Jeux olympiques.
2. Les procédures et les délais pour les inscriptions des concurrents aux compétitions sportives des Jeux olympiques, ainsi que leur admission, sont établis par la commission exécutive du CIO.
3. Toutes les inscriptions doivent être soumises selon les prescriptions du CIO.
4. Toute participation aux Jeux olympiques suppose pour tout concurrent qu'il se conforme à toutes les dispositions contenues dans la Charte olympique et aux règles de la FI régissant son sport. Le CNO qui inscrit un concurrent a la responsabilité de s'assurer que ce concurrent a pleinement conscience de et se conforme à la Charte olympique et au code mondial antidopage.
5. Au cas où il n'y aurait pas de fédération nationale pour un sport particulier dans un pays qui a un CNO reconnu, ce dernier peut inscrire des concurrents individuellement dans ce sport aux Jeux olympiques, sous réserve de l'approbation de la commission exécutive du CIO et de la FI régissant ce sport.
6. Tous les participants aux Jeux olympiques, en quelque qualité que ce soit, doivent se conformer à la procédure d'inscription telle qu'établie par la commission exécutive du CIO, en signant notamment le formulaire d'inscription, lequel comprend l'obligation (i) de respecter la Charte olympique et le code mondial antidopage et (ii) de soumettre les différends au TAS.
7. Le CNO compétent devra également se conformer à la procédure d'inscription à laquelle il est fait référence au paragraphe 6 ci-dessus pour confirmer et garantir que toutes les règles pertinentes ont été portées à l'attention du concurrent et que le CNO a été autorisé par la fédération sportive nationale concernée à se conformer en son nom à ladite procédure.
8. A la demande du COJO, la FI compétente devra confirmer et garantir, à la clôture des inscriptions, que les participants inscrits dans son sport ont rempli les critères de qualification correspondants pour concourir aux Jeux olympiques.
9. Aucune inscription ne sera valable si les prescriptions ci-dessus ne sont pas respectées.

10. Le retrait d'une délégation, d'une équipe ou d'un individu dûment inscrit constituera, s'il est effectué sans le consentement de la commission exécutive du CIO, une transgression de la Charte olympique, fera l'objet d'une enquête et pourra entraîner des mesures ou des sanctions.

11. Le nombre d'inscriptions est établi pour chaque sport, après consultation des FI concernées, par la commission exécutive du CIO trois ans avant les Jeux olympiques en question.

12. Le nombre d'inscriptions aux épreuves individuelles ne dépassera pas celui prévu pour les championnats du monde et, sauf exception accordée par la commission exécutive du CIO, ne dépassera pas trois par pays.

13. Pour les sports d'équipe, le nombre d'équipes ne dépassera pas douze équipes pour chaque sexe et ne sera pas inférieur à huit équipes, sauf décision contraire de la commission exécutive du CIO.

14. Afin d'obtenir une répartition équitable du nombre de remplaçants dans certains sports tant individuels que par équipes, et en prenant en considération le fait que dans certains sports une seule inscription, sans remplaçant, est admise par épreuve et par pays, la commission exécutive du CIO peut, après consultation des FI concernées, augmenter ou réduire le nombre de remplaçants.

III. Programme des Jeux olympiques

45 *Programme des Jeux olympiques.*

1. Le programme des Jeux olympiques (également appelé "le programme") est le programme de toutes les compétitions sportives établi par le CIO pour chaque édition des Jeux olympiques conformément à la présente règle et à son texte d'application.

2. Le programme se compose de deux éléments, à savoir :

2.1 Le programme des sports, qui comprend tous les sports pour une édition spécifique des Jeux olympiques, tels que déterminés par la Session parmi les sports régis par les FI reconnus par le CIO ("le programme des sports").

2.2 Le programme des épreuves, qui comprend toutes les épreuves, telles que déterminées par la commission exécutive du CIO pour une édition spécifique des Jeux olympiques ("le programme des épreuves").

Une épreuve est une compétition spécifique dans un sport qui aboutit à un classement donnant lieu à une remise de médailles et de diplômes.

Le programme des épreuves doit comprendre des épreuves dans chaque sport inclus dans le programme des sports.

3. Le programme est établi après révision par le CIO du programme de l'édition correspondante précédente des Jeux olympiques.

Seuls les sports qui se conforment à la Charte olympique et au code mondial antidopage sont admissibles au programme.

Texte d'application de la Règle 45.

1. Le programme des sports

1.1 Sur proposition de la commission exécutive du CIO, la Session déterminera le programme des sports au plus tard lors de la Session qui élit la ville hôte correspondante.

La Session votera en bloc. Si la majorité des votes émis n'est pas atteinte, des tours de scrutin supplémentaires auront lieu tels que déterminés par le président, lequel pourra également procéder à des votes individuels ou en bloc partiel.

1.2 Sur proposition de la commission exécutive du CIO après accord entre le COJO correspondant, la FI correspondante et le CIO, le programme des sports peut être amendé par décision de la Session au plus tard trois ans avant l'ouverture des Jeux olympiques concernés.

1.3 Les sports qui peuvent être inclus au programme des sports des Jeux de l'Olympiade sont :

1.3.1 Les sports figurant actuellement au programme et régis par les FI suivantes :

— Association internationale des fédérations d'athlétisme (IAAF) ;
— Fédération Internationale des Sociétés d'Aviron (FISA) ;
— Fédération mondiale de badminton (BWF) ;
— Fédération Internationale de Basketball (FIBA) ;
— Association Internationale de Boxe (AIBA) ;
— Fédération internationale de canoë (ICF) ;

— Union Cycliste Internationale (UCI) ;
— Fédération Équestre Internationale (FEI) ;
— Fédération Internationale d'Escrime (FIE) ;
— Fédération Internationale de Football Association (FIFA) ;
— Fédération internationale de golf (IGF) ;
— Fédération Internationale de Gymnastique (FIG) ;
— Fédération internationale d'haltérophilie (IWF) ;
— Fédération internationale de handball (IHF) ;
— Fédération Internationale de Hockey (FIH) ;
— Fédération internationale de judo (IJF) ;
— United World Wrestling (UWW) ;
— Fédération Internationale de Natation (FINA) ;
— Union Internationale de Pentathlon Moderne (UIPM) ;
— World Rugby (WR) ;
— Fédération mondiale de taekwondo (WTF) ;
— Fédération internationale de tennis (ITF) ;
— Fédération internationale de tennis de table (ITTF) ;
— Fédération internationale de tir sportif (ISSF) ;
— Fédération mondiale de tir à l'arc (WA) ;
— Union internationale de triathlon (ITU) ;
— Fédération internationale de voile (ISAF) ;
— Fédération Internationale de Volleyball (FIVB).

1.3.2 D'autres sports régis par d'autres FI reconnues par le CIO.

1.4 Les sports qui peuvent être inclus aux Jeux olympiques d'hiver sont :

1.4.1 Les sports figurant actuellement au programme et régis par les FI suivantes :
— Union internationale de biathlon (IBU) ;
— Fédération internationale de bobsleigh et de skeleton (IBSF) ;
— Fédération mondiale de curling (WCF) ;
— Fédération internationale de hockey sur glace (IIHF) ;
— Fédération internationale de luge de course (FIL) ;
— Union internationale de patinage (ISU) ;
— Fédération internationale de ski (FIS).

1.4.2 D'autres sports régis par d'autres FI reconnues par le CIO.

2. Le programme des épreuves

2.1 Avant toute décision concernant le programme des épreuves, le CIO consultera les FI concernées.

2.2 La commission exécutive du CIO déterminera le programme des épreuves au plus tard trois ans avant l'ouverture des Jeux olympiques concernés.

3. Autres dispositions

3.1 Le COJO d'une édition spécifique des Jeux olympiques peut proposer au CIO l'inclusion, pour cette édition uniquement, d'une ou de plusieurs épreuves supplémentaires ; toutes les décisions y relatives seront prises en totale conformité avec la présente Règle 45, son texte d'application et toute autre condition particulière prescrite par le CIO.

3.2 Sauf autre accord avec le COJO correspondant, les nombres approximatifs suivants s'appliqueront :

— concernant les Jeux de l'Olympiade, dix mille cinq cent (10 500) athlètes, cinq mille (5 000) entraîneurs et autres membres du personnel d'encadrement des athlètes, pleinement accrédités, et trois cent dix (310) épreuves.

— concernant les Jeux olympiques d'hiver, deux mille neuf cent (2 900) athlètes, deux mille (2 000) entraîneurs et autres membres du personnel d'encadrement des athlètes, pleinement accrédités, et cent (100) épreuves.

3.3 La Session est habilitée à exclure à tout moment tout sport du programme si la FI concernée ne se conforme pas à la Charte olympique ou au code mondial antidopage.

En outre, les mesures et sanctions prévues à la Règle 59 peuvent s'appliquer.

3.4 Il peut être exceptionnellement dérogé à un délai fixé dans le texte d'application de la Règle 45 avec l'accord de la FI concernée, du COJO concerné et de l'organe compétent du CIO.

46 *Rôle des FI en relation avec les Jeux olympiques.*

1. Chaque FI est responsable du contrôle et de la direction de son sport durant les Jeux olympiques. Tous les éléments des compétitions, y compris le calendrier, l'aire de compéti-

tion, les sites d'entraînement et tous les équipements, doivent être conformes à ses règles. Pour toutes ces dispositions, le COJO doit consulter la FI concernée.

2. Les COJO travailleront en étroite collaboration avec les FI pour la planification et l'organisation de chaque sport et conviennent de responsabilités spécifiques avec les FI correspondantes, sous la direction de la commission exécutive du CIO.

3. Le COJO doit s'assurer que les divers sports, inclus au programme des Jeux olympiques, sont traités et intégrés équitablement.

4. La décision finale relative au calendrier de compétition et à l'horaire quotidien des épreuves est prise par la commission exécutive du CIO.

5. La commission exécutive du CIO détermine le nombre de concurrents et leur mode de sélection pour les contrôles de dopage et arrête toute autre mesure antidopage durant la période des Jeux olympiques après consultation de chaque FI.

Texte d'application de la Règle 46.

1. Droits et responsabilités des FI aux Jeux olympiques

Les FI ont, en ce qui concerne les dispositions des Jeux olympiques, les droits et responsabilités suivants :

1.1 établir les règles, règlements et exigences pour leurs propres sports, disciplines et épreuves. Au plus tard trois ans avant l'ouverture des Jeux olympiques, les FI doivent informer le COJO, le CIO et les CNO des caractéristiques des installations techniques requises et des équipements sportifs devant être utilisés sur les sites aux Jeux olympiques. Les FI concernées peuvent requérir, sous réserve des directives établies par la commission exécutive du CIO, que ces équipements sportifs soient fournis par une ou *[par]* plusieurs entreprises particulières ;

1.2 établir les résultats et les classements finaux des compétitions olympiques. Ces résultats seront mis à la disposition des FI par le COJO, à ses frais, immédiatement après chaque épreuve en format électronique, conformément aux directives établies par le CIO. La FI concernée a alors le droit de publier les résultats de ses compétitions sur son site web officiel ;

1.3 sous réserve de l'autorité de la commission exécutive du CIO, exercer un contrôle sur les sites de compétition et d'entraînement de leurs sports respectifs durant les compétitions et les entraînements aux Jeux olympiques ;

1.4 sélectionner les officiels techniques nationaux et internationaux. Le nombre total d'officiels techniques internationaux sera soumis à l'approbation de la commission exécutive du CIO, sur proposition de la FI correspondante. Les frais de logement, de transport et d'uniformes de ces officiels techniques nationaux et internationaux sont à la charge du COJO. Les officiels techniques internationaux doivent être présents sur le site au moins trois jours avant la première épreuve dans leur sport et au moins un jour après la dernière épreuve. Le COJO doit mettre à disposition des logements séparés du village olympique pour l'hébergement de tous les officiels techniques désignés par les FI. Les officiels techniques ne peuvent pas être logés au village olympique. Ils ne font pas partie des délégations des CNO ;

1.5 nommer des délégués de FI conformément aux conditions et aux nombres approuvés par la commission exécutive du CIO.

1.6 veiller à ce que tous les concurrents se conforment aux dispositions des Règles 40 et 50 ;

1.7 faire appliquer, sous l'autorité du CIO et des CNO, les règles du CIO relatives à la participation des concurrents aux Jeux olympiques ;

1.8 en collaboration avec le CIO, préparer et réviser la documentation nécessaire et les prescriptions relatives à la tenue de leur sport ;

1.9 établir un mécanisme ou processus de recours pour toutes les questions techniques concernant leur sport dont les jugements et décisions sont tous, y compris toute sanction ou mesure y relative, définitifs et sans appel, sans préjudice de toutes les autres mesures et sanctions prononcées par la commission exécutive du CIO. Les jugements et décisions des FI sur les questions techniques doivent être immédiatement communiqués à la commission exécutive du CIO avec toutes les pièces correspondantes à l'appui.

2. Dispositions techniques requérant l'accord des FI et du COJO avant d'être soumises à la commission exécutive du CIO pour approbation :

2.1 calendrier de compétition d'un sport, au plus tard deux ans avant les Jeux olympiques ;

2.2 installations techniques pour l'établissement des résultats ;

2.3 uniformes des officiels des FI (tels que juges et arbitres) nécessaires pendant les Jeux olympiques.

3. Propositions des FI requérant l'approbation de la commission exécutive du CIO :

3.1 établissement du programme des Jeux olympiques dans leurs sports respectifs, avec l'ajout ou la suppression de disciplines ou épreuves ;

3.2 établissement du nombre de concurrents par épreuve et par pays, et du nombre d'équipes participant aux Jeux olympiques ;

3.3 établissement, au plus tard deux ans avant les Jeux olympiques, du système de qualification et du nombre d'athlètes remplaçants dans les sports ou épreuves individuels ou par équipes ;

3.4 établissement de la formule de compétition de chaque sport pour les Jeux olympiques ;

3.5 établissement du nombre d'officiels techniques internationaux requis selon les règles des FI (tels que juges, arbitres, chronométreurs, inspecteurs ou membres de jurys d'appel). Ceux-ci accomplissent leurs tâches conformément aux instructions de la FI correspondante et en coordination avec le COJO ;

3.6 production par les FI, sur tout support, de tout enregistrement visuel ou audiovisuel des compétitions olympiques. Nonobstant l'obtention de cette approbation, toute utilisation commerciale de ces enregistrements est interdite.

4. Locaux et installations des FI

4.1 aux Jeux olympiques, le COJO doit procurer aux FI régissant les sports inclus au programme de ces Jeux, à ses frais, les locaux et les installations nécessaires au traitement des questions d'ordre technique ;

4.2 sous réserve de l'approbation de la commission exécutive du CIO, le COJO doit procurer aux FI, à leur demande et à leurs frais, les installations administratives et techniques ainsi que les logements, si disponibles, leur permettant de tenir leurs réunions dans la ville hôte.

5. Épreuves tests organisées par le COJO

5.1 conformément à un programme soumis à l'approbation de la commission exécutive du CIO, le COJO, après consultation des FI, doit organiser des épreuves tests dont le but est de mettre à l'essai les installations, services et procédures qui seront utilisés durant les Jeux olympiques ;

5.2 ces épreuves tests doivent avoir lieu sous la supervision technique de la FI compétente.

47 *Camp de jeunesse.*

Avec l'autorisation de la commission exécutive du CIO, le COJO peut, sous sa propre responsabilité, organiser un camp international de jeunesse à l'occasion des Jeux olympiques.

48 *Couverture médiatique des Jeux olympiques.*

1. Le CIO prend toutes les mesures nécessaires afin d'assurer aux Jeux olympiques la couverture la plus complète par les différents moyens de communication et d'information ainsi que l'audience la plus large possible dans le monde.

2. Toutes les décisions concernant la couverture des Jeux olympiques par les moyens d'information relèvent de la compétence du CIO.

Texte d'application de la Règle 48.

1. Un des objectifs du Mouvement olympique est la propagation et la promotion des principes et des valeurs de l'Olympisme par le contenu de la couverture médiatique des Jeux olympiques.

2. La commission exécutive du CIO établit toutes les règles et exigences techniques concernant la couverture médiatique des Jeux olympiques, lesquelles sont reproduites dans le contrat ville hôte. Ces règles et exigences techniques, et toutes les autres instructions de la commission exécutive du CIO, sont contraignantes pour toutes les personnes associées à la couverture médiatique des Jeux olympiques.

3. Seules les personnes accréditées au titre de médias peuvent agir en tant que journalistes, reporters ou en toute autre qualité liée aux médias. En aucune circonstance, un athlète, un entraîneur, un officiel, un attaché de presse ou tout autre participant accrédité ne peut agir en tant que journaliste ou en toute autre qualité liée aux médias.

49 *Publications relatives aux Jeux olympiques.*

Toutes les publications relatives aux Jeux olympiques et requises par le CIO seront produites et distribuées aux frais du COJO, dans le format requis par le CIO.

Texte d'application de la Règle 49.

1. Le COJO est chargé de préparer, produire, publier et distribuer, au CIO, aux FI et à tous les CNO, les publications et documents suivants :

1.1 pour chaque sport, une brochure explicative contenant le programme général et les dispositions techniques ;

1.2 une brochure médicale conforme aux instructions du CIO ; et

1.3 un rapport complet sur la célébration et l'organisation des Jeux olympiques, conformément aux directives du CIO.

2. Pour tous les documents et publications en relation avec les Jeux olympiques, le COJO devra se conformer aux instructions de la commission exécutive du CIO. En règle générale, le contenu de tous les documents et publications sera soumis à l'approbation préalable du CIO.

50 ***Publicité, démonstrations, propagande.***

1. Sauf autorisation pouvant être accordée à titre exceptionnel par la commission exécutive du CIO, aucune forme d'annonce publicitaire ou autre publicité ne sera admise dans et au-dessus des stades, des enceintes et autres lieux de compétition qui sont considérés comme faisant partie des sites olympiques. Les installations commerciales et les panneaux publicitaires ne seront pas admis dans les stades, les enceintes et autres terrains sportifs.

2. Aucune sorte de démonstration ou de propagande politique, religieuse ou raciale n'est autorisée dans un lieu, site ou autre emplacement olympique.

Texte d'application de la Règle 50.

1. Aucune forme de publicité ou de propagande, commerciale ou autre, ne peut apparaître sur les personnes, les tenues, les accessoires ou, plus généralement, sur un quelconque article d'habillement ou d'équipement porté ou utilisé par les concurrents, officiels d'équipe, autres membres du personnel d'équipe et tous les autres participants aux Jeux olympiques, à l'exception de l'identification – telle que définie au paragraphe 8 ci-après – du fabricant de l'article ou de l'équipement concerné, à la condition que cette identification ne soit pas marquée de manière ostensible à des fins publicitaires.

La commission exécutive du CIO adoptera des directives fournissant des détails complémentaires sur l'application de ce principe.

Toute violation des dispositions de l'alinéa 1 de ce Texte d'application et des directives adoptées ci-après peut entraîner la disqualification de la personne ou de la délégation concernée ou le retrait de l'accréditation de la personne ou de la délégation concernée, sous réserve des autres mesures et sanctions qui pourront être prononcées par la commission exécutive ou la Session du CIO.

Les dossards portés par les concurrents ne pourront comporter aucune sorte de publicité et doivent porter l'emblème olympique du COJO.

2. Toute mascotte créée pour les Jeux olympiques sera considérée comme étant un emblème olympique, dont le dessin doit être soumis par le COJO à l'approbation de la commission exécutive du CIO. Cette mascotte ne peut être utilisée à des fins commerciales dans le pays d'un CNO sans l'approbation écrite préalable de ce dernier.

3. Pour être valables, tous les contrats du COJO prévoyant un élément publicitaire, y compris le droit ou la licence d'usage de l'emblème ou de la mascotte des Jeux olympiques, doivent être conformes à la Charte olympique et respecter les instructions de la commission exécutive du CIO. Il en ira de même des contrats relatifs aux appareils de chronométrage, aux tableaux des résultats et à l'injection de tout signal d'identification dans les programmes de télévision. Les violations de la présente réglementation relèvent de l'autorité de la commission exécutive du CIO.

4. Le COJO assurera la protection de la propriété de l'emblème et de la mascotte des Jeux olympiques au profit du CIO, au plan national et international. Toutefois, seuls le COJO et, après la dissolution de ce dernier, le CNO du pays hôte pourront exploiter cet emblème et cette mascotte, tout comme d'autres marques, dessins, insignes, affiches, objets et documents liés aux Jeux olympiques, pendant leur préparation et leur déroulement, et pendant une période expirant au plus tard à la fin de l'année civile durant laquelle ces Jeux olympiques ont lieu. Dès l'expiration de cette période, tous les droits sur/ou relatifs à cet emblème, cette mascotte, et autres marques, dessins, insignes, affiches, objets et documents appartiendront dès lors entièrement au CIO. Le COJO et/ou le CNO, le cas échéant et dans la mesure où cela sera nécessaire, agiront à cet égard à titre fiduciaire pour le seul bénéfice du CIO.

5. Les dispositions de ce Texte d'application s'appliquent aussi *mutatis mutandis* à tous les contrats signés par le comité d'organisation d'une Session ou d'un Congrès olympique.

6. Les uniformes des concurrents, officiels d'équipe et autres membres du personnel d'équipe peuvent comporter le drapeau ou l'emblème olympique de leur CNO et, avec le consentement du COJO, l'emblème olympique du COJO. Les officiels des FI peuvent porter l'uniforme et l'emblème de leur FI.

7. Sur tous les engins, installations et autres appareils techniques qui ne sont ni portés ni utilisés par les athlètes ou d'autres participants aux Jeux olympiques, y compris les appareils de chronométrage et les tableaux de résultats, l'identification ne peut en aucun cas être supérieure à un dixième de la hauteur totale de l'équipement, installation ou appareil en question et ne dépassera pas dix centimètres de haut.

8. Le terme "identification" signifie l'indication ordinaire du nom, de la désignation, de la marque, du logo ou de tout autre signe distinctif du fabricant de l'article, n'apparaissant pas plus d'une fois par article

9. Le COJO, tous les concurrents, officiels d'équipe, autres membres du personnel d'équipe et tous les autres participants aux Jeux olympiques se conformeront aux manuels, guides, règlements ou directives correspondants, ainsi qu'à toute autre instruction de la commission exécutive du CIO concernant la matière traitée par la Règle 50 et le présent Texte d'application.

IV. Protocole

51 *Protocole.*

1. Pendant toute la durée des Jeux olympiques, la commission exécutive du CIO est seule compétente pour établir le protocole applicable à tous les sites et lieux placés sous la responsabilité du COJO.

2. A l'occasion de toutes les cérémonies et manifestations pendant les Jeux olympiques, la préséance revient aux membres, au président d'honneur, aux membres honoraires et aux membres d'honneur du CIO, dans leur ordre d'ancienneté, le président, le président d'honneur et les vice-présidents étant en tête, suivis des membres du COJO, des présidents des FI et des présidents des CNO.

3. Le COJO, les FI, les CNO et toutes les autres personnes accréditées aux Jeux olympiques à un titre quelconque se conformeront au guide du protocole du CIO et aux autres conditions requises en matière de protocole figurant dans le contrat ville hôte, ainsi qu'à toute autre instruction de la commission exécutive du CIO relative à toute matière traitée par cette Règle.

52 *Carte d'identité et d'accréditation olympique – Droits qui y sont attachés.*

1. La carte d'identité et d'accréditation olympique est un document qui établit l'identité de son titulaire et confère à celui-ci le droit de prendre part aux Jeux olympiques. Conjointement avec le passeport ou d'autres documents de voyage officiels de son titulaire, la carte d'identité et d'accréditation olympique confère l'autorisation d'entrer dans le pays de la ville hôte des Jeux olympiques. Elle permet à son titulaire d'y séjourner et d'y exercer ses fonctions olympiques pour la durée des Jeux olympiques, et pour une période n'excédant pas un mois avant et un mois après les Jeux olympiques.

2. La carte d'identité et d'accréditation olympique est délivrée sous l'autorité du CIO aux personnes pouvant être accréditées. Elle donne, au degré nécessaire et comme il y est mentionné, accès aux lieux, aux sites et aux manifestations placés sous la responsabilité du COJO. La commission exécutive du CIO détermine les personnes qui ont droit à de telles cartes et les conditions de leur octroi. Le COJO, les FI, les CNO et toutes les autres personnes ou parties concernées se conformeront aux manuels, guides ou directives, ainsi qu'à toute autre instruction de la commission exécutive du CIO, concernant toute matière traitée par cette Règle.

53 *Utilisation du drapeau olympique.*

1. Un drapeau olympique de plus grande dimension que tout autre drapeau doit flotter, pendant toute la durée des Jeux olympiques, à un mât dressé à un emplacement bien en vue du stade principal ainsi que sur tous les autres sites placés sous la responsabilité du COJO. Ces drapeaux sont hissés durant la cérémonie d'ouverture et amenés durant la cérémonie de clôture des Jeux olympiques.

2. Un grand nombre de drapeaux olympiques devra flotter dans le village olympique, dans tous les lieux de compétition et d'entraînement, dans la ville hôte et sur tous les sites, lieux et endroits placés sous la responsabilité du COJO.

54 *Utilisation de la flamme olympique.*

1. Le COJO est responsable de l'acheminement de la flamme olympique vers le stade olympique. Toutes les dispositions relatives à un quelconque relais de la flamme olympique et à toute utilisation de celle-ci doivent être prises dans le respect du guide du protocole du CIO et des autres conditions requises en matière de protocole figurant dans le contrat ville hôte.

2. Après la cérémonie de clôture des Jeux olympiques, tout flambeau, torche, vasque ou autre appareil destiné à une forme quelconque de combustion de la flamme olympique ne peut être utilisé, dans une ville hôte ou ailleurs, sans l'approbation du CIO.

55 *Cérémonies d'ouverture et de clôture.*

1. Les cérémonies d'ouverture et de clôture doivent se dérouler dans le respect du guide du protocole du CIO et des autres conditions requises en matière de protocole figurant dans le contrat ville hôte.

2. Le contenu et les détails de tous les scénarios, horaires et programmes de toutes les cérémonies doivent être soumis au CIO pour son approbation préalable.

3. Le chef d'État du pays hôte proclamera les Jeux olympiques ouverts en prononçant l'une des phrases suivantes, selon le cas :

– Lors de l'ouverture des Jeux de l'Olympiade :

"Je proclame ouverts les Jeux de ... (nom de la ville hôte) célébrant la ... (numéro de l'Olympiade) Olympiade des temps modernes."

– Lors de l'ouverture des Jeux olympiques d'hiver :

"Je proclame ouverts les ... (numéro des Jeux olympiques d'hiver) Jeux olympiques d'hiver de ... (nom de la ville hôte)."

Pendant toute la durée des Jeux olympiques, y compris toutes les cérémonies, aucun discours de quelque nature qu'il soit ne pourra être prononcé par un représentant d'un gouvernement ou d'une autre autorité publique ni par un autre politicien, dans un lieu placé sous la responsabilité du COJO. Pendant les cérémonies d'ouverture et de clôture, seul le président du CIO et le président du COJO sont autorisés à prononcer une courte allocution.

56 *Cérémonies des vainqueurs, médailles et diplômes.*

Les cérémonies des vainqueurs, médailles et diplômes doivent se dérouler dans le respect du guide du protocole du CIO et des autres conditions requises en matière de protocole figurant dans le contrat ville hôte. Le format des médailles et des diplômes sera soumis au CIO pour son approbation préalable.

57 *Tableau d'honneur.*

Le CIO et le COJO n'établiront aucun classement global par pays. Un tableau d'honneur portant les noms des médaillés et des diplômés de chaque épreuve sera établi par le COJO et les noms des médaillés seront mis en évidence de façon permanente dans le stade principal.

58 *Compétence en dernier ressort.*

La compétence en dernier ressort sur toute question concernant les Jeux olympiques appartient au CIO.

6 *Mesures et sanctions, procédures disciplinaires et règlement des différends*

59 *Mesures et sanctions.*

En cas de violation de la Charte olympique, du code mondial antidopage ou de toute autre réglementation, selon le cas, les mesures ou les sanctions qui peuvent être prises par la Session, la commission exécutive ou la commission disciplinaire à laquelle il est fait référence à l'alinéa 2.4 ci-après sont :

1. Dans le cadre du Mouvement olympique

1.1 A l'égard des membres, du président d'honneur, des membres honoraires, des membres d'honneur du CIO :

a) un blâme, prononcé par la commission exécutive du CIO ;

b) la suspension, pour une période déterminée, prononcée par la commission exécutive du CIO. La suspension peut s'étendre à tout ou partie des droits, prérogatives et fonctions attachés à la qualité de membre.

Les sanctions susmentionnées peuvent être cumulées. Elles peuvent être imposées aux membres, président d'honneur, membres honoraires ou membres d'honneur du CIO qui, par leur comportement, portent atteinte aux intérêts du CIO, et cela indépendamment d'une violation particulière de la Charte olympique ou d'une autre disposition.

1.2 A l'égard des FI :

a) le retrait du programme des Jeux olympiques :

– d'un sport (Session) ;

– d'une discipline (commission exécutive du CIO) ;

– d'une épreuve (commission exécutive du CIO);

b) le retrait de la reconnaissance provisoire (commission exécutive du CIO) ;

c) le retrait de la reconnaissance définitive (Session).

1.3 A l'égard des associations de FI :

a) le retrait de la reconnaissance provisoire (commission exécutive du CIO) ;

b) le retrait de la reconnaissance définitive (Session).

1.4 A l'égard des CNO :

a) la suspension (commission exécutive du CIO) ; en pareille hypothèse, la commission exécutive détermine dans chaque cas les conséquences pour le CNO concerné et ses athlètes ;

b) le retrait de la reconnaissance provisoire (commission exécutive du CIO) ;

c) le retrait de la reconnaissance définitive (Session) ; dans pareil cas, le CNO perd tous les droits qui lui sont accordés conformément à la Charte olympique ;

d) le retrait du droit d'organiser une Session ou un Congrès olympique (Session).

1.5 A l'égard des associations de CNO :

a) le retrait de la reconnaissance provisoire (commission exécutive du CIO) ;

b) le retrait de la reconnaissance définitive (Session).

1.6 A l'égard d'une ville hôte, d'un COJO et d'un CNO :

le retrait du droit d'organiser les Jeux olympiques (Session).

1.7 A l'égard d'une ville requérante ou candidate et d'un CNO :

le retrait du droit d'être une ville requérante ou candidate à l'organisation des Jeux olympiques (commission exécutive du CIO).

1.8 A l'égard d'autres associations et organisations reconnues :

a) le retrait de la reconnaissance provisoire (commission exécutive du CIO) ;

b) le retrait de la reconnaissance définitive (Session).

2. Dans le cadre des Jeux olympiques, en cas de violation de la Charte olympique, du code mondial antidopage, ou de toute autre décision ou réglementation applicable édictée par le CIO ou une FI ou un CNO, y compris, mais sans s'y restreindre, le Code d'éthique du CIO ou toute autre législation ou réglementation publique, ou en cas d'une forme quelconque d'inconduite :

2.1 A l'égard de concurrents individuels et d'équipes : l'inadmissibilité aux Jeux olympiques ou l'exclusion de ceux-ci à titre temporaire ou permanent, la disqualification ou le retrait de l'accréditation ; en cas de disqualification ou d'exclusion, les médailles et diplômes obtenus en relation avec la transgression de la Charte olympique seront restitués au CIO. En outre, à la discrétion de la commission exécutive du CIO, un concurrent ou une équipe peut perdre le bénéfice d'un classement obtenu en relation avec d'autres épreuves des Jeux olympiques au cours desquels il a été disqualifié ou exclu ; dans ce cas, les médailles et les diplômes qu'il a remportés seront restitués au CIO (commission exécutive) ;

2.2 A l'égard des officiels, dirigeants et autres membres d'une quelconque délégation, ainsi que des arbitres et des membres du jury : l'inadmissibilité ou l'exclusion temporaire ou permanente des Jeux olympiques (commission exécutive) ;

2.3 A l'égard de toute autre personne accréditée : le retrait de l'accréditation (commission exécutive) ;

2.4 La commission exécutive du CIO peut déléguer ses pouvoirs à une commission disciplinaire.

3. Avant d'appliquer une mesure ou une sanction, l'organe compétent du CIO peut prononcer un avertissement.

4. Toutes les sanctions et mesures sont prises sans préjudice des autres droits du CIO et de toute autre entité, y compris, mais sans s'y restreindre, les FI et les CNO.

Texte d'application de la Règle 59.

1. Toute enquête relative à des faits susceptibles d'entraîner une mesure ou une sanction quelconque est conduite sous l'autorité de la commission exécutive du CIO qui peut à cet effet déléguer tout ou partie de son autorité.

2. Pendant toute la durée d'une enquête, la commission exécutive du CIO peut provisoirement retirer à la personne ou *[à l']*organisation concernée tout ou partie de ses droits, prérogatives et fonctions attachés à la qualité de membre ou au statut de cette personne ou organisation.

3. Toute personne, équipe ou tout autre individu ou entité légale a le droit d'être entendu par l'organe du CIO compétent pour administrer une mesure ou une sanction à cette personne, équipe ou entité légale. Le droit d'être entendu au sens de cette disposition comprend le droit d'être informé des charges et le droit de comparaître personnellement ou de présenter une défense par écrit.

4. Toute mesure ou sanction décidée par la Session, la commission exécutive du CIO ou la commission disciplinaire à laquelle il est fait référence à la Règle 59.2.4, sera communiquée par écrit à la partie concernée.

5. Toutes les mesures ou sanctions entrent immédiatement en vigueur, sauf si l'organe compétent en décide autrement.

60 *Contestation des décisions du CIO.*

Nonobstant les règles et délais applicables à toutes les procédures d'arbitrage et d'appel, et sous réserve de toute autre disposition du code mondial antidopage, aucune décision prise par le CIO au sujet d'une édition des Jeux olympiques, y compris, mais sans s'y limiter, les compétitions et leurs conséquences telles que classements ou résultats, ne peut être contestée par quiconque après une période de trois ans à compter du jour de la cérémonie de clôture de ces Jeux.

61 *Règlement des différends.*

1. Les décisions du CIO sont définitives. Tout différend relatif à leur application ou interprétation ne peut être résolu que par la commission exécutive du CIO et, dans certains cas, par arbitrage devant le Tribunal arbitral du sport (TAS).

2. Tout différend survenant à l'occasion des Jeux olympiques ou en relation avec ceux-ci sera soumis exclusivement au Tribunal arbitral du sport (TAS), conformément au Code de l'arbitrage en matière de sport.

COMMISSIONS ET ORGANISMES DE CONCERTATION

Sur la Commission d'examen des projets de règlements fédéraux relatifs aux équipements sportifs, V. art. R. 142-7 à R. 142-211 C. sport.

Sur le Conseil supérieur des sports de montagne, V. art. D. 142-26 à R. 142-31 C. sport.

Sur la Commission de reconnaissance des qualifications, V. art. R. 212-84, R. 212-84-1 et A. 212-175-10 C. sport.

Sur la Commission du sport de haut niveau du Conseil national du sport, V. art. R. 142-14 et R. 142-15 C. sport.

Sur les commissions départementales des espaces, sites et itinéraires relatifs aux sports de nature, V. art. R. 311-1 à R. 311-3 C. sport.

Sur la Commission nationale de sécurité des enceintes sportives, V. art. R. 312-22 à R. 312-25 C. sport.

Sur la Commission consultative départementale de sécurité et d'accessibilité, V. art. D. 312-26 C. sport.

Sur la Commission nationale d'examen des circuits de vitesse, V. art. R. 331-38 à R. 331-41 C. sport.

Sur la Commission nationale consultative de prévention des violences lors des manifestations sportives, V. art. L. 332-18 et R. 332-10 C. sport.

Sur le Centre national pour le développement du sport, V. art. R. 112-2 et R. 411-2 à R. 411-28 C. sport.

Sur les commissions régionales et territoriales du Centre national pour le développement du sport, V. art. R. 411-12 à R. 411-23 C. sport.

V. comm. ss. chap. II, titre IV, livre Ier de la partie réglementaire C. sport.

Décret n° 67-315 du 31 mars 1967,

Portant création d'un Conseil supérieur de la navigation de plaisance et des sports nautiques.

COMMENTAIRE

Le Conseil supérieur de la navigation de plaisance et des sports nautiques est présidé, depuis 1993, par le navigateur Gérard d'Aboville (Décr. 14 avr. 2011 : *JO 16 avr.*). ❑

Art. 1er *(Décr. nº 87-377 du 11 juin 1987)* **Il est institué auprès du ministre chargé de la mer, du ministre chargé des voies navigables, du ministre chargé des sports et du ministre chargé du tourisme un conseil à vocation de conception, de coordination, de concertation et d'impulsion, intitulé Conseil supérieur de la navigation de plaisance et des sports nautiques. Le ministre chargé de la mer coordonne les relations entre les ministres concernés et le Conseil supérieur de la navigation de plaisance et des sports nautiques.**

Art. 2 Ce Conseil donne son avis sur toutes les questions concernant la navigation de plaisance et les sports nautiques qui lui sont soumises par les ministres intéressés.

(Décr. nº 87-377 du 11 juin 1987) **« Il peut émettre, dans le domaine de sa compétence, des vœux, propositions et recommandations qui sont transmis aux ministres concernés. »**

Art. 3 *(Décr. nº 2004-959 du 2 sept. 2004)* **Le président du Conseil supérieur de la navigation de plaisance et des sports nautiques est nommé par décret, pour une durée de trois ans renouvelable, sur proposition conjointe du ministre chargé de la mer, du ministre chargé des voies navigables, du ministre chargé des sports et du ministre chargé du tourisme.**

Le Secrétaire général du Conseil supérieur de la navigation de plaisance et des sports nautiques est nommé par arrêté du ministre chargé de la mer, pour une durée de trois ans renouvelable.

Sur proposition du Conseil, un ancien président du Conseil supérieur de la navigation de plaisance et des sports nautiques peut être nommé, par arrêté du ministre chargé de la mer, président d'honneur. Il assiste de droit aux séances de travail, avec voix consultative. – *V. Décr. 2 janv. 2008 (JO 4 janv.).*

Art. 3-1 *(Décr. nº 2011-766 du 28 juin 2011)* **Dans la limite des crédits ouverts à cet effet, le président du Conseil supérieur de la navigation de plaisance et des sports nautiques peut percevoir une indemnité de fonction dont le montant est fixé par arrêté conjoint du ministre chargé de la mer et du ministre chargé du budget.**

Art. 4 *(Décr. nº 2004-959 du 2 sept. 2004)* **Le Conseil supérieur de la navigation de plaisance et des sports nautiques comprend, outre le président et le secrétaire général, des membres de droit et des membres titulaires.**

Sont membres de droit :

– un représentant du ministre chargé de la mer ;
– un représentant du ministre chargé des voies navigables ;
– un représentant du ministre chargé des sports ;
– un représentant du ministre chargé du tourisme ;
– un représentant du ministre chargé de l'économie et des finances ;
– un représentant du ministre chargé de la défense ;
– un représentant du ministre chargé de l'intérieur ;
– un représentant du ministre chargé de la pêche ;
– un représentant du ministre chargé de l'environnement ;
– un représentant du ministre chargé des industries nautiques ;
– un représentant du Conservatoire de l'espace littoral et des rivages lacustres ;
– un représentant de Voies navigables de France ;
– un représentant désigné par le Comité national olympique et sportif français au titre des sports nautiques.

Un suppléant est désigné pour chaque membre de droit.

Les membres titulaires comprennent cinq catégories :

a) **Sept représentants des fédérations sportives agréées concernées par les sports de l'eau ;**

b) **Sept représentants d'associations concourant au développement de la navigation de plaisance, dont un représentant le tourisme nautique ;**

c) Cinq représentants des professionnels des industries nautiques ;

d) Deux représentants des fédérations et groupements de dirigeants de ports de plaisance ;

e) Sept personnalités désignées en raison de leur compétence particulière ;

(Décr. n° 2011-766 du 28 juin 2011) « *f)* cinq représentants d'associations agréées au titre de l'article L. 141-1 du code de l'environnement et des fondations reconnues d'utilité publique exerçant à titre principal des activités de protection de l'environnement ou d'éducation à l'environnement.

« Les membres titulaires sont nommés par arrêté conjoint du ministre chargé de la mer, du ministre chargé des voies navigables, du ministre chargé des sports, du ministre chargé du tourisme et du ministre chargé des industries nautiques et, en ce qui concerne ceux mentionnés aux *a, b, c, d* et *f*, sur présentation des organismes auxquels ils appartiennent. Ils sont nommés pour trois ans renouvelables. Un suppléant est nommé dans les mêmes conditions.

« Un arrêté du ministre chargé des sports fixe la liste des fédérations sportives mentionnées au *a*.

« Un arrêté du ministre chargé de l'environnement fixe la liste des organismes mentionnés au *f*. »

La perte de la qualité en raison de laquelle un membre titulaire ou suppléant a été nommé lui fait perdre la qualité de membre du conseil. Son remplaçant est nommé, dans les mêmes formes, pour la durée du mandat restant à courir.

Le conseil supérieur peut faire participer aux travaux de ses commissions, avec voix consultative, des spécialistes des questions à étudier.

Art. 5 *(Décr. n° 84-27 du 11 janv. 1984)* Les délibérations du Conseil supérieur sont préparées par le secrétaire général, qui dispose d'un secrétariat.

Al. 2 abrogé par Décr. n° 2004-959 du 2 sept. 2004.

Art. 6 *(Décr. n° 87-377 du 11 juin 1987)* Le Conseil supérieur de la navigation de plaisance et des sports nautiques établit son règlement intérieur qui est transmis au ministre chargé de la mer, au ministre chargé des voies navigables, au ministre chargé des sports et au ministre chargé du tourisme.

Art. 7 *(Décr. n° 2011-766 du 28 juin 2011)* Un arrêté conjoint du ministre chargé de la mer, du ministre chargé des voies navigables, du ministre chargé des sports, du ministre chargé du tourisme et du ministre chargé des industries nautiques fixera, en tant que de besoin, les modalités d'application du présent décret.

Arrêté du 17 juin 1986,

Relatif à la composition et au fonctionnement de la Commission consultative des activités de la natation.

Art. 1er La Commission consultative des activités de natation, créée par l'article 5 du décret n° 77-1177 du 20 octobre 1977 susvisé *[art. D. 322-11 s.]*, est placée auprès du ministre chargé des sports.

Art. 2 La Commission consultative des activités de la natation est présidée par le ministre chargé des sports ou son représentant.

Art. 3 Sont membres de droit de la Commission consultative des activités de la natation :

– Le président de la Fédération française de natation ou son représentant ;

– Le président de la Fédération française d'études et de sports sous-marins ou son représentant ;

– Le président de la Fédération française de sauvetage et de secourisme ou son représentant ;

– Le président de la Fédération française des maîtres nageurs sauveteurs ou son représentant ;

– Le président de l'Association des maires de France ou son représentant ;

– Le président du centre de formation des personnels communaux ou son représentant ;

– Deux représentants de l'organisation professionnelle la plus représentative des maîtres nageurs sauveteurs ;

– Un représentant de chacune des deux organisations professionnelles les plus représentatives des directeurs de piscine ;

– Le directeur général des collectivités locales ou son représentant ;

– Le directeur général de la police nationale ou son représentant ;

– Le directeur de la défense et de la sécurité civile ou son représentant ;
– Le directeur du tourisme ou son représentant ;
– Le directeur des sports ou son représentant ;
– Un représentant du ministre de l'éducation nationale ;
– Un représentant du ministre de la santé ;
– Un représentant du ministre de la défense ;
– Le chef du service de l'inspection générale de la jeunesse et des sports ou son représentant ;
– Le responsable du service chargé de l'équipement du ministère chargé des sports ou son représentant ;
– Le directeur de l'Institut national du sport et de l'éducation physique ou son représentant ;
– Le chef du bureau médical de la direction des sports ou son représentant ;
– Le directeur technique national de la Fédération française de natation ou son représentant.

En outre, le ministre chargé des sports désigne :
– Un directeur régional de la jeunesse et des sports ;
– Un directeur départemental de la jeunesse et des sports ;
– Un directeur de *(Décr. n° 2011-630 du 3 juin 2011, art. 2)* « centre de ressources, d'expertise et de performance sportives » ;
– Un professeur de sport spécialiste de la natation.

Art. 4 Le président de la commission consultative des activités de la natation peut faire appel, à titre consultatif, à toute personne compétente sur les questions traitées.

Art. 5 La commission consultative des activités de la natation se réunit sur convocation de son président ou à la demande d'un tiers de ses membres.

Art. 6 Les avis de la commission consultative des activités de la natation sont émis à la majorité relative des membres présents ou représentés ; en cas de partage des voix, celle du président est prépondérante.

Art. 7 Afin de préparer les travaux de la commission consultative des activités de la natation, il est créé trois sous-commissions spécialisées :
– Une sous-commission de l'emploi, de la formation et de l'enseignement présidée par le directeur des sports ou son représentant ;
– Une sous-commission de la sécurité présidée par le directeur de la défense et de la sécurité civile ou son représentant ;
– Une sous-commission de l'équipement présidée par le responsable du service chargé de l'équipement du ministère chargé de la jeunesse et des sports ou son représentant.

Art. 8 Les sous-commissions se réunissent à l'initiative de leur président et procèdent à l'étude des questions soumises à l'avis de la commission consultative des activités de la natation.

Elles sont composées de tous les membres de la commission consultative intéressés par les questions traitées. Le président de chaque sous-commission peut faire appel en outre à toute personne compétente sur les questions traitées.

Art. 9 L'arrêté du 24 février 1978 fixant la composition et le fonctionnement de la commission consultative des activités de la natation est abrogé.

Décret n° 2006-665 du 7 juin 2006,

Relatif à la réduction du nombre et à la simplification de la composition de diverses commissions administratives.

....

Art. 28 Il est institué, dans chaque département ou région :
1° Le conseil départemental de la jeunesse, des sports et de la vie associative ;
2° La commission régionale de la jeunesse, des sports et de la vie associative.

Art. 29 I. – Le conseil départemental de la jeunesse, des sports et de la vie associative concourt à la mise en œuvre, dans le département, des politiques publiques relatives à la jeunesse, à l'éducation populaire, aux loisirs et vacances des mineurs ainsi qu'aux sports et à la vie associative. Il est régi par les dispositions des articles 8 et 9.

Le conseil est notamment compétent pour donner un avis sur les demandes d'agrément départemental présentées par les associations, fédérations ou unions d'associations dans les conditions prévues par le décret n° 2002-571 du 22 avril 2002 susvisé *[relatif à l'agrément des associations de jeunesse et d'éducation populaire]*.

Il émet les avis prévus aux articles L. 227-10 et L. 227-11 du code de l'action sociale et des familles et à l'article L. 212-13 du code du sport.

Le conseil émet un avis et fait des propositions sur toutes les autres questions qui lui sont soumises par son président. Il peut en outre réaliser des études et faire des propositions sur tout sujet d'ordre économique, social ou culturel intéressant directement les jeunes.

Il participe à l'accompagnement, au suivi, à la coordination et à l'évaluation des politiques territoriales menées dans son champ de compétence.

II. – Le conseil comprend un ou plusieurs représentants :

1° Des services déconcentrés de l'État, dont au moins deux fonctionnaires de la direction départementale de la jeunesse et des sports ;

2° Des organismes assurant à l'échelon départemental la gestion des prestations familiales, sur proposition de ces organismes ;

3° Des collectivités territoriales ;

4° De la jeunesse engagée, notamment, dans des activités syndicales de salariés, de lycéens, d'étudiants et d'associations intervenant dans le domaine de la jeunesse, du sport, de l'éducation populaire, de la culture, de la protection de l'environnement et de l'action sociale, âgés d'au moins seize ans et d'au plus vingt-cinq ans à la date de leur nomination ;

5° Des associations et mouvements de jeunesse et d'éducation populaire agréés, désignés après avis du comité régional des associations de jeunesse et d'éducation populaire ou à défaut du comité pour les relations nationales et internationales des associations de jeunesse et d'éducation populaire ;

6° Des associations familiales et des associations ou groupements de parents d'élèves ;

7° Des associations sportives désignés après avis du comité départemental olympique et sportif ou, à défaut, du comité régional olympique et sportif ;

8° Des organisations syndicales de salariés et d'employeurs les plus représentatives au plan national intervenant dans les domaines définis au premier alinéa du I, dont au moins un représentant des salariés et un représentant des employeurs, intervenant dans le domaine du sport, désignés sur proposition des organisations syndicales concernées.

III. – Le conseil départemental de la jeunesse, des sports et de la vie associative est représenté au Conseil national de la jeunesse par un membre élu par et parmi les représentants désignés au 4° du II. Un suppléant est élu dans les mêmes conditions.

Lorsque les travaux du conseil départemental s'inscrivent dans le cadre de ceux du Conseil national de la jeunesse, le préfet ne réunit que les représentants mentionnés à l'alinéa précédent.

IV. – Lorsque le conseil départemental donne un avis sur les demandes d'agrément en application du deuxième alinéa du I, le préfet réunit une formation spécialisée où les représentants des services déconcentrés de l'État et les représentants des associations et mouvements de jeunesse et d'éducation populaire agréés siègent à parité. Les autres représentants prévus au II siègent sans condition de parité.

V. – Lorsque le conseil départemental donne les avis mentionnés au troisième alinéa du I, le préfet réunit une formation spécialisée comprenant :

1° Des représentants des services déconcentrés de l'État et des organismes assurant à l'échelon départemental la gestion des prestations familiales, pour au moins un tiers de la formation spécialisée ;

2° Des représentants, à parité, des associations et mouvements de jeunesse ainsi que des associations sportives ;

3° Un représentant des organisations syndicales de salariés et un représentant des organisations syndicales d'employeurs exerçant dans le domaine du sport, ainsi qu'un représentant des organisations syndicales de salariés et un représentant des organisations syndicales d'employeurs exerçant dans le domaine de l'accueil des mineurs mentionnés à l'article L. 227-4 du code de l'action sociale et des familles ;

4° Des représentants des associations familiales et des associations ou groupements de parents d'élèves.

Art. 30 I. – La commission régionale de la jeunesse, des sports et de la vie associative concourt à la mise en œuvre, dans la région et en Corse, des politiques publiques relatives à la jeunesse, aux sports et à la vie associative. Elle est régie par les dispositions des articles 8 et 9.

Elle est notamment compétente pour émettre un avis sur le développement de l'information de la jeunesse et pour analyser les besoins en personnels qualifiés en matière de jeunesse et de sport. Elle élabore, en vue de son examen par la Commission nationale du sport de haut niveau, un rapport annuel sur les conditions de mise en œuvre des orientations de la politique nationale du sport de haut niveau définies par cette commission nationale.

II. – La commission régionale de la jeunesse, des sports et de la vie associative comprend des représentants :

1° Des services déconcentrés de l'État et des établissements nationaux ayant leur siège dans la région relevant des champs de la jeunesse et des sports ;

2° Des collectivités territoriales ou de leurs groupements ;

3° Des groupements professionnels et organisations professionnelles œuvrant dans le domaine de la jeunesse et des sports ;

4° D'associations de jeunesse et d'éducation populaire, désignées après avis du comité régional des associations de jeunesse et d'éducation populaire, ou à défaut du comité pour les relations nationales et internationales des associations de jeunesse et d'éducation populaire ;

5° D'associations sportives, désignées après avis du comité régional olympique et sportif.

....

CONCURRENCE

BIBL. GÉN. ▸ L. Arcelin-Lecuyer, De la difficulté d'appréhender l'opportunisme commercial : l'exemple de l'ambush marketing, *D. 2008. Chron. 1501*. – F. Berthault, Le droit de la concurrence appliqué au secteur sportif, *Légicom 2000, n° 23, p. 47*. – M.-C. Boutard-Labarde, Les contraintes de droit commun : les problèmes posés par le droit de la concurrence, *in* Centenaire de la loi 1901, *RJ éco. sport 2001, n° spéc. (61), p. 61*. – S. Gobert, Pourquoi Sport Libre peut être considéré comme une entente ?, *Sport fin. et mark. 2002, n° 81, p. 11* ; Un bon ticket neige pour la FFS, *Sport fin. et mark. 2003, n° 109, p. 12*. – B. Foucher, *RJ éco. sport 1988, n° 6, p. 3* (licence-assurance et droit de la concurrence). – E. Honorat, Droit du sport et concurrence, *AJDA 2007. 30*. – C. Serain, Sport et concurrence : la spécificité du sport, *RJ éco. sport 2003, n° 67, p. 93*. – G. Simon, La nature juridique des règlements sportifs à objet commercial, *D. 1999. Chron. 174* ; Sport et concurrence, *Rev. conc. consom. 1999, n° 111*. – Droit de la concurrence et sport, *in Dict. perm. dr. sport (mise à jour périodique)*. – Sport et droit de la concurrence, *in* Lamy droit du sport, 2007. – Sport et droit américain de la concurrence, *in* Lamy droit du sport, 2003

V. aussi Bibl. gén. ss. chap. III « Exploitation des manifestations sportives » du titre III du livre III (art. L. 333-1) et App., Droit de l'Union européenne.

COMMENTAIRE

Même si le sport est présenté par le législateur français comme une activité d'intérêt général, contribuant à l'éducation, la culture, la santé... (art. L. 100-1 C. sport), il ne faut pas oublier qu'il est aussi et surtout une activité économique à part entière.

Selon une analyse économique, la taille du marché mondial de tous les biens et services sportifs (marché du travail sportif, des articles de sport, des retransmissions télévisées des événements sportifs, d'internet, des produits dérivés, de la presse, du sponsoring, etc) est estimée à plus de 650 milliards d'euros (V. J.-F. Bourg et J.-J. Gouguet, *Économie du sport, La Découverte, coll. Repères, 2012, p. 42*).

Devant un tel constat, les acteurs du sport ne peuvent légitimement prétendre échapper aux règles juridiques encadrant toute activité économique et, en particulier, aux dispositions gouvernant le droit de la concurrence. Ils y sont même doublement soumis puisque aux règles du droit français de la concurrence s'ajoutent celles du droit de l'Union européenne.

Ces deux ordres juridiques retiennent le même critère d'application du droit de la concurrence : l'activité économique.

Ainsi, en droit français, le droit de la concurrence a vocation à s'appliquer à toute activité économique de production, de distribution et de services *(art. L. 410-1, C. com.)*.

Le droit de l'Union européenne, quant à lui, soumet au droit de la concurrence les « comportements d'entreprise », le terme « entreprise » étant défini comme toute entité exerçant une activité économique. On précisera toutefois que le droit de la concurrence ne trouvera bien entendu à s'appliquer que si la pratique anticoncurrentielle en cause porte atteinte au commerce entre les États membres (Pour les questions de droit de l'Union européenne de la concurrence, V. App., v° *Droit de l'Union européenne*).

Au premier abord, on pourrait penser que le sport va être considéré uniquement sous un angle économique par les autorités française et communautaire de la concurrence, et que ces dernières vont lui appliquer les règles du droit de la concurrence sans discernement ; les décisions et avis les plus récents semblent au contraire montrer que les particularités et la « spécificité » du secteur sportif sont prises en considération dans l'application des règles considérées. ❑

Code de commerce

Art. L. 410-1 **Les règles définies au présent livre s'appliquent à toutes les activités de production, de distribution et de services, y compris celles qui sont le fait de personnes publiques** *(L. n° 95-127 du 8 févr. 1995)* **« , notamment dans le cadre de conventions de délégation de service public ».** – *[Ord. n° 86-1243 du 1er déc. 1986, art. 53.]*

COMMENTAIRE

L'article L. 410-1 du code du commerce s'attache à définir le champ d'application du droit de la concurrence par rapport à la nature de l'activité en cause : une activité de production, de distribution et de services. A partir de cette définition, et pour tenter d'échapper à l'application des règles correspondantes, les fédérations françaises délégataires ont fait valoir le fait qu'elles exerçaient une mission de service publique et que par conséquent leurs actes constituaient des prérogatives de puissance publique pour lesquels ni les autorités de la concurrence ni les juridictions de l'ordre judiciaire n'étaient compétentes. Dès lors, le droit de la concurrence ne leur était pas applicable.

Or les activités exercées par lesdites fédérations n'entrent pas toutes dans le cadre de la mission de service public qui leur a été confiée. Partant, si ces activités ont une finalité purement économique, non seulement elles obligent les fédérations à se soumettre au droit de la concurrence, mais la compétence de l'Autorité de la concurrence et celle du juge judiciaire ne peuvent être écartées. On considère qu'elles sont détachables de la mission de service public conférée à la fédération.

S'agissant des décisions à objet commercial prises par les fédérations délégataires, elles peuvent faire l'objet d'un recours pour excès de pouvoir devant le Conseil d'État, à l'occasion duquel le juge administratif vérifiera que les règles de la concurrence ont bien été respectées.

Ainsi, la frontière entre les actes et les pratiques dont les juridictions de l'ordre administratif et celles de l'ordre judiciaire ont respectivement à connaître semble tracée. Par conséquent, le débat relatif à la compétence de ces deux ordres de juridictions ne devrait pas, en principe, faire obstacle à l'application du droit de la concurrence aux fédérations sportives. ❑

1. Si la Fédération française de squash dispose, en application des art. 16 et 17 de la loi du 16 juill. 1984 relative à l'organisation et à la promotion des activités physiques et sportives [art. L. 131-8 s. et L. 131-14 s. C. sport], de pouvoirs d'organisation sportive relevant d'une mission de service public, la mise en œuvre d'une procédure d'agrément des constructeurs de courts de squash, qui seule conditionne l'homologation des courts réalisés et qui repose, d'une part, sur l'engagement des constructeurs de n'utiliser que certains produits de marques et, d'autre part, sur le versement d'une redevance calculée en fonction du nombre de produits homologués mis en œuvre par ces constructeurs, constitue, dès lors qu'elle se traduit par la promotion de certaines entreprises ou de certains produits, une activité de service au sens de l'art. 53 de l'ordonnance [art. L. 410-1 C. com], détachable de l'exercice des prérogatives de puissance publique dont dispose cette fédération sportive. • Cons. conc. 19 juin 1996 : *BOCC 1996. 414.*

2. Sur le fait que certaines activités des fédérations sportives s'analysent, au sens de l'art. 53 de l'ordonnance, en des activités de distribution ou de services détachables de l'exercice de leurs prérogatives de puissance publique et relèvent, par suite, de la compétence du juge judiciaire, V. aussi notes 29 et 31 ss. art. L. 131-14 C. sport.

3. Les dispositions de l'ordonnance du 1er déc. 1986 sont inapplicables au système mis en place par la Fédération française de tennis pour la vente des billets d'accès au tournoi de Roland Garros qui portent en caractères très lisibles la mention « ce billet ne peut être revendu », offerts en priorité à titre individuel aux licenciés de la fédération puis au public à l'exclusion de toute société autre que celle à qui incombent les opérations de relations publiques à l'intérieur du stade. • Paris, 20 nov. 1995 : *D. 1996. IR 6.*

4. L'organisation des championnats du monde, demeurant sous la responsabilité juridique de la fédération internationale, ne relève pas de l'exécution des missions de service public de la Fédération française de pétanque et de jeu provençal, même si celle-ci a été désignée comme responsable matériel de l'organisation de la manifestation. Aussi, s'analysent comme une activité de service au sens de l'article L. 410-1 C. com. et peuvent être soumis à la compétence de l'Autorité de la concurrence les contrats de partenariats, ayant pour objet la mise à disposition d'un espace de vente et de publicité, en contrepartie d'une rémunération, conclus dans le cadre de l'organisation des championnats du monde entre la Fédération française de pétanque et de jeu provençal et la société leader des boules de pétanque. • Aut. conc. 25 mai 2010 : *req. n° 10-D-17.*

Art. L. 420-1 **Sont prohibées** *(L. n° 2001-420 du 15 mai 2001)* **« même par l'intermédiaire direct ou indirect d'une société du groupe implantée hors de France, » lorsqu'elles ont pour objet ou peuvent avoir pour effet d'empêcher, de restreindre ou de fausser le jeu de la concurrence sur un marché, les actions concertées, conventions, ententes expresses ou tacites ou coalitions, notamment lorsqu'elles tendent à :**

1. Limiter l'accès au marché ou le libre exercice de la concurrence par d'autres entreprises ;

2. Faire obstacle à la fixation des prix par le libre jeu du marché en favorisant artificiellement leur hausse ou leur baisse ;

3. Limiter ou contrôler la production, les débouchés, les investissements ou le progrès technique ;

4. Répartir les marchés ou les sources d'approvisionnement. – *[Ord. n° 86-1243 du 1er déc. 1986, art. 7.]*

COMMENTAIRE

Le principe de prohibition des ententes illicites posé par l'article L. 420-1 du code de commerce a trouvé à s'appliquer à de nombreux contrats relatifs à l'exploitation du spectacle sportif signés entre les fédérations, les ligues ou bien encore les clubs et leurs partenaires (contrats de partenariat exclusif avec un équipementier, contrats publicitaires, contrats d'exploitation de la billetterie d'un événement sportif, contrats relatifs aux retransmissions télévisées des événements sportifs, etc.). A priori, ce type de conventions n'a rien d'illégal, sauf si elles ont été conclues au mépris des règles de la concurrence. Or, dans la plupart des cas, ces contrats stipulent une clause d'exclusivité au profit du partenaire (équipementier, publicitaire, agence de voyage…) sans qu'il y ait eu, au préalable, une mise en concurrence avec les autres partenaires potentiels. Ce n'est pas l'exclusivité en elle-même qui pose problème, c'est la manière dont elle a été accordée, le défaut de transparence de l'offre.

La validité de l'exclusivité consentie passe donc avant tout par une procédure d'appel d'offre qui permettra d'ouvrir le marché considéré à l'ensemble de ses acteurs.

Outre cette mise en concurrence obligatoire, l'exclusivité ne sera valable que si elle est limitée dans le temps.

Cela signifie tout d'abord que la durée du contrat lui-même doit être suffisamment brève pour permettre aux autres concurrents de se manifester à nouveau. Dans la même logique, les clauses de reconduction tacite ou de priorité qui conduiraient à un renouvellement automatique de l'exclusivité sont jugées contraires au droit de la concurrence et tombent sous le coup des articles précités.

Ces règles ne sont pas simples à appliquer, en particulier dans un secteur économique aussi spécifique que celui du sport. Les nombreux débats menés autour de l'exploitation commerciale des droits audiovisuels en témoignent (V., égal. sur ce point, notes ss. art. L. 333-1 C. sport). ❑

1. Constituent une entente prohibée ayant pour objet d'empêcher le libre jeu de la concurrence sur le marché des produits d'assurance-ski vendus en station les instructions délivrées par la Fédération française de ski à ses comités régionaux visant à ce que ces derniers évincent les produits d'assurance-ski concurrents de la « carte-neige », les comités régionaux, en tant qu'associations déclarées, ayant une personnalité morale distincte de la fédération qui les regroupe. • Paris, 14 juin 1995 : *BOCC 1995. 279.*

2. C'est à bon droit que sur le fondement de l'art. 7 de l'ordonnance [art. L. 420-1 C. com] une cour d'appel a décidé que le retrait ou l'éviction d'une organisation syndicale ne pouvait être assorti de restrictions au libre exercice d'une activité professionnelle, cette restriction étant en outre, en l'espèce, sans proportion avec la protection des intérêts commerciaux des moniteurs regroupés en une École de ski français. • Com. 9 nov. 1993 : *Bull. civ. IV, n° 399 ; D. 1994. 399, note Lombard.*

3. Ne donne pas de base légale à sa décision la cour d'appel qui annule totalement la décision du Conseil de la concurrence sur le fondement de l'atteinte aux droits de la défense en se fondant sur certaines pièces couvertes par le secret professionnel, sans prendre en compte les éléments objectifs retenus également par le conseil laissant apparaître concrètement que les moniteurs appartenant à l'École de ski français bénéficiaient d'avantages substantiels par rapport à ceux consentis aux moniteurs concurrents. • Com. 9 nov. 1993 : *préc. note 2.*

4. Constitue une atteinte au libre jeu de la concurrence, contraire à l'art. 7 de l'ordonnance, le fait pour la Fédération française de ski et ses clubs affiliés d'imposer, pour l'accès aux compétitions, corrélativement à la possession d'une licence « compétition-dirigeant », l'adhésion au régime d'assurance négocié par la fédération, sous peine pour le candidat, même convenablement assuré, d'être exclu des compétitions. • Cons. conc. 19 avr. 1988 : *D. 1989. Somm. 403, obs. Foucher.*

5. Le fait, pour une fédération sportive, de conclure avec un fournisseur un accord de partenariat exclusif n'est pas en soi contraire aux dispositions de l'art. 7 de l'ordonnance ; toutefois, un tel accord peut être visé par ces dispositions si les conditions dans lesquels il a été négocié ou les clauses qu'il contient ont pour objet ou peuvent avoir pour effet de limiter directement ou indirectement l'accès à un marché. • Cons. conc. 13 mai 1998 : *BOCC 1998. 490* • 7 oct. 1997 : *BOCC 1997. 894.* ♦ Tel est le cas : d'un accord de partenariat conclu entre la Fédération française d'escrime et deux fournisseurs de produits d'escrime pour l'organisation de l'assistance technique lors des compétitions fédérales, cet accord ayant été signé pour une durée anormalement longue (quatre ans) et prévoyant une clause de tacite reconduction au profit des entreprises signataires, sans appel à la concurrence. • Même décision.

6. ... Ou d'un accord de partenariat conclu entre la Fédération française du sport boules et une société aux termes duquel cette dernière se voyait confier l'exclusivité pour effectuer des publicités lors de toutes les compétitions sportives, locales ou nationales, et pour présenter et commercialiser ses produits sur un stand d'exposition lors des compétitions nationales, une telle exclusivité ayant à elle seule un effet anticoncurrentiel significatif s'agissant des compétitions les plus importantes et qui drainent le plus grand nombre de clients potentiels. • Paris, 20 oct. 1998 : *BOCC 1998. 727.*

7. ... Ou d'un accord de partenariat conclu entre la Ligue nationale de football et une société aux termes duquel cette dernière se voyait confier l'exclusivité de la fourniture des équipements aux clubs de première et deuxième divisions, cet accord ayant été signé sans qu'il ait été procédé à un appel préalable à la concurrence, et pour une durée excessive (cinq ans) ; en outre, l'accord litigieux était de nature à faire apparaître la société en cause comme le fournisseur exclusif des équipes jouant dans au moins 60 % des matchs retransmis à la télévision sur le territoire national. • Cons. conc. 7 oct. 1997 : *préc. note 5.*

8. Présentent un caractère anticoncurrentiel les accords conclus entre la Fédération française de football et la société Sportfive pour la gestion des droits marketing de l'Équipe de France et de la Coupe de France aux termes desquels la combinaison des clauses d'exclusivité, de tacite reconduction et d'indemnité de fin de contrat ainsi que d'avenants de prolongation signés plusieurs années avant l'échéance théorique des contrats a pour effet de soustraire pendant une longue période la commercialisation de ces droits au libre jeu de la concurrence. • Aut. conc. 30 sept. 2009 : *req. n° 09-D-31.*

9. Les clauses de partenariat exclusif entre la société leader des boules de pétanque et l'organisateur des championnats du monde n'avaient pas d'effets anticoncurrentiels en raison de l'existence de nombreuses alternatives permettant aux entreprises concurrentes d'avoir accès à d'autres manifestations équivalentes. • Aut. conc. 25 mai 2010 : *req. n° 10-D-17.*

10. Doit être confirmée la décision de l'Autorité de la concurrence (Aut. conc. 30 juill. 2014, req. n° 14-MC-01, *Conc., 01/10/2014, com. F. Marty, p. 139*) en ce qu'elle a estimé que la pratique consistant pour le groupe Canal Plus et la Ligue nationale de Rugby, à avoir négocié de gré à gré puis conclu un accord exclusif attribuant les droits de retransmission du Top 14 pour une durée de cinq années, en excluant tout autre opérateur du processus d'attribution, révèle un objet et/ou un effet anticoncurrentiel susceptible de caractériser une entente contraire à l'art. L. 420-1 C. com. et à l'art. 101 du TFUE. • Paris, 9 oct. 2014 : *RG. n° 2014/16759.*

11. L'accord conclu entre la Fédération française des clubs alpins et de montagne et trois compagnies de guides qui vise à accorder à ces dernières des modalités privilégiées de réservation de place d'hébergement dans le refuge permettant l'accès au sommet du Mont Blanc en contrepartie de la mise en œuvre des mesures de sécurité du refuge est susceptible de constituer une entente ayant pour objet et pour effet de limiter, d'une part, l'accès au marché de la réservation de places d'hébergement au refuge des guides (et leurs clients) n'appartenant pas à l'une des compagnies bénéficiaires de l'accord, d'autre part, l'accès au marché de la sécurisation du refuge. • Aut. Conc. 30 juill. 2015, n° 15-D-12.

12. Est rejetée, faute d'éléments suffisamment probants et d'abus de position dominante avéré, la saisine de la chaîne MCS, qui invoquait l'existence de deux ententes prohibées constituées d'une part, entre GCP et Eurosport, aux fins de coordonner leurs offres et de convaincre la LNR de renoncer au principe du diffuseur unique et d'autre part, entre la LNR, GCP et Eurosport pour modifier les conditions d'attribution des droits de la Pro D2 aux fins d'attribuer ces droits à GCP et Eurosport et d'en évincer MCS. • Aut. Conc. 23 mars 2016, n° 16-D-04.

Art. L. 420-2 *(L. n° 2001-420 du 15 mai 2001)* **Est prohibée, dans les conditions prévues à l'article L. 420-1, l'exploitation abusive par une entreprise ou un groupe d'entreprises d'une position dominante sur le marché intérieur ou une partie substantielle de celui-ci. Ces abus peuvent notamment consister en refus de vente, en ventes liées ou en conditions de vente discriminatoires ainsi que dans la rupture de relations commerciales établies, au seul motif que le partenaire refuse de se soumettre à des conditions commerciales injustifiées.**

Est en outre prohibée, dès lors qu'elle est susceptible d'affecter le fonctionnement ou la structure de la concurrence, l'exploitation abusive par une entreprise ou un groupe d'entreprises de l'état de dépendance économique dans lequel se trouve à son égard une entreprise cliente ou fournisseur. *(L. n° 2005-882 du 2 août 2005, art. 40)* **« Ces abus peuvent notamment consister en refus de vente, en ventes liées, en pratiques discriminatoires visées au I de l'article L. 442-6 ou en accords de gamme. »**

1. Une cour d'appel, ayant constaté que le refus opposé par la Fédération française de football à une chaîne de télévision d'accéder au marché des droits de retransmission des rencontres de football organisées au sein de l'Union des associations européennes de football (UEFA) constituait une pratique prohibée visée par les art. 7 et 8 de l'ordonnance et les art. 85 et 86 du Traité instituant la Communauté européenne, a pu décider à bon droit que ladite fédération ne pouvait se prévaloir, pour justifier une telle pratique discriminatoire, des conditions d'exemption prévues par l'art. 10 de l'ordonnance. • Com. 1er mars 1994 : *Bull. civ. IV, n° 91.* ♦ Sur le fait qu'un tel refus constitue également un trouble manifestement illicite qu'il appartient au juge des référés de faire cesser : • Com. 1er mars 1994 : *D. 1995. Somm. 61, obs. A. Lacabarats.*

2. La clause de priorité insérée dans les contrats de partenariat signés entre des clubs de football professionnels et un équipementier s'analyse comme un abus de position dominante sur le marché de la chaussure de marque de football, dès lors qu'une telle clause a pour objet et peut avoir pour effet de protéger la position de cet équipementier de la concurrence d'autres entreprises aux termes de la période contractuelle. • Cons. conc. 7 oct. 1997 : *BOCC 1997. 894.*

3. Une agence de voyages espagnole, sélectionnée comme tour-opérateur autorisé (TOA), n'est pas fondée à soutenir que la Fédération internationale de football amateur (FIFA) et le Comité français d'organisation de la Coupe du monde de football auraient abusé de leur position dominante à l'occasion de la vente des billets de cette manifestation en ne fournissant pas aux TOA le nombre de billets annoncé, dès lors que la part de 8 % de billets réservée à ces derniers n'était qu'un objectif auquel les organisateurs n'étaient pas tenus de parvenir, seul un nombre de billets étant contractuellement garantis à ceux-ci et qu'il est constant que ces billets garantis ont été délivrés. • Com. 8 juill. 2003 : *pourvoi n° 01-17.015.*

4. Il y a lieu de suspendre les effets de la décision d'attribution des droits de diffusion des matchs de la Ligue 1 de football, prise par le conseil d'administration de la Ligue de football professionnel (LFP) le 12 déc. 2002, dès lors que les pratiques dénoncées de la ligue et des sociétés Canal Plus et Kiosque sont de nature à porter atteinte à l'intérêt du secteur, à celui des consommateurs et à celui de l'entreprise plaignante (la société TPS). En effet, il ne peut être exclu en l'espèce que l'attribution exclusive à Canal Plus et Kiosque des droits en question par la LFP, qui en a le monopole légal, ne prive la société TPS d'un élément essentiel à son développement ou à sa pérennité et conduise à une diminution du bien-être des consommateurs ; en outre, s'il n'apparaît pas de manière certaine que la structure des lots élaborée par la LFP a eu pour objet et a pu avoir, à elle seule, pour effet d'évincer TPS du marché des droits de diffusion des matchs de la Ligue 1, il ne peut être exclu que le manque de clarté des dispositions du règlement de consultation ait pu permettre à la LFP d'exercer une discrimination entre les soumissionnaires. • Cons. conc. 23 janv. 2003 : *req. n° 03-MC-01* (après médiation, la LFP et les sociétés Canal Plus, Kiosque, TPS et Multivision ont trouvé un accord qui a été homologué par la cour d'appel de Paris le 29 avr. 2003).

5. Ne sont pas constitutives de pratiques anticoncurrentielles les pratiques mises en œuvre par la société Consortium Stade de France dans le cadre des conventions la liant à la Féd.

fr. de rugby portant sur l'accès aux installations, la publicité et les marchés dérivés du Stade de France à l'occasion de rencontres sportives. Il ne ressort pas des éléments avancés par la Fédération que le Stade de France constitue une infrastructure essentielle caractérisant une situation de monopole sur le marché des enceintes sportives de grande capacité et que les conditions de vente des supports de publicité évènementielle et des contrats de partenariat attestent de pratiques anticoncurrentielles. La gêne éventuelle éprouvée par la Féd. fr de rugby résulte du principe même de la cession au Consortium Stade de France de ses droits de publicité évènementielle. • Aut. conc. 20 déc. 2012 : *req. n° 12-D-28.*

6. Si la délivrance de licences de golf relève d'une mission de service public de la Fédération, la commercialisation de différents produits d'assurance complémentaires relève de son activité économique et est ainsi ouverte à la concurrence. Par conséquent, l'inclusion d'assurances complémentaires non obligatoires dans la licence fédérale est susceptible de caractériser une « vente liée » qualifiable d'abus de position dominante compte tenu de la position de la fédération par rapport à ses clubs affiliés. De plus, la communication mise en place par la Fédération vis-à-vis des golfs sur le caractère obligatoire de la licence est également susceptible d'étendre les effets de la vente liée potentiellement abusive et d'entraver l'émergence de la concurrence. • Aut. conc. 21 déc. 2012 : *req. n° 12-D-29.* ♦ Suite à une demande en révision, les engagements souscrits par la Fédération française de golf dans le cadre de la décision du 21 déc. 2012 précitée sont déclarés non obligatoires ou sans objet, considérant qu'il n'existe plus de préoccupations de concurrence sur le marché de la distribution des produits d'assurance complémentaires aux joueurs de golf et qu'il est établi le constat que du fait du découplage, la quasi-totalité des licenciés ne sont plus couverts en assurance individuelle accident et que, lié à l'absence de mutualisation, le coût de l'assurance de personnes dans le contrat collectif a considérablement augmenté. • Aut. conc. 27 nov. 2015, n° 15-D-16.

7. Le fait pour un éditeur de presse sportive de mettre sur le marché, de façon simultanée, un quotidien similaire à un quotidien concurrent dans le but d'évincer ce nouvel entrant du marché de la presse quotidienne nationale d'information sportive et conforter ainsi le monopole qu'il détient, enfreint les dispositions de l'art. 420-2 C. com. en ce qu'il constitue une pratique d'éviction anticoncurrentielle. • Aut. conc. 20 févr. 2014, req. n° 114-D-02 : *Conc., 01/04/2014, comm. A. Wachsmann et N. Zacharie, p. 96.*

Art. L. 420-2-1 *(L. n° 2012-1270 du 20 nov. 2012, art. 5-I-1°)* **Sont prohibés, dans les collectivités relevant de l'article 73 de la Constitution et dans les collectivités d'outre-mer de Saint-Barthélemy, de Saint-Martin, de Saint-Pierre-et-Miquelon et de Wallis-et-Futuna, les accords ou pratiques concertées ayant pour objet ou pour effet d'accorder des droits exclusifs d'importation à une entreprise ou à un groupe d'entreprises.**

L'art. L. 420-2-1 C. com. s'applique aux accords ou pratiques concertées en cours. Les parties à ces accords ou pratiques disposent d'un délai de quatre mois à compter de la promulgation de la L. n° 2012-1270 du 20 nov. 2012 pour se mettre en conformité avec les dispositions de ce même art. (L. préc., art. 5-II).

Art. L. 420-2-2 *(L. n° 2016-1920 du 29 déc. 2016, art. 3-I-1°, en vigueur le 1er mars 2017)* **Sont prohibés les accords, les pratiques concertées et les pratiques unilatérales ayant pour objet ou pour effet d'interdire ou de limiter substantiellement la possibilité pour une entreprise qui exécute des prestations de transport public particulier de personnes ou des services occasionnels de transport collectif de personnes effectués au moyen de véhicules légers :**

1° De recourir simultanément à plusieurs intermédiaires ou acteurs de mise en relation avec des clients en vue de la réalisation de ces prestations ;

2° Sans préjudice de l'article L. 3142-5 du code des transports, de commercialiser sans intermédiaire les services de transport qu'elle exécute ;

3° De faire la promotion, au moyen de signes extérieurs sur le véhicule, d'une ou plusieurs offres de transport, y compris celles qu'elle commercialise sans intermédiaire.

L'art. L. 420-2-2 est applicable aux contrats conclus avant le 1er mars 2017 (L. n° 2016-1920 du 29 déc. 2016, art. 3-II).

Art. L. 420-3 **Est nul tout engagement, convention ou clause contractuelle se rapportant à une pratique prohibée par les articles L. 420-1** *(L. n° 2012-1270 du 20 nov. 2012, art. 5-I-2°)* **« , L. 420-2 »** *(L. n° 2016-1920 du 29 déc. 2016, art. 3-I-2° et II, en vigueur le 1er mars 2017)* **« , L. 420-2-1 et L. 420-2-2 ».** – *[Ord. n° 86-1243 du 1er déc. 1986, art. 9.]*

Art. L. 420-4 **I. – Ne sont pas soumises aux dispositions des articles L. 420-1 et L. 420-2 les pratiques :**

1° Qui résultent de l'application d'un texte législatif ou d'un texte réglementaire pris pour son application ;

2° Dont les auteurs peuvent justifier qu'elles ont pour effet d'assurer un progrès économique *(L. n° 2001-420 du 15 mai 2001)* « , y compris par la création ou le maintien d'emplois, » et qu'elles réservent aux utilisateurs une partie équitable du profit qui en résulte, sans donner aux entreprises intéressées la possibilité d'éliminer la concurrence pour une partie substantielle des produits en cause. Ces pratiques, qui peuvent consister à organiser, pour les produits agricoles ou d'origine agricole, sous une même marque ou enseigne, les volumes et la qualité de production ainsi que la politique commerciale, y compris en convenant d'un prix de cession commun, » ne doivent imposer des restrictions à la concurrence que dans la mesure où elles sont indispensables pour atteindre cet objectif de progrès.

II. – Certaines catégories d'accords ou certains accords, notamment lorsqu'ils ont pour objet d'améliorer la gestion des entreprises moyennes ou petites, peuvent être reconnues comme satisfaisant à ces conditions par décret pris après avis conforme *(Ord. n° 2008-1161 du 13 nov. 2008, art. 4)* « de l'Autorité de la concurrence ». – *[Ord. n° 86-1243 du 1er déc. 1986, art. 10.]*

(L. n° 2012-1270 du 20 nov. 2012, art. 5-I-3°) « III. – Ne sont pas soumis aux dispositions *(L. n° 2016-1920 du 29 déc. 2016, art. 3-I-3°-a et II, en vigueur le 1er mars 2017)* « des articles L. 420-2-1 et L. 420-2-2 » les accords ou pratiques *(Abrogé par L. n° 2016-1920 du 29 déc. 2016, art. 3-3°-b, à compter du 1er mars 2017)* « *concertées* » dont les auteurs peuvent justifier qu'ils sont fondés sur des motifs objectifs tirés de l'efficacité économique et qui réservent aux consommateurs une partie équitable du profit qui en résulte. »

(L. n° 2016-1920 du 29 déc. 2016, art. 3-I-3°-c, en vigueur le 1er mars 2017) « Certaines catégories d'accords ou de pratiques, certains accords ou certaines pratiques, notamment lorsqu'ils ont pour objet de favoriser l'apparition d'un nouveau service, peuvent être reconnus comme satisfaisant aux conditions mentionnées au premier alinéa du présent III, par arrêté conjoint des ministres chargés de l'économie et des transports, pris après avis conforme de l'Autorité de la concurrence et pour une durée ne pouvant excéder cinq ans. »

1. Application d'un texte législatif ou réglementaire. La convention conclue entre la Fédération française de ski, l'Association des maires des stations françaises de sport d'hiver, le Syndicat national des téléphériques et téléskis de France et le ministère de la jeunesse et des sports portant engagement des partenaires à favoriser le produit d'assurance dit « carte-neige » ne peut être assimilée à un texte législatif ou à un texte réglementaire, qui seuls peuvent constituer le motif d'exemption prévu à l'art. 10, 1. • Paris, 14 juin 1995 : *BOCC 1995. 279.*

2. Si les dispositions de l'art. 18-1 de la loi du 16 juill. 1984 [art. L. 333-1 C. sport] prévoient bien le droit pour un organisateur d'exploiter, notamment sur le plan des retransmissions radiophoniques ou télévisuelles, une manifestation ou une compétition sportive, ces dispositions n'impliquent nullement que la Ligue nationale de football puisse faire obstacle au jeu de la concurrence, en signant un accord exclusif de parrainage sans appel préalable à la concurrence, d'une durée excessive, et comportant une clause de préférence au profit de l'entreprise signataire. • Cons. conc. 7 oct. 1997 : *BOCC 1997. 894.*

3. Progrès économique. La Ligue nationale de football ne peut valablement soutenir que le contrat de partenariat exclusif qu'elle a conclu avec un équipementier constituait le seul moyen de doter les clubs professionnels de ressources plus importantes, plus stables et mieux réparties, dès lors que le progrès économique au sens des dispositions de l'art. 10-2 de l'ordonnance ne saurait se réduire à l'intérêt des clubs de football. • Cons. conc. 7 oct. 1997 : *préc. note 2.*

Art. L. 442-7 Aucune association ou coopérative d'entreprise ou d'administration ne peut, de façon habituelle, offrir des produits à la vente, les vendre ou fournir des services si ces activités ne sont pas prévues par ses statuts. – *[Ord. n° 86-1243 du 1er déc. 1986, art. 37.]*

Caractérise l'infraction de pratique paracommerciale retenue à l'encontre du président d'une association proposant des prestations à caractère sportif, la cour d'appel qui relève que cette association se livrait de manière habituelle, sans être assujettie aux charges fiscales et sociales correspondantes, à des activités lucratives non prévues par ses statuts et ouvertes à des personnes non adhérentes sollicitées par voie publicitaire, opérations de nature à porter préjudice aux commerçants offrant les mêmes prestations. • Crim. 19 oct. 1992 : *Bull. crim. n° 327.* ♦ V. déjà : • Crim. 10 juin 1991 : *Bull. crim. n° 246 ; Bull. Joly 1991. 914, note Jeantin.*

Art. L. 464-1 *(L. n° 2001-420 du 15 mai 2001 ; Ord. n° 2008-1161 du 13 nov. 2008, art. 4)* « L'Autorité de la concurrence peut, à la demande du ministre chargé de l'économie, des personnes mentionnées au dernier alinéa de l'article L. 462-1 ou des entreprises et après

avoir entendu les parties en cause et le commissaire du Gouvernement, prendre les mesures conservatoires qui lui sont demandées ou celles qui lui apparaissent nécessaires. »

Ces mesures ne peuvent intervenir que si la pratique dénoncée porte une atteinte grave et immédiate à l'économie générale, à celle du secteur intéressé, à l'intérêt des consommateurs ou à l'entreprise plaignante.

Elles peuvent comporter la suspension de la pratique concernée ainsi qu'une injonction aux parties de revenir à l'état antérieur. Elles doivent rester strictement limitées à ce qui est nécessaire pour faire face à l'urgence.

(Abrogé par Ord. n° 2008-1161 du 13 nov. 2008, art. 2-X) ***« Les mesures conservatoires sont publiées au Bulletin officiel de la concurrence, de la consommation et de la répression des fraudes. »*** – *[Ord. n° 86-1243 du 1er déc. 1986, art. 12.]*

COMMENTAIRE

Créée par la loi de modernisation de l'économie n° 2008-776 du 4 août 2008, l'Autorité de la concurrence succède au Conseil de la concurrence. Outre le transfert des pouvoirs de l'ancien conseil, elle bénéficie de nouveaux moyens et prérogatives. L'Autorité de la concurrence est notamment dotée d'un grand service d'instruction afin de pouvoir mener elle-même ses enquêtes et dispose de la possibilité de s'autosaisir en matière d'avis sur toute question relative à la concurrence (V. App., v° *Paris sportifs*). ❑

1. Doit être approuvée la décision du Conseil de la concurrence enjoignant à la Ligue nationale de football et à une société commerciale de suspendre, dans l'attente d'une décision au fond, l'accord relatif à la fourniture d'équipements aux clubs de première et deuxième divisions de football, dès lors que cet accord, compte tenu de la faible substituabilité des produits concernés, de l'importance tant financière que médiatique du parrainage publicitaire dans le domaine du football et de l'éviction des autres fabricants, est susceptible d'être qualifié de pratiques anticoncurrentielles au regard des art. 7 et 8 de l'ordonnance. • Paris, 23 août 1995 : *BOCC 1995. 403*, confirmé par • Com. 2 déc. 1997 : *Bull. civ. IV, n° 316.*

2. Pour une décision du Conseil de la concurrence ayant considéré que ne répondait pas aux conditions de l'art. 12 l'accord, à le supposer avéré, conclu entre deux sociétés commerciales aux termes duquel l'une de ces sociétés aurait accepté de rompre le contrat de parrainage qui la liait à un club de football de première division au profit de l'autre société en contrepartie de la signature d'un accord concernant l'équipement des gardiens de but des équipes de football professionnelles, V. : • Cons. conc. 23 juill. 1996 : *BOCC 1996. 479.*

....

COMMENTAIRE

L'affaire Orange Sports (V. note ss. art. L. 122-1 C. consom.) aurait pu être soumise aux règles du droit de la concurrence s'agissant d'exclusivité de droits de retransmission de programmes audiovisuels, de ventes liées, de concurrence entre fournisseurs d'accès... Toutefois, c'est sous l'angle du droit de la consommation que les juges se sont prononcés. ❑

Code de la consommation

Art. L. 121-11 Est interdit le fait de refuser à un consommateur la vente d'un produit ou la prestation d'un service, sauf motif légitime ;

Est également interdit le fait de subordonner la vente d'un produit à l'achat d'une quantité imposée ou à l'achat concomitant d'un autre produit ou d'un autre service ainsi que de subordonner la prestation d'un service à celle d'un autre service ou à l'achat d'un produit dès lors que cette subordination constitue une pratique commerciale déloyale au sens de l'article L. 121-1.

Pour les établissements de crédit et les organismes mentionnés à l'article L. 518-1 du code monétaire et financier, les règles relatives aux ventes subordonnées sont fixées par les dispositions du 1 du I de l'article L. 312-1-2 du même code.

Les dispositions du présent article s'appliquent à toutes les activités de production, de distribution et de services, y compris celles qui sont le fait de personnes publiques, notamment dans le cadre de conventions de délégation de service public. – *[Anc. art. L. 122-1.]*

Ne constitue pas une vente liée illicite au sens de l'art. L. 122-1 *[L. 121-11]* le fait pour un opérateur de subordonner l'abonnement à une chaîne audiovisuelle à la souscription d'un abonnement multiservices (Internet haut débit, téléphonie fixe et télévision ADSL). • Paris, 14 mai 2009, req. n° 09/03660 : *CCC 2009, n° 201, obs. Bosco.*

DOPAGE (TEXTES INTERNATIONAUX)

BIBL. GÉN. ▸ Agence mondiale antidopage, *Rapport annuel, 2014, https://wada-main-prod.s3.amazonaws.com/resources/files/wada-2014-annual-report-fr_0.pdf* – F. ALAPHILIPPE, L'harmonisation mondiale de la lutte contre le dopage. – « Le droit du sport et ses spécificité », *in* Le droit administratif : permanences et convergences, *Mélanges Lachaume, Dalloz 2007, p. 278.* – S. CHAILLET, Les nouvelles dispositions relatives au dopage et l'adoption de la convention UNESCO, *AJDA, n° 30, sept. 2007.* – CH. DUDOGNON, Les sources du droit du sport, *Thèse, Limoges, 2007, dact.* – J.-P. KARAQUILLO, Les contestations internationales en matière de dopage – Le droit du sport et ses spécificités, *in* Le droit administratif : permanences et convergences, *Mélanges Lachaume, Dalloz 2007, p. 293.* – F. LAGARDE, Un aspect particulier de l'harmonisation mondiale : la sanction du dopage, *in* Le droit administratif : permanences et convergences, *Mélanges Lachaume, Dalloz, 2007, p. 284.* – S. LE RESTE, Repentance et lutte contre le dopage, *Cah. dr. sport 2013, n° 30, p. 28.* – O. NIGGLI et J. SIEVEKING, Éléments choisis de jurisprudence rendue en application du code mondial antidopage, *Jusletter, n° 20, févr. 2006, p. 1.*– M. PELTIER, Le nouveau code mondial antidopage, *LPA, 30 oct. 2014, n° 195, p. 5.* – P. ROCIPON, Code mondial et code du sport : même combat !, *JS 2010, n° 101* ; Agence mondiale antidopage, *in Dict. jur. du sport, Dalloz, Juriséditions, 2013, p. 18* ; Lutte contre le dopage : un enjeu avant tout international, *JS 2013, n° 137, p. 16* ; Le nouveau code mondial antidopage est entré en vigueur le 1er janvier 2015, *JS 2015, n° 149, p. 6*.

COMMENTAIRE

L'harmonisation internationale des systèmes de répression du dopage est l'une des priorités actuelles de la lutte contre le dopage, tant il semble indispensable, pour l'efficacité et l'effectivité de la lutte, que tous les acteurs du monde sportif soient confrontés aux mêmes règles. Il s'agit là d'une conséquence évidente de la globalisation et de la mondialisation du sport, qui ne peut plus être envisagé à la seule échelle nationale mais doit être appréhendé d'un point de vue international. Alors que désormais les athlètes s'entraînent et participent à des compétitions partout dans le monde, il est inopérant de prononcer des sanctions valables uniquement sur le territoire d'un État. Les situations, trop fréquentes, de sportifs bénéficiant des incohérences et des incompatibilités entre les différents systèmes nationaux sont autant de régressions dans la lutte contre le dopage. D'où l'évidente nécessité d'harmoniser les dispositifs de répression du dopage à l'échelle internationale. La notion d'harmonisation s'envisage donc entre les différents pays et les différents sports, mais des problèmes d'articulation entre les règles étatiques et les réglementations sportives imposent également un besoin de coordination entre le mouvement sportif et les pouvoirs publics.

Le premier texte international en matière de lutte contre le dopage a été adopté à Strasbourg le 16 novembre 1989 ; par la suite, cette convention fut ouverte à la signature des États membres du Conseil de l'Europe.

A la fin de l'année 1999, suite aux scandales intervenus lors du Tour de France cycliste 1998, a été créée l'Agence mondiale antidopage (AMA), fondation suisse de droit privé dont le siège social se trouve à Lausanne et le bureau principal au Canada. Celle-ci a pour mission de promouvoir, coordonner et superviser la lutte contre le dopage dans le sport ; elle peut elle-même diligenter certains contrôles, uniquement de manière inopinée et hors compétitions. L'AMA est composée et financée à parts égales par le mouvement sportif et les gouvernements.

L'adoption du code mondial antidopage lors de la conférence mondiale de Copenhague le 5 mars 2003, élaboré sous l'égide de l'Agence mondiale antidopage, constitue une étape importante dans la perspective internationale de la répression du dopage. Le code vise en effet à harmoniser les règles liées au dopage dans tous les sports et tous les pays. S'agissant d'un document de droit privé, celui-ci ne lie juridiquement que les parties l'ayant reconnu, à ce jour la quasi-totalité des fédérations internationales et des organisations nationales olympiques. Les pouvoirs publics ne sont cependant pas juridiquement liés par un tel texte, qui ne constitue pas une convention internationale.

Devant cette lacune importante, qui peut mener à des conflits de droit si les pouvoirs publics adoptent des réglementations en contradiction avec celles que doivent respecter les organisations sportives, a été adoptée, le 19 octobre 2005, la convention internationale de l'UNESCO contre le dopage dans le sport. Cette convention a pour objectif d'aligner les législations nationales avec le code mondial antidopage et d'obtenir ainsi une harmonisation entre les réglementations sportives et publiques en matière de lutte contre le dopage. L'article 3 de la convention, relatif aux moyens d'atteindre le but de la convention, dispose à cet égard que « les États parties s'engagent à adopter des mesures appropriées aux niveau national et international qui soient conformes aux principes énoncés dans le code ».

Sur la jurisprudence du TAS en matière de dopage, V. App., v° *Arbitrage juridictionnel.* ❑

Convention du Conseil de l'Europe contre le dopage du 16 novembre 1989

Signée à Strasbourg le 16 nov. 1989 ; entrée en vigueur le 1er mars 1991 ; publiée par Décr. n° 91-274 du 13 mars 1991 (JO 16 mars).

COMMENTAIRE

La Convention européenne de lutte contre le dopage, signée à Strasbourg en 1989, constitue le premier texte international en matière de répression du dopage. Elle a pendant longtemps déterminé la liste des produits dopants applicable en France mais, depuis la loi n° 2008-650 du 3 juillet 2008, c'est la liste annexée à la Convention internationale contre le dopage dans le sport, adoptée sous l'égide de l'UNESCO le 19 octobre 2005, qui est applicable. Dans les faits, cela n'a cependant guère d'importance puisque les listes issues de la convention de Strasbourg et de la convention UNESCO sont identiques, transcrivant strictement la liste établie chaque année par l'Agence mondiale antidopage. ❑

PRÉAMBULE

Les États membres du Conseil de l'Europe, les autres États parties à la Convention culturelle européenne, ainsi que les autres États, signataires de la présente Convention,

Considérant que le but du Conseil de l'Europe est de réaliser une union plus étroite entre ses membres afin de sauvegarder et de promouvoir les idéaux et les principes qui sont leur patrimoine commun et de favoriser leur progrès économique et social ;

Conscients que le sport doit jouer un rôle important dans la protection de la santé, dans l'éducation morale et physique et dans la promotion de la compréhension internationale ;

Préoccupés par l'emploi de plus en plus répandu de produits et de méthodes de dopage parmi les sportifs dans l'ensemble du sport et par ses conséquences pour la santé des pratiquants et pour l'avenir du sport ;

Attentifs au fait que ce problème met en danger les principes éthiques et les valeurs éducatives consacrés par la Charte olympique, la Charte internationale du sport et de l'éducation physique de l'UNESCO et la Résolution (76) 41 du Comité des ministres du Conseil de l'Europe, connue sous le titre « Charte européenne du sport pour tous » ;

Considérant les règlements, politiques et déclarations adoptés par les organisations sportives internationales dans le domaine de la lutte contre le dopage ;

Conscients que les pouvoirs publics et les organisations sportives volontaires ont des responsabilités complémentaires dans la lutte contre le dopage dans le sport et, en particulier, dans la garantie du bon déroulement – sur la base du principe du *fair-play* – des manifestations sportives, ainsi que dans la protection de la santé de ceux qui y prennent part ;

Reconnaissant que ces pouvoirs et organisations doivent collaborer à tous les niveaux appropriés ; *[...]*

Résolus, toutefois, à poursuivre et à renforcer leur coopération en vue de réduire et, à terme, d'éliminer le dopage dans le sport en tenant compte des valeurs éthiques et des mesures pratiques contenues dans ces instruments,

sont convenus de ce qui suit :

Art. 1er *But de la Convention.* **Les Parties, en vue de la réduction et, à terme, de l'élimination du dopage dans le sport, s'engagent à prendre, dans les limites de leurs dispositions**

constitutionnelles respectives, les mesures nécessaires pour donner effet aux dispositions de la présente Convention.

Art. 2 *Définition et champ d'application de la Convention.* 1. Aux fins de la présente Convention :

a) On entend par « dopage dans le sport » l'administration aux sportifs ou l'usage par ces derniers de classes pharmacologiques d'agents de dopage ou de méthodes de dopage ;

b) On entend par « classes pharmacologiques d'agents de dopage ou de méthodes de dopage », sous réserve du paragraphe 2 ci-dessous, les classes d'agents de dopage et de méthodes de dopage interdites par les organisations sportives internationales compétentes, et figurant sur des listes qui ont été approuvées par le groupe de suivi en vertu de l'article 11.1 b ;

c) On entend par « sportifs » les personnes des deux sexes qui participent habituellement à des activités sportives organisées.

2. Tant qu'une liste des classes pharmacologiques interdites d'agents de dopage et de méthodes de dopage n'aura été pas approuvée par le groupe de suivi en vertu de l'article 11.1.b, la liste de référence contenue dans l'annexe à la présente Convention s'applique.

Art. 3 *Coordination au plan intérieur.* 1. Les Parties coordonnent les politiques et les actions de leurs services gouvernementaux et autres organismes publics concernés par la lutte contre le dopage dans le sport.

2. Elles veillent à ce qu'il y ait application pratique de cette Convention et, en particulier, à satisfaire aux exigences de l'article 7, en confiant, le cas échéant, la mise en œuvre de certaines dispositions de la présente Convention à une autorité sportive gouvernementale ou non gouvernementale désignée à cet effet, ou à une organisation sportive.

Art. 4 *Mesures destinées à limiter la disponibilité et l'utilisation d'agents de dopage et de méthodes de dopage interdits.* 1. Les Parties adoptent, selon les cas, une législation, des règlements ou des mesures administratives pour réduire la disponibilité (et, notamment, des dispositions visant à contrôler la circulation, la détention, l'importation, la distribution et la vente) ainsi que l'utilisation dans le sport d'agents et de méthodes de dopage interdits et, en particulier, de stéroïdes anabolisants.

2. A cette fin, les Parties ou, le cas échéant, les organisations non gouvernementales compétentes subordonnent les critères d'octroi des subventions publiques aux organisations sportives à l'application effective, par celles-ci, des réglementations antidopage.

3. Par ailleurs, les Parties :

a) aident leurs organisations sportives à financer les contrôles et les analyses antidopage, soit par l'octroi de subventions ou de subsides directs, soit en tenant compte du coût de ces contrôles et analyses lors de la fixation du montant global des subventions ou subsides à allouer à ces organisations ;

b) prennent des mesures appropriées afin de refuser l'octroi, à des fins d'entraînement, de subventions provenant de fonds publics à des sportifs qui ont été suspendus à la suite de la découverte d'une infraction à la réglementation sur le dopage dans le sport, et ce pendant la durée de leur suspension ;

c) encouragent et, le cas échéant, facilitent l'exécution, par leurs organisations sportives, des contrôles antidopage demandés par les organisations sportives internationales compétentes, tant au cours qu'en dehors des compétitions ; et

d) encouragent et facilitent la conclusion, par les organisations sportives, d'accords autorisant des équipes de contrôle antidopage dûment agréées à faire subir des tests à leurs membres dans d'autres pays.

4. Les Parties se réservent le droit d'adopter des règlements antidopage et d'organiser des contrôles antidopage de leur propre initiative et sous leur propre responsabilité à condition qu'ils soient compatibles avec les principes pertinents de la présente convention.

Art. 5 *Laboratoires.* 1. Chaque Partie s'engage :

a) soit à créer ou faciliter la création sur son territoire d'un ou de plusieurs laboratoires de contrôle antidopage susceptibles d'être agréés conformément aux critères adoptés par les organisations sportives internationales compétentes et approuvés par le groupe de suivi en vertu de l'article 11.1.b. ;

b) soit à aider ses organisations sportives à avoir accès à un tel laboratoire sur le territoire d'une autre Partie.

2. Ces laboratoires sont encouragés à :

a) prendre les mesures adéquates pour recruter et retenir, former et recycler un personnel qualifié ;

b) entreprendre des programmes appropriés de recherche et de développement sur les agents de dopage et les méthodes utilisées ou présumées être utilisées aux fins de dopage dans le sport, ainsi que dans les domaines de la biochimie et de la pharmacologie analytiques, pour parvenir à une meilleure compréhension des effets de diverses substances sur l'organisme humain et de leurs conséquences sur le plan des performances sportives ;

c) publier et diffuser rapidement les nouvelles données apportées par leurs recherches.

Art. 6 *Éducation.* 1. Les Parties s'engagent à élaborer et à mettre en œuvre, le cas échéant en collaboration avec les organisations sportives concernées et avec les moyens de communication de masse, des programmes éducatifs et des campagnes d'information mettant en relief les dangers pour la santé inhérents au dopage et l'atteinte aux valeurs éthiques du sport. Ces programmes et campagnes s'adressent autant aux jeunes dans les établissements scolaires et les clubs sportifs et à leurs parents, qu'aux athlètes adultes, aux responsables et directeurs sportifs, et aux entraîneurs. Pour les personnes travaillant dans le domaine médical, ces programmes éducatifs soulignent l'importance du respect de la déontologie médicale.

2. Les Parties s'engagent à encourager et à promouvoir, en collaboration avec les organisations sportives régionales, nationales et internationales concernées, des recherches relatives à l'élaboration de programmes d'entraînement physiologique et psychologique fondés sur des bases scientifiques et respectueux de l'intégrité de la personne humaine.

Art. 7 *Collaboration avec les organisations sportives concernant les mesures que celles-ci doivent prendre.* 1. Les Parties s'engagent à encourager leurs organisations sportives et, à travers celles-ci, les organisations sportives internationales, à élaborer et appliquer toutes les mesures appropriées relevant de leur compétence pour lutter contre le dopage dans le sport.

2. A cette fin, elles encouragent leurs organisations sportives à clarifier et à harmoniser leurs droits, obligations et devoirs respectifs, en particulier en harmonisant leurs :

a) règlements antidopage sur la base des règlements adoptés par les organisations sportives internationales compétentes ;

b) listes de classes pharmacologiques d'agents de dopage et de méthodes de dopage interdites, sur la base des listes adoptées par les organisations sportives internationales compétentes ;

c) méthodes de contrôle antidopage ;

d) procédures disciplinaires, en appliquant les principes internationalement reconnus de la justice naturelle et en garantissant le respect des droits fondamentaux des sportifs sur lesquels pèse un soupçon ; ces principes sont notamment les suivants :

i. l'organe d'instruction doit être distinct de l'organe disciplinaire ;

ii. ces personnes ont droit à un procès équitable et le droit d'être assistées ou représentées ;

iii. il doit exister des dispositions claires et à mettre en pratique permettant d'interjeter appel contre tout jugement rendu ;

e) procédures d'application de sanctions effectives aux responsables, médecins, vétérinaires, entraîneurs, physiothérapeutes et autres responsables ou complices d'infractions aux règlements antidopage de la part de sportifs ;

f) procédures de reconnaissance mutuelle des suspensions et autres sanctions imposées par d'autres organisations sportives dans le pays même ou dans un autre pays.

3. En outre, les Parties encouragent leurs organisations sportives à :

a) instituer, en nombre suffisant pour être efficaces, des contrôles antidopage non seulement au cours des compétitions, mais encore sans préavis à tout moment approprié hors des compétitions ; ces contrôles devront être menés de manière équitable pour tous les sportifs et comporter des tests répétés et appliqués à des sportifs pris, le cas échéant, au hasard ;

b) conclure, avec les organisations sportives d'autres pays, des accords permettant de soumettre un sportif s'entraînant dans un de ces pays à des tests pratiqués par une équipe de contrôle antidopage dûment autorisée dudit pays ;

c) clarifier et harmoniser les règlements concernant l'admissibilité aux épreuves sportives qui incluent les critères antidopage ;

d) encourager les sportifs à participer activement à la lutte contre le dopage menée par les organisations sportives internationales ;

e) utiliser pleinement et efficacement les équipements mis à leur disposition pour l'analyse antidopage dans les laboratoires mentionnés à l'article 5, tant au cours qu'en dehors des compétitions sportives ;

f) rechercher des méthodes scientifiques d'entraînement et élaborer des principes directeurs, adaptés à chaque sport, destinés à protéger les sportifs de tous âges.

Art. 8 *Coopération internationale.* 1. Les Parties coopèrent étroitement dans les domaines couverts par la présente convention et encouragent une coopération analogue entre leurs organisations sportives.

2. Les Parties s'engagent à :

a) encourager leurs organisations sportives à œuvrer en faveur de l'application des dispositions de la présente convention au sein de toutes les organisations sportives internationales auxquelles elles sont affiliées, notamment par le refus d'homologuer les records mondiaux ou régionaux qui ne sont pas assortis des résultats négatifs d'un test antidopage authentifié ;

b) promouvoir la coopération entre les personnels de leurs laboratoires de contrôle antidopage créés ou fonctionnant conformément à l'article 5 ; et

c) instituer une coopération bilatérale et multilatérale entre leurs organismes, autorités et organisations compétents, aux fins d'atteindre, également sur le plan international, les objectifs énoncés à l'article 4.1.

3. Les Parties, qui disposent de laboratoires créés ou fonctionnant conformément aux critères définis à l'article 5, s'engagent à aider les autres Parties à acquérir l'expérience, la compétence et les techniques qui leur sont nécessaires à la création de leurs propres laboratoires.

Art. 9 *Communication d'informations.* Chaque Partie transmet au Secrétaire général du Conseil de l'Europe, dans l'une des langues officielles du Conseil de l'Europe, toutes les informations pertinentes relatives aux mesures législatives ou autres qu'elle aura prises dans le but de se conformer aux dispositions de la présente convention.

Art. 10 *Groupe de suivi.* 1. Il est constitué, aux fins de la présente convention, un groupe de suivi.

2. Toute Partie peut se faire représenter au sein du groupe de suivi par un ou plusieurs délégués. Chaque Partie a droit à une voix.

3. Tout État mentionné à l'article 14.1, qui n'est pas partie à la présente convention, peut se faire représenter au groupe de suivi par un observateur.

4. Le groupe de suivi peut, à l'unanimité, inviter tout État non membre du Conseil de l'Europe qui n'est pas partie à la convention et toute organisation sportive ou professionnelle concernée à se faire représenter par un observateur à une ou plusieurs de ses réunions.

5. Le groupe de suivi est convoqué par le Secrétaire général. Il tient sa première réunion dans les meilleurs délais et, en tout cas, moins d'un an à compter de la date d'entrée en vigueur de la convention. Il se réunit par la suite chaque fois que cela s'avère nécessaire, à l'initiative du Secrétaire général ou d'une Partie.

6. La majorité des Parties constitue le quorum nécessaire pour tenir une réunion du groupe de suivi.

7. Le groupe de suivi siège à huis clos.

8. Sous réserve des dispositions de la présente convention, le groupe de suivi établit son règlement intérieur et l'adopte par consensus.

Art. 11 1. Le groupe de suivi est chargé de suivre l'application de la présente convention. Il peut en particulier :

a) revoir de manière permanente les dispositions de la présente convention et examiner les modifications qui pourraient être nécessaires ;

b) approuver la liste, et toute révision éventuelle, des classes pharmacologiques d'agents de dopage et de méthodes de dopage interdites par les organisations sportives internationales compétentes – mentionnées à l'article 2, alinéas 1 et 2 – et les critères d'accréditation des laboratoires, et toute révision éventuelle, adoptés par les mêmes organisations – mentionnés à l'article 5.1.a. – et fixer la date d'entrée en vigueur des décisions prises ;

c) engager des consultations avec les organisations sportives concernées ;

d) adresser aux Parties des recommandations concernant les mesures à prendre pour la mise en œuvre de la présente convention ;

e) recommander les mesures appropriées pour assurer l'information des organisations internationales compétentes et du public sur les travaux entrepris dans le cadre de la présente convention ;

f) adresser au Comité des Ministres des recommandations relatives à l'invitation d'États non membres du Conseil de l'Europe à adhérer à la présente convention ;

g) formuler toute proposition visant à améliorer l'efficacité de la présente convention.

2. Pour l'accomplissement de sa mission, le groupe de suivi peut, de sa propre initiative, prévoir des réunions de groupes d'experts.

Art. 12 Après chacune de ses réunions, le groupe de suivi transmet au Comité des Ministres du Conseil de l'Europe un rapport sur ses travaux et sur le fonctionnement de la convention.

Art. 13 *Amendements aux articles de la convention.* 1. Des amendements aux articles de la présente convention peuvent être proposés par une Partie, par le Comité des Ministres du Conseil de l'Europe ou par le groupe de suivi.

2. Toute proposition d'amendement est communiquée par le Secrétaire général du Conseil de l'Europe aux États mentionnés à l'article 14 et à tout État qui a adhéré ou a été invité à adhérer à la présente convention conformément aux dispositions de l'article 16.

3. Tout amendement proposé par une Partie ou par le Comité des Ministres est communiqué au groupe de suivi au moins deux mois avant la réunion à laquelle l'amendement doit être étudié. Le groupe de suivi soumet au Comité des Ministres son avis concernant l'amendement proposé, le cas échéant, après consultation des organisations sportives compétentes.

4. Le Comité des Ministres étudie l'amendement proposé ainsi que tout avis soumis par le groupe de suivi et peut adopter l'amendement.

5. Le texte de tout amendement adopté par le Comité des Ministres conformément au paragraphe 4 du présent article est transmis aux Parties en vue de son acceptation.

6. Tout amendement adopté conformément au paragraphe 4 du présent article entre en vigueur le premier jour du mois qui suit l'expiration d'un délai d'un mois après la date à laquelle toutes les Parties ont informé le Secrétaire général de leur acceptation dudit amendement.

Clauses finales

Art. 14 1. La présente convention est ouverte à la signature des États membres du Conseil de l'Europe, des autres États parties à la Convention culturelle européenne et des États non membres ayant participé à l'élaboration de la présente convention, qui peuvent exprimer leur consentement à être liés par :

a) signature sans réserve de ratification, d'acceptation ou d'approbation, ou

b) signature sous réserve de ratification, d'acceptation ou d'approbation, suivie de ratification, d'acceptation ou d'approbation.

2. Les instruments de ratification, d'acceptation ou d'approbation seront déposés près le Secrétaire général du Conseil de l'Europe.

V., pour la France, les instruments de ratification suivants : L. n° 90-1144 du 21 déc. 1990 (autorisation d'approbation) (JO 26 déc.) ; Décr. n° 91-274 du 13 mars 1991 (publication) (JO 16 mars) ; Décr. n° 98-464 du 10 juin 1998 (modif. annexe) (JO 17 juin) ; Décr. n° 99-790 du 8 sept. 1999 (modif. annexe) (JO 15 sept.) ; Décr. n° 2001-564 du 25 juin 2001 (modif. annexe) (JO 30 juin) ; Décr. n° 2002-403 du 20 mars 2002 (modif. annexe) (JO 27 mars) ; Décr. n° 2003-514 du 12 juin 2003 (modif. annexe) (JO 18 juin) ; Décr. n° 2004-97 du 29 janv. 2004 (modif. annexe) (JO 31 janv.) ; Décr. n° 2004-807 du 13 août 2004 (JO 15 août) ; Décr. n° 2005-267 du 21 mars 2005 (modif. annexe) (JO 25 mars) ; Décr. n° 2006-290 du 9 mars 2006 (modif. annexe) (JO 16 mars) ; Décr. n° 2007-41 du 11 janv. 2007 (modif. annexe) (JO 12 janv.) ; Décr. n° 2008-35 du 10 janv. 2008 (modif. annexe) (JO 21 févr.) ; Décr. n° 2009-93 du 26 janv. 2009 (modif. annexe) (JO 28 janv.) ; Décr. n° 2010-134 du 10 févr. 2010 (modif. Annexe) (JO 12 févr.) ; Décr. n° 2010-1578 du 16 déc. 2010 (modif. Annexe) (JO 18 déc.) ; Décr. n° 2011-1947 du 23 déc. 2011 (modif. Annexe) (JO 27 déc.).

Depuis 2012, l'annexe à la convention du Conseil de l'Europe contre le dopage (qui fixe la liste annuelle des produits et substances interdits) ne fait plus l'objet d'une ratification formelle mais entre en vigueur à compter de sa publication au Journal officiel : V. Décr. n° 2012-1426 du 19 déc. 2012 (liste 2013) (JO 21 déc.) ; Décr. n° 2013-1286 du 27 déc. 2013 (liste 2014) (JO 31 déc.) ; Décr. n° 2014-1556 du 22 déc. 2014 (liste 2015) (JO 24 déc.) ; Décr. n° 2015-1684 du 16 déc. 2015 (liste 2016, V. infra ss. annexe 1 Convention internationale contre le dopage dans le sport de l'UNESCO) (JO 18 déc.).

COMMENTAIRE

Au total et depuis l'entrée en vigueur de la convention au Maroc le 1er octobre 2013, cinquante-deux États ont ratifié la convention, dont cinq États non membres du Conseil de l'Europe mais ayant participé à son élaboration, comme l'article 14 leur en donne la possibilité (Australie, Bélarus, Canada, Tunisie et Maroc). Les États-Unis et le Saint-Siège sont les deux autres États non membres ayant participé à l'élaboration de la convention, mais sans jamais l'avoir ratifiée.

Le Danemark, la Hongrie, la Norvège, le Royaume-Uni et Saint-Marin ont été les premiers États à ratifier la convention, le 1er mars 1990.

La France a été le neuvième État à agir en ce sens.

Liste, par ordre chronologique de ratification, acceptation, approbation ou adhésion :

Danemark (1er mars 1990) ; Hongrie (1er mars 1990) ; Finlande (1er juin 1990) ; Norvège (1er mars 1990) ; Royaume-Uni (1er mars 1990) ; Saint-Marin (1er mars 1990) ; Suède (1er août 1990) ; Pologne (1er nov. 1990) ; France (1er mars 1991) ; Russie (1er avr. 1991) ; Islande (1er mai 1991) ; Autriche (1er sept. 1991) ; Espagne (1er juill. 1992) ; Bulgarie (1er août 1992) ; Slovénie (1er sept. 1992) ; Suisse (1er janv. 1993) ; Croatie (1er mars 1993) ; Slovaquie (1er juill. 1993) ; Turquie (1er janv. 1994) ; Chypre (1er avr. 1994) ; ex-République yougoslave de Macédoine (1er mai 1994) ; Portugal (1er mai 1994) ; Allemagne (1er juin 1994) ; Australie (1er déc. 1994) ; Bosnie-Herzégovine (1er févr. 1995) ; Pays-Bas (1er juin 1995) ; République tchèque (1er juin 1995) ; Italie (1er avr. 1996) ; Grèce (1er mai 1996) ; Canada (1er mai 1996) ; Lituanie (1er juill. 1996) ; Luxembourg (1er août 1996) ; Lettonie (1er mars 1997) ; Estonie (1er janv. 1998) ; Roumanie (1er févr. 1999) ; Lichtenstein (1er juill. 2000) ; Serbie (1er avr. 2001) ; Belgique (1er janv. 2002) ; Ukraine (1er janv. 2002) ; Irlande (1er mars 2003) ; Géorgie (1er juill. 2003) ; Azerbaïdjan (1er janv. 2004) ; Monaco (1er janv. 2004) ; Tunisie (1er avr. 2004) ; Arménie (1er mai 2004) ; Albanie (1er janv. 2005) ; Bélarus (1er mai 2006) ; Canada (1er mai 2006) ; Monténégro (6 juin 2006) ; Andorre (1er nov. 2006) ; Moldavie (1er mars 2009) ; Malte (1er janv. 2012) ; Maroc (1er oct. 2013). ❑

Art. 15 **1. La convention entrera en vigueur le premier jour du mois suivant l'expiration d'un délai d'un mois après la date à laquelle cinq États, dont au moins quatre États membres du Conseil de l'Europe, auront exprimé leur consentement à être liés par la convention conformément aux dispositions de l'article 14.** – *Soit une entrée en vigueur le 1er mars 1990.*

2. Pour tout État signataire qui exprimera ultérieurement son consentement à être lié par la convention, celle-ci entrera en vigueur le premier jour du mois suivant l'expiration d'un délai d'un mois après la date de la signature ou du dépôt de l'instrument de ratification, d'acceptation ou d'approbation.

Art. 16 **1. Après l'entrée en vigueur de la présente convention, le Comité des Ministres du Conseil de l'Europe, après consultation des Parties, pourra inviter tout État non membre du Conseil à adhérer à la convention, par une décision prise à la majorité prévue à l'article 20. d. du Statut du Conseil de l'Europe et à l'unanimité des représentants des États contractants ayant le droit de siéger au Comité.**

2. Pour tout État adhérent, la convention entrera en vigueur le premier jour du mois suivant l'expiration d'un délai d'un mois après la date de dépôt de l'instrument d'adhésion près le Secrétaire général du Conseil de l'Europe.

Art. 17 **1. Tout État peut, au moment de la signature ou au moment du dépôt de son instrument de ratification, d'acceptation, d'approbation ou d'adhésion, désigner le ou les territoires auxquels s'appliquera la présente convention.** – *Déclaration du Gouvernement de la République française : en déposant son instrument d'approbation de la Convention contre le dopage, la France déclare qu'en vertu de la possibilité qui lui est offerte par l'art. 17 de cette Convention, celle-ci s'appliquera aux départements européens et d'outre-mer de la République française.*

2. Tout État peut, à tout moment ultérieur, par une déclaration adressée au Secrétaire général du Conseil de l'Europe, étendre l'application de la présente convention à tout autre territoire désigné dans la déclaration. La convention entrera en vigueur à l'égard de ce territoire le premier jour du mois suivant l'expiration d'un délai d'un mois après la date de réception de ladite déclaration par le Secrétaire général.

3. Toute déclaration formulée en vertu des deux paragraphes précédents pourra être retirée, en ce qui concerne tout territoire désigné dans cette déclaration, par notification adressée au Secrétaire général. Le retrait prendra effet le premier jour du mois suivant l'expiration d'un délai de six mois après la date de réception de la notification par le Secrétaire général.

Art. 18 **1. Toute Partie peut, à tout moment, dénoncer la présente convention en adressant une notification au Secrétaire général du Conseil de l'Europe.**

2. La dénonciation prend effet le premier jour du mois suivant l'expiration d'un délai de six mois après la date de réception de la notification par le Secrétaire général.

Art. 19 **Le Secrétaire général du Conseil de l'Europe notifie aux Parties, aux autres États membres du Conseil de l'Europe, aux autres États parties à la Convention culturelle euro-**

péenne, aux États ayant participé à l'élaboration de la présente convention et à tout État qui y a adhéré ou qui a été invité à y adhérer

a) toute signature conformément à l'article 14 ;

b) le dépôt de tout instrument de ratification, d'acceptation, d'approbation ou d'adhésion conformément à l'article 14 ou 16 ;

c) toute date d'entrée en vigueur de la présente convention conformément aux articles 15 et 16 ;

d) toute information transmise en vertu des dispositions de l'article 9 ;

e) tout rapport établi en application des dispositions de l'article 12 ;

f) toute proposition d'amendement et tout amendement adopté conformément à l'article 13 et la date d'entrée en vigueur de cet amendement ;

g) toute déclaration formulée en vertu des dispositions de l'article 17 ;

h) toute notification adressée en application des dispositions de l'article 18 et la date de prise d'effet de la dénonciation ;

i) tout autre acte, notification ou communication se référant à la présente convention.

ANNEXE

V. Amendement commun à l'annexe de la Convention contre le dopage et à l'annexe I de la Convention internationale contre le dopage dans le sport reproduite ci-après.

Protocole additionnel à la Convention du Conseil de l'Europe contre le dopage,

Signé à Varsovie le 12 sept. 2002 ; entré en vigueur le 1er avr. 2004 ; non ratifié par la France.

COMMENTAIRE

Le but du Protocole est d'assurer la reconnaissance mutuelle des contrôles antidopage et de renforcer l'application de la Convention.

A cette fin, le Protocole permet la reconnaissance par les États parties des contrôles antidopage sur leur territoire aux sportifs venant d'autres États parties à la Convention, ce qui permet d'éviter la conclusion de plusieurs accords bilatéraux et d'améliorer l'efficacité des contrôles antidopage. Dans le même esprit, le Protocole est le premier instrument de droit international public qui reconnaît la compétence de l'Agence mondiale antidopage pour la réalisation des contrôles hors compétition.

Quant au renforcement de l'application de la Convention, le Protocole institue un mécanisme de suivi contraignant. Ce suivi est réalisé par une équipe d'évaluation au moyen d'une visite sur place dans l'État concerné et d'un rapport d'évaluation. Par ce protocole, la Convention contre le dopage se hisse au niveau d'un petit nombre de conventions internationales ayant un réel mécanisme de contrôle contraignant. ❑

Art. 1er *Reconnaissance mutuelle des contrôles antidopage.*

1 Ayant à l'esprit les dispositions des articles 3.2, 4.3.*d* et 7.3.*b* de la Convention, les Parties reconnaissent mutuellement aux organisations antidopage sportives ou nationales la compétence de réaliser sur leur territoire, dans le respect de la réglementation nationale du pays d'accueil, des contrôles antidopage sur les sportifs et les sportives venant des autres Parties à la Convention. Le résultat de ces contrôles doit être communiqué simultanément à l'organisation antidopage nationale et à la fédération nationale sportive du sportif ou de la sportive concerné(e), à l'organisation nationale antidopage du pays d'accueil et à la fédération internationale sportive.

2 Les Parties prennent les mesures nécessaires à la réalisation de tels contrôles, qui peuvent s'ajouter à ceux qui sont déjà effectués en vertu d'un accord bilatéral antérieur ou d'un autre accord spécifique. Afin d'assurer le respect des normes internationalement reconnues, les organisations antidopage sportives ou nationales doivent être certifiées aux normes de qualité ISO pour les contrôles du dopage reconnues par le Groupe de suivi constitué conformément à l'article 10 de la Convention.

3 Les Parties reconnaissent de la même façon la compétence de l'Agence mondiale antidopage (AMA) et d'autres organisations de contrôle du dopage opérant sous son autorité pour réaliser des contrôles hors compétition sur leurs sportifs et sportives, qu'ils soient ou non sur leur territoire. Les résultats de ces tests seront communiqués à l'organisation antidopage

nationale des sportifs et des sportives concerné(e)s. Ces contrôles seront effectués, en accord avec les organisations sportives visées à l'article 4.3.*c* de la Convention, conformément aux règlements en vigueur et aux dispositions de la loi nationale du pays d'accueil.

Art. 2 *Renforcement de l'application de la Convention.*

1 Le Groupe de suivi constitué conformément à l'article 10 de la Convention supervise l'application et la mise en œuvre de la Convention quant à chacune des Parties respectives. Cette supervision est effectuée par une équipe d'évaluation dont les membres sont nommés à cette fin par le Groupe de suivi. Les membres de l'équipe d'évaluation sont choisis sur la base de leur compétence reconnue dans le domaine de la lutte antidopage.

2 L'équipe d'évaluation réalise ses travaux en examinant le rapport national soumis au préalable par la Partie concernée et, si nécessaire, au moyen d'une visite sur place. Sur la base de ses constatations relatives à la mise en œuvre de la Convention, elle soumet au Groupe de suivi un rapport d'évaluation comportant ses conclusions et ses recommandations éventuelles. Les rapports d'évaluation sont publics. La Partie concernée a le droit de formuler des observations sur les conclusions de l'équipe d'évaluation, lesquelles devront faire partie du rapport.

3 Les rapports nationaux sont établis et les visites d'évaluation réalisées selon un programme adopté par le Groupe de suivi, en consultation avec les Parties concernées. Les Parties autorisent la visite de l'équipe d'évaluation et s'engagent à encourager les organismes nationaux concernés à coopérer pleinement avec elle.

4 Les modalités pratiques pour la réalisation des évaluations (incluant un schéma d'évaluation de l'application de la Convention accepté), des visites et du suivi sont précisées dans un règlement adopté par le Groupe de suivi.

Art. 3 *Réserves.*

Aucune réserve n'est admise aux dispositions du présent Protocole.

Art. 4 *Expression du consentement à être lié.*

1 Le présent Protocole est ouvert à la signature des États membres du Conseil de l'Europe et des autres États signataires de la Convention ou Parties à celle-ci, qui peuvent exprimer leur consentement à être liés par :

a signature sans réserve de ratification, d'acceptation ou d'approbation ; ou

b signature, sous réserve de ratification, d'acceptation ou d'approbation, suivie de ratification, d'acceptation ou d'approbation.

2 Un signataire de la Convention ne peut signer le présent Protocole sans réserve de ratification, d'acceptation ou d'approbation, ou déposer un instrument de ratification, d'acceptation ou d'approbation, sans avoir, antérieurement ou simultanément, exprimé son consentement à être lié par la Convention.

3 Les instruments de ratification, d'acceptation ou d'approbation seront déposés près le Secrétaire général du Conseil de l'Europe.

COMMENTAIRE

Vingt-cinq États membres du Conseil de l'Europe et un État non membre (la Tunisie) ont ratifié le protocole additionnel. Sept États membres et un État non membre (le Canada) ont signé le protocole additionnel mais ne l'ont pas encore ratifié. La France n'a pas signé le protocole additionnel. Liste, par ordre chronologique de ratification, acceptation, approbation ou adhésion :

Danemark (12 sept. 2002) ; Norvège (12 sept. 2002) ; Suède (12 sept. 2002) ; Monaco (28 nov. 2003) ; Lettonie (9 déc. 2003) ; Autriche (3 févr. 2004) ; Azerbaïdjan (11 févr. 2004) ; Tunisie (26 févr. 2004) ; Islande (30 mars 2004) ; Pologne (18 juin 2004) ; Suisse (4 oct. 2004) ; Ukraine (4 nov. 2004) ; Lituanie (9 nov. 2004) ; Estonie (26 nov. 2004) ; Chypre (15 déc. 2004) ; Slovaquie (11 janv. 2005) ; République tchèque (12 janv. 2005) ; Bulgarie (13 juin 2005) ; Lichtenstein (8 févr. 2006) ; Roumanie (21 août 2006) ; Arménie (14 oct. 2006) ; Luxembourg (18 déc. 2006) ; Hongrie (21 juin 2007) ; Allemagne (15 janv. 2008) ; Moldavie (27 janv. 2009) ; Bosnie-Herzégovine (30 mars 2009). ❑

Art. 5 *Entrée en vigueur.*

1 Le présent Protocole entrera en vigueur le premier jour du mois qui suit l'expiration d'une période de trois mois après la date à laquelle cinq États parties à la Convention auront exprimé leur consentement à être liés par le Protocole, conformément aux dispositions de l'article 4. – *Soit une entrée en vigueur le 1er avr. 2004.*

2 Pour tout État qui exprimera ultérieurement son consentement à être lié par le Protocole, celui-ci entrera en vigueur le premier jour du mois qui suit l'expiration d'une période de trois mois après la date de la signature ou du dépôt de l'instrument de ratification, d'acceptation ou d'approbation.

Art. 6 *Adhésion.*

1 Après l'ouverture à la signature du présent Protocole, tout État qui adhérera à la Convention pourra également adhérer au présent Protocole.

2 L'adhésion s'effectuera par le dépôt, près le Secrétaire général du Conseil de l'Europe, d'un instrument d'adhésion qui prendra effet le premier jour du mois qui suit l'expiration d'une période de trois mois après la date de son dépôt.

Art. 7 *Application territoriale.*

1 Tout État peut, au moment de la signature ou au moment du dépôt de son instrument de ratification, d'acceptation, d'approbation ou d'adhésion, désigner le ou les territoires auxquels s'appliquera le présent Protocole.

2 Tout État peut, à tout moment par la suite, par une déclaration adressée au Secrétaire général du Conseil de l'Europe, étendre l'application du présent Protocole à tout autre territoire désigné dans la déclaration. Le Protocole entrera en vigueur à l'égard de ce territoire le premier jour du mois qui suit l'expiration d'une période de trois mois après la date de réception de la déclaration par le Secrétaire Général.

3 Toute déclaration faite en vertu des deux paragraphes précédents pourra être retirée, en ce qui concerne tout territoire désigné dans cette déclaration, par notification adressée au Secrétaire général du Conseil de l'Europe. Le retrait prendra effet le premier jour du mois qui suit l'expiration d'une période de trois mois après la date de réception de la notification par le Secrétaire Général.

Art. 8 *Dénonciation.*

1 Toute Partie peut, à tout moment, dénoncer le présent Protocole en adressant une notification au Secrétaire général du Conseil de l'Europe.

2 La dénonciation prendra effet le premier jour du mois qui suit l'expiration d'une période de six mois après la date de réception de la notification par le Secrétaire Général.

Art. 9 *Notifications.*

Le Secrétaire général du Conseil de l'Europe notifiera à tous les États membres du Conseil de l'Europe, aux autres États signataires de la Convention ou Parties à celle-ci et à tout État invité à adhérer à la Convention :

a toute signature ;

b le dépôt de tout instrument de ratification, d'acceptation, d'approbation ou d'adhésion ;

c toute date d'entrée en vigueur du présent Protocole, conformément à ses articles 5, 6 et 7 ;

d toute dénonciation ;

e tout autre acte, notification ou communication ayant trait au présent Protocole.

En foi de quoi, les soussignés, dûment autorisés à cet effet, ont signé le présent Protocole.

Convention internationale contre le dopage dans le sport

Adoptée à Paris le 19 oct. 2005 ; entrée en vigueur le 1er févr. 2007 ; publiée par Décr. n° 2007-503 du 2 avr. 2007 (JO 4 avr.).

COMMENTAIRE

La Convention internationale contre le dopage dans le sport, adoptée sous l'égide de l'UNESCO le 19 octobre 2005, constitue une étape importante dans la lutte internationale contre le dopage. Elle est entrée en vigueur le 1er février 2007, après sa ratification par trente États. En France, la ratification est intervenue début 2007 (V. L. n° 2007-129 du 31 janv. 2007, *JO 1er févr.* ; Décr. n° 2007-503 du 2 avr. 2007, *JO 4 avr.*).

La convention a pour objectif d'aligner les législations nationales avec le code mondial antidopage et d'obtenir ainsi une harmonisation entre les réglementations sportives et publiques en matière de lutte contre le dopage. Son article 3, relatif aux moyens d'atteindre le but de la convention, dispose à cet égard que « les États parties s'engagent à adopter des mesures appropriées aux niveaux national et international qui soient conformes aux principes énoncés dans le code ». La formulation utilisée (« principes énoncés dans le code »), imprécise et non définie, entretient une certaine marge de manœuvre aux États. Il en découle que le code mondial antidopage ne s'impose pas dans sa globalité aux États ayant ratifié la convention UNESCO.

Par ailleurs, rappelons que, depuis la loi du 3 juillet 2008, la liste des produits interdits applicable en France est celle annexée à la convention de l'UNESCO, même si, dans les faits, il ne s'agit que d'une reproduction à l'identique de la liste établie par l'Agence mondiale antidopage. Notons également sur ce point que, depuis la loi du 5 avril 2006, la liste est simplement publiée au *Journal officiel* tous les ans (V., en dernier lieu, Décr. n° 2016-1923 du 19 déc. 2016 portant publication de l'amendement à l'annexe I de la convention internationale contre le dopage dans le sport, adopté à Paris le 29 nov. 2016). Il n'est donc plus besoin d'attendre la publication d'un arrêté pour que la liste soit applicable ; cela permet une adoption bien plus rapide, évitant ainsi des périodes transitoire,s toujours sources d'insécurité juridique. ❑

La Conférence générale de l'Organisation des Nations unies pour l'éducation, la science et la culture, ci-après dénommée l'UNESCO, réunie à Paris du 3 au 21 octobre 2005 en sa 33e session,

Considérant que le but de l'UNESCO est de contribuer à la paix et à la sécurité en favorisant la collaboration entre les nations par l'éducation, la science et la culture,

Se référant aux instruments internationaux existants relatifs aux droits de l'homme,

Considérant la résolution 58/5 adoptée par l'Assemblée générale des Nations unies le 3 novembre 2003 sur le sport en tant que moyen de promouvoir l'éducation, la santé, le développement et la paix, notamment son paragraphe 7,

Consciente que le sport doit jouer un rôle important dans la protection de la santé, dans l'éducation morale, culturelle et physique et dans la promotion de la compréhension internationale et de la paix,

Notant la nécessité d'encourager et de coordonner la coopération internationale en vue d'éliminer le dopage dans le sport,

Préoccupée par le recours au dopage dans le sport et par ses conséquences sur la santé des sportifs, le principe du franc-jeu, l'élimination de la fraude et l'avenir du sport,

Consciente que le dopage met en péril les principes éthiques et les valeurs éducatives consacrés par la Charte internationale de l'éducation physique et du sport de l'UNESCO et la Charte olympique,

Rappelant que la Convention contre le dopage et son protocole additionnel adoptés dans le cadre du Conseil de l'Europe sont les instruments de droit international public qui sont à l'origine des politiques nationales antidopage et de la coopération intergouvernementale en la matière,

Rappelant les recommandations sur la question adoptées lors des deuxième, troisième et quatrième Conférences internationales des ministres et hauts fonctionnaires responsables de l'éducation physique et du sport, organisées par l'UNESCO à Moscou (1988), à Punta del Este (1999) et à Athènes (2004), ainsi que la résolution 32 C/9 adoptée par la Conférence générale de l'UNESCO à sa 32e session (2003),

Gardant à l'esprit le code mondial antidopage adopté par l'Agence mondiale antidopage lors de la Conférence mondiale sur le dopage dans le sport à Copenhague, le 5 mars 2003, et la Déclaration de Copenhague contre le dopage dans le sport,

Consciente aussi de l'influence que les sportifs de haut niveau exercent sur la jeunesse,

Ayant présente à l'esprit la nécessité permanente de mener et de promouvoir des recherches dont l'objectif est de mieux dépister le dopage et comprendre les facteurs qui en déterminent l'utilisation, afin de donner toute l'efficacité possible aux stratégies de prévention,

Ayant aussi présente à l'esprit l'importance de l'éducation permanente des sportifs, du personnel d'encadrement des sportifs et de la société dans son ensemble pour prévenir le dopage,

Consciente de la nécessité de donner aux États parties des moyens accrus de mettre en œuvre des programmes antidopage,

Consciente que les pouvoirs publics et les organisations sportives ont des responsabilités complémentaires pour ce qui est de prévenir et de combattre le dopage dans le sport, en particulier pour veiller au bon déroulement, dans un esprit de franc-jeu, des manifestations sportives et pour protéger la santé de ceux qui y prennent part,

Sachant que les pouvoirs publics et les organisations sportives doivent œuvrer ensemble à la réalisation de ces objectifs, en assurant toute l'indépendance et la transparence voulues à tous les niveaux appropriés,

Résolue à poursuivre et à renforcer la coopération en vue d'éliminer le dopage dans le sport,

Sachant que l'élimination du dopage dans le sport dépend en partie d'une harmonisation progressive des normes et des pratiques antidopage dans le sport et de la coopération à l'échelle nationale et mondiale,

Adopte, le dix-neuf octobre 2005, la présente Convention.

I *PORTÉE*

Art. 1er *But de la Convention.* La présente Convention a pour but, dans le cadre de la stratégie et du programme d'activités de l'UNESCO dans le domaine de l'éducation physique et du sport, de promouvoir la prévention du dopage dans le sport et la lutte contre ce phénomène en vue d'y mettre un terme.

Art. 2 *Définitions.* Ces définitions s'entendent dans le contexte du code mondial antidopage. En cas de conflit, toutefois, les dispositions de la Convention l'emportent.

Aux fins de la présente Convention :

1. par "laboratoires antidopage agréés", on entend les laboratoires agréés par l'Agence mondiale antidopage.

2. par "organisation antidopage", on entend une instance responsable de l'adoption des règles à suivre pour mettre en route, appliquer ou faire respecter tout volet du processus de contrôle du dopage. Ce peut être par exemple le Comité International Olympique, le Comité international paralympique, d'autres organisations responsables de grands événements sportifs qui procèdent à des contrôles à cette occasion, l'Agence mondiale antidopage, les fédérations internationales et les organisations nationales antidopage.

3. par "violation des règles antidopage" dans le sport, on entend une ou plusieurs des violations suivantes :

(a) la présence d'une substance interdite, de ses métabolites ou de ses marqueurs dans le corps d'un sportif ;

(b) l'usage ou la tentative d'usage d'une substance ou d'une méthode interdite ;

(c) le refus de se soumettre à un prélèvement d'échantillons après notification conforme aux règles antidopage en vigueur, ou le fait de s'y soustraire sans justification valable ou de l'éviter par tout autre moyen ;

(d) la violation des exigences de disponibilité des sportifs pour les contrôles hors compétition, y compris le non-respect par les sportifs de l'obligation d'indiquer le lieu où ils se trouvent et le fait de manquer des contrôles dont on considère qu'ils obéissent à des règles raisonnables ;

(e) la falsification ou la tentative de falsification de tout élément du processus de contrôle du dopage ;

(f) la possession de substances ou méthodes interdites ;

(g) le trafic de toute substance ou méthode interdite ;

(h) l'administration ou la tentative d'administration d'une substance ou d'une méthode interdite à un sportif, ou l'assistance, l'encouragement, le concours, l'incitation, la dissimulation ou toute autre forme de complicité entraînant une violation ou une tentative de violation des règles antidopage.

4. aux fins du contrôle du dopage, on entend par "sportif" toute personne qui pratique une activité sportive au niveau international ou à un niveau national tel qu'il est défini par l'organisation antidopage nationale concernée et accepté par les États parties, et toute autre personne qui pratique un sport ou participe à une manifestation sportive à un niveau inférieur accepté par les États parties. Aux fins de l'éducation et de la formation, on entend par "sportif" toute personne qui pratique un sport sous l'autorité d'une organisation sportive.

5. par "personnel d'encadrement des sportifs", on entend tout entraîneur, soigneur, directeur sportif, agent, personnel d'équipe, officiel, personnel médical ou paramédical qui travaille avec des sportifs ou qui traite des sportifs participant à une compétition sportive ou s'y préparant.

6. par "Code", on entend le code mondial antidopage adopté par l'Agence mondiale antidopage le 5 mars 2003 à Copenhague et joint à l'appendice 1 de la présente Convention.

7. par "compétition", on entend une épreuve, un match ou une partie unique, ou un concours sportif donné.

8. par "contrôle du dopage", on entend le processus englobant la planification de la répartition des contrôles, la collecte des échantillons et leur manutention, l'analyse en laboratoire, la gestion des résultats, les auditions et les appels.

9. par "dopage dans le sport", on entend un cas de violation des règles antidopage.

10. par "équipes de contrôle du dopage dûment agréées", on entend les équipes de contrôle du dopage opérant sous l'autorité d'une organisation antidopage nationale ou internationale.

11. par contrôle "en compétition", dans le but de différencier en compétition et hors compétition, et sauf disposition contraire à cet effet dans les règlements de la fédération internationale ou de l'organisation antidopage concernée, on entend un contrôle auquel doit se soumettre un sportif désigné à cette fin dans le cadre d'une compétition donnée.

12. par "Standard international pour les laboratoires", on entend le Standard figurant à l'appendice 2 de la présente Convention.

13. par "Standards internationaux de contrôle", on entend les Standards figurant à l'appendice 3 de la présente Convention.

14. par "contrôle inopiné", on entend un contrôle du dopage qui a lieu sans avertissement préalable du sportif et au cours duquel celui-ci est escorté en permanence depuis sa notification jusqu'à la fourniture de l'échantillon.

15. par "Mouvement olympique", on entend tous ceux qui acceptent d'être guidés par la Charte olympique et qui reconnaissent l'autorité du Comité International Olympique, à savoir : les fédérations internationales des sports au programme des Jeux olympiques, les comités olympiques nationaux, les comités d'organisation des Jeux olympiques, les sportifs, les juges, les arbitres, les associations et les clubs, ainsi que toutes les organisations et les institutions reconnues par le Comité International Olympique.

16. par contrôle antidopage "hors compétition", on entend tout contrôle du dopage qui n'a pas lieu dans le cadre d'une compétition.

17. par "Liste des interdictions", on entend la liste énumérant les substances et méthodes interdites figurant à l'annexe 1 de la présente Convention.

18. par "méthode interdite", on entend toute méthode décrite dans la Liste des interdictions figurant à l'annexe 1 de la présente Convention.

19. par "substance interdite", on entend toute substance décrite dans la Liste des interdictions figurant à l'annexe 1 de la présente Convention.

20. par "organisation sportive", on entend toute organisation responsable d'une manifestation dans une ou plusieurs disciplines sportives.

21. par "Standard pour l'autorisation d'usage à des fins thérapeutiques", on entend le standard figurant à l'annexe 2 de la présente Convention.

22. par "contrôle", on entend la partie du processus global de contrôle du dopage comprenant la planification de la répartition des tests, la collecte de l'échantillon, la manutention de l'échantillon et son transport au laboratoire.

23. par "exemption pour usage à des fins thérapeutiques", on entend une exemption accordée conformément au Standard pour l'autorisation d'usage à des fins thérapeutiques.

24. par "usage", on entend l'application, l'ingestion, l'injection ou la consommation par tout autre moyen d'une substance ou méthode interdite.

25. par "Agence mondiale antidopage (AMA)", on entend la fondation de droit suisse ainsi nommée, constituée le 10 novembre 1999.

Art. 3 *Moyens d'atteindre le but de la Convention.* Aux fins de la présente Convention, les États parties s'engagent à :

(a) adopter des mesures appropriées aux niveaux national et international qui soient conformes aux principes énoncés dans le code ;

(b) encourager toute forme de coopération internationale visant à protéger les sportifs et l'éthique du sport et à communiquer les résultats de la recherche ;

(c) promouvoir une coopération internationale entre eux et les organisations qui jouent un rôle de premier plan dans la lutte contre le dopage dans le sport, en particulier l'Agence mondiale antidopage.

Art. 4 *Relation entre le Code et la Convention.* 1. Afin de coordonner la mise en œuvre de la lutte contre le dopage dans le sport aux niveaux national et international, les États parties s'engagent à respecter les principes énoncés dans le code, qui servent de base aux mesures visées à l'article 5 de la présente Convention. Rien dans la présente Convention n'empêche les États parties d'adopter des mesures additionnelles en complément du code.

2. Le texte du code et la version la plus récente des appendices 2 et 3 sont reproduits à titre d'information et ne font pas partie intégrante de la présente Convention. Les appendices, en tant que tels, ne créent aucune obligation contraignante en droit international pour les États parties.

3. Les annexes font partie intégrante de la présente Convention.

Art. 5 *Mesures permettant d'atteindre les objectifs de la Convention.* En conformité avec les obligations inscrites dans la présente Convention, chaque État partie s'engage à adopter des mesures appropriées. Ces mesures peuvent comprendre des lois, des règlements, des politiques ou des pratiques administratives.

Art. 6 *Relation avec d'autres instruments internationaux.* La présente Convention ne modifie en rien les droits et obligations des États parties qui découlent d'autres accords préalablement conclus et compatibles avec son objet et son but. Cela ne porte atteinte ni à la jouissance par d'autres États parties de leurs droits au titre de la présente Convention, ni à l'exécution de leurs obligations découlant de celle-ci.

II *LUTTE ANTIDOPAGE À L'ÉCHELLE NATIONALE*

Art. 7 *Coordination au niveau national.* Les États parties assurent l'application de la présente Convention, notamment par des mesures de coordination au niveau national. Pour s'acquitter de leurs obligations au titre de la présente Convention, ils peuvent s'appuyer sur des organisations antidopage, ainsi que sur les autorités et organisations sportives.

Art. 8 *Limitation de la disponibilité et de l'utilisation dans le sport de substances et de méthodes interdites.* 1. Le cas échéant, les États parties adoptent des mesures pour limiter la disponibilité de substances et de méthodes interdites en vue d'en restreindre l'utilisation dans le sport par les sportifs, sauf en cas d'exemption pour usage thérapeutique. Ils luttent notamment contre le trafic destiné aux sportifs et, à cette fin, s'emploient à limiter la production, la circulation, l'importation, la distribution et la vente desdites substances et méthodes.

2. Les États parties adoptent des mesures, ou encouragent, le cas échéant, les instances compétentes relevant de leur juridiction à adopter des mesures, pour prévenir et restreindre l'utilisation et la possession par les sportifs de substances et méthodes interdites dans le sport, à moins que cette utilisation ne soit autorisée par une exemption pour usage thérapeutique.

3. Aucune mesure adoptée conformément à la présente Convention ne restreint la disponibilité à des fins légitimes de substances et méthodes dont l'usage est autrement interdit ou limité dans le domaine sportif.

Art. 9 *Mesures à l'encontre du personnel d'encadrement des sportifs.* Les États parties prennent eux-mêmes des mesures, ou encouragent les organisations sportives et les organisations antidopage à prendre des mesures, y compris des sanctions ou des pénalités, à l'encontre des membres de l'encadrement des sportifs qui commettent une violation des règles antidopage ou autre infraction liée au dopage dans le sport.

Art. 10 *Compléments alimentaires.* Selon que de besoin, les États parties encouragent les producteurs et distributeurs de compléments alimentaires à établir des bonnes pratiques pour la commercialisation et la distribution desdits compléments, notamment à fournir des informations sur la composition analytique de ces produits et l'assurance qualité.

Art. 11 *Mesures d'ordre financier.* Selon que de besoin, les États parties :

(a) inscrivent à leur budget le financement d'un programme national de contrôles dans toutes les disciplines sportives ou aident les organisations sportives et les organisations antidopage à financer des contrôles antidopage, soit en leur octroyant directement des subventions ou des allocations, soit en tenant compte du coût de ces contrôles lorsqu'ils déterminent le montant global de ces subventions ou allocations ;

(b) font le nécessaire pour retirer leur soutien financier dans le domaine du sport aux sportifs ou aux membres de l'encadrement des sportifs qui ont été suspendus à la suite d'une violation des règles antidopage, et ce pendant la durée de la suspension ;

(c) retirent tout ou partie de leur soutien, financier ou autre, dans le domaine du sport à toute organisation sportive ou organisation antidopage qui ne respecte pas le code ou les règles antidopage applicables adoptées conformément au code.

Art. 12 *Mesures visant à faciliter les contrôles antidopage.* Selon que de besoin, les États parties :

(a) encouragent et facilitent l'exécution, par les organisations sportives et les organisations antidopage relevant de leur juridiction, de contrôles antidopage conformes aux dispositions du code, y compris les contrôles inopinés et les contrôles hors compétition et en compétition ;

(b) encouragent et facilitent la négociation, par les organisations sportives et organisations antidopage, d'accords autorisant des équipes de contrôle du dopage dûment agréées d'autres pays à soumettre leurs membres à des contrôles ;

(c) s'engagent à aider les organisations sportives et les organisations antidopage relevant de leur juridiction à accéder à un laboratoire antidopage agréé aux fins de l'analyse des échantillons prélevés.

III *COOPÉRATION INTERNATIONALE*

Art. 13 *Coopération entre les organisations antidopage et les organisations sportives.* Les États parties encouragent la coopération entre les organisations antidopage, les pouvoirs publics et les organisations sportives qui relèvent de leur juridiction et ceux relevant de la juridiction des autres États parties afin d'atteindre, à l'échelle internationale, le but de la présente Convention.

Art. 14 *Soutien à la mission de l'Agence mondiale antidopage.* Les États parties s'engagent à soutenir l'Agence mondiale antidopage dans sa mission importante de lutte contre le dopage à l'échelle internationale.

Art. 15 *Financement à parts égales de l'Agence mondiale antidopage.* Les États parties appuient le principe du financement du budget annuel de base approuvé de l'Agence mondiale antidopage, pour moitié par les pouvoirs publics et pour moitié par le Mouvement olympique.

Art. 16 *Coopération internationale en matière de lutte antidopage.* Sachant que la lutte contre le dopage dans le sport ne saurait être efficace que si les sportifs peuvent être contrôlés inopinément et les échantillons envoyés en temps utile à des laboratoires pour y être analysés, les États parties, selon que de besoin et conformément à leurs législation et procédures nationales :

(a) facilitent la tâche de l'Agence mondiale antidopage et des organisations antidopage œuvrant en conformité avec le code, sous réserve des règlements des pays hôtes concernés, pour qu'elles puissent procéder à des contrôles du dopage en compétition ou hors compétition auprès de leurs sportifs, sur leur territoire ou en dehors ;

(b) facilitent la circulation transfrontalière en temps utile des équipes de contrôle du dopage dûment agréées quand elles procèdent à des contrôles antidopage ;

(c) coopèrent pour accélérer le transport ou l'expédition transfrontalière en temps utile des échantillons de manière à en assurer la sécurité et l'intégrité ;

(d) favorisent la coordination internationale des contrôles antidopage effectués par les diverses organisations antidopage, et coopèrent avec l'Agence mondiale antidopage à cette fin ;

(e) favorisent la coopération entre les laboratoires de contrôle antidopage relevant de leur juridiction et ceux relevant de la juridiction d'autres États parties. En particulier, les États parties ayant des laboratoires antidopage agréés doivent les encourager à aider d'autres États parties à acquérir l'expérience, les compétences et les techniques nécessaires pour créer leurs propres laboratoires, s'ils le souhaitent ;

(f) encouragent et soutiennent les arrangements de contrôles réciproques entre les organisations antidopage concernées, conformément au code ;

(g) reconnaissent mutuellement les procédures de contrôle du dopage et les méthodes de gestion des résultats de toute organisation antidopage qui sont conformes au code, y compris les sanctions sportives qui en découlent.

Art. 17 *Fonds de contributions volontaires.* 1. Il est créé un "Fonds pour l'élimination du dopage dans le sport", ci-après dénommé "le Fonds de contributions volontaires". Il s'agit d'un fonds-en-dépôt établi conformément au Règlement financier de l'UNESCO. Toutes les contributions versées par les États parties et autres acteurs sont de nature volontaire.

2. Les ressources du Fonds de contributions volontaires sont constituées par :

(a) les contributions des États Parties ;

(b) les versements, dons ou legs que pourront faire :

i) d'autres États ;

ii) les organisations et programmes du système des Nations Unies, notamment le Programme des Nations Unies pour le développement, ainsi que d'autres organisations internationales ;

iii) des organismes publics ou privés ou des particuliers ;

(c) tout intérêt dû sur les ressources du Fonds de contributions volontaires ;

(d) le produit des collectes et les recettes des manifestations organisées au profit du Fonds de contributions volontaires ;

(e) toutes autres ressources autorisées par le règlement du Fonds de contributions volontaires que la Conférence des Parties établit.

3. Les contributions versées par les États parties au Fonds de contributions volontaires ne remplacent pas les sommes qu'ils se sont engagés à verser pour s'acquitter de leur quote-part du budget annuel de l'Agence mondiale antidopage.

Art. 18 *Utilisation et gouvernance du Fonds de contributions volontaires.* Les ressources du Fonds de contributions volontaires sont allouées par la Conférence des Parties au financement d'activités qu'elle aura approuvées, notamment pour aider les États parties à élaborer et mettre en œuvre des programmes antidopage conformément aux dispositions de la présente Convention, compte tenu des objectifs de l'Agence mondiale antidopage, et peuvent servir à financer le fonctionnement de ladite Convention. Les contributions au Fonds de contributions volontaires ne peuvent être assorties d'aucune condition politique, économique ou autre.

IV *ÉDUCATION ET FORMATION*

Art. 19 *Principes généraux en matière d'éducation et de formation.* 1. Les États parties s'emploient, dans les limites de leurs moyens, à soutenir, concevoir ou mettre en œuvre des programmes d'éducation et de formation sur la lutte contre le dopage. Pour la communauté sportive en général, ces programmes visent à donner des informations à jour et exactes sur :

(a) les effets négatifs du dopage sur les valeurs éthiques du sport ;

(b) les conséquences du dopage sur la santé.

2. Pour les sportifs et le personnel d'encadrement des sportifs, en particulier au cours de la formation initiale, les programmes d'éducation et de formation, outre ce qui précède, visent à donner des informations à jour et exactes sur :

(a) les procédures de contrôle du dopage ;

(b) les droits et responsabilités des sportifs en matière de lutte contre le dopage, y compris des informations sur le code et les politiques des organisations sportives et antidopage compétentes. Ces informations portent notamment sur les conséquences d'une violation des règles antidopage ;

(c) la liste des substances et méthodes interdites, ainsi que les exemptions pour usage thérapeutique ;

(d) les compléments alimentaires.

Art. 20 *Codes déontologiques.* Les États parties encouragent les associations et institutions professionnelles compétentes à élaborer et à appliquer des codes de conduite, de bonne pratique et de déontologie appropriés et conformes au code en matière de lutte contre le dopage dans le sport.

Art. 21 *Participation des sportifs et du personnel d'encadrement des sportifs.* Les États parties favorisent et, dans la mesure de leurs moyens, soutiennent la participation active des sportifs et du personnel d'encadrement des sportifs à tous les volets de la lutte antidopage menée par les organisations sportives et autres organisations compétentes, et encouragent les organisations sportives relevant de leur juridiction à faire de même.

Art. 22 *Organisations sportives et éducation et formation continues en matière de lutte contre le dopage.* Les États parties encouragent les organisations sportives et les organisations antidopage à mettre en œuvre des programmes d'éducation et de formation continues pour tous les sportifs et le personnel d'encadrement des sportifs sur les points visés à l'article 19.

Art. 23 *Coopération en matière d'éducation et de formation.* Les États parties coopèrent entre eux et avec les organisations compétentes pour échanger, selon que de besoin, des informations, des compétences techniques et des données d'expérience relatives à des programmes antidopage efficaces.

V *RECHERCHE*

Art. 24 *Promotion de la recherche antidopage.* Les États parties s'engagent à encourager et à promouvoir, dans les limites de leurs moyens, la recherche antidopage en collaboration avec les organisations sportives et autres organisations compétentes en ce qui concerne :

(a) la prévention, les méthodes de dépistage, les aspects comportementaux et sociaux du dopage et ses conséquences sur la santé ;

(b) les voies et moyens de concevoir des programmes scientifiques d'entraînement physique et psychologique qui respectent l'intégrité de la personne ;

(c) l'utilisation de toutes les nouvelles substances et méthodes issues des progrès de la science.

Art. 25 *Nature de la recherche antidopage.* En encourageant la recherche antidopage visée à l'article 24, les États parties veillent à ce que cette recherche soit conduite :

(a) conformément aux pratiques déontologiques internationalement reconnues ;

(b) en évitant que des substances et méthodes interdites soient administrées aux sportifs ;

(c) en prenant des précautions adéquates pour que ses résultats ne puissent pas être utilisés abusivement ni servir au dopage.

Art. 26 *Échange des résultats de la recherche antidopage.* Dans le respect des règles nationales et internationales applicables, les États parties, selon que de besoin, font connaître les résultats de la recherche antidopage aux autres États parties et à l'Agence mondiale antidopage.

Art. 27 *Recherche en sciences du sport.* Les États parties encouragent :

(a) les scientifiques et le corps médical à mener des recherches en sciences du sport en conformité avec les principes énoncés dans le code ;

(b) les organisations sportives et le personnel d'encadrement des sportifs placés sous leur juridiction à appliquer les résultats issus de la recherche en sciences du sport qui sont conformes aux principes énoncés dans le code.

VI *SUIVI DE LA CONVENTION*

Art. 28 *Conférence des Parties.* 1. Il est établi une Conférence des Parties. La Conférence des Parties est l'organe souverain de la présente Convention.

2. La Conférence des Parties se réunit en session ordinaire tous les deux ans en principe. Elle peut se réunir en session extraordinaire soit si elle en décide elle-même ainsi, soit sur demande d'un tiers au moins des États Parties.

3. Chaque État partie dispose d'une voix à la Conférence des Parties.

4. La Conférence des Parties adopte son Règlement intérieur.

Art. 29 *Organisation consultative et observateurs auprès de la Conférence des Parties.* L'Agence mondiale antidopage est invitée à la Conférence des Parties en qualité d'organisation consultative. Le Comité International Olympique, le Comité international paralympique, le Conseil de l'Europe et le Comité intergouvernemental pour l'éducation physique et le sport (CIGEPS) y sont invités en qualité d'observateurs. La Conférence des Parties peut décider d'inviter d'autres organisations compétentes en tant qu'observateurs.

Art. 30 *Fonctions de la Conférence des Parties.* 1. Outre celles énoncées dans d'autres dispositions de la présente Convention, les fonctions de la Conférence des Parties sont les suivantes :

(a) promouvoir le but de la présente Convention ;

(b) discuter des relations avec l'Agence mondiale antidopage et étudier les mécanismes de financement du budget annuel de base de l'Agence mondiale antidopage. Des États non parties peuvent être invités au débat ;

(c) adopter un plan d'utilisation des ressources du Fonds de contributions volontaires, conformément aux dispositions de l'article 18 ;

(d) examiner les rapports soumis par les États parties conformément à l'article 31 ;

(e) examiner en permanence les moyens d'assurer le respect de la présente Convention compte tenu de l'évolution des systèmes antidopage, conformément à l'article 31. Tout mécanisme ou toute mesure de suivi qui va au-delà des dispositions de l'article 31 est financé par le Fonds de contributions volontaires créé en vertu de l'article 17 ;

(f) examiner pour adoption les projets d'amendements à la présente Convention ;

(g) examiner pour approbation, conformément aux dispositions de l'article 34 de la Convention, les modifications à la Liste des interdictions et au Standard pour l'autorisation d'usage à des fins thérapeutiques adoptées par l'Agence mondiale antidopage ;

(h) définir et mettre en œuvre la coopération entre les États parties et l'Agence mondiale antidopage dans le cadre de la présente Convention ;

(i) prier l'Agence mondiale antidopage de lui présenter un rapport sur l'application du code à chacune de ses sessions pour examen.

2. Dans l'exercice de ses fonctions, la Conférence des Parties peut coopérer avec d'autres organismes intergouvernementaux.

Art. 31 *Rapports présentés par les États parties à la Conférence des Parties.* Par l'intermédiaire du Secrétariat, les États parties communiquent tous les deux ans à la Conférence des Parties, dans une des langues officielles de l'UNESCO, tous les renseignements pertinents concernant les mesures qu'ils auront prises pour se conformer aux dispositions de la présente Convention.

Art. 32 *Secrétariat de la Conférence des Parties.* 1. Le secrétariat de la Conférence des Parties est assuré par le Directeur général de l'UNESCO.

2. A la demande de la Conférence des Parties, le Directeur général de l'UNESCO recourt aussi largement que possible aux services de l'Agence mondiale antidopage, selon des modalités fixées par la Conférence des Parties.

3. Les dépenses de fonctionnement relatives à la Convention sont financées par le budget ordinaire de l'UNESCO dans les limites des ressources existantes et à un niveau approprié, par le Fonds de contributions volontaires créé en vertu des dispositions de l'article 17, ou par une combinaison appropriée de ces ressources à déterminer tous les deux ans. Le financement des dépenses du secrétariat par le budget ordinaire se fait sur la base du strict minimum, étant entendu que des financements volontaires devraient aussi être consentis à l'appui de la Convention.

4. Le secrétariat établit la documentation de la Conférence des Parties ainsi que le projet d'ordre du jour de ses réunions, et il assure l'exécution de ses décisions.

Art. 33 *Amendements.* 1. Tout État partie peut, par voie de communication écrite adressée au Directeur général de l'UNESCO, proposer des amendements à la présente Convention. Le Directeur général transmet cette communication à tous les États parties. Si, dans les six mois qui suivent la date de transmission de la communication, la moitié au moins des États parties répond favorablement à la proposition, le Directeur général la présente à la session suivante de la Conférence des Parties.

2. Les amendements sont adoptés par la Conférence des Parties à la majorité des deux tiers des États parties présents et votants.

3. Une fois adoptés, les amendements à la présente Convention sont soumis aux États parties pour ratification, acceptation, approbation ou adhésion.

4. Pour les États parties qui les ont ratifiés, acceptés, approuvés ou y ont adhéré, les amendements à la présente Convention entrent en vigueur trois mois après le dépôt par les deux tiers des États parties des instruments visés au paragraphe 3 du présent article. Par la suite, pour chaque État partie qui ratifie, accepte, approuve un amendement ou y adhère, cet amendement entre en vigueur trois mois après la date de dépôt par l'État partie de son instrument de ratification, d'acceptation, d'approbation ou d'adhésion.

5. Un État qui devient partie à la présente Convention après l'entrée en vigueur d'amendements conformément au paragraphe 4 du présent article est, faute d'avoir exprimé une intention différente, considéré comme étant :

(a) Partie à la présente Convention ainsi amendée ;

(b) Partie à la présente Convention non amendée à l'égard de tout État partie qui n'est pas lié par ces amendements.

Art. 34 *Procédure spécifique d'amendement aux annexes de la Convention.* 1. Si l'Agence mondiale antidopage modifie la Liste des interdictions ou le Standard pour l'autorisation d'usage à des fins thérapeutiques, elle peut communiquer ces changements par écrit au Directeur général de l'UNESCO. Le Directeur général notifie lesdits changements, en tant que propositions d'amendement aux annexes pertinentes de la présente Convention, à tous les États parties dans les meilleurs délais. Les amendements aux annexes sont approuvés par la Conférence des Parties soit à l'occasion de l'une de ses sessions, soit par voie de consultation écrite.

2. Les États parties disposent d'un délai de 45 jours à compter de la notification du Directeur général pour faire connaître à ce dernier leur opposition à l'amendement proposé, soit par écrit, en cas de consultation écrite, soit à l'occasion d'une session de la Conférence des Parties. L'amendement proposé est réputé approuvé par la Conférence des Parties à moins que deux tiers des États parties ne fassent connaître leur opposition.

3. Les amendements approuvés par la Conférence des Parties sont notifiés aux États parties par le Directeur général. Ils entrent en vigueur 45 jours après cette notification, sauf pour tout État partie qui a préalablement notifié au Directeur général qu'il n'y souscrivait pas.

4. Un État partie qui a notifié au Directeur général qu'il ne souscrivait pas à un amendement approuvé conformément aux dispositions des paragraphes précédents demeure lié par les annexes telles que non amendées.

VII DISPOSITIONS FINALES

Art. 35 *Régimes constitutionnels fédératifs ou non unitaires.* **Les dispositions ci-après s'appliquent aux États parties ayant un régime constitutionnel fédératif ou non unitaire :**

(a) en ce qui concerne les dispositions de la présente Convention dont l'application relève de la compétence du pouvoir législatif fédéral ou central, les obligations du gouvernement fédéral ou central sont les mêmes que celles des États parties qui ne sont pas des États fédéraux ;

(b) en ce qui concerne les dispositions de la présente Convention dont l'application relève de la compétence de chacun des États, comtés, provinces ou cantons constituants, qui ne sont pas, en vertu du régime constitutionnel de la fédération, tenus de prendre des mesures législatives, le gouvernement fédéral porte, avec son avis favorable, lesdites dispositions à la connaissance des autorités compétentes des États, comtés, provinces ou cantons pour adoption.

Art. 36 *Ratification, acceptation, approbation ou adhésion.* **La présente Convention est soumise à la ratification, l'acceptation, l'approbation ou l'adhésion des États membres de l'UNESCO conformément à leurs procédures constitutionnelles respectives. Les instruments de ratification, d'acceptation, d'approbation ou d'adhésion sont déposés auprès du Directeur général de l'UNESCO.**

COMMENTAIRE

Depuis la ratification de la République centrafricaine, le 8 juin 2016, cent quatre-vingt-trois États ont ratifié, accepté, approuvé la Convention ou y ont adhéré.

La Suède a été le premier État à la ratifier, le 9 novembre 2005.

La France a été le 47e État à agir en ce sens (L. n° 2007-129 du 31 janv. 2007, *JO 1er févr.* ; Décr. n° 2007-503 du 2 avr. 2007, *JO 4 avr.*).

Liste, par ordre chronologique de ratification, acceptation, approbation ou adhésion :

Suède (9 nov. 2005) ; Canada (29 nov. 2005) ; Danemark (15 déc. 2005) ; Nouvelle-Zélande (23 déc. 2005) ; Norvège (13 janv. 2006) ; Australie (17 janv. 2006) ; Monaco (30 janv. 2006) ; Islande (10 févr. 2006) ; Îles Cook (15 févr. 2006) ; Nigéria (24 févr. 2006) ; Lettonie (10 avr. 2006) ; Royaume-Uni de Grande-Bretagne et d'Irlande du Nord (25 avr. 2006) ; Nauru (4 mai 2006) ; Seychelles (5 juill. 2006) ; Maurice (6 juill. 2006) ; Jamaïque (2 août 2006) ; Lituanie (2 août 2006) ; Chine (9 oct. 2006) ; Bahamas (12 oct. 2006) ; Pérou (16 oct. 2006) ; Mozambique (23 oct. 2006) ; Roumanie (23 oct. 2006) ; Espagne (25 oct. 2006) ; Niger (26 oct. 2006) ; Ukraine (8 nov. 2006) ; Bolivie (15 nov. 2006) ; Pays-Bas (17 nov. 2006) ; Namibie (29 nov. 2006) ; Afrique du Sud (30 nov. 2006) ; Luxembourg (11 déc. 2006) ; Malaisie (20 déc. 2006) ; Barbade (21 déc. 2006) ; Finlande (22 déc. 2006) ; Japon (26 déc. 2006) ; Tunisie (26 déc. 2006) ; Argentine (29 déc. 2006) ; Algérie (29 déc. 2006) ; Fédération de Russie (29 déc. 2006) ; Grèce (31 déc. 2006) ; Ghana (31 déc. 2006) ; Albanie (31 déc. 2006) ; Bulgarie (12 janv. 2007) ; Thaïlande (15 janv. 2007) ; Pologne (17 janv. 2007) ; Slovaquie (26 janv. 2007) ; République de Corée (5 févr. 2007) ; France (5 févr. 2007) ; Trinité-et-Tobago (9 mars 2007) ; Équateur (22 mars 2007) ; Mexique (11 avr. 2007) ; République tchèque (30 avr. 2007) ; Portugal (30 avr. 2007) ; Égypte (23 mai 2007) ; Mali (30 mai 2007) ; Jamahiriya arabe libyenne (30 mai 2007) ; Allemagne (31 mai 2007) ; Oman (9 juill. 2007) ; Koweït (13 juill. 2007) ; Autriche (19 juill. 2007) ; Azerbaïdjan (23 juill. 2007) ; Samoa (8 août 2007) ; Estonie (17 août 2007) ; Qatar (24 août 2007) ; Hongrie (29 août 2007) ; Burundi (5 sept. 2007) ; Croatie (3 oct. 2007) ; Cameroun (15 oct. 2007) ; Mongolie (15 oct. 2007) ; Bangladesh (22 oct. 2007) ; Singapour (5 nov. 2007) ; Inde (7 nov. 2007) ; Panama (27 nov. 2007) ; Gabon (27 nov. 2007) ; Sainte-Lucie (7 déc. 2007) ; Brésil (18 déc. 2007) ; Indonésie (30 janv. 2008) ; Pakistan (4 févr. 2008) ; République de Moldova (19 févr. 2008) ; Italie (27 févr. 2008) ; Guatemala (17 mars 2008) ; Brunéi-Darussalam (31 mars 2008) ; Cambodge (9 avr. 2008) ; Saint-Kitts-et-Nevis (14 avril 2008) ; Uruguay (28 avr. 2008) ; Sénégal (29 avr. 2008) ; Arabie saoudite (22 mai 2008) ; Cap-Vert (5 juin 2008) ; Belgique (19 juin 2008) ; Irlande (18 juill. 2008) ; Cuba (28 juill. 2008) ; Côte d'Ivoire (29 juill. 2008) ; Éthiopie (30 juill. 2008) ; Érythrée (19 août 2008) ; États-Unis d'Amérique (25 août 2008) ; El Salvador (5 sept. 2008) ; Slovénie (18 sept. 2008) ; Palaos (23 sept.

2008) ; ex-République yougoslave de Macédoine (9 oct. 2008) ; Tchad (10 oct. 2008) ; Paraguay (13 oct. 2008) ; Suisse (23 oct. 2008) ; Ouganda (27 oct. 2008) ; Burkina Faso (12 nov. 2008) ; Zambie (2 déc. 2008) ; Bahreïn (15 déc. 2008) ; Grenade (12 janv. 2009) ; Jordanie (20 janv. 2009) ; Andorre (27 janv. 2009) ; Belarus (18 févr. 2009) ; Malawi (19 mars 2009) ; Maroc (15 avr. 2009) ; Bosnie-Herzégovine (22 avr. 2009) ; Turquie (9 juin 2009) ; Serbie (19 juin 2009) ; Monténégro (22 juin 2009) ; Angola (29 juin 2009) ; Guinée (6 juill. 2009) ; Suriname (20 juill. 2009) ; Émirats arabes unis (4 août 2009) ; Botswana (6 août 2009) ; République bolivarienne du Venezuela (13 août 2009) ; Saint-Vincent-et-les Grenadines (25 août 2009) ; Kenya (25 août 2009) ; Colombie (31 août 2009) ; Chypre (8 sept. 2009) ; Haïti (17 sept. 2009) ; Viêt Nam (2 oct. 2009) ; Somalie (14 oct. 2009) ; Togo (3 déc. 2009) ; Géorgie (7 déc. 2009) ; Nicaragua (15 janv. 2010) ; Kazakhstan (8 févr. 2010) ; Arménie (17 févr. 2010) ; San Marin (22 févr. 2010) ; Guinée équatoriale (10 mars 2010) ; Philippines (17 mars 2010) ; République islamique d'Iran (23 mars 2010) ; Myanmar (31 mars 2010) ; Rwanda (12 avr. 2010) ; Guyane (6 mai 2010) ; Îles Marshall (3 juin 2010) ; Comores (4 juin 2010) ; Tonga (14 juin 2010) ; Népal (15 juin 2010) ; Antigua et Barbuda (15 juill. 2010) ; Papouasie-Nouvelle-Guinée (6 sept. 2010) ; République démocratique du Congo (28 sept. 2010) ; République populaire démocratique de Corée (4 oct. 2010) ; Maldives (14 oct. 2010) ; Turkménistan (3 nov. 2010) ; Fidji (17 nov. 2010) ; Swaziland (13 déc. 2010) ; Vanuatu (26 janv. 2011) ; Chili (11 févr. 2011) ; Kirghizistan (4 mars 2011) ; Sri Lanka (9 mars 2011) ; Ouzbékistan (29 avr. 2011) ; Gambie (3 mai 2011) ; États fédérés de Micronésie (7 juin 2011) ; Bénin (4 août 2011) ; Soudan (27 sept. 2011) ; Liberia (6 oct. 2011) ; Bhoutan (14 nov. 2011) ; Dominique (28 nov. 2011) ; Malte (6 déc. 2011) ; Zimbabwe (13 déc. 2011) ; Belize (16 déc. 2011) ; Israël (26 janv. 2012) ; Costa Rica (27 févr. 2012) ; Tadjikistan (30 mars 2012) ; Lesotho (31 juill. 2012) ; République dominicaine (6 sept. 2012) ; Iraq (22 janv. 2013) ; République arabe syrienne (13 mai 2013) ; Tuvalu (6 sept. 2013) ; Congo (23 sept. 2013) ; Madagascar (31 oct. 2014) ; Kiribati (15 mai 2015) ; Honduras (26 mai 2015) ; Palestine (5 juin 2015) ; îles Salomon (22 juin 2015) ; Djibouti (29 juill. 2015) ; République centrafricaine (8 juin 2016). ❑

Art. 37 ***Entrée en vigueur.*** **1. La présente Convention entre en vigueur le premier jour du mois suivant l'expiration d'un délai d'un mois après la date du dépôt du trentième instrument de ratification, d'acceptation, d'approbation ou d'adhésion.** – *[Entrée en vigueur le 1er févr. 2007.]*

2. Pour tout État qui déclare ultérieurement accepter d'être lié par la présente Convention, celle-ci entre en vigueur le premier jour du mois qui suit l'expiration d'un délai d'un mois après la date du dépôt de son instrument de ratification, d'acceptation, d'approbation ou d'adhésion.

Art. 38 ***Extension territoriale de la Convention.*** **1. Tout État peut, au moment du dépôt de son instrument de ratification, d'acceptation, d'approbation ou d'adhésion, spécifier le territoire ou les territoires dont il assure les relations internationales et auxquels la présente Convention s'applique.**

2. Par déclaration adressée à l'UNESCO, tout État partie peut, à une date ultérieure, étendre l'application de la présente Convention à tout autre territoire spécifié dans cette déclaration. Relativement à un tel territoire, la Convention entre en vigueur le premier jour du mois suivant l'expiration d'un délai d'un mois après la date de réception de ladite déclaration par le dépositaire.

3. Toute déclaration faite en vertu des deux paragraphes précédents peut, relativement à tout territoire qui y est mentionné, être retirée par notification adressée à l'UNESCO. Le retrait entre en vigueur le premier jour du mois suivant l'expiration d'un délai d'un mois après la date de réception de ladite notification par le dépositaire.

Art. 39 ***Dénonciation.*** **Tout État partie a la faculté de dénoncer la présente Convention. La dénonciation est notifiée par un instrument écrit déposé auprès du Directeur général de l'UNESCO. Elle prend effet le premier jour du mois suivant l'expiration d'un délai de six mois après la date de réception de l'instrument de dénonciation. Elle ne modifie en rien les obligations financières incombant à l'État partie concerné jusqu'à la date à laquelle le retrait prend effet.**

Art. 40 ***Dépositaire.*** **Le Directeur général de l'UNESCO est le dépositaire de la présente Convention et des amendements y relatifs. En sa qualité de dépositaire, il informe les États parties à la présente Convention ainsi que les autres États membres de l'Organisation :**

(a) du dépôt de tout instrument de ratification, d'acceptation, d'approbation ou d'adhésion ;

(b) de la date d'entrée en vigueur de la présente Convention en vertu de l'article 37 ;

(c) de tout rapport établi en vertu des dispositions de l'article 31 ;

(d) de tout amendement à la Convention ou aux annexes adopté en vertu des articles 33 et 34 et de la date d'entrée en vigueur dudit amendement ;

(e) de toute déclaration ou notification faite en vertu des dispositions de l'article 38 ;

(f) de toute notification faite en vertu des dispositions de l'article 39 et de la date à laquelle la dénonciation prend effet ;

(g) de tout autre acte, notification ou communication ayant trait à la présente Convention.

Art. 41 *Enregistrement.* Conformément à l'article 102 de la Charte des Nations Unies, la présente Convention sera enregistrée au Secrétariat de l'Organisation des Nations Unies à la requête du Directeur général de l'UNESCO.

Art. 42 *Textes faisant foi.* 1. La présente Convention, y compris les annexes, est établie en anglais, en arabe, en chinois, en espagnol, en français et en russe, les six textes faisant également foi.

2. Les appendices à la présente Convention sont établis en anglais, en arabe, en chinois, en espagnol, en français et en russe.

Art. 43 *Réserves.* Il n'est admis aucune réserve incompatible avec l'objet et le but de la présente Convention.

ANNEXE I

AMENDEMENT À L'ANNEXE I DE LA CONVENTION INTERNATIONALE CONTRE LE DOPAGE DANS LE SPORT, ADOPTÉ À PARIS LE 29 NOVEMBRE 2016

CODE MONDIAL ANTIDOPAGE

LISTE DES INTERDICTIONS 2017 — STANDARD INTERNATIONAL.

COMMENTAIRE

La liste des substances et méthodes interdites distingue deux catégories de produits et procédés : ceux interdits en permanence, c'est-à-dire en et hors compétition, et ceux interdits uniquement au cours des compétitions sportives. En outre, certaines substances ne sont interdites que dans certains sports ou ne sont pas strictement interdites, mais limitées à un certain seuil.

Surtout, il faut noter que la liste ci-dessous reproduite, applicable pour 2016, procède de la logique en vigueur depuis la seconde version du code mondial antidopage. En effet, depuis 2009, la cohérence de la liste est sensiblement différente. Auparavant, la liste distinguait les substances dites spécifiques, dont l'usage était moins durement sanctionné ; il s'agissait d'une liste « fermée », c'est-à-dire exhaustive : dès lors qu'un produit n'y figurait pas, les règles classiques s'appliquaient (V. sentence TAS, 11 sept. 2007, *2007/A/1252*). Depuis 2009, c'est la logique inverse qui est mise en œuvre et la liste des substances appelées désormais « spécifiées » est une liste ouverte alors que les autres produits, susceptibles d'entraîner des sanctions plus graves, sont précisément listés. ❑

Le texte officiel de la liste des interdictions sera tenu à jour par l'AMA et publié en anglais et en français. La version anglaise fera autorité en cas de divergence entre les deux versions. En conformité avec l'article 4.2.2 du code mondial antidopage, toutes les substances interdites doivent être considérées comme des « substances spécifiées » sauf les substances dans les classes S1, S2, S4.4, S4.5, S6.a, et les méthodes interdites M1, M2 et M3.

SUBSTANCES ET MÉTHODES INTERDITES EN PERMANENCE (EN ET HORS COMPÉTITION)

SUBSTANCES INTERDITES

S0. SUBSTANCES NON APPROUVÉES

Toute substance pharmacologique non incluse dans une section de la liste ci-dessous et qui n'est pas actuellement approuvée pour une utilisation thérapeutique chez l'homme par une autorité gouvernementale réglementaire de la santé (par ex. médicaments en développement préclinique ou clinique ou qui ne sont plus disponibles, médicaments à façon, substances approuvées seulement pour usage vétérinaire) est interdite en permanence.

S1. AGENTS ANABOLISANTS

Les agents anabolisants sont interdits.

1. Stéroïdes anabolisants androgènes (SAA)

a. **SAA exogènes***, incluant :
1-androstènediol (5α-androst-1-ène-3β,17β-diol) ;
1-androstènedione (5α-androst-1-ène-3,17-dione) ;
1-testostérone (17β-hydroxy-5α-androst-1-ène-3-one) ;
4-hydroxytestostérone (4,17β-dihydroxyandrost-4-ène-3-one) ;
bolandiol (estr-4-ène-3β,17β-diol) ;
bolastérone ;
calustérone ;
clostébol ;
danazol ([1,2]oxazolo[4',5' :2,3]prégna-4-ène-20-yn-17α-ol) ;
déhydrochlorméthyltestostérone (4-chloro-17β-hydroxy-17α-méthylandrosta-1,4-diène-3-one) ;
désoxyméthyltestostérone (17α-méthyl-5α-androst-2-ène-17β-ol) ;
drostanolone ;
éthylestrénol (19-norprégna-4-ène-17α-ol) ;
fluoxymestérone ;
formébolone ;
furazabol (17α-méthyl[1,2,5]oxadiazolo[3',4' :2,3]-5α-androstane-14β-ol) ;
gestrinone ;
mestanolone ;
mestérolone ;
métandiénone (17β-hydroxy-17α-méthylandrosta-1,4-diène-3-one) ;
méténolone ;
méthandriol ;
méthastérone (17β-hydroxy-2α,17α-diméthyl-5α-androstane-3-one) ;
méthyldiénolone (17β-hydroxy-17α-méthylestra-4,9-diène-3-one) ;
méthyl-1-testostérone (17β-hydroxy-17α-méthyl-5α-androst-1-ène-3-one) ;
méthylnortestostérone (17β-hydroxy-17α-méthylestr-4-en-3-one) ;
méthyltestostérone ;
métribolone (méthyltriènolone, 17β-hydroxy-17α-méthylestra-4,9,11-triène-3-one) ;
mibolérone ;
norbolétone ;
norclostébol ;
noréthandrolone ;
oxabolone ;
oxandrolone ;
oxymestérone ;
oxymétholone ;
prostanozol (17β-[(tétrahydropyrane-2-yl)oxy]-1'H-pyrazolo[3,4 :2,3]-5α-androstane) ;
quinbolone ;
stanozolol ;
stenbolone ;
tétrahydrogestrinone (17-hydroxy-18a-homo-19-nor-17α-prégna-4,9,11-triène-3-one) ;
trenbolone (17β-hydroxyestr-4,9,11-triène-3-one) ;
et autres substances possédant une structure chimique similaire ou un (des) effet(s) biologique(s) similaire(s).

b. SAA endogènes** par administration exogène :
19-norandrostènediol (estr-4-ène-3,17-diol) ;
19-norandrostènedione (estr-4-ène-3,17-dione) ;
androstènediol (androst-5-ène-3β,17β-diol) ;
androstènedione (androst-4-ène-3,17-dione) ;
boldénone ;
boldione (androsta-1,4-diène-3,17-dione) ;
dihydrotestostérone (17β-hydroxy-5α-androstan-3-one) ;
nandrolone (19-nortestostérone) ;
prastérone (déhydroépiandrostérone, DHEA, 3β-hydroxyandrost-5-ène-17-one) ;
testostérone ;
et les métabolites et isomères suivants, incluant sans s'y limiter :
3β-hydroxy-5α-androstan-17-one ;
5α-androst-2-ène-17-one ;

5α-androstane-3α,17α-diol ;
5α-androstane-3α,17β-diol ;
5α-androstane-3β,17α-diol ;
5α-androstane-3β,17β-diol ;
5β-androstane-3α,17β-diol ;
7α-hydroxy-DHEA ;
7β-hydroxy-DHEA ;
4-androstènediol (androst-4-ène-3β,17β-diol) ;
5-androstènedione (androst-5-ène-3,17-dione) ;
7-keto-DHEA ;
19-norandrostérone ;
19-norétiocholanolone ;
androst-4-ène-3α,17α-diol ;
androst-4-ène-3α,17β-diol ;
androst-4-ène-3β, 17α-diol ;
androst-5-ène-3α,17α-diol ;
androst-5-ène-3α,17β-diol ;
androst-5-ène-3β,17α-diol ;
androstérone ;
épi-dihydrotestostérone ;
épitestostérone ;
étiocholanolone.

2. Autres agents anabolisants

Incluant sans s'y limiter :

Clenbutérol, modulateurs sélectifs des récepteurs aux androgènes (SARMs par ex. andarine et ostarine), **tibolone, zéranol et zilpatérol.**

Pour les besoins du présent document :

** "exogène" désigne une substance qui ne peut pas être habituellement produite naturellement par l'organisme humain.*

** * "endogène" désigne une substance qui peut être habituellement produite naturellement par l'organisme humain.*

S2. HORMONES PEPTIDIQUES, FACTEURS DE CROISSANCE, SUBSTANCES APPARENTÉES ET MIMÉTIQUES

Les substances qui suivent, et les autres substances possédant une structure chimique similaire ou un (des) effet(s) biologique(s) similaire(s), sont interdites :

1. **Agonistes du récepteur de l'érythropoïétine** :

1.1 **Agents stimulants de l'érythropoïèse** (ESAs), par ex. **darbépoétine** (dEPO) ;
érythropoïétines (EPO) ;
EPO-Fc ;
inhibiteurs de GATA, par ex K-11706 ;
inhibiteurs du facteur transformateur de croissance-β (TGF-β), par ex. sotatercept, luspatercept ;
méthoxy polyéthylène glycol-époétine béta (CERA) ;
peptides mimétiques de l'EPO (EMP), par ex. **CNTO 530** et **péginesatide** ;

1.2 **Agonistes non érythropoïétiques du récepteur de l'EPO**, par ex.
ARA-290 asialo-EPO ;
asialo-EPO ;
EPO carbamylée

2. **Stabilisateurs de facteurs inductibles par l'hypoxie** (HIF), par ex. **cobalt**, **molidustat** et **roxadustat** (FG-4592) ; et **activateurs du HIF** par ex. xénon et argon ;

3. **Gonadotrophine chorionique** (CG) et **hormone lutéinisante** (LH) et leurs facteurs de libération, par ex. **buséréline**, **gonadoréline** et **leuproréline**, interdites chez le sportif de sexe masculin seulement ;

4. **Corticotrophines** et leurs facteurs de libération, par ex. **corticoréline** ;

5. **Hormone de croissance** (GH) et ses facteurs de libération incluant **l'hormone de libération de l'hormone de croissance** (GHRH) et ses **analogues**, par ex. **CJC-1295**, **sermoréline** et **tésamoréline** ; **sécrétagogues** de l'hormone de croissance (GHS), par ex. **ghréline** et **mimétiques de la ghréline**, par ex. **anamoréline** et **ipamoréline** ; **peptides libérateurs de l'hormone de croissance** (GHRPs), par ex. **alexamoréline**, **GHRP-6**, **hexaréline** et **pralmoréline** (GHRP-2).

Facteurs de croissance additionnels interdits :

Facteur de croissance dérivé des plaquettes (PDGF) ; facteur de croissance endothélial vasculaire (VEGF) ; facteur de croissance analogue à l'insuline-1 (IGF-1) et ses analogues ; facteur de croissance des hépatocytes (HGF) ; facteurs de croissance fibroblastiques (FGF) ; facteurs de croissance mécaniques (MGF) ; ainsi que tout autre facteur de croissance influençant dans le muscle, le tendon ou le ligament, la synthèse/dégradation protéique, la vascularisation, l'utilisation de l'énergie, la capacité régénératrice ou le changement du type de fibre.

S3. BÊTA-2 AGONISTES

Tous les bêta-2 agonistes sélectifs et non-sélectifs, y compris tous leurs isomères optiques, sont interdits.

Incluant sans s'y limiter :

Fenotérol ; formotérol ; higénamine ; indacatérol ; olodatérol ; procatérol ; reprotérol ; salbutamol ; salmétérol ; terbutaline ; vilantérol.

Sauf :

— le **salbutamol** inhalé : maximum 1600 microgrammes par 24 heures, sans excéder 800 microgrammes par 12 heures ;

— le **formotérol** inhalé : dose maximale délivrée de 54 microgrammes par 24 heures ;

— le **salmétérol** inhalé : dose maximale 200 microgrammes par 24 heures.

La présence dans l'urine de salbutamol à une concentration supérieure à 1000 ng/mL ou de formotérol à une concentration supérieure à 40 ng/mL sera présumée ne pas être une utilisation thérapeutique intentionnelle et sera considérée comme un résultat d'analyse anormal (RAA), à moins que le sportif ne prouve par une étude de pharmacocinétique contrôlée que ce résultat anormal est bien la conséquence de l'usage d'une dose thérapeutique (par inhalation) jusqu'à la dose maximale indiquée ci-dessus.

S4. MODULATEURS HORMONAUX ET MÉTABOLIQUES

Les **hormones** et **modulateurs hormonaux** suivants sont interdits :

1. **Inhibiteurs d'aromatase**, incluant sans s'y limiter :

4-androstène-3, 6, 17 trione (6-oxo) ;
aminoglutéthimide ;
anastrozole ;
androsta-1,4,6-triène-3,17-dione (androstatriènedione) ;
androsta-3,5-diène-7,17-dione (arimistane) ;
exémestane ;
formestane ;
létrozole ;
testolactone.

2. **Modulateurs sélectifs des récepteurs aux œstrogènes** (SERM), incluant sans s'y limiter :

Raloxifène ;
tamoxifène ;
torémifène.

3. Autres **substances anti-œstrogéniques**, incluant sans s'y limiter :

Clomifène ;
cyclofénil ;
fulvestrant.

4. **Agents modificateurs de(s) la fonction(s) de la myostatine**, incluant sans s'y limiter : les **inhibiteurs de la myostatine**.

5. **Modulateurs métaboliques** :

5.1 **Activateurs de la protéine kinase activée par l'AMP** (AMPK), par ex. **AICAR** et **agonistes du récepteur activé par les proliférateurs des péroxysomes** δ (PPARδ), par ex. **GW 1516** ;

5.2 **Insulines** et mimétiques de l'insuline ;

5.3 **Meldonium** ;

5.4 **Trimétazidine**.

S5. DIURÉTIQUES ET AGENTS MASQUANTS

Les **diurétiques** et **agents masquants** suivants sont interdits, ainsi que les autres substances possédant une structure chimique similaire ou un (des) effet(s) biologique(s) similaire(s).

Incluant sans s'y limiter :

— Desmopressine ; probénécide ; succédanés de plasma, par ex. glycérol et l'administration intraveineuse d'albumine, dextran, hydroxyéthylamidon et mannitol.

— Acétazolamide ; amiloride ; bumétanide ; canrénone ; chlortalidone ; acide étacrynique ; furosémide ; indapamide ; métolazone ; spironolactone ; thiazides, par ex. bendrofluméthiazide, chlorothiazide, et hydrochlorothiazide ; triamtérène et vaptans, par ex. tolvaptan.

Sauf :

— la drospirénone ; le pamabrome ; et l'administration ophtalmique des inhibiteurs de l'anhydrase carbonique (par ex. dorzolamide, brinzolamide) ;

— l'administration locale de la félypressine en anesthésie dentaire.

La détection dans l'échantillon du sportif en permanence ou en compétition, si applicable, de n'importe quelle quantité des substances qui suivent étant soumises à un niveau seuil : formotérol, salbutamol, cathine, éphédrine, méthyléphédrine et pseudoéphédrine, conjointement avec un diurétique ou un agent masquant, sera consideré comment un résultat d'analyse anormal (RAA) sauf si le sportif a une autorisation d'usage à des fins thérapeutiques (AUT) approuvée pour cette substance, outre celle obtenue pour le diurétique ou l'agent masquant.

MÉTHODES INTERDITES

M1. MANIPULATION DE SANG OU DE COMPOSANTS SANGUINS

Ce qui suit est interdit :

1. L'Administration ou réintroduction de n'importe quelle quantité de sang autologue, allogénique (homologue) ou hétérologue ou de globules rouges de toute origine dans le système circulatoire.

2. L'amélioration artificielle de la consommation, du transport ou de la libération de l'oxygène. Incluant, sans s'y limiter :

Les produits chimiques perfluorés ; l'éfaproxiral (RSR13) ; et les produits d'hémoglobine modifiée, par ex. les substituts de sang à base d'hémoglobine et les produits à base d'hémoglobines réticulées, mais excluant la supplémentation en oxygène par inhalation.

3. Toute manipulation intravasculaire de sang ou composant(s) sanguin(s) par des méthodes physiques ou chimiques.

M2. MANIPULATION CHIMIQUE ET PHYSIQUE

Ce qui suit est interdit :

1. La falsification, ou la tentative de falsification, dans le but d'altérer l'intégrité et la validité des échantillons recueillis lors du contrôle du **dopage**.

Incluant, sans s'y limiter :

La substitution et/ou l'altération de l'urine, par ex. protéases.

2. Les perfusions intraveineuses et/ou injections de plus de 50 ml par période de 6 heures, sauf celles reçues légitimement dans le cadre d'admissions hospitalières, les procédures chirurgicales ou lors d'examens cliniques.

M3. DOPAGE GÉNÉTIQUE

Ce qui suit, ayant la capacité potentielle d'améliorer la performance sportive, est interdit :

1. Le transfert de polymères d'acides nucléiques ou d'analogues d'acides nucléiques ;

2. L'utilisation de cellules normales ou génétiquement modifiées.

SUBSTANCES ET MÉTHODES INTERDITES EN COMPÉTITION

Outre les catégories S0 à S5 et M1 à M3 définies ci-dessus, les catégories suivantes sont interdites en compétition :

SUBSTANCES INTERDITES

S6. STIMULANTS

Tous les stimulants, y compris tous leurs isomères optiques, par ex. d– et l s'il y a lieu, sont interdits.

a : Stimulants non spécifiés :

Un stimulant qui n'est pas expressément nommé dans cette section est une substance spécifiée.

Stimulants spécifiés (exemples) :

adrafinil ;

amfépramone ;

amfétamine ;

amfétaminil ;

amiphénazol ;

benfluorex ;

benzylpipérazine ;

bromantan ;
clobenzorex ;
cocaïne ;
cropropamide ;
crotétamide ;
fencamine ;
fénétylline ;
fenfluramine ;
fenproporex ;
fonturacétam [4-phenylpiracétam (carphédon)] ;
furfénorex ;
lisdexamfétamine ;
méfénorex ;
méphentermine ;
mésocarb ;
métamfétamine (d-) ;
p-méthylamphétamine ;
modafinil ;
norfenfluramine ;
phendimétrazine ;
phentermine ;
prénylamine ;
prolintane.
Un stimulant qui n'est pas expressément nommé dans cette section est une substance spécifiée.
b : Stimulants spécifiés (exemples) :
4-méthylhexan-2-amine (méthylhexaneamine) ;
benzfétamine ;
cathine** ;
cathinone et ses analogues, par ex. méphédrone, méthédrone et α- pyrrolidinovalerophénone ;
diméthylamphétamine ;
éphédrine*** ;
epinéphrine**** (adrénaline) ;
étamivan ;
étilamfétamine ;
étiléfrine ;
famprofazone ;
fenbutrazate ;
fencamfamine ;
heptaminol ;
hydroxyamphétamine (parahydroxyamphétamine) ;
isométheptène ;
levmétamfétamine ;
méclofénoxate ;
méthylènedioxyméthamphétamine ;
méthyléphedrine*** ;
méthylphénidate ;
nicéthamide ;
norfénefrine ;
octopamine ;
oxilofrine (méthylsynéphrine) ;
pémoline ;
pentétrazol ;
phénéthylamine et ses dérivés ;
phenmétrazine ;
phenprométhamine ;
propylhexédrine ;
pseudoéphédrine***** ;
sélégiline ;
sibutramine ;
strychnine ;
tenamfétamine (méthylènedioxyamphétamine) ;
tuaminoheptane ;

et autres substances possédant une structure chimique similaire ou un (des) effet(s) biologique(s) similaire(s).

Sauf :

— clonidine

— les dérivés de l'imidazole en application topique/ophtalmique et les stimulants figurant dans le Programme de surveillance 2017*.

* Bupropion, caféine, nicotine, phényléphrine, phénylpropanolamine, pipradrol et synéphrine : ces substances figurent dans le Programme de surveillance 2015 et ne sont pas considérées comme des substances interdites.

** Cathine : interdite quand sa concentration dans l'urine dépasse 5 microgrammes par millilitre.

*** Éphédrine et méthyléphédrine : interdites quand leurs concentrations respectives dans l'urine dépassent 10 microgrammes par millilitre.

**** Épinéphrine (adrénaline) : n'est pas interdite à l'usage local, par ex. par voie nasale ou ophtalmologique ou co-administrée avec les anesthésiques locaux.

***** Pseudoéphédrine : interdite quand sa concentration dans l'urine dépasse 150 microgrammes par millilitre.

S7. NARCOTIQUES

Interdit :
buprénorphine ;
dextromoramide ;
diamorphine (héroïne) ;
fentanyl et ses dérivés ;
hydromorphone ;
méthadone ;
morphine ;
nicomorphine ;
oxycodone ;
oxymorphone ;
pentazocine ;
péthidine.

S8. CANNABINOÏDES

Interdit :

— **Δ9-tétrahydrocannabinol** (THC) **naturel**, par ex. **cannabis**, **haschisch**, et **marijuana**, ou synthétique.

— **cannabimimétiques**, par ex. **"Spice"**, **JWH-018**, **JWH-073**, **HU-210** sont interdits.

S9. GLUCOCORTICOÏDES

Tous les glucocorticoïdes sont interdits lorsqu'ils sont administrés par voie orale, intraveineuse, intramusculaire ou rectale.

SUBSTANCES INTERDITES DANS CERTAINS SPORTS

P1. ALCOOL

L'alcool (**éthanol**) est interdit en compétition seulement, dans les sports suivants. La détection sera effectuée par éthylométrie et/ou analyse sanguine. Le seuil de violation est équivalent à une concentration sanguine d'alcool de 0,10 g/l.

— Aéronautique (FAI) ;

— Automobile (FIA) ;

— Motonautique (UIM) ;

— Tir à l'arc (WA).

P2. BÊTA-BLOQUANTS

Les bêta-bloquants sont interdits en compétition seulement, dans les sports suivants et aussi interdits hors-compétition si indiqué.

Automobile (FIA).
Billard (toutes les disciplines) (WCBS).
Fléchettes (WDF).
Golf (IGF).
Ski (FIS) pour le saut à skis, le saut *freestyle/halfpipe* et le *snowboard halfpipe/big air*.

Sports subaquatiques (CMAS) pour l'apnée dynamique avec ou sans palmes, l'apnée en immersion libre, l'apnée en poids constant avec ou sans palmes, l'apnée en poids variable, l'apnée Jump Blue, l'apnée statique, la chasse sous-marine et le tir sur cible.
Tir (ISSF, IPC)*.
Tir à l'arc (WA)*.
* Aussi interdit hors compétition
Incluent sans s'y limiter :
acébutolol ;
alprénolol ;
aténolol ;
bétaxolol ;
bisoprolol ;
bunolol ;
cartéolol ;
carvédilol ;
céliprolol ;
esmolol ;
labétalol ;
lévobunolol ;
métipranolol ;
métoprolol ;
nadolol ;
oxprénolol ;
pindolol ;
propranolol ;
sotalol ;
timolol.

ANNEXE II

STANDARD POUR L'AUTORISATION D'USAGE À DES FINS THÉRAPEUTIQUES

Extrait du "standard international pour l'autorisation d'usage à des fins thérapeutiques" de l'Agence mondiale antidopage (AMA) ; en vigueur le 1er janv. 2015.

V. ci-dessous, Code AMA.

AMENDEMENT À L'ANNEXE II DE LA CONVENTION INTERNATIONALE CONTRE LE DOPAGE DANS LE SPORT, ADOPTÉ À PARIS LE 1er JANVIER 2015

STANDARD INTERNATIONAL POUR LES AUTORISATIONS D'USAGE À DES FINS THÉRAPEUTIQUES

Entrée en vigueur le 1er janv. 2015.

V. Décr. no 2015-240 du 2 mars 2015 adoptant l'amendement à l'annexe II de la convention internationale contre le dopage dans le sport.

Le Standard international pour les autorisations d'usage à des fins thérapeutiques (SIAUT) du code mondial antidopage est un standard international obligatoire élaboré dans le cadre du Programme mondial antidopage.
Le SIAUT a été initialement adopté en 2004 et est entré en vigueur le 1er janvier 2005. Il a ensuite été révisé en 2009, 2010 et 2011. La présente version comprend les révisions du SIAUT approuvées par le Comité exécutif de l'Agence mondiale antidopage (AMA) lors de la Conférence mondiale sur le dopage dans le sport le 15 novembre 2013 à Johannesburg et entrera en vigueur le 1er janvier 2015.
Le texte officiel du Standard international pour les autorisations d'usage à des fins thérapeutiques sera tenu à jour par l'AMA et publié en anglais et en français. La version anglaise fera autorité en cas de divergence entre les deux versions.
TABLE DES MATIÈRES

PREMIÈRE PARTIE : INTRODUCTION, DISPOSITIONS DU CODE ET DÉFINITIONS

1.0. *[1.1]* Introduction et portée

Le Standard international pour les autorisations d'usage à des fins thérapeutiques est un *standard international* obligatoire élaboré dans le cadre du Programme mondial antidopage.

Le but du Standard international pour les autorisations d'usage à des fins thérapeutiques est d'établir (a) les conditions à remplir pour qu'une autorisation d'usage à des fins thérapeutiques *(AUT)* puisse être accordée, permettant la présence d'une *substance interdite dans l'échantillon d'un sportif ou l'usage ou la tentative d'usage, la possession et/ou l'administration ou la tentative d'administration par un sportif d'une substance interdite ou d'une méthode interdite* pour des raisons thérapeutiques ; (b) les responsabilités incombant aux *organisations antidopage* en lien avec les décisions qu'elles rendent en matière d'*AUT* et la communication de ces décisions ; (c) la procédure à suivre par un *sportif* pour soumettre une demande d'*AUT* ; (d) la procédure à suivre par un *sportif* pour qu'une *AUT* accordée par une *organisation antidopage* soit reconnue par une autre *organisation antidopage* ; (e) la procédure suivie par l'*AMA* pour l'examen de décisions en matière d'*AUT* ; et (f) les dispositions de confidentialité applicables au processus d'*AUT*.

Les termes utilisés dans ce *standard international* qui sont des termes définis dans le *Code* apparaissent en italique. Les termes définis dans ce *standard international* sont soulignés.

2.0. *[2.1]* Dispositions du Code

Les articles du *Code* 2015 ci-dessous se rapportent directement au Standard international pour les autorisations d'usage à des fins thérapeutiques.

Art. 4.4 du Code Autorisations d'usage à des fins thérapeutiques (AUT)

4.4.1. La présence d'une *substance interdite* ou de ses *métabolites* ou *marqueurs* et/ou l'*usage* ou la *tentative d'usage*, la *possession* ou l'*administration* ou la *tentative d'administration* d'une *substance interdite* ou d'une *méthode interdite* ne sera pas considérée comme une violation des règles antidopage si elle est compatible avec les dispositions d'une *AUT* délivrée en conformité avec le Standard international pour les autorisations d'usage à des fins thérapeutiques.

4.4.2. Un *sportif* qui n'est pas un *sportif de niveau international* doit s'adresser à son *organisation nationale antidopage* en vue d'obtenir une *AUT*. Si l'*organisation nationale antidopage* refuse cette demande, le *sportif* peut faire appel exclusivement auprès de l'instance d'appel nationale décrite aux articles 13.2.2 et 13.2.3.

4.4.3. Un *sportif* qui est un *sportif de niveau international* doit s'adresser à sa fédération internationale.

4.4.3.1. Lorsque le *sportif* possède déjà une *AUT* délivrée par son *organisation nationale antidopage* pour la substance ou méthode en question, et que cette *AUT* remplit les critères énoncés dans le Standard international pour les autorisations d'usage à des fins thérapeutiques, la fédération internationale est tenue de la reconnaître. Si la fédération internationale estime que l'*AUT* ne remplit pas ces critères et refuse donc de reconnaître l'*AUT*, la fédération internationale doit en notifier sans délai le *sportif*, ainsi que son *organisation nationale antidopage*, en indiquant les motifs. Le *sportif* ou l'*organisation nationale antidopage* dispose de 21 jours à compter de cette notification pour soumettre la question à l'*AMA* pour examen. Si la question est soumise à l'*AMA* pour examen, l'*AUT* délivrée par l'*organisation nationale antidopage* reste valable pour les contrôles de *compétitions* de niveau national et pour les *contrôles hors compétition* (mais n'est pas valable pour les contrôles de *compétitions* de niveau international) dans l'attente de la décision de l'*AMA*. Si la question n'est pas soumise à l'*AMA* pour examen, l'*AUT* cesse d'être valable dans tous les cas à l'expiration du délai d'examen de 21 jours.

4.4.3.2. Si le *sportif* ne possède pas déjà une *AUT* délivrée par son *organisation nationale antidopage* pour la substance ou méthode en question, le *sportif* doit s'adresser directement à sa fédération internationale en vue d'obtenir une *AUT* dès que le besoin apparaît. Si la fédération internationale (ou l'*organisation nationale antidopage* dès lors que celle-ci a accepté d'étudier la demande au nom de la fédération internationale) rejette la demande du *sportif*, elle doit en notifier sans délai le *sportif* et indiquer ses motifs. Si la fédération internationale accède à la demande du *sportif*, elle doit en notifier non seulement le *sportif*, mais aussi son *organisation nationale antidopage*. Si l'*organisation nationale antidopage* estime que l'*AUT* ne remplit pas les critères énoncés dans le Standard international pour les autorisations d'usage à des fins thérapeutiques, elle dispose de 21 jours à compter de ladite notification pour soumettre le cas à l'*AMA* pour examen. Si l'*organisation nationale antidopage* soumet le cas à l'*AMA* pour examen, l'*AUT* délivrée par la fédération internationale reste valable pour les contrôles des *compétitions* de niveau international et les *contrôles hors compétition* (mais n'est pas valable pour les contrôles des *compétitions* de niveau national) dans l'attente de la décision de l'*AMA*. Si l'*organisation nationale antidopage* ne soumet pas le cas à l'*AMA* pour examen, l'*AUT* délivrée par la fédération internationale devient également valable pour les *compétitions* de niveau national à l'expiration du délai d'examen de 21 jours.

[Commentaire sur l'article 4.4.3 : Si la fédération internationale refuse de reconnaître une AUT délivrée par une organisation nationale antidopage au seul motif que des dossiers médicaux ou d'autres informations requis pour démontrer que les critères figurant dans le Standard international pour les autorisations d'usage à des fins thérapeutiques font défaut, la question ne doit pas être soumise à l'AMA. En revanche, le dossier doit être complété et soumis à nouveau à la fédération internationale.

Si une fédération internationale choisit de contrôler un sportif qui n'est pas un sportif de niveau international, elle est tenue de reconnaître une AUT délivrée à ce sportif par son organisation nationale antidopage.]

4.4.4. Une *organisation responsable de grandes manifestations* peut exiger que les *sportifs* s'adressent à elle pour demander une *AUT* s'ils souhaitent faire *usage* d'une *substance interdite* ou d'une *méthode interdite* en lien avec cette *manifestation*. Dans ce cas :

4.4.4.1. L'*organisation responsable de grandes manifestations* doit prévoir une procédure permettant au *sportif* de demander une *AUT* si le sportif n'en possède pas encore. Si l'*AUT* est accordée, elle n'est valable que pour cette *manifestation*.

4.4.4.2. Si le *sportif* possède déjà une *AUT* délivrée par son *organisation nationale antidopage* ou sa fédération internationale et que cette *AUT* remplit les critères fixés dans le Standard international pour les autorisations d'usage à des fins thérapeutiques, l'*organisation responsable de grandes manifestations* est tenue de la reconnaître. Si l'*organisation responsable de grandes manifestations* considère que l'*AUT* ne remplit pas ces critères et refuse donc de la reconnaître, elle doit en notifier sans délai le *sportif*, en indiquant ses motifs.

4.4.4.3. La décision d'une *organisation responsable de grandes manifestations* de ne pas reconnaître ou de ne pas délivrer une *AUT* peut faire l'objet d'un appel interjeté par le *sportif* exclusivement auprès d'une instance indépendante établie ou désignée à cette fin par l'*organisation responsable de grandes manifestations*. Si le *sportif* ne fait pas appel (ou que son appel est rejeté), il n'est pas autorisé à faire *usage* de la substance ou de la méthode en question en lien avec la *manifestation*, mais toute *AUT* délivrée par son *organisation nationale antidopage* ou sa fédération internationale pour cette substance ou méthode reste valable en dehors de ladite *manifestation*.

[Commentaire sur l'article 4.4.4.3 : Par exemple, la division ad hoc du TAS ou une instance similaire peut faire office d'instance d'appel indépendante pour certaines manifestations. L'AMA peut également accepter d'assumer cette fonction. Si ni le TAS ni l'AMA n'exercent cette fonction, l'AMA conserve le droit (mais pas l'obligation) de réexaminer à tout moment les décisions en matière d'AUT rendues en lien avec la manifestation, conformément à l'article 4.4.6.]

4.4.5. Si une *organisation antidopage* choisit de prélever un *échantillon sur une personne* qui n'est pas un *sportif de niveau international* ou de *niveau national*, et que cette personne fait *usage* pour raisons thérapeutiques d'une *substance interdite* ou d'une *méthode interdite*, l'*organisation antidopage* peut l'autoriser à demander une *AUT* avec effet rétroactif.

4.4.6. L'*AMA* est tenue d'examiner la décision d'une fédération internationale de ne pas reconnaître une *AUT* délivrée par l'*organisation nationale antidopage* qui lui est soumise par le *sportif* ou par l'*organisation nationale antidopage* du *sportif*. En outre, l'*AMA* est tenue d'examiner la décision d'une fédération internationale de délivrer une *AUT* qui lui est soumise par l'*organisation nationale antidopage* du *sportif*. L'*AMA* peut examiner à tout moment toute autre décision en matière d'*AUT*, soit à la demande des personnes concernées, soit de sa propre initiative. Si la décision en matière d'*AUT* examinée remplit les critères énoncés dans le Standard international pour les autorisations d'usage à des fins thérapeutiques, l'*AMA* ne reviendra pas sur cette décision. Si la décision en matière d'*AUT* ne remplit pas ces critères, l'*AMA* la renversera.

[Commentaire sur l'article 4.4.6 : L'AMA pourra facturer des frais pour couvrir le coût (a) de tout examen qu'elle est tenue d'effectuer conformément à l'article 4.4.6, et (b) de tout examen qu'elle choisit d'effectuer, dès lors que la décision examinée est renversée.]

4.4.7. Toute décision en matière d'*AUT* prise par une fédération internationale (ou par une *organisation nationale antidopage* qui a accepté d'étudier la demande au nom d'une fédération internationale) et qui n'est pas examinée par l'*AMA*, ou qui est examinée par l'*AMA* mais n'est pas renversée, peut faire l'objet d'un appel par le *sportif* et/ou l'*organisation nationale antidopage* du *sportif* exclusivement devant le *TAS*.

[Commentaire sur l'article 4.4.7 : Dans de tels cas, la décision faisant l'objet de l'appel est la décision en matière d'AUT de la fédération internationale, et non pas la décision de l'AMA de ne pas examiner la décision en matière d'AUT ou (après examen) de ne pas la renverser. Cependant, le délai pour faire appel de la décision en matière d'AUT ne court que dès la date où l'AMA communique sa décision. En tout état de cause, que la décision ait été examinée ou non par l'AMA, l'AMA sera notifiée de l'appel afin de pouvoir y participer si elle le juge utile.]

4.4.8. Une décision de l'*AMA* de renverser une décision en matière d'*AUT* peut faire l'objet d'un appel par le sportif, par l'*organisation nationale antidopage* et/ou par la fédération internationale concernée exclusivement auprès du *TAS*.

4.4.9. L'inaction dans un délai raisonnable en lien avec le traitement d'une demande soumise en bonne et due forme en vue de la délivrance/de la reconnaissance d'une *AUT* ou de l'examen d'une décision d'*AUT* sera considérée comme un refus de la demande.

Art. 13.4 du Code Appels relatifs aux AUT

Les décisions en matière d'*AUT* ne peuvent faire l'objet d'un appel que conformément aux dispositions de l'article 4.4.

3.1. Définitions et interprétation

3.2. Termes définis dans le *Code* qui sont utilisés dans le Standard international pour les autorisations d'usage à des fins thérapeutiques.

ADAMS : Acronyme anglais de Système d'administration et de gestion antidopage (Anti-Doping Administration & Management System), soit un instrument de gestion en ligne, sous forme de banque de données, qui sert à la saisie, à la conservation, au partage et à la transmission de données, conçu pour aider l'*AMA* et ses partenaires dans leurs opérations antidopage en conformité avec la législation relative à la protection des données.

Administration : Fait de fournir, d'approvisionner, de superviser, de faciliter ou de participer de toute autre manière à l'*usage* ou à la *tentative d'usage* par une *autre personne* d'une *substance interdite* ou d'une *méthode interdite*. Cependant, cette définition n'inclut pas les actions entreprises de bonne foi par le personnel médical et impliquant une *substance interdite* ou une *méthode interdite* utilisée à des fins thérapeutiques légitimes et licites ou bénéficiant d'une autre justification acceptable, et n'inclut pas non plus les actions impliquant des substances interdites qui ne sont pas interdites dans les *contrôles hors compétition* sauf si les circonstances dans leur ensemble démontrent que ces substances interdites ne sont pas destinées à des fins thérapeutiques légitimes et licites ou sont destinées à améliorer la performance sportive.

AMA : Agence mondiale antidopage.

AUT : Autorisation d'usage à des fins thérapeutiques, conformément à la description donnée à l'article 4.4.

Code : Code mondial antidopage.

Compétition : Une course unique, un match, une partie ou une épreuve unique. Par exemple, un match de basketball ou la finale du 100 mètres en athlétisme aux Jeux olympiques. Dans le cas des courses par étapes et autres épreuves où des prix sont décernés chaque jour ou au fur et à mesure, la distinction entre une *compétition* et une *manifestation* sera celle prévue dans les règles de la fédération internationale concernée.

Contrôle : Partie du processus global de *contrôle du dopage* comprenant la planification de la répartition des *contrôles*, la collecte des *échantillons*, leur manipulation et leur transport au laboratoire.

En compétition : A moins de dispositions contraires dans les règles d'une fédération internationale ou de l'organisation responsable de la *manifestation* concernée, *"en compétition"* comprend la période commençant douze heures avant une *compétition* à laquelle le *sportif* doit participer et se terminant à la fin de cette *compétition* et du processus de collecte d'*échantillons* lié à cette *compétition*.

[Commentaire : Une fédération internationale ou une organisation responsable de manifestation peut établir une période "en compétition" différente de la période de la manifestation.]

Liste des interdictions : Liste identifiant les substances interdites et les méthodes interdites.

Manifestation : Série de *compétitions* individuelles se déroulant sous l'égide d'une organisation responsable (p. ex. les Jeux olympiques, les Championnats du monde de la FINA ou les Jeux panaméricains).

Méthode interdite : Toute méthode décrite comme telle dans la *Liste des interdictions*.

Organisation antidopage : *Signataire* responsable de l'adoption de règles relatives à la création, à la mise en œuvre ou à l'application de tout volet du processus de *contrôle du dopage*. Cela comprend par exemple le Comité International Olympique, le Comité international paralympique, d'autres *organisations responsables de grandes manifestations* qui effectuent des *contrôles lors de manifestations* relevant de leur responsabilité, l'*AMA*, les fédérations internationales et les *organisations nationales antidopage*.

Organisation nationale antidopage : La ou les entités désignée(s) par chaque pays comme autorité(s) principale(s) responsable(s) de l'adoption et de la mise en œuvre de règles antidopage, de la gestion du *prélèvement* d'*échantillons*, de la gestion des résultats de *contrôles* et de la tenue d'audiences, au *[sur le]* plan national. Si une telle entité n'a pas été désignée par l'autorité/les autorités publique(s) compétente(s), le *comité national olympique* ou l'entité que celui-ci désignera remplira ce rôle.

Organisations responsables de grandes manifestations : Associations continentales de *comités nationaux olympiques* et toute autre organisation internationale multisports qui servent d'organisation responsable pour une *manifestation internationale*, qu'elle soit continentale, régionale ou autre.

Possession : *Possession* physique ou de fait (qui ne sera établie que si la personne exerce un contrôle exclusif ou a l'intention d'exercer un contrôle sur la *substance/méthode interdite* ou les lieux où une *substance/méthode interdite* se trouve). Toutefois, si la *personne* n'exerce pas un *contrôle* exclusif sur la *substance/méthode interdite* ou les lieux où la *substance/méthode interdite* se trouve, la possession de fait ne sera établie que si la *personne* était au courant de la présence de la *substance/méthode interdite* et avait l'intention d'exercer un contrôle sur celle-ci. De plus, il ne pourra y avoir de violation des règles antidopage reposant sur la seule *possession* si, avant de recevoir notification d'une violation des règles antidopage, la *personne* a pris des mesures concrètes démontrant qu'elle n'a jamais eu l'intention d'être en *possession* d'une *substance/méthode interdite* et a renoncé à cette *possession* en la déclarant explicitement à une *organisation antidopage*. Nonobstant toute disposition contraire dans cette définition, l'achat (y compris par un moyen électronique ou autre) d'une *substance interdite* ou d'une *méthode interdite* constitue une *possession* de celle-ci par la personne qui effectue cet achat.

[Commentaire : En vertu de cette définition, des stéroïdes trouvés dans le véhicule d'un sportif constitueraient une violation à moins que le sportif ne puisse démontrer qu'une autre personne s'est servie de son véhicule. Dans de telles circonstances, l'organisation antidopage devra démontrer que, bien que le sportif n'ait pas eu le contrôle exclusif du véhicule, le sportif était au courant de la présence des stéroïdes et avait l'intention d'exercer un contrôle sur les stéroïdes. Dans un même ordre d'idées, dans l'hypothèse où des stéroïdes seraient trouvés dans une armoire à médicaments relevant du contrôle commun d'un sportif et de sa conjointe, l'organisation antidopage devra démontrer que le sportif était au courant de la présence des stéroïdes dans l'armoire à médicaments et qu'il avait l'intention d'exercer un contrôle sur ces stéroïdes. L'acte d'acquisition d'une substance interdite, en soi, constitue la possession, même si, par exemple, le produit n'arrive pas, est reçu par quelqu'un d'autre ou est envoyé à l'adresse d'un tiers.]

Résultat d'analyse anormal : Rapport d'un laboratoire accrédité par l'*AMA* ou d'un autre laboratoire approuvé par l'*AMA* qui, en conformité avec le Standard international pour les laboratoires et les documents techniques connexes, révèle la présence dans un *échantillon* d'une *substance interdite* ou d'un de *ses métabolites* ou *marqueurs* (y compris des quantités élevées de substances endogènes) ou l'usage d'une *méthode interdite*.

Signataires : Entités qui ont signé le *Code* et s'engagent à le respecter, conformément à l'article 23.

Sportif : Toute *personne* qui dispute une *compétition* sportive au niveau international (telle que définie par chacune des fédérations internationales) ou au niveau national (telle que définie par chacune des *organisations nationales antidopage*). Une *organisation antidopage* est libre d'appliquer des règles antidopage à un *sportif* qui n'est ni un *sportif de niveau international* ni un *sportif de niveau national*, et ainsi de le faire entrer dans la définition de *"sportif"*. En ce qui concerne les *sportifs* qui ne sont ni *de niveau international* ni *de niveau national*, une *organisation antidopage* peut choisir de réaliser des *contrôles* limités ou de ne réaliser aucun *contrôle*, de procéder à des analyses d'*échantillons* portant sur un menu plus restreint de *substances interdites*, de ne pas exiger d'informations sur la localisation ou de limiter l'étendue de ces informations, ou de ne pas exiger à l'avance des *AUT*. Cependant, si une violation des règles antidopage prévue à l'article 2.1, 2.3 ou 2.5 est commise par un *sportif* relevant d'une *organisation antidopage* et qui prend part à une *compétition* d'un niveau inférieur au niveau international ou national, les *conséquences* énoncées dans le *Code* (sauf l'article 14.3.2) doivent être appliquées. Aux fins des articles 2.8 et 2.9 ainsi qu'à des fins d'information et d'éducation antidopage, toute *personne* qui prend part à une *compétition sportive* et qui relève d'un signataire, d'un gouvernement ou d'une autre organisation sportive reconnaissant le *Code* est un *sportif*.

[Commentaire : Cette définition établit clairement que tous les sportifs de niveaux international et national sont assujettis aux règles antidopage du Code, et que les définitions précises des compétitions de niveau international et de niveau national doivent figurer dans les règles antidopage respectives des fédérations internationales et des organisations nationales antidopage. Cette définition permet également à chaque organisation natio-

nale antidopage, si elle le désire, d'étendre son programme antidopage aux concurrents de niveaux inférieurs au niveau national ou international ou aux individus pratiquant un entraînement physique mais sans disputer de compétitions. Ainsi, une organisation nationale antidopage pourrait, par exemple, choisir de contrôler des concurrents de niveau récréatif, mais sans exiger à l'avance des AUT. Néanmoins, une violation des règles antidopage impliquant un résultat d'analyse anormal ou une falsification entraîne toutes les conséquences prévues par le Code (à l'exception de l'article 14.3.2). La décision d'appliquer ou non les conséquences aux sportifs de niveau récréatif qui pratiquent des activités d'entraînement physique mais ne disputent jamais de compétitions est laissée à l'organisation nationale antidopage. De même, une organisation responsable de grandes manifestations qui organise une manifestation uniquement pour des concurrents de niveau vétérans pourrait choisir de contrôler les concurrents mais de ne pas procéder à des analyses d'échantillons couvrant la totalité du menu des substances interdites. Les concurrents de tous les niveaux devraient bénéficier de programmes d'information et d'éducation en matière d'antidopage.]

Sportif de niveau international : *Sportif* concourant dans un sport au niveau international, selon la définition de chaque fédération internationale, en conformité avec le Standard international pour les *contrôles* et les enquêtes.

[Commentaire : En conformité avec le Standard international pour les contrôles et les enquêtes, la fédération internationale est libre de déterminer les critères qu'elle appliquera pour classifier les sportifs comme des sportifs de niveau international, par ex. en fonction de leur classement, de leur participation à certaines manifestations internationales, de leur type de licence, etc. Cependant, elle est tenue de publier ces critères de manière claire et concise afin que les sportifs puissent s'assurer rapidement et facilement du moment où ils entrent dans la catégorie de sportifs de niveau international. Par exemple, si les critères comprennent la participation à certaines manifestations internationales, la fédération internationale doit en publier la liste.]

Sportif de niveau national : *Sportif* concourant dans un sport au niveau national, selon la définition de chaque *organisation nationale antidopage*, en conformité avec le Standard international pour les *contrôles* et les enquêtes.

Substance interdite : Toute substance ou classe de substances décrite comme telle dans la *Liste des interdictions*.

Usage : Utilisation, application, ingestion, injection ou consommation par tout moyen d'une *substance interdite* ou d'une *méthode interdite*.

3.3. Terme défini dans le Standard international pour la protection des renseignements personnels et utilisé dans le Standard international pour les autorisations d'usage à des fins thérapeutiques :

Renseignements personnels : Renseignements comprenant, sans s'y limiter, des renseignements personnels sensibles relatifs à un participant identifié ou identifiable ou à d'autres *personnes* dont les renseignements sont traités uniquement dans le contexte d'activités antidopage d'une *organisation antidopage*.

[Commentaire : Il est entendu que les renseignements personnels comprennent, sans s'y limiter, les renseignements relatifs au nom, à la date de naissance et aux coordonnées d'un sportif, ainsi que ses affiliations sportives, sa localisation, les autorisations d'usage à des fins thérapeutiques spécifiques (le cas échéant), les résultats des contrôles du dopage et la gestion des résultats (y compris les audiences disciplinaires, les appels et les sanctions). Les renseignements personnels comprennent en outre les coordonnées et les détails personnels relatifs à d'autres personnes, telles que le personnel médical ou toute autre personne qui travaille avec le sportif, le traite ou lui prête assistance dans le contexte des activités antidopage. De tels renseignements restent des renseignements personnels et sont réglementés par le présent standard pendant toute la durée de leur traitement, que l'individu en question continue ou non d'être impliqué dans le sport organisé.]

3.4. Termes définis spécifiques au Standard international pour les autorisations d'usage à des fins thérapeutiques :

Comité pour l'autorisation d'usage à des fins thérapeutiques (CAUT) : Le groupe d'experts constitué par une *organisation antidopage* pour examiner les demandes d'AUT.

CAUT de l'AMA : Le groupe d'experts constitué par l'*AMA* pour examiner les décisions en matière d'AUT d'autres organisations antidopage.

Thérapeutique : Relatif au traitement d'une pathologie au moyen d'agents ou méthodes curatifs ; ou procurant ou participant à un traitement.

3.5. Interprétation :

3.5.1. Sauf spécification contraire, les références à des articles sont des références aux articles du Standard international pour les autorisations d'usage à des fins thérapeutiques.

3.5.2. Les commentaires qui accompagnent plusieurs dispositions du Standard international pour les autorisations d'usage à des fins thérapeutiques devront servir à son interprétation.

3.5.3. Le Standard international pour les autorisations d'usage à des fins thérapeutiques, dans sa version officielle, sera tenu à jour par l'*AMA* et publié en français et en anglais. En cas de conflit d'interprétation entre les versions française et anglaise du *standard*, la version anglaise fera foi.

DEUXIÈME PARTIE : STANDARDS ET PROCÉDURE POUR L'OCTROI D'AUT

4.1. Obtention d'une AUT

4.2. Un *sportif* peut se voir accorder une *AUT* si (et seulement si) il peut démontrer que chacune des conditions suivantes est respectée :

a) La substance ou la *méthode interdite* en question est nécessaire au traitement d'une pathologie aiguë ou chronique telle que le *sportif* subirait un préjudice de santé significatif si la *substance* ou la *méthode interdite* n'était pas administrée.

b) Il est hautement improbable que l'usage thérapeutique de la *substance* ou de la *méthode interdite* produise une amélioration de la performance au-delà de celle attribuable au retour à l'état de santé normal du *sportif* après le traitement de la pathologie aiguë ou chronique.

c) Il ne doit pas exister d'alternative thérapeutique autorisée pouvant se substituer à la *substance* ou à la *méthode interdite*.

d) La nécessité d'utiliser la *substance* ou *méthode interdite* n'est pas une conséquence partielle ou totale de l'utilisation antérieure (sans *AUT*) d'une *substance* ou *méthode* qui était interdite au moment de son *usage*.

[Commentaire sur l'article 4.1 [4.2] : Les documents de l'AMA intitulés " Informations médicales pour guider les décisions des CAUT ", publiés sur le site de l'AMA, doivent être utilisés pour aider à l'application de ces critères dans le cas de pathologies particulières.]

4.3. Sauf si l'une des exceptions prévues à l'article 4.3 est applicable, un *sportif* qui a besoin de faire usage d'une *substance interdite* ou *méthode interdite* pour des raisons thérapeutiques doit obtenir une *AUT* avant de faire *usage* de la *substance* ou *méthode* en question ou de la *posséder*.

4.4. Un *sportif* ne peut obtenir d'autorisation rétroactive d'usage d'une *substance interdite* ou d'une *méthode interdite* à des fins thérapeutiques (*AUT* rétroactive) que :

a) en cas d'urgence médicale ou de traitement d'une pathologie aiguë ; ou

b) si, en raison d'autres circonstances exceptionnelles, il n'y a pas eu suffisamment de temps ou de possibilités pour que le *sportif* soumette, ou pour que le *CAUT* étudie, une demande d'*AUT* avant le prélèvement de l'échantillon ; ou

c) si les règles applicables exigaient que le *sportif* (voir le commentaire sur l'article 5.1) ou permettaient que le *sportif* (voir l'article 4.4.5 du *Code*) soumette une demande d'*AUT* rétroactive ; ou

[Commentaire sur l'article 4.3 [4.4] (c) : Il est vivement conseillé à ces sportifs de préparer un dossier médical et d'être prêts à démontrer qu'ils respectent les conditions de l'AUT prévues à l'article 4.1, au cas où une demande d'AUT rétroactive serait nécessaire après le prélèvement de l'échantillon.]

d) si l'*AMA* et l'*organisation antidopage* auprès de laquelle la demande d'*AUT* rétroactive est ou serait soumise considèrent qu'une AUT rétroactive doit être accordée au nom de l'équité.

[Commentaire sur l'article 4.3 [4.4] (d) : Si l'AMA et/ou l'organisation antidopage refusent d'appliquer l'article 4.3 (d), ce refus ne peut être contesté, ni dans le cadre d'une procédure pour violation des règles antidopage, ni dans le cadre d'un appel, ni d'une autre manière.]

5.1. Responsabilités des organisations antidopage en matière d'AUT

5.2. L'article 4.4 du *Code* spécifie (a) les *organisations antidopage* qui sont compétentes pour rendre des décisions en matière d'*AUT* ; (b) la manière dont ces décisions en matière d'*AUT* devraient être reconnues et respectées par d'autres *organisations antidopage* ; et (c) le moment où les décisions en matière d'*AUT* peuvent être examinées et/ou faire l'objet d'un appel.

[Commentaire sur l'article 5.1 [5.2] : Voir l'Annexe 1 pour un tableau résumant les dispositions clés de l'article 4.4 du Code.

L'article 4.4.2 du Code spécifie la compétence d'une organisation nationale antidopage quant aux décisions en matière d'AUT relatives à des sportifs qui ne sont pas des sportifs de niveau international. En cas de désaccord quant à l'organisation nationale antidopage qui devrait examiner la demande d'AUT d'un sportif qui n'est pas un sportif de niveau international, l'AMA tranchera. La décision de l'AMA sera finale et ne sera pas sujette à appel.

Lorsque les exigences de politique nationale et les impératifs nationaux conduisent une organisation nationale antidopage à donner la priorité à certain sports plutôt qu'à d'autres au cours de la planification des contrôles (comme l'envisage l'article 4.4.1 du Standard international pour les contrôles et les enquêtes), l'organisation nationale antidopage peut refuser d'examiner à l'avance les demandes d'AUT de sportifs dans tout ou partie des sports non prioritaires, mais doit permettre dans ce cas à ces sportifs de soumettre une demande d'AUT rétroactive s'ils sont soumis à un prélèvement d'échantillon par la suite. L'organisation nationale antidopage doit en informer les sportifs concernés sur son site web.]

5.3. Chaque *organisation nationale antidopage*, fédération internationale et *organisation responsable de grandes manifestations* est tenue d'établir un CAUT pour déterminer si les demandes de délivrance ou de reconnaissance d'*AUT* remplissent les conditions prévues à l'article 4.1.

[Commentaire sur l'article 5.2 [5.3] : Une organisation responsable de grandes manifestations peut décider de reconnaître automatiquement les AUT accordées antérieurement, mais doit mettre en place un mécanisme pour que les sportifs participant à la manifestation puissent obtenir une nouvelle AUT si nécessaire. Chaque organisation responsable de grandes manifestations peut décider soit d'établir son propre CAUT à cette fin, soit de sous-traiter cette tâche par le biais d'un accord avec une tierce partie (telle que SportAccord). L'objectif, dans tous les cas, devrait être d'assurer aux sportifs concourant dans ces manifestations la possibilité d'obtenir une AUT rapidement et efficacement avant de concourir.]

a) Les CAUT devraient être constitués d'au moins trois médecins ayant une expérience en matière de soins et de traitement de *sportifs*, ainsi qu'une solide connaissance de la médecine clinique et sportive. Dans les cas de *sportifs* handicapés, au moins un membre du CAUT devrait avoir une expérience générale en matière de soins et de traitement de ces *sportifs*, ou une expérience spécifique au(x) handicap(s) particulier(s) du *sportif*.

b) Afin d'assurer l'indépendance des décisions, la majorité au moins des membres du CAUT ne devrait assumer aucune responsabilité politique dans l'*organisation antidopage* qui les a nommés au CAUT. Tous les membres du CAUT doivent signer une déclaration de confidentialité et d'absence de conflit d'intérêts. (Un modèle de déclaration est disponible sur le site web de l'*AMA*.)

5.4. Chaque *organisation nationale antidopage*, fédération internationale et *organisation responsable de grandes manifestations* est tenue d'établir et de publier une procédure claire applicable aux demandes d'AUT auprès de son CAUT, et conforme au présent *standard international*. Elle est également tenue de diffuser les détails de cette procédure (au minimum) en les publiant en bonne place sur son site web et en les transmettant à l'*AMA*. L'*AMA* peut à son tour publier ces informations sur son propre site web.

5.5. Chaque *organisation nationale antidopage*, fédération internationale et *organisation responsable de grandes manifestations* est tenue de communiquer rapidement (en anglais ou en français), par l'intermédiaire d'*ADAMS* ou d'un autre système approuvé par l'*AMA*, toutes les décisions de son CAUT accordant ou refusant une *AUT*, ainsi que toutes les décisions de reconnaître ou de refuser de reconnaître une décision en matière d'AUT rendue par une autre *organisation antidopage*. Pour les AUT accordées, les informations communiquées devront inclure (en anglais ou en français) :

a) la substance ou la *méthode* approuvée, mais aussi la posologie, la fréquence et la voie d'*administration* permises, la durée de l'*AUT*, et toute condition imposée relative à l'*AUT* ; et

b) le formulaire de demande d'*AUT* et les informations cliniques pertinentes (traduites en anglais ou en français) établissant que les conditions de l'article 4.1 ont été satisfaites (ces informations ne seront accessibles qu'à l'*AMA*, à l'*organisation nationale antidopage* et à la fédération internationale du *sportif*, et à l'organisation responsable de la *manifestation* dans laquelle le *sportif* souhaite concourir).

[Commentaire sur l'article 5.4 [5.5] : La procédure de reconnaissance des AUT est grandement facilitée par l'utilisation d'ADAMS.]

5.6. Lorsqu'une *organisation nationale antidopage* accorde une *AUT* à un *sportif*, elle est tenue de l'avertir par écrit (a) que l'*AUT* n'est valable qu'au plan national, et (b) que si le *sportif* devient un *sportif de niveau international* ou concourt dans une *manifestation internationale*, cette *AUT* ne sera pas valable sauf si elle est reconnue par la fédération internationale ou l'*organisation responsable de grandes manifestations* responsable conformément à l'article 7.1. Dès lors, l'*organisation nationale antidopage* devrait aider le *sportif* à déterminer à quel moment il doit soumettre son *AUT* à une fédération internationale ou à une *organisation responsable de grandes manifestations* pour la faire reconnaître, et devrait guider et soutenir le *sportif* tout au long de la procédure de reconnaissance.

5.7. Chaque fédération internationale et *organisation responsable de grandes manifestations* est tenue de publier une liste (au minimum en la publiant en bonne place sur son site web et en l'envoyant à l'*AMA*) indiquant clairement (1) les *sportifs* relevant de sa compétence et qui sont tenus de s'adresser à elle pour demander une *AUT* et les délais pour formuler une telle demande ; (2) les décisions en matière d'*AUT* prises par d'autres *organisations antidopage* qu'elle reconnaît automatiquement et qui dès lors ne nécessitent pas une telle demande, conformément à l'article 7.1 (a) ; et (3) les décisions en matière d'*AUT* prises par d'autres *organisations antidopage* qui doivent lui être soumises pour reconnaissance, conformément à l'article 7.1 (b). L'*AMA* peut publier cette liste sur son propre site web.

5.8. Toute *AUT* qu'un *sportif* a obtenue de la part d'une *organisation nationale antidopage* n'est pas valable si le *sportif* devient un *sportif de niveau international* ou concourt dans une *manifestation internationale*, sauf si la fédération internationale reconnaît cette *AUT* conformément à l'article 7. Toute *AUT* qu'un *sportif* a obtenue de la part d'une fédération internationale n'est pas valable si le *sportif* concourt dans une *manifestation internationale* organisée par une *organisation responsable de grandes manifestations*, sauf si l'*organisation responsable de grandes manifestations* compétente reconnaît cette *AUT* conformément à l'article 7. De ce fait, si la fédération internationale ou l'*organisation responsable de grandes manifestations* (selon le cas) ne reconnaît pas cette AUT, cette AUT (sous réserve des droits du *sportif* de demander le réexamen par l'AMA ou de faire appel) ne pourra pas être invoquée pour justifier la présence, l'*usage*, la *possession* ou l'*administration* de la *substance interdite* ou de la *méthode interdite* indiquée dans l'AUT face à cette fédération internationale ou cette *organisation responsable de grandes manifestations*.

6.1. Procédure de demande d'AUT

6.2. Un *sportif* qui a besoin d'une *AUT* devrait en faire la demande dès que possible. Pour des substances interdites en *compétition* seulement, le *sportif* devrait déposer une demande d'*AUT* au moins 30 jours avant sa prochaine *compétition*, sauf en cas d'urgence ou de situation exceptionnelle. Le *sportif* devrait déposer sa demande auprès de son *organisation nationale antidopage*, de sa fédération internationale et/ou d'une *organisation responsable de grandes manifestations* (selon le cas), à l'aide du formulaire de demande d'*AUT* fourni. Les *organisations antidopage* doivent mettre à disposition sur leur site web pour téléchargement le formulaire de demande qu'elles veulent que leurs *sportifs* utilisent. Ce formulaire doit être basé sur le modèle de l'Annexe 2. Le modèle peut être modifié par les *organisations antidopage* de façon à inclure des exigences additionnelles à des fins de renseignement, mais aucune section ni aucun article de ce formulaire ne doivent être supprimés.

6.3. Le *sportif* doit soumettre le formulaire de demande d'*AUT* à l'*organisation antidopage* compétente par l'intermédiaire d'*ADAMS* ou de la manière spécifiée par l'*organisation antidopage*. Ce formulaire doit être accompagné de :

a) l'attestation d'un médecin qualifié, confirmant le besoin du *sportif* de faire *usage* de la *substance interdite* ou *méthode interdite* en question pour des raisons thérapeutiques ; et

b) un historique médical complet, y compris la documentation établie par le(s) médecin(s) qui a/ont fait le diagnostic initial (si possible) et les résultats de tous les examens, analyses de laboratoire et études par imagerie pertinents pour la demande.

[Commentaire sur l'article 6.2 [6.3] (b) : Les informations relatives au diagnostic, au traitement et à la durée de la validité devraient se fonder sur le document "Informations médicales pour guider les décisions des CAUT" de l'AMA.]

6.4. Le *sportif* conservera une copie complète du formulaire de demande d'*AUT* et de tous les documents et informations soumis à l'appui de cette demande.

6.5. La demande d'*AUT* ne sera examinée par le CAUT que si le CAUT reçoit un formulaire de demande correctement rempli, accompagné de tous les documents pertinents. Les demandes incomplètes seront retournées au *sportif* pour qu'il les complète et les soumette à nouveau.

6.6. Le CAUT peut demander au *sportif* ou à son médecin toutes les informations, résultats d'examens ou études par imagerie supplémentaires, ou toute autre information que le CAUT juge nécessaire à l'examen de la demande du *sportif* ; et/ou le CAUT peut recourir à l'assistance d'experts médicaux ou scientifiques comme il le juge approprié.

6.7. Tous les frais encourus par le *sportif* pour soumettre sa demande d'*AUT* et pour la compléter comme l'exige le CAUT sont à la charge du *sportif*.

6.8. Le CAUT décidera d'accorder ou de refuser la demande dès que possible, et normalement (c'est-à-dire sauf circonstances exceptionnelles) dans les 21 jours à compter de la date de réception d'une demande complète. Lorsqu'une demande d'*AUT* est soumise dans un délai raisonnable avant une *manifestation*, le CAUT doit faire de son mieux pour rendre sa décision avant le début de la *manifestation*.

6.9. La décision du CAUT doit être notifiée par écrit au *sportif*, et communiquée à l'*AMA* et aux autres *organisations antidopage* par l'intermédiaire d'*ADAMS* ou d'un autre système approuvé par l'*AMA*, conformément à l'article 5.5.

a) La délivrance d'une *AUT* doit spécifier la posologie, la fréquence, la voie et la durée d'*administration* permises par le CAUT pour la *substance interdite* ou la *méthode interdite* en question, et refléter les circonstances cliniques ainsi que toute condition imposée en rapport avec l'*AUT*.

b) Une décision de refuser une *AUT* doit inclure les motifs de ce refus.

6.10. Chaque *AUT* doit avoir une durée précise définie par le CAUT, au terme de laquelle l'AUT expire. Le *sportif* qui a besoin de continuer de faire *usage* de la *substance interdite* ou de la *méthode interdite* après la date d'expiration devra soumettre une nouvelle demande d'*AUT* dans un délai suffisant avant la date d'expiration.

[Commentaire sur l'article 6.9 [6.10] : La durée de validité devrait se fonder sur les conseils inclus dans le document "Informations médicales pour guider les décisions des CAUT" de l'AMA.]

6.11. L'*AUT* sera annulée avant sa date d'expiration si le *sportif* ne se conforme pas promptement à toute demande ou condition imposée par l'*organisation antidopage* ayant accordé l'*AUT*. De même, une *AUT* peut être invalidée par l'*AMA* ou suite à un appel.

6.12. Lorsqu'un *résultat d'analyse anormal* est rapporté peu après la date d'expiration d'une *AUT* pour la *substance interdite* en question, ou après l'annulation ou l'invalidation de cette *AUT*, l'*organisation antidopage* qui procède à l'examen initial du *résultat d'analyse anormal* (article 7.2 du *Code*) doit déterminer si ce résultat est compatible avec l'*usage* de la *substance interdite* avant la date d'expiration, d'annulation ou d'invalidation de l'*AUT*. Si tel est le cas, cet *usage* (et toute présence de la *substance interdite* dans l'*échantillon* du *sportif* qui en résulte) ne constitue pas une violation des règles antidopage.

6.13. Le *sportif* doit soumettre une nouvelle demande d'*AUT* si, après avoir obtenu une *AUT*, il a besoin d'une posologie, fréquence, voie ou durée d'*administration* de la *substance interdite* ou de la *méthode interdite* qui diffère sensiblement de celle spécifiée dans l'*AUT*. Si la présence, l'*usage*, la *possession* ou l'*administration* de la *substance interdite* ou de la *méthode interdite* n'est pas compatible avec les termes de l'*AUT* accordée, le fait que le *sportif* possède une *AUT* n'empêchera pas de conclure qu'il a commis une violation des règles antidopage.

7.1. Procédure de reconnaissance d'une AUT

7.2. L'article 4.4 du *Code* exige que les *organisations antidopage* reconnaissent les *AUT* qui satisfont aux conditions de l'article 4.1 accordées par d'autres *organisations antidopage*. Par conséquent, le *sportif* devenant assujetti aux exigences d'une fédération internationale ou d'une *organisation responsable de grandes manifestations* en matière d'*AUT* et qui possède déjà une AUT n'est pas tenu de soumettre une nouvelle demande d'*AUT* auprès de la fédération internationale ou de l'*organisation responsable de grandes manifestations*. Au lieu de cela :

a) La fédération internationale ou l'*organisation responsable de grandes manifestations* peut signaler qu'elle va automatiquement reconnaître les décisions en matière d'*AUT* rendues en vertu de l'article 4.4 du *Code* (ou certaines catégories de décisions, par ex. celles de certaines *organisations antidopage*, ou celles concernant certaines *substances interdites*), pour autant que ces décisions en matière d'AUT aient été rapportées conformément à l'article 5.4 et soient donc disponibles pour un examen par l'*AMA*. Si l'*AUT* du *sportif* appartient à une catégorie d'*AUT* automatiquement reconnues, le *sportif* n'a pas besoin d'entreprendre de nouvelles démarches.

[Commentaire sur l'article 7.1 [7.2] (a) : Pour faciliter les démarches des sportifs, la reconnaissance automatique des décisions en matière d'AUT une fois qu'elles ont été rapportées conformément à l'article 5.4 est fortement encouragée. Si une fédération internationale ou une organisation responsable de grandes manifestations ne veut pas reconnaître automatiquement toutes les AUT, elle devrait reconnaître automatiquement autant de décisions que possible, par ex. en publiant une liste d'organisations antidopage dont les décisions en matière d'AUT seront reconnues automatiquement et/ou une liste des substances interdites pour lesquelles les AUT seront reconnues automatiquement. Cette publication devrait être réalisée de la façon énoncée à l'article 5.3, c'est-à-dire que la liste devrait être publiées sur le site web de la fédération internationale et transmise à l'AM et aux organisations nationales antidopage.]

b) En l'absence de reconnaissance automatique, le *sportif* doit soumettre une demande de reconnaissance d'*AUT* auprès de la fédération internationale ou de l'*organisation responsable de grandes manifestations* en question, par l'intermédiaire d'*ADAMS* ou tel qu'indiqué par cette cette fédération internationale ou cette *organisation responsable de grandes manifestations*. La demande doit être accompagnée d'une copie de l'*AUT*, du formulaire original de demande d'*AUT* et des documents soumis à l'appui de cette demande et cités aux articles 6.1 et 6.2 (sauf si l'*organisation antidopage* qui a accordé l'*AUT* a déjà communiqué l'*AUT* et les documents à l'appui par l'intermédiaire d'*ADAMS* ou d'un autre système approuvé par l'*AMA*, conformément à l'article 5.4).

7.3. Les demandes de reconnaissance d'*AUT* incomplètes seront retournées au *sportif* pour qu'il les complète et les soumette à nouveau. De plus, le CAUT peut demander au *sportif* ou à son médecin toutes les informations, résultats d'examens ou études par imagerie supplémentaires, ou toute autre information que le CAUT juge nécessaires afin d'examiner la demande de reconnaissance d'*AUT* du *sportif* ; et/ou le CAUT peut recourir à l'assistance d'experts médicaux ou scientifiques comme il le juge approprié.

7.4. Tous les frais encourus par le *sportif* pour soumettre sa demande de reconnaissance d'*AUT* et pour la compléter comme l'exige le CAUT sont à la charge du *sportif*.

7.5. Le CAUT décidera de reconnaître ou non l'*AUT* dès que possible, et normalement (c'est-à-dire sauf circonstances exceptionnelles) dans les 21 jours à compter de la date de réception d'une demande de reconnaissance complète. Lorsqu'une demande est soumise dans un délai raisonnable avant une *manifestation*, le CAUT doit faire de son mieux pour rendre sa décision avant le début de la *manifestation*.

7.6. La décision du CAUT sera notifiée par écrit au *sportif*, et communiquée à l'*AMA* et aux autres *organisations antidopage* par l'intermédiaire d'*ADAMS* ou d'un autre système approuvé par l'*AMA*. Une décision de ne pas reconnaître une *AUT* inclura les motifs de ce refus.

8.1. Examen des décisions d'AUT par l'AMA

8.2. L'article 4.4.6 du *Code* prévoit que l'*AMA*, dans certains cas, doit examiner les décisions rendues par les fédérations internationales en matière d'AUT et qu'elle peut examiner toute autre décision en matière d'*AUT*, en vue de déterminer leur conformité avec les conditions de l'article 4.1. L'*AMA* établira un CAUT répondant aux exigences de l'article 5.2 afin de procéder à ces examens.

8.3. Toute demande d'examen sera soumise à l'*AMA* par écrit et accompagnée du paiement des frais de dossier fixés par l'*AMA*, ainsi que de copies de toutes les informations stipulées à l'article 6.2 (ou, dans le cas de l'examen d'un refus d'*AUT*, de toutes les informations que le *sportif* avait soumises en relation avec la demande originale d'*AUT*). Une copie de la demande sera transmise à la partie dont la décision est sujette à examen ainsi qu'au *sportif* (si ce n'est pas lui qui demande l'examen).

8.4. Lorsque la demande d'examen concerne une décision en matière d'*AUT* que l'*AMA* n'est pas tenue d'examiner, l'*AMA* informera le *sportif* dès que possible du renvoi ou non de la décision à son CAUT pour examen. Si elle décide de ne pas saisir son CAUT, l'*AMA* remboursera au *sportif* les frais de dossier accompagnant la demande. Toute décision par l'*AMA* de ne pas renvoyer l'affaire à son CAUT est finale et ne peut pas faire l'objet d'un appel. En revanche, la décision en matière d'*AUT* peut faire l'objet d'un appel, comme le prévoit l'article 4.4.7 du *Code*.

8.5. Lorsque la demande concerne l'examen d'une décision d'une fédération internationale en matière d'*AUT* que l'*AMA* est tenue d'examiner, l'*AMA* peut néanmoins renvoyer le cas à la fédération internationale (a) pour clarification (par ex. si les raisons ne sont pas clairement indiquées dans la décision) ; et/ou (b) pour reconsidération par la fédération internationale (par ex. si l'*AUT* a été refusée uniquement parce qu'il manquait des résultats d'analyses médicales ou d'autres informations requises pour montrer que les conditions de l'article 4.1 étaient remplies).

8.6. Lorsqu'une demande d'examen est renvoyée au CAUT de l'*AMA*, celui-ci peut demander à l'*organisation antidopage* et/ou au *sportif* des renseignements complémentaires, y compris des études supplémentaires telles que décrites à l'article 6.5, et/ou peut recourir à l'assistance d'autres experts médicaux ou scientifiques comme il le juge approprié.

8.7. Le CAUT de l'*AMA* annulera toute *AUT* qui ne remplit pas les conditions de l'article 4.1. Lorsque l'*AUT* annulée était prospective (et non pas rétroactive), cette annulation entrera en vigueur à la date spécifiée par l'*AMA* (date qui ne devra pas précéder la date de notification du *sportif* par l'*AMA*). L'annulation de l'AUT n'aura pas d'effet rétroactif et n'annulera pas les résultats du *sportif* antérieurs à la notification par l'*AMA*. Toutefois, si l'*AUT* annulée est une *AUT* rétroactive, l'annulation sera également rétroactive.

8.8. Le CAUT de l'*AMA* renversera tout refus d'*AUT* par une *organisation antidopage* lorsque la demande d'*AUT* remplissait les conditions de l'article 4.1. Dans ce cas, le CAUT de l'*AMA* délivrera donc l'*AUT*.

8.9. Lorsque le CAUT de l'*AMA* examine la décision d'une fédération internationale dont il a été saisi en vertu de l'article 4.4.3 du *Code* (examen obligatoire), il peut exiger que l'*organisation antidopage* déboutée (c'est-à-dire l'*organisation antidopage* dont il ne confirme pas le point de vue) (a) rembourse les frais de dossier à la partie qui avait porté la décision devant l'*AMA* (le cas échéant) ; et/ou (b) rembourse les frais encourus par l'*AMA* en relation avec cet examen, s'ils ne sont pas couverts par les frais de dossier.

8.10. Lorsque le CAUT de l'*AMA* annule une décision en matière d'*AUT* que l'*AMA* a décidé d'examiner de sa propre initiative, l'*AMA* peut exiger que l'*organisation antidopage* qui avait rendu la décision rembourse les frais encourus par l'*AMA* en relation avec cet examen.

8.11. L'*AMA* communiquera rapidement la décision motivée de son CAUT au *sportif*, à l'*organisation nationale antidopage* et à la fédération internationale du sportif (et, le cas échéant, à l'*organisation responsable de grandes manifestations*).

9.1. Confidentialité de l'information

9.2. La collecte, la conservation, le traitement, la divulgation et la rétention des renseignements personnels pendant une procédure d'*AUT* par des *organisations antidopage* et par l'*AMA* respecteront le Standard international pour la protection des renseignements personnels.

9.3. Un *sportif* soumettant une demande d'*AUT* ou une demande de reconnaissance d'*AUT* doit donner son consentement écrit :

a) à la transmission de tous les renseignements concernant la demande aux membres de tous les CAUT ayant compétence en vertu du présent *standard international* pour examiner le dossier et, s'il y a lieu, à d'autres experts médicaux et scientifiques indépendants, ainsi qu'à tout le personnel (y compris le personnel de l'*AMA*) prenant part au traitement, à l'examen ou aux appels relatifs à des demandes d'AUT ;

b) à la transmission au CAUT par le (s) médecin (s) du *sportif*, sur demande du CAUT, tout renseignement relatif à sa santé que le CAUT juge nécessaire pour examiner la demande du *sportif* et rendre une décision ; et

c) à la transmission de la décision relative à la demande à toutes les *organisations antidopage* qui ont compétence sur le *sportif* en matière de *contrôles* et/ou de gestion des résultats.

[Commentaire sur l'article 9.2 [9.3] : Avant de recueillir des renseignements personnels ou d'obtenir le consentement d'un sportif, l'organisation antidopage communiquera au sportif les informations stipulées à l'article 7.1 du Standard international pour la protection des renseignements personnels.]

9.4. La demande d'*AUT sera* traitée dans le respect des principes de la confidentialité médicale la plus stricte. Les membres du CAUT, les experts indépendants et le personnel concerné de l'*organisation antidopage* mèneront toutes leurs activités relatives à la procédure en toute confidentialité et signeront des accords de confidentialité appropriés. En particulier, les renseignements suivants doivent rester strictement confidentiels :

a) Tous les renseignements ou données médicales fournis par le *sportif* et par le(s) médecin(s) traitant le *sportif*.

b) Tous les détails de la demande, y compris le nom du/des médecin(s) impliqué(s) dans le processus.

9.5. Si un *sportif* souhaite révoquer l'autorisation donnée au CAUT d'obtenir tout renseignement de santé le concernant, le *sportif* doit en aviser son médecin traitant par écrit. Suite à cette révocation, la demande d'*AUT* ou de reconnaissance d'une *AUT* existante par le *sportif* sera considérée comme retirée sans que la délivrance/la reconnaissance n'ait été accordée.

9.6. Les *organisations antidopage* n'utiliseront les informations soumises par un *sportif* en relation avec une demande d'*AUT* que pour évaluer la demande et dans le cadre d'enquêtes et de procédures concernant des violations potentielles des règles antidopage.

ANNEXE 1

Tableau illustrant l'article 4.4 du code

1. Au moment où une AUT s'avère nécessaire, le sportif n'est pas un sportif de niveau international

V. le schéma descriptif au Décr. n° 2015-240 du 2 mars 2015.

2. Le sportif s'inscrit à une manifestation dont l'organisation responsable de grandes manifestations a ses propres exigences pour les AUT

V. le schéma descriptif au Décr. n° 2015-240 du 2 mars 2015.

3. Le sportif est un sportif de niveau international (donc assujetti aux exigences de la fédération internationale en matière d'AUT)

V. le schéma descriptif au Décr. n° 2015-240 du 2 mars 2015.

ANNEXE 2

Modèle de formulaire de demande d'AUT

Identification de l'*organisation antidopage* (Logo ou nom de l'OAD)

FORMULAIRE DE DEMANDE D'AUTORISATION D'USAGE À DES FINS THÉRAPEUTIQUES (AUT)

Veuillez remplir toutes les sections en lettres majuscules ou à la machine. Le sportif doit compléter les sections 1, 5, 6 et 7 ; le médecin doit compléter les sections 2, 3 et 4. Les demandes illisibles ou incomplètes seront retournées et devront être soumises à nouveau sous une forme lisible et complète.

1. Renseignements concernant le sportif

V. le formulaire au Décr. n° 2015-240 du 2 mars 2015.

2. Renseignements médicaux (continuez sur une feuille séparée si nécessaire)

V. le formulaire au Décr. n° 2015-240 du 2 mars 2015.

3. Détails des médicaments

SUBSTANCE(S) INTERDITE(S) : nom générique	POSOLOGIE	VOIE D'ADMINISTRATION	FRÉQUENCE	DURÉE du traitement
1				
2				
3				

4. Attestation du médecin

V. l'attestation au Décr. n° 2015-240 du 2 mars 2015.

5. Demandes rétroactives

V. la demande au Décr. n° 2015-240 du 2 mars 2015.

6. Demandes antérieures

V. la demande au Décr. n° 2015-240 du 2 mars 2015.

7. Déclaration du sportif

V. la déclaration au Décr. n° 2015-240 du 2 mars 2015.
Veuillez soumettre le formulaire dûment rempli à
par le moyen suivant (en conservant personnellement une copie) : ....

Code mondial antidopage

Adopté à Johannesburg, Afrique du Sud, par le Conseil de fondation de l'AMA le 15 nov. 2013, en vigueur le 1er janv. 2015.

COMMENTAIRE

Le code mondial antidopage a été élaboré par l'Agence mondiale de lutte contre le dopage. Sa première version, adoptée le 3 mars 2003 lors de la conférence mondiale de Copenhague, est entrée en vigueur le 1er janvier 2004. Une nouvelle version (3.0), adoptée le 17 novembre 2007 à l'occasion de la conférence internationale de Madrid, est entrée en vigueur le 1er janvier 2009. Une troisième version, adoptée le 15 novembre 2013 lors de la conférence mondiale de Johannesburg, et ci-dessous reproduite, est entrée en vigueur le 1er janvier 2015.

Le code mondial antidopage a pour principal objectif l'harmonisation des règles liées au dopage dans tous les pays et dans tous les sports. Il constitue une réglementation générale en matière de dopage, composée de règles à la fois de fond et de procédure, ayant vocation à s'appliquer à toute situation de dopage de par le monde. Le code comprend certaines dispositions obligatoires, qui « doivent être mises en œuvre par les signataires sans changement de fond (les changements de forme liés à la mention du nom de l'organisation, du sport visé, des numéros de section, etc., sont autorisés) ». Il s'agit des articles relatifs à la définition du dopage, aux violations des règles antidopage, à la preuve du dopage, aux substances spécifiées, à l'établissement par l'AMA de la liste des interdictions, à la retraite sportive, à l'annulation automatique des résultats individuels, aux sanctions à l'encontre des individus, aux conséquences pour les équipes, aux modalités d'appel (à l'exception des clauses 13.2.2, 13.6 et 13.7), à la reconnaissance des décisions, au délai de prescription, à l'interprétation du code et aux définitions (V. art. 23.2.2 CMA). Il est à noter que les commentaires accompagnant ces articles revêtent également un caractère obligatoire. A l'inverse, certains articles laissent une certaine latitude aux organisations qui mettent en œuvre le code. Par ailleurs, le code mondial antidopage est accompagné de standards internationaux relatifs à certains sujets particuliers, plus précis, et de nature également obligatoire, qui ont tous été mis à jour au 1er janvier 2015 (Liste des interdictions – standard international pour les contrôles et les enquêtes – standard international pour les laboratoires – standard international pour l'autorisation d'usage à des fins thérapeutiques – standard international pour la protection des renseignements personnels). Il existe, enfin, des modèles de bonnes pratiques et des lignes directrices, qui ont valeur de recommandations.

La révision du code mondial antidopage, en 2007 comme en 2013, a donné lieu à une large consultation de l'ensemble des partenaires institutionnels de l'AMA, issus du mouvement sportif comme des pouvoirs publics.

Au regard de la première version du code, certaines modifications importantes ont été introduites dans la version de 2009. Ainsi, les règles relatives à la localisation des sportifs nécessaire à la mise en œuvre des contrôles individualisés (V. art. L. 232-15 C. sport, et aussi comm. ss. sect. III « Agissements interdits et contrôles », art. L. 232-9 C. sport) ont été précisées, mettant fin à la liberté d'appréciation dont jouissaient auparavant les institutions de lutte contre le dopage en la matière. De plus, le dispositif de sanction a été modifié en profondeur, afin d'accorder une liberté d'appréciation plus grande aux organes disciplinaires chargés de la détermination des sanctions. Dans cette optique d'aménager plus de pouvoir d'appréciation en fonction des faits de l'espèce, la structuration de la liste des produits interdits a été inversée (V. comm. ss. amendement à l'annexe I de la convention internationale contre le dopage dans le sport, adopté à Paris le 17 nov. 2014). En outre, chaque organisation sportive a désormais la possibilité, laissée à son appréciation, d'introduire des sanctions financières dans ses règles de lutte contre le dopage (V. art. L. 232-23 C. sport et art. 37 et 38 de l'annexe II-2, ss. art. R. 232-86 C. sport).

En outre, des modifications substantielles ont également été apportées par la version 2015. Ainsi, elle prévoit des sanctions plus sévères, pouvant aller jusqu'à quatre ans (sanction quasi systématique en cas d'infraction intentionnelle, pour les substances non spécifiées), mais également plus de flexibilité dans la détermination des sanctions. Par ailleurs, la période durant laquelle une combinaison de trois manquements à l'obligation de localisation (contrôles manqués ou non-transmission des informations sur sa localisation) constitue une infraction a été réduite de dix-huit à douze mois. Les règles concernant la publication des décisions ont également été modifiées : la publication ne doit désormais intervenir qu'après la décision finale (et non dès la décision de première instance) et elle n'est plus obligatoire pour les mineurs et pour les sportifs de niveau inférieur au niveau national. De plus, davantage de moyens sont prévus pour sanctionner l'entourage des sportifs : ainsi, a été introduite l'interdiction, pour un sportif, de s'associer avec un membre du personnel d'encadrement si ce dernier a été impliqué et condamné pour des agissements qui violent les règles antidopage. Enfin, cette troisième version du code insiste sur le renforcement des contrôles et analyses intelligents, c'est-à-dire en se concentrant sur leur qualité (ciblage des athlètes, choix des substances à analyser...) plus que sur leur quantité.

S'agissant de cette démarche de révision du code mondial antidopage, si elle apparaît nécessaire et bénéfique dès lors que ce texte ne peut être envisagé comme un document immuable, elle engendre certaines difficultés au regard des efforts d'harmonisation entrepris au niveau national, notamment en France. La convention de l'UNESCO ne prévoyant aucun délai de mise en cohérence en cas de modification du code, c'est ainsi plus de deux ans après l'entrée en vigueur de la version de 2009 du code mondial antidopage que le dispositif français a été mis en conformité, avec l'adoption, le 13 janvier 2011, des décrets d'application de l'ordonnance du 14 avril 2010. Alors que la version 2015 du code mondial antidopage est entrée en vigueur le 1er janvier 2015, le dispositif français n'a été mis en conformité avec le nouveau code qu'avec l'ordonnance du 30 septembre 2015, complétée par deux décrets du 29 janvier 2016 (*JO 31 janv.*). Il a fallu néanmoins encore attendre que les fédérations mettent à jour leur règlement disciplinaire dopage avec le règlement type adopté par le décret n° 2016-84 du 26 janvier 2016 pour que la mise en conformité soit – quasi – complète.

En l'absence de renvoi du code du sport, les stipulations du code mondial antidopage ne produisent pas d'effets entre les États ni, par voie de conséquence, à l'égard des particuliers et ne peuvent donc pas être utilement invoquées à l'appui de conclusions tendant à l'annulation d'une décision individuelle ou réglementaire ; ainsi, c'est à tort que M. A. soutient que la sanction prise à son encontre est disproportionnée, en application de l'article 10.5.2. du code mondial antidopage, qui prévoit la possibilité d'une réduction de la période de suspension en cas de circonstances exceptionnelles. (CE 23 oct. 2009, n° 321554. – V. aussi (CE 18 juill. 2011, Thion : n° 338390). Les standards internationaux établis par l'Agence mondiale antidopage ne trouvent pas application directe en droit interne. CE 9 juill. 2014, Féd. nat. des syndicats de sportifs, n° 373304 : Dict. perm. dr. sport. 2014, Bull. n° 215, p. 12, obs. P. Rocipon ; D. 2015. 394, obs. CDES. *Contra*, alors même que l'Ord. du 14 avr. 2010 n'était pas applicable en l'espèce, le Conseil d'État reconnaît la compétence de l'Agence mondiale antidopage pour contester une décision adoptée par l'AFLD, déduisant la recevabilité du pourvoi de l'AMA en se basant directement sur un article du code mondial antidopage. CE 1er déc. 2010, Agence mondiale antidopage, n° 334372 : *Cah. dr. sport 2011, n° 25, p. 154, note Peltier*). ❑

OBJET, PORTÉE ET ORGANISATION DU PROGRAMME MONDIAL ANTIDOPAGE ET DU CODE

Le code mondial antidopage et le Programme mondial antidopage qui l'appuie ont pour but de :

- protéger le droit fondamental des sportifs de participer à des activités sportives exemptes de dopage, promouvoir la santé et garantir ainsi aux sportifs du monde entier l'équité et l'égalité dans le sport ;
- veiller à l'harmonisation, à la coordination et à l'efficacité des programmes antidopage aux niveaux international et national en matière de détection, de dissuasion et de prévention du dopage.

Le code

Le code est le document fondamental et universel sur lequel repose le programme mondial antidopage dans le sport. Le but du code est de promouvoir la lutte antidopage par l'harmonisation universelle des principaux éléments liés à la lutte contre le dopage. Le code est suffisamment précis pour permettre l'harmonisation totale des questions où l'uniformité est nécessaire, et suffisamment général pour offrir une certaine souplesse dans l'application des principes antidopage admis. Le code a été rédigé en tenant compte des principes de proportionnalité et des droits de l'homme.

[Commentaire : La Charte olympique et la Convention internationale contre le dopage dans le sport 2005 adoptée à Paris le 19 octobre 2005 (« Convention de l'UNESCO ») reconnaissent toutes deux que la prévention du dopage et la lutte antidopage dans les activités sportives sont des composantes essentielles de la mission du Comité international Olympique et de l'UNESCO, et reconnaissent également le rôle fondamental du code.]

Le programme mondial antidopage

Le programme mondial antidopage comprend tous les éléments nécessaires à l'harmonisation optimale des programmes et des bonnes pratiques antidopage aux niveaux national et international. Ses éléments principaux sont les suivants :

Niveau 1 : Le code

Niveau 2 : Les standards internationaux

Niveau 3 : Les modèles de bonnes pratiques et les lignes directrices.

Les standards internationaux

Des standards internationaux pour les différents volets techniques et opérationnels des programmes antidopage ont été et seront élaborés en consultation avec les signataires et les gouvernements et approuvés par l'AMA. Ces standards visent à assurer une harmonisation entre les organisations antidopage responsables des différentes parties techniques et opérationnelles des programmes antidopage. Le respect des standards internationaux est obligatoire pour la conformité au code. Le Comité exécutif de l'AMA pourra réviser en temps opportun les standards internationaux à l'issue de consultations appropriées avec les signataires, les gouvernements et les autres partenaires compétents. Les standards internationaux et toute mise à jour sont publiés sur le site web de l'AMA et entrent en vigueur à la date précisée dans le standard international ou sa mise à jour.

[Commentaire : Les standards internationaux comprennent l'essentiel des informations techniques nécessaires à la mise en œuvre du code. Les standards internationaux seront élaborés par des experts, en consultation avec les signataires, les gouvernements et les autres partenaires compétents, et énoncés dans des documents distincts. Il est important que le Comité exécutif de l'AMA puisse apporter des modifications en temps voulu aux standards internationaux sans que cela ne nécessite la modification du code.]

Les modèles de bonnes pratiques et les lignes directrices

Des modèles de bonnes pratiques et des lignes directrices fondées sur le code et sur les standards internationaux ont été et seront rédigés pour fournir des solutions dans les différents secteurs de la lutte antidopage. Ces modèles et lignes directrices seront recommandés par l'AMA et mis à la disposition des signataires et des autres partenaires pertinents, mais ne seront pas obligatoires. En plus des modèles de documents antidopage, l'AMA mettra à la disposition des signataires une assistance à la formation.

[Commentaire : Ces modèles de documents peuvent fournir différentes solutions parmi lesquelles les partenaires pourront faire leur choix. Certains partenaires décideront d'adopter ces règles modèles et d'autres modèles de bonnes pratiques intégralement. D'autres partenaires préféreront les adopter après y avoir apporté des modifications. D'autres encore élaboreront leurs propres règles en respectant les principes généraux et les exigences particulières énoncés dans le code.

Des modèles de documents ou des lignes directrices consacrés à des aspects spécifiques de la lutte antidopage ont été développés et pourront continuer de l'être en réponse aux besoins et attentes généralement reconnus des partenaires.]

FONDEMENTS DU CODE MONDIAL ANTIDOPAGE

Les programmes antidopage visent à préserver la valeur intrinsèque du sport. Cette valeur intrinsèque est souvent qualifiée d'"esprit sportif" ; elle est l'essence même de l'olympisme, la poursuite de l'excellence humaine par le perfectionnement des talents naturels de chaque individu, et exhorte à jouer franc jeu. L'esprit sportif valorise la pensée, le corps et l'esprit, et se traduit par des valeurs qui se dégagent du sport et de sa pratique, notamment :
- l'éthique, le franc jeu et l'honnêteté ;
- la santé ;
- l'excellence dans la performance ;
- l'épanouissement de la personnalité et l'éducation ;
- le divertissement et la joie ;
- le travail d'équipe ;
- le dévouement et l'engagement ;
- le respect des règles et des lois ;
- le respect de soi-même et des autres participants ;
- le courage ;
- l'esprit de groupe et la solidarité.

Le dopage est contraire à l'essence même de l'esprit sportif.

Pour combattre le dopage en promouvant l'esprit sportif, le code exige que chaque organisation antidopage établisse et mette en œuvre des programmes d'éducation et de prévention à l'intention des sportifs, y compris les jeunes, et du personnel d'encadrement du sportif.

PREMIÈRE PARTIE **Contrôle du dopage**

Introduction

La première partie du code énonce les règles et principes antidopage particuliers que doivent suivre les organisations responsables de l'adoption, de la mise en œuvre et de l'application des règles antidopage dans leurs champs de compétences respectifs, le Comité International Olympique, le Comité international paralympique, les fédérations internationales, les comités nationaux olympiques et les comités nationaux paralympiques, les organisations responsables de grandes manifestations et les organisations nationales antidopage.

Toutes ces organisations sont désignées globalement, ci-après, par le terme organisations antidopage.

Toutes les dispositions du code sont obligatoires et doivent être suivies par chaque organisation antidopage, chaque sportif ou autre personne dans la mesure où elles leur sont applicables. Toutefois, le code n'élimine pas la nécessité pour chaque organisation antidopage d'adopter des règles antidopage complètes. Si certaines dispositions du code doivent être reprises par chaque organisation antidopage dans ses propres règles, d'autres dispositions du code servent de principes directeurs obligatoires donnant à chaque organisation antidopage une certaine souplesse dans le libellé de ses règles ou définissent des exigences que les organisations antidopage doivent respecter sans avoir à les reprendre obligatoirement dans leurs propres règles.

Les règles antidopage, à l'instar des règles de compétition, définissent les conditions dans lesquelles doit se pratiquer le sport. Les sportifs ou les autres personnes acceptent ces règles comme condition de leur participation et sont liés par celles-ci. Chaque signataire devra se doter de règles et de procédures afin de s'assurer que tous les sportifs ou les autres personnes relevant de sa responsabilité, ainsi que les organisations membres, soient informés des règles antidopage en vigueur de l'organisation antidopage responsable, et acceptent de s'y conformer.

Chaque signataire établira des règles et des procédures afin que tous les sportifs ou les autres personnes relevant de sa responsabilité et de celle de ses organisations membres consentent à la diffusion de leurs données personnelles dans les cas où le code l'exige ou le permet. Chaque signataire s'assurera en outre que les mêmes personnes soient liées par les règles antidopage et s'y conforment, et que les conséquences appropriées leur soient imposées le cas échéant. Ces règles et procédures propres au sport ont pour but une harmonisation des règles antidopage dans le monde entier et sont par nature distinctes des procédures pénales et civiles. Elles ne sont pas visées, ni limitées, par les restrictions nationales et les normes juridiques applicables à ces procédures, bien qu'étant destinées à s'appliquer d'une manière respectant le principe de proportionnalité et les droits de l'homme. Lors de l'examen des questions de faits et de droit dans une affaire, tous les tribunaux, tribunaux d'arbitrage et organes décisionnels devraient reconnaître et respecter la nature distincte des règles antidopage du code et le fait que celui-ci représente un consensus parmi un large éventail de partenaires intéressés à un sport juste dans le monde entier.

[Commentaire : Les articles du code qui doivent être intégrés sans changement de fond dans les règles de chaque organisation antidopage sont mentionnés à l'article 23.2.2. Par exemple, il est essentiel, à des fins d'harmonisation, que l'ensemble des signataires fondent leurs décisions sur une même liste de violations des règles antidopage et sur les mêmes charges de la preuve, et qu'ils imposent des sanctions identiques en cas de violations identiques des règles antidopage. Ces règles doivent être les mêmes, que la procédure se déroule devant une fédération internationale, au niveau national ou devant le tribunal arbitral du sport.

Les dispositions du code qui ne sont pas mentionnées à l'article 23.2.2 restent obligatoires quant à leur fond, même si les organisations antidopage ne sont pas tenues de les intégrer sans changement de fond. Ces dispositions appartiennent généralement à deux catégories.

Premièrement, certaines dispositions exigent que les organisations antidopage prennent des mesures, mais n'ont pas besoin d'être reproduites dans les règles antidopage de l'organisation antidopage même. par exemple, chaque organisation antidopage doit prévoir et réaliser des contrôles en application de l'article 5, mais ces directives pour l'organisation antidopage n'ont pas besoin d'être reproduites dans les règles de l'organisation antidopage concernée. Deuxièmement, on retrouve des dispositions obligatoires sur le fond, mais accordant à chaque organisation antidopage une certaine latitude quant à la mise en œuvre des principes énoncés dans la disposition. Par exemple, il n'est pas nécessaire à des fins d'harmonisation d'obliger tous les signataires à utiliser le même processus de gestion des résultats ou la même procédure d'audition. A l'heure actuelle, il existe divers processus de gestion des résultats et d'audition aussi efficaces les uns que les autres au sein des fédérations internationales et des organismes nationaux. Le code n'exige pas d'uniformité absolue dans la gestion des résultats et dans les procédures d'audition. Cependant, il exige que les diverses approches des signataires soient conformes aux principes énoncés dans le code.]

Art. 1er *Définition du dopage.* Le dopage est défini comme une ou plusieurs violations des règles antidopage énoncées aux articles 2.1 à 2.10 du code.

Art. 2 *Violations des règles antidopage.* Le but de cet article est de préciser quelles circonstances et quelles conduites constituent des violations des règles antidopage. Les audiences relatives aux cas de dopage reposeront sur l'allégation selon laquelle l'une ou plusieurs de ces règles ont été enfreintes.

Il incombe aux sportifs ou aux autres personnes de savoir ce qui constitue une violation des règles antidopage et de connaître les substances et les méthodes incluses dans la liste des interdictions.

Sont considérées comme des violations des règles antidopage :

2.1 Présence d'une substance interdite, de ses métabolites ou de ses marqueurs dans un échantillon fourni par un sportif

2.1.1 Il incombe à chaque sportif de s'assurer qu'aucune substance interdite ne pénètre dans son organisme. Les sportifs sont responsables de toute substance interdite ou de ses métabolites ou marqueurs dont la présence est décelée dans leurs échantillons. Par conséquent, il n'est pas nécessaire de faire la preuve de l'intention, de la faute, de la négligence ou de l'usage conscient de la part du sportif pour établir une violation des règles antidopage en vertu de l'article 2.1.

[Commentaire sur l'article 2.1.1 : Une violation des règles antidopage est commise au sens du présent article indépendamment de la question de la faute du sportif. Cette règle a été qualifiée dans diverses décisions du TAS de "responsabilité objective". La faute du sportif est prise en considération pour déterminer les conséquences de cette violation des règles antidopage en vertu de l'article 10. Ce principe a été confirmé de façon constante par le TAS.]

2.1.2 La violation d'une règle antidopage en vertu de l'article 2.1 est établie dans chacun des cas suivants : présence d'une substance interdite ou de ses métabolites ou marqueurs dans l'échantillon A du sportif lorsque le sportif renonce à l'analyse de l'échantillon B et que l'échantillon B n'est pas analysé ; ou, lorsque l'échantillon B est analysé, confirmation, par l'analyse de l'échantillon B, de la présence de la substance interdite ou de ses métabolites ou marqueurs décelés dans l'échantillon A du sportif ; ou, lorsque l'échantillon B du sportif est réparti entre deux flacons, confirmation par l'analyse du deuxième flacon de la présence de la substance interdite ou de ses métabolites ou marqueurs détectés dans le premier flacon.

[Commentaire sur l'article 2.1.2 : L'organisation antidopage responsable de la gestion des résultats peut décider de faire analyser l'échantillon B même si le sportif n'en demande pas l'analyse.]

2.1.3 A l'exception des substances pour lesquelles un seuil quantitatif est précisé dans la liste des interdictions, la présence de toute quantité d'une substance interdite ou de ses métabolites ou marqueurs dans l'échantillon fourni par un sportif constitue une violation des règles antidopage.

2.1.4 A titre d'exception à la règle générale de l'article 2.1, la liste des interdictions ou les standards internationaux pourront prévoir des critères d'appréciation particuliers dans le cas de substances interdites pouvant également être produites de façon endogène.

2.2 Usage ou tentative d'usage par un sportif d'une substance interdite ou d'une méthode interdite

2.2.1 Il incombe à chaque sportif de faire en sorte qu'aucune substance interdite ne pénètre dans son organisme et qu'aucune méthode interdite ne soit utilisée. Par conséquent, il n'est pas nécessaire de démontrer l'intention, la faute, la négligence ou l'usage conscient de la part du sportif pour établir la violation des règles antidopage pour cause d'usage d'une substance interdite ou d'une méthode interdite.

2.2.2 Le succès ou l'échec de l'usage ou de la tentative d'usage d'une substance interdite ou d'une méthode interdite n'est pas déterminant. L'usage ou la tentative d'usage de la substance interdite ou de la méthode interdite suffit pour qu'il y ait violation des règles antidopage.

[Commentaire sur l'article 2.2 : Il a toujours été possible d'établir l'usage ou la tentative d'usage d'une substance interdite ou d'une méthode interdite par tout moyen fiable. Comme l'indique le commentaire sur l'article 3.2 et contrairement à la preuve requise pour l'établissement de la violation des règles antidopage en vertu de l'article 2.1, l'usage ou la tentative d'usage peut être établi par d'autres moyens fiables tels que des aveux du sportif, les déclarations de témoins, une preuve documentaire, les conclusions tirées du suivi longitudinal, y compris les données recueillies dans le cadre du passeport biologique de l'athlète, ou d'autres données analytiques qui ne satisfont pas autrement à toutes les exigences imposées pour l'établissement de la "présence" d'une substance interdite aux termes de l'article 2.1.

Par exemple, l'usage peut être établi en fonction de données analytiques fiables tirées de l'analyse d'un échantillon A (sans que l'analyse de l'échantillon B le confirme) ou de l'analyse d'un échantillon B seul lorsque l'organisation antidopage fournit une explication satisfaisante de l'absence de confirmation par l'autre échantillon.]

[Commentaire sur l'article 2.2.2 : La démonstration de la "tentative d'usage" d'une substance interdite ou d'une méthode interdite nécessite la preuve d'une intention en ce sens de la part du sportif. Le fait qu'il soit nécessaire dans certains cas de démontrer l'intention pour prouver cette violation des règles antidopage ne compromet en aucune façon le principe de la responsabilité objective établi en cas de violation de l'article 2.1 ou 2.2 en lien avec l'usage d'une substance ou méthode interdite.

L'usage par un sportif d'une substance interdite contrevient aux règles antidopage à moins que cette substance ne soit pas interdite hors compétition et que ce sportif en ait fait usage hors compétition. (Toutefois, la présence d'une substance interdite ou de ses métabolites ou marqueurs dans un prélèvement recueilli en compétition constitue une violation de l'article 2.1, quel que soit le moment où cette substance a été administrée.)]

2.3 Se soustraire au prélèvement d'un échantillon, refuser le prélèvement d'un échantillon ou ne pas se soumettre au prélèvement d'un échantillon

Se soustraire au prélèvement d'un échantillon ou, sans justification valable après notification conforme aux règles antidopage en vigueur, refuser le prélèvement d'un échantillon ou ne pas se soumettre au prélèvement d'un échantillon.

[Commentaire sur l'article 2.3 : Par exemple, il y aurait soustraction au prélèvement d'un échantillon s'il était établi qu'un sportif a délibérément évité un agent de contrôle du dopage pour se soustraire à une notification ou à un contrôle. "Ne pas se soumettre au prélèvement d'un échantillon" peut reposer sur un comportement intentionnel ou sur une négligence de la part du sportif, alors que le fait de "se soustraire" à un prélèvement ou de "refuser" un prélèvement évoque un comportement intentionnel de la part du sportif.]

2.4 Manquements aux obligations en matière de localisation

Toute combinaison de trois contrôles manqués et/ou manquements à l'obligation de transmission d'informations sur la localisation, tels que définis dans le standard international pour les contrôles et les enquêtes, pendant une période de douze mois, de la part d'un sportif faisant partie d'un groupe cible de sportifs soumis aux contrôles.

2.5 Falsification ou tentative de falsification de tout élément du contrôle du dopage

Comportement préjudiciable au processus de contrôle du dopage, mais qui ne tombe pas sous la définition de méthode interdite. La falsification comprend, sans limitation, le fait de volontairement perturber ou tenter de perturber dans son travail un agent de contrôle du dopage, de fournir des renseignements frauduleux à une organisation antidopage ou d'intimider ou de tenter d'intimider un témoin potentiel.

[Commentaire sur l'article 2.5 : Par exemple, cet article interdirait le fait de modifier le code d'identification sur les formulaires de contrôle du dopage durant un contrôle, de briser le flacon de l'échantillon B au moment de l'analyse de l'échantillon B, ou d'altérer un échantillon en y ajoutant une substance étrangère.

Les cas de conduite injurieuse à l'égard d'un agent de contrôle du dopage ou d'une autre personne impliquée dans le contrôle du dopage et qui ne constituent pas par ailleurs une falsification devront être couverts par les règles disciplinaires des organisations sportives.]

2.6 Possession d'une substance ou méthode interdite

2.6.1 La possession par un sportif en compétition de toute substance interdite ou méthode interdite, ou la possession hors compétition par un sportif de toute substance interdite ou méthode interdite hors compétition, à moins que le sportif n'établisse que cette possession est conforme à une autorisation d'usage à des fins thérapeutiques (AUT) accordée en application de l'article 4.4 ou ne fournisse une autre justification acceptable.

2.6.2 La possession en compétition par un membre du personnel d'encadrement du sportif de toute substance interdite ou méthode interdite, ou la possession hors compétition par un membre du personnel d'encadrement du sportif de toute substance interdite ou méthode interdite qui est interdite hors compétition, en lien avec un sportif, une compétition ou l'entraînement, à moins que la personne en question ne puisse établir que cette possession est conforme à une AUT accordée à un sportif en application de l'article 4.4 ou ne fournisse une autre justification acceptable.

[Commentaire sur les articles 2.6.1 et 2.6.2 : L'achat ou la possession d'une substance interdite en vue, par exemple, de la donner à un parent ou à un ami, ne saurait être une justification acceptable, sous réserve de situations médicalement justifiées pour lesquelles cette personne possédait une ordonnance médicale, par exemple l'achat d'insuline pour un enfant diabétique.]

[Commentaire sur l'article 2.6.2 : Une justification acceptable comprendrait, par exemple, le fait pour le médecin d'une équipe de transporter des substances interdites pour pouvoir agir en cas d'urgences aiguës.]

2.7 Trafic ou tentative de trafic d'une substance ou méthode interdite

2.8 Administration ou tentative d'administration à un sportif en compétition d'une substance interdite ou d'une méthode interdite, ou administration ou tentative d'administration à un sportif hors compétition d'une substance interdite ou d'une méthode interdite dans le cadre de contrôles hors compétition

2.9 Complicité

Assistance, incitation, contribution, conspiration, dissimulation ou toute autre forme de complicité intentionnelle impliquant une violation des règles antidopage, une tentative de violation des règles antidopage ou une violation de l'article 10.12.1 par une autre personne.

2.10 Association interdite

Association, à titre professionnel ou sportif, entre un sportif ou une autre personne soumise à l'autorité d'une organisation antidopage et un membre du personnel d'encadrement du sportif qui :

2.10.1 S'il relève de l'autorité d'une organisation antidopage, purge une période de suspension ; ou

2.10.2 S'il ne relève pas de l'autorité d'une organisation antidopage, lorsqu'une suspension n'a pas été imposée dans un processus de gestion des résultats conformément au code, a été condamné ou reconnu coupable, dans une procédure pénale, disciplinaire ou professionnelle, d'avoir adopté un comportement qui aurait constitué une violation des règles antidopage si des règles conformes au code avaient été applicables à cette personne. Le statut disqualifiant de ladite personne sera en vigueur pendant six ans à compter de la décision pénale, professionnelle ou disciplinaire, ou pendant la durée de la sanction pénale, disciplinaire ou professionnelle imposée, selon celle de ces deux périodes qui sera la plus longue ; ou

2.10.3 Sert de couverture ou d'intermédiaire pour un individu décrit aux articles 2.10.1 ou 2.10.2.

Pour que cette disposition s'applique, il est nécessaire que le sportif ou l'autre personne ait été préalablement notifié par écrit par une organisation antidopage ayant juridiction sur le sportif ou l'autre personne, ou par l'AMA, du statut disqualifiant du membre du personnel d'encadrement du sportif et de la conséquence potentielle de l'association interdite, et que le sportif ou l'autre personne puisse raisonnablement éviter l'association. L'organisation antidopage fera également des efforts appropriés pour signaler au membre du personnel d'encadrement du sportif faisant l'objet de la notification au sportif ou à l'autre personne qu'il dispose de 15 jours pour contacter l'organisation antidopage en vue d'expliquer que les critères décrits aux articles 2.10.1 et 2.10.2 ne s'appliquent pas à lui. (Nonobstant l'article 17, le présent article s'applique même si la conduite disqualifiante du membre du personnel d'encadrement du sportif s'est produite avant la date d'entrée en vigueur prévue à l'article 25).

Il incombera au sportif ou à l'autre personne d'établir que l'association avec le membre du personnel d'encadrement du sportif décrite aux articles 2.10.1 ou 2.10.2 ne revêt pas un caractère professionnel ou sportif.

Les organisations antidopage qui ont connaissance d'un membre du personnel d'encadrement du sportif répondant aux critères décrits aux articles 2.10.1, 2.10.2 ou 2.10.3 soumettront ces informations à l'AMA.

[Commentaire sur l'article 2.10 : Les sportifs et les autres personnes sont tenus de ne pas travailler avec des entraîneurs, des soigneurs, des médecins ou tout autre membre du personnel d'encadrement du sportif qui sont suspendus pour violation des règles antidopage ou qui ont été condamnés pénalement ou ont subi une sanction disciplinaire professionnelle en lien avec le dopage. L'association interdite comprend par exemple le fait d'obtenir des conseils pour l'entraînement, la stratégie, la technique, l'alimentation ou sur le plan médical ; le fait d'obtenir une thérapie, un traitement ou des ordonnances ; le fait de fournir des échantillons corporels pour analyse ; ou le fait d'autoriser le membre du personnel d'encadrement du sportif à servir d'agent ou de représentant. L'association interdite n'implique pas obligatoirement une forme de rémunération.]

Art. 3 *Preuve du dopage.*

3.1 Charge de la preuve et degré de preuve

La charge de la preuve incombera à l'organisation antidopage, qui devra établir la violation d'une règle antidopage. Le degré de preuve auquel l'organisation antidopage est astreinte consiste à établir la violation des règles antidopage à la satisfaction de l'instance d'audition, qui appréciera la gravité de l'allégation. Le degré de preuve, dans tous les cas, devra être plus important qu'une simple prépondérance des probabilités, mais moindre qu'une preuve au-delà du doute raisonnable. Lorsque le code impose à un sportif, ou à toute autre personne présumée avoir commis une violation des règles antidopage, la charge de renverser la présomption ou d'établir des circonstances ou des faits spécifiques, le degré de preuve est établi par la prépondérance des probabilités.

[Commentaire sur l'article 3.1 : Le degré de preuve auquel doit se conformer l'organisation antidopage est comparable à la norme appliquée dans la plupart des pays dans les cas de faute professionnelle.]

3.2 Méthodes d'établissement des faits et présomptions

Les faits liés aux violations des règles antidopage peuvent être établis par tout moyen fiable, y compris des aveux. Les règles suivantes en matière de preuve seront appliquées en cas de dopage :

3.2.1 Les méthodes d'analyse ou les limites de décisions approuvées par l'AMA, après avoir été soumises à une consultation au sein de la communauté scientifique et à un *"peer review"*, sont présumées scientifiquement valables. Tout sportif ou toute autre personne cherchant à renverser cette présomption de validité scientifique devra, en préalable à toute contestation, informer l'AMA de la contestation et de ses motifs. De sa propre initiative, le TAS pourra informer l'AMA de cette contestation. A la demande de l'AMA, la formation arbitrale du TAS désignera un expert scientifique qualifié afin d'aider la formation arbitrale à évaluer cette contestation. Dans les 10 jours à compter de la réception de cette notification par l'AMA et de la réception par l'AMA du dossier du TAS, l'AMA aura également le droit d'intervenir en tant que partie, de comparaître en qualité *"d'amicus curiae"* ou de soumettre tout autre élément dans la procédure.

3.2.2 Les laboratoires accrédités par l'AMA et les autres laboratoires approuvés par l'AMA sont présumés avoir effectué l'analyse des échantillons et respecté les procédures de la chaîne de sécurité conformément au standard international pour les laboratoires. Le sportif ou une autre personne pourra renverser cette présomption en démontrant qu'un écart par rapport au standard international pour les laboratoires est survenu et pourrait raisonnablement avoir causé le résultat d'analyse anormal.

Si le sportif ou l'autre personne parvient à renverser la présomption en démontrant qu'un écart par rapport au standard international pour les laboratoires est survenu et pourrait raisonnablement avoir causé le résultat d'analyse anormal, il incombera alors à l'organisation antidopage de démontrer que cet écart n'est pas à l'origine du résultat d'analyse anormal.

3.2.3 Les écarts par rapport à tout autre standard international ou à toute autre règle ou principe antidopage énoncés dans le code ou dans les règles d'une organisation antidopage n'invalideront pas lesdites preuves ou lesdits résultats si ces écarts ne sont pas la cause du résultat d'analyse anormal ou de l'autre violation des règles antidopage. Si le sportif ou l'autre personne établit qu'un écart par rapport à tout autre standard international ou à toute autre règle ou principe antidopage est raisonnablement susceptible d'avoir causé une violation des règles antidopage sur la base d'un résultat d'analyse anormal constaté ou d'une autre violation des règles antidopage, l'organisation antidopage aura, dans ce cas, la charge d'établir que cet écart n'est pas à l'origine du résultat d'analyse anormal ou des faits à l'origine de la violation des règles antidopage.

3.2.4 Les faits établis par une décision d'un tribunal ou d'un tribunal disciplinaire professionnel compétent qui ne fait pas l'objet d'un appel en cours constituent une preuve irréfutable des faits à l'encontre du sportif ou de l'autre personne visée par la décision, à moins que le sportif ou l'autre personne n'établisse que la décision violait les principes de justice naturelle.

3.2.5 Le tribunal peut, dans le cadre d'une audition relative à une violation des règles antidopage, tirer des conclusions défavorables au sportif ou à l'autre personne qui est accusée d'une violation des règles antidopage en se fondant sur le refus du sportif ou de cette autre personne, malgré une demande dûment présentée dans un délai raisonnable avant l'audience, de comparaître (en personne ou par téléphone, selon les instructions du tribunal) et de répondre aux questions du tribunal ou de l'organisation antidopage alléguant la violation d'une règle antidopage.

[Commentaire sur l'article 3.2 : Par exemple, une organisation antidopage peut établir une violation des règles antidopage aux termes de l'article 2.2 sur la foi des aveux du sportif, du témoignage crédible de tierces personnes, de preuves documentaires fiables, de données analytiques fiables tirées d'un échantillon A ou B conformément aux commentaires sur l'article 2.2, ou de conclusions tirées du profil correspondant à une série d'échantillons de sang ou d'urine du sportif, telles que des données provenant du passeport biologique de l'athlète.]

[Commentaire sur l'article 3.2.2 : La charge de la preuve revient au sportif ou à l'autre personne qui doit démontrer, par la prépondérance des probabilités, qu'un écart par rapport au standard international pour les laboratoires est raisonnablement susceptible d'avoir causé le résultat d'analyse anormal. Si le sportif ou l'autre personne y parvient, il revient alors à l'organisation antidopage de démontrer, à la satisfaction de l'instance d'audition, que cet écart n'a pas causé le résultat d'analyse anormal.]

Art. 4 *La liste des interdictions.*

4.1 Publication et mise à jour de la liste des interdictions

L'AMA publiera aussi souvent que nécessaire, et au moins une fois par an, la liste des interdictions en tant que standard international. Le contenu proposé de la liste des interdictions et les mises à jour effectuées seront transmis par écrit sans tarder à l'ensemble des signataires et des gouvernements aux fins de commentaires et de consultation. L'AMA veillera à transmettre sans tarder chaque version annuelle de la liste des interdictions et l'ensemble des modifications à chacun des signataires, des laboratoires accrédités ou approuvés par l'AMA et des gouvernements, et à les diffuser sur son site web. Il incombera ensuite à chaque signataire de prendre les mesures nécessaires pour distribuer la liste des interdictions à ses membres et affiliés. Les règles de chaque organisation antidopage devront préciser qu'à moins de dispositions contraires dans la liste des interdictions ou l'une de ses mises à jour, la liste des interdictions et ses mises à jour entreront en vigueur aux termes des règles de l'organisation antidopage trois mois après leur publication sur le site internet de l'AMA, sans autre formalité requise de la part de l'organisation antidopage.

[Commentaire sur l'article 4.1 : La liste des interdictions sera mise à jour et publiée de façon accélérée en cas de besoin. Cependant, par souci de constance, une nouvelle liste des interdictions paraîtra tous les ans, que des changements y aient été apportés ou non. L'AMA fera en sorte d'afficher en permanence sur son site web la liste des interdictions en vigueur. Celle-ci fait partie intégrante de la Convention internationale contre le dopage dans le sport. L'AMA informera le directeur général de l'UNESCO de tout changement apporté à la liste des interdictions.]

4.2 Substances interdites et méthodes interdites figurant dans la liste des interdictions

4.2.1 Substances interdites et méthodes interdites

La liste des interdictions indiquera les substances interdites et méthodes interdites en permanence (à la fois en compétition et hors compétition) en raison de leur potentiel d'amélioration des performances dans des compétitions futures ou de leur potentiel masquant, et les substances et méthodes qui sont interdites en compétition uniquement. La liste des interdictions pourra être élargie par l'AMA pour un sport en particulier. Des substances interdites ou des méthodes interdites peuvent être incluses dans la liste des interdictions par le biais de classes de substances (par exemple les agents anabolisants) ou par la mention précise d'une substance ou méthode particulière.

4.2.2 Substances spécifiées

Aux fins de l'application de l'article 10, toutes les substances interdites sont des substances spécifiées, sauf les substances appartenant aux classes des agents anabolisants et des hormones, ainsi que les stimulants et les antagonistes hormonaux et modulateurs identifiés comme tels dans la liste des interdictions. La catégorie des substances spécifiées n'englobe pas la catégorie des méthodes interdites.

4.2.3 Nouvelles classes de substances interdites

Si l'AMA ajoute une nouvelle classe de substances interdites à la liste des interdictions conformément à l'article 4.1, le Comité exécutif de l'AMA devra déterminer si tout ou partie des substances interdites appartenant à cette nouvelle catégorie seront considérées comme des substances spécifiées aux termes de l'article 4.2.2.

[Commentaire sur l'article 4.2.1 : L'usage hors compétition d'une substance qui est interdite uniquement en compétition ne constitue pas une violation des règles antidopage à moins qu'un résultat d'analyse anormal impliquant cette substance ou ses métabolites ou marqueurs ne soit déclaré à partir d'un échantillon prélevé en compétition.]

[Commentaire sur l'article 4.2.2 : Les substances spécifiées mentionnées à l'article 4.2.2 ne doivent en aucune manière être considérées comme moins importantes ou moins dangereuses que les autres substances dopantes. Il s'agit seulement de substances qui sont plus susceptibles d'avoir été consommées par un sportif à d'autres fins que l'amélioration de la performance sportive.]

4.3 Critères d'inclusion des substances et méthodes dans la liste des interdictions

L'AMA prendra en considération les critères suivants dans sa décision d'inclure ou non une substance ou une méthode dans la liste des interdictions :

4.3.1 Une substance ou méthode sera susceptible d'être incluse dans la liste des interdictions si l'AMA, à sa discrétion, détermine que la substance ou méthode remplit deux des trois critères suivants :

4.3.1.1 La preuve médicale ou scientifique, l'effet pharmacologique ou l'expérience démontrant que la substance ou la méthode, seule ou combinée à d'autres substances ou méthodes, a le potentiel d'améliorer ou améliore effectivement la performance sportive ;

4.3.1.2 La preuve médicale ou scientifique, l'effet pharmacologique ou l'expérience démontrant que l'usage de la substance ou de la méthode présente un risque avéré ou potentiel pour la santé du sportif ;

4.3.1.3 La détermination par l'AMA que l'usage de la substance ou de la méthode est contraire à l'esprit sportif tel que décrit dans l'introduction du code.

4.3.2 Une substance ou une méthode sera également incluse dans la liste des interdictions si l'AMA détermine que, selon une preuve médicale ou scientifique, l'effet pharmacologique ou l'expérience, la substance ou la méthode est susceptible de masquer l'usage d'autres substances interdites ou méthodes interdites.

4.3.3 La décision de l'AMA d'inclure des substances interdites et des méthodes interdites dans la liste des interdictions, la classification des substances au sein de classes particulières dans la liste des interdictions et la classification de la substance comme étant interdite en tout temps ou uniquement en compétition sont finales et ne pourront pas faire l'objet d'un appel par un sportif ou toute autre personne qui voudrait invoquer que la substance ou la méthode n'est pas un agent masquant, n'a pas le potentiel d'améliorer la performance sportive, ne présente pas de risque pour la santé ou n'est pas contraire à l'esprit sportif.

[Commentaire sur l'article 4.3.1.1 : Cet article prévoit la possibilité que des substances qui ne sont pas interdites lorsqu'elles sont utilisées seules soient interdites si elles sont utilisées avec une autre substance. Une substance qui est ajoutée à la liste des interdictions parce qu'elle est susceptible d'améliorer la performance uniquement lorsqu'elle est combinée à une autre substance doit être notée de cette façon et n'être interdite qu'en cas de preuve de la présence d'une combinaison des deux substances.]

[Commentaire sur l'article 4.3.2 : Dans le cadre du processus de révision annuel, tous les signataires, gouvernements et autres personnes intéressées sont invités à faire part à l'AMA de leurs commentaires sur le contenu de la Liste des interdictions.]

4.4 Autorisations d'usage à des fins thérapeutiques (AUT)

4.4.1 La présence d'une substance interdite ou de ses métabolites ou marqueurs et/ou l'usage ou la tentative d'usage, la possession ou l'administration ou la tentative d'administration d'une substance interdite ou d'une méthode interdite ne sera pas considérée comme une violation des règles antidopage si elle est compatible avec les dispositions d'une AUT délivrée en conformité avec le standard international pour les autorisations d'usage à des fins thérapeutiques.

4.4.2 Un sportif qui n'est pas un sportif de niveau international doit s'adresser à son organisation nationale antidopage en vue d'obtenir une AUT. Si l'organisation nationale antidopage refuse cette demande, le sportif peut faire appel exclusivement auprès de l'instance d'appel nationale décrite aux articles 13.2.2 et 13.2.3.

4.4.3 Un sportif qui est un sportif de niveau international doit s'adresser à sa fédération internationale.

4.4.3.1 Lorsque le sportif possède déjà une AUT délivrée par son organisation nationale antidopage pour la substance ou méthode en question, et que cette AUT remplit les critères énoncés dans le standard international pour les autorisations d'usage à des fins thérapeutiques, la fédération internationale est tenue de la reconnaître. Si la fédération internationale estime que l'AUT ne remplit pas ces critères et refuse donc de reconnaître l'AUT, la fédération internationale doit en notifier sans délai le sportif, ainsi que son organisation nationale antidopage, en indiquant les motifs. Le sportif ou l'organisation nationale antidopage dispose de 21 jours à compter de cette notification pour soumettre la question à l'AMA pour examen. Si la question est soumise à l'AMA pour examen, l'AUT délivrée par l'organisation nationale antidopage reste valable pour les contrôles de compétitions de niveau national et pour les contrôles hors compétition (mais n'est pas valable pour les contrôles de compétitions de niveau international) dans l'attente de la décision de l'AMA. Si la question n'est pas soumise à l'AMA pour examen, l'AUT cesse d'être valable dans tous les cas à l'expiration du délai d'examen de 21 jours.

4.4.3.2 Si le sportif ne possède pas déjà une AUT délivrée par son organisation nationale antidopage pour la substance ou méthode en question, le sportif doit s'adresser directement à sa fédération internationale en vue d'obtenir une AUT dès que le besoin apparaît. Si la fédération internationale (ou l'organisation nationale antidopage dès lors que celle-ci a accepté d'étudier la demande au nom de la fédération internationale) rejette la demande du sportif, elle doit en notifier sans délai le sportif et indiquer ses motifs. Si la fédération internationale accède à la demande du sportif, elle doit en notifier non seulement le sportif, mais aussi son organisation nationale antidopage. Si l'organisation nationale antidopage estime que l'AUT ne remplit pas les critères énoncés dans le standard international pour les autorisations d'usage à des fins thérapeutiques, elle dispose de 21 jours à compter de ladite notification pour soumettre le cas à l'AMA pour examen. Si l'organisation nationale antidopage soumet le cas à l'AMA pour examen, l'AUT délivrée par la fédération internationale reste valable pour les contrôles des compétitions de niveau international et les contrôles hors compétition (mais n'est pas valable pour les contrôles des compétitions de niveau national) dans l'attente de la décision de l'AMA. Si l'organisation nationale antidopage ne soumet pas le cas à l'AMA pour examen, l'AUT délivrée par la fédération internationale devient également valable pour les compétitions de niveau national à l'expiration du délai d'examen de 21 jours.

4.4.4 Une organisation responsable de grandes manifestations peut exiger que les sportifs s'adressent à elle pour demander une AUT s'ils souhaitent faire usage d'une substance interdite ou d'une méthode interdite en lien avec cette manifestation. Dans ce cas :

4.4.4.1 L'organisation responsable de grandes manifestations doit prévoir une procédure permettant au sportif de demander une AUT si le sportif n'en possède pas encore. Si l'AUT est accordée, elle n'est valable que pour cette manifestation.

4.4.4.2 Si le sportif possède déjà une AUT délivrée par son organisation nationale antidopage ou sa fédération internationale et que cette AUT remplit les critères fixés dans le standard international pour les autorisations d'usage à des fins thérapeutiques, l'organisation responsable de grandes manifestations est tenue de la reconnaître. Si l'organisation responsable de grandes manifestations considère que l'AUT ne remplit pas ces critères et refuse donc de la reconnaître, elle doit en notifier sans délai le sportif, en indiquant ses motifs.

4.4.4.3 La décision d'une organisation responsable de grandes manifestations de ne pas reconnaître ou de ne pas délivrer une AUT peut faire l'objet d'un appel interjeté par le sportif exclusivement auprès d'une instance indépendante établie ou désignée à cette fin par l'organisation responsable de grandes manifestations. Si le sportif ne fait pas appel (ou que son appel est rejeté), il n'est pas autorisé à faire usage de la substance ou de la méthode en question en lien avec la manifestation, mais toute AUT délivrée par son organisation nationale antidopage ou sa fédération internationale pour cette substance ou méthode reste valable en dehors de ladite manifestation.

4.4.5 Si une organisation antidopage choisit de prélever un échantillon sur une personne qui n'est pas un sportif de niveau international ou de niveau national, et que cette personne fait usage pour raisons thérapeutiques d'une substance interdite ou d'une méthode interdite, l'organisation antidopage peut l'autoriser à demander une AUT avec effet rétroactif.

4.4.6 L'AMA est tenue d'examiner la décision d'une fédération internationale de ne pas reconnaître une AUT délivrée par l'organisation nationale antidopage qui lui est soumise par le sportif ou par l'organisation nationale antidopage du sportif. En outre, l'AMA est tenue d'examiner la décision d'une fédération internationale de délivrer une AUT qui lui est soumise par l'organisation nationale antidopage du sportif. L'AMA peut examiner à tout moment toute autre décision en matière d'AUT, soit à la demande des personnes concernées, soit de sa propre initiative. Si la décision en matière d'AUT examinée remplit les critères énoncés dans le standard international pour les autorisations d'usage à des fins thérapeutiques, l'AMA ne reviendra pas sur cette décision. Si la décision en matière d'AUT ne remplit pas ces critères, l'AMA la renversera.

4.4.7 Toute décision en matière d'AUT prise par une fédération internationale (ou par une organisation nationale antidopage qui a accepté d'étudier la demande au nom d'une fédération internationale) et qui n'est pas examinée par l'AMA, ou qui est examinée par l'AMA mais n'est pas renversée, peut faire l'objet d'un appel par le sportif et/ou l'organisation nationale antidopage du sportif exclusivement devant le TAS.

4.4.8 Une décision de l'AMA de renverser une décision en matière d'AUT peut faire l'objet d'un appel par le sportif, par l'organisation nationale antidopage et/ou par la fédération internationale concernée exclusivement auprès du TAS.

4.4.9 L'inaction dans un délai raisonnable en lien avec le traitement d'une demande soumise en bonne et due forme en vue de la délivrance/de la reconnaissance d'une AUT ou de l'examen d'une décision d'AUT sera considérée comme un refus de la demande.

[Commentaire sur l'article 4.4.3 : Si la fédération internationale refuse de reconnaître une AUT délivrée par une organisation nationale antidopage au seul motif que des dossiers médicaux ou d'autres informations requis pour démontrer que les critères figurant dans le standard international pour les autorisations d'usage à des fins thérapeutiques font défaut, la question ne doit pas être soumise à l'AMA.

En revanche, le dossier doit être complété et soumis à nouveau à la fédération internationale.

Si une fédération internationale choisit de contrôler un sportif qui n'est pas un sportif de niveau international, elle est tenue de reconnaître une AUT délivrée à ce sportif par son organisation nationale antidopage.]

[Commentaire sur l'article 4.4.4.3 : Par exemple, la division ad hoc du TAS ou une instance similaire peut faire office d'instance d'appel indépendante pour certaines manifestations. L'AMA peut également accepter d'assumer cette fonction. Si ni le TAS ni l'AMA n'exercent cette fonction, l'AMA conserve le droit (mais pas l'obligation) de réexaminer à tout moment les décisions en matière d'AUT rendues en lien avec la manifestation, conformément à l'article 4.4.6.]

[Commentaire sur l'article 4.4.6 : L'AMA pourra facturer des frais pour couvrir le coût (a) de tout examen qu'elle est tenue d'effectuer conformément à l'article 4.4.6, et (b) de tout examen qu'elle choisit d'effectuer, dès lors que la décision examinée est renversée.]

[Commentaire sur l'article 4.4.7 : Dans de tels cas, la décision faisant l'objet de l'appel est la décision en matière d'AUT de la fédération internationale, et non pas la décision de l'AMA de ne pas examiner la décision en matière d'AUT ou (après examen) de ne pas la renverser. Cependant, le délai pour faire appel de la décision en matière d'AUT ne court que dès la date où l'AMA communique sa décision. En tout état de cause, que la décision ait été examinée ou non par l'AMA, l'AMA sera notifiée de l'appel afin de pouvoir y participer si elle le juge utile.]

4.5 Programme de surveillance

L'AMA, en consultation avec les signataires et les gouvernements, établira un programme de surveillance portant sur des substances ne figurant pas dans la liste des interdictions, mais qu'elle souhaite néanmoins surveiller pour pouvoir en déterminer la prévalence d'usage dans le sport. L'AMA publiera, avant tout contrôle, les substances qui feront l'objet d'une surveillance. La présence de ces substances ou les cas d'usage déclarés seront rapportés périodiquement à l'AMA par les laboratoires sous forme de données statistiques regroupées par sport et indiquant si les échantillons ont été prélevés en compétition ou hors compétition. Ces rapports ne contiendront pas d'informations complémentaires concernant des échantillons particuliers. L'AMA mettra à la disposition des fédérations internationales et des organisations nationales antidopage, au moins une fois par année, des données statistiques regroupées par sport au sujet de ces substances. L'AMA veillera à mettre en œuvre des mesures afin de veiller à ce que l'anonymat le plus strict des sportifs soit garanti dans ces rapports. L'usage déclaré ou la détection des substances surveillées ne pourra constituer une infraction aux règlements antidopage.

Art. 5 *Contrôles et enquêtes.*

5.1 But des contrôles et des enquêtes

Les contrôles et les enquêtes ne seront entrepris qu'à des fins de lutte contre le dopage.

5.1.1 Les contrôles seront entrepris afin d'obtenir des preuves analytiques du respect (ou du non-respect) par le sportif de la stricte interdiction imposée par le code quant à la présence/l'usage d'une substance interdite ou d'une méthode interdite.

5.1.2 Les enquêtes seront entreprises :

(a) en relation avec des résultats atypiques et des résultats de passeport anormaux, au sens des articles 7.4. et 7.5 respectivement, afin de rassembler des renseignements ou des preuves (y compris, notamment, des preuves analytiques) visant à déterminer si une violation des règles antidopage a été commise au titre de l'article 2.1 et/ou de l'article 2.2 ; et

(b) en relation avec d'autres indications de violations potentielles des règles antidopage, au titre des articles 7.6 et 7.7, afin de rassembler des renseignements ou des preuves (y compris, notamment, des preuves non analytiques) visant à déterminer si une violation des règles antidopage a été commise au titre des articles 2.2 à 2.10.

5.2 Portée des contrôles

Tout sportif peut être tenu de fournir un échantillon à tout moment et en tout lieu par une organisation antidopage ayant autorité pour le soumettre à des contrôles. Sous réserve des restrictions pour les contrôles de manifestations mentionnés à l'article 5.3 :

5.2.1 Chaque organisation nationale antidopage sera compétente pour les contrôles en compétition et les contrôles hors compétition portant sur les sportifs qui sont citoyens, résidents, titulaires de licence ou membres d'organisations sportives du pays de cette organisation nationale antidopage ou qui sont présents dans ce pays.

5.2.2 Chaque fédération internationale sera compétente pour les contrôles en compétition et les contrôles hors compétition portant sur les sportifs soumis à ses règles, y compris ceux participant à des manifestations internationales ou à des manifestations régies par les règles de cette fédération internationale, ou qui sont membres ou titulaires de licence de cette fédération internationale ou de ses fédérations nationales membres ou de leurs membres.

5.2.3 Chaque organisation responsable de grandes manifestations, y compris le Comité International Olympique et le comité international paralympique, sera compétente pour les contrôles en compétition lors de ses manifestations ainsi que pour les contrôles hors compétition portant sur les sportifs inscrits à l'une de ses manifestations ou qui ont été placés sous son autorité de contrôle pour une manifestation future.

5.2.4 L'AMA sera compétente pour les contrôles en compétition et les contrôles hors compétition conformément aux dispositions de l'article 20.

5.2.5 Les organisations antidopage peuvent procéder à des contrôles sur tout sportif qui relève de leur autorité pour les contrôles et qui n'a pas pris sa retraite, y compris lorsqu'il purge une période de suspension.

5.2.6 Si une fédération internationale ou une organisation responsable de grandes manifestations délègue ou sous-traite toute partie des contrôles à une organisation nationale antidopage (directement ou par le biais d'une fédération nationale), cette organisation nationale antidopage pourra prélever des échantillons supplémentaires ou demander au laboratoire d'effectuer des types d'analyses supplémentaires aux frais de l'organisation nationale antidopage. Si des échantillons supplémentaires sont prélevés ou si des types d'analyses supplémentaires sont effectués, la fédération internationale ou l'organisation responsable de grandes manifestations en sera notifiée.

[Commentaire sur l'article 5.2 : Une compétence supplémentaire pour procéder à des contrôles peut être conférée par le biais d'accords bilatéraux ou multilatéraux entre signataires. A moins que le sportif n'ait identifié une période de 60 minutes pour les contrôles entre 23 h et 6 h, ou consenti d'une autre manière à être contrôlé durant cette période, une organisation antidopage devrait avoir des soupçons graves et spécifiques que le sportif puisse être impliqué dans des activités de dopage. Une contestation portant sur le point de savoir si une organisation antidopage avait des soupçons suffisants pour procéder à des contrôles durant cette période ne sera pas un argument de défense pour contester une violation des règles antidopage en lien avec ce contrôle ou cette tentative de contrôle.]

5.3 Contrôles relatifs à une manifestation

5.3.1 Sauf dispositions contraires ci-dessous, il devrait incomber à une seule organisation d'initier et de réaliser les contrôles sur les sites de la manifestation durant la durée de la manifestation. Lors de manifestations internationales, le prélèvement d'échantillons sera initié et réalisé par l'organisation internationale sous l'égide de laquelle cette manifestation est organisée (par exemple le Comité International Olympique pour les Jeux olympiques, la fédération internationale pour des championnats du monde ou l'Organisation sportive panaméricaine pour les Jeux panaméricains). Lors de manifestations nationales, le prélèvement d'échantillons sera initié et réalisé par l'organisation nationale antidopage du pays en question. A la demande de l'organisation responsable de la manifestation, tout contrôle réalisé durant la durée de la manifestation en dehors des sites de la manifestation sera coordonné avec cette organisation.

5.3.2 Si une organisation antidopage qui, dans d'autres circonstances, aurait l'autorité pour procéder à des contrôles, mais qui n'est pas responsable d'initier et de réaliser les contrôles lors d'une manifestation, désire effectuer des contrôles sur un ou plusieurs sportifs pendant la durée de la manifestation sur les sites de la manifestation, cette organisation antidopage doit d'abord s'entretenir avec l'organisation sous l'égide de laquelle la manifestation est organisée afin d'obtenir la permission de réaliser et de coordonner ces contrôles. Si l'organisation antidopage n'est pas satisfaite de la réponse de l'organisation responsable de la manifestation, l'organisation antidopage pourra, conformément aux procédures publiées par l'AMA, demander à l'AMA d'effectuer des contrôles et de déterminer la façon de coordonner ces contrôles. L'AMA n'approuvera pas ces contrôles sans consulter et en informer d'abord l'organisation responsable de la manifestation. La décision de l'AMA sera définitive et ne pourra pas faire l'objet d'un appel. Sauf disposition contraire stipulée dans l'autorisation de procéder aux contrôles, ceux-ci seront considérés comme des contrôles hors compétition. La gestion des résultats de ces contrôles sera la responsabilité de l'organisation antidopage ayant initié les contrôles, sauf disposition contraire dans les règles de l'organisation responsable de la manifestation.

[Commentaire sur l'article 5.3.1 : Des organisations responsables de manifestations internationales peuvent procéder à leurs propres contrôles en dehors des sites de la manifestation durant la période de la manifestation et en conséquence vouloir coordonner leurs contrôles avec ceux des organisations nationales antidopage.]

[Commentaire sur l'article 5.3.2 : Avant d'autoriser une organisation nationale antidopage à initier et à réaliser des contrôles lors d'une manifestation internationale, l'AMA consultera l'organisation internationale responsable de la manifestation. Avant de donner son accord pour qu'une fédération internationale initie et réalise des contrôles lors d'une manifestation nationale, l'AMA consultera l'organisation nationale antidopage du pays où se déroule la manifestation. L'organisation antidopage qui initie et réalise les contrôles peut, si elle le désire, conclure des accords avec d'autres organisations auxquelles elle déléguera sa responsabilité en matière de prélèvement d'échantillons ou d'autres aspects du processus de contrôle du dopage.]

5.4 Planification de la répartition des contrôles

5.4.1 L'AMA, en consultation avec les fédérations internationales et d'autres organisations antidopage, adoptera un document technique relevant du standard international pour les contrôles et les enquêtes, établissant, au terme d'une évaluation des risques, les substances interdites et/ou les méthodes interdites étant les plus susceptibles de faire l'objet d'abus en fonction des sports et des disciplines.

5.4.2 En s'appuyant sur cette évaluation des risques, chaque organisation antidopage compétente pour réaliser des contrôles élaborera et appliquera un plan de répartition des contrôles efficace, intelligent et proportionné dressant un ordre de priorité approprié entre les disciplines, les catégories de sportifs, les types de contrôles, les types d'échantillons prélevés et les types d'analyses des échantillons, le tout en conformité avec les exigences du standard international pour les contrôles et les enquêtes. Sur demande, chaque organisation antidopage fournira à l'AMA une copie de son plan de répartition des contrôles en vigueur.

5.4.3 Dans la mesure du possible, les contrôles seront coordonnés par le biais du système ADAMS ou d'un autre système approuvé par l'AMA afin d'optimiser l'efficacité des efforts conjoints de contrôle et d'éviter une répétition inutile des contrôles.

5.5 Exigences en matière de contrôles

Tous les contrôles seront réalisés en conformité avec le standard international pour les contrôles et les enquêtes.

5.6 Informations sur la localisation des sportifs

Les sportifs inclus dans un groupe cible de sportifs soumis aux contrôles par leur fédération internationale et/ou leur organisation nationale antidopage fourniront des informations sur leur localisation tel que stipulé dans le standard international pour les contrôles et les enquêtes. Les fédérations internationales et les organisations nationales antidopage coordonneront l'identification de ces sportifs et la collecte des informations sur leur localisation. Chaque fédération internationale et chaque organisation nationale antidopage mettront à disposition, par le biais du système ADAMS ou d'un autre système approuvé par l'AMA, une liste identifiant les sportifs inclus dans le groupe cible de sportifs soumis aux contrôles soit nommément, soit selon des critères spécifiques clairement définis. Les sportifs seront notifiés avant d'être inclus dans un groupe cible de sportifs soumis aux contrôles ainsi que lorsqu'ils en seront retirés. Les informations fournies sur leur localisation pendant qu'ils figurent dans le groupe cible de sportifs soumis aux contrôles seront accessibles, par le biais du système ADAMS ou d'un autre système approuvé par l'AMA, à l'AMA et aux autres organisations antidopage compétentes pour contrôler le sportif conformément à l'article 5.2. Ces informations resteront constamment soumises à la plus stricte confidentialité et seront utilisées exclusivement afin de planifier, de coordonner ou de réaliser des contrôles du dopage, de fournir des informations pertinentes pour le passeport biologique de l'athlète ou d'autres résultats d'analyses, de contribuer à une enquête relative à une violation éventuelle des règles antidopage ou de contribuer à une procédure alléguant une violation des règles antidopage. Ces informations seront détruites dès lors qu'elles ne seront plus utiles à ces fins, conformément au standard international pour la protection des renseignements personnels.

5.7 Sportifs à la retraite revenant à la compétition

5.7.1 Si un sportif de niveau international ou de niveau national figurant dans un groupe cible de sportifs soumis aux contrôles prend sa retraite, puis souhaite reprendre la compétition, ce sportif ne concourra pas dans des manifestations internationales ou dans des manifestations nationales tant qu'il ne se sera pas rendu disponible pour des contrôles, après en avoir avisé sa fédération internationale et son organisation nationale antidopage avec un préavis écrit de six mois. L'AMA, en consultation avec la fédération internationale et l'organisation nationale antidopage concernées, peut accorder une exemption à la règle du préavis écrit de six mois lorsque l'application stricte de cette règle serait manifestement injuste envers le sportif. Cette décision peut faire l'objet d'un appel conformément à l'article 13.

5.7.1.1 Tout résultat de compétition obtenu en violation de l'article 5.7.1 sera annulé.

5.7.2 Si un sportif prend sa retraite alors qu'il purge une période de suspension, puis souhaite revenir à la compétition, ce sportif ne concourra pas dans des manifestations internationales ou dans des manifestations nationales tant qu'il ne se sera pas tenu à disposition pour des contrôles en donnant à sa fédération internationale et à son organisation nationale antidopage un préavis écrit de six mois (ou un préavis équivalant à la période de suspension restante à la date de la retraite du sportif, si cette période était supérieure à six mois).

5.8 Enquêtes et collecte de renseignements

Les organisations antidopage s'assureront d'être en mesure de faire ce qui suit, en conformité avec le standard international pour les contrôles et les enquêtes :

5.8.1 Obtenir, évaluer et traiter des renseignements antidopage émanant de toutes les sources disponibles, afin d'alimenter la mise en place d'un plan de répartition des contrôles efficace, intelligent et proportionné, de planifier des contrôles ciblés et/ou de servir de base à une enquête portant sur une ou plusieurs violation(s) éventuelle(s) des règles antidopage ; et

5.8.2 Enquêter sur les résultats atypiques et les résultats de passeport anormaux, conformément aux articles 7.4 et 7.5 respectivement ; et

5.8.3 Enquêter sur toute autre information ou donnée analytique ou non analytique indiquant une ou plusieurs violation(s) potentielle(s) des règles antidopage, conformément aux articles 7.6 et 7.7, afin d'exclure l'existence d'une telle violation ou de réunir des preuves permettant l'ouverture d'une procédure pour violation des règles antidopage.

Art. 6 *Analyse des échantillons.* Les échantillons seront analysés conformément aux principes suivants :

6.1 Recours à des laboratoires accrédités et à des laboratoires approuvés

Aux fins de l'article 2.1, les échantillons seront analysés uniquement dans les laboratoires accrédités par l'AMA ou autrement approuvés par l'AMA. Le choix du laboratoire accrédité ou approuvé par l'AMA pour l'analyse des échantillons relève exclusivement de l'organisation antidopage responsable de la gestion des résultats.

[Commentaire sur l'article 6.1 : Pour des raisons de coût et d'accès géographique, afin d'effectuer des analyses spécifiques (par exemple des analyses de sang qui doivent être transmises du lieu de prélèvement au laboratoire dans un délai déterminé), l'AMA peut approuver des laboratoires qui ne sont pas accrédités. Avant d'approuver un tel laboratoire, l'AMA s'assurera qu'il remplit les critères rigoureux d'analyse et de conservation des échantillons imposés par l'AMA. Les violations de l'article 2.1 ne peuvent être établies que par l'analyse d'échantillons effectuée par un laboratoire accrédité par l'AMA ou un autre laboratoire approuvé par l'AMA. Les violations d'autres articles peuvent être établies à l'aide des résultats d'analyse d'autres laboratoires pour autant que ces résultats soient fiables.]

6.2 Objet de l'analyse des échantillons

Les échantillons seront analysés afin d'y détecter les substances interdites et les méthodes interdites énumérées dans la liste des interdictions et toute autre substance dont la détection est demandée par l'AMA conformément à l'article 4.5, ou afin d'aider une organisation antidopage à établir un profil à partir des paramètres pertinents dans l'urine, le sang ou une autre matrice du sportif, y compris le profil d'ADN ou le profil génomique, ou à toute autre fin antidopage légitime. Les échantillons peuvent être prélevés et conservés en vue d'analyses futures.

[Commentaire sur l'article 6.2 : Les renseignements pertinents relatifs au profil pourraient, par exemple, servir à orienter les contrôles ciblés et/ou à étayer une procédure pour violation des règles antidopage au sens de l'article 2.2.]

6.3 Recherche sur des échantillons

Aucun échantillon ne peut servir à des fins de recherche sans le consentement écrit du sportif. Si des échantillons sont utilisés à d'autres fins que celles prévues à l'article 6.2, tout moyen de les identifier doit en avoir été retiré, de telle sorte qu'ils ne puissent être attribués à un sportif en particulier.

[Commentaire sur l'article 6.3 : Comme c'est le cas dans la plupart des contextes médicaux, l'utilisation d'échantillons anonymisés à des fins d'assurance qualité, d'amélioration de la qualité ou d'établissement de populations de référence n'est pas considérée comme de la recherche.]

6.4 Standards d'analyse des échantillons et de rendu des résultats

Les laboratoires procéderont à l'analyse des échantillons et en rapporteront les résultats conformément au standard international pour les laboratoires. Afin d'assurer l'efficacité des contrôles, le document technique mentionné à l'article 5.4.1 établira des menus d'analyse des échantillons, basés sur l'évaluation des risques et appropriés pour les différents sports et disciplines. Les laboratoires analyseront les échantillons conformément à ces menus, sauf dans les cas suivants :

6.4.1 Les organisations antidopage peuvent demander que les laboratoires analysent leurs échantillons en utilisant des menus plus détaillés que ceux décrits dans le document technique.

6.4.2 Les organisations antidopage peuvent demander que les laboratoires analysent leurs échantillons en utilisant des menus moins détaillés que ceux décrits dans le document technique, à condition qu'elles aient convaincu l'AMA du caractère approprié d'une analyse moins complète, au vu des circonstances particulières de leur pays ou de leur sport, telles qu'indiquées dans leur plan de répartition des contrôles.

6.4.3 Conformément aux dispositions du standard international pour les laboratoires, les laboratoires peuvent, de leur propre chef et à leurs propres frais, analyser des échantillons en vue de détecter des substances interdites ou des méthodes interdites ne figurant pas dans le menu d'analyse des échantillons décrit dans le document technique ou spécifié par l'autorité chargée des contrôles. Les résultats de ces analyses seront rendus et auront la même validité et les mêmes conséquences que ceux de toute autre analyse.

[Commentaire sur l'article 6.4 : L'objectif de cet article est d'étendre le principe des « contrôles intelligents » au menu d'analyse des échantillons afin de détecter le dopage de la manière la plus efficace. Il est reconnu que les ressources disponibles pour lutter contre le dopage sont limitées et qu'une extension du menu d'analyse des échantillons peut, dans certains sports et dans certains pays, réduire le nombre d'échantillons pouvant être analysés.]

6.5 Analyse additionnelle d'échantillons

Tout échantillon peut être soumis à des analyses additionnelles par l'organisation antidopage responsable de la gestion des résultats en tout temps avant que les résultats des échantillons A et B (ou le résultat de l'échantillon A lorsqu'il a été décidé de renoncer à l'analyse de l'échantillon B ou que cette analyse n'aura pas lieu) n'aient été communiqués par l'organisation antidopage au sportif comme fondement d'une violation alléguée des règles antidopage au titre de l'article 2.1.

Les échantillons peuvent être conservés et soumis à des analyses additionnelles aux fins de l'article 6.2 en tout temps exclusivement sur instruction de l'AMA ou de l'organisation antidopage qui a initié et ordonné la collecte de l'échantillon. (La conservation ou l'analyse additionnelle de tout échantillon sur instruction de l'AMA sera aux frais de l'AMA.) Les analyses additionnelles d'échantillons doivent être conformes aux exigences du standard international pour les laboratoires et du standard international pour les contrôles et les enquêtes.

Art. 7 *Gestion des résultats.* Chaque organisation antidopage responsable de la gestion des résultats devra se doter d'une procédure administrative de préparation des audiences relatives à des violations potentielles des règles antidopage, en accord avec les principes suivants :

[Commentaire sur l'article 7 : Divers signataires ont établi leur propre approche de la gestion des résultats. Bien que toutes ces approches ne soient pas complètement uniformisées, bon nombre d'entre elles s'avèrent être un système juste et efficace de gestion des résultats. Le code ne vise nullement à supplanter les systèmes respectifs de gestion des résultats des signataires. Le présent article du code précise cependant les principes de base à appliquer afin de garantir le respect, par chacun des signataires, d'un processus de gestion équitable des résultats. Les règles antidopage respectives de chacun des signataires doivent être conformes à ces principes de base. Les procédures ouvertes par une organisation antidopage n'impliquent pas obligatoirement une audience. Dans certains cas, le sportif ou l'autre personne peut accepter la sanction prévue par le code ou, lorsqu'une flexibilité dans l'imposition de sanctions est permise, la sanction proposée par l'organisation antidopage. Dans tous les cas, et en conformité avec l'article 14.2.2, la sanction imposée sur la base d'un tel accord sera communiquée aux parties ayant un droit d'appel en vertu de l'article 13.2.3. En outre, la sanction sera publiée conformément aux dispositions de l'article 14.3.2.]

7.1 Responsabilité en matière de gestion des résultats

Sauf dispositions contraires des articles 7.1.1 et 7.1.2 ci-après, la gestion des résultats et les audiences relèveront de la responsabilité de l'organisation antidopage qui a initié et réalisé le prélèvement des échantillons (ou, si aucun prélèvement d'échantillon n'est impliqué, de l'organisation antidopage qui notifie le sportif ou l'autre personne de la violation alléguée des règles antidopage, puis poursuit avec diligence cette violation) et seront régies par ses règles de procédure. Quelle que soit l'organisation qui effectue la gestion des résultats ou mène les audiences, les principes énoncés au présent article et à l'article 8 seront respectés et les règles identifiées à l'article 23.2.2 et devant être incorporées sans modification substantielle seront obligatoirement suivies.

En cas de différend survenant entre plusieurs organisations antidopage pour savoir laquelle est responsable de la gestion des résultats, l'AMA tranchera. Les organisations antidopage impliquées dans le différend pourront faire appel de la décision de l'AMA devant le TAS dans les sept jours suivant sa notification. Cet appel sera tranché par le TAS de manière accélérée et sera entendu devant un arbitre unique.

Lorsqu'une organisation nationale antidopage choisit de prélever des échantillons supplémentaires conformément à l'article 5.2.6, elle sera considérée comme étant l'organisation antidopage ayant initié et réalisé le prélèvement. Toutefois, si l'organisation nationale antidopage demande uniquement, à ses frais, au laboratoire de suivre un menu d'analyses élargi, c'est la fédération internationale ou l'organisation responsable de grandes manifestations qui sera considérée comme l'organisation antidopage ayant initié et réalisé le prélèvement.

7.1.1 Lorsque les règles d'une organisation nationale antidopage ne donnent pas à celle-ci compétence sur un sportif ou une autre personne qui n'est pas un ressortissant, un résident, un titulaire de licence ou un membre d'une organisation sportive de ce pays, ou que l'organisation nationale antidopage décline l'exercice de cette compétence, la gestion des résultats sera assurée par la fédération internationale compétente ou par un tiers conformément aux règles de la fédération internationale. La gestion des résultats et l'organisation des audiences pour un contrôle réalisé par l'AMA de sa propre initiative, ou pour une violation des règles antidopage découverte par l'AMA, seront assurées par l'organisation antidopage désignée par l'AMA. La gestion des résultats et l'organisation des audiences pour un contrôle réalisé par le Comité International Olympique, le comité international paralympique ou une autre organisation responsable de grandes manifestations, ou pour une violation des règles antidopage découverte par l'une de ces organisations, seront renvoyées à la fédération internationale compétente, pour tout ce qui concerne les conséquences allant au-delà de l'exclusion de la manifestation, de l'annulation des résultats de la manifestation, du retrait de médailles, points ou prix de la manifestation, ou du remboursement des frais engendrés par la violation des règles antidopage.

7.1.2 La gestion des résultats concernant un manquement potentiel aux obligations en matière de localisation (manquement à l'obligation de transmission d'informations sur la localisation ou contrôle manqué) sera administrée par la fédération internationale ou l'organisation nationale antidopage à laquelle le sportif en question transmet ses informations de localisation, conformément aux dispositions du standard international pour les contrôles et les enquêtes. L'organisation antidopage constatant un défaut d'information ou un contrôle manqué en avertira l'AMA par le biais d'ADAMS ou d'un autre système approuvé par l'AMA, où cette information sera mise à la disposition d'autres organisations antidopage pertinentes.

[Commentaire sur l'article 7.1 : Dans certains cas, les règles de procédure de l'organisation antidopage qui a initié et réalisé le prélèvement de l'échantillon peuvent spécifier que la gestion des résultats sera effectuée par une autre organisation (par exemple la fédération nationale du sportif). Dans ce cas, il incombera à l'organisation antidopage de confirmer que les règles de l'autre organisation sont cohérentes avec le code.]

[Commentaire sur l'article 7.1.1 : La fédération internationale du sportif ou de l'autre personne a été désignée comme organisation antidopage en dernier ressort pour la gestion des résultats afin d'éviter le risque qu'aucune organisation antidopage n'ait compétence pour assurer la gestion des résultats. Une fédération internationale est libre de prévoir dans ses propres règles antidopage que l'organisation nationale antidopage du sportif ou de l'autre personne sera chargée d'assurer la gestion des résultats.]

7.2 Examen relatif à des résultats d'analyse anormaux

Dès réception d'un résultat d'analyse anormal, l'organisation antidopage responsable de la gestion des résultats devra procéder à un examen afin de déterminer : a) si une AUT a été accordée ou sera accordée conformément au standard international pour les autorisations d'usage à des fins thérapeutiques ; ou b) si un écart apparent par rapport au standard international pour les contrôles et les enquêtes ou au standard international pour les laboratoires a causé le résultat d'analyse anormal.

7.3 Notification au terme de l'examen relatif à des résultats d'analyse anormaux

Si l'examen d'un résultat d'analyse anormal effectué en vertu de l'article 7.2 ne révèle pas une AUT ou le droit à une AUT en application du standard international pour les autorisations d'usage à des fins thérapeutiques ou un écart ayant causé le résultat d'analyse anormal, l'organisation antidopage doit informer rapidement le sportif de la manière prévue par les articles 14.1.1 et 14.1.3 et par ses propres règles : a) du résultat d'analyse anormal ; b) de la règle antidopage enfreinte ; et c) du droit du sportif d'exiger sans tarder l'analyse de l'échantillon B ou, à défaut, du fait qu'il sera considéré comme ayant renoncé à ce droit ; d) de la date, de l'heure et du lieu prévus pour l'analyse de l'échantillon B si le sportif ou l'organisation antidopage décide de demander l'analyse de l'échantillon B ; e) de la possibilité pour le sportif et/ou son représentant d'assister à l'ouverture de l'échantillon B et à son analyse dans le délai précisé dans le standard international pour les laboratoires si cette analyse est demandée ; et f) du droit du sportif d'exiger des copies du dossier d'analyse des échantillons A et B, qui comprendra les documents stipulés dans le standard international pour les laboratoires. Si l'organisation antidopage décide de ne pas présenter le résultat d'analyse anormal comme une violation des règles antidopage, elle doit en notifier le sportif et les organisations antidopage de la manière indiquée à l'article 14.1.2.

Dans tous les cas où un sportif a été notifié d'une violation des règles antidopage qui n'est pas passible d'une suspension provisoire obligatoire conformément à l'article 7.9.1, le sportif se verra offrir l'occasion d'accepter une suspension provisoire dans l'attente de la résolution de l'affaire.

7.4 Examen des résultats atypiques

Comme le prévoit le standard international pour les laboratoires, dans certaines circonstances, les laboratoires ont instruction de déclarer la présence de substances interdites qui peuvent aussi être produites de façon endogène comme étant des résultats atypiques nécessitant un examen plus poussé. Sur réception d'un résultat atypique, l'organisation antidopage responsable de la gestion des résultats doit effectuer un examen pour déterminer si : a) une AUT a été accordée ou sera accordée conformément au standard international pour les autorisations d'usage à des fins thérapeutiques ; ou b) un écart apparent par rapport au standard international pour les contrôles et les enquêtes ou au standard international pour les laboratoires a causé le résultat atypique. Si cette vérification ne révèle pas l'existence d'une AUT ou un écart ayant causé le résultat atypique, l'organisation antidopage doit mener l'examen requis. Au terme de cet examen, le sportif et les autres organisations antidopage indiquées à l'article 14.1.2 doivent être notifiés du fait que le résultat atypique sera ou non présenté comme un résultat d'analyse anormal. Le sportif doit être notifié conformément à l'article 7.3.

7.4.1 L'organisation antidopage ne rapportera pas de résultat atypique tant qu'elle n'aura pas terminé son examen et décidé si elle présentera ou non le résultat atypique comme un résultat d'analyse anormal, à moins que l'une des circonstances suivantes n'existe :

a) Si l'organisation antidopage décide que l'échantillon B devrait être analysé avant la conclusion de son examen en vertu de l'article 7.4, l'organisation antidopage peut effectuer l'analyse de l'échantillon B après en avoir notifié le sportif, la notification devant comprendre une description du résultat atypique, ainsi que l'information décrite aux articles 7.3 d) à f).

b) Si l'organisation antidopage reçoit, soit de la part d'une organisation responsable de grandes manifestations peu de temps avant l'une des manifestations internationales dont elle est responsable, soit de la part d'une organisation sportive responsable de respecter une échéance imminente quant au choix des membres d'une équipe en vue d'une manifestation internationale, une demande d'information pour savoir si un sportif dont le nom apparaît dans une liste fournie par l'organisation responsable de grandes manifestations ou par l'organisme sportif a eu ou non un résultat atypique encore en suspens, l'organisation antidopage doit identifier tout sportif se trouvant dans cette situation après avoir d'abord notifié le sportif du résultat atypique.

[Commentaire sur l'article 7.4 : L' "examen requis" décrit dans le présent article dépend de la situation. Si, par exemple, il a été déterminé au préalable qu'un sportif présente un ratio testostérone/épitestostérone naturellement élevé, la confirmation qu'un résultat atypique est cohérent avec ce ratio antérieur constitue une enquête suffisante.]

[Commentaire sur l'article 7.4.1 b) : Dans les circonstances décrites à l'article 7.4.1 b), la possibilité d'agir revient à l'organisation responsable de grandes manifestations ou à l'organisation sportive conformément à ses règles.]

7.5 Examen de résultats de passeport atypiques et anormaux

L'examen des résultats de passeport atypiques et anormaux sera effectué conformément aux dispositions du standard international pour les contrôles et les enquêtes ainsi que du standard international pour les laboratoires. Dès lors que l'organisation antidopage est convaincue qu'une violation des règles antidopage a été commise, celle-ci communiquera rapidement au sportif, de la manière prévue par ses règles, la règle antidopage violée et les fondements de l'infraction. Les autres organisations antidopage seront notifiées conformément à l'article 14.1.2.

7.6 Examen de manquements aux obligations en matière de localisation

L'examen de défauts potentiels d'information sur la localisation et de contrôles manqués potentiels se fera conformément aux dispositions du standard international pour les contrôles et les enquêtes. Dès lors que la fédération internationale ou l'organisation nationale antidopage (selon le cas) est convaincue qu'une violation des règles antidopage au titre de l'article 2.4 a été commise, elle avertira rapidement le sportif, de la manière prévue par ses règles, qu'elle allègue une violation de l'article 2.4 et lui communiquera les fondements de cette allégation. Les autres organisations antidopage seront notifiées conformément à l'article 14.1.2.

7.7 Examen d'autres violations des règles antidopage non comprises dans les articles 7.1 à 7.6

L'organisation antidopage ou toute autre instance d'examen constituée par celle-ci devra procéder à un examen complémentaire relatif à une violation potentielle des règles antidopage, tel qu'exigé par les principes et règles antidopage applicables adoptés en conformité avec le code ou que l'organisation antidopage considère appropriés. Une fois que l'organisation antidopage est convaincue qu'il y a eu violation d'une règle antidopage, elle notifiera sans tarder, de la manière prévue par ses règles, le sportif ou toute autre personne de la règle antidopage violée et des fondements de l'infraction. Les autres organisations antidopage seront notifiées conformément à l'article 14.1.2.

[Commentaire sur les articles 7.1, 7.6 et 7.7 : Par exemple, une fédération internationale avertirait normalement un sportif par l'intermédiaire de sa fédération nationale.]

7.8 Identification des violations antérieures des règles antidopage

Avant de notifier le sportif ou l'autre personne d'une violation alléguée des règles antidopage conformément aux dispositions ci-dessus, l'organisation antidopage vérifiera dans le système ADAMS ou un autre système approuvé par l'AMA et contactera l'AMA et les autres organisations antidopage pertinentes afin de déterminer s'il existe des violations antérieures des règles antidopage.

7.9 Principes applicables aux suspensions provisoires

7.9.1 Suspension provisoire obligatoire après un résultat d'analyse anormal

Les signataires doivent, dans les situations suivantes, adopter des règles prévoyant que lorsqu'un résultat d'analyse anormal est reçu pour une substance interdite ou une méthode interdite, à l'exception d'une substance spécifiée, une suspension provisoire doit être imposée sans délai au terme de l'examen et de la notification décrits aux articles 7.2, 7.3 ou 7.5 : lorsque le signataire est responsable d'une manifestation (pour application à cette manifestation) ; lorsque le signataire est responsable d'un processus de sélection d'une équipe (pour application à cette sélection d'équipe) ; lorsque le signataire est la fédération internationale compétente ; ou lorsque le signataire est une autre organisation antidopage qui est compétente pour la gestion des résultats relatifs à la violation alléguée des règles antidopage. Une suspension provisoire obligatoire peut être levée si le sportif apporte à l'instance d'audition la preuve que la violation est susceptible d'avoir impliqué un produit contaminé. La décision d'une instance d'audition de ne pas lever une suspension provisoire obligatoire en raison des allégations du sportif concernant un produit contaminé n'est pas susceptible d'appel.

Cependant, une suspension provisoire ne pourra être imposée qu'à la condition qu'il soit offert au sportif : soit a) la possibilité d'une audience préliminaire avant l'entrée en vigueur d'une suspension provisoire ou rapidement après l'entrée en vigueur de cette suspension provisoire ; soit b) la possibilité d'une audience accélérée selon l'article 8 rapidement après l'entrée en vigueur d'une suspension provisoire.

7.9.2 Suspension provisoire facultative s'appuyant sur un résultat d'analyse anormal relatif à des substances spécifiées, à des produits contaminés ou à d'autres violations des règles antidopage

Un signataire peut adopter des règles applicables à toute manifestation qui relève de sa compétence ou à tout processus de sélection d'une équipe dont il est responsable, ou lorsque le signataire est la fédération internationale compétente ou a compétence quant à la gestion des résultats relatifs à la violation alléguée des règles antidopage, afin de pouvoir imposer des suspensions provisoires pour des violations de règles antidopage autres que celles couvertes à l'article 7.9.1 avant l'analyse de l'échantillon B du sportif ou la tenue de l'audience définitive prévue à l'article 8.

Une suspension provisoire ne peut cependant être imposée qu'à la condition qu'il soit donné au sportif ou à l'autre personne : soit a) la possibilité d'une audience préliminaire avant l'entrée en vigueur d'une suspension provisoire ou rapidement après l'entrée en vigueur de cette suspension provisoire ; soit b) la possibilité d'une audience accélérée selon l'article 8 rapidement après l'entrée en vigueur d'une suspension provisoire.

Si une suspension provisoire est imposée sur la base d'un résultat d'analyse anormal de l'échantillon A et qu'une analyse subséquente de l'échantillon B (si le sportif ou l'organisation antidopage le demande) ne confirme pas le résultat de l'analyse de l'échantillon A, le sportif ne pourra faire l'objet d'aucune autre suspension provisoire s'appuyant sur une violation de l'article 2.1. Dans les circonstances où le sportif (ou son équipe, si les règles de l'organisation responsable de grandes manifestations ou de la fédération internationale compétente le prévoient) est exclu d'une compétition sur la base d'une violation de l'article 2.1 et que l'analyse subséquente de l'échantillon B ne confirme pas le résultat d'analyse de l'échantillon A, le sportif ou l'équipe en question pourra continuer à participer à la compétition, à condition que cela demeure sans effet sur la compétition et qu'il soit encore possible de réintégrer le sportif ou son équipe.

[Commentaire sur l'article 7.9 : Avant qu'une suspension provisoire ne puisse être décidée unilatéralement par une organisation antidopage, l'examen interne prévu dans le code doit d'abord être effectué. De plus, le signataire qui impose une suspension provisoire doit s'assurer que le sportif a la possibilité d'obtenir une audience préliminaire avant ou rapidement après l'imposition de la suspension provisoire ou une audience finale accélérée en vertu de l'article 8 rapidement après l'entrée en vigueur de la suspension provisoire. Le sportif peut faire appel de cette décision conformément à l'article 13.2.3.

Dans les rares cas où l'analyse de l'échantillon B ne confirme pas le résultat de l'analyse de l'échantillon A, le sportif qui a fait l'objet d'une suspension provisoire sera autorisé, si les circonstances le permettent, à participer aux épreuves suivantes de la manifestation. De même, dans un sport d'équipe, en fonction des règlements de la fédération internationale, le sportif pourra prendre part aux épreuves suivantes si l'équipe est toujours en compétition.

Toute suspension provisoire purgée par un sportif ou une autre personne sera déduite de la période de suspension qui lui est imposée en fin de compte ou qu'il a acceptée conformément aux articles 10.11.3 ou 10.11.4.]

7.10 Notification des décisions de gestion des résultats

Conformément aux dispositions de l'article 14.2.1, dans tous les cas où une organisation antidopage a allégué l'existence d'une violation des règles antidopage, retiré l'allégation de l'existence d'une violation des règles antidopage, imposé une suspension provisoire ou convenu avec un sportif ou une autre personne de l'imposition d'une sanction sans audience, cette organisation antidopage notifiera les autres organisations antidopage ayant un droit d'appel selon l'article 13.2.3.

7.11 Retraite sportive

Si un sportif ou une autre personne prend sa retraite au cours du processus de gestion des résultats, l'organisation antidopage assurant ce processus conserve la compétence de le mener à son terme. Si un sportif ou une autre personne prend sa retraite avant que le processus de gestion des résultats n'ait été amorcé, l'organisation antidopage qui aurait eu compétence sur le sportif ou l'autre personne en matière de gestion des résultats au moment où le sportif ou l'autre personne a commis une violation des règles antidopage reste habilitée à gérer les résultats.

[Commentaire sur l'article 7.11 : La conduite d'un sportif ou d'une autre personne avant que ce sportif ou cette autre personne ne relève de la juridiction d'une organisation antidopage ne constitue pas une violation des règles antidopage, mais pourrait justifier le refus d'accepter l'adhésion du sportif ou de l'autre personne à une organisation sportive.]

Art. 8 *Droit à une audience équitable et notification de la décision rendue.*

8.1 Audiences équitables

Pour toute personne contre qui une violation des règles antidopage a été alléguée, chaque organisation antidopage responsable de la gestion des résultats doit prévoir, au minimum, une procédure d'audition équitable dans un délai raisonnable devant une instance d'audition équitable et impartiale. Une décision rendue dans un délai raisonnable, incluant le ou les motifs justifiant toute période de suspension, sera divulguée publiquement conformément à l'article 14.3.

[Commentaire sur l'article 8.1 : Cet article exige qu'à un moment donné du processus de gestion des résultats, le sportif ou l'autre personne bénéficie d'une audience équitable et impartiale dans un délai raisonnable. Ces principes se trouvent également à l'article 6.1 de la Convention de sauvegarde des droits de l'homme et des libertés fondamentales, et sont des principes généralement acceptés en droit international. Cet article ne se substitue pas aux règles de chaque organisation antidopage régissant les audiences, mais vise à garantir que chaque organisation antidopage prévoie une procédure conforme à ces principes.]

8.2 Audiences relatives à des manifestations

Les audiences tenues dans le cadre de manifestations peuvent suivre une procédure accélérée telle qu'autorisée par les règles de l'organisation antidopage compétente et de l'instance d'audition.

[Commentaire sur l'article 8.2 : Par exemple, une audience pourrait être accélérée à la veille d'une grande manifestation lorsqu'une décision relative à la violation des règles antidopage est nécessaire pour déterminer si le sportif est autorisé à participer à la manifestation, ou encore, durant une manifestation où la décision rendue déterminera la validité des résultats du sportif ou la continuation de sa participation à la manifestation.]

8.3 Renonciation à l'audience

Le droit à une audience peut faire l'objet d'une renonciation expresse ou tacite du seul fait que le sportif ou l'autre personne ne conteste pas l'allégation de la part d'une organisation antidopage selon laquelle une violation des règles antidopage se serait produite pendant la période concernée par les règles de l'organisation antidopage.

8.4 Notification des décisions

La décision motivée au terme de l'audience ou, dans les cas où il a été décidé de renoncer à une audience, une décision motivée expliquant les mesures prises, sera notifiée, conformément aux dispositions de l'article 14.2.1, par l'organisation antidopage responsable de la gestion des résultats, au sportif et aux autres organisations antidopage ayant un droit d'appel en vertu de l'article 13.2.3.

8.5 Audience unique devant le TAS

Avec le consentement du sportif, de l'organisation antidopage responsable de la gestion des résultats, de l'AMA et de toute autre organisation antidopage concernée qui aurait eu le droit de faire appel d'une décision de première instance devant le TAS, les violations des règles antidopage alléguées à l'encontre de sportifs de niveau international ou de sportifs de niveau national peuvent être entendues directement par le TAS, sans qu'une audience de première instance ne soit nécessaire.

[Commentaire sur l'article 8.5 : Dans certains cas, les coûts de l'audience de première instance au niveau national ou international et les coûts d'une nouvelle audience devant le TAS peuvent être conséquents. Lorsque toutes les parties identifiées dans cet article sont d'avis que leurs intérêts seront dûment protégés lors d'une audience unique, il n'est pas nécessaire que le sportif ou les organisations antidopage encourent les frais de deux audiences. Une organisation antidopage qui souhaite participer aux audiences du TAS en tant que partie ou observateur peut conditionner son consentement à l'audience unique à l'octroi de ce droit.]

Art. 9 *Annulation automatique des résultats individuels.* Une violation des règles antidopage dans les sports individuels en relation avec un contrôle en compétition conduit automatiquement à l'annulation des résultats obtenus lors de cette compétition et à toutes les conséquences en résultant, y compris le retrait des médailles, points et prix.

[Commentaire sur l'article 9 : Pour les sports d'équipe, toute récompense reçue par un joueur individuel sera annulée. En revanche, la disqualification de l'équipe sera régie par l'article 11. Dans les sports qui ne sont pas des sports d'équipe, mais où des prix sont remis aux équipes, l'annulation des résultats ou une autre mesure disciplinaire prononcée contre l'équipe, lorsqu'un ou plusieurs des membres de l'équipe ont commis une violation des règles antidopage, est prononcée conformément aux règles applicables de la fédération internationale.]

Art. 10 *Sanctions à l'encontre des individus.*

10.1 Annulation des résultats lors d'une manifestation au cours de laquelle une violation des règles antidopage est survenue

Une violation des règles antidopage commise lors d'une manifestation ou en lien avec cette manifestation peut, sur décision de l'organisation responsable de la manifestation, entraîner l'annulation de tous les résultats individuels obtenus par le sportif dans le cadre de ladite manifestation, avec toutes les conséquences en résultant, y compris le retrait des médailles, points et prix, sauf dans les cas prévus à l'article 10.1.1.

Les facteurs à prendre en considération pour annuler d'autres résultats au cours d'une manifestation peuvent inclure, par exemple, la gravité de la violation des règles antidopage commise par le sportif et la question de savoir si le sportif a subi des contrôles négatifs lors des autres compétitions.

10.1.1 Lorsque le sportif démontre qu'il n'a commis aucune faute ou négligence en relation avec la violation, ses résultats individuels dans d'autres compétitions ne seront pas annulés, à moins que les résultats obtenus dans d'autres compétitions que celle au cours de laquelle la violation des règles antidopage est intervenue n'aient été vraisemblablement influencés par cette violation.

[Commentaire sur l'article 10.1 : Alors que l'article 9 invalide le résultat obtenu à une seule compétition au cours de laquelle le sportif a obtenu des résultats positifs (par ex. l'épreuve du 100 mètres dos), cet article peut entraîner l'annulation de tous les résultats obtenus à toutes les épreuves de la manifestation (par ex. les championnats du monde de la FINA).]

10.2 Suspensions en cas de présence, d'usage ou de tentative d'usage, ou de possession d'une substance interdite ou d'une méthode interdite

La période de suspension pour une violation des articles 2.1, 2.2 ou 2.6 sera la suivante, sous réserve d'une réduction ou d'un sursis potentiel conformément aux articles 10.4, 10.5 ou 10.6 :

10.2.1 La durée de la suspension sera de quatre ans lorsque :

10.2.1.1 La violation des règles antidopage n'implique pas une substance spécifiée, à moins que le sportif ou l'autre personne ne puisse établir que cette violation n'était pas intentionnelle.

10.2.1.2 La violation des règles antidopage implique une substance spécifiée et l'organisation antidopage peut établir que cette violation était intentionnelle.

10.2.2 Si l'article 10.2.1 ne s'applique pas, la durée de la suspension sera de deux ans.

10.2.3 Au sens des articles 10.2 et 10.3, le terme intentionnel "vise à identifier les sportifs qui trichent. C'est pourquoi ce terme exige que le sportif ou l'autre personne ait adopté une conduite dont il/elle savait qu'elle constituait ou provoquait une violation des règles antidopage ou qu'il existait un risque important qu'elle puisse constituer ou aboutir à une violation des règles antidopage, et a manifestement ignoré ce risque. Une violation des règles antidopage découlant d'un résultat d'analyse anormal pour une substance qui n'est interdite qu'en compétition sera présumée ne pas être "intentionnelle" (cette présomption étant réfutable) si la substance est une substance spécifiée et que le sportif peut établir que la substance interdite a été utilisée hors compétition. Une violation des règles antidopage découlant d'un résultat d'analyse anormal pour une substance qui n'est interdite qu'en compétition ne sera pas considérée comme "intentionnelle" si la substance n'est pas une substance spécifiée et que le sportif peut établir que la substance interdite a été utilisée hors compétition dans un contexte sans rapport avec la performance sportive.

10.3 Suspension pour d'autres violations des règles antidopage

La période de suspension pour les violations des règles antidopage autres que celles prévues à l'article 10.2 sera la suivante, sauf si les articles 10.5 ou 10.6 sont applicables :

10.3.1 Pour les violations des articles 2.3 ou 2.5, la période de suspension applicable sera de quatre ans, à moins que, dans le cas où il ne s'est pas soumis au prélèvement de l'échantillon, le sportif ne soit en mesure d'établir que la commission de la violation des règles antidopage n'était pas intentionnelle (selon la définition citée à l'article 10.2.3), auquel cas la période de suspension sera de deux ans.

10.3.2 Pour les violations de l'article 2.4, la période de suspension sera de deux ans. Cette période de suspension pourra être réduite, au plus, de moitié, en fonction du degré de la faute du sportif. La flexibilité entre deux et un an de suspension au titre du présent article n'est pas applicable lorsque des changements fréquents de localisation de dernière minute ou l'identification d'autres conduites laissent sérieusement soupçonner que le sportif tentait de se rendre indisponible pour des contrôles.

10.3.3 Pour les violations des articles 2.7 ou 2.8, la période de suspension imposée sera au minimum de quatre ans et pourra aller jusqu'à la suspension à vie, en fonction de la gravité de la violation. Une violation des articles 2.7 ou 2.8 impliquant un mineur sera considérée comme étant particulièrement grave et, si elle est commise par un membre du personnel d'encadrement du sportif pour des violations non liées à des substances spécifiées, entraînera la suspension à vie du membre du personnel d'encadrement du sportif en cause. De plus, les violations graves des articles 2.7 ou 2.8 susceptibles d'enfreindre également les lois et règlements non liés au sport seront dénoncées aux autorités administratives, professionnelles ou judiciaires compétentes.

[Commentaire sur l'article 10.3.3 : Les personnes impliquées dans le dopage des sportifs ou dans sa dissimulation doivent faire l'objet de sanctions plus sévères que celles imposées aux sportifs contrôlés positifs. Étant donné que l'autorité des organisations sportives se limite généralement aux sanctions sportives telles que la suspension de l'accréditation ou du statut de membre, le signalement des cas de violation de la part du membre du personnel d'encadrement du sportif aux autorités compétentes constitue une mesure dissuasive importante.]

10.3.4 Pour les violations de l'article 2.9, la période de suspension imposée sera au minimum de deux ans et au maximum de quatre ans en fonction de la gravité de l'infraction.

10.3.5 Pour les violations de l'article 2.10, la période de suspension sera de deux ans. Cette période de suspension pourra être réduite, au plus, de moitié, en fonction du degré de la faute du sportif ou de l'autre personne et des autres circonstances du cas.

[Commentaire sur l'article 10.3.5 : Lorsque l'"autre personne" mentionnée à l'article 2.10 n'est pas une personne physique mais une personne morale, cette entité peut faire l'objet des sanctions disciplinaires prévues à l'article 12.]

10.4 Élimination de la période de suspension en l'absence de faute ou de négligence
Lorsque le sportif ou l'autre personne établit dans un cas particulier l'absence de faute ou de négligence de sa part, la période de suspension normalement applicable sera éliminée.

[Commentaire sur l'article 10.4 : Cet article et l'article 10.5.2 ne s'appliquent qu'à l'imposition de sanctions ; ils ne sont pas applicables pour déterminer si une violation des règles antidopage a été commise. Ils ne s'appliqueront que dans des circonstances exceptionnelles, par exemple si un sportif peut prouver que malgré toutes les précautions prises, il a été victime d'un sabotage de la part d'un concurrent. Inversement, l'absence de faute ou de négligence ne s'appliquerait pas dans les circonstances suivantes : (a) contrôle positif découlant d'une erreur d'étiquetage ou d'une contamination de compléments alimentaires ou de vitamines (les sportifs sont responsables des produits qu'ils ingèrent (article 2.1.1) et ont été mis en garde quant à la possibilité de contamination des compléments) ; (b) une substance interdite est administrée à un sportif par son médecin traitant ou son entraîneur sans que le sportif en ait été informé (les sportifs sont responsables du choix de leur personnel médical et il leur incombe d'informer celui-ci de l'interdiction pour eux de recevoir toute substance interdite) ; et c) le sabotage d'un aliment ou d'une boisson consommés par le sportif par son(sa) conjoint(e), son entraîneur ou toute autre personne dans le cercle des connaissances du sportif (les sportifs sont responsables de ce qu'ils ingèrent et du comportement des personnes à qui ils confient la responsabilité de leur nourriture et de leurs boissons). Cependant, en fonction de faits exceptionnels se rapportant à un cas particulier, tous ces exemples pourraient entraîner une sanction allégée en vertu de l'article 10.5 pour cause d'absence de faute ou de négligence significative.]

10.5 Réduction de la période de suspension pour cause d'absence de faute ou de négligence significative

10.5.1 Réduction des sanctions pour des substances spécifiées ou des produits contaminés en cas de violation des articles 2.1, 2.2 ou 2.6

10.5.1.1 Substances spécifiées

Lorsque la violation des règles antidopage implique une substance spécifiée et que le sportif ou l'autre personne peut établir l'absence de faute ou de négligence significative, la suspension sera au minimum une réprimande sans suspension et au maximum deux ans de suspension, en fonction du degré de la faute du sportif ou de l'autre personne.

10.5.1.2 Produits contaminés

Dans les cas où le sportif ou l'autre personne peut établir l'absence de faute ou de négligence significative et que la substance interdite détectée provenait d'un produit contaminé, la suspension sera, au minimum, une réprimande sans suspension et, au maximum, deux ans de suspension, en fonction du degré de la faute du sportif ou de l'autre personne.

10.5.2 Application de l'absence de faute ou de négligence significative au-delà de l'application de l'article 10.5.1

Si un sportif ou une autre personne établit, dans un cas où l'article 10.5.1 n'est pas applicable, l'absence de faute ou de négligence significative de sa part – sous réserve d'une réduction supplémentaire ou de l'élimination prévues à l'article 10.6 – la période de suspension qui aurait été applicable peut être réduite en fonction du degré de la faute du sportif ou de l'autre personne, mais sans être inférieure à la moitié de la période de suspension normalement applicable. Si la période de suspension normalement applicable est la suspension à vie, la période réduite au titre du présent article ne peut pas être inférieure à huit ans.

[Commentaire sur l'article 10.5.1.2 : Dans le cadre de l'évaluation du degré de la faute du sportif, le fait que le sportif ait déclaré sur son formulaire de contrôle du dopage le produit ultérieurement considéré comme contaminé pourrait être considéré comme un élément en sa faveur.]

[Commentaire sur l'article 10.5.2 : L'article 10.5.2 peut être appliqué à toute violation des règles antidopage, sauf en ce qui concerne les articles où l'intention est un élément de la violation des règles antidopage (par exemple articles 2.5, 2.7, 2.8 ou 2.9) ou un élément d'une sanction particulière (par exemple article 10.2.1) ou si un éventail de suspensions basé sur le degré de la faute du sportif ou de l'autre personne est déjà prévu dans un article.]

10.6 Élimination ou réduction de la période de suspension, sursis, ou autres conséquences, pour des motifs autres que la faute

10.6.1 Aide substantielle fournie dans la découverte ou la détermination de violations des règles antidopage

10.6.1.1 Une organisation antidopage responsable de la gestion des résultats dans le cas d'une violation des règles antidopage peut, avant une décision finale en appel rendue en vertu de l'article 13 ou avant l'expiration du délai d'appel, assortir du sursis une partie de la période de suspension dans le cas particulier où un sportif ou une autre personne a fourni une aide substantielle à une organisation antidopage, à une instance pénale ou à un organisme disciplinaire professionnel, si cela permet : (i) à l'organisation antidopage de découvrir ou de poursuivre une violation des règles antidopage commise par une autre personne ou (ii) à une instance pénale ou disciplinaire de découvrir ou de poursuivre un délit pénal ou une infraction aux règles professionnelles commise par une autre personne, dans la mesure où l'information fournie par la personne apportant une aide substantielle est mise à la disposition de l'organisation antidopage responsable de la gestion des résultats. Après le rendu d'une décision finale en vertu de l'article 13 ou après l'expiration du délai d'appel, une organisation antidopage ne peut assortir du sursis une partie de la période de suspension applicable qu'avec l'approbation de l'AMA et de la fédération internationale compétente. La mesure dans laquelle la période de suspension applicable peut être assortie du sursis dépend de la gravité de la violation des règles antidopage commise par le sportif ou l'autre personne et de l'importance de l'aide substantielle fournie par le sportif ou l'autre personne dans le cadre des efforts déployés pour éliminer le dopage dans le sport. Il n'est pas possible d'assortir du sursis plus des trois quarts de la période de suspension applicable. Si la période de suspension applicable est une suspension à vie, la période non assortie du sursis en vertu de cet article doit être d'au moins huit ans. Si le sportif ou l'autre personne cesse de coopérer et d'apporter l'aide substantielle complète et crédible sur laquelle était basé le sursis, l'organisation antidopage qui a assorti la période de suspension du sursis rétablira la période de suspension initiale. Lorsqu'une organisation antidopage décide de rétablir ou de ne pas rétablir la période de suspension après un sursis, cette décision peut faire l'objet d'un appel de la part de toute personne habilitée à faire appel en vertu de l'article 13.

10.6.1.2 Pour encourager davantage les sportifs et les autres personnes à fournir une aide substantielle aux organisations antidopage, à la demande de l'organisation antidopage effectuant la gestion des résultats ou à la demande du sportif ou de l'autre personne ayant commis ou prétendument commis une violation des règles antidopage, l'AMA peut, à tout stade du processus de gestion des résultats, y compris après une décision définitive en appel en vertu de l'article 13, donner son accord à ce que la période de suspension normalement applicable et les autres conséquences soient assorties d'un sursis qu'elle juge approprié. Dans des circonstances exceptionnelles, l'AMA peut accepter qu'en raison d'une aide substantielle, la période de suspension et les autres conséquences soient assorties d'un sursis supérieur à celui normalement prévu par le présent article, voire qu'il n'y ait aucune période de suspension et/ou aucune restitution de prix ou paiement d'amendes ou de frais. Cette approbation de l'AMA sera soumise au rétablissement de la sanction, tel que prévu par ailleurs par le présent article. Nonobstant l'article 13, les décisions de l'AMA dans le contexte du présent article ne peuvent faire l'objet d'un appel de la part d'aucune autre organisation antidopage.

10.6.1.3 Si une organisation antidopage assortit du sursis une partie de la sanction normalement applicable en raison d'une aide substantielle, les autres organisations antidopage disposant d'un droit d'appel en vertu de l'article 13.2.3 seront notifiées avec indication des motifs de la décision conformément aux dispositions de l'article 14.2. Dans des circonstances uniques, l'AMA peut, dans le meilleur intérêt de la lutte contre le dopage, autoriser une organisation antidopage à conclure des accords de confidentialité appropriés visant à limiter ou à retarder la divulgation de l'accord d'aide substantielle ou la nature de l'aide substantielle fournie.

10.6.2 Admission d'une violation des règles antidopage en l'absence d'autre preuve

Lorsqu'un sportif ou une autre personne avoue volontairement avoir commis une violation des règles antidopage avant d'avoir été notifié d'un prélèvement d'échantillon susceptible d'établir une violation des règles antidopage (ou, dans le cas d'une violation des règles antidopage autre que l'article 2.1, avant d'avoir été notifié conformément à l'article 7 de la violation admise), et dans la mesure où cette admission est la seule preuve fiable de la violation au moment où elle est faite, la période de suspension peut être réduite, mais pas en deçà de la moitié de la période de suspension applicable normalement.

10.6.3 Aveu sans délai d'une violation des règles antidopage après avoir été dûment informé d'une violation passible de sanction en vertu de l'article 10.2.1 ou de l'article 10.3.1

En avouant sans délai la violation alléguée des règles antidopage après en avoir été informé par une organisation antidopage, et après que l'AMA et l'organisation antidopage responsable de la gestion des résultats l'ont toutes deux accepté, à leur libre appréciation, un sportif ou une autre personne passible d'une sanction de quatre ans en vertu de l'article 10.2.1 ou de l'article 10.3.1 (pour s'être soustrait au prélèvement d'un échantillon, pour l'avoir refusé ou pour l'avoir falsifié) peut bénéficier d'une réduction de la période de suspension jusqu'à un minimum de deux ans, en fonction de la gravité de la violation et du degré de la faute du sportif ou de l'autre personne.

10.6.4 Application de motifs multiples pour la réduction d'une sanction

Lorsqu'un sportif ou une autre personne établit son droit à la réduction de la sanction en vertu d'au moins deux dispositions des articles 10.4, 10.5 ou 10.6, avant d'appliquer toute réduction ou sursis au titre de l'article 10.6, la période de suspension sera déterminée conformément aux articles 10.2, 10.3, 10.4 et 10.5. Si le sportif ou l'autre personne établit son droit à la réduction de la période de suspension ou au sursis au titre de l'article 10.6, cette période de suspension pourra être réduite ou assortie du sursis, mais pas en deçà du quart de la période de suspension applicable normalement.

[Commentaire sur l'article 10.6.1 : La collaboration des sportifs, du personnel d'encadrement du sportif et d'autres personnes qui reconnaissent leurs erreurs et sont disposés à faire la lumière sur d'autres violations des règles antidopage est importante pour assainir le sport. Il s'agit du seul cas prévu dans le code où l'octroi d'un sursis est autorisé.]

[Commentaire sur l'article 10.6.2 : Cet article vise les cas où un sportif ou une autre personne avoue spontanément une violation des règles antidopage dans des circonstances où aucune organisation antidopage n'était au courant de la violation. Il ne s'applique pas dans les circonstances où l'admission est faite après que le sportif ou l'autre personne a soupçonné que ses agissements sont sur le point d'être découverts. La durée de réduction de la suspension devrait s'appuyer sur la probabilité que le sportif ou l'autre personne ait été découvert s'il n'avait pas avoué spontanément.]

[Commentaire sur l'article 10.6.4 : La sanction appropriée est déterminée en quatre étapes. D'abord, l'instance d'audition détermine la sanction standard (articles 10.2, 10.3, 10.4 ou 10.5) s'appliquant à la violation des règles antidopage en question. Dans un deuxième temps, si la sanction de base prévoit un éventail de sanctions, l'instance d'audition doit déterminer parmi cet éventail la sanction applicable en fonction du degré de la faute du sportif ou de l'autre personne. Dans un troisième temps, l'instance d'audition établit s'il existe une base pour le sursis, la réduction ou l'élimination de la sanction (article 10.6). Enfin, l'instance d'audition décide du début de la période de suspension en vertu de l'article 10.11.

L'annexe 2 comporte plusieurs exemples indiquant la manière d'appliquer l'article 10.]

10.7 Violations multiples

10.7.1 Dans le cas d'une deuxième violation des règles antidopage par un sportif ou une autre personne, la période de suspension sera la plus longue des trois périodes suivantes :

a) six mois ;

b) la moitié de la période de suspension imposée pour la première violation sans prendre en compte les réductions prévues à l'article 10.6 ; ou

c) le double de la période de suspension applicable à la deuxième violation des règles antidopage si elle était traitée comme une première violation, sans prendre en compte les réductions prévues à l'article 10.6.

La période de suspension calculée ci-dessus peut ensuite être réduite en application de l'article 10.6.

10.7.2 Une troisième violation des règles antidopage entraînera toujours la suspension à vie, à moins que la troisième violation remplisse les conditions fixées pour l'élimination ou la réduction de la période de suspension en vertu de l'article 10.4 ou 10.5, ou qu'elle porte sur une violation de l'article 2.4. Dans ces cas particuliers, la période de suspension variera entre huit ans et la suspension à vie.

10.7.3 Une violation des règles antidopage pour laquelle le sportif ou l'autre personne n'a commis aucune faute ni négligence ne sera pas considérée comme une violation antérieure au sens du présent article.

10.7.4 Règles additionnelles applicables en cas de violations multiples

10.7.4.1 Aux fins de l'imposition de sanctions en vertu de l'article 10.7, une violation des règles antidopage sera considérée comme une deuxième violation seulement si l'organisation antidopage peut établir que le sportif ou l'autre personne a commis la deuxième violation des règles antidopage après avoir reçu notification, conformément à l'article 7, de la première infraction, ou après que l'organisation antidopage a raisonnablement tenté de notifier la première violation. Lorsque l'organisation antidopage ne peut établir ce fait, les violations doivent être considérées ensemble comme une unique et première violation et la sanction imposée reposera sur la violation entraînant la sanction la plus sévère.

10.7.4.2 Si, après l'imposition d'une sanction pour une première violation des règles antidopage, une organisation antidopage découvre des faits concernant une violation des règles antidopage par le sportif ou l'autre personne survenue avant la notification de la première violation, l'organisation antidopage imposera une sanction additionnelle en fonction de la sanction qui aurait pu être imposée si les deux violations avaient été sanctionnées au même moment. Les résultats obtenus dans les compétitions remontant à la première violation des règles antidopage seront annulés conformément à l'article 10.8.

10.7.5 Violations multiples des règles antidopage pendant une période de dix ans

Aux fins de l'article 10.7, chaque violation des règles antidopage doit survenir pendant la même période de dix ans pour que les infractions soient considérées comme des violations multiples.

10.8 Annulation de résultats obtenus dans des compétitions postérieures au prélèvement de l'échantillon ou à la perpétration de la violation des règles antidopage

En plus de l'annulation automatique des résultats obtenus à la compétition au cours de laquelle un échantillon positif a été recueilli en vertu de l'article 9, tous les autres résultats de compétition obtenus par le sportif à compter de la date du prélèvement de l'échantillon positif (en compétition ou hors compétition) ou de la perpétration d'une autre violation des règles antidopage seront annulés, avec toutes les conséquences qui en résultent, incluant le retrait de l'ensemble des médailles, points et prix, jusqu'au début de la suspension provisoire ou de la suspension, à moins qu'un autre traitement ne se justifie pour des raisons d'équité.

[Commentaire sur l'article 10.8 : Rien dans le code n'empêche les sportifs ou autres personnes "propres" ayant subi un préjudice suite aux actes d'une personne ayant commis une violation des règles antidopage de faire valoir tout droit qu'ils pourraient par ailleurs exercer en matière de poursuite en dommages-intérêts contre cette personne.]

10.9 Attribution des frais et dépens du TAS et des gains retirés

L'ordre de priorité pour le remboursement des frais et dépens du TAS et des gains retirés sera le suivant : en premier lieu, le paiement des frais et dépens attribués par le TAS ; en deuxième lieu, la réaffectation en faveur d'autres sportifs des gains retirés, si les règles de la fédération internationale concernée le prévoient ; et enfin, le remboursement des frais de l'organisation antidopage qui a effectué la gestion des résultats du cas.

10.10 Conséquences financières

Les organisations antidopage peuvent, dans leurs propres règles, prévoir un remboursement proportionné des frais ou des sanctions financières en relation avec une violation des règles antidopage. Cependant, les organisations antidopage ne peuvent imposer de sanctions financières que dans les cas où la période de suspension maximale normalement applicable a déjà été imposée. Les sanctions financières ne peuvent être imposées que si le principe de proportionnalité est satisfait. Aucun remboursement des frais ni sanction financière ne peut servir de base pour réduire la suspension ou toute autre sanction qui serait normalement applicable selon le code.

10.11 Début de la période de suspension

Sauf dans les cas prévus ci-dessous, la période de suspension commencera à la date de la décision de l'instance d'audition de dernier recours ou, en cas de renonciation à l'audience ou d'absence d'audience, à la date à laquelle la suspension a été acceptée ou imposée.

10.11.1 Retards non imputables au sportif ou à l'autre personne

En cas de retards considérables dans la procédure d'audition ou d'autres aspects du contrôle du dopage non attribuables au sportif ou à l'autre personne, l'instance imposant la sanction pourra faire débuter la période de suspension à une date antérieure pouvant remonter à la date du prélèvement de l'échantillon concerné ou à la date de la dernière violation des règles antidopage. Tous les résultats obtenus en compétition durant la période de suspension, y compris en cas de suspension rétroactive, seront annulés.

10.11.2 Aveu sans délai

Si le sportif ou l'autre personne avoue rapidement (ce qui signifie, dans tous les cas, avant sa participation à une autre compétition) la violation des règles antidopage après avoir été dûment informé de celle-ci par l'organisation antidopage, la période de suspension pourra commencer dès la date à laquelle l'échantillon a été recueilli ou dès la date de la dernière violation des règles antidopage.

Cependant, dans chaque cas où cet article sera appliqué, le sportif ou l'autre personne devra purger au moins la moitié de la période de suspension à compter de la date à laquelle le sportif ou l'autre personne aura accepté l'imposition d'une sanction, de la date à laquelle une décision imposant une sanction aura été rendue suite à une audience ou de la date à laquelle une sanction est autrement imposée. Cet article ne s'applique pas lorsque la période de suspension a déjà été réduite en vertu de l'article 10.6.3.

10.11.3 Déduction de la suspension provisoire ou de la période de suspension accomplie

10.11.3.1 Si une suspension provisoire est imposée et est respectée par le sportif ou l'autre personne, cette période de suspension provisoire devra être déduite de toute période de suspension qui pourra lui être imposée au final. Si une période de suspension est purgée en vertu d'une décision faisant par la suite l'objet d'un appel, le sportif ou l'autre personne se verra déduire la période de suspension ainsi purgée de toute période de suspension susceptible d'être imposée au final en appel.

10.11.3.2 Si un sportif ou une autre personne accepte volontairement par écrit une suspension provisoire prononcée par une organisation antidopage responsable de la gestion des résultats et respecte par la suite les conditions de cette suspension provisoire, le sportif ou l'autre personne bénéficiera d'un crédit correspondant à cette période de suspension provisoire volontaire, venant en réduction de toute période de suspension qui pourra être imposée au final. Une copie de l'acceptation volontaire de la suspension provisoire du sportif ou de l'autre personne sera remise rapidement à chaque partie devant être notifiée d'une violation alléguée des règles antidopage conformément à l'article 14.1.

10.11.3.3 Le sportif ne pourra bénéficier d'aucune réduction de sa période de suspension pour toute période antérieure à sa suspension provisoire ou à sa suspension provisoire volontaire pendant laquelle il a décidé de ne pas concourir ou a été suspendu par son équipe.

10.11.3.4 Dans les sports d'équipe, lorsqu'une période de suspension est imposée à une équipe, et sauf si l'équité l'exige, la période de suspension commencera à la date de la décision en audience finale imposant la suspension ou, en cas de renonciation à l'audience, à la date à laquelle la suspension est acceptée ou autrement imposée. Toute période de suspension provisoire d'une équipe (qu'elle soit imposée ou acceptée volontairement) sera déduite de la période totale de suspension à purger.

[Commentaire sur l'article 10.11.1 : Dans les cas de violation des règles antidopage autres que celles figurant à l'article 2.1, le temps nécessaire à une organisation antidopage pour découvrir et étayer des faits suffisants permettant d'établir une violation des règles antidopage peut être assez long, surtout si le sportif ou l'autre personne a pris activement des mesures pour éviter d'être détecté. Dans ces circonstances, la flexibilité prévue au présent article pour faire commencer la sanction à une date antérieure ne devrait pas être utilisée.]

[Commentaire sur l'article 10.11.3.2 : L'acceptation volontaire d'une suspension provisoire par un sportif ne constitue pas un aveu de la part de ce dernier et ne pourra en aucun cas générer des conclusions défavorables à l'encontre du sportif.]

[Commentaire sur l'article 10.11 : L'article 10.11 stipule clairement que les retards qui ne sont pas attribuables au sportif, l'aveu sans délai de la part du sportif et la suspension provisoire sont les seules justifications pour lesquelles la période de suspension peut commencer avant la date de la décision en audience finale.]

10.12 Statut durant une suspension

10.12.1 Interdiction de participation pendant la suspension

Aucun sportif ni aucune personne suspendu(e) ne pourra, durant sa période de suspension, participer à quelque titre que ce soit à une compétition ou activité autorisée ou organisée par un signataire, un membre du signataire ou un club ou une autre organisation membre d'une organisation membre d'un signataire (sauf des programmes d'éducation ou de réhabilitation antidopage autorisés), ni à des compétitions autorisées ou organisées par une ligue professionnelle ou une organisation responsable de manifestations internationales ou nationales, ni à une activité sportive d'élite ou de niveau national financée par un organisme gouvernemental.

Le sportif ou l'autre personne qui se voit imposer une suspension de plus de quatre ans pourra, après quatre ans de suspension, participer en tant que sportif à des manifestations sportives locales ne relevant pas de la juridiction d'un signataire du code ou d'un membre d'un signataire du code, pour autant que la manifestation sportive locale ne se déroule pas à un niveau où le sportif ou la personne en question est susceptible de se qualifier directement ou indirectement en vue d'un championnat national ou d'une manifestation internationale (ou d'accumuler des points en vue de sa qualification), et n'implique pas que le sportif ou l'autre personne y travaille avec des mineurs à quelque titre que ce soit.

Le sportif ou l'autre personne à qui s'applique la suspension demeure assujetti(e) à des contrôles.

10.12.2 Reprise de l'entraînement

A titre d'exception à l'article 10.12.1, un sportif peut reprendre l'entraînement avec une équipe ou utiliser les équipements d'un club ou d'une autre organisation membre d'une organisation membre d'un signataire : (1) pendant les deux derniers mois de la période de suspension du sportif ; ou (2) pendant le dernier quart de la période de suspension imposée, selon celle de ces deux périodes qui est la plus courte.

10.12.3 Violation de l'interdiction de participation pendant la suspension

Lorsqu'un sportif ou une autre personne faisant l'objet d'une suspension viole l'interdiction de participation pendant la suspension décrite à l'article 10.12.1, les résultats de cette participation seront annulés et une nouvelle période de suspension d'une longueur égale à la période de suspension initiale sera ajoutée à la fin de la période de suspension initiale. La nouvelle période de suspension peut être ajustée en fonction du degré de la faute du sportif ou de l'autre personne et des autres circonstances du cas. Il incombe à l'organisation antidopage dont la gestion des résultats a conduit à l'imposition de la période initiale de suspension de déterminer si le sportif ou l'autre personne a violé ou non l'interdiction de participation, et s'il convient ou non d'ajuster la période de suspension. Cette décision peut faire l'objet d'un appel conformément à l'article 13.

Lorsqu'un membre du personnel d'encadrement d'un sportif ou une autre personne aide une personne à violer l'interdiction de participation pendant une suspension, l'organisation antidopage compétente à l'égard de ce membre du personnel d'encadrement ou de cette autre personne imposera les sanctions prévues pour violation de l'article 2.9 en raison de cette aide.

10.12.4 Retenue de l'aide financière pendant la suspension

En outre, en cas de violation des règles antidopage sans réduction de sanction dont il est question à l'article 10.4 ou 10.5, les signataires, les organisations membres des signataires et les gouvernements refuseront d'accorder certains, voire la totalité, des avantages liés au statut de sportif, notamment l'aide financière, dont jouissait cette personne.

[Commentaire sur l'article 10.12.1 : Par exemple, sous réserve de l'article 10.12.2 ci-après, le sportif suspendu ne peut participer à un camp d'entraînement, à une démonstration ou à un entraînement qui est organisé par sa fédération nationale ou un club membre de cette fédération nationale ou qui est financé par un organisme gouvernemental. De plus, le sportif suspendu ne peut participer à une compétition dans une ligue professionnelle non signataire (par ex. les ligues nationales américaines de hockey sur glace et de basketball, etc.), à des manifestations organisées par une organisation responsable de manifestations internationales non signataire ou par une organisation responsable de manifestations nationales non signataire sans déclencher les conséquences indiquées à l'article 10.12.3. Le terme « activité » inclut également, par exemple, les activités administratives, telles que le fait de servir en qualité d'officiel, d'administrateur, de cadre, d'employé ou de bénévole dans l'organisation décrite dans le présent article. La suspension imposée dans un sport sera également reconnue dans les autres sports (voir l'article 15.1 Reconnaissance mutuelle).]

[Commentaire sur l'article 10.12.2 : Dans de nombreux sports d'équipe et certains sports individuels (par ex. saut à ski et gymnastique), un sportif ne peut pas effectivement s'entraîner seul pour être prêt à disputer des compétitions à la fin de sa période de suspension. Durant la période d'entraînement décrite dans le présent article, le sportif suspendu n'a pas le droit de disputer une compétition ni de mener une activité décrite à l'article 10.12.1 autre que l'entraînement.]

10.13 Publication automatique de la sanction

Une partie obligatoire de chaque sanction doit inclure la publication automatique, conformément aux dispositions de l'article 14.3.

[Commentaire sur l'article 10 : L'harmonisation des sanctions est l'un des sujets les plus discutés et débattus du domaine de l'antidopage. L'harmonisation signifie que les mêmes règles et critères sont appliqués à l'examen des faits propres à chaque affaire. Les arguments contre l'harmonisation des sanctions tiennent aux différences entre les sports. Par exemple, dans certains sports, les sportifs sont professionnels et tirent des revenus considérables du sport, alors que dans d'autres, ils sont de réels amateurs. Dans les sports où la carrière d'un sportif est relativement courte, une suspension standard a un impact beaucoup plus considérable que dans les sports où les carrières sont habituellement plus longues. Un argument de base en faveur de l'harmonisation est qu'il est injuste que deux sportifs du même pays, contrôlés positifs à la même substance interdite dans des circonstances similaires, se voient imposer des sanctions différentes du seul fait qu'ils participent à des sports différents. De plus, la flexibilité des sanctions est souvent perçue comme une possibilité inacceptable offerte à certaines organisations sportives de se montrer plus tolérantes envers les contrevenants. Le manque d'harmonisation des sanctions est souvent à l'origine de conflits de juridictions entre les fédérations internationales et les organisations nationales antidopage.]

Art. 11 *Conséquences pour les équipes.*

11.1 Contrôles relatifs aux sports d'équipe

Lorsque plus d'un membre d'une équipe dans un sport d'équipe a été notifié d'une violation des règles antidopage en vertu de l'article 7 dans le cadre d'une manifestation, l'organisme responsable de la manifestation doit réaliser un nombre de contrôles ciblés approprié à l'égard de l'équipe pendant la durée de la manifestation.

11.2 Conséquences pour les sports d'équipe

Si plus de deux membres d'une équipe dans un sport d'équipe ont commis une violation des règles antidopage pendant la durée de la manifestation, l'organisme responsable de la manifestation doit imposer une sanction appropriée à l'équipe en question (par exemple, perte de points, disqualification d'une compétition ou d'une manifestation, ou autre sanction) en plus des conséquences imposées aux sportifs ayant commis la violation des règles antidopage.

11.3 Possibilité pour l'organisation responsable d'une manifestation d'établir des conséquences plus sévères pour les sports d'équipe

L'organisation responsable d'une manifestation peut décider d'établir pour une manifestation des règles qui imposent des conséquences plus sévères que celles prévues à l'article 11.2 aux fins de la manifestation.

[Commentaire sur l'article 11.3 : Par exemple, le Comité International Olympique pourrait établir des règles exigeant la disqualification d'une équipe des Jeux olympiques pour un nombre moindre de violations des règles antidopage pendant la durée des Jeux.]

Art. 12 *Sanctions à l'encontre des organisations sportives.* Aucune disposition du présent code n'interdit à un signataire ou à un gouvernement ayant accepté le code d'appliquer ses propres règles dans le but d'imposer une sanction à une organisation sportive relevant de la compétence du signataire, d'un membre du signataire ou d'un gouvernement.

[Commentaire sur l'article 12 : Cet article établit clairement que le code ne restreint pas le pouvoir disciplinaire qu'une organisation peut avoir à l'égard d'une autre.]

Art. 13 *Appels.*

13.1 Décisions sujettes à appel

Toute décision rendue en application du code ou des règles adoptées en conformité avec le code peut faire l'objet d'un appel conformément aux modalités prévues aux articles 13.2 à 13.4 ou aux autres dispositions du code ou des standards internationaux. Les décisions dont il est fait appel resteront en vigueur durant la procédure d'appel à moins que l'instance d'appel n'en décide autrement. Avant qu'un appel ne soit interjeté, toutes les possibilités d'appel de la décision prévues dans les règles de l'organisation antidopage devront avoir été épuisées, à condition que ces procédures respectent les principes énoncés à l'article 13.2.2 ci-dessous (sauf l'exception prévue à l'article 13.1.3).

13.1.1 Portée illimitée de l'examen

La portée de l'examen en appel couvre toutes les questions pertinentes pour l'affaire et n'est expressément pas limitée aux questions ou à la portée de l'examen devant l'instance décisionnelle initiale.

13.1.2 Le TAS n'est pas lié par les éléments retenus dans la décision portée en appel

En rendant sa décision, le TAS n'est pas tenu de s'en remettre au pouvoir discrétionnaire exercé par l'instance dont la décision fait l'objet de l'appel.

13.1.3 L'AMA n'est pas tenue d'épuiser les recours internes

Lorsque l'AMA a le droit d'interjeter appel en vertu de l'article 13 et qu'aucune autre partie n'a fait appel d'une décision finale dans le cadre de la procédure de l'organisation antidopage, l'AMA peut porter cette décision en appel directement devant le TAS sans devoir épuiser les autres recours prévus dans le cadre de la procédure de l'organisation antidopage.

[Commentaire sur l'article 13.1.2 : Les procédures devant le TAS sont de novo. Les procédures antérieures ne limitent pas les preuves pouvant être apportées devant le TAS et ne pèsent pas d'un poids particulier dans l'audience devant le TAS.]

[Commentaire sur l'article 13.1.3 : Lorsqu'une décision a été rendue avant le dernier stade de la procédure de l'organisation antidopage (par ex. lors d'une première audience) et qu'aucune partie n'a décidé de porter la décision en appel à la prochaine étape de la procédure de l'organisation antidopage (par ex. le comité directeur), l'AMA peut renoncer aux étapes suivantes de la procédure interne de l'organisation antidopage et interjeter appel directement auprès du TAS.]

13.2 Appels des décisions relatives aux violations des règles antidopage, conséquences, suspensions provisoires, reconnaissance des décisions et juridiction

Une décision portant sur une violation des règles antidopage, une décision imposant ou non des conséquences à l'issue d'une violation des règles antidopage ou une décision établissant qu'aucune violation des règles antidopage n'a été commise ; une décision établissant qu'une procédure en matière de violation des règles antidopage ne peut être poursuivie pour des raisons procédurales (y compris pour cause de prescription, par exemple) ; une décision prise par l'AMA de ne pas accorder d'exception à l'exigence de préavis de six mois pour un sportif retraité qui souhaite revenir à la compétition au titre de l'article 5.7.1 ; une décision prise par l'AMA attribuant la gestion des résultats au titre de l'article 7.1 ; une décision d'une organisation antidopage de ne pas présenter un résultat d'analyse anormal ou un résultat atypique comme une violation des règles antidopage, ou une décision de ne pas donner suite à une violation des règles antidopage après une enquête menée en vertu de l'article 7.7 ; une décision d'imposer une suspension provisoire à l'issue d'une audience préliminaire ; le non-respect de l'article 7.9 par une organisation antidopage ; une décision stipulant qu'une organisation antidopage n'est pas compétente pour statuer sur une violation alléguée des règles antidopage ou sur ses conséquences ; une décision d'appliquer ou de ne pas appliquer le sursis à une période de suspension ou de réintroduire ou non une période de suspension assortie du sursis au titre de l'article 10.6.1 ; une décision au titre de l'article 10.12.3 ; et une décision prise par une organisation antidopage de ne pas reconnaître une décision prise par une autre organisation antidopage au titre de l'article 15, peuvent faire l'objet d'un appel exclusivement selon les modalités prévues dans le présent article 13.2.

13.2.1 Appels relatifs à des sportifs de niveau international ou à des manifestations internationales

Dans les cas découlant de la participation à une manifestation internationale ou dans les cas impliquant des sportifs de niveau international, la décision peut faire l'objet d'un appel uniquement devant le TAS.

13.2.2 Appels relatifs à d'autres sportifs ou à d'autres personnes

Dans les cas où l'article 13.2.1 n'est pas applicable, la décision peut faire l'objet d'un appel auprès d'une instance indépendante et impartiale conformément aux règles établies par l'organisation nationale antidopage. Dans le cadre de ces appels, les règles devront respecter les principes suivants :

- audience dans un délai raisonnable ;
- droit d'être entendu par une instance équitable et impartiale ;
- droit pour la personne d'être représentée par un conseil juridique à ses propres frais ; et
- droit à une décision motivée et écrite dans un délai raisonnable.

13.2.3 Personnes autorisées à faire appel

Dans les cas décrits à l'article 13.2.1, les parties suivantes auront le droit de faire appel devant le TAS : a) le sportif ou toute autre personne à qui s'applique la décision portée en appel ; b) l'autre partie à l'affaire dans laquelle la décision a été rendue ; c) la fédération internationale compétente ; d) l'organisation nationale antidopage du pays où réside la personne ou des pays dont la personne est un ressortissant ou un titulaire de licence ; e) le Comité International Olympique ou le comité International paralympique, s'il y a lieu, quand la décision peut avoir un effet en rapport avec les Jeux olympiques ou les Jeux paralympiques, notamment les décisions affectant la possibilité d'y participer ; et f) l'AMA.

Dans les cas visés par l'article 13.2.2, les parties autorisées à faire appel auprès de l'instance nationale d'appel seront celles prévues par les règles de l'organisation nationale antidopage, mais incluront au minimum les parties suivantes : a) le sportif ou toute autre personne faisant l'objet de la décision portée en appel ; b) l'autre partie impliquée dans l'affaire dans laquelle la décision a été rendue ; c) la fédération internationale compétente ; d) l'organisation nationale antidopage du pays où réside la personne ; e) le Comité International Olympique ou le Comité international paralympique, s'il y a lieu, lorsque la décision est susceptible d'avoir un effet en rapport avec les Jeux olympiques ou les Jeux paralympiques, notamment les décisions affectant la possibilité d'y participer, et f) l'AMA. Pour les cas concernés par l'article 13.2.2, l'AMA, le Comité International Olympique, le Comité international paralympique et la fédération internationale compétente pourront aussi faire appel devant le TAS d'une décision rendue par une instance d'appel nationale. La partie faisant appel aura droit à l'aide du TAS pour obtenir toute information pertinente auprès de l'organisation antidopage dont la décision est portée en appel, et l'information devra être fournie si le TAS en donne l'ordre.

La date limite pour le dépôt d'un appel de la part de l'AMA sera la date correspondant à l'échéance la plus éloignée parmi les suivantes :

a) vingt et un jours après la date finale à laquelle toute autre partie à l'affaire aurait pu faire appel ; ou

b) vingt et un jours après la réception par l'AMA du dossier complet relatif à la décision.

Nonobstant toute autre disposition prévue dans le présent code, la seule personne habilitée à faire appel d'une suspension provisoire est le sportif ou la personne à qui la suspension provisoire est imposée.

13.2.4 Autorisation des appels joints et autres appels subséquents

Les appels joints et les autres appels subséquents formés par tout défendeur cité dans des cas portés devant le TAS sur la base du code sont spécifiquement autorisés. Toute partie autorisée à faire appel au titre du présent article 13 doit déposer un appel joint ou un appel subséquent au plus tard avec la réponse de cette partie.

[Commentaire sur l'article 13.2.1 : Les décisions du TAS sont exécutoires et définitives, sauf en cas de procédure d'annulation ou de reconnaissance d'une sentence arbitrale exigée par la loi applicable.]

[Commentaire sur l'article 13.2.2 : Une organisation antidopage peut choisir de respecter cet article en prévoyant un droit d'appel directement devant le TAS.]

[Commentaire sur l'article 13.2.4 : Cette disposition est nécessaire du fait que depuis 2011, les règles du TAS ne donnent plus aux sportifs le droit de faire des appels joints lorsqu'une organisation antidopage fait appel d'une décision après l'expiration du délai d'appel du sportif. Cette disposition permet d'entendre intégralement toutes les parties.]

13.3 Manquement de la part d'une organisation antidopage à l'obligation de rendre une décision dans un délai raisonnable

Lorsque, dans un cas donné, une organisation antidopage ne rend pas une décision sur la question de savoir si une violation des règles antidopage a été commise, dans un délai raisonnable fixé par l'AMA, cette dernière peut décider d'en appeler directement au TAS, comme si l'organisation antidopage avait rendu une décision d'absence de violation des règles antidopage. Si la formation du TAS établit qu'une violation des règles antidopage a été commise et que l'AMA a agi raisonnablement en décidant d'en appeler directement au TAS, les frais et les honoraires d'avocats occasionnés à l'AMA par la procédure d'appel seront remboursés à l'AMA par l'organisation antidopage.

[Commentaire sur l'article 13.3 : Compte tenu des circonstances propres à chaque instruction d'une violation des règles antidopage et à chaque processus de gestion des résultats, il n'est pas possible d'établir un délai fixe dans lequel l'organisation antidopage doit rendre une décision avant que l'AMA puisse intervenir en faisant appel directement au TAS. Cependant, avant de prendre cette mesure, l'AMA consultera l'organisation antidopage et donnera à celle-ci l'occasion d'expliquer pourquoi elle n'a pas encore rendu sa décision. Rien dans cet article n'interdit à une fédération internationale d'établir aussi des règles l'autorisant à se saisir de cas pour lesquels la gestion des résultats accomplie par l'une de ses fédérations nationales a été exagérément retardée.]

13.4 Appels relatifs aux AUT

Les décisions en matière d'AUT ne peuvent faire l'objet d'un appel que conformément aux dispositions de l'article 4.4.

13.5 Notification des décisions d'appel

Toute organisation antidopage qui est partie à un appel remettra sans délai la décision d'appel au sportif ou à l'autre personne et aux autres organisations antidopage qui auraient pu faire appel au titre de l'article 13.2.3, conformément aux dispositions de l'article 14.2.

13.6 Appels de décisions en vertu de la Partie trois et de la Partie quatre du code

En ce qui concerne un rapport de non-conformité remis par l'AMA en vertu de l'article 23.5.4 ou les conséquences pouvant découler de la Partie trois du code (Rôles et responsabilités), l'entité concernée par le rapport de l'AMA ou à qui sont imposées ces conséquences en vertu de la Partie trois du code aura le droit de faire appel exclusivement devant le TAS, conformément aux dispositions applicables devant cette instance.

13.7 Appels de décisions suspendant ou révoquant l'accréditation d'un laboratoire

Les décisions de l'AMA suspendant ou révoquant l'accréditation d'un laboratoire peuvent faire l'objet d'un appel uniquement par le laboratoire concerné et exclusivement devant le TAS.

[Commentaire sur l'article 13 : Le but du code est de veiller au règlement des cas de dopage au moyen de processus internes équitables et transparents conférant un droit d'appel de la décision finale. Les décisions des organisations antidopage en matière de dopage sont rendues transparentes grâce à l'article 14. Les personnes et les organisations indiquées, y compris l'AMA, ont ensuite la possibilité de faire appel de ces décisions. Il convient de noter que la définition des personnes et organisations intéressées ayant un droit d'appel en vertu de l'article 13 ne comprend ni les sportifs, ni leur fédération sportive, qui pourraient être avantagés par la disqualification d'un autre concurrent.]

Art. 14 *Confidentialité et rapport.* Les principes de coordination des résultats antidopage, de transparence, de gestion responsable et de protection des renseignements personnels des sportifs et autres personnes sont les suivants :

14.1 Informations concernant des résultats d'analyse anormaux, des résultats atypiques et d'autres violations alléguées des règles antidopage

14.1.1 Notification des violations des règles antidopage aux sportifs et aux autres personnes

La forme et les modalités de notification d'une violation alléguée des règles antidopage seront celles prévues dans les règles de l'organisation antidopage responsable de la gestion des résultats.

14.1.2 Notification des violations des règles antidopage aux organisations nationales antidopage, aux fédérations internationales et à l'AMA

En même temps que la notification donnée au sportif ou à l'autre personne, l'organisation antidopage responsable de la gestion des résultats notifiera également l'organisation nationale antidopage et la fédération internationale du sportif, ainsi que l'AMA, de la violation alléguée des règles antidopage.

14.1.3 Contenu de la notification d'une violation des règles antidopage

Cette notification comprendra : le nom du sportif, son pays, son sport et sa discipline, le niveau de compétition du sportif, la nature en compétition ou hors compétition du contrôle, la date du prélèvement, le résultat d'analyse rapporté par le laboratoire et les autres informations requises par le standard international pour les contrôles et les enquêtes ou, pour les violations des règles antidopage autres que celles de l'article 2.1, la règle violée et le fondement de la violation alléguée.

14.1.4 Rapports de suivi

A l'exception des enquêtes n'ayant pas abouti à la notification d'une violation des règles antidopage conformément à l'article 14.1.1, les organisations antidopage mentionnées à l'article 14.1.2 seront régulièrement informées de l'état de la procédure, de ses développements et des résultats des procédures menées en vertu des articles 7, 8 ou 13 et recevront sans délai une explication ou une décision écrite motivée expliquant la résolution de la question.

14.1.5 Confidentialité

Les organisations à qui sont destinées ces informations ne devront pas les révéler à des personnes autres que celles ayant besoin de les connaître (ce qui comprend le personnel concerné du comité national olympique, de la fédération nationale et, pour les sports d'équipe, de l'équipe), jusqu'à ce que l'organisation antidopage responsable de la gestion des résultats les ait rendues publiques ou, en cas de manquement à l'obligation de divulgation publique, jusqu'à ce que les délais stipulés à l'article 14.3 aient été respectés.

[Commentaire sur l'article 14.1.5 : Chaque organisation antidopage doit prévoir, dans ses propres règles antidopage, des procédures relatives à la protection des informations confidentielles, aux moyens d'investigation et aux sanctions relatives à la communication inappropriée d'informations confidentielles par un employé ou un mandataire de l'organisation antidopage.]

14.2 Notification de décisions relatives à des violations des règles antidopage et demande de dossier

14.2.1 L'intégralité des motifs de la décision, y compris (s'il y a lieu) l'indication des raisons pour lesquelles la sanction maximale potentielle n'a pas été infligée, devra être indiquée dans les décisions relatives aux violations des règles antidopage rendues en vertu des articles 7.10, 8.4, 10.4, 10.5, 10.6, 10.12.3 ou 13.5. Lorsque la décision n'est pas rédigée en anglais ou en français, l'organisation antidopage fournira un résumé succinct de la décision et des raisons qui l'étayent en anglais ou en français.

14.2.2 Une organisation antidopage autorisée à faire appel d'une décision reçue en vertu de l'article 14.2.1 peut, dans les 15 jours suivant la réception de la décision, demander une copie de l'intégralité du dossier relatif à cette décision.

14.3 Divulgation publique

14.3.1 L'identité de tout sportif ou de toute autre personne contre qui une organisation antidopage allègue une violation des règles antidopage ne pourra être divulguée publiquement par l'organisation antidopage responsable de la gestion des résultats qu'après notification du sportif ou de l'autre personne en cause conformément aux articles 7.3, 7.4, 7.5, 7.6 ou 7.7 et aux organisations antidopage concernées conformément à l'article 14.1.2.

14.3.2 Au plus tard vingt jours après qu'une décision d'appel finale aura été rendue au sens des articles 13.2.1 ou 13.2.2, ou s'il a été décidé de renoncer à un tel appel ou à une audience tenue conformément à l'article 8, ou si l'allégation de violation des règles antidopage n'a pas été contestée d'une autre manière dans les délais requis, l'organisation antidopage responsable de la gestion des résultats devra rapporter publiquement l'issue de la procédure antidopage, y compris le sport, la règle antidopage violée, le nom du sportif ou de l'autre personne ayant commis la violation, la substance interdite ou la méthode interdite en cause et les conséquences imposées. La même organisation antidopage devra également rendre publics dans les vingt jours les résultats des décisions finales rendues en appel dans les cas de violation des règles antidopage, y compris les informations telles que décrites plus haut.

14.3.3 Dans toute affaire où il sera établi, après une audience ou un appel, que le sportif ou l'autre personne n'a pas commis de violation des règles antidopage, la décision ne pourra être divulguée publiquement qu'avec le consentement du sportif ou de l'autre personne faisant l'objet de la décision. L'organisation antidopage responsable de la gestion des résultats devra faire des efforts raisonnables afin d'obtenir ce consentement et, si elle l'obtient, devra publier la décision intégralement ou suivant la formulation que le sportif ou l'autre personne aura approuvée.

14.3.4 La publication devra être réalisée au moins par l'affichage des informations requises sur le site web de l'organisation antidopage pendant un mois ou pendant la durée de la période de suspension, selon celle de ces deux périodes qui est la plus longue.

14.3.5 Aucune organisation antidopage, aucun laboratoire accrédité par l'AMA, ni aucun représentant de ceux-ci, ne pourra commenter publiquement les faits relatifs à une affaire en cours (ce qui ne comprend pas la description générale de la procédure et des aspects scientifiques) à moins que ce ne soit pour réagir à des commentaires publics attribués au sportif, à l'autre personne ou à leurs représentants.

14.3.6 La divulgation publique obligatoire requise à l'article 14.3.2 ne sera pas exigée lorsque le sportif ou l'autre personne qui a été reconnue coupable de violation des règles antidopage est un mineur. Si une organisation antidopage décide de divulguer publiquement un cas impliquant un mineur, cette divulgation sera proportionnée aux faits et aux circonstances du cas.

14.4 Rapport statistique

Les organisations antidopage publieront, au moins une fois par an, un rapport statistique général sur leurs activités de contrôle du dopage et en fourniront une copie à l'AMA. Les organisations antidopage pourront également publier des rapports mentionnant le nom de chaque sportif soumis à un contrôle et la date de chaque contrôle. Au moins tous les ans, l'AMA publiera des rapports statistiques résumant les informations reçues des organisations antidopage et des laboratoires.

14.5 Centre d'information en matière de contrôle du dopage

L'AMA servira de centre d'information pour l'ensemble des données et résultats des contrôles du dopage, y compris les données du passeport biologique de l'athlète pour les sportifs de niveaux international et national, et les informations relatives à la localisation des sportifs incluant ceux dans un groupe cible de sportifs soumis aux contrôles. Afin de faciliter la coordination de la planification des contrôles et d'éviter des doublons entre les diverses organisations antidopage, chaque organisation antidopage devra communiquer au centre d'information de l'AMA, au moyen d'ADAMS ou d'un autre système approuvé par l'AMA, tous les contrôles du dopage qu'elle effectue en compétition et hors compétition aussitôt ceux-ci réalisés. Conformément aux règles applicables, ces informations seront mises à la disposition du sportif, de l'organisation nationale antidopage et de la fédération internationale du sportif et des autres organisations antidopage ayant autorité de contrôle sur le sportif.

Pour être à même de servir de centre d'information pour les données relatives aux contrôles du dopage et les décisions de gestion des résultats, l'AMA a mis au point un outil de gestion de base de données, ADAMS, qui reflète les principes en matière de protection des renseignements personnels. Plus particulièrement, l'AMA a mis au point le système ADAMS afin d'être en conformité avec les lois et normes relatives à la protection des renseignements personnels applicables à l'AMA et aux autres organisations utilisant le système AdAmS. Les renseignements personnels du sportif, du personnel d'encadrement du sportif ou d'autres parties intervenant dans les activités contre le dopage seront conservés par l'AMA, qui relève de la surveillance des autorités canadiennes en matière de protection des renseignements personnels, dans la plus stricte confidentialité et en conformité avec le standard international pour la protection des renseignements personnels.

14.6 Confidentialité des données

Les organisations antidopage peuvent recueillir, conserver, traiter ou communiquer des renseignements personnels des sportifs et des autres personnes dans la mesure nécessaire et appropriée pour mener à bien leurs activités antidopage au titre du code et des standards internationaux (y compris le standard international pour la protection des renseignements personnels) et en conformité avec le droit applicable.

[Commentaire sur l'article 14.6 : L'article 22.2 stipule que "chaque gouvernement mettra en place une législation, une réglementation, des politiques ou des pratiques administratives applicables à la coopération et au partage d'informations avec des organisations antidopage ainsi qu'au partage de données entre organisations antidopage conformément aux dispositions du code."]

Art. 15 *Application et reconnaissance des décisions.*

15.1 Sous réserve du droit d'appel prévu à l'article 13, les contrôles, les décisions rendues au terme d'audiences ou toute autre décision finale rendue par un signataire qui sont conformes au code et qui relèvent de la compétence de ce signataire seront applicables dans le monde entier et seront reconnus et respectés par tous les autres signataires.

15.2 Les signataires reconnaîtront les mesures prises par d'autres organisations qui n'ont pas accepté le code, dans la mesure où les règles de ces organisations sont cohérentes avec le code.

[Commentaire sur l'article 15.1 : L'étendue de la reconnaissance des décisions relatives aux AUT prises par d'autres organisations antidopage sera déterminée par l'article 4.4 et le standard international pour les autorisations d'usage à des fins thérapeutiques.]

[Commentaire sur l'article 15.2 : Lorsque la décision d'une organisation qui n'a pas accepté le code est conforme au code à certains égards et ne l'est pas à d'autres égards, les signataires devraient s'efforcer de prendre une décision qui soit en harmonie avec les principes du code. Par exemple, si, lors d'une procédure cohérente avec le code, un non-signataire a jugé qu'un sportif avait commis une violation des règles antidopage en raison de la présence d'une substance interdite dans son organisme, mais que la période de suspension appliquée est plus courte que celle prévue dans le code, tous les signataires devraient reconnaître la violation des règles antidopage, et l'organisation nationale antidopage du sportif devrait tenir une audience

conforme à l'article 8 pour déterminer si la période de suspension plus longue prévue dans le code devrait être imposée.]

Art. 16 *Contrôle du dopage des animaux qui prennent part à des compétitions sportives.*

16.1 Dans tout sport où des animaux prennent part à la compétition, la fédération internationale du sport en question devra établir et mettre en œuvre des règles antidopage visant les animaux y participant. Les règles antidopage devront comprendre une liste des substances interdites, des procédures de contrôle adaptées et une liste des laboratoires autorisés à réaliser l'analyse des échantillons.

16.2 En ce qui concerne la détermination des violations des règles antidopage, la gestion des résultats, la tenue d'audiences équitables, les conséquences, ainsi que les appels se rapportant aux animaux participant au sport, il incombera à la fédération internationale du sport en question d'établir et de mettre en œuvre des règles conformes dans l'ensemble aux articles 1, 2, 3, 9, 10, 11, 13 et 17 du code.

Art. 17 *Prescription.* Aucune procédure pour violation des règles antidopage ne peut être engagée contre un sportif ou une autre personne sans que la violation des règles antidopage n'ait été notifiée conformément à l'article 7 ou qu'une tentative de notification n'ait été dûment entreprise, dans les dix ans à compter de la date de la violation alléguée.

DEUXIÈME PARTIE **Éducation et recherche**

Art. 18 *Éducation.*

18.1 Concept fondamental et objectif premier

Les programmes d'information et d'éducation pour un sport sans dopage visent avant tout à préserver l'esprit sportif, tel que décrit dans l'introduction du code, en évitant qu'il ne soit perverti par le dopage. L'objectif premier de ces programmes est de prévenir l'usage intentionnel ou involontaire de substances interdites et de méthodes interdites par des sportifs.

Les programmes d'information devraient se concentrer sur la diffusion d'informations essentielles aux sportifs conformément à l'article 18.2. Les programmes d'éducation devraient se concentrer sur la prévention. Les programmes de prévention devraient être fondés sur les valeurs et s'adresser aux sportifs et au personnel d'encadrement du sportif en ciblant particulièrement les jeunes dans le cadre de cursus scolaires.

Tous les signataires doivent, selon les moyens dont ils disposent et l'étendue de leur responsabilité, et en collaboration les uns avec les autres, planifier, mettre en œuvre, évaluer et superviser des programmes d'information, d'éducation et de prévention pour un sport sans dopage.

18.2 Programmes et activités

Ces programmes doivent offrir aux sportifs et aux autres personnes des informations précises et actualisées au minimum sur les questions suivantes :

- substances et méthodes inscrites sur la liste des interdictions ;
- violations des règles antidopage ;
- conséquences du dopage, y compris sanctions, conséquences pour la santé et conséquences sociales ;
- procédures de contrôle du dopage ;
- droits et responsabilités des sportifs et de leur personnel d'encadrement ;
- AUT ;
- gestion des risques liés aux compléments alimentaires ;
- menace du dopage pour l'esprit sportif ;
- exigences applicables en matière de localisation.

Les programmes doivent faire la promotion de l'esprit sportif afin de créer un environnement qui favorise fortement le sport sans dopage et qui influe positivement et à long terme sur les choix faits par les sportifs et les autres personnes.

Les programmes de prévention doivent s'adresser en premier lieu aux jeunes dans les écoles et les clubs sportifs, en étant adaptés à leur stade de développement, ainsi qu'aux parents, aux sportifs adultes, aux officiels, aux entraîneurs, au personnel médical et aux médias.

Le personnel d'encadrement du sportif doit veiller à informer et conseiller les sportifs sur les politiques menées et les règles antidopage adoptées conformément au code.

Tous les signataires doivent promouvoir et soutenir la participation active des sportifs et du personnel d'encadrement du sportif aux programmes d'éducation relatifs au sport sans dopage.

[Commentaire sur l'article 18.2 : Les programmes d'information et d'éducation antidopage ne devraient pas se limiter aux sportifs de niveau international ou national, mais devraient viser toutes les personnes,

notamment les jeunes qui participent à un sport sous l'égide d'un signataire, d'un gouvernement ou d'une autre organisation sportive ayant accepté le code. (Voir la définition du sportif.) Ces programmes devraient aussi viser le personnel d'encadrement du sportif.

Ces principes sont conformes à la Convention de l'UNESCO en ce qui concerne l'éducation et la formation.]

18.3 codes de conduite professionnels

Tous les signataires devront collaborer entre eux et avec les gouvernements pour encourager les associations professionnelles et institutions compétentes à élaborer et mettre en œuvre des codes de conduite, des pratiques saines et éthiques en relation avec le sport en matière de lutte contre le dopage, ainsi que des sanctions conformes au code.

18.4 Coordination et collaboration

L'AMA agira comme centre d'information pour les ressources et/ou les programmes d'information et d'éducation élaborés par l'AMA ou des organisations antidopage.

L'ensemble des signataires, des sportifs et des autres personnes devront collaborer entre eux et avec les gouvernements dans le but de coordonner leurs efforts en matière d'information et d'éducation contre le dopage afin de partager leur expérience et d'assurer l'efficacité de ces programmes dans la prévention du dopage dans le sport.

Art. 19 *Recherche.*

19.1 Raison d'être et objectifs de la recherche en matière d'antidopage

La recherche en matière d'antidopage contribue au développement et à la mise en œuvre de programmes efficaces de contrôle du dopage, mais aussi à l'information et à l'éducation concernant le sport sans dopage.

L'ensemble des signataires, en collaborant entre eux et avec les gouvernements, doivent encourager et promouvoir cette recherche et prendre toutes les mesures raisonnables pour faire en sorte que les résultats de cette recherche servent à la promotion d'objectifs conformes aux principes du code.

19.2 Types de recherche

La recherche pertinente en matière d'antidopage peut comprendre, par exemple, des études sociologiques, comportementales, juridiques et éthiques, en plus d'études médicales, physiologiques ou techniques. Il est important de mener des études portant sur la conception et l'évaluation de programmes scientifiques d'entraînement physiologique et psychologique conformes aux principes du code et respectant l'intégrité des sujets humains, de même que des études portant sur l'utilisation de nouvelles substances ou méthodes issues des développements scientifiques.

19.3 Coordination de la recherche et partage des résultats

La coordination de la recherche en matière d'antidopage par l'intermédiaire de l'AMA est essentielle. Sous réserve des droits de propriété intellectuelle, des copies des résultats de la recherche en matière d'antidopage doivent être transmises à l'AMA et partagées, au besoin, avec les signataires, les sportifs et les autres partenaires pertinents.

19.4 Pratiques en matière de recherche

La recherche en matière d'antidopage devra être conduite conformément aux pratiques éthiques internationalement reconnues.

19.5 Recherche utilisant des substances interdites et des méthodes interdites

La recherche en matière d'antidopage devrait éviter l'administration d'une substance interdite ou d'une méthode interdite à un sportif.

19.6 Détournement des résultats

Des précautions adéquates devraient être prises de sorte que les résultats de la recherche en matière d'antidopage ne puissent pas être détournés à des fins de dopage ou utilisés à mauvais escient.

TROISIÈME PARTIE **Rôles et responsabilités**

L'ensemble des signataires doivent agir dans un esprit de partenariat et de collaboration afin d'assurer le succès de la lutte contre le dopage dans le sport, ainsi que le respect du code.

[Commentaire : Les responsabilités des signataires et des sportifs ou autres personnes sont expliquées dans divers articles du code, et les responsabilités énumérées ci-dessous viennent s'y ajouter.]

Art. 20 *Rôles et responsabilités additionnels des signataires.*

20.1 Rôles et responsabilités du Comité International Olympique

20.1.1 Adopter et mettre en œuvre pour les Jeux olympiques des politiques et des règles antidopage conformes au code.

20.1.2 Exiger, en tant que condition de reconnaissance par le Comité International Olympique, que les fédérations internationales appartenant au Mouvement olympique se conforment au code.

20.1.3 Interrompre tout ou partie du financement olympique accordé aux organisations sportives qui ne se conforment pas au code.

20.1.4 Prendre des mesures appropriées pour dissuader la non-conformité au code comme prévu à l'article 23.5.

20.1.5 Autoriser et faciliter le programme des observateurs indépendants.

20.1.6 Exiger de tous les sportifs et de chaque membre du personnel d'encadrement du sportif qui participe aux Jeux olympiques en tant qu'entraîneur, soigneur, directeur sportif, membre du personnel d'équipe, officiel ou membre du personnel médical ou paramédical, qu'ils acceptent d'être liés par des règles antidopage conformes au code en tant que condition de participation.

20.1.7 Poursuivre vigoureusement toutes les violations potentielles des règles antidopage relevant de sa compétence, y compris enquêter sur la participation possible du personnel d'encadrement du sportif ou d'autres personnes dans chaque cas de dopage.

20.1.8 N'accepter des candidatures relatives à l'organisation des Jeux olympiques qu'en provenance de pays dont le gouvernement a ratifié, accepté ou approuvé la Convention de l'UNESCO ou y a adhéré, et dont le comité national olympique, le comité national paralympique et l'organisation nationale antidopage sont en conformité avec le code.

20.1.9 Promouvoir l'éducation en matière d'antidopage.

20.1.10 Collaborer avec les organisations et agences nationales et les autres organisations antidopage compétentes.

20.2 Rôles et responsabilités du Comité international paralympique

20.2.1 Adopter et mettre en œuvre des politiques et des règles antidopage pour les Jeux paralympiques conformes au code.

20.2.2 Exiger, en tant que condition de reconnaissance par le Comité international paralympique, que les comités nationaux paralympiques appartenant au Mouvement paralympique se conforment au code.

20.2.3 Interrompre tout ou partie du financement paralympique accordé aux organisations sportives qui ne se conforment pas au code.

20.2.4 Prendre les mesures appropriées pour dissuader la non-conformité au code comme prévu à l'article 23.5.

20.2.5 Autoriser et faciliter le programme des observateurs indépendants.

20.2.6 Exiger de tous les sportifs et de chaque membre du personnel d'encadrement du sportif qui participe aux Jeux paralympiques en tant qu'entraîneur, soigneur, directeur sportif, membre du personnel d'équipe, officiel ou membre du personnel médical ou paramédical, qu'ils acceptent d'être liés par des règles antidopage conformes au code en tant que condition de participation.

20.2.7 Poursuivre vigoureusement toutes les violations potentielles des règles antidopage relevant de sa compétence, y compris enquêter sur l'implication potentielle du personnel d'encadrement du sportif ou d'autres personnes dans chaque cas de dopage.

20.2.8 Promouvoir l'éducation en matière d'antidopage.

20.2.9 Collaborer avec les organisations et agences nationales et les autres organisations antidopage compétentes.

20.3 Rôles et responsabilités des fédérations internationales

20.3.1 Adopter et mettre en œuvre des politiques et des règles antidopage conformes au code.

20.3.2 Exiger, en tant que condition d'affiliation de leurs fédérations nationales et des autres membres, que leurs politiques, règles et programmes soient conformes au code.

20.3.3 Exiger de tous les sportifs et de chaque membre du personnel d'encadrement du sportif qui participe à une compétition ou à une activité autorisée ou organisée par la fédération internationale ou l'une de ses organisations affiliées en tant qu'entraîneur, soigneur, directeur sportif, membre du personnel d'équipe, officiel ou membre du personnel médical ou paramédical, qu'ils acceptent d'être liés par des règles antidopage conformes au code en tant que condition de participation.

20.3.4 Exiger des sportifs qui ne sont pas membres habituels de la fédération internationale ou de l'une de ses fédérations nationales affiliées qu'ils soient disponibles pour des prélèvements, et qu'ils fournissent des renseignements précis et actualisés sur leur localisation dans le cadre du groupe cible de sportifs soumis aux contrôles de la fédération internationale d'une manière conforme aux critères de sélection établis par la fédération internationale ou, s'il y a lieu, par l'organisation responsable de grandes manifestations.

20.3.5 Exiger de chacune de ses fédérations nationales qu'elle établisse des règles exigeant que tous les sportifs et chaque membre du personnel d'encadrement du sportif qui participe à une compétition ou à une activité autorisée ou organisée par une fédération nationale ou une de ses organisations affiliées en tant qu'entraîneur, soigneur, directeur sportif, membre du personnel d'équipe, officiel ou membre du personnel médical ou paramédical, acceptent d'être liés par des règles antidopage et par l'organisation antidopage responsable de la gestion des résultats, en conformité avec le code, en tant que condition de participation.

20.3.6 Exiger des fédérations nationales qu'elles communiquent à leur organisation nationale antidopage et à la fédération internationale toute information suggérant une violation des règles antidopage ou relative à une telle violation et qu'elles coopèrent avec les enquêtes menées par une organisation antidopage ayant autorité pour mener l'enquête.

20.3.7 Prendre les mesures appropriées pour dissuader la non-conformité au code comme prévu à l'article 23.5.

20.3.8 Autoriser et faciliter le programme des observateurs indépendants lors de manifestations internationales.

20.3.9 Interrompre tout ou partie du financement des fédérations nationales affiliées qui ne respectent pas le code.

20.3.10 Poursuivre vigoureusement toutes les violations potentielles des règles antidopage relevant de leur compétence, y compris enquêter sur l'implication potentielle du personnel d'encadrement du sportif ou d'autres personnes dans chaque cas de dopage, s'assurer de l'application correcte des conséquences et mener une enquête automatique sur le personnel d'encadrement du sportif en cas de violation des règles antidopage impliquant un mineur ou tout membre du personnel d'encadrement du sportif ayant fourni un soutien à plus d'un sportif reconnu coupable d'une violation des règles antidopage.

20.3.11 Faire tout ce qui est en leur pouvoir pour n'accorder l'organisation de championnats du monde qu'à des pays dont le gouvernement a ratifié, accepté ou approuvé la Convention de l'UNESCO ou y a adhéré, et dont le comité national olympique, le comité national paralympique et l'organisation nationale antidopage sont en conformité avec le code.

20.3.12 Promouvoir l'éducation en matière d'antidopage, y compris exiger des fédérations nationales qu'elles mènent des activités d'éducation antidopage en coordination avec l'organisation nationale antidopage compétente.

20.3.13 Collaborer avec les organisations et agences nationales et les autres organisations antidopage compétentes.

20.3.14 Coopérer pleinement avec l'AMA en relation avec les enquêtes menées par l'AMA conformément à l'article 20.7.10.

20.3.15 Mettre en place des règles disciplinaires et exiger des fédérations nationales qu'elles mettent en place des règles disciplinaires pour empêcher que les membres du personnel d'encadrement du sportif qui utilisent des substances interdites ou des méthodes interdites sans justification valable ne puissent encadrer des sportifs relevant de la fédération internationale ou de la fédération nationale.

[Commentaire sur l'article 20.3.4 : Cela comprendrait, par exemple, les sportifs issus de ligues professionnelles.]

20.4 Rôles et responsabilités des comités nationaux olympiques et des comités nationaux paralympiques

20.4.1 S'assurer que leurs politiques et leurs règles antidopage soient conformes au code.

20.4.2 Exiger, comme condition d'affiliation ou de reconnaissance, que les politiques et les règles antidopage des fédérations nationales soient conformes au code.

20.4.3 Respecter l'autonomie de l'organisation nationale antidopage de leur pays et ne pas interférer dans ses décisions et activités opérationnelles.

20.4.4 Exiger des fédérations nationales qu'elles signalent à leur organisation nationale antidopage et à la fédération internationale toute information suggérant une violation des règles antidopage ou relative à une telle violation, et qu'elles coopèrent avec les enquêtes menées par toute organisation antidopage ayant autorité pour mener l'enquête.

20.4.5 Exiger, comme condition de participation aux Jeux olympiques et aux Jeux paralympiques, au minimum que les sportifs qui ne sont pas membres habituels d'une fédération nationale soient disponibles pour des prélèvements et fournissent des renseignements sur leur localisation en conformité avec le standard international pour les contrôles et les enquêtes dès que le sportif est identifié sur la liste longue ou le document d'admission ultérieur soumis en relation avec les Jeux olympiques ou les Jeux paralympiques.

20.4.6 Collaborer avec leur organisation nationale antidopage et travailler avec leur gouvernement pour établir une organisation nationale antidopage là où il n'en existe pas encore, étant entendu que dans l'intérim, le comité national olympique ou l'instance qu'il a désignée peut choisir d'assumer la responsabilité d'organisation nationale antidopage.

20.4.6.1 Pour les pays qui sont membres d'une organisation régionale antidopage, le comité national olympique, en collaboration avec le gouvernement, jouera un rôle actif et de soutien envers l'organisation régionale antidopage.

20.4.7 Exiger de chacune de leurs fédérations nationales qu'elle établisse des règles exigeant que chaque membre du personnel d'encadrement du sportif participant à une compétition ou à une activité autorisée ou organisée par une fédération nationale ou l'une de ses organisations affiliées en tant qu'entraîneur, soigneur, directeur sportif, membre du personnel d'équipe, officiel ou membre du personnel médical ou paramédical, accepte d'être lié par des règles antidopage et par l'organisation antidopage responsable de la gestion des résultats, en conformité avec le code, en tant que condition de participation.

20.4.8 Interrompre tout ou partie du financement, pour la durée de sa suspension, de tout sportif ou de tout membre du personnel d'encadrement du sportif qui a violé des règles antidopage.

20.4.9 Interrompre tout ou partie du financement des fédérations nationales affiliées ou reconnues qui ne respectent pas le code.

20.4.10 Poursuivre vigoureusement toutes les violations potentielles des règles antidopage relevant de leur compétence, y compris enquêter sur l'implication potentielle du personnel d'encadrement du sportif ou d'autres personnes dans chaque cas de dopage.

20.4.11 Promouvoir l'éducation en matière d'antidopage, y compris en exigeant que les fédérations nationales dispensent de l'éducation antidopage en coordination avec l'organisation nationale antidopage compétente.

20.4.12 Collaborer avec les organisations et agences nationales et les autres organisations antidopage compétentes.

20.4.13 Mettre en place des règles disciplinaires pour empêcher que les membres du personnel d'encadrement du sportif qui utilisent des substances interdites ou des méthodes interdites sans justification valable ne puissent encadrer des sportifs relevant de l'autorité du comité national olympique ou du comité national paralympique.

20.5 Rôles et responsabilités des organisations nationales antidopage

20.5.1 Être indépendantes dans leurs décisions et activités opérationnelles.

20.5.2 Adopter et mettre en œuvre des règles et des politiques antidopage conformes au code.

20.5.3 Collaborer avec d'autres organisations et agences nationales compétentes et d'autres organisations antidopage.

20.5.4 Encourager la réalisation de contrôles réciproques entre les organisations nationales antidopage.

20.5.5 Promouvoir la recherche en matière d'antidopage.

20.5.6 Lorsqu'un financement est accordé, interrompre tout ou partie du financement, pour la durée de sa suspension, de tout sportif ou de tout membre du personnel d'encadrement du sportif qui a violé des règles antidopage.

20.5.7 Poursuivre vigoureusement toutes les violations potentielles des règles antidopage relevant de leur compétence, y compris enquêter sur l'implication potentielle du personnel d'encadrement du sportif ou d'autres personnes dans chaque cas de dopage et s'assurer de l'application correcte des conséquences.

20.5.8 Promouvoir l'éducation en matière d'antidopage.

20.5.9 Mener une enquête automatique sur le personnel d'encadrement du sportif relevant de leur compétence en cas de violation des règles antidopage par un mineur et mener une enquête automatique sur tout membre du personnel d'encadrement du sportif qui a apporté son soutien à plus d'un sportif reconnu coupable de violation des règles antidopage.

20.5.10 Coopérer pleinement avec l'AMA en liaison avec les enquêtes menées par l'AMA en vertu de l'article 20.7.10.

[Commentaire sur l'article 20.5 : Pour certains petits pays, un certain nombre de responsabilités décrites dans le présent article pourront être déléguées par l'organisation nationale antidopage à une organisation régionale antidopage.]

20.6 Rôles et responsabilités des organisations responsables de grandes manifestations

20.6.1 Adopter et mettre en œuvre des politiques et des règles antidopage conformes au code pour les manifestations dont elles sont responsables.

20.6.2 Prendre les mesures appropriées pour dissuader la non-conformité au code comme prévu à l'article 23.5.

20.6.3 Autoriser et faciliter le programme des observateurs indépendants.

20.6.4 Exiger de tous les sportifs et de chaque membre du personnel d'encadrement du sportif qui participe à la manifestation en tant qu'entraîneur, soigneur, directeur sportif, membre du personnel d'équipe, officiel ou membre du personnel médical ou paramédical, qu'ils acceptent d'être liés par des règles antidopage conformes au code en tant que condition de participation.

20.6.5 Poursuivre vigoureusement toutes les violations potentielles des règles antidopage relevant de leur compétence, y compris enquêter sur l'implication potentielle du personnel d'encadrement du sportif ou d'autres personnes dans chaque cas de dopage.

20.6.6 Faire tout ce qui est en leur pouvoir pour n'accorder l'organisation de manifestations qu'à des pays dont le gouvernement a ratifié, accepté ou approuvé la Convention de l'UNESCO ou y a adhéré, et dont le comité national olympique, le comité national paralympique et l'organisation nationale antidopage sont en conformité avec le code.

20.6.7 Promouvoir l'éducation en matière d'antidopage.

20.6.8 Collaborer avec les organisations et agences nationales et les autres organisations antidopage compétentes.

20.7 Rôles et responsabilités de l'AMA

20.7.1 Adopter et mettre en œuvre des politiques et des procédures conformes au code.

20.7.2 Surveiller la conformité au code de la part des signataires.

20.7.3 Approuver des standards internationaux applicables à la mise en œuvre du code.

20.7.4 Accréditer et ré-accréditer les laboratoires devant procéder à l'analyse des échantillons ou approuver d'autres entités à effectuer ces analyses.

20.7.5 Élaborer et publier des lignes directrices et des modèles de bonnes pratiques.

20.7.6 Promouvoir, réaliser, commanditer, financer et coordonner la recherche antidopage et promouvoir l'éducation antidopage.

20.7.7 Concevoir et organiser un programme des observateurs indépendants efficace et d'autres types de programmes de conseil aux manifestations.

20.7.8 Effectuer, dans des circonstances exceptionnelles et sur instruction du directeur général de l'AMA, des contrôles du dopage de sa propre initiative ou à la demande d'autres organisations antidopage, et collaborer avec les organisations et agences nationales et internationales compétentes en facilitant notamment les enquêtes et les investigations.

20.7.9 Approuver, en consultation avec les fédérations internationales, les organisations nationales antidopage et les organisations responsables de grandes manifestations, des programmes définis de contrôles et d'analyse des échantillons.

20.7.10 Entreprendre ses propres enquêtes sur des violations des règles antidopage et d'autres activités susceptibles de faciliter le dopage.

[Commentaire sur l'article 20.7.8 : L'AMA n'est pas une agence chargée de contrôles, mais elle se réserve le droit, dans des circonstances exceptionnelles, de réaliser ses propres contrôles lorsque des problèmes ont été portés à l'attention de l'organisation antidopage compétente et n'ont pas été traités de façon satisfaisante.]

Art. 21 *Rôles et responsabilités additionnels des sportifs et des autres personnes.*

21.1 Rôles et responsabilités des sportifs

21.1.1 Prendre connaissance de toutes les politiques et règles antidopage adoptées en vertu du code et s'y conformer.

21.1.2 Être disponibles en tout temps pour le prélèvement d'échantillons.

21.1.3 Assumer la responsabilité, dans le cadre de la lutte antidopage, de ce qu'ils ingèrent et dont ils font usage.

21.1.4 Informer le personnel médical de leur obligation de ne pas faire usage de substances interdites et de méthodes interdites, et s'assurer que tout traitement médical qu'ils reçoivent ne viole pas les politiques et règles antidopage adoptés en vertu du code.

21.1.5 Informer leur organisation nationale antidopage et leur fédération internationale de toute décision prise par un non-signataire relative à une violation des règles antidopage par le sportif dans les dix années écoulées.

21.1.6 Collaborer avec les organisations antidopage enquêtant sur des violations des règles antidopage.

[Commentaire sur l'article 21.1.2 : Eu égard aux droits de l'homme et au respect de la sphère privée des sportifs, des considérations légitimes de lutte contre le dopage exigent parfois de prélever des échantillons tard le soir ou tôt le matin. Par exemple, il est reconnu que certains sportifs utilisent de faibles doses d'EPO durant cette tranche horaire afin que l'EPO soit indétectable le matin.]

[Commentaire sur l'article 21.1.6 : La non-collaboration n'est pas une violation des règles antidopage au titre du code, mais peut servir de base à une action disciplinaire au titre des règles d'un partenaire.]

21.2 Rôles et responsabilités du personnel d'encadrement du sportif

21.2.1 Prendre connaissance de toutes les politiques et règles antidopage adoptées en vertu du code qui s'appliquent à lui ou aux sportifs qu'il encadre et s'y conformer.

21.2.2 Collaborer dans le cadre du programme de contrôle du sportif.

21.2.3 Renforcer les valeurs et le comportement du sportif en faveur de l'antidopage.

21.2.4 Informer son organisation nationale antidopage et sa fédération internationale de toute décision prise par un non-signataire relative à une violation des règles antidopage par le sportif dans les dix années écoulées.

21.2.5 Collaborer avec les organisations antidopage enquêtant sur les violations des règles antidopage.

21.2.6 Le personnel d'encadrement du sportif n'utilisera ni ne possèdera aucune substance interdite ni méthode interdite sans justification valable.

[Commentaire sur l'article 21.2.5 : La non-collaboration n'est pas une violation des règles antidopage au titre du code, mais peut servir de base à une action disciplinaire au titre des règles d'un partenaire.]

[Commentaire sur l'article 21.2.6 : Dans les situations où l'utilisation ou la possession personnelle d'une substance interdite ou d'une méthode interdite par un membre du personnel d'encadrement du sportif sans justification ne constitue pas une violation des règles antidopage au titre du code, elle devrait faire l'objet d'autres règles disciplinaires sportives. Les entraîneurs et tout autre membre du personnel d'encadrement du sportif sont souvent des modèles pour les sportifs. Ils ne doivent pas adopter une conduite personnelle entrant en conflit avec leur responsabilité consistant à encourager les sportifs à ne pas se doper.]

21.3 Rôles et responsabilités des organisations régionales antidopage

21.3.1 S'assurer que les pays membres adoptent et appliquent des règles, politiques et programmes conformes au code.

21.3.2 Exiger, à titre de condition d'adhésion, qu'un pays membre signe un formulaire officiel d'adhésion à l'organisation régionale antidopage qui stipule clairement la délégation des responsabilités antidopage à l'organisation régionale antidopage.

21.3.3 Collaborer avec d'autres organisations et agences nationales et régionales pertinentes, et avec d'autres organisations antidopage.

21.3.4 Encourager les contrôles réciproques entre organisations nationales antidopage et organisations régionales antidopage.

21.3.5 Promouvoir la recherche antidopage.

21.3.6 Promouvoir l'éducation antidopage.

Art. 22 *Participation des gouvernements.* Chaque gouvernement attestera de son engagement envers le code en signant la Déclaration de Copenhague contre le dopage dans le sport datée du 3 mars 2003 et en ratifiant, acceptant ou approuvant la Convention de l'UNESCO ou en adhérant à celle-ci. Les articles qui suivent énoncent les attentes des signataires :

22.1 Chaque gouvernement prendra toutes les mesures nécessaires pour se conformer à la Convention de l'UNESCO.

22.2 Chaque gouvernement mettra en place une législation, une réglementation, des politiques ou des pratiques administratives applicables à la coopération et au partage d'informations avec les organisations antidopage ainsi qu'au partage de données entre organisations antidopage conformément aux dispositions du code.

22.3 Chaque gouvernement encouragera la collaboration entre tous ses services publics ou ses agences et les organisations antidopage afin de communiquer en temps utile aux organisations antidopage les informations utiles à la lutte contre le dopage lorsque la loi n'interdit pas cette communication.

22.4 Chaque gouvernement privilégiera l'arbitrage comme moyen de résolution des différends liés au dopage, sous réserve des droits de l'homme, des droits fondamentaux et du droit national applicable.

22.5 Chaque gouvernement qui n'a pas d'organisation nationale antidopage dans son pays travaillera avec son comité national olympique en vue d'en créer une.

22.6 Chaque gouvernement respectera l'autonomie de l'organisation nationale antidopage de son pays et ne s'immiscera pas dans ses décisions et activités opérationnelles.

22.7 Les gouvernements devraient respecter les attentes énoncées à l'article 22.2 avant le 1er janvier 2016 au plus tard. Les autres sections du présent article devraient déjà avoir été satisfaites.

22.8 Le gouvernement qui omettra de ratifier, d'accepter ou d'approuver la Convention de l'UNESCO ou d'y adhérer ou qui ne se conformera pas à la Convention de l'UNESCO par la suite, pourra ne plus être autorisé à faire acte de candidature à l'organisation de manifestations, comme le prévoient les articles 20.1.8, 20.3.11 et 20.6.6. En outre, d'autres conséquences pourraient s'appliquer à ce gouvernement, par exemple : inéligibilité à accueillir des bureaux et à occuper des positions au sein de l'AMA ; inadmissibilité ou rejet de toute candidature relative à la tenue d'une manifestation internationale dans le pays ; annulation de manifestations internationales ; conséquences symboliques et autres conséquences en vertu de la Charte olympique.

[Commentaire sur l'article 22 : La plupart des gouvernements ne peuvent être parties à des instruments privés non gouvernementaux tels que le code, ni être liés par de tels instruments. C'est pourquoi on ne

demande pas aux gouvernements d'être signataires du code, mais plutôt de signer la Déclaration de Copenhague et de ratifier, d'accepter ou d'approuver la Convention de l'UNESCO, ou d'adhérer à celle-ci. Bien que les mécanismes d'acceptation puissent être différents, toutes les mesures visant à lutter contre le dopage par un programme coordonné et harmonisé tel que reflété dans le code restent un effort commun du Mouvement sportif et des gouvernements.

Le présent article énonce ce que les signataires attendent clairement de la part des gouvernements. Cependant, il s'agit uniquement d'"attentes", puisque la seule "obligation" des gouvernements consiste à respecter les exigences de la Convention de l'UNESCO.]

QUATRIÈME PARTIE **Acceptation, conformité, modifications et interprétation**

Art. 23 *Acceptation, conformité et modifications.*

23.1 Acceptation du code

23.1.1 Les entités suivantes seront les signataires qui acceptent le code : l'AMA, le Comité International Olympique, les fédérations internationales, le Comité international paralympique, les comités nationaux olympiques, les comités nationaux paralympiques, les organisations responsables de grandes manifestations et les organisations nationales antidopage. Ces entités accepteront le code en signant une déclaration d'acceptation dès l'approbation par chacune de leurs instances dirigeantes respectives.

23.1.2 Les autres organisations sportives qui ne sont pas sous le contrôle d'un signataire peuvent également devenir signataires en acceptant le code, à l'invitation de l'AMA.

23.1.3 Une liste de toutes les acceptations sera rendue publique par l'AMA.

[Commentaire sur l'article 23.1.1 : Chaque signataire qui souscrit au code signera un exemplaire identique de la déclaration commune d'acceptation type et le retournera à l'AMA. Cette acceptation devra être entérinée dans les documents officiels de chaque organisation, par exemple, dans le cas d'une fédération internationale, par son congrès, et pour l'AMA, par son Conseil de fondation.]

[Commentaire sur l'article 23.1.2 : Les ligues professionnelles qui ne relèvent pas actuellement d'un gouvernement ou d'une fédération internationale seront encouragées à accepter le code.] V. comm. ss. le présent art. 23.

23.2 Mise en œuvre du code

23.2.1 Les signataires mettront en œuvre les dispositions applicables du code au moyen de politiques, statuts, règles ou règlements en accord avec leur autorité et dans leurs sphères de compétences respectives.

23.2.2 Les articles suivants applicables à l'activité de lutte contre le dopage exercée par l'organisation antidopage doivent être mis en œuvre par les signataires sans changement de fond (les changements de forme liés à la mention du nom de l'organisation, du sport visé, des numéros de section, etc., sont autorisés) :

- Article 1 (Définition du dopage)
- Article 2 (Violations des règles antidopage)
- Article 3 (Preuve du dopage)
- Article 4.2.2 (Substances spécifiées)
- Article 4.3.3 (Établissement par l'AMA de la liste des interdictions)
- Article 7.11 (Retraite sportive)
- Article 9 (Annulation automatique des résultats individuels)
- Article 10 (Sanctions à l'encontre des individus)
- Article 11 (Conséquences pour les équipes)
- Article 13 (Appels) à l'exception des clauses 13.2.2, 13.6 et 13.7
- Article 15.1 (Reconnaissance des décisions)
- Article 17 (Prescription)
- Article 24 (Interprétation du code)
- Annexe 1 – Définitions

Aucune disposition ne peut être ajoutée aux règles d'un signataire de manière à modifier l'effet des articles énumérés ci-dessus. Les règles du signataire doivent expressément reconnaître les commentaires du code et les doter du même statut qu'ils ont dans le code.

23.2.3 Lors de la mise en œuvre du code, les signataires sont encouragés à utiliser les modèles de bonnes pratiques recommandés par l'AMA.

[Commentaire sur l'article 23.2.2 : Aucune disposition du code n'empêche une organisation antidopage d'adopter et de mettre en œuvre ses propres règles disciplinaires visant la conduite du personnel d'encadrement du sportif en matière de dopage qui ne constitue pas en soi une violation des règles antidopage en vertu du code. Par exemple, une fédération nationale ou internationale pourrait refuser de renouveler la licence

d'un entraîneur lorsque plusieurs sportifs ont commis des violations des règles antidopage lorsqu'ils étaient sous sa supervision.]

23.3 Mise en œuvre de programmes antidopage

Les signataires consacreront des ressources suffisantes à la mise en œuvre de programmes antidopage conformes au code et aux standards internationaux dans tous les domaines.

23.4 Conformité au code

Les signataires ne seront pas considérés comme étant en conformité avec le code tant qu'ils ne l'auront pas accepté et mis en œuvre conformément aux articles 23.1, 23.2 et 23.3. Ils ne seront plus considérés comme étant en conformité une fois cette acceptation retirée.

23.5 Surveillance de la conformité au code et à la Convention de l'UNESCO

23.5.1 L'AMA surveillera la conformité au code, sauf autre disposition prise par l'AMA. Le respect des programmes antidopage requis par l'article 23.3 sera surveillé en fonction de critères spécifiés par le comité exécutif de l'AMA. La conformité aux engagements énoncés dans la Convention de l'UNESCO sera surveillée de la manière déterminée par la conférence des parties à la Convention de l'UNESCO, après consultation des États qui y sont parties et de l'AMA. L'AMA informera les gouvernements de la mise en œuvre du code par les signataires et informera les signataires quant à la ratification, l'acceptation ou l'approbation de la Convention de l'UNESCO par les gouvernements, ainsi qu'à l'adhésion de ces derniers à cette Convention.

23.5.2 Afin de faciliter cette surveillance, chaque signataire devra rendre compte à l'AMA de sa conformité au code à la demande du conseil de fondation de l'AMA et expliquer, s'il y a lieu, les motifs de sa non-conformité.

23.5.3 Le fait qu'un signataire ne fournisse pas les informations relatives à la conformité au code requises par l'AMA aux fins de l'article 23.5.2, ou que le signataire ne transmette pas à l'AMA les informations requises en vertu des autres articles du code, peut être considéré comme un manquement au code.

23.5.4 Tous les rapports de conformité de l'AMA devront être approuvés par le Conseil de fondation de l'AMA. L'AMA dialoguera avec le signataire avant de le déclarer non conforme. Tout rapport de l'AMA concluant à la non-conformité d'un signataire devra être approuvé par le Conseil de fondation de l'AMA à une réunion tenue après que le signataire aura eu la chance de présenter son argumentation par écrit au conseil de fondation de l'AMA. La conclusion du Conseil de fondation de l'AMA quant à la non-conformité d'un signataire peut faire l'objet d'un appel conformément à l'article 13.6.

23.5.5 L'AMA rendra compte de la conformité au Comité International Olympique, au Comité international paralympique, aux fédérations internationales et aux organisations responsables de grandes manifestations. Ces rapports seront également rendus publics.

23.5.6 L'AMA examinera les motifs de non-conformité d'un signataire et, dans des circonstances exceptionnelles, pourra recommander au Comité International Olympique, au Comité international paralympique, aux fédérations internationales et aux organisations responsables de grandes manifestations qu'ils excusent provisoirement la non-conformité.

[Commentaire sur l'article 23.5.6 : L'AMA reconnaît qu'il y a, parmi les signataires et les gouvernements, des différences significatives dans l'expérience de l'antidopage, les ressources et le contexte juridique dans lequel s'inscrivent les activités antidopage. Au moment de déterminer si une organisation est conforme au code ou non, l'AMA prendra en compte ces différences.]

23.6 Conséquences additionnelles de la non-conformité au code pour un signataire

La non-conformité au code par un signataire pourra engendrer des conséquences, outre l'inadmissibilité en ce qui concerne la candidature à l'organisation de manifestations comme l'indiquent les articles 20.1.8 (Comité International Olympique), 20.3.11 (fédérations internationales) et 20.6.6 (organisations responsables de grandes manifestations), par exemple l'inéligibilité à accueillir des bureaux et à occuper des positions au sein de l'AMA, l'inadmissibilité de toute candidature à la tenue d'une manifestation internationale dans le pays, l'annulation de manifestations internationales, des conséquences symboliques et d'autres conséquences en vertu de la Charte olympique.

Le signataire concerné pourra faire appel des décisions imposant ces conséquences auprès du TAS en application de l'article 13.6.

23.7 Modifications du code

23.7.1 L'AMA supervisera les améliorations et modifications apportées au code. Les sportifs, les autres partenaires et les gouvernements seront invités à participer à ce processus.

23.7.2 L'AMA prendra l'initiative des propositions de modifications touchant le code et s'assurera d'une procédure de consultation afin, d'une part, de recevoir des recommandations et d'y répondre, et, d'autre part, de faciliter l'analyse et les commentaires des sportifs, des autres partenaires et des gouvernements sur les modifications préconisées.

23.7.3 Les modifications relatives au code devront être, après consultation appropriée, approuvées par une majorité des deux tiers du conseil de fondation de l'AMA, pour autant que la majorité des voix exprimées au sein du secteur public et du Mouvement olympique y soient favorables. Sauf disposition contraire, les modifications entreront en vigueur trois mois après leur approbation.

23.7.4 Les signataires devront modifier leurs règles de manière à y intégrer le code 2015 au plus tard ou avant le 1er janvier 2015, pour une entrée en vigueur au 1er janvier 2015. Ils devront mettre en œuvre toute modification subséquente applicable touchant le code dans l'année qui suivra son approbation par le Conseil de fondation de l'AMA.

23.8 Dénonciation du code

Les signataires pourront dénoncer leur adhésion au code six mois après avoir adressé une notification écrite de leur intention en ce sens à l'AMA.

COMMENTAIRE

Les organisations sportives suivantes ont accepté le code (pour la liste exhaustive, V. le site internet de l'AMA : www.wada-ama.org).

MOUVEMENT OLYMPIQUE

- *Fédérations internationales :*

— Membres de l'ASOIF (28)
— Membres de l'AIOWF (7)
— ARISF (35)

— Organisations et manifestations multisports (12)
— Organisations pour athlètes handicapés (2)
— Associations de CNO (6)
— Comités nationaux olympiques (204)
— Autres organisations (2)

ORGANISATIONS SUBVENTIONNÉES PAR LES GOUVERNEMENTS :

— Organisations nationales antidopage (140)

HORS DU MOUVEMENT OLYMPIQUE :

— Organisations sportives internationales membres du CIP (4)
— Fédérations sportives internationales pour les athlètes handicapés (10)
— Sports pour lesquels le CIP est la fédération internationale (9)
— Comités nationaux paralympiques (161)
— Associations des Jeux du Commonwealth (54 CNO agissent par ailleurs en tant qu'AJC) (17)
— AIMS, Association des membres indépendants du sport (23)
— Organisations et manifestations multisports (2)
— Autres organisations (14)
— Autres organisations qui n'ont pas de Fédérations nationales (1) ❑

Art. 24 *Interprétation du code.*

24.1 Le code, dans sa version officielle, sera tenu à jour par l'AMA et publié en français et en anglais. En cas de conflit d'interprétation entre les versions française et anglaise du code, la version anglaise fera foi.

24.2 Les commentaires qui accompagnent plusieurs dispositions du code devront servir à son interprétation.

24.3 Le code sera interprété comme un texte indépendant et autonome et non en référence à des lois ou statuts existants des signataires ou des gouvernements.

24.4 Les titres utilisés dans les différentes parties et les divers articles du code sont uniquement destinés à faciliter sa lecture et ne sauraient être considérés comme faisant partie de la substance du code, ni ne sauraient affecter de quelque façon que ce soit le sens des dispositions auxquelles ils se rapportent.

24.5 Le code ne s'applique pas rétroactivement aux causes en instance avant la date où le code est accepté par le signataire et mis en œuvre dans ses règles. Toutefois, les violations des règles antidopage antérieures à la mise en place du code devraient continuer à compter comme premières violations ou "deuxièmes violations" aux fins de déterminer les sanctions prévues à l'article 10 pour des violations survenant après la mise en place du code.

24.6 La rubrique "Objet, portée et organisation du Programme mondial antidopage et du code", l'Annexe 1 – Définition, et l'Annexe 2 – Exemples d'application de l'article 10, seront considérées comme faisant partie intégrante du code.

Art. 25 *Dispositions transitoires.*

25.1 Application générale du code 2015

Le code 2015 entrera en vigueur le 1er janvier 2015 ("date d'entrée en vigueur").

25.2 Absence de rétroactivité sauf pour les articles 10.7.5 et 17 ou à moins que le principe de la "*lex mitior*" ne s'applique

Les périodes rétroactives au cours desquelles des violations antérieures peuvent être considérées aux fins de violations multiples en vertu de l'article 10.7.5, ainsi que la prescription énoncée à l'article 17, sont des règles de procédures qui doivent s'appliquer rétroactivement. Cela ne s'applique au délai de prescription énoncé à l'article 17 que si la prescription n'est pas acquise à la date d'entrée en vigueur. En dehors de ces cas, dans toute affaire en lien avec une violation des règles antidopage qui est en cours à la date d'entrée en vigueur ou qui est poursuivie après la date d'entrée en vigueur sur le fondement d'une violation des règles antidopage survenue avant la date d'entrée en vigueur, l'affaire sera régie par les règles antidopage de fond en vigueur au moment où la violation des règles antidopage alléguée s'est produite, à moins que la formation instruisant l'affaire détermine que le principe de rétroactivité de la "*lex mitior*" ne s'applique aux circonstances propres à l'affaire.

25.3 Application aux décisions rendues avant l'entrée en vigueur du code 2015

Si une décision finale concluant à une violation des règles antidopage est rendue avant la date d'entrée en vigueur, mais que le sportif ou une autre personne est encore sous le coup de la suspension à la date d'entrée en vigueur, le sportif ou l'autre personne peut demander à l'organisation antidopage responsable de la gestion des résultats en relation avec la violation des règles antidopage d'envisager une réduction de la période de suspension sur la base du code 2015.

Cette demande doit être présentée avant l'expiration de la période de suspension. La décision rendue par l'organisation antidopage peut faire l'objet d'un appel conformément à l'article 13.2. Les dispositions du code 2015 ne pourront s'appliquer à une affaire de violation des règles antidopage pour laquelle la décision finale concluant à une violation des règles antidopage a été rendue, si la période de suspension a expiré.

25.4 Violations multiples lorsque la première violation a été commise avant le 1er janvier 2015

Aux fins de l'évaluation de la période de suspension pour une deuxième violation au titre de l'article 10.7.1, lorsque la sanction pour la première violation a été déterminée sur la base des règles en vigueur avant le code 2015, la période de suspension qui aurait été évaluée pour cette première violation si les règles du code 2015 avaient été applicables devra être appliquée.

[Commentaire sur l'article 25.4 : Sauf dans le cas décrit à l'article 25.4, lorsqu'une décision finale concluant à une violation des règles antidopage a été rendue avant l'existence du code ou en vertu du code applicable avant l'entrée en vigueur du code 2015 et que la suspension imposée a été purgée entièrement, le code 2015 ne peut être utilisé de manière à requalifier la première violation.]

25.5 Modifications additionnelles du code

Les modifications additionnelles qui pourront être apportées au code entreront en vigueur conformément aux dispositions de l'article 23.7.

ANNEXE 1

DÉFINITIONS

Absence de faute ou de négligence : Démonstration par le sportif ou l'autre personne du fait qu'il/elle ignorait, ne soupçonnait pas, ou n'aurait pas pu raisonnablement savoir ou soupçonner, même en faisant preuve de la plus grande vigilance, qu'il/elle avait utilisé ou s'était fait administrer une substance interdite ou une méthode interdite ou avait commis d'une quelconque façon une violation des règles antidopage. Sauf dans le cas d'un mineur, pour toute violation de l'article 2.1, le sportif doit également établir de quelle manière la substance interdite a pénétré dans son organisme.

Absence de faute ou de négligence significative : Démonstration par le sportif ou l'autre personne du fait qu'au regard de l'ensemble des circonstances, et compte tenu des critères retenus pour l'absence de faute ou de négligence, sa faute ou sa négligence n'était pas significative par rapport à la violation des règles antidopage commise. Sauf dans le cas d'un mineur, pour toute violation de l'article 2.1, le sportif doit également établir de quelle manière la substance interdite a pénétré dans son organisme.

[Commentaire sur Absence de faute ou de négligence significative : Pour les cannabinoïdes, le sportif peut établir l'absence de faute ou de négligence significative en démontrant clairement que le contexte de l'usage n'était pas en rapport avec la performance sportive.]

ADAMS : Acronyme anglais de Système d'administration et de gestion antidopage (Anti-Doping Administration & Management System), soit un instrument de gestion en ligne, sous forme de banque de données, qui sert à la saisie, à la conservation, au partage et à la transmission de données, conçu pour aider l'AMA et ses partenaires dans leurs opérations antidopage en conformité avec la législation relative à la protection des données.

Administration : Fait de fournir, d'approvisionner, de superviser, de faciliter ou de participer de toute autre manière à l'usage ou à la tentative d'usage par une autre personne d'une substance interdite ou d'une méthode interdite. Cependant, cette définition n'inclut pas les actions entreprises de bonne foi par le personnel médical et impliquant une substance interdite ou une méthode interdite utilisée à des fins thérapeutiques légitimes et licites ou bénéficiant d'une autre justification acceptable, et n'inclut pas non plus les actions impliquant des substances interdites qui ne sont pas interdites dans les contrôles hors compétition sauf si les circonstances dans leur ensemble démontrent que ces substances interdites ne sont pas destinées à des fins thérapeutiques légitimes et licites ou sont destinées à améliorer la performance sportive.

Aide substantielle : Aux fins de l'article 10.6.1, la personne qui fournit une aide substantielle doit : 1) divulguer entièrement, dans une déclaration écrite signée, toutes les informations en sa possession en relation avec des violations des règles antidopage ; et 2) collaborer pleinement à l'enquête et à l'examen de toute affaire liée à ces informations, par exemple en témoignant à une audience si une organisation antidopage ou une instance d'audition le lui demande. De plus, les informations fournies doivent être crédibles et représenter une partie importante de toute affaire poursuivie ou, si l'affaire n'est pas poursuivie, elles doivent avoir constitué un fondement suffisant sur lequel une affaire pourrait reposer.

AMA : Agence mondiale antidopage.

Annulation : Voir ci-dessous les conséquences des violations des règles antidopage.

Audience préliminaire : Aux fins de l'article 7.9, audience sommaire et accélérée avant la tenue de l'audience prévue à l'article 8 qui implique la notification du sportif et lui donne la possibilité de s'expliquer par écrit ou par oral.

[Commentaire sur Audience préliminaire : Une audience préliminaire n'est qu'une procédure préliminaire qui peut ne pas impliquer l'examen intégral des faits de l'affaire. Suite à une audience préliminaire, le sportif continue à avoir droit à une audience complète portant sur le fond. En revanche, une "audience accélérée" au sens de l'article 7.9 est une audience complète portant sur le fond, mais organisée selon un calendrier accéléré.]

AUT : Autorisation d'usage à des fins thérapeutiques, conformément à la description donnée à l'article 4.4.

Code : Code mondial antidopage.

Comité national olympique : Organisation reconnue à ce titre par le Comité International Olympique. Le terme comité national olympique englobe toute confédération sportive nationale des pays où une confédération sportive nationale assume les responsabilités généralement du ressort d'un comité national olympique en matière d'antidopage.

Compétition : Une course unique, un match, une partie ou une épreuve unique. Par exemple, un match de basketball ou la finale du 100 mètres en athlétisme aux Jeux olympiques. Dans le cas des courses par étapes et autres épreuves où des prix sont décernés chaque jour ou au fur et à mesure, la distinction entre une compétition et une manifestation sera celle prévue dans les règles de la fédération internationale concernée.

Conséquences des violations des règles antidopage (« Conséquences ») : La violation par un sportif ou une autre personne d'une règle antidopage peut avoir une ou plusieurs des conséquences suivantes : a) Annulation, ce qui signifie que les résultats du sportif dans une compétition particulière ou lors d'une manifestation sont invalidés, avec toutes les conséquences en résultant, y compris le retrait des médailles, points et prix ; b) Suspension, ce qui signifie qu'il est interdit au sportif ou à toute autre personne, en raison d'une violation des règles antidopage, de participer à toute compétition, à toute autre activité ou à tout financement pendant une période déterminée tel que stipulé à l'article 10.12.1 ; c) Suspension provisoire, ce qui signifie qu'il est interdit au sportif ou à toute autre personne de participer à toute compétition ou activité jusqu'à la décision finale prise lors de l'audience prévue à l'article 8 ; d) Conséquences financières, ce qui signifie l'imposition d'une sanction financière pour violation des règles antidopage ou pour récupérer les coûts liés à une violation des règles antidopage ; et e) Divulgation publique ou rapport public, ce qui signifie la divulgation ou la distribution d'informations au grand public ou à des personnes autres que les personnes devant être notifiées au préalable conformément à l'article 14. Les équipes dans les sports d'équipe peuvent également se voir imposer des conséquences conformément aux dispositions de l'article 11.

Conséquences financières : Voir Conséquences des violations des règles antidopage ci-dessus.

Contrôle ciblé : Sélection de sportifs identifiés en vue de contrôles, sur la base de critères énoncés dans le standard international pour les contrôles et les enquêtes.

Contrôle du dopage : Toutes les étapes et toutes les procédures allant de la planification de la répartition des contrôles jusqu'à la décision finale en appel, y compris toutes les étapes et toutes les procédures intermédiaires, par exemple la transmission d'information sur la localisation, la collecte des échantillons et leur manipulation, l'analyse de laboratoire, les AUT, la gestion des résultats et les audiences.

Contrôle : Partie du processus global de contrôle du dopage comprenant la planification de la répartition des contrôles, la collecte des échantillons, leur manipulation et leur transport au laboratoire.

Convention de l'UNESCO : Convention internationale contre le dopage dans le sport adoptée le 19 octobre 2005 par la Conférence générale de l'UNESCO à sa 33e session, y compris tous les amendements adoptés par les États parties à la Convention et la Conférence des parties à la Convention internationale contre le dopage dans le sport.

Divulguer publiquement ou rapporter publiquement : Voir Conséquences des violations des règles antidopage ci-dessus.

Durée de la manifestation : Période écoulée entre le début et la fin d'une manifestation, telle qu'établie par l'organisme sous l'égide duquel se déroule la manifestation.

Échantillon ou prélèvement : Toute matrice biologique recueillie dans le cadre du contrôle du dopage.

[Commentaire sur Échantillon ou prélèvement : Certains ont parfois fait valoir que le prélèvement d'échantillons sanguins viole les principes de certains groupes religieux ou culturels. Il a été déterminé que cette considération n'était pas fondée.]

En compétition : A moins de dispositions contraires dans les règles d'une fédération internationale ou de l'organisation responsable de la manifestation concernée, "en compétition" comprend la période commençant douze heures avant une compétition à laquelle le sportif doit participer et se terminant à la fin de cette compétition et du processus de collecte d'échantillons lié à cette compétition.

[Commentaire sur En compétition : Une fédération internationale ou une organisation responsable de manifestation peut établir une période "en compétition" différente de la période de la manifestation.]

Falsification : Fait d'altérer à des fins illégitimes ou d'une façon illégitime ; d'influencer un résultat d'une manière illégitime ; d'intervenir d'une manière illégitime ; de créer un obstacle ; d'induire en erreur ou de se livrer à une conduite frauduleuse afin de modifier des résultats ou d'empêcher des procédures normales de suivre leur cours.

Faute : Tout manquement à une obligation ou tout manque de diligence appropriée lié à une situation particulière. Les facteurs à prendre en considération pour évaluer le degré de la faute d'un sportif ou d'une autre personne incluent, par exemple, l'expérience du sportif ou de l'autre personne, la question de savoir si le sportif ou l'autre personne est un mineur, des considérations spéciales telles que le handicap, le degré de risque qui aurait dû être perçu par le sportif, ainsi que le degré de diligence exercé par le sportif, et les recherches et les précautions prises par le sportif en relation avec ce qui aurait dû être le niveau de risque perçu. En évaluant le degré de la faute du sportif ou de l'autre personne, les circonstances considérées doivent être spécifiques et pertinentes pour expliquer le fait que le sportif ou l'autre personne se soit écarté(e) du comportement attendu. Ainsi, par exemple, le fait qu'un sportif perdrait l'occasion de gagner beaucoup d'argent durant une période de suspension, ou le fait que le sportif n'a plus qu'une carrière résiduelle de courte durée, ou le moment du calendrier sportif, ne seraient pas des facteurs pertinents à prendre en compte pour réduire la période de suspension au titre des articles 10.5.1 ou 10.5.2.

[Commentaire sur Faute : Le critère pour évaluer le degré de la faute du sportif est le même selon tous les articles lorsque la faute doit être prise en considération. Cependant, selon l'article 10.5.2, aucune réduction de sanction n'est appropriée sauf si, une fois le degré de la faute évalué, la conclusion est qu'aucune faute ou négligence significative n'a été commise par le sportif ou l'autre personne.]

Groupe cible de sportifs soumis aux contrôles : Groupe de sportifs identifiés comme hautement prioritaires au niveau international par les fédérations internationales et au niveau national par les organisations nationales antidopage, respectivement, et qui sont assujettis à des contrôles ciblés en compétition et hors compétition dans le cadre du plan de répartition des contrôles de la fédération internationale ou de l'organisation nationale antidopage en question et qui, de ce fait, sont tenus de fournir des informations sur leur localisation conformément à l'article 5.6 et au standard international pour les contrôles et les enquêtes.

Hors compétition : Toute période qui n'est pas en compétition.

Liste des interdictions : Liste identifiant les substances interdites et les méthodes interdites.

Manifestation : Série de compétitions individuelles se déroulant sous l'égide d'une organisation responsable (p. ex. les Jeux olympiques, les Championnats du monde de la FINA ou les Jeux panaméricains).

Manifestation internationale : Manifestation ou compétition où le Comité International Olympique, le Comité International paralympique, une fédération internationale, une organisation responsable de grandes manifestations ou une autre organisation sportive internationale agit en tant qu'organisation responsable ou nomme les officiels techniques de la manifestation.

Manifestation nationale : Manifestation ou compétition sportive qui n'est pas une manifestation internationale et qui implique des sportifs de niveau international ou des sportifs de niveau national.

Marqueur : Composé, ensemble de composés ou variable(s) biologique(s) qui attestent de l'usage d'une substance interdite ou d'une méthode interdite.

Métabolite : Toute substance qui résulte d'une biotransformation.

Méthode interdite : Toute méthode décrite comme telle dans la liste des interdictions.

Mineur : Personne physique qui n'a pas atteint l'âge de dix-huit ans.

Organisation antidopage : Signataire responsable de l'adoption de règles relatives à la création, à la mise en œuvre ou à l'application de tout volet du processus de contrôle du dopage. Cela comprend par exemple le Comité International Olympique, le Comité international paralympique, d'autres organisations responsables de grandes manifestations qui effectuent des contrôles lors de manifestations relevant de leur responsabilité, l'AMA, les fédérations internationales et les organisations nationales antidopage.

Organisation nationale antidopage : La ou les entités désignées par chaque pays comme autorités principales responsables de l'adoption et de la mise en œuvre de règles antidopage, de la gestion du prélèvement d'échantillons, de la gestion des résultats de contrôles et de la tenue d'audiences, au plan national. Si une telle entité n'a pas été désignée par l'autorité/les autorités publique(s) compétente(s), le comité national olympique ou l'entité que celui-ci désignera remplira ce rôle.

Organisation régionale antidopage : Entité régionale créée par les pays membres pour coordonner et gérer, par délégation, des domaines de leurs programmes nationaux antidopage, pouvant inclure l'adoption et l'application de règles antidopage, la planification et la collecte d'échantillons, la gestion des résultats, l'examen des AUT, la tenue des audiences et la réalisation de programmes éducatifs au plan régional.

Organisations responsables de grandes manifestations : Associations continentales de comités nationaux olympiques et toute autre organisation internationale multisports qui servent d'organisation responsable pour une manifestation internationale, qu'elle soit continentale, régionale ou autre.

Participant : Tout sportif ou membre du personnel d'encadrement du sportif.

Passeport biologique de l'athlète : Programme et méthodes permettant de rassembler et de regrouper des données telles que décrites dans le standard international pour les contrôles et les enquêtes et le standard international pour les laboratoires.

Personne : Personne physique ou organisation ou autre entité.

Personnel d'encadrement du sportif : Tout entraîneur, soigneur, directeur sportif, agent, personnel d'équipe, officiel, personnel médical ou paramédical, parent, ou toute autre personne qui travaille avec un sportif participant à des compétitions sportives ou s'y préparant ou qui le traite ou lui apporte son assistance.

Possession : Possession physique ou de fait (qui ne sera établie que si la personne exerce un contrôle exclusif ou a l'intention d'exercer un contrôle sur la substance/méthode interdite ou les lieux où une substance/méthode interdite se trouve). Toutefois, si la personne n'exerce pas un contrôle exclusif sur la substance/ méthode interdite ou les lieux où la substance/méthode interdite se trouve, la possession de fait ne sera établie que si la personne était au courant de la présence de la substance/méthode interdite et avait l'intention d'exercer un contrôle sur celle-ci. De plus, il ne pourra y avoir de violation des règles antidopage reposant sur la seule possession si, avant de recevoir notification d'une violation des règles antidopage, la personne a pris des mesures concrètes démontrant qu'elle n'a jamais eu l'intention d'être en possession d'une substance/méthode interdite et a renoncé à cette possession en la déclarant explicitement à une organisation antidopage. Nonobstant toute disposition contraire dans cette définition, l'achat (y compris par un moyen électronique ou autre) d'une substance interdite ou d'une méthode interdite constitue une possession de celle-ci par la personne qui effectue cet achat.

[Commentaire sur Possession : En vertu de cette définition, des stéroïdes trouvés dans le véhicule d'un sportif constitueraient une violation à moins que le sportif ne puisse démontrer qu'une autre personne s'est servi [servie] de son véhicule. Dans de telles circonstances, l'organisation antidopage devra démontrer que, bien que le sportif n'ait pas eu le contrôle exclusif du véhicule, le sportif était au courant de la présence des stéroïdes et avait l'intention d'exercer un contrôle sur les stéroïdes. Dans un même ordre d'idées, dans l'hypothèse où des stéroïdes seraient trouvés dans une armoire à médicaments relevant du contrôle commun d'un sportif et de sa conjointe, l'organisation antidopage devra démontrer que le sportif était au courant de la présence des stéroïdes dans l'armoire à médicaments et qu'il avait l'intention d'exercer un contrôle sur ces stéroïdes. L'acte d'acquisition d'une substance interdite, en soi, constitue la possession, même si, par exemple, le produit n'arrive pas, est reçu par quelqu'un d'autre ou est envoyé à l'adresse d'un tiers.]

Produit contaminé : Produit contenant une substance interdite qui n'est pas divulguée sur l'étiquette du produit ou dans les informations disponibles lors d'une recherche raisonnable sur internet.

Programme des observateurs indépendants : Équipe d'observateurs sous la supervision de l'AMA qui observent le processus de contrôle du dopage lors de certaines manifestations, fournissent des conseils et rendent compte de leurs observations.

Responsabilité objective : Règle qui stipule qu'au titre de l'article 2.1 ou de l'article 2.2, il n'est pas nécessaire que l'organisation antidopage démontre l'intention, la faute, la négligence ou l'usage conscient de la part du sportif pour établir une violation des règles antidopage.

Résultat atypique : Rapport d'un laboratoire accrédité ou approuvé par l'AMA pour lequel une investigation supplémentaire est requise par le standard international pour les laboratoires ou les documents techniques connexes avant qu'un résultat d'analyse anormal ne puisse être établi.

Résultat d'analyse anormal : Rapport d'un laboratoire accrédité par l'AMA ou d'un autre laboratoire approuvé par l'AMA qui, en conformité avec le standard international pour les laboratoires et les documents techniques connexes, révèle la présence dans un échantillon d'une substance interdite ou d'un de ses métabolites ou marqueurs (y compris des quantités élevées de substances endogènes) ou l'usage d'une méthode interdite.

Résultat de Passeport anormal : Rapport identifié comme un résultat de Passeport anormal tel que décrit dans les standards internationaux applicables.

Résultat de Passeport atypique : Rapport identifié comme un résultat de Passeport atypique tel que décrit dans les standards internationaux applicables.

Signataires : Entités qui ont signé le code et s'engagent à le respecter, conformément à l'article 23.

Sites de la manifestation : Sites désignés à cette fin par l'organisation responsable de la manifestation.

Sport d'équipe : Sport qui autorise le remplacement des joueurs durant une compétition.

Sport individuel : Tout sport qui n'est pas un sport d'équipe.

Sportif : Toute personne qui dispute une compétition sportive au niveau international (telle que définie par chacune des fédérations internationales) ou au niveau national (telle que définie par chacune des organisations nationales antidopage). Une organisation antidopage est libre d'appliquer des règles antidopage à un sportif qui n'est ni un sportif de niveau international ni un sportif de niveau national, et ainsi de le faire entrer dans la définition de "sportif". En ce qui concerne les sportifs qui ne sont ni de niveau international ni de niveau national, une organisation antidopage peut choisir de réaliser des contrôles limités ou de ne réaliser aucun contrôle, de procéder à des analyses d'échantillons portant sur un menu plus restreint de substances interdites, de ne pas exiger d'informations sur la localisation ou de limiter l'étendue de ces informations, ou de ne pas exiger à l'avance des AUT. Cependant, si une violation des règles antidopage prévue à l'article 2.1, 2.3 ou 2.5 est commise par un sportif relevant d'une organisation antidopage et qui prend part à une compétition d'un niveau inférieur au niveau international ou national, les conséquences énoncées dans le code (sauf l'article 14.3.2) doivent être appliquées. Aux fins des articles 2.8 et 2.9 ainsi qu'à des fins d'information et d'éducation antidopage, toute personne qui prend part à une compétition sportive et qui relève d'un signataire, d'un gouvernement ou d'une autre organisation sportive reconnaissant le code est un sportif.

[Commentaire sur Sportif : Cette définition établit clairement que tous les sportifs de niveaux international et national sont assujettis aux règles antidopage du code, et que les définitions précises des compétitions de niveau international et de niveau national doivent figurer dans les règles antidopage respectives des fédérations internationales et des organisations nationales antidopage. Cette définition permet également à chaque organisation nationale antidopage, si elle le désire, d'étendre son programme antidopage aux concurrents de niveaux inférieurs au niveau national ou international ou aux individus pratiquant un entraînement physique mais sans disputer de compétitions. Ainsi, une organisation nationale antidopage pourrait, par exemple, choisir de contrôler des concurrents de niveau récréatif, mais sans exiger à l'avance des AUT. Néanmoins, une violation des règles antidopage impliquant un résultat d'analyse anormal ou une falsification entraîne toutes les conséquences prévues par le code (à l'exception de l'article 14.3.2). La décision d'appliquer ou non les conséquences aux sportifs de niveau récréatif qui pratiquent des activités d'entraînement physique mais ne disputent jamais de compétitions est laissée à l'organisation nationale antidopage. De même, une organisation responsable de grandes manifestations qui organise une manifestation uniquement pour des concurrents de niveau vétérans pourrait choisir de contrôler les concurrents, mais de ne pas procéder à des analyses d'échantillons couvrant la totalité du menu des substances interdites. Les concurrents de tous les niveaux devraient bénéficier de programmes d'information et d'éducation en matière d'antidopage.]

Sportif de niveau international : Sportif concourant dans un sport au niveau international, selon la définition de chaque fédération internationale, en conformité avec le standard international pour les contrôles et les enquêtes.

[Commentaire sur Sportif de niveau international : En conformité avec le standard international pour les contrôles et les enquêtes, la fédération internationale est libre de déterminer les critères qu'elle appliquera pour

classifier les sportifs comme des sportifs de niveau international, par ex. en fonction de leur classement, de leur participation à certaines manifestations internationales, de leur type de licence, etc. Cependant, elle est tenue de publier ces critères de manière claire et concise afin que les sportifs puissent s'assurer rapidement et facilement du moment où ils entrent dans la catégorie de sportifs de niveau international. Par exemple, si les critères comprennent la participation à certaines manifestations internationales, la fédération internationale doit en publier la liste.]

Sportif de niveau national : Sportif concourant dans un sport au niveau national, selon la définition de chaque organisation nationale antidopage, en conformité avec le standard international pour les contrôles et les enquêtes.

Standard international : Standard adopté par l'AMA en appui du code. La conformité à un standard international (par opposition à d'autres standards, pratiques ou procédures) suffira pour conclure que les procédures envisagées dans le standard international en question sont correctement exécutées. Les standards internationaux comprennent les documents techniques publiés conformément à leurs dispositions.

Substance interdite : Toute substance ou classe de substances décrite comme telle dans la liste des interdictions.

Substance spécifiée : Voir article 4.2.2.

Suspension : Voir ci-dessus les Conséquences des violations des règles antidopage.

Suspension provisoire : Voir ci-dessus les Conséquences des violations des règles antidopage.

TAS : Tribunal arbitral du sport.

Tentative : Conduite volontaire qui constitue une étape importante d'une action planifiée dont le but est la violation des règles antidopage. Cependant, il n'y aura pas de violation des règles antidopage basée uniquement sur une tentative, si la personne renonce à la tentative avant d'être surprise par un tiers non impliqué dans la tentative.

Trafic : Vente, don, transport, envoi, livraison ou distribution à un tiers (ou possession à cette fin) d'une substance interdite ou d'une méthode interdite (physiquement ou par un moyen électronique ou autre) par un sportif, le personnel d'encadrement du sportif ou une autre personne assujetti *[assujettie]* à l'autorité d'une organisation antidopage. Toutefois, cette définition ne comprend pas les actions de membres du personnel médical réalisées de bonne foi et portant sur une substance interdite utilisée à des fins thérapeutiques légitimes et licites ou à d'autres fins justifiables. Elle ne comprend pas non plus les actions portant sur des substances interdites qui ne sont pas interdites dans des contrôles hors compétition, à moins que l'ensemble des circonstances ne démontre que ces substances interdites ne sont pas destinées à des fins thérapeutiques légitimes et licites ou sont destinées à améliorer la performance sportive.

Usage : Utilisation, application, ingestion, injection ou consommation par tout moyen d'une substance interdite ou d'une méthode interdite.

[Commentaire : Les termes définis au singulier comprennent également le pluriel et vice versa.]

ANNEXE 2

Exemples d'application de l'article 10

EXEMPLE 1

Faits : Un résultat d'analyse anormal découle de la présence d'un stéroïde anabolisant dans un contrôle en compétition (article 2.1). Le sportif avoue sans délai la violation des règles antidopage. Le sportif établit l'absence de faute ou de négligence significative et le sportif fournit une aide substantielle.

Application des conséquences :

1. Le point de départ serait l'article 10.2. Le fait qu'il a été établi que le sportif n'a pas commis de faute significative (selon l'énoncé des faits ci-dessus) constitue une preuve suffisante que la violation des règles antidopage n'était pas intentionnelle (articles 10.2.1.1 et 10.2.3). La période de suspension serait dès lors de deux ans et non de quatre ans (article 10.2.2).

2. Dans un deuxième temps, la formation disciplinaire étudierait si les conditions de réduction liées à la faute (articles 10.4 et 10.5) sont applicables. Sur la base de l'absence de faute ou de négligence substantielle (article 10.5.2), puisque le stéroïde anabolisant n'est pas une substance spécifiée, l'éventail de sanctions applicable serait ramené à un éventail situé entre deux ans et un an (minimum de la moitié de la sanction de deux ans). La formation disciplinaire déterminerait ensuite la période de suspension applicable parmi cet éventail en fonction du degré de la faute du sportif (supposons aux fins d'illustration de cet exemple que la formation disciplinaire imposerait normalement une période de suspension de 16 mois).

3. Dans un troisième temps, la formation disciplinaire évaluerait la possibilité du sursis ou de la réduction au titre de l'article 10.6 (réductions liées à l'absence de faute). En l'occurrence, seul l'article 10.6.1 (aide substantielle) s'appliquerait. (l'article 10.6.3 Aveu sans délai n'est pas applicable car

la période de suspension est déjà inférieure au minimum de deux ans stipulé à l'article 10.6.3). Sur la base de l'aide substantielle, la période de suspension pourrait faire l'objet d'un sursis des trois quarts de 16 mois*. La période minimale de suspension serait ainsi de quatre mois (supposons aux fins d'illustration de cet exemple que la formation disciplinaire prononcerait un sursis de dix mois, de sorte que la période de suspension serait de six mois).

4. En vertu de l'article 10.11, en règle générale, la période de suspension débute à la date de la décision finale. Cependant, du fait que le sportif a avoué sans délai la violation des règles antidopage, la période de suspension pourrait débuter dès la date du prélèvement de l'échantillon, mais en tout état de cause, le sportif devrait purger au moins la moitié de la période de suspension (autrement dit trois mois) à compter de la date de la décision de l'audience (article 10.11.2).

5. Puisque le résultat d'analyse anormal a été commis en compétition, la formation arbitrale devrait automatiquement annuler le résultat obtenu dans cette compétition (article 9).

6. En vertu de l'article 10.8, tous les résultats obtenus par le sportif entre la date du prélèvement de l'échantillon et le début de la période de suspension seraient également annulés sauf si l'équité l'exigeait.

7. L'information mentionnée à l'article 14.3.2 doit être divulguée publiquement, à moins que le sportif ne soit mineur, puisqu'il s'agit d'une partie obligatoire de chaque sanction (article 10.13).

8. Le sportif n'est pas autorisé à participer à quelque titre que ce soit à une compétition ou à une autre activité sportive sous l'autorité d'un signataire ou de ses affiliés durant sa période de suspension (article 10.12.1). Cependant, le sportif peut recommencer à s'entraîner avec une équipe ou à utiliser les installations d'un club ou d'une autre organisation membre d'un signataire ou de ses affiliés durant la plus courte des périodes suivantes : (a) les deux derniers mois de la période de suspension du sportif ou (b) les dernier quart de la période de suspension imposée (article 10.12.2). Ainsi, le sportif aurait le droit de reprendre l'entraînement un mois et demi avant la fin de la période de suspension.

EXEMPLE 2

Faits : Un résultat d'analyse anormal découle de la présence d'un stimulant qui est une substance spécifiée dans un contrôle en compétition (article 2.1). L'organisation antidopage est en mesure d'établir que le sportif a commis la violation des règles antidopage de manière intentionnelle. Le sportif n'est pas en mesure d'établir que la substance interdite a été utilisée hors compétition dans un contexte sans rapport avec une prestation sportive. Le sportif n'avoue pas sans délai la violation des règles antidopage alléguée. Le sportif fournit une aide substantielle.

Application des conséquences :

1. Le point de départ serait l'article 10.2. Du fait que l'organisation antidopage peut établir que la violation des règles antidopage a été commise intentionnellement et que le sportif n'a pas pu établir que la substance interdite était autorisée hors compétition et que cet usage n'avait pas de rapport avec la prestation sportive du sportif (article 10.2.3), la période de suspension serait de quatre ans (article 10.2.1.2).

2. Du fait que la violation était intentionnelle, il n'existe pas de marge de manœuvre pour une réduction sur la base de la faute (pas d'application des articles 10.4 et 10.5). En raison de l'aide substantielle, la sanction pourrait faire l'objet d'un sursis jusqu'à concurrence des trois quarts de quatre ans*. La période minimale de suspension serait donc d'un an.

3. Au titre de l'article 10.11, la période de suspension débuterait à la date de la décision finale.

4. Puisque le résultat d'analyse anormal a été enregistré dans une compétition, la formation disciplinaire prononcerait automatiquement l'annulation du résultat obtenu en compétition.

5. En vertu de l'article 10.8, tous les résultats obtenus par le sportif entre la date de prélèvement de l'échantillon et le début de la période de suspension seraient également annulés sauf si l'équité l'exigeait.

6. Les informations mentionnées à l'article 14.3.2 doivent être divulguées publiquement à moins que le sportif ne soit mineur, puisqu'il s'agit d'une partie obligatoire de chaque sanction (article 10.13).

7. Le sportif n'est pas autorisé à participer à quelque titre que ce soit à une compétition ou à une autre activité sportive sous l'autorité d'un signataire ou de ses affiliés durant sa période de suspension (article 10.12.1). Cependant, le sportif peut recommencer à s'entraîner avec une équipe ou à utiliser les installations d'un club ou d'une autre organisation membre d'un signataire ou de ses affiliés durant la plus courte des périodes suivantes : (a) les deux derniers mois de la période de suspension du sportif ou (b) les dernier quart de la période de suspension imposée (article 10.12.2). Ainsi, le sportif aurait le droit de reprendre l'entraînement un mois et demi avant la fin de la période de suspension.

EXEMPLE 3

Faits : Un résultat d'analyse anormal découle de la présence d'un stéroïde anabolisant dans un contrôle hors compétition (article 2.1). Le sportif établit qu'il n'a commis aucune faute ni négligence significative. Le sportif établit également que le résultat d'analyse anormal est dû à un produit contaminé.

Application des conséquences :

1. Le point de départ serait l'article 10.2. Du fait que le sportif peut apporter à l'appui de ses dires la preuve qu'il n'a pas commis la violation des règles antidopage de façon intentionnelle – il n'a pas commis de faute significative en utilisant un produit contaminé (articles 10.2.1.1 et 10.2.3) – la période de suspension serait de deux ans (article 10.2.2).
2. Dans un deuxième temps, la formation disciplinaire analyserait les possibilités de réductions liées à la faute (articles 10.4 et 10.5). Puisque le sportif peut établir que la violation des règles antidopage a été causée par un produit contaminé et qu'il n'a commis aucune faute ni négligence significative, en vertu de l'article 10.5.1.2, l'éventail applicable pour la période de suspension serait ramené à un éventail situé entre deux ans et une réprimande. La formation disciplinaire déterminerait la période de suspension parmi cet éventail, en fonction du degré de la faute du sportif (supposons aux fins d'illustration de cet exemple que la formation disciplinaire imposerait normalement une période de suspension de quatre mois).
3. En vertu de l'article 10.8, tous les résultats obtenus par le sportif entre la date de prélèvement de l'échantillon et le début de la période de suspension seraient annulés sauf si l'équité l'exigeait.
4. Les informations mentionnées à l'article 14.3.2 doivent être divulguées publiquement à moins que le sportif ne soit mineur, puisqu'il s'agit d'une partie obligatoire de chaque sanction (article 10.13).
5. Le sportif n'est pas autorisé à participer à quelque titre que ce soit à une compétition ou à une autre activité sportive sous l'autorité d'un signataire ou de ses affiliés durant sa période de suspension (article 10.12.1). Cependant, le sportif peut recommencer à s'entraîner avec une équipe ou à utiliser les installations d'un club ou d'une autre organisation membre d'un signataire ou de ses affiliés durant la plus courte des périodes suivantes : (a) les deux derniers mois de la période de suspension du sportif ou (b) les dernier quart de la période de suspension imposée (article 10.12.2). Ainsi, le sportif aurait le droit de reprendre l'entraînement un mois et demi avant la fin de la période de suspension.

EXEMPLE 4

Faits : Un sportif qui n'a jamais eu de résultat d'analyse anormal et n'a jamais été informé d'une violation des règles antidopage avoue spontanément avoir utilisé un stéroïde anabolisant pour améliorer ses performances. Le sportif fournit également une aide substantielle.

Application des conséquences :

1. Puisque la violation était intentionnelle, l'article 10.2.1 serait applicable et la période de suspension de base serait de quatre ans.
2. Il n'existe pas de marge de manœuvre pour des réductions de la période de suspension liées à la faute (pas d'application des articles 10.4 et 10.5).
3. Sur la base du seul aveu spontané du sportif (article 10.6.2), la période de suspension pourrait être réduite jusqu'à concurrence de la moitié de quatre ans. Sur la base de la seule aide substantielle apportée par le sportif (article 10.6.1), la période de suspension pourrait faire l'objet d'un sursis jusqu'à concurrence des trois quarts de quatre ans*. En vertu de l'article 10.6.4, compte tenu de l'aveu spontané et de l'aide substantielle pris en compte conjointement, la durée maximale de réduction ou de sursis de la sanction pourrait atteindre les trois quarts de quatre ans. La période minimale de suspension serait dès lors d'un an.
4. En principe, la période de suspension débute le jour de la décision finale (article 10.11). Si l'admission spontanée est prise en compte dans la réduction de la période de suspension, un début anticipé de la période de suspension en vertu de l'article 10.11.2 n'est pas autorisé. Cette disposition vise à empêcher qu'un sportif ne profite d'une double réduction basée sur les mêmes circonstances. Cependant, si la période de suspension faisait l'objet d'un sursis uniquement sur la base de l'aide substantielle, l'article 10.11.2 pourrait encore être appliqué et la période de suspension débuterait à la date de la dernière utilisation du stéroïde anabolisant par le sportif.
5. En vertu de l'article 10.8, tous les résultats obtenus par le sportif entre la date de la violation des règles antidopage et le début de la période de suspension seraient annulés sauf si l'équité l'exigeait.
6. Les informations mentionnées à l'article 14.3.2 doivent être divulguées publiquement à moins que le sportif ne soit mineur, puisqu'il s'agit d'une partie obligatoire de chaque sanction (article 10.13).

7. Le sportif n'est pas autorisé à participer à quelque titre que ce soit à une compétition ou à une autre activité sportive sous l'autorité d'un signataire ou de ses affiliés durant sa période de suspension (article 10.12.1). Cependant, le sportif peut recommencer à s'entraîner avec une équipe ou à utiliser les installations d'un club ou d'une autre organisation membre d'un signataire ou de ses affiliés durant la plus courte des périodes suivantes : (a) les deux derniers mois de la période de suspension du sportif ou (b) les dernier quart de la période de suspension imposée (article 10.12.2). Ainsi, le sportif aurait le droit de reprendre l'entraînement un mois et demi avant la fin de la période de suspension.

EXEMPLE 5

Faits : Un membre du personnel d'encadrement du sportif aide celui-ci à contourner une période de suspension imposée au sportif en l'inscrivant à une compétition sous un faux nom. Le membre du personnel d'encadrement du sportif reconnaît cette violation des règles antidopage spontanément (article 2.9) avant de recevoir la notification d'une violation des règles antidopage de la part d'une organisation antidopage.

Application des conséquences :

1. En vertu de l'article 10.3.4, la période de suspension serait de deux à quatre ans en fonction de la gravité de la violation (supposons aux fins d'illustration de cet exemple que la formation disciplinaire imposerait normalement une période de suspension de trois ans).

2. Il n'existe pas de marge de manœuvre pour des réductions de la période de suspension liées à la faute puisque l'intention est un élément de la violation des règles antidopage à l'article 2.9 (voir commentaire sur l'article 10.5.2).

3. En vertu de l'article 10.6.2, étant donné que l'admission est la seule preuve fiable, la période de suspension peut être réduite de moitié (supposons aux fins d'illustration de cet exemple que la formation disciplinaire imposerait une période de suspension de 18 mois).

4. Les informations mentionnées à l'article 14.3.2 doivent être divulguées publiquement à moins que le sportif ne soit mineur, puisqu'il s'agit d'une partie obligatoire de chaque sanction (article 10.13).

EXEMPLE 6

Faits : Un sportif a été sanctionné pour une première violation des règles antidopage d'une période de suspension de 14 mois, dont quatre mois avec sursis pour cause d'aide substantielle. Le sportif commet une deuxième violation des règles antidopage découlant d'un stimulant qui n'est pas une substance spécifiée dans un contrôle en compétition (article 2.1). Le sportif établit l'absence de faute ou de négligence significative et le sportif a apporté une aide substantielle. S'il s'agissait d'une première violation, la formation disciplinaire sanctionnerait le sportif d'une période de suspension de 16 mois avec sursis de six mois pour aide substantielle.

Application des conséquences :

1. L'article 10.7 est applicable à la deuxième violation des règles antidopage du fait que les articles 10.7.4.1 et 10.7.5 s'appliquent.

2. En vertu de l'article 10.7.1, la période de suspension serait la plus longue des trois périodes suivantes :

(a) six mois ;

(b) la moitié de la période de suspension qui s'appliquerait autrement à la première violation avant l'application de l'article 10.6 (dans cet exemple, cela serait égal à la moitié de 14 mois, soit sept mois) ; ou

(c) le double de la période de suspension qui s'appliquerait autrement à la deuxième violation traitée comme s'il s'agissait d'une première violation, avant l'application de l'article 10.6 (dans cet exemple, cela serait égal au double de 16 mois, soit 32 mois).

Ainsi, la période de suspension pour la deuxième violation serait la plus longue des périodes (a), (b) ou (c), soit une période de suspension de 32 mois.

3. Dans une étape suivante, la formation disciplinaire évaluerait la possibilité de sursis ou de réduction en vertu de l'article 10.6 (réductions liées à l'absence de faute). Dans le cas de la deuxième violation, seul l'article 10.6.1 (aide substantielle) s'applique. Sur la base de l'aide substantielle, la période de suspension pourrait faire l'objet d'un sursis des trois quarts de 32 mois*. La période de suspension minimale serait donc de huit mois (supposons aux fins d'illustration de cet exemple que la formation disciplinaire prononce un sursis de huit mois de la période de suspension pour aide substantielle, ce qui réduit à deux ans la période de suspension imposée).

4. Puisque le résultat d'analyse anormal a été obtenu dans une compétition, la formation disciplinaire annulerait automatiquement le résultat obtenu dans la compétition.

5. En vertu de l'article 10.8, tous les résultats obtenus par le sportif entre la date de la violation des règles antidopage et le début de la période de suspension seraient également annulés sauf si l'équité l'exigeait.

6. Les informations mentionnées à l'article 14.3.2 doivent être divulguées publiquement à moins que le sportif ne soit mineur, puisqu'il s'agit d'une partie obligatoire de chaque sanction (article 10.13).

7. Le sportif n'est pas autorisé à participer à quelque titre que ce soit à une compétition ou à une autre activité sportive sous l'autorité d'un signataire ou de ses affiliés durant sa période de suspension (article 10.12.1). Cependant, le sportif peut recommencer à s'entraîner avec une équipe ou à utiliser les installations d'un club ou d'une autre organisation membre d'un signataire ou de ses affiliés durant la plus courte des périodes suivantes : (a) les deux derniers mois de la période de suspension du sportif ou (b) le dernier quart de la période de suspension imposée (article 10.12.2). Ainsi, le sportif aurait le droit de reprendre l'entraînement deux mois avant la fin de la période de suspension.

** Avec l'approbation de l'AMA, dans des circonstances exceptionnelles, le sursis maximum concernant la période de suspension pour aide substantielle peut être supérieur aux trois quarts, et le rapport et la publication peuvent être retardés.*

DROIT DE L'UNION EUROPÉENNE

BIBL. GEN. ▶ F. Alaphilippe, Normes sportives et droit de l'Union européenne de la concurrence, *RJ éco. sport 2006, n° 80, p. 7*. – J.-L. Arnaud, Étude indépendante sur le sport européen, *UK Presidency of the EU 2005, résumé, oct. 2006*. – J. Arroyo, La Règlementation de la profession de moniteur de ski et le droit de l'Union européenne : confrontation ou instrumentalisation ?, *Cah. dr. sport n° 38, 2014, p. 16*. – G. Auneau, Libre circulation des travailleurs sportifs, *J.-Cl. Europe, 1997, Fasc. 603* ; Aspects européens du droit du travail dans la pratique sportive, professionnelle et amateur, *Rev. aff. eur. 2002, n° 3, p. 338*. – C. Bertrand, L'affaire Oulmers : la gratuité de la mise à disposition des sportifs au profit des fédérations est-elle compatible avec le droit de l'Union européenne ?, *RJ éco. sport 2007, n° 82, p. 7*. – R. Blanpain, L'affaire Bosman : la fin de l'ère des transferts ?, *Louvain, Peeters, 1996*. – J.-C. Bonichot, De la circulation des personnes et des biens, *RJ éco. sport 1989, n° 9, p. 3*. – J.-P. Boucheron, Libre circulation, *in Dict. jur. du sport, Dalloz, Juriséditions, 2013, p. 214*. – J.-Chr. Breillat, Le droit social sportif et l'ordre juridique communautaire, *ibid., 1996, n° 40, p. 5 ; ibid., 1995, n° 35, p. 111* (sport et libre circulation des travailleurs). – L. Chabaud, Ch. Dudognon et D. Primault (dir. E. Bournazel et J.-P. Karaquillo), Le sportif et la Communauté européenne : le « statut social » du sportif de haut niveau, *Dalloz, Dalloz Service, 1993*. – V. Di Bucci, Contrôle communautaire des aides d'État et le sport, *L'Observateur de Bruxelles, 2005, n° 62, p. 14*. – S. Doremus, Sportif étranger à l'Union européenne, *Rev. aff. eur. 2002, n° 3, p. 332*. – J.-P. Dubey, La libre circulation des sportifs en Europe, *lant, 2000*. – J.-P. Dubey et J.-L. Dupont, Droit européen et sport : portrait d'une cohabitation, *JTDE (Larcier) 2002, n° 85, p. 1*. – M. Fonteneau, Le livre blanc européen sur le sport : l'amorce d'une politique européenne du sport, *RJ éco. sport 2007, n° 84, p. 7*. – A. Husting, L'Union européenne et le sport, *Juris service, 1998* ; Quelle reconnaissance pour l' « exception » sportive ou pour la « spécificité » sportive dans la nouvelle constitution européenne ?, *RMCUE, n° 481, sept. 2004, p. 515* ; La gouvernance du sport et l'ordre juridique communautaire : le présent et l'avenir, *Cah. dr. sport n° 9, 2007* ; Quelle intervention communautaire pour réguler la profession d'agent de joueur ?, *RJ éco. sport 2007, n° 85, p. 147* ; La limitation des étrangers dans le sport professionnel : un difficile arbitrage entre principes communautaires et intérêts sportif ; *RMCUE, n° 523, déc. 2008, p. 637*. – G. Infantino, Meca-Medina : Un pas en arrière pour le modèle sportif européen et la spécificité du sport ?, *RJ éco. sport 2006, n° 81, p. 111*. – D. Kontizas, Le droit à la libre circulation : aperçu de l'acquis communautaire en ce qui concerne les sportifs professionnels, *L'Observateur de Bruxelles, 2005, n° 62, p. 8*. – Y. Le Lostecque, Les transferts de joueurs, *Rev. aff. eur. 2002, n° 3, p. 324* ; Financements européens : le programme Erasmus+ sport, *JS 2014, n° 148, p. 42*. – S. Le Reste, La Commission européenne au soutien du fair-play financier, Cah. dr. sport n° 34, 2013, p. 25. – F. Mandin, La soumission de la norme sportive au droit de communautaire, *D. 1998. Chron. 32*. – T. Martin, L'avenir du système régissant les transferts de joueurs de football au regard du droit de l'Union européenne, *Cah. dr. sport n° 34, 2013, p. 29*. – C. Miège, Exception sportive, ou spécificités du sport devant être prises en compte par l'Union européenne ?, *RJ éco. sport 2006, n° 79, p. 141* ; Sport et droits de l'homme dans l'environnement européen, *ibid. 2005, n° 76, p. 7* ; La mise en conformité de la loi française sur le sport avec le principe communautaire de libre circulation des capitaux, *Cah. dr. sport n° 4, 2005* ; Les modifications de la loi française sur le sport sous l'influence du droit de l'Union européenne, *ibid. n° 5, 2006 ;* La législation nationale en matière de paris sportifs pourra-t-elle résister au droit de l'Union européenne ?, *ibid. n° 9, 2007* ; La position commune du mouvement olympique : un challenge pour l'Europe, *JS 2010, n° 99, p. 38* ; La communication de la Commission européenne visant à « développer la dimension européenne du sport », *ibid. n° 22, 2010* ; Maintenir l'équité des compétitions au niveau européen : la question de l'interdiction des aides d'État, *Cah. dr. sport n° 37, 2014, p. 22*. - D. Musso, Le modèle européen du sport professionnel en sursis, *RJ éco. sport 1998, n° 48, p. 7* . - M. Pautot, Sportifs, transferts et liberté de circulation, *Gaz. Pal. 2002, n° 30, p. 2*. - *RJ éco. sport 1989, n° spéc., n° 9,* L'Acte unique européen et le sport (V. notamment J.-P. Karaquillo, La liberté de circulation pour les pratiquants sportifs ?, *p. 25 ;* J.-P. Théron, La formation des éducateurs sportifs, *p. 76)*. - *RMUE, n° spéc., 1996, n° 1,* L'arrêt Bosman (V. notamment G. Campogrande, Les règles de concurrence et les entreprises sportives professionnelles, *p. 45 ;* J.-L. Dupont, *p. 65* situation antérieure à l'arrêt) ; M. Fernandez-Salas, *p. 155* (renversement de l'arrêt par une modification du traité de Rome) ; - L. Nyssen et X. Denoël, *p. 119* (situation des ressortissants d'États tiers) ; D. O'Keefe et P. Osborne, *p. 17* (conséquences de l'arrêt sur le droit de l'Union européenne) ; A. Pappalardo et N. Parisis, Le droit de la concurrence et le sport professionnel par équipe, *p. 57* ; M. Thill, *p. 89* (implications de l'arrêt pour la libre circulation des sportifs). - F. Rangeon, Le traité de Lisbonne : enjeux et conséquences pour le droit européen du sport, *JS 2010, n° 96, p. 34* ; Gouvernance du sport : quelle place pour l'Europe ?, *JS 2011, n° 110, p. 38* ; Cour de justice de l'Union européenne (jurisprudence sportive), *in Dict. jur. du sport, Dalloz, Juriséditions, 2013, p. 121* ; Libre concurrence, *ibid., p. 218* ; Union européenne, *ibid., p. 331*. - J. Rideau, Règles sportives et droit de l'Union européenne, *in* Sport, droit et relations internationales, *Economica, 1988, p. 139*. - G. Rocca, L'application des règles antitrust aux règles sportives, *L'Observateur de Bruxelles, 2005, n° 62, p. 2*. - P. Rocipon (dir.), Sport et Europe, des perspectives à concilier, *JS 2015, n° 159,p. 17 -34*. - J.-C. Séché, Quand les juges tirent au but, *CDE 1996. 355*. - G. Simon, L'interdiction des discriminations à l'emploi des sportifs ressortissants des États associés à l'Union européenne, *Lettre Lamy droit du sport 2003, n° 1, p. 1*. - K. Van Miert, Sport et concurrence : développements récents et actions de la commission, *RMUE 1997, n° 4, p. 5*. - M. Wathelet, La gouvernance du sport et l'ordre juridique communautaire : le présent et l'avenir, *Cah. dr. sport 2007, n° 9*. - J. Zylberstein, Note introductive à la résolution du Parlement européen du 29 mars 2007 sur l'avenir du football professionnel en Europe, *Cah. dr. sport 2007, n° 8 ;* Que reste t-il de la spécificité du sport en droit de l'Union européenne ?, *Gaz. Pal. 2007, n° 311 ; 312*. - Droit de la concurrence et sport, *in Dict. perm. dr. sport (mise à jour périodique)*. - Dossier spécial « sport et droit européen », *Cah. dr. sport 2013, n° 31*.

COMMENTAIRE

Depuis le « séisme » qu'a constitué en 1995 l'arrêt *Bosman* – pourtant en germe depuis le milieu des années 1970 dans la jurisprudence de la Cour de justice des communautés européennes (CJCE, devenue depuis 2009 la Cour de justice de l'Union européenne, CJUE), il n'échappe à personne que le sport est soumis au droit de l'Union européenne.

Il n'en va en principe ainsi, selon la formule consacrée par la Cour, que dans la mesure où l'exercice des sports constitue une activité économique.

C'est ainsi que, au gré des affaires qui lui ont été soumises, la CJUE a affiné sa jurisprudence en matière de sport. En matière de libre circulation des travailleurs et de libre prestation de services, elle a ainsi prohibé le système des « clauses de nationalité » à l'égard des ressortissants de l'Union européenne (arrêt *Bosman*), des ressortissants d'États bénéficiant d'accord d'association (arrêt *Kolpak*) ou de partenariat (arrêt *Simutenkov*) et les indemnités de transferts à l'échéance des contrats (arrêt *Bosman*) ; elle a en revanche validé, sous conditions, le mécanisme des périodes de transfert (arrêt *Lethonen*), le principe du passage par une sélection nationale pour participer à certaines compétitions (arrêt *Deliège*) ainsi que les indemnités de formation (arrêt *Bernard*).

Schématiquement, face à une réglementation qui heurte certains principes de droit de l'Union, la CJUE examine si l'objectif poursuivi par ladite réglementation est d'intérêt général et, dans l'affirmative, si les moyens utilisés sont strictement proportionnés à ce qui est nécessaire pour atteindre ce but.

La CJUE s'est également prononcée à plusieurs reprises dans des domaines liant sport et droit de la concurrence.

Un arrêt de la CJCE du 18 juillet 2006 (arrêt *Meca-Medina*) est venu semer le trouble quant à la méthode d'analyse du juge de l'UE à propos de l'examen de la compatibilité des règlements sportifs avec l'ordre juridique communautaire. En effet, à cette occasion le juge a considéré qu'il ne devait y avoir *a priori* aucune règle sportive (en l'espèce les règles antidopage) échappant par principe à l'examen du juge de l'UE en matière de droit de la concurrence mais que chaque règle devait faire l'objet d'un examen au cas par cas, ce qui a été perçu par le mouvement sportif comme une grande source d'insécurité juridique.

L'action de la Commission n'est également pas neutre en la matière. En effet, c'est elle qui détient une grande part des compétences communautaires s'agissant des questions de libre concurrence ou d'aides d'État, ce qui a donné lieu à une série de décisions de sa part, touchant, par exemple, à la façon dont l'UEFA commercialise les droits audiovisuels de la Ligue des champions, à la question des fournisseurs « officiels » de matériels sportifs ou encore au problème des subventions publiques aux clubs sportifs professionnels en France. La Commission européenne a par ailleurs validé le dispositif d'aides d'État mis en place par la France pour financer la construction et la rénovation des stades de l'Euro 2016 (V. P. Rocipon, Le financement public des stades de l'Euro 2016 approuvé, *JS 2014, n° 139, p. 6*).

Mais l'influence du droit de l'Union européenne sur le sport ne s'arrête pas à la non-discrimination, la libre circulation, la libre concurrence et d'autres secteurs peuvent être touchés ; la CJUE est par exemple intervenue sur la base du droit d'auteur (Dir. Cons. et Parlement européen, 96/9/CE, 11 mars 1996, concernant la protection juridique des bases de données) en considérant qu'un calendrier de rencontres de football ne peut pas être protégé par le droit d'auteur lorsque sa constitution est dictée par des règles ou des contraintes ne laissant aucune place à une liberté créative (V. comm. App., v° *Propriété intellectuelle ; V. aussi CJUE, 3e ch., 1er mars 2012, Football Dataco e.a. c/ Yahoo ! UK Ltd, aff. C-604/10 : Communication Commerce électronique n° 5, mai 2012, comm. 47, obs. C. Caron).*

Elle est également intervenue s'agissant des brefs extraits, en jugeant conforme au droit de l'Union la directive « Services de médias audiovisuels » (Dir. n° 2010/13/UE du Parlement européen et du Conseil, du 10 mars 2010, visant à la coordination de certaines dispositions législatives, réglementaires et administratives des États membres relatives à la fourniture de services de médias audiovisuels), en validant notamment que la compensation financière que le titulaire des droits exclusifs de retransmission peut demander pour de brefs reportages soit limitée aux frais techniques (CJUE 22 janv. 2013, *Sky Österreich GmbH c/ Österreichischer Rundfunk*, aff. C-283/11 : *Communication Commerce électronique n° 5, mai 2013, étude 9 par F. Rizzo ; Cah. dr. sport 2013, n° 32, p. 224, note F. Rizzo ; ibid., n° 30, p. 180, note A. Signorile*). Elle s'est aussi prononcée sur la question des événements d'une importance majeure, soumis à une interdiction de retransmission exclusive, s'agissant des matchs de la phase finale de la Coupe du monde et de ceux de l'euro (CJUE, 18 juill. 2013, *UEFA*, aff. C-201/11 : *Cah. dr. sport 2013, n° 33, p. 279, note A. Signorile*)

Ou encore s'agissant de l'exonération de TVA, prévue par la directive 2006/112/CE du Conseil du 28 novembre 2006 (relative au système commun de taxe sur la valeur ajoutée), en qualifiant de prestations de services ayant un lien étroit avec la pratique du sport ou de l'éducation physique (au sens de cette directive), la pratique d'activités sportives de manière non organisée et non systématique et n'ayant pas pour but la participation à des compétitions sportives (en l'espèce dans le cadre d'un parc aquatique municipal) (CJUE 21 févr. 2013, *Mesto Zamberk* : aff. C-18/12).

Les relations entre le droit de l'Union et le droit du sport ont ainsi pendant de nombreuses années évolué au gré des décisions de la Commission et des arrêts de la CJUE, envisagés sur des bases juridiques totalement étrangères au sport. Désormais, une base légale à la reconnaissance d'une certaine spécificité du sport ainsi qu'à des actions communautaires en la matière a été introduite dans les textes fondateurs par le traité adopté à Lisbonne le 13 décembre 2007 et entré en vigueur le 1er décembre 2009. ❑

Traité sur l'Union européenne

JOUE n° C 83/13 du 30 mars 2010.

COMMENTAIRE

Le traité sur l'Union européenne, ou traité de Maastricht, a été adopté le 7 février 1992 et est entré en vigueur au 1er novembre 1993. Constitutif de l'Union européenne, il a ensuite été modifié par les traités d'Amsterdam (2 oct. 1997), de Nice (26 févr. 2001) et de Lisbonne (13 déc. 2007). ❑

Art. 3 **1. L'Union a pour but de promouvoir la paix, ses valeurs et le bien-être de ses peuples.**

2. L'Union offre à ses citoyens un espace de liberté, de sécurité et de justice sans frontières intérieures, au sein duquel est assurée la libre circulation des personnes, en liaison avec des mesures appropriées en matière de contrôle des frontières extérieures, d'asile, d'immigration ainsi que de prévention de la criminalité et de lutte contre ce phénomène.

3. L'Union établit un marché intérieur. Elle œuvre pour le développement durable de l'Europe fondé sur une croissance économique équilibrée et sur la stabilité des prix, une économie sociale de marché hautement compétitive, qui tend au plein emploi et au progrès social, et un niveau élevé de protection et d'amélioration de la qualité de l'environnement. Elle promeut le progrès scientifique et technique.

Elle combat l'exclusion sociale et les discriminations, et promeut la justice et la protection sociales, l'égalité entre les femmes et les hommes, la solidarité entre les générations et la protection des droits de l'enfant.

Elle promeut la cohésion économique, sociale et territoriale, et la solidarité entre les États membres.

Elle respecte la richesse de sa diversité culturelle et linguistique, et veille à la sauvegarde et au développement du patrimoine culturel européen.

4. L'Union établit une union économique et monétaire dont la monnaie est l'euro.

5. Dans ses relations avec le reste du monde, l'Union affirme et promeut ses valeurs et ses intérêts et contribue à la protection de ses citoyens. Elle contribue à la paix, à la sécurité, au développement durable de la planète, à la solidarité et au respect mutuel entre les peuples, au commerce libre et équitable, à l'élimination de la pauvreté et à la protection des droits de l'homme, en particulier ceux de l'enfant, ainsi qu'au strict respect et au développement du droit international, notamment au respect des principes de la charte des Nations unies.

6. L'Union poursuit ses objectifs par des moyens appropriés, en fonction des compétences qui lui sont attribuées dans les traités. – *[Anc. art. 2 traité UE.]*

1. Principes d'analyse par la CJUE [ancienne CJCE]. L'exercice des sports ne relève du droit de l'Union européenne que dans la mesure où il constitue une activité économique au sens de l'art. 2 du Traité [art. 3 TUE]. • CJCE 12 déc. 1974, aff. 36-74, *Walrave et Koch c/ Union cycliste internationale : Rec. CJCE 1405.*

2. S'agissant de la difficulté de scinder les aspects économiques et les aspects sportifs d'une activité sportive, les dispositions communautaires en matière de libre circulation des personnes et de libre prestation des services ne s'opposent pas à des réglementations ou pratiques justifiées par des motifs non économiques, tenant au caractère et au cadre spécifiques de certaines rencontres sportives. • CJCE 14 juill. 1976, aff. 13-16, *Donà c/ Mantero : Rec. CJCE, p. 1333.* ♦ Cette restriction du champ d'application des dispositions en cause doit rester limitée à son objet propre. • Même arrêt. ♦ Dès lors, elle ne peut être invoquée pour exclure toute une activité sportive du champ d'application du traité. • CJCE 18 juill. 2006, aff. C 519/04 P, *Meca-Medina et Majcen : Rec. CJCE, I, 6991.*

3. La seule circonstance qu'une règle aurait un caractère purement sportif ne fait pas pour autant sortir la personne qui exerce l'activité régie par cette règle ou l'organisme qui a édicté celle-ci du champ d'application du traité. • CJCE 18 juill. 2006 : *préc. note 2.* ♦ Ainsi, à supposer même que des règles ne constituent pas des restrictions à la libre circulation parce qu'elles portent sur des questions intéressant uniquement le sport et sont en tant que telles étrangères à l'activité économique, cette circonstance n'implique ni que l'activité sportive concernée échappe nécessairement au champ d'application du droit de la concurrence en fonction des art. 81 CE et 82 CE [art. 101 et 102 TFUE], ni que lesdites règles ne rempliraient pas les conditions d'application propres auxdits articles. • Même arrêt.

4. Pour le cas où l'exercice d'une activité doit être apprécié au regard des dispositions du traité relatives à la concurrence, il y aura lieu de vérifier si, compte tenu des conditions d'application propres aux art. 81 CE et 82 CE [art. 101 et 102 TFUE], les règles qui régissent ladite activité émanent d'une entreprise, si celle-ci restreint la concurrence ou abuse de sa position dominante, et si cette restriction ou cet abus affecte le commerce entre États membres. • CJCE 18 juill. 2006 : *préc note 2.*

5. Les règles qui constituent des entraves à la libre circulation des travailleurs sont interdites, en principe, par le Traité. Il n'en irait autrement que si ces règles poursuivaient un objectif légitime compatible avec le Traité et se justifiaient par des raisons impérieuses d'intérêt général. Mais encore faudrait-il, en pareil cas, que l'application desdites règles soit propre à garantir la réalisation de l'objectif en cause et n'aille pas au-delà de ce qui est nécessaire pour atteindre cet objectif. • CJCE 15 déc. 1995, aff. C-415/93, *Union royale belge des stés de football et a. c/ Bosman : Rec. CJUE. I. 4921.*

Traité sur le fonctionnement de l'Union européenne

JOUE n° C 83/47 du 30 mars 2010.

COMMENTAIRE

Anciennement dénommé « Traité instituant la Communauté économique européenne », puis « Traité instituant la Communauté européenne » (ou traité CE), le traité sur le fonctionnement de l'Union européenne a été adopté à Rome le 25 mars 1957 et est entré en vigueur le 1er janvier 1958. Il a été modifié par l'Acte unique européen (17 et 28 févr. 1986) et par les traités de Maastricht (7 févr. 1992), d'Amsterdam (2 oct. 1997), de Nice (26 févr. 2001) et de Lisbonne (13 déc. 2007).

Le sport ne relève de la compétence de l'Union européenne que depuis l'entrée en vigueur du traité de Lisbonne, le 1er décembre 2009. L'article 6 du traité sur le fonctionnement de l'UE donne désormais une base légale à une compétence subsidiaire de l'Union européenne en matière sportive : l'Union peut mener des actions pour « appuyer, coordonner ou compléter l'action des États membres ». Auparavant, le sport ne relevait que de la compétence exclusive des États membres.

Si, à ce jour, aucun texte légalement contraignant n'a été établi par l'Union européenne dans le domaine du sport, les institutions de l'UE ont adopté divers rapports en la matière : en juillet 2007, le Livre blanc sur le sport était adopté par la Commission européenne ; en janvier 2011, la Commission adoptait une communication intitulée « Développer la dimension européenne du sport », auquel le Parlement européen répondait en février 2012 dans une résolution sur la dimension européenne du sport.

Le traité de Lisbonne a surtout marqué, à l'article 165 TFUE, la reconnaissance de la spécificité du sport, sans pour autant en donner une définition précise. ❑

Compétence sport

Art. 6 **L'Union dispose d'une compétence pour mener des actions pour appuyer, coordonner ou compléter l'action des États membres. Les domaines de ces actions sont, dans leur finalité européenne :**

a) **la protection et l'amélioration de la santé humaine ;**
b) **l'industrie ;**
c) **la culture ;**
d) **le tourisme ;**
e) **l'éducation, la formation professionnelle, la jeunesse et le sport ;**
f) **la protection civile ;**
g) **la coopération administrative.**

Reconnaissance de la spécificité du sport

Art. 165 **1. L'Union contribue au développement d'une éducation de qualité en encourageant la coopération entre États membres et, si nécessaire, en appuyant et en complétant leur action tout en respectant pleinement la responsabilité des États membres pour le contenu de l'enseignement et l'organisation du système éducatif ainsi que leur diversité culturelle et linguistique.**

L'Union contribue à la promotion des enjeux européens du sport, tout en tenant compte de ses spécificités, de ses structures fondées sur le volontariat ainsi que de sa fonction sociale et éducative.

2. L'action de l'Union vise :
– à développer la dimension européenne dans l'éducation, notamment par l'apprentissage et la diffusion des langues des États membres ;
– à favoriser la mobilité des étudiants et des enseignants, y compris en encourageant la reconnaissance académique des diplômes et des périodes d'études ;
– à promouvoir la coopération entre les établissements d'enseignement ;
– à développer l'échange d'informations et d'expériences sur les questions communes aux systèmes d'éducation des États membres ;
– à favoriser le développement des échanges de jeunes et d'animateurs socio-éducatifs et à encourager la participation des jeunes à la vie démocratique de l'Europe ;
– à encourager le développement de l'éducation à distance ;
– à développer la dimension européenne du sport, en promouvant l'équité et l'ouverture dans les compétitions sportives et la coopération entre les organismes responsables du sport, ainsi qu'en protégeant l'intégrité physique et morale des sportifs, notamment des plus jeunes d'entre eux.
3. L'Union et les États membres favorisent la coopération avec les pays tiers et les organisations internationales compétentes en matière d'éducation et de sport, et en particulier avec le Conseil de l'Europe.
4. Pour contribuer à la réalisation des objectifs visés au présent article :
– le Parlement européen et le Conseil, statuant conformément à la procédure législative ordinaire et après consultation du Comité économique et social et du Comité des régions, adoptent des actions d'encouragement, à l'exclusion de toute harmonisation des dispositions législatives et réglementaires des États membres ;
– le Conseil adopte, sur proposition de la Commission, des recommandations.

Non-discrimination, libre circulation des travailleurs et libre prestation de services

....

Art. 18 Dans le domaine d'application des traités, et sans préjudice des dispositions particulières qu'ils prévoient, est interdite toute discrimination exercée en raison de la nationalité.

Le Parlement européen et le Conseil, statuant conformément à la procédure législative ordinaire, peuvent prendre toute réglementation en vue de l'interdiction de ces discriminations. – *[Anc. art. 12 du traité CE.]*

V. jurisprudence ss. art. 56.

Art. 45 1. La libre circulation des travailleurs est assurée à l'intérieur de l'Union.
2. Elle implique l'abolition de toute discrimination, fondée sur la nationalité, entre les travailleurs des États membres, en ce qui concerne l'emploi, la rémunération et les autres conditions de travail.
3. Elle comporte le droit, sous réserve des limitations justifiées par des raisons d'ordre public, de sécurité publique et de santé publique :
a) de répondre à des emplois effectivement offerts,
b) de se déplacer à cet effet librement sur le territoire des États membres,
c) de séjourner dans un des États membres afin d'y exercer un emploi conformément aux dispositions législatives, réglementaires et administratives régissant l'emploi des travailleurs nationaux,
d) de demeurer, dans des conditions qui feront l'objet de règlements établis par la Commission, sur le territoire d'un État membre, après y avoir occupé un emploi.
4. Les dispositions du présent article ne sont pas applicables aux emplois dans l'administration publique. – *[Anc. art. 39 du traité CE.]*

V. jurisprudence ss. art. 56.

Art. 56 Dans le cadre des dispositions ci-après, les restrictions à la libre prestation des services à l'intérieur de l'Union sont interdites à l'égard des ressortissants des États membres établis dans un État membre autre que celui du destinataire de la prestation.

Le Parlement européen et le Conseil, statuant conformément à la procédure législative ordinaire, peuvent étendre le bénéfice des dispositions du présent chapitre aux prestataires de services ressortissants d'un État tiers et établis à l'intérieur de l'Union. – *[Anc. art. 49 du traité CE.]*

1. Libre circulation des sportifs et libre prestation de services. Lorsqu'une activité sportive a le caractère d'une activité salariée ou d'une prestation de services rémunérée, ce qui est le cas de celle des sportifs semi-professionnels ou professionnels, elle tombe, plus particulièrement, dans le champ d'application des art. 39 s. CE [art. 45 s. TFUE], ou des art. 49 s. CE [art. 56 s. TFUE] • CJCE 18 juill. 2006 : *préc. note 2 ss. art. 2.*

A. PRINCIPE DE LIBRE CIRCULATION

2. Libre circulation des sportifs. L'interdiction de discrimination fondée sur la nationalité ne concerne pas la composition d'équipes sportives, en particulier sous forme d'équipes nationales, la formation de ces équipes étant une question intéressant uniquement le sport, et, en tant que telle, étrangère à l'activité économique. • CJCE 12 déc. 1974. ♦ L'interdiction de discrimination fondée sur la nationalité s'impose non seulement à l'action des autorités publiques mais s'étend également aux réglementations d'une autre nature visant à régler, de façon collective, le travail salarié et les prestations de services. • Même arrêt.

3. Est incompatible avec le droit communautaire une réglementation ou pratique nationale, même édictée par une organisation sportive, réservant aux seuls ressortissants de l'État membre concerné le droit de participer en tant que joueurs professionnels ou semi-professionnels à des rencontres de football, à moins qu'il ne s'agisse d'une réglementation ou pratique excluant les joueurs étrangers de la participation à certaines rencontres pour des motifs non économiques, tenant au caractère et au cadre spécifique de ces rencontres et intéressant donc uniquement le sport en tant que tel. • CJCE 14 juill. 1976 : *préc. note 2 ss. art. 2.*

4. L'art. 48 [art. 45 TFUE] du Traité CEE s'oppose à l'application de règles édictées par des associations sportives selon lesquelles un joueur professionnel de football ressortissant d'un État membre, à l'expiration du contrat qui le lie à un club, ne peut être employé par un club d'un autre État membre que si ce dernier a versé au club d'origine une indemnité de transfert, de formation ou de promotion. • CJCE 15 déc. 1995 : *préc. note 5 ss. art. 2.* ♦ L'art. 48 [45 TFUE] s'oppose également à l'application de règles édictées par des associations sportives selon lesquelles, lors des matchs des compétitions que ces associations organisent, les clubs de football ne peuvent aligner qu'un nombre limité de joueurs professionnels ressortissants d'autres États membres. • Même arrêt. ♦ Et sur la réponse de la CJCE, estimant que les clubs de football peuvent demander une indemnité de formation pour les jeunes joueurs qu'ils ont formé lorsque ces joueurs souhaitent conclure leur premier contrat professionnel avec un club d'un autre État membre mais que le montant de cette indemnité doit être déterminé en tenant compte des frais supportés par les clubs pour former tant les futurs joueurs professionnels que ceux qui ne le deviendront jamais, V. : • CJCE 16 mars 2010, aff. C-325/08, *Olympique Lyonnais SASP c/ Olivier Bernard et Newcastle UFC : D. 2010. 1189, obs. F. Buy ; Rev. Union eur. 2010, p. 653, comm. J. Zylberstein ; Rev. Lamy droit des aff. 2010, n° 50, p. 34, obs. M. Whatelet et J. Wildemeersch ; Europe 2010, n° 5, p. 165, comm. D. Simon ; JCP S 2010. II. 1216, comm. F. Mandin.* ♦ Et sur l'application au cas d'espèce par la cour de cassation, V. : • Soc. 6 oct. 2010 : *n° 07-42.023.*

5. Sur le renvoi préjudiciel concernant la légalité de la réglementation française qui impose aux jeunes joueurs, à l'issue de leur période de formation au sein d'un centre de formation, de signer leur premier contrat professionnel au sein du club ayant prodigué ladite formation, V. : • Soc. 9 juill. 2008, *SAOS Olympique Lyonnais c/ Bernard : JCP S 2008. II. 10165, comm. J.-P. Lhernoud ; JCP S II. 1534, note F. Buy.*

6. L'art. 48 [art. 45 TFUE] s'oppose à l'application de règles édictées dans un État membre par des associations sportives qui interdisent à un club de basket-ball, lors des matchs du championnat national, d'aligner des joueurs en provenance d'autres États membres qui ont été transférés après une date déterminée lorsque cette date est antérieure à celle qui s'applique aux transferts de joueurs en provenance de certains pays tiers, à moins que des raisons objectives, intéressant uniquement le sport en tant que tel ou tenant à des différences existant entre la situation des joueurs provenant d'une fédération appartenant à la zone européenne et celle des joueurs provenant d'une fédération n'appartenant pas à ladite zone, ne justifie une telle différence de traitement. • CJUE 13 avr. 2000, aff. C-176/96, *Lehtonen et a. c/ Féd. royale belge des stés de basket-ball : Rec. CJUE, I, p. 2681.*

7. Le règlement de la ligue nationale de volley-ball imposant aux équipes de Ligue A de comporter au minimum 4 joueuses issues de la formation française lors de la saison 2010/2011 et 5 en 2011/2012, ne méconnaît pas le principe de libre circulation des travailleurs dès lors que les objectifs de formation et de promotion des jeunes joueuses constituent des raisons impérieuses d'intérêt général et que le seuil minimal prévu est nécessaire et proportionné aux objectifs poursuivis. • CE 8 mars 2012, *Assoc. Racing Club de Cannes Volley : req. n° 343273 ; Revue Lamy droit des affaires, oct. 2012, n° 75, p. 4286, note R. Bounjol.*

8. Libre circulation des entraîneurs. Devant concilier l'exigence des qualifications requises pour l'exercice d'une profession déterminée avec les impératifs de la libre circulation des travailleurs, la procédure de reconnaissance d'équivalence doit permettre aux autorités nationales de s'assurer objectivement que le diplôme étranger atteste, dans le chef de son titulaire, des connaissances et qualifications sinon identiques, du moins équivalentes à celles attestées par le diplôme national. Cette appréciation de l'équivalence du diplôme étranger doit se faire exclusivement en considération du degré des connaissances et qualifications que ce diplôme, compte tenu de la nature et de la durée des études et des formations pratiques dont il atteste l'accomplissement, permet de présumer dans le chef du titulaire. • CJCE 15 oct. 1987, aff. C-222/84, *Union nationale des entraîneurs et cadres techniques professionnels du football (UNECATEF) c/ Heylens : Rec. CJCE, p. 4097 ; RFDA 1988. 691, obs. Dubouis.*

B. PRINCIPE DE LIBRE PRESTATION DE SERVICES

9. Sélections. Une règle imposant à un athlète professionnel ou semi-professionnel, ou à un candidat à une activité professionnelle ou semi-professionnelle, d'être en possession d'une autorisation ou d'une sélection de sa fédération pour pouvoir participer à une compétition sportive internationale de haut niveau qui n'oppose pas des équipes nationales, dès lors qu'elle découle d'une nécessité inhérente à l'organisation d'une telle compétition, ne constitue pas en elle-même une restriction à la libre prestation de service interdite par l'art. 59 du traité CEE [art. 56 TFUE]. • CJUE 11 avr. 2000, aff. C-51/96 et C-191/97, *Deliège c/ Ligue francophone de judo et disciplines associées : Rec. CJUE, I, p. 2549.*

10. Cession des droits de télévision et exclusivité territoriale. Une législation nationale qui interdit d'importer, de vendre ou d'utiliser des cartes de décodeur étrangères est contraire à la libre prestation de services et ne peut être justifiée ni au regard de l'objectif de protection des droits de la propriété intellectuelle ni par l'objectif d'encourager la présence du public dans les stades de football. • CJUE 4 oct. 2011, *Football Assoc. Premier League Ltd c. Murphy,* aff. C-403/08 et C-429/08 : *JS 2011, n° 115, p. 33, obs. F. Fajgenbaum et T. Lachacinski ; D. 2011. 2474 ; AJDA 2011. 2339, chron. M. Aubert, E. Broussy et F. Donnat ; RTD com. 2011. 744, obs. F. Pollaud-Dulian ; RTD eur. 2011. 855, obs. E. Treppoz ; D. 2012. 704, Panorama Droit du sport, spéc. 709, obs. N. Alaphilippe ; Cah. dr. sport, n° 26, 2011, p. 188, obs. Alma Signorile ; Communication Commerce électronique n° 5, mai 2012, étude 9, obs. V. Melero et R. Soiron.* ♦ Est également contraire au droit de la concurrence de l'Union un système de licences exclusives si les contrats de licence interdisent de fournir des cartes de décodage étrangères aux téléspectateurs qui souhaitent regarder les émissions en dehors de l'État membre pour lequel la licence est accordée. • Même arrêt. ♦ Par ailleurs, si les rencontres de football ne constituent pas en elles-mêmes des œuvres protégées par la directive sur le droit d'auteur, la projection des émissions de rencontres de football contenant des œuvres protégées (hymne, vidéo d'ouverture des matchs, ...) dans un café-restaurant nécessite l'autorisation de l'auteur de ces œuvres. • Même arrêt.

C. PRINCIPE DE NON-DISCRIMINATION DANS L'EMPLOI

11. Accords d'association entre l'Union européenne et des pays tiers. Il résulte de l'interprétation donnée par la Cour de justice des Communautés européennes dans sa décision C-162/00 du 29 janv. 2002 *[Land Nordrhein-Westfalen c/ Pokrzeptowicz-Meyer]* que l'art. 37, § 1er, premier tiret, de l'accord entre les Communautés européennes et leurs États membres et la République de Pologne consacre, dans des termes clairs, précis et inconditionnels, une règle d'égalité de traitement qui ne nécessite aucune mesure complémentaire d'application et qui, dès lors, est susceptible de régir directement la situation des particuliers et d'être invoquée par ceux-ci devant les juridictions nationales des États membres de la Communauté européenne. • CE 30 déc. 2002, *Féd. fr. de basket-ball : AJDA 2003. 388, note F. Lagarde ; Dr. soc. 2003. 331, obs. Lhernould .*

12. L'application aux joueuses de nationalité polonaise du règlement sportif de la Fédération française de basket-ball applicable au championnat de la Ligue féminine de basket-ball, qui limite à deux le nombre des joueuses n'ayant pas la nationalité de l'un des États parties à l'accord sur l'Espace économique européen autorisées à participer à ce championnat, crée, à l'encontre de ces joueuses, une discrimination directement fondée sur leur nationalité et, par suite, contraire au principe de non-discrimination énoncé à l'art. 37, § 1er, de l'accord européen établissant une association entre les Communautés européennes et leurs États membres et la République de Pologne. • CE 30 déc. 2002, *Féd. fr. de basket-ball : préc. note 11.*

13. L'art. 38, § 1, premier tiret, de l'accord européen établissant une association entre les Communautés européennes et leurs États membres, d'une part, et la République slovaque, d'autre part, signé à Luxembourg le 4 oct. 1993 et approuvé au nom des Communautés par la décision 94/909/CECA, CE, Euratom du Conseil et de la Commission, du 19 déc. 1994, doit être interprété en ce sens qu'il s'oppose à l'application à un sportif professionnel de nationalité slovaque, régulièrement employé par un club établi dans un État membre, d'une règle édictée par une fédération sportive du même État, selon laquelle les clubs ne sont autorisés à aligner, lors des matches de championnat ou de coupe, qu'un nombre limité de joueurs originaires de pays tiers qui ne sont pas partieS à l'accord sur l'Espace économique européen. • CJCE 8 mai 2003, aff.

C-438/00, *Deutscher Handballbund c/ Kolpak : Rec. CJCE, I, p. 4135.* ♦ V. aussi, s'agissant des ressortissants des États ayant conclu un accord de partenariat : • CJCE 12 avr. 2005, aff. C-265/03, *Simutenkov : Rec. CJCE, I, p. 2579.* ♦ ... Ou encore • CJCE, ord., 25 juill. 2008, aff. C-152/08, *Real Sociedad de Fútbol et Kahveci : JOCE 8 nov. 2008 ; JCP S 2009. II. 1004, note J. Cavallini.* ♦ Toutefois, les accords passés par l'Union n'impliquent pas qu'une zone de libre circulation des travailleurs soit mise en œuvre, le travailleur ressortissant de l'État tiers étant tenu de se prévaloir d'un titre de séjour ou d'un permis de travail. • Mêmes arrêts.

14. Méconnaissent le principe de non-discrimination contenu dans l'accord de coopération du 18 mars 2000 passé entre l'Union européenne et le Royaume du Maroc les dispositions des règlements généraux de la Fédération française de volley-ball fixant des conditions de participation aux compétitions nationales plus contraignantes pour les joueurs étrangers que pour les joueurs français. • TA Dijon, 17 juin 2003, *Assoc. Dijon Talant volley-ball c/ Féd. fr. de volley-ball : req. n° 021749.*

15. Joueurs formés localement. Le règlement de la ligue nationale de volley-ball imposant aux équipes de Ligue A de comporter un minimum de joueuses issues de la formation française, en tant qu'il concerne les joueuses naturalisées avant le 30 juin 2010, crée entre les joueuses susceptibles de participer aux compétitions organisées par la LNV une discrimination directement fondée sur la nationalité qui n'est justifiée par aucune considération d'intérêt général et notamment pas par les besoins de formation des joueurs et est, par suite, entaché d'illégalité. • CE 8 mars 2012, *Assoc. Racing Club de Cannes Volley : préc. note 7.* ♦ Ce règlement, en ce qu'il concerne les autres catégories de « joueuses issues de la formation française », est indistinctement applicable aux joueuses, quelle que soit leur nationalité, et n'introduit ainsi aucune discrimination directement fondée sur la nationalité. • Même arrêt.

16. La disposition du règlement du tour cycliste de Guyane interdisant que des coureurs licenciés hors du département renforcent l'effectif des équipes locale n'est pas jugée contraire au droit de l'Union européenne dès lors que, si elle institue une discrimination au détriment de certains coureurs, celle-ci n'est pas directement fondée sur leur nationalité : « une telle limitation est inhérente au déroulement de cette compétition sportive, qui implique la fixation, par l'organisateur de la compétition, de certaines règles ou de certains critères de sélection, fondés sur des éléments autres que la valeur ou la nationalité d'un coureur déterminé, dont l'adoption ne peut en elle-même être regardée comme constitutive d'une restriction interdite par le traité ». • CAA Bordeaux, 17 déc. 2013, n° 12BX00108 : *Dict. perm. dr. sport 2014, Bull. n° 210, p. 8, obs. Rémy.*

Libre concurrence

Art. 101 1. Sont incompatibles avec le marché intérieur et interdits tous accords entre entreprises, toutes décisions d'associations d'entreprises et toutes pratiques concertées, qui sont susceptibles d'affecter le commerce entre États membres et qui ont pour objet ou pour effet d'empêcher, de restreindre ou de fausser le jeu de la concurrence à l'intérieur du marché intérieur, et notamment ceux qui consistent à :

a) fixer de façon directe ou indirecte les prix d'achat ou de vente ou d'autres conditions de transaction,

b) limiter ou contrôler la production, les débouchés, le développement technique ou les investissements,

c) répartir les marchés ou les sources d'approvisionnement,

d) appliquer, à l'égard de partenaires commerciaux, des conditions inégales à des prestations équivalentes en leur infligeant de ce fait un désavantage dans la concurrence,

e) subordonner la conclusion de contrats à l'acceptation, par les partenaires, de prestations supplémentaires qui, par leur nature ou selon les usages commerciaux, n'ont pas de lien avec l'objet de ces contrats.

2. Les accords ou décisions interdits en vertu du présent article sont nuls de plein droit.

3. Toutefois, les dispositions du paragraphe 1 peuvent être déclarées inapplicables :

– à tout accord ou catégorie d'accords entre entreprises,

– à toute décision ou catégorie de décisions d'associations d'entreprises et

– à toute pratique concertée ou catégorie de pratiques concertées

qui contribuent à améliorer la production ou la distribution des produits ou à promouvoir le progrès technique ou économique, tout en réservant aux utilisateurs une partie équitable du profit qui en résulte, et sans :

a) imposer aux entreprises intéressées des restrictions qui ne sont pas indispensables pour atteindre ces objectifs,

b) donner à des entreprises la possibilité, pour une partie substantielle des produits en cause, d'éliminer la concurrence. – *[Anc. art. 81 du traité CE.]*

V. notes ss. art. L. 420-2 C. com., App., v° Concurrence.

Art. 102 Est incompatible avec le marché intérieur et interdit, dans la mesure où le commerce entre États membres est susceptible d'en être affecté, le fait pour une ou plusieurs entreprises d'exploiter de façon abusive une position dominante sur le marché intérieur ou dans une partie substantielle de celui-ci.

Ces pratiques abusives peuvent notamment consister à :

a) imposer de façon directe ou indirecte des prix d'achat ou de vente ou d'autres conditions de transaction non équitables,

b) limiter la production, les débouchés ou le développement technique au préjudice des consommateurs,

c) appliquer à l'égard de partenaires commerciaux des conditions inégales à des prestations équivalentes, en leur infligeant de ce fait un désavantage dans la concurrence,

d) subordonner la conclusion de contrats à l'acceptation, par les partenaires, de prestations supplémentaires qui, par leur nature ou selon les usages commerciaux, n'ont pas de lien avec l'objet de ces contrats. – *[Anc. art. 82 du traité CE.]*

V. notes ss. art. L. 420-2 C. com., App., v° Concurrence.

1. Forfaits touristiques sportifs. La Coupe du monde de football, qui est incontestablement une manifestation sportive de grande ampleur, comporte également des activités de nature économique. Dès lors, constituent une infraction à l'art. 85 [art. 101 TFUE] les dispositions des contrats conclus entre la FIFA, les organisateurs de la Coupe du monde de football et une agence de voyages qui prévoyaient la fourniture, à titre exclusif au niveau mondial, à ladite agence, de billets d'entrée aux stades aux fins de confectionner des forfaits touristiques pour la Coupe du monde 1990, ces billets faisant partie d'un système général de distribution de billets d'entrée aux stades mis au point et réalisé par le comité d'organisation de la coupe du monde, suivant les instructions de la fédération italienne et de la FIFA, après approbation par cette dernière, et qui interdisait la vente de billets pour la confection de tels forfaits, rendant impossible pour les autres voyagistes et agences de voyages de trouver des sources d'approvisionnement, autres que l'agence de voyages en cause. • Décis. Comm. CE 27 oct. 1992, aff. IV/33.378 et IV/33.384 : *JOCE n° L 326, 12 nov. 1992.* ♦ V. aussi, à propos de la Coupe du monde 1998 : • Décis. Comm. CE 20 juill. 1999, aff. IV/36.888 : *JOCE n° L 5, 8 janv. 2000.*

2. Fourniture et agrément de matériels sportifs. Ne constitue pas une infraction aux règles du Traité sur la concurrence l'accord conclu par une fédération sportive nationale qui prévoit que tous les fabricants de tel type de matériel (en l'espèce des balles de tennis) peuvent devenir membres d'un pool de fabricants, à condition de remplir certains critères objectifs, chacun des membres de ce pool étant autorisé à se présenter comme membre dudit pool et à en utiliser le logo. • Communiqué Comm. CE 9 mai 1996 : *JOCE n° C 138, 9 mai 1996.* ♦ De même s'agissant de la disposition prévoyant que préalablement à l'organisation de tournois, la fédération procédera à des appels d'offres, à l'issue desquels elle sera tenue d'accepter la meilleure offre, le fournisseur retenu pouvant alors se présenter comme le « fournisseur officiel » des tournois de la fédération : • Même communiqué.

3. Règle « at home and away from home ». La règle de l'UEFA selon laquelle chaque club doit jouer son match à domicile dans son propre stade (règle dite « *at home and away from home* ») est une règle sportive, nécessaire à l'organisation des compétitions, et ne relevant pas en tant que telle du champ d'application des règles de concurrence du Traité. • Communiqué Comm. CE 9 déc. 1999 : *req. n° IP/99/965.*

4. Règles relatives à la radiodiffusion des compétitions. La règle de l'UEFA qui donne la possibilité aux fédérations nationales de déterminer un nombre limité d'heures (2h30 le samedi ou le dimanche) pendant lesquelles il n'est pas autorisé de diffuser de matchs de football, en vue de permettre auxdites fédérations de prévoir l'organisation de matchs nationaux à des moments où ils ne sont pas susceptibles de pâtir de la retransmission simultanée de football à la télévision, qui nuit à la fréquentation des stades et à la pratique de ce sport en amateur, n'a pas d'effet restrictif appréciable sur le marché de la radiodiffusion. • Décis. Comm. CE 19 avr. 2001, aff. 37.576 : *JOCE n° L 171, 26 juin 2001.*

5. Multipropriété des clubs. La règle de l'UEFA sur la multipropriété selon laquelle une société ou un particulier ne peuvent contrôler directement ou indirectement ou diriger plus d'un des clubs participant à une compétition interclubs de l'UEFA, bien qu'elle constitue une décision prise par une association d'entreprises et puisse donc théoriquement tomber sous le coup de l'interdiction de principe énoncée à l'art. 81, § 1 [art. 101 TFUE], du Traité peut être justifiée au motif que la restriction de la liberté d'action des clubs et des investisseurs imposée par la règle ne va pas au-delà de ce qui est nécessaire pour garantir l'objectif légitime consistant à protéger l'incertitude des résultats dans l'intérêt du public. • Communiqué Comm. CE 27 juin 2002 : *req. n° IP/02/942.*

6. Droits de radiodiffusion et autres droits médiatiques de la Ligue des champions de football. Après s'être initialement opposée aux règles de vente centralisée notifiées en 1999, car l'UEFA vendait l'ensemble des droits de télévision sur la Ligue des champions en un seul lot, à un unique radiodiffuseur, sur une base exclusive et pour quatre années d'affilée, la Commission a pris une décision finale d'exemption du système de vente centralisé en considération du fait que l'UEFA entendait désormais vendre les droits en plusieurs lots distincts et pour une durée n'excédant pas 3 ans. • Communiqué Comm. CE 23 juill. 2003 : *req. n° IP/03/1105.*

7. Agents de joueurs. Le règlement de la FIFA gouvernant l'activité des agents de joueurs constitue une décision d'association d'entreprises et l'exigence d'une licence pour exercer la profession d'agent de joueurs constitue une barrière à l'accès à cette activité économique et affecte le jeu de la concurrence. Toutefois, compte tenu notamment des conditions actuelles d'exercice de l'activité d'agent de joueurs, caractérisées par une absence quasi générale de réglementations nationales et par le défaut d'organisation collective des agents de joueurs, la Commission n'a pas commis d'erreur manifeste d'appréciation en estimant que les restrictions, qui découlent du caractère obligatoire de la licence seraient susceptibles de bénéficier d'une exemption sur le fondement de l'art. 81, § 3 [art. 101 TFUE]. • TPICE 26 janv. 2005, aff. T-193/02, *Piau c/ Commission : Rec. CJCE, II, p. 209.* ♦ La FIFA, qui constitue l'émanation des clubs, détient à ce titre une position dominante sur le marché des services d'agents de joueurs. Néanmoins, le règlement de la FIFA n'impose pas de restrictions quantitatives à l'accès à l'activité d'agent de joueurs préjudiciables à la concurrence, mais des restrictions de nature qualitative qui peuvent être justifiées, et ne constitue donc pas un abus de la position dominante que détient la FIFA sur ce marché. • Même jugement.

8. Réglementation antidopage. L'objectif général de la réglementation antidopage vise à lutter contre le dopage en vue d'un déroulement loyal de la compétition sportive et inclut la nécessité d'assurer l'égalité des chances des athlètes, leur santé, l'intégrité et l'objectivité de la compétition ainsi que les valeurs éthiques dans le sport, ce qui est un objectif légitime. • CJUE 18 juill. 2006, *Meca-Medina et Majcen,* aff. C-519/04 *Rec. CJCE, I, 6991.*

9. Règles d'éligibilité aux compétions internationales. La Commission européenne a informé l'Union internationale de patinage (ISU) de sa conclusion préliminaire selon laquelle les règles prévoyant que les athlètes s'exposent à des sanctions sévères (risque d'exclusion à vie) s'ils participent à des épreuves de patinage de vitesse non autorisées sont contraires aux règles de l'UE en matière de pratiques anticoncurrentielles. • Communiqué Comm. CE 27 sept. 2016, n° IP/16/3201.

10. Paris sportifs. V. note ss. comm., App., v° *Paris sportifs.*

Aides d'État

Art. 107 1. Sauf dérogations prévues par les traités, sont incompatibles avec le marché intérieur, dans la mesure où elles affectent les échanges entre États membres, les aides accordées par les États ou au moyen de ressources d'État sous quelque forme que ce soit qui faussent ou qui menacent de fausser la concurrence en favorisant certaines entreprises ou certaines productions.

2. Sont compatibles avec le marché intérieur :

a) les aides à caractère social octroyées aux consommateurs individuels, à condition qu'elles soient accordées sans discrimination liée à l'origine des produits,

b) les aides destinées à remédier aux dommages causés par les calamités naturelles ou par d'autres événements extraordinaires,

c) les aides octroyées à l'économie de certaines régions de la République fédérale d'Allemagne affectées par la division de l'Allemagne, dans la mesure où elles sont nécessaires pour compenser les désavantages économiques causés par cette division. Cinq ans après l'entrée en vigueur du traité de Lisbonne, le Conseil, sur proposition de la Commission, peut adopter une décision abrogeant le présent point.

3. Peuvent être considérées comme compatibles avec le marché intérieur :

a) les aides destinées à favoriser le développement économique de régions dans lesquelles le niveau de vie est anormalement bas ou dans lesquelles sévit un grave sous-emploi, ainsi que celui des régions visées à l'article 349, compte tenu de leur situation structurelle, économique et sociale,

b) les aides destinées à promouvoir la réalisation d'un projet important d'intérêt européen commun ou à remédier à une perturbation grave de l'économie d'un État membre,

c) les aides destinées à faciliter le développement de certaines activités ou de certaines régions économiques, quand elles n'altèrent pas les conditions des échanges dans une mesure contraire à l'intérêt commun,

d) les aides destinées à promouvoir la culture et la conservation du patrimoine, quand elles n'altèrent pas les conditions des échanges et de la concurrence dans l'Union dans une mesure contraire à l'intérêt commun,

e) les autres catégories d'aides déterminées par décision du Conseil sur proposition de la Commission. – *[Anc. art. 87 du traité CE.]*

Art. 108 1. La Commission procède avec les États membres à l'examen permanent des régimes d'aides existant dans ces États. Elle propose à ceux-ci les mesures utiles exigées par le développement progressif ou le fonctionnement du marché intérieur.

2. Si, après avoir mis les intéressés en demeure de présenter leurs observations, la Commission constate qu'une aide accordée par un État ou au moyen de ressources d'État n'est pas compatible avec le marché intérieur aux termes de l'article 107, ou que cette aide est appliquée de façon abusive, elle décide que l'État intéressé doit la supprimer ou la modifier dans le délai qu'elle détermine.

Si l'État en cause ne se conforme pas à cette décision dans le délai imparti, la Commission ou tout autre État intéressé peut saisir directement la Cour de justice de l'Union européenne, par dérogation aux articles 258 et 259.

Sur demande d'un État membre, le Conseil, statuant à l'unanimité, peut décider qu'une aide, instituée ou à instituer par cet État, doit être considérée comme compatible avec le marché intérieur, en dérogation des dispositions de l'article 107 ou des règlements prévus à l'article 109, si des circonstances exceptionnelles justifient une telle décision. Si, à l'égard de cette aide, la Commission a ouvert la procédure prévue au présent paragraphe, premier alinéa, la demande de l'État intéressé adressée au Conseil aura pour effet de suspendre ladite procédure jusqu'à la prise de position du Conseil.

Toutefois, si le Conseil n'a pas pris position dans un délai de trois mois à compter de la demande, la Commission statue.

3. La Commission est informée, en temps utile pour présenter ses observations, des projets tendant à instituer ou à modifier des aides. Si elle estime qu'un projet n'est pas compatible avec le marché intérieur, aux termes de l'article 107, elle ouvre sans délai la procédure prévue au paragraphe précédent. L'État membre intéressé ne peut mettre à exécution les mesures projetées, avant que cette procédure ait abouti à une décision finale.

4. La Commission peut adopter des règlements concernant les catégories d'aides d'État que le Conseil a déterminées, conformément à l'article 109, comme pouvant être dispensées de la procédure prévue au paragraphe 3 du présent article. – *[Anc. art. 88 du Traité CE.]*

1. Subventions aux clubs professionnels. Le régime français des subventions publiques aux clubs sportifs professionnels ne constitue pas un mécanisme d'aides d'État au sens du Traité CE. Il résulte en effet de l'examen de la notification effectuée par la France à la Commission, que les mesures de soutien concernent la scolarité et la formation initiale. Il s'agit donc d'une action d'enseignement relevant de l'éducation nationale ou qui peut y être assimilée. • Communiqué Comm. CE 25 avr. 2001 : *req. n° IP/01/599.*

2. Financement public des stades. Les aides publiques pour la construction et la rénovation des stades prévus pour l'accueil de l'UEFA Euro 2016 constituent une aide d'État au sens du droit de l'Union européenne ; dès lors qu'elles poursuivent un objectif d'intérêt européen commun sans procéder à une distorsion de la concurrence au sein du marché intérieur, elles doivent néanmoins être regardées comme conformes au droit de l'Union européenne. • Communiqué Comm. CE 18 déc. 2013 : *n° IP/13/1288 ; JS 2014, n° 139, p. 6, obs. P. Rocipon.*

ENSEIGNEMENT DES APS

Sur les établissements publics du ministère chargé des sports tels que l'INSEP ou les écoles nationales, V. art. R. 211-1 s. C. sport.

BIBL. ▸ M. Leblanc, Le sport scolaire dans le premier et le second degré, *Rapport IGEN, 2001.* – Éducation physique et sportive, *in Dict. perm. dr. sport (mise à jour périodique).* – Sport scolaire et universitaire, *ibid.*

COMMENTAIRE

L'enseignement des activités physiques et sportives peut se concevoir sous deux aspects.

Il comprend tout d'abord, l'éducation physique et sportive (EPS) organisée dans les écoles, collèges, lycées et universités, sous l'égide de l'Éducation nationale. Quelques articles du code de l'éducation, issus notamment de la codification partielle de la loi du 16 juillet 1984 opérée par l'ordonnance du 15 juin 2000, sont concernés par le sujet. Il convient de préciser que cette codification ne se limite plus au seul sport de haut niveau mais également au sport professionnel. Depuis la loi n° 2012-158 du 1er février 2012 visant à renforcer l'éthique du sport et les droits des sportifs, les mêmes aménagements nécessaires dans l'organisation et le déroulement des études sont envisagées pour les bénéficiaires d'une convention de formation prévue à l'article L. 211-5 du code du sport (I).

L'enseignement des activités physiques et sportives recouvre ensuite le domaine de l'enseignement privé contre rémunération. Ce secteur, en pleine mutation, est essentiellement régi par d'anciennes dispositions du code de l'éducation, issues de l'article 43 de la loi du 16 juillet 1984 modifiée et de ses décrets d'application, et désormais codifiées au code du sport (V. art. L. 212-1 s., R. 212-1 s. et A. 212-1 s. C. sport). Seul un texte réglementaire relatif aux écoles et aux centres d'enseignement collectif du ski a échappé à la codification (II). ❑

I Éducation physique et sportive

V. aussi, concernant le statut des professeurs d'éducation physique et sportive, Décr. n° 80-627 du 4 août 1980.

Code de l'éducation

(Ord. n° 2000-549 du 15 juin 2000)

Objectifs et missions du service public de l'enseignement. Dispositions générales

Art. L. 121-5 **L'éducation physique et sportive et le sport scolaire et universitaire contribuent à la rénovation du système éducatif, à la lutte contre l'échec scolaire** *(L. n° 2013-595 du 8 juill. 2013, art. 11-1°)* **« , à l'éducation à la santé et à la citoyenneté » et à la réduction des inégalités sociales et culturelles.** *(L. n° 2013-595 du 8 juill. 2013, art. 11-2°)* **« Les contenus et l'enseignement de l'éducation physique et sportive sont de la responsabilité de l'éducation nationale. Le sport scolaire participe de la nécessaire complémentarité avec les pratiques périscolaires et extrascolaires en lien avec les projets éducatifs territoriaux et les partenariats avec le mouvement sportif associatif. »** – *[L. n° 84-610 du 16 juill. 1984, art. 2.]*

V. aussi Circ. n° 2002-130 EN du 25 avr. 2002 (BOEN n° 25 du 20 juin : sport scolaire à l'école, au collège et au lycée).

Écoles et classes élémentaires et maternelles. Compétences des communes

Art. L. 212-4 **La commune a la charge des écoles publiques. Elle est propriétaire des locaux et en assure la construction, la reconstruction, l'extension, les grosses réparations, l'équipement et le fonctionnement.** *(L. n° 2004-809 du 13 août 2004, art. 121-IX)* **« , à l'exception des droits dus en contrepartie de la reproduction par reprographie à usage pédagogique d'œuvres protégées ».** – *[L. n° 83-663 du 22 juill. 1983, art. 14-I.]*

1. Discipline enseignée. Les dispositions de l'art. 14 de la L. du 22 juill. 1983 [art. L. 212-4, L. 213-2 et L. 214-6 C. éduc.] n'établissent pas de distinction selon la discipline enseignée et sont par suite applicables aux dépenses de toute nature destinées à mettre à la disposition des élèves les installations sportives nécessaires à l'enseignement de l'éducation physique et sportive. • CE 10 janv. 1994, *Assoc. nat. des élus régionaux et a. : Lebon 12 ; CE 3 sept. 1997, Ville de Montpellier : Lebon T. 714 ; D. 1999. Somm. 86, obs. Lachaume.*

2. Dépenses obligatoires. Si, en vertu des dispositions des art. 52 et 83 de la loi n° 82-213 du 2 mars 1982, ne sont obligatoires pour les départements et pour les régions que les dépenses nécessaires à l'acquittement des dettes exigibles et les dépenses pour lesquelles la loi l'a expressément décidé, l'art. 14 de la loi du 22 juill. 1983 [art. L. 212-4, L. 213-2 et L. 214-6 C. éduc.] a eu pour effet de conférer un tel caractère obligatoire aux dépenses correspondant aux charges transférées au département et à la région au nombre desquelles figure la mise à disposition des élèves des installations sportives nécessaires à l'éducation physique et sportive. • CE 10 janv. 1994, *Assoc. nat. des élus régionaux et a. : préc. note 1* • 3 sept. 1997, *Ville de Montpellier : préc. note 1.*

3. Inscription d'office. Si le préfet peut procéder, dans les conditions et selon la procédure prévues par l'art. 11 de la L. n° 82-213 du 2 mars 1982, à l'inscription d'office au budget des collèges et, par voie de conséquence, au budget du département dont ils dépendent, des dépenses obligatoires correspondant à l'utilisation d'équipements sportifs par les élèves de ces collèges, et en particulier de celles qui sont nécessaires à l'acquittement des dettes exigibles, c'est à la condition que ces dépenses soient liquides. • CE 3 sept. 1997, *Ville de Montpellier : préc. note 1* • TA Grenoble, 19 févr. 1997, *Dpt de l'Isère : LPA 4 août 1997, p. 16, note Thevenot.*

4. Pouvoir des établissements. Le conseil d'administration d'un collège ne peut autoriser la passation d'une convention qui aurait pour effet de mettre à la charge de l'établissement des dépenses non prévues à son budget et excédant la limite des ressources dont il dispose, principalement constituées par le montant des participations arrêté par le département. • CE 3 sept. 1997, *Ville de Montpellier : Lebon 316 ; D. 1999. Somm. 85, obs. Lachaume .* ♦ Par conséquent, les conseils d'administration de neuf collèges et les principaux de deux de ces collèges ne pouvaient légalement décider d'approuver ou de signer des conventions pour l'utilisation, par leurs élèves, d'installations sportives municipales dès lors que les dépenses devant découler de ces conventions n'avaient pas été prises en compte dans les orientations budgétaires définies par le département et que celui-ci n'avait donné aucun accord à la majoration correspondante de sa participation aux dépenses de fonctionnement de ces collèges. • Même arrêt.

Utilisation des locaux scolaires. Compétences des communes

Art. L. 212-15 Sous sa responsabilité et après avis du conseil d'administration ou d'école et, le cas échéant, accord de la collectivité propriétaire ou attributaire des bâtiments, en vertu des dispositions du présent titre, le maire peut utiliser les locaux *(L. n° 2005-157 du 23 févr. 2005, art. 207)* « et les équipements » scolaires dans la commune pour l'organisation d'activités à caractère culturel, sportif, social ou socio-éducatif pendant les heures ou les périodes au cours desquelles ils ne sont pas utilisés pour les besoins de la formation initiale et continue. Ces activités doivent être compatibles avec la nature des installations *(L. n° 2013-595 du 8 juill. 2013, art. 24-1° et 2°)* « , l'aménagement des locaux et le fonctionnement normal du service. Elles doivent également respecter les principes de neutralité et de laïcité. »

La commune ou, le cas échéant, la collectivité propriétaire peut soumettre toute autorisation d'utilisation à la passation, entre son représentant, celui de l'école ou de l'établissement et la personne physique ou morale qui désire organiser des activités, d'une convention précisant notamment les obligations pesant sur l'organisateur en ce qui concerne l'application des règles de sécurité, ainsi que la prise en charge des responsabilités et de la réparation des dommages éventuels.

A défaut de convention, la commune est responsable dans tous les cas des dommages éventuels, en dehors des cas où la responsabilité d'un tiers est établie. – *[L. n° 83-663 du 22 juill. 1983, art. 25.]*

V. aussi, sur les conditions d'application de cet art., Circ. du 22 mars 1985 (JO 4 avr.) et Circ. n° 93-294 EN du 15 oct. 1993 (BOEN n° 36 du 28 oct.).

Collèges. Compétences des départements

Art. L. 213-2 *(L. n° 2013-595 du 8 juill. 2013, art. 21)* « Le département a la charge des collèges. Il en assure la construction, la reconstruction, l'extension, les grosses réparations, l'équipement et le fonctionnement. A ce titre, l'acquisition et la maintenance des infrastructures et des équipements, dont les matériels informatiques et les logiciels prévus pour leur mise en service, nécessaires à l'enseignement et aux échanges entre les membres de la communauté éducative sont à la charge du département. »

(L. n° 2004-809 du 13 août 2004, art. 82-I) « Le département assure l'accueil, la restauration, l'hébergement ainsi que l'entretien général et technique, à l'exception des missions d'encadrement et de surveillance des élèves, dans les collèges dont il a la charge. »

Pour la construction, la reconstruction, l'extension, les grosses réparations ainsi que l'équipement de ces établissements, le département peut confier à l'État, dans les conditions définies par les articles 3 et 5 de la loi n° 85-704 du 12 juillet 1985 relative à la maîtrise d'ouvrage publique et à ses rapports avec la maîtrise d'œuvre privée, l'exercice, en son nom et pour son compte, de tout ou partie de certaines attributions de la maîtrise d'ouvrage.

Dans ce cas, le département bénéficie du fonds de compensation pour la taxe sur la valeur ajoutée au titre des dépenses d'investissement correspondantes.

Le département bénéficie également du fonds de compensation pour la taxe sur la valeur ajoutée au titre des dépenses d'investissement qu'il verse aux établissements publics locaux d'enseignement qui lui sont rattachés, en vue de la construction, la reconstruction et les grosses réparations de ces établissements. – *[L. n° 83-663 du 22 juill. 1983, art. 14-II.]*

V. jurisprudence ss. art. L. 212-4 C. éduc.

Planification des formations. Compétences des régions

Art. L. 214-4 *(L. n° 2003-339 du 14 avr. 2003)* I. – Les équipements nécessaires à la pratique de l'éducation physique et sportive doivent être prévus à l'occasion de la création d'établissements publics locaux d'enseignement, ainsi que lors de l'établissement du schéma prévisionnel des formations mentionné à l'article L. 214-1.

II. – Des conventions sont passées entre les établissements publics locaux d'enseignement, leur collectivité de rattachement et les propriétaires d'équipements sportifs afin de permettre la réalisation des programmes scolaires de l'éducation physique et sportive.

III. – L'utilisation des équipements se fait conformément aux dispositions de l'article *(Ord. n° 2006-460 du 21 avr. 2006, art. 3-V)* « L. 1311-15 » du code général des collectivités territoriales, sauf dans l'hypothèse où des conventions de mise à disposition gracieuse ont été négociées.

Lycées. Compétences des régions

Art. L. 214-6 *(L. n° 2013-595 du 8 juill. 2013, art. 23)* « La région a la charge des lycées, des établissements d'éducation spéciale et des lycées professionnels maritimes. Elle en assure la construction, la reconstruction, l'extension, les grosses réparations, l'équipement et le fonctionnement. A ce titre, l'acquisition et la maintenance des infrastructures et des équipements, dont les matériels informatiques et les logiciels prévus pour leur mise en service, nécessaires à l'enseignement et aux échanges entre les membres de la communauté éducative sont à la charge de la région. Pour le fonctionnement des établissements publics locaux d'enseignement et de formation professionnelle agricole mentionnés à l'article L. 811-8 du code rural et de la pêche maritime, la région a la charge du transport pédagogique des élèves assuré dans le cadre des enseignements réguliers. »

(L. n° 2004-809 du 13 août 2004, art. 82-III) « La région assure l'accueil, la restauration, l'hébergement ainsi que l'entretien général et technique, à l'exception des missions d'encadrement et de surveillance des élèves, dans les établissements dont elle a la charge. »

Pour la construction, la reconstruction, l'extension, les grosses réparations ainsi que l'équipement de ces établissements, la région peut confier à l'État, dans les conditions définies par les articles 3 et 5 de la loi n° 85-704 du 12 juillet 1985 relative à la maîtrise d'ouvrage publique et à ses rapports avec la maîtrise d'œuvre privée, l'exercice, en son nom et pour son compte, de tout ou partie de certaines attributions de la maîtrise d'ouvrage.

Dans ce cas, la région bénéficie du fonds de compensation pour la taxe sur la valeur ajoutée au titre des dépenses d'investissement correspondantes.

La région bénéficie également du fonds de compensation pour la taxe sur la valeur ajoutée au titre des dépenses d'investissement qu'elle verse aux établissements publics locaux d'enseignement et aux établissements publics locaux d'enseignement et de formation professionnelle agricole qui lui sont rattachés, en vue de la construction, la reconstruction, l'extension et les grosses réparations de ces établissements. – *[L. n° 83-663 du 22 juill. 1983, art. 14-III.]*

V. jurisprudence ss. art. L. 212-4 C. éduc.

Compétences communes aux collectivités territoriales

Art. L. 216-1 Les communes, départements ou régions peuvent organiser dans les établissements scolaires, pendant leurs heures d'ouverture et avec l'accord des conseils et autorités responsables de leur fonctionnement, des activités éducatives, sportives et culturelles complémentaires. Ces activités sont facultatives et ne peuvent se substituer ni porter atteinte aux activités d'enseignement et de formation fixées par l'État. Les communes, départements et régions en supportent la charge financière. Des agents de l'État, dont la rémunération leur incombe, peuvent être mis à leur disposition.

(L. n° 2013-595 du 8 juill. 2013, art. 30) « Les activités complémentaires mentionnées au premier alinéa peuvent porter sur la connaissance des langues et des cultures régionales. »

L'organisation des activités susmentionnées est fixée par une convention, conclue entre la collectivité intéressée et l'établissement scolaire, qui détermine notamment les conditions dans lesquelles les agents de l'État peuvent être mis à la disposition de la collectivité. – *[L. n° 83-663 du 22 juill. 1983, art. 26.]*

V. aussi, sur les conditions d'application de cet art., Circ. du 8 août 1985 (JO 23 août).

L'éducation physique et sportive

Art. L. 312-1 L'État est responsable de l'enseignement de l'éducation physique et sportive, placé sous l'autorité du ministre chargé de l'éducation. *(Abrogé par Ord. n° 2006-596 du 23 mai 2006, art. 4-1°)* *« Il assure ou contrôle, en liaison avec toutes les parties intéressées, l'organisation des formations conduisant aux différentes professions des activités physiques et sportives et la délivrance des diplômes correspondants. »* – *[L. n° 84-610 du 16 juill. 1984, art. 1er, al. 4.]*

Art. L. 312-2 Après les concertations nécessaires, le ministre chargé de l'éducation définit les programmes scolaires de l'éducation physique et sportive. Cet enseignement est sanctionné par des examens et concours compte tenu des indications médicales.– *[L. n° 84-610 du 16 juill. 1984, art. 3.]*

Art. L. 312-3 L'enseignement de l'éducation physique et sportive est dispensé dans les écoles maternelles et élémentaires et dans les établissements d'enseignement du second degré et d'enseignement technique.

Il est assuré :

(L. n° 2003-339 du 14 avr. 2003) « 1° Dans les écoles maternelles et élémentaires, par les enseignants du premier degré, réunis en équipe pédagogique. Ceux-ci acquièrent une qualification pouvant être dominante en éducation physique et sportive pendant leur formation initiale ou continue. Toutefois, un personnel agréé et disposant d'une qualification définie par l'État peut assister l'équipe pédagogique, avec son accord et sous la responsabilité de celle-ci ; »

2° Dans les établissements du second degré, par les personnels enseignants d'éducation physique et sportive. – *[L. n° 84-610 du 16 juill. 1984, art. 4 (al. 1er à 4).]*

Art. L. 312-4 *(L. n° 2003-339 du 14 avr. 2003)* L'organisation et les programmes de l'éducation physique et sportive dans les établissements d'enseignement et de formation professionnelle et dans les établissements spécialisés tiennent compte des spécificités liées aux différentes formes de handicap.

Les éducateurs et les enseignants facilitent par une pédagogie adaptée l'accès des jeunes handicapés à la pratique régulière d'activités physiques et sportives.

Une formation spécifique aux différentes formes de handicap est donnée aux enseignants et aux éducateurs sportifs, pendant leurs formations initiale et continue. – *[L. n° 84-610 du 16 juill. 1984, art. 6.]*

Enseignement du second degré. Pratique du sport de haut niveau

Art. L. 331-6 *(L. n° 2012-158 du 1er févr. 2012, art. 12-1°)* Les établissements scolaires du second degré permettent, selon des formules adaptées, la préparation des élèves en vue de :

(L. n° 2015-1541 du 27 nov. 2015, art. 6-I-1°) « 1° La pratique sportive d'excellence et d'accession au haut niveau ; »

2° La pratique professionnelle d'une discipline sportive lorsqu'ils ont conclu une convention mentionnée à l'article L. 211-5 du code du sport.

V. Circ. n° 96-291 EN du 13 déc. 1996 relative aux sections sportives scolaires (BOEN n° 47 du 26 déc.) ; Circ. n° 2006-123 EN du 1er août 2006 relative aux élèves, étudiants et personnels sportifs(ives) de haut niveau et sportifs(ives) espoirs (BOEN n° 32 du 7 sept.).

....

Art. R. 312-2 Les élèves des établissements d'enseignement du premier et du second degré publics et des établissements d'enseignement du premier et du second degré privés sous contrat qui invoquent une inaptitude physique doivent en justifier par un certificat médical indiquant le caractère total ou partiel de l'inaptitude. En cas d'inaptitude partielle, ce certificat peut comporter, dans le respect du secret médical, des indications utiles pour adapter la pratique de l'éducation physique et sportive aux possibilités individuelles des élèves.

Le certificat médical précise également sa durée de validité, qui ne peut excéder l'année scolaire en cours. – *[Décr. n° 88-977, art. 1er.]*

Art. R. 312-3 Les médecins de santé scolaire peuvent, à l'occasion des examens prévus aux articles L. 541-1 et L. 541-4, délivrer des certificats constatant une inaptitude physique totale ou partielle à la pratique de l'éducation physique et sportive.

Ils sont destinataires des certificats médicaux délivrés en dehors de ces examens lorsqu'une inaptitude d'une durée supérieure à trois mois a été constatée. – *[Décr. n° 88-977, art. 2.]*

Code de l'éducation

Art. R. 831-2 *(Décr. n° 2015-652 du 10 juin 2015, art. 1er et annexe)* Une surveillance médicale particulière est organisée au bénéfice des étudiants inscrits dans des formations spécialement aménagées en vue de la pratique sportive de ces étudiants. Cette surveillance médicale de ces étudiants comprend au moins un examen médico-sportif par trimestre. Elle est assurée sous la responsabilité du médecin inspecteur régional du ministère chargé des sports. Le médecin de la fédération intéressée et le service universitaire de médecine préventive et de promotion de la santé sont associés à cette surveillance médicale. – *[Décr. n° 87-473 du 1er juill. 1987, art. 7.]*

V. aussi Circ. n° 2003-062 EN du 24 avr. 2003 relative aux examens et suivi médical des élèves des sections sportives scolaires (BOEN n° 18 du 1er mai).

Arrêté du 13 septembre 1989,

Relatif au contrôle médical des inaptitudes à la pratique de l'éducation physique et sportive dans les établissements d'enseignement.

Art. 1er Le certificat médical prévu par l'article 1er du décret n° 88-977 du 11 octobre 1988 *[relatif au contrôle médical des inaptitudes à la pratique de l'éducation physique et sportive dans les établissements d'enseignement]* établi par le médecin de santé scolaire ou par le médecin traitant doit indiquer le caractère total ou partiel de l'inaptitude. Il précise également sa durée, qui ne peut excéder l'année scolaire en cours.

En cas d'inaptitude partielle, le médecin mentionne sur ce certificat, dans le respect du secret médical, toutes indications utiles permettant d'adapter la pratique de l'éducation physique et sportive aux possibilités de l'élève.

A cette fin, un modèle de certificat est proposé en annexe au présent arrêté.

Art. 2 Tout élève pour lequel une inaptitude totale ou partielle supérieure à trois mois, consécutifs ou cumulés, pour l'année scolaire en cours a été prononcée, fait l'objet d'un suivi particulier par le médecin de santé scolaire en liaison avec le médecin traitant.

Art. 3 Le médecin de santé scolaire assure, avec le concours de l'infirmière, en tant que de besoin, les liaisons nécessaires avec la famille, l'instituteur ou le professeur enseignant l'éducation physique et sportive ainsi que les personnels paramédicaux et sociaux.

Tout enseignant d'éducation physique et sportive peut, lorsqu'il l'estime nécessaire, demander l'examen d'un élève par le médecin de santé scolaire ou le médecin de famille.

Art. 4 Les dispositions de l'arrêté du 5 juin 1979 sont abrogées en tant qu'elles concernent l'éducation physique et sportive.

ANNEXE

CERTIFICAT MÉDICAL D'INAPTITUDE À LA PRATIQUE DE L'ÉDUCATION PHYSIQUE ET SPORTIVE

[Le médecin de santé scolaire sera destinataire de tout certificat d'inaptitude d'une durée supérieure à trois mois.

Quelle que soit la durée de l'inaptitude, le médecin traitant a toute latitude pour faire connaître, sous pli confidentiel, son diagnostic au médecin de santé scolaire nommément désigné.

Le nom de celui-ci pourra lui être communiqué par le directeur d'école ou le chef d'établissement]

Je soussigné, docteur en médecine : ....

lieu d'exercice : ....

certifie avoir, en application du décret n° 88-977 du 11 octobre 1988, examiné l'élève (nom, prénom) ....

né(e) le .... et constaté, ce jour, que son état de santé entraîne une inaptitude partielle, totale *[En cas d'inaptitude totale, le certificat peut être établi sur papier à en-tête du médecin]*

du .... au .... *[En cas de non-production d'un nouveau certificat, l'élève sera considéré apte à la reprise de la pratique de l'éducation physique et sportive].*

En cas d'inaptitude partielle, pour permettre une adaptation de l'enseignement aux possibilités de l'élève, préciser en termes d'incapacités fonctionnelles si l'inaptitude est liée :

— à des types de mouvements (amplitude, vitesse, charge, posture...) ;
— à des types d'effort (musculaire, cardio-vasculaire, respiratoire...) ;
— à la capacité à l'effort (intensité, durée...) ;
— à des situations d'exercice et d'environnement (travail en hauteur, milieu aquatique, conditions atmosphériques...), etc.
Date, signature et cachet du médecin.

Organisation du temps et de l'espace scolaires

Art. L. 521-2 Les rythmes scolaires tiennent compte des besoins d'expression physique, d'éducation et de pratique corporelle et sportive des élèves. – *[L. n° 84-610 du 16 juill. 1984, art. 4 (al. 6).]*

Activités périscolaires. Activités physiques et sportives

Art. L. 552-1 Composantes de l'éducation physique et sportive, les activités physiques et sportives volontaires des élèves sont organisées dans les établissements par les associations sportives scolaires.

(L. n° 2016-41 du 26 janv. 2016, art. 220-1°) « Tout élève apte à l'éducation physique et sportive est réputé apte à ces activités physiques et sportives volontaires. » – *[L. n° 84-610 du 16 juill. 1984, art. 4 (al. 5).]*

Nature juridique et compétence juridictionnelle. Il résulte des dispositions de l'art. L. 552-2 C. éduc et de l'art. 7 de la loi du 16 juill. 1984 relative à l'organisation et à la promotion des APS [art. L. 121-2 C. sport], que les associations sportives des établissements scolaires du second degré sont constituées conformément à la loi du 1er juill. 1901. Si, dans le cas d'espèce, le chef de l'établissement est le président du comité directeur qui administre l'association, il ressort des statuts de l'association que ce comité comprend pour un tiers des parents d'élèves et pour un autre tiers des élèves. Dans ces conditions, l'association sportive ne peut être regardée comme un simple service du collège ou comme n'ayant pas d'existence distincte par rapport à cet établissement. Il s'agit d'une personne morale de droit privé associée à l'exécution d'un service public dont les décisions peuvent être contestées devant le juge administratif qu'à la condition que celles-ci procèdent de l'exercice d'une prérogative de puissance publique. La décision prononçant l'exclusion de l'association pour le reste de l'année scolaire, qui n'a pas été prise dans le cadre de la participation de l'élève à une compétition sportive, relève du pouvoir disciplinaire inhérent à l'organisation de toute association et ne procède donc pas de l'exercice de prérogatives de puissance publique. • CAA Paris, 2 févr. 2006 : *req. n° 04-PA03586.*

Art. L. 552-2 Une association sportive est créée dans tous les établissements du second degré. L'État et les collectivités territoriales favorisent la création d'une association sportive dans chaque établissement du premier degré.

Les associations sportives scolaires bénéficient de l'aide de l'État. Les collectivités territoriales peuvent concourir au développement de ces associations, en particulier en favorisant l'accès à leurs équipements sportifs.

Les associations sportives scolaires adoptent des dispositions statutaires obligatoires définies par décret en Conseil d'État *[V. Décr. n° 86-495 du 14 mars 1986, ci-dessous]*. – *[L. n° 84-610 du 16 juill. 1984, art. 9.]*

Art. L. 552-3 *(L. n° 2003-339 du 14 avr. 2003)* Les associations visées à l'article L. 552-2 sont affiliées à des fédérations ou à des unions sportives scolaires et universitaires. Les statuts de ces unions et fédérations sont approuvés par décret en Conseil d'État. – *[L. n° 84-610 du 16 juill. 1984, art. 10.]*

Art. L. 552-4 Les associations sportives scolaires *(L. n° 2003-339 du 14 avr. 2003)* « et les fédérations sportives scolaires » *(Ord. n° 2006-596 du 23 mai 2006, art. 4-6°)* « sont soumises aux dispositions du code du sport » *(L. n° 2016-41 du 26 janv. 2016, art. 220-2°)* « , à l'exception de ses articles L. 231-2 et L. 231-2-1, » et, en outre, *(Ord. n° 2008-1304 du 11 déc. 2008, art. 1er-23°)* « aux » dispositions du présent chapitre.

Code de l'éducation

Art. R. 841-1 *(Décr. n° 2015-652 du 10 juin 2015, art. 1er et annexe)* Les statuts des associations sportives des établissements d'enseignement supérieur doivent comporter les dispositions ci-dessous :

1° L'association est affiliée à la Fédération nationale du sport universitaire (FNSU) ;

2° Le nombre des membres du comité directeur est fixé par l'assemblée générale.

Le comité se compose paritairement :

a) Du chef d'établissement, membre de droit, d'enseignants et de personnels de l'établissement ;

b) D'étudiants titulaires de la licence délivrée par la Fédération nationale du sport universitaire et à jour de leur cotisation. *–[Décr. n° 86-495 du 14 mars 1986, art. 3.]*

Enseignement supérieur. Sportifs de haut niveau

COMMENTAIRE

Alors que jusqu'ici seuls les sportifs de haut niveau (et les sportifs inscrits dans des centres de formation) bénéficiaient de formations et de cursus aménagés dans l'enseignement secondaire et supérieur, sont désormais également concernées les pratiques sportives d'excellence et d'accession au haut niveau (L. n° 2015-1541 du 27 nov. 2015 portant réforme du statut juridique des sportifs professionnels et des sportifs de haut niveau).

Art. L. 611-4 *(L. n° 2012-158 du 1er févr. 2012, art. 12-2°)* **Les établissements d'enseignement supérieur permettent aux sportifs** *(L. n° 2015-1541 du 27 nov. 2015, art. 6-I-2°)* **« ayant une pratique sportive d'excellence et d'accession au haut niveau » et aux bénéficiaires d'une convention de formation prévue à l'article L. 211-5 du code du sport de poursuivre leur carrière sportive par les aménagements nécessaires dans l'organisation et le déroulement de leurs études** *(L. n° 2015-1541 du 27 nov. 2015, art. 6-I-2°)* **« et de leurs examens ainsi que par le développement de l'enseignement à distance et le recours à des moyens de télécommunication audiovisuelle ».**

Ils favorisent l'accès des sportifs *(L. n° 2015-1541 du 27 nov. 2015, art. 6-I-2°)* **« ayant une pratique sportive d'excellence et d'accession au haut niveau » et des bénéficiaires d'une convention de formation prévue au même article L. 211-5, qu'ils possèdent ou non des titres universitaires, à des enseignements de formation ou de perfectionnement, dans les conditions définies aux articles L. 612-2 à L. 612-4 et L. 613-3 à L. 613-5 du présent code.**

(L. n° 2015-1541 du 27 nov. 2015, art. 6-I-2°) **« Un décret fixe les conditions d'utilisation de l'enseignement à distance et du recours à des moyens de télécommunication audiovisuelle. »**

V. aussi Circ. n° 1455 EN du 6 oct. 1987 relative à l'accueil des sportifs de haut niveau dans l'enseignement supérieur (BOEN n° 1 du 7 janv. 1988) ; Circ. n° 2006-123 EN du 1er août 2006 relative aux élèves, étudiants et personnels sportifs(ives) de haut niveau et sportifs(ives) espoirs (BOEN n° 32 du 7 sept.).

Enseignement supérieur. Éducation physique et sportive

Art. L. 624-1 **Des formations en activités physiques et sportives sont dispensées dans les établissements de l'enseignement supérieur.** – *[L. n° 84-610 du 16 juill. 1984, art. 5 (al. 3).]*

Art. L. 624-2 *(L. n° 2003-339 du 14 avr. 2003)* **L'organisation et les programmes de l'éducation physique et sportive dans les établissements d'enseignement supérieur tiennent compte des spécificités liées aux différentes formes de handicap.**

Les éducateurs et les enseignants facilitent par une pédagogie adaptée l'accès des jeunes handicapés à la pratique régulière d'activités physiques et sportives.

Une formation spécifique aux différentes formes de handicap est donnée aux enseignants et aux éducateurs sportifs, pendant leurs formations initiale et continue. – *[L. n° 84-610 du 16 juill. 1984, art. 6.]*

Enseignement supérieur. Études médicales

Art. L. 632-3 *Abrogé par L. n° 2009-879 du 21 juill. 2009, art. 43-II.*

Activités périuniversitaires, sportives et culturelles

Art. L. 841-1 Les établissements de l'enseignement supérieur organisent et développent la pratique des activités physiques et sportives des étudiants et de leurs personnels. *(L. n° 2003-339 du 14 avr. 2003)* « Ils peuvent également, par convention avec les associations sportives universitaires, les fédérations sportives ou les collectivités territoriales ou leurs groupements, autoriser l'accès à leurs installations sportives. » – *[L. n° 84-610 du 16 juill. 1984, art. 5 (al. 1er).]*

Art. L. 841-2 Les associations sportives universitaires sont créées à l'initiative des établissements de l'enseignement supérieur.

Les associations sportives universitaires bénéficient de l'aide de l'État. Les collectivités territoriales peuvent concourir au développement de ces associations, en particulier en favorisant l'accès à leurs équipements sportifs.

Les associations sportives universitaires adoptent des dispositions statutaires obligatoires définies par décret en Conseil d'État. – *[L. n° 84-610 du 16 juill. 1984, art. 9.]*

Art. L. 841-3 Les associations visées à l'article L. 841-2 sont affiliées à des fédérations ou à des unions sportives scolaires et universitaires mentionnées à l'article L. 552-3. – *[L. n° 84-610 du 16 juill. 1984, art. 10.]*

Art. L. 841-4 Les associations et fédérations sportives universitaires *(Ord. n° 2006-596 du 23 mai 2006, art. 4-8°)* « sont soumises aux dispositions du code du sport » et, en outre, *(Ord. n° 2008-1304 du 11 déc. 2008, art. 1er-23°)* « aux » dispositions du présent chapitre.

II Enseignement contre rémunération

COMMENTAIRE

L'ordonnance n° 2006-596 du 23 mai 2006 et les décrets du 24 juillet 2007 (n° 2007-1132 et n° 2007-1133) relatifs aux dispositions législatives et réglementaires du code du sport ont procédé au transfert de l'ensemble des dispositions relatives à l'enseignement contre rémunération des activités physiques et sportives (APS) depuis le code de l'éducation vers le code du sport (V. art. L. 212-1 s., R. 212-1 s. et A. 212-1 s. C. sport). Demeure non codifié un ancien arrêté de 1960 portant sur l'agrément des écoles et les centres d'enseignement collectif du ski.

Code de l'éducation

(Ord. n° 2000-549 du 15 juin 2000 ; L. n° 2003-339 du 14 avr. 2003)

Formations et professions des activités physiques et sportives

Art. L. 363-1 *(Ord. n° 2006-596 du 23 mai 2006, art. 4-2°)* Les règles relatives aux conditions d'enseignement, d'animation ou d'encadrement des activités physiques et sportives sont définies au titre Ier du livre II du code du sport.

Art. L. 363-1-1 à L. 363-4 *Abrogés par Ord. n° 2006-596 du 23 mai 2006, art. 4-3°.*

Établissements de formation aux professions des activités physiques et sportives

Art. L. 463-1 *(Ord. n° 2006-596 du 23 mai 2006, art. 4-4°)* Les règles relatives aux établissements de formation aux professions des activités physiques et sportives sont définies au chapitre Ier du titre Ier du livre II et au chapitre II du titre II du livre III du code du sport. – *[L. n° 84-610 du 16 juill. 1984, art. 45.]*

Art. L. 463-2 à L. 463-7 *Abrogés par Ord. n° 2006-596 du 23 mai 2006, art. 4-5°.*

Arrêté du 13 avril 1960,

Fixant les conditions d'agrément des écoles et des centres d'enseignement collectif du ski.

Art. 1er Est abrogé l'arrêté du 5 juin 1953 modifié par l'arrêté du 15 février 1954 fixant les conditions d'agrément des écoles du ski français.

Art. 2 Peuvent être agréés par le ministre chargé des sports et prendre respectivement les titres "d'école du ski français agréée par le ministre chargé des sports" et de "centre d'enseignement du ski agréé par le ministre chargé des sports" les écoles de ski ouvertes au public et les centres d'enseignement collectif du ski dispensant dans des conditions satisfaisantes un enseignement qualifié et observant notamment les règles définies par le présent arrêté.

Art. 3 Pour être agréées, les écoles de ski ouvertes au public doivent remplir les conditions suivantes :

a) Avoir un bureau ouvert au public, ne dépendant pas d'un établissement commercial ou d'un domicile particulier et relié à une ligne téléphonique.

b) Pratiquer au maximum les tarifs homologués conformément aux dispositions de l'article 19 du décret du 26 septembre 1951 *[n° 51-1137 relatif à l'organisation de l'enseignement du ski, abrogé par Décr. n° 76-556 du 17 juin 1976]*.

c) Appliquer la méthode d'enseignement définie par le comité consultatif de l'enseignement du ski.

d) Avoir un effectif de moniteurs tel que le nombre des cours collectifs organisés soit en rapport avec l'effectif total des élèves inscrits dans le centre de telle façon que chaque cours collectif ne comporte pas plus de quinze élèves, un quart au plus des moniteurs pouvant être affectés aux leçons particulières, lesquelles ne devront pas comprendre plus de quatre élèves.

Dans la mesure où le nombre des moniteurs attachés au centre et le nombre des élèves inscrits le permettent, les divers cours collectifs organisés doivent correspondre aux diverses classes de l'enseignement du ski telles qu'elles sont définies par le comité consultatif de l'enseignement du ski et constituer un ensemble progressif et harmonieux.

L'organisation des cours collectifs doit avoir priorité sur les leçons particulières.

e) L'effectif des moniteurs enseignant doit être composé à raison d'au moins 50 % de moniteurs titulaires du diplôme de moniteur du ski français, les autres moniteurs étant brevetés auxiliaires ou titulaires de la capacité à l'enseignement du ski, ces derniers étant autorisés à enseigner par le comité consultatif de l'enseignement du ski. Dans certains cas particuliers après avis motivé du comité consultatif, le pourcentage de 50 % ci-dessus pourra être abaissé, mais ne devra toutefois jamais être inférieur à 30 %.

f) Être dirigée par un directeur choisi sur une liste d'aptitude dressée chaque année par le comité consultatif de l'enseignement du ski et agréée par le ministre chargé des sports.

Art. 4 L'agrément de l'école est accordé selon la procédure suivante :

Le directeur adresse une demande d'agrément au ministre chargé des sports sous le couvert du chef de service départemental de la jeunesse et des sports. Celui-ci la transmet avec son avis au ministre par l'intermédiaire du comité consultatif de l'enseignement du ski ;

La demande est accompagnée d'un dossier comprenant les noms, prénoms, titres et références du directeur et la liste des noms, prénoms et titres des moniteurs ;

L'indication du siège de l'école et de son numéro de téléphone ;

L'avis du maire de la commune ;

L'avis de l'organisation professionnelle la plus représentative.

Art. 5 Le ministre prononce l'agrément ou le refus d'agrément de l'école. L'agrément accordé est renouvelé chaque année par tacite reconduction. Il peut être annulé à tout moment par le ministre chargé des sports après avis du comité consultatif et enquête faite par le contrôleur de l'enseignement du ski.

Art. 6 Nul ne peut être inscrit sur la liste d'aptitude de directeur s'il n'a réussi à un concours prévu à cet effet à la suite d'un stage approprié. Le nombre de places mises au concours et les conditions de ce dernier sont fixés par le ministre chargé des sports sur proposition du comité consultatif.

Art. 7 Tout candidat au stage et au concours visés à l'article 6 doit remplir les conditions suivantes :

Être titulaire du diplôme de moniteur de ski français ;

Avoir enseigné pendant trois années au moins dans une école du ski français ou dans un centre collectif d'enseignement du ski depuis l'obtention du diplôme ;

Être présenté par un directeur d'école agréée.

Art. 8 La désignation du directeur de l'école se fait de la manière suivante :

Les moniteurs inscrits dans l'école de ski établissent avec un ordre préférentiel une liste de deux noms choisis par eux sur la liste d'aptitude visée aux articles 3 et 6 ci-dessus, et après accord des intéressés ;

(Arr. du 10 avr. 1961) « La liste ainsi établie est transmise par le plus ancien des moniteurs inscrits dans l'école, avec l'avis du maire de la commune et l'avis de l'organisation professionnelle la plus représentative au comité consultatif de l'enseignement du ski. »

Le comité consultatif émet un avis sur les propositions ainsi faites et propose l'agrément ou le refus d'agrément du directeur au ministre.

Art. 9 Le ministre prononce l'agrément du directeur de l'école ou refuse les propositions ainsi faites et transmises. L'agrément du directeur, lorsqu'il est accordé est renouvelé chaque année par tacite reconduction. Il peut être retiré par le ministre à tout moment après avis du comité consultatif et enquête faite par le contrôleur de l'enseignement.

En cas de refus de retrait d'agrément de nouvelles propositions sont adressées comme il est dit ci-dessus.

Art. 10 *(Arr. du20 janv. 1961)* « Par mesure transitoire et jusqu'au *(Arr. du 18 déc. 1961)* « 31 janvier 1962 » l'agrément des écoles existantes et des directeurs en fonctions à la date de publication du présent arrêté sera prononcé dans les conditions suivantes : »

1° Les demandes d'agréments des écoles établies comme il est dit à l'article 4 sont groupées par le syndicat national des moniteurs du ski français qui les transmet par département aux services départementaux de la jeunesse et des sports intéressés ;

2° L'agrément des directeurs en fonctions est demandé par le moniteur le plus ancien de chaque école. Chaque demande comporte l'avis du maire de la commune. Les demandes sont groupées par le syndicat national des moniteurs du ski français.

Le comité consultatif de l'enseignement du ski reçoit les demandes d'agrément des écoles envoyées par les services départementaux de la jeunesse et des sports et les demandes d'agrément des directeurs envoyées par le syndicat national des moniteurs de ski français. Il transmet au ministre les unes et les autres avec son avis.

Art. 11 Dans chaque station, la liste des moniteurs enseignant dans l'école agréée ou dans les écoles agréées est portée, après notification de l'agrément, à la connaissance des clients dans les lieux publics et les hôtels, avec la liste des tarifs homologués.

Art. 12 Les centres d'enseignement collectif du ski dépendant directement du ministère de l'éducation nationale, du ministère des armées, du ministère chargé du tourisme, du ministère de l'intérieur ou appartenant à des organismes reconnus et agréés par lesdits ministères peuvent être agréés en matière d'enseignement du ski et prendre le titre de « centre d'enseignement du ski agréé par le ministre chargé des sports » sous la seule condition d'observer les dispositions *b, c, d, e, f* de l'article 3 ci-dessus.

Art. 13 Les écoles de ski et les centres d'enseignement collectif du ski agréés par le ministre chargé des sports peuvent faire à tout moment l'objet d'inspection de la part des chefs des services départementaux et académiques de la jeunesse et des sports et du contrôleur de l'enseignement du ski conformément aux dispositions de l'article 15 du décret du 26 septembre 1951 relatif à l'organisation de l'enseignement du ski *[abrogé par Décr. n° 76-556 du 17 juin 1976]*. Les rapports d'inspection sont adressés au comité consultatif de l'enseignement du ski et au ministre chargé des sports.

FISCALITÉ

BIBL. GÉN. ▶ E. Bayle et Ch. Dudognon, Suppression de la taxe sur les spectacles : quels impacts pour les organisateurs sportifs ?, *JS 2015, n° 159, p. 37*. – E. Bayle et A. Rouger, *RJ éco. sport 1995, n° 37, p. 39* (conventions d'objectifs et fiscalité) ; La fiscalité du mécénat : de nouvelles opportunités de financement pour le mouvement sportif, *RJ éco. sport 2004, n° 71, p. 63*. – A. Becquart, La filialisation : une gestion alternative des activités lucratives, *Dossier spéc., Juris-association n° 355, 15 mars 2007*. – A. Bernard, La rémunération des dirigeants : des confirmations et des interrogations, *ibid.* – G. Cavalier, Le sport en France et en Europe : vers un droit fiscal spécifique ?, *Cah. dr. sport, n° 24, p. 20*. – B. Clavagnier, Le changement dans la continuité, *Dossier spéc., ibid.*– A. Dagorne, Les revenus du sportif, traitement fiscal, *INSEP, coll. Droit, économie, management, 1997*. – Ch. Dudognon, L'imposition des réunions sportives – Chronique d'une réforme simple et simplificatrice à mettre en œuvre, *RJ éco. sport 2007, n° 85, p. 7* ; – Ch. Dudognon, Impôts et taxes *in Dict. jur. du sport, Dalloz et Juriséditions, 2013, p. 197*. – J.-P. Gaudichau, La rémunération des dirigeants associatifs : une boîte de Pandore pour le mouvement sportif ?, *RJ éco. sport. 2002, n° 63, p. 7*. – H. Isaia, Le statut fiscal du sportif, *in* Le sportif et le groupement sportif, *Economica, 1981, p. 107*. – Juris'Cup, le monde associatif de la plaisance face au droit, *Gaz. Pal., n° spéc. 26 nov. 1999*. – B. Jabaud, Régime des rémunérations des dirigeants des associations, *LPA, n° 219-220, nov. 2007.* - J.-L. Lenclos, A la poursuite du statut fiscal du sportif rémunéré, *in* Droit du sport : la loi du 13 juillet 1992, *Dalloz 1994, p. 99 ; in* Sport et collectivités locales, *Dalloz 1993, p. 83* (sport et fiscalité locale) ; *RJ éco. sport 1989, n° 9, p. 43* (fiscalité du sport et Europe) ; Le régime fiscal des « sociétés sportives », *ALD 1984, n° spéc., p. 25* ; Le statut du sportif de haut niveau, *ibid., p. 45* ; Sport et fiscalité locale, *in* Sport et collectivités locales, *Sirey, 1984, p. 169* ; La fiscalité en matière de spectacle sportif, *in* Le spectacle sportif, *PUF, 1981, p. 209 ;* Situation des clubs associatifs affiliés à la Fédération française de tennis au regard de la non-lucrativité, *RJ éco. sport 2000, n° 56, p. 23* ; La taxe sur les droits de diffusion télévisée, *RJ éco. sport 2000, n° 57 ;* Les contraintes de droit commun : les contraintes fiscales, *in* Centenaire de la loi 1901, *RJ éco. sport, n° spéc., n° 61, p. 66.* - N. Morelli, Association sportive et société sportive, *LPA, n° 5, janv. 2008.* - J. Saurel, Le statut d'« impatrié fiscal » pour les sportifs professionnels étrangers exerçant en France : oasis ou mirage fiscal, *Cah. dr. sport n° 4, 2006 ;* Indemnités de transfert de joueurs professionnels et TVA, *ibid. n° 5, 2006 ;* Le principe d'autonomie du droit fiscal est-il opposable au droit du sport ? Quand l'illicéité d'un acte rend le droit fiscal amoral, *ibid. n° 9, 2007 ;* Le sport face à la fiscalité, *coll. Finances publiques, Economica, 2011.* - F. Subra, L'image des sportifs de haut niveau : pour une nouvelle approche fiscale ?, *JCP E, n° 12, 2005, 484, p. 520.* - La fiscalité du sport (colloque organisé à Dijon le 23 janvier 2004), *DF 2004, n° 52, p. 1830 ; DF 2005, n° 4, p. 177.* - Associations sportives : fiscalité, *in Dict. perm. dr. sport (mise à jour périodique).* - Clubs professionnels (statut fiscal), *ibid.* - Compétitions et manifestations sportives : fiscalité, *ibid.* - Éducateur sportif (régime fiscal et social), *ibid.* - Sportif rémunéré (régime fiscal et social), *ibid.*

COMMENTAIRE

Que les activités sportives, les groupements qui les prennent en charge et les personnes qui en tirent des revenus soient soumis aux règles du droit fiscal n'étonnera (plus) personne. Le terrain de la rencontre entre le sport et la fiscalité est principalement celui de la dimension économique du sport, de ses marchés et de ses flux financiers.

Les raisons de la fiscalisation du sport tiennent aux moyens auxquels recourent les acteurs pour organiser et développer les activités sportives : la professionnalisation des moyens humains entraîne l'application de différentes impositions assises sur les salaires ou celles frappant les prestations de services (de caractère sportif ou non), l'accroissement et la diversification des moyens financiers génèrent des flux financiers constituant autant de bases imposables, l'évolution des moyens structurels et notamment du statut juridique des organisations sportives (constitution de sociétés anonymes de droit commun ou sportives) et des relations plus étroites et souvent complémentaires entre les associations et des sociétés commerciales (dont elles sont éventuellement actionnaires) ne sont pas non plus sans conséquences fiscales... Les autres causes de cette fiscalisation résident bien sûr, non sans lien avec les précédentes, dans la nature des activités proposées par les groupements sportifs. Qualifiées de lucratives, les organismes réputés sans but lucratif qui les gèrent seront soumis aux impôts commerciaux (taxe sur la valeur ajoutée, impôt sur les sociétés et contribution économique territoriale). Telle est sans doute l'une des principales difficultés de l'examen des organisations sportives à l'épreuve du droit fiscal. Néanmoins, l'administration fiscale, à la suite du rapport Goulard (« Clarifier le régime fiscal des associations »), est venue apporter, par une série d'instructions inaugurée par celle du 15 septembre 1998 (BOI 4 H-5-98, V. ci-dessous), d'utiles précisions concernant le régime fiscal des organismes sans but lucratif et notamment les critères dont il faut tenir compte pour apprécier l'assujettissement de ceux-ci aux impôts commerciaux. On rappellera simplement que ces critères ont fait l'objet d'une validation de la part du Conseil d'État (CE 1er oct. 1999, Association Jeune France, V. note 14 ss. art. 261 CGI). Une instruction, en date du 18 décembre 2006, vient fort opportunément regrouper l'ensemble des précisions et nouveautés issues des instructions précédentes (outre 4 H-1-99, 4 H-3-00, 4 C-2-00 et 4 H-6-01) dans un document unique (4 H-5-06).

La fiscalité du sport ne présente pas ou très peu de particularités. Le droit applicable est bien évidemment le droit commun. On peut néanmoins noter l'existence de certaines dispositions spécifiques, soit en ce qu'elles concernent des impositions particulières, telle la contribution sur la cession des droits TV des manifestations sportives (V. art. 302 *bis* ZE CGI), soit en ce qu'elles affectent les règles présidant le champ d'application de certains impôts ou taxes, à l'instar de l'exonération (conditionnée) de TVA des services de caractère sportif rendus par les associations (V. art. 261 7. 1° a) CGI), ou affectant leur régime d'imposition, à l'image du système d'étalement des revenus des sportifs (V. pour la catégorie des salaires, art. 84 A, et, pour la catégorie des BNC, art. 100 *bis* CGI). ❑

Code général des impôts

Impôt sur le revenu. Détermination des bénéfices imposables au titre des bénéfices industriels et commerciaux

Art. 39 1. Le bénéfice net est établi sous déduction de toutes charges, celles-ci comprenant, sous réserve des dispositions du 5, notamment : – *[....]*

(Abrogé par L. nº 2014-1654 du 29 déc. 2014, art. 70-I-2º, à compter du 1er janv. 2016) « *7º Les dépenses engagées dans le cadre de manifestations de caractère philanthropique, éducatif, scientifique, social, humanitaire, sportif, familial, culturel ou concourant à la mise en valeur du patrimoine artistique, à la défense de l'environnement naturel ou à la diffusion de la culture, de la langue et des connaissances scientifiques françaises, lorsqu'elles sont exposées dans l'intérêt direct de l'exploitation.* » – *[....]*

La déductibilité des dépenses de sponsoring est conditionnée notamment au fait que lesdites dépenses soient exposées dans l'intérêt direct de l'exploitation (par ex., CAA Bordeaux, 7 févr. 1995, *nº 93-1497* ; V., s'agissant du caractère personnel des frais de sponsoring engagés par une société au profit du fils du dirigeant avec réintégration des dépenses concernées dans l'assiette des cotisations de sécurité sociale : • Civ. 2e, 13 févr. 2014 : *nº 12-16.924*).

Impôt sur le revenu. Détermination du revenu imposable au titre des traitements, salaires, pensions et rentes viagères

Art. 79 Les traitements, indemnités, émoluments, salaires, pensions et rentes viagères concourent à la formation du revenu global servant de base à l'impôt sur le revenu.

(L. nº 2010-1658 du 29 déc. 2010, art. 59-I-1º et II) « Il en est de même des prestations de retraite servies sous forme de capital. » – *Al. applicable pour l'imposition des prestations de retraite versées sous forme de capital à compter du 1er janv. 2011.*

[L. nº 59-1472 du 28 déc. 1959, art. 1er, 2 et 3-II ; L. nº 76-1234 du 29 déc. 1976, art. 16 s. ; L. nº 2010-1658 du 29 déc. 2010, art. 59-I-1º et II.]

Les dispositions de l'article L. 762-1 [art. L. 7121-3] du code du travail, eu égard à la généralité de leurs termes, qui ne définissent pas de manière limitative les artistes du spectacle et n'imposent aucun aspect culturel particulier à l'activité déployée par ceux-ci, sont applicables aux joueurs de tennis professionnels engagés dans des tournois du type de ceux que la Fédération française de tennis organise. Le Conseil d'État précise également qu'aucune disposition du CGI ne fait obstacle à ce que les gains perçus par les joueurs professionnels de tennis soient classés pour l'assiette de l'impôt sur le revenu dans la catégorie des traitements et salaires. V. • CE, 22 juin 2011, *Boris A.*, req. nº 319240 : *JS, 113, p. 34, comm. J.-P. Karaquillo ; Cah. dr. sport, nº 25, p. 83, note J. Saurel, et p. 90, note A. Signorile.* ♦ V. également note ss. CGI, art. 92.

Art. 80 *decies* Les prestations servies par le régime de prévoyance des joueurs professionnels de football institué par la charte du football professionnel sont, à l'exclusion du capital en cas de décès ou d'invalidité totale et définitive de l'assuré, imposables dans la catégorie des pensions selon les modalités définies au premier alinéa de l'article 163-0 A *bis*.

Ces dispositions s'appliquent au capital versé à compter du 1er janv. 1993.

Art. 80 *duodecies* *(L. nº 2005-1579 du 19 déc. 2005, art. 13-I et III)* 1. « Toute indemnité versée à l'occasion de la rupture du contrat de travail constitue une rémunération imposable, sous réserve *(Abrogé par L. nº 2009-1673 du 30 déc. 2009, art. 100-I)* « *de l'exonération prévue au 22 de l'article 81 et* » des dispositions suivantes. – *Les dispositions ci-dessus de la L. nº 2009-1673 du 30 déc. 2009 s'appliquent aux indemnités de départ volontaire à la retraite versées à compter du 1er janv. 2010 (L. préc., art. 100-III).*

« Ne constituent pas une rémunération imposable :

« 1º Les indemnités mentionnées *(L. nº 2013-504 du 14 juin 2013, art. 21-II)* « L. 1235-1, » L. 1235-2, L. 1235-3 et L. 1235-11 à L. 1235-13 du code du travail ;

« 2º Les indemnités de licenciement ou de départ volontaire versées dans le cadre d'un plan de sauvegarde de l'emploi au sens des articles L. 1233-32 et L. 1233-61 à L. 1233-64 du même code ;

« 3° La fraction des indemnités de licenciement versées en dehors du cadre d'un plan de sauvegarde de l'emploi au sens des articles L. 1233-32 et L. 1233-61 à L. 1233-64 du même code, qui n'excède pas :

« *a)* Soit deux fois le montant de la rémunération annuelle brute perçue par le salarié au cours de l'année civile précédant la rupture de son contrat de travail, ou 50 % du montant de l'indemnité si ce seuil est supérieur, dans la limite de six fois le plafond mentionné à l'article L. 241-3 du code de la sécurité sociale en vigueur à la date du versement des indemnités ;

« *b)* Soit le montant de l'indemnité de licenciement prévue par la convention collective de branche, par l'accord professionnel ou interprofessionnel ou, à défaut, par la loi *(Abrogé par L. n° 2005-1720 du 30 déc. 2005, art. 56-I)* ***« , si ce montant est supérieur à six fois le plafond mentionné à l'article L. 241-3 du code de la sécurité sociale en vigueur à la date du versement des indemnités »*** ;

« 4° La fraction des indemnités de mise à la retraite qui n'excède pas :

« *a)* Soit deux fois le montant de la rémunération annuelle brute perçue par le salarié au cours de l'année civile précédant la rupture de son contrat de travail, ou 50 % du montant de l'indemnité si ce seuil est supérieur, dans la limite de cinq fois le plafond mentionné à l'article L. 241-3 du code de la sécurité sociale en vigueur à la date du versement des indemnités ;

« *b)* Soit le montant de l'indemnité de *(L. n° 2005-1720 du 30 déc. 2005, art. 56-II)* « mise à la retraite » prévue par la convention collective de branche, par l'accord professionnel ou interprofessionnel ou, à défaut, par la loi *(Abrogé par L. n° 2005-1720 du 30 déc. 2005, art. 56-II)* ***« , si ce montant est supérieur à cinq fois le plafond mentionné à l'article L. 241-3 du code de la sécurité sociale en vigueur à la date du versement des indemnités ».*** — *Application du 1 aux indemnités perçues à l'occasion d'une rupture du contrat de travail notifiée à compter du 1er janv. 2006.*

(Abrogé par L. n° 2010-1657 du 29 déc. 2010, art. 199-II et III, à compter du 1er janv. 2011) *(L. n° 2006-1640 du 21 déc. 2006, art. 16-II)* ***« 5° La fraction des indemnités de départ volontaire versées aux salariés dans le cadre d'un accord collectif de gestion prévisionnelle des emplois et des compétences dans les conditions prévues au II de l'article L. 320-2 du code du travail, n'excédant pas quatre fois le plafond mentionné à l'article L. 241-3 du code de la sécurité sociale en vigueur à la date du versement des indemnités. »***

(L. n° 2008-596 du 25 juin 2008, art. 5-V) « 6° La fraction des indemnités prévues à l'article L. 1237-13 du code du travail versées à l'occasion de la rupture conventionnelle du contrat de travail d'un salarié lorsqu'il n'est pas en droit de bénéficier d'une pension de retraite d'un régime légalement obligatoire, qui n'excède pas :

« *a)* Soit deux fois le montant de la rémunération annuelle brute perçue par le salarié au cours de l'année civile précédant la rupture de son contrat de travail, ou 50 % du montant de l'indemnité si ce seuil est supérieur, dans la limite de six fois le plafond mentionné à l'article L. 241-3 du code de la sécurité sociale en vigueur à la date de versement des indemnités ;

« *b)* Soit le montant de l'indemnité de licenciement prévue par la convention collective de branche, par l'accord professionnel ou interprofessionnel ou, à défaut, par la loi. »

2. Constitue également une rémunération imposable toute indemnité versée, à l'occasion de la cessation de leurs fonctions, aux mandataires sociaux, dirigeants et personnes visés à l'article 80 *ter*. Toutefois, en cas de cessation forcée des fonctions, notamment de révocation, seule la fraction des indemnités qui excède *(L. n° 2015-1785 du 29 déc. 2015, art. 3)* « trois fois le plafond mentionné à l'article L. 241-3 du code de la sécurité sociale » est imposable.

[L. n° 99-1172 du 30 déc. 1999, art. 3 ; L. n° 2000-1353 du 30 déc. 2000, art. 1er-I ; L. n° 2002-73 du 17 janv. 2002, art. 93 ; L. n° 2005-1579 du 19 déc. 2005, art. 13-II et III ; L. n° 2005-1720 du 30 déc. 2005, art. 56-II ; L. n° 2006-1640 du 21 déc. 2006, art. 16-II ; Ord. n° 2007-329 du 12 mars 2007, art. 1er, 3 et 12-I ; Décr. n° 2008-294 du 1er avr. 2008 ; L. n° 2008-596 du 25 juin 2008, art. 5-V ; L. n° 2009-1673 du 30 déc. 2009, art. 100-I ; L. n° 2010-1657 du 29 déc. 2010, art. 199-II et III.]

1. Présente le caractère d'un revenu imposable dans la catégorie des traitements et salaires l'indemnité versée par un club à un entraîneur de football à la suite de la rupture d'un commun accord de son contrat de travail, dès lors qu'une telle somme n'a pas eu pour objet de compenser un préjudice autre que celui résultant de la perte de salaires. • CE 11 janv. 1984 : *Lebon T. 601 ; D. 1985. IR 487, obs. Lenclos.* ♦ Pour une solution identique, s'agissant de l'indemnité transactionnelle perçue par un joueur de football professionnel à l'occasion de la rupture anticipée de son contrat de travail à durée déterminée : • CAA Marseille, 17 mai 1999, *Guérin : DF 1999. Comm. 935.*

2. En revanche, n'a pas à être réintégrée dans l'assiette des revenus imposables la part de l'indemnité transactionnelle versée à un entraîneur de football dont l'objet a été de compenser le préjudice moral et professionnel subi par lui à raison de l'atteinte qui a pu être portée à sa notoriété professionnelle et de la nécessité pour lui de quitter la région pour retrouver un emploi. • CAA Bordeaux, 7 mars 1995 : *DF 1995. Comm. 1530.*

3. Depuis la loi de finances pour 2000 (L. n° 99-1172 du 30 déc. 1999), est posé le principe de soumission à l'impôt des indemnités de rupture d'un contrat de travail sous réserve des exceptions strictement prévues par la loi. V. pour le rejet des prétentions d'un entraîneur de football visant à exonérer d'impôt son indemnité transactionnelle sur la base de l'art. 80 *duodecies* CGI et sur le fondement de l'art. L. 80 A LPF en invoquant l'Instr. n° 5 F-8-00 du 30 mai 2000 : • CAA Bordeaux, 12 juin 2012, req. n° 11BX01891 : *JS 2013, n° 128, p. 33, comm. E. Oliva* • CE 5 mai 2010, req. n° 309803 : *Lebon T. 752 ; Dr. fisc. 2010, n° 24, Comm. 369, concl. P. Collin, note F. Douet.*

Art. 83 Le montant net du revenu imposable est déterminé en déduisant du montant brut des sommes payées et des avantages en argent ou en nature accordés : *[...]*

2° Les cotisations ou les primes versées aux *(Ord. n° 2006-344 du 23 mars 2006, art. 2-3°)* « régimes de retraite supplémentaire, y compris ceux gérés par une institution mentionnée à l'article L. 370-1 du code des assurances pour les contrats mentionnés à l'article L. 143-1 dudit code lorsqu'ils ont pour objet l'acquisition et la jouissance de droits viagers, auxquels le salarié est affilié à titre obligatoire, » ainsi que les cotisations versées, à compter du 1er janvier 1993, à titre obligatoire au régime de prévoyance des joueurs professionnels de football institué par la charte du football professionnel. *[...]*

3° Les frais inhérents à la fonction ou à l'emploi lorsqu'ils ne sont pas couverts par des allocations spéciales.

La déduction à effectuer du chef des frais professionnels est calculée forfaitairement en fonction du revenu brut, après défalcation des cotisations, contributions et intérêts mentionnés aux 1° à 2° ***quinquies*** et à l'article 83 ***bis*** ; elle est fixée à 10 % du montant de ce revenu. Elle est limitée à *(L. n° 2015-775 du 10 juin 2016, art. 1)* « 12 170 € *[ancienne rédaction : 12 157 €]* » pour l'imposition des rémunérations perçues en *(L. n° 2015-775 du 10 juin 2016, art. 1)* « 2015 *[ancienne rédaction : 2014]* » ; chaque année, le plafond retenu pour l'imposition des revenus de l'année précédente est relevé dans la même proportion que la limite supérieure de la première tranche du barème de l'impôt sur le revenu. — *Sauf revalorisation différente expressément prévue par la loi. —* ***A compter du 1er janv. 2017 :*** *lire « 2° ter » au lieu de « 2° quinquies et à l'article 83 bis » pour les emprunts contractés à compter du 1er janv. 2017 (L. n° 2013-1278 du 29 déc. 2013, art. 26-I-i et XI-5). — Pour l'imposition des revenus 2013, la limite ci-dessus était fixée à 12 097 €.*

Le montant de la déduction forfaitaire pour frais professionnels ne peut être inférieur à *(Décr. n° 2015-608 du 3 juin 2015)* « 426 € ou à » *(L. n° 2015-775 du 10 juin 2016, art. 1)* « 937 € *[ancienne rédaction : 936 €]* » pour les personnes inscrites en tant que demandeurs d'emploi depuis plus d'un an, sans pouvoir excéder le montant brut des traitements et salaires. Cette disposition s'applique séparément aux rémunérations perçues par chaque membre du foyer fiscal désigné aux 1 et 3 de l'article 6. — *Pour l'imposition des revenus 2013, les montants ci-dessus étaient fixés, respectivement, à 424 € et 931 €. — Ces montants s'appliquent pour l'imposition des revenus de 2015 (L. n° 2015-1785 du 29 déc. 2015, art. 2-I-1°).*

Les sommes figurant au troisième alinéa sont révisées chaque année dans la même proportion que la limite supérieure de la première tranche du barème de l'impôt sur le revenu. — *Sauf revalorisation différente expressément prévue par la loi.*

Les bénéficiaires de traitements et salaires sont également admis à justifier du montant de leurs frais réels, soit dans la déclaration visée à l'article 170, soit sous forme de réclamation adressée au service des impôts dans le délai prévu aux articles R.* 196-1 et R.* 196-3 du livre des procédures fiscales. Le montant des frais réels à prendre en compte au titre de l'acquisition des immeubles, des véhicules et autres biens dont la durée d'utilisation est supérieure à un an s'entend de la dépréciation que ces biens ont subie au cours de l'année d'imposition.

Sont assimilées à des frais professionnels réels les dépenses exposées en vue de l'obtention d'un diplôme ou d'une qualification professionnelle dans la perspective d'une insertion ou d'une conversion professionnelle par les personnes tirant un revenu de la pratique d'un sport.

Les frais de déplacement de moins de quarante kilomètres entre le domicile et le lieu de travail sont admis, sur justificatifs, au titre des frais professionnels réels. Lorsque la distance est supérieure, la déduction admise porte sur les quarante premiers kilomètres, sauf circonstances particulières notamment liées à l'emploi justifiant une prise en compte complète.

(L. n° 2012-1509 du 29 déc. 2012, art. 6) « Lorsque les bénéficiaires de traitements et salaires optent pour le régime des frais réels, l'évaluation des frais de déplacement, autres que

les frais de péage, de garage ou de parking et d'intérêts annuels afférents à l'achat à crédit du véhicule utilisé, peut s'effectuer sur le fondement d'un barème forfaitaire fixé par arrêté du ministre chargé du budget en fonction de la puissance administrative du véhicule, retenue dans la limite maximale de sept chevaux, et de la distance annuelle parcourue. – *V. Ann. IV, art. 6 B.*

« Lorsque les bénéficiaires mentionnés au huitième alinéa ne font pas application dudit barème, les frais réels déductibles, autres que les frais de péage, de garage ou de parking et d'intérêts annuels afférents à l'achat à crédit du véhicule utilisé, ne peuvent excéder le montant qui serait admis en déduction en application du barème précité, à distance parcourue identique, pour un véhicule de la puissance administrative maximale retenue par le barème. »

Les frais, droits et intérêts d'emprunt versés pour acquérir ou souscrire des parts ou des actions d'une société ayant une activité industrielle, commerciale, artisanale, agricole ou libérale dans laquelle le salarié ou le dirigeant exerce son activité professionnelle principale sont admis, sur justificatifs, au titre des frais professionnels réels dès lors que ces dépenses sont utiles à l'acquisition ou à la conservation de ses revenus. Les intérêts admis en déduction sont ceux qui correspondent à la part de l'emprunt dont le montant est proportionné à la rémunération annuelle perçue ou escomptée au moment où l'emprunt est contracté. La rémunération prise en compte s'entend des revenus mentionnés à l'article 79 et imposés sur le fondement de cet article. La fraction des versements effectués au titre des souscriptions ou acquisitions de titres donnant lieu aux réductions d'impôt prévues aux articles 199 *terdecies*-0 A, 199 *terdecies*-0 B ou 885-0 V *bis*, ainsi que les souscriptions et acquisitions de titres figurant dans un plan d'épargne en actions défini à l'article 163 *quinquies* D ou dans un plan d'épargne salariale prévu au titre III du livre III de la troisième partie du code du travail, ne peuvent donner lieu à aucune déduction d'intérêts d'emprunt.

....

Un joueur de football professionnel ne saurait être assimilé à un artiste dramatique, lyrique, cinématographique ou chorégraphique au sens des dispositions de l'art. 5 de l'annexe IV du CGI, en sorte que les dispositions prévoyant une déduction supplémentaire de 25 % pour frais professionnels en faveur de certains artistes du spectacle ne peuvent pas lui être appliquées. • TA Rennes, 10 mars 1982, *Floch : D. 1984. IR 179, obs. Lenclos* (confirmé par : • CE 11 janv. 1984 : *Lebon T. 601 ; D. 1985. IR 487, obs. Lenclos)* • TA Poitiers, 24 mars 1982, *Desmenez : D. 1984. IR 179, obs. Lenclos.*

Art. 84 A Les dispositions prévues par l'article 100 *bis* sont applicables, sous les mêmes conditions, pour la détermination des salaires imposables des artistes du spectacle, titulaires d'un contrat entrant dans les prévisions *(Décr. n° 2008-294 du 1er avr. 2008)* « des articles L. 7121-3 à L. 7121-7 » du code du travail *[art. L. 7121-2 s.]* et des salaires imposables des sportifs perçus au titre de la pratique d'un sport.

Sur l'imposition, au titre de l'impôt sur le revenu, des sommes perçues au titre du droit à l'image collective, prévue à l'art. L. 222-2 C. sport, V. Instr. fisc. n° 5-F-12-06 du 31 mars 2006 (BOI n° 59 du 31 mars).

Impôt sur le revenu. Définition des revenus imposables au titre des bénéfices des professions non commerciales

Art. 92 1. Sont considérés comme provenant de l'exercice d'une profession non commerciale ou comme revenus assimilés aux bénéfices non commerciaux, les bénéfices des professions libérales, des charges et offices dont les titulaires n'ont pas la qualité de commerçants et de toutes occupations, exploitations lucratives et sources de profits ne se rattachant pas à une autre catégorie de bénéfices ou de revenus.

2. Ces bénéfices comprennent notamment :

1° Les produits des opérations de bourses effectuées *(L. n° 2004-804 du 9 août 2004, art. 12)* « dans des conditions analogues à celles qui caractérisent une activité exercée par une personne se livrant à titre professionnel à ce type d'opérations » ;

2° Les produits de droits d'auteurs perçus par les écrivains ou compositeurs et par leurs héritiers ou légataires ;

3° Les produits perçus par les inventeurs au titre soit de la concession de licences d'exploitation de leurs brevets, soit de la cession ou concession de marques de fabrique, procédés ou formules de fabrication ;

4° Les remises allouées pour la vente de tabacs fabriqués ;

5° Les produits des opérations réalisées à titre habituel *(L. n° 2013-1279 du 29 déc. 2013, art. 43-I-B et IV-A, en vigueur le 1er janv. 2014)* « , directement, par personne interposée ou par l'intermédiaire d'une fiducie, sur des contrats financiers, également dénommés "instruments financiers à terme", mentionnés au III de l'article L. 211-1 du code monétaire et financier », lorsque l'option prévue au 8° du I de l'article 35 n'était pas ouverte au contribuable ou lorsqu'il ne l'a pas exercée.

(L. n° 2006-1294 du 23 oct. 2006, art. 2-I et III, applicable aux revenus perçus à compter du 1er janv. 2007) « 6° Les sommes et indemnités perçues par les arbitres ou juges au titre de la mission arbitrale mentionnée à l'article L. 223-1 du code du sport. »

(Ord. n° 2009-112 du 30 janv. 2009, art. 10-IV et 12, en vigueur le 1er févr. 2009) « 7° Les sommes perçues par les avocats en qualité de fiduciaire d'une opération de fiducie définie à l'article 2011 du code civil. »

3. Les bénéfices réalisés par les greffiers titulaires de leur charge sont imposés, suivant les règles applicables aux bénéfices des charges et offices, d'après leur montant net déterminé sous déduction des traitements et indemnités alloués aux greffiers par l'État. Ces traitements et indemnités sont rangés dans la catégorie visée au V de la présente sous-section.

1. Ni l'art. 92 ni aucune autre disposition ne font obstacle à ce que les rémunérations perçues par des coureurs cyclistes soient classées, pour l'assiette de l'impôt sur le revenu, dans la catégorie des traitements et salaires ; c'est donc à tort que, pour les sommes versées à des coureurs professionnels étrangers, l'association organisatrice de critériums cyclistes est imposée du chef de la retenue à la source de l'impôt sur le revenu applicable aux bénéfices non commerciaux. • CE 8 juill. 1988, *Assoc. Le circuit de l'Aulne : Lebon T. 760 ; D. 1990. Somm. 395, obs. Lenclos* . ♦ V. note 1 ss. C. trav., art. L. 7121-6, App., v° *Travail.*

2. Les gains du propriétaire-éleveur qui confie les chevaux de course de son écurie à des entraîneurs professionnels à l'égard desquels il prend des initiatives et se livre à des contrôles, puis qui se rend acquéreur des installations du haras permettant la préparation de ses chevaux, sont imposables au titre des bénéfices non commerciaux. • CAA Paris, 12 juill. 1994, *Lederman : req. n° 92488.*

3. Les revenus tirés de l'activité d'arbitre exercée à titre indépendant, faute de situation de subordination de l'arbitre vis-à-vis de la fédération sportive, sont imposables dans la catégorie des bénéfices non commerciaux. • CE 18 janv. 2008, *Min. de l'économie, des finances et de l'industrie c/ Lagrange : req. n° 303823.* ♦ Depuis la loi du 23 oct. 2006, l'art. 92 prévoit expressément que les revenus des arbitres relèvent de la catégorie des BNC.

4. V. note ss. art. 79.

Impôt sur le revenu. Détermination des revenus imposables au titre des bénéfices des professions non commerciales

Art. 93 1. Le bénéfice à retenir dans les bases de l'impôt sur le revenu est constitué par l'excédent des recettes totales sur les dépenses nécessitées par l'exercice de la profession. Sous réserve des dispositions de l'article 151 *sexies*, il tient compte des gains ou des pertes provenant soit de la réalisation des éléments d'actif affectés à l'exercice de la profession, soit des cessions de charges ou d'offices, ainsi que de toutes indemnités reçues en contrepartie de la cessation de l'exercice de la profession ou du transfert d'une clientèle.

Les dépenses déductibles comprennent notamment : *[...]*

5° Les dépenses exposées en vue de l'obtention d'un diplôme ou d'une qualification professionnelle dans la perspective d'une insertion ou d'une conversion professionnelle par les personnes tirant un revenu de la pratique d'un sport. *[...]*

(L. n° 2006-1294 du 23 oct. 2006, art. 2-II et III) « 10. Lorsque le montant total des sommes et indemnités perçues par les arbitres ou juges mentionnées au 6° du 2 de l'article 92 est inférieur, pour une année civile, à la limite définie au premier alinéa de l'article L. 241-16 du code de la sécurité sociale, plafonné à 14,5 % du montant annuel du plafond mentionné à l'article L. 241-3 du même code, ces sommes et indemnités sont exonérées. »

Impôt sur le revenu. Régime de la déclaration contrôlée des revenus imposables au titre des bénéfices des professions non commerciales

Art. 100 *bis* I. Les bénéfices imposables provenant de la production littéraire, scientifique ou artistique, de même que ceux provenant de la pratique d'un sport, peuvent, à la demande des contribuables soumis au régime de la déclaration contrôlée, être déterminés en retranchant, de la moyenne des recettes de l'année de l'imposition et des deux années précédentes, la moyenne des dépenses de ces mêmes années.

Les contribuables qui adoptent ce mode d'évaluation pour une année quelconque sont obligatoirement soumis au régime de la déclaration contrôlée en ce qui concerne les bénéfices provenant de leur production littéraire, scientifique ou artistique ou ceux provenant de la pratique d'un sport. L'option reste valable tant qu'elle n'a pas été expressément révoquée ; en cas de révocation, les dispositions du premier alinéa continuent toutefois de produire leurs effets pour les bénéfices réalisés au cours des années couvertes par l'option.

II. A compter de l'imposition des revenus de 1982, les contribuables peuvent également demander qu'il soit tenu compte de la moyenne des recettes et des dépenses de l'année d'imposition et des quatre années précédentes.

Les contribuables qui adoptent cette période de référence ne peuvent revenir sur leur option pour les années suivantes.

Impôt sur le revenu. Sommes perçues par une personne domiciliée ou établie hors de France

Art. 155 A I. Les sommes perçues par une personne domiciliée ou établie hors de France en rémunération de services rendus par une ou plusieurs personnes domiciliées ou établies en France sont imposables au nom de ces dernières :

Soit, lorsque celles-ci contrôlent directement ou indirectement la personne qui perçoit la rémunération des services ;

Soit, lorsqu'elles n'établissent pas que cette personne exerce, de manière prépondérante, une activité industrielle ou commerciale, autre que la prestation de services ;

Soit, en tout état de cause, lorsque la personne qui perçoit la rémunération des services est domiciliée ou établie dans un État étranger ou un territoire situé hors de France où elle est soumise à un régime fiscal privilégié au sens mentionné à l'article 238 A.

II. Les règles prévues au I ci-dessus sont également applicables aux personnes domiciliées hors de France pour les services rendus en France.

III. La personne qui perçoit la rémunération des services est solidairement responsable, à hauteur de cette rémunération, des impositions dues par la personne qui les rend.

1. Applications. Bien qu'il ne soit pas établi que le contribuable en ait été bénéficiaire, les sommes versées à deux sociétés espagnoles, au titre de conventions d'acquisition des droits à l'image et de promotion d'un joueur de football professionnel par un club français, sont imposables, en vertu des dispositions de l'art. 155 A, à l'impôt sur le revenu au nom du contribuable. • TA Nantes, 26 nov. 1996, *Vercauteren : DF 1997. Comm. 547, concl. Jacquier.* ♦ Une société de droit britannique titulaire du droit à l'utilisation du nom et de l'image d'un footballeur professionnel a cédé au club dans lequel évolue ce dernier ce droit moyennant le paiement de redevances. Le requérant n'apporte aucun élément de nature à démontrer que la société exerçait de manière prépondérante une activité industrielle ou commerciale autre que la prestation de service considérée. La cour administrative d'appel considère que c'est à bon droit que l'administration fiscale a regardé le sportif concerné comme entrant, pour les sommes en cause et au regard de la loi fiscale française, dans le champ d'application des dispositions de l'article 155 A. • CAA Lyon, 23 nov. 2010, req. n° 09LY01539 : *Cah. dr. sport, n° 23, p. 52, note K. Jestin.* ♦ Dès lors que le requérant n'apporte aucun élément de nature, d'une part, à établir que son nom et son image auraient été exploités indépendamment de son activité au sein du club sportif et, d'autre part, à démontrer que la société de droit britannique bénéficiaire des sommes versées par le club au titre de la rétrocession du droit à l'usage de son image exercerait de manière prépondérante une activité industrielle ou commerciale autre que la prestation de services, les sommes versées par le club à la société britannique doivent être regardées comme des rémunérations liées à son activité au sein du club et imposables à l'impôt sur le revenu à son nom. • CE 4 déc. 2013, *M. B., c/ Ministère de l'Économie et des Finances,* req. n° 348136 : *Lebon 488, ibid 527, ibid 528.*

2. Conventions bilatérales. Il résulte des stipulations de la convention fiscale franco-britannique du 22 mai 1968, dès lors qu'il est constant que l'activité sportive du footballeur professionnel, dont le droit à l'image est indivisible, se pratiquait en France, que les redevances versées par son club à une société de droit britannique au titre de la rétrocession du droit à l'usage de son image ne pouvaient être imposées qu'en France. • CAA Lyon, 23 nov. 2010, *Edmilson Gomes De Moares : préc. note 1.* ♦ Un joueur de tennis avait concédé à une société néerlandaise l'exclusivité de ses prestations sportives et publicitaires en contrepartie d'une rémunération forfaitaire annuelle assortie d'une prime d'intéressement proportionnelle aux sommes encaissées par ladite société. Les sommes conservées par cette dernière étaient réputées rémunérer la prestation assurée au titre de la gestion des contrats sportifs et publicitaires. Il s'ensuit que les stipulations de la convention fiscale franco-néerlandaise du 16 mars 1973 faisaient obstacle à ce que les sommes conservées par la société en application du contrat la liant au tennisman soient imposées en France sur le fondement de l'article 155 A du CGI. • CAA Paris, 28 avr. 2010, *Delaître,* req. n° 08PA00415 : *Cah. dr. sport, n° 23, p. 49, note K. Jestin.*

Impôt sur le revenu. Revenu imposable des étrangers et des personnes n'ayant pas leur domicile fiscal en France

Art. 164 B I. Sont considérés comme revenus de source française : *[...]*
g) Les sommes, y compris les salaires, payées à compter du 1er janvier 1990, correspondant à des prestations artistiques ou sportives fournies ou utilisées en France. *[...]*

Impôt sur le revenu. Calcul. Retenue à la source

Art. 182 B I. Donnent lieu à l'application d'une retenue à la source, lorsqu'ils sont payés par un débiteur qui exerce une activité en France à des personnes ou des sociétés, relevant de l'impôt sur le revenu ou de l'impôt sur les sociétés, qui n'ont pas dans ce pays d'installation professionnelle permanente : – *[...]*

d) Les sommes, y compris les salaires *(Abrogé par Décr. n° 2010-421 du 27 avr. 2010)* « , ***payées à compter du 1er janvier 1990*** », correspondant à des prestations *(Abrogé par L. n° 2008-1443 du 30 déc. 2008, art. 25-I-3° et II, applicable aux sommes versées à compter du 1er janv. 2009)* « ***artistiques ou*** » sportives fournies ou utilisées en France, nonobstant les dispositions de l'article 182 A. *[...]*

Des primes versées à des joueurs étrangers par une société ayant pour objet l'organisation, la gestion, la promotion et la régie en France de tournois professionnels et amateurs de golf, en rémunération de « prestations fournies ou utilisées en France », doivent être soumises à la retenue à la source, peu important qu'elles soient versées directement aux joueurs ou, en vertu de stipulations contractuelles, à des sociétés étrangères. • CAA Paris, 13 juin 2000, *SA Promogolf : req. n°s 96PA04597 et 97PA00405.* ♦ Il convient toutefois de réserver le cas des sommes perçues par des sociétés contrôlées par les sportifs bénéficiaires, qui relèvent des dispositions de l'art. 155 A CGI ; dans cette hypothèse en effet, l'imposition des primes sportives ne peut être établie que par voie de rôle et non par voie de retenue à la source. • Même arrêt.

Art. 182 C (Abrogé par L. n° 2016-1917 du 29 déc. 2016, art. 60-I-B-8° et I-G-1, à compter du 1er janv. 2018) ***Les salaires, droits d'auteur et rémunérations versés aux personnes mentionnées au troisième alinéa qui ont leur domicile fiscal en France par les personnes passibles de l'impôt sur les sociétés ou de l'impôt sur le revenu dans la catégorie des bénéfices industriels et commerciaux ainsi que les personnes morales de droit public et les sociétés civiles de perception et de répartition des droits d'auteur et des droits des artistes interprètes font l'objet, sur demande du bénéficiaire, d'une retenue égale à 15 % de leur montant brut.***

Cette retenue s'impute sur l'impôt sur le revenu dû au titre de l'année au cours de laquelle elle a été opérée.

L'option prévue au premier alinéa peut être exercée par les sportifs et les artistes du spectacle, les auteurs des œuvres de l'esprit désignés à l'article L. 112-2 du code de la propriété intellectuelle, ainsi que par les interprètes de ces œuvres, à l'exception des architectes et des auteurs de logiciels.

V. aussi art. 46 A et 381 R de l'annexe III du CGI. – **CGI.**

Impôt sur le revenu. Calcul. Réduction d'impôt accordée au titre des dons faits par les particuliers

Art. 200 1. Ouvrent droit à une réduction d'impôt sur le revenu égale à *(L. n° 2005-32 du 18 janv. 2005, art. 127-I et III , à compter de l'imposition des revenus de l'année 2005)* « 66 % » de leur montant les sommes prises dans la limite de « 20 % » du revenu imposable qui correspondent à des dons et versements, y compris l'abandon exprès de revenus ou produits, effectués par les contribuables domiciliés en France au sens de l'article 4 B, au profit :

a. *(L. n° 2003-709 du 1er août 2003, art. 1er)* « De fondations ou associations reconnues d'utilité publique *(L. n° 2006-1666 du 21 déc. 2006, art. 10-I-1°-a et III, applicable à compter de l'imposition des revenus de l'année 2007)* « sous réserve du 2 *bis* » *(L. n° 2007-1199 du 10 août 2007, art. 29-1°)* « , de fondations universitaires ou de fondations partenariales mentionnées respectivement aux articles L. 719-12 et L. 719-13 du code de l'éducation » et, pour les seuls salariés des entreprises fondatrices ou des entreprises du groupe, au sens de l'article 223 A *(L. n° 2014-891 du 8 août 2014, art. 20-I-2°)* « ou de l'article 223 A *bis* », auquel appartient l'entreprise fondatrice, de fondations d'entreprise, lorsque ces organismes répondent aux conditions fixées au *b* » ; – *Les I et II de l'art. 20 de la L. n° 2014-891 du 8 août 2014 s'appliquent aux exercices ouverts à compter du 1er janv. 2015 (L. préc., art. 20-III).*

b. D'œuvres ou d'organismes d'intérêt général ayant un caractère philanthropique, éducatif, scientifique, social, humanitaire, sportif, familial, culturel, ou concourant à la mise en valeur du patrimoine artistique, notamment à travers les souscriptions ouvertes pour financer l'achat d'objets ou d'œuvres d'art destinés à rejoindre les collections d'un musée de France accessibles au public, à la défense de l'environnement naturel ou à la diffusion de la culture, de la langue et des connaissances scientifiques françaises ;

c. *(L. n° 2007-1199 du 10 août 2007, art. 38)* « Des établissements d'enseignement supérieur ou d'enseignement artistique publics ou privés, d'intérêt général, à but non lucratif » *(L. n° 2015-1786 du 29 déc. 2015, art. 38-I-1°)* « et des établissements d'enseignement supérieur consulaire mentionnés à l'article L. 711-17 du code de commerce pour leurs activités de formation professionnelle initiale et continue ainsi que de recherche » ;

d. D'organismes visés au 4 de l'article **238** *bis* ;

e. D'associations cultuelles et de bienfaisance *(Abrogé par Décr. n° 2007-484 du 30 mars 2007)* *« qui sont autorisées à recevoir des dons et legs »*, ainsi que des établissements publics des cultes reconnus d'Alsace-Moselle ;

f. *(L. n° 2007-1824 du 25 déc. 2007, art. 23-II et IV, applicable aux dons effectués à compter du 1er janv. 2008)* « D'organismes publics ou privés dont la gestion est désintéressée et qui ont pour activité principale la présentation au public d'œuvres dramatiques, lyriques, musicales, chorégraphiques, cinématographiques et de cirque ou l'organisation d'expositions d'art contemporain, à la condition que les versements soient affectés à cette activité. Cette disposition ne s'applique pas aux organismes qui présentent des œuvres à caractère pornographique ou incitant à la violence ;

(L. n° 2015-433 du 17 avr. 2015, art. 20-1°) « f *bis*. D'associations d'intérêt général exerçant des actions concrètes en faveur du pluralisme de la presse, par la prise de participations minoritaires, l'octroi de subventions ou encore de prêts bonifiés à des entreprises de presse, au sens du 1 de l'article **39** *bis* A.

« Les donateurs peuvent affecter leurs dons au financement d'une entreprise de presse ou d'un service de presse en ligne en particulier, à condition qu'il n'existe aucun lien économique et financier, direct ou indirect, entre le donateur et le bénéficiaire ; »

(L. n° 2008-776 du 4 août 2008, art. 140-X-1°-a ; L. n° 2009-179 du 17 févr. 2009, art. 18-I-2° et III) « g. De fonds de dotation :

« 1° Répondant aux caractéristiques mentionnées au *b* *(L. n° 2015-433 du 17 avr. 2015, art. 20-2°)* « ou au *f bis* » ;

« 2° Ou dont la gestion est désintéressée et qui reversent les revenus tirés des dons et versements mentionnés au premier alinéa du 1 à des organismes mentionnés aux *a* à *(L. n° 2015-433 du 17 avr. 2015, art. 20-2°)* « *f bis* » ou à la Fondation du patrimoine dans les conditions mentionnées aux quatre premiers alinéas du 2 *bis*, ou à une fondation ou association reconnue d'utilité publique agréée par le ministre chargé du budget dans les conditions mentionnées au dernier alinéa du même 2 *bis*. Ces organismes délivrent aux fonds de dotation une attestation justifiant le montant et l'affectation des versements effectués à leur profit. » — *Sur la définition et les modalités de création et gestion des fonds de dotation, V. L. n° 2008-776 du 4 août 2008, art. 140-I à VIII (JO 5 août).*

« Ouvrent également droit à la réduction d'impôt les frais engagés dans le cadre d'une activité bénévole et en vue strictement de la réalisation de l'objet social d'un organisme mentionné aux *(L. n° 2015-433 du 17 avr. 2015, art. 20-2°)* « *a* à *g* », lorsque ces frais, dûment justifiés, ont été constatés dans les comptes de l'organisme et que le contribuable a renoncé expressément à leur remboursement. »

1 *bis*. *(L. n° 2003-709 du 1er août 2003, art. 1er)* « Pour l'application des dispositions du 1, lorsque les dons et versements effectués au cours d'une année excèdent la limite de 20 %, l'excédent est reporté successivement sur les années suivantes jusqu'à la cinquième inclusivement et ouvre droit à la réduction d'impôt dans les mêmes conditions ».

1 *ter*. Le taux de la réduction d'impôt visée au 1 est porté à 75 % pour les versements effectués au profit d'organismes sans but lucratif qui procèdent à la fourniture gratuite de repas à des personnes en difficulté, qui contribuent à favoriser leur logement ou qui procèdent, à titre principal, à la fourniture gratuite des soins mentionnés au 1° du 4 de l'article **261** à des personnes en difficulté. Ces versements sont retenus dans la limite de *(Décr. n° 2016-775 du 10 juin 2016, art. 1er)* « **529 €** *[ancienne rédaction : 526 €]* » à compter de l'imposition des revenus de l'année *(Décr. n° 2016-775 du 10 juin 2016, art. 1er)* « **2015** *[ancienne rédaction : 2014]* ». Il n'en est pas tenu compte pour l'application de la limite mentionnée au 1.

« La limite de versements mentionnée au premier alinéa est relevée chaque année dans la même proportion que la limite supérieure de la première tranche du barème de l'impôt sur le revenu de l'année précédant celle des versements. Le montant obtenu est arrondi, s'il y a lieu, à l'euro supérieur ».

2. Les fondations et associations reconnues d'utilité publique peuvent, lorsque leurs statuts ont été approuvés à ce titre par décret en Conseil d'État, recevoir des versements pour le compte d'œuvres ou d'organismes mentionnés au 1 ; *[....]*

5. *(L. nº 2013-1279 du 29 déc. 2013, art. 17-I-C-2º)* **« Les versements ouvrent droit au bénéfice de la réduction d'impôt, sous réserve que le contribuable soit en mesure de présenter, à la demande de l'administration fiscale, les pièces justificatives répondant à un modèle fixé par l'administration attestant du montant et de la date des versements ainsi que de l'identité des bénéficiaires. »** *– Ces dispositions de l'art. 17-I-A à 17-I-F de la L. nº 2013-1279, s'appliquent à compter de l'imposition 2013 (L. préc., art. 17-III-1). – V. Arr. du 26 juin 2008, JO 28 juin.*

V. aussi Instr. nº 5 B-9-04 du 9 avr. 2004 (BOI nº 66 du 9 avr.) (comm. art. 200).

COMMENTAIRE

L'article 200 ci-dessus reproduit est relatif à la réduction d'impôt sur le revenu au titre des dons faits par les particuliers. Ces dispositions ont été modifiées par la loi nº 2003-709 du 1er août 2003 relative au mécénat, aux associations et aux fondations *(JO 2 août)*. Le mécanisme mis en œuvre est celui d'une réduction d'impôt. Son montant est, à compter de 2005, de 66 % (au lieu de 60 % après la loi de 2003 et de 50 % avant celle-ci) des sommes versées dans la limite de 20 % (au lieu de 10 % auparavant) du revenu imposable. La loi du 1er août 2003 prévoit, en cas de dépassement du plafond précité de 20 %, la possibilité d'étaler l'excédent sur cinq années.

Peuvent être bénéficiaires de tels dons les organismes d'intérêt général (c'est-à-dire des organismes dont la gestion est désintéressée, l'activité non lucrative et dont les services ne bénéficient qu'à un « cercle restreint » de personnes – selon l'administration –) ayant notamment un caractère sportif (à savoir dont l'objet réside dans la promotion de la pratique d'un sport). Il convient de noter que, outre les versements effectués (en espèces ou en nature – évalués –), ouvrent droit, sous certaines conditions, à cette réduction d'impôt : les abandons exprès de revenus ou produits (L. nº 2000-656 du 13 juill. 2000) et les frais engagés par les bénévoles dans l'exercice de leur activité (L. nº 2000-627 du 6 juill. 2000, loi dite *Buffet*). ❑

Impôt sur les sociétés. Sociétés et collectivités imposables

Art. 206 **1. Sous réserve des dispositions des articles 8 *ter*, 239 *bis* AA, 239 *bis* AB et 1655 *ter*, sont passibles de l'impôt sur les sociétés, quel que soit leur objet, les sociétés anonymes, les sociétés en commandite par actions, les sociétés à responsabilité limitée n'ayant pas opté pour le régime fiscal des sociétés de personnes dans les conditions prévues à l'article 3-IV du décret nº 55-594 du 20 mai 1955 modifié, les sociétés coopératives et leurs unions ainsi que, sous réserve des dispositions des 6º et 6º *bis* du 1 de l'article 207, les établissements publics, les organismes de l'État jouissant de l'autonomie financière, les organismes des départements et des communes et toutes autres personnes morales se livrant à une exploitation ou à des opérations de caractère lucratif.**

1 *bis*. Toutefois, ne sont pas passibles de l'impôt sur les sociétés prévu au 1 les associations régies par la loi du 1er juillet 1901, les associations régies par la loi locale maintenue en vigueur dans les départements de la Moselle, du Bas-Rhin et du Haut-Rhin, les syndicats régis par les articles L. 2131-1 à L. 2136-2 du code du travail, les fondations reconnues d'utilité publique, les fondations d'entreprise, les fonds de dotation et les congrégations, dont la gestion est désintéressée, lorsque leurs activités non lucratives restent significativement prépondérantes et le montant de leurs recettes d'exploitation encaissées au cours de l'année civile au titre de leurs activités lucratives n'excède pas *(Décr. nº 2016-775 du 10 juin 2016, art. 1er)* **« 61 145 €** *[ancienne rédaction : 60 540 €]* **».** *(L. nº 2014-1654 du 29 déc. 2014, art. 11)* **« Cette limite est indexée, chaque année, sur la prévision de l'indice des prix à la consommation, hors tabac, retenue dans le projet de loi de finances de l'année. » Sont réputées lucratives les activités de gestion et de capitalisation, par les fonds de dotation, de dons, droits et legs dont les fruits sont versés à des organismes autres que ceux mentionnés au présent alinéa ou à des organismes publics pour l'exercice d'activités lucratives.**

Les organismes mentionnés au premier alinéa deviennent passibles de l'impôt sur les sociétés prévu au 1 à compter du 1er janvier de l'année au cours de laquelle l'une des trois conditions prévues à l'alinéa précité n'est plus remplie.

Les organismes mentionnés au premier alinéa sont assujettis à l'impôt sur les sociétés prévu au 1 en raison des résultats de leurs activités financières lucratives et de leurs participations. *[...] – Dispositions applicables aux exercices clos à compter du 1er janv. 2000.*

1. Principe. Les associations régies par la loi du 1er juill. 1901 ne sont exceptées du champ de l'impôt sur les sociétés que si, d'une part, leur gestion présente un caractère désintéressé, et, d'autre part, les services qu'elles rendent ne sont pas offerts en concurrence dans la même zone géographique d'attraction avec ceux proposés au même public par des entreprises commerciales exerçant une activité identique. Toutefois, même dans le cas où l'association intervient dans un domaine d'activité et dans un secteur géographique où existent des entreprises commerciales, elle demeure non passible de l'impôt sur les sociétés si elle exerce son activité dans des conditions différentes de celles de ces entreprises commerciales, soit en répondant à certains besoins insuffisamment satisfaits par le marché, soit en s'adressant à un public qui ne peut normalement accéder aux services offerts par celui-ci. • CE 23 nov. 2001, *Assoc. des Lacs : DF 2002. 347, concl. Courtial.*

2. Applications. Un club de football est passible de l'impôt sur les sociétés dès lors qu'il ne se borne pas à organiser des exercices d'entraînement et des compétitions pour ses membres « amateurs » mais organise aussi, de façon habituelle, des rencontres de football avec le concours d'une équipe comportant un certain nombre de joueurs professionnels l'affectation des ressources provenant de cette activité étant sans influence sur l'assujettissement audit impôt. • CE 29 sept. 1982 : *D. 1984. IR 180, obs. Lenclos.* ♦ Par voie de conséquence, ce club ne saurait bénéficier de l'exonération réservée par l'art. 207, 1, 5° aux associations sans but lucratif qui organisent avec le concours des communes ou des départements des réunions présentant un intérêt économique certain pour la commune ou la région. • Même arrêt. ♦ V. déjà, sur l'assujettissement d'un club de football à l'impôt sur les sociétés : • TA Lille, 13 févr. 1957 : *D. 1957. Somm. 103.*

3. Entre également dans le champ d'application de l'impôt sur les sociétés : l'automobile-club qui organise des compétitions automobiles d'importance nationale ou internationale en ayant recours à des méthodes commerciales analogues à celles qui sont utilisées aux mêmes fins par des organismes à but lucratif. • CE 26 juill. 1978 : *RJF n° 11, 1978, n° 1572.* ♦ ... Ou celui qui perçoit des loyers à raison de la location d'un terrain de camping lui appartenant, le taux d'imposition étant dans ce cas de 50 % dans la mesure où l'art. 219 *bis* n'est pas applicable aux revenus de l'espèce qui se rattachent à une exploitation commerciale, industrielle ou non commerciale. • CE 26 janv. 1990, *Assoc. sportive automobile de la Vendée : Lebon T. 743 ; D. 1991. Somm. 284, obs. Lenclos.*

4. L'association sportive qui pratique des tarifs lui permettant de dégager des excédents de manière systématique, lesquels sont attribués en partie au moins au secrétaire administratif de l'association, membre du comité de direction, et qui recourt à la publicité, même de manière limitée. • CAA Bordeaux, 17 nov. 1992 : *Juris-Data n° 052627.*

5. L'association qui organise des courses de lévriers et des paris avec enjeux financiers sur les résultats des compétitions, qui a recours à des moyens publicitaires pour annoncer ses manifestations et promouvoir son activité et qui encaisse des recettes à la fois sur les billets d'entrée, sur l'exploitation d'une buvette et sur le montant des paris. • CAA Nantes, 6 juin 1991 : *req. n° 90309.*

6. ... L'association qui gère un centre équestre avec bar-restaurant ouvert à tous les clients, qui pratique des prix non homologués et comparables à ceux des établissements de même nature et qui est exploitée dans une large mesure dans l'intérêt personnel de son président. • CE 13 févr. 1991, *Assoc. Renaissance des trois vallées et des hauts cantons : D. 1993. Somm. 342, obs. Lenclos.*

7. ... L'association gérant un club de tennis qui exploite un bar et loue des courts de tennis à d'autres personnes que ses membres, ainsi que des emplacements publicitaires, à des tarifs comparables à ceux du secteur concurrentiel. • CE 17 nov. 1997, *Assoc. Tennis club arcachonnais : DF 1998. Comm. 472, concl. Goulard ; D. 1999. Somm. 79, obs. Lenclos.*

8. ... Le centre « aéro-parachutiste » dont le président perçoit une rémunération en échange de services procurés à des personnes étrangères à l'association, le bénéfice de l'exonération prévue par l'art. 207, 1, 5° *bis* ne pouvant lui être accordé du fait de l'assujettissement à la TVA. • CAA Lyon, 6 févr. 1991, *Assoc. Centre aéro-parachutiste Marc-Eskenazi : D. 1993. Somm. 341, obs. Lenclos.*

9. ... L'association gestionnaire d'un palais des sports qui loue à des entrepreneurs de spectacles des salles aménagées, moyennant remboursement des frais qu'elle engage pour leur compte et perception d'un pourcentage variable des recettes brutes des spectacles, et qui organise elle-même des spectacles et en encaisse les recettes, le bénéfice de l'exonération prévue à l'art. 207, 1, 5° *bis* ne pouvant lui être accordé du fait de l'assujettissement à la TVA. • CE 3 mai 1989, *Assoc. de gestion du palais des sports de Saint-Étienne : Lebon T. 613 et 661 ; RJ éco. sport 1990, n° 14, p. 55, obs. Lenclos.*

10. ... L'association gestionnaire d'un centre

équestre qui prend en pension des chevaux à titre onéreux et qui vend du fumier produit par les chevaux d'un centre de sports équestres. • CE 14 oct. 1988, *Assoc. L'Étrier luxovien : D. 1990. Somm. 395, obs. Lenclos*.

11. ... L'association qui gère une salle de sports aménagée pour la pratique du judo et de divers arts martiaux, de la danse, de la gymnastique et de la musculation, et comportant également un sauna, une installation d'UVA et un snack-bar, dès lors qu'il résulte de l'instruction qu'elle n'exerce pas son activité dans des conditions différentes de celles des entreprises du secteur commercial offrant les mêmes services sur l'agglomération. • CAA Lyon, 29 mars 2001, *Min. de l'économie, des finances et de l'industrie : req. n° 96LY01749.*

12. ... L'association qui organise des séjours de vacances en montagne pour les élèves des lycées et collèges et dont le président est rémunéré. • CE 28 avr. 1986 : *RJ éco. sport 1987, n° 1, p. 84, obs. Lenclos.*

13. Le fait que le président d'une association soit rémunéré de façon non négligeable donne à l'activité de cette association le caractère d'une exploitation lucrative, alors même que la somme allouée serait la contrepartie normale de services rendus par le bénéficiaire indépendamment de l'exercice de ses fonctions de président, que les prix pratiqués par l'association seraient inférieurs à ceux d'entreprises du même secteur d'activité et que les excédents de recettes seraient affectés à la réalisation des objectifs poursuivis par l'association. • CE 28 avr. 1986 : *préc. note 12.*

14. Alors même que sa gestion présenterait un caractère désintéressé, une association doit être regardée comme se livrant à une exploitation lucrative dès lors que les services qu'elle offre à ses adhérents (prise en pension de chevaux) sont rendus en concurrence, dans la même zone géographique d'attraction, avec ceux proposés au même public par des entreprises commerciales exerçant une activité identique et que les conditions dans lesquelles elle exerce cette activité ne sont pas différentes de celles que pratiquent ces entreprises commerciales. Assujettissement à l'impôt sur les sociétés. • CE 23 nov. 2001, *Assoc. des Lacs : préc. note 1.* ♦ V., pour une association qui n'est pas assujettie en ce qu'elle n'intervient pas dans un champ concurrentiel. • CAA Versailles, 23 nov. 2010, *Assoc. équestre Epona organisation*, req. n° 09VE00166 : *Cah. dr. sport 2011, n° 23, p. 35, note J. Saurel.*

15. Ainsi un centre équestre, constitué sous la forme d'une association, est soumis aux impôts commerciaux dès lors que sa gestion n'est pas désintéressée. Telle est l'hypothèse d'un centre équestre « contrôlé » par un administrateur qui bénéficie de rémunérations et de nombreux avantages en nature. Au surplus, le club hippique est en situation de concurrence avec des entreprises et il exerce ses activités dans des conditions analogues à ces dernières. • CAA Nancy, 23 mars 2009, *Centre hippique de Montbéliard : RJ éco. sport 2009, n° 91, p. 50, obs. C. Bobin et Ch. Dudognon*.

16. Il en est de même d'une association dont le président utilise les fonds à des fins personnelles ou pour des opérations sans lien direct avec l'objet statutaire de l'association en vue de faire face à divers frais, procède à des retraits d'espèces importants à partir de la caisse associative sans que ceux-ci ne soient justifiés par l'intérêt de l'association et ne puissent être regardés comme constituant la contrepartie de sujétions effectivement imposées dans l'exercice de son mandat. De plus, outre les activités sportives prises en charge par l'association, une activité d'hôtellerie et de restauration est exploitée par une SARL dont le gérant est aussi le président de l'association ; il existe non seulement une communauté d'intérêts entre l'association et ladite société mais aussi une confusion des patrimoines des deux entités. Il résulte de ce qui précède que la gestion de l'association ne peut être regardée comme désintéressée. • CAA Marseille, 3 nov. 2011, *Assoc. sportive du Domaine de Tournon : req. n° 08MA04730.*

17. Pour un club de plongée dont la zone géographique d'attraction a été largement délimitée : • CE 13 févr. 2013, *Assoc. Groupe de plongée de Carantec*, req. n° 342953 : *Lebon à paraître ; RTD com. 2013. 374, obs. P. Neau-Leduc*. ♦ V. pour une association de pêche fournissant des services notamment à des tiers, en majorité domiciliés au Royaume-Uni et désireux de pratiquer la pêche sportive pendant leurs vacances : • CAA Nancy, 16 janv. 2014, *Assoc. Club Mega Carpe : req. n° 12NC01589.* ♦ V. pour la détermination de la zone géographique d'attraction d'une association de golf. • CAA Marseille, 3 févr. 2015, *Ass. sportive du golf de Valcros*, n° 13MA02263.

18. Pour une application des critères de lucrativité à une fédération sportive : • CAA Paris, 15 févr. 2012, *Féd. fr. de basketball*, req. n° 10PA01958 : *JS 2012, n° 122, p. 33, comm. B. Thévenet*.

19. Pour une application des critères de lucrativité à une association support d'un club professionnel. • CAA Bordeaux, 13 mars 2014, *Union sportive montalbanaise rugby*, n° 12BX01918 • CAA Marseille, 3 févr. 2015, *Assoc. Rugby Club Toulonnais*, n° 13MA02155 : *JS 2015, n° 157, p. 36, comm. C. Gerschel*.

Impôt sur les sociétés. Exonérations

Art. 207 1. Sont exonérés de l'impôt sur les sociétés : *[...]*

5° Les bénéfices réalisés par des associations sans but lucratif régies par la loi du 1er juillet 1901 *[V. App., v° Associations]* organisant, avec le concours des communes ou des départements, des foires, expositions, réunions sportives et autres manifestations publiques, correspondant à l'objet défini par leurs statuts et présentant, du point de vue économique, un intérêt certain pour la commune ou la région ;

5° *bis* Les organismes sans but lucratif mentionnés au 1° du 7 de l'article 261, pour les opérations à raison desquelles ils sont exonérés de la taxe sur la valeur ajoutée ; *[...]*

V. notes ss. art. 206.

Taxes diverses. Taxe sur les salaires

Art. 223 *octies* Les associations régies par la loi du 1er juillet 1901 *[V. App., v° Associations]* dont l'activité consiste à animer la vie sociale au bénéfice de la population d'une ou plusieurs communes voisines sont dispensées d'acquitter l'imposition forfaitaire annuelle prévue à l'article 223 *septies*.

Cette exonération s'applique également aux groupements d'employeurs fonctionnant dans les conditions prévues aux articles L. 127-1 à L. 127-9 du code du travail et aux centres de gestion et associations agréés mentionnés aux articles 1649 *quater* C et 1649 *quater* F.

*L'art. 223 octies est abrogé, **à compter du 1er janv. 2014**, par L. n° 2008-1425 du 27 déc. 2008, art. 14-I-3°-a et II, mod. par L. n° 2010-1657 du 29 déc. 2010, art. 20 [L. n° 80-30 du 18 janv. 1980, art. 11 ; L. n° 91-1323 du 30 déc. 1991, art. 56 ; L. n° 96-1181 du 30 déc. 1996, art. 13 ; Ord. n° 2007-329 du 12 mars 2007, art. 1er, 3 et 12-I ; Décr. n° 2008-294 du 1er avr. 2008 ; L. n° 2008-1425 du 27 déc. 2008, art. 14-I-3°-a et II ; L. n° 2010-1657 du 29 déc. 2010, art. 20.]*

Compte tenu du caractère non désintéressé de sa gestion, une association sportive doit être regardée comme exerçant une activité lucrative au sens de l'art. 206-1 et donc être assujettie à l'imposition forfaitaire annuelle. • CAA Bordeaux, 19 mars 1996, *Assoc. Toulouse olympique multisports : D. 1998. Somm. 35, obs. Lenclos* ✎.

Art. 231 1. *(L. n° 2012-1404 du 17 déc. 2012, art. 13-I-1°)* « Les sommes payées à titre de rémunérations aux salariés, à l'exception de celles correspondant aux prestations de sécurité sociale versées par l'entremise de l'employeur, sont soumises à une taxe égale à 4,25 % de leur montant évalué selon les règles prévues à l'article L. 136-2 du code de la sécurité sociale, sans qu'il soit toutefois fait application du deuxième alinéa du I *(L. n° 2013-1278 du 29 déc. 2013, art. 75, en vigueur le 1er janv. 2014)* « et du 6° du II » du même article. Cette taxe est à la charge des entreprises et organismes qui emploient ces salariés, à l'exception » des collectivités locales, de leurs régies personnalisées mentionnées à l'article L. 1412-2 du code général des collectivités territoriales et de leurs groupements, des services départementaux de lutte contre l'incendie, des centres d'action sociale dotés d'une personnalité propre lorsqu'ils sont subventionnés par les collectivités locales, du centre de formation des personnels communaux, des caisses des écoles et des établissements d'enseignement supérieur visés au livre VII du code de l'éducation qui organisent des formations conduisant à la délivrance au nom de l' État d'un diplôme sanctionnant cinq années d'études après le baccalauréat, qui paient ces rémunérations lorsqu'ils ne sont pas assujettis à la taxe sur la valeur ajoutée ou ne l'ont pas été sur 90 % au moins de leur chiffre d'affaires au titre de l'année civile précédant celle du paiement desdites rémunérations. L'assiette de la taxe due par ces personnes ou organismes est constituée par une partie des rémunérations versées, déterminée en appliquant à l'ensemble de ces rémunérations le rapport existant, au titre de cette même année, entre le chiffre d'affaires qui n'a pas été passible de la taxe sur la valeur ajoutée et le chiffre d'affaires total. Le chiffre d'affaires qui n'a pas été assujetti à la taxe sur la valeur ajoutée en totalité ou sur 90 p. 100 au moins de son montant, ainsi que le chiffre d'affaires total mentionné au dénominateur du rapport s'entendent du total des recettes et autres produits, y compris ceux correspondant à des opérations qui n'entrent pas dans le champ d'application de la taxe sur la valeur ajoutée. Le chiffre d'affaires qui n'a pas été passible de la taxe sur la valeur ajoutée mentionné au numérateur du rapport s'entend du total des recettes et autres produits qui n'ont pas ouvert droit à déduction de la taxe sur la valeur ajoutée.

Les rémunérations versées par les employeurs dont le chiffre d'affaires réalisé au cours de l'année civile précédant le versement de ces rémunérations n'excède pas les limites définies aux I, III et IV de l'article 293 B sont exonérées de la taxe sur les salaires.

Les entreprises entrant dans le champ d'application de la taxe sur la valeur ajoutée qui n'ont pas été soumises en fait à cette taxe en vertu d'une interprétation formellement admise par l'administration sont redevables de la taxe sur les salaires.

Les rémunérations payées par l'État sur le budget général sont exonérées de taxe sur les salaires lorsque cette exonération n'entraîne pas de distorsion dans les conditions de la concurrence.

1 ***bis.*** *(Abrogé par L. n° 87-416 du 17 juin 1987, art. 24-I).*

1 ***ter.*** *(Abrogé par L. n° 2000-1352 du 30 déc. 2000, art. 10-V pour les rémunérations perçues à compter du 1er janv. 2002).*

2. Abrogé.

2 ***bis.*** **Le taux de la taxe sur les salaires prévue au 1 est porté de 4,25 % à 8,50 % pour la fraction comprise entre** *(L. n° 2015-775 du 10 juin 2016, art. 1)* **« 7 713 € et 15 401 €** *[ancienne rédaction : 7 705 € et 15 385 €]* **», à 13,60 % pour la fraction comprise entre** *(L. n° 2015-775 du 10 juin 2016, art. 1)* **« 15 401 € et 152 122 €** *[ancienne rédaction : 15 385 € et 151 965 €]* **» et à 20 % pour la fraction excédant** *(L. n° 2015-775 du 10 juin 2016, art. 1)* **« 152 122 €** *[ancienne rédaction : 151 965 €]* **» » de rémunérations individuelles annuelles. Ces limites sont relevées chaque année dans la même proportion que la limite supérieure de la première tranche du barème de l'impôt sur le revenu de l'année précédente. Les montants obtenus sont arrondis, s'il y a lieu, à l'euro supérieur.** *— Pour 2014, les limites ci-dessus étaient fixées, respectivement, à 7 666 €, 15 308 € et 151 208 €.*

Les taux majorés ne sont pas applicables aux rémunérations versées par les personnes physiques ou morales, associations et organismes domiciliés ou établis dans les départements d'outre-mer. *— Les limites susvisées s'appliquent à la taxe sur les salaires due à raison des rémunérations versées à compter du 1er janv. 2016 (L. n° 2015-1785 du 29 déc. 2015, art. 2-I-1°).*

3 ***a.*** **Les conditions et modalités d'application du 1 sont fixées par décret. Il peut être prévu par ce décret des règles spéciales pour le calcul de la taxe sur les salaires en ce qui concerne certaines professions, notamment celles qui relèvent du régime agricole au regard des lois sur la sécurité sociale.**

Un décret en Conseil d'État fixera, en tant que de besoin, les modalités selon lesquelles sera déterminé le rapport défini au 1.

b. **Un décret pris en conseil des ministres, après avis du Conseil d'État, fixe les conditions d'application du premier alinéa du 2** ***bis.***

4. (Abrogé par L. n° 2005-1719 du 30 déc. 2005, art. 56-III).

5. Le taux de 4,25 % prévu au 1 est réduit à 2,95 %, dans les départements de la Guadeloupe, de la Martinique et de la Réunion, *(Ord. n° 2013-837 du 19 sept. 2013, art. 14)* **« et à 2,55 % dans les départements de la Guyane et de Mayotte. »**

6. Les dispositions de l'article 1er de la loi n° 68-1043 du 29 novembre 1968, qui, sous réserve du 1, ont supprimé la taxe sur les salaires pour les rémunérations versées à compter du 1er décembre 1968, n'apportent aucune modification aux textes législatifs et réglementaires en vigueur, autres que ceux repris sous le présent article, et qui se réfèrent à la taxe sur les salaires.

(L. n° 2016-1918 du 29 déc. 2016, art. 111-1°) **« 7. Le bénéfice de la non-application des taux majorés mentionnée au second alinéa du 2** ***bis*** **et de l'application des taux réduits définis au 5 du présent article est subordonné au respect de l'article 15 du règlement (UE) n° 651/2014 de la Commission du 17 juin 2014 déclarant certaines catégories d'aides compatibles avec le marché intérieur en application des articles 107 et 108 du traité. »**

Les dispositions issues de l'art. 13-I de la L. n° 2012-1404 du 17 déc. 2012 sont applicables à la taxe sur les salaires due à raison des rémunérations versées à compter du 1er janv. 2013 (L. préc., art. 13-III).

Sur renvoi du Conseil d'État (CE, 24 juin 2010, req. n° 338581), le Conseil constitutionnel a jugé que l'article 231 du code général des impôts était conforme à la Constitution. Le juge constitutionnel a considéré que la règle selon laquelle la taxe sur les salaires ne frappe que les entreprises exonérées de TVA ou non soumises à cette dernière sur au moins 90 % de leur chiffre d'affaires n'a pas pour effet de lui conférer le caractère d'une taxe sur le chiffre d'affaires. Il est précisé que les règles d'imposition sont les mêmes pour l'ensemble des entreprises relevant d'un même secteur d'activité. Le Conseil a également estimé que le barème de la taxe sur les salaires tenant compte de la différence de situation entre les contribuables qui ne relèvent pas des mêmes secteurs d'activité, le législateur a pu assujettir de manière différente à la taxe des entreprises qui ne sont pas dans la même situation. De plus, le Conseil constitutionnel a considéré que le législateur n'a pas commis d'erreur manifeste d'appréciation en retenant comme critère de capacité contributive la masse salariale des entreprises. • Cons. const., 16 sept. 2010, *Ass. sportive Football club de Metz*, n° 2010-28 QPC : *Cah. dr. sport 2010, n° 21, p. 64, note J. Saurel.*

Taxes diverses. Taxe sur les salaires

Impôt sur le revenu et impôt sur les sociétés. Déductions du bénéfice imposable

Art. 238 *bis* 1. Ouvrent droit à une réduction d'impôt égale à 60 % de leur montant les versements, pris dans la limite de 5 pour mille du chiffre d'affaires, effectués par les entreprises assujetties à l'impôt sur le revenu ou à l'impôt sur les sociétés au profit :

a) D'œuvres ou d'organismes d'intérêt général ayant un caractère philanthropique, éducatif, scientifique, social, humanitaire, sportif, familial, culturel ou concourant à la mise en valeur du patrimoine artistique, à la défense de l'environnement naturel ou à la diffusion de la culture, de la langue et des connaissances scientifiques françaises, notamment quand ces versements sont faits au bénéfice *(L. n° 2007-1199 du 10 août 2007, art. 29-2°)* « d'une fondation universitaire, d'une fondation partenariale mentionnées respectivement aux articles L. 719-12 et L. 719-13 du code de l'éducation ou » d'une fondation d'entreprise, même si cette dernière porte le nom de l'entreprise fondatrice. Ces dispositions s'appliquent même si le nom de l'entreprise versante est associé aux opérations réalisées par ces organismes ;

b) De fondations ou associations reconnues d'utilité publique ou des musées de France et répondant aux conditions fixées au *a*, ainsi que d'associations cultuelles ou de bienfaisance et des établissements publics des cultes reconnus d'Alsace-Moselle. La condition relative à la reconnaissance d'utilité publique est réputée remplie par les associations régies par la loi locale maintenue en vigueur dans les départements de la Moselle, du Bas-Rhin et du Haut-Rhin lorsque la mission de ces associations est reconnue d'utilité publique. Un décret en Conseil d'État fixe les conditions de cette reconnaissance et les modalités de procédure permettant de l'accorder ; *[...]*

Les organismes mentionnés au *b* peuvent, lorsque leurs statuts ont été approuvés à ce titre par décret en Conseil d'État, recevoir des versements pour le compte d'œuvres ou d'organismes mentionnés au *a*.

Lorsque la limite fixée au premier alinéa est dépassée au cours d'un exercice, l'excédent de versement peut donner lieu à réduction d'impôt au titre des cinq exercices suivants, après prise en compte des versements effectués au titre de chacun de ces exercices, sans qu'il puisse en résulter un dépassement du plafond défini au premier alinéa.

La limite de 5 pour mille du chiffre d'affaires s'applique à l'ensemble des versements effectués au titre du présent article.

Les versements ne sont pas déductibles pour la détermination du bénéfice imposable. *(L. n° 2016-1917 du 29 déc. 2016, art. 19)* « Lorsque les versements mentionnés au premier alinéa du présent 1 sont effectués sous forme de dons en nature, leur valorisation est effectuée au coût de revient du bien donné ou de la prestation de service *[services]* donnée. »*[...]*

(L. n° 2016-1918 du 29 déc. 2016, art. 42-I-2°) « 5. Ouvrent également droit à la réduction d'impôt les dons et versements effectués au profit d'organismes qui ont pour objet la sauvegarde, contre les effets d'un conflit armé, des biens culturels mentionnés à l'article 1er de la Convention du 14 mai 1954 pour la protection des biens culturels en cas de conflit armé, dont le siège est situé dans un État membre de l'Union européenne ou dans un autre État ayant conclu avec la France une convention d'assistance administrative en vue de lutter contre la fraude et l'évasion fiscales, sous réserve que l'État français soit représenté au sein des instances dirigeantes avec voix délibérative. »

....

Les dispositions issues de la L. n° 2016-1918 du 29 déc. 2016 sont applicables aux dons et versements effectués à compter du 1er janv. 2017 (L. préc., art. 42-II).

V. aussi Instr. n° 4 C-5-04 du 13 juill. 2004 (comm. des dispositions issues de la loi du 1er août 2003).

COMMENTAIRE

L'article 238 *bis* ci-dessus reproduit est, concernant le mécénat des entreprises, le pendant de l'article 200 pris en matière de réduction d'impôt au titre du mécénat des personnes physiques (V. ci-dessus). Est prévue une réduction d'impôt (et non plus une déduction du résultat imposable depuis la loi n° 2003-709 du 1er août 2003 relative au mécénat, aux associations et aux fondations, *JO 2 août*) égale à 60 % des sommes versées par les entreprises (soumises à l'IS mais aussi à l'IR) dans la limite de 5 ‰ (au lieu de 2,25 ‰ pour les associations d'intérêt général et de 3,25 ‰ pour les associations reconnues d'utilité publique) du chiffre d'affaires. La possibilité d'étaler la réduction d'impôt, en cas d'excédent de versement, au titre des cinq exercices ultérieurs est prévue dans le dispositif modifié par la loi de 2003.

.... ❑

TVA. Champ d'application

Art. 256 I. **Sont soumises à la taxe sur la valeur ajoutée les livraisons de biens et les prestations de services effectuées à titre onéreux par un assujetti agissant en tant que tel.** *[...]*

1. Entrent dans le champ d'application de la TVA : les recettes tirées par une association sportive de la location à des entreprises commerciales de terrains affectés à usage de camping. • CE 26 janv. 1990, *Assoc. sportive automobile de la Vendée : Lebon T. 743 ; D. 1991. Somm. 284, obs. Lenclos.*

2. ... Les recettes tirées par un professeur de culture physique de diverses prestations de services telles que soins esthétiques, massages ou sauna. • CE 29 juin 1988, *Ruhlmann : D. 1990. Somm. 397, obs. Lenclos.*

3. ... Les recettes tirées par un centre culturel et sportif de l'exploitation d'un bar-restaurant, d'une discothèque et d'un parc d'attractions pour enfants. • CAA Nancy, 16 oct. 1990, *Assoc. Centre de loisirs d'Amnéville : D. 1993. Somm. 340, obs. Lenclos.*

4. ... Les recettes tirées par un centre équestre de la prise en pension de chevaux et de la vente de fumier. • CE 14 oct. 1988, *Assoc. L'étrier luxovien : D. 1990. Somm. 395, obs. Lenclos.* ♦ V. également, • CAA Nantes, 21 juill. 1998, *Assoc. L'étrier sarthois : req. n° 95NT00705.* ♦ ... Ou de leçons d'équitation, dès lors que l'exploitant du centre équestre utilise les services d'un moniteur salarié. • CAA Bordeaux, 15 févr. 1991, *Aubrun : D. 1993. Somm. 343, obs. Lenclos.* ♦ ... Ou encore de la location d'équidés. • CE 27 avr. 1987 : *RJF n° 6, 1987, n° 619.*

5. ... Les recettes tirées par une association de son activité « gymnastique » dès lors que les prestations fournies ont pour contrepartie un prix forfaitaire comparable à celui d'autres organismes du secteur concurrentiel proposant des services similaires, et que ladite association a recours à des procédés commerciaux, comme l'insertion dans des journaux ou la distribution sous forme de dépliants, d'encarts publicitaires. • CAA Paris, 10 juin 1997, *Assoc. club Athéon : RJ éco. sport 1999, n° 53, p. 50, obs. Lenclos.*

6. ... Les recettes tirées par un coureur automobile professionnel des prestations publicitaires effectuées pour le compte de sociétés commerciales dès lors que l'intéressé ne rapporte pas la preuve d'un lien de subordination vis-à-vis de ces sociétés. • CAA Paris, 28 janv. 1997, *Jarier : RJ éco. sport 1999, n° 52, p. 46, obs. Lenclos.*

7. ... La redevance perçue par un joueur de tennis qui concède à une société le droit d'exploiter son nom à des fins commerciales. • CE 3 mars 1993, *Jauffret : DF 1993. Comm. 1289, concl. Fouquet.*

8. La rémunération perçue par les arbitres doit être soumise à la TVA, étant la contrepartie directe d'un service rendu de manière indépendante, en l'absence de lien de subordination à l'égard de la fédération sportive. • CE 18 janv. 2008, *Min. de l'économie, des finances et de l'industrie c/ Lagrange : req. n° 303824.* ♦ V. déjà, pour un jugement ayant estimé, en 1999, que l'activité d'arbitrage constitue une prestation de service effectuée en toute indépendance et qu'en conséquence les indemnités perçues par un arbitrage de football, contrepartie directe du service qu'il rend, devaient être soumises à la TVA : • TA Orléans, 2 mars 1999, *Lainé : req. n° 96-469.*

9. Sur le champ d'application des exonérations de TVA, V. notes ss. art. 261.

10. En revanche, ne peut être assimilée à une activité à but lucratif l'activité d'une association de « tracteur *pulling* », dont les dirigeants sont bénévoles, qui organise annuellement une manifestation. Nonobstant le caractère commercial des modalités d'organisation de cette manifestation, elle reste néanmoins ponctuelle et atypique dans le domaine des sports mécaniques. • CAA Douai, 3 juill. 2012, *Assoc. normande de tracteur pulling : req. n° 11DA00475.*

Art. 256 A Sont assujetties à la taxe sur la valeur ajoutée les personnes qui effectuent de manière indépendante une des activités économiques mentionnées au cinquième alinéa, quels que soient le statut juridique de ces personnes, leur situation au regard des autres impôts et la forme ou la nature de leur intervention.

Ne sont pas considérés comme agissant de manière indépendante :

– les salariés et les autres personnes qui sont liés par un contrat de travail ou par tout autre rapport juridique créant des liens de subordination en ce qui concerne les conditions de travail, les modalités de rémunération et la responsabilité de l'employeur ;

– les travailleurs à domicile dont les gains sont considérés comme des salaires, lorsqu'ils exercent leur activité dans les conditions prévues aux articles *(Décr. n° 2008-294 du 1er avr. 2008)* **« L. 7412-1, L. 7412-2 et L. 7413-2 » du code du travail.**

Les activités économiques visées au premier alinéa se définissent comme toutes les activités de producteur, de commerçant ou de prestataire de services, y compris les activités extractives, agricoles et celles des professions libérales ou assimilées. Est notamment considérée comme activité économique une opération comportant l'exploitation d'un bien meuble corporel ou incorporel en vue d'en retirer des recettes ayant un caractère de permanence.

V. notes ss. art. 261.

Art. 256 B Les personnes morales de droit public ne sont pas assujetties à la taxe sur la valeur ajoutée pour l'activité de leurs services administratifs, sociaux, éducatifs, culturels et sportifs lorsque leur non-assujettissement n'entraîne pas de distorsions dans les conditions de la concurrence. *[...]*

TVA. Territorialité

Art. 259 A *(L. n° 2009-1673 du 30 déc. 2009, art. 102)* Par dérogation à l'article 259, est situé en France le lieu des prestations de services suivantes :

[...]

5° Lorsqu'elles sont matériellement exécutées ou exercées en France :

a) Les prestations de services ayant pour objet des activités culturelles, artistiques, sportives, scientifiques, éducatives, de divertissement ou similaires, telles que les foires et les expositions, y compris les prestations de services des organisateurs de telles activités, ainsi que les prestations de services accessoires à ces activités ;

[....]

TVA. Opérations exonérées

Art. 261 Sont exonérés de la taxe sur la valeur ajoutée : *[...]*

4. (Professions libérales et activités diverses) : *[...]*

4°*a)* Les prestations de services et les livraisons de biens qui leur sont étroitement liées, effectuées dans le cadre :

– de l'enseignement primaire, secondaire et supérieur dispensé dans les établissements publics et les établissements privés régis par les articles L. 151-3, L. 212-2, L. 441-1 à L. 441-9, L. 442-3, L. 424-1 à L. 424-4 et L. 731-1 à L. 731-16 du code de l'éducation ;*[...]*

b) Les cours ou leçons relevant de l'enseignement scolaire, universitaire, professionnel, artistique ou sportif, dispensés par des personnes physiques qui sont rémunérées directement par leurs élèves ; *[...]*

7. (Organismes d'utilité générale) :

1° *a)* Les services de caractère social, éducatif, culturel ou sportif rendus à leurs membres par les organismes légalement constitués agissant sans but lucratif, et dont la gestion est désintéressée.

Il en est de même des ventes consenties à leurs membres par ces organismes, dans la limite de 10 % de leurs recettes totales.

Toutefois, demeurent soumises à la taxe sur la valeur ajoutée, sous réserve des dispositions du *b* :

les opérations d'hébergement et de restauration ;

l'exploitation des bars et buvettes.

Ces dispositions sont également applicables aux unions d'associations qui répondent aux conditions ci-dessus, dans leurs rapports avec les membres des associations faisant partie de ces unions ;

b) Les opérations faites au bénéfice de toutes personnes par des œuvres sans but lucratif qui présentent un caractère social ou philanthropique et dont la gestion est désintéressée, lorsque les prix pratiqués ont été homologués par l'autorité publique ou que des opérations analogues ne sont pas couramment réalisées à des prix comparables par des entreprises commerciales, en raison notamment du concours désintéressé des membres de ces organismes ou des contributions publiques ou privées dont ils bénéficient ;

Les organismes mentionnés au premier alinéa du 1 *bis* de l'article 206 et qui en remplissent les conditions, sont également exonérés pour leurs autres opérations lorsque les recettes encaissées afférentes à ces opérations n'ont pas excédé au cours de l'année civile précédente le montant de *(Décr. n° 2016-775 du 10 juin 2016, art. 1er)* « **61 145 €** *[ancienne rédaction : 60 540 €]* ».

Les opérations mentionnées au I de l'article 257 et les opérations donnant lieu à la perception de revenus patrimoniaux soumis aux dispositions de l'article 219 *bis* ne bénéficient pas de l'exonération et ne sont pas prises en compte pour le calcul de la limite de *(Décr. nº 2016-775 du 10 juin 2016, art. 1er)* « **61 145 €** *[ancienne rédaction : 60 540 €]* ».

Lorsque la limite de *(L. nº 2015-775 du 10 juin 2016, art. 1er)* « **61 145 €** *[ancienne rédaction : 60 540 €]* » est atteinte en cours d'année, l'organisme ne peut plus bénéficier de l'exonération prévue au deuxième alinéa à compter du premier jour du mois suivant celui au cours duquel cette limite a été dépassée.

(L. nº 2014-1654 du 29 déc. 2014, art. 18) « Les limites mentionnées aux deuxième à avant-dernier alinéas du présent *b* sont indexées, chaque année, sur la prévision de l'indice des prix à la consommation, hors tabac, retenue dans le projet de loi de finances de l'année ; »

c) Les recettes de six manifestations de bienfaisance ou de soutien organisées dans l'année à leur profit exclusif par les organismes désignés aux *a* et *b* ainsi que par les organismes permanents à caractère social des collectivités locales et des entreprises ;

d) Le caractère désintéressé de la gestion résulte de la réunion des conditions ci-après :

L'organisme doit, en principe, être géré et administré à titre bénévole par des personnes n'ayant elles-mêmes, ou par personne interposée, aucun intérêt direct ou indirect dans les résultats de l'exploitation. — *V. Ann. II, art. 242 C.*

Toutefois, lorsqu'une association régie par la loi du 1er juillet 1901 relative au contrat d'association, une association régie par la loi locale en vigueur dans les départements de la Moselle, du Bas-Rhin et du Haut-Rhin, une fondation reconnue d'utilité publique ou une fondation d'entreprise, décide que l'exercice des fonctions dévolues à ses dirigeants justifie le versement d'une rémunération, le caractère désintéressé de sa gestion n'est pas remis en cause si ses statuts et ses modalités de fonctionnement assurent sa transparence financière, l'élection régulière et périodique de ses dirigeants, le contrôle effectif de sa gestion par ses membres et l'adéquation de la rémunération aux sujétions effectivement imposées aux dirigeants concernés ; cette disposition s'applique dans les conditions suivantes :

— l'un des organismes visés au troisième alinéa peut rémunérer l'un de ses dirigeants uniquement si le montant annuel de ses ressources, majorées de celles des organismes qui lui sont affiliés et qui remplissent les conditions leur permettant de bénéficier de la présente disposition, hors ressources issues des versements effectués par des personnes morales de droit public, est supérieur à 200 000 €, en moyenne sur les trois exercices clos précédant celui pendant lequel la rémunération est versée ;

— un tel organisme peut rémunérer deux de ses dirigeants si le montant annuel de ses ressources, majorées de celles des organismes qui lui sont affiliés et qui remplissent les conditions leur permettant de bénéficier de la présente disposition, hors ressources issues des versements effectués par des personnes morales de droit public, est supérieur à 500 000 €, en moyenne sur les trois exercices clos précédant celui pendant lequel la rémunération est versée ;

— un tel organisme peut rémunérer trois de ses dirigeants si le montant annuel de ses ressources, majorées de celles des organismes qui lui sont affiliés et qui remplissent les conditions leur permettant de bénéficier de la présente disposition, hors ressources issues des versements effectués par des personnes morales de droit public, est supérieur à 1 000 000 €, en moyenne sur les trois exercices clos précédant celui pendant lequel la rémunération est versée ;

— un tel organisme peut verser des rémunérations dans le cadre de la présente disposition uniquement si ses statuts le prévoient explicitement et si une décision de son organe délibérant l'a expressément décidé à la majorité des deux tiers de ses membres ;

— le montant des ressources *(L. nº 2017-86 du 27 janv. 2017, art. 12-I-1º)* « le cas échéant » hors ressources issues des versements effectués par des personnes morales de droit public est constaté par un commissaire aux comptes ;

— le montant de toutes les rémunérations versées à chaque dirigeant au titre de la présente disposition ne peut en aucun cas excéder trois fois le montant du plafond visé à l'article L. 241-3 du code de la sécurité sociale. — *V. Ann. II, art. 242 C.*

(L. nº 2017-86 du 27 janv. 2017, art. 12-I-2º) « La condition d'exclusion des ressources issues des versements effectués par des personnes morales de droit public mentionnée aux quatrième à sixième alinéas du présent *d* n'est pas applicable aux associations de jeunesse et d'éducation populaire ayant fait l'objet d'un agrément par le ministre chargé de la jeunesse dont l'instance dirigeante est composée de membres dont la moyenne d'âge est inférieure à trente ans et qui décident de rémunérer, dans la limite du plafond mentionné à l'article L. 241-3 du code de la sécurité sociale, pour une durée maximale de trois ans, renouvelable une fois, leurs dirigeants âgés de moins de trente ans à la date de leur élection. »

Un décret en Conseil d'État fixe les modalités d'application des *(L. nº 2017-86 du 27 janv. 2017, art. 12-I-3º)* « neuf » alinéas précédents ;

l'organisme ne doit procéder à aucune distribution directe ou indirecte de bénéfice, sous quelque forme que ce soit ;

les membres de l'organisme et leurs ayants droit ne doivent pas pouvoir être déclarés attributaires d'une part quelconque de l'actif, sous réserve du droit de reprise des apports.

Tous les organismes concernés par les *a*, *b* et *c* sont placés sous le régime du chiffre d'affaires réel ; un décret en Conseil d'État détermine leurs obligations ainsi que l'étendue et les modalités d'exercice de leurs droits à déduction ; – *V. Ann. II, art. 242 octies.*

COMMENTAIRE

Les dispositions ci-dessus reproduites envisagent le régime exonératoire des organismes d'utilité générale (essentiellement les associations régies par la loi du 1er juillet 1901) en matière de TVA.

Il concerne, pour le domaine des activités sportives, trois catégories d'opérations : les services de caractère sportif rendus aux membres, les ventes consenties aux membres dans la limite de 10 % des recettes totales et les recettes de six manifestations de bienfaisance ou de soutien. En outre, il convient de rappeler que, selon l'article 207-1 5° *bis*, sont exonérés de l'IS les organismes sans but lucratif mentionnés dans les dispositions ici envisagées pour les opérations à raison desquelles ils sont exonérés de TVA.

Mais au-delà de la détermination des opérations exonérées, ces dispositions doivent attirer l'attention en ce qu'elles définissent la notion de gestion désintéressée, condition pour pouvoir bénéficier des exonérations précitées. De plus, et plus largement, cette notion présente un intérêt tout particulier puisque l'instruction 4 H-5-98 reprise aujourd'hui dans celle 4 H-5-06 (V. ci-dessous), comme par ailleurs l'ancienne « doctrine des œuvres » et la jurisprudence du Conseil d'État, la hisse au rang de critère (le premier dans le cadre de la démarche exposée par l'administration fiscale) d'appréciation de l'exonération des associations à l'ensemble des impôts commerciaux. C'est dire l'importance de cette notion pour l'étude du régime fiscal des associations notamment sportives.

En vertu de l'article 261 7.1° d), est considérée de caractère désintéressé la gestion qui respecte trois conditions : gestion à titre bénévole par des personnes n'ayant aucun intérêt direct ou indirect dans les résultats de l'exploitation, absence de distribution directe ou indirecte de bénéfice sous quelque forme que ce soit et interdiction de toute attribution d'une part quelconque de l'actif aux membres ou à leurs ayants droit.

S'est posée avec acuité la question de la rémunération des dirigeants d'associations. En effet, en application de la première condition, dès lors que ceux-ci étaient rémunérés (directement ou indirectement, c'est-à-dire bénéficiaient d'avantages : réduction de dépenses ou accroissement de ressources), le caractère de la gestion désintéressée était remis en cause et donc l'exploitation de l'organisme était considérée comme présentant un caractère lucratif. Cette notion, peut-être trop stricte, fait désormais l'objet de deux assouplissements. D'abord, une tolérance administrative a été instaurée par l'instruction précitée du 15 septembre 1998 en vertu de laquelle le caractère désintéressé de la gestion n'est pas remis en cause si la rémunération brute mensuelle totale versée à chaque dirigeant (de droit ou de fait) n'excède pas les trois quarts du SMIC. Ensuite, et surtout, la loi n° 2001-1275 du 28 décembre 2002 (loi de finances pour 2002), en introduisant de nouvelles dispositions sous la première condition précitée, prévoit que les associations peuvent, sous certaines conditions (tenant à un plancher de ressources privées, aux rémunérations versées, au contrôle par ses membres du groupement et à la transparence financière de celui-ci, rémunérer jusqu'à trois dirigeants pour l'exercice de leurs fonctions sans que là aussi soit remis en cause le caractère désintéressé de leur gestion (V. aussi l'article 242 C, annexe II CGI, ajouté par le décret n° 2004-76 du 20 janvier 2004, qui fixe les modalités d'application du dispositif légal). ❑

1. Enseignement sportif. Si l'enseignement de la danse par un professeur est exonéré de la TVA, il n'en va pas de même des prestations effectuées pour le compte de ce professeur par une personne salariée. • CAA Nantes, 25 oct. 1990, *Dame Martin : D. 1993. Somm. 341, obs. Lenclos*. ♦ Le professeur ne pourra bénéficier de l'exonération pour les enseignements qu'il assure lui-même que s'il fournit les justifications utiles de nature à permettre la ventilation des recettes entre sa propre rémunération et celle de son salarié. • Même arrêt. ♦ … A défaut de quoi, l'ensemble des recettes sera soumis à la TVA. • Même arrêt.

2. L'exonération prévue par les dispositions du *a* du 4° du 4 de l'art. 261 est limitée à l'éventuelle rémunération des cours et leçons donnés dans les établissements scolaires ou universitaires mentionnés, et perçue par ces derniers. Elle ne s'étend pas à celle qui peut être perçue par la personne physique qui les a dispensés • CE 11 avr. 2014, req. n° 353219 : *Ministre du budget, des comptes publics et de la réforme de l'État* (il s'agissait, en l'espèce, d'un éducateur sportif indépendant intervenant dans les écoles primaires en vertu d'un contrat le liant à un office municipal des sports).

3. L'activité d'enseignement de l'équitation peut bénéficier de l'exonération prévue par l'art. 261, 4, 4°, *b*, lorsque le moniteur qui dispense les leçons est considéré comme étant directement rémunéré par ses élèves. • CAA Bordeaux, 15 févr. 1991, *Aubrun : D. 1993. Somm. 343, obs. Lenclos*. ♦ Comp. : • CE 7 oct. 1985, *SCI agricole et forestière du château du Gué-Péan : D. 1986. IR 370, obs. Lenclos.*

4. Un enseignant de golf ne peut être regardé comme rémunéré directement par ses élèves au sens du 4b du 4 de l'article 261 du CGI dès lors qu'il exerce son activité dans le cadre d'une société existant de fait entre lui et un autre enseignant, société de fait constituée par la conclusion de deux conventions (d'exercice conjoint et d'intégration). • CAA Nantes, 28 juin 2010, *req. n° 09NT1865 : Cah. dr. sport 2010, n° 22, p. 85, note J. Saurel.*

5. N'est pas exonérée de la TVA l'activité exercée par l'exploitant d'une école de conduite automobile qui n'apporte aucun élément d'appréciation d'où il résulterait que l'enseignement dispensé a un objet professionnel ou sportif. • CE 10 févr. 1988, *Toutain : D. 1990. Somm. 397, obs. Lenclos*.

6. Le professeur de culture physique qui, outre cette activité, offre à sa clientèle des prestations de services telles que des soins esthétiques, l'usage d'un sauna ou encore des massages, accomplit des prestations commerciales passibles de la TVA. • CE 29 juin 1988, *Rulhmann : D. 1990. Somm. 397, obs. Lenclos*.

7. Qualification d'organisme sans but lucratif. L'art. 13, A, § 1, sous m), de la sixième directive n° 77/388/CEE du Conseil du 17 mai 1977, en matière d'harmonisation des législations des États membres relatives aux taxes sur le chiffre d'affaires – Système commun de taxe sur la valeur ajoutée : assiette uniforme, doit être interprété en ce sens que la qualification d'un organisme comme étant « sans but lucratif » doit être effectuée en prenant en considération l'ensemble des activités de celui-ci et qu'un tel organisme peut être qualifié comme étant « sans but lucratif », même s'il cherche systématiquement à générer des excédents qu'il affecte par la suite à l'exécution de ses prestations. La première partie de la condition facultative figurant à l'art. 13, A, § 2, ss. a), premier tiret, de la sixième Dir. n° 77/388 doit être interprétée de la même manière. • CJUE 21 mars 2002, aff. C-174/00, *Kennemer Golf & Country Club c/ Staatssecretaris Van Financiën : DF 2002. 441.*

8. Services aux membres. Ne présente ni un caractère sportif, ni un caractère social au sens de l'art. 261, 7, 1°, *a*, et, par suite, n'est pas susceptible d'être exonéré de la TVA le service qu'une association de golf rend à ses membres en leur permettant, moyennant le paiement d'un prix réduit, d'inviter des personnes étrangères à l'association qui peuvent ainsi bénéficier des installations du club. • CAA Paris, 4 oct. 1994, *Assoc. sportive du golf de Saint-Nom-la-Bretêche : RJ éco. sport 1995, n° 36, p. 44, obs. Lenclos*.

9. De même, les « baptêmes de l'air » organisés par un aéro-club, en admettant qu'ils aient pour objet de faire découvrir l'aviation à des personnes, n'associent pas ces dernières à une pratique sportive, en sorte qu'ils ne sauraient être regardés comme un service de caractère sportif au sens de l'art. 261, 7, 1°, *a*. • CAA Nantes, 24 mai 1989, *Aéro-club de Deauville : RJ éco. sport 1990, n° 13, p. 62, obs. Lenclos*.

10. La prise en pension de chevaux par une association constitue une prestation de service, assujettie en application de l'art. 256 CGI à la taxe sur la valeur ajoutée ; un tel service ne peut être regardé comme un service de caractère social, éducatif, culturel ou sportif au sens de l'art. 261-7-1° CGI, de sorte que les recettes provenant de cette activité ne peuvent être exonérées de cette taxe. • CE 1er juin 2001, *Assoc. l'Étrier sarthois : DF 2001. 1166, concl. Courtial.*

11. Cotisations. L'art. 2, point 1, de la sixième directive n° 77/388 doit être interprété en ce sens que les cotisations annuelles des membres d'une association sportive, telle que celle en cause au principal, sont susceptibles de constituer la contrepartie des prestations de services fournies par celle-ci, alors même que les membres qui n'utilisent pas ou pas régulièrement les installations de l'association sont néanmoins tenus de verser leur cotisation annuelle. • CJUE 21 mars 2002 : *préc. note 7.*

12. Gestion désintéressée. Dans la mesure où une association sportive ne réserve pas le bénéfice de ses services à ses membres, et que sa gestion n'est pas désintéressée, elle ne peut bénéficier de l'exonération de TVA prévue à l'art. 261, 7, 1°, *a*. • CAA Lyon, 6 févr. 1991, *Assoc. Centre aéro-parachutiste Marc Eskenazi : D. 1993. Somm. 341, obs. Lenclos*.

13. Une association sportive qui prend en sous-location à une société le terrain nécessaire à son activité ne peut être regardée comme ayant été gérée par des personnes n'ayant elles-mêmes, ou par personnes interposées, aucun intérêt direct ou indirect dans les résultats de l'exploitation et, par suite, comme un organisme désintéressé au sens de l'art. 261, 7, 1°, *d*, dès lors que le secrétaire et la trésorière de l'association, en leur qualité à la fois de propriétaires du terrain et de fondateurs de la société bailleresse, retiraient des avantages de cette sous-location. • CAA Bordeaux, 19 mars 1996, *Assoc. Toulouse olympique multisports : D. 1998. Somm. 35, obs. Lenclos* ✎. ♦ V. également s'agissant d'un intérêt indirect des dirigeants dans la gestion d'une association : • CAA Lyon, 26 juin 2003, *Assoc. La Clef des neiges : req. n° 98LY00189.*

14. C'est à bon droit que les services fiscaux, constatant qu'une association exerçait son activité dans le cadre d'un complexe sportif appartenant au président et fondateur de l'association et allouait à ce dernier divers avantages consistant notamment en la prise en charge de dépenses personnelles et en avances de trésorerie, ont estimé que l'activité de cette association présentait le caractère d'une exploitation à but lucratif et qu'elle ne pouvait donc bénéficier de l'exonération prévues par l'art. 261. • CAA Marseille, 30 mars 2004, *Assoc. Set Club : req. n° 00MA00408.* ♦ V. également • CAA Versailles, 26 mai 2008, *Assoc. Val d'Yerres Sport : Suppl. 1, RJ éco. sport, n° 87, obs. F. Lagarde* • CAA Nancy, 23 mars 2009, *Centre hippique de Montbéliard : RJ éco. sport 2009, n° 91, p. 0, obs. C. Bobin et Ch. Dudognon.*

15. Opérations présentant un caractère social ou philanthropique. Faisant application pour la première fois des critères de non-lucrativité définis par l'instruction n° 4 H 5-98 du 15 sept. 1998, le Conseil d'État a estimé qu'il résulte des dispositions de l'art. 261, 7, 1°, *b* que les associations qui poursuivent un objet social ou philanthropique sont exonérées de TVA dès lors, d'une part, que leur gestion présente un caractère désintéressé et, d'autre part, que les services qu'elles rendent ne sont pas offerts en concurrence dans la même zone géographique d'attraction avec ceux proposés au même public par des entreprises commerciales exerçant une activité identique ; que, toutefois, même dans le cas où l'association intervient dans un domaine d'activité et dans un secteur géographique où existent des entreprises commerciales, l'exonération de TVA lui est acquise si elle exerce son activité dans des conditions différentes de celles des entreprises commerciales, soit en répondant à certains besoins insuffisamment satisfaits par le marché, soit en s'adressant à un public qui ne peut normalement accéder aux services offerts par les entreprises commerciales, notamment en pratiquant des prix inférieurs à ceux du secteur concurrentiel et à tout le moins des tarifs modulés en fonction de la situation des bénéficiaires, sous réserve de ne pas recourir à des méthodes commerciales excédant les besoins de l'information du public sur les services qu'elle offre. • CE 1er oct. 1999, *Assoc. Jeune France : DF 2000. 106, concl. Courtial ; D. 2000. 477, note Lenclos* ✎ *; RJF 1999. 823, Chron. Mignon.*

16. Une association exploitant une patinoire doit ainsi être exonérée de TVA sur les recettes provenant d'une subvention municipale et des droits d'entrée acquittés par des personnes non membres de l'association dès lors qu'outre son caractère social ou philanthropique et sa gestion désintéressée aucun équipement identique à celui de la patinoire n'est exploité concurremment dans la même zone géographique d'attraction par une entreprise commerciale. • CE 1er oct. 1999 : *préc. note 15.*

17. Une société d'économie mixte gérant une piscine municipale dans le cadre d'un contrat d'affermage peut prétendre au bénéfice de l'exonération de TVA prévue par l'art. 261, 7, 1°, *b,* dès lors que l'activité en cause revêt par elle-même un caractère social, que les tarifs pratiqués doivent être regardés comme homologués par l'autorité publique et que les dirigeants ne reçoivent aucune rémunération directe ou indirecte de leurs fonctions. • TA Lille, 10 déc. 1998, *Sté Cogim : D. 2000. Somm. 220, obs. Lenclos* ✎ *; RJF 1999.196. Comm. 295.*

18. Une association qui exploite un complexe de loisirs comprenant une piscine et une patinoire auxquelles ont été annexés un bar-restaurant, une discothèque, un parc d'attractions pour enfants et un parcours de santé, qui fournit des prestations à ses membres et à des tiers en dehors de toute considération sociale ou philanthropique et dont les recettes proviennent en grande partie de l'activité « bar-restaurant-discothèque » fonctionnant dans des conditions qui s'apparentent à celles du secteur commercial, ne peut bénéficier des exonérations de TVA prévues à l'art. 261, 7, 1°, *a* et *b.* • CAA Nancy, 16 oct. 1990, *Assoc. Centre de loisirs d'Amnéville : D. 1993. Somm. 340, obs. Lenclos* ✎. ♦ ... Par suite, sont passibles de la TVA les subventions communales versées à cette association pour équilibrer sa gestion. • Même arrêt. ♦ Dans le même sens, s'agissant de subventions de fonctionnement accordées par une commune à une association gérant un palais des sports. • CE 3 mai 1989, *Assoc. de gestion du palais des sports de Saint-Étienne : Lebon T. 613 et 661 ; RJ éco. sport 1990, n° 14, p. 55, obs. Lenclos* ✎.

19. Manifestations de bienfaisance ou de soutien. N'est pas fondé à demander l'exonération de TVA sur le fondement de l'art. 261, 7, 1°, *c,* l'aéro-club qui a omis de présenter au service des impôts la demande préalable d'exonération et la justification des résultats de la manifestation de bienfaisance qu'il a organisée (CGI, annexe II, art. 242 *octies*). • CAA Nantes, 24 mai 1989, *Aéro-club de Deauville : préc. note 9.*

20. Secteurs d'activité distincts. Pour une association gérant un palais des sports qui a été assujettie à la TVA sur l'ensemble de ses recettes faute d'avoir organisé sa comptabilité en secteurs d'activité distincts, V. : • CE 3 mai 1989, *Assoc. de gestion du palais des sports de Saint-Étienne : préc. note 18.* ♦ Sur l'impossibilité pour un éleveur de chevaux de course de récupérer une partie de la TVA sur l'achat d'immobilisations en l'absence d'une comptabilité distinguant, d'une part, les recettes provenant de son activité taxable de prise en pension de chevaux et, d'autre part, celles provenant de son activité, à l'époque non taxable, d'entraînement de chevaux, V. : • CE 24 avr. 1989, *Boulard : D. 1990. Somm. 396, obs. Lenclos* ⌀. ♦ V. CGI, annexe II, art. 209 et 210. ♦ Il convient ici de noter que les règles de déduction en matière de TVA ont été récemment modifiées. Le Décr. n° 2007-566 du 16 avr. 2007 *(JO 19 avr.)* vient modifier, à compter du 1er janv. 2008, les règles relatives au droit de déduction de TVA (V. Instr. 3 D-1-07 du 9 mai 2007).

Code général des impôts

ANNEXE II

Art. 242 C I. — Pour l'application du *d* du 1° du 7 de l'article 261 du code général des impôts *[V. ci-dessus]*, la transparence financière des organismes qui décident de verser une rémunération à leurs dirigeants est établie lorsque les conditions suivantes sont satisfaites :

a) Le montant des rémunérations versées à chacun des dirigeants concernés est indiqué dans une annexe aux comptes de l'organisme ;

b) Le représentant statutaire, ou le commissaire aux comptes, présente un rapport à l'organe délibérant sur les conventions prévoyant une telle rémunération ;

c) Les comptes de l'organisme sont certifiés par un commissaire aux comptes.

II. — L'adéquation de la rémunération aux sujétions imposées aux dirigeants désignés au *d* du 1° du 7 de l'article 261 du même code est réputée acquise lorsque, dans la limite du montant prévu au neuvième alinéa de cet article, les conditions suivantes sont satisfaites :

a) La rémunération versée est la contrepartie de l'exercice effectif de son mandat par le dirigeant concerné ;

b) La rémunération est proportionnée aux sujétions effectivement imposées aux dirigeants concernés, notamment en termes de temps de travail ;

c) La rémunération est comparable à celles couramment versées pour des responsabilités de nature similaire et de niveau équivalent.

III. — Pour l'appréciation des montants de ressources mentionnés aux quatrième, cinquième, sixième et huitième alinéas du *d* du 1° du 7 de l'article 261 du même code :

a) Sont prises en compte les ressources financières versées aux organismes concernés, à quelque titre que ce soit, par des personnes physiques ou par des personnes morales de droit privé sauf si ces dernières sont contrôlées en droit ou en fait et financées majoritairement par des personnes morales de droit public ;

b) Ne sont pas pris en compte les contributions ou apports effectués en nature ou en industrie ;

c) Sont prises en compte, le cas échéant, les ressources financières, hors versements publics, des associations membres de l'organisme concerné et qui remplissent les conditions leur permettant de bénéficier des dispositions du *d* du 1° du 7 de l'article 261 du même code ;

d) Les ressources financières perçues par un organisme ne peuvent être prises en compte que pour l'appréciation de son propre montant de ressources et, le cas échéant, pour l'appréciation du montant des ressources d'un seul des organismes dont il est membre.

IV. — L'organisme qui rémunère, en application du *d* du 1° du 7 de l'article 261 du même code, un ou plusieurs de ses dirigeants, doit communiquer chaque année à la direction des services fiscaux dont il dépend un document attestant du montant de ses ressources mentionnées au huitième alinéa du même article, constaté dans les conditions prévues à ce même alinéa et précisant l'identité des dirigeants rémunérés.

Ce document doit être déposé au plus tard dans les six mois suivant la clôture de l'exercice au titre duquel les rémunérations ont été versées. – *[Décr. n° 2004-76 du 20 janv. 2004 ; Décr. n° 2012-430 du 29 mars 2012.]*

Art. 261 E Sont exonérés de la taxe sur la valeur ajoutée : *[...]*

(Abrogé par L. n° 2014-1654 du 29 déc. 2014, art. 21-I-1°) ***« 3° Les droits d'entrée perçus par les organisateurs de réunions sportives soumises à l'impôt sur les spectacles, jeux et divertissements. »*** *– Le I de l'art. 21 de la L. n° 2014-1654 du 29 déc. 2014 s'applique aux recettes encaissées à compter du 1er janv. 2015 (L. préc., art. 21-III).*

Les dispositions de l'article 261 E-3° ne méconnaissent pas les dispositions de l'article 371 de la directive 2006/112/CE du 28 nov. 2006 relative au système commun de taxe sur la valeur ajoutée, ni ne sont incompatibles avec l'objectif de cette dernière de suppression des exonérations de taxe sur la valeur ajoutée. • CAA Nantes, 4 avr. 2013, *SASP Stade Malherbe de Caen : req. n° 12NT00331.*

TVA. Assiette de la taxe. Régime du chiffre d'affaires réel

Art. 266 1. La base d'imposition est constituée :

a) Pour les livraisons de biens, les prestations de services et les acquisitions intracommunautaires, par toutes les sommes, valeurs, biens ou services reçus ou à recevoir par le fournisseur ou le prestataire en contrepartie de ces opérations, de la part de l'acheteur, du preneur ou d'un tiers, y compris les subventions directement liées au prix de ces opérations. *[...]*

Les subventions destinées par les sociétés de courses parisiennes aux sociétés de courses de province, et que celles-ci peuvent se voir attribuer dans les conditions prévues par les art. 16 du décret n° 83-678 du 4 oct. 1983 relatif aux sociétés de courses et au pari mutuel, ne correspondent pas à des prestations de services individualisées fournies aux parties versantes et sont donc sans lien direct avec les avantages que ces dernières sont susceptibles de retirer de l'activité exercée par les sociétés bénéficiaires. • CE 6 nov. 1996, *Min. budget c/ Sté des courses de la Côte d'Amour : DF 1997. Comm. 24, concl. Goulard.* ♦ Le fait que ces subventions soient calculées proportionnellement au nombre de courses que chaque société de courses de province est autorisée, chaque année, à organiser ne suffisant pas à établir l'existence d'un tel lien. • Même arrêt.

Art. 267 I. Sont à comprendre dans la base d'imposition :

1° Les impôts, taxes, droits et prélèvements de toute nature à l'exception de la taxe sur la valeur ajoutée elle-même ;

2° Les frais accessoires aux livraisons de biens ou prestations de services tels que commissions, intérêts, frais d'emballage, de transport et d'assurance demandés aux clients.

II. Ne sont pas à comprendre dans la base d'imposition :

1° Les escomptes de caisse, remises, rabais, ristournes et autres réductions de prix consenties directement aux clients ;

2° Les sommes remboursées aux intermédiaires, autres que les agences de voyages et organisateurs de circuits touristiques, qui effectuent des dépenses au nom et pour le compte de leurs commettants dans la mesure où ces intermédiaires rendent compte à leurs commettants, portent ces dépenses dans leur comptabilité dans des comptes de passage et justifient auprès de l'administration des impôts de la nature ou du montant exact de ces débours.

III. Les sommes perçues lors des livraisons d'emballages consignés peuvent être exclues de la base d'imposition à la condition que la taxe sur la valeur ajoutée afférente à ces sommes ne soit pas facturée. Elles doivent être incorporées dans la base d'imposition lorsque les emballages n'ont pas été rendus au terme des délais en usage dans la profession.

La base d'imposition des opérations d'entremise qu'une entreprise effectue sur l'ordre et pour le compte d'un club sportif doit être constituée non par le montant total des transactions mais par le seul montant des honoraires versés à l'intermédiaire, dès lors que l'entremise agit dans le cadre d'un mandat préalable et explicite, qu'elle rend compte de ses dépenses à son commettant et qu'elle justifie de celles-ci auprès de l'administration fiscale tant dans leur nature que dans leur montant. • TA Dijon, 5 mai 1998 : *DF 1999. Comm. 159.*

TVA. Liquidation de la taxe. Déduction

Art. 271 I. 1. La taxe sur la valeur ajoutée qui a grevé les éléments du prix d'une opération imposable est déductible de la taxe sur la valeur ajoutée applicable à cette opération. – *[....]*

TVA. Obligations des redevables. Établissements de spectacles

Art. 290 *quater* I. *(L. n° 2006-1771 du 30 déc. 2006, art. 104-IV-1°-a)* « Sur les lieux où sont organisés des spectacles comportant un prix d'entrée, les exploitants doivent délivrer un billet à chaque spectateur ou enregistrer et conserver dans un système informatisé les données relatives à l'entrée, avant l'accès au lieu du spectacle. »

Les modalités d'application du *(Décr. n° 2008-294 du 1er avr. 2008)* « premier alinéa », notamment les obligations incombant aux exploitants *(L. n° 2006-1771 du 30 déc. 2006, art. 104-IV-1°-b)* « d'un lieu » de spectacles, ainsi qu'aux fabricants, importateurs ou marchands de billets d'entrée, sont fixées par arrêté. – *V. Annexe IV, art. 50 sexies B à 50 sexies I.* *[...]*

III. Les infractions aux dispositions du présent article ainsi qu'aux textes pris pour leur application sont recherchées, constatées, poursuivies et sanctionnées comme en matière de contributions indirectes.

Doit être déclarée coupable de complicité de tenue d'une fausse billetterie à l'occasion d'une rencontre de football la personne qui a mis à la disposition de l'auteur principal de l'infraction l'imprimerie qui lui a permis de fabriquer les faux billets d'entrée au stade. • Paris, 3 avr. 1995 : *Juris-Data n° 022774.*

Droits de diffusion des manifestations ou compétitions sportives

Art. 302 *bis* ZE *(L. n° 99-1172 du 30 déc. 1999)* **Il est institué une contribution sur la cession à** *(L. n° 2007-1822 du 24 déc. 2007, art. 124°)* **« un éditeur ou un distributeur de services de télévision au sens des articles 2 et 2-1 de la loi n° 86-1067 du 30 septembre 1986 relative à la liberté de communication » des droits de diffusion de manifestations ou de compétitions sportives.**

(L. n° 2007-1822 du 24 déc. 2007, art. 124°) **« Est également soumise à cette contribution la cession de droits de diffusion à une personne qui met à la disposition du public un service offrant l'accès à titre onéreux à des retransmissions de manifestations ou compétitions sportives sur demande individuelle formulée par un procédé de communication électronique ».**

Cette contribution est due par toute personne mentionnée *(Ord. n° 2006-596 du 23 mai 2006, art. 3-II-6°)* **« aux articles L. 121-1, L. 122-2, L. 122-12, L. 131-1 ou L. 331-5 du code du sport », ainsi que par toute personne agissant directement ou indirectement pour son compte.**

La contribution est assise sur les sommes hors taxe sur la valeur ajoutée perçues au titre de la cession des droits de diffusion.

Son exigibilité est constituée par l'encaissement de ces sommes.

Le taux de la contribution est fixé à 5 % du montant des encaissements.

La contribution est constatée, recouvrée et contrôlée selon les mêmes procédures et sous les mêmes sanctions, garanties et privilèges que la taxe sur la valeur ajoutée.

Les réclamations sont présentées, instruites et jugées selon les règles applicables à cette même taxe.

Dispositions applicables à compter du 1er juill. 2000. Le produit de cette contribution affecté d'abord au compte d'affectation spéciale n° 902-17 « Fonds national pour le développement du sport » (L. n° 99-1172 du 30 déc. 1999 de finances pour 2000) est maintenant versé au profit du Centre national pour le développement du sport (CNDS).

V. aussi Instr. n° 3 P-8-00 du 17 juill. 2000 (BOI n° 142 du 2 août) ; Instr. n° 3 P-4-08 du 4 août 2008 relative à l'élargissement du champ d'application de la taxe sur les retransmissions sportives (BOI n° 78 du 4 août).

COMMENTAIRE

La loi de finances pour 2008 (n° 2007-1822 du 24 déc. 2007) est venue étendre, à compter du 1er juillet 2008, le domaine d'application de la taxe. Ainsi, la taxe vient s'appliquer aux cessions de droits de retransmissions aux fournisseurs de communications électroniques.

L'extension de la taxe prévue par la loi de finances rectificative pour 2013 aux cessions de droits qui concernaient des compétitions et manifestations sportives dont les organisateurs se situent à l'étranger a été censurée par le Conseil constitutionnel au nom du principe d'égalité devant la loi fiscale (Cons. const., n° 2013-684 DC du 29 déc. 2013). ❑

Contribution économique territoriale

Art. 1447-0 *(L. n° 2009-1673 du 30 déc. 2009, art. 2-1.1.1)* **Il est institué une contribution économique territoriale composée d'une cotisation foncière des entreprises et d'une cotisation sur la valeur ajoutée des entreprises.**

Cotisation foncière des entreprises. Personnes et activités imposables

Art. 1447 *(L. n° 2009-1673 du 30 déc. 2009, art. 2-1.1.2, 6.1.1 et 7.1)* **I. La cotisation foncière des entreprises est due chaque année par les personnes physiques ou morales** *(L. n° 2010-1657 du 29 déc. 2010, art. 108-I-A-1°)* **« , les sociétés non dotées de la personnalité morale ou les fiduciaires pour leur activité exercée en vertu d'un contrat de fiducie » qui exercent à titre habituel une activité professionnelle non salariée.**

Pour l'établissement de la cotisation foncière des entreprises, les activités de location ou de sous-location d'immeubles, autres que les activités de location ou sous-location d'immeubles nus à usage d'habitation, sont réputées exercées à titre professionnel ; toutefois, la cotisation foncière des entreprises n'est pas due lorsque l'activité de location ou de sous-location d'immeubles nus est exercée par des personnes qui, au cours de la période de référence définie à l'article 1467 A, en retirent des recettes brutes, *(L. n° 2010-1657 du 29 déc. 2010, art. 108-I-A-2° et 3°)* **« hors taxes, au sens de l'article 29, inférieures à 100 000 € ou un chiffre d'affaires, au sens du 1 du I de l'article 1586 *sexies*, inférieur à 100 000 €.**

« Lorsque la période de référence ne correspond pas à une période de douze mois, le montant des recettes ou du chiffre d'affaires est ramené, selon le cas, à douze mois. »

II. — La cotisation foncière des entreprises » n'est pas due par les organismes mentionnés au premier alinéa du 1 *bis* de l'article 206 qui remplissent les trois conditions fixées par ce même alinéa.

III. — Les personnes et sociétés mentionnées au I ne sont pas soumises à la cotisation foncière des entreprises à raison de leurs activités qui ne sont assujetties ni à l'impôt sur les sociétés ni à l'impôt sur le revenu en raison des règles de territorialité propres à ces impôts.

1. Un club de football est redevable de la contribution des patentes [devenue la taxe professionnelle puis la contribution économique territoriale] dès lors qu'il ne se borne pas à organiser des exercices d'entraînement et des compétitions pour ses membres « amateurs » mais qu'il organise aussi, de façon habituelle, des rencontres de football avec le concours d'une équipe comportant des joueurs professionnels recrutés et rétribués par lui, lesquelles rencontres sont destinées à attirer un nombreux public procurant au club des recettes importantes. • CE 3 oct. 1973, *Football club lorientais : Lebon 539.* ♦ La circonstance que les recettes provenant de cette activité soient affectées à la couverture des dépenses exposées pour l'entraînement et les compétitions des membres « amateurs » et ne fassent l'objet d'aucune distribution entre les membres de l'association n'est pas de nature, à elle seule, à exonérer cette dernière de la contribution précitée. • Même arrêt. ♦ V. déjà : • CE 21 juill. 1970, *Racing Club de Strasbourg : Lebon 518* • 21 mars 1958, *Football club de Metz : D. 1958. Somm. 142.*

2. Pour la détermination du seuil d'assujettissement à la cotisation minimale de l'ancienne taxe professionnelle (CGI, anc. art. 1647 E), doivent être intégrés dans le chiffre d'affaires des clubs professionnels les droits de retransmission audiovisuelle et les indemnités de mutation de joueurs. V. respectivement • CAA Marseille, 24 mai 2013, *SA Football club Istres Ouest Provence : req., n° 10MA04561.* • CAA Lyon, 17 oct. 2013, *SAOS AJ Auxerre Football : req. n° 12LY02444.*

3. Est redevable de la taxe professionnelle la personne qui, durant toute l'année, organise avec l'aide d'un moniteur auxiliaire des cours d'initiation et de perfectionnement au deltaplane pour des stagiaires recrutés principalement par publicité ainsi que des « baptêmes de l'air » en ailes biplace, et qui dispose pour les stages organisés d'un matériel important. • CAA Lyon, 7 mars 1990, *Jardin : D. 1991. Somm. 282, obs. Lenclos.* ♦ ... L'intéressé ne pouvant, compte tenu de cette situation, se prévaloir de ce que son activité constituerait un simple enseignement d'un art d'agrément au sens de l'art. 1460-3° CGI. • Même arrêt.

4. Pour un arrêt ayant considéré qu'un arbitre de football devait être assujetti à la taxe professionnelle et ne pouvait bénéficier ni de l'exonération prévue par l'art. 1449 CGI, réservée aux collectivités publiques, ni de celle prévue par l'art. 1460-3° CGI, l'activité de l'intéressé ne pouvant être assimilée à celle d'un professeur. • CAA Nancy, 13 févr. 1990, *Testard : D. 1991. Somm. 282, obs. Lenclos.* ♦ V. depuis • CE 18 janv. 2008, *Min. de l'Économie, des Finances et de l'Industrie c/ Badet : req. n° 303816.* ♦ ... Ou encore : • CE 5 nov. 2008, *Min. du Budget c/ Poulat : req. n° 311951* • CAA Nantes, 11 juin 2015, n° 14NT01716 : *Dict. perm. dr. sport 2015, Bull. n° 226, p. 12, obs. J.-Ch. Breillat ; Cah. dr. sport 2015, n° 41, p. 84, obs. D.-M. Gauci.*

5. En relevant qu'un professeur de tennis disposait de la liberté de fixer le contenu de ses enseignements ainsi que le nombre de ses élèves et les honoraires qu'il leur réclamait, le fisc a démontré que l'intéressé n'exerçait pas une activité salariée, ce qui l'autorisait à exiger de lui le paiement de la taxe professionnelle. • CAA Nantes, 7 oct. 1992 : *Gaz. Pal. 1994. 1. 125, note Boyer-Chammard.* ♦ En revanche, n'entre pas dans le champ d'application de la taxe professionnelle l'activité d'un professeur de tennis exercée, vis-à-vis d'une association, dans un lien de subordination caractéristique du contrat de travail. • CAA Lyon, 12 déc. 2002, *De Siquiera : RJ éco. sport 2003, n° 68, p. 51.*

6. La société qui organise le Tour de France cycliste, bien qu'elle ait une activité de caractère sportif, est une personne morale poursuivant un but lucratif exerçant à titre habituel une activité professionnelle non salariée qui entre de ce fait dans le champ d'application de l'art. 1447. • CE 27 nov. 1991, *SARL « Sté du Tour de France » : req. n° 84998.* ♦ Si l'art. 1458 CGI exonère de la taxe professionnelle les éditeurs de feuilles périodiques, et si le capital de la société est détenu majoritairement par des entreprises de presse, ladite société reste une entité juridique distincte de ces dernières et n'exerce pas une activité qui soit le prolongement naturel de l'édition de feuilles périodiques, en conséquence de quoi elle ne peut prétendre bénéficier des dispositions de l'art. 1458 précité. • Même arrêt.

7. Une association ayant pour objet d'encourager la pratique des sports nautiques ne saurait être regardée comme une personne morale s'étant livrée à une activité lucrative au sens des dispositions de l'art. 1447 dès lors que les activités qu'elle propose ne sont pas étrangères à son objet, sont réservées à ses membres et sont pratiquées à des tarifs différents de ceux du marché concurrentiel. • CAA Marseille, 17 déc. 1998, *Sté nautique du stade : D. 2000. Somm. 221, obs. Lenclos*.

8. V. s'agissant d'une association organisatrice de courses de chevaux pour son imposition au titre de son activité distincte d'organisation de pari mutuel ou de pari mutuel sur les hippodromes. • CAA Marseille, 14 janv. 2016, *Sté hippique de Marseille*, n° 15MA03030.

Cotisation foncière des entreprises. Exonérations

Art. 1449 **Sont exonérés de la** *(L. n° 2009-1673 du 30 déc. 2009, art. 2)* **« cotisation foncière des entreprises » :**

1° Les collectivités « territoriales », les établissements publics et les organismes de l'État, pour leurs activités de caractère essentiellement culturel, éducatif, sanitaire, social, sportif ou touristique, quelle que soit leur situation à l'égard de la taxe sur la valeur ajoutée ; *[...]*

Art. 1460 **Sont exonérés de la** *(L. n° 2009-1673 du 30 déc. 2009, art. 2)* **« cotisation foncière des entreprises » :** *[...]*

7° Les sportifs pour la seule pratique d'un sport.

L'activité de guide de haute montagne ne saurait bénéficier de cette exonération. Alors même qu'elle suppose l'exercice intensif et répété d'un sport, cette activité, qui consiste à accompagner des clients, n'est pas visée par les dispositions ci-dessus. • CAA Marseille, 15 mars 2007, *Min. de l'Économie, des finances et de l'industrie*, req. n° 03MA01404 : *Cah. dr. sport, n° 9. 2007. 95, note Saurel.*

Impôt sur les spectacles, jeux et divertissements. Champ d'application

Art. 1559 *(L. n° 2014-1654 du 29 déc. 2014, art. 21-I-3°)* **Les cercles et maisons de jeux sont soumis à un impôt dans les formes et selon les modalités déterminées aux articles 1560 à 1566.**

Le I de l'art. 21 de la L. n° 2014-1654 du 29 déc. 2014 s'applique aux recettes encaissées à compter du 1er janv. 2015 (L. préc., art. 21-III).

Code général des impôts

ANNEXE IV

Art. 131 A *[...]*

II. Les organisateurs de réunions sportives et les exploitants d'établissements de spectacles visés à l'article 1559 du code précité *[CGI]* déclarent à la direction régionale des douanes et droits indirects dont ils dépendent la mise en service d'un système informatisé de billetterie au plus tard lors de la première utilisation.

Cette déclaration comporte les mentions suivantes nécessaires à la description du système utilisé :

1° Le nom du logiciel, son numéro de version et, le cas échéant, sa date ainsi que l'identité de son concepteur ou le nom du progiciel ;

2° La configuration informatique ;

3° Le système d'exploitation ;

4° Le langage de programmation ;

5° Le format du logiciel source ou exécutable fourni par le concepteur ;

6° La description fonctionnelle du système ;

7° Le fac-similé d'un billet, d'un coupon de gestion et d'un relevé de recettes ;

8° Les sécurités mises en œuvre.

Les modifications du système sont portées à la connaissance de l'administration dans les conditions prévues au premier alinéa.

Impôt sur les spectacles, jeux et divertissements. Tarif

Art. 1560 *(L. n° 2014-1654 du 29 déc. 2014, art. 21-I-3°)* Le tarif d'imposition des cercles et maisons de jeux est fixé dans le tableau ci-après :

Montant des recettes annuelles	TARIF
De 0 à 30 490 €	10 %
De 30 491 € à 228 701 €	40 %
Supérieur à 228 701 €	70 %

Le I de l'art. 21 de la L. n° 2014-1654 du 29 déc. 2014, s'applique aux recettes encaissées à compter du 1er janv. 2015 (L. préc., art. 21-III).

Impôt sur les spectacles, jeux et divertissements. Exonérations

Art. 1561 (Abrogé par L. n° 2014-1654 du 29 déc. 2014, art. 21-I-11°) ***Sont exonérés de l'impôt prévu aux trois premières catégories du I de l'article 1560*** :[...]

3° a) Jusqu'à concurrence de 3 040 € de recettes par manifestation, les réunions sportives organisées par des associations sportives régies par la loi du 1er juillet 1901 [V. App., v° Associations] ***agréées par le ministre compétent ou par des sociétés sportives visées à*** (Ord. n° 2006-596 du 23 mai 2006, art. 3-II-7°) ***« l'article L. 122-1 du code du sport » et, jusqu'à concurrence de 760 €, les quatre premières manifestations annuelles organisées au profit exclusif d'établissements publics ou d'associations légalement constituées agissant sans but lucratif ;***

b) Toutefois, l'exemption totale peut être accordée aux compétitions relevant d'activités sportives limitativement énumérées par arrêtés des ministres de l'économie et des finances, de l'intérieur et du ministre chargé de la jeunesse et des sports. — V. Annexe IV, art. 126 F.

Le conseil municipal peut, par délibération adoptée dans les conditions prévues à l'article 1639 A bis, décider que certaines catégories de compétitions, lorsqu'elles sont organisées par des associations sportives régies par la loi du 1er juillet 1901 agréées par le ministre compétent, ou que l'ensemble des compétitions sportives organisées sur le territoire de la commune bénéficient de la même exonération.

c) Les organisateurs des réunions visées aux a et b doivent tenir leur comptabilité à la disposition des agents de l'administration pendant le délai prévu au premier alinéa du I de l'article L. 102 B du Livre des procédures fiscales ; [...] — V. Annexe III, art. 350 nonies-5°.

Le I de l'art. 21 de la L. n° 2014-1654 du 29 déc. 2014 s'applique aux recettes encaissées à compter du 1er janv. 2015 (L. préc., art. 21-III).

. . . .

1. Une cour d'appel justifie sa décision de retenir la responsabilité pénale du président d'un club de football du chef d'obtention indue de l'exonération de recettes par manifestation sportive accordée par l'art. 1561, 3°, dès lors, d'une part, que ledit président ne rapporte pas la preuve qu'il bénéficie de l'agrément ministériel et, d'autre part, que l'association sportive ne peut revendiquer le statut des groupements sportifs particuliers prévu par l'art. 11 de la loi du 16 juill. 1984 modifiée, lesquels doivent exercer sous forme de sociétés anonymes ou d'économie mixte. • Crim. 25 janv. 1996 : *Bull. crim. n° 50.*

2. L'extension de l'exonération facultative de l'impôt sur les spectacles par la loi du 29 déc. 1989 (de finances rectificative pour 1989) donnant la possibilité aux conseils municipaux d'exempter l'ensemble des compétitions sportives organisées pendant l'année de cet impôt est restée sans incidence sur la portée de l'exonération de la TVA applicable aux réunions sportives (art. 261 E 3° CGI) dès lors que ces dernières, même lorsqu'elles en sont exonérées, demeurent. • CE 15 avr. 2015, *Sté FC Nantes,* n° 374674 • CE 10 févr. 2016, *SASP Olympique de Marseille,* n° 376549.

Code général des impôts

ANNEXE III

Art. 350 ***nonies*** La direction générale des douanes et droits indirects : – [....]

5° Accède à la comptabilité des organisateurs de réunions sportives en application du c du 3° de l'article 1561 du code général des impôts.

ANNEXE IV

Art. 126 F (Arr. du 27 mai 2005, art. 1er) L'exemption totale de l'impôt sur les spectacles prévue au premier alinéa du *b* du 3° de l'article 1561 du code général des impôts est applicable aux compétitions relevant des activités sportives ci-après : aïkido, athlétisme, aviron, badminton, balle au tambourin, ballon au poing, ball-trap, base-ball, boxe française, canne, canoë-kayak, char à voile, escalade, escrime, football américain, gymnastique, haltérophilie, handball, hockey sur gazon, javelot-tir sur cible, jeu de paume, judo, karaté, kendo, longue paume, lutte, motonautisme, natation, parachutisme, patinage à roulettes, pelote basque, pentathlon, pétanque et jeu provençal, skate-board, ski, squash-raquettes, sports de boules, sports de quilles, surf, taekwondo, tennis de table, tir, tir à l'arc, trampoline, triathlon, twirling-bâton et volley-ball.

Impôt sur les spectacles, jeux et divertissements. Demi-tarif

Art. 1562 (Abrogé par L. n° 2014-1654 du 29 déc. 2014, art. 21-I-11°) ***Sont imposés au demi-tarif :*** [...]

4° Pour quatre séances annuelles et, le cas échéant, sans préjudice des exonérations accordées par l'article 1561-3°-a les manifestations organisées exceptionnellement au profit exclusif d'établissements publics ou d'associations légalement constituées agissant sans but lucratif. Cette réduction d'impôt est consentie après perception au tarif normal, par voie de restitution directe aux établissements ou associations désignés ; à cet effet, la somme correspondant à l'exonération éventuelle est prise en consignation au nom de l'œuvre bénéficiaire.

Les organisateurs et les bénéficiaires de ces représentations doivent justifier auprès du service de l'administration de l'affectation de la totalité des recettes, sous la seule déduction des frais, à l'œuvre au profit de laquelle la séance est donnée. Faute de produire ces justifications dans un délai maximal de deux mois, la perception portée en consignation est convertie en recette définitive. En outre, ces mêmes organisateurs et bénéficiaires doivent tenir leur comptabilité à la disposition des agents de cette administration [V. Annexe III, art. 350 quater-I-1°] ***pendant le délai prévu au premier alinéa du I de l'article L. 102 B du Livre des procédures fiscales.***

En aucun cas la réduction d'impôt ne doit être accordée :

a) Aux manifestations de bienfaisance n'ayant pas fait l'objet d'une autorisation administrative ;

b) Aux manifestations qui ne laisseraient aux œuvres au profit desquelles les séances sont organisées d'autre bénéfice que celui des réductions d'impôt prévues par la réglementation en vigueur ;

5° Quatre des manifestations sportives organisées dans l'année par les associations sportives agréées par le ministre chargé des sports et (Ord. n° 2006-596 du 23 mai 2006, art. 3-II-8°) ***« les associations sportives et les sociétés sportives mentionnées à l'article L. 122-1 du code du sport » ;*** [...]

Une cour d'appel justifie sa décision de retenir la responsabilité pénale du président d'un club de football du chef d'utilisation abusive du demi-tarif, dès lors que le prévenu ne peut prétendre à une erreur qu'il n'était pas en mesure d'éviter, le fait que l'administration ait, sur les déclarations du prévenu et au vu d'un simple contrôle formel, reversé au club la moitié de la taxe originairement perçue ne constituant en aucune façon la reconnaissance d'un statut fiscal de bénéficiaire du demi-tarif. • Crim. 25 janv. 1996 : *Bull. crim. n° 50.*

Impôt sur les spectacles, jeux et divertissements. Assiette et liquidation

Art. 1563 *(Abrogé par L. n° 2014-1654 du 29 déc. 2014, art. 21-I-4°-a)* ***« Quels que soient le régime et le taux applicables, »*** **L'impôt sur les** *(L. n° 2014-1654 du 29 déc. 2014, art. 21-I-4°-a)* **« cercles et maisons de jeux » est calculé sur les recettes brutes, tous droits et taxes compris, comme en matière de taxe sur le chiffre d'affaires. Ces recettes sont arrondies à l'euro le plus proche. La fraction d'euro égale à 0,50 est comptée pour 1. L'impôt** *(Abrogé par L. n° 2014-1654 du 29 déc. 2014, art. 21-I-4°-a)* ***« sur les spectacles prévu pour les quatre premières catégories du I de l'article 1560 »*** **n'est pas perçu lorsque son montant n'excède pas 12 €.**

(Abrogé par L. n° 2014-1654 du 29 déc. 2014, art. 21-I-4°-b) ***« Les recettes brutes des réunions sportives sont constituées des seuls droits d'entrée exigés des spectateurs en contrepartie du droit d'assister à ces réunions. »***

Lorsqu'il n'est pas exigé de prix d'entrée dans les établissements où il est d'usage de consommer pendant les séances, ou quand le prix d'entrée est inférieur au montant de la première consommation, l'impôt porte sur le montant de cette consommation elle-même.

Si à la perception de la place est jointe ou substituée obligatoirement celle d'un droit de location, de vestiaire ou celle du prix d'un objet ou d'une redevance quelconque, l'impôt s'applique également au prix perçu à ces divers titres.

(Abrogé par L. n° 2014-1654 du 29 déc. 2014, art. 21-I-4°-b) ***« Si les attractions offertes au public par un établissement appartiennent, par leur genre, à plusieurs catégories de spectacle, différemment imposées, l'impôt est calculé d'après le tarif le plus faible, lorsque le spectacle passible de ce tarif, considéré isolément, a une durée au moins égale aux trois quarts de la durée totale des représentations. »***

Le I de l'art. 21 de la L. n° 2014-1654 du 29 déc. 2014 s'applique aux recettes encaissées à compter du 1er janv. 2015 (L. préc., art. 21-III).

COMMENTAIRE

Les réunions sportives étaient soumises à une imposition spécifique : l'impôt sur les spectacles. Cet impôt qui visait à l'origine les spectacles, jeux et divertissements de toute nature, ne s'appliquaient plus qu'aux réunions sportives.

Cet impôt, perçu par l'administration des douanes (depuis le 1er janv. 1993) au profit des communes du lieu d'organisation des réunions sportives, présentait techniquement le caractère d'une taxe sur le (une partie du) chiffre d'affaires. Il était calculé sur les recettes brutes constituées, depuis le 1er janvier 1997, des seuls droits d'entrée exigés des spectateurs. Le deuxième alinéa de l'article 1563 a été inséré par la loi n° 96-1182 du 30 décembre 1996 *(JO 31 déc.)*, en réaction à la jurisprudence de la Cour de cassation (Com. 1er févr. 1994, pourvoi n° 92-13.567) qui considérait qu'en l'absence de précisions apportées par l'article 1563 les droits d'engagement acquittés par les compétiteurs constituaient une recette au sens de cet article.

On se bornera ici à noter, d'une part, que le domaine d'application de cette imposition était relativement limité en raison de la conception restrictive, tant de l'administration que du juge, du caractère sportif des réunions concernées et, d'autre part, que son régime était très fortement aménagé compte tenu des nombreuses exonérations prévues (exonérations totales ou partielles, permanentes ou temporaires, concernant l'ensemble ou certaines disciplines sportives, de caractère automatique ou sur délibération du conseil municipal) et de l'application d'un demi-tarif pour un certain nombre de manifestations.

La suppression de cet impôt avait été envisagée (dans un souci de simplification du système fiscal – 49 impôts et taxes étaient concernées) dans le cadre du projet de loi de finances pour 2000 mais rejetée en première lecture par l'Assemblée nationale. C'est désormais chose faite avec la loi de finances pour 2015 (L. n° 2014-1654 du 29 déc. 2014). Ainsi, depuis le 1er janvier 2015, les droits d'entrée sont effectivement assujettis à la TVA (au taux de 5,5%).

Les organisateurs finalement concernés par cet impôt (principalement les clubs organisant des rencontres portant sur des disciplines non exonérées : football, rugby, basketball, sports mécaniques, boxe anglaise, cyclisme, danse, équitation, sports de glace, tennis...) ont, en leur qualité de redevable partiel à la TVA (qualité conférée ne serait-ce qu'en raison de leur soumission à cet impôt, V. art. 261 E CGI concernant l'exonération de TVA des droits d'entrée), un grand intérêt à la suppression de cet impôt, et ce eu égard à la liaison, d'une part, entre cet impôt et la TVA (pour la raison qui vient d'être évoquée) et, d'autre part, entre la TVA et la taxe sur les salaires (celle-ci étant liée au non-assujettissement à la TVA). L'intérêt est double de par les conséquences de la suppression : conséquences en matière, bien évidemment, de droits à déduction de TVA (les recettes de billetterie étant effectivement soumises à la TVA et non plus exonérées) mais aussi, non sans lien et cette fois en qualité d'employeur, incidences en matière d'(de non) assujettissement à la taxe sur les salaires ou, à tout le moins, sur le calcul du rapport d'assujettissement à la taxe sur les salaires (rapport qui devient moindre compte tenu du fait que les recettes de billetterie ouvrant alors droit à déduction ne figurent donc plus à son numérateur). ❑

1. L'art. 1563 soumet à l'impôt sur les spectacles les recettes brutes encaissées par l'organisateur d'une réunion sportive, sans faire de distinction entre celles perçues sur les spectateurs et celles provenant de droits acquittés pour être admis à participer aux épreuves. • Com. 1er févr. 1994 : *pourvoi n° 92-13.567.*

2. Une cour d'appel justifie sa décision de condamner le président d'un club de football pour avoir omis d'inclure dans les recettes imposables le droit de location par billet encaissé avant les rencontres, le prévenu ne pouvant se prévaloir d'une circulaire de la Fédération française de football pour prétendre qu'il était en droit d'agir de la sorte. • Crim. 25 janv. 1996 : *Bull. crim. n° 50.*

3. Saisi par la Cour de cassation d'une QPC posée par la SA PSG football (• Com. 21 févr. 2012, *PSG c/directeur régional des douanes et des droits indirects de Paris : pourvoi n° 11-40.097*), le Conseil constitutionnel a considéré, par une décision du 20 avril 2012, que les dispositions de l'art. 1559 du CGI ne méconnaissent pas les principes d'égalité devant l'impôt et d'égalité devant le charges publiques. • Cons. const. 20 avr. 2012 : *n° 2012-238 QPC.*

Cotisation sur la valeur ajoutée des entreprises

Art. 1586 *ter* *(L. n° 2009-1673 du 30 déc. 2009, art. 2-2.1.1)* **I. — Les personnes physiques ou morales ainsi que les sociétés non dotées de la personnalité morale** *(L. n° 2010-1657 du 29 déc. 2010, art. 108-II-A-1°)* **« et les fiduciaires pour leur activité exercée en vertu d'un contrat de fiducie » qui exercent une activité dans les conditions fixées aux articles 1447 et 1447 *bis* et dont le chiffre d'affaires est supérieur à 152 500 € sont soumises à la cotisation sur la valeur ajoutée des entreprises.**

[Dispositions déclarées non conformes à la Constitution par la décision du Conseil constitutionnel n° 2009-599 DC du 29 déc. 2009.]

II. — 1. La cotisation sur la valeur ajoutée des entreprises est égale à une fraction de la valeur ajoutée produite par l'entreprise, telle que définie à l'article 1586 *sexies*.

Pour la détermination de la cotisation sur la valeur ajoutée des entreprises, on retient la valeur ajoutée produite et le chiffre d'affaires réalisé au cours de la période mentionnée à l'article 1586 *quinquies*, à l'exception, d'une part, de la valeur ajoutée afférente aux activités exonérées de cotisation foncière des entreprises en application des articles 1449 à *(L. n° 2016-1917 du 29 déc. 2016, art. 32-I-3°)* **« 1463 »** *(Abrogé par L. n° 2013-1278 du 29 déc. 2013, art. 76-I-B, à compter du 1er janv. 2014) « et 1464 K »*, **à l'exception du 3° de l'article 1459, et, d'autre part, de la valeur ajoutée afférente aux activités exonérées de cotisation sur la valeur ajoutée des entreprises en application des I à III de l'article 1586 *nonies*. Cette valeur ajoutée fait, le cas échéant, l'objet de l'abattement prévu au IV de l'article 1586 *nonies*.**

Pour les entreprises de navigation maritime ou aérienne qui exercent des activités conjointement en France et à l'étranger, il n'est pas tenu compte de la valeur ajoutée provenant des opérations directement liées à l'exploitation de navires ou d'aéronefs ne correspondant pas à l'activité exercée en France.

Un décret en Conseil d'État précise les modalités d'application du troisième alinéa. — *V. art. 317 septies E.*

2. La fraction de la valeur ajoutée mentionnée au 1 est obtenue en multipliant cette valeur ajoutée par un taux égal à 1,5 %.

3. La cotisation sur la valeur ajoutée des entreprises est recouvrée et contrôlée selon les mêmes procédures et sous les mêmes sanctions, garanties, sûretés et privilèges que la taxe sur la valeur ajoutée. Les réclamations sont présentées, instruites et jugées selon les règles applicables à *(L. n° 2010-1657 du 29 déc. 2010, art. 108-II-A-2°)* **« la cotisation foncière des entreprises ».**

[L. n° 2009-1673 du 30 déc. 2009, art. 2-2.1.1 ; Décr. n° 2010-421 du 27 avr. 2010 ; L. n° 2010-1657 du 29 déc. 2010, art. 108-II-A ; L. n° 2013-1278 du 29 déc. 2013, art. 76-I-B ; L. n° 2014-1654 du 29 déc. 2014, art. 60-I-D.]

Organismes chargés de l'organisation d'une compétition sportive internationale

Art. 1655 *septies* *(L. n° 2014-1655 du 29 déc. 2014, art. 51)* **I. — Les organismes chargés de l'organisation en France d'une compétition sportive internationale et, le cas échéant, les filiales de ces organismes, au sens de l'article L. 233-1 du code de commerce, ne sont pas redevables :**

1° A raison des bénéfices réalisés en France et des revenus de source française versés ou perçus, lorsque ces bénéfices et ces revenus sont directement liés à l'organisation de la compétition sportive internationale :

a) De l'impôt sur les sociétés prévu à l'article 205 du présent code ;

b) De l'impôt sur le revenu au titre des bénéfices industriels et commerciaux définis aux articles 34 et 35 ;

c) De la retenue à la source prévue à l'article 119 *bis* ;

d) De la retenue à la source prévue aux *b* et *c* du I de l'article 182 B ;

2° A raison des rémunérations versées aux salariés de l'organisme et des sociétés mentionnées au premier alinéa du présent I, lorsque les fonctions exercées par ces salariés sont directement liées à l'organisation de la compétition sportive internationale :

a) De la taxe sur les salaires prévue à l'article 231 ;

b) Des participations mentionnées aux articles 235 *bis* et 235 *ter* C ;

c) De la taxe d'apprentissage prévue à l'article 1599 *ter* A ;

d) De la contribution supplémentaire à l'apprentissage prévue à l'article 1609 *quinvicies* ;

3° Sous réserve du 2°, des impôts prévus aux titres Ier à II *bis* de la deuxième partie du présent livre, à l'exception des taxes foncières sur les propriétés bâties et non bâties et de leurs taxes annexes, lorsque leur fait générateur est directement lié à l'organisation de la compétition sportive internationale.

II. – La compétition sportive internationale dont l'organisation ouvre droit au bénéfice du régime défini au I s'entend de celle satisfaisant aux critères cumulatifs suivants :

1° Être attribuée dans le cadre d'une sélection par un comité international, sur candidature d'une personne publique ou d'une fédération sportive nationale délégataire, définie à l'article L. 131-14 du code du sport ;

2° Être de niveau au moins équivalent à un championnat d'Europe ;

3° Être organisée de façon exceptionnelle sur le territoire français ;

4° Entraîner des retombées économiques exceptionnelles.

La qualité de compétition sportive internationale, au sens du présent II, est reconnue par décret.

III. – Les I et II s'appliquent aux compétitions pour lesquelles la décision d'attribution à la France est intervenue avant le 31 décembre 2017.

IV. – Les commissions permanentes chargées des finances et les commissions permanentes compétentes en matière de sport de l'Assemblée nationale et du Sénat reçoivent pour information, au moment du dépôt du dossier de candidature au comité international par la personne publique ou la fédération mentionnée au 1° du II, les lettres d'engagement de l'État pour l'accueil en France d'une compétition sportive internationale susceptible de bénéficier du régime fiscal défini au I.

COMMENTAIRE

L'article 1655 *septies* a été ajouté par la loi de finances rectificative pour 2014 (L. n° 2014-1655 du 29 déc. 2014). Il institue une exonération fiscale en faveur des grandes compétitions sportives internationales se déroulant en France. Certaines conditions ayant trait à la compétition sont posées par le texte, et l'exonération n'est pas totale puisque l'organisateur reste assujetti notamment à la TVA et à la taxe Buffet. ❑

Décret n° 2015-910 du 23 juillet 2015,

Fixant la liste des compétitions sportives internationales organisées en France bénéficiaires du régime fiscal prévu à l'article 1655 septies du code général des impôts.

Art. 1er Satisfont aux critères cumulatifs fixés *[aux]* II et III de l'article 1655 *septies* du code général des impôts ouvrant droit pour leur organisateur au bénéfice du régime défini au I du même article les compétitions sportives internationales suivantes :

— le Championnat d'Europe de basket-ball masculin 2015 ;
— le Championnat d'Europe de football masculin 2016 ;
— le Championnat du monde de handball masculin 2017 ;
— le Championnat du monde de hockey sur glace masculin 2017 ;
— la Ryder Cup et la Ryder Cup Junior 2018 ;
— la Coupe du monde féminine FIFA 2019.

Recouvrement de l'impôt. Sanctions pénales

Art. 1741 Sans préjudice des dispositions particulières relatées dans la présente codification, quiconque s'est frauduleusement soustrait ou a tenté de se soustraire frauduleusement à l'établissement ou au payement total ou partiel des impôts visés dans la présente codification, soit qu'il ait volontairement omis de faire sa déclaration dans les délais prescrits, soit qu'il ait volontairement dissimulé une part des sommes sujettes à l'impôt, soit qu'il ait organisé son insolvabilité ou mis obstacle par d'autres manœuvres au recouvrement de l'impôt, soit en agissant de toute autre manière frauduleuse, est passible, indépendamment des sanctions fiscales applicables, d'une amende de *(L. n° 2012-354 du 14 mars 2012, art. 15)* « 500 000 € » et d'un emprisonnement de cinq ans. *(Abrogé par L. n° 2013-1117 du 6 déc. 2013, art. 9-1°)* « ***Lorsque les faits ont été réalisés ou facilités au moyen soit d'achats ou de ventes sans facture, soit de factures ne se rapportant pas à des opérations réelles, ou qu'ils ont eu pour objet d'obtenir de l'État des remboursements injustifiés, leur auteur est passible d'une amende de*** *(L. n° 2012-354 du 14 mars 2012, art. 15)* « ***750 000 €*** » ***et d'un emprisonnement de cinq ans.*** *(L. n° 2012-354 du 14 mars 2012, art. 15)* « ***Lorsque les faits mentionnés à la première phrase ont été réalisés ou facilités au moyen soit de comptes ouverts ou de contrats souscrits auprès d'organismes établis dans un État ou un territoire qui n'a pas conclu avec la France, depuis au moins cinq ans au moment des faits, une convention d'assistance administrative permettant l'échange de tout renseignement nécessaire à l'application de la législation fiscale française, soit de l'interposition de personnes physiques ou morales ou de tout organisme, fiducie ou institution comparable établis dans l'un de ces États ou territoires, les peines sont portées à sept ans d'emprisonnement et à 1 000 000 € d'amende*** ». »

(L. n° 2013-1117 du 6 déc. 2013, art. 9-2°) « Les peines sont portées à 2 000 000 € et sept ans d'emprisonnement lorsque les faits ont été commis en bande organisée ou réalisés ou facilités au moyen :

« 1° Soit de comptes ouverts ou de contrats souscrits auprès d'organismes établis à l'étranger ;

« 2° Soit de l'interposition de personnes physiques ou morales ou de tout organisme, fiducie ou institution comparable établis à l'étranger ;

« 3° Soit de l'usage d'une fausse identité ou de faux documents, au sens de l'article 441-1 du code pénal, ou de toute autre falsification ;

« 4° Soit d'une domiciliation fiscale fictive ou artificielle à l'étranger ;

« 5° Soit d'un acte fictif ou artificiel ou de l'interposition d'une entité fictive ou artificielle. »

Toutefois, cette disposition n'est applicable, en cas de dissimulation, que si celle-ci excède le dixième de la somme imposable ou le chiffre de 153 €.

Toute personne condamnée en application des dispositions du présent article peut être privée des droits civiques, civils et de famille, suivant les modalités prévues *(L. n° 2013-907 du 11 oct. 2013, art. 27-IV-1°)* « aux articles 131-26 et 131-26-1 » du code pénal.

(L. n° 2010-1658 du 29 déc. 2010, art. 63-IV) « La juridiction peut, en outre, ordonner l'affichage de la décision prononcée et la diffusion de celle-ci dans les conditions prévues aux articles 131-35 ou 131-39 du code pénal. »

(L. n° 2013-1117 du 6 déc. 2013, art. 9-3°) « La durée de la peine privative de liberté encourue par l'auteur ou le complice d'un des délits mentionnés au présent article est réduite de moitié si, ayant averti l'autorité administrative ou judiciaire, il a permis d'identifier les autres auteurs ou complices. »

Les poursuites sont engagées dans les conditions prévues aux articles L. 229 à L. 231 du Livre des procédures fiscales.

C'est à bon droit que les juges du fond ont retenu la culpabilité du président d'une association sportive du chef de fraude fiscale dès lors qu'ils ont constaté que ladite association exerçait une activité commerciale, que des carnets de tickets livrés par l'imprimeur ainsi que des fiches de cotisants avaient disparu, que des recettes provenant de l'encaissement des droits d'entrée et du paiement des prestations fournies n'avaient pas été déclarées et que les dissimulations opérées en matière de TVA et d'impôt sur les sociétés dépassaient la tolérance légale. • Crim. 11 déc. 1989 : *pourvoi n° 87-90.261.*

Instruction n° 4 H-5-06 du 18 décembre 2006,

Relative aux IS. TP. TVA. Dispositions diverses. Collectivités autres que les sociétés. Organismes sans but lucratif.

COMMENTAIRE

Ce texte vient fort opportunément rassembler de manière ordonnée cinq instructions prises en matière de fiscalité des organismes sans but lucratif. Cette instruction s'inscrit, en effet, dans un mouvement de simplification du droit. Elle reprend l'instruction 4 H-5-

98 du 15 septembre 1998 complétée par celle 4 H-1-99 du 16 février 1999 avec les instructions 4 H-3-00 du 7 novembre 2000 (franchise des impôts commerciaux), 4 C-2-00 du 5 mai 2000 (mesures en faveur du mécénat) et 4 H-6-01 du 24 décembre 2001 (exemples pratiques). ❑

Introduction

1. Les associations visées par la loi de 1901 ainsi que les congrégations religieuses, associations régies par la loi locale maintenue en vigueur dans les départements de la Moselle du Bas-Rhin et du Haut-Rhin, fondations reconnues d'utilité publique et fondations d'entreprise (désignées sous le terme "organismes sans but lucratif" ou "organismes" dans la présente instruction) ne sont, en principe, pas soumises aux impôts commerciaux (impôt sur les sociétés de droit commun, taxe professionnelle et taxe sur la valeur ajoutée). Seul l'exercice d'une activité lucrative peut remettre en question le bénéfice de ces exonérations.

Détermination du caractère lucratif des activités d'un organisme sans but lucratif

2. Le caractère lucratif d'un organisme est déterminé au moyen d'une démarche en trois étapes conduite, pour chaque activité réalisée par l'organisme, suivant les principes énoncés dans l'instruction 4 H-5-98 du 15 septembre 1998 et confirmés par le Conseil d'État (notamment dans sa décision du 1er octobre 1999, Req. n° 170289, Association Jeune France).

3. Cette démarche, détaillée dans un schéma au paragraphe 11, est la suivante (Titre Ier).

1re étape : Examen du caractère intéressé ou non de la gestion de l'organisme.

Si le caractère intéressé de la gestion est avéré, l'organisme est soumis aux impôts commerciaux.

Dans le cas contraire, il convient de passer à la deuxième étape.

2e étape : Examen de la situation de l'organisme au regard de la concurrence.

L'organisme exerce-t-il son activité en concurrence avec des entreprises du secteur lucratif ?

Il faut distinguer deux hypothèses :

– l'activité de l'organisme ne concurrence aucune entreprise : dans cette hypothèse, l'activité de l'organisme n'est pas lucrative et elle n'est donc pas soumise aux impôts commerciaux.

– l'activité de l'organisme est exercée en concurrence avec une entreprise (du secteur lucratif) : dans cette hypothèse, l'activité n'est pas pour autant systématiquement lucrative. Il convient en effet d'examiner si cette activité est exercée dans des conditions similaires à celles des entreprises du secteur lucratif.

3e étape : Examen des conditions d'exercice de l'activité.

La comparaison des conditions d'exercice de l'activité est effectuée à l'aide d'un faisceau d'indices. Cette méthode, dite "des 4 P", consiste en une analyse de quatre critères, classés par ordre d'importance décroissante : le "Produit" proposé par l'organisme, le "Public" visé par l'organisme, le "Prix" pratiqué et les opérations de communication réalisées ("Publicité").

Au terme de cette troisième étape, seuls les organismes qui exercent leur activité dans des conditions similaires à celles d'entreprises commerciales qu'ils concurrencent, sont soumis aux impôts commerciaux.

4. Toutefois, ces critères ne s'appliquent pas aux organismes qui exercent leur activité au profit d'entreprises et qui sont, de ce fait, imposables aux impôts commerciaux (Titre II).

Conditions d'assujettissement aux impôts commerciaux des activités d'un organisme sans but lucratif

5. Lorsqu'une activité est reconnue lucrative, elle peut néanmoins bénéficier des exonérations propres à chacun des trois impôts commerciaux dès lors qu'elle en remplit les conditions (Titre III – Chapitre Ier).

6. L'examen de la lucrativité des activités exercées par un organisme est conduit activité par activité. Ainsi, un organisme peut se trouver en situation de non-concurrence – et donc de non-lucrativité – pour certaines de ses activités, et en situation de concurrence pour d'autres.

Si toutes les activités exercées par un organisme sont non lucratives, l'organisme n'est pas soumis aux impôts commerciaux et ce quel que soit le montant de son budget ou de son chiffre d'affaires. Il peut au plus être assujetti à l'impôt sur les sociétés à taux réduit sur ses revenus patrimoniaux.

Si l'organisme exerce une ou plusieurs activités lucratives en plus de ses activités non lucratives, il est en principe soumis à l'impôt sur les sociétés et à la TVA pour l'ensemble de son activité. Toutefois, l'assujettissement à ces deux impôts porte au plus sur ses activités lucratives, dès lors que ses activités non lucratives sont prépondérantes. En matière d'impôt sur les sociétés, l'assujettissement des seules activités lucratives est subordonné à leur sectorisation.

Dans tous les cas, la taxe professionnelle s'applique uniquement aux activités lucratives de l'association.

Portée de la taxation en cas d'activités non lucratives prépondérantes

7. Des dispositifs limitant la portée de la taxation ont été mis en place lorsque les activités non lucratives sont significativement prépondérantes :

1° La franchise des impôts commerciaux (Titre III, Chapitre II) :

8. Les organismes sans but lucratif, quel que soit leur chiffre d'affaires global, n'ont pas à soumettre leurs activités non lucratives aux impôts commerciaux si les conditions suivantes sont remplies :

– les activités non lucratives demeurent significativement prépondérantes ;

– l'organisme concerné exerce accessoirement des activités lucratives ;

– les recettes d'exploitation annuelles afférentes aux activités lucratives sont inférieures ou égales à 60 000 € (Titre III – Chapitre II).

Il est rappelé que les recettes tirées des six manifestations de bienfaisance ou de soutien organisées dans l'année, exonérées en application de l'article 261-7-1°-c du code général des impôts, ne sont pas prises en compte pour l'appréciation de ce seuil.

2° La sectorisation des activités lucratives (Titre IV, Chapitre II)

9. Si ses activités lucratives ne sont pas prépondérantes, un organisme peut, sous certaines conditions, constituer, en ce qui concerne l'impôt sur les sociétés, un secteur dit "lucratif" (Titre IV – Chapitre II).

L'imposition à l'impôt sur les sociétés de droit commun porte alors sur ce seul secteur.

10. **Nota** : En matière de taxe professionnelle, la constitution d'un secteur lucratif est de droit quelle que soit la part respective des activités lucratives et non lucratives.

11. Le tableau ci-dessous récapitule les différents cas d'imposition envisageables.

	Activités lucratives prépondérantes	Activités non lucratives prépondérantes	
		Recettes lucratives annuelle ≤ 60 000 € (titre 3, chapitre 2)	Recettes lucratives annuelles 60 000 € (titre 3, chapitre 2)
Impôt sur les sociétés	Taxation de toutes les activités	Hors champ de l'impôt sur les sociétés au taux de droit commun. Dans le champ de l'impôt sur les sociétés à taux réduit pour les revenus patrimoniaux	Taxation au choix de l'organisme de toutes les activités ou, si sectorisation, des seules activités lucratives (et des revenus patrimoniaux)
Taxe Professionnelle	Taxation des seules activités lucratives	Exonération	Taxation des seules activités lucratives
Taxe sur la Valeur Ajoutée	Taxation de toutes les activités (1)	Exonération	Taxation des activités lucratives (1) et ouverture des droits à déduction en fonction des règles applicables aux redevables partiels

(1) Sauf application d'une autre mesure d'exonération.

Modalités de détermination du caractère lucratif ou non des activités d'un organisme sans but lucratif

ÉTAPE 1

La gestion de l'organisme est-elle désinteressée ?

Non :
L'organisme est imposable aux impôts commerciaux

Oui :
Passer à l'étape 2

ÉTAPE 2

L'organisme concurrence-t-il une entreprise ?

Non :
L'organisme est exonéré des impôts commerciaux

Oui :
Passer à l'étape 3

ÉTAPE 3

L'organisme exerce t-il son activité dans des conditions similaires à celles d'une entreprise par le produit qu'il propose, le « public » qui est visé, les « prix » qu'il pratique et la « publicité » qu'il fait (règle des « 4P » ?
Ces critères s'apprécient dans l'ordre décroissant

Non :
L'organisme est exonéré des impôts commerciaux

Oui :
L'organisme est imposable aux impôts commerciaux

TITRE PREMIER. Les critères d'appréciation de la non-lucrativité

12. Un organisme sans but lucratif (OSBL) est soumis aux impôts commerciaux si sa gestion est intéressée (Chapitre 1) ;

Si sa gestion est désintéressée, et qu'il ne concurrence pas le secteur commercial (Chapitre II – Section I), un OSBL n'est pas imposable ;

Si sa gestion est désintéressée et qu'il concurrence le secteur commercial, un OSBL est imposable lorsqu'il exerce son activité selon des modalités de gestion similaires à celles des entreprises commerciales (Chapitre II – Section II).

Pour cela, quatre éléments doivent être pris en compte, étant précisé que chacun d'eux présente une importance plus ou moins grande dans l'appréciation du caractère lucratif de l'activité. Ainsi, il convient d'étudier, dans un ordre d'importance décroissante, les critères suivants : le "produit" proposé par l'organisme, le "public" bénéficiaire, les "prix" qu'il pratique et la "publicité" qu'il fait.

L'analyse ci-dessus est commune aux trois impôts commerciaux : impôt sur les sociétés de droit commun, taxe professionnelle et taxe sur la valeur ajoutée. Elle découle des dispositions combinées des articles 206-1, 1447 et 261-7-1° *b* du code général des impôts et de la jurisprudence du Conseil d'État (notamment, arrêt du 13 décembre 1993, « Clinique Saint-Martin-la-Forêt »). Ainsi, un organisme qui n'est pas soumis à l'impôt sur les sociétés de droit commun et à la taxe professionnelle du fait de sa non-lucrativité n'est pas soumis non plus à la taxe sur la valeur ajoutée.

Ces critères ne s'appliquent pas aux organismes qui exercent leur activité au profit d'entreprises et qui sont, de ce fait, imposables aux impôts commerciaux (Titre II).

CHAPITRE PREMIER *Caractère intéressé ou désintéressé de la gestion*

13. Pour ne pas être soumis aux impôts commerciaux, les organismes sans but lucratif doivent avoir une gestion désintéressée.

14. Le caractère désintéressé de la gestion d'un organisme est avéré si les conditions suivantes sont remplies :

– l'organisme est géré et administré à titre bénévole par des personnes n'ayant elles-mêmes, ou par personne interposée, aucun intérêt direct ou indirect dans les résultats de l'exploitation ;

– l'organisme ne procède à aucune distribution directe ou indirecte de bénéfice, sous quelque forme que ce soit ;

– les membres de l'organisme et leurs ayants droit ne peuvent pas être déclarés attributaires d'une part quelconque de l'actif, sous réserve du droit de reprise des apports.

15. Toutefois, la rémunération de certains dirigeants ne remet pas en cause le caractère désintéressé de la gestion si certaines conditions sont remplies.

16. Pour l'appréciation de l'ensemble de ces conditions, il convient d'examiner :

– la rémunération des dirigeants et salariés de l'organisme ;

– les autres avantages procurés aux dirigeants ;

– les prélèvements effectués sur les ressources ;

– l'attribution de parts d'actif.

SECTION I. *Rémunération des dirigeants et salariés de l'organisme*

17. Sous certaines conditions, l'organisme peut rémunérer ses dirigeants sans pour autant perdre le caractère désintéressé de sa gestion.

18. Ainsi, il est admis que le caractère désintéressé de la gestion de l'organisme ne soit pas remis en cause si la rémunération brute mensuelle totale versée à chaque dirigeant, de droit ou de fait, n'excède pas les trois quarts du SMIC.

En outre, si la rémunération des dirigeants est supérieure à la tolérance des trois quarts du SMIC, le nombre de dirigeants pouvant être rémunérés sera limité en fonction du montant et de la nature des ressources de l'organisme et de ceux qui lui sont affiliés.

19. Par ailleurs, le fait que l'organisme recourt à une main d'œuvre salariée ne remet pas en cause la gestion désintéressée. Cela étant, les rémunérations versées à ce titre ne doivent pas présenter un caractère excessif.

SOUS-SECTION 1 *Les dirigeants*

A. *La notion de dirigeant*

20. Constituent des dirigeants de droit les membres du conseil d'administration ou de l'organe qui en tient lieu, quelle qu'en soit la dénomination.

B. *Rémunération ou avantages versés aux dirigeants*

21. Par rémunération, il convient d'entendre le versement de sommes d'argent ou l'octroi de tout autre avantage consenti par l'organisme ou l'une de ses filiales. Sont notamment visés les salaires, honoraires et avantages en nature, et autres cadeaux, de même que tout remboursement de frais dont il ne peut être justifié qu'ils ont été utilisés conformément à leur objet.

22. La décision prise par l'organisme de rémunérer des dirigeants n'emporte au plan fiscal aucune conséquence sur le caractère désintéressé de la gestion si la totalité des règles mentionnées ci-après est respectée.

23. L'ensemble de ces conditions s'applique y compris lorsque la rémunération est la contrepartie d'une activité effective exercée par la personne concernée au sein de l'organisme à un titre autre que ses fonctions de dirigeant.

I. La transparence financière

24. Celle-ci est garantie par :

– les statuts qui doivent explicitement prévoir la possibilité de rémunérer certains dirigeants ;

– une délibération et un vote de l'instance délibérative statutairement compétente qui fixent le niveau et les conditions de rémunération hors de la présence du dirigeant concerné. La décision de l'organe délibérant doit être prise à la majorité des deux tiers des membres de ce dernier, présents ou représentés. Lorsque l'organe délibérant n'est pas l'assemblée générale, cette condition suppose la participation effective de l'ensemble des membres de l'organe délibérant et non simplement des seuls membres présents lors de la délibération ;
– l'indication dans une annexe aux comptes de l'organisme du montant des rémunérations versées à chacun des dirigeants concernés ;
– la présentation d'un rapport à l'organe délibérant par le représentant statutaire, ou le commissaire aux comptes, sur les conventions prévoyant une telle rémunération ;
– la certification des comptes de l'association par un commissaire aux comptes.

Cette dernière obligation est distincte de celle prévue au 8e alinéa de l'article 261-7-1° *d* du code général des impôts, qui prévoit que le montant des ressources de l'organisme pris en compte pour l'appréciation des seuils autorisant le versement d'une rémunération doit être constaté par un Commissaire aux comptes.

II. Le fonctionnement démocratique

25. Il se manifeste par :
– l'élection démocratique régulière et périodique des dirigeants ;
– un contrôle effectif sur la gestion de l'organisme effectué par les membres de l'association.

Par ailleurs, le fonctionnement de l'organisme sera présumé démocratique lorsque l'association aura passé avec l'État une convention pluriannuelle d'objectif en cours de validité.

Nota : L'ensemble de ces conditions exclut par conséquent de la mesure d'assouplissement de la notion de gestion désintéressée introduite à l'article 261-7-1° du code général des impôts, les rémunérations versées à des salariés qui seraient dirigeants de fait de l'association. En effet, dans ces situations, les conditions liées à la transparence financière ne sauraient être remplies.

III. L'adéquation de la rémunération aux sujétions des dirigeants

26. Elle est réputée acquise si :
– la rémunération versée est la contrepartie de l'exercice effectif de son mandat par le dirigeant concerné ;
– la rémunération est proportionnée aux sujétions effectivement imposées aux dirigeants concernés, notamment en termes de temps de travail ;
– la rémunération est comparable à celles couramment versées pour des responsabilités de nature similaire et de niveau équivalent ;
– des règles d'encadrement des cumuls sont établies par les organismes.

IV. Le plafonnement de la rémunération

27. Le montant de l'ensemble des rémunérations versées mensuellement à chaque dirigeant, au titre des fonctions de dirigeants ou d'autres activités au sein de l'organisme, ne peut excéder trois fois le montant du plafond de la sécurité sociale visé à l'article L. 241-3 du code de la sécurité sociale.

Cette limite s'applique à l'ensemble des rémunérations versées à une même personne, qu'elle soit dirigeante d'un ou de plusieurs organismes et que cette rémunération soit perçue ou non au titre d'autres fonctions que celles de dirigeant (exemple : activité d'enseignement au sein de l'organisme).

Toutefois, cette règle ne doit pas aboutir à la conclusion du caractère intéressé de la gestion d'un organisme qui ne rémunère pas du tout son dirigeant.

28. Exemple :

Le dirigeant d'une société commerciale est par ailleurs président de trois organismes sans but lucratif :
– dans le premier, le dirigeant est rémunéré dans la limite des trois quarts du SMIC ;
– dans le second, il ne perçoit aucune rémunération ;
– dans le dernier, il est rémunéré en fonction des ressources de l'organisme.

Pour l'appréciation de la condition de plafonnement de sa rémunération en qualité de président d'OSBL, il conviendra de faire la somme des rémunérations perçues en qualité de président des deux organismes sans but lucratif dans lesquels le dirigeant est effectivement rémunéré. Il ne sera donc pas tenu compte de ces rémunérations pour apprécier le caractère intéressé ou non de la gestion de l'organisme qui ne rémunère pas du tout le dirigeant.

En outre, la rémunération perçue en qualité de dirigeant de société commerciale n'est pas prise en compte.

C. *Nombre de dirigeants pouvant être rémunérés en fonction des ressources de l'organisme*

29. L'article 261-7-1° *d* du code général des impôts, dans sa rédaction issue de l'article 6 de la loi de finances pour 2002, prévoit qu'un nombre limité de dirigeants peut être rémunéré en fonction du montant des ressources de l'organisme, sans que cela remette en cause la caractère désintéressé de la gestion de ce dernier.

I. Montant des ressources à retenir

30. Le montant à retenir pour apprécier la capacité de l'organisme à rémunérer des dirigeants est égal à l'ensemble des ressources financières versées à l'organisme, à quelque titre que ce soit, par des personnes physiques ou par des personnes morales de droit privé sauf si ces dernières sont contrôlées en droit ou en fait et financées majoritairement par des personnes morales de droit public.

Ne sont donc pas pris en compte les contributions ou apports effectués en nature ou en industrie à l'organisme ainsi que les versements effectués par des personnes morales de droit public (État, Union européenne, organismes consulaires, collectivités territoriales, établissements publics, etc.), et ce quelle que soit la forme des versements (subventions, dons, prix de journées) et qu'il existe ou non une contrepartie à ces versements.

31. Ce montant est majoré des ressources, déterminées selon des modalités identiques, des organismes à but non lucratif qui lui sont affiliés à la condition que ces organismes remplissent les conditions de transparence financière et de fonctionnement démocratique mentionnées ci-dessus quand bien même ils ne verseraient pas de rémunération à leurs dirigeants.

32. Sont considérés comme affiliés les organismes membres de l'organisme et à jour de leur cotisation.

33. Par ailleurs, les ressources d'un même organisme ne pourront être prises en compte que pour l'appréciation de son propre montant de ressources ainsi que pour l'appréciation du seuil de ressources d'un seul organisme dont il est membre, quand bien même il serait affilié à plusieurs organismes différents.

II. Nombre de dirigeants pouvant être rémunérés en fonction des ressources de l'organisme

34. Le montant des ressources à prendre en compte est le montant moyen constaté aux cours des trois exercices clos précédant celui au cours duquel la rémunération est versée. En conséquence, pour que le caractère désintéressé de sa gestion ne soit pas remis en cause, un organisme peut rémunérer ses dirigeants pour un montant supérieur aux trois quarts du SMIC, au plus tôt, lors de sa quatrième année d'existence.

Montant des ressources de l'organisme, majorées des ressources des organismes affiliés et hors ressources issues de versements publics	Nombre de dirigeants pouvant être rémunérés
Jusqu'à 200 000 €	Aucun
Supérieur à 200 000 € jusqu'à 500 000 €	1
Supérieur à 500 000 € jusqu'à 1 000 000 €	2
Au-delà de 1 000 000 €	3

35. Exemple n° 1 :

Soit une association créée le 1/01/2000, le montant de ses ressources hors versements publics est le suivant :

2000	2001	2002	2003	2004
190 000 €	210 000 €	500 000 €	895 000 €	1 100 000 €

L'association ne pourra verser une rémunération excédant les trois quarts du SMIC qu'à compter de 2003 dès lors que, pour que la condition tenant au montant moyen des ressources soit satisfaite, l'association doit avoir clos au moins trois exercices.

Ainsi, sans que le caractère désintéressé de sa gestion soit remis en cause, l'association pourra rémunérer en 2003 un dirigeant, le montant moyen des ressources versées en 2000, 2001 et 2002 étant de 300 000 € et deux dirigeants en 2004, le montant moyen des ressources versées en 2001, 2002 et 2003 étant de 535 000 €.

36. Exemple n° 2 :

Une fédération nationale regroupe une centaine d'associations dont elle assure la représentation auprès des pouvoirs publics.

En moyenne, ses ressources s'élèvent à 550 000 € et se répartissent comme suit :

– 150 000 € de cotisations des associations qu'elle représente ;

– 150 000 € de subventions de fonctionnement versées par un département ministériel ;

– 100 000 € de subventions versées par un fonds européen ;

– 150 000 € de revenus de son patrimoine.

Le montant de ses ressources hors versements de personnes morales de droit public s'élève donc à 300 000 €, ce qui permettrait à la fédération, sans que le caractère désintéressé de sa gestion soit remis en cause, de ne rémunérer pour un montant supérieur aux trois quarts du SMIC qu'un seul dirigeant, les autres conditions étant par ailleurs satisfaites.

Cela étant, le montant cumulé des ressources des associations locales qui sont toutes gérées en respectant les règles de fonctionnement démocratique et de transparence financière s'élève à 4 000 000 € répartis comme suit :

– 500 000 € de cotisations dont 100 000 € de cotisations versées par des personnes morales de droit public ;

– 3 000 000 € de subventions versées par les collectivités territoriales ;

– 250 000 € de revenus du patrimoine ;

– 250 000 € de recettes de prestations de services dont 50 000 € de prestations assurées pour des personnes morales de droit public.

Le montant des ressources des associations affiliées hors versements de personnes morales de droit public s'élève donc à 500 000 € + 250 000 € + 250 000 € – 100 000 € – 50 000 € = 850 000 €.

En conséquence, le montant des ressources de la fédération majoré des ressources des organismes qui lui sont affiliés (hors versements de personnes morales de droit public) est supérieur à 1 000 000 € (1 150 000 €). L'organisme peut, dès lors que toutes les autres conditions sont remplies, rémunérer pour un montant supérieur aux trois quarts du SMIC, jusqu'à trois dirigeants sans que soit remis en cause le caractère désintéressé de sa gestion.

III. Situation des dirigeants mis à disposition

37. Les conditions énoncées ci-dessus doivent également être réunies lorsque le dirigeant est mis à la disposition de l'organisme par un autre organisme (entreprises, administrations, etc.). Peu importe que l'organisme assume ou non le coût de la rémunération, le dirigeant n'étant en aucun cas dans ces situations bénévole. Un dirigeant rémunéré dans ces conditions doit donc être pris en compte pour la détermination du nombre de dirigeants pouvant être rémunérés par l'organisme en fonction de ses ressources.

En cas de mise à disposition à temps partiel, le montant de rémunération maximum admis sans que le caractère désintéressé de la gestion soit remis en cause est réduit au prorata du temps de travail au sein de l'association.

38. Cela étant, sous réserve du respect des dispositions applicables au non-cumul des modalités de rémunération (cf. n° 44), il sera admis que les dirigeants rémunérés dans le cadre de mises à disposition au profit des organismes visés par l'instruction ne soient pas pris en compte pour la détermination du nombre de dirigeants pouvant être rémunérés par l'association en fonction de ses ressources. Les rémunérations versées dans le cadre de ces mises à disposition sont alors traitées comme des subventions publiques.

IV. Obligations déclaratives

39. En application du IV de l'article 242 C de l'annexe II au code général des impôts, l'organisme qui décide de rémunérer un ou plusieurs de ses dirigeants dans les conditions qui viennent d'être précisées doit communiquer chaque année à la direction des services fiscaux dont il dépend, dans les six mois suivant la clôture de l'exercice au titre duquel les rémunérations ont été versées, un document :

– attestant du montant des ressources de l'organisme déterminé dans les conditions prévues aux quatrième, cinquième et sixième alinéas du *d* de l'article 261-7-1° du code général des impôts et constaté selon les modalités précisées au huitième alinéa du même article ;

– mentionnant l'identité des dirigeants ainsi rémunérés.

D. *Conséquences du non-respect de ces conditions*

40. Le non-respect de ces conditions, qui doivent être réunies cumulativement, conduit à l'assujettissement aux impôts commerciaux.

Cela étant, il est admis, sans qu'il soit besoin que les conditions exposées ci-dessus soient remplies, que le caractère désintéressé de la gestion de l'organisme n'est pas remis en cause, si la rémunération brute mensuelle totale versée à chaque dirigeant, de droit ou de fait, n'excède pas les trois quarts du SMIC.

41. A ce titre, il est précisé que la notion de dirigeant de fait s'apprécie selon les mêmes critères qu'en matière de société. Les dirigeants de fait s'entendent des personnes qui remplissent des fonctions normalement dévolues aux dirigeants de droit, qui exercent un contrôle effectif et constant de l'association et qui en définissent les orientations.

42. Il incombe au service des impôts d'apporter la preuve d'une gestion de fait. A cette fin, il doit réunir le maximum d'éléments de fait permettant de retenir cette qualification (signature des contrats engageant durablement l'organisme, disposition des comptes bancaires sans contrôle effectif des dirigeants statutaires, etc.).

43. Toutefois, certains organismes ont recours à un directeur salarié qui participe à titre consultatif au conseil d'administration et dispose, le plus souvent, de pouvoirs étendus. La requalification de la fonction de directeur salarié en dirigeant de fait ne pourrait être mise en œuvre que s'il apparaissait que les membres du conseil d'administration n'exercent pas leur rôle, en particulier celui de contrôler et, le cas échéant, révoquer ce salarié et le laissent en fait déterminer la politique générale de l'organisme à leur place.

44. En outre, il convient de préciser que chaque organisme doit choisir les modalités de rémunération de ses dirigeants. Ce choix (seuil des trois quarts du SMIC ou seuil en fonction des ressources de l'organisme) est exclusif de tout autre.

45. Ainsi, si un organisme rémunère trois dirigeants dans les conditions lui permettant de conserver une gestion désintéressée, il ne sera pas admis que d'autres dirigeants soient rémunérés dans la limite des trois quarts du SMIC.

Dans ce seuil, ne doivent pas être pris en compte les remboursements pour leur montant réel des frais engagés dans le cadre de l'action de l'organisme.

46. Le seuil s'applique, y compris lorsque le versement est la contrepartie d'une activité effective (enseignement par exemple) exercée par la personne concernée au sein de l'organisme à un titre autre que ses fonctions de dirigeant.

SOUS-SECTION 2 *Les salariés*

47. L'emploi de salariés par un organisme correspond à une méthode de gestion usuelle. Un organisme peut donc recourir à une main d'œuvre salariée sans que cela ne remette en cause le caractère désintéressé de sa gestion.

48. Cependant, si le montant des salaires alloués ne correspond pas à un travail effectif ou est excessif eu égard à l'importance des services rendus, compte tenu des usages professionnels, le caractère désintéressé de la gestion ne peut pas être admis.

Les salariés peuvent être membres de l'organisme employeur à titre personnel.

Tel est notamment le cas lorsqu'une réglementation, externe à l'organisme, exige l'adhésion personnelle de certains salariés : il en est ainsi des entraîneurs de clubs sportifs affiliés à une fédération nationale qui doivent être titulaires d'une licence au sein du club où ils exercent leur activité salariée.

En revanche, lorsqu'un des salariés a la qualité de dirigeant de droit de l'organisme, les rémunérations qu'il perçoit doivent satisfaire aux conditions visées aux n°s 21 et suivants, y compris lorsqu'elles sont versées au titre de son activité salariée distincte de ses fonctions de dirigeant.

49. De même, la participation des salariés au conseil d'administration, ou à l'organe collégial qui en tient lieu, ne confère pas en principe à ces derniers la qualité de dirigeant de droit ou de fait, dès lors qu'ils ne représentent pas plus du quart des membres du conseil d'administration. Il en va différemment si des dispositions législatives ou réglementaires permettent de déroger à ce plafond et que lesdits salariés y figurent en qualité de représentants élus des salariés dans le cadre d'un accord concernant la représentation du personnel. Ils ne sauraient néanmoins exercer, dans ce cadre, un rôle prépondérant au sein de ce conseil ou de cet organe dirigeant ; en particulier, ils ne doivent pas siéger au bureau (composé généralement du président, du trésorier et du secrétaire).

SECTION II *Autres avantages procurés aux dirigeants*

50. La gestion d'un organisme n'est pas désintéressée si celui-ci a pour but exclusif ou principal de fournir des débouchés à une entreprise ou d'exercer une activité complémentaire de celle d'un organisme du secteur lucratif dans laquelle un dirigeant de l'organisme aurait, directement ou indirectement, des intérêts.

51. Ainsi, la jurisprudence a remis en cause le caractère désintéressé de la gestion d'une association dont le dirigeant était également celui d'une société qui exécutait des prestations de services au profit de cette association *[CE 6 mars 1992, AFACE : req. n° 100445]*.

De même, la jurisprudence a considéré qu'une association qui mettait en contact ses adhérents avec une agence matrimoniale exploitée par la dirigeante de l'association, dont le siège, la direction de fait et certaines données comptables étaient communs, ne pouvait être considérée comme ayant une activité non lucrative, l'activité de l'association étant le prolongement de celle de l'agence.

52. Le caractère désintéressé de la gestion de l'organisme peut également être remis en cause quand l'organisme opère des versements au profit des ayants droit du dirigeant de droit ou de fait ou de toute autre personne ayant avec ces personnes une communauté d'intérêt, si la rémunération n'est pas conforme aux usages du secteur et qu'elle n'est pas justifiée eu égard au travail effectif fourni.

A l'inverse, si la rémunération est conforme aux usages du secteur et qu'elle est justifiée eu égard au travail effectif fourni, la gestion désintéressée ne sera pas remise en cause.

SECTION III *Prélèvement sur les ressources*

53. Un organisme, qui procède à des distributions de ses ressources, directes ou indirectes, revêt un caractère lucratif.

Cette disposition vise les rémunérations (à l'exception des dispositions développées aux n°s 21 et suivants), les distributions directes des résultats et tous les avantages injustifiés, de quelque nature qu'ils soient (prise en charge de dépenses personnelles, rémunérations exagérées ou injustifiées, service de rémunérations de comptes courants, prélèvements en nature, prêts à des taux préférentiels, etc.) et quel que soit le bénéficiaire (fondateurs, membres, salariés, fournisseurs...).

Ainsi, l'octroi de prêts à des salariés est possible, s'il entre dans la politique sociale de l'organisme et ne concerne que les salariés ayant des difficultés sociales, et non les administrateurs.

54. Par ailleurs, le fait de prévoir un complément de rémunération déterminé en fonction d'un résultat physique (nombre de contrats conclus ou d'articles vendus), une modulation déterminée en fonction du chiffre d'affaires de l'organisme ou d'un solde comptable, est de nature à affecter le caractère désintéressé de la gestion de l'organisme et constitue l'indice d'une démarche lucrative. En revanche, un intéressement lié à l'amélioration du service non lucratif rendu par l'organisme ne caractérise pas une gestion intéressée.

SECTION IV *Attribution de parts d'actif*

55. En cas de dissolution, lorsque le patrimoine d'un organisme est dévolu à un autre organisme ayant un but effectivement non lucratif, le caractère désintéressé de sa gestion n'est pas remis en cause. Il en serait autrement, sous réserve du droit de reprise des apports stipulé lors de la réalisation desdits apports, si toute autre personne morale ou toute personne physique était déclarée attributaire d'une part quelconque de l'actif.

CHAPITRE II *L'organisme concurrence une entreprise*

SECTION I *En cas de gestion désintéressée, le caractère lucratif d'un organisme ne peut être constaté que si celui-ci concurrence des organismes du secteur lucratif*

56. La situation de l'organisme s'apprécie concrètement par rapport à des entreprises ou des organismes lucratifs exerçant la même activité, dans le même secteur.

57. L'appréciation de la concurrence ne s'effectue donc pas en fonction de catégories générales d'activités (spectacles, tourisme, activités sportives...) mais à l'intérieur de ces catégories. C'est à un niveau fin que l'identité d'activités doit être appréciée.

58. Ainsi, les activités de tourisme s'adressant aux enfants ne présentent pas un caractère identique à celles qui s'adressent aux étudiants ou aux familles. De même, des compétitions de sports différents ne sont pas des spectacles comparables. Il n'y a pas non plus concurrence entre un organisme qui organise des spectacles de variétés musicales et un théâtre.

Enfin, un organisme, lucratif ou non, dont l'activité consiste en l'enseignement d'une discipline sportive ne fait, *a priori*, pas de concurrence à un autre organisme qui se borne à donner en location le matériel nécessaire à l'exercice de ce sport.

En définitive, la question qu'il convient de se poser est de savoir si le public peut indifféremment s'adresser à une structure lucrative ou non lucrative. Cet élément s'apprécie en fonction de la situation géographique de l'organisme.

Des fiches sectorielles, rédigées sous forme de "rescrit", ont été élaborées pour un certain nombre de secteurs d'activités. Elles permettent pour un secteur d'activité donné, d'avoir une analyse fine des conditions de concurrence examinées par l'administration. Ces fiches sont disponibles sur le portail fiscal sous le lien suivant : *http ://doc2.impots.gouv.fr/aida/Apw.fcgi ?FILE=Index.html.*

SECTION II *L'organisme concurrence une entreprise et ses conditions de gestion sont similaires*

59. Le fait qu'un organisme à but non lucratif intervienne dans un domaine d'activité où coexistent des entreprises du secteur lucratif ne conduit pas *ipso facto* à le soumettre aux impôts commerciaux. Il convient en effet de considérer l'utilité sociale de l'activité, l'affectation des excédents dégagés par l'exploitation, les conditions dans lesquelles le service est accessible, ainsi que les méthodes auxquelles l'organisme a recours pour exercer son activité.

60. Ainsi, pour apprécier si l'organisme exerce son activité dans des conditions similaires à celles d'une entreprise, il faut examiner successivement les critères suivants selon la méthode du faisceau d'indices : le "Produit" proposé par l'organisme, le "Public" bénéficiaire, les "Prix" qui sont pratiqués, et les opérations de communication réalisées ("Publicité").

Ces critères n'ont pas tous la même importance. L'énumération qui précède les classe en fonction de l'importance décroissante qu'il convient de leur accorder. Par exemple, le critère de la "Publicité" ne peut à lui seul permettre de conclure à la lucrativité d'un organisme. A l'inverse, une attention toute particulière doit être attachée aux critères de l'utilité sociale ("Produit" et "Public") et de l'affectation des excédents.

61. En outre, il est rappelé qu'il n'est pas exigé que tous les critères soient remplis pour que les conditions d'exercice soient considérées comme différentes de celles des entreprises du secteur lucratif (méthode dite du faisceau d'indices).

SOUS-SECTION 1 *Le caractère d'utilité sociale de l'activité ("Produit" et "Public")*

A. *Le "produit"*

62. Est d'utilité sociale l'activité qui tend à satisfaire un besoin qui n'est pas pris en compte par le marché ou qui l'est de façon peu satisfaisante.

63. Certaines administrations, notamment celles de l'État, ont mis en place des procédures de reconnaissance ou d'agrément des organismes sans but lucratif qui, agissant dans leur secteur d'intervention, peuvent contribuer à l'exercice d'une mission d'intérêt général, voire de service public. Dès lors que ces agréments prennent en compte la nature du besoin à satisfaire et les conditions dans lesquelles il y est fait face, ils peuvent contribuer à l'appréciation de l'utilité sociale d'un organisme.

Cela étant, les relations avec des organismes publics et les procédures d'agrément visées à l'alinéa précédent constituent un élément qui n'est ni nécessaire ni suffisant pour établir ce caractère d'utilité sociale.

B. *Le "public" bénéficiaire*

64. Sont susceptibles d'être d'utilité sociale les actes payants réalisés principalement au profit de personnes justifiant l'octroi d'avantages particuliers au vu de leur situation économique et sociale (chômeurs, personnes handicapées notamment,...).

Ce critère ne doit pas s'entendre des seules situations de détresse physique ou morale. Par exemple, le fait que le public bénéficiaire nécessite un encadrement important relevant du travail d'assistance sociale dans un village de vacances contribue à l'utilité sociale de l'organisme "organisateur".

65. Il est en outre précisé que pour l'appréciation de ce critère, il convient de se référer au public réel de l'activité concernée et non à la personne ou à l'organisme qui la finance, ni même aux bénéficiaires des excédents dégagés par l'activité.

66. Exemple :

Dans le cas d'une association d'alphabétisation, le public bénéficiaire de celle-ci est constitué des personnes qui reçoivent les cours et non de la collectivité publique qui finance l'association.

SOUS-SECTION 2 *L'affectation des excédents*

67. A titre liminaire, est réaffirmé le principe selon lequel il est légitime qu'un organisme non lucratif dégage, dans le cadre de son activité, des excédents, reflets d'une gestion saine et prudente. Cependant, l'organisme ne doit pas les accumuler dans le seul but de les placer. Les excédents réalisés, voire temporairement accumulés, doivent être destinés à faire face à des besoins ultérieurs ou à des projets entrant dans le champ de son objet non lucratif.

Ainsi, une utilisation manifestement abusive des excédents (rémunération de nombreux dirigeants, engagement de dépenses somptuaires par l'organisme au profit de ses membres,...) doit conduire à considérer que l'organisme de par ses modalités de gestion n'est pas non lucratif. En conséquence, dans une telle hypothèse, le critère tenant aux conditions de gestion de l'organisme doit être considéré comme non rempli pour l'appréciation de la non lucrativité de l'organisme.

68. La situation des fondations ou organismes assimilés, qui tendent à la réalisation d'un projet déterminé en s'appuyant sur un patrimoine et qui sont dès lors contraints de placer en réserve une partie de leurs excédents, doit être ici clairement distinguée de celle des associations.

SOUS-SECTION 3 *Les conditions dans lesquelles le service est accessible au public bénéficiaire ("Prix")*

69. Il convient d'évaluer si les efforts faits par l'organisme pour faciliter l'accès du public se distinguent de ceux accomplis par les entreprises du secteur lucratif, notamment par un prix nettement inférieur pour des services de nature similaire. Cette condition peut **éventuellement être remplie lorsque l'organisme pratique des tarifs modulés en fonction de la situation des clients.**

70. Cette condition de prix est réputée respectée lorsque les tarifs de l'organisme se trouvent homologués par la décision particulière d'une autorité publique *[En revanche les dépassements des tarifs homologués sont de nature à caractériser une activité lucrative]* ; ceci suppose que l'organisme soit soumis à une tarification qui lui est propre.

SOUS-SECTION 4 *Le caractère non commercial des méthodes utilisées ("Publicité")*

71. En principe, le recours à des pratiques commerciales est un indice de lucrativité.

Mais, **l'organisme peut, sans que sa non-lucrativité soit remise en cause, procéder à des opérations de communication pour faire appel à la générosité publique** (exemple : campagne de dons au profit de la lutte contre les maladies génétiques).

Il peut également réaliser une information, notamment sur des sites internet, sur ses prestations sans toutefois que celle-ci s'apparente à de la publicité commerciale destinée à capter un public analogue à celui des entreprises du secteur concurrentiel.

72. L'attention est appelée sur le fait que des interrogations de moteurs de recherche peuvent faire apparaître pour une même requête aussi bien des sites d'entreprises du secteur lucratif que d'organismes sans but lucratif. La mention d'un site associatif sur un moteur de recherche n'est pas, de manière générale, un indice de lucrativité, à l'exception des cas où l'organisme a demandé à bénéficier, de la part du moteur de recherche, d'un traitement particulier prenant notamment l'aspect d'occurrences de citation plus fréquentes que celles proposées par le fonctionnement normal des moteurs de recherche.

73. Pour distinguer l'information de la publicité, il convient de regarder si le contenu des messages diffusés et le support utilisé ont été sélectionnés pour tenir compte du public particulier auquel s'adresse l'action non lucrative de l'organisme en cause.

74. Ainsi, un organisme sans but lucratif peut présenter les prestations qu'il offre dans un catalogue si ce support est diffusé soit par l'organisme lui-même aux personnes ayant déjà bénéficié de ses prestations ou qui en ont exprimé la demande, soit par l'intermédiaire d'organismes sociaux.

75. En revanche, la vente de ce catalogue en kiosque, la diffusion de messages publicitaires payants (passage de messages dans les journaux, à la radio, location de panneaux publicitaires, bandeaux publicitaires sur des sites internet, etc.) sont des éléments susceptibles de remettre en cause le caractère non commercial de la démarche. Il en serait de même de l'utilisation d'un réseau de commercialisation (agences de voyages, courtiers, participation à des foires ou salons dont les exposants sont principalement des professionnels, etc.).

76. **Nota** : Le fait qu'un organisme sans but lucratif dispose d'un site internet pour informer tant ses adhérents que toute personne intéressée par ses activités ne doit pas conduire à considérer que cette association recourt à des méthodes commerciales destinées à capter un public analogue à celui des entreprises du secteur concurrentiel. Internet **apparaît en effet comme un vecteur normal de diffusion d'informations pour un organisme sans but lucratif.**

77. De même, le seul fait que le site soit accessible à partir d'autres sites ne doit pas remettre en cause cette analyse dès lors que l'existence du lien est justifiée par l'activité même des différents organismes exploitant les sites.

78. *A contrario*, un organisme sans but lucratif qui aurait recours sur internet à de la publicité payante afin de faire connaître son offre de services par le biais de bandeaux ou bannières publicitaires, permettant ou non un accès à son site, recourt à des méthodes commerciales publicitaires.

SOUS-SECTION 5 *Le cas particulier des organismes sans but lucratif dont l'objet même conduit à la réalisation d'actes payants*

79. Certains organismes ont pour objet d'aider des personnes défavorisées en leur permettant d'exercer une activité professionnelle et en commercialisant sur le marché leurs produits ou leurs prestations. Dans ce cas, l'organisme n'est pas soumis aux impôts commerciaux si les conditions suivantes sont remplies :

– l'organisme a pour objet l'insertion ou la réinsertion économique ou sociale de personnes, qui ne pourrait être assurée dans les conditions du marché ;

– l'activité ne peut pas être exercée durablement par une entreprise lucrative *[L'absence d'imposition aux impôts commerciaux a ici pour but d'éviter des distorsions de concurrence au détriment des organismes non lucratifs ; elle n'a évidemment pas pour but de permettre une distorsion au détriment des entreprises du secteur concurrentiel, notamment par des prix significativement plus bas]* en raison des charges particulières *[En tenant compte néanmoins du niveau éventuellement faible des rémunérations]* rendues nécessaires par la situation de la population employée (adaptations particulières des postes de travail, productivité faible, etc.) ;

– les opérations en principe lucratives sont indissociables de l'activité non lucrative, en contribuant par nature et non pas seulement financièrement à la réalisation de l'objet social de l'organisme.

Bien entendu, l'organisme ne doit pas faire prévaloir la recherche du profit et sa gestion doit rester désintéressée (cf. art. 13 et suivants).

80. Dans ces conditions, l'organisme bénéficie, pour cette activité, du régime fiscal des organismes non lucratifs.

81. Peuvent notamment bénéficier de cette mesure les centres d'aides par le travail (CAT), devenus les établissements et services d'aide par le travail (ESAT) *[L. n° 2005-102 du 11 févr. 2005 pour l'égalité des droits et des chances, la participation et la citoyenneté des personnes handicapées qui a modifié l'art. L. 344-2 CASF]*, et les ateliers protégés. En effet, la réalisation de la même activité, dans les mêmes conditions, ne pourrait pas être rentable si elle était soumise aux conditions normales du marché en raison des surcoûts occasionnés par l'emploi de personnes handicapées. En l'occurrence, le service rendu n'est pas tant destiné aux clients de l'ESAT ou de l'atelier protégé qu'aux personnes qui y sont employées.

82. Cela étant, il est rappelé que les ESAT peuvent opter pour le paiement de la taxe sur la valeur ajoutée (cf. Documentation administrative 3-A-3141, n°s 129 et 130).

L'exercice par les ESAT de cette option pour le paiement de la taxe sur la valeur ajoutée n'entraîne pas, en tout état de cause, l'assujettissement à l'impôt sur les sociétés et à la taxe professionnelle.

Nota : L'article 261-7-3° du code général des impôts prévoit que sont exonérées de TVA les ventes portant sur les articles fabriqués par des groupements d'aveugles ou de travailleurs handicapés agréés dans les conditions prévues par la loi n° 72-616 du 5 juillet 1972, ainsi que les réparations effectuées par ces groupements. Ces groupements peuvent toutefois, sur leur demande, renoncer à l'exonération dans les conditions et selon les modalités prévues par les articles 195 B et 195 D de l'annexe II au code général des impôts. Dès lors que la loi du 5 juillet 1972 a été abrogée (loi n° 2002-73 du 17 janvier 2002) de même que le décret n° 73-1120 du 17 décembre 1973 pris pour son application (décret n° 2004-1136 du 26 octobre 2004), les dispositions de l'article 261-7-3° ont perdu leur portée pratique. Cela étant, cette situation ne remet pas en cause la possibilité d'exercer l'option pour la taxation à la TVA des opérations correspondantes dans les conditions qui sont rappelées au paragraphe précédent pour ce qui concerne les ESAT.

SOUS-SECTION 6 *Régimes spécifiques*

83. Certaines opérations considérées comme non lucratives au regard des impôts directs peuvent néanmoins être soumises à la TVA en application de dispositions législatives expresses.

Il en est ainsi dans certaines conditions des activités d'édition et de restauration collective.

A. *Édition de revues*

84. L'édition de revues ne constitue pas une activité lucrative dès lors qu'elle n'est pas exercée dans des conditions similaires à celles d'une société commerciale notamment au regard du produit proposé et du public bénéficiaire. Tel est en général le cas des revues ayant pour objet d'informer les adhérents des activités de l'organisme.

Lorsque la revue a obtenu un certificat d'inscription sur les registres de la commission paritaire des publications et agences de presse (CPPAP), elle bénéficie, en matière de TVA, du régime fiscal de la presse sous réserve qu'une demande d'agrément soit formulée auprès du directeur des services fiscaux territorialement compétent.

Les ventes de la revue sont alors soumises au taux de TVA de 2,10 %, les recettes de publicité étant soumises au taux normal. A ce titre, l'organisme éditeur doit obligatoirement constituer un secteur distinct d'activité au sein duquel sont déclarées les recettes correspondantes et sont exercés les droits à déduction.

L'application du régime de la presse en matière de TVA n'étant pas liée au caractère lucratif de l'activité exercée par l'organisme, elle ne peut, à elle seule, entraîner l'assujettissement aux autres impôts commerciaux.

A cet égard, il est admis que le recours éventuel à des recettes publicitaires ne fait pas de l'activité d'édition de revue une activité lucrative de prestations de publicité soumise à l'impôt sur les sociétés dans la mesure où les autres financements de la publication demeurent significativement prépondérants.

Dans le cas cependant où les activités d'édition, d'impression et de diffusion exercées par l'organisme lui-même, seraient reconnues lucratives, ces activités seraient exonérées de la taxe professionnelle à condition, d'une part, que les annonces et réclames ne couvrent jamais plus des deux tiers de la surface de ces périodiques, et d'autre part, que l'ensemble des annonces ou réclames d'un même annonceur ne soit jamais, dans une même année, supérieur au dixième de la surface totale des numéros parus durant l'année.

Toutefois, lorsque le financement des périodiques, diffusés gratuitement, est assuré exclusivement par des recettes de publicité, cette exonération de taxe professionnelle, réservée à la presse, ne peut trouver à s'appliquer, quand bien même la surface consacrée à la publicité n'excéderait pas les deux tiers de la surface totale de la revue.

Nota : Ce paragraphe traite, en matière de TVA d'un régime spécifique d'imposition qui n'entraîne pas à lui seul l'imposition aux autres impôts commerciaux. Ces développements ne sont donc pas à confondre avec ceux figurant au n° 101 qui traite d'une exonération spécifique en matière de TVA, applicable lorsque l'organisme ne remplit pas les conditions pour bénéficier du régime de la presse.

B. *Restauration collective*

85. Les activités de restauration collective des organismes sans but lucratif qui fournissent des repas dans les conditions leur permettant soit d'être exonérés de TVA en application de l'article 261-4-1° *bis* ou de l'article 261-4-4° *a* du code général des impôts, soit d'être soumis au taux réduit de TVA prévu à l'article 279 *a bis* du code général des impôts sont, pour l'impôt sur les sociétés et la taxe professionnelle, considérées comme non lucratives au regard des principes exposés au titre Ier de la présente instruction dès lors que la gestion des organismes est désintéressée et que l'organisme respecte les conditions posées à l'article 85 *bis* de l'annexe III au code général des impôts.

TITRE II L'organisme entretient des relations privilégiées avec les entreprises

86. Un organisme sans but lucratif peut détenir des titres d'une ou plusieurs sociétés en conservant son caractère non lucratif (cf. Titre IV).

87. En revanche, l'organisme est en principe soumis à l'impôt sur les sociétés, à la taxe professionnelle et à la taxe sur la valeur ajoutée s'il entretient des relations privilégiées avec des organismes du secteur lucratif qui en retirent un avantage concurrentiel étant précisé que tout organisme qui exerce des activités au profit d'entreprises n'entretient pas pour autant systématiquement des relations privilégiées avec les entreprises.

88. La jurisprudence du Conseil d'État fournit plusieurs exemples de relations privilégiées avec les entreprises.

Cette jurisprudence considère qu'une association, même si elle ne poursuit pas la réalisation de bénéfices et ne procure aucun avantage personnel à ses dirigeants, intervient dans un but lucratif dès lors qu'elle a pour objet de fournir des services aux entreprises qui en sont membres dans l'intérêt de leur exploitation [CE 20 juill. 1990, *Association pour l'action sociale* : req. n° 84846 – CE 6 nov. 1995, *Service médical industriel de la Mayenne* : req.

n° 153024 – *Association patronale des services médicaux du travail* : n° req. n° 153220 et *Centre interservices de santé et de médecine du travail en entreprise* : req. n° 147388].

89. Est donc lucratif un organisme qui permet de manière directe aux professionnels de réaliser une économie de dépenses, un surcroît de recettes ou de bénéficier de meilleures conditions de fonctionnement, quand bien même cet organisme ne rechercherait pas de profits pour lui-même.

Néanmoins, la circonstance qu'un organisme sans but lucratif réalise à titre accessoire des prestations au profit d'entreprises ne suffit pas à considérer que celui-ci entretient des relations privilégiées avec ces entreprises et à entraîner l'assujettissement de l'ensemble de l'organisme aux impôts commerciaux. En effet, la relation privilégiée avec les entreprises doit s'apprécier au regard du fonctionnement global de l'organisme.

La jurisprudence a ainsi considéré qu'exerçait une activité lucrative une association constituée entre plusieurs entreprises pour coordonner leurs moyens d'information, d'études et de recherche, l'objet essentiel de cette association étant de permettre à ses membres de réaliser une économie de charges et de leur procurer divers avantages de nature à accroître leurs profits.

Est également lucrative l'activité d'un syndicat professionnel qui organise des journées d'information constituant une forme de publicité collective et prolongeant l'activité économique des adhérents de ce syndicat, sans qu'y fasse obstacle la circonstance que l'organisation de ces journées soit encouragée par les pouvoirs publics, que cette activité ne donne pas lieu à perception de cotisations spéciales, et qu'il n'y ait aucune publicité de marque précise, ni aucune prise de commande [CE 27 nov. 1987, *Syndicat des pâtes alimentaires* : req. n°s 47042 et 47043].

Dans le même esprit, il a été jugé qu'une association de gestion agréée, dont le régime juridique est défini par l'article 64 de la loi de finances pour 1977, qui a pour objet de "développer l'usage de la comptabilité et de faciliter l'accomplissement de leurs obligations administratives et fiscales par les membres des professions libérales" et qui rend à ses adhérents, en contrepartie d'une cotisation annuelle, des services administratifs (tenue de documents comptables, demande de renseignements,...) et fiscaux (souscriptions de déclarations,...), a une activité de nature lucrative et est par suite soumise à la TVA, à l'impôt sur les sociétés et à la taxe professionnelle [CE 20 mai 1987, Association de gestion agréée des professionnels de santé : req. n°s 57562 et 58414].

90. Par ailleurs, les activités suivantes doivent être analysées au regard des règles exposées au Titre Ier (critères d'appréciation de la non-lucrativité) :

– les activités relevant d'un rôle fédératif (unions, fédérations) ;

– les activités relevant de la défense collective des intérêts moraux ou matériels des membres autres que des professionnels ;

– les services rendus aux membres pour les besoins de leur activité non lucrative.

Le régime fiscal des syndicats professionnels fait pour sa part l'objet d'une instruction distincte (cf. BOI 4 H-4-04 du 29 juillet 2004).

TITRE III Mesures d'exonération

91. Un certain nombre de dispositions légales permettent à des organismes réputés sans but lucratif, mais qui ne satisfont pas à certains des critères de non-lucrativité exposés au Titre Ier ou qui sont visés par le Titre II, de bénéficier d'exonérations de taxe sur la valeur ajoutée (Chapitre Ier – Section I), d'impôt sur les sociétés (Chapitre Ier – Section II), d'imposition forfaitaire annuelle (Chapitre Ier – Section III) ou bien encore de taxe professionnelle (Chapitre Ier – Section IV).

CHAPITRE PREMIER *Mesures d'exonération propres à chaque impôt*

SECTION I *Taxe sur la valeur ajoutée*

SOUS-SECTION 1 *Le cas des organismes qui rendent à leurs membres des services sportifs, éducatifs, culturels ou sociaux*

92. Si ces organismes rendent des services à des tiers, il convient d'utiliser les critères exposés au Titre Ier pour apprécier si ces services sont exonérés. En revanche, ces organismes, si leur gestion est désintéressée, sont exonérés de taxe sur la valeur ajoutée pour les services qu'ils rendent à leurs membres dès lors que les conditions suivantes sont cumulativement remplies (article 261-7-1° *a* du CGI).

A. *Les services sont rendus à de véritables membres*

93. Sont ainsi considérées comme membres d'un organisme les personnes :

1 – qui ont adhéré à l'organisme, sont personnellement titulaires du droit de participer aux assemblées générales et sont éligibles au conseil d'administration ou organe de gestion équivalent.

En ce qui concerne les mineurs, seule la condition d'adhésion à l'organisme est exigée. Les droits attachés à la qualité de membre du mineur peuvent être exercés par son représentant légal.

Les ayants droit des membres (conjoints par exemple) constituent des tiers vis-à-vis de l'organisme dès lors qu'ils n'en sont pas membres à titre personnel.

Les organismes doivent établir que les membres sont en mesure d'exercer effectivement leurs prérogatives. Ainsi, en l'absence de convocation individuelle, l'organisme devra prévoir l'insertion d'une annonce dans un journal accessible à tous, ou dans sa propre revue le cas échéant, ainsi qu'un encart dans ses locaux qui indique aux membres la date et le lieu de l'assemblée générale. Les personnes qui adhèrent à un organisme sans but lucratif ne sont pas considérées comme des membres, pour l'application des exonérations fiscales, parce qu'elles ne sont pas les bénéficiaires directes des prestations qui sont, en réalité, rendues à leur personnel. Bien entendu, le personnel employé par ces personnes morales n'étant pas lui-même membre de l'organisme, les prestations qui lui sont rendues ne peuvent pas bénéficier de cette exonération.

Les associations fédérées par des unions d'associations (ex. : fédération) sont considérées ainsi que leurs membres comme des membres de l'union.

2 – et qui ont souscrit une adhésion présentant réellement un caractère de permanence.

94. Cette condition n'est pas remplie dans le cas de personnes qui adhèrent à l'organisme sans but lucratif ou acquittent une cotisation, pour une durée inférieure à l'année.

Ainsi, les personnes qui "adhèrent" ou "cotisent" à l'organisme pour une journée, une semaine, etc., pour pouvoir bénéficier des services offerts par l'organisme, ne constituent pas des membres pour la détermination du régime fiscal applicable. Il en va de même des personnes qui, ne devant bénéficier que de façon occasionnelle des services de l'organisme, acquittent de ce fait une cotisation minorée.

B. *Et l'organisme rend des services à caractère sportif, éducatif, culturel ou social*

95. Sont concernés les seuls services à caractère :

– sportif : enseignement de la discipline sportive, mise à disposition des installations et de matériels ou équipements nécessaires à l'exercice du sport ;

– éducatif ou culturel, tels que l'organisation de conférences, de concerts, de séances de théâtre ou de cinéma, de location de disques, de livres, etc. ;

– social, tel que le soutien à des enfants malades et à leurs parents.

96. Sont expressément exclues de l'exonération les opérations d'hébergement et de restauration, de même que l'exploitation de bars et buvettes.

En revanche, les ventes accessoires (fanions, brochures, épinglettes, articles de sport...) consenties aux membres dans la limite de 10 % des recettes totales bénéficient de l'exonération.

97. Enfin, pour pouvoir bénéficier de ces exonérations, l'organisme ne doit pas avoir recours à des pratiques commerciales.

Cette condition doit être appréciée avec rigueur. Ainsi, l'organisme ne doit pas procéder à une publicité de type commercial à destination de personnes non-membres pour faire connaître ses activités.

98. **Nota** : les associations qui rendent des services à leurs membres (associations dites "fermées") et qui exercent à titre principal ou accessoire une activité d'hébergement et/ou de restauration sont, au regard des dispositions de l'article 261-7-1°-*a* du code général des impôts, imposables à la taxe sur la valeur ajoutée (et aux autres impôts commerciaux de droit commun) pour cette activité.

Mais cette activité de restauration et d'hébergement peut être exonérée des impôts commerciaux de droit commun si les conditions de l'exonération prévue à l'article 261-7-1°-*b* du même code et exposées au titre Ier ci-dessus sont remplies. S'agissant de l'activité de restauration collective, il convient de se reporter à l'article 85 de la présente instruction.

SOUS-SECTION 2 *Les manifestations de soutien ou de bienfaisance*

99. L'article 261-7-1-*c* du code général des impôts exonère de taxe sur la valeur ajoutée les recettes de six manifestations de bienfaisance ou de soutien organisées dans l'année, à leur profit exclusif, par les organismes désignés aux *a* et au *b* du même article, ainsi que par

les organismes permanents à caractère social des collectivités locales et des entreprises. Les rémunérations versées au personnel recruté à l'occasion et pour la durée des manifestations de bienfaisance ou de soutien qui sont exonérées de taxe sur la valeur ajoutée en vertu de l'article 261-7-1°-*c* du code général des impôts, sont exonérées de taxe sur les salaires en application de l'article 231 *bis* L du même code (cf. Documentation administrative 5-L-1322 n°s 17 à 26).

SOUS-SECTION 3 *Exonérations particulières*

100. Les associations intermédiaires et les associations agréées de services aux personnes sont exonérées de taxe sur la valeur ajoutée en application de l'article 261-7-1° *bis* et 1° *ter* du code général des impôts.

101. Les ventes de publications périodiques, autres que celles mentionnées à l'article 298 *septies* du code général des impôts, éditées par les organismes sans but lucratif sont exonérées de taxe sur la valeur ajoutée dans les conditions prévues à l'article 298 *duodecies* du même code.

102. Attention, les organismes sans but lucratif peuvent comme les entreprises bénéficier de la franchise de taxe sur la valeur ajoutée prévue par les articles 293 B et suivants du code général des impôts (cf. BOI 3 F-2-99 sur les modalités d'application de la franchise en base de droit commun).

SECTION II *Dispositions applicables en matière d'impôt sur les sociétés*

103. En matière d'impôt sur les sociétés, les organismes peuvent être exonérés au titre de certaines opérations qu'ils réalisent (Sous-section 1) ou encore en raison même de leur activité (Sous-section 2).

SOUS-SECTION 1 *Exonération « liée »*

104. L'article 207-1-5° *bis* du code général des impôts dispose que les opérations exonérées de taxe sur la valeur ajoutée aux termes de l'article 261-7-1° du même code sont également exonérées d'impôt sur les sociétés.

105. Cette exonération bénéficie aux organismes sans but lucratif dont la gestion est désintéressée, dont l'activité ne constitue pas un prolongement de l'activité économique des membres et qui réalisent des opérations placées dans le champ d'application de l'article 206-1 du code précité.

Cette exonération s'applique :

– aux organismes qui rendent des services sportifs, éducatifs ou culturels à leurs membres, pour les opérations exonérées de taxe sur la valeur ajoutée ;

– aux six manifestations de soutien ou de bienfaisance visées à l'article 261-7-1°-*c* du code général des impôts.

106. Bien que l'organisme soit exonéré de l'impôt sur les sociétés prévu à l'article 206-1 du code général des impôts, il demeure redevable de l'impôt sur les sociétés aux taux réduits prévu à l'article 206-5 du même code. Il en irait autrement si les revenus mentionnés à cet article ne pouvaient être dissociés de l'activité lucrative ainsi exonérée (cf. Documentation administrative 4-H-1372, n° 4).

SOUS-SECTION 2 *Organismes exonérés à raison de leur activité*

I. *Organismes qui organisent avec le concours des communes ou des départements des foires, des expositions, des réunions sportives et autres manifestations publiques*

107. Il s'agit des organismes qui organisent, avec le concours des communes ou des départements, des foires, des expositions, des réunions sportives et autres manifestations publiques correspondant à l'objet défini dans leurs statuts et présentant, du point de vue économique, un intérêt certain pour la commune ou la région, qui bénéficient de l'exonération prévue à l'article 207-1-5° du code général des impôts.

108. Le bénéfice de cette exonération est sans incidence sur l'imposition des revenus fonciers, de certains revenus mobiliers ou des bénéfices agricoles visés à l'article 206-5 du code général des impôts.

109. Cette exonération est soumise au respect des conditions suivantes :

– la manifestation, quelle que soit sa dénomination, doit être largement ouverte au public, que l'accès soit payant ou non, et non réservée aux seuls professionnels s'agissant de l'organisation de foires-expositions ;

– la manifestation doit être organisée avec le concours des collectivités locales. Ce concours peut prendre diverses formes (subventions, mise à disposition de personnels, de matériels) et suppose une implication réelle de la collectivité locale dans l'organisation de la manifestation. Par exemple, une participation financière symbolique d'une collectivité territoriale ne saurait suffire à considérer cette condition comme remplie ;

– la manifestation doit présenter pour la commune ou la région un intérêt économique certain non pas tant par le public qu'elle attire ponctuellement à l'occasion de la manifestation que par la renommée qu'elle procure à la région et à ses activités. Cette condition doit bien entendu s'apprécier en fonction de l'importance de la manifestation et des collectivités locales concernées ;

– l'objet de la manifestation doit correspondre à l'objet prévu par les statuts de l'organisme.

110. En outre, il convient de noter que cette exonération ne saurait bénéficier à des organismes dont la gestion est intéressée et donc notamment à ceux dont les dirigeants et les membres tirent un bénéfice direct de l'organisation de la manifestation. Ainsi, elle ne saurait bénéficier aux unions commerciales dont l'objet est d'organiser collectivement des actions d'animation et de promotion commerciales et qui procurent un avantage direct ou indirect à leurs adhérents, qui sont des commerçants. De même, il découle des débats parlementaires que cette exonération vise plus particulièrement les associations locales organisant des manifestations publiques non professionnelles. Il est par conséquent exclu qu'elle s'applique à des associations dont l'activité permanente est l'organisation de salons professionnels quelle que soit la fréquence de ceux-ci.

111. S'agissant des organismes organisant des manifestations culturelles ou sportives, il est également exclu d'après la jurisprudence du Conseil d'État que cette exonération s'applique à des organismes qui organisent ces manifestations lucratives en tant qu'organisateurs de spectacles. Sont ainsi exclus du bénéfice de cette exonération les organismes qui organisent à titre habituel des épreuves se caractérisant par la présence de sportifs ou artistes rémunérés pour leur participation à la manifestation, qui dégagent des recettes publicitaires des droits de retransmission télévisée et/ou des droits d'entrée à la manifestation.

112. Cela étant, elle peut s'appliquer à des organismes qui ponctuellement organisent des manifestations remplissant les conditions visées aux articles 108 et qui dégagent à cette occasion des recettes de nature lucrative (buvette, activités publicitaires, etc.).

113. Exemples :

– Une association a pour objet principal l'organisation d'une course cycliste qui accueille tant des équipes professionnelles que des équipes amateurs de haut niveau. L'essentiel des financements de l'association est assuré par des revenus de parrainage et de droits de retransmission télévisée versés par une chaîne de télévision thématique.

L'activité constitue une activité lucrative d'organisation de spectacles qui ne peut bénéficier de l'exonération d'impôt sur les sociétés.

– Un club de football amateur qui regroupe 250 licenciés organise un tournoi de jeunes issus de clubs professionnels européens. Ce tournoi est ouvert au public moyennant un droit d'entrée au stade. Elle génère en outre des recettes publicitaires. Son financement est assuré à 50 % par le conseil départemental et la commune. Cette manifestation peut bénéficier de l'exonération car elle assure des retombées importantes pour la commune en termes économiques (accueil des participants) et de notoriété et en outre, elle ne constitue pas l'activité principale de l'association.

II. *Autres organismes*

114. Sont exonérés en application de l'article 208-5 du code général des impôts, les organismes de jardins familiaux qui ont pour but de grouper les exploitants de jardins familiaux pour favoriser cette exploitation et en assurer le développement (cf. Documentation administrative 4-H-1374).

115. Ces organismes demeurent toutefois assujettis à l'impôt sur les sociétés aux taux réduits (24 % et 10 %) prévus à l'article 206-5 du code général des impôts.

116. Les associations intermédiaires et les associations agréées de services aux personnes relèvent expressément, par application de l'article 206-5 *bis* du code général des impôts, des dispositions prévues à l'article 206-5 du même code (cf. Documentation administrative 4-H-1161, n°s 62 à 73).

SOUS-SECTION 3 *Cas particulier des fondations reconnues d'utilité publique*

117. Lorsque les fondations reconnues d'utilité publique exercent une activité lucrative, elles sont en principe soumises à l'impôt sur les sociétés dans les conditions de droit commun, prévues au 1 de l'article 206 du code général des impôts.

118. A l'inverse, dès lors que ces mêmes fondations n'exercent pas d'activité lucrative, elles ne sont pas assujetties aux trois impôts commerciaux (impôt sur les sociétés, taxe sur

la valeur ajoutée et taxe professionnelle). Seuls sont passibles de l'impôt sur les sociétés les revenus provenant de la gestion de leur patrimoine aux taux réduits de 10 % et 24 %, en application du 5 de l'article 206 du code général des impôts.

119. L'article 20 de la loi de finances pour 2005 a supprimé cette imposition.

Ainsi, désormais, en application du III de l'article 219 *bis* du code général des impôts, les fondations reconnues d'utilité publique sont exonérées à raison des revenus tirés de leur patrimoine.

I. *Conditions d'application*

120. L'exonération des revenus du patrimoine est réservée aux seules fondations qui ont fait l'objet d'une reconnaissance d'utilité publique prononcée par décret en Conseil d'État (cf. Documentation administrative 4-C-714, n° 2 et suivants).

II. *Revenus exonérés*

122. Sont ainsi mentionnés :

– les revenus provenant de la location des immeubles bâtis et non bâtis dont les fondations sont propriétaires directement ou en qualité de membres de sociétés immobilières transparentes ;

– les bénéfices de l'exploitation des propriétés agricoles ou forestières ;

– les revenus mobiliers.

Ainsi, l'exonération s'applique d'une part aux revenus visés à l'article 206-5 précité, perçus par une fondation reconnue d'utilité publique n'exerçant aucune activité lucrative, et d'autre part, aux revenus rattachés au secteur non lucratif lorsque la fondation a sectorisé ses activités lucratives et ses activités non lucratives.

123. L'exonération s'applique aux revenus visés à l'article 206-5 précité, perçus dans le cadre des exercices clos à compter du 31 décembre 2004.

SECTION III *Dispositions applicables en matière d'imposition forfaitaire annuelle*

124. Toutes les associations qui sont hors du champ de l'impôt sur les sociétés ou exonérées de cet impôt ne sont pas redevables de l'imposition forfaitaire annuelle.

Ainsi, les organismes bénéficiant de l'exonération d'impôt sur les sociétés en application de l'article 207-1-5° *bis* du code général des impôts (cf. art. 104) sont également exonérées d'imposition forfaitaire annuelle.

125. En outre, bénéficient de l'exonération d'imposition forfaitaire annuelle, les associations dont l'activité consiste à animer la vie économique et sociale au profit de la population d'une ou plusieurs communes voisines, en application des dispositions prévues au premier alinéa de l'article 223 *octies* du code général des impôts (cf. Documentation administrative 4-L-6124, n°s 7 à 9). Tel est notamment le cas des associations à objet culturel (théâtres, orchestres,...).

La notion d'animation économique et sociale doit être appréciée avec largeur de vue. Ainsi, des activités commerciales peuvent, dans certains cas, contribuer directement à cette animation. La notion de vie économique et sociale ne se réduit pas au domaine des loisirs et de la culture, elle s'étend également à la vie professionnelle et à l'entraide.

Toutefois, l'activité ne doit bénéficier qu'à la population d'une ou plusieurs communes voisines. Cette notion doit être appréciée de façon souple, selon les cas (cf. exemple ci-dessous).

126. Le bénéfice de cette exonération est réservé à des associations dont les activités qui permettent d'animer la vie sociale sont à titre principal réalisées sur le territoire de la commune.

127. Exemple :

Une troupe théâtrale constituée sous forme d'association et dont l'activité est lucrative a son siège dans la commune de X où elle effectue ses répétitions. Pour pouvoir bénéficier de l'exonération précitée, la majorité des représentations données par la troupe doit être donnée dans la commune de X ou dans les communes voisines.

128. Sont également exonérés d'imposition forfaitaire annuelle en application du deuxième alinéa de l'article 223 *octies* du code précité, les groupements d'employeurs *[L'art. 13 de la loi de finances pour 1997 a étendu à tous les groupements d'employeurs l'exonération d'IFA réservée jusque-là aux seuls groupements constitués de personnes physiques ou morales exerçant une activité artisanale ou agricole (cf. Documentation administrative 4-L-6124, n° 11 s.)]* de même que les centres de gestion et les associations de gestion agréés (cf. Documentation administrative 4-L-6124, n° 10).

SECTION IV *Dispositions applicables en matière de taxe professionnelle*

129. Les organismes sans but lucratif peuvent, comme les organismes du secteur lucratif, bénéficier des exonérations de taxe professionnelle prévues par les articles 1450 et suivants du code général des impôts et notamment des dispositions suivantes.

130. Sont exonérés de taxe professionnelle, par application de l'article 1461-5° du même code, les organismes de jardins familiaux, définis à l'article L. 561-2 du code rural, qui ont pour but de grouper les exploitants de jardins familiaux pour faciliter l'exploitation et le développement de ces derniers. L'exonération s'applique lorsque leur activité, considérée dans son ensemble, s'exerce dans des conditions telles qu'elle peut être tenue pour désintéressée (cf. Documentation administrative 6-E-136, n° 9).

131. Bénéficient également d'une exonération de taxe professionnelle certains établissements privés d'enseignement constitués notamment sous forme associative (cf. Documentation administrative 6-E-1331, n° 2 et suivants).

Tel est le cas :

– des établissements scolaires privés du premier degré qui dispensent un enseignement conforme aux programmes officiels de l'enseignement primaire, conformément aux dispositions de l'article 1460-3° du code général des impôts (sont ainsi exonérés les établissements qui ont passé un contrat avec l'État) ;

– des établissements privés d'enseignement du second degré, lorsqu'ils ont passé un contrat avec l'État en application de l'article L. 442-1 du code de l'éducation, conformément aux dispositions de l'article 1460-1° du code général des impôts ;

– des établissements privés d'enseignement supérieur lorsqu'ils ont fait l'objet d'une reconnaissance d'utilité publique ou ont passé une convention en application de l'article L. 719-10 du code de l'éducation (art. 1460-1° CGI).

132. Enfin, en application de l'article 1464 A du code général des impôts, les collectivités territoriales et leurs établissements publics de coopération intercommunale dotés d'une fiscalité propre peuvent, sur délibération, exonérer de taxe professionnelle, dans la limite de 100 %, les cinémas constitués notamment sous la forme d'association qui, quel que soit le nombre de leurs salles, réalisent en moyenne hebdomadaire moins de 5 000 entrées et bénéficient d'un classement "art et essai" au titre de l'année de référence, les associations de spectacles vivants relevant des catégories ci-après : les théâtres nationaux, les autres théâtres fixes, les tournées théâtrales et les théâtres démontables exclusivement consacrés à des spectacles d'art dramatique, lyrique ou chorégraphique, les concerts symphoniques et autres, les orchestres divers et les chorales, les théâtres de marionnettes, les cabarets artistiques, les cafés-concerts, les music-halls et cirques à l'exclusion des établissements où il est d'usage de consommer pendant les séances.

L'exonération est limitée à 66 % en ce qui concerne les cinémas situés dans les communes de moins de 100 000 habitants qui, quel que soit le nombre de leurs salles, réalisent en moyenne hebdomadaire moins de 2 000 entrées et à 33 % pour les autres cinémas.

L'exonération ne bénéficie pas aux organismes donnant des représentations visées au 2° de l'article 279 *bis* du code général des impôts.

133. Il est rappelé que les organismes exonérés de taxe sur la valeur ajoutée et d'impôt sur les sociétés en application des dispositions combinées des articles 261-7-1°-4 *a* et 207-1-5° *bis* du code général des impôts sont soumis à la taxe professionnelle dès lors qu'ils exercent une activité lucrative non exonérée expressément de taxe professionnelle.

CHAPITRE II *La franchise des impôts commerciaux*

134. La franchise des impôts commerciaux a été instituée par l'article 15 de la loi de finances pour 2000. Son seuil était alors fixé à 250 000 F (38 112 €). La loi de finances pour 2002 a rehaussé ce seuil en le portant à 60 000 €. Le seuil de 60 000 € s'applique, en matière d'IS, à compter des recettes encaissées en 2001 et en matière de taxe professionnelle à compter des impositions établies au titre de l'année 2002.

En matière de TVA, le seuil de 60 000 € s'applique aux recettes lucratives accessoires encaissées à compter du 1er janvier 2002. A cet égard, il est précisé que le deuxième alinéa de l'article 261-7-1° *b* du code général des impôts, subordonne, pour l'application de cette taxe, le bénéfice de la franchise au respect du seuil de 60 000 € non seulement au titre des recettes perçues lors de l'année civile en cours mais encore au titre de celles encaissées lors de l'année précédente *[En conséquence, le nouveau seuil de 60 000 € a été appliqué également pour déterminer si les organismes concernés avaient ou non satisfait à cette condition au titre de l'année civile précédant son entrée en vigueur, à savoir 2001. Il en a résulté que les organismes qui avaient en 2001 encaissé plus de 250 000 F de recettes lucratives accessoires (soit 38 112, 25 €) sans pour autant dépasser le seuil de 60 000 € étaient exonérés de TVA au titre de leurs recettes lucratives accessoires perçues à compter du 1er janv. 2002 dès lors que le montant de ces recettes n'excédait pas bien sûr 60 000 €. En pratique, la situation au regard de la TVA de ces organismes n'aurait pas dû être modifiée dès lors que, sauf option contraire de leur part, ils ont pu bénéficier en 2001 du dispositif de franchise en base de droit commun prévu à l'art. 293 B CGI à compter du premier jour du mois suivant celui du dépassement du seuil de 250 000 F (cf. BOI 4 H-3-00, n° 56)].*

SECTION I *Conditions d'application*

135. Le dispositif de la franchise des impôts commerciaux ne s'applique qu'à certains organismes limitativement énumérés c'est-à-dire :

– aux associations régies par la loi du 1er juillet 1901 ;

– aux associations régies par la loi locale maintenue en vigueur dans les départements de la Moselle, du Bas-Rhin et du Haut-Rhin ;

– aux fondations reconnues d'utilité publique ;

– aux fondations d'entreprises ;

– aux congrégations religieuses *[Y compris les établissements publics des cultes d'Alsace et de Moselle]* ;

– aux syndicats régis par les articles L. 411-1 et suivants du code du travail.

136. Il est également admis que la franchise s'applique aux comités d'entreprise.

137. L'application et le maintien du dispositif de la franchise des impôts commerciaux sont subordonnés au respect de trois conditions cumulatives :

– la gestion de l'organisme doit rester désintéressée ;

– les activités non lucratives de l'organisme doivent rester significativement prépondérantes ;

– le montant des recettes d'exploitation encaissées au cours de l'année civile au titre des activités lucratives ne doit pas excéder 60 000 €.

SOUS-SECTION 1 *La gestion de l'organisme doit rester désintéressée*

138. La gestion de l'organisme doit être désintéressée (cf. Titre Ier – Chapitre Ier).

SOUS-SECTION 2 *Les activités non lucratives de l'organisme doivent rester significativement prépondérantes*

139. Les activités non lucratives de l'organisme doivent rester significativement prépondérantes (cf. art. 208 s.).

140. L'organisme qui entretient des relations privilégiées avec les entreprises est en principe considéré comme lucratif pour l'ensemble de ses activités (cf. art. 86 s.).

SOUS-SECTION 3 *Le montant des recettes d'exploitation encaissées au cours de l'année civile au titre des activités lucratives ne doit pas excéder 60 000 €*

141. Le seuil de 60 000 € s'apprécie par organisme quels que soient son importance et le nombre de ses établissements. Ce seuil s'entend sans taxe sur la valeur ajoutée.

142. Le seuil de 60 000 € s'apprécie par année civile et non par référence à un exercice comptable.

143. Le seuil est déterminé en fonction de l'ensemble des recettes d'exploitation encaissées au titre des activités lucratives exercées par l'organisme. Il s'agit principalement des recettes résultant de la vente de biens et de prestations de services qui relèvent des activités lucratives accessoires. La notion de recettes encaissées se distingue de la notion de créances acquises.

144. Ne sont ainsi pas prises en compte pour l'appréciation de la limite de 60 000 € :

– les recettes d'exploitation retirées des activités non lucratives (notamment cotisations, recettes des cantines administratives et d'entreprises considérées comme non lucratives en application des commentaires contenus à l'article 85, recettes publicitaires des revues considérées comme non lucratives *[Ces recettes sont toutefois soumises à la TVA dans le cadre du secteur « presse »]* mais également les aides de l'État et des collectivités territoriales pour la création d'emploi : contrat emploi solidarité (CES), contrat emploi consolidé (CEC), et les dons et libéralités affectés au secteur non lucratif...) ;

– les recettes provenant de la gestion du patrimoine (loyers, intérêts,...) notamment celles soumises aux taux réduits de l'impôt sur les sociétés en application de l'article 219 *bis* du code général des impôts ;

– les recettes financières notamment celles tirées de la gestion active de filiales et des résultats de participations soumis à l'impôt sur les sociétés de droit commun en application du troisième alinéa de l'article 206-1 *bis* du code général des impôts ;

– les recettes exceptionnelles provenant d'opérations immobilières visées aux 7° et 7° *bis* de l'article 257 du code général des impôts ;

– les autres recettes exceptionnelles (cessions de matériel, subventions exceptionnelles,...) ;

– les recettes des six manifestations de bienfaisance ou de soutien organisées dans l'année mentionnées au *c* du 1° du 7 de l'article 261 du code général des impôts.

Nota : En revanche, les recettes provenant de la réalisation de manifestations supplémentaires sont prises en compte pour la détermination de ce seuil. De même, les recettes susceptibles de bénéficier d'une autre mesure d'exonération et celles tirées de la commercialisation d'une revue de presse doivent être prises en compte pour l'appréciation de ce seuil dès lors qu'elles relèvent d'une activité lucrative.

SECTION II *Mise en œuvre de la franchise des impôts commerciaux*

SOUS-SECTION 1 *Caractère obligatoire du dispositif*

145. Le dispositif de la franchise des impôts commerciaux s'applique obligatoirement aux organismes qui réunissent les conditions de son application.

146. Les organismes concernés n'ont pas la faculté de renoncer, totalement ou partiellement, à la franchise des impôts commerciaux.

SOUS-SECTION 2 *Conséquences en matière d'impôt sur les sociétés et d'imposition forfaitaire annuelle*

A. *Impôt sur les sociétés*

147. Les organismes qui bénéficient de la franchise des impôts commerciaux ne sont pas imposés à l'impôt sur les sociétés dans les conditions de droit commun au titre de leurs activités lucratives, à l'exception de leurs activités lucratives financières (cf. art. 153 sur la définition des activités financières lucratives).

En effet, le bénéfice de la franchise des impôts commerciaux ne porte pas sur les résultats des activités financières lucratives et des participations. Les organismes bénéficiaires de la franchise des impôts commerciaux sont donc, le cas échéant, assujettis à l'impôt sur les sociétés dans les conditions de droit commun en raison de ces résultats.

148. Ainsi, les organismes qui bénéficient de la franchise des impôts commerciaux restent soumis, le cas échéant, à :

– l'impôt sur les sociétés aux taux réduits prévu à l'article 206-5 du code général des impôts sur leurs seuls revenus patrimoniaux (fonciers, agricoles, mobiliers) ;

– l'impôt sur les sociétés au taux de droit commun au titre des résultats de leurs activités financières lucratives et de leurs participations.

I. La franchise des impôts commerciaux des activités lucratives accessoires non financières

149. Les organismes bénéficiaires de la franchise des impôts commerciaux restent soumis à l'impôt sur les sociétés aux taux réduits de 24 % et de 10 % dans les conditions prévues aux articles 206-5 et 219 *bis* du code général des impôts au titre de leurs revenus patrimoniaux (fonciers, agricoles et mobiliers) qui ne se rattachent pas à leurs activités lucratives ou non lucratives.

150. Exemple n° 1 :

Situation de l'association "A" au titre de l'année 2003 :

Le montant des recettes d'exploitation qu'elle a encaissées au titre de la vente d'articles divers (papiers à lettres, fanions,...) sur lesquels est apposé son logo (seules activités lucratives accessoires), s'élève à 50 000 €.

Le montant des produits financiers (intérêts des créances rattachées aux participations) attachés à la gestion active de sa filiale F s'élève à 15 000 €.

L'association "A" remplit les trois conditions d'application de la franchise des impôts commerciaux. Sa gestion est désintéressée, ses activités non lucratives sont restées significativement prépondérantes et le montant des recettes d'exploitation qu'elle a encaissées au cours de l'année au titre de ses activités lucratives accessoires n'excède pas 60 000 €.

L'association "A" est exonérée des impôts commerciaux au titre de ses activités lucratives non financières. En revanche, elle doit constituer un secteur lucratif en matière d'impôt sur les sociétés au titre de la gestion de sa participation dans la filiale F qui est considérée lucrative.

L'association "A" ne peut pas opter pour la taxation de ses activités lucratives non financières aux impôts commerciaux (ou seulement à l'un d'entre eux). Le secteur taxable est limité aux activités financières lucratives.

151. Exemple n° 2 :

L'association humanitaire "B" bénéficie de la franchise des impôts commerciaux au titre de ses activités commerciales accessoires de prestations de services (le comptable de l'association rend occasionnellement des prestations de services dans les conditions du marché à d'autres associations humanitaires).

L'association "B" détient un patrimoine foncier qui n'est affecté ni à ses activités lucratives ni à ses actions humanitaires désintéressées. Les immeubles nus qu'elle détient directement sont donnés en location à son personnel.

L'association "B" bénéficiaire de la franchise des impôts commerciaux n'est pas soumise aux impôts commerciaux au titre de ses activités lucratives accessoires. Elle conserve son statut fiscal d'organisme sans but lucratif.

Dans ces conditions, ses revenus fonciers sont soumis à l'impôt sur les sociétés au taux de 24 % conformément aux dispositions prévues aux articles 206-5 et 219 *bis* du code général des impôts.

II. Maintien d'un secteur taxable à l'impôt sur les sociétés dans les conditions de droit commun au titre des résultats des activités financières lucratives et des participations

152. Les organismes bénéficiaires de la franchise des impôts commerciaux doivent, le cas échéant, constituer un secteur taxable à l'impôt sur les sociétés dans les conditions de droit commun en raison des résultats de leurs activités financières lucratives et de leurs participations.

153. Par activités financières lucratives, il convient d'entendre notamment la gestion active d'une ou plusieurs filiales et, par résultats de participations, les résultats imposables tirés de la participation dans un organisme soumis au régime fiscal des sociétés de personnes et groupements assimilés qui exerce une activité lucrative.

154. L'organisme membre d'une structure juridique soumise au régime fiscal des sociétés de personnes et groupements assimilés qui exerce une activité à caractère lucratif, est passible de l'impôt sur les sociétés dans les conditions de droit commun en raison des résultats imposables tirés de la participation à cet organisme *[Pour plus de précisions, voir l'instruction 4 H-5-95 du 26 avr. 1995 : Cette instruction administrative commente deux arrêts du Conseil d'État du 27 avr. 1994 qui ont confirmé que le principe d'imposition des résultats tirés de leur participation à un groupement d'intérêt économique est applicable aux organismes imposés à l'impôt sur les sociétés en application de l'art. 206-5 CGI]*.

La franchise des impôts commerciaux ne porte pas sur les résultats d'un groupement d'intérêt économique issus d'activités qui constituent des opérations à caractère lucratif et reportés, en application de l'article 239 *quater* du code général des impôts, sur une association, une fondation ou une congrégation membre.

155. Ne sont compris dans le secteur taxable à l'impôt sur les sociétés dans les conditions de droit commun :

– ni la gestion patrimoniale de trésorerie (placements financiers qui ne nécessitent aucun moyen ou organisation spécifique caractéristiques d'une activité) qui ne constitue pas une activité financière lucrative ;

– ni les résultats des participations dans les sociétés civiles non soumises à l'impôt sur les sociétés.

156. Exemple n° 3 :

L'association sportive "C" bénéficie de la franchise des impôts commerciaux au titre de ses activités commerciales accessoires de ventes d'objets divers (chemisettes, épinglettes, fanions,...).

L'association "C" est membre :

– d'un groupement d'intérêt économique qui commercialise des articles de sport dans les conditions du marché ;

– d'une société civile immobilière de location *[Il ne s'agit pas d'une société immobilière de copropriété visée à l'art. 1655 ter CGI]*.

L'association "C" dispose d'une trésorerie qui lui permet d'assurer le règlement de ses dépenses courantes et de constituer l'épargne nécessaire aux investissements prévus dans le cadre de l'exercice de ses activités sportives non lucratives.

La franchise des impôts commerciaux dont bénéficie l'association "C" au titre de la vente d'objets divers ne s'étend pas aux résultats de la participation qu'elle détient dans le groupement d'intérêt économique (GIE).

La quote-part des résultats du GIE qui revient à l'association "C" bénéficiaire de la franchise des impôts commerciaux reste soumise à l'impôt sur les sociétés dans les conditions de droit commun.

La quote-part des résultats afférents à la société civile immobilière de location dont le régime fiscal est celui des sociétés de personnes n'est pas soumise à l'impôt sur les sociétés par l'association "C".

Les revenus de capitaux mobiliers résultant du placement de la trésorerie sont passibles de l'impôt sur les sociétés aux taux réduits dans les conditions prévues par les articles 206-5 et 219 *bis* du code général des impôts.

La situation de l'association "C" au regard de l'impôt sur les sociétés est la suivante :

– un secteur imposable dans les conditions de droit commun en raison des résultats de sa participation dans le GIE étant précisé qu'il n'existe pas de complémentarité économique ou de relation privilégiée entre l'association « C » et le GIE ;

– un secteur imposable aux taux réduits au titre de ses revenus de capitaux mobiliers.

Nota : Taxe d'apprentissage

157. Compte tenu des nouvelles dispositions codifiées à l'article 206-1 *bis* du code général des impôts, qui maintiennent hors du champ d'application de l'impôt sur les sociétés de droit commun les associations, les fondations et les congrégations, ces organismes se trouvent totalement placés hors du champ d'application de la taxe d'apprentissage, y compris donc pour les rémunérations des personnels affectés à une activité lucrative non financière accessoire.

B. *Imposition forfaitaire annuelle*

158. Les organismes bénéficiaires de la franchise des impôts commerciaux qui ne sont pas passibles de l'impôt sur les sociétés ne sont pas redevables de l'imposition forfaitaire annuelle prévue à l'article 223 *septies* du code général des impôts.

159. Les organismes bénéficiaires de la franchise des impôts commerciaux qui relèvent exclusivement du régime fiscal prévu à l'article 206-5 du code précité ne sont pas redevables de l'imposition forfaitaire annuelle prévue à l'article 223 *septies* du même code.

160. Les organismes bénéficiaires de la franchise des impôts commerciaux partiellement imposables à l'impôt sur les sociétés dans les conditions de droit commun sont redevables de l'imposition forfaitaire annuelle. Dans ce cas, seul le chiffre d'affaires majoré des produits financiers du secteur lucratif est retenu pour l'application du barème de cet impôt.

SOUS-SECTION 3 *Conséquences en matière de taxe sur la valeur ajoutée*

161. Les organismes qui remplissent les trois conditions visées à la section I sont exonérés de taxe sur la valeur ajoutée au titre de leurs activités accessoires lucratives. Ils ne peuvent donc pratiquer aucune déduction de la taxe sur la valeur ajoutée grevant les biens ou services acquis dans le cadre des opérations ainsi exonérées.

Les recettes non prises en compte pour l'appréciation du seuil de 60 000 € (cf. art. 149) ne bénéficient pas de l'exonération applicable aux opérations accessoires lucratives. Elles doivent donc, lorsqu'elles ne bénéficient pas de dispositions particulières (opérations placées hors du champ d'application de la taxe, exonérations spécifiques, franchise en base,...), être soumises à la taxe sur la valeur ajoutée.

En revanche, il est rappelé que les recettes lucratives non expressément exclues pour l'appréciation du seuil de 60 000 € doivent être imputées sur ce seuil même lorsqu'elles sont, par ailleurs, susceptibles de bénéficier d'une mesure d'exonération spécifique.

162. Exemple :

L'association "D", dont la gestion est désintéressée, développe une activité non lucrative significativement prépondérante. Elle réalise, parallèlement à cette activité, des prestations de formation professionnelle continue et des travaux de secrétariat pour le compte de divers organismes.

Ces deux activités sont développées en concurrence avec des entreprises du secteur commercial et dans des conditions similaires. Elles présentent donc un caractère lucratif. L'association "D" est titulaire de l'attestation visée à l'article 261-4-4°-*a* du code général des impôts.

Les recettes encaissées par l'association "D" au titre de ces activités bénéficient, à compter du 1er janvier 2002, de l'exonération de taxe sur la valeur ajoutée prévue au nouvel article 261-7-1°-*b* du même code.

En juillet 2002, le montant cumulé des recettes encaissées s'élève à 50 000 € pour l'activité de formation et 15 000 € pour les travaux de secrétariat.

Le seuil de 60 000 € est donc considéré comme dépassé nonobstant le fait que les recettes lucratives tirées de son activité de formation remplissent par ailleurs les conditions de l'exonération applicable à ces prestations en application de l'article 261-4-4°-*a* du code général des impôts (exemple d'application du dernier alinéa du paragraphe n° 164).

L'association ne pourra donc plus, à compter du 1er août 2002, bénéficier de l'exonération des recettes accessoires lucratives prévue par le nouvel article 261-7-1°-*b* du code général des impôts.

En revanche, l'exonération de l'article 261-4-4°-*a* précité s'appliquera aux opérations de formation réalisées à compter de cette date.

Les recettes tirées des travaux de secrétariat pourront, en outre, bénéficier du dispositif de franchise en base prévu à l'article 293 B-I du code général des impôts.

Les recettes lucratives de l'association "D" ayant excédé 60 000 € en 2002, elle ne pourra pas bénéficier de l'exonération des recettes accessoires lucratives au titre de l'année 2003.

SOUS-SECTION 4 *Conséquences en matière d'impôts directs locaux*

A. *Conséquences en matière de taxe professionnelle*

I. Date d'effet de la franchise en matière de taxe professionnelle

163. L'absence d'imposition à la taxe professionnelle s'applique à compter du 1er janvier de l'année suivant celle au cours de laquelle les conditions pour bénéficier de la franchise appréciées au niveau de l'organisme et non de l'établissement sont remplies. En conséquence, le cas échéant, les organismes régulièrement imposés au titre d'une année restent passibles de la taxe professionnelle l'année au cours de laquelle les conditions de la franchise sont remplies.

164. Les organismes considérés ne peuvent pas, au titre de cette même année, bénéficier du dégrèvement *prorata temporis* prévu par le deuxième alinéa de l'article 1478-I, sauf s'il y a cessation de toute activité lucrative. Dans cette hypothèse, la situation de l'organisme doit être réglée selon les principes de droit commun et non en fonction des règles particulières du dispositif de la franchise.

II. Articulation de la franchise des impôts commerciaux et de l'exonération de six manifestationsde bienfaisance ou de soutien mentionnées au *c* du 1° de l'article 261-7 du code général des impôts

165. A compter de 2000, il a été admis que les organismes dont la gestion est désintéressée et qui exercent une activité non lucrative de manière significativement prépondérante, soient exonérés de taxe professionnelle au titre de l'activité développée dans le cadre de six manifestations de bienfaisance ou de soutien organisées dans l'année à leur profit exclusif et dont les recettes sont exonérées de taxe sur la valeur ajoutée et d'impôt sur les sociétés conformément aux dispositions des articles 261-7-1°-*c* et 207-1-5° *bis*, indépendamment du montant des recettes commerciales qu'elles réalisent.

B. *Conséquences en matière de taxe d'habitation*

166. S'agissant de la taxe d'habitation, aucune modification n'est apportée. Cette taxe reste due pour les locaux meublés conformément à leur destination et occupés à titre privatif par les associations et organismes privés dès lors qu'ils ne sont pas retenus pour l'établissement de la taxe professionnelle (art. 1407-I-2° CGI).

En conséquence, les organismes bénéficiaires de la franchise des impôts commerciaux restent redevables de la taxe d'habitation pour les locaux meublés conformément à leur destination qu'ils occupent (cf. Documentation administrative DB 6-D-112).

SOUS-SECTION 5 *Obligations comptables*

167. Les organismes bénéficiaires de la franchise des impôts commerciaux et qui, de ce fait, ne sont pas assujettis à l'impôt sur les sociétés dans les conditions de droit commun, ne sont pas soumis, au regard de cet impôt, aux obligations comptables des entreprises.

De même, les organismes bénéficiant de la franchise des impôts commerciaux ne sont pas soumis aux obligations comptables des redevables de la taxe sur la valeur ajoutée.

168. Ils doivent, en revanche, tenir, conformément au 3° du I de l'article 286 du code général des impôts, un livre aux pages numérotées sur lequel est inscrite, jour par jour, chacune de leurs opérations.

Ils doivent, en outre, suivre distinctement les recettes retirées de leurs opérations accessoires lucratives de façon à pouvoir apprécier si celles-ci excèdent ou non le seuil d'application de la franchise des impôts commerciaux. Ils n'ont toutefois aucune obligation de créer un secteur comptable spécifique.

Les organismes bénéficiant de la franchise des impôts commerciaux, doivent, comme l'ensemble des assujettis à la taxe sur la valeur ajoutée, délivrer une facture ou un document en tenant lieu pour leurs opérations réalisées au profit d'assujettis à la taxe sur la valeur ajoutée ou de personnes morales non assujetties à cette taxe (art. 289-I s. CGI).

SOUS-SECTION 6 *Obligations déclaratives*

169. Les organismes bénéficiaires de la franchise des impôts commerciaux sont soumis aux obligations déclaratives suivantes :

– en ce qui concerne l'impôt sur les sociétés : dépôt, le cas échéant, des déclarations n° 2070 (au titre des revenus patrimoniaux soumis aux taux réduits) et n° 2065 (en raison des résultats des activités financières lucratives et des participations) ;

– en matière de taxe sur la valeur ajoutée, ces organismes, dès lors qu'ils ne sont pas redevables de la taxe, n'ont pas à souscrire de déclaration y afférente. Ils doivent, en revanche, souscrire, en application de l'article 286-I-1° du code général des impôts, une déclaration d'existence et d'identification auprès du centre de formalités des entreprises dont ils relèvent ;

– en ce qui concerne la taxe professionnelle, les organismes ne sont soumis à aucune obligation déclarative particulière ;

– en matière de taxe sur les salaires, les obligations déclaratives des redevables ne sont pas modifiées par le bénéfice de la franchise des impôts commerciaux.

SECTION III *Conséquences du non-respect des conditions d'application de la franchise des impôts commerciaux*

SOUS-SECTION 1 *Situations de non-respect des conditions d'application*

170. Le dispositif de la franchise des impôts commerciaux ne s'applique plus lorsque l'une de ses trois conditions d'application n'est plus remplie c'est-à-dire :

– lorsque la gestion de l'organisme ne peut plus être regardée comme désintéressée ;

– ou lorsque les activités non lucratives ne sont plus significativement prépondérantes. D'une manière générale, il est préférable d'apprécier la prépondérance par rapport à une moyenne pluriannuelle afin d'éviter de tirer des conséquences d'une situation exceptionnelle ;

– ou lorsque le montant des recettes d'exploitation encaissées au cours de l'année civile au titre des activités lucratives accessoires excède 60 000 €.

SOUS-SECTION 2 *Conséquences en matière d'impôt sur les sociétés et d'imposition forfaitaire annuelle*

A. *Impôt sur les sociétés*

171. Les organismes deviennent passibles de l'impôt sur les sociétés dans les conditions de droit commun à compter du 1er janvier de l'année au cours de laquelle l'une des trois conditions d'application de la franchise des impôts commerciaux n'est plus remplie. Les activités lucratives non financières ne sont plus exonérées.

172. Exemple :

L'association "E" bénéficie en 2001 et 2002 de la franchise des impôts commerciaux. Elle n'a pas dégagé de résultats au titre d'activités financières lucratives ou de participations. Elle a seulement déclaré à l'impôt sur les sociétés aux taux réduits ses revenus patrimoniaux (imprimé n° 2070) conformément aux dispositions prévues à l'article 206-5 du code général des impôts.

En 2003, le montant des recettes d'exploitation encaissées au titre de ses activités lucratives accessoires dépasse 60 000 € au cours du mois de septembre.

L'association "E" ne peut plus bénéficier de la franchise des impôts commerciaux en 2003. Elle devient passible de l'impôt sur les sociétés dans les conditions de droit commun à compter du 1er janvier 2003. Elle pourra, sous réserve du respect de certaines conditions, constituer un secteur lucratif conformément aux dispositions prévues ci-dessous.

Elle déposera sa première déclaration n° 2065 au titre de son secteur lucratif ou, à défaut, pour l'ensemble de ses activités lucratives et non lucratives, dans les trois mois de la clôture de son premier exercice clos en 2003 ou, si aucun exercice n'est clos au cours de 2003, au plus tard le 30 avril 2004.

En cas de constitution d'un secteur lucratif, l'association devra continuer à déclarer séparément à l'impôt sur les sociétés aux taux réduits ses revenus patrimoniaux qui ne se rattachent pas aux activités lucratives (imprimé n° 2070).

Nota : Taxe d'apprentissage

173. Dès lors que les organismes deviennent passibles de l'impôt sur les sociétés dans les conditions de droit commun, l'exonération de taxe d'apprentissage des salariés employés à la réalisation des activités lucratives non financières ne s'applique plus. La taxe est due pour les rémunérations versées à compter du 1er janvier de l'année au cours de laquelle ces activités lucratives ne sont plus placées hors du champ d'application de l'impôt sur les sociétés.

B. *Imposition forfaitaire annuelle*

174. Les organismes qui deviennent passibles de l'impôt sur les sociétés dans les conditions de droit commun deviennent également assujettis à l'imposition forfaitaire annuelle.

En cas de sectorisation des activités lucratives, seul le chiffre d'affaires majoré des produits financiers du secteur lucratif est retenu pour l'application du barème de cet impôt.

175. L'imposition forfaitaire annuelle est exigible dès lors que le chiffre d'affaires majoré des produits financiers du dernier exercice clos est au moins égal à 300 000 € (pour plus de précisions voir les bulletins officiels des impôts 4 L-2-00 du 28 février 2000 et 4 L-1-02 du 17 janvier 2002, ainsi que les commentaires portant sur la loi de finances pour 2006 qui a porté le seuil d'exonération à 300 000 €).

176. Les associations régies par la loi du 1er juillet 1901 dont l'activité consiste à animer la vie économique et sociale au bénéfice de la population d'une ou plusieurs communes voisines sont dispensées d'acquitter l'imposition forfaitaire annuelle conformément à l'article 223 *octies* du code général des impôts (cf. Documentation administrative 4-L 6124, n° 7 et ci-dessus n° 125).

Toutes les associations qui sont hors du champ d'impôt sur les sociétés ou exonérées de cet impôt ne sont pas redevables de l'imposition forfaitaire annuelle.

177. Exemple :

Les données de l'exemple précédent (art. 172) sont reprises.

L'association "E" n'est pas redevable de l'imposition forfaitaire annuelle 2003 exigible au plus tard le 15 mars 2003. En effet, bénéficiaire de la franchise en 2002 et donc exonérée des impôts commerciaux, elle n'a pas clos d'exercice comptable en 2002.

L'association "E" n'est pas redevable de l'imposition forfaitaire annuelle 2003 dès lors que le montant de son chiffre d'affaires majoré des produits financiers du dernier exercice clos est inférieur à 2 000 000 €.

SOUS-SECTION 3 *Conséquences en matière de taxe sur la valeur ajoutée*

A. *Conséquences du dépassement du seuil d'application de la franchise des impôts commerciaux*

178. Les organismes dont le montant des recettes lucratives encaissées dépasse le seuil de 60 000 € en cours d'année ne peuvent plus bénéficier de l'exonération prévue au deuxième alinéa de l'article 261-7-1°-*b* du code général des impôts à compter du premier jour du mois suivant celui du dépassement.

Ils ne bénéficient pas non plus de cette exonération au titre des opérations lucratives réalisées lors de l'année civile suivante. En effet, au regard de la taxe sur la valeur ajoutée, le seuil de 60 000 € s'apprécie par référence au montant des recettes encaissées au cours de l'année civile précédente.

179. L'exonération de taxe sur la valeur ajoutée appliquée aux recettes encaissées jusqu'au dernier jour du mois du dépassement n'est pas remise en cause. Par ailleurs, le dépassement du seuil n'a pas pour effet de remettre en cause l'exonération applicable aux opérations non lucratives sous réserve que ces dernières demeurent significativement prépondérantes et que la gestion de l'organisme considéré conserve un caractère désintéressé.

180. Les organismes dont les recettes accessoires lucratives excèdent en cours d'année le seuil de 60 000 €, peuvent toutefois bénéficier, à compter du premier jour du mois suivant ce dépassement, de la franchise en base de taxe sur la valeur ajoutée prévue aux articles 293 B-I et suivants du code général des impôts. Ils doivent, dans cette hypothèse, respecter l'ensemble des règles précisées par l'instruction 3 F-2-99 du 20 juillet 1999.

Obligations déclaratives :

181. Les organismes qui dépassent le seuil de 60 000 € doivent en informer le service des impôts au cours du mois suivant celui du dépassement. Cette démarche permettra l'envoi

aux organismes concernés des déclarations de taxe sur la valeur ajoutée qu'ils devront le cas échéant souscrire (sous réserve des exonérations de taxe sur la valeur ajoutée spécifiques et de la franchise en base de l'article 293 B-I CGI). Elle évitera également à ces organismes d'opérer ultérieurement des régularisations de la taxe éventuellement due au titre des mois suivants celui du dépassement.

182. Exemple :

L'association "F", bénéficiaire de la franchise des impôts commerciaux en 2002 et 2003, a dépassé le seuil de 60 000 € de recettes lucratives accessoires en septembre 2004.

En conséquence, elle ne bénéficie plus de l'exonération de taxe sur la valeur ajoutée applicable à ces recettes à compter du 1er octobre 2004. L'association devra en aviser son centre des impôts au cours du mois d'octobre 2004.

L'association pourra toutefois bénéficier, à compter du 1er octobre 2004, de la franchise en base prévue à l'article 293 B-I du code général des impôts, dans les conditions précisées par l'instruction 3 F-2-99 précitée.

L'exonération de taxe sur la valeur ajoutée visée à l'article 261-7-1°-*b* du code susvisé ne sera pas non plus applicable aux opérations lucratives accessoires réalisées au cours de l'année 2005.

B. *Conséquences du non-respect des conditions de gestion désintéressée et de prépondérance de l'activité non lucrative*

183. Le non-respect de l'une de ces deux conditions, a pour effet de remettre en cause non seulement le bénéfice de la franchise des impôts commerciaux mais encore celui de l'exonération applicable aux opérations réputées jusqu'alors non lucratives. Cette remise en cause porte sur l'ensemble des opérations réalisées au cours de l'année civile au titre de laquelle l'une de ces deux conditions a cessé d'être satisfaite.

SOUS-SECTION 4 *Conséquences en matière d'impôts directs locaux*

A. *Principe d'imposition à la taxe professionnelle*

184. Les organismes deviennent imposables à la taxe professionnelle dès que l'une des trois conditions prévues pour bénéficier de la franchise n'est plus remplie au cours de l'année d'imposition (et non pendant la période de référence retenue pour le calcul des bases d'imposition).

185. Lorsqu'un organisme cesse au cours d'une année donnée de satisfaire aux conditions prévues pour bénéficier de la franchise, il entre immédiatement dans le champ d'application de la taxe professionnelle.

Toutefois, il bénéficie au titre de cette année de l'exonération de la taxe conformément aux dispositions prévues à l'article 1478-II. Il est donc effectivement imposé l'année suivant celle au cours de laquelle il cesse de remplir les conditions pour bénéficier de la franchise.

186. Il est rappelé que chaque redevable de la taxe professionnelle ne peut être assujetti qu'à une seule cotisation minimum établie, conformément aux dispositions de l'article 1647 D du code général des impôts, au lieu de son principal établissement, dès lors qu'une activité passible de taxe professionnelle est exercée au sein de cet établissement. En présence de plusieurs établissements, il convient donc de déterminer le "principal établissement" au sens de la taxe professionnelle.

187. Les organismes dont la gestion est désintéressée et dont les activités non lucratives sont significativement prépondérantes, bénéficient toujours de l'exonération de taxe professionnelle sur les moyens mis en œuvre pour la réalisation de six manifestations de bienfaisance ou de soutien à leur profit exclusif.

188. La perte du bénéfice de la franchise entraîne l'imposition à la taxe professionnelle des seuls établissements où s'exerce une activité lucrative.

B. *Détermination de la base d'imposition*

189. Au titre de la première année d'imposition, la base est calculée à partir des immobilisations dont l'organisme dispose au 31 décembre de l'année au cours de laquelle les conditions de la franchise ne sont plus remplies.

Au cas particulier, les éléments sont retenus pour leur montant réel sans qu'il y ait lieu de procéder à un quelconque ajustement dès lors que les éléments retenus portent, par construction, sur une année entière d'activité.

190. En revanche, la réduction de base prévue au 3e alinéa du II de l'article 1478 du code général des impôts n'est pas applicable. Cependant, lorsqu'un organisme se trouvait au cours d'une année N hors du champ de la taxe professionnelle (dès lors qu'il n'exerçait aucune activité lucrative) et qu'il débute l'exercice d'une activité lucrative, au cours de cette année,

sa situation s'apprécie selon les principes généraux applicables en matière de taxe professionnelle. Dans cette hypothèse, il s'agit d'une véritable création d'établissement ouvrant droit à une exonération de la taxe professionnelle au titre de l'année de création (année N) et d'une réduction de 50 % sur sa base d'imposition de l'année suivante (première année d'imposition).

Au titre des années suivantes, les bases d'imposition sont déterminées selon les règles de droit commun.

C. *Obligations déclaratives*

191. L'organisme doit respecter les obligations déclaratives de droit commun telles qu'elles sont définies à l'article 1477 du code général des impôts. Ainsi, l'organisme doit déposer une déclaration 1003 P dès que les conditions prévues à l'article 206-1° *bis* du code général des impôts ne sont plus remplies et au plus tard avant le 31 décembre de cette année.

TITRE IV Exercice d'activités lucratives et non lucratives : sectorisation et filialisation des activités lucratives

CHAPITRE PREMIER *Principes*

192. Un organisme, dont l'activité principale est non lucrative, peut réaliser des opérations de nature lucrative. Ce peut être notamment le cas quand l'organisme estime que le développement d'une activité à caractère commercial est nécessaire à l'exercice de son activité non lucrative.

193. Dans cette hypothèse, le caractère non lucratif d'ensemble de l'organisme n'est pas contesté si les opérations lucratives sont dissociables de l'activité principale non lucrative.

194. Il est en outre nécessaire que l'activité non lucrative demeure significativement prépondérante. En effet, la partie lucrative ne doit pas orienter l'ensemble de l'activité de l'organisme. De plus, le traitement fiscal de cette activité lucrative accessoire varie en fonction de l'impôt considéré : impôt sur les sociétés, taxe sur la valeur ajoutée, taxe professionnelle.

Ainsi, une association peut, sous certaines conditions, constituer un secteur dit "lucratif" qui sera seul soumis à l'impôt sur les sociétés.

SECTION I *Impôt sur les sociétés*

195. En matière d'impôt sur les sociétés, la sectorisation n'est pas obligatoire et l'organisme peut choisir de soumettre l'ensemble de ses activités à l'impôt sur les sociétés. Cela pourrait être le cas d'organismes qui retirent un fort excédent de l'exercice d'activités lucratives entièrement consacrées à financer des activités non lucratives.

196. Si l'organisme choisit de sectoriser, les opérations lucratives doivent être réalisées dans le cadre d'un secteur d'activité comptable distinct *[V. sur ce point l'art. 9]* ou d'une filiale *[Ces dispositions s'appliquent même si la filialisation se fait par l'intermédiaire d'une structure commerciale dans laquelle l'organisme est majoritaire (exemple : EURL)]*.

Chaque organisme pourra donc séparer ses activités entre un secteur non lucratif et un secteur lucratif ou filialiser son activité lucrative dans une structure commerciale.

Il lui appartiendra de procéder à une exacte répartition de ses charges entre la structure ou l'entité fiscalisée et la structure non fiscalisée. En effet, chaque activité doit assumer toutes les charges qui lui incombent, et seulement celles-ci. La sectorisation ou la filialisation, ne pourrait avoir pour conséquence d'entraîner des transferts de charges au détriment de l'activité assujettie aux impôts commerciaux, dégageant de ce fait des bénéfices dans les seules structures non fiscalisées.

197. En outre, dès lors que l'organisme se borne à percevoir les dividendes de sa filiale sans prendre aucune part à la gestion de la société, son caractère non lucratif n'est pas remis en cause du seul fait de la participation qu'il a prise dans la société.

198. Enfin, en matière d'imposition forfaitaire annuelle, seul le chiffre d'affaires du secteur lucratif est retenu pour l'application du barème de cet impôt.

SECTION II *Taxe sur la valeur ajoutée*

199. En matière de taxe sur la valeur ajoutée, même lorsqu'elles ne remettent pas en cause le caractère non lucratif de l'organisme, les opérations lucratives, réalisées à titre accessoire par un organisme mentionné au *a* ou au *b* de l'article 261-7-1° du code général des impôts, sont imposées à la taxe dans les conditions de droit commun.

200. La sectorisation retenue pour l'application de l'impôt sur les sociétés et, pour des raisons pratiques, pour la détermination des bases imposables à la taxe professionnelle est sans

incidence sur les règles relatives à la constitution de secteurs distincts dont l'application est exigée pour l'exercice des droits à déduction de la taxe sur la valeur ajoutée.

201. En effet, la création de secteurs distincts est régie par les dispositions de l'article 213 de l'annexe II au code général des impôts. Cette création peut également résulter de dispositions spécifiques (notamment l'article 242 B de la même annexe).

SECTION III *Taxe professionnelle*

202. En matière de taxe professionnelle, les organismes qui auront opéré une sectorisation de leur activité lucrative, seront assujettis à cette taxe sur la seule partie lucrative. Seuls les moyens d'exploitation affectés à cette dernière devront être compris dans ses bases d'imposition. La répartition des éléments d'imposition communs à l'activité imposable et à l'activité non imposable devra s'effectuer conformément aux dispositions prévues par la Documentation administrative 6-E – 2211, n°s 27 et 28 et 6-E – 231, n° 9.

Ainsi, lorsque les deux activités sont exercées dans des locaux et avec du personnel distincts, la taxe professionnelle ne porte que sur les locaux où est exercée l'activité imposable et sur le matériel qui s'y rattache.

De la même façon, lorsque les deux activités sont exercées dans les mêmes locaux ou/et avec un matériel et des salariés communs, il convient alors de ne retenir que la fraction de la valeur locative des terrains, bâtiments ou matériels, calculée *au prorata* du temps d'utilisation pour l'activité taxable. L'organisme doit alors estimer sous sa propre responsabilité dans quelle proportion le local ou le matériel est affecté à l'activité imposable.

L'attention est toutefois appelée sur le fait que cette répartition doit être cohérente avec celle retenue en matière d'imposition sur les sociétés.

Cela étant, l'obligation de sectoriser afin de n'être imposé à la taxe professionnelle que sur les seules activités lucratives est rapportée. Ainsi, seules les activités lucratives sont imposables, quand bien même elles seraient prépondérantes ou ne feraient pas l'objet d'une sectorisation (sous réserve du bénéfice de la franchise).

CHAPITRE II *La sectorisation des activités lucratives en matière d'impôts directs*

SECTION I *Les conditions de la sectorisation*

203. Un organisme, dont l'activité principale est non lucrative, peut réaliser des opérations de nature lucrative.

204. Les organismes peuvent isoler, sous certaines conditions, leurs activités lucratives au sein d'un secteur distinct, de manière à ce que le régime fiscal dont ils bénéficient au titre de leurs activités non lucratives ne soit pas remis en cause.

205. Le caractère non lucratif d'ensemble de l'organisme n'est pas contesté si les opérations lucratives sont dissociables de l'activité principale non lucrative (A).

Il est en outre nécessaire que l'activité non lucrative demeure significativement prépondérante. En effet, la partie lucrative ne doit pas déterminer l'orientation de l'ensemble de l'activité de l'organisme (B).

SOUS-SECTION 1 *Les activités doivent être dissociables*

206. En principe, sont considérées comme dissociables de l'activité principale non lucrative les activités qui correspondent à des prestations différentes.

Il s'agit notamment des activités accessoires à l'activité principale de l'organisme à but non lucratif, lorsqu'elles sont exercées dans des conditions concurrentielles, telles que :

– vente d'un journal, même si le thème de ce dernier correspond à l'objet social de l'organisme ;

– exploitation d'un bar ou d'une buvette ;

– vente d'articles divers, même s'ils sont illustrés du logo de l'association ;

– location de salles.

La seule complémentarité d'une activité lucrative et d'une activité non lucrative ne suffit donc pas à remettre en cause la non-lucrativité de cette dernière dès lors que les deux activités sont effectivement distinctes. Il en va différemment s'il ressort des circonstances de fait que l'activité non lucrative a pour objet principal le développement d'une clientèle ou l'accroissement des résultats de l'activité lucrative.

207. Toutefois, si l'objet de l'organisme justifie que les activités lucratives et non lucratives soient réalisées en employant simultanément les mêmes moyens, par exemple avec l'objectif d'assurer la mixité sociale des activités, il peut être admis que la condition de dissociabilité des activités se limite à son aspect comptable.

Dans ce cas, l'association doit être en mesure de dissocier comptablement les charges et les produits se rattachant aux différentes activités.

SOUS-SECTION 2 *Les activités non lucratives doivent demeurer significativement prépondérantes*

208. En matière d'impôt sur les sociétés, la possibilité offerte aux organismes de sectoriser leurs activités lucratives est réservée aux situations où les activités à caractère non lucratif sont significativement prépondérantes.

209. Cette notion de prépondérance doit s'appréhender de la manière qui rende le mieux compte du poids réel de l'activité non lucrative de l'organisme.

210. A cet égard, le critère comptable du rapport des recettes lucratives sur l'ensemble des moyens de financement de l'organisme (recettes, subventions, dons, legs, etc.) apparaît comme le plus objectif.

Toutefois, ce critère peut, dans certains cas, ne pas être le plus pertinent, en particulier lorsque le mode de fonctionnement des activités non lucratives fait appel de façon significative à des soutiens non financiers difficilement évaluables (activité bénévole, dons en nature,...). Dans ce cas, il convient de privilégier d'autres critères afin d'apprécier le poids réel relatif des activités de l'organisme. Il peut s'agir, par exemple, d'apprécier la part respective des effectifs ou des moyens qui sont consacrés respectivement à l'activité lucrative et à l'activité non lucrative.

En toute hypothèse, il est généralement préférable d'apprécier la prépondérance par rapport à une moyenne pluriannuelle afin d'éviter de tirer des conséquences d'une situation exceptionnelle.

SECTION II *Les modalités de sectorisation*

SOUS-SECTION 1 *Les règles de sectorisation en matière d'impôts directs se distinguent de celles qui régissent la création de secteurs distincts d'activités en matière de TVA*

211. Les périmètres des secteurs constitués au regard de l'impôt sur les sociétés et de la taxe professionnelle, d'une part, et de la taxe sur la valeur ajoutée, d'autre part, peuvent ne pas être identiques.

212. En matière de droit à déduction de la TVA, les règles relatives à la création de secteurs distincts d'activités résultent de dispositions réglementaires qui s'imposent aussi bien à l'administration qu'aux redevables. En application de ces règles, deux sortes de sectorisation doivent être distinguées :

– celle qui résulte du principe général énoncé à l'article 213 de l'annexe II au code général des impôts : cette sectorisation s'applique aux redevables qui réalisent des activités qui ne sont pas toutes soumises à des dispositions identiques au regard de la taxe sur la valeur ajoutée ;

– celle qui résulte de dispositions spécifiques prévoyant expressément que, compte tenu de leur nature, certaines activités doivent être érigées en un secteur distinct d'activité.

213. Ainsi, un même organisme qui décide, pour l'application de l'impôt sur les sociétés et de la taxe professionnelle, de sectoriser ses activités lucratives, peut être également tenu de constituer des secteurs distincts pour l'exercice de ses droits à déduction en matière de taxe sur la valeur ajoutée dans les conditions rappelées ci-après :

– un secteur regroupant les opérations exonérées de taxe sur la valeur ajoutée en application des dispositions de l'article 261-7-1°-*a* et *c* du code général des impôts comprenant les services rendus aux membres, les manifestations de bienfaisance dans la limite de six par an, ainsi que les ventes consenties, le cas échéant, aux membres de l'organisme, y compris la part taxée de ces ventes, c'est-à-dire celle qui excède la limite de 10 % des recettes totales de l'organisme. Il s'agit d'une sectorisation spécifique résultant du deuxième alinéa de l'article 242 B de l'annexe II au code général des impôts ;

– un secteur qui regroupe les opérations soumises à la taxe sur la valeur ajoutée, autres que les ventes taxées consenties aux membres et autres que les opérations pour lesquelles une disposition spécifique impose la création d'un secteur particulier (voir ci-après) ;

– un secteur spécifique pour chacune des activités au titre desquelles la création d'un secteur distinct est obligatoire en application de dispositions particulières (voir en ce sens notamment, code général des impôts, annexe II, article 213, deuxième alinéa ; article 242 B, troisième alinéa et article 193, quatrième alinéa).

SOUS-SECTION 2 *La mise en œuvre de la sectorisation*

A. *Création du secteur lucratif*

I. *Affectation des moyens d'exploitation*

214. Les moyens d'exploitation (locaux, matériels, salariés...) propres à chacun des secteurs créés par l'organisme doivent être spécifiquement affectés au secteur considéré. Si l'organisme exerce l'activité lucrative avec des moyens d'exploitation communs à ceux affectés à l'activité non lucrative, ces moyens doivent être répartis comme en matière de taxe professionnelle au prorata du temps d'utilisation dans le cadre de l'activité lucrative (cf. Documentation administrative 6-E-2211, n°s 27 et 28 et 6-E-231, n° 9).

II. *Établissement d'un bilan fiscal de départ*

1. Principes

215. L'organisme doit se conformer aux obligations fiscales et comptables propres aux impôts commerciaux à raison des activités du secteur lucratif. Il doit donc établir un bilan fiscal de départ à la date du premier jour du premier exercice soumis à ces impôts.

Ce bilan d'entrée est porté à la connaissance de l'administration au moyen de tableaux annexes joints à la déclaration de résultat du premier exercice imposé.

216. L'ensemble des éléments d'actif et de passif affectés aux opérations lucratives doivent figurer dans ce bilan.

Les comptes de capitaux propres comportent un compte de liaison qui retrace les transferts entre les deux secteurs.

217. Tout retrait ultérieur de l'un de ces éléments d'actif aura les conséquences fiscales d'une cession d'actif.

218. Les produits et les charges doivent être rattachés à la période exonérée ou à la période imposable par application des critères de droit commun qui permettent de déterminer la date à laquelle sont réunies les conditions de leur qualification en créances acquises ou en dettes certaines.

Ce principe exclut toute imputation sur les bases imposables de charges qui se rapportent à une période antérieure non fiscalisée et toute imposition de produits se rapportant à cette même période non fiscalisée, à l'exception de celles prévues par une disposition expresse du code général des impôts.

219. Le bilan de départ doit donc comprendre l'ensemble des comptes de régularisation et de provisions qui permettent le respect de ces principes (produits à recevoir, produits constatés d'avance, provisions pour charge ou dépréciation...).

2. Cas des immeubles

220. En ce qui concerne les immeubles dont il est directement propriétaire, l'organisme peut :

– inscrire à l'actif de son bilan la seule fraction de l'immeuble affectée à l'activité lucrative. L'organisme peut alors déduire les charges de propriété afférentes à cette fraction d'immeuble, dont l'amortissement. En contrepartie, la plus-value de cession ou de retrait d'actif sera taxable dans les conditions de droit commun au prorata de la partie inscrite au bilan ;

– ou ne pas l'inscrire à l'actif de son bilan. Dans ce cas, l'organisme ne peut déduire de l'assiette de l'impôt sur les sociétés au taux normal aucune charge de propriété, notamment d'amortissement, au titre de cet immeuble. En revanche, la plus-value de cession n'est pas taxable.

Remarque : L'inscription ou non à l'actif du bilan de l'immeuble affecté à l'activité lucrative est sans incidence au regard de l'imposition de la valeur locative dudit bien à la taxe professionnelle.

3. Autres immobilisations

221. Pour l'inscription de ses biens autres qu'immobiliers (et les biens immobiliers dans l'hypothèse d'un choix pour leur inscription) au bilan, il convient donc en principe de retenir la fraction du bien qui correspond à son utilisation lucrative. Si cette méthode convient lorsque la répartition de l'utilisation des biens par les deux secteurs est constante dans le temps (exemple : affectation de bureaux), elle représente une grande source de complexité lorsque la répartition entre les deux secteurs varie d'un exercice à l'autre (exemple : ordinateurs, véhicules affectés aux deux secteurs).

Il sera donc admis pour ces biens, que la valeur totale soit inscrite au bilan du secteur lucratif, l'amortissement seul étant réparti, exercice par exercice, entre les deux secteurs. Dans cette hypothèse, seule la sortie totale du bien du secteur lucratif ou sa cession à l'extérieur de l'organisme, sera le fait générateur d'une plus-value, elle-même répartie entre les deux secteurs au prorata des amortissements déduits d'un résultat fiscal.

Exemple : amortissement d'un véhicule d'une valeur de 10 000 €.

Année	Amortissement comptable	% d'utilisation lucrative	Amortissement fiscal
2000	2 000	30 %	600
2001	2 000	20 %	400
2002	2 000	50 %	1 000
Total	6 000		2 000

Vente du véhicule en 2003 pour 5 000 €
Valeur nette comptable : 10 000 – 6 000 = 4 000 €
Plus-value comptable : 5 000 – 4 000 = 1 000 €

Plus-value fiscale : $\frac{1\,000 \times 2\,000}{6\,000} = 333{,}33$ €

222. Cela étant, la liberté d'inscription au bilan du secteur lucratif est également admise pour l'ensemble des biens mobiliers utilisés dans le cadre des activités lucratives. En l'absence d'inscription à l'actif du secteur lucratif des biens mobiliers, aucune charge de propriété, telles que les frais d'acquisition, les grosses réparations et l'amortissement ne pourra être déduite du résultat imposable.

Remarque : L'inscription ou non d'un bien à l'actif du bilan est sans incidence au regard de l'imposition de la valeur locative dudit bien à la taxe professionnelle.

4. Traitement des provisions

223. En ce qui concerne les provisions établies selon les normes comptables pour faire face à des charges ou risques mais qui, au regard des règles d'assiette, ne correspondent pas à des charges fiscalement déductibles lors de leur constatation, il convient de les déclarer et de les traiter comme des provisions non déductibles.

La reprise comptable de ces provisions sera donc annulée extra-comptablement pour la détermination du résultat fiscal.

224. En revanche, la reprise d'une provision inscrite au bilan d'entrée en tant que provision déductible du résultat fiscal en application des principes comptables et fiscaux en vigueur sera comprise dans le résultat imposable, la charge réelle couverte par cette provision étant déduite de ce même résultat.

Nota : s'il apparaissait que des provisions déductibles étaient manifestement sous-évaluées lors de la formation du bilan fiscal de départ, l'administration se réserve le droit de remettre en cause les charges qui auraient dû être couvertes par ces provisions conformément au principe de l'annualité des charges.

III. *Valorisation des éléments inscrits au bilan fiscal de départ*

225. Les éléments d'actif et de passif sont inscrits au bilan fiscal de départ pour leur valeur réelle à la date d'établissement de ce bilan.

En conséquence, il y a lieu en principe de procéder à une (ré)évaluation des actifs.

Dans l'hypothèse où cette réévaluation ne serait pas possible, l'organisme concerné devra fournir un tableau, joint à la déclaration, précisant pour chaque bien concerné :

– la valeur comptable d'inscription au bilan comptable ;
– sa valeur réelle d'inscription au bilan fiscal ;
– l'amortissement pratiqué au plan comptable ;
– l'amortissement fiscal calculé sur la valeur réelle.

226. Les conséquences fiscales du transfert vers le secteur non lucratif d'un élément inscrit à ce bilan sont déterminées en fonction de la valeur réelle de l'élément à la date de son changement d'affectation.

IV. *Détermination du résultat imposable du secteur lucratif*

227. Le résultat imposable du secteur lucratif est déterminé et soumis à l'impôt sur les sociétés dans les conditions de droit commun.

228. Un organisme peut mettre fin à la sectorisation de ses activités lucratives. Dans ce cas, il rend imposable à l'impôt sur les sociétés l'ensemble de ses activités. Les éléments d'actif et de passif précédemment compris dans le secteur non lucratif sont inscrits au bilan d'entrée de l'exercice au titre duquel il est renoncé à la sectorisation, dans les conditions prévues aux paragraphes n°s 215 et suivants.

De même, un organisme peut reconstituer un secteur lucratif dans les conditions prévues ci-dessus. Dans ce cas, les règles applicables en matière d'impôt sur les sociétés en cas de cessation partielle d'entreprise sont applicables dans les conditions de droit commun.

B. *Modalités d'assujettissement*

I. *En matière d'impôt sur les sociétés*

1. Modalités d'imposition

229. L'organisme est redevable de l'impôt sur les sociétés :

– au taux de droit commun et des contributions assises sur cet impôt prévus aux articles 235 *ter* ZA et 235 *ter* ZC du code général des impôts à raison des résultats imposables du secteur lucratif ;

– le cas échéant, au taux réduit de 15 % prévu au *b* du I de l'article 219 du code général des impôts ;

– le cas échéant, aux taux réduits de 24 % ou de 10 % sur ses revenus patrimoniaux c'est-à-dire ses revenus fonciers, agricoles et mobiliers.

230. Si des revenus fonciers, agricoles ou mobiliers se rattachent aux activités lucratives sectorisées, ils doivent être intégrés au résultat imposable au taux de droit commun de l'impôt sur les sociétés.

L'administration a la charge d'établir que les immeubles loués, les exploitations rurales ou forestières ou les placements mobiliers sont réellement affectés à la réalisation d'opérations lucratives.

Ces revenus patrimoniaux perçus par un organisme sans but lucratif sont donc, sauf preuve contraire, soumis à l'impôt sur les sociétés prévu à l'article 206-5 du code général des impôts.

231. L'organisme doit déposer deux déclarations, l'une (n° 2065) pour ce qui concerne son secteur lucratif, et l'autre (n° 2070) pour ce qui concerne ses revenus patrimoniaux.

232. L'impôt sur les sociétés correspondant à l'activité lucrative ainsi que les contributions assises sur cet impôt donnent lieu au paiement spontané des acomptes et du solde de liquidation auprès du comptable chargé du recouvrement de l'impôt sur les sociétés dont dépend l'organisme, sans émission préalable d'un rôle.

En ce qui concerne le calcul et le paiement des acomptes et du solde de liquidation, il convient de se reporter à la Documentation administrative 4-H-5522.

233. Toutefois, il est admis que les organismes soient dispensés d'acomptes au cours des douze premiers mois d'assujettissement à l'impôt sur les sociétés dans les conditions de droit commun.

234. L'imposition aux taux réduits prévue à l'article 206-5 du code général des impôts reste établie par voie d'avis de mise en recouvrement. Cette imposition est exclue du régime des acomptes.

2. Prélèvement de fonds sur le secteur lucratif

235. Les valeurs financières (liquidités, titres de placement...) peuvent être transférées du secteur lucratif vers le secteur non lucratif. Ces transferts sont enregistrés dans le compte de liaison.

Ces sommes ne sont pas éligibles au dispositif prévu en faveur du mécénat et ne peuvent donc pas être admises en déduction du résultat imposable du secteur lucratif. Leur retrait de l'actif a les conséquences fiscales d'une cession d'actif.

Les prélèvements opérés ne doivent pas être financés par un endettement du secteur lucratif.

236. Toutefois, il ne pourra être constaté de distributions imposables en tant que revenus distribués au sens des articles 109 à 117 du code général des impôts dès lors que l'organisme en cause, conformément à son statut, ne procède à aucune distribution irrégulière.

3. Dispense du versement d'acompte

237. Il est admis que les organismes soient dispensés d'acomptes au cours des douze premiers mois d'assujettissement à l'impôt sur les sociétés dans les conditions de droit commun.

238. Les organismes dont le chiffre d'affaires du dernier exercice clos est inférieur à 80 000 € sont dispensés à compter des exercices clos à partir du 31 décembre 2001 du versement des acomptes d'impôt sur les sociétés.

239. Exemple :

L'association "E" a clos son premier exercice le 31 décembre 2003. Elle a régulièrement constitué un secteur lucratif dont le chiffre d'affaires s'élève à 70 000 € au titre de l'exercice 2003. Elle n'a pas perçu de produits financiers.

L'association "E" est dispensée du versement d'acomptes d'impôt sur les sociétés en 2003 et 2004.

II. *En matière de taxe professionnelle*

240. Un organisme qui exerce une activité lucrative est assujetti à la taxe professionnelle sur cette seule activité, que son activité principale soit non lucrative ou pas.

L'organisme peut, s'il le souhaite, sectoriser ses activités lucratives.

Cette opération s'analyse en une création d'établissement lorsque les activités lucratives sont exercées dans de nouveaux locaux ou lorsque la sectorisation coïncide avec la création de l'activité lucrative imposable.

Dans cette hypothèse, les dispositions du II de l'article 1478 du code général des impôts s'appliquent (imposition en N + 1 sur les bases de N éventuellement ajustées et réduction de moitié des bases de la première année d'imposition).

1. Date de début d'imposition

241. Ces organismes sont imposables sur l'activité lucrative accessoire et dissociable à compter de l'année suivant celle au cours de laquelle l'activité lucrative est créée, selon les règles prévues au II de l'article 1478 du code général des impôts (création d'établissement).

S'ils procèdent ultérieurement à la sectorisation des activités lucratives, le secteur lucratif reste seul imposable à la taxe professionnelle. Cette opération ne peut pas être assimilée à une création d'établissement au sens des dispositions de l'article 1478 précité. Il n'y a donc pas lieu d'appliquer la réduction de base de 50 % prévue au deuxième alinéa du II de l'article 1478 déjà cité.

2. Détermination des bases d'imposition du secteur lucratif

a. Éléments d'imposition afférents au secteur lucratif

242. Seuls les moyens d'exploitation affectés aux activités lucratives (immeubles, matériels) doivent être retenus pour le calcul des bases d'imposition à la taxe professionnelle de l'organisme.

Pour apprécier le seuil d'imposition des équipements et biens mobiliers visé à l'article 1469-4° du code général des impôts, il convient de ne retenir que les seules recettes afférentes au secteur lucratif.

Il est précisé que les biens affectés à l'activité lucrative et dont l'organisme dispose à quelque titre que ce soit (propriété, prise en location, mise à disposition gratuite...) doivent être inclus dans la base d'imposition, alors même que les biens ne seraient pas inscrits à l'actif du bilan (cf. art. 215).

Lorsque les activités lucratives et non lucratives sont exercées dans des locaux et avec du personnel distincts, la taxe professionnelle ne porte que sur les locaux où l'activité imposable est exercée et sur le matériel qui s'y rattache. En revanche, lorsque les deux activités sont exercées dans les mêmes locaux ou/et avec un matériel et des salariés communs, il convient de ne retenir que la fraction de la valeur locative des terrains, bâtiments ou matériels affectée à l'activité taxable et calculée au prorata du temps d'utilisation. L'organisme doit alors estimer sous sa propre responsabilité dans quelle proportion le local ou le matériel est affecté à l'activité imposable.

b. Période de référence retenue pour la détermination de la base d'imposition

243. La période de référence servant à la détermination des bases d'imposition du secteur lucratif est celle de droit commun visée au II de l'article 1478 du code général des impôts (ou au IV du même article dans le cas d'un changement d'exploitant).

c. Calcul des bases imposables

244. Les bases d'imposition sont calculées dans les conditions de droit commun (cf. Documentation administrative 6-E-22 à 25). Ainsi, il y a lieu d'appliquer notamment, la réduction de base de 50 % prévue à l'article 1478-II 3e alinéa du code général des impôts (Réduction pour Création d'Établissement) l'année qui suit celle de la création de l'activité lucrative, que la création ait coïncidé ou pas avec la sectorisation.

Le transfert d'un bien du secteur non lucratif au secteur lucratif ne peut avoir pour effet de modifier la valeur locative du bien à retenir dans la base d'imposition de l'organisme. Les dispositions de l'article 1518 B du code général des impôts ne sont pas applicables.

3. Effets de la suppression du secteur lucratif

a. La fin de la sectorisation coïncide avec la cessation de toute activité lucrative

245. L'organisme n'est plus assujetti à la taxe professionnelle à compter de l'année suivant celle au cours de laquelle il a cessé son activité lucrative et peut, le cas échéant, bénéficier du dégrèvement *prorata temporis* dans les conditions prévues à l'article 1478-I du code général des impôts (cessation de toute activité et absence de cession ou de transfert).

b. Les conditions requises en matière d'impôt sur les sociétés pour sectoriser l'activité lucrative ne sont plus remplies (activité lucrative prépondérante ou non dissociable) cf. art. 206 et suivants

246. L'organisme n'est plus autorisé à sectoriser mais reste imposable sur sa seule activité lucrative.

La suppression du secteur n'a pas pour effet de modifier la valeur locative des biens à retenir dans la base d'imposition de l'organisme.

4. Dégrèvements

a. Plafonnement en fonction de la valeur ajoutée (article 1647 B *sexies* du code général des impôts)

247. L'organisme peut bénéficier du plafonnement de ses cotisations de taxe professionnelle en fonction de la valeur ajoutée produite par la seule activité imposable, dans les conditions de droit commun.

Les éléments afférents à l'activité non lucrative doivent être exclus du calcul de la valeur ajoutée. De même, seul le chiffre d'affaires provenant du secteur lucratif est retenu pour déterminer le taux de plafonnement applicable.

A titre de règle pratique, il conviendra de retenir les éléments comptables fournis en annexe aux déclarations de résultats souscrites par l'organisme au titre de son activité lucrative sectorisée.

Remarque : Les mêmes règles de calcul de la valeur ajoutée sont applicables en ce qui concerne la cotisation minimale prévue à l'article 1647 E du code général des impôts.

b. Dégrèvement pour réduction d'activité (article 1647 *bis* du code général des impôts)

248. Ce dégrèvement est accordé dans les conditions de droit commun lorsqu'une baisse des bases d'imposition appréciées pour l'ensemble du secteur lucratif de l'association est enregistrée.

c. Dégrèvement pour cessation d'activité (article 1478-I du code général des impôts)

249. Ce dégrèvement ne peut être prononcé que si l'organisme cesse toute activité lucrative. Ainsi la suppression du secteur au sein duquel étaient exercées les activités lucratives n'ouvre droit au dégrèvement prévu à l'article 1478-I 2e alinéa du code général des impôts que si l'organisme, considéré dans son ensemble, cesse définitivement toute activité lucrative.

5. Obligations déclaratives

250. L'organisme doit déclarer ses éléments d'imposition afférents au secteur lucratif dans les conditions prévues à l'article 1477 du code général des impôts, c'est-à-dire avant le 1er janvier de l'année suivant celle de la création de l'activité lucrative isolée au sein d'un secteur distinct et, en période de croisière, avant le 1er mai d'une année pour l'année suivante.

III. En matière de taxe d'habitation

251. Conformément aux dispositions de l'article 1407-2° du code général des impôts, la taxe d'habitation est due pour les locaux meublés conformément à leur destination et occupés à titre privatif notamment par des associations et organismes privés qui ne sont pas retenus pour l'établissement de la taxe professionnelle.

Dès lors, les locaux ou la fraction des locaux compris dans les bases d'imposition à la taxe professionnelle en application des règles décrites ci-dessus ne sont pas imposables à la taxe d'habitation.

Pour plus de précisions, il convient de se reporter à la documentation administrative 6 D-12.

IV. Imposition forfaitaire annuelle

252. Les organismes qui exercent des activités lucratives sont en principe redevables de l'imposition forfaitaire annuelle. Seul le chiffre d'affaires du secteur lucratif majoré des produits financiers y afférent est retenu pour l'application du barème de cet impôt.

CHAPITRE III *La filialisation des activités lucratives*

253. L'opération de la filialisation s'opère habituellement par apport partiel d'actif, et peut être réalisée soit au profit d'une société nouvelle soit au profit d'une société préexistante.

SECTION I *Conséquences sur le régime fiscal de l'organisme*

254. La détention de titres d'une société commerciale par un OSBL peut avoir des conséquences sur son caractère non lucratif.

Afin de déterminer si la détention des titres remet en cause le caractère non lucratif de l'activité, il convient de s'interroger sur le point de savoir si cette détention devient un élément prépondérant par rapport à l'activité non lucrative de l'organisme.

A cet égard, trois situations peuvent se présenter.

SOUS-SECTION 1 *Une gestion patrimoniale qui ne remet pas en cause le caractère non lucratif général de l'organisme*

255. La simple détention par un organisme d'une partie du capital d'une société n'est pas à même en soi de remettre en cause son caractère non lucratif général.

256. Si cette détention est minoritaire, il est possible de considérer qu'il y a une présomption de gestion passive.

Si en outre, l'organisme ne joue dans la société aucun rôle de gestion actif, la gestion peut être considérée comme patrimoniale.

257. Dans cette hypothèse, les titres de la société font partie du patrimoine de l'organisme qui demeure non lucratif, si les autres conditions sont remplies. Les dividendes reçus sont alors soumis aux règles prévues à l'article 206-5 déjà cité. A ce titre, s'agissant d'une société française, ils sont exonérés.

258. Exception : Les titres reçus en rémunération d'un apport partiel d'actif placé sous le régime fiscal spécial des fusions prévu aux articles 210 A et 210 B du code général des impôts, doivent impérativement être localisés dans un secteur lucratif, qu'il conviendra le cas échéant de créer, afin de respecter l'engagement de calcul des plus-values imposables dont sont grevés ces titres.

Ils ne pourront être détenus dans le secteur non lucratif qu'après transfert et taxation de la plus-value latente.

SOUS-SECTION 2 *Une gestion active de la filiale qui permet la création d'un secteur imposable sans remise en cause de la non-lucrativité de tout l'organisme*

259. Ne peut être considérée *a priori* comme patrimoniale la détention d'une participation majoritaire dans le capital de la filiale. Il en est de même lorsqu'il existe des liens économiques entre les deux entités ou lorsque les dirigeants de la filiale sont également dirigeants de l'association ou lorsque des liens de parenté existent entre le dirigeant de l'association et le dirigeant de la filiale.

Cela étant, la détention majoritaire du capital n'est pas suffisante pour qualifier la gestion de gestion active. Il convient de s'interroger sur le point de savoir si l'organisme intervient concrètement et de façon importante dans la gestion de la filiale.

260. Ainsi, l'organisme, qui peut avoir une activité distincte de la société, intervient dans tout ou partie de la gestion de sa filiale (c'est en particulier le cas lorsque la société commerciale a la forme d'une EURL).

261. Dans cette situation, et afin d'assurer une certaine neutralité avec la situation fiscale qui résulterait d'une solution de sectorisation de l'activité, il est considéré que l'organisme exerce une activité lucrative de gestion de titres. Il convient alors d'appliquer à la gestion de ces titres les règles exposées en matière de sectorisation dans les conditions définies précédemment.

Ainsi, si l'activité de gestion de titres n'est pas prépondérante (les revenus retirés de cette activité ou la gestion de la société ne requiert pas l'essentiel de l'activité de l'association), le secteur lucratif peut être limité à la seule détention des titres.

Dans ces conditions, le bilan fiscal est composé, à l'actif, des titres de la société et, au passif, éventuellement, des dettes et du compte de liaison qui enregistre les transferts du secteur lucratif au secteur non lucratif.

262. Les dividendes reçus peuvent bénéficier du régime mère-fille si les conditions d'application de ce régime sont remplies.

263. Les éventuelles plus-values de cession des titres sont imposables dans les conditions de droit commun de l'impôt sur les sociétés prévu à l'article 206-1 du code général des impôts.

264. Exemple de gestion active d'une filiale :

Hypothèses :

L'association "F" crée, pour financer son activité non lucrative d'alphabétisation, une EURL qui assure des séances de formation de personnels d'entreprises.

L'association "F" retire de cette société un dividende annuel de 100 000 €. L'association n'a pas d'autres ressources et réalise son activité non lucrative avec la participation d'une cinquantaine de bénévoles.

Elle salarie une personne comme secrétaire-comptable qui s'occupe de toute la partie administrative et notamment de la gestion des titres de la filiale.

Solution :

La seule détention par l'association "F" des titres de l'EURL rend la gestion de ces titres lucrative.

Bien que le dividende représente la totalité des ressources de l'association, l'importance relative des bénévoles affectés à l'activité non lucrative au regard de la personne salariée affectée en partie à la gestion de la filiale permet de conclure à la prépondérance de l'activité non lucrative.

L'association peut sectoriser son activité de gestion de titres.

Les dividendes reçus de l'EURL sont imposables dans les conditions de droit commun mais bénéficient du régime mère-fille et sont donc imposés pour une valeur égale à 0.

En cas de cession des titres de l'EURL, la plus-value éventuellement constatée entre le prix de cession et le prix de revient fiscal des titres est imposée selon les règles de droit commun.

SOUS-SECTION 3 *Des relations privilégiées avec la filiale qui entraînent la lucrativité de l'ensemble de l'organisme*

265. De façon générale, un organisme qui entretient avec une société du secteur lucratif des relations privilégiées caractérisées par une complémentarité économique est considéré comme lucratif pour l'ensemble de ses activités, sans possibilité de sectorisation.

Tel est notamment le cas lorsqu'il existe entre eux une complémentarité commerciale, une répartition de clientèle, des échanges de services, une prise en compte par la société de charges relevant normalement de l'activité non lucrative, etc.

266. La notion de complémentarité commerciale désigne à la fois la situation dans laquelle l'activité non lucrative tend à développer l'activité de la société commerciale, et celle dans laquelle cette dernière confère à l'activité non lucrative de l'organisme, par contagion de ses propres buts et pratiques commerciales, tout ou partie des avantages liés au recours au marché.

267. Il n'y a pas lieu de relever l'existence d'une telle complémentarité du seul fait de l'existence d'une filiale ou d'un lien entre l'activité non lucrative de l'organisme et celle, lucrative, de la filiale.

SECTION II ***Les modalités de la filialisation***

SOUS-SECTION 1 *Régime fiscal de l'opération d'apport partiel d'actif*

268. Un organisme sans but lucratif, dont l'activité lucrative n'est pas prépondérante, peut souhaiter ne pas créer de secteur lucratif. Dans ce cas, cet organisme a la possibilité de filialiser son secteur lucratif.

269. Il lui suffit alors de transférer à une structure juridiquement distincte, les moyens qu'il souhaite affecter, après apport, à l'exercice d'une activité lucrative.

270. De même, un organisme sans but lucratif peut filialiser une ou plusieurs des activités lucratives de son secteur lucratif afin de marquer la séparation entre ces activités et le secteur non lucratif qu'elles financent.

A. *Impôt sur les sociétés*

I. Cas général

271. Lorsqu'un organisme décide de ne plus affecter à ses activités non lucratives une partie de ses actifs pour les mettre en société et limite effectivement son activité à la poursuite de son objet désintéressé, il n'est imposable que sur les seuls revenus énumérés à l'article 206-5 du code général des impôts.

Ces revenus n'incluent les plus-values sur cession d'éléments d'actif immobilisés que si les éléments cédés sont affectés à une exploitation agricole imposée d'après le régime du bénéfice réel. En dehors de ce cas, il est admis qu'il n'y a pas imposition des gains en capital.

II. Filialisation des activités du secteur lucratif

1. Principe : Imposition des bénéfices réalisés par l'activité apportée

272. L'apport partiel d'actif peut porter sur tout ou partie des activités du secteur lucratif.

273. L'apport partiel d'actif entraîne, au regard du secteur lucratif de l'organisme apporteur, cession ou cessation d'entreprise, en totalité ou en partie, et donne lieu à une imposition immédiate dans les conditions fixées par les articles 201 et 221-2 du code général des impôts.

Toutefois, à titre de règle pratique, en cas de cession ou cessation partielle, il conviendra de surseoir à l'établissement immédiat de l'imposition des bénéfices non encore taxés (à moins que les intéressés ne le demandent). Lorsqu'il a été sursis à l'imposition en vertu de cette tolérance, les bénéfices afférents à la branche d'activité apportée sont taxés, après l'expiration de l'exercice en cours, en même temps que ceux du secteur lucratif conservé.

2. Régime spécial des fusions

274. Lorsque l'apport partiel d'actif est réalisé au profit d'une société soumise à l'impôt sur les sociétés, les plus-values d'apport et les provisions peuvent, dans les conditions prévues aux articles 210 A à 210 C du code général des impôts, ne pas être immédiatement taxées lors de l'opération.

275. Conformément à l'article 210 B du code général des impôts, le régime de sursis d'imposition prévu à l'article 210 A du même code s'applique aux apports partiels d'actif lorsque l'apport partiel d'actif porte sur une branche complète d'activité et que l'association apporteuse prend l'engagement dans l'acte d'apport :

– de conserver pendant trois *[L'art. 22 de la loi de finances pour 2000 a réduit la durée de l'engagement de 5 à 3 ans]* ans les titres remis en contrepartie de l'apport ;

– de calculer ultérieurement les plus-values de cession afférentes à ces mêmes titres par référence à la valeur que les biens apportés avaient, du point de vue fiscal, dans ses propres écritures ;

– lorsque ces conditions ne sont pas remplies seul le recours à la procédure d'agrément prévue à l'article 210 B-3 du code général des impôts sera susceptible, le cas échéant, de placer l'opération d'apport partiel d'actif envisagée sous le régime spécial des fusions.

Afin de respecter cet engagement, les titres doivent être inscrits directement et immédiatement à l'actif du bilan du secteur lucratif de l'organisme sans but lucratif jusqu'au moment de leur cession. Le transfert des titres du secteur taxable au secteur non taxable entraîne l'imposition dans les conditions de droit commun de la plus-value latente constatée au moment du transfert au titre de l'exercice au cours duquel intervient le changement d'affectation.

276. Par ailleurs, il est rappelé que la société bénéficiaire de l'apport doit prendre, dans l'acte d'apport, les engagements prévus à l'article 210 A précité quelle que soit la procédure, de plein droit ou d'agrément, mise en œuvre.

277. De plus, l'organisme sans but lucratif et la société bénéficiaire de l'apport doivent se conformer aux obligations déclaratives prévues à l'article 54 *septies* du code général des impôts.

B. *Droits d'enregistrement*

278. L'apport peut bénéficier du régime de faveur défini aux articles 816 et 817 du code général des impôts dans les conditions prévues à l'article 817 A du même code.

SOUS-SECTION 2 *Taxe professionnelle*

279. L'organisme qui le souhaite peut filialiser tout ou partie de ses activités lucratives au sein d'une structure juridiquement distincte. Cette filialisation revêt la forme d'un apport partiel d'actif à une société nouvelle ou préexistante.

A. *Modalités d'imposition de la filiale*

I. Création d'une société nouvelle

280. La filiale constituée est imposable à la taxe professionnelle dans les conditions de droit commun dès l'année suivant celle de sa création.

Cette opération s'analyse ainsi de façon générale :

– soit en une création d'établissement lorsque la filiale s'installe dans de nouveaux locaux ou lorsque la filialisation coïncide avec la création de l'activité lucrative imposable.

Dans cette hypothèse, les dispositions du II de l'article 1478 du code général des impôts s'appliquent (exonération en N, imposition en N + 1 sur les bases de N éventuellement ajustées et réduction de moitié des bases de la première année d'imposition) ;

– soit en un changement d'exploitant lorsque l'organisme exerçait déjà l'activité lucrative qui le rendait imposable et que la filiale s'installe dans des locaux précédemment occupés par l'organisme.

Il convient alors d'appliquer les dispositions du IV du même article.

II. Apport à une société préexistante

281. Lorsque la filialisation est réalisée au profit d'une société préexistante, celle-ci est imposable à la taxe professionnelle dans les conditions de droit commun. L'apport partiel d'actif réalisé à son profit constitue alors une extension de l'établissement préexistant (sous réserve le cas échéant d'une création d'un établissement nouveau ou d'un changement d'exploitant).

B. *Conséquences au regard de l'organisme mère*

Trois situations doivent être envisagées.

282. Cas n° 1 : L'organisme mère est considéré comme n'exerçant plus aucune activité lucrative. Tel est le cas lorsqu'il se cantonne dans son rôle d'actionnaire passif et ne joue aucun rôle dans la gestion de la filiale. Il est alors hors du champ d'application de l'impôt.

283. Cas n° 2 : L'organisme mère intervient dans la gestion de sa filiale. Cette activité est imposable à la taxe professionnelle dans les conditions de droit commun que celle-ci fasse ou non l'objet d'une sectorisation, dès lors qu'elle est exercée dans des conditions caractérisant l'exercice d'une profession non salariée (régularité, mise en œuvre de moyens matériels ou intellectuels...). Tel serait le cas d'une gestion active se traduisant par des arbitrages répétés et des transactions nombreuses.

284. Cas n° 3 : L'organisme entretient avec sa filiale des relations privilégiées caractérisées par une complémentarité économique. L'organisme étant alors considéré comme lucratif dans son ensemble, il ne peut bénéficier de la franchise des impôts commerciaux. Il reste imposable à la taxe professionnelle dans les conditions de droit commun sur ses seules activités lucratives.

TITRE V **Précisions diverses**

Conséquences de la réalisation d'activités lucratives au regard du régime juridique d'ensemble des associations

285. L'assujettissement aux impôts commerciaux d'une association qui réalise des activités lucratives n'est pas, à lui seul, de nature à remettre en cause sa situation juridique, au regard de la loi du 1er juillet 1901 dès lors que, notamment, sa gestion reste désintéressée.

La soumission d'une association aux impôts commerciaux, du fait de la qualification de son activité comme lucrative au sens fiscal du terme, est, en droit, sans incidence sur les agréments, habilitations ou conventions qui sont susceptibles de lui être délivrés au titre d'une réglementation particulière. De même, l'octroi de concours publics aux organismes concernés reste soumis aux dispositions qui leur sont spécifiques.

MANIFESTATIONS SPORTIVES

Convention européenne du 19 août 1985,

Sur la violence et les débordements de spectateurs lors de manifestations sportives, et notamment de matches de football.

Les États membres du Conseil de l'Europe et les autres États parties à la Convention culturelle européenne, signataires de la présente Convention,

Considérant que le but du Conseil de l'Europe est de réaliser une union plus étroite entre ses membres ;

Préoccupés par la violence et les débordements de spectateurs lors de manifestations sportives et notamment de matches de football, et par les conséquences qui en découlent ;

Conscients du fait que ce problème menace les principes consacrés par la Résolution (76) 41 du Comité des Ministres du Conseil de l'Europe, connue comme la « Charte européenne du sport pour tous » ;

Soulignant l'importante contribution apportée à la compréhension internationale par le sport et, particulièrement, en raison de leur fréquence, par les matches de football entre les équipes nationales et locales des États européens ;

Considérant que tant les autorités publiques que les organisations sportives indépendantes ont des responsabilités distinctes mais complémentaires dans la lutte contre la violence et les débordements de spectateurs, compte tenu du fait que les organisations sportives ont aussi des responsabilités en matière de sécurité et que, plus généralement, elles doivent assurer le bon déroulement des manifestations qu'elles organisent ; considérant par ailleurs que ces autorités et organisations doivent à cet effet, unir leurs efforts à tous les niveaux concernés ;

Considérant que la violence est un phénomène social actuel de vaste envergure, dont les origines sont essentiellement extérieures au sport, et que le sport est souvent le terrain d'explosions de violence ;

Résolus à coopérer et à entreprendre des actions communes afin de prévenir et de maîtriser la violence et les débordements de spectateurs lors de manifestations sportives,

Sont convenus de ce qui suit :

Art. 1er *But de la Convention.*

1. Les Parties, en vue de prévenir et de maîtriser la violence et les débordements de spectateurs lors de matches de football, s'engagent à prendre, dans les limites de leurs dispositions constitutionnelles respectives, les mesures nécessaires pour donner effet aux dispositions de la présente Convention.

2. Les Parties appliquent les dispositions de la présente Convention à d'autres sports et manifestations sportives, compte tenu des exigences particulières de ces derniers, dans lesquels des violences ou des débordements de spectateurs sont à craindre.

Art. 2 *Coordination au plan intérieur.*

1. Les Parties coordonnent les politiques et les actions entreprises par leurs ministères et autres organismes publics contre la violence et les débordements de spectateurs, par la mise en place, lorsque nécessaire, d'organes de coordination.

Art. 3 *Mesures.*

1. Les Parties s'engagent à assurer l'élaboration et la mise en œuvre de mesures destinées à prévenir et maîtriser la violence et les débordements de spectateurs, en particulier à :

a) S'assurer que des services d'ordre suffisants soient mobilisés pour faire face aux manifestations de violence et aux débordements tant dans les stades que dans leur voisinage immédiat et le long des routes de passage empruntées par les spectateurs ;

b) Faciliter une coopération étroite et un échange d'informations appropriées entre les forces de police des différentes localités concernées ou susceptibles de l'être ;

c) Appliquer ou, le cas échéant, adopter une législation prévoyant que les personnes reconnues coupables d'infractions liées à la violence ou aux débordements de spectateurs se voient infliger des peines appropriées ou, le cas échéant, des mesures administratives appropriées.

2. Les Parties s'engagent à encourager l'organisation responsable et le bon comportement des clubs de supporters et la nomination en leur sein d'agents chargés de faciliter le contrôle et l'information des spectateurs à l'occasion des matches et d'accompagner les groupes de supporters se rendant à des matches joués à l'extérieur.

3. Les Parties encouragent la coordination, dans la mesure où cela est juridiquement possible, de l'organisation des déplacements à partir du lieu d'origine avec la collaboration des clubs, des supporters organisés et des agences de voyage, afin d'empêcher le départ des fauteurs potentiels de troubles pour assister aux matches.

4. Lorsque des explosions de violence et des débordements de spectateurs sont à craindre, les Parties veillent, si nécessaire, en introduisant une législation appropriée contenant des sanctions pour inobservation ou d'autres mesures appropriées, à ce que les organisations sportives et les clubs ainsi que, le cas échéant, les propriétaires de stades et les autorités publiques, sur la base des compétences définies par la législation interne, prennent des dispositions concrètes aux abords des stades et à l'intérieur de ces derniers, pour prévenir ou maîtriser cette violence ou ces débordements, et notamment :

a) Faire en sorte que la conception et la structure des stades garantissent la sécurité des spectateurs, ne favorisent pas la violence parmi eux, permettent un contrôle efficace de la foule, comportent des barrières ou clôtures adéquates et permettent l'intervention des services de secours et des forces de l'ordre ;

b) Séparer efficacement les groupes de supporters rivaux en réservant aux groupes de supporters visiteurs, lorsqu'ils sont admis, des tribunes distinctes ;

c) Assurer cette séparation en contrôlant rigoureusement la vente des billets et prendre des précautions particulières pendant la période précédant immédiatement le match ;

d) Exclure des stades et des matches ou leur en interdire l'accès, dans la mesure où cela est juridiquement possible, les fauteurs de troubles connus ou potentiels et les personnes sous l'influence d'alcool ou de drogues ;

e) Doter les stades d'un système efficace de communication avec le public et veiller à en faire pleinement usage, ainsi que des programmes des matches et autres prospectus, pour inciter les spectateurs à se conduire correctement ;

f) Interdire l'introduction, par les spectateurs, de boissons alcoolisées dans les stades ; restreindre et, de préférence, interdire la vente et toute distribution de boissons alcoolisées dans les stades et s'assurer que toutes les boissons disponibles soient contenues dans des récipients non dangereux ;

g) Assurer des contrôles dans le but d'empêcher les spectateurs d'introduire dans l'enceinte des stades des objets susceptibles de servir à des actes de violence ou des feux d'artifice ou objets similaires ;

h) Assurer que des agents de liaison collaborent avec les autorités concernées avant les matches, quant aux dispositions à prendre pour contrôler la foule, de telle sorte que les règlements pertinents soient appliqués grâce à une action concertée.

5. Les Parties prennent les mesures adéquates dans les domaines social et éducatif, ayant à l'esprit l'importance potentielle des moyens de communication de masse, pour prévenir la violence dans le sport ou lors de manifestations sportives, notamment en promouvant l'idéal sportif par des campagnes éducatives et autres, en soutenant la notion de *fair-play* spécialement chez les jeunes, afin de favoriser le respect mutuel à la fois parmi les spectateurs et entre les sportifs et aussi en encourageant une plus importante participation active dans le sport.

Art. 4 *Coopération internationale.*

1. Les Parties coopèrent étroitement sur les sujets couverts par cette Convention et encouragent une coopération analogue, lorsqu'elle est appropriée, entre les autorités sportives nationales concernées.

2. Avant les matches ou tournois internationaux entre clubs ou équipes représentatives, les Parties concernées invitent leurs autorités compétentes, notamment les organisations sportives, à identifier les matches à l'occasion desquels des actes de violence ou des débordements de spectateurs sont à craindre. Si un match de ce type est identifié, les autorités compétentes du pays hôte prennent des dispositions pour une concertation entre les autorités concernées. Cette concertation se tiendra dès que possible ; elle devrait avoir lieu au plus tard deux semaines avant la date prévue pour le match et englobera les dispositions, mesures et précautions à prendre avant, pendant et après le match, y compris, s'il y a lieu, des mesures complémentaires à celles prévues par la présente Convention.

Art. 5 *Identification et traitement des contrevenants.*

1. Les Parties, dans le respect des procédures existant en droit et du principe de l'indépendance du pouvoir judiciaire, veillent à s'assurer que les spectateurs qui commettent des actes de violence ou d'autres actes répréhensibles soient identifiés et poursuivis conformément à la loi.

2. Le cas échéant, notamment dans le cas de spectateurs-visiteurs, et conformément aux accords internationaux applicables, les Parties envisagent :

a) De transmettre les procédures intentées contre des personnes appréhendées à la suite d'actes de violence ou d'autres actes répréhensibles commis lors de manifestations sportives, au pays de résidence de ces personnes ;

b) De demander l'extradition de personnes soupçonnées d'actes de violence ou d'autres actes répréhensibles commis lors de manifestations sportives ;

c) De transférer les personnes reconnues coupables d'infractions violentes ou d'autres actes répréhensibles commis lors de manifestations sportives, dans le pays approprié, pour y purger leur peine.

Art. 6 *Mesures complémentaires.*

1. Les Parties s'engagent à coopérer étroitement avec leurs organisations sportives nationales et clubs compétents ainsi que, éventuellement, avec les propriétaires de stades, en ce qui concerne les dispositions visant la planification et l'exécution des modifications de la structure matérielle des stades, ou d'autres changements nécessaires, y compris l'accès et la sortie des stades, afin d'améliorer la sécurité et de prévenir la violence.

2. Les Parties s'engagent à promouvoir, s'il y a lieu et dans les cas appropriés, un système établissant des critères pour la sélection des stades qui tiennent compte de la sécurité des spectateurs et de la prévention de la violence parmi eux, surtout en ce qui concerne les stades où les matches peuvent attirer des foules nombreuses ou agitées.

3. Les Parties s'engagent à encourager leurs organisations sportives nationales à réviser d'une manière permanente leurs règlements afin de contrôler les facteurs de nature à engendrer des explosions de violence de la part de sportifs ou de spectateurs.

Art. 7 *Communication d'informations.*

Chaque Partie transmet au secrétaire général du Conseil de l'Europe, dans l'une des langues officielles du Conseil de l'Europe, toutes les informations pertinentes relatives à la législation et aux autres mesures qu'elle aura prises dans le but de se conformer aux dispositions de la présente Convention, que ces mesures concernent le football ou d'autres sports.

Art. 8 *Comité permanent.*

1. Il est constitué, aux fins de la présente Convention, un Comité permanent.

2. Toute Partie peut se faire représenter au sein du Comité permanent par un ou plusieurs délégués. Chaque Partie a droit à une voix.

3. Tout État membre du Conseil de l'Europe ou partie de la Convention culturelle européenne qui n'est pas partie à la présente Convention peut se faire représenter au Comité par un observateur.

4. Le Comité permanent peut, à l'unanimité, inviter tout État non membre du Conseil de l'Europe qui n'est pas partie à la Convention et toute organisation sportive intéressée à se faire représenter par un observateur à une ou plusieurs de ses réunions.

5. Le Comité permanent est convoqué par le secrétaire général du Conseil de l'Europe. Il tient sa première réunion dans le délai d'un an à compter de la date d'entrée en vigueur de la Convention. Il se réunit par la suite au moins une fois par an. Il se réunit, en outre, chaque fois que la majorité des Parties en formule la demande.

6. La majorité des Parties constitue le quorum nécessaire pour tenir une réunion du Comité permanent.

7. Sous réserve des dispositions de la présente Convention, le Comité permanent établit son règlement intérieur et l'adopte par consensus.

Art. 9 1. Le Comité permanent est chargé de suivre l'application de la présente Convention. Il peut en particulier :

a) Revoir de manière permanente les dispositions de la présente Convention et examiner les modifications qui pourraient être nécessaires ;

b) Engager des consultations avec les organisations sportives concernées ;

c) Adresser des recommandations aux parties sur les mesures à prendre pour la mise en œuvre de la présente Convention ;

d) Recommander les mesures appropriées pour assurer l'information du public sur les travaux entrepris dans le cadre de la présente Convention ;

e) Adresser au Comité des Ministres des recommandations relatives à l'invitation d'États non membres du Conseil de l'Europe à adhérer à la présente Convention ;

f) Formuler toute proposition visant à améliorer l'efficacité de la présente Convention.

2. Pour l'accomplissement de sa mission, le Comité permanent peut, de sa propre initiative, prévoir des réunions de groupes d'experts.

Art. 10 Après chacune de ses réunions, le Comité permanent transmet au Comité des Ministres du Conseil de l'Europe un rapport sur ses travaux et sur le fonctionnement de la Convention.

Art. 11 *Amendements.*
1. Des amendements à la présente Convention peuvent être proposés par une Partie, par le Comité des Ministres du Conseil de l'Europe ou par le Comité permanent.
2. Toute proposition d'amendement est communiquée par le Secrétaire général du Conseil de l'Europe aux États membres du Conseil de l'Europe, aux autres États parties à la Convention culturelle européenne et à tout État non membre qui a adhéré ou qui a été invité à adhérer à la présente Convention conformément aux dispositions de l'article 14.
3. Tout amendement proposé par une Partie ou par le Comité des Ministres est communiqué au Comité permanent au moins deux mois avant la réunion à laquelle l'amendement doit être étudié. Le Comité permanent soumet au Comité des Ministres son avis concernant l'amendement proposé, le cas échéant, après consultation des organisations sportives compétentes.
4. Le Comité des Ministres étudie l'amendement proposé ainsi que tout avis soumis par le Comité permanent et il peut adopter l'amendement.
5. Le texte de tout amendement adopté par le Comité des Ministres conformément au paragraphe 4 du présent article est transmis aux Parties en vue de son acceptation.
6. Tout amendement adopté conformément au paragraphe 4 du présent article entre en vigueur le premier jour du mois qui suit l'expiration d'un délai d'un mois après la date à laquelle toutes les Parties ont informé le Secrétaire général de leur acceptation dudit amendement.

CLAUSES FINALES

Art. 12 1. La présente Convention est ouverte à la signature des États membres du Conseil de l'Europe et des autres États parties à la Convention culturelle européenne, qui peuvent exprimer leur consentement à être liés par :
a) La signature sans réserve de ratification, d'acceptation ou d'approbation, ou
b) La signature sous réserve de ratification, d'acceptation ou d'approbation, suivie de ratification, d'acceptation ou d'approbation.
2. Les instruments de ratification, d'acceptation ou d'approbation seront déposés près le Secrétaire général du Conseil de l'Europe. — *V. pour la France, L. n° 86-1299 du 23 déc. 1986 (autorisation de ratification) (JO 24 déc.) et Décr. n° 87-893 du 30 oct. 1987 (publication) (JO 5 nov.).*

Art. 13 1. La Convention entrera en vigueur le premier jour du mois suivant l'expiration d'un délai d'un mois après la date à laquelle trois États membres du Conseil de l'Europe auront exprimé leur consentement à être liés par la Convention conformément aux dispositions de l'article 12 *[entrée en vigueur le 1er mai 1987]*.
2. Pour tout État signataire qui exprimera ultérieurement son consentement à être lié par la Convention, celle-ci entrera en vigueur le premier jour du mois suivant l'expiration d'un délai d'un mois après la date de la signature ou du dépôt de l'instrument de ratification, d'acceptation ou d'approbation.

Art. 14 1. Après l'entrée en vigueur de la présente Convention, le Comité des Ministres du Conseil de l'Europe, après consultation des Parties, pourra inviter tout État non membre du Conseil de l'Europe à adhérer à la Convention, par une décision prise à la majorité prévue à l'article 20 *d* du Statut du Conseil de l'Europe et à l'unanimité des représentants des États contractants ayant le droit de siéger au Comité des Ministres.
2. Pour tout État adhérent, la Convention entrera en vigueur le premier jour du mois suivant l'expiration d'un délai d'un mois après la date de dépôt de l'instrument d'adhésion près le Secrétaire général du Conseil de l'Europe.

Art. 15 1. Tout État peut, au moment de la signature ou au moment du dépôt de son instrument de ratification, d'acceptation, d'approbation ou d'adhésion, désigner le ou les territoires auxquels s'appliquera la présente Convention.
2. Toute Partie peut, à tout moment ultérieur, par une déclaration adressée au Secrétaire général du Conseil de l'Europe, étendre l'application de la présente Convention à tout autre territoire désigné dans la déclaration. La Convention entrera en vigueur à l'égard de ce territoire le premier jour du mois suivant l'expiration d'un délai d'un mois après la date de réception de ladite déclaration par le Secrétaire général.
3. Toute déclaration formulée en vertu des deux paragraphes précédents pourra être retirée, en ce qui concerne tout territoire désigné dans cette déclaration, par notification adres-

sée au Secrétaire général. Le retrait prendra effet le premier jour du mois suivant l'expiration d'un délai de six mois après la date de réception de la notification par le Secrétaire général.

[Déclarations du Gouvernement de la République française :

1. « Les contrôles prévus à l'art. 3, paragraphe 4, alinéa g, ainsi que ceux rendus nécessaires pour l'application des dispositions de l'art. 3, paragraphe 4, alinéa f : sont effectués dans le cadre de la législation française en la matière. »

« Il convient d'entendre par récipients non dangereux ceux qui ne sont ni en verre, ni en métal (art. 3, paragraphe 4, alinéa f). »

2. « Les mesures prévues aux art. 3, paragraphe 4, alinéa a, et 6, paragraphe 1, doivent être compatibles avec celles adoptées en vue de prévenir les risques d'incendie et de panique, et de permettre le cas échéant, l'évacuation rapide du public. »

3. « Conformément à l'art. 15, paragraphe 1, de la Convention, le Gouvernement de la République française déclare que la Convention s'appliquera aux départements européens et aux départements d'outre-mer de la République. »]

Art. 16 1. Toute Partie peut, à tout moment, dénoncer la présente Convention en adressant une notification au Secrétaire général du Conseil de l'Europe.

2. La dénonciation prend effet le premier jour du mois suivant l'expiration d'un délai de six mois après la date de réception de la notification par le Secrétaire général.

Art. 17 Le Secrétaire général du Conseil de l'Europe notifie aux États membres du Conseil de l'Europe, aux autres États parties à la Convention culturelle européenne et à tout État ayant adhéré à la présente Convention :

a) Toute signature conformément à l'article 12 ;

b) Le dépôt de tout instrument de ratification, d'acceptation, d'approbation ou d'adhésion, conformément aux articles 12 ou 14 ;

c) Toute date d'entrée en vigueur de la présente Convention conformément aux articles 13 et 14 ;

d) Toute information transmise en vertu des dispositions de l'article 7 ;

e) Tout rapport établi en application des dispositions de l'article 10 ;

f) Toute proposition d'amendement et tout amendement adopté conformément à l'article 11, et la date d'entrée en vigueur de cet amendement ;

g) Toute déclaration formulée en vertu des dispositions de l'article 15 ;

h) Toute notification adressée en application des dispositions de l'article 16 et la date de prise d'effet de la dénonciation.

En foi de quoi les soussignés, dûment autorisés à cet effet, ont signé la présente Convention.

Fait à Strasbourg, le 19 août 1985, en français et en anglais, les deux textes faisant également foi, en un seul exemplaire qui sera déposé dans les archives du Conseil de l'Europe. Le Secrétaire général du Conseil de l'Europe en communiquera copie certifiée conforme à chaque État membre du Conseil de l'Europe, à chaque État partie à la Convention culturelle européenne, et à tout État invité à adhérer à la présente Convention.

Arrêté du 3 mai 1995,

Relatif aux manifestations nautiques en mer.

Art. 1er 1. Le présent arrêté a pour objet de préciser les conditions nécessaires au bon déroulement des manifestations nautiques en mer.

2. *(Arr. du 7 déc. 2011, art. 1er et 7, en vigueur le 1er mars 2012)* « Il s'applique à toute activité exercée dans les eaux maritimes ou ayant un impact sur celles-ci et susceptible d'appeler des mesures particulières d'organisation et d'encadrement en vue d'assurer la sécurité des participants, des spectateurs et la protection de l'environnement. »

3. Toutes les manifestations doivent être le fait d'un organisateur unique et dûment identifié.

4. Les compétitions sportives doivent respecter les règles techniques définies par la fédération délégataire.

Art. 2 Les manifestations nautiques doivent être organisées de telle sorte qu'elles soient compatibles avec *(Arr. du 7 déc. 2011, art. 2 et 7, en vigueur le 1er mars 2012)* « la sécurité, la protection de l'environnement et les intérêts de tous les usagers ».

Art. 3 1. L'organisateur est responsable de la préparation, du déroulement et de la surveillance de la manifestation.

Il met en place une structure opérationnelle du début de l'épreuve à l'arrivée du dernier participant. Cette structure est le correspondant permanent du centre régional opérationnel de surveillance et de sauvetage (CROSS) géographiquement compétent et l'informe de toute modification ou annulation de la manifestation ainsi que de tout événement de nature à nécessiter une opération de recherche et de sauvetage.

2. Il applique les décisions prises par l'autorité maritime.

3. Il communique aux participants tous les renseignements relatifs à leur sécurité, principalement en ce qui concerne les prévisions météorologiques.

4. Il prévoit une procédure lui permettant de suspendre ou d'annuler la manifestation s'il estime que les conditions dans lesquelles elle s'engage, ou se déroule dans le cas des manifestations localement délimitées, ne lui paraissent pas présenter toutes les garanties de sécurité *(Arr. du 7 déc. 2011, art. 3 et 7, en vigueur le 1er mars 2012)* « et de protection de l'environnement » souhaitables.

Art. 4 Le chef de bord est capitaine de navire au sens du droit maritime : il en a l'entière responsabilité ainsi que de son équipage. Il s'assure que le navire et tous les équipements requis sont en bon état, que l'équipage a la connaissance et l'aptitude nécessaires pour en assumer la manœuvre et l'utilisation. Il lui appartient de ne pas prendre le départ ou de gagner un abri au cas où les circonstances seraient de nature à mettre en danger son navire et son équipage.

Art. 5 Le préfet maritime et *(Arr. du 7 déc. 2011, art. 4 et 7, en vigueur le 1er mars 2012)* « outre-mer, le délégué du Gouvernement pour l'action de l'État en mer » sont chargés de l'ordre public et du sauvetage des personnes en détresse en mer. Ils réglementent, le cas échéant, la circulation maritime sur le plan d'eau où se déroule la manifestation.

(Arr. du 7 déc. 2011, art. 4 et 7, en vigueur le 1er mars 2012) « Ils peuvent interdire ou suspendre le déroulement d'une manifestation nautique, notamment lorsqu'elle n'a pas fait l'objet de la déclaration prévue à l'article 6 du présent arrêté, lorsque la déclaration a été déposée en méconnaissance des délais prévus au même article, lorsque les dispositions retenues par l'organisateur ne sont pas conformes à celles prévues dans la déclaration ou lorsque la manifestation nautique peut porter atteinte à la sécurité des personnes et à l'environnement. »

Art. 6 *(Arr. du 7 déc. 2011, art. 5 et 7, en vigueur le 1er mars 2012)* 1. Toute manifestation nautique doit faire l'objet d'une déclaration selon le modèle annexé, adressée au directeur départemental des territoires et de la mer ou au délégué à la mer et au littoral géographiquement compétent ou, outre-mer, au directeur de la mer ou au directeur des territoires, de l'alimentation et de la mer :

1.1. Au moins deux mois avant la date prévue, dans les cas suivants :

a) Manifestations nécessitant une autorisation, une dérogation aux règlements en vigueur ou des mesures de police particulières ;

b) Manifestations pour lesquelles une évaluation des incidences Natura 2000 est prescrite en application du 1° ou du 2° du III de l'article L. 414-4 du code de l'environnement ;

c) Manifestations susceptibles d'affecter de manière significative un site Natura 2000 ;

1.2. Au moins quinze jours avant la date prévue dans les autres cas.

2.1. En métropole, par délégation du préfet maritime, le directeur départemental des territoires et de la mer ou le délégué à la mer et au littoral instruit la déclaration et en accuse réception, sous réserve que les conditions réglementaires, de sécurité et environnementales soient remplies.

Dans le cas prévu au 1.1.*a* du présent article, cette instruction requiert l'avis du directeur interrégional de la mer territorialement compétent ou, le cas échéant, sa décision en cas de demande de dérogation aux conditions de navigation.

Dans le cas prévu au 1.1.*b* et au 1.1.*c* du présent article, cette instruction s'effectue conformément aux dispositions de l'article R. 414-24, paragraphe II, du code de l'environnement.

Dans les cas prévus aux 1.1.*a* et 1.2 du présent article et en l'absence de réponse de l'autorité administrative dans le délai imparti à compter de la réception du dossier, la manifestation pourra se dérouler dans les conditions prévues par l'organisateur dans sa déclaration.

2.2. Outre-mer, par délégation du délégué du Gouvernement pour l'action de l'État en mer, le directeur de la mer ou le directeur des territoires, de l'alimentation et de la mer instruit la déclaration et en accuse réception, sous réserve que les conditions réglementaires, de sécurité et environnementales soient remplies.

Dans les cas prévus aux 1.1.*b* et 1.1.*c* du présent article, cette instruction s'effectue conformément aux dispositions de l'article R. 414-24, paragraphe II, du code de l'environnement.

Dans les cas prévus aux 1.1.*a* et 1.2 du présent article et en l'absence de réponse de l'autorité administrative dans le délai imparti à compter de la réception du dossier, la manifestation pourra se dérouler dans les conditions prévues par l'organisateur dans sa déclaration.

3. Dans les cas prévus aux 1.1.*b* et 1.1.*c* du présent article, la déclaration doit être accompagnée de l'étude d'incidences Natura 2000.

Art. 7 1. L'organisateur doit disposer des moyens nautiques et de communication permettant une surveillance efficace et continue de la manifestation. Si la manifestation excède un parcours localement délimité, cette obligation ne concerne que les zones de départ et d'arrivée ainsi que celles où la densité du trafic maritime le justifie.

2. L'État peut par convention mettre à la disposition de l'organisateur des moyens susceptibles de contribuer à ses propres obligations, telles qu'énoncées ci-dessus, étant entendu qu'au cas où ces moyens pourraient être appelés à participer à une opération de sauvetage liée ou non à la manifestation, ils seraient immédiatement distraits du dispositif.

(Arr. du 7 déc. 2011, art. 6 et 7, en vigueur le 1er mars 2012) « En métropole, le directeur départemental des territoires et de la mer ou le délégué à la mer et au littoral peut coordonner l'action des moyens de l'État par délégation du préfet maritime.

« Outre-mer, le directeur de la mer ou le directeur des territoires, de l'alimentation et de la mer peut coordonner l'action des moyens de l'État par délégation du délégué du Gouvernement pour l'action de l'État en mer. »

Arrêté du 4 avril 1996,

Relatif aux manifestations aériennes.

TITRE PREMIER Objet et définitions

Art. 1er L'autorisation prévue à l'article R. 131-3 susvisé du code de l'aviation civile pour les évolutions d'aéronefs organisées dans le but d'offrir un spectacle public est accordée dans les conditions déterminées par le présent arrêté.

Art. 2 Pour l'application du présent arrêté et de ses annexes, les termes ci-dessous sont employés avec les acceptions suivantes :

Aérodrome régulièrement accessible : aérodrome ouvert à la circulation aérienne publique, ou aérodrome agréé à usage restreint à condition que les aéronefs utilisés fassent partie des aéronefs qui y sont autorisés ;

(Arr. du 25 févr. 2012, art. 1er) « Aéromodèle : aéronef non habité piloté en vue de son "pilote à distance" qui est à tout instant en mesure de contrôler directement sa trajectoire et s'il est utilisé exclusivement à des fins de loisir ou de compétition ; »

Aéronef : tout engin au sens de l'article L. 110-1 du code de l'aviation civile *[devenu C. transp., art. L. 6100-1]*, que l'évolution soit contrôlée à bord ou du sol ;

Aire de présentation : bande dégagée de tout obstacle, utilisée pour l'atterrissage et le décollage et incluant le cas échéant la projection au sol du volume nécessaire à la présentation en vol ;

Axe de présentation : axe de référence matérialisé à la surface et facilement identifiable durant le vol pour les aéronefs effectuant des présentations en vol ;

Baptême de l'air : vol local avec emport de passagers, effectué sans escale et dont les points de décollage et d'atterrissage sont confondus. Pour les ascensions libres de ballons dont la nacelle reçoit au plus quatre personnes, saut tandem, vol libre, parapente, et exclusivement dans le cadre d'une manifestation aérienne soumise à arrêté préfectoral, le point d'atterrissage est différent du point de décollage ;

Cascades aériennes : présentation de prestations exécutées par un ou des acteurs autres que le pilote à l'aide d'un aéronef utilisé dans les limites autorisées par son titre de navigabilité ;

Catégorie de manifestation aérienne : classement d'une manifestation aérienne en fonction du nombre ou des types d'aéronefs utilisés ;

Démonstration en vol : vol effectué par un exposant d'un salon ou d'un rassemblement pour montrer les qualités d'un aéronef à un client éventuel se trouvant à bord. Il se déroule en dehors de la circulation d'aérodrome du site où se déroule le salon ou le rassemblement ;

Directeur des vols : personne agréée par la direction de l'aviation civile (ou, le cas échéant, par l'autorité militaire) du lieu de la manifestation pour diriger durant une manifestation aérienne les activités en vol dans le respect des dispositions de l'arrêté préfectoral d'autorisation. Il coordonne les activités au sol si elles interfèrent avec les activités en vol ;

Emplacement permanent : emplacement aménagé sur lequel l'atterrissage et le décollage sont permis conformément aux articles D. 132-4 à D. 132-12 du code de l'aviation civile ;

Escale : interruption du vol entraînant un mouvement de passagers (descente et montée des passagers du premier tronçon et/ou montée de nouveaux passagers pour le tronçon suivant) ou des opérations techniques nécessaires à la poursuite du vol ;

Évolution : tout mouvement autre qu'au sol ;

Manifestation privée : manifestation qui n'a pour spectateurs que des personnes liées à la raison sociale ou familiale de l'organisateur ou invitées par ce dernier, sans appel au public ni risque prévisible de pénétration de public sur le site ;

Organisateur : personne physique ou morale de droit privé ou de droit public qui se propose d'assumer la responsabilité matérielle et financière de l'organisation de la manifestation aérienne ;

(Arr. du 29 juill. 2015, art. 1er-1°) « Vols en formation » : groupe d'aéronefs évoluant simultanément de façon coordonnée suivant un programme établi et répété, sous la direction d'un *(Arr. du 29 juill. 2015, art. 1er-1°)* « chef de formation » désigné à l'avance ;

Plate-forme : emplacement proposé par un organisateur, dont les caractéristiques techniques répondent au présent arrêté, et tel qu'une manifestation aérienne peut y être autorisée ;

Présentation en vol : vols effectués sans passager pour montrer les qualités d'un aéronef à un public professionnel ou non ;

Présentation au sol : maintien au sol d'un aéronef, même si les commandes de vol sont actionnées ;

(Arr. du 25 févr. 2012, art. 1er) « Service compétent de l'aviation civile : en métropole, aux Antilles et *[en]* Guyane, en océan Indien et à Mayotte, ce sont les directions interrégionales de la direction de la sécurité de l'aviation civile, en Polynésie française, le service d'État de l'aviation civile, en Nouvelle-Calédonie, la direction de l'aviation civile, et à Saint-Pierre-et-Miquelon, le service de l'aviation civile. »

L'Arr. du 29 juill. 2015 est applicable en Polynésie française et à Walis-et-Futuna (Arr. préc., art. 2).

TITRE II Domaine d'application

Art. 3 Une manifestation aérienne est caractérisée par la conjonction des trois facteurs constitutifs :

– existence d'un emplacement déterminé accessible au public ;

– *(Arr. du 25 févr. 2012, art. 3)* « évolutions d'un ou plusieurs aéronefs effectuées intentionnellement pour constituer un spectacle public » ;

– appels au public de la part des organisateurs par voie d'affiches, de déclarations dans les médias ou par tout autre moyen.

(Abrogé par Arr. du 29 juill. 2015, art. 1er-2°) ***« Toutefois, sont des manifestations aériennes les baptêmes de l'air, même s'il n'y a pas conjonction des trois caractéristiques précitées, dans les deux cas suivants :***

« – lorsqu'ils sont organisés hors des aérodromes régulièrement accessibles et des emplacements permanents ;

« – lorsqu'ils sont organisés sur un aérodrome régulièrement accessible ou sur un emplacement permanent, si les aéronefs utilisés n'y exercent pas leur activité habituelle et principale. »

L'Arr. du 29 juill. 2015 est applicable en Polynésie française et à Walis-et-Futuna (Arr. préc., art. 2).

Art. 4 Dans les conditions précisées à l'article 3, sont des manifestations aériennes :

– les salons aéronautiques comportant des présentations en vol. Le Salon international de l'aéronautique et de l'espace n'entre pas dans le cadre du présent arrêté et fait l'objet d'une réglementation particulière ;

– les fêtes aériennes ;

– les journées de propagande aéronautique comportant des présentations en vol ;

– les compétitions aéronautiques, si l'appel au public s'adresse à des personnes extérieures à l'activité aéronautique concernée ;

– les rassemblements aéronautiques avec présentations en vol ;

– les cascades aériennes ;

– toute activité aéronautique ayant pour objet un spectacle public ou une prestation publique sur un aérodrome privé.

Art. 5 *(Arr. du 29 juill. 2015, art. 1er-3°)* N'entrent pas dans le cadre du présent arrêté :
– les manifestations privées de faible importance ;
– les défilés aériens militaires ;
– les présentations d'aéronefs organisées par un aéroclub agréé ne comprenant ni figure de voltige, ni vols en formation, ne nécessitant pas de dérogations aux règles de l'air, pour lesquelles aucune coordination n'est nécessaire, se déroulant sur des aérodromes habituellement utilisés par le type d'aéronefs présentés et pour lesquels l'emplacement accessible au public n'empiète pas sur l'aire de mouvement.

Les évolutions spectaculaires d'aéronefs pouvant attirer des curieux ne sont pas des manifestations aériennes s'il n'existe pas d'intention d'offrir un spectacle public au moment de ces évolutions.

L'Arr. du 29 juill. 2015 est applicable en Polynésie française et à Walis-et-Futuna (Arr. préc., art. 2).

Art. 6 Ne sont pas des manifestations aériennes, dans la mesure où toutes les conditions de l'article 3 ne sont pas réunies :
(Abrogé par Arr. du 29 juill. 2015, art. 1er-4°) « ***– les baptêmes de l'air effectués par un transporteur aérien public titulaire d'une licence d'exploitation et d'un certificat de transporteur aérien, ou de titres équivalents, sans appel au public émanant de lui-même ou d'un tiers organisateur ;*** »
– les vols de publicité aérienne, notamment par banderoles ;
– les ascensions de ballons captifs ;
– *(Abrogé par Arr. du 25 févr. 2012, art. 3)* « ***les présentations en vol faisant intervenir uniquement des aéromodèles de catégories 1 et 2 ; toutefois, elles demeurent soumises aux dispositions spécifiques de l'instruction interministérielle du 23 novembre 1987 ;*** »
– les compétitions ou rassemblements aéronautiques sans présentation en vol lorsqu'ils ne font pas l'objet d'appel au public, même s'ils sont largement signalés dans la presse spécialisée et font l'objet de reportages et de comptes rendus ;
– les présentations au sol d'aéronefs et de matériel aéronautique ;
– le saut occasionnel et isolé d'un parachutiste, d'un parapentiste ou d'un groupe homogène, si l'ensemble des conditions suivantes est satisfait :
– l'objet de l'appel au public n'est pas aéronautique ;
– l'activité aéronautique a une faible importance par rapport à l'objet du rassemblement ;
– les tiers ne courent pas de risques majeurs dus à l'évolution ;
– aucune coordination n'est nécessaire avec une autre activité.

Toutefois, le saut occasionnel et isolé, effectué en tant que présentation publique à caractère de promotion sportive au sens de la loi relative au sport, demeure soumis aux dispositions spécifiques des textes réglementaires édictés par les ministères de l'intérieur, de la jeunesse et des sports, ainsi que, en ce qui concerne l'utilisation du volume aérien, par le ministère chargé de l'aviation civile.

Si le saut est effectué par un parachutiste professionnel, seuls les textes réglementaires du ministère de l'intérieur et du ministère chargé de l'aviation civile sont applicables.

L'Arr. du 29 juill. 2015 est applicable en Polynésie française et à Wallis-et-Futuna (Arr. préc., art. 2).

Art. 6-1 *(Arr. du 25 févr. 2012, art. 4)* Les manifestations aériennes faisant intervenir uniquement des aéromodèles ne sont soumises qu'aux dispositions spécifiques du titre IV.

TITRE III **Cas général** *(Arr. du 25 févr. 2012, art. 4).*

CHAPITRE PREMIER ***Organisations des manifestations aériennes*** *(Arr. du 25 févr. 2012, art. 4).*

Art. 7 Pour l'application du présent arrêté, et selon l'ampleur des manifestations, il est distingué trois catégories :
1. Manifestation de grande importance :
Manifestations répondant à une ou plusieurs des caractéristiques ci-après :
– exécution répétée d'une présentation ou présentation de plusieurs programmes différents d'avion de combat à réaction ;
– exécution répétée d'une présentation ou présentation de plusieurs programmes différents de *(Arr. du 29 juill. 2015, art. 1er-5°)* « vols en formation » de voltige ;
– exécution répétée d'une présentation ou présentation de plusieurs programmes différents d'aéronef de masse supérieure à 5,7 tonnes ;

– plus de quinze présentations en vol successives.

2. Manifestation de moyenne importance :

Manifestation ne répondant à aucune des caractéristiques précédentes mais pendant laquelle une coordination est établie par l'organisateur, le directeur des vols ou les autorités préfectorales sur avis des autorités citées à l'article 14, lorsqu'il y a ou qu'il peut y avoir un risque d'interférence entre différents aéronefs ou différentes activités aéronautiques ou non, interférence qui ne peut être supprimée que par cette coordination ;

3. Manifestation de faible importance :

Manifestation ne répondant à aucune des caractéristiques précédentes et sans coordination.

Le préfet, après avis du *(Arr. du 25 févr. 2012, art. 6)* « service compétent de l'aviation civile », ou le cas échéant de l'autorité aéronautique militaire, peut décider de déclasser d'une ou deux catégories une manifestation si les impératifs de sécurité et d'ordre sont respectés, en tenant compte de la taille et de la masse des aéronefs, des vitesses d'évolution et des risques correspondants, ainsi que de la notoriété des exécutants.

Inversement, il peut surclasser d'une catégorie une manifestation aérienne si plus de dix mille spectateurs y sont attendus.

L'Arr. du 29 juill. 2015 est applicable en Polynésie française et à Wallis-et-Futuna (Arr. préc., art. 2).

Art. 8 L'organisateur est le rédacteur de la demande d'autorisation. Il est responsable de l'application des prescriptions du présent arrêté et de l'adéquation de la plate-forme aux recommandations de ses annexes. Il s'assure de cette adéquation en liaison avec le directeur des vols. Si la plate-forme n'est pas conforme, il établit un descriptif de cette dernière pour appréciation par le *(Arr. du 25 févr. 2012, art. 6)* « service compétent de l'aviation civile » (cf. art. 14).

L'organisateur désigne un représentant qui est le seul interlocuteur des autorités administratives.

Art. 9 Pour les manifestations aériennes de moyenne et de grande importance, il est créé par l'organisateur un comité d'organisation et de coordination constitué par :

– l'organisateur ou son représentant, président de ce comité ;

– le directeur des vols ;

– *(Arr. du 25 févr. 2012, art. 7)* « l'exploitant de l'aérodrome » ou de l'emplacement où doit avoir lieu la manifestation.

Chacune de ces fonctions doit être assurée par une personne différente lors d'une manifestation de grande importance. Dans le cas d'une manifestation de moyenne importance, une même personne ne peut cumuler plus de deux fonctions.

La création de ce comité, préalable à la demande d'autorisation, fait l'objet d'une lettre d'intention adressée aux destinataires du dossier de demande d'autorisation, précisés aux articles 12 et 13. Cette lettre comporte les date(s), lieu et caractéristiques générales de la manifestation, ainsi que des propositions quant à son classement dans une catégorie (cf. art. 7) et à la nomination du directeur des vols.

Les représentants des administrations concernées par la manifestation aérienne, notamment le *(Arr. du 25 févr. 2012, art. 7)* « service compétent de l'aviation civile, ou, pour un aérodrome militaire, l'autorité militaire, ainsi que l'exploitant de l'aérodrome doivent », pour la préparation de la manifestation, être consultés par le comité et peuvent assister à ses réunions.

Le cas échéant, les représentants des participants peuvent être invités à certaines réunions du comité d'organisation et de coordination.

Art. 10 Le comité d'organisation et de coordination est chargé de préparer la manifestation, et notamment :

– d'élaborer le programme, le minutage et les limites d'évolution de chaque aéronef ;

– de proposer, pour les vols, des règles de sécurité qui respectent les recommandations des articles 29 à 33 et, le cas échéant, celles de l'annexe III au présent arrêté ;

– de proposer les trajectoires des circuits d'attente éventuels, les circuits de circulation en vol et les cheminements d'arrivée et de départ, et leur positionnement respectif par rapport aux lieux habités existants ;

– de répartir les tâches à accomplir tant lors de la préparation qu'au cours du déroulement de la manifestation ;

– d'organiser un poste de coordination pour faciliter le déroulement de la manifestation et prévoir les moyens de communication adéquats ;

– d'élaborer, si nécessaire, un règlement aéronautique de la manifestation, approuvé par l'autorité aéronautique et annexé à l'arrêté préfectoral ;

– de s'assurer auprès *(Arr. du 25 févr. 2012, art. 8)* « du service compétent de l'aviation civile », directeur ou chef d'aérodrome, que les dispositions indispensables au déroulement de la manifestation aérienne qui relèvent de son attribution (restrictions et conditions d'utilisation de l'aérodrome, espace aérien, fréquence radio à utiliser, etc.) pourront être prises ;

– de prévoir les moyens de secours et de lutte contre l'incendie, dont la définition et le niveau sont à établir en liaison avec la direction départementale des secours en prenant en compte les infrastructures locales déjà existantes et les éventuelles facilités ou difficultés d'accès ;

– de se tenir informé des consignes d'alerte en cas d'accident ; éventuellement, les établir et veiller à leur application.

CHAPITRE II *Autorisation des manifestations aériennes* *(Arr. du 25 févr. 2012, art. 5)*.

Art. 11 Les manifestations aériennes sont autorisées par arrêté du préfet du département du lieu de la manifestation ou lorsque la manifestation a lieu au-delà de 300 mètres du rivage, par arrêté du préfet maritime.

En cas de manifestation hors aérodrome se tenant sur plusieurs départements, ou à la fois sur terre et au-delà des 300 mètres du littoral, le préfet signataire de l'arrêté sera désigné par entente des préfets concernés.

Lorsque la manifestation doit se dérouler sur un aérodrome situé sur plusieurs départements, la demande doit être adressée au préfet désigné pour y exercer les pouvoirs de police conformément à l'article R. 213-4 du code de l'aviation civile.

A Paris, l'autorisation est délivrée par le préfet de police.

Art. 12 La demande d'autorisation de manifestation aérienne doit parvenir au préfet concerné :

– quarante-cinq jours au plus tard avant la date proposée pour la manifestation ;

– trente jours si la manifestation ne comprend qu'une activité unique de voltige ou de parachutage ;

(Abrogé par Arr. du 29 juill. 2015, art. 1er-6°) « ***– vingt jours pour les manifestations de faible importance ne comprenant que des baptêmes de l'air et à condition que la plate-forme soit déclarée par l'organisateur comme conforme aux recommandations de l'annexe III.*** »

(Arr. du 29 juill. 2015, art. 1er-7°) « La demande doit être accompagnée du dossier type intégralement renseigné, constitué de l'annexe I au présent arrêté. »

Le préfet délivre à l'organisateur un récépissé de cette demande avec copies au *(Arr. du 25 févr. 2012, art. 8)* « service compétent de l'aviation civile et au directeur de la police aux frontières ».

La demande d'autorisation est, le cas échéant, précédée d'une lettre d'intention dans le cas où un comité d'organisation et de coordination est créé conformément à l'article 9.

L'Arr. du 29 juill. 2015 est applicable en Polynésie française et à Wallis-et-Futuna (Arr. préc., art. 2).

Art. 13 Dans les mêmes délais que ceux prévus *supra*, une copie de la demande d'autorisation et du dossier doit être adressée par l'organisateur :

– au *(Arr. du 25 févr. 2012, art. 11)* « service compétent de l'aviation civile » ;

– au maire de la commune sur le territoire de laquelle se trouve l'emplacement proposé. Au cas où l'emplacement se situe sur plusieurs communes, chaque maire doit recevoir une copie de la demande ;

– au *(Arr. du 25 févr. 2012, art. 10)* « directeur de la police aux frontières »,

et, le cas échéant,

– à l'autorité aéronautique militaire *(Abrogé par Arr. du 25 févr. 2012, art. 11)* « ***(région militaire, maritime ou aérienne)*** », si la manifestation se déroule sur un aérodrome dont l'affectataire principal est le ministre de la défense ou si des présentations militaires sont prévues dans le programme de la manifestation ;

– au chef d'état-major de l'armée de l'air lorsque des aéronefs militaires étrangers participent à la manifestation ;

– au directeur régional de l'environnement si la manifestation est classée grande importance (cf. art. 7) ou si, quel que soit son classement, cette manifestation comporte plus de trente passages au-dessus ou au voisinage de lieux habités, c'est-à-dire à moins de 300 mètres de distance et/ou à moins de 300 mètres de hauteur.

Art. 14 Après réception du dossier :

Le *(Arr. du 25 févr. 2012, art. 6)* « service compétent de l'aviation civile » fournit au préfet destinataire de la demande d'autorisation un avis portant notamment sur le choix du directeur des vols, sur les caractéristiques techniques de la plate-forme, en particulier si l'organisateur a indiqué que la plate-forme n'est pas conforme aux recommandations de l'annexe III. Il assure la sécurité des autres usagers aériens par la diffusion éventuelle d'information et donne un avis sur la participation des aéronefs supérieurs à 5,7 tonnes et sur les aéronefs en cours d'expérimentation (cf. art. 25).

(Arr. du 25 févr. 2012, art. 10) Le « directeur de la police aux frontières » fournit un avis sur la sécurité des tiers,

En ce qui concerne les manifestations organisées par une autorité militaire, celle-ci fournit au préfet un avis le cas échéant sur la plate-forme militaire, l'emploi des aéronefs militaires français ou étrangers et sur le directeur des vols.

Le directeur régional de l'environnement fournit le cas échéant (cf. art. 13) un avis portant sur les nuisances sonores.

La décision d'autorisation ou de refus d'organiser la manifestation aérienne est prise par arrêté préfectoral après avis des autorités citées à l'article 13 et ci-dessus, chacun pour ce qui le concerne.

L'arrêté est notifié à l'organisateur, avec ampliation au *(Arr. du 25 févr. 2012, art. 6)* « service compétent de l'aviation civile », au maire, au *(Arr. du 25 févr. 2012, art. 10)* « directeur de la police aux frontières », au commandant du groupement de gendarmerie des transports aériens, au directeur régional de l'environnement, le cas échéant, et au directeur des vols, au plus tard dix jours avant la date prévue pour la manifestation, si toutefois la demande a été déposée au plus tard quarante-cinq jours avant cette date. Cet arrêté est notifié au plus tard l'avant-dernier jour ouvrable précédant la manifestation si la demande a été déposée au plus tard trente ou vingt jours avant la date prévue pour la manifestation. En cas de refus, la notification adressée à l'organisateur dans les mêmes délais en précise les raisons.

Art. 15 L'organisateur, sauf s'il s'agit d'une autorité militaire, doit fournir la preuve auprès de l'autorité préfectorale qui délivre l'autorisation qu'il dispose de garanties lui permettant de faire face aux conséquences pécuniaires de sa responsabilité civile, de celle de ses préposés et de celle de tous les participants à la manifestation aérienne en complément, si cela s'avérait nécessaire, des garanties en propre dont disposent ces derniers en tant que pilote d'aéronef (cf. art. 26 et annexe IV).

Toutefois, lorsque des aéronefs militaires ou d'État participent à des manifestations aériennes sur des terrains civils ou militaires, l'organisateur n'a pas à faire la preuve de ces garanties en ce qui concerne ces matériels et personnels, l'État demeurant son propre assureur.

En outre, les participants civils à des manifestations aériennes organisées par l'autorité militaire sur des terrains militaires doivent faire la preuve auprès de cette autorité qu'ils disposent des garanties mentionnées au premier alinéa du présent article.

Art. 16 L'arrêté d'autorisation fixe les conditions spécifiques de l'organisation et du déroulement de la manifestation, et notamment son classement dans l'une des catégories prévues à l'article 7 ci-dessus. Un arrêté ne peut traiter que d'une seule catégorie de manifestation aérienne.

Si plusieurs manifestations aériennes se tiennent simultanément sur un même site, elles sont considérées comme une seule manifestation devant faire l'objet d'une seule demande d'autorisation et d'un seul arrêté.

Une manifestation peut se tenir sur plusieurs jours, sans pour autant excéder dix jours. La même manifestation sur le même site ne pourra à nouveau être autorisée qu'à l'expiration d'un délai de trente jours après la fin de la précédente. *(Abrogé par Arr. du 29 juill. 2015, art. 1er-8°)* ***« Toutefois, les baptêmes de l'air en site touristique pourront se dérouler à raison de trois jours maximum par semaine pendant les trois mois de la pleine saison. »***

Un guide de rédaction d'un arrêté préfectoral type est proposé en annexe VI.

L'Arr. du 29 juill. 2015 est applicable en Polynésie française et à Wallis-et-Futuna (Arr. préc., art. 2).

CHAPITRE III ***Déroulement des manifestations aériennes*** *(Arr. du 25 févr. 2012, art. 5).*

SECTION I ***Direction des vols*** *(Arr. du 25 févr. 2012, art. 5).*

Art. 17 L'exécution des manifestations aériennes est placée sous l'autorité d'un directeur des vols retenu pour ses compétences. Il peut être assisté sur sa demande ou à l'initiative de l'organisateur d'un éventuel suppléant. Le directeur des vols et son éventuel directeur des vols suppléant doivent connaître les contraintes spécifiques à toutes les activités prévues au cours de la manifestation et avoir vérifié, en liaison avec l'organisateur, l'adéquation de la plate-forme aux recommandations de l'annexe III au présent arrêté.

Le suppléant remplace le directeur des vols en cas d'incapacité de ce dernier d'assurer ses fonctions.

Art. 18 Le directeur des vols et son suppléant sont proposés par l'organisateur et reçoivent l'agrément du *(Arr. du 25 févr. 2012, art. 6)* « service compétent de l'aviation civile », ou le cas échéant de l'autorité militaire, en fonction de leur compétence et de leur notoriété. Leurs noms sont portés sur l'arrêté préfectoral autorisant la manifestation.

Art. 19 Le directeur des vols proposé par l'organisateur d'une manifestation de faible importance ne comportant qu'un seul aéronef ou *(Arr. du 29 juill. 2015, art. 1er-9°)* « un seul vol en formation » peut être le pilote de cet aéronef ou le *(Arr. du 29 juill. 2015, art. 1er-9°* « chef de formation ». Celui-ci peut être assisté d'une personne restant au sol chargé de l'ordre et de la sécurité. Cette présence est obligatoire pour les baptêmes de l'air *(Arr. du 29 juill. 2015, art. 1er-10°)* « effectués dans le cadre de la manifestation aérienne » lors de l'embarquement et du débarquement des passagers.

L'Arr. du 29 juill. 2015 est applicable en Polynésie française et à Wallis-et-Futuna (Arr. préc., art. 2).

Art. 20 Le directeur des vols et le suppléant doivent signer chacun l'engagement figurant en annexe I C *(Abrogé par Arr. du 29 juill. 2015, art. 1er-11°)* *« ,ou en annexe II C (pour les baptêmes de l'air), »* au présent arrêté. Cet ou ces engagements doivent être joints à la demande d'autorisation de manifestation aérienne.

L'Arr. du 29 juill. 2015 est applicable en Polynésie française et à Wallis-et-Futuna (Arr. préc., art. 2).

Art. 21 Toute participation d'aéronef militaire étranger à une manifestation aérienne doit recevoir l'accord du ministre de la défense.

Un directeur des vols civil doit être assisté d'un commissaire militaire lorsque des aéronefs militaires français ou étrangers participent à une manifestation aérienne.

Le commissaire militaire est chargé de vérifier que le programme des formations militaires est compatible avec l'arrêté préfectoral d'autorisation, les consignes du directeur des vols et le programme prévu.

Lorsque la manifestation a lieu sur un aérodrome dont l'affectataire principal est le ministre de la défense ou lorsque les aéronefs participants sont tous militaires ou lorsqu'il s'agit de "meetings nationaux de l'air" organisés à la diligence de la fondation des œuvres sociales de l'air, le directeur des vols doit être militaire. Si des aéronefs civils participent à une telle manifestation, le directeur des vols militaire peut être assisté d'un conseiller civil.

Art. 22 L'autorité du directeur des vols s'étend à tous les équipages français et étrangers, civils ou militaires, participant à la manifestation aérienne.

A ce titre, il est chargé de veiller à l'exécution du programme de présentation des aéronefs et doit :

– s'assurer que les participants ont bien reçu les renseignements concernant les règles de vols, les horaires, les axes et hauteurs minimales des présentations, la position du public, les consignes de sécurité et les règles particulières à la manifestation ;

– faire effectuer, si nécessaire, une reconnaissance du site par les participants ou une répétition des présentations en vol ;

– avoir reçu, au plus tard la veille de la manifestation, les programmes détaillés de chaque présentation, tels que figurant sur les fiches prévues à l'annexe IV du présent arrêté, les avoir étudiés en s'assurant que le minutage n'est pas trop serré de façon à pouvoir absorber un retard éventuel et les avoir approuvés ;

– s'assurer sur la même fiche de l'engagement écrit des participants, conformément à l'article 28 ci-après ;

– s'assurer que les participants remplissent les conditions d'expérience requises à l'article 26 ;

– se tenir informé des modalités de gestion de l'espace aérien lié à la manifestation et avoir tenu une réunion préparatoire avec les agents assurant les services de la circulation aérienne sur le site pendant la manifestation ou avec l'organisme Afis (cf. art. 24), si de tels services sont prévus ;

– organiser avant le début des vols une réunion préparatoire à laquelle assistent obligatoirement tous les équipages engagés et les agents cités ci-avant, réunion au cours de laquelle seront rappelés les consignes de sécurité et les termes de l'arrêté préfectoral d'autorisation. *(Arr. du 25 févr. 2012, art. 12)* « Le service compétent de l'aviation civile et le représentant de la police aux frontières » peuvent assister à cette réunion préparatoire. Le directeur des vols doit s'assurer auprès des pilotes n'ayant pu, avec son accord, assister à cette réunion, qu'ils ont bien eu connaissance des consignes de sécurité et de l'arrêté préfectoral.

Art. 23 Le directeur des vols s'assure de la conformité des présentations en vol avec le programme et les fiches (annexe IV) déposés et approuvés, veille à ce que la manifestation se déroule en conformité avec les règles générales de sécurité et celles particulières à la manifestation.

Il peut à tout moment, s'il le juge nécessaire, annuler tout ou partie des présentations, et notamment si :

– les conditions de sécurité ne sont pas remplies ;
– les équipages ne respectent pas les consignes ;
– les conditions météorologiques sont défavorables (cf. annexe III-2) ;
– un retard trop important est pris dans le déroulement de la manifestation.

En cas d'infraction avec ou sans interruption de vol, le directeur des vols transmet un rapport *(Arr. du 25 févr. 2012, art. 13)* « au service compétent de l'aviation civile qui établit, s'il le juge » nécessaire, un procès-verbal d'infraction aéronautique (art. R. 425-4 à R. 425-19 et D. 435-1 à D. 435-10 du code de l'aviation civile).

Il ne peut pas ajouter de présentations non programmées et approuvées (cf. art. 22, deuxième alinéa, troisième tiret), mais peut, en revanche, modifier les horaires ou l'ordre des présentations.

Art. 24 Le directeur des vols se tient normalement à la tour de contrôle ou à la vigie de l'organisme Afis, si elle existe, et coordonne son action avec l'agent, s'il est présent, de l'organisme de la circulation aérienne qui conserve ses attributions telles que fixées par les articles D. 131-1 à D. 131-10 et leurs annexes du code de l'aviation civile.

Pour assurer sa mission, le directeur des vols peut disposer d'une fréquence radio spécifique.

Il apprécie et définit les moyens à mettre en place, qualitativement et quantitativement, pour mener à bien sa tâche.

Le directeur des vols ou son suppléant doit être constamment présent, soit au sol, soit en vigie, si elle existe, pendant les manifestations de grande ou moyenne importance.

SECTION II ***Participation*** *(Arr. du 25 févr. 2012, art. 5).*

Art. 25 Seule l'autorité militaire est autorisée à déterminer les conditions d'emploi autres que celles prescrites par le présent arrêté, de l'ensemble des aéronefs militaires.

Sauf pour les aéronefs français munis d'un certificat de navigabilité restreint d'aéronef de collection, la participation à des manifestations aériennes d'aéronefs civils de masse maximale certifiée au décollage supérieure à 5,7 tonnes est soumise à l'avis du *(Arr. du 25 févr. 2012, art. 14)* « service compétent de l'aviation civile ». Celui-ci s'assure de la détention par l'équipage de titres aéronautiques appropriés et de la validité des titres de navigabilité de l'aéronef. En outre, en cas de baptêmes de l'air, cette autorité vérifie que l'aéronef est inscrit sur la fiche de données relative au certificat de transporteur aérien de l'exploitant de l'aéronef.

La participation à des manifestations aériennes d'aéronefs civils en cours d'expérimentation est subordonnée à la détention d'un laissez-passer autorisant l'aéronef à cette participation, dans les conditions de l'article 13 de l'arrêté du 6 septembre 1967.

Art. 26 Toute activité d'enseignement est interdite en manifestation aérienne.

Tout participant à une manifestation aérienne doit faire la preuve qu'il dispose de garanties lui permettant de faire face aux conséquences pécuniaires de sa responsabilité civile en tant que pilote d'un aéronef en manifestation aérienne (art. 15 et annexe IV).

Il doit pouvoir, dans la classe d'aéronef présenté, justifier au directeur des vols, selon le cas, de :

200 heures de vol comme pilote d'aéronef motopropulsé, ou un titre professionnel ;

50 ascensions comme pilote de ballon à air chaud, ou 25 comme pilote de ballon libre à gaz ;

100 heures de vol comme pilote d'aérodyne non motopropulsé ;

250 sauts comme parachutiste, ou un titre professionnel, ou un ordre de mission réglementaire en cas de saut militaire à ouverture automatique.

De plus, chaque participant doit pouvoir justifier, sur le même modèle d'aéronef, d'au moins :

– trois décollages et trois atterrissages dans les trois mois précédant la manifestation, ainsi que, le cas échéant :

– en cas de présentation en vol, un entraînement datant de moins de trois mois du programme proposé ;

– en cas de baptême de l'air, dix heures de vol comme commandant de bord dans les douze mois qui précèdent ;

– comme pilote largueur ou remorqueur, dix heures de vol dans les douze mois qui précèdent ;

– pour les parachutistes et parapentistes, dix sauts dans les trois mois précédant la manifestation.

Les disciplines dont la pratique ne donne pas lieu à un archivage sur un document réglementaire font l'objet d'une déclaration sur l'honneur du participant. Néanmoins, le directeur des vols peut en vérifier la véracité.

Le commissaire militaire est chargé de vérifier que les conditions d'expérience des pilotes d'aéronefs militaires sont compatibles avec le présent arrêté et l'arrêté préfectoral d'autorisation (cf. art. 28).

Art. 27 L'inscription au programme d'une manifestation aérienne n'accorde pas le droit à un exploitant ou un membre d'équipage qui y participe de déroger aux règlements aéronautiques en vigueur non modifiés par le présent arrêté et ne peut en aucun cas servir de prétexte à les transgresser.

Art. 28 Les participants d'une manifestation aérienne doivent se conformer aux directives et aux injonctions du directeur des vols.

Chaque participant est tenu, lors de l'approbation de la fiche de présentation par le directeur des vols, de signer la déclaration figurant sur cette fiche par laquelle il s'engage à respecter le programme fixé et à se conformer aux directives et injonctions du directeur des vols.

Lorsque des aéronefs militaires participent à une manifestation aérienne, c'est le commissaire militaire qui signe la déclaration au nom des pilotes. Il est alors chargé d'informer les participants militaires des conditions particulières qui pourraient avoir été imposées par le directeur des vols.

SECTION III *Évolutions* *(Arr. du 25 févr. 2012, art. 5).*

Art. 29 Les évolutions proposées doivent être compatibles avec les conditions de navigabilité et le domaine de vol de l'aéronef.

Art. 30 Le survol du public ainsi que le survol des zones de stationnement automobile accessibles au public durant les évolutions sont interdits, sauf s'il s'agit :

– de largage de parachutistes, pour lequel la hauteur minimale est de 450 mètres (1 500 pieds) ;

– de décollage et atterrissage de ballon libre, dans les limites des pentes de dégagement exposées en annexe III.

Le contournement du public doit être effectué le cas échéant en maintenant la distance d'éloignement la plus contraignante définie en fonction de la vitesse de passage et précisée à l'article 31.

Art. 31 Les axes de présentation doivent être déterminés pour permettre aux *(Arr. du 25 févr. 2012, art. 15)* « participants » de maintenir, au cours de toutes les évolutions en vol, une distance horizontale d'éloignement du public. Ces axes peuvent être dissociés de la piste.

Les distances horizontales d'éloignement du public sont, en mètres, les suivantes :

Vitesse de passage (nœuds)	Type de présentation en vol	
	Passage parallèle au public	Voltige ou présentation face au public
v < 100	50	100
100 < v < 200	100	150
200 < v < 300	150	200
300 < v	200	400

Pour les manœuvres d'atterrissage et de décollage, si les contraintes locales ne permettent pas de placer l'enceinte réservée au public à plus de 100 mètres du bord de la piste, une étude particulière prenant en compte les spécificités du site et des aéronefs *(Arr. du 25 févr. 2012, art. 15)* « peut être présentée par l'organisateur. Un avis spécifique et circonstancié est alors donné par le service compétent de l'aviation civile ».

La hauteur minimale de vol est fixée à 30 mètres (100 pieds) pour les passages linéaires sur l'axe de présentation, en conditions normales de vol, sans changement d'assiette ni de cap (parallèle au public) et à 100 mètres (330 pieds) pour toutes les autres évolutions, en dérogation aux règles de l'air. Ces hauteurs ne peuvent être maintenues que dans les limites géographiques de l'aire de présentation et selon les conditions de l'article 30. Hors de ces limites, et sauf dérogation, les règles de l'air relatives au niveau minimal de vol sont applicables.

Les *(Arr. du 25 févr. 2012, art. 15)* « participants » désirant s'entraîner en dehors de la durée prévue de la manifestation *(Arr. du 25 févr. 2012, art. 15)* « doivent recevoir du ministre chargé de l'aviation civile » une dérogation pour effectuer les évolutions dont la base est comprise entre 30 et 150 mètres. Les demandes de créneaux horaires spécifiques à ces entraînements pourront être jointes à l'exemplaire de la demande de manifestation destiné à l'autorité aéronautique.

L'arrêté préfectoral d'autorisation peut prévoir une réduction de distance ou/et de hauteur, sur proposition de l'organisateur. Ces réductions, liées aux caractéristiques des aéronefs (faible masse, vol en basse hauteur habituel, présentation conforme à l'utilisation professionnelle, etc.), sont obligatoirement associées à des limites géographiques précises hors desquelles la règle générale reste applicable. En aucun cas, la bande de 10 mètres prévue à l'article 37 ne doit être réduite.

A l'exception des ballons, la présence à bord d'un aéronef de personne n'ayant pas une fonction technique nécessaire à l'exécution de la présentation en vol est interdite, sauf si la présentation de l'aéronef suit et/ou précède sans atterrissage sur le site un vol de convoyage durant lequel cette personne est nécessaire. Des dérogations peuvent être *(Arr. du 25 févr. 2012, art. 15)* « accordées par le préfet, après avis spécifique du service compétent de l'aviation civile » pour l'emport de personnes ayant une fonction liée à la présentation mais autre que technique, telles la figuration dans la reconstitution de faits historiques ou les prises de vues nécessaires à un reportage.

Art. 32 (Abrogé par Arr. du 29 juill. 2015, art. 1er-12°) ***Dans le cas de manifestation aérienne comprenant exclusivement des baptêmes de l'air en hélicoptère, ballon, parachute et parapente, la distance minimale du public peut être réduite jusqu'à une distance éloignée de 10 mètres des limites de la plate-forme (art. 37, avant-dernier alinéa).***

L'Arr. du 29 juill. 2015 est applicable en Polynésie française et à Wallis-et-Futuna (Arr. préc., art. 2).

Art. 33 L'ouverture des parachutes doit être déclenchée à une hauteur supérieure ou égale à 900 mètres (3 000 pieds).

En cas de saut en voile hémisphérique avec ouverture automatique et sur aérodrome, la hauteur minimale de saut est ramenée à 450 mètres (1 500 pieds).

Pendant toute l'évolution des parachutistes et parapentistes, aucun aéronef au sol ne doit être en mouvement et aucun moteur à hélice ne doit être en fonctionnement sur l'aire d'atterrissage majorée d'une bande de 10 mètres ; sur le reste de la zone, chaque pilote d'aéronef muni d'un moyen de radiocommunication, en liaison avec le directeur des vols, doit être en parfaite connaissance des mouvements des parachutistes et parapentistes et doit être prêt à tout moment à cesser son mouvement et à arrêter ses moteurs. Les aéronefs sans moyen de radiocommunication doivent être moteur(s) à l'arrêt.

Aucun aéronef en vol, à l'exception de l'aéronef largueur, ne doit se trouver à l'intérieur d'un volume de saut défini comme suit :

– plan inférieur : le sol ;

– plan horizontal supérieur : plan de largage du parachutiste ou de décollage du parapentiste ;

– plan vertical 1 : plan passant par le point de largage ou de décollage, perpendiculaire au plan horizontal supérieur et à l'axe du vent ;

– plan vertical 2 : plan tangent à l'extrémité haute des limites des surfaces de dégagement, perpendiculaire au plan horizontal supérieur et à l'axe du vent ;

– plans latéraux : plans parallèles à l'axe du vent et tangents aux limites hautes des surfaces de dégagement.

Le parachutiste ou parapentiste doit se poser à une distance supérieure à 10 mètres du public.

CHAPITRE IV *Contrôle des manifestations aériennes* *(Arr. du 25 févr. 2012, art. 5).*

Art. 34 En plus des autorités auxquelles incombent réglementairement les opérations de contrôle d'une manifestation aérienne, le directeur des vols doit contrôler la validité des licences et qualifications des pilotes ainsi que les documents de bord des aéronefs participant à la manifestation aérienne.

Cette vérification s'applique aux pratiquants d'activités pour lesquelles un titre aéronautique est défini par le code de l'aviation civile. Les conditions d'expérience requises par l'article 26 sont susceptibles de vérification.

Le directeur des vols établit après une manifestation de grande et moyenne importance un compte rendu relatif à l'ensemble du déroulement de la manifestation. Ce document est adressé au *(Arr. du 25 févr. 2012, art. 6)* « service compétent de l'aviation civile », le cas échéant à l'autorité aéronautique militaire, et à l'organisateur.

Art. 35 Les autorités territorialement compétentes de l'aviation civile, *(Arr. du 25 févr. 2012, art. 16)* « du ministère de la défense », de police et de gendarmerie exercent le contrôle nécessaire, chacune en ce qui la concerne, afin de s'assurer que les règles de sécurité et les termes de l'arrêté préfectoral d'autorisation sont respectés par l'organisateur, le directeur des vols et les participants. Ces autorités ont libre accès à la manifestation et doivent se faire connaître auprès du directeur des vols avant le début de la manifestation ou dès leur arrivée. Elles peuvent faire interrompre un vol en cas de manquement à la sécurité ou faire interrompre le déroulement de la manifestation si l'événement engage la sécurité de la suite du déroulement de la manifestation. Il leur appartient, le cas échéant, d'autoriser la reprise des vols.

En cas de décision d'interruption de la manifestation, un ordre écrit devra être remis au directeur des vols par l'autorité compétente qui ordonne l'arrêt de la manifestation. Un modèle d'ordre écrit est proposé en annexe V.

Cette autorité établit dans ce cas un compte rendu détaillé transmis au préfet concerné et *(Arr. du 25 févr. 2012, art. 16)* « au service compétent de l'aviation civile ».

Art. 36 *(Arr. du 25 févr. 2012, art. 17)* « Un représentant du service compétent de l'aviation civile » doit être présent pendant toute la durée des manifestations de grande importance, à l'exception de celles organisées sur des aérodromes militaires où sa présence n'est obligatoire que si la présentation des aéronefs civils répond aux critères des manifestations de grande importance.

Il établit un compte rendu transmis au préfet et *(Arr. du 25 févr. 2012, art. 17)* « au service compétent de l'aviation civile ».

Les manifestations de moyenne et faible importance sont contrôlées par sondage par le *(Arr. du 25 févr. 2012, art. 6)* « service compétent de l'aviation civile ».

Toute manifestation aérienne peut faire l'objet de contrôle des mesures de prévention concernant les nuisances sonores contenues dans l'autorisation préfectorale.

CHAPITRE V *Services d'ordre et de secours* *(Arr. du 25 févr. 2012, art. 5).*

Art. 37 Le service d'ordre comprend :

– le service d'ordre dans la zone réservée ;

– le service d'ordre dans la zone publique, et notamment dans l'enceinte réservée au public de la manifestation ;

– le service d'ordre sur les voies d'accès à l'aérodrome ou au lieu de la manifestation.

L'arrêté préfectoral d'autorisation définit les conditions générales d'organisation et de coordination de ces divers services, après accord de l'autorité militaire territorialement compétente si la manifestation se déroule sur un aérodrome militaire ou lorsque des aéronefs militaires doivent être gardés sur un aérodrome civil.

Cet arrêté rappelle d'autre part les dispositions de l'arrêté de police réglementant la circulation des personnes et des véhicules sur l'aérodrome, et fixe, s'il y a lieu, les dispositions y dérogeant pour la durée de la manifestation, notamment en ce qui concerne les limites respectives de la zone publique et de la zone réservée.

L'enceinte réservée au public d'une manifestation doit être placée d'un seul côté de la zone d'évolution (hormis pour les évolutions de ballons et de parachutistes) et séparée de l'aire de présentation par :

– côté public, des barrières continues, sauf aux points d'accès à l'aire de présentation qui devront être contrôlés par le service d'ordre ;

– côté aire de présentation, à 10 mètres des barrières suscitées, des piquets métalliques ou en bois reliés par une bande colorée matérialisant les limites de circulation au sol et de stationnement des aéronefs.

Dans le cas de présentation d'aéromodèles en vol circulaire, le public doit être séparé de la zone d'évolution par un grillage d'une hauteur minimale de deux mètres.

Art. 38 Sur l'emprise des aérodromes civils, le service d'ordre est organisé sous l'autorité du préfet, dans le cadre des dispositions des articles R. 213-1 à R. 213-9 du code de l'aviation civile.

Dans l'enceinte réservée au public de la manifestation, ainsi que sur une plate-forme hors aérodrome, l'organisateur assure lui-même ce service, suivant les modalités et dans les limites fixées par l'article R. 213-7 du code susvisé.

L'organisateur fait appel, en cas de nécessité, à l'autorité de police désignée par le préfet pour diriger les différents services de police participant au service d'ordre et coordonner leur action.

Art. 39 Sur l'emprise des aérodromes militaires, l'organisation du service d'ordre incombe à l'autorité militaire.

Dans l'enceinte réservée au public de la manifestation, l'organisateur assure lui-même ce service, suivant les modalités et dans les limites fixées en accord avec l'autorité précitée.

En cas de nécessité, il fait appel à cette autorité ou à ses représentants.

Art. 40 Le service d'ordre extérieur à l'aérodrome doit permettre l'accès du terrain et la circulation sur les voies qui y aboutissent. Il doit permettre la circulation rapide des véhicules de secours et leur accès aisé à la bande libre de 10 mètres prévue à l'article 37 entre l'aire de présentation et la zone publique.

La zone à surveiller est définie par arrêté préfectoral et les dispositions nécessaires (police des abords, interdiction de circulation, etc.) figurent, le cas échéant, dans l'arrêté d'autorisation.

Compte tenu de leurs compétences territoriales habituelles, ce service d'ordre est confié soit au corps de police, soit à la gendarmerie, sous la responsabilité de l'autorité visée à l'article 38, troisième alinéa.

Si la manifestation se déroule sur un aérodrome militaire, cette même autorité et l'officier responsable du service d'ordre sur cet aérodrome se tiennent en liaison permanente.

Art. 41 L'importance et la nature des moyens de secours et de lutte contre l'incendie sont proposées par l'organisateur en tenant compte de la proximité et de la facilité de jonction avec des structures existantes dans le proche voisinage du site.

Le *(Arr. du 25 févr. 2012, art. 6)* « service compétent de l'aviation civile » peut donner un avis concernant les moyens de secours et de lutte contre l'incendie spécifiques aux aéronefs.

Les services compétents du préfet approuvent ou amendent ce projet, et l'arrêté préfectoral d'autorisation précise les moyens de secours et de lutte contre l'incendie à mettre en place par l'organisateur.

TITRE IV **Manifestations aériennes faisant intervenir uniquement des aéromodèles**

(Arr. du 25 févr. 2012, art. 18)

Art. 42 Les présentations publiques d'aéromodèles qui se déroulent dans un bâtiment complètement fermé, où tout aéromodèle en vol ne peut sortir du bâtiment, sont soumises exclusivement au chapitre VI du titre IV.

CHAPITRE PREMIER *Organisation*

Art. 43 L'organisateur est le rédacteur de la demande d'autorisation et le seul interlocuteur des autorités administratives. Il est responsable de l'application des prescriptions du présent arrêté.

Si la plate-forme n'est pas conforme aux exigences de l'article 45, il établit un descriptif de cette dernière, avec les justifications de sécurité qu'il propose, pour appréciation par le service compétent de l'aviation civile.

Art. 44 L'organisateur est chargé de préparer la manifestation aérienne et notamment :
– de proposer un directeur des vols, et un éventuel directeur adjoint, chacun reconnu pour ses compétences ;
– d'élaborer les limites d'évolution des aéromodèles ;
– de proposer des règles de sécurité pour les vols ;
– de définir la hauteur maximale de vol sollicitée pour les présentations ;
– de définir les moyens à mettre en œuvre pour contrôler et surveiller les fréquences utilisées ;
– de répartir les tâches à accomplir au cours du déroulement de la manifestation ;
– de s'assurer auprès du service compétent de l'aviation civile, de l'exploitant d'aérodrome, que les dispositions indispensables au déroulement de la manifestation aérienne qui relèvent de son attribution (restrictions et conditions d'utilisation de l'aérodrome, espace aérien, fréquence radio à utiliser, etc.) peuvent être prises ;
– de prévoir des moyens de secours et de lutte contre l'incendie strictement adaptés au type d'aéromodèles présentés, dont la définition et le niveau sont à établir en liaison avec la direction départementale des secours en prenant en compte les infrastructures locales déjà existantes et les éventuelles facilités ou difficultés d'accès ;
– de se tenir informé des consignes d'alerte en cas d'accident ; éventuellement, les établir et veiller à leur application.

Il élabore le dossier type renseigné, constitué de l'annexe I :
– partie I-A sans copie au directeur régional de l'environnement ;
– partie I-B paragraphes A et C uniquement ;
– l'engagement figurant en partie I-C signée par le directeur des vols et son éventuel suppléant.

Lorsque la manifestation a lieu sur un aérodrome dont l'affectataire principal est le ministre de la défense, le directeur des vols est militaire et peut être assisté d'un conseiller civil.

Art. 45 *a)* La plate-forme de la manifestation est constituée d'une zone réservée et d'une zone publique.

La zone réservée est séparée de la zone publique par des barrières continues, sauf aux points d'accès à la zone réservée qui sont contrôlés par le service d'ordre de l'organisateur.

La zone publique est placée d'un seul côté de la zone réservée.

b) La zone réservée comprend au sol trois aires distinctes :
– une piste utilisée pour les décollages et les atterrissages des aéromodèles, dégagée de tout obstacle, de dimensions adaptées aux caractéristiques des aéromodèles présentés. La limite de cette piste est matérialisée au sol, du côté de la zone publique et à au moins 30 mètres de celle-ci ;
– la zone des pilotes à distance d'un aéronef en cours de présentation en vol, clairement matérialisée au sol, en dehors de la piste des aéromodèles et à au moins 5 mètres de la limite de cette piste définie ci-dessus, puis ;
– une zone de stationnement des aéromodèles, définie par une séparation matérielle avec les deux aires précédentes et à au moins 15 mètres de la limite de la piste définie ci-dessus ;

c) Les extrémités de pistes sont situées à plus de 125 mètres d'une voie classée, sauf si la circulation et le stationnement des personnes et des véhicules y sont interdits. Cette distance est vérifiée sur toute la largeur de la piste ;

d) La plate-forme est équipée d'un dispositif indiquant l'orientation du vent ;

e) Dans le cas de vols circulaires d'aéromodèles captifs, une zone réservée dédiée à cette activité est séparée de la zone publique par un grillage d'une hauteur minimale de deux mètres ;

f) Si les contraintes locales ne permettent pas de respecter ces dispositions, une étude particulière prenant en compte les spécificités du site est proposée par l'organisateur dans sa demande de manifestation.

CHAPITRE II *Autorisation*

Art. 46 Les manifestations sont autorisées par arrêté du préfet du département du lieu de la manifestation.

Art. 47 La demande d'autorisation de manifestation accompagnée du dossier type renseigné doit parvenir au préfet concerné quarante-cinq jours au plus tard avant la date proposée pour la manifestation.

Le délai est porté à soixante-dix jours dans le cas où une ségrégation est nécessaire pour la compatibilité avec d'autres activités aéronautiques.

Le préfet délivre à l'organisateur un récépissé de cette demande avec copie au service compétent de l'aviation civile.

Art. 48 Dans les mêmes délais que ceux prévus *supra*, une copie de la demande d'autorisation et du dossier est adressée par l'organisateur :

– au service compétent de l'aviation civile (ou au directeur général d'Aéroports de Paris pour les aérodromes relevant de sa compétence) ;

– au maire de chaque commune sur le territoire de laquelle se trouve l'emplacement proposé ;

– au directeur de la police aux frontières ;

– et le cas échéant,

– à l'autorité aéronautique militaire, si la manifestation se déroule sur un aérodrome dont l'affectataire principal est le ministre de la défense.

Art. 49 Après réception du dossier :

Le service compétent de l'aviation civile fournit au préfet destinataire de la demande d'autorisation un avis portant notamment sur le choix du directeur des vols, et le cas échéant, de son suppléant, sur la hauteur d'évolution, sur les caractéristiques techniques de la plate-forme, en particulier si l'organisateur a indiqué que la plate-forme n'est pas conforme aux recommandations de cet arrêté.

Le directeur de la police aux frontières fournit un avis sur la sécurité des tiers.

En ce qui concerne les manifestations aériennes qui se déroulent sur un aérodrome dont l'affectataire principal est le ministre de la défense, l'autorité aéronautique militaire fournit au préfet un avis sur les conditions d'utilisation de la plate-forme militaire et sur le directeur des vols.

Art. 50 La décision d'autorisation ou de refus d'organiser la manifestation est prise par arrêté préfectoral après avis des autorités concernées.

Si avis favorable, elle précise notamment les conditions spécifiques de l'organisation et du déroulement de la manifestation, les noms du directeur des vols et de son adjoint éventuel, et les déviations à la description de la plate-forme définie à l'article 45, acceptables d'un point de vue de la sécurité.

Un guide de rédaction d'un arrêté préfectoral type d'une manifestation aérienne faisant uniquement intervenir des aéromodèles est proposé en annexe VII.

L'arrêté est notifié à l'organisateur, avec ampliation au service compétent de l'aviation civile, au maire, au directeur de la police aux frontières, au commandant du groupement de gendarmerie des transports aériens, le cas échéant, et au directeur des vols au plus tard dix jours avant la date prévue pour la manifestation. En cas de refus, la notification adressée à l'organisateur dans les mêmes délais en précise les raisons.

Art. 51 L'organisateur, sauf s'il s'agit d'une autorité militaire, fournit la preuve auprès de l'autorité préfectorale qui délivre l'autorisation qu'il dispose de garanties lui permettant de faire face aux conséquences pécuniaires de sa responsabilité civile, de celle de ses préposés et de celles de tous les participants à la manifestation aérienne en complément, si cela s'avérait nécessaire, des garanties en propre dont disposent ces derniers en tant que pilote à distance d'un aéromodèle.

En outre, les participants civils à des manifestations aériennes organisées par l'autorité militaire sur des terrains militaires apportent la preuve auprès de cette autorité qu'ils disposent des garanties mentionnées ci-dessus.

CHAPITRE III *Déroulement de la manifestation*

SECTION I *Direction des vols*

Art. 52 L'exécution des présentations en vol est placée sous l'autorité d'un directeur des vols.

Le directeur des vols et son éventuel suppléant connaissent les contraintes spécifiques à toutes les présentations en vol et vérifient en liaison avec l'organisateur l'adéquation de la plate-forme aux recommandations de l'article 45.

Le suppléant remplace le directeur des vols en cas d'incapacité de ce dernier d'assurer ses fonctions.

Art. 53 L'autorité du directeur des vols s'étend à tous les pilotes à distance français et étrangers des aéromodèles participant à la manifestation aérienne.

A ce titre, il est chargé de veiller au bon déroulement des présentations en vol et :

– s'assure avant la manifestation que l'information aéronautique nécessaire a été effectuée vis-à-vis des autres usagers de l'espace aérien ;

– s'assure que le pilote à distance d'un aéromodèle se tient dans la zone désignée à cet effet lors des présentations en vol qu'il effectue ;

– s'assure que les participants ont bien reçu les renseignements concernant les règles de vols, les axes et hauteur maximale des présentations, la position du public, les consignes de sécurité et les règles particulières à la présentation ;

– fait effectuer si nécessaire une reconnaissance du site par les participants ou une répétition des présentations en vol ;

– s'assure de l'engagement écrit des participants conformément à l'article 56 ;

– se tient informé des modalités de gestion de l'espace aérien lié aux présentations en vol et *[s'assure d']* avoir tenu une réunion préparatoire avec les agents assurant les services de la circulation aérienne sur le site pendant la manifestation ou avec l'organisme AFIS, si de tels services sont prévus ;

– organise avant le début des vols une réunion préparatoire à laquelle assistent obligatoirement tous les pilotes à distance d'aéromodèles engagés et les agents cités ci-avant, réunion au cours de laquelle sont rappelés les consignes de sécurité et les termes de l'arrêté préfectoral d'autorisation. Le service compétent de l'aviation civile et le représentant de la police aux frontières peuvent assister à cette réunion préparatoire. Le directeur des vols s'assure auprès des pilotes à distance d'aéromodèles n'ayant pu, avec son accord, assister à cette réunion, qu'ils ont bien eu connaissance des consignes de sécurité et des termes de l'arrêté préfectoral.

Il peut demander l'évacuation de la zone réservée aux participants qui ne sont pas en train de présenter un aéromodèle.

Art. 54 Le directeur des vols veille à ce que la manifestation se déroule en conformité avec les règles générales de sécurité et celles particulières à la manifestation.

Il peut à tout moment, s'il le juge nécessaire, annuler tout ou partie des présentations en vol, et notamment si :

– les conditions de sécurité ne sont pas remplies ;

– la mise en œuvre des mesures de contrôle des fréquences utilisées n'est pas respectée ;

– les pilotes à distance d'aéromodèles ne respectent pas les consignes ;

– les conditions météorologiques sont défavorables.

En cas d'infraction avec ou sans interruption de vol, le directeur des vols transmet un rapport au service compétent de l'aviation civile.

Art. 55 Le directeur des vols coordonne son action avec l'agent AFIS, s'il est présent, de l'organisme de la circulation aérienne qui conserve ses attributions telles que fixées par les articles D. 131-1 à D. 131-10 et leurs annexes du code de l'aviation civile.

Pour assurer sa mission, le directeur des vols peut disposer d'une fréquence radio spécifique.

Il apprécie et définit les moyens à mettre en place, qualitativement et quantitativement, pour mener à bien sa tâche.

SECTION II *Participation*

Art. 56 Tout participant signe la déclaration figurant sur la fiche déclarative de participation à une présentation publique d'aéromodèles dont le modèle est joint en annexe IV.

Il déclare disposer de garanties lui permettant de faire face aux conséquences pécuniaires de sa responsabilité civile en tant que pilote à distance d'aéromodèles.

Art. 57 Seuls les participants, les organisateurs et les personnes dûment autorisées par le directeur des vols ont accès à la zone réservée.

Ils peuvent rester dans la zone de stationnement des aéromodèles

Les participants se conforment aux directives et aux injonctions du directeur des vols.

SECTION III *Évolutions*

Art. 58 *a)* Le décollage et l'atterrissage des aéromodèles s'effectuent sur la piste, selon un axe parallèle à la séparation de la zone publique et de la zone réservée.

Pour les aéromodèles de catégorie B, le décollage et l'atterrissage s'effectuent à au moins 20 mètres de la limite de piste définie à l'article 45.

b) La zone d'évolution en vol des aéromodèles de catégorie A se situe au-dessus de la zone réservée, au-delà de la limite de piste définie à l'article 45.

La zone d'évolution en vol des aéromodèles de catégorie B se situe au-dessus de la zone réservée, au-delà de 50 mètres de la limite de piste définie à l'article 45.

La zone d'évolution en vol doit être située à plus de 150 mètres de toute habitation.

c) Le directeur des vols peut augmenter ces limites si, pour des raisons de sécurité, elles lui semblaient insuffisantes.

Art. 59 Aucun démarrage de moteur d'aéromodèles n'a lieu dans la zone de stationnement des aéromodèles, ni dans la zone publique.

Le transfert de gaz et le démarrage des moteurs se font en zone réservée, et à au moins 20 mètres du public et des autres personnes qui sont en zone réservée et qui n'ont aucun rôle dans le démarrage des moteurs considérés.

Art. 60 Au sein de la zone réservée, le pilote à distance d'un aéromodèle en cours de présentation en vol se tient à l'emplacement matérialisé. Il respecte les limites de la zone d'évolution.

Le survol du public, le survol de la zone de stationnement des aéromodèles, de la zone des pilotes à distance d'un aéronef en cours de présentation en vol ainsi que le survol des zones de stationnement automobile accessibles au public durant les évolutions sont interdits.

Le survol des lieux habités et de toutes lignes aériennes de transport d'énergie électrique ou de leurs supports est interdit.

Les présentations face au public sont interdites.

Art. 61 *a)* Les présentations en vol à plusieurs aéromodèles simultanément sont uniquement autorisées par le directeur des vols s'il a, préalablement à la manifestation, évalué lors de répétitions l'aptitude des participants à évoluer simultanément ou s'il connaît par expérience de manifestations précédentes similaires l'aptitude de ces participants à évoluer ensemble. Il peut leur imposer les mesures de sécurité particulières qu'il juge adéquates.

b) L'évolution d'aéromodèles en vol automatique est interdite ;

c) Toute activité d'enseignement est interdite pendant une manifestation aérienne.

CHAPITRE IV *Contrôle de la manifestation*

Art. 62 Les autorités territorialement compétentes de l'aviation civile, du ministère de la défense, de police et de gendarmerie exercent le contrôle nécessaire, chacune en ce qui la concerne, afin de s'assurer que les règles de sécurité et les termes de l'arrêté préfectoral d'autorisation sont respectés par l'organisateur, le directeur des vols et les participants.

Ces autorités ont libre accès à la manifestation et se font connaître auprès du directeur des vols avant le début de la manifestation ou dès leur arrivée.

Elles peuvent faire interrompre un vol en cas de manquement à la sécurité ou faire interrompre le déroulement de la manifestation si l'événement engage la sécurité de la suite du déroulement de la manifestation. Il leur appartient, le cas échéant, d'autoriser la reprise des vols.

En cas de décision d'interruption de la manifestation, un ordre écrit devra être remis au directeur des vols par l'autorité compétente qui ordonne l'arrêt de la manifestation. Un modèle d'ordre écrit est proposé en annexe V.

Cette autorité établit dans ce cas un compte rendu détaillé transmis au préfet concerné et au service compétent de l'aviation civile.

Le service compétent de l'aviation civile contrôle par sondage ces manifestations aériennes.

CHAPITRE V *Services d'ordre et de secours*

Art. 63 Le service d'ordre comprend :

– le service d'ordre dans la zone réservée ;

– le service d'ordre dans la zone publique, et notamment dans l'enceinte réservée au public de la manifestation ;

– le service d'ordre sur les voies d'accès à l'aérodrome ou au lieu de la manifestation.

L'arrêté préfectoral d'autorisation définit les conditions générales d'organisation et de coordination de ces divers services, après accord de l'autorité militaire territorialement compétente si la manifestation se déroule sur un aérodrome militaire.

Cet arrêté rappelle, d'autre part, les dispositions de l'arrêté de police réglementant la circulation des personnes et des véhicules sur l'aérodrome, et fixe, s'il y a lieu, les dispositions y dérogeant pour la durée de la manifestation, notamment en ce qui concerne les limites respectives de la zone publique et de la zone réservée.

Art. 64 Sur l'emprise des aérodromes civils, le service d'ordre est organisé sous l'autorité du préfet, dans le cadre des dispositions des articles R. 213-1 à R. 213-9 du code de l'aviation civile.

Dans l'enceinte réservée au public, ainsi que sur une plate-forme hors aérodrome, l'organisateur assure lui-même ce service, suivant les modalités et dans les limites fixées par l'article R. 213-7 du code susvisé.

L'organisateur fait appel, en cas de nécessité, à l'autorité de police désignée par le préfet pour diriger les différents services de police participant au service d'ordre et coordonner leur action.

Art. 65 Sur l'emprise des aérodromes militaires, l'organisation du service d'ordre incombe à l'autorité militaire.

Dans l'enceinte réservée au public, l'organisateur assure lui-même ce service, suivant les modalités et dans les limites fixées en accord avec l'autorité précitée.

En cas de nécessité, il fait appel à cette autorité ou à ses représentants.

Art. 66 Le service d'ordre extérieur à l'aérodrome doit permettre l'accès du terrain et la circulation sur les voies qui y aboutissent. Il doit permettre la circulation rapide des véhicules de secours à l'aire de présentation.

La zone à surveiller est définie par arrêté préfectoral et les dispositions nécessaires (police des abords, interdiction de circulation, etc.) figurent, le cas échéant, dans l'arrêté d'autorisation.

Compte tenu de leurs compétences territoriales habituelles, ce service d'ordre est confié soit au corps de police, soit à la gendarmerie, sous la responsabilité de l'autorité visée à l'article 64, troisième alinéa.

Si la manifestation se déroule sur un aérodrome militaire, cette même autorité et l'officier responsable du service d'ordre sur cet aérodrome se tiennent en liaison permanente.

Art. 67 L'importance et la nature des moyens de secours et de lutte contre l'incendie sont proposées par l'organisateur en tenant compte de la proximité et de la facilité de jonction avec des structures existantes dans le proche voisinage du site.

Les services compétents du préfet approuvent ou amendent ce projet et l'arrêté préfectoral d'autorisation précise les moyens de secours et de lutte contre l'incendie à mettre en place par l'organisateur.

CHAPITRE VI *Les manifestations présentations publiques en intérieur*

Art. 68 L'organisateur est le rédacteur de la demande d'autorisation qui est faite auprès du maire de la commune concernée ou, le cas échéant, auprès de l'autorité militaire.

Il fournit la preuve lors de la demande d'autorisation qu'il dispose de garanties lui permettant de faire face aux conséquences pécuniaires de sa responsabilité civile, de celle de ses préposés et de celles de tous les participants.

Art. 69 La décision d'autorisation ou de refus d'organiser la manifestation est prise par arrêté municipal ou, le cas échéant, par l'autorité militaire.

Art. 70 L'organisateur est chargé de proposer des règles de sécurité pour les vols et d'assurer la sécurité du public.

Il est responsable de l'application des prescriptions du présent chapitre et de l'adéquation de la plate-forme à l'article suivant.

Art. 71 La plate-forme de la manifestation est constituée d'une zone réservée et d'une zone publique.

La zone réservée est la zone d'évolution des aéromodèles, dans laquelle se tiennent les participants.

Il n'y a pas de zone marquée au sol pour les pilotes à distance des aéromodèles.

La zone dédiée au public est complètement séparée de la zone réservée, empêchant par des moyens adaptés le passage des aéromodèles en vol d'une zone à l'autre.

Art. 72 L'exécution des présentations en vol est placée sous l'autorité de l'organisateur.

L'autorité de l'organisateur s'étend à tous les participants.

TITRE V **Dispositions diverses** *(Arr. du 25 févr. 2012, art. 5).*

Art. 73 Le présent arrêté est applicable aux territoires d'outre-mer et aux collectivités territoriales de Mayotte et de Saint-Pierre-et-Miquelon, à l'exception des articles se référant aux articles D. 233-1 à D. 233-8 du code de l'aviation civile (aérodromes privés) et à l'exception des articles se référant à l'avis du directeur régional de l'environnement.

Pour cette application, les attributions dévolues au préfet du département, au maire et au directeur de l'aviation civile sont exercées respectivement par le haut-commissaire de la République ou représentant de l'État ou de Gouvernement, le maire ou chef de circonscription administrative et le directeur ou chef des services d'État de l'aviation civile. Les attributions dévolues au DIRCILEC sont exercées par le DCILEC en Nouvelle-Calédonie, le DTCILEC en Polynésie française et le service chargé du contrôle de l'immigration dans les collectivités territoriales. – *[Anc. art. 44.]*

Les annexes de l'Arr. du 4 avr. 1996 ont été modifiées par l'Arr. du 25 févr. 2012 (JO 14 mars) et par l'Arr. du 29 juill. 2015 (JO 6 août).

PARIS SPORTIFS

BIBL. GÉN. ▸ F. ALAPHILIPPE, Paris sportifs *in* Panorama Droit du sport 2010, *D. 2011. 708*. – F. ALAPHILIPPE, F. BOLOTNY, F. GUERCHOUN, C. KALB, C. LIEBAERT, et C. THOMAS-TROPHIME, Dossier paris en ligne, *JS 2010, n° 103, p. 17*. – L. ARCELIN-LÉCUYER, Paris limités, paris maîtrisés, paris régulés... mais paris libérés !, *JCP E 2010, n° 22, p. 1525*. – M.-C. BOUTARD-LABARDE, La décision du Conseil d'État du 13 octobre 2010 : une course d'endurance !, *JS 2010, n° 104, p. 40*. – M.-C. BOUTARD-LABARDE et F. FAJGENBAUM, Pourquoi restreindre la libre négociation commerciale ? A propos de l'avis 11-A-02 du 20 janvier 2011 de l'Autorité de la concurrence, *JS 2011, n° 107, p. 34*. – C. CASTETS-RENARD, Jeux et paris en ligne, *CCC, n° 10, oct. 2007*. – J.-R. COGNARD, Le droit aux paris à la conquête du monde sportif, *JS 2012, n° 120, p. 39*. – N. CONTIS, Ouverture à la concurrence des jeux et paris en ligne, *JCP G 2010, n° 22, p. 590*. – R. KILLY, Jeux en ligne : une ouverture (maîtrisé) à la concurrence, *JS 2010, n° 101, p. 42*. – R. KILLY, Paris sportifs *in Dict. jur. du sport, Dalloz et Juriséditions, 2013, p. 250*. – G. LEBON ET T. VERBIEST, La dimension sportive dans les jeux en ligne : entre « juge et pari » !, *Cah. dr. sport 2011, n° 23, p. 13*. – J.-L. LENCLOS, La taxe sur les droits de diffusion télévisée, *RJ éco. sport 2000, n° 57, p. 78*. – C. MIÈGE, La législation nationale en matière de paris sportifs pourra-t-elle résister au droit communautaire ?, *Cah. dr. sport 2007, n° 9* ; Jeux de pronostics sportifs : régulation nationale ou soumission au droit communautaire, *Gaz. Pal., nov. 2007, n° 311-312* ; *Ouverture à la concurrence des paris sportifs en ligne, un bilan mitigé, Cah. dr. sport 2011, n° 25, p. 61*. – J. SAUREL, La fiscalité des paris sportifs, *Cah. dr. sport 2011, n° 21, p. 16*. – F. TAQUET, Brève approche sur une réforme timide (Loi n° 2000-627 du 6 juillet 2000), *Gaz. Pal. 2001, n° 231, p. 2*. – Marques et autres signes distinctifs, *in Dict. perm. dr. sport (mise à jour périodique)*. – J.-B. VILA, L'ouverture à la concurrence des jeux d'argent et de hasard en ligne : « première étape ou simple palier » d'une régulation ? ; *AJDA. 2010. 1366*.

COMMENTAIRE

Les paris sportifs font l'objet d'une réglementation ancienne et fort contraignante. Il faut dire que, d'une manière générale, les jeux de hasard et d'argent, de par les dangers qu'ils présentent, sont depuis longtemps étroitement contrôlés par les pouvoirs publics.

A la base du dispositif est consacré le principe d'interdiction des jeux de hasard (L. 2 mai 1836 portant prohibition des loteries ; L. n° 83-628 du 12 juill. 1983 relative aux jeux de hasard, *JO 13 juill.*). De même, une réglementation est venue interdire à la fin du XIXe siècle les paris sur les courses de chevaux (L. 2 juin 1891 ayant pour objet de réglementer l'autorisation et le fonctionnement des courses de chevaux), dispositions rendues applicables à ceux portant sur les courses de lévriers (L. n° 51-681 du 24 mai 1951, *JO 1er juin*).

Divers textes de loi ont autorisé des jeux de hasard et d'argent par dérogation au principe général d'interdiction. Parmi ces textes on notera, plus particulièrement, dans le domaine des activités sportives :

– la loi du 16 avril 1930 *(JO 17 avr.)* ayant autorisé le pari mutuel sur les courses de chevaux ;

– la loi n° 84-1208 du 29 décembre 1984 *(JO 30 déc.)* ayant autorisé le loto sportif ;

– la loi n° 96-314 du 12 avril 1996 *(JO 13 avr.)* ayant autorisé le pari mutuel sur les parties de pelote et dont la gestion est confiée au PMU (texte reproduit ci-après).

Si certains paris sont autorisés, il faut souligner que de nombreuses exigences pèsent sur les deux opérateurs exclusifs de paris « en dur » (La Française des jeux – une société d'économie mixte dont le capital est détenu à 72 % par l'État – et le Pari mutuel urbain – un groupement d'intérêt économique réunissant 52 sociétés de courses de chevaux dont les deux sociétés mères : France Galop et la Société du Cheval français) en charge de leur gestion : contrôle administratif, économique, financier de l'État, publication des règlements des jeux au *Journal officiel,* prélèvements sur les enjeux...

Ce dernier point doit être mis en évidence. Ces paris sont, en effet, une source de financement non négligeable pour l'État qui par ailleurs peut décider d'affecter une partie des enjeux au financement d'activités d'intérêt général. Ici réside tout justement la justification première – au moins dans le temps – de leur autorisation.

La réglementation française était appelée à évoluer. Le développement et les transformations affectant les jeux de hasard et d'argent (V. le Rapport du sénateur François Trucy, Commission des Finances, du contrôle budgétaire et des comptes économiques de la Nation, *(doc. n° 58 S, 2006-2007)*, notamment les jeux à distance, ainsi que la prise en compte du droit de l'Union européenne le commandaient. La question centrale était – et est encore – celle de l'ouverture du marché français à de nouveaux opérateurs. Les règles du droit de l'Union européenne et, en particulier, celles qui consacrent la liberté de prestation de services et la jurisprudence de la Cour de justice des Communautés européennes en la matière – arrêt *Gambelli* du 6 novembre 2003 (C-243-01) et, plus récemment, l'arrêt *Placanica* en date du 6 mars 2007 (C-338/04, C-359/04 et C-360/04) – devraient déboucher sur des modifications des conditions d'accès à l'activité d'organisation de jeux et paris.

Dans l'affaire opposant les sociétés Zeturf et Eturf au PMU, la Cour de cassation a rappelé que selon la jurisprudence de la CJUE, « une restriction à la libre prestation de services, découlant d'une autorisation limitée des jeux d'argent dans le cadre de droits spéciaux ou exclusifs accordés ou concédés à certains organismes, peut être justifiée soit au regard de l'objectif consistant à prévenir l'exploitation des jeux de hasard à des fins criminelles ou frauduleuses [...], soit au regard de l'objectif tenant à la réduction des occasions de jeux ». Au sujet de ce dernier objectif, il est précisé que la restriction ne peut être justifiée que si la réglementation répond « au souci de réduire véritablement les occasions de jeux et de limiter les activités dans ce domaine d'une manière cohérente et systématique » (Com. 10 juill. 2007 : *RJ éco. sport 2007, n° 84, p. 100, obs. J.-P. Boucheron*). La Cour de justice, dans un arrêt du 8 septembre 2009, a considéré que « l'article 49 CE ne s'oppose pas à une règlementation d'un État membre [...] qui interdit à des opérateurs [...] établis dans d'autres États membres, où ils fournissent légalement des services analogues, de proposer des jeux de hasard par l'Internet sur le territoire dudit État membre. » [C-42/07, V. note 2 ci-après]).

Avant la loi n° 2010-476 du 12 mai 2010 *(JO 13 mai)* et au vu de la rédaction de l'article L. 333-1 du code du sport qui consacre le droit d'exploitation de l'organisateur et de sa position dans un chapitre alors relatif à la « retransmission des manifestations », la question de l'organisation des paris comme exploitation de la manifestation sportive pouvait se poser. Dans une affaire opposant la FFT à la société UNIBET, la cour d'appel de Paris, dans un arrêt du 14 octobre 2009, a considéré que l'organisation de paris devait être regardée comme une exploitation de la manifestation sportive. Ainsi, selon la cour, « en l'absence de toute précision ou distinction prévue par la loi concernant la nature de l'exploitation des manifestations ou compétitions sportives qui est l'objet du droit de propriété reconnu [...], toute forme d'activité économique, ayant pour finalité de générer un profit, et qui n'aurait pas d'existence si la manifestation sportive dont elle est le prétexte ou le support nécessaire n'existait pas, doit être regardée comme une exploitation au sens de » l'article L. 333-1 du code du sport (Paris, 14 oct. 2009, *Soc. UNIBET International LTD c/ FFT, n° 08/19179*). L'insertion de l'article L. 333-1-1 par la loi du 12 mai 2010 (accompagnée d'un changement d'intitulé du chapitre dorénavant relatif à l'exploitation des manifestations) dans le code du sport vient donner une base légale « explicite » au droit de consentir à l'organisation de paris sur les compétitions sportives, droit inclus dans le droit d'exploitation défini à l'article L. 333-1 et dont sont propriétaires les fédérations sportives et les organisateurs de manifestations.

La réglementation des paris sportifs a fait l'objet d'une réforme importante durant l'année 2010 avec l'adoption de la loi n° 2010-476 du 12 mai 2010 relative à l'ouverture à la concurrence et à la régulation du secteur des jeux d'argent et de hasard en ligne *(JO 13 mai)*. L'objectif poursuivi par le texte réside dans une « ouverture maîtrisée » du marché des paris en ligne qui, ces dernières années, s'était considérablement développé au profit d'une offre, pour l'essentiel, illégale... C'est dans « la double logique de protection de l'ordre public et de l'ordre social » que la loi de 2010 s'inscrit (V. l'exposé des motifs du projet de loi, *Doc. AN, n° 1549*). Un nouveau cadre dérogatoire au principe d'interdiction des jeux d'argent et de hasard est donc posé en faveur des jeux en ligne (les jeux « en dur » sont exclus de l'ouverture). Outre les paris sportifs, sont concernés les paris hippiques et les jeux d'argent.

Au niveau international, la Commission européenne et le Conseil de l'Europe ont respectivement adopté, courant 2014, une recommandation relative à des principes pour la protection des consommateurs et des joueurs dans le cadre des services de jeux d'argent et de hasard en ligne et pour la prévention des jeux d'argent et de hasard en ligne chez les mineurs (recommandation 2014/478/UE du 14 juill. 2014) et une Convention sur la manipulation des compétitions sportives (CM/Del/Dec(2014)1205/8.1).

La première encourage les États membres à adopter des règles internes sur ces services en ligne, de même que sur la publicité et le parrainage en la matière. L'objectif est de protéger les utilisateurs contre d'éventuels préjudices sanitaires et financiers liés à un comportement de jeu excessif ou compulsif.

Parmi ces règles on retrouve, par exemple, une exigence d'information des consommateurs concernant les risques liés aux jeux d'argent et de hasard, qu'il s'agisse de sites internet de jeux ou de publicités, ou encore, la mise en place d'une procédure d'enregistrement des joueurs (identité et âge) lors de l'ouverture d'un compte. Enfin, l'interdiction de l'accès aux jeux d'argent et de hasard en ligne pour les mineurs et le soutien aux joueurs sont également visés par cette recommandation.

La Convention du Conseil de l'Europe, quant à elle, a pour but de prévenir, détecter et sanctionner pénalement et disciplinairement la manipulation de compétitions sportives, ainsi que de renforcer l'échange d'informations et la coopération nationale et internationale entre les autorités publiques concernées, et avec les organisations sportives et les opérateurs de paris sportifs. Tout comme la recommandation de la Commission européenne précitée, ce texte invite les gouvernements à adopter des mesures, y compris législatives, pour notamment :

— prévenir les conflits d'intérêts au sein des opérateurs de paris sportifs et des organisations sportives ;

— encourager les autorités de régulation des paris sportifs à lutter contre la fraude, le cas échéant en limitant l'offre de paris sportifs ou en suspendant la prise de paris ;

— lutter contre les paris sportifs illégaux, en permettant de fermer ou de restreindre l'accès aux opérateurs concernés et de bloquer les flux financiers entre ces derniers et les consommateurs.

De leur côté, les organisations sportives et les organisateurs de compétitions sont appelés à adopter et appliquer des règles strictes pour combattre la corruption. Cette convention de portée mondiale, puisqu'elle est ouverte aussi bien aux États européens membres du Conseil de l'Europe qu'aux États non européens, a été signée par la France le 2 octobre 2014. ❑

1. Une réglementation nationale qui interdit – sous peine de sanctions pénales – l'exercice d'activités de collecte, d'acceptation, d'enregistrement et de transmission de propositions de paris, notamment sur les événements sportifs, en l'absence de concession ou d'autorisation délivrée par l'État membre concerné, constitue une restriction à la liberté d'établissement et à la libre prestation des services prévues respectivement aux art. 43 CE et 49 CE. Il appartient à la juridiction de renvoi de vérifier si une telle réglementation, au regard de ses modalités concrètes d'application, répond véritablement aux objectifs susceptibles de la justifier et si les restrictions qu'elle impose n'apparaissent pas disproportionnées au regard de ces objectifs. • CJUE 6 nov. 2003, aff. C-243/01 : *Gambelli.*

2. L'article 49 CE (aujourd'hui art. 56 TFUE) relatif à la libre prestation de services ne s'oppose pas à une règlementation d'un État membre qui interdit à des opérateurs établis dans d'autres États membres et sur le territoire desquels ils offrent légalement des services analogues, de proposer des jeux de hasard par Internet sur le territoire de l'État en question. • CJUE, 8 sept. 2009, aff. C-42/07, *Ligua Portuguesa de Fuetbol Profissional et Bwin c/ Departemento de Jogos da Santa Casa de Misericordia de Lisboa : RJ éco. sport 2009, n° 93, p. 53, obs. F. Fajgenbaum et M.-C. Boutard ; Cah. dr. sport 2009, n° 17, p. 172, note Forti et p. 182, note Miège.*

3. Pour la CJUE, la libre prestation de service s'oppose cependant à ce que les autorités répressives d'un État membre sanctionnent l'intermédiation, sans autorisation, de paris sportifs par un opérateur privé pour le compte d'un autre opérateur privé, titulaire d'une licence dans un autre

État membre, lorsque l'obligation de détenir une autorisation d'organisation ou d'intermédiation de paris sportifs s'inscrit dans le cadre d'un régime de monopole public que les juridictions nationales ont jugé contraire au droit de l'Union. • CJUE 4 févr. 2016, *Ince*, n° C-336/14.

I La réglementation générale des paris sportifs

COMMENTAIRE

Le principe qui préside les jeux d'argent et de hasard (et notamment les paris sportifs) en France est celui de leur interdiction. Tel est l'objet des lois du 21 mai 1936 et du 12 juillet 1983 reproduites ci-après. C'est par dérogation à ce principe qu'ont été autorisés certains paris sportifs (s'agissant du loto sportif : art. 42 de la L. n° 84-1208 du 29 déc. 1984 ; et s'agissant des paris sur les parties de pelote basque : art. 68 de la L. n° 96-314 du 12 avr. 1996). ❑

Code de la sécurité intérieure

Les dispositions suivantes du présent code sont applicables en Nouvelle-Calédonie, en Polynésie française, dans les îles Wallis-et-Futuna et dans les Terres australes et antarctiques françaises (Ord. n° 2012-351 du 12 mars 2012, art. 21).

Art. L. 321-5 **Sont exceptés des dispositions de l'article L. 324-2 les appareils de jeux proposés au public dans les casinos autorisés où est pratiqué au moins un des jeux prévus par la loi. Toute cession de ces appareils entre exploitants de casinos fait l'objet d'une déclaration à l'autorité administrative, selon des modalités définies par voie réglementaire. Ceux qui restent inutilisés doivent être exportés ou détruits.**

Les personnes physiques ou morales qui fabriquent, importent, vendent ou assurent la maintenance des appareils visés à l'alinéa précédent ainsi que les différents modèles d'appareils sont soumis *[soumises]* **à l'agrément du ministre de l'intérieur.** – *[L. n° 83-628 du 12 juill. 1983, art. 2, al. 5 et 6.]*

Art. L. 322-1 **Les loteries de toute espèce sont prohibées.** – *[L. du 21 mai 1836, art. 1er.]*

Art. L. 322-2 **Sont réputées loteries et interdites comme telles : les ventes d'immeubles, de meubles ou de marchandises effectuées par la voie du sort, ou auxquelles ont été réunies des primes ou autres bénéfices dus, même partiellement, au hasard** *(L. n° 2014-344 du 17 mars 2014, art. 148-I-1°)* **« et, d'une manière générale, toutes opérations offertes au public, sous quelque dénomination que ce soit, pour faire naître l'espérance d'un gain qui serait dû, même partiellement, au hasard et pour lesquelles un sacrifice financier est exigé par l'opérateur de la part des participants ».** – *[L. du 21 mai 1836, art. 2.]*

Les art. L. 322-2, L. 322-2-1 et L. 322-7 CSI, dans leur rédaction résultant du I de l'art. 148 de la L. n° 2014-344 du 17 mars 2014, sont applicables en Polynésie française, en Nouvelle-Calédonie et dans les îles Wallis-et-Futuna.(L. préc., art. 148-II).

Art. L. 322-2-1 *(L. n° 2014-344 du 17 mars 2014, art. 148-I-2°)* **Cette interdiction recouvre les jeux dont le fonctionnement repose sur le savoir-faire du joueur.**

Le sacrifice financier est établi dans les cas où l'organisateur exige une avance financière de la part des participants, même si un remboursement ultérieur est rendu possible par le règlement du jeu.

V. note ss. CSI, art. L. 322-2.

Art. L. 322-2-2 *(L. n° 2014-344 du 17 mars 2014, art. 148-I-2°)* **Cette interdiction ne recouvre pas les opérations publicitaires mentionnées à l'article L. 121-36 du code de la consommation.**

Art. L. 322-3 **Sont exceptées des dispositions des articles L. 322-1 et L. 322-2 les loteries d'objets mobiliers exclusivement destinées à des actes de bienfaisance, à l'encouragement des arts ou au financement d'activités sportives à but non lucratif, lorsqu'elles ont été autorisées par le** *(L. n° 2015-177 du 16 févr. 2015, art. 15-III)* **« maire de la commune » où est situé le siège social de l'organisme bénéficiaire et, à Paris, par le préfet de police.**

Les modalités d'application de cette dérogation sont fixées par voie réglementaire. – *[L. du 21 mai 1836, art. 5.]*

Art. L. 322-4 **Les dispositions des articles L. 322-1 et L. 322-2 ne sont pas non plus applicables aux lotos traditionnels, également appelés "poules au gibier", "rifles" ou "quines",**

lorsqu'ils sont organisés dans un cercle restreint et uniquement dans un but social, culturel, scientifique, éducatif, sportif ou d'animation sociale et se caractérisent par des mises de faible valeur, inférieures à 20 euros. Ces lots ne peuvent, en aucun cas, consister en sommes d'argent ni être remboursés. Ils peuvent néanmoins consister dans la remise de bons d'achat non remboursables. – *[L. du 21 mai 1836, art. 6.]*

Art. L. 322-5 Sont également exceptées des dispositions des articles L. 322-1 et L. 322-2 les loteries proposées au public à l'occasion, pendant la durée et dans l'enceinte des fêtes foraines.

Les caractéristiques techniques des loteries foraines mentionnées à l'alinéa précédent, les personnes susceptibles d'en proposer l'utilisation au public, la nature et la valeur des lots sont précisées par voie réglementaire. – *[L. du 21 mai 1836, art. 7.]*

Art. L. 322-6 Sont exceptés des dispositions de l'article L. 324-2 les appareils de jeux proposés au public à l'occasion, pendant la durée et dans l'enceinte des fêtes foraines. Les caractéristiques techniques de ces appareils, la nature des lots, le montant des enjeux, le rapport entre ce dernier et la valeur des lots et, le cas échéant, les personnes susceptibles d'en proposer l'utilisation au public sont précisés par voie réglementaire. – *[L. n° 83-628 du 12 juill. 1983, art. 2, al. 4.]*

Art. L. 322-7 *(L. n° 2014-344 du 17 mars 2014, art. 148-I-3°)* Le second alinéa de l'article L. 322-2-1 ne s'applique ni aux frais d'affranchissement, ni aux frais de communication ou de connexion, surtaxés ou non, engagés pour la participation aux jeux et concours organisés dans le cadre des programmes télévisés et radiodiffusés ainsi que dans les publications de presse définies à l'article 1er de la loi n° 86-897 du 1er août 1986 portant réforme du régime juridique de la presse, dès lors que la possibilité pour les participants d'obtenir le remboursement des frais engagés est prévue par le règlement du jeu et que les participants en sont préalablement informés. Ces jeux et concours ne peuvent constituer qu'un complément auxdits programmes et publications. Les jeux et concours en lien avec des programmes télévisés et radiodiffusés sont organisés dans des conditions définies par le Conseil supérieur de l'audiovisuel.

Les modalités d'organisation des jeux et concours dans le cadre des publications de presse définies à l'article 1er de la loi n° 86-897 du 1er août 1986 précitée sont définies par décret.

V. note ss. CSI, art. L. 322-2.

....

Art. L. 324-1 Le fait de participer, y compris en tant que banquier, à la tenue d'une maison de jeux de hasard où le public est librement admis, même lorsque cette admission est subordonnée à la présentation d'un affilié, est puni de trois ans d'emprisonnement et de 90 000 euros d'amende. Les peines sont portées à sept ans d'emprisonnement et à 200 000 euros d'amende lorsque l'infraction est commise en bande organisée.

Le fait d'établir ou de tenir sur la voie publique et ses dépendances ainsi que dans les lieux publics ou ouverts au public et dans les dépendances, même privées, de ceux-ci tous jeux de hasard non autorisés par la loi dont l'enjeu est en argent est puni de six mois d'emprisonnement et de 7 500 euros d'amende.

Le fait de faire de la publicité, par quelque moyen que ce soit, en faveur d'une maison de jeux de hasard non autorisée est puni de 100 000 euros d'amende. Le tribunal peut porter le montant de l'amende au quadruple du montant des dépenses publicitaires consacrées à l'opération illégale. – *[L. n° 83-628 du 12 juill. 1983, art. 1er.]*

Art. L. 324-2 L'importation ou la fabrication de tout appareil dont le fonctionnement repose sur le hasard et qui permet, éventuellement par l'apparition de signes, de procurer moyennant enjeu un avantage direct ou indirect de quelque nature que ce soit, même sous forme de parties gratuites, est punie de trois ans d'emprisonnement et de 45 000 euros d'amende. Les peines sont portées à sept ans d'emprisonnement et à 100 000 euros d'amende lorsque l'infraction est commise en bande organisée.

Sont punies des mêmes peines la détention, la mise à la disposition de tiers, l'installation et l'exploitation de ces appareils sur la voie publique et ses dépendances, dans des lieux publics ou ouverts au public et dans les dépendances, mêmes privées, de ces lieux publics ainsi que l'exploitation de ces appareils ou leur mise à disposition de tiers par une personne privée, physique ou morale, dans des lieux privés.

Les dispositions des deux alinéas précédents sont applicables aux appareils de jeux dont le fonctionnement repose sur l'adresse et dont les caractéristiques techniques font apparaître qu'il est possible de gagner plus de cinq parties gratuites par enjeu ou un gain en espèces ou en nature. – *[L. n° 83-628 du 12 juill. 1983, art. 2, al. 1er à 3.]*

Art. L. 324-3 Les personnes physiques coupables des infractions prévues par la présente section, à l'exception de celle prévue au deuxième alinéa de l'article L. 324-1, encourent également les peines complémentaires suivantes :

1° L'interdiction, suivant les modalités prévues par l'article 131-26 du code pénal, des droits civiques, civils et de famille ;

2° La confiscation des biens meubles ou immeubles, divis ou indivis, ayant servi directement ou indirectement à commettre l'infraction ou qui en sont le produit, y compris les fonds ou effets exposés au jeu ou mis en loterie ainsi que les meubles ou effets mobiliers dont les lieux sont garnis ou décorés, à l'exception des objets susceptibles de restitution ;

3° L'affichage ou la diffusion de la décision prononcée dans les conditions prévues par l'article 131-35 du code pénal ;

4° La fermeture définitive ou pour une durée de cinq ans au plus des établissements ou de l'un ou de plusieurs des établissements de l'entreprise ayant servi à commettre les faits incriminés ;

5° L'interdiction, suivant les modalités prévues par l'article 131-27 du code pénal, soit d'exercer une fonction publique ou d'exercer l'activité professionnelle ou sociale dans l'exercice ou à l'occasion de l'exercice de laquelle l'infraction a été commise, soit d'exercer une profession commerciale ou industrielle, de diriger, d'administrer, de gérer ou de contrôler à un titre quelconque, directement ou indirectement, pour son propre compte ou pour le compte d'autrui, une entreprise commerciale ou industrielle ou une société commerciale. Ces interdictions d'exercice peuvent être prononcées cumulativement.

La confiscation des appareils de jeux ou de loterie est obligatoire ; leur destruction peut être ordonnée par le tribunal. – *[L. nº 83-628 du 12 juill. 1983, art. 3.]*

Art. L. 324-4 Les personnes morales déclarées pénalement responsables, dans les conditions prévues par l'article 121-2 du code pénal, des infractions définies à la présente section, à l'exception de celle définie au deuxième alinéa de l'article L. 324-1, encourent, outre l'amende suivant les modalités prévues par l'article 131-38 du code pénal, les peines suivantes :

1° Les peines mentionnées aux 1°, 4°, 8° et 9° de l'article 131-39 du code pénal ;

2° L'interdiction, pour une durée de cinq ans au plus, de solliciter l'agrément prévu à l'article 21 de la loi nº 2010-476 du 12 mai 2010 relative à l'ouverture à la concurrence et à la régulation du secteur des jeux d'argent et de hasard en ligne ainsi que l'autorisation prévue à l'article L. 321-1 et, le cas échéant, le retrait d'un tel agrément ou autorisation si la personne morale en est titulaire au moment du jugement. – *[L. nº 83-628 du 12 juill. 1983, art. 4.]*

....

Art. L. 324-6 La violation des interdictions prévues aux *(L. nº 2014-344 du 17 mars 2014, art. 148-I-4º)* « articles L. 322-1, L. 322-2 et L. 322-2-1 » est punie de trois ans d'emprisonnement et de 90 000 euros d'amende. Ces peines sont portées à sept ans d'emprisonnement et à 200 000 euros d'amende lorsque l'infraction est commise en bande organisée.

La confiscation des appareils de jeux ou de loterie est obligatoire ; leur destruction peut être ordonnée par le tribunal. – *[L. du 21 mai 1836, art. 3, I.]*

Art. L. 324-7 Les personnes physiques coupables de la violation des interdictions prévues aux *(L. nº 2014-344 du 17 mars 2014, art. 148-I-4º)* « articles L. 322-1, L. 322-2 et L. 322-2-1 » encourent également les peines complémentaires suivantes :

1° L'interdiction des droits civiques, civils et de famille dans les conditions prévues à l'article 131-26 du code pénal ;

2° La confiscation des biens meubles ou immeubles, divis ou indivis, ayant servi directement ou indirectement à commettre l'infraction ou qui en sont le produit, y compris les fonds ou effets exposés au jeu ou mis en loterie ainsi que les meubles ou effets mobiliers dont les lieux sont garnis ou décorés, à l'exception des objectifs susceptibles de donner lieu à restitution.

S'il s'agit de loteries d'immeubles, la confiscation prononcée à l'encontre du propriétaire de l'immeuble mis en loterie est remplacée par une amende pouvant s'élever jusqu'à la valeur estimative de cet immeuble ;

3° L'affichage ou la diffusion de la décision prononcée dans les conditions prévues à l'article 131-35 du code pénal ;

4° La fermeture définitive ou pour une durée de cinq ans au plus des établissements ou de l'un ou de plusieurs des établissements de l'entreprise ayant servi à commettre les faits incriminés ;

5° L'interdiction, suivant les modalités prévues par l'article 131-27 du code pénal, soit d'exercer une fonction publique ou d'exercer l'activité professionnelle ou sociale dans l'exercice ou à l'occasion de l'exercice de laquelle l'infraction a été commise, soit d'exercer une profession commerciale ou industrielle, de diriger, d'administrer, de gérer ou de contrôler à un titre quelconque, directement ou indirectement, pour son propre compte ou pour le compte d'autrui, une entreprise commerciale ou industrielle ou une société commerciale. Ces interdictions d'exercice peuvent être prononcées cumulativement. – *[L. du 21 mai 1836, art. 3, II.]*

Art. L. 324-8 Les personnes morales déclarées pénalement responsables, dans les conditions prévues par l'article 121-2 du code pénal, de la violation des interdictions prévues aux *(L. n° 2014-344 du 17 mars 2014, art. 148-I-4°)* « articles L. 322-1, L. 322-2 et L. 322-2-1 » encourent, outre l'amende suivant les modalités prévues par l'article 131-38 du code pénal :

1° Les peines mentionnées aux 1°, 4°, 8° et 9° de l'article 131-39 du code pénal ;

2° L'interdiction, pour une durée de cinq ans au plus, de solliciter l'agrément prévu à l'article 21 de la loi n° 2010-476 du 12 mai 2010 relative à l'ouverture à la concurrence et à la régulation du secteur des jeux d'argent et de hasard en ligne ainsi que l'autorisation prévue à l'article L. 321-1 et, le cas échéant, le retrait d'un tel agrément ou autorisation si la personne morale en est titulaire au moment du jugement. – *[L. du 21 mai 1836, art. 3, III.]*

Art. L. 324-9 Les peines prévues à l'article L. 324-6 sont encourues par les auteurs, entrepreneurs ou agents des loteries françaises ou étrangères prohibées par les *(L. n° 2014-344 du 17 mars 2014, art. 148-I-4°)* « articles L. 322-1, L. 322-2 et L. 322-2-1 », ou des opérations qui leur sont assimilées.

Sont punis de 100 000 euros d'amende ceux qui auront colporté ou distribué des billets, ceux qui, par des avis, annonces, affiches ou par tout autre moyen de publication, auront fait connaître l'existence des loteries prohibées ou facilité l'émission des billets. Le tribunal peut porter le montant de l'amende au quadruple du montant des dépenses publicitaires consacrées à l'opération illégale. – *[L. du 21 mai 1836, art. 4.]*

Art. L. 324-10 Les infractions prévues aux *(L. n° 2014-344 du 17 mars 2014, art. 148-I-4°)* « articles L. 322-1, L. 322-2 et L. 322-2-1 » peuvent être constatées et poursuivies dans les conditions fixées par les articles L. 450-1, L. 450-2, L. 450-3 et L. 450-8 du code de commerce. – *[L. du 21 mai 1836, art. 7-1.]*

....

Art. L. 344-3 Sont exceptées des dispositions des *(L. n° 2014-344 du 17 mars 2014, art. 148-I-4°)* « articles L. 322-1, L. 322-2 et L. 322-2-1 » :

1° Les loteries proposées au public dans les casinos autorisés ;

2° Les loteries proposées à l'occasion, pendant la durée et dans l'enceinte des fêtes foraines ou des fêtes traditionnelles ;

3° Les loteries offertes au public et organisées dans un but social, culturel, scientifique, éducatif ou sportif et qui se caractérisent par des mises et des lots de faible valeur.

Les personnes susceptibles de proposer au public les loteries et les conditions d'autorisation des loteries sont précisées par voie réglementaire. – *[L. du 21 mai 1836, art. 9.]*

Art. L. 344-4 Par dérogation à l'article L. 324-1 et dans les conditions prévues par les articles 24 et 91 de la loi organique n° 2004-192 du 27 février 2004 portant statut d'autonomie de la Polynésie française, il peut être accordé aux casinos l'autorisation temporaire d'ouvrir au public des locaux spéciaux, distincts et séparés où seront pratiqués certains jeux de hasard, et aux cercles l'autorisation d'organiser d'autres jeux de hasard à l'exclusion de ceux pratiqués dans les casinos.

Dans les mêmes conditions, les navires de commerce transporteurs de passagers n'assurant pas de lignes régulières immatriculés au registre de la Polynésie française peuvent être autorisés à ouvrir un casino ou une salle réservée aux jeux de hasard, sous réserve que l'accès en soit limité aux passagers titulaires d'un titre régulier.

Un décret en Conseil d'État précise les conditions dans lesquelles ces établissements peuvent être autorisés à ouvrir au public des locaux spéciaux où seront pratiqués certains jeux de hasard et les conditions de fonctionnement de ces établissements.

Sont également exceptés des dispositions de l'article L. 324-1 et des premier et deuxième alinéas de l'article L. 324-2, les appareils de jeux proposés au public dans les casinos autorisés ou, à l'occasion, pendant la durée et dans l'enceinte des fêtes foraines ou des fêtes traditionnelles.

Un décret en Conseil d'État précise les caractéristiques techniques de ces appareils, la nature des lots, les personnes susceptibles d'en proposer l'utilisation au public, les modalités de calcul du produit brut des jeux provenant des appareils et les conditions dans lesquelles sont fixés les taux de redistribution des mises versées aux joueurs. – *[L. n° 83-628 du 12 juill. 1983, art. 6.]*

....

Art. L. 345-3 Les dérogations aux dispositions des *(L. n° 2014-344 du 17 mars 2014, art. 148-I-4°)* « articles L. 322-1, L. 322-2 et L. 322-2-1 », prévues aux articles L. 322-3 à L. 322-5, sont autorisées par le gouvernement de la Nouvelle-Calédonie, dans le respect de la législation applicable en Nouvelle-Calédonie en matière de loteries et d'un arrêté du haut-commissaire de la République en Nouvelle-Calédonie, qui précise notamment les personnes susceptibles de proposer au public les loteries et les conditions d'autorisation des loteries. – *[L. du 21 mai 1836, art. 10.]*

Art. L. 345-4 Par dérogation aux dispositions de l'article L. 324-1 et des premier et deuxième alinéas de l'article L. 324-2, l'autorisation temporaire d'ouvrir au public des locaux spéciaux où sont proposés certains jeux de hasard et des appareils de jeux peut être accordée dans les conditions prévues à l'article 36 de la loi organique n° 99-209 du 19 mars 1999 relative à la Nouvelle-Calédonie, et précisées par arrêté du haut-commissaire de la République en Nouvelle-Calédonie.

Cet arrêté détermine les caractéristiques des communes dans lesquelles peut être autorisée l'ouverture d'un casino, ainsi que les jeux de hasard et les appareils de jeux susceptibles d'y être proposés, les règles de fonctionnement des casinos et les conditions d'accès dans les salles de jeux. Il fixe également les règles d'organisation des casinos, qui doivent avoir un directeur et un comité de direction responsables, ces dirigeants ainsi que toute personne employée dans les salles de jeux devant être de nationalité française ou ressortissants d'un État membre de l'Union européenne. L'arrêté fixe les conditions dans lesquelles les autorisations de jeux sont instruites et délivrées par le gouvernement après avis d'une commission territoriale des jeux. Il détermine également la composition et le rôle de cette commission.

Toute infraction aux dispositions prises en application de l'alinéa ci-dessus est punie des peines prévues au premier alinéa de l'article L. 324-1 et à l'article L. 324-3.

Les personnes morales déclarées pénalement responsables, dans les conditions prévues par l'article 121-2 du code pénal, des infractions prévues à l'alinéa précédent encourent les peines fixées par l'article L. 324-4 du présent code. – *[L. n° 83-628 du 12 juill. 1983, art. 5.]*

Loi n° 84-1208 du 29 décembre 1984,

De finances pour 1985.

Art. 42 *(L. n° 2010-476 du 12 mai 2010, art. 67)* « Afin de contribuer au développement du sport, est autorisée la création de jeux faisant appel soit à la combinaison du hasard et des résultats d'événements sportifs, soit à des résultats d'événements sportifs. »

Les modalités et les conditions d'organisation en seront fixées par décret.

La répartition des sommes jouées s'effectue conformément aux affectations décidées par arrêté du ministre chargé du budget.

Loi n° 96-314 du 12 avril 1996,

Portant diverses dispositions d'ordre économique et financier.

Art. 68 Les sociétés de courses autorisées à organiser le pari mutuel dans les conditions fixées à l'article 5 de la loi du 2 juin 1891 ayant pour objet de réglementer l'autorisation et le fonctionnement des courses de chevaux *[C. pén.]* sont habilités à collecter, dans l'enceinte de leur hippodrome, des paris engagés sur des parties de pelote basque à partir du 1er janvier 1997.

Les paris ainsi recueillis sont soumis aux prélèvements légaux appliqués aux paris sur les courses de chevaux.

Les modalités d'application du présent article seront fixées par décret. – *V. Décr. n° 97-309 du 1er avr. 1997 ci-dessous.*

....

Décret no 97-309 du 1er avril 1997,

Relatif aux paris sur les parties de pelote basque.

Art. 1er L'organisation et le fonctionnement des paris engagés sur des parties de pelote basque sont confiés aux sociétés de courses autorisées à organiser le pari mutuel dans les conditions fixées à l'article 5 de la loi du 2 juin 1891 *[ayant pour objet de réglementer l'autorisation et le fonctionnement des courses de chevaux,* ***C. pén.****]*.

Art. 2 Les paris visés à l'article 1er sont collectés dans l'enceinte des hippodromes des sociétés de courses.

Ils sont organisés sous la forme du pari mutuel et portent sur les seules parties de pelote basque qui se dérouleront conformément au code du jai alai établi par la Fédération française de pelote basque et approuvé par le ministre chargé des sports et le ministre de l'intérieur.

Le règlement applicable à ces paris est fixé par arrêté conjoint du ministre chargé des sports, du ministre de l'intérieur, du ministre du budget et du ministre de l'agriculture.

Art. 3 L'organisation des parties de jai alai est assurée par une *(Décr. no 2006-1568 du 11 déc. 2006)* « société anonyme à objet sportif ou une société anonyme sportive professionnelle, » dont les statuts sont approuvés par le ministre chargé des sports sur proposition de la Fédération française de pelote basque.

Art. 4 Les sommes engagées au pari mutuel sur les parties de jai alai sont soumises aux prélèvements fiscaux et non fiscaux applicables aux sommes engagées au pari mutuel sur les hippodromes.

Art. 5 Le calendrier des parties de jai alai servant de support au fonctionnement du pari mutuel est fixé chaque année par arrêté du ministre chargé des sports sur proposition de la Fédération française de pelote basque et après avis du ministre de l'agriculture.

Art. 6 Le présent décret entre en application au 1er janvier 1997.

Sur la corruption passive et active d'une personne n'exerçant pas dans la fonction publique, V. C. pén., art. 445-1 à 445-2-1, reproduits ss. App., vo Responsabilité pénale, ss. le titre : « De la corruption passive ».

II La réglementation spéciale des paris sportifs en ligne

COMMENTAIRE

Le marché des jeux en ligne a été ouvert à la concurrence par la loi no 2010-476 du 12 mai 2010. Est ainsi posé un nouveau cadre dérogatoire au principe d'interdiction des jeux d'argent et de hasard en France. Ce cadre a été adopté sous la pression à la fois de la Commission européenne, qui veille à lever les entraves à la libre prestation des services de paris sportifs, et du marché concerné, en plein essor et pour l'essentiel illégal… Présenté en mars 2009 au Conseil des ministres, le projet de loi a été soumis au Parlement dont les travaux ont été « rondement » menés dans la perspective de la Coupe du monde de football de juin 2010 (ouverture le 11 juin) qui offrait aux opérateurs un coup d'envoi des plus propices… Adoptée en deuxième lecture par l'Assemblée nationale le 4 avril 2010, la loi ne sera promulguée que le 12 mai, le texte ayant été déféré au Conseil constitutionnel (Décis. no 2010-605 DC du 12 mai 2010).

L'encadrement juridique est relativement élaboré (loi et textes d'application). Au centre du dispositif d'ouverture du marché est placée une autorité administrative indépendante : l'Autorité de régulation des jeux en ligne (ARJEL – V. art. 34 s. de la loi reproduite ci-après).

L'encadrement du marché repose sur un système d'agrément des opérateurs de paris en ligne (V. art. 21 s. de la loi reproduite ci-après), agrément délivré par l'ARJEL pour une durée de cinq ans (agrément renouvelable et non cessible). Au 1er janvier 2017, quatorze opérateurs étaient agréés dont douze pour les paris sportifs (au 1er mars 2012, ils étaient trente-cinq opérateurs dont quinze pour les paris sportifs). Trois opérateurs sont agréés à la fois pour les paris hippiques, les paris sportifs et les jeux de cercle en ligne. La décision d'agrément précise les caractéristiques de l'offre de paris et de son organisation ainsi que les obligations particulières pesant sur l'opérateur agréé liées à ces caractéristiques. La prise de paris n'est possible que dans certaines compétitions sportives définies par l'ARJEL, listées dans quarante-trois sports (au 1er févr. 2016), et que pour certains types de résultats supports (avec les phases de jeux correspondantes) également définis par l'ARJEL (se reporter au site de l'ARJEL : www.arjel.fr).

V., en dernier lieu, la décision n° 2013-011, portant modification de la liste des catégories de compétitions et types de résultats de ces compétitions pouvant servir de supports de paris, du 24 janvier 2013 du collège de l'ARJEL avec, en annexe, la liste, par discipline sportive, des catégories de compétitions et les types de résultats et phases de jeux correspondantes autorisés. On notera que, suite à l'affaire des paris suspects dans le handball, l'ARJEL a décidé d'exclure les matchs des championnats français de certains sports collectifs qui ne présentent pas un enjeu, notamment sportif, suffisant pour l'une des équipes y prenant part.

En vertu de l'article L. 333-1-1 du code du sport, le droit d'exploitation des manifestations et compétitions sportives dont sont propriétaires les fédérations sportives et les organisateurs inclut le droit de consentir à l'organisation de paris. Cependant, force est de souligner que la liberté de commercialisation du droit d'organiser les paris sur leurs manifestations est strictement encadrée par les dispositions de l'article L. 333-1-2 du code du sport et du décret n° 2010-614 du 7 juin 2010 (conclusion d'un contrat entre l'organisateur et l'opérateur soumis pour avis à l'ARJEL et à l'Autorité de la concurrence, pas d'attribution de droit exclusif à un opérateur, ni de discrimination entre opérateurs pour une même catégorie de paris, procédure de consultation, élaboration d'un cahier des charges...).

V. l'avis n° 11-A-02 du 20 janvier 2011 de l'Autorité de la concurrence relatif au secteur des jeux d'argent et de hasard en ligne.

La loi du 12 mai 2010 a été modifiée par la loi n° 2012-158 du 1er février 2012 visant à renforcer l'éthique du sport et les droits des sportifs. De nouvelles dispositions ont été intégrées dans le code du sport afin de renforcer la prévention des conflits d'intérêts. Ainsi, les fédérations sportives délégataires doivent édicter des règles ayant pour objet de poser certaines interdictions aux acteurs des compétitions sportives (V. art. L. 131-6). ❑

Loi n° 2010-476 du 12 mai 2010,

Relative à l'ouverture à la concurrence et à la régulation du secteur des jeux d'argent et de hasard en ligne.

CHAPITRE PREMIER *Dispositions relatives à l'ensemble du secteur des jeux d'argent et de hasard*

Art. 1er Les jeux d'argent et de hasard ne sont ni un commerce ordinaire, ni un service ordinaire ; dans le respect du principe de subsidiarité, ils font l'objet d'un encadrement strict au regard des enjeux d'ordre public, de sécurité publique et de protection de la santé et des mineurs.

Art. 2 *(L. n° 2014-344 du 17 mars 2014, art. 148-IV)* **La notion de jeu d'argent et de hasard dans la présente loi s'entend des opérations mentionnées aux articles L. 322-2 et L. 322-2-1 du code de la sécurité intérieure.**

Art. 3 I. – La politique de l'État en matière de jeux d'argent et de hasard a pour objectif de limiter et d'encadrer l'offre et la consommation des jeux et d'en contrôler l'exploitation afin de :

1° Prévenir le jeu excessif ou pathologique et protéger les mineurs ;

2° Assurer l'intégrité, la fiabilité et la transparence des opérations de jeu ;

3° Prévenir les activités frauduleuses ou criminelles ainsi que le blanchiment de capitaux et le financement du terrorisme ;

4° Veiller au développement équilibré et équitable des différents types de jeu afin d'éviter toute déstabilisation économique des filières concernées.

II. – Compte tenu des risques d'atteinte à l'ordre public et à l'ordre social, l'exploitation des jeux d'argent et de hasard est placée sous un régime de droits exclusifs délivrés par l'État.

Pour les mêmes motifs, sont soumis à un régime d'agrément, dans les conditions prévues par la présente loi, les jeux et les paris en ligne qui font appel au savoir-faire des joueurs et, s'agissant des jeux, font intervenir simultanément plusieurs joueurs.

III. – 1. Il est institué *(Abrogé par Décr. n° 2011-169 du 10 févr. 2011)* ***« auprès du Premier ministre »*** un comité consultatif des jeux ayant compétence sur l'ensemble des jeux d'argent et de hasard. Il est chargé de centraliser les informations en provenance des autorités de contrôle et des opérateurs de jeux, d'assurer la cohérence de la régulation du secteur des jeux d'argent et de hasard au regard des objectifs généraux mentionnés au I et d'émettre des avis sur l'ensemble des questions relatives à ce secteur et sur l'information du public concernant les dangers du jeu excessif.

2. Le comité comprend un collège composé de dix-neuf membres dont le secrétariat est assuré *(Décr. n° 2011-169 du 10 févr. 2011)* « dans des conditions fixées par le décret prévu au 3 ci-dessous ». Il est présidé par un membre du Parlement.

Il comprend également un observatoire des jeux composé de huit membres et deux commissions consultatives dont les membres peuvent être membres du collège. Ces deux commissions sont chargées de mettre en œuvre, respectivement, la politique d'encadrement des jeux de cercle et de casino et celle des jeux et paris sous droits exclusifs.

3. Un décret en Conseil d'État précise les conditions de désignation des membres des différentes formations du comité et définit leurs modalités de saisine, d'organisation et de fonctionnement.

V. Décr. n° 2011-252 du 9 mars 2011 relatif à l'observatoire des jeux, à la commission consultative des jeux de cercle et de casinos et à la commission consultative des jeux et paris sous droits exclusifs, mod. par Décr. n° 2016-1488 du 3 nov. 2016.

Art. 4 I. – Le pari hippique et le pari sportif s'entendent de paris comportant un enjeu en valeur monétaire où les gains éventuels des joueurs dépendent de l'exactitude de leurs pronostics portant sur le résultat de toute épreuve hippique ou compétition sportive réelle légalement organisée en France ou à l'étranger.

II. – Le pari en la forme mutuelle est le pari au titre duquel les joueurs gagnants se partagent l'intégralité des sommes engagées, réunies dans une même masse avant le déroulement de l'épreuve, après déduction des prélèvements de toute nature prévus par la législation et la réglementation en vigueur et de la part de l'opérateur, ce dernier ayant un rôle neutre et désintéressé quant au résultat du pari.

Le pari à cote s'entend du pari pour lequel l'opérateur propose aux joueurs, avant le début des compétitions sportives ou au cours de leur déroulement, des cotes correspondant à son évaluation des probabilités de survenance des résultats de ces compétitions sur lesquels les joueurs parient. Le gain est fixe, exprimé en multiplicateur de la mise et garanti aux joueurs par l'opérateur.

Art. 5 Les mineurs, même émancipés, ne peuvent prendre part à des jeux d'argent et de hasard dont l'offre publique est autorisée par la loi, à l'exception des jeux de loterie mentionnés *(L. n° 2014-344 du 17 mars 2014, art. 158-1°)* « aux articles L. 322-3, L. 322-4 et L. 322-5 du code de la sécurité intérieure ».

Les opérateurs de jeux d'argent et de hasard légalement autorisés sont tenus de faire obstacle à la participation de mineurs, même émancipés, aux activités de jeu ou de pari qu'ils proposent. Ils ne peuvent financer l'organisation ou parrainer la tenue d'événements à destination spécifique des mineurs.

Les opérateurs de jeux ou de paris en ligne mettent en place, lors de toute connexion à leur site, un message avertissant que les jeux d'argent et de hasard sont interdits aux mineurs. La date de naissance du joueur est exigée au moment de son inscription, ainsi qu'à chacune de ses visites sur le site de l'opérateur.

Art. 6 Ne peuvent être proposés au public les paris sportifs à la cote dans lesquels le montant maximal de la perte potentielle est, hors application des prélèvements et déductions prévus ou autorisés par la loi, supérieur au montant de la mise.

Art. 7 Toute communication commerciale en faveur d'un opérateur de jeux d'argent et de hasard légalement autorisé est :

1° Assortie d'un message de mise en garde contre le jeu excessif ou pathologique, ainsi que d'un message faisant référence au système d'information et d'assistance prévu à l'article 29 ;

2° Interdite dans les publications à destination des mineurs ;

3° Interdite sur les services de communication audiovisuelle et dans les programmes de communication audiovisuelle, présentés comme s'adressant aux mineurs au sens de l'article 15 de la loi n° 86-1067 du 30 septembre 1986 relative à la liberté de communication ;

4° Interdite dans les services de communication au public en ligne à destination des mineurs ;

5° Interdite dans les salles de spectacles cinématographiques lors de la diffusion d'œuvres accessibles aux mineurs.

Un décret précise les modalités d'application des 1°, 2°, 4° et 5°. – *V. Décr. n° 2010-624 du 8 juin 2010 relatif à la réglementation des communications commerciales en faveur des opérateurs de jeux d'argent et de hasard ainsi qu'à l'information des joueurs quant aux risques liés à la pratique du jeu (JO 9 juin).*

Une délibération du Conseil supérieur de l'audiovisuel précise les conditions de diffusion, par les services de communication audiovisuelle, des communications commerciales mentionnées au premier alinéa, notamment les modalités d'application du 3°.

Art. 8 Un rapport du Conseil supérieur de l'audiovisuel, élaboré en concertation avec les organismes d'autorégulation mis en place dans le secteur de la publicité, évalue les conséquences de la publicité en faveur des jeux d'argent et de hasard. Il est remis au Parlement dans un délai de dix-huit mois à compter de la date d'entrée en vigueur de la présente loi.

Dans son rapport annuel, le Conseil supérieur de l'audiovisuel évalue l'évolution et les incidences de la publicité en faveur des jeux d'argent et de hasard.

Art. 9 Quiconque émet ou diffuse, par quelque moyen que ce soit, une communication commerciale non conforme aux dispositions du deuxième alinéa de l'article 5 et de l'article 7 est puni d'une amende de 100 000 €. Le tribunal peut porter le montant de l'amende au quadruple du montant des dépenses publicitaires consacrées à l'opération illégale.

Les associations dont l'objet statutaire comporte la lutte contre les addictions, régulièrement déclarées depuis au moins cinq ans à la date des faits, peuvent exercer les droits reconnus à la partie civile pour les infractions à l'article 7. Peuvent exercer les mêmes droits les associations de consommateurs mentionnées à l'article L. 421-1 du code de la consommation ainsi que les associations familiales mentionnées aux articles L. 211-1 et L. 211-2 du code de l'action sociale et des familles.

CHAPITRE II *Les catégories de jeux et paris en ligne soumis à agrément*

Art. 10 Au sens de la présente loi :

1° Le jeu et le pari en ligne s'entendent d'un jeu et d'un pari dont l'engagement passe exclusivement par l'intermédiaire d'un service de communication au public en ligne. Ne constitue pas un jeu ou un pari en ligne le jeu ou le pari enregistré au moyen de terminaux servant exclusivement ou essentiellement à l'offre de jeux ou à la prise de paris et mis à la disposition des joueurs dans des lieux publics ou des lieux privés ouverts au public ;

2° Est un opérateur de jeux ou de paris en ligne toute personne qui, de manière habituelle, propose au public des services de jeux ou de paris en ligne comportant des enjeux en valeur monétaire et dont les modalités sont définies par un règlement constitutif d'un contrat d'adhésion au jeu soumis à l'acceptation des joueurs ;

3° Un joueur ou un parieur en ligne s'entend de toute personne qui accepte un contrat d'adhésion au jeu proposé par un opérateur de jeux ou de paris en ligne. Toute somme engagée par un joueur, y compris celle provenant de la remise en jeu d'un gain, constitue une mise ;

4° Un compte de joueur en ligne s'entend du compte attribué à chaque joueur par un opérateur de jeux ou de paris en ligne pour un ou plusieurs jeux. Il retrace les mises et les gains liés aux jeux et paris, les mouvements financiers qui leur sont liés ainsi que le solde des avoirs du joueur auprès de l'opérateur.

Art. 11 I. – Par dérogation aux dispositions de l'article 4 de la loi du 2 juin 1891 ayant pour objet de réglementer l'autorisation et le fonctionnement des courses de chevaux, toute personne peut organiser, dans les conditions fixées par la présente loi, la prise de paris hippiques en ligne dès lors qu'elle est titulaire de l'agrément prévu à l'article 21 de la présente loi en tant qu'opérateur de tels paris.

Ces paris ne peuvent porter que sur les réunions de courses et les courses figurant sur une liste établie suivant des modalités définies par voie réglementaire. Cette liste détermine également les réunions de courses et les courses pouvant servir de support à des paris complexes en ligne.

II. — Seules sont autorisées l'organisation et la prise de paris hippiques en ligne en la forme mutuelle enregistrés préalablement au départ de l'épreuve qui en est l'objet. Les règles encadrant la prise de paris en la forme mutuelle ne font pas obstacle au recours, par les opérateurs de paris agréés, à des mécanismes d'abondement des gains, sous réserve que cette pratique demeure ponctuelle et n'ait pas pour effet de dénaturer le caractère mutuel des paris.

V. Décr. n° 2010-498 du 17 mai 2010 (JO 18 mai) relatif à la définition des courses hippiques supports des paris en ligne et aux principes généraux du pari mutuel, mod. par Décr. n° 2010-798 du 12 juill. 2010 (JO 14 juill.).

Art. 12 I. — Par dérogation aux dispositions *(L. n° 2014-344 du 17 mars 2014, art. 158-2°)* « des articles L. 322-1, L. 322-2 et L. 324-1 du code de la sécurité intérieure », toute personne titulaire de l'agrément prévu à l'article 21 de la présente loi en tant qu'opérateur de paris sportifs en ligne peut organiser, dans les conditions prévues par la présente loi, la prise de tels paris. Ces paris sportifs ne peuvent porter que sur l'une des catégories de compétition définies par l'Autorité de régulation des jeux en ligne suivant des modalités définies par voie réglementaire.

II. — Les types de résultats supports des paris ainsi que les phases de jeux correspondantes sont fixés, pour chaque sport, par l'Autorité de régulation des jeux en ligne suivant des modalités définies par voie réglementaire.

III. — Les règles encadrant la prise de paris en la forme mutuelle ne font pas obstacle au recours, par les opérateurs de paris agréés en application de l'article 21, à des mécanismes d'abondement des gains, sous réserve que cette pratique demeure ponctuelle et n'ait pas pour effet de dénaturer le caractère mutuel des paris.

IV. — Seules sont autorisées l'organisation et la prise de paris sportifs en ligne en la forme mutuelle ou à cote au sens de l'article 4 de la présente loi.

V. Décr. n° 2010-483 du 12 mai 2010 relatif aux compétitions sportives et types de résultats sportifs définis par l'Autorité de régulation des jeux en ligne (JO 13 mai, texte reproduit ci-après).

Art. 13 I. — En matière de paris en ligne sur les épreuves hippiques ou sportives, sont seules autorisées l'organisation et la prise de paris enregistrés en compte par transfert de données numériques exclusivement par l'intermédiaire d'un service de communication au public en ligne, à l'initiative du joueur connecté directement au site de l'opérateur agréé.

II. — Les catégories de paris sportifs et hippiques autorisés, les principes régissant leurs règles techniques et la proportion maximale des sommes versées en moyenne aux joueurs, y compris la contre-valeur des lots en nature attribués, par rapport aux sommes engagées par type d'agrément sont fixés par décret.

V. Décr. n° 2010-605 du 4 juin 2010 relatif à la proportion maximale des sommes versées en moyenne aux joueurs par les opérateurs agréés de paris hippiques et de paris sportifs en ligne (JO 6 juin).

Art. 14 I. — Par dérogation aux dispositions *(L. n° 2014-344 du 17 mars 2014, art. 158-3°)* « de l'article L. 324-1 du code de la sécurité intérieure », toute personne titulaire de l'agrément prévu à l'article 21 de la présente loi en tant qu'opérateur de jeux de cercle en ligne peut organiser, dans les conditions prévues par la présente loi, de tels jeux.

II. — Pour l'application du I, seuls peuvent être proposés en ligne les jeux de cercle constituant des jeux de répartition reposant sur le hasard et sur le savoir-faire dans lesquels le joueur, postérieurement à l'intervention du hasard, décide, en tenant compte de la conduite des autres joueurs, d'une stratégie susceptible de modifier son espérance de gains.

Seuls sont autorisés les jeux de cercle entre joueurs jouant via des sites d'opérateurs titulaires de l'agrément prévu à l'article 21.

(L. n° 2016-1321 du 7 oct. 2016, art. 95-1°) « Toutefois, par dérogation au premier alinéa du présent II, l'Autorité de régulation des jeux en ligne peut autoriser un opérateur titulaire de l'agrément prévu à l'article 21 à proposer aux joueurs titulaires d'un compte validé sur un site faisant l'objet de l'agrément de participer à des jeux de cercle définis au même premier alinéa avec les joueurs titulaires d'un compte ouvert sur un site faisant l'objet d'un agrément par un État membre de l'Union européenne ou d'un État partie à l'accord sur l'Espace économique européen.

« Cette autorisation est subordonnée à l'existence d'une convention conclue dans les conditions prévues au second alinéa du V de l'article 34. Elle détermine les obligations particulières imposées à l'opérateur afin de permettre l'exercice du contrôle de son activité par l'Autorité de régulation des jeux en ligne. »

III. — Les mises sont enregistrées en compte par transfert de données numériques exclusivement par l'intermédiaire d'un service de communication au public en ligne, à l'initiative du joueur connecté directement au site de l'opérateur agréé.

IV. — Les catégories de jeux de cercle mentionnées au II ainsi que les principes régissant leurs règles techniques sont fixés par décret.

V. Décr. n° 2016-1326 du 6 oct. 2016 relatif aux catégories de jeux de cercle mentionnées au II de l'article 14 de la loi n° 2010-476 du 12 mai 2010 modifiée relative à l'ouverture à la concurrence et à la régulation du secteur des jeux d'argent et de hasard en ligne reproduit sur les portails et les applications Dalloz 🏛.

CHAPITRE III *Les obligations des entreprises sollicitant l'agrément d'opérateur de jeux ou de paris en ligne*

Art. 15 L'entreprise sollicitant l'agrément en tant qu'opérateur de jeux ou de paris en ligne justifie de l'identité et de l'adresse de son propriétaire ou, s'il s'agit d'une personne morale, de son siège social, de sa structure juridique, de l'identité et de l'adresse de ses dirigeants. Elle fournit les éléments relatifs à des condamnations pénales, déterminées par le décret mentionné au III de l'article 21, ou des sanctions administratives, mentionnées à l'article 43, dont elle-même, son propriétaire ou, s'il s'agit d'une personne morale, un de ses dirigeants ou de ses mandataires sociaux a, le cas échéant, fait l'objet.

Dans le cas où l'entreprise est constituée en société par actions, elle présente l'ensemble des personnes physiques ou morales qui détiennent plus de 5 % de son capital ou de ses droits de vote ainsi que, le cas échéant, la ou les personnes qui la contrôlent directement ou indirectement au sens de l'article L. 233-16 du code de commerce.

L'entreprise justifie de ses moyens humains et matériels et communique l'ensemble des informations comptables et financières de nature à attester sa solidité financière et sa capacité à assumer les investissements nécessaires au respect de ses obligations légales et réglementaires. S'il s'agit d'une entreprise individuelle, elle présente les montants des actifs détenus par l'entrepreneur et des dettes qu'il a contractées.

L'entreprise sollicitant l'agrément ne peut avoir son siège social, une filiale ou un équipement dans un État ou territoire non coopératif au sens de l'article 238-0 A du code général des impôts.

Toute modification de ces éléments intervenant postérieurement à l'agrément est portée à la connaissance de l'Autorité de régulation des jeux en ligne dans les conditions prévues au V de l'article 21.

(L. n° 2014-344 du 17 mars 2014, art. 151-1°) « Elle justifie de l'existence d'une sûreté, d'une fiducie, d'une assurance, d'un compte sous séquestre ou de tout autre instrument ou mécanisme garantissant, en toutes circonstances, le reversement de la totalité des avoirs exigibles des joueurs.

« L'opérateur veille à ce que l'étendue de la garantie qu'il fournit soit toujours à la mesure des avoirs exigibles des joueurs. Il informe, sans délai, l'Autorité de régulation des jeux en ligne des variations qui affectent l'étendue de cette garantie. Le cas échéant, l'Autorité de régulation des jeux en ligne peut, de sa propre initiative, exiger de l'opérateur qu'il procède aux adaptations nécessaires de l'étendue de cette garantie, dans un délai qu'elle détermine. »

Art. 16 L'entreprise sollicitant l'agrément présente la nature, les caractéristiques et les modalités d'exploitation, d'organisation ou de sous-traitance du site de jeux en ligne et des opérations de jeu ou de pari en ligne qu'elle entend proposer au public ainsi que les caractéristiques des plates-formes et logiciels de jeux et de traitement de paris qu'elle compte utiliser.

Elle décrit, pour chaque jeu proposé, le processus de traitement des données de jeu ainsi que les moyens permettant que ces données soient, en temps réel ou différé, mises à la disposition de l'Autorité de régulation des jeux en ligne.

Elle donne connaissance des contrats de fourniture ou de sous-traitance d'opérations de jeu ou de pari en ligne qu'elle a conclus.

Elle souscrit l'engagement de donner aux représentants habilités de l'Autorité de régulation des jeux en ligne l'accès au local où se trouve le support matériel de données mentionné à l'article 31.

Elle justifie de sa capacité à maintenir la conformité des jeux qu'elle propose à la réglementation qui leur est applicable. Elle désigne la ou les personnes, domiciliées en France, qui en sont responsables.

Elle communique, à titre d'information, dans l'hypothèse où elle opère légalement dans son État d'établissement pour une même catégorie de jeux ou de paris en ligne, les exigences et, en général, la surveillance réglementaire et le régime des sanctions auxquels elle est déjà soumise dans cet État.

....

CHAPITRE V *Régime de délivrance des agréments*

Art. 21 I. – L'agrément pouvant bénéficier aux opérateurs de jeux ou de paris en ligne mentionnés aux articles 11, 12 et 14 est délivré par l'Autorité de régulation des jeux en ligne. Il est distinct pour les paris hippiques, les paris sportifs et les jeux de cercle en ligne. Il est délivré pour une durée de cinq ans. Il est renouvelable. Il n'est pas cessible.

L'agrément est subordonné au respect par le bénéficiaire du cahier des charges, mentionné à l'article 20, qui lui est applicable et des autres obligations énoncées dans la présente loi.

II. – Ne peuvent demander l'agrément prévu au I, ou son renouvellement, que les opérateurs de jeux ou de paris en ligne dont le siège social est établi soit dans un État membre de la Communauté européenne, soit dans un autre État partie à l'accord sur l'Espace économique européen ayant conclu avec la France une convention contenant une clause d'assistance administrative en vue de lutter contre la fraude et l'évasion fiscales.

Toutefois, les opérateurs de jeux ou de paris en ligne établis dans un État ou territoire non coopératif, tel que défini à l'article 238-0 A du code général des impôts, ou contrôlés, au sens de l'article L. 233-16 du code de commerce, par une société établie dans un tel État ou territoire, ne peuvent demander l'agrément prévu au I.

III. – Tout refus d'agrément ou de renouvellement est motivé. L'agrément ou son renouvellement ne peut être refusé que pour un motif tiré de l'incapacité technique, économique ou financière du demandeur de faire face durablement aux obligations attachées à son activité ou de la sauvegarde de l'ordre public, de la lutte contre le blanchiment des capitaux et le financement du terrorisme, des nécessités de la sécurité publique et de la lutte contre le jeu excessif ou pathologique.

Le refus peut également être motivé par la circonstance que l'opérateur demandeur a été frappé d'une des sanctions prévues à l'article 43 ou que l'entreprise, son propriétaire ou, s'il s'agit d'une personne morale, un de ses dirigeants ou de ses mandataires sociaux a fait l'objet d'une condamnation pénale devenue définitive relevant des catégories énumérées par décret en Conseil d'État.

IV. – La décision d'octroi de l'agrément indique les caractéristiques de l'offre de jeux ou de paris en ligne autorisée ainsi que, le cas échéant, les obligations particulières imposées au titulaire, compte tenu des spécificités de son offre de jeux ou paris et de son organisation, pour permettre l'exercice du contrôle de son activité par l'Autorité de régulation des jeux en ligne.

V. – Toute modification apportée aux informations constitutives de la demande d'agrément doit être communiquée à l'Autorité de régulation des jeux en ligne dans un délai fixé par le décret en Conseil d'État prévu au VIII. Les modifications susceptibles d'affecter les éléments inhérents à la demande d'agrément, et notamment tout changement significatif dans la détention du capital de l'opérateur ou dans sa situation financière, peuvent conduire l'Autorité de régulation des jeux en ligne, par décision motivée, à inviter l'opérateur à présenter une nouvelle demande d'agrément dans un délai d'un mois.

VI. – Lors de la procédure d'examen des demandes d'agrément, l'Autorité de régulation des jeux en ligne prend en considération les éléments, mentionnés au dernier alinéa de l'article 16, que l'opérateur sollicitant l'agrément lui a, le cas échéant, communiqués.

VII. – L'Autorité de régulation des jeux en ligne établit et tient à jour la liste des opérateurs de jeux ou de paris en ligne titulaires de l'agrément prévu au I, en précisant les catégories de jeux ou de paris autorisées. Cette liste est publiée au *Journal officiel* et dans un quotidien national traitant de l'actualité hippique, pour les agréments délivrés pour les paris hippiques, ou de l'actualité sportive, pour les agréments délivrés pour les paris sportifs.

VIII. – Un décret en Conseil d'État prévoit les modalités de délivrance des agréments.

V. Décr. n° 2010-482 du 12 mai 2010 fixant les conditions de délivrance des agréments d'opérateur de jeux en ligne (JO 13 mai).

V. Arr. du 17 mai 2010 portant approbation du cahier des charges applicable aux opérateurs de jeux en ligne (JO 18 mai).

....

CHAPITRE IX *Prévention des conflits d'intérêts*

Art. 32 I. – Le propriétaire, les dirigeants, les mandataires sociaux et le personnel d'un opérateur de jeux ou de paris en ligne titulaire de l'agrément prévu à l'article 21 ne peuvent engager, à titre personnel, directement ou par personne interposée, des mises sur des jeux ou des paris proposés par cet opérateur.

(*Abrogé par L. n° 2012-158 du 1er févr. 2012, art. 7-I*) *« Les fédérations délégataires doivent intégrer au sein du code de leur discipline des dispositions ayant pour objet d'empêcher les acteurs de la compétition sportive d'engager, directement ou par personne interposée, des mises sur des paris reposant sur cette compétition et de communiquer à des tiers des informations privilégiées, obtenues à l'occasion de leur profession ou de leurs fonctions, et qui sont inconnues du public. »*

Les sociétés mères de courses de chevaux, définies à l'article 2 de la loi du 2 juin 1891 ayant pour objet de réglementer l'autorisation et le fonctionnement des courses de chevaux, doivent intégrer au sein du code des courses de leur spécialité des dispositions ayant pour objet d'empêcher les jockeys et les entraîneurs participant à une épreuve hippique d'engager, directement ou par personne interposée, des mises sur des paris reposant sur cette épreuve et de communiquer à des tiers des informations privilégiées, obtenues à l'occasion de leur profession ou de leurs fonctions, et qui sont inconnues du public.

(*Abrogé par L. n° 2012-158 du 1er févr. 2012, art. 7-I*) *« Les organisateurs privés tels que définis à l'article L. 331-5 du code du sport édictent les obligations et les interdictions relatives aux paris sportifs qui sont imposées aux sportifs ou équipes qui participent à leurs manifestations sportives. Ils sont chargés de veiller à l'application et au respect desdites obligations et interdictions. »*

II. — L'opérateur de jeux ou de paris en ligne titulaire de l'agrément prévu à l'article 21 transmet à l'Autorité de régulation des jeux en ligne les contrats de partenariat conclus avec des personnes physiques ou morales organisant des courses hippiques, compétitions ou manifestations sportives ou y prenant part dès le moment où il propose des jeux ou paris sur lesdites courses hippiques, compétitions ou manifestations sportives.

III. — L'opérateur de jeux ou de paris en ligne titulaire de l'agrément prévu à l'article 21 dont le propriétaire, l'un des dirigeants, mandataires sociaux ou membres du personnel détient un intérêt, personnel ou lié à sa participation dans une personne morale, dans une course hippique, compétition ou manifestation sportive, sur laquelle il organise des jeux ou paris, en fait la déclaration auprès de l'Autorité de régulation des jeux en ligne.

IV. — Il est interdit à tout opérateur de jeux en ligne titulaire de l'agrément prévu à l'article 21 de détenir le contrôle, au sens de l'article L. 233-16 du code de commerce, directement ou indirectement, d'un organisateur ou d'une partie prenante à une compétition ou manifestation sportive sur laquelle il organise des paris. De même, il est interdit à tout organisateur et à toute partie prenante à une compétition ou manifestation sportive de détenir le contrôle, au sens du même article L. 233-16, directement ou indirectement, d'un opérateur de jeux ou de paris en ligne proposant des paris sur les événements qu'il organise ou auxquels il participe. Un décret précise les conditions de détention indirecte. — *V. Décr. n° 2010-1289 du 27 oct. 2010 relatif à la détention indirecte du contrôle au sens de l'art. L. 233-16 C. com. d'un organisateur de compétition ou manifestation sportive, d'une partie prenante à une compétition ou manifestation sportive ou d'un opérateur de jeux ou de paris en ligne (JO 29 oct., texte reproduit ci-après).*

V. — Tout conflit d'intérêts constaté par l'Autorité de régulation des jeux en ligne suite aux déclarations préalablement citées ou suite à un contrôle fait l'objet d'une sanction dans les conditions prévues à l'article 43, lorsqu'il est proscrit par la présente loi et imputable à un opérateur titulaire de l'agrément prévu à l'article 21.

Art. 33 Un décret en Conseil d'État précise les modalités d'application des articles 23, 25 à 28 et 30 à 32.

CHAPITRE X *L'Autorité de régulation des jeux en ligne*

Art. 34 I. — L'Autorité de régulation des jeux en ligne est une autorité administrative indépendante.

Elle veille au respect des objectifs de la politique des jeux et des paris en ligne soumis à agrément sur le fondement des articles 11, 12 et 14.

Elle exerce la surveillance des opérations de jeu ou de pari en ligne et participe à la lutte contre les sites illégaux et contre la fraude.

Elle propose aux ministres compétents le cahier des charges mentionné au second alinéa de l'article 20.

Elle rend un avis sur tout projet de texte relatif au secteur des jeux en ligne soumis à agrément que lui transmet le Gouvernement. (*Abrogé par L. n° 2017-55 du 20 janv. 2017, art. 31-1°-a*) *« A la demande du président de l'une des commissions permanentes prévues à l'article 43 de la Constitution, l'avis de l'autorité sur tout projet de loi est rendu public. »*

Elle peut proposer au Gouvernement les modifications législatives et réglementaires qui lui paraissent nécessaires à la poursuite des objectifs de la politique des jeux d'argent et de hasard mentionnés à l'article 3 de la présente loi.

II. — L'Autorité de régulation des jeux en ligne instruit les dossiers de demande d'agrément des opérateurs de jeux ou de paris en ligne et délivre les agréments en veillant au respect des objectifs de la politique des jeux d'argent et de hasard mentionnés au même article 3.

III. — L'Autorité de régulation des jeux en ligne fixe les caractéristiques techniques des plates-formes et des logiciels de jeux et de paris en ligne des opérateurs soumis au régime d'agrément.

Elle homologue les logiciels de jeux et de paris utilisés par les opérateurs.

Elle évalue périodiquement le niveau de sécurité proposé par les plates-formes de jeux des opérateurs.

Elle détermine, en tant que de besoin, les paramètres techniques des jeux en ligne pour l'application des décrets prévus aux articles 13 et 14.

L'Autorité de régulation des jeux en ligne s'assure de la qualité des certifications réalisées en application de l'article 23 et peut procéder à la modification de la liste des organismes certificateurs.

IV. — *(L. n° 2016-1321 du 7 oct. 2016, art. 98-1°)* « En vue de lutter contre la dépendance au jeu, l'Autorité de régulation des jeux en ligne peut mener, seule ou avec toute personne intéressée à la poursuite de cet objectif, toute action en direction des opérateurs agréés ou de leurs joueurs. Elle évalue » les résultats des actions menées par les opérateurs agréés en matière de prévention du jeu excessif ou pathologique et peut leur adresser des recommandations à ce sujet.

Elle peut, par une décision motivée, limiter les offres commerciales comportant une gratification financière des joueurs.

V. — En vue du contrôle du respect par les opérateurs des dispositions législatives et réglementaires et des clauses du cahier des charges, le président de l'Autorité peut conclure au nom de l'État des conventions avec les autorités de régulation des jeux d'autres États membres de la Communauté européenne ou d'autres États parties à l'accord sur l'Espace économique européen pour échanger les résultats des contrôles réalisés par ces autorités et par elle-même à l'égard d'opérateurs de jeux ou de paris en ligne.

(L. n° 2016-1321 du 7 oct. 2016, art. 95-2°) « De telles conventions peuvent également être conclues au nom de l'État par le président de l'autorité pour déterminer les modalités de mise en œuvre et de contrôle des offres de jeux de cercle mentionnées aux deux derniers alinéas du II de l'article 14. Ces conventions prévoient les conditions dans lesquelles l'Autorité de régulation des jeux en ligne et l'autorité de régulation des jeux concernée échangent toute information ou document nécessaire à l'exercice de leurs missions, notamment en matière de prévention des activités frauduleuses ou criminelles ainsi que du blanchiment de capitaux *[et]* du financement du terrorisme. »

(Abrogé par L. n° 2017-55 du 20 janv. 2017, art. 31-1°-b) ***« VI. — L'Autorité présente chaque année au président de la République, au Premier ministre et au Parlement un rapport public rendant compte de l'exécution de sa mission. »***

Les dispositions de la L. n° 2017-55 du 20 janv. 2017 sont applicables dans les îles Wallis-et-Futuna, en Polynésie française, en Nouvelle-Calédonie et dans les Terres australes et antarctiques françaises sous réserve qu'elles s'appliquent à des autorités mentionnées à l'art. 1er qui exercent des attributions au sein de compétences relevant de l'État (L. préc., art. 55).

Art. 35 I. — L'Autorité de régulation des jeux en ligne comprend un collège, une commission des sanctions *(L. n° 2016-1321 du 7 oct. 2016, art. 99-1°)* « , un médiateur » et, le cas échéant, des commissions spécialisées.

Sauf disposition contraire prise en application du I de l'article 37 et à l'exception des décisions relatives aux sanctions, les attributions confiées à l'Autorité de régulation des jeux en ligne sont exercées par le collège.

II. — Le collège est composé de sept membres nommés à raison de leur compétence économique, juridique ou technique. *(L. n° 2017-55 du 20 janv. 2017, art. 31-2°-a)* « Le président est nommé par décret du Président de la République et deux autres membres » sont nommés par décret. *(Ord. n° 2015-948 du 31 juill. 2015, art. 6-1°-a)* « Ils comprennent au moins une femme et un homme. » Deux membres sont nommés par le président de l'Assemblée nationale et deux par le président du Sénat. *(Ord. n° 2015-948 du 31 juill. 2015, art. 6-1°-b)* « Chacune de ces deux autorités nomme une femme et un homme. »

Le président de l'Autorité de régulation des jeux en ligne *(L. n° 2017-55 du 20 janv. 2017, art. 31-2°-b)* « exerce ses fonctions à temps plein. » Lorsqu'il est occupé par un fonctionnaire, l'emploi de président ouvre droit à pension dans les conditions définies par le code des pensions civiles et militaires de retraite.

La durée du mandat des membres est de six ans. *(L. n° 2017-55 du 20 janv. 2017, art. 31-2°-c)* « Ce mandat n'est pas renouvelable. » *(Abrogé par L. n° 2017-55 du 20 janv. 2017, art. 31-2°-d) « Après l'expiration de la période de six ans, les membres restent en fonction jusqu'à la première réunion du collège dans sa nouvelle composition.*

« En cas de vacance d'un siège de membre du collège autre que le président pour quelque cause que ce soit, il est procédé à son remplacement pour la durée du mandat restant à courir. Un mandat exercé pendant moins de deux ans peut être renouvelé une fois par dérogation à la règle fixée à l'alinéa précédent. »

Selon des modalités définies par décret en Conseil d'État, le collège est, à l'exception de son président, renouvelé par moitié tous les trois ans. *(Abrogé par L. n° 2017-55 du 20 janv. 2017, art. 31-2°-d) « La durée du mandat de chaque membre est décomptée à partir de la date de la première réunion du collège qui suit sa nomination. »*

III. — Dans des conditions fixées par décret, le collège peut constituer des commissions spécialisées, dans lesquelles il peut nommer des personnalités qualifiées.

V. Décr. n° 2010-481 du 12 mai 2010 relatif à l'organisation et au fonctionnement de l'Autorité de régulation des jeux en ligne (JO 13 mai, texte reproduit ci-après).

L'Ord. n° 2015-948 du 31 juill. 2015 s'applique, sauf dispositions contraires, aux nominations postérieures à sa publication (Ord. préc., art. 21).

V. note ss. art. 34.

....

Art. 38 Un contrôle permanent de l'activité des opérateurs de jeux ou de paris en ligne agréés est réalisé par l'Autorité de régulation des jeux en ligne aux fins d'assurer le respect des objectifs définis à l'article 3. A cette fin, les opérateurs mettent à la disposition permanente de l'Autorité de régulation des jeux en ligne des données portant sur :

1° L'identité de chaque joueur, son adresse et son adresse sur un service de communication au public en ligne ;

2° Le compte de chaque joueur, notamment sa date d'ouverture, et les références du compte de paiement mentionné au dernier alinéa de l'article 17 ;

3° Les événements de jeu ou de pari et, pour chaque joueur, les opérations associées ainsi que toute autre donnée concourant à la formation du solde du compte joueur ;

4° Les événements relatifs à l'évolution et à la maintenance des matériels, plates-formes et logiciels de jeux utilisés.

(L. n° 2016-731 du 3 juin 2016, art. 46) « L'Autorité de régulation des jeux en ligne peut utiliser ces données afin de rechercher et d'identifier tout fait commis par un joueur ou un parieur, susceptible de constituer une fraude ou de relever du blanchiment de capitaux ou du financement du terrorisme. »

Un décret en Conseil d'État, pris après avis de la Commission nationale de l'informatique et des libertés, précise la liste des données que les opérateurs de jeux ou de paris en ligne sont tenus de mettre à la disposition de l'Autorité de régulation des jeux en ligne. Il précise les modalités techniques de stockage et de transmission de ces données, le délai pendant lequel l'opérateur est tenu de les archiver, ainsi que les modalités des contrôles réalisés par l'Autorité de régulation des jeux en ligne à partir de ces données.

(L. n° 2016-1321 du 7 oct. 2016, art. 98-2°) **« L'Autorité de régulation des jeux en ligne peut également disposer des données précitées en vue de l'accomplissement des missions énoncées au IV de l'article 34 de la présente loi, dans le respect de la loi n° 78-17 du 6 janvier 1978 relative à l'informatique, aux fichiers et aux libertés. »**

(L. n° 2014-344 du 17 mars 2014, art. 154-2°) **« Toutefois, pour l'application du présent article, les données relatives aux opérations de jeu réalisées dans le cadre de l'exploitation des droits exclusifs en matière d'offre publique de jeux en ligne accordés sur le fondement de l'article 136 de la loi du 31 mai 1933 portant fixation du budget général de l'exercice 1933 ne font pas partie des données exigibles par l'Autorité de régulation des jeux en ligne. »**

V. Décr. n° 2010-509 du 18 mai 2010 relatif aux obligations imposées aux opérateurs agréés de jeux ou de paris en ligne en vue du contrôle des données de jeux par l'Autorité de régulation des jeux en ligne (JO 19 mai).

Art. 39 I. — Le président de l'Autorité de régulation des jeux en ligne saisit l'Autorité de la concurrence des situations susceptibles d'être constitutives de pratiques entravant le libre exercice de la concurrence dont il a connaissance dans le secteur des jeux en ligne, notamment lorsqu'il estime que ces pratiques sont prohibées par les articles L. 420-1 et L. 420-2 du code de commerce, l'article 25 de la présente loi ou les articles L. 333-1-1 et L. 333-1-2 du code du sport. Cette saisine peut être introduite dans le cadre d'une procédure d'urgence, conformément à l'article L. 464-1 du code de commerce.

Il peut également la saisir pour avis de toute autre question relevant de sa compétence et, notamment, en vue d'établir l'existence d'une pratique prohibée par l'article L. 420-5 du code de commerce, de manquements aux obligations définies à l'article 25 de la présente loi.

II. — L'Autorité de la concurrence communique à l'Autorité de régulation des jeux en ligne toute saisine entrant dans le champ de compétence de celle-ci. Elle peut également saisir l'Autorité de régulation des jeux en ligne, pour avis, de toute question relative au secteur des jeux en ligne. Lorsqu'elle est consultée par l'Autorité de la concurrence sur des pratiques dont cette dernière est saisie dans le secteur des jeux d'argent et de hasard, l'Autorité de régulation des jeux en ligne joint à son avis, dans le délai imparti, tous les éléments utiles à l'instruction de l'affaire qui sont en sa possession.

Art. 40 *[Modification de textes].*

Art. 41 I. — L'Autorité de régulation des jeux en ligne comprend une commission des sanctions chargée de prononcer les sanctions mentionnées aux articles 43 et 44.

Cette commission des sanctions comprend six membres :

1° Deux membres du Conseil d'État, désignés par le vice-président du Conseil d'État ;

2° Deux conseillers à la Cour de cassation, désignés par le premier président de la Cour de cassation ;

3° Deux magistrats de la Cour des comptes, désignés par le premier président de la Cour des comptes.

(Ord. n° 2015-948 du 31 juill. 2015, art. 6-2°) « Les deux membres mentionnés respectivement aux 1° à 3° sont une femme et un homme. »

Le président de la commission des sanctions est désigné par décret pour la durée de son mandat parmi les membres de la commission.

(Abrogé par L. n° 2017-55 du 20 janv. 2017, art. 31-5°-a) ***« Les fonctions de membre de la commission des sanctions sont incompatibles avec celles de membre du collège. »***

II. — La durée du mandat des membres de la commission des sanctions est de six ans. Ce mandat est renouvelable une fois. *(Abrogé par L. n° 2017-55 du 20 janv. 2017, art. 31-5°-b)* ***« La durée du mandat est décomptée à partir de la date de la première réunion de la commission. Après l'expiration de la période de six ans, les membres restent en fonction jusqu'à la première réunion de la commission des sanctions dans sa nouvelle composition.***

« En cas de vacance d'un siège de membre de la commission des sanctions pour quelque cause que ce soit, il est procédé à son remplacement pour la durée du mandat restant à courir. Un mandat exercé pendant moins de deux ans n'est pas pris en compte pour l'application de la règle de renouvellement fixée à l'alinéa précédent. »

III. — Un décret en Conseil d'État fixe les modalités de renouvellement des membres de la commission des sanctions. *(Abrogé par L. n° 2017-55 du 20 janv. 2017, art. 31-5°-a)* ***« Il peut faire exception, lors du premier renouvellement, à la règle de durée fixée au premier alinéa du II. »***

L'Ord. n° 2015-948 du 31 juill. 2015 s'applique, sauf dispositions contraires, aux nominations postérieures à sa publication (Ord. préc., art. 21).

V. note ss. art. 34.

Art. 42 I. — Pour l'accomplissement des missions qui lui sont confiées, l'Autorité de régulation des jeux en ligne peut recueillir toutes les informations nécessaires auprès des ministres compétents, des opérateurs de jeux ou de paris en ligne titulaires d'un agrément ainsi qu'auprès des autres entreprises intervenant dans le secteur des jeux d'argent et de hasard.

Elle peut également solliciter l'audition de toute personne qui lui paraît susceptible de contribuer à son information.

II. — *(L. n° 2012-354 du 14 mars 2012, art. 21)* « Des fonctionnaires et agents habilités à cet effet par le directeur général de l'Autorité de régulation des jeux en ligne procèdent sous sa direction aux enquêtes administratives nécessaires à l'application de la présente loi. Ils sont également compétents pour constater les infractions prévues aux articles 56 et 57. Ils sont assermentés dans des conditions définies par décret en Conseil d'État.

« Les enquêtes administratives donnent lieu à l'établissement d'un procès-verbal. Un double de ce procès-verbal est transmis dans les cinq jours à l'opérateur intéressé.

« Les procès-verbaux dressés pour les infractions prévues aux articles 56 et 57 sont transmis sans délai au procureur de la République. »

III. — Les fonctionnaires et agents mentionnés au II accèdent à toutes les informations utiles détenues par les opérateurs de jeux ou de paris en ligne titulaires d'un agrément délivré par l'Autorité de régulation des jeux en ligne et requièrent de leur part, sur place ou sur convocation, tout renseignement et tout document relatifs à l'activité de jeu ou pari. A cette fin, ils accèdent, en présence de l'opérateur ou d'une personne responsable mentionnée au cinquième alinéa de l'article 16, aux locaux mentionnés au quatrième alinéa du même article, à l'exclusion des domiciles et parties de locaux servant, le cas échéant, de domicile, et procèdent à toutes constatations.

Les fonctionnaires et agents mentionnés au II du présent article reçoivent des opérateurs agréés communication des documents comptables, factures, relevés de compte joueur et de toute pièce ou document utile, quel qu'en soit le support, et peuvent en prendre copie.

Dans l'exercice de ces pouvoirs d'enquête, le secret professionnel ne peut leur être opposé par les opérateurs agréés.

IV. — Les manquements d'un opérateur agréé à ses obligations sont constatés par les fonctionnaires et agents mentionnés au II. Il en est dressé procès-verbal.

Art. 43 I. — Sous réserve des dispositions des articles L. 561-37 et L. 561-38 du code monétaire et financier, la commission des sanctions de l'Autorité de régulation des jeux en ligne peut prononcer, dans les conditions prévues au présent article, des sanctions à l'encontre d'un opérateur de jeux ou de paris en ligne titulaire de l'agrément prévu à l'article 21 de la présente loi.

(L. n° 2014-344 du 17 mars 2014, art. 152-II) « II. — Le collège de l'Autorité de régulation des jeux en ligne peut décider l'ouverture d'une procédure de sanction à l'encontre d'un opérateur de jeux ou de paris en ligne agréé ayant manqué ou manquant aux obligations législatives et réglementaires applicables à son activité, sous réserve des articles L. 561-37 et L. 561-38 du code monétaire et financier. Il notifie alors les griefs aux personnes en cause et en saisit la commission des sanctions.

« Préalablement à cette notification, le collège de l'Autorité de régulation des jeux en ligne informe l'opérateur concerné des manquements qui lui sont imputés et des sanctions qu'il encourt, et l'invite à présenter, dans un délai qui ne peut être inférieur à trente jours, ses observations en réponse. Cette information et cette réponse sont adressées par tout moyen propre à attester de leur date de réception. »

III. — La commission des sanctions de l'Autorité de régulation des jeux en ligne peut, avant de prononcer les sanctions prévues aux IV à VII, entendre toute personne dont l'audition lui paraît utile.

Les conditions de communication à un tiers d'une pièce mettant en jeu le secret des affaires sont définies par le décret en Conseil d'État prévu à l'article 45.

IV. — La commission des sanctions de l'Autorité peut prononcer, compte tenu de la gravité du manquement, une des sanctions suivantes :

1° L'avertissement ;

2° La réduction d'une année au maximum de la durée de l'agrément ;

3° La suspension de l'agrément pour trois mois au plus ;

4° Le retrait de l'agrément.

Le retrait de l'agrément peut s'accompagner de l'interdiction de solliciter un nouvel agrément pendant un délai maximal de trois ans.

V. — La commission des sanctions de l'Autorité peut, à la place ou en sus des sanctions prévues au IV, prononcer une sanction pécuniaire dont le montant est proportionné à la gravité du manquement, à la situation de l'opérateur en cause, à l'ampleur du dommage causé et aux avantages qui en sont tirés, sans pouvoir excéder 5 % du chiffre d'affaires hors taxes du dernier exercice clos correspondant à ses activités faisant l'objet de l'agrément. Ce plafond est porté à 10 % en cas de nouveau manquement. A défaut d'activité antérieure permettant de déterminer ce plafond, le montant de la sanction ne peut excéder 150 000 €, portés à 375 000 € en cas de nouvelle violation de la même obligation.

Lorsque le manquement est constitutif d'une infraction pénale, le montant de la sanction pécuniaire ne peut excéder celui prévu pour l'amende pénale.

Lorsque la commission des sanctions de l'Autorité de régulation des jeux en ligne a prononcé une sanction pécuniaire devenue définitive avant que le juge pénal ait statué définitivement sur les mêmes faits ou des faits connexes, celui-ci peut ordonner que la sanction pécuniaire s'impute sur l'amende qu'il prononce.

VI. — Lorsqu'un opérateur agréé de jeux ou de paris en ligne communique des informations inexactes, refuse de fournir les informations demandées ou fait obstacle au déroulement de l'enquête menée par les fonctionnaires ou agents habilités en application du II de l'article 42, la commission des sanctions de l'Autorité de régulation des jeux en ligne peut, après une mise en demeure émanant du président de l'Autorité ou d'un membre du personnel de l'Autorité délégué à cet effet par le président, et restée infructueuse, prononcer une sanction pécuniaire d'un montant qui ne peut excéder 30 000 €.

VII. — La commission des sanctions peut en outre décider, à l'encontre des personnes physiques et morales frappées des sanctions mentionnées aux IV à VI :

1° La publication de la décision prononcée au *Journal officiel* ;

2° L'affichage ou la diffusion de cette décision dans les conditions prévues par l'article 131-35 du code pénal.

Art. 44 I. — Les sanctions prévues à l'article 43 sont prononcées après que l'intéressé a reçu notification des griefs et a été mis à même de consulter le dossier et de présenter ses observations écrites ou orales. Les décisions de sanction sont motivées et notifiées à l'intéressé.

(L. n° 2016-731 du 3 juin 2016, art. 82-VI) « Les sanctions pécuniaires prononcées en application du même article 43 peuvent faire l'objet d'une majoration, dans la limite de 10 % de leur montant, mise à la charge de l'opérateur sanctionné et destinée à financer l'aide aux victimes.

« Le montant de la majoration est fixé en fonction de la gravité du manquement, de la situation de l'opérateur, de l'ampleur du dommage causé et des avantages qui en sont tirés. »

Les sanctions pécuniaires sont recouvrées comme les créances de l'État étrangères à l'impôt et au domaine.

II. — Les décisions prononcées par la commission des sanctions peuvent faire l'objet d'un recours de pleine juridiction devant la juridiction administrative par les personnes sanctionnées et par le président de l'Autorité de régulation des jeux en ligne, après accord du collège.

III. — La commission des sanctions de l'Autorité de régulation des jeux en ligne ne peut être saisie de faits remontant à plus de trois ans s'il n'a été fait aucun acte tendant à leur recherche, leur constatation ou leur sanction.

IV. — Le président de l'Autorité de régulation des jeux en ligne ou celui de la commission des sanctions informe sans délai le procureur de la République des faits qui sont susceptibles de recevoir une qualification pénale. Lorsque le procureur de la République décide de mettre en mouvement l'action publique sur les faits objets de la transmission, il en informe sans délai l'Autorité de régulation des jeux en ligne.

Art. 45 Un décret en Conseil d'État détermine les conditions d'application des articles 43 et 44.

V. Décr. n° 2010-495 du 14 mai 2010 relatif à la procédure de sanction applicable aux opérateurs agréés de jeux ou de paris en ligne (JO 15 mai).

Art. 45-1 *(L. n° 2016-1321 du 7 oct. 2016, art. 99-2°)* Le médiateur mentionné à l'article 35 est nommé par le président de l'autorité après avis du collège, pour une durée de trois ans renouvelable.

Il ne peut être révoqué pendant la durée de son mandat, sauf pour motif légitime et s'il ne répond plus aux conditions fixées aux articles L. 613-1 et suivants du code de la consommation.

Les fonctions de médiateur sont incompatibles avec celles de membre du collège et de la commission des sanctions.

Le médiateur dispose de moyens suffisants à l'exercice indépendant et impartial de son mandat et ne peut recevoir d'instructions sur les litiges dont il a à connaître.

Le médiateur présente au collège de l'autorité un rapport annuel dans lequel il rend compte de sa mission. Ce rapport est rendu public. Il peut y émettre des recommandations et des avis.

Art. 45-2 *(L. n° 2016-1321 du 7 oct. 2016, art. 99-2°)* Le médiateur est chargé de recommander des solutions aux litiges nés entre un consommateur et un opérateur de jeux ou de paris en ligne titulaire de l'agrément prévu à l'article 21 à l'occasion de la formation ou de l'exécution du contrat mentionné au 3° de l'article 10.

Il accomplit sa mission de médiation dans les conditions prévues au titre Ier du livre VI du code de la consommation.

La saisine du médiateur de l'Autorité de régulation des jeux en ligne dans le cadre du règlement extrajudiciaire des différends suspend la prescription de toute action civile ou pénale à compter du jour où le médiateur est saisi.

CHAPITRE XI *Dispositions fiscales*

Art. 46 à 55 *[Modifications de textes]*.

CHAPITRE XII *Mesures de lutte contre les sites illégaux de jeux d'argent*

Art. 56 I. – Quiconque aura offert ou proposé au public une offre en ligne de paris ou de jeux d'argent et de hasard sans être titulaire de l'agrément mentionné à l'article 21 ou d'un droit exclusif est puni de trois ans d'emprisonnement et de 90 000 € d'amende. Ces peines sont portées à sept ans d'emprisonnement et à 200 000 € d'amende lorsque l'infraction est commise en bande organisée.

....

IV. – Les personnes physiques coupables de l'infraction prévue au I encourent également les peines complémentaires suivantes :

1° L'interdiction des droits civiques, civils et de famille dans les conditions prévues à l'article 131-26 du code pénal ;

2° La confiscation des biens mobiliers et immobiliers, divis ou indivis, ayant servi directement ou indirectement à commettre l'infraction ou qui en sont le produit, y compris les fonds ou effets exposés au jeu ou mis en loterie ainsi que les meubles ou effets mobiliers dont les lieux sont garnis ou décorés, à l'exception des objets susceptibles de donner lieu à restitution ;

3° L'affichage ou la diffusion de la décision prononcée dans les conditions prévues à l'article 131-35 du code pénal ;

4° La fermeture définitive, ou pour une durée de cinq ans au plus, des établissements ou de l'un ou de plusieurs des établissements de l'entreprise ayant servi à commettre les faits incriminés ;

5° L'interdiction, suivant les modalités prévues par l'article 131-27 du code pénal, soit d'exercer une fonction publique ou d'exercer l'activité professionnelle ou sociale dans l'exercice ou à l'occasion de l'exercice de laquelle l'infraction a été commise, soit d'exercer une profession commerciale ou industrielle, de diriger, d'administrer, de gérer ou de contrôler à un titre quelconque, directement ou indirectement, pour son propre compte ou pour le compte d'autrui, une entreprise commerciale ou industrielle, ou une société commerciale. Ces interdictions d'exercice peuvent être prononcées cumulativement.

V. – Les personnes morales déclarées responsables pénalement, dans les conditions prévues à l'article 121-2 du code pénal, de l'infraction prévue au I du présent article encourent, outre l'amende suivant les modalités prévues par l'article 131-38 du code pénal, les peines mentionnées aux 1°, 4°, 8° et 9° de l'article 131-39 du même code. Elles encourent également l'interdiction, pour une durée de cinq ans au plus, de solliciter l'agrément prévu à l'article 21 de la présente loi ainsi que l'autorisation prévue à l'article *(L. n° 2014-344 du 17 mars 2014, art. 158-4°)* « L. 321-1 du code de la sécurité intérieure » et, le cas échéant, le retrait d'un tel agrément ou autorisation si la personne morale en est titulaire au moment du jugement.

....

Art. 57 I. – Quiconque fait de la publicité, par quelque moyen que ce soit, en faveur d'un site de paris ou de jeux d'argent et de hasard non autorisé en vertu d'un droit exclusif ou de l'agrément prévu à l'article 21 est puni d'une amende de 100 000 €. Le tribunal peut porter le montant de l'amende au quadruple du montant des dépenses publicitaires consacrées à l'activité illégale.

Ces peines sont également encourues par quiconque a, par quelque moyen que ce soit, diffusé au public, aux fins de promouvoir des sites de jeux en ligne ne disposant pas de l'agrément prévu à l'article 21, les cotes et rapports proposés par ces sites non autorisés.

(L. n° 2014-344 du 17 mars 2014, art. 155) « Le président de l'Autorité de régulation des jeux en ligne peut saisir le président du tribunal de grande instance de Paris aux fins de voir ordonnée, en la forme des référés, toute mesure permettant la cessation de toute publicité en faveur d'un site de paris ou de jeux d'argent et de hasard non autorisé en vertu d'un droit exclusif ou de l'agrément prévu à l'article 21 ou en contravention avec le titre II du livre III du code de la sécurité intérieure. »

....

Art. 58 *V. C. pr. pén., art. 28-1. –* ***C. pr. pén.***

Art. 59 *(L. n° 2012-354 du 14 mars 2012, art. 21)* Dans le but de constater les infractions prévues aux articles 56 et 57, les officiers et agents de police judiciaire désignés par le ministre de l'intérieur, les agents des douanes désignés par le ministre chargé des douanes et les fonctionnaires et agents mentionnés au II de l'article 42 peuvent, sans en être pénalement responsables :

1° Participer sous un pseudonyme à des échanges électroniques sur un site de jeux ou paris agréé ou non, et notamment à une session de jeu en ligne ;

2° Extraire, acquérir ou conserver par ce moyen *(L. n° 2014-1353 du 13 nov. 2014, art. 20-II)* « les éléments de preuve et les données » sur les personnes susceptibles d'être les auteurs de ces infractions ainsi que sur les comptes bancaires utilisés ;

(L. n° 2014-1353 du 13 nov. 2014, art. 20-II) « 3° Extraire, transmettre en réponse à une demande expresse, acquérir ou conserver des contenus illicites dans des conditions fixées par décret. »

A peine de nullité, ces actes ne peuvent avoir pour effet d'inciter autrui à commettre une infraction ou de contrevenir à la prohibition énoncée à l'article 5.

La communication des documents nécessaires à la recherche et à la constatation des infractions mentionnées au premier alinéa du présent article peut être demandée par les agents des douanes dans les conditions prévues à l'article 65 du code des douanes.

Les fonctionnaires ou agents mentionnés au premier alinéa du présent article consignent les informations ainsi recueillies par procès-verbal, transmis sans délai au procureur de la République.

Ce procès-verbal peut être utilisé par l'Autorité de régulation des jeux en ligne dans l'exercice de ses missions et notamment aux fins de mise en œuvre de la procédure prévue à l'article L. 563-2 du code monétaire et financier et de la procédure prévue à l'article 61 de la présente loi. Pour la mise en œuvre de ces procédures, le secret bancaire n'est pas opposable aux enquêteurs assermentés de l'Autorité de régulation des jeux en ligne.

Ce procès-verbal est tenu à la disposition de l'administration fiscale conformément à l'article L. 84 B du livre des procédures fiscales.

V. Arr. du 19 juill. 2010 portant désignation des officiers et agents de police judiciaire autorisés à constater les infractions commises à l'occasion de paris ou de jeux d'argent ou de hasard en ligne (JO 22 juill.).

Le 2° de l'art. 1er et les art. 4 à 25 de la L. n° 2014-1353 du 13 nov. 2014 sont applicables en Polynésie française, dans les îles Wallis-et-Futuna et en Nouvelle-Calédonie (L. préc., art. 27-III).

Art. 60 *V. C. douanes, art. 65 ter.*

Art. 61 *(L. n° 2016-1321 du 7 oct. 2016, art. 97-1°-a)* « Le président de » l'Autorité de régulation des jeux en ligne adresse aux opérateurs de jeux ou de paris en ligne non autorisés en vertu d'un droit exclusif ou de l'agrément prévu à l'article 21 *(L. n° 2014-344 du 17 mars 2014, art. 156-I)* « et à toute personne proposant une quelconque offre de jeux d'argent et de hasard en ligne en contravention aux dispositions du titre II du livre III du code de la sécurité intérieure », par tout moyen propre à en établir la date de réception, une mise en demeure rappelant les dispositions de l'article 56 relatives aux sanctions encourues et les dispositions du *(L. n° 2016-1321 du 7 oct. 2016, art. 97-1°-b)* « troisième » alinéa du présent article, enjoignant à ces opérateurs de respecter cette interdiction et les invitant à présenter leurs observations dans un délai de huit jours.

(L. n° 2016-1321 du 7 oct. 2016, art. 97-2°) « Il adresse également aux personnes mentionnées au 2 du I de l'article 6 de la loi n° 2004-575 du 21 juin 2004 pour la confiance dans l'économie numérique, par tout moyen propre à en établir la date de réception, une copie de la mise en demeure prévue au premier alinéa du présent article et leur enjoint de prendre toute mesure propre à empêcher l'accès au contenu du service de communication au public en ligne proposé par l'opérateur mentionné au même premier alinéa. Ces personnes sont invitées à présenter leurs observations dans un délai de huit jours. »

A l'issue *(L. n° 2016-1321 du 7 oct. 2016, art. 97-3°-a)* « du délai mentionné aux deux premiers alinéas », en cas d'inexécution *(L. n° 2016-1321 du 7 oct. 2016, art. 97-3°-b)* « des injonctions prévues aux premier et deuxième alinéas du présent article ou si l'offre de paris ou de jeux d'argent et de hasard en ligne reste accessible », le président de l'Autorité de régulation des jeux en ligne peut saisir le président du tribunal de grande instance de Paris aux fins d'ordonner, en la forme des référés, l'arrêt de l'accès à ce service aux personnes mentionnées au *(Abrogé par L. n° 2016-1321 du 7 oct. 2016, art. 97-3°-b) « 2 du I et, le cas échéant, au »* 1 du I de l'article 6 de la loi n° 2004-575 du 21 juin 2004 *(L. n° 2016-1321 du 7 oct. 2016, art. 97-3°-c et d)* « précitée. Il peut également saisir le président du tribunal de grande instance de Paris aux mêmes fins si l'offre demeure accessible nonobstant l'éventuelle exécution par les personnes mentionnées au deuxième alinéa du présent article sans avoir à procéder à de nouvelles injonctions de même nature. »

Le président de l'Autorité de régulation des jeux en ligne peut également saisir le président du tribunal de grande instance de Paris aux fins de voir prescrire, en la forme des référés, toute mesure destinée à faire cesser le référencement du site d'un opérateur mentionné au deuxième *[troisième]* **alinéa du présent article par un moteur de recherche ou un annuaire.**

(L. n° 2016-1321 du 7 oct. 2016, art. 100) **« Le président de l'autorité de régulation des jeux en ligne peut saisir par requête le président du tribunal de grande instance de Paris aux mêmes fins lorque ce service de communication au public en ligne est accessible à partir d'autres adresses. »**

Dans le cas prévu au premier alinéa, l'Autorité de régulation des jeux en ligne peut également être saisie par le ministère public et toute personne physique ou morale ayant intérêt à agir.

Un décret fixe les modalités selon lesquelles sont compensés, le cas échéant, les surcoûts résultant des obligations mises à la charge des personnes mentionnées au 1 du I de l'article 6 de la loi n° 2004-575 du 21 juin 2004 précitée au titre du présent article.

V. pour une application de la procédure prévue à l'art. 61 à l'encontre de fournisseurs d'accès à Internet, TGI Paris, ord. réf., 6 août 2010, n° 10/56506. Il est ainsi ordonné aux FAI de mettre en œuvre ou de faire mettre en œuvre, sans délai, toutes mesures propres à empêcher l'accès, à partir du territoire français et/ou par leurs abonnés situés sur ce territoire, au contenu du service de communication en ligne en cause.

Par un arrêt en date du 18 juin 2013, la Cour de cassation rejette une question prioritaire de constitutionnalité estimant que les questions posées ne présentent pas un caractère sérieux en ce que le droit pour le président de l'ARJEL de solliciter de l'autorité judiciaire à l'encontre des FAI une injonction d'avoir à interdire l'accès à un site internet, dès lors que l'éditeur de ce dernier n'a pas déféré sous huit jours à la mise en demeure qui lui a été adressée, ne constitue ni une peine, ni une sanction ayant le caractère d'une punition, de sorte que les principes de la présomption d'innocence et du contradictoire ne trouvent à s'appliquer à la procédure instituée par l'art. 61, al. 2, de la loi du 12 mai 2010. • Cass. com. 18 juin 2013, *Soc. Darty Télécom : n° 12-28.488.*

Art. 62 *V. C. mon. fin., art. L. 563-2.*

CHAPITRE XIII *Dispositions relatives à l'exploitation des manifestations sportives et à la lutte contre la fraude et la tricherie dans le cadre de ces manifestations*

Art. 63 *V. C. sport, art. L. 333-1 à L. 333-1-3.*

V. Décr. n° 2010-614 du 7 juin 2010 relatif aux conditions de commercialisation des droits portant sur l'organisation de paris en relation avec une manifestation ou compétition sportives (JO 8 juin ; texte reproduit ci-après).

CHAPITRE XIV *Dispositions relatives aux activités de jeux et paris placées sous le régime de droits exclusifs*

Art. 64 *V. C. mon. fin., art. L. 561-36.*

Art. 65 *V. L. du 2 juin 1891 ayant pour objet de réglementer l'autorisation et le fonctionnement des courses de chevaux, art. 2 et 5.*

Art. 66 *(L. n° 2014-344 du 17 mars 2014, art. 157)* **La personne morale titulaire de droits exclusifs en matière d'offre publique de jeux en ligne sur le fondement de l'article 136 de la loi du 31 mai 1933 portant fixation du budget général de l'exercice 1933 est tenue de faire obstacle à la participation aux activités de jeu qu'elle propose des personnes interdites de jeu en vertu de la réglementation en vigueur ou exclues de jeu à leur demande. Dans le respect de la loi n° 78-17 du 6 janvier 1978 relative à l'informatique, aux fichiers et aux libertés, elle interroge à cette fin les fichiers des interdits de jeu tenus par les services du ministère de l'intérieur. Elle clôture tout compte joueur dont le titulaire viendrait à être touché par une interdiction ou une exclusion.**

Elle prévient les comportements de jeu excessif ou pathologique par la mise en place de mécanismes d'auto-exclusion et de modération et de dispositifs d'autolimitation des dépôts et des mises. Elle communique en permanence à tout joueur fréquentant son site le solde instantané de son compte. Elle informe les joueurs des risques liés au jeu excessif ou pathologique, par le biais d'un message de mise en garde, ainsi que des procédures d'inscription sur les fichiers des interdits de jeu tenus par les services du ministère de l'intérieur.

Elle s'abstient d'adresser toute communication commerciale aux titulaires d'un compte joueur bénéficiant d'une mesure d'auto-exclusion. A compter du 1er janvier 2015, elle s'abstient également d'adresser toute communication commerciale aux anciens titulaires d'un compte joueur dès lors qu'ils sont inscrits sur les fichiers des interdits de jeu mentionnés au deuxième alinéa et qu'elle dispose des informations personnelles relatives à ces joueurs permettant d'interroger ces fichiers dans le respect de la loi n° 78-17 du 6 janvier 1978 précitée.

(L. n° 2015-1785 du 29 déc. 2015, art. 50-2°) « Lorsque la personne morale titulaire de droits exclusifs en matière d'offre publique de jeux en ligne sur le fondement de l'article 136 de la loi du 31 mai 1933 précitée procède à la clôture d'un compte joueur présentant un solde créditeur, elle reverse ce solde sur le compte de paiement du joueur. Si elle ne peut procéder à ce reversement, notamment parce qu'elle n'est pas en mesure de vérifier les références du compte de paiement, elle met en réserve, sans délai, la somme correspondante, pour une durée de six ans à compter de cette clôture. Durant cette période, sans préjudice de l'application de l'article L. 561-16 du code monétaire et financier, le joueur peut obtenir le reversement de cette somme en communiquant à la personne morale précitée, qui les vérifie, les éléments d'identification requis par elle. Si, à l'issue du délai de six ans, cette somme n'a pas été reversée au joueur, elle est acquise à l'État. Trois mois avant l'expiration de ce délai, la personne morale précitée utilise tout moyen à sa disposition pour informer le joueur des conditions dans lesquelles il peut obtenir le reversement de cette somme et, à défaut, de l'acquisition de celle-ci à l'État. »

....

CHAPITRE XV *Dispositions transitoires et finales*

Art. 69 Dans un délai de dix-huit mois à compter de la date d'entrée en vigueur de la présente loi, un rapport d'évaluation sur les conditions et les effets de l'ouverture du marché des jeux et paris en ligne est adressé par le Gouvernement au Parlement. Ce rapport propose, le cas échéant, les adaptations nécessaires de la présente loi.

Le Gouvernement remet un rapport au Parlement avant le 31 décembre 2011 sur la mise en œuvre de la politique de lutte contre le jeu excessif ou pathologique. Ce rapport étudie notamment les systèmes d'information et d'assistance proposés par les opérateurs de jeux ou de paris. Il propose, le cas échéant, la mise en place d'une procédure d'agrément pour ce type de structure.

Décret n° 2010-481 du 12 mai 2010,

Relatif à l'organisation et au fonctionnement de l'Autorité de régulation des jeux en ligne.

TITRE Ier. DISPOSITIONS GÉNÉRALES

Art. 1er L'Autorité de régulation des jeux en ligne (ARJEL) comprend un collège, une commission des sanctions et, le cas échéant, des commissions consultatives spécialisées.

CHAPITRE Ier. *ORGANISATION DU COLLÈGE*

Art. 2 Lorsque le mandat d'un membre du collège prend fin, pour quelque cause que ce soit, plus de six mois avant son terme, le président de l'Autorité de régulation des jeux en ligne notifie à l'autorité ayant procédé à sa nomination qu'elle aura à désigner son successeur dans les vingt jours suivant la réception de cet avis.

Art. 3 Le collège constate, à la majorité des deux tiers, la démission d'office de celui de ses membres qui se trouve empêché d'exercer sa mission par suite d'une incapacité permanente.

Tout membre du collège qui, sans justification, n'a pas assisté à trois séances consécutives du collège peut être déclaré démissionnaire d'office par le collège statuant à la majorité des deux tiers.

Le collège constate les cas d'incompatibilités prévus au deuxième alinéa du II de l'article 36 de la loi du 12 mai 2010 susvisée, le membre intéressé ne prenant pas part au vote. Le constat d'une incompatibilité à raison de fonctions exercées dans le cadre d'une activité économique ou financière en relation avec le secteur des jeux d'argent et de hasard est prononcé à la majorité des deux tiers.

Le collège se prononce sur les conséquences de la violation par l'un de ses membres de l'interdiction de jeu ou de pari en ligne instituée par le troisième alinéa du II du même article.

Le président de l'Autorité de régulation des jeux en ligne informe le collège, à sa plus prochaine réunion, de la cessation d'office des fonctions de l'un de ses membres du fait du non-respect du secret professionnel, établi par décision de justice devenue définitive.

Art. 4 Le collège se réunit sur convocation de son président. Le délai entre l'envoi de cette convocation et la séance est d'au moins sept jours. Toutefois le président peut le ramener à trois jours, pour un motif d'urgence dont il rend compte au collège à l'ouverture de sa séance.

Le président fixe l'ordre du jour de la séance, qu'il joint à la convocation. Les projets de décision soumis au collège font l'objet de documents explicatifs adressés aux membres dans les délais prévus à l'alinéa précédent.

Lorsqu'il est consulté sur un projet de texte en application du cinquième alinéa du I de l'article 34 de la loi du 12 mai 2010 susvisée, le collège rend son avis dans les trente jours de sa saisine, délai pouvant être ramené à huit jours en cas d'urgence. A défaut, son avis est réputé favorable.

Art. 5 Le collège ne peut délibérer que si la moitié au moins de ses membres sont présents. Lorsque, en application du premier alinéa du II de l'article 36 de la loi du 12 mai 2010 susvisée, un membre ne prend pas part à une délibération, il est réputé présent au titre du quorum.

Le collège délibère à la majorité des membres présents. Le président a voix prépondérante en cas de partage égal des voix.

En cas d'absence, le président confie à l'un des autres membres du collège le soin de présider la séance. A défaut, la présidence est assurée par le membre du collège le plus âgé.

Le collège peut procéder à l'audition de toute personne dont la contribution lui paraît utile.

Sauf décision contraire du collège, ses séances ne sont pas publiques. Le compte-rendu de ses délibérations est publié.

Art. 6 Le collège adopte un règlement intérieur fixant les modalités de tenue de ses séances et d'adoption de leur procès-verbal.

Ce règlement détermine les conditions dans lesquelles les membres du collège peuvent participer à une séance par tous moyens de télécommunication permettant leur identification et garantissant leur participation effective aux débats et aux votes.

Art. 7 Les membres du collège autres que le président perçoivent une indemnité par séance du collège à laquelle ils participent, dans la limite d'un plafond annuel. Le taux de l'indemnité par séance du collège ainsi que le plafond annuel d'indemnités attribuable à ce titre sont fixés par arrêté du ministre chargé du budget.

Les membres du collège perçoivent également une indemnité par séance de commission consultative spécialisée à laquelle ils participent. Le taux de cette indemnité et le plafond annuel correspondant sont fixés par l'arrêté prévu à l'alinéa précédent.

V. Arr. du 14 mai 2010 fixant le montant des indemnités des membres du collège et de la commission des sanctions de l'Autorité de régulation des jeux en ligne (JO 15 mai) ; Arr. du 13 sept. 2010 fixant le montant des indemnités des membres de commission consultative spécialisée de l'Autorité de régulation des jeux en ligne (JO 15 sept.).

CHAPITRE II. *LE PRÉSIDENT DE L'AUTORITÉ*

Art. 8 Le président de l'Autorité de régulation des jeux en ligne décide de l'organisation des services de l'Autorité et en informe le collège.

Il est l'autorité d'emploi des agents publics détachés auprès de l'institution ou mis à sa disposition. Il recrute et gère le personnel contractuel.

Le président est ordonnateur des dépenses de l'Autorité.

Art. 9 Les délégations au président de l'Autorité de régulation des jeux en ligne prévues au 1° du I de l'article 37 de la loi du 12 mai 2010 susvisée ne peuvent être consenties pour une durée de plus d'une année.

Le président rend compte au collège, lors de la séance la plus proche, des décisions prises en vertu des délégations qui lui sont confiées.

Ces délégations sont publiées au *Journal officiel* de la République française.

Art. 10 Lorsque le président de l'Autorité de régulation des jeux en ligne engage la négociation d'une convention prévue par le V de l'article 34 de la loi du 12 mai 2010 susvisée, il en avise le Premier ministre. La convention conclue est publiée au *Journal officiel* de la République française.

Le président de l'Autorité de régulation des jeux en ligne peut faire appel, avec l'accord des ministres intéressés, aux services de l'État dont le concours est nécessaire à l'accomplissement des missions de l'Autorité.

Art. 11 Le président de l'Autorité de régulation des jeux en ligne est habilité à passer des conventions, à titre gracieux ou onéreux, avec toute personne privée ou publique. Leur conclusion est approuvée par le collège. Pour l'application du code des marchés publics, le président exerce la fonction de pouvoir adjudicateur.

Après accord du collège, il peut transiger en matière contractuelle dans les conditions fixées par les articles 2044 à 2058 du code civil.

Art. 12 Le président de l'Autorité de régulation des jeux en ligne reçoit une rémunération annuelle égale au traitement afférent au *(Décr. nº 2011-752 du 28 juin 2011)* « premier » groupe supérieur des emplois de l'État classés hors échelle, assortie d'une indemnité de fonction dont le montant est fixé par arrêté des ministres chargés du budget et de la fonction publique.

CHAPITRE III. *LES COMMISSIONS CONSULTATIVES SPÉCIALISÉES*

Art. 13 Sur proposition du président, des commissions consultatives spécialisées peuvent être constituées par le collège, qui détermine :

1° Leur composition, qui comprend au moins quatre personnalités extérieures qualifiées ;

2° Les matières dans lesquelles elles sont habilitées à formuler des recommandations.

Chaque commission consultative spécialisée est présidée par un membre du collège, qui rend compte à la plus prochaine séance du collège des recommandations qu'elle a formulées.

Art. 14 Une commission consultative spécialisée se réunit sur convocation de son président. En cas d'absence, le président de l'Autorité de régulation des jeux en ligne confie à l'un des autres membres de la commission le soin de présider la séance. Une commission ne peut délibérer que si la moitié au moins de ses membres sont présents.

Le secrétariat de chaque commission consultative spécialisée est assuré par les services de l'Autorité de régulation des jeux en ligne.

Les règles de délibération de ces commissions sont fixées par le règlement intérieur mentionné à l'article 6.

Art. 14-1 *(Décr. nº 2010-1070 du 8 sept. 2010, art. 1er)* Les membres des commissions consultatives spécialisées autres que les membres du collège perçoivent une indemnité par séance de commission consultative spécialisée à laquelle ils participent, dans la limite d'un plafond annuel. Le taux de cette indemnité et le plafond annuel sont fixés par arrêté du ministre chargé du budget.

CHAPITRE IV. *DISPOSITIONS COMMUNES*

Art. 15 Les décisions de l'Autorité de régulation des jeux en ligne sont publiées, sauf disposition contraire, sur son site internet. La date de mise en ligne est indiquée dans chaque publication effectuée par cette voie.

L'Autorité garantit l'accès effectif du public à ce site ainsi que la continuité de la mise en ligne. Elle assure la conservation et l'archivage des décisions publiées par cette voie.

La publicité d'une décision de l'Autorité peut être limitée, sur la demande d'une personne devant y être mentionnée, pour des motifs tirés de son droit à la protection de ses savoir-faire et procédés. La limitation de publicité est prescrite par l'instance compétente pour prendre la décision en cause.

....

TITRE III. LA COMMISSION DES SANCTIONS

Art. 29 Lorsque le mandat d'un membre de la commission des sanctions prend fin avant son terme pour quelque cause que ce soit, le président de l'Autorité de régulation des jeux en ligne notifie à l'autorité investie du pouvoir de nomination qu'elle aura à désigner son successeur dans les vingt jours suivant la réception de la notification.

Tout membre de la commission des sanctions qui, hors le cas de force majeure constaté par le président, n'a pas assisté à trois séances consécutives en est réputé démissionnaire d'office.

Art. 30 La commission des sanctions se réunit sur convocation de son président. Elle ne peut délibérer qu'en présence de trois membres au moins.

En cas d'absence, le président de la commission des sanctions confie à l'un des autres membres le soin de présider la séance. A défaut, la séance est présidée par le membre de la commission le plus âgé.

Les autres conditions de déroulement des séances de la commission des sanctions sont définies dans un règlement intérieur adopté par cette institution.

Art. 31 Les membres de la commission des sanctions bénéficient de vacations. Celles-ci sont attribuées en fonction de la présence effective des intéressés aux séances de la commission ou de la production de rapports d'instruction.

L'unité de référence de la vacation est la demi-journée. Le président fixe le nombre de vacations correspondant à chaque production de rapport d'instruction.

Le montant unitaire de la vacation et le plafond annuel de vacations attribuables aux membres de la commission, ainsi que le montant unitaire et le plafond annuel applicables à son président, sont fixés par arrêté du ministre chargé du budget.

....

Décret n° 2010-483 du 12 mai 2010,

Relatif aux compétitions sportives et aux types de résultats sportifs définis par l'Autorité de régulation des jeux en ligne.

Art. 1er Tout opérateur de paris sportifs en ligne titulaire de l'agrément mentionné à l'article 21 de la loi du 12 mai 2010 susvisée peut organiser la prise de paris sportifs lorsque ceux-ci portent sur :

1° L'une des catégories de compétitions définies par l'Autorité de régulation des jeux en ligne selon les modalités définies à l'article 2 du présent décret ;

2° Les résultats des compétitions, relevant de l'une des catégories mentionnées au 1°, définis par l'Autorité de régulation des jeux en ligne selon les modalités mentionnées à l'article 3 du présent décret.

Art. 2 I. — Pour chaque discipline sportive, l'Autorité de régulation des jeux en ligne définit les catégories de compétitions pouvant servir de support à l'organisation de paris sportifs.

II. — Ces catégories de compétitions sont définies, après avis de la fédération délégataire compétente ou, à défaut, du ministre chargé des sports, en fonction notamment :

1° De la qualité de l'organisateur de la compétition, qui doit être soit :

a) Une fédération sportive mentionnée à l'article L. 131-1 du code du sport ;

b) Une fédération sportive internationale ;

c) Un organisme sportif international ;

d) Un organisateur de manifestation sportive mentionné à l'article L. 331-2 ou L. 331-5 du code du sport ;

e) Un organisateur de manifestation sportive légalement organisée à l'étranger ;

2° De la réglementation applicable à ces compétitions qui doit contenir des dispositions relatives à la publicité des résultats de l'épreuve ;

3° De l'âge des participants sportifs admis dans ces compétitions ;

4° De la notoriété et de l'enjeu de la compétition garantissant un nombre suffisant de parieurs.

Art. 3 I. — Pour chaque discipline sportive et pour chaque catégorie de compétitions définie selon les modalités prévues à l'article 2, l'Autorité de régulation des jeux en ligne, après avis de la fédération délégataire compétente ou, à défaut, du ministre chargé des sports, définit les types de résultats de ces compétitions qui peuvent faire l'objet de paris.

II. — Ces types de résultats peuvent être :

1° Les résultats finaux des compétitions ;

2° Les résultats des phases de jeux des compétitions.

III. — Le résultat s'entend de tout événement intervenant au cours de la compétition et traduisant les performances sportives objectives et quantifiables des participants y prenant part.

IV. — Les paris sont exécutés en fonction des résultats de la compétition tels qu'ils sont annoncés par l'organisateur de la compétition sportive.

L'exécution des paris est définitive à compter de la première annonce des résultats par l'organisateur de la compétition sportive et ce même si, par la suite, ceux-ci devaient faire l'objet de modifications conformément aux dispositions applicables à cette compétition.

Le Conseil d'État rappelle que conformément à l'art. 3 du Décr. n° 2010-483 du 12 mai 2010, un pari sportif doit traduire des performances sportives objectives et quantifiables. Dès lors, un pari sportif relatif au caractère pair ou impair du nombre total de points ou de buts inscrits au cours d'une rencontre sportive ne peut être regardé comme un pari sportif. • CE 14 oct. 2015, n° 381192,*Dict. Perm. dr. sport 2015, Bull. n° 228/229, p. 5, obs. J. Bérenger.*

Art. 4 I. — Tout opérateur agréé de paris sportifs en ligne peut demander à l'Autorité de régulation des jeux en ligne :

1° L'inscription d'une catégorie de compétitions sur la liste des catégories de compétitions pouvant servir de supports à des paris sportifs en ligne ;

2° L'inscription d'un type de résultat sur la liste des types de résultats pouvant servir de support à des paris sportifs en ligne.

II. — Cette demande est accompagnée de la transmission à l'Autorité de régulation des jeux en ligne d'un dossier présentant les caractéristiques des compétitions et des types de résultats objets de cette demande.

III. — Après réception des documents mentionnés au II, l'Autorité de régulation des jeux en ligne se prononce, dans le délai d'un mois, sur la demande mentionnée au I.

Décret n° 2010-614 du 7 juin 2010,

Relatif aux conditions de commercialisation des droits portant sur l'organisation de paris en relation avec une manifestation ou compétition sportives.

Art. 1er Les fédérations sportives et les organisateurs de manifestations sportives commercialisent, à titre non exclusif, le droit d'organiser des paris sur les manifestations ou compétitions sportives qu'ils organisent dans les conditions prévues aux articles 2 à 4 du présent décret.

Art. 2 La commercialisation par les fédérations sportives et les organisateurs de manifestations sportives du droit d'organiser des paris est réalisée selon une procédure de consultation non discriminatoire ouverte à tous les opérateurs ayant obtenu l'agrément d'opérateur de paris sportifs prévu à l'article 21 de la loi du 12 mai 2010 susvisée.

Elle ne peut faire l'objet de lots séparés.

Un cahier des charges établi par la fédération sportive ou l'organisateur de manifestations sportives est transmis à chaque opérateur agréé qui lui en fait la demande.

Ce cahier des charges :

1° Précise le calendrier de la procédure d'attribution et les règles régissant la consultation notamment en ce qui concerne la fixation du prix dans les conditions de l'article 3 ;

2° Précise l'objet de la consultation, laquelle peut porter sur une ou plusieurs manifestations ou compétitions sportives, dans le respect des catégories de manifestations et de compétitions sportives définies par l'Autorité de régulation des jeux en ligne ;

3° Fixe la durée du droit d'exploitation ;

4° Précise les mesures de surveillance et de détection que la fédération sportive ou l'organisateur de manifestations sportives entend mettre en place en matière de prévention des risques d'atteinte à l'intégrité des compétitions ou manifestations sportives objet de la consultation ;

5° Fixe les obligations d'information et de transparence à la charge de l'opérateur agréé en matière de détection de la fraude et de prévention des risques d'atteinte à l'intégrité des manifestations et des compétitions sportives.

Art. 3 Le prix en contrepartie de l'attribution du droit d'organiser des paris s'exprime en proportion des mises.

Art. 4 L'attribution du droit d'organiser des paris doit être consentie à tout opérateur agréé qui en fait la demande pendant la durée d'exploitation mentionnée au 3° de l'article 2 et pour la durée restant à courir, dès lors qu'il remplit l'ensemble des conditions stipulées au cahier des charges et accepte le prix résultant de la consultation prévus à l'article 2.

Art. 5 Le contrat d'organisation de paris conclu, conformément à l'article L. 333-1-2 du code du sport, entre une fédération sportive ou un organisateur de manifestations sportives et un opérateur agréé cesse de plein droit de produire tous ses effets en cas de perte par ce dernier de l'agrément mentionné à l'article 21 de la loi du 12 mai 2010 susvisée.

COMMENTAIRE

Le décret ci-dessus reproduit a fait l'objet de divers recours à l'initiative d'opérateurs de paris. Par un arrêt du 13 octobre 2010, le Conseil d'État, à l'occasion d'une QPC soulevée par une société de paris sportifs à l'appui de sa requête tendant à l'annulation du décret du 7 juin 2010, a considéré que le droit d'exploitation des informations portant sur les résultats des manifestations et compétitions sportives ne constituait pas un bien public. Son attribution aux fédérations sportives et aux organisateurs de manifestations sportives ne méconnaît pas les articles 4 et 5 de la DDHC de 1789. De même et par suite, est inopérant le moyen tiré de la méconnaissance du droit de la propriété publique (CE 13 oct. 2010, *Soc. Betclic Enterprises Limited, req. n° 342142, JS 2010, n° 104, p. 40, obs. M.-C. Boutard-Labarde*). Dans un arrêt en date du 30 mars 2011, le Conseil d'État a été amené à se prononcer sur la validité du décret. La Haute Juridiction administrative a rejeté les divers moyens tirés de la méconnaissance de la loi (art. L. 333-1-2 du code du sport), des stipulations de la convention EDH et du traité sur le fonctionnement de l'Union européenne (CE 30 mars 2011, *Soc. Betclic Enterprises Limited*, req. n° 342142, *Cah. dr. sport 2011, n° 24, p. 12, G. Lebon et T. Verbiest, et p. 106, note F. Colin ; Dict. perm. – Droit du sport, bull. 178, avr. 2011, p. 4, obs. D. Rémy ; JS 2012, n° 116, p. 34, Chronique 2011 de jurisprudence du Conseil d'État, E. Honorat* ; V. aussi CE, 23 déc. 2011, *Assoc. européenne des jeux et paris en ligne : req. n° 344711).*

Décret n° 2010-1289 du 27 octobre 2010,

Relatif à la détention indirecte du contrôle au sens de l'article L. 233-16 du code de commerce d'un organisateur de compétition ou manifestation sportive, d'une partie prenante à une compétition ou manifestation sportive ou d'un opérateur de jeux ou de paris en ligne.

Art. 1er I. — Sont considérés comme organisateurs de compétition ou de manifestation sportive au sens du IV de l'article 32 de la loi du 12 mai 2010 susvisée :

1° Les fédérations sportives mentionnées aux articles L. 131-1 à L. 131-21 du code du sport ;

2° Les organisateurs des manifestations sportives mentionnées à l'article L. 331-2 du code du sport ;

3° Les organisateurs de manifestations sportives mentionnés à l'article L. 331-5 du code du sport.

II. — Sont considérées comme parties prenantes à une compétition ou manifestation sportive au sens du IV de l'article 32 de la loi du 12 mai 2010 susvisée :

1° Les sociétés, les sociétés sportives mentionnées aux articles L. 122-1 et L. 122-2 du code du sport et les associations sportives, qui participent aux manifestations ou compétitions organisées par les personnes mentionnées au I ;

2° Les personnes morales qui effectuent à la demande des organisateurs mentionnés au I des prestations de service afin d'assurer l'organisation sportive matérielle d'une manifestation sportive.

Art. 2 I. — Pour l'application de la loi du 12 mai 2010 susvisée, est considéré comme détenant indirectement le contrôle au sens de l'article L. 233-16 du code de commerce d'une personne mentionnée aux I ou II de l'article 1er du présent décret :

1° Tout opérateur de paris lui-même contrôlé par une personne exerçant le contrôle, directement ou indirectement, sur une personne mentionnée au I ou II de l'article 1er du présent décret ;

2° Tout opérateur de paris qui contrôle une personne contrôlant elle-même, directement ou indirectement, une personne mentionnée au I ou II de l'article 1er du présent décret.

II. — Pour l'application de la loi du 12 mai 2010 susvisée, est considérée comme détenant indirectement le contrôle au sens de l'article L. 233-16 du code de commerce d'un opérateur de paris :

1° Toute personne mentionnée aux I ou II de l'article 1er du présent décret elle-même contrôlée par une personne exerçant le contrôle, directement ou indirectement, sur un opérateur de paris ;

2° Toute personne mentionnée aux I ou II de l'article 1er du présent décret qui contrôle une personne contrôlant elle-même, directement ou indirectement, un opérateur de paris.

Art. 70 *(L. n° 2014-344 du 17 mars 2014, art. 151-3°)* Les opérateurs déjà titulaires de l'agrément prévu à l'article 21 à la date de la publication de la loi n° 2014-344 du 17 mars 2014 relative à la consommation bénéficient d'un délai de six mois à compter de cette date pour mettre en place la garantie de protection des avoirs des joueurs prévue à l'article 15.

Si, à l'issue de ce délai de six mois, les opérateurs n'ont pas mis en œuvre un système suffisant de protection des avoirs, l'Autorité de régulation des jeux en ligne peut décider de mettre en œuvre la procédure de sanction prévue aux articles 43 à 45.

III Les textes internationaux relatifs aux paris sportifs

Convention du Conseil de l'Europe sur la manipulation de compétitions sportives

Préambule.

Les États membres du Conseil de l'Europe et les autres signataires de la présente Convention,

Considérant que le but du Conseil de l'Europe est de réaliser une union plus étroite entre ses membres ;

Considérant le Plan d'action du 3e Sommet des chefs d'État et de gouvernement du Conseil de l'Europe (Varsovie, 16-17 mai 2005), qui recommandent la poursuite des activités du Conseil de l'Europe faisant référence dans le domaine du sport ;

Considérant qu'il est nécessaire de poursuivre l'élaboration d'un cadre européen et mondial commun pour le développement du sport, fondé sur les notions de démocratie pluraliste, de prééminence du droit, de droits de l'homme et d'éthique sportive ;

Conscients que tous les pays et tous les types de sport du monde sont potentiellement concernés par la manipulation de compétitions sportives et soulignant que ce phénomène constitue une menace d'ampleur mondiale pour l'intégrité du sport et requiert une réponse elle aussi mondiale, qui doit avoir le soutien de pays non membres du Conseil de l'Europe ;

Préoccupés par l'implication des activités criminelles, en particulier de la criminalité organisée, dans la manipulation de compétitions sportives, et par son caractère transnational ;

Rappelant la Convention de sauvegarde des droits de l'homme et des libertés fondamentales (1950, STE n° 5) et ses Protocoles, la Convention européenne sur la violence et les débordements de spectateurs lors de manifestations sportives et notamment de matchs de football (1985, STE n° 120), la Convention contre le dopage (1989, STE n° 135), la Convention pénale sur la corruption (1999, STE n° 173) et la Convention du Conseil de l'Europe relative au blanchiment, au dépistage, à la saisie et à la confiscation des produits du crime et au financement du terrorisme (2005, STCE n° 198) ;

Rappelant la Convention des Nations unies contre la criminalité transnationale organisée et ses Protocoles (2000) ;

Rappelant également la Convention des Nations unies contre la corruption (2003) ;

Rappelant l'importance d'enquêter, effectivement et sans retard injustifié, sur les infractions relevant de leur juridiction ;

Rappelant le rôle essentiel de l'Organisation internationale de police criminelle (Interpol) visant à faciliter la coopération efficace entre les autorités chargées de l'application de la loi et la coopération judiciaire ;

Soulignant que les organisations sportives ont la responsabilité de détecter et de sanctionner les manipulations de compétitions sportives commises par des personnes relevant de leur autorité ;

Saluant les résultats déjà obtenus dans la lutte contre la manipulation de compétitions sportives ;

Convaincus qu'une lutte efficace contre la manipulation de compétitions sportives requiert une coopération nationale et internationale renforcée, rapide, soutenue et fonctionnant correctement ;

Compte tenu des Recommandations du Comité des Ministres aux États membres n° R (92)13Rev sur la Charte européenne du sport révisée, CM/Rec(2010)9 sur le Code d'éthique sportive révisé, Rec(2005)8 relative aux principes de bonne gouvernance dans le sport et CM/Rec(2011)10 sur la promotion de l'intégrité du sport pour combattre la manipulation des résultats, notamment les matchs arrangés ;

Compte tenu des travaux et des conclusions des conférences suivantes :
– la 11e Conférence du Conseil de l'Europe des ministres responsables du sport (11 et 12 décembre 2008, Athènes) ;
– la 18e Conférence informelle du Conseil de l'Europe des ministres responsables du sport (22 septembre 2010, Bakou) sur la promotion de l'intégrité du sport contre la manipulation des résultats sportifs (matchs arrangés) ;
– la 12e Conférence du Conseil de l'Europe des ministres responsables du sport (15 mars 2012, Belgrade), particulièrement en ce qui concerne la rédaction d'un nouvel instrument juridique international contre la manipulation des résultats sportifs ;
– la 5e Conférence internationale des ministres et hauts fonctionnaires responsables de l'éducation physique et du sport (MINEPS V) de l'UNESCO ;

Convaincus qu'un dialogue et une coopération entre les autorités publiques, les organisations sportives, les organisateurs de compétitions et les opérateurs de paris sportifs, aux niveaux national et international, fondés sur le respect et la confiance mutuels, sont essentiels à la recherche de réponses efficaces communes aux défis posés par le problème de la manipulation de compétitions sportives ;

Reconnaissant que le sport, fondé sur une compétition juste et équitable, présente un caractère imprévisible et requiert de lutter fermement et efficacement contre les pratiques et attitudes contraires à l'éthique ;

Convaincus que l'application systématique des principes de bonne gouvernance et d'éthique dans le sport contribue de manière significative à éliminer la corruption, la manipulation de compétitions sportives et d'autres pratiques répréhensibles dans ce secteur ;

Reconnaissant que les organisations sportives, conformément au principe de l'autonomie du sport, sont responsables du sport, et sont dotées de responsabilités en matière d'autorégulation et de sanctions disciplinaires dans la lutte contre la manipulation de compétitions sportives, mais que les autorités publiques, autant que de besoin, protègent l'intégrité du sport ;

Reconnaissant que le développement des activités de paris sportifs, notamment de l'offre de paris sportifs illégaux, accroît les risques de ces manipulations ;

Considérant que la manipulation de compétitions sportives peut être liée ou non aux paris sportifs, liée ou non à des infractions pénales, et que tous les cas de figure doivent être traités ;

Prenant note que les États bénéficient d'une marge d'appréciation pour décider des politiques en matière de paris sportifs, dans le cadre du droit applicable,

Sont convenus de ce qui suit :

CHAPITRE I *But, principes directeurs, définitions*

Art. 1 *But et principaux objectifs.* 1. Le but de la présente Convention est de combattre la manipulation de compétitions sportives, afin de protéger l'intégrité du sport et l'éthique sportive, dans le respect du principe de l'autonomie du sport.

2. Dans ce but, la présente Convention vise :

a) à prévenir, détecter et sanctionner la manipulation nationale ou transnationale de compétitions sportives, nationales ou internationales ;

b) à promouvoir la coopération nationale et internationale contre la manipulation de compétitions sportives, entre les autorités publiques concernées, et avec les organisations impliquées dans le sport et dans les paris sportifs.

Art. 2 *Principes directeurs.* 1. La lutte contre la manipulation de compétitions sportives s'inscrit notamment dans le respect des principes suivants :

a) les droits de l'homme ;

b) la légalité ;

c) la proportionnalité ;

d) la protection de la vie privée et des données à caractère personnel.

Art. 3 *Définitions.* Aux fins de la présente Convention :

1. "Compétition sportive" désigne toute épreuve sportive organisée conformément aux règles établies par une organisation sportive répertoriée par le Comité de suivi de la Convention, conformément à l'article 31.2, et reconnue par une organisation sportive internationale, ou, le cas échéant, une autre organisation sportive compétente.

2. "Organisation sportive" désigne toute organisation qui régit le sport ou un sport en particulier, et qui figure dans la liste adoptée par le Comité de suivi de la Convention, conformément à l'article 31.2, ainsi que les organisations continentales et nationales qui y sont, le cas échéant, affiliées.

3. "Organisateur de compétitions" désigne toute organisation sportive ou toute autre personne, quelle que soit sa forme juridique, qui organise des compétitions sportives.

4. "Manipulation de compétitions sportives" désigne un arrangement, un acte ou une omission intentionnels visant à une modification irrégulière du résultat ou du déroulement d'une compétition sportive afin de supprimer tout ou partie du caractère imprévisible de cette compétition, en vue d'obtenir un avantage indu pour soi-même ou pour autrui.

5. "Pari sportif" désigne toute mise de valeur pécuniaire, dans l'espoir d'un gain de valeur pécuniaire conditionné par la réalisation d'un fait futur incertain se rapportant à une compétition sportive. En particulier :

a) "Pari sportif illégal" désigne tout pari sportif dont le type ou l'opérateur n'est pas autorisé, en vertu du droit applicable dans la juridiction où se trouve le consommateur ;

b) "pari sportif atypique" désigne toute activité de pari sportif qui présente des caractéristiques non conformes aux standards habituels ou anticipés du marché considéré ou qui porte sur une compétition sportive dont le déroulement présente des caractéristiques inhabituelles ;

c) "pari sportif suspect" désigne toute activité de pari sportif qui, selon des indices fondés et concordants, apparaît liée à un fait de manipulation de la compétition sportive sur laquelle il porte.

6. "Acteurs de la compétition" désigne toute personne physique ou morale appartenant à l'une des catégories suivantes :

a) "sportif" désigne toute personne ou groupe de personnes qui participe à des compétitions sportives ;

b) "personnel d'encadrement des sportifs" désigne tout entraîneur, soigneur, directeur sportif, agent, personnel d'équipe, officiel d'équipe, personnel médical ou paramédical qui travaille avec des sportifs ou qui traite des sportifs participant à une compétition sportive ou s'y préparant et toutes les autres personnes qui travaillent avec des sportifs ;

c) "officiel" désigne les propriétaires, actionnaires, dirigeants et personnel des entités organisatrices et promotrices de compétitions sportives, ainsi que les arbitres, les membres du jury et toute autre personne accréditée. Ce terme désigne également les dirigeants et le personnel d'une organisation sportive internationale, ou, le cas échéant, d'une autre organisation sportive compétente qui reconnaît la compétition.

7. "Information d'initié" désigne toute information relative à une compétition détenue par une personne en raison de sa position vis-à-vis d'un sport ou d'une compétition, à l'exclusion des renseignements déjà publiés ou de notoriété publique, aisément accessibles à un public intéressé ou encore divulgués en conformité avec les directives et réglementations présidant à la compétition en question.

CHAPITRE II *Prévention, coopération et autres mesures*

Art. 4 *Coordination interne.* 1. Chaque Partie coordonne les politiques et les actions des autorités publiques concernées par la lutte contre la manipulation de compétitions sportives.

2. Chaque Partie, dans le ressort de sa juridiction, encourage les organisations sportives, les organisateurs de compétitions et les opérateurs de paris sportifs à coopérer dans la lutte contre les manipulations de compétitions sportives et, le cas échéant, les charge de mettre en œuvre les dispositions de la présente Convention qui les concernent respectivement.

Art. 5 *Appréciation et gestion des risques.* 1. Chaque Partie procède – s'il y a lieu en coopération avec les organisations sportives, les opérateurs de paris sportifs, les organisateurs de compétitions et d'autres organisations concernées – à l'identification, à l'analyse et à l'évaluation des risques liés à la manipulation de compétitions sportives.

2. Chaque Partie encourage les organisations sportives, les opérateurs de paris sportifs, les organisateurs de compétitions et toute autre organisation concernée à adopter des procédures et des règles pour combattre la manipulation de compétitions sportives et adopte, le cas échéant, les mesures législatives ou autres nécessaires à cette fin.

Art. 6 *Éducation et sensibilisation.* 1. Chaque Partie encourage la sensibilisation, l'éducation, la formation et la recherche pour renforcer la lutte contre la manipulation de compétitions sportives.

Art. 7 *Organisations sportives et organisateurs de compétitions.* 1. Chaque Partie encourage les organisations sportives et les organisateurs de compétitions à adopter et à appliquer des règles pour combattre la manipulation de compétitions sportives, et des principes de bonne gouvernance, qui concernent notamment :

a) la prévention des conflits d'intérêts, notamment :

– l'interdiction aux acteurs de la compétition sportive de parier sur les compétitions auxquelles ils participent ;

– l'interdiction de l'utilisation abusive ou de la diffusion d'informations d'initié ;

b) le respect par les organisations sportives et leurs membres affiliés de l'ensemble de leurs obligations contractuelles ou autres ;

c) l'obligation faite aux acteurs de la compétition sportive de signaler immédiatement toute activité suspecte et tout incident, toute incitation ou toute approche qui pourrait être considéré comme une violation des règles contre la manipulation de compétitions sportives.

2. Chaque Partie encourage les organisations sportives à adopter et à mettre en œuvre des mesures appropriées en vue de garantir :

a) le contrôle renforcé et efficace du déroulement des compétitions sportives exposées à des risques de manipulation ;

b) des dispositions pour informer sans délai les autorités publiques pertinentes ou la plateforme nationale de cas d'activités suspectes liées à la manipulation de compétitions sportives ;

c) des mécanismes efficaces pour faciliter la divulgation de toute information concernant les cas potentiels ou réels de manipulation de compétitions sportives, y compris une protection adéquate des lanceurs d'alerte ;

d) la sensibilisation des acteurs de la compétition, notamment des jeunes sportifs au risque de manipulation de compétitions sportives et les efforts pour la combattre, par l'éducation, la formation et la diffusion d'informations ;

e) la désignation la plus tardive possible des officiels compétents pour une compétition sportive, notamment les juges et les arbitres.

3. Chaque Partie encourage ses organisations sportives et, à travers elles, les organisations sportives internationales, à appliquer des sanctions et mesures disciplinaires spécifiques, effectives, proportionnées et dissuasives en cas d'infraction de leurs règles internes contre la manipulation de compétitions sportives, en particulier celles visées au paragraphe 1 du présent article, ainsi que pour assurer la reconnaissance mutuelle et l'exécution des sanctions imposées par d'autres organisations sportives, notamment dans d'autres pays.

4. La responsabilité disciplinaire établie par les organisations sportives ne doit pas exclure la responsabilité pénale, civile ou administrative.

Art. 8 *Mesures concernant le financement des organisations sportives.* 1. Chaque Partie adopte les mesures législatives ou autres nécessaires pour garantir une transparence adéquate du financement des organisations sportives qui sont soutenues financièrement par la Partie.

2. Chaque Partie étudie la possibilité de soutenir les organisations sportives dans la lutte contre la manipulation de compétitions sportives, notamment en finançant des mécanismes appropriés.

3. Chaque Partie examine, en fonction de la situation, l'éventualité de refuser l'octroi de subventions ou d'inviter les organisations sportives à refuser l'octroi de subventions en faveur d'acteurs de la compétition sanctionnés pour manipulation de compétitions sportives, pendant la durée de la sanction.

4. Chaque Partie prend, si besoin, les mesures nécessaires pour retirer tout ou partie de son soutien, financier ou autre, dans le domaine du sport, à toute organisation sportive qui ne respecte pas effectivement les règles relatives à la lutte contre la manipulation de compétitions sportives.

Art. 9 *Mesures concernant l'autorité de régulation des paris ou la ou les autres autorités responsables.* 1. Chaque Partie désigne l'autorité ou les autorités responsables qui, dans l'ordre juridique de cette Partie, sont chargées de mettre en œuvre la régulation des paris sportifs et d'appliquer les mesures pertinentes pour combattre la manipulation de compétitions sportives en lien avec les paris sportifs, y compris, le cas échéant :

a) l'échange d'informations, en temps utile, avec les autres autorités compétentes ou la plateforme nationale sur les paris sportifs illégaux, atypiques ou suspects, ainsi que sur des violations de réglementations telles que mentionnées ou établies conformément à la présente Convention ;

b) la limitation de l'offre de paris sportifs, après consultation des organisations sportives nationales et des opérateurs de paris sportifs, en excluant notamment les compétitions sportives :

– destinées spécifiquement aux moins de 18 ans, ou

– dont les conditions d'organisation et/ou les enjeux sportifs sont insuffisants ;

c) la mise à disposition préalable des organisateurs de compétitions d'informations relatives aux types et à l'objet des offres de paris, pour soutenir leurs efforts d'identification et de gestion des risques de manipulation de leurs compétitions ;

d) de veiller à l'utilisation systématique dans les paris sportifs de moyens de paiement permettant de tracer les flux financiers au-dessus d'un certain seuil défini par chaque Partie, notamment les émetteurs, les bénéficiaires et les montants ;

e) des mécanismes, en coopération avec et entre les organisations sportives, et, le cas échéant, les opérateurs de paris, visant à empêcher les acteurs de la compétition de parier sur des compétitions sportives en violation des règles sportives ou des lois applicables ;

f) la suspension de la prise de paris, conformément à sa législation interne, sur les compétitions sur lesquelles une alerte appropriée a été émise.

2. Chaque Partie communique au Secrétaire Général du Conseil de l'Europe les noms et adresses de l'autorité ou des autorités identifiées en vertu du paragraphe 1 de cet article.

Art. 10 *Opérateurs de paris sportifs.* 1. Chaque Partie adopte les mesures législatives ou autres qui se révèlent nécessaires pour prévenir les conflits d'intérêts et l'utilisation abusive d'informations d'initié par des personnes physiques ou morales impliquées dans la fourniture d'offres de paris sportifs, notamment en restreignant la possibilité :

a) pour toute personne physique ou morale impliquée dans l'offre de paris sportifs, de miser sur ses propres produits ;

b) d'abuser d'une position de sponsor ou de détenteur de part dans une organisation sportive pour faciliter la manipulation d'une compétition ou pour utiliser abusivement des informations d'initié ;

c) pour tout acteur de la compétition, de participer à la détermination des cotes des paris proposés sur la compétition à laquelle il participe ;

d) pour tout opérateur de paris qui contrôle un organisateur ou un acteur de la compétition, ainsi que pour tout opérateur de paris qui est contrôlé par un tel organisateur ou acteur de la compétition, de proposer des paris sportifs sur la compétition à laquelle participe cet organisateur ou acteur de la compétition.

2. Chaque Partie encourage ses opérateurs de paris sportifs et, à travers eux, les organisations internationales d'opérateurs de paris sportifs, à sensibiliser leurs propriétaires et leurs employés aux conséquences de la manipulation de compétitions sportives et à la lutte contre ce phénomène, par l'éducation, la formation et la diffusion d'informations.

3. Chaque Partie adopte les mesures législatives ou autres nécessaires pour obliger les opérateurs de paris sportifs à signaler sans délai les paris atypiques ou suspects à l'autorité de régulation des paris, à la ou aux autres autorités responsables, ou à la plateforme nationale.

Art. 11 *Lutter contre les paris sportifs illégaux.* 1. Afin de combattre la manipulation de compétitions sportives, chaque Partie étudie les moyens les plus adaptés de lutte contre les opérateurs de paris sportifs illégaux et envisage l'adoption de mesures dans le respect du droit applicable à la juridiction concernée, telles que :

a) la fermeture ou la restriction directe et indirecte de l'accès aux opérateurs de paris sportifs illégaux à distance et la fermeture des opérateurs de paris illégaux disposant d'un réseau physique relevant de sa juridiction ;

b) le blocage des flux financiers entre les opérateurs de paris sportifs illégaux et les consommateurs ;

c) l'interdiction de la publicité pour les opérateurs de paris sportifs illégaux ;

d) la sensibilisation des consommateurs aux risques associés aux paris sportifs illégaux.

CHAPITRE III *Échanges d'informations*

Art. 12 *Échanges d'informations entre autorités publiques compétentes, organisations sportives et opérateurs de paris sportifs.* 1. Sans préjudice des dispositions de l'article 14, chaque Partie facilite, aux niveaux national et international, et conformément à sa législation interne, l'échange d'informations entre les autorités publiques, les organisations sportives, les organisateurs de compétitions, les opérateurs de paris sportifs concernés et les plateformes nationales. En particulier, chaque Partie s'engage à mettre en place des mécanismes de communication d'informations pertinentes, notamment la mise à disposition des organisateurs de compétitions d'information préalable sur les types et l'objet des offres de paris, lorsque ces informations sont susceptibles d'aider à effectuer une évaluation des risques visés à l'article 5 et à entamer ou à mener des investigations ou des poursuites concernant la manipulation de compétitions sportives.

2. Sur demande, le destinataire de telles informations informe, conformément à la législation interne et sans délai, l'organisation ou l'autorité qui les lui a communiquées des suites qui ont été données à cette communication.

3. Chaque Partie étudie les possibilités de développer ou de renforcer la coopération et l'échange d'informations dans le domaine de la lutte contre les paris sportifs illégaux, comme le prévoit l'article 11 de la présente Convention.

Art. 13 *Plateforme nationale.* 1. Chaque Partie identifie une plateforme nationale chargée de traiter de la manipulation de compétitions sportives. La plateforme nationale doit notamment, en conformité avec la législation interne :

a) servir de centre d'information, collectant et transmettant des informations pertinentes pour la lutte contre la manipulation de compétitions sportives aux organisations et autorités pertinentes ;

b) coordonner la lutte contre la manipulation de compétitions sportives ;

c) recevoir, centraliser et analyser les informations relatives aux paris atypiques et suspects sur les compétitions sportives se déroulant sur le territoire de chaque Partie et émettre, le cas échéant, des alertes ;

d) transmettre des informations aux autorités publiques ou aux organisations sportives et/ou aux opérateurs de paris sportifs sur de possibles infractions aux lois ou aux règlements sportifs visés par la présente Convention ;

e) coopérer avec toute organisation et autorité pertinentes aux niveaux national et international, incluant les plateformes nationales des autres États.

2. Chaque Partie communique au Secrétaire Général du Conseil de l'Europe le nom et les adresses de la plateforme nationale.

Art. 14 *Protection des données personnelles.* 1. Chaque Partie adopte les mesures législatives et autres nécessaires pour s'assurer que toutes les mesures contre la manipulation de compétitions sportives respectent les lois et normes nationales et internationales pertinentes en matière de protection des données à caractère personnel, en particulier lors de l'échange d'informations visé dans la présente Convention.

2. Chaque Partie adopte les mesures législatives ou autres nécessaires pour garantir que les autorités publiques et les organisations visées dans la présente Convention prennent les mesures requises pour s'assurer que les principes de légalité, d'adéquation, de pertinence et d'exactitude, de même que la sécurité des données et les droits des personnes concernées sont dûment pris en compte lorsqu'elles collectent, traitent et échangent des données personnelles, quelle que soit la nature de ces échanges.

3. Chaque Partie prévoit dans son droit que les autorités publiques et les organisations visées dans la présente Convention veillent à ce que l'échange des données aux fins de la présente Convention n'aille pas au-delà du minimum nécessaire à la poursuite des buts déclarés de l'échange.

4. Chaque Partie invite les différentes autorités publiques et les organisations visées dans la présente Convention à mettre en œuvre les moyens techniques nécessaires pour assurer la sécurité des données échangées et garantir leur fiabilité et leur intégrité, ainsi que la disponibilité et l'intégrité des systèmes d'échanges de données et l'identification de leurs utilisateurs.

CHAPITRE IV *Droit pénal matériel et coopération en matière d'exécution*

Art. 15 *Infractions pénales relatives à la manipulation de compétitions sportives.* 1. Chaque Partie veille à ce que son droit interne permette de sanctionner pénalement la manipulation de compétitions sportives, dès lors que les faits comprennent des éléments de contrainte, de corruption ou de fraude tels que définis par son droit interne.

Art. 16 *Blanchiment du produit des infractions pénales relatives à la manipulation de compétitions sportives.* 1. Chaque Partie adopte les mesures législatives ou autres nécessaires pour ériger en infraction pénale dans son droit interne les actes tels que ceux visés à l'article 9, paragraphes 1 et 2, de la Convention du Conseil de l'Europe relative au blanchiment, au dépistage, à la saisie et à la confiscation des produits du crime et au financement du terrorisme (2005, STCE n° 198), à l'article 6, paragraphe 1, de la Convention des Nations unies contre la criminalité transnationale organisée (2000) ou à l'article 23, paragraphe 1, de la Convention des Nations unies contre la corruption (2003), dans les conditions y prévues, lorsque l'infraction principale générant un profit est l'une des infractions visées aux articles 15 et 17 de la présente Convention et, en tout état de cause, en cas d'extorsion, de corruption et de fraude.

2. Lorsqu'elle détermine la gamme des infractions constituant des infractions principales énumérées au paragraphe 1, chaque Partie peut décider, conformément à son droit interne, comment elle définira ces infractions et la nature de tout élément particulier de ces infractions qui en fait des infractions graves.

3. Chaque Partie envisage d'inclure les manipulations de compétitions sportives dans le cadre de la prévention contre le blanchiment d'argent, en exigeant des opérateurs de paris sportifs d'appliquer des exigences de diligence due à l'égard des consommateurs, de tenue des registres et de déclarations.

Art. 17 *Complicité.* 1. Chaque Partie adopte les mesures législatives ou autres nécessaires pour ériger en infraction pénale, dans son droit interne, toute complicité intentionnelle dans la commission d'une des infractions visées à l'article 15 de la présente Convention.

Art. 18 *Responsabilité des personnes morales.* 1. Chaque Partie adopte les mesures législatives ou autres nécessaires pour faire en sorte de s'assurer que les personnes morales peuvent être tenues pour responsables des infractions visées aux articles 15 à 17 de la présente Convention, lorsque ces infractions sont commises pour leur compte par toute personne physique, agissant soit individuellement, soit en tant que membre d'un organe de la personne morale, qui exerce un pouvoir de direction au sein de celle-ci, sur les bases suivantes :

a) un pouvoir de représentation de la personne morale ;

b) une autorité pour prendre des décisions au nom de la personne morale ;

c) une autorité pour exercer un contrôle au sein de la personne morale.

2. Selon les principes juridiques de la Partie, la responsabilité d'une personne morale peut être pénale, civile ou administrative.

3. Outre les cas déjà prévus au paragraphe 1, chaque Partie adopte les mesures nécessaires pour s'assurer qu'une personne morale peut être tenue pour responsable lorsque l'absence de surveillance ou de contrôle de la part d'une personne physique telle que mentionnée au paragraphe 1 a rendu possible la commission d'une infraction visée aux articles 15 à 17 de la présente Convention pour le compte de ladite personne morale par une personne physique agissant sous son autorité.

4. Cette responsabilité est établie sans préjudice de la responsabilité pénale des personnes physiques ayant commis l'infraction.

CHAPITRE V *Compétence, droit pénal procédural et répression*

Art. 19 *Compétence.* 1. Chaque Partie adopte les mesures législatives ou autres nécessaires pour établir sa compétence à l'égard d'une infraction visée aux articles 15 à 17 de la présente Convention lorsque l'infraction est commise :

a) sur son territoire ; ou

b) à bord d'un navire battant pavillon de cette Partie ; ou

c) à bord d'un aéronef immatriculé selon ses lois ; ou

d) par un de ses ressortissants ou par une personne ayant sa résidence habituelle sur son territoire.

2. Chaque État ou l'Union européenne peut, au moment de la signature ou du dépôt de son instrument de ratification, d'acceptation ou d'approbation, dans une déclaration adressée au Secrétaire Général du Conseil de l'Europe, déclarer qu'il se réserve le droit de ne pas appliquer, ou de n'appliquer que dans des cas ou conditions spécifiques, les règles de compétence définies au paragraphe 1, alinéa *d,* du présent article.

3. Chaque Partie prend les mesures législatives ou autres nécessaires pour établir sa compétence à l'égard de toute infraction visée aux articles 15 à 17 de la présente Convention lorsque l'auteur présumé est présent sur son territoire et ne peut être extradé vers une autre Partie en raison de sa nationalité.

4. Lorsque plusieurs Parties revendiquent leur compétence à l'égard d'une infraction présumée visée aux articles 15 à 17 de la présente Convention, les Parties concernées se concertent, le cas échéant, afin de déterminer quelle juridiction est la plus à même d'exercer les poursuites.

5. Sans préjudice des règles générales de droit international, la présente Convention n'exclut aucune compétence pénale, civile ou administrative exercée par une Partie conformément à son droit interne.

Art. 20 *Préservation des preuves électroniques.* 1. Chaque Partie adopte des mesures législatives ou autres pour préserver les preuves électroniques, notamment grâce à la conservation rapide des données informatiques stockées, à la conservation et la divulgation rapides des données relatives au trafic, aux injonctions de produire, à la perquisition et la saisie des données informatiques stockées, à la collecte en temps réel des données actives au trafic et à l'interception de données relatives au contenu, conformément à son droit interne, lors des enquêtes sur les infractions visées aux articles 15 à 17 de la présente Convention.

Art. 21 *Mesures de protection.* 1. Chaque Partie envisage l'adoption des mesures législatives ou autres qui pourraient être nécessaires pour assurer une protection effective :

a) des personnes qui fournissent, de bonne foi et sur la base de soupçons raisonnables, des informations concernant les infractions visées aux articles 15 à 17 de la présente Convention ou qui collaborent d'une autre manière avec les autorités chargées des investigations ou des poursuites ;

b) des témoins qui font une déposition en rapport avec de telles infractions ;

c) si nécessaire, des membres de la famille des personnes visées aux alinéas *a* et *b*.

CHAPITRE VI *Sanctions et mesures*

Art. 22 *Sanctions pénales à l'encontre des personnes physiques.* 1. Chaque Partie prend les mesures législatives ou autres nécessaires pour que les infractions visées aux articles 15 à 17 de la présente Convention, commises par des personnes physiques, soient passibles de sanctions effectives, proportionnées et dissuasives, notamment de sanctions pécuniaires, tenant compte de la gravité des infractions. Ces sanctions incluent des peines de privation de liberté pouvant donner lieu à l'extradition, telles que prévues par le droit interne.

Art. 23 *Sanctions à l'encontre des personnes morales.* 1. Chaque Partie prend les mesures législatives ou autres nécessaires pour que les personnes morales déclarées responsables en application de l'article 18 soient passibles de sanctions effectives, proportionnées et dissuasives, qui incluent des sanctions pécuniaires et éventuellement d'autres mesures, telles que :

a) des mesures d'interdiction temporaire ou définitive d'exercer une activité commerciale ;

b) un placement sous surveillance judiciaire ;

c) une mesure judiciaire de dissolution.

Art. 24 *Sanctions administratives.* 1. Pour les actes tombant sous le coup de sa législation interne, chaque Partie adopte, le cas échéant, les mesures législatives ou autres mesures nécessaires pour sanctionner des violations établies conformément à la présente Convention par des mesures et peines efficaces, proportionnées et dissuasives, au titre d'infractions aux règlements poursuivies par des autorités administratives dont la décision peut donner lieu à un recours devant une juridiction compétente.

2. Chaque Partie veille à l'application des mesures administratives, qui peut être confiée à l'autorité de régulation des paris ou à la ou aux autres autorités responsables, en conformité avec la législation interne.

Art. 25 *Saisie et confiscation.* 1. Chaque Partie prend les mesures législatives ou autres nécessaires, conformément à la législation interne, pour permettre la saisie et la confiscation :

a) des biens, documents et autres instruments utilisés ou destinés à être utilisés pour commettre les infractions visées aux articles 15 à 17 de la présente Convention ;

b) des produits de ces infractions, ou de biens d'une valeur équivalente à ces produits.

CHAPITRE VII *Coopération internationale en matière judiciaire et autre*

Art. 26 *Mesures de coopération internationale en matière pénale.* 1. Les Parties coopèrent dans toute la mesure du possible, dans le respect des dispositions établies par la présente Convention et conformément aux instruments internationaux et régionaux applicables et aux accords conclus sur la base de législations uniformes ou réciproques et à leur droit interne aux fins d'investigation, de poursuites et de procédures judiciaires concernant les infractions visées aux articles 15 à 17 de la présente Convention, y compris pour ce qui est de la saisie et de la confiscation.

2. Les Parties coopèrent entre elles, dans toute la mesure du possible, conformément aux traités internationaux, régionaux et bilatéraux applicables en matière d'extradition et d'entraide judiciaire en matière pénale et conformément à leur législation interne, concernant les infractions visées aux articles 15 à 17 de la présente Convention.

3. En matière de coopération internationale, lorsque la double incrimination est posée comme une condition, celle-ci est présumée remplie, indépendamment du fait que la législation de l'État requis utilise la même classification des infractions et la même terminologie que l'État requérant, lorsque les faits constitutifs de l'infraction pour laquelle une demande d'entraide judiciaire ou d'extradition a été introduite constituent une infraction pénale en vertu de la législation de chacune des deux Parties.

4. Si une Partie, qui conditionne l'extradition ou l'entraide judiciaire en matière pénale à l'existence d'un traité, reçoit une demande d'extradition ou d'entraide judiciaire en matière pénale de la part d'une Partie avec laquelle elle n'a pas conclu un tel traité, elle peut, tout en agissant dans le plein respect de ses obligations relevant du droit international et sous réserve des conditions prévues par le droit interne de la Partie requise, considérer cette Convention comme une base légale pour l'extradition ou l'entraide judiciaire en matière pénale eu égard aux infractions visées aux articles 15 à 17 de la présente Convention.

Art. 27 *Autres mesures de coopération internationale en matière de prévention.* 1. Chaque Partie s'efforce d'intégrer, s'il y a lieu, la prévention et la lutte contre la manipulation de compétitions sportives dans les programmes d'assistance conduits au profit d'États tiers.

Art. 28 *Coopération internationale avec les organisations sportives internationales.* 1. Chaque Partie, dans le respect de son droit interne, coopère avec les organisations sportives internationales dans la lutte contre la manipulation de compétitions sportives.

CHAPITRE VIII *Suivi*

Art. 29 *Communication d'informations.* 1. Chaque Partie transmet au Secrétaire Général du Conseil de l'Europe, dans l'une des langues officielles du Conseil de l'Europe, toutes les informations pertinentes relatives à la législation et aux autres mesures qu'elle aura prises dans le but de se conformer aux dispositions de la présente Convention.

Art. 30 *Comité de suivi de la Convention.* 1. Un Comité de suivi de la Convention est constitué, aux fins de la présente Convention.

2. Chaque Partie peut se faire représenter au Comité de suivi de la Convention par un ou par plusieurs délégués, notamment par des représentants des autorités publiques chargées du sport, de faire respecter la loi ou de la régulation des paris. Chaque Partie dispose d'une voix.

3. L'Assemblée parlementaire du Conseil de l'Europe, ainsi que les comités intergouvernementaux compétents du Conseil de l'Europe désignent chacun un représentant au Comité de suivi de la Convention afin de contribuer à une approche plurisectorielle et pluridisciplinaire. Le Comité de suivi de la Convention peut, si nécessaire, par décision unanime, inviter tout État qui n'est pas Partie à la Convention, toute organisation ou organisme international à se faire représenter par un observateur à ses réunions. Les représentants désignés en vertu de ce paragraphe participent aux réunions du Comité de suivi de la Convention sans droit de vote.

4. Le Comité de suivi de la Convention est convoqué par le Secrétaire Général du Conseil de l'Europe. Il tient sa première réunion dans les meilleurs délais et au plus tard un an après la date d'entrée en vigueur de la Convention. Il se réunit par la suite à la demande d'au moins un tiers des Parties ou du Secrétaire Général.

5. Sous réserve des dispositions de la présente Convention, le Comité de suivi de la Convention établit son règlement intérieur et l'adopte par consensus.

6. Le Comité de suivi de la Convention est assisté dans l'exercice de ses fonctions par le Secrétariat du Conseil de l'Europe.

Art. 31 *Fonctions du Comité de suivi de la Convention.* 1. Le Comité de suivi de la Convention est chargé du suivi de la mise en œuvre de la présente Convention.

2. Le Comité de suivi de la Convention doit adopter et modifier la liste des organisations sportives visée à l'article 3.2, en s'assurant de sa publication d'une manière appropriée.

3. Le Comité de suivi de la Convention peut, en particulier :
a) adresser aux Parties des recommandations concernant les mesures à prendre pour la mise en œuvre de la présente Convention, notamment en matière de coopération internationale ;
b) le cas échéant, adresser des recommandations aux Parties, à la suite de la publication d'une documentation explicative, et après des consultations préalables avec les représentants des organisations sportives et des opérateurs de paris sportifs, notamment sur :
– les critères à remplir par les organisations sportives et les opérateurs de paris sportifs pour bénéficier des échanges d'informations mentionnés à l'article 12.1 de la présente Convention ;
– d'autres moyens d'améliorer la coopération opérationnelle entre les autorités publiques pertinentes, les organisations sportives et les opérateurs de paris, comme mentionné dans la présente Convention ;
c) assurer l'information des organisations internationales compétentes et du public sur les travaux entrepris dans le cadre de la présente Convention ;
d) formuler un avis au Comité des Ministres, sur la demande de tout État non membre du Conseil de l'Europe, demandant à être invité par le Comité des Ministres à signer la Convention en vertu de l'article 32.2.
4. Pour l'accomplissement de sa mission, le Comité de suivi de la Convention peut, de sa propre initiative, organiser des réunions d'experts.
5. Le Comité de suivi de la Convention, avec l'accord préalable de la Partie concernée, prévoit des visites dans les États parties.

CHAPITRE IX *Dispositions finales*

Art. 32 *Signature et entrée en vigueur.* 1. La présente Convention est ouverte à la signature des États membres du Conseil de l'Europe, des autres États parties à la Convention culturelle européenne, de l'Union européenne et des États non membres ayant participé à son élaboration ou ayant le statut d'observateur auprès du Conseil de l'Europe.
2. La présente Convention est également ouverte à la signature de tout autre État non membre du Conseil de l'Europe sur invitation du Comité des Ministres. La décision d'inviter un État non membre à signer la Convention est prise à la majorité prévue à l'article 20.d du Statut du Conseil de l'Europe, et à l'unanimité des voix des représentants des États contractants ayant le droit de siéger au Comité des Ministres, après consultation du Comité de suivi de la Convention, une fois établi.
3. La présente Convention est soumise à ratification, acceptation ou approbation. Les instruments de ratification, d'acceptation ou d'approbation sont déposés près le Secrétaire Général du Conseil de l'Europe.
4. La présente Convention entrera en vigueur le premier jour du mois qui suit l'expiration d'une période de trois mois après la date à laquelle cinq signataires, incluant au moins trois États membres du Conseil de l'Europe, auront exprimé leur consentement à être liés par la Convention, conformément aux dispositions des paragraphes 1, 2 et 3.
5. Pour tout État signataire ou l'Union européenne qui exprimera ultérieurement son consentement à être lié par la Convention, celle-ci entrera en vigueur le premier jour du mois qui suit l'expiration d'une période de trois mois après la date de l'expression de son consentement à être lié par la Convention, conformément aux dispositions des paragraphes 1, 2 et 3.
6. Une Partie contractante non membre du Conseil de l'Europe contribue au financement du Comité de suivi de la Convention selon des modalités à déterminer par le Comité des Ministres après consultation de cette Partie.

Art. 33 *Effets de la Convention et relations avec d'autres instruments internationaux.* 1. La présente Convention ne porte pas atteinte aux droits et obligations de Parties découlant de conventions internationales multilatérales concernant des questions particulières. En particulier, la présente Convention ne modifie pas leurs droits et obligations découlant d'autres accords conclus antérieurement à l'égard de la lutte contre le dopage et compatibles avec l'objet et le but de la présente Convention.
2. La présente Convention complète en particulier, le cas échéant, les traités multilatéraux ou bilatéraux applicables existant entre les Parties, y compris les dispositions :
a) de la Convention européenne d'extradition (1957, STE n° 24) ;
b) de la Convention européenne d'entraide judiciaire en matière pénale (1959, STE n° 30) ;
c) de la Convention du Conseil de l'Europe relative au blanchiment, au dépistage, à la saisie et à la confiscation des produits du crime (1990, STE n° 141) ;

d) de la Convention du Conseil de l'Europe relative au blanchiment, au dépistage, à la saisie et à la confiscation des produits du crime et au financement du terrorisme (2005, STCE n° 198).

3. Les Parties à la Convention pourront conclure entre elles des traités bilatéraux ou multilatéraux relatifs aux questions réglées par la présente Convention, afin de compléter ou de renforcer les dispositions de celle-ci ou de faciliter l'application des principes qu'elle consacre.

4. Si deux Parties ou davantage ont déjà conclu un traité relatif aux matières traitées par la présente Convention, ou si elles ont autrement établi leurs relations sur ces sujets, elles ont aussi la faculté d'appliquer ledit traité ou d'établir leurs relations en conséquence. Toutefois, si les Parties établissent leurs relations concernant les matières faisant l'objet de la présente Convention d'une manière différente de celle prévue par celle-ci, elles doivent le faire d'une manière qui ne soit pas incompatible avec ses objectifs et principes.

5. La présente Convention n'affecte en rien les autres droits, restrictions, obligations et responsabilités des Parties.

Art. 34 *Conditions et sauvegardes.* 1. Chaque Partie veille à ce que l'instauration, la mise en œuvre et l'application des pouvoirs et procédures prévus dans les chapitres II à VII soient soumises aux conditions et sauvegardes prévues par son droit interne, qui doit assurer une protection adéquate des droits de l'homme et des libertés, notamment des droits établis conformément aux obligations qu'elle a souscrites en application de la Convention de sauvegarde des droits de l'homme et des libertés fondamentales et du Pacte international relatif aux droits civils et politiques des Nations unies (1966) et d'autres instruments internationaux applicables concernant les droits de l'homme. Ce droit interne doit intégrer le principe de la proportionnalité.

2. Lorsque c'est approprié, eu égard à la nature de la procédure ou du pouvoir concerné, ces conditions et sauvegardes incluent, entre autres, une supervision judiciaire ou d'autres formes de supervision indépendante, des motifs justifiant l'application ainsi que la limitation du champ d'application et de la durée du pouvoir ou de la procédure en question.

3. Dans la mesure où cela est conforme à l'intérêt public, en particulier à la bonne administration de la justice, chaque Partie examine l'effet des pouvoirs et procédures dans ces chapitres sur les droits, responsabilités et intérêts légitimes des tiers.

Art. 35 *Application territoriale.* 1. Tout État ou l'Union européenne peut, au moment de la signature ou au moment du dépôt de son instrument de ratification, d'acceptation ou d'approbation, désigner le ou les territoires auxquels s'appliquera la présente Convention.

2. Chaque Partie peut, à tout autre moment par la suite, par déclaration adressée au Secrétaire Général du Conseil de l'Europe, étendre l'application de la présente Convention à tout autre territoire désigné dans la déclaration, dont elle assure les relations internationales ou au nom duquel elle est autorisée à prendre des engagements. La Convention entrera en vigueur à l'égard de ce territoire le premier jour du mois qui suit l'expiration d'une période de trois mois après la date de réception de la déclaration par le Secrétaire Général.

3. Toute déclaration faite en application des deux paragraphes précédents peut être retirée, en ce qui concerne tout territoire désigné dans cette déclaration, par notification adressée au Secrétaire Général du Conseil de l'Europe. Le retrait prendra effet le premier jour du mois qui suit l'expiration d'une période de trois mois après la date de réception de la notification par le Secrétaire Général.

Art. 36 *Clause fédérale.* 1. Un État fédéral peut se réserver le droit d'honorer les obligations contenues dans les chapitres II, IV, V et VI de la présente Convention en application des principes fondamentaux qui gouvernent les relations entre son gouvernement central et les États constituants ou autres entités territoriales analogues, à condition qu'il soit encore en mesure de coopérer sur la base des chapitres III et VII.

2. Lorsqu'il fait une réserve en vertu du paragraphe 1, un État fédéral ne saurait faire usage des termes d'une telle réserve pour exclure ou diminuer de manière substantielle ses obligations en vertu des chapitres III et VII. En tout état de cause, il se dote de moyens étendus et effectifs permettant la mise en œuvre des mesures visées.

3. En ce qui concerne les dispositions de la présente Convention, dont l'application relève de la compétence législative de chacun des États constituants ou autres entités territoriales analogues, qui ne sont pas, en vertu du système constitutionnel de la fédération, tenus de prendre des mesures législatives, le gouvernement fédéral porte lesdites dispositions, assorties d'un avis favorable, à la connaissance des autorités compétentes des États constituants, en les encourageant à adopter les mesures appropriées pour les mettre en œuvre.

Art. 37 *Réserves.* 1. Par notification écrite adressée au Secrétaire Général du Conseil de l'Europe, chaque État ou l'Union européenne peut, au moment de la signature ou du dépôt de son instrument de ratification, d'acceptation ou d'approbation, déclarer qu'il se prévaut des réserves prévues à l'article 19, paragraphe 2, et à l'article 36, paragraphe 1. Aucune autre réserve n'est admise.

2. Une Partie qui a fait une réserve conformément au paragraphe 1 peut la retirer en totalité ou en partie par notification adressée au Secrétaire Général du Conseil de l'Europe. Ce retrait prend effet à la date de réception de ladite notification par le Secrétaire Général. Si la notification indique que le retrait d'une réserve doit prendre effet à une date précise, et si cette date est postérieure à celle à laquelle le Secrétaire Général reçoit la notification, le retrait prend effet à cette date ultérieure.

3. Une Partie qui a fait une réserve retire cette réserve, en totalité ou en partie, dès que les circonstances le permettent.

4. Le Secrétaire Général du Conseil de l'Europe peut périodiquement demander aux Parties ayant fait une ou plusieurs réserves des informations sur les perspectives de leur retrait.

Art. 38 *Amendements.* 1. Des amendements aux articles de la présente Convention peuvent être proposés par une Partie, par le Comité de suivi de la Convention ou par le Comité des Ministres du Conseil de l'Europe.

2. Tout amendement proposé devra être communiqué au Secrétaire Général du Conseil de l'Europe et être transmis par ce dernier aux Parties, aux États membres du Conseil de l'Europe, aux États non membres ayant participé à l'élaboration de la présente Convention ou ayant le statut d'observateur auprès du Conseil de l'Europe, à l'Union européenne et aux États ayant été invités à signer la présente Convention, ainsi qu'au Comité de suivi de la Convention au moins deux mois avant la réunion lors de laquelle l'amendement doit être étudié. Le Comité de suivi de la Convention soumet au Comité des Ministres son avis concernant l'amendement proposé.

3. Le Comité des Ministres examine l'amendement proposé et tout avis soumis par le Comité de suivi de la Convention. Il peut adopter l'amendement à la majorité prévue à l'article 20.d du Statut du Conseil de l'Europe.

4. Le texte de tout amendement adopté par le Comité des Ministres conformément au paragraphe 3 du présent article est communiqué aux Parties en vue de son acceptation.

5. Tout amendement adopté conformément au paragraphe 3 du présent article entre en vigueur le premier jour du mois qui suit l'expiration d'un délai d'un mois après la date à laquelle toutes les Parties ont informé le Secrétaire Général de leur acceptation dudit amendement suite à leurs procédures internes respectives.

6. Si un amendement a été adopté par le Comité des Ministres, mais n'est pas encore entré en vigueur conformément aux dispositions du paragraphe 5, un État ou l'Union européenne ne peuvent pas exprimer leur consentement à être liés par la Convention sans accepter en même temps cet amendement.

Art. 39 *Règlement des différends.* 1. Le Comité de suivi de la Convention, en étroite coopération avec les comités intergouvernementaux compétents du Conseil de l'Europe, est tenu informé des difficultés éventuelles concernant l'interprétation et l'application de la présente Convention.

2. En cas de différend entre les Parties sur l'interprétation ou l'application de la présente Convention, celles-ci s'efforceront de parvenir à un règlement du différend par voie de négociation, de conciliation ou d'arbitrage, ou par tout autre moyen pacifique de leur choix.

3. Le Comité des Ministres du Conseil de l'Europe pourra établir des procédures de règlements qui pourraient être utilisées par les Parties à un litige, si elles y consentent.

Art. 40 *Dénonciation.* 1. Toute Partie peut, à tout moment, dénoncer la présente Convention en adressant une notification au Secrétaire Général du Conseil de l'Europe.

2. La dénonciation prendra effet le premier jour du mois qui suit l'expiration d'une période de trois mois après la date de réception de la notification par le Secrétaire Général.

Art. 41 *Notification.* 1. Le Secrétaire Général du Conseil de l'Europe notifiera aux Parties, aux États membres du Conseil de l'Europe, aux États parties à la Convention culturelle européenne, aux États non membres ayant participé à l'élaboration de la présente Convention ou ayant le statut d'observateur auprès du Conseil de l'Europe, à l'Union européenne, et à tout État ayant été invité à signer la présente Convention conformément aux dispositions de l'article 32 :

a) toute signature ;

b) le dépôt de tout instrument de ratification, d'acceptation, ou d'approbation ;

c) toute date d'entrée en vigueur de la présente Convention, conformément à l'article 32 ;
d) toute réserve et tout retrait de réserve formulés conformément à l'article 37 ;
e) toute déclaration faite conformément aux articles 9 et 13 ;
f) tout autre acte, notification ou communication ayant trait à la présente Convention.

En foi de quoi, les soussignés, dûment autorisés à cet effet, ont signé la présente Convention.

Fait à Macolin/Magglingen, le 18 septembre 2014, en français et en anglais, les deux textes faisant également foi, en un seul exemplaire qui sera déposé dans les archives du Conseil de l'Europe. Le Secrétaire Général du Conseil de l'Europe en communiquera copie certifiée conforme à chacun des États membres du Conseil de l'Europe, aux États non membres ayant participé à l'élaboration de la présente Convention ou ayant le statut d'observateur auprès du Conseil de l'Europe, à l'Union européenne et à tout autre État invité à signer la présente Convention.

Recommandation de la Commission du 14 juillet 2014,

Relative à des principes pour la protection des consommateurs et des joueurs dans le cadre des services de jeux d'argent et de hasard en ligne et pour la prévention des jeux d'argent et de hasard en ligne chez les mineurs (Texte présentant de l'intérêt pour l'EEE) (2014/478/UE).

LA COMMISSION EUROPÉENNE,

vu le Traité sur le fonctionnement de l'Union européenne, et notamment son article 292,

considérant ce qui suit :

(1) En 2011, la Commission a mené une consultation publique sur son "Livre vert sur les jeux d'argent et de hasard en ligne dans le marché intérieur" (1). Cette consultation publique a permis de recenser des objectifs partagés par les États membres en matière de réglementation des services de jeux d'argent et de hasard en ligne et aidé à distinguer les domaines d'intervention prioritaire pour l'Union.

(2) Dans sa communication intitulée "Vers un cadre européen global pour les jeux de hasard en ligne", adoptée le 23 octobre 2012 (2), la Commission a proposé une série de mesures pour répondre aux défis réglementaires, sociétaux et techniques posés par les jeux d'argent et de hasard en ligne. Elle a annoncé en particulier qu'elle présenterait des recommandations en ce qui concerne la protection des consommateurs dans le domaine des services de jeux d'argent et de hasard en ligne, y compris la protection des mineurs, et en ce qui concerne les communications commerciales responsables sur ces services. La présente recommandation est conçue de façon à combiner ces deux aspects et à améliorer la protection des consommateurs, celle des joueurs, et à empêcher les mineurs de jouer en ligne. Elle vise à faire en sorte que les jeux d'argent et de hasard restent une source de divertissement, que les consommateurs bénéficient d'un environnement de jeu en ligne sûr et que des mesures existent pour contrer le risque de préjudice social ou financier, ainsi qu'à définir les actions nécessaires pour empêcher les mineurs de jouer en ligne.

(3) Dans sa résolution du 10 septembre 2013 sur les jeux d'argent et de hasard en ligne dans le marché intérieur (3), le Parlement européen a invité la Commission à étudier la possibilité d'instaurer une interopérabilité entre les registres nationaux d'auto exclusion, à sensibiliser le public aux risques d'addiction au jeu et à envisager un dispositif de contrôle obligatoire de l'identité par un tiers. Il demandait aussi que soit imposée aux opérateurs de services de jeux d'argent et de hasard en ligne l'obligation d'indiquer, sur leur site web, l'autorité de réglementation compétente, d'y faire également figurer un avertissement à l'intention des mineurs et de promouvoir l'utilisation de restrictions volontaires. En outre, le Parlement européen appelait à la définition de principes communs pour des communications commerciales responsables. Il recommandait que les communications commerciales (publicités) contiennent des mises en garde claires quant aux risques de jeu compulsif et aux conséquences d'une addiction pathologique. Il estimait que les communications commerciales ne devraient jamais être excessives, ni affichées sur des contenus spécifiquement adressés aux mineurs ou pour lesquels le risque de toucher des mineurs est plus élevé.

(4) Le Comité économique et social européen a également appelé la Commission à intervenir pour améliorer la protection des consommateurs et pour protéger les mineurs face aux jeux d'argent et de hasard en ligne (4).

(5) En l'absence d'harmonisation au niveau de l'Union, les États membres peuvent, en principe, définir librement les objectifs de leur politique en matière de jeux de hasard, ainsi

que le niveau de protection recherché pour la protection de la santé des consommateurs. La Cour de justice de l'Union européenne a émis des orientations générales sur l'interprétation à donner aux libertés fondamentales garanties par le marché intérieur dans le secteur des jeux d'argent et de hasard (en ligne), compte tenu de la nature spécifique de ces activités. Si les États membres peuvent limiter ou restreindre l'offre transfrontière de services de jeux d'argent et de hasard en ligne pour des raisons impérieuses d'intérêt général, ils doivent néanmoins démontrer le caractère adéquat et nécessaire d'une telle mesure. Ils sont tenus de montrer que ces objectifs d'intérêt général sont poursuivis d'une manière cohérente et systématique (5).

(6) La Cour a également défini des règles de base pour les communications commerciales sur les services de jeux d'argent et de hasard et, en particulier, pour les communications commerciales émises dans des conditions de monopole. La publicité faite par le titulaire d'un monopole public doit être mesurée et se limiter strictement à ce qui est nécessaire pour canaliser les consommateurs vers les réseaux de jeu autorisés. Une telle publicité ne saurait, en revanche, viser à encourager la propension naturelle au jeu des consommateurs en stimulant leur participation active à celui-ci, notamment en banalisant le jeu ou en augmentant la force attractive du jeu au moyen de messages publicitaires accrocheurs faisant miroiter d'importants gains. Il convient, en particulier, d'opérer une distinction entre les stratégies du titulaire d'un monopole qui ont seulement pour but d'informer les clients potentiels de l'existence de produits et qui servent à garantir un accès régulier aux jeux de hasard en canalisant les joueurs vers les circuits contrôlés et celles qui invitent à une participation active à de tels jeux et stimulent celle-ci (6).

(7) La protection des consommateurs et de la santé sont les principales raisons d'intérêt général poursuivies par les cadres nationaux des États membres sur les jeux d'argent et de hasard, qui visent à prévenir le jeu pathologique et à protéger les mineurs.

(8) Les règles et politiques que les États membres ont mises en place en vue de réaliser leurs objectifs d'intérêt général varient considérablement d'un État à l'autre. L'action au niveau de l'Union encourage les États membres à garantir un niveau élevé de protection sur l'ensemble de son territoire, compte tenu, en particulier, des risques liés aux jeux d'argent et de hasard, notamment le développement de troubles chez les joueurs ou d'autres conséquences négatives sur les plans personnel et social.

(9) L'objectif de la présente recommandation est de protéger la santé des consommateurs et des joueurs et donc également de réduire autant que possible le préjudice économique que pourrait entraîner un comportement de jeu compulsif ou excessif. A cette fin, elle met en avant des principes pour garantir une protection élevée des consommateurs, des joueurs et des mineurs dans l'environnement des jeux d'argent et de hasard en ligne. Pour préparer cette recommandation, la Commission s'est appuyée sur les bonnes pratiques des États membres.

(10) Les services de jeux d'argent et de hasard en ligne sont largement proposés et utilisés. Les jeux d'argent et de hasard en ligne sont une activité de services qui a rapporté 10,54 milliards d'euros dans l'Union européenne en 2012. Le progrès technologique, la généralisation de l'internet et la commodité des technologies mobiles accroissent l'accessibilité des jeux d'argent et de hasard en ligne, favorisant ainsi la croissance du secteur. Cependant, des choix inappropriés peuvent être faits lorsque les informations fournies ne sont pas assez claires ou transparentes. En outre, lorsqu'ils ont l'impression d'un manque d'offres attrayantes, les joueurs en ligne cherchent d'autres possibilités de jouer en ligne.

(11) Toute une série de médias contribuent à l'exposition aux communications commerciales sur les jeux d'argent et de hasard, notamment la presse écrite, le publipostage direct, les médias audiovisuels et l'affichage extérieur, ainsi que le parrainage. Cela peut inciter des groupes de personnes vulnérables, tels que les mineurs, à jouer. Mais les communications commerciales sur les services de jeux d'argent et de hasard en ligne peuvent également orienter les consommateurs vers une offre qui a été autorisée et fait l'objet d'une surveillance, par exemple en affichant l'identité de l'opérateur et en diffusant des informations correctes, y compris sur les risques de jeu pathologique, ainsi que des mises en garde appropriées.

(12) Certaines personnes qui jouent connaissent, en raison de ce comportement, des problèmes d'une ampleur telle qu'ils ont une incidence sur la personne ou sa famille, et d'autres subissent les conséquences graves d'une addiction pathologique. On estime qu'entre 0,1 % et 0,8 % de la population adulte générale souffre de troubles associés aux jeux d'argent et de hasard et qu'une fraction supplémentaire de 0,1 % à 2,2 % de cette population a un com-

portement de jeu potentiellement pathologique (7). Une approche préventive est donc nécessaire si l'on veut faire en sorte que la promotion et l'offre des services de jeux d'argent et de hasard en ligne se fassent d'une manière socialement responsable et, surtout, garantir que le jeu reste une activité de loisir et de détente.

(13) Les mineurs sont fréquemment exposés aux jeux d'argent et de hasard lorsqu'ils utilisent internet, des applications mobiles et des médias qui diffusent des publicités sur ces jeux, ainsi que dans la rue, *via* les panneaux d'affichage publicitaire. Ils regardent ou assistent aussi à des compétitions sportives parrainées par des sociétés de jeu, ou dans le cadre desquelles des publicités sur le jeu sont affichées. La présente recommandation vise donc aussi à empêcher les effets négatifs sur les mineurs ou l'exploitation des mineurs par les jeux d'argent et de hasard.

(14) Les opérateurs de services de jeux d'argent et de hasard en ligne établis dans l'Union tendent de plus en plus à détenir plusieurs licences pour pouvoir exercer leur activité dans plusieurs États membres qui ont opté pour une réglementation de ces jeux fondée sur des licences. Une approche plus harmonisée pourrait leur être profitable. En outre, la multiplication des exigences peut entraîner une duplication inutile des infrastructures et des coûts et faire ainsi peser une charge administrative indue sur les autorités de réglementation.

(15) Il convient d'inviter les États membres à proposer des règles pour l'information des consommateurs sur les jeux d'argent et de hasard en ligne. Ces règles devraient viser à prévenir le développement des troubles associés aux jeux d'argent et de hasard et à empêcher les mineurs d'accéder aux services de jeux, et à dissuader les consommateurs de choisir les offres non autorisées, potentiellement dommageables.

(16) Lorsqu'il y a lieu, les principes définis ici ne devraient pas s'appliquer uniquement aux opérateurs, mais aussi aux tiers, y compris les "affiliés", qui sont autorisés à promouvoir des services de jeux d'argent et de hasard en ligne pour le compte d'un opérateur.

(17) Il convient de mieux informer les consommateurs et les joueurs de l'existence de sites web de jeux d'argent et de hasard qui, en vertu du droit de l'Union, ne sont pas autorisés en vertu de la loi de l'État membre dans lequel le service est reçu, et d'agir à l'encontre de ce type de service. Dans ce contexte, les États membres qui n'autorisent pas un service de jeux d'argent et de hasard en ligne donné ne devraient pas non plus autoriser les communications commerciales faisant la promotion de ce type de service.

(18) La procédure d'enregistrement préalable à l'ouverture d'un compte de joueur sert à vérifier l'identité de la personne et à permettre le suivi du comportement du joueur. Il est essentiel que cet enregistrement soit conçu aussi de façon à éviter que les consommateurs n'abandonnent la procédure d'enregistrement et ne se tournent vers des sites web de jeux d'argent et de hasard non réglementés.

(19) Si cette procédure d'enregistrement a été mise en place de manière différente selon les États membres, avec parfois des étapes hors ligne ou manuelles dans le processus de vérification, les États membres devraient néanmoins veiller à ce que les informations permettant l'identification puissent être effectivement vérifiées afin de faciliter l'achèvement de l'enregistrement.

(20) Il importe que les comptes de joueur ne deviennent permanents qu'une fois vérifiée l'identité fournie par le joueur. Avant que le compte ne devienne permanent, il est souhaitable de permettre au joueur d'utiliser un compte temporaire. Étant donné leur nature, ces comptes temporaires devraient être d'une valeur nominale fixe et ne devraient permettre aux joueurs d'en retirer ni dépôts ni gains.

(21) Afin de protéger les joueurs et leurs fonds et de garantir la transparence, il convient de mettre en place des procédures pour vérifier les comptes de joueur qui n'ont pas été utilisés pendant une période déterminée, ainsi que pour clore ou suspendre un compte. En outre, le compte de joueur devrait être annulé lorsqu'on découvre que son titulaire est mineur.

(22) En matière de mises en garde, la possibilité d'utiliser un minuteur devrait, le cas échéant, être visiblement proposée au joueur pendant sa session de jeu.

(23) En matière de soutien aux joueurs, outre la fixation de limites de dépôt, les joueurs pourraient bénéficier de mesures de protection supplémentaires, telles que la possibilité de fixer des limites de mise ou de perte.

(24) Afin de prévenir le développement de troubles associés aux jeux d'argent et de hasard, un opérateur devrait également pouvoir, en cas de comportement inhabituel d'un

joueur, le faire sortir du jeu pour un certain temps, voire l'en exclure. Dans ces circonstances, l'opérateur devrait communiquer ses raisons au joueur et l'orienter vers une assistance ou un traitement.

(25) Les opérateurs sont des parrains importants d'équipes et d'événements sportifs en Europe. Afin de responsabiliser davantage les activités de parrainage des opérateurs de services de jeux d'argent et de hasard en ligne, il conviendrait d'exiger clairement que ce parrainage soit transparent et effectué de manière responsable. En particulier, il y aurait lieu de formuler des exigences plus claires pour empêcher que le parrainage par ces opérateurs n'affecte ou n'influence négativement les mineurs.

(26) Il est également nécessaire de sensibiliser aux risques les plus courants inhérents aux sites de jeu en ligne, comme la fraude, qui échappent à toute forme de contrôle dans l'Union.

(27) Une surveillance efficace est nécessaire à la réalisation des objectifs d'intérêt général. Les États membres devraient désigner des autorités compétentes, fixer des orientations claires aux opérateurs et fournir des informations aisément accessibles aux consommateurs, aux joueurs et aux groupes de personnes vulnérables, et notamment aux mineurs.

(28) Des codes de conduite pourraient jouer un rôle important dans l'application effective des principes relatifs aux communications commerciales énoncés dans la présente recommandation, et dans son suivi.

(29) La présente recommandation est sans préjudice de la directive 2005/29/CE du Parlement européen et du Conseil (8) ni de la directive 93/13/CEE du Conseil (9).

(30) L'application des principes énoncés dans la présente recommandation suppose le traitement de données à caractère personnel. Les directives du Parlement européen et du Conseil 95/46/CE (10) et 2002/58/CE (11) sont donc applicables.

A adopté la présente recommandation

I. *Finalité*

1. Il est recommandé aux États membres d'adopter des principes sur les services de jeux d'argent et de hasard en ligne et pour des communications commerciales responsables sur ces services, afin de garantir aux consommateurs, aux joueurs et aux mineurs un niveau élevé de protection, visant à protéger la santé et à réduire autant que possible le préjudice économique que peut entraîner un comportement de jeu excessif ou compulsif.

2. La présente recommandation est sans préjudice du droit des États membres de réglementer les services de jeux d'argent et de hasard.

II. *Définitions*

3. Aux fins de la présente recommandation, on entend par :

a) "service de jeux d'argent et de hasard en ligne", tout service impliquant une mise ayant une valeur monétaire dans des jeux de hasard, y compris les jeux impliquant un élément d'habileté, tels que les loteries, les jeux de casino, les jeux de poker et les transactions portant sur des paris, qui est fourni à distance par tout moyen, par voie électronique ou par toute autre technologie de facilitation de la communication, à la demande individuelle d'un destinataire de services ;

b) "consommateur", toute personne physique qui agit à des fins étrangères à ses activités commerciales ou professionnelles ;

c) "joueur", toute personne physique qui est titulaire d'un compte de joueur auprès d'un opérateur et qui utilise ses services de jeux d'argent et de hasard en ligne ;

d) "compte de joueur", le compte ouvert par le joueur auprès d'un opérateur, et dans lequel toutes ses opérations avec l'opérateur sont enregistrées ;

e) "mineur", toute personne qui, vertu de la législation nationale applicable, n'a pas l'âge minimal pour utiliser un service de jeux d'argent et de hasard en ligne ;

f) "opérateur", toute personne physique ou morale autorisée à fournir des services de jeux d'argent et de hasard en ligne, et toute personne agissant en son nom ou pour son compte ;

g) "communication commerciale", toute forme de communication destinée à promouvoir, directement ou indirectement, des biens, des services ou l'image d'un opérateur ;

h) "parrainage", une relation contractuelle entre un opérateur et une partie parrainée, dans le cadre de laquelle l'opérateur accorde un soutien financier ou autre à un sportif ou un artiste, ou une organisation, une équipe ou un événement sportif ou artistique, en échange de communications commerciales ou d'autres avantages, dans le but d'associer son image, ses marques ou ses produits à l'objet parrainé.

III. *Exigences d'information*

4. Les informations suivantes devraient être affichées visiblement sur la page d'accueil du site web de jeux d'argent et de hasard de l'opérateur et être accessibles à partir de toutes les pages de ce site :

a) les coordonnées de la société, ou toute autre information garantissant que l'opérateur est identifiable et peut être contacté, et notamment :

i) le nom de la société ;

ii) le lieu de son immatriculation ;

iii) son adresse électronique ;

b) un logo d'interdiction aux mineurs, indiquant l'âge minimal en dessous duquel jouer n'est pas autorisé ;

c) un message sur le « jeu responsable », qui fournit en un clic :

i) des informations indiquant que les jeux d'argent et de hasard peuvent être dommageables s'ils ne sont pas contrôlés ;

ii) des informations sur les mesures de soutien aux joueurs existant sur le site web,

iii) des tests d'autoévaluation permettant aux joueurs de vérifier leur comportement ;

d) un lien vers au moins une organisation fournissant des informations sur les troubles associés aux jeux d'argent et de hasard et une aide aux personnes atteintes.

5. Les clauses de la relation contractuelle entre l'opérateur et le consommateur devraient être communiquées sous une forme concise et lisible. Elles devraient :

a) contenir des informations concernant au moins les délais et les limites fixés pour les retraits du compte de joueur, les frais grevant éventuellement les opérations effectuées sur le compte du joueur et un lien vers le taux de redistribution de chaque jeu ;

b) être acceptées et confirmées par le consommateur durant la procédure d'enregistrement visée au point V ;

c) être mises à disposition par voie électronique sous une forme qui permette au consommateur de les stocker et d'y accéder. Toute modification devrait également être communiquée au consommateur.

6. Les États membres devraient veiller à ce que les règles des jeux et paris proposés sur le site web de jeux d'argent et de hasard de l'opérateur soient à la disposition du consommateur.

7. Les États membres devraient veiller à ce que le site web de jeux d'argent et de hasard de l'opérateur affiche les coordonnées de l'autorité de réglementation des jeux d'argent et de hasard, afin de montrer que l'opérateur est agréé.

IV. *Mineurs*

8. Aucun mineur ne devrait pouvoir jouer sur un site web de jeux d'argent et de hasard, ni détenir un compte de joueur.

9. Les États membres devraient veiller à ce que les opérateurs disposent de procédures destinées à empêcher les mineurs de jouer, y compris de vérification de l'âge durant la procédure d'enregistrement visée au point V.

10. Afin d'empêcher les mineurs d'accéder aux sites web de jeux d'argent et de hasard, les États membres devraient encourager l'affichage, sur ces sites web, de liens vers des programmes de contrôle parental.

11. Les États membres devraient veiller à ce que les communications commerciales pour les services de jeux d'argent et de hasard en ligne ne nuisent pas aux mineurs, ni ne les incitent à considérer que les jeux d'argent et de hasard font naturellement partie de leurs loisirs.

12. Les communications commerciales devraient comporter un message clair "jeu(x) d'argent et de hasard interdit(s) aux mineurs", indiquant l'âge au dessous duquel jouer n'est pas autorisé.

13. Les États membres devraient encourager les annonceurs à ne pas diffuser, afficher ni faciliter les communications commerciales sur les jeux d'argent et de hasard :

a) dans des médias, ou autour d'émissions, où les mineurs sont censés représenter la majeure partie de l'audience ;

b) sur des sites web dont le profil d'audience est constitué de mineurs ;

c) à proximité immédiate des lieux où les mineurs passent normalement du temps et constituent en principe le principal public, et notamment et au minimum les écoles.

14. Les communications commerciales ne devraient pas :

a) exploiter l'inexpérience ou le manque de connaissances des mineurs ;

b) utiliser l'image de mineurs ou de jeunes ou recourir à des campagnes qui seraient particulièrement attrayantes pour les mineurs ;

c) être orientées vers les mineurs ou les jeunes, notamment en reflétant ou en créant une association avec la culture des jeunes ;

d) suggérer que jouer marque le passage de l'adolescence à l'âge adulte.

V. *Enregistrement du joueur et ouverture d'un compte de joueur*

15. Les États membres devraient veiller à ce qu'une personne ne puisse utiliser un service de jeux d'argent et de hasard en ligne qu'une fois qu'elle est enregistrée en tant que joueur et possède un compte de joueur auprès de l'opérateur.

16. Les informations suivantes devraient être exigées lors de la procédure d'enregistrement préalable à l'ouverture d'un compte de joueur :

a) le nom ;

b) l'adresse ;

c) la date de naissance ;

d) l'adresse de courrier électronique ou le numéro de téléphone portable.

17. L'adresse de courrier électronique ou le numéro de téléphone portable fournis devraient être validés par le joueur ou vérifiés par l'opérateur. Ces coordonnées devraient permettre un contact et une communication directs et efficaces entre l'opérateur et le joueur.

18. L'identité du joueur devrait être vérifiée. Les États membres sont encouragés, lorsque la vérification directe par voie électronique n'existe pas ou n'est pas possible, à faciliter l'accès aux registres, bases de données ou autres documents officiels nationaux sur la base desquels l'opérateur devrait vérifier l'identité du joueur.

19. Les États membres devraient veiller à ce que, lorsque l'identité ou l'âge du joueur ne peuvent pas être valablement vérifiés, la procédure d'enregistrement préalable à l'ouverture d'un compte de joueur, y compris un compte temporaire, soit annulée.

20. Les États membres sont encouragés à adopter des systèmes d'identification électronique pour la procédure d'enregistrement.

21. Les États membres devraient veiller à ce que :

a) la procédure d'enregistrement permette de vérifier l'identité dans un délai raisonnable, sans contraintes inutiles pour les consommateurs ou pour les opérateurs ;

b) les systèmes d'enregistrement offrent d'autres moyens de vérifier l'identité, notamment lorsque le consommateur ne possède pas de numéro national d'identification dans un État membre où cela est exigé, ou en cas d'indisponibilité temporaire de bases de données.

22. Les États membres devraient veiller à ce que les joueurs disposent :

a) d'un accès à un compte temporaire auprès de l'opérateur auprès duquel il détiendra son compte, jusqu'à ce que son identité ait été valablement vérifiée ;

b) d'un identifiant unique et d'un mot de passe ou d'un autre moyen de garantir la sécurité d'accès auprès de l'opérateur auprès duquel il détient son compte.

23. Les États membres devraient mettre en place des règles :

a) pour garantir que les fonds des joueurs sont protégés, ne peuvent être versés qu'à ceux-ci et restent séparés des fonds propres de l'opérateur ;

b) pour éviter les collusions et virements de fonds entre joueurs, ainsi que des règles relatives à l'annulation des virements ou au recouvrement des fonds dans les cas où une collusion ou une fraude est décelée.

VI. *Activité du joueur et soutien*

24. Les États membres devraient veiller à ce qu'au moment de l'enregistrement sur le site web de jeux d'argent et de hasard d'un opérateur, le joueur puisse, par défaut, fixer des limites de dépôt monétaire, ainsi que des limites temporelles.

25. Les États membres devraient veiller à ce que le joueur puisse aisément accéder, à tout moment, sur le site web de jeux d'argent et de hasard de l'opérateur :

a) au solde de son compte de joueur ;

b) à une fonction de soutien aux joueurs promouvant le jeu responsable, *via* des formulaires en ligne ou des contacts personnels *[au minimum un dialogue en direct en ligne (chat) ou par téléphone]*.

c) aux lignes d'assistance téléphonique d'organisations d'information et de soutien, telles que visées au point 4 *d)*.

26. Les États membres devraient veiller à ce que, sur le site web de jeux d'argent et de hasard de l'opérateur, le joueur puisse, par défaut, recevoir des alertes à intervalles réguliers

sur les gains ou les pertes qu'il a accumulés durant sa session de jeu ou de pari et le temps depuis lequel il joue. Le joueur devrait confirmer qu'il a reçu l'alerte et être en mesure d'interrompre ou de poursuivre sa session de jeu.

27. Les États membres devraient veiller à ce que, sur le site web de jeux d'argent et de hasard de l'opérateur, le joueur ne puisse pas :

a) faire des dépôts excédant la limite de dépôt monétaire fixée pour la période de temps spécifiée ;

b) participer à un jeu si son compte de joueur n'est pas crédité des fonds nécessaires pour couvrir la mise ou le pari.

28. Les États membres ne devraient pas autoriser l'opérateur à faire crédit au joueur.

29. Les États membres devraient veiller à ce que, sur le site web de jeux d'argent et de hasard de l'opérateur, le joueur puisse :

a) abaisser sa limite de dépôt, avec effet immédiat ;

b) relever sa limite de dépôt, cette modification ne pouvant prendre effet que vingt-quatre heures au moins après sa demande ;

c) sortir temporairement du jeu et s'auto exclure.

30. Les États membres devraient s'assurer que l'opérateur dispose de politiques et de procédures facilitant son interaction avec les joueurs dès lors que leur comportement de jeu signale un risque de développer un trouble associé aux jeux d'argent et de hasard.

31. Les États membres devraient veiller à ce que l'opérateur conserve un enregistrement au moins des dépôts et des gains du joueur pour une période de temps déterminée. Cet enregistrement devrait être mis à la disposition du joueur à sa demande.

VII. *Sortie temporaire et auto-exclusion*

32. Les États membres devraient veiller à ce que le joueur puisse à tout moment, sur le site web de jeux d'argent et de hasard de l'opérateur, activer la sortie temporaire ou l'auto exclusion pour un service de jeux d'argent et de hasard en ligne particulier, ou pour l'ensemble des services de jeux d'argent et de hasard en ligne à la fois.

33. Les États membres devraient prévoir que :

a) la sortie temporaire suspend le jeu pour vingt-quatre heures au moins ;

b) l'auto exclusion auprès d'un opérateur ne peut être d'une durée inférieure à six mois.

34. Les États membres devraient veiller à ce que, en cas d'auto exclusion, le compte du joueur soit fermé.

35. Les États membres devraient veiller à ce que le réenregistrement d'un joueur ne soit possible qu'à la demande de celui-ci, faite par écrit ou par voie électronique, et, en tout état de cause, seulement après l'expiration de la période d'auto exclusion.

36. Les États membres devraient mettre en place des règles concernant les demandes adressées à un opérateur par des tiers intéressés en vue de l'exclusion d'un joueur de son site web de jeux d'argent et de hasard.

37. Les États membres sont encouragés à établir un registre national des joueurs auto exclus.

38. Les États membres devraient faciliter l'accès des opérateurs aux registres nationaux des joueurs auto exclus, une fois ceux-ci établis, et faire en sorte que les opérateurs les consultent régulièrement afin d'empêcher les joueurs auto exclus de continuer à jouer.

VIII. *Communications commerciales*

39. Les États membres devraient veiller à ce que l'opérateur pour le compte duquel une communication commerciale est effectuée soit clairement identifiable.

40. Le cas échéant, les États membres devraient veiller à ce que les communications commerciales sur les services de jeux d'argent et de hasard en ligne transmettent des messages concrets et transparents, notamment et au minimum sur le risque que le jeu pathologique fait peser sur la santé.

41. Les communications commerciales ne devraient pas :

a) contenir des déclarations infondées sur les chances qu'ont les joueurs de gagner ou les gains qu'ils peuvent espérer remporter ;

b) suggérer que l'habileté est susceptible d'influencer l'issue d'un jeu lorsque ce n'est pas le cas ;

c) faire pression pour inciter à jouer ou dénigrer le fait de s'abstenir de jouer, par le moment ou le lieu où elles sont diffusées ou par leur nature ;

d) décrire les jeux d'argent et de hasard comme socialement attrayants ou comme étant sanctionnés par des personnalités connues ou des célébrités, suggérant que jouer contribue à la réussite sociale ;

e) suggérer que jouer peut être une solution à un problème social, professionnel ou personnel ;

f) suggérer que les jeux d'argent et de hasard peuvent représenter une alternative au travail rémunéré, une solution à des problèmes financiers ou une forme d'investissement financier.

42. Les États membres devraient veiller à ce que les jeux sans enjeu financier utilisés aux fins de la communication commerciale soient soumis aux mêmes règles et conditions techniques que les jeux d'argent correspondants.

43. Les communications commerciales ne devraient pas cibler des joueurs vulnérables, en particulier en s'adressant de manière non sollicitée à des joueurs qui se sont auto exclus ou qui ont été exclus de services de jeux d'argent et de hasard en ligne pour des raisons de jeu pathologique.

44. Les États membres autorisant la diffusion de communications commerciales non sollicitées par courrier électronique devraient s'assurer que :

a) ces communications commerciales sont identifiables comme telles, clairement et sans ambiguïté ;

b) l'opérateur respecte les registres *opt-out*, dans lesquels les personnes physiques ne souhaitant pas recevoir ce type de communication commerciale peuvent s'inscrire.

45. Les États membres devraient veiller à ce que les communications commerciales tiennent compte du risque potentiel présenté par le service de jeux d'argent et de hasard en ligne dont elles font la promotion.

IX. *Parrainage*

46. Les États membres devraient veiller à ce que le parrainage par des opérateurs soit transparent et à ce que l'opérateur qui est le parrain soit clairement identifiable comme tel.

47. Ce parrainage ne devrait pas avoir d'influence ou d'effet négatif sur les mineurs. Les États membres sont encouragés à veiller à ce que :

a) aucun parrainage ne soit autorisé pour des événements conçus pour les mineurs, ou principalement destinés aux mineurs ;

b) le matériel promotionnel du parrain ne soit pas utilisé dans le cadre d'un marchandisage conçu pour les mineurs ou ciblant principalement les mineurs.

48. Les États membres devraient encourager les parties parrainées à vérifier que le parrainage est légal dans l'État membre où il doit avoir lieu.

X. *Éducation et sensibilisation*

49. Les États membres sont invités à organiser ou à promouvoir, le cas échéant avec des organisations de consommateurs et les opérateurs, des campagnes régulières d'éducation et de sensibilisation, afin de sensibiliser les consommateurs et des groupes de personnes vulnérables, et notamment les mineurs, aux risques que présentent les jeux d'argent et de hasard en ligne.

50. Les États membres devraient veiller à ce que les opérateurs et les autorités de réglementation des jeux d'argent et de hasard soient tenus d'informer leurs salariés respectifs qui exercent des activités liées au jeu des risques que présentent les jeux d'argent et de hasard en ligne. Il conviendrait de former les salariés qui interagissent directement avec les joueurs, afin de garantir qu'ils comprennent les problèmes de jeu pathologique et savent y répondre.

XI. *Surveillance*

51. Les États membres sont invités à désigner, dans le cadre de l'application des principes énoncés dans la présente recommandation, des autorités de réglementation des jeux d'argent et de hasard compétentes, afin de garantir l'application effective des mesures nationales prises en application de ces principes et d'en assurer le suivi, de manière indépendante.

XII. *Rapports*

52. Les États membres sont invités à notifier à la Commission, d'ici au 19 janvier 2016, toute mesure prise en application de la présente recommandation, afin de permettre à la Commission d'en évaluer la mise en œuvre.

53. Les États membres sont invités à recueillir annuellement, à des fins statistiques, des données fiables sur :

a) les mesures de protection applicables, en particulier le nombre de comptes de joueurs (ouverts et fermés), le nombre de joueurs qui se sont auto exclus, le nombre de joueurs qui

présentent un trouble associé aux jeux d'argent et de hasard et le nombre de plaintes déposées par des joueurs ;

***b)* en matière de communications commerciales, les cas d'infraction aux principes énoncés dans la présente recommandation par catégorie et par type.**

Les États membres sont invités à communiquer ces informations à la Commission pour la première fois d'ici au 19 juillet 2016.

54. La Commission devrait évaluer la mise en œuvre de la recommandation, au plus tard le 19 janvier 2017.

PROPRIÉTÉ INTELLECTUELLE

BIBL. GÉN. ► L. ARCELIN-LÉCUYER, De la difficulté d'appréhender l'opportunisme commercial : l'exemple de l'ambush marketing, *D. 2008. Chron. 1501*. – C. CARON, A propos de l'appropriation de l'événement sportif par le droit de la propriété intellectuelle, *CCE 2003, nº 2, p. 30* ; De l'impératif de disponibilité en droit des marques. *A propos de l'arrêt CJUE, 10 avr. 2008, aff. C-102/07, Adidas c/ Marca, CCE juin 2008, nº 6*. – B. DAVID, Les marques sportives : « de leur entrée progressive dans le droit de la propriété intellectuelle ? », *RJ éco. sport 2004, nº 73, p. 7*. – F. FAJGEMBAUM, La spécificité des marques identifiant les activités sportives, *RJ éco. sport 2004, nº 70, p. 27* ; Marques sportives : Les protéger pour mieux les exploiter, *JS 2010, nº 97, p. 18*. – F. FAJGENBAUM et T. LACHACINSKI, Marque et propriété intellectuelle, *in Dict. jur. du sport, Dalloz, Juriséditions, 2013, p. 226 et 265*. – A. FOLLIARD-MONGUIRAL, L'impératif de disponibilité n'affecte pas la portée de protection. A propos de l'arrêt CJUE, 10 avr. 2008, aff. C-102/07, *Adidas AG et a. c/Marca Mode CV et al., Propr. ind. juin 2008, nº 6, comm. 41*. – F. POLLAUD-DULLIAN, Le point sur la protection des marques de renommée dans la jurisprudence de la Cour de justice des Communautés, *RJDA 2004, nº 3, p. 232.* ; Marques et autres signes distinctifs, *in Dict. perm. dr. sport (mise à jour périodique)*.

COMMENTAIRE

L'importance économique prise par le sport professionnel et le spectacle sportif ces dernières années a rendu inévitable la rencontre entre le sport et le droit de la propriété intellectuelle. Cette rencontre se fait essentiellement à l'occasion de contentieux relatifs à la protection des marques.

La marque, définie par l'article L. 711-1 du code de la propriété intellectuelle comme « un signe susceptible de représentation graphique servant à distinguer les produits ou services d'une personne physique ou morale », représente, par l'importance croissante des revenus qu'elle génère, un élément clef de la stratégie commerciale des groupements sportifs.

Pour cette raison, la majorité des organisations sportives (fédération nationale, association sportive, société sportive professionnelle ou organisateur de compétitions...) procède aujourd'hui systématiquement à l'enregistrement de leurs signes distinctifs auprès de l'Institut national de la propriété intellectuelle (INPI), ce qui leur permet de bénéficier du dispositif légal relatif à la protection des marques. Le titulaire de la marque peut, en particulier, lutter contre les actes de contrefaçon et préserver ainsi le monopole d'exploitation qu'il a acquis sur la marque grâce à l'enregistrement de celle-ci auprès de l'INPI.

Les décisions jurisprudentielles attestent de l'intérêt pour les clubs d'effectuer le dépôt auprès de l'INPI. En effet, les actes de contrefaçon par l'usage prohibé des signes distinctifs des clubs (logo, dénomination...) ne cessent de se développer. A titre d'exemple, on citera l'utilisation des dénominations de clubs sportifs faites par des sociétés pour promouvoir leur activité de prise de paris en ligne.

Mais la marque sportive ne s'entend pas seulement des signes distinctifs du club sportif, elle désigne aussi tous les signes identifiant une compétition ou un événement sportif. L'envergure des opérations de marketing menées à l'occasion des grands événements sportifs témoigne des enjeux économiques liés à la marque.

Il faut dire qu'il s'agit le plus souvent de marques « notoires » (Jeux olympiques, Tour de France, Roland-Garros, etc.) bénéficiant d'une image très forte auprès du public. Leur pouvoir d'attraction est moins lié aux produits ou services qu'elles désignent qu'à la très grande notoriété tirée de l'événement qu'elles représentent.

Cette particularité leur permet d'être associées aux secteurs économiques les plus divers, une même marque pouvant ainsi faire l'objet de nombreux contrats de parrainage. De plus en plus de firmes commerciales, intervenant dans des secteurs sans rapport direct ou indirect avec le sport en général ou telle ou telle activité sportive en particulier, souhaitent associer leur marque ou leur nom à un événement sportif.

A cela s'ajoute la possibilité d'exploiter les marques sportives sur tout type de support.

Ces nombreux atouts expliquent aujourd'hui l'essor et l'importance considérable des programmes marketing et publicitaires autour des marques sportives et le développement corrélatif du contentieux concernant leur protection.

Les marques sportives, plus encore que toute autre marque, ont besoin d'une protection efficace contre les utilisations et imitations leur portant atteinte.

S'agissant des marques notoires, c'est-à-dire des marques connues d'un très large public, elles bénéficient d'un régime de protection spécifique.

Tout d'abord, elles peuvent bénéficier de la protection légale alors même qu'elles n'ont pas été déposées et enregistrées auprès de l'INPI ; leur notoriété suffit à justifier qu'on leur accorde cette protection.

Le code de la propriété intellectuelle prévoit ensuite trois actions différentes permettant d'assurer leur protection :

– l'action en contrefaçon, qui constitue le principal outil de protection des marques ;

– l'action spéciale en responsabilité civile, prévue par l'article L. 713-5 du code de la propriété intellectuelle ;

– l'action en responsabilité civile délictuelle sur le fondement de l'article 1382 du code civil.

Enfin, on précisera qu'au-delà du cadre franco-français, le droit européen organise une protection uniforme dans l'ensemble des États membres de l'Union européenne des marques enregistrées à l'Office de l'Union Européenne pour la propriété intellectuelle (OHMI) (V. Règl. (UE) n° 2015/2424, 16 déc. 2015 et pour illustration, TUE 10 déc. 2015, *Futból Club Barcelona c/ OHMI,* n° T-615/14 ; CJUE, ord., 17 févr. 2016, *Shoe Branding Europe c/ Adidas,* n° C-396/15 P). ❑

Code de la propriété intellectuelle

Art. L. 112-1 Les dispositions du présent code protègent les droits des auteurs sur toutes les œuvres de l'esprit, quels qu'en soient le genre, la forme d'expression, le mérite ou la destination.

1. Ne donne pas de base légale à sa décision la cour d'appel qui rejette l'action en contrefaçon dirigée par la Fédération française de randonnée pédestre contre une société d'édition pour avoir reproduit le tracé de circuits de randonnée, sans rechercher si l'établissement des itinéraires de randonnée ne constituait pas, bien que composé à partir de tracé des sentiers figurant sur les cartes de l'IGN, une création de l'esprit, puisant son originalité dans la mise en œuvre de critères géographiques, culturels ou humains traduisant la personnalité de leur auteur. • Civ. 1re, 30 juin 1998 : *Bull. civ. I, n° 231 ; RTD com. 391, obs. Françon.*

2. Ne constitue pas une œuvre de l'esprit éligible à la protection par le droit d'auteur la mise en scène consistant à placer dans les tribunes des enceintes sportives, un tableau vivant constitué des spectateurs présents, chacun des spectateurs se voyant assigner une place déterminée et attribuer une couleur de vêtement précise, de manière à ce que les spectateurs ensemble réalisent un canevas donnant à voir une image ou à lire un message. Cette mise en scène constitue une variante du procédé déjà connu du "tifo" consistant à faire réaliser par les spectateurs, soit par l'étendard coloré dont ils sont porteurs, soit par le vêtement coloré dont ils sont revêtus, un tableau vivant constitué d'un message ou d'une image, et la seule différence avec le « tifo » consistant à faire porter par le spectateur un vêtement coloré de type poncho tandis que le "tifo" fait généralement porter au spectateur un étendard ou un drapeau coloré, résulte d'une simple idée, de libre parcours, et ne traduit pas un effort créatif portant l'empreinte de la personnalité de l'auteur. • Paris, 16 oct. 2013, *SARL Colorplace c/ FFF : n° 12-06709.*

Art. L. 112-2 Sont considérés notamment comme œuvres de l'esprit au sens du présent code : ....

12° Les plans, croquis et ouvrages plastiques relatifs à la géographie, à la topographie, à l'architecture et aux sciences ;

....

V. note ss. art. L. 112-1.

Art. L. 112-3 Les auteurs de traductions, d'adaptations, transformations ou arrangements des œuvres de l'esprit jouissent de la protection instituée par le présent code sans préjudice des droits de l'auteur de l'œuvre originale. Il en est de même des auteurs d'anthologies ou de recueils d'œuvres ou de données diverses, tels que les bases de données, qui, par le choix ou la disposition des matières, constituent des créations intellectuelles.

On entend par base de données un recueil d'œuvres, de données ou d'autres éléments indépendants, disposés de manière systématique ou méthodique, et individuellement accessibles par des moyens électroniques ou par tout autre moyen.

Un calendrier de rencontres de football ne peut pas être protégé par le droit d'auteur lorsque sa constitution est dictée par des règles ou des contraintes ne laissant aucune place à une liberté créative. Le fait que la constitution du calendrier ait requis un travail et un savoir-faire significatifs de son auteur ne justifie pas, en lui-même, sa protection par le droit d'auteur. • CJUE 1er mars 2012, aff. C-604/10, *Football Dataco e.a. c/ Yahoo ! UK Ltd e.a : Europe 2012, 219, note Idot ; CCE 2012, 47, comm. Caron.*

Art. L. 113-3 L'œuvre de collaboration est la propriété commune des coauteurs.

Les coauteurs doivent exercer leurs droits d'un commun accord.

En cas de désaccord, il appartient à la juridiction civile de statuer.

Lorsque la participation de chacun des coauteurs relève de genres différents, chacun peut, sauf convention contraire, exploiter séparément sa contribution personnelle, sans toutefois porter préjudice à l'exploitation de l'œuvre commune.

Un stade constituant un ensemble immobilier à vocation utilitaire et non pas purement artistique, l'architecte qui en a conçu les plans ne peut imposer au maître d'ouvrage une intangibilité absolue de son œuvre, ce dernier ne pouvant, toutefois, porter atteinte au droit de l'auteur de l'œuvre en apportant des modifications à l'ouvrage que dans la mesure où elles sont rendues strictement indispensables par des impératifs esthétiques, techniques ou de sécurité publique légitimés par les nécessités du service public et notamment l'adaptation de l'édifice à des besoins nouveaux. • CAA Nantes, 18 déc. 2003, *Agopyan : AJDA 2004. 875, note Millet.*

Art. L. 113-4 L'œuvre composite est la propriété de l'auteur qui l'a réalisée, sous réserve des droits d'auteur de l'œuvre préexistante.

Constitue une œuvre originale, qui revêt les caractéristiques d'une œuvre de l'esprit composite le film réalisé sur la mascotte d'un club de rugby qui, elle-même, est le résultat d'un effort créatif et personnel permettant de la qualifier d'œuvre de l'esprit. Aussi, le club qui utilise, à plusieurs reprises, le film mettant en scène sa mascotte, sans aucune autorisation générale d'utilisation des images filmées, viole le droit de propriété intellectuelle des auteurs du film. • Civ. 1re, 12 nov. 2012, *SASP Aviron Bayonnais c/ Debove et d'Alfonso : pourvoi n° 11-06.712.*

....

Art. L. 122-4 Toute représentation ou reproduction intégrale ou partielle faite sans le consentement de l'auteur ou de ses ayants droit ou ayants cause est illicite. Il en est de même pour la traduction, l'adaptation ou la transformation, l'arrangement ou la reproduction par un art ou un procédé quelconque. — *[L. n° 57-298 du 11 mars 1957, art. 40]*

Le fait de revêtir la statue de Winston Churchill d'un maillot géant de basket-ball de la marque Nike, sans l'accord de l'auteur de la statue, constitue une violation des droits moraux et patrimoniaux de ce dernier. • Paris, 19 juin 2015, n° 14/13108 : *JS 2016, n° 161, p. 33, note P. Noual.*

Art. L. 711-1 La marque de fabrique, de commerce ou de service est un signe susceptible de représentation graphique servant à distinguer les produits ou services d'une personne physique ou morale.

Peuvent notamment constituer un tel signe :

a) Les dénominations sous toutes les formes telles que : mots, assemblages de mots, noms patronymiques et géographiques, pseudonymes, lettres, chiffres, sigles ;

b) Les signes sonores tels que : sons, phrases musicales ;

c) Les signes figuratifs tels que : dessins, étiquettes, cachets, lisières, reliefs, hologrammes, logos, images de synthèse ; les formes, notamment celles du produit ou de son conditionnement ou celles caractérisant un service ; les dispositions, combinaisons ou nuances de couleurs.

Art. L. 711-2 Le caractère distinctif d'un signe de nature à constituer une marque s'apprécie à l'égard des produits ou services désignés.

Sont dépourvus de caractère distinctif :

a) Les signes ou dénominations qui, dans le langage courant ou professionnel, sont exclusivement la désignation nécessaire, générique ou usuelle du produit ou du service ;

b) Les signes ou dénominations pouvant servir à désigner une caractéristique du produit ou du service, et notamment l'espèce, la qualité, la quantité, la destination, la valeur, la provenance géographique, l'époque de la production du bien ou de la prestation de service ;

c) Les signes constitués exclusivement par la forme imposée par la nature ou la fonction du produit, ou conférant à ce dernier sa valeur substantielle.

Le caractère distinctif peut, sauf dans le cas prévu au *c*, être acquis par l'usage.

1. Justifie sa décision la cour d'appel qui, pour écarter l'exception invoquée par le prévenu, prise de ce que les marques contrefaites seraient génériques ou descriptives et comme telles, nulles par application de l'art. L. 714-3, retient que les dénominations « Tour de France » ou « Le Tour », qui s'accompagnent d'éléments figuratifs tels qu'un cycliste penché ou deux roues tricolores, sont distinctives lorsqu'elles s'appliquent aux épinglettes et casquettes vendues durant la manifestation sportive qu'elles désignent. • Crim. 12 févr. 1997 : *Bull. crim. n° 60.*

2. La Fédération française de football n'est pas fondée à demander l'annulation de la marque « Allez les Bleus » déposée par une société alors d'une part que la marque a été déposée avant la Coupe du monde de 1998, à une époque où le slogan « Allez les Bleus », qui ne faisait l'objet d'aucune notoriété particulière, n'était pas utilisé par la FFF et d'autre part que si la couleur bleue est étroitement associée à la notion d'équipe de France, il n'est pas établi que seule l'équipe de France de football aurait le monopole d'une telle désignation, l'expression « Les Bleus » désignant d'autres disciplines sportives. Il s'ensuit, dès lors, que l'expression « Allez les Bleus » n'était pas usuelle pour désigner des produits et services liés au football. • Com. 17 janv. 2006 : *pourvoi n° 04-10.710.* ♦ Toutefois, sur le fondement du principe général du droit *fraus omnia corrumpit* selon lequel doit être considéré comme entaché de fraude le dépôt de marque qui sous une apparence de régularité n'aurait pas pour finalité de distinguer des produits et services vis-à-vis de la concurrence mais de tirer profit de la popularité d'un signe à laquelle le déposant est tout à fait étranger alors même que, par cet acte, il prive intentionnellement autrui d'un signe nécessaire à son activité, le CNOSF (au nom du mouvement sportif) obtient (dix-sept après) l'annulation pour fraude du dépôt de la marque « Allez les Bleus ». Pour déduire le caractère frauduleux de la marque, le tribunal de grande instance de Lyon s'est essentiellement attaché au calendrier du dépôt, réalisé quelques mois à peine avant le début de la coupe du monde de 1988 pour en déduire l'intention des déposants de « priver les différents acteurs à l'œuvre dans le domaine sportif d'une expression dont la popularité première allait nécessairement être accentuée par l'organisation d'une telle manifestation à domicile » et de la désignation massive dans le libellé de la marque déposée, de produits et services sans lien entre eux. • TGI Lyon, 16 juin 2014, n° 09/05 062 : *Lexbase, n° 601, 12 févr. 2015, note F. Fajgenbaum et T. Lachacinski.*

3. La validité d'une marque nationale (F1) peut être mise en cause seulement dans le cadre d'une procédure de nullité entamée dans l'État membre où la marque nationale a été enregistrée. Aussi, ni l'Office de l'harmonisation dans le marché intérieur (OHMI) ni le Tribunal de l'Union européenne ne sont compétents pour mettre en cause la validité des marques nationales, pour lesquelles il doit être reconnu un certain degré de caractère distinctif, invoqué à l'appui d'une opposition à l'enregistrement d'une marque communautaire. • CJUE 24 mai 2012, aff. C-196/11 : *Formula One Licensing BV.*

4. La marque « Parions Tennis » est distinctive et n'est pas contrefaite par l'usage de la marque « Parions Cheval », les signes de cette dernière produisant une impression d'ensemble différente qui exclut tout risque de confusion avec la marque « Parions Tennis », le consommateur moyen normalement informé et raisonnablement attentif et avisé n'étant pas conduit à confondre, voire à associer, ces deux marques et à leur attribuer une origine commune. • Versailles, 19 juin 2015, n° 14/01216.

Art. L. 711-3 Ne peut être adopté comme marque ou élément de marque un signe :

a) Exclu par l'article 6 *ter* de la convention de Paris en date du 20 mars 1883, révisée, pour la protection de la propriété industrielle *(L. n° 96-1106 du 18 déc. 1996, art. 12)* « ou

par le paragraphe 2 de l'article 23 de l'annexe *I C* à l'accord instituant l'Organisation mondiale du commerce » ;

***b)* Contraire à l'ordre public ou aux bonnes mœurs, ou dont l'utilisation est légalement interdite ;**

***c)* De nature à tromper le public, notamment sur la nature, la qualité ou la provenance géographique du produit ou du service.**

Ne peut être adoptée à titre de marque la dénomination « puta madre » et doit être déboutée de son action en contrefaçon la société qui l'a enregistrée dès lors que la cour d'appel retient, par une appréciation souveraine, que ladite marque contrevenait aux règles de la morale sociale et était contraire aux bonnes mœurs. • Com. 29 mars 2011, pourvoi n° 10-12.046 : *JS 2011, n° 110, p. 9*.

Art. L. 712-6 *(L. n° 92-597 du 1er juill. 1992)* **Si un enregistrement a été demandé soit en fraude des droits d'un tiers, soit en violation d'une obligation légale ou conventionnelle, la personne qui estime avoir un droit sur la marque peut revendiquer sa propriété en justice.**

A moins que le déposant ne soit de mauvaise foi, l'action en revendication se prescrit par *(L. n° 2014-315 du 11 mars 2014, art. 16-3°)* **« cinq » ans à compter de la publication de la demande d'enregistrement.** — *[L. n° 91-7 du 4 janv. 1991, art. 9.]*

1. L'article L. 131-7 du code du sport a pour effet de restreindre les modalités d'utilisation de l'appellation « Équipe de France » et d'interdire son utilisation, fut-ce en l'utilisant à titre de marques. Par suite, c'est à bon droit que la cour d'appel retient que les dépôts de marques « Équipe de France de rugby » violent la prohibition de l'article L. 131-7 du code du sport et les droits de la Fédération française de rugby au sens de l'article L. 712-6 du code de la propriété intellectuelle et ordonne le transfert de la propriété de ces marques au bénéfice de cette dernière. • Com. 23 nov. 2010 : *JS 2011, n° 105, p. 9, obs. Lagarde*.

2. Dès lors que le revendiquant n'est fondé à se prévaloir d'aucun droit d'auteur ni sur la course maritime "La route du rhum" ni sur le titre même de la course, l'action en revendication de la marque "La Route du Rhume" est, par voie de conséquence, irrecevable. Les éléments produits à titre de preuve permettaient de déduire que la mise en œuvre originale de ladite compétition, en tant qu'activité sportive et œuvre de spectacle vivant, avait été le fait exclusif de la société et de son gérant, le revendiquant ayant seulement imaginé le principe d'un périple transatlantique à la voile entre la France et les Antilles ainsi que certaines caractéristiques à lui conférer. En outre, l'expression "La Route du rhum" ne témoigne d'aucun esprit créatif particulier constituant la dénomination usuelle de l'itinéraire des navires de commerce acheminant du rhum des Antilles à Saint-Malo et étant utilisée pour désigner d'autres œuvres de l'esprit, notamment littéraires • Com. 8 oct. 2013, n° 11-27.516 : *JS, n° 144, 2014, comm. F. Fajgenbaum et T. Lachacinski, p. 34*.

3. Le dépôt de la marque verbale "Pétanque Master" effectué par la société spécialisée dans l'édition et la commercialisation de jeux vidéo ne vient pas en violation des droits de la société, titulaire de la marque Masters de Pétanque, spécialisée dans l'organisation de compétitions sportives. Les produits et services concernés sont différents et les signes en cause se distinguent tant au plan visuel, à raison de l'absence de tout élément figuratif dans la marque seconde (Pétanque Master), qu'au plan phonétique, car les sons sont inversés et la préposition « DE » qui la coupe en son milieu confère à l'expression "Masters de Pétanque" un rythme propre qui n'est pas celui de l'ensemble "Pétanque Master". En outre, la société n'est pas fondée à invoquer une atteinte au monopole d'exploitation dont elle bénéficie sur la manifestation sportive "Masters de Pétanque". Un tel monopole, visant à garantir à l'organisateur d'une manifestation sportive la rentabilité des efforts et des investissements consentis pour en assurer la pérennité et le succès, serait en toute hypothèse strictement circonscrit à l'exploitation de la compétition sportive Masters de Pétanque, et ne saurait conférer à ladite société, sauf à attenter à la liberté du commerce et de l'industrie, un droit absolu sur toute activité économique ayant trait à la pétanque. • Paris, 20 nov. 2013, *SAS Quaterback c/ SA Bigben Interactive : n° 12/09077.*

Art. L. 713-5 *(Ord. n° 2008-1301 du 11 déc. 2008)* **« La reproduction ou l'imitation » d'une marque jouissant d'une renommée pour des produits ou services non similaires à ceux désignés dans l'enregistrement engage la responsabilité civile de son auteur** *(Ord. n° 2008-1301 du 11 déc. 2008)* **« si elle » est de nature à porter préjudice au propriétaire de la marque ou si** *(Ord. n° 2008-1301 du 11 déc. 2008)* **« cette reproduction ou imitation » constitue une exploitation injustifiée de cette dernière.**

Les dispositions de l'alinéa précédent sont applicables à *(Ord. nº 2008-1301 du 11 déc. 2008)* **« la reproduction ou l'imitation » d'une marque notoirement connue au sens de l'article 6 *bis* de la convention de Paris pour la protection de la propriété industrielle précitée.**

1. Un État membre, lorsqu'il exerce l'option offerte par l'art. 5, § 2, de la première Dir. nº 89/104/CEE du Conseil, du 21 déc. 1988, rapprochant les législations des États membres sur les marques, est tenu d'accorder la protection spécifique en cause en cas d'usage par un tiers d'une marque ou d'un signe postérieur, identique ou similaire à la marque renommée enregistrée, aussi bien pour des produits ou des services non similaires que pour des produits ou des services identiques ou similaires à ceux couverts par celle-ci. • CJCE 23 oct. 2003, aff. C-408/01, *Adidas-Salomon c/ Fitnessworld Trading Ltd.* ♦ La protection conférée par l'art. 5, § 2, de la Dir. nº 89/104 n'est pas subordonnée à la constatation d'un degré de similitude tel entre la marque renommée et le signe qu'il existe, dans l'esprit du public concerné, un risque de confusion entre ceux-ci. Il suffit que le degré de similitude entre la marque renommée et le signe ait pour effet que le public concerné établit un lien entre le signe et la marque. • Même arrêt. ♦ La circonstance qu'un signe est perçu par le public concerné comme une décoration ne fait pas, en soi, obstacle à la protection conférée par l'art. 5, § 2, de la Dir. nº 89/104, lorsque le degré de similitude est néanmoins tel que ce public établit un lien entre le signe et la marque. En revanche, lorsque, selon une appréciation de fait du juge national, ledit public perçoit le signe exclusivement comme une décoration, il n'établit, par hypothèse, aucun lien avec une marque enregistrée, de sorte que n'est alors pas remplie l'une des conditions de la protection conférée par l'art. 5, § 2, de la Dir. nº 89/104. • Même arrêt.

2. N'est pas caractérisée la contrefaçon par reproduction ou par imitation lorsque les différences entre les signes reproduits sur les chaussures de sport, résultant d'ajouts et de modifications, ne permettent pas au consommateur moyen de les confondre ou de les associer. • Com. 8 juill. 2014 : *pourvoi nº 13-16714.*

Art. L. 713-6 **L'enregistrement d'une marque ne fait pas obstacle à l'utilisation du même signe ou d'un signe similaire comme :**

a) **Dénomination sociale, nom commercial ou enseigne, lorsque cette utilisation est soit antérieure à l'enregistrement, soit le fait d'un tiers de bonne foi employant son nom patronymique ;**

b) **Référence nécessaire pour indiquer la destination d'un produit ou d'un service, notamment en tant qu'accessoire ou pièce détachée, à condition qu'il n'y ait pas de confusion dans leur origine ;**

(L. nº 2014-344 du 17 mars 2014, art. 73-I-6º) **« *c)* Indication géographique définie à l'article L. 721-2, sauf lorsque la marque, compte tenu de sa renommée, de sa notoriété et de la durée de son usage, est à l'origine exclusive de la réputation ou de la connaissance par le consommateur du produit pour lequel une indication géographique est demandée. »**

Toutefois, si cette utilisation porte atteinte à ses droits, le titulaire de l'enregistrement peut demander qu'elle soit limitée ou interdite.

Les dispositions de l'art. 73 de la L. nº 2014-344 du 17 mars 2014 sont applicables aux îles Wallis-et-Futuna (L. préc., art. 73-II).

UTILISATION DE LA MARQUE SPORTIVE PAR UN OPÉRATEUR DE PARIS

1. Constitue un acte de contrefaçon l'usage du signe « Roland Garros » par une société de paris en ligne dans le cadre de la mise en place de paris sportifs à l'occasion du tournoi éponyme au motif que l'usage du signe « Roland Garros » ne peut-être regardé, au sens de l'article L. 713-6 du code de la propriété intellectuelle, comme une référence nécessaire pour désigner, non pas le produit lui-même, mais celui auquel il serait destiné. • Paris, 14 oct. 2009, nº 08/19179, *Sté Unibet international c/ Féd. fr. de tennis : D. 2010, Actu. 492, obs. Astaix ; D. 2010. Pan. 400.*

2. V. en sens contraire : dès lors que la marque Juventus s'identifie au nom du club de football, l'offre d'un pari sur un événement sportif auquel participe ce club ne peut se faire sans le citer. Un tel usage, fût-il dans la vie des affaires, n'est pas un usage à titre de marque, il ne constitue pas un acte de contrefaçon de la marque dont le club est propriétaire. • Paris, 11 déc. 2009, *Sté Global Entertainment Antigua Limited c/ Sté William Hill credit Limited : La semaine juridique Entrepr. et aff., nº 17, 29 avril 2009, 1404.* ♦ La société Paris Saint-Germain Football ne peut interdire, en l'absence de texte le prohibant, l'usage, pour annoncer des rencontres sportives dans le cadre licite de paris en ligne, du sigle PSG ou des locutions Paris Saint-Germain et Paris SG afin de désigner l'équipe de football ainsi dénommée. • Paris, 2 avr. 2010, nº 08/14401, *Sté Paris Saint-Germain c/ Sté Internet Opportunity Entertainment : Juris-data nº 2010-012974 ; Cah. dr. sport 2010, nº 20, p. 165, note Grimonprez.*

Art. L. 714-5 Encourt la déchéance de ses droits le propriétaire de la marque qui, sans justes motifs, n'en a pas fait un usage sérieux, pour les produits et services visés dans l'enregistrement, pendant une période ininterrompue de cinq ans.

Est assimilé à un tel usage :

a) L'usage fait avec le consentement du propriétaire de la marque ou, pour les marques collectives, dans les conditions du règlement ;

b) L'usage de la marque sous une forme modifiée n'en altérant pas le caractère distinctif ;

c) L'apposition de la marque sur des produits ou leur conditionnement exclusivement en vue de l'exportation.

La déchéance peut être demandée en justice par toute personne intéressée. Si la demande ne porte que sur une partie des produits ou des services visés dans l'enregistrement, la déchéance ne s'étend qu'aux produits ou aux services concernés.

L'usage sérieux de la marque commencé ou repris postérieurement à la période de cinq ans visée au premier alinéa du présent article n'y fait pas obstacle s'il a été *(L. n° 94-102 du 5 févr. 1994, art. 32)* « entrepris dans les trois mois précédant la demande de déchéance et après que le propriétaire a eu connaissance de l'éventualité de cette demande ».

La preuve de l'exploitation incombe au propriétaire de la marque dont la déchéance est demandée. Elle peut être apportée par tous moyens.

La déchéance prend effet à la date d'expiration du délai de cinq ans prévu au premier alinéa du présent article. Elle a un effet absolu.

Sur le fondement de l'article L. 714-5, une marque inexploitée depuis cinq ans ou plus ne peut être frappée de déchéance dès lors que le propriétaire de la marque a repris un usage sérieux de cette marque plus de trois mois avant la demande judiciaire en déchéance. • Douai, 15 févr. 2011, n° 08/02850 : *JS 2011, n° 109, p. 10*.

. . . .

Art. L. 716-1 L'atteinte portée au droit du propriétaire de la marque constitue une contrefaçon engageant la responsabilité civile de son auteur. Constitue une atteinte aux droits de la marque la violation des interdictions prévues aux articles L. 713-2, L. 713-3 et L. 713-4.

1. Dans une situation ne relevant pas de l'art. 6, § 1, de la première Dir. n° 89/104/CEE du Conseil, du 21 déc. 1988, rapprochant les législations des États membres sur les marques, où un tiers utilise dans la vie des affaires un signe identique à une marque valablement enregistrée sur des produits identiques à ceux pour lesquels elle est enregistrée, le titulaire de la marque peut, dans un cas d'espèce tel que celui en cause au principal, s'opposer à cet usage conformément à l'art. 5, § 1, ss. a), de ladite directive. Cette conclusion ne saurait être remise en cause par la circonstance que ledit signe est perçu, dans le cadre de cet usage, comme un témoignage de soutien, de loyauté ou d'attachement au titulaire de la marque. • CJUE 12 nov. 2002, aff. C-206/01, *Arsenal Football Club c/ Reed : D. 2003. 755, note de Candé ; RJDA 2003. 195, chron. Passa.*

2. Constitue une contrefaçon par reproduction de la marque « Tour de France » le fait d'avoir déposé et fait usage de la dénomination « Tour de France à la voile », sans l'autorisation expresse de la société du Tour de France, pour des produits et services identiques ou similaires aux produits et services visés par la marque « Tour de France ». • TGI Paris, 24 févr. 1999, *Sté du Tour de France c/ Decré : inédit.* ♦ En revanche, sur l'absence de risque de confusion entre les marques « Tour de France » et « Tour Voile », V. : • Paris, 16 janv. 2002, *Sté du Tour de France c/ Sté Tour Voile : inédit.* ♦ Jugé toutefois que la protection qui s'attache à la marque « Tour de France » ne peut faire obstacle à l'utilisation de l'expression pour désigner, en soi et dans son sens courant, l'événement sportif mondialement connu. • Paris, 28 mars 2001 : *CCE 2003. 30, note Caron.*

3. Se rend coupable de contrefaçon la société qui réalise et commercialise la copie servile d'un modèle de but multisports déposé par une autre société. • Versailles, 14 févr. 1997, *SA Villeroy Dal c/ Sté Sport France : inédit.*

4. Si le fait d'utiliser le terme « Roland Garros » pour désigner la manifestation sportive ou le lieu dans lequel elle se tient ne saurait être incriminé, en revanche constitue un usage illicite de la marque déposée l'emploi de ce même terme pour qualifier non plus un événement de l'actualité sportive mais une opération commerciale consistant à offrir un service de transport assurant la liaison permanente avec le stade et la mise à disposition d'espaces privatisés, de salons d'accueil et de jardins réservés dans un restaurant pendant la durée du tournoi. • Paris, 20 nov. 1995 : *D. 1996. IR 6.*

5. Doit être cassé l'arrêt qui, pour rejeter l'action en contrefaçon de marque de l'association Atlantide organisation internationale, titulaire de la marque « Marathon des sables », retient que l'emploi, dans un périodique, des termes « Le Marathon des sables » ne saurait être regardé comme constitutif de contrefaçon, en ce qu'il est intervenu à des fins non commerciales, en liaison de surcroît avec une épreuve sportive, et non un service d'organisation de telles épreuves ou tout autre service pour lesquels la marque a été enregistrée ; en effet, en statuant ainsi, alors qu'elle avait constaté que la marque était enregistrée pour désigner, notamment, des produits ou services d'édition et publication de livres, journaux et périodiques, et sans rechercher si cette marque n'avait pas été reproduite, peu important le support de cette reproduction et sa finalité prétendument non commerciale, pour désigner des produits ou services identiques à ceux couverts par l'enregistrement, la cour d'appel n'a pas donné de base légale à sa décision. • Com. 5 nov. 2002 : *pourvoi n° 00-14.877.*

6. Le droit à l'information du public consacré par l'art. 10 Conv. EDH trouve ses limites dans le respect des autres droits identiquement protégés. Il en est ainsi des droits de propriété intellectuelle, biens au sens de l'art. 1er du premier Protocole additionnel. Dès lors, constitue un acte de contrefaçon le fait de reproduire, sans autorisation, le trophée de la Coupe du monde de football par un photomontage figurant sur la page de couverture d'un magazine et illustrant de façon symbolique le rêve de victoire des joueurs de renommée internationale. Une telle reproduction excède la simple relation de l'événement d'actualité concerné et ne participe pas à l'information du public. • Civ. 1re, 2 oct. 2007 : *CCE 2008. 2, étude Poracchia.*

7. Est nouvelle et donc irrecevable la demande additionnelle présentée pour la première fois en appel, relative à des agissements déloyaux qui auraient pour effet de porter atteinte à l'image de marque d'une société au motif qu'elle ne tend pas aux mêmes fins que la demande en contrefaçon de la marque formée devant les premiers juges. L'action en contrefaçon sanctionne l'atteinte à un droit privatif alors que l'action en concurrence déloyale repose sur l'existence d'une faute au sens de l'article 1382 du code civil. • Com. 29 mars 2011, pourvoi n° 10-12.046 : *V note. ss. art. L. 711-3.*

Art. L. 716-6 *(L. n° 2007-1544 du 29 oct. 2007, art. 24)* Toute personne ayant qualité pour agir en contrefaçon peut saisir en référé la juridiction civile compétente afin de voir ordonner, au besoin sous astreinte, à l'encontre du prétendu contrefacteur ou des intermédiaires dont il utilise les services, toute mesure destinée à prévenir une atteinte imminente aux droits conférés par le titre ou à empêcher la poursuite d'actes argués de contrefaçon. La juridiction civile compétente peut également ordonner toutes mesures urgentes sur requête lorsque les circonstances exigent que ces mesures ne soient pas prises contradictoirement, notamment lorsque tout retard serait de nature à causer un préjudice irréparable au demandeur. Saisie en référé ou sur requête, la juridiction ne peut ordonner les mesures demandées que si les éléments de preuve, raisonnablement accessibles au demandeur, rendent vraisemblable qu'il est porté atteinte à ses droits ou qu'une telle atteinte est imminente.

La juridiction peut interdire la poursuite des actes argués de contrefaçon, la subordonner à la constitution de garanties destinées à assurer l'indemnisation éventuelle du demandeur ou ordonner la saisie ou la remise entre les mains d'un tiers des produits soupçonnés de porter atteinte aux droits conférés par le titre, pour empêcher leur introduction ou leur circulation dans les circuits commerciaux. Si le demandeur justifie de circonstances de nature à compromettre le recouvrement des dommages et intérêts, la juridiction peut ordonner la saisie conservatoire des biens mobiliers et immobiliers du prétendu contrefacteur, y compris le blocage de ses comptes bancaires et autres avoirs, conformément au droit commun. Pour déterminer les biens susceptibles de faire l'objet de la saisie, elle peut ordonner la communication des documents bancaires, financiers, comptables ou commerciaux ou l'accès aux informations pertinentes.

Elle peut également accorder au demandeur une provision lorsque l'existence de son préjudice n'est pas sérieusement contestable.

Saisie en référé ou sur requête, la juridiction peut subordonner l'exécution des mesures qu'elle ordonne à la constitution par le demandeur de garanties destinées à assurer l'indemnisation éventuelle du défendeur si l'action en contrefaçon est ultérieurement jugée non fondée ou les mesures annulées.

(L. n° 2014-315 du 11 mars 2014, art. 11-2°) « Lorsque les mesures prises pour faire cesser une atteinte aux droits sont ordonnées avant l'engagement d'une action au fond, le demandeur doit, dans un délai fixé par voie réglementaire, soit se pourvoir par la voie civile ou pénale, soit déposer une plainte auprès du procureur de la République. » A défaut, sur demande du défendeur et sans que celui-ci ait à motiver sa demande, les mesures ordonnées sont annulées, sans préjudice des dommages et intérêts qui peuvent être réclamés.

La société du Tour de France est fondée à demander que soit fait interdiction, sous astreinte, à la société Tour féminin organisation d'utiliser à quelque titre que ce soit, d'une part, la dénomination « Le Tour » seule ou isolée en lettres bâtons dont l'usage ancien, quasi continu pour désigner l'épreuve cycliste annuelle « Tour de France », renforce son caractère distinctif, d'autre part, le logo représentant un cycliste stylisé ainsi que les dénominations « Maillot jaune » et « Maillot vert ».

• TGI Paris, réf., 8 août 1996, *Sté du Tour de France c/ Sté Tour féminin organisation : inédit.* ♦ Rappr. : • TGI Paris, 24 févr. 1999, *Sté du Tour de France c/ Decré : inédit.*

Art. L. 716-10 *(L. nº 2004-204 du 9 mars 2004)* **Est puni de trois ans d'emprisonnement et de 300 000 € d'amende le fait pour toute personne :**

a)* De détenir sans motif légitime, d'importer** *(Abrogé par L. nº 2007-1544 du 29 oct. 2007, art. 47-II)* ***« sous tous régimes douaniers » **ou d'exporter des marchandises présentées sous une marque** *(L. nº 2007-1544 du 29 oct. 2007, art. 41)* **« contrefaisante » ;**

***b)* D'offrir à la vente ou de vendre des marchandises présentées sous une marque** *(L. nº 2007-1544 du 29 oct. 2007, art. 41)* **« contrefaisante » ;**

***c)* De reproduire, d'imiter, d'utiliser, d'apposer, de supprimer, de modifier une marque, une marque collective ou une marque collective de certification en violation des droits conférés par son enregistrement et des interdictions qui découlent de celui-ci.** *(L. nº 2007-1786 du 19 déc. 2007, art. 41)* **« L'infraction, prévue dans les conditions prévues au présent *c*, n'est pas constituée lorsqu'un logiciel d'aide à la prescription permet, si le prescripteur le décide, de prescrire en dénomination commune internationale, selon les règles de bonne pratique prévues à l'article L. 161-38 du code de la sécurité sociale » ;**

***d)* De sciemment livrer un produit ou fournir un service autre que celui qui lui est demandé sous une marque enregistrée.**

L'infraction, dans les conditions prévues au *d*, n'est pas constituée en cas d'exercice par un pharmacien de la faculté de substitution prévue à l'article L. 5125-23 du code de la santé publique.

Lorsque les délits prévus aux *a* à *d* ont été commis en bande organisée *(L. nº 2011-267 du 14 mars 2011, art. 3-II-2º)* **« ou sur un réseau de communication au public en ligne »** *(L. nº 2014-315 du 11 mars 2014, art. 19)* **« ou lorsque les faits portent sur des marchandises dangereuses pour la santé ou la sécurité de l'homme ou l'animal », les peines sont portées à** *(L. nº 2016-731 du 3 juin 2016, art. 44)* **« sept ans d'emprisonnement et à 750 000 euros d'amende ».**

Tous les art. de la L. nº 2014-315 du 11 mars 2014, à l'exception de l'art. 8, sont applicables dans les îles Wallis-et-Futuna. Les art. 6, 7, 9 à 15 et 19 sont applicables en Nouvelle-Calédonie et en Polynésie française (L. préc., art. 21-I et II).

Constitue une contrefaçon de marque le fait de détenir et de mettre en vente des écharpes de clubs de football français sur lesquelles sont reproduits les logos et sigles des clubs concernés, alors que lesdites écharpes ont été importées sans l'accord de ces clubs. • Grenoble, 7 janv. 1998 : *Juris-Data nº 040083.*

RESPONSABILITÉ ADMINISTRATIVE

BIBL. GÉN. ▸ F. Colin, Les responsabilités juridiques de droit public liées à la pratique du cyclisme amateur, *Cah. dr. sport nº 9, 2007.* – C. Jebeili, Le contentieux des accidents de ski dans la responsabilité des communes, *LPA 28 janv. 1998.* – P. Juen, Équipements ludiques et sportifs de proximité et responsabilité des collectivités territoriales, *JCP Adm. 2009. 209.* – Ch. Dudognon, Responsabilité administrative *in Dict. jur. du sport, Dalloz, Jurisédition, 2013, p. 274.* – M. Kaczmarek, Les collectivités locales et la gestion du domaine skiable, *Gaz. cnes, 2004, nº 1728, p. 56.* – J.-F. Lachaume, *in Sport et collectivités locales, Dalloz 1993, p. 124* (responsabilité et équipement sportif public) ; Police municipale, *in Dictionnaire juridique Sport, Dalloz 1990.* – J.-F. Lachaume, Ouvrage public, *in Dict. jur. du sport, Dalloz, Juriséditions, 2013, p. 247* ; Les différents régimes de responsabilité administrative, *JS 2014, nº 141, p. 18* – J.-M. Marchand, Jeunesse, sports et loisirs, *J.-Cl. Adm. 1989, Fasc. 266.* – G.-D. Marillia, La responsabilité des communes et des autres collectivités publiques en matière de ski, *Gaz. Pal. 1987. 1. Doctr. 302.* – J. Morange, *in Sport et collectivités locales, Dalloz 1993, p. 53* (réglementation locale en matière de sport) ; Arrêté et règlement de police, *in Dictionnaire juridique Sport, Dalloz 1990.* – Responsabilité des collectivités territoriales, *in Dict. perm. dr. sport (mise à jour périodique).*

COMMENTAIRE

Que le champ de la responsabilité administrative soit étendu aux activités sportives ne peut surprendre. Il coïncide globalement avec celui de l'action administrative. Or, depuis longtemps celle-ci a investi le champ des activités sportives (prise en charge d'animations et/ou d'enseignements, organisation de manifestations, construction et exploitation d'équipements sportifs…). Le domaine est régi par les principes généraux et les règles classiques de la responsabilité administrative tant notamment pour les conditions du droit à réparation que les régimes de responsabilité applicables. Le système de responsabilité n'est donc pas spécifique. Partant, on se limitera ici à mettre en évidence quelques caractères généraux et particularités de la responsabilité administrative dans le domaine des activités sportives.

Les personnes relevant de cette responsabilité sont, en règle générale, les personnes publiques : l'État, les collectivités territoriales et leurs établissements publics. Néanmoins, le domaine s'étend aussi aux personnes morales de droit privé gérant un service public administratif à la condition que le dommage soit causé dans l'exercice de leurs prérogatives de puissance publique. Ainsi, la responsabilité d'une fédération délégataire peut être mise en jeu devant le juge administratif pour le préjudice causé par une décision – de nature administrative – illégale (V., s'agissant d'une sanction disciplinaire illégale, CE 12 févr. 1990, Bentejac ; s'agissant d'une décision illégale de refus d'engagement d'un club en secteur élite, CAA Paris, 8 avr. 2003, FFHB c/ Club de Livry-Gargan). De même les défaillances d'une fédération sportive dans l'exercice des prérogatives de puissance publique pour l'exécution du service public dont elle a la charge relèvent de la compétence des juridictions de l'ordre administratif (V. s'agissant d'un accident survenu lors d'un stage de préparation organisé par une fédération délégataire, T. confl. 9 déc. 2013, *Jérôme D.-J. et a.s c/ Féd.n fr. de vol libre*, n° 3922 ; V. déjà T. confl. 21 juin 2010, *M. Von Braemer c/ FFJDA : n° 3759*).

Une difficulté peut résider dans l'identification de la personne responsable d'un préjudice causé à l'occasion d'une activité sportive dont l'organisation et/ou l'exécution repose sur la collaboration de plusieurs personnes publiques ou, parfois, d'une personne publique avec une personne privée. Généralement, la personne responsable est celle dont le service est à l'origine du dommage. Schématiquement, est responsable la personne considérée comme l'organisateur juridique de l'activité au cours de laquelle le préjudice a été causé. Une responsabilité conjointe et solidaire de deux personnes peut être retenue dans l'hypothèse de la coresponsabilité de deux services dans la survenance d'un même préjudice. En cas de délégation quant à l'exploitation d'une activité et/ou d'un ouvrage à une personne privée, hypothèse assez fréquente dans ce domaine, la personne responsable des dommages survenant dans le cadre de l'exploitation est le délégataire puisque celui-ci doit en supporter les risques. La responsabilité de la personne publique peut néanmoins, à titre subsidiaire, être retenue dans la mesure où le délégataire est insolvable. En tout état de cause, la responsabilité de la personne publique redevient de premier plan dans l'hypothèse où la personne privée est considérée comme « transparente » ou en cas de faute commise par elle à l'origine du préjudice.

La responsabilité des personnes concernées est, en principe, dans le domaine des activités sportives, une responsabilité extra-contractuelle en raison de la situation dans laquelle est placé l'usager d'un service public administratif géré par une personne publique. Elle se distingue donc de la responsabilité civile qui est d'ordre contractuel s'agissant des dommages subis par les participants à des activités sportives organisées par des clubs et/ou des organisateurs de manifestations et dont la responsabilité est recherchée.

Le régime de droit commun de la responsabilité administrative est fondé sur la faute. Autrement dit, le fait dommageable doit, en principe, être fautif. Ce point est bien connu. Ainsi, le contentieux de la responsabilité administrative dans le domaine des activités physiques et sportives (V. jurisprudence) présente toute une palette de fautes de nature à engager la responsabilité d'une personne publique : la faute d'une autorité (en règle générale, le maire) dans l'exercice de ses pouvoirs de police (défauts de mesures de prévention de dangers) ; la faute du (d'organisation) ou de (d'exécution) service commise à l'occasion des activités sportives proposées par une personne publique ; faute présumée du défaut d'entretien normal de l'ouvrage public qui pèse sur la collectivité dans l'hypothèse de dommages causés aux usagers (régime spécifique applicable aux dommages liés aux équipements sportifs qualifiés d'ouvrages publics).

On soulignera enfin que, parmi les causes exonératoires de responsabilité, la faute de la victime, cause applicable à tous les systèmes de responsabilité, semble trouver dans le contentieux des activités sportives un accueil relativement large et débouche souvent sur une exonération partielle de la responsabilité de la collectivité publique. Cette tendance, observable aussi en matière de responsabilité civile, tient bien sûr à la nature même des activités sportives et au rôle actif joué par le sportif dans le cadre de sa pratique. Néanmoins, ce phénomène doit sans doute être mis en balance avec celui, plus général, de la préoccupation indemnitaire qui préside à l'application (mais aussi à leur élaboration parfois) des règles du droit de la responsabilité. ❑

PLAN DES ANNOTATIONS

I. RESPONSABILITÉ DES COMMUNES

A. FAUTE DU MAIRE DANS L'EXERCICE DE SES POUVOIRS DE POLICE

1. *Principe.* Lorsque l'accident survenu à un skieur, renversé par une avalanche sur une piste, est imputable au fonctionnement défectueux du « service des pistes » que le conseil municipal de la station avait décidé d'« assumer directement » et à celui de la police exercée par le maire au titre de l'art. 97 du code de l'administration communale [C. communes, art. L. 131-1 s., devenus CGCT, art. L. 2212-1 s.], la faute ainsi commise est de nature à engager la responsabilité de la commune. • CE, sect., 28 avr. 1967, *Lafont : Lebon 182 ; D. 1967. 434, concl. Galabert ; JCP 1967. II. 15296, note Rabinovitch.* ♦ Par cette jurisprudence, le Conseil d'État abandonne la référence à la notion de faute lourde, retenue en première instance par le tribunal administratif : • TA Grenoble, 14 oct. 1964, *Franchi et Lafont : D. 1965. 697, note Leroy ; JCP 1965. II. 13975, note Rabinovitch.*

1° PRÉVENTION DES DANGERS

a. Signalisation appropriée

1. Pistes de ski

2. *Dangers exceptionnels.* Eu égard au danger exceptionnel que présente une importante dépression naturelle, située en dehors des pistes balisées mais sur un trajet emprunté par de nombreux skieurs, le maire, en ne prenant pas les dispositions convenables, notamment par une signalisation appropriée, pour alerter les skieurs sur les risques encourus, a commis une faute de nature à engager la responsabilité de la commune. • CE 31 oct. 1990, ⚖ *Cne de Val-d'Isère c/ de Germiny : RCA 1991. Comm. 25.* ♦ V. aussi, s'agissant de l'absence de signalisation d'un torrent : • CE 27 sept. 1991, ⚖ *Cne de Pralognan-la-Vanoise : RCA 1991. Comm. 430.* ♦ ... S'agissant d'un défaut de signalisation d'une barrière située dans une zone habituellement empruntée par les skieurs : • CE 9 nov. 1983, *Dlle Cousturier : Lebon T. 858 ; D. 1985. IR 92, obs. Moderne et Bon.* ♦ ... S'agissant de l'absence de signalisation d'un important amas de grillage enfoui sous la neige : • CE 12 mai 1978, *Cts Lesigne : Lebon 725 ; D. 1979. 608, note Broussole.* ♦ ... S'agissant d'un défaut de signalisation d'une tranchée ouverte sur une piste non balisée, mais damée et utilisée fréquemment par les usagers de la station : • TA Grenoble, 4 juill. 1973, *Dujon et Hamadi c/ Cne de Contamines-Montjoie : D. 1974. 81, (2e esp.), note Rabinovitch.* ♦ ... S'agissant d'un défaut de signalisation d'un ravin situé en bordure de piste : • CAA Nancy, 9 mai 2005, ⚖ *Cne de Lamoura : req. n° 02NC01355.* ♦ ... S'agissant d'un défaut de signalisation d'un ravier édifié par la commune qui bien qu'implanté au fond d'une combe située en dehors des pistes balisées – et masquée par une bosse – se trouvait sur un parcours habituellement emprunté par les skieurs entre deux pistes, • CAA Lyon, 3 déc. 2009, *Cne de Fontcouverte : req. n° 06LY01464.*

3. Dangers contre lesquels les usagers doivent personnellement se prémunir. En admettant que l'accident dont a été victime un skieur soit dû à la présence sur la piste de ski qu'il empruntait d'une plaque rocheuse dissimulée sous la couche de neige et sur laquelle il avait dérapé, il ne résulte pas de l'instruction que l'absence de signalisation d'un tel obstacle, fréquent en haute montagne et contre lequel les skieurs doivent normalement se prémunir, ait été, dans les circonstances de l'espèce, constitutive d'une faute commise par le maire dans l'exercice de ses pouvoirs de police. • CE 12 déc. 1986, *Rebora : Lebon 281.* ♦ V. déjà, s'agissant d'une combe abrupte ne constituant pas un danger excédant ceux contre lesquels les usagers doivent personnellement se prémunir : • CE 11 juill. 1973, *Dlle Roques : D. 1974. 81, (1re esp.), note Rabinovitch.* ♦ V. aussi : • CAA Lyon, 16 févr. 1989, *Bui Van Tan : RCA 1989. Comm. 387, (1re esp.)* • CAA Lyon, 21 mars 1989, *Cne de Laveissière : RCA 1989. Comm. 387, (2e esp.)* • CAA Lyon, 14 oct. 2008, *Mme X et MAIF : req. n° 06LY01806* • CAA Lyon, 3 déc. 2009, *Dlle A. et a. : req. n° 06LY01464.*

4. Pour un danger suffisamment signalé, en l'espèce une poutrelle métallique de soutien d'un tunnel située sur une piste communale, V. : • CE 27 juin 1986, *Grospiron : D. 1987. 113, note Excoffier.* ♦ Pour un danger qui n'avait pas à être signalé, en l'espèce la présence de rochers aisément décelable qui ne présentait pas un caractère exceptionnel en zone de montage et n'excédait pas le danger contre lequel un skieur devait se prémunir par un comportement attentif et prudent. • CAA Lyon, 12 mai 2011 : *req. n° 10LY00710.*

2. Lieux de baignade

5. Plages. L'absence de toute signalisation sur la plage, ainsi que sur la plate-forme de laquelle un enfant de 16 ans s'est grièvement blessé en plongeant, du danger potentiel lié à la variation de la profondeur d'eau, révèle une carence du maire dans l'exercice de ses pouvoirs de police. • CAA Nantes, 25 févr. 2009, *Cne de l'Ile Tudy : req. n° 08NT00234.*

6. Il appartient aux maires des communes riveraines de cours d'eau, d'une part, de prendre des mesures appropriées en vue d'assurer la sécurité des personnes dans les baignades aménagées et, d'autre part, de signaler spécialement les dangers excédant ceux contre lesquels les intéressés doivent personnellement, par leur prudence, se prémunir. • CE 5 mars 1971, *Cne de Barjouville : Lebon 186.* ♦ V. également sur la nécessité de signaler des dangers particuliers connus de la municipalité, • CE 25 juin 2008, *Amegboh : req. n° 295849.* ♦ V. s'agissant de l'insuffisance de signalisation relative à une interdiction de baignade : • CAA Bordeaux, 23 févr. 2007, *Fonds de garantie des victimes des actes de terrorisme et d'autres infractions : req. n° 03BX00877.* ♦ V. s'agissant de l'insuffisance de signalisation de la délimitation de la zone surveillée de baignade et l'existence d'un danger pour les baigneurs dû à l'existence de forts courants à marée montante. • CAA Nantes, 23 mars 2004, *Cne de Plérin-sur-Mer : req. n° 00NT01827.*

7. Bien que s'agissant, en l'espèce, d'une baignade non aménagée, il incombait au maire de prendre les mesures nécessaires de signalisation du danger que constituait les restes d'une ancienne digue répandus sur le lit de la rivière en blocs de pierre et de ciment, lequel danger excédait ceux que l'on rencontre habituellement dans les cours d'eau. • CE 5 mars 1971, *Cne de Barjouville : préc. note 6.*

8. Commet une faute de nature à engager partiellement la responsabilité de la commune le maire qui s'est abstenu de signaler de manière appropriée et complète les limites d'un parcours de kayak sur une portion de rivière. • CAA Lyon, 9 févr. 1995, *Coupri : req. n° 94LY00224.*

9. En revanche, une commune n'est pas responsable de l'accident survenu à une personne qui se baignait dans une rivière en dehors de la baignade aménagée en un endroit où les dangers n'excédaient pas ceux que l'on rencontre habituellement, le maire n'étant pas tenu de prendre, à cet endroit, des mesures de surveillance ou d'installer un dispositif de surveillance. • CE 11 juin 1969, *Cne de Cournon d'Auvergne : JCP 1969. II. 16031.*

10. Compétence du maire. Sur l'exercice du pouvoir de police du maire sur le domaine privé : • CE 11 déc. 2008, *FFME : JCP Adm. 2009. 37, comm. Yolka ; AJDA 2009. 371, comm. F. Lagarde.*

b. Mesures d'interdiction

11. Risques d'avalanche. Une association n'est pas fondée à soutenir qu'un maire a entaché d'excès de pouvoir un arrêté interdisant, jusqu'au rétablissement de conditions météorologiques plus favorables, la pratique du ski de fond sur une partie du territoire de la commune, dès lors que cette mesure d'interdiction est limitée dans l'espace et dans le temps et justifiée par la nécessité de prévenir le danger d'accidents lié aux avalanches. • CE 22 janv. 1982, *Assoc. « foyer de ski de fond de Crévoux » : Lebon 30.*

12. Lieux de baignade. Commet une faute dans l'exercice de ses pouvoirs de police de nature à engager la responsabilité de la commune le maire qui a simplement laissé en place, aux abords d'un plan d'eau aménagé, des panneaux portant l'indication « baignade non surveillée », sans interdire la baignade ni avertir les usagers des dangers que présentait le plan d'eau. • CE 9 mai 1980, *Cne de Ladignac-le-Long : D. 1980. IR 501, obs. Moderne et Bon.*

13. Un maire n'a pas excédé ses pouvoirs de police en prenant une mesure d'interdiction générale de la baignade sur un plan d'eau, dès lors que cette mesure était justifiée, d'une part, par la configuration étroite et la superficie du lac qui rendaient la circulation des bateaux dangereuse pour les usagers et les riverains et, d'autre part, par la pollution des eaux et l'état d'envasement de ce lac qui constituaient une menace pour la santé des baigneurs éventuels. • CE 28 nov. 1980, *Cne d'Ardres : Lebon 449.*

14. Pratique du tir. Ne commet pas un détournement de pouvoir le maire qui, pour préserver la sécurité publique et prévenir les dangers liés à l'activité d'un club de tir, prend une mesure d'interdiction de la pratique du tir, dès lors que la sécurité publique n'aurait pu être assurée de la même façon par une mesure moins contraignante. • CE 25 nov. 1992, *Assoc. La Sarcelle : req. n° 110000.*

c. Mesures de précaution et de protection

15. Risques d'avalanche. Une commune engage sa responsabilité à l'égard des victimes d'une avalanche, dès lors que, compte tenu des risques encourus, elle n'a pas pris des mesures de prévision et de prévention suffisantes, notamment en ne procédant pas, dans la période de croissance de la station, à une étude approfondie des zones exposées à des risques d'avalanche. • CE 14 mars 1986, *Cne de Val-d'Isère : JCP 1986. II. 20670, concl. Lasserre, note Moderne.* ♦ … La circonstance que le retard apporté à la délimitation des zones exposées aux risques naturels engage la responsabilité de l'État, auquel il incombe de prendre les mesures imposées par la législation de l'urbanisme, n'étant pas de nature à exonérer la commune de la responsabilité encourue du fait de ses obligations en matière de police de la sécurité. • Même arrêt. ♦ Comp. : • CE 16 juin 1989, *Assoc. « Le ski alpin murois » : Lebon 141.*

16. Pistes de ski. N'a pas commis de faute le maire qui n'a pris aucune mesure spéciale de protection autour d'une excavation située aux abords d'une piste, dès lors notamment qu'il s'agissait d'une piste rouge, c'est-à-dire classée « difficile » et ne devant, par conséquent, être empruntée que par des skieurs expérimentés, ce qui n'était pas le cas de la victime. • CAA Lyon, 23 févr. 1993, *Cne de Saint-Bon : req. n° 91LY00872.* ♦ … Commet une faute le maire qui n'a aménagé aucune protection du remblai d'un téléski situé à proximité immédiate d'une piste dangereuse empruntée par de jeunes enfants. • CAA Nancy, 14 déc. 2006, *Colas : req. n° 05NC01012.*

17. Pour une décision ayant retenu la responsabilité pénale d'un maire, au titre de l'infraction de coups et blessures involontaires, pour n'avoir pas protégé la base des pylônes d'un téléski, V. : • Crim. 18 janv. 1990 : *RCA 1990. Comm. 125.*

18. Pistes de luge. Est constitutive d'une faute du maire dans l'exercice de ses pouvoirs de police l'insuffisance d'un dispositif de protection en bas d'une piste de luge, lequel dispositif n'a pas permis d'éviter la chute d'un usager dans le lit d'une rivière. • CE 4 févr. 1983, *Cne du Mont-Dore : req. n° 32046.*

19. Divers. Le maire d'une commune, qui ne pouvait ignorer le danger créé par la présence d'une ligne à haute tension surplombant un plan d'eau et qui ne l'a pas signalé aux dirigeants d'une école de voile, commet une faute en relation directe de cause à effet avec l'accident dont a été victime un stagiaire de l'école en ne prenant pas les mesures appropriées qu'imposait la situation. • CE 28 mai 1971, *Cne de Châtelaudren : Lebon 400.*

20. Un maire commet une faute en s'abstenant de faire usage de ses pouvoirs de police pour édicter une réglementation relative à l'accès à un terrain de sport (terrain de basket-ball installé sur une aire de jeu communale) et destinée à réduire les nuisances sonores résultant de son utilisation. • CE 28 nov. 2003, *Cne de Moissy-Cramayel : req. n° 238349.* ♦ De même, constitue une carence du maire dans l'exercice de ses pouvoirs de police le fait d'avoir pris des mesures insuffisantes pour éviter l'intrusion de jeunes gens sur un stade en dehors des heures d'ouverture, engendrant des nuisances sonores. • CAA Paris, 20 janv. 2014 : *req. n° 11PA05104.*

2° ORGANISATION DES SECOURS

21. Il appartient aux communes sur le territoire desquelles sont situées des baignades qui, sans avoir été aménagées, font l'objet d'une fréquentation régulière et importante, de prendre les mesures nécessaires à l'intervention rapide des secours en cas d'accident ; dès lors, commet une faute le maire qui n'a pas fait installer une cabine téléphonique à proximité d'un lieu de baignade, alors que plusieurs accidents s'étaient produits auparavant sur ce lieu. • CE 13 mai 1983, *Vve Lefebvre : Lebon 194 ; AJDA 1983. 476, concl. Boyon ; D. 1984. IR 340, obs. Moderne et Bon.*

3° ATTÉNUATION OU EXCLUSION DE RESPONSABILITÉ

22. Faute de la victime. Commet une faute ayant concouru, pour partie, à son propre dommage le skieur qui tente de franchir un obstacle, certes non signalé, mais qu'il était possible d'éviter. • TA Grenoble, 4 juin 1981, *AGF c/ Cne de Val-d'Isère : Gaz. Pal. 1982. 1. 101* • CE 9 nov. 1983, *Dlle Cousturier : préc. note 2.* ♦ ... Ou le skieur qui connaissait la présence de l'obstacle non signalé. • TA Grenoble, 4 juill. 1973, *Dujon et Hamadi c/ Cne de Contamines-Montjoie : préc. note 2.* ♦ ... Ou celui qui circulait sur une piste non balisée. • CE 22 déc. 1971, *Cne de Mont-de-Lans : JCP 1973. II. 17289, note Rabinovitch.* ♦ Pour des accidents exclusivement imputables à une imprudence de la victime, V. : • CE 11 juill. 1973, *Dlle Roques : préc. note 3* • CE 27 juin 1986, *Grospiron : préc. note 4* • CAA Lyon, 19 nov. 2009, *Mr A. c/ Cne de La Bourboule : req. no 07LY02732* • CAA Nantes, 21 févr. 2008 : *req. no 07NT00360.* ♦ Pour des accidents comportant également une faute de la famille de la victime imprudente, V. : • CAA Bordeaux, 23 févr. 2007, *Fonds de garantie des victimes des actes de terrorisme et d'autres infractions : préc. note 6.*

23. Sur la faute d'un baigneur qui s'était avancé imprudemment jusqu'au milieu d'un plan d'eau dont il ne connaissait pas la profondeur, alors qu'il ne savait pas nager. • CE 9 mai 1980, *Cne de Ladignac-le-Long : préc. note 12.*

24. Force majeure. L'avalanche qui a dévasté un chalet entraînant la mort de plusieurs personnes n'a pas présenté, malgré sa violence exceptionnelle, un caractère de force majeure de nature à exonérer la commune de sa responsabilité, dès lors que d'autres avalanches de même provenance avaient précédemment atteint la zone où était situé le chalet. • CE 14 mars 1986, *Cne de Val-d'Isère : préc. note 15.*

25. Compétence juridictionnelle. L'exploitation des pistes de ski, avec notamment les services liés à leur entretien et leur sécurité, constitue non un service public administratif mais un service public industriel et commercial. En raison des liens de droit privé établis entre les services publics industriels et commerciaux et leurs usagers, les tribunaux de l'ordre judiciaire sont seuls compétents pour connaître des litiges opposant des victimes aux communes en leur qualité d'exploitant de stations. • CE 19 févr. 2009, *Beaufils et a. : JCP Adm. 2009. 47. note Pellissier ; RFDA 2009. 777, note Pouyaud ; RJ éco. sport no 92, 2009. 76, obs. Sauviat* • Civ. 1re, 31 mars 2011 : *no 09-10.560.* • CE 31 mai 2013, *Consorts X,* req. no 350887 : *Lebon à paraître ; AJDA 2013. 1137 ; D. 2014. 396, obs. CDES, Université de Limoges .*

B. FAUTE DE SERVICE

26. Fonctionnement défectueux du service des pistes. Sur la responsabilité de communes pour des accidents de ski imputables à un fonctionnement défectueux du service chargé d'assurer la sécurité sur les pistes de ski d'une station, V. : • CE 28 avr. 1967, *Lafont : préc. note 1* • 4 mars 1991, *Cne de Saint-Lary-Soulan : RCA 1991. Comm. 217.*

27. Défaut de surveillance des bassins de natation. Lorsqu'un accident est survenu à un élève à l'occasion d'une séance scolaire de natation dans une piscine municipale, la possibilité de mettre en jeu la responsabilité de l'État devant les juridictions judiciaires, en cas de faute imputable à un enseignant, ou devant la juridiction administrative, en cas de défaut dans l'organisation du service public de l'enseignement, n'exclut pas que la responsabilité de la commune puisse être recherchée devant le juge administratif à raison soit d'un défaut d'aménagement de l'ouvrage constitué par la piscine municipale, soit d'une faute de surveillance ou d'une méconnaissance des exigences relatives à la sécurité de la part du personnel communal chargé d'assurer la surveillance du bassin. • CE 10 juin 1988, *Cts Metnaoui : Lebon 235.* ♦ V. plus récemment. • CE 10 févr. 2010, *Cne de Grasse : req. no 313295.*

28. Constitue un défaut d'organisation et de fonctionnement du service de nature à engager la responsabilité d'une commune le fait, pour des agents municipaux affectés à la sécurité de la piscine, de n'avoir pas surveillé le petit bassin de natation dans lequel s'est produit l'accident ni depuis la « chaise haute » d'où ledit bassin pouvait être observé et depuis laquelle les règles de sécurité applicables prévoyaient que devait être assurée la surveillance d'ensemble, ni depuis le bord de ce bassin où s'ébattaient une quarantaine d'enfants, alors que les trois maîtres nageurs présents se trouvaient à la hauteur du grand bassin où le nombre de baigneurs était réduit. • CAA Paris, 3 juin 1996, *Cie Préservatrice Foncière Assurances : req. no 94P00325.* ♦ V., plus récemment • CAA Lyon, 6 mai 2010, *Cne d'Oullins,* req. no 08LY00264 : *JS 2010, no 102, p. 9, obs. F. L.* (surveillant chargé du petit bassin qui se trouvait à une dizaine de mètres de ce dernier et qui n'a pas vu l'enfant se noyer alors que la piscine était très peu fréquentée).

29. Constitue un défaut de surveillance de nature à engager la responsabilité de la commune le fait d'avoir laissé flotter sous un plongeoir, dont l'accès n'était pas interdit, une bouée faite à partir d'une grosse chambre à air de camion. • CE 8 févr. 1984, *Ville de Pantin : D. 1984. IR 489, obs. Foucher.* ♦ V. déjà, pour des fautes de surveillance des bassins de natation : • CE 5 oct. 1977, *Groupement d'aménagement de la zone urbaine de Pont-à-Mousson : Lebon T. 964 ; JCP 1980. II. 19319, 2e esp., note Brard* (maîtres-nageurs ayant laissé évoluer des baigneurs sous les plongeoirs) • CE 9 juill. 1975, *Ville de Cognac : Lebon 413* (maîtres-nageurs n'ayant pas fait respecter l'interdiction réglementaire d'utiliser le plongeoir de 5 mètres) • CE 5 oct. 1973, *Ville de Rennes : Lebon 551* (maître-nageur occupé à ouvrir une cabine d'habillage et détourné, de ce fait, de sa mission de surveillance, laquelle exigeait une vigilance particulière dans une piscine où le grand bain et le petit bain n'étaient pas matériellement séparés) • CE 14 juin 1963, *Épx Hébert : D. 1964. 326, note Lalumière* (maîtres-nageurs occupés à donner des leçons particulières et n'exerçant de ce fait aucune surveillance).

30. Sur des fautes d'imprudence, commises par les victimes, ayant exonéré entièrement la commune de sa responsabilité, V. : • CE 3 mars 1971, *Dame Portal : Lebon 183* (enfant qui s'était noyé en tentant d'explorer le conduit d'évacuation de l'eau de la piscine après avoir enlevé la grille de protection, laquelle n'était toutefois pas munie d'un système de verrouillage) • CE 29 févr. 1980, *Cne de Saint-Jean-Pied-de-Port : Lebon 119 ; D. 1980. IR 316, obs. Moderne et Bon* (personne victime d'une hydrocution alors qu'elle se baignait dans le grand bassin de la piscine au mépris d'une interdiction de baignade affichée à l'entrée de l'établissement). ♦ Pour un arrêt relevant l'absence de faute dans l'organisation du service : • CE 2 févr. 1972, *Cts Deborne : Lebon 102.*

31. Sont de nature à exonérer partiellement une commune de sa responsabilité dans l'accident survenu à un jeune enfant dans une piscine les fautes graves commises par les responsables d'une garderie d'enfants tenant notamment à l'absence d'agrément de cette structure, à l'insuffisance quantitative et qualitative des préposés chargés de l'encadrement des enfants et à la circonstance que la victime n'était inscrite à la garderie que pour la pratique du tennis. • CAA Paris, 3 juin 1996, *Cie Préservatrice Foncière Assurances : préc. note 28.* ♦ V., pour un manquement de la tante de l'enfant victime d'une noyade à son devoir de surveillance • CAA Lyon, 6 mai 2010, *Cne d'Oullins*, req. n° 08LY00264 : *préc. note 28.*

32. Faute dans l'organisation d'une activité ou d'une manifestation sportive. Une école municipale des sports qui organise une activité sportive sur un mur d'escalade commet une faute de nature à engager sa responsabilité en mettant à la disposition des pratiquants un matériel d'escalade inadapté. • TA Paris, 6 juill. 1994, *Mahri : req. n° 9300413/3*, confirmé par : • CAA Paris, 3 déc. 1996, *ONF : req. n° 94PA01526.*

33. Sur la responsabilité d'une commune pour n'avoir pas pris les précautions qui s'imposaient pour garantir la sécurité des participants à un jeu d'équilibre organisé dans le cadre d'une fête locale : • CE 10 févr. 1984, *Launey : Lebon 65 ; D. 1985. IR 93, obs. Moderne et Bon ; AJDA 1984. 405, note Moreau.*

34. Le fait pour une commune d'avoir organisé une course cycliste en violation d'un arrêté préfectoral interdisant la participation de coureurs non licenciés, et de n'avoir pas pris, en outre, les mesures efficaces en vue de prévenir les accidents, constitue un défaut d'organisation de l'épreuve de nature à engager sa responsabilité. • CE 24 juin 1964, *Cne de Plouisy : Gaz. Pal. 1964. 454.*

35. Lorsqu'une commune a confié l'organisation d'un spectacle taurin à une entreprise de spectacles, cette dernière se trouve substituée à la commune pour la réparation des dommages qui ont pu résulter de la mauvaise organisation ou du mauvais fonctionnement du service public. • CE 21 avr. 1982, *Dames Daunes et Bareille : D. 1983. IR 316, obs. Moderne et Bon.* ♦ Toutefois, si la responsabilité de la commune ne peut être retenue à titre principal en l'absence de toute faute des services municipaux, elle peut l'être à titre subsidiaire eu égard à l'insolvabilité de l'entreprise. • Même arrêt.

36. Sur la responsabilité d'une commune exploitant une piste de ski synthétique dans un complexe de loisirs après la chute d'un jeune usager ayant entraîné un traumatisme crânien. En l'absence de protections suffisantes qui créait un risque particulier et d'avertissement relatif à la présence de verglas et à l'utilité du port du casque, la responsabilité de la commune est engagée. • Douai, 12 mai 2016, n° 14/03478.

37. Organisation des secours. Aucune faute ne peut être relevée à l'encontre d'une commune dans l'accident dont a été victime l'usager d'une piscine, dès lors que cet accident n'est pas imputable à une insuffisance des mesures prises par la ville pour assurer tant la surveillance des bassins que l'organisation des secours, la victime ayant été très rapidement secourue par un maître-nageur et transportée dans un établissement hospitalier. • CE 19 mai 1983, *Dame Policardo : Lebon T. 839 ; D. 1984. IR 335, obs. Moderne et Bon.*

C. DÉFAUT D'ENTRETIEN D'UN OUVRAGE PUBLIC

1° APPLICATIONS

38. Piste de ski. Une piste de ski ne constitue pas par elle-même un ouvrage public, en sorte qu'un skieur accidenté n'est pas fondé à soutenir que l'accident dont il a été victime engage la responsabilité de la commune en l'absence de faute de celle-ci. • CE 12 déc. 1986, *Rebora : préc. note 3.* ♦ Comp. : • CE 27 juin 1986, *Grospiron : préc. note 4.*

39. Installation de protection. Est justifiée la décision de rejet de la demande en réparation d'un skieur blessé à la suite d'un heurt avec un poteau soutenant un filet de protection placé par la commune pour empêcher la sortie des usagers hors de la piste, dès lors que la conception ou l'implantation de cet ouvrage ne révèle pas un aménagement défectueux constitutif d'un défaut d'entretien normal. • CE 13 févr. 1987, *Vieville : Lebon 59.*

40. Une commune engage partiellement sa responsabilité, même en l'absence de faute de sa part, à l'égard d'un skieur décédé après avoir heurté un poteau métallique supportant deux haut-parleurs destinés à la sonorisation du stade de slalom jouxtant la piste de ski sur laquelle il évoluait, dès lors que, si ce skieur était bien usager de la piste, il avait en revanche la qualité de tiers par rapport au stade de slalom dont le poteau métallique constituait un accessoire. • CE 24 mai 2000, *Électricité de France, Cts Anotaux : req. nos 188002 et 188036.*

41. Piscines. Une commune engage partiellement sa responsabilité, sur le fondement d'un défaut d'entretien normal de l'ouvrage public, à l'égard d'un jeune enfant qui a été blessé à la suite du bris d'une verrière bordant le palier des douches d'une piscine municipale. • CE 20 mai 1981, *Ville du Bourget : D. 1982. IR 111, obs. Moderne.* ♦ ... Ou à l'égard d'un usager blessé à la suite d'un choc avec l'un des montants verticaux de l'échelle d'accès au bassin, non pourvu des habituelles crosses en tube d'acier propres à éviter les angles vifs. • CE 9 mars 1977, *Cne de Bretoncelles : Lebon T. 991.* ♦ V., s'agissant d'un bassin et d'un toboggan aquatique • CAA Lyon, 3 mai 2012, *Cne de Saint-Vulbas : req. no 11LY01579.*

42. Gradins mobiles. Le juge administratif n'est pas compétent pour connaître de la demande en réparation, à l'encontre d'une commune, formulée par un spectateur victime d'un accident dans une salle municipale des sports, à la suite de la rupture de la planche centrale d'un dossier de gradins, dès lors que ces gradins n'étaient pas fixés au sol de la salle qui ne comportait aucun aménagement spécial et ne présentaient pas, par conséquent, le caractère d'un ouvrage public • TA Pau, 11 déc. 1979, *Ville d'Orthez : D. 1980. IR 490, obs. F. Alaphilippe et J.-P. Karaquillo.* ♦ Pour un arrêt ayant considéré qu'une tribune destinée à un stade, d'une conception adaptée à celui-ci et ayant donné lieu, sur celui-ci, à des aménagements spéciaux pratiqués pour la recevoir, présente le caractère d'un ouvrage public, alors même qu'elle serait démontable : • CE 11 déc. 1970, *Ville de Saint-Nazaire : Lebon 764.*

43. Terrain de football. Le propriétaire qui subit des nuisances du fait de l'affectation à la pratique du football d'un terrain voisin du sien, et du fait de l'insuffisance des protections permettant d'éviter que les ballons ne tombent sur sa propriété, doit être regardé comme supportant, du fait du fonctionnement du terrain de football, un dommage excédant les sujétions que les riverains d'un tel ouvrage public sont normalement appelés à supporter. • CE 22 mars 1991, *Rivat,* req. no 71176 : *Lebon T. 1179.* ♦ V. aussi • CAA Bordeaux, 4 avr. 1996, *Cne de l'Houmeau : req. no 95BX00245* • CAA Nantes, 24 mai 2012, *M. X : req. no 10NT01947.*

44. Cages de buts. Une commune engage sa responsabilité à l'égard d'une personne qui a été blessée par le renversement d'une cage de buts alors qu'elle jouait au football dans le stade municipal sur un terrain affecté à ce sport, dès lors que ce stade municipal, dont ladite cage est un élément, constitue un ouvrage public et qu'elle ne rapporte pas la preuve de l'entretien normal de cette installation. • CE 15 févr. 1989, *Dechaume : Lebon T. 975 ; RFDA 1. 230, concl. Stirn.* ♦ V. déjà, pour un arrêt du Tribunal des conflits ayant considéré qu'un élève d'un lycée, blessé par la chute d'un poteau de but au cours d'un jeu de ballon, avait été victime d'un dommage provoqué par un ouvrage public : • T. confl. 27 juin 1966, *Le Burel : Lebon T. 901.* ♦ V. également : • CAA Bordeaux, 13 mai 2004, *Cne de Bosmie-l'Aiguille : req. no 00BX00480.* ♦ V. aussi, s'agissant d'un accident survenu à un enfant de 12 ans durant un match de football qu'il disputait dans le cadre d'un cours d'éducation physique ayant pour cause l'absence de fixation au sol de la cage de buts, carence constituant un défaut d'entretien normal de l'ouvrage public dont il s'agit : • CAA Lyon, 6 juin 1996, *Cne de Valréas : req. no 94LY00304.*

45. Agrès de gymnastique. Révèle un défaut d'entretien normal d'un ouvrage public engageant la responsabilité d'une commune la défectuosité d'un chariot servant au levage et au transport d'agrès, lesquels, bien que pouvant être déplacés, représentent un élément de l'ouvrage public constitué par le gymnase dont la victime était un usager. • CAA Lyon, 22 nov. 2001, *Bonnot : req. no 97LY00006.* ♦ Concernant l'absence d'un barreau rendant un agrès en bois dangereux, absence non signalée. • CAA Marseille, 29 mai 2006, *Cne de Nîmes : req. no 03MA01157.* ♦ La victime étant usager de l'ouvrage public, la commune ne saurait, pour s'exonérer de tout ou partie de sa responsabilité, invoquer le fait du tiers, en l'occurrence une faute de surveillance de l'enseignante d'éducation physique qui n'aurait pas dû laisser les élèves effectués seuls une manœuvre délicate. • Même arrêt. ♦ V. aussi s'agissant d'un agrès de parcours de santé et le descellement d'un des barreaux de l'échelle. • CAA Bordeaux, 20 juin 2006, *MSA Pyrénées-Atlantiques : req. no 03BX00692.*

46. Site naturel d'escalade. Compte tenu de son aspect, et nonobstant l'existence de plusieurs pitons, le site choisi par la victime pour pratiquer l'escalade au cours de laquelle un rocher, en se détachant de la paroi, l'a mortellement blessée, ne faisait manifestement pas partie du secteur spécialement aménagé à l'initiative de la commune pour pratiquer l'initiation à l'escalade, en conséquence de quoi les ayants droit de la victime ne sont pas fondés à soutenir que celle-ci aurait été induite en erreur par la proximité des deux sites et qu'elle ne se serait écartée du secteur aménagé que par l'effet d'une insuffisance de signalisation constitutive d'un défaut d'entretien normal de l'ouvrage public que constituerait « l'école d'escalade ». • CAA Bordeaux, 4 juill. 2002, *Cts X. c/ Cne de Baudéan : req. n° 99BX00073.*

47. Divers. Sur la responsabilité d'une commune à l'égard d'une spectatrice qui assistait à une course de taureaux dans une arène, l'absence de dispositif de protection et de signalisation à l'endroit de la chute révélant un défaut d'entretien normal de l'ouvrage public : • CE 23 févr. 1968, *Ville de Nîmes : Lebon 139.* ♦ Pour des arrêts ayant dénié le caractère d'ouvrage public : à une installation de saut en hauteur dans une école, constituée par des poteaux métalliques posés au sol et entre lesquels une corde pouvait être tendue : • CE 23 juin 1971, *Cne de Saint-Germain-Langot : Lebon 468.* ♦ ... Ou à un plongeoir installé sur une plage : • CE 12 oct. 1973, *Cne de Saint-Brévin-les-Pins : Lebon 567* • CAA Lyon, 12 mars 2002, *Cne de Paladru : req. n°s 00LY00445 et 00LY01461.* ♦ ... Ou encore à un circuit automobile construit dans une forêt domaniale par une association sportive, personne morale de droit privé, et dans son intérêt exclusif : • CE 16 févr. 1977, *Automobile club normand : Lebon T. 990.* ♦ Révèle un défaut d'entretien normal de l'ouvrage public la libération brutale de la manivelle du dispositif de tension du filet d'un court de tennis : • CAA Marseille, 19 févr. 2007, *Pons : req. n° 04MA00699.* ♦ V., s'agissant de l'aménagement défectueux d'une piste de patins à roulettes. • CAA Nantes, 27 déc. 2007, *Ville de Nantes : req. n° 06NT01485.* ♦ V., s'agissant d'un passage (dépourvu d'éclairage et comportant un fossé non signalé) situé dans l'enceinte d'un complexe sportif municipal • CAA Bordeaux, 13 nov. 2012 : *req. n° 11BX00905.* ♦ V., s'agissant de la chute d'une étagère dans un vestiaire d'un centre sportif communal. • CAA Marseille, 19 sept. 2013 : *req. n° 11MA03437.* ♦ V., sur la responsabilité partielle d'une commune pour la présence d'un tube métallique, vestige d'un panneau de signalisation et dépassant d'un trottoir, ayant blessé le participant d'une course à pied. • CAA Lyon, 7 juill. 2016, n° 15LY02137.

2° FAUTE DE LA VICTIME

48. Pour des fautes d'imprudence commises par les victimes ayant exonéré partiellement des communes de leur responsabilité pour défaut d'entretien ou d'aménagement d'un ouvrage public leur appartenant, V. : • CE 9 mars 1977, *Cne de Bretoncelles : préc. note 41* • 20 mai 1981, *Ville du Bourget : préc. note 41* • 15 févr. 1989, *Dechaume : préc. note 46* • CAA Bordeaux, 13 mai 2004, *Cne de Bosmie-l'Aiguille : préc. note 44* • CAA Bordeaux, 13 nov. 2012 : *req. n° 11BX00905.* ♦ Sur la faute exclusive d'un coureur cycliste qui n'a pas fait attention à des excavations se trouvant sur le parcours : • CE 11 mai 1977, *Beauvieux : Lebon 213.* ♦ S'agissant d'un accident survenu sur un skate parc exclusivement dû à l'imprudence (notamment absence de protections et utilisation d'un vélo non adapté à la pratique du vélo acrobatique) d'un utilisateur. • CE 31 mai 2013 : *req. n° 348307* • 15 oct. 2014, n° 366163 : *Dict. perm. dr. sport 2015, Bull. n° 220, p. 3, obs. D. Rémy et A. Renard.*

D. DOMMAGES CAUSÉS AUX COLLABORATEURS OCCASIONNELS DU SERVICE PUBLIC COMMUNAL

49. En participant à une opération de secours en montagne, une personne, bien que son concours ait été sollicité par un agent de l'État, a participé à un service public communal. • CE 19 mars 1982, *Ranchoup : D. 1983. IR 133, obs. Moderne et Bon.* ♦ En revanche, la circonstance selon laquelle des organisateurs d'une fête locale ont incité une équipe de rugby à faire participer des habitants de la commune pour « défendre les couleurs » locales, n'a pas pour effet de conférer à un membre de cette équipe, simple concurrent dans une compétition à l'organisation de laquelle il n'est pas allégué qu'il ait pris part, la qualité de collaborateur d'un service public communal. • CE 10 févr. 1984, *Launey : Lebon 65 ; D. 1985. IR 93, obs. Moderne et Bon ; AJDA 1984. 405, note Moreau.* ♦ En concourant à une opération destinée à assurer la promotion d'une commune qui présentait un caractère d'intérêt général, une personne qui n'était liée par aucun contrat avec ladite commune et n'avait reçu aucune rémunération pour ses prestations est considérée comme intervenant en qualité de collaborateur occasionnel du service public. • CAA Lyon, 12 mai 2011, *Laurent A : req. n° 10LY00273.*

II. RESPONSABILITÉ DES ÉTABLISSEMENTS PUBLICS DE COOPÉRATION INTERCOMMUNALE

50. Compétence juridictionnelle. Sur l'incompétence du juge administratif pour connaître d'un litige concernant un skieur victime d'une chute sur une piste gérée par une régie directe intercommunale. • CAA Bordeaux, 10 juin 2008, *Aizpeolo Oyarbide : AJDA 2008. 2049, chron. Vié.* ♦ V. aussi note 25.

51. Le fait pour des maîtres nageurs de ne pas être intervenus auprès d'enfants pour leur interdire la pratique de l'apnée, prohibée par le règlement intérieur de la piscine, et alors même que le règlement précise que les maîtres nageurs sont chargés de faire appliquer ce règlement, constitue une faute de nature à engager la responsabilité d'une communauté de communes. • TA

Rennes, 8 avr. 2004 : *JCP A 2004. 1384, note Moreau.*

III. RESPONSABILITÉ DE L'ÉTAT

A. FAUTE DANS L'ORGANISATION ET LE FONCTIONNEMENT DU SERVICE

52. L'État doit être déclaré entièrement responsable de l'accident survenu à une élève alors qu'elle effectuait un exercice d'équilibre à la poutre pendant un cours d'éducation physique, dès lors qu'il résulte de l'instruction que cet accident a été provoqué par une insuffisance d'adhérence de la poutre et par un manque de précautions en vue d'éviter les chutes dangereuses, l'administration ne pouvant utilement se prévaloir de ce que le matériel aurait été conforme aux normes définies par l'association française de normalisation. • CE 10 nov. 1982, *Min. de l'Éducation nationale c/ Bessenay : req. n° 33402.* ♦ De même, l'État engage sa responsabilité pour défaut d'organisation d'une manifestation sportive scolaire, au cours de laquelle un élève a été mortellement blessé par un javelot en dehors de l'aire de lancer, dès lors que cette manifestation s'est caractérisée par une grave insuffisance de l'encadrement des compétiteurs et qu'en particulier les jeunes gens ayant lancé le javelot ou attendant leur tour n'étaient pas surveillés, la surveillance étant limitée à l'aire de lancer elle-même. • CE 10 févr. 1997, *Cts Mailehako : req. n° 157543.*

53. A la suite du décès d'un élève par suite de l'effondrement d'un poteau de basket-ball sur le terrain de sport d'un lycée, la région maître de l'ouvrage et l'État doivent être déclarés conjointement et solidairement responsables, la première pour défaut d'entretien de l'ouvrage public et le second pour faute dans l'organisation du service public et dans l'exercice de sa mission de sécurité telle qu'elle résulte de l'art. 8 du décret du 30 août 1985. • CAA Paris, 23 nov. 1995 : *Juris-Data n° 049764.* ♦ Sur la condamnation, dans la même affaire, de l'intendant du lycée du chef d'homicide involontaire, V. : • Paris, 12 janv. 1996 : *Juris-Data n° 020061.*

54. La participation d'un élève à une compétition de rugby organisée dans le cadre de l'Association du sport scolaire et universitaire ne lui donne pas la qualité de collaborateur occasionnel du service public, en sorte que la responsabilité de l'État ne pourrait être engagée à l'occasion d'un accident survenu au joueur que si une faute pouvait lui être imputée dans l'organisation ou le fonctionnement du service et non pas sur le fondement du risque. • CE, sect., 2 févr. 1979, *Min. de l'Agriculture c/ Gauthier : Lebon 38 ; AJDA 1979. 48, concl. Dondoux ; D. 1980. 6, note Rouault ; JCP 1980. II. 19378, note Simon.* ♦ En l'espèce, une telle faute ne peut être reprochée à l'administration qui n'a pas interdit la participation de l'élève à la compétition, dès lors que, d'une part, le père de la victime avait autorisé son fils à pratiquer le rugby dans le cadre de l'association sportive de l'établissement scolaire et que, d'autre part, le joueur n'avait pas transmis à la direction de l'établissement de certificat d'incapacité pour la pratique des sports. • Même arrêt. ♦ Comp. : • TA Clermont-Ferrand, 16 avr. 1991, *Épx Kauffmann : Lebon T. 1216* (V. note 1 ss. art. L. 131-15 C. sport).

55. Les parents d'un élève, décédé à la suite d'un malaise cardio-respiratoire alors qu'il participait à une course d'endurance dans le cadre d'une séance d'éducation physique et sportive, ne sont pas fondés à demander réparation de leur préjudice à l'État sur le fondement d'une faute dans l'organisation et le fonctionnement du service public, dès lors qu'il résulte de l'instruction que le dossier scolaire de l'élève ne mentionnait aucun antécédent médicalement constaté, qu'aucune contre-indication de quelque nature que ce soit à la pratique du sport n'était connue de l'équipe enseignante, et qu'enfin les secours d'urgence ont été prévenus et sont intervenus rapidement après les premiers soins prodigués par les agents de l'établissement. • CAA Nantes, 30 déc. 1998, *Prevost : req. n° 95NT00036.*

56. Si le chef d'un établissement d'enseignement est, de droit, président de l'association sportive de l'établissement, c'est en sa qualité d'agent de l'État qu'il est appelé à contrôler et à attester l'accomplissement, par l'association sportive qu'il préside, de l'obligation de contracter une assurance en faveur des élèves affiliés à celle-ci ; les actes qu'il accomplit à ce titre sont donc de nature à engager la responsabilité de l'État. • CE 16 févr. 1977, *Dame Archeray : Lebon 88.* ♦ Rappr. : • CE 27 nov. 1985, *Caisse de coordination aux assurances sociales de la RATP : Lebon T. 783.*

57. Les courses de vitesse en circuit fermé mettant en compétition des véhicules pouvant dépasser la vitesse de 200 km à l'heure ne peuvent être disputées que sur des circuits ayant fait l'objet d'une homologation par le ministre de l'intérieur après une visite effectuée par la commission nationale d'examen des circuits de vitesse, de sorte qu'en autorisant une telle course, en se fondant uniquement sur l'avis de la commission départementale de la circulation et de la sécurité routière, incompétente pour ce type d'épreuve, le préfet a commis une faute de nature à engager la responsabilité de l'État en cas d'accident lors du déroulement de la course. • CAA Lyon, 16 juill. 1992, *Petelet et a. : Lebon T. 1332*.

58. S'il incombe à l'État, dans le cadre de la direction des activités d'enseignement de veiller à la compétence professionnelle et pédagogique des intervenants extérieurs et à la sécurité générale des activités ainsi confiées à des personnels non enseignants, il ne lui appartient pas de fixer, au-delà de ce qu'imposent les exigences pédagogiques, le mode de fonctionnement des installations et l'organisation des services dont il est appelé à faire usage à cette occasion ; s'agissant en particulier d'une piscine municipale, la définition de règles de sécurité et de surveillance des bassins ainsi que leur respect relèvent de la responsabilité de la commune et des maîtres nageurs, lesquels possèdent les compétences professionnelles spécifiques qu'exige le fonctionnement d'une telle installation. • TA Lille, 18 déc. 1997, *Épx Debril : req. n° 94-2963.*

B. DÉFAUT D'ENTRETIEN D'UN OUVRAGE PUBLIC

59. Mur d'escalade. S'il incombe à l'État, en tant que propriétaire d'un parc national forestier, d'assurer l'accueil, l'information et, d'une manière générale, la sécurité du public présent dans le parc, il en va différemment de l'usage des installations particulières qui, tel un mur d'escalade, ne peuvent être utilisées que par une catégorie particulière d'usagers sous la surveillance et la conduite de moniteurs spécialement formés à cette discipline, dont l'exercice comporte des risques que les intéressés ne peuvent ignorer. • CAA Paris, 3 déc. 1996, *Office national des forêts : req. n° 94PA01526.* ♦ Ainsi, dès lors que l'accident dont un enfant a été victime a eu lieu alors qu'il était placé sous la surveillance et donc la responsabilité d'un service municipal des sports et que l'absence d'ameublissement du sol au pied du mur d'escalade pour réduire les conséquences des chutes éventuelles ne saurait être à l'origine de l'accident, l'Office nat. des forêts est fondé à soutenir que c'est à tort que le tribunal administratif a estimé que la responsabilité de l'État était engagée pour défaut d'entretien normal de l'ouvrage public concerné. • Même arrêt. ♦ V. note 32.

60. L'État doit être tenu pour partie responsable de la noyade d'une personne qui, alors qu'elle naviguait en canoë sur une rivière, s'est trouvée aiguillée vers le bras d'un cours d'eau sur lequel était implanté un barrage à clapets. La circonstance que la flèche figurant sur un panneau de signalisation situé en amont du barrage et destiné aux pratiquants de canoë-kayak ait été mal orientée constitue en effet un défaut d'entretien normal de nature à engager la responsabilité de la puissance publique, dès lors que l'État n'établit pas que ses services assuraient une surveillance régulière de la signalisation mise en place sur la rivière et n'auraient pas disposé du temps nécessaire pour déceler et supprimer cette anomalie avant que ne se produise l'accident. • CAA Bordeaux, 30 nov. 1998, *Min. de l'Équipement, du Logement, des Transports et du Tourisme c/ Hine : req. n° 96BX00732.* ♦ Toutefois, la responsabilité de l'État est atténuée par la faute de la victime qui a commis une imprudence en ne revêtant pas le gilet de sauvetage dont le port est recommandé pour la pratique de cet exercice. • Même arrêt.

61. Obstacle sur un champ de courses. Jugé que l'accident dont a été victime un concurrent d'un concours hippique à la suite du franchissement d'un bassin dont les berges étaient renforcées par des troncs d'arbres superposés, l'une des berges sur lesquelles les chevaux prenaient appui pour sortir du bassin ayant cédé sous le poids de sa monture, constituait, compte tenu des conditions d'organisation de l'épreuve, un risque contre lequel il appartenait aux participants de se prémunir et ne révélait pas un défaut d'aménagement ou d'entretien de l'ouvrage public formé par le bassin aménagé. • CE 17 oct. 1986, *UAP : Lebon T. 733.*

IV. RESPONSABILITÉ DU FAIT DES DOMMAGES CAUSÉS PAR LES VÉHICULES DE L'ADMINISTRATION

62. L'action en responsabilité formée par un skieur victime d'une collision avec un traîneau guidé par un pisteur secouriste à l'encontre d'une commune relève de la compétence des tribunaux de l'ordre judiciaire, dès lors que ledit traîneau a la caractère d'un véhicule au sens de l'art. 1er de la loi du 31 déc. 1957 relative aux accidents causés par les véhicules de l'administration. • TA Grenoble, 17 avr. 1996, *Kienle : req. n° 951147.*

63. Pour un arrêt ayant considéré que la notion de « véhicule quelconque » devait s'entendre dans son acception la plus large et s'appliquait à tout engin qui se déplace dans l'espace, et notamment à la cabine d'un télébenne, bien que celle-ci ne bénéficie d'aucune autonomie dans sa motricité, sa trajectoire et son fonctionnement : • Chambéry, 24 mars 1981 : *D. 1983. IR 260, obs. F. Alaphilippe et J.-P. Karaquillo.*

V. RESPONSABILITÉ DU FAIT DES ATTROUPEMENTS

64. Les détériorations volontaires causées par un groupe de supporters d'un club de football aux cars transportant les supporters de l'équipe adverse ne peuvent être considérées comme ayant été commises par un attroupement ou un rassemblement au sens de l'art. 92 de la loi du 7 janv. 1983 [CGCT, art. L. 2216-3]. • CAA Lyon, 28 janv. 1999, *Min. de l'Intérieur c/ Régie dptale des transports de l'Ain : req. n° 96LY00995.* ♦ *Contra :* • CAA Marseille, 20 oct. 2003, *Min. de l'Intérieur c/ Sté Borgo Voyages : req. n° 99MA02354.*

RESPONSABILITÉ CIVILE

BIBL. GÉN. ► C. Albiges, S. Darmaisin et O. Sautel, Responsabilité et sport, *Lexisnexis, Paris, Litec, 2007*. – D. Bakouche, La loi de la course, *JCP 2012, n° 14, p. 397*. – V. Cresson, Acceptation des risques : des contours fluctuants, *JS 2015, n° 152, p. 33*. – J. Bolle et A. Boisgrollier, Le législateur au secours du sport, *JCP 2012, n° 17, p. 507*. – G. Durry, L'adéquation des notions classiques du droit de la responsabilité au fait sportif, *in* Les problèmes juridiques du sport, responsabilité et assurance, *Economica, 1984*. – H. Groutel, *RCA 1995. Chron. 36* (responsabilité civile des associations sportives) ; *ibid., 1999. Chron. 22* (action de la caisse primaire d'assurance maladie). – G. Hocquet-Berg, Chose utilisée pour une activité sportive, *RCA 2012, n° 6* ; L'acceptation des risques en matière sportive enfin abandonnée, *RCA 2011. Étude 3* ; Vers la suppression de l'acceptation des risques en matière sportive ?, *RCA 2002. Chron. 15, p. 4*. – J.-P. Karaquillo, Responsabilité, *in* Dictionnaire juridique Sport, *Dalloz 1990*. – A. Lacabarats, Responsabilité civile et pénale, *in* Dict. jur. du sport, *Dalloz, Juriséditions, 2013, p. 276*. – J.-Y. Lassalle, Les responsabilités civile et pénale des auteurs des violences sportives, *JCP 2000, n° 49, I. 277*. – F. Mandin, Le traitement juridique du risque sportif : de l'individualisation à la socialisation du risque, *Cah. dr. sport n° 8, 2007*. – P. Mistretta, L'extension de la responsabilité civile sportive, *JCP 1998. I. 116*. – J. Mouly, Le nouvel article L. 321-3-1 du code du sport : une rupture inutile avec le droit commun, *D. 2012. Point de vue 1070* ; L'abandon de la théorie de l'acceptation des risques en matière de responsabilité civile du fait des choses, *D. 2011. 690* ; La spécificité de la responsabilité civile dans le domaine du sport, légitime résistance ou inéluctable déclin, *RLDC, n° 29, 2006, p. 61* ; Les paradoxes du droit de la responsabilité civile dans le domaine des activités sportives, *JCP 2005. I. 134*. – J.-R. Nlend, Les responsabilités civile et pénale des associations sportives du fait de leurs athlètes, *Gaz. Pal. 1996. 1. Doctr. 341*. – A. Paulin, Association sportive et responsabilité du fait d'autrui ou le délicat mariage de la belle et la bête, *Gaz. Pal., janv. 2008, n° 364,*. – S. Pautot, *Gaz. Pal. 1993. 1. Doctr. 109* (responsabilité des arbitres). – E. Péchillon, L'exception sportive en question : l'intervention ciblée du législateur en matière de responsabilité, *JCP Adm. 2012. Actu. 228*. – P. Polère, Accident sur circuit : accident de sport ou de circulation ?, *Gaz. Pal., mars 2007, n° 73*. – J.-P. Vial, Le contentieux des accidents sportifs. Responsabilité de l'organisateur, *PUS 2010*. – Responsabilité des groupements sportifs amateurs du fait de leurs membres. Plaidoyer pour un retour à l'article 1384, alinéa 5, du code civil, *D. 2011. Chron. 397*. – E. Wagner, Responsabilités du dirigeant sportif bénévole, *in* Le dirigeant sportif bénévole, *Dalloz 1984, p. 80*. – Responsabilité civile de la pratique sportive, *in Dict. perm. dr. sport (mise à jour périodique)* ; Les responsabilités sportives, *RLDC Dossier, 2012, n° 97*. – Les responsabilités sportives, *Dossier spécial, Cah. dr. sport 2011, n° 25, p. 21*. – Responsabilité civile : à qui la faute ?, *Dossier, JS 2010, n° 95, p. 18*.

COMMENTAIRE

Les activités sportives n'échappent pas aux évolutions du droit de la responsabilité civile.

Ces évolutions, d'origine jurisprudentielle ou législative, sont marquées, d'une manière générale et en particulier dans le domaine du sport, par deux grandes tendances, dont la finalité est de favoriser l'indemnisation des victimes d'accidents corporels.

I. La première se traduit par l'effacement progressif de la responsabilité individuelle (des personnes physiques) au profit d'une responsabilité collective (des personnes morales). Ce constat n'est pas nouveau s'agissant de la responsabilité contractuelle. Il l'est davantage s'agissant de la responsabilité délictuelle.

Au plan contractuel, on sait que tout organisateur d'activités sportives est susceptible d'engager sa responsabilité civile à l'égard des participants et éventuellement des spectateurs en cas de manquement à son obligation générale de sécurité, peu importe que ce manquement soit le fait de l'organisateur lui-même (faute d'organisation par exemple) ou le fait d'une personne à laquelle il a fait appel pour s'acquitter de son obligation (faute de surveillance par exemple). Autrement dit, dès lors qu'il existe un lien contractuel entre la victime et l'organisateur, la responsabilité de ce dernier, pris en sa qualité de personne morale, fait en principe écran à la responsabilité personnelle de ses collaborateurs, salariés ou bénévoles, agissant pour son compte.

Au contraire, au plan délictuel, les dommages causés aux tiers sont en principe assumés par la personne qui en est directement à l'origine. Ainsi, un sportif qui en blesse un autre au cours d'une rencontre (les sportifs sont considérés comme tiers entre eux) peut engager sa responsabilité civile personnelle sur le fondement des anciens articles 1382 et 1383 (C. civ., art. 1240 et 1241 nouv.) (responsabilité du fait personnel) ou encore l'ancien article 1384, alinéa 1er, du code civil (C. civ., art. 1242 nouv.) (responsabilité du fait des choses inanimées).

Depuis quelques années, la jurisprudence a toutefois évolué dans le sens d'une plus grande responsabilité du club sportif.

Outre le fait que celui-ci doit répondre, en sa qualité de commettant, des dommages causés aux tiers par la faute de ses préposés (joueurs professionnels, éducateurs sportifs salariés, etc.), tout au moins lorsque ceux-ci ont agi dans le cadre de leurs attributions, il peut également être tenu pour responsable des dommages causés aux tiers par ses joueurs amateurs. Depuis 1995 en effet, la Haute Juridiction judiciaire considère que les associations sportives ayant pour mission d'organiser, de diriger et de contrôler l'activité de leurs membres au cours des compétitions sportives auxquelles ils participent sont responsables, au sens de l'ancien article 1384, alinéa 1er, du code civil (C. civ., art. 1242 nouv.), des dommages qu'ils causent à cette occasion (V. Civ. 2e, 22 mai 1995 : *note 1 ss. art. 1384 anc. [1242 nouv.] infra*). On sait aujourd'hui que cette responsabilité, inspirée de l'arrêt *Blieck* rendu en 1991 (Cass., ass. plén., 29 mars 1991 : *Bull. civ. n° 1, note 1 ss. art. 1384 anc. [1242 nouv.]*), peut trouver à s'appliquer même si le joueur à l'origine du dommage n'a pas été identifié. On sait également qu'elle peut être invoquée pour les dommages causés à l'occasion d'un entraînement, donc pour les dommages causés entre membres d'une même association sportive (Civ. 2e, 21 oct. 2004 : *note 4 ss. art. 1384 anc. [1242 nouv.] infra*). On sait encore que, si la plupart des arrêts rendus par la Cour de cassation postérieurement à 1995 concernent des clubs de rugby, le principe de responsabilité des associations sportives du fait de leurs membres est applicable quelle que soit l'activité sportive pratiquée (V. pour une application à une association de majorettes : Civ. 2e, 12 déc. 2002 : *note 2 ss. art. 1384 anc. [1242 nouv.] infra*). On sait enfin que cette responsabilité est une responsabilité indirecte, c'est-à-dire subordonnée à la démonstration d'une faute de l'auteur direct du dommage, c'est-à-dire du joueur (Cass., ass. plén., 29 juin 2007 : *note 2 ss. art. 1384 anc. [1242 nouv.] infra*).

II. La seconde tendance remarquée du droit de la responsabilité civile se traduit par l'effacement progressif de la responsabilité subjective, fondée sur la notion de faute, au profit d'une responsabilité objective, fondée sur la notion de risque.

A l'origine de cette tendance, la multiplication des régimes spéciaux de responsabilité (agences de voyage, transport aérien de voyageurs, produits défectueux, etc.) ou d'indemnisation (fonds de garantie des assurances obligatoires de dommages, fonds de garantie des victimes d'actes de terrorisme et autres infractions pénales, fonds d'indemnisation des victimes contaminées par le VIH après transfusion, etc.) dont l'objectif est de garantir une meilleure protection à certaines catégories de victimes que ne le feraient les règles du droit commun de la responsabilité civile.

Mais aussi les évolutions jurisprudentielles initiées, au fil de ses arrêts, par la Cour de cassation.

Ainsi, en matière contractuelle, si l'obligation générale de sécurité à la charge des organisateurs d'activités sportives demeure en principe une simple obligation de moyens, la sévérité des magistrats dans l'appréciation de cette obligation en fait parfois, si ce n'est une véritable obligation de résultat, tout au moins une obligation de moyens renforcée (V. par exemple sur ce point, J. Mouly, La responsabilité des organisateurs d'activités sportives : obligation particulière de prudence ou obligation implicite de résultat, *D. 2000. chron. 287*).

On notera encore, en matière délictuelle, la montée en puissance des régimes de responsabilité sans faute, notamment dans le champ de l'ancien article 1384 du code civil (C. civ., art. 1242 nouv.) (responsabilité du fait d'autrui). La Cour de cassation considère ainsi depuis 2001 que la responsabilité de plein droit des parents du fait des dommages causés par leur enfant mineur habitant avec eux n'est pas subordonnée à une faute de l'enfant (Civ. 2e, 10 mai 2001 : *note 67 ss. art. 1384 anc. [1242 nouv.] infra*). Lorsqu'on sait que la cohabitation du mineur avec ses parents ne cesse pas du simple fait d'un transfert ponctuel de la garde à un tiers, par exemple à un club sportif, ce régime peut trouver à s'appliquer fréquemment dans le domaine du sport…

Et si par ailleurs la Haute Cour estime, comme indiqué ci-dessus, que la responsabilité des associations sportives du fait des dommages causés par leurs joueurs amateurs à l'occasion des compétitions et des entraînements est une responsabilité indirecte (Civ. 2e, 20 nov. 2003 : *note 2 ss. art. 1384 anc. [1242 nouv.] infra* ; et pour les joueurs professionnels : Civ. 2e, 8 avr. 2004 : *note 39 ss. art. 1384 anc. [1242 nouv.] infra*), il aura fallu cependant l'intervention de sa formation plénière pour mettre un terme à la résistance de certaines cours d'appel qui persistaient à voir dans la responsabilité des associations sportives une responsabilité objective, à l'instar de celle des parents à raison des dommages causés par leur enfant mineur (Cass., ass. plén., 29 juin 2007 : *note 2 ss. art. 1384 anc. [1242 nouv.] infra*).

Au demeurant, le fait que la jurisprudence conditionne la responsabilité des clubs sportifs à l'existence d'une faute du joueur (amateur ou professionnel) n'a pas dissipé tous les doutes quant aux conditions d'appréciation de cette faute. Aujourd'hui, dans les rapports entre sportifs, la Cour de cassation exige, selon une formule consacrée, une « faute caractérisée par une violation des règles du jeu ». Or, cette formule peut laisser à penser, de prime abord, que la faute civile génératrice de responsabilité est en tout point assimilable à la faute sportive. La notion d'acceptation des risques normaux du sport ne constituerait plus dès lors un rempart à la mise en jeu de la responsabilité du sportif et/ou à celle de son club. Cette analyse a toutefois été démentie par la Cour de cassation elle-même. Dans son rapport 2003, celle-ci indique en effet qu'« il convient de ne retenir la responsabilité dans le domaine du sport qu'en cas de faute d'un certain niveau de gravité mesurée à l'aune du sport pratiqué ». L'avocat général Jacques Duplat va dans le même sens lorsqu'il indique, dans son avis sur l'affaire jugée le 29 juin 2007 par l'assemblée plénière, que « la qualification de faute civile doit être réservée, en dehors des actes de brutalité volontaire, aux actes anormaux caractérisés par des comportements dangereux et contraires à l'esprit du jeu et, en toute hypothèse, impossible à rattacher à une pratique loyale du sport ». Et de poursuivre que, selon lui, c'est dans cette démarche que s'est inscrite ces dernières années la Cour de cassation pour contrôler l'existence ou non d'une faute susceptible d'engager la responsabilité des associations sportives (V. *BICC 1er oct. 2007. 29*). Malgré la formule ambiguë retenue par la Haute Autorité judiciaire, la théorie de l'acceptation des risques serait donc toujours applicable, au moins implicitement, dans les régimes de responsabilité délictuelle du fait personnel et du fait d'autrui. Autrement dit, la faute exigée pour engager la responsabilité du sportif et/ou de son club serait une faute qualifiée, et non une simple faute de jeu.

Il est dès lors pour le moins surprenant que la Cour de cassation ait décidé, par un arrêt remarqué du 4 novembre 2010, d'écarter la notion d'acceptation des risques dans le régime de responsabilité délictuelle du fait des choses.

Dans cet arrêt, la Haute Cour a posé en effet en principe que « la victime d'un dommage causé par une chose peut invoquer la responsabilité résultant de l'ancien article 1984 [1242 nouv.], alinéa 1er, du code civil, à l'encontre du gardien de la chose, instrument du dommage, sans que puisse lui être opposée son acceptation des risques » (Civ. 2e, 4 nov. 2010 : *note 27 ss. C. civ., art. 1384 anc. [1242 nouv.] infra*). Par cet arrêt, il est mis fin à ce qui était jusqu'alors perçu comme une spécificité propre au domaine du sport. Critiquée par une bonne partie de la doctrine, l'application de la théorie de l'acceptation des risques permettait de tempérer la rigueur des règles du droit commun de la responsabilité civile délictuelle, et plus spécialement du régime de responsabilité de plein droit institué par l'ancien article 1384 [1242 nouv.], alinéa 1er, du code civil à l'occasion de dommages causés entre pratiquants sportifs. Désormais, un sportif victime d'un dommage causé par une chose (raquette, ballon, motocyclette, etc.) manipulée par un autre sportif ne pourra plus être privé d'indemnisation au motif de son acceptation des risques inhérents au sport pratiqué, et ce, même si le dommage se produit au cours d'une compétition sportive.

Pour contrer les effets potentiels de ce revirement de jurisprudence, notamment sur les contrats collectifs d'assurance de responsabilité civile souscrits par certaines fédérations sportives, en particulier celles gérant des sports « à matériel », la loi n° 2012-348 du 12 mars 2012 tendant à faciliter l'organisation des manifestations sportives et culturelles a inséré dans le code du sport un nouvel article qui énonce que « les pratiquants ne peuvent être tenus pour responsables des dommages matériels causés à un autre pratiquant par le fait d'une chose qu'ils ont sous leur garde, au sens du premier alinéa de l'ancien article 1384 du code civil [1242 nouv.] du code civil, à l'occasion de l'exercice d'une pratique sportive au cours d'une manifestation sportive ou d'un entraînement en vue de cette manifestation sportive sur un lieu réservé de manière permanente ou temporaire à cette pratique » (art. L. 321-3-1). Cette disposition – de circonstance – ne remet absolument pas en cause la décision du 4 novembre 2010 ; elle en limite simplement la portée en excluant expressément les dommages matériels du droit à réparation de la victime, dérogeant par là même au principe de la réparation intégrale du préjudice. Autant dire qu'elle ne devrait avoir un impact significatif que pour quelques disciplines sportives, comme l'automobile ou le motocyclisme, qui impliquent l'usage de matériels coûteux et où les risques de collisions entre véhicules sont relativement fréquents. Mais il est vrai que c'était là l'objectif minimaliste de ce texte adopté dans l'urgence. A terme, une réforme plus importante du droit de la responsabilité civile appliqué aux activités sportives pourrait toutefois voir le jour.

Voir également le commentaire sous l'article L. 321-3-1. ❑

Code civil

Art. 9 *(L. n° 70-643 du 17 juill. 1970)* **Chacun a droit au respect de sa vie privée.**

Les juges peuvent, sans préjudice de la réparation du dommage subi, prescrire toutes mesures, telles que séquestre, saisie et autres, propres à empêcher ou faire cesser une atteinte à l'intimité de la vie privée ; ces mesures peuvent, s'il y a urgence, être ordonnées en référé.

BIBL. ► A. Bertrand, Droit à la vie privée et droit à l'image, *Litec, 1999.* - Les contrats d'image, *in* Les contrats des sportifs, l'exemple du football professionnel, sous la direction de G. Simon, *PUF, 2003.* - G. Jeannot-Pages, L'image du sportif en droit français, *Thèse de doctorat, 1996.* - F. Rizzo, Le sportif, son image et son patrimoine, *Dr. et patr. 2003, n° 118, p. 38.*

COMMENTAIRE

L'article 9 du code civil sert de fondement juridique non seulement à la protection du droit au respect de la vie privée, mais également, par extension, à la protection du droit à l'image des personnes, et donc des sportifs.

Selon une jurisprudence constante, tout individu, quelle que soit sa notoriété, dispose sur sa propre image, attribut de sa personnalité, d'un droit exclusif, lui permettant d'autoriser ou non sa reproduction, de décider des conditions et circonstances de cette reproduction, et de s'opposer à ce qu'elle soit diffusée, quel qu'en soit le moyen, sans son autorisation expresse (V. Versailles, 11 janv. 1996, *Sté Foot édition c/ C : note 3*).

Un sportif, fût-il un personnage public, peut donc s'opposer, comme n'importe quel quidam, à la captation ou à la diffusion de son image. A l'inverse, il peut décider d'autoriser cette captation ou cette diffusion aux conditions que bon lui semblent. L'image du sportif peut alors devenir objet de commerce, l'intéressé tirant profit de sa notoriété pour passer avec des tiers des contrats d'exploitation de son image, moyennant une contrepartie financière (contrats d'image, contrats de parrainage publicitaire, etc.). Ceci a fait dire à une partie de la doctrine que le droit extrapatrimonial à l'image (indisponible) se double, *de facto*, d'un droit patrimonial sur l'image.

D'une manière générale, la jurisprudence confirme cette dualité en considérant que la transgression du droit à l'image est de nature à provoquer chez son titulaire non seulement un préjudice moral, mais également, le cas échéant, un préjudice patrimonial, lorsque l'intéressé aura, par son activité ou sa notoriété, conféré une valeur commerciale à son image (V. par ex. : Paris, 10 sept. 1996, *C. c/ Sté Planète Foot : note 6*).

Le principe du consentement préalable de l'intéressé avant toute utilisation de son image par un tiers connaît toutefois une exception notable ; ce principe doit, en effet, se concilier avec le droit à l'information du public, qui est une manifestation particulière du droit à la liberté d'expression consacré par l'article 11 de la Déclaration des droits de l'homme et du citoyen et par l'article 10 de la Convention européenne de sauvegarde des droits de l'homme et des libertés fondamentales. Ainsi, est licite la publication de l'image d'une personne impliquée dans un événement d'actualité, dès lors que l'importance de cet événement justifie qu'il soit communiqué au public et que l'image publiée respecte la dignité de la personne humaine (J.-P. Ancel, La protection de la personne dans la jurisprudence récente de la Cour de cassation, *Rapport de la Cour de cassation, 2000, p. 5 s.*). Un sportif ne saurait donc, *a priori*, s'opposer à la captation ou à la diffusion de clichés le représentant dans l'exercice de son activité sportive (à l'occasion notamment des compétitions auxquelles il participe), sauf à démontrer que ces clichés ont été diffusés non pas dans le but d'information du public, mais à des fins commerciales.

Outre l'exception du droit à l'information, l'exploitation de l'image des sportifs, notamment dans les sports professionnels collectifs, doit encore se concilier avec le droit de leur club et parfois de leur fédération sportive sur l'image collective de l'équipe (équipe du club ou équipe de France) dans laquelle ces sportifs évoluent. En effet, si ces derniers peuvent en principe librement « vendre » leur image individuelle à des partenaires, ils n'en sont pas moins tenus de respecter un certain nombre d'obligations découlant de leur contrat de travail, de l'accord collectif applicable à leur discipline ou encore des règlements fédéraux.

Si l'on retient, pour illustration, le cas des rugbymen professionnels, on constate ainsi, à la lecture de la convention collective du rugby professionnel, que ces derniers ne peuvent pas commercialiser leur image individuelle associée à l'image de leur club (logos, emblème, dénomination, etc.), sauf accord de celui-ci. Ils s'engagent par ailleurs, dans leur contrat de travail, à utiliser les équipements fournis par le club lorsqu'ils sont sous son autorité, à l'exception (comme dans le football) des chaussures, pour lesquelles ils sont libres d'avoir un « sponsor » individuel.

Le club dispose quant à lui du droit d'exploiter à son profit, ou au profit de ses partenaires, *« l'image associée collective »*, définie comme *« la reproduction sur un même support d'une manière identique ou similaire de l'image de trois joueurs au moins de l'effectif, réalisée ou captée dans l'exercice de leur activité professionnelle de joueur de rugby »*. Il peut encore utiliser à son profit *« l'image associée individuelle »*, c'est-à-dire l'image d'un ou deux joueurs de l'équipe associée à celle du club pour assurer sa promotion ou la commercialisation des équipements sportifs portés lors des matchs (maillots, shorts, etc.), toute autre action promotionnelle étant subordonnée à l'accord préalable du joueur. ❑

1. Droit au respect de la vie privée

1. Constituent une atteinte au respect de la vie privée les photographies d'un footballeur célèbre et de sa compagne, prises à leur insu à l'occasion d'un tournoi de tennis auquel ils assistaient, avec un cadrage les isolant du public environnant, publiées et divulguées sans leur autorisation, sans que la société éditrice puisse se prévaloir du caractère public du lieu où les photos ont été prises pour invoquer une renonciation quelconque du sportif à ses droits. • Civ. 2e, 10 mars 2004 : ⛫ *Bull. civ. II, n° 117.*

2. La publication de deux photos représentant un joueur de tennis célèbre, d'une part en train de prendre son petit déjeuner en compagnie d'une jeune femme présentée comme sa fiancée, et, d'autre part, le montrant déguisé chez lui, porte atteinte à l'intimité de sa vie privée, en sorte que la société éditrice, qui n'a pas obtenu pour ces photos une autorisation spéciale et expresse, doit être condamnée à réparer le préjudice subi. • TGI Paris, 21 déc. 1983 : *D. 1984. IR 331, obs. Lindon ; Gaz. Pal. 1984. Somm. 360, obs. Vincent et Sanders.*

2. Droit à l'image

3. Principe. Toute personne dispose sur sa propre image, attribut de la personnalité, d'un droit exclusif lui permettant d'autoriser ou non sa reproduction, de décider des conditions et circonstances de cette reproduction, et de s'opposer à ce qu'elle soit diffusée, quel qu'en soit le moyen, sans son autorisation. • Versailles, 11 janv. 1996, *Sté Foot Édition c/ C. : inédit.*

4. Exception : liberté d'information. Dans une société démocratique, le droit de l'individu sur son image peut céder devant la liberté d'informer, par le texte et par la représentation iconographique, sur tout ce qui entre dans le champ de l'intérêt légitime du public ; ainsi, la liberté de communication des informations autorise la publication d'images de personnes impliquées dans un événement public, sous réserve du respect de la dignité de la personne humaine, dès lors que cette diffusion est en relation directe avec l'événement et qu'elle ne constitue pas un détournement de l'usage pour lequel la photographie a été prise, ni une dénaturation de l'image qui y est représentée. • TGI Paris, 10 janv. 2005, *D. c/ SA Amphora Sports : RJ éco. sport n° 7, 2005. 76.*

5. Illustrations. Si la publication dans un tract édité par un parti politique pour appuyer sa position dans le cadre d'une campagne référendaire de la photo de sportives très connues ne saurait constituer une atteinte à l'intimité de la vie privée permettant l'intervention du juge des référés sur le fondement de l'art. 9, il n'en demeure pas moins qu'une telle publication, qui est de nature à faire naître dans l'esprit du corps électoral l'idée que lesdites sportives prennent parti, alors qu'elles n'ont donné aucun consentement à l'utilisation de leur image à cette fin, caractérise le trouble manifestement illicite que l'art. 809 C. pr. civ. donne pouvoir au juge des référés de faire cesser. • TGI Paris, réf., 19 sept. 1992, *F. et a. c/ Parti X. : inédit.* ♦ En revanche, il n'est pas démontré avec l'évidence exigée en référé que l'utilisation de l'image (et du nom) de plusieurs joueurs professionnels de football évoluant dans un grand club espagnol par des sociétés organisant des paris sportifs en ligne, constitue une atteinte caractérisée à leurs droits, dès lors qu'il apparaît que la photographie litigieuse d'un match disputé par ces joueurs n'est pas directement associée par les sociétés mises en cause à promouvoir leur activité de paris, mais sert seulement de présentation du match sur lequel le pari est organisé. • TGI Paris, réf., 8 juill. 2005 : *RJ éco. sport n° 76, 2005. 45* .

6. Ni le texte, ni les illustrations photographiques d'un numéro spécial d'un magazine consacré à un joueur de football célèbre n'ont pu porter atteinte à la vie privée de ce dernier au sens de l'art. 9, dès lors que, d'une part, la quasi-totalité des articles publiés concerne exclusivement sa vie et sa biographie publiques et, d'autre part, que les autres articles ne sont vus qu'à travers son activité de footballeur et ne révèlent pas d'informations d'ordre intime excédant ce qu'une personnalité notoirement connue, ayant accepté d'exercer son activité professionnelle en s'exhibant sous les yeux du public, spécialement exposée en cela au « feu » des médias qui contribuent d'ailleurs à sa notoriété, et dont la sphère de la vie privée ne peut dès lors recouvrir les mêmes limites restrictives que celle d'un particulier anonyme, doit s'attendre à voir divulguer sur elle. • TGI Nanterre, 6 avr. 1995 : *Gaz. Pal. 1995. 1. 285, note J.-G. M.* ♦ Jugé *a contrario* que ce même footballeur est fondé à demander réparation du préjudice, notamment patrimonial, que lui a causé la parution d'un numéro hors série d'un magazine consacré entièrement à sa personne, et non à la relation immédiate d'une manifestation sportive à laquelle il aurait participé ; il en résulte que la circonstance que la plupart des clichés litigieux aient été pris à l'occasion de la vie professionnelle ou publique de l'intéressé ne pouvait dispenser la société de presse de s'assurer de son consentement exprès à la rediffusion de ces clichés. • Paris, 10 sept. 1996, *C. c/ Sté Planète Foot : inédit.* ♦ V. déjà, dans le même sens, et concernant toujours le même joueur : • Versailles, 11 janv. 1996 : *préc. note 3.*

7. Un cliché représentant un rugbyman professionnel en pleine action sportive lors d'un match de la coupe du monde de rugby en 1999, publié en première page de couverture d'un ouvrage consacré aux « fondamentaux du rugby », ne constitue pas une atteinte au droit à l'image de l'intéressé ; en effet, si le cliché litigieux n'illustre pas en l'espèce le fait d'actualité que constitue la coupe du monde de rugby, sa publication n'en est pas moins en lien direct avec l'événement puisqu'elle a pour but de présenter un sportif effectuant un des gestes essentiels du rugby, que la photographie a été reproduite dans un contexte où elle conserve toute sa portée et sa signification, qu'il n'existe aucune dénaturation de l'image et de l'activité du joueur, ni dans la reproduction du cliché, ni dans le livre lui-même, et qu'enfin la photographie illustre celui-ci avec pertinence, dans un total respect de la dignité de la personne humaine et dans un but pédagogique d'information des éducateurs et entraîneurs de ce sport. • TGI Paris, 10 janv. 2005 : *préc. note 4.*

8. Ne porte pas atteinte au droit à l'image d'un célèbre footballeur la publication sans son autorisation d'une photographie de lui en couverture d'un ouvrage évoquant certains aspects de sa vie privée, dès lors que ladite photographie a été prise à l'occasion d'un match de qualification pour la Coupe du monde de football dans un stade, qui constitue un lieu public, qu'elle n'est pas attentatoire à sa dignité, qu'elle illustre de façon pertinente l'ouvrage qui lui est consacré, et que l'utilisation qui en est faite en l'espèce ne saurait être assimilée à une simple exploitation commerciale non autorisée par le sujet photographié. • Paris, 9 mai 2012, RG n° 11/17731 : *JS 2012, n° 124, p. 8, obs. Lagarde* .

9. L'autorisation donnée par le passé par un joueur de golf professionnel pour la publication de son image ne constitue pas une justification permettant de procéder à une nouvelle publication, laquelle doit faire l'objet d'une autorisation distincte. • TGI Strasbourg, 2 sept. 1996, *T. c/ SA Hewlett Packard : inédit.*

10. Lorsque les photographies géantes d'un coureur cycliste ont servi de supports publicitaires à une marque de cycles et à une marque d'automobiles, l'éditeur d'un poster ne peut invoquer le droit à l'information pour justifier le fait qu'il n'a pas sollicité du coureur l'autorisation de reproduire son image. • Paris, 3 avr. 1987 : *D. 1988. Somm. 384, obs. Lindon et Somm. 390, obs. Wagner.* ♦ Dans le même sens, s'agissant d'un joueur de basket-ball : • TGI Lyon, 17 déc. 1980 : *D. 1981. 202, note Lindon et Amson.* ♦ ... Ou d'un joueur de tennis : • TGI Paris, 21 déc. 1983 : *D. 1984. IR 331, obs. Lindon ; Gaz. Pal. 1984. Somm. 360, obs. Vincent et Sanders.* ♦ ... Ou encore d'un joueur de football : • TGI Paris, 30 oct. 1986 : *D. 1987. Somm. 137.*

11. Pour un arrêt ayant accordé une indemnité de 20 000 F à un enfant de 13 ans au motif que la Fédération française de karaté avait utilisé, sans l'autorisation des parents, sa photographie en tenue de karaté pour la réalisation d'affiches. • Paris, 9 mai 1985 : *D. 1986. Somm. 49, obs. Lindon.*

12. Respect de la dignité de la personne. Si le spectacle de la nudité du corps humain, surtout dans le cadre d'activités sportives, n'a rien en soi qui soit susceptible d'offenser une pudeur normale, il n'est toutefois pas admis qu'il puisse, en dehors de certains lieux réservés, présenter un caractère public, en sorte qu'un joueur professionnel, fortuitement dénudé à la suite d'un accroc involontaire fait à son maillot lors d'une rencontre sportive publique sur un stade, ne peut être présumé avoir consenti à la publication de l'instantané l'ayant surpris avant qu'il n'ait eu la possibilité de reprendre une tenue décente et en tout cas adaptée à l'exercice auquel il se livrait, compte tenu de l'endroit où il le pratiquait. • TGI Paris, 3 mai 1989, *X. c/ L. : inédit.*

Art. 1231-1 *(Ord. n° 2016-131 du 10 févr. 2016, art. 2, en vigueur le 1er oct. 2016)* **Le débiteur est condamné, s'il y a lieu, au paiement de dommages et intérêts soit à raison de l'inexécution de l'obligation, soit à raison du retard dans l'exécution, s'il ne justifie pas que l'exécution a été empêchée par la force majeure.** – *Dispositions transitoires, V. Ord. n° 2016-131 du 10 févr. 2016, art. 9.*

PLAN DES ANNOTATIONS

I. RESPONSABILITÉ DES ORGANISATEURS D'ACTIVITÉS SPORTIVES À L'ÉGARD DES SPORTIFS

1. V. notes 45 à 48 ss. art. 1240.

A. NATURE DE L'OBLIGATION CONTRACTUELLE

1° OBLIGATION DE MOYENS

2. Organisateurs assujettis. Sont tenus d'une obligation de moyens concernant la sécurité des pratiquants : l'organisateur d'une rencontre de football. • Civ. 1re, 7 févr. 2006 : *pourvoi n° 03-21.157.* ♦ ... L'organisateur de promenades équestres. • Civ. 1re, 27 mars 1985 : *Bull. civ. I, n° 111 ; RTD civ. 1986. 609, obs. Rémy* • Civ. 1re, 11 mars 1986 : *Bull. civ. I, n° 64 ; RJ éco. sport 1990, n° 12, p. 65, obs. Wagner ; RTD civ. 1986. 768, obs. Huet* • Civ. 1re, 3 avr. 1990 : *pourvoi n° 88-19.540* • Civ. 1re, 29 juin 1994 : *Bull. civ. I, n° 231.* ♦ ... Le loueur d'équidés. • Civ. 1re, 16 mars 1970 : *Bull. civ. I, n° 103 ; D. 1970. 421, note Rodière ; RTD civ. 1970. 794, obs. Cornu* • Civ. 1re, 10 mai 1983 : *D. 1984. IR 186, obs. Wagner.* ♦ ... L'organisateur d'un stage d'alpinisme. • Civ. 1re, 10 mars 1992 : *Bull. civ. I, n° 80.* ♦ ... L'organisateur d'une course cycliste. • Poitiers, 16 mai 1984 : *D. 1985. IR 143, obs. F. Alaphilippe.* ♦ ... L'exploitant d'une piscine. • Civ. 1re, 12 juin 1985 : *Bull. civ. I, n° 186.* ♦ ... L'exploitant d'une baignade. • Civ. 1re, 23 nov. 1977 : *Bull. civ. I, n° 438.* ♦ ... L'exploitant d'une patinoire. • Paris, 24 mai 1983 : *D. 1984. IR*

486, obs. Baron. ♦ ... L'exploitant d'un domaine skiable. • Civ. 1re, 17 févr. 2011. • Civ. 1re, 11 mars 2010 : *pourvoi n° 09-13.197.* ♦ ... Le moniteur de ski. • Civ. 1re, 28 avr. 1980 : *Bull. civ. I, n° 130.* ♦ ... Le guide de haute montagne. • Chambéry, 6 juin 1978 : *JCP 1980. II. 19286, note Sarraz-Bournet.* ♦ ... L'exploitant d'un télésiège pour les opérations d'embarquement et de débarquement au cours desquelles le skieur à un rôle actif à jouer. • Civ. 1re, 11 mars 1986 : *Bull. civ. I, n° 65 ; RTD civ. 1986. 767, obs. Huet* • Civ. 1re, 10 mars 1998 : *Bull. civ. I, n° 110* • Civ. 1re, 11 juin 2002 : *Bull. civ. I, n° 166* (qui définit la phase de débarquement comme le moment où l'usager quitte le siège sur lequel il est installé). ♦ ... L'exploitant d'un remonte-pente, en raison de la participation nécessairement active de l'usager. • Civ. 1re, 4 nov. 1992 : *D. 1994. 45, note Brun ; JCP 1993. II. 22058, note Sarraz-Bournet.* ♦ ... L'exploitant d'un circuit de karting. • Bordeaux, 13 oct. 1966 : *D. 1967. 763* • Civ. 1re, 1er déc. 1999 : *Bull. civ. I, n° 330 ; D. 2000. 287, note J. Mouly.* ♦ ... L'organisateur d'un centre de vacances. • Civ. 1re, 22 avr. 1975 (2 arrêts) : *Bull. civ. I, n° 139* • 11 mars 1997 : *Bull. civ. I, n° 89.* ♦ ... L'organisateur d'un club de vacances. • Civ. 1re, 28 avr. 1993 : *RCA 1993. Comm. 238.* ♦ ... L'organisateur d'un stage d'initiation au vol en ULM. • Civ. 1re, 29 nov. 1994 : *Bull. civ. I, n° 351 ; RCA 1995. Comm. 24.* ♦ ... L'exploitant d'un parcours d'aventure dans les arbres (utilisation d'une tyrolienne) • Civ. 1re, 22 janv. 2009 : *RJ éco. sport n° 90, 2009, p. 35, obs. F. Lagarde.* – V. également : • Civ. 1re, 8 oct. 2009 : *pourvoi n° 08-12.693.* ♦ ... L'exploitant d'un « *laser game* ». • Civ. 2e, 22 oct. 2015, n° 14-17.813 : *Dict. perm. dr. sport 2015, Bull. n° 228/229, p. 4, obs. A. Ralon.*

3. De manière générale, tant le club sportif que ses moniteurs ne sont tenus que d'une obligation de moyens en ce qui concerne la sécurité des adhérents. • Civ. 1re, 21 nov. 1995 : *Bull. civ. I, n° 424.* ♦ V. également : • Civ. 1re, 16 nov. 2004 : *Bull. civ. I, n° 278.* ♦ Cette obligation de moyens doit cependant être appréciée avec plus de rigueur lorsqu'il s'agit d'un sport dangereux. • Civ. 1re, 16 oct. 2001 : *Bull. civ. I, n° 260 ; RTD civ. 2002. 107, note Jourdain ; JCP 2002. II. 10194, note Lievremont ; D. 2002. Somm. 2711, obs. A. Lacabarats.* ♦ ... Ou encore, lorsque les pratiquants sont novices dans l'activité. • Paris, 6 sept. 2004 : *RJ éco. sport n° 74, 2005. 58.* ♦ ... *A fortiori* lorsque ces deux circonstances se cumulent. • Civ. 1re, 29 nov. 1994 : *préc. note 2.*

4. Jugé que l'organisateur d'une compétition à risques élevés et connus, en l'occurrence l'organisateur d'un rallye automobile et motocycliste se déroulant à l'étranger, est tenu, au titre de son obligation de moyens, de prévenir ces risques seulement dans la mesure du possible. • Civ. 1re, 25 janv. 2005 : *Bull. civ. I, n° 46.*

5. *Charge de la preuve.* Inverse la charge de la preuve l'arrêt qui, pour condamner un club de lutte et un moniteur à réparation, retient que ceux-ci ne justifiaient pas avoir pris les dispositions particulières qui s'imposaient envers un adhérent inexpérimenté, alors qu'il incombait à la victime de démontrer que le club avait manqué à l'obligation de moyens dont il était tenu, ainsi que la faute du moniteur. • Civ. 1re, 19 juill. 1988 : *Bull. civ. I, n° 251 ; D. 1989. Somm. 405, obs. J.-P. Karaquillo.* ♦ Dans le même sens, s'agissant d'un accident de ski : • Paris, 13 janv. 1993 : *D. 1995. Somm. 63, obs. A. Lacabarats.*

6. Pour un arrêt ayant considéré que l'organisateur de promenades équestres est tenu d'une obligation de moyens renforcée en raison de l'inexpérience des cavaliers et qu'il lui appartient, en conséquence, de démontrer qu'il a bien mis en œuvre tous les moyens nécessaires pour assurer la sécurité des cavaliers, V. : • Lyon, 27 oct. 1994, *Besquet c/ Centre équestre Les Guardians de Palogneux : inédit.* ♦ L'exploitant d'une remontée mécanique doit prendre toutes les précautions adéquates pour prévenir un accident et observer, pour les enfants jeunes, une obligation de moyens renforcée sauf à leur interdire d'emprunter un télésiège inadapté à leur constitution. • Chambéry, 18 oct. 2012 : *RG n° 11/01585.*

7. Viole les art. 23, al. 1er, de la L. du 13 juill. 1992 et 1147 anc. C. civ. la cour d'appel qui, pour rejeter la demande indemnitaire d'une victime (qui s'était inscrite à un stage collectif de ski de randonnée auprès d'une agence de voyages), énonce, d'une part, que la responsabilité de plein droit de l'agence de voyages devait s'apprécier selon la nature et l'étendue des obligations incombant aux prestataires dont l'agence s'est assuré le concours et retient, d'autre part, que le prestataire concerné (guide de haute montagne), tenu d'une obligation de moyens, n'avait commis aucune faute. • Civ. 1re, 13 déc. 2005 : *Bull. civ. n° 504.*

8. *Action des ayants droit.* En cas d'accident mortel survenu au cours d'une manifestation sportive, les ayants droit de la victime peuvent fonder l'action en responsabilité contre l'organisateur sur une stipulation pour autrui tacite de la victime en leur faveur afin de le poursuivre sur le terrain contractuel, et peuvent également, en tant que tiers au contrat conclu par leur auteur, rechercher la responsabilité de l'organisateur au plan quasi délictuel. • Paris, 7 avr. 1999 : *Juris-Data n° 022940.*

2° OBLIGATION DE RÉSULTAT

9. Sont tenus d'une obligation de résultat concernant la sécurité des pratiquants : l'exploitant d'une piste de bob-luge dès lors que les usagers ne peuvent décider librement de la trajectoire de l'engin. • Civ. 1re, 17 mars 1993 :

Bull. civ. I, n° 119 ; D. 1995. Somm. 66, obs. J. Mouly. ♦ ... L'exploitant d'un toboggan aquatique, pendant la descente, dès lors que les utiisateurs ne peuvent maîtriser leur trajectoire. • 3 févr. 2011 : *pourvoi n° 09-72.325* • Civ. 1re, 28 oct. 1991 : *Bull. civ. I, n° 289 ; D. 1992. Somm. 271, obs. Fortis ; RTD civ. 1992. 397, obs. Jourdain* • Civ. 1re, 3 févr. 2011 : *D. 2012. 704 , Panorama Droit du sport, spéc. 710* • Amiens, 27 août 2015, n° 14/00353 : *JS 2015, n° 157, p. 10, obs. J. Mondou ; Dict. perm. dr. sport 2015, Bull. n° 227, p. 5, obs. A. Renard.* ♦ ... L'exploitant d'une télébenne, pendant le trajet. • Civ. 1re, 17 févr. 1987 : *JCP 1988. II. 21082, note M. M.* • Chambéry, 24 mars 1981 : *D. 1983. IR 260, obs. F. Alaphilippe et J.-P. Karaquillo.* ♦ ... Mais non au moment de la sortie de la cabine. • Grenoble, 19 janv. 1988 : *Juris-Data n° 040873.* ♦ ... L'exploitant d'un télésiège, pendant le trajet. • Civ. 1re, 11 mars 1986 : *préc. note 2 (a contrario).* ♦ ... L'exploitant d'une activité de « *flyfish* », activité nautique consistant à faire tracter par un bateau un gros radeau gonflable susceptible de s'élever dans les airs, les participants à une telle activité n'ayant aucune maîtrise sur l'engin. • Aix-en-Provence, 9 févr. 2011 : *RG n° 08/16063.* ♦ V. déjà : • Aix-en-Provence, 24 juin 2008 : *RG n° 06/20603.* ♦ ... L'organisateur d'une activité de « *snow tubing* », activité consistant à descendre une piste de neige sur une bouée munie d'une sangle pour la tracter et de deux poignées latérales permettant à l'utilisateur de se tenir. • Lyon, 3 mai 2012 : *RG n° 11/02856.*

10. L'organisateur d'un vol en parapente et le moniteur sont tenus d'une obligation de résultat, en ce qui concerne la sécurité de leurs clients pendant les vols, au cours desquels ceux-ci n'ont joué aucun rôle actif. • Civ. 1re, 21 oct. 1997 : *Bull. civ. I, n° 287 ; D. 1998. 271, note Brun ; JCP 1998. II. 10103, note Varet.* ♦ Sur l'obligation de résultat de l'organisateur d'un vol de parapente qui fournit du matériel en mauvais état de fonctionnement (radio). • Chambéry, 2 juill. 2015, n° 14/01774 : *Dict. perm. dr. sport 2015, Bull. n° 226, p. 6, obs. A. Renard ; JS 2015, n° 156, p. 9, obs. J. Mondou .*

11. Sur l'obligation de résultat de l'organisateur d'un baptême de l'air, lequel baptême est identifié à un contrat de transport, V. • Paris, 17 févr. 1971 : *RFD aérien 1971. 165* • Riom, 21 nov. 1974 : *RFD aérien 1975. 201.* ♦ Sur la qualification de transport aérien d'un baptême de l'air en parapente biplace, d'une promenade en ULM ou encore d'un vol d'initiation au parachute ascensionnel, V. note ss. art. L. 6400-1 C. transp. ♦ V. cependant, pour des décisions ayant retenu une simple obligation de moyens à la charge de l'organisateur de baptêmes de l'air en deltaplane biplace : • TGI Nice, 8 janv. 1985 : *D. 1986. IR 367, obs. Jeannot-Pagès ; RJ éco. sport 1987, n° 1, p. 73, obs. Bournazel* • Paris, 22 mars 1990 : *RJ éco. sport 1991, n° 16, p. 56* (résumé) • TGI Digne, 17 avr. 1991 : *RFD aérien 1992. 184.*

12. Un aéro-club, dès lors qu'il a perdu la maîtrise de l'appareil mis à la disposition d'un utilisateur qui en assure le pilotage, n'est pas tenu envers celui-ci, ni envers les passagers, d'une quelconque obligation de résultat. • Civ. 1re, 5 juill. 1989 : *Bull. civ. I, n° 283.*

13. Un office municipal des sports, lorsqu'il organise, durant l'été, dans le cadre d'une opération « loisirs jeunes été », diverses activités sportives destinées aux adolescents de la ville, se trouve à leur égard débiteur d'une obligation de sécurité, laquelle s'analyse en une obligation de résultat s'agissant d'une activité dans laquelle les participants n'avaient aucune marge d'initiative personnelle (vol d'initiation aéronautique). • Reims, 10 mai 1995 : *Juris-Data n° 049252.*

B. ÉTENDUE DE L'OBLIGATION CONTRACTUELLE

14. Une association sportive est tenue d'une obligation contractuelle de sécurité, de prudence et de diligence envers les sportifs exerçant une activité dans ses locaux et sur des installations mises à leur disposition, quand bien même ceux-ci pratiquent librement cette activité ; par conséquent, doit être cassé l'arrêt ayant considéré qu'il ne saurait être reproché à un club d'escalade d'avoir manqué à une quelconque obligation de surveillance et d'information au motif que l'obligation de sécurité du moniteur n'existe que pendant une formation et non lorsque la personne exerce librement l'escalade dans une salle et sur un mur mis à la disposition de tous les sportifs membres du club ou assimilés, • Civ. 1re, 15 déc. 2011 : *Bull. civ. I, n° 219 ; D. 2012. 539, note Develay ; RTD civ. 2012. 121, obs. Jourdain ; RCA 2012, n° 4, 120, par Hocquet-Berg ; JCP 2011. n° 1443, note Barbiéri ; JS 2012, n° 117, p. 8, obs. Lagarde ; Gaz. Pal. 2012, n° 11-12, p. 21, note Houtcieff ; Cah. dr. sport 2011, p. 167, note Grundeler ; ibid., p. 171, note Brignon.*

15. L'obligation de surveillance d'une association sportive ne prend pas fin à l'issue de l'entraînement lorsque les participants sont entrés dans le vestiaire, mais s'applique pendant tout le temps où ces derniers sont sous sa responsabilité, • Aix-en-Provence, 14 sept. 2011 : *Cah. dr. sport 2011, n° 26, p. 156, note Vial.*

C. CONTENU DE L'OBLIGATION CONTRACTUELLE

16. Un arrêt énonce à bon droit que le seul respect des obligations de sécurité fixées par les instances sportives est insuffisant pour exonérer une association sportive de ses devoirs en matière de sécurité et que, au-delà d'un strict respect des prescriptions sportives, il existe à la charge de cette association une obligation de prudence et de diligence. • Civ. 1re, 16 mai 2006 : *Bull. civ. I, n° 249.*

1° LOCAUX, INSTALLATIONS, MATÉRIELS

17. Locaux, installations, aménagements. Un club de boxe française engage sa responsabilité à l'égard d'un de ses adhérents qui, ayant reçu un coup de pied au visage au cours d'une séance d'entraînement, tomba au sol et se blessa, dès lors que, si les locaux mis à la disposition du club avaient été homologués par la direction départementale de la jeunesse et des sports, la salle où la boxe était pratiquée avait été initialement destinée à la danse et le club avait fait équiper le sol d'un revêtement d'une épaisseur insuffisante pour amortir la chute de la victime. • Civ. 2e, 5 déc. 1990 : *Bull. civ. II, n° 258 ; D. 1991. Somm. 283, obs. J.-P. Karaquillo.*

18. Un centre socio-éducatif organisateur de séances de tennis est entièrement responsable de l'accident survenu à un débutant, blessé par un coup de raquette porté maladroitement par un autre débutant, du fait notamment de l'exiguïté des locaux dans lesquels se déroulaient, sans séparation, des activités différentes. • Aix-en-Provence, 6 févr. 1980 : *D. 1982. IR 91, obs. F. Alaphilippe et J.-P. Karaquillo.*

19. Manque à son obligation de sécurité à l'égard des participants le club sportif organisateur d'une course cycliste se déroulant de nuit, dès lors qu'il n'a pas envisagé la mise en place d'un éclairage automatique de secours, alors que l'éclairage du vélodrome revêtait une importance primordiale. • Rennes, 20 oct. 1981 : *D. 1983. IR 259, obs. F. Alaphilippe et J.-P. Karaquillo.*

20. Sur la responsabilité de l'exploitant d'une piscine en raison d'un aménagement ne signalant pas suffisamment l'endroit où il était interdit de plonger, V. : • Civ. 1re, 2 mars 1983 : *Bull. civ. I, n° 85.*

21. Sur la responsabilité d'une association sportive organisatrice d'une séance d'éducation physique pour n'avoir pas remué le sable de la fosse de réception tassé par la pluie avant que les élèves ne s'élancent pour sauter, V. : • Civ. 1re, 7 nov. 1967 : *Bull. civ. I, n° 326.*

22. Sur la responsabilité de l'organisateur d'une course de kart en raison de la mauvaise disposition d'une protection de pneumatiques, placés en travers d'une échappatoire, qui a cédé sous le choc d'un kart, V. : • Bordeaux, 13 oct. 1966 : *D. 1967. 763.* ♦ ... Ou en raison de la mise en place de bottes de paille trop minces n'ayant pas permis d'éviter l'accident d'un concurrent, V. : • Aix-en-Provence, 27 juin 1963 : *Gaz. Pal. 1963. 2. 262.* ♦ V. aussi, s'agissant de l'insuffisance d'un dispositif de protection des concurrents dans une course automobile : • Poitiers, 29 juin 1983 : *D. 1984. 61, note Daverat.*

23. Sur la pleine et entière responsabilité de l'organisateur d'une épreuve motocycliste d'endurance tout terrain sur circuit fermé pour n'avoir pas mis en place les aménagements de nature à empêcher ou à amoindrir les conséquences d'accidents liés à la présence d'obstacles naturels en bordure de piste : • Civ. 1re, 15 juill. 1999 : *Bull. civ. I, n° 251.*

24. Sur la responsabilité de l'exploitant d'un domaine skiable pour avoir omis de poser des filets de protection le long de la zone boisée et parsemée de rochers d'une piste de ski, alors qu'à cet endroit se trouvait une plaque de verglas et qu'au passage de cette plaque la probabilité pour le skieur de tomber et de terminer sa course en dehors de la piste contre un arbre voire un rocher était forte, V. : • Civ. 1re, 3 juill. 2013 : *pourvoi n° 12-14.216.*

25. V. encore, sur la responsabilité de l'exploitant d'une patinoire en raison du mauvais état de la glace : • Aix-en-Provence, 22 juin 1995 : *Juris-Data n° 043456.* ♦ ... Ou sur la responsabilité d'un club de gymnastique pour ne pas avoir installé des sols antidérapants dans les endroits fréquentés par des personnes ayant les pieds nus : • Lyon, 8 nov. 1995 : *Juris-Data n° 049423.*

26. Matériels et équipements collectifs. Est responsable du préjudice subi par l'un de ses adhérents le club de gymnastique qui a omis de se munir de ceintures de sécurité pour permettre l'apprentissage sans danger de sorties risquées ou difficiles à la barre fixe. • Paris, 17 juin 1987 : *D. 1987. IR 176.*

27. Une fédération sportive organisatrice d'une compétition de gymnastique est responsable du dommage subi par un gymnaste qui n'a pu bénéficier normalement dans sa chute de l'amortissement d'un tapis réglementaire sous une barre fixe. • Paris, 25 févr. 1987 : *D. 1988. Somm. 391, obs. Baron.*

28. Sur la responsabilité de l'organisateur d'une compétition équestre en raison de la présence d'un obstacle défectueux sur le parcours mettant en danger les cavaliers, V. : • TGI Versailles, 10 sept. 1999 : *JCP 2000. II. 10329, note Carius.*

29. Matériels et équipements individuels. Contractuellement tenu d'assurer la sécurité des élèves qui lui sont confiés, un établissement d'enseignement est responsable des dommages qui leur sont causés non seulement par sa faute mais encore par le fait des choses qu'il met en œuvre pour l'exécution de son obligation contractuelle, en l'espèce un cerceau en matière plastique utilisé pour les exercices de psychomotricité. • Civ. 1re, 17 janv. 1995 : *Bull. civ. I, n° 43 ; JCP 1995. I. 3853, obs. Viney ; D. 1995. 350, note Jourdain ; D. 1996. Somm. 15, obs. Paisant.*

30. Sur des accidents d'équitation liés à l'absence du port d'une bombe protectrice par les victimes, V. : • Civ. 1re, 30 avr. 1965 : *Bull. civ. I,* *n° 282* • Civ. 1re, 4 mars 1980 : *Bull. civ. I, n° 77* • Civ. 1re, 26 janv. 1988 : *D. 1989. Somm. 408 (1re esp.), obs. Wagner.*

31. Un aéro-club a l'obligation de mettre à la disposition de l'utilisateur un appareil correspondant à l'usage auquel il est destiné. • Civ. 1re, 28 oct. 1958 : *Bull. civ. I, n° 248.*

32. Constatant que lors d'un stage d'initiation au kart la victime avait reçu de la part des moniteurs les recommandations concernant la vitesse et les règles de sécurité et que l'équipement des karts était conforme aux normes exigées pour ce niveau d'utilisation, une cour d'appel a pu en déduire que l'absence de filet de protection autour de l'habitacle du véhicule ne constituait pas un manquement de l'organisateur à son obligation de sécurité. • Civ. 1re, 1er déc. 1999 : *D. 2000. 287, note J. Mouly.*

33. Un loueur de quads est tenu, en ce qui concerne la sécurité des usagers, d'une obligation de moyens, l'obligeant à prévenir les dangers de ce sport à risque, notamment, en mettant à leur disposition des engins en bon état de fonctionnement, un parcours adapté à leurs compétences techniques et une formation leur permettant d'assimiler les consignes techniques et les règles de prudence élémentaires. • Orléans, 21 mars 2011, RG n° 10/00328 : *Juris-Data n° 031966.*

2° DEVOIR D'INFORMATION

34. Assurances. V. notes ss. art. L. 321-4 C. sport.

35. Un club de rugby qui laisse jouer un joueur en dépit du non-paiement de sa cotisation et qui omet de déclarer l'accident dans les cinq jours de sa survenance, entraînant de ce fait un refus de prise en charge par l'assureur, doit être condamné à se substituer à l'assurance et à garantir la victime dans les limites du contrat d'assurance. • Bourges, 7 mars 1995 : *RJ éco. sport 1996, n° 40, p. 45, obs. J. Mouly.*

36. La responsabilité civile d'une école de parapente doit être engagée lorsqu'il existe un lien de causalité entre l'accident survenu à la suite d'une erreur de pilotage de la victime et la panne radio, irrésistible mais pas imprévisible, qui a empêché la réalisation du dernier ordre du moniteur avant l'atterrissage. • Chambéry, 2 juill. 2015, n° 14/01774.

37. Déroulement de l'épreuve. Une cour d'appel a relevé à bon droit que, malgré le bon niveau de ses élèves, un moniteur de ski aurait dû appeler spécialement leur attention sur la qualité de la neige et sur le danger créé, sur le parcours, par la présence d'une barre rocheuse non signalée qu'il connaissait parfaitement. • Civ. 1re, 9 févr. 1994 : *JCP 1994. IV. 984.*

38. L'organisateur d'une course cycliste sur une route restée ouverte à la circulation publique doit s'assurer que tous les coureurs ont bien entendu l'avis officiel leur rappelant de respecter les prescriptions du code de la route ainsi que celles de l'arrêté préfectoral réglementant l'utilisation de la voie publique. • Poitiers, 16 mai 1984 : *préc. note 2.* ♦ V. déjà : • Paris, 24 mai 1983 : *Gaz. Pal. 1984. 1. Somm. 205.*

39. Une cour d'appel, qui constate que la société organisatrice d'un rallye routier a porté à la connaissance de tous les participants les conditions de la course et notamment le fait que les épreuves de liaison se déroulaient sur des routes non neutralisées, impliquant la présence éventuelle de véhicules circulant en sens inverse et qu'il convenait que chaque participant respecte les conditions locales de circulation, en déduit à bon droit que la société n'a commis aucun manquement à son obligation de moyens concernant la sécurité des participants. • Civ. 2e, 27 mai 1999 : *Bull. civ. II, n° 104.*

40. Jugé qu'un moniteur de voile avait l'obligation d'avertir suffisamment ses élèves, tous novices, des circonstances et de la durée de la manœuvre d'empannage qu'il exécutait et qui consistait à pousser la bôme d'un côté puis de l'autre du bateau en raison de l'absence de vent et de la proximité du point d'amarrage. • Paris, 30 mai 1978 : *Gaz. Pal. 1978. 2. 389.*

41. On ne saurait reprocher, en revanche, aux dirigeants d'un club de rugby de ne pas avoir informé officiellement la mère d'un jeune joueur sur les risques inhérents à la pratique du rugby. • Toulouse, 15 avr. 1977 : *D. 1979. IR 314, obs. F. Alaphilippe et J.-P. Karaquillo.* ♦ ... Ou à un moniteur d'équitation de ne pas avoir rappelé les conseils élémentaires de prudence en cas de chute, dès lors que la victime n'était plus une débutante et que son niveau d'expérience n'exigeait pas une attention particulière. • Civ. 1re, 22 mars 1983 : *Bull. civ. I, n° 106.*

42. Location de matériel. Le loueur de canoës-kayaks est tenu d'une obligation d'information à l'égard de ses clients, s'il a connaissance de difficultés ponctuelles sur le parcours, mais il ne peut être tenu de s'assurer de l'inexistence permanente de tout obstacle sur celui-ci. Il ne peut notamment lui être reproché de n'avoir pas informé son client de la présence d'une souche effondrée de la berge la nuit précédente, ce dont il n'avait pas eu connaissance. • Civ. 1re, 6 févr. 2001 : *D. 2001. Somm. 1661, obs. F. Lagarde.* ♦ Jugé qu'une association, prestataire d'un service de location de canoës-kayaks, n'a pas manqué à son obligation de sécurité de moyens dès lors qu'elle s'était assurée quelque temps avant l'accident de la navigabilité sans obstacle de la rivière non répertoriée comme dangereuse, qu'elle avait fourni à la victime les consignes nécessaires à la navigation ainsi que les matériels de sécurité conformes aux prescriptions réglementaires et avait délivré une embarcation considérée comme relativement fiable par les professionnels et n'ayant pas atteint l'âge limite d'utilisation en location. • Civ. 2e, 23 nov. 2006 : *RJ éco. sport, 2007 n° 82, p. 82, obs. F. Lagarde.*

43. Jugé, à la suite de la blessure d'une cliente, qu'un encadrant d'une sortie de canyonisme a manqué à son obligation contractuelle de sécurité dès lors qu'il n'avait pas vérifié la hauteur de l'eau dans un bassin et n'avait pas donné pas suffisamment d'informations précises sur l'endroit où cette cliente devait se réceptionner. • Grenoble, 3 févr. 2015, n° 12/02984.

3° ENCADREMENT

44. Présence. Un club qui organise une séance d'entraînement en escalade dans un gymnase aménagé commet une faute en ne s'assurant pas de la présence d'un moniteur auprès du pratiquant victime, présence qui aurait permis d'éviter que le nœud d'encordement, mal effectué au départ de l'escalade, ne cédât au moment de la descente au sol. • Versailles, 22 mars 1996, *Club dynamic Sèvres c/ Wolff : inédit.*

45. Manque à son obligation de sécurité l'organisateur d'une session d'initiation à l'équitation qui a envoyé des stagiaires chercher eux-mêmes les chevaux hors du manège et sans surveillance, l'un d'eux ayant été blessé en montant « à cru » un animal, et aucune preuve n'étant rapportée qu'il ait, en agissant ainsi, contrevenu à une interdiction quelconque qui lui aurait été faite. • Civ. 1re, 18 nov. 1986 : *Bull. civ. I, n° 270.*

46. Effectif. N'a pas assuré une organisation adéquate garantissant une sécurité normale des participants, le centre socio-éducatif qui n'a mis qu'un seul moniteur de tennis à la disposition de nombreux débutants. • Aix-en-Provence, 6 févr. 1980 : *préc. note 18.*

47. Ne respecte pas son obligation de prudence et de diligence à l'égard des participants l'association organisatrice d'une course cycliste qui laisse courir un nombre trop important de cyclistes sur un circuit non fermé à la circulation publique, avec un service d'ordre prévu pour seulement quarante coureurs. • Paris, 15 nov. 1983 : *Gaz. Pal. 1984. 1. Somm. 207.*

48. En revanche, un centre équestre qui a pris la précaution de faire effectuer une reprise en manège avant une promenade et qui a mis deux accompagnateurs à la disposition de cavalières débutantes, pour assurer leur encadrement pendant toute la durée de celle-ci, n'a pas manqué aux règles de prudence en faisant pratiquer à ses clientes un trot assis au cours de cette promenade. • Civ. 1re, 29 juin 1994 : *préc. note 2.*

49. Compétence. Le défaut de qualification du moniteur chargé de la surveillance d'une promenade équestre constitue un manquement à l'obligation de sécurité de moyens à la charge de l'organisateur. • Civ. 1re, 5 mai 1998 : *Bull. civ. I, n° 164.* ♦ ... Sauf à constater, comme en l'espèce, s'agissant de l'organisateur de sorties à VTT, que le défaut de qualification n'a eu aucune incidence sur la chute de la victime. • Civ. 1re, 2 févr. 1999 : *D. 2000. Somm. 222, obs. A. Lacabarats.*

50. Un club hippique commet une faute en laissant donner, en l'absence du professeur d'équitation, une leçon d'équitation par une personne (cavalière cliente du club) dont la compétence n'est pas reconnue officiellement, cette incompétence ayant été à l'origine de l'accident survenu à un cavalier débutant. • Toulouse, 21 mars 1988 : *D. 1989. Somm. 408 (3e esp.), obs. Wagner.*

51. Lorsqu'un comité d'entreprise organise une excursion en offrant aux participants la possibilité de pratiquer l'équitation avec un moniteur, il manque à l'engagement ainsi contracté s'il ne s'assure pas de la qualification du prétendu moniteur dont il a été établi, en l'espèce, qu'elle n'existait pas, un tel manquement étant en relation directe avec l'accident. • Paris, 3 févr. 1982 : *D. 1984. IR 186, obs. Wagner.*

52. Une association sportive d'alpinisme doit respecter les règles de sécurité qui s'imposent en matière de sports de montagne et fournir à ses membres, invités à une sortie collective qu'elle a mission d'organiser et de surveiller, un moniteur expérimenté. • Civ. 1re, 8 mai 1967 : *Bull. civ. I, n° 159.* ♦ V. aussi : • Civ. 1re, 10 mars 1992 : *préc. note 2.*

53. Une cour d'appel a pu décider qu'un moniteur de karaté, tenu à une obligation de sécurité de moyens, n'a pas commis de faute en blessant un élève au visage lors d'une séance d'entraînement dès lors qu'elle a retenu que même si la pratique de ce sport exige une maîtrise de soi en évitant de porter des coups à son adversaire, les contacts entre les protagonistes ne peuvent être exclus et ne sont pas nécessairement fautifs. • Civ. 1re, 16 nov. 2004 : *préc. note 3.*

54. Efficacité. Un centre équestre militaire organisateur d'une randonnée en forêt doit être tenu pour responsable de l'accident survenu à l'un des participants, dès lors notamment que le moniteur préposé s'était placé de telle façon qu'il n'avait pas pu intervenir lorsqu'un cheval parti au galop avait désarçonné et traîné sur le sol son cavalier. • Civ. 1re, 20 juill. 1988 : *RCA 1988. Comm. 48.* ♦ Dans le même sens, s'agissant d'un moniteur qui avait corrigé une jument à la chambrière ou à la cravache dans des conditions de nature à effrayer les autres chevaux : • Civ. 1re, 10 févr. 1987 : *D. 1987. Somm. 467, obs. Wagner.* ♦ ... Ou qui n'avait pas repris en main un animal qui commençait à donner des signes d'énervement. • Civ. 1re, 30 avr. 1965 : *préc. note 23.*

55. Une association organisatrice d'un stage de parachutisme doit être tenue pour responsable de l'accident survenu à un élève stagiaire dont le parachute principal s'est entrouvert et dont le « ventral » n'a été actionné que tardivement, dès lors qu'elle a commis des fautes en écourtant la formation des stagiaires et en donnant à la victime, au moment des incidents d'ouverture du parachute, des consignes dont le sens pouvait lui échapper dans la situation où elle se trouvait. • Paris, 6 avr. 1995 : *D. 1996. Somm. 118, obs. Delebecque* .

56. *Surveillance.* Un club de vacances organisateur d'une excursion en mer doit être déclaré responsable de l'accident survenu à un participant qui a plongé du bateau à un endroit où la profondeur d'eau était insuffisante, dès lors qu'aucun des moniteurs présents n'était intervenu pour faire cesser cette activité, qui pouvait s'avérer dangereuse. • Civ. 1re, 28 avr. 1993 : *RCA 1993. Comm. 238.*

57. L'obligation de moyens qui pèse sur l'organisateur d'une colonie de vacances impose de surveiller les activités des enfants pour éviter qu'ils ne s'exposent à des dangers. • Civ. 1re, 11 mars 1997 : *Bull. civ. I, no 89.* ♦ Jugé toutefois qu'aucune faute ne peut être retenue à l'encontre de l'organisateur d'un centre de vacances, dès lors qu'au moment de l'accident, les moniteurs surveillaient l'ensemble de l'aire de baignade et que les organisateurs pouvaient légitimement penser que la victime âgée de 14 ans et participant à un camp sportif s'assurerait, avant de plonger du plongeoir aménagé à un mètre au-dessus de l'eau, que l'espace de réception était libre. • Civ. 1re, 10 févr. 1998 : *Bull. civ. I, no 57.*

58. Sur la responsabilité d'un club alpin dont le moniteur s'était éloigné d'un groupe de skieurs qu'il accompagnait, de sorte que l'un d'eux avait eu un accident. • Paris, 22 juin 1987 : *Gaz. Pal. 1988. 1. Somm. 26.*

59. Les juges du fond qui relèvent que la bousculade ayant provoqué la chute d'un baigneur était due à un défaut de surveillance et de vigilance imputable à la société exploitant une piscine, peuvent en déduire l'existence d'une faute engageant la responsabilité de ladite société. • Civ. 1re, 20 oct. 1971 : *Bull. civ. I, no 269.* ♦ De même, l'exploitant d'une piscine engage sa responsabilité s'il laisse un usager utiliser le plongeoir pendant qu'un autre usager se trouve en dessous. • Nîmes, 10 déc. 1970 : *D. 1971. Somm. 92* • Lyon, 21 juin 1973 : *D. 1973. Somm. 116.*

60. L'exploitant d'une patinoire, qui est soumis à un devoir de police et de surveillance, engage sa responsabilité à l'égard d'un client victime d'une chute, dès lors qu'il n'a pas empêché le stationnement d'un groupe de patineurs à un endroit où le règlement intérieur l'interdisait. • Paris, 24 mai 1983 : *D. 1984. IR 486, obs. Baron.* ♦ V. déjà, pour un exploitant qui avait laissé se former sur la glace une chaîne de patineurs : • Civ. 1re, 8 févr. 1961 : *Bull. civ. I, no 93.*

4o CAPACITÉS DES PRATIQUANTS

61. Un centre hippique commet une faute en faisant effectuer à une cavalière débutante un galop prématuré lors de sa première leçon d'équitation. • Paris, 13 mars 1991 : *Juris-Data no 021941.* ♦ ... Ou en faisant emprunter à des cavaliers, tous novices dans la pratique de l'équitation, une voie ouverte à la circulation publique. • Pau, 7 janv. 1988 : *D. 1989. Somm. 408 (2e esp.), obs. Wagner.* ♦ Mais il n'engage pas sa responsabilité dès lors que la victime, qui n'était pas une cavalière débutante, ne nécessitait pas une surveillance spéciale de la part de la monitrice. • Civ. 1re, 26 avr. 1963 : *Bull. civ. I, no 222 ; JCP 1963. II. 13307, note Esmein.* ♦ Dès lors qu'elle retient qu'une jeune cavalière, bien qu'âgée de 11 ans, n'était pas une débutante et que le fait de sortir seule un cheval de son box et de le conduire à un anneau pour l'attacher en vue de son pansage est une opération habituelle dans la pratique d'un club hippique, qui n'appelle pas de précaution particulière de l'organisateur, une cour d'appel peut estimer s'agissant en outre d'un cours collectif, qu'il ne pouvait être reproché à la monitrice, présente au moment de l'accident, de ne pas être aux côtés de chacun des enfants. • Civ. 1re, 28 nov. 2000 : *Bull. civ. I, no 310.* ♦ Justifie sa décision une cour d'appel qui, après avoir relevé qu'aucune inadéquation entre le niveau de la cavalière victime et les exercices effectués n'était démontrée, a estimé qu'aucun manquement à l'obligation de sécurité de moyens et, en conséquence, aucune responsabilité, ne pouvait être retenus à l'encontre de l'association. • Civ. 2e, 9 juin 2016, no 15-19.020 : *JS 2016, no 166, p. 9, obs. J. Mondou ; Cah. Dr. sport. 2016, no 45, p. 110, note J.-P. Vial.*

62. Le fait pour un loueur de chevaux d'avoir demandé à une cavalière peu expérimentée d'effectuer un trot sans étriers pour apprécier ses aptitudes constitue une erreur d'appréciation de nature à engager sa responsabilité. • Civ. 1re, 13 mars 1990 : *RCA 1990. Comm. 211.* ♦ V. déjà, s'agissant d'un loueur de chevaux qui avait fait monter une cavalière sur un cheval sans selle : • Civ. 1re, 19 mai 1981 : *Gaz. Pal. 1981. 2. Pan. jurispr. 366.*

63. Constitue une faute le fait, pour un moniteur de ski, de lancer des skieurs débutants sur une piste trop difficile pour eux. • Paris, 26 févr. 1982 : *D. 1984. IR 188, obs. Marty.* ♦ ... Ou de ne pas avoir veillé à ce que des jeunes enfants qui lui étaient confiés attachent leur chaîne de sécurité en empruntant une télébenne. • Pau, 30 nov. 1967 : *Gaz. Pal. 1968. 1. 218, note Rabinovitch.*

64. Un arrêt relève à bon droit que l'obligation de moyens à laquelle sont tenus les organisateurs d'un stage d'initiation au vol en ULM en ce qui concerne la sécurité des participants, et qui doit s'apprécier avec d'autant plus de sévérité qu'il s'agit d'un sport dangereux, comporte le devoir non seulement de faire assimiler aux élèves les consignes techniques mais aussi de tester leurs capacités psychologiques. • Civ. 1re, 29 nov. 1994 : *préc. note 2.* ♦ Dans le même sens, s'agissant de l'obligation pour les moniteurs d'un stage d'initiation au parapente de s'enquérir, avant un premier saut, de l'état physique et psychologique d'une stagiaire. • Civ. 1re, 5 nov. 1996 : *Bull. civ. I, n° 380 ; D. 1998. Somm. 37, obs. A. Lacabarats.*

65. L'organisateur d'une activité dangereuse, en l'espèce une société gérant un circuit de karting, qui accepte de recevoir des conducteurs sans aucune expérience, doit prendre des précautions supplémentaires et équiper son circuit en conséquence, notamment en disposant des bottes de paille susceptibles d'arrêter les véhicules avant le grillage. • Civ. 1re, 6 janv. 1998 : *pourvoi n° 96-10.463.*

5° CHOIX DU LIEU ET DU TEMPS DE PRATIQUE

66. Itinéraire. Dans le cadre de l'obligation de moyens qui pèse sur l'organisateur de promenades à cheval, le choix du parcours et les précautions à prendre en fonction de la diversité et des particularités de l'itinéraire sont de ceux qui engagent sa responsabilité en cas d'accident imputable à une défaillance dans la mise en œuvre de ces moyens. • Pau, 7 janv. 1988 : *préc. note 61.* ♦ Ainsi, les organisateurs d'une promenade équestre engagent leur responsabilité pour avoir choisi un parcours sur lequel il savaient que se trouvaient des chiens errants, lesquels étaient susceptibles d'effrayer les chevaux. • Paris, 27 sept. 1985 : *Gaz. Pal. 1986. 1. Somm. 192.*

67. Sur la responsabilité d'un club de vacances qui a lancé des groupes de skieurs sur une piste présentant une déclivité importante et considérée comme difficile, et ce malgré les essais préalables estimés rassurants pour des passages individuels. • Civ. 1re, 19 nov. 1968 : *Bull. civ. I, n° 286 ; JCP 1969. II. 15915, note Rabinovitch.* ♦ V. aussi : • Paris, 26 févr. 1982 : *préc. note 63.*

68. En revanche, une cour d'appel a pu estimer à bon droit qu'un moniteur de ski n'avait pas commis de faute, dès lors qu'elle a relevé, d'une part, que la piste où avait eu lieu l'accident avait dix mètres de large, qu'elle était rectiligne et avait une pente très faible, d'autre part, que si la neige était dure, celle-ci n'était pas vitrifiée et était parfaitement skiable, et enfin, que le ruisseau dans lequel la victime était tombée était parfaitement visible de loin. • Civ. 1re, 28 avr. 1980 : *Bull. civ. I, n° 130.*

69. De même, il ne peut être reproché à l'organisateur d'une promenade à VTT d'avoir choisi un parcours inadapté aux capacités physiques d'un participant dès lors que ce parcours ne présentait pas de difficultés particulières et avait déjà été emprunté par la victime. • Civ. 1re, 2 févr. 1999 : *préc. note 49.*

70. Conditions météorologiques. Commet une imprudence fautive le guide de haute montagne qui conduit des skieurs sur un parcours hors piste alors qu'il ne pouvait ignorer que le risque d'accident était augmenté par un radoucissement de la température et par la présence de brouillard. • Chambéry, 6 juin 1978 : *préc. note 2.*

6° ABSENCE OU INSUFFISANCE DES SECOURS

71. Après avoir relevé que l'accident de décompression dont a été victime un membre d'un club de plongée sous-marine était imputable à l'imprudence de l'intéressé, les juges du fond ont pu estimer qu'une obligation de secours d'urgence s'imposait à l'association afin de limiter les conséquences de cet accident. • Civ. 1re, 9 mars 1983 : *Gaz. Pal. 1983. 2. Pan. jurispr. 280, obs. F. C.*

72. Ne renverse pas la charge de la preuve, la cour d'appel qui énonce que les parents de la victime d'un accident de baignade ne peuvent invoquer contre l'exploitant d'une piscine une insuffisance des moyens de sauvetage, dès lors que le moment et la cause du décès étaient restés inconnus. • Civ. 1re, 23 nov. 1977 : *préc. note 2.*

7° ABSENCE D'IDENTIFICATION DE L'AUTEUR DU DOMMAGE

73. Un exploitant d'une patinoire commet une faute en ne prenant aucune mesure pour rechercher l'identité des témoins, faire établir un rapport de police et mettre la victime en état de faire valoir ses droits contre l'auteur responsable de l'accident. • Civ. 1re, 8 févr. 1961 : *préc. note 60.* ♦ Pour une faute similaire commise par l'exploitant d'une piscine : • Civ. 1re, 20 oct. 1971 : *préc. note 59.*

74. Ne donne pas de base légale à sa décision la cour d'appel qui s'abstient de rechercher si le seul fait d'avoir été privé de la possibilité d'identifier le responsable et de faire admettre sa responsabilité n'avait pas privé un pratiquant de judo de la perte d'une chance d'obtenir une indemnisation supérieure à celle dont il a bénéficié. • Civ. 1re, 7 avr. 1998 : *Bull. civ. I, n° 147.*

75. La réparation du préjudice né de la seule perte des chances qu'avait un skieur, blessé par un tiers à l'occasion d'une leçon de ski, sans que le moniteur ait fait le nécessaire pour identifier celui-ci, de faire admettre que ledit tiers était entièrement responsable des conséquences de l'accident, ne peut pas consister en la réparation totale du dommage résultant de la collision avec le tiers non identifié. • Civ. 1re, 10 juin 1986 : *Bull. civ. I, n° 163.*

8° DIVERS

76. Viole l'art. 1147 anc. la cour d'appel qui, pour exonérer de moitié de sa responsabilité l'exploitant d'une remontée mécanique, retient que la victime a commis une faute en prenant l'initiative de sauter de son siège par crainte de passer la nuit sur l'appareil immobilisé à 300 mètres du point d'arrivée, alors qu'elle constatait que l'absence de barrière ou de panneaux de signalisation interdisant l'accès de la remontée mécanique pouvait inciter celle-ci à utiliser le télésiège, circonstance exclusive de toute faute de sa part. • Civ. 1re, 4 juill. 1995 : *Bull. civ. I, no 300 ; D. 1997. Somm. 190, obs. J. Mouly ; JCP 1996. II. 22620, note Paisant et Brun.* ♦ Comp. : • Civ. 2e, 2 nov. 1994 : *D. 1996. Somm. 28, obs. J. Mouly.* ♦ Viole ces mêmes dispositions la cour d'appel qui, pour mettre à la charge de la victime une part de responsabilité, retient que celle-ci, tenue à un rôle actif au départ du télésiège, a commis une faute en omettant, après avoir manqué son embarquement, de se laisser tomber et d'emprunter l'échappatoire de sécurité, alors que ces circonstances ne caractérisent pas une faute du créancier de l'obligation de sécurité. • Civ. 1re, 4 juill. 1995 : *Bull. civ. I, no 301 ; D. 1997. Somm. 190, obs. J. Mouly ; JCP 1996. II. 22620, note Paisant et Brun.*

77. Un moto-club commet une négligence en s'abstenant de procéder à un examen minutieux des documents produits par les participants, notamment en ne veillant pas à ce que chacun d'eux justifie, par la présentation de son permis de conduire, de son aptitude à conduire les engins. • Civ. 1re, 11 janv. 1989 : *RCA 1989. Comm. 115 (2e esp.).*

78. Commet une faute le directeur d'une course de karting qui s'abstient de présenter au pilote qui allait être dépassé le drapeau bleu lui enjoignant de rester dans sa ligne de marche et de céder le passage aux autres concurrents. • Civ. 1re, 13 nov. 1984 : *Gaz. Pal. 1985. 2. Pan. jurispr. 140.*

79. Sur la responsabilité de l'organisateur d'une course cycliste pour inobservation des prescriptions définies par l'arrêté préfectoral autorisant la course : • Civ. 1re, 16 juill. 1964 : *Bull. civ. I, no 391.* ♦ ... Ou pour avoir placé à un carrefour un commissaire de course qui n'était porteur d'aucun signe distinctif. • Civ. 1re, 28 nov. 1966 : *Bull. civ. I, no 524.*

80. Jugé qu'un moniteur de ski doit être tenu pour solidairement responsable avec l'école de ski des conséquences d'un accident survenu à une élève, heurtée par un de ses camarades au cours d'une leçon collective, pour n'avoir pas veillé à ce que les élèves gardent entre eux une distance suffisante afin de pallier les conséquences d'erreurs prévisibles. • Aix-en-Provence, 16 avr. 1975 : *Gaz. Pal. 1976. 1. 127, note Rabinovitch.*

81. S'il ne peut être reproché aucune faute à la Fédération française de gymnastique dans la lésion dont a été victime une gymnaste de haut niveau, ladite fédération engage sa responsabilité du fait du retard dans le diagnostic de cette lésion en vue de son traitement. • TGI Paris, 1er juill. 1999, *Lussac c/ Féd. fr. de gymnastique : inédit.*

82. Le seul fait pour la fédération française de boxe française savate d'avoir accepté d'envoyer une délégation au Sénégal pour participer à une manifestation organisée par la fédération sénégalaise ne la rend pas responsable, à défaut de manquement à son obligation de sécurité de moyens, de l'accident de la circulation dont a été victime, dans ce pays, l'un de ses licenciés. • Civ. 1re, 30 mai 2006 : *pourvoi no 04-13.958.*

83. C'est à bon droit qu'une cour d'appel, après avoir relevé que le match au cours duquel un joueur de football a été agressé par un spectateur qui avait fait irruption sur le terrain était organisé dans le cadre d'un championnat départemental, sur le stade d'une commune de 5 000 habitants en présence de quelques dizaines de « supporters », que ce match était arbitré par un arbitre central assisté de deux juges de touches et qu'une main courante de 1,20 m était installée autour du stade, en a déduit que l'organisateur de la rencontre, qui n'était tenu que d'une obligation de moyens en ce qui concernait la sécurité des joueurs, n'a pas commis de faute engageant sa responsabilité. • Civ. 1re, 7 févr. 2006 : *pourvoi no 03-21.157.*

D. ATTÉNUATION OU EXCLUSION DE RESPONSABILITÉ

1o ACCEPTATION DES RISQUES

84. V. notes 24 à 30 ss. art. 1240 et 25 à 30 ss. art. 1242.

85. La pratique du sport équestre qui s'exerce sous forme de promenade à l'extérieur implique l'acceptation de certains risques provoqués notamment par les réactions parfois imprévisibles des chevaux, qui exposent à des accidents des cavaliers confirmés. • Civ. 1re, 16 mars 1970 : *préc. note 2* • Civ. 1re, 26 avr. 1963 : *préc. note 61.* ♦ V. également : • Paris, 28 janv. 2003 : *D. 2003. Somm. 2539, obs. Ch. Dudognon.*

86. Il a été jugé toutefois que la notion d'acceptation des risques n'ajoutait rien aux effets attachés à la faute de la victime, et que c'est donc à bon droit qu'une cour d'appel a fait application des règles générales de la responsabilité pour estimer qu'aucune faute n'était établie à l'égard d'un moniteur, grièvement blessé au cours d'une escalade en montagne, à qui il était reproché d'avoir contribué à son propre dommage en s'étant placé dans une position dangereuse. • Civ. 1re, 6 janv. 1987 : *Bull. civ. I, no 7.* ♦ V. déjà : • Civ. 1re, 7 nov. 1967 : *préc. note 21.*

87. Pour un arrêt ayant considéré que le risque accepté n'existe qu'entre les compétiteurs et non dans les relations qui unissent ceux-ci avec les organisateurs, V. : • Poitiers, 16 mai 1984 : *préc. note 2.*

2° FAUTE DE LA VICTIME

88. Commet une faute ayant concouru à son propre dommage : le concurrent d'une régate qui, après avoir franchi de nuit la ligne d'arrivée et amené son bateau au mouillage, s'est blessé en tombant entre la panne du débarcadère et le ponton mobile qui le prolongeait, dès lors que, marin expérimenté, il ne pouvait ignorer les dangers tenant à un accostage de nuit et qu'il lui appartenait de prendre, eu égard à la configuration des lieux, la précaution élémentaire de se munir de la lampe torche dont son embarcation était pourvue. • Civ. 1re, 28 juin 1989 : *Bull. civ. I, n° 265.* ♦ ... Le participant à une course motocycliste qui ne possédait pas le permis de conduire. • Civ. 1re, 11 janv. 1989 : *préc. note 77.* ♦ ... Le plongeur qui est demeuré par trente-deux mètres de fond après avoir entamé sa réserve d'air. • Civ. 1re, 9 mars 1983 : *préc. note 71.* ♦ ... Le moniteur de voile qui, connaissant les risques de la navigation par mauvais temps, avait omis de se munir d'un gilet de sauvetage. • Civ. 2e, 18 oct. 1989 : *Bull. civ. II, n° 191.* ♦ ... Le baigneur qui a plongé dans une piscine à un endroit où la profondeur était insuffisante, sans utiliser le plongeoir et sans s'assurer qu'il se trouvait à une distance suffisante du petit bain. • Civ. 1re, 7 mars 1966 : *Bull. civ. I, n° 165.* ♦ ... Le coureur cycliste qui s'est porté brusquement sur la gauche de la chaussée dans un virage dépourvu de visibilité en violation des prescriptions de la circulation. • Civ. 1re, 16 déc. 1963 : *Bull. civ. I, n° 555* • Poitiers, 16 mai 1984 : *préc. note 2.* ♦ En revanche, ne commet aucune faute le coureur cycliste qui entre en collision avec un cyclomoteur circulant en sens inverse de la course dès lors qu'il était en droit de penser que des mesures avaient été prises par les organisateurs lui permettant de rouler sur la gauche de la chaussée sans avoir à se soucier de véhicules arrivant en sens inverse. • Civ. 1re, 16 déc. 1997 : *Bull. civ. I, n° 377.*

89. Une cour d'appel a pu décider que ne méconnaît pas son obligation de sécurité à l'égard des usagers, l'exploitant d'un domaine skiable qui avait mis en place un dispositif de signalisation efficace pour interdire l'usage d'une des deux branches d'une piste et alors que l'accident trouvait son origine dans la vitesse excessive de la victime, moniteur de ski, compte tenu des conditions climatiques. • Civ. 1re, 19 mars 1996 : *Bull. civ. I, n° 142.* ♦ Dans le même sens, V. : • Civ. 1re, 19 févr. 2013 : *pourvoi n° 12-12.346.* ♦ V. aussi, pour un arrêt ayant écarté la responsabilité d'une société exploitant un domaine skiable en raison de la faute commise par la victime qui a emprunté une piste fermée en contrevenant à l'arrêté municipal réglementant l'usage des pistes, et qui s'est ainsi exposée sciemment aux risques en raison desquels la piste avait été fermée : • Civ. 2e, 1er juin 2001 : *pourvoi n° 10-15.384.*

3° CLAUSE D'IRRESPONSABILITÉ

90. La clause d'irresponsabilité prévue, dans le règlement régissant une course en mer, au bénéfice de l'organisateur de celle-ci, ne peut être écartée qu'en cas de faute lourde imputable audit organisateur. • Civ. 1re, 28 juin 1989 : *préc. note 88.* ♦ Comp. : • Civ. 1re, 8 nov. 1983 : *Bull. civ. I, n° 261 ; D. 1984. IR 486 (1re esp.), obs. Baron* (même affaire).

91. Est légalement justifiée la décision qui déclare inopposable à un passager transporté gratuitement à l'occasion d'un rallye aérien la clause d'irresponsabilité affichée à l'intérieur de l'avion de tourisme utilisé, dès lors que la demande ne mettait en jeu ni les règles de la responsabilité contractuelle, ni l'application de la loi du 31 mai 1924 qui réglemente le « contrat de transport par voie aérienne » mais seulement les règles régissant la responsabilité quasi-délictuelle, matière où sont nulles les clauses d'exonération ou d'atténuation de responsabilité. • Civ. 2e, 28 nov. 1962 : *Bull. civ. II, n° 755.*

92. Pour un jugement ayant retenu la responsabilité d'un club de gymnastique à l'égard d'une abonnée qui s'était fait voler son sac à main dans un casier du vestiaire du gymnase, au motif que le contrat concernant la garde des affaires personnelles était un contrat de dépôt impliquant pour le dépositaire une obligation de résultat et qu'il était produit au dossier une recommandation de la commission des clauses abusives estimant abusive la clause d'exclusion de responsabilité des clubs sportifs pour les vols commis dans les vestiaires. • TI Paris, 2 mars 1994 : *RJ éco. sport 1996, n° 39, p. 85, obs. J. Mouly.* ♦ De la même façon, doit être réputée non écrite la clause d'irresponsabilité et de renonciation à recourir en justice figurant dans le règlement d'une compétition équestre, dès lors, d'une part, qu'il s'agit d'une clause d'un contrat conclu entre une association, professionnelle de l'organisation de concours hippique, et un participant non professionnel et, d'autre part, que ce dernier n'a pas en toute connaissance de cause manifesté de façon explicite et non équivoque son adhésion à ladite clause. • TI Pau, 30 nov. 1995, *Garnier c/ Assoc. « Compétitions équestres Pau Pyrénées » et a. : inédit.*

E. EXCLUSION DE LA RESPONSABILITÉ DÉLICTUELLE

93. Viole, par refus d'application, l'art. 1147 anc. C.civ. la cour d'appel qui retient l'entière responsabilité d'une association sportive, sur le fondement de l'art. 1384 anc. [1242 nouv.], al. 1er, du même code, à raison de l'accident dont a été victime une participante à l'occasion d'un stage d'apprentissage à la pratique du catamaran, au motif que le voilier avait été l'instrument du dommage et qu'en sa qualité de propriétaire l'association était présumée en avoir la garde à défaut d'établir la preuve d'un transfert de celle-ci au profit de la victime. En effet, la cour ne pouvait statuer ainsi, sur le fondement de la garde du voilier, alors qu'il résultait de ses propres constatations que l'association, organisatrice du stage de formation ayant confié la maîtrise du bateau à ses préposés moniteurs de voile, ne pouvait engager que sa responsabilité contractuelle. • Civ. 2e, 18 oct. 2012 : *pourvoi no 11-14.155.* ♦ V. également : • Civ. 1re, 19 févr. 2013 : *pourvoi no 11-23.017.*

II. RESPONSABILITÉ DES ORGANISATEURS D'ACTIVITÉS SPORTIVES À L'ÉGARD DES SPECTATEURS

94. V. notes 41 à 44 ss. art. 1240.

A. FONDEMENT

95. Obligation de moyens. L'organisateur d'une manifestation sportive n'est tenu, en ce qui concerne la sécurité des spectateurs que d'une obligation contractuelle de moyens. • Civ. 1re, 12 juill. 1954 : *JCP 1954. II. 8331 (1re esp.), note Blin* • Civ. 2e, 9 janv. 1963 : *Bull. civ. II, no 32* • Civ. 1re, 18 nov. 1975 : *Bull. civ. I, no 336.*

96. Charge de la preuve. Il appartient au spectateur, blessé par un cheval qui s'était dérobé devant l'obstacle et était venu s'abattre sur la pelouse où il se trouvait, de démontrer que le préjudice qu'il invoque a été causé par l'inexécution des obligations dont l'organisateur de la course avait la charge. • Civ. 1re, 12 juill. 1954 : *préc. note 95.*

B. APPLICATIONS

97. Doit être confirmé l'arrêt qui, pour déclarer un club de football entièrement responsable du décès d'un spectateur atteint au visage par une fusée éclairante, retient que ce club aurait dû procéder à un contrôle visuel des spectateurs ainsi qu'à une répartition différente des partisans des deux clubs et aurait dû, dès lors que des affrontements avaient lieu depuis le début de la rencontre, solliciter ou requérir l'intervention des forces de police. • Civ. 1re, 12 juin 1990 : *Bull. civ. I, no 167.* ♦ Confirmation de : • Lyon, 16 déc. 1988 : *JCP 1990. II. 21510, note Collomb.* ♦ Sur la responsabilité partielle d'un club de football qui, connaissant l'usage fait par ses supporters de fumigènes, n'avait pas assuré une surveillance suffisante du local dans lequel ces fumigènes étaient entreposés. • Toulouse, 14 mai 2002 : *D. 2002. Somm. 2542, obs. A. Lacabarats.* ♦ Pour un arrêt n'ayant pas retenu la responsabilité de l'organisateur d'un match de football au cours duquel un spectateur avait été blessé par un pétard lancé par un autre spectateur non identifié, V. : • Civ. 1re, 18 nov. 1975 : *préc. note 95.*

98. Les organisateurs d'un tournoi de lawn-tennis sont responsables de l'aggravation des blessures occasionnées à une spectatrice dont les vêtements avaient soudainement pris feu, dès lors qu'en raison de la présence dans les tribunes d'un public trop nombreux, la victime n'avait pas pu être secourue rapidement. • Civ. 1re, 8 nov. 1983 : *Bull. civ. I, no 257.* ♦ Confirmation de : • Paris, 19 mai 1982 : *D. 1983. IR 508, obs. F. Alaphilippe et J.-P. Karaquillo.*

99. Les organisateurs d'un match de rugby, au cours duquel un spectateur avait été blessé à l'œil par le ballon, engagent leur responsabilité pour n'avoir pas laissé une distance suffisante entre les joueurs et le public. • Civ. 1re, 17 mai 1965 : *Bull. civ. I, no 323.* ♦ Mais ils ne commettent aucune faute dès lors que la main courante délimitant le terrain de jeu était conforme au système en usage sur les terrains des agglomérations de faible importance et que l'homologation du terrain par la fédération laissait supposer que les prescriptions réglementaires avaient été observées. • Civ. 1re, 30 janv. 1968 : *Bull. civ. I, no 39.*

100. Statuant sur la responsabilité d'un accident survenu à un spectateur qui assistait à une course de moto-cross, les juges du fond caractérisent un manquement des organisateurs à leurs obligations contractuelles en énonçant que, si ceux-ci avaient bien respecté le règlement de sécurité, il leur incombait de prendre toutes autres mesures propres à assurer la sécurité des spectateurs, notamment en matérialisant une distance suffisante entre la piste et le public. • Civ. 1re, 13 févr. 1962 : *Bull. civ. I, no 97.* ♦ En revanche, aucune faute ne peut être relevée à l'encontre des organisateurs d'une course de « stock-cars » dans l'accident survenu à un reporter-photographe qui s'était placé volontairement dans un endroit interdit, alors qu'il connaissait les dangers de ce type de course. • Civ. 1re, 7 févr. 1966 : *Bull. civ. I, no 95.*

101. Sur la responsabilité d'organisateurs de courses de taureaux à l'égard de spectateurs blessés en participant à ces courses, V. : • Civ. 1re, 23 nov. 1966 (2 arrêts) : *Bull. civ. I, nos 520 et 521.*

III. RESPONSABILITÉ DES ORGANISATEURS D'ACTIVITÉS SPORTIVES À L'ÉGARD DE LEURS COLLABORATEURS

102. V. note 51 ss. art. 1382 anc. [1240 nouv.].

103. À l'égard d'un arbitre. Une fédération sportive n'est tenue en ce qui concerne la sécurité d'un arbitre, auquel elle avait demandé d'arbitrer un match, que d'une obligation de moyens et non d'une obligation de résultat. • Civ. 1re,

4 avr. 1978 : *Bull. civ. I, n° 142 ; D. 1979. IR 314, obs. F. Alaphilippe et J.-P. Karaquillo.*

104. À l'égard d'un commissaire de course. L'organisateur d'une course motocycliste doit être tenu pour solidairement responsable de l'accident survenu à un commissaire de course heurté par un concurrent alors qu'il se tenait au bord de la piste, dès lors qu'il n'a pas pris toutes les précautions nécessaires en matière de sécurité et qu'il a imposé des difficultés excessives aux motocyclistes eu égard à la nature du terrain. • Rennes, 2 févr. 1982 : *D. 1983. IR 509, obs. F. Alaphilippe et J.-P. Karaquillo.*

IV. CONVENTION D'ASSISTANCE

105. Entre sportifs. Pour un arrêt ayant considéré qu'il s'était formé une convention d'assistance entre deux plongeurs d'une même palanquée, lesquels s'engagent implicitement, mais nécessairement, à se porter mutuellement un secours et à accepter ce secours comme gage réciproque de survie, y compris lorsque les circonstances de l'accident rendent impossible toute manifestation expresse de la volonté de confirmer cette acceptation, V. : • Paris, 25 janv. 1995 : *D. 1997. Somm. 191, obs. F. Lagarde ; LPA, 30 oct. 1996, n° 131, p. 10, note Filios et Kourtis.*

106. Entre organisateurs et collaborateurs bénévoles. Une convention d'assistance peut intervenir dans des circonstances autres que celles faisant apparaître un danger ou une menace pour la personne assistée ; en l'espèce, les juges du fond ont retenu l'existence d'une convention d'assistance entre un aéro-club et un pilote ayant accepté de remorquer un planeur dirigé par un élève de cet aéro-club. • Civ. 1re, 21 déc. 1976 : *Bull. civ. I, n° 422.* ♦ V. aussi, pour un arrêt ayant admis que l'aide bénévole apportée par un moniteur au Club alpin français à l'occasion d'une escalade en montagne s'analysait en une convention d'assistance : • Civ. 1re, 6 janv. 1987 : *préc. note 86.*

107. En application de l'art. 1135 C. civ. une convention d'assistance suppose, pour se former, que l'assistant apporte une aide bénévole acceptée par l'assisté et que la participation de ce dernier soit déterminante pour que l'assisté parvienne à ses fins ; ne peut invoquer le bénéfice d'une telle convention la personne victime d'un accident lors d'un concours hippique organisé par une association à l'occasion d'une journée portes ouvertes, dès lors qu'elle ne démontre pas avoir été pressée de participer à cette épreuve par les membres du centre équestre, ni que sa participation aurait été déterminante pour la bonne réussite de la journée organisée par ce dernier. • Civ. 2e, 3 juin 2010 : *RD rur. 2011. Comm. 2, obs. Krajeski.*

Art. 1240 *(Ord. n° 2016-131 du 10 févr. 2016, art. 2, en vigueur le 1er oct. 2016)* **Tout fait quelconque de l'homme, qui cause à autrui un dommage, oblige celui par la faute duquel il est arrivé à le réparer.** – *Dispositions transitoires, V. Ord. n° 2016-131 du 10 févr. 2016, art. 9.*

PLAN DES ANNOTATIONS

I. RESPONSABILITÉ DES SPORTIFS ENTRE EUX

A. NATURE DE LA FAUTE

1. Faute caractérisée par une violation des règles du jeu. La responsabilité de la personne qui pratique un sport est engagée à l'égard d'un autre participant dès lors qu'est établie une faute caractérisée par une violation des règles de ce sport, tel un coup particulièrement violent porté à poing ouvert et doigts tendus au cours d'un entraînement de karaté. • Civ. 2e, 23 sept. 2004 : *Bull. civ. II, no 435.*

2. Ne donne pas de base légale à sa décision la cour d'appel qui s'abstient de rechercher si le tacle d'un joueur de football ayant provoqué les blessures d'un autre joueur avait constitué une faute caractérisée par une violation des règles du jeu. • Civ. 2e, 8 avr. 2004 : *Bull. civ. II, no 194 ; D. 2004. 2601, note Sérinet ; JCP 2004. II. 10131, note Dagorne-Labbe ; RJ éco. sport no 71, 2004. 29, obs. F. Lagarde .* ♦ Pour un arrêt ayant relevé que la responsabilité de l'auteur d'un tacle est engagée en cas de violation délibérée des conditions dans lesquelles un tel geste technique doit être exécuté, révélant une agressivité sortant du cadre normal du jeu et excédant les risques normaux acceptés par un joueur de football en compétition officielle : • Bordeaux, 26 janv. 2011 : *Cah. dr. sport 2011, no 26, p. 174, note Vial.* ♦ Ayant relevé que le dommage corporel subi par un joueur qui avait reçu un coup de coude au visage au cours d'un match de football amical était dû à une maladresse d'un autre joueur, qui ne révélait aucune agressivité ou malveillance et qu'aucun manquement aux règles et à la loyauté de la pratique du sport n'avait été commis, une cour d'appel en a exactement déduit que ce dernier devait être exonéré de toute responsabilité. • Civ. 2e, 16 nov. 2000 : *Bull. civ. II, no 151.* ♦ De même, une cour d'appel, qui relève qu'au cours d'une rencontre amicale de football, un joueur a été blessé à la tempe en recevant le ballon dégagé au pied par le gardien de but de l'équipe adverse, qui avait été contraint de sortir de sa surface de réparation pour renvoyer le ballon avant que son adversaire ne puisse s'en emparer, en déduit exactement que ce joueur n'a commis aucune faute caractérisée par une violation des règles du jeu pouvant engager sa responsabilité en raison de son fait personnel. • Civ. 2e, 13 janv. 2005 : *Bull. civ. II, no 9 ; D. 2005. 2435, note Cornut .*

3. Ne caractérise pas une faute ni un manquement aux règles du patinage l'arrêt qui constate que c'est par suite d'une chute et d'une glissade involontaire que l'auteur de l'accident a heurté la victime. • Civ. 2e, 20 janv. 1993 : *Bull. civ. II, no 26.*

4. Ne donne pas de base légale à sa décision la cour d'appel qui, pour retenir la responsabilité d'un joueur de volley-ball, retient que son geste était involontaire sans caractériser son comportement fautif et sans retenir un acte contraire aux règles du jeu. • Civ. 2e, 3 juill. 1991 : *Bull. civ. II, no 210.* ♦ ... Ou qui, pour retenir celle d'un boxeur, se borne à énoncer que la boxe française exige une maîtrise de soi et que l'auteur du dommage a frappé son adversaire avec violence, sans caractériser une faute volontaire contraire à la règle du jeu. • Civ. 2e, 5 déc. 1990 : *Bull. civ. II, no 258; D. 1991. Somm. 283, obs. J.-P. Karaquillo .* ♦ Dans le même sens, s'agissant d'un mineur qui avait blessé un de ses camarades en jouant à un jeu de ballon dans un gymnase, le coup ayant été porté involontairement dans le feu de l'action : • Civ. 2e, 4 mai 1988 : *Bull. civ. II, no 106 ; JCP 1989. II. 21306, note Agostini.* ♦ ... Ou encore s'agissant d'un pilote automobile qui, après avoir dérapé, avait heurté et projeté dans un ravin le véhicule d'un concurrent qui stationnait sur le bord de la route : • Civ. 2e, 20 mai 1978 : *Bull. civ. II, no 134.* ♦ De même, une cour d'appel, qui relève qu'au cours d'une rencontre amicale de football, un joueur a été blessé à la tempe en recevant le ballon dégagé au pied par le gardien de but de l'équipe adverse, qui avait été contraint de sortir de sa surface de réparation pour renvoyer le ballon avant que son adversaire ne puisse s'en emparer, en déduit exactement que ce joueur n'a commis aucune faute caractérisée par une violation des règles du jeu pouvant engager sa responsabilité en raison de son fait personnel. • Civ. 2e, 13 janv. 2005 : *préc. note 2.*

5. Ne commet pas de faute engageant sa responsabilité le lutteur qui, au cours d'une démonstration de lutte gréco-romaine à l'entraînement, perd l'équilibre en portant une prise régulière à son partenaire et lui occasionne de graves blessures. • Civ. 2e, 11 juin 1980 : *Bull. civ. II, no 141 ; D. 1981. IR 44, obs. F. Alaphilippe et J.-P. Karaquillo.* ♦ En revanche, commet une faute le lutteur expérimenté qui, au cours d'une séance d'entraînement, fait une prise dangereuse à un débutant. • Civ. 2e, 13 janv. 1993 : *RCA 1993. Comm. 136.*

6. Le joueur de tennis qui lance une balle non pas en diagonale, dans la direction du carré de service du relanceur, mais dans celle du carré de service de son partenaire commet une irrégularité de service mais non une maladresse engageant sa responsabilité civile. • Civ. 2e, 20 nov. 1968 : *Bull. civ. II, no 277.* ♦ En revanche, ne constitue pas une simple irrégularité de jeu le service intempestif effectué par un joueur sans attendre que les autres joueurs aient regagné leur place. • Paris, 17 févr. 1988 : *RJ éco. sport 1988, no 7, p. 54* (résumé).

7. Les juges du fond peuvent retenir le comportement fautif d'un driver dont le sulky a blessé la jument d'un autre concurrent, dès lors qu'ils relèvent que, voulant remettre au trot son cheval qui avait pris le galop, il avait déporté son attelage sur la gauche, coupant ainsi, sans avoir deux longueurs d'avance, la ligne de l'attelage qui le suivait. • Civ. 2e, 28 janv. 1981 : *Bull. civ. II, n° 20.* ♦ Dans le même sens : • Rouen, 16 nov. 1994 : *Juris-Data n° 049782.*

8. Sur la responsabilité partielle d'un alpiniste, premier de cordée, n'ayant pu, par manque de technique, effectuer un « assurage » efficace et éviter ainsi la chute d'un membre de la cordée, déséquilibré par la chute de pierres causée par le passage d'un groupe d'alpinistes au-dessus d'elle, V. : • Civ. 1re, 10 mars 1992 : *Bull. civ. I, n° 80.* ♦ V. également, pour un manquement aux règles élémentaires de sécurité inhérentes à la pratique de l'alpinisme : • Civ. 2e, 29 nov. 2001 : *pourvoi n° 99-20.859.*

9. Sur la responsabilité d'un joueur de handball ayant commis des brutalités contraires aux règles du jeu, V. : • Aix-en-Provence, 28 nov. 1978 : *D. 1980. IR 492, obs. F. Alaphilippe et J.-P. Karaquillo.*

10. Maladresse caractérisée, brutalité volontaire ou coup déloyal. Un penalty au cours d'un match de football sanctionne une faute relevant des lois du jeu et n'implique pas nécessairement une faute civile, en sorte qu'un joueur qui a blessé un autre joueur peut, bien que son acte ait été sanctionné par un penalty, être déchargé de toute responsabilité envers la victime dès lors qu'il n'a pas commis de brutalité volontaire, ni porté le coup de façon déloyale ou dans des conditions créant un risque anormal. • Civ. 2e, 21 juin 1979 : *Bull. civ. II, n° 196 ; D. 1979. IR 543, obs. F. Alaphilippe et J.-P. Karaquillo.* ♦ V. déjà, s'agissant d'un joueur de football blessé au cours d'une rencontre par suite d'un choc avec le gardien de but de l'équipe adverse qui avait plongé pour se saisir du ballon : • Civ. 2e, 15 mai 1972 : *Bull. civ. II, n° 149.* ♦ V. aussi, s'agissant d'un élève blessé par le pied d'un autre élève alors qu'il tentait de jouer le ballon à la tête. • Nancy, 24 déc. 1981 : *D. 1983. IR 507 (1re esp.), obs. F. Alaphilippe et J.-P. Karaquillo.*

11. En l'état des blessures occasionnées à un enfant jouant au football, par suite d'un choc avec un joueur adulte de la même équipe, les juges du fond qui constatent que celui-ci est tombé involontairement sur l'enfant et qui énoncent qu'il ne résulte d'aucune déclaration que le joueur adulte ait commis un acte anormal contraire aux règles et usages du jeu et qu'il ait notamment manifesté un comportement violemment agressif ou une ardeur intentionnellement intempestive, ont pu estimer que le joueur adulte n'avait pas commis de faute de nature à engager sa responsabilité. • Civ. 2e, 22 juin 1983 : *Bull. civ. II, n° 135.*

12. N'a pas commis de faute le joueur de pelote basque qui, au cours d'une partie de « *pala ancha* », a blessé à l'œil son coéquipier par une balle renvoyée après un deuxième rebond sur le sol, dès lors qu'en agissant ainsi il n'a pas fait preuve d'une attitude déloyale ou d'une brutalité contraire à l'esprit sportif. • Pau, 18 nov. 1993 : *D. 1996. IR 29, obs. A. Lacabarats.* ♦ V. déjà, concernant la pelote basque : • Pau, 1er avr. 1982 : *D. 1983. IR 507 (2e esp.), obs. F. Alaphilippe et J.-P. Karaquillo* • 29 avr. 1982 : *D. 1983. IR 507 (3e esp.), obs. F. Alaphilippe et J.-P. Karaquillo.*

13. Sur l'identité de la qualification de la faute du sportif par les juridictions pénales, V. par exemple : • Crim. 16 oct. 1984 : *Bull. crim. n° 303 ; D. 1986. IR 369, obs. J.-P. Karaquillo. – V. App., v° Responsabilité pénale,* notes ss. art. 222-19 **C. pén.**

14. Entre skieurs. Conformément aux usages et aux règles de conduite imposées au skieur, le skieur amont, dont la position dominante permet le choix d'une trajectoire, se trouve dans l'obligation de prévoir un dépassement ou une trajectoire assurant la sécurité du skieur aval ; ce dernier est par principe prioritaire, sauf à démontrer contre lui une faute de nature à engager sa responsabilité. • Civ. 2e, 8 juill. 2010 : *pourvoi n° 09-14.557.*

15. Dès lors qu'un skieur amont qui devait la priorité à un skieur aval, victime de l'accident, s'est engagé pour traverser une piste sans s'assurer qu'il le pouvait sans risque, à une vitesse ignorée et sans qu'il soit possible de dire qui des deux skieurs s'est jeté sur l'autre, une cour d'appel peut en déduire qu'aucune faute n'est établie à l'encontre du skieur aval et qu'en raison des fautes commises par l'autre skieur, celui-ci est seul responsable de l'accident. • Civ. 2e, 20 janv. 1993 : *Bull. civ. II, n° 27.* ♦ Sur la règle de priorité du skieur aval sur le skieur amont, V. déjà : • Grenoble, 9 mars 1962 : *JCP 1962. II. 12697 (1re esp.), note Rabinovitch* • 30 janv. 1970 : *JCP 1970. IV. 325* • Civ. 2e, 1er juin 1972 : *Bull. civ. II, n° 170.* ♦ V. notes 14 et 15 ss. art. 1242.

16. Sur l'extension de cette règle de priorité aux luges, V. : • TGI Paris, 15 oct. 1969 : *Gaz. Pal. 1969. 2. 333, note Rabinovitch.*

17. Pour des fautes commises par le skieur aval ayant entraîné un partage de responsabilité, V. : • Civ. 2e, 1er juin 1972 : *préc. note 14* • 10 mars 1977 : *Gaz. Pal. 1977. 1. Somm. 160.*

18. Ne tire pas les conséquences légales de ses constatations et viole l'art. 1382 anc. [1240 nouv.] la cour d'appel qui retient à la fois qu'une skieuse avait commis une faute d'imprudence engageant sa responsabilité civile et qu'elle n'avait pas méconnu de règle de la pratique du ski alpin. • Civ 2e, 14 avr. 2016, n° 15-16.450 : *Dict. perm. dr. sport. 2016, Bull. n° 234, p. 6., obs. B. Cazanave ; Cah. Dr. sport 2016, n° 45, p. 104, note B. De Bertier-Lestrade.*

19. Entre surfeurs. En application d'une règle édictée par la Fédération française de surf, le surfeur venant du large en suivant la vague doit la priorité au surfeur allant vers le large. • Bordeaux, 11 oct. 1990 : *RJ éco. sport 1993, n° 25, p. 93, obs. Ruffié.*

20. Entre grimpeurs. Le fait de provoquer, en dévissant au cours d'une escalade, la chute d'un autre grimpeur, constitue une faute au sens de l'art. 1382 anc. [1240 nouv.]. • Civ. 2e, 18 mai 2000 : *Bull. civ. II, n° 85 ; JCP 2000. Doctr. 1280, obs. Viney.*

21. Faute intentionnelle. En retenant justement que le fait intentionnel dont la loi prohibe l'assurance implique la volonté, chez l'assuré, de provoquer le dommage avec la conscience des conséquences de son acte, les juges du fond ont pu à bon droit décider qu'un assureur ne devait pas couvrir les conséquences dommageables résultant pour un joueur de rugby d'un coup de pied que lui avait volontairement porté un autre joueur au cours d'un match. • Civ. 1re, 7 juin 1974 : *Bull. civ. I, n° 168.*

22. Appréciation de l'arbitre. Le principe posé par les règlements organisant la pratique d'un sport selon lequel la violation des règles du jeu est laissée à l'appréciation de l'arbitre chargé de veiller à leur application, n'a pas pour effet de priver le juge civil, saisi d'une action en responsabilité fondée sur la faute de l'un des pratiquants, de sa liberté d'apprécier si le comportement de ce dernier a constitué une faute à l'encontre des règles du jeu de nature à engager sa responsabilité. • Civ. 2e, 10 juin 2004 : *Bull. civ. II, n° 296.* • Agen, 7 nov. 2011 : *RG n° 10/01114.*

B. ACCEPTATION DES RISQUES

23. V. notes 84 ss. art. 1231-1 et 25 à 30 ss. art. 1242.

24. Pendant la compétition. Le principe de la responsabilité de l'auteur d'un dommage causé par sa faute, sa négligence ou son imprudence, trouve sa limite, en cas de participation commune à une épreuve sportive, dans l'acceptation des risques inhérents à la compétition à laquelle la victime participe en connaissance de cause. • Rouen, 16 nov. 1994 : *préc. note 7.*

25. Il ne saurait être fait grief à un arrêt d'avoir condamné une personne à réparer le dommage causé à une autre au cours d'un jeu de football pratiqué entre elles, dès lors qu'il est établi que cette personne en jouant seule avec la victime avait exercé des violences excessives et qu'il en résulte que ces violences excédaient les risques normaux de ce jeu. • Civ. 2e, 27 juin 1984 : *Bull. civ. II, n° 123* • Civ. 2e, 21 juin 1979 : *préc. note 10.* ♦ De même, il ne peut être opposé à la victime d'avoir accepté les risques inhérents à la pratique d'un sport très violent comme le rugby alors que le geste en cause ne constitue pas une maladresse mais une faute intentionnelle qui ne peut être considérée comme un risque prévisible et normal dans le cadre de la pratique du rugby • Nîmes, 9 août 2011, RG n° 09/02055 : *Juris-Data n° 028572.*

26. La théorie de l'acceptation des risques ne saurait être opposée à un élève, blessé au cours d'une rencontre de handball, dès lors qu'il lui était difficile, vis-à-vis du professeur d'éducation physique qui surveillait le jeu, de refuser de participer à cette rencontre. • Aix-en-Provence, 28 nov. 1978 : *préc. note 9.* ♦ L'acceptation des risques ne saurait également être opposée à un enfant blessé alors qu'il participait à une activité pédagogique sous l'autorité et la surveillance d'un moniteur. • Civ. 2e, 4 juill. 2002 : *Bull. civ. II, n° 158 ; RCA 2002, Comm. 324, note Groutel ; LPA, 25 déc. 2002, p. 8, note Cicile-Delfosse.*

27. Préliminaires obligatoires de la compétition. Une cour d'appel, qui énonce que les collisions fréquentes dans les courses de trot attelé, malgré l'attention des drivers, constituent un risque inhérent à ce sport, en particulier lors des délicates opérations de départ, peut en déduire que l'acceptation des risques s'applique aux préliminaires obligatoires de l'épreuve. • Civ. 2e, 10 avr. 1991 : *Bull. civ. II, n° 121.* ♦ V. déjà : • Civ. 2e, 5 juin 1985 : *Bull. civ. II, n° 114 ; JCP 1987. II. 20744, note Agostini.* ♦ *Contra* : • Civ. 2e, 12 juin 1969 : *Bull. civ. II, n° 210.*

28. Hors compétition. Pour un arrêt ayant considéré qu'un enfant de douze ans, blessé à l'occasion d'une partie de football organisée entre élèves, dans la cour cimentée d'un collège, a un âge suffisant pour se rendre compte que le jeu auquel il participe présente des risques plus élevés que ceux afférents à la pratique du football dans des conditions normales, V. : • Paris, 26 févr. 1986 : *D. 1987. Somm. 466, obs. J. Mouly.* ♦ Rappr. : • Civ. 2e, 13 nov. 1981 : *D. 1982. IR 360, obs. Larroumet.*

29. Acceptation des risques et faute de la victime. Encourt la cassation l'arrêt qui, statuant sur le fondement de l'art. 1382 anc. [1240 nouv.], laisse une part de responsabilité à la victime d'un accident survenu au cours d'une séance d'entraînement aux barres asymétriques à la suite d'une « tape d'encouragement » du moniteur reconnue fautive, au motif que l'exercice aux barres asymétriques constitue un sport dangereux impliquant de celui qui le pratique l'acceptation d'une part de risque, sans constater à l'encontre de la victime une faute ayant concouru à la réalisation du dommage. • Civ. 2e, 25 juin 1980 : *Bull. civ. II, n° 163 ; D. 1981. IR 44, obs. F. Alaphilippe et J.-P. Karaquillo.*

30. Une cour d'appel a pu retenir à bon droit que la notion d'acceptation des risques n'ajoutait rien aux effets attachés à la faute de la victime. • Civ. 1re, 6 janv. 1987 : *Bull. civ. I, n° 7.*

C. FAUTE DE LA VICTIME

31. Une cour d'appel a pu estimer que, en s'engageant sur une piste fermée, le danger d'avalanche étant signalé, deux skieurs expérimentés avaient tous deux commis une faute lourde, chacun d'eux étant responsable de son propre accident, sans que l'un d'eux, malgré sa qualité de moniteur diplômé, puisse être considéré comme ayant commis une faute à l'égard de l'autre. • Civ. 1re, 13 oct. 1981 : *pourvoi n° 80-12.983.*

32. S'il est exact que tout skieur doit avoir la maîtrise de ses skis et de sa vitesse, et qu'en l'espèce le skieur amont devait être en mesure d'éviter le skieur aval, il n'en reste pas moins que ce dernier, en stationnant au milieu d'une piste noire derrière une bosse, commet une infraction aux règles de bonne conduite que doit respecter le skieur. • Grenoble, 26 nov. 1996 : *Juris-Data n° 045748.*

II. RESPONSABILITÉ DES SPORTIFS À L'ÉGARD DES TIERS

A. RESPONSABILITÉ DES SPORTIFS À L'ÉGARD DES SPECTATEURS

33. Faute du sportif. Les juges du fond peuvent retenir à bon droit la responsabilité d'un pilote automobile à l'égard d'un spectateur, dès lors que, s'il ne peut être reproché à ce pilote d'avoir forcé sa vitesse de manière à l'emporter sur les autres participants, il lui incombait néanmoins de tenir compte de ses possibilités et de celles de son véhicule et de ne pas faire une mauvaise appréciation des distances afin de ne pas aborder un virage dans des conditions trop risquées. • Civ. 2e, 2 oct. 1980 : *Bull. civ. II, n° 199 ; D. 1982. IR 93, obs. F. Alaphilippe et J.-P. Karaquillo ; RTD civ. 1981. 401, obs. Durry.* ♦ Comp. : • Montpellier, 12 oct. 1987 : *JCP 1988. II. 21131, note Borriés.*

34. V. notes 1 à 3 ss. L. n° 85-677 du 5 juill. 1985.

35. Imprudence du spectateur. Un spectateur d'une course cycliste commet une imprudence fautive, cause exclusive de l'accident, en se tenant dans un endroit dangereux sur le bord de la chaussée, au sommet d'une côte, à l'intérieur d'un virage et en s'abstenant de reculer au passage d'un coureur. • Civ. 2e, 7 mars 1984 : *Bull. civ. II, n° 48.* ♦ V. aussi, s'agissant d'un spectateur qui, ayant connaissance du déroulement de la course cycliste, s'était néanmoins engagé sur la chaussée en un point du circuit particulièrement dangereux. • Civ. 2e, 5 juill. 1989 : *pourvoi n° 88-16.422.*

B. RESPONSABILITÉ DES SPORTIFS À L'ÉGARD DES PERSONNES INTERVENANT DANS L'ENCADREMENT ET L'ORGANISATION DES ACTIVITÉS SPORTIVES

36. Responsabilité à l'égard d'un moniteur. Est légalement justifié l'arrêt qui, pour retenir la responsabilité d'une élève participant à un cours collectif de ski à l'égard du moniteur sur le fondement de l'art. 1382 anc. [1240 nouv.], retient que les élèves déjà bien entraînés disposaient d'une autonomie réelle et que le dommage ne résultait pas d'un manquement lié aux obligations du contrat. • Civ. 1re, 22 juill. 1986 : *Gaz. Pal. 1986. 2. Pan. jurispr. 254.* ♦ V. déjà : • Civ. 2e, 13 mai 1969 : *Bull. civ. II, n° 156* • Chambéry, 18 mars 1968 : *JCP 1968. II. 15489, note Rabinovitch.*

37. Responsabilité à l'égard d'un agent de police. Doit être tenu pour solidairement responsable avec l'organisateur de la course des dommages subis par un inspecteur de police chargé de la circulation sur les voies partiellement et temporairement indisponibles, le coureur cycliste qui, dépassant la ligne d'arrivée, s'est abstenu de freiner à temps alors que la chaussée était encombrée et glissante. • Civ. 2e, 16 mai 1961 : *Bull. civ. II, n° 365.*

C. RESPONSABILITÉ DES SPORTIFS À L'ÉGARD D'AUTRES TIERS

38. Commet une faute engageant partiellement sa responsabilité le pilote et propriétaire d'un avion qui, s'étant fait aider par la victime à sortir l'avion du hangar, s'est abstenu par la suite de lui faire des recommandations de prudence et de lui interdire de s'approcher de l'appareil. • Civ. 2e, 20 févr. 1985 : *pourvoi n° 83-12.992.*

39. Sur la responsabilité partielle d'un coureur à pied qui, faute d'avoir fait un écart, avait renversé une passante. • Civ. 2e, 6 janv. 1955 : *Bull. civ. II, n° 4.*

III. RESPONSABILITÉ DES ORGANISATEURS D'ACTIVITÉS SPORTIVES

40. V. notes ss. art. 1231-1 (responsabilité contractuelle).

A. RESPONSABILITÉ DES ORGANISATEURS À L'ÉGARD DES SPECTATEURS

41. Une association sportive doit être déclarée partiellement responsable de l'accident survenu à un spectateur pour ne pas avoir observé les prescriptions réglementaires relatives aux courses automobiles en tolérant l'accès et la présence de spectateurs dans un endroit dangereux où leur sécurité n'était pas assurée. • Civ. 2e, 2 oct. 1980 : *préc. note 33.* ♦ V. aussi : • Civ. 2e, 13 janv. 1988 : *Bull. civ. II, n° 11 (note 2 ss. loi n° 85-677 du 5 juill. 1985, art. 6).* ♦ Toutefois, il ne peut être reproché aux organisateurs d'une course automobile de ne pas avoir expulsé de force un spectateur qui, placé à un endroit dangereux du circuit, avait refusé de quitter sa place malgré les injonctions répétées qui lui avaient été faites. • Civ. 2e, 31 oct. 1957 : *Bull. civ. II, n° 673.*

42. Sur la responsabilité de l'organisateur d'une fête comportant des jeux sportifs pour avoir laissé un spectateur accéder à un bassin dont la profondeur était insuffisante et dont le rebord était glissant et peu stable, V. : • Civ. 2e, 24 mars 1980 : *Bull. civ. II, n° 71.*

43. Sur la responsabilité de l'organisateur d'un match de hockey sur glace pour avoir laissé entrer un spectateur « pris de boisson » qui avait provoqué un incident, V. : • Civ. 2e, 23 mai 1966 : *Bull. civ. II, n° 611.*

44. Sur la responsabilité des organisateurs d'une séance publique de présentation d'avions de modèle réduit pour ne pas avoir laissé un intervalle suffisant entre les barrières de protection destinées à maintenir le public à distance et la trajectoire des avions, V. : • Civ. 2e, 27 mai 1959 : *Bull. civ. II, n° 396.*

B. RESPONSABILITÉ DES ORGANISATEURS À L'ÉGARD DES SPORTIFS

45. Les juges du fond ont pu déclarer un professeur de tennis responsable par application de l'art. 1382 anc. [1240 nouv.] du dommage subi par un élève qui, chargé du ramassage des balles, a été blessé à l'œil par une balle renvoyée par un autre élève au cours d'une leçon collective donnée avec un appareil lance-balles automatique, dès lors qu'ils relèvent que, même si le ramassage ininterrompu des balles était admis par la fédération, il créait un risque sur lequel le professeur aurait dû attirer l'attention des élèves. • Civ. 2e, 20 juin 1984 : *Bull. civ. II, n° 112.*

46. Ne constitue pas une faute de la part des fédérations nationale et internationale d'escrime, le fait d'avoir adopté, pour les assauts d'escrime une épée ayant une pointe tronconique, dès lors que cette forme de pointe, mondialement utilisée, a été adoptée après des centaines d'essais infructueux à travers un masque pour éviter la rupture de lame que favorisait l'ancienne conception et n'a pas aggravé le risque inhérent à ce sport. • Civ. 2e, 28 juin 1967 : *Bull. civ. II, n° 236.*

47. Est légalement justifié l'arrêt qui condamne un comité des fêtes à réparer le préjudice résultant de la noyade d'un plongeur acrobatique engagé pour une fête nautique, dès lors qu'ont été relevées à la charge dudit comité une violation des consignes de sécurité et une interversion du programme, constituant des fautes ayant gêné et retardé les opérations de sauvetage et n'ayant pas permis le repêchage de la victime au moment où elle aurait pu être rappelée à la vie. • Civ. 2e, 3 janv. 1963 : *Bull. civ. II, n° 8.*

48. Pour une décision ayant retenu la responsabilité d'une société organisatrice d'une course cycliste à l'égard d'un participant sur la base de l'art. 1382 anc. [1240 nouv.] au motif que, bien que la manifestation se déroulât conformément aux règlements et sous le contrôle de la Fédération française de cyclisme, ladite société avait la charge, en vertu de ses propres statuts, de l'organisation matérielle de la compétition et devait, à ce titre, prendre toutes les mesures nécessaires, notamment de surveillance, pour la protection de ceux qui y participaient. • Civ. 2e, 6 févr. 1958 : *Bull. civ. II, n° 113.*

49. Manque à son obligation de sécurité de moyens l'exploitant d'un domaine skiable qui a négligé de procéder à une signalisation spécifique et à la mise en place d'un dispositif de protection adéquat sous la forme de filet, alors que l'endroit où le skieur, victime d'une chute mortelle, a quitté la piste présentait un danger particulier du fait de la présence d'un torrent situé en contrebas. • Civ. 1re, 17 févr. 2011 : *pourvoi n° 09-71.880.* ♦ En revanche, un exploitant d'une station de sports d'hiver ne commet aucune faute en ne signalant pas les zones dangereuses situées sur des terrains autres que ceux loués pour l'exploitation ; il n'est donc pas responsable de la chute, sur un abreuvoir dissimulé dans la neige, d'un skieur descendant une pente non aménagée ni balisée, située hors du domaine d'exploitation. • Civ. 2e, 21 juin 1967 : *Bull. civ. II, n° 230.* ♦ Dans le même sens, s'agissant d'un accident survenu sur une piste du domaine skiable, mais fermée au public au moment de l'accident et signalée comme telle : • Civ. 2e, 1er juin 2011 : *pourvoi n° 10-15.384.*

50. Commet une faute de négligence et d'imprudence l'association sportive propriétaire d'un circuit de motocross qui a omis de vérifier la situation d'un pratiquant qui a pu pénétrer sur le terrain sans aucun contrôle et procéder à plusieurs entraînements ; l'association ne pouvait en effet ignorer que ce dernier n'avait pas retourné les formulaires nécessaires à son inscription et à la souscription d'une licence pour l'année en cours, et donc qu'il n'était pas autorisé à utiliser le circuit. • Civ. 2e, 15 déc. 2011, pourvoi n° 10-27.952 : *RCA 2012, n° 53, par Hocquet-Berg ; Cah. dr. sport 2011, n° 26, p. 164, note Brignon.*

C. RESPONSABILITÉ DES ORGANISATEURS À L'ÉGARD DE LEURS COLLABORATEURS

51. Les organisateurs d'une course cycliste engagent leur responsabilité à l'égard d'un agent de police qui a été renversé par un coureur alors qu'il se tenait au milieu de la chaussée pour régler la circulation, dès lors que les commissaires délégués par le comité d'organisation n'ont pas pris la précaution d'assurer l'évacuation de la chaussée en adressant des injonctions aussi bien aux agents mis à leur disposition qu'au public. • Civ. 2e, 29 mars 1962 : *Bull. civ. II, n° 366.* ♦ V. déjà : • Civ. 2e, 16 mai 1961 : *préc. note 37.*

D. RESPONSABILITÉ DES ORGANISATEURS À L'ÉGARD DES TIERS

52. Justifie légalement sa décision la cour d'appel qui, pour retenir la responsabilité d'une association organisatrice d'une compétition motocycliste sur la voie publique à l'égard d'un tiers, retient que les dispositions réglementaires de sécurité prescrites par l'arrêté préfectoral autorisant la manifestation n'avaient pas été prises, aucun service d'ordre n'ayant été placé sur un chemin départemental fréquemment emprunté par des engins agricoles ainsi que par les concurrents. • Civ. 2e, 19 janv. 1994 : *RCA 1994. Comm. 147.*

53. Commet une faute à l'origine de l'accident dont a été victime un moniteur sportif le club de gymnastique qui s'est abstenu d'afficher les consignes de sécurité fournies par le fabricant d'une fosse de réception, alors que celle-ci nécessitait une adaptation de la part de l'utilisateur habitué au système de bloc mousse. • Civ. 2e, 11 juin 1998 : *pourvoi no 96-18.062.*

54. Un club sportif qui organise une course cycliste et se trouve responsable de la surveillance des points dangereux du parcours, commet une faute en ne surveillant pas un carrefour non gardé par les services d'ordre, une telle faute étant en relation de causalité avec l'accident dont a été victime un piéton, lequel, non averti du danger, s'est engagé sur la chaussée malgré la survenance d'un concurrent. • Civ. 2e, 21 déc. 1966 : *Bull. civ. II, no 983.*

55. Sur l'absence de responsabilité des organisateurs d'une course motocycliste à l'égard des propriétaires d'une buvette construite dans l'enceinte du circuit dont les locaux furent saccagés par des spectateurs non identifiés, dès lors qu'ils avaient pris toutes les mesures utiles pour assurer le bon déroulement de l'épreuve et qu'ils n'avaient eu aucune possibilité de prévenir la démolition et l'incendie du bâtiment. • Civ. 2e, 22 févr. 1984 : *Bull. civ. II, no 36 ; D. 1985. IR 485, obs. Lenclos.*

56. Troubles de voisinage. Un propriétaire et un locataire de courts de tennis doivent être condamnés pour trouble anormal de voisinage dès lors que, compte tenu de leur choix commun de conserver des tennis en terre battue dans un quartier urbain et résidentiel, il leur appartenait de veiller l'un et l'autre à ce qu'une jouissance normale puisse en être faite sans importuner le voisinage. • Civ. 3e, 2 juin 1993 : *D. 1995. Somm. 67, obs. J. Mouly.*

57. Les juges du fond, dans l'exercice de leur pouvoir souverain d'appréciation, ont pu à bon droit retenir que les nuisances sonores causées par l'activité d'une association de ball-trap excédaient les inconvénients normaux de voisinage. • Civ. 2e, 7 déc. 1988 : *pourvoi no 87-15.242* • 16 juill. 1992 : *pourvoi no 91-11.813* (dans la même affaire, condamnation de l'exploitant à une astreinte définitive et sans limitation de durée, justifiée par la persistance des nuisances malgré la réalisation de travaux importants d'insonorisation). ♦ V. déjà : • Civ. 2e, 13 janv. 1972 : *Bull. civ. II, no 17.*

58. Un club de golf doit, en tant qu'occupant du terrain et organisateur de l'activité à l'origine du trouble de voisinage, être tenu pour responsable dudit trouble et condamné à réparer celui-ci (club condamné, en l'espèce, à la réfection de la toiture d'une habitation voisine, dégradée par des balles perdues). • Pau, 5 juin 1985 : *RJ éco. sport 1987, no 1, p. 75, obs. Jeannot-Pagès.* ♦ Sur la responsabilité de l'exploitant d'un golf à l'égard d'un propriétaire riverain pour troubles anormaux de voisinage, V. aussi : • Civ. 2e, 10 juin 2004 : *Bull. civ. II, no 291.*

59. C'est à bon droit qu'une cour d'appel, usant de son pouvoir souverain d'apprécier la mesure propre à faire cesser le trouble, a décidé que l'exploitant d'un circuit de karting devait se conformer aux normes réglementaires prescrites par le décret du 5 mai 1988 et que, dans l'attente de cette mise en conformité, il était interdit, à peine d'astreinte, d'organiser toute épreuve, compétition ou manifestation, de caractère sportif ou non, comportant la participation de véhicules à moteur et en particulier de karts. • Civ. 2e, 9 oct. 1996 : *Bull. civ. II, no 231.* ♦ Le caractère anormal du trouble ne se mesure pas par rapport aux normes édictées par la Fédération française de motocyclisme et l'agrément administratif du circuit de vitesse n'exclut pas la réalisation d'un trouble anormal de voisinage résultant de l'usage normal de la piste de compétition. • Poitiers, 18 avr. 2012 : *RG no 10/04489.*

60. Les juridictions judiciaires sont compétentes pour ordonner, en référé, les mesures propres à faire cesser le trouble manifestement illicite résultant des nuisances sonores causées par les utilisateurs d'un pôle industriel dédié à la pratique des sports mécaniques ; en effet, l'action intentée en référé par les propriétaires riverains de cet équipement n'avait pas pour but de porter atteinte à l'intégrité de l'ouvrage public ni à son fonctionnement, mais seulement de faire en sorte que les utilisateurs privés de cet ouvrage se conforment à la réglementation existante en matière de nuisances sonores. • Civ. 1re, 7 juin 2006 : *pourvoi no 04-16.188.* ♦ Pour un arrêt rejetant le pourvoi d'une association qui, agissant en référé, demandait la cessation du trouble manifestement illicite causé par des manifestations de ball-trap, V. : • Civ. 2e, 18 avr. 2013 : *pourvoi no 12-19.865.*

IV. RESPONSABILITÉ DES DIRIGEANTS

61. La faute imputée au dirigeant d'une association sportive n'engage la responsabilité personnelle de celui-ci qu'à la condition qu'elle puisse être regardée comme détachable de ses fonctions. • Civ. 2e, 17 févr. 2011 : *pourvoi no 10-14.574.*

V. PROTECTION DE L'IMAGE DU SPORTIF

62. V. notes ss. art. 9 (atteinte au respect de la vie privée).

VI. PROTECTION DE L'IMAGE D'UN LIEU SPORTIF

63. Constitue une atteinte au droit que la Fédération française de tennis possède sur l'image du stade Roland-Garros le fait, pour une société commerciale, d'avoir utilisé sans l'autorisation de la fédération une photographie dudit stade pour la couverture d'un catalogue publicitaire. • Paris, 22 sept. 1999, *SA Mc Cann et a. : inédit.*

Art. 1241 *(Ord. nº 2016-131 du 10 févr. 2016, art. 2, en vigueur le 1er oct. 2016)* **Chacun est responsable du dommage qu'il a causé non seulement par son fait, mais encore par sa négligence ou par son imprudence.** – *Dispositions transitoires, V. Ord. nº 2016-131 du 10 févr. 2016, art. 9.*

Art. 1242 *(Ord. nº 2016-131 du 10 févr. 2016, art. 2, en vigueur le 1er oct. 2016)* **On est responsable non seulement du dommage que l'on cause par son propre fait, mais encore de celui qui est causé par le fait des personnes dont on doit répondre, ou des choses que l'on a sous sa garde.**

Toutefois, celui qui détient, à un titre quelconque, tout ou partie de l'immeuble ou des biens mobiliers dans lesquels un incendie a pris naissance ne sera responsable, vis-à-vis des tiers, des dommages causés par cet incendie que s'il est prouvé qu'il doit être attribué à sa faute ou à la faute des personnes dont il est responsable.

Cette disposition ne s'applique pas aux rapports entre propriétaires et locataires, qui demeurent régis par les articles 1733 et 1734 du code civil.

Le père et la mère, en tant qu'ils exercent l'autorité parentale, sont solidairement responsables du dommage causé par leurs enfants mineurs habitant avec eux.

Les maîtres et les commettants, du dommage causé par leurs domestiques et préposés dans les fonctions auxquelles ils les ont employés ;

Les instituteurs et les artisans, du dommage causé par leurs élèves et apprentis pendant le temps qu'ils sont sous leur surveillance.

La responsabilité ci-dessus a lieu, à moins que les père et mère et les artisans ne prouvent qu'ils n'ont pu empêcher le fait qui donne lieu à cette responsabilité.

En ce qui concerne les instituteurs, les fautes, imprudences ou négligences invoquées contre eux comme ayant causé le fait dommageable, devront être prouvées, conformément au droit commun, par le demandeur, à l'instance. – *Dispositions transitoires, V. Ord. nº 2016-131 du 10 févr. 2016, art. 9.*

L'art. 1242 nouv. reprend à l'identique l'art. 1384 anc.

Plan des annotations

A. RESPONSABILITÉ DU FAIT D'AUTRUI EN GÉNÉRAL

1. Les associations sportives ayant pour mission d'organiser, de diriger et de contrôler l'activité de leurs membres au cours des compétitions sportives auxquelles ils participent sont responsables, au sens de l'art. 1384 anc. [1242 nouv.], al. 1er, des dommages qu'ils causent à cette occasion. • Civ. 2e, 22 mai 1995 (2 décisions) : *Bull. civ. II, nº 155 ; D. 1996. Somm. 29, obs. F. Alaphilippe ; JCP 1995. II. 22550, note J. Mouly ; RCA 1995. Chron. 36, par Groutel ; RTD civ. 1995. 899, obs. Jourdain* • 3 févr. 2000 : *Bull. civ. II, nº 26 ; JCP 2000. II. 10316, note J. Mouly ; RCA 2000. Comm. 110, note Groutel.* ♦ Décisions se situant dans le courant jurisprudentiel inauguré par l'arrêt *Blieck*, qui a admis le principe de responsabilité du fait d'autrui en général : • Cass., ass. plén., 29 mars 1991 : *Bull. civ. nº 1 ; JCP 1991. II. 21673, concl. Dontenwille, note Ghestin ; D. 1991. 324, note Larroumet* .

2. La responsabilité des associations sportives fondée sur l'art. 1384 anc. [1242 nouv.], al. 1er, ne peut toutefois être retenue qu'en cas de faute caractérisée par une violation des règles du jeu et imputable à un ou plusieurs de leurs membres, même non identifiés. • Cass., ass. plén., 29 juin 2007 : *BICC 2007 nº 668. 6 ; D. 2007. 2455, obs. Gallmeister ; ibid. 2346, obs. F. Lagarde ; ibid. 2408, Chron. François, et ibid.*

2897, obs. Brun ; RJ éco. sport n° 85, 2007. 88, obs. Wagner ; JCP 2007. II. 10150, note Marmayou ; JCP E 2007. 2198, note Radé ; RCA 2007. Étude 17, par S. Hocquet-Berg. ♦ V. déjà : • Civ. 2e, 20 nov. 2003 : *Bull. civ. II, n° 356 ; D. 2004. 300, note Bouché ; JCP 2004. II. 10017, note J. Mouly; RTD civ. 2004. 106, note Jourdain* (rugby) • 13 mai 2004 : *Bull. civ. II, n° 232; RCA 2004, Chron. 15, par Radé.* (rugby) • 21 oct. 2004 : *Bull. civ. II, n° 477 ; D. 2005. 40, note Laydu* (rugby) • 13 janv. 2005 : *Bull. civ. II, n° 10.* (football) • 22 sept. 2005 : *Bull. civ. II, n° 234 ; RJ éco. sport n° 77, 2005. 113* (rugby) • Civ. 1re, 16 mai 2006 : *Bull. civ. I, n° 249* • Civ. 2e, 16 sept. 2010 : *pourvoi n° 09-16.843* (hockey sur glace) • Civ. 2e, 5 oct. 2006 : *Bull. civ. II, n° 257 ; D. 2007. 2004, note J. Mouly* (rugby). ♦ Comp. : • Civ. 2e, 12 déc. 2002 : *Bull. civ. II, n° 289 ; RCA 2003. Chron. 4, par Groutel ; D. 2003. Somm. 2541, obs. F. Lagarde* (majorettes). ♦ En raison de circonstances indéterminées, aucune faute caractérisée par une violation des règles du jeu ne peut être retenue et le club sportif ne peut être tenu pour responsable du coup de coude donné par un joueur lors d'une rencontre de football. • Nîmes, 12 mai 2016, n° 14/04451.

3. Une cour d'appel, après avoir exactement rappelé que les associations sportives sont responsables des dommages causés par leurs membres, au sens de l'art. 1384 anc. [1242 nouv.], al. 1er, C. civ., qu'à la condition que le dommage dont la victime demande réparation ait été causé par l'un de ces membres, décide à bon droit que la responsabilité d'une association organisatrice d'une compétition ne pouvait être recherchée sur ce fondement, alors qu'il n'était justifié ni même allégué que l'auteur présumé du dommage fût membre de cette association. • Civ. 2e, 22 sept. 2005 : *Bull. civ. II, n° 233.*

4. Le principe de responsabilité des associations sportives du fait de leurs membres s'applique non seulement aux dommages causés à l'occasion des compétitions sportives, mais également aux dommages causés à l'occasion des entraînements. • Civ. 2e, 21 oct. 2004 : *préc. note 2.*

5. Ne tire pas les conséquences légales de ses constatations et viole l'art. 1384 anc. [1242 nouv.], al. 1er, C. civ. la cour d'appel qui, pour débouter le Fonds de garantie des victimes des actes de terrorisme et d'autres infractions de son action en responsabilité contre une ligue régionale de football, retient que la faute intentionnelle commise par un joueur adhérent de cette ligue sortait de la sphère du football, sans aucune notion de violation des règles du jeu, alors que l'agression s'était produite sur le terrain à l'occasion d'une altercation générale survenue au cours de la rencontre. • Civ. 2e, 8 juill. 2010 : *RCA 2010. Comm. 277, obs. Groutel.*

6. Les associations sportives ne peuvent être tenues pour responsables des agissements de leurs supporters dans la mesure où, ne les connaissant pas directement, elles n'ont sur eux aucun pouvoir de direction et de contrôle. • Agen, 9 févr. 1999 : *Juris-Data n° 040939.*

B. RESPONSABILITÉ DU FAIT DES CHOSES

7. Pouvoir de direction et de contrôle. Encourt la cassation l'arrêt qui retient la responsabilité d'une association sportive au motif qu'elle détenait, par l'intermédiaire de ses joueurs, la garde du ballon qui, projeté hors du stade par l'un d'eux, avait heurté et blessé un cyclomotoriste, dès lors que ladite association, s'étant bornée à autoriser certains de ses membres à jouer au football, n'avait ni la direction ni le contrôle du ballon, éléments nécessaires à la mise en œuvre de sa responsabilité. • Civ. 2e, 7 oct. 1987 : *Bull. civ. II, n° 191.* ♦ V. note 17. — Comp. : • Grenoble, 4 sept. 2012, *Assoc. Hockey Club de Morzine Avoriazar a. c. /X.*, RG n° 11/00383 : *JS 2012, n° 125, p. 8, obs. Lagarde.* ♦ Est seul gardien le pilote du side-car cross qui a un rôle prépondérant dans la conduite du véhicule contrairement au passager qui, lui, ne dispose pas de moyens identiques de direction et de contrôle sur le véhicule et ce dernier peut invoquer la responsabilité du gardien de la chose, instrument du dommage, sans que puisse lui être opposée son acceptation des risques. • Civ 2e, 14 avr. 2016, n° 15-17.732 : *D. 2016. 894.*

8. Une association sportive doit être déclarée partiellement responsable de l'accident mortel survenu à une personne qui s'était suspendue à la barre horizontale d'un portique de « but amovible » entraînant son basculement, dès lors que ladite association, propriétaire du but, s'était bornée à déposer celui-ci simplement enchaîné et cadenassé à proximité des vestiaires au lieu de le ranger dans un local clos et verrouillé et qu'elle n'avait pas assuré la surveillance de ce matériel qui était sur le terrain depuis de nombreux jours. • Civ. 2e, 7 mars 1985 : *pourvoi n° 83-15.867.*

9. Un club sportif, organisateur d'une réunion d'athlétisme, qui a le contrôle et la direction des poids restés rangés après les épreuves sur l'aire de lancement, doit être déclaré responsable de l'accident causé à un participant qui, après les épreuves et alors que les poids étaient rangés, s'est saisi de l'un d'eux et l'a lancé imprudemment, un tel geste n'étant pas imprévisible. • Paris, 9 juill. 1975 : *JCP 1976. IV. 158.*

10. Sur la responsabilité d'un joueur de golf du fait de son club, V. : • Limoges, 25 nov. 1993 : *D. 1995. Somm. 62, obs. J. Mouly* • Paris, 10 mars 1976 : *Gaz. Pal. 1976. 2. 554.* ♦ ... Ou du fait de la balle qu'il a lancée : • Paris, 28 févr. 1963 : *D. 1963. Somm. 85.*

11. Sur la responsabilité d'un athlète qui avait laissé échapper son marteau et blessé l'un de ses équipiers, le glissement de son pied sur le plateau et le dessaisissement de la poignée ne pouvant constituer un cas de force majeure exonératoire : • Paris, 28 nov. 1961 : *D. 1962. 620, note Noirel.*

12. Justifie légalement sa décision au regard de l'art. 1384 anc. [1242 nouv.], al. 1er, une cour d'appel qui retient qu'un alpiniste posant le pied sur une pierre « ne peut raisonnablement diriger et contrôler cette dernière sur laquelle il marche aussi » et qu'il n'avait donc pas exercé sur cette pierre les pouvoirs de contrôle et de direction qui caractérisent la garde d'une chose. • Civ. 2e, 24 avr. 2003 : *Bull. civ. II, n° 116* • 24 avr. 2003 : *Bull. civ. II, n° 115* (application à un grimpeur).

13. Chose instrument du dommage. N'est pas légalement justifiée la décision qui, après avoir estimé qu'il n'y avait pas lieu de remettre en cause la structure et la conception d'un matériel de gymnastique d'agrès (une fosse de réception), se borne, pour retenir la responsabilité d'une association sportive, à relever que celle-ci avait l'usage, la direction et le contrôle dudit matériel, sans constater que celui-ci avait été l'instrument du dommage. • Civ. 2e, 8 juin 1994 : *Bull. civ. II, n° 152 ; D. 1996. Somm. 31, obs. F. Lagarde.* ♦ Pour un spectateur de courses de chevaux n'apportant pas la preuve de ce que la marche d'un escalier de l'hippodrome avait été, ne serait-ce que pour partie, l'instrument du dommage : • Civ. 2e, 19 oct. 1961 : *Bull. civ. II, n° 675.*

14. Le skieur et ses skis forment un ensemble et le déplacement du skieur dépend étroitement de ses skis, de sorte que, même si son corps seul entre en collision avec un tiers, ce sont bien ses skis qui sont l'instrument du dommage. • Grenoble, 8 juin 1966 : *JCP 1967. II. 14928, note Rabinovitch.* ♦ Sur la garde des skis, V. aussi : • Grenoble, 19 déc. 2006 : *RCA 2007. Comm. 129, Radé* • Paris, 17 avr. 1986 : *Gaz. Pal. 1987. 1. Somm. 138* • TGI Grenoble, 14 oct. 1982 : *D. 1984. IR 178, obs. Marty* • Chambéry, 18 mars 1968 : *JCP 1968. II. 15489, note Rabinovitch* • Lyon, 29 janv. 1962 : *JCP 1962. II. 12697, (2e esp.), note Rabinovitch.*

15. Si la responsabilité édictée par l'art. 1384 anc. [1242 nouv.], al. 1er, peut jouer même en l'absence de contact avec la chose, il incombe cependant à la victime de prouver la participation de la chose au dommage, de sorte qu'un skieur, prétendant imputer son dommage à un autre skieur, doit établir que le passage de celui-ci l'avait déséquilibré et que ses skis avaient été ainsi l'instrument du dommage. • Civ. 2e, 5 janv. 1978 : *Bull. civ. II, n° 110.* ♦ L'absence de contact entre le vélo d'un coureur et la victime ne fait pas obstacle à ce que soit mise en œuvre la responsabilité du fait des choses, dès lors qu'il apparaît que ce vélo avait été, ne fût-ce que pour partie, l'instrument du dommage. • Civ 2e, 9 mai 2016, n° 15-17.958. ♦ Pour une application du principe lors d'une chute de vélo. • Civ. 2e, 9 juin 2016, n° 15-17.958 : *Dict. perm. dr. sport 2016, Bull. n° 236, p. 3., obs. A. Ralon.*

16. Des alpinistes ne peuvent être considérés comme les gardiens des pierres qui tombent sur leur passage, mais ils sont bien gardiens des cordes qu'ils utilisent et donc responsables du dommage causé par une chute de pierres résultant du maniement de la corde. • Aix-en-Provence, 8 mai 1981 : *JCP 1982. II. 19819, note Sarraz-Bournet.*

17. Une société fabricant des canoës-kayaks ne saurait être tenue pour responsable du décès d'un jeune pratiquant dont le kayak s'est plié par suite du coincement de la pointe entre deux troncs d'arbre en bordure de la rive, ce qui a entraîné le pivotement de l'embarcation, son chavirement et son remplissement d'eau, causant sa déformation sous l'influence du fort courant dans cette partie de la rivière ; il résulte en effet de ces constatations que l'accident trouve son origine non dans un vice interne du kayak, mais dans une défaillance dans l'usage, la direction ou le contrôle de la chose, éléments qui caractérisent la garde du comportement. • Civ. 2e, 23 nov. 2006 : *RJ éco. sport n° 82, 2007. 82, obs. F. Lagarde.*

18. Une personne s'étant blessée en plongeant dans un étang à partir d'un tremplin, composé d'un plan incliné et mis en place pour effectuer des sauts à vélo tout terrain, une cour d'appel qui retient que ce tremplin avait été installé sur la plage, en limite du plan d'eau, afin de permettre aux utilisateurs de prendre leur élan en roulant avant de retomber dans l'eau à une distance éloignée, que la présence d'un tel tremplin n'avait rien d'insolite ni d'anormal dans un lieu d'animation sportive, qu'il ne présentait aucun caractère de dangerosité, que la victime, qui connaissait parfaitement les lieux et savait qu'il n'existait aucune profondeur au droit du tremplin, avait détourné sciemment l'usage de ce dernier, qui ne présentait aucun risque dans le cadre de son utilisation normale, en déduit exactement, qu'en l'absence d'anormalité de la chose, le tremplin n'avait pas été l'instrument du dommage. • Civ. 2e, 24 févr. 2005 : *Bull. civ. II, n° 52.*

19. Garde en commun. Ayant retenu qu'au cours d'un jeu collectif comme le football, tous les joueurs ont l'usage du ballon et nul n'en a individuellement le contrôle, le joueur qui détient le ballon étant contraint de le renvoyer immédiatement ou de subir les attaques de ses adversaires qui tentent de l'empêcher de la contrôler et de le diriger, en sorte qu'il ne dispose que d'un temps de détention très bref pour exercer sur le ballon un pouvoir sans cesse disputé, une cour d'appel en déduit à bon droit que le gardien de but, sorti de la surface de réparation, pour éloigner le ballon, ne disposait pas sur celui-ci, au moment de l'accident, des pouvoirs d'usage, de contrôle et de direction caractérisant la garde de la chose instrument du dommage. • Civ. 2e, 13 janv. 2005 : *Bull. civ. II, n° 9 ; D. 2005. 2435, note Cornut*. ♦ Dans un jeu collectif comme le hockey sur glace si les joueurs ont un usage temporaire du palet, ils ne disposent pas des pouvoirs de surveillance et de contrôle qui restent exercés par son propriétaire, en l'occurrence l'association sportive. • Grenoble, 4 sept. 2012, *Assoc. Hockey Club de Morzine Avoriazar a. c. /X. RG n° 11/00383 : préc. note 7.*

20. Au cours d'un match de tennis, chaque joueur exerce sur la balle les mêmes pouvoirs de direction et de contrôle, en conséquence de quoi cet usage commun de l'instrument du dommage ne permet pas au joueur blessé par une balle d'essai servie par le joueur adverse de fonder son action en réparation sur l'art. 1384 anc. [1242 nouv.], al. 1er. • Civ. 2e, 20 nov. 1968 : *Bull. civ. II, n° 277 ; RTD civ. 1969. 335, obs. Durry* • Angers, 18 mars 1982 : *D. 1983. IR 258, obs. F. Alaphilippe et J.-P. Karaquillo.* ♦ *Contra* : • Civ. 2e, 28 mars 2002 : *Bull. civ. II, n° 67 ; RTD civ. 2002. 520, note Jourdain*. ♦ Pour un jugement ayant retenu la garde en commun d'une balle de hockey sur gazon, V. : • TGI Bordeaux, 28 avr. 1986 : *JCP 1987. II. 20885, note Agostini.* ♦ Jugement annulé par : • Bordeaux, 9 nov. 1989 : *RJ éco. sport 1991, n° 18, p. 65, obs. J. Mouly* (l'arrêt retient la garde exclusive d'un joueur, identifié comme étant celui qui a envoyé volontairement la balle en touche).

21. En revanche, ne donne pas de base légale à sa décision la cour d'appel qui déduit d'une activité coordonnée et d'ensemble que la garde d'un voilier ayant fait naufrage lors d'une régate était commune à tous les membres de l'équipage tout en constatant que l'un d'eux, marin particulièrement qualifié, était le « skipper » et le propriétaire de la chose, instrument du dommage, et en relevant que le rôle de chacun des coéquipiers, au moment de l'accident, était resté totalement ignoré. • Civ. 2e, 9 mai 1990 : *Bull. civ. II, n° 93 ; D. 1991. 367, note Dagorne-Labbe*. ♦ Dans la même affaire, sur un second pourvoi après renvoi, la Cour de cassation a confirmé que les usages et les règles applicables en matière de courses en mer donnent au seul « skipper » le commandement du voilier dont il dirige et contrôle les manœuvres et la marche, chacun des coéquipiers effectuant sa tâche à la place qui lui a été affectée dans l'équipe, sous le contrôle et la direction du « skipper », lequel exerce donc seul sur le navire les pouvoirs de contrôle et de direction qui caractérisent la garde de la chose. • Civ. 2e, 8 mars 1995 : *Bull. civ. II, n° 83 ; D. 1998. Somm. 43, obs. J. Mouly ; JCP 1995. II. 22499, note Gardach ; RCA 1995. Chron. 36, par Vialard.* • Civ. 2e, 12 avr. 2012, nos 10-20.831 et 10-21.094 : *Cah. dr. sport 2012, n° 28, p. 82, note Brignon ; JS 2012, n° 121, p. 8, obs. Lagarde*. ♦ Comp. : • Civ. 2e, 15 juin 1983 : *Bull. civ. II, n° 127* • Aix-en-Provence, 21 juill. 1988 : *DMF 1989. 383, note R. A.*

22. En déduisant la garde d'une activité coordonnée et d'ensemble portant sur le maniement et le contrôle d'un side-car, sans rechercher qui exerçait, au sein de l'équipe, le pouvoir de commandement, donc de direction, une cour d'appel n'a pas donné de base légale à sa décision. • Civ. 2e, 5 mai 1966 : *Bull. civ. II, n° 718.* ♦ La Cour de cassation estime en la matière que si l'action, acrobatique, du passager du side-car a pour objectif de corriger la trajectoire de l'engin et de le rééquilibrer afin de lui permettre d'atteindre une vitesse et une trajectoire optimales, il ne dispose pas des mêmes moyens de direction et de contrôle sur le véhicule que ceux du pilote qui a un rôle prépondérant dans la conduite du sidecar de telle sorte qu'il en est le seul gardien. • Civ. 2e, 14 avr. 2016, n° 15-17.732 : *JS 2016, n° 164, p. 9., obs. J. Mondou ; Cah. Dr. sport. 2016, n° 44, p. 121, note D. Gantschnig ; Dict. perm. dr. sport 2016, Bull n° 234, p. 3., obs. A. Ralon.*

23. Sur l'exclusion de la garde en commun dans un jeu consistant, pour les participants, à lancer alternativement et sans opposition un ballon dans un panier de basket-ball fixé à un mur, V. : • Civ. 2e, 21 févr. 1979 : *Bull. civ. II, n° 58 ; D. 1979. IR 545, obs. F. Alaphilippe et J.-P. Karaquillo ; RTD civ. 1979. 615, obs. Durry.*

24. De même, un joueur qui, en lançant une boule au cours d'une partie de pétanque, projette le cochonnet sur un adversaire et le blesse, doit être considéré comme exerçant seul un pouvoir de garde sur la chose instrument du dommage. • Limoges, 12 déc. 1991 : *D. 1993. Somm. 336, obs. J. Mouly*.

25. Pour une solution identique concernant le dommage causé à un spectateur : • Aix-en-Provence, 27 avr. 1987 : *RJ éco. sport 1988, n° 4, p. 64* (résumé). ♦ *Contra* : • Lyon, 18 oct. 1954 : *JCP 1955. II. 8541, note Esmein.*

26. Le pilote disposant d'un pouvoir de contrôle et de direction prépondérant sur son copilote, l'argument tiré de la garde collective doit être rejeté. • Paris, 13 avr. 2015, n° 13/12179 : *JS 2015, n° 155, p. 8, obs. F. Lagarde ; Dict. Perm. dr. sport 2015, Bull. n° 224, p. 6, obs. L. Ray.*

27. Exclusion de l'acceptation des risques. La victime d'un dommage causé par une chose peut invoquer la responsabilité résultant de l'art. 1384 anc. [1242 nouv.], al. 1er, C. civ., à l'encontre du gardien de la chose, instrument du dommage, sans que puisse lui être opposée son acceptation des risques ; en conséquence, doit être cassé l'arrêt ayant retenu que l'accident était survenu entre des concurrents à l'entraînement, évoluant sur un circuit fermé exclusivement dédié à l'activité sportive, et que la participation de la victime à cet entraînement impliquait de sa part une acceptation des risques inhérents à une telle pratique sportive. • Civ. 2e, 4 nov. 2010 : *Bull. civ. II, n° 176 ; D. 2010. 2772, note Gallmeister ; ibid. 2011. 690, note J. Mouly ; RTD civ. 2011. 137, note Jourdain ; JCP 2011, n° 12, note Bakouche ; LPA 2011, n° 43, p. 11, note Vial ; Cah. dr. sport 2011, p. 96, note Bloch.* ♦ Sur cette affaire, V. également : • Civ. 2e, 4 janv. 2006 : *V. note 9 ss. L. n° 85-677 du 5 juill. 1985.* ♦ Pour une application de cette jurisprudence : à un accident de voile (participant à une régate heurté et blessé par un palan de bôme lors d'une manœuvre d'empannage), V. : • Civ. 2e, 12 avr. 2012 : *préc. note 21.* ♦ ... A un accident de squash (joueur ayant blessé involontairement son adversaire avec sa raquette), V. : • Colmar, 21 oct. 2011, RG n° 10/02630 : *Juris-Data n° 024137.* ♦ ... A un accident survenu lors d'un rallye automobile (responsabilité de plein droit du pilote à l'égard du copilote), V. : • TA Basse-Terre, 3 juin 2013 : *n° 12/00160.* ♦ Le copilote victime d'un dommage causé par un véhicule peut invoquer la responsabilité résultant de l'art. 1384 anc. [1242 nouv.], al. 1er, C. civ., à l'encontre du pilote, sans que puisse lui être opposée son acceptation des risques. • Civ. 2e, 21 mai 2015, n° 14-14.812 : *JS 2015, n° 155, p. 8, obs. Lagarde ; Dict. perm. dr. sport 2015, Bull. n° 225, p. 4, obs. A. Ralon.* ♦ Pour une application à un pilote percuté par un autre concurrent lors d'une course de motocyclisme (*grass track*). • Civ. 2e, 2 juill. 2015, n° 14-19.078 : *Dict. perm. dr. sport 2015, Bull. n° 226, p. 11, obs. A. Ralon.*

28. Jurisprudence sur l'acceptation des risques antérieure à l'arrêt du 4 novembre 2010. Le concurrent d'une course automobile, qui connaît les risques inhérents à pareille épreuve, peut être considéré comme ayant tacitement renoncé à invoquer contre un autre concurrent la responsabilité de plein droit de l'art. 1384 anc. [1242 nouv.], al. 1er. • Civ. 2e, 8 oct. 1975 : *Bull. civ. II, n° 246 ; RTD civ. 1976. 357, obs. Durry.* ♦ Dans le même sens, concernant l'acceptation des risques par un mineur victime d'un accident de luge, au motif notamment que son âge le rendait capable de discernement : • Civ. 2e, 13 nov. 1981 : *D. 1982. IR 360, obs. Larroumet* • Rouen, 17 mai 1995 : *D. 1997. Somm. 189, obs. A. Lacabarats.* ♦ ... Ou par un joueur de squash blessé par la raquette de son partenaire au cours d'un match disputé en compétition : • Civ. 2e, 28 janv. 1987 : *Bull. civ. II, n° 32 ; RJ éco. sport 1987, n° 3, p. 137, obs. J.-P. Karaquillo.* ♦ ... Ou encore par la passagère d'une aile volante biplace à qui le moniteur avait signalé les difficultés de ce sport : • Paris, 24 avr. 1986 : *Juris-Data n° 021741.*

29. En revanche, une cour d'appel, retenant qu'une collision entre deux coureurs cyclistes s'est produite à l'occasion d'une sortie dominicale, organisée entre amateurs animés du seul désir de s'entraîner, a pu en déduire que les dispositions de l'art. 1384 anc. [1242 nouv.], al. 1er, devaient recevoir application sans qu'il y ait lieu de retenir l'acceptation, par la victime, des risques résultant de la pratique du sport cycliste. • Civ. 2e, 22 mars 1995 : *Bull. civ. II, n° 99 ; D. 1998. Somm. 43, obs. J. Mouly.* ♦ De même, il ne peut être reproché à un arrêt d'avoir fait application de ces dispositions à une collision entre deux sulkys en méconnaissant l'acceptation du risque par les participants, dès lors que l'accident s'est produit au cours d'un trot d'essai et non pendant la course elle-même, lequel exercice préparatoire ne peut pas être assimilé à une compétition. • Civ. 2e, 12 juin 1969 : *Bull. civ. II, n° 210.* ♦ *Contra* : • Civ. 2e, 5 juin 1985 : *Bull. civ. II, n° 114 ; JCP 1987. II. 20744, note Agostini* • 10 avr. 1991 : *Bull. civ. II, n° 121.* ♦ V. encore, pour un arrêt n'ayant pas retenu l'acceptation des risques dans le cas de deux jeunes filles s'amusant à lancer un ballon dans un panier de basket-ball : • Civ. 2e, 21 févr. 1979 : *préc. note 23.*

30. Ne donne pas de base légale à sa décision une cour d'appel qui, pour rejeter l'action en réparation du préjudice subi par une joueuse blessée au cours d'un jeu collectif inspiré du base-ball, retient qu'en participant à ce jeu, la victime avait accepté les risques qu'il comportait, alors que le dommage s'était produit à l'occasion d'un jeu improvisé et non dans le cadre d'une compétition sportive. • Civ. 2e, 28 mars 2002 : *préc. note 20.*

31. Sur l'exclusion de la théorie de l'acceptation des risques entre golfeurs, V. : • Limoges, 25 nov. 1993 : *préc. note 10.*

32. Il ne peut y avoir acceptation des risques de la part d'une personne qui exerce bénévolement la fonction de commissaire de course, dès lors qu'une telle fonction n'entraîne aucune participation active et directe à la compétition sportive. • Rennes, 2 févr. 1982 : *D. 1983. IR 509, obs. F. Alaphilippe et J.-P. Karaquillo.*

33. Faute imprévisible et insurmontable. Encourt la cassation l'arrêt qui, pour débouter une randonneuse victime d'une chute dans les douves d'un château en ruine de son action en responsabilité contre le propriétaire dudit château, retient que la victime a délibérément transgressé une interdiction d'entrer à l'intérieur de la propriété privée et que cette imprudence est à l'origine de son préjudice, sans rechercher si cette faute était imprévisible et insurmontable pour le gardien du pont qui s'est effondré. • Civ. 2e, 18 déc. 1995 : *Bull. civ. II, n° 315 ; D. 1997. Somm. 188, obs. A. Lacabarats.*

34. En s'abstenant de rechercher si, dans une collision en vol entre deux avions d'un aéro-club au cours d'un baptême de l'air, la faute d'un pilote avait été imprévisible et irrésistible pour l'autre pilote, une cour d'appel ne donne pas de base légale à sa décision. • Civ. 2e, 5 juill. 1989 : *pourvoi n° 88-16.274.*

35. Constitue une faute inexcusable à caractère imprévisible et irrésistible pour une skieuse la présence d'une enfant de huit ans assise sur une piste rouge derrière une cassure, volontairement dissimulée, dans une position anormale, dangereuse et contraire aux règles générales de conduite édictées par la Fédération internationale de ski qui énoncent clairement que les skieurs doivent éviter de stationner sur les pistes. • Grenoble, 26 juin 2012 : *RG n° 10/03646.*

36. Un pilote motocycliste commet une faute en empiétant sur le circuit après s'être arrêté auprès d'un autre motard en panne qui roulait au ralenti sur la bande blanche bordant la piste ; cette faute ne constitue pas toutefois un événement imprévisible et irrésistible pour le pilote qui l'a heurté, de sorte qu'elle n'exonère la présomption pesant sur ce dernier en application de l'art. 1384 anc. [1242 nouv.], al. 1er, C. civ. qu'à concurrence de moitié. • Versailles, 30 mai 2013 : *RG n° 11/00574.*

37. Transfert de la garde. Ne donne pas de base légale à sa décision la cour d'appel qui, pour déclarer un club sportif responsable de l'accident causé à un membre du service d'ordre par une voiture suiveuse mise à la disposition du club par son propriétaire, énonce que si la garde matérielle de ce véhicule appartenait encore à son propriétaire, la garde juridique en avait été transférée au club en sa qualité d'organisateur de la course, sans rechercher qui exerçait effectivement les pouvoirs d'usage, de direction et de contrôle de l'automobile. • Civ. 2e, 24 mars 1966 : *Bull. civ. II, n° 400.*

38. Application d'un texte spécial. Viole par fausse application l'art. 1384 anc. [1242 nouv.], al. 1er, la cour d'appel qui fait application des règles de la responsabilité civile à une collision entre deux « jet-ski » sur un lac, alors qu'en cas d'abordage entre deux bateaux de navigation intérieure, la L. du 5 juill. 1934 est seule applicable. • Com. 5 nov. 2003 : *Bull. civ. IV, n° 159 ; JCP 2004. II. 10166, note Lièvremont.*

C. RESPONSABILITÉ DES COMMETTANTS

39. Fait d'un sportif. Les commettants sont responsables du dommage causé par leurs préposés dans les fonctions auxquelles ils les ont employés et ne s'exonèrent de cette responsabilité que si le préposé a agi hors des fonctions auxquelles il était employé, sans autorisation et à des fins étrangères à ses attributions ; au cours d'une compétition sportive engage la responsabilité de son employeur le joueur professionnel salarié qui cause un dommage à un autre participant par sa faute caractérisée par une violation des règles du jeu. • Civ. 2e, 8 avr. 2004 : *Bull. civ. II, n° 194 ; D. 2004. 2601, note Sérinet ; JCP 2004. II. 10131, note Dagorne-Labbe ; RJ éco. sport 2004, n° 71. p. 29, obs. F. Lagarde.*

40. Sur la responsabilité civile d'un club de football du fait d'un de ses joueurs professionnels qui a porté un coup de poing volontaire à un adversaire, le joueur auteur du dommage se trouvant dans ses fonctions de joueur de l'association sportive au moment des faits. • TGI Marseille, 6 oct. 1983 : *D. 1985. IR 143, obs. J.-P. Karaquillo.* ♦ V. aussi, s'agissant d'un club de basket : • TGI Besançon, 24 févr. 1998 : *RJ éco. sport 1999, n° 50, p. 62*. ♦ Comp. : • Civ. 2e, 22 mai 1995 : *préc. note 1* (reconnaissance d'une responsabilité de l'association sportive du fait de ses joueurs, non pas sur le fondement de l'art. 1384 anc. [1242 nouv.], al. 5, mais sur celui de l'art. 1384 anc. [1242 nouv.], al. 1er).

41. Doit être cassé l'arrêt qui, statuant sur la réparation du dommage causé par un joueur de rugby à un membre du même club au cours d'une partie de football, condamne la Fédération française de rugby *in solidum* avec le joueur fautif à réparer entièrement le préjudice subi par la victime, sans énoncer de motif justifiant la condamnation *in solidum* de la fédération. • Civ. 2e, 22 juin 1994 : *D. 1996. Somm. 27, obs. A. Lacabarats*.

42. Ne donne pas de base légale à sa décision au regard de l'art. 1384 anc. [1242 nouv.], al. 5, la cour d'appel qui, pour condamner l'organisme qui avait confié un voilier à un skipper pour effectuer une régate en mer, retient que cet organisme, qui reconnaît lui avoir confié la direction du voilier, avait donc le pouvoir de donner au skipper des instructions sur la manière de remplir sa mission, ce qui caractérise un lien de subordination. • Com. 24 janv. 2006 : *Bull. civ. IV, n° 14 ; RTD civ. 2006. 327, obs. Jourdain*.

43. Encourt la cassation l'arrêt qui, statuant sur la demande en déclaration de responsabilité d'un club dont un des joueurs a, en lançant un ballon de football à l'issue d'un match, blessé un spectateur, condamne ce club à la fois comme commettant du joueur et comme propriétaire de la chose instrument du dommage, en se fondant sur les al. 1er et 5 de l'art. 1384 anc. [1242 nouv.], dont les dispositions sont inconciliables. • Civ. 2e, 9 nov. 1960 : *Bull civ. II, n° 656.*

44. Circonstances indéterminées. Justifie sa décision une cour d'appel qui après avoir relevé que les circonstances dans lesquelles la victime avait reçu un coup à la tête étaient restées indéterminées, peu important la gravité du dommage en résultant, en a conclu que ce coup ne procédait pas d'un manquement caractérisé aux règles du jeu de football engageant la responsabilité du club. • Civ. 2e, 14 avr. 2016, n° 15-16.938 : *Dict. perm. dr. sport. 2016, n° 234, p. 5, obs. A. Renard ; Cah. Dr. sport. 2016, n° 44, p. 108, note H. De Brier.* ♦ V. également dans le même sens. • Nîmes, 12 mai 2016, n° 14/04451 : *JS 2016, n° 166, p. 10, obs. J. Mondou ; Dict. perm. dr. sport. 2016, Bull. n° 236, p. 4., obs. J. Landel.*

45. Fait d'un arbitre. N'engage pas sa responsabilité à l'égard des tiers le préposé qui agit sans excéder les limites de la mission qui lui a été impartie par son commettant ; par conséquent, viole les art. 1382 anc. [1240 nouv.] et 1384 anc. [1242 nouv.], al. 5, la cour d'appel qui déclare l'arbitre d'une rencontre de rugby personnellement responsable des conséquences dommageables d'un accident survenu à l'un des joueurs de l'une des deux équipes en présence, au motif que la faute de cet arbitre a consisté à ne pas pénaliser le « relevage » des mêlées, alors qu'il résultait de cette constatation que l'intéressé avait agi dans les limites de sa mission. • Civ. 2e, 5 oct. 2006 : *préc. note 2.* ♦ L'arrêt qui énonce que le coup porté par un nageur à un autre nageur, au cours d'un match d'entraînement de water-polo organisé par une association sportive, ne rentrait pas dans la catégorie des gestes normaux du sport pratiqué et résultait d'une violence dans le jeu que l'arbitre, chargé de surveiller et de modérer l'ardeur des joueurs en tant que préposé de cette association, n'aurait pas dû tolérer, peut en déduire que l'arbitre a commis une faute dont sa commettante est responsable. • Civ. 2e, 31 mars 1965 : *Bull. civ. II, n° 326.*

46. Le décès d'un joueur de rugby directement causé par la faute de jeu commise par un joueur de l'équipe adverse et résultant du non-respect des commandements de mêlée engage la responsabilité de l'association dont ce dernier est membre. • Poitiers, 17 juin 2015, n° 14/03400.

47. Pour un jugement ayant considéré qu'il existe un lien de subordination des arbitres et délégués sportifs à l'égard d'une fédération sportive, en l'espèce la Fédération française de rugby, laquelle donne à ses préposés des instructions sur la manière de remplir la mission qui leur est confiée pour un temps et un objet déterminés, V. : • TGI Toulouse, 16 janv. 1990 : *D. 1993. Somm. 337, obs. J. Mouly.*

48. Fait d'un moniteur. Les parents d'une jeune skieuse, blessée par un autre mineur qui a perdu le contrôle de ses skis à l'occasion d'un cours collectif d'initiation à la pratique du ski, ne peuvent reprocher aux juges du fond, qui n'ont pas été saisis en application de l'art. 1384 anc. [1242 nouv.], al. 1er, de les avoir déboutés de leur demande en dommages et intérêts dirigée contre l'association organisatrice sur le fondement de l'art. 1384 anc. [1242 nouv.], al. 5, dès lors qu'ils ont relevé l'absence de preuve d'une faute à l'encontre de la monitrice préposée qui dirigeait le cours. • Civ. 2e, 13 mai 1981 : *Bull. civ. II, n° 123.*

49. Ne donne pas de base légale à sa décision au regard des art. 1147 anc. et 1384 anc. [1242 nouv.], al. 5 C. civ. la cour d'appel qui déclare un enseignant d'aïkido personnellement responsable du dommage subi par un pratiquant au cours d'une séance d'entraînement, sans constater si l'intéressé avait excédé les limites de la mission qui lui avait été confiée. • Civ. 2e, 12 mai 2010 : *RCA 2010. Comm. 143, Hocquet-Berg.*

50. Fait d'un agent de police. Les agents de police routière ne deviennent pas les préposés de l'organisateur d'une course cycliste lorsqu'ils sont mis à sa disposition par l'autorité administrative. • Civ. 1re, 16 mars 1959 : *Bull. civ. I, n° 160.*

51. Divers. Un exploitant de remontées mécaniques doit être déclaré responsable du fait de son préposé dès lors que ce dernier a commis une faute en ne fournissant pas à un skieur resté attaché au télésiège les moyens d'en descendre en toute sécurité et en lui recommandant de se laisser tomber, alors que l'appareil était à une certaine distance du sol. • Pau, 7 nov. 1996 : *Juris-Data n° 045732.*

52. Les organisateurs d'une course cycliste sont responsables, en tant que commettants, de la faute commise par le chauffeur du véhicule transportant le directeur de course, lequel chauffeur avait renversé un gendarme affecté au service d'ordre. • Angers, 11 avr. 1967 : *JCP 1967. IV. 151.*

D. RESPONSABILITÉ DES INSTITUTEURS

53. Juge compétent. Il résulte des dispositions de la loi du 5 avr. 1937 que, par dérogation aux principes généraux qui régissent la séparation de l'autorité administrative et de l'autorité judiciaire, la compétence de la juridiction civile s'étend à l'ensemble des cas où le dommage invoqué a sa cause dans une faute d'un membre de l'enseignement quel que soit, juridiquement, le caractère de cette faute ; les règles normales de compétence ne retrouvent leur empire dans ce domaine que dans le cas où le préjudice subi doit être regardé comme indépendant du fait de l'agent, soit qu'il ait son origine dans un travail public, soit qu'il provienne d'un défaut d'organisation du service public de l'enseignement. • CE 20 déc. 1985, *Irissou : D. 1986. IR 205.* ♦ ... Dès lors, la juridiction administrative est incompétente pour connaître de la demande d'une étudiante tendant à la réparation du préjudice qu'elle a subi à la suite d'une chute de cheval survenue au cours d'un exercice d'équitation organisée dans le cadre de la préparation d'un diplôme d'État, en tant que cette demande est fondée sur des fautes imputables au moniteur. • Même arrêt.

54. Il appartient aux tribunaux judiciaires de connaître de l'action en responsabilité contre l'État à la suite d'un accident survenu à un élève au cours d'une excursion organisée, dans le cadre d'une classe de neige, sous la responsabilité du directeur de l'école et de l'instituteur, sans qu'y fasse obstacle la circonstance que l'enfant se trouvait alors sous la surveillance non de l'instituteur lui-même mais d'un moniteur, agent de la commune, participant à l'encadrement de la classe. • T. confl. 15 févr. 1999, *Martinez : req. nº 3021.*

55. Preuve d'une faute. Les instituteurs ne sont responsables des dommages causés par les élèves le temps qu'ils sont sous leur surveillance qu'à la condition qu'ils aient commis une faute qui doit être prouvée conformément au droit commun. • Civ. 2e, 16 oct. 1991 : *Bull. civ. II, nº 259 ; D. 1993. Somm. 335, obs. J. Mouly.*

56. Ne caractérise pas une faute l'arrêt qui, pour condamner l'État à réparer le préjudice subi par un enfant blessé par un ballon lancé par un autre élève, énonce que la pratique du football ou du handball obéit à des règles précises, nécessite des terrains appropriés et que le directeur de l'établissement a commis une faute en tolérant le jeu au pied dans la cour de récréation. • Civ. 2e, 2 mars 1994 : *Bull. civ. II, nº 78.* ♦ ... Ou se contente d'énoncer que la surveillance des élèves par l'enseignant dirigeant la leçon d'éducation physique était insuffisante. • Civ. 2e, 16 oct. 1991 : *préc. note 55.*

57. Domaine d'application. En l'état de la noyade d'un mineur, survenue au cours d'un stage de navigation à voile dans un centre nautique, la responsabilité de l'État se trouve substituée par application de la L. du 5 avr. 1937 à celle du moniteur, condamné pour homicide involontaire, dès lors que celui-ci, professeur d'éducation physique et fonctionnaire permanent de l'État, exerçait des fonctions temporaires de moniteur dans le cadre de sa qualification professionnelle et que l'accord, qu'il avait conclu directement avec le centre nautique, avait été entériné par une décision de l'autorité administrative chargée de mettre à la disposition du centre le personnel indispensable à son fonctionnement. • Civ. 2e, 4 juin 1970 : *Bull. civ. II, nº 199* • 23 avr. 1971 : *Bull. civ. II, nº 159.*

58. Une activité sportive organisée par des professeurs d'éducation physique dans le cadre scolaire ou parascolaire doit être considérée comme faisant partie de leurs fonctions de membres du corps enseignant, même si elle s'exerce dans le cadre d'une association sportive de l'établissement d'enseignement public. • Orléans, 26 juill. 1994 : *Juris-Data nº 043927,* confirmé par • Civ. 2e, 20 nov. 1996 : *pourvoi nº 94-19.688.*

59. Pour accueillir l'action civile des ayants droit d'une élève d'un lycée technique, victime d'une chute mortelle au cours d'un séjour d'initiation à la montagne organisé par son établissement scolaire, et condamner l'État, substitué au professeur d'éducation physique du lycée, une cour d'appel a justement retenu que la législation des accidents du travail, excluant tout recours de droit commun, ne s'applique aux élèves des établissements d'enseignement technique, selon l'art. L. 412-8, 2º CSS, que si l'accident est en relation avec l'enseignement ou les stages qui lui sont consécutifs, ce qui n'était pas le cas en l'espèce. • Crim. 27 janv. 1993 : *pourvoi nº 92-80.175.*

60. Il appartient aux tribunaux de l'ordre judiciaire de connaître de l'action en responsabilité intentée contre l'État sur le fondement de la L. du 5 avr. 1937 par les parents d'un enfant victime d'un accident lors d'un exercice de gymnastique organisé par son école, alors que l'enfant se trouvait dans un groupe placé sous la surveillance, non des instituteurs, mais d'un moniteur d'éducation physique et sportive, employé de la commune, mis à la disposition des écoles de la ville en qualité d'aide pédagogique et participant à l'encadrement de la classe. • Civ. 2e, 13 déc. 2001 : *Bull. civ. II, nº 189 ; D. 2002. 1517, note Hunter-Hénin.* ♦ ... Ou encore lors d'une activité d'escalade, alors que l'enfant se trouvait dans un groupe placé sous la surveillance non de l'instituteur mais d'un moniteur, intervenant extérieur agréé pour encadrer les élèves lors de cette activité sportive. • T. confl., 19 nov. 2001 : *D. 2002. Somm. 2710, obs. Lachaume.*

61. Applications. En retenant que le saut au cheval d'arçons est un exercice dangereux nécessitant des précautions renforcées à l'égard d'élèves peu entraînés à cette discipline, que la chute de la victime aurait pu être évitée en disposant un plus grand nombre de tapis renforçant le revêtement en surface et en épaisseur et que le professeur, qui avait le contrôle de l'exercice, n'avait pas pris les précautions nécessaires, une cour d'appel a pu en déduire que l'enseignant avait commis une faute. • Civ. 2e, 13 mars 1991 : *pourvoi nº 90-10.375.*

62. L'absence de parade du professeur d'éducation physique lors d'un exercice à la poutre caractérise une imprudence en rapport causal direct avec la chute de la victime ; en effet, si la proximité d'une personne qualifiée, pouvant assurer une parade lors d'exercices aussi dangereux qu'un saut sur une poutre n'est pas obligatoire, elle constitue, dans le cadre d'une activité scolaire, une prudence d'autant plus élémentaire qu'en l'espèce la poutre n'était pas recouverte d'un rembourrage pouvant amortir les chocs éventuels, réalité que l'enseignant ne pouvait méconnaître et qui devait le conduire à rester auprès des enfants durant les exercices et tout particulièrement pendant la réalisation des sauts. • Civ. 2e, 5 nov. 1998 : *Bull. civ. II, nº 263 ; D. 2000. Somm. 229, obs. J. Mouly.*

63. Constitue un défaut de surveillance le fait, pour un professeur d'éducation physique, d'avoir organisé une épreuve de course à pied ne lui permettant pas d'assurer la surveillance d'une partie de ses élèves. • Civ. 2e, 5 juin 1985 : *D. 1986. IR 369, obs. Jeannot-Pagès.* ♦ ... Ou de s'être abstenu de toute initiative pour écarter le danger résultant de la position anormale d'un rouleau de ligne de flotteurs, posé à même le bord du bassin d'une piscine municipale, alors qu'en raison de son poids et de sa propension à rouler cet équipement aurait dû être arrimé sur le socle prévu à cet effet. • Civ. 2e, 23 oct. 2003 : *Bull. civ. II, no 331 ; D. 2004. 728, note Petit*.

64. Statuant sur la responsabilité de l'accident survenu à un élève, blessé par un javelot lancé par un camarade lors d'une séance d'éducation physique sous la direction d'un professeur de l'enseignement public, les juges du fond ne peuvent pas retenir à la charge de la victime une imprudence consistant en une violation des règles prescrites par l'enseignant sans répondre aux conclusions soutenant que le fait qui lui était reproché résultait d'une erreur créée par les circonstances anormalement dangereuses du jeu et non d'une imprudence, dont il aurait pu avoir conscience. • Civ. 2e, 20 juin 1979 : *Bull. civ. II, no 190.*

65. En revanche, les juges du fond ont pu estimer qu'il n'y avait pas eu manque de surveillance de la part d'un enseignant, dès lors que l'exercice proposé au cours d'une séance d'éducation physique faisait appel à des mouvements simples, ne présentant aucun danger et ne nécessitant ni une surveillance constante, ni des précautions spéciales et que le professeur allait d'un groupe d'élèves à l'autre surveillant et au besoin aidant les mouvements. • Civ. 2e, 21 juin 1978 : *Bull. civ. II, no 166.* ♦ ... Ou dès lors qu'une séance d'initiation au rugby s'est déroulée sur un terrain mi-empierré mi-herbeux ne présentant aucun danger particulier, que le plaquage à l'origine du dommage a été normal et non brutal et qu'on ne saurait faire grief au professeur d'avoir toléré le plaquage, lequel est une des péripéties du rugby. • Civ. 2e, 22 déc. 1969 : *Bull. civ. II, no 363.*

E. RESPONSABILITÉ DES PARENTS

66. Pour que la responsabilité de plein droit des père et mère exerçant l'autorité parentale sur un mineur habitant avec eux puisse être recherchée, il suffit que le dommage invoqué par la victime ait été directement causé par le fait, même non fautif, du mineur. Seule la force majeure ou la faute de la victime peut exonérer les père et mère de cette responsabilité. • Cass., ass. plén., 13 déc. 2002 (deux arrêts) : *Bull. civ. no 4 ; D. 2003. 231, note Jourdain* • Civ. 2e, 17 févr. 2011 : *Bull. civ. II, no 47 ; RCA 2011, comm. 164, note Leduc.*

67. Peut ainsi être recherchée la responsabilité des parents d'un mineur qui, au cours d'une séance d'éducation physique, a porté par inadvertance un coup de pied à un autre enfant. • Cass., ass. plén., 13 déc. 2002 : *préc. (arrêt no 1).* ♦ ... Ou qui, au cours d'une partie de ballon improvisée, a chuté sur un autre enfant, après avoir été lui-même plaqué par un troisième enfant. • Cass., ass. plén., 13 déc. 2002 : *préc. (arrêt no 2).* ♦ V. déjà, dans le même sens, s'agissant d'un dommage causé involontairement par un mineur à un autre mineur à l'occasion d'un plaquage au cours d'une partie de rugby organisée entre élèves pendant la récréation : • Civ. 2e, 10 mai 2001 : *Bull. civ. II, no 96 ; D. 2001. 2851, rapp. Guerder, note Tournafond ; JCP 2001. II. 10613, note J. Mouly ; RTD civ. 2001. 601, note Jourdain*. ♦ ... Ou qui, au cours d'un « jeu de combat » organisé et surveillé par un professeur d'éducation physique, a donné involontairement un coup de coude au visage de l'un de ses camarades. • Civ. 2e, 3 juill. 2003 : *Bull. civ. II, no 230.* ♦ ... Ou qui, du fait de sa position en bordure d'une piste cyclable où se déroulait une randonnée cycliste, a provoqué la chute d'un participant • Civ. 2e, 17 févr. 2011, no 10-30.439 : *Bull. civ. II, no 47 ; D. 2011. 1117, note Bouteille ; Dalloz actualité, 2 mars 2011, obs. Marocchella ; D. 2012. Pan. 47 ; JCP 2011, no 18, 519, note Bakouche.* ♦ ... Ou qui, au cours d'une escalade, a décroché un rocher qui a percuté un membre d'une cordée située en aval : • Grenoble, 24 avr. 2012 : *RG no 09/04505.*

Art. 1243 *(Ord. no 2016-131 du 10 févr. 2016, art. 2, en vigueur le 1er oct. 2016)* **Le propriétaire d'un animal, ou celui qui s'en sert, pendant qu'il est à son usage, est responsable du dommage que l'animal a causé, soit que l'animal fût sous sa garde, soit qu'il fût égaré ou échappé.** — *[Anc. art. 1385.]*

Pour les dispositions transitoires, V. Ord. no 2016-131 du 10 févr. 2016, art. 9.

1. Faute de la victime. La présomption de responsabilité de l'art. 1385 ne cède que devant la preuve d'une faute de la victime, de sorte qu'une cour d'appel, retenant qu'il s'agissait d'une course d'entraînement et d'un cheval jeune, en début de dressage, et que la victime lui avait donné un coup de cravache pour vaincre les défenses de l'animal qui venait de faire un écart, a pu déduire de ces constatations que le gardien de l'animal ne rapportait pas la preuve d'une faute de la victime. • Civ. 2e, 18 oct. 1995 : *RCA 1995. Comm. 352.*

2. Au contraire, une cavalière blessée par un coup de sabot donné par le cheval d'une autre cavalière au cours d'une reprise d'équitation, ne peut se prévaloir de la présomption de responsabilité de l'art. 1385, dès lors qu'en passant derrière et trop près du cheval auteur du coup, elle a commis une faute imprévisible et irrésistible exonérant de toute responsabilité le gardien de l'animal. • Civ. 2e, 5 oct. 1994 : *pourvoi no 92-21.242.*

3. Acceptation des risques. Un cavalier, blessé par une ruade du cheval d'un autre concurrent qui s'apprêtait à pénétrer dans l'enceinte de l'épreuve, ne peut se prévaloir de la présomption de responsabilité de l'art. 1385 dès lors que, participant à la compétition en connaissance de cause, il a accepté les risques encourus y compris pendant la phase « collective » du concours se déroulant dans la carrière de « détente », là où les cavaliers échauffent leurs montures. • Civ. 2e, 5 juin 1985 : *Bull. civ. II, n° 114 ; JCP 1987. II. 20744, note Agostini.* ♦ Comp. : • Civ. 2e, 12 juin 1969 : *Bull. civ. II, n° 210* • 10 avr. 1991 : *Bull. civ. II, n° 121.* ♦ V. déjà, concernant l'acceptation, par des participants, des risques normaux inhérents à des courses hippiques : • Civ. 2e, 8 nov. 1976 : *Bull. civ. II, n° 299 ; JCP 1977. II. 18759, note Bénabent* • 16 juin 1976 : *JCP 1977. II. 18585, note Bénabent ; RTD civ. 1977. 328, obs. Durry.* ♦ Jugé toutefois que le cavalier qui vient de finir son épreuve n'est plus un compétiteur et ne se mêle pas aux cavaliers en phase d'échauffement dans l'attente de leur passage, de sorte que ce cavalier ne saurait se préavaloir de la théorie de l'acceptation des risques inhérente à la compétition ou à l'entraînement pour s'exonérer de sa responsabilité au titre de l'art. 1385. • Civ. 2e, 8 févr. 2006 : *pourvoi n° 05-13.707.*

4. Sur l'acceptation présumée des risques inhérents à la pratique du sport équestre sous la forme de la chasse à courre, V. : • Paris, 13 mai 1998 : *D. 1998. IR 168.*

5. Un cavalier, habitué d'une manade où il faisait régulièrement des promenades à cheval et où vivaient en liberté des taureaux, accepte par avance le risque normal de voir un taureau effrayer sa monture et provoquer sa chute. • Civ. 2e, 15 avr. 1999 : *Bull. civ. II, n° 76 ; JCP 2000. II. 10317, note Antoine ; RCA 1999. Chron. 16, par Groutel ; RTD civ. 1999. 633, obs. Jourdain.*

6. La collégienne adhérente de l'Union nationale du sport scolaire (UNSS) et victime d'un accident dans un centre équestre n'était, contrairement à l'UNSS, liée à ce dernier par aucune relation contractuelle, dès lors la responsabilité du centre devait être recherchée sur le terrain délictuel. • Aix-en-Provence, 7 juill. 2016, n° 15/0572.

7. Fait d'un tiers. Manque de base légale l'arrêt qui, après avoir condamné à bon droit le propriétaire d'un cheval, échappé d'un champ de courses, à réparer le dommage subi par un automobiliste entré en collision avec l'animal au motif que le défaut de clôture du terrain, l'étroitesse de la piste, l'afflux des concurrents et le manque de personnel imputés à faute à l'organisateur de la course n'étaient ni imprévisibles ni inévitables, refuse audit propriétaire tout recours contre l'organisateur de la course. • Civ. 2e, 12 mars 1970 : *Bull. civ. II, n° 97.*

8. Transfert de la garde. Les juges du fond, qui ont constaté qu'une personne avait fait une chute alors qu'elle montait gratuitement un cheval appartenant au propriétaire d'un ranch en échange d'un service qui consistait à reconnaître un parcours de promenade à l'intention des clients de celui-ci, ont pu en déduire que le propriétaire de l'animal n'avait pas transféré à cette personne les pouvoirs d'usage, de contrôle et de direction qui caractérisent la garde. • Civ. 2e, 29 mars 1977 : *Bull. civ. II, n° 103 ; D. 1977. IR 328, obs. Larroumet.* ♦ Dans le même sens : • Civ. 1re, 20 janv. 1987 : *Bull. civ. I, n° 14.*

9. En matière « d'abrivado », le manadier, propriétaire des animaux, conserve leur garde soit directement, soit par l'intermédiaire de ses préposés et, à ce titre, est présumé responsable des dommages causés par eux. • Nîmes, 10 mars 1980 : *D. 1981. IR 482, (1re esp.), obs. F. Alaphilippe et J.-P. Karaquillo* • TGI Tarascon, 2 oct. 1980 : *D. 1981. IR 482, (2e esp.), obs. F. Alaphilippe et J.-P. Karaquillo.*

Code des transports

(Ord. n° 2010-1307 du 28 oct. 2010)

Art. L. 5121-3 *(Ord. n° 2010-1307 du 28 oct. 2010)* **Les personnes mentionnées à l'article L. 5121-2 peuvent limiter leur responsabilité envers des cocontractants ou des tiers, même s'il s'agit de l'État, si les dommages se sont produits à bord du navire ou s'ils sont en relation directe avec la navigation ou l'utilisation du navire.**

Elles peuvent, dans les mêmes conditions, limiter leur responsabilité pour les mesures prises afin de prévenir ou de réduire les dommages mentionnés au premier alinéa, ou pour les dommages causés par ces mesures.

Toutefois, elles ne sont pas en droit de limiter leur responsabilité s'il est prouvé que le dommage résulte de leur fait ou de leur omission personnels et qu'il a été commis avec l'intention de provoquer un tel dommage ou commis témérairement et avec conscience qu'un tel dommage en résulterait probablement.

L'art. 2 § 1 a) de la Convention de Londres du 19 novembre 1976 sur la limitation de responsabilité en matière de créances maritimes, qui soumet à limitation les créances : pour mort, pour lésions corporelles, pour pertes et pour dommages à tous biens (…) survenus à bord du navire ou en relation directe avec l'exploitation du navire, est applicable à l'hypothèse d'un décès causé à la suite de la collision accidentelle entre un navire de plaisance et un plongeur ; l'expression « en relation directe avec l'exploitation du navire » a en effet le même sens que celles de

« navigation » et « utilisation du navire » qu'emploie, en droit interne, l'article 58 al. 1er de la L. n° 67-5 du 3 janv. 1967, devenu l'art. L. 5121-3, al. 1er du C. transp. • Com. 11 déc. 2012 : *pourvoi n° 11-24.703.*

…

Art. L. 5131-1 **Les dispositions du présent chapitre s'appliquent à l'abordage survenu entre navires, y compris les navires de guerre, ou entre de tels navires et bateaux. Dans ce dernier cas, elles s'appliquent également au bateau.**

Pour l'application des dispositions du présent chapitre, est assimilé au navire, ou au bateau, tout engin flottant non amarré à poste fixe.

Art. L. 5131-2 **En cas d'abordage, les indemnités dues à raison des dommages causés aux navires, aux personnes ou aux choses se trouvant à bord sont réglées conformément aux dispositions du présent chapitre, sans tenir compte des eaux où l'abordage s'est produit.**

1. En cas d'abordage entre navires de mer, ou entre navires de mer et bateaux de navigation intérieure, sans qu'il y ait lieu de distinguer le cas où ceux-ci participaient à une régate, les indemnités dues à raison des dommages causés aux navires, aux choses ou personnes se trouvant à bord doivent être réglées conformément aux dispositions du chap. Ier de la loi du 7 juill. 1967 relative aux événements de mer, qui commandent, avant toute mise en cause d'une responsabilité personnelle, de rechercher si les circonstances de la collision révèlent la faute de l'un des navires ou une faute qui leur est commune. • Com. 18 mars 2008, pourvoi n° 06-20.558 : *Bull. civ. IV, n° 63.*

2. Pour une application des règles de responsabilité en matière d'abordage à une collision entre deux véliplanchistes. • Aix-en-Provence, 24 juin 2008 : *RD transp. 2009. Com. 201, obs. Ndendé.* ♦ V. déjà : • Rennes, 4 mai 1982 : *DMF 1983. 40, note Tassel et Le Jean* • Rennes, 7 mai 1991 : *DMF 1992. 142, note Tassel et Le Brun.* ♦ ... A une collision entre un scooter des mers et un bateau de plaisance. • Aix-en-Provence, 3 mai 2007 : *RD transp. 2009. Com. 59, obs. Ndendé.* ♦ ... Entre deux scooters des mers. • Com. 3 juill. 2012, pourvoi n° 11-22.429 : *Bull. civ. IV, n° 144 ; D. 2012. 1882 ; ibid. 2548, chron. J. Lecaroz, H. Guillou et F. Arbellot ; ibid. 2013. 40, obs. P. Brun et O. Gout.* ♦ V. aussi : • Com. 5 nov. 2003, pourvoi n° 02-10.486 : *Bull. civ. IV, n° 159 ; DM 2004. 331, obs. Bonassies ; D. 2003. 2869* . • Paris, 5 nov. 2012 : *RG n° 10/11926.* ♦ ... Entre un kite surf et une planche à voile : • Montpellier, 15 janv. 2013, RG n° 11/00865 : *RD transp. 2013. Com. 46, obs. Ndendé.*

Art. L. 5131-3 **Si l'abordage est causé par la faute de l'un des navires, la réparation des dommages incombe à celui qui l'a commise.**

Si l'abordage est fortuit, s'il est dû à un cas de force majeure ou s'il y a doute sur les causes de l'accident, les dommages sont supportés par ceux qui les ont éprouvés, sans distinguer le cas où soit les navires, soit l'un d'eux, étaient au mouillage au moment de l'abordage. – *[L. n° 67-545 du 7 juill. 1967, art. 2 et 3.]*

Art. L. 5131-4 **S'il y a faute commune, la responsabilité de chacun est proportionnelle à la gravité des fautes respectivement commises. Toutefois, si, d'après les circonstances, la proportion ne peut être établie ou si les fautes apparaissent comme équivalentes, la responsabilité est partagée par parties égales.**

Les dommages causés soit aux navires, soit à leur cargaison, soit aux effets ou autres biens des équipages, des passagers ou autres personnes se trouvant à bord, sont supportés par les navires en faute, dans cette proportion, sans solidarité à l'égard des tiers.

Les navires en faute sont tenus solidairement à l'égard des tiers, pour les dommages causés par mort ou blessures, sauf recours de celui qui a payé une part supérieure à celle qu'il doit définitivement supporter, conformément aux dispositions du deuxième alinéa. – *[L. n° 67-545 du 7 juill. 1967, art. 4.]*

Art. L. 5131-5 **La responsabilité prévue par les articles L. 5131-3 et L. 5131-4 subsiste dans le cas où l'abordage est causé par la faute d'un pilote, même lorsque le service de celui-ci est obligatoire.** – *[L. n° 67-545 du 7 juill. 1967, art. 5.]*

…

Art. L. 6400-1 **Le transport aérien consiste à acheminer par aéronef d'un point d'origine à un point de destination des passagers, des marchandises ou du courrier.**

1. Constitue un transport aérien au sens du code de l'aviation civile : un baptême de l'air en parapente biplace. • Civ. 1re, 3 juill. 2001 : *Bull. civ. I, n° 205* • 19 oct. 1999 : *Bull. civ. I, n° 287 ; D. 2000. Somm. 298, obs. Mercadal* . ♦ ... Une promenade aérienne en ULM. • Civ. 1re,

3 juill. 2001 : *Bull. civ. I, n° 206.* ♦ ... Ou encore un vol d'initiation au parachute ascensionnel. • Civ. 1re, 3 juill. 2001 : *pourvoi n° 98-10.530.* ♦ ... Peu important qu'il ne s'agisse pas d'un transport public et que le lieu de destination ne diffère pas du lieu de départ. • Même arrêt.

2. Jugé au contraire qu'un vol en deltaplane biplace tracté par un bateau à moteur constitue, pour le passager, non un transport aérien mais une initiation à une activité physique et sportive, de sorte que c'est à bon droit qu'une cour d'appel en a déduit que, dans les poursuites exercées contre le pilote pour homicide involontaire, à la suite du décès par noyade du passager, l'action en réparation exercée par les ayants droit de la victime, constitués parties civiles, n'était pas soumise à la Convention de Varsovie régissant la responsabilité du transporteur aérien. • Crim. 20 mars 2001 : *Bull. crim. n° 72.*

Art. L. 6421-1 Le contrat de transport des passagers est constaté par la délivrance d'un billet, individuel ou collectif.

(Ord. n° 2011-204 du 24 févr. 2011, art. 6) « Le contrat de transport des bagages est constaté par la délivrance d'une fiche d'identification pour chaque bagage enregistré. »

Dès lors qu'aucun billet de transport n'a été délivré, le transporteur aérien de personnes (en l'occurrence la veuve d'un moniteur de parapente) ne peut opposer la limitation de responsabilité prévue par la Convention de Varsovie à la victime d'un accident corporel survenu au cours de ce transport (en l'occurrence le passager du vol en parapente). • Civ. 1re, 28 juin 2006 : *Bull. civ. I, n° 336.*

Art. L. 6421-4 La responsabilité du transporteur aérien non soumis aux dispositions de l'article L. 6421-3 est régie par les stipulations de la convention de Varsovie du 12 octobre 1929, dans les conditions définies par les articles L. 6422-2 à L. 6422-5. Toutefois, la limite de la responsabilité du transporteur relative à chaque passager est fixée à 114 336 €.

Sauf stipulations conventionnelles contraires, la responsabilité du transporteur aérien effectuant un transport gratuit n'est engagée, dans la limite prévue par le premier alinéa, que s'il est établi que le dommage a pour cause une faute imputable au transporteur ou à ses préposés.

La responsabilité du transporteur aérien ne peut être recherchée que dans les conditions et limites prévues par le présent article, quelles que soient les personnes qui la mettent en cause et quel que soit le titre auquel elles prétendent agir.

Code de la consommation

Art. L. 212-1 Dans les contrats conclus entre professionnels et consommateurs, sont abusives les clauses qui ont pour objet ou pour effet de créer, au détriment du consommateur, un déséquilibre significatif entre les droits et obligations des parties au contrat.

Sans préjudice des règles d'interprétation prévues aux *(Ord. n° 2016-131 du 10 févr. 2016, art. 6-IV, en vigueur le 1er oct. 2016)* « articles 1188, 1189, 1191 et 1192 *[ancienne rédaction : articles 1156 à 1161, 1163 et 1164]* » du code civil, le caractère abusif d'une clause s'apprécie en se référant, au moment de la conclusion du contrat, à toutes les circonstances qui entourent sa conclusion, de même qu'à toutes les autres clauses du contrat. Il s'apprécie également au regard de celles contenues dans un autre contrat lorsque les deux contrats sont juridiquement liés dans leur conclusion ou leur exécution.

L'appréciation du caractère abusif des clauses au sens du premier alinéa ne porte ni sur la définition de l'objet principal du contrat ni sur l'adéquation du prix ou de la rémunération au bien vendu ou au service offert pour autant que les clauses soient rédigées de façon claire et compréhensible.

Un décret en Conseil d'État, pris après avis de la commission des clauses abusives, détermine des types de clauses qui, eu égard à la gravité des atteintes qu'elles portent à l'équilibre du contrat, doivent être regardées, de manière irréfragable, comme abusives au sens du premier alinéa.

Un décret pris dans les mêmes conditions, détermine une liste de clauses présumées abusives ; en cas de litige concernant un contrat comportant une telle clause, le professionnel doit apporter la preuve du caractère non abusif de la clause litigieuse. – *V. art. R. 212-2.*

Ces dispositions sont applicables quels que soient la forme ou le support du contrat. Il en est ainsi notamment des bons de commande, factures, bons de garantie, bordereaux ou bons

de livraison, billets ou tickets, contenant des stipulations négociées librement ou non ou des références à des conditions générales préétablies. – *[Anc. art. L. 132-1, al. 1er à 5 et 7.]*

....

Art. L. 212-3 **Les dispositions du présent chapitre sont d'ordre public.** – *[Anc. art. L. 132-1, al. 9.]*

....

Art. L. 241-1 **Les clauses abusives sont réputées non écrites.**

Le contrat reste applicable dans toutes ses dispositions autres que celles jugées abusives s'il peut subsister sans ces clauses.

Les dispositions du présent article sont d'ordre public. – *[Anc. art. L. 132-1, al. 6, 8 et 9.]*

....

Ancien art. L. 132-1 ***Dans les contrats conclus entre professionnels et non-professionnels ou consommateurs, sont abusives les clauses qui ont pour objet ou pour effet de créer, au détriment du non-professionnel ou du consommateur, un déséquilibre significatif entre les droits et obligations des parties au contrat.***

(L. n° 2008-776 du 4 août 2008, art. 86-I) ***« Un décret en Conseil d'État, pris après avis de la commission instituée à l'article*** (L. n° 2010-737 du 1er juill. 2010, art. 62) ***« L. 534-1 », détermine une liste de clauses présumées abusives ; en cas de litige concernant un contrat comportant une telle clause, le professionnel doit apporter la preuve du caractère non abusif de la clause litigieuse.***

« Un décret pris dans les mêmes conditions détermine des types de clauses qui, eu égard à la gravité des atteintes qu'elles portent à l'équilibre du contrat, doivent être regardées, de manière irréfragable, comme abusives au sens du premier alinéa. »

Ces dispositions sont applicables quels que soient la forme ou le support du contrat. Il en est ainsi notamment des bons de commande, factures, bons de garantie, bordereaux ou bons de livraison, billets ou tickets, contenant des stipulations négociées librement ou non ou des références à des conditions générales préétablies.

Sans préjudice des règles d'interprétation prévues aux (Ord. n° 2016-131 du 10 févr. 2016, art. 6-IV-2° et 9, en vigueur le 1er oct. 2016) ***« articles 1188, 1189, 1191 et 1192 » du code civil, le caractère abusif d'une clause s'apprécie en se référant, au moment de la conclusion du contrat, à toutes les circonstances qui entourent sa conclusion, de même qu'à toutes les autres clauses du contrat. Il s'apprécie également au regard de celles contenues dans un autre contrat lorsque la conclusion ou l'exécution de ces deux contrats dépendent juridiquement l'une de l'autre.***

Les clauses abusives sont réputées non écrites.

L'appréciation du caractère abusif des clauses au sens du premier alinéa ne porte ni sur la définition de l'objet principal du contrat ni sur l'adéquation du prix ou de la rémunération au bien vendu ou au service offert pour autant que les clauses soient rédigées de façon claire et compréhensible.

Le contrat restera applicable dans toutes ses dispositions autres que celles jugées abusives s'il peut subsister sans lesdites clauses.

Les dispositions du présent article sont d'ordre public.

V. désormais C. consom., art. L. 212-1, L. 212-3 et L. 241-1.

Les dispositions de l'Ord. n° 2016-131 du 10 févr. 2016 sont entrées en vigueur le 1er oct. 2016. Les contrats conclus avant cette date demeurent soumis à la loi ancienne.

Toutefois, les dispositions des 3e et 4e al. de l'art. 1123 et celles des art. 1158 et 1183 sont applicables dès l'entrée en vigueur de cette même Ord.

Lorsqu'une instance a été introduite avant l'entrée en vigueur de la présente Ord., l'action est poursuivie et jugée conformément à la loi ancienne. Cette loi s'applique également en appel et en cassation (Ord. préc., art. 9).

1. L'appréciation du caractère abusif d'une clause ne dépend pas du caractère principal ou accessoire de l'obligation qu'elle crée ; dès lors viole l'art. L. 132-1 C. consom. la cour d'appel qui, pour dénier le caractère abusif d'une clause exonérant une société organisatrice d'un rallye automobile de sa responsabilité envers un participant, retient que ladite clause ne portait pas sur les obligations essentielles du contrat d'engagement souscrit par les participants au rallye. • Civ. 1re, 3 mai 2006 : *Bull. civ. I, n° 213 ; RTD civ. 2007. 113, obs. Mestre et Fages.*

2. La stipulation de clauses abusives constitue en elle-même une faute de nature à porter atteinte à l'intérêt collectif des consommateurs. Viole les dispositions de l'art. L. 421-2 C. consom., ensemble l'art. 1382 anc. [1240 nouv.] C. civ., la cour d'appel qui, après avoir déclaré abusives certaines clauses des contrats d'abonnement à des centres de remise en forme proposés à des particuliers, déboute l'association de consommateurs de sa demande de dommages-intérêts au motif qu'en l'absence de décision préalable déclarant ces clauses abusives, le professionnel n'avait pas commis de faute en les insérant dans ses contrats. • Civ. 1re, 1er févr. 2005 : *Bull. civ. I, n° 63.*

Loi n° 85-677 du 5 juillet 1985,

Tendant à l'amélioration de la situation des victimes d'accidents de la circulation et à l'accélération des procédures d'indemnisation.

BIBL. ▸ F. Deluc, Le cœur et la raison en droit des accidents de la circulation, *RCA 2009. Étude 4* ; La loi du 5 juillet 1985 s'applique-t-elle entre participants à une compétition de sport mécanique ?, *RCA 2012. Étude 10.*

CHAPITRE PREMIER *Indemnisation des victimes d'accidents de la circulation*

Art. 1er Les dispositions du présent chapitre s'appliquent, même lorsqu'elles sont transportées en vertu d'un contrat, aux victimes d'un accident de la circulation dans lequel est impliqué un véhicule terrestre à moteur ainsi que ses remorques ou semi-remorques, à l'exception des chemins de fer et des tramways circulant sur des voies qui leur sont propres. — *La présente loi est applicable dans le Département de Mayotte (Ord. n° 2012-578 du 26 avr. 2012, art. 112).*

SECTION I *Dispositions relatives au droit à indemnisation*

Art. 2 Les victimes, y compris les conducteurs, ne peuvent se voir opposer la force majeure ou le fait d'un tiers par le conducteur ou le gardien d'un véhicule mentionné à l'article 1er.

Art. 3 Les victimes, hormis les conducteurs de véhicules terrestres à moteur, sont indemnisées des dommages résultant des atteintes à leur personne qu'elles ont subis, sans que puisse leur être opposée leur propre faute à l'exception de leur faute inexcusable si elle a été la cause exclusive de l'accident.

Les victimes désignées à l'alinéa précédent, lorsqu'elles sont âgées de moins de seize ans ou de plus de soixante-dix ans, ou lorsque, quel que soit leur âge, elles sont titulaires, au moment de l'accident, d'un titre leur reconnaissant un taux d'incapacité permanente ou d'invalidité au moins égal à 80 p. 100, sont, dans tous les cas, indemnisées des dommages résultant des atteintes à leur personne qu'elles ont subis.

Toutefois, dans les cas visés aux deux alinéas précédents, la victime n'est pas indemnisée par l'auteur de l'accident des dommages résultant des atteintes à sa personne lorsqu'elle a volontairement recherché le dommage qu'elle a subi.

Art. 4 La faute commise par le conducteur du véhicule terrestre à moteur a pour effet de limiter ou d'exclure l'indemnisation des dommages qu'il a subis.

Art. 5 La faute, commise par la victime a pour effet de limiter ou d'exclure l'indemnisation des dommages aux biens qu'elle a subis. Toutefois, les fournitures et appareils délivrés sur prescriptions médicales donnent lieu à indemnisation selon les règles applicables à la réparation des atteintes à la personne.

Lorsque le conducteur d'un véhicule terrestre à moteur n'en est pas le propriétaire, la faute de ce conducteur peut être opposée au propriétaire pour l'indemnisation des dommages causés à son véhicule. Le propriétaire dispose d'un recours contre le conducteur.

Art. 6 Le préjudice subi par un tiers du fait des dommages causés à la victime directe d'un accident de la circulation est réparé en tenant compte des limitations ou exclusions applicables à l'indemnisation de ces dommages.

A. APPLICATIONS

1. Spectateurs. La circonstance que l'accident se soit produit sur une voie fermée à la circulation publique et dont l'accès était interdit aux victimes n'est pas de nature à faire perdre à cet événement son caractère d'accident de la circulation. • Crim. 16 juill. 1987 : *Bull. crim. n° 294 ; RTD civ. 1987. 770, obs. Huet ; RJ éco. sport 1988, n° 6, p. 63, obs. Groutel* • Besançon, 18 oct. 1989 : *Gaz. Pal. 1990. 1. 274, note Chabas.*

2. Viole l'art. 1er de la loi du 5 juill. 1985 l'arrêt qui, pour mettre hors de cause le concurrent d'une compétition de moto-cross dont la motocyclette a causé des blessures à un spectateur payant, retient que dans une compétition sportive en circuit fermé le conducteur ne peut être incriminé que s'il a commis une faute au sens de l'art. 1382 anc. [1240 nouv.] C. civ. • Civ. 2e, 10 mars 1988 : *Bull. civ. II, n° 59.* ♦ Sur l'application de la loi du 5 juill. 1985 à des spectateurs de rallyes automobiles blessés par le véhicule d'un concurrent, V. : • Civ. 2e, 13 janv. 1988 : *Bull. civ. II, n° 11* • 22 juin 1988 : *RCA 1988, n° 11.*

3. Ne donne pas de base légale à sa décision au regard de l'art. 3, al. 1er, de la loi du 5 juill. 1985 la cour d'appel qui, pour débouter un spectateur de sa demande en réparation contre le conducteur du kart qui l'a heurté, se borne à énoncer que ni l'association sportive ni la commune n'avaient commis une faute ou une imprudence et qu'il se trouvait, au moment de l'accident, dans une zone interdite au public, cause exclusive de l'accident, sans rechercher si le conducteur du kart ou les organisateurs de l'épreuve pouvaient éviter l'accident. • Civ. 2e, 11 oct. 1989 : *pourvoi n° 87-13.724.*

4. Participants. L'arrêt qui, pour exclure l'indemnisation d'un coureur cycliste victime d'une chute et mettre hors de cause l'organisateur de la course, constate qu'il n'y a pas eu choc entre l'automobile ayant à son bord un chronométreur et la bicyclette, viole les dispositions des art. 1er et 3 de la loi du 5 juill. 1985, dès lors qu'il résulte des constatations que le véhicule en mouvement a joué un rôle dans l'accident et que, par conséquent, il était impliqué dans celui-ci. • Civ. 2e, 15 mai 1992 : *Bull. civ. II, n° 139.* ♦ Dans le même sens : • Nîmes, 1er juin 1994 : *RJ éco. sport 1995, n° 35, p. 86, obs. J. Mouly.*

5. Le fait pour un participant à une course cycliste d'avoir pris des risques en coupant un virage dans une descente alors que le règlement de l'épreuve prévoyait que les coureurs ne pourraient emprunter que la moitié de la chaussée, bien que fautif, ne constitue pas pour un cycliste en course un manquement d'une exceptionnelle gravité permettant d'en déduire une faute inexcusable au sens de l'art. 3 de la loi du 5 juill. 1985. • Civ. 2e, 8 nov. 1993 : *Bull. civ. II, n° 315.*

6. Viole les articles 1er et 3 de la loi du 5 juill. 1985 l'arrêt qui exclut l'indemnisation de deux cyclistes victimes d'un accident qui participaient, en tandem, à une compétition de vélo tout terrain (VTT), alors qu'il résulte de ses constatations que les intéressés ont chuté lors du dépassement d'un camion de pompier dont le chauffeur les a interpelés, de sorte que ce véhicule avait joué un rôle dans l'accident et qu'il était impliqué. • Civ. 2e, 1er juin 2011 : *pourvoi n° 10-17. 927.*

7. Un engin de damage de pistes de ski est un véhicule terrestre à moteur au sens de la L. du 5 juill. 1985, en sorte que l'accident survenu entre un skieur et ledit engin sur une piste ouverte au public et régulièrement empruntée par les skieurs est bien un accident de la circulation au sens de ladite loi. • Grenoble, 9 févr. 1987 : *D. 1987. 245, note Chabas.*

8. La piste de ski pouvant s'analyser comme une voie de circulation ouverte au public au sens de l'art. L. 421-1 C. assur., les accidents de ski relèvent bien de la loi du 5 juill. 1985. Il en résulte qu'en cas d'auteurs inconnus, c'est le fonds de garantie automobile qui prend en charge l'indemnisation des dommages subis par la victime. • Paris, 29 nov. 1996 : *Gaz. Pal. 20-21 déc. 1996, flash p. 20.*

B. NON-APPLICATIONS

9. Entre concurrents. Les dispositions de la loi du 5 juill. 1985 ne sont pas applicables entre concurrents d'une compétition sportive dans laquelle sont engagés des véhicules terrestres à moteur. • Civ. 2e, 28 févr. 1996 : *Bull. civ. II, n° 37 ; D. 1996. 438, note J. Mouly ; RCA 1996. Chron. 22.* ♦ Dès lors, viole l'art. 1er de cette loi une cour d'appel qui, pour condamner le conducteur, le propriétaire et l'assureur d'un véhicule, engagé dans un rallye disputé en circuit fermé, au cours duquel le pilote a heurté un mur après avoir dérapé sur une flaque d'eau, à réparer le préjudice du copilote de ce véhicule, retient que la L. du 5 juill. 1985 est applicable en l'espèce, le fait que l'accident se soit produit au cours d'une compétition automobile sur une voie fermée à la circulation automobile normale ne lui faisant pas perdre son caractère d'accident de la circulation et aucune disposition n'excluant l'application de cette loi, alors que la victime, copilote d'un véhicule engagé dans la compétition, avait la qualité de concurrent. • Civ. 2e, 19 juin 2003 : *Bull. civ. II, n° 197 ; D. 2003. Somm. 2540, obs. F. Lagarde ; RCA 2003. Chron. 24, note Groutel ; RTD civ. 2003. 722, note Jourdain.* ♦ Viole également ce texte la cour d'appel qui, pour décider que la loi du 5 juill. 1985 était applicable à l'accident survenu à un motocycliste, énonce que cet accident s'est produit hors compétition ou épreuve préparatoire à une compétition, alors que l'accident survenant entre des concurrents à l'entraînement évoluant sur un circuit fermé exclusivement dédié à l'activité sportive n'est pas un accident de la circulation au sens de cette loi. • Civ. 2e, 4 janv. 2006 : *Bull. civ. II, n° 1 ; D. 2006. 2443, note J. Mouly ; RTD civ. 2006. 337, obs. Jourdain.* ♦ Sur cette affaire, V. également : • Civ. 2e, 4 nov. 2010 : *V. note 27 ss. art. 1384 anc. [1242 nouv.]* • Versailles, 30 mai 2013, RG n° 11/00574 : *V. note 36 ss. art. 1384 anc. [1242 nouv.] C. civ.*

10. Qualification de véhicule terrestre à moteur. Un téléski ne peut être considéré comme un véhicule terrestre à moteur au sens de la loi du 5 juill. 1985, dès lors qu'il s'agit d'un engin fixe dont seuls le câble, et par voie de conséquence les perches, sont mobiles. • TGI Albertville, 3 juin 1986 : *Gaz. Pal. 1987. 2. Somm. 223.*

11. Absence d'implication du véhicule. En retenant qu'une « voiture-balai », dont la participation à la course cycliste était autorisée par un arrêté préfectoral, occupait une position régulière et normale ne perturbant pas la circulation de la victime, les juges du fond ont pu en déduire que le véhicule ne pouvait être considéré comme impliqué dans l'accident au sens de l'art. 1er de la loi du 5 juill. 1985. • Civ. 2e, 21 févr. 1990 : *pourvoi n° 88-19.675.* ♦ V. note 4.

12. Faute inexcusable. V. notes 3 et 5.

13. Invocation par un tiers. Seules les victimes pouvant invoquer les dispositions des art. 1er à 6 de la loi du 5 juill. 1985 relatives à leur indemnisation, un tiers, en l'espèce l'organisme gérant une colonie de vacances, n'est pas recevable à se prévaloir de ces textes. • Civ. 2e, 25 nov. 1987 : *Bull. civ. II, n° 242.*

14. Accident à l'étranger. Peut être indemnisée par une commission d'indemnisation des victimes d'infraction la victime d'un accident de ski qui s'est produit à l'étranger, la loi du 5 juill. 1985 n'étant pas applicable en l'espèce. • Civ. 2e, 11 janv. 1995 : *Bull. civ. II, n° 10.*

RESPONSABILITÉ PÉNALE

RÉP. PÉN. v° *Sport et activités physiques,* par A. Lacabarats et J.-M. Pastor.

BIBL. GÉN. ► C. Albiges, S. Darmaisin et O. Sautel, Responsabilité et sport, *Lexisnexis, Paris, Litec, 2007.* – F. Bellaaroussi, Réflexions sur les rapports entre le droit pénal et le sport : une question renouvelée, *Gaz. Pal. 2004, n° 254, p. 31.* – M. Benillouche, Droit pénal et blessures occasionnées lors de la pratique du sport : entre impunité et autorégulation, *Gaz. Pal. 2007, n° 311, p. 44 ;* Les dispositions pénales relatives à la prévention des violences lors des manifestations sportives : un cadre juridique en mutation, *Cah. dr. sport n° 7, 2007.* – J.-Chr. Breillat, La loi d'amnistie du 6 août 2002 et le sport, *RJ éco. sport 2002, n° 65, p. 7.* – V. Castillon, Prévention et sanction des violences sportives, *Dr. pénal, déc. 2007.* – M. Féral, Sport et ordre public : la prévention et la lutte contre la violence dans les manifestations sportives, *RFAP 2001, n° 97, p. 131.* – F. Lagarde, Vers une réduction du champ de la répression pénale pour des fautes d'imprudence, *RJ éco. sport (supplément au n° 56) nov. 2000.* – J.-Y. Lassalle, Les responsabilités civile et pénale des auteurs de violences sportives, *JCP 2000, I, n° 277.* – Y. Mayaud, Les violences non intentionnelles après la loi du 10 juillet 2000, *RSC 2001. 156* ; La causalité directe dans les violences involontaires... et l'identification de l'obligation de sécurité, *RSC 2002. 100.* – J.-R. Nlend, Les responsabilités civile et pénale des associations sportives du fait de leurs athlètes, *Gaz. Pal. 1996. 1. Doctr. 341.* – S. Pautot, *Gaz. Pal. 1993. 1. Doctr. 109* (responsabilité des arbitres). – G. Vermelle, La violence dans les manifestations sportives (observations de droit pénal), *RJ éco. sport 2005, n° 76, p. 7.* – J.-P. Vial, Le droit pénal à l'épreuve de la violence dans les stades, *Gaz. Pal. 2004, n° 158, p. 2* ; Le risque pénal dans le sport, *Lamy, 2012* ; Le spectacle sportif à l'épreuve du risque pénal, *Lamy Droit civil 2012, n° 97, p. 72* ; Les violences et infractions d'imprudences dans les compétitions sportives, *AJ Pénal 2013, p. 308.* – E. Wagner, Responsabilités du dirigeant sportif bénévole, *in* Le dirigeant sportif bénévole, *Dalloz 1984, p. 80.* – Responsabilité civile et pénale de la pratique sportive, *in Dict. perm. dr. sport (mise à jour périodique).* – Sécurité dans les stades, *ibid.*

COMMENTAIRE

Le sport est devenu un fait social majeur auquel on prête de nombreuses vertus. L'article L. 100-1 du code du sport érige d'ailleurs les activités physiques et sportives au rang des activités d'intérêt général en ce qu'elles « constituent un élément important de l'éducation, de la culture, de l'intégration et de la vie sociale » et « contribuent également à la santé ».

Mais la pratique d'activités sportives est aussi, paradoxalement et malheureusement, le théâtre d'actes délictueux de plus en plus nombreux, susceptibles d'engendrer la responsabilité pénale de leurs auteurs.

A l'origine de ces faits délictueux, différentes catégories de personnes peuvent être identifiées : les sportifs eux-mêmes, les entraîneurs ou éducateurs, les médecins, soigneurs, les organisateurs de la manifestation sportive, les maires et plus encore, les spectateurs et supporters... Directement, ou indirectement selon les cas, responsables d'infractions, ces personnes peuvent se trouver confrontées aux règles du droit commun de la responsabilité pénale.

Il n'est pas possible de se livrer à un inventaire exhaustif des actes répréhensibles qui peuvent être commis dans la sphère sportive. Néanmoins, parmi les infractions les plus fréquemment relevées, on retiendra :

– les atteintes volontaires ou involontaires à la vie ou à l'intégrité physique de la personne, les atteintes aux biens ou bien encore à la paix publique ;

– les injures, menaces ou diffamation ;
– l'abus de confiance ou l'escroquerie...

Pour chacune de ces infractions, le code pénal prévoit des peines d'amendes et/ou d'emprisonnement plus ou moins lourdes.

Parallèlement, il est apparu nécessaire de renforcer l'arsenal juridique de droit commun par des règles spécifiques destinées à prévenir et à lutter contre les actes de violence de plus en plus nombreux perpétrés dans les enceintes sportives. Aussi, le législateur est intervenu à plusieurs reprises pour instituer un véritable dispositif répressif attaché à l'organisation des manifestations sportives (V. comm. ss. C. sport, art. L. 332-15 s.). Sa dernière intervention vise à pénaliser le marché parallèle de revente de billets afin non seulement d'endiguer une pratique de « marché noir » à des prix très supérieurs à la valeur initiale des billets mais également de lutter contre l'insécurité, notamment lorsqu'il existe une politique de placement des supporters dans les stades, pouvant résulter d'une revente non maîtrisée des billets (L. n° 2012-348, 12 mars 2012, *JO 13 mars*). Ainsi, le fait de vendre, d'offrir à la vente ou d'exposer en vue de la vente des billets d'accès à une manifestation sportive est désormais passible d'une peine d'amende de 15 000 euros, portée à 30 000 euros en cas de récidive (C. pén., art. 313-6-2). ❑

Sur la responsabilité pénale découlant de la législation spéciale sur le sport, V. C. sport, art. L. 111-3 (opposition à l'exercice des missions de contrôle des agents de l'État), L. 122-9 (financement des sociétés sportives), L. 131-17 (utilisation des mentions réservées aux fédérations délégataires), L. 131-18 (organisateurs de manifestations sportives autres que les fédérations délégataires), L. 212-8, L. 212-10, L. 212-12, L. 212-14 (infractions liées à l'enseignement des APS contre rémunération), L. 222-11 (agents sportifs), L. 312-14 (organisation d'une manifestation dans une enceinte non homologuée), L. 321-2, L. 321-8 et L. 331-12 (défaut de souscription d'assurance), L. 322-4 (défaut de déclaration d'un établissement d'APS), L. 322-8 (défaut de surveillance des piscines et baignades d'accès payant), L. 331-3 (défaut de déclaration d'une manifestation sportive), L. 331-6 (organisation d'une manifestation sportive sans autorisation d'une fédération délégataire), L. 332-2-1 (défaut de vidéoprotection dans une enceinte sportive), L. 332-3 à L. 332-10 (infractions à la sécurité des manifestations sportives), L. 332-13 (violation d'une interdiction judiciaire de stade), L. 332-16 (violation d'une interdiction administrative de stade), L. 332-19 (maintien ou reconstitution d'une association de supporters dissoute) et L. 332-20 (responsabilité des personnes morales pour des infractions en relation avec la sécurité des manifestations sportives).

Sur la responsabilité pénale découlant de la législation spéciale sur le dopage des sportifs, V. C. sport, art. L. 232-25 (opposition aux contrôles), L. 232-26 (prescription, cession, offre, administration ou application de substances interdites), L. 232-28 (personnes morales), L. 425-2 (Nouvelle-Calédonie).

Sur la responsabilité pénale découlant de la législation spéciale sur le dopage des animaux, V. C. sport, art. L. 241-5.

Code pénal

Dispositions générales

Art. 121-1 **Nul n'est responsable pénalement que de son propre fait.**

Doit être cassé, pour violation de la loi, l'arrêt qui déclare coupables du délit d'homicide involontaire deux conseillers municipaux et coresponsables du comité des fêtes à la suite de l'accident mortel d'une personne percutée par un taureau à l'occasion d'une manifestation taurine au motif de l'existence en l'espèce d'une délégation de fait par la mairie, alors qu'en application de l'art. L. 2122-18 CGCT la délégation de fonctions du maire à un élu, opérant transfert de la responsabilité pénale, ne peut prendre que la forme d'un arrêté municipal. • Crim. 18 juin 2013 : *pourvoi n° 12-84.368.*

Art. 121-2 *(L. n° 2004-204 du 9 mars 2004)* **« Les personnes morales, à l'exclusion de l'État, sont responsables pénalement, selon les distinctions des articles 121-4 à 121-7, des infractions commises, pour leur compte, par leurs organes ou représentants. »**

Toutefois, les collectivités territoriales et leurs groupements ne sont responsables pénalement que des infractions commises dans l'exercice d'activités susceptibles de faire l'objet de conventions de délégation de service public.

(L. n° 2000-647 du 10 juill. 2000) « **La responsabilité pénale des personnes morales n'exclut pas celle des personnes physiques auteurs ou complices des mêmes faits, sous réserve des dispositions du quatrième alinéa de l'article 121-3.** »

COMMENTAIRE

Depuis le 1er mars 1994, date d'entrée en vigueur du nouveau code pénal, le droit pénal français, à l'instar des droits anglais, américain, belge ou néerlandais, reconnaît la responsabilité pénale des personnes morales. Attention ! Cela ne signifie pas que la responsabilité pénale qui peut être retenue à l'encontre d'une personne morale se substitue à celle des personnes physiques qui la composent. Chacun doit répondre personnellement des infractions qu'il commet (C. pén., art. 121-1). Autrement dit, la possibilité de mettre en cause la responsabilité pénale de la personne morale n'exclut nullement que soit recherchée celle des personnes physiques auteurs ou complices des mêmes faits répréhensibles. Toutefois, la loi n° 2000-647 du 10 juillet 2000, dite loi *Fauchon*, est venue limiter la portée de ce principe en prévoyant un régime de responsabilité particulier pour les personnes physiques qui n'ont pas causé directement le dommage. Selon les termes de l'article 121-3, alinéa 4, du code pénal, celles-ci ne sont responsables pénalement que s'il *« est établi qu'elles ont, soit violé de façon manifestement délibérée une obligation particulière de prudence ou de sécurité prévue par la loi ou le règlement, soit commis une faute caractérisée et qui exposait autrui à un risque d'une particulière gravité qu'elles ne pouvaient ignorer » (V. comm. ss. art. 121-3 C. pén.).*

S'agissant des conditions de mise en œuvre de la responsabilité pénale des personnes morales, on constate tout d'abord que sont avant tout concernées les personnes morales de droit privé : l'État est irresponsable pénalement (*C. pén. art. 121-2*) et la responsabilité pénale des collectivités territoriales et de leurs groupements ne peut être mise en cause que dans le cadre d'une délégation de service public.

Pour que la responsabilité pénale de la personne morale soit retenue, il faut en outre que l'infraction ait été commise par un organe ou un représentant de la personne morale, auquel on aura conféré des fonctions de direction, d'administration ou de gestion, agissant pour le compte de la personne morale. Il n'est pas absolument nécessaire que l'organe ou le représentant fautif de la personne morale soit formellement identifié ou nommément désigné, il en est ainsi notamment lorsque les circonstances permettent d'établir leur nécessaire implication dans la commission de l'infraction (V. note 3 *pour illustration*). En revanche, si la personne physique, représentante de la personne morale, a outrepassé ses fonctions, la responsabilité pénale de la personne morale sera normalement écartée.

Enfin, on notera qu'une modification importante a été apportée par la loi n° 2004-204 du 9 mars 2004, dite loi « Perben II », en ce qu'elle a mis fin au principe de spécialité de la responsabilité pénale des personnes morales. Depuis le 31 décembre 2005, date d'entrée en vigueur de cette mesure, les personnes morales peuvent être poursuivies sur le fondement de toutes les infractions pénales, y compris dans des domaines tels que le droits fiscal, des sociétés, du travail, puisqu'il n'est plus nécessaire que cette responsabilité soit prévue par un texte spécial (ancienne version de l'art. 121-2, al. 1er, C. pén.). ❑

1. *Exploitant de remontées mécaniques.* La responsabilité pénale d'une société exploitant des remontées mécaniques dans le cadre d'un service public industriel et commercial doit être retenue pour homicide involontaire sur la personne d'un skieur décédé des suites d'une avalanche dès lors, d'une part, que le pouvoir de police du maire en matière de prévention des avalanches, prévu par l'art. L. 131-2, 6°, C. communes [CGCT, L. 2212-2, 5°], n'a ni pour objet ni pour effet de dispenser l'exploitant d'accomplir les actes auxquels il est personnellement tenu par l'effet de la loi, d'un règlement de police ou, comme en l'espèce, d'un contrat de droit privé comportant une obligation accessoire de sécurité, et d'autre part, que l'infraction a été commise par des personnes qui, bien que n'étant pas membres des organes statutaires de la société, ont par délégation exercé concrètement le pouvoir de décision de cette dernière. • Crim. 9 nov. 1999 : *Bull. crim. n° 252.* ♦ V. aussi • Crim. 14 mars 2000 : *Bull. crim. n° 114.*

2. *Association.* Est responsable pénalement de l'accident mortel survenu à deux jeunes adolescents à l'occasion d'une course en montagne, l'association qui organise un stage destiné à des mineurs dans le cadre d'activités à risque, dans des conditions d'encadrement insuffisantes, sans prévoir de moyen pour alerter les secours, et en acceptant parmi les stagiaires un enfant de onze ans alors qu'un arrêté interdisait les courses en haute montagne aux mineurs de douze ans.

• TGI Albertville, 29 juin 1998, *Ministère public c/ Le Groupe Alpin de Haute Montagne et a. : inédit.*

3. L'association organisatrice d'une compétition au cours de laquelle une participante a trouvé la mort après avoir heurté un arbre situé au bord de la piste de ski est déclarée coupable du délit d'homicide involontaire même si l'auteur du délit n'est pas formellement identifié, l'infraction n'ayant pu être commise, pour le compte de l'association, que par son président, responsable de la sécurité, en l'absence de délégation interne. • Crim 18 juin 2013, pourvoi n° 12-85.917 : *D. 2013. 2713, obs. G. Roujou de Boubée, T. Garé, M.-H. Gozzi, S. Mirabail et T. Potaszkin.*

4. La responsabilité pénale de la Fédération française de cyclisme doit être retenue en raison des fautes d'imprudence et de négligence commises pour son compte par deux de ses représentants lors de l'homologation d'un circuit de « bicross BMX » sur lequel un cycliste a été gravement blessé à la suite d'une chute. • Crim. 21 janv. 2014 : *pourvoi n° 13-80.236.*

5. Commune. La responsabilité pénale d'une commune ne peut être recherchée à raison d'un accident survenu à l'occasion d'une sortie éducative dans le cadre d'une classe de découverte, dès lors que l'exécution même du service public communal d'animation des classes de découverte suivies par les enfants des écoles publiques et privées pendant le temps scolaire, qui participe du service de l'enseignement public n'est, par nature, pas susceptible de faire l'objet de conventions de délégation de service public. • Crim. 12 déc. 2000 : *Bull. crim. n° 371.*

6. Fabricant d'équipements de protection individuelle. Est relaxé le fabricant de matériel poursuivi pour blessures involontaires à la suite d'un accident lors d'une via ferrata causé par la défectuosité de la longe de sécurité. Les fautes d'inattention, directement à l'origine du dommage, commises par les salariés de la société dans le processus de fabrication et de contrôle de la longe de sécurité ne permettent pas de retenir la responsabilité pénale de la société puisqu'elles n'ont pas été commises pour son compte par des organes de la personne morale ou par ses représentants. En outre, les juges ont écarté toute faute imputable au dirigeant qui assurait personnellement la direction de la qualité du matériel. • Grenoble, 13 mars 2013 : *RG n° 12/00716.*

Élément intentionnel de l'infraction

Art. 121-3 Il n'y a point de crime ou de délit sans intention de le commettre.

(L. n° 96-393 du 16 mai 1996) **« Toutefois, lorsque la loi le prévoit, il y a délit en cas de mise en danger délibérée de la personne d'autrui. »**

(L. n° 2000-647 du 10 juill. 2000) **« Il y a également délit, lorsque la loi le prévoit, en cas de faute d'imprudence, de négligence ou de manquement à une obligation de prudence ou de sécurité prévue par la loi ou le règlement, s'il est établi que l'auteur des faits n'a pas accompli les diligences normales compte tenu, le cas échéant, de la nature de ses missions ou de ses fonctions, de ses compétences ainsi que du pouvoir et des moyens dont il disposait.**

« Dans le cas prévu par l'alinéa qui précède, les personnes physiques qui n'ont pas causé directement le dommage, mais qui ont créé ou contribué à créer la situation qui a permis la réalisation du dommage ou qui n'ont pas pris les mesures permettant de l'éviter, sont responsables pénalement s'il est établi qu'elles ont, soit violé de façon manifestement délibérée une obligation particulière de prudence ou de sécurité prévue par la loi ou le règlement, soit commis une faute caractérisée et qui exposait autrui à un risque d'une particulière gravité qu'elles ne pouvaient ignorer. »

Il n'y a point de contravention en cas de force majeure.

COMMENTAIRE

L'article 121-3 du code pénal détermine les conditions de mise en jeu de la responsabilité pénale des personnes physiques, en distinguant entre les infractions intentionnelles (alinéa 1er) et les infractions non intentionnelles (alinéas 2, 3 et 4). Pour ces dernières, fréquemment constatées dans la sphère sportive, le législateur a, par la loi du 10 juillet 2000, dite loi *Fauchon*, limité le champ de la répression pénale des personnes physiques.

A la lecture de ces nouvelles dispositions, la responsabilité pénale de l'auteur d'une infraction non intentionnelle ne peut plus être systématiquement engagée.

En effet, avant cette modification, dès lors qu'il était établi que l'auteur d'une infraction non intentionnelle n'avait pas « accompli les diligences normales compte tenu, de la nature de ses missions ou de ses fonctions, de ses compétences, ainsi que du pouvoir et des moyens dont elle disposait », la faute commise était sanctionnée ; peu importait que celle-ci soit directement ou indirectement à l'origine du dommage.

Depuis la loi du 10 juillet 2000, la simple constatation que la personne n'a pas accompli les diligences normales n'est pas à elle seule suffisante pour engager sa responsabilité. Le juge doit se poser deux nouvelles questions :

– le lien de causalité entre la faute d'imprudence et le dommage est-il direct ou indirect ? Autrement dit, la faute non intentionnelle est-elle la cause directe du dommage ou a-t-elle simplement contribué indirectement à la production de celui-ci ? Dans le premier cas, la personne mise en cause sera en principe condamnée ; dans le second, le juge doit se poser une nouvelle question :

– bien que la faute d'imprudence n'ait pas directement causé le dommage, est-elle néanmoins suffisamment grave pour engager la responsabilité de son auteur ? Le juge devra notamment se demander si le prévenu a « violé de façon délibérée une obligation particulière de prudence ou de sécurité prévue par la loi ou le règlement », ou s'il a commis « une faute caractérisée et qui exposait autrui à un risque d'une particulière gravité qu'il ne pouvait ignorer ». Si la réponse à l'une ou l'autre de ces questions est positive, la personne sera condamnée ; dans le cas contraire, elle bénéficiera en principe d'une décision de relaxe.

On rappellera pour terminer, que dans l'hypothèse où aucune responsabilité pénale n'est retenue contre l'auteur de l'infraction non intentionnelle, il est désormais possible d'engager une action devant les juridictions civiles afin d'obtenir la réparation d'un dommage sur le fondement de l'article 1383 du code civil *(C. pr. pén., art. 4-1).* ❑

Complicité

Art. 121-7 Est complice d'un crime ou d'un délit la personne qui sciemment, par aide ou assistance, en a facilité la préparation ou la consommation.

Est également complice la personne qui par don, promesse, menace, ordre, abus d'autorité ou de pouvoir aura provoqué à une infraction ou donné des instructions pour la commettre.

V. note ss. art. 313-1 C. pén.

Atteintes involontaires à la vie

Art. 221-6 *(L. n° 2000-647 du 10 juill. 2000)* **« Le fait de causer, dans les conditions et selon les distinctions prévues à l'article 121-3 », par maladresse, imprudence, inattention, négligence ou manquement à une obligation** *(L. n° 2011-525 du 17 mai 2011, art. 185)* **« de prudence ou de sécurité » imposée par la loi** *(L. n° 2000-647 du 10 juill. 2000)* **« ou le règlement », la mort d'autrui constitue un homicide involontaire puni de trois ans d'emprisonnement et de 45 000 € d'amende.**

(L. n° 2000-647 du 10 juill. 2000) **« En cas de violation manifestement délibérée d'une obligation particulière** *(L. n° 2011-525 du 17 mai 2011, art. 185)* **« de prudence ou de sécurité » imposée par la loi ou le règlement », les peines encourues sont portées à cinq ans d'emprisonnement et à 75 000 € d'amende.** – *[Anc. art. 319.]*

1. Chef de bord. Encourt la cassation, pour contradiction de motifs, l'arrêt qui, pour relaxer les prévenus des chefs d'homicide involontaire et débouter les parties civiles de toutes leurs demandes présentées tant au titre de l'action civile qu'en application des règles de droit civil, énonce que le chef de bord et le barreur d'un voilier n'ont commis aucune faute en relation avec l'accident dont la cause exclusive est l'imprudence et l'inattention de la victime qui n'a pas su éviter le coup de bôme, alors qu'il relève, par ailleurs, que l'accident de mer, dans lequel la victime a péri, trouve son origine dans un coup de roulis qui a déséquilibré le voilier d'une façon inattendue et imprévisible. • Crim. 21 janv. 2003 : *Bull. crim. n° 16.*

2. Gérant d'un centre équestre. Doit être confirmé l'arrêt qui, pour déclarer le prévenu, gérant d'une société exploitant un centre équestre, coupable d'homicide involontaire en raison de l'accident dont a été victime l'une de ses salariées, alors qu'elle participait à un spectacle d'équitation en sa qualité d'animatrice équestre, retient que l'intéressé a commis une faute caractérisée et qui exposait autrui à un risque d'une particulière gravité qu'il ne pouvait ignorer en tolérant, en violation des prescriptions de l'art. R. 233-1 [4321-1] C. trav., le défaut d'utilisation par la victime d'une bombe d'équitation, alors que, conformément au règlement intérieur de l'entreprise, cet équipement de protection s'imposait aux cavaliers en toutes circonstances. • Crim. 30 janv. 2001 : *pourvoi n° 00-84.109.*

3. Directeur de course. Engage sa responsabilité pénale pour homicide involontaire et mise en danger d'autrui, le directeur d'une course de karting qui a, à la suite d'un accrochage sur le circuit, levé le drapeau rouge synonyme de danger en dehors de la zone prescrite par le règlement sportif national. • Angers, 11 déc. 2001 : *LPA 2002, n° 233, p. 12, note Vial.*

4. Doit être déclaré coupable d'homicides et blessures involontaires, en raison de l'accident dont ont été victimes plusieurs spectateurs, le directeur de la course qui, en ordonnant l'arrosage de la piste avant chaque épreuve sans s'assurer à chaque fois que le sol le permettait et sans observer la règle du code sportif international qui prescrit l'information des pilotes suffisamment longtemps à l'avance pour leur permettre de choisir leurs pneus, a commis une faute caractérisée exposant autrui à un risque d'une particulière gravité qu'il ne pouvait ignorer. • Crim. 18 sept. 2007 : *pourvoi n° 07-80.848.*

5. Maire. Justifie sa décision la cour d'appel qui, après avoir constaté que le maire, prévenu d'homicide involontaire, en laissant à la portée du public sur un terrain municipal des cages de but ne répondant pas aux exigences de sécurité fixées par les art. 2 et 6 du décret du 4 juin 1996, n'a pas pris les mesures permettant d'éviter le décès de la victime, retient, pour le relaxer, qu'il ne résulte de l'information et des débats ni qu'il ait délibérément violé l'obligation prévue par ce règlement, ni qu'il ait été informé du risque auquel étaient exposés leurs utilisateurs éventuels et ait ainsi commis une faute caractérisée au sens de l'art. 121-3, al. 4, C. pén., dans sa rédaction issue de la L. du 10 juill. 2000. • Crim. 4 juin 2002 : *Bull. crim. n° 127 ; D. 2003. 95, note Petit.*

6. Doit être annulé, au regard des dispositions d'application immédiate de l'art. 121-3 dans sa rédaction issue de la L. du 10 juill. 2000, l'arrêt qui, pour déclarer un maire coupable d'homicide involontaire à la suite d'un accident survenu sur le domaine skiable de la commune, retient, après avoir relevé que l'insuffisance du balisage et l'absence de signalisation des endroits dangereux étaient à elles seules de nature à expliquer la chute de la victime et le dommage subi, que l'élu a commis une négligence caractérisée en autorisant l'ouverture de la station sans vérifier sur le terrain le respect des prescriptions de son arrêté relatif au balisage et à la signalisation des pistes. • Crim. 9 oct. 2001 : *Bull. crim. n° 204 ; RJ éco. sport 2002, n° 65, p. 33, obs. A. Lacabarats.*

7. S'il est établi qu'un maire a contribué à créer la situation qui a permis la réalisation de l'accident mortel dont a été victime un élève lors d'une sortie éducative sur l'île d'Ouessant, lequel a chuté alors qu'il cheminait à bicyclette sur un sentier à proximité immédiate d'un précipice, en ne prenant pas les mesures permettant de l'éviter, en particulier en s'abstenant de signaler que le sentier était d'usage exclusivement piétonnier, il n'a pas pour autant commis une faute caractérisée au sens de l'art. 121-3 C. pén. • Rennes, 19 sept. 2000 : *RJ éco. sport 2001, n° 59, p. 88.*

8. Divers. Justifie sa décision la cour d'appel qui, après avoir constaté que la seule cause directe du déclenchement d'une l'avalanche est la rupture d'une plaque de neige déstabilisée par le passage imprudent du guide de haute montagne responsable de la course et des randonneurs qui le suivaient, énonce, après avoir analysé leurs comportements respectifs, que le professeur d'éducation physique, le directeur du centre sportif de plein air et l'accompagnateur en moyenne montagne chargés d'organiser le séjour du groupe d'élèves et d'enseignants dont les victimes faisaient partie et d'encadrer leur randonnée en raquettes à neige, n'ont ni violé de façon manifestement délibérée une obligation de prudence ou de sécurité prévue par la loi ou le règlement, ni commis une faute caractérisée exposant autrui à un risque d'une particulière gravité qu'ils ne pouvaient ignorer. • Crim. 26 nov. 2002 : *Bull. crim. n° 211 ; RJ éco. sport 2003, n° 41, p. 41, obs. F. Lagarde.*

9. Des professeurs se rendent coupables d'homicide involontaire, à la suite du décès d'un élève lors d'un séjour d'action éducative sur l'île d'Ouessant, en ne recherchant pas activement si des règles de sécurité existaient sur une île dont les abords escarpés sont à l'évidence dangereux, en ne se procurant pas une documentation plus approfondie afin de préparer avec soin les itinéraires de randonnée, et enfin en ne s'éloignant pas du sentier côtier alors qu'ils étaient à même de se rendre compte de sa dangerosité, ces fautes étant en relation directe et certaine avec l'accident. • Rennes, 19 sept. 2000 : *préc. note 7.*

10. Doit être déclaré coupable d'homicide involontaire le professeur d'éducation physique qui ne peut se voir reprocher d'avoir délibérément violé l'obligation particulière de sécurité et de prudence qui découle du règlement relatif aux garanties et techniques de sécurité des centres et écoles de voile mais qui a commis une faute caractérisée en exerçant seul, avec l'assistance d'une collègue non qualifiée, la surveillance insuffisante d'un groupe de vingt et un enfants qui n'avaient aucune expérience de la navigation et dont il savait qu'ils étaient exposés à des réactions de panique. Cette faute, qui ne lui a pas permis de prendre avec une rapidité suffisante les mesures permettant d'éviter la noyade de la victime, entretient un lien de causalité certain avec le dommage. • Crim. 4 oct. 2005 : *Bull. crim. n° 251.*

11. Doit être déclaré coupable d'homicide involontaire l'éducateur qui commet la double faute caractérisée, cause certaine de l'accident, constituée par le fait, d'une part, de laisser des enfants s'amuser à chavirer dans l'eau alors que l'utilisation normale d'un surfbike consiste à évoluer comme une bicyclette sur terre et, d'autre part, d'assurer une surveillance depuis le bord de l'eau de façon intermittente et inadaptée. • Crim. 24 mars 2009 : *pourvoi n° 08-83.001.*

12. Justifie sa décision la cour d'appel qui, après avoir relevé qu'une association de kitesurf avait fourni à son moniteur les moyens matériels suffisants pour assurer le bon déroulement du stage et sa sécurité, a estimé qu'aucune charge ne pouvait être retenue à l'encontre de ce moniteur suite au décès par noyade d'un des stagiaires. • Crim. 8 déc. 2015, n° 14-88.192 : *JS 2016, n° 161, p. 26, obs. A. Lacabarats*.

Violences

I. *Faits de violence*

Art. 222-11 **Les violences ayant entraîné une incapacité totale de travail pendant plus de huit jours sont punies de trois ans d'emprisonnement et de 45 000 € d'amende.** – *[Anc. art. 309, al. 1er.]*

1. Joueurs de football. Doit être déclaré coupable de coups ou violences volontaires le joueur de football qui a porté un violent coup de tête à un adversaire, alors que le cours de la rencontre était arrêté à la suite d'une intervention de l'arbitre qui venait de sanctionner une irrégularité de jeu par un coup franc. • Crim. 28 févr. 1989 : *pourvoi n° 87-91.285.* ♦ V. déjà, sur la condamnation d'un joueur qui avait, pour stopper le ballon, porté un « tacle » à hauteur du tibia d'un adversaire avec une énergie excessive : • Crim. 25 mars 1980 : *pourvoi n° 79-92.016.*

2. En taclant un adversaire « par-derrière » avec un pied décollé du sol alors que son action avait pour but de provoquer la chute de son adversaire, un joueur de football commet un acte de violence volontaire en violation des règles du football. • TGI Annecy, 9 oct. 1991 : *D. 1991. Somm. 337, obs. J. Mouly*. ♦ Le fait que cet acte se soit déroulé pendant une phase de jeu n'est pas de nature à lui ôter son caractère délictueux dès lors qu'il a eu lieu à un moment où le ballon ne pouvait plus être atteint. • Même jugement.

3. Excuse de provocation. Il y a lieu d'admettre l'excuse de provocation en faveur d'un joueur de football dès lors que, voyant un de ses coéquipiers faire l'objet de violences de la part d'un adversaire, il a pu, animé par un sentiment de solidarité, concevoir une colère qui l'a mis hors de lui, a diminué son jugement et son sang-froid et l'a conduit à se livrer lui-même à des brutalités contre l'auteur des coups initiaux. • Paris, 2 déc. 1967 : *JCP 1968. II. 15408, note D.S.* ♦ En admettant l'excuse de provocation au bénéfice d'un joueur de football auteur de coups et blessures volontaires, le juge correctionnel constate, par là même, à la charge du provocateur, l'existence d'une faute en relation directe avec l'acte dommageable, en conséquence de quoi, si le provocateur s'est constitué partie civile, l'étendue de son droit à réparation s'en trouve nécessairement affectée. • Crim. 8 mai 1967 : *Gaz. Pal. 1967. 2. 16.*

4. Engage sa responsabilité pour coups et violences volontaires le joueur qui, au cours d'une rencontre de basket-ball, a porté un coup de pied à la tête d'un adversaire, le caractère intentionnel de ce geste empêchant la disqualification des faits en blessures involontaires ou l'invocation de l'excuse de provocation malgré le climat de violences passionné qui semblait régner à la fin de la partie. • Crim. 17 juill. 1987 : *pourvoi n° 87-81.752.*

5. Arbitre de football. Doit être déclaré coupable du délit de coups et blessures volontaires l'arbitre d'un match de football qui, au moment où un photographe essayait de prendre une photo de lui à l'entrée du vestiaire, s'est jeté sur le reporter et lui a porté un coup de poing au visage bien qu'il n'ait jamais été menacé, un tel geste étant sans commune mesure avec les insultes dont il avait fait l'objet et ne trouvant aucune justification dans le « pouvoir de police sportive » de l'arbitre. • Lyon, 9 juill. 1985 : *D. 1985. 569, note Mayer.*

6. Alpiniste. Se rend coupable du délit de violences volontaires le prévenu, alpiniste confirmé, qui au cours d'une randonnée a sectionné des cordes fixées à proximité d'une grotte en raison de la colère qu'il éprouvait contre les spéléologues qui avaient installé ces équipements selon lui dangereux pour les grimpeurs. • Crim. 26 mars 2002 : *pourvoi n° 01-83.032.*

II. *Circonstances aggravantes*

COMMENTAIRE

Les arbitres sont très souvent victimes de coups de poing, bousculades ou autres actes de brutalité de la part aussi bien des joueurs que des spectateurs. Pour lutter contre les actes de violence et d'incivilité dont ils sont victimes et pour renforcer leur protection, la loi n° 2006-1294 du 23 octobre 2006 a instauré à leur profit la protection pénale spécifique accordée aux personnes chargées d'une mission de service public (comme les magistrats, policiers, sapeurs-pompiers, médecins...). En application de l'article L. 223-2 du code du sport, les arbitres et juges sportifs sont désormais considérés, dans l'exercice de leur mission, comme chargés d'une mission de service public. Sur le plan pénal, cette reconnaissance se traduit par une aggravation des peines prononcées à l'encontre du fautif. Ainsi, les atteintes (faits de violence, menaces) commises à leur encontre, dans l'exercice ou à l'occasion de l'exercice de leur mission, sont considérées comme des infractions aggravées passibles des peines renforcées prévues aux articles 222-12 et 222-13 du code pénal. ❑

Art. 222-13 *(L. nº 96-647 du 22 juill. 1996)* **« Les violences ayant entraîné une incapacité de travail inférieure ou égale à huit jours ou n'ayant entraîné aucune incapacité de travail sont punies de trois ans d'emprisonnement et de 45 000 euros d'amende lorsqu'elles sont commises : »** ....

(L. nº 2003-239 du 18 mars 2003, art. 60) **« 4º *ter* »** *(L. nº 2010-201 du 2 mars 2010, art. 11-I)* **« Sur le conjoint, les ascendants ou les descendants en ligne directe ou sur toute autre personne vivant habituellement au domicile des personnes mentionnées aux 4º et 4º *bis*, en raison des fonctions exercées par ces dernières ; »** *[...]*

1. Joueur. Est coupable de faits de violence à l'encontre de l'arbitre de football le joueur qui lui porte un coup et déchire son maillot alors qu'ils regagnaient les vestiaires au moment de l'interruption du match. Condamnation du joueur récidiviste à la peine de 8 mois d'emprisonnement et à 800 euros d'amende. • TGI Chalon-sur-Saône, 14 déc. 2007, *M. c/ R. : inédit.* ♦ Est condamné à une peine de deux ans d'emprisonnement avec sursis avec mise à l'épreuve pendant deux ans, avec obligation de travail et obligation d'indemniser les parties civiles le joueur qui se rend coupable des faits de récidive de violences à l'occasion d'une manifestation sportive sur une personne chargée d'une mission de service public, en l'espèce un arbitre de football, sans incapacité temporaire totale de travail. • Chambéry, 1er juill. 2010 : *nº 10/00128.*

2. Spectateur. Doit être condamné à la peine de 6 mois d'emprisonnement le spectateur sanctionné à cinq reprises pour des faits similaires, qui a commis volontairement des actes de violence sur l'arbitre d'un match de football, personne chargée d'une mission de service public dans l'exercice de sa mission et alors que sa qualité était apparente ou connue de l'auteur. • TGI Dôle, 11 sept. 2007, *V. c/ M. : inédit.* ♦ V. aussi • TGI Dijon, 27 juin 2007, *S. c/ P. : inédit.*

Administration de substances nuisibles

Art. 222-15 **L'administration de substances nuisibles ayant porté atteinte à l'intégrité physique ou psychique d'autrui est punie des peines mentionnées aux articles 222-7 à** *(L. nº 2007-297 du 5 mars 2007, art. 44)* **« 222-14-1 » suivant les distinctions prévues par ces articles.**

Les deux premiers alinéas de l'article 132-23 relatif à la période de sûreté sont applicables à cette infraction dans les mêmes cas que ceux prévus par ces articles. – *[Anc. art. 318.]*

Le fait de mettre à la disposition des membres d'une équipe de football des bouteilles d'eau minérale, après y avoir introduit à dessein du « valium », caractérise le délit d'administration de substances nuisibles à la santé, prévu et réprimé tant par l'art. 318 C. pén. applicable au moment des faits que par l'art. 222-15, dès lors qu'il est établi que l'absorption de ce breuvage par deux joueurs a entraîné une diminution de leurs facultés physiques caractérisant une altération de leur santé. • Crim. 14 juin 1995 : *Bull. crim. nº 218 ; Dr. pénal 1995. 217, note Véron.*

Atteintes involontaires à l'intégrité de la personne

Art. 222-19 *(L. nº 2000-647 du 10 juill. 2000)* **« Le fait de causer à autrui, dans les conditions et selon les distinctions prévues à l'article 121-3 », par maladresse, imprudence, inattention, négligence ou manquement à une obligation** *(L. nº 2011-525 du 17 mai 2011, art. 185)* **« de prudence ou de sécurité » imposée par la loi** *(L. nº 2000-647 du 10 juill. 2000)* **« ou le règlement », une incapacité totale de travail pendant plus de trois mois est puni de deux ans d'emprisonnement et de 30 000 € d'amende.**

(L. nº 2000-647 du 10 juill. 2000) **« En cas de violation manifestement délibérée d'une obligation particulière** *(L. nº 2011-525 du 17 mai 2011, art. 185)* **« de prudence ou de sécurité » imposée par la loi ou le règlement », les peines encourues sont portées à trois ans d'emprisonnement et à 45 000 € d'amende.** – *[Anc. art. 320.]*

1. Joueurs de football. Caractérise le délit de blessures involontaires retenu à la charge d'un joueur de football l'arrêt qui décide que ce joueur, méconnaissant au cours d'un match les règles de ce sport, se rend coupable d'une faute de jeu constituant une grave imprudence à l'origine des blessures subies par un autre joueur, peu important que l'arbitre de la rencontre, n'ayant pas observé le déroulement de cette phase de la compétition, n'ait pas sanctionné ladite faute. • Crim. 16 oct. 1984 : *Bull. crim. n° 303 ; D. 1986. IR 369, obs. J.-P. Karaquillo.* ♦ V. déjà, dans le même sens : • Crim. 25 mars 1980 : *Gaz. Pal. 1981. 1. Somm. 5* • 24 janv. 1956 : *Bull. crim. n° 92.*

2. En revanche, une cour d'appel, appréciant souverainement la valeur des éléments de preuve, justifie légalement sa décision de relaxe d'un joueur poursuivi pour blessures involontaires en relevant que le « tacle latéral » exécuté par le prévenu, à l'issue duquel la victime a été blessée, a été décrit par les autres joueurs comme rude mais régulier et en ajoutant qu'aucune imprudence ou négligence ne pouvait être reprochée au prévenu dont il n'était pas établi qu'il ait délibérément visé les jambes de son adversaire. • Crim. 8 juin 1994 : *pourvoi n° 93-83.379.*

3. Joueurs de rugby. Si toute infraction à la règle du jeu doit trouver sa sanction normale dans la concession par l'arbitre d'un avantage à l'équipe adverse, l'application des sanctions et réparations du droit commun se trouve justifiée lorsque cette faute cause un dommage corporel anormal à l'un des joueurs et procède, soit d'une imprudence ou d'une maladresse caractérisée, soit de la simple brutalité volontaire. • Toulouse, 20 janv. 1977 : *JCP 1978. II. 18788, note Remplon, et rect. 18810 bis.*

4. Pilote automobile. Commet une faute d'imprudence et se rend coupable de délits et contraventions de blessures involontaires le pilote automobile qui, à l'occasion d'une épreuve de vitesse sur un circuit fermé, perd le contrôle de son véhicule et renverse cinq spectateurs alors qu'il roulait à une vitesse exagérée, sur une route mouillée et grasse, dans un virage rendu dangereux par une bosse dont la présence pouvait être décelée par une reconnaissance appropriée de l'itinéraire. • Crim. 8 mars 2005 : *Bull. crim. n° 78 ; RJ éco. sport n° 75, 2005. 72.*

5. Exploitant de téléski. Doit être cassé, pour insuffisance de motifs, l'arrêt qui relaxe le directeur d'une entreprise d'exploitation de téléski poursuivi du chef de blessures involontaires à la suite d'un accident survenu à un skieur, au seul motif qu'il n'est pas certain que ce prévenu ait omis d'observer, dans l'aménagement de l'aire d'arrivée, les consignes établies par le constructeur du téléski, alors qu'il appartient à la cour d'appel d'ordonner des mesures complémentaires d'instruction dont elle reconnaît implicitement qu'elles seraient utiles à la manifestation de la vérité. • Crim. 19 mars 1975 : *D. 1976. 79, note Rabinovitch.*

6. Président d'un club de cyclisme. Se rend coupable de blessures involontaires, le président d'un club de cyclisme qui, autorisé par le préfet à organiser, « sous son entière responsabilité », une course cycliste sur des voies ouvertes à la circulation publique, n'a pas pris les mesures de sécurité nécessaires au bon déroulement de l'épreuve, notamment quant à l'obligation de signaler aux usagers de la route la priorité de passage des coureurs. • Crim. 15 févr. 2000 : *pourvoi n° 99-81.024.*

7. Fabricant de matériel d'alpinisme. Les juges du fond caractérisent suffisamment la faute d'un fabricant de matériel d'alpinisme et le lien de causalité entre celle-ci et le dommage survenu à un alpiniste confirmé à la suite de la rupture de deux mousquetons, en retenant d'une part, l'insuffisance de résistance de ces mousquetons, inférieure aux normes de résistance recommandées par l'Union internationale des associations d'alpinisme et, d'autre part, l'absence d'information de l'usager, alors que la fonction essentielle de ce matériel est précisément d'assurer la sécurité de l'alpiniste qui doit pouvoir compter sur une résistance normale en cas de chute. • Crim. 6 juin 1991 : *pourvoi n° 90-82.970.*

8. Maire. Un maire engage sa responsabilité pénale au titre de l'infraction de coups et blessures involontaires dès lors qu'il n'a pas veillé à la sécurité des skieurs en omettant de faire protéger à leur base les pylônes d'un téléski. • Crim. 18 janv. 1990 : *RCA 1990. Comm. 125.*

9. Une cour d'appel, qui retient que l'accident subi par une personne qui a plongé depuis un rocher surplombant la mer d'une hauteur de quatre mètres, alors qu'aucun élément de danger spécifique n'est décrit et qu'il est même indiqué que de nombreux baigneurs plongeaient, sans dommage, de ce rocher, et qui ajoute que l'accident a eu pour cause une erreur d'appréciation de la victime qui a plongé sans connaître l'état du fond marin, et alors que la profondeur de l'eau était faible puisqu'un homme pouvait s'y tenir debout, peut en déduire que la preuve d'une infraction imputable au maire de la commune du lieu de l'accident, en relation de causalité avec le préjudice subi par la victime, n'est pas rapportée. • Crim. 19 févr. 2004 : *Bull. crim. n° 71.*

10. Président d'un syndicat intercommunal. Justifie légalement sa décision la cour d'appel qui, pour déclarer le président du syndicat intercommunal d'un plan d'eau, coupable de blessures involontaires à la suite de l'accident survenu à un plaisancier qui a heurté une ligne électrique à haute tension avec le mât de son bateau, relève que l'interdiction de naviguer à moins de trente mètres des berges, édictée par le règlement intérieur du syndicat, et matérialisée par des panneaux qui ne comportent aucune référence à la présence d'un ouvrage électrique, est manifestement insuffisante et inadaptée à la prévention des risques résultant de la présence d'une ligne électrique à haute tension en surplomb d'une zone accessible à la navigation et qu'il appartient au prévenu d'imposer, notamment aux clubs nautiques agréés par le syndicat, les mesures propres à informer les usagers du danger existant ainsi qu'à empêcher toute navigation dans la zone dangereuse en procédant soit à un marquage approprié, soit à un remblayage partiel, pour en déduire que le prévenu n'a pas accompli les diligences normales qui lui incombaient. • Crim. 3 déc. 1997 : *Bull. crim. n° 413 ; D. 1999. Somm. 81, obs. F. Lagarde.*

Risques causés à autrui

Art. 223-1 Le fait d'exposer directement autrui à un risque immédiat de mort ou de blessures de nature à entraîner une mutilation ou une infirmité permanente par la violation manifestement délibérée d'une obligation particulière *(L. n° 2011-525 du 17 mai 2011, art. 185)* « de prudence ou de sécurité » imposée par la loi ou le règlement est puni d'un an d'emprisonnement et de 15 000 € d'amende.

1. Justifie sa décision au regard de l'art. 223-1 la cour d'appel qui, pour déclarer deux « surfeurs » coupables des délits reprochés, retient que, le jour des faits, les services météorologiques signalaient un risque maximum d'avalanche, que les intéressés, pratiquants expérimentés, se sont engagés sur une piste interdite par un arrêté municipal, barrée par une corde et signalée par des panneaux d'interdiction réglementaires, et qu'enfin les deux prévenus, qui n'avaient pas une vue globale du site, ont déclenché une coulée de neige qui est passée à proximité d'un groupe de pisteurs. • Crim. 9 mars 1999 : *Bull. crim. n° 34 ; D. 2000. 81, note Sordino et Ponseille ; JCP 1999. II. 10187, note Do Carmo.*

2. Pour un arrêt ayant considéré qu'en l'absence d'un règlement déterminant un comportement objectif interdit, la faute reprochée aux prévenus, qui consiste à avoir pratiqué le surf des neiges en station au-dessus de leur niveau de compétence alors que la piste de fait sur laquelle ils évoluaient n'avait pas été correctement fermée, ne peut être sanctionnée en l'absence d'atteintes corporelles qui en aient été la conséquence : • Grenoble, 19 févr. 1999 : *D. 1999. 480, note Redon.*

Des discriminations

Art. 225-3 Les dispositions de l'article précédent ne sont pas applicables :

1° Aux discriminations fondées sur l'état de santé, lorsqu'elles consistent en des opérations ayant pour objet la prévention et la couverture du risque décès, des risques portant atteinte à l'intégrité physique de la personne ou des risques d'incapacité de travail ou d'invalidité. *(L. n° 2002-303 du 4 mars 2002)* « Toutefois, ces discriminations sont punies des peines prévues à l'article précédent lorsqu'elles se fondent sur la prise en compte de tests génétiques prédictifs ayant pour objet une maladie qui n'est pas encore déclarée ou une prédisposition génétique à une maladie *(L. n° 2011-814 du 7 juill. 2011, art. 7)* « ou qu'elles se fondent sur la prise en compte des conséquences sur l'état de santé d'un prélèvement d'organe tel que défini à l'article L. 1231-1 du code de la santé publique » ; »

2° Aux discriminations fondées sur l'état de santé ou le handicap, lorsqu'elles consistent en un refus d'embauche ou un licenciement fondé sur l'inaptitude médicalement constatée soit dans le cadre du titre IV du livre II du code du travail, soit dans le cadre des lois portant dispositions statutaires relatives à la fonction publique ;

(L. n° 2008-496 du 27 mai 2008) « 3° Aux discriminations fondées, en matière d'embauche, sur *(L. n° 2016-1547 du 18 nov. 2016, art. 86)* « un motif mentionné à l'article 225-1 du présent code », lorsqu'un tel motif constitue une exigence professionnelle essentielle et déterminante et pour autant que l'objectif soit légitime et l'exigence proportionnée ;

« 4° Aux discriminations fondées, en matière d'accès aux biens et services, sur le sexe lorsque cette discrimination est justifiée par la protection des victimes de violences à caractère sexuel, des considérations liées au respect de la vie privée et de la décence, la promotion de l'égalité des sexes ou des intérêts des hommes ou des femmes, la liberté d'association ou l'organisation d'activités sportives ;

« 5° Aux refus d'embauche fondés sur la nationalité lorsqu'ils résultent de l'application des dispositions statutaires relatives à la fonction publique ; »

(L. n° 2014-173 du 21 févr. 2014, art. 15-III-2°) « 6° Aux discriminations liées au lieu de résidence lorsque la personne chargée de la fourniture d'un bien ou service se trouve en situation de danger manifeste.

« Les mesures prises en faveur des personnes résidant dans certaines zones géographiques et visant à favoriser l'égalité de traitement ne constituent pas une discrimination. »

De l'escroquerie

Art. 313-1 L'escroquerie est le fait, soit par l'usage d'un faux nom ou d'une fausse qualité, soit par l'abus d'une qualité vraie, soit par l'emploi de manœuvres frauduleuses, de tromper une personne physique ou morale et de la déterminer ainsi, à son préjudice ou au préjudice d'un tiers, à remettre des fonds, des valeurs ou un bien quelconque, à fournir un service ou à consentir un acte opérant obligation ou décharge.

L'escroquerie est punie de cinq ans d'emprisonnement et de 375 000 euros d'amende.

Doit être condamné pour complicité d'escroquerie le notaire qui établit plusieurs attestations de dépôts de fonds fictifs permettant au dirigeant d'un club de rugby professionnel de prouver aux instances nationales la bonne santé financière du club, et conduisant ainsi à la levée de la sanction de rétrogradation précédemment prononcée. • Crim. 9 sept. 2009 : *Juris-Data nº 2009-049798.*

Des infractions voisines de l'escroquerie

Art. 313-6-2 *(L. nº 2012-348 du 12 mars 2012)* Le fait de vendre, d'offrir à la vente ou d'exposer en vue de la vente ou de la cession ou de fournir les moyens en vue de la vente ou de la cession des titres d'accès à une manifestation sportive, culturelle ou commerciale ou à un spectacle vivant, de manière habituelle et sans l'autorisation du producteur, de l'organisateur ou du propriétaire des droits d'exploitation de cette manifestation ou de ce spectacle, est puni de 15 000 euros d'amende. Cette peine est portée à 30 000 euros d'amende en cas de récidive.

Pour l'application du premier alinéa, est considéré comme titre d'accès tout billet, document, message ou code, quels qu'en soient la forme et le support, attestant de l'obtention auprès du producteur, de l'organisateur ou du propriétaire des droits d'exploitation du droit d'assister à la manifestation ou au spectacle.

Abus de confiance

Art. 314-1 L'abus de confiance est le fait par une personne de détourner, au préjudice d'autrui, des fonds, des valeurs ou un bien quelconque qui lui ont été remis et qu'elle a acceptés à charge de les rendre, de les représenter ou d'en faire un usage déterminé.

L'abus de confiance est puni de trois ans d'emprisonnement et de 375 000 € d'amende. – *[Anc. art. 408.]*

1. Doit être condamné pour abus de confiance le membre d'un groupement d'intérêt économique organisateur d'une manifestation sportive qui, en s'abstenant sciemment de tenir une comptabilité et en opérant une totale confusion entre ses fonds propres et ceux qu'il recevait des sportifs et des entreprises avec le mandat de les affecter à l'organisation de la manifestation à laquelle ces derniers entendaient participer, a délibérément pris le risque de ne pouvoir restituer les sommes perçues dans l'hypothèse, réalisée en l'espèce, où la manifestation serait annulée. • Paris, 24 mai 1995 : *Juris-Data nº 023006.*

2. Caractérise en tous ses éléments constitutifs le délit d'abus de confiance la cour d'appel qui, après avoir constaté que le prévenu était directeur salarié d'une association sportive et disposait d'une délégation de signature sur les comptes bancaires de celle-ci, relève que l'intéressé a détourné diverses sommes d'argent à son profit et mis à la charge de l'association le règlement de factures concernant des dépenses personnelles. • Crim. 4 sept. 1995 : *pourvoi nº 94-85.233.* ♦ ... La circonstance que ces sommes aient été appréhendées dans la comptabilité de l'association n'ôtant pas aux agissements du prévenu leur caractère délictueux. • Même arrêt.

3. Caractérise encore en tous ses éléments constitutifs le délit d'abus de confiance la cour d'appel qui, après avoir constaté que le maire d'une commune et président de droit, à ce titre, d'un office municipal de la culture et des sports (OMCS) avait la qualité de mandataire chargé, d'après les statuts, d'administrer l'association sous le contrôle d'un comité directeur, relève que le prévenu a décidé seul de l'affectation de fonds appartenant à l'OMCS en les utilisant au paiement de factures de restauration, boissons et spectacles, payées lors de cérémonies organisées par la mairie à l'occasion de l'inauguration de la nouvelle mairie, ces dépenses n'entrant pas dans le cadre de l'objet social de l'OMCS. • Crim. 21 nov. 1996 : *pourvoi nº 96-82.329.*

4. Constitue le délit d'abus de confiance le fait, pour le président d'un club de football constitué en association, de détourner frauduleusement les fonds de ce club qui lui avaient été remis à titre de mandat pour effectuer des paiements de prestations fictives lors du transfert de joueurs et pour rémunérer des intermédiaires chargés de missions secrètes et contraires à l'éthique sportive afin de pouvoir acheter certains matchs ou corrompre des arbitres. • Aix-en-Provence, 4 juin 1998 : *JCP 1998. IV. 2757.*

Recel

Art. 321-1 Le recel est le fait de dissimuler, de détenir ou de transmettre une chose, ou de faire office d'intermédiaire afin de la transmettre, en sachant que cette chose provient d'un crime ou d'un délit.

Constitue également un recel le fait, en connaissance de cause, de bénéficier, par tout moyen, du produit d'un crime ou d'un délit.

Le recel est puni de cinq ans d'emprisonnement et de 375 000 euros d'amende.

1. Doivent être déclarés coupables du délit de recel de violation du secret médical les trois prévenus qui, pour le premier, s'est procuré, contre rémunération, auprès de deux médecins le résultat d'une analyse médicale laissant supposer qu'un joueur du club de basket-ball pourrait s'adonner à l'usage de stupéfiants ainsi que des documents médicaux concernant ce dernier, pour le deuxième, avocat, a rédigé une lettre destinée au joueur dans laquelle il fait expressément référence aux résultats de cette analyse et au contenu de certains documents médicaux et, pour le troisième, a signé ladite lettre. Le délit de recel de violation du secret médical est caractérisé dès lors que les prévenus ont été en possession de documents couverts par le secret médical, peu importe qu'ils n'en aient tiré aucun bénéfice. • Crim. 19 oct. 2005 : *pourvoi n° 04-85.098.*

2. Ne peut être poursuivi pour recel de violation du secret médical le journaliste qui publie les résultats du bilan sanguin d'un sportif dès lors qu'il n'est pas établi qu'il détient ces informations à caractère secret d'un professionnel de santé qui en aurait été dépositaire. • Crim. 6 mars 2012, n° 11-80.801 : *RSC. Chron. 603.*

Corruption passive

Art. 432-11 Est puni de dix ans d'emprisonnement et *(L. n° 2013-1117 du 6 déc. 2013, art. 6-3°)* « d'une amende de 1 000 000 €, dont le montant peut être porté au double du produit tiré de l'infraction, » le fait, par une personne dépositaire de l'autorité publique, chargée d'une mission de service public, ou investie d'un mandat électif public, de solliciter ou d'agréer, sans droit, *(L. n° 2000-595 du 30 juin 2000)* « à tout moment, » directement ou indirectement, des offres, des promesses, des dons, des présents ou des avantages quelconques *(L. n° 2007-1598 du 13 nov. 2007)* « pour elle-même ou pour autrui » :

1° Soit pour accomplir ou *(L. n° 2011-525 du 17 mai 2011, art. 154-1°-a)* « avoir accompli, pour s'abstenir ou s'être abstenue d'accomplir » un acte de sa fonction, de sa mission ou de son mandat ou facilité par sa fonction, sa mission ou son mandat ;

2° Soit pour abuser *(L. n° 2011-525 du 17 mai 2011, art. 154-1°-b)* « ou avoir abusé » de son influence réelle ou supposée en vue de faire obtenir d'une autorité ou d'une administration publique des distinctions, des emplois, des marchés ou toute autre décision favorable.

Des journalistes pigistes employés par une chaîne du service public de la communication audiovisuelle ont la qualité de personne chargée d'une mission de service public au sens de l'art. 432-11 ; dès lors, est justifiée la décision d'une cour d'appel qui déclare coupables de corruption passive deux journalistes professionnels pigistes employés depuis de nombreuses années par la chaîne de télévision France 3 qui ont sollicité des dons ou avantages quelconques des organisateurs de courses pour assurer la couverture médiatique de ces manifestations sportives. • Crim. 19 mars 2003 : *Bull. crim. n° 73.*

Prise illégale d'intérêts

Art. 432-12 Le fait, par une personne dépositaire de l'autorité publique ou chargée d'une mission de service public ou par une personne investie d'un mandat électif public, de prendre, recevoir ou conserver, directement ou indirectement, un intérêt quelconque dans une entreprise ou dans une opération dont elle a, au moment de l'acte, en tout ou partie, la charge d'assurer la surveillance, l'administration, la liquidation ou le paiement, est puni de cinq ans d'emprisonnement et *(L. n° 2013-1117 du 6 déc. 2013, art. 6-1°)* « d'une amende de 500 000 €, dont le montant peut être porté au double du produit tiré de l'infraction ».

[...]

Le fait pour un conseiller municipal subdélégué aux sports de percevoir des sommes d'une association subventionnée rend celui-ci coupable du délit de prise illégale d'intérêts. • Crim. 26 janv. 2005, pourvoi n° 04-83.758 : *RJ éco. sport n° 76, 2005. 38.*

Usurpation de titres

Art. 433-17 L'usage, sans droit, d'un titre attaché à une profession réglementée par l'autorité publique ou d'un diplôme officiel ou d'une qualité dont les conditions d'attribution sont fixées par l'autorité publique est puni d'un an d'emprisonnement et de 15 000 euros d'amende.

(L. n° 2009-1437 du 24 nov. 2009, art. 50) **« Les personnes physiques ou morales coupables du délit prévu à la présente section encourent également la peine complémentaire suivante : interdiction de l'activité de prestataire de formation professionnelle continue au sens de l'article L. 6313-1 du code du travail pour une durée de cinq ans. »**

1. Sont coupables d'usurpation de titre les personnes qui se prévalent de « dan » attribués par une fédération étrangère alors qu'en France, seule la Fédération française de karaté et arts martiaux affinitaires est habilitée à délivrer les titres de karaté. • Paris, 14 déc. 1995 : *Juris-Data n° 024289.* ♦ V. déjà, s'agissant d'une personne qui s'était fait décerner un « dan » par une simple association déclarée conformément à la loi de 1901 et à laquelle aucune prérogative ne permettait, depuis le décret du 4 nov. 1976, de décerner cette qualité. • TGI Brest, 6 mars 1990 : *RJ éco. sport n° 15, 1990. 69, obs. Parmentier* ✎.

2. L'infraction d'usurpation de titres et de diplôme est constituée dès lors que la personne poursuivie ne peut nier avoir eu connaissance de l'absence de valeur légale des titres dont il se prétendait titulaire. Il en est de même concernant le délit de publicité mensongère, le niveau de compétence et de connaissance invoqué par le prévenu intimé, et déterminant pour le public profane, n'étant pas reconnu à défaut d'être validé par l'autorité compétente. • Nîmes, 25 mars 2005, *FFKAMA c/ P. : inédit.*

De la corruption sportive

COMMENTAIRE

La définition des infractions de corruption publique (C. pén., art. 432-11) et de corruption privée (C. pén., art. 433-1) ne permettant pas de couvrir l'ensemble des cas de corruption possibles en matière sportive, un délit pénal de corruption sportive lié aux manifestations sportives qui font l'objet de paris a été instauré par la loi n° 2012-158 du 1er février 2012 visant à renforcer l'éthique du sport et les droits des sportifs (C. pén., art. 445-1-1). La création de ce délit spécifique fait suite au rapport du 17 mars 2011 de l'Autorité de régulation des jeux en ligne (ARJEL) sur la prévention et la lutte contre l'atteinte à l'intégrité et à la sincérité des compétitions sportives en relation avec le développement des paris sportifs. Elle constitue également une des recommandations du rapport du 25 mai 2011 sur la mise en application de la loi du 12 mai 2010 relative à l'ouverture à la concurrence et à la régulation du secteur des jeux d'argent et de hasard en ligne (rapport d'information n° 3463 des députés A. Filippetti et J.-F. Lamour). ❑

Art. 445-1 *(L. n° 2007-1598 du 13 nov. 2007)* **Est puni de cinq ans d'emprisonnement et** *(L. n° 2013-1117 du 6 déc. 2013, art. 6-2°)* **« d'une amende de 500 000 €, dont le montant peut être porté au double du produit tiré de l'infraction, » le fait, par quiconque, de proposer, sans droit, à tout moment, directement ou indirectement, à une personne qui, sans être dépositaire de l'autorité publique, ni chargée d'une mission de service public, ni investie d'un mandat électif public exerce, dans le cadre d'une activité professionnelle ou sociale, une fonction de direction ou un travail pour une personne physique ou morale ou pour un organisme quelconque, des offres, des promesses, des dons, des présents ou des avantages quelconques, pour elle-même ou pour autrui,** *(L. n° 2011-525 du 17 mai 2011, art. 154-14°-a)* **« pour qu'elle accomplisse ou s'abstienne d'accomplir, ou parce qu'elle a accompli ou s'est abstenue d'accomplir » un acte de son activité ou de sa fonction ou facilité par son activité ou sa fonction, en violation de ses obligations légales, contractuelles ou professionnelles.**

Est puni des mêmes peines le fait, par quiconque, de céder à une personne visée au premier alinéa qui sollicite, sans droit, à tout moment, directement ou indirectement, des offres, des promesses, des dons, des présents ou des avantages quelconques, pour elle-même ou pour autrui, *(L. n° 2011-525 du 17 mai 2011, art. 154-14°-b)* **« pour accomplir ou avoir accompli, pour s'abstenir ou s'être abstenue » d'accomplir un acte visé audit alinéa, en violation de ses obligations légales, contractuelles ou professionnelles.**

Art. 445-1-1 *(L. n° 2012-158 du 1er févr. 2012)* **Les peines prévues à l'article 445-1 sont applicables à toute personne qui promet ou offre, sans droit, à tout moment, directement ou indirectement, des présents, des dons ou des avantages quelconques, pour lui-même ou pour**

autrui, à un acteur d'une manifestation sportive donnant lieu à des paris sportifs, afin que ce dernier modifie, par un acte ou une abstention, le déroulement normal et équitable de cette manifestation.

Art. 445-2 *(L. n° 2011-525 du 17 mai 2011)* Est puni de cinq ans d'emprisonnement et *(L. n° 2013-1117 du 6 déc. 2013, art. 6-2°)* « d'une amende de 500 000 €, dont le montant peut être porté au double du produit tiré de l'infraction, » le fait, par une personne qui, sans être dépositaire de l'autorité publique, ni chargée d'une mission de service public, ni investie d'un mandat électif public exerce, dans le cadre d'une activité professionnelle ou sociale, une fonction de direction ou un travail pour une personne physique ou morale ou pour un organisme quelconque, de solliciter ou d'agréer, sans droit, à tout moment, directement ou indirectement, des offres, des promesses, des dons, des présents ou des avantages quelconques, pour elle-même ou pour autrui, pour accomplir ou avoir accompli, pour s'abstenir ou s'être abstenue d'accomplir un acte de son activité ou de sa fonction ou facilité par son activité ou sa fonction, en violation de ses obligations légales, contractuelles ou professionnelles.

Art. 445-2-1 *(L. n° 2012-158 du 1er févr. 2012)* Les peines prévues à l'article 445-2 sont applicables à tout acteur d'une manifestation sportive donnant lieu à des paris sportifs qui, en vue de modifier ou d'altérer le résultat de paris sportifs, accepte des présents, des dons ou des avantages quelconques, pour lui-même ou pour autrui, afin qu'il modifie, par un acte ou une abstention, le déroulement normal et équitable de cette manifestation.

Art. 445-3 Les personnes physiques coupables des infractions définies aux articles 445-1 *(L. n° 2012-158 du 1er févr. 2012, art. 9)* « , 445-1-1, 445-2 et 445-2-1 » encourent également les peines complémentaires suivantes :

1° L'interdiction, suivant les modalités prévues par l'article 131-26, des droits civiques, civils et de famille ;

2° *(L. n° 2008-776 du 4 août 2008, art. 70)* « L'interdiction, suivant les modalités prévues par l'article 131-27, soit d'exercer une fonction publique ou d'exercer l'activité professionnelle ou sociale dans l'exercice ou à l'occasion de l'exercice de laquelle l'infraction a été commise, soit d'exercer une profession commerciale ou industrielle, de diriger, d'administrer, de gérer ou de contrôler à un titre quelconque, directement ou indirectement, pour son propre compte ou pour le compte d'autrui, une entreprise commerciale ou industrielle ou une société commerciale. Ces interdictions d'exercice peuvent être prononcées cumulativement ; »

3° La confiscation, suivant les modalités prévues par l'article 131-21, de la chose qui a servi ou était destinée à commettre l'infraction ou de la chose qui en est le produit, à l'exception des objets susceptibles de restitution ;

4° L'affichage ou la diffusion de la décision prononcée dans les conditions prévues par l'article 131-35.

Art. 445-4 Les personnes morales déclarées responsables pénalement, dans les conditions prévues par l'article 121-2, des infractions définies aux *(L. n° 2012-158 du 1er févr. 2012)* articles 445-1, 445-1-1, 445-2 et 445-2-1 encourent, outre l'amende suivant les modalités prévues par l'article 131-38 :

1° *Abrogé* ;

2° Pour une durée de cinq ans au plus, les peines mentionnées aux 2°, 3°, 4°, 5°, 6° et 7° de l'article 131-39.

L'interdiction mentionnée au 2° de l'article 131-39 porte sur l'activité dans l'exercice ou à l'occasion de laquelle l'infraction a été commise ;

3° La confiscation, suivant les modalités prévues par l'article 131-21, de la chose qui a servi ou était destinée à commettre l'infraction ou de la chose qui en est le produit, à l'exception des objets susceptibles de restitution ;

4° L'affichage ou la diffusion de la décision prononcée dans les conditions prévues par l'article 131-35.

Loi du 29 juillet 1881,

Sur la liberté de la presse.

Art. 29 *(Ord. 6 mai 1944)* Toute allégation ou imputation d'un fait qui porte atteinte à l'honneur ou à la considération de la personne ou du corps auquel le fait est imputé est une diffamation. La publication directe ou par voie de reproduction de cette allégation ou de cette imputation est punissable, même si elle est faite sous forme dubitative ou si elle vise

une personne ou un corps non expressément nommés, mais dont l'identification est rendue possible par les termes des discours, cris, menaces, écrits ou imprimés, placards ou affiches incriminés.

Toute expression outrageante, termes de mépris ou invective qui ne renferme l'imputation d'aucun fait est une injure.

1. Se rendent coupables de diffamation publique envers un particulier le directeur de publication et le journaliste d'un quotidien national pour avoir tenu des propos insinuant qu'un coureur cycliste se serait dopé pendant la course du tour de France, peu important que le journaliste n'ait fait que reproduire les écrits d'autrui dès lors que la loi incrimine la publication par voie de reproduction de toute allégation de faits diffamatoires à l'encontre d'une personne. • Crim. 23 mai 1991 : *pourvoi n° 90-83.991.* ♦ Si ce journaliste avait le droit de relater une controverse entretenue à l'étranger et touchant les contrôles médicaux dans les épreuves sportives, la nécessité d'informer le public ne le dispensait pas du devoir de ne livrer à ses lecteurs que des faits vérifiés et contrôlés. • Même arrêt.

2. Sur le caractère diffamatoire des propos tenus, par voie de presse, à l'encontre du président d'une commission disciplinaire instituée pour sanctionner les divers manquements à la morale sportive dans le domaine du football, V. : • Paris, 30 mars 1992 : *RJ éco. sport 1992, n° 23, p. 72, note Marguénaud.* ♦ En revanche, sur l'absence de caractère diffamatoire des propos de ce même président commentant, lors d'une émission télévisée, la décision prise par la commission disciplinaire précitée, et visant l'une des personnes sanctionnées, V. : • Même arrêt.

3. Sont coupables du délit de diffamation envers un particulier, en l'espèce un arbitre de football, le directeur de publication et le journaliste d'un quotidien régional dès lors que, s'agissant du domaine particulier de l'interview, il appartenait au journaliste de démontrer, pour justifier complètement du devoir de prudence s'imposant à lui, que les propos rapportés dans le titre et le corps de l'article ont bien été tenus par l'interviewé et n'ont pas été dénaturés lors de leur transcription. • TGI Paris, 2 avr. 1991, *D. c/ C. : inédit.*

4. Justifie légalement sa décision de relaxer le directeur de la publication et plusieurs journalistes d'un quotidien sportif du chef de diffamation publique à l'égard de l'entraîneur national d'athlétisme la cour d'appel qui constate l'existence de faits justificatifs suffisants pour faire admettre la bonne foi des prévenus, lesquels se sont livrés à une enquête approfondie, ont entendu un certain nombre d'athlètes, ont pris des précautions sérieuses et ont eu recours au ministère d'un huissier et à des expertises, le tout dans le but légitime d'informer le public sur le danger du dopage des jeunes sportifs. • Crim. 27 févr. 1990 : *pourvoi n° 89-81.195.*

5. Injure. Constitue le délit d'injure envers un particulier le fait de qualifier le président d'une fédération sportive dans un article de presse de « despote » et « d'individu sans foi ni loi », ces expressions étant manifestement outrageantes, alors même que la victime n'est pas nommément désignée, dès lors qu'elle peut être aisément identifiée par le fait qu'elle a déjà été l'objet d'articles critiques antérieurs et qu'il est fait allusion à son passé de résistant, lequel est de notoriété publique. • Paris, 14 nov. 1996 : *Juris-Data n° 023379.*

Art. 30 *(Ord. 6 mai 1944 ; L. n° 72-546 du 1er juill. 1972)* **La diffamation commise par l'un des moyens énoncés en l'article 23 envers les cours, les tribunaux, les armées** *(L. n° 52-1352 du 19 déc. 1952)* **« de terre, de mer ou de l'air », les corps constitués et les administrations publiques, sera punie** *(L. n° 2000-516 du 15 juin 2000)* **« d'une amende de 45 000 € ».**

Une fédération sportive, personne morale de droit privé participant à l'exécution d'une mission de service public et jouissant de certaines prérogatives de puissance publique, ne saurait être regardée comme appartenant à un corps constitué, une administration publique ni entrer dans l'une des autres catégories énoncées dans l'art. 30. • Paris, 14 nov. 1996 : *Juris-Data n° 023379.* ♦ En conséquence, la poursuite engagée par la Fédération française de karaté et arts martiaux affinitaires ne nécessitait pas, en application de l'art. 48 de la même loi, une délibération de l'assemblée générale favorable à la mise en œuvre de ladite poursuite. • Même arrêt.

Art. 31 **Sera punie de la même peine la diffamation commise par les mêmes moyens, à raison de leurs fonctions ou de leur qualité, envers** *(L. n° 2013-711 du 5 août 2013, art. 21-2°)* **« le Président de la République, » un ou plusieurs membres du ministère, un ou plusieurs membres de l'une ou de l'autre des Chambres, un fonctionnaire public, un dépositaire ou agent de l'autorité publique,** ***un ministre de l'un des cultes salariés par l'État,*** **un citoyen chargé d'un service ou d'un mandat public, temporaire ou permanent, un juré ou un témoin, à raison de sa déposition.**

(Ord. 6 mai 1944) **« La diffamation contre les mêmes personnes concernant la vie privée relève de l'article 32 ci-après. »**

1. C'est à bon droit que les juges du fond, qui ne peuvent modifier la qualification irrémédiablement fixée par l'acte initial de poursuite, ont déclaré n'y avoir pas lieu à poursuivre le prévenu du chef de diffamation publique envers un particulier ; en effet, lorsqu'un fonctionnaire, en l'espèce un professeur d'éducation physique, est mis à la disposition d'un organisme associatif de droit privé (coordinateur de district de l'Union nationale du sport scolaire) sans cesser d'appartenir à son corps d'origine, il est atteint, en tant que tel, par des imputations diffamatoires dès lors que sa fonction ou sa qualité a été le moyen d'accomplir le fait imputé ou en a été le support nécessaire. • Crim. 12 juill. 1988 : *Bull. crim. n° 300.*

2. Viole l'art. 31 susvisé l'arrêt qui, pour dire nulle la citation délivrée pour diffamation publique envers un particulier, retient que les propos incriminés visaient le comité directeur de la ligue Méditerranée de la Fédération sportive de la police française en tant que personne chargée d'un mandat ou d'un service public, alors que les membres du comité directeur de cette ligue, lorsqu'ils prononcent une sanction disciplinaire à l'égard de l'un des leurs, n'exercent aucune prérogative de puissance publique. • Crim. 4 sept. 2001 : *D. 2002. Somm. 2708, obs. A. Lacabarats.*

Art. 33 *(Décr.-L. 21 avr. 1939 ; Ord. 24 nov. 1943 ; Ord. 6 mai 1944)* **L'injure commise par les mêmes moyens envers les corps ou les personnes désignés par les articles 30 et 31 de la présente loi sera punie** *(L. n° 2000-516 du 15 juin 2000)* **« d'une amende de 12 000 € ».**

(L. n° 72-546 du 1er juill. 1972) **« L'injure commise de la même manière envers les particuliers, lorsqu'elle n'aura pas été précédée de provocations, sera punie »** *(L. n° 2000-516 du 15 juin 2000)* **« d'une amende de 12 000 €.**

« Sera puni *(L. n° 2017-86 du 27 janv. 2017, art. 170-II-3°-a)* **« d'un an d'emprisonnement et de 45 000 euros d'amende » l'injure commise »** *(L. n° 2017-86 du 27 janv. 2017, art. 170-II-3°-b)* **« par les mêmes moyens »** *(L. n° 72-546 du 1er juill. 1972)* **« envers une personne ou un groupe de personnes à raison de leur origine ou de leur appartenance ou de leur non-appartenance à une ethnie, une nation, une race ou une religion déterminée. »**

(L. n° 2004-1486 du 30 déc. 2004, art. 21-2°) **« Sera punie des peines prévues à l'alinéa précédent l'injure commise dans les mêmes conditions envers une personne ou un groupe de personnes à raison de leur sexe, de leur orientation** *(L. n° 2017-86 du 27 janv. 2017, art. 170-II-3°-c)* **« sexuelle ou identité de genre » ou de leur handicap. »**

(L. n° 90-615 du 13 juill. 1990 ; L. n° 2004-1486 du 30 déc. 2004, art. 22-3°) **« En cas de condamnation pour l'un des faits prévus par les deux alinéas précédents, le tribunal pourra en outre ordonner :**

(L. n° 92-1336 du 16 déc. 1992) **« 1° L'affichage ou la diffusion de la décision prononcée dans les conditions prévues par l'article 131-35 du code pénal » ;**

(L. n° 2017-86 du 27 janv. 2017, art. 170-II-3°-d) **« 2° La peine de stage de citoyenneté prévue à l'article 131-5-1 du code pénal. »**

1. Le président d'une fédération sportive ne saurait être considéré comme une personne dépositaire de l'autorité publique ou chargée d'une mission de service public au sens de l'art. 33, al. 1, dès lors que ni la loi du 16 juill. 1984 ni le décret d'application du 13 févr. 1985 relatif aux statuts des fédérations sportive, ne lui attribue, à titre personnel, des prérogatives de puissance publique. • Paris, 14 nov. 1996 : *Juris-Data n° 023379.*

2. Le spectateur qui, lors d'un match de football, injurie un joueur en proférant de façon réitérée « sale négro, espèce de singe, on n'a qu'à les mettre dans une barque » se rend coupable des faits prévus à l'art. 33, al. 3, de la L. du 29 juill. 1981. Il est condamné à 3 mois d'emprisonnement avec sursis et à une mise à l'épreuve pendant 3 ans. • TGI Metz, 13 mai 2008, *Procureur de la République et a. c/ H.*, req. n° 1574/2008 : *inédit.*

SÉCURITÉ SOCIALE

BIBL. GÉN. ▸ Généralités : J. Barthélémy, Prévoyance, *in Dict. jur. du sport, Dalloz, Juriséditions, 2013, p. 262.* – Boyer-Chamard et Lafarge, Le statut social des sportifs, *Gaz. Pal. 1992. 1. Doctr. 431.* – E. Chagnaud, Le sportif et la sécurité sociale, *Éd. univ. europ., 2011.* – J.-M. Delvert, Sport et sécurité sociale, *RJ éco. sport 1994, n° 32, p. 45.* – JA. Derue, Assurances sociales, *in Dict. jur. du sport, Dalloz, Juriséditions, 2013, p. 38.* – A. Derue et F. Dousset, Sport et droit social. Le statut social, *Sem. soc. Lamy 2003, n° 1128, p. 5.* – Jacotot, Le régime social des indemnités de rupture du CDD, *Cah. dr. sport 2006. 33.* – J.-P. Karaquillo, Le sportif et le droit de la sécurité sociale : le bal des illusionnistes, *RJ éco. sport 1994, n° 30, p. 6* ; Les associations sportives et le droit de la sécurité sociale, *Dalloz, Droit et Économie du Sport, 1987.* – Lenclos, Le statut du sportif de haut niveau, *ALD 1984, n° spéc., p. 45.* – Taquet, Sportifs et sécurité sociale, *Sem. soc. Lamy, 1995, n° 746* ; Comment appréhender un contrôle des cotisations de sécurité sociale ?, *Gaz. Pal. 2001, n° 231, doct. Spécial droit du sport, p. 11.* – L. Lerouge et K. Rubel, Regard comparé sur la couverture des risques sociaux des sportifs de haut niveau en France et en Pologne : à propos de la protection sociale des sportifs, *Cah. dr. sport n° 9, 2007.* – Éducateur sportif (régime social et fiscal), *in Dict. perm. dr. sport (mise à jour périodique).* – Sportif rémunéré (régime fiscal et social), *ibid.*

▸ Droit social et Europe : J.-Chr. Breillat, Le droit social sportif et l'ordre juridique communautaire, *RJ éco. sport 1996, n° 40, p. 5.* – Chabaud, Ch. Dudognon et Primault (dir. Bournazel et J.-P. Karaquillo), Le sportif et la Communauté européenne : le « statut social » du sportif de haut niveau, *Dalloz, Dalloz Service, 1993.* – Jeannot-Pagès, *RJ éco. sport 1989, n° 9, p. 71* (protection sociale des sportifs et Europe).

COMMENTAIRE

1. En droit de la sécurité sociale, comme en droit du travail, la révélation d'indices attestant qu'un individu (sportif, éducateur sportif, administratif, kinésithérapeute…) perçoit des rémunérations, quelle que soit l'appellation donnée aux avantages matériels versés, en se plaçant sous l'autorité juridique d'une autre personne, commande un rattachement – un assujettissement – au régime général de sécurité sociale – le régime des travailleurs dépendants.

Il est plus exceptionnel que, dans le secteur des activités sportives, les dispositions de ce régime général soient d'application judicieuse sur le fondement de présomptions de salariat, plus spécialement, celles auxquelles fait référence l'alinéa 15 de l'article L. 311-3 du code de la sécurité sociale en visant les artistes du spectacle et les mannequins. Seuls, en effet, des participants à des activités sportives peuvent entrer dans les prévisions de ce texte. Et encore faut-il que dans l'« exercice spectaculaire » de leur activité, ils ne se comportent plus comme des sportifs dont la finalité est d'accomplir une prestation sportive, généralement en vue d'une compétition, mais qu'ils agissent dans le but principal de se produire dans un environnement où le spectacle est l'objectif recherché avant tout autre objectif.

2. Mais les pouvoirs publics ont été, toutefois, sensibles aux particularités d'organisation, d'administration, des activités sportives, ou de certaines activités sportives, et aux spécificités de leur pratique afin de ne pas freiner leur développement. C'est dans cet esprit qu'ont été promulgués des textes originaux concernant l'assiette des cotisations de sécurité sociale dues par des acteurs des activités sportives. En témoignent, par exemple, l'arrêté du 27 juillet 1994 et les circulaires prises dans sa continuité, qui mettent en place des régimes de cotisations sur base forfaitaire et de franchise, ceci dans le cadre du sport « faiblement » rémunéré.

Plus récemment, la même démarche a été entreprise et a conduit, suite à l'adoption de la loi n° 2006-1294 du 23 octobre 2006, à la promulgation d'un régime social « sur mesure » en faveur des arbitres et juges sportifs, en application des dispositions de l'article L. 241-16 du code de la sécurité sociale.

C'est dans le même esprit qu'à la suite des revendications des employeurs du secteur, le régime social des sommes versées aux sportifs professionnels avait été aménagé pour diminuer le coût du travail (art. L. 222-2 C. sport, issu de la L. n° 2004-1366 du 15 déc. 2004). Revenant sur les engagements pris, le Parlement a mis un terme anticipé au 30 juin 2010 à ce régime de faveur à la suite du vote de la loi de financement de la sécurité sociale pour 2010.

Il est d'ailleurs à relever que, dans les deux derniers exemples cités, le déclencheur du mouvement a été le monde du football professionnel mais que les dispositions législatives et réglementaires adoptées avaient, naturellement, vocation à s'appliquer à l'ensemble des disciplines sportives, dès lors que les critères posés sont remplis. ❑

Code de la sécurité sociale

I. *Sommes versées aux arbitres*

Art. L. 241-16 *(L. n° 2006-1294 du 23 oct. 2006, art. 3, applicable aux sommes perçues à compter du 1er janv. 2007)* **Les sommes versées aux arbitres et juges mentionnés au 29° de l'article L. 311-3** *(L. n° 2016-1827 du 23 déc. 2016, art. 15)* **« , qui ne sont pas titulaires d'un contrat de travail, » sont exonérées des cotisations et contributions de sécurité sociale lorsque leur montant n'excède pas, pour une année civile, la limite définie au présent alinéa, plafonné à 14,5 % du montant annuel du plafond mentionné à l'article L. 241-3.**

Dès lors que les sommes mentionnées au premier alinéa dépassent le montant prévu au même alinéa, elles sont soumises aux cotisations et contributions de sécurité sociale, à l'exception de celles ayant le caractère de remboursement de frais qui sont soumises aux dispositions définies par l'arrêté prévu au troisième alinéa de l'article L. 242-1 du code de la sécurité sociale.

Les fédérations sportives, ou les organes déconcentrés et ligues qu'elles ont créés en application des articles L. 131-11 et L. 132-1 du code du sport, remplissent les obligations relatives aux déclarations et versements des cotisations et contributions visées au deuxième alinéa, dans des conditions précisées par décret.

(Abrogé par L. n° 2016-1917 du 29 déc. 2016, art. 48-III-4°) (L. n° 2007-1786 du 19 déc. 2007, art. 24-I) ***« Les dispositions du premier alinéa du présent article ne donnent pas lieu à application de l'article L. 131-7. »*** *— Applicable à compter du 1er janv. 2007.*

V. aussi Circ. ACOSS n° 2006-118 du 1er déc. 2006 relative au statut des arbitres et juges ; Circ. ACOSS n° 2007-080 du 7 juin 2007 relative aux arbitres et juges — Obligations et modalités déclaratives.

COMMENTAIRE

Le statut des sommes versées aux arbitres et juges sportifs en contrepartie de leur prestation a été notamment l'objet de la loi n° 2006-1294 du 23 oct. 2006. En effet, cette loi se proposait d'envisager le statut des arbitres dans sa globalité (droit du travail, droit fiscal, droit pénal, droit de la sécurité sociale, V. art. L. 223-1 s. C. sport).

C'est en réaction à certaines jurisprudences ayant, par application des critères classiques, conclu à l'existence d'un lien de subordination – et donc d'un contrat de travail salarié – entre les arbitres et les fédérations « employeurs », que la loi a posé une présomption irréfragable de non-salariat en droit du travail (V. art. L. 223-3 C. sport). La conséquence logique de ceci aurait dû être un assujettissement des sommes versées aux arbitres au régime des travailleurs non-salariés non-agricoles (travailleurs indépendants). Pourtant, la loi prend l'option inverse et assujettit de droit ces sommes au régime général, celui des salariés, en prévoyant par ailleurs un système de franchise et en faisant peser sur les fédérations (ou leurs organes déconcentrés, comité régionaux et départementaux, ou leurs ligues professionnelles) les responsabilités déclaratives et de paiement des charges éventuellement dues.

C'est ainsi que les sommes versées aux arbitres (uniquement ceux qui ne sont pas titulaires d'un contrat de travail depuis la loi de financement de la sécurité sociale pour 2017) ne donnent lieu à aucune cotisation de sécurité sociale, ni CSG ni CRDS, dès lors qu'elles ne dépassent pas annuellement 14,5 % du plafond SS, soit, par exemple, 4 825,02 euros en 2008. Alors que la loi n'est pas très claire sur ce point, il semble que, selon les circulaires ACOSS, il s'agisse bien là d'une véritable franchise, de sorte qu'un dépassement du seuil n'entraîne pas assujettissement dès le premier euro mais seulement à compter du dépassement.

Il est à signaler que si les obligations déclaratives et de versement pèsent sur les fédérations et les ligues, les arbitres sont tenus à un certain nombre d'obligations afin de leur permettre de suivre effectivement la franchise. Chaque arbitre ou juge doit ainsi tenir à jour pour chaque année civile un document recensant l'ensemble des sommes perçues pour chaque événement au titre de leur mission arbitrale. Ce document doit être conservé pendant trois ans par l'arbitre et mis à disposition sur simple demande de la fédération ou de la ligue. Par ailleurs, en cas de dépassement de la franchise, les arbitres et juges sont tenus d'en informer sans délai la fédération ou ligue dont ils relèvent et de communiquer l'ensemble des sommes perçues de même que l'identité des organismes payeurs.

Dans son rapport 2011, la Cour des comptes remet en cause la légitimité de ce mécanisme eu égard à ses modalités de fonctionnement et à son coût pour les finances publiques (qu'elle peine d'ailleurs à chiffrer avec précision) alors que tant les organisations représentatives des arbitres (AFCAM, UNAF, SAFE, ...) que le ministère des Sports plaident pour son maintien.

V. note 10 ss. art. L. 311-3 CSS. ❑

Code de la sécurité sociale

TROISIÈME PARTIE : **DÉCRETS**

Art. D. 241-15 *(Décr. nº 2007-969 du 15 mai 2007, art. 1er)* En application des dispositions du troisième alinéa de l'article L. 241-16, dès lors que les sommes versées aux arbitres et juges, à l'exception de celles ayant le caractère de remboursement de frais professionnels au sens du troisième alinéa de l'article L. 242-1, excèdent la limite prévue au premier alinéa de l'article L. 241-16, la fédération sportive ou la ligue professionnelle qu'elle a créée en application des dispositions de l'article L. 132-1 du code du sport remplit les obligations relatives aux déclarations et versements des cotisations et contributions mentionnées au deuxième alinéa de l'article L. 241-16 du présent code.

Art. D. 241-16 *(Décr. nº 2007-969 du 15 mai 2007, art. 1er)* Lorsque le montant total perçu par l'arbitre ou par le juge dépasse la limite prévue au premier alinéa de l'article L. 241-16, il doit sans délai en informer les fédérations ou la ligue professionnelle dont il relève, puis leur communiquer l'ensemble des sommes perçues ainsi que l'identité des organismes les ayant versées.

Art. D. 241-17 *(Décr. nº 2007-969 du 15 mai 2007, art. 1er)* Lorsque le dépassement est lié à des sommes qu'elle n'a pas versées, la fédération ou la ligue professionnelle qu'elle a créée peut répartir le montant des cotisations et contributions dues entre les différents organismes ayant versé ces sommes.

Elle informe alors les organismes du montant dû. Ceux-ci doivent lui verser les sommes correspondantes avant la date qu'elle fixe.

Dans le cas où ces organismes ne s'acquittent pas de leurs obligations avant la date d'exigibilité, la fédération ou la ligue professionnelle verse l'ensemble des cotisations et contributions dues. Elle peut ensuite engager une action en remboursement des sommes versées.

Art. D. 241-18 *(Décr. nº 2007-969 du 15 mai 2007, art. 1er)* Le versement des cotisations et contributions de sécurité sociale mentionné à l'article D. 241-15 intervient au cours du mois civil suivant le trimestre au cours duquel les rémunérations perçues au titre des missions arbitrales ont été versées et à la date d'échéance de paiement applicable à la fédération sportive ou à la ligue professionnelle.

Art. D. 241-19 *(Décr. nº 2007-969 du 15 mai 2007, art. 1er)* Les arbitres et juges doivent tenir à jour un document recensant l'ensemble des sommes perçues pour chaque événement au titre de leur mission arbitrale.

Ce document, établi pour une année civile, doit être conservé pendant trois ans et mis à disposition sur simple demande de la fédération ou de la ligue professionnelle qu'elle a créée afin qu'elle puisse s'assurer du non-dépassement de la limite définie au premier alinéa de l'article L. 242-1 ou renseigner les agents de contrôle mentionnés à l'article L. 243-7 ou l'Agence centrale des organismes de sécurité sociale.

Art. D. 241-20 *(Décr. nº 2007-969 du 15 mai 2007, art. 1er)* La fédération sportive ou la ligue professionnelle qu'elle a créée tient à disposition des agents chargés du contrôle mentionnés à l'article L. 243-7 et de l'Agence centrale des organismes de sécurité sociale la liste des arbitres et juges licenciés. A leur demande, elle leur donne également accès aux informations mentionnées à l'article D. 241-19.

V. aussi Circ. ACOSS nº 2007-080 du 7 juin 2007 relative aux arbitres et juges — Obligations et modalités déclaratives.

II. *Assiette des cotisations sociales*

Art. L. 242-1 *[...]*

(L. nº 2005-1579 du 19 déc. 2005, art. 14-II) **« Sont exclues de l'assiette des cotisations mentionnées au premier alinéa les contributions mises à la charge des employeurs en application d'une disposition législative ou réglementaire ou d'un accord national interprofessionnel mentionné à l'article L. 921-4, destinées au financement des régimes de retraite complémentaire mentionnés au chapitre Ier du titre II du livre IX ou versées en couverture d'engagements de retraite complémentaire souscrits antérieurement à l'adhésion des employeurs aux institutions mettant en œuvre les régimes institués en application de l'article L. 921-4 et dues au titre de la part patronale en application des textes régissant ces couver-**

tures d'engagements de retraite complémentaire. » — *Sous réserve des décisions de justice passées en force de chose jugée et des instances en cours au 20 déc. 2005, ces dispositions s'appliquent aux cotisations dues au titre des contributions versées à compter du 1er janv. 2006 (L. n° 2005-1579 du 19 déc. 2005, art. 14-III).*

(Ord. n° 2006-344 du 23 mars 2006, art. 3) **« Sont exclues de l'assiette des cotisations mentionnées au premier alinéa les contributions des employeurs destinées au financement des prestations complémentaires de retraite et de prévoyance versées** *(L. n° 2010-1594 du 20 déc. 2010, art. 17-II-1°)* **« au bénéfice de leurs salariés, anciens salariés et de leurs ayants droit » par les organismes régis par les titres III et IV du livre IX du présent code ou le livre II du code de la mutualité, par des entreprises régies par le code des assurances ainsi que par les institutions mentionnées à l'article L. 370-1 du code des assurances et proposant des contrats mentionnés à l'article L. 143-1 dudit code, à la section IX du chapitre II du titre III du livre IX du code de la sécurité sociale ou au chapitre II *bis* du titre II du livre II du code de la mutualité »***[,] (L. n° 2010-1594 du 20 déc. 2010, art. 17-II-2°)* **« lorsque ces garanties entrent dans le champ des articles L. 911-1 et L. 911-2 du présent code, revêtent un caractère obligatoire et bénéficient à titre collectif à l'ensemble des salariés ou à une partie d'entre eux sous réserve qu'ils appartiennent à une catégorie établie à partir de critères objectifs déterminés par décret en Conseil d'État. »**

(L. n° 2003-775 du 21 août 2003, art. 113-I) **« 1° Dans des limites fixées par décret, pour les contributions au financement d'opérations de retraite déterminées par décret ; l'abondement de l'employeur à un plan partenarial d'épargne salariale volontaire pour la retraite exonéré aux termes du deuxième alinéa de l'article L. 443-8 du code du travail** *[C. trav., art. L. 3332-27 nouv.]* **est pris en compte pour l'application de ces limites ;**

« 2° Dans des limites fixées par décret, pour les contributions au financement de prestations complémentaires de prévoyance *(L. n° 2004-810 du 13 août 2004, art. 57-VI)* **« , à condition, lorsque ces contributions financent des garanties portant sur le remboursement ou l'indemnisation de frais occasionnés par une maladie, une maternité ou un accident, que ces garanties** *(L. n° 2015-1702 du 21 déc. 2015, art. 34-I et V, en vigueur le 1er janv. 2016)* **« soient conformes aux dispositions de l'article L. 871-1. Le sixième et le présent alinéas sont applicables aux versements de l'employeur mentionnés à l'article L. 911-7-1. »** *[...]*

Les prestations au financement desquelles les employeurs peuvent contribuer avec le bénéfice d'une exonération partielle de cotisations doivent s'entendre de celles qui permettent d'assurer un avantage de retraite ou de prévoyance complémentaire ; ne présente pas cette caractéristique le régime d'assurance destiné à garantir aux joueurs professionnels de football le versement d'un pécule en fin de carrière sportive afin de faciliter leur reconversion. • Soc. 18 déc. 1997 : *pourvoi n° 96-15.227.* ♦ Les sommes accordées, même à titre transactionnel, en cas de rupture anticipée d'un contrat de travail à durée déterminée ne sont pas au nombre de celles limitativement énumérées par l'article 80 *duodecies* du code général des impôts auquel renvoie l'art. L. 242-1 CSS. • Civ. 2e, 7 oct. 2010, *URSSAF du Rhône c/ Sté ASVEL basket : pourvoi n° 09-12.404.*

III. *Assujettissement aux assurances sociales du régime général*

Art. L. 311-2 **Sont affiliées obligatoirement aux assurances sociales du régime général, quel que soit leur âge et même si elles sont titulaires d'une pension, toutes les personnes quelle que soit leur nationalité, de l'un ou de l'autre sexe, salariées ou travaillant à quelque titre ou en quelque lieu que ce soit, pour un ou plusieurs employeurs et quels que soient le montant et la nature de leur rémunération, la forme, la nature ou la validité de leur contrat.**

Plan des annotations

A. ASSUJETTISSEMENT DES SPORTIFS

1° SPORTS COLLECTIFS

1. Joueurs d'une équipe nationale. Encourt la cassation l'arrêt qui, pour valider un redressement résultant de la réintégration dans l'assiette des cotisations de sommes versées par la Fédération française de football aux membres de l'équipe de France, énonce que l'examen des conditions dans lesquelles les joueurs participent aux matchs de cette équipe démontre que la fédération organise unilatéralement le service au sein duquel ils évoluent et relève que, dirigeant et contrôlant l'activité des joueurs pendant le temps de leur mise à disposition, elle exerce sur eux un pouvoir disciplinaire, tout manquement à leurs obligations exposant ces joueurs à des sanctions pouvant notamment les conduire à se voir écartés d'une prochaine sélection ou relégués à un poste de remplaçant, alors que de tels motifs sont impropres à caractériser un pouvoir de direction, de contrôle et de sanction de cette fédération à l'égard des joueurs mis à sa disposition par les clubs dont ils sont salariés. • Civ. 2e, 22 janv. 2009, *URSSAF de Paris c/ FFF : Rev jur. éco. sport 2009, no 90. 43, obs. M. Mouchot ; JCP S. 2009. no 37, note D. Jacotot ; Dr. social 2009 ; JCP 2009. II. 10046, note F. Buy et G. Buy, Lexbase, éd. soc., févr. 2009, obs. G. Auzero ; Dr. social 2009 no 7/8, comm. G. Vachet.* ♦ V. aussi l'arrêt de la Cour d'appel de renvoi : • Versailles, 18 févr. 2010, *URSSAF de Paris c/ FFF : no 09/01211.*

2. Joueurs de football. En retenant, d'une part, que des joueurs promotionnels s'engageaient à respecter le règlement intérieur du club auquel ils adhéraient, lequel profitait des résultats acquis grâce à eux et disposait du pouvoir de sanctionner les manquements à leurs obligations et, d'autre part, qu'ils étaient sous l'autorité du club quant à la fréquence et à la durée des entraînements et quant à leur participation aux matchs, une cour d'appel, qui n'était pas tenue de rechercher quelles ressources ces joueurs tiraient de leur activité extérieure au football, a pu en déduire que se créait entre le club et les joueurs un lien de subordination et que ces derniers devaient être assujettis au régime général de la sécurité sociale. • Soc. 7 déc. 1995 : *RJS 1996, no 328.* ♦ Sur l'assujettissement au régime général de la sécurité sociale des joueurs de football à statut promotionnel, V. déjà : • Soc. 2 juin 1994 : *RJS 1994, no 928* • 15 oct. 1992 : *RJS 1992, no 1409.* ♦ Sur la qualification de contrat de travail des liens unissant un joueur de football promotionnel à son club, V. note 4 ss. C. trav., art. L. 1242-2, App., vo *Travail.*

3. En revanche, n'ont pas à être réintégrées dans l'assiette des cotisations les sommes versées à des joueurs de football amateurs, non promotionnels, sous forme de primes d'un faible montant, en contrepartie d'une activité ne correspondant pas à un travail exercé dans un rapport de subordination. • Soc. 9 mars 2000 : *pourvoi no 97-14.916.*

4. Les indemnités perçues par des salariés d'un club de football professionnel en réparation de préjudices subis à la suite de la rupture anticipée de leurs contrats de travail à durée déterminée, ne constituent pas des rémunérations liées au travail accompli et sont donc exonérées de charges sociales. • TASS Nantes, 14 janv. 1993 : *D. 1996. Somm. 33, obs. J.-P. Karaquillo.* ♦ En revanche, doivent être réintégrés dans l'assiette des cotisations de sécurité sociale les frais de loyers des joueurs payés par le club, les indemnités allouées à certains joueurs en contrepartie de la rupture de leur contrat de travail alors que celui-ci continuait à s'exécuter, ou encore les sommes versées par le club à des « sociétés d'image » agissant en qualité de mandataires de plusieurs joueurs en vertu de conventions imprécises quant à la cause des versements et aux obligations effectives des sociétés en cause. • Même jugement. ♦ Doivent également être réintégrés dans l'assiette des cotisations de sécurité sociale les billets d'entrée attribués gratuitement aux joueurs d'une équipe de football professionnelle, peu important le fait qu'une circulaire de l'ACOSS vienne proposer une tolérance sur ce point, une telle dérogation étant sans valeur au regard des dispositions légales. • Paris, 28 nov. 2013 : *RG no 11/02597 ; Cah. dr. sport 2014, no 35, p. 78, note P. Bozadziehv, O. Kocak, S. Lehair, G. Migliore, M. Nasica et P. Sauvage.*

5. Joueurs de rugby. Prive de base légale sa décision la cour d'appel qui, pour valider les redressements correspondant aux avantages logement, aux primes de match et aux remboursements de frais de transport et alors qu'il lui appartenait de rechercher si les joueurs de la section rugby bénéficiaires des avantages étaient les salariés de l'association, énonce qu'il incombe à l'employeur de faire la preuve que les joueurs entraient dans les prévisions des art. L. 311-2 et L. 311-3 CSS ce qu'il ne fait pas alors même qu'il dispose de tous les éléments pour caractériser le lien de subordination éventuel des bénéficiaires de ces avantages, et que pour être exonérées de cotisations les sommes versées par l'association à ses joueurs au titre de remboursement de frais devraient être assorties de justificatifs. • Civ. 2e, 21 juin 2012 : *no 11-18.866.*

6. Joueurs de basket-ball. Les joueurs de basket-ball qui reçoivent de leur club une rémunération en contrepartie de leur participation à l'activité sportive décidée par l'association et qui sont soumis au pouvoir de direction et de contrôle de cette dernière, se trouvent dans un lien de subordination justifiant leur assujettissement au régime général de la sécurité sociale. • Soc. 19 oct. 1983 : *D. 1985. IR 489, obs. J.-P. Karaquillo.* ♦ V. aussi : • Soc. 6 mai 1986 : *Bull. civ. V, no 198* • 28 janv. 1993 : *Bull. civ. V, no 28 ; D. 1993. Somm. 338, obs. J.-P. Karaquillo.*

7. N'ont pas à être réintégrés dans l'assiette des cotisations de sécurité sociale les coûts et taxes de délivrance des cartes de séjour et visas réglés par le club pour la venue de joueurs étrangers. • TASS Haute-Vienne, 14 mars 1996 : *D. 1998. Somm. 41, obs. J.-P. Karaquillo.* ♦ En revanche, doivent être réintégrés dans cette assiette l'avantage en nature tiré de la fourniture d'un logement, lequel avantage doit inclure toutes les prestations contenues dans cette fourniture, c'est-à-dire la mise à disposition du logement lui-même et la mise à disposition du mobilier et de l'équipement ménager que l'employeur y a installés pour l'usage de ses salariés. • Même jugement. ♦ ... Ou encore les sommes versées par le club pour le voyage annuel des membres des familles des joueurs étrangers, à l'exclusion des joueurs eux-mêmes. • Même jugement.

8. Des joueurs aspirants ou stagiaires liés à un club de basket-ball par un contrat et bien qu'ils reçoivent une rémunération qualifiée de salaire et des avantages en nature ne participent pas à la vie économique du club laquelle n'est assurée que par les performances de l'équipe professionnelle et n'exécutent pas leur travail pour le compte du club sportif mais pour leur propre compte. Dès lors, le lien de subordination entre eux et le club sportif, lien requis pour l'affiliation au régime général de la sécurité sociale n'existe pas et leurs rémunérations ne peuvent être soumises à cotisations sociales. • TASS Haute-Vienne, 17 sept. 1998, *SAEMS Limoges Cercle Saint-Pierre c/ URSSAF de la Haute-Vienne : inédit.*

9. Joueurs de hockey sur glace. Des joueurs de hockey sur glace doivent être considérés comme des salariés et être assujettis en tant que tels au régime général de la sécurité sociale, et ce quelle que soit la qualification juridique donnée par les parties à leur contrat, dès lors qu'ils reçoivent du club une rémunération fixe et régulière et qu'ils exercent leur activité dans des conditions créant un état de subordination entre eux et le club. • TASS Grenoble, 14 mars 1986, *Club des sports de glace de Grenoble c/ CPAM et URSSAF de Grenoble : inédit.*

10. Contrats d'image. Les honoraires versés à un joueur professionnel en exécution d'un contrat par lequel celui-ci s'était engagé à faire bénéficier son association employeur de son image et de sa notoriété internationale doivent être réintégrés dans l'assiette des cotisations de sécurité sociale, dès lors que l'image et la notoriété du joueur, champion du monde de football, ont été acquises par celui-ci dans le cadre de l'exécution de son contrat de travail, ce dont il résulte que la somme payée par l'employeur pour l'exploitation desdites image et notoriété a le caractère d'une rémunération versée à l'occasion d'un travail accompli dans un lien de subordination. • Civ. 2e, 14 déc. 2004 : *Bull. civ. II, n° 521 ; RJ éco. sport 2005, n° 74, p. 65 obs. J.-P. Boucheron et F. Lagarde ; Cah. dr. sport 2005, n° 1, p. 72, note Rizzo ; Gaz. Pal. 23 et 24 févr. 2005, p. 11, obs. Doucet.* ♦ V. cependant, pour une espèce où une cour d'appel a considéré qu'il appartenait à l'URSSAF d'établir que les sommes versées par l'employeur en contrepartie de l'exploitation du droit à l'image individuelle de joueurs professionnels ont été directement ou indirectement perçues par ces derniers, en tout ou partie : • Lyon, 13 juin 2006, *SASP Olympique lyonnais c/ URSSAF de Lyon : req. n° 05/07863.*

11. Fonde légalement sa décision la cour d'appel qui constate, d'une part, que le salarié d'un club de rugby a, dans le cadre des dispositions conventionnelles en vigueur, conclu avec une société tierce au club une convention spécifique d'exploitation de son image individuelle et de tout autre élément de sa personnalité lié à sa qualité de joueur du club, moyennant une rémunération propre à cette exploitation, et, d'autre part, que cette convention a été signée avec une personne morale distincte de son employeur poursuivant un objet social distinct, pour en conclure que ladite convention ne constituait pas un contrat de travail. • Soc. 20 oct. 2010 : *pourvoi n° 09-70.966.*

12. Aides scolaires. N'ont pas à être intégrées dans l'assiette des cotisations du régime général de la sécurité sociale les aides scolaires allouées par un club professionnel au profit d'éventuels joueurs dont l'intégration au club n'avait pas été décidée de sorte qu'elles n'avaient pas été versées en contrepartie ou à l'occasion d'un travail exécuté pour le compte d'un employeur mais seulement pour favoriser des candidatures. • Civ. 2e, 14 déc. 2004 : *préc. note 10.* ♦ Mais les remboursements faits aux parents de jeunes joueurs du club pour les frais engagés par eux pour rendre visite à leur enfants ne peuvent pas être qualifiés de frais professionnels et doivent dès lors être soumis à cotisations. • Civ. 2e, 12 mars 2015, n° 14-11.422 : *JS 2015, n° 154, p. 8, obs. F. Lagarde.*

2° SPORTS INDIVIDUELS

13. Joueurs de tennis. Doivent être affiliés au régime général de la sécurité sociale les joueurs de tennis auxquels une association a recours lors de compétitions sportives promotionnelles, qu'elle paie directement et qui agissent dans le cadre d'un service de spectacle sportif organisé par l'association souhaitant, au travers de la renommée de ces joueurs, promouvoir son image sportive et celle du tennis. • Paris, 2 juill. 1990 : *RJ éco. sport 1990, n° 15, p. 47* (résumé).

14. Toutefois, un contrat de parrainage signé entre une joueuse de tennis et une entreprise ne peut s'analyser en un contrat de travail et ne crée aucun lien de subordination justifiant l'assujettissement au régime général de la sécurité sociale en application de l'art. L. 311-2, dès lors notamment que les obligations définies audit contrat étaient limitées à des astreintes publicitaires et à la participation à certaines manifestations et que la joueuse conservait l'entière liberté du choix des compétitions auxquelles elle s'inscrivait et de l'organisation de sa vie professionnelle. • Paris, 16 janv. 1995 : *D. 1996. Somm. 32, obs. J.-P. Karaquillo* ; confirmé par • Soc. 16 janv. 1997 : *pourvoi n° 95-12.994.* ♦ V. aussi • Soc. 27 mars 1997 : *pourvoi n° 95-17.948.*

15. Sur l'assujettissement au régime général de la sécurité sociale de certains sportifs individuels considérés, par la jurisprudence, comme des artistes du spectacle, V. notes ss. art. L. 311-3-15°.

16. Cyclistes. Une cour d'appel décide exactement que constituent des rémunérations versées à l'occasion ou en contrepartie du travail et doivent à ce titre être réintégrés dans l'assiette des cotisations sociales dues par une association sportive, les prix ou primes obtenus par des coureurs cyclistes lors de compétitions préparées en exécution d'un contrat de travail conclu avec cette association, peu important que le versement de ces sommes ait été opéré par une fédération de cyclisme ou à l'occasion de la participation libre de l'intéressé. • Civ. 2e, 13 déc. 2005 : *Bull. civ. II, n° 321 ; RJ éco. sport n° 79, 2006. 51, note F. Alaphilippe ; Cah. dr. sport 2006, n° 3, p. 54, note Buy ; Lettre info RJ éco. sport, suppl. n° 1 au n° 77, Le point juridique par F. Lagarde.*

B. PERSONNELS D'ENCADREMENT

17. Professeurs et moniteurs de tennis. Une cour d'appel qui, après avoir relevé que des professeurs de tennis étaient chargés d'assurer des cours collectifs pour le compte d'un club qui mettait ses installations à leur disposition, a constaté que, quelle que soit la liberté inhérente à leurs fonctions, il n'en demeurait pas moins qu'ils étaient soumis à des contraintes matérielles imposées par l'association et qu'ils n'avaient pour élèves que des adhérents de celle-ci, que par ailleurs ces personnes recevaient de l'association, en contrepartie de leurs leçons, une rémunération sous forme de rétrocession des sommes que lui versaient les élèves, a pu en déduire que lesdits professeurs étaient intégrés dans un service organisé par le club qui se comportait en employeur au sens de l'art. L. 311-2 et qu'en conséquence, les intéressés devaient être assujettis pour la période litigieuse au régime général de la sécurité sociale. • Soc. 10 oct. 1991 : *RJS 1991, n° 1229.* ♦ V. déjà, dans le même sens : • Paris, 28 févr. 1986 : *RJ éco. sport 1987, n° 1, p. 82, obs. J.-P. Karaquillo* • Soc. 11 mars 1987 : *pourvoi n° 84-17.772* • 8 févr. 1990 : *pourvoi n° 87-11.676.*

18. De même, des moniteurs de tennis chargés par un club de l'encadrement de scolaires doivent être considérés comme se trouvant dans un rapport de dépendance caractéristique d'une relation d'employeur à employé et, par conséquent, être affiliés au régime général de la sécurité sociale, dès lors, d'une part, qu'ils assurent la formation des jeunes membres du club en utilisant toutes les infrastructures et les matériels que l'établissement met gracieusement à leur disposition sans toutefois choisir leur « élèves » et qu'ils participent, à ce titre, à un service organisé par le club dans l'intérêt exclusif de ce dernier et, d'autre part, que s'ils ne perçoivent pas une rémunération mensuelle fixe, ils n'en demeure pas moins constant qu'ils bénéficient d'avantages en nature et qu'ils se voient dispensés de payer leur cotisation annuelle. • TASS Charente-Maritime, 18 sept. 1990, *Tennis club rochelais c/ URSSAF de la Charente-Maritime : inédit.* ♦ Pour un jugement ayant considéré, au contraire, qu'eu égard aux conditions de fait dans lesquelles un moniteur de tennis dispensait ses cours, celui-ci ne pouvait être placé dans un quelconque état de subordination à l'égard d'un club, la mise à disposition d'une salle et d'un matériel permettant l'exécution des cours ne suffisant pas à caractériser l'existence d'un service organisé. • TASS Moselle, 15 mai 1986, *Tennis club c/ CPAM et URSSAF de la Moselle : inédit.*

19. Professeurs de judo. Les juges du fond, qui relèvent que deux professeurs de judo dispensaient leur enseignement, sans avoir le choix de leurs élèves ni recevoir de leur part aucune rétribution, aux adhérents d'une Maison des jeunes et de la culture, suivant un horaire fixé avec celle-ci mais s'insérant dans un programme général des activités de l'association, peuvent en déduire que, quelle que soit l'indépendance qui leur était laissée sur le plan technique pour enseigner leur discipline, les deux professeurs se trouvaient intégrés dans un service organisé et contrôlé par l'association pour laquelle ils travaillaient au sens de l'art. 241 [art. L. 311-2 nouv.] CSS. • Soc. 27 janv. 1988 : *Bull. civ. V, n° 73.* ♦ Comp., pour un professeur de judo enseignant sa discipline dans une situation exclusive d'un lien de subordination vis-à-vis du club : • Soc. 24 sept. 1992 : *RJS 1992, n° 1290.*

20. Professeur de gymnastique. Examinant les conditions dans lesquelles un professeur de gymnastique exerçait son activité, une cour d'appel retient à bon droit que, celui-ci donnant à sa convenance et en dehors des locaux propres du club des cours pour lesquels il n'était pas rémunéré, les sommes qui lui étaient allouées constituaient seulement un défraiement et n'avaient pas à être soumises à cotisations. • Soc. 24 sept. 1992 : *préc. note 19.*

21. Professeur de yoga. Se trouve placé dans une position de dépendance vis-à-vis d'une association sportive justifiant son affiliation au régime général de la sécurité sociale, le professeur de yoga qui, malgré une indépendance technique totale et quels que soient l'importance et le mode de rémunération reçus, exerce son activité sportive auprès des adhérents de l'association, dans les locaux de celle-ci et suivant des horaires dont il n'a pas la liberté. • Rennes, 30 mars 1983 : *D. 1984. IR 190, obs. J.-P. Karaquillo.*

22. Éducateur d'un club de football. Doit être affilié au régime général de la sécurité sociale l'éducateur de football qui dispense son enseignement à des joueurs à la demande du club, moyennant rémunération, soit dans les locaux du club, soit au domicile des élèves désignés par ses soins, la liberté dont jouit l'éducateur dans la manière de dispenser cet enseignement n'étant pas exclusive d'un lien de subordination envers l'association. • Soc. 11 févr. 1993 : *RJ éco. sport 1993, n° 27, p. 81*. ♦ En revanche, n'ont pas à être réintégrées dans l'assiette des cotisations, les sommes versées à des entraîneurs bénévoles de football à titre de dédommagements pour leurs frais exposés, les intéressés n'étant en outre soumis à aucun pouvoir de direction ou de contrôle de la part du club. • Soc. 9 mars 2000 : *préc. note 3.*

23. Moniteurs de ski. Sont assujettis au régime général de la sécurité sociale les moniteurs de ski travaillant pour le compte d'une association sportive et tenus de se conformer à des obligations précises fixées par celle-ci en contrepartie d'une rémunération forfaitaire ne tenant pas compte du nombre de leurs prestations. • Soc. 21 déc. 1989 : *pourvoi n° 87-13.358.*

24. Guide de haute montagne, accompagnateur de moyenne montagne. Encourt la cassation l'arrêt qui, pour décider d'assujettir un guide de haute montagne et un accompagnateur de moyenne montagne au régime général de la sécurité sociale au titre de l'activité de guides qu'ils avaient exercée auprès des adhérents d'un club en vertu d'un protocole d'accord conclu avec celui-ci, énonce que la totale liberté dont jouissent les intéressés n'est pas exclusive d'un lien de subordination, même en l'absence de tout élément matériel démontrant l'existence de ce lien, dès lors que les possibilités réelles de pouvoir exercer leur profession leur sont offertes et imposées par l'association, qui est un intermédiaire obligatoire entre les clients et les guides, et qui rémunère ceux-ci directement. En se prononçant par ces seuls motifs, l'arrêt n'a pas, en effet, caractérisé l'existence d'un lien de subordination entre les intéressés et l'association. • Soc. 15 déc. 1994 : *RJ éco. sport 1995, n° 34, p. 62, obs. J.-P. Karaquillo*.

C. DIVERS

25. Collaborateurs d'un club. Les entraîneurs, masseurs, journalistes recevant d'un club de basket-ball une rémunération en contrepartie de leur activité et soumis au pouvoir de contrôle et de direction de cette association se trouvent dans un lien de subordination justifiant leur assujettissement au régime général de la sécurité sociale. • Soc. 19 oct. 1983 : *préc. note 6.*

26. De même, des personnes effectuant occasionnellement pour une association gérant un aéro-club, sous sa responsabilité et à son profit, des travaux de comptabilité et de réparation mécanique moyennant une rétribution mensuelle, sont salariés de cette association et donc assujettissables au régime général de la sécurité sociale. • Soc. 9 juill. 1992 : *pourvoi n° 90-14.179.*

27. En revanche, ne relèvent pas du régime général les personnes fournissant des articles pour le journal d'un club de football, dès lors qu'elles ne sont pas soumises aux directives du club et ne reçoivent de celui-ci que des sommes destinées à les indemniser de leurs frais. • Soc. 11 févr. 1993 : *préc. note 22.*

28. Collaborateurs « occasionnels ». Sur l'assujettissement de « collaborateurs occasionnels » (stadiers, contrôleurs, caissiers et hôtesses) d'une société sportive professionnelle à l'occasion de prestations effectuées lors de rencontres de football et ayant donné lieu à des "remboursements de frais" non justifiés, V. : • Bourges, 6 sept. 2013, *URSSAF de l'Indre c/ SA La Berrichonne football,* n° 12/00120 : *JS 2013, n° 137, p. 8, obs. F. Lagarde*. ♦ *Contra*, en cassation : doit être cassé et annulé l'arrêt d'appel ayant validé le redressement URSSAF d'un club de football concernant les stadiers, contrôleurs, caissiers et hôtesses sans avoir établi l'existence d'un pouvoir disciplinaire caractérisant un lien de subordination : • Civ. 2e, 9 oct. 2014, *SA La Berrichone football c/ URSSAF de l'Indre,* n° 13-25.170 : *JS 2014, n° 148, p. 10, obs. J. Mondou ; ibid., n° 152, p. 18, chron. A. Lacabarats ; Cah. dr. sport 2014, n° 38, p. 62, note G. Rabu.*

Art. L. 311-3 Sont notamment compris parmi les personnes auxquelles s'impose l'obligation prévue à l'article L. 311-2, même s'ils ne sont pas occupés dans l'établissement de l'employeur ou du chef d'entreprise, même s'ils possèdent tout ou partie de l'outillage nécessaire à leur travail et même s'ils sont rétribués en totalité ou en partie à l'aide de pourboires :

[...]

15° Les artistes du spectacle et les mannequins auxquels sont reconnues applicables les dispositions des articles L. 762-1 et suivants, L. 763-1 et L. 763-2 du code du travail.

Les obligations de l'employeur sont assumées à l'égard des artistes du spectacle et des mannequins mentionnés à l'alinéa précédent, par les entreprises, établissements, services, associations, groupements ou personnes qui font appel à eux, même de façon occasionnelle ;

[...]

(L. n° 2001-1246 du 21 déc. 2001) « 22° Les dirigeants des associations remplissant les conditions prévues au deuxième alinéa du *d* du 1° du 7 de l'article 261 du code général des impôts ; »

[...]

(L. n° 2006-1294 du 23 oct. 2006, art. 3, en vigueur le 1er janv. 2007) « **29° Les arbitres et juges, mentionnés à l'article L. 223-1 du code du sport, au titre de leur activité d'arbitres ou de juges ;** »

[...]

(L. n° 2014-856 du 31 juill. 2014, art. 48-II-1°) « **32° Les entrepreneurs salariés et les entrepreneurs salariés associés mentionnés aux articles L. 7331-2 et L. 7331-3 du code du travail.** »

(L. n° 2014-1554 du 22 déc. 2014, art. 8-I-2°, en vigueur le 1er janv. 2015) « **Un décret fixe les modalités d'application du présent article.** »

COMMENTAIRE

V. comm. ss. art. L. 241-16 CSS.

1. Boxeurs. Dès lors que l'art. 242-1 [art. L. 311-3-15° nouv.] impose l'affiliation obligatoire des artistes du spectacle en termes généraux, sans exiger que le spectacle ait un aspect culturel particulier ou qu'il soit constaté un lien de subordination entre l'entrepreneur de spectacles et l'artiste, il n'y a pas lieu d'exclure les exhibitions sportives de ce texte, lequel est par conséquent applicable à ceux qui les organisent ainsi qu'à un boxeur professionnel. • Soc. 31 mai 1972 : *Bull. civ. V, n° 391* • 23 oct. 1974 : *Bull. civ. V, n° 497.* ♦ V. également : • Soc. 6 mars 2003 : *D. 2003. 2109, note J.-P. Karaquillo.*

2. Catcheurs. L'association des catcheurs professionnels, qui signe avec ses clients un unique contrat aux termes duquel elle fournit, moyennant une rémunération forfaitaire globale, l'ensemble des prestations proposées, le client ignorant le détail de la répartition des cachets entre les artistes engagés, se comporte en entrepreneur de spectacles et doit, par conséquent, adhérer tant à la Caisse des congés spectacles qu'à la Caisse nationale de retraite des artistes et payer à ces organismes les cotisations correspondant aux cachets et salaires versés à l'ensemble du personnel auquel elle fait appel. • Paris, 28 mars 1980 : *D. 1981. IR 478, obs. J.-P. Karaquillo.*

3. Coureurs cyclistes. L'organisateur d'une course cycliste est un entrepreneur de spectacles ayant le sport pour prétexte et le coureur pour acteur, en sorte que chaque compétition place le coureur sous la subordination de l'organisateur, en dehors même de l'application de l'art. 242-1 [art. L. 311-3-15° nouv.] qui vise tous les spectacles sans faire exception pour le spectacle sportif. • Soc. 7 févr. 1974 : *Bull. civ. V, n° 104.* ♦ V. note 1 ss. C. trav., art. L. 7121-6, App., v° *Travail.*

4. Il a été jugé toutefois qu'un coureur cycliste amateur ne saurait être assimilé à un artiste du spectacle lorsqu'il se livre à son sport, lequel n'est pas une activité professionnelle. • TASS Douai, 9 avr. 1992, *Assoc. « Gaz Élec Club de Douai » c/ URSSAF de Douai : inédit.* ♦ Les primes versées à ce coureur à l'occasion d'une course ayant un caractère purement aléatoire, il y a lieu de considérer qu'il ne s'agit pas d'une rémunération au sens des art. L. 311-2 et L. 311-3-15° et qu'il convient, en conséquence, d'exclure de l'obligation d'affiliation aux assurances sociales les coureurs cyclistes amateurs. • Même jugement.

5. La présomption de salariat posée par les art. L. 7121-3 et L. 7121-4 C. trav., ensemble les art. L. 311-2 et L. 311-3 CSS trouve à s'appliquer peu important que l'artiste soit propriétaire de tout ou partie du matériel qu'il utilise. • Civ. 2e, 28 mars 2013, n° 12-13.527 : *JS 2013, n° 137, p. 36, comm. G. Vachet ; JCP E. 2013, n° 44, p. 38, obs. J. Colonna et V. Renaux-Personnic : JCP S. 2013, n° 29, p. 36, note T. Tauran.* ♦ La présomption n'est renversée que s'il est établi que les circonstances de fait et de droit excluent tout lien de subordination, et elle peut en conséquence être maintenue dès lors que les coureurs cyclistes participant à la manifestation évoluent sur le lieu choisi par l'association organisatrice, dans le cadre des horaires qu'elle a arrêtés et conformément au règlement qu'elle a également mis sur pied, peu importe qu'au cours de l'épreuve proprement dite, ils puissent rester maître de leur prestation, notamment quant au nombre de tours effectués, ou aux performances ou encore quant à un éventuel abandon. • Même arrêt.

6. Motocyclistes. N'entre pas dans le champ d'application de l'art. L. 311-3-15° le coureur motocycliste qui, en contrepartie d'une rémunération, reconnaît contractuellement à un sponsor le droit exclusif d'utiliser son nom et son image pour la promotion de divers produits et s'engage à poser pour des photographes et à participer à un nombre minimum de compétitions, dès lors que, pilote professionnel de niveau international, il est sur un plan d'égalité dans ses relations avec son sponsor, relations exclusives de toute notion de subordination, et que, de part sa seule qualité de sportif, il ne saurait être assimilé à un artiste du spectacle ou à un mannequin. • Versailles, 12 févr. 1991 : *D. 1991. Somm. 397, obs. J.-P. Karaquillo.* ♦ Arrêt confirmé par : • Soc. 22 juill. 1993 : *Bull. civ. V, n° 28 ; RDSS 1994. 112, obs. Vachet.*

7. Joueurs de tennis. L'art. L. 311-3-15° n'est pas applicable à une joueuse de tennis liée à une entreprise par un contrat de parrainage, dès lors que les activités de la joueuse n'entrent pas dans le cadre d'une activité d'organisation de spectacles par le sponsor et sont limitées à des astreintes publicitaires et à la participation à certaines manifestations pour lesquelles la sportive jouit d'une entière liberté de choix. • Paris, 16 janv. 1995 : *D. 1996. Somm. 32, obs. J.-P. Karaquillo* (V. note 14 ss. art. L. 311-2).

8. Toreros et acteurs des corridas. Les toreros et les acteurs des corridas n'entrent pas dans la catégorie des sportifs professionnels mais dans celle des artistes du spectacle au même titre que les écuyers, les dompteurs, les montreurs d'animaux féroces. • Paris, 2 juin 1983, *Boudin c/ Assoc. Les congés spectacles et a. : inédit.*

9. Navigateurs. Il incombe à l'URSSAF, qui se prévaut des dispositions de l'art. L. 311-3-15° pour assujettir des skippers au régime général de la sécurité sociale, de rapporter la preuve que les prestations de service qu'ils effectuent au profit d'un organisateur de régates de voile qui s'assure leur concours, moyennant une prime de participation, s'apparentent davantage à des exhibitions consistant principalement à se produire qu'à des compétitions. • Rennes, 5 janv. 2005, *SARL Royale c/ URSSAF Morbihan et a. : req. n° 02/07681.*

10. Arbitres. Pour un arrêt à propos de faits antérieurs à l'intervention de la loi du 23 oct. 2006 et ayant considéré, après avoir relevé que le contrôle incombant aux arbitres au cours des matchs de football impliquait une totale indépendance dans l'exercice de leur mission, que le pouvoir disciplinaire que la Fédération française de football exerce à l'égard des arbitres au même titre qu'à l'égard de tous ses licenciés dans le cadre des prérogatives de puissance publique qui lui sont déléguées, n'était pas assimilable à celui dont dispose un employeur sur son personnel, la cour d'appel en a exactement déduit qu'ils n'étaient pas liés à la FFF par un lien de subordination au sens de l'article L. 121-1 du code du travail. • Civ. 2e, 22 janv. 2009, *URSSAF de Paris c/ FFF.*

IV. *Assurance maladie*

Art. L. 323-6 *(L. n° 2004-810 du 13 août 2004, art. 27-VI)* Le service de l'indemnité journalière est subordonné à l'obligation pour le bénéficiaire :

1° D'observer les prescriptions du praticien ;

2° De se soumettre aux contrôles organisés par le service du contrôle médical prévus à l'article L. 315-2 ;

3° De respecter les heures de sorties autorisées par le praticien *(L. n° 2006-1640 du 21 déc. 2006, art. 46)* « selon des règles et des modalités prévues par décret en Conseil d'État après avis de la Haute Autorité de santé » ;

4° De s'abstenir de toute activité non autorisée.

(L. n° 2016-1827 du 23 déc. 2016, art. 109-I-2°-a) « 5° D'informer sans délai la caisse de toute reprise d'activité intervenant avant l'écoulement du délai de l'arrêt de travail. »

(L. n° 2010-1594 du 20 déc. 2010, art. 114) « En cas d'inobservation volontaire de ces obligations, le bénéficiaire restitue à la caisse les indemnités versées correspondantes *(L. n° 2016-1827 du 23 déc. 2016, art. 109-I-2°-b)* « , dans les conditions prévues à l'article L. 133-4-1 ».

« En outre, si l'activité mentionnée au 4° a donné lieu à une rémunération, à des revenus professionnels ou à des gains, il peut être prononcé une sanction financière dans les conditions prévues à l'article *(L. n° 2016-1827 du 23 déc. 2016, art. 109-I-2°-c)* « **L. 114-17-1.** » »

(Abrogé par L. n° 2016-1827 du 23 déc. 2016, art. 109-I-2°-d) « En cas de recours formé contre les décisions de la caisse, les juridictions visées à l'article L. 142-2 contrôlent l'adéquation du montant de la sanction prononcée par la caisse à l'importance de l'infraction commise par l'assuré. »

L'attribution d'indemnités journalières à l'assuré se trouvant dans l'incapacité physique de continuer ou de reprendre le travail étant subordonnée, selon l'art. L. 241-16-4° CSS, à l'obligation pour le bénéficiaire de s'abstenir de toute activité non autorisée, il appartient à l'assuré de prouver qu'il avait été autorisé à pratiquer une activité sportive. • Civ. 2e, 9 déc. 2010, *CPAM de la Marne* n° 09-14575 : *Bull. civ. II, n° 206 ; JS n° 107, p. 10, obs. F. Lagarde ; JCP S 2011. 1100, comm. T. Tauran.*

Art. L. 323-6-1 *(L. n° 2016-1827 du 23 déc. 2016, art. 109-I-3°)* L'employeur subrogé dans les droits de son salarié en arrêt de travail informe par tout moyen l'organisme local d'assurance maladie assurant le service de l'indemnité journalière de la reprise anticipée du travail par ce salarié.

En cas de manquement par l'employeur à cette obligation et si ce manquement a occasionné le versement indu d'indemnités journalières, il peut être prononcé à son encontre une sanction financière dans les conditions prévues à l'article **L. 114-17-1.**

L'organisme d'assurance maladie procède à la récupération des indemnités journalières auprès de l'employeur dans les conditions prévues à l'article **L. 133-4-1.**

Le présent art. est applicable aux reprises d'activité des salariés intervenant à compter du 1er janv. 2017 (L. n° 2016-1827 du 23 déc. 2016, art. 109-I-2°).

V. ***Assurance vieillesse***

Art. L. 351-3 Sont prises en considération en vue de l'ouverture du droit à pension, dans des conditions fixées par décret en Conseil d'État :

[...]

(L. n° 2011-1906 du 21 déc. 2011, art. 85-I) **« 7° Dans des conditions et limites d'âge, de ressources et de nombre total de trimestres validés à ce titre, fixées par le décret prévu au présent article, et sans condition d'affiliation préalable, les périodes n'ayant pas donné lieu à validation à un autre titre dans un régime de base pendant lesquelles une personne a été inscrite en tant que sportif de haut niveau sur la liste mentionnée au premier alinéa de l'article L. 221-2 du code du sport. »**

[Loi n° 2011-1906 du 21 déc. 2011, art. 85 II, III, VI : L'État prend en charge chaque année, pour les trimestres validés au cours de l'année civile précédente et sur une base forfaitaire fixée par décret, les coûts que représente, pour l'assurance vieillesse du régime général de sécurité sociale, le 7° du présent article. Cet article est applicable aux périodes d'inscription postérieures au 31 décembre 2011 sur la liste des sportifs de haut niveau mentionnée au premier alinéa de l'article L. 221-2 du code du sport. Avant le 1er octobre 2013, le Gouvernement remet au Parlement un rapport présentant le coût du dispositif prévu au présent article et étudiant la possibilité d'augmenter le nombre de trimestres mentionné au 7° du présent article.]

Code de la sécurité sociale

Art. R. 351-12 *[...]*

(Décr. n° 2012-1202 du 29 oct. 2012, art. 1er) « 9° Les périodes d'inscription sur la liste des sportifs de haut niveau mentionnée au premier alinéa de l'article L. 221-2 dans les conditions et limites suivantes :

« *a)* Ces périodes sont celles postérieures au vingtième anniversaire de l'intéressé ;

« *b)* Ces périodes sont décomptées à raison d'un trimestre par période d'inscription continue de 90 jours, à partir du premier jour d'inscription. Lorsque la période de 90 jours considérée couvre deux années civiles, le trimestre est affecté à l'année civile où cette période compte le plus grand nombre de jours ;

« *c)* Les ressources annuelles de l'intéressé n'excèdent pas, pour l'année civile au titre de laquelle l'assuré demande à bénéficier de ces périodes, 0,75 fois la valeur annuelle du plafond définie en application de l'article L. 241-3. Les ressources prises en considération incluent le total des revenus nets catégoriels retenus pour l'établissement de l'impôt sur le revenu d'après le barème des revenus taxés à un taux proportionnel ou soumis à un prélèvement libératoire de l'impôt sur le revenu, ainsi que les revenus perçus hors de France ou versés par une organisation internationale ;

« *d)* L'application de ces dispositions ne peut avoir pour effet de porter à un chiffre supérieur à quatre le nombre de trimestres d'assurance validés dans un ou plusieurs régimes de base d'assurance vieillesse obligatoire, au titre d'une même année civile ;

« *e)* Le nombre total de trimestres pouvant être validés par chaque intéressé en application du présent 9° est limité à 16. » — *Le Décr. n° 2012-1202 du 29 oct. 2012 est applicable aux périodes d'inscription sur la liste des sportifs de haut niveau mentionnée au premier al. de l'art. L. 221-2 C. sport postérieures au 31 déc. 2011 (Décr. préc., art. 3).*

[...]

Art. R. 351-14 *(Décr. n° 2012-1202 du 29 oct. 2012, art. 2)* Avant le 1er octobre de chaque année, les services du ministère chargé des sports invitent à déposer leur demande les sportifs de haut niveau inscrits sur la liste mentionnée au premier alinéa de l'article L. 221-2 du code du sport au cours de l'année civile précédente et qui sont susceptibles d'obtenir la validation d'au moins un trimestre au titre de cette même année civile en application des dispositions du 9° de l'article R. 351-12 du présent code. La demande de l'intéressé est accompagnée de pièces justificatives dont la liste est fixée par arrêté du ministre chargé de la sécurité sociale et du ministre chargé des sports. Les services du ministère chargé des sports communiquent avant le 31 décembre de la même année à la Caisse nationale d'assurance vieillesse l'ensemble des demandes déposées, accompagnées des pièces justificatives. La Caisse nationale d'assurance vieillesse procède à l'instruction des demandes et informe les intéressés de sa décision avant le 30 avril de l'année suivante. — *Le Décr. n° 2012-1202 du 29 oct. 2012 est applicable aux périodes d'inscription sur la liste des sportifs de haut niveau mentionnée au premier al. de l'art. L. 221-2 C. sport postérieures au 31 déc. 2011 (Décr. préc., art. 3).*

Décret n° 2012-1203 du 29 octobre 2012,

Relatif à la prise en charge par l'État du coût correspondant aux trimestres d'assurance vieillesse validés par les sportifs de haut niveau.

Art. 1er I. — Le versement forfaitaire annuel de l'État à la Caisse nationale d'assurance vieillesse prévu au II de l'article 85 de la loi du 21 décembre 2011 susvisée est égal au produit :

1° Du nombre total de trimestres comptés comme périodes d'assurance*[,]* en application des dispositions du 9° de l'article R. 351-12 du code de la sécurité sociale*[,]* au cours de l'année civile considérée ;

2° Du taux de cotisations pour le risque vieillesse prévu au deuxième alinéa de l'article L. 241-3 du même code, en vigueur au 1er janvier de la même année ;

3° Et d'une assiette correspondant à 75 % de la valeur trimestrielle du plafond arrêté en application du premier alinéa de l'article L. 241-3 du même code au titre de la même année.

II. — La Caisse nationale d'assurance vieillesse transmet à l'État les données nécessaires au calcul du versement forfaitaire mentionné au I, qui intervient au plus tard le 31 décembre de l'année civile au cours de laquelle la caisse a procédé à la validation des trimestres concernés. Les modalités techniques de versement financier et de facturation sont définies par voie de convention établie entre l'État, la Caisse nationale d'assurance vieillesse et l'Agence centrale des organismes de sécurité sociale.

Arrêté du 17 juin 2013,

Relatif à la liste des pièces justificatives accompagnant la demande de validation par le régime général d'assurance vieillesse des périodes d'inscription sur la liste des sportifs de haut niveau mentionnée au premier alinéa de l'article L. 221-2 du code du sport.

Art. 1er La demande des sportifs de haut niveau en vue de la validation par le régime général d'assurance vieillesse des périodes d'inscription sur la liste mentionnée au premier alinéa de l'article L. 221-2 du code du sport est constituée des pièces suivantes :

1° Un formulaire de demande homologué dûment complété ;

2° Une copie de l'avis d'impôt, le cas échéant du foyer fiscal de rattachement, sur les revenus de l'année civile au titre de laquelle l'intéressé demande la validation de périodes d'inscription sur la liste mentionnée au premier alinéa de l'article L. 221-2 précité ou, si l'intéressé n'est pas considéré comme domicilié en France pour l'établissement de l'impôt sur le revenu, un document attestant de l'imposition hors de France établi par l'autorité locale étrangère compétente ;

3° Une pièce justificative d'identité.

Art. L. 351-3-1 *(L. n° 2015-1702 du 21 déc. 2015, art. 53)* **Le 1° de l'article L. 351-3 n'est pas applicable aux personnes détachées en France qui relèvent d'un accord international de sécurité sociale et qui ne sont pas affiliées à un régime français de retraite obligatoire.**

VI. *Accident du travail – Maladie professionnelle*

Art. L. 411-1 Est considéré comme accident du travail, quelle qu'en soit la cause, l'accident survenu par le fait ou à l'occasion du travail à toute personne salariée ou travaillant, à quelque titre ou en quelque lieu que ce soit, pour un ou plusieurs employeurs ou chefs d'entreprise.

Joueur « prêté ». Un sportif professionnel, sous contrat de travail avec un club français, décédé durant une période de mutation temporaire (« prêt ») au sein d'un club étranger, ne relève pas du régime des travailleurs salariés de la sécurité sociale française. • TASS Lyon, 21 déc. 2005, *Foé c/ CPAM Lyon et a. : RJ éco. sport n° 78, 2006. 81, obs. J.-P. Boucheron et F. Lagarde*.

Art. L. 412-8 Outre les personnes mentionnées à l'article L. 412-2, bénéficient également des dispositions du présent livre, sous réserve des prescriptions spéciales du décret en Conseil d'État :

[...]

(L. n° 2015-1541 du 27 nov. 2015, art. 11-1°) 18° « Les personnes inscrites en tant que sportif de haut niveau sur la liste mentionnée au premier alinéa de l'article L. 221-2 du code du sport pour les accidents et maladies professionnelles survenus par le fait ou à l'occasion de leur activité sportive, dans la mesure où elles ne bénéficient pas, pour ces accidents et maladies professionnelles, des dispositions du présent livre, dans des conditions fixées par décret. »

[...]

En ce qui concerne les personnes mentionnées aux 1°, 2° et 3° du présent article et non assujetties aux assurances sociales en vertu du livre III ainsi que les personnes mentionnées au 13° et les personnes mentionnées au 15°, le décret en Conseil d'État et, pour les personnes mentionnées aux 4°, 5°, 6°, 7°, 9°, 10°, 11°, 12°, 15°, 16°*(L. n° 2015-1541 du 27 nov. 2015)* « , 17° et 18° » des décrets prévus par ceux-ci, déterminent à qui incombent les obligations de l'employeur. Pour les personnes qui ne sont pas rémunérées ou ne reçoivent pas une rémunération normale, ils fixent les bases des cotisations et celles des indemnités.

....

Art. L. 433-1 La journée de travail au cours de laquelle l'accident s'est produit, quel que soit le mode de paiement du salaire, est intégralement à la charge de l'employeur.

Une indemnité journalière est payée à la victime par la caisse primaire, à partir du premier jour qui suit l'arrêt du travail consécutif à l'accident sans distinction entre les jours ouvrables et les dimanches et jours fériés, pendant toute la période d'incapacité de travail qui précède soit la guérison complète, soit la consolidation de la blessure ou le décès ainsi que dans le cas de rechute ou d'aggravation prévu à l'article L. 443-2.

L'indemnité journalière *(L. n° 2011-1906 du 21 déc. 2011, art. 45-II)* « est servie » en tout ou partie en cas de reprise d'un travail léger autorisé par le médecin traitant, si cette reprise est reconnue par le médecin-conseil de la caisse primaire comme de nature à favoriser la guérison ou la consolidation de la blessure. *(L. n° 2011-1906 du 21 déc. 2011, art. 45-II)* « La reprise d'un travail à temps complet ne fait pas obstacle au versement ultérieur de cette indemnité en cas de travail léger autorisé postérieurement par le médecin traitant, dans les mêmes conditions. » Le montant total de l'indemnité *(L. n° 2011-1906 du 21 déc. 2011, art. 45-II)* « servie » et du salaire ne peut dépasser le salaire normal des travailleurs de la même catégorie professionnelle ou, s'il est plus élevé, le salaire sur lequel a été calculée l'indemnité journalière. En cas de dépassement, l'indemnité est réduite en conséquence.

(L. n° 2010-1594 du 20 déc. 2010, art. 84-I-2°) « L'article L. 323-3-1 est applicable aux arrêts de travail résultant d'un accident de travail ou d'une maladie professionnelle. »

(L. n° 2008-1330 du 17 déc. 2008, art. 100-I) « L'indemnité journalière peut être rétablie pendant le délai mentionné à l'article L. 1226-11 du code du travail lorsque la victime ne peut percevoir aucune rémunération liée à son activité salariée. Le versement de l'indemnité cesse dès que l'employeur procède au reclassement dans l'entreprise du salarié inapte ou le licencie. Lorsque le salarié bénéficie d'une rente, celle-ci s'impute sur l'indemnité journalière. Un décret détermine les conditions d'application du présent alinéa. »

(L. n° 2007-1786 du 19 déc. 2007, art. 117-I) « Le droit à l'indemnité journalière est ouvert dans les conditions définies à l'article L. 323-6. »

Une caisse primaire d'assurance maladie est fondée à refuser de verser des indemnités journalières à des joueurs de rugby pluriactifs qui, à la suite d'accidents du travail dans leur emploi sportif ont poursuivi une activité professionnelle non sportive dans des conditions ne correspondant pas à celles prévues par l'art. L. 433-1 CSS. • Poitiers, 15 mai 2001, *CPAM 17 c/ Stade rochelais et a. : inédit.*

....

Art. L. 454-1 Si la lésion dont est atteint l'assuré social est imputable à une personne autre que l'employeur ou ses préposés, la victime ou ses ayants droit conserve contre l'auteur de l'accident le droit de demander la réparation du préjudice causé, conformément aux règles de droit commun, dans la mesure où ce préjudice n'est pas réparé par application du présent livre.

Les caisses primaires d'assurance maladie sont tenues de servir à la victime ou à ses ayants droit les prestations et indemnités prévues par le présent livre, sauf recours de leur part contre l'auteur responsable de l'accident, dans les conditions ci-après ; ce recours est également ouvert à l'État et aux institutions privées, lorsque la victime est pupille de l'éducation surveillée, dans les conditions définies par décret.

Si la responsabilité du tiers auteur de l'accident est entière ou si elle est partagée avec la victime, la caisse est admise à poursuivre le remboursement des prestations mises à sa charge à due concurrence de la part d'indemnité mise à la charge du tiers qui répare l'atteinte à l'intégrité physique de la victime, à l'exclusion de la part d'indemnité, de caractère personnel, correspondant aux souffrances physiques ou morales par elle endurées et au préjudice esthétique et d'agrément. De même, en cas d'accident suivi de mort, la part d'indemnité correspondant au préjudice moral des ayants droit leur demeure acquise.

(L. n° 2003-1199 du 18 déc. 2003, art. 8-I) « Hors le cas où la caisse est appelée en déclaration de jugement commun conformément aux dispositions ci-après, la demande de la caisse vis-à-vis du tiers responsable s'exerce en priorité à titre amiable. *(Abrogé par L. n° 2014-1554 du 22 déc. 2014, art. 16-I-2°, à compter du 1er juill. 2015) « Une convention signée par la Caisse nationale de l'assurance maladie des travailleurs salariés, la Caisse nationale d'assurance maladie et maternité des travailleurs non salariés et la Caisse centrale de la mutualité sociale agricole avec les organisations représentatives des assureurs peut définir les modalités de mise en œuvre de cette procédure. »*

« La personne victime, les établissements de santé, le tiers responsable et son assureur sont tenus d'informer la caisse de la survenue des lésions causées par un tiers dans des conditions fixées par décret. » *(Abrogé par L. n° 2011-1906 du 21 déc. 2011, art. 120-III) « La méconnaissance de l'obligation d'information des caisses par l'assureur du tiers responsable donne lieu à la majoration de 50 % de l'indemnité forfaitaire mentionnée ci-après dans les conditions déterminées par le même décret. »*

Si la responsabilité du tiers est partagée avec l'employeur, la caisse ne peut poursuivre un remboursement que dans la mesure où les indemnités dues par elle en vertu du présent livre dépassent celles qui auraient été mises à la charge de l'employeur en vertu du droit commun.

Dans le cas où les rentes prévues au 4° de l'article L. 431-1 sont inférieures à la réparation de même nature due à la victime ou à ses ayants droit par application des dispositions du présent article, les rentes supplémentaires peuvent être allouées sous forme de capital. Celles qui ne seraient pas allouées en capital doivent, dans les deux mois de la décision définitive ou de l'accord des parties, être constituées par le débiteur à la caisse nationale de prévoyance suivant le tarif résultant du présent code.

(Ord. n° 96-51 du 24 janv. 1996, art. 10-I) « En contrepartie des frais qu'elle engage pour obtenir le remboursement mentionné au troisième alinéa ci-dessus, la Caisse d'assurance maladie à laquelle est affilié l'assuré social victime de l'accident recouvre une indemnité forfaitaire à la charge du tiers responsable et au profit du fonds national des accidents du travail de l'organisme national d'assurance maladie. Le montant de cette indemnité est égal au tiers des sommes dont le remboursement a été obtenu, dans les limites d'un montant maximum de *(L. n° 2005-1579 du 19 déc. 2005, art. 15-II)* « 910 € » et d'un montant minimum de *(L. n° 2005-1579 du 19 déc. 2005, art. 15-II)* « 91 € ». A compter du 1er janvier 2007, les montants mentionnés au présent alinéa sont révisés chaque année, par arrêté des ministres chargés de la sécurité sociale et du budget, en fonction du taux de progression de l'indice des prix à la consommation hors tabac prévu dans le rapport économique, social et financier annexé au projet de loi de finances pour l'année considérée ».

Cette indemnité est établie et recouvrée par la caisse selon les règles et sous les garanties et sanctions prévues au chapitre III du titre III et aux chapitres II, III et IV du titre IV du livre Ier ainsi qu'aux chapitres III et IV du titre IV du livre II applicables au recouvrement des cotisations de sécurité sociale.

Lorsque l'assuré victime de l'accident est affilié au régime agricole, l'indemnité est recouvrée selon les règles et sous les garanties et sanctions prévues aux chapitres II, III et IV du titre IV du livre Ier ainsi *(L. n° 2011-1906 du 21 déc. 2011, art. 120-III)* « qu'aux articles L. 725-3 à L. 725-4 du code rural et de la pêche maritime. »

Le principe selon lequel aucune action en réparation des accidents du travail ne peut être exercée par la victime et ses ayants droit conformément au droit commun comporte pour exception, exprimée sur la base des dispositions de l'art. L. 451-1, le cas où les lésions dommageables résultent du fait d'un tiers ; la qualification de « tiers » ne peut être retenue dans l'hypothèse, dénommée « travail en commun », d'une collaboration intégrée de deux entreprises en vue d'aboutir à un résultat prédéterminé. Un club professionnel de football n'est pas fondé, pour contester la recevabilité de l'action d'une caisse primaire en remboursement des prestations sociales servies à un joueur salarié, blessé à la suite d'un tacle d'un adversaire, à invoquer cette notion de travail en commun ; en effet, si objectif commun il peut y avoir entre deux sociétés à objet sportif œuvrant dans le domaine des sports collectifs dans la mesure où elles ont vocation à produire un spectacle attrayant qui détermine le niveau moyen des recettes, objectif propre à chacune, elles ne peuvent jamais être, au stade de la production du spectacle, de la distribution des rôles, de la définition des conditions du suspense qui participe du spectacle, dans un rapport de collaboration intégrée. • Rennes, 4 déc. 2002, *CPAM de Nantes c/ SA Olympique de Marseille : inédit.* ♦ Confirmé sur ce point par : • Civ. 2e, 8 avr. 2004 : *RJ éco. sport 2002, n° 71, p. 29, obs. F. Lagarde* (sol. impl.). ♦ V. également : • Paris, 9 déc. 2002 : *Cah. soc. du Barreau de Paris n° 151, 2003. 289, note Pansier.*

Code général des collectivités territoriales

Art. L. 2531-2 *(L. n° 2014-891 du 8 août 2014, art. 17-I-2°-a et II, applicable aux rémunérations versées à compter du 1er janv. 2015)* « I. — » Dans la région d'Île-de-France, les personnes physiques ou morales, publiques ou privées *(L. n° 2014-1655 du 29 déc. 2014, art. 86, applicable aux rémunérations versées à compter du 1er janv. 2015)* « , à l'exception des fondations et associations reconnues d'utilité publique à but non lucratif dont l'activité est de caractère social, » *(Abrogé par L. n° 2014-891 du 8 août 2014, art. 17-I-2°-a et II, applicable aux rémunérations versées à compter du 1er janv. 2015)* « *, à l'exception des fondations et associations reconnues d'utilité publique, à but non lucratif, dont l'activité est de caractère social,* » sont assujetties à un versement de transport lorsqu'elles emploient *(L. n° 2015-1785 du 29 déc. 2015, art. 15-IV-2°-a)* « au moins onze » salariés.

(Ord. n° 2005-892 du 2 août 2005, art. 2-II et 6, en vigueur jusqu'au 31 déc. 2007) « Les dispositions du cinquième alinéa de l'article L. 620-10 du code du travail s'appliquent au calcul de l'effectif mentionné au présent article. » — *Ord. annulée par CE 6 juill. 2007, req. n° 283892.*

(L. n° 96-314 du 12 avr. 1996, art. 11-VI et VIII, en vigueur le 1er mai 1996) « Les employeurs qui, en raison de l'accroissement de leur effectif, atteignent ou dépassent l'effectif de *(L. n° 2015-1785 du 29 déc. 2015, art. 15-IV-2°-b)* « onze » salariés sont dispensés pendant trois ans du paiement du versement. Le montant du versement est réduit de 75 p. 100, 50 p. 100 et 25 p. 100 respectivement chacune des trois années suivant la dernière année de dispense. Pour les employeurs qui sont dispensés du versement en 1996, la dispense de paiement s'applique jusqu'au 31 décembre 1999. »

(Abrogé par L. n° 2008-776 du 4 août 2008, art. 48-VII) « *Les dispositions de l'alinéa précédent ne sont pas applicables lorsque l'accroissement de l'effectif résulte de la reprise ou de l'absorption d'une entreprise ayant employé dix salariés ou plus au cours de l'une des trois années précédentes. Dans ce cas, le versement est dû dans les conditions de droit commun dès l'année au cours de laquelle l'effectif de dix salariés est atteint ou dépassé.* » — *[C. communes, art. L. 263-2 issu de L. n° 75-580 du 5 juill. 1975, art. 1er, al. 1er et 2.]*

(Abrogé par L. n° 2014-1655 du 29 déc. 2014, art. 86-I-2°) (L. n° 2014-891 du 8 août 2014, art. 17-I-2°-b) « *II. — Par dérogation au premier alinéa du I, sont exonérées, de droit, du versement destiné au financement des transports en commun les fondations et les associations reconnues d'utilité publique à but non lucratif dont l'activité principale :*

« 1° A pour objectif soit d'apporter un soutien à des personnes en situation de fragilité, du fait de leur situation économique ou sociale, du fait de leur situation personnelle et particulièrement de leur état de santé ou du fait de leurs besoins en matière d'accompagnement social ou médico-social, soit de contribuer à l'éducation à la citoyenneté et à la lutte contre les inégalités sociales par l'éducation populaire ;

« 2° Satisfait à l'une au moins des conditions suivantes :

« a) Les prestations sont assurées à titre gratuit ou contre une participation des bénéficiaires sans rapport avec le coût du service rendu, sans contrepartie légale acquise à l'association à ce titre, notamment au titre de l'article L. 314-1 du code de l'action sociale et des familles ;

« b) L'équilibre financier de l'activité est assuré au moyen d'une ou de plusieurs subventions, au sens de l'article 10 de la loi n° 2000-321 du 12 avril 2000 relative aux droits des citoyens dans leurs relations avec les administrations ;

« c) Elle est exercée de manière prépondérante par des bénévoles et des volontaires.

« III. — Sont également exonérées, de droit, du versement prévu au présent article les associations reconnues d'utilité publique à but non lucratif dont l'activité principale consiste à coordonner, à soutenir ou à développer l'activité des fondations et des associations à but

non lucratif et dont l'activité principale respecte les conditions posées aux 1° et 2° du II du présent article.

« IV. — L'organe délibérant de l'autorité organisatrice de transport, au sens de l'article L. 1221-1 du code des transports, peut exonérer, par délibération prise avant le 1er octobre en vue d'une application à compter du 1er janvier de l'année suivante, les fondations et les associations reconnues d'utilité publique à but non lucratif dont l'activité principale a pour objectif de contribuer à la lutte contre les exclusions et les inégalités sanitaires, sociales, économiques et culturelles, à l'éducation à la citoyenneté, à la préservation et au développement du lien social ou au maintien et au renforcement de la cohésion territoriale et satisfait à l'une au moins des conditions prévues au 2° du II du présent article.

« Il peut également exonérer, par délibération prise avant le 1er octobre en vue d'une application à compter du 1er janvier de l'année suivante, les associations à but non lucratif directement affiliées à une association reconnue d'utilité publique lorsque l'activité principale de ces associations poursuit les objectifs mentionnés au 1° du II ou au premier alinéa du présent IV et satisfait à l'une au moins des conditions mentionnées au 2° du II.

« Les délibérations prévues aux deux premiers alinéas du présent IV sont transmises par l'autorité organisatrice de transport aux organismes de recouvrement avant le 1er novembre de chaque année. Elles sont prises pour une durée de trois ans. »

Cet art. s'applique aux rémunérations versées à compter du 1er janv. 2015 (L. n° 2014-1655 du 29 déc. 2014, art. 86-II).

Les actions sociales que revendique la Fédération française de football n'étant pas prépondérantes dans son activité, elle n'apporte pas la preuve du caractère social de son activité au sens de l'art. L. 2531-2 CGCT et ne peut ainsi bénéficier de l'exemption du versement transport prévu audit article. • Civ. 2e, 28 mai 2009, *Féd. fr. de football : pourvoi n° 08-17.553.*

Arrêté du 27 juillet 1994,

Fixant l'assiette des cotisations de sécurité sociale dues pour les personnes exerçant une activité dans le cadre d'une personne morale à objet sportif, d'une association de jeunesse ou d'éducation populaire.

Pour les personnes exerçant une activité accessoire au sein d'une association de jeunesse ou d'éducation populaire, V. Arr. du 28 juill. 1994 (JO 6 août).

Art. 1er Les dispositions contenues dans le présent arrêté sont applicables :

1° Aux personnes exerçant une activité rémunérée, à l'exception du personnel administratif, des dirigeants et administrateurs salariés et des personnels médicaux et paramédicaux :

– dans le cadre d'une fédération agréée par le ministère chargé des sports ou d'un groupement sportif affilié à celle-ci ;

– ou pour le compte d'un organisateur de manifestations sportives, sous réserve que cet organisateur ait reçu l'agrément visé à l'article 18 de la loi n° 84-610 du 16 juillet 1984 modifiée *[art. L. 331-5 C. sport]*, **quand cet agrément est requis en application de cet article 18 ;**

2° Aux personnes exerçant une activité rémunérée, liée à l'enseignement et à la pratique d'un sport, dans le cadre d'une association de jeunesse ou d'éducation populaire agréée par le ministère chargé de la jeunesse et des sports.

Toutefois, ces dispositions ne sont pas applicables aux personnes exerçant leur activité dans le cadre d'organismes à but lucratif.

COMMENTAIRE

Depuis le 1er janvier 2007 et l'entrée en vigueur du dispositif spécial dont bénéficient les arbitres et juges sportifs en matière de charges sociales (V., ci-dessus, art. L. 241-16 CSS), l'arrêté du 27 juillet 1994 ne leur est plus applicable.

Art. 2 Les cotisations d'assurances sociales, d'accidents du travail et d'allocations familiales dues pour l'emploi des personnes visées à l'article 1er ci-dessus sont calculées sur la base d'une assiette forfaitaire mensuelle. Cette assiette est déterminée compte tenu de la rémunération brute mensuelle, appréciée par mois civil, telle que définie à l'article L. 242-1 du code

de la sécurité sociale, par référence à la valeur horaire du SMIC au 1er janvier de chaque année, selon le barème suivant :

Assiette forfaitaire mensuelle
(en valeur du SMIC horaire)

Rémunérations mensuelles	Assiette
Inférieures à 45 SMIC	5 SMIC
= ou > à 45 SMIC < à 60 SMIC	15 SMIC
= ou > à 60 SMIC < à 80 SMIC	25 SMIC
= ou > à 80 SMIC < à 100 SMIC	35 SMIC
= ou > à 100 SMIC < à 115 SMIC	50 SMIC

Art. 3 Les cotisations susvisées, dues sur les rémunérations mensuelles égales ou supérieures à la valeur de 115 fois le SMIC horaire, doivent être obligatoirement acquittées dès le premier franc selon les règles de droit commun.

Art. 4 Par dérogation aux dispositions de l'article 2 ci-dessus, les cotisations d'assurances sociales, d'accidents du travail et d'allocations familiales peuvent, d'un commun accord entre les intéressés et la personne morale ou l'association, être calculées conformément au droit commun sur le montant des rémunérations versées aux intéressés.

Art. 5 Les présentes dispositions entrent en vigueur pour les gains et rémunérations versés à compter du 1er septembre 1994.

V. aussi Circ. DSS/AAF/A1/94 n° 60 du 28 juill. 1994 relative à la situation des sportifs au regard de la sécurité sociale et du droit du travail (BOJS n° 9-10 du 29 sept.) ; Circ. ACOSS n° 94-61 du 18 août 1994 relative à la situation des sportifs au regard de la sécurité sociale ; Circ. ACOSS n° 95-18 du 23 janv. 1995 (application de la circulaire du 28 juill. 1994) ; Instr. n° 95-072 JS du 6 avr. 1995 relative au régime de sécurité sociale des sommes versées aux éducateurs sportifs recrutés par l'intermédiaire des associations Profession Sport (BOJS n° 5 du 31 mai) ; Dir. UNEDIC n° 52-95 du 27 nov. 1995 relative à la situation du secteur sportif au regard du régime d'assurance chômage.

1. C'est à bon droit qu'une cour d'appel a retenu que les moniteurs de danse rémunérés par une association ayant pour objet l'exploitation de centres d'animation sportive, culturelle et de loisirs, y compris ceux exerçant une activité accessoire d'enseignement de stretching, exerçaient une activité essentiellement culturelle exigeant des capacités artistiques, et que l'association avait par conséquent cotisé à juste titre selon les modalités prévues par l'Arr. du 28 juill. 1994 pour l'emploi de personnes exerçant pour le compte d'une association de jeunesse ou d'éducation populaire une activité accessoire autre qu'une activité sportive. • Civ. 2e, 16 déc. 2003 : *pourvoi n° 02-30.535.*

2. La circulaire n° 94-60 du 8 juill. 1994 excluant de la franchise de cotisations les sommes versées, notamment, aux éducateurs et entraîneurs chargés de l'enseignement d'un sport, cette mesure ne s'étend pas aux personnels « éducateurs sportifs ». • Civ. 2e, 13 févr. 2014, pourvoi n° 13-10.788 : *JS 2014, n° 143, p. 10, obs. J. Mondou ; Dict. perm. dr. sport 2014, Bull. n° 210, p. 8, note A. Renard.* ♦ Par ailleurs, toute mesure d'exonération s'interprète strictement, de sorte que le dispositif de la franchise qui concerne les sportifs et ceux qui, tels les billettistes et les arbitres, assument des fonctions indispensables au déroulement du match, ne saurait être étendu aux accompagnateurs salariés qui encadrent les voyages et les déplacements sans coopérer directement aux matchs sportifs. • Même arrêt.

SOCIÉTÉS

V. aussi, sur les sociétés sportives professionnelles, art. L. 122-1 s. C. sport.

Code général des collectivités territoriales

Sociétés d'économie mixte locales. Dispositions particulières

Art. L. 1525-1 Les dispositions de l'article L. 1522-1 concernant la participation majoritaire des collectivités territoriales et de leurs groupements au capital ne sont pas applicables :

1° ....

2° Aux sociétés d'économie mixte sportives *(Ord. n° 2006-596 du 23 mai 2006, art. 3-II-4°)* « mentionnées à l'article L. 122-12 du code du sport » dans lesquelles la majorité du capital social et la majorité des voix dans les organes délibérants sont détenues par l'association sportive seule ou, conjointement, par l'association sportive et les collectivités territoriales ;

3° Aux sociétés d'économie mixte d'équipement et d'exploitation de remontées mécaniques constituées antérieurement au 8 juillet 1983, date de publication de la loi n° 83-597 du 7 juillet 1983 précitée *[relative aux sociétés d'économie mixte locales, codifiée au CGCT, art. L. 1521-1 à L. 1525-3]*.

[...]

Code de commerce

COMMENTAIRE

Qu'ils soient constitués sous la forme juridique d'association ou de société, les groupements sportifs n'échappent pas au droit commun des sociétés.

Par exemple, un dirigeant qui se rend coupable du délit d'abus de biens sociaux peut se voir appliquer les sanctions prévues par l'article L. 242-6 du code de commerce, sans qu'il y ait à opérer une quelconque distinction en raison de l'objet à caractère sportif du groupement auquel il appartient. Ainsi, pour les dirigeants sportifs comme pour les autres, le juge décide que l'usage de biens sociaux est contraire à l'intérêt social du groupement lorsqu'il expose celui-ci et ses dirigeants à un risque anormal de sanctions pénales ou fiscales et d'atteinte au crédit et à la réputation de la société. Autrement dit, même s'il est soutenu que l'acte incriminé a été commis dans l'intérêt de la société, il sera qualifié d'abus de biens sociaux dès lors qu'un tel risque est constaté. La fin ne justifie pas « tous » les moyens…

Autre exemple d'application du droit commun des sociétés, les règles gouvernant le droit des procédures collectives largement rénovées, en 2005, par la loi de sauvegarde des entreprises *(L. n° 2005-845 du 26 juillet 2005, JO 27 juill. ; rect. 22 oct.)* et réformées par l'ordonnance n° 2014-326 du 12 mars 2014 *(JO 14 mars)* dans l'objectif de simplifier les procédures et de réduire les délais de traitement.

Association ou société sportive peuvent faire l'objet d'une procédure collective selon les règles applicables à toute entreprise. En effet, entrent dans le champ des procédures collectives, non seulement, les sociétés commerciales mais plus généralement toute personne morale de droit privé et, depuis 2005, les personnes physiques exerçant une activité professionnelle indépendante.

Ainsi, « l'entreprise » sportive – association, société ou travailleur indépendant – qui connaît des difficultés financières pourra faire l'objet d'une procédure de conciliation (art. L. 611-4 s. C. com.), de sauvegarde (art. L. 620-1 s. C. com.), de redressement (art. L. 631-1 s. C. com.) ou de liquidation judiciaire (art. L. 640-1 s. C. com.). La procédure mise en œuvre dépendra de l'état de son actif disponible face à son passif exigible.

Il doit être souligné que les dirigeants de droit, ou de fait, peuvent être condamnés à supporter, en tout ou partie, sur leur patrimoine personnel, les dettes de la personne morale. Il suffit pour cela que les dirigeants aient commis une faute de gestion ayant contribué à l'apparition ou à l'aggravation du passif de l'entreprise (art. L. 651-2 C. com.).

Or, la faute de gestion est appréciée de manière très extensive par les tribunaux. Elle peut résulter d'un acte positif commis par un dirigeant comme d'une abstention pure et simple. Par exemple, le comportement passif des membres du conseil d'administration constitue une faute de gestion. D'une manière générale, toute faute est susceptible de constituer une faute de gestion, y compris la faute d'imprudence.

Cette appréciation de la faute de gestion par les tribunaux doit donc conduire les dirigeants sportifs à une extrême vigilance dans l'exercice de leurs fonctions, les conséquences financières sur un plan personnel pouvant s'avérer extrêmement douloureuses…

Art. L. 223-22 **Les gérants sont responsables, individuellement ou solidairement, selon le cas, envers la société ou envers les tiers, soit des infractions aux dispositions législatives ou réglementaires applicables aux sociétés à responsabilité limitée, soit des violations des statuts, soit des fautes commises dans leur gestion.**

Si plusieurs gérants ont coopéré aux mêmes faits, le tribunal détermine la part contributive de chacun dans la réparation du dommage.

Outre l'action en réparation du préjudice subi personnellement, les associés peuvent, soit individuellement, soit en se groupant dans les conditions fixées par décret en Conseil d'État, intenter l'action sociale en responsabilité contre les gérants. Les demandeurs sont habilités à poursuivre la réparation de l'entier préjudice subi par la société à laquelle, le cas échéant, les dommages-intérêts sont alloués.

Est réputée non écrite toute clause des statuts ayant pour effet de subordonner l'exercice de l'action sociale à l'avis préalable ou à l'autorisation de l'assemblée, ou qui comporterait par avance renonciation à l'exercice de cette action.

Aucune décision de l'assemblée ne peut avoir pour effet d'éteindre une action en responsabilité contre les gérants pour faute commise dans l'accomplissement de leur mandat.

Pour mettre hors de cause le gérant d'une société organisant des stages d'initiation de parapente à l'encontre d'un stagiaire blessé suite à une chute, l'arrêt d'appel retient qu'il n'est pas démontré que le gérant ait participé au stage en tant qu'instructeur et qu'aucune faute personnelle n'est établie à son encontre. En se déterminant ainsi, sans vérifier, ainsi qu'elle y était invitée, si la société était pourvue d'une assurance de responsabilité couvrant son activité d'enseignement du parapente, une telle assurance étant obligatoire à peine de sanction pénale, et, dans la négative, si cette carence ne constituait pas une faute, détachable de ses fonctions de gérant, de nature à engager la responsabilité personnelle du gérant, la cour d'appel n'a pas donné de base légale à sa décision au regard de l'art. L. 223-22 C. com., ensemble les art. L. 321-1 et L. 321-2 C. sport. • Com. 27 mai 2015, n° 13-23.772 : *Dr. sociétés, n° 8-9, août 2015, comm. 152, M. Roussille.*

Art. L. 242-6 **Est puni d'un emprisonnement de cinq ans et d'une amende de 375 000 € le fait pour :**

1° Le président, les administrateurs ou les directeurs généraux d'une société anonyme d'opérer entre les actionnaires la répartition de dividendes fictifs, en l'absence d'inventaire, ou au moyen d'inventaires frauduleux ;

2° Le président, les administrateurs ou les directeurs généraux d'une société anonyme de publier ou présenter aux actionnaires, même en l'absence de toute distribution de dividendes, des comptes annuels ne donnant pas, pour chaque exercice, une image fidèle du résultat des opérations de l'exercice, de la situation financière et du patrimoine, à l'expiration de cette période, en vue de dissimuler la véritable situation de la société ;

3° Le président, les administrateurs ou les directeurs généraux d'une société anonyme de faire, de mauvaise foi, des biens ou du crédit de la société, un usage qu'ils savent contraire à l'intérêt de celle-ci, à des fins personnelles ou pour favoriser une autre société ou entreprise dans laquelle ils sont intéressés directement ou indirectement ;

4° Le président, les administrateurs ou les directeurs généraux d'une société anonyme de faire, de mauvaise foi, des pouvoirs qu'ils possèdent ou des voix dont ils disposent, en cette qualité, un usage qu'ils savent contraire aux intérêts de la société, à des fins personnelles ou pour favoriser une autre société ou entreprise dans laquelle ils sont intéressés directement ou indirectement.

(L. n° 2013-907 du 11 oct. 2013, art. 27-V) **« Outre les peines complémentaires prévues à l'article L. 249-1, le tribunal peut également prononcer à titre de peine complémentaire, dans les cas prévus au présent article, l'interdiction des droits civiques, civils et de famille prévue à l'article 131-26 du code pénal. »**

(L. n° 2013-1117 du 6 déc. 2013, art. 30-2°) **« L'infraction définie au 3° est punie de sept ans d'emprisonnement et de 500 000 € d'amende lorsqu'elle a été réalisée ou facilitée au moyen soit de comptes ouverts ou de contrats souscrits auprès d'organismes établis à l'étranger, soit de l'interposition de personnes physiques ou morales ou de tout organisme, fiducie ou institution comparable établis à l'étranger. »**

Les dispositions issues du V de l'art. 27 de la L. n° 2013-907 du 11 oct. 2013 sont applicables en Polynésie française, en Nouvelle-Calédonie et dans les îles Wallis-et-Futuna. (L. préc., art. 35-I).

Constitue le délit d'abus de biens sociaux le fait, pour le président d'un club de football devenu une société anonyme à objet sportif, d'utiliser les biens de cette société pour organiser la mise en place de procédés délictueux caractérisés par le paiement de prestations fictives lors du transfert de joueurs et la rémunération d'intermédiaires chargés de missions secrètes et contraires à l'éthique sportive telles que la corruption de joueurs et d'arbitres, dès lors que l'utilisation des fonds sociaux dans de telles conditions était contraire à l'intérêt social de la société en ce qu'elle exposait cette personne morale au risque anormal de sanctions pénales ou fiscales contre elle-même et ses dirigeants et portait ainsi atteinte au crédit et à sa réputation. • Aix-en-Provence, 4 juin 1998 : *JCP 1998. IV. 2757.*

Art. L. 246-2 **Les dispositions des articles L. 242-1 à L. 242-29** *(L. n° 2005-842 du 26 juill. 2005, art. 11-II)* **« , L. 243-1 et L. 244-5 », visant le président, les administrateurs ou les directeurs généraux de sociétés anonymes** *(L. n° 2005-842 du 26 juill. 2005, art. 11-II)* **« ou de sociétés européennes » et les gérants de sociétés en commandite par actions sont applicables à toute personne qui, directement ou par personne interposée, a, en fait, exercé la direction, l'administration ou la gestion desdites sociétés sous le couvert ou au lieu et place de leurs représentants légaux.**

Doit être déclaré coupable d'abus de biens sociaux en qualité de dirigeant de fait d'une société d'économie mixte sportive et de la société à objet sportif qui a succédé à la première société le prévenu, agent de joueur qui a pris la direction effective de cette société par manque d'opposition et de contrepoids, participé de façon systématique aux comités stratégiques chargés de la gestion sportive, administrative et financière du club, où il a joué un rôle prépondérant dans l'élaboration et la gestion des budgets et conservé la maîtrise du recrutement et du départ des joueurs. De même, ledit prévenu se rend coupable d'abus de biens sociaux en adressant à la société dont il est le Président, une facture au titre de ses honoraires alors qu'il est avéré que cette facture ne correspond à aucune prestation réelle et a été émise pour régulariser un prélèvement d'un même montant effectué antérieurement. • Crim. 19 oct. 2005 : *pourvoi n° 04-85.098.*

Art. L. 621-2 **Le tribunal compétent est le tribunal de commerce si le débiteur** *(Ord. n° 2008-1345 du 18 déc. 2008, art. 13)* **« exerce une activité commerciale ou artisanale ». Le tribunal de grande instance est compétent dans les autres cas.** *(Abrogé par L. n° 2005-845 du 26 juill. 2005, art. 15)* ***« S'il se révèle que la procédure ouverte doit être étendue à une ou plusieurs autres personnes, le tribunal initialement saisi reste compétent. »***

(Ord. n° 2008-1345 du 18 déc. 2008, art. 15) **« A la demande de l'administrateur, du mandataire judiciaire,** *(Ord. n° 2014-326 du 12 mars 2014, art. 16-1°, en vigueur le 1er juill. 2014)* **« du débiteur ou du ministère public », la procédure ouverte »** *(L. n° 2005-845 du 26 juill. 2005, art. 13)* **« peut être étendue à une ou plusieurs autres personnes en cas de confusion de leur patrimoine avec celui du débiteur ou de fictivité de la personne morale. »** *(Abrogé par Ord. n° 2014-326 du 12 mars 2014, art. 16-1°, à compter du 1er juill. 2014)* ***« A cette fin, le tribunal ayant ouvert la procédure initiale reste compétent. »***

(Ord. n° 2010-1512 du 9 déc. 2010, art. 3-3°) **« Dans les mêmes conditions, un ou plusieurs autres patrimoines du débiteur entrepreneur individuel à responsabilité limitée peuvent être réunis au patrimoine visé par la procédure, en cas de confusion avec celui-ci. Il en va de même lorsque le débiteur a commis un manquement grave aux règles prévues au deuxième alinéa de l'article L. 526-6 ou aux obligations prévues à l'article L. 526-13 ou encore une fraude à l'égard d'un créancier titulaire d'un droit de gage général sur le patrimoine visé par la procédure. »**

(L. n° 2012-346 du 12 mars 2012, art. 1er) **« Pour l'application des deuxième et troisième alinéas du présent article, le président du tribunal peut ordonner toute mesure conservatoire utile à l'égard des biens du défendeur à l'action mentionnée à ces mêmes alinéas, à la demande de l'administrateur, du mandataire judiciaire, du ministère public ou d'office. »**

(Ord. n° 2014-326 du 12 mars 2014, art. 16-2°, en vigueur le 1er juill. 2014) **« Le tribunal ayant ouvert la procédure initiale reste compétent pour ces demandes. Lorsque le débiteur soumis à la procédure initiale ou le débiteur visé par l'extension exerce une profession libérale soumise à un statut législatif ou réglementaire ou dont le titre est protégé, le tribunal**

statue en chambre du conseil après avoir entendu ou dûment appelé l'ordre professionnel ou l'autorité compétente dont, le cas échéant, il relève. »

La L. n° 2012-346 du 12 mars 2012 est applicable aux procédures de sauvegarde, de redressement judiciaire ou de liquidation judiciaire en cours à la date de sa publication (JO 13 mars). Elle est applicable en Nouvelle-Calédonie et dans les îles Wallis-et-Futuna (L. préc., art. 5 et 6).

Un tribunal de commerce retient à tort sa compétence pour prononcer le règlement judiciaire d'un club de football dès lors, d'une part, que le but poursuivi par les clubs de football professionnels est par essence sportif, c'est-à-dire non commercial, et, d'autre part, que le nécessaire côté spectacle des compétitions ne saurait pour autant permettre d'assimiler les matchs de football à d'autres prestations dont les finalités peuvent être aussi bien artistiques et culturelles que commerciales. • Reims, 19 févr. 1980 : *D. 1981. IR 45, obs. F. Alaphilippe et J.-P. Karaquillo ; RTD com. 1980. 103, obs. Alfandari et Jeantin ; Rev. sociétés 1980. 823, note Delcroix ; JCP 1981. II. 19496, note Guyon.* ♦ *Contra*, pour des décisions ayant qualifié un club de football d'entreprise commerciale et retenu, par suite, la compétence du tribunal de commerce : • T. com. Rennes, 13 janv. 1978 : *D. 1979. IR 313, obs. F. Alaphilippe et J.-P. Karaquillo*, confirmé par : • Rennes, 30 mai 1978 : *RTD com. 1979. 490, obs. Alfandari* • T. com. Marseille, 8 avr. 1980 : *D. 1981. IR 478, obs. F. Alaphilippe et J.-P. Karaquillo ; RTD com. 1980. 110, obs. Alfandari et Jeantin ; ibid. 589, obs. Houin, Le Gall et Soinne ; Rev. sociétés 1982. 339, note Plaisant.*

Art. L. 631-1 *(L. n° 2005-845 du 26 juill. 2005, art. 88)* **Il est institué une procédure de redressement judiciaire ouverte à tout débiteur mentionné aux articles L. 631-2 ou L. 631-3 qui, dans l'impossibilité de faire face au passif exigible avec son actif disponible, est en cessation des paiements.** *(Ord. n° 2008-1345 du 18 déc. 2008, art. 75)* **« Le débiteur qui établit que les réserves de crédit ou les moratoires dont il bénéficie de la part de ses créanciers lui permettent de faire face au passif exigible avec son actif disponible n'est pas en cessation des paiements. »**

La procédure de redressement judiciaire est destinée à permettre la poursuite de l'activité de l'entreprise, le maintien de l'emploi et l'apurement du passif. Elle donne lieu à un plan arrêté par jugement à l'issue d'une période d'observation et, le cas échéant, à la constitution de deux comités de créanciers, conformément aux dispositions des articles L. 626-29 et L. 626-30.

1. La loi du 25 janv. 1985 [art. L. 631-1 C. com.] ne fait pas obstacle à ce qu'il soit tenu compte, dans l'organisation des compétitions sportives, par le règlement administratif de la Ligue nationale de football, du fait qu'un club a été admis au bénéfice du redressement judiciaire. • CE, sect., 15 mai 1991, *Assoc. « Girondins de Bordeaux Football Club » : Lebon 179 ; RJ éco. sport n° spécial, 1991 ; D. 1992. 4, note Lachaume.*

2. Il n'y a pas lieu de prononcer la liquidation judiciaire d'une association sportive dès lors que des éléments nouveaux, tels qu'une diminution du budget annuel de fonctionnement et le versement d'une subvention de la mairie, conditionnés au maintien du club dans sa division sportive, permettent d'élaborer un plan de redressement. • Douai, 18 nov. 2010, *Assoc. Calais Racing union Football Club : Juris-data n° 2010-023086.*

Art. L. 631-4 *(L. n° 2005-845 du 26 juill. 2005, art. 89)* **L'ouverture** *(Ord. n° 2014-326 du 12 mars 2014, art. 49-III-1°, en vigueur le 1er juill. 2014)* **« d'une procédure de redressement judiciaire » doit être demandée par le débiteur au plus tard dans les quarante-cinq jours qui suivent la cessation des paiements s'il n'a pas, dans ce délai, demandé l'ouverture d'une procédure de conciliation.**

(Abrogé par Ord. n° 2014-326 du 12 mars 2014, art. 49-III-2°, à compter du 1er juill. 2014) ***« En cas d'échec de la procédure de conciliation, lorsqu'il ressort du rapport du conciliateur que le débiteur est en cessation des paiements, le tribunal, d'office, se saisit afin de statuer sur l'ouverture d'une procédure de redressement judiciaire. »***

Doit être confirmé l'arrêt ayant constaté le report de l'état de cessation des paiements d'un club de football à une date antérieure au jugement d'ouverture du redressement judiciaire ; à cette date, en effet, il n'y avait pas lieu de prendre en compte, dans l'appréciation de l'actif disponible, ni le montant d'un prêt bancaire consenti mais non encore versé à l'association, ni le montant de subventions publiques escomptées, celles-ci ne pouvant être comptabilisées par anticipation en vertu du principe comptable d'indépendance des exercices. • Com. 8 juin 1999 (deux arrêts) : *pourvoi n° 96-17.296 et n° 96-18.709.*

Art. L. 651-2 *(Ord. nº 2008-1345 du 18 déc. 2008, art. 131)* **Lorsque la liquidation judiciaire d'une personne morale fait apparaître une insuffisance d'actif, le tribunal peut, en cas de faute de gestion ayant contribué à cette insuffisance d'actif, décider que le montant de cette insuffisance d'actif sera supporté, en tout ou en partie, par tous les dirigeants de droit ou de fait, ou par certains d'entre eux, ayant contribué à la faute de gestion. En cas de pluralité de dirigeants, le tribunal peut, par décision motivée, les déclarer solidairement responsables.** *(L. nº 2016-1691 du 9 déc. 2016, art. 146)* **« Toutefois, en cas de simple négligence du dirigeant de droit ou de fait dans la gestion de la société, sa responsabilité au titre de l'insuffisance d'actif ne peut être engagée. »**

(Ord. nº 2010-1512 du 9 déc. 2010, art. 6-2º) **« Lorsque la liquidation judiciaire a été ouverte ou prononcée à raison de l'activité d'un entrepreneur individuel à responsabilité limitée à laquelle un patrimoine est affecté, le tribunal peut, dans les mêmes conditions, condamner cet entrepreneur à payer tout ou partie de l'insuffisance d'actif. La somme mise à sa charge s'impute sur son patrimoine non affecté. »**

L'action se prescrit par trois ans à compter du jugement qui prononce la liquidation judiciaire.

Les sommes versées par les dirigeants *(Ord. nº 2010-1512 du 9 déc. 2010, art. 6-2º)* **« ou l'entrepreneur individuel à responsabilité limitée » entrent dans le patrimoine du débiteur. Elles sont réparties au marc le franc entre tous les créanciers. Les dirigeants** *(Ord. nº 2010-1512 du 9 déc. 2010, art. 6-2º)* **« ou l'entrepreneur individuel à responsabilité limitée » ne peuvent pas participer aux répartitions à concurrence des sommes au versement desquelles ils ont été condamnés.**

1. Le président d'un club de football doit être condamné à combler pour partie le passif de la personne morale qu'il dirige bénévolement dès lors qu'il se trouve, par ses fautes de gestion diverses et répétées, à l'origine de l'insuffisance d'actif et du redressement judiciaire de son club. • TGI Grenoble, 30 sept. 1993 : *D. 1996. Somm. 26, obs. J.-P. Karaquillo* confirmé par : • Grenoble, 12 janv. 1995 : *Juris-Data nº 043940 et 95-14.319* • Com. 6 janv. 1998 : *pourvoi nº 95-14.319.* ♦ Sont notamment retenues à son encontre les fautes suivantes : augmentation constante du déficit du club, engagement de dépenses importantes sans assurance quant à leur financement, ruptures délibérées de contrats ou encore souscription d'un emprunt conséquent alors que le club ne pouvait déjà plus faire face à ses autres engagements. • Même jugement. ♦ Ni son statut de bénévole, ni le fait que l'assemblée générale ait approuvé les comptes du club et que la mairie et le conseil général aient cautionné sa gestion n'étant de nature à l'exonérer de sa responsabilité. • Même jugement.

2. V. déjà, pour des jugements ayant condamné certains dirigeants d'un club sportif au comblement d'une partie du passif de l'association sur le fondement de l'art. 99 de la loi du 13 juill. 1967 [art. L. 651-2 C. com.], au motif qu'une association sportive, malgré ses statuts, ne peut être considérée comme n'ayant pas en fait d'objet économique ou de but lucratif, dès lors qu'elle comprend des entraîneurs et des joueurs professionnels salariés et qu'elle dispose de recettes importantes provenant notamment de la vente de billets, de la publicité ou de transferts de joueurs. • TGI Thionville, 20 oct. 1982 (6 jugements) : *D. 1983. 476, note F. Alaphilippe et J.-P. Karaquillo ; RTD com. 1983. 251, obs. Alfandari et Jeantin ; Rev. sociétés 1984. 138, note Haehl.*

3. Dirigeants de fait. Un maire ne peut être regardé comme étant intervenu dans la gestion d'un club de football professionnel au-delà de ce qu'exigeait le seul contrôle de l'utilisation des concours financiers de la commune, et donc comme s'étant comporté en fait comme dirigeant de ce club, dès lors notamment que les dirigeants de droit de ce dernier n'avaient jamais cessé d'exercer leurs attributions, qu'une part importante des ressources du club ne provenait pas de la commune, que le maire pouvait légalement exiger du commissaire aux comptes qu'il lui communique l'ensemble des documents relatifs à la gestion de l'association, et qu'enfin les subventions, avances et garanties d'emprunts accordées par la commune avaient toutes fait l'objet de délibérations du conseil municipal. • CAA Bordeaux, 11 mai 1998, *Bez, Hirou : D. 1999. Somm. 92, obs. J.-P. Karaquillo* .

4. Justifie légalement sa décision la cour d'appel qui, ayant relevé que le conseil municipal désignait trois des neuf membres d'une association gérant une salle polyvalente de la commune, que la comptabilité de cette association était tenue par le secrétariat de la mairie, que la commune devait donner son accord aux projets d'investissement de l'association, que les tarifs de location de la salle étaient établis en commun avec le conseil municipal et que le bilan financier annuel devait lui être soumis, retient que la commune avait dirigé en fait l'association, cette organisation conférant à la commune des possibilités de suivi, de contrôle et des pouvoirs au regard de la gestion et des décisions de l'association. • Com. 13 mai 2003 : *D. 2003. Somm. 2537, obs. J.-P. Karaquillo* . ♦ De même, doit être condamnée, en qualité de dirigeant de fait, à la contribution de l'insuffisance d'actif d'une association sportive, la commune, principal bailleur de fonds de l'association qui, en imposant ses choix financiers par l'intermédiaire de ses représentants au comité directeur, exerçait un contrôle sur la gestion et les décisions de l'association caractérisant une activité positive de direction de l'association. • Com. 15 juin 2011, n° 09-14.578 : *Rev. proc. coll., n° 6, nov. 2011, comm. 209 Ch. Lebel.*

Art. L. 653-8 Dans les cas prévus aux articles L. 653-3 à L. 653-6, le tribunal peut prononcer, à la place de la faillite personnelle, l'interdiction de diriger, gérer, administrer ou contrôler, directement ou indirectement, soit toute entreprise commerciale ou artisanale, toute exploitation agricole et toute personne morale, soit une ou plusieurs de celles-ci.

L'interdiction mentionnée au premier alinéa peut également être prononcée à l'encontre de toute personne mentionnée à l'article L. 653-1qui, de mauvaise foi, n'aura pas remis au mandataire judiciaire, à l'administrateur ou au liquidateur les renseignements qu'il est tenu de lui communiquer en application de l'article L. 622-6 dans le mois suivant le jugement d'ouverture ou qui aura, sciemment, manqué à l'obligation d'information prévue par le second alinéa de l'article L. 622-22.

Elle peut également être prononcée à l'encontre de toute personne mentionnée à l'article L. 653-1 qui a omis sciemment de demander l'ouverture d'une procédure de redressement ou de liquidation judiciaire dans le délai de quarante-cinq jours à compter de la cessation des paiements, sans avoir, par ailleurs, demandé l'ouverture d'une procédure de conciliation.

Le gérant d'une société commerciale frappé d'une interdiction de gérer pendant une durée de deux ans demande le cantonnement de cette interdiction aux sociétés commerciales à l'exclusion de l'interdiction de la présidence bénévole d'une association de tennis club dans laquelle il a développé une activité dirigée vers les personnes handicapées mentales dans le cadre d'une action reconnue au niveau de la Fédération française de tennis. Eu égard aux motifs ayant conduit à la sanction d'interdiction, fondée notamment sur une déclaration de cessation des paiements tardive et la remise d'une comptabilité partielle de la société dans laquelle il était gérant, la Cour décide d'autoriser l'intéressé à poursuivre son activité de président bénévole de l'association de tennis et de limiter l'interdiction de gérer aux seules sociétés commerciales et agricoles. • Paris, 15 janv. 2015, n° 14/10494.

SPORTS DE NATURE

BIBL. GÉN ▶ P. Billet, Les sports de nature dans la loi du 13 août 2004 : peu de sport, beaucoup de nature, *JCP Adm., n°s 1 et 2, n° spéc. sur la loi relative aux libertés et responsabilités locales n° 2004-809 du 13 août 2004, p. 46.* – F. Roux et K. Sontag (dir.), Droit des sports de nature, *Les classeurs de La Lettre du cadre territorial, éd. juin 2007.* – Activités nautiques, *in Dict. perm. dr. sport (mise à jour périodique).* – Espaces, sites et itinéraires de sports de nature, *ibid.* – Environnement et développement durable, *ibid.* – Sports aériens, *ibid.* – Sports de montagne, *ibid.* – Sports de neige, *ibid.* – P. Yolka (dir.), Escalade et droit, *Presses universitaires de Grenoble, juin 2015.*

Code des transports

(Ord. n° 2010-1307 du 28 oct. 2010)

Police de la navigation intérieure

Règlements de police

Art. L. 4241-1 Le règlement général de police de la navigation intérieure est établi par décret en Conseil d'État. Sous réserve des dispositions du titre III du livre III de la cinquième partie, il est applicable jusqu'à la limite transversale de la mer.

Art. L. 4241-2 Le règlement général de police de la navigation intérieure peut être complété par des règlements particuliers de police pris par l'autorité compétente de l'État.

Les règlements particuliers peuvent déroger au règlement général pour la partie des estuaires, cours d'eau et canaux situés dans les eaux maritimes définies à l'article L. 5000-1.

Navigation des bateaux non motorisés

Art. L. 4242-1 Le représentant de l'État dans le département peut réglementer la circulation des bateaux de plaisance non motorisés sur des cours d'eau ou parties de cours d'eau

non domaniaux dans les conditions et selon les modalités prévues à l'article L. 214-12 du code de l'environnement.

V. C. envir., art. L. 214-12.

Art. L. 4242-2 **Un décret en Conseil d'État détermine les conditions dans lesquelles le propriétaire ou l'exploitant d'un ouvrage visé à l'article L. 214-2 du code de l'environnement ou soumis à la loi du 16 octobre 1919 relative à l'utilisation de l'énergie hydraulique met en place une signalisation propre à assurer la sécurité de la circulation des bateaux non motorisés.**

Art. L. 4242-3 **Un décret en Conseil d'État détermine les conditions dans lesquelles est établie et actualisée une liste des ouvrages mentionnés à l'article L. 4242-2 pour lesquels est mis en place un aménagement permettant leur franchissement ou leur contournement pour assurer la circulation sécurisée des bateaux non motorisés.**

Navigation des bateaux motorisés

Art. L. 4243-1 **La circulation des bateaux motorisés sur un cours d'eau non domanial, ou sur une section de ce cours d'eau, peut être interdite ou réglementée par arrêté préfectoral, sur avis du service chargé de la police de ce cours d'eau, soit pour un motif de sécurité ou de salubrité, soit à la demande du riverain lorsque cette circulation entraîne un trouble grave dans la jouissance de ses droits.**

Circulation des aéronefs

BIBL. ▶ A. Vignon-Barrault, Promenades aériennes et vols d'agrément : attention danger ! (à propos d'un arrêt de la première chambre civile du 27 février 2007), *RCA. 2007. Étude 16.* – J.-P. Vial, Accident de parapente : quand l'obligation de résultat refait surface, *LPA 2015, n° 247, p. 6.*

COMMENTAIRE

Un aéronef est un appareil capable de s'élever ou de circuler dans les airs (C. transp., art. L. 6100-1). On distingue essentiellement deux catégories d'aéronefs : les aérostats (mongolfières, ballons dirigeables…) et les aérodynes (planeurs, parapente, deltaplane, ULM…). Les premiers se déplacent dans l'air grâce essentiellement à leur flottabilité, les seconds grâce à une force aérodynamique.

Les aéronefs, y compris ceux utilisés à des fins sportives ou de loisirs, sont soumis aux dispositions du code des transports, et notamment aux règles de circulation aérienne. En matière de responsabilité, la Cour de cassation fait systématiquement application, depuis 2001, des règles relatives au transport aérien de personnes à l'occasion d'accidents survenus à des passagers lors de baptêmes de l'air en parapente biplace ou de promenades en ULM, à l'exclusion des règles du droit commun de la responsabilité civile (Civ. 1re, 3 juill. 2001 : *Bull. civ. I, nos 205 et 206* ; Civ. 1re, 28 juin 2006 : *Bull. civ. I, n° 336* ; Civ. 1re, 3 avr. 2007 : *Bull. civ. I, n° 140*). Toutefois, en ce qui concerne les conditions d'encadrement de l'activité, la Haute Autorité judiciaire considère que le pilote est tenu de respecter la réglementation relative à l'enseignement rémunéré des activités physiques et sportives, et que l'application des règles résultant du code de l'aviation civile [du code des transports], notamment quant aux règles de circulation aérienne, ne fait pas obstacle à l'application cumulative de la réglementation sportive (Crim. 20 mars 2001 : *Bull. crim. n° 76* ; V. déjà : Crim. 5 mars 1997 : *Bull. crim. n° 88*). ❑

Art. L. 6211-1 **Tout aéronef peut circuler librement au-dessus du territoire français. Toutefois, l'aéronef de nationalité étrangère ne peut circuler au-dessus du territoire français que si ce droit lui est accordé par une convention diplomatique ou s'il reçoit, à cet effet, une autorisation dans des conditions fixées par décret en Conseil d'État.**

Jugé que les dispositions de l'art. L. 131-3 C. aviat. civile [art. L. 6211-4 C. transp.], qui confient au ministre chargé de l'aviation civile la faculté d'interdire le survol de certaines zones du territoire français pour des raisons de sécurité publique, n'ont pas pour objet et ne sauraient avoir pour effet de priver l'autorité compétente en charge de la police de l'environnement de son pouvoir d'apprécier à ce titre les restrictions complémentaires à apporter à des activités aériennes de loisirs telles que le vol libre, dès lors qu'il est établi que ces activités ont des incidences effectives sur la conservation des biotopes ; cette compétence de l'autorité en charge de la protection de l'environnement peut s'exercer sans qu'il soit besoin de consulter les autorités en charge de l'aviation civile et militaire. • CAA Nancy, 9 juin 2016, n° 15NC01912.

Art. L. 6211-3 **Le droit pour un aéronef de survoler les propriétés privées ne peut s'exercer dans des conditions telles qu'il entraverait l'exercice du droit du propriétaire.**

Code de l'environnement

PARTIE LÉGISLATIVE

Circulation des engins nautiques de loisirs

BIBL. ▶ J.-L Gazzaniga, X. Larrouy-Castera et J.-P. Ourliac, Droit de l'eau, *RD rur. 2000, n° 282, p. 219.* – M. Kaczmarek, La police des baignades et des activités nautiques, *Gaz. cnes 2004, n° 1739, p. 52.* – S. Le Briero, La circulation des engins nautiques sur les cours d'eau non domaniaux, *LPA 1999, n°s 111 et 112.* – P. Montinarie, Les collectivités territoriales et l'entretien des rivières et des baies, *Gaz. cnes 2001, n° 1587, p. 50.* – J. Sironneau, Le contentieux des sports en eaux vives, *Dr. envir. 1998, n° 60, p. 15 ;* Développement du tourisme et protection de l'environnement sont-ils conciliables ou contradictoires : une application au domaine très évolutif de l'eau en France, *RD rur. 1994, n° 224, p. 285.* – Activités nautiques, *in Dict. perm. dr. sport (mise à jour périodique).*

COMMENTAIRE

La loi sur l'eau du 3 janvier 1992, dont les principales dispositions sont codifiées au code de l'environnement, dispose que l'usage de l'eau appartient à tous (C. envir., art. L. 210-1) et en déduit logiquement un principe de libre circulation sur les cours d'eau privés des engins nautiques de loisir non motorisés (C. envir., art. L. 214-12). Cette liberté de circulation n'est toutefois pas absolue. Elle doit s'exercer dans le respect des lois et règlements en vigueur, notamment des arrêtés préfectoraux réglementant la navigation sur les cours d'eau pour des motifs d'ordre public ou liés à la protection de l'environnement (V. notes ss. art. L. 214-12 C. envir.). Elle doit également s'exercer dans le respect des droits des propriétaires riverains. Ainsi, selon la jurisprudence, si « l'exercice d'activités nautiques ne constitue pas en soi un fait attentatoire au droit de propriété des riverains dans la mesure où seuls les berges et le lit de la rivière sont leur propriété, le cours d'eau lui-même étant au bénéfice de tous, il en est différemment lorsque l'exercice de ces activités entraîne piétinement, embarquement et débarquement sur les berges, ce qui constitue une atteinte au droit de propriété des riverains » (Bordeaux, 28 avr. 2003, *Communauté de communes de Ruffec c/ Gillet et a.*). Elle doit enfin s'exercer dans le respect des schémas d'aménagement et de gestion des eaux (SAGE) lorsqu'ils existent, ces documents de planification ayant vocation à concilier les différents usages de l'eau, dont les sports et les loisirs nautiques. ❑

Art. L. 210-1 **L'eau fait partie du patrimoine commun de la nation. Sa protection, sa mise en valeur et le développement de la ressource utilisable, dans le respect des équilibres naturels, sont d'intérêt général.**

(L. n° 2006-1772 du 30 déc. 2006, art. 1er) **« Dans le cadre des lois et règlements ainsi que des droits antérieurement établis, l'usage de l'eau appartient à tous et chaque personne physique, pour son alimentation et son hygiène, a le droit d'accéder à l'eau potable dans des conditions économiquement acceptables par tous. »**

(L. n° 2004-338 du 21 avr. 2004) **« Les coûts liés à l'utilisation de l'eau, y compris les coûts pour l'environnement et les ressources elles-mêmes, sont supportés par les utilisateurs en tenant compte des conséquences sociales, environnementales et économiques ainsi que des conditions géographiques et climatiques. »**

....

Art. L. 211-1 **I. — Les dispositions des chapitres Ier à VII du présent titre ont pour objet une gestion équilibrée** *(L. n° 2006-1772 du 30 déc. 2006, art. 20)* **« et durable de la ressource en eau ; cette gestion prend en compte les adaptations nécessaires au changement climatique et vise à assurer : »**

1° *(L. n° 2006-1772 du 30 déc. 2006, art. 20)* **« La prévention des inondations et » la préservation des écosystèmes aquatiques, des sites et des zones humides ; on entend par zone**

humide les terrains, exploités ou non, habituellement inondés ou gorgés d'eau douce, salée ou saumâtre de façon permanente ou temporaire ; la végétation, quand elle existe, y est dominée par des plantes hygrophiles pendant au moins une partie de l'année ;

2° La protection des eaux et la lutte contre toute pollution par déversements, écoulements, rejets, dépôts directs ou indirects de matières de toute nature et plus généralement par tout fait susceptible de provoquer ou d'accroître la dégradation des eaux en modifiant leurs caractéristiques physiques, chimiques, biologiques ou bactériologiques, qu'il s'agisse des eaux superficielles, souterraines ou des eaux de la mer dans la limite des eaux territoriales ;

3° La restauration de la qualité de ces eaux et leur régénération ;

4° Le développement *(L. n° 2006-1772 du 30 déc. 2006, art. 20)* « , la mobilisation, la création » et la protection de la ressource en eau ;

5° *(L. n° 2005-781 du 13 juill. 2005, art. 41)* « La valorisation de l'eau comme ressource économique et, en particulier, pour le développement de la production d'électricité d'origine renouvelable ainsi que la répartition de cette ressource ; »

(L. n° 2016-1888 du 28 déc. 2016, art. 85) « 5° *bis* La promotion d'une politique active de stockage de l'eau pour un usage partagé de l'eau permettant de garantir l'irrigation, élément essentiel de la sécurité de la production agricole et du maintien de l'étiage des rivières, et de subvenir aux besoins des populations locales ; »

(L. n° 2006-1772 du 30 déc. 2006, art. 20) « 6° La promotion d'une utilisation efficace, économe et durable de la ressource en eau ; »

(L. n° 2010-788 du 12 juill. 2010, art. 132) « 7° Le rétablissement de la continuité écologique au sein des bassins hydrographiques. »

(L. n° 2005-157 du 23 févr. 2005, art. 127-1) « Un décret en Conseil d'État précise les critères retenus pour l'application du 1°. »

II. – *(L. n° 2006-1772 du 30 déc. 2006, art. 20)* « La gestion équilibrée doit permettre en priorité de satisfaire les exigences de la santé, de la salubrité publique, de la sécurité civile et de l'alimentation en eau potable de la population. Elle doit également permettre de satisfaire ou concilier, lors des différents usages, activités ou travaux, les exigences :

« 1° De la vie biologique du milieu récepteur, et spécialement de la faune piscicole et conchylicole ;

« 2° De la conservation et du libre écoulement des eaux et de la protection contre les inondations ;

« 3° De l'agriculture, des pêches et des cultures marines, de la pêche en eau douce, de l'industrie, de la production d'énergie, en particulier pour assurer la sécurité du système électrique, des transports, du tourisme, de la protection des sites, des loisirs et des sports nautiques ainsi que de toutes autres activités humaines légalement exercées. »

(Abrogé par L. n° 2016-1087 du 8 août 2016, art. 119) (L. n° 2016-925 du 7 juill. 2016, art. 101-1°) « ***III. – La gestion équilibrée de la ressource en eau ne fait pas obstacle à la préservation du patrimoine hydraulique, en particulier des moulins hydrauliques et de leurs dépendances, ouvrages aménagés pour l'utilisation de la force hydraulique des cours d'eau, des lacs et des mers, protégé soit au titre des monuments historiques, des abords ou des sites patrimoniaux remarquables en application du livre VI du code du patrimoine, soit en application de l'article L. 151-19 du code de l'urbanisme.*** »

(L. n° 2016-1888 du 28 déc. 2016, art. 86) « III. – La gestion équilibrée de la ressource en eau ne fait pas obstacle à la préservation du patrimoine hydraulique, en particulier des moulins hydrauliques et de leurs dépendances, ouvrages aménagés pour l'utilisation de la force hydraulique des cours d'eau, des lacs et des mers, protégé soit au titre des monuments historiques, des abords ou des sites patrimoniaux remarquables en application du livre VI du code du patrimoine, soit en application de l'article L. 151-19 du code de l'urbanisme. » – *[L. n° 64-1245 du 16 déc. 1964, art. 1er, al. 4 et 6 ; L. n° 92-3 du 3 janv. 1992, art. 2.]*

....

Art. L. 214-12 En l'absence de schéma d'aménagement et de gestion des eaux approuvé, la circulation sur les cours d'eau des engins nautiques de loisir non motorisés s'effectue librement dans le respect des lois et règlements de police et des droits des riverains.

Le préfet peut, après concertation avec les parties concernées, réglementer sur des cours d'eau ou parties de cours d'eau non domaniaux la circulation des engins nautiques de loisir non motorisés ou la pratique du tourisme, des loisirs et des sports nautiques afin d'assurer la protection des principes mentionnés à l'article L. 211-1.

La responsabilité civile des riverains des cours d'eau non domaniaux ne saurait être engagée au titre des dommages causés ou subis à l'occasion de la circulation des engins nautiques

de loisir non motorisés ou de la pratique du tourisme, des loisirs et des sports nautiques qu'en raison de leurs actes fautifs.

V. ss. C. transp., art. L. 4243-1 s.

1. Pouvoirs du préfet. Le préfet est, en vertu des dispositions du Décr. du 21 sept. 1973, compétent pour réglementer dans son département la navigation sur les cours d'eau domaniaux quelle que soit la nature des embarcations ; les prérogatives reconnues à la Fédération française de canoë-kayak pour procéder au classement technique des parcours en fonction de leur difficulté au regard de la pratique du canoë-kayak ne sauraient faire obstacle à l'exercice de cette compétence en vue d'assurer la sécurité de la navigation. • CAA Bordeaux, 12 déc. 2006 : *req. n° 04BX00239.* ♦ En application des dispositions de l'art. L. 211-1 C. envir., le préfet est également tenu de prendre en considération notamment les exigences de protection de la faune piscicole ainsi que la nécessité de concilier les intérêts des différents usagers, et en particulier des pêcheurs et des pratiquants de loisirs et de sports nautiques. • Même arrêt.

2. Eu égard aux objectifs de protection poursuivis par la Charte de l'environnement, lorsque l'autorité administrative réglemente la navigation et les activités sportives et touristiques sur un cours d'eau, un lac, une retenue ou un étang d'eau douce en application des dispositions de l'art. L. 214-12 C. envir., auxquelles renvoie désormais l'art. L. 4242-1 C. transp., de l'art. L. 4243-1 C. transp. (bateaux motorisés), ou de l'art. 1er du Décr. du 21 sept. 1973, qui constitue le règlement général de police de la navigation intérieure désormais prévu par les art. L. 4241-1 et L. 4241-2 C. transp., cette autorité doit veiller à ce que les activités qu'elle autorise ne portent pas atteinte au patrimoine naturel protégé, en méconnaissance notamment des dispositions des art. 5 Charte envir., L. 110-1, L. 110-2, L. 341-10, L. 411-1, L. 411-2, L. 430-1 et R. 411-15 C. envir. et 1er de la loi du 10 juill. 1976 relatives à la protection de la nature. • CE 3 juin 2013, *Ass. interdépartementale et intercommunale pour la protection du lac de Sainte-Croix,* req. n° 334251 : *Lebon ; AJDA 2013. 1195 ; RJE 2014, n° 3, p. 547, obs. Sironneau.*

3. La disposition de l'art. 25 de la loi du 16 déc. 1964 [art. 4243-1 C. transp.], qui vise exclusivement la circulation des bateaux à moteur, n'a ni pour objet ni pour effet de retirer au préfet les pouvoirs de police qu'il tient du Décr. du 21 sept. 1973 pris en application du 1er al. de l'art. 103 C. rur. [art. L. 215-7 C. envir.] pour réglementer la navigation intérieure, quelle que soit la nature des embarcations. • CE 3 juill. 1987, *Dubail : Lebon 244.*

4. S'il appartient bien au préfet, en vertu des dispositions de l'art. 103 C. rur. et des art. 1er et 2 du Décr. du 21 sept. 1973, de réglementer l'exercice de la navigation de plaisance et des activités sportives sur la partie non domaniale d'un cours d'eau, en l'espèce la rivière du Loiret, en prenant diverses dispositions pour que les droits des propriétaires riverains soient respectés, il n'a pu sans excéder ses pouvoirs soumettre de manière générale la circulation des embarcations, motorisées ou non, à une autorisation préalable. • CE 13 nov. 1992, *Min. de l'Équipement, du Logement, des Transports et de la Mer c/ Ligue du Centre de canoë-kayak : Lebon 404 ; D. 1993. Somm. 331, obs. Morange.*

5. Le préfet tient des compétences qui lui sont attribuées en matière de police de la navigation et de conservation des eaux, le pouvoir de réglementer l'accès des embarcations sur les cours d'eau, tant par l'interdiction de la mise à l'eau sur certaines dépendances que par la désignation des lieux sur lesquels l'embarquement et la sortie de l'eau sont autorisés. • CE 28 juill. 1995, *Féd. fr. de canoë-kayak et disciplines associées : RJ envir. 1995. 605.*

6. Si en vertu de l'art. 6 de la loi du 3 janv. 1992 sur l'eau [art. L. 214-12 C. envir.] la circulation sur les cours d'eau des engins nautiques non motorisés s'effectue librement dans le respect des lois et règlements de police, il ressort toutefois de ces dispositions que le préfet peut légalement réglementer la circulation des radeaux ; ainsi, en fixant, en l'espèce, des quotas de radeaux pouvant quotidiennement être mis à l'eau sur certains parcours d'une rivière, le préfet n'a ni pris une mesure excessivement restrictive, ni porté illégalement atteinte au principe de la liberté du commerce et de l'industrie, compte tenu des objectifs de protection de l'environnement, des droits des riverains et des activités piscicoles qu'il poursuivait. • CE 28 juill. 1995, *Féd. fr. de canoë-kayak et disciplines associées : préc. note 5.* ♦ Le préfet ne consent pas à une délégation illégale de son pouvoir de police en conférant au président du syndicat mixte d'aménagement d'un cours d'eau, après concertation avec les professionnels intéressés, le pouvoir de lui faire des propositions quant au nombre des embarcations pouvant être mises à l'eau. • CE 23 oct. 1996, *Féd. fr. de canoë-kayak et a. : D. 1997. Somm. 193, obs. F. Lagarde.*

7. Les dispositions d'un arrêté préfectoral qui tendent à la protection des salmonidés durant la période de frai par l'interdiction des activités nautiques durant cette période trouvent, eu égard à la nécessité d'assurer un équilibre entre les divers intérêts en présence, un fondement légal suffisant dans les dispositions du décret du 21 sept. 1973 et de l'art. 103 C. rur. [art. L. 215-7 C. envir.]. • CE 23 oct. 1996, *Féd. fr. de canoë-kayak : préc. note 6.*

8. Aucune disposition législative ou réglementaire n'impose à l'autorité préfectorale de motiver les dispositions réglementant l'exercice de la navigation dans son département sur l'ensemble des cours d'eau domaniaux ou sur une catégorie d'entre eux. • CAA Bordeaux, 12 déc. 2006 : *préc. note 1.*

9. Applications. Ne sont pas illégales les dispositions d'un arrêté préfectoral prévoyant que les loisirs d'eau vive pourront être pratiqués sur des cours d'eau, en l'espèce l'Allier et ses affluents, tous les jours de 10 h à 18 h 30 exclusivement, pendant certaines périodes de l'année, que toutefois, certains compétiteurs pourront poursuivre leur entraînement le soir après 18 h 30 sur des parcours, à des jours et pour un nombre préalablement définis d'un commun accord entre la ligue régionale de canoë-kayak et la fédération départementale des associations agréées de pêche et de pisciculture, et qu'enfin la pratique du canoë-kayak pourra être organisée à partir de 9 h à des fins d'initiation à l'intérieur d'un zonage strictement délimité après accord des associations de pêche et pisciculture locales ; en prenant les dispositions précitées, le préfet n'a pas fait une inexacte appréciation des circonstances de l'espèce, notamment des situations respectives des pêcheurs et des pratiquants de sports nautiques. • CE 28 juill. 1995, *Féd. fr. de canoë-kayak et disciplines associées : préc. note 5.* ♦ V. également : • CAA Marseille, 7 mars 2005 : *req. n° 01MA01166* • CAA Nancy, 2 juin 2004, req. n° 99NC00789 : *Envir. 2005, n° 39, note S. Le Briero.*

10. Compte tenu de la présence dans les cours d'eau domaniaux des Pyrénées-Atlantiques classés en première catégorie piscicole de plusieurs espèces protégées dont des salmonidés, le préfet n'a pas fait une inexacte appréciation des exigences de la faune piscicole, d'une part, en interdisant, pendant la période de frai des salmonidés entre le 15 nov. et le 15 mars, la navigation des embarcations d'une capacité supérieure à 4 personnes sur l'ensemble de ces cours d'eau et, d'autre part, en limitant, pendant la même période, la navigation des embarcations d'une capacité inférieure entre 9 h 30 et 19 h sur des portions de certains de ces cours d'eau. • CAA Bordeaux, 12 déc. 2006 : *préc. note 1.*

11. En revanche, doit être annulé l'arrêté préfectoral qui autorise la pratique du motonautisme et du ski nautique sur une partie importante d'un plan d'eau, en l'espèce le cingle de Trémolat, tous les jours du 1er mai au 30 oct., de 10 h 30 à 13 h et de 14 h à 20 h 30, une telle réglementation ne tenant pas suffisamment compte ni de la tranquillité des riverains ni du droit qu'ont les usagers de pratiquer effectivement, et dans des conditions normales de sécurité, les activités autorisées autres que le motonautisme et le ski nautique. • CE 19 févr. 1988, *Assoc. des propriétaires riverains et plaisanciers du cingle de Trémolat-Cales-Mauzac et a. : Lebon 79 ; D. 1989. Somm. 408, obs. Morange.*

12. De même, doit être annulé l'arrêté préfectoral qui maintient à 7 h 30 la durée journalière autorisée de la pratique du motonautisme en haute saison, soit du 1er juill. au 31 août, période au cours de laquelle le nombre de bateaux évoluant sur le plan d'eau est particulièrement élevée, une telle réglementation ne pouvant être regardée comme sauvegardant suffisamment l'intégrité matérielle du domaine public ainsi que les intérêts des autres usagers et riverains au cours de la période estivale et contrevenant, s'agissant d'un site classé, aux objectifs de protection de la nature posés par l'art. 1er de la L. du 10 juill. 1976. • TA Bordeaux, 11 juill. 1989, *Assoc. nat. de protection des salmonidés et a. c/ Préfet de la Dordogne : Lebon 395 ; RJ éco. sport 1990, n° 15, p0. 64, obs. Morange* (L'annulation de l'arrêté précité fait suite à l'annulation, par le Conseil d'État, d'un premier arrêté pris par le préfet de la Dordogne. V. note 11 préc.).

13. En permettant l'exercice de la chasse et de la pêche ainsi que l'activité touristique traditionnelle des bateliers, sans autoriser la pratique de sports nautiques et sans prévoir, en faveur des embarcations affectées à cette dernière pratique, de dérogations à l'interdiction de circuler, le décret de classement de la réserve naturelle du « Courant d'Huchet », dont l'utilité n'est pas contestée au regard des objectifs pris en compte par la loi du 10 juill. 1976 relative à la protection de la nature [art. L. 332-1 C. envir.], procède d'une exacte appréciation des divers intérêts en présence et ne porte pas une atteinte illégale au principe d'égalité. • CAA Bordeaux, 6 sept. 2007 : *req. n° 04BX01598.*

14. A supposer même que la pratique de la pêche pendant une période déterminée de l'année puisse être regardée comme gênante pour la pratique des sports et loisirs nautiques, la circonstance qu'elle ne ferait l'objet d'aucune limitation spécifique en vue de favoriser cette dernière activité ne saurait permettre d'établir que le principe d'égalité serait méconnu par l'arrêt préfectoral contesté dès lors que les pêcheurs et les pratiquants de sports et loisirs nautiques ne sont, en tout état de cause, pas placés dans une situation identiques au regard des usages de l'eau. • CAA Bordeaux, 12 déc. 2006 : *préc. note 1.*

15. Compte tenu des sujétions d'ordre public inhérentes à toute manifestation publique, des risques potentiels encourus tant par les sportifs que par les spectateurs, le préfet n'a pas fait une inexacte appréciation des circonstances de l'espèce, et n'a pas excédé les pouvoirs de police qu'il tient du décr. du 21 sept. 1973 en soumettant à son autorisation préalable les manifestations nautiques. • CAA Nancy, 2 juin 2004 : *préc. note 9.*

16. En interdisant l'activité de spéléologie dans

le périmètre de protection de captages d'eau destinée à la consommation humaine, un arrêté préfectoral ne méconnaît ni le principe d'égalité des usagers ni celui de conciliation des usages mentionné à l'art. L. 211-1 C. envir. ; en effet, cette activité, se déroulant au sein même des périmètres de protection institués, peut engendrer une contamination directe de l'eau dans des cavités dans lesquelles les processus d'autoépuration biologique des rejets n'ont pas la même efficacité qu'en surface. • CAA Lyon, 5 janv. 2010, ♱ *Comité dptal de spéléologie de la Drôme*, n° 08LY00434 : *Cah. dr. sport 2010, n° 19, p. 79, note Colin.*

17. Un arrêté préfectoral peut légalement se fonder sur les dispositions des art. L. 211-3 et R. 211-66 C. envir. pour prévoir une restriction des activités nautiques, et notamment de la pratique du canoë-kayak, sur les cours d'eau du département en cas de sécheresse afin d'assurer la conciliation des usages de l'eau visée par les dispositions de l'art. L. 211-1 du même code, et ce alors même que ces activités sont, par elles-mêmes, sans influence sur le débit d'eau et ne rejettent pas d'effluents. • CAA Douai, 11 juin 2015, ♱ *M. C... et M. D...*, n° 14DA00258.

18. Intérêt à agir de la Fédération française de canoë-kayak. La Fédération française de canoë-kayak a notamment pour objet statutaire de promouvoir et de gérer la pratique du canoë, du kayak ainsi que des activités sportives dérivées sur tout le territoire métropolitain ainsi que dans les départements et territoires d'outre-mer ; eu égard à son objet social et aux effets d'une mesure restreignant la navigation, elle a intérêt à agir à l'encontre de la décision du préfet des Pyrénées-Atlantiques de limiter la navigation sur certains cours d'eau de son département alors même que des comités départementaux et régionaux seraient constitués sous forme d'associations au sein de cette fédération. • CAA Bordeaux, 12 déc. 2006 : *préc. note 1.*

19. Concours de polices. Si un maire ne peut légalement interdire la pratique du canoë-kayak, et les activités nautiques présentant un étroit contact avec l'eau sur le fondement des dispositions du Décr. du 7 avr. 1981 relatives à la police spéciale des baignades, il peut néanmoins se fonder sur les dispositions de l'art. L. 131-2, 6° C. communes [CGCT, art. L. 2212-2, 5°] alors en vigueur, pour prendre les mesures nécessaires à la prévention des atteintes à la salubrité publique qui pourraient résulter des « pollutions de toute nature », sans qu'aucun texte, ni aucun principe ne lui impose la consultation des organes administratifs appelés à intervenir en matière de police spéciale des eaux, et alors même que la navigation sur les fleuves, rivières, canaux, lacs, retenues et étangs d'eau douce autorise le préfet, en application du règlement général de police de la navigation intérieure annexé au décret du 21 sept. 1973, à réglementer la pratique des activités nautiques dans le département pour des motifs identiques de sécurité publique. • CAA Rennes, 8 juill. 1999, ♱ *Ville de Rennes : req. n° 96NT01891.* ♦ V. déjà, dans le même sens : • CAA Lyon, 9 févr. 1995, ♱ *Coupri : req. n° 94LY00224.*

Code des transports

Art. R. 4000-1 *(Décr. n° 2013-253 du 25 mars 2013)* Pour l'application de la présente partie, sont respectivement dénommés :

1° Bateau de commerce : bateau de marchandises ou à passagers ;

2° Bateau à passagers : bateau, autre qu'un bateau de plaisance, destiné à transporter ou recevoir à son bord des personnes ne faisant partie ni de l'équipage ni du personnel de bord ;

3° Bateau de marchandises : pousseur, remorqueur ou bateau destiné à transporter, manipuler ou stocker des biens ;

4° Remorqueur : bateau spécialement construit pour effectuer le remorquage ;

5° Pousseur : bateau spécialement construit pour assurer la propulsion d'un convoi poussé ;

6° Bateau de plaisance : bateau utilisé par une personne physique ou morale de droit privé soit pour son usage personnel à des fins notamment de loisir ou de sport, soit pour la formation à la navigation de plaisance ;

7° Menue embarcation : tout bateau dont la longueur de la coque est inférieure à 20 mètres, à l'exception des bateaux qui sont construits ou aménagés pour remorquer, pousser ou mener à couple des bateaux autres que des menues embarcations, des bacs et des bateaux autorisés au transport de plus de douze passagers.

Art. R. 4000-2 *(Décr. n° 2013-253 du 25 mars 2013)* Pour l'application de la présente partie, les bateaux utilisés par une personne publique autres que les bateaux de commerce sont soumis à la réglementation applicable aux bateaux à passagers ou à celle applicable aux bateaux de plaisance selon des conditions fixées par arrêté du ministre chargé des transports.

....

Art. R. 4241-38 *(Décr. n° 2013-253 du 25 mars 2013)* Sans préjudice d'autres régimes d'autorisation applicables, les manifestations sportives nautiques, fêtes nautiques ou autres concentrations de bateaux susceptibles d'entraver la navigation sont soumises à autorisation. L'organisateur de la manifestation doit présenter une demande d'autorisation au préfet du département du lieu de la manifestation. La décision d'autorisation est prise par le préfet. Elle est publiée et notifiée à l'auteur de la demande.

Un arrêté du ministre chargé des transports détermine la composition du dossier de la demande et les modalités de son dépôt.

L'autorisation mentionnée à l'alinéa précédent peut prévoir une interruption de la navigation sur certaines sections des eaux intérieures ; un arrêté du ministre chargé des transports précise la durée maximale de cette interruption.

Les exercices militaires susceptibles de gêner la navigation ou nécessitant son interruption sont soumis aux mêmes règles.

....

SOUS-SECTION 9. *Dispositions relatives à la navigation de plaisance et aux activités sportives (Décr. n° 2013-253 du 25 mars 2013, en vigueur le 1er sept. 2014)*

Art. R. 4241-59 Les bateaux de plaisance sont soumis à des dispositions particulières fixées par arrêté du ministre chargé des transports et relatives notamment au matériel d'armement et de sécurité, à la circulation et au stationnement de ces bateaux.

Art. R. 4241-60 Sans préjudice des dispositions de l'article L. 214-12 du code de l'environnement et de l'exercice par le maire des pouvoirs de police prévus par l'article L. 2213-23 du code général des collectivités territoriales, la pratique des sports nautiques est soumise à des dispositions particulières fixées par les règlements particuliers de police.

Art. R. 4241-61 Les règlements particuliers de police peuvent établir la liste des parties des canaux et leurs dépendances, sur lesquelles il est interdit de se baigner.

....

SECTION III. *Règlement de police de la circulation sur les dépendances du domaine public fluvial*
(Décr. n° 2013-253 du 25 mars 2013)

Art. R. 4241-68 Sous réserve des dispositions prévues à l'article R. 4241-70, nul ne peut circuler ou stationner avec un véhicule sur les digues et chemins de halage des canaux, des dérivations, des rigoles et des réservoirs, non plus que sur les chemins de halages et d'exploitation construits le long des cours d'eau domaniaux appartenant à l'État, s'il n'est porteur d'une autorisation écrite délivrée par l'autorité gestionnaire du domaine dont relèvent ces digues et chemins de halage non ouverts à la circulation publique.

Art. R. 4241-69 L'autorisation visée à l'article R. 4241-68 peut être délivrée, à la condition qu'elle ne soit pas susceptible d'être une cause de gêne pour la navigation et la sécurité du domaine public fluvial :

1° Aux professionnels du transport fluvial et aux membres de leur famille naviguant avec eux ;

2° Aux entrepreneurs de travaux publics travaillant pour le compte de l'autorité gestionnaire du domaine public fluvial ;

3° Aux personnes dont l'activité présente un intérêt pour le domaine public fluvial ;

4° Aux bénéficiaires d'autorisations domaniales dont l'accès aux dépendances occupées n'est pas possible par d'autres voies ;

5° Aux titulaires de la *(Décr. n° 2016-1849 du 23 déc. 2016, art. 7, en vigueur au 1er janv. 2017)* « carte mobilité inclusion comportant la mention "stationnement pour personnes handicapées" prévue à l'article L. 241-3 du code de l'action sociale et des familles ou de la carte de stationnement pour personnes handicapées prévue à l'article L. 241-3 du même code dans sa rédaction antérieure au 1er janvier 2017 » justifiant d'un motif légitime de circulation et de stationnement sur le domaine public visé au premier alinéa ;

6° Aux cyclistes.

L'autorisation est délivrée à titre individuel, temporaire et précaire. Elle peut être à tout moment suspendue, limitée ou retirée sans indemnité pour des motifs liés à l'exploitation ou à la préservation du domaine public fluvial ou encore à la sécurité de la navigation ou pour tout autre motif d'intérêt général.

L'autorisation comporte la durée de sa validité, le cas échéant, la désignation du véhicule, ainsi que la mention de la section du domaine public concerné. Le bénéficiaire doit être en permanence porteur de l'autorisation. Si le véhicule comporte un pare-brise, l'autorisation y est apposée en évidence de manière à être vue aisément par les agents habilités à constater les infractions.

La circulation se fait aux risques et périls du bénéficiaire. Si cette circulation est de nature à présenter un caractère onéreux pour l'autorité gestionnaire, l'autorisation est subordonnée au paiement d'une indemnité correspondant aux frais engagés.

L'autorisation prend fin de plein droit dès que le motif de sa délivrance a cessé d'être valable.

Les personnes titulaires à titre définitif d'une des cartes mentionnées aux art. L. 241-3, L. 241-3-1 et L. 241-3-2 du CASF dans leur rédaction antérieure au 1er janv. 2017 demandent la carte mobilité inclusion auprès de la maison départementale des personnes handicapées, ou le cas échéant, du conseil départemental au plus tard le 31 déc. 2026. Cette substitution est de droit (Décr. no 2016-1849 du 23 déc. 2016, art. 8).

Jusqu'au 1er juill. 2017, les cartes de priorité, d'invalidité et de stationnement pour personnes handicapées peuvent continuer à être délivrées en application des articles R. 241-12 à R. 241-20-1 du CASF dans leur rédaction antérieure au Décr. no 2016-1849 du 27 déc. 2016 (Décr. préc., art. 10-II).

Art. R. 4241-70 Sont dispensés de l'autorisation prévue à l'article R. 4241-68 :

1° Pour les besoins de leur service, les agents de l'autorité gestionnaire du domaine public fluvial, les agents des personnes publiques mentionnées à l'article L. 1 du code général de la propriété des personnes publiques, les personnes chargées de la distribution du courrier et les personnes conduisant un véhicule d'intérêt général défini à l'article R. 311-1 du code de la route ;

2° Les autres usagers lorsque la circulation leur est ouverte dans le cadre d'une superposition d'affectation.

Art. R. 4241-71 Il est interdit de stationner et de circuler sur les passerelles et autres dépendances des écluses et barrages à moins qu'elles ne soient aménagées pour servir de passage public et de se tenir sur les ponts mobiles pendant la manœuvre.

CHAPITRE II. *NAVIGATION DES BATEAUX NON MOTORISÉS* *(Décr. no 2013-253 du 25 mars 2013)*

SECTION Ire. *Conditions de signalisation des ouvrages*

Art. R. 4242-1 En application de l'article L. 4242-2, le préfet établit par sous-bassin et par cours d'eau la liste des ouvrages présents dans le département pour lesquels la mise en place d'une signalisation appropriée est nécessaire pour assurer la sécurité de la circulation des engins nautiques non motorisés à proximité de ces ouvrages. Cette liste est établie en tenant compte notamment :

1° De la signalisation existante à proximité des ouvrages concernés ;

2° Des types d'engins nautiques non motorisés et du niveau de trafic observés à proximité de ces ouvrages ;

3° Du risque d'accident que ces ouvrages présentent, notamment au regard de leur hauteur ou des phénomènes hydrauliques dangereux à leur abord immédiat, et compte tenu des accidents constatés.

La liste est élaborée en concertation avec la fédération sportive délégataire pour l'activité de canoë-kayak et ses disciplines associées et, lorsqu'ils existent, des représentants des propriétaires ou des concessionnaires ou exploitants des ouvrages visés à l'article L. 214-2 du code de l'environnement ou soumis aux dispositions du livre V du code de l'énergie. – *[Décr. no 2010-820 du 14 juill. 2010, art. 1er].*

Art. R. 4242-2 Le projet de liste est transmis aux concessionnaires ou exploitants des ouvrages ou, à défaut, aux propriétaires identifiés par le préfet qui les invite à produire leurs observations dans un délai de deux mois à compter de la communication du document.

A l'issue de cette consultation, le préfet arrête la liste des ouvrages pour lesquels il demande la mise en place d'une signalisation appropriée. L'arrêté est publié au recueil des actes administratifs de la préfecture et notifié aux concessionnaires ou exploitants des ouvrages concernés ou, à défaut, à leurs propriétaires. – *[Décr. no 2010-820 du 14 juill. 2010, art. 2].*

Art. R. 4242-3 Les destinataires de la notification préfectorale prévue à l'article R. 4242-2 disposent d'un délai de six mois suivant cette notification pour transmettre au préfet le plan de signalisation, existant ou envisagé, de l'ouvrage. Le plan de signalisation mentionne notamment les ouvrages concernés, les signaux et leur implantation.

Dans un délai de six mois à compter de la date de réception de ces documents, le préfet approuve ou rejette, le cas échéant après avoir demandé à la personne qui lui a proposé d'apporter des modifications, le projet de plan de signalisation. En cas de rejet, le préfet arrête un plan de signalisation.

Cette décision, assortie du plan de signalisation, est prise par arrêté notifié aux intéressés et publié au recueil des actes administratifs de la préfecture. – *[Décr. n° 2010-820 du 14 juill. 2010, art. 3].*

Art. R. 4242-4 Afin de tenir compte de l'évolution des conditions de navigation à proximité des ouvrages, ou de la création ou de la modification d'un ouvrage, le préfet modifie la liste des ouvrages prévue à l'article R. 4242-1 et demande au concessionnaire ou à l'exploitant ou, à défaut, au propriétaire d'élaborer ou de modifier le plan de signalisation.

Les dispositions des articles R. 4242-1 à R. 4242-3 sont alors applicables. – *[Décr. n° 2010-820 du 14 juill. 2010, art. 3].*

Art. R. 4242-5 Lorsqu'un ouvrage se situe sur le territoire de plus d'un département, la décision de l'inscrire sur chaque liste départementale prévue à l'article R. 4242-1 est prise conjointement par les préfets concernés qui désignent un service instructeur. L'approbation ou le rejet du plan de signalisation fait l'objet d'une décision conjointe des préfets concernés selon les modalités prévues par l'article R. 4242-3. – *[Décr. n° 2010-820 du 14 juill. 2010, art. 5].*

Art. R. 4242-6 Par dérogation aux articles R. 4242-2 et R. 4242-3, l'autorité compétente pour prendre un règlement particulier de police de la navigation intérieure peut arrêter les plans de signalisation auxquels devront répondre des ouvrages identifiés dans ce règlement. Ces plans sont publiés au recueil des actes administratifs de la préfecture et notifiés aux concessionnaires ou exploitants des ouvrages concernés ou, à défaut, à leurs propriétaires. – *[Décr. n° 2010-820 du 14 juill. 2010, art. 6].*

Art. R. 4242-7 La signalisation arrêtée par le plan approuvé en application de l'article R. 4242-3 ou par le règlement particulier de police en application de l'article R. 4242-6 est adaptée aux usages de la voie d'eau, du cours d'eau ou du plan d'eau concerné et conforme aux signaux prévus par le règlement général de police de la navigation intérieure. – *[Décr. n° 2010-820 du 14 juill. 2010, art. 7].*

Art. R. 4242-8 Le concessionnaire, l'exploitant ou le propriétaire auquel sont notifiées les décisions prévues aux articles R. 4242-3 ou R. 4242-6 est tenu de mettre en place la signalisation ou, s'il y a lieu, de modifier la signalisation existante, conformément au plan approuvé ou contenu dans le règlement particulier de police dans un délai de douze mois à compter de la date de la notification de ce document.

Il met en place, entretient et, le cas échéant, modifie la signalisation à ses frais.

A défaut du respect des obligations mentionnées aux deux alinéas précédents, les dispositions de l'article L. 216-1 du code de l'environnement sont applicables. – *[Décr. n° 2010-820 du 14 juill. 2010, art. 8].*

Le pouvoir réglementaire n'a pas méconnu l'art. L. 214-12 C. envir. en mettant à la charge du propriétaire, de l'exploitant ou du concessionnaire de l'ouvrage le coût de la réalisation des aménagements prescrits par l'autorité administrative en vue de permettre le franchissement ou le contournement de certains ouvrages pour assurer la circulation sécurisée des engins nautiques non motorisés. • CE 11 févr. 2011, *Assoc. des riverains de France*, req. n° 325103 : *Lebon 726 ; ibid. 940, AJDA 2011. 307*.

SECTION II. *Établissement de la liste des ouvrages nécessitant un aménagement adapté pour assurer la circulation sécurisée des engins nautiques non motorisés*

(Décret n° 2013-253 du 25 mars 2013)

Art. R. 4242-9 La liste d'ouvrages prévue à l'article L. 4242-3 est établie, dans chaque département, par le préfet. Elle tient compte de la fréquentation observée des cours d'eau ou sections de cours d'eau par une activité nautique non motorisée, de la faisabilité technique et du coût des aménagements à prévoir au regard des avantages escomptés, de la sécurité et de la préservation des milieux aquatiques. – *[C. envir., art. R. 214-105-1.]*

Art. R. 4242-10 Le préfet élabore un projet de liste par sous-bassin, en concertation avec la fédération sportive délégataire pour l'activité de canoë-kayak et ses disciplines associées et, lorsqu'ils existent, des représentants des propriétaires ou exploitants d'ouvrages visés à l'article L. 4242-2.

Ce projet de liste est transmis aux propriétaires, concessionnaires et exploitants des ouvrages figurant sur la liste, en les invitant à produire leurs observations dans un délai de deux mois à compter de la transmission du document.

Le préfet transmet pour avis au conseil départemental ou, en Corse, à l'Assemblée de Corse le projet de liste accompagné des observations recueillies. Les avis sont réputés favorables s'ils n'interviennent pas dans un délai de deux mois à compter de la transmission de la demande d'avis.

Le préfet arrête la liste par sous-bassin. Il la notifie aux propriétaires, concessionnaires et exploitants des ouvrages concernés. L'arrêté est publié au recueil des actes administratifs de la préfecture. – *[C. envir., art. R. 214-105-2.]*

Art. R. 4242-11 Lorsque l'évolution de la fréquentation d'un cours d'eau ou d'une section de cours d'eau le justifie, la liste est modifiée selon les modalités prévues pour son établissement.

Sont inscrits sur la liste les nouveaux ouvrages dont le titre d'autorisation ou de concession prévoit l'obligation de franchissement ou de contournement. – *[C. envir., art. R. 214-105-3.]*

Art. R. 4242-12 L'acte d'autorisation ou de concession est modifié pour tenir compte des aménagements prescrits. Ces aménagements sont à la charge du propriétaire, de l'exploitant ou du concessionnaire. – *[C. envir., art. R. 214-105-4.]*

Droits des propriétaires riverains de cours d'eau privés

Art. L. 215-1 Les riverains n'ont le droit d'user de l'eau courante qui borde ou qui traverse leurs héritages que dans les limites déterminées par la loi. Ils sont tenus de se conformer, dans l'exercice de ce droit, aux dispositions des règlements et des autorisations émanant de l'administration.

Art. L. 215-2 Le lit des cours d'eau non domaniaux appartient aux propriétaires des deux rives.

Si les deux rives appartiennent à des propriétaires différents, chacun d'eux a la propriété de la moitié du lit, suivant une ligne que l'on suppose tracée au milieu du cours d'eau, sauf titre ou prescription contraire.

Chaque riverain a le droit de prendre, dans la partie du lit qui lui appartient, tous les produits naturels et d'en extraire de la vase, du sable et des pierres, à la condition de ne pas modifier le régime des eaux et d'en exécuter *(L. n° 2006-1772 du 30 déc. 2006, art. 8-I-1°)* « l'entretien conformément à l'article L. 215-14 ».

Sont et demeurent réservés les droits acquis par les riverains ou autres intéressés sur les parties des cours d'eau qui servent de voie d'exploitation pour la desserte de leurs fonds.

1. Les propriétaires riverains d'un cours d'eau non domanial ne peuvent se prévaloir d'une atteinte à leur droit de propriété privée que s'ils établissent l'existence de stationnements, embarquements, piétinements, débarquements de quelque durée sur le lit ou sur les berges autres que de simples contacts sans conséquence rendus inévitables par la pratique d'un sport en eau vive tel que le canyonisme. • TGI Mende, 17 juin 2009 : *RG n° 05/00181 ; RJ éco. sport 2009, n° 92. 70, obs. Lagarde.* ♦ Sur les droits respectifs des propriétaires riverains de cours d'eau privés et des pratiquants d'activités nautiques, V. déjà • Civ. 2e, 29 mars 2006, pourvoi n° 04-19.397 : *JCP Adm. 2006, com. 1211, obs. Billet* • Bordeaux, 28 avr. 2003, *Cté de cnes de Ruffec c/ Gillet et a. :Juris-Data n° 2003-212612* • Bordeaux, 8 mars 2000, *Cts Carves c/ Ligue rég. d'Aquitaine de canoë-kayak : JCP G 2000. IV. 2570.*

2. Un requérant ne saurait se prévaloir de sa seule qualité de propriétaire riverain d'un cours d'eau non domanial pour s'opposer à la liberté de navigation sur ce cours d'eau dès lors qu'il n'apporte aucun élément de nature à établir que les passagers de « bateaux-promenade » prendraient pied, au cours de leur circuit, sur les berges de sa propriété ; par ailleurs, même à supposer que l'un des bateliers aurait utilisé une perche prenant appui dans le lit de la rivière, un tel usage, opéré pour les besoins de la navigation, ne constitue pas une prise de possession du lit du cours d'eau constitutif d'une atteinte grave au droit de propriété de l'intéressé. • CAA Bordeaux, 21 févr. 2006, *X... : req. n° 02BX02383 ; Envir. 2006, n° 53, obs. Trouilly.*

3. Un conseil municipal n'est pas compétent pour interdire la pratique des sports en eau vive sur les parcelles du domaine privé communal longeant un cours d'eau privé, sous couvert d'une mesure de protection de ce domaine, dès lors qu'une telle décision est en réalité motivée par des considérations liées au maintien de l'ordre public. En l'espèce, la mesure d'interdiction a été décidée dans l'intérêt des riverains et des pêcheurs et en vue d'assurer le maintien de la tranquillité publique, de sorte qu'elle constituait une mesure de police administrative relevant de la compétence du maire, et non un acte de gestion du domaine privé. • CE 11 déc. 2008, *Féd. fr. de la montagne et de l'escalade : AJDA 2009. 371, note Lagarde ; JCP Adm. et Coll. terr. 2009, com. 2029, obs. Yolka.* ♦ V. déjà, dans le même sens : • CAA Marseille, 4 juill. 2005, *Cne de Courmes : req. n° 03MA00612* • CAA Marseille, 6 déc. 2004, *Cne de Rougon : req. n° 01MA00902.*

Accès aux rivages de la mer

BIBL. ▸ A. ANFOSSO, Les plages, les plagistes, les communes et le droit, *Gaz. cnes 1999, n° 1513, p. 38.* – Y. DELAIRE, La plage et le droit, *Gaz. cnes, 28 juill. 1997, p. 33.* – J. LACROUTS, Régime juridique des concessions de plage, *Gaz. cnes, 2 juill. 2007, p. 50.* – Dossier, Tourisme et mer – L'appel du large, *JT 2013, n° 155, p. 18 et s.*

Art. L. 321-9 *(Ord. n° 2006-460 du 21 avr. 2006, art. 3-VI)* **L'accès des piétons aux plages est libre sauf si des motifs justifiés par des raisons de sécurité, de défense nationale ou de protection de l'environnement nécessitent des dispositions particulières.**

L'usage libre et gratuit par le public constitue la destination fondamentale des plages au même titre que leur affectation aux activités de pêche et de cultures marines.

Sauf autorisation donnée par le préfet, après avis du maire, la circulation et le stationnement des véhicules terrestres à moteur autres que les véhicules de secours, de police et d'exploitation sont interdits, en dehors des chemins aménagés, sur le rivage de la mer et sur les dunes et plages appartenant au domaine public ou privé des personnes publiques lorsque ces lieux sont ouverts au public.

Les concessions de plage sont accordées dans les conditions fixées à l'article L. 2124-4 du code général de la propriété des personnes publiques. Elles préservent la libre circulation sur la plage et le libre usage par le public d'un espace d'une largeur significative tout le long de la mer.

Art. L. 321-10 *(Ord. n° 2015-1174 du 23 sept. 2015, art. 9-VI-9, en vigueur le 1er janv. 2016)* **Les autres dispositions relatives à l'accès au rivage sont régies par la section II du chapitre Ier du titre II du livre Ier du code de l'urbanisme.**

Code de l'urbanisme

CHAPITRE PREMIER. *Aménagement et protection du littoral*
(Ord. n° 2015-1174 du 23 sept. 2015, en vigueur le 1er janv. 2016)

SECTION II. *Servitudes de passage sur le littoral*

SOUS-SECTION 1. *Servitude de passage longitudinale*

Art. L. 121-31 Les propriétés privées riveraines du domaine public maritime sont grevées sur une bande de trois mètres de largeur d'une servitude destinée à assurer exclusivement le passage des piétons. – *[Anc. art. L. 160-6, al. 1er.]*

Art. L. 121-32 L'autorité administrative compétente de l'État peut, par décision motivée prise après avis de la ou des communes intéressées et au vu du résultat d'une enquête publique effectuée comme en matière d'expropriation :

1° Modifier le tracé ou les caractéristiques de la servitude, afin, d'une part, d'assurer, compte tenu notamment de la présence d'obstacles de toute nature, la continuité du cheminement des piétons ou leur libre accès au rivage de la mer, d'autre part, de tenir compte des chemins ou règles locales préexistants. Le tracé modifié peut grever exceptionnellement des propriétés non riveraines du domaine public maritime ;

2° A titre exceptionnel, la suspendre. – *[Anc. art. L. 160-6, al. 2 à 4.]*

Art. L. 121-33 Sauf dans le cas où l'institution de la servitude est le seul moyen d'assurer la continuité du cheminement des piétons ou leur libre accès au rivage de la mer, la servitude instituée aux articles L. 121-31 et L. 121-32 ne peut grever les terrains situés à moins de quinze mètres des bâtiments à usage d'habitation édifiés avant le 1er janvier 1976, ni grever des terrains attenants à des maisons d'habitation et clos de murs au 1er janvier 1976.

Un décret en Conseil d'État détermine les cas dans lesquels la distance de quinze mètres pourra, à titre exceptionnel, être réduite. – *[Anc. art. L. 160-6, al. 5.]*

SOUS-SECTION 2. *Servitude de passage transversale*

Art. L. 121-34 L'autorité administrative compétente de l'État peut, par décision motivée prise après avis de la ou des communes intéressées et au vu du résultat d'une enquête publique effectuée comme en matière d'expropriation, instituer une servitude de passage des piétons transversale au rivage sur les voies et chemins privés d'usage collectif existants, à l'exception de ceux réservés à un usage professionnel.

Cette servitude a pour but de relier la voirie publique au rivage de la mer ou aux sentiers d'accès immédiat à celui-ci, en l'absence de voie publique située à moins de cinq cent*[s]* mètres et permettant l'accès au rivage. – *[Anc. art. L. 160-8, al. 2.]*

SOUS-SECTION 3. *Dispositions communes aux servitudes de passage sur le littoral*

Art. L. 121-35 Les servitudes instituées aux articles L. 121-31 et L. 121-34 n'ouvrent un droit à indemnité que s'il en résulte pour le propriétaire un dommage direct, matériel et certain. – *[Anc. art. L. 160-6-1, al. 1er, 2 et al. 4.]*

Art. L. 121-36 L'indemnité est fixée soit à l'amiable, soit, en cas de désaccord, dans les conditions définies au deuxième alinéa de l'article L. 105-1.

Le montant de l'indemnité de privation de jouissance est calculé compte tenu de l'utilisation habituelle antérieure du terrain. – *[Anc. art. L. 160-7, al. 3 et 4.]*

Art. L. 121-37 La responsabilité civile des propriétaires des terrains, voies et chemins grevés par les servitudes définies aux articles L. 121-31 et L. 121-34 ne saurait être engagée au titre de dommages causés ou subis par les bénéficiaires de ces servitudes. – *[Anc. art. L. 160-7, al. 5.]*

Conservatoire de l'espace littoral et des rivages lacustres

Art. L. 322-9 *(L. no 2002-276 du 27 févr. 2002, art. 161)* Le domaine relevant du Conservatoire de l'espace littoral et des rivages lacustres comprend les biens immobiliers acquis ainsi que ceux qui lui sont affectés, attribués, confiés ou remis en gestion par l'État. Le domaine propre du Conservatoire est constitué des terrains dont il est devenu propriétaire et qu'il décide de conserver afin d'assurer sa mission définie à l'article L. 322-1. Le domaine relevant du Conservatoire du littoral et des rivages lacustres est du domaine public à l'exception des terrains acquis non classés dans le domaine propre. Dans la limite de la vocation et de la fragilité de chaque espace, ce domaine est ouvert au public.

Les immeubles du domaine relevant du Conservatoire de l'espace littoral et des rivages lacustres peuvent être gérés par les collectivités locales ou leurs groupements, ou les établissements publics ou les fondations et associations spécialisées agréées qui en assurent les charges et perçoivent les produits correspondants. Priorité est donnée, si elles le demandent, aux collectivités locales sur le territoire desquelles les immeubles sont situés. Les conventions signées à ce titre entre le Conservatoire et les gestionnaires prévoient expressément l'usage à donner aux terrains, cet usage devant obligatoirement contribuer à la réalisation des objectifs définis à l'article L. 322-1 *(L. no 2016-1087 du 8 août 2016, art. 107-III-1o)* « , ainsi que le reversement périodique au Conservatoire du surplus des produits qui n'ont pas été affectés à la gestion du bien ».

Le Conservatoire et le gestionnaire peuvent autoriser par voie de convention un usage temporaire et spécifique des immeubles dès lors que cet usage est compatible avec la mission poursuivie par le Conservatoire, telle que définie à l'article L. 322-1.

Dans le cas d'un usage de ce domaine public associé à une exploitation agricole, priorité est donnée à l'exploitant présent sur les lieux au moment où les immeubles concernés sont entrés dans le domaine relevant du Conservatoire. En l'absence d'exploitant présent sur les lieux, le Conservatoire, et le gestionnaire le cas échéant, consultent les organismes professionnels pour le choix de l'exploitant. La convention avec celui-ci fixe les droits et obligations de l'exploitant en application d'une convention-cadre approuvée par le conseil d'administration et détermine les modes de calcul des redevances.

(L. no 2016-1087 du 8 août 2016, art. 107-III-2o) « Les terrains appartenant au domaine relevant du Conservatoire de l'espace littoral et des rivages lacustres ne peuvent figurer dans le plan départemental des espaces, sites et itinéraires relatifs aux sports de nature prévu à

l'article L. 311-3 du code du sport qu'avec l'accord exprès du Conservatoire. Celui-ci peut en demander le retrait si cette inscription fait obstacle à la bonne exécution des missions qui lui sont confiées à l'article L. 322-1 du présent code. La commission départementale des espaces, sites et itinéraires relatifs aux sports de nature est consultée sur cette demande. Le retrait de l'inscription n'entraîne, pour le Conservatoire, aucune charge financière et matérielle de mesures compensatoires. »

Itinéraires de randonnées

BIBL. ▶ C. Campels, Promenade juridique sur les chemins ruraux, chemins et sentiers d'exploitation, *Dr. et patr. 2001, nº 91, p. 46.* – J. Debeaurain, La déspécialisation des chemins ruraux et chemins d'exploitation, *RD rur. 2012, nº 399.* – FFRP, Guide du droit des chemins, *Guides techniques, éd. 2008.* – P. Le Louarn, Le droit de la randonnée pédestre, *Victoires éd. 2002.* – I. de Malafosse-Notte, Les chemins ruraux et la pratique de la randonnée pédestre, *RD rur. 1984, nº 121, p. 74.* – E. Sachs et H. Simon, Itinéraires et espaces de pleine nature, Fiches pratiques sportives, *Sport et territoires 2002, nºs 37, 38 et 39.* – J. Sironneau, Randonnée, droit et responsabilité : les conséquences de l'ouverture au public d'espaces privés, *RD rur. 1994, nº 224, p. 285.* – Dossier, Tourisme et randonnée – Itinéraire d'une activité en développement, *JT 2010, nº 122, p. 18* ✎ *et s.*

COMMENTAIRE

Les plans départementaux d'itinéraires, de promenade et de randonnée (PDIPR), institués en 1983, ont pour objectif de faciliter la pratique de la randonnée non motorisée (pédestre, équestre, cycliste), grâce notamment à une protection renforcée des chemins ruraux qui y sont inscrits et qui en constituent le principal support (V. Circ. 30 août 1988, *JO 10 déc.*). Les chemins ruraux ont cette particularité d'être affectés à l'usage du public, alors même qu'ils font partie du domaine privé des communes (C. rur., art. L. 161-1). Ces chemins peuvent être aliénés à condition qu'ils soient désaffectés, c'est-à-dire qu'ils aient cessé d'être affectés à l'usage du public. Or, leur inscription au PDIPR fait présumer de leur ouverture au public, ce qui restreint considérablement la possibilité pour les communes, dans ce cas, de les aliéner (C. rur., art. L. 161-2). Outre les chemins ruraux, le PDIPR peut emprunter tous types de voies, quel que soit leur statut juridique : voies du domaine public routier, servitudes permettant l'accès des piétons aux rivages de la mer (C. envir., art. L. 321-10), voies privées ou relevant du domaine privé de l'État ou des collectivités territoriales (à condition dans ce cas qu'une convention ait été passée avec les propriétaires concernés). Le PDIPR est désormais inclus dans le plan départemental des espaces, sites et itinéraires de sports de nature (PDESI) prévu à l'article L. 311-3 du code du sport.

Les départements doivent établir, depuis la loi Lalonde du 3 janvier 1991 relative à la circulation des véhicules à moteur dans les espaces naturels, un plan départemental des itinéraires de randonnée motorisée (PDIRM) dans les conditions prévues à l'article L. 361-2 du code de l'environnement. Cette obligation, qui est rappelée à l'article L. 311-4 du code du sport, n'est toutefois assortie d'aucun délai de mise en œuvre. Depuis 1991, aucun PDIRM n'a encore vu le jour.

Il est à noter que les PDIPR, les PDIRM ainsi que les PDESI visés aux articles L. 311-3 et L. 311-4 du code du sport doivent, lors de leur élaboration ou de leur révision, être soumis pour avis à l'établissement public d'un parc national et/ou au syndicat mixte de gestion d'un parc naturel régional, dès lors que sont susceptibles d'y être inscrits des espaces inclus dans le périmètre de ces parcs (C. envir., art. L. 331-3, III et R. 331-14, 11° et 12° ; art. L. 333-1 et R. 333-15, 5° et 6°). Dans le cœur d'un parc national, ces documents doivent être compatibles ou rendus compatibles, dans un délai de trois ans à compter de l'approbation de la charte du parc s'ils sont antérieurs à celle-ci, avec les objectifs de protection définis par cette dernière pour ces espaces. ❑

Art. L. 361-1 **Le département établit, après avis des communes intéressées, un plan départemental des itinéraires de promenade et de randonnée.**

Les itinéraires inscrits à ce plan peuvent emprunter des voies publiques existantes, des chemins relevant du domaine privé du département ainsi que les emprises de la servitude destinée à assurer le passage des piétons sur les propriétés riveraines du domaine public maritime en application de l'article *(Ord. nº 2015-1174 du 23 sept. 2015, art. 9-VI-17º, en vigueur le 1er janv. 2016)* **« L. 121-31** *[ancienne rédaction : L. 160-6]* **» du code de l'urbanisme.** *(L. nº 2015-992 du 17 août 2015, art. 61)* **« Les itinéraires inscrits à ce plan peuvent emprun-**

ter les emprises de la servitude de marchepied mentionnée à l'article L. 2131-2 du code général de la propriété des personnes publiques. » Ils peuvent également, après délibération des communes concernées, emprunter des chemins ruraux et, après conventions passées avec les propriétaires intéressés, emprunter des chemins ou des sentiers appartenant à l'État, à d'autres personnes publiques ou à des personnes privées. Ces conventions peuvent fixer les dépenses d'entretien et de signalisation mises à la charge du département.

Toute aliénation d'un chemin rural susceptible d'interrompre la continuité d'un itinéraire inscrit sur le plan départemental des itinéraires de promenade et de randonnée doit, à peine de nullité, comporter soit le maintien, soit le rétablissement de cette continuité par un itinéraire de substitution. Toute opération publique d'aménagement foncier doit également respecter ce maintien ou cette continuité.

(L. n° 2005-157 du 23 févr. 2005, art. 197) « La circulation des piétons sur les voies et chemins inscrits au plan départemental des itinéraires de promenade et de randonnée, ou ceux identifiés pour les chemins privés, après conventions passées avec les propriétaires de ces chemins, par les communes et les fédérations de randonneurs agréées s'effectue librement, dans le respect des lois et règlements de police et des droits des riverains.

« Les maires, en vertu de leur pouvoir de police, peuvent, le cas échéant, réglementer les conditions d'utilisation de ces itinéraires. »

Avant-dernier al. *abrogé par L. n° 2006-436 du 14 avr. 2006, art. 28-I. – V. désormais art. L. 365-1.*

Un décret en Conseil d'État fixe les conditions d'application du présent article. – *[L. n° 83-663 du 22 juill. 1983, art. 56.]*

1. L'interdiction de circulation sur une portion d'un chemin inscrit au plan départemental des itinéraires de promenade et de randonnée, édictée par un arrêté municipal en raison des dangers encourus par les randonneurs, porte une atteinte excessive à la liberté d'aller et venir des randonneurs dans la mesure où elle n'est pas limitée dans le temps et présente un caractère général et absolu, et ce nonobstant la circonstance que les randonneurs pourraient effectuer leur circuit en empruntant un autre itinéraire, lequel au demeurant n'offre pas les mêmes avantages d'un point de vue panoramique, présente des dangers à la saison de la chasse et passe, pour partie, sur un chemin privé. • CAA Douai, 25 oct. 2001, *Assoc. des randonneurs tranquilles : req. n° 01DA00450.*

2. Est entachée d'illégalité, en l'absence de convention préalable passée avec les propriétaires intéressés, la délibération d'un conseil général portant inscription au Plan départemental des itinéraires de promenade et de randonnée d'un ancien chemin rural devenu un chemin privé par l'effet de la prescription trentenaire. • CAA Bordeaux, 10 juill. 2014 : *req. n° 13BX03199.*

3. Les plans départementaux des itinéraires de promenade et de randonnée, prévus par l'art. L. 361-1 C. envir., et les plans départementaux des espaces, sites et itinéraires relatifs aux sports de nature, prévus à l'art. L. 311-3 C. sport ne sont pas susceptibles, eu égard à leur objet et à leur portée, d'avoir une incidence notable sur l'environnement au sens du 2° du I de l'art. L. 122-4 C. envir. ; ils n'entrent pas non plus dans le champ des 1° et 3° de cet art. • CE 26 juin 2015, *Assoc. France Nature Environnement,* n° 360212.

4. Présente un caractère d'utilité publique l'opération envisagée par un département consistant à acquérir, par voie d'expropriation, plusieurs terrains privés pour modifier l'assiette d'un sentier inscrit au plan départemental des itinéraires de promenade et de randonnée, dans le but de mener des travaux de sécurisation afin de garantir un accès à tous les publics dans des conditions satisfaisantes. • CAA Nantes, 1er juill. 2016, n° 15NT00425.

Art. L. 361-2 Le département établit, dans les mêmes conditions qu'à l'article L. 361-1, un plan départemental des itinéraires de randonnée motorisée dont la création et l'entretien demeurent à sa charge.

Les itinéraires inscrits à ce plan doivent emprunter les voies classées dans le domaine public routier de l'État, des départements et des communes, les chemins ruraux et les voies privées ouvertes à la circulation publique des véhicules à moteur, à l'exclusion de ceux qui ont fait l'objet d'une interdiction de circulation en application des articles L. 2213-4 *(L. n° 2015-992 du 17 août 2015, art. 48-II-5°)* « , L. 2213-4-1 » et L. 2215-3 du code général des collectivités territoriales.

En vertu de l'art. 56 de la loi du 22 juill. 1983 [art. L. 361-1 C. envir.], le département établit un plan départemental des itinéraires de promenade et de randonnée ; en vertu de l'art. 56-1 de la même loi [art. L. 361-2 C.envir.] le département établit un plan départemental des itinéraires de randonnée motorisée dont la création et l'entretien demeurent à sa charge ; la circonstance que le département du Puy-de-Dôme, qui a élaboré un plan départemental des itinéraires de promenade et de randonnée, n'a pas élaboré le plan départemental des itinéraires de randonnée motorisée prévu par ces dispositions est sans incidence sur la légalité d'un arrêté municipal interdisant, sur le fondement de l'art. L. 2213-4 CGCT, la circulation des véhicules courants ou de loisirs à moteur dans un secteur de la commune. • CAA Lyon, 29 mars 2001 (deux arrêts), *Centre de promotion des loisirs verts et routiers : req. n° 97LY01422* • 29 mars 2001 (deux arrêts), *Amicale des motards de Queuille : req. n° 97LY01423.*

Art. L. 361-3 *(Ord. n° 2014-1543 du 19 déc. 2014, art. 16-II)* **Le département du Rhône et la métropole de Lyon établissent conjointement un plan départemental-métropolitain des itinéraires de promenade et de randonnée ainsi que des itinéraires de randonnée motorisée, dans les conditions prévues aux articles L. 361-1 et L. 361-2.**

Les charges et responsabilités afférentes au plan départemental des itinéraires de promenade et de randonnée relèvent de chaque collectivité pour ce qui concerne son territoire.

Circulation motorisée

BIBL. ► A. Charlez, Circulation des véhicules à moteur dans les milieux naturels, *Gaz. Pal. 1993, n° 2, Doctr. 1208.* - S. Le Meur, La circulation des véhicules à moteur dans les espaces naturels. Quel bilan après sept ans d'application de la loi du 3 janvier 1991 ? Quelles perspectives d'évolution ?, *RJ env. 1998, n° 4, p. 503.* - V. Levy-Bruhl, La réglementation de la pratique des sports motorisés en pleine nature, *RJ env. 1989, p. 121.* - F. Malan et A. Voisard, Scooters des mers et de montagne, "ou les difficultés du législateur moderne", *JCP 1991. I. 3488.* - H. Pauliat, La réglementation de la circulation dans les espaces naturels (loi n° 91-2 du 3 janvier 1991), *ALD 1999, p. 117* - Ph. Yolka, Les terrains ouverts aux motos-neige, *Envir. 2008. Étude 8.* - Lettre du réseau national des sports de nature, Maîtrise des loisirs motorisés, *janv. 2016, n° 113.*

Restrictions à la circulation motorisée (Ord.n° 2012-34 du 11 janv. 2012, art. 9-1°).

Art. L. 362-1 **En vue d'assurer la protection des espaces naturels, la circulation des véhicules à moteur est interdite en dehors des voies classées dans le domaine public routier de l'État, des départements et des communes, des chemins ruraux et des voies privées ouvertes à la circulation publique des véhicules à moteur.**

(L. n° 2016-1087 du 8 août 2016, art. 54-I) **« Les chartes de parc national et les chartes de parc naturel régional définissent des orientations ou prévoient des mesures relatives à la circulation des véhicules à moteur visant à protéger les espaces à enjeux identifiés sur les documents graphiques des chartes de parc national et sur les plans des chartes de parc naturel régional, pour des motifs de préservation des paysages et du patrimoine naturel et culturel. Ces orientations ou ces mesures ne s'appliquent pas aux voies et chemins soumis à une interdiction de circulation en application du premier alinéa du présent article. »**

V. aussi Circ. DGA/SDAJ/BDEDP n° 1 du 6 sept. 2005 relative à la circulation des quads et autres véhicules à moteur dans les espaces naturels, dite circulaire « Ollin » ; Sur la légalité de cette circulaire, V. CE 10 janv. 2007, Collectif pour la défense des loisirs verts et autres : req. n° 286701.

Le I n'est applicable ni aux chartes des parcs naturels régionaux, ni aux chartes de parcs nationaux ayant fait l'objet d'une enquête publique ouverte avant l'entrée en vigueur de la L. n° 2016-1087 du 8 août 2016 (L. préc., art. 54-III).

1. Justifie sa décision la cour d'appel qui, pour condamner des personnes qui circulaient avec des véhicules tout terrain sur un chemin de randonnée pédestre à des peines d'amende pour infractions à la législation sur la circulation des véhicules à moteur dans les espaces naturels, énonce qu'il résulte des photographies versées aux débats que l'itinéraire suivi par les prévenus se trouve en forêt, qu'il est inaccessible aux véhicules qui ne sont pas équipés de quatre roues motrices et que cette circonstance est suffisante pour considérer que l'itinéraire en question n'est pas ouvert à la circulation publique des véhicules à moteur, peu important l'absence de panneaux d'interdiction ; en effet l'interdiction édictée par l'art. L. 362-1 C. envir. s'applique en tous lieux, hors des voies publiques, des chemins ruraux et des voies privées ouvertes à la circulation publique des véhicules à moteur, et n'est subordonnée ni à l'intervention de dispositions réglementaires ni à l'implantation sur les lieux d'une signalisation. • Crim. 24 avr. 2007 : *pourvoi n° 06-87.874* ♦ Sur cette affaire, V. également : • Crim. 18 nov. 2008 : *pourvoi n° 08-83.820.*

2. En application de l'art. L. 2213-4 CGCT, les maires peuvent aggraver les interdictions de circulation dans les espaces naturels faites aux véhicules terrestres à moteur par les art. L. 321-9 et L. 362-1 C. envir. et interdire l'accès aux voies ou secteurs de la commune aux véhicules dont la circulation sur ces voies ou dans ces secteurs est de nature à compromettre la protection de ces espaces. La légalité de ces mesures est subordonnée à leur nécessité. • Crim. 14 mai 2008 : *Bull. crim. n° 114.* – V. également : • Crim. 23 nov. 2010 : *pourvoi n° 10-85.814.*

Art. L. 362-2 L'interdiction prévue à l'article L. 362-1 ne s'applique pas aux véhicules utilisés pour remplir une mission de service public.

Sous réserve des dispositions des articles L. 2213-4 et L. 2215-3 du code général des collectivités territoriales, l'interdiction ne s'applique pas aux véhicules utilisés à des fins professionnelles de recherche, d'exploitation ou d'entretien des espaces naturels et elle n'est pas opposable aux propriétaires ou à leurs ayants droit circulant ou faisant circuler des véhicules à des fins privées sur des terrains appartenant auxdits propriétaires.

Art. L. 362-3 L'ouverture de terrains pour la pratique de sports motorisés est soumise *(Ord. nº 2005-1527 du 8 déc. 2005, art. 34)* « à l'autorisation prévue à l'article L. 421-2 *[ancienne rédaction : aux dispositions de l'art. L. 442-1]* » du code de l'urbanisme.

Les épreuves et compétitions de sports motorisés sont autorisées, dans des conditions définies par décret en Conseil d'État, par le préfet.

L'utilisation, à des fins de loisirs, d'engins motorisés conçus pour la progression sur neige est interdite, sauf sur les terrains ouverts dans les conditions prévues au premier alinéa.

(L. nº 2014-1545 du 20 déc. 2014, art. 22-1º) « Par dérogation, le convoyage par ces engins de la clientèle vers les établissements touristiques d'altitude offrant un service de restauration est autorisé, dans des conditions fixées par décret en Conseil d'État. »

V. aussi Circ. NOR : ATEC0090476C du 30 nov. 2000 relative aux conditions d'utilisation des « motos-neige » (BOMATE nº 2001-1).

1. Exploitation non autorisée. Justifie sa décision une cour d'appel qui, pour déclarer le prévenu responsable des conséquences dommageables de l'infraction d'exploitation non autorisée d'un terrain de sports motorisés, retient que ce dernier a méconnu, en connaissance de cause, les dispositions, visées à la prévention, des art. L. 442-1 et R. 442-2 C. urb. [art. L. 421-2 C. urb.], auxquelles renvoient celles de l'art. L. 362-3 C. envir., en faisant réaliser, sans autorisation préalable, sur un terrain appartenant à une société civile immobilière dont il est le gérant, des installations et des travaux pour la pratique de sports motorisés. • Crim. 7 sept. 2004 : *pourvoi nº 03-85.465.*

2. Utilisation des motoneiges. Il résulte des termes mêmes de l'art. 1er de la loi du 3 janv. 1991 relative à la circulation des véhicules terrestres dans les espaces naturels [art. L. 362-1 C. envir.] que l'interdiction de circuler en dehors des voies classées dans le domaine public routier, des chemins ruraux et de certaines voies privées s'applique aux engins motorisés conçus pour la progression sur neige. Les dispositions spéciales relatives à ces engins, figurant aux art. 3 et 4 de la loi [art. L. 362-3 C. envir.], ne dérogent pas aux dispositions générales de l'art. 1er ; dès lors le ministre de l'aménagement du territoire et de l'environnement n'a pas fait une inexacte application de la loi en indiquant, dans sa circulaire du 30 nov. 2000, que la circulation des motos-neige dans les espaces naturels était interdite en dehors des cas prévus à l'art. 2 [art. L. 362-2 C. envir.]. • CE 30 déc. 2003, *Synd. nat. des professionnels de la moto-neige,* req. nº 229713 : *BJCL 2004. 179, concl. Chauvaux.* ♦ Si ces dispositions législatives peuvent restreindre la possibilité d'utiliser des motos-neige pour accéder à des chalets isolés ou à des restaurants d'altitude, elles ne sauraient être regardées, de ce seul fait, comme incompatibles avec le droit au respect du domicile garanti par l'art. 8 Conv. EDH et des libertés fondamentales ni avec le droit au respect des biens garanti par l'art. 1er du premier protocole additionnel à ladite convention. • Même arrêt.

3. Les dispositions de la loi du 3 janv. 1991 ne permettent pas à l'autorité administrative de déroger aux interdictions qu'elle édicte ; il s'ensuit que le ministre n'a pas commis d'erreur de droit en indiquant, dans la circulaire susvisée, que les autorités locales, préfets, maires ou présidents de conseil généraux ne sont pas habilités à délivrer des autorisations exceptionnelles de circulation – générales ou particulières – pour de tels engins. • CE 30 déc. 2003, *Synd. nat. des professionnels de la moto-neige : préc. note 2.*

4. L'art. 3 de la L. du 3 janv. 1991 [art. L. 362-3 C. envir.] n'interdit l'utilisation d'engins motorisés conçus pour la progression sur neige que lorsqu'elle a lieu à des fins de loisirs. Encourt la cassation l'arrêt qui déclare coupable de cette infraction l'exploitant d'un restaurant d'altitude utilisant un tel engin pour le ravitaillement de son établissement, alors que cette activité présente, à son égard, un caractère professionnel. • Crim. 3 avr. 2001 : *Bull. crim. nº 90.* ♦ Constitue en revanche une utilisation à des fins de loisirs interdite par la loi le fait de transporter en moto-neige des clients vers des restaurants d'altitude • Crim. 5 janv. 2000 : *pourvoi nº 98-88.011.* • Crim. 4 avr. 2013, pourvoi nº 12-81.759 : *AJDA 2013. 1288, note P. Yolka ; D. 2013. 1008 ; AJ pénal 2013. 611, obs. J.-P. Vial.* ♦ Contra : • Chambéry, 8 juin 2011 : *Envir. 2011, nº 135 comm. Yolka* (jurispr. antérieure à l'entrée en vigueur de l'Ord. nº 2014-1545 du 20 déc. 2014 relative à la simplification de la vie des entreprises).

5. Sont illégaux les arrêtés pris par les maires de deux communes accordant à une société une autorisation pour la réalisation de deux circuits de motos-neige sur le domaine skiable de Valmorel ; en effet, les deux circuits autorisés, d'une longueur d'environ 9,5 km et d'une superficie totale de 830 hectares, constituaient des itinéraires dans un espace naturel ne pouvant être regardés comme des terrains au sens des dispositions de l'article L. 362-3 du code de l'environnement • CAA Lyon, 6 déc. 2011, *Cne des Avanchers-Valmorel, Cne de La Léchère,* req. n° 10LY01966 : *JCP Adm. 2012, com. 2074, obs. Yolka.* ♦ Dans le même sens : • CE 5 nov. 2014, *Cne de Saint-Martin-de-Belleville,* n° 365121 : *AJDA 2014. 2456 ; Cah. dr. sport 2015, n° 39, p. 73, note Colin.*

6. *Épreuves et compétitions de sport motorisé.* Une association de protection de l'environnement est fondée à soutenir que le préfet du Pas-de-Calais n'a pas suffisamment tenu compte, en autorisant des épreuves de quad et de motocyclisme sur le territoire de la commune du Touquet dans les conditions définies par un arrêté du 3 févr. 2003, des intérêts notamment écologiques dont les dispositions législatives, d'une part des art. L. 321-9, L. 362-1 et L. 362-3 C. envir. éclairés par les travaux parlementaires, d'autre part, de l'art. L. 146-6 C. urb. lui avaient confié la charge. • TA Lille, 11 déc. 2003, *Assoc. France Nature Environnement : AJDA 2004. 1483, note Damarey.* ♦ V. également, sur la légalité d'autres arrêtés préfectoraux concernant la même manifestation : • TA Lille, 22 juin 2006, *Assoc. France Nature Environnement : JCP Adm. 2006, n° 52. 1320, comm. Bernabeu* • CAA Douai, 18 janv. 2005, *Assoc. Le moto-club des sables : AJDA 2005. 1060, concl. Lepers.* ♦ V. encore, sur l'illégalité d'un arrêté du préfet des Hautes-Alpes autorisant l'organisation d'une randonnée touristique motorisée dénommée "32e Croisière blanche" : • TA Marseille, 23 déc. 2008, *Assoc. Mountain Wilderness,* n° 0601683 • 26 janv. 2009, *Assoc. Mountain Wilderness,* n° 0900407 : *AJDA 2009. 493, note Yolka.*

Art. L. 362-4 **Est interdite toute forme de publicité directe ou indirecte présentant un véhicule en situation d'infraction aux dispositions du présent chapitre.**

C'est à bon droit qu'une cour d'appel a condamné l'organisateur d'une sortie collective avec des véhicules tout terrain pour publicité présentant directement ou indirectement un véhicule en situation d'infraction à l'art. L. 362-1 C. envir. dès lors, d'une part, que la publicité litigieuse vantait les agréments d'un itinéraire déterminé, de sorte que le prévenu ne pouvait utilement soutenir que les photographies qui illustraient ses prospectus n'avaient pas été prises sur ce parcours, d'autre part, que l'intéressé ne démontrait pas sa qualité d'ayant droit des propriétaires des fonds sur lesquels se trouvaient les véhicules représentés. • Crim. 24 avr. 2007 : *pourvoi n° 06-87.874.* ; sur cette affaire, V. également : • Crim. 18 nov. 2008 : *pourvoi n° 08-83.820.*

Dispositions en matière pénale (Ord. n° 2012-34 du 11 janv. 2012, art. 9-1°, en vigueur le 1er juill. 2013).

Art. L. 362-5 *(Ord. n° 2012-34 du 11 janv. 2012, art. 9-2°, en vigueur le 1er juill. 2013)* **Outre les officiers et agents de police judiciaire et les inspecteurs de l'environnement mentionnés au 1° du II de l'article L. 172-1, sont habilités à rechercher et à constater les infractions aux dispositions du** *(L. n° 2016-1087 du 8 août 2016, art. 164-I-12°)* **« présent titre ou prises pour son application, ainsi qu' » aux dispositions prises en application des articles L. 2213-4 et L. 2215-3 du code général des collectivités territoriales :**

1° Les agents des services de l'État chargés des forêts commissionnés à raison de leurs compétences en matière forestière et assermentés à cet effet ;

2° Les agents de l'Office national des forêts commissionnés à raison de leurs compétences en matière forestière et assermentés à cet effet ;

3° Les gardes champêtres ;

4° Les agents de police judiciaires adjoints mentionnés à l'article 21 du code de procédure pénale, qui exercent ces missions dans les limites et selon les modalités fixées par le code de procédure pénale ;

5° Les gardes du littoral mentionnés à l'article L. 322-10-1, agissant dans les conditions prévues à cet article ;

6° Les agents des réserves naturelles mentionnés à l'article L. 332-20, agissant dans les conditions prévues à cet article ;

(L. n° 2016-1087 du 8 août 2016, art. 134-1°) **« 7° Les fonctionnaires ou agents publics des collectivités territoriales ou de leurs groupements chargés de la protection des espaces ou patrimoines naturels, commissionnés et assermentés à cet effet. »**

Art. L. 362-7 *(Ord. n° 2000-930 du 22 sept. 2000)* **Les dispositions des articles L. 121-4, L. 234-1, L. 325-2, L. 325-3, L. 325-6 à L. 325-8** *(Abrogé par L. n° 2007-297 du 5 mars 2007, art. 21-II) « , L. 325-10 »* **et L. 417-1 du code de la route sont applicables aux véhicules circulant en infraction aux dispositions du présent chapitre et des arrêtés pris pour son application, selon des modalités déterminées par décret en Conseil d'État.**

Code de l'environnement

PARTIE RÉGLEMENTAIRE

Les art. R. 362-1 à R. 362-5 deviennent les art. R. 362-2 à R. 362-6 (Décr. n° 2011-269 du 15 mars 2011, art. 2-I).

Art. R. 362-1 *(Décr. n° 2011-269 du 15 mars 2011, art. 2)* Les autorisations prévues au deuxième alinéa de l'article L. 362-3 sont délivrées dans les conditions fixées par les articles R. 331-18 et suivants du code du sport.

Art. R. 362-2 Est puni de l'amende prévue pour les contraventions de la 5e classe le fait, pour tout conducteur, de contrevenir aux dispositions des articles L. 362-1 et L. 362-3 concernant :

1° L'interdiction de la circulation des véhicules à moteur en dehors des voies classées dans le domaine public routier de l'État, des départements et des communes, des chemins ruraux et des voies privées ouvertes à la circulation publique des véhicules à moteur ;

(Décr. n° 2016-1412 du 21 oct. 2016, art. 2) « 2° L'interdiction d'utilisation, à des fins de loisirs, d'engins motorisés conçus pour la progression sur neige, sous réserve des dispositions du dernier alinéa de l'article L. 362-3. »

Art. R. 362-3 Est puni de l'amende prévue pour les contraventions de la 5e classe le fait, pour tout conducteur, de contrevenir aux mesures édictées en application des articles L. 2213-4 et L. 2215-3 du code général des collectivités territoriales.

Art. R. 362-4 *(Décr. n° 2011-269 du 15 mars 2011, art. 2)* Toute publicité, quel qu'en soit le support, présentant un véhicule à moteur ne respectant pas les dispositions des articles L. 362-1 et L. 362-2 du présent code et des articles L. 2213-4 et L. 2215-3 du code général des collectivités territoriales est punie de l'amende prévue pour les contraventions de la cinquième classe.

Art. R. 362-5 Lorsque le tribunal prononce l'immobilisation du véhicule en application de l'article L. 362-8, les articles R. 131-5 à R. 131-11 du code pénal sont applicables.

Art. R. 362-6 Les dispositions des articles L. 121-4, L. 234-1, L. 325-1 à L. 325-3, L. 325-6 à L. 325-11 et L. 417-1 du code de la route sont applicables aux véhicules circulant en infraction aux dispositions des articles L. 362-1 et suivants du présent code et des arrêtés pris pour l'application des articles L. 2213-4 et L. 2215-3 du code général des collectivités territoriales, selon les modalités prévues par les dispositions du code de la route.

Art. R. 362-7 *(Décr. n° 2011-269 du 15 mars 2011, art. 2)* La récidive des contraventions prévues aux articles R. 362-2 à R. 362-4 est réprimée conformément aux articles 132-11 et 132-15 du code pénal.

Déposes de passagers en altitude

Art. L. 363-1 Dans les zones de montagne, les déposes de passagers à des fins de loisirs par aéronefs sont interdites, sauf sur les aérodromes dont la liste est fixée par l'autorité administrative.

Espaces, sites et itinéraires relatifs aux sports de nature

Art. L. 364-1 Ainsi qu'il est dit à *(Ord. n° 2006-596 du 23 mai 2006, art. 3-II)* « l'article **L. 311-10** *[L. 311-5]* du code du sport ci-après reproduit » :

"Le Comité national olympique et sportif français conclut avec les organismes gestionnaires d'espaces naturels, sous réserve du respect de la réglementation propre à chaque espace, des conventions ayant pour objet de fixer les conditions et modalités d'accès à ces sites pour les pratiques sportives en pleine nature, compatibles avec les schémas de services collectifs des espaces naturels et ruraux, d'une part, et du sport, d'autre part."

Responsabilité en cas d'accident

BIBL. ► J.-M. FÉVRIER, Accès à la nature, *Envir. 2006, n° 65.*

Art. L. 365-1 La responsabilité civile ou administrative des propriétaires de terrains, de la commune, de l'État ou de l'organe de gestion de l'espace naturel, à l'occasion d'accidents survenus dans le cœur d'un parc national, dans une réserve naturelle, sur un domaine relevant du Conservatoire de l'espace littoral et des rivages lacustres ou sur les voies et chemins visés à l'article L. 361-1, à l'occasion de la circulation des piétons ou de la pratique d'activités de loisirs, est appréciée au regard des risques inhérents à la circulation dans des espaces naturels ayant fait l'objet d'aménagements limités dans le but de conservation des milieux, et compte tenu des mesures d'information prises, dans le cadre de la police de la circulation, par les autorités chargées d'assurer la sécurité publique.

Sites Natura 2000

Art. L. 414-4 *(L. n° 2008-757 du 1er août 2008, art. 13-I)* Lorsqu'ils sont susceptibles d'affecter de manière significative un site Natura 2000, individuellement ou en raison de leurs effets cumulés, doivent faire l'objet d'une évaluation de leurs incidences au regard des objectifs de conservation du site, dénommée ci-après "Évaluation des incidences Natura 2000" :

1° Les documents de planification qui, sans autoriser par eux-mêmes la réalisation d'activités, de travaux, d'aménagements, d'ouvrages ou d'installations, sont applicables à leur réalisation ;

2° Les programmes ou projets d'activités, de travaux, d'aménagements, d'ouvrages ou d'installations ;

3° Les manifestations et interventions dans le milieu naturel ou le paysage.

II. — Les programmes ou projets d'activités, de travaux, d'aménagements, d'ouvrages ou d'installations ainsi que les manifestations et interventions prévus par les contrats Natura 2000 ou pratiqués *(L. n° 2012-387 du 22 mars 2012, art. 69-2°)* « selon les engagements spécifiques définis » par une charte Natura 2000 sont dispensés de l'évaluation des incidences Natura 2000.

(L. n° 2016-1087 du 8 août 2016, art. 91) « II *bis*. — Les activités de pêche maritime professionnelle s'exerçant dans le périmètre d'un ou de plusieurs sites Natura 2000 font l'objet d'analyses des risques d'atteinte aux objectifs de conservation des sites Natura 2000, réalisées à l'échelle de chaque site, lors de l'élaboration ou de la révision des documents d'objectifs mentionnés à l'article L. 414-2. Lorsqu'un tel risque est identifié, l'autorité administrative prend les mesures réglementaires pour assurer que ces activités ne portent pas atteinte aux objectifs de conservation du site, dans le respect des règles de la politique commune de la pêche maritime. Ces activités sont alors dispensées d'évaluation d'incidences sur les sites Natura 2000. »

III. — *(L. n° 2010-788 du 12 juill. 2010, art. 125-3°)* « Sous réserve du IV *bis*, » les documents de planification, programmes ou projets ainsi que les manifestations ou interventions soumis à un régime administratif d'autorisation, d'approbation ou de déclaration au titre d'une législation ou d'une réglementation distincte de Natura 2000 ne font l'objet d'une évaluation des incidences Natura 2000 que s'ils figurent :

1° Soit sur une liste nationale établie par décret en Conseil d'État ;

2° Soit sur une liste locale, complémentaire de la liste nationale, arrêtée par l'autorité administrative compétente.

IV. — Tout document de planification, programme ou projet ainsi que toute manifestation ou intervention qui ne relève pas d'un régime administratif d'autorisation, d'approbation ou de déclaration au titre d'une législation ou d'une réglementation distincte de Natura 2000 peut être soumis à autorisation en application de la présente section et fait alors l'objet d'une évaluation des incidences Natura 2000. *(L. n° 2010-788 du 12 juill. 2010, art. 125-3°)* « Sans préjudice de l'application du IV *bis*, » une liste locale des documents de planification, programmes ou projets ainsi que des manifestations ou interventions concernés est arrêtée par l'autorité administrative compétente parmi ceux figurant sur une liste nationale de référence établie par décret en Conseil d'État.

(L. n° 2010-788 du 12 juill. 2010, art. 125-3°) « IV *bis*. — Tout document de planification, programme ou projet ainsi que manifestation ou intervention susceptible d'affecter de manière significative un site Natura 2000 et qui ne figure pas sur les listes mentionnées aux III et IV fait l'objet d'une évaluation des incidences Natura 2000 sur décision motivée de l'autorité administrative. »

V. — Les listes arrêtées au titre des III et IV par l'autorité administrative compétente sont établies au regard des objectifs de conservation des sites Natura 2000, en concertation notamment avec des représentants de collectivités territoriales et de leurs groupements, de propriétaires, d'exploitants et d'utilisateurs concernés ainsi que d'organisations professionnelles, d'organismes et d'établissements publics exerçant leurs activités dans les domaines agricole, sylvicole, touristique, des cultures marines, de la pêche, de la chasse et de l'extraction. Elles indiquent si l'obligation de réaliser une évaluation des incidences Natura 2000 s'applique dans le périmètre d'un ou plusieurs sites Natura 2000 ou sur tout ou partie d'un territoire départemental ou d'un espace marin.

VI. – L'autorité chargée d'autoriser, d'approuver ou de recevoir la déclaration s'oppose à tout document de planification, programme, projet, manifestation ou intervention si l'évaluation des incidences requise en application des *(L. n° 2010-788 du 12 juill. 2010, art. 125-3°)* « III, IV et IV *bis* » n'a pas été réalisée, si elle se révèle insuffisante ou s'il en résulte que leur réalisation porterait atteinte aux objectifs de conservation d'un site Natura 2000.

A défaut pour la législation ou la réglementation applicable au régime d'autorisation, d'approbation ou de déclaration concerné de définir les conditions dans lesquelles l'autorité compétente s'oppose, celles-ci sont définies au titre de la présente section. En l'absence d'opposition expresse dans un délai déterminé, le document de planification, le programme, le projet, la manifestation ou l'intervention entre en vigueur ou peut être réalisé à compter de l'expiration dudit délai.

VII. – Lorsqu'une évaluation conclut à une atteinte aux objectifs de conservation d'un site Natura 2000 et en l'absence de solutions alternatives, l'autorité compétente peut donner son accord pour des raisons impératives d'intérêt public majeur. Dans ce cas, elle s'assure que des mesures compensatoires sont prises pour maintenir la cohérence globale du réseau Natura 2000. Ces mesures compensatoires sont à la charge de l'autorité qui a approuvé le document de planification ou du bénéficiaire du programme ou projet d'activités, de travaux, d'aménagements, d'ouvrages ou d'installations, de la manifestation ou de l'intervention. La Commission européenne en est tenue informée.

VIII. – Lorsque le site abrite un type d'habitat naturel ou une espèce prioritaires qui figurent, au titre de la protection renforcée dont ils bénéficient, sur des listes arrêtées dans des conditions fixées par décret en Conseil d'État, l'accord mentionné au VII ne peut être donné que pour des motifs liés à la santé ou à la sécurité publique ou tirés des avantages importants procurés à l'environnement ou, après avis de la Commission européenne, pour d'autres raisons impératives d'intérêt public majeur.

(L. n° 2010-788 du 12 juill. 2010, art. 125-3°) « IX. – L'article L. 122-12 est applicable aux décisions visées aux I à V prises sans qu'une évaluation des incidences Natura 2000 ait été faite. »

Art. L. 414-5 *(Ord. n° 2012-34 du 11 janv. 2012, art. 10-A-1°, en vigueur le 1er juill. 2013)* Le contrôle administratif du document de planification, programme ou projet d'activités, de travaux, d'aménagements, d'ouvrages ou d'installations ou de la manifestation ou de l'intervention devant faire l'objet d'une évaluation des incidences Natura 2000 est effectué dans les conditions prévues dans la section I du chapitre Ier du titre VII du livre Ier.

Les dispositions de la section II du chapitre Ier du titre VII du livre Ier s'appliquent lorsqu'un document de planification, un programme ou un projet d'activités, de travaux, d'aménagements, d'ouvrages ou d'installations ou une manifestation ou une intervention est réalisé sans évaluation des incidences Natura 2000, sans l'autorisation ou la déclaration prévue à l'article L. 414-4 ou en méconnaissance de l'autorisation délivrée ou de la déclaration.

Est de nature à créer, en l'état de l'instruction, un doute sérieux quant à la légalité d'un arrêté préfectoral accusant réception de déclaration d'une manifestation nautique le moyen tiré de ce que cet arrêté aurait dû être précédé d'une évaluation de ses incidences en application de l'art. 6 de la Dir. 92/43/CEE du Conseil du 21 mai 1992 concernant la conservation des habitats naturels ainsi que de la faune et la flore sauvages ; en effet, même si l'art. L. 414-4 ne soumet pas les projets relevant, comme en l'espèce, d'un régime de déclaration à une évaluation de leurs incidences dès lors qu'ils ne figurent pas sur une liste nationale ou locale, l'association requérante est fondée à se prévaloir directement des dispositions de ladite directive, lesquelles sont précises et inconditionnelles et exigent, pour leur part, une telle évaluation d'incidences lorsque le projet affecte, comme c'est le cas en l'espèce, une zone Natura 2000 de manière significative. • TA Rennes, réf., 29 avr. 2010, *Assoc. Sémaphore : req. n° 1001705.*

Art. L. 415-8 *(L. n° 2012-387 du 22 mars 2012, art. 69-4°)* Est puni *(L. n° 2016-1087 du 8 août 2016, art. 164-I-13°)* « de six mois d'emprisonnement et de 30 000 € d'amende » le fait de réaliser un programme ou un projet d'activité, de travaux, d'aménagement, d'ouvrage ou d'installation ou une manifestation ou une intervention en méconnaissance des engagements spécifiques mentionnés au II de l'article L. 414-3. Ces peines sont doublées lorsque cette réalisation a porté atteinte aux habitats naturels ou aux espèces végétales ou animales *(L. n° 2016-1087 du 8 août 2016, art. 164-I-13°)* « justifiant » la désignation du site Natura 2000 concerné par ces engagements. – *L'art. L. 414-5-1 devient l'art. L. 415-8 (L. n° 2016-1087 du 8 août 2016, art. 164-I-13°-a, JO 9 août).*

Code de l'environnement (partie réglementaire)

Art. R. 414-19 *(Décr. n° 2010-365 du 9 avr. 2010)* I. — La liste nationale des documents de planification, programmes ou projets ainsi que des manifestations et interventions qui doivent faire l'objet d'une évaluation des incidences sur un ou plusieurs sites Natura 2000 en application du 1° du III de l'article L. 414-4 est la suivante :

1° Les plans, schémas, programmes et autres documents de planification soumis à évaluation environnementale au titre du I de l'article L. 122-4 du présent code et de l'article L. 104-1 du code de l'urbanisme ;

2° Les cartes communales prévues aux articles L. 124-1 et suivants du code de l'urbanisme, lorsqu'elles permettent la réalisation de travaux, ouvrages ou aménagements soumis aux obligations définies par l'article L. 414-4 ;

(Décr. n° 2011-2019 du 29 déc. 2011, art. 2-XII) « 3° Les travaux et projets devant faire l'objet d'une étude d'impact au titre des articles R. 122-2 et R. 122-3 ; »

4° Les installations, ouvrages, travaux et activités soumis à autorisation ou déclaration au titre des articles L. 214-1 à L. 214-11 ;

5° Les projets de création ou d'extension d'unités touristiques nouvelles soumises à autorisation en application de l'article L. 122-19 du code de l'urbanisme ;

6° Les schémas des structures des exploitations de cultures marines prévus par le décret n° 83-228 du 22 mars 1983 fixant le régime de l'autorisation des exploitations de cultures marines ;

7° Les documents départementaux de gestion de l'espace agricole et forestier prévus par l'article L. 112-1 du code rural et de la pêche maritime ;

8° Les travaux, constructions ou installations soumis aux autorisations prévues par les dispositions du 1° et du 2° du I de l'article L. 331-4, des articles L. 331-5, L. 331-6, L. 331-14, L. 332-6, L. 332-9, L. 341-7 et L. 341-10 ;

9° Les documents de gestion forestière mentionnés aux *a* ou *b* de l'article L. 4 du code forestier et portant sur des forêts situées en site Natura 2000, sous réserve des dispenses prévues par l'article L. 11 du code forestier ;

10° Les coupes soumises au régime spécial d'autorisation administrative de l'article L. 222-5 du code forestier pour les forêts localisées en site Natura 2000 ;

11° Les coupes soumises à autorisation par l'article L. 10 du code forestier pour les forêts localisées en site Natura 2000 et par l'article L. 411-2 du code forestier pour les forêts localisées en site Natura 2000 qui ne font pas l'objet d'un document de gestion bénéficiant d'une dispense au titre du *g* de l'article L. 11 de ce code ;

12° Les coupes de plantes aréneuses soumises à autorisation par l'article L. 431-2 du code forestier, lorsqu'elles sont localisées en site Natura 2000 ;

13° Les délimitations d'aires géographiques de production prévues à l'article L. 641-6 du code rural et de la pêche maritime, dès lors que ces aires sont localisées en site Natura 2000 et qu'elles concernent une production viticole ;

14° Les traitements aériens soumis à déclaration préalable prévus à l'article 2 de l'arrêté du 5 mars 2004 relatif à l'utilisation par voie aérienne de produits mentionnés à l'article L. 253-1 du code rural et de la pêche maritime, à l'exception des cas d'urgence ;

15° La délimitation des zones de lutte contre les moustiques prévues à l'article 1er du décret n° 65-1046 du 1er décembre 1965 modifié pris pour l'application de la loi n° 64-1246 du 16 décembre 1964 relative à la lutte contre les moustiques ;

16° L'exploitation de carrières soumise à déclaration et visée aux points 5 et 6 de la rubrique 2510 de la nomenclature annexée à l'article R. 511-9 dès lors qu'elles sont localisées en site Natura 2000 ;

17° Les stations de transit de produits minéraux soumises à déclaration et visées au point 2 de chacune des rubriques 2516 et 2517 de la nomenclature annexée à l'article R. 511-9, dès lors que ces stations sont localisées en site Natura 2000 ;

18° Les déchèteries aménagées pour la collecte des encombrants, matériaux ou produits triés et apportés par les usagers soumises à déclaration et visées au point 2 de la rubrique 2710 de la nomenclature annexée à l'article R. 511-9 dès lors que ces déchèteries sont localisées en site Natura 2000 ;

19° Les travaux prévus dans la procédure d'arrêt de travaux miniers soumise à déclaration au titre de l'article 91 du code minier, pour les installations concernant des substances mentionnées à l'article 2 du code minier et le stockage souterrain mentionné à l'article 3-1 du code minier, dès lors que ces installations sont localisées en site Natura 2000 ; en cas de disparition ou de défaillance du responsable des installations, les travaux prescrits par l'autorité administrative, au-delà de la période de validité d'un titre minier, sont également soumis à évaluation des incidences sur le ou les sites Natura 2000 où les installations sont localisées, à l'exception des travaux réalisés en situation d'urgence ou de péril imminent ;

20° Le stockage ou dépôt de déchets inertes soumis à autorisation en application des articles L. 541-30-1 et R. 541-65, lorsqu'il est localisé en site Natura 2000 ;

21° L'occupation d'une dépendance du domaine public d'une personne publique soumise à autorisation au titre de l'article L. 2122-1 du code général de la propriété des personnes publiques lorsque la dépendance occupée est localisée, en tout ou partie, en site Natura 2000 ;

22° Les manifestations sportives soumises à autorisation ou déclaration au titre des articles L. 331-2 et R. 331-6 à R. 331-17 du code du sport, pour les épreuves et compétitions sur la voie publique, dès lors qu'elles donnent lieu à délivrance d'un titre international ou national ou que leur budget d'organisation dépasse 100 000 € ;

23° L'homologation des circuits accordée en application de l'article R. 331-37 du code du sport ;

24° Les manifestations sportives soumises à autorisation au titre des articles R. 331-18 à R. 331-34 du code du sport, pour les manifestations de véhicules terrestres à moteur organisées en dehors des voies ouvertes à la circulation publique ; les manifestations qui se déroulent exclusivement sur des circuits homologués après évaluation des incidences Natura 2000 réalisée en application du 23° sont dispensées d'une évaluation des incidences ;

25° Les rassemblements exclusivement festifs à caractère musical soumis à déclaration au titre de l'article 23-1 de la loi n° 95-73 du 21 janvier 1995 d'orientation et de programmation relative à la sécurité ;

26° Les manifestations sportives, récréatives ou culturelles à but lucratif soumises à déclaration en application de l'article R. 331-4 du code du sport ;

27° Les manifestations nautiques en mer soumises à déclaration dans des conditions fixées par arrêté des ministres chargés de la mer et des sports dès lors qu'elles donnent lieu à délivrance d'un titre international ou national ou que leur budget d'organisation dépasse 100 000 € ou dès lors qu'elles concernent des engins motorisés ;

28° Les manifestations aériennes de grande importance soumises à autorisation en application des articles L. 133-1 et R. 131-3 du code de l'aviation civile ;

(Décr. n° 2010-368 du 13 avr. 2010, art. 6) « 29° Les installations classées soumises à enregistrement en application de l'article L. 512-7 du code de l'environnement, dès lors que ces installations sont localisées en site Natura 2000. »

II. — Sauf mention contraire, les documents de planification, programmes, projets, manifestations ou interventions listés au I sont soumis à l'obligation d'évaluation des incidences Natura 2000, que le territoire qu'ils couvrent ou que leur localisation géographique soient situés ou non dans le périmètre d'un site Natura 2000.

Art. R. 414-20 *(Décr. n° 2010-365 du 9 avr. 2010)* I. — Les listes locales mentionnées au 2° du III et au IV de l'article L. 414-4 sont arrêtées, après avis du conseil scientifique régional du patrimoine naturel, selon leurs domaines de compétences respectifs, soit :

1° Par le préfet de département, après consultation de la commission départementale de la nature, des paysages et des sites réunie dans sa formation "Nature". La commission prend en compte les débats de l'instance de concertation pour la gestion du réseau Natura 2000, réunie conformément à l'article R. 341-19. Pour l'examen de ces listes locales, le préfet fait appel notamment, pour siéger dans cette instance de concertation, aux côtés des membres de la formation spécialisée dite de la nature, à des représentants des catégories mentionnées au V de l'article L. 414-4, et plus généralement à des représentants des activités concernées, notamment sportives. En Corse, les préfets de département consultent le conseil des sites de Corse prévu à l'article L. 4421-4 du code général des collectivités territoriales ;

2° Par le préfet maritime, après avoir pris en compte les avis exprimés lors d'une ou plusieurs réunions de concertation auxquelles il invite les représentants des acteurs concernés, et notamment les représentants des catégories mentionnées au V de l'article L. 414-4, ainsi que des représentants des activités sportives concernées et des représentants d'associations agréées de protection de l'environnement.

II. — Lorsque les listes visées au 2° du III et au IV de l'article L. 414-4 peuvent concerner des activités militaires, l'accord préalable du commandant de zone terre ou du commandant de zone maritime, selon leurs domaines de compétences respectifs, est requis.

III. — Les listes locales visées au présent article sont publiées au recueil des actes administratifs du ou des départements concernés et portées à la connaissance du public par tout moyen adapté, et au moins par une insertion dans un journal diffusé dans la zone géographique concernée.

Art. R. 414-21 *(Décr. n° 2010-365 du 9 avr. 2010)* Toute personne souhaitant élaborer un document de planification, réaliser un programme ou un projet, organiser une manifestation ou procéder à une intervention mentionnés à l'article R. 414-19 ou figurant sur une liste locale mentionnée au 2° du III de l'article L. 414-4 accompagne son dossier de présentation du document de planification, sa demande d'autorisation ou d'approbation ou sa déclaration du dossier d'évaluation des incidences Natura 2000 mentionné à l'article R. 414-23. Lorsque le document, programme ou projet fait l'objet d'une enquête publique, cette évaluation est jointe au dossier soumis à enquête publique.

Le contenu de ce dossier peut se limiter à la présentation et à l'exposé définis au I de cet article, dès lors que cette première analyse permet de conclure à l'absence d'incidence sur tout site Natura 2000.

Art. R. 414-22 *(Décr. n° 2010-365 du 9 avr. 2010)* L'évaluation environnementale, l'étude d'impact *(Abrogé par Décr. n° 2011-2019, du 29 déc. 2011, art. 2-XIII)* « *ou la notice d'impact* » ainsi que le document d'incidences mentionnés respectivement au 1°, 3° et 4° du I de l'article R. 414-19 tiennent lieu de dossier d'évaluation des incidences Natura 2000 s'ils satisfont aux prescriptions de l'article R. 414-23.

Art. R. 414-23 *(Décr. n° 2010-365 du 9 avr. 2010)* Le dossier d'évaluation des incidences Natura 2000 est établi, s'il s'agit d'un document de planification, par la personne publique responsable de son élaboration, s'il s'agit d'un programme, d'un projet ou d'une intervention, par le maître d'ouvrage ou le pétitionnaire, enfin, s'il s'agit d'une manifestation, par l'organisateur.

Cette évaluation est proportionnée à l'importance du document ou de l'opération et aux enjeux de conservation des habitats et des espèces en présence.

I.-Le dossier comprend dans tous les cas :

1° Une présentation simplifiée du document de planification, ou une description du programme, du projet, de la manifestation ou de l'intervention, accompagnée d'une carte permettant de localiser l'espace terrestre ou marin sur lequel il peut avoir des effets et les sites Natura 2000 susceptibles d'être concernés par ces effets ; lorsque des travaux, ouvrages ou aménagements sont à réaliser dans le périmètre d'un site Natura 2000, un plan de situation détaillé est fourni ;

2° Un exposé sommaire des raisons pour lesquelles le document de planification, le programme, le projet, la manifestation ou l'intervention est ou non susceptible d'avoir une incidence sur un ou plusieurs sites Natura 2000 ; dans l'affirmative, cet exposé précise la liste des sites Natura 2000 susceptibles d'être affectés, compte tenu de la nature et de l'importance du document de planification, ou du programme, projet, manifestation ou intervention, de sa localisation dans un site Natura 2000 ou de la distance qui le sépare du ou des sites Natura 2000, de la topographie, de l'hydrographie, du fonctionnement des écosystèmes, des caractéristiques du ou des sites Natura 2000 et de leurs objectifs de conservation.

II. — Dans l'hypothèse où un ou plusieurs sites Natura 2000 sont susceptibles d'être affectés, le dossier comprend également une analyse des effets temporaires ou permanents, directs ou indirects, que le document de planification, le programme ou le projet, la manifestation ou l'intervention peut avoir, individuellement ou en raison de ses effets cumulés avec d'autres documents de planification, ou d'autres programmes, projets, manifestations ou interventions dont est responsable l'autorité chargée d'approuver le document de planification, le maître d'ouvrage, le pétitionnaire ou l'organisateur, sur l'état de conservation des habitats naturels et des espèces qui ont justifié la désignation du ou des sites.

III. — S'il résulte de l'analyse mentionnée au II que le document de planification, ou le programme, projet, manifestation ou intervention peut avoir des effets significatifs dommageables, pendant ou après sa réalisation ou pendant la durée de la validité du document de planification, sur l'état de conservation des habitats naturels et des espèces qui ont justifié la désignation du ou des sites, le dossier comprend un exposé des mesures qui seront prises pour supprimer ou réduire ces effets dommageables.

IV. — Lorsque, malgré les mesures prévues au III, des effets significatifs dommageables subsistent sur l'état de conservation des habitats naturels et des espèces qui ont justifié la désignation du ou des sites, le dossier d'évaluation expose, en outre :

1° La description des solutions alternatives envisageables, les raisons pour lesquelles il n'existe pas d'autre solution que celle retenue et les éléments qui permettent de justifier l'approbation du document de planification, ou la réalisation du programme, du projet, de la manifestation ou de l'intervention, dans les conditions prévues aux VII et VIII de l'article L. 414-4 ;

2° La description des mesures envisagées pour compenser les effets dommageables que les mesures prévues au III ci-dessus ne peuvent supprimer. Les mesures compensatoires permettent une compensation efficace et proportionnée au regard de l'atteinte portée aux objectifs de conservation du ou des sites Natura 2000 concernés et du maintien de la cohérence globale du réseau Natura 2000. Ces mesures compensatoires sont mises en place selon un calendrier permettant d'assurer une continuité dans les capacités du réseau Natura 2000 à assurer la conservation des habitats naturels et des espèces. Lorsque ces mesures compensatoires sont fractionnées dans le temps et dans l'espace, elles résultent d'une approche d'ensemble, permettant d'assurer cette continuité ;

3° L'estimation des dépenses correspondantes et les modalités de prise en charge des mesures compensatoires, qui sont assumées, pour les documents de planification, par l'autorité chargée de leur approbation, pour les programmes, projets et interventions, par le maître d'ouvrage ou le pétitionnaire bénéficiaire, pour les manifestations, par l'organisateur bénéficiaire.

Art. R. 414-24 *(Décr. n° 2010-365 du 9 avr. 2010)* I. — L'autorité administrative compétente pour approuver, autoriser ou s'opposer à un document de planification, un programme, un projet, une manifestation ou une intervention exerce cette compétence dans les conditions prévues par les dispositions des VI, VII et VIII de l'article L. 414-4 en tenant compte, pour l'appréciation de l'absence d'atteinte aux objectifs de conservation d'un site Natura 2000, des éventuels effets cumulés avec d'autres documents de planification, ou d'autres programmes, projets, manifestations ou interventions.

II. — Lorsque la législation ou réglementation applicable au régime de déclaration concerné ne permet pas à l'autorité administrative compétente pour instruire un dossier de déclaration de s'opposer au programme, au projet, à la manifestation ou à l'intervention qui a fait l'objet d'une déclaration, cette autorité procède, conformément au VI de l'article L. 414-4, à l'instruction du dossier dans les conditions suivantes :

1° Dans un délai maximal de deux mois suivant la réception du dossier, l'autorité administrative compétente pour recevoir la déclaration notifie, le cas échéant, au déclarant soit :

a) Son accord pour que le document, programme, projet, manifestation ou intervention entre en vigueur ou soit réalisé ;

b) Son opposition au document ou à l'opération faisant l'objet de la déclaration soit en raison de son incidence significative sur un ou plusieurs sites Natura 2000 si les conditions fixées aux VII et VIII de l'article L. 414-4 ne sont pas réunies, soit en raison de l'absence ou du caractère insuffisant de l'évaluation des incidences ;

c) Une demande de lui fournir, dans un délai de deux mois, les documents ou précisions nécessaires pour apprécier l'incidence du document ou de l'opération ou garantir que les conditions fixées aux VII et VIII de l'article L. 414-4 sont réunies ; le déclarant est averti que, faute de produire les précisions demandées dans un délai de deux mois, le document ou l'opération soumis à déclaration fera l'objet d'une décision d'opposition tacite.

En l'absence de réponse de l'autorité administrative compétente dans un délai de deux mois à partir de la réception du dossier, le document ou l'opération peut entrer en vigueur ou être réalisé ;

2° Lorsque le déclarant est invité à produire des pièces ou des précisions complémentaires, le délai de deux mois ouvert à l'autorité compétente pour lui notifier, s'il y a lieu, son opposition est suspendu jusqu'à la réception des informations demandées.

Art. R. 414-25 *(Décr. n° 2010-365 du 9 avr. 2010)* Si l'évaluation des incidences Natura 2000 conclut à un effet significatif sur un ou plusieurs sites Natura 2000 d'un document de planification, programme, projet, manifestation ou intervention et que les conditions définies au VIII de l'article L. 414-4 imposent de recueillir l'avis préalable de la Commission européenne, le délai ouvert à l'autorité compétente pour autoriser, approuver ou s'opposer au document de planification, programme, projet, manifestation ou intervention est suspendu jusqu'à la date de réception de cet avis par l'autorité compétente. Le pétitionnaire ou le déclarant est informé par l'autorité compétente de la date à laquelle a été saisie la Commission, qui constitue la date de départ de la suspension du délai de réponse imparti à l'autorité compétente. Il est informé sans délai de la réponse de la Commission.

Art. R. 414-26 *(Décr. n° 2010-365 du 9 avr. 2010)* Lorsque les documents de planification, programmes ou projets d'activités, de travaux, d'aménagements, d'ouvrages ou d'installations ainsi que les interventions ou manifestations sont réalisés pour le compte du ministre de la défense, celui-ci organise la mise en œuvre de la procédure d'évaluation d'incidences Natura 2000 selon des modalités compatibles avec la protection du secret de la défense nationale ainsi qu'avec les contraintes particulières aux opérations non prévisibles, urgentes et impératives de la défense nationale.

Code forestier (nouveau)

(Ord. n° 2012-92 du 26 janv. 2012)

Prise en compte dans les documents de gestion de l'accueil du public

BIBL. ▶ T. Moigneu, Forêt et tourisme : des intérêts convergents, *Gaz. cnes 2001, n° 1608, p. 41*. – P. Le Louarn, De la « bête noire » au touriste, le droit confronté à l'ouverture des forêts au public, *RJ envir. 2012, n° 3, p. 453*.

Art. L. 122-9 Dans les espaces boisés et forestiers ouverts au public, le document d'aménagement répondant aux conditions prévues à l'article L. 212-2 intègre les objectifs d'accueil du public.

Le plan simple de gestion agréé en application de l'article L. 312-1 intègre ces mêmes objectifs lorsqu'il concerne des espaces boisés ouverts au public en vertu d'une convention signée avec une collectivité publique, notamment en application *(Ord. n° 2015-1174 du 23 sept. 2015, art. 9-VIII-3°, en vigueur de 1er janvier 2016)* « des articles L. 113-6 et L. 113-7 » du code de l'urbanisme.

Art. L. 122-10 Dans les bois et forêts relevant du régime forestier, en particulier dans ceux appartenant à l'État mentionnés au 1° du I de l'article L. 211-1, l'ouverture au public doit être recherchée le plus largement possible. Celle-ci implique des mesures permettant la protection des bois et forêts et des milieux naturels, notamment pour garantir la conservation des sites les plus fragiles ainsi que des mesures nécessaires à la sécurité du public.

Art. L. 122-11 Le plan départemental des espaces, sites, itinéraires relatifs aux sports de nature, prévu par l'article L. 311-3 du code du sport, ne peut inscrire des terrains situés dans les bois et forêts dotés d'un des documents de gestion mentionnés à l'article L. 122-3 du présent code qu'avec l'accord exprès du propriétaire. Cette inscription est en outre soumise à l'avis, pour les bois et forêts mentionnés au 2° du I de l'article L. 211-1, de l'Office national des forêts ou, pour les bois et forêts des particuliers, du Centre national de la propriété forestière.

Le propriétaire peut demander, après avis de la commission départementale des espaces, sites, itinéraires relatifs aux sports de nature, prévue au livre III du code du sport, le retrait du plan départemental des bois et forêts qui y avaient été inscrits en cas de modification sensible du milieu naturel forestier due à des causes naturelles ou extérieures au propriétaire ou à ses ayants droit. Pour justifier le retrait de l'inscription, cette modification du milieu, notamment à la suite d'un incendie ou de toute autre catastrophe naturelle, doit soit impliquer des efforts particuliers de reconstitution de la forêt, soit compromettre la conservation du milieu ou la sécurité du public. Le retrait de l'inscription n'entraîne, pour le propriétaire, aucune charge financière et matérielle de mesures compensatoires.

Code général des collectivités territoriales

Art. L. 2333-81 – *V. App., v° Collectivités territoriales (redevance d'accès aux sites nordiques aménagés pour les loisirs de neige non motorisés).*

Code de l'urbanisme

Espaces boisés

Art. L. 113-6 *(Ord. n° 2015-1174 du 23 sept. 2015, art. 5, en vigueur le 1er janv. 2016)* Les collectivités territoriales ou leurs groupements ainsi que le Conservatoire de l'espace littoral et des rivages lacustres peuvent passer avec les propriétaires de bois, parcs et espaces naturels des conventions tendant à l'ouverture au public de ces bois, parcs et espaces naturels ainsi que des conventions pour l'exercice des sports de nature, notamment en application du titre Ier du livre III du code du sport.

Les conventions peuvent prévoir la prise en charge totale ou partielle par les collectivités du financement des dépenses d'aménagement, d'entretien, de réparation et des coûts d'assurances nécessités par l'ouverture au public de ces espaces et le versement au propriétaire d'une rémunération pour service rendu.

Art. L. 113-7 *(Ord. nº 2015-1174 du 23 sept. 2015, art. 5, en vigueur le 1er janv. 2016)* Dans le cas où les bois, parcs et espaces naturels sont situés dans des territoires excédant les limites territoriales de la collectivité contractante ou du groupement, le projet de convention est soumis pour avis à la ou aux collectivités intéressées ou à leur groupement.

Espaces naturels sensibles

Art. L. 113-8 *(Ord. nº 2015-1174 du 23 sept. 2015, art. 5, en vigueur le 1er janv. 2016)* Le département est compétent pour élaborer et mettre en œuvre une politique de protection, de gestion et d'ouverture au public des espaces naturels sensibles, boisés ou non, destinée à préserver la qualité des sites, des paysages, des milieux naturels et des champs naturels d'expansion des crues et d'assurer la sauvegarde des habitats naturels selon les principes posés à l'article L. 101-2.

Part départementale de la taxe d'aménagement

Art. L. 113-10 *(Ord. nº 2015-1174 du 23 sept. 2015, art. 5, en vigueur le 1er janv. 2016)* Pour mettre en œuvre la politique prévue à l'article L. 113-8, le département peut instituer une part départementale de la taxe d'aménagement destinée à financer les espaces naturels sensibles, dans les conditions définies à l'article L. 331-3.

....

Art. L. 331-3 *(Ord. nº 2015-1174 du 23 sept. 2015, art. 5, en vigueur le 1er janv. 2016)* La part départementale de la taxe d'aménagement est instituée par délibération du conseil départemental dans les conditions fixées au huitième alinéa de l'article L. 331-2 en vue de financer : *[nouvelle rédaction issue de l'Ord. nº 2016-1561 du 21 nov. 2016, art. 5 et 20, en vigueur le 1er janv. 2018 : « La part départementale de la taxe d'aménagement est instituée par délibération du conseil départemental ou de l'Assemblée de Corse dans les conditions fixées au dixième alinéa de l'article L. 331-2 en vue de financer »]*

1º La politique de protection des espaces naturels sensibles prévue à l'article L. 113-8 ainsi que les dépenses :

a) Pour l'acquisition, par voie amiable, par expropriation ou par exercice du droit de préemption mentionné à l'article L. 215-4, de terrains ou ensembles de droits sociaux donnant vocation à l'attribution en propriété ou en jouissance de terrains, ainsi que pour l'aménagement et l'entretien de tout espace naturel, boisé ou non, appartenant au département, sous réserve de son ouverture au public dans les conditions prévues à l'article L. 215-21 ;

b) Pour sa participation à l'acquisition, à l'aménagement et la gestion des terrains du Conservatoire de l'espace littoral et des rivages lacustres, pour sa participation à l'acquisition de terrains par une commune ou par un établissement public de coopération intercommunale compétent, ainsi qu'à l'entretien des terrains acquis par l'une et l'autre de ces personnes publiques ou par l'Agence des espaces verts de la région d'Île-de-France dans l'exercice du droit de préemption, par délégation ou par substitution, prévu aux articles L. 215-4 à L. 215-8 ;

c) Pour l'aménagement et l'entretien d'espaces naturels, boisés ou non, appartenant aux collectivités publiques ou à leurs établissements publics et ouverts au public, ou appartenant à des propriétaires privés à la condition qu'ils aient fait l'objet d'une convention passée en application de l'article L. 113-6 ;

d) Pour l'aménagement et la gestion des parties naturelles de la zone dite des cinquante pas géométriques, définie à l'article L. 121-45 ;

e) Pour l'acquisition, l'aménagement et la gestion des sentiers figurant sur un plan départemental des itinéraires de promenade et de randonnée, établi dans les conditions prévues à l'article L. 361-1 du code de l'environnement, ainsi que des chemins et servitudes de halage et de marchepied des voies d'eau domaniales concédées qui ne sont pas ouvertes à la circulation générale et pour l'acquisition, par voie amiable ou par exercice du droit de préemption mentionné à l'article L. 215-4, l'aménagement et la gestion des chemins le long des autres cours d'eau et plans d'eau ;

f) Pour l'acquisition par un département, une commune, un établissement public de coopération intercommunale ou le Conservatoire de l'espace littoral et des rivages lacustres, de bois et forêts ou de droits sociaux donnant vocation à l'attribution en propriété ou en jouissance de bois et forêts, sous réserve de leur ouverture au public dans les conditions prévues à l'article L. 215-21 ;

g) Pour l'acquisition, l'aménagement et la gestion des espaces, sites et itinéraires figurant au plan départemental des espaces, sites et itinéraires relatifs aux sports de nature, établi en application de l'article L. 311-3 du code du sport, sous réserve que l'aménagement ou la gestion envisagés maintiennent ou améliorent la qualité des sites, des paysages et des milieux naturels ;

h) Pour l'acquisition, la gestion et l'entretien des sites Natura 2000 désignés à l'article L. 414-1 du code de l'environnement et des territoires classés en réserve naturelle au sens de l'article L. 332-1 du même code ;

i) Pour les études et inventaires du patrimoine naturel nécessaires à l'élaboration et à la mise en œuvre de la politique de protection et de gestion des espaces naturels sensibles destinés à être ouverts au public ;

j) Pour l'acquisition de sites destinés à la préservation de la ressource en eau, leur aménagement et leur gestion ;

k) Pour les travaux contribuant à la préservation ou à la remise en bon état des continuités écologiques identifiées dans les schémas prévus à l'article L. 371-3 du code de l'environnement ;

2° Les dépenses des conseils d'architecture, d'urbanisme et de l'environnement en application de l'article 8 de la loi n° 77-2 du 3 janvier 1977 sur l'architecture.

La part départementale de la taxe est instituée dans toutes les communes du département et perçue sur la totalité du territoire du département. Le produit de la part départementale de la taxe a le caractère d'une recette de fonctionnement.

La métropole de Lyon est substituée au département du Rhône pour l'application du présent article aux autorisations d'urbanisme délivrées à compter du 1er janvier 2017 dans le périmètre de la métropole de Lyon. Les produits perçus à ce titre reviennent à la métropole de Lyon, en sus de ceux qui lui échoient en vertu du 3° de l'article L. 331-2.

Protection des zones de montagne

BIBL. ► P. Collomb, Les activités sportives en montagne, *RFDA 1985. 788.* – F. Dupont-Marillia et J.-P. Jarwevic, Le secours en montagne, *Cah. CSSM 2000, n° 14, p. 61.* – A. Pinguet, Étude descriptive des arrêtés municipaux relatifs à la sécurité des skieurs et autres pratiquants sportifs en dehors du domaine des pistes, *Cah. CSSM, 1999, n° 12, p. 44.* – Ph. Yolka, La règle de l'altimètre, brève excursion d'un juriste en montagne, *AJDA 2015. 1674* ⊘.

Préservation des terres nécessaires au maintien et au développement des activités agricoles, pastorales et forestières

Art. L. 122-10 *(Ord. n° 2015-1174 du 23 sept. 2015, art. 5, en vigueur le 1er janv. 2016)* Les terres nécessaires au maintien et au développement des activités agricoles, pastorales et forestières *(L. n° 2016-1888 du 28 déc. 2016, art. 75)* « , en particulier les terres qui se situent dans les fonds de vallée, » sont préservées. La nécessité de préserver ces terres s'apprécie au regard de leur rôle et de leur place dans les systèmes d'exploitation locaux. Sont également pris en compte leur situation par rapport au siège de l'exploitation, leur relief, leur pente et leur exposition.

Art. L. 122-11 *(Ord. n° 2015-1174 du 23 sept. 2015, art. 5, en vigueur le 1er janv. 2016)* Peuvent être autorisés dans les espaces définis à l'article L. 122-10 :

1° Les constructions nécessaires aux activités agricoles, pastorales et forestières ;

2° Les équipements sportifs liés notamment à la pratique du ski et de la randonnée ;

3° La restauration ou la reconstruction d'anciens chalets d'alpage ou de bâtiments d'estive, ainsi que les extensions limitées de chalets d'alpage ou de bâtiments d'estive existants dans un objectif de protection et de mise en valeur du patrimoine montagnard et lorsque la destination est liée à une activité professionnelle saisonnière. L'autorisation est délivrée par l'autorité administrative compétente de l'État après avis de la commission départementale de la préservation des espaces naturels, agricoles et forestiers et de la commission départementale de la nature, des paysages et des sites.

(L. n° 2016-1888 du 28 déc. 2016, art. 76) « Lorsque les chalets d'alpage ou bâtiments d'estive, existants ou anciens, ne sont pas desservis par les voies et réseaux, ou lorsqu'ils sont desservis par des voies qui ne sont pas utilisables en période hivernale, l'autorisation,

qui ne peut être qu'expresse, est subordonnée à l'institution, par l'autorité compétente pour délivrer le permis de construire ou prendre la décision sur la déclaration préalable, » d'une servitude administrative, publiée au fichier immobilier, interdisant l'utilisation du bâtiment en période hivernale ou limitant son usage pour tenir compte de l'absence de réseaux. Cette servitude précise que la commune est libérée de l'obligation d'assurer la desserte du bâtiment par les réseaux et équipements publics. Lorsque le terrain n'est pas desservi par une voie carrossable, la servitude rappelle l'interdiction de circulation des véhicules à moteur édictée par l'article L. 362-1 du code de l'environnement.

Préservation des parties naturelles des rives des plans d'eau naturels ou artificiels d'une superficie inférieure à mille hectares

Art. L. 122-12 *(Ord. n° 2015-1174 du 23 sept. 2015, art. 5, en vigueur le 1er janv. 2016)* Les parties naturelles des rives des plans d'eau naturels ou artificiels d'une superficie inférieure à mille hectares sont protégées sur une distance de trois cents mètres à compter de la rive. Toutes constructions, installations et routes nouvelles ainsi que toutes extractions et tous affouillements y sont interdits.

Ces dispositions s'appliquent aux plans d'eau partiellement situés en zone de montagne.

Peuvent toutefois être exclus du champ d'application du présent article :

1° Par arrêté de l'autorité administrative compétente de l'État, les plans d'eau dont moins du quart des rives est situé dans la zone de montagne ;

2° Par un schéma de cohérence territoriale, un plan local d'urbanisme ou une carte communale, certains plans d'eau en fonction de leur faible importance.

Art. L. 122-13 *(Ord. n° 2015-1174 du 23 sept. 2015, art. 5, en vigueur le 1er janv. 2016)* Dans les secteurs protégés en application de l'article L. 122-12, ne peuvent être autorisés que des bâtiments à usage agricole, pastoral ou forestier, des refuges et gîtes d'étapes ouverts au public pour la promenade et la randonnée, des aires naturelles de camping, un équipement culturel dont l'objet est directement lié au caractère lacustre des lieux, des installations à caractère scientifique si aucune autre implantation n'est possible et des équipements d'accueil et de sécurité nécessaires à la pratique de la baignade, des sports nautiques, de la promenade ou de la randonnée ainsi que des projets visés au 1° de l'article L. 111-4.

Remontées mécaniques

Art. L. 472-1 *(Ord. n° 2005-1527 du 8 déc. 2005, art. 15-II)* Les travaux de construction ou de modification substantielle des remontées mécaniques définies à l'article L. 342-7 du code du tourisme sont soumis à autorisation, d'une part, avant l'exécution des travaux et, d'autre part, avant la mise en exploitation.

L'autorisation d'exécution des travaux portant sur la réalisation des remontées mécaniques tient lieu du permis de construire prévu à l'article L. 421-1 en ce qui concerne les travaux soumis à ce permis.

Art. L. 472-2 *(Ord. n° 2005-1527 du 8 déc. 2005, art. 15-II)* L'autorisation d'exécution des travaux portant sur la réalisation des remontées mécaniques est délivrée, quelle que soit l'importance de l'équipement, par l'autorité compétente en matière de permis de construire.

Elle est délivrée après avis conforme du représentant de l'État dans le département au titre de la sécurité des installations et des aménagements de remontée. Le représentant de l'État dans le département arrête les réserves et les prescriptions auxquelles peut être subordonnée l'autorisation d'exécution des travaux.

(L. n° 2016-1888 du 28 déc. 2016, art. 71-II-1°) « L'autorisation d'exécution des travaux est assortie d'une obligation de démontage des remontées mécaniques et de leurs constructions annexes, ainsi que de remise en état des sites. Ce démontage et cette remise en état doivent intervenir dans un délai de trois ans à compter de la mise à l'arrêt définitive de ces remontées mécaniques. »

Art. L. 472-3 *(Ord. n° 2005-1527 du 8 déc. 2005, art. 15-II)* Lorsque les travaux portent sur une remontée mécanique empruntant un tunnel, il doit être joint à la demande d'autorisation un dossier descriptif accompagné de l'avis sur la sécurité émis par un expert ou un organisme qualifié, agréé. Cet avis présente notamment les conditions d'exploitation de la remontée mécanique au regard des risques naturels ou technologiques susceptibles d'affecter l'ouvrage.

Art. L. 472-4 *(Ord. n° 2005-1527 du 8 déc. 2005, art. 15-II)* La mise en exploitation des remontées mécaniques est autorisée par l'autorité compétente en matière de permis de cons-

truire, après avis conforme du représentant de l'État dans le département au titre de la sécurité des installations et des aménagements de remontée.

(L. nº 2016-1888 du 28 déc. 2016, art. 71-II-2º) **« Lorsque des remontées mécaniques n'ont pas été exploitées durant cinq années consécutives, le représentant de l'État dans le département met en demeure l'exploitant de procéder à leur mise à l'arrêt définitive. »**

Art. L. 472-5 *(Ord. nº 2005-1527 du 8 déc. 2005, art. 15-II)* **Les dispositions du titre VI du présent livre ne sont pas applicables aux travaux autorisés en application du présent chapitre.**

Aménagement du domaine skiable

Art. L. 473-1 *(Ord. nº 2005-1527 du 8 déc. 2005, art. 15-II)* **L'aménagement de pistes de ski alpin est soumis à l'autorisation délivrée par l'autorité compétente en matière de permis de construire.**

Art. L. 473-2 *(Ord. nº 2005-1527 du 8 déc. 2005, art. 15-II)* **Dans les communes pourvues d'un plan local d'urbanisme, les équipements et aménagements destinés à la pratique du ski alpin et les remontées mécaniques ne peuvent être respectivement réalisés qu'à l'intérieur des zones ou à l'intérieur des secteurs délimités en application du** *(Ord. nº 2015-1174 du 23 sept. 2015, art. 6-10º, en vigueur le 1er janv. 2016)* **« second alinéa de l'article L. 151-38 ».**

Dans les communes pourvues d'un plan d'occupation des sols opposable lors de la publication de la loi nº 85-30 du 9 janvier 1985 relative au développement et à la protection de la montagne, cette disposition s'applique, le cas échéant, à partir de l'approbation de la première modification ou révision de ce plan.

Art. L. 473-3 *(Ord. nº 2005-1527 du 8 déc. 2005, art. 15-II)* **Un décret en Conseil d'État détermine les règles générales auxquelles sont soumises les autorisations prévues par le présent chapitre ainsi que les formes, conditions et délais dans lesquels elles sont délivrées. Ce décret précise en outre les remontées mécaniques pour lesquelles l'avis conforme du représentant de l'État dans le département, préalable à ces autorisations, ne peut être délivré qu'après consultation d'une commission administrative, assurant notamment la représentation des collectivités territoriales.**

Code du tourisme

Remontées mécaniques et pistes de ski

Art. L. 342-7 **Sont dénommés "remontées mécaniques" tous les appareils de transports publics de personnes par chemin de fer funiculaire ou à crémaillère, par téléphérique, par téléskis ou par tout autre engin utilisant des câbles porteurs ou tracteurs.**

Art. L. 342-8 *(Ord. nº 2010-1307 du 28 oct. 2010, art. 6)* **Sont applicables aux remontées mécaniques les articles L. 342-1 à L. 342-5 ainsi que les dispositions suivantes du code des transports :**

a) **Le chapitre Ier du titre Ier du livre V de la première partie ;**

b) **Le titre II du livre VI de la première partie ;**

c) **Le titre Ier du livre II de la deuxième partie ;**

d) **Les articles L. 1000-2, L. 1111-1, L. 1211-4, L. 1211-5,** *(Abrogé par Ord. nº 2016-65 du 29 janv. 2016, art. 73-3º, à compter du 1er avr. 2016) « L. 1221-3, »* **L. 1221-4, L. 1221-9, L. 1311-3, L. 1311-4, L. 1431-2, L. 1521-1 et L. 1611-1.**

Les dispositions issues de l'Ord. nº 2016-65 du 29 janv. 2016 entrent en vigueur à une date fixée par voie réglementaire et au plus tard le 1er avr. 2016. Le Décr. nº 2016-86 du 1er févr. 2016 a fixé cette date au 1er avr. 2016. L'Ord. et le Décr. préc. s'appliquent aux contrats de concession pour lesquels une consultation est engagée ou un avis de concession est envoyé à la publication à compter de leur date d'entrée en vigueur (Ord. préc., art. 78, et Décr. préc., art. 55).

Art. L. 342-9 **Le service des remontées mécaniques** *(L. nº 2006-437 du 14 avr. 2006)* **« , le cas échéant étendu aux installations nécessaires à l'exploitation des pistes de ski, » est organisé par les communes sur le territoire desquelles elles sont situées ou par leurs groupements ou par le département auquel elles peuvent confier par convention, dans les limites d'un périmètre géographique défini, l'organisation et la mise en œuvre du service.**

Les communes ou leurs groupements peuvent s'associer, à leur demande, au département pour organiser ce service.

Art. L. 342-10 **Les dispositions prévues à l'article L. 342-9 ne sont applicables ni aux remontées mécaniques organisées par les départements avant le 10 janvier 1985 ni aux**

remontées mécaniques situées dans un périmètre géographique, défini par décret en Conseil d'État, à l'intérieur des limites duquel le département organisait ce service avant le 10 janvier 1985.

Art. L. 342-11 Lorsque le service des remontées mécaniques est organisé par le département en application des dispositions de l'article L. 342-10, celui-ci peut confier par convention aux communes ou aux groupements de communes, dans les limites d'un périmètre géographique défini, l'organisation et la mise en œuvre du service.

De même, et à sa demande, le département peut s'associer aux communes ou aux groupements de communes pour organiser ce service.

Art. L. 342-12 Les dispositions relatives aux régies de remontées mécaniques peuvent être fixées selon des modalités juridiques, administratives et financières définies par décret en Conseil d'État.

Art. L. 342-13 L'exécution du service est assurée soit en régie directe, soit en régie par une personne publique sous forme d'un service public industriel et commercial, soit par une entreprise ayant passé à cet effet une convention à durée déterminée avec l'autorité compétente.

Art. L. 342-14 La convention est établie conformément aux dispositions des articles L. 342-1 à L. 342-5 et fixe la nature et les conditions de fonctionnement et de financement du service. Elle définit les obligations respectives des parties ainsi que les conditions de prise en charge de l'indemnisation des propriétaires pour les servitudes instituées en vertu des articles L. 342-20 à L. 342-23. Elle peut prévoir la participation financière de l'exploitant à des dépenses d'investissement et de fonctionnement occasionnées directement ou indirectement par l'installation de la ou des remontées mécaniques.

Art. L. 342-15 *(Ord. nº 2010-1307 du 28 oct. 2010, art. 6)* Les services de remontées mécaniques sont soumis aux dispositions des titres III et IV du livre II de la deuxième partie du code des transports, à l'exception des articles L. 2231-1, L. 2231-4, L. 2240-1 et L. 2241-8.

Art. L. 342-16 Les règles relatives aux autorisations avant exécution de travaux et mise en exploitation de remontées mécaniques et aménagements du domaine skiable sont fixées par les articles L. 445-1 à L. 445-4 du code de l'urbanisme.

Art. L. 342-17 I. — La conception, la réalisation et la modification des remontées mécaniques, les modalités de leur exploitation et les vérifications effectuées dans le but de s'assurer de leur bon état de fonctionnement sont soumises à des règles administratives et techniques de sécurité et au contrôle des agents du ministère chargé des transports.

II. — Pour la construction et la modification substantielle d'une remontée mécanique, le maître d'ouvrage confie une mission de maîtrise d'œuvre à un maître d'œuvre titulaire d'un agrément délivré en fonction de critères de compétences reconnues dans le domaine des remontées mécaniques. La mission confiée au maître d'œuvre ne peut comprendre d'études d'exécution, ni la réalisation des travaux.

III. — Les vérifications de l'état de fonctionnement des installations et de leur entretien sont assurées par des personnes agréées en fonction de critères de compétences reconnues dans le domaine des remontées mécaniques.

L'autorité compétente de l'État peut subordonner la poursuite de l'exploitation d'une remontée mécanique à l'établissement d'un diagnostic, au respect de mesures restrictives d'exploitation, à l'adjonction de systèmes de sécurité ou au remplacement de composants défectueux.

IV. — Lorsque les règles prévues pour l'exploitation ne sont pas respectées ou en cas de risque pour la sécurité, l'autorité compétente de l'État, après avoir entendu l'exploitant, le met en demeure de prendre les mesures nécessaires pour assurer la mise en sécurité de l'installation. A l'expiration du délai fixé pour la mise en œuvre des prescriptions de sécurité, l'autorité compétente de l'État peut ordonner la suspension de l'exploitation jusqu'à l'exécution de ces prescriptions.

En cas d'urgence et afin d'assurer la sécurité immédiate des personnes, l'arrêt de l'exploitation peut être prononcé.

V. — Les conditions d'application du présent article, notamment les conditions de délivrance des agréments prévus aux II et III, sont fixées par décret en Conseil d'État.

Art. L. 342-17-1 *(L. n° 2006-437 du 14 avr. 2006)* Les dispositions de l'article L. 342-17 s'appliquent aux tapis roulants assurant un transport à vocation touristique ou sportive dans les stations de montagne. En outre, ces équipements sont soumis, avant mise en exploitation, à l'autorisation prévue par l'article L. 445-1 du code de l'urbanisme.

Les conditions d'application du présent article sont précisées par un décret en Conseil d'État.

Art. L. 342-18 La servitude prévue aux articles L. 342-20 à L. 342-23 ne peut être établie qu'à l'intérieur des zones et des secteurs délimités dans les plans locaux d'urbanisme *(Abrogé par Ord. n° 2015-1174 du 23 sept. 2015, art. 9-XVI-4°, à compter du 1er janv. 2016)* ***« ou dans les plans d'occupation des sols en application du*** *(L. n° 2014-366 du 24 mars 2014, art. 158-III)* ***« 1° du III » de l'article*** *(L. n° 2010-788 du 12 juill. 2010, art. 19-III)* ***« L. 123-1-5 » du code de l'urbanisme ».*** Cette disposition n'est pas applicable aux servitudes instituées en vue de faciliter la pratique du ski de fond *(L. n° 2006-437 du 14 avr. 2006)* « ou l'accès aux sites d'alpinisme, d'escalade en zone de montagne et de sports de nature au sens de l'article » *(L. n° 2016-1888 du 28 déc. 2016, art. 68-I)* « L. 311-1 du code du sport ».

Art. L. 342-19 Dans les communes classées comme stations de sports d'hiver et d'alpinisme et pourvues d'un plan d'occupation des sols opposable au 10 janvier 1985 ou d'un plan local d'urbanisme, les dispositions de l'article L. 342-18 s'appliquent à partir de l'approbation de la modification ou de la révision de ce plan.

Art. L. 342-20 *(L. n° 2006-437 du 14 avr. 2006)* Les propriétés privées ou faisant partie du domaine privé d'une collectivité publique peuvent être grevées, au profit de la commune, du groupement de communes, du département ou du syndicat mixte concerné, d'une servitude destinée à assurer le passage, l'aménagement et l'équipement des pistes de ski *(L. n° 2016-1888 du 28 déc. 2016, art. 68-II-1°)* « alpin » et des sites nordiques destinés à accueillir des loisirs de neige non motorisés organisés, le survol des terrains où doivent être implantées des remontées mécaniques, l'implantation des supports de lignes dont l'emprise au sol est inférieure à quatre mètres carrés, le passage des pistes de montée, les accès nécessaires à l'implantation, l'entretien et la protection des pistes et des installations de remontée mécanique *(Abrogé par L. n° 2016-1888 du 28 déc. 2016, art. 68-II-2°)* ***« , et, lorsque la situation géographique le nécessite, les accès aux sites d'alpinisme, d'escalade en zone de montagne et de sports de nature au sens de l'article L. 311-1 du code du sport ».***

(L. n° 2016-1888 du 28 déc. 2016, art. 68-II-3°) « Après avis consultatif de la chambre d'agriculture, une servitude peut être instituée pour assurer, dans le périmètre d'un site nordique ou d'un domaine skiable, le passage, l'aménagement et l'équipement de pistes de loisirs non motorisés en dehors des périodes d'enneigement. Cet avis est réputé favorable s'il n'intervient pas dans un délai de deux mois à compter de la transmission de la demande d'institution de la servitude.

« Lorsque la situation géographique le nécessite, une servitude peut être instituée pour assurer les accès aux sites d'alpinisme, d'escalade en zone de montagne et de sports de nature, au sens de l'article L. 311-1 du code du sport, ainsi que les accès aux refuges de montagne. »

Art. L. 342-21 La servitude est créée par décision motivée de l'autorité administrative compétente sur proposition *(L. n° 2006-437 du 14 avr. 2006)* « de l'organe délibérant de la commune, du groupement de communes, du département ou du syndicat mixte intéressé », après enquête parcellaire effectuée comme en matière d'expropriation. En cas d'opposition du conseil municipal d'une commune intéressée, elle est créée par décret en Conseil d'État. Le dossier de la servitude est tenu à la disposition du public pendant un mois à la mairie de la commune concernée. – *[L. n° 85-30 du 9 janv. 1985, art. 53, al. 2.]*

Art. L. 342-22 Cette décision définit le tracé, la largeur et les caractéristiques de la servitude, ainsi que les conditions auxquelles la réalisation des travaux est subordonnée. Elle définit, le cas échéant, les conditions et, éventuellement, les aménagements de protection auxquels la création de la servitude est subordonnée et les obligations auxquelles le bénéficiaire est tenu du fait de l'établissement de la servitude. Elle définit également les périodes de l'année pendant lesquelles, compte tenu de l'enneigement et du cours des travaux agricoles, la servitude s'applique partiellement ou totalement. – *[L. n° 85-30 du 9 janv. 1985, art. 53, al. 3.]*

Art. L. 342-23 *(L. n° 2005-157 du 23 févr. 2005, art. 179-B-3°)* « La servitude ne peut grever les terrains situés à moins de vingt mètres des bâtiments à usage d'habitation ou professionnel édifiés ou dont la construction a été autorisée avant la date de délimitation des zones et secteurs prévus *(Ord. n° 2015-1174 du 23 sept. 2015, art. 6-10°, en vigueur le 1er janv. 2016)* « à l'article L. 151-38 » du code de l'urbanisme, ni les terrains attenant à des maisons d'habitation et clos de murs à la date de cette délimitation sauf :

« – dans le cas où la construction desdits bâtiments est postérieure à l'existence effective de la piste ou des équipements ;

« – dans le cas où l'existence effective de la piste ou des équipements est antérieure à l'entrée en vigueur de la loi n° 2005-157 du 23 février 2005 relative au développement des territoires ruraux ;

« – dans le cas où l'institution de la servitude est le seul moyen d'assurer la réalisation des pistes, des équipements ou des accès visés à l'article L. 342-20 du présent code. »

Le bénéficiaire de la servitude est subrogé au propriétaire du fonds dans l'accomplissement de toutes les formalités nécessaires à l'aménagement des pistes et équipements auxquels celui-ci pourrait être tenu en application d'une autre législation. – *[L. n° 85-30 du 9 janv. 1985, art. 53, al. 4 et 5.]*

Art. L. 342-24 La servitude instituée en vertu des articles L. 342-20 à L. 342-23 ouvre droit à indemnité s'il en résulte pour le propriétaire du terrain ou l'exploitant un préjudice direct, matériel et certain. Cette indemnité est à la charge du bénéficiaire de la servitude. La demande d'indemnité doit, sous peine de forclusion, parvenir à la commune *(L. n° 2006-437 du 14 avr. 2006)* « , au groupement de communes, au département ou au syndicat mixte bénéficiaire » de la servitude dans un délai d'un an à compter de la date où le dommage a été causé ou révélé. – *[L. n° 85-30 du 9 janv. 1985, art. 54, al. 1er.]*

Art. L. 342-25 L'indemnité est fixée, à défaut d'accord amiable, par le juge de l'expropriation, d'après :

1° La consistance des biens à la date de la décision instituant la servitude en fonction des atteintes portées à leur utilisation habituelle et des modifications apportées à l'état des lieux antérieur ;

2° Leur qualification éventuelle de terrain à bâtir, au sens de *(Ord. n° 2014-1345 du 6 nov. 2014, art. 5-XV, en vigueur le 1er janv. 2015)* « l'article L. 322-3 » du code de l'expropriation pour cause d'utilité publique, à la date d'institution de la servitude ou, lorsque la servitude a été établie à l'intérieur des zones pouvant être aménagées en vue de la pratique du ski ou des secteurs de remontées mécaniques délimités par un plan local d'urbanisme ou par un plan d'occupation des sols opposable, à la date de publication du plan ou, si ces zones et secteurs ont été délimités à l'occasion d'une révision ou d'une modification du plan à la date à laquelle cette révision ou cette modification a été soumise à l'enquête publique. – *[L. n° 85-30 du 9 janv. 1985, art. 54, al. 2 à 4.]*

Pour une illustration du droit à indemnisation du propriétaire dont le terrain est grevé d'une servitude instituée en application de l'article L. 342-20 C. tourisme • Civ. 3e, 10 juill. 2013 : *pourvoi n° 12-10.143.*

Art. L. 342-26 Sont présumées faites dans le but d'obtenir une indemnité plus élevée, sauf preuve contraire, les améliorations postérieures à la date définie à l'article L. 342-25. A l'effet de constater la consistance des biens à la date de la décision instituant la servitude, un état des lieux, demandé par la partie la plus diligente, sera dressé dès que la servitude est créée. – *[L. n° 85-30 du 9 janv. 1985, art. 54, al. 5.]*

Art. L. 342-26-1 *(L. n° 2016-1888 du 28 déc. 2016, art. 68-III)* Lorsque la servitude instituée en application des articles L. 342-20 à L. 342-23 est susceptible de compromettre gravement l'exploitation agricole ou sylvicole d'un terrain grevé, son ou ses propriétaires peuvent, à compter de la publication de l'acte créant la servitude, mettre en demeure son bénéficiaire de procéder à l'acquisition du terrain grevé dans les conditions et délais prévus aux articles L. 230-1 et suivants du code de l'urbanisme.

A défaut d'accord amiable, le prix est fixé selon les règles énoncées aux articles L. 342-25 et L. 342-26 du présent code *[C. tourisme]*. Si, trois mois après l'expiration du délai mentionné au premier alinéa de l'article L. 230-3 du code de l'urbanisme, le juge de l'expropriation n'a pas été saisi, la servitude n'est plus opposable au propriétaire comme aux tiers.

Ski de fond

Art. L. 342-27 **Sur proposition du ou des conseils départementaux ou du conseil régional concernés, il peut être créé dans les départements de montagne une association départementale, interdépartementale ou régionale pour la promotion du ski de fond** *(L. n° 2016-1888 du 28 déc. 2016, art. 70-I-2°-a et b)* **« et des loisirs de neige non motorisés autres que le ski alpin.**

« Les associations créées en application du premier alinéa peuvent se regrouper au sein d'une association nationale en vue de coordonner leurs activités. »

Art. L. 342-28 *(L. n° 2016-1888 du 28 déc. 2016, art. 70-I-3°-a)* **« L'association mentionnée au premier alinéa de l'article L. 342-27 » peut regrouper les régions et les départements concernés, les communes ou syndicats de communes dont le territoire supporte ou peut supporter des équipements, installations ou pistes pour la pratique du ski de fond** *(L. n° 2016-1888 du 28 déc. 2016, art. 70-I-3°-b)* **« et des loisirs de neige non motorisés autres que le ski alpin », les gestionnaires de ces équipements et, le cas échéant, à leur demande, des associations représentatives des usagers.**

Art. L. 342-29 *(L. n° 2016-1888 du 28 déc. 2016, art. 70-I-4°-a)* **« En liaison avec l'association nationale mentionnée au second alinéa de l'article L. 342-27, » l'association départementale, interdépartementale ou régionale** *(L. n° 2016-1888 du 28 déc. 2016, art. 70-I-4°-b)* **« créée en application du premier alinéa du même article L. 342-27 » a pour objet de contribuer sur le territoire des départements concernés à toutes actions propres à faciliter la pratique du ski de fond** *(L. n° 2016-1888 du 28 déc. 2016, art. 70-I-4°-c)* **« et des loisirs de neige non motorisés autres que le ski alpin » et notamment le développement des équipements, la coordination des actions de promotion et l'harmonisation du montant des redevances.**

(L. n° 2016-1888 du 28 déc. 2016, art. 70-I-4°-d) **« L'association nationale mentionnée au second alinéa dudit article L. 342-27 a pour objet d'assurer la promotion et le développement de la pratique du ski de fond et des loisirs de neige non motorisés autres que le ski alpin et des équipements nécessaires à leur déploiement ainsi que l'organisation de la formation des professionnels des sites nordiques. »**

TRAVAIL

Sur les cumuls d'emplois, V. C. sport, art. L. 222-1 ; V. L. n° 83-634 du 13 juill. 1983, art. 25.

Sur les relations entre droit du travail et droit de l'Union européenne en matière de sport, V. App., v° droit de l'Union européenne.

RÉP. TRAV. v° *Sport*, par F. Lagarde.

BIBL. GÉN. ► P. Antonmattei, La représentativité des syndicats de sportifs professionnels : il faut sauver le régime spécifique, *in Dialogue social et négociations collectives* : les règles du jeu, *Dossier JS 2011, n° 106, p. 27* ; Négociation collective : il faut sortir du droit commun, *JS 2016, n° 167, p. 36*. – CDD d'usage et sport professionnel : rien ne va plus ! *Dossier JS 2015, n° 150, p. 16*. – G. Auneau (en collaboration avec S. Rapha) De la sécurité physique des pratiquants à l'insécurité juridique des professionnels, (1re partie), *JS 2015, n° 149, p. 37* ; (2e partie), *JS 2015, n° 150, p. 36* ; Le contenu du CDD spécifique : brèves observations sur son contenu, *JS 2016, n° 168, p. 31*. – X. Aumeran, La protection sociale du sportif salarié, *Thèse, Lyon 3, avr. 2016* ; La protection des sportifs de haut niveau contre les accidents du travail et les maladies professionnelles, *Cah. Dr. sport, n° 44, p. 17* ; Les cotisations sociales dues au titre de la rémunération des sportifs salariés, *in Les cotisations sociales sous contrôle, Dossier, JS 2016, n° 170, p. 21* ; Risques professionnels : une tarification contrôlée avec rigueur, *JS 2016 n° 167, p. 33*. – G. Auzéro, La validité des clauses de rupture anticipée dans les contrats de travail à durée déterminée, *Dr. soc. 2001, n° 1, p. 17* ; Le glas a-t-il sonné pour le recours au CDD d'usage dans le sport professionnel, *Dossier, JS 2015, n° 150, p. 18*. – J. Barthélémy, La durée du travail du sportif professionnel, *RJ éco. sport 2001, n° 60, p. 29* ; Relégation du club et contrat du sportif professionnel, *RJ éco. sport 2003, n° 67, p. 35* ; Le droit conventionnel à l'épreuve du droit du travail, *in Dialogue social et négociations collectives : les règles du jeu, Dossier JS 2011, n° 106, p. 21* ; Syndicats de joueurs : des critères de représentation inadaptés, *JS 2016, n° 167, p. 39* ; Conditions de la qualification de sportif amateur ou professionnel au regard du droit du travail, *in Amateur ou professionnel : le droit du travail seul juge, Dossier JS 2011, n° 115, p. 23* ; Accords sectoriels, *in Dict. jur. du sport, Dalloz, Juriséditions, 2013, p. 8* ; Sport professionnel (I) : les dérives de la soumission du droit du travail, *JS 2014, n° 142,* *p. 36* ; Sport professionnel (II) : vers un droit du travail spécifique au sport, *JS 2014, n° 143, p. 38* ; Médecin du sport et médecin du travail : la bonne articulation, *JS 2015, n° 150, p. 33* ; Les conditions du recours au CDD spécifique, *in CDD sur mesure, Dossier JS 2016, n° 168, p. 26*. – J. Bérenger, J.-C. Breillat, F. Lagarde, F. Lajat et D. Rémy, Professionnels et haut niveau. Fin du statut précaire : des sportifs juridiquement et socialement mieux protégés, *Dict. perm. dr. sport 2016, Bull. spécial n° 230-1*. – G. Bernasconi, Et des professionnels devinrent olympiens..., *in Amateur ou professionnel : le droit du travail seul juge, Dossier JS 2011, n° 115, p. 16*. – J.-J. Bertrand et N. Brandon, Le contrat de travail du sportif, *Légicom 2000, n° 23, p. 119*. – F. Buy, « Affaire Festina » : Et maintenant le droit du travail !, *LPA, n° 179, p. 7* ; La préparation des transferts des sportifs professionnels, *RLDC, 2005, n° 22, p. 55*. – S. Burchkalter, Les accords FIFPro/FIFA : une avancée historique pour le football et les footballeurs, *in Dialogue social et négociations collectives : les règles du jeu, Dossier JS 2011, n° 106, p. 33*. – S. Chevret, Nouveaux éclairages sur la requalification des contrats de travail à durée déterminée des sportifs professionnels, *JS Lamy 2002, n° 104, p. 4.* ; Ingénierie contractuelle et bonne foi en matière sportive, *JS 2016, n° 165, p. 31*. – E. Coconnier, Le dialogue social européen : un outil normatif et créatif institutionnalisé, *JS 2010, n° 94, p. 34* ; *ibid., n° 95, p. 34* ; Le dialogue social européen dans le secteur du sport, *in Dialogue social et négociations collectives : les règles du jeu, Dossier JS 2011, n° 106, p. 29*. – A. Corbalan, Quels acteurs et quels accords dans l'activité sportive nationale ?, *in Dialogue social et négociations collective : les règles du jeu, Dossier JS 2011, n° 106, p. 17* ; Des sportifs « amateurs professionnels !, *in Amateur ou professionnel : le droit du travail seul juge, Dossier JS 2011, n° 115, p. 19*. – J.-R. Cognard, Sportifs et entraîneurs, Contrats de travail dans le sport professionnel, *JS, Hors-série, Juris éd., 2012*. – L. Couturier-Bourdinière, La protection du sportif mineur, *Justices 2001, n° 1, p. 43*. – G. Dedieu, Travail intermittent et temps partiel dans le sport ; explications de textes, *Cah. dr. sport, 2014, n° 36, p. 37*. – G. Dedieu et F. Dousset, La relation entre un conseiller technique sportif et la fédération auprès de laquelle il intervient : un contrat de travail, vraiment ?, *Cah. dr. sport, 2014, n° 34, p. 17*. – A. Derue et F. Dousset, Sport et droit social. Le statut social du sportif professionnel, *Sem. soc. Lamy 2003, n° 1128, p. 5*. – R. Don Marino, Les prêts de sportifs, *JCP 2003. I, n° 133*. – F. Dousset, Le droit du contrat à durée déterminée d'usage dans le sport professionnel : une nécessaire évolution, *La semaine juridique Social, n° 44, oct. 2007*.– L. Drai, Le contrat à durée déterminée d'usage, *LPA, 2005, n° 223, p. 3*. – A. Durand, Le contrat de travail à durée déterminée des sportifs professionnels : notion et requalification, *Lettre Lamy droit du sport 2003, n° 2, p. 1*. – L. Flament, Les clauses du contrat de travail liées au transfert des professionnels du sport, *RJ éco. sport n° 91, 2009. 135*. – Ph. Florès, Rapport concernant l'affaire Cass. soc. 28 avr. 2011 G. O'Prisor/Assoc. Marseille Vitrolles rugby, n° J. 10-15573, *in Amateur ou professionnel : le droit du travail seul juge, Dossier JS 2011, n° 115, p. 28*. – D. Jacotot, Laspécificité du « statut » social des arbitres, *JCP S, n° 46, 14 nov. 2006, act. 420* ; Le régime social des indemnités de rupture du contrat de travail à durée déterminée, *Cah. dr. sport n° 4, 2006* ; Le droit du travail confronté aux normes sportives, *D. 2006, n° 36, p. 2516* ; La modification du contrat de travail d'un entraîneur de football, *RDT 2009, n° 2. 99* ; Un « nouvel » objet juridique : le contrat de travail spécifique des sportifs et entraîneurs professionnels, *D. 2015. Point de vue, p. 1852*. – S. Karaa, Quelques réflexions à propos des mécanismes contractuels relatifs à la mutation de joueurs professionnels, *RJ éco. sport n° 91, 2009. 117* ; Clauses contractuelles (contrat de travail), Contrat de travail, Mise à disposition des sportifs internationaux, Transfert, *in Dict. jur. du sport, Dalloz, Juriséditions, 2013, p. 63, 109, 239 et 323* ; Pan. droit du sport, Professions sportives, *D. 2013. 527*, *ibid. 2014. 396, ibid. 2015. 408* ; Les juges de l'activité professionnelle sportive, contribution à l'étude des relations entre pluralisme juridique et pluralisme de justice, *Thèse, Limoges, déc. 2014*. – J.-P. Karaquillo, Le contrat de travail du sportif ou de l'éducateur sportif rémunéré, *D. 2000. Chron. 313* ; *D. 1995. Chron. 168* (formalisme des contrats de travail des sportifs professionnels) ; Prêt d'un sportif salarié, Sportif de haut niveau, *in Dict. jur. du sport, Dalloz, Juriséditions, 2013, p. 260* ; Aspects juridiques de la prestation athlétique ; *in* Le spectacle sportif, *PUF, 1981, p. 247* ; Activité sportive et salariat, *Dr. soc. 1979. 22* ; Sport et droit du travail, *in Sport et science, Vigot, 1979, p. 67*. – L'application des dispositions du code du travail au contrat de travail du sportif professionnel. Une contribution à l'interprétation des textes relatifs au contrat de travail à durée déterminée, *RDT, Études, n° 1, 2010. 14*. – A. Lacabarats, Panorama de jurisprudence de la Cour de cassation 2009-2010, arrêts rendus en droit social, *JS 2010, n° 104, p. 26* ; *Panorama 2011, JS 2012, n° 116, p. 19* ; *ibid. 2012*, *JS 2013, n° 127, p. 18* ; *ibid. 2013*, *JS 2014, n° 139, p. 24* ; *ibid 2015, JS 2016, n° 161, p. 18* ; Le rejet de la conclusion obligatoire d'un CDD d'usage, *in Un CDD sur mesure, Dossier JS 2016, n° 168, p. 20*. – C. Lefranc-Harmoniaux, Réflexion sur la précarité des contrats à durée déterminée face aux pratiques sportives, *BS Lefebvre 2002, n° 1, p. 5*. – H. Liffran, *Avis, Affaire n° 12, Audience du*

25 novembre 2014, M. Padovani c/ Sté. Sporting Club de Bastia, JS 2015, n° 150, p. 23 ; Le rejet de la nature temporaire de l'emploi, *in* Un CDD sur mesure, *Dossier JS 2016, n° 168, p. 22*. – M. Morand, Rugby et droit du travail, *TPS 2000, n° 5, p. 507*. – J. Mouly, Sur le recours au contrat de travail à durée déterminée dans le sport professionnel ; le droit commun du travail a-t-il encore un avenir dans le domaine du sport ?, *Dr. soc. 2000, n° 5, p. 507* ; Le législateur au secours du CDD dans le sport professionnel. A propos de la loi n° 2015-1541 du 27 novembre 2015, *Dr. soc. 2016, p. 161* et *256*. – P. Mousseron et O. Ballal, Plaidoyer pour les usages du sport, *JS 2013, n° 132, p. 40*. – D. Musso, L'amateur et le professionnel, *JS 2010, n° 100, p. 38*. – Football, *in Dict. perm. dr. sport (mise à jour périodique)*. – Rugby, *ibid.* – Sportif rémunéré (régime fiscal et social), *ibid.* – La période précontractuelle en milieu sportif, *Dict. perm. dr. sport 2012, Bull. n° spéc. 196-1*. – D. Primault, Impact économique et social de la remise en cause du CDD d'usage, *JS 2015, n° 150, p 22*. – G. Rabu, Le nouveau contrat de travail des sportifs et entraîneurs professionnels, *Rev. trav. 2016, p. 32* ; Les relations individuelles de travail dans le sport professionnel à l'issue de la loi n° 2015-1541 du 27 novembre 2015, *Cah. Dr. sport 2016, n° 43, p. 27* ; Forces et faiblesses de la conventionalité des relations individuelles de travail, *Cah. Dr. sport 2016, n° 45, p. 40*. – S. Rapha (en collaboration avec G. Auneau), De la sécurité physique des pratiquants à l'insécurité juridique des professionnels (1re partie), *JS 2015, n° 149, p. 37* (2e partie) ; *ibid., n° 150, p. 36* ; La profession d'éducateur sportif à l'épreuve de l'Europe, *JS 2016, n° 170, p. 36*. – F. Rizzo, Les conditions de validité des prêts de main-d'œuvre sportive, *JCP 2016. 363*.

COMMENTAIRE

Quelles que soient la forme associative ou sociétaire et l'importance des effectifs des entités juridiques (fédérations sportives, ligues professionnelles, comité national olympique et sportif, comités régionaux, départementaux, clubs…) du secteur des activités sportives professionnelles et non professionnelles, les règles, notamment celles intégrées au code du travail, relatives aux relations individuelles et collectives de travail ont vocation à s'appliquer dès lors qu'existe une prestation de services révélant une subordination juridique, en contrepartie d'une rémunération, du prestataire de services au profit de telles entités. Personne, aujourd'hui, parmi les acteurs du sport n'ignore cette donnée alimentée par une abondante jurisprudence de la Chambre sociale de la Cour de cassation et de cours d'appel. Et ces arrêts de la Haute Juridiction judiciaire et des juges du fond qui retiennent chaque année davantage l'attention des instances du mouvement sportif, des affiliés et licenciés et nourrissent des publications périodiques dans différentes revues juridiques, sont avant tout ceux qui concernent les contrats de travail à durée déterminée et indéterminée, les accords et conventions collectifs et les transferts d'entreprise. ❑

I Transfert d'entreprise

Code du travail

Art. L. 1224-1 Lorsque survient une modification dans la situation juridique de l'employeur, notamment par succession, vente, fusion, transformation du fonds, mise en société de l'entreprise, tous les contrats de travail en cours au jour de la modification subsistent entre le nouvel employeur et le personnel de l'entreprise. – *[Anc. art. L. 122-12, al. 2.]*

……………………………………………………………………………………

Art. L. 1234-10 La cessation de l'entreprise ne libère pas l'employeur de l'obligation de verser, s'il y a lieu, l'indemnité de licenciement prévue à l'article L. 1234-9. – *[Anc. art. L. 122-12, al. 1er fin.]*

1. Transfert à une entreprise privée. Ne donne pas de base légale à sa décision la cour d'appel qui, pour condamner l'AGS à garantir le paiement de salaires et d'indemnités de rupture de contrats à durée déterminée de joueurs de football apprentis et stagiaires licenciés par le mandataire liquidateur au jour du prononcé de la liquidation judiciaire, retient qu'aucune précision n'était apportée sur les conditions et modalités de continuation de l'activité par l'association repreneur et qu'aucun plan de cession n'était envisagé ; en effet, les dispositions de l'art. L. 122-12, al. 2, étant applicables dans tous les cas où une entité économique, dont l'activité est reprise, conserve son identité, la cour d'appel aurait dû rechercher si, comme le soutenait l'AGS, la nouvelle association avait repris et poursuivi l'activité de l'association ayant fait l'objet de la liquidation avec le même personnel, le même matériel et dans les mêmes conditions. • Soc.

16 mai 1995 : *pourvoi nos 93-42.262 et 93-42.263.* ♦ Dans le même sens : • Soc. 17 déc. 1992 : *RJ éco. sport 1993, n° 27, p. 79.*

2. Viole l'art. L. 122-12, al. 2, l'arrêt qui, pour fixer la créance de dommages et intérêts d'un entraîneur de football pour rupture anticipée de son contrat de travail, retient que la reprise de l'activité par la nouvelle association n'a pu qu'être postérieure au jugement de liquidation et qu'ainsi, le contrat de l'intéressé était déjà rompu, ce qui excluait l'application de l'art. L. 122-12 qui ne vise que les contrats en cours, alors que la rupture du contrat décidée par le liquidateur demeure sans effet si l'exploitation se poursuit, même après une suspension d'activité. • Soc. 15 juin 1995 : *pourvoi n° 93-44.925.*

3. Le transfert d'une entité économique autonome ayant été opéré entre une association de tennis soumise à dissolution et un office municipal des sports, le contrat de travail d'un éducateur moniteur de l'association est maintenu de plein droit vis-à-vis de l'office et le licenciement prononcé par le cédant est privé d'effet. • Soc. 11 oct. 2006 : *RJ éco. sport n° 82, 2007. 62, obs. J.-P. Karaquillo.*

4. Viole l'art. L. 122-12, al. 2, la cour d'appel qui prétend que ce texte n'est pas applicable au contrat de travail d'un directeur d'une association de jeunesse et sports dont l'activité a été poursuivie par une association de tennis, alors que cette dernière exerce la même activité avec les mêmes adhérents et dans les mêmes locaux, à la seule constatation qu'auparavant donnés à bail par une personne de droit privée, ceux-ci étaient désormais mis à disposition par une collectivité territoriale. • Soc. 20 déc. 2006 : *RJ éco. sport n° 82, 2007. 62, obs. J.-P. Karaquillo ; RJ éco. sport n° 86, 2008. 119, Panorama des arrêts de la cour de cassation 2006-2007, obs. A. Lacabarats.*

5. Prive de base légale, au regard de l'art. L. 122-12, al. 2 C. trav., la cour d'appel qui énonce, à propos d'un salarié rédacteur en chef d'une revue appartenant à une fédération sportive nationale qui l'a ensuite cédée à une société extérieure, que le contrat de travail de ce salarié n'a pas été transféré à cette dernière, sans rechercher si la fabrication et la conception du magazine ne constituaient pas un ensemble organisé de personnes et d'éléments corporels et incorporels permettant l'exercice d'une activité économique poursuivant un objectif propre et caractérisant une entité économique autonome. • Soc. 16 janv. 2008 : *pourvoi n° 05-457.15.*

6. La novation proposée par le cessionnaire de contrats de travail à durée indéterminée en contrats de travail à durée déterminée renouvelables n'a pas d'incidence sur la validité de leur transfert de plein droit dès lors que cette novation a été acceptée par les intéressés et qu'il n'est pas établi de collusion frauduleuse entre le cédant et le cessionnaire. • Soc. 14 avr. 2010 : *JS 2010, n° 100, p. 11, note F. Lagarde.*

7. Les dispositions de l'art. L. 1224-7 C.trav. ne sont pas applicables au salarié éducateur sportif dont le contrat de travail à durée indéterminée avait été rompu par son employeur avant que ce dernier transfère son activité à une autre entreprise. En conséquence, l'entreprise qui avait repris cette activité n'avait pas l'obligation de prendre à son service l'éducateur qui ne démontrait pas l'existence d'une collusion frauduleuse entre le cédant et le cessionnaire destinée à faire échec à ses droits. • Rennes, 25 janv. 2011, *Rouxel c/ SARL A3 Golf academies : RG n° 09/23222.*

8. Transfert d'un syndicat d'agglomération à une association. S'agissant pour le syndicat d'agglomération d'abandonner non une activité économique mais une activité non lucrative reprise par une association privée à but non lucratif, les conditions d'application de l'art. L. 122-12, al. 2, C. trav. ne sont pas réunies. • Paris, 5 févr. 2008 : *req. n° S.06/01075.*

9. Transfert à un établissement public administratif. Il résulte de l'art. L. 122-12, al. 2, C. trav. interprété au regard de la Dir. n° 77/187/CEE du Conseil du 14 févr. 1977 que les contrats de travail en cours sont maintenus entre le nouvel employeur et le personnel de l'entreprise en cas de transfert d'une entité économique conservant son identité, dont l'activité est poursuivie ou reprise. Il est indifférent, pour l'application de ces textes, que le repreneur de l'entité économique soit une personne morale de droit public liée à son personnel par des rapports de droit public et que l'entité économique transférée soit exploitée sous la forme juridique d'un service public administratif ou sous celle d'un établissement public industriel ou commercial. • Soc. 14 janv. 2003 : *Bull. civ. V, n° 3 ; Dr. soc. 2003. 437, obs. A. Mazeaud.* ♦ Dès lors, la cour d'appel, qui a constaté qu'à la suite du rachat de la concession d'un port de plaisance par une commune, celle-ci avait repris à son compte les installations portuaires et leur gestion jusqu'alors assurée par une société civile immobilière, a pu en déduire que le contrat du salarié s'était poursuivi de plein droit avec la commune, quel que soit le caractère du service public et, par voie de conséquence, allouer à l'intéressé une provision sur les salaires qui lui étaient dus. • Même arrêt. ♦ Il en est de même du contrat de travail d'un moniteur d'un centre équestre exploité par une association sportive dont l'activité a été reprise en gestion directe par une commune : • Soc. 6 mars 2007 : *RJ éco. sport n° 86, 2008. 119, Panorama des arrêts de la cour de cassation 2006-2007, obs. A. Lacabarats.*

II Contrat de travail à durée déterminée

Code du travail

COMMENTAIRE

Le code du travail enseigne que « le contrat de travail à durée déterminée est la forme normale et générale de la relation de travail » (C. trav., art. L. 1221-2). Aussi est-il naturel et aucunement surprenant qu'à défaut de dérogation à ce texte, les salariés du secteur des activités sportives soient soumis à ce principe. C'est d'ailleurs ce message que s'approprie l'article 4. 1. 2 du chapitre IV de la Convention collective nationale du sport (étendue par Arr. du 21 nov. 2006) en précisant que « les parties s'accordent pour privilégier le recours au contrat de travail à durée indéterminée », tout en l'assortissant d'aménagements que n'impose pas le droit commun (respect d'un formalisme précis, insertion de dispositions particulières pour ce qui est du repos hebdomadaire, de la suspension du contrat de travail pour maladie ou accident du travail...), ainsi que de modalités adaptées à certaines pratiques sportives (intermittence, modulation du temps de travail...).

Mais l'application de ce principe n'est pas sans difficultés en ce qui concerne les joueurs et les entraîneurs professionnels dont la stabilité des fonctions est le plus souvent étroitement dépendante des résultats sportifs et qui verraient leurs situations fragilisées s'ils étaient parties à des contrats de travail à durée indéterminée dont le développement nuirait, au demeurant, tant aux employeurs qu'à l'équité et l'équilibre des compétitions sportives.

Aussi est-ce probablement la principale raison qui a conduit jusqu'alors, et depuis le début des années 1980, le juge du travail à opter pour une interprétation audacieuse, que certains disent réaliste et d'autres artificielle, des articles L. 1242-1 et L. 1242-2-3° relatifs au contrat de travail à durée déterminée d'usage. Progressivement abandonnée depuis 2008, cette orientation est clairement rejetée par la Chambre sociale de la Cour de cassation depuis deux décisions remarquées du 2 avril et du 17 décembre 2014 (Soc. 2 avr. 2014 n° 11-25.442 ; Soc. 17 déc. 2014, n° 13-23.176). Il y est fait une application stricte des textes du code du travail et de la directive 1999/70/CE du 28 juin 1999 (faisait suite à l'accord-cadre sur le contrat de travail à durée déterminée), pour qui ce n'est qu'exceptionnellement, quand l'emploi n'a pas une nature temporaire, que le principe du recours au contrat de travail à durée indéterminée peutêtre écarté. La spécificité de l'organisation et de la pratique du sport, mise en avant afin de justifier la conclusion imposée par les instances fédérales et les partenaires sociaux du sport de contrats de travail à durée déterminée d'usage, apparaît désormais, pour les magistrats du quai de l'Horloge, une échappatoire et est, en conséquence, délaissée.

Pourtant, les syndicats de joueurs et d'entraîneurs professionnels, ainsi que les unions de clubs professionnels employeurs, les fédérations sportives, les ligues nationales professionnelles et le comité national olympique et sportif français ne sont guère enclins à accepter le recours au contrat de travail à durée indéterminée et pour certains militent pour le maintien de l'obligation pour ces salariés (joueurs et entraîneurs) de conclure des contrat de travail à durée déterminée d'usage.

C'est à partir de ces constats et de l'analyse de la fermeté du positionnement de la Cour de cassation, que le législateur français, à l'exemple du législateur belge (loi belge du 24 févr. 1978 relative au contrat de travail du sportif rémunéré), du législateur italien (art. 5 de la loi italienne n° 91 du 23 mars 1981 réglant les rapports entre sociétés et sportifs professionnels), du législateur espagnol (art. 6 du décret royal espagnol n° 1006/1985 du 26 juin 1985 relatif à la régulation de la relation de travail des sportifs professionnels) et du législateur marocain (article 14 de la loi n° 30.09 relative à l'éducation physique et au sport promulguée au BO n° 5888 du 4 novembre 2010), a créé, par la loi n° 2015-1541 du 27 novembre 2015 visant à protéger les sportifs de haut niveau et à sécuriser leur situation juridique et sociale (*JO 28 nov.*), un contrat de travail à durée déterminée spécifique au joueur et à l'entraîneur professionnels [V. le texte relatif à ce contrat aux articles L. 222-2 s. du code du sport, chapitre II (Sport professionnel) du titre deuxième (Sportifs) du livre deuxième (Acteurs du sport) *supra*].

Ce dispositif législatif relatif au contrat de travail à durée déterminée du joueur et de l'entraîneur professionnels s'applique à tout contrat de travail à durée déterminée conclu à compter de la date de sa publication (le 28 nov. 2015). Pour les contrats à durée déterminée, qui écartent plusieurs dispositions majeures du code du travail, d'usage conclus avant cette date, il s'applique à tout renouvellement de contrat ayant lieu après ladite date (art. 6 de la loi).

Sans entrer dans le détail, il est utile d'observer d'un point de vue général que :
— l'instauration de ce contrat de travail spécifique ainsi que l'élaboration de règles particulières qui en découlent ont pour ambition fermement et répétitivement énoncée d'atténuer la précarité de l'emploi des sportifs et des entraîneurs professionnels et de garantir la loyauté des compétitions ;
— le texte réglementant ce contrat de travail à durée déterminée n'a pas été incorporé au code du travail mais au code du sport aux articles L. 222-2 à L. 222-2-9 ;
— sont exclus l'article L. 1221-2 du code du travail, qui érige en principe le contrat de travail à durée indéterminée, et les règles des articles L. 1241-1 à L. 1242-9 donnant au contrat de travail à durée déterminée l'identité d'un contrat ne pouvant être conclu que dans des conditions exceptionnelles.

Plus ponctuellement tous les lecteurs de la loi du 27 novembre 2015 relèveront que ce contrat de travail à durée déterminée original :
— est applicable à tous les sportifs salariés (et pas seulement aux sportifs exerçant leur activité salariée à titre exclusif ou principal selon les préconisations de la Convention collective nationale du sport) et aux entraîneurs dont l'activité principale rémunérée (définie par les partenaires sociaux) est d'encadrer un ou plusieurs sportifs salariés ;
— est en principe d'une durée minimale de 12 mois et maximale de 5 ans, avec cependant la possibilité d'un renouvellement ou d'une conclusion d'un nouveau contrat ;
— est soumis, par renvoi aux articles L. 1243-1 et suivants du code du travail, aux dispositions communes régulatrices de la cessation (avant terme et à échéance du terme) des contrats de travail à durée déterminée, et que toute clause de rupture unilatérale pure et simple est nulle et de nul effet.

Il n'échappera également pas que :
— tout club employeur doit offrir au sportif professionnel des conditions de préparation et d'entraînement équivalentes à celles des autres sportifs professionnels du club ;
— est « légalisée » l'homologation fédérale des contrats de travail à durée déterminée des joueurs et des entraîneurs professionnels ;
— le prêt de joueurs et d'entraîneurs de club à club est considéré comme licite (sont ainsi exclus les art. L. 8241-1 et L. 8241-2 du C. trav.). ❑

Du recours au contrat de travail à durée déterminée

Art. L. 1242-1 Un contrat de travail à durée déterminée, quel que soit son motif, ne peut avoir ni pour objet ni pour effet de pourvoir durablement un emploi lié à l'activité normale et permanente de l'entreprise. – *[Anc. art. L. 122-1, al. 1er.]*

Art. L. 1242-2 Sous réserve des dispositions de l'article L. 1242-3, un contrat de travail à durée déterminée ne peut être conclu que pour l'exécution d'une tâche précise et temporaire, et seulement dans les cas suivants :
1° Remplacement d'un salarié en cas :
***a)* D'absence ;**
***b)* De passage provisoire à temps partiel, conclu par avenant à son contrat de travail ou par échange écrit entre ce salarié et son employeur ;**
***c)* De suspension de son contrat de travail ;**
***d)* De départ définitif précédant la suppression de son poste de travail après consultation du comité d'entreprise ou, à défaut, des délégués du personnel, s'il en existe ;**
***e)* D'attente de l'entrée en service effective du salarié recruté par contrat à durée indéterminée appelé à le remplacer ;**
2° Accroissement temporaire de l'activité de l'entreprise ;
3° Emplois à caractère *(L. nº 2016-1088 du 8 août 2016, art. 86-I)* **« saisonnier, dont les tâches sont appelées à se répéter chaque année selon une périodicité à peu près fixe, en fonction du rythme des saisons ou des modes de vie collectifs ou emplois » pour lesquels, dans certains secteurs d'activité définis par décret ou par convention ou accord collectif de travail étendu, il est d'usage constant de ne pas recourir au contrat de travail à durée indéterminée en raison de la nature de l'activité exercée et du caractère par nature temporaire de ces emplois ;**

4° Remplacement d'un chef d'entreprise artisanale, industrielle ou commerciale, d'une personne exerçant une profession libérale, de son conjoint participant effectivement à l'activité de l'entreprise à titre professionnel et habituel ou d'un associé non salarié d'une société civile professionnelle, d'une société civile de moyens, *(L. nº 2015-990 du 6 août 2015, art. 63-VIII)* « d'une société d'exercice libéral ou de toute autre personne morale exerçant une profession libérale ; »

5° Remplacement du chef d'une exploitation agricole ou d'une entreprise mentionnée aux 1° à 4° de l'article L. 722-1 du code rural et de la pêche maritime, d'un aide familial, d'un associé d'exploitation, ou de leur conjoint mentionné à l'article L. 722-10 du même code dès lors qu'il participe effectivement à l'activité de l'exploitation agricole ou de l'entreprise ;

(L. nº 2014-1545 du 20 déc. 2014, art. 6) « 6° Recrutement d'ingénieurs et de cadres, au sens des conventions collectives, en vue de la réalisation d'un objet défini lorsqu'un accord de branche étendu ou, à défaut, un accord d'entreprise le prévoit et qu'il définit :

« *a)* Les nécessités économiques auxquelles ces contrats sont susceptibles d'apporter une réponse adaptée ;

« *b)* Les conditions dans lesquelles les salariés sous contrat à durée déterminée à objet défini bénéficient de garanties relatives à l'aide au reclassement, à la validation des acquis de l'expérience, à la priorité de réembauche et à l'accès à la formation professionnelle continue et peuvent, au cours du délai de prévenance, mobiliser les moyens disponibles pour organiser la suite de leur parcours professionnel ;

« *c)* Les conditions dans lesquelles les salariés sous contrat à durée déterminée à objet défini ont priorité d'accès aux emplois en contrat à durée indéterminée dans l'entreprise. » – *[Anc. art. L. 122-1, al. 2, et L. 122-1-1.]*

Code du travail

Art. D. 1242-1 En application du 3° de l'article L. 1242-2, les secteurs d'activité dans lesquels des contrats à durée déterminée peuvent être conclus pour les emplois pour lesquels il est d'usage constant de ne pas recourir au contrat à durée indéterminée en raison de la nature de l'activité exercée et du caractère par nature temporaire de ces emplois sont les suivants :

....

5° Le sport professionnel ;

....

7° L'enseignement ;

....

Plan des annotations

A. EXISTENCE D'UN CONTRAT DE TRAVAIL

1° CONDITIONS D'EXISTENCE D'UN CONTRAT DE TRAVAIL

a. Principes

1. L'existence d'un contrat de travail salarié ne dépend ni de la volonté exprimée par les parties, ni de la dénomination donnée par celles-ci à leur convention, mais des conditions dans lesquelles est exercée l'activité du travailleur. • Soc. 14 juin 1979 : *D. 1980. 96, obs. J.-P. Karaquillo* • Soc. 25 févr. 2004 : *RJ éco. sport 2004, n° 71, p. 34, obs. F. Lagarde* • Paris, 17 nov. 2005 : *D. 2006. 2516, note D. Jacotot* • Soc. 28 avr. 2011 : *G. Auzéro, La fin de l'amateurisme marron, RDT 2011. 370 ; D. 2011. 2325, comm. J.-P. Karaquillo ; JCP S 2011. 1362, comm. C. Puigelier.* • Colmar, 24 juin 2014, n° 14/0857 : *Poitiers, 2 avr. 2014, n° 12/04377, Pan. droit du sport, D. 2015, 401, obs. S. Karaa*. ♦ Il importe peu que ce travailleur — un sportif — ait un statut fédéral différent interdisant, le cas échéant, la conclusion d'un contrat de travail et (ou) une autre activité salariée. • Soc. 14 juin 1979 : *préc.* • 28 avr. 2011 : *préc.* ♦ Il appartient à celui qui se prévaut de l'existence d'un contrat de travail d'en rapporter la preuve, fût-elle simplement orale. La réception de documents attestant de versements de primes de matchs ne suffit pas à caractériser un lien de travail salarié pas plus que le fait de s'exposer à des amendes en cas de retards ou d'absences aux matchs ou aux entraînements et d'avoir reçu le calendrier des match. • Rouen, 20 nov. 2012, *M.A.L. c/ Union sportive queillaise : RG n° 12/01611.* ♦ V. toutefois l'al. 1er de l'art. L. 222-2-11 C. sport qui précise : *« Le sportif professionnel qui participe librement, pour son propre compte, à une compétition sportive est présumé ne pas être lié à l'organisateur de la compétition par un contrat de travail ».*

2. Promesse d'embauche. La promesse d'embauche même unilatérale vaut contrat de travail dès lors que l'engagement de l'employeur indique l'emploi proposé et la date d'entrée en fonction. La rétractation d'une telle promesse a des effets analogues à ceux d'une rupture injustifiée du contrat de travail. • Soc. 15 déc. 2010, n° 08-42.951 : *JS 2011, n° 111, p. 37 ; G. François, JCP E 2011, n° 1232.* — V. aussi • Soc. 7 mars 2012, n° 10-21.717 : *JS 2012, n° 120, p. 8, obs. F. Lagarde* • Toulouse, 31 janv. 2014 : *Cah. dr. sport 2014, n° 35, p. 54, note G. Rabu.* ♦ Dans le même sens, • Toulouse, 20 nov. 2015, n° 13/03691 : *JS 2016, n° 160, p. 9, obs. J. Mondou* • Soc. 25 nov. 2015, n° 14.19-068 : *JS 2016, n° 160 p. 8, obs. F. Lagarde ; Cah. Dr. sport 2016, n° 42, p. 167, note Vassine* • 25 nov. 2015, n° 14.16-432 : *JS 2016, n° 160, p. 8, obs. F. Lagarde* • Montpellier, 1er juin 2016, n° 13/07474 : *JS 2016, n° 166, p. 9, obs. J. Mondou*. ♦ Mais encore faut-il qu'il résulte des éléments présentés que les parties aient effectivement invoqué l'existence d'une promesse d'embauche. • Soc., 4 avr. 2012, *Béziers rugby SASP c/ Emerick : JCP 2012. 830, note D. Jacotot ; ibid. 2012. 779, obs. J.-P. Tricoit ; D. 2013. Pan. 536, obs. S. Karaa*. ♦ V. aussi : • Soc. 27 juin 2012, n° 10-28.115 : *JS 2012, n° 125, p. 37, comm. G. Auzéro*.

3. Salarié dont la langue n'est pas le français. Toutefois, un club professionnel de rugby employeur ne peut se prévaloir d'une promesse d'embauche précisant l'emploi proposé et la date d'entrée en fonctions et, en conséquence des clauses de celle-ci, dès lors que le contenu du texte de cette promesse par laquelle un joueur de rugby de nationalité étrangère s'engageait avec le club considéré n'avait pas, selon les dispositions de l'art. L. 1221-3 C. trav., été traduit dans la langue de ce dernier. • Montpellier, 28 nov. 2012, *CA Brive Corrèze Limousin c/ Gorgodze : RG n° 11/03841.*

b. Application des principes

4. Joueurs de football amateurs. Les juges du fond qui, après avoir constaté qu'un joueur de football dit « promotionnel » (amateur) recevait en contrepartie de son activité de footballeur une prime au début de chaque saison ainsi qu'une « indemnité » fixe mensuelle et qu'il s'était engagé par contrat à se soumettre au règlement et à la discipline du club et à répondre à toutes convocations, ne pouvaient dénier tout lien de subordination entre le club et ce joueur, quel que soit le statut fédéral attribué à ce dernier et peu important qu'il exerçât ou non une autre activité salariée. • Soc. 14 juin 1979 : *Bull. civ. V, n° 540 ; D. 1980. 96, obs. J.-P. Karaquillo.* ♦ V. aussi : • Dijon, 30 janv. 1991 : *D. 1991. Somm. 389, obs. J.-P. Karaquillo* • Soc. 30 mars 1993 : *RJ éco. sport 1993, n° 25, p. 72* • 20 oct. 1993 : *pourvoi n° 89-45.654* • 17 janv. 1995 : *pourvoi n° 92-20.781* • Paris, 26 janv. 1995 : *D. 1995. IR 111* • Soc. 23 mai 1995 : *pourvoi n° 92-40.968.* ♦ Une cour d'appel n'a pas donné de base légale à sa décision en considérant qu'un joueur de football amateur n'était pas lié par un contrat de travail sans rechercher si, étant tenu de respecter le calendrier des entraînements et des matchs et les instructions de l'entraîneur, le joueur n'encourrait pas une sanction en cas d'inobservation de ces prescriptions et sans s'expliquer sur les frais devant être couverts par l'indemnité mensuelle convenue. • Soc. 14 juin 2006 : *RJ éco. sport n° 80, 2006. 56, obs. J.-P. Boucheron et F. Lagarde ; Cah. dr. sport n° 5, 2006. 52, note D. Jacotot* • Soc. 22 juin 2016, n° 15-20.935 : *JS 2016, n° 167, p. 8, note X. Auméran*. ♦ Un joueur, serait-il muni d'une licence amateur, est un footballeur professionnel dès lors qu'il exerce son activité footballistique en vue des compétitions à titre exclusif ou principal. • Soc. 12 déc. 2012, n° 11-14.823 : *JS 2013, n° 127, p. 24, obs. A. Lacabarats ; D. 2013. Pan. 536, obs. S. Karaa.* ♦ La cour d'appel n'a pas tiré les conséquences légales de ses constatations en considérant qu'un joueur de football amateur n'était pas lié par un contrat de travail, alors qu'elle avait constaté que la convention conclue entre les parties prévoyait de nombreux engagements pour le joueur et que le club disposait d'un pouvoir de sanction et de résiliation du contrat en cas de défaut de respect de l'ensemble des obligations mises à la charge du joueur. • Soc. 22 juin 2016, n° 15-20.935. ♦ Dans la même affaire que celle jugée le 12 déc. 2012, V. • Soc. 16 déc. 2015, n° 14-16.059 : *JS 2016, n° 161, p. 8, obs. F. Lagarde.*

5. Joueurs de football professionnel (internationaux). Ne sont pas dans un lien de subordination juridique vis-à-vis de la fédération les joueurs internationaux qui perçoivent des primes dites commerciales et de sponsoring. • Civ. 2e, 22 janv. 2009 : *D. 2009. 435* . ♦ ... Puis : • Versailles, 18 févr. 2010, req. n° 09VE01211 : *JS 2010, n° 99, p. 34, comm. R. Lafore ; JS 2010, n° 101, p. 35, comm. J. Barthélémy* .

6. Joueur de rugby « amateur ». L'accomplissement d'une activité professionnelle parallèle à temps complet par un joueur de rugby n'exclut pas que celui-ci soit partie à un contrat de travail avec un club de rugby du secteur amateur dès lors que le joueur a l'obligation de participer aux activités d'entraînement et de compétition imposées par le club sous peine de sanctions, en contrepartie d'une rétribution annuelle, de primes de matchs et d'un remboursement de ses frais de logement, quelles que soient les qualifications contractuelles retenues par les parties. L'arrêt de la cour d'appel qui en a décidé autrement a violé le texte de l'article L. 1121-1 C. trav. et doit être cassé et annulé dans toutes ses dispositions. • Soc. 28 avr. 2011 : *préc. note 1.* ♦ Dans un sens analogue, V. • Soc. 25 nov. 2015, n° 14-12.992.

7. Joueur de rugby professionnel. N'est pas, au regard d'une rétribution d'un droit à l'image, dans un rapport d'employeur à salarié à l'égard de son club, le joueur qui a conclu un contrat de parrainage avec une société tierce bien que cette dernière ait le même siège que le club employeur du joueur, ainsi que les mêmes dirigeants. • Soc. 20 oct. 2010 : *JS 2010, n° 104, p. 9, obs. F. Lagarde* . ♦ *Contra*, dans une situation analogue : • Toulouse, 5 mars 2010 : *RG n° 09/00510.*

8. Joueurs de basket-ball. Le contrat passé entre un joueur de basket-ball et une association sportive est un contrat de travail dès lors que le sportif perçoit une rémunération mensuelle fixe et des avantages matériels et doit, en contrepartie, consacrer son temps à son club de manière constante et exclusive, en se soumettant, pour cette activité sportive, aux instructions et directives des dirigeants. • Riom, 31 janv. 1977 : *D. 1979. IR 310, obs. F. Alaphilippe et J.-P. Karaquillo.* ♦ Dans le même sens, concernant un joueur intégré dans un club du secteur amateur (en Nationale 2) percevant une somme mensuelle, des primes de résultat, et bénéficiant de la prise en charge d'un loyer moyennant l'obligation de participer aux activités sportives du club. • Colmar, 18 oct. 2016, n° 16/1369 : *JS 2016, n° 170, obs. J. Mondou.* ♦ Peu importe que les règlements généraux de la Fédération française de basketball n'autorisent pas un joueur évoluant dans un tel club à percevoir une contrepartie financière ou un avantage en nature ou le contenu de la circulaire interministérielle du 28 juill. 1994. • Agen, 24 mai 2016, n° 15/00553 : *Dict. perm. dr. sport 2016, n° 236, p. 11, note A. Ralon.* ♦ En revanche il a été jugé qu'un joueur de basket-ball, bien que percevant mensuellement d'importantes sommes d'argent, n'était pas lié à son club par un contrat de travail faute d'un lien de subordination suffisamment caractérisé. • Bordeaux, 3 juill. 1979 : *D. 1980. IR 492, obs. F. Alaphilippe et J.-P. Karaquillo.*

9. Joueur de hockey sur glace. En retenant que les contrats successifs signés par un joueur de hockey sur glace professionnel avec un club ont été régulièrement conclus dans le cadre de l'art. L. 122-1-1, 3°, le sport professionnel figurant dans l'énumération de l'art. D. 122-1, une cour d'appel a fait ressortir que les conditions mêmes de l'exercice de ce sport caractérisaient un état de subordination à l'égard du club. • Soc. 30 mai 1995 : *pourvoi n° 93-46.132.* ♦ Sur la requalification du contrat de prestataire de service d'un joueur de hockey sur glace en contrat de travail, l'existence d'une relation de travail salariée ne dépendant ni de la volonté exprimée par les parties, ni de la dénomination donnée par celles-ci à leur convention, mais des conditions dans lesquelles s'exerce l'activité du travailleur, V. • Soc. 23 janv. 1997 : *RJ éco. sport 1997, n° 44, p. 33, obs. J. Mouly* .

10. Joueur de volley-ball. Se trouve dans un état de subordination caractéristique du contrat de travail le joueur de volley-ball qui a l'obligation de participer à tous les entraînements et à toutes les rencontres amicales et officielles, qui est tenu d'effectuer les déplacements selon un itinéraire, des horaires et des moyens décidés par l'association, qui doit respecter la discipline interne sous peine de sanction et qui perçoit une rémunération en contrepartie de ses prestations, peu important par ailleurs la classification fédérale du club au sein de la « Ligue promotionnelle de volley-ball ». • Lyon, 2 févr. 1996, *AGS et a. c/ Zielinski : inédit.*

11. Joueur de water-polo. Bien que lié à son club par une convention dite « de fonctionnement » un joueur de water-polo est lié par contrat de travail avec son club qui lui donne des ordres et des directives dans la pratique de son activité sportive, en contrepartie d'avantages matériels. • Colmar, 24 juin 2014, n° 14/0857 : *préc. note 1.*

12. Entraîneurs. Celui qui est unanimement considéré comme l'entraîneur attitré d'un club de football professionnel dont l'organigramme le désigne comme tel, qui figure en cette qualité dans des comptes-rendus du club contenant les instructions qui lui sont données pour améliorer le rendement de l'équipe professionnelle et qui reçoit pour cette activité une rémunération fixe mensuelle et des primes, se trouve sous la subordination du club et le litige né de la rupture de leurs relations contractuelles relève, par suite, de la compétence du conseil de prud'hommes. • Soc. 3 mars 1977 : *Bull. civ. V, n° 167.* ♦ Justifie sa décision, la cour d'appel qui, usant de son pouvoir souverain d'appréciation, relève un lien de subordination juridique traduisant l'existence d'un contrat de travail unissant un club de volleyball à un entraîneur adjoint qui exerçait son activité sur instruction de l'entraîneur en titre en percevant des allocations forfaitaires qui ne constituaient pas de simples remboursements de frais. • Soc. 11 juill. 2007 : *pourvoi n° 06-43.804.*

13. En revanche, les juges du fond qui constatent que l'entraîneur d'un club de football, qui avait accepté également des fonctions de dirigeant au sein de l'association, percevait des honoraires et travaillait en toute indépendance, peuvent en déduire qu'aucun lien de subordination n'existait entre cet entraîneur et le club et qu'en conséquence aucun contrat de travail ne les liait, le litige les opposant ne relevant pas, de ce fait, de la compétence du conseil de prud'hommes. • Soc. 24 mars 1993 : *D. 1994. Somm. 303, obs. Gau ; D. 1995. Somm. 68, obs. J. Mouly .*

14. Professeurs de tennis. Un professeur de tennis ne peut prétendre être lié à un club par un contrat de travail dès lors qu'il est rémunéré par ses propres clients sur la base d'honoraires variables librement débattus et qu'il n'est soumis ni au contrôle ni à des directives du club. • Toulouse, 21 janv. 1983 : *D. 1984. IR 182, obs. J.-P. Karaquillo.* ♦ Pareillement, un moniteur de tennis ne peut prétendre être lié par un contrat de travail lorsqu'il dispense des cours selon des horaires et des tarifs qu'il détermine librement et que, au demeurant, l'association sportive auprès de laquelle il intervient n'exerce aucune autorité quant à ses missions, n'opère aucun contrôle hiérarchique sur les prestations et n'a jamais rempli d'obligations sociales à son égard. • Metz, 19 sept. 2011 : *JS 2012, n° 117, p. 10, obs. L. T.* ♦ En revanche, est lié par un contrat de travail le moniteur de tennis intervenant moyennant une rémunération versée par le club, dans le cadre d'activités organisées et contrôlées par le club, pour le bénéfice de ses adhérents, dans des locaux désignés et mis à disposition par le club, avec des matériels fournis par ce dernier. • Lyon, 8 nov. 1994, *Aymard c/ Assoc. « Tennis club de Saint-Just » : inédit.* ♦ V. également : • Soc. 11 oct. 2000 : *pourvoi n° 98-43.941* • 25 févr. 2004 : *préc. note 1.*

15. Professeurs de golf. Il résulte des conditions de fait dans lesquelles est exercée l'activité d'un professeur de golf l'existence d'un contrat de travail au sein d'un club de golf. Ce dernier ayant le pouvoir, en contrepartie d'honoraires versés à l'enseignant, de lui donner des ordres et directives, dont l'inobservation était disciplinairement sanctionnable, était ainsi établi un lien de subordination juridique. • Versailles, 7 nov. 2006 : *RG n° 06/00956 ; Cah. dr. sport 2007, n° 7, p. 124, note V. Mercier.* • Soc. 11 mars 2009 : *RJ éco. sport 2009, n° 91, p. 45, obs. M. Mouchot .*

16. Révèle l'existence d'un lien de subordination juridique, permettant d'identifier un contrat de travail, l'activité d'un professeur de golf tenu de dispenser des heures de leçons aux abonnés d'une société gérant un club de golf, de participer à certaines manifestations organisées par celle-ci et d'assurer des journées de permanence. • Soc. 11 mars 2009 : *JS 2010, n° 104, p. 26, pan. A. Lacabarats .*

17. Moniteur d'un aéro-club. Caractérise l'existence d'un lien de subordination entre un aéro-club et un moniteur la cour d'appel qui relève que ce moniteur consacrait à l'association l'exclusivité de son activité, n'enseignait pas le pilotage à des élèves particuliers mais uniquement aux élèves de l'association avec des moyens mis à sa disposition et des tarifs imposés par cette dernière, dont il était tenu de suivre les directives et à qui il devait rendre compte de son activité. • Soc. 6 juin 1991 : *pourvoi n° 88-41.108.*

18. Moniteur de ski. Pour un jugement ayant considéré qu'en l'espèce un moniteur de ski mis en permanence à la disposition d'un club de sports était un travailleur indépendant, dès lors qu'il gérait lui-même son activité et qu'il continuait à acquitter ses cotisations sociales comme travailleur indépendant. • Cons. prud'h. Albertville, 26 sept. 1984 : *D. 1985. IR 487, obs. J. Mouly.* ♦ Observons qu'à ce jour, l'art. L. 622-5 CSS (modifié par la loi n° 2005-157 du 23 févr. 2005, art. 186, *JO 24 févr.*) énonce que « pour des raisons impérieuses de sécurité, les moniteurs de ski titulaires d'un brevet d'État ou d'une autorisation d'exercer, organisés en association ou en syndicat professionnel pour la mise en œuvre de leur activité, sont considérés comme exerçant une activité non salariée relevant du régime des travailleurs indépendants et ce, quel que soit le public auquel ils s'adressent ». ♦ V. pourtant, pour des faits antérieurs à ce texte : • Soc. 6 oct. 2010 : *JS 2010, n° 104, p. 11, note F. Lagarde .*

19. Animateurs sportifs. Lorsque des animateurs, engagés et rémunérés par une association, exercent leur activité dans les locaux de celle-ci au profit de ses seuls adhérents et sont intégrés dans un service organisé dans l'intérêt et sous la conduite de l'association, les juges du fond peuvent décider que les intéressés se trouvent à l'égard de cette association dans un état de subordination caractéristique d'un contrat de travail, alors même qu'ils bénéficient d'une indépendance dans la conduite de leur activité. • Soc. 27 mai 1992 : *Bull. civ. V, n° 345.*

20. Arbitres. Parce qu'ils exercent au cours des matchs leur mission en toute indépendance, que les obligations auxquelles ils sont soumis sont inhérentes à l'organisation des matchs et que le pouvoir disciplinaire exercé à leur encontre par leur fédération est la conséquence de prérogatives de puissance publique destinées à assurer l'organisation de la pratique arbitrale, les arbitres ne sont pas liés à leur fédération par un lien de subordination employeur/salarié au sens de l'art. L. 121-1, al. 1er, C. trav. [art. L. 1221-1 C. trav.]. • Soc. 12 janv. 2010 : *JS 2010, n° 104, p. 26, pan. A. Lacabarats*. ♦ V. aussi : • Aix-en-Provence, 14 janv. 2010 : *n° 08/17821.* ♦ Dans le même sens : • Versailles, 18 févr. 2010 : *JS 2010, n° 101, p. 35, comm. J. Barthélémy*.

21. Médecin, kinésithérapeute, ostéopathe. Un médecin qui travaille, d'une part, en tant que libéral et, d'autre part, pour le compte d'un club de football professionnel doit être considéré comme lié par un contrat de travail avec ce dernier, dès lors que c'est cette dernière activité qui lui assure la presque totalité de ses revenus, que l'intéressé exerce dans les locaux du club, qu'il suit les joueurs lors de leurs déplacements et les assiste pendant leurs rencontres avec le matériel qui lui est fourni par le club, et qu'il est astreint à des sujétions d'horaires et de déplacements à peine de voir sa collaboration interrompue. • Aix-en-Provence, 29 févr. 2000 : *Juris-Data n° 109778.* ♦ Confirmé par : • Soc. 15 mai 2002 : *pourvoi n° 00-42.801.* ♦ Dans le même sens, pour ce qui est d'un kinésithérapeute d'un club de rugby professionnel, • Poitiers, 2 avr. 2014, n° 12/04377 : *préc. note 10,* ♦ ou encore un ostéopathe d'un club de rugby professionnel, • Grenoble, 8 janv. 2015 : *n° 13/01938, Dict. perm. dr. sport 2015, Bull. n° 220. 14, obs. A. Renard.*

22. Fonctionnaires. Le fonctionnaire mis à la disposition d'un organisme de droit privé et qui accomplit un travail pour le compte de celui-ci dans un rapport de subordination se trouve lié à cet organisme par un contrat de travail. • Cass., ass. plén., 20 déc. 1996 : *D. 1997. 276 note Saint-Jours* ; *Dr. soc. 1997. 710, note J.-F Lachaume*. ♦ Pour une application de cette jurisprudence à des cadres techniques du ministère de la jeunesse et des sports mis à disposition d'un district de football : • Soc. 13 mars 2001 : *Bull. civ. V, n° 91 ; Dr. soc. 2001. 544, note Savatier*. ♦ ... Ou d'une fédération sportive. • Paris, 26 mars 1998, *Allongue c/ Féd. fr. de vol à voile : inédit* • Paris, 30 juin 2016 : *Dict. perm. dr. sport. 2016, n° 237, p. 14, note J.-C. Breillat et A. Ralon* • Soc. 28 sept. 2016, n° 15-27.808 : *JS 2016, n° 169, p. 9, note X. Auméran*. ♦ V. aussi, s'agissant d'un fonctionnaire mis à disposition d'une fédération sportive et ayant signé, au surplus, un contrat de travail de droit privé avec ladite fédération, à raison de fonctions différentes de celles prévues dans le cadre de la mise à disposition : • Paris, 25 juin 2009 : *req. n° S 08/10055.* ♦ ... Ou d'un fonctionnaire détaché auprès d'une fédération sportive, • Soc. 9 juill. 2014, pourvoi n° 13-19.555 : *Pan. droit du sport, D. 2015. 401, obs. S. Karaa ; Cah. dr. sport, 2014, nos 38 et 40, note G. Rabu.* ♦ Le fonctionnaire de la Direction régionale de la jeunesse, des sports et de la cohésion sociale mis à disposition d'une ligue régionale de football pour accomplir un travail est lié à celle-ci par un contrat de travail. • Soc. 4 févr. 2015, n° 13-21.634 : *JS 2015, n° 151, p. 8, obs. F. Lagarde*.

Observons que le législateur est venu préciser afin de mettre fin à l'inquiétude des fédérations sportives considérées dans de tels cas comme employeurs des CTS que ceux-ci « ne peuvent être regardés dans l'accomplissement de leurs missions comme liés à la fédération par un lien de subordination caractéristique du contrat de travail » (art. L. 131-12 C. sport – L. n° 2015-1541 du 27 nov. 2015, art. 23).

2° NÉGOCIATION ET FORMATION D'UN CONTRAT DE TRAVAIL (AVANT-CONTRAT, POURPARLERS, PROMESSE DE CONTRAT)

23. Sur les principes de la reconnaissance d'une promesse d'embauche : V. notes 2 et 3.

24. Un joueur qui n'a pas respecté un avant-contrat avec un club tiers en renouvelant le contrat qui le liait à son club engage sa responsabilité contractuelle sans que puisse être pertinemment invoquée l'absence d'homologation de l'avant-contrat. • Aix-en-Provence, 27 juill. 2010 : *JS 2010, n° 103, p. 10, note G. Durand*.

25. Une promesse de contrat qui comportait les éléments essentiels d'un contrat de travail (rémunération, conditions concernant les modalités d'exercice de l'activité sportive), auxquels avaient acquiescé un joueur de football et un club, est identifiable à un contrat de travail. • Reims, 26 oct. 2005, RG n° 05/02012 : *Cah. dr. sport 2006, n° 4, p. 66, note B. Brignon.* ♦ Doivent s'appliquer une promesse synallagmatique de contrat de travail et la clause pénale qui y est insérée, au détriment d'un joueur de rugby n'ayant pas observé les engagements inscrits dans la promesse. • Soc. 17 mars 2010 : *JCP 2010, n° 26. 1270, obs. D. Jacotot ; Cah. dr. sport 2010, n° 21, p. 71, note F. Buy.*

26. Un club de football professionnel est responsable de la non-réalisation d'une promesse d'embauche à l'égard d'un joueur professionnel pour ne pas avoir pris l'initiative d'une démarche nécessaire à la matérialisation du consentement des parties. • Paris, 26 oct. 2010 : *JS 2011, n° 105, p. 10, note G. Durand* .

27. A l'opposé, est fondée la décision d'une cour d'appel qui a déduit que l'absence de conclusion d'un contrat de travail était imputable au candidat à l'embauche ayant refusé une autre fonction que celle de préparateur physique distincte de celle d'agent de liaison et de promotion contenue dans la promesse d'embauche formulée par la Fédération française de rugby. • Soc. 28 nov. 2012 : *JS 2013, n° 127, p. 23, obs. A. Lacabarats ; RDT 2013. 104* .

28. Le contrat de travail à durée déterminée ne peut être conclu qu'aux conditions strictes de forme et de fond (celles concernant le secteur d'activité, l'usage, la nature temporaire de l'emploi pour ce qui est le contrat de travail dit « d'usage ») prévues aux art. L. 1242-1 C. trav. Le contrat de travail à durée indéterminée, étant selon l'art. L. 1221-2 C. trav. la forme normale et générale de la relation de travail, est illicite, parce que dérogeant de façon défavorable aux salariés, la prescription d'une convention collective (en l'espèce de l'accord collectif du rugby professionnel qui transpose le texte de l'art. 12.3.2.3 de la convention collective nationale du sport) qui impose le recours au contrat à durée déterminée, • Soc. 2 avr. 2014, pourvoi n° 11-25.442 : *D. 2014. 1363, note J.-P. Karaquillo , et 1404 chron. P. Florès ; RDT 2014, 416, obs. D. Jacotot ; Droit social, 2014, 576, obs. S. Tournaux chron. 760 et J. Barthélémy, point de vue, 818 ; J. Mouly, JS, 2014, n° 143, 26, obs. S. Karaa ; JCP 2014, 803, obs. J. P Tricoit ; Cah. dr. sport, 2014, n° 36, p. 95, note G. Rabu.*

B. NATURE JURIDIQUE (QUALIFICATION) DU CONTRAT DE TRAVAIL (Jurisprudence antérieure à l'application de la loi du 27 nov. 2015)

1° CONTRATS À DURÉE DÉTERMINÉE DITS « D'USAGE »

29. Secteurs d'activité. Une cour d'appel qui énonce à bon droit, d'une part, que l'enseignement est un secteur d'activité dans lequel le salarié, enseignant à mi-temps dans un institut de formation en éducation physique et sportive, occupe un des emplois pour lesquels il est d'usage constant de ne pas recourir au contrat de travail à durée indéterminée et, d'autre part, que cet emploi correspond à l'existence d'une tâche déterminée et temporaire, est fondée à en déduire que la relation de travail entre l'enseignant et l'institut n'est pas à durée indéterminée. • Soc. 14 nov. 1990 : *Bull. civ. V, n° 550 ; D. 1991. Somm. 391 (1re esp.), obs. J. Mouly* .

30. Pareillement, relèvent du secteur d'activité du sport professionnel les joueurs d'un club de hockey-sur-glace évoluant en Nationale 1 engagés, selon leurs conclusions, dans une pratique professionnelle du hockey-sur-glace et non simplement dans une pratique amateur de ce sport. Il en résulte que le fait que la pratique du hockey-sur-glace ne soit pas leur activité principale est sans incidence sur l'existence d'un contrat de travail à durée déterminée d'usage, en conséquence de quoi l'action en requalification des contrats de travail à durée déterminée en contrats de travail à durée indéterminée doit être rejetée. • Lyon, 28 mai 2013 : *RG nos 11/05116, 11/07713 et 11/07714.*

31. L'art. L. 122-1-1, 3°, n'admettant le recours au contrat à durée déterminée que lorsqu'il s'agit d'un emploi pour lequel il est d'usage constant de ne pas recourir au contrat à durée indéterminée en raison de la nature de l'activité exercée et du caractère par nature temporaire de ces emplois, que si cet emploi s'exécute dans l'un des secteurs prévus à cet effet par l'art. D. 121-2, notamment dans le secteur du sport professionnel (ce qui exclut le secteur du sport amateur) une cour d'appel est tenue de rechercher si le contrat litigieux, en l'occurrence celui d'un joueur de volley-ball, a pour objet la pratique d'un sport professionnel. • Soc. 16 juill. 1998 : *D. 1998. 596, note J.-P. Karaquillo* .

32. Le contrat de travail signé entre un joueur de basket-ball professionnel et une association sportive est un contrat de travail à durée déterminée dès lors que, conformément à l'art. D. 121-2, l'activité sportive exercée par le salarié au service du club revêt un caractère professionnel. • Lyon, 14 déc. 1995 : *Juris-Data n° 051844.* ♦ Dans le même sens, s'agissant d'un joueur de hockey sur glace professionnel : • Soc. 30 mai 1995 : *préc. note 6.*

33. En revanche, ayant exactement retenu qu'en vertu de l'art. 3 du statut du joueur promotionnel, le joueur promotionnel conserve le statut d'amateur et ne peut faire de la pratique du football sa profession, une cour d'appel, qui a constaté que les joueurs en cause avaient été recrutés en qualité de joueurs promotionnels, en a justement déduit que leur emploi ne pouvait se rattacher au secteur d'activité du sport professionnel visé par les art. L. 122-1-1 et D. 121-2. • Soc. 12 nov. 1997 : *Bull. civ. V, n° 361 ; D. 1998. 365, note J. Mouly ; Dr. soc. 1998, 189, obs. J.-P. Karaquillo* • 17 oct. 2000 : *CSB n° 126, 2001. 15, obs. Pansier.* ♦ ...Ou encore que l'activité d'un entraîneur de football du secteur amateur ne répond pas aux conditions de l'art. D. 1241-1 C. trav. qui ne vise que le sport professionnel. • Caen, 18 nov. 2011 : *JS 2012, n° 118, p. 8, obs. F. Lagarde* . ♦ Toutefois, plus habituellement et plus extensivement, il est jugé que les parties sont liées par un contrat de travail à durée déterminée d'usage du secteur du sport professionnel dès lors que la situation individuelle du sportif révèle que la pratique de son activité est professionnelle et qu'elle constitue son activité principale, voire exclusive. Ainsi en est-il du joueur promotionnel dont le montant de la rémunération et les conditions d'engagement l'assimilent à un joueur professionnel. • Soc. 5 oct. 1999 : *pourvoi n° 97-42.484* • Soc. 16 mai 2000 : *pourvoi n° 98-42.628.* ♦ ... Ou encore quand l'association sportive employeur évoluait à un niveau de compétition où la pratique du basket était professionnalisée et que le salarié exerçait son activité de joueur de manière exclusive. • Soc. 20 juin 2001 : *Dr. soc. 2001. 994, obs. J. Mouly.* ♦ Dans le même sens, concernant l'emploi d'un joueur de volley-ball, peu important que le volley-ball ait, selon la fédération gouvernant cette discipline, un statut amateur : • Soc. 9 avr. 2002 : *D. 2002. 2706, note J.-P. Karaquillo.* ♦ ... Ou encore l'emploi d'un joueur de hockey sur glace : • Caen, 8 oct. 2001 : *Gaz. Pal. 2002. 1. 16, note S. Chevret.*

34. L'art. D. 121-2 range le sport professionnel parmi les secteurs dans lesquels il est d'usage constant de ne pas recourir au contrat à durée indéterminée sans distinguer entre les joueurs et les entraîneurs dès lors que telle est l'activité principale de l'entreprise. • Pau, 12 avr. 1999 : *D. 1999. 409, note J.-P. Karaquillo.* ♦ Confirmé par : • Soc. 20 juin 2001 : *pourvoi n° 99-43.311.* ♦ Relève aussi du secteur du sport professionnel l'emploi d'un entraîneur d'une équipe féminine de basket-ball composée de joueuses appartenant à l'élite mondiale et dont les contrats de travail interdisaient l'exercice d'une autre activité professionnelle. • Soc. 26 oct. 1999 : *pourvoi n° 98-41.465.*

35. N'entre pas dans les prévisions de l'art. D. 121-2 le contrat de travail d'un cadre sportif qualifié de « directeur administratif » suivant un contrat à durée déterminée conclu avec un club de rugby dépendant d'une fédération organisant la pratique d'un sport amateur. • Lyon, 18 févr. 1994, *Anne c/ Assoc. sportive « Lyon Olympique Universitaire » : inédit.*

36. Usage. L'office du juge, saisi d'une demande de requalification d'un contrat à durée déterminée en contrat à durée indéterminée, est seulement de rechercher, par une appréciation souveraine, si, pour l'emploi concerné, et sauf si une convention collective prévoit en ce cas le recours au contrat à durée indéterminée, il est effectivement d'usage constant de ne pas recourir à un tel contrat, l'existence de cet usage devant être vérifiée au niveau du secteur d'activité défini par l'art. D. 121-2, C. trav., ou par une convention ou un accord collectif étendu. • Soc. 26 nov. 2003 : *Bull. civ. V, n° 298 ; Dr. soc. 2004. 629, note Roy-Loustaunau ; RJ éco. sport 2004, n° 70, p. 62, obs. F. Lagarde.* ♦ Doit par conséquent être cassé l'arrêt qui, pour procéder à une requalification du contrat à durée déterminée d'un joueur professionnel de volley-ball, retient, par des motifs inopérants, que n'est pas apportée la preuve d'un usage constant autorisant le recours au contrat à durée déterminée dans ce sport, que la durée des contrats successivement conclus était supérieure à celle de la saison sportive et que l'employeur avait ainsi pourvu un emploi de façon permanente, alors qu'il appartenait à la cour d'appel de rechercher si, en ce qui concerne l'emploi de ce joueur, il était ou non d'usage constant de ne pas recourir à un contrat à durée indéterminée, dans le secteur d'activité du sport professionnel dont relevait l'employeur. • Même arrêt [Cette décision ainsi que trois autres arrêts rendus le même jour constituent un revirement de jurisprudence dans la mesure où la Cour de cassation limite le contrôle du juge à deux conditions : le rattachement de l'activité à l'un des secteurs définis par décret ou par voie de convention collective étendue et l'existence d'un usage constant de ne pas recourir au CDI pour l'emploi concerné dans le secteur d'activité en cause. Autrement dit, si un tel usage est démontré, alors l'emploi en question serait présumé avoir un caractère par nature temporaire]. ♦ Cette position a été remise en cause par une nouvelle orientation jurisprudentielle issue de • Soc. 23 janv. 2008 : *JCP S. 2008. 1164 ; RJS 2008, 3/08, n° 256* (qui exige un contrôle de la nature temporaire de l'emploi).

37. Doit être requalifié en contrat de travail à durée déterminée le contrat de travail à durée déterminée d'un préparateur physique d'un club professionnel de football au motif qu'il n'est pas démontré par le club employeur que le contrat de travail dudit préparateur physique, dont la présence est obligatoire pour le club, soit lié à la saison ou au classement de l'équipe de football, de sorte que l'invocation d'un usage ne peut être retenue en l'espèce. • Rennes, 8 mars 2013 : *RG n° 11/06700.*

38. Nature temporaire de l'emploi. Même si le contrat de travail à durée déterminée a été conclu pour pourvoir un emploi dans les secteurs de l'enseignement et du sport professionnel, secteurs d'activité prévus par l'art. D. 121-2 dans lesquels il est d'usage de passer des contrats de travail à durée déterminée, il ne peut être recouru à de tels contrats que si l'emploi est par nature temporaire. • Paris, 28 nov. 1995 : *Juris-Data n° 024613.*

39. Emploi par nature temporaire. Est par nature temporaire l'emploi d'un entraîneur-manager d'un club sportif professionnel lui conférant essentiellement des fonctions sportives de direction technique dont il assumait l'entière responsabilité au sein de l'équipe professionnelle. Ne participant pas à l'organisation structurelle administrative du club, l'emploi de ce dernier n'a pas pour but de pourvoir durablement à l'activité normale et permanente du club. • Soc. 20 juin 2001 : *pourvoi n° 99-43.311.* ♦

Il en est de même de l'emploi d'un directeur sportif ou d'un entraîneur d'une équipe professionnelle, ou encore d'un sportif de haut niveau lié à l'incertitude des résultats sportifs ou fondé sur des saisons d'une année. • Soc. 28 mars 2001, pourvoi n° 99-40.875 : *Sem. soc. Lamy nov. 2002, p. 7, obs. A. Derue et F. Dousset* • Soc. 20 juin 2001, pourvoi n° 99-43.793 : *préc. note 33* • Soc. 13 oct. 1999 : *pourvois n°s 97-41.829 et 97-41.944.* • Soc., 5 oct. 1999 : *D. 2000. 617, note J. Mouly.*

40. Emploi par nature non temporaire. N'est pas un emploi par nature temporaire : l'emploi d'un salarié engagé en qualité de moniteur de tennis, dès lors que les cours de tennis constituent une activité permanente de l'entreprise nécessitant l'emploi à titre habituel de plusieurs enseignants sportifs. • Paris, 28 nov. 1995 : *préc. note 38.* ♦ … L'emploi d'un éducateur sportif mis à disposition d'un club de tennis par une association "Profession sport" et chargé de l'école de tennis du club, de l'entraînement des équipes, de leur "suivi" en compétition et de la formation et de l'encadrement des éducateurs fédéraux de l'école de tennis. • Lyon, 24 juin 1996 : *D. 1998. Somm. 41, obs. J.-P. Karaquillo.* ♦ … Ou encore l'emploi d'un animateur sportif "football" engagé par un office municipal des sports pour entraîner les équipes, intervenir pour la ville pendant les vacances scolaires, initier les enfants aux sports dans les écoles et les centres de loisirs et participer à l'entretien courant du matériel. • Versailles, 26 févr. 1996 : *Juris-Data n° 041940.*

41. Doit être censurée, car manquant de base légale, la décision des juges du fond n'ayant pas recherché, en présence de contrats de travail à durée déterminée successifs, si le recours à ces contrats était justifié par des raisons objectives découlant de l'existence d'éléments précis et concrets, établissant la nature temporaire de l'emploi. • Soc. 12 janv. 2010 : *D. 2010. 1692, note J. Mouly ; Cah. dr. sport 2010, n° 19, p. 55, note J.-P. Lermoud, et p. 61, obs. F. Buy ; J.-P. Karaquillo, JS 2010, n° 98, p. 34.* ♦ Dans le même sens : • Soc. 6 juill. 2011 : *JS 2011, n° 113, p. 10, obs. F. Lagarde.* ♦ L'exigence de raisons objectives, s'entendant de l'existence d'éléments concrets établissant le caractère par nature temporaire de l'emploi, ne saurait s'accommoder de considérations générales tels l'aléa sportif et le résultat des compétitions dans une norme conventionnelle. • Soc. 17 déc. 2014, pourvoi n° 13-23.176 : *JS 2015, n° 150 16 s., obs. P. H. Antomattei, G. Auzéro, H. Liffran, D. Primault ; Dr. soc. 2015, 185, obs. J. Mouly.*

42. Durée. V. art. L. 1245-2, note 3.

2° CONTRATS SAISONNIERS

43. Une cour d'appel énonce à bon droit qu'un professeur de judo enseignant sa discipline auprès d'une association sportive pour la durée de plusieurs années scolaires sans autre interruption que la période des congés scolaires n'est pas lié à cette dernière pas des contrats de travail à durée déterminée saisonniers. • Soc. 10 avr. 1991 : *D. 1991, Somm., 391, obs. J. Mouly.* ♦ A l'inverse, a l'identité d'un contrat saisonnier le contrat d'un moniteur de golf encadrant des joueurs débutants durant, en raison des contraintes météorologiques inhérentes aux activités de plein air, de mars à novembre. Ce contrat ne peut ainsi avoir pour objet de pourvoir durablement un emploi lié à l'activité normale et permanente de l'entreprise. • Besançon, 6 sept. 2011 : *JS 2012, n° 117, p. 10, obs. L. T.*

3° CONTRATS « DITS D'USAGE » D'INTERVENTION

44. Le contrat « dit d'usage » d'intervention est une création des partenaires sociaux du secteur sportif. Il peut être conclu à des conditions et dans des limites particulières fixées à l'art. 4.7.2 de la convention collective nationale du sport, étendue par Arr. du 21 nov. 2006 *(JO 25 nov.).*

C. VALIDITÉ DU CONTRAT DE TRAVAIL

45. Homologation fédérale. Il résulte des dispositions de la charte du football professionnel, qui vaut convention collective, que les dispositions des conventions, contre-lettres et accords particuliers n'entrent en vigueur qu'après leur homologation par la Ligue nationale de football, en sorte que les juges du fond ont pu décider à bon droit qu'un accord particulier, selon lequel le salaire fixé et convenu avec le joueur devait s'entendre net d'impôts et de charges sociales, était dépourvu d'effet et donc inopposable au club employeur. • Soc. 3 févr. 1993 : *D. 1995. 168, chron. J.-P. Karaquillo.* ♦ V. aussi : • Soc. 2 févr. 1994 : *Bull. civ. V, n° 39 ; D. 1995. 168, chron. J.-P. Karaquillo* • 18 juin 1996 : *Bull. civ. V, n° 250.* ♦ C'est au club employeur qu'il incombe de soumettre à homologation ces conventions, contre-lettres, accords particuliers, modifications du contrat et le salarié ne peut se voir opposer un défaut d'homologation résultant de la carence de l'employeur dans l'accomplissement de cette obligation. • Soc. 4 déc. 1996 : *Bull. civ. V, n° 419.* ♦ Dans le même sens : • Agen, 10 nov. 2015, n° 14/0157 : *Cah. dr. sport 2016, n° 42, p. 75, note H. De Brier.*

46. Un défaut d'homologation imputable à la carence d'un club employeur, bien que l'homologation soit imposée non par une convention collective ou un accord sectoriel mais par un règlement fédéral, n'est pas opposable à un joueur. • Soc. 13 mai 2003.

47. A l'inverse, un contrat de travail établi par un club de football et un joueur professionnels n'engage pas les parties signataires, à défaut d'homologation à la ligue imputable à la carence du joueur et non à celle du club. • Paris, 5 oct. 2006 : *JCP S 2007. II. 25, comm. Bizeur et Tricoit.*

48. Dans l'hypothèse, il est vrai particulière, d'un contrat de travail d'une sportive étrangère qui, parce qu'elle n'était pas légalement employée, n'avait pas été homologué, il a été considéré par la Haute Juridiction administrative que l'absence d'homologation ne pouvait porter atteinte à la validité du contrat de la sportive. • CE 30 déc. 2002 : *Gaz. Pal. 14 et 15 mai 2003, p. 10, obs. M. Carius.*

49. L'homologation peut être tacite. Il en est ainsi quand une ligue professionnelle établit au nom d'un sportif une fiche individuelle de qualification et lui délivre une licence. • Lyon, 21 mai 2008 : *Cah. dr. sport 2009, n° 15, p. 65, note F. Rizzo.*

50. Commencement d'exécution et homologation fédérale. Le contrat de travail d'un sportif professionnel ayant reçu un commencement d'exécution, la condition suspensive de délivrance d'un certificat médical pour que soit opérée l'homologation du contrat par une instance fédérale est sans effet. • Soc. 11 juill. 2009 : *D. 2010. 871, note F. Lagarde ; D. 2010. 400, Panorama Droit du sport, obs. S. Karaa.* ♦ Dans le même sens : • Orléans, 14 janv. 2010.

51. Accords d'association. En application de l'art. 37 de l'accord d'association conclu le 16 déc. 1991 entre la Communauté européenne et la Pologne, une joueuse de basket-ball de nationalité polonaise, titulaire d'un contrat de travail et d'un titre de séjour réguliers, doit être regardée comme légalement employée en France au sens dudit accord, et ne peut par conséquent se voir opposer, par les instances fédérales, un refus d'accès aux rencontres de la ligue féminine en tant que joueuse étrangère. • CAA Nancy, 3 févr. 2000 : *req. n° 99NC00282.* ♦ La procédure d'homologation des contrats, prévue par les règlements généraux de la Fédération française de basket-ball, ne peut avoir légalement pour objet ni pour effet d'écarter l'application des règles du code du travail relatives à la conclusion et aux effets du contrat de travail, par rapport auquel ladite fédération est d'ailleurs un tiers, et faire ainsi obstacle à ce que, en l'absence d'homologation, la personne bénéficiaire dudit contrat puisse se prévaloir des dispositions de l'accord d'association. • Même arrêt. ♦ Comp. : • Soc. 3 févr. 1993 : *préc. note 45* • 2 févr. 1994 : *ibid.*

52. Libre circulation. V. notes ss. Traité sur le fonctionnement de l'Union européenne, art. 45, App., v° *Droit de l'Union européenne.*

D. LOI APPLICABLE AU CONTRAT DE TRAVAIL (CONFLIT DE LOIS-CONVENTION DE ROME DU 19 JUIN 1980 APPLICABLE AUX OBLIGATIONS CONTRACTUELLES)

53. Le contrat litigieux unissant un joueur de football professionnel et l'AS Monaco FC SA est rattaché à la loi monégasque au constat qu'il a été conclu en vertu d'une autorisation d'embauche délivrée par les autorités monégasques, exécuté principalement en Principauté de Monaco, sous le régime de la protection sociale monégasque, et que la rémunération du joueur était versée sur un compte bancaire monégasque. • Aix-en-Provence, 30 oct. 2012 : *RG n° 11/14800.*

Du contrat de travail à durée déterminée au contrat de travail à durée indéterminée

Art. L. 1242-7 Le contrat de travail à durée déterminée comporte un terme fixé avec précision dès sa conclusion.

Toutefois, le contrat peut ne pas comporter de terme précis lorsqu'il est conclu dans l'un des cas suivants :

1° Remplacement d'un salarié absent ;

2° Remplacement d'un salarié dont le contrat de travail est suspendu ;

3° Dans l'attente de l'entrée en service effective d'un salarié recruté par contrat à durée indéterminée ;

4° Emplois à caractère saisonnier *(L. n° 2016-1088 du 8 août 2016, art. 86-II)* « définis au 3° de l'article L. 1242-2 » ou pour lesquels, dans certains secteurs d'activité définis par décret ou par voie de convention ou d'accord collectif étendu, il est d'usage constant de ne pas recourir au contrat de travail à durée indéterminée en raison de la nature de l'activité exercée et du caractère par nature temporaire de ces emplois ;

5° Remplacement de l'une des personnes mentionnées aux 4° et 5° de l'article L. 1242-2 ; *(L. n° 2014-1545 du 20 déc. 2014, art. 6-2°)* « 6° Recrutement d'ingénieurs et de cadres en vue de la réalisation d'un objet défini, prévu au 6° de l'article L. 1242-2. »

Le contrat de travail à durée déterminée est alors conclu pour une durée minimale. Il a pour terme la fin de l'absence de la personne remplacée ou la réalisation de l'objet pour lequel il a été conclu. – *[Anc. art. L. 122-1-2, al. 1er et III, L. 122-2, al. 4 et 5, phrase 2.]*

Art. L. 1242-8 La durée totale du contrat de travail à durée déterminée ne peut excéder dix-huit mois compte tenu, le cas échéant, *(L. n° 2015-994 du 17 août 2015, art. 55-I-1°-a)*

« du ou des deux renouvellements » intervenant dans les conditions prévues à l'article L. 1243-13.

Cette durée est réduite à neuf mois lorsque le contrat est conclu dans l'attente de l'entrée en service effective d'un salarié recruté par contrat à durée indéterminée ou lorsque son objet consiste en la réalisation des travaux urgents nécessités par des mesures de sécurité.

Elle est *(L. nº 2015-994 du 17 août 2015, art. 55-I-1º-b)* « également de » vingt-quatre mois :

1° Lorsque le contrat est exécuté à l'étranger ;

2° Lorsque le contrat est conclu dans le cadre du départ définitif d'un salarié précédant la suppression de son poste de travail ;

3° Lorsque survient dans l'entreprise, qu'il s'agisse de celle de l'entrepreneur principal ou de celle d'un sous-traitant, une commande exceptionnelle à l'exportation dont l'importance nécessite la mise en œuvre de moyens quantitativement ou qualitativement exorbitants de ceux que l'entreprise utilise ordinairement. Dans ce cas, la durée initiale du contrat ne peut être inférieure à six mois et l'employeur doit procéder, préalablement aux recrutements envisagés, à la consultation du comité d'entreprise ou, à défaut, des délégués du personnel, s'il en existe.

Ces dispositions ne sont pas applicables au contrat de travail à durée déterminée conclu en application *(L. nº 2014-1545 du 20 déc. 2014, art. 6-3º)* « du 6° de l'article L. **1242-2** et » de l'article L. **1242-3**. – *[Anc. art. L. 122-1-2, II, et L. 122-2, al. 5, phrase 2.]*

Les dispositions issues du I de l'art. 55 de la L. nº 2015-994 du 17 août 2015 s'appliquent aux contrats en cours (L. préc., art. 55-II).

Art. L. 1242-8-1 *(L. nº 2014-1545 du 20 déc. 2014, art. 6-4º)* Le contrat de travail à durée déterminée mentionné au 6° de l'article L. 1242-2 est conclu pour une durée minimale de dix-huit mois et une durée maximale de trente-six mois. Il ne peut pas être renouvelé.

....

Art. L. 1242-12 Le contrat de travail à durée déterminée est établi par écrit et comporte la définition précise de son motif. A défaut, il est réputé conclu pour une durée indéterminée.

Il comporte notamment :

1° Le nom et la qualification professionnelle de la personne remplacée lorsqu'il est conclu au titre des 1°, 4° et 5° de l'article L. 1242-2 ;

2° La date du terme et, le cas échéant, une clause de renouvellement lorsqu'il comporte un terme précis ;

3° La durée minimale pour laquelle il est conclu lorsqu'il ne comporte pas de terme précis ;

4° La désignation du poste de travail en précisant, le cas échéant, si celui-ci figure sur la liste des postes de travail présentant des risques particuliers pour la santé ou la sécurité des salariés prévue à l'article L. 4154-2, la désignation de l'emploi occupé ou, lorsque le contrat est conclu pour assurer un complément de formation professionnelle au salarié au titre du 2° de l'article L. 1242-3, la désignation de la nature des activités auxquelles participe le salarié dans l'entreprise ;

5° L'intitulé de la convention collective applicable ;

6° La durée de la période d'essai éventuellement prévue ;

7° Le montant de la rémunération et de ses différentes composantes, y compris les primes et accessoires de salaire s'il en existe ;

8° Le nom et l'adresse de la caisse de retraite complémentaire ainsi que, le cas échéant, ceux de l'organisme de prévoyance. – *[Anc. art. L. 122-3-1, al. 1er à 10.]*

Art. L. 1242-12-1 *(L. nº 2014-1545 du 20 déc. 2014, art. 6-5º)* Lorsque le contrat de travail à durée déterminée est conclu en application du 6° de l'article L. 1242-2, il comporte également :

1° La mention "contrat à durée déterminée à objet défini" ;

2° L'intitulé et les références de l'accord collectif qui institue ce contrat ;

3° Une clause descriptive du projet et la mention de sa durée prévisible ;

4° La définition des tâches pour lesquelles le contrat est conclu ;

5° L'évènement ou le résultat objectif déterminant la fin de la relation contractuelle ;

6° Le délai de prévenance de l'arrivée au terme du contrat et, le cas échéant, de la proposition de poursuite de la relation de travail en contrat à durée indéterminée ;

7° Une clause mentionnant la possibilité de rupture à la date anniversaire de la conclusion du contrat, par l'une ou l'autre partie, pour un motif réel et sérieux et le droit pour le salarié, lorsque cette rupture est à l'initiative de l'employeur, à une indemnité égale à 10 % de la rémunération totale brute du salarié.

Art. L. 1242-13 Le contrat de travail est transmis au salarié, au plus tard, dans les deux jours ouvrables suivant l'embauche. – *[Anc. art. L. 122-3-1, al. 11.]*

....

Art. L. 1244-1 Les dispositions de l'article L. 1243-11 ne font pas obstacle à la conclusion de contrats de travail à durée déterminée successifs avec le même salarié lorsque le contrat est conclu dans l'un des cas suivants :

1° Remplacement d'un salarié absent ;

2° Remplacement d'un salarié dont le contrat de travail est suspendu ;

3° Emplois à caractère saisonnier *(L. n° 2016-1088 du 8 août 2016, art. 86-II)* « définis au 3° de l'article L. 1242-2 » ou pour lesquels, dans certains secteurs d'activité définis par décret ou par voie de convention ou d'accord collectif étendu, il est d'usage constant de ne pas recourir au contrat de travail à durée indéterminée en raison de la nature de l'activité exercée et du caractère par nature temporaire de ces emplois ;

4° Remplacement de l'une des personnes mentionnées aux 4° et 5° de l'article L. 1242-2. – *[Anc. art. L. 122-3-10, al. 2.]*

Art. L. 1244-2 Les contrats de travail à caractère saisonnier *(L. n° 2016-1088 du 8 août 2016, art. 86-II)* « définis au 3° de l'article L. 1242-2 » peuvent comporter une clause de reconduction pour la saison suivante.

Une convention ou un accord collectif de travail peut prévoir que tout employeur ayant occupé un salarié dans un emploi à caractère saisonnier lui propose, sauf motif réel et sérieux, un emploi de même nature, pour la même saison de l'année suivante. La convention ou l'accord en définit les conditions, notamment la période d'essai, et prévoit en particulier dans quel délai cette proposition est faite au salarié avant le début de la saison ainsi que le montant minimum de l'indemnité perçue par le salarié s'il n'a pas reçu de proposition de réemploi.

Pour calculer l'ancienneté du salarié, les durées des contrats de travail à caractère saisonnier successifs dans une même entreprise sont cumulées.

Art. L. 1244-3 A l'expiration d'un contrat de travail à durée déterminée, il ne peut être recouru, pour pourvoir le poste du salarié dont le contrat a pris fin, ni à un contrat à durée déterminée ni à un contrat de travail temporaire, avant l'expiration d'un délai de carence calculé en fonction de la durée du contrat *(L. n° 2015-994 du 17 août 2015, art. 55-I-4°)* « incluant, le cas échéant, son ou ses deux renouvellements ». Ce délai de carence est égal :

1° Au tiers de la durée du contrat venu à expiration si la durée du contrat *(L. n° 2015-994 du 17 août 2015, art. 55-I-4°)* « incluant, le cas échéant, son ou ses deux renouvellements » est de quatorze jours ou plus ;

2° A la moitié de la durée du contrat venu à expiration si la durée du contrat *(L. n° 2015-994 du 17 août 2015, art. 55-I-4°)* « incluant, le cas échéant, son ou ses deux renouvellements » est inférieure à quatorze jours.

Les jours pris en compte pour apprécier le délai devant séparer les deux contrats sont les jours d'ouverture de l'entreprise ou de l'établissement concerné. – *[Anc. art. L. 122-3-11, al. 1er.]* – *V. art. L. 1248-11 (pén.).*

Les dispositions issues du I de l'art. 55 de la L. n° 2015-994 du 17 août 2015 s'appliquent aux contrats en cours (L. préc., art. 55-II).

....

Art. L. 1245-1 Est réputé à durée indéterminée tout contrat de travail conclu en méconnaissance des dispositions des articles L. 1242-1 à L. 1242-4, L. 1242-6 à L. 1242-8, L. 1242-12, alinéa premier, L. 1243-11, alinéa premier, L. 1243-13, L. 1244-3 et L. 1244-4. – *[Anc. art. L. 122-3-13, al. 1er.]*

Art. L. 1245-2 Lorsque le conseil de prud'hommes est saisi d'une demande de requalification d'un contrat de travail à durée déterminée en contrat à durée indéterminée, l'affaire est directement portée devant le bureau de jugement qui statue au fond dans un délai d'un mois suivant sa saisine.

Lorsque le conseil de prud'hommes fait droit à la demande du salarié, il lui accorde une indemnité, à la charge de l'employeur, ne pouvant être inférieure à un mois de salaire. Cette disposition s'applique sans préjudice de l'application des dispositions du titre III du présent livre relatives aux règles de rupture du contrat de travail à durée indéterminée. – *[Anc. art. L. 122-3-13, al. 2, phrases 1 et 3.]*

A. PRÉSOMPTION DE CONTRAT DE TRAVAIL À DURÉE INDÉTERMINÉE (PORTÉE) – Jurisprudence antérieure à l'application de la loi du 27 nov. 2015

1. Si, en l'absence de contrat écrit, un club employeur ne peut écarter la présomption légale instituée par l'art. L. 122-3-1 C. trav. selon laquelle le contrat doit être réputé conclu pour une durée indéterminée, le salarié, en l'occurrence un entraîneur, peut rapporter la preuve que le contrat conclu verbalement est à durée déterminée. • Soc. 10 juill. 2002 : *Bull. civ. V, n° 235 ; RJ éco. sport 2003, n° 66, p. 56, obs. J.-P. Karaquillo ; Dr. soc. 2003. 328, obs. C. Roy-Loustaunau*. ♦ Dans le même sens, s'agissant d'un joueur de football : • Soc. 12 déc. 2012 : *JS 2013, n° 127, p. 24, obs. A. Lacabarats ; D. 2013. Pan. 536, obs. S. Karaa*. ♦ ... Ou encore d'un lad-jockey, • Soc. 29 janv. 2014, pourvoi n° 12-27.132 : *JCP 2014. 803, obs. J.-P. Tricoit.*

B. REQUALIFICATION DU CONTRAT DE TRAVAIL À DURÉE DÉTERMINÉE EN CONTRAT DE TRAVAIL À DURÉE INDÉTERMINÉE

1° TITULAIRE DE L'ACTION EN REQUALIFICATION

2. *Irrecevabilité de l'action en requalification de l'employeur.* L'employeur ne peut se prévaloir de l'inobservation des art. L. 122-1 s. (L. 1242-1 s. nouv. C. trav.). Doit être cassé l'arrêt qui, pour débouter un éducateur sportif salarié de sa demande en paiement de diverses sommes sur le fondement de l'art. L. 122-3-8, retient que son contrat de travail devait être requalifié en contrat à durée indéterminée dans la mesure où la situation réelle de l'intéressé ne correspondait pas à l'une des situations visées par la loi pour que puisse être conclu un contrat à durée déterminée et dans la mesure où le contrat avait une durée bien supérieure à 18 mois, alors que les dispositions des art. L. 122-1 et suivants n'ayant été édictées que dans un souci de protection du salarié, l'employeur ne pouvait se prévaloir de leur inobservation pour demander la requalification du contrat. • Soc. 17 janv. 1996 : *pourvoi n° 94-42.103.* ♦ Dans le même sens : • Soc. 10 juill. 2002 : *Dr. soc. 2003, p. 328, obs. C. Roy-Loustauneau ; RJ éco. sport 2003, n° 66, p. 56, obs. J.-P. Karaquillo*.

3. *Irrecevabilité de l'action en requalification de l'AGS.* L'AGS (garantie des salaires) n'est pas recevable, sauf fraude qu'il lui appartient de démontrer, à demander la requalification d'un contrat de travail à durée déterminée en contrat de travail à durée indéterminée. • Soc. 4 déc. 2002 : *D. 2003. 373, note J.-P. Karaquillo* • Soc. 7 avr. 2004 : *Bull. civ. V, n° 106.*

4. *Irrecevabilité de l'action en requalification du juge.* Si, en vertu de l'art. 12 C. pr. civ., la qualification d'un contrat de travail dont la nature est indécise relève de l'office du juge, celui-ci ne peut toutefois, en application de l'art. L. 1245-1 C. trav., requalifier d'office un contrat de travail à durée déterminée en contrat de travail à durée indéterminée. Seul le salarié peut se prévaloir des dispositions prévues par les art. L. 12-42-1 s. C. trav. édictées exclusivement en vue de sa protection. • Soc. 20 févr. 2013 : *JS 2014, n° 138, p. 34, comm. J.-P. Karaquillo ; JS 2014, n° 139, p. 26 , Panorama 2013 des arrêts de la cour de cassation par A. Lacabarats.* ♦ Dans le même sens : • Soc. 10 juill. 2002 : *D. 2002. 312, obs. J.-M. Lattes ; Dr. soc. 2003 p. 328, obs. C. Roy-Loustaunau* • Soc. 12 déc. 2012 : *Sem. jur. soc. 2013, n° 15, comm. D. Jacotot.*

5. *Exclusivité de l'action en requalification en faveur du salarié.* Les dispositions des arts. L. 122-1 et s. C. trav. (L. 1242-1 et s. nouv. C. trav.) ont été édictées dans un souci de protection du salarié qui peut seul se prévaloir de leur inobservation. • Soc. 16 juill. 1987, n° 85-45.258 : *Bull. civ. V, n° 481 ; D. 1988 Somm. 97, obs. J.-M. Béraud ; Dr. soc. 1989. 361, obs. G. Poulain.* ♦ Jurisprudence constante : V.. les arrêts cités notes 2, 3 et 4.

6. V. note 1 ss. art. L. 3253-8.

2° MISE EN ŒUVRE DE L'ACTION EN REQUALIFICATION

a. A l'analyse de la durée du contrat

7. *Durée maximale.* La durée maximale de dix-huit mois prévue par l'art. L. 122-1-2-II C. trav. n'est pas applicable à un contrat d'entraîneur d'une équipe de basket-ball conclu au titre de l'art. L. 122-1-1-3° C. trav. • Soc. 13 oct. 1999 : *pourvoi n° 97-41.829.*

8. *Contrats successifs.* Le renouvellement du contrat de travail à durée déterminée, qui a seulement pour objet d'aménager le terme initial de la relation contractuelle, ne se confond pas avec la conclusion d'un nouveau contrat et n'autorise pas l'employeur à modifier unilatéralement le contrat ; en l'espèce, la proposition de renouvellement du contrat de travail d'un entraîneur de football s'accompagnant d'une diminution de sa rémunération, l'intéressé était libre de refuser un nouveau contrat sans prendre pour cela l'initiative de la rupture des relations contractuelles. • Soc. 1er févr. 2000 : *Bull. civ. V, n° 47 ; D. 2000. 466, note J. Mouly*. ♦ Le recours à des contrats à durée déterminée successifs doit être justifié par des raisons objectives découlant de l'existence d'éléments précis et concrets caractérisant la nature temporaire de l'emploi : V. note 41 ss. art. L. 1242-2. ♦ Doit être cassé et annulé l'arrêt d'appel qui a débouté un entraîneur de sa demande de requalification de CDD successifs en CDI sans vérifier si l'utilisation de contrats successifs était justifiée par des raisons objectives qui s'entendent de l'existence d'éléments concrets établissant le caractère par nature temporaire de l'emploi. • Soc. 5 nov. 2014, n° 12-23.135 : *D. 2014. 2347 ; Dr. soc. 2015. 88, obs. J. Mouly.*

9. Constitue une relation de travail à durée globale indéterminée l'ensemble des contrats de travail dont a bénéficié un professeur de judo et qui se sont succédés pendant plus de quatre ans sans autre interruption que la période des congés scolaires. • Soc. 10 avr. 1991 : *Bull. civ. V, n° 173 ; D. 1991. Somm. 391 (2e esp.), obs. J. Mouly.*

10. Doit être considérée comme un contrat de travail d'une durée globale indéterminée la succession de contrats de travail à durée déterminée, dès lors que le salarié, engagé en qualité d'animateur sportif par un office municipal des sports pendant une durée de près de quatre ans, occupe un emploi permanent et lié à l'activité normale de l'entreprise. • Versailles, 26 févr. 1996 : *préc. note 40 ss. art. L. 1242-2.*

11. Il y a lieu de requalifier en contrat à durée indéterminée les contrats de travail à durée déterminée successifs d'un éducateur de football employé par un club professionnel dès lors que, si l'activité de l'équipe professionnelle présente un caractère temporaire lié aux résultats obtenus, il n'en est pas de même des activités de formation de jeunes joueurs ou des gardiens de but non professionnels qui ont été confiées à l'intéressé durant sept années entières et successives sans la moindre interruption. • Rennes, 27 mai 1999, *Lollichon c/ Assoc. Football club Nantes Atlantique : inédit.*

12. A l'opposé, lorsque le contrat conclu correspond effectivement aux prévisions des art. L. 122-1-1-3° et D. 121-2 C. trav., il n'est pas interdit de conclure des contrats de travail à durée déterminée successifs ainsi que le prescrit l'art. L. 122-3-10, al. 2, C. trav. ; pour un exemple : contrat à durée déterminée d'un entraîneur de basket-ball où était incluse une clause de renouvellement conditionnel à l'expiration de chaque période de 3 ans. • Pau, 12 avr. 1999 : *D. 1999. 409, obs. J.-P. Karaquillo.* ♦ Arrêt confirmé par : • Soc. 20 juin 2001 : *pourvoi n° 99-43.311.*

13. Toutefois, le recours successif à des contrats de travail à durée déterminée doit être justifié par l'existence d'éléments objectifs, concrets et précis établissant que l'emploi n'a pas un caractère permanent : Soc. 17 déc. 2014 et les comm. note 38.

b. En l'absence de motif ou de définition des motifs du contrat

14. Un salarié, joueur de rugby, ne peut être débouté de sa demande de requalification en contrat de travail à durée indéterminée d'un contrat de travail à durée déterminée qui ne mentionnait pas le motif précis du recours à un contrat de travail à durée déterminée d'usage auquel prétendait être partie un club employeur, le recours à un tel contrat ne dispensant pas ce dernier d'établir un contrat écrit comportant la définition précise de son motif. • Soc. 7 mars 2012 : *JCP S 2012. 1255, note F. Bousez ; ibid. 1404, note F. Mandin ; JS 2013, n° 127, p. 24, obs. A. Lacabarats ; D. 2013. Pan. 536, obs. S. Karaa.* ♦ N'est pas un motif précis le fait d'indiquer qu'un sportif a été recruté en vue d'exercer une activité de joueur de rugby professionnel pendant une saison sportive • Soc. 9 juill. 2014, pourvoi n° 13-18.483 : *Pan. droit du sport 2015, 402, obs. S. Karaa.* – V. aussi note G. Rabu, *Cah. dr. sport, 2014, n° 37, p. 39.* ♦ Dans le même sens s'agissant du contrat de joueur de hockey sur glace professionnel, • Soc. 24 sept. 2014, pourvoi n° 12-27.132 : *Pano. préc., JS 2014, n° 147, p. 8, obs. F. Lagarde n° 148, p. 35, obs. G. Kertudo ; Cah. dr. sport 2014 n° 37, p. 40, note G. Rabu.*

c. En cas de transmission tardive du contrat au salarié

15. Le non-respect de l'obligation, inscrite à l'article L. 1242-13 du code du travail de transmettre au salarié son contrat de travail à durée déterminée dans les deux jours ouvrables suivant l'embauche conduit à une requalification automatique en contrat de travail à durée indéterminée. • Bayonne, 10 juin 2010 : *JS 2010, n° 102, p. 11, obs. G. Durand.* ♦ La transmission tardive (au-delà de deux jours ouvrables après l'embauche) pour signature d'un contrat de travail à durée déterminée d'usage équivaut à une absence d'écrit entraînant la requalification de ce contrat de travail en contrat de travail à durée indéterminée. • Aix-en-Provence, 30 août 2011, *O. Ai'i c/ SARL Rouge et Noir Image et RC Toulon : RG n° 10/18893.* ♦ V. aussi : • Rennes, 8 mars 2013 : *RG n° 11/06700* • Agen, 7 oct. 2014 : *RG n° 14/00195* • Paris, 18 mai 2016, n° 15/04419.

d. A l'analyse de la nature temporaire de l'emploi

16. V. surtout les arrêts de la Chambre sociale de la Cour de cassation du 2 avr. et du 17 déc. 2014, préc. note 24 et 34 ss. art. 1242-2.

e. A l'analyse des clauses particulières insérées dans le contrat de travail à durée déterminée

17. La méconnaissance des dispositions de l'art. L. 122-3-8 C. trav. relatives à la rupture avant terme du contrat à durée déterminée n'entraîne pas la requalification en contrat à durée indéterminée. Ainsi, l'insertion dans le contrat à durée déterminée d'un entraîneur d'une clause permettant à son club employeur de rompre par anticipation le contrat pour un motif autre que ceux prévus à l'art. L. 122-3-8 C. trav. ne conduit pas à sa requalification. La clause en cause est jugée nulle en violation de l'art. L. 122-3-8 C. trav.

• Soc. 5 juill. 1995 : *D. 1996. 280, obs. J. Mouly*. ♦ Dans le même sens, nullité d'une clause de résiliation unilatérale mise en œuvre par un club de basket-ball : • Soc. 16 déc. 1998 : *pourvoi n° 95-45-341*. ♦ ... Ou par un club de football. • Soc. 24 oct. 2000 : *pourvoi n° 98-40-447*.

De l'exécution du contrat de travail à durée déterminée

Art. L. 1242-14 Les dispositions légales et conventionnelles ainsi que celles résultant des usages applicables aux salariés titulaires d'un contrat de travail à durée indéterminée s'appliquent également aux salariés titulaires d'un contrat à durée déterminée, à l'exception des dispositions concernant la rupture du contrat de travail. – *[Anc. art. L. 122-3-3, al. 1.]*

Art. L. 1242-15 La rémunération, au sens de l'article L. 3221-3, perçue par le salarié titulaire d'un contrat de travail à durée déterminée ne peut être inférieure au montant de la rémunération que percevrait dans la même entreprise, après période d'essai, un salarié bénéficiant d'un contrat de travail à durée indéterminée de qualification professionnelle équivalente et occupant les mêmes fonctions. – *[Anc. art. L. 122-3-3, al. 2.]*

Art. L. 1242-16 Le salarié titulaire d'un contrat de travail à durée déterminée a droit à une indemnité compensatrice de congés payés au titre du travail effectivement accompli durant ce contrat, quelle qu'ait été sa durée, dès lors que le régime des congés applicable dans l'entreprise ne lui permet pas de les prendre effectivement.

Le montant de l'indemnité, calculé en fonction de cette durée, ne peut être inférieur au dixième de la rémunération totale brute perçue par le salarié pendant la durée de son contrat.

L'indemnité est versée à la fin du contrat, sauf si le contrat à durée déterminée se poursuit par un contrat de travail à durée indéterminée. – *[Anc. art. L. 122-3-3, al. 3 et 4.]*

Jurisprudence rendue sous l'empire du code du travail dans sa rédaction antérieure à sa nouvelle codification par l'ordonnance n° 2007-329 du 12 mars 2007 (JO 13 mars), applicable au 1er mai 2008.

La convention de forfait ne se présumant pas, une cour d'appel a estimé à juste titre que, dans le silence du contrat de travail rédigé par un club de hockey sur glace et compte tenu de l'impossibilité pour un joueur de prendre ses congés pendant la durée de la saison sportive, il y avait lieu d'appliquer la règle inscrite dans l'al. 3 de l'art. L. 122-3-3 C. trav., dérogeant à celle de l'art. L. 223-2 du même code. • Soc. 14 janv. 1998 : *pourvoi n° 95-44.988.*

De la rupture du contrat de travail à durée déterminée

Art. L. 1226-18 Lorsque le salarié victime d'un accident ou d'une maladie professionnelle est titulaire d'un contrat de travail à durée déterminée, l'employeur ne peut rompre le contrat au cours des périodes de suspension du contrat que s'il justifie soit d'une faute grave de l'intéressé, soit d'un cas de force majeure. – *[Anc. art. L. 122-32-2, al. 2.]*

Art. L. 1226-20 Lorsque le salarié est titulaire d'un contrat à durée déterminée, les dispositions *[du] (L. n° 2016-1088 du 8 août 2016, art. 102-I-10°-a et V, en vigueur au plus tard le 1er janv. 2017) « dernier »* alinéas *[alinéa]* de l'article L. 1226-12 et des articles L. 1226-14 à L. 1226-16, relatives aux conditions de licenciement d'un salarié victime d'un accident du travail ou d'une maladie professionnelle, ne sont pas applicables.

Si l'employeur justifie de son impossibilité de proposer un emploi, dans les conditions prévues aux articles L. 1226-10 et L. 1226-11, au salarié déclaré inapte titulaire d'un tel contrat ou si le salarié refuse un emploi offert dans ces conditions *(L. n° 2016-1088 du 8 août 2016, art. 102-I-10°-b et V, en vigueur au plus tard le 1er janv. 2017)* « ou si l'avis du médecin du travail mentionne expressément que tout maintien du salarié dans l'emploi serait gravement préjudiciable à sa santé ou que l'état de santé du salarié fait obstacle à tout reclassement dans l'emploi », l'employeur est en droit de *(L. n° 2011-525 du 17 mai 2011, art. 49-III)* « procéder à la rupture » du contrat. *(Abrogé par L. n° 2011-525 du 17 mai 2011, art. 49-III) « La juridiction saisie prononce la résolution après vérification des motifs invoqués et fixe le montant de la compensation financière due au salarié. »* – *[Anc. art. L. 122-32-9, al. 3.]*

(L. n° 2011-525 du 17 mai 2011, art. 49-III) « Les dispositions visées aux articles L. 1226-10 et L. 1226-11 s'appliquent également aux salariés en contrat de travail à durée déterminée.

« La rupture du contrat ouvre droit, pour le salarié, à une indemnité dont le montant ne peut être inférieur au double de celui de l'indemnité prévue à l'article L. 1234-9. Cette indemnité de rupture est versée selon les mêmes modalités que l'indemnité de précarité prévue à l'article L. 1243-8. »

Le présent art. entre en vigueur à la date de publication des décrets pris pour son application, et au plus tard le 1er janv. 2017 (L. no 2016-1088 du 8 août 2016, art. 102-V).

Art. L. 1226-21 Lorsque le salarié *(L. no 2016-1088 du 8 août 2016, art. 102-I-11o et V, en vigueur au plus tard le 1er janv. 2017)* « n'est pas déclaré inapte » à l'issue des périodes de suspension, la rupture du contrat de travail à durée déterminée par l'employeur en méconnaissance des dispositions de l'article L. 1226-8 ouvre droit à une indemnité correspondant au préjudice subi. Cette indemnité ne peut être inférieure au montant des salaires et avantages qu'il aurait reçus jusqu'au terme de la période en cours de validité de son contrat.

Il en va de même pour un salarié déclaré inapte en cas de rupture par l'employeur en méconnaissance des dispositions des articles L. 1226-10 et L. 1226-11 ou du deuxième alinéa de l'article L. 1226-20. – *[Anc. art. L. 122-32-9, al. 3.]*

Le présent art. entre en vigueur à la date de publication des décrets pris pour son application, et au plus tard le 1er janv. 2017 (L. no 2016-1088 du 8 août 2016, art. 102-V).

....

Art. L. 1243-1 Sauf accord des parties, le contrat de travail à durée déterminée ne peut être rompu avant l'échéance du terme qu'en cas de faute grave *(L. no 2011-525 du 17 mai 2011, art. 49-I)* « , de force majeure ou d'inaptitude constatée par le médecin du travail ».

(L. no 2014-1545 du 20 déc. 2014, art. 6-6o) « Lorsqu'il est conclu en application du 6° de l'article L. 1242-2, le contrat de travail à durée déterminée peut, en outre, être rompu par l'une ou l'autre partie, pour un motif réel et sérieux, dix-huit mois après sa conclusion puis à la date anniversaire de sa conclusion. » – *[Anc. art. L. 122-3-8, al. 1.]*

Art. L. 1243-2 Par dérogation aux dispositions de l'article L. 1243-1, le contrat de travail à durée déterminée peut être rompu avant l'échéance du terme à l'initiative du salarié, lorsque celui-ci justifie de la conclusion d'un contrat à durée indéterminée.

Sauf accord des parties, le salarié est alors tenu de respecter un préavis dont la durée est calculée à raison d'un jour par semaine compte tenu :

1° De la durée totale du contrat *(L. no 2015-994 du 17 août 2015, art. 55-I-2o)* « incluant, le cas échéant, son ou ses deux renouvellements », lorsque celui-ci comporte un terme précis ;

2° De la durée effectuée lorsque le contrat ne comporte pas un terme précis.

Le préavis ne peut excéder deux semaines. – *[Anc. art. L. 122-3-8, al. 2.]*

Les dispositions issues du I de l'art. 55 de la L. no 2015-994 du 17 août 2015 s'appliquent aux contrats en cours (L. préc., art. 55-II).

Art. L. 1243-3 La rupture anticipée du contrat de travail à durée déterminée qui intervient à l'initiative du salarié en dehors des cas prévus aux articles L. 1243-1 et L. 1243-2 ouvre droit pour l'employeur à des dommages et intérêts correspondant au préjudice subi. – *[Anc. art. L. 122-3-8, al. 4.]*

Art. L. 1243-4 La rupture anticipée du contrat de travail à durée déterminée qui intervient à l'initiative de l'employeur, en dehors des cas de faute grave *(L. no 2011-525 du 17 mai 2011, art. 49-I)* « , de force majeure ou d'inaptitude constatée par le médecin du travail », ouvre droit pour le salarié à des dommages et intérêts d'un montant au moins égal aux rémunérations qu'il aurait perçues jusqu'au terme du contrat, sans préjudice de l'indemnité de fin de contrat prévue à l'article L. 1243-8.

Toutefois, lorsque le contrat de travail est rompu avant l'échéance du terme en raison d'un sinistre relevant d'un cas de force majeure, le salarié a également droit à une indemnité compensatrice dont le montant est égal aux rémunérations qu'il aurait perçues jusqu'au terme du contrat. Cette indemnité est à la charge de l'employeur. – *[Anc. art. L. 122-3-8, al. 3, et L. 122-3-4-1.]*

Art. L. 1243-5 Le contrat de travail à durée déterminée cesse de plein droit à l'échéance du terme. *(L. no 2014-1545 du 20 déc. 2014, art. 6-7o)* « Lorsqu'il est conclu en application du 6° de l'article L. 1242-2, il prend fin avec la réalisation de l'objet pour lequel il a été conclu après un délai de prévenance au moins égal à deux mois. »

Toutefois, ce principe ne fait pas obstacle à l'application des dispositions relatives à la rupture du contrat de travail à durée déterminée :

1° Des salariés victimes d'un accident du travail ou d'une maladie professionnelle, prévues à l'article L. 1226-19 ;

2° Des salariés titulaires d'un mandat de représentation mentionnés à l'article L. 2412-1. – *[Anc. art. L. 122-3-6.]*

....

Art. L. 1243-8 Lorsque, à l'issue d'un contrat de travail à durée déterminée, les relations contractuelles de travail ne se poursuivent pas par un contrat à durée indéterminée, le salarié a droit, à titre de complément de salaire, à une indemnité de fin de contrat destinée à compenser la précarité de sa situation.

Cette indemnité est égale à 10 % de la rémunération totale brute versée au salarié.

Elle s'ajoute à la rémunération totale brute due au salarié. Elle est versée à l'issue du contrat en même temps que le dernier salaire et figure sur le bulletin de salaire correspondant. – *[Anc. art. L. 122-3-4, al. 1er et 2, phrase 1, et al. 3.]*

Art. L. 1243-9 En vue d'améliorer la formation professionnelle des salariés titulaires de contrat de travail à durée déterminée, une convention ou un accord collectif de branche étendu ou une convention ou un accord d'entreprise ou d'établissement peut également prévoir de limiter le montant de l'indemnité de fin de contrat à hauteur de 6 %, dès lors que des contreparties sont offertes à ces salariés, notamment sous la forme d'un accès privilégié à la formation professionnelle. Dans ce cas, la convention ou l'accord peut prévoir les conditions dans lesquelles ces salariés peuvent suivre, en dehors du temps de travail effectif, un bilan de compétences. Ce bilan de compétences est réalisé dans le cadre du plan de formation au titre de la participation des employeurs au financement de la formation professionnelle. – *[Anc. art. L. 122-3-4, al. 2, phrases 2 à 4.]*

Art. L. 1243-10 L'indemnité de fin de contrat n'est pas due :

1° Lorsque le contrat est conclu au titre du 3° de l'article L. 1242-2 ou de l'article L. 1242-3, sauf dispositions conventionnelles plus favorables ;

2° Lorsque le contrat est conclu avec un jeune pour une période comprise dans ses vacances scolaires ou universitaires ;

3° Lorsque le salarié refuse d'accepter la conclusion d'un contrat de travail à durée indéterminée pour occuper le même emploi ou un emploi similaire, assorti d'une rémunération au moins équivalente ;

4° En cas de rupture anticipée du contrat due à l'initiative du salarié, à sa faute grave ou à un cas de force majeure. – *[Anc. art. L. 122-3-4, al. 4 à 8.]*

Art. L. 1243-11 Lorsque la relation contractuelle de travail se poursuit après l'échéance du terme du contrat à durée déterminée, celui-ci devient un contrat à durée indéterminée.

Le salarié conserve l'ancienneté qu'il avait acquise au terme du contrat de travail à durée déterminée.

La durée du contrat de travail à durée déterminée est déduite de la période d'essai éventuellement prévue dans le nouveau contrat de travail. – *[Anc. art. L. 122-3-10, al. 1er et 3.]*

....

Art. L. 1332-1 Aucune sanction ne peut être prise à l'encontre du salarié sans que celui-ci soit informé, dans le même temps et par écrit, des griefs retenus contre lui. – *[Anc. art. L. 122-41, al. 1er.]*

Art. L. 1332-2 Lorsque l'employeur envisage de prendre une sanction, il convoque le salarié en lui précisant l'objet de la convocation, sauf si la sanction envisagée est un avertissement ou une sanction de même nature n'ayant pas d'incidence, immédiate ou non, sur la présence dans l'entreprise, la fonction, la carrière ou la rémunération du salarié.

Lors de son audition, le salarié peut se faire assister par une personne de son choix appartenant au personnel de l'entreprise.

Au cours de l'entretien, l'employeur indique le motif de la sanction envisagée et recueille les explications du salarié.

La sanction ne peut intervenir moins *(L. n° 2012-387 du 22 mars 2012, art. 48)* « de deux jours ouvrables », ni plus d'un mois après le jour fixé pour l'entretien. Elle est motivée et notifiée à l'intéressé. – *[Anc. art. L. 122-41, al. 2.]*

Art. L. 1332-3 Lorsque les faits reprochés au salarié ont rendu indispensable une mesure conservatoire de mise à pied à effet immédiat, aucune sanction définitive relative à ces faits ne peut être prise sans que la procédure prévue à l'article L. 1332-2 ait été respectée. – *[Anc. art. L. 122-41, al. 3.]*

Plan des annotations

A. CESSATION DU CONTRAT DE TRAVAIL À DURÉE DÉTERMINÉE ARRIVÉ À TERME

1° INDEMNITÉ DE FIN DE CONTRAT

1. L'indemnité de précarité n'est pas due au salarié lié par un contrat à durée déterminée « d'usage ». Doit être rejetée, par application du 2) de l'al. 3 de l'art. L. 122-3-4 C. trav., la demande de paiement d'une indemnité de précarité sollicitée par un entraîneur de basket-ball à l'expiration d'un contrat de travail à durée déterminée, soumis au 3° de l'art. L. 122-1-1 C. trav. • Soc. 8 oct. 1996, *ESPE Châlon : D. 1998 Somm. 39, obs. J.-P. Karaquillo.*

2° ABUS DANS L'EXERCICE DU DROIT DE METTRE FIN À SON TERME AU CONTRAT À DURÉE DÉTERMINÉE (DOMMAGES ET INTÉRÊTS FONDÉS SUR DES COMPORTEMENTS RÉVÉLANT UNE LÉGÈRETÉ BLÂMABLE)

2. N'est pas fondé le grief d'un club de football professionnel reprochant à une cour d'appel de l'avoir condamné à allouer à un joueur professionnel des dommages et intérêts en raison de l'abstention imputable au club de rencontrer, avant une date butoir, le joueur en vue d'envisager, tel que les deux parties s'y étaient engagées, la prolongation du contrat à durée déterminée les unissant. En faisant croire, comme ont pu le constater les juges du fond, au salarié que son contrat était renouvelé aux mêmes conditions que celles prévues au contrat venu à expiration, l'employeur, en entretenant le doute, a agi avec une légèreté blâmable génératrice d'un préjudice souverainement apprécié par la cour d'appel. • Soc. 13 avr. 2005 : *pourvoi n° 02-46.666.* ♦ Dans le même sens, V. • Soc. 16 oct. 2001 : *pourvoi n° 99-44.967.*

3° CLAUSE DE RENOUVELLEMENT AUTOMATIQUE

3. Le juge du travail reconnaît la licéité de la clause de renouvellement automatique d'un contrat de travail à durée déterminée. • Soc. 10 juin 1992 : *pourvoi n° 88-43.688.* ♦ Dans le même sens et plus récemment, la chambre sociale de la cour de cassation a énoncé que c'est à bon droit qu'une cour d'appel a décidé que la clause de renouvellement automatique pour une saison sportive, sauf dénonciation des parties, était valable sans pour autant que cette clause modifie la durée de principe du contrat de travail à durée déterminée. • Soc. 19 juin 2013, n° 11-17.580 : *Panorama de jurisprudence de la cour de cassation 2013, JS 2014, n° 139, p. 24, obs. A. Lacabarats* ; *D. 2014. 396, Pan. droit du sport, obs. S. Karaa* ; • Angers, 14 oct. 2014 : *RG n° 12/02160* • Douai, 28 mai 2014 : *RG n° 13/03145 : D. 2015. 403, Pan. droit du sport, obs. S. Karaa.*

B. CESSATION AVANT ÉCHÉANCE DE SON TERME DU CONTRAT DE TRAVAIL À DURÉE DÉTERMINÉE

1° RUPTURE PAR ACCORD CONVENTIONNEL

4. Un avenant de résiliation intitulé « résiliation du contrat de travail d'un commun accord » qui a pour objet de mettre fin à une situation conflictuelle entre les parties laisse un doute quant à la liberté de décision du salarié et ne peut, en conséquence, constituer une rupture d'un commun accord, cette dernière étant alors imputable à l'employeur. • Soc. 25 mars 2009 : *JS 2010, n° 104, p. 28, obs. A. Lacabarats*.

5. Une transaction ne peut être confondue avec une rupture d'un commun accord par lequel les parties mettent fin à leurs relations contractuelles de travail. La transaction n'étant pas une modalité de rupture du contrat de travail, elle ne peut intervenir que postérieurement à la rupture définitive de ce dernier afin de régler les conséquences de la cessation du contrat. • Soc. 29 mai 1996 : *pourvoi n° 92-45.115* ♦ • Soc. 25 mars 2009 : *pourvoi n° 07-44.657.* ♦ V. aussi *infra*, notes ss. C. civ., art. 2044.

2° IMPUTABILITÉ DE LA RUPTURE

a. En cas de changement des conditions de travail

6. Un changement opéré dans les conditions de travail d'un salarié sportif par son club employeur relève soit du pouvoir de direction de l'employeur et la rupture qui s'ensuit à l'initiative du salarié est imputable à ce dernier, soit constitue une modification contractuelle que le salarié peut refuser sans que la rupture du lien contractuel lui incombe. • Soc. 12 juill. 2007 : *RJ éco. sport n° 84, 2007. 98, obs. J.-P. Boucheron*.

7. Une nouvelle affectation d'un préparateur physique d'un groupe sportif professionnel constituant une déclassification, caractérise une modification du contrat de travail de l'intéressé, dès lors que la preuve de celle-ci est rapportée. • Soc. 3 juin 2015, n° 14-10.137 : *JS 2016, n° 162, p. 38, comm. G. Vachet*. ♦ V. aussi • Lyon, 3 juin 2016, n° 15/04968 : *JS 2016, n° 166, p. 9, obs. J. Mondou*.

8. En revanche, il a aussi été jugé que la décision d'un club de basket-ball de ne plus confier au salarié le poste d'entraîneur de l'équipe première, tout en maintenant sa rémunération et ses autres activités, réduisait néanmoins ses attributions et se traduisait en une modification substantielle du contrat de travail rendant la rupture de ce dernier imputable au club employeur. • Dijon, 8 févr. 1994 : *D. 1995. Somm. 65, obs. J.-P. Karaquillo*. ♦ Dans le même sens : • Limoges, 14 déc. 1994 : *D. 1996. Somm. 23, obs. J. Mouly* (arrêt rendu sur renvoi après cassation : • Soc. 19 févr. 1992 : *pourvoi n° 90-40.271*) • Soc. 22 mai 1996 : *pourvoi n° 94-43.287.* ♦ De même, le retrait de la fonction d'entraîneur de l'équipe première pour une affectation pour d'autres missions prévues au contrat est une modification contractuelle et constitue une faute grave imputable à un club employeur bien que la rémunération de l'entraîneur n'ait subi aucune baisse. • Aix-en-Provence, 22 nov. 2010, *Ass. Et. sportive Villeneuve Boubet Handball c/ I. Vassiliev : n° 09/18803 ; JS 2011, n° 106, obs. G. Durand.* ♦ Est également imputable à un club employeur car constitutif d'une modification contractuelle, le fait pour le club d'avoir retiré à un entraîneur les fonctions principales ainsi que les primes de matchs correspondantes. • Soc. 12 janv. 2010 : *JS 2010, n° 104, p. 30, pan. A. Lacabarats* ; *JS 2010, n° 97, p. 10, obs. F. Lagarde*. ♦ Ou encore d'avoir affecté un éducateur sportif définitivement et exclusivement à des tâches de gestion. • Soc. 2 déc. 2009 : *JS 2010, n° 94, p. 9, note J.-P. Karaquillo*. ♦ V. aussi, concernant la modification des attributions d'un éducateur sportif partie à un contrat de travail à durée indéterminée : • Aix-en-Provence, 22 nov. 2010 : *n° 2010/1027.* ♦ V. également la modification contractuelle résultant du reclassement dans une cellule de recrutement du club de l'entraîneur adjoint de l'équipe professionnelle. • Lyon, 3 févr. 2012 : *RG n° 11/03125.*

9. Davantage encore, a également modifié unilatéralement le contrat de travail de l'entraîneur de son équipe professionnelle le club employeur qui a placé cet entraîneur sous l'autorité d'un directeur sportif qui avait en charge des missions dévolues jusqu'alors exclusivement à l'entraîneur. Les fonctions et les responsabilités de ce salarié s'en trouvant ainsi réduites, il importe peu que sa rémunération et sa qualification professionnelle n'aient pas été affectées. L'opposition de l'entraîneur à cette altération de ses fonctions n'est pas fautive et la rupture par le club employeur qui s'ensuit est injustifiée. • Soc. 13 juin 2012 : *JS 2013, n° 127, p. 32, comm. J.-P. Karaquillo* ; *ibid., p. 25, obs. A. Lacabarats.*

10. Une cour d'appel a pu également déduire à bon droit, en appréciant souverainement les éléments de fait qui lui étaient soumis, qu'un entraîneur de football, désigné « entraîneur de l'équipe A » était en droit de refuser de nouvelles fonctions caractérisant une modification de son contrat de travail. • Soc. 17 oct. 2007, n° 05-42.525. ♦ Il en est de même du salarié engagé en qualité d'entraîneur pour prendre en charge l'entraînement de l'équipe première affecté, après retrait de telles missions, à titre exclusif à la seule gestion du centre de formation des équipes de jeunes. • Soc. 4 févr. 2015, n° 13-17.517.

11. Un club professionnel de football, serait-ce sur le fondement de la charte du football professionnel, ne peut procéder à une réduction de la rémunération de l'un des joueurs à la suite d'une rétrogradation du club en division inférieure sans l'accord exprès de l'intéressé. • Soc. 14 sept. 2016, n° 14-26.147 : *JS 2016, n° 168, p. 8, obs. F. Lagarde* • 10 févr. 2016, n° 14-26.147 : *JS 2016, n° 163, p. 36, avis H. Liffran (avocat général), et p. 34, comm. J.-P. Karaquillo.*

12. L'entraîneur-instructeur de football qui refuse, dans le cadre d'une réorganisation du club, de conserver la direction de l'entraînement sans changement dans ses fonctions ni dans sa rémunération ne saurait prétendre que son contrat a subi des modifications substantielles et doit être débouté de ses demandes en paiement des salaires jusqu'au terme convenu. • Soc. 29 oct. 1980 : *D. 1982. IR 90 (2e esp.), obs. F. Alaphilippe et J.-P. Karaquillo.* ♦ De même, l'assistance d'un collaborateur dans la préparation de l'équipe, n'altérant ni la qualification ni la rémunération du salarié, ne constitue pas une modification des éléments essentiels du contrat rendant imputable au club employeur la rupture de celui-ci. • Bourges, 19 févr. 1982 : *D. 1984. IR 177, obs. J. Mouly.* ♦ Arrêt confirmé par : • Soc. 22 mars 1984 : *pourvoi n° 82-41.224.* ♦ V. déjà, dans le même sens : • Soc. 4 janv. 1978 : *Bull. civ. V, n° 7 ; D. 1979. IR 311, obs. F. Alaphilippe et J.-P. Karaquillo.* ♦ Ne constitue pas non plus une modification contractuelle le fait qu'un entraîneur affecté à des missions de formation puis d'entraînement de l'équipe professionnelle s'était vu ensuite retirer ses fonctions auprès de l'équipe professionnelle sur le fondement d'avenants contractuels ambigus. • Soc. 12 juill. 2007 : *D. 2009. Pan. 519, obs. J.-P. Karaquillo ; GP 2008, nos 37-38, note S. Chevret.* ♦ Pareillement, le kinésithérapeute exerçant auprès de l'équipe de football professionnel et qui doit intervenir au service des joueurs professionnels évoluant en équipe réserve engagée en CFA 2 et des joueurs en formation ne peut prétendre avoir subi une modification contractuelle alors que la rémunération, la durée de travail, la qualification professionnelle, les fonctions et les responsabilités n'ont pas été affectées. • Rennes, 29 juin 2016, n° 14/05704 : *Dict. perm. dr. sport 2016, n° 237, p. 14, note A. Ralon.*

b. En cas de prise d'acte de la rupture

13. Lorsque le salarié prend acte de la rupture de son contrat de travail (à durée déterminée) en raison de faits qu'il reproche à son employeur, cette rupture produit les effets soit d'un « licenciement » (d'une rupture imputable à l'employeur) soit, dans le cas contraire, d'une « démission » (d'une rupture imputable au salarié). • Versailles, 10 oct. 2006 : *D. 2007. 353, note J.-P. Karaquillo ; JCP 2007. II. 1171, note J. Mouly ; RJ éco. sport n° 84, 2007. 31, obs. J. Barthélémy .*

14. La chambre sociale de la cour de cassation rejette le pourvoi contre l'arrêt de la cour d'appel de Versailles du 10 oct. 2006 (préc. note 13) qui a considéré qu'aucune modification contractuelle ne pouvait être reprochée à un club employeur vis-à-vis de l'entraîneur de son équipe professionnelle de football et qu'en conséquence la prise d'acte de rupture par ce dernier lui était imputable. Elle s'écarte toutefois de la construction relative à la prise d'acte, au visa de l'art. L. 122-3-8 C. trav., en relevant simplement que lorsqu'un salarié rompt son contrat de travail à durée déterminée en invoquant des manquements de l'employeur, il incombe au juge de vérifier si les faits invoqués sont, ou pas, constitutifs d'une faute grave. • Soc. 9 avr. 2008, pourvoi n° 06-46.003 : *D. 2008. 2047, note J.-P. Karaquillo ; RDT 2008. 448, obs. D. Jacotot ; Dr. soc. 2008. 1126, note J. Mouly .* ♦ V. aussi : • Soc. 26 mai 2010 : *pourvoi n° 08-43.097 ; JS 2010, n° 103, p. 35, comm. J.-P. Karaquillo .*

15. La prise d'acte de la rupture, avant terme, de son contrat de travail à durée déterminée, par un entraîneur d'un club de football professionnel a les effets d'une rupture injustifiée imputable au salarié dès lors que les juges du fond ont relevé que les faits (une modification contractuelle) qu'il reprochait à son employeur n'étaient pas constitués. • Soc. 12 juill. 2007 : *RJ éco. sport n° 84, 2007. 98, obs. J.-P. Boucheron .* ♦ V. aussi : • Versailles, 10 oct. 2006 : *préc. note 13* • Soc. 9 avr. 2008 : *préc. note 14.*

16. Un joueur professionnel de football n'est pas fondé à rompre le contrat de travail à durée déterminée le liant à son club en raison d'une mise à l'écart des entraînements et compétitions de l'équipe professionnelle motivée par son projet avéré, qui au demeurant le démotivait, d'aller jouer dans d'autres clubs, de tels faits ne constituant pas une faute grave imputable à l'employeur. • Soc. 23 janv. 2008 : *RJ éco. sport n° 86, 2008. 88, obs. F. Lagarde .* ♦ Comp. avec : • Soc. 14 janv. 2004 : *RJ éco. sport n° 71, 2004. 47, obs. J. Barthélémy .*

17. Une mise à pied conservatoire, prononcée dans la mouvance d'une procédure de rupture, ne saurait constituer une modification unilatérale fautive imputable à un club employeur du contrat de travail à durée déterminée d'un entraîneur professionnel de football qui, de sa propre initiative, a pris, postérieurement à la mesure conservatoire, acte de la rupture avant terme du lien contractuel considéré. • Soc.

12 juill. 2007 : *préc. note 15.* ♦ Dans le même sens : • Versailles, 10 oct. 2006 : *préc. note 13.* ♦ En conséquence, la rupture du contrat est imputable à l'entraîneur en méconnaissance des dispositions de l'art. L. 122-38 C. trav. • Même arrêt. ♦ Est au demeurant sans effet une résolution judiciaire décidée à une date ultérieure à la date de la prise d'acte. • Même arrêt. ♦ Il en est de même de la rupture pour faute grave notifiée par l'employeur au salarié plusieurs jours après la prise d'acte. • Même arrêt.

18. Prise d'acte imputable à l'employeur. La prise d'acte de rupture avant terme de son contrat de travail à durée déterminée par un entraîneur d'un club de football professionnel a les effets d'une rupture injustifiée imputable à l'employeur dès lors que les juges du fond ont relevé que l'employeur avait modifié le contrat, caractérisant ainsi une faute grave de ce dernier. • Soc. 12 janv. 2010 : *pourvoi n° 08-43.128.* ♦ La prise d'acte par un joueur de handball pour non-paiement de ses salaires est justifiée par le fait que son club employeur a commis une faute grave conduisant à ce que ce dernier assume la responsabilité du lien contractuel qui les liait. • Soc. 22 juin 2011, n° 10-18.897*JS 2011, n° 112, p. 8, obs. F. Lagarde.*

c. En cas de rupture équivoque par le salarié

19. Le fait pour un salarié de reconnaître son inaptitude incontestable et incontestée à ses activités antérieures de footballeur professionnel à l'effet de poursuivre le règlement d'un pécule lié à cette inaptitude pour accident de travail en application de la charte du football professionnel ne peut s'analyser en l'expression claire et sans équivoque de mettre fin à toute relation contractuelle de travail avec le club employeur. • Paris, 6 juill. 1994, *Assoc. « Jeunesse auxerroise » c/ Gendreau : inédit.*

20. Doit être annulé l'arrêt qui, pour débouter un entraîneur de football de ses demandes, énonce que ce dernier a pris l'initiative de la rupture en saisissant le conseil de prud'hommes, alors que cette saisine constitue l'exercice du droit d'agir en justice et n'entraîne pas la rupture anticipée d'un contrat à durée déterminée. • Soc. 18 janv. 2000 : *pourvoi n° 97-44.997.*

21. L'employeur qui a cessé de payer, pendant deux mois, les salaires dus à un joueur lié par un contrat de travail à durée déterminée n'a pas exécuté ce contrat de bonne foi. En conséquence, le comportement de l'employeur est constitutif d'une faute grave et rend injustifiée la rupture du contrat imputable à celui-ci, bien que le joueur ait été amené à signer, en raison de l'attitude de l'employeur, un document de rupture et à quitter son emploi. • Soc. 9 janv. 2008 : *pourvoi n° 06-45.107.* ♦ Toutefois, les prétentions d'un club employeur, pour qui la rupture avant terme d'un contrat de travail à durée déterminée d'un sportif salarié est imputable à ce dernier, ne peuvent être rejetées sans rechercher, comme y invitait l'employeur, si le défaut de paiement de la rémunération du sportif n'était pas la conséquence de l'absence de prestations de la part de ce dernier. • Soc. 26 mai 2010 : *pourvoi n° 08-43.097.* ♦ Dans le même sens, la chambre sociale de la cour de cassation a considéré que si le salaire est effectivement la contrepartie du travail et qu'en conséquence son défaut de paiement est constitutif d'une faute grave justifiant l'imputabilité à un club employeur de la rupture d'un contrat de travail à durée déterminée d'un joueur professionnel dont ce dernier a pris l'initiative, encore faut-il, pour que ses prétentions soient justifiées, qu'il soit recherché si le joueur était resté à la disposition du club. • Soc. 13 févr. 2013, n° 11-26.556 : *JS 2014, n° 139, p. 25, obs. A. Lacabarats.* ♦ En revanche, prenant l'initiative de rompre le lien contractuel l'unissant à son club employeur et ne mettant en question que quatre ans plus tard la nature de la rupture de son contrat de travail, un sportif ne peut soutenir ne pas avoir eu une volonté claire et non équivoque de se délier de son rapport contractuel. • Soc. 19 mai 2010 : *JS 2010, n° 100, note G. Durand ; ibid., n° 104, p. 29, obs. A. Lacabarats.*

3° JUSTIFICATION DE LA RUPTURE

a. Fondement légal (art. L. 122-3-8 C. trav., art. L. 1226-18, L. 1226-20, L. 1226-21, L. 1243-1 et L. 1243-2 nouv. C. trav.)

Identification des « causes » de rupture

22. Faute grave du salarié. Si le contrat de travail est, conformément à l'art. L. 121-1 C. trav., soumis aux règles du droit commun en l'absence de dispositions spéciales et si, en conséquence, les parties ont la faculté de poursuivre la résiliation judiciaire du contrat de travail à durée déterminée en vertu de l'art. 1184 C. civ. en cas d'inexécution par l'une d'elles de son engagement, il résulte des dispositions d'ordre public de l'art. L. 122-3-9 [art. L. 122-3-8 nouv.] que cette résiliation n'est possible pour faute que si celle-ci revêt le caractère d'une faute grave. • Soc. 20 mars 1990 : *Bull. civ. V, n° 121 ; D. 1991. 143, note J. Mouly.*

23. Le non-respect des consignes techniques, l'indiscipline et l'irrespect d'un joueur professionnel de basketball à l'égard d'un dirigeant constituent une faute grave de nature à justifier la rupture anticipée du CDD. • Lyon, 5 déc. 2014, n° 13/01963. ♦ Constitue une faute grave justifiant la rupture anticipée par un club du contrat de travail à durée déterminée d'un joueur professionnel de football le fait pour celui-ci d'avoir contrevenu, par des manquements de différentes natures et parfois répétés, aux obligations du règlement intérieur du club, obligations qu'il avait déclaré accepter au moment de la signature du contrat. • Grenoble, 19 oct. 1993 : *D. 1995. Somm. 60 (1re esp.), obs. J.-P. Karaquillo*. ♦ De même, c'est avec raison qu'a été retenue l'existence d'une faute grave d'un joueur professionnel de football qui, de manière répétée, a été sanctionné et suspendu pour violences sur d'autres joueurs, pénalisant ainsi lourdement son club employeur déjà en situation financière difficile. • Bordeaux, 7 juin 2011, *SELARL L. M. ès qualité de mandataire liquidateur de la SASP Libourne-Saint-Seurin : RG n° 10/03493.* ♦ Ou encore le joueur professionnel de football qui n'apporte aucune réponse à un courrier de son club employeur lui demandant de justifier de son absence. • Rennes, 20 nov. 2015, n° 14/01394 : *JS 2016, n° 160, obs. J. Mondou.* ♦ Dans le même sens, s'agissant du joueur professionnel ne s'étant pas présenté à l'entraînement sans avertir de sa non-présence. • Poitiers, 20 janv. 2016, n° 14/04200 : *Dict. perm. dr. sport 2016, n° 231, note A. Renard.*

24. Commet une faute contractuelle mettant en jeu sa responsabilité le coureur cycliste professionnel qui rompt un engagement avant son terme en prétextant des défaillances techniques et matérielles de l'équipe, sans démontrer une faute grave de l'employeur ou un cas de force majeure, tels que prévus par l'art. L. 122-3-8. • Cons. prud'h. Laval, 16 nov. 1988 : *D. 1990. Somm. 390 (1re esp.), obs. J.-P. Karaquillo*.

25. Un coureur cycliste professionnel ne saurait exciper de la prescription des poursuites disciplinaires sur le fondement de l'art. L. 122-44 C. trav., dès lors que c'est la décision de l'instance disciplinaire d'appel de la Fédération française de cyclisme qui, de manière un peu différée par rapport aux faits matériels générateurs, a exactement établi la réalité, la nature et l'ampleur et donc le caractère véritablement fautif de la prise de produits anabolisants et qui a, en conséquence, rendu immédiatement impossible, dès ce moment, le maintien du lien contractuel. • Limoges, 4 mai 1998 (deux arrêts) : *Dr. soc. 1998. 1003, note J. Mouly*, confirmés par • Soc. 5 juill. 2000 : *pourvoi n° 98-43.547.* ♦ Commet un manquement grave à la prudence et à l'obligation de renseignement justifiant la rupture de son contrat de travail à durée déterminée l'entraîneur de football qui, bien qu'il n'ait pu ignorer que son recrutement en tant que tel était subordonné à l'homologation de son contrat par la Fédération française de football et que cette homologation était susceptible d'être refusée en raison du litige l'opposant à son ancien club, a signé un contrat avec un nouveau club dont l'homologation n'a pas été acceptée. • Poitiers, 9 nov. 1988 : *D. 1989. Somm. 406, obs. J.-P. Karaquillo.* ♦ Porte atteinte à l'image de son club employeur l'entraîneur de basket-ball, par son comportement grossier et agressif vis-à-vis des médias et par ses abstentions lors de ses missions. Est ainsi justifiée la rupture de son contrat pour faute grave. • Besançon, 22 févr. 2005 : *RJ éco. sport n° 76, 2005. 62, obs. J.-P. Karaquillo*. ♦ Décision confirmée par : • Soc. 20 mai 2008 : *pourvoi n° 05-42.009.* ♦ Constitutifs d'une faute grave, les excessifs débordements verbaux d'un entraîneur ne peuvent toutefois être qualifiés de faute lourde. • Pau, 2 déc. 2010 : *n° 10/01858.* ♦ Est également justifiée la rupture avant terme du contrat de travail d'un joueur de football sanctionné disciplinairement par les instances sportives de plusieurs suspensions, dont certaines pour des agissements violents sur d'autres joueurs, pénalisant lourdement son club employeur, déjà en situation financière délicate. • Bordeaux, 7 juin 2011, *Anzile c/ SAS FC Libourne*, RG n° 10/03493 : *Cah. dr. sport 2011, n° 25, p. 76, comm. G. Rabu.*

26. Le dopage, constitutif d'un manquement manifeste à l'éthique sportive, et en l'espèce à l'obligation contractuelle de loyauté prévue dans le contrat de travail d'un coureur cycliste professionnel doit être qualifié de faute grave, mais non, en l'absence de volonté délibérée de nuire à l'employeur, de faute lourde. • Limoges, 4 mai 1998 (deux arrêts) : *Dr. soc. 1998. 1003, note J. Mouly*, confirmés par • Soc. 5 juill. 2000 : *pourvoi n° 98-43.547.*

27. Commet une faute grave justifiant la rupture de son contrat de travail l'entraîneur de basket-ball dont plusieurs comportements traduisent des inexécutions contractuelles. Mais le club employeur ne peut prétendre, sur le fondement de l'art. L 144-1 C. trav., en l'absence de faute lourde de l'entraîneur, que ce dernier est, à titre de compensation, redevable à son égard de la somme correspondant à la réparation de son véhicule de fonction bien qu'il n'ait pas rempli le constat amiable d'accident, ce qui a conduit au refus de prise en charge du sinistre par l'assurance du club. • Soc. 20 mai 2008 : *pourvoi n° 05-42.009.*

28. Sont constitutives d'une faute grave justifiant la rupture anticipée de son contrat de travail, les attitudes d'insubordination répétées d'un entraîneur général d'un club professionnel de football à qui il est fait grief des agissements autocratiques et autoritaires conduisant à des difficultés relationnelles. • Soc. 22 juin 2016, n° 15-16.443 : *Cah. dr. sport 2016, n° 45, p. 37, obs. H. de Brier.*

29. Absence de faute grave du salarié. Si le comportement d'un joueur de basket-ball, qui a admis avoir consommé du cannabis pour son plaisir personnel, est à n'en pas douter contraire à l'esprit sportif et à la réglementation en vigueur, il n'en demeure pas moins que le club employeur ne pouvait qualifier un tel comportement de faute grave, dès lors que, pendant plusieurs mois après la connaissance des faits et pendant plusieurs mois après la sanction prononcée par les instances sportives, il a continué à utiliser les services de ce joueur lui permettant de disputer plusieurs matchs. • Cons. prud'h. Grasse, 14 janv. 1994 : *D. 1995. Somm. 60* (2e esp.), *obs. J.-P. Karaquillo*. ♦ Ne répond pas à la qualification de faute grave rendant impossible le maintien du salarié dans l'entreprise la société sportive qui invoque, à l'appui de la rupture anticipée du contrat de travail à durée déterminée de l'un de ses coureurs cyclistes professionnels, uniquement des informations des médias à la suite de mises en examen pour des faits de dopage dont la société employeur ne rapporte pas la preuve. • Douai, 8 nov. 2006, *EUSRL Cofidis compétition c/ Lelli : inédit.* ♦ Pareillement, une cour d'appel a pu, en vertu de son pouvoir souverain d'appréciation, retenir pertinemment qu'un cycliste professionnel, bien qu'ayant été négligent en ne faisant pas inscrire une médicamentation à finalité thérapeutique sur son livret de santé et en ne le signalant pas au médecin responsable de son équipe, à son manager général et lors du contrôle antidopage qui s'est révélé positif, n'a pas pour autant commis une faute grave rendant impossible le maintien du lien contractuel. • Soc. 23 mai 2007 : *JCP S 2007. II. 1640, comm. Bizeur et Tricoit ; RJ éco. sport n° 84, 2007. 95, obs. F. Lagarde*. ♦ De même, ne peut être identifiée à une faute grave justifiant la rupture du contrat de travail d'un cycliste professionnel la seule suspicion de dopage véhiculée par voie de médias à son encontre. • Soc. 13 janv. 2009 : *RJ éco. sport n° 93, 2009. 58, obs. Karaa*.

30. Un entraîneur de football n'étant tenu qu'à une obligation de moyens quant aux résultats sportifs, le club employeur qui ne prouve pas que celui-ci n'a pas mis toute sa connaissance technique et sa compétence au service du club ne peut reprocher à ce salarié une faute grave de nature à provoquer la rupture immédiate de son contrat de travail à durée déterminée. • Soc. 29 oct. 1980 : *D. 1982. IR 90 (1re esp.), obs. F. Alaphilippe et J.-P. Karaquillo* • 8 juill. 1992 : *pourvoi n° 88-42.647* • 7 juill. 1993 : *RJ éco. sport 1993, n° 27, p. 85* • 21 juill. 1993 : *RJ éco. sport 1993, n° 27, p. 87* • Dijon, 8 févr. 1994 : *D. 1995. Somm. 65, obs. J.-P. Karaquillo*. ♦ Mais si le classement ou les résultats sportifs ne peuvent caractériser une faute grave d'un entraîneur-instructeur de football justifiant une résiliation de son contrat, il n'en reste pas moins qu'en présence d'une telle situation, le club employeur se trouve fondé à appliquer des mesures susceptibles d'enrayer les contre-performances sportives enregistrées. • Bourges, 19 févr. 1982 : *préc. note 12 ss. art. L. 1332-3.*

31. Concernant un joueur de football professionnel dont le contrat de travail à durée déterminée a été rompu avant son terme sur le fondement d'une faute grave au motif qu'il a déclaré dans la presse écrite et radiophonique que l'entraîneur manquait de cohérence et de diplomatie et salissait les joueurs pour laver sa responsabilité, il a été jugé que critiquer les méthodes de gestion de son entraîneur et le fonctionnement du club n'était pas constitutif d'une faute grave mais relevait de l'usage, par le joueur, de sa liberté d'expression qui n'était pas exercée abusivement. • Soc. 28 avr. 2011, *Sté EES Troyes-Aube-Champagne c/ J.-L. Montéro, n° 10-30.107 : JS 2011, n° 110, p. 8, obs. F. Lagarde ; SJ soc. 2011, n° 31, p. 1374, comm. B. Bossu.* ♦ Mais même quand les débordements verbaux d'un entraîneur ont été constitutifs d'une faute grave, ils ne pouvaient répondre à la qualification de faute lourde susceptible d'engager la responsabilité du salarié vis-à-vis de son club employeur. • Pau, 2 déc. 2010, *G. Herbert c/ Élan Béarnais Pau-Lacq-Orthez : RG n° 10/01853 ; JS 2011, n° 105, p. 10*.

32. Ne constitue pas une faute grave de nature à fonder la rupture du contrat de travail à durée déterminée d'un coureur cycliste professionnel le fait pour ce dernier de rechercher à s'engager pour une équipe concurrente, sans cependant avoir donné son accord écrit, alors que son groupe sportif employeur avait indiqué son incertitude à exécuter ses engagements contractuels au-delà de la fin de l'année et qu'il avait été incité par la Ligue du cyclisme professionnel à entreprendre une telle démarche. La rupture avant terme du contrat de travail par le groupe sportif employeur du coureur est injustifiée et celui-ci a droit aux rémunérations qu'il aurait perçues jusqu'au terme de son contrat. • Poitiers, 7 mars 2012, 4 arrêts : *RG nos 11/01017, 11/01018/ 11/01019 et 11/02982.* ♦ Décisions confirmées par : • Soc. 23 oct. 2013, nos 12-18.972, 12-18.973 et 12-18.975 : *D. 2014. Pan. 396, obs. S. Karaa*. ♦ Ne constituent ni une faute lourde ni une faute grave le retard et l'absence à des entraînements ainsi qu'une attitude considérée comme indigne d'un joueur professionnel de basket-ball, alors que son club employeur ne lui a fait que de simples observations et que, au demeurant, le joueur avait invoqué des difficultés liées à l'exécution de son contrat de travail n'ayant ainsi pas abusé de sa liberté d'expression. • Riom, 27 janv. 2015, RG n° 12/02483 : *Dict. perm. dr. sport 2015, Bull. n° 220. 14, obs. A. Renard.* ♦ De même les propos vexatoires ou blessants et des gestes d'énervement d'un entraîneur de basketball vis-à-vis d'une joueuse doivent être appréciés *in concreto* et replacés dans le contexte du sport de haut niveau et des compétitions sportives. Ils ne peuvent en conséquence caractériser une faute grave de l'entraîneur qui, au demeurant, par ailleurs fournit des attestations faisant état de son professionnalisme et de ses qualités humaines. • Soc. 25 nov. 2015, n° 14-17.446.

33. Bien qu'une faute grave du salarié, joueur de football professionnel, justifie une rupture du contrat à durée déterminée le liant à son club, encore faut-il pour qu'il en soit ainsi que la charte du football professionnel, qui vaut convention collective, le prévoit pour ce qui est des faits reprochés. • Soc. 5 nov. 2014, pourvoi n° 12-23.135 : *Tour 2014 des Hautes Cours (Cour de cassation), JS 2015, n° 151, obs. A. Lacabarats.*

34. Faute grave de l'employeur. Commet une faute grave à l'origine de la rupture du contrat de travail d'un entraîneur de basket-ball le club employeur qui n'a pas réglé l'intégralité des primes dues à l'intéressé malgré plusieurs réclamations de ce dernier ; en effet, le refus injustifié de l'employeur de régler au salarié les rémunérations auxquelles il est en droit de prétendre, ou le retard apporté à leur règlement, constitue une violation par l'employeur d'une obligation essentielle du contrat de travail. • Soc. 13 oct. 1999 : *JCP S 2008. 1201, com. Lefranc-Hamoniaux.* ♦ Dans le même sens : • Soc. 9 janv. 2008, pourvoi n° 06-45.107 : *JCP S 2008. 1201, comm. Lefranc-Harmoniaux ; Dict. perm. dr. sport. 2016, n° 230, p. 9, note A. Renard.*

35. Le fait pour un club employeur de ne pas satisfaire à son obligation de fournir un travail à un joueur salarié caractérise la faute grave justifiant la résiliation du contrat de travail au profit de ce dernier. • Soc. 14 janv. 2004 : *Bull. civ. V, n° 8 ; D. 2004. 1473, note J. Mouly ; RJ éco. sport 2004, n° 71, p. 47, obs. J. Barthélémy ; Dr. soc. 2004. 306, obs. Radé.* ♦ Également, le club employeur qui a cessé de payer les salaires de l'un de ses joueurs pendant une période de deux mois n'a pas exécuté de bonne foi le contrat de travail et a ainsi eu un comportement constitutif d'une faute grave qui rend la rupture du contrat à durée déterminée abusive. • Soc. 9 janv. 2008 : *D. 2009. 1487, note J.-P. Karaquillo.* ♦ Mais encore faut-il que le défaut de paiement de la rémunération n'ait pas été la conséquence de l'absence de prestation du joueur. • Soc. 26 mai 2010 : *JS 2010, n° 103, p. 35, comm. J.-P. Karaquillo.*

36. A commis une faute grave le club employeur qui a manqué à son obligation de payer l'intégralité d'un salaire mensuel d'un joueur professionnel de handball et d'assurer le maintien de son salaire pendant un arrêt de travail consécutif à un accident du travail sans qu'il puisse être reproché au joueur d'avoir agi avec précipitation sans avoir mis son club employeur en demeure de répondre à ses réclamations. • Soc. 22 juin 2011, n° 10/18897 : *Cah. sociaux du barreau de Paris, 1er août 2011, n° 233, p. 226, obs. M. Fatrez.*

37. Absence de faute grave de l'employeur. Ne constitue pas un manquement d'un club de football professionnel à ses obligations contractuelles le fait, sans violation des dispositions de la Charte du football professionnel, d'exclure un joueur professionnel des entraînements et des compétitions de l'équipe première pour des considérations exclusivement sportives. • Reims, 28 sept. 2005 : *RJ éco. sport n° 77, 2005. 123, obs. J.-P. Boucheron et F. Lagarde.*

38. V. note 21.

39. Force majeure. L'inaptitude d'un salarié, joueur de football professionnel, consécutive à un accident du travail, dans les conditions prévues aux art. R. 241-51 et R. 241-51-1 C. trav., ne constitue pas un cas de force majeure justifiant la rupture immédiate du contrat à durée déterminée, mais autorise seulement l'employeur à en demander la résiliation judiciaire dans les conditions prévues à l'art. L. 122-32-9 C. trav. • Soc. 23 mars 1999 : *Bull. civ. V, n° 136 ; D. 1999. 470, note F. Lagarde ; Dr. Soc. 1999. 623, obs. J.-P. Karaquillo* • Bourges, 17 avr. 1987 : *D. 1989. Somm. 405, obs. J. Mouly.*

40. Les difficultés financières invoquées par le club employeur dues au désengagement de plusieurs sponsors, n'étant ni imprévisibles ni insurmontables, ne peuvent constituer un cas de force majeure. • Lyon, 14 déc. 1995 : *Juris-Data n° 051844.* ♦ Il en va de même de la mise en redressement judiciaire du club. • Soc. 6 mai 1998 : *Bull. civ. V, n° 235 ; D. 1998. 611, note F. Lagarde ; Dr. soc. 1998. 835, obs. J.-P. Karaquillo.*

41. Le fait qu'un club de football ait fait l'objet d'un jugement de liquidation des biens ne constitue pas un motif « juridiquement valable » de résiliation du contrat de travail à durée déterminée d'un entraîneur, les circonstances économiques alléguées ne présentant pas les caractères de la force majeure. • Soc. 10 juill. 1991 : *pourvoi n° 87-42.340.*

42. Inaptitude constatée par le médecin du travail. L'inaptitude d'un joueur de football professionnel à la suite d'un accident du travail autorise seulement l'employeur à demander la résolution judiciaire du contrat dans les conditions prévues à l'art. L. 122-32-9 C. trav. • Soc. 23 mars 1999 : *préc. note 39.*

43. La constatation par la Ligue nationale de football de la résiliation du contrat de travail d'un joueur professionnel en cas d'inaptitude physique résultant d'un accident du travail, conformément à l'art. 12 de la charte du football professionnel, ne peut intervenir que dans l'une des hypothèses visées à l'art. L. 122-3-8. • Paris, 26 févr. 1993 : *D. 1994. 440, obs. J. Mouly.*

44. Si le club se trouve dans l'impossibilité de proposer un emploi dans les conditions prévues par l'art. L. 122-32-5, le contrat de travail du joueur ne peut être résilié, en vertu de l'art. L. 122-32-9 et en l'absence d'accord de ce dernier, de faute grave ou de force majeure, que par la voie judiciaire. • Paris, 26 févr. 1993 : *préc. note 43.* ♦ N'a pas exécuté loyalement son obligation de reclassement le club de football professionnel qui, après un avis d'inaptitude au poste de footballeur professionnel de l'un de ses joueurs, n'a proposé à ce dernier que des offres de reclassement (refusées par le joueur) avec une rémunération inférieure au SMIC. • Soc. 5 déc. 2012 : *pourvoi n° 11-21.849.* ♦ L'inaptitude d'un salarié (footballeur professionnel) ne constitue pas un cas de force majeure autorisant la rupture anticipée par son club employeur de son contrat de travail. Elle fait au demeurant naître une obligation de reclassement au profit du joueur. • Rennes, 24 mai 2011 : *RG n° 09/07735.*

45. N'est pas recevable l'action en résolution judiciaire introduite par un club de rugby professionnel en vue de mettre fin au contrat de travail à durée déterminée de l'un de ses joueurs déclaré inapte consécutivement à un accident du travail et à qui n'a été proposé aucun autre emploi. L'exercice de cette action s'analyse en une rupture anticipée injustifiée du contrat du joueur. • Montpellier, 21 juin 2006 : *Cah. dr. sport n° 6, 2006. 56, note D. Jacotot.*

46. Même quand un joueur professionnel (de football) victime d'un accident du travail a fait l'objet d'une proposition de reclassement, l'omission par l'employeur de solliciter l'avis des délégués du personnel a pour conséquence d'invalider l'action en résolution judiciaire mise en œuvre à l'initiative du club employeur. • Amiens, 25 mai 2011, *A. Alia c/ Amiens sport club : RG n° 10/04291.*

47. Lorsqu'en cas d'impossibilité de reclassement ou de refus par un salarié joueur professionnel de basket-ball de l'emploi de reclassement proposé par son club employeur, ce dernier est en droit de saisir le juge d'une demande de résiliation judiciaire du contrat à durée déterminée, il en découle, par combinaison des art. L. 1226-11, L. 1226-20 et L. 1226-21 C. trav., que les dispositions de l'art. L. 1226-4 C. trav. instituant, l'obligation pour l'employeur de reprendre le paiement de la rémunération du salarié déclaré inapte consécutivement à un accident du travail sont applicables au contrat de travail à durée déterminée. • Soc. 25 mai 2011 : *pourvoi n° 10-10.515.* ♦ V. les nouvelles dispositions législatives issues de la loi n° 2011-525 du 17 mai 2011.

48. Faute d'être visé par la charte du football professionnel, le poste d'éducateur proposé au titre du reclassement d'un joueur de football professionnel déclaré inapte, et en l'espèce intégré dans la catégorie des entraîneurs, devait être conforme aux minimums conventionnels fixés par la convention collective nationale du sport. • Soc. 14 sept. 2016, n° 15-16.764 : *D. 2016. 1822 ; Dr. soc. 2016. 963, obs. J. Mouly ; RDT 2016. 703, obs. B. Ines.*

Formalisme à respecter

49. La rupture anticipée d'un contrat de travail à durée déterminée constituant une sanction, le club employeur est tenu, en vertu de l'art. L. 122-41 C. trav., d'informer le joueur dans le même temps et par écrit des griefs retenus contre lui, de motiver ladite sanction et de la notifier à l'intéressé. • Soc. 27 mai 1992 : *Bull. civ. V, n° 340 ; D. 1992. 411, obs. J.-P. Karaquillo ; JCP E 1992. II. 379 (3e esp.), note J. Mouly.* ♦ Dès lors, le club employeur qui n'a formulé aucun grief au moment de la rupture ne peut pas invoquer, au cours de la procédure, un comportement gravement fautif du joueur salarié. • Même arrêt. ♦ V. aussi : • Douai, 8 nov. 2006 : *inédit.*

b. Fondement conventionnel

Charte du football professionnel

50. V. aussi notes 42 s.

51. La charte du football professionnel, qui a valeur d'une convention collective, ne peut déroger aux dispositions d'ordre public de l'art. L. 122-3-8 que dans ses dispositions plus favorables aux salariés. • Soc. 6 mai 1998 : *Bull. civ. V. n° 235 ; D. 1998. 611, note F. Lagarde ; Dr. soc. 1998. 835, obs. J.-P. Karaquillo* • 23 mars 1999 : *Bull. civ. V, n° 136 ; D. 1999. 470, note F. Lagarde.*

52. En ce qu'elles prescrivent qu'un employeur qui envisage la rupture du contrat de travail d'un joueur professionnel doit obligatoirement porter le litige devant la commission juridique de la Ligue de football professionnel à fins de conciliation, les dispositions de la Charte du football professionnel, qui a valeur de convention collective, instaurent une garantie de fond au profit du salarié. Il en découle que la rupture anticipée du contrat de travail à durée déterminée pour faute grave par un club employeur de l'un de ses joueurs professionnels sans saisine préalable de la commission juridique de la LFP est injustifiée et donne lieu à l'attribution, au profit du salarié, de dommages et intérêts. • Soc. 4 juin 2009, *Sté FC Sochaux-Montbéliard c/ V. Fernandez : JCP G 2009, n° 42, p. 333, note D. Jacotot ; D. 2010. 408, obs. S. Karaa.* ♦ Dans le même sens • Paris, 21 juin 2011, *Sté PSG football c/ F. Llacer : RG n° 10/011653* • Soc. 26 sept. 2012 : *JS 2013, n° 127, p. 25, obs. A. Lacabarats ; D. 2013. Pan. 537, obs. J.-P. Karaquillo ; Cah. Dr. sport 2012, n° 29, p. 71, obs. G. Rabu ; RDT 2012.694, obs. F. Mandin.* • Aix-en-Provence, 10 sept. 2013, RG n° 12/10358 : *JS 2014, n° 139, p. 36, comm. G. Auzéro.* ♦ Observons qu'une clause de conciliation préalable extra-judiciaire obligatoire insérée, à l'exemple de celle inscrite dans les art. 51, 265 et 681 de la Charte du football professionnel, dans un accord collectif (ou dans un contrat de travail) ne saurait priver le salarié du droit à saisir directement la juridiction du travail. Cf. à propos d'une telle clause insérée dans le contrat de travail d'un joueur de handball : • Soc. 7 déc. 2011 : *D. 2012. 712, obs. S. Karaa ; dr. soc.*

2012. 313, obs. C. Roy-Loustaunau . • Soc. 5 nov. 2014, pourvoi n° 11.18783 : *Tour 2014 des Hautes Cours (Cour de cassation), obs. A. Lacabarats, JS 2015, n° 151.* ♦ La saisine de la commission juridique de la LFP n'est pas un préalable obligatoire au licenciement d'une secrétaire salariée d'un club de football professionnel. • Soc. 11 mai 2016, n° 14-25.638. ♦ La saisine de la commission juridique de la ligue de football professionnel prévue par les art. 51 et 681 de la charte du football professionnel, peut intervenir après l'entretien préalable mais avant la notification de la rupture du contrat de travail. • Soc. 22 juin 2016, n° 15-16.443.

53. En revanche, n'est pas dépourvu de cause réelle et sérieuse le licenciement d'un salarié administratif d'un club professionnel de football sans saisine préalable de la commission juridique de la ligue de football professionnel. Le licenciement de ce dernier étant éventuellement soumis, à la demande de l'une des parties, à la commission nationale paritaire de conciliation (conformément à la convention collective des personnels administratifs et assimilés du football). • Soc. 16 sept. 2015, n°s 14-14.799 et 14-13.489 : *JS 2015, n° 157, p. 9* , *obs J. Mondou* • 11 mai 2016, n°s 14-25.638 et 14-25.639 : *JS 2016, n° 165, p. 9, obs. J. Mondou* .

54. La charte du football professionnel ne peut également porter atteinte à un principe général du droit. Ainsi est contraire au principe de libre exercice d'une activité professionnelle de l'art. L. 120-2 C. trav., l'art. 23 de la convention collective des métiers du football contraignant, à la demande du club formateur, un joueur à signer un contrat professionnel dans ce club formateur à l'issue de son contrat espoir. Restriction aux libertés individuelles disproportionnée (notamment parce qu'elle n'est pas tempérée par une clause de dédit-formation) par rapport à la protection des intérêts légitimes du club formateur. Le club en cause ne peut exiger que le joueur travaille pour lui et ne peut obtenir des dommages et intérêts sur le fondement de l'art. L. 122-3-8 C. trav. en prétendant que le joueur aurait dû conclure à son profit. • Lyon, 26 févr. 2007, *O. Bernard c/ Sté Olympique Lyonnais : Sem. jur. soc. n° 19, 2007, comm. Buy ; RJ éco. sport n° 84, 2007. 47, obs. J. Barthélémy* ; *RDT 2007. 337, note D. Jacotot* . ♦ V. aussi, dans cette même affaire, la position de la cour de cassation énonçant que le montant des dommages et intérêts réclamés doit être en rapport avec les coûts réels de la formation, suivant en cela la réponse sur question préjudicielle de la CJUE (16 mars 2010 : *aff. C-325/08*, App., v° *Droit de l'Union européenne*, note 5 ss. art. 56 Traité UE et not. Aff. Bernard : la licéité des indemnités de formation en question, *JS 2010, n° 97, p. 9, obs. P. Rocipon*) : • Soc. 6 oct. 2010 : *RJS 2011. 1056, note D. Jacotot ; Indemnités de formation : derniers rebondissements, in dossier La formation vue par ses acteurs, JS 2011, n° 114, p. 22, obs. G. Durand* .

55. La charte du football professionnel ayant le caractère d'une convention de droit privé, il n'appartient qu'au juge du contrat de travail d'apprécier la validité de l'acte par lequel la Ligue nationale de football a déclaré, en exécution de ladite convention, que le contrat liant un joueur de football professionnel était rompu de plein droit. • T. confl. 23 nov. 1992, *Préfet de l'Yonne c/ Gendreau et Assoc. « Jeunesse auxerroise » : Lebon 493* .

Autres dispositions conventionnelles (conventions collectives du rugby professionnel, du basket-ball professionnel...) et clauses contractuelles de résiliation unilatérale, résolutoires, libératoires, de garantie d'emploi, de transfert avec indemnité exceptionnelle au club formateur, de réduction de rémunération en cas de relégation en division inférieure...

56. Il résulte des dispositions d'ordre public de l'art. L. 122-3-8 qu'un salarié, joueur de basketball professionnel, ne peut par avance accepter la rupture de son contrat par le club employeur pour d'autres causes que celles prévues par le texte. Dès lors, c'est à bon droit qu'une cour d'appel a décidé qu'était nulle la clause permettant à l'employeur de dénoncer le contrat avant son terme. • Soc. 5 juill. 1995 : *D. 1996. 280, note J. Mouly* • 16 déc. 1998 : *D. 2000. 30, note P. Alaphilippe* ; *JCP E 1999. 1298, note J. Mouly ; Dr. soc. 1999. 285, obs. Roy-Loustaunau* , *et 397, obs. J.-P. Karaquillo* • 24 oct. 2000 : *pourvoi n° 98-40.447.*

57. Clause de résiliation unilatérale. Est nulle comme contraire aux dispositions d'ordre public la clause par laquelle un salarié a accepté par avance que son contrat à durée déterminée soit rompu avant terme par décision unilatérale de l'employeur. Pour un entraîneur professionnel de football : • Soc. 5 juill. 1995 : *préc. note 56.* ♦ Pour un joueur professionnel de basketball : • Soc. 16 déc. 1998 : *préc. note 56* ♦ V. sur ce point *supra*, Sport professionnel, l'art. L. 222-2-7 C. sport (L. n° 2015-1541 du 27 nov. 2015).

58. Clause résolutoire. Doit être réputée non écrite la clause résolutoire insérée dans le contrat de travail à durée déterminée d'un entraîneur-adjoint d'un club de football professionnel qui conditionne le maintien de son contrat à la présence de l'entraîneur principal avec lequel il a rejoint ce club. Une telle clause viole les dispositions de l'art. L. 122-3-8 C. trav. et n'autorise pas le club considéré à prétendre que le contrat de cet entraîneur adjoint est résilié de plein droit à la suite du « renvoi » de l'entraîneur principal. • Metz, 22 mars 2005 : *RJ éco. sport n° 80, 2005. 78, obs. J.-P. Karaquillo.* ♦ Dans le même sens, V. : • Riom, 3 mars 2009, et *contra* : • Agen, 7 oct. 2008 : *D. 2009. 2664. obs. J.-P.*

Karaquillo ✎. ♦ A violé les dispositions du code du travail une cour d'appel ayant estimé que constituait un accord amiable une clause permettant à un joueur de basketball professionnel et à son employeur d'accepter la rupture du contrat de travail à durée déterminée, par l'une ou l'autre partie, pour d'autres causes que celles prévues par le code du travail. • Soc. 4 févr. 2015, n° 13-26.172 : *JS 2016, n° 160, p. 35* ✎*, comm. G. Vachet.*

59. Les dispositions de l'art. 11.2 de la Conv. collective du rugby permettant à un joueur professionnel de rompre son contrat pour s'engager auprès d'un autre club professionnel en cas de rétrogradation de son club employeur dans les compétitions fédérales sont applicables à un rugbyman partie à une telle situation en ce qu'elles dérogent de façon favorable au salarié au texte de l'art. L. 1243-1 C. trav. relatif à la rupture anticipée du contrat de travail à durée déterminée. • Soc. 10 févr. 2016, n° 15-16.132 : *Dict. perm. dr. sport., 2016, n° 232, p. 3, comm. A. Ralon et A. Renard ; JS 2016, n° 168, p. 10* ✎*, P.-H. Antonmattei et J.-P. Karaquillo.*

60. Clause libératoire. Constitue une clause libératoire la clause selon laquelle un joueur de basket-ball professionnel, partie à un contrat de travail à durée déterminée, moyennant le versement d'une indemnité d'un montant fixé à l'avance, a la faculté unilatérale de mettre un terme anticipé à son contrat. Une telle clause est compatible avec la notion de contrat de travail à durée déterminée. Elle est licite au regard de l'art. L. 122-3-8 C. trav. dès lors qu'elle comporte une évaluation par avance d'une somme à titre de clause pénale indemnisant le préjudice subi par l'employeur. • Lyon, 22 nov. 1994, *Assoc. Chatou Basket c/ Sangouard : inédit.* ♦ *Contra* : qui estime qu'une clause libératoire insérée dans le contrat de travail d'un entraîneur professionnel de football méconnaît les dispositions de l'art. L. 122-3-8 C. trav. : • Reims, 7 mai 2008 : *D. 2009. 2261, note J.-P. Karaquillo* ✎. ♦ Comp., pour éviter des confusions, avec : • Soc. 18 mars 1992 : *Bull. civ. V, n° 186 ; JCP 1992. II. 21953, note J. Mouly* • 24 oct. 2000 : *CSB n° 126, 2001. 17, obs. Pansier.*

61. Clause de garantie d'emploi. Viole l'art. 1134 C. civ. l'arrêt de cour d'appel qui, en méconnaissance de l'existence d'une période de stabilité d'emploi, requalifie en contrat de travail à durée indéterminée un contrat de travail à durée déterminée d'un directeur général d'un club de basket-ball d'une durée de dix ans assorti d'une clause d'interdiction réciproque de rupture pendant une période de trois ans, à défaut de faute grave. • Soc. 6 mai 1997 : *Bull. civ. V, n° 164 ; D. 1998. 296, note Petit* ✎ *; Dr. soc. 1997. 737, obs. Couturier* ✎ *; JCP 1997. II. 1023, note J. Mouly.*

62. Clause de transfert avec indemnité exceptionnelle au club formateur. Une clause d'un contrat de transfert prévoyant une indemnité exceptionnelle, due au club formateur en cas de nouveau transfert à une date ultérieure durant l'exercice du contrat de travail d'un joueur professionnel, ne s'applique que pendant la durée déterminée initialement prévue, toute prorogation de la relation contractuelle de travail avec le club ayant souscrit l'engagement d'attribuer cette indemnité étant sans effet sur cette clause. • Douai, 16 sept. 2010, *Stade Malherbe Caen-Calvados-Basse-Normandie c/ SASP LOSC Lille Métropole : RG n° 09/05120.*

63. Clause de réduction de rémunération en cas de relégation en division inférieure. Une baisse de rémunération collective ne peut affecter la rémunération d'un salarié alors même qu'elle est fondée sur des éléments objectifs indépendants de la volonté de l'employeur (une rétrogradation sportive) et n'a pas pour effet de réduire la rémunération en dessous des minimas légaux et conventionnels • Soc., 10 févr. 2016, n° 14-26.147 • 14 sept. 2016, n° 15-21.794 : *JS 2016, n° 168, p. 8, obs. F. Lagarde.*

4° DOMMAGES ET INTÉRÊTS (POUR RUPTURE ANTICIPÉE INJUSTIFIÉE IMPUTABLE À L'EMPLOYEUR : ÉLÉMENTS DE LA RÉMUNÉRATION)

64. La cour d'appel qui a relevé le caractère forfaitaire de l'indemnité de déplacement et de l'indemnité de droit à l'image prévues contractuellement, ce dont il résultait qu'elles constituaient des éléments de rémunération, en a exactement déduit qu'elles devaient être prises en compte pour le calcul de l'indemnité minimale prévue à l'art. L. 122-3-8 C. trav. • Soc. 10 juill. 2007 : *pourvoi n° 06-42.454.*

De la requalification du contrat de travail à temps partiel en contrat à temps plein

Art. L. 3123-14 Le contrat de travail du salarié à temps partiel est un contrat écrit.

Il mentionne :

1° La qualification du salarié, les éléments de la rémunération, la durée hebdomadaire ou mensuelle prévue et, sauf pour les salariés des associations et entreprises d'aide à domicile et les salariés relevant d'un accord collectif de travail conclu en application *(L. n° 2008-789 du 20 août 2008)* « de l'article L. 3122-2 », la répartition de la durée du travail entre les jours de la semaine ou les semaines du mois ;

2° Les cas dans lesquels une modification éventuelle de cette répartition peut intervenir ainsi que la nature de cette modification ;

3° Les modalités selon lesquelles les horaires de travail pour chaque journée travaillée sont communiqués par écrit au salarié. Dans les associations et entreprises d'aide à domicile, les horaires de travail sont communiqués par écrit chaque mois au salarié ;

4° Les limites dans lesquelles peuvent être accomplies des heures complémentaires au-delà de la durée de travail fixée par le contrat.

(L. n° 2013-504 du 14 juin 2013, art. 12-III) « L'avenant au contrat de travail prévu à l'article L. 3123-25 mentionne les modalités selon lesquelles des compléments d'heures peuvent être accomplis au-delà de la durée fixée par le contrat. »

Le contrat de travail à temps partiel doit être conclu par écrit et indiquer la durée hebdomadaire ou la durée mensuelle du travail ainsi que la répartition de la durée du travail entre les jours de la semaine ou les semaines du mois. A défaut de telles précisions et de preuves contraires rapportées par le club employeur, l'emploi à temps partiel du kinésithérapeute d'un club de rugby professionnel doit être requalifié en emploi complet. • Soc. 24 sept. 2014, n° 13-14.703 : *Pan. droit du sport 2015, 401, obs. S. Karaa ; Tour des Hautes Cours (Cour de cassation), JS 2015, n° 151, obs. A. Lacabarats.* ♦ V. aussi quant à la requalification en emploi à temps plein d'un contrat de travail intermittent d'un moniteur de ski en l'absence de contrat écrit indiquant précisément les période travaillées et les périodes non travaillées. • Soc. 25 mai 2016, n° 15-11.335 : *JS 2016, n° 166, p. 10, obs. J. Mondou.*

III Contrat de travail à durée indéterminée

Code du travail

Art. L. 1231-1 Le contrat de travail à durée indéterminée peut être rompu à l'initiative de l'employeur ou du salarié *(L. n° 2008-596 du 25 juin 2008)* « , ou d'un commun accord, » dans les conditions prévues par les dispositions du présent titre.

Ces dispositions ne sont pas applicables pendant la période d'essai. – *[Anc. art. L. 122-4.]*

Art. L. 1232-1 *(L. n° 2008-596 du 25 juin 2008)* Tout licenciement pour motif personnel est motivé dans les conditions définies par le présent chapitre.

Il est justifié par une cause réelle et sérieuse. – *[Anc. art. L. 122-14-3, al. 1, phrase 1.]*

Art. L. 1233-2 *(L. n° 2008-596 du 25 juin 2008)* Tout licenciement pour motif économique est motivé dans les conditions définies par le présent chapitre.

Il est justifié par une cause réelle et sérieuse. – *[Anc. art. L. 122-14-3, al. 1, phrase 1 milieu.]*

A. RUPTURE DU CONTRAT DE TRAVAIL À DURÉE INDÉTERMINÉE IMPUTABLE À L'EMPLOYEUR : LICENCIEMENT POUR MOTIF PERSONNEL

1° LICENCIEMENT

1. N'est pas assimilable à une faute grave justifiant le licenciement d'un manager général d'un club professionnel de football (lié par un contrat de travail à durée indéterminée) ce refus d'établir un projet de communiqué de presse commun l'obligeant à émettre une opinion différente de celle l'ayant conduit à critiquer la politique des dirigeants du club qui l'employait. • Soc. 26 oct. 2005 : *Cah. dr. sport n° 3, 2006. 73, note F. Buy ; RJ éco. sport n° 77, 2005. 129.* ♦ En revanche, n'est pas dépourvu d'une cause réelle et sérieuse le licenciement d'un entraîneur de football engagé verbalement par un club professionnel qui a abusé de la liberté d'expression, et a ainsi plus précisément commis une faute grave, en tenant publiquement des propos outranciers sans fondement et mettant en cause l'honnêteté et la loyauté de l'actionnaire majoritaire en l'invitant à céder ses parts et à quitter le club. • Soc. 28 janv. 2016, n° 14-28.242 : *JS 2016, n° 16, p. 10 ; Dict. perm. dr. sport 2016, n° 213, p. 11, note A. Ralon.*

2. Bien que son licenciement pour cause réelle et sérieuse soit justifié, un médecin d'un club sportif ne peut se voir reprocher une faute grave pour avoir méconnu les pratiques les plus récentes dans le secteur médical spécialisé considéré, dès lors qu'il n'a pas été négligent et a été attentif à la situation de son patient. • Soc. 3 nov. 2010, *Sté RC Lens c/ X.*, pourvoi n° 08-43.708 : *JS 2010, n° 104, p. 10, note F. Lagarde.*

3. Est dépourvu de cause réelle et sérieuse le licenciement prononcé pour faute (pour motif disciplinaire) d'une salariée d'une société d'équitation alors que les griefs qui lui étaient reprochés n'avaient pas eu lieu pendant son temps de travail et n'étaient, en conséquence, que des faits de la vie personnelle pouvant être constitutifs d'une faute. • Bordeaux, 24 mars 2011, *SARL Les écuries du Moulin à vent c/ Mlle D. : RG n° 10/04073.*

4. Ne constitue ni une faute grave ni un autre motif réel et sérieux justifiant le licenciement d'un entraîneur de natation à qui est reproché, par son association de sports nautiques employeur, des retards et des propos maladroits concernant une nomination alors qu'il exerçait ses missions dans un climat relationnel dégradé et dans une situation de mésentente avérée. • Versailles, 12 janv. 2012, *Chapez c/ Assoc. sports nautiques de Franconville piscine : RG n° 10/03571.*

5. Est justifié par l'existence d'une faute grave le licenciement d'un assistant de direction d'une société de golf informée par le Conseil de prévention et de lutte contre le dopage de faits de dopage interdisant à l'intéressé de participer aux compétitions et dont le recours en suspension contre la décision de cette autorité a été rejeté. • Soc. 5 déc. 2012, *X. c/ Sté Golf Country club de Saint-Dorat : pourvoi n° 10-24.821.*

6. L'intervention d'une commission de conciliation chargée de donner un avis sur un licenciement projeté constitue une garantie de fond pour le salarié. Il en découle qu'est dépourvu de cause réelle et sérieuse le licenciement d'une salariée (secrétaire comptable) d'un club de football mis en œuvre sans que cette dernière ait été informée de la possibilité qu'elle avait de saisir, préalablement à la rupture du lien contractuel l'unissant au club employeur, la commission nationale paritaire de conciliation de la convention collective des personnels administratifs et assimilés du football. • Aix-en-Provence, 10 sept. 2013, n° 12/10358 : *JS 2014, n° 139, p. 36, obs. G. Auzéro*. ♦ La saisine préalable de la Commission nationale paritaire de conciliation de la convention collective des personnels administratifs et assimilés du football n'est pas un préalable obligatoire au licenciement d'une employée d'un district de football. • Soc. 11 mars 2015, n° 13-11.400 • Soc. 18 mars 2015, n° 13-27.658 : *JS 2015, n° 153, p. 9, obs. J. Mondou ; Dict. perm. dr. sport 2015, Bull. n° 222, avr. 2015, p. 2, obs. A. Ralon et A. Renard.* ♦ Dans le même sens, s'agissant du kinésithérapeute d'un club de football professionnel. • Soc. 16 sept. 2015, n° 14-13.489.

7. L'assistante de direction d'une ligue régionale de football déclarée médicalement inapte à tous les postes de cette dernière et, en conséquence, licenciée est victime d'un licenciement sans cause réelle et sérieuse dès lors que l'inaptitude de la salariée concernée découle vraisemblablement d'actes de harcèlement moral de la responsable. L'employeur au courant de tels agissements n'a ainsi pas respecté son obligation de sécurité. • Besançon, 5 avr. 2016, n° 14/02776 : *JS 2016, n° 164, p. 9, obs. J. Mondou*.

2° LICENCIEMENT PAR VOIE DÉTOURNÉE : MODIFICATION CONTRACTUELLE

8. Un agent de développement de la pratique du volley-ball qui s'est vu confier par un club employeur la responsabilité, par contrat de travail à durée indéterminée, d'entraîneur de l'équipe féminine professionnelle est en droit de ne pas accepter la modification de ses fonctions, avec au demeurant une amputation de sa rémunération, qui lui est imposée par une décision des dirigeants du club mettant fin à ses missions d'entraîneur de l'équipe professionnelle et l'affectant à l'encadrement des équipes de jeunes et au développement du projet sportif. Le licenciement qui s'ensuit sur le fondement du désengagement et du désintérêt de l'entraîneur pour ses nouvelles fonctions est dépourvu de cause réelle et sérieuse. Par ailleurs, le fait que l'entraîneur ait été cantonné à des tâches inférieures à celles exercées précédemment et que cela ait été présenté comme une sanction est constitutif de harcèlement moral alors que l'employeur ne rapporte pas la preuve d'éléments objectifs étrangers à tout harcèlement. • Nancy, 5 sept. 2012 : *RG n° 11/01440.* — Dans le même sens concernant un entraîneur national de judo dont les fonctions ont été modifiées unilatéralement par la fédération, • Montpellier, 23 juill. 2014, RG n° 13/00820 : *Tour des Hautes Cours (Cour de cassation) ; JS 2015, n° 151, obs. A. Lacabarats.*

B. RUPTURE DU CONTRAT DE TRAVAIL À DURÉE INDÉTERMINÉE IMPUTABLE À L'EMPLOYEUR : LICENCIEMENT POUR MOTIF ÉCONOMIQUE

9. Le caractère réel et sérieux des difficultés économiques alléguées par le club employeur s'apprécie au jour du licenciement et elles doivent être, pour que ce dernier soit justifié, importantes et durables. Il n'en est pas ainsi du licenciement d'un recruteur superviseur d'équipes au constat qu'au jour de la notification du licenciement l'exercice budgétaire du club était bénéficiaire, que les objectifs étaient de remonter rapidement en division supérieure et que les embauches n'avaient pas été interrompues. • Reims, 22 juin 2011, *SASP Stade de Reims c/ François : RG n° 11/01974.*

10. Ne rapporte aucune preuve d'une réelle cessation de son activité l'association de gestion du Centre national de ski nautique alors que seul cet événement a été présenté dans la lettre de licenciement à titre de motif économique afin de justifier le licenciement d'un pilote moniteur et responsable de l'association employeur. Il en découle que ce licenciement est sans cause réelle et sérieuse. • Aix-en-Provence, 21 juin 2011, *Assoc. Centre national de ski nautique c/ Tatu : RG n° 11/533.*

11. Est réputé sans cause réelle et sérieuse le licenciement d'une secrétaire d'une société gérant un club de tennis de table en l'absence d'énonciation du motif économique du licenciement avant l'acceptation de reclassement personnalisé. • Grenoble, 26 avr. 2012, *Sapet c./ SARL Dauphin Tennis de Table : n° RG 11/02509.*

12. Le caractère sérieux du licenciement économique d'un directeur sportif d'un club professionnel de football qui connaissait des difficultés financières avérées ne saurait être remis en cause par le fait que le club employeur a commis des erreurs de gestion en créant des emplois sans s'être assuré qu'il pourrait les financer, ces dernières ne constituant pas en effet à elles seules une attitude frauduleuse, une faute ou une légèreté blâmable. • Soc. 11 déc. 2015, n° 14-25.676 : *Dict. perm. dr. sport 2016, n° 231, p. 10, note A. Ralon.*

C. RUPTURE DU CONTRAT DE TRAVAIL À DURÉE INDÉTERMINÉE IMPUTABLE AU SALARIÉ : DÉMISSION

13. A exprimé sa volonté claire et non équivoque de démissionner le professeur de judo qui, à la suite d'un comportement inadéquat vis-à-vis d'une adhérente mineure du club dont il était salarié, par contrat de travail à durée indéterminée, a manifesté librement sa détermination de rompre le lien contractuel l'unissant à son club par l'envoi successif de deux courriers en ce sens à son association employeur puis lors d'une audition par le bureau de cette dernière. • Soc. 7 mars 2012 : *pourvoi n° 10-20.001.*

Code civil

De la transaction

Art. 2044 La transaction est un contrat par lequel les parties terminent une contestation née, ou préviennent une contestation à naître.

Ce contrat doit être rédigé par écrit.

1. Un accord amiable ne doit pas être confondu avec une transaction. Un accord transactionnel de rupture est illicite ; une transaction ne peut porter que sur les conséquences de la rupture du contrat de travail. Il en découle que la transaction intervenue avant qu'ait été notifié la rupture du contrat de travail à durée déterminée unissant un club de rugby professionnel à un joueur de rugby professionnel doit être, à la demande du salarié, déclarée nulle. • Montpellier, 5 sept. 2007 : *Dict. perm. dr. sport 2007, Bull. n° 145. 5991.* ♦ V. aussi en ce sens, • Bordeaux, 30 mars 2016, n° 14/02884 : *JS 2016, n° 164, p. 9, note J. Mondou.*

2. L'avenant contractuel conclu entre un club professionnel de rugby et un joueur professionnel qui a pour but de mettre fin à une situation conflictuelle constitue une transaction et non une rupture par accord commun du contrat de travail à durée déterminée unissant le club au joueur. • Soc. 25 mars 2009 : *RJ éco. sport n° 91, 2009. 40, obs. F. Lagarde.*

3. V. aussi notes 4 et 5ss. art. L. 1332-3.

4. Sur le régime des indemnités transactionnelles, V. : • Civ. 2e, 7 oct. 2010, *URSSAF de Lyon c/ ASVEL Basket,* pourvoi n° 09-12.404 : *JS 2011, n° 105, p. 34, comm. J. Barthélémy* • CE 5 oct. 2015, n° 369792 : *Cah. dr. sport 2016, n° 42, p. 164, note D. M. Cauci* • Toulouse, 15 mars 2016, n° 15/05269 : *JS 2016, n° 164, p. 8, obs. F. Lagarde.*

IV Comité d'entreprise

Code du travail

V. aussi C. sport, art. L. 121-6 à L. 121-9.

Art. L. 2323-83 Le comité d'entreprise assure, contrôle ou participe à la gestion de toutes les activités sociales et culturelles établies dans l'entreprise prioritairement au bénéfice des salariés *(L. n° 2011-893 du 28 juill. 2011, art. 27)* « , de leur famille et des stagiaires », quel qu'en soit le mode de financement, dans des conditions déterminées par décret en Conseil d'État.

Ce décret détermine notamment les conditions dans lesquelles les pouvoirs du comité d'entreprise peuvent être délégués à des organismes créés par lui et soumis à son contrôle, ainsi que les règles d'octroi et d'étendue de la personnalité civile des comités d'entreprise et des organismes créés par eux. Il fixe les conditions de financement des activités sociales et culturelles. — *[Anc. art. L. 432-8, al. 1er et 2.]*

Art. L. 2323-87 En cas de reliquat budgétaire et dans la limite de 1 % de son budget, les membres du comité d'entreprise peuvent décider de verser ces fonds à une association humanitaire reconnue d'utilité publique afin de favoriser les actions locales ou régionales de lutte contre l'exclusion ou des actions de réinsertion sociale. – *[Anc. art. L. 432-8, al. 3.]*

V Aménagements d'horaires

Code du travail

Art. L. 3122-28 Tout salarié peut, compte tenu des possibilités de l'entreprise, bénéficier d'aménagements de son horaire de travail pour la pratique régulière et contrôlée d'un sport. – *[Anc. art. L. 212-4-16.]*

VI Congés de formation de cadres et d'animateurs pour la jeunesse

Code du travail

Art. L. 3142-33 La durée du congé de solidarité internationale et la durée cumulée de plusieurs de ces congés pris de façon continue ne peuvent excéder six mois. – *[Anc. art. L. 225-9, al. 2.]*

Art. L. 3142-34 Le congé de solidarité internationale peut être refusé par l'employeur s'il estime qu'il aura des conséquences préjudiciables à la production et à la marche de l'entreprise.

Ce refus est motivé. Il est notifié au salarié dans un délai de quinze jours après réception de la demande. Il peut être contesté directement devant le bureau de jugement du conseil de prud'hommes, dans des conditions fixées par voie réglementaire.

A défaut de réponse de l'employeur dans un délai de quinze jours, son accord est réputé acquis. – *[Anc. art. L. 225-10, al. 2 et 3.]*

....

Art. L. 3142-36 L'employeur communique semestriellement au comité d'entreprise ou, à défaut, aux délégués du personnel la liste des demandes de congé de solidarité internationale avec l'indication de la suite qui leur a été donnée, ainsi que les motifs de refus de demande de congé. – *[Anc. art. L. 225-11.]*

....

Art. L. 3142-38 A l'issue du congé de solidarité internationale, ou à l'occasion de son interruption pour cas de force majeure, le salarié retrouve son précédent emploi ou un emploi similaire assorti d'une rémunération au moins équivalente. – *[Anc. art. L. 225-13.]*

VII Congé de représentation

Code du travail

Art. L. 3142-41 Le salarié résidant ou habituellement employé dans une zone touchée par une catastrophe naturelle peut bénéficier d'un congé maximum de vingt jours non rémunérés, pris en une ou plusieurs fois, à sa demande, pour participer aux activités d'organismes apportant une aide aux victimes de catastrophes naturelles.

En cas d'urgence, ce congé peut être pris sous préavis de vingt-quatre heures. – *[Anc. art. 5, II, al. 1er et 2, L. n° 82-600 du 13 juill. 1982.]*

Art. L. 3142-42 Le bénéfice du congé pour catastrophe naturelle peut être refusé par l'employeur s'il estime qu'il aura des conséquences préjudiciables à la production et à la bonne marche de l'entreprise.

Ce refus intervient après consultation du comité d'entreprise ou, à défaut, des délégués du personnel. Il est motivé. – *[Anc. art. 5, II, al. 3, L. n° 82-600 du 13 juill. 1982.]*

Art. L. 3142-43 Tout salarié âgé de moins de vingt-cinq ans souhaitant participer aux activités des organisations de jeunesse et d'éducation populaire, des fédérations et des associations sportives agréées par l'autorité administrative, destinées à favoriser la préparation et la formation ou le perfectionnement de cadres et animateurs, a droit, sur sa demande, à un congé non rémunéré de six jours ouvrables par an pouvant être pris en une ou deux fois à la demande du bénéficiaire. – *[Anc. art. L. 225-1.]*

Art. L. 3142-44 La durée du congé de formation de cadres et d'animateurs pour la jeunesse est assimilée à une période de travail effectif pour la détermination de la durée des congés payés ainsi que pour l'ensemble des autres droits résultant pour l'intéressé de son contrat de travail. – *[Anc. art. L. 225-2.]*

Art. L. 3142-45 La durée du congé de formation de cadres et d'animateurs pour la jeunesse ne peut être imputée sur la durée du congé payé annuel.

Le congé ne peut se cumuler avec le congé de formation économique et syndicale qu'à concurrence de douze jours ouvrables pour une même année. – *[Anc. art. L. 225-3.]*

V. aussi, s'agissant des instances relevant de la jeunesse et des sports ouvrant droit au congé de représentation, Arr. du 16 févr. 1995 (JO 28 févr.), mod. par Arr. du 13 oct. 1998 (JO 22 oct.) ; Instr. nº 99-175 JS du 12 oct. 1999 (BOJS nº 11 du 30 nov.).

VIII Privilèges et garanties de la créance de salaires

Code du travail

Art. L. 3253-6 Tout employeur de droit privé assure ses salariés, y compris ceux détachés à l'étranger ou expatriés mentionnés à l'article L. 5422-13, contre le risque de non-paiement des sommes qui leur sont dues en exécution du contrat de travail, en cas de procédure de sauvegarde, de redressement ou de liquidation judiciaire. – *[Anc. art. L. 143-11-1, al. 1.]*

....

Art. L. 3253-8 L'assurance mentionnée à l'article L. 3253-6 couvre :

1° Les sommes dues aux salariés à la date du jugement d'ouverture de toute procédure de redressement ou de liquidation judiciaire, ainsi que les contributions dues par l'employeur dans le cadre *(L. nº 2011-893 du 28 juill. 2011, art. 44-I)* « du contrat de sécurisation professionnelle » ;

2° Les créances résultant de la rupture des contrats de travail intervenant :

a) Pendant la période d'observation ;

b) Dans le mois suivant le jugement qui arrête le plan de sauvegarde, de redressement ou de cession ;

c) Dans les quinze jours *(L. nº 2013-504 du 14 juin 2013, art. 18-XXI-1º)* « , ou vingt et un jours lorsqu'un plan de sauvegarde de l'emploi est élaboré, » suivant le jugement de liquidation ;

d) Pendant le maintien provisoire de l'activité autorisé par le jugement de liquidation judiciaire *(Ord. nº 2008-1345 du 18 déc. 2008, art. 167, en vigueur le 15 févr. 2009)* « et dans les quinze jours *(L. nº 2013-504 du 14 juin 2013, art. 18-XXI-1º)* « , ou vingt et un jours lorsqu'un plan de sauvegarde de l'emploi est élaboré, » suivant la fin de ce maintien de l'activité » ;

3° Les créances résultant de la rupture du contrat de travail des salariés auxquels a été *(L. nº 2011-893 du 28 juill. 2011, art. 44-I)* « proposé le contrat de sécurisation professionnelle », sous réserve que l'administrateur, l'employeur ou le liquidateur, selon le cas, ait proposé *(L. nº 2011-893 du 28 juill. 2011, art. 44-I)* « ce contrat » aux intéressés au cours de l'une des périodes indiquées au 2°, y compris les contributions dues par l'employeur dans le cadre de *(L. nº 2011-893 du 28 juill. 2011, art. 44-I)* « ce contrat » et les salaires dus pendant le délai de réponse du salarié ;

(L. nº 2013-504 du 14 juin 2013, art. 18-XXI-2º et 3º) « 4° Les mesures d'accompagnement résultant d'un plan de sauvegarde de l'emploi déterminé par un accord collectif majoritaire ou par un document élaboré par l'employeur, conformément aux articles L. 1233-24-1 à L. 1233-24-4, dès lors qu'il a été validé ou homologué dans les conditions prévues à l'article L. 1233-58 avant ou après l'ouverture de la procédure de redressement ou de liquidation judiciaire ;

« 5° » Lorsque le tribunal prononce la liquidation judiciaire, dans la limite d'un montant maximal correspondant à un mois et demi de travail, les sommes dues :

a) Au cours de la période d'observation ;

b) Au cours des quinze jours *(L. nº 2013-504 du 14 juin 2013, art. 18-XXI-3º)* « , ou vingt et un jours lorsqu'un plan de sauvegarde de l'emploi est élaboré, » suivant le jugement de liquidation ;

c) Au cours du mois suivant le jugement de liquidation pour les représentants des salariés prévus par les articles L. 621-4 et L. 631-9 du code de commerce ;

d) Pendant le maintien provisoire de l'activité autorisé par le jugement de liquidation *(Ord. nº 2008-1345 du 18 déc. 2008, art. 167, en vigueur le 15 févr. 2009)* « et au cours des quinze jours *(L. nº 2013-504 du 14 juin 2013, art. 18-XXI-3º)* « , ou vingt et un jours lorsqu'un plan de sauvegarde de l'emploi est élaboré, » suivant la fin de ce maintien de l'activité ».

La garantie des sommes et créances mentionnées aux 1º, 2º et *(L. nº 2013-504 du 14 juin 2013, art. 18-XXI-4º)* « 5º » inclut les cotisations et contributions sociales et salariales d'origine légale, ou d'origine conventionnelle imposée par la loi *(L. nº 2016-1917 du 29 déc. 2016, art. 60-I-E-2º, en vigueur le 1er janv. 2018)* « , ainsi que la retenue à la source prévue à l'article 204 A du code général des impôts ». – *[Anc. art. L. 143-11-1, al. 2 à 7.]*

Code du travail

Art. D. 3253-2 Le montant maximal de garantie prévu au 4º de l'article L. 3253-8 est égal à :

1º Trois fois le plafond retenu par mois pour le calcul des cotisations de sécurité sociale pour un mois et demi de salaire ;

2º Deux fois ce plafond, pour un mois de salaire. – *[Anc. art. D. 143-3.]*

1. L'AGS n'est pas recevable, sauf fraude qu'il lui appartient de démontrer, à demander la requalification d'un contrat de travail à durée déterminée en contrat à durée indéterminée. • Soc. 12 nov. 1997, nº 95-40.242 : *Dr. soc. 1998. 189, obs. J.-P. Karaquillo* • 4 déc. 2002 : *D. 2003. 373, note J.-P. Karaquillo*. ♦ *Contra* : • Soc. 14 mai 1996 : *pourvoi nº 94-44.707* • 3 juin 1997 : *pourvoi nº 94-44.169* • 12 nov. 1997 : *Dr. soc. 1998. 189, obs. J.-P. Karaquillo*.

2. Viole l'art. L. 143-11-1, 1º et 2º, la cour d'appel qui exclut la garantie de l'AGS en ce qui concerne le paiement de rappels de salaire et de dommages-intérêts pour rupture abusive du contrat de travail à des joueurs de football licenciés par leur club à la suite de sa mise en redressement judiciaire et redevenue *in bonis*, alors qu'elle constate que les créances dont elle a fixé le montant concernent, d'une part, des rappels de salaire dus à la date de l'ouverture de la procédure collective, d'autre part, des indemnités résultant de la rupture du contrat de travail intervenue pendant la période d'observation. • Soc. 20 mai 1992 : *Bull. civ. V, nº 321.*

Art. L. 3253-17 La garantie des institutions de garantie mentionnées à l'article L. 3253-14 est limitée, toutes créances du salarié confondues, à un ou des montants déterminés par décret, en référence au plafond mensuel retenu pour le calcul des contributions du régime d'assurance chômage *(L. nº 2016-1917 du 29 déc. 2016, art. 60-I-E-2º, en vigueur le 1er janv. 2018)* « , ainsi que la retenue à la source prévue à l'article 204 A du code général des impôts ». – *[Anc. art. L. 143-11-8.]*

Code du travail

Art. D. 3253-5 Le montant maximum de la garantie prévue à l'article L. 3253-17 est fixé à six fois le plafond mensuel retenu pour le calcul des contributions au régime d'assurance chômage.

Ce montant est fixé à cinq fois ce plafond lorsque le contrat de travail dont résulte la créance a été conclu moins de deux ans et six mois au moins avant la date du jugement d'ouverture de la procédure collective, et à quatre fois ce plafond si le contrat dont résulte la créance a été conclu moins de six mois avant la date du jugement d'ouverture.

Il s'apprécie à la date à laquelle est due la créance du salarié et au plus tard à la date du jugement arrêtant le plan ou prononçant la liquidation judiciaire. – *[Anc. art. D. 143-2.]*

1. Doit être annulé l'arrêt qui, pour décider que le paiement des dommages-intérêts dus à un coureur cycliste professionnel en réparation du préjudice causé par la rupture de son contrat de travail devait être garanti par l'AGS dans la limite du plafond IV, retient que la rémunération de l'intéressé, base de calcul des dommages-intérêts, a été fixée par la volonté commune des parties et ne résulte ni de la loi, ni du règlement, ni de la convention collective ; en effet, en statuant ainsi, alors qu'elle avait constaté que la créance du sportif, laquelle créance résultant du contrat de travail était née avant le prononcé du jugement ouvrant la procédure de liquidation judiciaire, était constituée de dommages-intérêts pour rupture anticipée d'un contrat de travail à durée déterminée qui ont leur fondement dans l'art. L. 122-3-8 C. trav., la cour d'appel a violé les art. L. 143-11-8 et D. 143-2 du même code. • Soc. 29 févr. 2000 : *pourvoi n° 97-45.608.* ♦ V. également, s'agissant de la créance résultant de la rupture anticipée du contrat à durée déterminée d'un directeur sportif : • Soc. 28 mars 2001 : *Sem. soc. Lamy, nov. 2002. 7, obs. Derue et Dousset.* ♦ *Contra* : • Soc. 20 janv. 1993 : *Bull. civ. V, n° 15 ; D. 1993. Somm. 344, obs. J. Mouly* • 22 juin 1993 : *pourvoi n° 91-43.570* • 11 juill. 1994 : *pourvoi n° 93-40.476.*

2. S'agissant d'une prime annuelle inscrite dans un contrat de travail à durée déterminée d'un joueur professionnel qui, au constat d'une cour d'appel, n'était pas due à la date du jugement d'ouverture de la procédure de redressement judiciaire visant son club employeur, V : • Soc. 24 oct. 2006 : *Cah. dr. sport n° 7, 2007. 92, note Boyer.*

3. Lorsqu'il est constaté que la créance de l'intéressé vis-à-vis de l'AGS, résultant du contrat de travail le liant à un club de football, est née avant le prononcé d'un jugement ouvrant la procédure de redressement judiciaire, était constituée de dommages et intérêts pour rupture injustifiée d'un contrat de travail à durée déterminée conclu sur le fondement de l'art. L. 122-3-8 C. trav., viole les art. L. 143-1-8 et D. 143-2, al. 1er, C. trav. la cour d'appel qui limite la garantie du salaire à 4 fois le plafond mensuel retenu pour les contributions d'assurance chômage et non à 13 fois ce plafond. • Soc. 28 mars 2001 : *pourvoi n° 99-40.875.*

4. V. note 64 ss. art. L. 1332-3.

IX Formation continue

Code du travail

V. aussi C. sport, art. L. 121-5 et L. 211-6.

Art. L. 6322-1 Le congé individuel de formation a pour objet de permettre à tout salarié, au cours de sa vie professionnelle, de suivre à son initiative et à titre individuel, des actions de formation, indépendamment de sa participation aux stages compris, le cas échéant, dans le plan de formation de l'entreprise dans laquelle il exerce son activité.

Ces actions de formation doivent permettre au salarié :

1° D'accéder à un niveau supérieur de qualification ;

2° De changer d'activité ou de profession ;

3° De s'ouvrir plus largement à la culture, à la vie sociale et à l'exercice des responsabilités associatives bénévoles. – *[Anc. art. L. 931-1, al. 1er et 2, phrase 1.]*

Art. L. 6322-2 Les actions de formation du congé individuel de formation s'accomplissent en tout ou partie pendant le temps de travail. – *[Anc. art. L. 931-1, al. 2, phrase 2.]*

Art. L. 6322-3 Le congé individuel de formation peut également être accordé à un salarié pour préparer et pour passer un examen pour l'obtention d'un titre ou diplôme enregistré dans le répertoire national des certifications professionnelles, dans les conditions prévues au II de l'article L. 335-6 du code de l'éducation. – *[Anc. art. L. 931-1, al. 3.]*

....

Art. L. 6331-23 (Abrogé par L. n° 2014-288 du 5 mars 2014, art. 10-1, à compter du 1er janv. 2015) ***Les dépenses de l'entreprise en matière de formation des éducateurs sportifs nécessaires à l'encadrement des activités physiques et sportives de leurs salariés sont déductibles, à concurrence d'un plafond déterminé par décret, du montant de la participation prévue à l'article L. 6331-1.***

Ces dispositions ne peuvent s'appliquer que dans la mesure où il s'agit d'activités à caractère amateur. – [Anc. art. L. 951-6.]

X Artistes du spectacle

Code du travail

Art. L. 7121-1 Les dispositions du présent code sont applicables aux artistes du spectacle, sous réserve des dispositions particulières du présent chapitre.

Art. L. 7121-2 Sont considérés comme artistes du spectacle, notamment :
1° L'artiste lyrique ;
2° L'artiste dramatique ;
3° L'artiste chorégraphique ;
4° L'artiste de variétés ;
5° Le musicien ;
6° Le chansonnier ;
7° L'artiste de complément ;
8° Le chef d'orchestre ;
9° L'arrangeur-orchestrateur ;
10° Le metteur en scène *(L. n° 2016-925 du 7 juill. 2016, art. 46-1°)* « , le réalisateur et le chorégraphe », pour l'exécution matérielle de *(L. n° 2016-925 du 7 juill. 2016, art. 46-1°)* « leur » conception artistique ;
(L. n° 2016-925 du 7 juill. 2016, art. 46-2°) « 11° L'artiste de cirque ;
« 12° Le marionnettiste ;
« 13° Les personnes dont l'activité est reconnue comme un métier d'artiste-interprète par les conventions collectives du spectacle vivant étendues. » – *[Anc. art. L. 762-1, al. 3.]*

Art. L. 7121-3 Tout contrat par lequel une personne s'assure, moyennant rémunération, le concours d'un artiste du spectacle en vue de sa production, est présumé être un contrat de travail dès lors que cet artiste n'exerce pas l'activité qui fait l'objet de ce contrat dans des conditions impliquant son inscription au registre du commerce. – *[Anc. art. L. 762-1, al. 1er.]*

COMMENTAIRE

V. l'art. L. 222-2-11 C. sport (L. n° 2015-1541 du 27 nov. 2015, art. 18) qui précise que la présomption de salariat prévue à l'art. L. 7121-3 C. trav. ne s'applique pas au sportif professionnel qui participe librement, pour son propre compte, à une compétition sportive. Ce dernier est présumé ne pas être lié à l'organisateur de la compétition par un contrat de travail. ❑

Art. L. 7121-4 La présomption de l'existence d'un contrat de travail subsiste quels que soient le mode et le montant de la rémunération, ainsi que la qualification donnée au contrat par les parties.

Cette présomption subsiste même s'il est prouvé que l'artiste conserve la liberté d'expression de son art, qu'il est propriétaire de tout ou partie du matériel utilisé ou qu'il emploie lui-même une ou plusieurs personnes pour le seconder, dès lors qu'il participe personnellement au spectacle. – *[Anc. art. L. 762-1, al. 2.]*

Art. L. 7121-5 La présomption de salariat prévue à l'article L. 7121-3 ne s'applique pas aux artistes reconnus comme prestataires de services établis dans un État membre de la Communauté européenne ou dans un autre État partie à l'accord sur l'Espace économique européen où ils fournissent habituellement des services analogues et qui viennent exercer leur activité en France, par la voie de la prestation de services, à titre temporaire et indépendant.

Art. L. 7121-6 Le contrat de travail d'un artiste du spectacle est individuel. – *[Anc. art. L. 762-1, al. 4, phrase 1.]*

1. Les dispositions de l'art. L. 762-1 *[art. L. 7121-6 C. trav.]*, eu égard à la généralité de leurs termes, qui ne définissent pas de manière limitative les artistes du spectacle et n'imposent aucun aspect culturel particulier à l'activité déployée par ceux-ci, sont applicables aux coureurs cyclistes professionnels engagés dans des courses du type « critériums ». • CE 8 juill. 1988, *Assoc. Le circuit de l'Aulne : D. 1990. Somm. 395, obs. Lenclos* ✎. V. aussi, concernant l'affiliation au régime général de sécurité sociale d'un coureur cycliste participant à une exhibition sportive, • Civ. 2e, 28 mars 2013, pourvoi n° 12.13-527 : *JS 2013, n° 137, p. 36, comm. G. Vachet* ✎. ♦ Sur la qualification d'artistes du spectacle des coureurs cyclistes, V. aussi notes 3 et 4 ss. art. L. 311-3, 15°, CSS, App., v° *Sécurité sociale.* ♦ Sur les conséquences fiscales de cette qualification, V. note 1 ss. art. 92, CGI, App., v° *Fiscalité*.

2. La présomption légale de l'art. L. 7121-3 C. trav. est mise en œuvre lorsque le spectacle sportif est la finalité à l'exclusion de la compétition. • CE 8 juill. 1988 : *préc. note 1.* ♦ Également, à propos de boxeurs participant à des exhibitions organisées comme des spectacles sportifs par une société de production bien que la prestation des boxeurs incluait l'idée de performance. • Soc. 6 mars 2003 : *D. 2003. 2109, note J.-P. Karaquillo* ✎. ♦ A l'inverse, quand le but poursuivi est la compétition sportive, la présomption légale sur les artistes du spectacle est écartée. • Rennes, 5 janv. 2005 : *RG n° 2005/261834.* ♦ V. aussi, sur le refus de considérer les joueurs de football professionnels comme des artistes du spectacle. • CE 11 janv. 1984, *Floch : Lebon T. 601 ; D. 1985. IR 487, obs. J.-L. Lenclos.*

3. Toutefois, le Conseil d'État, statuant en matière fiscale, a considéré, sur le fondement des textes du code du travail (plus spécialement des art. L. 7121-2 et L. 7121-3), sans distinguer selon que l'activité des joueurs de tennis relève de l'exhibition ou de la compétition sportive, que ceux-ci étaient des artistes du spectacle percevant de la part de la fédération sportive organisatrice des tournois auxquels ils participaient des gains ayant la qualification fiscale de traitements et salaires. • CE 22 juin 2011, req. n° 319240 : *JS 2011, n° 113, p. 34, comm. J.-P. Karaquillo.*

4. V. notes ss. art. L. 311-3-15°, CSS, App., v° *Sécurité sociale* et ss. CGI, art. 79, App., v° *Fiscalité.*

XI Mannequins

Art. L. 7123-2 **Est considérée comme exerçant une activité de mannequin, même si cette activité n'est exercée qu'à titre occasionnel, toute personne qui est chargée :**

1° Soit de présenter au public, directement ou indirectement par reproduction de son image sur tout support visuel ou audiovisuel, un produit, un service ou un message publicitaire ;

2° Soit de poser comme modèle, avec ou sans utilisation ultérieure de son image.

1. En faisant obligation à des sportifs (un ancien rugbyman et un coureur de fond) de porter les vêtements de la marque considérée à des fins publicitaires au cours de leurs apparitions publiques et en prévoyant dans le même but l'utilisation de leur image, le contrat établi par ces sportifs avec la société qui commercialise sous cette marque ces vêtements destinés aux milieux sportifs relève du mannequinat et non du sponsorisme, quand bien même la participation de ces sportifs à la présentation au public de tels produits serait passive. La présomption simple de salariat instaurée par l'art. L. 7123-2 C. trav. ne peut en l'espèce être remise en cause — renversée — dès lors que les sportifs parties au contrat ne disposaient pas de la liberté de s'engager avec d'autres marques concurrentes, avaient concédé à la société le droit d'utiliser leur image à la discrétion de cette dernière et étaient astreints de revêtir les tenues de la marque, y compris en dehors de manifestations sportives. • Limoges, 24 juin 2013 : *JS 2014, n° 140, p. 34, comm. R. Lafore.*

2. V. aussi notes ss art. L. 311-3-15° CSS, v° *Sécurité sociale.*

XII Prêt de main-d'œuvre

Code du travail

V. aussi, sur la mise à disposition des joueurs professionnels par leurs clubs employeurs au profit des équipes nationales, C. sport, art. L. 222-3.

Art. L. 8241-1 **Toute opération à but lucratif ayant pour objet exclusif le prêt de main-d'œuvre est interdite.**

Toutefois, ces dispositions ne s'appliquent pas aux opérations réalisées dans le cadre :

1° Des dispositions du présent code relatives au travail temporaire, *(Abrogé par Ord. n° 2015-380 du 2 avr. 2015, art. 7) (L. n° 2008-596 du 25 juin 2008, art. 8)* ***« au portage salarial, »*** **aux entreprises de travail à temps partagé et à l'exploitation d'une agence de mannequins lorsque celle-ci est exercée par une personne titulaire de la licence d'agence de mannequin ;**

2° Des dispositions de l'article L. 222-3 du code du sport relatives aux associations ou sociétés sportives ;

(L. n° 2008-789 du 20 août 2008, art. 10) **« 3° Des dispositions des articles L. 2135-7 et L. 2135-8 du présent code relatives à la mise à disposition des salariés auprès des organisations syndicales ou des associations d'employeurs mentionnées à l'article L. 2231-1. »** – *[Anc. art. L. 125-3, al. 1 et L. 763-3, al. 3 et L. 124-24, al. 1er.]*

(L. n° 2011-893 du 28 juill. 2011, art. 40-I) **« Une opération de prêt de main-d'œuvre ne poursuit pas de but lucratif lorsque l'entreprise prêteuse ne facture à l'entreprise utilisatrice, pendant la mise à disposition, que les salaires versés au salarié, les charges sociales afférentes et les frais professionnels remboursés à l'intéressé au titre de la mise à disposition. »**

V. aussi, sur l'opération « Profession sport », Instr. n° 90-090 JS du 16 mars 1990 (BOJS n° 4 du 26 avr.) ; Instr. n° 92-168 JS du 4 août 1992 (BOJS n° 8 du 27 août) ; Instr. n° 94-077 JS du 2 mai 1994 (BOJS n° 6 du 30 juin) ; Instr. n° 95-072 JS du 6 avr. 1995 (BOJS n° 5 du 31 mai) ; Instr. n° 96-164 JS du 18 oct. 1996 (BOJS n° 11 du 29 nov.) ; Instr. n° 99-030 JS du 8 févr. 1999 (BOJS n° 3 du 31 mars) et Instr. n° 00-099 JS du 20 juin 2000 (BOJS n° 7 du 31 juill.).

La mise à disposition d'un éducateur sportif, faite dans le cadre du dispositif ministériel « Profession sport », par l'association Loire Profession sport auprès d'un club de tennis est licite, car effectuée sans but lucratif, dès lors que le montant de la rémunération versée par le club utilisateur correspond aux salaires bruts majorés des cotisations patronales et d'une participation réduite aux frais de gestion de l'association. • Lyon, 24 juin 1996 : *D. 1998. Somm. 41, obs. J.-P. Karaquillo* .

XIII Carte de séjour « compétences et talents »

COMMENTAIRE

La carte de séjour « compétences et talents » créée par la loi n° 2006-911 du 24 juillet 2006 *(JO 25 juill.)* « peut être accordée à l'étranger susceptible de participer, du fait de ses compétences et de ses talents, de façon significative et durable au développement économique ou au rayonnement, notamment intellectuel, scientifique, culturel, humanitaire ou sportif de la France et du pays dont il a la nationalité ».

D'une durée de trois ans renouvelable, elle permet d'exercer toute activité professionnelle dans le cadre du projet présenté par l'intéressé.

La carte est délivrée par le ministre de l'Intérieur. La procédure est donc exclusivement nationale et la carte ne peut être délivrée par simple décision des préfectures.

Les conditions précises à remplir et les documents à fournir par l'étranger dépendent d'une part de son pays d'origine et, d'autre part, du fait qu'il se trouve déjà ou non sur le territoire français.

Une « Commission nationale des compétences et des talents » (qui comprend un représentant du ministre chargé des sports parmi ses 15 membres) est notamment chargée de « favoriser l'attractivité de cette carte ».

Par délibération en date du 11 déc. 2007 *(JO 28 déc.)* cette commission a adopté les orientations relatives aux critères de délivrance.

Les sportifs font l'objet d'une attention particulière dans la mesure où, à l'image des artistes, c'est la seule catégorie pour laquelle une expérience professionnelle ou un diplôme de niveau bac + 3 minimum n'est pas exigé.

Pour ceux-ci, les critères de délivrance varient selon la nature (olympique ou non, collectif ou non) de la discipline pratiquée :
– pour les sports olympiques individuels, le demandeur devra avoir été champion national dans son pays d'origine l'année sportive précédant la demande ou avoir participé comme membre titulaire aux championnats continentaux ou mondiaux ;
– pour les sports olympiques collectifs, le demandeur doit faire partie, d'une manière permanente, de l'équipe nationale ;
– pour les sports non olympiques, le demandeur doit faire partie, d'une manière permanente, de l'équipe nationale ;
– pour les entraîneurs et techniciens, le demandeur devra entraîner de manière permanente l'équipe nationale ou en 1re division.

Dans tous les cas, l'expression « de manière permanente » signifie pour la saison sportive précédente et celle en cours.

Il est à relever que la notoriété professionnelle particulière d'un sportif permet de déroger à ces règles. ❑

Code de l'entrée et du séjour des étrangers et du droit d'asile

PREMIÈRE PARTIE : ***LÉGISLATIVE***

Art. L. 315-1 *(L. n° 2006-911 du 24 juill. 2006, art. 15 ; L. n° 2007-1631 du 20 nov. 2007, art. 38)* **La carte de séjour "compétences et talents" peut être accordée à l'étranger susceptible de participer, du fait de ses compétences et de ses talents, de façon significative et durable au développement économique, au développement de l'aménagement du territoire ou au rayonnement, notamment intellectuel, scientifique, culturel, humanitaire ou sportif de**

la France et, directement ou indirectement, du pays dont il a la nationalité. Elle est accordée pour une durée de trois ans. Elle est renouvelable. Lorsque son titulaire a la nationalité d'un pays membre de la zone de solidarité prioritaire, son renouvellement est limité à une fois.

Art. L. 315-2 *(L. n° 2006-911 du 24 juill. 2006, art. 15)* La carte mentionnée à l'article L. 315-1 ne peut être accordée à l'étranger ressortissant d'un pays appartenant à la zone de solidarité prioritaire que lorsque la France a conclu avec ce pays un accord de partenariat pour le codéveloppement ou lorsque cet étranger s'est engagé à retourner dans son pays d'origine au terme d'une période maximale de six ans.

Art. L. 315-3 *(L. n° 2006-911 du 24 juill. 2006, art. 15 ; L. n° 2007-1631 du 20 nov. 2007, art. 50)* La carte mentionnée à l'article L. 315-1 est attribuée au vu du contenu et de la nature du projet de l'étranger et de l'intérêt de ce projet pour la France et pour le pays dont l'étranger a la nationalité.

Lorsque l'étranger souhaitant bénéficier d'une carte "compétences et talents" réside régulièrement en France, il présente sa demande auprès du représentant de l'État dans le département. Lorsque l'étranger réside hors de France, il présente sa demande auprès des autorités diplomatiques et consulaires françaises territorialement compétentes.

Art. L. 315-4 *(L. n° 2006-911 du 24 juill. 2006, art. 15)* Il est tenu compte, pour l'appréciation des conditions mentionnées à l'article L. 315-3, de critères déterminés annuellement par la Commission nationale des compétences et des talents.

V. Délib. du 11 déc. 2007 de la Commission nationale des compétences et des talents (JO 28 déc.).

Art. L. 315-5 *(L. n° 2006-911 du 24 juill. 2006, art. 15)* La carte de séjour mentionnée à l'article L. 315-1 permet à son titulaire d'exercer toute activité professionnelle de son choix, dans le cadre du projet mentionné à l'article L. 315-3.

Art. L. 315-6 (Abrogé par L. n° 2011-672 du 16 juin 2011, art. 31) (L. n° 2006-911 du 24 juill. 2006, art. 15) *Lorsque le titulaire de la carte de séjour "compétences et talents" est ressortissant d'un pays de la zone de solidarité prioritaire, il apporte son concours, pendant la durée de validité de cette carte, à une action de coopération ou d'investissement économique définie par la France avec le pays dont il a la nationalité.*

Lors du premier renouvellement de cette carte, il est tenu compte du non-respect de cette obligation.

Art. L. 315-7 *(L. n° 2006-911 du 24 juill. 2006, art. 15)* Le conjoint, s'il est âgé d'au moins dix-huit ans, et les enfants dans l'année qui suit leur dix-huitième anniversaire ou entrant dans les prévisions de l'article L. 311-3 d'un étranger titulaire de la carte de séjour mentionnée à l'article L. 315-1 bénéficient de plein droit de la carte de séjour mentionnée au 3° de l'article L. 313-11. La carte de séjour ainsi accordée est renouvelée de plein droit durant la période de validité restant à courir de la carte mentionnée à l'article L. 315-1.

Art. L. 315-8 *(L. n° 2006-911 du 24 juill. 2006, art. 15)* La carte de séjour mentionnée à l'article L. 315-1 peut être retirée dans les conditions et pour les motifs mentionnés à l'article L. 313-5.

Art. L. 315-9 *(L. n° 2006-911 du 24 juill. 2006, art. 15)* Les modalités d'application du présent chapitre sont fixées par décret en Conseil d'État.

DEUXIÈME PARTIE : ***RÉGLEMENTAIRE***

Art. R. 315-1 (Abrogé par Décr. n° 2014-132 du 17 févr. 2014, art. 16-2°) *La Commission nationale des compétences et des talents* (Abrogé par Décr. n° 2011-1049 du 6 sept. 2011, art. 28) *« prévue à l'article L. 315-4 » détermine, pour la délivrance de la carte de séjour portant la mention "compétences et talents", la nature et l'importance relative des critères d'évaluation, d'une part, du projet de l'étranger qui sollicite la délivrance de cette carte, compte tenu notamment de sa localisation, du secteur d'activité en cause, des créations d'emplois envisagées et, d'autre part, de son aptitude à le réaliser, compte tenu notamment de son niveau d'études, de ses qualifications ou de son expérience professionnelles et, le cas échéant, des investissements prévus.*

La commission fait toutes propositions au (Décr. n° 2007-1711 du 5 déc. 2007, art. 2) *« ministre chargé de l'immigration » et au ministre des affaires étrangères pour favoriser l'attractivité de cette carte.*

V. Délib. du 11 déc. 2007 de la Commission nationale des compétences et des talents (JO 28 déc.).

Les dispositions issues du Décr. n° 2011-1049 du 6 sept. 2011 sont applicables à Saint-Barthélemy et à Saint-Martin (Décr. préc., art. 63-2°).

Art. R. 315-2 (Abrogé par Décr. n° 2014-132 du 17 févr. 2014, art. 16-2°) (Décr. n° 2007-1711 du 5 déc. 2007, art. 2) ***La Commission nationale des compétences et des talents est placée auprès du ministre chargé de l'immigration. Elle comprend dix-sept membres :***

1° Cinq personnalités qualifiées dont l'une est le président ;

2° Un député ;

3° Un sénateur ;

4° Un membre du Conseil économique, social et environnemental ;

5° Le secrétaire général du comité interministériel de contrôle de l'immigration ;

6° Deux représentants du ministre des affaires étrangères et européennes ;

7° Un représentant du ministre chargé de l'emploi ;

8° Un représentant du ministre chargé de l'économie ;

9° Un représentant du ministre chargé de la recherche ;

10° Un représentant du ministre chargé de la culture ;

11° Un représentant du ministre chargé des sports ;

12° Le président de l'Agence française pour les investissements internationaux.

Art. R. 315-3 (Abrogé par Décr. n° 2014-132 du 17 févr. 2014, art. 16-2°) (Décr. n° 2007-372 du 21 mars 2007, art. 1er) ***Les membres de la commission sont nommés par arrêté du*** (Décr. n° 2007-1711 du 5 déc. 2007, art. 2) ***« ministre chargé de l'immigration ». Leur mandat est d'une durée de deux ans. Il est renouvelable.***

La commission se réunit, sur convocation de son président, au moins deux fois par an et chaque fois que le (Décr. n° 2007-1711 du 5 déc. 2007, art. 2) ***« ministre chargé de l'immigration » l'estime nécessaire.***

Le quorum est atteint lorsque la moitié au moins des membres composant la commission sont présents.

La commission se prononce à la majorité des voix des membres présents ou représentés. En cas de partage égal des voix, le président a voix prépondérante.

Les délibérations relatives aux critères d'évaluation sont rendues publiques.

(Décr. n° 2007-1711 du 5 déc. 2007, art. 2) ***« Les services du ministère chargé de l'immigration assurent le secrétariat de la commission. »***

Art. R. 315-4 *(Décr. n° 2007-372 du 21 mars 2007, art. 1er)* **Pour l'application de l'article L. 315-1, l'étranger résidant hors de France présente auprès des autorités diplomatiques et consulaires territorialement compétentes à l'appui de sa demande de carte de séjour portant la mention "compétences et talents" :**

1° Les indications relatives à son état civil et, le cas échéant, à celui de son conjoint et de ses enfants à charge et à sa future adresse en France ;

2° La description de son projet, précisant notamment l'intérêt de celui-ci pour la France et pour le pays dont il a la nationalité ;

3° Tout document de nature à établir son aptitude à réaliser ce projet ;

4° S'il est ressortissant d'un pays de la zone de solidarité prioritaire mentionnée à l'article 3 du décret n° 98-66 du 4 février 1998 ne figurant pas sur la liste, arrêtée par le ministre des affaires étrangères, des pays avec lesquels la France a conclu un accord de partenariat pour le codéveloppement, un engagement à retourner dans son pays d'origine au terme d'une période maximale de six ans à compter de la délivrance de la carte de séjour portant la mention "compétences et talents" ;

5° Trois photographies de face, tête nue, de format 3,5 × 4,5 cm, récentes et parfaitement ressemblantes ;

6° Une demande de visa pour un séjour d'une durée supérieure à trois mois.

L'accusé de réception de la demande de carte de séjour ne vaut pas récépissé.

Art. R. 315-5 L'étranger déjà admis au séjour sur le fondement de l'article L. 311-2 ou L. 311-11 qui souhaite bénéficier de la carte de séjour portant la mention "compétences et talents" présente sa demande au plus tard *(Décr. n° 2011-1049 du 6 sept. 2011, art. 39)* **« deux » mois avant l'expiration de son titre de séjour auprès du préfet du département du lieu de sa résidence. A l'appui de sa demande, il présente les pièces mentionnées aux 1° à 5° de l'article R. 315-4** *(Décr. n° 2015-938 du 30 juill. 2015, art. 3, en vigueur le 1er sept. 2015)* **« ainsi qu'un justificatif de domicile ».**

Les dispositions issues de l'art. 21-1° du Décr. n° 2011-1049 du 6 sept. 2011 sont applicables à Saint-Barthélemy et à Saint-Martin (Décr. préc., art. 63-3°).

Art. R. 315-6 *(Décr. n° 2007-1711 du 5 déc. 2007, art. 2)* Les autorités diplomatiques et consulaires ou le préfet, selon le cas, évaluent l'aptitude du candidat et l'intérêt du projet *(Abrogé par Décr. n° 2014-132 du 17 févr. 2014, art. 16-3°)* « *en tenant compte des critères d'évaluation mentionnés à l'article R. 315-1* » après avoir entendu l'étranger, s'ils l'estiment utile.

Art. R. 315-7 *(Décr. n° 2007-1711 du 5 déc. 2007 ; Décr. n° 2011-1049 du 6 sept. 2011, art. 40)* « Les autorités diplomatiques et consulaires autorisent la délivrance de la carte "compétences et talents" à l'étranger résidant hors de France et lui délivrent un visa de long séjour portant la mention "compétences et talents". Le préfet du département où l'étranger établit sa résidence en France ou, à Paris, le préfet de police, remet à l'intéressé la carte de séjour prévue à l'article L. 315-1. Cette carte de séjour est délivrée à l'étranger qui réside en France par le préfet ou, à Paris, par le préfet de police. »

L'attribution de cette carte vaut autorisation de travail à compter de sa notification.

V. note ss. art. R. 315-5.

Art. R. 315-8 (Abrogé par L. n° 2011-1049 du 6 sept. 2001, art. 29) (Décr. n° 2007-372 du 21 mars 2007, art. 1er) *L'étranger ressortissant d'un pays de la zone de solidarité prioritaire mentionnée à l'article 3 du décret n° 98-66 du 4 février 1998 est informé, lors du dépôt de sa demande de carte de séjour portant la mention "compétences et talents", de l'obligation d'apporter son concours à une action de coopération ou d'investissement économique définie par la France avec le pays dont il a la nationalité et dont la liste est arrêtée, selon le cas, par le ministre chargé de l'économie ou le ministre chargé de la coopération.*

Lors de l'attribution de cette carte, l'étranger est mis à même de connaître la liste de ces actions.

Six mois au plus tard après l'attribution de sa carte de séjour, l'étranger transmet au préfet du département du lieu de sa résidence un projet de participation à l'une des actions mentionnées à l'alinéa précédent. Ce projet est approuvé, selon le cas, par le ministre chargé de l'économie ou par le ministre chargé de la coopération. Le silence gardé pendant deux mois vaut acceptation.

Art. R. 315-9 *(Décr. n° 2007-372 du 21 mars 2007, art. 1er)* Sous peine de retrait de la carte portant la mention "compétences et talents" l'étranger transmet au préfet du département du lieu de sa résidence, dans les six mois suivant son entrée en France, un certificat médical établi dans les conditions fixées par arrêté du ministre chargé de la santé.

Art. R. 315-10 *(Décr. n° 2007-372 du 21 mars 2007, art. 1er)* L'étranger bénéficiaire de la carte de séjour portant la mention "compétences et talents" peut en demander le renouvellement dans les conditions prévues aux premier et deuxième alinéas de l'article R. 311-1 et au 4° de l'article R. 311-2. Il présente à l'appui de sa demande :

1° Les indications relatives à son état civil et, le cas échéant, à celui de son conjoint et de ses enfants à charge ;

(Décr. n° 2015-938 du 30 juill. 2015, art. 2, en vigueur le 1er sept. 2015) « 1° *bis* Un justificatif de domicile ; »

2° La carte de séjour portant la mention "compétences et talents" ;

3° Tout document justifiant de son activité ;

(Abrogé par Décr. n° 2011-1049 du 6 sept. 2011, art. 29) « *4° S'il est ressortissant d'un pays de la zone de solidarité prioritaire mentionnée à l'article 3 du décret n° 98-66 du 4 février 1998, tout document établissant sa participation à une action de coopération ou d'investissement économique mentionnée à l'article R. 315-8 ;* »

5° Trois photographies de face, tête nue, de format 3,5 cm x 4,5 cm, récentes et parfaitement ressemblantes.

V. note ss. art. R. 315-1.

Art. R. 315-11 *(Décr. n° 2007-372 du 21 mars 2007, art. 1er)* Le ministre des affaires étrangères *(Décr. n° 2007-1711 du 5 déc. 2007, art. 2)* « , le ministre chargé de l'immigration » et le ministre chargé de l'économie peuvent habiliter une personne morale pour exercer à l'étranger des missions de promotion de la carte de séjour portant la mention "compétences et talents" et de recherche des personnes susceptibles d'en bénéficier.

XIV Convention collective

Code du travail

BIBL. ▶ F. Alaphilippe, La convention collective nationale du sport : enfin !, *RJ éco. sport 2005, n° 77, p. 9*. – P.-H. Antonmattei, J. Barthélémy, S. Burchkalter, E. Coconnier, et A. Corbalan, Dialogue social et négociation collective : les règles du jeu, *Dossier, JS 2011, n° 106, p. 17*. –

J. Barthélémy, Problématique et ingénierie de la négociation collective dans le sport professionnel, *RJ éco. sport 2005, n° 77, p. 21* ; La protection sociale conventionnelle dans le sport professionnel, *RJ éco. sport 2006, n° 78, p. 35* ; Garanties collectives de prévoyance : la portabilité s'étend au sport, *JS 2014, n° 138, p. 38* ; Professionnel ou amateur des activités à distinguer ?, *JS 2014, n° 147, p. 35*. – J.-Chr. Breillat, Vers une convention collective des footballeurs professionnels... européens ? (à propos de l'affaire Bosman), *RJ éco. sport 1995, n° 37, p. 97* ; Répression disciplinaire fédérale et efficacité des conventions collectives et accords sectoriels dans le secteur sport, *RJ éco. sport 2006, n° 78, p. 23*. – Conseil social du mouvement sportif, Convention collective nationale du sport, Guide de l'employeur, *2006*. – C. Couturier, Quelques observations sur la convention collective nationale du sport, *RJ éco. sport 2006, n° 78, p. 9*. – E. Eschalier et V. Stéfani, La convention collective du rugby professionnel, *RJ éco. sport 2006, n° 78, p. 51*. – J.- J Jarry et G. Kertudo, Convention collective nationale du sport commentée, *Juris éditions, Dalloz, Hors série, 2014*. – J.-P. Karaquillo, A propos du projet d'extension aux activités sportives d'un avenant à la convention collective nationale de l'animation socioculturelle, *RJ éco. sport 1997, n° 42, p. 31*. – V. Poncin-Augagneur, La convention collective nationale du sport commentée, *Éd. Juris Associations 2007*. – D. Primault, la convention collective nationale du sport, *Dict. perm. : droit du sport, Éd. Législatives 1999, Bull. n° 44 ;* La convention collective, un outil de conciliation des ordres juridiques sportif et étatique, *in* Sport et droit *(dir. E. Bournazel), actes du XXVIIe congrès de l'Institut international de droit d'expression et d'inspiration française, lant, Bruxelles, 2000, p. 439.*

COMMENTAIRE

1. Qui aurait parié, il y a encore peu de temps, à l'orée des années 1990, qu'existerait une convention collective nationale du sport (CCNS) étendue afin de régler « les relations entre les employeurs et les salariés des entreprises (à l'exception de celles qui relèvent de la convention collective nationale des centres équestres) exerçant leur activité principale dans les domaines de l'organisation, la gestion et l'encadrement des activités sportives, de la gestion d'installations et d'équipements sportifs, l'enseignement, la formation aux activités sportives et formation professionnelle aux métiers du sport, la promotion et l'organisation de manifestations sportives » (art. 1.1 CCNS) ? C'est en juin 1991 que Jean-Pierre Soisson, ministre de l'Emploi et des Affaires sociales, a invité le mouvement sportif à entamer des négociations dans le secteur des activités sportives.

La difficulté première pour Nelson Paillou, alors président du Comité national olympique et sportif français (CNOSF), et de ses proches collaborateurs a été de trouver un coordinateur prêt à s'investir et apte à maîtriser les délicates pratiques de la négociation collective. La multiplicité et la diversité des employeurs dans le secteur des activités sportives ont, aussi, constitué un frein au déclenchement d'un dialogue social. Tout comme l'absence d'une organisation syndicale rassemblant les différents salariés du sport. Il a fallu une ferme volonté du CNOSF de susciter la création du Conseil social du mouvement sportif (Cosmos), association d'employeurs du secteur du sport, et sa vive opposition au projet d'extension de l'article 1.1 de la convention collective de l'animation socioculturelle relatif « aux organismes de droit privé sans but lucratif qui développent à titre principal des activités d'intérêt général dans les domaines... du sport » (V., pour plus de précisions, J.-P. Karaquillo, A propos du projet d'extension aux activités sportives d'un avenant à la convention collective nationale de l'animation socio-culturelle, *RJ éco. sport 1997, n° 42, p. 31*), pour que soit mise en place, en 1998, une commission mixte paritaire et que soit conclu entre les partenaires sociaux, le 28 octobre 1999, un accord définissant le champ d'application de la future CCNS.

Mais le cheminement, finalisé par la signature de la convention le 7 juillet 2005 et la publication de l'arrêté d'extension du 21 novembre 2006 au *JO* 25 novembre 2006, n'a pas été sans tensions, ni sans entraves, en raison notamment de la disparité d'origine des partenaires sociaux et de leurs visions différentes sur plusieurs points délicats, tels les contrats de travail, le temps de travail, la santé et la sécurité où se révèlent dans le secteur des activités sportives de profonds particularismes. Aussi faut-il louer la diplomatie, la prudence, la ténacité et la pugnacité de François Alaphilippe, président délégué du Cosmos, qui, avec l'apport de plusieurs intervenants issus du mouvement sportif, a réussi à mener avec succès à son terme une mission à laquelle peu d'acteurs du sport s'intéressaient et dont l'issue était pour le moins incertaine.

Et pourtant, il est clair que ce texte conventionnel général bouleverse, d'ores et déjà, la gouvernance des institutions sportives et l'état des relations de travail au sein des entreprises du sport. Son effet incitateur n'est pas mineur. La multiplication, dans la mouvance du chapitre 12 de la CCNS sur le sport professionnel, des accords collectifs dans le secteur professionnel de plusieurs disciplines sportives en atteste. Il reste que la conclusion de la CCNS n'a pas mis fin aux débats. Ceux-ci se poursuivent, parfois avec vigueur, au sein de la commission mixte paritaire générale et des commissions mixtes paritaires *ad hoc*. Il n'est, au demeurant, pas indifférent de noter que l'énergie de ses négociateurs (les partenaires sociaux) a conduit (par l'avenant n° 37 *bis* du 6 nov. 2009) à l'extension, le 7 avril 2010, de son champ d'application, à des conditions précises, à certaines entreprises (bases de loisirs, stages sportifs sous forme d'un centre de vacances) relevant jusqu'alors de la convention collective étendue des entreprises de loisirs et d'activités culturelles (cf. P.-H. Antonmattéi, J. Barthélémy, S. Burchkalter, E. Coconnier et A. Corbalan, Dialogue social et négociation collective : les règles du jeu, *Jurisport 2011, n° 106, p. 17* ✎).

2. Inattendue pour la plupart des acteurs du sport, la « percée » en France du droit conventionnel dans le secteur des activités sportives est porteuse d'une approche nouvelle du droit appliqué au sport. Sa « publicisation » s'en trouvera amoindrie et sa « privatisation » accentuée. Le droit octroyé par l'institution sportive est désormais à combiner avec le droit issu de la négociation entre les partenaires sociaux du sport. Il en découlera une nouvelle répartition des pouvoirs avec un renforcement du rôle et de l'organisation des unions nationales de clubs employeurs et des syndicats de salariés du sport (Union des clubs professionnels de football, Union des clubs professionnels de rugby, Union des clubs professionnels de basket-ball, AC 2000 (cyclisme), Union professionnelle des clubs de handball, syndicats de sportifs, d'éducateurs sportifs, d'administratifs) mais, aussi, une articulation subtile des accords collectifs entre eux et une concrétisation malaisé de la négociation d'entreprise. Il s'ensuit, également, qu'une telle donnée sociologique et juridique ne peut être ignorée par les principaux partenaires du mouvement sportif, plus spécialement les collectivités territoriales. Il en résulte, enfin, une prise de conscience de la nécessité d'accélérer le dialogue social européen afin pour les partenaires sociaux de participer aux espaces de consultation et de négociation sur les politiques de l'Union européenne.

3. A titre indicatif, et outre la convention collective nationale du sport intégralement reproduite ci-dessous, voici la liste des conventions et accords collectifs applicables au secteur du sport :

La convention collective nationale du sport (n° 2511) :

– Texte consolidé disponible sur : http ://www.cosmos.asso.fr/cosmos/fichiers/File/textes/ccns.pdf

– CCNS signée le 7 juill. 2005,

– CCNS étendue par arrêté du 21 nov. 2006 (JO 25 nov.),

– avenant n° 1 du 20 déc. 2005 relatif au CQP assistant moniteur de voile, étendu par Arr. du 7 déc. 2006 (JO 19 déc.),

– avenant n° 2 du 20 déc. 2005 relatif à la formation professionnelle, étendu par Arr. du 7 déc. 2006 (JO 19 déc.),

– avenant n° 3 du 20 déc. 2005 relatif à la prévoyance, étendu par Arr. du 7 déc. 2006 (JO 19 déc.),

– avenant n° 4 du 21 déc. 2006 relatif au CQP animateur de loisirs sportifs, étendu par Arr. du 5 oct. 2007 (JO 13 oct.),

– avenant n° 5 du 8 mars 2007 portant sur les salaires, étendu par Arr. du 13 août 2007 (JO 23 août),

– avenant n° 6 du 3 mai 2007 relatif au CQP assistant moniteur de tennis (a fait l'objet du droit d'opposition majoritaire par l'UNSA, la CGT, la CNES, la CFE-CGC et la FNASS),

– avenant n° 7 du 5 juill. 2007 relatif aux commissions paritaires nationales ratifiant l'accord du 8 juin 2000, étendu par Arr. du 17 déc. 2007 (JO 26 déc.),

– avenant n° 8 du 1er juin 2007 relatif au contrat de travail intermittent, étendu par Arr. du 19 févr. 2008 (JO 1er mars),

– avenant n° 9 du 1er juin 2007 relatif au contrat de travail à temps partiel, étendu par Arr. du 17 déc. 2007 (JO 26 déc.),

– avenant n° 10 du 1er juin 2007 relatif aux sections syndicales et à leurs moyens d'action, étendu par Arr. du 17 déc. 2007 (JO 26 déc.),

– avenant n° 11 du 5 juill. 2007 relatif aux interruptions journalières d'activités des salariés en contrat de travail à temps partiel, étendu par Arr. du 17 déc. 2007 (JO 26 déc.),

– avenant n° 12 du 5 juill. 2007 relatif au CQP animateur tir à l'arc, étendu par Arr. du 17 déc. 2007 (JO 26 déc.),

– avenant n° 13 du 5 juill. 2007 relatif au CQP animateur des activités gymniques, étendu par Arr. du 17 déc. 2007 (JO 26 déc.),

– avenant n° 14 du 5 juill. 2007 relatif au CQP animateur de savate, étendu par Arr. du 17 déc. 2007 (JO 26 déc.),

– avenant n° 15 du 5 juill. 2007 relatif au CQP guide de véhicules terrestres motorisés à guidon, étendu par Arr. du 17 déc. 2007 (JO 26 déc.),

– avenant n° 16 du 5 juill. 2007 relatif à la modulation du temps de travail, étendu par Arr. du 17 déc. 2007 (JO 26 déc.),

– avenant n° 17 du 6 sept. 2007 portant sur la grille de classification du chapitre 12, étendu par Arr. du 19 févr. 2008 (JO 1er mars),

– avenant n° 18 du 6 sept. 2007 portant création d'une commission paritaire nationale du sport professionnel, étendu par Arr. du 19 févr. 2008 (JO 1er mars),

– avenant n° 19 du 6 sept. 2007 portant sur les groupements d'employeurs, étendu par Arr. du 19 févr. 2008 (JO 1er mars),

– avenant n° 20 du 6 sept. 2007 portant sur les avenants nos 12, 14 et 15 du 5 juill. 2007, étendu par Arr. du 8 juill. 2008 (JO 17 juill.),

– avenant n° 21 du 6 sept. 2007 portant sur la sous-commission CQP, étendu par Arr. du 19 févr. 2008 (JO 1er mars),

– avenant n° 22 du 6 sept. 2007 portant sur la modification de l'avenant n° 14, étendu par Arr. du 8 juill. 2008 (JO 17 juill.),

– avenant n° 23 du 10 déc. 2007 portant sur le CIF des salariés du chapitre 12, étendu par Arr. du 8 juill. 2008 (avec réserves et exclusions) (JO 17 juill.),

– avenant n° 24 du 10 déc. 2007 portant sur le champ d'application du sport et de l'animation, étendu par Arr. du 8 juill. 2008 (JO 17 juill.),

– avenant n° 25 du 21 avr. 2008 relatif au contrat de travail intermittent (non applicable),

– avenant n° 26 du 21 avr. 2008 relatif au droit individuel à la formation, étendu par Arr. du 3 déc. 2008 (JO 11 déc.),

– avenant n° 27 du 21 avr. 2008 relatif aux CQP, étendu par Arr. du 3 déc. 2008 (JO 11 déc.),

– avenant n° 28 du 21 avr. 2008 relatif aux CQP (a fait l'objet d'une opposition),

– avenant n° 29 du 16 juin 2008 relatif aux CQP assistant moniteur de motonautisme, étendu par Arr. du 11 févr. 2009 (JO 19 févr.),

– avenant n° 30 du 16 juin 2008 relatif aux CQP assistant moniteur de tennis, étendu par Arr. du 11 févr. 2009 (JO 19 févr.),

– avenant n° 31 du 16 juin 2008 relatif aux salaires, étendu par Arr. du 13 nov. 2008 (JO 21 nov.),

– avenant n° 32 du 26 juin 2008 relatif aux CQP technicien sportif régional de basket-ball, étendu par Arr. du 11 févr. 2009 (JO 19 févr.),

– avenant n° 33 du 26 juin 2008 relatif aux CQP pisteur VTT, étendu par Arr. du 11 févr. 2009 (JO 19 févr.),

– avenant n° 34 du 24 nov. 2008 relatif aux indemnités de licenciement, étendu par Arr. du 23 avr. 2009 (JO 30 avr.),

– avenant n° 35 du 24 nov. 2008 relatif à la période d'essai, étendu par Arr. du 23 avr. 2009 (JO 30 avr.),

– avenant n° 36 du 24 nov. 2008 relatif aux salaires, étendu par Arr. du 16 févr. 2009 (JO 24 févr.),

– avenant n° 37 bis du 6 nov. 2009 relatif au champ d'application de la CCNS, étendu par Arr. du 7 avr. 2010 (JO 15 avr.),

– avenant n° 38 du 22 avr. 2009 relatif aux CQP assistant moniteur char à voile, étendu par Arr. du 18 déc. 2009 (JO 27 déc.),

– avenant n° 39 du 22 avr. 2009 relatif aux CQP assistant professeur arts martiaux, étendu par Arr. du 18 déc. 2009 (JO 27 déc.),

– avenant n° 40 du 22 avr. 2009 relatif à l'incidence de la recodification du code du travail, étendu par Arr. du 8 oct. 2009 (JO 17 oct.),

– avenant n° 41 du 22 avr. 2009 relatif à la rémunération minimum du chapitre 12, étendu par Arr. du 9 déc. 2009 (JO 17 déc.),

– avenant n° 42 du 16 nov. 2009 relatif au maintien de salaire du personnel non indemnisé par la sécurité sociale, étendu par Arr. du 7 avr. 2010 (JO 15 avr.),

– avenant n° 43 du 17 juin 2010 relatif au fonds d'aide au développement du paritarisme, étendu par Arr. du 23 déc. 2010 (JO 1er janv. 2011),

– avenant n° 44 du 7 juill. 2010 relatif à la recodification, étendu par Arr. du 18 févr. 2011 (JO 26 févr.),

– avenant n° 45 du 7 juill. 2010 relatif au champ d'application de la CCNS, étendu par Arr. du 18 févr. 2011 (JO 26 févr.),

– avenant n° 46 du 7 juill. 2010 modifiant le CQP « Assistant moniteur de motonautisme », étendu par Arr. du 18 févr. 2011 (JO 26 févr.),

– avenant n° 47 du 7 juill. 2010 relatif au CQP « Moniteur d'aviron », étendu par Arr. du 18 févr. 2011 (JO 26 févr.),

– avenant n° 48 du 7 juill. 2010 relatif au CQP « Moniteur de rugby à XV », étendu par Arr. du 18 févr. 2011 (JO 26 févr.),

– avenant n° 49 du 7 juill. 2010 relatif au CQP « Moniteur de roller skating », étendu par Arr. du 18 févr. 2011 (JO 26 févr.),

– avenant n° 50 du 7 juill. 2010 relatif au CQP « Agent de sécurité de l'événementiel », étendu par Arr. du 18 févr. 2011 (JO 26 févr.),

– avenant n° 51 du 7 juill. 2010 relatif aux salaires, étendu par Arr. du 14 févr. 2011 (JO 19 févr.),

– avenant n° 52 du 7 juill. 2010 relatif aux salaires dans le sport professionnel,étendu par Arr. du 27 sept. 2011 (JO 4 oct.),

– avenant n° 53 du 15 déc. 2010 relatif au CQP « Animateur de tennis de table », étendu par Arr. du 13 juill. 2011 (JO 22 oct.),

– avenant n° 54 du 15 déc. 2010 relatif au CQP « Moniteur de squash », étendu par Arr. du 13 juill. 2011 (JO 22 oct.),

– avenant n° 55 du 15 déc. 2010 relatif au CQP « Initiateur en motocyclisme », étendu par Arr. du 13 juill. 2011 (JO 22 oct.),

– avenant n° 56 du 10 févr. 2011 relatif au CQP « Assistant moniteur de pilotes de planeurs », étendu par Arr. du 13 juill. 2011 (JO 22 oct.),

– avenant n° 57 du 10 févr. 2011 relatif à la commission paritaire nationale d'interprétation, étendu par Arr. du 26 oct. 2011 (JO 4 nov.).

– accord du 30 mars 2011 relatif à l'intégration de certaines entreprises dans le champ d'application de la CCN, en cours d'extension au 21 oct. 2011,

– avenant n° 58 du 4 mai 2011 relatif au CQP « Moniteur football américain », étendu par Arr. du 7 oct. 2011 (JO 14 oct.),

– avenant n° 59 du 4 mai 2011 relatif au CQP « Technicien de cheerleading », étendu par Arr. du 7 oct. 2011 (JO 14 oct.),

– avenant n° 60 du 4 mai 2011 relatif au CQP « Animateur de badminton », étendu par Arr. du 7 oct. 2011 (JO 14 oct.),

– avenant n° 61 du 4 mai 2011 relatif au CQP « Moniteur de tir sportif », étendu par Arr. du 7 oct. 2011 (JO 14 oct.).

L'avenant n° 62 à la CCN du sport devait désigner Uniformation comme OPCA de la branche du sport à partir du 1er janvier 2012. Le ministère du Travail n'a pas souhaité étendre cet avenant au motif que le CNEA, seule organisation patronale signataire, n'est pas représentatif sur la totalité du champ couvert par la CCN du sport.

– avenant n° 63 du 9 nov. 2011 relatif au fonds d'aide au développement du paritarisme, étendu par Arr. du 26 avr. 2013 (JO 4 mai),

– avenant n° 64 du 5 déc. 2011 relatif au CQP « Assistant Moniteur de char à voile », étendu par Arr. du 3 juin 2013 (JO 8 juin),

– avenant n° 65 du 7 févr. 2012 relatif au CQP « Technicien sportif de rugby à xv », étendu par Arr. du 3 juin 2013 (JO 8 juin),

– avenant n° 66 du 7 févr. 2012 relatif aux absences liées au mandat syndical, étendu par Arr. du 18 juill. 2013 (JO 27 juill.),

– avenant n° 67 du 7 févr. 2012 relatif au CQP « Animateur hockey sur glace », étendu par Arr. du 2 août 2012 (JO 12 août),

– avenant n° 68 du 7 févr. 2012 relatif au CQP « Guide de véhicules terrestres motorisés », étendu par Arr. du 2 août 2012(JO 12 août),

– avenant n° 69 du 7 févr. 2012 relatif à la présentation des comptes prévoyance, étendu par Arr. du 27 nov. 2012 (JO 9 déc.),

– avenant n° 70 du 7 févr. 2012 relatif au CQP « Plieur de parachute de secours », étendu par Arr. du 2 août 2012 (JO 12 août),

– avenant n° 71 du 7 févr. 2012 relatif au CQP « Opérateur vidéo/photo parachutisme », étendu par Arr. du 2 août 2012 (JO 12 août),

– avenant n° 72 du 7 févr. 2012 relatif au CQP « Moniteur de canoë-kayak », étendu par Arr. du 3 juin 2013 (JO 8 juin),

– avenant n° 73 du 9 mai 2012 relatif aux salaires minima au 1er septembre 2012, étendu par Arr. du 7 août 2012 (JO 15 août),

– avenant n° 74 du 26 juin 2012 relatif au CQP « Animateur d'athlétisme », étendu par Arr. du 27 nov. 2012 (JO 9 déc.),

– avenant n° 75 du 4 oct. 2012 relatif au CQP « Assistant moniteur de voile », étendu par Arr. du 26 mars 2013 (JO 3 avr.),

– avenant n° 76 du 4 oct. 2012 relatif au CQP « Animateur des activités gymniques », étendu par Arr. du 26 avr. 2013 (JO 4 mai),

– avenant n° 77 du 4 oct. 2012 relatif à la commission paritaire nationale de prévention, d'hygiène, de sécurité et de veille sanitaire, étendu par Arr. du 3 juin 2013 (JO 8 juin),

– avenant n° 78 du 5 déc. 2012 relatif au CQP « Technicien sportif d'athlétisme », étendu par Arr. du 3 juin 2013 (JO 8 juin),

– avenant n° 79 du 5 déc. 2012 relatif au CQP « Educateur mobilité à vélo », étendu par Arr. du 26 mars 2013 (JO 3 avr.),

– avenant n° 80 du 5 déc. 2012 relatif au financement du paritarisme, étendu par Arr. du 26 mars 2013 (JO 3 avr.),

– avenant n° 81 du 5 déc. 2012 relatif au contrat de travail intermittent à durée indéterminée, étendu par Arr. du 26 mars 2013 (JO 3 avr.),

– avenant n° 82 du 9 avr. 2013 relatif au CQP « Moniteur de roller skating », étendu par Arr. du 4 oct. 2013 (JO 11 oct.),

– avenant n° 83 du 24 juin 2013 relatif à la formation professionnelle, non étendu,

– avenant n° 84 du 29 nov. 2013 relatif au CQP « Technicien de piste de karting », étendu par Arr. du 10 juill. 2014 (JO 18 juill.),

– avenant n° 85 du 29 nov. 2013 relatif au fonds d'aide au développement du paritarisme, étendu par Arr. du 10 juill. 2014 (JO 18 juill.),

– avenant n° 86 du 10 mars 2014 relatif au CQP « Moniteur de vol à plat en soufflerie », étendu par Arr. du 6 oct. 2014 (JO 24 oct.),

– avenant n° 87 du 15 mai 2014 relatif au contrat de travail à temps partiel, étendu par Arr. du 24 oct. 2014 (JO 24 nov.),

– avenant n° 88 du 15 mai 2014 relatif aux salaires minima au 1er juillet 2014, étendu par Arr. du 24 oct. 2014 (JO 24 nov.),

– avenant n° 89 du 15 mai 2014 relatif au contrat de travail à temps partiel, étendu par Arr. du 24 oct. 2014 (JO 24 nov.),

– avenant n° 90 du 20 juin 2014 relatif au CQP « Moniteur d'escrime », étendu par Arr. du 5 janv. 2015 (JO 10 janv.),

– avenant n° 91 du 20 juin 2014 relatif au CQP « Technicien sportif de basket-ball », étendu par Arr. du 5 janv. 2015 (JO 10 janv.),

– avenant n° 92 du 20 juin 2014 relatif au CQP « Moniteur d'arts martiaux », étendu par Arr. du 5 janv. 2015 (JO 10 janv.),

– avenant n° 93 du 22 sept. 2014 modifiant l'avenant n° 91 relatif au CQP « Technicien sportif », étendu par Arr. du 26 févr. 2015 (JO 11 mars),

– avenant n° 94 du 22 sept. 2014 relatif au CQP « Animateur course d'orientation », CQP « Animateur de savate », étendu par Arr. du 26 févr. 2015 (JO 11 mars),

– avenant n° 95 du 22 sept. 2014 relatif au CQP « Animateur de savate », non étendu,

– avenant n° 96 du 21 nov. 2014 relatif au CQP « Animateur escalade sur structure artificielle », étendu par Arr. du 26 févr. 2015 (JO 11 mars).

Les modifications de la CCNS issues des avenants 97 à 112 sont reproduites sur Dalloz.fr et sur les applications mobiles Dalloz.

Les autres conventions collectives :

– Convention collective nationale de l'animation (n° 1518) du 13 janv. 1989, étendue par Arr. du 10 janvier 1989 (JO 13 janv.) ;

– Convention collective nationale du golf (n° 2021) du 13 juill. 1998 ;

– Convention collective concernant le personnel des centres équestres (n° 7012) du 1er juill. 1975, étendue par Arr. du 14 juin 1976 (JO 8 août).

Les autres accords collectifs :

– Charte du football professionnel (convention collective nationale des métiers du football), signée le 1er août 1973 ;

– Convention collective des personnels administratifs et assimilés du football, signée les 18 et 25 juin 1983, en vigueur le 11 juill. 1983 ;

– Convention collective du rugby professionnel, signée le 29 mars 2005 ;

– Convention collective du basket professionnel masculin, signée les 12 juin (partie joueurs) et 19 juin (partie entraîneurs) 2005 ;

– Accord collectif des coureurs cyclistes professionnels, signé le 29 sept. 2006 ;

– Accord collectif handball masculin de 1re division, signé le 2 févr. 2008. ❑

Art. L. 2221-1 **Le présent livre est relatif à la détermination des relations collectives entre employeurs et salariés. Il définit les règles suivant lesquelles s'exerce le droit des salariés à la négociation collective de l'ensemble de leurs conditions d'emploi, de formation professionnelle et de travail ainsi que de leurs garanties sociales.**

Art. L. 2221-2 **La convention collective a vocation à traiter de l'ensemble des matières mentionnées à l'article L. 2221-1, pour toutes les catégories professionnelles intéressées.**

L'accord collectif traite un ou plusieurs sujets déterminés dans cet ensemble.

1. Une cour d'appel a relevé à bon droit que la convention collective nationale du sport, et non celle de l'animation, était applicable à la Fédération française de voile, en tant que membre du Comité national olympique et sportif français signataire de cette convention collective. En conséquence, cette fédération a, à juste titre, rejeté la demande de rappel de primes d'ancienneté et de congés payés prévues par la convention collective nationale de l'animation. • Soc. 7 févr. 2007 : *pourvoi n° 05-45.199.* ♦ V. dans le même sens : • Soc. 15 nov. 2006 : *JCP S 2007. II, n° 8, note D. Jacotot ; JCP G 2007. II, n° 19, note F. Mandin.*

2. L'application de la CCNS ne dépend pas de l'activité des salariés dans l'entreprise ; celle-ci est indifférente. Seule importe l'activité effective et principale exercée par l'employeur. Aussi, une cour d'appel a privé sa décision de base légale en ne recherchant pas si l'activité réelle de l'association employeur d'un employé de gymnastique n'entrait pas dans le champ d'application de la convention collective nationale de l'animation. • Soc. 23 juin 2010, pourvoi n° 08-44.028 : *JS 2010, n° 101, p. 11, note F. Lagarde.* ♦ Les entreprises de droit privé à but lucratif exerçant à titre principal des activités récréatives ou de loisirs sportives relèvent de la CCNS. Les motifs d'extension à ces entreprises, par avenant à la CCNS, répondent à un intérêt général en maintenant une couverture conventionnelle à des salariés qui sinon en auraient été dépourvus. • CE 24 sept. 2012, req. n° 340576 : *JS 2013, n° 127, p. 30, obs. E. Honorat.*

3. L'application du chapitre 12 de la CCNS concernant le sport professionnel impose que soit vérifié *in concreto* que l'activité principale du club en cause est de participer à des courses sportives et qu'il emploie des salariés pour participer à cette activité. • Soc. 25 mars 2010 : *pourvoi n° 08-42.839.*

4. L'art. 12. 3. 2. 3. de la CCNS régissant la durée des contrats à durée déterminée des sportifs professionnels ne s'applique pas aux titulaires (en l'espèce un entraîneur d'une équipe espoir intervenant au centre de formation) de contrats à durée indéterminée. • Soc., 10 févr. 2016, n° 15-16.080 : *JS 2016, n° 162, p. 9, obs. J. Mondou.*

5. Cependant, il a été jugé que la Charte du football professionnel (« qui vaut convention collective ») n'a pas vocation à s'appliquer à un joueur non titulaire d'une licence amateur quand bien même ce dernier est salarié du club. • Paris, 26 oct. 2010, RG n° 09/01006 : *JS 2011, n° 105, p. 9, note G. Durand.* ♦ Dans la même affaire et dans ce sens, après un arrêt de renvoi du 20 févr. 2014 de la Cour de Versailles. • Soc. 16 déc. 2015, n° 14-16.059 : *JS 2016, n° 161, p. 8, obs. F Lagarde.* ♦ *Contra*, s'agissant d'un footballeur muni d'une licence amateur mais tirant l'exclusivité de ses revenus de son activité footballistique et sollicitant un rappel de salaires et de congés payés sur le fondement de la Charte du football professionnel. • Soc. 12 déc. 2012 : *JS 2013, n° 127, p. 24, obs. A. Lacabarats ; D. 2013. Pan. 536, obs. S. Karaa.*

6. Sauf dans les cas où la loi en dispose autrement, et quel que soit le mode de rémunération pratiqué, un salarié engagé à temps complet a droit à une rémunération au moins égale au salaire minimum interprofessionnel de croissance. En conséquence, a violé les art. L. 3232-1 et L. 3232-3 C. trav. la cour d'appel qui a rejeté la demande d'un joueur de rugby en rappel de salaires et de congés payés afférents en considération d'un calcul de salaire mensuel découlant de l'application de la rémunération minimale prévue par la convention collective nationale du sport étendue alors qu'une disposition d'une convention collective ne peut justifier une rémunération inférieure au SMIC. • Soc. 7 mars 2012 : *pourvoi n° 10-19.073.*

7. Mutée dans une autre société exerçant une activité purement commerciale, une salariée antérieurement responsable de la boutique d'un club de rugby professionnel ne peut prétendre à l'application à son profit de la convention collective nationale du sport. • Soc. 12 sept. 2012, pourvoi n° 11-18.575 : *JS 2013, n° 133, p. 34, comm. G. Vachet.* ♦ Un salarié d'un aéroclub licencié ne peut se prévaloir des dispositions d'un avenant de la convention collective nationale à laquelle son employeur a adhéré volontairement dans la mesure où ces dernières n'avaient pas fait l'objet de l'engagement de cet employeur. • Soc., 11 mai 2016, n° 15-10.925.

8. Ne constituent pas des branches d'activités distinctes au regard de la convention collective du sport les activités sportives à but non lucratif et celles à but lucratif. • CE 14 mai 2014, req. n° 359877 : *JS 2014, n° 147, p. 35, comm. J. Barthélémy.*

Convention collective nationale du sport (n° 2511) du 7 juillet 2005,

Étendue par arrêté du 21 nov. 2006 (JO 25 nov.).

Les modifications issues des avenants 97 à 103 sont reproduites sur Dalloz.fr et sur les applications mobiles Dalloz.

Arrêté du 27 novembre 2013,

Fixant la liste des organisations syndicales reconnues représentatives dans la convention collective nationale du sport (n° 2511).

Art. 1er Sont reconnues représentatives dans la convention collective nationale du sport (n° 2511) les organisations syndicales suivantes :

— la Confédération française démocratique du travail (CFDT) ;
— la Confédération générale du travail (CGT) ;
— la Fédération nationale des associations et syndicats de sportifs (FNASS) ;
— la Confédération générale du travail-Force ouvrière (CGT-FO) ;
— la Confédération française des travailleurs chrétiens (CFTC) ;
— la Confédération française de l'encadrement-Confédération générale des cadres (CFE-CGC).

Art. 2 Dans cette branche, pour la négociation des accords collectifs prévue au titre de l'article L. 2232-6, le poids des organisations syndicales reconnues représentatives est le suivant :

— la Confédération française démocratique du travail (CFDT) : 37,01 % ;
— la Confédération générale du travail (CGT) : 24,23 % ;
— la Fédération nationale des associations et syndicats de sportifs (FNASS) : 16,57 % ;
— la Confédération générale du travail-Force ouvrière (CGT-FO) : 10,64 % ;
— la Confédération française des travailleurs chrétiens (CFTC) : 10,51 % ;
— la Confédération française de l'encadrement-Confédération générale des cadres (CFE-CGC) : 1,05 %.

CHAPITRE PREMIER *Champ d'application*

Art. 1.1 *Champ d'application.*

(Avenant n° 37 bis du 6 nov. 2009, étendu par Arr. du 7 avr. 2010)

La convention collective du sport règle, sur l'ensemble du territoire*[,]* **y compris les DOM, les relations entre les employeurs et les salariés des entreprises exerçant leur activité principale dans l'un des domaines suivants :**

– organisation, gestion et encadrement d'activités sportives ;
– gestion d'installations et d'équipements sportifs ;

– enseignement, formation aux activités sportives et formation professionnelle aux métiers du sport ;

– promotion et organisation de manifestations sportives *(Avenant n° 45 du 7 juill. 2010, étendu par Arr. du 18 févr. 2011)* « , incluant, à titre accessoire, la sécurité de ces manifestations dans le cadre de l'article 11 de la loi n° 83-629 du 12 juillet 1983, » à l'exception toutefois de celles qui relèvent du champ d'application de la convention collective nationale des centres équestres.

A titre indicatif, les activités concernées par le champ d'application de la convention collective nationale du sport relèvent notamment des codes NAF : 93. 11Z (gestion d'installations sportives), 93. 12Z (activités de clubs de sports), 93. 13Z (activités des centres de culture physique), 93. 19Z (autres activités liées au sport), 93. 29Z (autres activités récréatives et de loisirs nca), 85. 51Z (enseignement de disciplines sportives et d'activités de loisirs).

Lorsqu'un stage sportif est organisé sous la forme d'un centre de vacances par une structure dont l'activité principale et habituelle est l'organisation ou la gestion d'activités sportives, la convention collective applicable est celle du sport, même si l'activité salariée habituelle est inférieure à l'activité salariée générée par le centre de vacances. Toutefois, les centres de vacances et de loisirs relèvent, en général, de la convention collective de l'animation.

Les bases de loisirs relèvent de la convention collective nationale du sport lorsque leur activité principale est l'organisation de stages sportifs. Dans le cas contraire, elles relèvent de la convention collective correspondant à l'activité principale de la base de loisirs, en principe celle de l'animation.

Les structures de type MJC, maisons de quartier, maisons pour tous, amicales laïques, foyers ruraux, ne relèvent pas habituellement de la convention collective nationale du sport.

Pour les autres entreprises à but non lucratif exerçant à la fois des activités relevant des champs de l'animation et du sport, la convention applicable est déterminée par le rapport entre le nombre d'heures salariées effectuées dans le cadre des activités réglementées par l'article L. 212-1 du code du sport et le nombre d'heures salariées effectuées au titre de l'encadrement des activités socioculturelles ne relevant pas de l'article précité.

Art. 1.2 *Dispositions transitoires.*

Les entreprises relevant du champ défini ci-dessus, et ayant appliqué la convention collective de l'animation avant le 31 décembre 1998, auront droit, à compter de la date de publication de l'arrêté d'extension de la convention collective nationale du sport et jusqu'à la fin de l'année civile suivant cette même date, d'opter pour le maintien de la convention collective de l'animation, après consultation des institutions représentatives du personnel et négociation avec les organisations syndicales lorsqu'elles existent dans l'entreprise.

A la date de l'arrêté d'extension de la convention collective nationale du sport, les partenaires sociaux de la convention collective nationale du golf négocieront les modalités d'intégration de la convention collective nationale du golf à celle du sport.

Les entreprises relevant du champ défini ci-dessus et appliquant volontairement une convention collective nationale étendue (animation...) ne pourront dénoncer leur convention avant la date de publication de l'arrêté d'extension de la convention collective nationale du sport. – *[Accord du 28 oct. 1999, étendu par Arr. du 14 déc. 2001].*

Art. 1.3 *Les avantages acquis.*

La présente convention ne peut être la cause de restriction aux avantages quels qu'ils soient, acquis individuellement ou collectivement par les salariés antérieurement à la date de signature de la présente convention. – *[Accord du 28 oct. 1999, étendu par Arr. du 14 déc. 2001]*

Les avantages reconnus par la présente convention ne peuvent s'interpréter comme s'ajoutant aux avantages déjà accordés pour le même objet dans certaines entreprises ou aux avantages légaux connus postérieurement à sa signature. Dans ce cas, l'avantage le plus favorable aux salariés sera seul accordé.

Art. 1.4 *Révision et dénonciation.*

Toute demande de révision doit être signifiée aux autres parties par l'une des parties contractantes et être accompagnée d'un contre-projet portant sur les points à réviser. Un calendrier est établi au cours de la première réunion de négociation qui doit se tenir dans le délai d'un mois suivant la demande de révision.

Chacune des parties contractantes se réserve le droit de dénoncer la présente convention moyennant un préavis de trois mois, de date à date, par pli recommandé à chacune des autres parties, accompagné d'un nouveau projet de convention collective.

Si la dénonciation émane de la totalité des signataires employeurs ou des signataires salariés, la convention continue de produire effet jusqu'à l'entrée en vigueur de la convention qui lui est substituée ou, à défaut, pendant une durée de vingt-quatre mois à compter du dépôt de la dénonciation. Une nouvelle négociation doit s'engager dans les trois mois qui suivent l'envoi de la lettre recommandée de dénonciation.

Art. 1.5 *Adhésion.*

Toute organisation syndicale représentative de salariés, toute organisation syndicale d'employeurs ou tout employeur peut adhérer à la présente convention dans les conditions prévues à *(Avenant n° 40 du 22 avr. 2009, art. 1er, étendu par Arr. du 8 oct. 2009)* « l'article L. 2261-3 du code du travail ».

CHAPITRE II *Dialogue social et paritarisme*

Art. 2.1 *Commission nationale de négociation.*

La commission nationale de négociation est composée de trois représentants par organisation syndicale de salariés suivantes : CFDT, CFTC, CGC, CGT, CGT-FO, CNES, FNASS, UNSA et un nombre de représentants d'employeurs (CoSMoS, CNEA) égal à celui des représentants des salariés.

La Commission nationale de négociation a pour objet de compléter, adapter et réviser la présente convention collective nationale.

Toute nouvelle organisation syndicale d'employeurs ou de salariés qui souhaite siéger au sein de la commission nationale de négociation doit obtenir soit l'accord unanime des membres de celle-ci désignés à l'alinéa 1 du présent article, soit être reconnue comme représentative par le ministère compétent.

Cette commission se réunit au moins trois fois par an soit en formation mixte, soit en formation paritaire. – *[Accord du 8 juin 2000, étendu par Arr. du 14 déc. 2001].*

Art. 2.2 *Commissions paritaires nationales.*

Préambule

Les parties signataires s'entendent pour que soient créées, au sein de la branche professionnelle, des commissions paritaires nationales telles que la CPNEF, la CNCI, ou toute autre commission décidée par les partenaires sociaux.

Chaque commission se dote de son propre règlement intérieur.

Les modalités de fonctionnement (présidence, périodicité et secrétariat) de chaque commission seront déterminées par le règlement intérieur. – *[Accord du 8 juin 2000, étendu par Arr. du 14 déc. 2001].*

2.2.1 – Dispositions générales.

2.2.1.1 – Composition.

Chaque CPN est composée paritairement de représentants des organisations d'employeurs d'une part et des syndicats de salariés d'autre part, les uns et les autres signataires de la présente convention.

Les représentants sont désignés par lesdites organisations professionnelles qui disposent à tout moment des mandats ainsi confiés.

Le nombre de représentants sera fixé spécifiquement pour chaque CPN. – *[Accord du 8 juin 2000, étendu par Arr. du 14 déc. 2001].*

2.2.1.2 – Participation.

Le temps passé par les salariés dûment mandatés par leur organisation syndicale pour participer aux commissions visées ci-dessus est considéré comme temps d'absence autorisé et ne fait l'objet d'aucune retenue de salaire.

Les salariés concernés sont tenus d'informer leurs employeurs au moins 48 heures avant la date de chaque réunion. – *[Accord du 8 juin 2000, étendu par Arr. du 14 déc. 2001].*

2.2.2 – Commission paritaire nationale d'interprétation et de validation (CPNIV).

(Avenant n° 57 du 10 févr. 2011, art. 1er et 2, étendu par Arr. du 26 oct. 2011)

La commission paritaire nationale d'interprétation et de validation est chargée de formuler un avis sur l'interprétation des dispositions de la présente convention. Conformément aux dispositions de l'article L. 2232-21 du code du travail, elle valide ou non les accords conclus par des entreprises de la branche du sport de moins de 200 salariés équivalent temps plein avec un représentant élu du personnel. – *Al. étendu sous réserve de l'application des dispositions de l'article L. 1111-2 du code du travail (Arr. du 26 oct. 2011).*

Cette commission est composée conformément au principe énoncé à l'article 2.2.1.1. Elle comporte deux représentants de chacune des organisations syndicales de salariés et un nombre de représentants des organisations d'employeurs égal à celui des représentants salariés.

La présidence de la commission sera assurée alternativement par un représentant salarié et par un représentant employeur.

Dans le cadre d'une interprétation, suivant qu'elles sont formulées par un employeur ou un salarié, les questions d'interprétation sont présentées par l'intermédiaire d'une organisation d'employeurs ou d'une organisation syndicale de salariés représentative.

En cas d'accord entre les parties, l'avis d'interprétation pourra faire l'objet d'un avenant à la présente convention soumis à extension.

Dans le cadre de la validation d'un accord, après réception de l'ensemble du dossier, la présidence réunit la commission.

2.2.3 – CPNEF du sport.

2.2.3.1 – Objectifs.

La CPNEF est chargée de mettre en place, en matière d'emploi et de formation, tous les moyens nécessaires à la réalisation des objectifs suivants :

– renforcer les moyens de réflexion et d'action de la branche professionnelle dans tous les domaines liés à l'emploi et à la formation professionnelle ;

– agir pour que l'emploi et la formation professionnelle soient reconnus par les entreprises de la branche comme les éléments déterminants d'une politique sociale novatrice ;

– élaborer une politique de branche en matière tant d'emploi que de formation. – *[Accord du 8 juin 2000, étendu par Arr. du 14 déc. 2001].*

2.2.3.2 – Emploi.

En matière d'emploi, la CPNEF est particulièrement chargée pour la branche d'étudier et de mettre en œuvre les moyens nécessaires pour :

– permettre l'évolution des emplois tant qualitativement que quantitativement ;

– limiter la précarité de l'emploi ;

– permettre une meilleure gestion de l'offre et de la demande d'emploi notamment en prenant en compte la pluri-activité et le pluri-emploi ;

– effectuer toutes démarches utiles auprès des organismes publics de placement en vue de concourir à l'insertion professionnelle des jeunes à l'issue de leur formation ;

– trouver des solutions pour faciliter le reclassement ou la reconversion des salariés. – *[Accord du 8 juin 2000, étendu par Arr. du 14 déc. 2001].*

2.2.3.3 – Formation.

En matière de formation, la CPNEF est particulièrement chargée pour la branche :

– d'établir et d'analyser le bilan des actions de formation réalisées notamment dans le cadre des plans de formation, des CIF et des formations en alternance ;

– de définir les moyens à mettre en œuvre pour mener une politique d'insertion des jeunes ;

– de rechercher, en concertation avec les pouvoirs publics et les différents acteurs du secteur, notamment les fédérations sportives et les organismes de formation, les moyens propres à assurer une utilisation optimale des ressources de formation ;

– de mettre en œuvre avec l'État un contrat d'études prospectives de l'emploi permettant de développer la formation professionnelle ;

– de favoriser l'adaptation des formations professionnelles à l'évolution de l'emploi ;

– de définir les référentiels des métiers qui permettront, dans la branche, la prise en compte de la formation et des acquis professionnels. – *[Accord du 8 juin 2000, étendu par Arr. du 14 déc. 2001].*

2.2.3.4 – Composition.

La CPNEF est composée, à parité, de deux représentants désignés par chacun des syndicats représentatifs de salariés et d'un nombre équivalent de membres des organisations d'employeurs représentatives de la branche.

Les modalités de fonctionnement sont précisées dans le règlement intérieur. – *[Accord du 8 juin 2000, étendu par Arr. du 14 déc. 2001].*

2.2.3.5 Sous-commission CQP.

(Avenant n° 7 du 5 juill. 2007, étendu par Arr. du 17 déc. 2007 ; Avenant n° 21 du 26 sept. 2007 étendu par Arr. du 19 févr. 2008)

Les organisations syndicales de salariés et les organisations d'employeurs soussignés s'entendent pour que soit créée au sein de la commission paritaire nationale emploi formation (CPNEF) une sous-commission CQP.

a) Missions :

La sous-commission CQP a pour mission :

– l'instruction des demandes de création de certificat de qualification professionnelle formulées auprès de la CPNEF ;

– l'observation et le suivi des CQP.

b) Composition :

La sous-commission se compose paritairement :

– d'un représentant désigné par chacune des organisations syndicales de salariés ;

– d'un nombre de représentants des employeurs égal à celui des représentants de salariés.

L'avenant n° 7 du 5 juill. 2007 reprend le contenu de l'accord du 31 août 2004, qui constituait le pt 3 du procès-verbal de la commission paritaire, intégré par la CCNS du 7 juill. 2005 à l'art. 2.2.3.5. L'avenant n° 21 précise que l'avenant n° 7 complète le 2.2.3 de la CCNS, créant semble-t-il l'art. 2.2.3.5.

2.2.4 – Commission paritaire nationale de prévention, d'hygiène, de sécurité et de veille sanitaire.

2.2.4.1 – Objectifs.

(Avenant n° 77 du 4 oct. 2012, étendu par Arr. du 3 juin 2013, art. 21)

La commission paritaire nationale de prévention, d'hygiène, de sécurité et de veille sanitaire est chargée :

– d'analyser toutes les banques de données (statistiques de la CNAMTS, risques professionnels...) ;

– de proposer aux partenaires sociaux des actions en vue d'une politique de prévention de la santé et de sécurité au travail ;

– d'élaborer, à son initiative ou sur saisine de la Commission mixte paritaire (CMP), des recommandations après analyse des activités physiques et sportives sur les différents dispositifs de sécurité selon les réglementations en vigueur.

Les recommandations sont adoptées dans les conditions et selon les modalités prévues par son règlement intérieur.

Pour être obligatoire, toute recommandation doit être négociée en commission mixte paritaire afin de faire l'objet d'un accord étendu et qui sera annexé à la présente convention ;

– de donner à la Commission mixte paritaire, sur sa demande, des avis sur tout sujet entrant dans ses attributions.

Elle pourra en tant que de besoin faire appel à des experts.

2.2.4.2 – Composition.

Cette commission est composée conformément au principe énoncé à l'article 2.2.1.1. Elle comporte deux représentants de chacune des organisations syndicales de salariés et un nombre de représentants des organisations d'employeurs égal à celui des représentants salariés.

Cette commission se réunit à la demande d'une organisation d'employeurs ou d'une organisation syndicale représentative de salariés.

La présidence de la commission sera assurée alternativement par un représentant salarié et par un représentant employeur.

2.2.5 – Commission paritaire de dialogue social.

2.2.5.1 – Objectifs.

La Commission paritaire de dialogue social a pour objet de poursuivre les travaux et expériences engagés et de faire aux partenaires sociaux toute proposition de nature à favoriser le dialogue entre employeurs et salariés de la branche.

Ces propositions seront soumises à la CMP. La commission assurera ensuite leur suivi.

2.2.5.2 – Composition.

Cette commission est composée conformément au principe énoncé à l'article 2.2.1.1. Elle comporte deux représentants de chacune des organisations syndicales de salariés et un nombre de représentants des organisations d'employeurs égal à celui des représentants de salariés.

La présidence sera assurée alternativement par un représentant salarié et par un représentant employeur.

2.2.6 – Commission paritaire nationale du sport professionnel.

(Avenant n° 18 du 6 sept. 2007, art. 1er, étendu par Arr. du 19 févr. 2008)

2.2.6.1 – Objectifs.

La Commission paritaire nationale du sport professionnel a pour objet de traiter de toute question relative au chapitre XII.

Elle formule toute proposition à la Commission nationale de négociation et la CPNEF.

Elle instruit, étudie et transmet les accords signés dans le cadre de ce chapitre et émet un avis.

2.2.6.2 – Composition.

Cette commission, conformément au principe énoncé à l'article 2.2.1.1, est composée de deux représentants de chacune des organisations syndicales de salariés et d'un nombre de représentants des organisations d'employeurs égal à celui des représentants de salariés.

La présidence sera assurée alternativement par un représentant salarié et par un représentant employeur.

Art. 2.3 *Aide au paritarisme.*

Préambule

Les parties signataires confirment leur attachement à développer une politique de négociation conventionnelle de qualité, ce qui implique la mise en œuvre de moyens. C'est l'esprit dans lequel les signataires entendent définir le cadre de fonctionnement de leurs travaux afin de garantir le droit des salariés et des employeurs à la négociation collective.

2.3.1 – Objet du fond d'aide au développement du paritarisme.

A partir de 2000, il est institué un fonds de fonctionnement et de développement du paritarisme, dans le cadre de la convention collective nationale du sport, destiné à financer notamment :

– les remboursements de frais, ainsi que les remboursements éventuels de salaires des représentants composant les délégations appelées à participer aux travaux et réunions liés à la convention collective du sport ;

– le remboursement aux organisations syndicales des frais engagés pour la préparation des réunions, le suivi des travaux et la mise en vie des textes conventionnels (diffusion, information,...) ;

– la mise en œuvre d'études sur la branche ou d'actions décidées par les partenaires sociaux dans le cadre de la commission mixte paritaire et sur propositions des commissions paritaires.

Un règlement intérieur conclu entre les organisations représentatives des employeurs et de salariés définira les modalités de prise en compte des dépenses et fixera les modalités de gestion des fonds collectés.

2.3.2 – Financement du fonds d'aide au développement du paritarisme.

(Avenant n° 80 du 5 déc. 2012, art. 1er, étendu par Arr. du 26 mars 2013, art. 18)

Le financement de ce fonds est assuré par une cotisation annuelle, à la charge des employeurs, assise sur la masse salariale brute de l'effectif salarié telle qu'elle est définie pour la contribution à la formation professionnelle continue. Le taux de la cotisation est fixé à *(Avenant n° 85 du 29 nov. 2013, étendu par Arr. du 10 juill. 2014, art. 18)* « 0,06 » %, sauf accord annuel prévoyant un taux différent négocié au regard des objectifs fixés par les organisations syndicales de salariés et les organisations professionnelles d'employeurs. Le versement minimum est fixé à 3 €. La cotisation est appelée dès le premier euro.

Cette cotisation est recouvrée par Uniformation, en même temps, mais distinctement, que la contribution relative au congé individuel de formation, selon les règles ci-dessous.

Règles de collecte de la cotisation :

– la cotisation de l'année N est appelée l'année N + 1 ;

– l'assiette de cotisation est constituée par la masse salariale brute, telle que définie ci-dessus, de l'année N. – *Pour l'année 2013, le taux mentionné à l'art. 2.3.2 dans sa rédaction résultant de l'avenant n° 80 du 5 déc. 2012 est fixé à 0,06 % (Avenant préc., art. 2).*

Art. 2.4 *Négociation dérogatoire d'accords d'entreprise ou d'établissement.*

(Avenant n° 57 du 10 févr. 2011, art. 3, étendu par Arr. du 26 oct. 2011)

2.4.1 – Principes généraux.

(Avenant n° 57 du 10 févr. 2010, art. 3, étendu par Arr. du 26 oct. 2011)

Conformément à l'article L. 2232-21 du code du travail, dans les entreprises de moins de 200 salariés, en l'absence de délégués syndicaux dans l'entreprise ou l'établissement, ou de délégué du personnel désigné comme délégué syndical dans les entreprises de moins de 50 salariés, il est possible de négocier des accords collectifs d'entreprise ou d'établissement entre l'employeur ou son représentant et les représentants élus du personnel au comité d'entreprise ou, à défaut, les délégués du personnel.

Dans ce cas, la commission paritaire nationale d'interprétation et de validation doit être informée de l'ouverture des négociations. A défaut, la commission ne se prononcera pas sur la validité de l'accord.

La partie signataire la plus diligente envoie à la présidence de cette commission un exemplaire de l'accord dont elle demande la validation.

La commission sera informée des modifications, révisions et dénonciation de ces accords.

(Exclu de l'extension par Arr. du 26 oct. 2011) « ***Faute de validation, l'accord sera réputé non écrit.*** » – *Al. exclu de l'extension comme étant contraire aux dispositions de l'article L. 2232-21 du code du travail (Arr. du 26 oct. 2011).*

2.4.2 – Contenu des accords..

(Avenant n° 57 du 10 févr. 2010, art. 3, étendu par Arr. du 26 oct. 2011)

Les accords d'entreprise ou d'établissement conclus dans le cadre du présent accord pourront traiter tous les thèmes dont la mesure est subordonnée par la loi à un accord collectif, à l'exception des modalités de consultation et d'information du comité d'entreprise en cas de licenciement économique de 10 salariés ou plus, mentionnés à l'article L. 1233-21 du code du travail.

2.4.3 – Moyens et protection.

(Avenant n° 57 du 10 févr. 2010, art. 3, étendu par Arr. du 26 oct. 2011)

Le temps passé en réunion de négociation de l'accord est considéré comme temps de travail effectif.

Les représentants élus du personnel bénéficient du crédit d'heures prévu à l'article L. 2232-23 du code du travail et de la protection prévue à l'article 3.5 de la convention collective nationale du sport.

CHAPITRE III *Liberté d'opinion – Droit syndical – Représentation des salariés*

Art. 3.1 *Données générales.*

3.1.1 – Liberté d'opinion et liberté civique.

Les organisations d'employeurs et les organisations syndicales de salariés signataires de la présente convention s'engagent au respect de la liberté d'opinion et reconnaissent le droit de chaque partie d'adhérer librement à un syndicat constitué en vertu *(Avenant n° 44 du 7 juill. 2010, art. 1er, étendu par Arr. du 18 févr. 2011, art. 19)* « du livre Ier de la deuxième partie du code du travail ».

L'employeur s'engage à respecter les opinions, les croyances philosophiques, religieuses ou politiques et à ne pas prendre en considération le fait d'appartenir ou non à un syndicat, pour arrêter toute décision relative à l'embauche ou au renouvellement du contrat de travail et à son exécution, notamment en ce qui concerne les salaires, les promotions, la formation professionnelle, les mesures disciplinaires, le licenciement et l'organisation du travail.

Les personnes possèdent pleine liberté d'adhérer à tel ou tel parti, mouvement, groupement politique, confessionnel ou philosophique de leur choix.

Tout salarié peut faire acte de candidature à un mandat politique.

Toute disposition portant atteinte aux libertés et droits ainsi rappelés est nulle de plein droit.

3.1.2 – Calcul de l'effectif de l'entreprise.

En matière de représentation du personnel, hormis en cas de remplacement d'un salarié absent ou dont le contrat de travail est suspendu, les effectifs des entreprises intègrent tous les salariés qui travaillent dans l'entreprise.

Les salariés mis à disposition ou détachés, les travailleurs temporaires, les salariés à temps partiel ou en contrat à durée déterminée, sont pris en compte au prorata de leur temps de présence dans l'entreprise.

3.1.3 – Absences pour raison syndicale.

3.1.3.1 – Absences liées à l'exercice d'un mandat syndical donnant lieu à maintien de salaire.

(Avenant n° 66 du 7 févr. 2011, art. 1er, étendu par Arr. du 18 juill. 2013, art. 28)

Les absences suivantes, qui doivent être justifiées par la production de la convocation précisant les lieux et la date des réunions et par un mandat d'une des organisations syndicales représentatives de la branche, ne donnent lieu à aucune réduction de salaire et demeurent assimilées à un temps de travail effectif pour le calcul des congés payés :

– participation aux commissions paritaires officielles ou constituées d'un commun accord au plan national au titre de la convention collective nationale du sport ;

– participation aux jurys des certifications portées par la convention collective nationale du sport.

3.1.3.2 – Autres autorisations.

Des autorisations d'absence exceptionnelle non rémunérée peuvent être accordées aux salariés ayant été mandatés par leur organisation syndicale, à raison de 10 jours par an.

A cet effet, une demande écrite doit être présentée contre décharge ou adressée en recommandé avec accusé de réception 15 jours avant la date de départ. Sans réponse écrite de l'employeur, remise au salarié contre décharge dans un délai de 5 jours pleins ouvrés, l'absence est réputée autorisée.

Art. 3.2 *Délégués syndicaux et sections syndicales.*

3.2.1 – Désignation des délégués syndicaux.

L'exercice du droit syndical est reconnu dans toutes les entreprises et s'effectue conformément aux dispositions légales en vigueur dans les entreprises de 50 salariés et plus.

Dans les entreprises de 7 à 49 salariés, conformément à *(Avenant n° 40 du 22 avr. 2009, art. 2, étendu par Arr. du 8 oct. 2009)* « l'article L. **2143-6** »*[,]* dernier alinéa*[,]* du code du travail, les syndicats représentatifs peuvent désigner un délégué du personnel, pour la durée de son mandat, comme délégué syndical.

Seul le délégué du personnel titulaire peut être ainsi désigné comme délégué syndical.

3.2.2 – Rôle du délégué syndical.

Le délégué syndical représente en permanence son organisation auprès de l'employeur, en particulier en matière de négociation collective d'entreprise. S'il y a des délégués du personnel élus, il peut les assister dans leurs fonctions à leur demande.

Au cours de ses heures de délégation, le délégué syndical peut se déplacer dans et hors de l'établissement pour l'exercice de son mandat.

3.2.3 – Les sections syndicales et leurs moyens d'action.

(Avenant n° 10 du 1er juin 2007, étendu par Arr. du 17 déc. 2007)

Les moyens d'action des sections syndicales sont notamment :

– la collecte des cotisations à l'intérieur de l'entreprise ;

– la diffusion de tous documents syndicaux dans l'entreprise ;

– l'affichage des communications syndicales dans des conditions permettant une information effective des salariés.

Dans chaque entreprise et ses annexes et en accord avec le chef d'entreprise, conformément à *(Avenant n° 40 du 22 avr. 2009, art. 2, étendu par Arr. du 8 oct. 2009)* « l'article L. **2142-3** » du code du travail, un emplacement est réservé pour l'affichage des informations d'ordre professionnel et syndical dans des locaux réservés au personnel et non ouverts au public.

En outre, dans les entreprises ne pouvant prévoir un emplacement de panneaux d'affichage sur chaque site d'activité, l'employeur diffuse, à l'occasion de la remise des bulletins de paie, un recto-verso de format A 4, trimestriel, par organisation syndicale représentative au sein de l'entreprise. Par accord entre l'employeur et la section syndicale, ce recto-verso peut être remplacé par une communication électronique utilisant la messagerie de l'entreprise.

Les salariés sur l'initiative d'une section syndicale représentative peuvent se réunir dans l'enceinte de l'entreprise, en dehors des horaires individuels de travail suivant les modalités fixées en accord avec la direction.

3.2.4 – Crédits d'heures.

Les délégués syndicaux bénéficient pour l'exercice de leurs fonctions des crédits d'heures définis par *(Avenant n° 40 du 22 avr. 2009, art. 2, étendu par Arr. du 8 oct. 2009)* « l'article L. 2143-13 » du code du travail », étant entendu que, pour l'application de *(Abrogé par Avenant n° 44 du 7 juill. 2010, art. 1er, étendu par Arr. du 18 févr. 2011, art. 19)* ***« l'alinéa premier de »*** cet article, le crédit d'heures attribué à chaque délégué syndical est fixé à :

– 2 heures par mois dans les entreprises de 7 à 49 salariés ;
– 10 heures par mois, dans les entreprises occupant de 50 à 150 salariés ;
– 15 heures par mois, dans les entreprises occupant de 151 à 500 salariés ;
– 20 heures par mois dans les entreprises occupant plus de 500 salariés.

Dans les entreprises occupant de 7 à 49 salariés, les délégués du personnel désignés comme délégués syndicaux peuvent utiliser pour cette fonction le crédit d'heures prévu à l'article 3.3.2.

Art. 3.3 *Délégués du personnel.*

3.3.1 – Élection des délégués du personnel.

Les délégués du personnel seront élus et exerceront leurs fonctions dans les conditions fixées par les dispositions de la loi et des textes subséquents, complétées par les dispositions suivantes :

Dans chaque entreprise comprenant 7 salariés et plus au sens de *(Avenant n° 44 du 7 juill. 2010, art. 1er, étendu par Arr. du 18 févr. 2011, art. 19)* « l'article L. 2312-8 » du code du travail et de l'article 3.1.2 de la présente convention, la représentation du personnel sera assurée dans les conditions suivantes :

– de 7 à 10 salariés : 1 titulaire ;
– de 11 à 20 salariés : 1 titulaire et 1 suppléant ;
– de 21 à 74 salariés : 2 titulaires et 2 suppléants ;
– de 75 à 99 salariés : 3 titulaires et 3 suppléants ;
– de 100 à 124 salariés : 4 titulaires et 4 suppléants ;
– à partir de125 salariés : conditions prévues par le code du travail.

L'effectif doit être atteint pendant 12 mois consécutifs ou non, au cours des trois années précédentes.

Sont électeurs les salarié(e)s âgé(e)s de 16 ans accomplis, ayant travaillé trois mois au moins dans l'entreprise et n'ayant encouru aucune des condamnations prévues aux articles 5, 6 et 8 du code électoral (code du travail, *(Avenant n° 40 du 22 avr. 2009, art. 2 étendu par Arr. du 8 oct. 2009)* « article L. 2314-15 »).

Sont éligibles, à l'exception des conjoints, ascendants, descendants, frères et sœurs et alliés au même degré du chef d'entreprise, les électeurs âgés de 18 ans accomplis et ayant travaillé de façon continue ou discontinue dans la même entreprise depuis douze mois au moins.

L'employeur est tenu d'organiser matériellement les élections.

Les lieux, dates et heures d'ouverture et de fermeture du scrutin sont fixés par le protocole d'accord établi obligatoirement entre les parties et affichés aux emplacements réservés habituels.

Les élections sont faites pendant les heures de travail et le temps passé est rémunéré comme tel.

Un exemplaire du procès-verbal de l'élection des délégués sera :

– adressé lors de chaque élection au chef du service départemental du travail et de l'emploi ;
– tenu à la disposition des organisations syndicales ayant présenté des candidats.

3.3.2 – Rôle et moyens des délégués du personnel.

Les délégués du personnel ont pour mission de présenter à l'employeur toutes les réclamations individuelles et collectives qui n'auraient pas été directement satisfaites, relatives aux salaires, aux classifications professionnelles, à la protection sociale, à l'application du code du travail ainsi que des conventions et accords collectifs de travail applicables dans l'entreprise, à l'hygiène, à la sécurité et à la prévoyance sociale et de saisir le service départemental du travail et de l'emploi de toutes plaintes ou observations relatives à l'application des prescriptions légales et réglementaires dont elle est chargée d'assurer le contrôle.

En cas d'urgence, les délégués, titulaires et suppléants, seront reçus collectivement et immédiatement sur leur demande par le chef d'entreprise ou son représentant.

Le chef d'entreprise est tenu de laisser aux délégués du personnel titulaires ou suppléants (en cas de remplacement du titulaire) le temps nécessaire à l'exercice de leurs fonctions pendant les heures de travail ; le temps passé dans ces conditions sera rétribué comme temps de travail dans la limite de :

– 2 heures par mois pour les entreprises d'au plus 10 salariés ;
– 10 heures par mois pour les entreprises de 11 salariés à 50 salariés ;
– 15 heures au-delà de 50 salariés.

Dans les entreprises de 10 salariés au plus, et qui connaissent de fortes variations d'effectifs au cours de l'année, les heures de délégation peuvent être cumulées à concurrence de 6 heures au maximum.

Les délégués du personnel sont convoqués par l'employeur à une réunion mensuelle au moins, avec le responsable de l'entreprise ou son représentant (art. *(Avenant n° 40 du 22 avr. 2009, art. 2 étendu par Arr. du 8 oct. 2009)* « L. 2315-8 du code du travail »).

Art. 3.4 *Comité d'entreprise.*

3.4.1 – Création.

Un comité d'entreprise est créé, selon les conditions prévues par la loi, dans les entreprises d'au moins 50 salariés ETP (équivalent temps plein). L'éligibilité, la composition, le fonctionnement, les pouvoirs du comité sont régis par les *(Avenant n° 40 du 22 avr. 2009, art. 2, étendu par Arr. du 8 oct. 2009)* « articles L. 2322-1 « et suivants du code du travail ».

Cependant dans les entreprises de moins de 50 salariés, il est possible de créer un comité d'entreprise par accord d'entreprise. Dans ce cas, l'employeur est tenu de verser au comité d'une part, une subvention de fonctionnement d'un montant annuel équivalent à 0,2 % de la masse salariale brute (art. *(Avenant n° 40 du 22 avr. 2009, art. 2, étendu par Arr. du 8 oct. 2009)* « L. 2325-43 du code du travail ») et d'autre part, une subvention destinée au financement des œuvres culturelles et sociales qui ne peut pas être inférieure à 1 % de la masse salariale brute.

3.4.2 – Attributions.

Les attributions du comité d'entreprise sont celles définies par les articles *(Avenant n° 40 du 22 avr. 2009, art. 2, étendu par Arr. du 8 oct. 2009)* « L. 2323-6 et L. 2323-12 et suivants du code du travail ».

3.4.3 – Modalités de fonctionnement.

Les modalités de fonctionnement du Comité d'entreprise sont celles définies aux articles *(Avenant n° 40 du 22 avr. 2009, art. 2, étendu par Arr. du 8 oct. 2009)* « L. 2325-1 et suivants du code du travail ». Les membres du Comité d'entreprise disposent notamment pour l'exercice de leurs fonctions d'un crédit d'heures de 20 heures par mois, assimilé à du travail effectif et rémunéré comme tel.

Art. 3.5 *Protection des représentants du personnel.*

Les titulaires de mandats bénéficient de toutes les protections légales des représentants du personnel, notamment concernant le licenciement et la modification du contrat ou des conditions de travail.

Tout licenciement d'un délégué du personnel, titulaire ou suppléant, d'un membre du comité d'Entreprise, d'un membre d'une délégation unique du personnel, d'un délégué syndical, ou de façon générale de tout titulaire d'un mandat électif, envisagé par la direction, devra être obligatoirement soumis pour avis au comité d'Entreprise, s'il existe.

Le licenciement ne peut intervenir qu'avec l'autorisation préalable de l'Inspecteur du Travail dont dépend l'établissement.

Lorsqu'il n'existe pas de Comité d'entreprise, la question est soumise directement au Service Départemental du Travail et de l'Emploi.

Art. 3.6 *Les congés pour formation économique, sociale et syndicale.*

En application des articles *(Avenant n° 40 du 22 avr. 2009, art. 2, étendu par Arr. du 8 oct. 2009)* « L. 3142-7 et suivants du code du travail », tous les salariés, sans condition d'ancienneté, désireux de participer à des stages ou sessions de formation économique et sociale ou de formation syndicale organisés soit par des centres rattachés à des organisations syndicales de salariés représentatives sur le plan national, soit par des institutions spécialisées, ont droit, sur leur demande, à un ou plusieurs congés dont la durée maximale est de 15 jours par an.

Cette durée est portée à 18 jours pour les animateurs de stages ou sessions, et pour les salariés appelés à exercer des responsabilités syndicales. Il peut s'agir de salariés élus ou désignés pour remplir des fonctions représentatives dans l'entreprise, de candidats à de telles fonctions, ou enfin des salariés ayant des responsabilités à l'extérieur de l'entreprise, soit dans les instances dirigeantes de leur syndicat, soit dans les organismes où ils représentent celui-ci.

Le nombre annuel total de jours de congés pris pour ces formations par l'ensemble du personnel est défini par la Loi.

La demande de congés doit être faite au moins 30 jours à l'avance par écrit : la date, la durée de l'absence et le nom de l'organisme responsable du stage doivent être indiqués dans la demande.

Dans les entreprises d'au moins 10 salariés, ces congés doivent donner lieu à une rémunération par l'employeur, à concurrence de 0,08 pour mille de la masse salariale brute versée pendant l'année en cours. La répartition de cette somme doit bénéficier à chacun des salariés qui partent en congé de formation économique, sociale et syndicale. Les dépenses correspondantes sont déductibles, dans cette limite de 0,08 pour mille, de la participation des employeurs au financement de la formation professionnelle continue.

CHAPITRE IV *Contrat de travail*

Art. 4.1 *Principes directeurs.*

4.1.1 – Non-discrimination.

Aucune personne ne peut être écartée d'une procédure de recrutement ou de l'accès à un stage ou à une période de formation en entreprise, aucun salarié ne peut être sanctionné, licencié ou faire l'objet d'une mesure discriminatoire, directe ou indirecte, notamment en matière de rémunération, de formation, de reclassement, d'affectation, de qualification, de classification, de promotion professionnelle, de mutation ou de renouvellement de contrat en raison de son origine, de son sexe, de ses mœurs, de son orientation sexuelle, de son âge, de sa situation de famille, de ses caractéristiques génétiques, de son appartenance ou de sa non appartenance, vraie ou supposée, à une ethnie, une nation ou une race, de ses opinions politiques, de ses activités syndicales ou mutualistes, de ses convictions religieuses, de son apparence physique, de son patronyme ou en raison de son état de santé ou de son handicap.

4.1.1.1 – Égalité professionnelle entre hommes et femmes.

Les employeurs s'engagent à respecter les dispositions législatives relatives à l'égalité professionnelle entre les hommes et les femmes et s'interdisent en conséquence de prendre des décisions concernant les relations du travail, notamment l'emploi, la rémunération, l'exécution du contrat de travail d'un salarié, en considération du sexe ou de la situation de famille, ou sur la base de critères de choix différents selon le sexe ou la situation de famille.

En particulier, tout employeur est tenu d'assurer pour un même travail ou un travail de valeur égale, l'égalité des rémunérations entre les hommes et les femmes et ce, conformément aux dispositions des *(Avenant n° 40 du 22 avr. 2009, art. 3, étendu par Arr. du 8 oct. 2009)* « articles L. 3221-2 et suivants du code du travail ».

Dans les établissements qui emploient du personnel féminin le texte des *(Avenant n° 40 du 22 avr. 2009, art. 3, étendu par Arr. du 8 oct. 2009)* « articles L. 3221-1 à L. 3221-7 du code du travail » doit être affiché conformément aux dispositions de l'*(Avenant n° 40 du 22 avr. 2009, art. 3, étendu par Arr. du 8 oct. 2009)* « article R. 3221-2 du code du travail ».

4.1.1.2 – Travailleurs handicapés.

Toute discrimination à l'encontre des handicapés est interdite conformément aux dispositions de l'*(Avenant n° 40 du 22 avr. 2009, art. 3, étendu par Arr. du 8 oct. 2009)* « article L. 1132-1 du code du travail ». Les employeurs s'engagent à faciliter l'insertion et le maintien de travailleurs handicapés au sein de la branche du sport en prenant en compte les mesures appropriées avec le concours de l'AGEFIPH.

Tout employeur de 20 salariés ou plus, est soumis à l'obligation prévue par l'*(Avenant n° 40 du 22 avr. 2009, art. 3, étendu par Arr. du 8 oct. 2009)* « article L. 5212-2 du code du travail » de réserver des emplois aux travailleurs handicapés, aux mutilés de guerre et assimilés.

4.1.2 – Objectifs généraux.

La présente convention a pour objet de favoriser le développement et la structuration de l'emploi dans la branche professionnelle sport.

La spécificité de cette branche professionnelle est liée à l'évolution des activités sportives qui sont apparues et se sont développées selon leur propre rythme, en fonction des conditions climatiques, du temps de loisir des pratiquants et des calendriers des compétitions.

Dans cette branche professionnelle certaines situations d'emploi sont directement soumises aux contraintes liées à la pratique, l'animation, l'enseignement ou l'encadrement d'activités sportives, et particulièrement affectées par les aléas de l'activité sportive elle-même et/ou par les nécessités de l'accueil et l'encadrement d'un public. Les autres situations d'emploi peuvent toutefois être occasionnellement affectées par ces contraintes.

Mais dans tous les cas, les parties s'accordent pour privilégier le recours au contrat à durée indéterminée, quitte à l'assortir, en tant que de besoin, de modalités particulières prévues par la présente convention (intermittence, modulation du temps de travail). Il n'y a lieu de conclure un contrat à durée déterminée que dans les cas prévus par la loi et selon les dispositions définies par la présente convention. Dans la mesure du possible, le travail à temps plein sera favorisé.

Art. 4.2 *Conclusion du contrat de travail, embauche.*

4.2.1 – La conclusion du contrat.

Le contrat est établi par écrit, en double exemplaire dont l'un est remis au salarié.

Il mentionne notamment :

– la nature du contrat ;
– la raison sociale de l'employeur ;
– l'adresse de l'employeur ;
– les nom et prénom du salarié ;
– la nationalité du salarié, et s'il est étranger, le type et le numéro d'ordre du titre valant autorisation de travail ;
– le numéro national d'identification du salarié et, à défaut, sa date et son lieu de naissance ;
– la date d'embauche ;
– le lieu de travail ;
– la dénomination de l'emploi ;
– le groupe de classification ;
– le salaire de base et les différents éléments de la rémunération ;
– la durée de travail de référence ;
– les conditions particulières de travail, et notamment les périodes et le nombre de semaines où le salarié sera amené à accomplir des sujétions particulières ;
– les modalités de prise du repos hebdomadaire ;
– les différents avantages en nature et les modalités de leur cessation en fin de contrat ;
– les modalités de la période d'essai ;
– la référence de l'organisme auquel l'employeur verse les cotisations de sécurité sociale et le numéro sous lequel ces cotisations sont versées ;
– le nom des caisses de retraite complémentaire et de prévoyance ;
– la référence à la convention collective et les modalités de sa consultation sur le lieu de travail.

Le salarié et l'employeur apposent leur signature sur les deux exemplaires du contrat précédée de la mention "lu et approuvé".

Toute modification du contrat de travail fait obligatoirement l'objet d'un avenant proposé par écrit au salarié.

L'art. 4.2.1 est étendu sous réserve du respect des dispositions de l'art. L. 1242-12 C. trav., qui prévoient, dans le cadre de la conclusion d'un contrat de travail à durée déterminée, la définition précise de son motif (Arr. du 21 nov. 2006).

4.2.2 – La période d'essai.

(Avenant n° 35 du 24 nov. 2008, étendu par Arr. du 23 avr. 2009)

La durée de la période d'essai est fixée comme suit :

– pour les ouvriers et employés : 1 mois ;
– pour les techniciens et agents de maîtrise : 2 mois ;
– pour les cadres : 3 mois.

Le renouvellement de la période d'essai est exceptionnel. Il doit être motivé et signifié par écrit.

Ces durées s'appliquent aux contrats à durée indéterminée.

L'art. 4.2.2 est étendu sous réserve du respect des dispositions de l'art. L. 1242-10 du C. trav. fixant la durée de la période d'essai pour un salarié en contrat à durée déterminée (Arr. du 21 nov. 2006).

Art. 4.3 ***Suspension du contrat de travail liée à la maladie ou à l'accident de travail ou de trajet.***

En cas d'absence au travail justifiée par l'incapacité résultant de maladie ou d'accident de travail ou de trajet dûment constaté par certificat médical, les personnels mensualisés bénéficieront des dispositions des articles 4.3.1 et 4.3.2, à condition :

– d'avoir justifié dans les 48 heures cette incapacité auprès de son employeur et de la caisse de sécurité sociale ;

– d'être pris en charge à ce titre par le régime général de la sécurité sociale ou un autre régime.

4.3.1 – Absences pour maladie.

Les absences pour maladie dûment justifiées n'entraînent pas la rupture du contrat de travail.

Tout salarié ayant un an d'ancienneté bénéficie à compter du 4e jour d'arrêt du maintien de son salaire net (avantages en nature, nourriture exclus), sous réserve qu'il ait effectué en temps utile les formalités auprès de la caisse de sécurité sociale et que l'employeur soit subrogé dans ses droits auprès de celle-ci.

Ce maintien ne saurait se prolonger au-delà du 90e jour d'arrêt.

Pour le calcul des indemnités dues au titre d'une période de paye, il est tenu compte des indemnités déjà perçues par le salarié au cours de la période débutant 12 mois avant le 1er jour de l'arrêt maladie et se terminant à la fin du mois précédent la période de paye, de telle sorte que si plusieurs absences pour maladie ou accident de travail ont été indemnisées au cours de cette période, la durée totale d'indemnisation ne doit pas dépasser 87 jours.

Lorsque l'arrêt de travail a été prolongé, c'est le premier jour de l'arrêt initial qui est pris en compte pour le calcul.

Ces dispositions ne sauraient faire obstacle à l'application de dispositions législatives plus favorables.

Le temps d'arrêt de travail indemnisé dans les conditions fixées ci-dessus est assimilé à un temps de travail effectif pour le calcul des droits aux congés payés.

Il est interdit de procéder au licenciement d'un salarié en raison de son état de santé. Si l'employeur est dans l'obligation de pourvoir au remplacement définitif du salarié malade, la rupture du contrat de travail est à la charge de l'employeur.

4.3.2 – Absences pour maladie professionnelle ou accident du travail.

En cas d'accident du travail ou d'une maladie professionnelle, la condition d'ancienneté prévue à l'article 4.3.1 est supprimée et la durée d'indemnisation est portée à 180 jours.

(Avenant no 44 du 7 juill. 2010, art. 2, étendu par Arr. du 18 févr. 2011, art. 19) « Il est rappelé que la rupture du contrat de travail ne peut intervenir en aucun cas pendant la durée de l'arrêt de travail pour accident de travail ou maladie professionnelle, sauf dispositions particulières prévues aux articles L. 1226-9, L. 1226-13 et L. 1226-18 du code du travail. »

Art. 4.4 *Rupture du contrat de travail.*

4.4.1 – La démission du salarié.

Le salarié peut démissionner à tout moment sous réserve du respect d'un préavis d'une durée de :

– 1 mois pour les ouvriers et employés ;

– 2 mois pour les techniciens et agents de maîtrise ;

– 3 mois pour les cadres.

Aucune indemnité n'est due par le salarié qui ne peut effectuer le préavis pour cause de maladie dûment constatée.

4.4.2 – La retraite.

4.4.2.1 – Initiative du départ.

4.4.2.1.1 – Mise à la retraite.

(Exclu de l'extension par Arr. du 21 nov. 2006)

Un salarié, ayant atteint l'âge de la retraite prévu par l'article L. 351-1 du code de la sécurité sociale et ayant cotisé le nombre suffisant d'annuités pour bénéficier d'une retraite à taux plein ne peut pas refuser sa mise en retraite d'office par l'employeur.

Dispositions exclues de l'extension comme étant contraires à l'objectif d'intérêt général d'emploi des seniors tel qu'énoncé notamment dans le plan d'action concerté pour l'emploi des seniors présenté par le Premier ministre le 6 juin 2006 (Arr. du 21 nov. 2006).

4.4.2.1.2 – Départ à la retraite.

Tout salarié n'ayant pas atteint l'âge légal de la retraite mais ayant cotisé le nombre suffisant d'annuités pour bénéficier d'une retraite à taux plein, peut faire valoir ses droits à la retraite sans que l'employeur puisse le lui refuser.

En cas de départ ou de mise à la retraite les préavis à respecter sont ceux prévus à l'article 4.4.1 du présent chapitre.

4.4.2.2 – Indemnités de départ ou de mise à la retraite.

4.4.2.2.1 – Indemnité de départ en retraite.

Le départ à la retraite, accompagné d'une demande effective de liquidation d'une pension vieillesse, donne droit au salarié à une indemnité égale à :

– 1,5 mois de salaire après 10 ans d'ancienneté dans l'entreprise ;

– 2 mois après 15 ans d'ancienneté dans l'entreprise ;

– 4 mois après 20 ans d'ancienneté dans l'entreprise ;

– 5 mois après 30 ans d'ancienneté dans l'entreprise.

Le salaire à prendre en considération pour le calcul de l'indemnité est la moyenne des rémunérations des 12 derniers mois précédant le départ à la retraite ou, selon la formule la plus avantageuse pour l'intéressé, des 3 derniers mois, étant entendu que, dans ce cas, toute prime ou gratification de caractère annuel ou exceptionnel, qui aurait été versée au salarié pendant cette période, ne serait prise en compte que au *prorata temporis*.

4.4.2.2.2 – Indemnité de mise à la retraite.

La mise à la retraite ouvre les droits à indemnité prévus à l'article 4.4.3.3 de la présente convention en cas de licenciement sans pouvoir être inférieure à l'indemnité de départ à la retraite prévue ci-dessus.

4.4.2.3 – La mise à la retraite des salariés de moins de 65 ans (et de plus de 60 ans).

4.4.2.3.1 – Conditions pour une mise à la retraite.

(Exclu de l'extension par Arr. du 21 nov. 2006)

La mise à la retraite, à l'initiative de l'employeur, d'un salarié, employé ou cadre qui, ayant atteint au moins l'âge fixé au premier alinéa de l'article L. 351-1 du code de la sécurité sociale, peut bénéficier d'une pension vieillesse à taux plein au sens du même code, ne constitue pas un licenciement mais une cause autonome de rupture du contrat lorsque les conditions décrites ci-dessous sont remplies :

La mise à la retraite d'un salarié de moins de 65 ans s'accompagne soit de l'embauche d'un salarié ou de la transformation d'un poste initialement à temps partiel en temps plein dans un délai d'un an à compter de la mise à la retraite d'un salarié, soit du maintien d'un salarié dans l'entreprise permettant l'évitement d'un licenciement visé par l'(Avenant n° 40 du 22 avr. 2009, art. 23, (étendu par Arr. du 8 oct. 2009) ***« article L. 1233-3 du code du travail ».***

A défaut, l'employeur devra attribuer, au 1er janvier suivant, une majoration de 50 % du droit individuel à la formation (DIF) annuel des salariés de l'entreprise ayant plus de 45 ans, le plafond du DIF pouvant, dans ces conditions, dépasser 120 heures cumulées. Dans tous les cas, un même salarié ne pourra cumuler plus de 180 heures sur 6 ans.

De plus, ces mêmes salariés disposeront d'un droit à un entretien professionnel pour l'élaboration d'un projet de formation permettant un maintien dans l'emploi ou une évolution professionnelle.

V. note ss. art. 4.4.2.1.1.

4.4.2.3.2 – Indemnité de mise à la retraite.

(Exclu de l'extension par Arr. du 21 nov. 2006)

La mise à la retraite d'un salarié de plus de 60 ans et de moins de 65 ans ouvre droit, pour l'intéressé, à une indemnité de mise à la retraite calculée sur la même base que l'indemnité conventionnelle de licenciement augmentée d'une prime de 1/10e de mois de salaire, par année, pour la période comprise entre l'âge de départ et 65 ans.

V. note ss. art. 4.4.2.1.1.

4.4.2.3.3 – Procédure de mise à la retraite.

(Exclu de l'extension par Arr. du 21 nov. 2006)

Lorsqu'un employeur envisage de mettre à la retraite un salarié de moins de 65 ans, il informe le salarié de son intention par lettre recommandée avec accusé de réception. Il doit être précisé dans cette lettre que le salarié sera reçu pour un entretien spécifique et qu'il devra demander, si cela n'est pas déjà effectué, une copie de son relevé de carrière. Ce relevé sera communiqué à l'employeur lors de l'entretien.

Dans les conditions réglementaires où la procédure peut être mise en œuvre, l'employeur notifie sa décision au salarié en respectant un délai de prévenance égal au préavis conventionnel. Ce délai de prévenance est doublé lorsque le salarié ou le cadre justifie d'au moins dix ans d'ancienneté dans l'entreprise.

V. note ss. art. 4.4.2.1.1.

4.4.2.4 – La mise à la retraite des salariés ayant eu de longues carrières.

(Exclu de l'extension par Arr. du 21 nov. 2006)

4.4.2.4.1 – Conditions pour une mise à la retraite.

La mise à la retraite à l'initiative de l'employeur, d'un salarié employé ou cadre, pour lequel l'âge minimum prévu au premier alinéa de l'article L. 351-1 du code de la sécurité sociale est abaissé dans les conditions prévues par les articles L. 351-1-1 et L. 351-1-2 du même code, qui peut bénéficier dans ces conditions d'une pension vieillesse à taux plein au sens du code de la sécurité sociale, ne constitue pas un licenciement mais une cause autonome de rupture du contrat lorsque les conditions décrites ci-dessous sont remplies :

La mise à la retraite s'accompagne soit :

– de l'embauche d'un salarié ou de la transformation d'un poste initialement à temps partiel en temps plein dans un délai d'un an à compter de la mise à la retraite d'un salarié ;

– du maintien d'un salarié dans l'entreprise permettant l'évitement d'un licenciement visé par l'article L. 1233-3 du code du travail.

A défaut, l'employeur devra attribuer, au 1er janvier suivant, une majoration de 50 % du DIF annuel des salariés de l'entreprise ayant plus de 45 ans ; le plafond du DIF pouvant dans ces conditions dépasser 120 heures cumulées. Dans tous les cas, un même salarié ne pourra cumuler plus de 180 heures sur 6 ans.

De plus, ces mêmes salariés disposeront d'un droit à un entretien professionnel pour l'élaboration d'un projet de formation permettant un maintien dans l'emploi ou une évolution professionnelle.

V. note ss. art. 4.4.2.1.1.

4.4.2.4.2 – Indemnité de mise à la retraite.

La mise à la retraite d'un salarié de moins de 60 ans ouvre droit, pour l'intéressé, à une indemnité de mise à la retraite calculée de la même façon que l'indemnité conventionnelle. Le calcul de cette indemnité s'effectue jusqu'à l'âge de 60 ans du salarié concerné.

V. note ss. art. 4.4.2.1.1.

4.4.2.4.3 – Procédure de mise à la retraite.

Les conditions de mise à la retraite ainsi que les délais de prévenance sont identiques pour un salarié ayant eu une longue carrière que celles prévues pour la mise à la retraite d'un salarié de moins de 65 ans.

V. note ss. art. 4.4.2.1.1.

4.4.3 – Le licenciement.

4.4.3.1 – La procédure.

L'employeur qui envisage de licencier un salarié doit respecter strictement les dispositions légales.

4.4.3.2 – Le préavis.

En cas de licenciement, la durée du préavis est de :

– 1 mois pour le salarié dont l'ancienneté est inférieure à 2 ans ;

– 2 mois pour le salarié dont l'ancienneté est supérieure à 2 ans ;

– 3 mois pour le salarié cadre.

En cas de faute grave ou lourde, le salarié perd le bénéfice du préavis.

4.4.3.3 – L'indemnité de licenciement.

(Avenant n° 34 du 24 nov. 2008, art. 1er, étendu par Arr. du 23 avr. 2009)

Le licenciement, quel qu'en soit le motif, de tout salarié ayant au moins un an d'ancienneté dans l'entreprise donne lieu au versement d'une indemnité, sauf faute grave ou lourde. Cette indemnité est équivalente à :

– 1/5 de mois de salaire par année, pour les cinq premières années d'ancienneté dans l'entreprise ;

– 1/4 de mois de salaire par année de la 6e à la 10e année de présence dans l'entreprise ;

– 1/3 de mois de salaire par année pour les années de présence dans l'entreprise, au-delà de 10 ans.

Pour le calcul du nombre d'années de présence, les périodes assimilées à du temps de travail effectif, telles que définies à l'article 7.1.2, sont à prendre en compte.

Le salaire à prendre en considération pour le calcul de l'indemnité est, selon le cas le plus favorable, soit la moyenne des 12 derniers mois, soit la moyenne des 3 derniers mois, étant entendu que toute prime ou gratification perçue pendant cette période est prise en compte au *prorata temporis*.

Lorsqu'un salarié a été occupé successivement à temps partiel et à temps plein, l'indemnité se calcule successivement au *prorata temporis* des périodes travaillées à temps partiel et à temps plein.

4.4.3.4 – Indemnité compensatrice de congés payés.

Le salarié, dont le contrat de travail est résilié avant la prise des congés payés acquis, doit recevoir une indemnité compensatrice de congés payés.

L'indemnité compensatrice de congés payés correspond à la fraction de congés payés acquis et non pris.

4.4.3.5 – L'autorisation d'absence pour recherche d'emploi dans le cadre d'un licenciement.

Pendant le préavis, pour la recherche d'un nouvel emploi, les salariés à temps complet auront droit à 2 heures d'absence rémunérées par jour ouvrable.

Les salariés à temps partiel bénéficieront de la même possibilité au prorata de leur temps de travail.

Dans les deux cas, ils pourront prendre leurs heures en une seule fois avec l'accord de l'employeur.

Art. 4.5 *Contrat de travail intermittent.*

(Avenant n° 81 du 5 déc. 2012, étendu par Arr. du 26 mars 2013, art. 18)

4.5.1. Définition et champ d'application.

Le contrat de travail intermittent est un contrat à durée indéterminée, conclu sur une période de 36 semaines contractuelles maximum par période de 12 mois, afin de pourvoir des postes permanents qui, par nature, comportent une alternance, régulière ou non, de périodes travaillées et de périodes non travaillées. Il ne s'agit en aucun cas d'un contrat de travail à temps partiel.

Il a pour objet d'assurer une stabilité d'emploi pour les catégories de personnels concernées dans les secteurs qui connaissent ces fluctuations d'activité.

Les emplois pouvant être occupés par des salariés en contrat de travail intermittent sont les suivants :

– tous les emplois liés à l'animation, l'enseignement, l'encadrement et l'entraînement des activités physiques et sportives, ainsi que ceux liés aux services (ménage, cuisine...) ;

– tous les emplois dans les établissements dont la période de fermeture est supérieure à la durée légale des congés payés.

4.5.2. Mentions obligatoires dans le contrat.

Le contrat doit contenir, outre les mentions prévues à l'article 4.2.1 de la présente convention, les mentions suivantes :

– la durée minimale annuelle de travail ;

– les périodes de travail ;

– la répartition des heures de travail à l'intérieur de ces périodes ;
– les conditions de modification de ces périodes ;
– la date de début du cycle annuel de 12 mois.

4.5.3. Modalités.

Le contrat de travail doit indiquer, d'une part, les périodes de travail et la répartition des heures travaillées et non travaillées à l'intérieur de ces périodes et, d'autre part, la durée minimale annuelle de travail du salarié.

Toute modification de l'horaire de travail doit donner lieu à une information du salarié au moins 10 jours ouvrés avant sa mise en œuvre. Sous réserve d'en avoir préalablement informé son employeur conformément à l'article 11.2.1 de la présente convention, le salarié qui justifie d'un empêchement lié à l'exercice d'une autre activité salariée peut refuser cette modification sans s'exposer à une sanction.

En tout état de cause, les heures dépassant la durée annuelle minimale fixée au contrat de travail ne peuvent excéder le tiers de cette durée, sauf accord avec le salarié.

A défaut d'accord entre l'employeur et le salarié, la rémunération fait l'objet d'un lissage sur l'année déterminé à partir de la durée hebdomadaire ou mensuelle moyenne.

Le temps de travail mensuel servant au calcul de la rémunération sera égal à 1/12 du temps de travail annuel garanti figurant au contrat, majoré de 10 % pour tenir compte des congés payés.

4.5.4. Dépassement du seuil de 36 semaines sur 12 mois.

Il est possible de dépasser le seuil de 36 semaines par période de 12 mois, dans la limite maximale de 42 semaines.

Les heures réalisées par le salarié au-delà de 36 semaines d'activité donneront lieu à une majoration payée de :
– 4 % lorsque le salarié réalise de 37 à 40 semaines d'activité (hors congés payés) ;
– 8 % lorsque le salarié réalise de 41 à 42 semaines d'activité (hors congés payés).

Dans tous les cas, quel que soit le nombre de semaines travaillées par an, le temps de travail du salarié ne pourra pas dépasser annuellement une moyenne de 35 heures par semaine.

Il ne pourra être dérogé à cet article que par accord d'entreprise conclu avec un délégué syndical adhérent d'une organisation syndicale représentative au niveau de la branche.

4.5.5. Droits des salariés.

Les salariés titulaires d'un CDI intermittent bénéficient des mêmes droits que ceux reconnus aux salariés à temps complet (art. L. 3123-36 du code du travail), le cas échéant *prorata temporis*. Dans les mêmes conditions que les salariés visés au premier alinéa de l'article L. 3133-3 du code du travail, pour ces salariés, le chômage des jours fériés ne peut être la cause d'une réduction de rémunération.

Dans les mêmes conditions que les personnels mensualisés visés à l'article 4.3 de la convention collective nationale du sport, les salariés en contrat intermittent bénéficient de la garantie de maintien de salaire en cas d'incapacité temporaire de travail, conformément aux dispositions des articles 4.3.1 et 4.3.2 et de la garantie prévoyance de l'article 10.3 de la convention collective nationale du sport.

Selon les dispositions de l'article L. 3123-36 du code du travail, pour la détermination des droits à l'ancienneté, les périodes non travaillées sont prises en compte en totalité.

Ancien art. 4.5 Le contrat de travail intermittent.

Ancien 4.5.1 – Définition et champ d'application.

Le contrat de travail intermittent est un contrat à durée indéterminée, dont le temps de travail contractuel ne peut excéder 1 250 heures sur une période de 36 semaines maximum, conclu afin de pourvoir des postes permanents qui, par nature, comportent une alternance, régulière ou non, de périodes travaillées et de périodes non travaillées. Il a pour objet d'assurer une stabilité d'emploi pour les catégories de personnels concernées dans les secteurs qui connaissent ces fluctuations d'activité.

Les emplois pouvant être occupés par des salariés en contrat de travail intermittent sont les suivants :

– tous les emplois liés à l'animation, l'enseignement, l'encadrement et l'entraînement des activités physiques et sportives, ainsi que ceux liés aux services (ménage, cuisine...) ;

– tous les emplois dans les établissements dont la période de fermeture est supérieure à la durée légale des congés payés.

Un accord d'entreprise pourra compléter la liste des emplois visés.

Ancien 4.5.2 – Droits des salariés.

Les salariés en CDI bénéficient des mêmes droits que les salariés à temps complet (Avenant n° 40 du 22 avr. 2009, art. 3, étendu par Arr. du 8 oct. 2009) ***« article L. 3123-36 »*** (Abrogé par avenant n° 44 du 7 juill. 2010, art. 2, étendu par Arr. du 18 févr. 2011, art. 19) ***« et D. 3123-1 » du code du travail, le cas échéant au prorata temporis.***

Ancien 4.5.3 – Modalités.

Avenant n° 8 du 1er juin 2007, étendu par Arr. du 19 févr. 2008)

(Exclu de l'extension par Arr. du 21 nov. 2006) ***« Le contrat de travail doit indiquer, d'une part, les périodes de travail et la répartition des heures travaillées et non travaillées à l'intérieur de ces périodes et, d'autre part, la durée minimale annuelle de travail du salarié. Toute modification de l'horaire de travail doit donner lieu à une information du salarié au moins 7 jours ouvrés avant sa mise en œuvre.***

« En tout état de cause, les heures dépassant la durée annuelle minimale fixée au contrat de travail ne peuvent excéder le tiers de cette durée, sauf accord avec le salarié ». – *Les 1er et 2e al. de l'article 4.5.3 (Modalités) figurant à l'art. 4.5 (Le contrat de travail intermittent) sont exclus de l'extension comme étant contraires aux dispositions de l'art. L. 3123-33 C. trav., qui prévoient que les périodes de travail et la répartition des heures de travail doivent obligatoirement être mentionnées dans le contrat de travail (Arr. du 21 nov. 2006).*

A défaut d'accord entre l'employeur et le salarié, la rémunération fait l'objet d'un lissage sur l'année déterminé à partir de la durée hebdomadaire ou mensuelle moyenne.

L'horaire mensuel servant au calcul de la rémunération sera égal au douzième de l'horaire annuel garanti figurant au contrat, majoré de 10 % pour tenir compte des congés payés.

Selon les dispositions de (Avenant n° 40 du 22 avr. 2009, art. 3, étendu par Arr. du 8 oct. 2009) ***« l'article L. 3123-36 »*** (Abrogé par avenant n° 44 du 7 juill. 2010, art. 2, étendu par Arr. du 18 févr. 2011, art. 19) ***« et D. 3123-1 » du code du travail, pour la détermination des droits liés à l'ancienneté, les périodes non travaillées sont prises en compte en totalité.***

Ancien 4.5.4 – Mentions obligatoires dans le contrat.

Le contrat doit contenir, outre les mentions prévues à l'article 4.2.1 de la présente convention, les mentions suivantes :

– la durée minimale annuelle de travail ;

– les périodes de travail ;

– la répartition des heures de travail à l'intérieur de ces périodes ;

– les conditions de modification de ces périodes.

Art. 4.6 Le contrat de travail à temps partiel

(Avenant n° 87 du 15 mai 2014, art. 1er, étendu par Arr. du 24 oct. 2014, art. 1er)

L'extension des effets et sanctions des avenants susvisés prend effet à compter de la date de publication de l'Arr. du 24 oct. 2014 pour la durée restant à courir et aux conditions prévues par lesdits avenants (Arr. préc., art. 2).

En cas de besoin, les entreprises peuvent avoir recours au travail à temps partiel, tel qu'il est défini par les articles L. 3123-1 et L. 3123-2 du code du travail.

Les durées minimales de travail fixées par l'article 4.6.2. de l'avenant n° 87 du 15 mai 2014 s'appliqueront aux contrats de travail conclus à compter de son extension. Pour les contrats en cours à la date d'extension, les durées minimales de travail prévues par l'article 4.6.2 leur seront applicables à compter du 1er janvier 2015 (Avenant n° 87 du 15 mai 2014, art. 4, étendu par Arr. du 24 oct. 2014, art. 1er).

Sur la réalisation de l'avenant n° 87 du 15 mai 2014, V. l'art. 3 de ce même avenant sur Dalloz.fr et sur les applications mobiles Dalloz

4.6.1 – Définition

Sont considérés comme *[des]* **contrats de travail à temps partiel les contrats dont la durée du travail répartie sur la semaine, le mois ou l'année, est inférieure à la durée légale ou conventionnelle du travail.** – *V. note ss. art. 4.6.*

4.6.2 – Dérogation à la durée minimale de 24 heures hebdomadaires (ou l'équivalent mensuel ou sur une période supérieure à cette durée)

Le recours aux contrats de travail à temps partiel dérogeant à l'article L. 3123-14-1 du code du travail n'est possible qu'aux emplois ne relevant pas du contrat à durée indéterminée intermittent organisé dans les conditions de l'article 4.5.1 de la présente convention,

ainsi que pour pourvoir les postes dont l'organisation du travail ne permet pas l'utilisation du CDI intermittent. – *V. note ss. art. 4.6.*

4.6.2.1– Durée minimale de travail

4.6.2.1.1 – Salariés à temps partiel dont le temps de travail est réparti sur la semaine ou le mois

Par dérogation à l'article L. 3123-14-1 du code du travail, la durée minimale de travail des salariés dont le temps de travail est réparti sur la semaine est fixée comme suit :

– Pour un temps de travail contractuel réparti sur un jour dans la semaine : Durée minimale hebdomadaire de 2 heures

– Pour un temps de travail contractuel réparti sur 2 jours dans la semaine : Durée minimale hebdomadaire de 3 heures

– Pour un temps de travail contractuel réparti sur 3 jours dans la semaine : Durée minimale hebdomadaire de 5 heures

– Pour un temps de travail contractuel réparti sur 4 jours dans la semaine : Durée minimale hebdomadaire de 8 heures

– Pour un temps de travail contractuel réparti sur 5 jours dans la semaine : Durée minimale hebdomadaire de 10 heures

– Pour un temps de travail contractuel réparti sur 6 jours dans la semaine : Durée minimale hebdomadaire prévue par la législation en vigueur

Pour les salariés dont le temps de travail est réparti sur le mois, cette disposition est également applicable, sauf pour les semaines au cours desquelles le contrat ne prévoit pas d'activité, lesquelles ne sont pas soumises à une durée minimale de travail.

4.6.2.1.2 – Salariés à temps partiel dont le temps de travail est réparti par accord collectif sur plus d'un mois

La durée minimale de travail des salariés dont le temps de travail est réparti sur plus d'un mois correspond pour un cycle annuel à 304 heures sur 12 mois, cette durée minimale étant proratisée pour les salariés dont la répartition du temps de travail est inférieure à l'année.

L'organisation du travail devra rester conforme à l'article 4.6.2.1.1 de la présente convention.

4.6.2.1.3 – Modalités d'application de la durée minimale de travail

Dès lors que la répartition hebdomadaire du temps de travail prévue au contrat de travail du salarié sera modifiée de manière permanente en cours d'emploi, cette durée minimale de travail sera réévaluée en fonction de ces dispositions.

La durée minimale de travail hebdomadaire du salarié ne sera en revanche pas modifiée par un changement temporaire de la répartition du temps de travail prévu au contrat, notamment dans le cas de la réalisation d'heures complémentaires.

4.6.2.2 – Dérogation applicable à certains salariés poursuivant des études

Conformément à l'article L. 3123-14-5 du code du travail, les salariés de moins de 26 ans poursuivant leurs études ne sont soumis à aucune durée minimale de travail conventionnelle ou légale. Ils justifient de ce statut auprès de leur employeur par tout moyen.

Le salarié qui ne satisfait plus l'une de ces conditions en informe l'employeur par écrit moyennant un préavis de 15 jours ouvrables. Passé ce délai, sous réserve de l'article 4.6.2.3, la dérogation prévue par l'article 4.6.2.1 de la convention collective s'applique de plein droit.

4.6.2.3 – Dérogation à la demande du salarié

Conformément à l'article L. 3123-14-2 du code du travail, une durée du travail inférieure à la durée minimale prévue par l'article L. 3123-14-1 du code du travail peut être fixée à la demande du salarié, soit pour lui permettre de faire face à des contraintes personnelles, soit pour lui permettre de cumuler plusieurs activités afin d'atteindre une durée globale d'activité correspondant à un temps plein ou au moins égale à la durée mentionnée au même article. Cette demande est écrite et motivée.

Le salarié qui ne justifie plus de l'un de ces motifs renonce à sa demande de dérogation légale par une information écrite et motivée adressée à l'employeur et respectant un préavis de 15 jours ouvrables. Passé ce délai, l'article 4.6.2.1 de la convention collective s'applique de plein droit.

L'employeur informe chaque année le comité d'entreprise ou, à défaut, les délégués du personnel du nombre de demandes de dérogations individuelles à la durée du travail.

4.6.2.4 – *(exclu de l'extension par Arr. du 24 oct. 2014, art. 1er) Dérogation d'office pour le salarié en cumul d'emplois supérieur ou égal à 24 h*

Lorsque le salarié, tous employeurs confondus, atteint déjà une durée de travail hebdomadaire de 24 heures, ou l'équivalent mensuel de cette durée ou l'équivalent calculé sur la période prévue par

un accord collectif conclu en application de l'article L. 3122-2 du code du travail, le contrat de travail de ce salarié n'est soumis à aucune durée du travail minimum [minimale] *conventionnelle ou légale.*

Le salarié qui ne justifie plus de l'exercice d'une activité globale supérieure à l'une de ces durées en informe l'employeur par écrit moyennant un préavis de 15 jours ouvrables. Passé ce délai, sous réserve de l'article 4.6.2.3, la dérogation prévue par l'article 4.6.2.1 de la convention collective s'applique de plein droit. – *Art. exclu de l'extension en tant qu'il contrevient aux dispositions de l'art. L. 3123-14-3 C. trav. (Arr. du 24 oct. 2014, art. 1er).*

4.6.2.5 – Modalités de garantie de régularité des heures de travail et de cumul d'activités salariées

L'application de [des] l'article [articles] 4.6.2.1 et 4.6.2.3 est subordonnée au regroupement des horaires de travail du salarié sur des journées ou demi-journées régulières ou complètes.

L'employeur s'engage à favoriser, dans toute la mesure du possible, l'exercice par le salarié qui le souhaite d'emplois chez d'autres employeurs afin d'atteindre une durée globale d'activité correspondant à 24 heures, à son équivalent mensuel ou à un temps plein. A cette fin, il donne priorité à ce salarié, sous réserve de la justification de la réalité de ces emplois, pour l'aménagement de ses horaires.

Afin de garantir la régularité des horaires, l'employeur remet au salarié, une semaine avant sa prise d'effet, un planning pour chaque semaine travaillée.

Les modalités de regroupement pourront être définies par accord d'entreprise.

4.6.3 – Mentions obligatoires dans les contrats

Le contrat doit contenir outre les mentions prévues à l'article 4.2.1 de la présente convention les mentions suivantes :

la période de référence ;

la répartition de la durée du travail entre les jours de la semaine, ou, en cas de répartition mensuelle du temps de travail, entre les semaines du mois ;

les cas dans lesquels les modifications éventuelles de cette répartition peuvent intervenir ainsi que la nature de ces modifications ;

le délai de prévenance de cette modification, qui est de 7 jours ouvrés ; toutefois, en cas de circonstances exceptionnelles (notamment : intempéries, indisponibilité des locaux ou des outils de travail indépendante de la volonté de l'employeur), ce délai peut être compris entre 3 et 6 jours ouvrés ;

l'impossibilité pour l'employeur de réduire le délai de prévenance de la modification en deçà de 7 jours ouvrés en cas de circonstances exceptionnelles plus de 8 fois par an ;

les limites concernant les heures complémentaires ;

les modalités de communication par écrit au salarié des horaires de travail pour chaque journée travaillée, dont le délai de transmission du planning. – *V. note ss. art. 4.6.*

4.6.4 – Les heures complémentaires

Les heures complémentaires sont des heures de travail que l'employeur demande au travailleur à temps partiel d'effectuer au-delà de la durée de travail prévue dans son contrat, et dans la limite d'un tiers de l'horaire contractuel, sans pouvoir atteindre la durée légale.

Lorsque les heures complémentaires proposées par l'employeur n'excèdent pas 10 % de l'horaire contractuel, le salarié est tenu de les effectuer.

Les heures complémentaires sont majorées de 10 %.

La réalisation d'heures complémentaires n'a pas pour effet de modifier la répartition de la durée contractuelle de travail. – *V. note ss. art. 4.6.*

4.6.5 – Compléments d'heures par avenant

Un avenant au contrat de travail peut augmenter temporairement la durée du travail prévue par le contrat, le cas échéant jusqu'à atteindre la durée légale du travail.

L'employeur et le salarié peuvent recourir au complément d'heures par avenant au contrat dans la limite de 9 semaines par an, consécutives ou non.

Le nombre d'avenants permettant de recourir au complément d'heures est limité à 8 par an.

Le remplacement d'au moins un mois consécutif d'un salarié absent en interne n'est pas pris en compte dans la limite des 9 semaines.

Les compléments d'heures sont proposés prioritairement aux salariés volontaires du secteur.

Les heures complémentaires accomplies au-delà de la durée du travail déterminée par l'avenant donnent lieu à une majoration de salaire de 25 %. – *V. note ss. art. 4.6.*

4.6.6 – Interruption journalière d'activité

Aucune interruption d'activité ne peut intervenir en deçà d'une heure continue de travail.

En outre, les horaires de travail des salariés à temps partiel ne peuvent comporter, au cours d'une même journée, plus d'une interruption d'activité et celle-ci ne peut être supérieure à 2 heures.

Toutefois, en cas de dérogation à cette règle en raison des conditions de travail, il sera accordé au salarié une compensation financière, définie comme suit :

En cas de plus d'une coupure dans la journée, une majoration en salaire de 10 % est appliquée sur les heures effectuées dans la journée après la deuxième coupure.

En cas d'une coupure supérieure à 2 heures, une majoration en salaire de 10 % est appliquée sur les heures effectuées dans la journée après la coupure.

Dans tous les cas, les salariés doivent bénéficier d'un repos quotidien de 11 heures consécutives. – *V. note ss. art. 4.6.*

4.6.7 – Droits des salariés à temps partiel – *V. note ss. art. 4.6.*

4.6.7.1 – Priorité d'accès au temps plein

Les salariés à temps partiel peuvent accéder aux postes à temps plein créés dans l'entreprise dans les conditions prévues à l'article L. 3123-8 du code du travail.

Tout refus de l'employeur doit être motivé par écrit au salarié dans un délai maximum *[maximal]* de 6 jours ouvrés après que le poste à temps plein ait *[a]* été pourvu.

L'employeur peut proposer aux salariés à temps partiel un emploi à temps complet ne ressortissant pas à leur catégorie professionnelle ou un emploi à temps complet non équivalent.

4.6.7.2 – Égalité de traitement

Les salariés à temps partiel bénéficient des mêmes droits que les salariés à temps complet.

Le personnel travaillant à temps partiel bénéficie de toutes les dispositions de la présente convention, au *prorata temporis* pour celles qui sont liées au temps de travail.

4.6.7.3 – Dépassements permanents de la durée du travail prévue

Lorsque l'horaire moyen réellement effectué par un salarié à temps partiel a dépassé de 2 heures au moins par semaine (ou de l'équivalent sur le mois) l'horaire prévu dans son contrat :

– pendant 12 semaines consécutives ;

– ou pendant 12 semaines au cours d'une période de 15 semaines.

Cet horaire doit être modifié sous réserve d'un préavis de 7 jours, sauf opposition du salarié concerné. Le nouvel horaire est égal à l'horaire moyen réellement effectué. Un avenant au contrat de travail doit être proposé au salarié par l'employeur.

Avenant nº 87 du 15 mai 2014, étendu par Arr. du 24 oct. 2014

Art. 3 Afin de pouvoir réaliser une évaluation des nouvelles dispositions introduites par le présent accord, les parties décident d'engager en 2016 une étude statistique dans le cadre de l'observation des données de branche sur le travail à temps partiel.

1) A la suite de l'évaluation mentionnée à l'article 3 du présent accord, les parties s'entendent pour l'ouverture d'une négociation visant à apporter les ajustements nécessaires aux dispositions relatives au travail à temps partiel pour tenir compte de la réalité de la branche.

2) Si cette négociation devait ne pas aboutir par la signature d'un nouvel accord substitutif à la date butoir du 1er juillet 2017, les dispositions suivantes se substitueraient aux dispositions prévues par l'article 1 du présent accord :

L'article 4.6.2.1.1 serait remplacé par les dispositions suivantes :

Art. 4.6.2.1.1 Par dérogation à l'article L. 3123-14-1 du code du travail, la durée minimale de travail des salariés dont le temps de travail est réparti sur la semaine est fixée comme suit :

Pour un temps de travail contractuel réparti sur un jour dans la semaine : Durée minimale hebdomadaire de 3 heures

Pour un temps de travail contractuel réparti sur 2 jours dans la semaine : Durée minimale hebdomadaire de 4 heures

Pour un temps de travail contractuel réparti sur 3 jours dans la semaine : Durée minimale hebdomadaire de 6 heures

Pour un temps de travail contractuel réparti sur 4 jours dans la semaine : Durée minimale hebdomadaire de 9 heures

Pour un temps de travail contractuel réparti sur 5 jours dans la semaine : Durée minimale hebdomadaire de 11 heures

Pour un temps de travail contractuel réparti sur 6 jours dans la semaine : Durée minimale hebdomadaire prévue par la législation en vigueur

Pour les salariés dont le temps de travail est réparti sur le mois, cette disposition est également applicable, sauf pour les semaines pour lesquelles le contrat ne prévoit pas d'activité, lesquelles ne sont pas soumises à une durée minimale de travail.

En outre, l'article 4.6.6 serait remplacé par les dispositions suivantes :

Art. 4.6.6 Interruption journalière d'activité

Aucune interruption d'activité ne peut intervenir en deçà d'une heure continue de travail.

En outre, les horaires de travail des salariés à temps partiel ne peuvent comporter, au cours d'une même journée, plus d'une interruption d'activité et celle-ci ne peut être supérieure à 2 heures.

Toutefois, en cas de dérogation à cette règle en raison des conditions de travail, il sera accordé au salarié une contrepartie, définie comme suit :

En cas de plus d'une coupure dans la journée, une majoration en salaire de 25 % est appliquée sur les heures effectuées dans la journée après la deuxième coupure.

En cas d'une coupure supérieure à 2 heures, une majoration en salaire de 25 % est appliquée sur les heures effectuées dans la journée après la coupure.

Dans tous les cas, les salariés doivent bénéficier d'un repos quotidien de 11 heures consécutives.

Art. 4.7 *Dispositions particulières à certains contrats de travail à durée déterminée.*

4.7.1 – Contrats saisonniers.

Un contrat de travail saisonnier peut être conclu conformément aux dispositions de l'*(Avenant n° 40 du 22 avr. 2009, art. 3, étendu par Arr. du 8 oct. 2009)* **« article L. 1242-2, 3° », du code du travail.**

4.7.2 – Contrat d'intervention.

Le contrat dit "d'intervention" est un contrat à durée déterminée conclu au titre de l'usage constant, entrant dans la définition de l'*(Avenant n° 40 du 22 avr. 2009, art. 3, étendu par Arr. du 8 oct. 2009)* **« article L. 1242-2 du code du travail », dans les conditions et limites suivantes :**

– il est réservé à l'organisation de compétitions ou manifestations sportives nationales ou internationales, d'une ampleur exceptionnelle et d'une durée limitée dans le temps ;

– il a pour objet la mise en œuvre des tâches spécifiquement liées à tous les services nécessaires à la qualité et au bon déroulement de ces compétitions ou manifestations ;

– sa durée est liée à celle de l'événement organisé.

Durant la période d'exécution du contrat d'intervention, la durée du travail effectif pourra être portée à 60 heures par semaine civile, dans la limite de trois semaines consécutives. Les heures supplémentaires seront majorées conformément aux dispositions du code du travail au-delà de la durée légale du travail.

En contrepartie des contraintes ci-dessus définies, l'employeur devra verser au salarié une prime d'intervention d'un montant égal à 10 % du montant de sa rémunération totale brute. Cette compensation ne sera pas due dans le cas de transformation du contrat d'intervention en contrat à durée indéterminée.

L'art. 4.7.2 est étendu sous réserve de l'application des dispositions de l'art. L. 1242-2 (3°) C. trav., telles qu'interprétées par la jurisprudence : Soc. 26 nov. 2003, nos 01-44263, 01-47035, 01-44381 et 01-42977 (Arr. du 21 nov. 2006).

CHAPITRE V *Le temps de travail*

Art. 5.1 *Dispositions générales.*

5.1.1 – Le temps de travail effectif.

Le temps de travail effectif, dans le cadre de l'horaire collectif ou individuel fixé par l'employeur, est défini comme le temps pendant lequel le salarié est à la disposition de l'employeur et doit se conformer à ses directives sans pouvoir vaquer librement à des occupations personnelles.

Lorsque les critères définis au 1er alinéa sont réunis, sont considérés notamment comme du temps de travail effectif :

– les durées nécessaires à l'habillage et au déshabillage sur le lieu de travail dans le cadre d'une tenue particulière ;

– les temps nécessaires à la mise en œuvre de l'activité, au contrôle et à la maintenance du matériel ;

– les temps de déplacement pour se rendre d'un lieu d'activité à un autre au cours de la durée journalière de travail pour le compte d'un même employeur ;

– les temps de repas et de pause lorsque le salarié reste à la disposition de l'employeur sur le lieu de travail.

5.1.2 – Heures supplémentaires.

5.1.2.1 – Définitions et conditions générales.

Les heures supplémentaires sont les heures effectuées au-delà de la durée légale du travail.

Les employeurs peuvent y avoir recours dans la limite du contingent annuel fixé par la loi et dans les conditions suivantes :

– jusqu'à 90 heures, le salarié est tenu d'effectuer les heures supplémentaires que l'employeur lui demande de réaliser ;

– au-delà et dans la limite du plafond fixé par la loi, le salarié peut refuser de les effectuer.

Les heures supplémentaires donnent lieu aux contreparties ci-dessous définies.

5.1.2.2 – Contreparties.

5.1.2.2.1 – Majoration ou repos compensateur de remplacement.

Toute heure effectuée au-delà de la durée légale du travail et toute majoration qui en découlerait conformément aux dispositions des *(Avenant nº 40 du 22 avr. 2009, art. 4, étendu par Arr. du 8 oct. 2009)* « articles L. 3121-22 et suivants du code du travail » donnent lieu à un repos compensateur équivalent.

Par accord d'entreprise ou à défaut par accord entre les parties, il peut être substitué au repos compensateur de remplacement une rémunération.

5.1.2.2.2 – Repos compensateurs obligatoires.

(Avenant nº 44 du 7 juill. 2010, art. 3, étendu par Arr. du 18 févr.2011, art. 19)

Outre la récupération telle que définie ci-dessus, la réalisation d'heures supplémentaires ouvre droit pour le salarié à un repos compensateur défini comme suit :

5.1.2.2.2.1 – Conditions d'acquisition du droit au repos.

Dans les entreprises d'au plus 20 salariés :

– heures supplémentaires effectuées au-delà du contingent annuel d'heures : la durée du repos compensateur est égale à 50 % de ces heures.

Dans les entreprises de plus de 20 salariés :

– heures supplémentaires effectuées dans le volume du contingent annuel d'heures : la durée du repos compensateur est égale à 50 % du temps de travail accompli en heures supplémentaires au-delà du plancher de 41 heures hebdomadaires ;

– heures supplémentaires effectuées au-delà du contingent légal annuel d'heures : la durée du repos compensateur est égale à 100 % de ces heures.

5.1.2.2.2.2 – Conditions d'utilisation du droit au repos.

Ce droit est ouvert dès que le salarié totalise 7 heures de repos. Il doit être pris dans les 6 mois qui suivent l'ouverture des droits, par journée ou demi-journée ; chaque journée ou demi-journée correspond au nombre d'heures que le salarié aurait travaillé au cours de cette journée ou demi-journée.

(Avenant nº 44 du 7 juill. 2010, art. 3, étendu par Arr. du 18 févr.2011, art. 19) « Ce repos*[,]* qui est assimilé à une période de travail effectif pour le calcul des droits du salarié*[,]* donne lieu à une indemnisation qui ne doit entraîner aucune diminution par rapport à la rémunération que le salarié aurait perçue s'il avait accompli son travail. L'absence de demande de prise de repos par le salarié ne peut entraîner la perte de son droit au repos. Dans ce cas, l'employeur est tenu de lui demander de prendre effectivement ses repos dans le délai maximum de 1 an. »

Un état des heures supplémentaires effectuées, des heures de repos compensateur de remplacement et, le cas échéant, les heures de repos compensateur légal prises ainsi que les crédits d'heures correspondants disponibles, devront être tenus à la disposition de l'Inspecteur du travail et annexés au bulletin de paye du salarié. Il comportera une mention notifiant l'ouverture des droits aux repos compensateurs, les modalités et le délai dans lequel ils doivent être pris. Ce temps de repos est pris au choix du salarié sauf nécessité de service.

5.1.3 – Durées maximales journalières et hebdomadaires.

5.1.3.1 – Durées maximales journalières.

8 heures pour les apprentis et les jeunes travailleurs de moins de 18 ans,
10 heures pour les autres salariés.

Toutefois, dans certaines situations, il est possible de dépasser ces durées, sans pour autant dépasser 12 heures. Cette disposition exceptionnelle ne peut pas s'appliquer plus de 2 fois dans une même semaine, et ni plus de 3 fois par mois, ni plus de 12 jours par an.

La durée quotidienne du travail s'apprécie dans le cadre de la journée civile, soit de 0 heure à 24 heures.

Dès lors que tout salarié bénéficie d'un repos quotidien de 11 heures consécutives, l'amplitude maximale journalière ne peut pas dépasser 13 heures *(Exclu de l'extension par Arr. du 21 nov. 2006)* ***« sauf si un accord collectif le prévoit. Dans ce cas, le dépassement exceptionnel ne peut être mis en place qu'avec l'accord du salarié et dans la limite de 12 jours par an »*** *– Termes exclus de l'extension comme étant contraires aux dispositions de l'art. L. 3131-1 C. trav. et de la jurisprudence de la Cour de cassation (Soc. 18 déc. 2001, n° 99-43351), aux termes desquelles l'amplitude de la journée de travail ne peut dépasser 13 heures (Arr. du 21 nov. 2006)*

5.1.3.2 – Durées maximales hebdomadaires.

Le nombre de semaines dont la durée atteint ou dépasse 44 heures est limité à 15 par an. Lorsque 4 semaines consécutives sont supérieures ou égales à 44 heures, la 5e semaine doit être de 35 heures au plus. *– Al. étendu sous réserve de l'application des dispositions du 2e al. de l'art. L. 3121-19 C. trav., qui prévoient la prise d'un décret pour une durée hebdomadaire dépassant 44 heures (Arr. du 21 nov. 2006).*

Ces dispositions ne s'appliquent pas en cas de modulation du temps de travail.

5.1.4 – Repos hebdomadaire et jours fériés.

5.1.4.1 – Le principe.

La durée hebdomadaire du travail peut être répartie de manière inégale entre les jours de la semaine. Elle peut être organisée sur 4 jours pour les salariés à temps complet.

Le travail par cycle peut être organisé sur la base suivante : 70 heures par cycle de 2 semaines réparties sur une semaine de 4 jours et une semaine de 5 jours. *– Al. étendu sous réserve de l'application des dispositions de l'art. L. 3122-2 C. trav., qui prévoient que la répartition de la durée du travail à l'intérieur d'un cycle se répète à l'identique d'un cycle à l'autre (Arr. du 21 nov. 2006).*

Les entreprises ou établissements s'efforcent de rechercher la possibilité d'accorder deux jours de repos consécutifs à leurs salariés.

5.1.4.2 – Modalités.

Lorsque les rythmes des activités sportives l'exigent et conformément aux dispositions du code du travail, les entreprises ou établissements relevant de la présente convention bénéficient d'une dérogation à la règle du repos dominical, pour les types d'emplois qui sont liés directement à la pratique, l'animation, l'enseignement ou l'encadrement d'activités sportives.

Lorsque le repos n'est pas habituellement donné le dimanche, le contrat de travail doit en faire mention. En outre, lorsque les salariés travaillent habituellement le dimanche et les jours fériés, l'employeur doit organiser leur travail afin qu'ils puissent bénéficier soit de deux jours de repos consécutifs par semaine avec dimanche travaillé, soit de 11 dimanches non travaillés par an, hors congés payés. *– Al. étendu sous réserve du respect des dispositions de l'art. L. 3132-2 C. trav., qui prévoient que le repos hebdomadaire est d'une durée minimale de 35 heures (Arr. du 21 nov. 2006).*

Le calcul du nombre de dimanches non travaillés s'effectue au *prorata temporis* quand la durée du contrat de travail est inférieure à un an.

Si un jour de repos hebdomadaire est travaillé, les heures effectuées ce jour-là par les personnels seront payées avec une majoration de 50 % du tarif normal ou remplacées par un repos compensateur équivalent (soit 1 heure 30 minutes de récupération par heure travaillée). Il en est de même pour les jours fériés travaillés.

Ces majorations se substituent à celles prévues à l'article 5.1.2.2 du présent texte. *– Les 4e et 5e al. de l'art. 5-1-4-2 sont étendus sous réserve du respect des dispositions de l'art. L. 3132-2 C. trav., aux termes desquelles, en tout état de cause, le salarié bénéficie d'un repos hebdomadaire minimal de 35 heures qui ne peut en aucun cas être supprimé (Arr. du 21 nov. 2006).*

Lorsque le 1er mai n'a pas pu être chômé du fait de l'activité de l'entreprise, le salaire de la journée est majoré de 100 %.

Art. 5.2 *La modulation du temps de travail.*

(Avenant n° 16 du 5 juill. 2007, étendu par Arr. du 17 déc. 2007)

5.2.1 – Définition et champ d'application.

Le sport constitue une activité soumise à ses propres rythmes imposés sur l'année et liés tantôt à des considérations climatiques, tantôt à des conditions de calendriers de compétitions sportives, de saisons touristiques ou de vacances scolaires.

Compte tenu des caractéristiques économiques et sociales du sport, l'activité et donc la durée hebdomadaire du travail peuvent varier sur tout ou partie de l'année.

C'est la raison pour laquelle les parties s'accordent sur la possibilité de moduler le temps de travail pour permettre d'adapter la durée hebdomadaire du travail aux variations de l'activité sportive.

Dans les entreprises relevant de la présente convention, tout employeur pourra mettre en œuvre une formule de modulation de la durée du travail aux conditions fixées ci-après *(Abrogé par Avenant n° 44 du 7 juill. 2010, art. 3, étendu par Arr. du 18 févr. 2011, art. 19)* ***« conformément aux »*** *(Avenant n° 40 du 22 avr. 2009, art. 4, étendu par Arr. du 8 oct. 2009)* ***« articles L. 3122-9 et suivants du code du travail et aux articles L. 3123-25 et suivants du code du travail »***.

Dans les conditions et limites ci-dessous énoncées, la modulation peut s'appliquer aux salariés titulaires d'un contrat de travail à durée indéterminée ou déterminée, ou encore d'un contrat de travail temporaire qu'il soit à temps plein ou à temps partiel et dont l'emploi dépend directement des fluctuations de l'activité sportive.

5.2.2 – Dispositions communes.

5.2.2.1 – Information des représentants du personnel et des salariés.

Les membres du comité d'entreprise ou, à défaut, les délégués du personnel s'ils existent, devront être préalablement consultés ; ils devront également l'être en cas de modification ultérieure de l'organisation du temps de travail.

Les modalités pratiques de la mise en œuvre de la modulation ainsi que les aménagements qui se révéleraient nécessaires pour le personnel d'encadrement feront l'objet d'une consultation avec les représentants des personnels ou à défaut avec les salariés concernés.

Dans tous les cas, le principe de la modulation doit être stipulé au contrat de travail des intéressés et le programme indicatif doit être porté à la connaissance du personnel par voie d'affichage, un mois avant le début de la période de modulation.

Si, au titre d'une période ultérieure, l'employeur décide d'opter pour une autre formule de modulation ou d'y renoncer, les salariés et leurs représentants sont consultés et informés avec un préavis de 3 mois.

5.2.2.2 – Cadre général du recours à la modulation.

Dans tous les cas décrits ci-dessus, le contrat et/ou l'accord d'entreprise devront définir précisément les contraintes particulières liées à l'emploi occupé et les modalités particulières de rémunération.

Le salarié est informé du programme indicatif de la répartition de la durée du travail par courrier ou par lettre remise en main propre.

Les horaires de travail sont notifiés au salarié selon les mêmes modalités et dans un délai de 7 jours.

Il devra être prévu, pour chaque période de modulation, l'établissement d'un compte individuel d'heures par salarié concerné. Sur ce document devront figurer les heures effectuées dans le cadre de la modulation depuis le début de la période de modulation.

Ce document pourra être communiqué à tout moment au salarié sur sa demande ; il devra être obligatoirement annexé au bulletin de salaire correspondant au mois au cours duquel la demande a été formulée.

5.2.3 – Travail à temps plein modulé.

5.2.3.1 – Étendue de la modulation.

La modulation du temps de travail devra s'effectuer sur une période définie de 12 mois consécutifs, dans les conditions et limites suivantes :

1. Sur cette période annuelle, la durée de travail ne pourra pas excéder 1575 heures auxquelles s'ajoute la journée de solidarité définie à l'*(Avenant n° 40 du 22 avr. 2009, art. 4, étendu par Arr. du 8 oct. 2009)* « article L. 3133-7 du code du travail ». Cette réduction du

temps de travail correspond au moins à 3 jours non travaillés, en dehors des congés payés et des jours fériés ;

2. Le plafond de la modulation est fixé à 48 heures, le plancher à 0 heure.

3. Une période de haute activité correspond à une durée hebdomadaire égale ou supérieure à 41 heures. Chaque période de haute activité ne pourra être organisée sur plus de huit semaines consécutives, les intervalles entre deux périodes hautes ne pouvant être inférieurs à deux semaines de 35 heures hebdomadaires ou de congés payés ;

4. Le nombre de semaines travaillées de 48 heures ne peut excéder 14 semaines par an ;

5. La moyenne du temps de travail ne pourra pas dépasser sur 12 semaines consécutives 44 heures conformément aux dispositions de l'*(Avenant n° 40 du 22 avr. 2009, art. 4, étendu par Arr. du 8 oct. 2009)* « article L. 3121-36 du code du travail » ;

6. Pour les périodes d'activité réduite, la modulation pourra s'effectuer sous la forme de journée ou demi-journée non travaillée ;

(Avenant n° 44 du 7 juill. 2010, art. 3, étendu par Arr. du 18 févr. 2011, art. 19) « 7. Constituent des heures supplémentaires non programmées soumises aux dispositions des articles L. 3121-11 et L. 3121-22 du code du travail et 5.1.2 de la CCNS » :

— les heures effectuées au-delà du plafond de la modulation, soit 48 heures, sous réserve de l'autorisation de l'inspecteur du travail ;

— ainsi que les heures effectuées au-delà de la durée annuelle fixée au 1. à l'exclusion des heures ci-dessus.

Dans ce cas, le contingent d'heures supplémentaires est limité à 70 heures par an.

5.2.3.2 — Programmation.

Un programme annuel devra être établi par l'employeur pour la période correspondant à celle prévue à l'article 5.2.3.1.

Les programmes annuels indicatifs de travail et les horaires hebdomadaires indicatifs correspondants seront définis et communiqués par l'employeur, après consultation des représentants du personnel s'ils existent, un mois avant leur application.

Les horaires individualisés de travail pourront être modifiés en cours de modulation sous réserve d'un délai de prévenance de 7 jours. Lorsqu'une modification intervient dans un délai inférieur à 7 jours sous réserve d'un délai de prévenance minimum d'un jour, le salarié bénéficie d'un droit de refus.

En cas d'acceptation, il bénéficie d'une contrepartie selon le tableau suivant :

Seuil de déclenchement	Contrepartie
Une semaine non travaillée est travaillée ou l'inverse	une demi-heure de repos par fluctuation hebdomadaire
Une journée non travaillée est travaillée ou l'inverse	une demi-heure de repos toutes les deux fluctuations journalières
Une demi-journée de travail est inversée	une demi-heure de repos toutes les quatre fluctuations de demi-journée

Les droits acquis en application des dispositions de cet article se cumulent avec ceux acquis au titre de l'article 5.1.2.2.2.1 et sont utilisés dans les conditions définies à l'article 5.1.2.2.2.2.

5.2.3.3 — Modifications exceptionnelles.

En cas de survenance de circonstances exceptionnelles rendant impossible le respect de l'horaire programmé, l'employeur peut modifier l'horaire de travail sous réserve du respect d'un délai de prévenance minimum d'un jour.

Dans cette hypothèse, l'employeur informe sans délai l'inspecteur du travail ainsi que les salariés concernés de la survenance de circonstances justifiant la réduction de l'horaire.

L'indemnisation au titre du chômage partiel peut être sollicitée pour chaque heure perdue en deçà de la durée du travail prévue dans le programme indicatif des salariés concernés sur la période considérée conformément aux articles *(Avenant n° 40 du 22 avr. 2009, art. 4, étendu par Arr. du 8 oct. 2009)* « R. 5122-26 » et suivants du code du travail.

En fin de période de modulation ou à la date de rupture du contrat de travail, une régularisation de la rémunération devra être effectuée sur la base prévue au contrat.

5.2.3.4 – Rémunération.

Le salaire est établi indépendamment de l'horaire effectué. Le salaire minimum mensuel correspond au positionnement du salarié au regard de la grille de classification définie par la présente convention.

En cas d'absence ne donnant pas lieu à maintien du salaire par l'employeur, la déduction à opérer sur la rémunération mensuelle sera égale au produit du nombre d'heures d'absence par le taux horaire de la rémunération mensuelle lissée.

L'art. 5.2.3.4 est étendu sous réserve, d'une part, de l'application des dispositions réglementaires portant fixation du salaire minimum interprofessionnel de croissance et, d'autre part, du respect des dispositions de l'art. L. 2241-9 C. trav. (égalité salariale entre les femmes et les hommes) (Arr. du 17 déc. 2007, art. 1er).

5.2.3.5 – Salariés n'ayant pas travaillé pendant toute la période de référence.

Les salariés ayant travaillé une partie de la période de référence peuvent être placés dans deux situations suivantes :

– la durée moyenne calculée sur la période de travail est supérieure à 35 heures à l'expiration de délai-congé. Dans ce cas, les heures de dépassement bénéficient des majorations prévues par l'article 5.1.2 ainsi que, le cas échéant, des repos compensateurs ;

– la durée moyenne calculée sur la période de travail est inférieure à 35 heures à la date de signification de la rupture du contrat de travail. Dans ce cas, la compensation doit être opérée si possible pendant le temps du préavis. Lorsque cette compensation est impossible, et hors faute grave ou lourde, l'employeur n'est tenu de garantir le paiement des salaires sur la base de 35 heures que s'il a lui-même pris l'initiative de la rupture et dans les limites des *(Avenant n° 40 du 22 avr. 2009, art. 4, étendu par Arr. du 8 oct. 2009)* « articles **L. 3252-2** et **L. 3252-3** du code du travail ».

5.2.4 – Travail à temps partiel modulé.

Tout salarié à temps partiel à qui il est proposé une modification de contrat intégrant la modulation peut refuser cette proposition dans les conditions suivantes :

– avoir informé son employeur de l'existence ou de la conclusion d'un ou plusieurs autres contrats de travail ;

– avoir communiqué les plages de travail prévues par ce ou ces contrats de travail.

5.2.4.1 – Étendue de la modulation.

Les entreprises pourront moduler sur tout ou partie de l'année la durée hebdomadaire ou mensuelle des contrats à temps partiel *(Abrogé par avenant n° 44 du 7 juill. 2010, art. 3, étendu par Arr. du 18 févr. 2011)* ***« conformément aux dispositions des*** *(Avenant n° 40 du 22 avr. 2009, art. 4, étendu par Arr. du 8 oct. 2009)* ***« articles L. 3123-25 et suivants du code du travail ».***

La modulation peut être appliquée, avec l'accord écrit du salarié, dans les limites suivantes :

1. La durée annuelle du travail ne pourra pas être supérieure à la durée annuelle prévue au contrat ;
2. La durée hebdomadaire ne peut en aucun cas atteindre 35 heures, heures complémentaires incluses ;
3. La durée hebdomadaire de travail ne pourra varier ni au-delà ni en dessous du tiers de la durée hebdomadaire *(Exclu de l'extension par Arr. du 17 déc. 2007, art. 1er)* ***« moyenne »*** prévue au contrat ; – *Mot exclu de l'extension comme étant contraire aux dispositions de l'art. L. 3123-25 C. trav., aux termes desquelles la variation de la durée du travail doit se faire à partir de la durée stipulée au contrat de travail et non de la durée hebdomadaire moyenne prévue au contrat (Arr. du 17 déc. 2007, art. 1er).*
4. La durée minimale de travail journalière ne peut être inférieure à 2 heures ;
5. La durée minimale de travail mensuelle ne peut être inférieure à 28 heures

5.2.4.2 – Programmation.

Un programme annuel devra être établi par l'employeur pour la période correspondant à celle prévue à l'article 5.2.4.1.

Les programmes annuels indicatifs de travail et les horaires hebdomadaires indicatifs correspondants seront définis et communiqués par l'employeur, après consultation des représentants du personnel s'ils existent, un mois avant leur application.

Toute modification de la répartition de la durée du travail ne peut intervenir qu'après un délai de prévenance d'au moins 7 jours. Elle doit être notifiée par écrit.

L'art. 5.2.4.2 est étendu sous réserve du respect des dispositions de l'art. L. 3123-25, 6°, C. trav., aux termes desquelles le programme indicatif de la répartition de la durée du travail est communiqué par écrit au salarié (Arr. du 17 déc. 2007, art. 1er).

5.2.4.3 — Rémunération.

Le salaire est établi indépendamment de l'horaire effectué. Le salaire minimum mensuel correspond au positionnement du salarié au regard de la grille de classification définie par la présente convention.

En cas d'absence ne donnant pas lieu à maintien du salaire par l'employeur, la déduction à opérer sur la rémunération mensuelle sera égale au produit du nombre d'heures d'absence par le taux horaire de la rémunération mensuelle lissée.

L'art. 5.2.4.3 est étendu sous réserve, d'une part, de l'application des dispositions réglementaires portant fixation du salaire minimum interprofessionnel de croissance et, d'autre part, du respect des dispositions de l'art. L. 2241-9 C. trav. (égalité salariale entre les femmes et les hommes) (Arr. du 17 déc. 2007, art. 1er).

5.2.4.4 — Salariés n'ayant pas travaillé pendant toute la période de référence.

Les salariés ayant travaillé une partie de la période de référence peuvent être placés dans deux situations suivantes :

— la durée moyenne calculée sur la période de travail est supérieure à la durée contractuelle à l'expiration de délai-congé. Dans ce cas, les heures de dépassement bénéficient des majorations prévues par l'article 4.6.4 ;

— la durée moyenne calculée sur la période de travail est inférieure à la durée contractuelle à la date de signification de la rupture du contrat de travail. Dans ce cas, la compensation doit être opérée si possible pendant le temps du préavis. Lorsque cette compensation est impossible, et hors faute grave ou lourde, l'employeur n'est tenu de garantir le paiement des salaires sur la base de la durée contractuelle que s'il a lui-même pris l'initiative de la rupture et dans les limites des *(Avenant n° 40 du 22 avr. 2009, art. 4, étendu par Arr. du 8 oct. 2009)* « articles L. 3252-2 et L. 3252-3 du code du travail ».

Art. 5.3 *Situations particulières.*

5.3.1 — Les cadres.

5.3.1.1 — Définitions et champ d'application.

Le personnel d'encadrement est assujetti aux règles définies par les dispositions législatives, réglementaires et conventionnelles en vigueur. Étant donné leur fonction, leurs heures de présence ne peuvent être fixées de manière rigide et doivent correspondre à l'organisation du travail et à la surveillance de son exécution.

En revanche, dans le cas de nécessités particulières, si un travail supplémentaire est demandé, un accord entre l'employeur et le cadre concerné déterminera les conditions de la rétribution complémentaire qui pourra être remplacée par un congé.

5.3.1.1.1 — Les cadres dirigeants.

Les cadres dirigeants répondent aux critères définis dans la grille de classification figurant dans le chapitre IX de la présente convention collective. — *Al. étendu sous réserve du respect des critères définis à l'article L. 3111-2 C. trav. (Arr. du 21 nov. 2006).*

Les dispositions de la troisième partie, livre Ier, titre II, du code du travail portant sur la durée du travail et le travail de nuit, et celles de la troisième partie, livre Ier, titre III, du code du travail portant sur le repos quotidien, le repos hebdomadaire et les jours fériés ne s'appliquent pas à ces cadres, qui perçoivent une rémunération forfaitaire correspondant à un nombre indéterminé d'heures de travail.

Par ailleurs, les cadres dirigeants bénéficient des dispositions conventionnelles concernant les congés payés et les congés pour événements familiaux.

5.3.1.1.2 — Les cadres intégrés.

(Avenant n° 44 du 7 juill. 2010, art. 3, étendu par Arr. du 18 févr. 2011, art. 19)

Les cadres intégrés sont ceux dont la nature de leurs fonctions les conduit à suivre l'horaire collectif applicable au sein de l'atelier, du service ou de l'équipe auquel ils sont intégrés.

5.3.1.1.3 — Les cadres autonomes.

Sont considérés comme cadres autonomes les cadres qui ne sont ni des cadres dirigeants, ni des cadres intégrés tels que définis ci-dessus par la présente convention.

Relèvent notamment de cette catégorie les cadres qui bénéficient d'une autonomie significative dans l'organisation de leur emploi du temps.

5.3.1.2 – Forfaits applicables aux cadres.

5.3.1.2.1 – Le forfait annuel en jours.

Un système de forfait en jours peut s'appliquer aux cadres autonomes ; il doit faire l'objet d'une mention dans le contrat de travail.

Le nombre de jours travaillés dans cette hypothèse est limité à 214 jours auxquels s'ajoute la journée de solidarité définie à l'article L. 3133-7 du code du travail.

Le décompte des jours travaillés et de repos peut être effectué soit par journée, soit par demi-journée.

En cas de dépassement du plafond conventionnel, le salarié doit bénéficier, au cours du premier trimestre de l'année suivante, d'un nombre de jours de repos égal au dépassement constaté. Le plafond annuel de jours de l'année considéré est alors réduit d'autant.

Un suivi annuel de l'organisation du travail, de l'amplitude des journées d'activités et de la charge de travail qui en résulte, sera mis en place.

En outre, un bilan sur l'organisation du travail et de la charge de travail des salariés concernés sera communiqué au comité d'entreprise ou à défaut aux délégués du personnel.

Les cadres soumis à ce régime disposeront d'une grande liberté dans l'organisation de leur temps de travail à l'intérieur de ce forfait annuel, sous réserve de respecter les règles légales relatives au repos quotidien (11 heures consécutives au minimum) et au repos hebdomadaire (6 jours de travail par semaine au maximum et un repos de 35 heures au minimum). Un planning mensuel prévisionnel et un bilan annuel seront établis en fin de période afin de déterminer le nombre de jours effectivement travaillés.

Les jours de repos peuvent être affectés à un compte épargne-temps.

5.3.1.2.2 – Le forfait annuel en heures.

Un système de forfait en heures peut s'appliquer aux cadres autonomes et aux cadres intégrés ; il doit faire l'objet d'une mention dans le contrat de travail.

La durée annuelle de travail ne pourra excéder 1575 heures auxquelles s'ajoute la journée de solidarité définie à l'article L. 3133-7 du code du travail, heures supplémentaires non prises en compte. La durée journalière de travail pourra atteindre 12 heures maximum. Dans ce cas, les dispositions des articles 5.1.3.1 et 5.1.3.2 relatifs aux amplitudes maximales ne s'appliquent pas sans pouvoir déroger toutefois au repos quotidien de 11 heures consécutives.

La durée hebdomadaire de travail pourra atteindre 48 heures maximum sans pouvoir déroger à un repos de 35 heures (soit 24 heures de repos hebdomadaire auxquelles s'ajoute le repos quotidien de 11 heures).

Un relevé des heures effectuées pour chaque salarié devra être établi sur un document mis à sa disposition par l'employeur. Ce document devra être conservé pendant un an. Les conditions de suivi de l'organisation du travail et de la charge de travail de chaque salarié feront l'objet d'une information annuelle du comité d'entreprise ou des délégués du personnel lorsqu'ils existent. A défaut, un entretien individuel annuel permettra de faire un bilan avec chacun des salariés concernés.

5.3.2 – Les personnels non-cadres itinérants.

5.3.2.1 – Définitions.

Peuvent être considérés comme des personnels itinérants non-cadres, les personnels dont la situation d'emploi, en raison de ses caractéristiques particulières liées à l'activité sportive, répond aux critères suivants :

1. Ces personnels :
   - soit travaillent en dehors de l'entreprise :
     - au moins 40 % de leur temps dans le cadre de chaque semaine de travail ;
     - ou dans l'année plus de 86 jours ;
   - soit passent en déplacement :
     - au moins une nuit dans le cadre de chaque semaine de travail ;
     - ou plus de 47 nuits dans l'année.
2. Ils disposent nécessairement d'une réelle autonomie dans l'organisation de leur emploi du temps pour l'exécution de leur travail en sorte que la durée de leur temps de travail ne peut être prédéterminée.

5.3.2.2 – Forfaits applicables.

Le temps de travail des salariés non-cadres itinérants pourra être évalué sur la base d'un forfait annuel en heures dans les conditions définies aux articles 5.3.1.2.2 ci-dessus.

5.3.3 – Autres situations particulières.

5.3.3.1 – Astreintes.

5.3.3.1.1 – Définition et champ d'application.

Conformément à l'article L. 3121-5 du code du travail, une période d'astreinte s'entend comme une période pendant laquelle le salarié, sans être à la disposition permanente et immédiate de l'employeur, a l'obligation de demeurer à son domicile ou à proximité afin d'être en mesure d'intervenir pour effectuer un travail au service de l'entreprise, la durée de cette intervention étant considérée comme un temps de travail effectif.

5.3.3.1.2 – Modalités de mise en place.

La possibilité d'être soumis à des astreintes ainsi que la contrepartie accordée aux salariés doivent être inscrites au contrat de travail. La contrepartie sera accordée sous forme de repos. Cette contrepartie sera de deux heures trente de repos pour 24 heures d'astreinte, le cas échéant au prorata de la durée de l'astreinte.

Ce repos pourra être remplacé par une contrepartie financière au moins équivalente avec l'accord des parties.

5.3.3.2 – Temps de déplacement en dehors des heures habituelles de travail.

Il est rappelé que le temps de trajet entre le domicile et le lieu de travail ne constitue pas en soi du temps de travail effectif.

Toutefois, hormis pour les emplois de cadre en forfait jours, le temps de trajet effectué dans le cadre d'une mission donne lieu à contrepartie, mais n'est pas comptabilisé comme temps de travail effectif. Cette contrepartie sera un repos compensateur d'une durée de 10 % du temps de déplacement jusqu'à 18 heures cumulées dans le mois, au-delà de 25 %.

Ce repos compensateur pourra être remplacé par une compensation financière au moins équivalente avec l'accord des parties.

5.3.3.3 – Travail de nuit.

5.3.3.3.1 – Définitions et champ d'application.

Est considéré comme travail de nuit dans la branche, la période de travail effectif qui s'étend de 22 heures à 7 heures ; toutefois il est possible par accord d'entreprise de lui substituer une période de 9 heures consécutives comprise entre 21 heures et 6 heures.

Est considéré comme travailleur de nuit tout travailleur :

– dont l'horaire de travail habituel le conduit au moins deux fois par semaine à travailler au moins trois heures de son temps de travail quotidien dans la plage "horaire de nuit" ;

– ou celui effectuant au moins 300 heures dans cette plage au cours d'une année civile.

Les entreprises de la branche pourront avoir recours au travail de nuit pour les situations d'emploi où la continuité de l'activité s'impose.

Les entreprises ayant recours au travail de nuit veilleront particulièrement :

– à l'égalité professionnelle entre les femmes et les hommes dans le cadre de ces emplois, sous réserve des prescriptions particulières en cas de maternité ;

– et aux conditions de travail des salariés concernés.

5.3.3.3.2 – Modalités et contreparties.

5.3.3.3.2.1 – Pour les salariés travailleurs de nuit au sens de l'article précédent.

Pour les salariés définis ci-dessus, chaque heure effectuée dans le cadre de l'horaire de nuit ouvre droit à un repos compensateur de 12,5 %.

Pour les travailleurs de nuit, les durées maximales légales de travail sont de 10 heures par nuit et de 44 heures par semaine sur une période de 12 semaines consécutives. Lorsque 4 semaines consécutives sont supérieures ou égales à 44 heures, la 5e semaine doit être de 35 heures au plus.

5.3.3.3.2.2 – Pour les autres salariés.

Pour les salariés n'étant pas considérés comme travailleur de nuit au sens des dispositions précédentes, si les caractéristiques de leur emploi les conduisent à prolonger leur travail après 22 heures, cette contrainte et la contrepartie correspondante devront être prévues à leur contrat de travail.

Les salariés, qui sont amenés exceptionnellement à travailler au-delà de 22 heures, bénéficient d'un repos équivalent à 25 % de la durée de travail effectuée au-delà de cet horaire.

5.3.3.3.2.3 – Temps de pause.

Aucun temps de travail nocturne ne peut atteindre 5 heures sans que le salarié bénéficie d'un temps de pause d'une durée de 20 minutes. Ce temps de pause est considéré comme du temps de travail effectif.

5.3.3.4 – Équivalences.

5.3.3.4.1 – Présence nocturne obligatoire.

A la demande de l'employeur, les salariés peuvent être amenés à effectuer des présences nocturnes. Celles-ci impliquent des périodes de travail mais également des temps d'inaction sur le lieu de travail. Elles donnent lieu à un régime d'équivalence défini comme suit : rémunération sur la base de deux heures trente par nuitée effectuée de 11 heures maximum, assorties d'une majoration de 25 % à l'exclusion de toute autre majoration.

5.3.3.4.2 – Accompagnement et encadrement de groupe.

Les salariés amenés à travailler dans le cadre d'un accompagnement et d'un encadrement de groupe sont régis par les dispositions suivantes, étant précisé que ce mode d'activité comprend des périodes de travail et d'inactivité et qu'il ne permet pas, en outre, un décompte horaire précis.

Lorsque les salariés réalisent des missions d'accompagnement et d'encadrement de groupe comprenant une présence nocturne obligatoire, le régime d'équivalence par journée de travail est le suivant : rémunération sur la base de 7 heures pour une présence de 13 heures maximum, s'ajoutant à la rémunération prévue à l'article 5.3.3.4.1.

Dans le cadre de ce régime d'équivalence toutes les heures de présence hors nuitée effectuées au-delà de la 65e heure seront comptabilisées en heures supplémentaires.

L'art. 5.3.3.4 est étendu sous réserve de l'application des dispositions de l'art. L. 3121-1 C. trav., qui prévoient l'institution par décret de durées équivalentes à la durée légale du travail, dans le respect des seuils et plafonds communautaires, et ne concernent que les salariés à temps plein (Arr. du 21 nov. 2006).

5.3.3.5 – Modalité de prise des repos compensateurs.

Les droits acquis en application des dispositions de l'article 5.3.3 se cumulent avec ceux acquis au titre de l'article 5.1.2.2.2.1 et sont utilisés dans les conditions définies à l'article 5.1.2.2.2.2.

CHAPITRE VI *Principes généraux en matière d'hygiène, sécurité, santé et conditions de travail*

Art. 6.1 *Conditions de travail.*

Tout sera mis en œuvre dans l'entreprise afin de préserver la santé physique et mentale ainsi que la sécurité des employés. Les employeurs sont tenus d'appliquer les conditions légales et réglementaires relatives à l'hygiène et à la sécurité, et notamment de mettre à la disposition du personnel les matériels et équipements éventuels nécessaires à l'exécution du travail.

Les partenaires expriment leur volonté de mettre en œuvre des actions de prévention et d'information en matière de risques professionnels.

Art. 6.2 *Santé, Hygiène, Sécurité.*

6.2.1 – Médecine du travail.

6.2.1.1 – Principe.

Tout employeur est tenu d'assurer, pour le personnel salarié, l'adhésion au dispositif normal de médecine du travail ou de mettre en place, après information de la branche professionnelle, seul ou en collaboration avec d'autres employeurs, son propre service de médecine du travail.

6.2.1.2 – Visite d'embauche.

Tout salarié fait l'objet d'un examen médical avant l'embauchage ou au plus tard avant l'expiration de la période d'essai qui suit l'embauchage (article *(Avenant n° 40 du 22 avr. 2009, art. 5, étendu par Arr. du 8 oct. 2009)* « R. 4624-10 du code du travail »).

6.2.1.3 – Visite médicale périodique.

Conformément à l'*(Avenant n° 40 du 22 avr. 2009, art. 5, étendu par Arr. du 8 oct. 2009)* « article R. 4624-16 du code du travail », tout salarié doit bénéficier au moins tous les 24 mois qui suivent la visite d'embauche, d'un examen médical en vue de s'assurer du maintien de son aptitude au poste de travail occupé.

Cet examen doit ensuite être renouvelé tous les 24 mois. Pour les postes à surveillance médicale renforcée définie par l'*(Avenant n° 40 du 22 avr. 2009, art. 5, étendu par Arr. du 8 oct. 2009)* « article R. 4624-19 du code du travail », cet examen est renouvelé au moins annuellement.

6.2.2 – Sécurité.

6.2.2.1 – Préambule.

En tant qu'il peut présenter des risques spécifiques, le sport impose à tous les intervenants, employeurs et salariés, une vigilance en matière de sécurité.

6.2.2.2 – Devoir d'information.

L'employeur est tenu d'informer les salariés, par tout moyen approprié à sa disposition, des règles applicables aux conditions d'exercice ou d'encadrement de l'activité en vue de laquelle ils ont été recrutés.

De leur côté, les salariés s'engagent à se conformer à ces règles et à observer strictement les consignes y afférentes dans l'utilisation des dispositifs de sécurité et de prévention mis à leur disposition.

6.2.3 – Comité d'hygiène, de sécurité et des conditions de travail (CHSCT).

La mise en place d'un C.H.S.C.T s'impose si l'effectif d'au moins 50 salariés ETP a été atteint pendant 12 mois, consécutifs ou non, au cours des 3 dernières années qui précédent la date de la désignation des membres du CHSCT (article *(Avenant n° 40 du 22 avr. 2009, art. 5, étendu par Arr. du 8 oct. 2009)* « L. 4611-1 du code du travail »).

A défaut de l'obligation ci-dessus, les questions d'hygiène et de sécurité relèvent de la compétence des délégués du personnel lorsqu'ils existent.

Les représentants du personnel au CHSCT bénéficient des droits et protections attachés à leur mandat (article *(Avenant n° 40 du 22 avr. 2009, art. 5, étendu par Arr. du 8 oct. 2009)* « L. 2411-3 du code du travail »), et sont tenus à certaines obligations, notamment de réserve et de confidentialité (article *(Avenant n° 40 du 22 avr. 2009, art. 5, étendu par Arr. du 8 oct. 2009)* « L. 4614-9 du code du travail »).

6.2.4 – Prévention et éthique.

Les salariés et employeurs sont tenus de se conformer strictement aux dispositions législatives et réglementaires relatives à la protection de la santé des sportifs et à la lutte antidopage.

6.2.5 – Droit de retrait et danger grave et imminent.

Conformément à l'*(Avenant n° 40 du 22 avr. 2009, art. 5, étendu par Arr. du 8 oct. 2009)* « article L. 4131-3 du code du travail » aucune sanction, aucune retenue sur salaire ne peut être prise à l'encontre d'un salarié ou d'un groupe de salariés qui se sont retirés d'une situation de travail non conforme aux règles de sécurité susmentionnées (art. 6.2.2.2) lorsque cette situation présente un danger grave et imminent pour leur intégrité physique ou pour leur santé.

Par extension, lorsque la situation présente un danger grave et imminent pour l'intégrité physique ou pour la santé des pratiquants qu'il encadre, le salarié ne pourra être sanctionné pour avoir exercé son droit de retrait et ne pas avoir exécuté les instructions reçues.

Ces principes s'appliquent également en cas de manquement avéré, dans le cadre de l'établissement, aux dispositions légales et réglementaires régissant la lutte contre le dopage.

Art. 6.3 *Commission paritaire nationale de prévention, d'hygiène, de sécurité et de veille sanitaire.*

A partir d'une veille sanitaire, une politique de prévention active sera mise en place.

Les missions, attributions et modalités de saisine de la commission sont définies à l'article 2.2.4.

CHAPITRE VII *Les congés*

Art. 7.1 *Les congés payés annuels.*

7.1.1 – Droit aux congés.

Le nombre de jours est déterminé conformément aux dispositions légales au cours de la période de référence fixée du 1er juin au 31 mai de l'année suivante soit 30 jours ouvrables par an.

En cas de contrat ou de situation atypique (modulation, CDII...), la période de référence pour l'acquisition et la prise des congés payés peut être modifiée pour être mise en cohérence avec le cycle du contrat (année scolaire, année civile...).

Dans ce cas, la période de référence doit être inscrite au contrat de travail ou par avenant.

7.1.2 – Périodes assimilées à un temps de travail effectif.

Sont considérées comme périodes de travail effectif pour la détermination du congé annuel :

– les jours fériés ;
– les périodes de congés annuels ;
– les périodes de congés maternité, paternité, adoption, accidents du travail et de trajet, maladie professionnelle ;
– les périodes de maladie ayant fait l'objet d'une indemnisation au titre de l'article 4.3.1 ;
– les périodes de formation légales ou conventionnelles (formation professionnelle et permanente, cours professionnels, formation en cours d'emploi) ;
– les périodes pendant lesquelles le salarié bénéficie d'un congé de formation économique, sociale et syndicale ;
– les congés exceptionnels ;
– les périodes militaires ;
– les périodes d'absence pour raisons syndicales prévues à l'article 3.1.3 ;
– les congés de formation de cadre et animateur de la jeunesse.

7.1.3 – Prise des congés payés.

La période de prise des congés payés est située entre le 1er mai et le 31 octobre de chaque année.

Les modalités de fractionnement ou de prise de congés en dehors de cette période sont déterminées selon les dispositions des *(Avenant n° 40 du 22 avr. 2009, art. 6, étendu par Arr. du 8 oct. 2009)* « articles L. 3141-13 à L. 3141-19 du code du travail ».

Art. 7.2 *Les congés pour événements familiaux.*

Dans les circonstances ci-après, et moyennant justificatif, le personnel bénéficie d'un congé payé spécial indépendant des congés légaux, qui doit être pris dans un délai raisonnable proche de l'événement :

– 5 jours consécutifs pour le mariage du salarié ;
– 5 jours pour le décès d'un conjoint ou d'un enfant ;
– 1 jour pour le mariage d'un enfant ;
– 2 jours consécutifs pour le décès du père ou de la mère ;
– 3 jours consécutifs pour la naissance ou l'adoption d'un enfant ;
– 1 jour pour le décès d'un frère ou d'une sœur du salarié ;
– 1 jour pour le décès d'un beau-père ou de la belle-mère d'un salarié ;
– 1 jour pour déménagement

Ces jours d'absence n'entraînent pas de réduction de la rémunération.

Pour l'application des dispositions ci-dessus, le terme de conjoint inclut les concubins notoires et les pacsés.

L'art. 7-2 est étendu sous réserve du respect des dispositions de l'art. L. 3142-1 C. trav., qui ne fixent pas ce type de condition à la prise des congés (Arr. du 21 nov. 2006).

Art. 7.3 *Le congé pour maternité ou adoption, congé paternité.*

7.3.1 – Congé de maternité.

Pendant la durée légale du congé de maternité (articles *(Avenant n° 40 du 22 avr. 2009, art. 6, étendu par Arr. du 8 oct. 2009)* « L. 1225-17 et suivants du code du travail »), le bénéfice du maintien éventuel de salaire sera acquis dans les mêmes conditions que celles prévues pour la maladie professionnelle au chapitre IV article 4.3.2.

Les absences liées à la surveillance médicale pré et post-natale n'entraînent aucune réduction de la rémunération.

7.3.2 – Le congé d'adoption.

Le congé d'adoption peut bénéficier indifféremment au père adoptif, à la mère adoptive ou pour partie à l'un et l'autre.

7.3.3 – Le congé paternité.

Après la naissance de son enfant et dans un délai de 4 mois, le père salarié bénéficie d'un congé de paternité de 11 jours consécutifs ou de 18 jours consécutifs en cas de naissances multiples, entraînant la suspension de son contrat de travail. Le salarié qui souhaite bénéficier du congé de paternité doit avertir son employeur un mois au moins avant la date à laquelle il entend prendre son congé, en précisant la date à laquelle il entend mettre fin à la suspension de son contrat de travail.

7.3.4 – Congé sans solde.

Le personnel embauché sous contrat à durée indéterminée ayant un an d'ancienneté peut solliciter un congé sans solde pouvant aller jusqu'à une période d'un an.

7.3.4.1 – Procédure.

Pour bénéficier de ce congé, le salarié doit présenter sa demande motivée, par pli recommandé avec accusé de réception, au moins trois mois avant la date présumée de son départ en congé en précisant la durée de ce congé.

L'employeur doit répondre au salarié, par pli recommandé avec accusé de réception, dans le délai de trente jours suivant la présentation de la lettre de demande du salarié, afin de lui signifier son accord ou son refus motivé. Passé ce délai, l'autorisation de l'employeur est réputée acquise.

Après deux reports consécutifs dans un délai d'un an, le congé est de droit, sauf si le quota de 2 p. 100 de l'effectif total des salariés est atteint pour ce congé. Ce quota ne peut faire obstacle à ce qu'un salarié au moins bénéficie du congé sans solde dans des entreprises dont l'effectif est inférieur à cinquante salariés.

7.3.4.2 – Effets du congé sans solde.

Pendant le congé sans solde, le contrat de travail est suspendu.

7.3.4.3 – Fin du congé.

Avant l'expiration du congé sans solde, le salarié doit avertir l'employeur de son intention de reprendre son emploi dans l'entreprise, par pli recommandé avec accusé de réception, au plus tard deux mois avant la date d'expiration du congé.

Si, à l'expiration du congé, le salarié n'a pas sollicité de réintégration, l'employeur peut constater la rupture du contrat de travail dans les conditions prévues à l'article 4.4, étant entendu qu'aucune indemnité n'est due au salarié qui ne peut effectuer le préavis.

7.3.4.4 – Renouvellement.

Le congé sans solde est renouvelable deux fois sans pouvoir excéder une durée maximale de trois ans.

Un délai de carence, égal à 1/3 de la durée du congé renouvellement inclus, doit être respecté avant une nouvelle demande de congés sans solde.

7.3.5 – Salariés candidats ou élus à l'Assemblée nationale ou au Sénat.

Outre les dispositions prévues par la loi en ce qui concerne les candidats ou élus à l'Assemblée nationale ou au Sénat, les employeurs sont tenus de laisser à leurs salariés, candidats à l'Assemblée nationale ou au Sénat, le temps nécessaire pour participer à la campagne électorale dans la limite de vingt jours ouvrables.

Le salarié bénéficie à sa convenance des dispositions de l'alinéa précédent, à condition que chaque absence soit au moins d'une demi-journée entière. Il doit avertir son employeur 24 heures au moins avant le début de chaque absence.

Sur demande de l'intéressé, la durée de ces absences est imputée sur celle du congé payé annuel, dans la limite des droits qu'il a acquis à ce titre à la date du premier tour de scrutin. Lorsqu'elles ne sont pas imputées sur le congé payé annuel, les absences ne sont pas rémunérées : elles donnent alors lieu à récupération en accord avec l'employeur. La durée de ces absences est assimilée à une période de travail effectif, pour la détermination des droits à congés payés, ainsi que des droits liés à l'ancienneté résultant des dispositions législatives, réglementaires et conventionnelles.

7.3.6 – Salariés candidats ou élus à des mandats des collectivités publiques territoriales.

En ce qui concerne les candidats élus à des mandats des collectivités publiques territoriales, les employeurs sont tenus de laisser à leurs salariés le temps nécessaire pour participer à la campagne électorale pendant la durée légale de celle-ci.

Le salarié bénéficie, à sa convenance, des dispositions de l'alinéa précédent, à condition que chaque absence soit au moins d'une demi-journée entière, il doit avertir son employeur 24 heures au moins avant le début de chaque absence.

Sur demande de l'intéressé, la durée de ces absences est imputée sur celle du congé payé annuel, dans la limite des droits qu'il a acquis à ce titre à la date du premier tour de scrutin. Lorsqu'elles ne sont pas imputées sur le congé payé annuel, les absences ne sont pas rémunérées ; elles donnent alors lieu à récupération en accord avec l'employeur.

La durée de ces absences est assimilée à une période de travail effectif pour la détermination des droits à congés payés ainsi que des droits liés à l'ancienneté résultant des dispositions législatives, réglementaires et conventionnelles.

En cas d'élection et au plus tard à l'expiration du premier mandat, le salarié peut solliciter son réembauchage. Il doit alors adresser à son employeur une lettre recommandée avec accusé de réception, au plus tard dans les deux mois qui suivent l'expiration de son mandat.

L'employeur est alors tenu pendant un an de l'embaucher en priorité dans les emplois correspondant à sa qualification, et de lui accorder le bénéfice de tous les avantages qu'il avait acquis au moment de son départ.

CHAPITRE VIII *Formation professionnelle*

Préambule Les partenaires sociaux du sport affirment que la formation professionnelle constitue une priorité pour les entreprises de la branche. Ils considèrent que l'accès à la formation tout au long de la vie professionnelle constitue pour les salariés des opportunités d'évolution professionnelle, de développement des compétences et d'enrichissement personnel.

Les partenaires sociaux du sport souhaitent en conséquence :

– Réaffirmer le rôle de la Commission Paritaire Nationale Emploi Formation (CPNEF) comme outil paritaire de définition d'une politique de formation de la branche ;

– Utiliser l'observatoire des métiers du sport pour la gestion prévisionnelle de l'emploi et de la formation ;

– Inciter les entreprises à anticiper leurs besoins en compétences et les salariés à mettre en œuvre le droit individuel à la formation tenant compte de la spécificité de la branche.

Art. 8.1 *Plan de formation.*

8.1.1 – Règles générales.

Un plan de formation est établi à la fin de chaque année pour l'année suivante. Ce plan est élaboré avec le comité d'entreprise ou, à défaut, avec les délégués du personnel, lorsqu'ils existent.

Un plan pluriannuel peut être établi de telle façon que chaque membre du personnel puisse bénéficier de la formation continue.

Les entreprises établissent tous les ans un bilan faisant le point des actions entreprises et des résultats obtenus dans le domaine de la formation. Ce bilan est communiqué aux institutions représentatives du personnel lorsqu'elles existent.

Tout salarié ayant participé à une action de formation bénéficie d'une priorité pour l'examen de sa candidature en cas de vacance d'un poste dont la qualification correspond à la qualification acquise.

8.1.2 – Catégorisation des actions de formation et rémunération.

Le plan de formation comporte trois types d'action de formation.

Pour déterminer la catégorie à laquelle appartient une action de formation, l'employeur doit tenir compte de deux principaux critères :

– l'objectif de la formation,

– la situation professionnelle du salarié au moment du départ en formation.

8.1.2.1 – Les actions d'adaptation au poste de travail.

Ces actions ont pour objectif d'apporter au salarié des compétences directement utilisables dans le cadre des fonctions qu'il occupe.

Ces actions s'inscrivent dans le champ de la qualification professionnelle du salarié.

Ces actions se déroulent pendant le temps de travail et donnent lieu au maintien de la rémunération et sont assimilées à du temps de travail effectif.

8.1.2.2 – Les actions liées à l'évolution de l'emploi
ou qui participent au maintien à l'emploi.

Ces actions ont pour objectif l'acquisition de compétences qui ne sont pas directement utilisables dans le cadre des fonctions du salarié au moment de son départ en formation.

Elles correspondent à une anticipation, à une évolution prévue du poste de travail et/ou une modification des fonctions du salarié, soit par modification du contenu du poste, soit par un changement de poste dans le cadre du contrat de travail du salarié.

Comme pour les actions d'adaptation, ces actions entrent dans le champ de qualification professionnelle du salarié. Mais elles concernent l'évolution de l'emploi alors que les actions d'adaptation concernent le poste de travail occupé.

Ces actions se déroulent pendant le temps de travail et donnent lieu au maintien de la rémunération et sont considérées comme un temps de travail effectif.

Elles peuvent également conduire à dépasser la durée légale, conventionnelle ou contractuelle du travail dans la limite de 50 heures par an et par salarié (ou 4 % du forfait pour les salariés soumis au forfait jours), sans que ce dépassement ne s'impute sur le contingent annuel d'heures supplémentaires ou sur le volume d'heures complémentaires, ces heures étant payées ou récupérées sans les majorations prévues au chapitre V. Dans ce cas, le départ en formation des salariés nécessite leur accord écrit.

Ces heures sont imputables sur le plan de formation.

8.1.2.3 – Les actions de développement des compétences.

Ces actions ont pour objectif l'acquisition de compétences qui vont au-delà de la qualification professionnelle du salarié et qui nécessitent pour être mises en œuvre un changement de qualification professionnelle.

Qu'il s'agisse d'un projet de promotion ou de mobilité professionnelle sans promotion, ces actions ont pour objet une évolution de la qualification professionnelle du salarié.

Ces actions se déroulent pendant le temps de travail mais peuvent également se réaliser en dehors du temps de travail dans la limite de 80 heures par an et par salarié (ou 5 % du forfait pour les salariés soumis au forfait jours).

Dans ce cas, l'accord écrit entre l'employeur et le salarié est obligatoire. Outre la durée, le lieu, la nature de la formation et les conditions de réalisation de cette dernière (montant de l'allocation de formation, frais annexes...), l'accord doit définir la nature des engagements pris par l'entreprise si le salarié suit avec assiduité la formation et satisfait aux évaluations de cette dernière.

Le salarié peut refuser de suivre ce type d'actions hors de son temps de travail (ou dénoncer par lettre recommandée avec accusé de réception dans un délai de 8 jours son accord écrit préalable) sans que cela ne constitue un motif de licenciement.

L'allocation de formation versée est imputable sur le plan de formation.

8.1.3 – Utilisation des fonds collectés au titre du plan par l'OPCA.

Toute prise en charge d'une action de formation ne peut concerner que des dépenses postérieures au dépôt de la demande de financement, sauf dérogation accordée dans des conditions définies par la CPNEF.

L'art. 8.1.3 est étendu sous réserve de l'application des dispositions de l'art. R. 6332-17 du C. trav. (Arr. du 21 nov. 2006).

Art. 8.2 *Droit individuel à la formation (DIF).*

(Avenant n° 26 du 21 avr. 2008, étendu par Arr. du 3 déc. 2008)

En application des articles L. 6323-1 et suivants du code du travail, un droit individuel à la formation (DIF) est instauré au bénéfice des salariés.

Le DIF consiste en l'acquisition, chaque année, par les salariés d'heures de formation.

La décision d'utiliser ces heures relève de l'initiative du salarié, les modalités de mise en œuvre, d'une décision concertée avec l'employeur.

Les salariés en contrat d'apprentissage et contrat de professionnalisation ne sont pas concernés par le DIF.

Les heures acquises au titre du DIF peuvent être articulées avec les dispositifs de formation déclinés au présent chapitre (plan de formation, période de professionnalisation).

8.2.1. Modalités d'acquisition des heures de DIF.

8.2.1.1. Salariés en CDI.

Tout salarié titulaire d'un contrat de travail à durée indéterminée disposant d'une ancienneté d'au moins un an dans l'entreprise qui l'emploie bénéficie au 1er janvier de l'année civile qui suit l'embauche puis au 1er janvier de chaque année d'un droit individuel à la formation. – *Le 1er al. de l'art. 8.2.1.1 est étendu sous réserve de l'application des dispositions de l'art. L. 6323-1 C. trav., dans la mesure où, en fixant la détermination du DIF au 1er janv. de chaque année, cet al. n'indique rien quant aux droits ouverts pour les salariés entrés ou partant en cours d'année (Arr. du 3 déc. 2008, art. 1er).*

Pour les salariés à temps plein et les salariés à temps partiel ayant au moins un 4/5 de temps de travail sur l'année civile, le DIF est de 21 heures par année complète de travail. Pour les salariés à temps partiel ayant moins d'un 4/5 de temps de travail sur l'année civile, le DIF se calcule au prorata de la durée annuelle de travail, sans qu'il puisse être inférieur à 14 heures tous les 3 ans.

Les droits ainsi acquis sont plafonnés à 126 heures.

Pour le calcul des droits ouverts, les périodes d'absences du salarié, assimilées à du temps de travail effectif telles que prévues à l'article 7.1.2 de la convention collective nationale du sport, sont intégralement prises en compte. – *Le 5e al. de l'art. 8.2.1.1 est étendu sous réserve de l'application des dispositions de l'art. L. 6323-2 du C. trav. qui prévoient que « pour le calcul des droits ouverts au titre du DIF, la période d'absence du salarié pour un congé de maternité, d'adoption, de présence parentale, de soutien familial ou pour un congé parental d'éducation est intégralement prise en compte » (Arr. du 3 déc. 2008, art. 1er).*

L'art. 8.2.1.1 de l'avenant no 26 du 21 avr. 2008 est étendu sous réserve de l'application des dispositions de l'art. L. 6323-6 C. trav., une convention ou un accord collectif de branche pouvant prévoir des modalités particulières de mise en œuvre du droit individuel à la formation, à la condition que le cumul des droits ouverts soit au moins égal à une durée de 120 heures sur 6 ans (Arr. du 3 déc. 2008, art. 1er).

8.2.1.2. Salariés en CDD.

Les salariés titulaires d'un contrat de travail à durée déterminée qui justifient avoir travaillé pendant au moins 4 mois, consécutifs ou non, au cours des 12 derniers mois dans la même entreprise, bénéficient également du DIF selon les mêmes modalités que les salariés en CDI.

8.2.2. Modalités d'utilisation du DIF.

8.2.2.1. Utilisation.

Le DIF est utilisé pour les actions de promotion mentionnées au 3° de l'article L. 6313-1, les actions d'acquisition, d'entretien ou de perfectionnement des connaissances mentionnées au 6° de ce même article ainsi que les actions de qualification mentionnées à l'article L. 6314-1.

8.2.2.2. Mise en œuvre du DIF.

La mise en œuvre du droit individuel à la formation relève de l'initiative du salarié, en accord avec son employeur.

Le salarié fait une demande écrite d'action de formation dans le cadre du DIF.

L'action de formation retenue est arrêtée par accord écrit du salarié et de l'employeur.

Cet accord écrit définit les modalités et conséquences de la mise en œuvre de cette formation.

L'employeur dispose d'un délai de 1 mois pour notifier sa réponse. L'absence de réponse de l'employeur vaut acceptation du choix de l'action de formation.

Conformément à l'article L. 6323-12 du code du travail, lorsque, durant deux exercices civils consécutifs, le salarié et l'employeur sont en désaccord sur la mise en œuvre du DIF, l'organisme paritaire agréé au titre du congé individuel de formation (CIF) désigné à l'article 8.3.1 assure la prise en charge financière de l'action dans le cadre d'un CIF, sous réserve que cette action corresponde aux priorités et aux critères définis par ledit organisme.

8.2.2.3. Temps du DIF.

Les heures de formation mises en œuvre au titre du DIF s'exercent :
– soit en tout ou partie sur le temps de travail ;
– soit en tout ou partie hors du temps de travail.

Les heures consacrées à la formation pendant le temps de travail ouvrent droit au maintien de la rémunération du salarié.

Les heures de formation effectuées hors du temps de travail ouvrent droit pour le salarié au versement par l'employeur d'une allocation de formation dont le montant est égal à un pourcentage de la rémunération nette de référence du salarié concerné, conformément à l'article L. 6321-10 du code du travail et selon les modalités définies par décret.

Pendant la durée de la formation effectuée hors du temps de travail, le salarié bénéficie de la législation de la sécurité sociale relative à la protection en matière d'accidents du travail et de maladies professionnelles.

8.2.2.4. Utilisation du DIF à la rupture du contrat.

Le salarié peut demander à bénéficier du DIF en cas de démission ou de licenciement, à l'exception d'un licenciement pour faute grave ou lourde. A défaut d'une telle demande, le salarié ne peut prétendre bénéficier de son DIF au sein de l'entreprise dans laquelle il a acquis ses droits. Le salarié ne peut demander à bénéficier du DIF en cas de départ à la retraite.

En cas de démission, le DIF peut être utilisé pour une action de formation, un bilan de compétences ou une validation des acquis de l'expérience, sous réserve que l'action soit engagée avant la fin du délai de préavis.

En cas de licenciement, à l'exception d'un licenciement pour faute grave ou lourde, le montant de l'allocation de formation, correspondant aux heures acquises et non utilisées au titre du DIF, doit alors être consacré au financement de tout ou partie d'une action de formation, d'un bilan de compétences ou d'une validation des acquis de l'expérience, sous réserve que le salarié ait effectué sa demande avant la fin du délai de préavis.

8.2.3. Modalités d'information sur le DIF.

Chaque salarié est informé par écrit annuellement du total des droits acquis au titre du DIF au plus tard le 31 janvier de chaque année. – *Le 1er al. de l'art. 8.2.3 est étendu sous réserve de l'application des dispositions de l'art. L. 6323-3 C. trav. dans la mesure où les salariés titulaires d'un contrat à durée déterminée bénéficiant du DIF à due proportion du temps, et ceci à l'issue d'un délai déterminé par voie réglementaire (art. D. 6323-1 C. trav. : un an), une information annuelle pour ces publics serait de nature à rendre inopérant l'exercice de ce droit (Arr. du 3 déc. 2008, art. 1er).*

En cas de licenciement, l'employeur est tenu d'informer le salarié de ses droits en matière de DIF dans la lettre de licenciement.

8.2.4. Prise en charge du DIF.

8.2.4.1. Salariés en CDI.

Toutes les actions DIF peuvent être prises en charge, en tout ou partie, dans le cadre du plan de formation et des fonds consacrés à la professionnalisation.

Art. 8.3 *Congé individuel de formation (CIF).*

8.3.1 – Principes.

La commission paritaire nationale emploi formation définira annuellement les orientations et les modalités de prise en charge pour les congés individuels de formation, ainsi que pour les congés individuels de formation des salariés sous contrats à durée déterminée. Elle en confiera la mise en œuvre et l'information à UNIFORMATION.

8.3.2 – Ancienneté.

L'ancienneté requise pour bénéficier d'un CIF CDD est :

– de 18 mois consécutifs ou non en qualité de salarié, quelle que soit la nature des contrats de travail successifs, y compris les contrats emploi-solidarité au cours des cinq dernières années ;

– dont quatre mois consécutifs ou non, sous contrats à durée déterminée, y compris les contrats emploi-solidarité, au cours des douze derniers mois.

8.3.3.

La CPNEF définit annuellement les priorités à retenir pour les demandes de CIF présentées suite à deux refus du DIF dans le cadre prévu par la réglementation.

Art. 8.4 *Contrats de professionnalisation.*

8.4.1 – Contrat de professionnalisation.

Le contrat de professionnalisation est un contrat de formation en alternance à durée déterminée ou indéterminée, associant des enseignements généraux, professionnels et technologiques dispensés dans des organismes de formation, et l'acquisition d'un savoir-faire par l'exercice en entreprise d'une ou plusieurs activités professionnelles en relation avec les qualifications recherchées.

Ce contrat est mis en œuvre sur la base d'une personnalisation des parcours de formation, d'une alternance centre de formation et entreprise, et d'une certification des connaissances acquises.

8.4.2 – Objectifs du contrat.

Le contrat de professionnalisation permet :

– de favoriser l'insertion ou la réinsertion professionnelle ;

– de préparer l'obtention d'un diplôme d'État inscrit au Répertoire national de la certification professionnelle (RNCP) utilisable dans la branche du sport ;

– de préparer l'obtention d'un certificat de qualification professionnelle (CQP) de la branche ;

– de préparer l'obtention d'un autre CQP ou d'un titre professionnel ayant fait l'objet d'un agrément par la CPNEF du sport ;

– de préparer l'obtention de tout autre titre ou diplôme justifié par l'emploi occupé.

8.4.3 – Public visé.

Ce contrat, qui doit permettre de remplir l'un des objectifs fixé à l'article 8.4.2, est ouvert :

1. aux personnes âgées de 16 à 25 ans révolus souhaitant compléter leur formation initiale, quel qu'en soit le niveau ;
2. aux demandeurs d'emploi âgés de 26 ans et plus.

8.4.4 – Modalités.

8.4.4.1 – Durée du contrat CDD.

L'acquisition d'une qualification par les jeunes ou par les demandeurs d'emploi, dépourvus de qualification professionnelle supérieure à celle qu'ils ont acquise, implique que la durée du contrat soit adaptée aux exigences des référentiels des diplômes d'État, des CQP de la branche et à la durée de formation retenue lors de l'agrément d'un autre CQP ou d'un titre professionnel par la CPNEF.

Dans ce cas, la durée du contrat de professionnalisation conclu à durée déterminée pourra atteindre un maximum de 24 mois.

Dans tous les autres cas, la durée du contrat sera comprise entre 6 et 12 mois.

(Exclu de l'extension par Arr. du 21 nov. 2006) ***« Ce contrat s'achève en tout état de cause, au plus tard à l'échéance du deuxième mois suivant celui au cours duquel le titre professionnel, le diplôme ou le CQP est obtenu ».*** *– Al. exclu de l'extension comme étant contraire aux dispositions des art. L. 1221-1, L. 1242-1 et L. 1242-3 C. trav. (Arr. du 21 nov. 2006).*

8.4.4.2 – Durée de la formation.

La formation hors entreprise doit être comprise entre 15 % et 25 % de la durée du contrat, sans pouvoir être inférieure à 150 heures.

La durée des actions de formation peut toutefois être supérieure à 25 % lorsque ces actions ont pour but de préparer l'obtention d'un diplôme d'État, d'un titre professionnel ou d'un CQP. Pour les CQP, cette durée est celle définie par le référentiel correspondant.

8.4.4.3 – CDI.

Lorsque le contrat est conclu à durée indéterminée, il débute par l'action de professionnalisation dont les modalités sont conformes aux dispositions des articles 8.2.4.1 et 8.2.4.2.

8.4.4.4 – Rémunération.

Pendant la durée du contrat de professionnalisation lorsqu'il est conclu en CDD, ou pendant l'action définie à l'article 8.4.3 lorsqu'il est conclu en CDI, le bénéficiaire perçoit une rémunération brute égale à 70 % du SMIC la première année et 80 % du SMIC, lorsque celui-ci est âgé de 16 à 25 ans (cf. article 7.4.3.a [8.4.3.1]).

Le salarié âgé d'au moins 26 ans perçoit une rémunération qui ne peut être inférieure ni au SMIC ni à 85 % de la rémunération conventionnelle minimale.

8.4.4.5 – Tutorat.

Les partenaires sociaux considèrent que le tutorat est de nature à accroître la qualité et l'efficacité des actions conduites dans le cadre des dispositifs de professionnalisation : ils incitent donc les entreprises à valoriser la fonction tutorale exercée par les salariés.

Pour permettre au tuteur d'exercer ses missions dans les conditions optimales, les parties signataires conviennent que :

– le tuteur doit suivre trois salariés au plus, tous contrats confondus ;

– le tuteur doit bénéficier d'une préparation à sa fonction, voire d'une formation spécifique ;

– le tuteur doit disposer du temps nécessaire au suivi des titulaires de contrat ou de période de professionnalisation.

Art. 8.5 *Périodes de professionnalisation.*

La branche sport souhaite favoriser le maintien en activité et développer la professionnalisation de ses salariés.

Afin de garantir de véritables parcours professionnalisant, les signataires conviennent que les périodes de professionnalisation entrant dans les priorités de la branche doivent obéir aux règles qui suivent :

– elles peuvent comporter une action préalable de validation des acquis et de l'expérience ou de positionnement ;

– le suivi de l'alternance doit être assuré par un tuteur, dans les conditions fixées à l'article 8.4.4.5 ;

– elles doivent donner lieu à une évaluation des compétences et des aptitudes professionnelles acquises.

Les périodes de professionnalisation sont mises en œuvre à l'initiative de l'employeur mais peuvent l'être également, en accord avec l'employeur, à l'initiative du salarié.

8.5.1 – Salariés prioritaires.

Les signataires décident que les périodes de professionnalisation sont ouvertes prioritairement à l'ensemble des salariés suivants :

– les salariés dont la qualification est insuffisante ou inadaptée au regard de l'évolution des technologies ou des modes d'organisation ;

– les salariés handicapés ;

– les femmes ou les hommes reprenant une activité professionnelle après un congé parental ;

– les salariés de plus de 45 ans et les salariés ayant plus de 20 ans d'activité professionnelle ;

– les salariés ayant les premiers niveaux de qualification (V, V *bis* et VI) ;

– les salariés ayant occupé durablement des emplois à temps partiel.

8.5.2 – Action de formation.

Les périodes de professionnalisation ont pour objet de permettre aux salariés d'acquérir :

– soit un diplôme, un titre ou une certification enregistrés au Répertoire national des certifications professionnelles, en utilisant si c'est possible les acquis des salariés dans le cadre de la Validation des acquis de l'expérience (VAE) ;

– une qualification reconnue par la branche.

Les périodes de professionnalisation peuvent aussi permettre aux salariés de participer aux types d'actions de formation suivantes :

– actions ayant pour objet de favoriser l'adaptation des salariés ainsi que leur maintien dans l'emploi ;

– actions de développement des compétences ou d'acquisition d'une qualification plus élevée.

Quand une partie de la formation se déroule en dehors du temps de travail, l'entreprise définit avec le salarié avant son départ en formation, la nature des engagements auxquels elle souscrit, si le salarié suit avec assiduité la formation et satisfait aux évaluations prévues. Ces engagements portent également sur les conditions dans lesquelles la candidature du salarié est examinée en priorité, dans un délai d'un an à l'issue de la formation, aux fonctions disponibles correspondant aux connaissances ainsi acquises.

La CPNEF établira annuellement les objectifs fixés à l'OPCA pour la prise en charge des périodes de professionnalisation.

Art. 8.6 *Contributions.*

8.6.1 – Dispositions générales.

(Avenant n° 2 du 20 déc. 2005, art. 1er, étendu par Arr. du 7 déc. 2006, en vigueur le 1er janv. 2007) « Toute entreprise est tenue de consacrer au minimum 1,62 % de sa masse salariale brute au financement de la formation professionnelle continue. »

L'assiette de la contribution est établie en référence à la base de calcul des cotisations de sécurité sociale, à l'exception des cas où l'assiette des cotisations sociales est forfaitaire (personnel d'encadrement des centre de vacances et de loisirs, personnel employé par des associations sportives ou d'éducation populaire, formateurs occasionnels, ...) pour lesquels l'assiette à prendre en compte est le salaire brut.

(Avenant n° 2 du 20 déc. 2005, art. 1er, étendu par Arr. du 7 déc. 2006, en vigueur le 1er janv. 2007) **« Dans le respect des lois et des règlements se rapportant à la formation professionnelle, les partenaires sociaux s'accordent sur la nécessité d'adapter en tant que de besoin les différents taux de contributions des entreprises afin de respecter en permanence le premier alinéa du présent article ».**

8.6.2 – Taux minima de versement.

(Avenant n° 2 du 20 déc. 2005, art. 2, étendu par Arr. du 7 déc. 2006, en vigueur le 1er janv. 2007)

8.6.2.1 – Entreprise*[s]* de 20 salariés et plus.

(Avenant n° 2 du 20 déc. 2005, art. 3, étendu par Arr. du 7 déc. 2006, en vigueur le 1er janv. 2007)

– Plan de formation : 0,40 % ;
– Professionnalisation : 0,50 % ;
– CIF CDI : 0,20 % ;
– CIF CDD : 1 % ;
– CIF bénévole : 0,02 % avec un minimum de versement de 10 € et un maximum de 5000 €.

8.6.2.2 – Entreprises de 10 à moins de 20 salariés.

(Avenant n° 2 du 20 déc. 2005, art. 4, étendu par Arr. du 7 déc. 2006, en vigueur le 1er janv. 2007)

Plan de formation : 0,95 %
Professionnalisation : 0,15 %
CIF CDD : 1 %
CIF bénévole : 0,02 % avec un minimum de versement de 10 € et un maximum de 5000 €.

8.6.2.3 – Entreprises de moins de 10 salariés.

(Avenant n° 2 du 20 déc. 2005, art. 5, étendu par Arr. du 7 déc. 2006, en vigueur le 1er janv. 2007)

Plan de formation : 0,65 % avec un versement minimum de 30 €
Professionnalisation : 0,25 % avec un versement minimum de 5 €
CIF CDD : 1 %
CIF bénévole : 0,02 % avec un minimum de versement de 2 €
Quelle que soit la taille de l'entreprise, les versements relatifs au CIF seront collectés par l'OPCA UNIFORMATION.

8.6.2.4 – Franchissement des seuils.

Les taux ci-dessus sont applicables dès la première année de franchissement des seuils
(Avenant n° 62 du 5 juill. 2001, non étendu) **« Quelle que soit la taille de l'entreprise, les versements relatifs au plan de formation et à la professionnalisation seront collectés par l'OPCA Uniformation. »**

Les accords d'entreprises ne peuvent déroger aux disposition de l'avenant n° 2 du 20 déc. 2005 étendu par Arr. du 7 déc. 2006 (Avenant préc., art. 7)

Nouveau 8.6.2. – Désignation de l'OPCA.

(Avenant n° 83 du 24 juin 2013, art. 2, non étendu)

Uniformation est désigné comme OPCA de la branche du sport pour collecter les contributions à la formation professionnelle.

La désignation d'Uniformation pour la collecte plan de formation et professionnalisation sera réexaminée à l'issue d'une période de 4 années de collecte. Pour ce faire, les partenaires sociaux conviennent de se réunir au cours du premier trimestre de la 4e année de collecte.

En outre, Uniformation est désigné également pour collecter les versements relatifs au CIF.

Nouveau 8.6.3. — Contributions et taux.

Les taux sont fixés par contribution et par catégorie d'entreprises en fonction de leur effectif de salariés dans les conditions indiquées dans le tableau ci-dessous.

En ce qui concerne la contribution au titre du plan de formation, pour les entreprises de plus de 10 salariés, la part minimale de cette contribution obligatoirement versée à Uniformation est également fixée dans les conditions indiquées dans le tableau ci-dessous.

	Entreprise		
	De moins de 10 salariés	**De 10 à moins de 20 salariés**	**de 20 salariés et plus**
Plan de formation	**1,45 Avec un versement minimum de 30 €**	**1,45**	**0,90**
Dont la part minimale versée à Uniformation	**1,45**	**0,35**	**0,35**
Professionnalisation	**0,15 Avec un versement minimum de 5 €**	**0,15**	**0,50**
CIF CDI	**0**	**0**	**0,20**
CIF CDD	**1**	**1**	**1**
CIF bénévole	**0,02 Avec un versement minimum de 2 €**	**0,02 Avec un versement minimum de 10 € et un maximum de 5 000 €**	**0,02 Avec un versement minimum de 10 € et un maximum de 5 000 €**

Les taux ci-dessus sont applicables dès la première année de franchissement des seuils d'effectifs, qui s'entendent en équivalent temps plein.

Les organisations syndicales représentatives des salariés de la branche sport et les organisations syndicales représentatives des employeurs de la branche sport,

Après avoir préalablement exposé que :

— ils souhaitent développer une politique de branche en matière de formation tout au long de la vie en cohérence avec tous les enjeux du secteur et sont, en particulier, attachés au développement de la qualification, de la professionnalisation et de l'employabilité de l'ensemble des personnels salariés ;

— dans le cadre de cet objectif, dans le respect de la législation en vigueur, et en tenant compte de l'expression de l'ensemble des composantes de la branche, ils ont décidé de désigner un organisme paritaire collecteur agréé (OPCA) pour la branche du sport ;

— à ce titre, l'OPCA a notamment pour objet de collecter et de gérer l'ensemble des contributions des structures de la branche du sport au titre de la formation professionnelle continue ;

— l'OPCA désigné a principalement pour mission de :

- contribuer au développement de la formation professionnelle continue des salariés de la branche, dans le cadre des orientations et priorités définies par les partenaires sociaux au sein de la CPNEF du sport ;

- mobiliser l'ensemble des financements disponibles légaux ou conventionnels, ou publics, pour accompagner l'effort de formation des structures de la branche,

sont convenues, à l'issue de leur négociation, de conclure un accord valant avenant à la convention collective du sport aux conditions ci-après.

L'avenant n° 83 du 24 juin 2013 est conclu pour une durée indéterminée.

Il prendra effet au premier jour suivant l'arrêté d'extension.

Les premiers versements des contributions dans les conditions du présent avenant s'effectueront sur la base de la masse salariale brute de 2013, pour la collecte de 2014.

Le présent accord pourra à tout moment faire l'objet d'une demande de révision par l'une ou l'autre des parties signataires, conformément aux dispositions légales en vigueur.

Toute demande de révision devra être formulée par lettre recommandée avec avis de réception à chacune des parties signataires et devra être accompagnée d'un projet de révision. La commission mixte paritaire sera convoquée dans un délai de 2 mois à compter de la réception de la demande de révision.

Le présent accord pourra être dénoncé par l'une ou l'autre des parties signataires dans les conditions légales en vigueur (Avenant préc., préambule, art. 1er, 3 et 4).

Art. 8.7 *Répartition de la contribution professionnalisation.*

L'ensemble des sommes collectées au titre de la professionnalisation sera utilisé pour les actions définies ci-dessous :

– Contrats et périodes de professionnalisation ;
– Financement des DIF prioritaires ;
– Financement des CFA ;
– Financement de l'observatoire de la branche ;

Chaque année, une délibération de la CPNEF fixera la part de la collecte affectée à chacun des objectifs ci-dessus.

Cette délibération fixera la liste des CFA, les modalités de leur financement, ainsi que leurs objectifs en matière de formation.

La CPNEF établira la liste des actions de formation pouvant entrer dans la catégorie des "DIF prioritaires" et pouvant être financées par l'OPCA avec les fonds collectés ci-dessus.

Art. étendu sous réserve de l'application des dispositions de l'art. 2 de l'arrêté du 21 févr. 2005, publié au JO du 5 mars 2005, relatif au plafonnement des frais de fonctionnement des observatoires prospectifs des métiers et des qualifications, conformément aux dispositions de l'art. R. 6332-78 (5°) C. trav. (Arr. du 21 nov. 2006).

Art. 8.8 *Observatoire des métiers du sport.*

8.8.1 – Préambule.

Pour accompagner les entreprises dans la définition de leurs politiques de formation, les salariés dans l'élaboration de leurs projets professionnels et pour permettre aux partenaires sociaux de définir une politique de l'emploi et de la formation au sein de la branche, il est décidé de créer un observatoire des métiers du sport. L'observatoire doit être un outil de connaissances et d'informations sur les évolutions des emplois et des qualifications.

Les travaux de l'observatoire sont examinés par la CPNEF qui en tire conclusions et recommandations.

8.8.2 – Objet.

L'objet de l'observatoire prospectif des métiers du sport est de :

– renforcer la capacité pour la branche professionnelle, de définir et de mettre en œuvre des politiques de formation professionnelle (en particulier définir la politique en matière de contrat de professionnalisation) ;

– recueillir les informations les plus fiables sur la situation de l'emploi et de la formation de manière à appréhender l'évolution des métiers du secteur du sport, tant en termes quantitatif que qualitatif, au niveau national et régional ;

– analyser et anticiper les évolutions affectant l'articulation entre la formation et l'emploi afin :

– de fournir à l'ensemble des acteurs de la formation et de l'emploi les outils et les moyens de réaction nécessaires aux changements à venir ;

– de permettre, par la connaissance de l'évolution des métiers, l'anticipation des besoins de formation et la mise en œuvre de politiques de formation adaptées ;

– de nourrir les travaux de la CPNEF.

Pour réaliser ces missions, l'observatoire est notamment amené à :

– réaliser des enquêtes et études prospectives centrées sur l'évolution des métiers ;
– capitaliser des études disponibles par l'élaboration de synthèses et leur publication ;
– participer aux études et observations conduites par les services de l'État et les collectivités territoriales ;
– diffuser les travaux prospectifs relatifs à l'articulation emploi-formation ;
– développer les partenariats.

8.8.3 – Fonctionnement.

L'observatoire est géré par un comité de pilotage paritaire composé d'un nombre égal de représentants des syndicats de salariés et d'employeurs membres de la CPNEF.

L'observatoire est financé pour partie par un pourcentage prélevé sur les sommes collectées au titre de la professionnalisation.

Article étendu sous réserve de l'application des dispositions de l'article 2 de l'arrêté du 21 févr. 2005, publié au Journal officiel du 5 mars 2005, relatif aux plafonnements des frais de fonctionnement des observatoires prospectifs des métiers et des qualifications, conformément aux dispositions de l'article R. 964-16-1 (5°) du code du travail (Arr. du 21 nov. 2006).

CHAPITRE IX *Classifications et rémunérations*

Art. 9.1 *Classification.*

9.1.1 – Choix du groupe.

La grille de classification qui figure à l'article 9.3 est composée des deux éléments suivants :

– un tableau à caractère normatif, qui définit les conditions et les critères de la classification qui doit être effectuée pour tous les salariés à l'exclusion des salariés définis au chapitre XII de la présente convention ;

– un tableau à caractère indicatif, qui présente des exemples d'emplois relatifs aux filières de l'administration, de l'entretien, de l'accueil et de la restauration.

Pour effectuer le classement des salariés dans les différents groupes retenus de classification et de salaires, il convient de s'attacher aux caractéristiques de l'emploi réellement occupé et, dans ce cadre, aux degrés de responsabilité, d'autonomie et de technicité exigés du salarié. La qualification professionnelle est déterminée en fonction des compétences et aptitudes des salariés nécessaires pour occuper le poste.

Les partenaires sociaux rappellent que la possession d'un titre, d'un diplôme ou d'une certification professionnelle ne peut en soi servir de prétention à une classification, à l'exception des cas où ce titre ou diplôme a été requis par l'employeur.

Enfin, à l'exception des cas où une réglementation l'interdit, une expérience professionnelle reconnue par l'employeur peut être considérée comme équivalente à une certification professionnelle.

En cas de changement de la définition du poste tenu ou de nouvelles responsabilités entraînant l'exigence de nouvelles compétences dans le cadre du poste tenu, l'employeur s'engage à réexaminer un élément de la rémunération du salarié concerné ; si ce changement entraîne l'exercice de responsabilité relevant d'un groupe supérieur, le salarié est reclassé dans ce groupe.

Cette actualisation s'effectue lors d'un entretien spécifique qui fera l'objet d'un compte rendu.

9.1.2 – Polyvalence des tâches.

En cas de polyvalence de tâches, c'est-à-dire lorsque le salarié est conduit – du fait des structures de l'entreprise – à exercer de manière permanente des activités qui relèvent de qualifications correspondant à des groupes différents, le classement dans le groupe correspondant à l'activité la plus élevée est retenu.

Cette disposition entre en vigueur lorsque les tâches relatives au groupe le plus élevé dépassent 20 % du temps de travail hebdomadaire.

9.1.3 – Fonctions exercées à titre exceptionnel.

En cas de fonctions exercées à titre exceptionnel (c'est-à-dire non prévues au contrat de travail) pour une durée supérieure ou égale à une semaine, le salarié qui est amené à occuper un poste de classification supérieure pendant toute cette période perçoit une prime égale à la différence de rémunération correspondant aux deux groupes concernés.

Art. 9.2 *Rémunération.*

9.2.1 – Salaires minimums conventionnels (SMC).

(Avenant n° 5 du 8 mars 2007, art. 1er, étendu par Arr. du 13 août 2007)

La rémunération individuelle est librement fixée par l'employeur au regard des exigences du poste considéré (degré d'autonomie, de responsabilité et de technicité requis) et des compétences du salarié (formation professionnelle, expérience acquise,...).

L'horaire pris en compte pour la détermination des minima est l'horaire correspondant à la durée légale, ne tenant pas compte des heures supplémentaires.

Pour les groupes 1 à 6, le salaire mensuel brut ne peut pas être inférieur aux salaires définis par le tableau suivant.

(Avenant n° 88 du 15 mai 2014, art. 1er, étendu par Arr. du 27 oct. 2014) « Le SMC est fixé à 1386,35 € à compter du 1er juillet 2014. » – *En 2014, l'augmentation du SMC des salariés clas-*

sés en groupes 7 et 8 induit une revalorisation de la rémunération minimale annuelle calculée en appliquant le rapport entre le nombre de mois entiers suivant la publication de l'arrêté d'extension au JO et 12 (Avenant nº 88 du 15 mai 2014, art. 2, étendu par Arr. du 27 oct. 2014).

L'avenant nº 88 du 15 mai 2014 est étendu sous réserve de l'application des dispositions de l'article L. 2241-9 du code du travail, qui prévoient que la négociation annuelle sur les salaires vise également à définir et programmer les mesures permettant de supprimer les écarts de rémunération entre les femmes et les hommes (Arr. du 27 oct. 2014).

(Avenant nº 51 du 7 juill. 2010, art. 1er, en vigueur le 1er janv. 2011, étendu par Arr. du 14 févr. 2011)

GROUPE	MAJORATION DU SMC (en pourcentage)
1	5,21
2	8,21
3	17,57
4	24,75
5	39,72
6	74,31

Pour les groupes 7 et 8, le salaire annuel brut ne peut pas être inférieur aux salaires définis par le tableau suivant :

(Avenant nº 51 du 7 juill. 2010, art. 1er, en vigueur le 1er janv. 2011, étendu par Arr. du 14 févr. 2011)

GROUPE	MAJORATION
7	24,88 SMC
8	28,86 SMC

Pour les salariés classés en groupe 7 et 8, l'augmentation du SMC prévue à compter du 1er sept. 2012 induit une revalorisation de la rémunération minimale calculée sur 4/12 de l'année concernée (Avenant nº 73 du 9 mai 2012, art. 2, en vigueur le 1er sept. 2012, étendu par Arr. du 7 août 2012, art. 2).

Art. 9.2.2 Cas des salariés à temps partiel travaillant moins de 24 heures hebdomadaires

(Avenant nº 87 du 15 mai 2014, art. 2, étendu par Arr. du 24 oct. 2014)

Pour les salariés à temps partiel dont la durée contractuelle de travail est fixée à moins de 24 heures hebdomadaires, le salaire minimum conventionnel garanti est calculé de la manière suivante :

Temps de travail hebdomadaire contractuel	Majoration
Jusqu'à 10 heures hebdomadaires	Salaire horaire minimum du groupe majoré de 5 %
De plus de 10 heures à moins de 24 heures hebdomadaires	Salaire horaire minimum du groupe majoré de 2 %

9.2.3 — Prime d'ancienneté.

La prime d'ancienneté doit figurer sur une ligne séparée du bulletin de paie. Elle est versée mensuellement au *prorata* du temps de travail effectif.

Chaque employeur met en place un dispositif d'ancienneté dans le respect des dispositions suivantes pour les salariés des groupes 1 à 6.

9.2.3.1 – Ancienneté d'entreprise.

1. Une prime égale à 1 % du SMC du groupe 3 est accordée aux salariés :

– justifiant de 24 mois de travail effectif après la date d'extension de la présente convention ;

– ou le cas échéant de 24 mois de travail effectif après l'embauche lorsque le salarié a été embauché après la date d'extension de la présente convention.

De plus, une prime exceptionnelle d'ancienneté égale à 5 % du SMC du groupe 3 sera versée aux salariés du groupe 1 au bout de 3 ans d'ancienneté dans l'entreprise.

2. Tant que le taux total de la prime d'ancienneté n'est pas égal à 15 %, le taux de cette prime est augmenté de 1 % après chaque nouvelle période de 24 mois de travail effectif.

9.2.3.2 – Disposition exceptionnelle de revalorisation salariale.

Pour les salariés percevant une rémunération brute inférieure au SMC de leur groupe à la date d'extension de la présente convention :

– lorsqu'il n'existait aucune modalité de prise en compte de l'ancienneté dans l'entreprise ;

– et que le salarié a au moins quatre ans d'ancienneté dans l'entreprise à la date d'extension de la présente convention.

Une prime d'ancienneté de 2 % du SMC du groupe 3 leur est attribuée à la date d'extension de la présente convention.

Cette prime est augmentée de 1 % après chaque période de 24 mois de travail effectif tant que le taux total de la prime d'ancienneté n'est pas égal à 15 %.

9.2.4 – Périodicité de la paie.

Tous les salaires et appointements sont obligatoirement payés au moins une fois par mois.

Art. 9.3 *Grille de classification.*

Les parties signataires conviennent de se réunir 3 ans après la date d'extension de la présente convention afin de juger de l'opportunité de modifier la grille de classification.

		REPÈRES DE COMPÉTENCES		
Groupe	**Définition**	**Autonomie**	**Responsabilité**	**Technicité**
1. Employé	Exécution de tâches prescrites pouvant nécessiter une durée d'adaptation à l'emploi n'excédant pas 2 jours	Les tâches sont effectuées sous le contrôle direct d'un responsable.		Tâches simples et détaillées fixant la nature du travail et les modes du travail à appliquer.
2. Employé	Exécution de tâches prescrites exigeant une formation préalable et une adaptation à l'emploi.	Sous le contrôle d'un responsable, le salarié est capable d'exécuter des tâches sans que lui soit indiqué nécessairement le mode opératoire. Le contrôle des tâches s'effectue en continu.	Ne peut pas comporter la responsabilité d'autres salariés. Sa responsabilité pécuniaire ne peut dépasser la gestion d'une régie d'avance.	Ne peut pas comporter la programmation des tâches d'autres salariés.

		REPÈRES DE COMPÉTENCES		
3. Technicien	Exécution d'un ensemble de tâches ou d'une fonction comportant une responsabilité technique ou un savoir-faire technique spécialisé.	Sous le contrôle d'un responsable, le salarié effectue des tâches complexes avec l'initiative des conditions d'exécution. Le contrôle du travail s'opère par un responsable au terme d'un délai prescrit.	Le salarié n'exerce pas d'encadrement hiérarchique. Le salarié peut exercer un rôle de conseil et/ou de coordination d'autres salariés mais ne peut en aucun cas assurer le contrôle.	Le salarié peut être chargé d'exécuter un programme défini et/ou un budget prescrit dans le cadre d'une opération.
4. Technicien	Prise en charge d'une mission, d'un ensemble de tâches ou d'une fonction par délégation requérant une conception des moyens.	Il doit rendre compte périodiquement de l'exécution de ses missions.	Le salarié peut planifier l'activité d'une équipe de travail (salariée ou non) et contrôler l'exécution d'un programme d'activité. Il a une responsabilité limitée à l'exécution d'un budget prescrit et d'un programme défini.	Sa maîtrise technique lui permet de concevoir les moyens et les modalités de leur mise en œuvre.
5. Technicien			L'emploi peut impliquer la responsabilité d'un service ou d'une mission ou la gestion d'un équipement. Il peut avoir en responsabilité la gestion du budget global d'un service ou d'un équipement. Il peut bénéficier d'une délégation limitée de responsabilité pour l'embauche de personnels.	Sa maîtrise technique lui permet de concevoir des projets et d'évaluer les résultats de sa mission à partir d'outils existants.

		REPÈRES DE COMPÉTENCES		
6. Cadre Ce groupe concerne soit les cadres salariés de structures dont l'effectif est de moins de 6 salariés équivalent temps plein, soit les cadres ayant moins de 2 ans d'ancienneté dans l'entreprise qui les emploie.	Personnels disposant d'une délégation permanente de responsabilités émanant d'un cadre d'un niveau supérieur ou des instances statutaires. Ils participent à la définition des objectifs, à l'établissement du programme de travail et à sa conduite ainsi qu'à son évaluation, y compris dans ses aspects financiers.	Le contrôle s'appuie sur une évaluation des écarts entre les objectifs et les résulats.	Les personnels de ce groupe assument leurs responsabilités dans les prévisions budgétaires qu'il élaborent dans l'exercice de leur mission. Ils peuvent avoir une délégation partielle dans le cadre de la politique du personnel et de représentation auprès de partenaires extérieurs.	
7. Cadre			Les personnels de ce groupe assument leurs responsabilités dans les prévisions budgétaires qu'il [ils] élaborent dans l'exercice de leur mission. Ils ont une délégation étendue dans le cadre de la politique du personnel et de représentation auprès de partenaires extérieurs.	
8. Cadre dirigeant	Cadre dirigeant			

Exemples d'emploi et de certifications professionnelles relatifs aux filières de l'administration, de l'entretien, de l'accueil et de la restauration.

Groupe	Administration	Entretien, accueil, restauration
1. Employé	Agent administratif.	Agent d'entretien, gardien, agent d'accueil, placier, stadier, guichetier, aide de cuisine.
2. Employé	Aide-comptable, agent administratif, secrétaire, opérateur de saisie, magasinier, agent d'intendance, chauffeur.	Ouvrier d'entretien, agent de maintenance, jardinier, hôtesse d'accueil, surveillant d'activité, surveillant de centre de formation, commis de cuisine.
3. Technicien	Assistant généraliste, comptable, assistant communication et marketing, statisticien, infographiste.	Technicien de maintenance, cuisinier

Groupe	Administration	Entretien, accueil, restauration
4. Technicien	Assistant spécialisé, secrétaire principal comptable, économe, attaché de presse, assistant communication et marketing, documentaliste, chargé de billeterie.	Animateur, chef de cuisine.
5. Technicien	Assistant de direction, responsable de service, chef comptable, attaché de presse, chargé de la gestion des stocks, informaticien.	Responsable d'équipement, responsable de la sécurité (événements ou installations), responsable maintenance.
6 et 7. Cadre	Directeur (petite structure), responsable de service, responsable des services généraux, responsable informatique, chef directeur adjoint, directeur de service, directeur administratif et financier, directeur de la communication et du marketing, chef comptable, contrôleur de gestion, ingénieur comptable.	Directeur d'équipement
8. Cadre	Directeur général.	

CHAPITRE X *Prévoyance*

Art. 10.1 *Bénéficiaires.* Le présent chapitre s'applique à tous les salariés non cadres sans condition d'ancienneté, quel que soit le nombre d'heures effectuées, à l'exception des salariés définis au chapitre XII de la présente convention et des intermittents du spectacle.

Le personnel cadre est soumis aux dispositions de l'article 7 de la CCN du 14 mars 1947 et doit, en tout état de cause, bénéficier de garanties au moins équivalentes à celles prévues par ce chapitre.

Art. 10.2 *Salaire de référence.*

Le salaire de référence servant de base au calcul des prestations est le salaire brut perçu au cours des 12 derniers mois précédant l'arrêt de travail, l'invalidité ou le décès, ayant donné lieu à cotisation.

Le salaire de référence est limité aux tranches A et B de la sécurité sociale.

Lorsque la période de 12 mois est incomplète, il sera procédé à une reconstitution du salaire annuel de référence.

Art. 10.3 *Incapacité temporaire de travail.*

(Avenant n° 3 du 20 déc. 2005, art. 1er, étendu par Arr. du 7 déc. 2006)

En cas d'arrêt de travail consécutif à une maladie ou un accident, professionnel ou non, pris en charge ou non par la sécurité sociale, le salarié, tel que défini par l'article 10.1, bénéficie du versement d'une indemnité journalière, dont le montant, y compris les prestations de la sécurité sociale nettes de CSG et de CRDS, (reconstituées de manière théorique pour les salariés n'effectuant pas 200 heures par trimestre), est égal à 100 % du salaire net à payer.

Les prestations sont servies en relais des obligations de maintien de salaire par l'employeur définies au chapitre IV – article 4-3-1 de la CCN du sport et par la loi et les textes qui en découlent. Les prestations cessent dans les cas suivants :

lors de la reprise du travail ;

lors de la mise en invalidité ;

à la liquidation de la pension vieillesse.

En tout état de cause, les prestations ne peuvent être servies au-delà du 1095e jour d'arrêt de travail, ni conduire le salarié à percevoir plus que son salaire net.

Art. 10.4 *Capital décès.*

En cas de décès du salarié, quelle qu'en soit la cause, avant son départ à la retraite ou à partir de la date où le salarié est reconnu par la sécurité sociale en invalidité permanente et absolue (IPA) 3e catégorie, il est versé en une seule fois un capital égal à 100 % du salaire de référence.

Art. 10.5 *Invalidité des 1re, 2e et 3e catégories.*

L'invalidité est définie par référence au régime de base de la sécurité sociale tel que prévu à l'article L. 341-4 du code de la sécurité sociale.

En vue de la détermination du montant de la pension, les invalides sont classés comme suit :

– 1re catégorie : invalides capables d'exercer une activité rémunérée ;

– 2e catégorie : invalides absolument incapables d'exercer une profession ;

– 3e catégorie : invalides absolument incapables d'exercer une profession et qui, en outre, sont dans l'obligation d'avoir recours à une tierce personne pour effectuer les actes ordinaires de la vie.

La rente d'invalidité est servie aussi longtemps que l'assuré bénéficie d'une rente de la sécurité sociale.

Le montant des prestations, y compris les prestations de la sécurité sociale nettes de CSG et de CRDS (reconstituées de manière théorique pour les salariés n'effectuant pas 200 heures par trimestre) est égal à 100 % du salaire net à payer pour les 2e et 3e catégories.

La rente servie en 1re catégorie d'invalidité est égale à 50 % de celle versée en 2e ou 3e catégorie.

Art. 10.6 *Maintien de salaire du personnel non indemnisé par la sécurité sociale.*

(Avenant no 42 du 16 nov. 2009, étendu par Arr. du 11 oct. 2010)

Les bénéficiaires sont les personnels non indemnisés par la sécurité sociale car ne remplissant pas les conditions d'ouverture de droits en termes de cotisation ou d'heures cotisées, mais bénéficiant d'une garantie de maintien de salaire prévue par la convention collective (maladie et maternité).

A compter du 4e jour d'arrêt continu, il sera versé à l'employeur une indemnité égale à 50 % du salaire de référence, pendant la durée normale d'indemnisation.

La prestation cesse :

– lors de la reprise du travail ;

– après 87 jours d'indemnisation pour la maladie ; 112 jours pour la maternité ;

– à la liquidation de la pension vieillesse.

Pour les arrêts maladie il sera tenu compte des jours indemnisés au cours des 12 mois précédant l'arrêt de travail de telle sorte que la durée totale indemnisée ne dépasse pas celle citée ci-dessus.

Art. 10.7 *Rente d'éducation OCIRP.*

En cas de décès ou d'invalidité permanente et absolue d'un salarié non cadre ou cadre (IPA de 3e catégorie), il sera versé au profit de chaque enfant à charge une rente temporaire définie comme suit :

– 5 % du salaire de référence par enfant jusqu'au 12e anniversaire ;

– 7 % du salaire de référence par enfant au-delà de 12 ans jusqu'au 16e anniversaire ;

– 10 % du salaire de référence par enfant âgé de 16 ans jusqu'à 18 ans ou 25 ans (si ce dernier est apprenti, étudiant ou demandeur d'emploi inscrit à l'ANPE et non bénéficiaire des allocations d'assurance chômage).

Art. 10.8 *Taux de cotisation.*

Les taux de cotisation sont fixés comme suit :

(Avenant no 3 du 20 déc. 2005, art. 2, étendu par Arr. du 7 déc. 2006) « A la charge de l'employeur :

0,11 % du salaire brut total destiné au financement de la garantie maintien de salaire des personnels non indemnisé par la sécurité sociale (article 10.6).

« A la charge du salarié : 0,21 % du salaire brut total, destiné au financement de la garantie incapacité temporaire de travail (article 10.3).

« A la charge de l'employeur et du salarié :

« – 0,16 % du salaire brut total pour la garantie décès (article 10.4) ;

« – 0,19 % du salaire brut total pour la garantie invalidité (article 10.5) ;

« – 0,06 % du salaire brut total pour la rente éducation (article 10.7).

« Soit un total de 0,73 %, à raison de 0,365 % pour l'employeur et 0.365 % pour le salarié selon une répartition pour ce qui concerne le 3e alinéa, établie dans le cadre du protocole de gestion prévu à l'article 10.11. »

Art. 10.9 *Gestion du régime conventionnel.*

(Avenant n° 3 du 20 déc. 2005, art. 3, étendu par Arr. du 7 déc. 2006)

Les entreprises entrant dans le champ d'application du présent chapitre de la convention collective du sport sont tenues d'adhérer pour le régime de prévoyance à l'un des organismes gestionnaires désignés ci-dessous :

– AG2R Prévoyance, Institution de prévoyance agréée, relevant de l'article L. 931-1 du code de la sécurité sociale, ci-après dénommée "les organismes coassureurs",

– Groupement National de Prévoyance (GNP), Union d'institutions de prévoyance agréée et relevant de l'article L. 931-2 du code de la Sécurité Sociale, ci-après dénommée "les organismes coassureurs".

– IONIS Prévoyance, Institution de prévoyance agréée, relevant de l'article L. 931-1 du code de la sécurité sociale, ci-après dénommée "les organismes co-assureurs " ;

– Union nationale de Prévoyance de la Mutualité française (UNPMF), organisme agréée, relevant du livre II du code de la Mutualité, ci-après dénommé "les organismes coassureurs" ;

L'organisme désigné pour assurer la couverture de la garantie "Rente éducation" prévue par le présent accord est l'OCIRP – Organisme Commun des Institutions de Rente et de Prévoyance, ci-après dénommée "OCIRP".

Les organismes coassureurs désignés ci-dessus, dans le cadre d'une stricte coassurance, agissent pour leur compte et pour le compte de l'OCIRP.

Une convention de coassurance est conclue entre les organismes désignés. Celle-ci désigne un apériteur qui sera plus particulièrement en charge d'organiser la compensation des comptes ainsi que leur mutualisation. Elle sera également en charge de la présentation annuelle des comptes consolidés auprès des partenaires sociaux de la branche.

Art. 10.10 *Commission paritaire de gestion du régime de prévoyance.*

Le régime est administré par la Commission Nationale Paritaire de gestion composée des représentants signataires de la convention collective.

Cette commission :

– négocie et conclut, en application de ce titre, le protocole de gestion avec les organismes gestionnaires du régime de prévoyance ;

– contrôle l'application du régime de prévoyance ;

– décide par délibération des interprétations à donner au présent titre ;

– étudie et apporte une solution aux litiges portant sur l'application du régime de prévoyance ;

– émet par ailleurs toutes observations et suggestions qu'elle juge utiles ;

– délibère sur tous les documents d'information concernant le régime que diffusent les gestionnaires ;

– informe une fois par an et par écrit les membres de la Commission Mixte sur la gestion et la situation du régime ;

– examine les garanties contractées par la ou les institutions de prévoyance désignées ;

– examine les litiges relatifs à l'obligation de changement du ou des organismes gestionnaires.

La commission paritaire débat de tout ce qui concerne les problèmes d'interprétation, d'orientation générale et d'application du régime de prévoyance.

De plus elle assure le contrôle du régime de prévoyance. Elle propose à la Commission Mixte les taux de cotisation ainsi que la nature des prestations à négocier avec les organismes gestionnaires.

A cet effet, les organismes gestionnaires lui communiquent chaque année l'état des adhérents par organisme de prévoyance ainsi que de façon consolidée, les documents financiers ; leur analyse commentée, nécessaire à ses travaux, pour le *(Avenant n° 69 du 7 févr. 2012, art. 1er, étendu par Arr. du 27 nov. 2012)* « 15 juin » suivant la clôture de l'exercice au plus tard ; et les informations et documents complémentaires qui pourraient s'avérer nécessaires.

La consolidation technique du régime est effectuée conformément au protocole d'accord technique fonctionnel signé entre les gestionnaires et la Commission Mixte. La Commission peut demander la participation, à titre consultatif, des représentants des organismes gestionnaires.

Enfin, en application de l'article L. 912-1 du code de la sécurité sociale issu de la loi n° 94-678 du 8 août 1994, les modalités d'organisation de la mutualisation des risques et l'Accord de gestion avec les organismes désignés sont réexaminés dans un délai de 5 ans à compter de la date d'effet de la présente convention collective.

La commission paritaire, composée des signataires de la convention collective, se réunira spécialement au plus tard au cours du semestre qui précédera l'expiration de ce délai de cinq ans.

Art. 10.11 *Mise en place du régime.*

La désignation des organismes gestionnaires (article 10.9) sera effective lors de la signature du protocole de gestion prévoyant notamment la répartition géographique des zones de compétences de gestion des institutions de prévoyance.

Les employeurs actuellement couverts par un contrat de prévoyance devront obligatoirement rejoindre, pour les garanties définies aux articles 10.3 à 10.7, l'une des institutions désignées à l'article 10.9, sans que ce transfert puisse être à l'origine d'une baisse des avantages acquis par les salariés. Le changement d'institution devra être effectué au plus tard le 1er janvier 2007.

En application de la loi du 8 août 1994, les entreprises qui rejoindront le régime de prévoyance alors qu'un ou plusieurs de leurs salariés sont en arrêt à la date d'effet de leur adhésion devront en faire la déclaration auprès de l'organisme gestionnaire. Au vu de ces déclarations et afin d'assurer selon le cas, soit l'indemnisation, soit les revalorisations futures, soit la poursuite de la garantie décès aux bénéficiaires de rentes ou d'indemnités journalières, les organismes gestionnaires calculeront la surcotisation éventuellement nécessaire à la constitution des provisions correspondantes. Cette surcotisation mutualisée au niveau de l'ensemble de la branche fera l'objet d'un avenant qui déterminera la répartition de ce coût entre employeur et salariés.

Art. 10.12 *Résiliation.*

En cas de résiliation ou de non-renouvellement de la désignation de l'un ou des organismes désignés :

– les garanties en cas de décès telles que définies aux articles 10.4 et 10.7 sont maintenues pour les salariés et anciens salariés bénéficiaires des prestations "Incapacité" et "Invalidité ", et tant que se poursuit l'arrêt de travail ou le classement en invalidité en cause, par le ou les organismes faisant l'objet d'une résiliation ou non renouvelé(s) et ce, au niveau de prestation, tel qu'elle est définie par le texte conventionnel au jour de la résiliation ou du non-renouvellement.

La revalorisation du salaire de référence servant au calcul des prestations cesse à la date d'effet de la résiliation ou du non-renouvellement de la désignation. Cet engagement sera mis en œuvre selon les modalités suivantes :

– Les prestations de rente servies par l'OCIRP continueront à être revalorisées par cet organisme suivant les mêmes modalités prévues avant le changement d'organisme assureur.

– Les provisions liées aux sinistres incapacité et invalidité en cours de service seront transférées, avec son (leur) accord, au nouvel assureur. Ce dernier assurera alors d'une part, le paiement de la prestation de base et leurs futures revalorisations conformément à l'article L. 912-3 du code de la sécurité sociale et d'autre part, le maintien de la garantie décès afférente aux prestations incapacité et invalidité en cours de service.

– Les prestations incapacité, invalidité et rente éducation en cours continueront à être servies à un niveau au moins égal à celui de la dernière prestation due ou payée avant la résiliation ou le non renouvellement.

Leur revalorisation continuera au moins sur la base déterminée par le texte conventionnel à la date de la dénonciation de la désignation, et devra faire l'objet d'une négociation avec le ou les organismes assureurs suivants.

CHAPITRE XI *Pluralité d'employeurs/Groupements d'employeurs*

Dans le cadre de la présente convention collective, les acteurs de la branche souhaitent assurer la promotion de la mise en commun des moyens favorisant l'emploi et les intérêts des salariés et des employeurs. Les groupements d'employeurs, les associations travaillant sur la gestion des personnels à temps partagé répondent aux besoins spécifiques du secteur sportif pour l'encadrement de leurs activités. Ils participent au soutien des petites structures sportives pour assurer leur développement, tout en œuvrant pour la pérennisation des emplois dans la branche professionnelle.

Art. 11.1 *Groupements d'employeurs.*

11.1.1 – Constitution et principes.

Des groupements d'employeurs constitués conformément *(Avenant n° 40 du 22 avr. 2009, art. 7, étendu par Arr. du 8 oct. 2009)* « aux articles L. 1253-1 et suivants du code du travail » et entrant dans le champ d'application de la convention collective nationale du sport peuvent mettre des salariés à disposition de leurs membres et apporter aide et conseil en matière d'emploi ou de gestion des ressources humaines.

11.1.2 – Obligations.

Les groupements d'employeurs dont la majorité des adhérents relève de la CCN sport sont soumis aux dispositions de celle-ci.

Les employeurs qui font partie du groupement assument une responsabilité solidaire concernant les engagements contractés auprès des salariés dudit groupement.

Le groupement d'employeurs assumera vis-à-vis des salariés mis à disposition toutes les obligations de l'employeur, notamment celles mentionnées dans la présente CCN sport et celles relatives à la médecine du travail.

Art. étendu sous réserve du respect des dispositions de l'art. L. 1253-1 C. trav. (Arr. du 21 nov. 2006).

11.1.3 – Dispositions spécifiques.

Les salariés des groupements d'employeurs entrent dans l'effectif de l'entreprise utilisatrice.

Le calcul de l'effectif, les règles d'électorat et d'éligibilité sont définies au chapitre III de la présente convention.

Art. 11.2 *Salariés à employeurs multiples/Cumul d'emplois.*

11.2.1 – Principe.

Le cumul d'emplois est possible, sauf dispositions particulières l'interdisant, dès lors qu'il ne contrevient pas à la réglementation concernant la durée maximale de travail autorisée. Le cumul d'un emploi public et d'un emploi privé relevant de la présente convention est possible dans les conditions prévues par les lois et règlements en vigueur.

Le salarié est tenu d'informer chacun de ses employeurs sur ses autres engagements contractuels.

11.2.2 – Durée du travail.

Le temps de travail total des salariés à employeurs multiples est soumis au respect de la durée légale du travail.

Les heures effectuées au-delà de la durée contractuelle au profit d'un même employeur donnent lieu, selon le cas, au paiement d'heures complémentaires et/ou d'heures supplémentaires conformément aux dispositions du chapitre V de la présente convention.

11.2.3 – Médecine du travail.

En cas d'embauche, la visite d'embauche n'est pas obligatoire lorsque les conditions suivantes sont réunies :

– le salarié est appelé à occuper un emploi identique ;

– le médecin du travail concerné est en possession de la fiche d'aptitude établie en application de l'*(Avenant étendu n° 40 du 22 avr. 2009, art. 7, étendu par Arr. du 8 oct. 2009)* « article D. 4624-47 du code du travail » ;

– aucune inaptitude n'a été reconnue lors du dernier examen médical intervenu au cours soit des 12 mois précédents si le salarié est à nouveau embauché par le même employeur, soit des 6 derniers mois lorsque le salarié change d'entreprise.

Ce principe est applicable dans les mêmes conditions à la visite médicale périodique obligatoire.

Dans tous les cas, les frais correspondants seront répartis entre l'ensemble des employeurs à l'initiative de celui d'entre eux qui les aura exposés.

CHAPITRE XII *Sport professionnel*

Préambule Le sport professionnel est une activité économique étroitement liée aux impératifs et aux aléas de la compétition sportive, dont la nature et les conditions d'exercice ont une incidence nécessaire sur les conditions d'emploi, de travail, de rémunération ainsi que sur les garanties sociales à définir pour les salariés visés au présent chapitre : les sportifs professionnels et leurs entraîneurs.

Aussi le présent chapitre prend-il en compte la brièveté et l'intensité de la carrière sportive et l'importance de la préparation physique et psychologique dans le métier des sportifs, en définissant, pour ceux-ci et leurs entraîneurs, les conditions d'emploi et de travail adaptées au rythme des sports professionnels – voire de chacun d'eux –, tout en visant à protéger la santé des intéressés et en ménageant l'adaptation à l'emploi par la formation continue et la possibilité de leur reconversion professionnelle ultérieure.

Il prend en compte également le principe de l'aléa sportif inhérent à toute compétition ou système de compétition. Ce principe postule que soit préservée, entre compétiteurs, une égalité de chances, dans le sens de la réglementation des compétitions définie par les fédérations sportives et les ligues professionnelles en vertu des prérogatives que leur reconnaît la loi. Pareillement, au regard des conditions d'emploi et de travail, l'équité sportive impose, au sein d'un même sport professionnel, voire d'une catégorie de celui-ci, une unicité de statuts qui justifie la mise en place d'accords sectoriels destinés à former partie intégrante du présent chapitre.

Les caractéristiques particulières des activités auxquelles s'applique le présent chapitre impose de prendre en compte les données suivantes :

– la mixité dans les compétitions des différents sports concernés étant le plus souvent interdite ou impossible, toute disposition relative à l'égalité des sexes n'a pas lieu d'être entre sportifs ;

– la durée courte et la nature des carrières du sport professionnel ainsi que le recours au contrat à durée déterminée imposent une approche particulière notamment des questions de classification et d'ancienneté.

Art. 12.1 *Champ d'application.*

Les dispositions du présent chapitre ne s'appliquent qu'aux entreprises (sociétés ou associations) ayant pour objet la participation à des compétitions et courses sportives, et qui emploient des salariés pour exercer, à titre exclusif ou principal, leur activité en vue de ces compétitions.

Dans le champ défini les dispositions du présent chapitre ne s'appliquent qu'aux sportifs visés au précédent alinéa – y compris ceux qui seraient sous convention de formation avec un centre de formation agréé – ainsi qu'à leurs entraîneurs.

Toutefois, des accords sectoriels pourront prévoir l'application, à titre exceptionnel, des dispositions du présent chapitre, ou de certaines d'entre elles, à d'autres emplois sous la stricte condition qu'ils soient également sous l'influence directe de l'aléa sportif.

Art. 12.2 *Dispositif applicable.*

Dans le champ d'application tel que défini à l'article ci-dessus, sont applicables :

– les dispositions de la présente convention comprises dans les chapitres II, II, III, VIII et XIII ainsi que celles auxquelles le présent chapitre et les accords sectoriels font expressément référence ;

– les dispositions du présent chapitre et des accords sectoriels qui en constituent partie intégrante.

12.2.1 – Accord sectoriel.

Les accords sectoriels définis, pour chaque sport professionnel, ou leurs avenants modificatifs, constituent partie intégrante du présent chapitre.

Ne peut acquérir la qualité d'accord sectoriel qu'un accord :

– élaboré dans le secteur considéré et définissant les catégories de personnels auxquelles ils s'appliquent dans les limites de l'article 1 ci-dessus ;

– traitant de l'ensemble des points suivants :

– les thèmes des chapitres IV à VII et XI :

– son champ, qui ne peut s'étendre au-delà d'un sport ; *– Pour chaque discipline pourront coexister plusieurs accords sectoriels ou dans chaque accord sectoriel pourront être traitées distinctement les différentes « catégories » de la discipline*

– les contrats ;

– le temps de travail ;

– la pluralité d'emplois ;

– la santé, l'hygiène, la sécurité ;

– les congés ;

– la formation ;

– les rémunérations ;

– la prévoyance ;

ainsi que :

– l'exploitation de l'image et du nom des sportifs ;

– les conséquences sur les contrats de travail d'une participation aux équipes de France ;

– tout dispositif de nature à favoriser la reconversion des sportifs, notamment sous la forme d'un plan d'épargne salariale ;

– les conditions dans lesquelles l'accord pourra être modifié ;

– ainsi qu'éventuellement les dérogations qu'il sera possible d'apporter à l'accord sectoriel par accord d'entreprise sous réserve des dispositions du code du travail ;

– signé par les partenaires sociaux du secteur suivant le principe de majorité en audience. L'appréciation de la représentativité des organisations signataires au regard de cette exigence se réalise, en premier lieu, par le décompte des adhérents des signataires lorsque celui-ci est supérieur à 50 % des effectifs concernés, catégorie d'emploi par catégorie d'emploi. A défaut de se trouver dans cette situation, la preuve de la légitimité se réalise sur le fondement des résultats d'une élection professionnelle organisée pour l'occasion ;

– accepté par la Commission nationale de négociation constituée pour négocier la CCNS ; sur présentation par au moins une organisation d'employeurs et une organisation syndicale de salariés, parties à la négociation de la CCNS. La présentation du texte peut être accompagnée d'un rapport sur les caractéristiques économiques et sociales du secteur auquel il s'applique.

L'acceptation doit porter sur la totalité du texte afin de respecter le caractère contractuel de l'élaboration de celui-ci ; le contrôle de la Commission nationale de négociation porte sur la régularité de cet accord et sur sa conformité aux dispositions de la section I présent chapitre. Cette conformité s'apprécie au regard de l'équilibre global des textes, apprécié sur l'ensemble des salariés et sur l'ensemble des avantages consentis les uns en contrepartie des autres et constituant un tout indivisible.

A défaut d'acceptation le projet est retourné à ses auteurs, accompagné des motifs du refus.

– ayant fait l'objet d'une procédure d'extension en tant qu'avenant à la présente CCN.

12.2.2 – Absence d'accord sectoriel.

1. A défaut d'accord sectoriel dans un sport déterminé, il est fait directement application de l'ensemble des autres dispositions énoncées à l'article 12.2 du présent chapitre auxquelles les accords d'entreprise ne peuvent alors déroger que dans un sens plus favorable.

2. Les conventions collectives ou les accords ayant valeur de convention collective, signés antérieurement à la signature de la présente CCNS, ne sont pas soumis aux dispositions prévues par le I ci-dessus.

Toutefois :

– conformément à l'*(Avenant n° 40 du 22 avr. 2009, art. 8, étendu par Arr. du 8 oct. 2009)* « article L. 2253-3 du code du travail », ces accords et conventions ne pourront déroger aux dispositions des articles 12.6.2.1 et 12.8 du présent chapitre ainsi qu'à celles du chapitre-VIII de la présente convention ;

– dès l'entrée en vigueur de la présente convention, les partenaires sociaux signataires desdits accords ou conventions négocieront l'adaptation de ceux-ci en vue de leur donner la forme d'accords sectoriels.

3. Si, dans un sport où ont été appliquées les dispositions du I ou du II ci-dessus, un accord sectoriel est conclu par la suite, les parties devront définir dans le texte dudit accord (ou dans un accord spécifique respectant la même procédure) les conditions de sa mise en application.

SECTION I *Dispositions d'application générale*

Art. 12.3 *Définition du contrat de travail.*

12.3.1 – Objet du contrat de travail.

12.3.1.1 – Le sportif.

Le sportif professionnel mettra à disposition de son employeur, contre rémunération, ses compétences, son potentiel physique et ses acquis techniques et tactiques, le temps de préparer et de réaliser une performance sportive dans le cadre d'une compétition ou d'un spectacle sportif de façon régulière ou occasionnelle, ainsi que, accessoirement, les activités de représentation qui en découlent.

12.3.1.2 – L'entraîneur.

L'entraîneur encadre au moins un sportif visé à l'article 12.1 ci-dessus (champ d'application). Il est obligatoirement titulaire des qualifications exigées par la législation française en matière d'encadrement sportif contre rémunération.

Cette mission a pour objet principal la préparation du ou des sportifs professionnels sous tous ses aspects (préparation physique et athlétique, formation et entraînement technique et tactique, formation et coaching, organisation des entraînements). La mission de l'entraîneur comprend également accessoirement des activités de représentation au bénéfice de l'employeur.

Le contrat doit préciser les fonctions et les attributions de l'entraîneur correspondant à sa qualification.

Si son degré d'autonomie, son niveau de responsabilité et de technicité le justifient, l'entraîneur aura le statut cadre au sein de la structure "employeur" (entrent dans cette catégorie les entraîneurs principaux des équipes évoluant au sein d'une ligue professionnelle).

12.3.1.3 – L'employeur.

L'employeur du sportif professionnel est en principe une société sportive ou, seulement en l'absence d'une telle société, une association. Il en est de même pour les entraîneurs professionnels.

Toutefois les contrats de travail des entraîneurs et des joueurs des centres de formation peuvent également être conclus avec l'association gestionnaire du centre.

L'exécution normale du contrat de travail passe par la possibilité, pour les sportifs, de participer à des compétitions inscrites au programme de leur employeur. Celui-ci doit donc mettre en œuvre les moyens permettant aux entraîneurs et sportifs visés au présent chapitre d'atteindre leur meilleur niveau en vue des compétitions pour la préparation desquelles ils ont été engagés.

La participation d'un sportif à chaque compétition relève du pouvoir de sélection exercé sous la responsabilité de l'employeur. En revanche, l'employeur ne saurait maintenir, sans motif légitime, (notamment retour de blessure ou motif disciplinaire) l'un des salariés visés au présent chapitre à l'écart du programme commun mis en place au sein de l'entreprise pour la préparation et l'entraînement de l'équipe pour laquelle il a été engagé.

12.3.2 – Caractère particulier du contrat de travail.

12.3.2.1 – Contrat de travail à durée déterminée.

Les salariés visés par le présent chapitre en vertu de l'article 12.1 occupent des emplois pour lesquels l'usage impose de recourir au contrat à durée déterminée en raison de la nature de l'activité et du caractère par nature temporaire de ces emplois, ainsi que prévu aux *(Avenant n° 40 du 22 avr. 2009, art. 8, étendu par Arr. du 8 oct. 2009)* « articles *(Avenant n° 44 du 7 juill. 2010, art. 4, étendu par Arr. du 18 févr. 2011)* « **L. 1242-2** » et **D. 1242-1** du code du travail ».

Art. étendu sous réserve de l'application des dispositions de l'art. L. 1242-2 (3°) C. trav., telles qu'interprétées par la jurisprudence : Soc. 26 nov. 2003, n°s 01-44.263, 01-47.035, 01-44.381 et 01-42.977 (Arr. du 21 nov. 2006).

12.3.2.2 – Pluralité d'emplois.

Le cumul d'emplois est possible dès lors qu'il ne contrevient pas à la réglementation concernant la durée du travail. Dans le cas où un emploi privé relevant du présent chapitre est cumulé avec un emploi public, il convient de se conformer aux obligations légales en vigueur.

Compte tenu des exigences des métiers de sportif et d'entraîneur et de l'obligation des employeurs en matière de santé et de sécurité, le contrat de travail des salariés concernés par le présent chapitre est nécessairement conclu pour un mi-temps minimum.

(Avenant n° 89 du 15 mai 2014, art. 1er, étendu par Arr. du 24 oct. 2014) « La durée minimale des sportifs en centre de formation visés à l'article 12.9.1 est définie par l'article 12.9.2 du présent chapitre. »

Si le salarié est en situation de pluralité d'emplois, il doit en informer son employeur avant la signature de son contrat de sportif ou d'entraîneur professionnel.

La même obligation lui incombe si cette situation survient en cours d'exécution du contrat.

12.3.2.3 – Durée du contrat de travail.

Les contrats sont conclus pour une ou plusieurs saisons sportives. Ils s'achèvent impérativement la veille à minuit du début d'une saison sportive (la date du début de la saison sportive est arrêtée par l'autorité sportive compétente, selon les cas, la fédération nationale, la ligue professionnelle, ou autre).

La durée d'un même contrat ne peut être supérieure à 5 saisons sportives (60 mois), y compris le renouvellement tacite prévu contractuellement. Cette durée maximum n'exclut pas le renouvellement explicite du contrat ou la conclusion d'un nouveau contrat avec le même employeur.

Si le contrat commence à s'exécuter en cours de saison, il doit courir au minimum jusqu'à la veille de la saison suivante.

Dans la mesure où les particularités sportives le justifient, les accords sectoriels peuvent prévoir une disposition exceptionnelle relative au remplacement d'un sportif blessé ou malade, pour la durée de son inaptitude.

L'entraîneur principal d'un centre de formation agréée conformément aux dispositions de l'article 12.9.1 ci-dessous, affecté exclusivement à celui-ci, et titulaire d'un CDD d'usage bénéficie d'un contrat d'une durée de deux ans minimum. Les prolongations éventuelles pourront n'être que d'une année.

Art. 12.4 *Conclusion du contrat de travail.*

Le contrat doit être daté et signé en au moins deux exemplaires, dont un doit être immédiatement remis au salarié contre récépissé.

Il doit comporter tous les éléments relatifs aux rémunérations.

Lorsqu'une homologation du contrat est imposée, elle ne peut avoir d'effet sur le contrat que dans la mesure où un accord sectoriel le prévoit.

Dans ce cas, il appartiendra à cet accord sectoriel de préciser les garanties relatives à l'organisation de la procédure d'homologation, en particulier l'information des parties sur son déroulement, ainsi que les conséquences juridiques et financières d'un défaut d'homologation.

Art. étendu sous réserve du respect des dispositions de l'art. L. 122-3-1 C. trav., qui fixent les mentions obligatoires du contrat à durée déterminée (Arr. du 21 nov. 2006).

Art. 12.5 *Discipline et sanctions.*

Les dispositions ci-dessous ne concernent que la relation entre les salariés et l'employeur dans le cadre du contrat de travail conclu entre les deux parties ; elles ne visent pas les sanctions pouvant être prononcées à l'encontre de tout licencié par l'autorité sportive compétente (selon les cas la fédération nationale, la ligue professionnelle, ou autre).

Pour assurer le respect des engagements contractés par les salariés, l'employeur dispose de sanctions allant de l'avertissement à la mise à pied pour un temps déterminé, voire à la suspension ou même à la rupture du contrat. Ces sanctions doivent être prévues par le règlement intérieur de l'entreprise. Un exemplaire de celui-ci est remis à chaque salarié avant le début de la saison, ou en cas de mutation, lors la signature de son contrat.

Toute sanction infligée à un salarié en application du règlement intérieur doit être prononcée conformément aux dispositions du code du travail.

Chaque absence non autorisée ou non motivée pourra entraîner l'application des dispositions prévues dans le règlement intérieur de l'employeur.

Art. 12.6 *Rémunérations.*

Art. 12.6 est étendu sous réserve du respect des dispositions de l'art. L. 1242-14 C. trav., qui précisent que la rémunération du salarié en contrat à durée déterminée ne peut être inférieure à celle que percevrait après période d'essai le salarié de qualification équivalente en contrat à durée indéterminée occupant les mêmes fonctions (Arr. du 21 nov. 2006).

12.6.1 – Structure de la rémunération du salarié.

La rémunération du salarié, dont le montant annuel respecte les minima prévus par le présent chapitre, comprend un salaire fixe et des avantages en nature valorisés dans le contrat.

La rémunération du salarié peut également comprendre :

– des primes liées au respect par le salarié de règles d'éthique ("primes d'éthique"), et/ou, à l'exclusion de l'entraîneur, à son assiduité dans son activité au sein du club ("primes d'assiduité ") dans la mesure où l'accord sectoriel applicable le prévoit. Les conditions d'attribution de ces primes sont fixées par le contrat de travail ou le règlement intérieur du club en conformité avec les dispositions de l'accord sectoriel ;

– des primes liées à la participation du salarié aux matchs officiels, ou aux résultats sportifs obtenus par le club, versées sous forme de salaire ou dans le cadre d'un plan d'intéressement ou d'épargne salariale ou dans le cadre d'un accord de participation ;

– ainsi que toute autre forme autorisée par la loi.

La rémunération des sportifs peut également comprendre un droit à l'image collective défini, dans les conditions et limites fixées par la loi du 15 décembre 2004, par l'accord sectoriel applicable ou à défaut par les dispositions de l'article 12.11.1.1 ci-dessous (dans la section II).

Dans tous les cas, tout élément de rémunération individuelle convenu entre les parties, ou garanti par l'employeur, doit être intégré au contrat de travail (ou précisé par voie d'avenant le cas échéant), et être exprimé en montant brut.

En outre, les modalités d'attribution des éléments de rémunération soumis à conditions doivent être fondées sur des critères précis et objectifs prévus soit par le contrat de travail, soit par accord d'entreprise, soit par une décision unilatérale expresse du club.

12.6.2 – Rémunération minimum.

(Avenant n° 41 du 22 avr. 2009, étendu par Arr. du 9 déc. 2009)

Les dispositions issues de l'avenant n° 41 du 22 avr. 2009 sont étendues sous réserve de l'application des dispositions de l'article L. 2241-9 C. trav., qui prévoient que la négociation annuelle sur les salaires vise également à définir et programmer les mesures permettant de supprimer les écarts de rémunération entre les femmes et les hommes avant le 31 déc. 2010 (Arr. du 9 déc. 2009, art. 1er).

12.6.2.1 – Principe.

Sauf pour ce qui est des jeunes sportifs salariés en formation, la rémunération définie à l'article 12.6.1.1, alinéa 1, doit être au moins égale pour un sportif salarié à temps plein à *(Avenant n° 73 du 9 mai 2012, art. 3, en vigueur le 1er sept. 2012, étendu par Arr. du 7 août 2012)* **« 12,60 » SMC brut par an hors avantage en nature.**

Le SMC est fixé conformément aux dispositions de l'article 9.2.1 de la présente convention.

12.6.2.2 – Disposition particulière aux entraîneurs

Le SMC est fixé conformément aux dispositions de l'article 9.2.1 de la présente convention.

(Avenant n° 52 du 7 juill. 2010, art. 3, en vigueur le 1er janv. 2011, étendu par Arr. 27 sept. 2011)

Classe	Salaire mensuel
A Technicien	SMC majoré de 18,23 %
B Technicien	SMC majoré de 33,01 %
C Agent de maîtrise	SMC majoré de 37,94 %
Classe	**Salaire annuel**
D Cadre	26,61 SMC

(Avenant n° 17 du 6 sept. 2007, art. 1er, étendu par Arr. du 19 févr. 2008)

CLASSE	DÉFINITION	AUTONOMIE	RESPONSABILITÉ	TECHNICITÉ	EMPLOI TYPE relevé
A Technicien	Prise en charge d'une équipe de jeunes ou d'un ensemble de tâches ou d'une fonction rattachée à une équipe de jeunes par délégation requérant une conception des moyens.	Il doit rendre compte périodiquement de l'exécution de ses missions.	Le salarié peut planifier l'activité d'un encadrement sportif bénévole d'une équipe de jeunes donnée, dont au moins 1 des sportifs est rémunéré, et contrôler l'exécution par les sportifs et l'encadrement d'un programme d'activité.	Sa maîtrise technique lui permet de concevoir les moyens et les modalités de leur mise en œuvre.	Entraîneur d'équipes de jeunes (en général ayant moins de 18 ans). Entraîneur adjoint d'équipes de jeunes (en général ayant moins de 18 ans).
B Technicien	Prise en charge d'une équipe de jeunes ou d'un ensemble de tâches ou d'une fonction rattachée à une équipe de jeunes par délégation requérant une conception des moyens.	Il doit rendre compte périodiquement de l'exécution de ses missions.	L'emploi implique la responsabilité d'un encadrement sportif regroupant au moins un autre entraîneur rémunéré et, le cas échéant, d'autres entraîneurs bénévoles. Il peut bénéficier d'une délégation limitée de responsabilité dans la politique de gestion du personnel (les sportifs).	Sa maîtrise technique lui permet de concevoir des projets et d'évaluer les résultats de sa mission à partir d'outils existants.	Entraîneur principal ou coentraîneur d'équipes de jeunes (en général ayant moins de 18 ans). Entraîneur de centre de formation agréé.

CLASSE	DÉFINITION	AUTONOMIE	RESPONSABILITÉ	TECHNICITÉ	EMPLOI TYPE relevé
C Agent de Maîtrise	Prise en charge d'une équipe ou d'un ensemble de tâches ou d'une fonction rattachée à une équipe par délégation requérant une conception des moyens. Ils participent à la définition des objectifs, à l'établissement du programme de travail et à sa conduite.	Le contrôle s'appuie sur une évaluation des écarts entre les objectifs et les résultats prenant en compte la nature incertaine des résultats liés à l'aléa sportif.	Les personnels de ce groupe assument leurs responsabilités sous la contrainte médiatique, financière et marketing liées à l'activité de leur employeur. Ils peuvent avoir une délégation partielle dans le cadre de la politique de gestion du personnel (sur les sportifs) et de représentation auprès de partenaires extérieurs.	Sa maîtrise technique lui permet de concevoir des projets et d'évaluer les résultats de sa mission à partir d'outils existants.	Entraîneur adjoint de l'équipe fanion d'une structure sportive sous forme de société sportive (SASP, SAOS, EURLS...) ou d'une association membre d'une ligue professionnelle. Entraîneur de centre de formation agréé. Entraîneur principal de l'équipe fanion ou réserve d'une structure sportive.
D Cadre	Personnels disposant d'une délégation permanente de responsabilités émanant d'un cadre d'un niveau supérieur ou des instances statutaires. Ils participent à la définition des objectifs, à l'établissement du programme de travail et à sa conduite ainsi qu'à son évaluation.	Le contrôle s'appuie sur une évaluation des écarts entre les objectifs et les résultats en prenant en compte la nature incertaine des résultats liés à l'aléa sportif.	Les personnels de ce groupe assument leurs responsabilités sous la contrainte médiatique et marketing liées à l'activité de leur employeur. Ils peuvent avoir une délégation partielle dans le cadre de la politique de gestion du personnel (sur les sportifs et l'encadrement) et de représentation auprès de partenaires extérieurs.	Sa maîtrise technique lui permet de concevoir des projets et d'évaluer les résultats de sa mission.	Entraîneur principal ou coentraîneur de l'équipe fanion d'une structure sportive sous forme de société sportive (SASP, SAOS, EURLS...) ou d'une association membre d'une ligue professionnelle. Directeur sportif d'un centre de formation agréé.

12.6.2.3 – Disposition particulière aux salariés à temps partiel.

Les dispositions des 12.6.2.1 et 12.6.2.2 ci-dessus s'appliquent au *prorata temporis* pour le temps partiel, dans le respect des règles consacrées par le présent chapitre à la durée du travail.

12.6.3 – Obligations consécutives aux rémunérations.

Le salaire fixe doit être versé par mensualité par les employeurs aux salariés sous contrat au plus tard le 5e jour après l'échéance de chaque mois, dans les conditions du droit commun, c'est-à-dire à date fixe et à trente jours au plus d'intervalle.

(Exclu de l'extension par Arr. du 21 nov. 2006) ***« La rémunération mensuelle versée au sportif sur la base de son salaire annuel contractuel est indépendante de l'horaire réel de chaque mois, la présente disposition consacrant une dérogation*** *(Avenant n° 40 du 22 avr. 2009, art. 8, étendu par Arr. du 8 oct. 2009)* ***« aux articles L. 3242-3 et L. 3251-3 du code du travail ». Cela vaut tant pour le sportif à temps complet que pour celui à temps partiel. »*** *– Al. exclu de l'extension comme étant contraire aux dispositions des art. L. 3122-9 et L. 3121-38 C. trav. (Arr. du 21 nov. 2006).*

Les primes liées à la participation aux matchs et aux résultats sportifs obtenus par l'employeur doivent être versées au plus tard, sauf modalités particulières prévues au titre d'un dispositif d'épargne salariale, à l'expiration de la saison sportive concernée.

A défaut de paiement par l'employeur de la rémunération dans les conditions ci-dessus, le salarié peut adresser à son employeur une mise en demeure.

Le non-paiement par l'employeur de la rémunération, à l'expiration d'un délai de 15 jours après mise en demeure adressée par le salarié, constitue une faute imputable à l'employeur justifiant la rupture du contrat et susceptible d'ouvrir droit à dommages et intérêts.

Conformément aux dispositions du code du travail, toute réclamation concernant les salaires, indemnités ou primes qui seraient dus à un salarié doit être formulée par ce dernier, dans un délai de cinq ans à compter du jour où le règlement aurait dû être effectué.

Art. 12.7 *Conditions de travail.*

12.7.1 – Durée du travail et repos.

12.7.1.1 – Principes.

Parce qu'il est pratiqué à un haut niveau de compétition, le sport professionnel exige une condition physique parfaite qui rend indispensable le respect scrupuleux d'une préparation (notamment physique) minutieuse, ainsi que de temps de pause et de repos tout aussi essentiels. Protectrices de la santé et de la sécurité, les dispositions légales et conventionnelles imposant des temps de pause et de repos minimum ainsi qu'une durée maximum de travail sont également déterminantes au regard de la bonne exécution des obligations contractuelles touchant aux tâches à accomplir.

La nature particulière de l'activité d'un sportif professionnel, ainsi que la nécessité, pour pouvoir exercer efficacement, d'une longue préparation, notamment physique, rendent indispensable la déclinaison de la définition légale de la notion de temps de travail effectif. Par ailleurs, si certaines périodes d'activité se répètent semaine après semaine, il en est d'autres qui dépendent d'une part du calendrier des compétitions, et d'autre part du fait que les sportifs d'une même équipe n'ont pas forcément les mêmes charges de travail. Il en résulte que même dans les sports dits "collectifs", l'horaire est partiellement individuel ; de même que l'horaire collectif varie d'une semaine à l'autre au cours de la saison pour des raisons indépendantes de la volonté de la structure employeur.

Selon les phases de repos, de congés et d'intersaisons obligatoires incluses dans ce chapitre, il ressort que chaque accord sectoriel doit prévoir des dispositions relatives à l'organisation de la période comprise entre deux saisons sportives ("intersaison").

Ces données valent également pour les entraîneurs dont les temps de travail et de repos sont nécessairement liés à ceux du sportif.

Il n'en est autrement que si l'entraîneur a la qualité de cadre et exerce à temps complet ; dans ce cas, son temps de travail obéit aux dispositions de l'article 12.7.1.4 ci-dessous (temps de travail des cadres) sauf dispositions particulières.

12.7.1.2 – Temps de travail effectif.

Doit être compris dans la définition du temps de travail le temps consacré notamment :

– par les sportifs et les entraîneurs :

– aux compétitions proprement dites ;

– aux entraînements collectifs ainsi que, s'ils sont dirigés par l'entraîneur, aux entraînements individuels complémentaires ;

– aux déplacements pour se rendre sur le lieu de la compétition lorsque celle-ci a lieu à l'extérieur du lieu habituel de travail et ceci quel que soit le mode de transport retenu. Si le déplacement nécessite un coucher sur place, la période pendant laquelle le salarié est dans sa chambre n'est pas un temps de travail effectif, n'étant pas un temps d'astreinte ou de veille dès lors que le salarié n'a pas à être éventuellement appelé pour effectuer une tâche ;

– aux repas post et pré-compétition pris en commun à la demande de l'employeur ;
– à la participation à des actions promotionnelles et/ou commerciales à la demande de son employeur.

– par les sportifs :
– aux séances de musculation et, plus généralement, d'entretien de la forme physique imposée dans le cadre de leur préparation ;
– aux rencontres avec le médecin de la structure "employeur", les kinésithérapeutes, diététiciens et, d'une manière générale, tous les auxiliaires médicaux dont l'assistance s'avère nécessaire pour l'entretien et le contrôle de l'état physique et mental.

– par les entraîneurs :
– aux préparations des séances d'entraînement et de matchs, aux supervisions des autres équipes du club ou des équipes adverses ;
– aux analyses d'après match ;
– aux entretiens avec les médias à la demande de l'employeur ou de l'organisateur de la compétition ;
– aux entretiens avec les sportifs membres de la structure "employeur" comme avec les sportifs, ou leurs représentants, envisagés pour un recrutement ultérieur ;
– aux réunions internes à l'entreprise "employeur" (avec les dirigeants, les autres entraîneurs ...), ainsi qu'aux tâches administratives accomplies dans le cadre de leurs fonctions au sein de cette entreprise ;
– aux rencontres avec le médecin de la structure employeur et/ou avec tous les auxiliaires médicaux dont l'assistance s'avère nécessaire.

La définition du temps de travail effectif pourra faire l'objet d'adaptation dans les accords sectoriels en considération des spécificités des différents sports.

12.7.1.3

(Avenant n° 89 du 15 mai 2014, art. 2, étendu par Arr. du 24 oct. 2014)

Sur la réalisation de l'avenant n° 89 du 15 mai 2014, V. l'art. 4 de ce même avenant sur Dalloz.fr et sur les applications mobiles Dalloz.

12.7.1.3.1 – Dérogation à la durée minimale de 24 heures hebdomadaires (ou l'équivalent mensuel ou annuel de cette durée) :

Par dérogation à l'article L. 3123-14-1 du code du travail, la durée minimale de travail des salariés visés par l'article 12.1 est fixée à dix-sept heures trente hebdomadaires, ou l'équivalent mensuel de cette durée ou l'équivalent calculé sur la période prévue par un accord collectif conclu en application de l'article *L. 3122-2 du code du travail.*

Afin de garantir la régularité des horaires, l'employeur communique au salarié un planning des entraînements pour chaque semaine travaillée en respectant un délai de prévenance de 5 jours.

V. note ss. art. 12.7.1.3.

12.7.1.3.2 – Dérogation applicable aux sportifs en formation

Une durée minimale de travail est fixée pour les sportifs en formation dans les conditions prévues par l'article 12.9.2.

12.7.1.3.3 – Modalités de regroupement des horaires de travail

L'application de l'article 12.7.1.3.1 est subordonnée au regroupement des horaires de travail du salarié sur des journées ou demi-journées régulières ou complètes.

12.7.1.3.4 – Mentions obligatoires dans le contrat

Conformément à l'article *L. 3123-14* du code du travail, le contrat doit contenir les mentions suivantes auxquels s'ajoutent les éléments de rémunération prévus par l'article 12.6.1 :

– la qualification ;
– la durée hebdomadaire ou mensuelle (sauf pour les salariés relevant d'un accord collectifs *[collectif]* de travail conclu en application de l'article L. 3122-2 du code du travail) ;
– la répartition de la durée du travail entre les jours de la semaine ou les semaines du mois ;
– les cas dans lesquels une modification éventuelle de cette répartition peut intervenir ainsi que la nature de cette modification ;
– les modalités de communication par écrit au salarié des horaires de travail pour chaque journée travaillée, dont le délai de transmission du planning.
– les limites dans lesquelles peuvent être accomplies des heures complémentaires au-delà de la durée de travail fixée au contrat.

12.7.1.3.5 – Modification de la répartition de la durée du travail

L'employeur peut modifier la répartition de la durée du travail en respectant un délai de prévenance de 5 jours ouvrés. Toutefois, en reas *[cas]* de circonstances exceptionnelles (notamment : force majeure, intempéries, contrainte liée aux compétitions, indisponibilité des locaux ou d'un membre de l'équipe ou de son encadrement ou d'indisponibilité des outils de travail indépendante de la volonté de l'employeur), ce délai peut être réduit à 4 ou 3 jours ouvrés.

12.7.1.3.6 – Les heures complémentaires

Les heures complémentaires sont des heures de travail que l'employeur demande au salarié à temps partiel d'effectuer au-delà de la durée de travail prévue dans son contrat, et dans la limite d'un tiers de celle-ci, sans pouvoir atteindre la durée légale.

Les heures complémentaires sont majorées de 10 %.

Les heures complémentaires sont payées à la fin du mois au cours duquel elles ont été effectuées. Dans les mêmes conditions, le bulletin de paie fait apparaître le nombre d'heures travaillées et la rémunération majorée afférente.

12.7.1.3.7 – Compléments d'heures par avenant

Un avenant au contrat de travail peut augmenter temporairement la durée du travail prévue par le contrat, le cas échéant jusqu'à atteindre la durée légale du travail.

En dehors des cas de remplacement d'un salarié absent nommément désigné, le nombre d'avenants pouvant être conclus par an et par salarié est limité à quatre, et la durée maximale de chaque avenant ne peut excéder 21 jours consécutifs.

Les compléments d'heures effectués conformément à l'avenant sont payés à la fin de chaque mois.

Les compléments d'heures sont proposés prioritairement aux salariés volontaires du secteur en surcroît d'activité.

Les heures complémentaires accomplies au-delà de la durée du travail déterminée par l'avenant donnent lieu à une majoration de salaire de 25 %.

12.7.1.3.8 – Interruption journalière d'activité

Aux termes de l'article L. 3123-16 du code du travail, les horaires de travail des salariés à temps partiel ne peuvent comporter, au cours d'une même journée, plus d'une interruption d'activité et celle-ci ne peut être supérieure à 2 heures.

Toutefois, il est possible de déroger à cette règle en raison des conditions de travail, sous réserve que l'amplitude journalière du salarié ne dépasse pas 11 heures, hormis les jours de compétition durant lesquels l'amplitude est portée à 13 heures.

L'application de la dérogation sur l'interruption journalière d'activité donnera lieu à l'octroi d'une contrepartie financière ainsi calculée :

<table>
<tr><td>Si le nombre de coupures dans la journée est de deux</td><td rowspan="2">La contrepartie financière sera équivalente à la rémunération due au salarié s'il avait travaillé 2 heures au taux horaire non majoré</td></tr>
<tr><td>Si la durée totale d'interruption d'activité n'excède pas l'équivalent de la durée journalière de travail</td></tr>
<tr><td>Si le nombre de coupures dans la journée est de 3 ou plus</td><td rowspan="2">La contrepartie financière sera équivalente à la rémunération due au salarié s'il avait travaillé 3 heures au taux horaire non majoré</td></tr>
<tr><td>Si la durée totale d'interruption d'activité excède la durée journalière de travail</td></tr>
</table>

La compensation financière définie ci-dessus est accordée une fois par mois quel que soit, au cours de cette période, le nombre de jours travaillés avec interruption d'activité dérogatoire.

V. note ss. art. 12.7.1.3.

12.7.1.3.9 – Droits des salariés à temps partiel

12.7.1.3.9.1 – Priorité d'accès au temps plein

Les salariés à temps partiel peuvent accéder aux postes à temps plein créés dans l'entreprise dans les conditions prévues à l'article L. 3123-8 du code du travail.

Tout refus de l'employeur doit être motivé par écrit au salarié dans un délai maximum -d *[de]* 6 jours ouvrés après que le poste à temps plein ait *[a]* été pourvu.

L'employeur peut proposer aux salariés à temps partiel un emploi à temps complet ne ressortissant pas à leur catégorie professionnelle ou un emploi à temps complet non équivalent.

12.7.1.3.9.2 – Égalité de traitement

Les salariés à temps partiel bénéficient des mêmes droits que les salariés à temps complet.

Le personnel travaillant à temps partiel bénéficie de toutes les dispositions du présent chapitre, au *prorata temporis* pour celles qui sont liées au temps de travail.

12.7.1.3.10 – Salariés annualisés n'ayant pas travaillé la totalité de la période de référence

Lorsque le temps de travail est aménagé par accord d'entreprise conclu conformément à l'article L. 3122-2 du code du travail, en cas de rupture du contrat en cours de période annuelle, le salarié qui aurait reçu une rémunération lissée supérieure au nombre d'heures réellement effectuées à la date de notification de la rupture n'est tenu de rembourser le trop*[-]*perçu qu'en cas de licenciement pour faute grave ou lourde.

12.7.1.4 – Dispositions particulières aux entraîneurs classés dans la catégorie "cadres".

(Exclu de l'extension par Arr. du 21 nov. 2006) ***La durée de travail des entraîneurs cadres qui exercent à temps complet peut être évaluée dans le cadre d'une convention de forfait jours à l'année.***

Entre le début et la fin de la saison sportive, le nombre de jours de travail ne peut alors excéder 214 jours auxquels s'ajoute la journée de solidarité définie à l'article *(Avenant n° 40 du 22 avr. 2009, art. 8, étendu par Arr. du 8 oct. 2009)* ***« L. 3133-7 du code du travail. »***

La mise en œuvre du forfait jours à l'année suppose que le recours à ce mode de décompte des temps de travail, bien que prévu conventionnellement, soit prévu par le contrat de travail.

Les dispositions de l'art. 12.7.1.4 sont exclues de l'extension comme étant contraires aux dispositions de l'art. L. 3121-45 C. trav., qui prévoit des clauses obligatoires en matière de forfaits jours (Arr. du 21 nov. 2006).

12.7.1.5 – Repos.

12.7.1.5.1 – Repos quotidien.

Une durée minimale de repos entre deux jours de travail doit impérativement être respectée. Elle est de onze heures. Cette durée minimale pourra être réduite à neuf heures pour le repos suivant la fin d'un temps de déplacement pour jouer à l'extérieur.

12.7.1.5.2 – Repos hebdomadaire.

Compte tenu de la nature de l'activité de l'entreprise, et conformément aux dispositions du chapitre V de la présente convention, il est fait dérogation à l'obligation du repos dominical pour les salariés visés au présent chapitre. Ce principe s'applique même en l'absence de mention particulière dans le contrat de travail.

La durée du repos hebdomadaire obligatoire peut être réduite à 33 heures lorsque, lors de la journée précédente ou suivante, a été effectué un déplacement pour un match à l'extérieur.

Les jours de repos hebdomadaire qui ne pourront être pris en raison de la nature de la compétition seront reportés dès la fin de celle-ci. Toutefois le cumul des repos hebdomadaires reportés ne peut être supérieur à 5 jours, sans donner lieu à une totale récupération.
– Al. étendu sous réserve du respect des dispositions de l'art. L. 3132-2 C. trav., aux termes desquelles, en tout état de cause, le salarié bénéficie d'un repos hebdomadaire minimal de 35 heures qui ne peut en aucun cas être supprimé (Arr. du 21 nov. 2006).

12.7.2 – Congés payés.

12.7.2.1 – Définition.

Sont visés dans cet article les congés payés proprement dits, à savoir les périodes visées à l'article *(Avenant n° 40 du 22 avr. 2009, art. 8, étendu par Arr. du 8 oct. 2009)* « L. 3141-1 du code du travail ».

Ces périodes de congés payés sont à distinguer du repos hebdomadaire (article 12.7.1.2).

Les notions de jours ouvrables, de mois de travail effectif, de semaine sont celles définies par le code du travail.

12.7.2.2 – Durée et période des congés.

12.7.2.2.1 – Le sportif.

L'impératif de protection de leur santé et de leur vie personnelle et familiale exige que soit garanti aux sportifs professionnels l'aménagement de temps de récupération et des congés minimum.

Le droit annuel à congés payés des sportifs sera de 3 jours ouvrables par mois de travail effectif, sans que la durée du congé exigible puisse excéder trente-six jours ouvrables (ce dispositif écartant les jours supplémentaires liés au fractionnement), et ce droit sera mis en œuvre selon les modalités suivantes :

– 19 jours consécutifs, afin de leur permettre de se régénérer pour la saison sportive suivante, sans qu'aucune contrainte de la part de l'employeur ne puisse être imposée au sportif ; ces congés devront se situer pendant la période du 1er mai au 31 octobre de chaque année ;

– 5 jours consécutifs en fin d'année civile, comprenant au moins le 25 décembre ou le 1er janvier ;

– le solde réparti, en accord avec l'employeur, en trois périodes au maximum définies sous réserve des contraintes sportives dès la définition des calendriers fédéraux.

Dans tous les cas, une partie des congés peut être prise par anticipation dès la date d'ouverture de la saison.

12.7.2.2.2 – L'entraîneur.

Le droit annuel à congé payé est, pour les entraîneurs, régis par le présent chapitre de 2,5 jours ouvrables par mois de travail effectif sans que la durée du congé exigible puisse excéder trente jours ouvrables.

La définition des périodes de congés est étroitement liée au rythme de la saison sportive et aux périodes de congés des sportifs, étant entendu que les exigences de la fonction d'entraîneur font qu'il est susceptible de devoir être présent quelques jours avant la reprise d'activité des joueurs et quelques jours après le départ en congé de ceux-ci.

Dans tous les cas, une partie des congés peut être prise par anticipation dès la date d'ouverture de la saison.

12.7.2.3 – Indemnité de congés payés.

L'indemnité de congés payés est égale à la rémunération que le sportif ou l'entraîneur aurait perçue s'il avait travaillé au cours de la même période. Cette rémunération comporte les éléments prévus au contrat de travail ou précisés par voie d'avenant ainsi qu'il est dit au dernier alinéa de l'article 12.6.1.1. – *Al. étendu sous réserve de l'application des dispositions de l'art. L. 3141-22 C. trav., qui prévoient que cette indemnité doit être égale au dixième de la rémunération perçue au cours de la période de référence si elle est plus favorable que l'indemnité perçue au titre de la règle du maintien du salaire (Arr. du 21 nov. 2006).*

Le salaire annuel du sportif ou de l'entraîneur est défini en tenant compte de la rémunération de la période de congés. Au cas où, quelle qu'en soit la raison, une partie des droits à congés ne serait pas prise à la date d'expiration du contrat de travail, une indemnité compensatrice de congés est due et est versée avec la paie du dernier mois d'activité. L'indemnité compensatrice n'est pas due en cas de résiliation du contrat consécutive à une faute lourde du salarié.

Pour sa détermination ne sont pris en compte que les salaires mensuels et les différents éléments de rémunération, à l'exclusion des primes ayant un caractère exceptionnel et/ou aléatoire.

12.7.3 – Hygiène et sécurité.

12.7.3.1 – Prescriptions générales.

Pour satisfaire aux obligations prévues à l'article 12.3.1.3, l'employeur doit veiller à mettre en œuvre les moyens que requiert l'exercice de la discipline sportive concernée. Ceci vaut aussi bien pour les installations, l'assistance médicale, la mise à disposition de matériels ou l'entretien du corps. Cette obligation de moyens s'impose notamment en raison des risques d'accident durant les compétitions comme durant les entraînements, risques rendus plus dangereux dans le cadre du sport professionnel.

Pour ces raisons, toutes prescriptions voulues par l'employeur dans ce domaine doivent faire l'objet, avant d'être arrêtées, d'une consultation préalable du comité d'entreprise, à défaut des délégués du personnel. Dans ce cadre, les employeurs prendront toutes mesures pour que soient strictement respectés les repos minima nécessaires à la protection de la santé des salariés et au déroulement normal de l'activité.

L'employeur doit également tout mettre en œuvre pour que l'entraîneur soit dans des dispositions optimales pour l'exercice de son activité.

Il appartient à l'entraîneur de contribuer à ces conditions de travail en se présentant aux matchs et entraînements dans les dispositions requises.

12.7.3.2 – Hygiène.

Les employeurs mettent à la disposition des salariés des équipements et des matériels adaptés à la pratique de l'activité. Les infrastructures, les douches, vestiaires et sanitaires entre autres, doivent être conçus pour que soient respectées les dispositions minimales prévues au code du travail.

12.7.3.3 – Sécurité.

Indépendamment de sanctions administratives susceptibles d'être prononcées par une instance sportive, ou encore de décisions administratives et judiciaires encourues par un employeur qui enfreindrait ces règles de sécurité, leur non-respect, s'il matérialise un état de risque grave, peut justifier l'exercice, par le salarié, du droit de retrait prévu à l'*(Avenant n° 44 du 7 juill. 2010, art. 4, étendu par Arr. du 18 févr. 2011)* « article L. 4131-1 du code du travail ». Il peut aussi constituer un motif de conflit collectif.

Il entre dans les attributions de l'entraîneur de contribuer à la mise en œuvre :

– de la politique générale de prévention et de sécurité de l'employeur ;

– de la politique de l'entreprise en matière de lutte contre le dopage.

Les employeurs sont tenus d'informer, par tout moyen adapté, les salariés des règles applicables aux conditions d'exercice de leur activité mais aussi, plus généralement, de les sensibiliser aux risques du métier et des comportements psychologiques que ceux-ci induisent. Une formation est organisée au bénéfice de tout sportif lors de la conclusion de son premier contrat sur les risques encourus et les règles applicables en matière de sécurité.

12.7.3.4 – Santé.

12.7.3.4.1 – Prévention et lutte contre le dopage.

Les sportifs, les entraîneurs et leurs employeurs sont tenus de respecter et de faire respecter les dispositions légales et réglementaires relatives à la prévention et à la lutte contre le dopage.

12.7.3.4.2 – Congés des salariées enceintes.

En cas d'impossibilité, le contrat de travail est suspendu à l'initiative de l'employeur ou de la sportive salariée et le bénéfice du maintien du salaire est acquis.

Art. 12.8 *Formation continue.*

12.8.1 – Dispositions générales.

Les plans de formation élaborés par les employeurs devront prévoir de répondre aux besoins des sportifs et des entraîneurs notamment en vue de leur reconversion.

12.8.2 – Dispositions particulières aux entraîneurs.

Lorsqu'un entraîneur professionnel relevant du présent chapitre dépose une demande de formation au titre du DIF, l'employeur est tenu :

– de donner suite à cette demande avant la fin de la saison sportive ;

– et d'abonder d'une durée égale le temps de formation sans que cet abondement ne puisse dépasser trois jours.

12.8.3 – Dispositions particulières au CIF.

(Avenant n° 23 du 10 déc. 2007, art. 1er, étendu par Arr. du 8 juill. 2008)

Lorsqu'un salarié relevant du présent chapitre dépose une demande de congé individuel de formation CDD, sa demande est recevable dans les conditions suivantes :

– à l'issue du contrat : selon les critères réglementaires fixés par l'OPACIF Uniformation dans les 12 mois après le terme du dernier contrat ;

(Exclu de l'extension par Arr. du 8 juill. 2008) « ***– en cours de contrat, dans le cas où la formation se déroule pour partie durant le contrat de travail : s'il dispose d'une ancienneté de 24 mois dans la même entreprise ou de 48 mois attestés dans la branche professionnelle. L'autorisation d'absence de l'employeur est requise.*** » – *Termes exclus de l'extension comme étant contraires aux dispositions des articles L. 6322-28 (anciennement art. L. 931-15, al. 6) et R. 6322-20 (anciennement art. L. 931-15, al. 2 et 3) C. trav. (Arr. du 8 juill. 2008).*

Lorsque la demande d'un salarié est acceptée par l'OPACIF, la rémunération pendant le déroulement du congé individuel de formation est plafonnée au maximum à 2,3 fois le plafond de la sécurité sociale en vigueur.

Art. 12.9 *Sportifs en centre de formation.*

12.9.1 – Définition.

L'accès à un centre de formation agréé selon les dispositions l'article 15-4 de la loi n° 84-610 du 13 juillet 1984 est subordonné à la conclusion d'une convention conforme aux dispositions législatives et réglementaires en vigueur.

Cette convention est établie entre l'association ou la société dont relève le centre et le bénéficiaire de la formation ou son représentant légal.

Les accords sectoriels prévoiront, pour chaque sport, les éléments du contrat de travail que le club formateur pourra proposer au sportif à l'issue de sa formation ainsi que les conditions dans lesquelles cette proposition devra être formulée.

Art. 12.9.2 *Contrat de travail d'un sportif en formation.*

(Avenant n° 89 du 15 mai 2014, art. 3, étendu par Arr. du 24 oct. 2014)

L'association ou la société dont relève le centre de formation peut proposer au sportif en cours de formation un contrat de travail tel que défini au 3° de l'article L. 1242-2 du code du travail, et dont la date d'expiration doit être identique à celle de la convention de formation.

Conformément à l'article L. 3123-14-5 du code du travail, sous réserve d'être titulaire de la convention mentionnée à l'article L. 211-5 du code du sport et conclue avec un centre agréé au sens de l'article L. 211-4 du code du sport, le sportif de moins de 26 ans est de droit soumis à une durée minimale de neuf heures hebdomadaires, dès lors que sa formation s'inscrit dans un cursus de niveau secondaire ou post-secondaire (général ou technique).

Par dérogation à l'article 12.10.2, le sportif en formation visé au présent article qui n'est pas pris en charge par la sécurité sociale en cas de maladie, d'accident du travail ou de trajet, car n'ayant pas effectué au moins 200 heures de travail salarié au cours des trois mois civils ou des 90 jours précédant cet arrêt ou n'ayant pas perçu au moins 1015 fois le SMIC horaire, bénéficie du maintien de son salaire de référence pendant 90 jours.

Art. 12.10 *Maladie – accident du travail – prévoyance.*

12.10.1 – Dispositions générales.

Quelle que soit leur ancienneté les salariés visés au présent chapitre bénéficient des dispositions suivantes :

– maintien du salaire de référence en cas de maladie ou d'accident du travail, dans les conditions définies à l'article 12.10.2 ;

– versement d'un capital en cas de décès égal au moins à 300 % du salaire annuel de référence ;

– indemnisation de l'invalidité définie par référence au régime de base de la sécurité sociale telle que prévu à l'article L. 341-4 du code de la sécurité sociale ;

Le salaire de référence utilisé pour le calcul de ces garanties est entendu comme le salaire net tel qu'il résulte du contrat de travail, il est limité aux tranches A et B de la sécurité sociale.

Pour satisfaire à ces exigences, les employeurs sont libres de souscrire des garanties auprès de l'organisme de leur choix, sous réserve des modalités définies par accord sectoriel.

12.10.2 – Maladie ou accident du travail.

En cas d'absence au travail justifiée par l'incapacité résultant de maladie, d'accident de travail ou de trajet dûment constaté par certificat médical, les salariés visés au présent chapitre bénéficieront d'un maintien de salaire dans les conditions et limites ci-dessous :

Les salariés :

– devront avoir justifié dans les 48 heures cette incapacité auprès de leur employeur et de la caisse de sécurité sociale ;

– devront être pris en charge à ce titre par le régime général ou un autre régime de sécurité sociale.

L'employeur garantira le salaire de référence en complétant le montant des indemnités journalières allouées par la caisse primaire d'assurance maladie, ces indemnités seront dues pendant la durée de l'arrêt de travail et jusqu'au 90e jour d'arrêt.

Dans tous les cas, la reprise par le sportif de son activité, suite à un accident du travail ou à une maladie professionnelle, n'est considérée comme effective qu'à compter du moment où il est apte à participer à l'intégralité des entraînements et, par là-même, aux compétitions.

SECTION II *Dispositions complémentaires applicables en l'absence d'accord sectoriel*

Art. 12.11 *Exploitation de l'image et du nom des sportifs et des entraîneurs dans le cadre de l'exécution du contrat de travail.*

12.11.1 – Exploitation de l'"image associée".

Le présent article vise la reproduction sur tout support et/ou par tout moyen de l'image, du nom, de la voix du sportif ou de l'entraîneur (ci-après "l'image du salarié "), associée à l'image, au nom, aux emblèmes et/ou autres signes distinctifs de l'employeur (ci-après "l'image de l'employeur ").

Le nombre minimum de sportifs et/ou d'entraîneurs dont l'image, reproduite sur un même support d'une manière identique ou similaire, constitue une image associée collective, est fixé à 50 % de l'effectif présent sur le terrain pour la discipline considérée ; si ce nombre n'est pas entier, il est arrondi au nombre entier inférieur.

En deçà de la limite ainsi fixée, l'image est considérée comme individuelle.

12.11.1.1 – Image associée collective.

L'employeur décide de l'exploitation de l'image associée collective sur tout support ou par tout moyen, à son profit ou à celui de ces partenaires.

Il informe les salariés des conditions d'utilisation de l'image associée collective.

12.11.1.2 – Image associée individuelle.

12.11.1.2.1 – Exploitation par l'employeur ou un partenaire commercial de celui-ci.

Les conditions de cette exploitation doivent être prévues dans le contrat de travail ou dans un avenant ; à défaut l'accord préalable du ou des salariés dont l'image utilisée est nécessaire.

12.11.1.2.2 – Exploitation par le salarié.

L'exploitation par le salarié pour son compte de son image individuelle associée à celle de l'employeur requiert l'accord préalable de l'employeur.

12.11.1.3 – Autre cas d'exploitation de l'image associée.

Tout autre cas d'exploitation de l'image associée collective ou individuelle doit être prévu à défaut par le contrat de travail du ou des intéressés.

12.11.2 – Utilisation par le salarié de son image individuelle.

Indépendamment de l'exploitation de l'image associée en application de l'article 12.11.1, le salarié peut réaliser à son profit toute action individuelle, de caractère commercial, publicitaire ou promotionnel, portant sur son image et/ou son nom mais sans référence à l'image, au nom, aux emblèmes et/ou autres signes distinctifs de l'employeur.

Ces actions doivent être préalablement portées à la connaissance du club pour information, soit lors de la conclusion du contrat, soit en cours d'exécution du contrat de travail préalablement à la signature avec un tiers.

Cette liberté peut être subordonnée au respect des intérêts légitimes de l'employeur. A cet effet, le contrat de travail peut interdire que les actions d'exploitation de l'image individuelle du salarié bénéficient à une entreprise concurrente de partenaires commerciaux significatifs de l'employeur ; dans ce cas, la liste des gammes de produits ou de services réservées à ces derniers devra être précisée dans le contrat de travail, ainsi que les conditions dans lesquelles elle pourra être modifiée en cours d'exécution de ce contrat.

12.11.3 – Port des équipements.

Dans le cadre de l'exécution de son contrat de travail, le salarié s'engage à utiliser les équipements sportifs fournis par l'employeur, à l'exception des équipements spécialisés pour lesquels il peut librement utiliser ceux de la marque de son choix.

Les équipements spécialisés sont ceux considérés dans le sport pratiqué comme ayant une incidence matérielle sur la performance des sportifs en raison de leurs caractéristiques techniques particulières.

L'engagement éventuel du salarié de porter les équipements spécialisés fournis par l'employeur doit être expressément mentionné dans le contrat de travail ou par voie d'avenant à celui-ci.

Art. 12.12 *Participation aux Équipes de France.*

La participation à l'Équipe de France d'un sportif professionnel sélectionné, ou d'un entraîneur, relève de la compétence de la fédération. Ses conditions sont définies en application de l'article 17-II de la loi du 16 juillet 1984.

En principe, elle n'a aucune incidence sur le lien de travail qui unit les intéressés au groupement sportif qui les emploie.

Le sportif, et/ou l'entraîneur, est alors réputé remplir auprès de la fédération une mission confiée par son employeur au titre de ses activités salariées, et pour laquelle il conserve l'intégralité de ses droits de salarié.

La fédération dans ce cas devra s'assurer qu'en cas de blessure le salarié bénéficie au moins de la protection sociale prévue par l'article 12.10.1 du présent chapitre.

Les dispositions de l'article 12.11 ci-dessus doivent être comprises sous la réserve des obligations résultant pour les intéressés de leur participation à l'Équipe de France.

CHAPITRE XIII *Épargne salariale – Compte épargne-temps*

Un plan d'épargne salariale et/ou un compte-épargne temps peut être mis en place par accord d'entreprise ou d'établissement.

Dispositions finales

L'accord du 6 mars 2003 sur la mise en œuvre de certificats de qualification professionnelle dans le secteur du sport étendu par arrêté en date du 23 février 2004 constitue l'annexe I de la présente convention.

Accord d'entreprise *(Abrogé par Avenant n° 57 du 10 févr. 2011, art. 4, étendu par Arr. du 26 oct. 2011) Un accord d'entreprise dérogeant à une des dispositions du présent accord ne peut s'appliquer qu'après validation par la commission paritaire nationale d'interprétation. – [Art. 23 de l'accord du 7 juill. 2005.]*

Application de la convention collective nationale du sport *(Avenant n° 5 du 8 mars 2007, art. 5, étendu par Arr. du 13 août 2007)*

La convention collective nationale du sport est applicable à la date de l'extension du présent accord.

Toutefois, les rémunérations minimales conventionnelles garanties définies aux articles :

– 9.2.1 concernant les salariés des groupes 1 à 5 ;

– 12.6.2.1 ;

– 12.6.2.2 concernant les entraîneurs des classes A à C ;

Sont applicables selon le tableau suivant, jusqu'au 31 décembre 2007 :

Depuis la date de l'extension, soit le 25 novembre 2006 :	85 %
1 an après cette échéance, soit le 25 novembre 2007 :	90 %
Le 1er janvier 2008 :	100 %

Les rémunérations minimales conventionnelles garanties définies aux articles :

9.2.1 concernant les salariés des groupes 6 à 8 ;

12.6.2.2 concernant les entraîneurs de la classe D ;

Sont applicables selon le tableau suivant, jusqu'au 31 décembre 2007 :

Depuis la date de l'extension, soit le 25 novembre 2006 :	75 %
1 an après cette échéance, soit le 25 novembre 2007 :	85 %
Le 1er janvier 2008 :	100 %

[Accord du 7 juill. 2005, art. 24]

Dépôt et extension Le présent accord fera l'objet d'un dépôt à la direction départementale du travail et d'une demande d'extension. – *[Accord du 7 juill. 2005, art. 25].*

ANNEXE 1

MISE EN ŒUVRE DES CQP

(Accord professionnel national du 6 mars 2003, étendu par Arr. du 23 févr. 2004)

Art. Préambule

Conscients des enjeux de la formation professionnelle pour la branche, les parties affirment leur volonté de développer des formations débouchant sur des qualifications sanctionnées par une certification.

Les partenaires sociaux rappellent que les titulaires de certificats de qualification professionnelle (CQP) ont vocation à répondre aux besoins non couverts par les titulaires de diplômes ou de titres d'État.

Cet accord fixe les conditions de mise en œuvre de CQP dans la branche sport. Les CQP seront positionnés dans la grille de classification des emplois mentionnés dans la convention collective nationale du sport.

Chaque CQP devra préciser les prérogatives et les limites d'exercice des titulaires (durée, public, conditions du tutorat...).

Il est applicable aux entreprises et établissements relevant du champ d'application de la convention nationale du sport.

Art. 1er *Modalités de création et de maintien.*

1.1. La CPNEF est compétente pour l'étude des référentiels des CQP ainsi que pour l'organisation de la procédure d'examen et de la délivrance des CQP aux salariés.

A cette fin, toute demande de création d'un CQP doit répondre au cahier des charges suivant :

1.2. Cahier des charges pour l'examen des demandes de création de CQP :

a) La dénomination de la certification ;

b) Le profil professionnel, les perspectives d'emploi et de professionnalisation et l'articulation avec les certifications existantes et les passerelles envisageables avec les titres ou les diplômes d'État existants dans la même discipline ;

c) Le référentiel professionnel de l'emploi visé, précisant les prérogatives et leurs limites d'exercice ;

d) Une étude de faisabilité ;

e) Le référentiel de certification et les conditions de validation ;

f) Les conditions de mise en œuvre de la formation notamment la durée de la formation ;

g) Les modalités de prise en compte des acquis de l'expérience et du dispositif de VAE ;

h) La demande d'expertise adressée à la (aux) fédération(s) nationale(s) sportive(s) agréée(s).

La décision de valider un CQP est pris par les parties signataires après examen du cahier des charges et notamment la vérification de l'absence de concurrence entre les titulaires de CQP et les diplômés d'État.

1.3. La liste des CQP, validée par les parties signataires, est mise à jour régulièrement et intégrée au présent accord.

Art. 2 *Délivrance de CQP.*

2.1. Un certificat de qualification est délivré aux candidats :

Un CQP ne peut être délivré qu'aux candidats qui ont satisfait aux épreuves d'évaluation des compétences professionnelles dans les conditions prévues par le cahier des charges du CQP et/ou candidats déposant une demande de VAE jugée satisfaisante.

Le jury se réunit, examine les résultats et peut demander à évaluer les candidats.

2.2. Jury de certification :

Le jury d'un CQP est constitué des personnes suivantes :

- un représentant de la CPNEF collège salariés ;
- un représentant de la CPNEF collège employeurs ;
- le responsable pédagogique de la formation concernée ;
- dans le cas où la CPNEF a délégué la certification, un représentant de l'organisme ayant reçu cette délégation ; — *Tiret étendu sous réserve de l'application des dispositions de l'art. L. 900-3 C. trav. (Arr. du 23 févr. 2004, art. 1er).*
- selon les modalités de certification de la qualification sécurité visant à la protection des pratiquants et des tiers, le directeur régional jeunesse et sports ou son représentant.

Le jury est présidé par la personne ayant reçu délégation de la CPNEF à cet effet. Cette personne a voix prépondérante en cas d'égalité lors d'un vote.

Art. 3 *Évaluation et reconduite des CQP.*

Les CQP sont créés pour une durée de 3 ans reconductible. La décision de reconduction s'appuie sur des éléments de bilan, relatifs notamment aux flux et aux conditions d'exercice des titulaires.

Un CQP peut être, à tout moment, suspendu ou interrompu par la CPNEF, sur la demande motivée d'une organisation signataire du présent accord.

Art. 4 *Organisation de la préparation des CQP.*

Pour pouvoir préparer des salariés à un CQP, un organisme de formation, qu'il soit public ou privé, doit respecter un cahier des charges de fonctionnement défini par la CPNEF. Les OPCA sont chargés du contrôle de ce cahier des charges. — *Seconde phrase exclue de l'extension comme étant contraire aux dispositions des art. L. 961-12 et R. 964-1-2 C. trav. (Arr. du 23 févr. 2004, art. 1er).*

Art. 5 ***Liste des CQP.***

(Avenant n° 1 du 20 déc. 2005, étendu par Arr. du 7 déc. 2006, mod. par Avenant n° 4 du 21 déc. 2006, étendu par Arr. du 5 oct. 2007)

TITRE DU CQP	CLASSIFICATION conventionnelle	PRÉROGATIVES, LIMITE D'EXERCICE et durée de validité
Assistant moniteur de voile (AMV)	Groupe 2. (lorsque les prérogatives et limites d'exercice ne sont pas respectées, le titulaire du CQP AMV est classé au groupe 3).	Les périodes et durées d'exercice de l'encadrement par le titulaire du certificat de qualification d'assistant moniteur de voile (CQP AMV) sont limitées aux périodes de congés scolaires et universitaires définies par le ministère chargé de l'éducation nationale et de l'enseignement supérieur, dans la limite de 500 heures par an. Dans tous les cas ils ne peuvent pas intervenir auprès des publics scolaires dans le temps scolaire contraint. Par ailleurs, afin d'assurer le conseil et la supervision du titulaire du certificat de qualification professionnelle d'assistant moniteur de voile, il est prévu 7 titulaires du CQP AMV pour un titulaire d'une certification professionnelle des activités physiques et sportives de niveau IV ou supérieur. Ce nombre peut être porté à 10 titulaires du CQP AMV pour un titulaire d'une certification professionnelle des APS de niveau IV ou supérieur. Dans tous les cas le nombre de 140 pratiquants encadrés simultanément par titulaire d'une certification professionnelle des APS de niveau IV ou supérieur ne pourra pas être dépassé ; ces dispositions s'entendent dans le respect de la réglementation en vigueur.
Animateur de loisir sportif (ALS) Option Activités gymniques d'entretien et d'expression	Groupe 3. Les heures de face-à-face pédagogique effectuées au-delà de 360 heures annuelles sont majorées de 25 %.	Les prérogatives d'exercice du titulaire du CQP ALS se limitent à : – techniques cardio ; – renforcement musculaire ; – techniques douces ; – activités d'expression. Ces activités, adaptées à l'âge et aux capacités des pratiquants, visent le maintien de la forme, à travers : le développement des capacités physiques (pouvant utiliser des techniques faisant appel à des supports rythmiques et musicaux), le maintien et le développement de la souplesse articulaire, ainsi que le renforcement musculaire sans recours à des appareils de musculation. Les animateurs de loisir sportif (CQP ALS) ne peuvent se prévaloir de cette certification pour attribuer des niveaux, des ceintures ou des grades, quelles que soient les références à des disciplines, à des écoles, à des cultures ou des traditions.

TITRE DU CQP	CLASSIFICATION conventionnelle	PRÉROGATIVES, LIMITE D'EXERCICE et durée de validité
Animateur de loisir sportif (ALS) Option Activités de randonnée de proximité et d'orientation	Groupe 3. Les heures de face-à-face pédagogique effectuées au-delà de 360 heures annuelles sont majorées de 25 %.	Les prérogatives d'exercice du titulaire du CQP ALS se limitent à : – vélo loisir ; – randonnée pédestre ; – roller ; – orientation. Ces activités se caractérisent par un déplacement finalisé avec ou sans engin, à l'exclusion d'engins à moteur et d'animaux montés ou attelés, dans un milieu naturel ou le reproduisant. Les principaux moyens de déplacement sont la marche à pied et le cyclisme (route ou VTT), sur des parcours adaptés aux pratiquants. Ces activités se pratiquent sur des circuits répertoriés d'accès facile et balisés, sur des parcours permettant en permanence un accès facile à un point de secours ou d'alerte. Le titulaire du CQP ALS ne possède pas les prérogatives de balisage des parcours. Les animateurs de loisir sportif (CQP ALS) ne peuvent se prévaloir de cette certification pour attribuer des niveaux, des ceintures ou des grades, quelles que soient les références à des disciplines, à des écoles, à des cultures ou des traditions.
Animateur de loisir sportif (ALS) Option Jeux sportifs et jeux d'opposition	Groupe 3. Les heures de face-à-face pédagogique effectuées au-delà de 360 heures annuelles sont majorées de 25 %.	Les prérogatives d'exercice du titulaire du CQP ALS se limitent à : arts et éducation par les activités physiques d'oppostion ; jeux de raquettes ; jeux de ballons, petits et grands terrains. Ces activités récréatives, à caractère ludique et éducatif, sont utilisées dans le cadre de situations pédagogiques dans un objectif de socialisation, de développement et de maîtrise des habiletés motrices en dehors de tout contexte de compétition. Les animateurs de loisir sportif (CQP ALS) ne peuvent se prévaloir de cette certification pour attribuer des niveaux, des ceintures ou des grades, quelles que soient les références à des disciplines, à des écoles, à des cultures ou des traditions.

(Avenant n° 12 du 5 juill. 2007, étendu par Arr. du 17 déc. 2007)

CQP	CLASSIFICATION conventionnelle	PRÉROGATIVES, LIMITE D'EXERCICE et durée de validité
Animateur tir à l'arc	L'animateur tir à l'arc est classé au groupe 3 de la CCNS.	L'animateur tir à l'arc exerce de façon occasionnelle ou saisonnière au sein d'une structure habilitée à proposer des loisirs sportifs, notamment le tir à l'arc. – il encadre l'activité en autonomie des groupes réduits de pratiquants (maximum 12) ;

CQP	CLASSIFICATION conventionnelle	PRÉROGATIVES, LIMITE D'EXERCICE et durée de validité
		– il accueille, informe et conseille les pratiquants et anime des séances de découverte de l'activité et peut être amené à proposer un cycle de progression ; – il gère les installations et le parc de matériel ; – il garantit aux pratiquants des conditions de sécurité et de maîtrise de l'environnement.
		L'animateur tir à l'arc intervient dans le secteur du sport de loisirs. Les périodes d'exercice pour le CQP animateur tir à l'arc sont limitées à la saison estivale définie par le début des vacances de printemps jusqu'à la fin des congés d'été, les dates étant fixées par le calendrier des vacances scolaires du ministère de l'éducation nationale et de l'enseignement supérieur dans la limite de 500 heures par an. Ces activités ludiques sont accessibles à des publics enfants, adolescents et adultes. Il ne peut en aucun cas intervenir dans le temps scolaire contraint.

(Avenant n° 22 du 6 sept. 2007, étendu par Arr. du 8 juill. 2008)

TITRE DU CQP	CLASSIFICATION conventionnelle	PRÉROGATIVES, LIMITE D'EXERCICE et durée de validité
Animateur de savate	L'animateur de savate est classé en groupe 3 dans la limite de 360 heures années. Au-delà toute heure de face-à-face pédagogique sera majorée de 25 %.	L'animateur de savate encadre l'activité en autonomie de manière occasionnelle. Il met en œuvre les procédures de passage des gants bleus, verts, rouges et blancs. Il accompagne les élèves pour une compétition. Il participe aux actions de développement du club. Il intègre dans son intervention la réglementation de la pratique de la savate, boxe française ainsi que les normes et mesures de prévention et de sécurité.

(Avenant n° 95 du 22 sept. 2014, étendu par Arr. du 26 févr. 2015, art. 10)

Titre du CQP	Classification conventionnelle	Prérogatives, limite d'exercice et durée de validité
Animateur de savate *option boxe française*	Le titulaire du CQP "Animateur de savate" option savate boxe française est classé au groupe 3	L'animateur de savate option boxe française encadre l'activité en autonomie de manière occasionnelle. Il met en œuvre les procédures de passage des niveaux techniques 1 à 7 sur les 11 existants Il accompagne les élèves en compétition. Il participe aux actions de développement du club. Il intègre dans son intervention la réglementation de la pratique de la savate, boxe française ainsi que les normes et mesures de prévention et sécurité. Au regard de la situation professionnelle visée par le CQP, le besoin d'intervention identifié et lié à l'activité d'encadrement correspond à un volume horaire de travail partiel de 360 heures par an. Au-delà de ce volume horaire annuel, l'employeur doit permettre l'accès du professionnel titulaire du CQP à une autre certification du secteur inscrite à l'annexe II-1 du code du sport (niveau IV ou supérieur) par le biais de la formation professionnelle continue, ou à défaut recruter une personne titulaire d'une certification du secteur inscrite à l'annexe II-1 du code du sport. Le CQP animateur de savate obtenu avant juillet 2013 correspond à l'option savate boxe française. Les prérogatives, limites d'exercice du CQP animateur de savate option boxe française s'appliquent au titulaire du CQP animateur de savate obtenu avant juillet 2013.
Animateur de savate *option canne de combat et bâton*	Le titulaire du CQP "Animateur de savate" option canne de combat et bâton est classé au groupe 3	L'animateur de savate option canne de combat et bâton encadre l'activité en autonomie de manière occasionnelle. Il met en œuvre les procédures de passage des niveaux techniques 3 à 8 sur les 11 existants Il accompagne les élèves en compétition. Il participe aux actions de développement du club. Il intègre dans son intervention la réglementation de la pratique de la savate, canne de combat et bâton ainsi que les normes et mesures de prévention et sécurité. Au regard de la situation professionnelle visée par le CQP, le besoin d'intervention identifié et lié à l'activité d'encadrement correspond à un volume horaire de travail partiel de 360 heures par an. Au-delà de ce volume horaire annuel, l'employeur doit permettre l'accès du professionnel titulaire du CQP à une autre certification du secteur inscrite à l'annexe II-1 du code du sport (niveau IV ou supérieur) par le biais de la formation professionnelle continue, ou à défaut recruter une personne titulaire d'une certification du secteur inscrite à l'annexe II-1 du code du sport.

Titre du CQP	Classification conventionnelle	Prérogatives, limite d'exercice et durée de validité
Animateur de savate ***option savate forme***	Le titulaire du CQP "Animateur de savate" option savate forme est classé au groupe 3	L'animateur de savate option savate forme encadre l'activité en autonomie de manière occasionnelle. Il met en œuvre les procédures de passage des niveaux techniques 1 à 6 sur les 11 existants Il participe aux actions de développement du club. Il intègre dans son intervention la réglementation de la pratique de la savate forme ainsi que les normes et mesures de prévention et sécurité. Au regard de la situation professionnelle visée par le CQP, le besoin d'intervention identifié et lié à l'activité d'encadrement correspond à un volume horaire de travail partiel de 360 heures par an. Au-delà de ce volume horaire annuel, l'employeur doit permettre l'accès du professionnel titulaire du CQP à une autre certification du secteur inscrite à l'annexe II-1 du code du sport (niveau IV ou supérieur) par le biais de la formation professionnelle continue, ou à défaut recruter une personne titulaire d'une certification du secteur inscrite à l'annexe II-1 du code du sport.
Animateur de savate ***option savate bâton défense***	Le titulaire du CQP "Animateur de savate" option savate bâton défense est classé au groupe 3	L'animateur de savate option savate bâton défense encadre l'activité en autonomie de manière occasionnelle auprès de public de plus de 16 ans. Il met en œuvre les procédures de passage des niveaux techniques 1 à 8 sur les 11 existants. Il participe aux actions de développement du club Il intègre dans son intervention la réglementation de la pratique de la savate bâton défense ainsi que les normes et mesures de prévention et sécurité. Au regard de la situation professionnelle visée par le CQP, le besoin d'intervention identifié et lié à l'activité d'encadrement correspond à un volume horaire de travail partiel de 360 heures par an. Au-delà de ce volume horaire annuel, l'employeur doit permettre l'accès du professionnel titulaire du CQP à une autre certification du secteur inscrite à l'annexe II-1 du code du sport (niveau IV ou supérieur) par le biais de la formation professionnelle continue, ou à défaut recruter une personne titulaire d'une certification du secteur inscrite à l'annexe II-1 du code du sport.

(Avenant n° 27 du 21 avr. 2008, étendu par Arr. du 3 déc. 2008)

TITRE DU CQP	CLASSIFICATION conventionnelle	PRÉROGATIVES, LIMITE D'EXERCICE et durée de validité
Éducateur grimpe d'arbres (EGA)	Groupe 3.	Le titulaire du CQP « EGA » encadre en toute autonomie un groupe d'au plus 8 participants lors d'actions d'éducation à l'environnement, d'animation et de perfectionnement de « grimpe dans les arbres » auprès de tous les publics, y compris les scolaires. Il fait découvrir le milieu arboré par le haut, apprend à grimper et se déplacer dans les arbres à l'aide des branches et de techniques de cordes spécifiques.

(Avenant n° 29 du 16 juin 2008, étendu par Arr. du 11 févr. 2009, mod. par Avenant n° 46 du 7 juill. 2010, étendu par Arr. du 18 févr. 2011)

TITRE DU CQP	CLASSIFICATION conventionnelle	PRÉROGATIVE, LIMITE D'EXERCICE
Assistant moniteur motonautisme (AMM)	Groupe 3. Lorsque les limites d'exercices horaires ne sont pas respectées, le titulaire du CQP AMM est classé au groupe 4.	Le titulaire du CQP d'assistant moniteur motonautisme anime des séances de découverte et d'initiation au motonautisme.L'horaire d'exercice du titulaire du certificat de qualification professionnelle d'assistant moniteur motonautisme est limité à 350 heures par an de face-à-face pédagogique. Dans tous les cas il ne permet pas d'intervenir auprès des publics scolaires dans le temps scolaire contraint. Il est prévu un référent titulaire d'une certification professionnelle des activités physiques et sportives de niveau IV ou supérieur pour un maximum de 4 titulaires du CQP AMM.

(Avenant n° 30 du 16 juin 2008, étendu par Arr. du 11 févr. 2009)

TITRE DU CQP	CLASSIFICATION conventionnelle	PRÉROGATIVE, LIMITE D'EXERCICE
Assistant moniteur de tennis (AMT)	L'assistant moniteur de tennis est classé au groupe 3. Lorsque les limites d'exercice horaires ne sont pas respectées, le titulaire du CQP « AMT » est classé au groupe 4.	Le titulaire du CQP d'assistant moniteur de tennis participe exclusivement à l'initiation au tennis sous forme collective des jeunes âgés de 18 ans au maximum. Il ne peut donner de leçons individuelles. Il connaît les bases techniques et tactiques pour enseigner au minitennis et pour l'initiation des jeunes au tennis ; il maîtrise la démarche de la pédagogie évolutive.

TITRE DU CQP	CLASSIFICATION conventionnelle	PRÉROGATIVE, LIMITE D'EXERCICE
		Il est capable d'assurer la sécurité d'un groupe de jeunes lors de séances de mini-tennis ou d'initiation au tennis. L'horaire d'exercice du titulaire du CQP « AMT » est limité à 300 heures, dont 288 heures de face-à-face pédagogique et 12 heures de participation à des réunions de coordination. Son activité s'exerce exclusivement le mercredi et le samedi hors du temps scolaire contraint. Dans le cas où la structure ne dispose pas d'installations permanentes, l'assistant moniteur de tennis pourra intervenir les autres jours de la semaine. Son activité est suivie par un référent pédagogique qui est un enseignant diplômé d'État.

(Avenant n° 32 du 26 juin 2008, étendu par Arr. du 11 févr. 2009)

TITRE DU CQP	CLASSIFICATION conventionnelle	PRÉROGATIVES, LIMITE D'EXERCICE et durée de validité
(Avenant n° 91 du 20 juin 2014, art. 1er, étendu par Arr. du 5 janv. 2015, art. 26) « Techniciens sportifs de basket-ball »	Le titulaire du CQP *(Avenant n° 91 du 20 juin 2014, art. 1er, étendu par Arr. du 5 janv. 2015, art. 26)* « Techniciens sportifs de basket-ball » est classé au groupe 3.	Le titulaire du CQP *(Avenant n° 91 du 20 juin 2014, art. 1er, étendu par Arr. du 5 janv. 2015, art. 26)* « Techniciens sportifs de basket-ball » entraîne un maximum de 2 équipes qu'il manage en compétition. Les prérogatives d'exercice du titulaire du CQP *(Avenant n° 91 du 20 juin 2014, art. 1er, étendu par Arr. du 5 janv. 2015, art. 26)* « TSBB » se limitent, au plus, à un volume horaire de 360 heures / an. Il ne peut intervenir auprès d'un public scolaire sur le temps contraint. Il encadre en toute autonomie. Il organise son activité pour répondre aux objectifs sportifs, dans le respect des règlements de la compétition et de l'intégrité des joueurs dont il a la responsabilité. Dans tous les cas, ses interventions visent à atteindre la meilleure performance possible en compétition au travers d'objectifs et de contenus de séances adaptés, dans le cadre du programme d'entraînement.

Les titulaires du CQP « Technicien sportif régional de basket-ball » défini par l'avenant n° 32 du 26 juin 2008 à la CCNS conservent le droit d'exercer leur activité dans les conditions qu'il prévoit (Avenant n° 91 du 20 juin 2014, art. 2, étendu par Arr. du 5 janv. 2015, art. 26).

A l'art. 1er de l'avenant n° 91 du 20 juin 2014, les termes : « avenant n° 39 du 22 avril 2009 » sont remplacés par les termes : « avenant n° 32 du 26 juin 2008 » (Avenant n° 93 du 22 sept. 2014, étendu par Arr. du 26 févr. 2015, art. 10).

(Avenant n° 33 du 26 juin 2008, étendu par Arr. du 11 févr. 2009)

TITRE DU CQP	CLASSIFICATION conventionnelle	PRÉROGATIVES ET LIMITE D'EXERCICE
Pisteur VTT	Le titulaire du CQP « Pisteur VTT » est classée au groupe 3.	Le titulaire du CQP « Pisteur VTT » exerce les missions suivantes : Il informe et oriente le public. Il entretient et sécurise des espaces de pratique. Il participe à l'aménagement des espaces de pratique. Il intervient en cas d'accident pour fournir les premiers soins et prévenir les services de secours. Dans tous les cas, le CQP « Pisteur VTT » ne permet pas l'encadrement des publics.

(Avenant n° 38 du 22 avr. 2009, étendu par Arr. du 18 déc. 2009)

TITRE DU CQP	CLASSIFICATION conventionnelle	PRÉROGATIVES, LIMITE D'EXERCICE et durée de validité
Assistant moniteur char à voile	Groupe 3. (Toute heure d'initiation à la pratique de char à voile de loisir effectuée au-delà des périodes et durée d'exercice du CQP AMCV sera majorée de 25 %.)	Le titulaire du CP assistant moniteur de char à voile initie à la pratique du char à voile de loisir avec les prérogatives d'exercice et les limites suivantes : – vent de force 6 Beaufort maximum ; – avec un nombre maximum de 8 chars à voile ; – jusqu'au niveau III des niveaux FFCV. Les périodes et durées d'exercice de l'encadrement par le titulaire du certificat de qualification d'assistant moniteur char à voile sont limitées à 360 heures par an.

(Avenant n° 39 du 22 avr. 2009, étendu par Arr. du 18 déc. 2009)

TITRE DU CQP	CLASSIFICATION conventionnelle	PRÉROGATIVES, LIMITE D'EXERCICE et durée de validité
Assistant professeur arts martiaux	Groupe 4. (Toute heure effectuée au-delà des 300 heures d'exercice sera majorée de 25 %.)	Le CQP APAM permet l'enseignement à titre rémunéré, dans la ou les mentions possédées, soit dans le cadre d'une activité accessoire, soit dans le cadre d'une activité occasionnelle, sans possibilité de cumul entre ces deux statuts.
		Le titulaire du CQP APAM peut exercer : – dans une structure de plus de 200 adhérents, les mercredis et les samedis, pendant l'année scolaire, sous la supervision d'un titulaire d'un diplôme de niveau IV ou supérieur ; – dans les structures de moins de 200 adhérents pendant 4 séquences maximum par semaine, pendant l'année scolaire, sous la supervision d'un référent de niveau IV ou supérieur.
		Dans tous les cas, le CQP APAM ne permet pas d'intervenir auprès des publics scolaires dans le temps scolaire contraint et dans le secteur du tourisme.

TITRE DU CQP	CLASSIFICATION conventionnelle	PRÉROGATIVES, LIMITE D'EXERCICE et durée de validité
		Par ailleurs, afin d'assurer le conseil et la supervision du titulaire du certificat de qualification professionnelle APAM mention..., il est prévu 3 titulaires du CQP APAM pour un référent ou un superviseur d'une certification professionnelle des activités physiques et sportives de niveau IV supérieur.
		Les périodes et durées d'exercice sont limitées à 300 heures par an.

(Avenant n° 92 du 20 juin 2014, étendu par Arr. du 5 janv. 2015, art. 26)

Titre du CQP	Classification conventionnelle	Prérogatives, limite d'exercice et durée de validité
Moniteur d'arts martiaux	Le titulaire du CQP "Moniteur arts martiaux" est classé au groupe 4	Le titulaire du CQP "MAM" encadre en autonomie dans la mention considérée (aïkido, aïkibudo, arts martiaux chinois internes, arts martiaux chinois externes, arts énergétiques chinois, judo-jujitsu, karaté et disciplines associées, kendo et disciplines associées ou taekwondo et disciplines associées) jusquau premier niveau de compétition pour les disciplines compétitives et jusqu'au premier niveau de grade, dan ou niveau technique équivalent pour les disciplines sans compétition. Il n'intervient pas pendant le temps scolaire contraint. Au regard de la situation professionnelle visée par le CQP, le besoin d'intervention identifié et lié à l'activité d'encadrement correspond à un volume horaire de travail partiel de 360 heures par an. Au-delà de ce volume horaire annuel, l'employeur doit permettre l'accès du professionnel titulaire du CQP à une autre certification du secteur inscrite à l'annexe II-1 du code du sport (niveau IV ou supérieur) par le biais de la formation professionnelle continue, ou à défaut recruter une personne titulaire d'une certification du secteur inscrite à l'annexe II-1 du code du sport

(Avenant n° 47 du 7 juill. 2010, étendu par Arr. du 18 févr. 2011, art. 19)

Titre du CQP	Classification conventionnelle	Prérogatives, limite d'exercice et durée de validité
Moniteur d'aviron	Le titulaire du CQP moniteur d'aviron est classé au groupe 3.	Il exerce son activité sur des eaux intérieures et des eaux maritimes. Il encadre en autonomie des activités d'aviron allant de l'initiation aux premiers niveaux de compétition hors public scolaire durant le temps scolaire contraint.

Titre du CQP	Classification conventionnelle	Prérogatives, limite d'exercice et durée de validité
		Au regard de la situation professionnelle visée par le titulaire du CQP, le besoin d'intervention identifié et lié à l'activité d'encadrement correspond à un volume horaire de travail à temps partiel de 360 heures par an. Au-delà de ce volume horaire annuel sur l'activité d'encadrement, l'employeur doit permettre l'accès du professionnel titulaire du CQP à une autre certification du secteur inscrite à l'annexe II. 1 du code du sport (niveau IV ou supérieur) par le biais de la formation professionnelle continue, ou à défaut recruter un professionnel titulaire d'une certification du secteur inscrite à l'annexe II. 1 du code du sport.

(Avenant n° 48 du 7 juill. 2010, étendu par Arr. du 18 févr. 2011, art. 19)

Titre DU CQP	Classification conventionnelle	Prérogatives, limite d'exercice et durée de validité
Moniteur de rugby à XV	Le titulaire du CQP moniteur de rugby à XV est classé au groupe 3.	Encadrement en autonomie des activités de rugby : – de l'initiation jusqu'aux premiers niveaux de compétition se limitant aux catégories d'âge des écoles de rugby (7 à 15 ans) ; – de l'animation des activités « rugby à XV » pour tout public.
		Au regard de la situation professionnelle visée par le titulaire du CQP, le besoin d'intervention identifié et lié à l'activité d'encadrement correspond à un volume horaire de travail à temps partiel de 360 heures par an. Au-delà de ce volume horaire annuel sur l'activité d'encadrement, l'employeur doit permettre l'accès du professionnel titulaire du CQP à une autre certification du secteur inscrite à l'annexe II. 1 du code du sport (niveau IV ou supérieur) par le biais de la formation professionnelle continue, ou à défaut recruter un professionnel titulaire d'une certification du secteur inscrite à l'annexe II. 1 du code du sport.

(Avenant n° 49 du 7 juill. 2010, étendu par Arr. du 18 févr. 2011, art. 19)

Titre du CQP	Classification conventionnelle	Prérogatives, limite d'exercice et durée de validité
Moniteur de roller skating Options : patinage artistique et danse, course, rink hockey, roller in line hockey, roller acrobatique, skateboard	Le titulaire du CQP moniteur roller skating est classé au groupe 3.	Encadrement en autonomie des activités de roller skating dans l'option certifiée jusqu'aux premiers niveaux de compétition dans la limite de 20 patineurs ou skateurs. Initiation en autonomie de l'ensemble des activités : – roller skating pour les titulaires des options patinage artistique et danse, course, rink hockey, roller in line hockey, roller acrobatique ; – skateboard pour les titulaires de l'option skateboard.
		Au regard de la situation professionnelle visée par le titulaire du CQP, le besoin d'intervention identifié et lié à l'activité d'encadrement correspond à un volume horaire de travail à temps partiel de 360 heures par an. Au-delà de ce volume horaire annuel sur l'activité d'encadrement, l'employeur doit permettre l'accès du professionnel titulaire du CQP à une autre certification du secteur inscrite à l'annexe II. 1 du code du sport (niveau IV ou supérieur) par le biais de la formation professionnelle continue, ou à défaut recruter un professionnel titulaire d'une certification du secteur inscrite à l'annexe II. 1 du code du sport.

(Avenant n° 50 du 7 juill. 2010, étendu par Arr. du 18 févr. 2011, art. 19)

Titre du CQP	Classification conventionnelle	Prérogatives, limite d'exercice et durée de validité
Agent de sécurité de l'événementiel	Le titulaire du CQP agent de sécurité de l'événementiel est classé au groupe 1.	Le titulaire du CQP Agent de sécurité de l'événementiel exerce son activité sous l'autorité d'un chef d'équipe ou un directeur des opérations ou de la sécurité. Il a pour mission d'assurer la sécurité des biens et des personnes et d'intervenir en cas d'urgence au cours d'événements sportifs ou culturels.

(Avenant n° 53 du 15 déc. 2010, étendu par Arr. du 13 juill. 2011, art. 22)

Titre du CQP	Classification conventionnelle	Prérogatives, limite d'exercice et durée de validité
Animateur de tennis de table	Le titulaire du CQP « Animateur tennis de table » est classé au groupe 3.	Le titulaire du CQP « Animateur tennis de table » assure le face-à-face pédagogique en autonomie de séances collectives de tennis de table de l'initiation au premier niveau de compétition (départemental). Au regard de la situation professionnelle visée par le CQP, le besoin d'intervention identifié et lié à l'activité d'encadrement correspond à un volume horaire de travail à temps partiel de 360 heures par an. Au-delà de ce volume horaire annuel, l'employeur doit permettre l'accès du professionnel titulaire du CQP à une autre certification du secteur inscrite à l'annexe II. 1 du code du sport (niveau IV ou supérieur) par le biais de la formation professionnelle continue, ou à défaut recruter une personne titulaire d'une certification du secteur inscrite à l'annexe II. 1 du code du sport.

(Avenant n° 54 du 15 déc. 2010, étendu par Arr. du 13 juill. 2011, art. 22)

Titre du CQP	Classification conventionnelle	Prérogatives, limite d'exercice et durée de validité
Moniteur de squash	Le titulaire du CQP « Moniteur de squash » est classé au groupe 3.	Encadrement en autonomie pédagogique des activités de squash, en séances collectives ou individuelles, auprès de tout public, de l'initiation jusqu'au premier niveau de compétition. Au regard de la situation professionnelle visée par le CQP, le besoin d'intervention identifié et lié à l'activité d'encadrement correspond à un volume horaire de travail partiel de 360 heures par an. Au-delà de ce volume horaire annuel, l'employeur doit permettre l'accès du professionnel titulaire du CQP à une autre certification du secteur inscrite à l'annexe II. 1 du code du sport (niveau IV ou supérieur) par le biais de la formation professionnelle continue, ou à défaut recruter une personne titulaire d'une certification du secteur inscrite à l'annexe II. 1 du code du sport.

(Avenant n° 55 du 15 déc. 2010, étendu par Arr. du 13 juill. 2011, art. 22)

Titre du CQP	Classification conventionnelle	Prérogatives, limite d'exercice et durée de validité
Initiateur en motocyclisme	Le titulaire du CQP « Initiateur en motocyclisme » est classé au groupe 3.	Encadrement en autonomie des activités du motocyclisme de l'initiation jusqu'à l'approche de la compétition (en dehors de tout objectif de perfectionnement sportif ou d'entraînement à des fins compétitives) sur des sites non ouverts à la circulation publique. Les activités de guidage (encadrement de balades ou de randonnées) sur voies ouvertes à la circulation publique sont exclues du champ d'exercice du titulaire du CQP « Initiateur en motocyclisme ». Au regard de la situation professionnelle visée par le titulaire du CQP, le besoin d'intervention identifié et lié à l'activité d'encadrement correspond à un volume horaire de travail à temps partiel de 400 heures par an. Au-delà de ce volume horaire annuel sur l'activité d'encadrement, l'employeur doit permettre l'accès du professionnel titulaire du CQP à une autre certification du secteur inscrite à l'annexe II. 1 du code du sport (niveau IV ou supérieur) par le biais de la formation professionnelle continue, ou à défaut recruter un professionnel titulaire d'une certification du secteur inscrite à l'annexe II-1 du code du sport.

(Avenant n° 56 du 15 déc. 2010, étendu par Arr. du 10 févr. 2011, art. 22)

Titre du CQP	Classification conventionnelle	Prérogatives, limites d'exercice
Assistant moniteur de pilote de planeur (AMPP)	Le titulaire du CQP « Assistant moniteur de pilote de planeur » est classé au groupe 3.	Le CQP AMPP conduit des séquences de formation à la technique de pilotage d'un planeur à partir des références de formation FFVV-DGAC en vue de la délivrance du brevet de pilote de planeur aux pilotes formés. Il est supervisé par un moniteur de niveau II (titulaire de la qualification ITV ou du DES vols à voile) qui : – organise la journée de vol ; – contrôle les pilotes formés lors des tests de délivrance du brevet de pilote de planeur. Il prend en charge au maximum 3 pilotes en formation dans une journée de vol. Son activité est de type secondaire ou accessoire : ses périodes et durées d'exercice d'encadrement sont ainsi limitées à 400 heures par an dont 380 heures de formation de pilote, y compris en face-à-face pédagogique, et 20 heures de participation à des réunions de coordination. Les heures de formation effectuées au-delà de ces périodes et durées d'exercice seront rémunérées au groupe 5 minimum.

(Avenant n° 58 du 4 mai 2011, étendu par Arr. du 7 oct. 2011, art. 22)

Titre du CQP	Classification conventionnelle	Prérogatives, limite d'exercice et durée de validité
Moniteur de football américain et de flag	Le titulaire du CQP de « Moniteur de football américain et de flag » est classé au groupe 3.	Encadrement en autonomie des activités de football américain et de flag de découverte et d'initiation jusqu'aux premiers niveaux de compétition se limitant au niveau inférieur aux championnats nationaux pour tout public. Au regard de la situation professionnelle visée par le titulaire du CQP, le besoin d'intervention identifié et lié à l'activité d'encadrement correspond à un volume horaire de travail à temps partiel de 360 heures par an. Au-delà de ce volume horaire annuel sur l'activité d'encadrement, l'employeur doit permettre l'accès du professionnel titulaire du CQP à une autre certification du secteur inscrite à l'annexe II. 1 du code du sport (niveau IV ou supérieur) par le biais de la formation professionnelle continue ou, à défaut, recruter un professionnel titulaire d'une certification du secteur inscrite à l'annexe II. 1 du code du sport.

(Avenant n° 59 du 4 mai 2011, étendu par Arr. du 7 oct. 2011, art. 22)

Titre du CQP	Classification conventionnelle	Prérogatives, limite d'exercice et durée de validité
Technicien sportif de cheerleading	Le titulaire du CQP de « Technicien sportif de cheerleading » est classé au groupe 3.	Encadrement en autonomie des séances d'entraînement en cheerleading pour tout public. Au regard de la situation professionnelle visée par le titulaire du CQP, le besoin d'intervention identifié et lié à l'activité d'encadrement correspond à un volume horaire de travail à temps partiel de 360 heures par an. Au-delà de ce volume horaire annuel sur l'activité d'encadrement, l'employeur doit permettre l'accès du professionnel titulaire du CQP à une autre certification du secteur inscrite à l'annexe II. 1 du code du sport (niveau IV ou supérieur) par le biais de la formation professionnelle continue ou, à défaut, recruter un professionnel titulaire d'une certification du secteur inscrite à l'annexe II. 1 du code du sport.

(Avenant n° 60 du 4 mai 2011, étendu par Arr. du 7 oct. 2011, art. 22)

Titre du CQP	Classification conventionnelle	Prérogatives, limite d'exercice et durée de validité
Animateur de badminton	Le titulaire du CQP d'« Animateur de badminton » est classé au groupe 3.	Encadrement en autonomie de séances collectives de badminton, de l'initiation au 1er niveau de compétition. Au regard de la situation professionnelle visée par le CQP, le besoin d'intervention identifié et lié à l'encadrement correspond à un volume horaire de travail partiel de 360 heures par an. Au-delà de ce volume horaire annuel, l'employeur doit permettre l'accès du professionnel titulaire du CQP à une autre certification du secteur inscrite à l'annexe II. 1 du code du sport (niveau IV ou supérieur) par le biais de la formation professionnelle continue ou, à défaut, recruter une personne titulaire d'une certification du secteur inscrite à l'annexe II. 1 du code du sport.

(Avenant n° 61 du 4 mai 2011, étendu par Arr. du 7 oct. 2011, art. 22)

Titre du CQP	Classification conventionnelle	Prérogatives, limite d'exercice et durée de validité
Moniteur de tir sportif	Le titulaire du CQP « Moniteur de tir sportif » est classé au groupe 3.	Les prérogatives d'exercice renvoient à la définition de la situation professionnelle visée par la qualification et à sa spécificité. Encadrement en autonomie des activités de tir sportif pour tout public de l'initiation jusqu'aux premiers niveaux de compétition. Organisation des dispositions réglementaires liées au carnet de tir. Au regard de la situation professionnelle visée par le CQP, le besoin d'intervention identifié correspond à un volume horaire de travail à temps partiel de 360 heures par an. Au-delà de ce volume horaire annuel, l'employeur doit permettre l'accès du professionnel titulaire du CQP à une autre certification du secteur inscrite à l'annexe II. 1 du code du sport (niveau IV ou supérieur) par le biais de la formation professionnelle continue ou, à défaut, recruter une personne titulaire d'une certification du secteur inscrite à l'annexe II. 1 du code du sport.

(Avenant n° 64 du 5 déc. 2011, étendu par Arr. du 3 juin 2013, art. 21)

Titre du CQP	Classification conventionnelle	Prérogatives, limite d'exercice et durée de validité
Assistant moniteur char à voile	Le titulaire du CQP « assistant moniteur char à voile » est classé au groupe 3.	Le titulaire du CQP « Assistant moniteur de char à voile » initie à la pratique du char à voile de loisirs dans le support certifié sous la responsabilité d'une personne qualifiée de niveau 4 ou supérieur mention char à voile, désigné [désignée] « référent » présent [présente] durant la séance et expressément nommé [nommée] et affiché [affichée] par le responsable de la structure. Dans la limite de 3 titulaires du CQP par référent. Il exerce dans les conditions suivantes : – vent de force 6 Beaufort maximum ; – 8 supports maximum ; – jusqu'au niveau 3 des niveaux FFCV. A l'exclusion : – du temps scolaire contraint ; – des groupes constitués de personnes présentant un handicap. Au regard de la situation professionnelle visée par le titulaire du CQP, le besoin d'intervention identifié et lié à l'activité d'encadrement correspond à un volume horaire de travail à temps partiel de 360 heures par an. Au-delà de ce volume horaire annuel sur l'activité d'encadrement, l'employeur doit permettre l'accès du professionnel titulaire du CQP à une autre certification du secteur inscrite à l'annexe II-1 du code du sport (niveau IV ou supérieur) par le biais de la formation professionnelle continue, ou à défaut recruter un professionnel titulaire d'une certification du secteur inscrite à l'annexe II-1 du code du sport.

(Avenant n° 65 du 7 févr. 2012, étendu par Arr. du 3 juin 2013, art. 21)

Titre du CQP	Classification conventionnelle	Prérogatives, limite d'exercice et durée de validité
Technicien sportif de rugby à XV	Le titulaire du CQP « Technicien sportif de rugby à XV » est classé au groupe 3.	Encadrement en autonomie des séances d'entraînement en rugby à XV des catégories des moins de 15 ans, jusqu'en fédérale 2. Au regard de la situation professionnelle visée par le titulaire du CQP, le besoin d'intervention identifié et lié à l'activité d'encadrement correspond à un volume horaire de travail à temps partiel de 360 heures par an. Au-delà de ce volume horaire annuel sur l'activité d'encadrement, l'employeur doit permettre l'accès du professionnel titulaire du CQP à une autre certification du secteur inscrite à l'annexe II-1 du code du sport (niveau IV ou supérieur) par le biais de la formation professionnelle continue, ou, à défaut, recruter un professionnel titulaire d'une certification du secteur inscrite à l'annexe II-1 du code du sport.

(Avenant n° 67 du 7 févr. 2012, étendu par Arr. du 2 août 2012, art. 18)

Titre du CQP	Classification conventionnelle	Prérogatives, limite d'exercice et durée de validité
Animateur de patinoire option hockey sur glace	Le titulaire du CQP « Animateur de patinoire option hockey sur glace » est classé au groupe 3.	Le titulaire du CQP encadre des séances d'animation et de découverte de l'activité en patinoire et dans l'option hockey sur glace auprès : – des publics de moins de 13 ans jusqu'au premier niveau de compétition ; – et de public adulte loisir. Au regard de la situation professionnelle visée par le CQP, le besoin d'intervention identifié et lié à l'encadrement correspond à un volume horaire de travail partiel de 360 heures par an. Au-delà de ce volume horaire annuel, l'employeur doit permettre l'accès du professionnel titulaire du CQP à une autre certification du secteur inscrite à l'annexe II-1 du code du sport (niveau IV ou supérieur) par le biais de la formation professionnelle continue ou, à défaut, recruter une personne titulaire d'une certification du secteur inscrite à l'annexe II-1 du code du sport.

(Avenant n° 68 du 7 févr. 2012, étendu par Arr. du 2 août 2012, art. 18)

Titre du CQP	Classification conventionnelle	Prérogatives, limite d'exercice et durée de validité
Guide de véhicules terrestres motorisés à guidon option « quad »	Le titulaire du CQP « Guide de véhicules terrestres motorisés à guidon » est classé au groupe 3.	Le titulaire du CQP « Guide de véhicules terrestres motorisés à guidon, option « quad » » exerce l'activité d'accompagnateur pour la randonnée en « quad » de publics titulaires d'un permis ou d'un brevet délivré par l'État permettant la conduite d'un « quad ». Il exerce son activité de manière autonome sur des parcours connus et reconnus. Les passagers sont admis sur les véhicules homologués 2 places. Ils doivent pouvoir avoir un appui franc sur les marchepieds pour assurer leur stabilité et une force suffisante pour s'y maintenir tout au long de l'activité. Le nombre maximum de véhicules accompagnés en « quad » est fixé à 6 simultanément, soit 12 personnes. Au regard de la situation professionnelle visée par le titulaire du CQP, le besoin d'intervention identifié et lié à l'activité d'encadrement correspond à un volume horaire de travail à temps partiel de 1 200 heures par an. Au-delà de ce volume horaire annuel sur l'activité d'encadrement, l'employeur doit permettre l'accès du professionnel titulaire du CQP à une autre certification du secteur inscrite à l'annexe II-1 du code du sport (niveau IV ou supérieur) par le biais de la formation professionnelle continue ou, à défaut, recruter un professionnel titulaire d'une certification du secteur inscrite à l'annexe II-1 du code du sport.

Titre du CQP	Classification conventionnelle	Prérogatives, limite d'exercice et durée de validité
Guide de véhicules terrestres motorisés à guidon option « moto verte »	Le titulaire du CQP « Guide de véhicules terrestres motorisés à guidon » est classé au groupe 3.	Le titulaire du CQP « Guide de véhicules terrestres motorisés à guidon, option « moto verte » » exerce l'activité d'accompagnateur pour la randonnée en « moto verte » de publics titulaires d'un permis ou d'un brevet délivré par l'État permettant la conduite d'une motocyclette. Il exerce son activité de manière autonome sur des parcours connus et reconnus. Le nombre maximum de véhicules accompagnés en « moto verte » est fixé à 6 simultanément, soit 6 personnes. Au regard de la situation professionnelle visée par le titulaire du CQP, le besoin d'intervention identifié et lié à l'activité d'encadrement correspond à un volume horaire de travail à temps partiel de 1 200 heures par an. Au-delà de ce volume horaire annuel sur l'activité d'encadrement, l'employeur doit permettre l'accès du professionnel titulaire du CQP à une autre certification du secteur inscrite à l'annexe II-1 du code du sport (niveau IV ou supérieur) par le biais de la formation professionnelle continue, ou, à défaut, recruter un professionnel titulaire d'une certification du secteur inscrite à l'annexe II-1 du code du sport.

(Avenant n° 70 du 7 févr. 2012, étendu par Arr. du 2 août 2012, art. 18)

Titre du CQP	Classification conventionnelle	Prérogatives, limite d'exercice et durée de validité
Plieur de parachute de secours	Le titulaire du CQP « Plieur de parachute de secours » option réparateur est classé au groupe 3.	Le plieur de parachute de secours plie, assemble, démonte et démêle les parachutes de secours dont il a la responsabilité au regard des réglementations en vigueur. Au regard de la situation professionnelle visée par le CQP, le besoin d'intervention identifié correspond à un volume horaire de travail partiel de 360 heures par an. Au-delà de ce volume horaire annuel, l'employeur doit permettre l'accès du professionnel titulaire du CQP à une autre certification du secteur inscrite à l'annexe II-1 du code du sport (niveau IV ou supérieur) par le biais de la formation professionnelle continue, ou à défaut recruter une personne titulaire d'une certification du secteur inscrite à l'annexe II-1 du code du sport.
Qualification complémentaire : réparateur	Le titulaire du CQP « Plieur de parachute de secours » option réparateur est classé au groupe 3.	Le réparateur de parachute répare les parachutes dont il a la responsabilité au regard des réglementations en vigueur.

(Avenant n° 71 du 7 févr. 2012, étendu par Arr. du 2 août 2012, art. 18)

Titre du CQP	Classification conventionnelle	Prérogatives, limite d'exercice et durée de validité
Opérateur vidéo/photo parachutisme	Le titulaire du CQP « Opérateur vidéo/ photo parachutisme » est classé au groupe 3.	L'opérateur vidéo/ photo filme les publics autorisés à effectuer un saut en parachute tandem au regard des réglementations en vigueur. Au regard de la situation professionnelle visée par le CQP, le besoin d'intervention identifié correspond à un volume horaire de travail partiel de 360 heures par an. Au-delà de ce volume horaire annuel, l'employeur doit permettre l'accès du professionnel titulaire du CQP à une autre certification du secteur inscrite à l'annexe II-1 du code du sport (niveau IV ou supérieur) par le biais de la formation professionnelle continue ou, à défaut, recruter une personne titulaire d'une certification du secteur inscrite à l'annexe II-1 du code du sport.

(Avenant n° 72 du 7 févr. 2012, étendu par Arr. du 3 juin 2013, art. 21)

Titre du CQP	Classification conventionnelle	Prérogatives, limite d'exercice et durée de validité
Moniteur de canoë-kayak, option « canoë-kayak en eau calme, eau vive », « canoë-kayak en eau calme-mer », « raft et nage en eau vive »	Le titulaire du CQP « Moniteur de canoë-kayak » est classé au groupe 3.	Le moniteur de canoë-kayak encadre en autonomie le canoë-kayak et les sports de pagaies pour tout public. Ses limites de prérogatives sont : – pour l'option « canoë-kayak en eau calme et en eau vive », le moniteur encadre en autonomie des activités du canoë-kayak et les supports ou embarcations propulsés à la pagaie, en dehors du raft, pour tout public en eau calme et en eau vive jusqu'en classe II, avec passages de classe III isolés ; – pour l'option « canoë-kayak en eau calme et en mer »[,] le moniteur encadre en autonomie des activités du canoë-kayak et les supports ou embarcations propulsés à la pagaie pour tout public en eau calme et en mer jusqu'à 1 mile d'un abri et par vent de force 3 Beaufort maximum sur le site d'évolution ; – pour l'option raft et nage en eau vive, le moniteur encadre en autonomie les activités du raft et de la nage en eau vive pour tout public en eau vive jusqu'en classe II, sur les parcours de classe III, un diplômé d'État de niveau IV ou supérieur en lien avec l'activité doit être présent dans le convoi. Au regard de la situation professionnelle visée par le CQP, le besoin d'intervention identifié correspond à un volume horaire de travail à temps partiel de 360 heures par an. Au-delà de ce volume horaire annuel, l'employeur doit soit recruter une personne titulaire d'une autre certification du secteur (niveau IV ou supérieur), soit favoriser l'accès du professionnel titulaire du CQP à d'autres certifications du secteur (niveau IV ou supérieur).

(Avenant n° 74 du 26 juin 2012, étendu par Arr. du 27 nov. 2012, art. 33)

Titre du CQP	**Classification conventionnelle**	**Prérogatives, limite d'exercice et durée de validité**
Animateur d'athlétisme Option « École d'athlé »	Le titulaire du CQP « Animateur d'athlétisme » est classé au groupe 3.	Encadrement en autonomie des activités de l'athlétisme, en séances collectives et individuelles, de découverte et d'initiation, jusqu'au premier niveau de compétition, pour des publics jeunes de moins de 16 ans, en groupe jusqu'à 20 athlètes maximum. Au regard des situations professionnelles visées par le CQP, le besoin d'intervention identifié et lié à l'activité d'encadrement correspond à un volume horaire de travail à temps partiel de 360 heures par an.
		Au-delà de ce volume horaire annuel, l'employeur doit permettre l'accès du professionnel titulaire du CQP à une autre certification du secteur inscrite à l'annexe II-1 du code du sport (niveau IV ou supérieur) par le biais de la formation professionnelle continue ou, à défaut, recruter une personne titulaire d'une autre certification du secteur inscrite à l'annexe II-1 du code du sport.
Animateur d'athlétisme Option « Athlé loisirs »	Le titulaire du CQP « Animateur d'athlétisme » est classé au groupe 3.	Encadrement en autonomie des activités d'athlétisme, en séances collectives et individuelles, de découverte, d'initiation ou d'entretien pour tout public, pratiquant l'athlétisme loisirs, à l'exclusion de pratique compétitive. Au regard des situations professionnelles visées par le CQP, le besoin d'intervention identifié et lié à l'activité d'encadrement correspond à un volume horaire de travail à temps partiel de 360 heures par an.
		Au-delà de ce volume horaire annuel, l'employeur doit permettre l'accès du professionnel titulaire du CQP à une autre certification du secteur inscrite à l'annexe I-1 du code du sport (niveau IV ou supérieur) par le biais de la formation professionnelle continue ou, à défaut, recruter une personne titulaire d'une autre certification du secteur inscrite à l'annexe II-1 du code du sport.

(Avenant n° 75 du 4 oct. 2012, étendu par Arr. du 26 mars 2013, art. 18)

Titre du CQP	Classification conventionnelle	Prérogatives, limite d'exercice et durée de validité
Assistant moniteur de voile (AMV)	Le titulaire du CQP « Animateur moniteur de voile » est classé au groupe 2.	Animation et initiation à la voile, jusqu'aux premiers niveaux de compétition pour tout public, sous l'autorité technique d'un titulaire d'une certification professionnelle des activités physiques ou sportives de niveau IV ou supérieur, le nombre de titulaires du CQP « AMV » placés sous cette autorité ne pouvant être supérieur à 10, dans la limite de 140 pratiquants encadrés par des titulaires d'une certification de niveau IV ou supérieur, durant les périodes de congés scolaires et universitaires fixés par les ministères de l'enseignement supérieur et de l'éducation nationale. Au regard de la situation professionnelle visée par le CQP, le besoin d'intervention identifié et lié à l'activité d'encadrement correspond à un volume horaire de travail partiel de 500 heures par an. Au-delà de ce volume horaire annuel, l'employeur doit permettre l'accès du professionnel titulaire du CQP à une autre certification du secteur inscrite à l'annexe II-1 du code du sport (niveau IV ou supérieur) par le biais de la formation professionnelle continue, ou à défaut recruter une personne titulaire d'une certification du secteur inscrite à l'annexe II-1 du code du sport. Le titulaire du CQP AMV qui dépasse 500 heures de travail par an est reclassé au groupe 3 de la CCNS, sans préjudice des limitations des conditions d'exercice qui demeurent.

(Avenant n° 76 du 4 oct. 2012, étendu par Arr. du 26 avr. 2013, art. 25)

Titre du CQP	Classification conventionnelle	Prérogatives, limite d'exercice et durée de validité
Animateur des activités gymniques (AAG) Mention : activités gymniques d'expression	L'animateur des activités gymniques est classé au groupe 3. Il exerce dans la limite de 360 heures par an. Au-delà, toute heure de face-à-face pédagogique sera majorée de 25 %.	L'animateur des activités gymniques fait découvrir, initie aux activités gymniques et assure le développement ou le maintien des capacités physiques des pratiquants. Les activités gymniques d'expression recouvrent : – les activités gymniques dansées avec ou sans engins, débouchant sur des compétitions ou productions en gymnastique rythmique ; – les activités gymniques à dominante cardio-vasculaire, débouchant sur des compétitions ou productions en gymnastique aérobic. Ces activités sont adaptées aux enfants, adolescents, adultes et seniors. En fonction de l'âge et des capacités des pratiquants, elles ont pour objectifs : – le développement et la maîtrise des habiletés motrices ; – la socialisation ou le maintien du lien social.

(Avenant n° 78 du 5 déc. 2012, étendu par Arr. du 3 juin 2013, art. 21)

Titre du CQP	Classification conventionnelle	Prérogatives, limite d'exercice et durée de validité
Technicien sportif d'athlétisme	Le titulaire du CQP « Technicien sportif d'athlétisme » est classé au groupe 3.	Encadrement en autonomie des spécialités de l'athlétisme du groupe défini par l'option, en séances collectives et individuelles, de l'entrée dans l'activité au perfectionnement pour des publics spécialisés dans le groupe d'activités, majoritairement orientés vers la compétition, jusqu'au niveau national.
Option : sprint/ haies, sauts, lancers, demi-fond/ marche athlétique, fond/ hors stade et épreuves combinées		Au regard des situations professionnelles visées par le CQP, le besoin d'intervention identifié et lié à l'activité d'encadrement correspond à un volume horaire de travail à temps partiel de 360 heures par an.
		Au-delà de ce volume horaire annuel, l'employeur doit permettre l'accès du professionnel titulaire du CQP à une autre certification du secteur inscrite à l'annexe II-1 du code du sport (niveau IV ou supérieur) par le biais de la formation professionnelle continue ou, à défaut, recruter une personne titulaire d'une autre certification du secteur inscrite à l'annexe II-1 du code du sport.

(Avenant n° 79 du 5 déc. 2012, étendu par Arr. 26 mars 2013, art. 18)

Titre du CQP	Classification conventionnelle	Prérogatives, limite d'exercice et durée de validité
Éducateur mobilité à vélo (EMV)	Le titulaire du CQP « Éducateur mobilité à vélo » est classé au groupe 3.	Encadrement en autonomie de séances d'éducation à la mobilité à vélo, de l'initiation jusqu'à l'autonomie du pratiquant.

(Avenant n° 82 du 9 avr. 2013, non étendu)

Titre du CQP	Classification conventionnelle	Prérogatives, limite d'exercice et durée de validité
Moniteur de roller skating option « roller randonnée »	Le titulaire du CQP « Moniteur de roller skating » est classé au groupe 3.	Initiation en autonomie de l'ensemble des activités « roller skating » pour les titulaires de l'option « roller randonnée » Encadrement en autonomie, tout public, des activités de « roller randonnée » dans la limite de 20 patineurs. Dans le cadre de randonnée incluant des mineurs, le titulaire du CQP doit appliquer la réglementation en vigueur. Sur voies ouvertes, l'encadrement d'un groupe de plus de 8 pratiquants avec un ou plusieurs mineurs se fait en présence d'un titulaire de CQP. Au regard de la situation professionnelle visée par le CQP, le besoin d'intervention identifié correspond à un volume horaire de travail à temps partiel de 360 heures par an. Au-delà de ce volume horaire annuel, l'employeur doit soit recruter une personne titulaire d'une autre certification du secteur (niveau IV ou supérieur), soit favoriser l'accès du professionnel titulaire du CQP à d'autres certifications du secteur (niveau IV ou supérieur).

(Avenant n° 84 du 29 nov. 2013, étendu par Arr. du 10 juill. 2014, art. 18)

Titre du CQP	Classification conventionnelle	Prérogatives, limite d'exercice et durée de validité
Technicien de piste de karting	Le titulaire du CQP « Technicien de piste de karting » est classé au groupe 2.	Le titulaire du CQP « Technicien de piste de karting » Participe à la gestion des sessions de course de loisir sous la responsabilité technique d'un diplôme d'État présent sur le poste de et responsable de l'animation dans le respect des règles techniques et de sécurité des circuits karting (en application des articles R. 331-18 à R. 331-45 du code du sport). Assure en autonomie la gestion d'une session de location dans le respect des règles techniques et de sécurité des circuits karting (en application des articles R. 331-18 à R. 331-45 du code du sport).

(Avenant n° 86 du 10 mars 2014, étendu par Arr. du 6 oct. 2014, art. 22)

Titre du CQP	Classification conventionnelle	Prérogatives, limite d'exercice et durée de validité
Moniteur de vol à plat en soufflerie	Le titulaire du CQP « moniteur de vol à plat en soufflerie » est classé au groupe 3.	Le titulaire du CQP « moniteur de vol à plat en soufflerie » encadre en autonomie les activités de vol à plat en soufflerie pour tout public. Le titulaire du CQP prend en charge dans la veine d'air : - un seul pratiquant si celui-ci est non autonome ; - plusieurs pratiquants si ceux-ci sont autonomes (au sens de l'article L. 322-169 du code du sport). Ce nombre varie en fonction du niveau technique des participants et de la capacité d'accueil de la veine.
		La capacité d'accueil de la veine est fonction de son diamètre : - 4 pratiquants maximum de 10 à 12,9 pieds de diamètre ; - 8 pratiquants maximum de 13 à 15,9 pieds de diamètres ; - 12 pratiquants maximum au-delà de 15,9 pieds de diamètre. Au regard de la situation professionnelle visée par le CQP, le besoin d'intervention identifié correspond à un volume horaire de travail à temps partiel ou à temps plein qui doit être conforme au code du travail et à la CCNS.
Qualification complémentaire : « vol 3D en soufflerie »	Le titulaire du CQP « moniteur de vol à plat en soufflerie » et de la qualification complémentaire « vol 3D en soufflerie » est classé au groupe 3	Le titulaire de la qualification complémentaire « vol 3D en soufflerie » encadre en autonomie les activités de vol 3D en soufflerie pour tout public. Le titulaire du CQP prend en charge dans la veine d'air un seul ou plusieurs pratiquants. Ce nombre varie en fonction du niveau technique des participants et de la capacité d'accueil de la veine. La capacité d'accueil de la veine est fonction de son diamètre : - 4 pratiquants maximum de 10 à 12,9 pieds de diamètre ; - 8 pratiquants maximum de 13 à 15,9 pieds de diamètre ; - 12 pratiquants maximum au-delà de 15,9 pieds de diamètre. Au regard de la situation professionnelle visée par le CQP, le besoin d'intervention identifié correspond à un volume horaire de travail à temps partiel ou à temps plein qui doit être conforme au code du travail et à la CCNS.

(Avenant nº 90 du 20 juin 2014, étendu par Arr. du 5 janv. 2015, art. 26)

Titre du CQP	Classification conventionnelle	Prérogatives, limite d'exercice et durée de validité
Moniteur d'escrime option fleuret, épée, sabre ou artistique.	Le titulaire du CQP "Moniteur d'escrime", option fleuret, épée, sabre ou artistique est classé au groupe 3 de la convention collective nationale du sport.	Le moniteur d'escrime exerce de façon occasionnelle ou saisonnière au sein des structures associatives affiliées à la FFE, au sein des structures privées dans le secteur marchand ou associatif du champ culturel, sportif ou socio-éducatif. – Il encadre l'activité escrime dans l'option certifiée, en autonomie, auprès de tout public, jusqu'au niveau de compétition régional dans la limite de 20 pratiquants. – Il intervient hors temps scolaire contraint. Au regard de la situation professionnelle visée par le titulaire du CQP, le besoin d'intervention identifié et lié à l'activité d'encadrement correspond à un volume horaire de travail à temps partiel de 360 heures par an. Au-delà de ce volume horaire annuel sur l'activité d'encadrement, l'employeur doit permettre l'accès du professionnel titulaire du CQP à une autre certification du secteur inscrite à l'annexe II-1 du code du sport (niveau IV ou supérieur) par le biais de la formation professionnelle continue, ou à défaut recruter un professionnel titulaire d'une certification du secteur inscrite à l'annexe II-1 du code du sport.

(Avenant nº 94 du 22 sept. 2014, étendu par Arr. du 26 févr. 2015, art. 10)

Titre du CQP	Classification conventionnelle	Prérogatives, limite d'exercice et durée de validité
Animateur Course d'Orientation	Le titulaire du CQP "Animateur Course d'Orientation" est classé au groupe 3	Encadrement en autonomie, pour tout public, des activités de course d'orientation de l'initiation jusqu'au premier niveau de compétition. Au regard de la situation professionnelle visée par le CQP, le besoin d'intervention identifié et lié à l'activité d'encadrement correspond à un volume horaire de travail partiel de 360 heures sur une saison sportive. Au-delà de ce volume horaire annuel, l'employeur doit permettre l'accès du professionnel titulaire du CQP à une autre certification du secteur inscrite à l'annexe II-1 du code du sport (niveau IV ou supérieur) par le biais de la formation professionnelle continue, ou à défaut recruter une personne titulaire d'une certification du secteur inscrite à l'annexe II-1 du code du sport.

(Avenant nº 96 du 21 nov. 2014, non étendu)

Titre du CQP	Classification conventionnelle	Prérogatives, limite d'exercice et durée de validité
Animateur escalade sur structure artificielle	**Le titulaire du CQP « Animateur escalade sur structure artificielle » est classé au groupe 3**	Encadrement en autonomie des activités d'escalade sur structures artificielles d'escalade, pour tout public, de l'initiation jusqu'aux premiers niveaux de compétition. Les structures artificielles d'escalade sont des équipements sportifs constitués d'une structure d'escalade construite à cet effet, présentant des caractéristiques de construction diverses, et conçue pour des objectifs d'utilisation variées en escalade. Les SAE de type blocs ont une hauteur maximale de 4,5 m au-dessus de la surface de réception constitué de tapis. Les SAE avec points d'assurage ont une hauteur généralement comprise entre 7 et 15 mètres et quelques fois plus. La sécurité est généralement assurée à l'aide d'une corde et d'équipements de protection individuelle contre les chutes de hauteur (harnais, frein, mousqueton) Au regard de la situation professionnelle visée par le CQP, le besoin d'intervention identifié et lié à l'activité d'encadrement correspond à un volume horaire de travail partiel de 360 heures par an. Au-delà de ce volume horaire annuel, l'employeur doit permettre l'accès du professionnel titulaire du CQP à une autre certification du secteur inscrite à l'annexe II-1 du code du sport (niveau IV ou supérieur) par le biais de la formation professionnelle continue.

Accord du 30 mars 2011,

Relatif à l'intégration de certaines entreprises dans le champ d'application de la CCNS.

(Étendu par Arr. du 2 août 2012, art. 18)

Art. 1er *Champ d'application.*

Les entreprises comprises dans le champ d'application de la convention collective nationale du sport issu de l'avenant nº 37 *bis* du 6 novembre 2009 et appliquant, précédemment à l'extension de cet avenant, une autre convention collective sont soumises aux dispositions conventionnelles du sport selon le calendrier et les modalités définis dans les articles suivants.

Art. 2 *Formation professionnelle et paritarisme.*

Pour toutes les entreprises visées par l'article 1er du présent accord, sont applicables à la date d'extension du présent accord les dispositions conventionnelles comprises dans le chapitre VIII « Formation professionnelle » et dans l'article 2.3 de la convention collective nationale du sport.

L'application de ces dispositions sera réalisée de la manière suivante :
– si le présent avenant est étendu avant le 28 février 2012, les entreprises devront cotiser conformément au chapitre VIII de la convention collective nationale du sport sur leur masse salariale 2011 ;
– s'il est étendu entre le 1er mars 2012 et le 28 février 2013, les entreprises devront cotiser conformément au chapitre VIII de la convention collective nationale du sport sur leur masse salariale 2012.

Art. 3 *Classifications et rémunérations.*

Pour toutes les entreprises visées par l'article 1er du présent accord, sont applicables au plus tard le 1er septembre 2012 les dispositions conventionnelles comprises dans le chapitre IX « Classifications et rémunérations » de la convention collective nationale du sport.

Pour ces entreprises, seule la prime d'ancienneté de 1 % du SMC du groupe 3 prévue à l'article 9.2.3.1 de la convention collective nationale du sport sera versée aux salariés :
– justifiant de 24 mois de travail effectif après le 1er avril 2010 ;
– ou, le cas échéant, de 24 mois de travail effectif après l'embauche lorsque le salarié a été embauché après le 1er avril 2010.

Art. 4 *Prévoyance.*

Pour toutes les entreprises visées par l'article 1er du présent accord, sont applicables les dispositions conventionnelles comprises dans le chapitre X « Prévoyance » de la convention collective nationale du sport à l'issue de la période de préavis de dénonciation du régime de prévoyance auquel elles adhéraient dans le cadre des dispositions conventionnelles précédentes et au plus tard le 1er janvier 2014.

Toutefois, par dérogation à l'article 11.2 du contrat de garanties collectives annexé au chapitre X de la convention collective nationale du sport, les employeurs visés à l'article 1er du présent accord pourront, au choix, conserver leur adhésion au GNP ou adhérer à l'une des 3 autres institutions de prévoyance codésignées dans la branche du sport, géographiquement compétente.

A défaut de choix contraire exprimé auprès de l'institution géographiquement compétente (sauf s'il s'agit du GNP) avant le 31 décembre 2013, l'adhésion au GNP sera présumée conservée.

Art. 5 *Temps de travail.*

Pour toutes les entreprises visées à l'article 1er du présent accord, la majoration prévue par l'article 5.1.4.2 de la convention collective nationale du sport en cas de travail un jour férié est rendue obligatoire à compter du 1er janvier 2013.

Art. 6 *Règles particulières à certaines entreprises.*

Pour les entreprises visées à l'article 1er du présent accord qui sont délégataires de service public ou concessionnaires en exécution d'un appel d'offres public, la convention collective nationale du sport s'applique obligatoirement, selon les modalités dérogatoires prévues aux articles 2, 3, 4 et 5 du présent accord, à l'occasion de la conclusion de chaque nouveau contrat signé ou du renouvellement de chaque contrat, et au plus tard le 1er janvier 2014.

Art. 7 *Autres dispositions.*

Pour toutes les entreprises visées par l'article 1er du présent accord à l'exception de celles visées à l'article 6 ci-dessus, l'ensemble des dispositions conventionnelles du sport autres que celles prévues aux articles 2, 3 et 4 du présent accord sont applicables depuis l'extension de l'avenant n° 37 *bis* du 6 novembre 2009.

Accord du 29 novembre 2013,

Relatif à une négociation pluriannuelle.

Cet accord est applicable dès sa signature mais il n'est pas étendu.

Après avoir préalablement exposé.

Les partenaires sociaux conviennent qu'une négociation collective de branche reposant sur la recherche des meilleurs équilibres économiques et sociaux entre les dispositifs négociés est le moyen :

– de dynamiser le dialogue social au niveau de la branche ;

– de conforter l'autonomie de la branche professionnelle du sport ;

– de tenir compte des particularités de l'organisation de la pratique sportive et de la diversité de ses acteurs dans la mise en œuvre des règles sociales ;

– d'offrir un statut collectif protecteur et attractif pour l'ensemble des salariés ;

– de fournir aux entreprises de la branche les moyens de relever les défis inhérents à l'introduction de nouvelles contraintes normatives, organisationnelles et financières.

Cette approche, qui se veut systémique, s'organise dans un cadre pluriannuel prenant en compte les équilibres économiques nécessaires à la bonne réalisation des évolutions proposées en matière de conditions de travail et de protection de la santé des salariés.

Les partenaires sociaux entendent également de cette façon construire les conditions garantissant un dialogue social de qualité.

Sont convenus de conclure un accord de méthode-cadre de négociation pour la branche du sport aux conditions ci-après.

Art. 1er *Thématiques de négociation.*

Les parties conviennent d'examiner conjointement les thématiques de négociation suivantes, dans l'objectif partagé de construire un projet politique global pour la branche du sport tout en recherchant l'équilibre nécessaire entre les enjeux attachés à chacune de ces thématiques pour les employeurs et les salariés de la branche.

a) Négociation sur les salaires et la classification conventionnelle

Il est prévu une négociation sur les salaires minima en deux temps :

1. Une augmentation immédiate pour amorcer les négociations à venir du présent accord de méthode ;

2. Une négociation sur une revalorisation salariale tenant compte des impacts financiers en fonction de l'évolution des thématiques négociées de l'accord de méthode et de la classification.

b) Négociation sur l'organisation du temps de travail

Dans ce cadre, il est prévu :

– de négocier sur le travail à temps partiel dans les conditions prévues par l'article 12 de la loi n° 2013-504 du 14 juin 2013, et en particulier celles de l'article L. 2241-13 du code du travail ;

– de négocier sur le régime des équivalences prévues par l'article 5.3.3.4 de la convention collective nationale du sport afin de permettre la parution d'un décret d'application ;

– de négocier sur le forfait annuel en jours prévu par les articles 5.3.1.2.1 et 12.7.1.4 de la convention collective nationale du sport afin d'en expliciter l'application et de l'étendre à certains salariés non cadres.

c) Négociation sur la généralisation de la couverture complémentaire « frais de santé »

Dans ce cadre, il est prévu de négocier, au niveau de la branche, conformément à l'article 1er de la loi n° 2013-504 du 14 juin 2013, pour permettre notamment aux salariés qui n'en bénéficient pas d'accéder à une couverture collective à adhésion obligatoire en matière de remboursements complémentaires de frais occasionnés par une maladie, une maternité ou un accident.

d) Négociation sur la prévoyance

Dans ce cadre, il est prévu de renégocier le chapitre X de la convention collective nationale du sport portant sur le régime de prévoyance, afin de le sécuriser, de l'actualiser et d'intégrer les conséquences de la décision du Conseil constitutionnel du 13 juin 2013.

e) Négociation sur l'articulation entre le chapitre XII de la convention collective nationale du sport et les accords sectoriels

Il est décidé de réengager une négociation portant sur l'articulation entre la convention collective et les accords sectoriels.

f) Égalité professionnelle hommes-femmes

Les partenaires sociaux s'engagent à ouvrir des négociations dès la signature du présent accord en préparant le diagnostic visé par l'article D. 2241-7 du code du travail. Les négociateurs tiendront compte dans la négociation des thématiques *c* et *d* susvisées (couverture complémentaire « frais de santé » et prévoyance) des incidences économiques liées à la portabilité dont la mise en œuvre par la loi de sécurisation de l'emploi est prévue au 1er juin 2014 pour la complémentaire frais de santé et au 1er juin 2015 pour la prévoyance. Les partenaires s'attacheront également, afin de baser leurs négociations sur des éléments statistiques précis, à définir un outil adapté dans le cadre de l'observatoire des métiers du sport et financé par le FADP.

Art. 2 *Calendrier de négociation.*

Les parties s'étant entendues sur les thématiques et les différents impacts à prendre en compte pour les entreprises du champ, elles s'accordent pour que ce processus de négociation puisse être discuté dans une démarche pluriannuelle.

Cette démarche devra tenir compte des calendriers spécifiques attachés à certaines thématiques, indiquées ci-après, et devra autant que faire se peut aboutir avant le 31 décembre 2016.

a) Négociation sur les salaires et la classification conventionnelle

Compte tenu de la situation actuelle des premiers niveaux de classification par rapport à la valeur du Smic, les parties s'engagent à une évolution des salaires qui serait applicable au

1er janvier 2014. Dans ce cadre, la procédure d'extension en urgence sera demandée à l'administration du travail.

En matière de classifications, la négociation doit débuter dans le courant de l'année 2014 pour aboutir dans l'année 2016.

b) Négociation sur l'organisation du temps de travail

Temps partiel : compte tenu des délais imposés par la loi relative à la sécurisation de l'emploi, les parties conviennent que ce sujet de négociation doit être introduit au plus vite, et aboutir avant le 31 décembre 2013.

Régime d'équivalences : au regard des enjeux liés à cette thématique dans notre secteur, les parties s'entendent pour débuter les négociations dans le courant de l'année 2014 et les faire aboutir au plus tard en 2016.

Forfait annuel en jours : au regard de l'évolution jurisprudentielle et des besoins des entreprises sur le terrain, la révision de la convention collective nationale du sport sur ce point doit aboutir courant 2014.

c) Santé

Les partenaires sociaux s'engagent à encadrer les négociations dans des délais compatibles avec les calendriers définis par la loi relative à la sécurisation de l'emploi.

Les travaux entrepris par la branche le 21 mai 2013 doivent se poursuivre pour aboutir au plus tard le 30 juin 2014.

d) Prévoyance

D'ici au 30 juin 2014, les partenaires sociaux s'engagent à continuer les travaux portant sur la rénovation du chapitre X de la convention collective nationale du sport.

e) Négociation sur l'articulation entre le chapitre XII de la convention collective nationale du sport et les accords sectoriels

La négociation doit aboutir au plus tard le 31 décembre 2014.

f) Égalité professionnelle hommes-femmes

Les négociations seront ouvertes dès la signature du présent accord par la préparation du diagnostic visé par l'article D. 2241-7 du code du travail et devront aboutir le 30 juin 2014.

Art. 3 *Mode opératoire.*

Afin de rendre opérant ce travail de négociation articulant plusieurs thématiques autour d'un calendrier dont les périodes se superposent, les membres de la commission mixte paritaire décident de se doter de moyens supplémentaires à travers la création autant que nécessaire de groupes de travail paritaires. Ceux-ci auront pour objet de préparer des textes d'accord aboutis en vue d'une validation en CMP.

Ces groupes commenceront à se réunir dans un délai raisonnable en fonction des thématiques à compter de la signature du présent accord.

En vue de la première réunion de chacun de ces groupes, les organisations patronales et syndicales fourniront leurs propositions de texte, si possible au plus tard 15 jours avant chaque réunion desdits groupes à l'ensemble des autres parties qui y répondront en transmettant une ou plusieurs contre-propositions par messagerie électronique, au plus tard 8 jours avant chaque réunion.

Au terme de chaque réunion de groupe sera dressé un relevé de décisions actant les positions des organisations sur les différents thèmes abordés.

Art. 4 *Périmètre de la négociation.*

Le présent accord n'est pas exclusif de l'ouverture de négociations portant sur les autres dispositifs issus de la loi relative à la sécurisation de l'emploi.

Art. 5 *Dépôt et entrée en vigueur.*

Le présent accord fera l'objet d'un dépôt auprès de la direction générale du travail et prendra effet dès sa signature.

TABLES

TABLE DE CONCORDANCE

DES TEXTES D'ORIGINE ET DES ARTICLES DE LA PARTIE LÉGISLATIVE DU CODE DU SPORT

ANCIENNE RÉF.	NOUVELLE RÉF.
Code de l'action sociale et des familles	
art. L. 114-1	L. 100-1 (SA)
Code de la santé publique	
art. L. 3611-1	L. 230-1
art. L. 3611-1, al. 2	*déclassé*
art. L. 3611-2	L. 232-31
art. L. 3612-1	L. 232-5
art. L. 3612-2, al. 17	*abrogé*
art. L. 3612-2, al. 1er à 15	L. 232-6
art. L. 3612-2, al. 16 et 18 à 21	L. 232-7
art. L. 3612-2-1, 1er, al., 2e phrase	L. 232-6
art. L. 3612-3	L. 232-8
art. L. 3612-4	L. 232-31
art. L. 3613-1	L. 232-1
art. L. 3613-4	L. 232-31
art. L. 3621-1	L. 231-5
art. L. 3621-2	L. 231-6
art. L. 3621-3	L. 231-7
art. L. 3621-4	L. 232-31
art. L. 3622-1	L. 231-2
art. L. 3622-2	L. 231-3
art. L. 3622-3	L. 232-2
art. L. 3622-4	L. 232-3
art. L. 3622-5	L. 232-4
art. L. 3622-7	L. 232-31
art. L. 3631-1	L. 232-9
art. L. 3631-3	L. 232-10
art. L. 3631-4	L. 232-31
art. L. 3632-1	L. 232-11
art. L. 3632-2	L. 232-12
art. L. 3632-2-1	L. 232-13
art. L. 3632-2-2	L. 232-14
art. L. 3632-2-3	L. 232-15
art. L. 3632-2-4	L. 232-16
art. L. 3632-3	L. 232-17
art. L. 3632-4	L. 232-18
art. L. 3632-5	L. 232-19
art. L. 3632-6	L. 232-20
art. L. 3632-7	L. 232-31
art. L. 3633-1	L. 232-30
art. L. 3633-2	L. 232-25
art. L. 3633-3	L. 232-26
art. L. 3633-4	L. 232-29
art. L. 3633-5	L. 232-27
art. L. 3633-6	L. 232-28
art. L. 3634-1	L. 232-21
art. L. 3634-2	L. 232-22
art. L. 3634-3	L. 232-23
art. L. 3634-3-1	L. 231-8
art. L. 3634-4	L. 232-24
art. L. 3641-1	L. 241-1
art. L. 3641-2	L. 241-2
art. L. 3641-3	L. 241-3
art. L. 3641-4	L. 241-4
art. L. 3641-5	L. 241-5
art. L. 3641-6, al. 1er et 2	L. 241-6
art. L. 3641-6, al. 3 à 7	L. 241-7
art. L. 3641-7	L. 241-1
art. L. 3641-8	L. 241-9
Code de l'éducation	
art. L. 121-5	L. 100-1 (SA)
art. L. 312-1, 1re phrase	L. 111-1 (SA)
art. L. 312-1, 2e phrase	L. 111-1
art. L. 331-6	L. 221-9 (CS)
art. L. 363-1, al. 1er à 4, 6 (1re, 2e phrases) et 9	L. 212-1
art. L. 363-1, al. 5 et 6 (2e et 3e phrases)	L. 212-2
art. L. 363-1, al. 7	L. 212-3
art. L. 363-1, al. 8	L. 212-4
art. L. 363-1-1, al. 1	L. 212-1
art. L. 363-1-1, al. 2	*abrogé*
art. L. 363-1-1, al. 3	L. 212-1
art. L. 363-2	L. 212-9
art. L. 363-3	L. 212-7
art. L. 363-4	L. 211-7
art. L. 463-1	L. 211-2
art. L. 463-2, paragraphe I	L. 211-1
art. L. 463-3, al. 1er	L. 322-2
art. L. 463-3, al. 2	L. 322-1
art. L. 463-4	L. 322-3
art. L. 463-4	L. 212-11
art. L. 463-5	L. 322-5
art. L. 463-5, al. 4	L. 121-4
art. L. 463-6	L. 212-13
art. L. 463-7, al. 1er à 3	L. 212-8
art. L. 463-7, al. 1er et 2	L. 212-10
art. L. 463-7, al. 1er et 4	L. 212-12

ANCIENNE RÉF.	NOUVELLE RÉF.
art. L. 463-7, al. 1er et 4	L. 322-4
art. L. 463-7, al. 1er et 5	*déclassé*
art. L. 463-7, al. 1er et 6	L. 212-14
art. L. 611-4	L. 221-10 (CS)
Code de l'environnement	
art. L. 361-2	L. 311-4
Code du travail	
art. L. 212-4-16	L. 100-4 (CS)
art. L. 785-1	L. 222-2
art. L. 785-2	L. 222-3
art. L. 785-3	L. 222-4
Décr. du 9 janv. 1852 sur l'exercice de la pêche maritime	
art. 5, al. 2	L. 321-3
L. nº 51-662 du 24 mai 1951 assurant la sécurité dans les établissements de natation	
art. 1er	L. 322-7
art. 5	L. 322-8
L. nº 83-629 du 12 juill. 1983 réglementant les activités privées de sécurité	
art. 3-2	L. 332-2 (SA)
L. nº 84-610 du 16 juill. 1984 relative à l'organisation et à la promotion des activités physiques et sportives	
art. 1er, al. 1er	L. 100-1
art. 1er, al. 2 et 3	L. 100-2
art. 1er, al. 4	L. 131-9
art. 7, al. 1er	L. 121-1
art. 7, al. 2	L. 121-2
art. 8	L. 121-4
....	L. 321-9
art. 8, al. 1er	L. 111-1
art. 11, al. 1er et 8	L. 122-1
art. 11, al. 2 à 5	L. 122-2
art. 11, al. 6	L. 122-12
art. 11, al. 7	L. 122-3
art. 11, al. 9, lère phrase	L. 122-14
art. 11, al. 9, 2e phrase	L. 122-19
art. 11, al. 9, 3e phrase	L. 122-16
art. 11, al. 9, 4e et 5e phrases	L. 122-15
art. 11, al. 10	L. 122-18
art. 11, al. 11	L. 122-17
art. 13, al. 3	L. 122-10
art. 13, al. 1er à 3	L. 122-12
art. 13, al. 1er et 2	L. 122-5
art. 13, al. 4 et 5	L. 122-6
art. 13, al. 6	L. 122-8

ANCIENNE RÉF.	NOUVELLE RÉF.
art. 14, al. 1er	*abrogé*
art. 14, al. 2 et 3	L. 122-4
art. 15-1, al. 1er	L. 122-7
art. 15-1, al. 2	L. 122-9
art. 15-2, 1er, al., 1re et 2e phr.	L. 222-6
art. 15-2, 1er, al. 4e phrase	*déclassé*
art. 15-2, al. 2 à 11	L. 222-7
art. 15-2, al. 12	L. 222-8
art. 15-2, al. 13	L. 222-9
art. 15-2, al. 14 et 15	L. 222-10
art. 15-2, al. 16 à 18	L. 222-11
art. 15-3	L. 222-5
art. 15-4, al. 1er	L. 211-4
art. 15-4, al. 2 à 5	L. 211-5
art. 16, al. 1er, 1re phrase	L. 131-1
art. 16, al. 1er, 2e et 4e phrases	L. 131-2
art. 16, al. 1er, 3e phrase, à 6	L. 131-3
art. 16, al. 7	L. 131-1
art. 16, al. 8	L. 131-6
art. 16, al. 9	L. 111-1
art. 16, al. 10	L. 131-7
art. 16, al. 11	L. 131-8
art. 16, al. 12	L. 131-4
art. 16, al. 13	L. 131-5
art. 16, al. 14	L. 131-11
art. 16, al. 15, 2e phrase	L. 131-12
art. 16, al. 16 et 17	L. 131-13
art. 16, al. 18	L. 131-9
art. 17, al. 1er	L. 131-15
art. 17, al. 1er et 4	L. 131-14
art. 17, al. 2 et 3	L. 131-16
art. 17, al. 5	*déclassé*
art. 17, al. 6, 4e et 5e phrases	L. 132-2
art. 17, al. 6, lre, 2e et 3e phrases	L. 132-1
art. 17, al. 7, 10 et 11	L. 131-17
art. 17, al. 8	L. 311-2
art. 17, al. 9	L. 131-10
art. 17, al. 10, 12 et 13	L. 131-18
art. 17-1, al. 1er	L. 131-20
art. 17-1, al. 2	L. 131-21
art. 17-1, al. 3	*déclassé*
art. 17-2, al. 1er et 2	L. 212-5
art. 17-2, al. 3	L. 212-6
art. 17-2, al. 4	*déclassé*
art. 18, al. 1er et 3	L. 331-5
art. 18, al. 2	*déclassé*
art. 18-1, al. 3	L. 333-2
art. 18, al. 3, calendrier	*déclassé*
art. 18, paragraphe I, al. 4	L. 331-4
art. 18, al. 5	L. 331-6
art. 18, al. 8	L. 331-7

ANCIENNE RÉF.	NOUVELLE RÉF.	ANCIENNE RÉF.	NOUVELLE RÉF.
art. 18-1, al. 1er et 2	L. 333-1	art. 33, al. 14	*déclassé*
art. 18-1, al. 4 à 6	L. 333-3	art. 33, al. 15, 1re phrase	*déclassé*
art. 18-1, al. 7	L. 333-4	art. 33, al. 15, 2e phrase	*déclassé*
art. 18-2	L. 333-7	art. 36	L. 231-1
art. 18-3	L. 333-8	art. 37, al. 1er	L. 321-1
art. 18-4	L. 333-6	art. 37, al. 2	L. 331-9
art. 19, al. 1er et 2	L. 141-1	art. 37, al. 3	L. 321-1
art. 19, al. 3, 1re phrase	L. 141-3	art. 37, al. 3 5 et 6	L. 331-10
art. 19, al. 3, 2e phrase	L. 311-5	art. 37, al. 4	L. 331-10
art. 19, al. 4	*déclassé*	art. 37, al. 7	L. 321-7
art. 19, al. 5 et 6	*déclassé*	art. 37, al. 8	L. 331-11
art. 19, al. 7	*déclassé*	art. 37, al. 9	*abrogé*
art. 19, al. 8 et 9	L. 141-5	art. 37, al. 10	L. 331-12
art. 19, al. 10, 11 et 17	L. 141-4	art. 37, al. 11	L. 321-2
art. 19, al. 12 à 15	*déclassé*	art. 37, al. 12	L. 321-8
art. 19, al. 16, 1re et 2e phr.	*déclassé*	art. 37, al. 11, 13 et 14	L. 331-12
art. 19, al. 16, 3e phr.	*déclassé*	art. 37, al. 13 et 14	L. 321-8
art. 19, al. 18	*déclassé*	art. 37, al. 13 et 14	L. 331-12
art. 19, al. 19	L. 141-2	art. 37, al. 14 et 15	L. 321-2
art. 19-1, al. 1er	L. 111-1	art. 38, al. 1er	L. 321-4
art. 19-1, al. 2	L. 122-11	art. 38, al. 2 à 4	L. 321-6
art. 19-1-A, al. 1er	L. 131-19	art. 38-1	L. 321-5
art. 19-1-A, al. 2	L. 232-9	art. 39	L. 312-1
art. 19-1-A, al. 3	*abrogé*	art. 41	L. 312-2
art. 19-2	L. 113-1	art. 42	L. 312-3
art. 19-3	L. 113-2	art. 42 *bis*	L. 131-16
art. 19-4	L. 113-3	art. 42-1, al. 1er, 1re phrase	L. 312-5
art. 20, al. 1er et 6	L. 121-7	art. 42-1, al. 1er, 2e phrase	*déclassé*
art. 20, al. 2 et 7	L. 121-9	art. 42-1, al. 2 à 4	*déclassé*
art. 20, al. 3, 4 et 8	L. 121-8	art. 42-1, al. 5 à 7	*déclassé*
art. 20, al. 5	L. 100-1 (SA)	art. 42-1, al. 8	*déclassé*
art. 20, al. 9	L. 121-6	art. 42-1, al. 9	L. 312-8
art. 21	L. 111-1	art. 42-1, al. 10	L. 312-6
art. 21, al. 1er	L. 100-3	art. 42-1, al. 11, 1re phrase	L. 312-9
art. 21, al. 2 et 3	L. 121-3	art. 42-1, al. 12	L. 312-7
art. 23	L. 211-6	art. 42-1, al. 13	*abrogé*
art. 24	L. 411-2	art. 42-1, al. 14	L. 312-10
art. 25, al. 1er	L. 211-3	art. 42-2, al. 1er et 2	L. 312-12
art. 25, al. 2	L. 321-1	art. 42-2, al. 3	L. 312-13
art. 25, al. 3	L. 221-12	art. 42-3, al. 1er	L. 331-1
art. 25, al. 4	L. 221-7	art. 42-3, al. 2	*déclassé*
art. 26, al. 1er à 3 et 5	L. 221-1	art. 42-4, al. 1er à 3	L. 332-4
art. 26, al. 4 et 5	L. 221-2	art. 42-4, al. 4	L. 332-5
art. 26-1	L. 221-11	art. 42-5	L. 332-3
art. 28, 1re phrase,	L. 221-3	art. 42-6, al. 1er et 2	L. 312-14
art. 28, 2e et 3e phrases	L. 221-5	art. 42-6, al. 3	L. 312-15
art. 29	L. 221-4	art. 42-6, al. 4	L. 312-16
art. 31, al. 1er	L. 221-7	art. 42-6, al. 5	L. 312-17
art. 31, al. 2	L. 221-6	art. 42-7	L. 332-6
art. 31-1	L. 222-1	art. 42-7-1	L. 332-7
art. 32	L. 221-8	art. 42-8	L. 332-8
art. 33, al. 1er	*déclassé*	art. 42-9	L. 332-9
art. 33, al. 2 à 5	*déclassé*		
art. 33, al. 6	*déclassé*		
art. 33, al. 7 et 8	*déclassé*		
art. 33, al. 9 à 12	*déclassé*		
art. 33, al. 13	*déclassé*		

ANCIENNE RÉF.	NOUVELLE RÉF.
art. 42-10	L. 332-10
art. 42-11, al. 1er et 2	L. 332-11
art. 42-11, al. 3	L. 332-12
art. 42-11, al. 4 et 5	L. 332-13
art. 42-11, al. 6	L. 332-14
art. 42-11, al. 7	L. 332-15
art. 42-12	L. 332-16
art. 42-13	L. 332-17
art. 45-1	L. 121-5
art. 49-1	L. 111-3
art. 49-1-A, al. 1er et 2	L. 331-2
art. 49-1-A, al. 3	L. 331-3
art. 50	L. 114-1
art. 50-1	L. 311-1
art. 50-2, al. 1er, 2e à 4e phrases	L. 311-3
art. 50-2, al. 2 et 3	*déclassé*
art. 50-2, al. 4 à 7	*déclassé*
art. 50-2, al. 8	*déclassé*
art. 50-3	L. 311-6
L. nº 92-652 du 13 juill. 1992 modifiant la loi nº 84-610 du 16 juill. 1984 relative à l'organisation et à la promotion des activités physiques et sportives et portant diverses dispositions relatives à ces activités	
art. 23	L. 312-4
art. 34	L. 221-13
L. nº 95-73 du 21 janv. 1995. Loi d'orientation et de programmation relative à la sécurité	
art. 23	L. 332-1 (SA)
L. nº 95-115 du 4 févr. 1995. Loi d'orientation pour l'aménagement et le développement du territoire	
art. 21-1	L. 111-2
art. 21-1, al. 6	*déclassé*
L. nº 98-657 du 29 juill. 1998. Loi d'orientation relative à la lutte contre les exclusions	
art. 140	L. 100-1 (SA)
L. nº 2003-708 du 1er août 2003 relative à l'organisation et à la promotion des activités physiques et sportives	
art. 11	L. 333-5

La mention (CS) distingue les articles repris en code suiveur.
La mention (SA) distingue les articles codifiés sans abrogation.

DES TEXTES D'ORIGINE ET DES ARTICLES DE LA PARTIE RÉGLEMENTAIRE DU CODE DU SPORT

ANCIENNE RÉF.	NOUVELLE RÉF.
NOUVEL ARTICLE	
Renvoi interne aux R. 122-1 à R. 122-3 et R. 122-5	R. 122-7
Renvoi interne aux R. 42-20 à R. 142-25	R. 131-35
Renvoi à la «Mission de conciliation» du CNOSF .	R. 141-25
Création d'article – Décret ENE................	D. 211-19 à D. 211-35
Création d'article – Décret ENV	D. 211-36 à D. 211-52
Renvoi au décret n° 62-1587 du 29 décembre 1962 – art. 157....................	R. 211-64
Création d'article –Décret Formation	D. 211-83 à D. 211-90
Renvoi au décret n° 2006-665 du 7 juin 2006......................	D. 212-95
Renvoi au chapitre II du titre III du livre III de la première partie du code de la santé publique.......	R. 322-18
Renvoi interne aux articles R. 321–1 à R. 321–5	D. 331-5
Extension Mayotte........	R. 421-1
Adaptation Mayotte	R. 421-2
Adaptation Mayotte	R. 421-3
Adaptation Saint-Pierre-et-Miquelon.	R. 422-1 et R. 422-2
Arr. du 16 févr. 2001 fixant la liste des documents à joindre à la convention passée entre les associations sportives et les sociétés en application de l'art. 11 de la loi n° 84-610 du 16 juill. 1984 modifiée transmise au préfet afin d'examiner sa demande d'approbation	
art. 1er.....................	D. 122-10
Arr. du 24 oct. 2001 relatif aux normes des équipements sportifs	
art. 2, al. 2, ecqc niveau de compétition...........	R. 142-21

ANCIENNE RÉF.	NOUVELLE RÉF.
Code de la santé publique	
art. R. 3621-1............	R. 231-3
art. R. 3621-2............	R. 231-4
art. R. 3621-3............	R. 231-5
art. R. 3621-4............	R. 231-6
art. R. 3621-5............	R. 231-7
art. R. 3621-6............	R. 231-8
art. R. 3621-7............	R. 231-9
art. R. 3621-8............	R. 231-10
art. R. 3621-9............	R. 231-11
Code de l'éducation	
art. L. 463-2.............	D. 211-1
Décr. n° 55-1366 du 18 oct. 1955 portant réglementation générale des épreuves et compétitions sportives sur la voie publique	
art. 1er....................	R. 331-6
art. 2......................	R. 331-7
art. 3......................	R. 331-8
art. 4......................	R. 331-9
art. 5......................	R. 331-10
art. 6......................	R. 331-11
art. 7......................	R. 331-12
art. 8......................	R. 331-13
art. 21	R. 331-14
art. 22	R. 331-15
art. 23	R. 331-16
art. 24	R. 331-17
Décr. n° 62-1321 du 7 nov. 1962 réglementant l'organisation des manifestations publiques de boxe	
art. 1er....................	R. 331-46
art. 2......................	R. 331-47
art. 3......................	R. 331-48
art. 4......................	R. 331-49
art. 5......................	R. 331-50
art. 6......................	R. 331-51
art. 7......................	R. 331-52
Décr. n° 76-556 du 7 juin 1976 relatif à l'encadrement et à l'enseignement des sports de montagne	
art. 1er....................	D. 212-67
art. 2......................	D. 212-68
art. 5......................	D. 212-69

ANCIENNE RÉF.	NOUVELLE RÉF.
Décr. nº 76-1330 du 31 déc. 1976 relatif à l'organisation et au fonctionnement de l'institut national du sport et de l'éducation physique	
art. 2	D. 211-3
art. 3	D. 211-5
art. 3, al. 1er à 18	D. 211-4
art. 4	D. 211-6
art. 5	D. 211-7
art. 6	D. 211-8
art. 7	D. 211-9
art. 8	D. 211-10
art. 9	D. 211-11
art. 9, al. 2 à 5	D. 211-12
art. 10	D. 211-13
art. 11	D. 211-2
art. 12	D. 211-14
art. 14	D. 211-15
art. 15	D. 211-16
art. 16	D. 211-17
art. 17	D. 211-18
Décr. nº 77-1177 du 20 oct. 1977 relatif à la surveillance et à l'enseignement des activités de natation	
art. 2	D. 322-11
art. 3	D. 322-12
art. 4	D. 322-13
art. 4-1	D. 322-14
art. 4-2	D. 322-15
art. 6	D. 322-16
art. 6-1	D. 322-17
Décr. nº 81-302 du 30 mars 1981 relatif au régime administratif et financier de l'école nationale de ski et d'alpinisme	
art. 1er	D. 211-53
art. 2	D. 211-54
art. 3	D. 211-55
art. 4	D. 211-56
art. 5	D. 211-57
art. 6	D. 211-58
art. 7	D. 211-59
art. 8	D. 211-60
art. 9	D. 211-61
art. 9, al. 2 à 7	D. 211-62
art. 10	D. 211-68
art. 11 et 12, 15 et 16	D. 211-63
art. 13	D. 211-65
art. 14	D. 211-66
art. 15	D. 211-67
Décr. nº 83-144 du 24 févr. 1983 portant création du Conseil supérieur des sports de montagne	
art. 1er et 2	D. 142-26
art. 3	D. 142-27
art. 4	D. 142-28
art. 5	D. 142-28
art. 6	D. 142-29
art. 7 à 10	D. 142-30
art. 11	D. 142-31
Décr. nº 86-407 du 11 mars 1986 fixant les seuils au-delà desquels les groupements sportifs sont tenus de constituer une société commerciale	
art. 1er	R. 122-1
art. 2	R. 122-2
art. 3	R. 122-3
Décr. nº 86-408 du 11 mars 1986 relatif aux statuts types des sociétés d'économie mixte sportives locales	
art. 1er	R. 122-6
Décr. nº 86-409 du 11 mars 1986 relatif aux statuts types des sociétés à objet sportif	
art. 1er	R. 122-4
Décr. nº 86-543 du 14 mars 1986 relatif aux groupements d'intérêt public constitués en application de l'art. 50 de la loi nº 84-610 du 16 juill. 1984 relative à l'organisation et la promotion des activités physiques et sportives	
art. 1er	D. 114-1
art. 2	D. 114-2
art. 3	D. 114-3
art. 4	D. 114-4
art. 5	D. 114-5
art. 6	D. 114-6
art. 7	D. 114-7
Décr. nº 86-581 du 14 mars 1986 relatif à l'organisation administrative et financière des centres d'éducation populaire et de sport	
art. 1er à 3	R. 211-69
art. 4, al. 1er	D. 211-71
art. 4, al. 2 à 4	D. 211-70
art. 5	D. 211-72
art. 6	D. 211-73

ANCIENNE RÉF.	NOUVELLE RÉF.
art. 7	D. 211-74
art. 8	D. 211-75
art. 9	D. 211-77
art. 10	D. 211-78
art. 11	D. 211-76
art. 12	D. 211-81
art. 13	R. 211-80
art. 14	D. 211-82
art. 15 et 16	D. 211-79
Décr. nº 87-473 du 1er juill. 1987 relatif à la surveillance médicale des activités physiques et sportives	
art. 8	R. 231-1
Décr. nº 89-685 du 21 sept. 1989 relatif à l'enseignement contre rémunération et à la sécurité des activités physiques et sportives	
art. 2	D. 212-84
art. 15	R. 212-6
Décr. nº 90-320 du 9 avr. 1990 réprimant les infractions à l'art. 18 de la loi nº 84-610 du 16 juill. 1984 modifiée relative à l'organisation et à la promotion des activités physiques et sportives	
art. 1er	R. 331-3
Décr. nº 91-260 du 7 mars 1991 relatif à l'organisation et aux conditions de préparation et de délivrance du brevet d'État d'éducateur sportif	
art. 3	D. 212-71
art. 4	D. 212-70
art. 5	D. 212-72
art. 6	D. 212-73
art. 7	D. 212-74
art. 8	D. 212-75
art. 9	D. 212-76
art. 10	D. 212-77
art. 11	D. 212-78
art. 13	R. 212-79
art. 14	R. 212-80
art. 15	R. 212-81
art. 16	R. 212-82
Décr. nº 93-53 du 12 janv. 1993 portant création du brevet d'aptitude professionnelle d'assistant-animateur technicien de la jeunesse et des sports	
art. 1er	D. 212-11
art. 2	D. 212-12
art. 3	D. 212-13
art. 4	D. 212-14
art. 5	D. 212-15
art. 6	D. 212-16
art. 7	D. 212-17
art. 8	D. 212-18
art. 9	D. 212-19
Décr. nº 93-112 du 22 janv. 1993 pris pour l'application des art. 11-2 et 13 de la L. nº 84-610 du 16 juill. 1984 relative à l'organisation et à la promotion des activités physiques et sportives	
art. 1er	R. 122-5
Décr. nº 93-392 du 18 mars 1993 pris pour l'application de l'art. 37 de la L. nº 84-610 du 16 juill. 1984 modifiée relative à l'organisation et à la promotion des activités physiques et sportives	
art. 1er	D. 321-1
art. 3	D. 321-2
art. 4	D. 321-3
art. 6	D. 321-4
art. 7	D. 321-5
Décr. nº 93-708 du 27 mars 1993 pris pour l'application de l'art. 42-3 de la loi nº 84-610 du 16 juill. 1984 relative à l'organisation et à la promotion des activités physiques et sportives	
art. 1er	D. 331-1
art. 2	D. 331-2
Décr. nº 93-711 du 27 mars 1993 pris pour l'application de l'art. 42-1 de la loi nº 84-610 du 16 juill. 1984 relative à l'organisation et à la promotion des activités physiques et sportives	
art. 1er	R. 312-8
art. 2	R. 312-9
art. 3	R. 312-11
art. 4	R. 312-13

ANCIENNE RÉF.	NOUVELLE RÉF.
art. 5	R. 312-14
art. 6	R. 312-15
art. 10	R. 312-22
art. 11	R. 312-23
art. 12	R. 312-24
art. 13	R. 312-25
Décr. nº 93-1035 du 31 août 1993 relatif au contrôle de l'enseignement contre rémunération	
art. 12	R. 212-85
art. 13	R. 212-86
art. 13-1	R. 212-87
Décr. nº 93-1101 du 3 sept. 1993 concernant la déclaration des établissements dans lesquels sont pratiquées des activités physiques et sportives et la sécurité de ces activités	
art. 1er	R. 322-1
art. 2	R. 322-2
art. 3	R. 322-3
art. 4	R. 322-9
art. 5	R. 322-10
art. 6	R. 322-5
art. 7	R. 322-4
art. 8, al. 1er	R. 322-6
art. 8, al. 2	R. 322-8
art. 9	R. 322-7
Décr. nº 94-169 du 25 févr. 1994 relatif à l'organisation des services déconcentrés et des établissements publics relevant du ministre chargé de la jeunesse et des sports	
art. 1er, al. 4	R. 112-3
art. 8	R. 112-1
art. 9	R. 112-3
art. 10	R. 211-69
Décr. nº 94-689 du 5 août 1994 relatif à la prévention des risques résultant de l'usage des équipements de protection individuelle pour la pratique sportive ou de loisirs	
art. 1er	R. 322-27
art. 2	R. 322-28
art. 3	R. 322-29
art. 4	R. 322-30
art. 5	R. 322-31
art. 6	R. 322-32
art. 7	R. 322-33
art. 8	R. 322-34
art. 9	R. 322-35
art. 10	R. 322-36
art. 11	R. 322-37
art. 12	R. 322-38
Décr. nº 95-260 du 8 mars 1995 relatif à la commission consultative départementale de sécurité et d'accessibilité	
art. 2	D. 312-26 (SA)
Décr. nº 96-495 du 4 juin 1996 fixant les exigences de sécurité auxquelles doivent répondre les cages de buts de football, de handball, de hockey sur gazon et en salle et les buts de basket-ball	
art. 1er	R. 322-19
art. 2	R. 322-20
art. 3	R. 322-21
art. 4	R. 322-22
art. 5	R. 322-23
art. 6	R. 322-24
art. 7, al. 1er et 3 à 5	R. 322-25
art. 8	R. 322-26
Décr. nº 96-1011 du 25 nov. 1996 relatif à la prestation de services d'éducateur sportif par les ressortissants d'un État membre de l'Union européenne ou d'un autre État partie à l'Espace économique européen	
art. 1er	R. 212-88
art. 2	R. 212-89
art. 3	R. 212-90
art. 4	R. 212-91
art. 5	R. 212-92
art. 6	R. 212-93
art. 7	R. 212-94
Décr. nº 97-646 du 31 mai 1997 relatif à la mise en place de services d'ordre par les organisateurs de manifestations sportives	
art. 1er	R. 331-4 (SA)
Décr. nº 98-82 du 11 févr. 1998 pris pour l'application de l'art. 42-2 de la loi nº 84-610 du 16 juill. 1984 relative à l'organisation et à la promotion des activités physiques et sportives	
art. 1er	R. 312-16
art. 2	R. 312-17
art. 3	R. 312-18
art. 4	R. 312-19

ANCIENNE RÉF.	NOUVELLE RÉF.
art. 5	R. 312-20
art. 6	R. 312-21
Décr. nº 2001-148 du 16 févr. 2001 relatif aux statuts types des entreprises unipersonnelles sportives à responsabilité limitée	
art. 1er	R. 122-4
Décr. nº 2001-149 du 16 févr. 2001 relatif aux statuts types des sociétés anonymes sportives professionnelles	
art. 1er	R. 122-4
Décr. nº 2001-150 du 16 févr. 2001 relatif aux conventions passées entre les associations sportives et les sociétés sportives créées par elles en application de l'art. 11 de la loi nº 84-610 du 16 juill. 1984 relative à l'organisation et à la promotion des activités physiques et sportives	
art. 1er, al. 1er, 1re phrase	R. 122-9
art. 1er, al. 1er phrase 2, al. 2, al. 3 phrase 1	R. 122-11
art. 1er, al. 3, phrases 2 et 3	R. 122-12
art. 2	R. 122-8
Décr. nº 2001-252 du 22 mars 2001 relatif à la composition et au fonctionnement du Conseil national des activités physiques et sportives	
art. 1er	R. 142-2
art. 2, al. 1er	R. 142-7
art. 2, al. 2 à 15	R. 142-8
art. 3, al. 1er	R. 142-11
art. 3, al. 2 à 25	R. 142-12
art. 4	R. 142-3
art. 5	R. 142-4
art. 6	R. 142-5
art. 6-1	R. 142-13
art. 7	R. 142-14
art. 8, al. 1er	R. 142-15
art. 8, al. 2	R. 142-16
art. 9	R. 142-17
art. 10	R. 142-18
art. 11	R. 142-19
art. 12, al. 1er	R. 142-20
art. 12, al. 2 à 7	R. 142-21
art. 12-1	R. 142-22
art. 13	R. 142-23
art. 13-1	R. 142-24
art. 13-2	R. 142-25
Décr. nº 2001-792 du 31 août 2001 portant règlement général du brevet professionnel de la jeunesse, de l'éducation populaire et du sport délivré par le ministère de la jeunesse et des sports	
art. 1er	D. 212-20
art. 2	D. 212-21
art. 3	D. 212-22
art. 4	D. 212-23
art. 5	D. 212-24
art. 6	D. 212-25
art. 7	D. 212-26
art. 8	D. 212-27
art. 9	D. 212-28
art. 10	D. 212-29
art. 11	D. 212-30
art. 12	D. 212-31
art. 13	D. 212-32
art. 14	D. 212-33
art. 15	D. 212-34
Décr. nº 2001-828 du 4 sept. 2001 pris pour l'application de l'art. 19-3 de la loi nº 84-610 du 16 juill. 1984 modifiée relative à l'organisation et à la promotion des activités physiques et sportives	
art. 1er	R. 113-1
art. 2	R. 113-2
art. 3	R. 113-3
art. 4	R. 113-4
art. 5	R. 113-5
Décr. nº 2001-829 du 4 sept. 2001 pris pour l'application de l'art. 19-4 de la loi nº 84-610 du 16 juill. 1984 modifiée relative à l'organisation et à la promotion des activités physiques et sportives	
art. 1er	D. 113-6
Décr. nº 2001-831 du 6 sept. 2001 pris pour l'application de l'art. 15-4 de la loi nº 84-610 du 16 juill. 1984 modifiée relative à l'organisation et à la promotion des activités physiques et sportives	
art. 1er	R. 211-91
art. 2	R. 211-92

ANCIENNE RÉF.	NOUVELLE RÉF.
art. 3	R. 211-93
art. 4	R. 211-94
art. 5	R. 211-95
art. 6	R. 211-96
art. 7	R. 211-97
art. 8	R. 211-98
art. 9	R. 211-99
art. 10	R. 211-100
Décr. n° 2002-488 du 9 avr. 2002 pris pour l'application de l'art. 8 de la loi n° 84-610 du 16 juill. 1984 modifiée et relatif à l'agrément des groupements sportifs	
art. 1er	R. 121-1
art. 2	R. 121-3
art. 3	R. 121-2
art. 4	R. 121-4
art. 5	R. 121-1
art. 6	R. 121-5
art. 7	R. 121-6
Décr. n° 2002-560 du 18 avr. 2002 approuvant les schémas de services collectifs	
art. 2	D. 312-1
Décr. n° 2002-649 du 29 avr. 2002 pris pour l'application de l'art. 15-2 de la loi n° 84-610 du 16 juill. 1984 et relatif à la licence d'agent sportif	
art. 1er	R. 222-1
art. 2	R. 222-2
art. 3	R. 222-3
art. 4	R. 222-4
art. 5	R. 222-5
art. 6	R. 222-6
art. 7	R. 222-7
art. 8	R. 222-8
art. 9	R. 222-9
art. 10	R. 222-10
art. 10-1	R. 222-11
art. 11	R. 222-12
art. 11-1	R. 222-13
art. 12	R. 222-14
art. 13	R. 222-15
art. 14	R. 222-16
art. 15	R. 222-17
art. 16	R. 222-18
art. 17	R. 222-20
art. 18	R. 222-21
art. 19	R. 222-22
Décr. n° 2002-707 du 29 avr. 2002 pris pour l'application de l'art. 26 de la loi n° 84-610 du 16 juill. 1984 et relatif au sport de haut niveau.	
art. 1er	R. 221-1
art. 2	R. 221-2
art. 3	R. 221-3
art. 4	R. 221-4
art. 5	R. 221-5
art. 6	R. 221-6
art. 7	R. 221-7
art. 8	R. 221-8
art. 9	R. 221-9
art. 10	R. 221-10
art. 11	R. 221-11
art. 12	R. 221-12
art. 13	R. 221-13
art. 14	R. 221-14
art. 15	R. 221-15
art. 16	R. 221-16
art. 17	R. 221-27
art. 18	R. 221-28
art. 19	R. 221-29
art. 20	R. 221-30
art. 21	R. 221-31
art. 22	R. 221-32
art. 23	R. 221-33
art. 24	R. 221-34
art. 25	R. 221-35
art. 26	R. 221-36
art. 27	R. 221-37
art. 28	R. 221-38
art. 29	R. 221-39
art. 30	R. 221-39
Décr. n° 2002-761 du 2 mai 2002 pris pour l'application de l'art. 17 de la loi n° 84-610 du 16 juill. 1984 et fixant les conditions d'attribution et de retrait d'une délégation aux fédérations sportives	
art. 1er	R. 131-25
art. 2	R. 131-27
art. 3	R. 131-26
art. 4	R. 131-25
art. 5	R. 131-28
art. 6	R. 131-29
art. 7	R. 131-30
art. 8	R. 131-31
art. 9	R. 131-32

ANCIENNE RÉF.	NOUVELLE RÉF.
Décr. nº 2002-762 du 2 mai 2002 pris pour l'application du II de l'art. 17 de la loi nº 84-610 du 16 juill. 1984 et relatif aux ligues professionnelles constituées par les fédérations sportives et dotées de la personnalité morale	
art. 1er	R. 132-1
art. 2	R. 132-2
art. 3	R. 132-3
art. 4, al. 1er à 6	R. 132-4
art. 4, al. 7 à 9	R. 132-5
art. 5	R. 132-6
art. 6	R. 132-7
art. 7	R. 132-8
art. 8	R. 132-9
art. 9	R. 132-10
art. 10	R. 132-13
art. 10-1	R. 132-14
art. 11	R. 132-12
art. 12	R. 132-11
art. 13	R. 132-15
art. 14	R. 132-16
art. 15	R. 132-17
Décr. nº 2002-763 du 2 mai 2002 pris pour l'application du dernier, al. de l'art. 17 de la loi nº 84-610 du 16 juill. 1984 et fixant la liste des titres pouvant être délivrés par les fédérations sportives agréées	
art. 1er	R. 131-13
art. 2	R. 131-14
art. 3	R. 131-15
Décr. nº 2002-1010 du 18 juill. 2002 relatif aux filières d'accès au sport de haut niveau	
art. 1er	D. 221-17
art. 2	D. 221-18
art. 3	D. 221-19
art. 4	D. 221-20
art. 5, al. 1er	D. 221-21
art. 5, al. 2	D. 221-22
art. 6	R. 221-23
art. 7	D. 221-24
art. 8	D. 221-25
art. 9	R. 221-26
Décr. nº 2002-1114 du 30 août 2002 pris pour l'application du IV de l'art. 19 de la loi nº 84-610 du 16 juill. 1984 et relatif à la mission de conciliation du Comité national olympique et sportif français	
art. 1er et 2	R. 141-10
art. 3	R. 141-11
art. 4	R. 141-12
art. 5	R. 141-13
art. 6	R. 141-14
art. 7	R. 141-15
art. 8	R. 141-16
art. 9	R. 141-17
art. 10	R. 141-18
art. 11	R. 141-19
art. 12 à 13	R. 141-20
art. 14 à 17	R. 141-21
art. 18 à 21, al. 1er et 2	R. 141-22
art. 21, al. 3 à 5	R. 141-23
art. 22 à 23	R. 141-24
art. 24	R. 141-6
art. 25	R. 141-9
Décr. nº 2004-22 du 7 janv. 2004 pris pour l'application de l'art. 16 de la loi nº 84-610 du 16 juill. 1984 et relatif à l'agrément des fédérations sportives, aux dispositions obligatoires des statuts des fédérations sportives agréées et à leur règlement disciplinaire type	
art. 1er	R. 131-3
art. 2	R. 131-5
art. 3, al. 4	R. 131-5
art. 3, al. 1er à 3	R. 131-4
art. 4	R. 131-6
art. 5	R. 131-7
art. 6	R. 131-8
art. 7	R. 131-9
art. 8	R. 131-10
art. 10	R. 131-11
art. 11	R. 131-12
Décr. nº 2004-699 du 15 juill. 2004 pris pour l'application de l'art. 18-1 de la loi nº 84-610 du 16 juill. 1984 et relatif à la commercialisation par les ligues professionnelles des droits d'exploitation audiovisuelle des compétitions ou manifestations sportives	
art. 1er	R. 333-1
art. 2	R. 333-2
art. 3	R. 333-3
Décr. nº 2004-893 du 27 août 2004 pris pour l'application de l'art. L. 363-1 du code de l'éducation	
art. 1er	R. 212-1
art. 2	R. 212-2
art. 3	R. 212-3

ANCIENNE RÉF.	NOUVELLE RÉF.
art. 4	R. 212-4
art. 5	R. 212-5
art. 6	R. 212-7
art. 7	R. 212-8
art. 8	R. 212-9
art. 9	R. 212-10
Décr. nº 2004-1534 du 30 déc. 2004 portant application de l'al. 7 de l'art. 42-11 de la loi nº 84-610 du 16 juill. 1984 relative à l'organisation et à la promotion des activités physiques et sportives	
art. 1er	R. 332-1
art. 2	R. 332-2
art. 3	R. 332-3
Décr. nº 2005-1718 du 28 déc. 2005 relatif à l'exercice des missions de conseillers techniques sportifs auprès des fédérations sportives	
art. 1er	R. 131-16
art. 2	R. 131-17
art. 3	R. 131-18
art. 4	R. 131-19
art. 5	R. 131-20
art. 6	R. 131-21
art. 7	R. 131-22
art. 8	R. 131-23
art. 9	R. 131-24
Décr. nº 2006-217 du 22 févr. 2006 relatif aux règles édictées en matière d'équipements sportifs par les fédérations sportives mentionnées à l'art. 17 de la loi nº 84-610 du 16 juill. 1984	
art. 1er	R. 131-33
art. 2	R. 131-34
art. 3	R. 142-20
Décr. nº 2006-248 du 2 mars 2006 portant création du Centre national pour le développement du sport	
art. 1er, al. 1er	R. 112-2
art. 1er, al. 2	R. 411-2
art. 2	R. 411-2
art. 3, al. 1er à 20, 22 et 23	R. 411-3
art. 3, al. 2, (ecqc la nomination du président)	R*. 411-4
art. 3, al. 21	R*. 411-4
art. 4	R. 411-5
art. 5	R. 411-6
art. 6, al. 1er	R*. 411-8
art. 6, al. 2 à 7	R. 411-7
art. 7	R. 411-9
art. 8	R. 411-10
art. 9	R. 411-11
art. 10	R. 411-12
art. 11, al. 11 à 13	R. 411-14
art. 11, al. 14 à 17	R. 411-15
art. 11, al. 1er à 10	R. 411-13
art. 12	R. 411-16
art. 13, al. 10 à 12	R. 411-18
art. 13, al. 13 à 16	R. 411-19
art. 13, al. 1er à 9	R. 411-17
art. 14	R. 411-20
art. 15	R. 411-21
art. 16	R. 411-22
art. 17	R. 411-23
art. 18	R. 422-3
art. 19	R. 423-1
art. 19, (ecqc la Polynésie française)	R. 424-1
art. 19, (ecqc la Nouvelle–Calédonie)	R. 425-1
art. 19, (ecqc Mayotte)	R. 421-4
art. 20, 1re phrase	R. 411-24
art. 20, 2e phrase	R. 411-26
art. 21	R. 411-25
art. 23	R. 411-27
art. 24	R. 411-28
Décr. nº 2006-254 du 2 mars 2006 érigeant le Musée national du sport en établissement public et portant statut de cet établissement	
art. 1er	D. 112-4
art. 2	D. 112-4
art. 3	D. 112-5
art. 4	D. 112-6
art. 5	R. 112-7
art. 6	D. 112-8
art. 7	D. 112-9
art. 8	D. 112-10
art. 9	D. 112-11
art. 10	D. 112-12
art. 11	D. 112-13
art. 12	D. 112-14
art. 13	D. 112-15
art. 14	D. 112-16
art. 15	D. 112-17
art. 16	D. 112-18
art. 17	D. 112-19
art. 18	D. 112-20

ANCIENNE RÉF.	NOUVELLE RÉF.
art. 19	D. 112-21
art. 20	D. 112-22
art. 21	D. 112-23
art. 22	D. 112-24
art. 23	D. 112-25
Décr. nº 2006-288 du 15 mars 2006 fixant les modalités d'application de l'art. 42-12 de la loi nº 84-610 du 16 juill. 1984 relative à l'organisation et à la promotion des activités physiques et sportives	
art. 1er	R. 332-4
art. 2	R. 332-5
art. 3	R. 332-6
Décr. nº 2006-554 du 16 mai 2006 relatif aux concentrations et manifestations organisées sur les voies ouvertes ou dans les lieux non ouverts à la circulation publique et comportant la participation de véhicules terrestres à moteur	
art. 1er	R. 331-18
art. 2	R. 331-19
art. 3	R. 331-20
art. 4	R. 331-21
art. 5	R. 331-22
art. 6	R. 331-23
art. 7	R. 331-24
art. 8	R. 331-26
art. 9	R. 331-27
art. 10	R. 331-28
art. 11	R. 331-30
art. 12	R. 331-31
art. 13	R. 331-32
art. 14	R. 331-35
art. 15	R. 331-36
art. 16	R. 331-37
art. 17	R. 331-38
art. 18	R. 331-39
art. 19	R. 331-40
art. 20	R. 331-41
art. 21	R. 331-42
art. 22	R. 331-43
art. 23	R. 331-44
art. 24	R. 331-45
art. 25	R. 331-29
art. 26	R. 331-25
art. 27	R. 331-33
art. 28	R. 331-34
Décr. nº 2006-665 du 7 juin 2006 relatif à la réduction du nombre et à la simplification de la composition de diverses commissions administratives	
art. 30	R. 221-39
Décr. nº 2006-992 du 1er août 2006 pris pour l'application de l'art. L. 312-2 et du premier, al. de l'art. L. 312-3 du code du sport et relatif au recensement national des équipements sportifs et à sa mise à jour	
art. 1er	R. 312-2
art. 2	R. 312-3
art. 3	R. 312-4
art. 5	R. 312-5
art. 6	R. 312-7
art. 7	R. 312-6
Décr. nº 2006-1204 du 29 sept. 2006 relatif à l'organisation et au fonctionnement de l'Agence française de lutte contre le dopage	
art. 1er, al. 1er à 20	R. 232-10
art. 1er, al. 21 à 25	R. 232-11
art. 2	R. 232-12
art. 3	R. 232-13
art. 4	R. 232-14
art. 5	R. 232-15
art. 6	R. 232-16
art. 7	R. 232-17
art. 8	R. 232-42
art. 9	R. 232-43
art. 10	R. 232-44
art. 11	R. 232-18
art. 12	R. 232-19
art. 13	R. 232-21
art. 14	R. 232-22
art. 15	R. 232-23
art. 16, al. 1er à 4	R. 232-24
art. 16, al. 5 et 6	R. 232-25
art. 17	R. 232-26
art. 18	R. 232-27
art. 19	R. 232-28
art. 20	R. 232-29
art. 21	R. 232-30
art. 22	R. 232-31
art. 23	R. 232-32
art. 24	R. 232-33
art. 25	R. 232-34
art. 26	R. 232-35
art. 27	R. 232-36

ANCIENNE RÉF.	NOUVELLE RÉF.
art. 28	R. 232-37
art. 29	R. 232-38
art. 30	R. 232-39
art. 31	R. 232-40
art. 32	R. 232-41
Décr. nº 2006-1418 du 20 nov. 2006 portant règlement général du diplôme d'État de la jeunesse, de l'éducation populaire et du sport délivré par le ministère chargé de la jeunesse et des sports	
art. 1er	D. 212-35
art. 2	D. 212-36
art. 3	D. 212-37
art. 4	D. 212-38
art. 5	D. 212-39
art. 6	D. 212-40
art. 7	D. 212-41
art. 8	D. 212-42
art. 9	D. 212-43
art. 10	D. 212-44
art. 11	D. 212-45
art. 12	D. 212-46
art. 13	D. 212-47
art. 14	D. 212-48
art. 15	D. 212-49
art. 16	D. 212-50
Décr. nº 2006-1419 du 20 nov. 2006 portant règlement général du diplôme d'État supérieur de la jeunesse, de l'éducation populaire et du sport délivré par le ministère chargé de la jeunesse et des sports	
art. 1er	D. 212-51
art. 2	D. 212-52
art. 3	D. 212-53
art. 4	D. 212-54
art. 5	D. 212-55
art. 6	D. 212-56
art. 7	D. 212-57
art. 8	D. 212-58
art. 9	D. 212-59
art. 10	D. 212-60
art. 11	D. 212-61
art. 12	D. 212-62
art. 13	D. 212-63
art. 14	D. 212-64
art. 15	D. 212-65
art. 16	D. 212-66
Décr. nº 2006-1549 du 8 déc. 2006 pris pour l'application de l'art. 3 de la loi nº 2006-784 du 5 juill. 2006 relative à la prévention des violences lors des manifestations sportives	
art. 1er	R. 332-7
art. 2	R. 332-8
art. 3	R. 332-9
Décr. nº 2006-1550 du 8 déc. 2006 relatif au fonctionnement de la Commission nationale consultative de prévention des violences lors des manifestations sportives	
art. 1er	R. 332-10
art. 2	R. 332-11
art. 3	R. 332-12
art. 4	R. 332-13
Décr. nº 2006-1629 du 18 déc. 2006 relatif à la lutte contre le dopage des animaux participant à des compétitions organisées ou autorisées par les fédérations sportives	
art. 1er	R. 241-1
art. 2	R. 241-2
art. 3	R. 241-3
art. 4	R. 241-4
art. 5	R. 241-5
art. 6	R. 241-6
art. 7	R. 241-7
art. 8	R. 241-8
art. 9	R. 241-9
art. 10	R. 241-10
art. 11	R. 241-11
art. 12	R. 241-12
art. 13	R. 241-13
art. 14	R. 241-14
art. 15	R. 241-15
art. 16	R. 241-16
art. 17	R. 241-17
art. 18	R. 241-18
art. 19	R. 241-19
art. 20	R. 241-20
art. 21	R. 241-21
art. 22	R. 241-22
art. 23	R. 241-23
art. 24	R. 241-24
art. 25	R. 241-25
art. 26	R. 241-26
art. 27	R. 241-27

ANCIENNE RÉF.	NOUVELLE RÉF.
Décr. nº 2006-1768 du 23 déc. 2006 relatif aux procédures et sanctions disciplinaires en matière de lutte contre le dopage humain	
art. 1er	R. 232-86
art. 2	R. 232-87
art. 3	R. 232-88
art. 4	R. 232-89
art. 5	R. 232-90
art. 6	R. 232-91
art. 7	R. 232-92
art. 8	R. 232-93
art. 9	R. 232-94
art. 10	R. 232-95
art. 11	R. 232-96
art. 12	R. 232-97
art. 13	R. 232-98
Décr. nº 2006-1769 du 23 déc. 2006 relatif à la prestation de serment des membres du collège de l'Agence française de lutte contre le dopage	
art. 1er	D. 232-20
Décr. nº 2006-1830 du 23 déc. 2006 relatif aux conditions d'agrément et de fonctionnement des antennes médicales de prévention du dopage	
art. 2	D. 232-1
art. 3	D. 232-2
art. 4	D. 232-3
art. 5	D. 232-4
art. 6	D. 232-5
art. 7	R. 232-6
art. 8	D. 232-7
art. 9	D. 232-8
art. 10	D. 232-9
Décr. nº 2007-461 du 25 mars 2007 relatif aux modalités de délivrance des autorisations d'usage à des fins thérapeutiques, pris pour l'application de l'art. L. 232-2 du code du sport	
art. 1er	R. 232-72
art. 2	R. 232-73
art. 3	R. 232-74
art. 4	R. 232-75
art. 5	R. 232-76
art. 6	R. 232-77
art. 7	R. 232-78
art. 8	R. 232-79
art. 9	R. 232-80
art. 10	R. 232-81
art. 11	R. 232-82
art. 12	R. 232-83
art. 13	R. 232-84
art. 14	R. 232-85
Décr. nº 2007-462 du 25 mars 2007 relatif aux contrôles autorisés pour la lutte contre le dopage et à l'agrément et l'assermentation des personnes chargées des contrôles	
art. 1er	R. 232-45
art. 2	R. 232-46
art. 3	R. 232-47
art. 4	R. 232-48
art. 5	R. 232-49
art. 6	R. 232-50
art. 7	R. 232-52
art. 8	R. 232-51
art. 9	R. 232-53
art. 10	R. 232-54
art. 11	R. 232-55
art. 12	R. 232-56
art. 13	R. 232-57
art. 14	R. 232-58
art. 15	R. 232-59
art. 16	R. 232-60
art. 17	R. 232-61
art. 18	R. 232-62
art. 19	R. 232-63
art. 20	R. 232-64
art. 21	R. 232-65
art. 22	R. 232-66
art. 23	R. 232-67
art. 24	R. 232-68
art. 25	R. 232-69
art. 26	R. 232-70
art. 27	R. 232-71
L. nº 84-610 du 16 juill. 1984 relative à l'organisation et à la promotion des activités physiques et sportives	
art. 15-2, al. 1er, 4e phrase	R. 222-19
art. 16, al. 9, sport scolaire et universitaire	R. 131-1
art. 16, al.17, 1re phrase	R. 411-1
art. 17, al. 5	R. 231-2
art. 17-1, al. 3	R. 131-36
art. 17-2, al. 4	D. 142-32
art. 18, al. 2 et 3, 2e phrase	R. 331-3
art. 19, al. 4	R. 141-2
art. 19, al. 5 et 6	R. 141-1
art. 19, al. 7	R. 141-3

ANCIENNE RÉF.	NOUVELLE RÉF.	ANCIENNE RÉF.	NOUVELLE RÉF.
art. 19, al. 12	R. 141-5	art. 42-1, 1er, al., 2e phrase	R. 312-10
art. 19, al. 13	R. 141-8	art. 42-1, al. 2 à 4	R. 312-12
art. 19, al. 14 et 15	R. 141-7	art. 42-1, al. 5, phrases 2 et 3	R. 312-14
art. 19, al. 16, 1re et 2e phrases	R. 141-6	art. 42-1, al. 6 et 7	R. 312-14
art. 19, al. 16, 3e phrase	R. 131-2	art. 42-1, al. 8	R. 312-14
art. 19, al. 18	R. 141-4	art. 42-3	D. 331-1
art. 33, al. 2 à 5	R. 142-1	art. 50-2, al. 2 et 3	R. 311-1
art. 33, al. 6	R. 142-6	art. 50-2, al. 4 à 7	R. 311-2
art. 33, al. 9 à 12		art. 50-2, al. 8	R. 311-3
art. 33, al. 13	R. 142-9		

DES TEXTES D'ORIGINE ET DES ARTICLES DE LA PARTIE ARRÊTÉS DU CODE DU SPORT

ANCIENNE RÉF.	NOUVELLE RÉF.
Arr. du 20 oct. 1956 relatif aux polices d'assurances des épreuves ou compétitions sportives sur la voie publique	
art. 2	A. 331-24
art. 3	A. 331-25
Arr. du 1er déc. 1959 portant réglementation générale des épreuves et compétitions sportives sur la voie publique	
art. 1er	A. 331-2
art. 2	A. 331-3
art. 3	A. 331-4
art. 4	A. 331-5
art. 5	A. 331-6
art. 6	A. 331-7
art. 62	A. 331-8
art. 63	A. 331-9
art. 64	A. 331-10
art. 65	A. 331-11
art. 66	A. 331-12
art. 67	A. 331-13
art. 68	A. 331-14
art. 69	A. 331-15
Arr. du 22 févr. 1963 relatif à la pratique de la boxe et demandes d'autorisation pour l'organisation de manifestations publiques de boxe	
art. 1er	A. 331-33
art. 2	A. 331-34
art. 3	A. 331-35
art. 4	A. 331-36
Arr. du 25 oct. 1976 Examens de formation générale commune aux métiers sportifs de la montagne	
art. 1er	A. 212-168
art. 2	A. 212-169
art. 3	A. 212-170
art. 5	A. 212-171
art. 6	A. 212-172
Arr. du 2 févr. 1977 Organisation de l'Institut du sport et de l'éducation physique	
art. 1er	A. 211-1
art. 2	A. 211-2
art. 3	A. 211-3
art. 4	A. 211-4
art. 5	A. 211-5
art. 6	A. 211-6
art. 7	A. 211-7
art. 8	A. 211-8
art. 9	A. 211-9
art. 10	A. 211-10
art. 11	A. 211-19
art. 12	A. 211-12
art. 13	A. 211-11
art. 14	A. 211-13
art. 15	A. 211-14
art. 16	A. 211-15
art. 17	A. 211-16
art. 18	A. 211-17
art. 19	A. 211-18
Arr. du 30 mars 1979 relatif aux conditions à respecter pour les établissements ouverts au public pour l'utilisation d'équidés	
art. 1er	A. 322-116
art. 2	A. 322-117
art. 3	A. 322-118
art. 4	A. 322-119
art. 5	A. 322-120
art. 6	A. 322-121
art. 7	A. 322-122
art. 8	A. 322-123
art. 9	A. 322-124
art. 10	A. 322-125
art. 11	A. 322-126
art. 12	A. 322-127
art. 13	A. 322-128
art. 14	A. 322-129
art. 15	A. 322-130
art. 16	A. 322-131
art. 17	A. 322-132
art. 18	A. 322-133
art. 19	A. 322-134
art. 20	A. 322-135
art. 21	A. 322-136
art. 22	A. 322-137
art. 23	A. 322-138
art. 24	A. 322-139
art. 25	A. 322-140

ANCIENNE RÉF.	NOUVELLE RÉF.
Arr. du 18 juill. 1979 Dispense de l'examen de formation générale commune aux métiers sportifs de la montagne, art. 1er a 4; arrêté du 11 mars 1983 Dispense de l'examen de formation générale commune aux métiers sportifs de la montagne	
art. 1er et 2	A. 212-173
Arr. du 5 août 1980. Organisation intérieure de l'Ecole nationale de voile	
art. 1er	A. 211-39
art. 2	A. 211-40
art. 3	A. 211-41
art. 4	A. 211-42
Arr. du 7 avr. 1981 relatif aux dispositions administratives applicables aux piscines et aux baignades aménagées	
art. 1er	A. 322-4
art. 3	A. 322-5
art. 4	A. 322-6
art. 5	A. 322-7
Arr. du 7 avr. 1983 organisation intérieure de l'Ecole nationale de ski et d'alpinisme	
art. 1er	A. 211-50
art. 2	A. 211-51
art. 3	A. 211-53
art. 4	A. 211-54
art. 5	A. 211-55
art. 6	A. 211-56
art. 7	A. 211-52
Arr. du 14 juin 1983 relatif à la composition et au fonctionnement de la commission de la formation et de l'emploi du conseil supérieur des sports de montagne	
art. 1er	A. 142-5
art. 2	A. 142-6
art. 3	A. 142-7
art. 4, al. 1er à 6	A. 142-8
l'art. 4, al. 7 à 16	A. 142-9
art. 5	A. 142-10
art. 6	A. 142-11
art. 7	A. 142-12
art. 7 bis	A. 142-13
art. 8	A. 142-14
Arr. du 10 mai 1984 relatif aux garanties d'hygiène, de technique et de sécurité dans les salles de judo et d'aïkido	
art. 2	A. 322-141
Arr. du 16 oct. 1984 fixant la composition et les conditions de fonctionnement de la commission de l'information et de la sécurité du Conseil supérieur des sports de montagne	
art. 1er	A. 142-15
art. 2	A. 142-16
art. 3	A. 142-17
art. 4	A. 142-18
art. 5	A. 142-19
Arr. du 8 janv. 1985 Mesures d'équivalence entre la formation commune du brevet d'État du premier degré d'éducateur sportif et la formation générale commune aux métiers sportifs de la montagne	
art. 1er	A. 212-174
art. 2	A. 212-175
Arr. du 17 juin 1986 relatif à la composition et au rôle du comité consultatif de l'enseignement sportif de la plongée subaquatique	
art. 1er et 2	A. 142-33
art. 3 et 4	A. 142-35
art. 5	A. 142-36
art. 6	A. 142-37
art. 7	A. 142-34
art. 7 bis	A. 142-38
Arr. du 29 janv. 1990 autorisant le CNOSF à être sous répartiteur des aides personnalisées	
art. 1er	A. 141-1
Arr. du 9 juill. 1990 relatif au conseil de perfectionnement de l'Ecole nationale d'équitation	
art. 1er et art. 2, 2e phrase	A. 211-27
art. 1er et art. 2, 1re phrase	A. 211-28
art. 3	A. 211-29
art. 4	A. 211-30
art. 5	A. 211-31

ANCIENNE RÉF.	NOUVELLE RÉF.
Arr. du 17 juill. 1990 relatif aux garanties de technique et de sécurité que doivent présenter les établissements d'activités physiques et sportives où sont pratiquées des activités de tir aux armes de chasse	
art. 1er	A. 322-142
art. 2	A. 322-143
art. 3	A. 322-144
art. 4	A. 322-145
art. 5	A. 322-146
Arr. du 26 juin 1991 relatif à la surveillance des activités aquatiques, de baignade ou de natation	
art. 1er	A. 322-8
art. 2	A. 322-9
art. 3	A. 322-10
art. 4	A. 322-11
Arr. du 26 août 1992 portant application du décret nº 92-753 du 3 août 1992 modifiant le code de la route et relatif à la sécurité des courses et épreuves sportives sur les voies ouvertes à la circulation publique	
art. 1er	A. 331-26
art. 2	A. 331-27
art. 3	A. 331-28
art. 4	A. 331-29
art. 5	A. 331-30
art. 6	A. 331-31
Arr. du 30 nov. 1992 fixant les contenus et les modalités d'obtention du brevet d'État d'éducateur sportif à trois degrés en application du décret nº 91-260 du 7 mars 1991	
art. 1er	A. 212-102
art. 2	A. 212-103
art. 3	A. 212-104
art. 4	A. 212-105
art. 5	A. 212-106
art. 5-1	A. 212-107
art. 6	A. 212-108
art. 7	A. 212-109
art. 7-1	A. 212-110
art. 8	A. 212-111 - I
art. 9	A. 212-112
art. 10	A. 212-113
art. 11	A. 212-114
art. 12	A. 212-115
art. 13	A. 212-116
art. 14	A. 212-117
art. 15	A. 212-118
art. 16	A. 212-119
art. 17	A. 212-120
art. 18	A. 212-121
art. 19	A. 212-122
art. 20	A. 212-123
art. 21	A. 212-124
art. 22	A. 212-125
art. 23	A. 212-126
art. 24	A. 212-127
art. 25	A. 212-128
art. 26	A. 212-129
art. 28	A. 212-130
art. 29	A. 212-131
art. 30	A. 212-132
art. 31	A. 212-133
art. 32	A. 212-134
art. 33	A. 212-135
art. 34	A. 212-136
art. 35	A. 212-137
art. 36	A. 212-138
art. 37	A. 212-139
art. 38	A. 212-140
art. 38-1	A. 212-141
art. 39	A. 212-142
art. 40	A. 212-143
art. 41	A. 212-144
art. 42	A. 212-145
art. 43	A. 212-146
art. 44	A. 212-147
art. 45	A. 212-148
art. 46	A. 212-149
art. 47	A. 212-150
art. 48	A. 212-151
art. 49	A. 212-152
art. 50	A. 212-153
art. 51	A. 212-154
art. 52	A. 212-155
art. 53	A. 212-156
art. 54	A. 212-157
art. 55	A. 212-159
art. 56	A. 212-161
art. 57	A. 212-162
art. 58	A. 212-163
art. 59	A. 212-164
art. 60	A. 212-165
art. 61	A. 212-166
art. 62	A. 212-167
Arr. du 19 janv. 1993 relatif à l'organisation et aux conditions de préparation et de délivrance du brevet d'aptitude professionnelle d'assistant animateur technicien de la jeunesse et des sports	
art. 1er	A. 212-2

ANCIENNE RÉF.	NOUVELLE RÉF.
art. 2	A. 212-3
art. 3	A. 212-4
art. 4	A. 212-5
art. 5	A. 212-6
art. 6	A. 212-7
art. 7	A. 212-8
art. 8	A. 212-9
art. 9	A. 212-10
art. 10	A. 212-11
art. 11	A. 212-12
art. 12	A. 212-13
art. 13	A. 212-14
art. 14	A. 212-15
art. 15	A. 212-16
Arr. du 19 janv. 1994 relatif à la création de la commission spécialisée pour la mise en œuvre de dispositions particulières pour personnes handicapées candidates à un brevet d'État d'éducateur sportif	
art. 2	A. 212-160
Arr. du 27 mai 1994 relatif aux seuils de compétence de la Commission nationale de sécurité des enceintes sportives en matière d'homologation	
art. 1er	A. 312-11
art. 2	A. 312-12
Arr. du 4 mai 1995 relatif aux garanties de technique et de sécurité dans les établissements organisant la pratique ou l'enseignement de la nage en eau vive, du canoë, du kayak, du raft ainsi que de la navigation à l'aide de toute autre embarcation propulsée à la pagaie	
art. 1er	A. 322-42
art. 2	A. 322-43
art. 3 et 4	A. 322-44
art. 5	A. 322-45
art. 6	A. 322-46
art. 7	A. 322-47
art. 8	A. 322-48
art. 9	A. 322-49
art. 21,22 et 24	A. 322-58
art. 20	A. 322-59
art. 23	A. 322-60
art. 25 et 26	A. 322-61
art. 27	A. 322-62
art. 28	A. 322-63

ANCIENNE RÉF.	NOUVELLE RÉF.
Arr. du 11 juin 1996 relatif à la procédure d'homologation des enceintes sportives ouvertes au public	
art. 1er	A. 312-2
art. 2	A. 312-3
art. 3	A. 312-4
art. 5	A. 312-5
art. 6	A. 312-6
art. 7	A. 312-7
art. 8	A. 312-8
art. 9	A. 312-9
Arr. du 2 déc. 1996 relatif aux conditions d'encadrement des activités de ski par les ressortissants d'un État membre ou d'un État partie à l'Espace économique européen exerçant dans le cadre d'une prestation de services	
art. 1er	A. 212-183
art. 2	A. 212-184
art. 3	A. 212-185
art. 4	A. 212-186
art. 5	A. 212-187
art. 6	A. 212-188
art. 7	A. 212-189
art. 8	A. 212-190
art. 9	A. 212-191
art. 10	A. 212-192
Arr. du 22 avr. 1997 relatif aux conditions d'encadrement des activités de plongée par les ressortissants d'un État membre ou d'un État partie à l'Espace économique européen exerçant dans le cadre d'une prestation de services	
art. 1er	A. 212-193
art. 2	A. 212-194
art. 3	A. 212-195
art. 4	A. 212-196
art. 5	A. 212-197
art. 6	A. 212-198
art. 7	A. 212-199
art. 8	A. 212-200
art. 9	A. 212-201
art. 10	A. 212-202

ANCIENNE RÉF.	NOUVELLE RÉF.
Arr. du 26 juin 1997 pris en application du décret nº 97-314 du 4 avr. 1997 relatif à la reconnaissance des qualifications acquises par les ressortissants des États membres de l'Union européenne et des autres États parties à l'accord sur l'Espace économique européen en vue de l'exercice de l'une des professions ou activités visées à l'art. 43 de la loi nº 84-610 du 16 juill. 1984 modifiée relative à l'organisation et à la promotion des activités physiques et sportives	
art. 1er	A. 212-182
Arr. du 9 févr. 1998 relatif aux garanties d'encadrement, de technique et de sécurité dans les établissements d'activité physique et sportive qui dispensent un enseignement de la voile	
art. 1er	A. 322-64
art. 2	A. 322-65
art. 3	A. 322-66
art. 4	A. 322-67
art. 5	A. 322- 68
art. 6	A. 322-69
art. 7	A. 322-70
Arr. du 16 juin 1998 relatif au plan d'organisation de la surveillance et des secours dans les établissements de natation et d'activités aquatiques d'accès payant	
art. 1er	A. 322-12
art. 2	A. 322-13
art. 3	A. 322-14
art. 4	A. 322-15
art. 5	A. 322-16
art. 6	A. 322-17
Arr. du 22 juin 1998 relatif aux règles techniques et de sécurité dans les établissements organisant la pratique et l'enseignement des activités sportives et de loisir en plongée autonome à l'air	
art. 1er	A. 322-71
art. 2	A. 322-72
art. 3	A. 322-73
art. 4	A. 322-74
art	A. 322-75
art. 6	A. 322-76
art. 7	A. 322-77
art. 8	A. 322-78
art. 9	A. 322-79
art. 10	A. 322-80
art. 11	A. 322-81
art. 12	A. 322-82
art. 13	A. 322-83
art. 14	A. 322-84
art. 15	A. 322-85
art. 16	A. 322-86
art. 17	A. 322-87
Arr. du 9 déc. 1998 relatif aux garanties de technique et de sécurité dans les établissements d'activités physiques et sportives qui organisent la pratique ou l'enseignement du parachutisme	
art. 1er	A. 322-147
art. 2	A. 322-148
art. 3, al. 1er et 2	A. 322-149
art. 3, al. 3 à 9	A. 322-150
art. 3, al. 10 à 15	A. 322-151
art. 3, al. 16 à 23	A. 322-152
art. 3, al. 24 à 33	A. 322-153
art. 8	A. 322-154
art. 4, al. 1er à 4	A. 322-155
art. 4, al. 5 à 8	A. 322-156
art. 5, al. 8 à 13	A. 322-157
art. 5, al. 1er à 4	A. 322-158
art. 5, al. 6 et 7	A. 322-159
art. 5, al. 1	A. 322-160
art. 6, al. 2 et 3	A. 322-161
art. 6, al. 4 et 5	A. 322-162
art. 7, al. 1er	A. 322-163
art. 7, al. 2 à 7	A. 322-164
art. 7, al.8	A. 322-165
art. 9	A. 322-166
Arr. du 27 mai 1999 relatif aux garanties de techniques et de sécurité des équipements dans les établissements de baignade d'accès payant	
art. 2	A. 322-19
art. 3	A. 322-20
art. 4	A. 322-21
art. 5	A. 322-22
art. 6	A. 322-23
art. 7	A. 322-24
art. 8	A. 322-25
art. 9	A. 322-26
art. 10	A. 322-27
art. 11	A. 322-28
art. 12	A. 322-29

ANCIENNE RÉF.	NOUVELLE RÉF.
art. 13	A. 322-30
art. 14	A. 322-31
art. 15	A. 322-32
art. 16	A. 322-33
art. 17	A. 322-34
art. 18	A. 322-35
art. 19	A. 322-36
art. 20	A. 322-37
art. 21	A. 322-38
art. 22	A. 322-39
art. 24	A. 322-40
art. 25	A. 322-41
Arr. du 27 sept. 1999 relatif à l'institution et au fonctionnement de la commission professionnelle consultative des métiers du sport et de l'animation	
art. 1er	A. 142-20
art. 2	A. 142-21
art. 3	A. 142-22
art. 4	A. 142-23
art. 5	A. 142-24
art. 6, al. 1er à 7	A. 142-25
art. 6, al. 8 à 15	A. 142-26
art. 6, al. 16	A. 142-27
art. 7	A. 142-28
art. 8	A. 142-29
art. 9	A. 142-30
art. 10	A. 142-31
art. 11	A. 142-32
Arr. du 28 avr. 2000 fixant la liste des disciplines sportives pour lesquelles un examen médical approfondi est nécessaire en application de l'art. 5 de la loi nº 99-223 du 23 mars 1999 relative à la protection de la santé des sportifs et à la lutte contre le dopage	
art. 1er	A. 231-1
art. 2	A. 231-2
Arr. du 2 oct. 2000 portant création d'une Commission nationale de prévention et de lutte contre la violence dans le sport	
art. 1er	A. 142-39
art. 2	A. 142-40
art. 3	A. 142-41
art. 4	A. 142-42
Arr. du 14 août 2001 relatif à la composition de la commission de suivi de l'Observatoire des activités physiques, des pratiques sportives et des métiers du sport	
art. 1er	A. 142-1
art. 2	A. 142-2
Arr. du 14 août 2001 relatif à la composition de la commission d'examen des normes des équipements sportifs	
art. 1er	A. 142-3
art. 2	A. 142-4
Arr. du 11 févr. 2002 relatif à la désignation des membres de la Commission nationale de sécurité des enceintes sportives	
art. 1er	A. 312-10
Arr. du 8 mars 2002 portant création de l'Observatoire national des métiers de l'animation et du sport	
art. 1er	A. 142-43
art. 2	A. 142-44
art. 3	A. 142-45
art. 4	A. 142-46
art. 5	A. 142-47
art. 6	A. 142-48
art. 7	A. 142-49
Arr. du 18 avr. 2002 portant organisation du brevet professionnel de la jeunesse, de l'éducation populaire et du sport délivré par le ministère de la jeunesse et des sports	
art. 1er	A. 212-17
art. 2	A. 212-18
art. 3	A. 212-19
art. 4	A. 212-20
art. 5	A. 212-21
art. 6	A. 212-22
art. 7	A. 212-23
art. 8	A. 212-24
art. 9	A. 212-25
art. 10	A. 212-26
art. 11	A. 212-27
art. 12	A. 212-28
art. 12	A. 212-29
art. 13	A. 212-30
art. 14	A. 212-31
art. 15	A. 212-32

ANCIENNE RÉF.	NOUVELLE RÉF.
art. 16	A. 212-33
art. 17	A. 212-34
art. 18	A. 212-35
art. 19	A. 212-36
art. 20	A. 212-37
art. 21	A. 212-38
art. 22	A. 212-39
art. 23	A. 212-40
art. 24	A. 212-41
art. 25	A. 212-42
art. 26	A. 212-43
art. 27	A. 212-44
art. 28	A. 212-45
art. 29	A. 212-46
art. 30	A. 212-47
Arr. du 16 juill. 2002 relatif à la licence d'agent sportif	
art. 1er	A. 222-1
art. 2	A. 222-2
art. 3	A. 222-3
art. 4	A. 222-4
Arr. du 24 déc. 2002 fixant les conditions d'homologation du programme et des épreuves de l'examen relatif à la licence d'agent sportif	
art. 1er	A. 222-5
art. 2	A. 222-6
art. 3	A. 222-7
art. 4	A. 222-8
art. 5	A. 222-9
art. 6	A. 222-10
art. 7	A. 222-11
art. 8	A. 222-12
art. 9	A. 222-13
art. 10, al. 1er et 2	A. 222-14
art. 11	A. 222-15
Arr. du 25 juin 2003 fixant le montant prévu au I de l'art. 18 de la loi nº 84-610 du 16 juill. 1984 relative à l'organisation et à la promotion des activités physiques et sportives	
art. 1er	A. 331-1
Arr. du 11 févr. 2004 fixant la nature et la périodicité des examens médicaux prévus aux art. L. 3621-2 et R. 3621-3 du code de la santé publique	
art. 1er	A. 231-3
art. 2	A. 231-4
art. 3	A. 231-5
art. 4	A. 231-6
art. 5	A. 231-7
art. 6	A. 231-8
Arr. du 3 mars 2004 fixant la liste des bulletins dans lesquels les décisions réglementaires des fédérations sportives délégataires doivent être publiées	
art. 1er	A. 122-1
Arr. du 9 juill. 2004 relatif aux règles techniques et de sécurité dans les établissements organisant la pratique et l'enseignement des activités sportives et de loisir en plongée autonome aux mélanges autres que l'air	
art. 1er	A. 322-88
art. 2	A. 322-89
art. 3	A. 322-90
art. 4	A. 322-91
art. 5	A. 322-92
art. 6	A. 322-93
art. 7	A. 322-94
art. 8 et 9	A. 322-95
art. 10	A. 322-96
art. 11	A. 322-97
art. 12	A. 322-98
art. 13	A. 322-99
art. 14	A. 322-100
art. 15	A. 322-101
art. 16	A. 322-102
art. 17 (ecqc le nitrox)	A. 322-103
art. 17 (ecqc le trimix)	A. 322-104
art. 17 (dispositions particulières)	A. 322-105
art. 18	A. 322-106
art. 19	A. 322-107
art. 20	A. 322-108
art. 21	A. 322-109
art. 22	A. 322-110
art. 23	A. 322-111
art. 24	A. 322-112
art. 25	A. 322-113
art. 26	A. 322-114
art. 27 et 28	A. 322-115
Arr. du 16 déc. 2004 portant sur la liste des diplômes, titres à finalité professionnelle et certificats de qualification ouvrant droit à l'enseignement, l'animation ou l'encadrement des activités physiques et sportives ou à l'entraînement de ses pratiquants, conformément à l'art. L. 363-1 du code de l'éducation	
art. 1er	A. 212-1

ANCIENNE RÉF.	NOUVELLE RÉF.
Arr. du 27 juin 2005 relatif à la déclaration d'activité prévue aux art. 12 et 13-1 du décret nº 93-1035 du 31 août 1993 modifié relatif au contrôle de l'enseignement contre rémunération des activités physiques et sportives	
art. 1er	A. 212-176
art. 2	A. 212-177
art. 3	A. 212-178
art. 4	A. 212-179
art. 5	A. 212-180
art. 6	A. 212-181
Arr. du 27 juin 2005 relatif à la déclaration d'ouverture prévue aux art. 1er et 2 du décret nº 93-1101 du 3 sept. 1993 concernant la déclaration des établissements dans lesquels sont pratiquées des activités physiques et sportives et la sécurité de ces activités	
art. 1er	A. 322-1
art. 3	A. 322-2
art. 2	A. 322-3
Arr. du 18 avr. 2006 portant organisation du Centre national pour le développement du sport dans la collectivité territoriale de Mayotte en application de l'art. 19 du décret nº 2006-248 du 2 mars 2006	
art. 1er	A. 421-1
art. 2, al. 1er à 9 et 11	A. 421-2
art. 2, al. 10 et 12 à 15	A. 421-3
art. 3	A. 421-4
art. 4	A. 421-5
Arr. du 24 avr. 2006 portant organisation du Centre national pour le développement du sport dans la collectivité territoriale de Saint-Pierre-et-Miquelon en application de l'art. 18 du décret nº 2006-248 du 2 mars 2006	
art. 1er	A. 422-1
Arr. du 3 mai 2006 portant organisation du Centre national pour le développement du sport en Nouvelle-Calédonie en application de l'art. 19 du décret nº 2006-248 du 2 mars 2006	
art. 1er	A. 425-1
art. 2	A. 425-2
art. 2, al. 10 et 12 à 15	A. 425-3
art. 3	A. 425-4
art. 4	A. 425-5
Arr. du 9 mai 2006 portant organisation du Centre national pour le développement du sport en Polynésie française en application de l'art. 19 du décret nº 2006-248 du 2 mars 2006	
art. 1er, al. 1er à 11	A. 424-1
art. 1er, al. 12 à 16	A. 424-2
art. 2	A. 424-3
art. 3	A. 424-4
Arr. du 31 mai 2006 portant organisation du Centre national pour le développement du sport dans le territoire des îles Wallis-et-Futuna	
art. 1er	A. 423-1
art. 2, al. 1er à 10	A. 423-2
art. 2, al. 11 à 14	A. 423-3
art. 3	A. 423-4
art. 4	A. 423-5
Arr. du 7 août 2006 pris pour l'application des art. 5, 7 et 14 du décret nº 2006-554 du 16 mai 2006 relatif aux concentrations et manifestations organisées sur les voies ouvertes ou dans les lieux non ouverts à la circulation publique et comportant la participation de véhicules terrestres à moteur	
art. 1er	A. 331-16
art. 2	A. 331-17
art. 3	A. 331-18
art. 4	A. 331-19
art. 5	A. 331-20
art. 6	A. 331-21
Arr. du 9 oct. 2006 relatif à la déclaration des équipements sportifs prévue à l'art. 3 du décret nº 2006-992 du 1er août 2006	
art. 1er et 2	A. 312-1

ANCIENNE RÉF.	NOUVELLE RÉF.
Arr. du 27 oct. 2006 portant application de l'art. 11 du décret nº 2006-554 du 16 mai 2006 relatif aux concentrations et manifestations organisées sur les voies ouvertes ou dans les lieux non ouverts à la circulation publique et comportant la participation de véhicules terrestres à moteur	
art. 1er	A. 331-32
Arr. du 17 nov. 2006 relatif aux modalités d'exercice du contrôle financier sur le Centre national pour le développement du sport	
art. 1er	A. 411-1
art. 2	A. 411-2
art. 3	A. 411-3
art. 4	A. 411-4
art. 5	A. 411-5
art. 6	A. 411-6
art. 7	A. 411-7
Arr. du 17 nov. 2006 relatif aux modalités d'exercice du contrôle financier sur l'Institut national du sport et de l'éducation physique	
art. 1er	A. 211-20
art. 2	A. 211-21
art. 3	A. 211-22
art. 4	A. 211-23
art. 5	A. 211-24
art. 6	A. 211-25
art. 7	A. 211-26
Arr. du 17 nov. 2006 relatif aux modalités d'exercice du contrôle financier sur l'Ecole nationale d'équitation	
art. 1er	A. 211-32
art. 2	A. 211-33
art. 3	A. 211-34
art. 4	A. 211-35
art. 5	A. 211-36
art. 6	A. 211-37
art. 7	A. 211-38
Arr. du 17 nov. 2006 relatif aux modalités d'exercice du contrôle financier sur l'Ecole nationale de voile	
art. 1er	A. 211-43
art. 2	A. 211-44
art. 3	A. 211-45
art. 4	A. 211-46
art. 5	A. 211-47
art. 6	A. 211-48
art. 7	A. 211-49
Arr. du 17 nov. 2006 relatif aux modalités d'exercice du contrôle financier sur l'Ecole nationale de ski et d'alpinisme	
art. 1er	A. 211-57
art. 2	A. 211-58
art. 3	A. 211-59
art. 4	A. 211-60
art. 5	A. 211-61
art. 6	A. 211-62
art. 7	A. 211-63
Arr. du 20 nov. 2006 portant organisation du diplôme d'État de la jeunesse, de l'éducation populaire et du sport spécialité «perfectionnement sportif» délivré par le ministère chargé de la jeunesse et des sports	
art. 1er	A. 212-49
art. 2	A. 212-50
art. 3	A. 212-51
art. 4	A. 212-52
art. 5	A. 212-53
art. 6	A. 212-54
art. 7	A. 212-55
art. 8	A. 212-56
art. 9	A. 212-57
art. 10 et 11	A. 212-59
art. 12	A. 212-60
art. 13	A. 212-61
art. 14	A. 212-62
art. 15	A. 212-63
art. 16	A. 212-64
art. 17	A. 212-65
art. 18	A. 212-66
art. 19	A. 212-67
art. 20	A. 212-68
art. 21	A. 212-69
art. 22	A. 212-70
art. 23	A. 212-71
art. 24	A. 212-72
art. 25	A. 212-73
art. 26	A. 212-74
Arr. du 20 nov. 2006 portant organisation du diplôme d'État supérieur de la jeunesse, de l'éducation populaire et du sport spécialité «performance sportive» délivré par le ministère chargé de la jeunesse et des sports	
art. 1er	A. 212-76

ANCIENNE RÉF.	NOUVELLE RÉF.	ANCIENNE RÉF.	NOUVELLE RÉF.
art. 2	A. 212-77	***Arr. du 12 janv. 2007 relatif aux modalités d'exercice du contrôle financier sur les centres d'éducation populaire et de sport***	
art. 3	A. 212-78	art. 1er	A. 211-64
art. 4	A. 212-79	art. 2	A. 211-65
art. 5	A. 212-80	art. 3	A. 211-66
art. 6	A. 212-81	art. 4	A. 211-67
art. 7	A. 212-82	art. 5	A. 211-68
art. 8	A. 212-83	art. 6	A. 211-69
art. 9	A. 212-84	art. 7	A. 211-70
art. 10	A. 212-85	***Arr. du 30 mars 2007 fixant les conditions d'encadrement du canyonisme par les ressortissants d'un État membre de l'Union européenne ou d'un État partie à l'accord sur l'Espace économique européen***	
art. 11	A. 212-86	art. 1er	A. 212-203
art. 12	A. 212-87	art. 2	A. 212-204
art. 13	A. 212-88	art. 3	A. 212-205
art. 14	A. 212-89	art. 4	A. 212-206
art. 15	A. 212-90	art. 5	A. 212-207
art. 16	A. 212-91	art. 6	A. 212-208
art. 17	A. 212-92		
art. 18	A. 212-93		
art. 19	A. 212-94		
art. 20	A. 212-95		
art. 21	A. 212-96		
art. 22	A. 212-97		
art. 23	A. 212-98		
art. 24	A. 212-99		
art. 25	A. 212-100		
art. 26	A. 212-101		

TABLE CHRONOLOGIQUE

NOTA. Avant la table chronologique proprement dite, on trouvera ci-dessous la liste des différents codes reproduits en extraits dans le présent ouvrage.

Code forestier

– Art. L. 122-9 à L. 122-11, App., v° *Sports de nature,* **p. 1451.**

Code général des collectivités territoriales

– Art. L. 1111-4, L. 1311-1, L. 1311-2, L. 1411-1, L. 1511-1, L. 1611-8, L. 2121-10, L. 2121-12, L. 2121-29, L. 2144-3, L. 2212-2, L. 2212-9, L. 2213-23, L. 2313-1, L. 2321-2, L. 2331-4, L. 2333-49 à L. 2333-53, L. 2333-81 à L. 2333-83, L. 2511-16, L. 2512-14, L. 2531-2, L. 3211-1-1, L. 3333-4 à L. 3333-7, L. 3611-1 à L. 3611-2, L. 4221-1, L. 5211-22, L. 5211-25, L. 5214-16, L. 5215-20, L. 5216-5, L. 5217-4 à L. 5217-7, L. 5219-1, L. 5333-5, L. 5722-5, App., v° *Collectivités territoriales,* **p. 993.**
– Art. L. 1212-2. V. ss. C. sport, art. R. 142-7.
– Art. L. 1525-1, App., v° *Sociétés,* **p. 1421.**
– Art. L. 1611-4, App., v° *Associations,* **p. 958.**
– Art. R. 2321-6, R. 2321-7, App., v° *Collectivités territoriales,* **p. 1006.**

Code général des impôts

– Art. 39, 79, 80 *decies*, 80 *duodecies*, 83, 84 A, 92, 93, 100 *bis*, 155 A, 164 B, 182 B, 182 C, 200, 206, 207, 223 *octies*, 231, 238 *bis*, 256, 256 A, 256 B, 259 A, 261, 261 E, 266, 267, 271, 290 *quater*, 302 *bis* ZE, 1447, 1447-0, 1449, 1460, 1559 à 1563, 1586 *ter*, 1655 *septies*, 1741, App., v° *Fiscalité,* **p. 1187.**

Code général de la propriété des personnes publiques

– Art. L. 2125-1, L. 2125-3, ss. CGCT, art L. 1311-1, App., v° *Collectivités territoriales,* **p. 996.**

Code de justice administrative

– Art. L. 311-4, R. 311-1, R. 312-17, ss. C. sport, art. R. 131-2.

Code mondial antidopage

– Art. 1er à 25.5, App., v° *Dopage (textes internationaux),* **p. 1112.**

Code monétaire et financier

– Art. L. 561-2, L. 561-36, ss. C. sport, art. L. 222-22.

Code pénal

– Art. 121-1, 121-2, 121-3, 121-7, 221-6, 222-11, 222-13, 222-15, 222-19, 223-1, 225-3, 313-1, 313-6-2, 314-1, 321-1, 432-11, 432-12, 433-17, 445-1 à 445-4, App., v° *Responsabilité pénale,* **p. 1389.**
– Art. 445-1 à 445-2-1, App., v° *Paris sportifs,* **p. 1280.**

Code de la propriété intellectuelle

– Art. L. 112-1 à L. 112-3, L. 122-4, L. 113-4, L. 711-1 à L. 711-3, L. 712-6, L. 713-5, L. 713-6, L. 714-5, L. 716-1, L. 716-6, L. 716-10, App., v° *Propriété intellectuelle,* **p. 1331.**

Code des relations entre le public et l'administration

Art. L. 100-1 à L. 100-3, L. 110-1, L. 112-2, L. 112-3, L. 114-2 à L. 114-6, L. 120-1, L. 121-1, L. 121-2, L. 122-1, L. 122-2, L. 200-1, L. 211-1 à L. 211-6, L. 212-1 à L. 212-3, L. 231-1, L. 231-4 à L. 231-6, L. 232-1 à L. 232-4, L. 300-1, L. 300-2, L. 311-1 à L. 311-9, L. 340-1, L. 341-1, L. 342-1 à L. 342-3, R. 112-4, R. 112-5, D. 231-2, D. 231-3, R. 342-4, R. 342-5, App., v° *Actes administratifs,* **p. 872.**

– Art. D. 3253-2, ss. C. trav., art. L. 3253-8, App., v° *Travail*, **p. 1496.**
– Art. D. 3253-5, ss. C. trav., art. L. 3253-17, App., v° *Travail*, **p. 1496.**

Code de l'urbanisme

– Art. L. 472-1 à L. 472-5, L. 473-1 à L. 473-3, App., v° *Sports de nature*, **p. 1454.**

1881	29 juill.	Loi. Liberté de la presse. – Art. 29 à 31, 33. – V. App., v° *Responsabilité pénale,* **p. 1401.**
1901	1er juill.	Loi. Contrat d'association. – V. App., v° *Associations,* **p. 962.**
1901	16 août	Décret. Contrat d'association. – V. App., v° *Associations,* **p. 968.**
1934	25 juin	Décret-Loi. Subvention aux associations. – Art. 14. – V. App., v° *Associations,* **p. 970.**
1938	2 mai	Décret-Loi. Reversement de subventions. – Art. 15. – V. App., v° *Associations,* **p. 970.**
1951	24 mai	Loi n° 51-662. Sécurité dans les établissements de natation. – V. App., v° *Baignades et piscines,* **p. 972.**
1957	25 mars	Traité de Rome. Instituant la Communauté européenne. – Art. 2, 12, 39, 49, 81, 82, 87, 88. – V. App., v° *Droit communautaire,* **p. 1167.**
1967	31 mars	Décret n° 67-315. Création d'un Conseil supérieur de la navigation de plaisance et des sports nautiques. – V. App., v° *Commissions et organismes de concertation,* **p. 1061.**
1971	31 déc.	Loi n° 71-1130. Réforme de certaines professions judiciaires et juridiques : – Art. 6 *ter.* – V. ss. C. sport, art. L. 222-20. – Art. 10 et 10-1. – V. ss. C. sport, art. L. 222-17. – Art. 66-5. – V. ss. C. sport, art. L. 222-18.
1980	1er juill.	Décret n° 80-627. Statut des professeurs d'éducation physique et sportive.
1981	7 avr.	Arrêté. Dispositions techniques applicables aux piscines. – V. App., v° *Baignades et piscines,* **p. 986.**
1982	23 mars	Arrêté. Création d'un Conseil d'orientation à l'École nationale de voile. – V. ss. C. sport, art. D. 211-52.
1984	29 déc.	Loi n° 84-1208. De finances pour 1985. – Art. 42 (jeux de hasard et de résultats d'événements sportifs). – V. App., v° *Paris sportifs,* **p. 1287.**
1985	5 juill.	Loi n° 85-677. Victimes d'accidents de la circulation. – Art. 1er à 6. – V. App., v° *Responsabilité civile,* **p. 1386.**
1985	19 août	Convention européenne. Violence et débordement des spectateurs. – V. App., v° *Manifestations sportives,* **p. 1257.**
1986	11 mars	Décret n° 86-409. Statuts types des sociétés à objet sportif. – V. ss. C. sport, art. R. 122-4.
1986	17 juin	Arrêté. Commission consultative des activités de natation. – V. App., v° *Commissions et organismes de concertation,* **p. 1062.**
1986	30 sept.	Loi n° 86-1067. Liberté de communication. – Art. 20-2, 20-3. – V. ss. C. sport, art. L. 333-9.
1987	23 juill.	Loi n° 87-571. Sur le développement du mécénat. – Art. 4-1. – V. App., v° *Associations,* **p. 970.**

1989	13 sept.	Arrêté. Contrôle médical d'inaptitude à l'EPS. – V. ss. C. sport, art. R. 312-3.
1989	21 sept.	Décret n° 89-685. Enseignement et sécurité des activités physiques et sportives. – Art. 2-1. – V. ss. C. sport, art. R. 212-84.
1989	16 nov.	Convention du conseil de l'Europe. – V. App., v° *Dopage (textes internationaux)*, **p. 1074.**
1991	22 août	Arrêté. Alcool dans les établissements intégrés à des installations sportives. – V. App., v° *Alcool et tabac, I. Alcool*, **p. 893.**
1991	29 nov.	Arrêté. Hygiène et sécurité des établissements de baignade. – V. App., v° *Baignades et piscines*, **p. 990.**
1992	22 janv.	Code de bonne conduite relatif à la radiodiffusion des événements sportifs.
1992	13 juill.	Loi n° 92-652. Activités physiques et sportives. – Art. 34. – V. ss. C. sport, art. L. 221-13.
1993	12 mars	Arrêté. Conseil national du sport universitaire. – V. ss. C. sport, art. L. 552-4.
1993	27 mars	Décret n° 93-710. Contrôles des infractions à la loi du 16 juill. 1984. – V. ss. C. sport, art. L. 111-3.
1994	27 juill.	Arrêté. Cotisations de sécurité sociale. – V. App., v° *Sécurité sociale*, **p. 1419.**
1995	21 janv.	Loi n° 95-73. Sécurité des manifestations sportives. – V. ss. C. sport, art. L. 332-1.
1995	3 mai	Arrêté. Manifestations nautiques en mer. – V. App., v° *Manifestations sportives*, **p. 1261.**
1996	4 avr.	Arrêté. Manifestations aériennes. – V. App., v° *Manifestations sportives*, **p. 1263.**
1996	12 avr.	Loi n° 96-314. Diverses dispositions d'ordre économique et financier. – Art. 68 *(collecte des paris)*. – V. App., v° *Paris sportifs*, **p. 1287.**
1997	5 mars	Décret n° 97-199. Remboursement des frais de police à l'occasion d'une manifestation sportive. – V. ss. C. sport, art. L. 332-1.
1997	1er avr.	Décret n° 97-309. Paris sur les parties de pelote basque. – V. App., v° *Paris sportifs*, **p. 1288.**
1997	31 mai	Décret n° 97-646. Services d'ordre des manifestations sportives. – V. ss. C. sport, art. R. 331-4.
1997	7 août	Arrêté. Gestion par le ministère de la jeunesse et des sports d'un fichier des activités physiques et sportives concernant les éducateurs et les établissements. – V. ss C. sport, L. 212-1.
1998	16 févr.	Arrêté. Agrément des associations de supporteurs. – V. ss. C. sport, art. L. 332-17.
1998	29 juill.	Loi n° 98-657. Lutte contre les exclusions. – Art. 140. – V. ss. C. sport, art. L. 100-1.

1999	15 juin	Loi n° 99-493. Délivrance des grades dans les disciplines relevant des arts martiaux. – Art. 1er, 2. – V. ss. C. sport, art. L. 212-6.
1999	10 août	Arrêté. Délivrance des dans ou des grades équivalents. – V. ss. C. sport, art. L. 212-6.
2000	27 janv.	Arrêté. Commission spécialisée des dans ou grades (taekwondo). – V. ss. C. sport, art. L. 212-6.
2000	27 janv.	Arrêté. Commission spécialisée des dans ou grades (judo). – V. ss. C. sport, art. L. 212-6.
2000	12 avr.	Loi n° 2000-321. Droits des citoyens dans leurs relations avec les administrations. – Art. 1er, 10. – V. App., v° *Actes Administratifs,* **p. 869** et App., v° *Associations,* **p. 970.**
2000	6 juill.	Loi n° 2000-627. Activités physiques et sportives. – Art. 56. – V. ss. C. sport, art. L. 121-5.
2000	8 sept.	Arrêté. Remboursement des frais de police à l'occasion d'une manifestation sportive. – V. ss. C. sport, art. L. 332-1.
2001	19 janv.	Arrêté. Commission spécialisée des grades et dans (karaté). – V. ss. C. sport, art. L. 212-1.
2001	16 févr.	Décret n° 2001-149. Statuts types des SASP. – V. ss. C. sport, art. R. 122-4.
2001	10 juill.	Lettre CSA. Publicité en faveur des boissons alcoolisées. – V. ss. CSP, art. L. 3323-2, App., v° *Alcool et tabac, I. Alcool,* **p. 890.**
2002	23 sept.	Arrêté. Commission spécialisée des grades et dans (aïkido). – V. ss. C. sport, art. L. 212-6.
2004	1er janv.	Code de l'arbitrage en matière de sport. – V. App., v° *Arbitrage juridictionnel,* **p. 898.**
2004	7 janv.	Décret n° 2004-22. Agrément des fédérations sportives – Dispositions statutaires obligatoires et règlement disciplinaire type. – Art. 12. – V. ss. C. sport, art. R. 131-12.
2004	6 mai	Arrêté. Équivalence entre le BEES et le BPJEPS. – V. ss. C. sport, art. D. 212-34.
2004	22 déc.	Décret n° 2004-1392. Application de l'article 20-2 de la loi n° 86-1067 du 30 septembre 1986 relative à la liberté de communication. – V. ss. C. sport, art. L. 333-9.
2005	7 juill.	Convention collective nationale du sport (étendue par Arr. du 21 nov. 2006). – V. App., v° *Travail, XII Convention collective,* **p. 1510.**
2005	19 oct.	Convention internationale contre le dopage dans le sport. – V. App., v° *Dopage (textes internationaux),* **p. 1082.**
2005	30 déc.	Décret n° 2005-1795. Organisation de l'administration centrale du ministère de la jeunesse, des sports et de la vie associative. – V. ss. C. sport, art. L. 111-1.

2005	30 déc.	Arrêté. Organisation des directions et sous-directions du ministère de la jeunesse, des sports et de la vie associative. – V. ss. C. sport, art. L. 111-2.
2006	2 mars	Décret n° 2006-248. Création du Centre national pour le développement du sport. – Art. 25. – V. ss. C. sport, art. R. 411-11.
2006	7 avr.	Arrêté. Délivrance des dans ou des grades équivalents. – V. ss. C. sport, art. L. 212-6.
2006	23 mai	Ordonnance n° 2006-596. Partie législative du code du sport. – V. **p. 12.**
2006	7 juin	Décret n° 2006-665. Composition de diverses commissions administratives. – Art. 28 à 30. – V. App., v° *Commissions et organismes de concertation,* **p. 1063.**
2006	5 juill.	Loi n° 2006-784. La prévention des violences lors des manifestations sportives. – V. C. sport, art. L. 331-4-1, L. 332-2-1, L. 332-11, L. 332-13, L. 332-16, L. 332-18 à L. 332-21.
2006	20 juill.	Arrêté. Délégation accordée à la Fédération française de hockey. – V. ss. C. sport, art. R. 131-25.
2006	29 sept.	Décret n° 2006-1204. Organisation et fonctionnement de l'Agence française de lutte contre le dopage. – Art. 36, 37 *(dispositions transitoires).* – V. ss. C. sport, art. R. 232-88.
2006	5 oct.	Délibération n° 2. Règlement intérieur du Collège de l'AFLD. – V. ss. C. sport, art. R. 232-12.
2006	23 oct.	Loi n° 2006-1294. Portant diverses dispositions relatives aux arbitres. – Art. 1er – V. C. sport, art. L. 223-1 à L. 223-3.
2006	18 déc.	Décret n° 2006-1629. Lutte contre le dopage des animaux. – Art. 27 à 29 *(dispositions transitoires).* – V. ss. C. sport, art. R. 241-13.
2006	18 déc.	Instruction n° 4H-5-06. Fiscalité des associations. – V. App., v° *Fiscalité,* **p. 1217.**
2006	21 déc.	Arrêtés. Délégation prévue à l'article L. 131-14 du code du sport. – V. ss. C. sport, art. R. 131-25.
2006	23 déc.	Décret n° 2006-1768. Procédures et sanctions disciplinaires en matière de lutte contre le dopage humain. – Art. 14 à 16 *(dispositions transitoires).* – V. ss. C. sport, art. R. 232-86.
2006	30 déc.	Loi n° 2006-1770. Le développement de la participation et de l'actionnariat salarié et diverses dispositions d'ordre économique et social. – Art. 68. – V. C. sport, art. L. 122-5, L. 122-6, L. 122-8, L. 122-10.
2007	24 avr.	Arrêté. Membres de la Commission nationale de sécurité des enceintes sportives. – V. ss. C. sport, art. R. 312-25.
2007	7 juill.	Charte olympique. – V. App., v° *Comité international olympique,* **p. 1026.**

2007	12 juill.	Délibération n° 54 rectifiée. Localisation des sportifs faisant l'objet de contrôles individualisés. – V. ss. C. sport, art. L. 232-15.
2007	24 juill.	Décret n° 2007-1132. Dispositions réglementaires du code du sport (décrets en conseil des ministres), **p. 301.**
2007	24 juill.	Décret n° 2007-1133. Dispositions réglementaires du code du sport (décrets en Conseil d'État et décrets), **p. 302.**
2007	28 août	Arrêté. Traitement automatisé de données à caractère personnel relatif aux personnes interdites de stade. – V. ss. C. sport, art. L. 332-11.
2007	27 sept.	Ordonnance n° 2007-1389. Contrôles, constat des infractions, sanctions en matière de lutte contre le dopage et protection de la santé des sportifs en Nouvelle-Calédonie. – Ratifiée par L. n° 2008-650 du 3 juill. 2008 (art. 24). – V. C. sport, art. L. 425-2 à L. 425-11.
2007	4 oct.	Délibération n° 69. Formation des escortes. – V. ss. C. sport, art. R. 232-57.
2007	4 oct.	Délibération n° 70. Formation des délégués fédéraux. – V. ss. C. sport, art. R. 232-57.
2007	17 nov.	Code mondial antidopage. – V. App., v° *Dopage (textes internationaux)*, **p. 1112.**
2007	28 nov.	Décret n° 2007-1676. Durée des contrats conclus pour la commercialisation des droits d'exploitation audiovisuels mentionnés à l'article L. 332-2 du code du sport. – V. C. sport, art. R. 333-3.
2008	23 janv.	Règlement de la chambre arbitrale du sport. – V. App., v° *Arbitrage juridictionnel*, **p. 947.**
2008	19 févr.	Décret n° 2008-151. Conditions de préparation du brevet d'État d'éducateur sportif. – V. C. sport, art. D. 212-74.
2008	28 févr.	Arrêté. Dispositions réglementaires du code du sport, – V. **p. 685.**
2008	27 mai	Loi n° 2008-496. Lutte contre les discriminations. – Art. 7. – V. C. pén., art. 225-3, App., v° *Responsabilité pénale*, **p. 1397.**
2008	30 mai	Ordonnance n° 2008-507. Transpositions de la directive n° 2005/36/CE du Parlement européen. – Art. 22. – V. C. sport, art. L. 212-7.
2008	1er juill.	Arrêté. Modification des dispositions réglementaires du code du sport. – V. Annexes II-3-1, II-4-1, II-4, ss. C. sport, art. A. 212-49.
2008	3 juill.	Loi n° 2008-650. Lutte contre le trafic de produits dopants. – V. C. sport, art. L. 232-2, L. 232-5, L. 232-9 à L. 232-11, L. 232-13, L. 232-14, L. 232-16, L. 232-17, L. 232-19 à L. 232-23, L. 232-26, L. 232-30, L. 232-25, L. 241-3, L. 241-4, L. 241-7, L. 241-10, L. 425-12.
2008	17 juill.	Arrêté. Modification des dispositions réglementaires du code du sport. – V. Annexe II-1, ss. C. sport, art. A. 212-1.

2008	18 juill.	Arrêté. Modification des dispositions réglementaires du code du sport : – V. C. sport, art. A. 212-1-1, A. 212-7, A. 212-17, A. 212-19, A. 212-28, A. 231-3, A. 322-77, A. 322-81, A. 331-22, A. 331-24, A. 332-25. – V. Annexes III-16 *a*, III-16 *b*, ss. C. sport, art. A. 322-82.
2008	4 août	Arrêté. Modification des dispositions réglementaires du code du sport : – V. C. sport, art. A. 331-3, A. 331-24 à A. 331-31, A. 331-37 à A. 331-42. – V. Annexe III-21-1, ss. C. sport, art. A. 331-25.
2008	8 sept.	Décret n° 2008-907. Modification du Décr. n° 2005-1795 du 30 déc. 2005 portant organisation de l'administration centrale du ministère de la jeunesse, des sports et de la vie associative. – V. Décr. n° 2005-1795 du 30 déc. 2005, art. 1er, ss. C. sport, art. L. 111-1.
2008	29 oct.	Arrêté. Modification des dispositions réglementaires du code du sport. – V. C. sport, art. A. 131-1.
2008	5 nov.	Décret n° 2008-1142. Délégué interministériel aux grands événements sportifs. – V. C. sport, art. L. 331-4-1.
2008	24 déc.	Arrêté. Modification des dispositions réglementaires du code du sport. – V. C. sport, A. 212-7, A. 212-16-1 à A. 212-16-4, A. 212-18, A. 212-37, A. 212-95, A. 212-167-1 à A. 212-167-5.
2008	27 déc.	Loi n° 2008-1425. De finances pour 2009. – Art. 185. – V. C. sport, art. L. 222-2 à L. 222-2-2.
2009	27 févr.	Arrêté. Modification des dispositions réglementaires du code du sport. – V. Annexe II-1, ss. C. sport, art. A. 212-1.
2009	5 mars	Loi n° 2009-258. Communication audiovisuelle et nouveau public de la télévision. – Art. 45-II. – V. C. sport, art. L. 333-7.
2009	6 mars	Décret n° 2009-265. Commission consultative des arts martiaux et sports de combat. – V. C. sport, art. D. 142-32.
2009	27 mars	Décret n° 2009-341. Commission d'examen des règlements fédéraux relatifs aux équipements sportifs. – V. C. sport, art. R. 131-33, R. 131-35, R. 142-1 à R. 142-25.
2009	12 mai	Loi n° 2009-526. Simplification et clarification du droit d'allègement des procédures. – Art. 123-VII, 125-XXIII. – V. C. sport, art. L. 312-14, L. 232-28, L. 332-20.
2009	14 mai	Décret n° 2009-540. Publicité des comptes annuels des associations et des fondations. – V. App., v° *Associations*, **p. 972.**
2009	14 mai	Arrêté. Modification des dispositions réglementaires du code du sport. – V. C. sport, art. A. 142-1 à A. 142-4.
2009	15 mai	Décret n° 2009-548. Modification des dispositions du code du sport relatives au Centre national pour le développement du sport. – V. C. sport, art. R. 411-2, R. 411-3, R. 411-6, R. 411-7, R. 411-12 à R. 411-23, R. 422-3, R. 426-1, R. 427-1.

2009	2 juin	Arrêté. Obligations des associations et des fondations relatives à la publicité de leurs comptes annuels. – V. App., v° *Associations*, **p. 972.**
2009	10 juin	Décret n° 2009-660. Institution d'une commission professionnelle consultative des « métiers du sport et de l'animation » auprès du ministre chargé de la jeunesse et du ministre chargé des sport. – V. C. sport, art. D. 142-33 à D. 142-38.
2009	10 juin	Arrêté. Composition et fonctionnement de la commission professionnelle consultative des « métiers du sport et de l'animation ». – V. C. sport, art. A. 142-20 à A. 142-30.
2009	11 juin	Décret n° 2009-680. Conseil d'administration de l'École nationale de voile et des sports nautiques. – V. C. sport, art. D. 211-39, D. 211-40.
2009	26 juin	Arrêté. Modification des les dispositions réglementaires du code du sport. – V. Annexe II-1, ss. C. sport, art. A. 212-1.
2009	22 juill.	Loi n° 2009-888. Développement et modernisation des services touristiques. – V. ss. CGCT, art. L. 1411-1, App., v° *Collectivité territoriale,* **p. 999.**
2009	22 juill.	Décret n° 2009-890. Prévention des risques résultant de l'usage des équipements de protection individuelle pour la pratique sportive ou de loisirs. : – V. C. sport, art. R. 322-27 à R. 322-38, Annexe III-3, ss. C. sport, art. R. 322-27. – V. Annexe III-9, ss. C. sport, art. A. 322-10.
2009	27 juill.	Décret n° 2009-911. Conditions de vente, de cession et de location de certains engins motorisés. – V. C. sport, art. R. 331-21.
2009	15 sept.	Décret n° 2009-1116. Application art. L. 212-7. – V. C. sport., art. R. 212-84 à R. 212-94.
2009	25 sept.	Arrêté. Modification des dispositions réglementaires du code du sport. – V. C. sport., art. A. 322-141.
2009	28 oct.	Arrêté. Composition et organisation de la commission de reconnaissance des qualifications. – V. C. sport, art. A. 212-175-1, A. 212-175-2.
2009	30 oct.	Arrêté. Modification des dispositions réglementaires du code du sport : – V. C. sport, art. A. 212-182 à A. 212-182-2. – V. Annexes II-12-2-*a*, II-12-2-*b*, II-12-3, ss. C. sport, art. A. 212-182 à A. 212-182-2.
2009	25 nov.	Décr. n° 2009-1454. L'institut national du sport, de l'expertise et de la performance. – V. C. sport, art. R. 211-1 à R. 211-18-6.
2009	14 déc.	Arrêté. Modification les dispositions réglementaires du code du sport. – V. Annexe II-1, ss. C. sport, art. A. 212-1.
2009	21 déc.	Arrêté. Modification des dispositions réglementaires du code du sport : – V. C. sport., art. A. 212-209 à A. 212-214. – V. Annexe II-16-1, ss. C. sport, art. A. 212-211.

2009	21 déc.	Arrêté. Modification des dispositions réglementaires du code du sport : – V. C. sport, art. A. 212-215 à A. 212-220. – V. Annexe II-16-2, ss. C. sport, art. A. 212-217.
2009	24 déc.	Loi n° 2009-1646. De financement de la sécurité sociale pour 2010. – Art. 22. – V. C. sport, art. L. 222-2.
2010	4 janv.	Arrêté. Modification des dispositions de l'article A. 142-1 du code du sport relatives à la commission consultative des arts martiaux et des sports de combat. – V. C. sport, art. A. 142-1.
2010	18 janv.	Arrêté. Modification des dispositions réglementaires du code du sport : – V. C. sport, art. A. 212-183 à A. 221-192-9. – V. Annexe II-16-4, ss. C. sport, art. A. 212-188 ; Annexe II-16-5 ss., C. sport, art. A. 212-192-5 ; Annexe II-16-6, ss. C. sport, art. A. 212-225.
2010	18 janv.	Arrêté. Modification des dispositions réglementaires du code du sport : – V. C. sport, art. A. 212-221 à A. 221-228. – V. Annexe II-16-6, ss. C. sport, art. A. 212-225.
2010	18 janv.	Arrêté. Modification des dispositions réglementaires du code du sport : – V. C. sport, art. A. 212-193 à A. 221-202. – V. Annexe II-16-3, ss. C. sport, art. A. 212-195.
2010	22 janv.	Décret n° 2010-90. Institut français du cheval et de l'équitation. – V. C. sport, art. R. 211-19.
2010	10 févr.	Décret n° 2010-134. Amendement à l'annexe de la convention contre le dopage, et à l'annexe 1 de la convention internationale contre le dopage dans le sport. – V. App., v° *Dopage (Textes internationaux)*, **p. 1093.**
2010	16 févr.	Arrêté. Application des articles R. 322-27 et R. 322-37 du code du sport et prévention des risques résultant de l'usage des équipements de protection individuelle pour la pratique sportive ou de loisir. – V. C. sport, art. A. 322-176, A. 322-177.
2010	2 mars	Loi n° 2010-201. Renforcement de la lutte contre les violences de groupes et la protection des personnes chargées d'une mission de service public. – Art. 9, 10. – V. C. sport, art. L. 332-8, L. 332-16, L. 332-18.
2010	14 avr.	Ordonnance n° 2010-379. Santé des sportifs et mise en conformité du code du sport avec les principes du code mondial antidopage. – V. C. sport, art. L. 230-2, L. 230-3, L. 232-2 à L. 232-3, L. 232-5, L. 232-9 à L. 232-17, L. 232-19, L. 232-21, L. 232-22, L. 232-23-1 à L. 232-23-4 , L. 232-24, L. 232-24-1, L. 232-26, L. 232-29, L. 232-30.
2010	16 avr.	Décret n° 2010-385. Fonctionnement de la commission nationale consultative de prévention des violences lors des manifestations sportives. – V. C. sport, art. R. 332-11, R. 332-12.
2010	26 avr.	Décret n° 2010-406. Contrats de concession de travaux publics et portant diverses dispositions en matière de commande publique. – Art. 38-V. – V. C. sport, art. R. 232-41.

2010	4 mai	Arrêté. Modification des dispositions réglementaires du code du sport. – V. C. sport, art. A. 131-1.
2010	12 mai	Loi n° 2010-476. Ouverture à la concurrence et régulation du secteur des jeux d'argent et de hasard en ligne. – V. App., v° *Paris sportifs*, **p. 1289.**
2010	12 mai	Décret n° 2010-481. Organisation et fonctionnement de l'Autorité de régulation des jeux en ligne. – V. App., v° *Paris sportifs*, **p. 1304.**
2010	12 mai	Décret n° 2010-483. Compétitions sportives et types de résultats sportifs définis par l'Autorité de régulation des jeux en ligne. – V. App., v° *Paris sportifs*, **p. 1307.**
2010	17 mai	Arrêté. Modification des dispositions réglementaires du code du sport. – V. Annexe II-1, ss. C. sport, art. A. 212-1.
2010	7 juin	Décret n° 2010-614. Conditions de commercialisation des droits portant sur l'organisation de paris en relation avec une manifestation ou compétition sportives. – V. App., v° *Paris sportifs*, **p. 1308.**
2010	8 juin	Décret n° 2010-630. Modification de l'article D. 322-13 du code du sport. – V. C. sport, art. D. 322-13.
2010	9 juin	Loi n° 2010-626. Encadrement de la profession d'agent sportif. – V. C. sport, art. L. 131-19, L. 141-4, L. 222-5 à L. 222-22.
2010	18 juin	Arrêté. Modification des dispositions réglementaires du code du sport : – V. C. sport, art. A. 322-71, A. 322-74 à A. 322-86. – V. Annexes III-14 *a*, III-14 *b*, ss. C. sport, art. A. 322-77 ; Annexe III-15 *a*, ss. C. sport, art. A. 322-72 ; Annexe III-15 *b*, ss. C. sport, art. A. 322-74 ; Annexes III-16 *a*, III-16 *b*, ss. C. sport, art. A. 322-82.
2010	12 juill.	Arrêté. Modifiant les dispositions réglementaires du code du sport. – V. Annexe II-1 s., ss. C. sport, art. A. 212-1.
2010	9 sept.	Arrêté. Modification des dispositions du code du sport. – V. C. sport, art. A. 131-1.
2010	22 oct.	Arrêté. Modification des dispositions du code du sport. – V. Annexe II-1, ss. C. sport, art. A. 212-1-1.
2010	27 oct.	Décret n° 2010-1289. Détention indirecte du contrôle au sens de l'article L. 233-16 du code de commerce d'un organisateur de compétition ou manifestation sportive, d'une partie prenante à une compétition ou manifestation sportive ou d'un opérateur de jeux ou de paris en ligne. – V. App., v° *Paris sportifs*, **p. 1309.**
2010	28 oct.	Ordonnance n° 2010-1307. Modification de la partie législative du code des transports. – Ratifiée par L. n° 2012-375 du 19 mars 2012 (art. 1er-I). – V. C. transp., art. L. 5121-3, App., v° *Sports de nature*, **p. 1382.**
2010	12 nov.	Décret n° 2010-1378. L'École nationale des sports de montagne. – V. C. sport, art. D. 211-52 à D. 211-63, D. 211-65 à D. 211-68.
2010	12 nov.	Décret n° 2010-1409. Diplômes d'État des métiers d'enseignement, d'encadrement et d'entrainement des sports de montagne. – V. C. sport, art. D. 212-67 à D. 212-69-2.

2010	12 nov.	Arrêté. Modification des dispositions du code du sport : – V. C. sport, art. A. 322-84 à A. 322-84-2. – V. Annexe III-16 *b*, ss. C. sport, art. A. 322-82.
2010	29 nov.	Arrêté. Modification des dispositions du code du sport. – V. C. sport, art. A. 131-1.
2010	16 déc.	Arrêté. Modification des dispositions du code du sport. – V. C. sport, art. A. 131-1.
2011	13 janv.	Décret n° 2011-57. Contrôles en matière de lutte contre le dopage. – V. C. sport, art. R. 232-45, R. 232-46, R. 232-47-1, R. 232-48, R. 232-49, R. 232-52, R. 232-58, R. 232-61, R. 332-64 à R. 232-66, R. 232-68, R. 232-69, R. 232-70-1, R. 232-71, R. 232-79, R. 232-80, R. 232-85-1.
2011	13 janv.	Décret n° 2011-59. Lutte contre le dopage. – V. C. sport, art. D. 232-47, D. 232-72 à D. 232-78, D. 232-83 à D. 232-87.
2011	17 févr.	Arrêté. Modification des dispositions réglementaires du code du sport. – V. Annexe II-1, ss. C. sport, art. A. 212-1.
2011	7 mars	Arrêté. Modification des dispositions réglementaires du code du sport. – V. C. sport, art. A. 131-1.
2011	14 mars	Loi n° 2011-267. Orientation et programmation pour la performance de la sécurité intérieure. – Art. 60 à 65, 95-II, 113-VI. – V. C. sport, art. L. 331-4-1, L. 332-2, L. 332-11, L. 332-15 à L. 332-16-2, L. 332-19.
2011	15 mars	Décret n° 2011-269. Application de l'article L. 362-3 du code de l'environnement. et épreuves et compétitions de sports motorisés sur les voies non ouvertes à la circulation publique. – V. C. sport, art. R. 331-24-1, R. 331-26.
2011	21 mars	Arrêté. Organisation du centre national pour le développement du sport en Nouvelle-Calédonie en application de l'article R. 425-1 du code du sport. – V. C. sport, art. A. 425-2.
2011	28 mars	Loi n° 2011-331. Modernisation des professions judiciaires ou juridiques et certaines professions réglementées. – Art. 4-II. – V. C. sport, art. L. 222-19-1.
2011	2 mai	Arrêté. Liste des substances et procédés dopants. – V. ss. C. sport, art. L. 241-2.
2011	12 mai	Délibération n° 172. Détermination des sportifs assujettis à l'obligation de localisation instituée par l'article L. 232-15 du code du sport. – V. C. sport, art. L. 232-15.
2011	17 mai	Loi n° 2011-525. Simplification et amélioration de la qualité du droit : – Art. 94-XII-7°, 118. – V. C. sport, art. L. 114-1, L. 232-20. – Art. 142-1°. – V. L. n° 86-1067 du 30 sept. 1986, art. 20-4, ss. C. sport, art. L. 333-9.
2011	3 juin	Décret n° 2011-630. Centres de ressources, d'expertise et de performance sportives : – Art. 1er. – V. C. sport, art. D. 211-69 à D. 211-82-4.

		– Art. 4. – V. Décr. n° 2005-1795 du 30 déc. 2005, art. 1er, ss. C. sport L. 111-1.
2011	3 juin	Décret n° 2011-631. Certains établissements publics de formation intervenant dans le domaine du sport : – V. C. sport, art. R. 211-64, R. 211-82, D. 211-82-1. – V. Décr. n° 2005-1795 du 30 déc. 2005, art. 1er, ss. C. sport, art. L. 111-1.
2011	16 juin	Décret n° 2011-686. Encadrement de la profession d'agent sportif. – V. C. sport, art. R. 222-1 à R. 222-42.
2011	24 juin	Arrêté. Abrogation de l'arrêté du 26 novembre 2009 relatif à la liberté d'établissement des agents sportifs ressortissants d'un État membre de la Communauté européenne ou d'un État partie à l'accord sur l'Espace économique européen ainsi que les articles A. 222-1 à A. 22-15 du code du sport. – V. C. sport, art. A. 222-1 à A. 222-15.
2011	8 juill.	Ordonnance n° 2011-827. Répression du dopage en Nouvelle-Calédonie. – Ratifiée par L. n° 2012-1270 du 20 nov. 2012 (art. 30). – V. C. sport, art. L. 425-1 à L. 425-7, L. 425-9 à L. 425-9-3.
2011	15 juill.	Ordonnance n° 2011-839. Assurance en matière de transport. – V. C. assur., art. L. 113-1, L. 113-8, ss. C. sport, art. L. 321-1.
2011	19 juill.	Arrêté. Modification des dispositions réglementaires du code du sport. – V. Annexe II-1, ss. C. sport, art. A. 212-1.
2011	29 juill.	Arrêté. Organisation du Centre national pour le développement du sport à Saint-Barthélemy et à Saint-Martin. – V. C. sport, art. A. 426-1, A. 427-1.
2011	29 août	Décret n° 2011-1036. Durée de conservation des échantillons prélevés lors de contrôles en matière de lutte contre le dopage. – V. C. sport, art. R. 232-66.
2011	19 sept.	Arrêté. Liste des fédérations délégataires mettant en œuvre les dispositions législatives et réglementaires relatives à la profession d'agent sportif. – V. C. sport, art. A. 222-1.
2011	1er déc.	Décret n° 2011-1696. Communication des informations portant sur l'identité des personnes faisant l'objet d'une interdiction judiciaire ou administrative de stade. – V. C. sport, art. R. 332-2, R. 332-7, R. 332-8.
2011	7 déc.	Arrêté. Manifestations nautiques. – V. Arr. du 3 mai 1995, art. 1er, 2, 3, 5, 6, 7, App., v° *Manifestations sportives*, **p. 1261.**
2011	9 déc.	Arrêté. Modification règlementaire (Arrêtés). – V. Annexe II-16-3, ss. C. sport, art. A. 212-195.
2011	13 déc.	Loi n° 2011-1862. Contentieux et procédures juridictionnelles. – V. L. n° 71-1130 du 31 déc. 1971, art. 10, ss. C. sport, art. L. 222-17.
2011	21 déc.	Loi n° 2011-1906 de financement de la sécurité sociale pour 2012. – Art. 45-II, 120-III. – V. CSS, art. L. 433-1, L. 454-1, App., v° *Sécurité sociale*, **p. 1416.**

2012	5 janv.	Arrêté. Modifications réglementaires. – V. Annexe III-14 *a*, III-14 *b*, III-15 *a*, III-15 *b*, III-16 *a*, III-16 *b*, III-17 *a*, III-17 *b*, III-17 *c*, III-18 *b*, III-18 *c*, III-19, ss. C. sport, art. A. 322-71 à A. 322-101.
2012	5 janv.	Arrêté. Modifications réglementaires (rectificatif). – V. Annexe III-15 *b*, III-16 *b*, III-17 *c*, III-18 *c*, III-19, ss. C. sport, art. A. 322-74, A. 322-78, A. 322-82, A. 322-91.
2012	11 janv.	Ordonnance n° 2012-34. Réforme des dispositions de police administrative et de police judiciaire du code de l'environnement. – V. C. envir., art. L. 362-5 à L. 362-8, L. 414-5, L. 414-5-1, App., v° *Sports de nature*, **p. 1426.**
2012	13 janv.	Décret n° 2012-45. Création de la Conférence nationale du sport. – V. C. sport, art. D. 142-39.
2012	31 janv.	Décret n° 2012-160. Activités physiques ou sportives s'exerçant dans un environnement spécifique. – V. C. sport, art. R. 212-7.
2012	1er févr.	Loi n° 2012-158. Visant à renforcer l'éthique du sport et les droits des sportifs : – V. C. sport, art. L. 113-1, L. 122-2, L. 122-3, L. 122-7 à L. 122-9, L. 122-17, L. 131-8-1, L. 131-16, L. 132-2, L. 221-9, L. 222-17, L. 232-2, L. 232-5, L. 232-20-1, L. 232-21, L. 232-24, L. 241-2, L. 241-3, L. 241-7, L. 331-5, L. 332-22, L. 333-7. – V. L. n° 2010-476 du 12 mai 2010, art. 32, App., v° *Paris sportifs*, **p. 1294.**
2012	1er févr.	Décret n° 2012-164. Brevet professionnel de la jeunesse, de l'éducation populaire et du sport. – V. C. sport, art. R. 212-29, R. 212-32.
2012	1er févr.	Décret n° 2012-165. Brevet professionnel de la jeunesse, de l'éducation populaire et du sport. – V. C. sport, art. R. 212-2, D. 212-25, D. 212-27, D. 212-33.
2012	3 févr.	Arrêté. Modifications réglementaires. – V. C. sport, art. A. 212-17, A. 212-20 à A. 212-35, A. 212-38, A. 212-39, A. 212-42, A. 212-44, A. 212-46, A. 212-47.
2012	25 févr.	Arrêté. Modification de l'arrêté du 4 avril 1996 relatif aux manifestations aériennes et l'arrêté du 21 mars 2007 relatif aux aéronefs non habités qui évoluent en vue directe de leurs opérateurs. – V. App., v° *Manifestations sportives*, **p. 1257.**
2012	5 mars	Décret n° 2012-312. Manifestations sportives sur les voies publiques ou ouvertes à la circulation publique. – V. C. sport, art. R. 312-22, R. 331-6 à R. 331-17-2, R. 331-26.
2012	12 mars	Loi n° 2012-346. Mesures conservatoires en matière de procédures de sauvegarde, de redressement judiciaire ou de liquidation judiciaire et aux biens qui en font l'objet. – V. C. com., art. L. 621-2, App., v° *Sociétés*, **p. 1423.**
2012	12 mars	Loi n° 2012-348. Organisation des manifestations sportives et culturelles. – V. C. sport, art. L. 321-3-1, L. 232-9, L. 232-12-1, L. 232-22-1.

2012	12 mars	Ordonnance n° 2012-351. Code de la sécurité intérieure (partie législative) : – V. CSI, art. L. 321-5, L. 322-1 à L. 322-6, L. 324-1 à L. 324-4, L. 324-6 à L. 324-10, L. 344-3, L. 344-4, L. 345-3, L. 345-4, App., v° *Paris sportifs*, **p. 1283.** – V. CSI, art. L. 511-1, L. 611-1, L. 612-1, L. 613-3, ss. C. sport, art. L. 332-2-1. – V. CSI, art. L. 114-1, L. 211-11, L. 234-1 à L. 234-3, ss. C. sport, art. L. 332-1.
2012	14 mars	Arrêté. Dispositifs techniques et de sécurité minimaux requis pour la participation des véhicules à moteur des catégories M ou N à un parcours de liaison d'une manifestation sportive. – V. ss. C. sport, art. R. 331-21.
2012	16 mars	Décret n° 2012-374. Extension en Nouvelle-Calédonie de diverses dispositions relatives à l'ordre public, au droit électoral et à l'état civil. – V. ss. C. sport, art. L. 332-1, R. 331-4.
2012	22 mars	Loi n° 2012-387. Simplification du droit et allègement des démarches administratives : – V. L. du 1er juill. 1901, art. 6, 7, App., v° *Associations*, **p. 963.** – V. C. envir., art. L. 414-4, L. 414-5, L. 414-5-1, App., v° *Sports de nature*, **p. 1445.** – V. C. trav., art. L. 1332-2, App., v° *Travail*, **p. 1480.**
2012	28 mars	Arrêté. Identification des conducteurs de véhicules motorisés circulant sur un parcours de liaison dans le cadre d'une manifestation sportive. – V. C. sport, art. A. 331-18.
2012	6 avr.	Arrêté. Modifications règlementaires relatives à la plongée subaquatique : – V. C. sport, art. A. 322-76, A. 322-98 à A. 322-101. – Art. 8. – V. Annexe II-15 *b*, ss. C. sport, art. A. 322-74.
2012	11 avr.	Décret n° 2012-474. Mission du Centre national pour le développement du sport. – V. C. sport, art. R. 411-2.
2012	18 avr.	Décret n° 2012-509. Pouvoirs des préfets, organisation et action de l'État dans les régions et départements. – V. C. sport, art. R. 411-12, R. 411-22.
2012	3 mai	Arrêté. Manifestations sportives sur les voies publiques ou ouvertes à la circulation publique. – V. C. sport, art. A. 331-2 à A. 331-4, A. 331-16 à A. 331-19, A. 331-24, A. 331-25, A. 331-38 à A. 331-42.
2012	4 mai	Décret n° 2012-653. Dispositions CGI. – V. CGI, art. 83, 200, App., v° *Fiscalité*, **p. 1189.**
2012	4 mai	Arrêté. Désignation des membres de la Commission nationale de sécurité des enceintes sportives. – V. Arr. du 24 avr. 2007, art. 1er, ss. C. sport, art. R. 312-25.
2012	9 mai	Décret n° 2012-721. Participation des employeurs à l'effort de construction. – V. C. com., art. R. 612-1, App., v° *Associations*, **p. 961.**

2012	10 juill.	Arrêté. Modification des dispositions réglementaires du code du sport. – V. Annexe II-1, C. sport, art. A. 212-1.
2012	16 juill.	Arrêté. Modification des dispositions réglementaires du code du sport (Arrêtés). – V. Annexe II-3, C. sport, art. A. 212-49.
2012	1er oct.	Arrêté. Formation générale commune aux métiers d'enseignement, d'encadrement et d'entraînement des sports de montagne. – V. C. sport, art. A. 212-168 à A. 212-175 (nouveaux), A. 212-175-1-1 à A. 212-175-1-8.
2012	5 oct.	Décret n° 2012-1130. Attribution des compétences au sein de la juridiction administrative en matière de représentativité des organisations syndicales. – V. CJA, art. R. 311-1, ss. C. sport, art. R. 131-2.
2012	15 oct.	Décret n° 2012-1156. Autorisation à des fins thérapeutiques de substances et de méthodes interdites dans le cadre de la lutte contre le dopage. – V. C. sport, art. R. 232-49, R. 232-58, R. 232-74, D. 232-75 à D. 232-78, D. 232-84, R. 232-86 (Annexe II-2), R. 232-90.
2012	7 nov.	Décret n° 2012-1247. Gestion budgétaire et comptable publique. – V. C. sport, art. D. 112-14, D. 112-15, D. 112-17, D. 112-19, D. 112-20, D. 112-22, D. 211-45, D. 211-47, R. 211-48, D. 211-60, D. 211-63, R. 211-64, D. 211-77, D. 211-82, R. 211-82-1, R. 232-40, R. 411-6, R. 411-24, R. 411-25.
2012	20 nov.	Loi n° 2012-1270 Régulation économique Outre-mer. – V. C. com., art. L. 420-2-1, L. 420-3, L. 420-4, App., v° *Concurrence*, **p. 1070.**
2012	17 déc.	Loi n° 2012-1404. De financement de la sécurité sociale pour 2013. – Art. 13-I-1°. – V. CGI, art. 231, App., v° *Fiscalité*, **p. 1198.**
2012	19 déc.	Décret n° 2012-1426. Publication de l'amendement à l'annexe de la convention contre le dopage, adopté à Paris le 13 nov. 2012, et à l'annexe 1 de la convention internationale contre le dopage dans le sport, adoptée à Paris le 12 nov. 2012 : – V. Conv. contre le dopage, Annexe, App., v° *Dopage*, **p. 1082.** – V. Conv. internationale contre le dopage dans le sport, Annexe 1, App., v° *Dopage*, **p. 1111.**
2012	29 déc.	Loi n° 2012-1509. De finances pour 2013. – Art. 5, 6. – V. CGI, art. 83, App., v° *Fiscalité*, **p. 1189.**
2012	29 déc.	Loi n° 2012-1510. De finances rectificative pour 2012. – Art. 88-III. – V. L. n° 2010-476 du 12 mai 2010, art. 66, App., v° *Paris sportifs*, **p. 1303.**
2012	31 déc.	Arrêté 1. Accord de délégation prévue à l'art. L. 131-14. – V. ss. C. sport, art. R. 131-25.
2012	31 déc.	Arrêté 2. Accord de délégation prévue à l'art. L. 131-14. – V. ss. C. sport, art. R. 131-25.
2012	31 déc.	Arrêté 3. Accord de délégation prévue à l'art. L. 131-14. – V. ss. C. sport, art. R. 131-25.

2013	11 janv.	Arrêté. Modification de l'arrêté du 1er octobre 2012 relatif à la formation générale commune aux métiers d'enseignement, d'encadrement et d'entraînement des sports de montagne. – V. C. sport, A. 212-168 à A. 212-175 (nouveaux), A. 212-175-1-1 à A. 212-175-1-8, A. 212-175, A. 212-175-10.
2013	28 janv.	Loi n° 2013-100. Législation du droit de l'Union européenne en matière économique et financière. – V. C. consom., art. L. 122-1, App., v° *Concurrence*, **p. 1072.**
2013	8 févr.	Arrêté. Accord de délégation prévue à l'art. L. 131-14. – V. ss. C. sport, art. R. 131-25.
2013	12 févr.	Arrêté. Modification des dispositions réglementaires du code du sport. – V. Annexe II-1, ss. C. sport, art. A. 212-1.
2013	13 févr.	Arrêté. Organisation des directions et sous-directions de l'administration du ministère chargé de la jeunesse des sports et de la vie associative. – V. Arr. du 30 déc. 2005, art. 1er à 5, ss. C. sport, art. L. 111-2.
2013	25 mars	Décret n° 2013-253. Codification du code des transports – Annexe. – V. C. transp., art. R. 4000-1, R. 4000-2, R. 4241-38, R. 4241-59 à R. 4241-61, R. 4241-68 à R. 4241-71, R. 4242-1 à R. 4242-8.
2013	28 mars	Décret n° 2013-264. Modifications réglementaires du code du sport relatives à des consultations de commissions administratives. – V. C. sport, art. L. 131-16, L. 141-3, L. 211-4, L. 221-1, L. 221-2, L. 221-11.
2013	4 avr.	Décret n° 2013-289. Création du Conseil national du sport. – V. C. sport, art. R. 142-1 à R. 142-15, D. 142-39 à D. 142-47, R. 221-1, R. 221-9, R. 221-10, R. 221-13, R. 221-16, D. 221-24, R. 221-27 à R. 221-39.
2013	3 mai	Arrêté. Publication de l'avis des fédérations délégataires en application de l'art. R. 331-9-1 C. sport. – V. C. sport, art. A. 331-5.
2013	13 mai	Décret n° 2013-396. Modification de décrets pris en application du livre II du code de la consommation et du code du sport. – Art. 5. – V. C. sport, art. R. 322-34.
2013	23 mai	Décret n° 2013-420. Suppression de commissions administratives à caractère consultatif. – V. C. sport, art. D. 142-32.
2013	3 juin	Décret n° 2013-463. Modifications du CGI. – V. CGI, art. 83, App., v° *Fiscalité*, **p. 1189.**
2013	14 juin	Loi n° 2013-504. Sécurisation de l'emploi. – Art 18-XXI. – V. C. trav., art. L. 3253-8, App., v° *Travail*, **p. 1495.**
2013	17 juin	Arrêté. Pièces justificatives accompagnant la demande de validation par le régime général d'assurance vieillesse des périodes d'inscription sur la liste des sportifs de haut niveau. – V. ss. CSS, art. L. 351-3, App., v° *Sécurité sociale*, **p. 1415.**
2013	26 juin	Décret n° 2013-557. Coopération interministérielle et échanges de renseignements en matière de lutte contre le trafic de substances ou méthodes dopantes. – V. C. sport, art. D. 232-99 à D. 232-103.

2013	27 juin	Ordonnance n° 2013-544. Établissements de crédit et sociétés de financement. – V. C. consom., art. L. 122-1, App., v° *Concurrence*, **p. 1072.**
2013	8 juill.	Loi n° 2013-595. Orientation et programmation pour la refondation de l'école de la République. – Art. 11, 21, 23, 24 et 30. – V. C. éduc., art. L. 121-5, L. 212-15, L. 213-2, L. 214-6, L. 216-1, App., v° *Enseignement des APS*, **p. 1176.**
2013	11 juill.	Arrêté. Modifications de certaines dispositions du code du sport. – V. C. sport, art. A. 212-1 (Annexe II-1).
2013	18 juill.	Décret n° 2013-650. Institution d'un délégué ministériel aux grands événements sportifs. – V. Décr. n° 2008-1142 du 5 nov. 2008, art. 2 à 3, ss. C. sport, art. L. 331-4-1.
2013	19 juill.	Avis. Prévention des risques résultant de l'usage des équipements de protection individuelle pour la pratique sportive ou de loisirs. – V. ss. C. sport, art. R. 322-30.
2013	22 juill.	Arrêté. Modification de certaines dispositions du code du sport. – V. C. sport, art. A. 312-10.
2013	11 sept.	Arrêté. Application de l'article R. 212-8 du C. sport. – V. C. sport, art. A. 212-175-11 à A. 212-175-14, A. 212-175-14 (Annexe II-21).
2013	19 sept.	Ordonnance n° 2013-837. Adaptation du code des douanes, du code général des impôts, du livre des procédures fiscales et d'autres dispositions législatives fiscales et douanières applicables à Mayotte. – V. CGI, art. 231, App., v° *Fiscalité*, **p. 1198.**
2013	11 oct.	Loi n° 2013-907. Transparence de la vie publique : – Art. 27-IV. – V. CGI, art. 1741, App., v° *Fiscalité*, **p. 1216.** – Art. 27-V. – V. C. com., art. L. 242-6, App., v° *Sociétés*, **p. 1422.**
2013	14 oct.	Arrêté. Dispositions du code du sport relatives à la notice d'impact accompagnant les projets de règlements fédéraux relatifs aux équipements sportifs. – V. C. sport, art. A. 142-0, Annexe I-1.
2013	17 oct.	Loi n° 2013-921. Création d'un Conseil national d'évaluation des normes applicables aux collectivités territoriales et à leurs établissements publics. – V. CGCT, art. L. 1212-2, ss. C. sport, art. R. 142-7.
2013	22 oct.	Décret n° 2013-947. Dispositions en application de l'art. L. 131-16-1 du code du sport et relatives aux interdictions de paris sportifs. – V. C. sport, art. R. 131-37 à R. 131-45, R. 331-3.
2013	23 oct.	Arrêté. Déclaration des personnes désirant enseigner, animer ou encadrer une activité physique ou sportive ou entraîner ses pratiquants contre rémunération. – V. C. sport, art. A. 212-176, Annexe II-12, ss. C. sport, art. A. 212-176.
2013	4 déc.	Décret n° 2013-113. Dispositions des livres Ier, II, IV et V de la partie réglementaire du code de la sécurité intérieure. – V. CSI, art. R. 211-22 à R. 211-26, R. 211-31, ss. C. sport, art. R. 331-4.

2013	6 déc.	Loi n° 2013-1117. Lutte contre la fraude fiscale et la grande délinquance économique et financière : – Art. 6. – V. C. pén., art. 432-11, 432-12, 445-1, 445-2, App., v° *Responsabilité pénale*, **p. 1399.** – Art. 9. – V. CGI, art. 1741, App., v° *Fiscalité*, **p. 1216.** – Art. 30-2°. – V. C. com., art. L. 242-6, App., v° *Sociétés*, **p. 1422.**
2013	18 déc.	Loi n° 2013-1168. Programmation militaire pour les années 2014 à 2019 et diverses dispositions concernant la défense et la sécurité nationale. – Art. 18 et 19. – V. CSI, art. L. 234-2, L. 234-3, ss. C. sport, art. L. 332-19.
2013	20 déc.	Décret n° 2013-1200. Abrogation d'une disposition du code du sport. – V. Annexe I-5, art. 2.2.2.2.1, ss. C. sport, art. R. 131-3.
2013	20 déc.	Arrêté. Interdiction des concentrations ou manifestations sportives sur les routes à grande circulation à certaines périodes de l'année 2014. – V. ss. C. sport, art. R. 331-18.
2013	27 déc.	Décret n° 2013-1317. Autorisation de la création d'un traitement automatisé de données à caractère personnel visant à mettre en œuvre l'établissement du profil biologique des sportifs mentionnés à l'article L. 232-15 C. sport. – V. C. sport, art. R. 232-41-1 à R. 232-41-9.
2013	27 déc.	Décret n° 2013-1318. Établissement du profil biologique des sportifs mentionnés à l'article L. 232-15 C. sport. – V. C. sport, art. R. 232-65, R. 232-67-1 à R. 232-67-15.
2013	29 déc.	Loi n° 2013-1278. De finance pour 2014 : – Art. 26. – V. CGI, art. 83, App., v° *Fiscalité*, **p. 1189.** – Art. 75. – V. CGI, art. 231, App., v° *Fiscalité*, **p. 1198.** – Art. 76. – V. CGI, art. 1586 *ter*, App., v° *Fiscalité*, **p. 1215.** – Art. 137. – V. CGCT, art. L. 1311-2, App., v° *Collectivités territoriales*, **p. 997.**
2013	29 déc.	Loi n° 2013-1279. De finances rectificative pour 2013 : – Art. 17. – V. CGI, art. 200, App., v° *Fiscalité*, **p. 1193.** – Art. 43. – V. CGI, art. 92, App., v° *Fiscalité*, **p. 1190.**
2014	2 janv.	Arrêté. Modification des dispositions du code du sport. – V. C. sport, art. A. 131-1.
2014	7 janv.	Arrêté. Modification des dispositions réglementaires du code du sport (Plongée subaquatique). – V. C. sport, art. A. 212-194, A. 212-195 (Annexe II-16-3), A. 212-197, A. 212-198.
2014	7 janv.	Arrêté. Modification des dispositions réglementaires du code du sport (Parachutisme). – V. C. sport, art. A. 212-210, A. 212-211 (Annexe II-16-1), A. 212-214.
2014	27 janv.	Loi n° 2014-58. Modernisation de l'action publique territoriale et affirmation des métropoles : – Art. 1er-I-3° et 1er-I-5°. – V. CGCT, art. L. 1111-4, L. 4221-1, App., v° *Collectivités territoriales*, **p. 993.**

		– Art. 5. – V. CGCT, art. L. 1611-8, App., v° *Collectivités territoriales*, **p. 1001.** – Art. 43-I – V. CGCT, art. L. 5217-4 à L. 5217-7, App., v° *Collectivités territoriales*, **p. 1019.** – Art. 47-1°. – V. CGCT, art. L. 3211-1-1, App., v° *Collectivités territoriales*, **p. 1009.** – Art. 51-5°. – V. CGCT, art. L. 5216-5, App., v° *Collectivités territoriales*, **p. 1016.** – Art. 56-1° à 56-3°. – V. CGCT, art. L. 5214-16, L. 5215-20, L. 5216-5, App., v° *Collectivités territoriales*, **p. 1012.** – Art. 62-I-5°. – V. CGCT, art. L. 2512-14, App., v° *Collectivités territoriales*, **p. 1009.** – Art. 71-I, 71-II et 71-IX-2°. – V. CGCT, art. L. 5214-16, L. 5215-20, App., v° *Collectivités territoriales*, **p. 1012.**
2014	10 janv.	Arrêté. Liste nominative et sièges des centres de ressources, d'expertise et de performance sportives. – V. Arr. du 22 juin 2011, ss. C. sport, art. D. 211-69.
2014	13 janv.	Arrêté. Validation des parcours de l'excellence sportive. – V. C. sport, art. R. 221-24.
2014	28 janv.	Arrêté. Modifications des dispositions règlementaires du code du sport. – V. C. sport, art. A. 142-20, A. 142-22, A. 142-23, A. 142-26.
2014	10 févr.	Arrêté. Modifications des dispositions règlementaires du code du sport. – V. C. sport, art. A. 212-1.
2014	17 févr.	Décret n° 2014-132. Suppression de commissions administratives à caractère consultatif. – V. CESEDA, art. R. 315-1 à R. 315-3, R. 315-6, App., v° *Travail*, **p. 1501.**
2014	21 févr.	Loi n° 2014-173. Programmation pour la ville et la cohésion urbaine : – Art. 11. – V. CGCT, art. L. 5214-16, L. 5215-20, L. 5216-5, App., v° *Collectivités territoriales*, **p. 1012.** – Art. 15. – V. C. pén., art. 225-3, App., v° *Responsabilité pénale*, **p. 1397.**
2014	27 févr.	Arrêté. Validation des parcours d'excellence sportive. – V. ss. C. sport, art. R. 142-15.
2014	28 févr.	Arrêté. Mise en place de la téléprocédure de déclaration des éducateurs sportifs à la gestion par le ministère chargé des sports du fichier des éducateurs sportifs et établissements d'activités physiques et sportives : – Art. 1 à 7. – V. ss. C. sport, art. L. 212-1. – Art. 8 à 11. – V. Arr. du 7 août 1997, art. 1er à 4, ss. C. sport, art. L. 212-1.
2014	11 mars	Loi n° 2014-315. Lutte contre la contrefaçon : – Art. 11. – V. CPI, art. L. 716-6, App., v° *Propriété intellectuelle*, **p. 1337.** – Art. 16. – V. CPI, art. L. 712-6, App., v° *Propriété intellectuelle*, **p. 1334.** – Art. 19. – V. CPI, art. L. 716-10, App., v° *Propriété intellectuelle*, **p. 1338.**

2014	12 mars	Ordonnance n° 2014-326. Réforme de la prévention des difficultés des entreprises et des procédures collectives : – Art. 16. – V. C com., art. L. 621-2, App., v° *Sociétés*, **p. 1423.** – Art. 49-III. – V. C com., art. L. 631-4, App., v° *Sociétés*, **p. 1424.**
2014	17 mars	Loi n° 2014-344. Consommation : – Art. 62. – V. C assur., art. L. 129-1, ss. C. sport, art L. 321-1. – Art. 73-I-6°. – V. CPI, art. L. 713-6, App., v° *Propriété intellectuelle*, **p. 1335.** – Art. 148-I. – V. CSI, art. L. 322-2, L. 324-6 à L. 324-10, L. 344-3, L. 345-3, App., v° *Paris Sportifs*, **p. 1283.** – Art. 148-IV. – V. L. n° 2010-476 du 12 mai 2010, art. 2, App., v° *Paris sportifs*, **p. 1289.** – Art. 150. – V. C. sport, art. L. 333-1-2. – Art. 151. – V. L. n° 2010-476 du 12 mai 2010, art. 15, 70, App., v° *Paris sportifs*, **p. 1293.** – Art. 152-II. – V. L. n° 2010-476 du 12 mai 2010, art. 43, App., v° *Paris sportifs*, **p. 1299.** – Art. 154-2°. – V. L. n° 2010-476 du 12 mai 2010, art. 38, App., v° *Paris sportifs*, **p. 1297.** – Art. 155. – V. L. n° 2010-476 du 12 mai 2010, art. 57, App., v° *Paris sportifs*, **p. 1301.** – Art. 156-I. – V. L. n° 2010-476 du 12 mai 2010, art. 61, App., v° *Paris sportifs*, **p. 1302.** – Art. 157. – V. L. n° 2010-476 du 12 mai 2010, art. 66, App., v° *Paris sportifs*, **p. 1303.** – Art. 158. – V. L. n° 2010-476 du 12 mai 2010, art. 12, 14, 56, App., v° *Paris sportifs*, **p. 1292.**
2014	24 mars	Loi n° 2014-366. Accès au logement et urbanisme rénové : – Art. 136. – V. CGCT, art. L. 5214-16, L. 5216-5, App., v° *Collectivités territoriales*, **p. 1012.** – Art. 157-III. – V. C. tourisme, art. L. 342-23, App., v° *Sports de nature*, **p. 1458.** – Art. 158-I-3. – V. C. urb., art. L. 473-2, App., v° *Sports de nature*, **p. 1426.** – Art. 158-III. – V. C. tourisme, art. L. 342-18, App., v° *Sports de nature*, **p. 1457.**
2014	7 avr.	Arrêté. Validation des parcours d'excellence sportive. – V. ss. C. sport, art. R. 142-15.
2014	29 avr.	Arrêté. Modification de l'article A. 312-11 du code du sport. – V. C. sport, art. A. 312-11.
2014	30 avr.	Décret n° 2014-446. Création du Conseil national d'évaluation des normes applicables aux collectivités territoriales et à leurs établissements. – Art. 6. – V. C. sport, art. R. 142-3, R. 142-10, R. 142-11.
2014	26 mai	Décret n° 2014-549. Incorporation au code général des impôts de divers textes modifiant et complétant certaines dispositions de ce code. – V. CGI, art. 231, App., v° *Fiscalité*, **p. 1198.**

2014	18 juin	Loi n° 2014-626. Artisanat, commerce et petites entreprises. – Art. 37. – V. L. n° 2000-321 du 12 avr. 2000, art. 10, App., v° *Associations*, **p. 1260.**
2014	24 juin	Arrêté. Accord de la délégation prévue à l'article L. 131-14 du code du sport. – V. ss. C. sport, art. R. 131-25.
2014	1er juill.	Loi n° 2014-742. Activités privée de protection des navires. – V. CSI, art. L. 611-1, L. 612-1, ss. C. sport, art. L. 332-2-1.
2014	2 juill.	Arrêté. Modifications de dispositions réglementaires du code du sport. – V. Annexe II-1, ss. C. sport, art. A. 212-1.
2014	7 juill.	Décret n° 2014-783. Modification de dispositions relatives à l'École nationale des sports de montagne. – V. C. sport, art. D. 211-54 à D. 211-55-1, D. 211-58-1, D. 211-59-1 à D. 211-61.
2014	10 juill.	Arrêté. Extension des avenants n°s 84 et 85 à la CCNS. – V. CCNS, art. 2.3.2 et Annexe 1 à la CCNS, art. 5, App., v° *Travail*, **p. 1578.**
2014	18 juill.	Arrêté. Modification de l'arrêté du 31 décembre 2012. – V. ss. C. sport, art. R. 131-25.
2014	18 juill.	Arrêté. Retrait de délégation. – V. Arr. du 31 déc. 2012, ss. C. sport, art. R. 131-25.
2014	31 juill.	Loi n° 2014-856. Économie sociale et solidaire : – Art. 48. – V. CSS, art. L. 311-3, App., v° *Sécurité sociale*, **p. 1411.** – Art. 59. – V. L. n° 2000-321 du 12 avr. 2000, art. 10, App., v° *Associations*, **p. 970.** – Art. 60 et 78. – V. C. com., art. L. 612-4, App., v° *Associations*, **p. 960.** – Art. 71, 74, 76 et 96. – V. L. du 1er juill. 1901, art. 6, 9 *bis*, 11, 12, 21 *bis*, App., v° *Associations*, **p. 963.**
2014	4 août	Loi n° 2014-873. Égalité réelle entre les hommes et les femmes. – Art. 48. – V. C. sport, art. L. 131-8, L. 131-11.
2014	8 août	Loi n° 2014-891. De finances rectificatives pour 2014 : – Art. 17. – V. CGCT, art. L. 2531-2, App., v° *Sécurité sociale*, **p. 1418.** – Art. 20. – V. CGI, art. 200, App., v° *Fiscalité*, **p. 1193.**
2014	12 sept.	Décret n° 2014-1044. Gestion des eaux de Mayotte : – Art. 1er. – V. CSP, art. D. 1332-28, App., v° *Baignades et piscines*, **p. 984.** – Art. 2. – V. CSP, art. D. 1513-1 à D. 1513-3, App., v° *Baignades et piscines*.
2014	1er oct.	Délibération CSA n° 2014-43. Conditions de diffusion de brefs extraits de compétitions sportives et d'événements autres que sportifs d'un grand intérêt pour le public. – V. C. sport, art. L. 333-7.
2014	6 oct.	Arrêté. Extension de l'avenant à la CCNS, n° 86 du 10 mars 2014. – Art. 22. – V. CCNS, Annexe 1, art. 5 (CQP « Moniteur de vol à plat en soufflerie »), App., v° *Travail*, **p. 1580.**

2014	20 oct.	Décret n° 2014-1216. Modification du code de la sécurité intérieure. – V. CSI, art. R. 236-16, ss. C. sport, art. L. 332-1.
2014	27 oct.	Décret n° 2014-1253. Dispositions relatives aux livres III, VI, et VII de la partie réglementaire du code de la sécurité intérieure : – Art. 9-8° et 9-9°. – V. CSI, art. R. 211-22 et R. 211-23, ss. C. sport, art. R. 331-4. – Art. 16-8 et Annexe. – V. CSI, art. R. 613-10 à R. 613-15, R. 617-2 ss. C. sport, art. L. 332-2-1.
2014	27 oct.	Arrêté. Extension de l'avenant à la CCNS, n° 88 du 15 mai 2014. – V. CCNS, art. 9.2.1 (Salaires minimums conventionnels), App., v° *Travail*, **p. 1553.**
2014	31 oct.	Arrêté. Modifications de dispositions réglementaires du C. sport. – V. C. sport, art. A. 212-183 à A. 212-192-9.
2014	6 nov.	Ordonnance n° 2014-1345. Partie législative du code de l'expropriation pour cause d'utilité publique. – Art. 5-XV. – V. C. tourisme, art. L. 342-25, App., v° *Sports de nature*, **p. 1580.**
2014	13 nov.	Loi n° 2014-1353. Dispositions relatives à la lutte contre le terrorisme. – Art. 20-I et 20-II. – V. L. n° 2010-476 du 12 mai 2010, art. 59, App., v° *Paris sportifs*, **p. 1301.**
2014	4 déc.	Décret n° 2014-1452. Renouvellement de la commission de reconnaissance des qualifications. – V. C. sport, art. R. 212-84, D. 212-84-1.
2014	9 déc.	Arrêté. Dispositions réglementaires du code du sport. – V. C. sport, art. A. 131-1.
2014	11 déc.	Arrêté. Adaptation de certaines procédures du code du sport au principe « silence vaut acceptation » prévu à l'art. 21 de la L. n° 2000-321 du 12 avr. 2000 relative aux droits des citoyens dans leurs relations avec les administrations. – V. C. sport, art. A. 212-5, A. 212-20, A. 212-52.
2014	19 déc.	Ordonnance n° 2014-1543. Mesures relatives à la création de la métropole de Lyon : – Art. 10. – V. C. route, art. L. 411-7, ss. C. sport, art. R. 331-21. – Art. 16. – V. C. sport, art. L. 311-7.
2014	20 déc.	Loi n° 2014-1545. Simplification de la vie des entreprises : – Art. 6. – V. C. trav., art. L. 1242-2, L. 1242-7, L. 1242-8-1, L. 1242-12-1, L. 1243-1, L. 1243-5, App., v° *Travail*, **p. 1464.** – Art. 11. – V. CGCT, art. L. 2212-2, App., v° *Collectivités locales*, **p. 1004.** – Art. 22. – V. C. envir., art. L. 362-3, L. 362-5, App., v° *Sport de nature*, **p. 1442.** – Art. 49. – V. C. sport, art. L. 322-3, L. 322-4.
2014	22 déc.	Loi n° 2014-1554. De financement de la sécurité sociale pour 2015. – Art. 8 et 16. – V. CSS, art. L. 311-3, L. 454-1, App., v° *Sécurité sociale*, **p. 1411.**

2014	22 déc.	Décret n° 2014-1556. Publication de la liste 2015 des substances et méthodes interdites dans le sport. – V. Convention internationale contre le dopage dans le sport (Annexe I), App., v° *Dopage (textes internationaux)*, **p. 1093.**
2014	22 déc.	Arrêté. Modification des dispositions réglementaires du code du sport. – V. C. sport, art. A. 212-1 (Annexe II-1).
2014	29 déc.	Loi n° 2014-1654. De finances pour 2015 : – Art. 11. – V. CGI, art. 206, App., v° *Fiscalité*, **p. 1195.** – Art. 18. – V. CGI, art. 261, App., v° *Fiscalité*, **p. 1202.** – Art. 21. – V. CGI, art. 261 E, 1559, 1560, 1561, 1562, 1563, App., v° *Fiscalité*, **p. 1207.** – Art. 60. – V. CGI, art. 1586 *ter*, App., v° *Fiscalité*, **p. 1215.** – Art. 70. – V. CGI, art. 39, App., v° *Fiscalité*, **p. 1187.**
2014	29 déc.	Loi n° 2014-1655. De finances rectificatives pour 2014. – Art. 86. – V. CGCT, art. L. 2531-2, App., v° *Sécurité sociale*, **p. 1418.**
2014	29 déc.	Arrêté. Accord de la délégation prévue à l'article L. 131-14 du code du sport. – V. C. sport, art. R. 131-25.
2014	30 déc.	Loi n° 2014-1663. Habilitation à l'adoption du code mondial antidopage. – V. App., v° *Dopage (textes internationaux)*, **p. 1112.**
2015	30 janv.	Arrêté. Abrogation et modification de certaines dispositions du code du sport. – V. C. sport, art. A. 212-35, A. 212-93, A. 212-102, A. 312-1, A. 312-1 (Annexe III-1), A. 312-4, A. 421-1, A. 421-4, A. 424-1.
2015	5 févr.	Arrêté. Modification de l'annexe II-10. – V. ss. C. sport, art. A. 212-167.
2015	10 févr.	Arrêté. Validation des parcours d'excellence sportive. – V. ss. C. sport, art. R. 142-15.
2015	16 févr.	Loi n° 2015-177. Modernisation et simplification du droit et des procédures dans le domaine de la justice et des affaires intérieures. – Art. 15. – V. CSI, art. L. 322-3, App., v° *Paris sportifs*, **p. 1283**, et C. sport, art. L. 331-8-1.
2015	2 mars	Décret n° 2015-240. Publication de l'amendement de l'annexe II de la convention internationale contre le dopage dans le sport, adopté à Paris le 1er janvier 2015, **p. 1100.**
2015	11 mars	Arrêté. Modification des dispositions réglementaires du code du sport. – V. C. sport, art. A. 212-1 (Annexe II-1).
2015	2 avr.	Ordonnance n° 2015-380. Portage salarial. – Art. 7. – V. C. trav., art. L. 8241-1.
2015	17 avr.	Loi n° 2015-433. Diverses dispositions tendant à la modernisation du secteur de la presse. – V. CGI, art. 200, App., v° *Fiscalité*, **p. 1193.**
2015	20 avr.	Arrêté. Modalités d'exercice du contrôle budgétaire sur le Musée national du sport. – V. C. sport, art. A. 112-1 à A. 112-10.
2015	20 avr.	Arrêté. Modalités d'exercice du contrôle budgétaire sur l'École nationale de voile et des sports nautiques. – V. C. sport, art. A. 211-43 à A. 211-49-1.

2015	20 avr.	Arrêté. Modalités d'exercice du contrôle budgétaire sur l'École nationale des sports de montagne. – V. C. sport, art. A. 211-57 à A. 211-63-1.
2015	20 avr.	Arrêté. Modalités d'exercice du contrôle budgétaire sur les centres de ressources, d'expertise et de performance sportives. – V. C. sport, art. A. 211-64 à A. 211-70-1.
2015	20 avr.	Arrêté. Modalités d'exercice du contrôle budgétaire sur le Centre national pour le développement du sport. – V. C. sport, art. A. 411-1 à A. 411-10.
2015	1er juin	Arrêté. Abrogation et modification de certaines dispositions du code du sport (partie réglementaire : Arrêtés). – V. C. sport, art. A. 112-0, A. 212-116 à A. 212-119, A. 212-215, A. 322-141.
2015	9 juin	Décret n° 2015-645. Établissement du module stéroïdien du profil biologique des sportifs mentionnés à l'article L. 232-15 du code du sport. – V. C. sport, art. R. 232-67-7, R. 232-67-9 à R. 232-67-10-1.
2015	10 juin	Décret n° 2015-651. Traitement des litiges en matière sportive : – Art. 1er et 2. – V. C. sport, art. R. 131-2, R. 141-7, R. 141-9, R. 141-9-1, R. 141-15, R. 141-19, R. 141-23. – Art. 2. – V. CJA, art. R. 312-17, ss. C. sport, art. R. 131-2.
2015	10 juin	Décret n° 2015-652. Dispositions réglementaires des livres VIII et IX du code de l'éducation. – V. C. éduc., art. R. 831-2, R. 841-1, App., v° *Enseignement des APS, I. Éducation physique et sportive*, **p. 1180.**
2015	17 juin	Décret n° 2015-688. Modification des articles D. 212-41 et D. 212-57 du code du sport. –V. C. sport, art. D. 212-41 et D. 212-57.
2015	18 juin	Décret n° 2015-694. Modification des règles régissant certaines instances de concertation et complétant la liste des agents susceptibles d'être habilités à constater certaines infractions sur le territoire de la métropole de Lyon. – V. C. route, art. R. 411-11, ss. C. sport, art. R. 331-21.
2015	22 juin	Décret n° 2015-710. Division des cabinets des ministres chargés des affaires sociales. – Art. 2. – V. Décr. n° 2005-1795 du 30 déc. 2005, art. 1er, ss. C. sport, art. L. 111-1.
2015	23 juin	Avis. Application de la section IV du chapitre II du titre II du livre III du code du sport relative à la prévention des risques résultant de l'usage des équipements de protection individuelle pour la pratique sportive ou de loisirs. – V. ss. C. sport, Art. R. 322-35.
2015	6 juill.	Arrêté. Modification des dispositions réglementaires du code du sport. – V. Annexe II-1, ss. C. sport, art. A. 212-1.
2015	23 juill.	Ordonnance n° 2015-899. Marchés publics. – Ratifiée par L. n° 2016-1691 du 9 déc. 2016. – Art. 101. – V. CGCT, art. L. 1311-2 nouv., App., v° *Collectivité territoriale*, **p. 997.**

2015	23 juill.	Ordonnance n° 2015-904. Simplification du régime des associations et des fondations : – Art. 11. – V. C. sport, art. L. 121-4. – Art. 12. – V. C. sport, art. L. 131-8. – Art. 1er, 14. – V. L. 1er juill. 1901, art. 5, 21 *bis*, 21 *ter*, App., v° *Associations*, **p. 963.** – Art. 7. – V. L. n° 2000-321 du 12 avr. 2000, art. 10, App., v° *Associations*, **p. 971.** – Art. 11, 12. – V. C. sport, art. L. 121-4, L. 131-8.
2015	24 juill.	Loi n° 2015-912. Renseignement : – Art. 10-1°. – V. CJA, art. L. 311-4-1, ss. C. sport, art. R. 131-2. – Art. 21. – V. CSI, art. L. 234-2, ss. C. sport, art. L. 332-1.
2015	28 juill.	Arrêté. Modification de l'art. A. 322-4. – V. C. sport, art. A. 322-4.
2015	29 juill.	Arrêté. Modification de l'arrêté du 4 avr. 1996 relatif aux manifestations aériennes. – V. Arr. du 4 avr. 1996, art. 2, 3, 5, 6, 7, 12, 16, 19, 20, 32, App., v° *Manifestations sportives*, **p. 1263.**
2015	30 juill.	Décret n° 2015-938. Modification du droit au séjour des étrangers : – Art. 2 et 3. – V. CESEDA, R. 315-5, art. R. 315-10, App., v° *Travail*, **p. 1502.**
2015	31 juill.	Ordonnance n° 2015-948. Égal accès des femmes et des hommes au sein des autorités administratives indépendantes et des autorités publiques indépendantes : – Art. 1er. – V. C. sport, art. L. 232-7, L. 232-7-1. – Art. 6. – V. L. n° 2010-476 du 12 mai 2010, art. 35, 41, App., v° *Paris sportifs*, **p. 1296.**
2015	31 juill.	Décr. n° 2015-980. Établissement public Grand Paris Aménagement. – Art. 1er. – V. CGCT, art L. 5219-1, App., v° *Collectivité territoriale*, **p. 1021.**
2015	6 août	Loi n° 2015-990. Croissance, activité et égalité des chances : – Art. 51. – V. L. n° 71-1130 du 31 déc. 1971, art. 10 et 10-1, ss. C. sport, art. L. 222-17. – Art. 63-VIII. – V. C. trav., art. L. 1242-2, App., v° *Travail*, **p. 1464.**
2015	7 août	Loi n° 2015-991. Nouvelle organisation territoriale de la République : – Art. 1er. – V. CGCT, art. L. 4221-1, App., v° *Collectivités territoriales*, **p. 1011.** – Art. 2. – V. CGCT, art. L. 1511-1, App., v° *Collectivités territoriales*, **p. 999.** – Art. 3-II. – V. C. sport, art. L. 122-11, et CGCT, art. L. 1511-1, App., v° *Collectivités territoriales*, **p. 999.** – Art. 17. – V. CGPPP, art. L. 2125-1, ss. CGCT, art. L. 1311-1, App., v° *Collectivités territoriales*, **p. 996.** – Art. 18. – V. CGCT, art. L. 5215-20, L. 5216-5, App., v° *Collectivités territoriales*, **p. 1014.** – Art. 28. – V. C. sport, art. L. 114-1 à L. 114-17, L. 211-1. – Art. 29. – V. C. sport, art. L. 115-1, L. 211-1. – Art. 59. – V. CGCT, art. L. 5219-1, App., v° *Collectivités territoriales*, **p. 1021.**

		– Art. 64. – V. CGCT, art. L. 5214-16, App., v° *Collectivités territoriales*, **p. 1012.** – Art. 66 et 79. – V. CGCT, art. L. 5216-5, App., v° *Collectivités territoriales*, **p. 1016.** – Art. 67 et 71. – V. CGCT, art. L. 5217-7, App., v° *Collectivités territoriales*, **p. 1020.** – Art. 78. – V. CSI, art. L. 511-1, ss. C. sport, art. L. 332-2-1. – Art. 81. – V. CGCT, art. L. 5214-16, L. 5216-5, L. 5215-20, App., v° *Collectivités territoriales*, **p. 1012.** – Art. 84. – V. CGCT, art. L. 2121-10, App., v° *Collectivités territoriales*, **p. 1001.** – Art. 90. – V. CGCT, art. L. 3211-1, App., v° *Collectivités territoriales*, **p. 1009.** – Art. 104. – V. CGCT, art. L. 1111-4, App., v° *Collectivités territoriales*, **p. 993.** – Art. 107. – V. CGCT, art. L. 2313-1, App., v° *Collectivités territoriales*, **p. 1005.** – Art. 135. – V. CGPPP, art. L. 2125-1, ss. CGCT, art. L. 1311-1, App., v° *Collectivités territoriales*, **p. 994.**
2015	17 août	Loi n° 2015-992. Transition énergétique pour la croissance verte : – Art. 48-II-5°. – V. C. envir., art. L. 361-2, App., v° *Sport de nature*, **p. 1440.** – Art. 55-I-1°-a et b, 55-I-2°, 55-I-4°. – V. C. trav., art. L. 1242-8, L. 1243-2, L. 1244-3, App., v° *Travail*, **p. 1473.** – Art. 61. – V. C. envir., art. L. 361-1, App., v° *Sport de nature*, **p. 1439.** – Art. 152. – V. CGCT, art. L. 2121-12, App., v° *Collectivités territoriales*, **p. 1001.**
2015	9 sept.	Arrêté. Conditions préalables de pratique dans les établissements d'activités physiques et sportives mentionnés aux articles A. 322-42 et A. 322-64. – V. C. sport, art. A. 322-3-1 à A. 322-3-4, A. 322-44, A. 322-66.
2015	23 sept.	Ordonnance n° 2015-1174. Partie législative du livre 1er du code de l'urbanisme : – Art. 6-10°. – V. C. urb., art. L. 473-2, v° Sports de nature, **p. 1455.** – Art. 9. – V. C. sport, art. L. 311-3 ; CGCT, art. L. 5219-1, App., v° *Collectivités territoriales*, **p. 1021** ; C. envir., art. L. 321-10, L. 361-1 ; C. for., art. L. 122-9 ; V. CGCT, art. L. 5219-1 ; C. tourisme, art. L. 342-18, L. 342-23, App., v° *Sport de nature*, **p. 1458.**
2015	30 sept.	Ordonnance n° 2015-1207. Mesures relevant du domaine de la loi nécessaire pour assurer le respect des principes du code mondial antidopage : – Art. 1er à 26. – V. C. sport, art. L. 230-2, L. 230-3 à L. 230-6, L. 231-5-1, L. 232-9-1, L. 232-2, L. 232-5, L. 232-10-1, L. 232-10-2, L. 232-13-1, L. 232-14, L. 232-14-1 à L. 232-14-5, L. 232-15-1, L. 232-16, L. 232-19, L. 232-21, L. 232-23, L. 232-23-2 à L. 232-23-3-8, L. 232-23-4, L. 232-24, L. 232-24-1. – Art. 27. – V. C. sport., art. L. 232-21.

2015	1er oct.	Arrêté. Modification des dispositions du Code du sport. – V. C. sport, art. A. 212-1 (Annexe II-1).
2015	8 oct.	Arrêté. Validation des parcours de l'excellence sportive. – V. C. sport, art. R. 221-23.
2015	10 nov.	Décret n° 2015-1462. Application du principe « silence vaut acceptation » aux décisions prises par les fédérations sportives délégataires et les ligues professionnelles. – V. C. sport, art. R.*131-46, R. 132-18.
2015	23 nov.	Arrêté. Modification de l'arrêté du 22 mai 2013 accordant la délégation prévue à l'article L. 131-14. – V. ss. C. sport, art. R. 131-25.
2015	24 nov.	Décret n° 2015-1527. Brevet professionnel, diplôme d'État, diplôme d'État supérieur de la jeunesse, de l'éducation populaire et du sport : – Art. 1er à 3. – V. C. sport, art R. 212-10-1 à R. 212-10-21, R. 212-6, D. 212-38, R. 212-29, R. 212-32, D. 212-44, R. 212-48, D. 212-60, D. 212-61, D. 212-64. – Art. 4. – V. ss. C. sport, art. R. 212-10-1.
2015	27 nov.	Loi n° 2015-1541. Protection des sportifs de haut niveau et professionnels et sécurisation de leur situation juridique et sociale : – Art. 1er à 9, 12 à 19, 21 à 24 – V. C. sport, art. L. 131-12, L. 131-15, L. 131-16-1, L. 131-22, L. 141-6 et L. 141-7, L. 211-5, L. 221-1, L. 221-2, L. 221-2-1, L. 221-8, L. 221-9 à L. 221-11, L. 221-13-1, L. 221-14, L. 222-2 à L. 222-2-11, L. 222-3, L. 222-4, L. 231-6, L. 321-4-1, L. 333-1-4, L. 421-1. – Art. 6. V. C. éduc., art. L. 331-6 et L. 611-4, App., v° *Enseignement des APS, I. Éducation physique et sportive*, **p. 1179.**
2015	7 déc.	Décret n° 2015-1609. Création d'un traitement automatisé de données à caractère personnel dénommé « autorisations d'usage à des fins de thérapeutiques délivrées aux sportifs ». – V. C. sport., art. R. 232-85-2 à R. 232-85-9.
2015	17 déc.	Ordonnance n° 2015-1682. Simplification de certains régimes d'autorisation préalable et de déclaration des entreprises et des professionnels. – Ratifiée par L. n° 2016-1528 du 15 nov. 2016 : – Art. 12-11°. – V. CSP, art. L. 3335-4, App., v° *Alcool et tabac*, **p. 892.** – Art. 17. – V. C. sport, art. L. 331-2, L. 331-3, L. 331-8-1.
2015	21 déc.	Loi n° 2015-1702. De financement de la sécurité sociale. – Ratifiée par L. n° 2016-41 du 26 janv. 2016, art. 221. – Art. 34-I et V et 53. – V. CSS, art. L. 242-1, L. 351-3-1, App., v° *Sécurité sociale*, **p. 1406.**
2015	21 déc.	Arrêté. Brevet professionnel, diplôme d'État supérieur de la jeunesse, de l'éducation, populaire et du sport. – V. C. sport, art. A. 212-17 à A. 212-57 et Annexes II-2-1 et II-1-2.
2015	24 déc.	Décret n° 2015-1752. Modification de l'art. R.*131-46 du code du sport. – V. cet art.
2015	24 déc.	Arrêté. Modification des dispositions réglementaires du code du sport. – V. C. sport, art. A. 212-221.

2015	29 déc.	Loi n° 2015-1785. De finances pour 2016 : – Art. 3. – V. CGI, art. 80 *duodecies*, App., v° *Fiscalité*, **p. 1187.** – Art. 15-IV-2°. – V. CGCT, art. L. 2531-2, App., v° *Sécurité sociale*, **p. 1418.** – Art. 50. – V. L. n° 2010-476 du 12 mai 2010, art. 66, App., v° *Paris sportifs*, **p. 1303.**
2015	29 déc.	Loi n° 2015-1786. De finances rectificative pour 2015. – Art. 38-I-1°. – V. CGI, art. 200 App., v° *Fiscalité*, **p. 1193.**
2016	15 janv.	Arrêté. Modification de l'annexe II-1. – V. ss. C. sport, art. A. 212-1.
2016	19 janv.	Arrêté. Liste des substances et méthodes dont la détention par le sportif est interdite en application de l'article L. 232-26 du code du sport. – V. ss. C. sport, art. L. 232-26.
2016	22 janv.	Arrêté. Modification de l'annexe II-1. – V. ss. C. sport, art. A. 212-1.
2016	22 janv.	Arrêté. Liste des diplômes acquis jusqu'au 31 déc. 2015 et modification du code du sport. – V. C. sport., art. A. 212-1 et A. 212-1-1.
2016	26 janv.	Loi n° 2016-41. Modernisation de notre système de santé : – Art. 10. – V. CGCT, art. L. 3511-3, App., v° *Alcool et tabac*, **p. 893.** – Art. 219. – V. C. sport, art. L. 231-2 à L. 231-2-3. – Art. 220. – V. C. éduc., art. L. 552-1, L. 552-4. – Art. 222. – V. C. sport, art. L. 232-14-1, L. 232-14-4, L. 232-23-4.
2016	29 janv.	Ordonnance n° 2016-65. Contrats de concession : – Art. 57. – V. CGCT, art. L. 1311-2 nouv., App., v° *Collectivités territoriales*, **p. 997.** – Art. 58. – V. CGCT, art. L. 1411-1, App., v° *Collectivités territoriales*, **p. 998.** – Art. 73. – V. C. tourisme, art. L. 342-8, App., v° *Collectivités territoriales*, **p. 1455.**
2016	29 janv.	Ordonnance n° 2016-79. Gares routières et recodification des dispositions du code des transports relatives à l'Autorité de régulation des activités ferroviaires et routières. – Art. 6. – V. CGCT, art. L. 1525-1, App., v° *Collectivités territoriales*, **p. 1421.**
2016	29 janv.	Décret n° 2016-83. Diverses dispositions relatives à la lutte antidopage. – V. C. sport, art. R. 221-15, R. 221-15-1, R. 221-15-2, D. 232-8-1, R. 232-11, R. 232-41-10 à R. 232-41-16, R. 232-44, R. 232-46 à R. 232-46-2, R. 232-49, R. 232-51, R. 232-59, R. 232-65, R. 232-66, R. 232-67-15, R. 232-68, R. 232-69, R. 232-70-1, R. 232-71, R. 232-73 à R. 232-74, D. 232-84, D. 232-84-1, R. 232-91.
2016	29 janv.	Décret n° 2016-84. Sanctions disciplinaires en matière de lutte contre le dopage : – Art. 1er à 8. – V. C. sport, art. R. 232-86, et Annexe II-2 (R. 232-86), R. 232-87-1, R. 232-89, R. 232-90, R. 232-95-1, R. 232-97, R. 232-98-1. – Art. 9 à 12. – V. ss. C. sport, art. L. 232-21.
2016	3 févr.	Arrêté. Modification de dispositions réglementaires du code du sport. – V. C. sport, art. A. 212-215, A. 212-216, Annexe II-16-2 (art. A. 212-217), A. 212-218 à A. 212-220.

2016	10 févr.	Ordonnance n° 2016-131. Réforme du droit des contrats, du régime général et de la preuve des obligations : – Art. 6-IV-2°. – V. C. consom., art. L. 132-1, App., v° *Responsabilité civile*, **p. 1385.** – Art. 6-XVIIII. – V. C. sport, art. L. 321-3-1.
2016	11 févr.	Décret n° 2016-152. Centres de ressources, d'expertise et de performance sportive : – Art. 1er et 2. – V. C. sport, art. D. 112-3, R. 114-1 à R. 114-75. – Art. 3-II. – V. Décr. n° 2015-1867 du 30 déc. 2015, art. 2, ss. C. sport, art. L. 111-1.
2016	15 févr.	Décret n° 2016-156. Fichier national des interdits d'acquisition et de détention d'armes. – Art. 1er – V. C. sport, art. R. 131-47.
2016	24 févr.	Décret n° 2016-191. Composition du conseil d'administration et des commissions territoriales du Centre national pour le développement du sport. – V. C. sport, art. R. 411-3, R. 411-7, R. 411-13, R. 411-15, R. 411-23, R. 428-1, R. 429-1.
2016	4 mars	Arrêté. Composition des commissions territoriales du Centre national pour le développement du sport en Martinique et Guyane. – V. C. sport, art. A. 428-1, A. 429-1.
2016	4 mars	Arrêté. Composition des commissions territoriales du Centre national pour le développement du sport à Mayotte et en Nouvelle-Calédonie. – V. C. sport, art. A. 421-2, A. 421-3, A. 425-2, A. 425-3.
2016	8 mars	Décret n° 2016-281. Simplification des mesures administratives applicables aux établissements d'activités physiques et sportives. – V. C. sport, R. 322-8, R. 322-9, D. 322-16.
2016	22 mars	Loi n° 2016-339. Prévention et lutte contre les incivilités, contre les atteintes à la sécurité publique et contre les actes terroristes dans les transports collectifs de voyageurs : – Art. 1er-II. – V. CSI, art. L. 613-3, ss. C. sport, art. L. 332-2-1. – Art. 12-II. – V. CSI, art. L. 611-1, ss. C. sport, art. L. 332-2-1. – Art. 20. – V. CSI, art. L. 511-1, ss. C. sport, art. L. 332-2-1.
2016	22 mars	Décret n° 2016-347. Renouvellement du permis de conduire français des personnes établies à l'étranger et échange du permis français contre un permis étranger. – Art. 2. – V. C. route, art. R. 221-1 et R. 221-1-1, ss. C sport, art. R. 331-2.
2016	25 mars	Arrêté. Modifications réglementaires du code du sport relatives au parachutisme. – V. C. sport, art. A. 322-147 à A. 322-171.
2016	29 mars	Décret n° 2016-387. Simplification du régime des associations et des fondations et modernisation du fonctionnement des fédérations sportives agréées. – V. C. sport, art. R. 121-1, R. 121-5, R. 131-8, R. 131-11, R. 131-12, R. 131-3 (Annexe I-5).
2016	31 mars	Arrêté. Dispositions réglementaires du code du sport relatives aux activités nautiques. – V. C. sport, art. A. 322-3-5, A. 322-42 à A. 322-52, Annexe III-13.

2016	7 avr.	Arrêté. Conditions d'exercice du droit de suffrage, d'éligibilité et règles applicables au déroulement des scrutins pour l'élection de membres au conseil d'administration des centres de ressources, d'expertise et de performance sportive : – Art. 1er. – V. C. sport, art. A. 114-1 à 114-3. – Art. 2. – V. C. sport, art. A. 114-3 (Annexe I-0-1) 🏛. – Art. 3-1°. – V. C. sport, art. A. 211-64 à A. 211-73. – Art. 3-2°. – V. C. sport, art. A. 211-73 (Annexe II-18) 🏛.
2016	14 avr.	Loi n° 2016-457. Information de l'administration par l'autorité judiciaire et protection des mineurs. – Art. 2. – V. C. sport, art. L. 212-9, L. 212-10.
2016	18 avr.	Décret n° 2016-481. Exigences de sécurité auxquelles doivent répondre les cages de buts de football, de handball, de hockey sur gazon et en salle et les buts de basket-ball. – V. C. sport, art. R. 322-19 à R. 322-26.
2016	18 avr.	Arrêté. Modification de l'annexe II-1. – V. ss. C. sport, art. A. 212-1.
2016	20 avr.	Loi n° 2016-483. Déontologie, droits et obligations des fonctionnaires. – Art. 7, 10-I. – V. L. n° 83-634 du 13 juill. 1983, art. 25 *septies* et *octies* 🏛, ss. C. sport, art L. 222-1.
2016	26 avr.	Décret n° 2016-515. Conditions d'exercice des activités privées de sécurité et Conseil national des activités privées de sécurité. – Art. 2-I, 7-I et 13. – V. CSI, art. L. 613-3, R. 613-11 à R. 613-13, ss C. sport, art. L. 332-2-1.
2016	27 avr.	Décret n° 2016-527. Brevet professionnel de la jeunesse, de l'éducation populaire et du sport. – V. C. sport, art. D. 212-21, D. 212-23 à D. 212-26, D. 212-28, D. 212-33, D. 212-34.
2016	27 avr.	Arrêté. Brevet professionnel de la jeunesse, de l'éducation populaire et du sport : – Art. 1er, 2 III-IV. – V. C. sport, art. R. 212-46 à R. 212-47-4. – Art. 2-I et II. – V. ss. C. sport, art. R. 212-46.
2016	27 avr.	Arrêté. Organisation de la spécialité "animateur" du brevet professionnel de la jeunesse, de l'éducation populaire et du sport. – V. ss. C. sport, art. A. 212-46.
2016	2 mai	Arrêté. Dispositions relatives à la spécialité « perfectionnement sportif » du diplôme d'État de la jeunesse, de l'éduction populaire et du sport. – V. C sport, art. A. 212-49-1, A. 212-52-1, A. 212-54-1, A. 212-57-1.
2016	4 mai	Arrêté. Dispositions en application de l'art. R. 331-24-1 relatives aux épreuves et compétitions de sports sur les voies non ouvertes à la circulation publique. – Art. 2. – V. Annexe III-21-2, ss. C sport, art. A. 331-25.
2016	10 mai	Loi n° 2016-564. Renforcement du dialogue avec les supporters et lutte contre le hooliganisme. – V. C. sport, art. L. 224-1 à L. 224-3, L. 332-1 à L. 332-2, L. 332-15, L. 332-16.

2016	11 mai	Décret n° 2016-590. Homologation des enceintes accueillant des manifestations sportives. – V. C. sport, art., R. 312-9 nouv., R. 312-10 nouv., R. 312-13 nouv., R. 312-14.
2016	23 mai	Arrêté. Modification de l'annexe II-1. – V. ss. C. sport, art. A. 212-1.
2016	26 mai	Arrêté. Simplification des mesures administratives applicables aux établissements d'activités physiques et sportives. – V. C. sport, art. A. 212-1 (annexe II-1), A. 212-176 (annexe II-12), A. 212-177, A. 212-178, A. 212-182 (annexe II-12-2-*a*), A. 212-182-1 (annexe II-12-2-*b*), A. 322-1 à A. 322-3, A. 322-16, A. 322-41, A. 322-142, A. 322-143.
2016	2 juin	Décret n° 2016-737. Comité paralympique et sportif français. – V. C. sport, art. R. 131-25, R. 131-31, R. 141-26 à R. 141-28.
2016	3 juin	Loi n° 2016-731. Renforcement de la lutte contre le crime organisé, le terrorisme et leur financement, et améliration de l'efficacité des procédures pénales : – Art. 44. – V. CPI, art. L. 716-10, App., v° *Propriété intellectuelle*, **p. 1338.** – Art. 46. – V. L. n° 2010-476 du 12 mai 2010, art. 38, App., v° *Paris sportifs*, **p. 1297.** – Art. 82-VI. – V. L. n° 2010-476 du 12 mai 2010, art. 44, App., v° *Paris sportifs*, **p. 1300.** – Art. 102. – V. C. sport, art. L. 232-14-4.
2016	8 juin	Décret n° 2016-760. Interdictions de paris sportifs. – V. C. sport, art. R. 131-37, R. 131-40, R. 131-46, R. 131-47, R. 333-5 à R. 333-14.
2016	10 juin	Décret n° 2016-775. Incorporation au code général des impôts de divers textes modifiant et complétant certaines dispositions de ce code. – Art. 1er. – V. CGI, art. 83, 200, 206, 231, 261, App., v° *Fiscalité*, **p. 1189.**
2016	13 juin	Arrêté. Surveillance médicale des sportifs de haut niveau, Espoirs et des collectifs nationaux. – V. C. sport, art. A. 231-1 à A. 231-4.
2016	24 juin	Décret n° 2016-843. Manifestations publiques de sports de combat. – V. C. sport, art. R. 331-46 à R. 331-54.
2016	28 juin	Arrêté. Modifications de l'arrêté du 31 décembre 2012 accordant délégation prévue à l'article L. 131-14. – V. ss. C. sport, art. R. 131-25.
2016	29 juin	Décret n° 2016-859. Procédures d'appobation, de mise à disposition sur le marché ainsi que de déclaration des produits et des substances actives biocides. – Art. 2. – V. CSP, art. D. 1332-3, App., v° *Baignades et piscines*, **p. 977.**
2016	7 juill.	Loi n° 2016-925. Liberté de création, architecture et patrimoine : – Art. 45. – V. C. trav., art. L. 7121-2, App., v° Travail, **p. 1498.** – Art. 101-1°. – V. C. envir., art. L. 211-1, App., v° *Sports de nature*, **p. 1428.**
2016	8 juill.	Arrêté. Modifications de diverses dispositions relatives aux activités physiques dans les accueils de collectifs de mineurs. – Art. 3. – V. C. sport, art. A. 322-3-1.

2016	12 juill.	Décret n° 2016-957. Application de l'art. 6 de la Loi n° 2016-564 du 10 mai 2016 renfoçant le dialogue avec les supporters et la lutte contre le hooliganisme. – V. C. sport, art. A. 212-52, A. 212-52 *bis*, A. 212-57, A. 212-57 *bis*.
2016	1er août	Décret n° 2016-1054. Règlement disciplinaire des fédérations sportives agréées. – V. C. sport, R. 131-3, Annexes I-5 et I-6.
2016	4 août	Arrêté. Modification des dispositions réglementaires du code du sport. – V. C. sport, art. A. 212-1 (Annexe II-1).
2016	5 août	Arrêté. Liste des fédérations sportives disposant d'une commission spécialisée des dans et grades équivalents et leur composition : – Art. 1er. – V. C. sport, art. A. 212-175-15 à A. 212-175-19. – Art. 3. – V. Arr. du 10 août 1999, 2e Arr. du 27 janv. 2000, Arr. du 23 sept. 2002, Arr. du 7 avr. 2006, ss. C. sport, art. L. 212-6.
2016	8 août	Loi n° 2016-1087. Reconquête de la biodiversité, de la nature et des paysages : – Art. 54-I. – V. C. envir., art. L. 362-1, App., v° *Sports de nature*, **p. 1441.** – Art. 63. – V. CGCT, art. L. 5217-7, App., v° *Collectivités territoriales*, **p. 1020.** – Art. 91. – V. C. envir., art. L. 414-4, App., v° *Sports de nature*, **p. 1445.** – Art. 119. – V. C. envir., art. L. 211-1, App., v° *Sports de nature*, **p. 1428.** – Art. 134. – V. C. envir., art. L. 362-5, App., v° *Sports de nature*, **p. 1443.**
2016	8 août	Loi n° 2016-1088. Travail, modernisation du dialogue social, sécurisation des parcours professionnels : – Art. 27-II. – CGCT, art. L. 2144-3, App., v° *Collectivités territoriales*, **p. 1003.** – Art. 86-I et II. – C. trav., art. L. 1242-2, L. 1242-7, L. 1244-1 et L. 1244-2, App., v° *Travail*, **p. 1464.** – Art. 102-I-10° et 11°. – V. C. trav., art. L. 1226-20 et L. 1226-21, App., v° *Travail*, **p. 1478.**
2016	24 août	Décret n° 2016-1157. Certificat médical attestant de l'absence de contre-indication à la pratique du sport. – V. C. sport, art. D. 231-1-1 à D. 231-1-5.
2016	7 sept.	Arrêté. Modification de l'arrêté du 7 avril 1981 modifié fixant les dispositions techniques applicables aux piscines. – V. Arr. du 7 avr. 1981, art. 10, App., v° *Baignades et piscines*, **p. 988.**
2016	13 sept.	Arrêté. Document prévisionnel de gestion des emplois et des crédits de personnel des centres de ressources, d'expertise, et de performance sportive. – V. C. sport, art. A. 114-4 à A. 114-7, Annexe I-0-2.
2016	19 sept.	Arrêté. Modifications des dispositions réglementaires du code du sport. – V. Annexe II-1, ss. C. sport, art. A. 212-1.
2016	29 sept.	Décret n° 2016-1286. Sport de haut niveau. – V. C. sport, art. R. 131-45-1, R. 131-45-2, R. 142-15, R. 221-1, R. 221-1-1, R. 221-2, R. 221-4 à R. 221-7, R. 221-8, R. 221-11 à R. 221-15, R. 221-17 à R. 221-24, R. 231-3, R. 231-5 à R. 231-8, R. 231-11.

2016	29 sept.	Décret n° 2016-1287. Accompagnement et formation des sportifs de haut niveau et professionnels. – V. C. sport, art. D. 211-85, D. 221-2-1, D. 221-27.
2016	3 oct.	Arrêté. Déclaration des manifestations publiques de sports de combat. – V. C sport, art. A. 331-33 à A. 331-35.
2016	3 oct.	Arrêté. Règles techniques et de sécurité applicables aux manifestations publiques de sports de combat : – Art. 1er. – V. C. sport, art. A. 331-36. – Art. 2. – V. ss. C. sport, art. A. 322-177, annexe III-28.
2016	6 oct.	Décret n° 2016-1326. Catégories de jeux de cercle mentionnées au II de l'article 14 de la L. n° 2010-476 du 12 mai 2010 modifiée relative à l'ouverture à la concurrence et à la régulation du secteur des jeux d'argent et de hasard en ligne. – V. ss. C. sport, L. n° 2010-476 du 12 mai 2010, art. 14.
2016	7 oct.	Loi n° 2016-1321. Pour une République numérique : – Art. 2-I. –V. CRPA, art. L. 300-2, App., v° *Actes administratifs*, **p. 879.** – Art. 3-2°. –V. CRPA, art. L. 311-1, App., v° *Actes administratifs*, **p. 880.** – Art. 8-I. –V. CRPA, art. L. 311-4, App., v° *Actes administratifs*, **p. 881.** – Art. 18. – V. L. n° 2000-321 du 12 avr. 2000, art. 10, App., v° *Associations*, **p. 971.** – Art. 69. – V. CGCT, art. L. 5219-1, App., v° *Paris sportifs*, **p. 1021.** – Art. 95, 97 à 100. – V. L. n° 2010-476 du 12 mai 2010, art. 14, 34, 35, 38, 45-1, 45-2, 61.
2016	12 oct.	Décret n° 2016-1387. Conditions de renouvellement du certificat médical attestant de l'absence de contre-indication à la pratique du sport. – V. C. sport, art. D. 231-1-3 et D. 231-1-4.
2016	21 oct.	Décret n° 2016-1412. Convoyage de la clientèle vers les établissements touristiques d'altitude offrant un service de restauration. – V. C. envir., art. R. 362-2, App., v° *Sports de nature*, **p. 1444.**
2016	15 nov.	Loi n° 2016-1528. Simplification de certains régimes d'autorisation préalable et de déclaration des entreprises et des professionnels et modification du code du sport. – Art. 2 et 3. – V. C. sport, art. L. 230-3, L. 232-5, L. 232-12-1, L. 232-23.
2016	21 nov.	Ordonnance n° 2016-1561. Complément et précision sur les règles budgétaires, financières, fiscales et comptables applicales à la collectivité de Corse. – Art. 5-3° – V. C. urb., art. L. 331-3, App., v° *Sports de nature*, **p. 1452.**
2016	6 déc.	Arrêté. Définition de l'environnement montagnard pour la pratique des activités assimilées à l'alpinisme. – V. ss. C. sport, art. R. 212-7.
2016	9 déc.	Arrêté. Modification des dispositions réglementaires du code du sport. – V. C. sport, art. A. 212-36, A. 212-42.

2016	12 déc.	Décret n° 2016-1711. Aménagement de l'apprentissage pour les travailleurs handicapés et les sportifs de haut niveau. – Art. 2. – V. C. trav., art. R. 6222-59 à R. 6222-65, ss. C. sport, art. L. 221-8.
2016	19 déc.	Décret n° 2016-1923. Publication de l'amendement à l'annexe I de la convention contre le dopage dans le sport, adopté à Paris le 29 nov. 2016. V. Convention internationale contre la dopage dans le sport, App., v° *Dopage*, **p. 1093.**
2016	22 déc.	Ordonnance n° 2016-1809. Reconnaissance des qualifications professionnelles de professions réglementées. – Art. 19. – V. C. sport, art. L. 212-7, L. 222-15.
2016	23 déc.	Loi n° 2016-1827. De financement de la sécurité sociale pour 2017 : – Art. 15. – V. CSS, art. L. 241-16, App., v° *Sécurité sociale*, **p. 1404.** – Art. 109-I-2° et 3°. – V. CSS, art. L. 323-6, L. 323-6-1, App., v° *Sécurité sociale*, **p. 1413.**
2016	28 déc.	Loi n° 2016-1888. Modernisation, développement et protection des territoires de montagne : – Art. 10-II. – V. CGCT, art. L. 1212-2, ss. C. sport, art. R. 142-7. – Art. 68-I et II. – V. C. tourisme, art. L. 342-18, L. 342-20, App., v° *Sports de nature*, **p. 1457.** – Art. 69 II-1° et 2°. – V. CGCT, art. L. 5214-16, L. 5216-5, App., v° *Sports de nature*, **p. 1012.** – Art. 70-I et II. – V. C. tourisme, art. L. 342-27, L. 342-29, App., v° *Sports de nature*, **p. 1459.** – Art. 70-I. – V. C. tourisme, art. L. 342-18, L. 342-20, App., v° *Sports de nature*, **p. 1457.** – Art. 70-II. – V. CGCT, art. L. 5211-25, App., v° *Collectivités territoriales*, **p. 1012.** – Art. 71-II. – V. C. urb., art. L. 472-2, L. 472-4, App., v° *Sports de nature*, **p. 1454.** – Art. 75. – V. C. urb., art. L. 122-10, App., v° *Sports de nature*, **p. 1453.** – Art. 85 et 86. – V. C. envir., art. L. 211-1, App., v° *Sports de nature*, **p. 1428.**
2016	28 déc.	Décret n° 2016-1954. Précision sur les modalités de mise en œuvre des traitements automatisés de données à caractère personnel relatives au non-respect des dispositions des conditions générales de vente ou du règlement intérieur concernant la sécurité des manifestations sportives à but lucratif. – V. C. sport, art. R. 332-14 à R. 332-20.
2016	29 déc.	Loi n° 2016-1917. De finances pour 2017 : – Art. 19. – V. CGI, art. 238 *bis*, App., v° *Fiscalité*, **p. 1200.** – Art. 32-I-3°. – V. CGI, art. 1586 *ter*, App., v° *Fiscalité*, **p. 1215.** – Art. 48-III-4°. – V. CSS, art. L. 241-16, App., v° *Fiscalité*, **p. 1404.** – Art. 60-I-B-8°. – V. CGI, art. 182 C, App., v° *Fiscalité*, **p. 1193.** – Art. 60-I-E-2°. – V. C. trav., art. 3253-8 et 3253-17, App., v° *Travail*, **p. 1495.**
2016	29 déc.	Loi n° 2016-1918. De finances rectificative pour 2016 : – Art. 42. – V. CGI, art. 200 et 238 *bis*, App., v° *Fiscalité*, **p. 1193.** – Art. 111-1°. – V. CGI, art. 231, App., v° *Fiscalité*, **p. 1198.**

		– Art. 117-I-1°. – V. CGI, art. 207, App., v° *Fiscalité*, **p. 1197.**
2016	29 déc.	Loi n° 2016-1920. Régulation, responsabilisation et simplification dans le secteur du transport public particulier de personnes. – Art. 3. – V. C. com. art. L. 420-2-2, L. 420-3, L. 420-4, App., v° *Concurrence*, **p. 1070.**
2016	31 déc.	4 Arrêtés. Accord de la délégation prévue à l'article L. 131-14. – V. ss. C. sport, art. R. 131-25.
2017	20 janv.	Loi n° 2017-55. Statut général des autorités administratives indépendantes et des autorités publiques indépendantes : – Art. 25. – V. C. sport, art. L. 232-5 à L. 232-8. – Art. 31-1°, 2° et 5°. – V. L. n° 2010-476 du 12 mai 2010, art. 34, 35, 41, App., v° *Paris sportifs*, **p. 1295.**
2017	27 janv.	Loi n° 2017-86. Égalité et citoyenneté : – Art. 12-I. – V. CGI, art. 261, App., v° *Fiscalité*, **p. 1202.** – Art. 43. – V. L. du 1er juill. 1901, art. 2 *bis*, App., v° *Associations*, **p. 962.** – Art. 148. – V. CGCT, art. L. 5214-16, L. 5215-20, L. 5216-5, L. 5219-1, App., v° *Collectivités territoriales*, **p. 1012.** – Art. 170-II-3°. – V. L. du 29 juill. 1881, art. 29, App., v° *Responsabilité pénale*, **p. 1401.** – Art. 171-I-4°. – V. C. pén., art. 222-13, App., v° *Responsabilité pénale*, **p. 1395.** – Art. 201. – V. CGCT, art. L. 1111-4, App., v° *Collectivités territoriales*, **p. 993.** – Art. 202. – V. C. sport, art. L. 100-1, L. 100-2. – Art. 207-II. – V. C. sport, art. L. 332-18, L. 332-19. – Art. 223. – V. L. n° 98-657 du 29 juill. 1998, art. 140, ss. C. sport, art. L. 100-1.
2017	27 janv.	Décret n° 2017-105. Exercice d'activités privées par des agents publics et certains agents contractuels de droit privé ayant cessé leurs fonctions, cumuls d'activités et commission de déontologie de la fonction publique. – V. ss. C. sport, art. L. 222-1.
2017	10 févr.	Décret n° 2017-172. Application de l'article 23 de la loi n° 2015-1541 du 27 novembre 2015 visant à protéger les sportifs de haut niveau et professionels et à sécuriser leur situation juridique et sociale. – V. C. sport, art. R. 131-23.

TABLE ALPHABÉTIQUE

NOTA. Nombres. Les nombres renvoient aux articles du Code du sport, non aux pages. Ils sont précédés de la lettre « L. », « R. » ou « A. » et renvoient à un article de la partie soit « Législative », soit « Réglementaire » ou « Arrêtés » correspondante. Les nombres précédés du mot « art. » puis de la lettre « p. » renvoient aux articles d'un texte autre que le Code du sport et aux pages correspondantes de l'ouvrage. Les nombres précédés de la lettre « J. » renvoient aux annotations de jurisprudence.
Exemple. La mention « C. pén., art. 223-1 (1), **p. 1397** » correspond au numéro 1 des annotations de jurisprudence figurant, **p. 1397**, sous l'article 223-1 du Code pénal.
Mots. Les mots principaux de la Table figurent en caractères gras. Ceux en caractères maigres, précédés d'un tiret, sont des subdivisions des mots principaux.
Flèches. Les flèches rouges sont suivies de mots en caractères italiques qui sont des renvois aux mots principaux de la Table.
Italique. Les caractères italiques indiquent un mot de renvoi.
Abréviations. Un tableau explicatif des abréviations figure au début de l'ouvrage.

A

B

Commission consultative d'évaluation des normes

► V. ***Conseil national d'évaluation des normes applicables aux collectivités territoriales et à leurs établissements.***

Commission de l'égalité des territoires, R. 142-12.

► V. ***Conseil national du sport.***

D

F

G

J

N

S

Y

Photocomposé, traité sur ordinateur par :
JOUVE, 1, rue du Docteur Sauvé - 53100 MAYENNE

Achevé d'imprimer sur les presses de
C.H.BECK
Dépôt légal : avril 2017
716835 – OSB-P 50 g – JOU – (HCH)
Imprimé en Allemagne

Les revues

- AJ droit administratif, 44 n° / an + 2 tables
- AJ collectivités territoriales, 11 n° / an
- Revue française de droit administratif, 6 n° / an
- AJ fonctions publiques, 6 n° / an
- Constitutions, 4 n° / an
- Recueil des décisions du Conseil d'État (Recueil Lebon), 6 n° / an

Les ouvrages professionnels

- Le guide des référés administratifs 2017/18
- Ingénierie financière, fiscale et juridique 3e éd., 2015/16
- Droits maritimes, 3e éd., 2015/16
- Petit traité du procès administratif, 6e éd., 2015/16
- Droit de l'énergie 2014/15
- Droit de la responsabilité et des contrats : Régime d'indemnisation, 10e éd., 2014/15

Retrouvez tous nos produits sur **www.editions-dalloz.fr**